近現代學人學術著述叢刊

張汝舟手稿集

張汝舟 撰　張道鋒 整理

1

國家圖書館出版社

圖書在版編目(CIP)數據

張汝舟手稿集:全四册 / 張汝舟撰;張道鋒整理. —北京:國家圖書館出版社,2019.3(2020.4 重印)

(近現代學人學術著述叢刊)

ISBN 978-7-5013-6670-5

Ⅰ.①張… Ⅱ.①張… ②張… Ⅲ.①張汝舟(1899—1982)—手稿—選集 Ⅳ.①C52

中國版本圖書館 CIP 數據核字(2019)第 041047 號

書　　名　張汝舟手稿集(全四册)

著　　者　張汝舟　撰　張道鋒　整理

責任編輯　張愛芳　陳瑩瑩　袁宏偉

封面設計　程言工作室

出版發行　國家圖書館出版社(北京市西城區文津街 7 號　100034)

(原書目文獻出版社　北京圖書館出版社)

010-66114536　63802249　nlcpress@nlc.cn(郵購)

網　　址　http://www.nlcpress.com

經　　銷　新華書店

印　　裝　北京華藝齋古籍印務有限公司

版次印次　2019 年 3 月第 1 版　2020 年 4 月第 2 次印刷

開　　本　787×1092(毫米)　1/16

印　　張　140

書　　號　ISBN 978-7-5013-6670-5

定　　價　2100.00 圓

題辭

張汝舟先生是二十世紀章黄學派的代表人物。他們那一代的老先生很多都是博學多才的，汝舟先生亦然。先生在文學、史學、古代天文曆法、漢語語法、佛學等領域皆有著述。他繼承了黄季剛先生的學術理念，在文字、聲韻、訓詁等方面深入研究，碩果纍纍。汝舟先生的學術成就主要體現在漢語語法體系完備，自成一家言；首創「三證合一」的史學研究方法。尤其在古代天文曆法研究領域，更是别開生面，成就斐然。

張汝舟先生在黔中執教二十七年，弟子遍黔中，爲貴州幾乎貢獻一生。聞《張汝舟手稿集》即將出版，非常高興，謹以此短文聊表祝賀。

朱健云

二〇一八年九月

序一

《張汝舟手稿集》即將出版，是學術界一大幸事。

先師張汝舟先生從教六十餘載，教書育人與學術研究相得益彰，一生筆耕不輟，完成書稿近三百萬字。他學問廣博，著述涉及經學、史學、文學、哲學、文字學、聲韻學、訓詁學、考據學、佛學等各個領域，在各方面均有獨到見解。其主要學術成就有：

一、古代天文曆法。汝舟先生完整地詮釋了中國古代天文曆法發展主綫，從夏、商、周三代『觀象授時』到戰國秦漢之際曆法的産生與使用過程。撥開重重迷霧，厘清天文學史中諸多疑難問題，建立簡明實用的星曆觀，集中體現在《曆術甲子篇淺釋》一文中。

二、首創『三證合一』的史學研究方法。汝舟先生《西周考年》是運用古代天文曆法的最高成就代表，得出武王克商在公元前一一〇六年的可靠結論。他的論證，做到了天上材料（實際天象）、地下材料（出土文獻）和紙上材料（典籍記載）『三證合一』。汝舟先生首提的『三證合一』方法，目前已廣泛運用於先秦史年代學研究中。

三、建立漢語語法體系。汝舟先生在講授漢語語法課程時，著有《國文文法》《簡明語法》《語法管見》等書，從詞性至詞法、從句式結構到語法，均自成體系。其語法體系，既能解決古漢語疑難問題，又能讓學生輕鬆入門，堪稱簡明，在他所從教的地區影響頗廣。

四、漢語聲韻學研究。傳統小學是章黄學派的基本功。汝舟先生對文字、聲韻疑難問題都有研究，尤以聲韻學留下的文章較多。如《切韻考外篇刊誤》《段氏十七部諧聲表批注》《聲韻學教案》《詩經韻讀舉例》《聲韻學綱要》等，主體采用傳統聲韻學方法，兼用西方語言學工具，繼承發揚了章黄學派的聲韻學傳統。

五、古代詩文的研究。汝舟先生的《然疑待徵録》《齊魯學考》《九歌新論》《談杜詩書》等論文，平實的文風中蘊含真知灼見，足以展示一代學人的全面風采。

張汝舟先生之所以能够取得多方面的學術成果，在很多方面達到極高水準，來源於他的博學、深思。總結他的學術思想特色，突出的有以下幾點：

一、融匯中西，貫通古今。

汝舟先生建立的古代天文曆法體系，首先是運用精密的考據學方法，釋讀《史記·曆術甲子篇》《漢書·律曆志·次度》兩部寶典，還原了我國古代第一部曆法四分曆，自戰國初期至三國蜀亡行用七百年。同時，他運用現代天文學知識，發明了年差分三点零六的演算法，修正四分曆法的誤差，使得古老的四分曆焕發青春，能够用來推算上下數千年的實際天象。這爲解决先秦史學的疑難問題提供了有效的工具。在創建古代天文曆法體系中，古文字功底、考據學方法、現代天文學知識缺一不可。

汝舟先生建立的漢語語法體系，從古漢語、現代漢語實際運用出發，提出『動句和表句』（反對漢語類比英文分爲陳述句、疑問句、感嘆句等的分類）、『取消介詞』『反對另立助動詞』『反對被動式』等重要論點。汝舟先生關注并熟悉漢語研究方面帶有『西化』傾向的理論，正是對這些理論的深刻瞭解，以及對古漢語實際運用的熟悉，纔能在『西化』的大潮中『堅持己見』，創建適合漢語實際的語法體系。本手稿收録的《古漢語語法質疑》《對〈語法講話〉的意見》能够印證。汝舟先生對於聲韻學研究，采用傳統語言學方法，也不是他的固守，而是對『傳統』與『現代』比較之後的主動選擇。他對『古音韻值』的闡釋是黄侃古音學的發揚，值得學術界關注。

汝舟先生的學問來源於傳統的乾嘉學派，同時又具有現代學術的思想與方法，可謂融匯中西，學貫古今。湯炳正評價汝舟先生：『雖繼承乾嘉樸學傳統，而不爲樸學所囿；亦或利用西方科學工具，而不爲西學所迷。』

二、體系完備，自成一家言。

張汝舟先生在中央大學讀書時便有『博極群書』之譽，他對古代典籍，在文字、經學、哲學等方面都有深厚的功底。他信奉桐城學人姚姬傳的名言：『義理、辭章、考證三者不可偏廢。必義理以爲質，然後辭章有所恃，考據有所歸。』他身體力行，以終其一生。他植根於哲理，他的思想就顯得深邃；他依托於辭章，他的文字就體現恢弘；他歸屬於考證，他的研究就必然充實。所以，他對任何一門學問進行深入研究的時候，都能做到體系完備，自成一家言。

明清學者如陳澧、顧炎武、江永、戴震、段玉裁等多位學術大家均對聲韻學進行過細緻的研究，至黄侃先生達到頂峰。汝舟先生繼承前賢的體系，遍覽古籍，隨文批注，糾偏補漏，對看似細小的問題也不放過。汝舟先生將《廣韻》聲類劃分爲三十三類，給出古韻二十九部擬音，均是對聲韻學精微研究後的成果。《張汝舟手稿集》聲韻學部分的内容，常能見到他切中肯綮的結論。

一九五七年後，汝舟先生利用不上講臺的閑暇，潛心研究古代天文曆術。夏、商、周三代觀象授時的『真相』，經歷春秋戰國的社會動蕩，到漢代已經説不清楚了。自漢代至今，衆多學者窮經皓首，研究『古天文曆法』，著作種類繁多，浩如烟海。這些研究者受限於時代或者本人天文曆算水準，有些謬誤甚深。留下的文字混亂迭起，把可靠的古代天文曆法資料弄得迷霧重重。張汝舟先生詳細梳理，系統闡釋了上古三代天文曆法發展主綫，并得到古籍、出土文物、實際天象的印證。他提出『否定三統曆』『否定三證論』、糾正『四象』貽害、厘清『歲星紀年』迷霧，終於建立起清晰明瞭的星曆觀。獨樹一幟，自成一家。

三、以簡馭繁，簡明實用。

汝舟先生一生從事教育事業，他的學術研究均立足於教學，服務於教學，以教書育人帶動學術研究。中國古代典籍浩如烟海，歷經千年，任何一個問題都會有紛紜不已的説法。年輕人想入門，實在太難。汝舟先生做學問，充分考慮到青年學生的理解與接受能力，總是做到於繁蕪中見精要，於紛亂中顯明晰。正如譚科模先生的詩：『師傅最是合人情，主要精神在簡明。』

好的學問應是簡明實用的。『簡明』并非『簡單』，全域觀念、廣博的學識、清晰縝密的思路，纔能做到簡明。『實用』非『一時之用』，而是切實可行、運用廣泛，纔具有恒久的生命力。

漢語語法中有若干老大難問題，汝舟先生在教學中并不作繁瑣的引證，而是深入淺出，用『王冕死了父親』『媽媽是小脚』『臺上坐着主席團』這樣明白的口語切入，講授語法，既有實用性，又通俗易懂。他將自己研究語法的心得歸納爲『面向語言、同型對比、體會語感、統一處理』，以此引發學生研究語法的興趣。

聲韻學向被稱『絶學』，汝舟先生在教學時講解十大聲韻學家的貢獻以及在學術史上的位置，讓學生理解聲韻學發展脉絡，更易掌握核心問題。聲韻學上的古音通假，當然也是一個難點，有人寫過厚厚的幾十萬字的專書，而汝舟先生在教學中，歸納爲『同音通假』『同聲符通假』兩類，便可貫通解説。

又如曆術，自古以來都認爲推步最難，不免望而却步。欲深究者，多不得法，徒費時日，致事倍功半。戰國以前，古人尚以目測觀象授時，并無高深的數學可言，必有簡便的推演之法。至漢以後，曆術漸密，始生枝節，説愈紛繁。依據汝舟先生的研究，讀懂《史記·曆術甲子篇》，利用兩張表就能很便捷地推演上下五千年任何一年的朔閏中氣，不過加減乘除而已，平常人都能掌握。汝舟先生將世人認爲最難的學問變得淺近易懂，這就有利於古代文化研究的深入。

汝舟先生的研究植根於教學實踐，均體現了以簡馭繁、簡明實用的特色。

四、思想深邃，富含哲理。

早在一九四一年，汝舟先生在國立藍田師院主講老莊。他在教學大綱中寫道：『孔孟平實，老莊玄妙。說孔孟得其玄妙，說老莊得其平實，斯近之矣。』一見他對道學、儒學研究之深，對哲理運用之妙。

汝舟先生對唐詩（主要是杜詩）、宋詩（主要是黃山谷的詩）都有很深的研究。他說，兩者的區別，『唐詩是神氣，是韻味；宋詩是意旨，是境界。唐詩是虛的，宋詩是實的。詩完全寄在文字表面上，在宋詩認爲不佳，在唐詩也以爲不妙。必定要寄妙於文字之外，在唐詩便是神韻，在宋詩便是意境』。又說：『沉鬱頓挫』這四個字的確是老杜的獨到，詩脉的正穴。黃山谷便在四字上做工夫。『沉鬱』就是不淺露，『頓挫』就是不直寫。『沉鬱』從意上見，『頓挫』從辭上見。汝舟先生常强調『寫考據文也要講藝術』，所撰論文，『多提綱挈領，據其大體，開門見山，單刀直入』（湯炳正言）。常能寥寥數百字，講明一個大問題，且『多發前人之所未發』（宋祚胤言）。富有哲理的思考纔能做到這樣。

『繼往聖之絶學，成一家之體系』，汝舟先生的學問實至名歸。汝舟先生向以章黃門人自居，恪守章黃學風，同學殷孟倫稱贊他『光大章黃之學，不愧一代名家』。汝舟師學術思想卓絶，學術成果豐碩，他的學術精神、人品道德更是後世楷模。汝舟先生少時家貧而穎异好學，賴宗族資助讀書。中學畢業，無力升學，任塾師八年，發奮自學。後就讀中央大學，學業大進。黃侃先生時有『博極群書張汝舟』的贊譽。大學畢業後，從教、學術研究就是汝舟先生的全部生活内容。即使在『反右』『文革』中遭遇迫害，研究工作却從未間斷。汝舟先生自號二毋居士，以做學問『毋欲速、毋自欺』自勉，用一生踐行章黄學派嚴謹的學術風範。汝舟先生爲人平易純樸、恭謹謙遜，遇到不平之事却敢於仗義直言。他對青年後學循循善誘、誨人不倦，深受朋輩及後學的尊崇和愛戴。

門下弟子張道鋒對汝舟先生之人格、學問皆有崇敬之心，故而上下求索，匯成此編。借《張汝舟手稿集》出版之際，對汝舟先生的學術思想、研究成果給予介紹，或有助於讀者研讀本書。

張聞玉　馬明芳

二〇一八年八月

序二　踵武前賢　澤被後昆

『天地君親師』是中國人的信仰和寄托，天覆地載，父精母血，平凡如我等，『天地君親』都不能選擇，唯一可以付諸人力的是師生關係。『師者，所以傳道、授業、解惑也』，師生之道於國人可謂大矣。

章黄學派素有尊師重教的傳統，季剛先生雖爲人狂放不羈，睥睨千古，但對自己的老師却始終執禮甚恭。每年初一，無論路途多麽遥遠，都要先給太炎先生磕頭拜年，然後再回去接受自己學生的拜年。作爲學生的程千帆先生臨終之時不問他本人全集的事，却對老師黄季剛先生日記的出版念念不忘。

弟子爲恩師整理文集、遺著，本是中國學林的優良傳統。恩師張汝舟先生早年就讀於中央大學，受教於季剛先生，讀書時即有『博及群書』之譽。先生著述三百餘萬言，生前出版數量不多，身後由弟子整理出版有《二毋室古代天文曆法論叢》《二毋室漢語語法論叢》《二毋室論學雜著選》數種。先生曾自我評價道：『詞不如文，文不如詩，辭章不如考據。考據之中，小學較優，小學之中，聲韻較勝；天文曆法，技而已矣，何足道哉！』這話説得極其謙虚，但可見先生治學範圍極廣，於小學、文學、經學、史學、諸子等均有建樹，被先生視爲『技而已矣』的天文曆法更是獨步一時，打破千古之迷障。於王觀堂先生的『二重證據法』之上踵事增華，形成『紙上材料』『地下材料』與『天上材料』合一的『三證合一』法，乃治學方法論上的重大突破。

汝舟先生著作等身，僅憑已經付梓的著述很難窺得先生治學之全貌。道鋒是我的弟子，是汝舟先生的再傳弟子，年輕有爲，好學深思，占籍滁州。汝舟師暮年擔任安徽師範大學滁州分校顧問教授，并于此鶴歸道山。現在由道鋒整理汝舟先生的手稿，看來是冥冥之中自有天意。

搜集整理汝舟先生的手稿是件極其辛苦的工作。汝舟先生身歷清末、民國之亂世，新中國成立後又在一九五七年『反右』時被錯劃爲右派，至一九八〇年始得平反，時年已經八十二歲。先生一生坎坷，手稿十不存一，使人不能不有滄海遺珠之嘆。道鋒『上窮碧落下黄泉』，搜集汝舟先生的手稿，又進行分類、排序，可謂『爬羅剔抉，刮垢磨光』，艱辛可想而知。

二〇一九年是汝舟先生誕辰一百二十周年，《手稿集》的面世，可視爲張門後學對先生的紀念。士林之中，弟子爲老師整理遺稿的常見，再傳弟子爲太老師整理手稿的不多。道鋒隆師而親友，有古君子之風，於師道蕩然、斯文掃地之際，發揚章黄學派尊師重道的傳統，可見雖云師道陵替，風俗日薄，但古風猶在，典型尚存。《手稿集》之面世，必使學人藉此得睹先師學術之全貌，道鋒古道熱腸之舉亦可爲學界樹一典範，於匡正世俗不無補益。兩者同爲嘉惠士林之舉，余心甚慰。

是爲序。

張聞玉

二〇一九年一月

前言

在現代學科體系中，版本學是中國古典文獻學非常重要的一個分支。而相比於流傳較廣的古籍刻本，稿本則更具有獨特價值。學術史上對於稿本的關注與研究由來已久，除了衆所周知的明清稿本的研究以外，敦煌寫卷中早已藴含着稿本的因素。祇是千年以來，稿本的概念仍然附屬於其他版本形式，至少并不是一個具有獨立意義的研究對象。正是在這樣的學術生態中，我們對於稿本的獨特價值習焉不察，以至於它在我們的學術視野中變得漸漸模糊。

二〇〇二年，《人民日報》刊發了舒乙先生《呼唤『手稿學』》一文。舒乙先生因爲領略了法國國家圖書館研究手稿的熱情，頗以國内蕭條之現狀爲憾，故而揮就此篇，并鄭重提出了建立『手稿學』的學科構想。一石激起千層浪，此文很快在學術界引起轟動。手稿的利用與開發也順理成章地被列爲很多高校與研究機構的重點計劃，上海交通大學甚至成立了作家手稿研究中心專司此事。近三十年來，影印本作家手稿集不斷涌現，亦間有佳作問世。從一九八六年《魯迅手稿全集》出版以來，不斷有新的版本面世。商務印書館《錢鍾書手稿集》出版後更是一度成爲學術界熱點話題，可見名家手稿對於學術研究的重要意義。

《張汝舟手稿集》乃是根據章黄學派重要傳人、國學大師張汝舟先生生前手稿影印而成。張汝舟（一八九九—一九八二），名渡，字汝舟，號二毋居士，安徽省全椒縣南張村人。一九二六年入讀中央大學，師從黄侃、王伯沆、吴梅等著名學者。先後任安徽省立六中、國立八中教員，藍田師範學院國文系講師、副教授，貴州大學教授。晚年任安徽師範大學滁州分校顧問教授。張汝舟先生與馬一浮、張舜徽、徐復、殷孟倫等二十世紀一流學者交往密切，在學術界聲望極高。先生在傳統聲韻學、漢語語法、天文曆法、古典文學、佛教等領域皆有造詣，門下弟子衆多，對於建立傳統學術體系、傳播章黄學術可謂居功至偉，在二十世紀學術史上占有重要地位。

《張汝舟手稿集》按照學科與文體標準，劃分爲聲韻學、漢語語法、天文曆法、歷史學、文學、佛教、書信、日記八個專題，無法歸類的部分則置於『其他』統一處理。學科排列的先後順序基本上是按照作者學術生涯的先後順序安排，每一類下的細目多無法繫年，故而在遵循著成年代的基礎上，衹能按照手稿收藏的本來面貌排列，至於精確的作品繫年，衹好以俟來哲。

《手稿集》中《古漢語語法質疑》《明思宗論》以及《心經通解》和日記中的一部分均非作者親筆。因爲這幾篇文獻格外珍貴，并且爲了保持文章的完整性，我們決定一并影印出來供讀者參考。廣大讀者中不乏方家法眼，相信定能準確判斷其中真僞，亦必能理解編者的苦心。《手稿集》中多有殘頁，已無法獲知準確標題。其中《對曾運乾聲韻學的評價》《論戚繼光》《貴州省委統戰部發言稿》幾篇皆爲編者所加大而化之的題目。《魏石經新考》中多是對王國維《魏石經考》的不同闡發，作者固有《談石經》一文，文字絶不相類，故而編者擬爲此題。《黄季剛先生的三大成就》則是比勘現存《懷念季剛先生》一文得出的結論。因爲時間所限，無法展開深入研究。請海内外專家學者撥冗一閲，賜教爲幸！但願《手稿集》的出版能够引起學術界對於張汝舟先生研究的關注。

感謝北京大學樂黛雲先生題辭！感謝苑天舒、馬明芳賢伉儷的引薦之功！全部手稿由張立楷、馬先隊、程在福、張聞玉諸位先生提供，在此致以崇高的敬意！

張道鋒

二〇一九年一月

總目録

第一册

聲韻學

《〈禮部韻略〉七音三十六字母通考》批注……一
入聲演變表……三三
《韻學集成》□之《□原音韻》……七七
《古今切語表》批注……一五三
貴大中文系語言學專題講座演講稿……三九九
段氏《十七部諧聲表》批注……四四九
對曾運乾聲韻學的評價(殘)……四九七

漢語語法

古漢語語法質疑……五〇一

對《語法講話》的意見……五三三

第二册

天文曆法

金文具備王年、月、日、月相之三十八器的鑄造時代考定表……一
《史》《漢》月日考正……三
西周銅器年代新定……一三
《推步演草》甲、乙、丙、丁……一七
《(夏)小正》校釋……三四五
春秋經朔譜……四七九

第三册

西周經朔譜……一

歷史學

魏石經新考(殘)……一〇五
殷周之際諸家所定西周年代异同表……一一七

明思宗論……………………………………一二一
談榮孟源同志《試談西周紀年》……………………一二三
論戚繼光(殘)……………………………………一四一
討論《〈周易〉之製作時代》……………………一四三

文學

歷代韻文選(上)……………………………………一六九
《九歌》新釋……………………………………二二三
魯默生傳……………………………………二六三
盲翁雜文……………………………………二六五

佛教

《心經》通解(殘)……………………………………二八七
佛教在中國歷史上的貢獻(殘)……………………三一一

書信……………………………………三四九
致蔣希文信兩封……………………………………三四九
致張立儀信……………………………………三五一

復孟醒仁信兩封……三六二
復周本淳信……三七三
致高鵬信……三七九
復譚科模信……三八二
復周本淳信……四〇〇
復韓老師信兩封……四一四
復邊正方信……四三三
復汪岳尊信……四三六
復謝業廣信……四四一
致鄧小平副主席、方毅院長信……四四五
致張華三信……四五一
致劉、薛諸領導信……四五三
致汪岳尊信……四九一
致鄭老師、朱老師、卞同學信……四九二
致張葉蘆信……四九七
復中國訓詁學會籌備會信……五一九

致張聞玉信（殘）……五二三
致應鐸信……五二七

第四册

日記（一九六七—一九八〇）……一
其他……五三七
貴州省委統戰部發言稿……五三七
黄季剛先生的三大成就（殘）……五四三
二毋室家訓……五七三
從本報兩篇報導《文壇新扒》説起……五七五

第一册目録

聲韻學

《〈禮部韻略〉七音三十六字母通考》批注……一
入聲演變表……三三
《韻學集成》中之《中原音韻》……七七
《古今切語表》批注……一五三
貴大中文系語言學專題講座演講稿……三九九
段氏《十七部諧聲表》批注……四四九
對曾運乾聲韻學的評價(殘)……四九七

漢語語法

古漢語語法質疑……五〇一
對《語法講話》的意見……五三三

《〈禮部韻略〉七音三十六字母通考》批注

禮部韻略七音三十六母通攷

蒙古字韻音同

韻書始於江左本是吳音今以七音韻母

通攷韻字之序惟以雅音求之無不諧叶

○平聲上

一東 獨用

公見 公
公溪 空
公端 東
公透 通
公定 同
公泥 濃
公並 蓬
公明 蒙
公非 風
公敷 豐

公奉 馮
公微 瞢
公精 嵏
公清 怱
公從 叢
公知 中
公知 終
公徹 充
公徹 忡
公澄 崇

公影 翁
公曉 烘
公合 洪
公來 籠
弓見 弓
弓溪 穹
弓羣 窮
弓心 嵩
弓澄 蟲
弓喻 融

弓來 隆
弓日 戎
弓匣 雄

二　冬與鍾通

公見　攻
公端　冬
公定　彤
公泥　農
公非　封
公數　丰
公奉　逢
公精　宗
公心　菘
公從　賨

公知　鍾
公徹　衝
公徹　踵
公審　舂
公娘　醲
公禪　鱅
公匣　[illegible]
公合　洚
公來　隆
弓見　恭

弓溪　銎
弓羣　蛩
弓魚　顒
弓精　縱
弓清　樅
弓從　縱
弓邪　松
弓澄　重
弓影　邕
弓數？　胷（當作曉）

弓喻　容
弓來　龍
弓日　茸

以上錄韻會舉要所列通攷，以見一斑，其價值已可推見一二。第一，切語上字用字母，下字用自製之韻母，一目了然。第二，東冬合併，公攻同注見公，東冬同注端公，開洪武正韻之先例。二、冬韻攻，注沽宗音，與東韻公同，而東韻

公，注訖紅切，如在加注音與某同，全編皆然。第三，通攝
韻母只有兩个，公為合口，弓為撮口，可解苦說開合八
等之惑。編內東韻最后出一雄字，注胡公切羽閤音，
已上屬雄字母韻。雄字不與融字相次而列出韻
后，知公弓之外，別有雄字母也。通攝融雄注通弓，疑誤。
雄字母，僅多一字，只是弓音歧異。或者其時已有此雄
通攝雄撮
雄之一字讀齊齒，透露通攝合口消失之萌芽與？第四，知微
（今北京音讀齊齒）
呂○通攝與編內偶有差異，如宮，
韻通攝合為之，
律，編內無韻
未收，而收東
韻雄字而收
從字下。此外尚有，但不多耳。
澄與照穿牀合併，別自分母，自通母分出合母，
自喻三疑母分出魚母，皆有深義。后只歸平聲。
以四韻攝括之。

通攝

公

公空東通同濃蓬蒙風豐馮瞢叜忽叢

中終充忡崇翁烘洪合 籠 以上東韻 攻冬彤農封

丰逢宗菘賓鍾衝踵舂醲宮淬合 隆石 以上冬鍾韻

䑃盲夢謥訇合○以上庚耕清韻 朋夢弘合○以上蒸登韻

弓

弓穹窮嵩蟲融隆戎雄右 以上東韻 編內雄右別出为雄 恭銎蛩

兇

顒魚 縱樅縱松重邕胷容龍茸 以上冬鍾韻 禜魚

騂禜么營 以上庚耕清韻

宕攝

岡

邦胖龐 以上江韻 岡康卬當湯唐囊彭傍旁茫

方芳房亡臧倉桑藏張昌倀商長娘常旋合口陽郎

穰 以上陽唐韻

江

江腔哤肛降 以上江韻 薑羌疆將瑲襄牆詳央香

良 以上陽唐韻

光

樁窗惷雙幢淙瀧 以上江韻 光匡狂王魚汪荒 以上陽唐韻

陽唐韻末

黃 合 黃

莊 知 莊

莊 徹 創

莊 審 霜

莊 澄 牀

止攝

此四有類合
可証此韵[illegible]

羈

羈飢姬欹欺奇其宜疑卑紕毗陴彌支脂

之知胝摛絺蚩癡鴟眵施尸詩馳墀治茌尼

以上支脂之韻

匙時漪醫犧僖咿伊夷飴離梨釐兒而

機祈沂非霏肥微依希

以上微韻

氐

梯題泥篦批鼙迷齏妻西齊移鷖倪 喻

黎

以上齊韻

雞

枅 祇 耆 屎 曉編中作吅䎽矣 切音嶬嶬同 或作屎

醯 兮 以上齊韻

以上支脂之韻

雞 谿

貲

貲 咨 茲 雌 郪 私 思 斯 慈 茨 疵 詞 菑 差 釃 師

漦 以上支脂之韻

嬀

嬀 龜 虧 逵 危 魚下二字同 帷 爲 陂 悲 鈹 皮 邳 麋 眉 劑 崔 厘

眭 綏 隨 隹 知 腄 追 吹 推 椎 [illegible] 垂 誰 逵 羸 纍 [illegible] 以上支脂之韻

規

偎 恢 嵬 魚 鎚 椎 隤 捼 杯 胚 裴 枚 崔 摧 隈 灰 回 雷 以上灰咍韻

規 窺 闚 葵 隳 俗作隓 倠 以上支脂之韻 圭 睽 烓 么 攜 以上齊韻

喻 帷

惟

支脂之韻奧字祇字之间

曉 麾

麾

支脂之韻規 曉

倠之后

該 佳 乖 媧

蟹攝

牌排埋齋釵差柴豺厓娃ム挨ム

以上佳皆韻

該開皚胎臺能哉猜鰓栽

哀咍孩來

以上灰咍韻

佳皆揩諧膎

以上佳皆韻

哀 微 哀

以上支脂之韻

乖媧瓜蛙懷 合

見止攝

遇攝

孤

菹初蔬鉏（以上魚韻）孤枯吾都稌徒奴逋鋪

蒲模膚數扶無租麤蘇徂芻毹雛烏

呼胡盧（以上虞模韻）

居

居墟渠魚苴疽胥徐諸豬攄書除袽於虛

余臚如（以上魚韻）拘區劬虞（魚）于（魚）諏趨須

朱株樞貙輸廚殊紆訏俞摟儒（以上虞模韻）

根

臻 攦

臻 莘 榛 以上真諄韻

根 垠 吞 恩 以上元魂痕韻

巾

巾 墐 銀 紉 寅 縯 頻 貧 民 珉 津 親 辛 秦 真

珍 瞋 獜 申 陳 神 辰 因幺 寅 鄰 人 以上真諄韻

斤 勤 誾 殷 以上文韻

痕 以上元魂痕韻

昆

分 芬 汾 文 以上文韻

昆 坤 敦 暾 屯 奔 歕 盆 門

尊 村 孫 存 溫 昏 魂 論 以上元魂痕韻

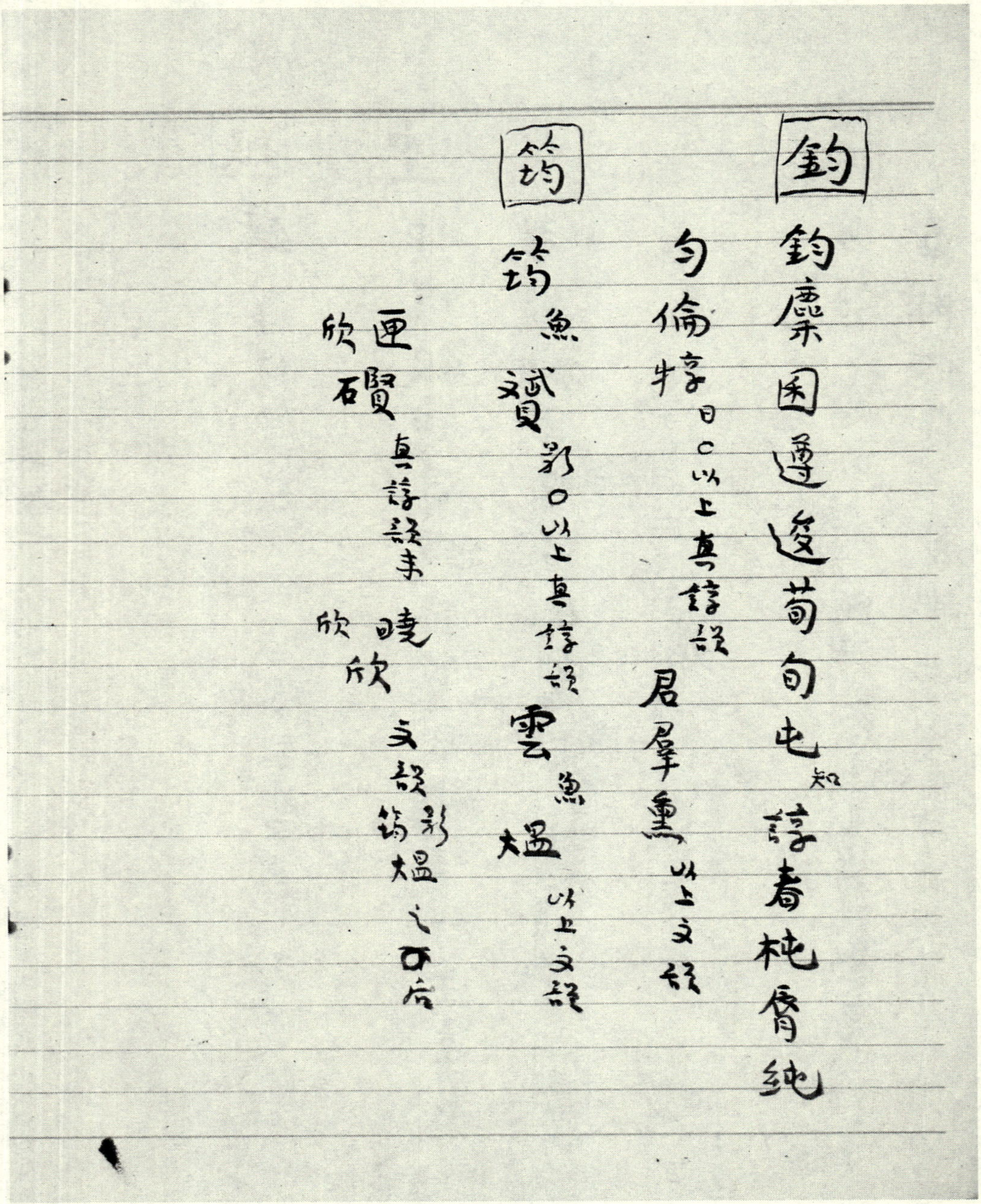

鈞
鈞稟囷遵逡荀旬屯 知 諄春杶脣純
勻倫犉 曰○以上真諄韻 君羣熏 以上文韻
筠
筠 魚 贇 影○以上真諄韻 雲 魚 熅 以上文韻
匣 礥 真諄韻末 曉 欣 文韻 影 筠熅之下居
欣 欣

山攝

干

干看單灘壇難餐珊心戔安寒合闌 以上寒韻

顏班編攀瓣蠻刪山潺黫么斕 以上刪山韻

𨴗

藩翻煩 以上元魂痕韻

閒

閒姦慳鼾閒

官

官寬岏端湍團湲蟠潘盤瞞鑽酸欑剜

歡桓鸞 以上寒歡韻

移于
官前

關

關 頑 跧 知 彎 還 湲 以上删韻

堅

堅 牽 邊 鞭 篇 箋 煎 千 遷 先 僊 燀 羶 焉 影

煙 幺 〇 以上先僊韻

軒 以上元魂痕韻

鞬

鞬 言 以上元魂痕韻

甄 愆 乾 焉 疑 顛 天 田 年 緶

眠 綿 前 錢 涎 邅 梴 纏 潺 鋋 嘕 延 妍 喻 連

然 以上先僊韻

涓

元 魚 袁 魚 鴛 暄 以上元魂痕韻

涓 權 員 魚 鐫

銓宣全旋專穿椽船遄翾涓釗幺（鋗 旋曉）娟幺玄

沿暥 以上先僊韻

匣賢 溪眷 來攣

三切在先僊韻由末

編內眷收入韻卷下

效攝

高

鐃 泥（鈮作定） 包 胞 庖 茅 啁 罩 諜 梢 巢 坳幺 𪞅幺

聱 喃〇 以上肴韻 高 尻 敖 刀 饕 陶 猱 褒 袍

毛 槽 操 曹 鏕 高 豪 勞 以上豪韻

驍

驍 翹 貂 祧

[illegible]據編內[illegible]正 [illegible]作

[illegible]蹻 桃 桃字是祧之誤，蹻為透之誤

蕭 宵 樵 編內入蹻字母

超 編內入蹻字母 祧

膮 編內注音幺 幺 要幺

焦 [illegible] 蹻字母 編內[illegible] 𣶤

以上蕭宵韻

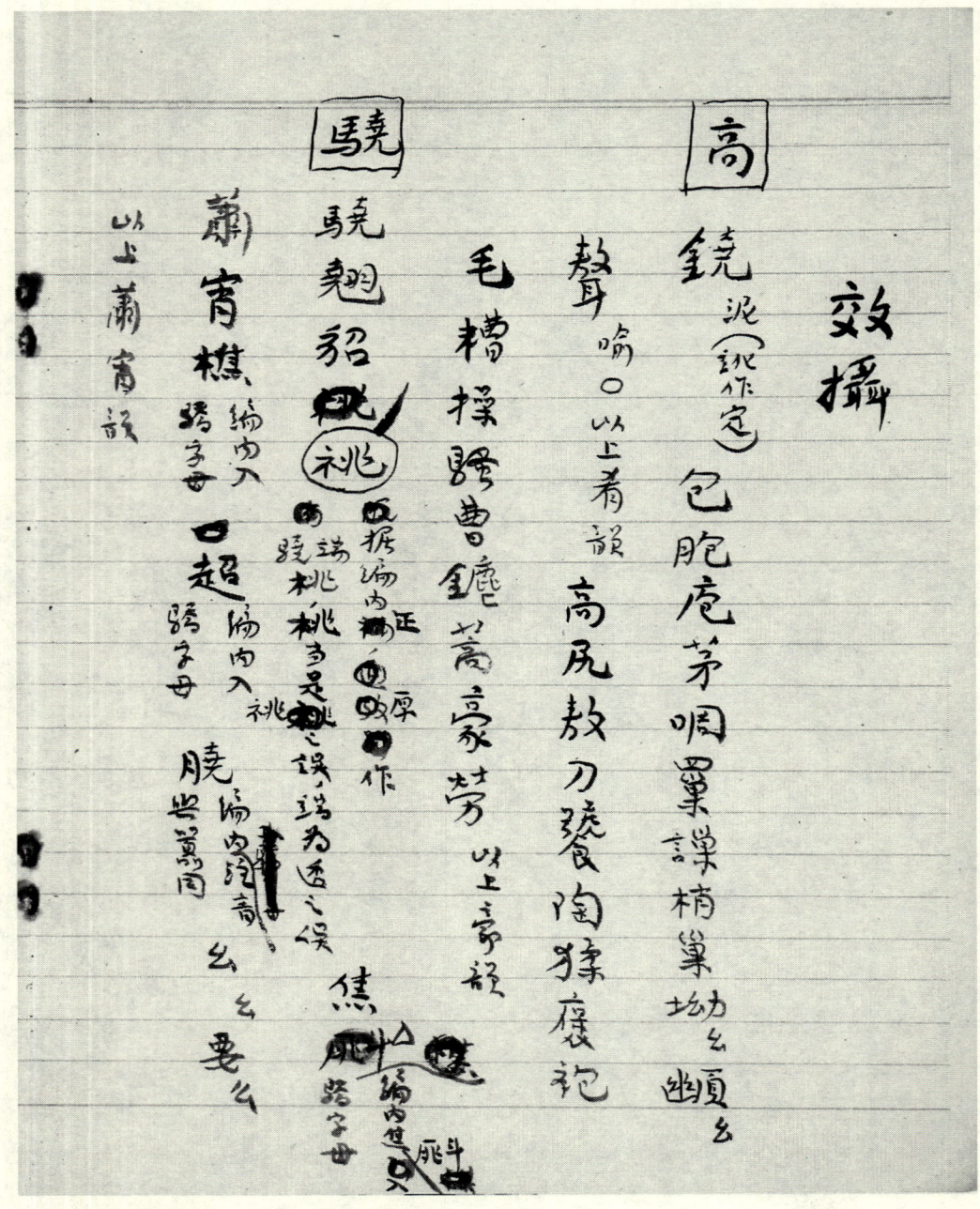

驕

驕蹺喬鴞超犬犬犬 據編內正 原作犬犬犬 鑣漂瓢苗 編內下次焦[illegible]樵

昭朝怊 編內下次超 注音與招同 燒鼂韶妖囂 編內入饒 字母 遙

堯 音與遙同 聊饒 以上蕭宵韻

交

交敲虓肴 以上肴韻

果攝

歌

歌珂莪吪化多佗駝那蹉娑醝阿訶何羅

以上歌戈韻

戈

戈科詑挼波頗摩蓑矬倭和㕣羸

以上歌戈韻

迦

迦瘸鞾

以上歌戈韻

假攝

牙

拏巴葩杷麻樝奓叉沙槎梔鴉幺牙喻

以上麻韵

編內牙字在拏字之下

屬疑母

邪闍蛇 元注從邪字編內 別出於闍下邪

嘉

嘉呿呀遐

以上麻韵

瓜

嗟

瓜誇華撾髽窊花華 合

〇以上麻韵

嗟

嗟些遮車奢邪 喻

嗟字母，本時讀岐音。嘉為見母，嗟為照母，中原音韵家麻外

別為車遮一韵。

梗 [illegible] 曾 [illegible]

揯

[illegible] 祊 繃 烹 砰 彭 爭 丁 埩 瞪 鎗 生 棖 橙

崢 [illegible] 以上庚耕清韻

揯見 登 騰 能 崩 朋 曾 增

僧 層 恒合 棱 [illegible] 以上蒸登之韻

京

京 卿 擎 迎 兵 并 平 明 精 清 情 餳 禎 征 檉

聲 呈 成禪 英 影 嬰幺 嬰幺 盈 令 誤今據編內正 ○以上庚耕清韻

丁 聽 庭 寍 [illegible] 餅 冥 青 星 靈 以上青韻

競

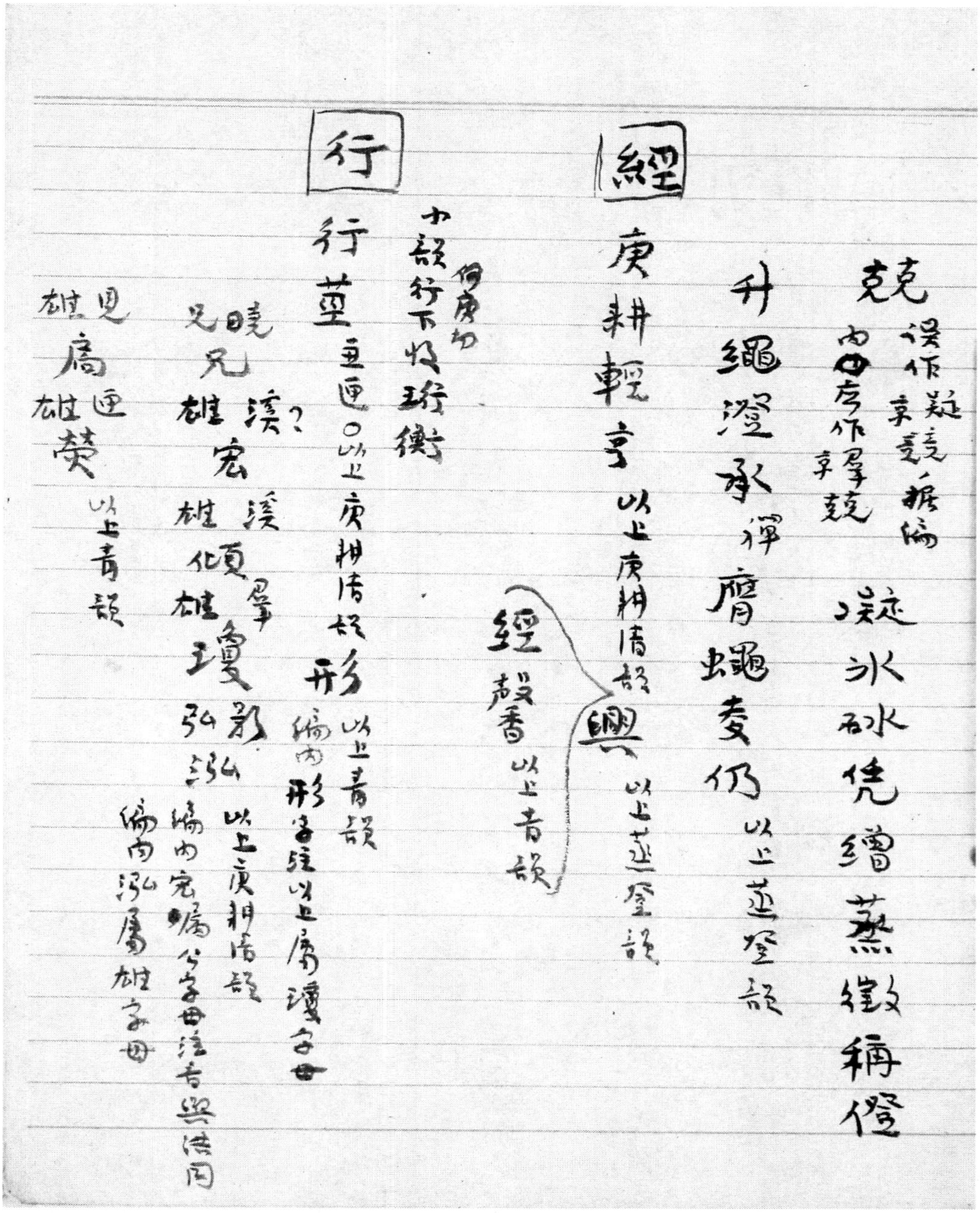
兢克 誤作兢 亨兢，據編 內府作 亨犀兢
凝 冰 砯 凭 繒 蒸 徵 稱 僜
升 繩 澄 承 禪 膺 蠅 夌 仍 以上蒸登韻

經

庚 耕 輕 亨 以上庚耕清韻
興 以上蒸登韻
經 殸 香 以上青韻

中韻行下收珩衡 何庚切

行

行 莖 亘 匣 ○以上庚耕清韻
形 以上青韻
編內形字注以上屬瓊字母

曉 兄 兄
溪？ 雄 宏
溪 雄 傾
羣 雄 瓊
影 弘
泓
以上庚耕清韻
編內宏屬公字母注音與洪同

見 雄 扃
匣 雄 熒
以上青韻
編內泓屬雄字母

流擶

鉤

鉤彄齵魚兜偷頭𩁹諏涑鯫鄒搊搜愁

謳婁

以上尤侯幽韵

鳩

鳩丘求尤牛彪毬繆揫秋脩酋囚周

鞧抽犨收儔雔憂影幽幺侯合由留柔

以上尤侯幽韻

樛

樛虯休 以上尤侯幽韻

裒收力敨抔下

裒

抔缶謀鴀 編內作不鳥○以上尤侯幽韻

浮奉
浮 尤侯幽韻末

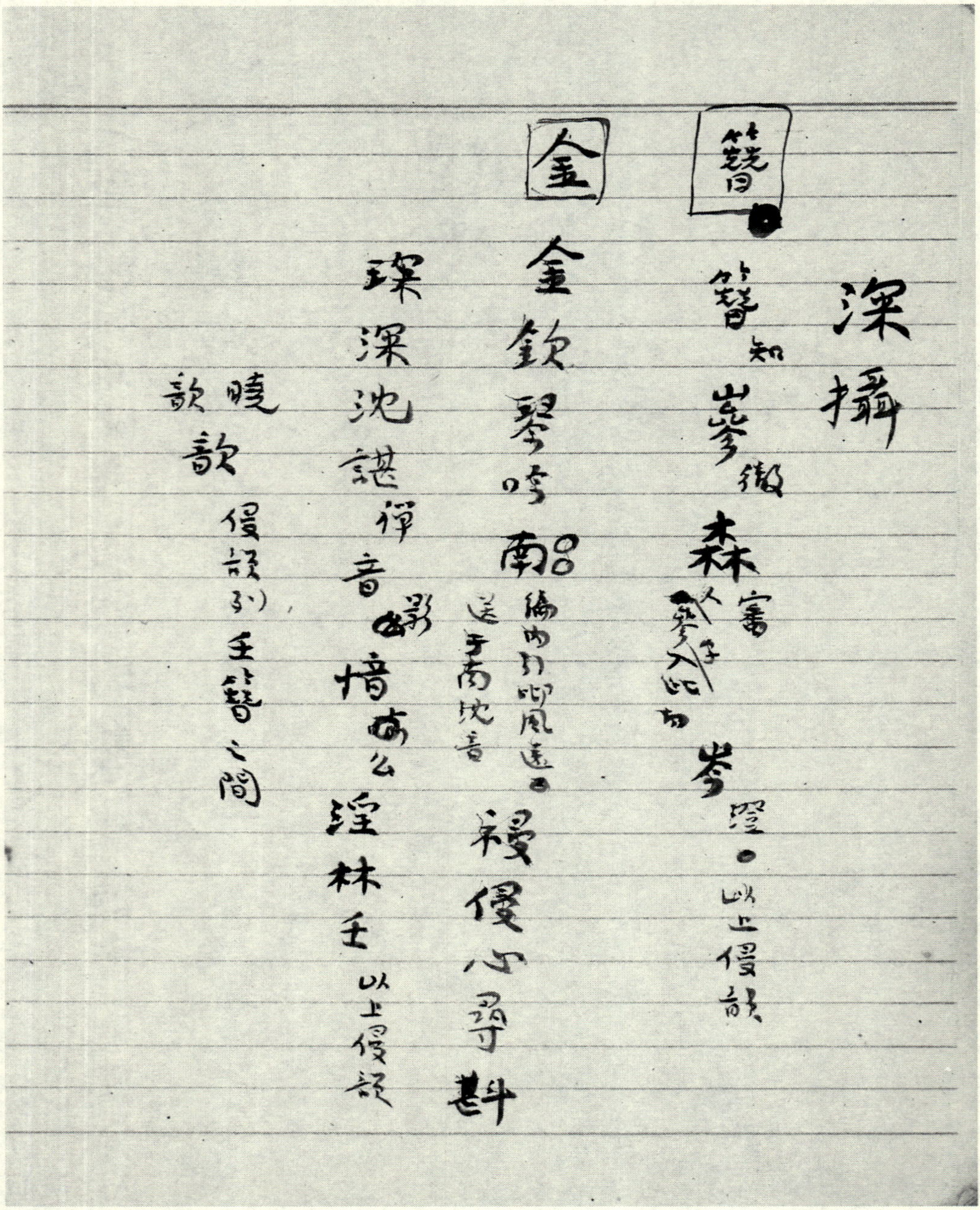
深攝

簪

簪 知 岑 徹 森 審 以参字入此母 岑 澄 以上侵韻

金

金 欽 琴 吟 南 編内列此因遠 送于南沈音 禝 侵 心 尋 斟

琛 深 沈 諶 禪 音 影 愔 曉 么 淫 林 壬 以上侵韻

曉 歆 歆 侵韻列 壬 簪 之間

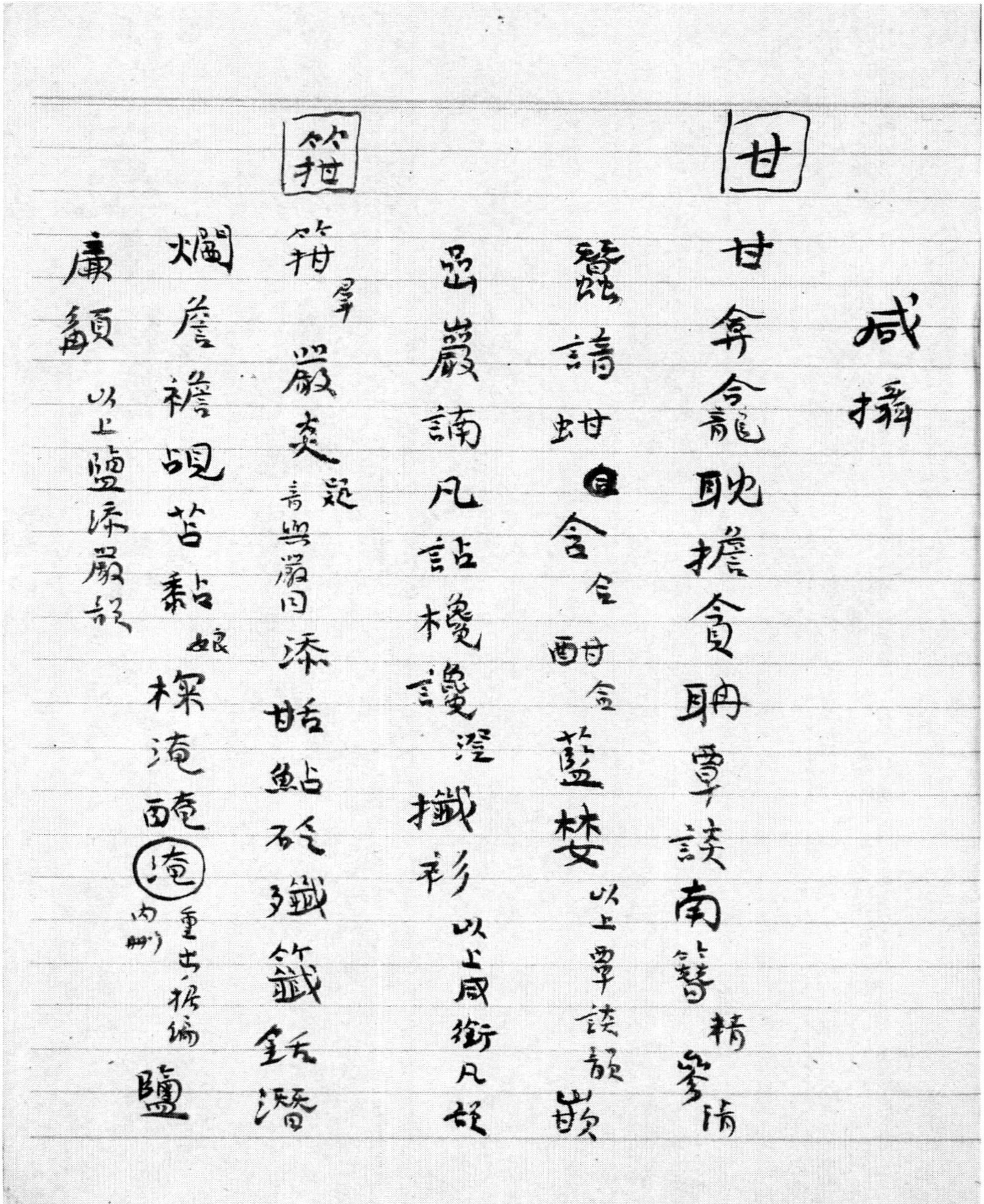
咸 㨔

甘

甘 弇 龕 耽 擔 貪 聃 覃 談 南 簪 精 參 情

蠶 諳 蚶 甘 含 含 酣 含 藍 婪 以上覃談韻 嵌

喦 巖 諵 凡 詁 欃 讒 淫 攕 衫 以上咸銜凡韻

箝

箝 嚴 炎 青與嚴同 添 甜 鮎 砭 殲 籤 銛 潛

爓 詹 襜 覘 苫 黏 娘 棎 淹 醃 淹 內刪 重出據編 鹽

廉 鐮 以上鹽添嚴韻

兼

兼謙歷幺フ以上鹽係嚴說

緘

緘監咸銜以上咸銜凡說

匣嫌
嫌
睫枕
枕
鹽係嚴說未

訖

据說金華要ノ之初開口入聲已混同（舌尖 舌根 三种）

録资料如下

姞羣 必幫 匹滂 邲並 蜜明 堲精 七清 悉心 疾從

質知 窒知 叱徹 柣徹 失審 實澄 秩澄 暱娘 尼娘

乙影 肸曉 一幺 逸喻 栗來 日日 ◎以上質術櫛韻

訖見 乞溪 疙曉 ◎以上勿迄韻 戟見 隙溪 劇羣 逆疑

碧幫 僻滂 擗並 積精 刺清 昔心 籍從 席邪 隻知

尺徹 釋審 擲澄 射澄 石禪 益幺 睪喻

又 以上陌麦昔韻

鶂疑 的端 逖透 狄定 惄泥 壁帮 霹滂 甓並 覓明

績精 戚清 錫心 寂從 歷來 以上錫韻

亟見 極羣 嶷疑 即精 堲清 息心 職知 陟知 敕徹

識審 食澄 直澄 匿娘 寔禪 億影 赩曉 弋喻 力來

以上職德韻

急見 泣溪 及羣 岌疑 湒精 緝清 集從 習邪 執知

縶知 蟄徹 澀審 蟄澄 十禪 邑影 吸曉 揖幺 熠喻

立來 入日 以上緝韻

曷

曷见 渴溪 嶭疑 遏影 喝晓 曷合

以上曷末韵

閤见 榼溪 溘溪 姶影 欱晓 合合 盍合

以上合盍韵

怛

怛端 闥透 達定 捺泥 拶精 蔡清 躠心 截从 剌来

以上曷末韵

獭透 八帮 拔並 傄明 帓明 札知 哳知

窡彻 刹彻 殺审 軋幺 [illegible]

以上黠鎋韵

答端 錔透 榻透 沓定 𦐇定 納泥 帀精 趿心 雜从

拉来 臘来

以上合盍韵

发非 伐奉 挟精 劄知

臿徹　聅審　霅澄　煠澄　扇娘　押幺　以上洽狎乙韻

訐

獻疑○以上黠轄乙韻　揭見　孑見　謁溪　傑羣　孽疑

姪定　蹩並　轍澄　舌澄　折禪　抴喻　以上屑薛韻

劫見　笈羣　跲羣　曄疑　業疑　牒定　捷從　牒澄　涉禪

葉喻　以上葉韻

結

結見　挈溪　窒端　鐵透　涅泥　蹩幫　鼈幫　別幫　撆滂

潎清　蔑明　節精　切清　屑心　薛心　截從　淅知　哲知

徹徹　設審　噎幺　纈匣○○　齧喻　列來　戾來　熱日

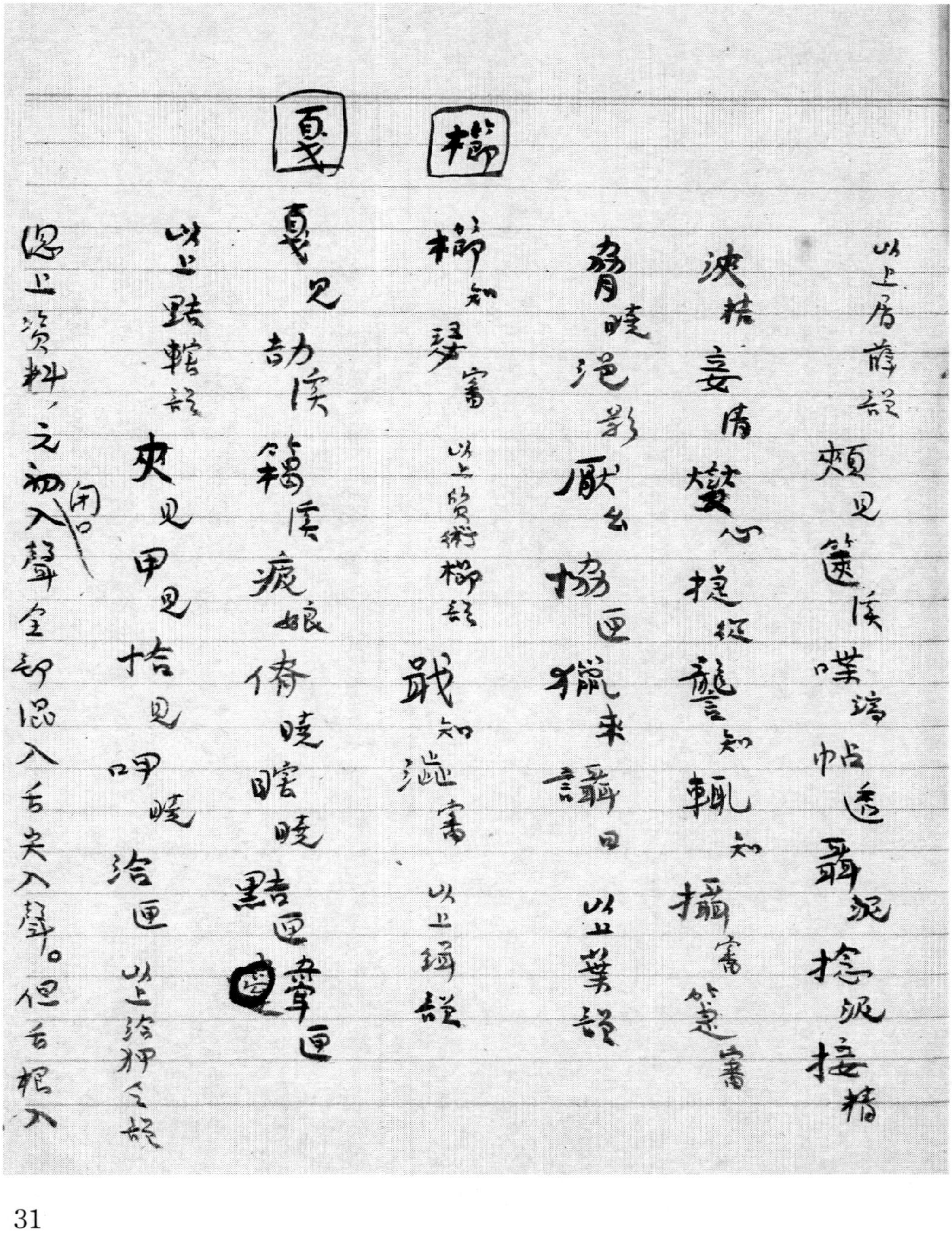

以上屑薛韻

頰見 篋溪 喋端 帖透 聶泥 捻泥 接精

浹精 妾清 燮心 捷從 讋知 輒知 攝審 箑審

脅曉 浥影 厭幺 協匣 獵來 讘日 以上葉韻

櫛

櫛知 瑟審 以上質術櫛韻

戢知 澁審 以上緝韻

戛

戛見 劼溪 鞂溪 㾤娘 傄曉 瞎曉 黠匣 [illegible]匣

以上黠轄韻

夾見 甲見 恰見 呷曉 洽匣 以上洽狎乏韻

總上資料之初入聲（開口）全部混入舌尖入聲。但舌根入聲，除錫韻外，陌韻職韻部分混入舌尖入聲。

陌韻之
格見 格
格見 隔
格溪 客
格曉 赫
……5
曷韻之
葛見 葛
葛溪 渴

……話不混殺。混者細音耳。

入聲演變表

入聲演變表

廣韻入聲既分三類，收 t k p，今粵音完全保存，是以知之。

至元之初，p 已完全丢失，併入于 t k 之細音中。（韻會入聲要而未分入聲……；濁音依然存在；十K已）

周德清入聲表前列之。中原雅音，入聲完全消失。（清音皆讀入上，全濁入陽平，次濁入去，大体不差；兩音）

故入陽平、上、去，韻次列之。近人前燕大教授陸[illegible]

方著曲韻探驪，是述清乾隆時太倉沈乘麐曲韻驪珠而作。（解放后改寫為曲韻易通）項氏之說，以明范善臻中州全韻為底本，則所録入聲，北音當是明時之音，又次列之。

而殿以現代北京音焉。

北大藏印之中州音韻，即嘯餘譜本。趙蔭棠語即王文璧之書，而屬于信。王書成于明中葉，又正德初年又次列之。

（音情角）

見

開 ① 韻會舉要

② 中原雅音

③ 王氏中州音韻

④ 曲子纏洙

⑤ 現代北京音

◎ 萬見
萬
割（以上皆來）
閣
蛤
鴿（以上合盍）

◎ 各見
各
閣
格（以上覺鐸）

4
果
〃

〃
〃
〃

4
果 或舉
〃
解

◎ 格見
格
隔 陽
革（以上陌麥）

解
〃
〃

見齊

覺見◎
覺
覺見
角（以上覺）

吉見◎
吉（以上質術櫛）

激
擊（以上錫）

訖見◎
訖
吃（以上勿迄）

4
較
〃
4
几
〃
〃
〃

戟（以上陌麥昔）
亟
棘（以上職德）
急
級
汲
給（以上緝）

許見◎
許（落音發）
揭（以上月没）

4
几
〃
〃
〃
〃
〃
〃
三
〃

揭 几也切
訐 〃
孑 几也切
桀 〃
（以上屑薛）
劫 几也切
（以上葉）
結見◎ 十
結 几也切
潔 〃
（以上屑薛）
頰 〃
夾（乏狎洽入）
（以上葉）

戛見◎
戛
頡
（以上黠鎋）
夾
甲
（以上洽狎乏）
脚見
脚
（以上藥鐸）

十
假
假 〃
較

見合

穀見◎
轂
谷
（以上屋）
告
梏
（以上沃燭）
骨
（以上月没）
括見◎
括
（以上曷末）

4
古
古
古
古
古
果

刮見◎
刮
（以上黠轄 曷末又）
郭見◎
郭
（以上藥鐸）
虢見◎
虢
馘
（以上麥陌昔）
國見◎
國
（以上職德）

4
寡
4
古褁切
4
枴
八
4
鬼

見撮

匊 見◎
匊
菊
鞠（以上屋）
拳（以上沃燭）
屈（以上勿迄）

4
矩
〃
（[illegible]）
↓

橘 見◎
橘
茁（以上質術櫛）
狊（以上錫）

4
矩

玦 見◎
玦
決
訣（以上屑薛）
臄 見◎
臄（入[illegible]）
（以上藥鐸）

厥 見◎
厥（以上月[illegible]）

矍 見◎
矍（以上藥鐸）

4
矩乜切
〃
〃
[illegible]

4
矩乜切

4
渠[illegible]切

溪開（音清次角）

萵溪◎ 渴（以上曷末）

磕（以上合盍）

各溪◎ 恪（以上藥鐸）

格溪◎ 客（以上陌麥昔）

十可

巧

十楷

克溪◎ 克 刻（以上職德）

十
[illegible]弓美勺
〃

溪 齊

豈 溪◎
殼
（以上覺）

吉 溪◎
詰
（以上質術櫛）

喫
（以上錫）

訖 溪◎
乞
（以上勿迄）

隙
（以上陌麥昔）

4
愨 巧

4
起

（吃）
い

い

い

怯 8
（以上業）
補 怯 編切

泣
（以上緝）

許 溪◎
揭
（以上月沒又屑薛）

結 溪◎
[illegible]
挈
（以上屑薛）

篋
（以上葉 帖）

起也切

4
起

乃也切

起也切

い
い

溪③ 劫（以上黠轄） 恰（以上洽狎乏）

奚 （漏鈔）

溪③ 却（以上葉鐸）

脚

（見丙乙）

4

起𥗕

巧

溪合

◎溪 穀 哭（以上屋）

酷（以上沃熇）

窟（以上月没）

◎溪 括 濶（以上曷末）

◎溪 郭 廓 擴（以上藥鐸）

4 苦

苦

苦

4 科上声

4 苦穫切 〃

溪掇

溪◎ 匊 麴 （以上屋）

曲 （以上沃燭）

屈 （以上勿迄）

溪◎ 厥 闕 （以上月沒）

溪◎ 玦 缺 （以上屑薛）

闋

4

犬雨切

〃

〃

去也切

〃

〃

溪◎ 腳 卻 （又去聲） （以上藥鐸）

溪◎ 矍 躩 （以上藥鐸）

溪◎ 橋 闃 （以上錫）

4

[illegible]

渠竜切

十

炬

（音濁角）

羣

齊羣 ◎

訖

姞

（以上質術櫛）

羣 ◎

訐

傑

桀

竭

揭

（以上屑薛）

笈

跲

（以上葉）

羣 ◎

脚

噱

（足）

下

劇

（陌麥昔）

極

（以上職德）

及

（以上緝）

（訟濁）

傑

桀

竭

揭

（屑薛）

中 ◉

茄

〃

〃

（䏿）

4

几

技

其

其

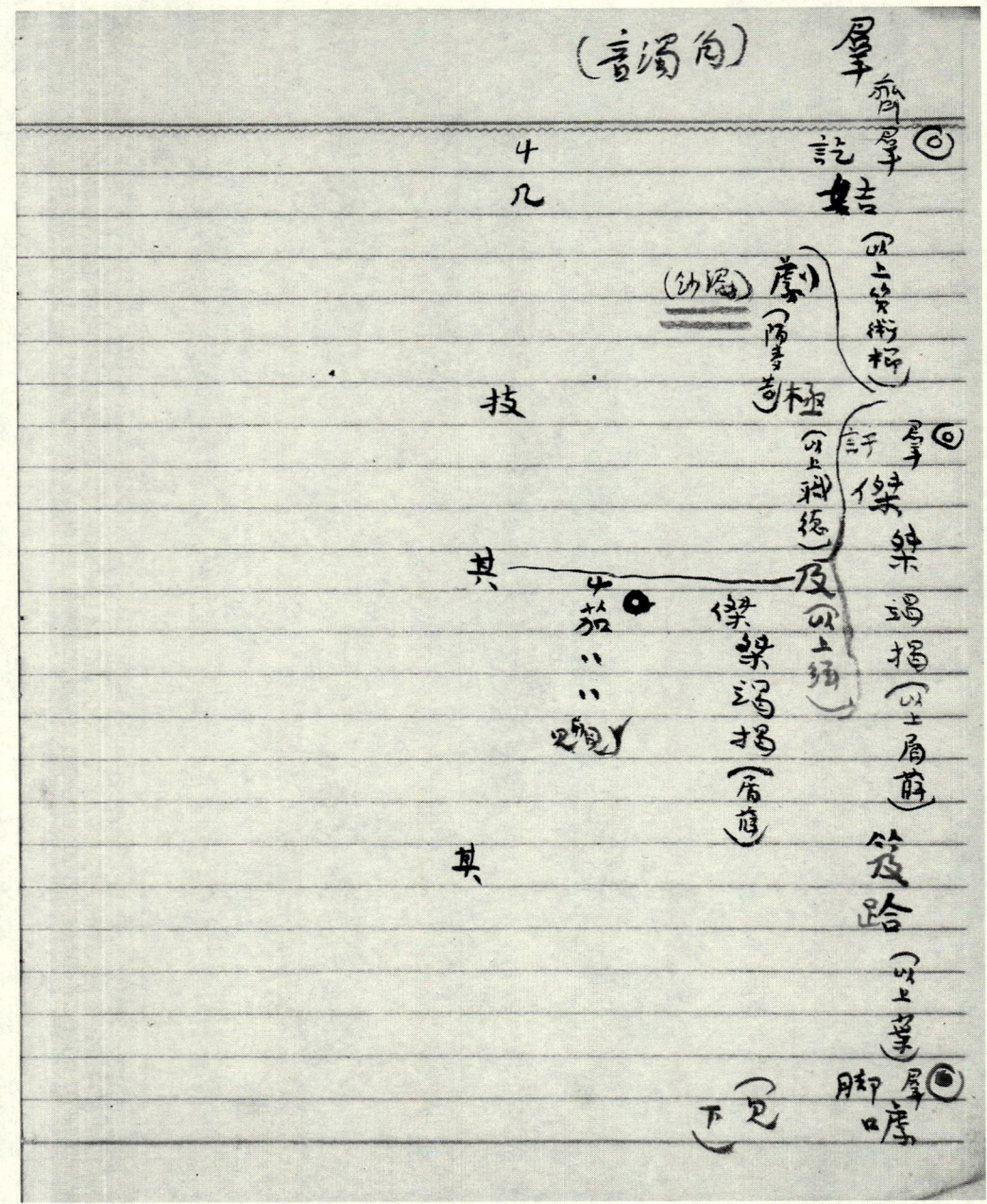

羣撅

◎羣 匊 鞠（以上屋） 局（以上沃燭） 倔（以上物迄） ◎羣 橘 獝（以上質術櫛） ◎羣 厥 橛 掘（以上月沒）

4 矩 4 渠 〃 〃 璩 〃

◎羣 脚 噱（入藥韻）（以上藥鐸）

廿 喬

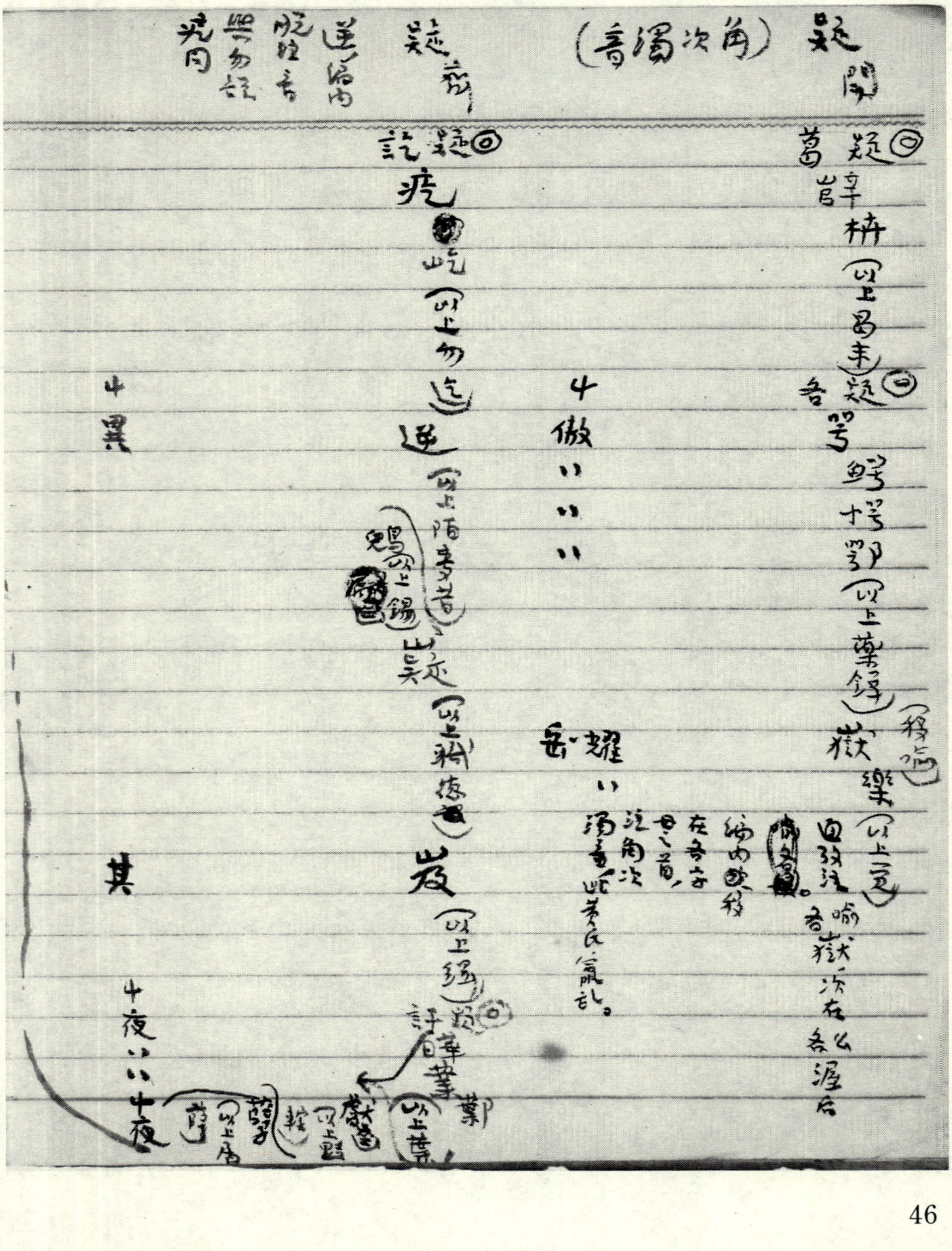

疑合

疑撮

寸 疑 腑 母音

字 齿

鱼 齐

见 喉

（音次 涸次 角）

◎疑 縠 兀 （以上月没）

4 五

◎鱼 犬 （以上月没）

評 鐈

疑 撮 齐

◎疑 虐 ◎瘧 （以上葉韻）

脚

4 要 以

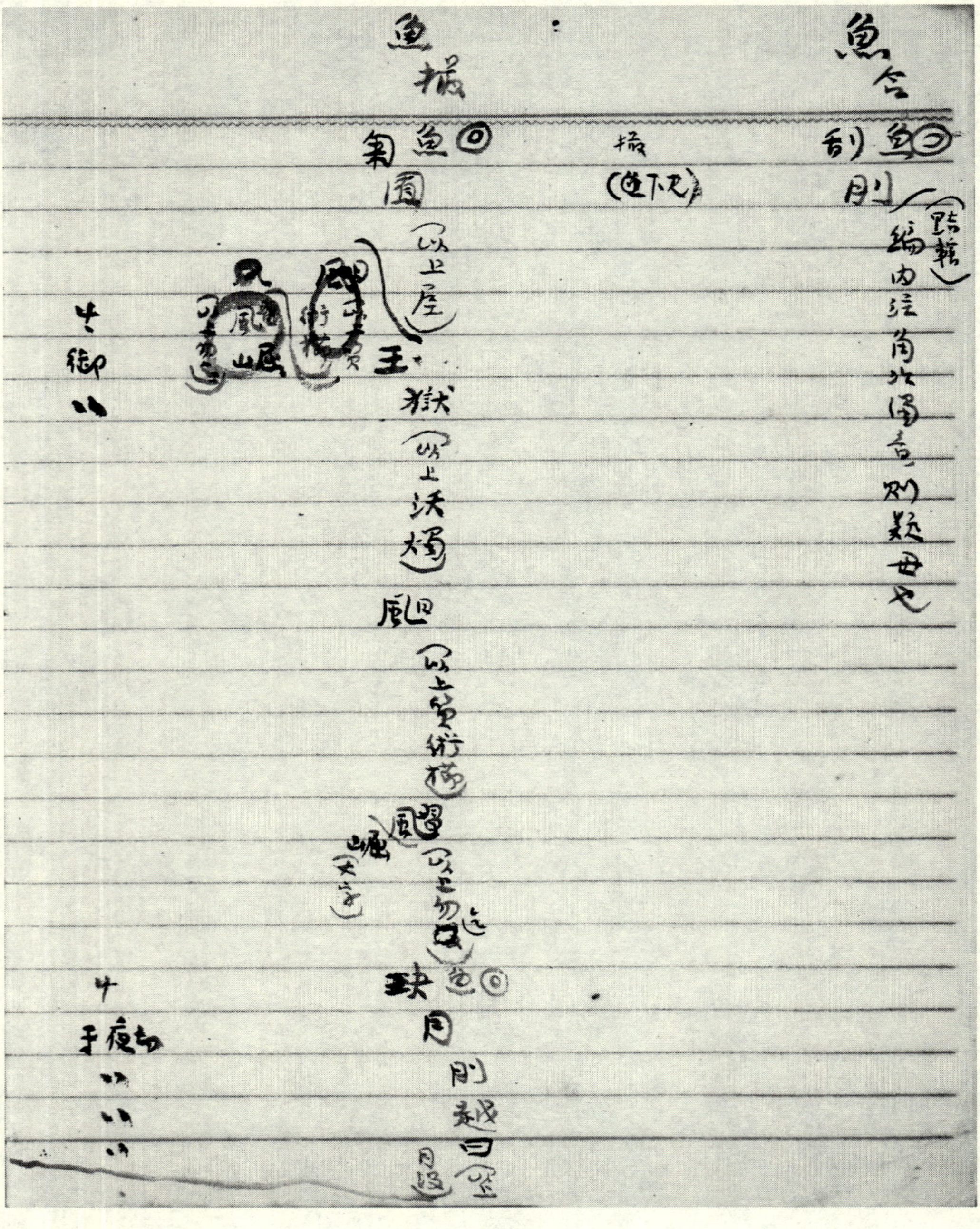

端開 (音清徵) 端齊

克端◎ 德 得 (以上職德)

坦端◎ 坦 妲 (以上曷末)

答 (以上合盍)

(旦 撮端◎ 鐸 (以上末)

4 朶 切 丶丶

4 打 丶丶 丶丶

結端◎ 窒 (以上屑薛)

的端◎ 的 滴 嫡 (以上錫)

4 底 丶丶 丶丶

(知家兒)

（音清次徵） 透 開

端 合

端 ◎
裰
（以上質術櫛）

端 ◎
篤
（以上沃燭）

咄 ◎
（以上月沒）

括 端 ◎
掇
（以上曷末）

4
端
堵

4
朶

〃

十 怛 ◎
闥
撻
（以上曷末）

錔
沓
塔
榻
（以上合盍）

獺
（以上黠鎋）

◎
託
拓
籜
鐸
（以上藥）

4
忒打切
〃

（定限）
◎
忒打切
忒打切

〃

◎
4
討
〃
〃

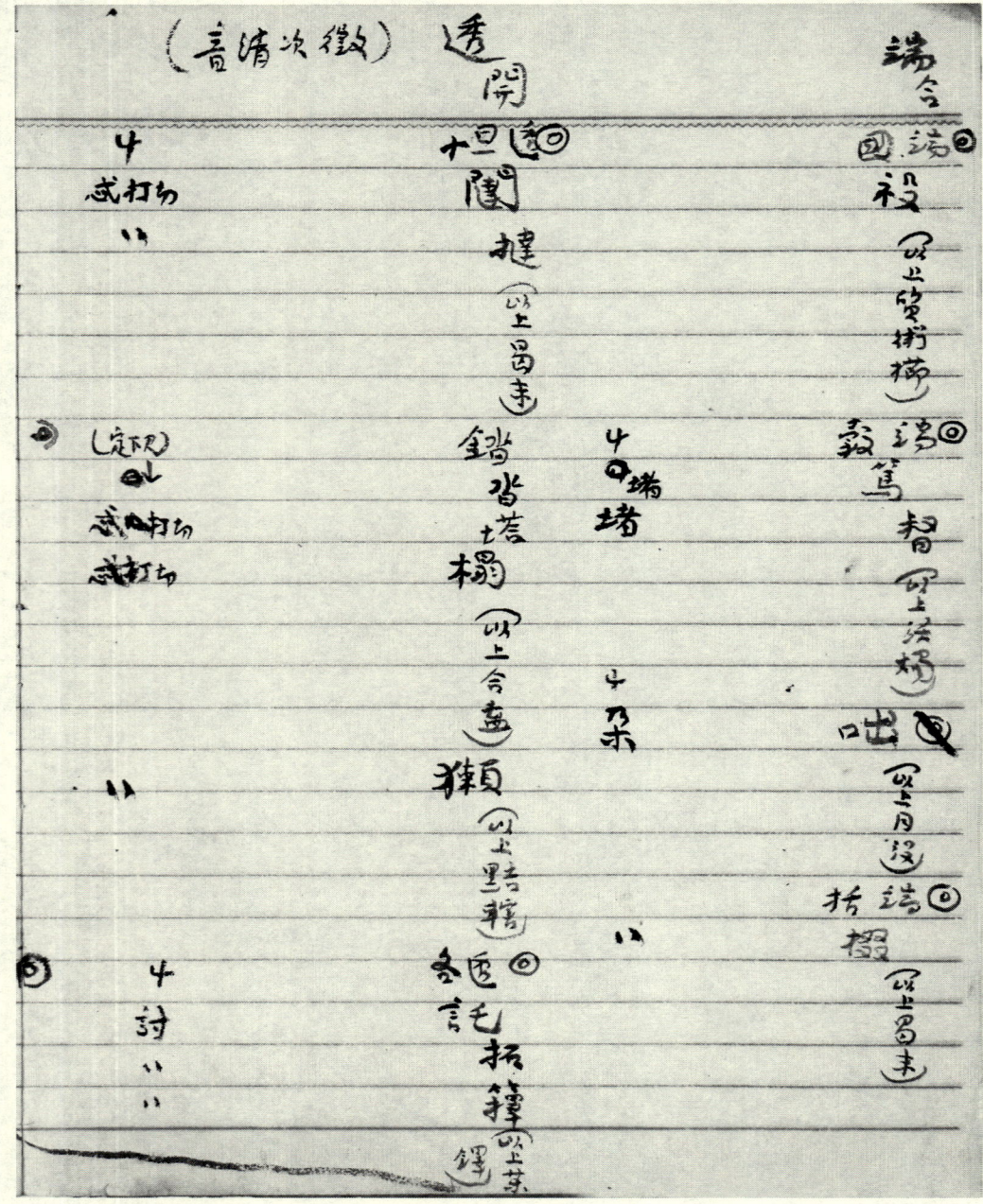

透齊

透㊀ 訖 迭 惕 剔（以上錫）

透㊀ 結 鐵（以上屑薛）

帖（以上葉）

透開 透 克 忒 慝（以上職德）

4 體 〃〃

肯體也切 〃

4 妥美切 〃

透合

透㊀ 穀 禿（以上屋）

突 突（以上月沒）

廣韻陀骨切 [illegible] 注音與韻同但 [illegible] 他骨切入透母

透㊀ 栝 侻 脫（以上曷末）

4 土

[illegible]陀

4 妥 [struck through]

定閑　（音濁徵）　定齊

各 定◎
鐸
度
（以上藥鐸）
克 定◎
特
（以上職德）
怛 定◎
達
（以上曷末）
沓
踏
䵬
（以上合盍）
各 沃◎
諾
鐸
（以上藥）

中
桃戎多
〃
中
馱葡切
中
堂孚切
〃
〃

訏 定◎
姪
垤
耋
迭
跌
（以上屑薛）
訖 定◎
狄
荻
敵
笛
糴
滌
（以上錫）
◎
（当郎乐叶）牒 蝶 疊 蝶
（以上葉）

中
（望与見）
多
〃
〃
底也切
中
低
〃
〃
〃
〃
〃
牒 多
〃
〃
〃

(音須次徵)　(移開合) 泥 齊　　　　定 合

4 尼夜切　　结泥◎　4 陀　　括定◎
　　　　　　埋　　　(徒上見)　奪
〃　　　　　捏　　　　　　　　　脫
〃　　　　　(以上屑)　　　　　　(以上曷末)
〃　　　　　蘗
　　　　　　(以上葉)

　　　　　　詑泥◎　4　(了滿釣)　穀定◎
腻　　　　　惄　　　都　　　　　獨
〃　　　　　溺　　　〃　　　　　讀 犢
　　　　　　(以上錫)　4 堵　　　(以上屋) (以上沃)
　　　　　　　　　　　　　　　　毒
　　　　　　　　　　　　　　　　(以上沃燭)
　　　　　　　　　西　　　　　　突
　　　　　　　　　　　　　　　　(月沒)

泥（娘）

怛泥◎

捺

（以上曷末）

入娘

簄（以上洽狎之）

匿改注娘怛

擇鍋內泥

音與捺同

眠洽切

納

衲

（以上合盍）

~~訥泥◎~~

~~納~~

~~（以上黠鎋）~~

額泥◎

搦

（以上陌麥昔）

各泥◎

諾

（以上藥）

鐸

4

那

〃〃

4

閙

泥今

郭泥◎

搦

（以上覺）

數泥◎

訥

（以上月沒）

刮泥◎

納

（以上黠鎋）

4

賦耀切

怒

幫闕

幫◎ 各 剝 駮 （以上覺）

博 搏 薄 （以上藥鐸）

坦 幫◎ 八 （以上黠轄）

幫◎ 額 百 伯 柏 迫 （以上陌麥昔）

（音清幫宮）

ソ 保 〃 〃 〃 袍或婆

ソ 把

ソ 擺 〃 〃 〃

幫弟齊

訖 幫◎ 必 畢 （以上質術櫛）

辟 辟玉（以上陌麥昔） 辟錫（以上）

結 幫◎ 鼈 別 （以上屑薛）

ソ 比 〃 〃 〃 〃 比也切 〃

帮母

帮◎ 卜 樸 [illegible] 濮（以上屋）

𣪊

襮 不（以上沃燭）

帮◎ 筆 弼（以上質術櫛）

國

碧（以上陌麥）

逼（以上職德）

北（又字）

4 補 普 補 補

4 彼 婢 比 比 彼

帮◎ 拾 撥 鉢 跋（以上曷末）

4 跛 〃 〃

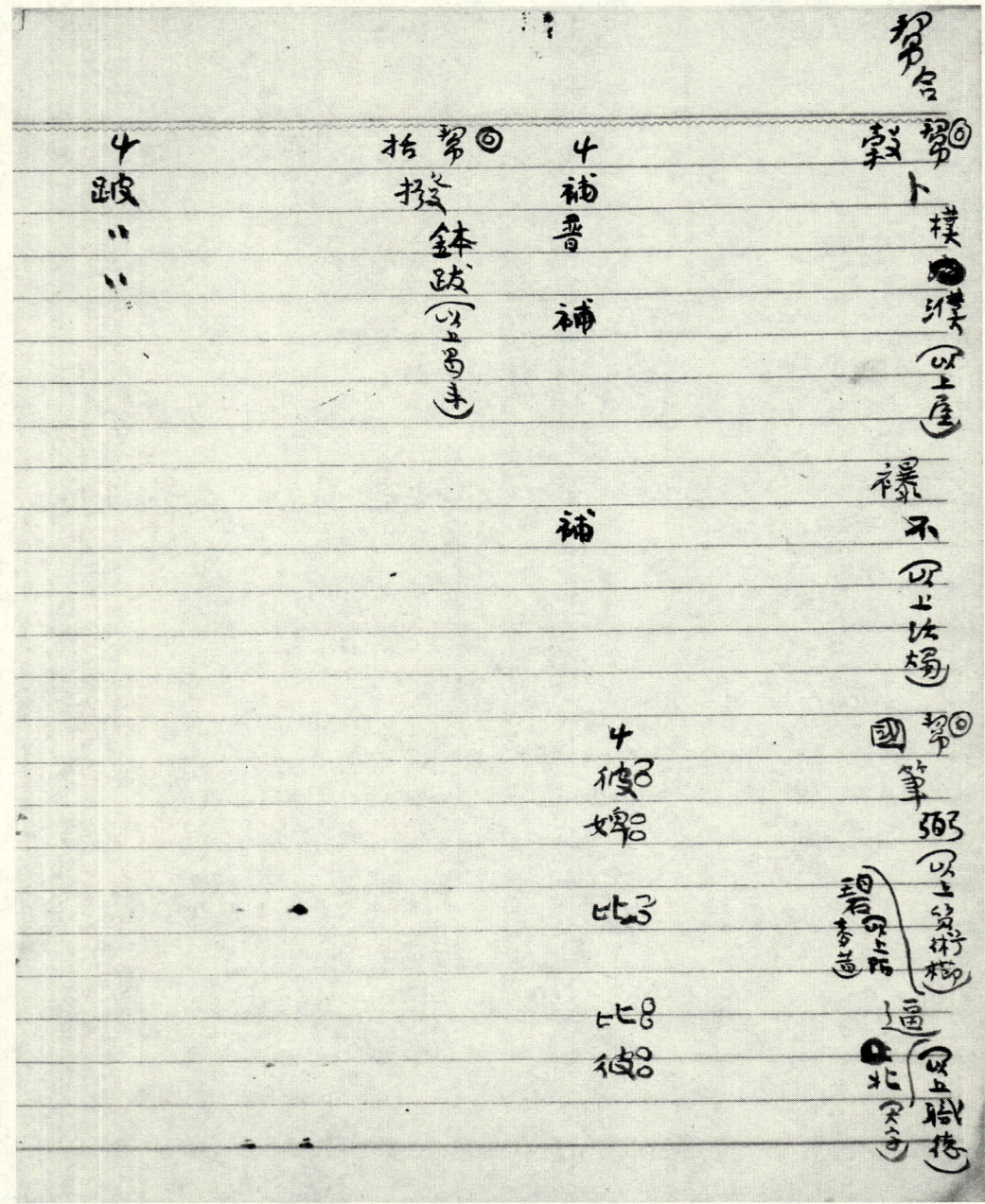

滂陌　（四宮次清音）　滂齊

各　滂◎

粕

濼（以上藥鐸）

璞

樸（以上覺）

額　滂◎

拍

珀

魄

擅

補　擗（以上陌麥昔）

十

頻

〃

〃

十

頻藹切

〃

〃

訖　滂◎

匹（以上質術櫛）

僻

癖

霹（以上陌麥昔）

闢（十分字）

霹

劈（以上錫）

（勁偏）　錫　滂◎

瞥

撇（以上屑薛）

十

瘠

〃

〃

〃

婢

瘠

〃

瘠也切

〃

滂合

穀 滂◎

朴（以上屋）

月出（以上月沒）

月 引書又音

國 滂◎

塲（以上職德）

括 滂◎（鉢脫）

潑（以上曷末）

並開

各 並◎ ㄆ 頗

雹

撲（以上覺）

泊

亳（以上藥鐸）

額 並◎

白

帛

舶（以上陌麥昔） ㄆ 頗

（音濁開口）

ㄆ 花或婆

〃

〃

〃

ㄆ 排

〃

〃

並齊

詑 並◎
𨚑
（以上賀術撰）
擗
僻
躃
甓
（以上隋書音）
甓
（以上鍇）
佬 並◎（紡漏）
另

4
蜱
痺
（諸上見）
〃
（[illegible]）
比

並合

穀 並◎
僕
曓
瀑
（以上屋）
僕
（以上沃燭）
孛
悖
勃
渤
（以上月沒）
拔 並◎ 瞥又見
跋
拔
撥
（以上曷末）

4
逋
〃
〃
〃
蒲
〃
〃
〃
4
婆
〃（又婆箄切）
跛

（音獨次濁宮） 明 開

並◎ 國

十 愎

菔（大字）（以上職德）

按编内愎菔嗜注音無弼同切帮母也

二编内此在端宫，故改並母

弼（以上質術櫛）

各明◎

遐 㛮

（以上覓）

4

莫 㛮

帽或磨

〃

〃

〃

漠

摸

寞

（以上藥鐸）

額 明◎

中

陌

賣

〃

麥

〃

脉

（以上陌麥音）

怛明◎

乜

下

明秀

明◎
訖
密
（以上貿術樗）
覓
（以上錫）
十坦 明◎
俺
帏
（以上蹄轄）
（大開）

ㄐ
謎
〃

明令

穀 明◎
木
沐
鶩
（以上厓）
國 明◎
窓
（以上貿術樗）
墨
默
（以上聯德）
沒
（以上月沒）
琺 明◎
萬

ㄐ
慕
〃
謎
ㄐ
妹
〃
暮
密夜ち
〃〃

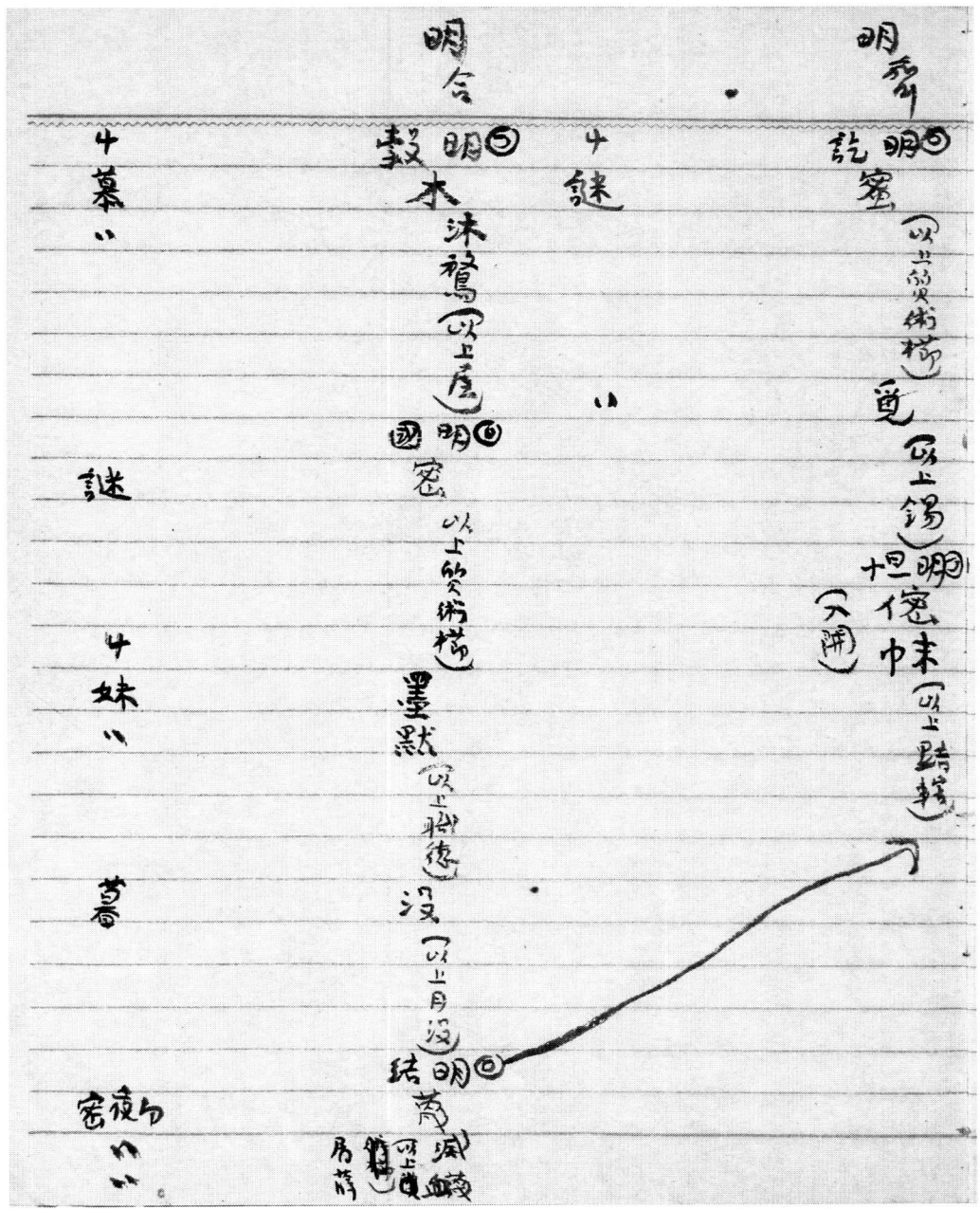

（音清宫次） 非
閉

括明◎	4	坦非◎	4
末	鑣	髮	弗打切
沬	〃	發	〃
抹	〃	（以上月没）	〃
（以上曷末）		法	
		回改誤作髮 （以上洽狎乏）	

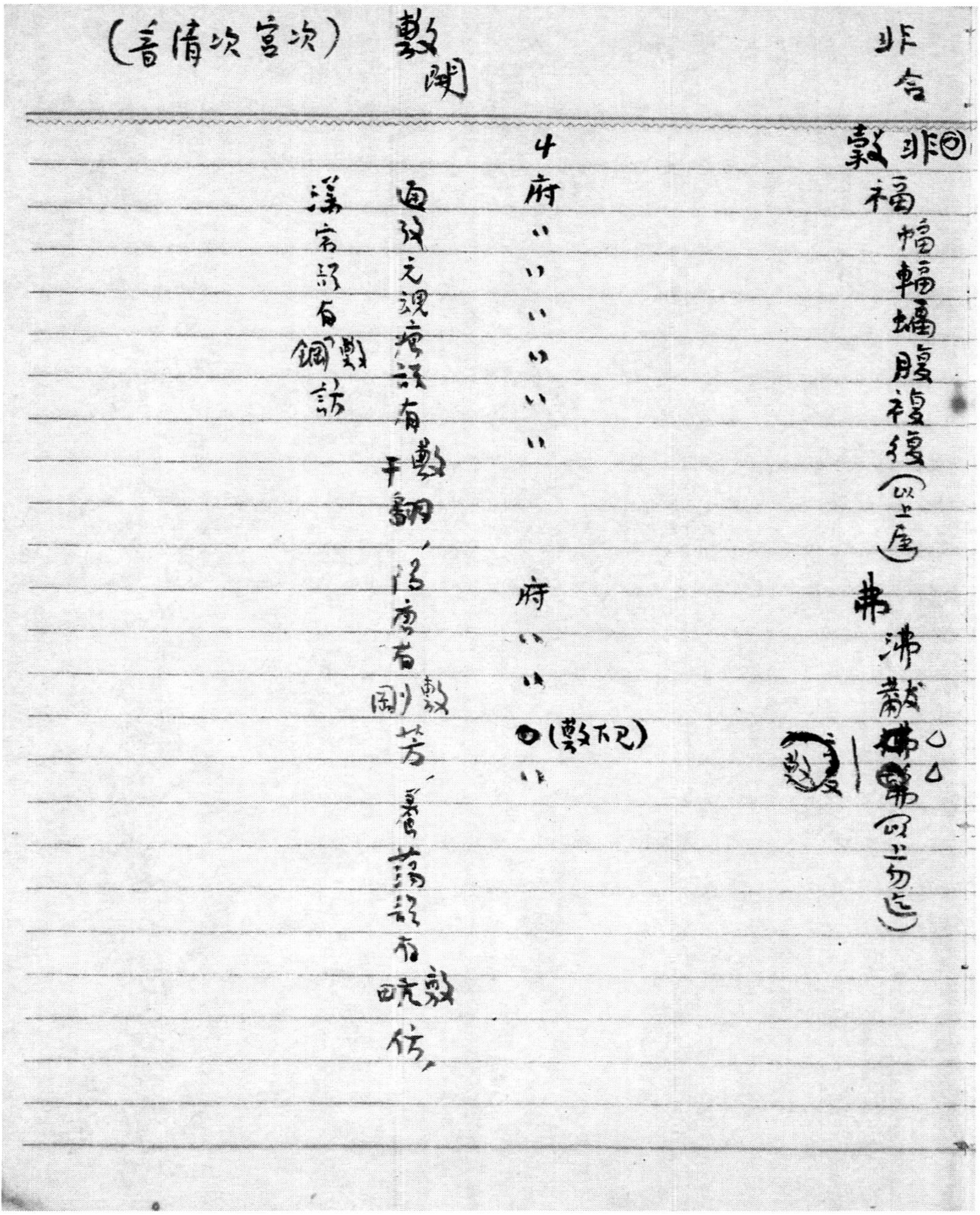
非合
數閱
(音清次宮次)
非㊀
福
幅
輻
蝠
腹
複
復
(以上屋)
弗
沸
4
府
府
(數下已)

（音濁含次）

奉 閉

數 令

數◎

穀 螋 西覆（以上屋）

拂 髴（以上勿迄）

數◎ 縠 斛 △ 米（以上藥鐸）

廣韻鐸小韻博補各切，有欂

編內所注方博切當屬清音，由此凑改

葉鍵又音方博切

舊讀如字，是

4 府 〃

4 ~~府（非言切）~~ ◎△一

恒 奉◎ 伐 閥 罰（以上月沒）

乏（以上洽狎合）

通攷誤作伐

4 扶 拏切 〃 〃

〃

奉名

（音濁次宫次） 徵
閏

◎奉
敷伏復服匐（以上屋）
佛（以上勿迄）
敦孛◎
幞（以上沃燭）

4
扶
〃
〃
〃

扶

十旦 徵◎
韈（以上月没）

4
吴大扬

微合　　　　　精開　　　　　（音清商）

日 穀 微◎（明文）

日 睦 牧 穆（以上屋）

勿 物（以上勿迄）

4、粟 茶 〃 〃 〃

務 〃

各 精◎　　　4 早

作

鑿　　　　　曹（從下見）

（以上藥鐸）

克 精◎　　　4 子溪切或子

則

（以上職德）

怛 精◎　　　4 子打切

拶

（以上曷末）

帀　　　　　〃

（以上合盍）

挾

睫

押

（以上洽狎）

精
齊

訖精◎
堲
喞
（以上質術櫛）

積
迹
脊
（以上陌麥昔）

绩
（以上錫）

即
稷
（以上職德）

潗
（以上緝）

4
擠
〃
蹟〃
〃
〃
〃
〃

精
合

𣪠精◎
鏃
（以上屋）

卒
（以上月沒）

枯精◎
繓
撮
（以上曷末）

4
楚

祖

左
此我切

（下见续）

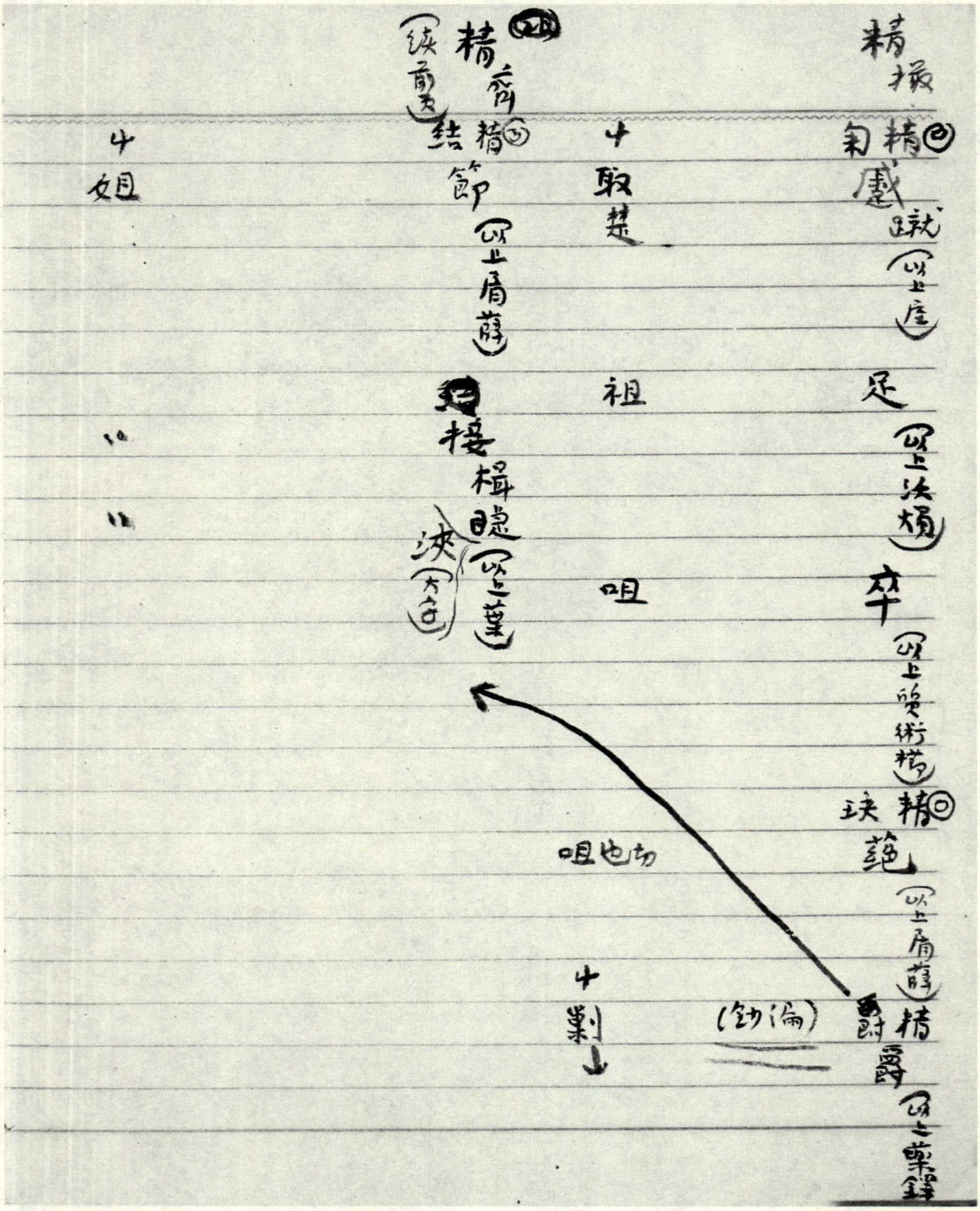

精
掝
匊 精
蹙
蹴
(以上庄)
足
(以上汰頒)
卒
(以上與術楷)
玦 精
蕝
(以上肩薛)
尉 精
爵
(以上藥鋒)
(鈔倫)
十
取
楚
祖
咀
咀也切
十
剿
(续前页)
精
齊
结 精
節
(以上肩薛)
接
楫
浹
(大字)
(以上葉)
十
姐

清齊 （音清次商） 清闕

說倩◎ 4 擦此打切 椙倩◎

4 且以切

七 漆（以上契術櫛）

（蔡） 綱內云清 备 錯（以上葉鐸） 未（以上蜀）

4 草

刺 磧（以上陌麥昔）

戚（以上錫）

堲（以上職德）

緝 葺（以上緝）

壿見下頁

清合

清◎
轂
簇
簇
（以上屋）
猝
（以上月沒）

4 甚い

4 取

清
攝

清◎
匊
促
（以上沃燭）
焌
（以上覺術櫛）
紅 塤
清◎
蒔
石 蹟
鵲
（以上藥鐸）

4 取

4 猜い

浩 竅（錢上變）

從 閉 心 閉

（音濁齒商）

精 清◎
切：
鑽 稿
（以上屑薛）
妾 捷
（以上葉）

从
且
〃
〃

克從◎
賊
坦從◎
截
雜
（以上曷末）
（以上合盍）
克從◎
賊
（以上職德）
各從◎
昨
鑿
（以上藥鐸）
坦從◎
雜

从
慈斝切
从
慈梅切
从
曹
〃

從齊

訖 從◎
疾
嫉（以上賀術帖）
籍
瘠（以上陌麥昔）
寂（以上錫）
集
輯（以上緝）
結 從◎
捷（以上葉）
併截（截字右）
齊也切

十 集 齊
〃
〃 擠
齋
〃
〃

從合

穀 從◎
族（以上屋）

4 祖

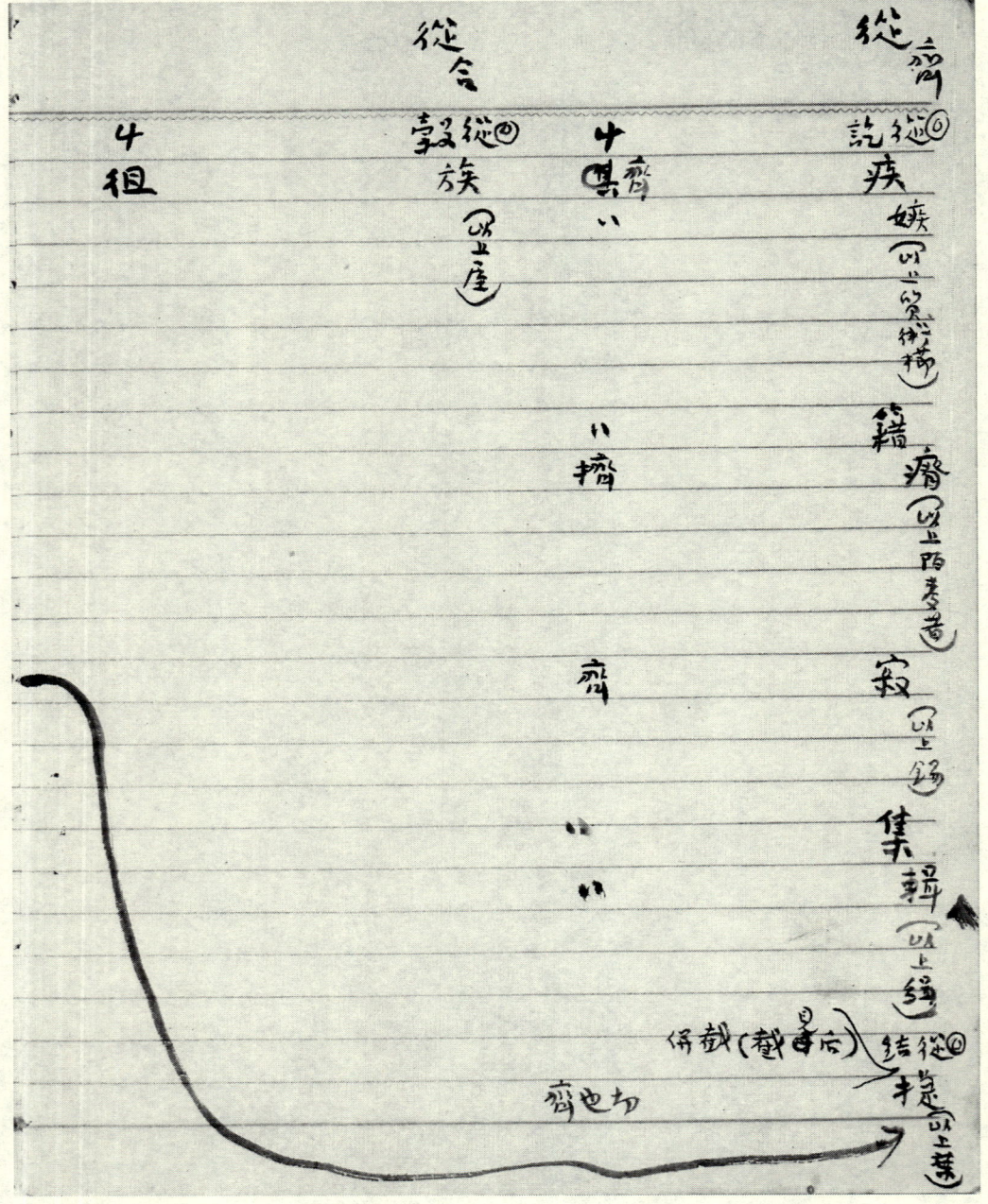

（音次清次商）

從撮

刷 從◎
崒
誶（以上[illegible]）

玦 從◎
绝（以上[illegible]）

爵 從◎
嚼（以上[illegible]）

心 閱（心[illegible]）

~~克~~ ~~心~~◎
塞

怛 心◎
薛（以上[illegible]）

踧
卌（以上[illegible]）

克 心◎
塞（以上[illegible]）

各 心◎
索（以上[illegible]）

[illegible]

4
聚

齊瘠切

4
焦

4
薩撒 死打切

4
死

4
嫂

心齊

訖 心◎

息

悉

熄

膝（以上質術櫛）

昔

惜（以上陌麥昔）

錫

析（以上錫）

息

熄（以上職德）

4

徙

徙

〃

〃

〃

〃

〃

〃

〃

〃

心齊

結 心◎

屑

薛

泄（以上屑薛）

褻（子廣）

燮（以上葉）

齊 從

結 從◎

截

截（以上屑薛）

編內作截

從齊

倈前

4

寫

〃

〃

〃

〃

寫也切

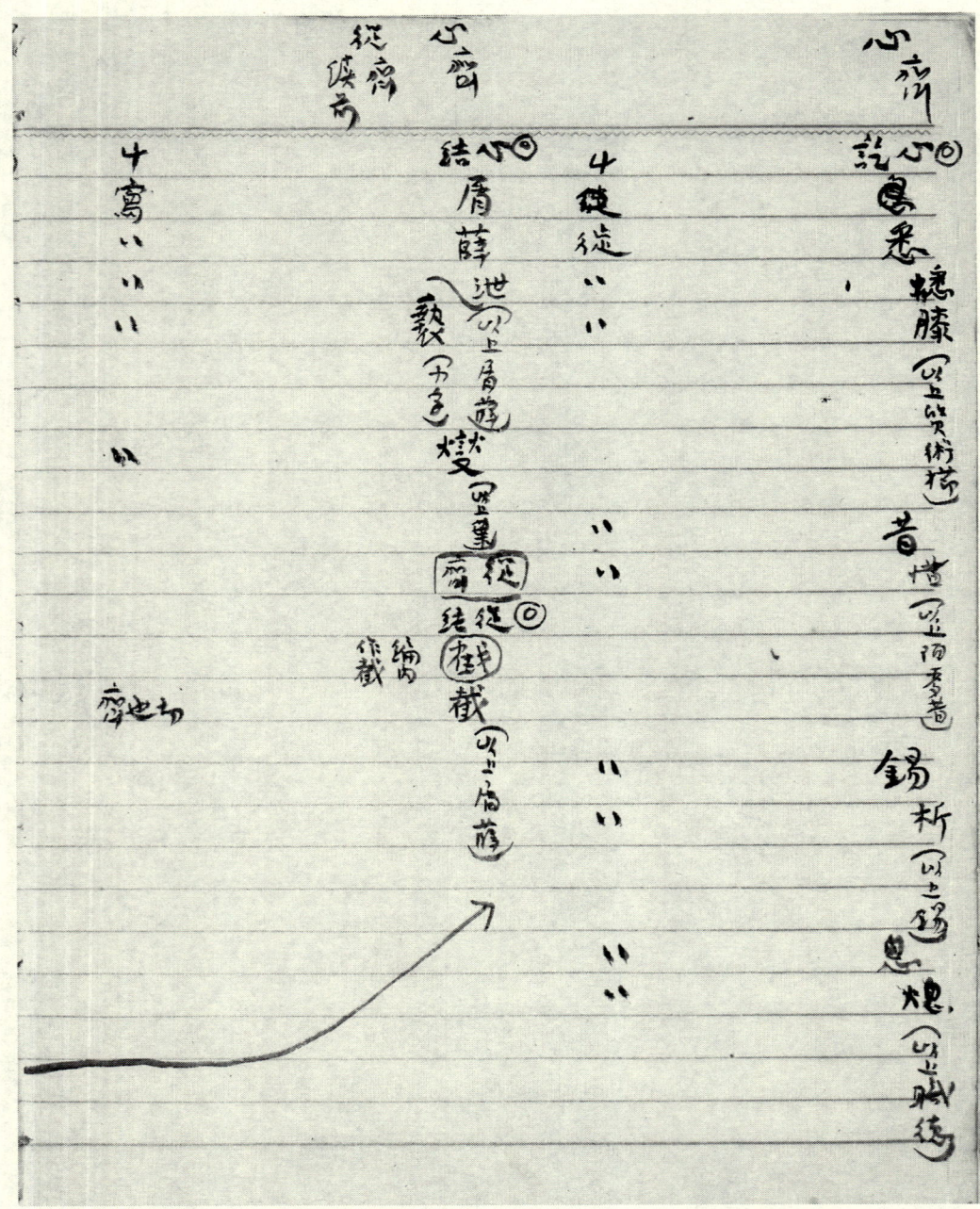

心合

穀心◎
[illegible]速（以上屋）
窣（以上月沒）

十
所

心攝

匊心◎
肅
宿
夙（以上屋）
粟（以上沃燭）
恤
戌（以上質術櫛）
玦心◎
雪（以上屑薛）
[illegible]心◎
[illegible]削（以上藥）
錫

十
清
〃
〃
十
清
〃
〃
滑也切
十
小

《韻學集成》中之《中原音韻》

韻子集成卷四，改从己身之己，似从巳誤也。

韻學集成中之中原音韻

韻學集成全稱新編併音連聲韻學集成。明嘉靖己未補刻本，初刻於成化十七年辛丑。仍有明刻蝕脫葉，據北京科學院藏成化初刻本補。著者章黼字道常，別號守道，江蘇嘉定人。據著者自識「緣寫自宣德壬子歲起，至正統丙寅稿成。重理之，歷丙子，凡數脫稿，迄天順庚辰書成完。計帙二十本。嗟予耄矣，目昏手顫。書之誤者，添改於旁。尚賴賢能校正精書，鋟梓流通，不亦美乎。練川邑横塘章黼，時年八十有三，謹識。」據此章已高年，目昏手顫，不復多加校正，則此識當作天順庚辰書完

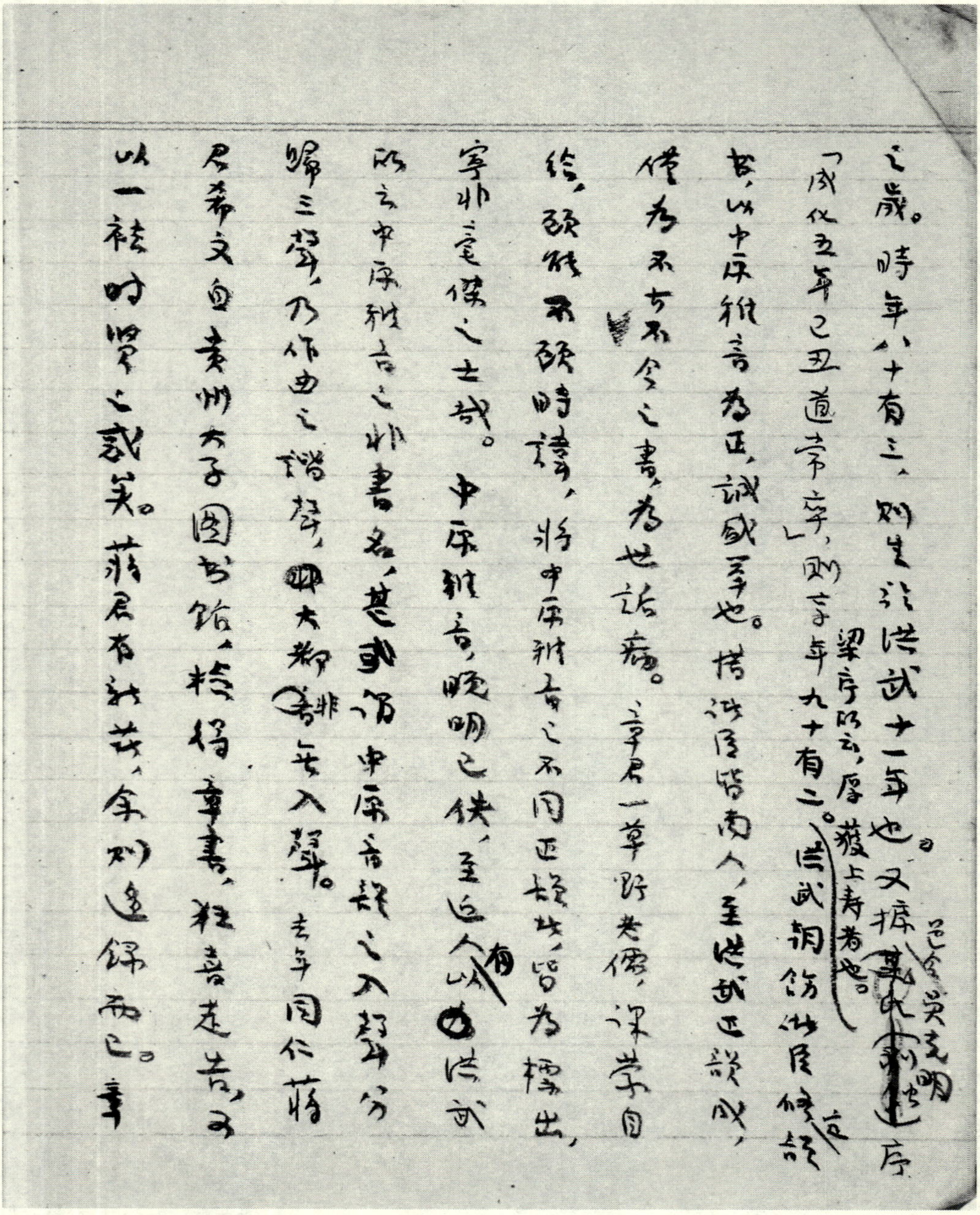

之歲。時年八十有三，則生於洪武十一年也。又據某氏述序（已令吳克明鈔出）

「成化五年己丑道常序」，則序年九十有二。梁序所云，屢獲上壽者也。洪武間仿俗民俗謠立

者，以中原雅音為正，誠盛事也。惜洪陽皆南人，至洪武正韻成，

僅為不古不今之書，為世詬病。章君一草野老儒，深學自

給，頗能不顧時諱，將中原雅音之不同正韻者，皆為標出，

寧非豪傑之士哉。中原雅音，晚明已佚，至近人有以洪武

所云中原雅音之非書名，甚或謂中原音韻之入聲分

歸三聲，乃作曲之譜聲，與大都語非無入聲。去年同仁蔣

君希文自貴州大學圖書館，檢得章書，狂喜走告，予

以一校時學之試笑。蔣君有新著，余則述錄而已。章

君既卒，其子曼抱其书呈予邑令，言已泣下，阖闾而不
能逝（吴克明序）邑令偶之，士大夫赞之，遂寿诸梓。今年
在人间，另明刻本，其不为清人所重可知。蒋君之作，偶使与时贤相见，则似于
之光可显矣。余得君书，岂无所感哉。年未七十四此
略而年未未题。琴能文字之子，富好之四十余年。君为学
师，余滥竽上庠满亩席。有子数读书无，未尝远游，於
曼。顾乃年未七十，目虽瞎而手未颤，竟不能因君於一
抒平生之一得，深自愧矣。

烘 呼貢切

第一卷 東董送屋

⿰竇刂 中原雅音云 ⿰竇刂穴本作⿰竇刂 此字承韻古孔切下

穀 中原雅音 音古

酷 文从沃說中原雅音 音苦

屋 中原雅音 音塢

熇 呼木切 中原雅音 音虎

洪 戲同切 中原雅音

哄 胡貢切 中原雅音 休貢切 音烘

牿 文从沃說中原雅音 音古

哭 文从屋說中原雅音 音苦

沃 中原雅音 音塢

澒 胡孔切 中原雅音 收去声 休貢切

汞 (承澒) 中原雅音 休孔切

斛 胡谷切中原雅音火模切 承斛胡古切

鵠 中原雅音火模切

戚 中原雅音子羽切

足 元从沃韻中原雅音戚 足同作上声子羽切

蔟 千木切中原雅音七古切

促 中原雅音取 （承千木切）

速 蘇合（谷）切中原雅音思魯切

肅 中原雅音素醋 思雨切又音 （承蔌速切）

夙 蘇玉切中原雅音思雨切 （承肅）

粟 元从沃韻中原雅音思雨切 （承夙）

從 牆容切

未注中原雅音 表

△

從 才用切 中原雅音音粽

族 昨木切 中原雅音（音）租

叢 徂紅切 中原雅音青葱切

松 舊韻詳容切 中原雅音無音淞

頌 文从宋韻似用切 中原雅音思用切 音宋

續 文从沃韻似足切 中原雅音思余切

弓 居中切 中原雅音（音）公

恭 文从冬韻 中 中原雅音音公 （承弓）

鞏 古孔切

拱 鞏 中原雅音音

供 居用切 中原雅音音貢

菊 居六切 中原雅音音矩

○○○禹雨同音
證明中原
雅音的入
声並未
分中原
之音截然
中能東
而是一併
着録法
竟以一
有此嫌疑。

○○穹 丘中切 中原雅音音空

恐 丘隴切 中原雅音音孔

恐 欺用切 中原雅音音控

麴 丘六切 中原雅音丘禹切○○

曲 又从沃韻 中原雅音丘雨切○○（承麴）

窮 渠宮切 中原雅音器紅切

蛩 又从冬韻 中原雅音器紅切（承窮）

△洪 巨勇切

共 渠用切 中原雅音音貢

局 又从沃韻渠玉切 中原雅音音居

○○邕 又从冬韻於容切 中原雅音於公切似翁音

擁 又从腫韻委勇切 洪武正韻 ㊥音勇 中原雅音亦音勇

郁 乙六切 中原雅音音芋

澳 中原雅音於孝切 又奧同 女苦切○○

60

胷 許容切中原雅音作胸

畜 許六切 按中原雅音旭音許 畜等無畜音 許若丑六切則音丑 他倣此

旭 文从沃韻中 原雅音音許 （承畜）

雄 正韻胡容切 舊韻胡弓切 中原雅音戲容切

融 以中切

育 余六切 中原（雅）音音芋

欲 文从沃韻中原 雅音音芋 （承育）

[illegible]

顒 魚容切 中原雅音

玉 魚欲切中原雅音以育欲 玉等同音芋

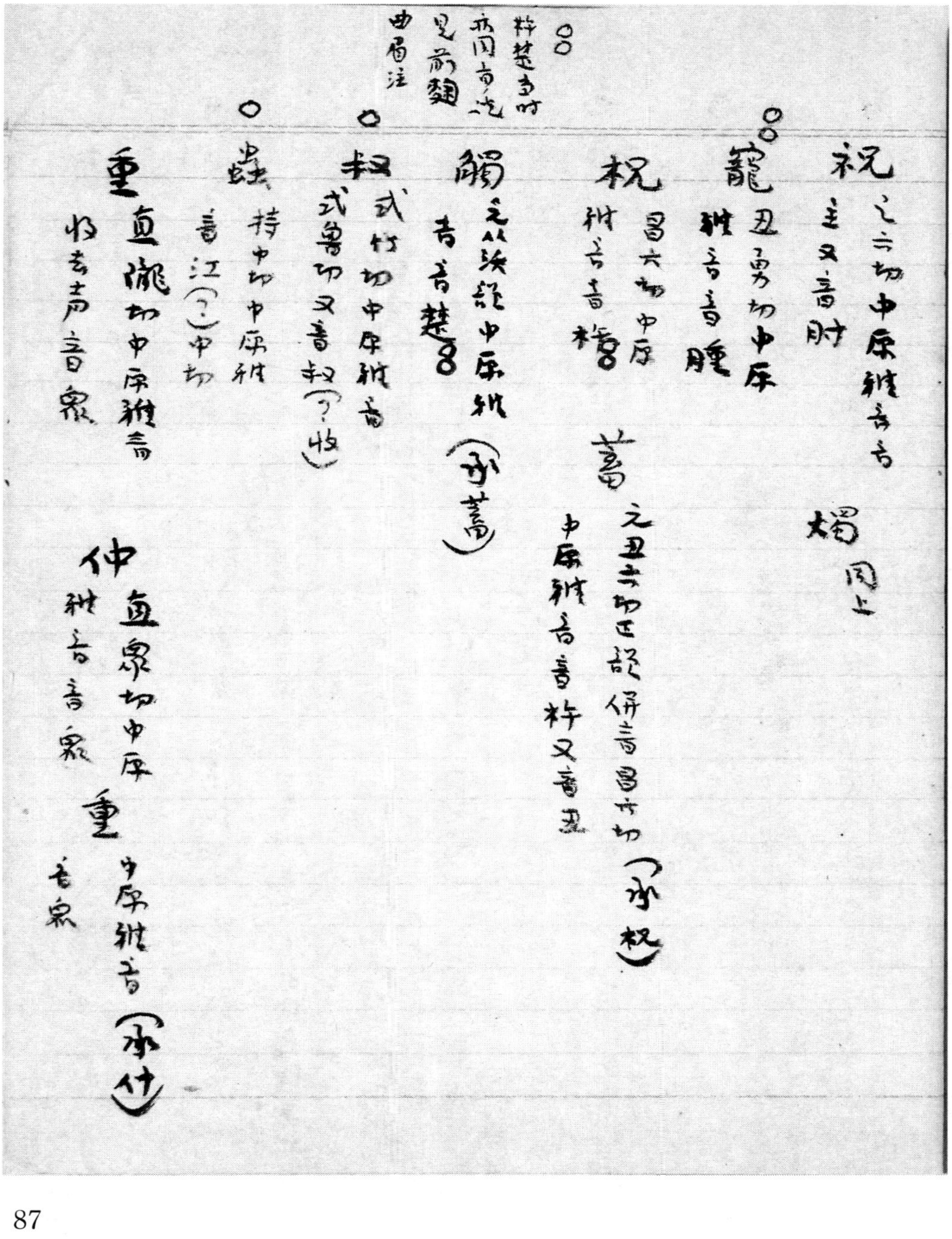

○○杵楚吾时
亦同音泚
見前麴
曲局注
祝 之六切中原雅音 主又音肘
燭 同上
○○寵 丑勇切中原雅音音腫
柷 昌六切中原雅音音樞
蓄 之丑六切正韻併音昌六切（承柷）
中原雅音音杵又音丑
○觸 之从淡韻中原雅（承蓄）
音音楚
○叔 式竹切中原雅音
式魯切又音叔（?收）
○蟲 持中切中原雅
音江（?）中切
重 直朧切中原雅音
收去声音衆
仲 直衆切中原
雅音音衆
重 中原雅音（承仲）
音衆

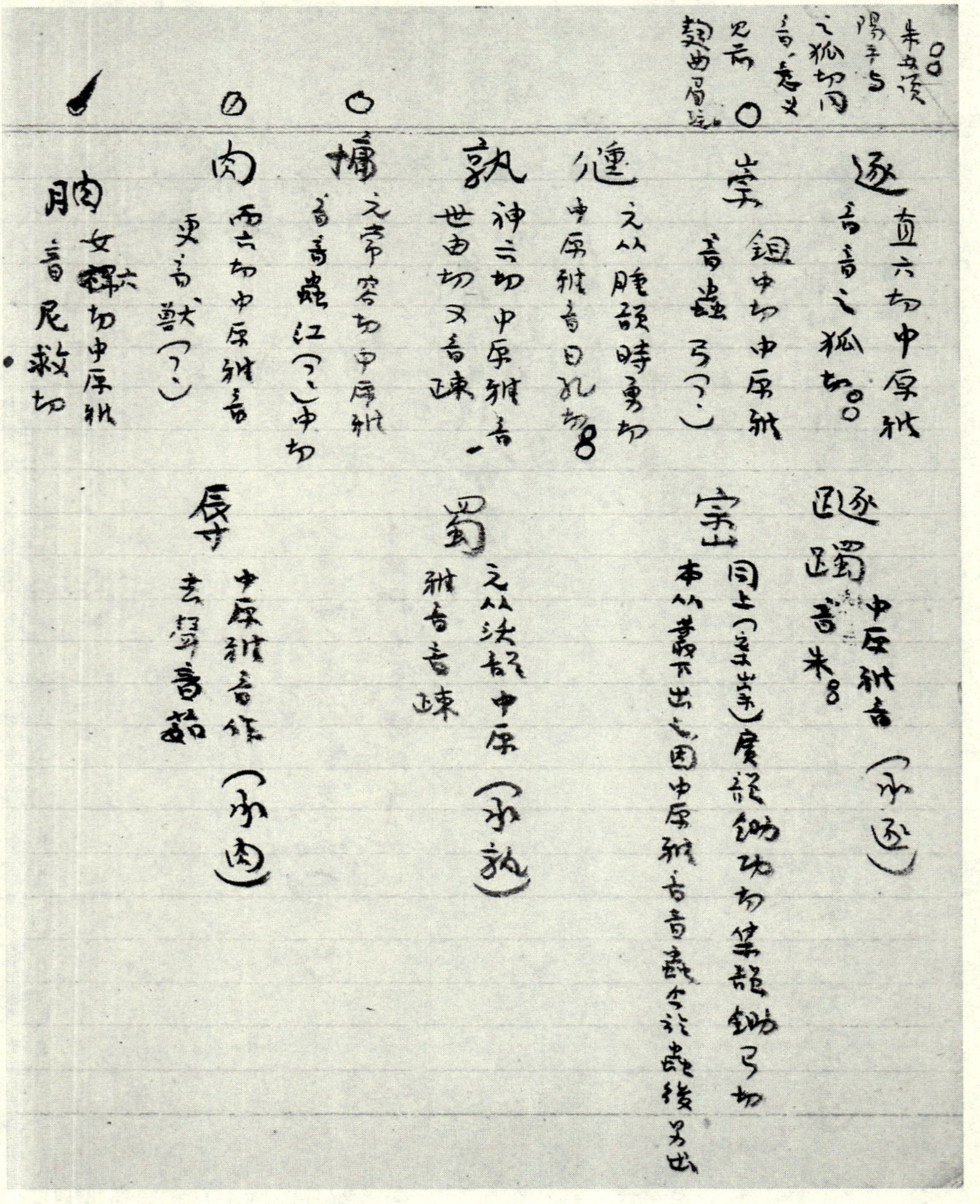

朱兆讀陽平与之狐切同音意义見前 契曲留記

逐 直六切 中原雅音音之狐切

崇 鉏中切 中原雅音音蟲 弓(了)

[illegible] 又从腫韻時勇切 中原雅音日孔切

孰 神六切 中原雅音世由切 又音疎

[illegible] 又常容切 中原雅音音蟲 江(了)中切

肉 而六切 中原雅音 又音獸(了)

朒 女六切 中原雅音 音尼救切

蹢躅 音朱 中原雅音 (承逐)

崈 同上(又崇) 廣韻鋤功切 崇韻鋤弓切 本从叢下出 今因中原雅音音蟲 今於蟲後另出

蜀 又从沃韻 中原雅音音疎 (承孰)

辱 中原雅音作去聲音茹 (承肉)

祿 盧谷切中原雅音音路。（承祿）

錄 之從沃韻中原雅音音慮。（承祿）

陸 之從屋韻中原雅音音慮。（承錄）

六 中原雅音音溜，又音慮（承陸）

龍 中原雅音音隆 又見上盧容切（承隆良中切）

篤 中原雅音音堵

禿 中原雅音音土

△同 徒紅切

疼 痛也中原雅音收於庚韻音騰又他稜切（承同）

○動 徒摠切中原雅音收去声音東（、凍）

洞 徒弄切中原雅音音凍

牘 徒谷切中原雅音音都8

噥 多言不中也中原雅音作上声尼勇切 （承噥）

傉 奴篤切按中原雅音音奴

卜 博木切中原雅音音補 （承上）

不 中原雅音音卜更音補。項氏家說曰，音隨土俗，輕重不同，而字義則一而已。如不字有補沒、甫鳩、甫九、甫救四切之類是也。書中如府鳩、方久二切，詮之諸韻押韻，無不可者。陳正敏遯齋閑覽云，不字逋骨切呼之，適協諸韻，皆無此音。宮渦[illegible]舉世同辭，必有自始，始不可廢。韻會按音不，不然也，今人皆作弗音讀之，然不見於注。諸儒雖言今有逋骨一切及據溫公切韻為據，而諸韻未收，近[illegible]蒙古韻略於逋字入聲收一不字於裸字之下，

撲 普卜切 中原排音 音普

蓬 中原排音 普蒙切。

僕 步木切 中原排音 音逋

幞 之从沃韻 中原排 音逋 又音布 （承僕）

音與卜同。今如其音增之。

木 中原排音 音暮

福 中原排音 音府

馮 中原排音 付蒙切

奉 正韻讀音捧／中原排音 音諷

鳳 馮貢切 中原排音 音諷

伏 中原排音 付無切

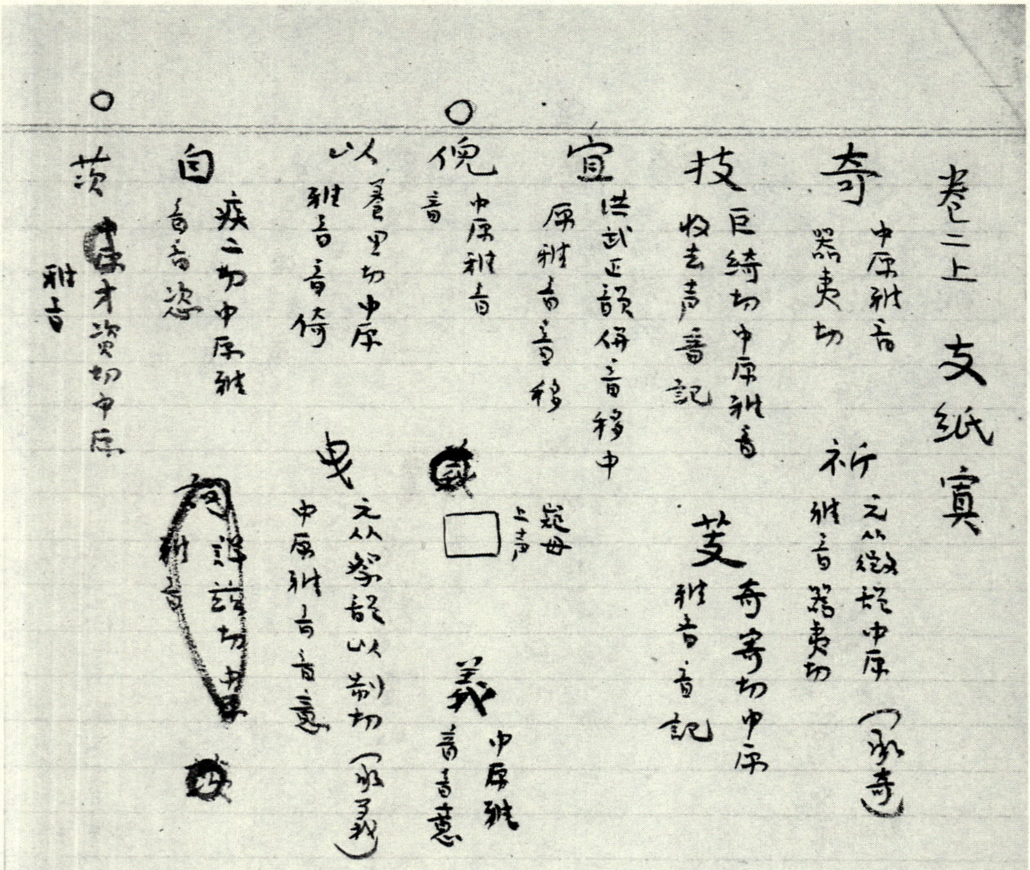

卷二上 支紙寘

奇 中原雅音器夷切

祈 元从戏韻中原（承奇）雅音器夷切

技 巨綺切中原雅音 收去声音記

芰 奇寄切中原雅音音記

宜 洪武正韻併音移中原雅音音移

○倪 中原雅音音

以 養里切中原雅音音倚

[illegible] 疑母上声 □

義 中原雅音音意

曳 元从祭韻以制切（承義）中原雅音音意

詣 元从霽韻研計切（承義）中原雅音音意

刈 元从廢韻中（承詣）原雅音音意

自 疾二切中原雅音音恣

[illegible] 詳茲切中原雅音

[illegible]

○茨 中原才資切中原雅音

詞 詳茲切 中原 椎音四茲切

似 詳子切 中原 椎音音四

俟 元音士 中原 椎音音四

寺 詳吏切 中原 椎音音四

馳 中原椎音 尺迷切

雉 丈几切 中原椎音收 又音智

治 直基切 中原椎音音智

滯 元從棨設 直例切 中原椎音音智

誓 元從棨設 時制切 中原椎音 又音勢

差 叉茲切 中原 椎音丑支切

廁 初寺切 中原 椎音音次

△

時

是 上紙切 中原椎音 收去聲音試

侍 時吏切 中原 椎音音試

悲 逋眉切 中原 椎音音杯

祕 兵媚切 中原 椎音音貝

紕 篇夷切 中原雅音音批

○皮 中原雅音音

疲 中原雅音音批(下同)

○婢 部比切 中原雅音收去聲音

被 中原雅音音貝(承婢)

陛 中原雅音收去聲音閉(承被) 元從霽韻

○避 毗意切 中原雅音音貝

鼻 中原雅音以鼻一字音邦迷切。(承避)

敝 中原雅音音閉。 元從祭韻

○糜 忙皮切 中原雅音音梅。按舊韻眉糜同出，因洪武正韻以眉收灰韻音梅，糜乃存於支韻。若論支韻，悲披皮糜等字當以灰韻。如從中原雅音，以悲音杯，披音披(下同)音丕，皮同裴，更音丕，糜音梅。然故不敢違，今依正韻定例分出之。

○靡 元母彼切 中原雅音音浼。洪武正韻以美收賄韻音浼，以靡收薺韻音米，又音浼，今從舊韻相應平上去四而連聲出之。

肥 中原雅音付微切
音悲

吠 正韻佛音沸中
原雅音亦音沸

陫 文父尾切 按中原雅
音從去声音沸

屝 文从未韻父沸切
中原雅音音沸

卷二下 齊 薺 霽

蹊 中原雅音注云蹊蹊也（承溪）

徯 戶禮切中原雅音
去声音戲

系 正韻胡計切中
原雅音音戲

兮 弦雞切中原雅
音戲夷切

△齊 前西切

薺 在礼切中原雅音收
去声音霽

嚌 才詣切中原
雅音音霽

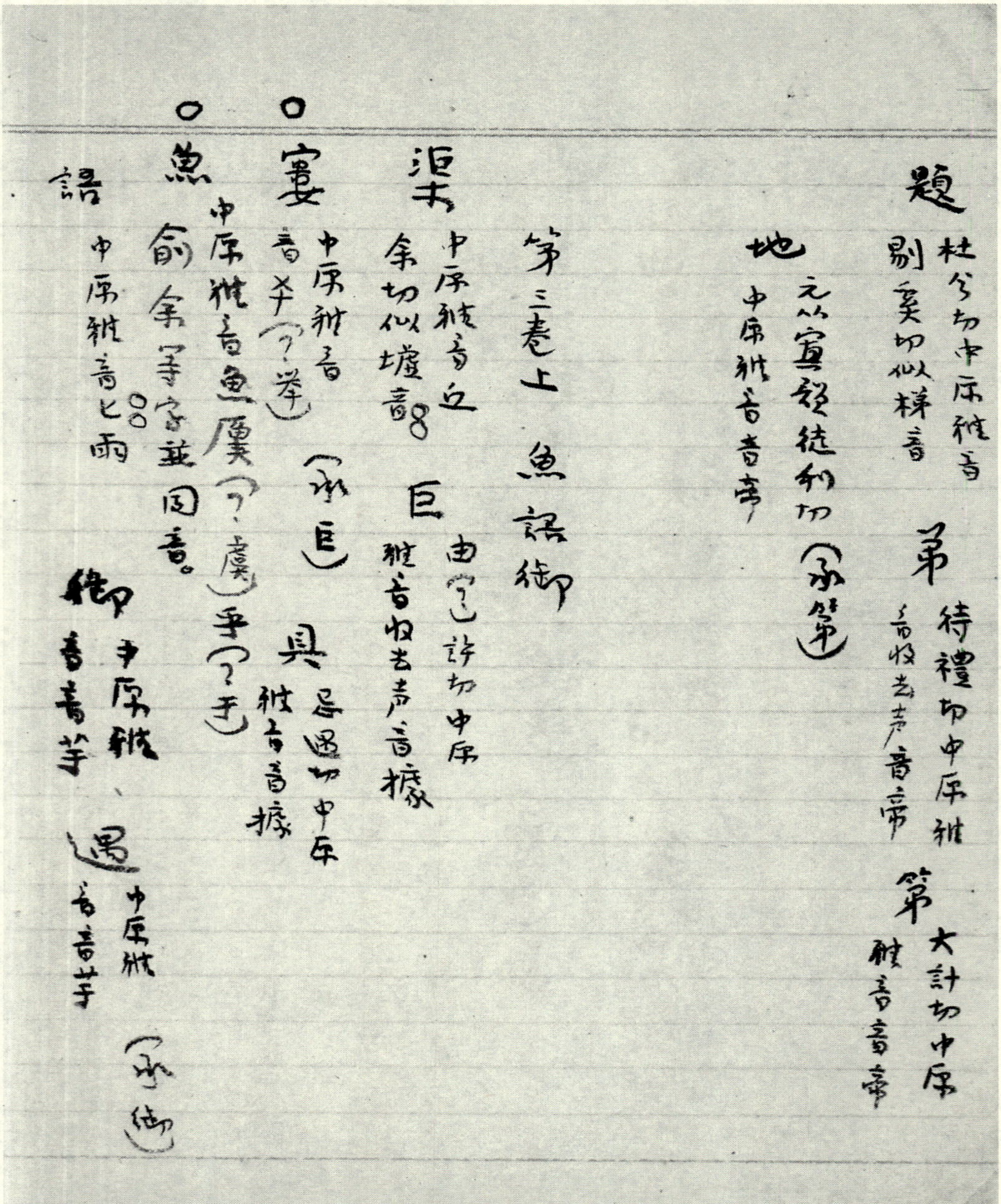

題 杜兮切中原雅音剔奚切似梯音

地 元从寘韻徒利切（承第）中原雅音音帝

第 待禮切中原雅音收去声音帝

第 大計切中原雅音音帝

第三卷上 魚語御

渠 中原雅音丘余切似墟音

巨 由（？）許切中原雅音收去声音據

具 忌遇切中原雅音音據

寠 中原雅音音举（？举）（承巨）

魚 中原雅音魚虞（？虞）乎（？乎）俞余等字並同音。

語 中原雅音匕雨

御 中原雅音音芋

遇 中原雅音音芋（承御）

于 中原雅音魚 于俞等字同音

余 中原雅音魚 與魚同音

與 中原雅音 音雨

庾 同上（平與）、

櫲 中原雅音音御 過櫲等留音芋

腳 中原雅音

△

苴 才余切

聚 慈庾切 中原雅音 收去声子娶如切

咀 中原雅音 慈呂切（平聚）

○

聚 從遇切中 原雅子娶（平）切

徐 中原雅音 思余切

敘 象呂切中原雅 音收去声音絮

㦽 徐預切庾韻 㦽 屬 中原雅音 音絮

塢 安古切

除 中原雅音尺如切似樞音

柱 直呂切中原雅音收去声音註

住 又從遇韻中原（亦筯）雅音亦音註

筯 治據切中原雅音音註

殊 中原雅音世余切似舒音

豎 上主切中原雅音收去声音恕

竪 上与切中原（亦豎）雅音音恕

樹 殊遇切中原雅音音恕

署 中原雅音（亦樹）音慶

卷三下

模 姥 暮

吾 中原雅音吏模切

五 中原雅音音塢

誤 中原雅音音惡烏故切

策收祖去
作臧祚切

胡 中原雅音火模切似呼音

户 侯古切中原雅音呼故切

護 胡故切中原雅音虖呼故反

徂 叢租切中原雅音七盧切似麁音

粗 坐五切按中原雅音收去声音祖

祚中原雅音無濁音字他放此

祚 中原雅音昨素切昨轉音遭遭是清音昨是濁音本作遭素切與去聲祖字臧祚切相似則祚當音祖故○中原雅音無濁音字他放此

初 楚徂切中原雅音丑都切

芻 中原雅音（初）音樞

△△
楚

徒 中原雅音土模切

○
杜 徒五切中原雅音

度 徒故切中原雅音

第八韻
唇入模

蒲 中原雅音番模切似鋪音

簿 裴古切中原雅音收去声音布

步 薄古切中原雅音音布

埠 中原雅音以埠音步 更音布（承步）

扶 中原雅音付 無切似夫音

父 扶古切中原雅音收去声音付

附 符遇切中原雅音音付

卷四上

灰 賄 隊

規 之从支訣居為切 中原雅音音瑰（承傀瑰 姑回切）

桂 中原雅音 迴音儈

季 中原 音寄（承桂）

闚 之从支訣缺規切 中原雅音迴音恢（承恢枯 回切）

葵 中原雅音渠回切渠字平 余切葵字似恢音

跪 巨委切中原雅音收去声音儈

△3

遺 中原雅音音喟见上又音儈

悸 正韵其季切 中原雅音音儈（承遺）

危 洪武正韵危巍嵬三韵字通併音吾回切中原雅音从嵬韦为危维巍六韵共字併作一音余回切

隗 元从賄韵五罪切 嵬 峞 頠 中原雅音音猥

魏 中原雅音通音畏

韦 元从微韵中原雅音余回切 韙 元从尾韵爲韵于鬼切正韵通併音猥 中原雅音音猥

胃 元从未韵于贵切 中原雅音去音畏 為 同上（承胃） 衛 同上（承為）

懀 中原雅音 於锐切（承穢乌胃切）

威 元从微韻 於非（切）正韻併音煨 中原雅音音煨

逶 元从支韻 正韻併音煨 中原雅音音煨 （承威）

△委 元从紙韻 正韻音猥

△尉 元从未韻 紆胃切

毁 元从紙韻 中原雅音音賄

諱 元从未韻 中原雅音通音誨

△回 胡隗切

瘣 户賄切 今正韻併音賄 中原雅音音賄

潰 胡對切 中原雅音音晦

會 元从泰韻 中原雅音音晦 （承潰）

△攜 户圭切

慧 胡桂切 中原雅音音晦

維 元从支韻 中原雅音余回切

△

遺 中原雅音音為（平惟） 又音貴

摧 徂回切 中原雅音音催

隨 旬威切

衰 所追切 中原雅音式乖切

椎 中原雅音尺回切似吹音

○

誰 中原雅音音世進（了追）切

辠（罪） 徂賄切 中原雅音音醉

萃 元以寘韻秦醉切 中原雅音音醉

𤣤 隨婑切 按中原雅音當以去聲音碎○

遂 徐醉切 中原雅音音碎

帥 所類切 中原雅音式愛切

墜 直類切 中原雅音音綴

瑞 殊偽切 中原雅音音税

隤 徒回切 中原雅音吐回切似推音

煺 中原雅音云煺㷫（平推） 本無煺㷫

鐓 杜罪切 中原雅音直以去聲音對

隊 杜對切 中原雅音音對

兑 原作希從中原雅音音對 （承隊）

裴 中原雅音音醅

琲 中原雅音收去声音貝

佩 中原雅去音貝

卷四下 皆 解泰

△

塏 巨開切 隑 巨代切

皚 魚開切中原雅音音夷該切

艾 牛蓋切 乂 忞 乂 刈 鴱 礙 之从代誤 中原雅音夷蓋切

哀 於開切中原雅音夷該切

欸 依亥切中原雅音泥海切

愛 於蓋切中原雅音尼蓋切

孩 中原雅音休哀切 似咍音

亥 胡改切中原雅音收去声休蓋切

害 下蓋切中原雅音休蓋切

揌 中原雅音 云手揌（承題 桑才切）

△才

在 盡亥切 中原雅音收去声音再

在 昨代切 中原雅音再

隘 烏懈切

涯 宜皆切 中原雅音夷皆切

騃 語駭切 按中原雅音收去声音隘

睚 中原雅音 音隘

喊 許介切 中原雅音休蓋切

諧 中原雅音休崖切

駭 下楷切 論中原雅音通作休擺切

蟹 正韻胡買切 中原雅音休擺切

械 下戒切 中原雅音休戒切

齋 中原雅音只來切

△

跐 側買切 頭會蹋也 淺武也 說文 [illegible]買切

債 側賣切

△

釵 初皆切中原雅音叉齋（齋）切

瘥 楚懈切中原雅音音債

蠆 楚邁切 同上（承瘥）

曬 所賣切

廌 鉏買切中原雅音收去声音債

砦 助邁切木柵亦作寨 中原雅音音債

來 郎才切中原雅音力崖切

唻 賴諧切度詞唱歌声 中原雅音力崖切

賚 洛代切中原雅音音賴

賴 落蓋切中原雅（承賚）音賴賚同音

等 多改切

䳮鯠

歹 多乃切 中原雅音

戴 丁代切中原雅音音帶

帶 中原雅音 帶戴同音声同（承戴）

貸 正韻作音泰 他蓋切 中原雅音音泰

臺 中原雅音他亥（孩）切似胎音

待 蕩亥切中原雅音收去声音帶

代 中原雅音音帶

○ [illegible]

大 度柰切 中原（承代） 雅音帶

台 中原雅音（承待）
馬 音臺
口臺 他亥切上声

柺 古買切 ……

柺 中原雅音云 拐騙

咼 苦乖切

喎 中原雅音云 口不正

崴 乌乖切

[illegible]

歪 中原雅音乌乖切 不正也

懷 中原雅音 休排切

壞 中原雅音 休買（壹）切

罷 排 中原雅音 菩埋切

敗 中原雅音 迴音拜

埋 謨皆切 中原雅音眉 切

卷五　真軫震質

勤 中原雅音 音丘寅切

近 巨謹切 中原雅音 九印切

覲 具吝切 中原雅音 音靳

姞 極乙切 洪武正韻音吉（下吉下出姞）

一 中原雅音 音意

肸 黑乙切 中原雅音 音喜

吉 中原雅音 音几

乞 欺訖切 中原雅音 音啟

引 以忍切 中原雅音 音隱

胤 羊進切 中原雅音 音印

逸 中原雅音 音意

○銀 魚巾切 中原雅音音

△憖 魚僅切

仡 魚乞切 中原雅音 仡仡 勇夫

墍 中原雅音 音濟

×七 中原雅音 七 七祀切（祀）

悉 息入切 中原雅音 音洗

△秦 慈鄰切

盡 慈忍切 中原雅音 收去声 音進

藎 中原雅音 音進

疾 昨悉切 中原雅音 音[illegible]

燼 徐刃切 中原雅音音信

栗 中原雅音音利

櫛 側瑟切 中原雅音之買切

瑟 色櫛切 中原雅音音史

蝨 中原雅音音師 （亦瑟）

垠 五根切

恩 中原雅音女根切

痕 中原雅音休根切

很 中原雅音作很云惡也俗作狠（或作佷） 中原雅音休懇切

恨 中原雅音休艮切

欬 中原雅音音核 休梅切

質 中原雅音 之礼切

室 中原雅音 只移切 （正韻併音質） （亦質）

叱 尺栗切中原 雅音音恥

失 中原雅音 失（？）祀切（礼）

陳 中原雅音 丑仁切

臣 中原雅音亦音 陳更音丑仁切 （亦陳）

紖 直忍切中原雅 音音震

陣 直刃切中原 雅音·音震

秩 直質切中原 雅音只移切

辰 〻〻〻〻神 中原雅音 世紳切

腎 時軫切中原雅音 收去声音神呂 （集韻—腪試刃切 出神）

慎 中原雅音音神

△

竇 中原雅音 世移切

日 中原雅音 日?吏切

曬 中原雅音 音翌〇

橘 中原雅音 音矩

𠜾 九勿切 屈 中原雅音

屈 丘雨切

𡱝 中原雅音 丘匀切

窟 接中原雅音从 去声九醞切

𡲤 中原雅音 九醞切

倔 中原雅音 音居吕（去陽平）

鬱 中原雅音於舉切

熨 中原雅音於舉切 又音於（承鬱）

䎗 中原雅音休舉切

隕 羽敏切 中原雅音收去聲音醞

運 中原雅音音醞

聿 中原雅音音於

揋 同上（承聿）

啐 中原雅音音[illegible]

焌 中原雅音七古切

恤 中原雅音思雨切

崒 昨律切 椊 中原雅音當呂音祖

旬 中原雅音思雲切

殉 松閏切 中原雅音音峻

律 中原雅音 音慮

卒 中原雅音 音祖

猝 中原雅音 七古切

窣 按中原雅音 蘇古切

存 中原雅音齊 孫切

鐏 按中原雅音 祖悶切

[illegible] 祖[illegible]切

捽 中原雅音 音祖

骨 中原雅音 音古

窟 中原雅音 音苦

兀 中原雅音音烏

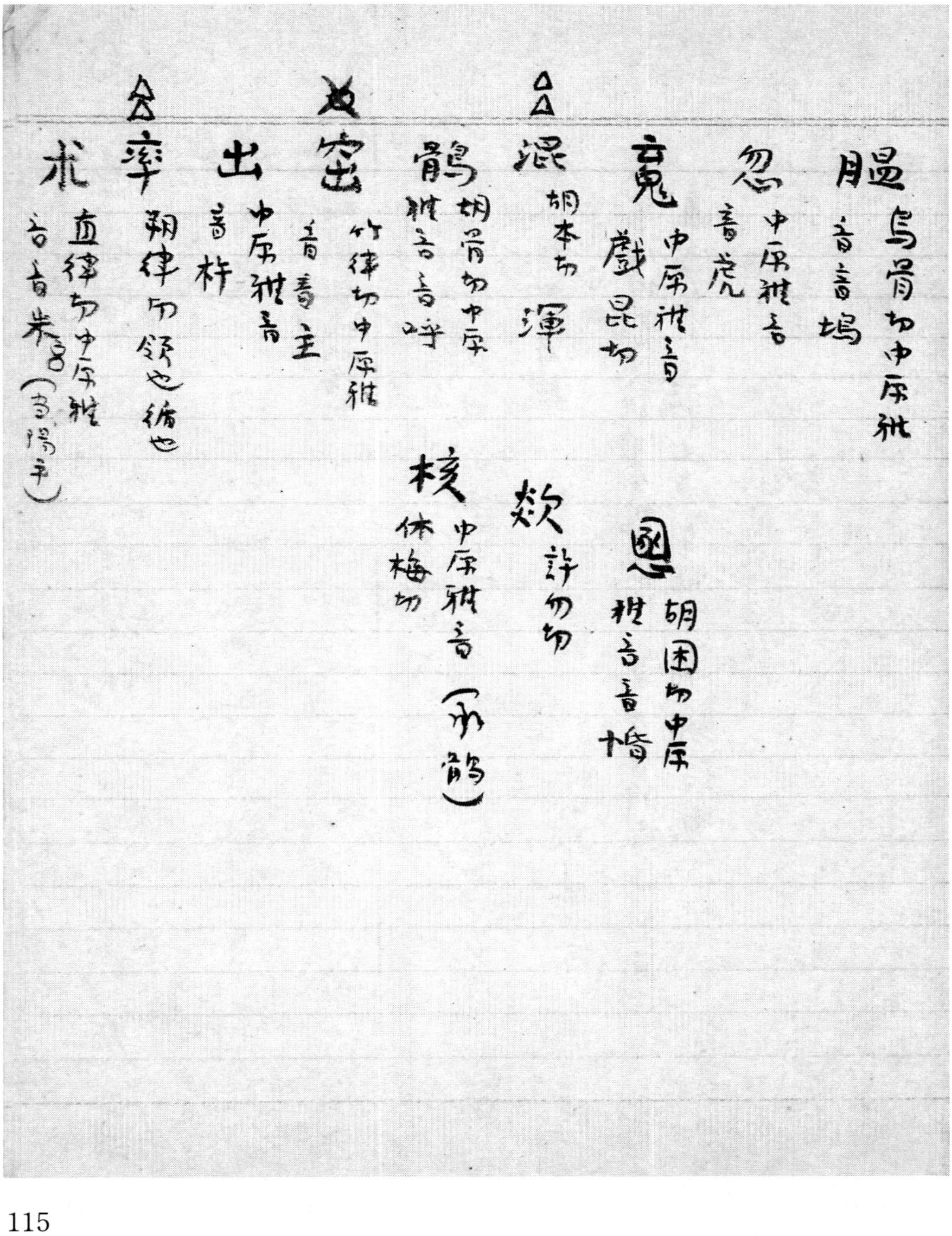
膃 烏骨切中原雅音 音塢
忽 中原雅音 音虎
寬 中原雅音 戲昆切
△混 胡本切 渾
鶻 胡骨切中原雅音 音呼
×窋 竹律切中原雅音 音主
出 中原雅音 音杵
△率 朔律切 領也 循也
术 直律切中原雅音 音朱○（當陽平）
慁 胡困切中原雅音 音惛
欸 許勿切
核 中原雅音 休梅切（不韻）

纯 中原雅音○世均切

盾

顺 中原雅音 音舜

䃅 中原雅音 音慮

咄 当没切 中原雅音 音堵（堵）

褪 吐困切 卸衣 中原雅音 脱落也

突 他骨切 中原雅音 音土

屯 吐浑切 中原雅音

囤 中原雅音 收去声 音顿

腯 中原雅音 都衮切（敦囤）

钝 徒困切 中原雅 音蚄（顿）

突 中原雅音 音都（当阳平）

訥 中原雅音 音怒

不 中原雅音 音補

朏 普没切 月未盛之明 書召誥惟丙午朏 陸音芳尾切又普没芳潰二切

榼 中原雅音 音蓋

盆 中原雅音 普渾切

方畚 亲中原雅音从去声音奔

坌 中原雅音 音奔

孛 蒲没切 中原雅音音逋（去阳平）

没 中原雅音 音暮

必 中原雅音 音比

筆 中原雅音以筆字作上声邦每切（形近）

女畢 雅音 音比（形似筆）

匹 中原雅音 普礼切

牝 中原雅音 音彭賓

弼 中原雅音邦迷切

密 中原雅音 音袂

拂 敷勿切中原雅音音府

焚 中原雅音付文切

憤 房吻切中原雅音音糞

分 中原雅音音奮

佛 符勿切中原雅音音夫（阳平）

勿 中原雅音音務

卷六上　寒旱翰曷

葛 中原雅音 音賀

渴 中原雅音 音可

秆 能（疑？）寒切

秆 同上 中原雅音 音刊

岸 魚幹切 中原雅音 音按

按 於幹切 中原雅音 伊炭切

遏 中原雅音 音婀

喝 中原雅音 休我切

合 寒

旱　中原雅音[illegible]　去声音汉

翰　侯幹切中原雅音音汉

銲　中原雅音云金銲也（承翰）

捍　中原雅音扌音稈（承翰）

曷　何葛切中原雅音音呵（阳平）

括　古活切中原雅音音果

闊　中原雅音音颗

岏　吾官切中原雅音见下音丸

玩　五换切中原雅音音惋

捾　乌活切中原雅音於果切

○歡

懽 同上 中原雅音休于（丁乙）切

豁 呼括切

豁 中原韻 音火

桓 中原雅音 戲盤切

睆 十人 中原雅音 戲盤切 （亦桓）

岏 中原 音丸 （亦桓）

緩 中原雅音收 去声音喚

捖 中原雅音以 捖音休綰切 （亦緩）

換 中原雅音 音喚

活 戶括切 中原雅音休科切 （圓阳平）

繓 子括切 中原雅音 音左

撮 中原雅音七果切

○

趖 相活切走貌按中原雅音蘇果切

欑 徂官切中原雅音音鑽(ㄱ)

捋 中原雅音音邏

掇 中原雅音音朵

侻 他括切中原雅音音妥

團 中原雅音音端(阳平)端他官切

段 杜玩切中原雅音音鍛

奪 徒活切中原雅音音多(阳平)

般 中原雅音作般又數別之名

絆 博漫切 中原雅音 ~~收諫韻音拚~~

絆 中原雅音收 諫韻音拚

鉢 中原雅音 音跛

撥 中原雅音 音叵

槃 按中原雅音 音播（四平）

伴 中原雅音收 去声音半

畔 中原雅音 音半

鈸 中原雅音 布摩切

末 中原雅音作去声 音磨

卷六下　山產諫轄

戞　中原雅音音賈

○楬　中原雅音

去顏　牛姦切　眼　五限切

鴈　魚澗切中原雅音伊諫切

讞　中原雅音牙（疑也）

軋　乙黠切中原雅音音亞

合

閑 中原雅音休艱切羽次清音氣與何艱切同今依中原音添出之但凡濁音中原雅音皆作次清音及何下侯明（胡）為反切皆以（宜）改作休戲兩反之他傚此

瞎 中原雅音休雅切

閑 何艱切中原雅音休艱切（陽平）

限 下簡切按中原雅音韻作去聲休諫切

莧 中原雅音休諫切

轄 中原雅音休牙切

擦 姊韋切中原雅音子賈切

薩 中原雅音思賈切

[口冊] 中原雅音云啞[口冊]（承薩）

殘

瓚 在简切中原雅
音音賛

瓒 才替切中原
雅音音賛

囋 才達切中原
雅音子沙切（陽平）

札 中原雅音
音鮓

窾 中原韻丑
島切

殺 山戛切中原雅
音沙下切

灑 鉏山切中原雅
音丑澒切

棧 鉏限切中原雅音
又收去声之訕切

轏 中原雅音
之訕切

鏩 查轄切中原
雅音只沙切（陽平）

辢 中原雅音 力架切

妲 當拔切 中原雅音丁加切 (音上声 阳平)

笪 中原雅音 音打 (承妲)

癱 中原雅音 癩也 (承灘)

闥 中原雅音 他馬切

壇 中原雅音 音灘 (阳平)

但 中原雅音收 去声音旦

憚 中原雅音 音旦

達 中原雅音 丁加切 (阳平)

捺 中原雅音 奴亞切

△

刮 中原雅音 音寡

[illegible] 跪頑切中原雅 音丘頑切

[illegible] 求患切中原 雅音音慣

頑 五還切中原 雅音余还切

刖

空 烏八切中原雅音 音極於寡切

偺 呼八切中原雅 音音化

還 中原雅音 許戀切

睆 户版切中原 雅音休綰切

患 胡慣切中原 雅音呼慣切

△

滑 户八切中原独音音花（阳平）

窡 张滑切接中原独音音鲊

篡 初患切

簒 初刮切中原独音丑马切

刷 中原独音 式马切

撰 雛綰切中原独音 收去声之擐切

纳 女滑切中原独音女下切

[illegible] 力頑切中原雅音嬾

扮 逋幻切廣韻打扮

扮 中原雅音粧扮也

[illegible] 笨說絆也中原雅音作絆

八 中原雅音音把

汃 普八切中原雅音普馬切

瓣 蒲閑切按中原雅音音攀（陽平）

辦 中原雅音盼切

拔 中原音頓音巴（陽平）

帓 中原雅音 音罵

髮 中原雅音 方馬切

煩 中原雅音 付還切

飯 中原雅音 音販

△伐 房滑切

韈 辵衣 中原雅音 無罵切

卷七　先銑霰屑

瀽　中原雅音云（氶薾）　瀽水

結　中原雅音　九也切

挈　詰結切中原雅音丘也切

乾　中原雅音　音享（阳平）

件　中原雅音收　去声音見

健　中原雅音　音見

傑　中原雅音　九耶切（阳平）

謁　中原雅音　衣夜切（?当上）

歇 許謁切中原雅音休也切

賢 中原雅音休虔切

玄 中原雅音音賢 又為休虔切

懸 中原雅音音賢休虔切

峴 胡典切接中原雅音從去聲音獻

現 形甸切中原雅音音獻

纈 胡結切中原雅音休聊切（陽平）

言 魚軒切崇武正韻中原雅音皆併音延

妍 倪堅切崇武正韻併音延 中原雅音音延

演 以淺切中原雅音音偃

巘 語蹇切

彥 魚戰切正韻併音衍 中原雅音音莚

拽 延結切 中原雅音 衣夜切

孽 正韻魚列切 中原雅音 尼夜切

齧 正韻併音孽〇中原雅音亦併薛韻倪結切 〇中原雅音尼夜切

節 中原雅音 音姐

切 中原雅音 音且

屑 中原雅音 音寫

前 按中原雅音 音千（陽平）

截 子聶切 中原雅音（陽平）

踐 慈演切 中原雅音 收去聲 音箭

賤 中原雅音 音箭

涎 徐延切 中原雅音 思延切 音先（二字之誤例）（阳平）

羨 音線 中原雅音

浙 中原雅音 音者

徹 中原雅音 音扯 丑也切 音撦

設 中原雅音 式也切

纏 按中原雅音 音𨒂（阳平）

躔（上声） 按中原雅音 音戰

纏 中原雅音 音戰

轍 直列切 中原雅音之耶切（阳平）

鋋 時連切

蟬 洪武正韻以鋋字時連切獨出以蟬等字併音呈延切 中原雅音亦併音廛 今依舊与鋋同出8

善 上演切 中原雅音 收去声音扇

繕 時戰切 中原雅音 音扇

△

伴成 達延 說8

舌 中原雅音 式耶切（阳平）

熱 中原雅音 日夜切

列 中原雅音 力夜切

⿵門至 丁結切 按中原雅音多也切

鐵 中原雅音 他也切

田 中原雅音 音天（阳平）

殄 中原雅音 音腆，上

電 中原雅音 多練切

耋 杜結切 中原雅音 音爹（阳平）

輾 尼展切 中原雅音 音撚

涅 中原雅音 尼夜切

絹 吉椽切 中原雅音收 絹一字音見錄字改青春

縳 罥 中原雅音 音春

睊……

厥 中原雅音 九也切

玦 同上 （亦厥）

闕 中原雅音 丘也切

闋 同上 （亦闕）

権 中原雅音 丘員切

圈 中原雅音收 去声青春

倦 中原雅音 音春

掘 其月切 中原雅音九耶切（阳平）

噦 一決切 逆氣嘔也 中原雅音 於也切

血 中原雅音 休也切

正 達 蒙

玄 中原雅音音賢 更為休虔切

泫 按中原雅音音𧬊 从去声音绚

縣 洪武正韻以縣併音現中原雅（承眩） 音亦音現 更音獻

眩 中原雅音 音绚

穴 中原雅音 休耶切（阳平）

院 元于眷切音願同正韻併从願虞怨切 中原雅音音怨

遠 中原雅音（承院） 音怨

越 中原雅音 余夜切

元 元遇袁切正韻併音員

阮 中原雅音收 去声音怨

願 中原雅音 音怨

月 中原雅音 余夜切

蕝 中原雅音音姐

雪 蘇絕切中原雅音音寫

全 按中原雅音更音詮（阳平）

絕 情雪切 中原雅音音嗟（阳平）

旋 中原雅音四宣切（阳平）

拙 中原雅音音者

歠 中原雅音丑也切。音撦

雋 徂兗切 按中原雅音子戀切

旋 中原雅音云轉也音選 思戀切

說 揄藝切 中原雅音式也切 音捨

刷 中原雅音 式馬切 （承記）

椽 按中原雅音 音川（陽平）

篆 中原雅音收 去声音囀

傳 中原雅音 音囀

△爇 儒劣切 燒也

劣 中原雅音 力射切

猵 中原雅音音 猵窆

貶 中原雅音 音遍 （承遍 補典切）

鼈 中原雅音 邦也切

撆手 按中原雅音音普也切

緶 中原雅音 番綿切

辮 中原雅音收去 声音遍

便 中原雅音 音遍

別 中原雅音 布耶切（陽平）

滅 中原雅音 眉夜切

卷八上

蕭 篠 嘯

蹺 中原雅音（承蹻丘妖切） 云蹺蹊

喬 中原雅音 音蹻（陽平） 丘遥切

蹻 按中原雅音收 去声音叫

轎 中原雅音 音叫

集成 遶
正韻8

㵿 胡了切洪武正韻併音杳8
中原雅音亦音杳8

堯 正韻余招切

溔 以紹切正韻併音杳
中原雅音收去声音要

燿 弋笑切中
原雅音音要

[illegible] 儴身
中原雅音優儴細切了（承燿）

剿 子小切中原雅
音去 勦捕

巢 今俗呼為徒湖声訛耳（承剿）
通鑑魏紀后巢湖釋文祖了切

俏 中原雅音去要俏（承俏七肖切）
俊俏不仁

[illegible]
山[illegible]了遙摇也
史中原雅音

集成音達
正韵

椎 中原雅音音秋（知平）

嗺 在笑切 中原雅音音醮

潮 中原雅音丑饒切 似超音

趙 直紹切 中原雅音收去声音照

召 中原雅音音照

韶 時昭切 中原雅音丑饒切

紹 中原雅音收去声音少

邵 中原雅音音少

鳥 丁了切 今正韵音尼了切 雅音亦音裊（裊）

迢 中原雅音地遥切

窕 徒了切 中原雅音收去声音吊

誂 中原雅音去 誂戲弄言（承窕）

調 中原雅音音吊

[illegible] 搦也 见中原雅音

褭（褭）乃了切

鳥 正韻尼了切，中原雅音音褭

臕 脂臕，肥也。中原雅音亦作膘（飆卑遙切）

瓢 中原雅音正遙切，似嘌音（嘌音飄）

殍 中原雅音音醥，正杳切

驃 音俵，中原雅音（俵悲廟切）

日

卷八下　爻巧效

薧　中原雅音交　枯死也　（交考）

蕜　中原雅音交　倚蕜　（交槁口到切）

敖　牛刀切　中原雅音奥高切

傲　中原雅音奥告切

襖　烏皓切　中原雅音女好切

奧　於到切　中原雅音女告切

豪　中原雅音希高切　似蒿音

皓　中原雅音收　去声音耗

號　中原雅音　音耗

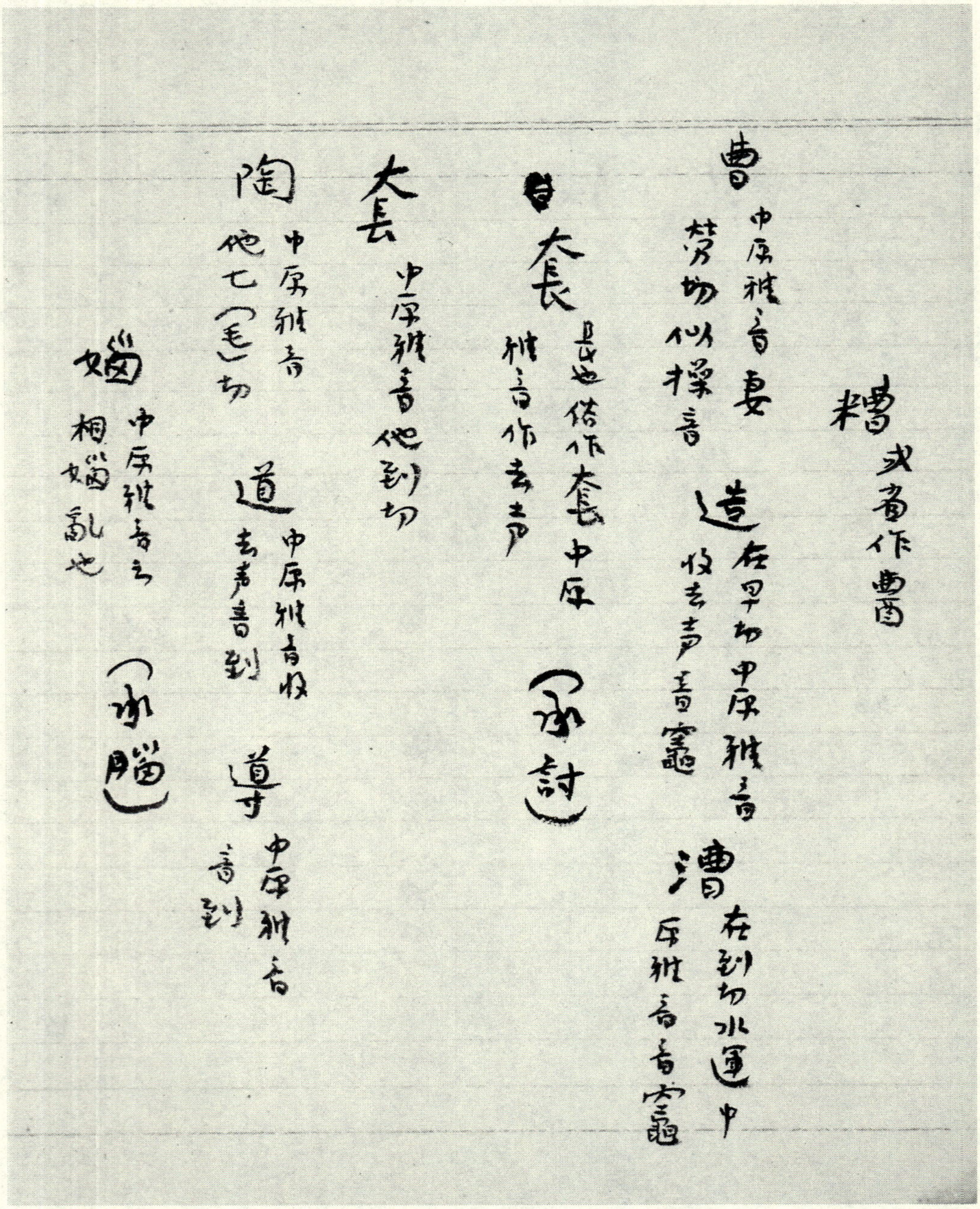

糟 或省作曹

曹 中原雅音妻劳切 似操音

造 在早切 中原雅音 收去声 音竈

漕 在到切 水運中 原雅音 音竈

[illegible] 套 長也 俗作套 中原雅音作去声 （承討）

套 中原雅音 他到切

陶 中原雅音 他乇（毛）切

道 中原雅音 收去声 音到

導 中原雅音 音到

⿰女𡿺 中原雅音云 相⿰女𡿺亂也 （承腦）

齩（咬）五巧切中原雜音余了切

樂 魚教切中原雜音音靿（靿於教切）

爻 何交切中原雜音虛交切（陽平）

效 中原雜音音孝

斆 敎也中原雜音音靿（[illegible]斆）

⿰口學 中原雜音音靿（[illegible]斆）

⿰言巢 楚交切中原雜音丑高切

煼（炒）楚絞切中原雜音丑惱切

巢 鋤交切按中原雜音⿰言巢（⿰言巢楚交切雜音丑高切）

㑿 鉏绞切 按中原
雅音从去声音罩
櫂（棹）音罩 中原雅音

鐃 尼交切 中原雅音
奴高切 鐃猱同韵
呶 中原雅音
云多言
獿 雅音云
獿獅犬

拘 雅音云拘鉤本作拘鉤（四字皆承鐃）
碎金作掏鉤
鉤 碎金云
鉤干

庖 中原雅音
普毛切（阳平）
袍 元从毫韵 正误併音庖
参 中原雅音普毛切（阳平）

鮑 部巧切 按中原
雅音音豹
鉋 中原雅音
音豹

包说文切去声豹切 布豹

褒 博毛切 去声報 博耗切

抱 文从晧韵 蒲晧切中原
雅音去声音報

暴 中原雅音
音報

芼 謨交切中原
雅音音毛

貌 眉教切中原
雅音音冒

○

毛 文从豪韵 莫袍切中原
雅古毛芼同音 無(了)

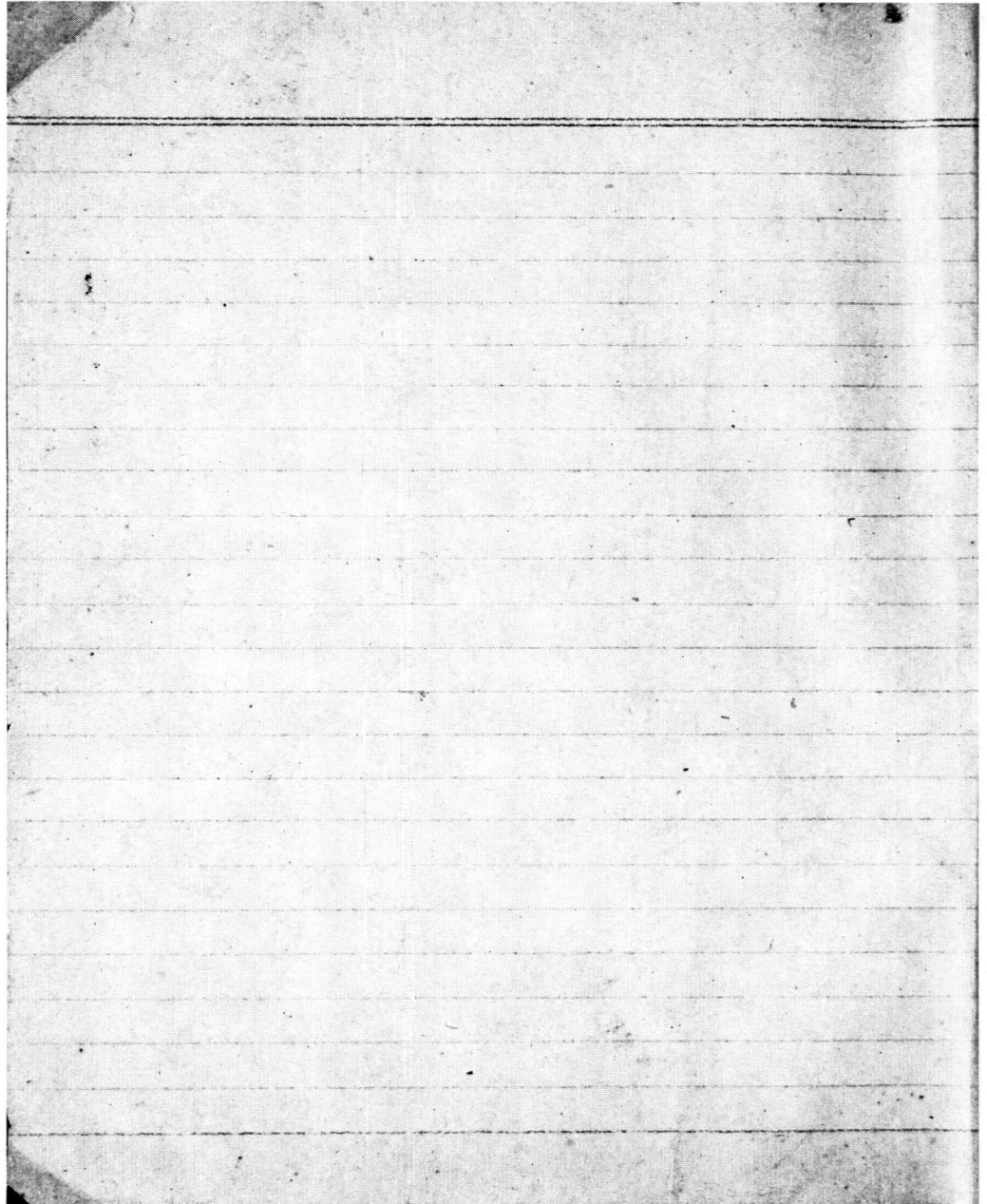

龍字集內中之簡俗字草本

声　礼　竜 龍　乱　从　无 無 卷二　皃 貌　猪 虫 卷四　盖

⿱不長 矮　⿱不小 大　歪　孬 五音篇 鳥怪切　⿱不毛 卷五　艰 卷六　傘 繖

関　还　万　兴 兴 卷七　献　這 音彥 迎也 五音篇之佶 以音者誤

錬 引王安石文　号 卷八　过 卷九　斥 廈　庄 莊 卷十

双　怜 憐 卷十一　听　灯　国　刘 卷十二　塩 鹽 卷十三

粘 黏

#《古今切語表》批注

匣	曉	爲	喩	影	
洪 戶公 胡籠	烘 呼東 呼翁			翁 烏紅 烏公	上平一 東 合1
		雄 羽弓 穴融	融 以戎 余雄		東 合423
硡 戶冬 胡農					二 冬 合1
	胸 許容 虛邕		容 餘封 余龍	邕 於容 紆肙	三 鍾 合43
栙 下江 奚虺	肛 許江 希江			胦 握江	四 江 合2
	犧 許羈 肸 詑 香支 漪		移 弋支 逸離	漪 於離 乙犧	五 支 開423
	麾 許爲 逶呼 隓 許規 規呼	爲 遠支 余羸	隋 悅吹 欲羸	逶 於爲 烏靡	支 合423
	咦 喜夷 肸伊		姨 以脂 逸尼	伊 於脂 乙飢	六 脂 開423
		帷 洧悲 余逵	惟 以追 余葵		脂 合423
	嬉 許其 肸醫		飴 與之 逸其	醫 於其 乙熙	七 之 開423
	希 香衣 肸衣			依 於希 乙希	八 微 開3
	揮 許歸 呼威	韋 雨非 余肥		威 於非 烏揮	微 合3
	虛 朽居 旭於		余 以諸 欲渠	於 央居 郁虛	九 魚 合423
	訏 況于 旭紆	于 羽俱 雲劬		迂 憶俱 郁吁	十 虞 合423

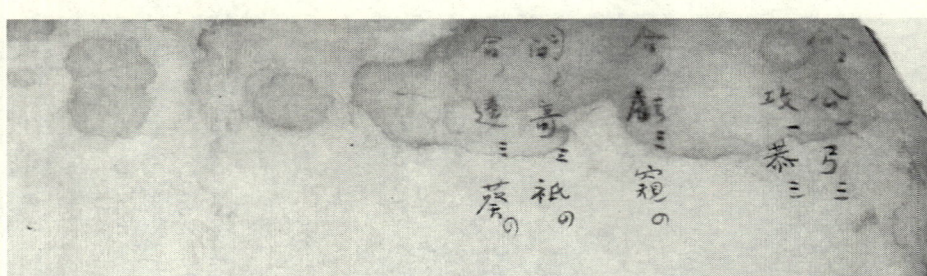

見	溪	羣	疑	端	透
公 古紅 姑翁	空 苦紅 枯翁		㟝 五東 吳洪	東 德紅 都翁	通 他紅 禿翁
弓 居戎 居邕	穹 去宮 區邕	窮 渠弓 渠融			
攻 古冬 姑翁				冬 都宗 都翁	炵 他冬 禿翁
恭 九容 居邕	銎 曲恭 區邕	蛩 渠容 渠容	顒 魚容 魚容		
江 古雙 基腔	腔 苦江 欺江		㟝 五江 宜尨		
羈 居宜 吉漪	攲 去奇 乞漪	奇 渠羈 勤 祇 巨支 移	宜 魚羈 逆奇		
嬀 居爲 透姑 [illegible] 居[illegible] 透谷	虧 去爲 透枯 闚 去隨 規枯		危 魚爲 吳羸		
飢 居夷 吉伊		鬐 渠脂 勤夷	狋 牛肌 逆黎		
龜 居追 姑威	巋 丘追 枯威	逵 渠追 渠帷	葵 渠追 渠帷		
姬 居之 吉醫	欺 去其 乞醫 抾 之丘	其 渠之 勤怡	疑 語其 逆其		
機 居依 吉衣		祈 渠希 勤沂	沂 魚衣 逆旂		
歸 舉韋 姑威	巋 丘韋 枯威		巍 語韋 吳肥		
居 九魚 菊於	虛 去魚 曲於	渠 強魚 舉余	魚 語居 玉渠		
俱 舉朱 菊紆	區 豈俱 曲紆	衢 其俱 權于	虞 遇俱 元劬		

定	泥	來	知	徹	澄
同（徒紅／徒紅）		籠（盧紅／盧紅）			
		隆（力中／閭融）	中（陟弓／豬邕）	忡（敕中／黜邕）	蟲（直弓／涂融）
彤（徒冬／徒農）	農（奴冬／奴彤）	𨻰（力冬／盧農）			
		龍（力鍾／閭谷）		蹱（丑凶／黜邕）	重（直容／除容）
		瀧（呂江／盧厖）	（椿（都江／株江））	惷（丑江／黜江）	幢（宅江／涂厖）
		離（呂支／力移）	知（陟離／陟漪）	摛（丑知／敕伊）	馳（直離／除移）
		羸（力爲／盧爲）	腄（竹垂／豬逶）		鬌（直垂／除爲）
		梨（力脂／力夷）	（胝（丁尼／陟伊））	絺（丑飢／敕伊）	墀（直尼／呈夷）
		灅（力追／盧帷）	追（陟隹／豬威）		鎚（直追／除帷）
		釐（里之／力怡）		癡（丑之／敕醫）	治（直之／呈怡）
		臚（力居／律余）	豬（陟魚／竹於）	攄（丑居／敕於）	除（直魚／蟲余）
		慺（力朱／律于）	株（陟輸／竹紆）	貙（敕俱／黜紆）	廚（直誅／蟲于）

三

娘	照	穿	神	審	禪
	職戎 終 朱邕	昌終 充 出邕			
女容 醲 女容	職容 鍾 朱邕	尺容 衝 出邕		書容 舂 書邕	蜀庸 鱅 蜀庸
女江 䁸 女厖					
	章移 支 職溈	叱支 眵 尺溈		式支 纚 式溈	是支 提 石移
		昌垂 吹 出逶			是爲 垂 蜀爲
女夷 尼 匿夷	旨夷 脂 職夷	處脂 鴟 尺伊		式之 尸 式伊	
	職追 錐 朱威	叉隹 推 出威			視隹 誰 蜀帷
	止而 之 職瞖	赤之 蚩 尺瞖		書之 詩 式其 眹 式 瞖	市之 時 石怡
女余 袽 女余	章魚 諸 燭於			傷魚 書 束於	署魚 蜍 蜀余
	章俱 朱 燭紆	昌朱 樞 出紆		式朱 輸 束紆	市朱 殊 蜀于

日	精	清	從	心	邪
	子紅 葼 租翁	倉[illegible] 怱 相翁	徂紅 叢 徂紅	蘇公 檧 蘇翁	
如融 戎 如融				息弓 嵩 胥邕	
	作冬 宗 租翁		藏宗 賨 徂農	私宗 鬆 蘇翁	
而容 茸 如容	卽容 蹤 足邕	七恭 樅 趨邕	疾容 從 徂容	息恭 蜙 胥邕	祥容 松 徐容
汝移 兒 日移	卽移 貲 則斯	此移 雌 此斯	疾移 疵 齊時	息移 斯 塞貲	
人垂 痿 如帷	遵爲 劑 租 子垂 睡 姊宜 厜 逶			息爲 眭	旬爲 隨 徐爲
	卽夷 咨 則私	取私 郪 此私	疾資 茨 層時	息夷 私 塞咨	
如追 甤 如帷	醉綏 嗺 租威			息遺 綏 蘇威	
如之 而 日怡	子之 茲 則思		疾之 慈 層時	息茲 思 塞茲	似茲 詞 習慈
人諸 如 緌余	子魚 且 足於	七余 疽 促於		相居 胥 粟於	似魚 徐 習余
人朱 儒 緌于	子于 諏 足紆	七逾 趨 取紆		相俞 須 粟紆	

莊	初	牀	疏	邦	滂
		崇 鋤弓 鉏洪			
	囪 楚江 初江	淙 士江 鉏尨	雙 所江 疏江	邦 博江 逋江	胮 匹江 鋪江
齜 側宜	差 楚宜 測漪	齹 士宜 岑怡	釃 所宜 色漪		
	衰 楚危 初逶		[illegible] 山垂 疏威	4 卑 府移 漪；陂 彼爲 筆	4 岥 匹支 漪；鈹 敷羈 劈
			師 疏夷 色伊		
			衰 所追 疏威	悲 府眉 筆伊	4 紕 匹夷 伊；丕 敷悲 劈
菑 側持 仄醫	輜 楚持	茬 士之 怡；漦 俟甾 岑			
菹 側魚 捉烏	初 楚魚 楚烏	鉏 士魚 崇吾	疏 所葅 遡烏		
傷 莊俱	芻 測隅 楚烏	[illegible] 仕于 崇吾	毹 山芻 遡烏		

漢書音風封豐峯字呂
音亡 馮逢音恒

竝	明	非	敷	奉	微
蓬 薄紅 蒲紅	蒙 莫紅 模紅				
	瞢 莫中	風 方戎 夫翁	豐 敷空 敷翁	馮 房戎 扶洪	
		封 府容 夫翁	峯 敷容 敷翁	逢 符容 扶洪	
龐 薄江 蒲厖	厖 莫江 模龐				
4 皮 符羈 貧宜 陴 符支 貧移	4 彌 武移 密移 糜 靡爲 密宜				
4 邳 符悲 貧 毗 房脂 夷	眉 武悲 密夷				
		斐 甫微 夫威	霏 芳非 敷威	肥 符非 扶帷	微 無非 無肥
		跗 甫無 府烏	敷 芳無 拂烏	扶 防無 馮無	無 武夫 物扶

附切語攷證

一東　豐敷空切　案唐寫本切韻王仁煦切韻空作隆說文作戎玉篇芳馮切廣韻誤

五支　厜姊宜切　案王仁煦切韻宜作規爾雅釋山釋文同廣韻誤切韻攷列于開口亦誤

六脂　葵渠追切　案唐寫本切韻追作惟王仁煦本作隹鉉本說文作彊惟鍇本作揆惟廣韻誤

推叉隹切　案唐寫本王仁煦本切韻叉作尺廣韻誤

韻	影	喻	爲	曉	匣
十一 模 合1	烏 哀都 屋呼			呼 荒烏 忽烏	胡 戶吳 滑吾
十二 齊 開4	鷖 烏奚 衣雞			醯 呼雞 肸鷖	奚 胡雞 檄倪
齊 合4	烓 烏攜 烏圭			睳 呼攜	攜 戶圭 胡帷
十三 佳 開2	娃 於佳 衣街			[illegible] 火佳	[illegible] 戶佳 奚崖
佳 合2	蛙 烏媧 烏乖			[illegible] 火媧 呼歪	畫 戶媧
十四 皆 開2	挨 乙諧 衣皆			俙 喜皆	諧 戶皆 奚崖
皆 合2	崴 乙乖 烏乖			虺 呼懷 呼歪	懷 戶乖 乎乖
十五 灰 合1	隈 烏恢 烏灰			灰 呼恢 呼隈	回 戶恢 胡帷
十六 咍 開1	哀 烏開 阿該			咍 呼來 黑哀	孩 戶來 何來
咍 合1					
十七 眞 開3	因 於眞 衣；醫 於巾 巾	寅 翼眞 移鄰			礥 下珍 奚寅
眞 合3	贇 紆倫 紆均		筠 王春 于倫		
十八 諄 合3		勻 羊倫 俞倫			
十九 臻 開2					

五五

古今切韻表

見	溪	羣	疑	端	透
孤 古胡 谷烏	枯 苦胡 酷烏		吾 五乎 兀胡	都 當孤 篤烏	稌 他胡 禿烏
雞 古奚 吉鷖	谿 苦奚 乞鷖		倪 五稽 逆題	低 都奚 的鷖	梯 土雞 惕鷖
圭 古攜 姑威	暌 苦圭 枯威				
佳 古膎 基挨			崖 五佳 宜鞋		
媧 古蛙 姑歪	咼 苦緺 枯歪				
皆 古諧 基挨	揩 口皆 渴挨		[illegible] 擬皆		
乖 古懷 姑歪	匯 苦淮 枯歪				
傀 公回 姑隈	恢 苦回 枯隈		鮠 五灰 吾回	磓 都回 都隈	蓷 他回 禿隈
該 古哀 歌哀	開 苦哀 渴哀		皚 五來 莪孩	[illegible] 丁來	胎 土來 他哀
巾 居銀 基因		㹷 巨巾 奇寅	銀 語巾 宜鄰		
麏 居筠 居氳	囷 去倫 區氳				
均 居匀 菊氳		趣 渠人			

定	泥	來	知	徹	澄
徒 同都 同吾	奴 乃都 訥吾	盧 洛胡 祿吾			
嗁 杜奚 田倪	泥 奴低 溺倪	黎 郎奚 力倪			
		唻 賴諧	[illegible] 卓皆	搋 丑皆	([illegible] 杜懷 除懷)
		[illegible] 力懷			
頹 杜回 徒帷	[illegible] 乃回 奴帷	雷 魯回 盧帷			
臺 徒哀 駝孩	能 奴來 儺孩	來 落哀 勒孩			
		[illegible] 力珍 離寅	珍 陟鄰 知因	[illegible] 丑人 絺因	陳 直珍 池寅
		淪 力迍 閭勻	(屯 陟綸 豬氳)	椿 丑倫 黜氳	[illegible] 直淪

娘	照	穿	神	審	禪
⿰𦍌兒 嫡佳					
⿰扌犀 諾皆					
		懤 昌來			
紉 女鄰 尼寅	眞 側鄰 支因	瞋 昌眞 蚩因	神 食鄰 舌寅	申 失人 詩因	辰 植鄰 匙寅
	諄 章倫 朱氳	春 昌脣 出氳	脣 食倫 船勻		純 常倫 殊勻

齊

日	精	清	從	心	邪
	租 則吾 尊烏	麤 倉胡 村烏	徂 昨胡 叢吾	蘇 素姑 速烏	
	齎 祖稽 即鷖	妻 七雞 七鷖	齊 徂奚 前倪	西 先稽 息鷖	
	嗺 臧回 租隈	催 倉回 麤隈	摧 昨回 徂惟	膗 素回 蘇隈	
	栽 祖才 咨哀	猜 倉才 雌哀	才 昨哉 慈孩	鰓 蘇來 思哀	
人 如鄰 日寅	津 將鄰 即因	親 七人 妻因	秦 匠鄰 齊寅	新 息鄰 西因	
犉 如匀 如匀	遵 將倫 足氳	逡 七倫 趨氳	鷷 昨旬	荀 相倫 胥氳	旬 詳遵 徐匀

七七

滂	邦	疏	牀	初	莊
顚烏 [illegible] 普胡	波烏 逋 博孤				
劈鷖 磇 匹迷	筆鷖 豍 邊兮				
		師挨 崽 山佳	岑崖 柴 士佳	尺挨 釵 楚佳	
		師挨 崽 山皆	岑崖 豺 士皆	尺挨 差 楚皆	菑挨 齋 側皆
			膗 仕懷		
鋪隈 肧 芳杯	卜隈 杯 布回				
娝 普來					
披因 繽 匹賓	賓 因 必鄰 彬 府巾 甲				
砏 普巾					
		師因 莘 所臻	柴寅 榛 士臻		仄因 臻 側詵

並	明	非	敷	奉	微
酺 薄胡 婆吾	模 莫胡 摩吾				
鼙 部迷 倪賓	迷 莫兮 密倪				
牌 薄佳 蒲崖	買 莫佳				
排 步皆 蒲崖	埋 莫皆 模崖				
裴 薄回 蒲帷	枚 莫杯 模帷				
陪 扶來					
貧 符巾 皮 頻 符賓 銀	珉 武巾 迷 民 彌鄰 寅				

附攷證切語

十二齊　齎相稽切　案唐寫本切韻相作卽鉉本說文五音集韻並作祖廣韻誤

十四皆　崴乙皆切　案唐寫本切韻皆作乖玉篇類篇作烏乖廣韻誤

揘諧皆切　案唐寫本切韻諧作諸切韻指掌圖類隔更音和條同廣韻誤

十七眞　眞側鄰切　案廣韻韻目唐寫本切韻側作職廣韻誤

十八諄　砏普巾切　案泰定本內府本廣韻巾作均他本誤

又趣一類讀開口切韻眞諄不分故廣韻眞諄二韻開合錯出今因諄韻開口字少故不別見附於羣類中

韻	影	喻	爲	曉	匣
文 合3	煴 於云 紆薰		雲 王分 余羣	熏 許云 虛氳	
殷 開3	殷 於斤 衣斤			欣 許斤 希殷	
元 開3	蔫 謁言 衣掀			軒 虛言 希蔫	
元 合3	鴛 於袁 紆暄		袁 雨元 余懸	暄 況袁 虛鴛	
魂 合1	昷 烏渾 烏昏			昏 呼昆 呼溫	魂 戶昆 胡論
痕 開1	恩 烏痕 阿根				痕 戶恩 何根
寒 開1	安 烏寒 阿干			頇 許干 呵安	寒 胡安 何闌
桓 合1	剜 一丸 烏官			歡 呼官 呼剜	桓 胡官 胡頑
刪 開2					
刪 合2	彎 烏關 烏關				還 戶關 胡頑
山 開2	黰 烏閑 衣黰			羴 許閒 希黰	閑 戶間 何顏
山 合2	嬽 委鰥 烏鰥				湲 獲頑 胡頑
下平一 先 開4	煙 烏前 衣堅			祆 呼烟 希煙	賢 胡田 奚妍
先 合4	淵 烏玄 紆涓			鋗 火玄 虛淵	玄 胡涓 穴員

見	溪	羣	疑	端	透
君 舉云 居氳		羣 渠云 渠云			
斤 舉欣 基殷		勤 巨斤 奇寅	齗 語斤		
揵 居言 基焉	攑 丘言 欺焉	騝 巨言 奇言	言 語軒 宜賢		
			元 愚袁 愚袁		
昆 古渾 姑溫	坤 苦昆 枯溫		𠊳 牛昆 吳魂	敦 都昆 都溫	暾 他昆 禿溫
根 古痕 歌恩			垠 五根 吳痕		吞 吐根 他恩
干 古寒 歌安	看 苦寒 渴安		豻 俄寒 俄寒	單 都寒 德安	灘 他干 他安
官 古丸 姑剜	寬 苦官 枯剜		岏 五丸 吳桓	端 多官 都剜	湍 他端 禿剜
姦 古顏 基烟	馯 丘姦 欺 可顏 豻 姦		顏 五姦 宜閑		
關 古還 姑彎	權 跪頑		[illegible] 五還 吾還		
閒 古閑 皆山	慳 苦閑 欺艱		詽 五閑 宜閑		
繯 古頑 姑彎					
堅 古賢 基烟	牽 苦堅 欺烟		妍 五堅 宜賢	顛 都年 低煙	天 他前 梯煙
涓 古玄 居淵					

定	泥	來	知	徹	澄
屯 徒渾 徒魂	黁 奴昆 奴魂	論 盧昆 魯魂			
壇 徒干 駝寒	難 那干 儺寒	蘭 落干 勒寒			
團 度官 徒完	渜 乃官 奴完	鑾 洛官 盧丸			
		斕 力閑 勒寒	譠 陟山		䗫 直閑
		𪆶 力頑			窀 墜頑
田 徒年 題姸	年 奴顚 泥姸	蓮 落賢 離姸			

古今韻表

孃	照	穿	神	審	禪
妏 奴還					
嫐 奴閑					

日	精	清	從	心	邪
	尊 祖昆 租温	村 此尊 麤温	存 徂尊 徂魂	孫 思渾 蘇温	
		餐 七安 雌安	殘 昨干 慈寒	跚 蘇干 思安	
	鑽 借官 租剜		欑 在丸 徂完	酸 素官 蘇剜	
	箋 則前 即烟	千 蒼先 七煙	前 昨先 胥妍	先 蘇前 息煙	

滂	邦	疏	牀	初	莊
普魂 濆 鋪溫	博昆 奔 逋溫				
普官 潘 鋪剜	北潘 [illegible] 布剜				
		所姦 删 疏彎			
普班 攀 鋪彎	布還 班 逋彎	數還 櫰			阻頑 跧 菹彎
	方閑 媥 逋彎	所間 山 師安	士山 虥 鉏閑	充山 [illegible]	
	布玄 邊 卑眠		崇玄 狗		

竝	明	非	敷	奉	微
		分 府文 夫溫	芬 撫文 敷溫	汾 符分 扶文	文 無分 無粉
		蕃 甫煩 夫彎	飜 孚袁 敷彎	煩 附袁 扶頑	樠 武元 無煩
		↓	↓	↓	↓
盆 蒲奔 蒲魂	門 莫奔 模魂				
槃 薄官 蒲完	瞞 母官 模完				
	蠻 莫還 模頑				
蹁 部田 皮妍	眠 莫賢 迷妍				

二十七删　[illegible]頑五還切　案唐寫本切韻頑吳鰥反在訮紐下顛紐上集韻作五鰥廣韻誤

二十八山　[illegible]　充山切

玉篇集韻同案四聲切韻表充作初韻鏡切

圖四聲等子俱列二等則充字誤

二十五寒　濡胡官切本

合口桓韻字切韻寒桓不分故廣韻附見于寒今

入桓韻

韻	開合	影	喻	爲	曉	匣
二 僊	開 3	焉 於乾 衣旃	延 以然 移連	漹 有乾 移虔	嘕 許延 希焉	
	合 3	娟 於緣 紆宣；嬛 於權 紆專	沿 與專 余全	員 王權 于權	翾 許緣 虛淵	
三 蕭	開 4	幺 於堯 衣曉			膮 許幺 希幺	
四 宵	開	要 於宵 伊消；妖 於喬 衣嬌	遙 餘昭 移喬	鴞 于嬌 移喬	囂 許嬌 希妖	
五 肴	開 2	[illegible] 於交 衣交			虓 許交 希交	肴 胡茅 希巢
六 豪	開 1	爊 於刀 阿高			蒿 呼毛 呵麼	豪 胡刀 何敖
七 歌	開 1	阿 烏何 厄歌			訶 虎何 黑阿	何 胡歌 核莪
八 戈	合 1	倭 烏禾 烏戈				禾 戶戈 胡訛
戈	開 3					
	合 3	肥 於靴 於靴			鞾 許戈 許肥	
九 麻	開 2	鴉 於加 衣加	邪 4 以遮 移蛇		煆 許加 希鴉	遐 胡加 奚牙
	合 2	窊 烏瓜 烏瓜			花 呼瓜 呼窊	華 戶花 胡窊
十 陽	開 3	央 於良 衣香	陽 與章 移疆		香 許良 希央	
	合 3			王 雨方 余狂		

開ノ高一交二蹻三

開ノ看三翹ノ

古今切韻表

見	溪	羣	疑	端	透
甄 居延 基焉	愆 去乾 欺焉	乾 渠焉 奇延			
勬 居員	弮 丘圓 區淵	權 巨員 渠員			
驍 古堯 基幺	鄡 苦幺 欺幺		嶢 五聊 宜聊	貂 都聊 低幺	祧 吐彫 梯幺
驕 舉喬 基妖	蹻 去遙 欺　趫 起囂 腰	翹 渠遙 奇　喬 巨嬌 遙			
交 古肴 皆敲	敲 苦交 欺交		聱 五交 我肴		
高 古勞 歌鏖	尻 苦刀 渴鏖		敖 五勞 我勞	刀 都牢 德鏖	饕 土刀 他鏖
歌 古俄 各阿	珂 苦何 渴阿		莪 五何 額何	多 得何 德阿	佗 託何 託阿
戈 古禾 姑倭	科 苦禾 枯倭		訛 五禾 吾禾	除 丁戈 都倭	詑 土禾 禿倭
迦 居伽 基遮	佉 丘伽 欺迦	伽 求迦 奇邪			
	𦙶 去靴 區鞾	瘸 巨靴 衢鞾			
嘉 古牙 基鴉	齣 苦加 豭欸　髤 乞加		牙 五加 穵遐		
瓜 古華 姑窊	誇 苦瓜 枯窊		⿰亻欠 五瓜		
薑 居良 基央	羌 去羊 欺央	強 巨良 奇陽			
	匡 去王 枯汪	狂 巨王 渠王			

陶・燎三聊の

定	泥	來	知	徹	澄
		連 力延 離延	邅 張連 知焉	脠 丑延 敕焉	纏 直連 池延
		攣 呂員 閭員	(權 丁權)	猭 丑緣 黜淵	椽 直攣 除員
迢 徒聊 題堯		聊 落蕭 離堯			
		燎 力昭 離遙 3	朝 陟遙 知妖 3	超 敕宵 敕妖 3	鼂 直遙 馳遙 3
		顟 力嘲 力肴	嘲 陟交 知鏖	颮 敕交 敕鏖	桃 直交
陶 徒刀 駝敖	猱 奴刀 儺敖	勞 魯刀 勒敖			
駝 徒何 徒莪	那 諾何 諾莪	羅 魯何 勒莪			
佗 徒和 徒訛	捼 奴禾 奴訛	羸 落戈 盧訛			
		臁 縷髗			
			奓 陟加 知鴞；爹 陟邪 些低	侘 敕加 敕鴉	茶 宅加 池牙
			檛 陟瓜 豬窊		
		艮 張呂 離陽	張 陟良 知央	募 豬羊 敕央	長 直良 池陽

古今切語表 十四

娘	照	穿	神	審	禪
	饘 諸延 支焉	燀 尺延 蚩焉		羶 式連 詩焉	鋋 市連 時延
	專 職緣 朱淵	穿 昌緣 出淵	船 食川 贖員		遄 市緣 殊員
	昭 止遙 支妖	怊 尺招 蚩妖		燒 式招 詩妖	韶 市昭 時遙
鐃 女交 尼敎					
拏 女加 尼牙	遮 正奢 之奢	車 尺遮 蚩遮	蛇 食遮 時耶	奢 式車 詩車	闍 視遮 時耶
孃 女良 尼陽	章 諸良 支央	昌 尺良 蚩央		商 式羊 詩央	常 市羊 匙陽

日	精	清	從	心	邪
如延 然 日延	子仙 煎 即焉	七然 遷 七焉	昨仙 錢 胥延	相然 僊 息焉	夕連 次 習延
而緣 堧 如員	子泉 鐫 足淵	此緣 詮 趨淵	疾緣 全 從員	須緣 宣 胥淵	似宣 旋 徐員
				蘇彫 蕭 西幺	
如招 饒 日遙	即消 焦 即腰	七遙 鍬 七腰	昨焦 樵 齊遙	相邀 宵 西腰	
	作曹 糟 咨慶	七刀 操 雌慶	昨勞 曹 慈敖	蘇遭 騷 思敖	
		七何 蹉 雌阿	昨何 醝 慈莪	素何 娑 思阿	
		七戈 遳 麤倭	昨禾 矬 徂訛	蘇禾 莎 蘇倭	
	子脃 侳 租倭	醋伽 脞			
人賖 若 日蛇	子邪 嗟 即些		才邪 査 在良	寫邪 些 西遮	似嗟 衺 習耶
汝陽 穰 日陽	即良 將 即央	七羊 鏘 七央	在良 牆 齊陽	息良 襄 西央	似羊 詳 習陽

十五十五

開
一一褒橐袍毛
二一包胞庖茅

莊	初	牀	疏	邦	滂
		岑寒 潺 士連			
菹彎 恮 莊緣			疏彎 栓 山員	卑焉 鞭 卑連	披焉 篇 芳連
				腰卑 飆 甫遙 / 妖卑 鑣 甫嬌	披腰 奧 撫招
菑麞 ⿰目巢 側交	差麞 ⿰言巢 楚交	岑敖 巢 鉏交	師麞 梢 所交	逋麞 包 布交	鋪麞 胞 匹交
				逋麞 褒 博毛	鋪麞 橐 普袍
				逋倭 波 博禾	鋪倭 頗 滂禾
菑鴉 樝 側加	測鴉 叉 初牙	岑牙 楂 鉏加	師鴉 鯊 所加		
菹窊 髽 莊華				逋鴉 巴 伯加	鋪鴉 葩 普巴
菹汪 莊 側羊	初汪 創 初良	鉏王 牀 仕莊	師央 霜 色莊		

並	明	非	敷	奉	微
便 房連 皮延	緜 武延 彌延				
瓢 符宵 皮遙	蜱 彌遙 武𢹂；苗 迷遙				
庖 薄交 蒲敖	茅 莫交 模敖				
袍 薄褒 蒲敖	毛 莫袍 模敖				
婆 蒲波 蒲訛	摩 莫婆 模訛				
爬 蒲巴 蒲牙	麻 莫霞 模牙				
		方 府良 夫汪	芳 敷方 敷汪	房 符方 扶王	亡 武方 無房

韻	開合	影	喻	爲	曉	匣
十一 唐	開1	鴦 烏郎 阿岡			炕 呼郎 黑岡	航 胡郎 何昂
	合1	汪 烏光 烏荒			荒 呼光 呼汪	黃 胡光 胡王
十二 庚	開2				脝 許庚 呵庚	行 戶庚 何彭
	合2				諻 虎橫 呼觥	橫 戶盲 胡盲
	開3	霙 於驚 衣京				
	合3			榮 永兵 余瓊	兄 許榮 虛邕	
十三 耕	開2	甖 烏莖 阿耕				莖 戶耕 何萌
	合2	泓 烏宏 烏轟			轟 呼宏 呼泓	宏 戶萌 平萌
十四 清	開43	嬰 於盈 衣輕	盈 以成 怡名			
	合43	縈 於營 紆傾	營 余傾 余瓊		眴 火營 虛邕	
十五 青	開4				馨 呼刑 希嬰	刑 戶經 奚盈
	合4					熒 戶扃 穴容
十六 蒸	開423	膺 於陵 衣兢	蠅 余陵 移形		興 許膺 希膺	
十七 登	開1					恆 胡登 何朋
	合1				薨 呼肱 呼翁	弘 胡肱 胡肱

開，鏗二↗三輕の

見	溪	羣	疑	端	透
岡 古郎 歌康	康 苦岡 渴岡		卬 五岡 我航	當 都郎 德岡	湯 吐郎 他岡
光 古黃 姑汪	骯 苦光 枯汪				
庚 古行 歌亨	阬 客庚 渴亨				
觵 古橫 姑翁					
驚 舉卿 基英	卿 去京 欺英	擎 渠京 奇迎	迎 語京 宜擎		
耕 古莖 歌鏗	鏗 口莖 渴耕		娙 五莖 我萌		
	輕 去盈 欺嬰	頸 巨成 奇盈			
	傾 去營 區邕	瓊 渠營 渠容			
經 古靈 基嬰				丁 當經 低嬰	汀 他丁 梯嬰
扃 古螢 居邕					
兢 居陵 基膺	硱 綺兢 欺膺	殑 其矜 奇蠅	凝 魚陵 宜澄		
揯 古恆 歌登				登 都滕 德增	鼟 他登 他登
肱 古弘 姑翁					

定	泥	來	知	徹	澄
唐 徒郎 駝昂	囊 奴當 儺昂	郎 魯當 勒昂			
			趟 竹盲 知亨	瞠 丑庚 敕亨	棖 直庚 池衡
			朾 中莖 知耕		橙 宅耕 池萌
		跉 呂貞 離盈	貞 陟盈 知嬰	檉 丑貞 敕嬰	呈 直貞 池盈
庭 特丁 題形	寧 奴丁 泥形	靈 郎丁 貍盈			
		陵 力膺 離蠅	徵 陟陵 知膺	僜 丑升 敕膺	澂 直陵 池蠅
騰 徒登 駝恆	能 奴登 儺恆	楞 魯登 勒恆			

娘	照	穿	神	審	禪
鬤 乃庚					
儜 女耕 尼萌					
	征 諸盈 支嬰			聲 書盈 詩嬰	成 是征 匙盈
	蒸 煮仍 支膺	稱 處陵 蚩膺	繩 食陵 舌蠅	升 識蒸 詩膺	承 署陵 匙蠅

古今切語表　十九

日	精	清	從	心	邪
	則郎 臧 咨岡	七岡 倉 雌岡	昨郎 藏 慈昂	息郎 桑 思岡	
	子盈 精 即嬰	七情 清 七嬰	疾盈 情 齊盈		徐盈 餳 習盈
				息營 騂 胥邕	
	菁	倉經 青 七嬰		桑經 星 西嬰	
如乘 仍 日蠅			疾陵 繒		
	作滕 增 咨登	七曾 彰 雌增	昨滕 層 慈稜	蘇增 僧 思增	

莊	初	牀	疏	邦	滂
				幫 博旁 逋岡	滂 普郎 鋪岡
	鎗 楚庚 差亨	傖 助庚 岑衡	生 所庚 師亨		
				閍 甫盲 逋亨	磅 撫庚 鋪庚
				兵 甫明 卑英	
爭 側莖 菑耕	琤 楚耕 差耕	崢 士耕 岑萌			
				浜 布耕 逋 繃 北萌 耕	怦 普耕 鋪耕
				幷 府盈 卑嬰	
					竮 普丁 披嬰
		磳 仕兢 岑恆	[illegible] 山矜 師膺	冫 筆陵 卑膺	砯 披冰 披膺
				↑	↑
				崩 北滕 卜登	漰 普朋 鋪崩

並	明	非	敷	奉	微
傍 步光 蒲昂	茫 莫郎 模昂				
彭 薄庚 蒲衡	盲 武庚 模衡				
平 符兵 皮迎	明 武兵 迷迎				
棚 薄萌 蒲萌	甍 莫耕 模棚				
	名 武幷 迷盈				
缾 薄經 皮盈	冥 莫經 迷盈				
凭 扶冰 皮蠅					
朋 步崩 蒲恆	瞢 武登 模恆				

合 開一 咸 開二 嫌 開四

開、憂、幽の

	影	喻	爲	曉	匣
十八 尤 開	憂 於求 衣休	猷 以周 移囚	尤 羽求 移求	休 許尤 希優	
十九 侯 開1	謳 烏侯 阿鉤			齁 呼侯 呵謳	侯 戶鉤 何樓
二十 幽 開4	幽 於虯 衣樛			飍 香幽 希幽	
二十一 侵 開423	音 於金 衣金；愔 挹淫 衣心	淫 餘針 移琛		歆 許金 希音	
二十二 覃 開1	諳 烏含 阿堪			㟏 火含 呵庵	含 胡男 胡南
二十三 談 開1				蚶 呼談 呵庵	酣 胡甘 何藍
二十四 鹽 開423	淹 央炎 衣詹；懕 一鹽 衣尖	鹽 余廉 余廉	炎 于廉 于廉		
二十五 添 開4				馦 許兼 希淹	嫌 戶兼 奚炎
二十六 咸 開2	猪 乙咸 衣衫			㰹 許咸 呵緘	咸 胡讒 諧巖
二十七 銜 開2					銜 戶監 諧巖
二十八 嚴 開3	醃 於嚴 衣詹			𩐍 虛嚴	
二十九 凡 開3					

鬮ノ甘ー緘ニ監ニ 鉤ー兼の 鳩ミ樛の

見	溪	羣	疑	端	透
鳩 居求 基優	丘 去鳩 欺 恘 去秋 優	裘 巨鳩 奇尤	牛 語求 宜求		
鉤 古侯 歌謳	彄 恪侯 渴謳		齵 五婁 莪侯	兜 當侯 德謳	偷 託侯 他謳
樛 居蚪 基幽		虯 渠幽 奇由	聱 語蚪		
金 居吟 基音	欽 去金 欺音	琴 巨金 奇吟	吟 魚金 宜琴		
弇 古南 歌庵	龕 口含 渴庵		[illegible] 五含 莪含	耽 丁含 多庵	探 他含 他庵
甘 古三 歌庵	坩 苦甘 渴庵			擔 都甘 德庵	䑙 他酣 他庵
	[illegible] 丘廉 欺淹	箝 巨淹 奇炎 鍼 巨鹽	䶬 語廉 宜廉		
兼 古甜 基淹	謙 苦兼 欺淹			髺 丁兼 低淹	添 他兼 梯淹
緘 古咸 基衫	鵮 苦咸 欺緘		嵒 五咸 宜咸		
監 古銜 基衫	嵌 口銜 欺監		巖 五銜 宜銜		
	欿 丘嚴 欺淹		嚴 語驗 宜黔		

定	泥	來	知	徹	澄
		劉 力求 離尤	輈 張流 知優	抽 丑鳩 敕優	儔 直由 池尤
頭 度侯 駝侯	羺 奴侯 儺侯	樓 落侯 羅侯			
		鏐 力幽			
		林 力尋 離淫	碪 知林 知音	琛 丑林 敕音	沈 直深 池淫
覃 徒含 駝含	南 那含 那含	婪 盧含 羅含			
談 徒甘 駝藍		藍 魯甘 羅談			
		廉 力鹽 離鹽	霑 張廉 知淹	覘 丑廉 敕淹	灭 直廉 池炎
甜 徒兼 題炎	鮎 奴兼 泥炎	鬑 勒兼			
			詀 竹咸 知庵		

娘	照	穿	神	審	禪
	職流 周 支優	赤周 犨 蚩優		式周 收 詩優	市流 讎 是尤
女心 ⿰言任 尼淫	職深 斟 支音	充針 ⿰甚見 蚩音		式針 深 詩音	氏壬 諶 是淫
女廉 黏 尼炎	職廉 詹 支淹	處占 譫 蚩淹		失廉 苫 詩淹	視占 棎 是鹽
女咸 諵 尼咸					

日	精	清	從	心	邪
柔 耳由 如尤	啾 即由 即優	秋 七由 七優	酋 自秋 齊由	脩 息流 西優	囚 似由 習尤
	鯫 子侯 咨謳	[illegible] 千侯 雌謳	[illegible] 徂鉤 慈侯	涑 速侯 思謳	
	稵 子幽				
任 如林 如吟	祲 子心 即音	侵 七林 七音	鬵 昨淫 齊淫	心 息林 西音	尋 徐林 習淫
	簪 作含 咨庵	參 倉含 差庵	蠶 昨含 慈含	毿 蘇含 思庵	
	暫 作三		慙 昨甘 慈藍	三 蘇甘 思庵	
䎃 汝鹽 如炎	尖 子廉 即淹	籤 七廉 七淹	潛 昨鹽 齊鹽	銛 息廉 西淹	燅 徐鹽 習鹽

莊	初	牀	疏	邦	滂
鄒 側鳩 菑謳	搊 楚鳩 差謳	愁 士尤 岑尤	搜 所鳩 師謳		
				彪 甫休 皁幽	
先 側吟 菑森	參 楚簪 差森	岑 鋤針 鋤淫	森 所今 師音		
			襳 史炎	砭 府廉 皁淹	
		讒 士咸 岑咸	攕 所咸 師庵		
	攙 楚銜 差庵	巉 鋤銜 岑巖	衫 所銜 師庵		

並	明	非	敷	奉	微
	莫浮 謀 模侯	甫鳩 不 夫優	匹尤 颩 敷優	縛謀 浮 扶尤	
薄侯 裒 蒲侯	亡侯 呣 模侯				
皮彪 滮 皮由	武彪 繆 迷由				
	武酣 媌 模藍				
白銜 [illegible]					
			匹凡 芝 歐庵	符咸 凡 扶含	

附切語攷證

二十九凡　凡符咸切案唐寫本王仁煦本切韵鈜本說文咸作芝廣韵類隔今更音和切同則此誤

又匹凡切末有欲澤存本誤欲案殘本玉篇欠部欲丘凡切集韻作欲丘凡切切韻嚴部欲丘嚴反又丘凡反王仁煦本凡部列欲于芝氾二字之閒廣韻遂沿襲而誤

	影	喻	爲	曉	匣
上聲 董 合 1	蓊 烏孔 烏孔			嗊 呼孔 虎孔	澒 胡孔 戶孔
二 腫 合 4 3 1	擁 於隴 紆鞏	勇 余隴 余隴		洶 許拱 許勇	
三 講 合 2	慃 烏項 倚講			㒖 虛慃 喜講	項 胡講 諧講
四 紙 開 4 3 2	倚 於綺 衣彼	酏 移爾 逸尒		[illegible] 興倚 希倚	
紙 合 4 3 2	委 於詭 烏詭	[illegible] 羊捶 喻蘂	蔿 韋委 羽詭	毀 許委 虎委	
五 旨 開 4 3	歖 於几				
旨 合 4 3		唯 以水 喻壘	洧 榮美 羽壘	瞝 火癸 虎委	
六 止 開 4 3 2	譩 於擬 衣起	以 羊己 逸里	矣 于紀 移里	喜 虛里 希矣	
七 尾 合 3	磈 於鬼 烏鬼		韙 于鬼 羽鬼	虺 許偉 虎偉	
尾 開 3	扆 於豈 隱豈			豨 虛豈 顯扆	
八 語 合 4 3 2	扵 於許 紆舉	與 余呂 余呂		許 虛呂 虛語	
九 麌 合 4 3 2	傴 於武 紆主	庾 以主 欲乳	羽 王矩	詡 況羽 虛羽	
十 姥 合 1	隖 安古 烏虎			虎 呼古 呼五	戶 侯古 胡五
十一 薺 合 4 開 4	[illegible] 烏弟 乙啟				徯 胡禮 戶禮
十二 蟹 開 2	矮 烏蟹 倚解				蟹 胡買 下矮

見	溪	羣	疑	端	透
	孔 康董 苦桶			董 多動 覩孔	侗 他孔 吐孔
拱 居悚 古勇	恐 丘隴 苦勇	梁 渠隴 巨勇		湩 都鴆 覩孔	
講 古項 眥聚					
椅 居綺 譴倚 枳 居帋 吉倚	綺 墟彼 遣倚 企 丘弭 乞倚	技 渠綺 極螘	螘 魚倚 疑爾		
詭 過委 古委	跪 去委 苦軌 跬 丘弭 酷委	跪 渠委 巨委	硊 魚毀 五詭		
几 居履 基倚		跽 暨几 極矣			
軌 居洧 舉洧 癸 居誄 古水	巋 丘軌 苦委	郈 暨軌 巨委 揆 求癸 巨洧			
紀 居理 基矣	起 墟里 欺矣		擬 魚紀 疑里		
鬼 居偉 古偉					
蟣 居豨 譴扆	豈 袪豨 遣扆		顗 魚豈 疑豈		
舉 居許 居詁	厺 光據 區語	巨 其呂 局語	語 魚巨 魚呂		
矩 俱雨 居羽	齲 驅雨 區羽	窶 其矩 局羽	麌 虞矩 魚窶		
古 公戶 姑五	苦 康杜 枯五		五 疑古 吳魯	覩 當古 都五	土 他魯 禿五
	啟 康禮 乞體		堄 研啟 疑禮	邸 都禮 低體	體 他禮 梯啟
解 佳買 皆矮	苄 苦蟹 可矮	鎊 求蟹			

定	泥	來	知	徹	澄
動 徒總 杜孔	[illegible] 奴動 砮孔	曨 力董 魯孔			
		隴 力踵 呂勇	冢 知隴 拄勇	寵 丑隴 褚勇	重 直隴 柱勇
		邐 力紙 離蟻	[illegible] 陟侈 展倚	褫 敕豸 丑倚	豸 池介 直蟻
		累 力委 魯委			
		履 力几 離矣	黹 豬几 知倚	[illegible] 楮几 敕倚	雉 直几 直矣
		壘 力軌 魯洧			
	伱 乃里	里 良士 離矣	徵 陟里 知矣	恥 敕里 敕矣	峙 直里 直矣
			貯 丁呂 豬語		
		呂 力舉 力語		楮 丑呂 黜語	佇 直呂 逐語
		縷 力主 閭羽	拄 知庾 豬羽		柱 直主 逐羽
杜 徒古 獨乂	怒 奴古 奴乂	魯 郎古 盧乂			
弟 徒礼 迪礼	禰 奴礼 泥礼	礼 盧啟 力米			
	嬭 奴蟹 伱矮				廌 宅買 直矮

娘	照	穿	神	審	禪
	腫 之隴 主勇	踵 充隴 杵勇			尰 時冗 竪勇
狔 女氏 尼蟻	紙 諸氏 軫倚	侈 尺氏 蚩倚	舓 神紙 舌蟻	弛 施是 陝倚	是 承紙 石蟻
	捶 之累 主委				菙 時髓 竪委
柅 女履 尼蟻	旨 職雉 倚支 跡 止姊			矢 式視 式倚	視 承矢 石矣
				水 式軌 暑委	
	止 諸市 支矣	齒 昌里 蚩矣		始 詩止 式矣	市 時止 石矣
女 尼呂 你語	鬻 章與 朱語	杵 昌與 出語	紓 神與 蜀語	暑 舒呂 書語	野 承與 蜀語
	主 之庾 朱羽				豎 臣庾 蜀羽

日	精	清	從	心	邪
	總 作孔 祖孔			[illegible] 先孔 蘇孔	
宂 而隴 乳勇	縱 子冢 足勇	憁 取勇 取勇		悚 息拱 胥勇	
爾 兒氏 而蟻	紫 將此 咨此	此 雌氏 采紫		徙 斯氏 思倚	
蘂 如累 汝委	觜 即委 祖委		惢 才捶 族委	髓 息委 胥委	猶 隨婢
	姊 將几 咨此			死 息姊 思紫	兕 徐姊 習矣
蕊 如壘 汝委	濢 遵誄 祖委	趡 千水 取委	辠 徂累 族壘		
耳 而止 而矣	子 卽里 咨此			枲 胥里 思矣	似 詳里 習齒
汝 人渚 如語	苴 子與 足語	䟃 七與 促語	咀 慈呂 絕語	諝 私呂 粟語	敘 徐呂 徐語
乳 而主 如羽		取 七庾 促羽	聚 慈庾 絕羽	[illegible] 相庾 胥羽	
	祖 則古 祖五	蔖 采古 麤五	粗 徂古 族五		
	濟 子礼 卽啟	泚 千禮 七啓	薺 徂禮 集禮	洗 先禮 息啟	

莊	初	牀	疏	邦	滂
				邊孔 琫 補孔	
				巴講 綁 補講	
側氏 批 仄史			所綺 躧 色倚		
	初委 揣 楚委			甫委 彼 卑倚 并弭 俾 筆倚	匹靡 陂 品倚 匹婢 諀 劈倚
				方美 鄙 卑倚 卑履 匕 筆倚	匹鄙 嚭 劈倚
阻史 滓 菑史	初紀 㓼 測史	鉏里 士 事俟 牀史 俟 事俟	疎士 史 色俟		
側呂 阻 菹五	搊舉 楚 初五	牀呂 齟 助五	疎舉 所 疏五		
		鶵禹 䝪 助五	所矩 數 疏五		
				博古 補 卜五	滂古 普 頗五
				補米 蚾 箄啟	匹米 頩 劈啟
			所蟹 灑 史矮		

微	奉	敷	非	明	並
				蠓 莫孔 姥孔	菶 蒲蠓 簿孔
	奉 扶隴 父勇	（捧 敷奉 撫勇）	覂 方勇 甫勇	鸏 莫湩 姥孔	
				⿰亻尨 武項 姥講	合 棒 步項 簿講
				靡 文彼 徹蠪 彌 綿婢 密蠙	被 皮彼 弻蠪 婢 便俾 徙并
				美 無鄙 迷矣	否 符鄙 弻 牝 扶履 矣
尾 無匪 武斐	膹 浮鬼 父尾	斐 敷尾 敷尾	匪 府尾 府尾		
武 文甫 無輔	父 扶雨 扶武	撫 芳武 敷武	甫 方矩 夫武		
				姥 莫補 木五	簿 裴古 泊五
				米 莫禮 密禮	陛 傍禮 弼禮

		影	喩	爲	曉	匣
蟹 十二	合 2				扮 花夥	夥 懷丫 戶拐
駭 十三	開 2	挨 於駭 倚楷				駭 矣楷 下矮
賄 十四	合 1	猥 烏賄 烏悔		偖 于罪 羽餒	賄 呼罪 虎腿	瘣 胡罪 戶餒
海 十五	合開 1 3 1	欸 於改 阿海	佁 夷在 乃矣　䑂 與改		海 呼改 黑改	亥 胡改 荷乃
軫 十六	開 4 3		引 余忍 矣忍			
軫	合 4 3			殞 于敏 羽窘		
準 十七	合 4 3		尹 余準 欲窘		脪 興腎 喜引	
吻 十八	合 3	惲 於粉 於粉		抎 云粉 羽吻		
隱 十九	開 3 2	隱 於謹 倚謹			[illegible] 休謹 喜謹	
阮 二十	合 3	婉 於阮 紆反		遠 雲阮 羽卷	晅 況晚 許遠	
阮	開 3	偃 於幰 倚蹇			幰 虛偃 喜偃	
混 二十一	合 1	穩 烏本 烏袞			緫 虛本 虎穩	混 胡本 戶穩
很 二十二	開 1					很 胡懇 荷墾
旱 二十三	開 1				罕 呼旱 呵侃	旱 胡笴 荷嬾
緩 二十四	合 1	椀 烏管 烏管				緩 胡管 戶椀

澄	徹	知	來	泥	定
拏 丈夥					
		鬌 陟賄	磥 落猥 魯餧	餧 奴罪 砮磊	錞 徒猥 杜餧
			錸 來改 羅乃	乃 奴亥 儺海	駘 徒亥 惰乃
紖 直引 直引	辴 丑忍 恥引	屒 珍忍 知引	嶙 良忍 里引		
	偆 癡準 褚隕	[illegible]	輪 力準 呂隕		
			怨 盧本 魯穩	炳 乃本 砮穩	囤 徒損 杜穩
			嬾 落旱 羅伞	攤 乃坦 砮嬾	但 徒旱 惰嬾
			卵 盧管 魯椀	煖 乃管 砮椀	斷 徒管 杜椀

娘	照	穿	神	審	禪
		莀 昌給 差海			
	軫 章忍 止引			弞 式忍 始引	腎 時忍 是忍
	準 之尹 主隕	蠢 尺尹 杵隕	盾 食尹 豎隕	賰 式允	

邪	心	從	清	精	日
		徂賄 辠 祚偎	七罪 皠 取悔	子罪 嶊 祖悔	
		昨宰 在 字乃	倉宰 采 此海	作亥 宰 子海	如亥 疓
		慈忍 盡 集引	七忍 笉 七引	卽忍 儘 卽引	而軫 忍 日引
				組 津 [illegible]	
	思允 筍 胥允			組紖 濜 集引	而尹 汝 毴 而允 允 蝡
	蘇本 損 蘇穩	才本 鱒 族穩	倉本 忖 麤穩	茲損 劕 祖穩	
	蘇旱 饊 思罕	藏旱 瓚 字嬾		作旱 鬢 子罕	
辝纂 鄹	蘇管 算 蘇椀			作管 纂 祖椀	

莊	初	牀	疏	邦	滂
				擺 北買 補矮	
					啡 匹愷 普 普乃 俖 海
[illegible] 仄謹 菑引	齔 初謹 差隱				
				本 布忖 補穩	[illegible] 普本 普穩
				粄 博管 補椀	坢 普伴 普椀

竝	明	非	敷	奉	微
罷 薄蟹 部矮	買 莫蟹 姥矮				
琲 蒲罪 簿餒	浼 武罪 姥餒				
倍 蒲亥 簿乃	穤 莫亥 姥乃				
牝 毗忍 陛引	愍 米引 殞眉　泯 密引 武盡				
		粉 方吻 府吻	忿 敷粉 撫吻	憤 房吻 父吻	吻 武粉 武粉
		反 府遠 甫晚		飯 扶晚 父晚	晚 無遠 武遠
獖 蒲本 簿穩	懣 模本 姥穩				
伴 蒲旱 簿椀	滿 母旱 姥椀				

附切語攷證

十七準 案脪蟀瀘㫳四類俱開口字猶諳韻之趣亦不別分

古今切語表 二五十三

韻	影	喻	爲	曉	匣
二十五 潸 開 2					僩 下赧 諧赧
潸 合 2	綰 烏板 烏板				晥 戶板 戶椀
二十六 產 開 2					限 胡簡 諧眼
產 合 2					
二十七 銑 開 4	蝘 於殄 倚顯			顯 呼典 喜偃	峴 胡典 奚演
銑 合 4					泫 胡畎 穴遠
二十八 獮 開 4 3	放 於蹇 倚蹇	演 以淺 夷遣			
獮 合 4 3 2		兗 以轉 羽犬		蠉 香兗 許遠	
二十九 篠 開 4	杳 烏皎 倚曉			鐃 馨皛 喜杳	皛 胡了 奚了
三十 小 開 4 3 合 4 3	夭 於兆 倚[illegible] 於小 表	鷕 以沼 夷擾			
三十一 巧 開 2 合 2	拗 於絞 倚絞				[illegible] 下巧 奚骹
三十二 晧 開 1 合 1	襖 烏晧 阿老			好 呼晧 黑襖	晧 胡老 何老
三十三 哿 開 1	閜 烏可 厄可			歌 虛我 黑可	荷 胡可 核我
三十四 果 合 1	婐 烏果 烏火			火 呼果 虎果	禍 胡果 戶果

見	溪	羣	疑	端	透
			齞 五板 擬赧		
簡 古限 紀服	齦 起限 起眼		眼 五限 擬簡		
繭 古典 紀偃	窒 牽繭 起偃		齞 研峴 擬顯	典 多殄 底偃	腆 他典 體偃
く 姑泫 舉遠	犬 苦泫 去遠				
蹇 九輦 紀偃	遣 去演 起演	件 其輦 技偃	齴 魚蹇 擬免		
卷 居轉 舉遠		圈 渠篆 巨遠 蜎 任兗			
皎 古了 紀杳	磽 苦皎 起杳			鳥 都了 底杳	朓 土了 體杳
撟 居夭 紀夭		蟜 巨夭 技擾			
絞 古巧 紀巧	巧 苦絞 起絞		齩 五巧 擬卯		
暠 古老 哥襖	考 苦浩 可襖		頡 五老 我老	倒 都皓 朶襖	討 他浩 妥襖
哿 古我 奇我	可 枯我 渴我		我 五可 莪可	嚲 丁可 多可	袉 吐可 他可
果 古火 古火	顆 苦果 苦火		姬 五果 五夥	埵 丁果 覩火	妥 他果 吐火

澄	徹	知	來	泥	定
				撚 乃殄 泥演	殄 徒典 弟演
邅 除善 直演	搌 丑善 恥演	展 知演 知演	輦 力展 里演		
篆 持兗 柱遠		轉 陟兗 竹遠	臠 力兗 呂遠		
			了 盧鳥 里曉	嬲 奴鳥 泥了	窕 徒了 弟了
肇 治小 直擾			繚 力小 里擾		
		獠 張絞 知絞		獿 奴巧 你皽	
			老 來皓 魯腦	堖 奴皓 儺老	道 徒皓 惰老
			㯕 來可 羅我	橠 奴可 儺我	爹 徒可 鐸我
			裸 郎果 魯多	妑 奴果 弩夥	墮 徒果 杜夥

古今切語表 二十四

禪	審	神	穿	照	娘
					赧 奴板 你眼
善 常演 市演	燃 式善 始演		闡 昌善 齒演	䁪 旨善 止演	趁 尼展 你演
膞 市兖 豎遠			舛 昌兖 杵遠	剸 旨兖 主遠	
紹 市沼 市擾	少 書沼 始夭		麨 尺沼 齒夭	沼 之少 止夭	

日	精	清	從	心	邪
				銑 蘇典 西偃	
蹨 人善 日演	翦 卽淺 卽演	淺 七演 七演	踐 慈演 集演	獮 息淺 息演	綫 徐翦 習演
輭 而兗 汝遠	臇 子兗 足遠		雋 徂兗 絕遠	選 思兗 荀遠	
	湫 子了 卽曉			篠 先鳥 洗杳	
擾 而沼 耳饒	勦 子小 子小	悄 親小 七小		小 私兆 洗天	
	早 子晧 子襖	草 采老 此襖	皁 昨早 字老	嫂 蘇老 思襖	
	左 臧可 子可	瑳 千可 此左		縒 蘇可 思左	
	[illegible] 作可 祖火	脞 倉果 取火	坐 徂果 族夥	鎖 蘇果 蘇火	

古今切韻表

莊	初	牀	疏	邦	滂
醡 側板 阻椀	⿰犭戔 初板	⿰齒戔 士板	潸 數板 史刪		
		撰 雛鯇 助椀		版 布綰 補椀	眅 普板 普版
醆 阻限 阻眼	剗 初限 楚眼	棧 仕限 乍眼	產 所簡 史簡		
	㦃 初綰				
				編 方典 彼偃	
		棧 士免			
		撰 士免 乍演		褊 方緬 筆演 辡 方免 彼演	鴘 披免 披演
				表 陂矯 彼小 標 方小 筆小	麃 滂表 披表 縹 敷沼 匹小
爪 側絞 側絞	煼 初爪 楚爪	⿰齒巢 士絞 乍皎	𢿱 山巧 史巧	飽 博巧 補巧	
				寶 博抱 補襖	
				跛 布火 補火	叵 普火 普火

竝	明	非	敷	奉	微
阪 扶板 簿捥	矕 武板 姥捥				
	[illegible] 武簡				
辮 薄泫 蒲演	搷 彌殄 米演				
辯 符蹇 陸演	免 亡辨 米 緬 彌兖 演				
藨 平表 陸撥 摽 符少 蒲撥	眇 亡沼 米撥				
鮑 薄巧 簿皦	卯 莫飽 姥皦				
抱 薄浩 簿老	蓩 武道 姥老				
爸 捕可 簿夥	麼 亡果 姥夥				

	影	喻	爲	曉	匣
三十五 馬 開 2	啞 烏下 倚檟			閜 許下 喜啞	下 胡雅 諧雅
馬 合 2					踝 胡瓦 戶瓦
馬 開 4 3 合 1		野 羊者 奚者			
三十六 養 開 4 3	鞅 於兩 倚響	養 餘兩 奚兩		響 許兩 喜養	
養 合 3 2	枉 紆往 紆怳		往 于兩 羽怳	怳 許昉 許往	
三十七 蕩 開 1	坱 烏朗 倚黨			汻 呼朗 黑黨	沆 胡朗 荷朗
蕩 合 1	汪 烏晃 烏廣			慌 呼晃 虎廣	晃 胡廣 戶廣
三十八 梗 開 2					杏 何梗 荷冷
梗 合 2					
梗 開 4 3	影 於丙 倚警				
梗 合 3	謍 烏猛 紆隴		永 于憬 羽隴	[illegible] 許永 許永	卝 乎[illegible] 穴永
三十九 耿 開 2 合 2					幸 胡耿 荷耿
四十 靜 開 4 3	癭 於郢 乙井	郢 以整 奚領			
靜 合 4		潁 餘頃 餘頃			

見	溪	羣	疑	端	透
古疋 檟 嗜啞	苦下 跒 起啞		五下 雅 擬馬		
古瓦 寡 古瓦	苦瓦 髁 苦瓦		五寡 瓦 五寡		
居兩 繈 紀養		其兩 勥 技養	魚兩 仰 擬兩		
居往 獷 俱往 舉枉 臩		求往 俇 巨往			
各朗 [illegible] 各黨	苦朗 慷 可黨		五朗 [illegible] 我朗	多朗 黨 朶欓	他朗 曭 妥黨
古晃 廣 古慌	丘晃 廣 苦廣				
古杏 梗 歌冷					
古猛 礦 古孔	苦礦 [illegible] 苦董				
居影 警 紀影				德冷 打 德冷	
俱永 憬 舉永					
古幸 耿 歌冷					
居郢 頸 紀郢		巨郢 痙 技郢			
	去穎 頃 去永				

古今切語表　三十四

定	泥	來	知	徹	澄
		藞 盧下 羅雅	觰 都賈 縿 竹下 知啞	奼 丑下 恥啞	
				䅲 丑寡 楮寡	
		兩 良奬 里養	長 知丈 知養	昶 丑兩 恥養	丈 直兩 直養
蕩 徒朗 惰朗	曩 奴朗 儺朗	朗 盧黨 羅莽			
			盯 張梗 知梗		
		冷 魯打 羅猛			
		領 良郢 里郢		逞 丑郢 恥郢	徎 丈井 直郢

娘	照	穿	神	審	禪
絮 奴下 伱雅					
	者 章也 止野	奲 昌者 齒者		捨 書冶 始野	社 常者 市野
	掌 諸兩 止養	敞 昌兩 齒養		賞 書兩 始養	上 時掌 市養
檸 拏梗 伱冷					
	整 之郢 止郢				

日	精	清	從	心	邪
人者 若 日野	茲野 姐 子野	七也 且 七也		悉姐 寫 洗野	徐野 灺 習野
如兩 壤 汝養	即兩 奬 即養	七兩 搶 此養		息兩 想 洗養	徐兩 像 習養
	子朗 駔 子黨	麄朗 蒼 此黨	徂朗 奘 字朗	蘇朗 顙 思黨	
	子郢 井 子郢	七靜 請 七郢	疾郢 靜 疾郢	息井 省 洗郢	

莊	初	牀	疏	邦	滂
鮓 側下 菑啞		槎 士下 乍雅	灑 砂下 史啞		
[illegible] 鎈瓦	䃰 叉瓦 楚瓦		葰 沙瓦 所瓦	把 博下 補啞	
	磢 初兩 楚 [illegible] 初丈 養		爽 疏兩 所養		
				榜 北朗 補黨	髈 匹朗 普黨
			省 所景 史梗	浜 布梗 補耿	
				丙 兵永 彼影	
					皏 普幸 普耿
				餅 必郢 彼郢	

並	明	非	敷	奉	微
跁 傍下 步雅	馬 莫下 姥雅				
	乜 彌也 米野				
		昉 分网 甫罔	髣 妃兩 撫罔	(驃) 毗養	网 文兩 武紡
	莽 模朗 母朗				
鮩 蒲猛 簿耿	猛 莫杏 姥冷				
	皿 武永 米影				
䴵 蒲幸 簿耿	䁅 武幸 母耿				
	眳 亡井 米郢				

古今

	影	喻	爲	曉	匣
迥 四十一 開4	嫈 烟涬 倚頂				婞 胡頂 奚郢
迥 合4	濴 烏迥 紆朧			訶 火迥 許永	迵 戶頂 穴永
拯 四十二 開3 2 合3					
等 四十三 開1					
等 合1					
有 四十四 開432 合3	颵 於柳 倚九	酉 與九 矣九	有 云久 矣柳	朽 許久 喜有	
厚 四十五 開1 合1	歐 烏后 阿苟			吼 呼后 呵毆	厚 胡口 荷藕
黝 四十六 開4	黝 於糾 乙九				
寑 四十七 開432 合3	歙 於錦 倚錦	潭 以荏 矣廩		廞 許錦 喜飲	
感 四十八 開1	晻 烏感 阿感			顑 呼唵 呵坎	頷 胡感 荷坎
敢 四十九 開1 合1	埯 烏敢 阿感			喊 呼覽 呵敢	
琰 五十 開3 合34	奄 衣儉 倚儉；黶 於琰 乙檢	琰 以冉 矣斂		險 虛檢 喜掩	
忝 五十一 開4 合					鼸 胡忝 奚掩
儼 五十二 開3	埯 於广 倚檢				

透	端	疑	羣	溪	見
珽 他鼎 體影	頂 都挺 底影	䁐 五頸 擬挺		謦 去挺 起影	剄 古挺 紀影
				聧 口迥 去永	熲 古迥 舉永
			殑 其拯 技郢		
	等 多肎 得梗			肎 苦等 可等	
			舅 其九 技有	糗 去久 起有	久 舉有 紀有
黈 天口 妥毆	斗 當口 朶毆	藕 五口 我茍		口 苦后 可毆	茍 古厚 歌毆
			蟉 渠黝 極酉		糾 居黝 紀酉
		僸 牛錦 擬廩	噤 渠飲 技飲	坅 邱甚 起飲	錦 居飲 紀飲
禫 他感 他感	黕 都感 朶感	顉 五感 我坎		坎 苦感 可感	感 古禫 歌坎
菼 土敢 妥噉	膽 都敢 朶敢			㰴 口敢	敢 古覽 哥膽
		顩 魚檢 擬儉	儉 巨險 技掩	預 丘檢 起 脥 諱琰 掩	檢 居奄 紀掩
忝 他玷 體掩	點 多忝 底掩			嗛 苦簟 起掩	㜮 兼玷 紀掩
		儼 魚掩 擬儉		欦 丘广 起掩	

定	泥	來	知	徹	澄
徒鼎 挺 第郢	乃挺 顊 伱郢	力鼎 笭 里郢			
				丑拯 庱 恥影	
	奴等 能 儺等				
		力久 柳 里有	陟柳 肘 知有	敕久 丑 恥有	除柳 紂 直有
徒口 [illegible] 惰偶	乃后 㝅 儺偶	郎斗 塿 羅藕			
		力稔 廩 里飲	張甚 戡 知飲	丑甚 踸 恥飲	直稔 朕 直飲
徒感 禫 惰感	奴感 腩 儺坎	盧感 壈 羅感			
徒敢 噉 惰覽		盧敢 覽 羅敢			
		良冉 斂 里冉		丑琰 諂 恥掩	
徒玷 簟 弟掩	乃玷 淰 泥掩	力忝 稴 里掩			

孃	照	穿	神	審	禪
	拯 止影 拯黃集二韻無切音烝上聲				
狃 女久 伱有	帚 之九 止有	醜 昌九 齒有		首 書九 始有	受 殖酉 市酉
拰 尼廩 伱飲	枕 章荏 止飲	瀋 昌枕 齒飲	葚 食稔 食飲	審 式荏 始飲	甚 常枕 市飲
				瀾 賞敢	
	颭 占琰 止掩			陜 失冉 始掩	剡 時染 市染

古今切韻表

日	精	清	從	心	邪
			汫 徂醒 集郢	醒 蘇挺 洗影	
蹂 人久 日有	酒 子酉 即酉		湫 在九 集酉	滫 息有 息有	
	走 子苟 子毆	趣 蒼苟 此毆	鯫 仕垢 字藕	叟 蘇后 思毆	
荏 如甚 日飲	[illegible] 子朕 即飲	寑 七稔 七飲	蕈 慈荏 集飲	罧 斯甚 思飲	
	昝 子感 子感	慘 七感 此坎	歜 徂感 字感	糂 桑感 思感	
	[illegible] 子敢	黲 倉敢 此坎	槧 才敢 字覽		
冄 而琰 日掩	[illegible] 子冄 即掩	憸 七漸 七掩	漸 慈染 集掩		
		憯 青忝 七掩			

滂	幫	疏	牀	初	莊
頩 匹迥 披影	鞞 補鼎 彼影				
		殅 色庚 史梗			
倗 普等 普等					
		溲 疎有 史毆	𥢶 士九 乍偶	𩋉 初九 差毆	掫 側九 菑毆
剖 普后 普毆	△捊 方垢 補毆				
品 丕飲 丕飲	稟 筆錦 彼飲	痒 疏錦 史飲		墋 初朕 差飲	
	貶 方斂 彼掩				

竝	明	非	敷	奉	微
蒲迴 竝 陛鄧	莫迴 茗 米鄧				
		方久 缶 甫有	芳否 恒 撫；芳婦 秠 有	房久 婦 附有	
蒲口 部 泊藕	莫厚 母 模藕				
	謨收 媌 姥覽				
	明忝 夌 米掩				

附切語考證

四十七寑　沈式任切案唐寫本切韻任作稔鍇本說文作荏廣韻誤

四十五厚　鯫仕垢切案漢書張良傳顏注才垢反史記貨殖傳索隱昨茍反闡微作字藕反則仕爲才之誤今應改列從紐

	影	喻	爲	曉	匣
五十三 豏 開2	黯 乙減 乙減			闞 火斬 呵斬	豏 下斬 荷減
五十四 檻 開2	黤 於檻 倚賺			獺 荒檻 呵減	檻 胡黤 荷賺
五十五 范 開3 合3					

見	溪	羣	疑	端	透
鹹 古斬 省[illegible]	尿 苦減 楷減				
	顲 丘檻				
	凵 丘犯 起掩				

定	泥	來	知	徹	澄
		臉 力減 羅減		[illegible] 丑減 耻減	湛 徒減 直豏
				[illegible] 丑犯 恥掩	

娘	照	穿	神	審	禪
女減 罔 伱賊					

邪	心	從	清	精	日

莊	初	牀	疏	邦	旁
斬 側減 菑賺	膱 初減 差賺	瀺 士減 乍賺	摻 所斬 史賺		
	醶 初檻 差賺	巉 仕檻 乍賺	摲 山檻 史賺		

漢壽音范多萬

微	奉	敷	非	明	竝
鋄 亡范 武覽	范 防鋄 附覽	釩 峯犯 撫噉	股 府范 甫噉		

	影	喻	爲	曉	匣
送 合 1 去聲一	瓮 烏貢 烏貢			烘 呼貢 虎甕	哄 胡貢 戶甕
送 合 423				[illegible] 香仲 許用	
宋 合開 1 1 二					硡 乎宋 戶甕
用 合開 343 三	雍 於用 紆俸	用 余頌 喩俸			
絳 合開 2 2 四					巷 胡絳 戶絳
寘 開 432 五	倚 於義 衣戲　縊 於賜 乙寄	易 以豉 逸詈		戲 香義 喜義	
寘 合 43	餧 於僞 烏睡　恚 於避 郁睡	瓗 以睡 欲睡	爲 于僞 喩睡	孈 呼恚 忽僞　毀 況僞 虎僞	
至 開 243 六	懿 乙冀 乙冀	肄 羊至 逸利		豷 許位　齂 虛器 喜肂	
至 合 432		遺 以醉 欲類	位 于愧 喩類	侐 火季　[illegible] 香季 忽位	
志 合 432 七	意 於記 衣記	異 羊吏 逸吏		憙 許記 喜異	
未 開 3 八	衣 於既 倚既			欷 許既 喜毅	
未 合 3	尉 於胃 烏貴		胃 于貴 于貴	諱 許貴 虎畏	
御 合 432 九	飫 依倨 郁據	豫 羊洳 余遽		嘘 許御 許豫	

見	溪	羣	疑	端	透
貢 古送 固甕	控 苦貢 庫甕			凍 多貢 妒甕	痛 他貢 兎甕
	烸 去仲 去用				
					統 他綜 兎甕
供 居用 固用	恐 區用 庫用	共 渠用 遽用			
絳 古巷 記巷					
寄 居義 紀義　陭 居企 吉義	㱦 卿義　企 去咨 乞逘	芰 奇寄 極義	議 宜寄 疑詈		
鵙 詭僞 固僞　瞡 規恚 谷爲	觖 窺瑞 酷僞		僞 危睡 五睡		
冀 几利 紀肆	器 去冀 起肆　弃 詰利 乞肆	暨 具冀 極肆	劓 魚器 疑利		
媿 俱位 固位　季 居悸 谷位	喟 丘愧 庫位	匱 求位 巨位　悸 其季 局位			
記 居吏 紀異	亟 去吏 起異	忌 渠記 極異	[illegible] 魚記 疑忌		
既 居豙 紀毅	气 去既 起毅	[illegible] 其既 極毅	毅 魚既 疑既		
貴 居胃 固畏	[illegible] 丘畏 庫畏		魏 魚貴 誤貴		
據 居御 舉豫	[illegible] 丘倨 曲豫	遽 其據 局豫	御 牛倨 魚遽		

定	泥	來	知	徹	澄
洞 徒弄 渡甕	齈 奴涷 怒甕	弄 盧貢 路甕			
			中 陟仲 竹用		仲 直衆 杜用
		矓 良用 路用	湩 竹用 竹用	蹱 丑用 褚用	重 柱用 杜用
			戇 陟降 竹絳	惷 丑降 褚降	幢 直絳 杜巷
		詈 力智 里義	智 知義 知義		
		累 良僞 路僞	娷 竹恚 竹僞		縋 馳僞 逐僞
地 徒四 迪肆		利 力至 里肆	致 陟利 知肆	屎 丑利 耻肆	緻 直利 直肆
		類 力遂 路位	轛 追萃 竹位		墜 直類 逐位
		吏 力置 里異	置 陟吏 知異	眙 丑吏 耻異	値 直吏 直異
		慮 良倨 呂豫	著 陟慮 竹豫	絮 抽據 黜豫	箸 遲倨 逐豫

禪	審	神	穿	照	娘
			銃 充仲 處用	衆 之仲 注用	
				種 之用 注用	
豉 是義 石義	翅 施智 式義		卶 充豉 齒義	寘 支義 支義	
睡 是僞 樹僞			吹 尺僞 處僞	惴 之瑞 朱僞	諉 女恚 女僞
嗜 常利 石肆	屍 矢利	示 神至 舌肆	痓 充至 齒肆	至 脂利 止肆	膩 女利 你肆
	[illegible] 釋類 恕位		出 尺類 處位		
侍 時吏 石異	試 式吏 式異		熾 昌志 齒異	志 職吏 止異	
署 常恕 蜀豫	恕 商署 暑豫		處 昌據 穿豫	翥 章恕 朱豫	女 尼據 你豫

日	精	清	從	心	邪
	椶 作弄 作甕	謥 千弄 措甕	藂 徂送 祚甕	送 蘇弄 素甕	
		趥 千仲			
	綜 子宋 作甕			宋 蘇統 素甕	
䩸 而用 濃用 用汝 搣	縱 子用 足用		從 疾用 聚用		頌 似用 敍用
	積 子智 子縊	刺 七賜 七賜	漬 疾智 集義	賜 斯義 思刺	
⿰禾内 而瑞 汝僞				⿰禾委 思累 素僞	
二 而至 耳肆	恣 咨四 咨四	次 七四 七四	自 疾二 賊次	四 息利 思次	
	醉 將遂 作位	翠 七醉 措位	萃 秦醉 祚位	邃 雖遂 素位	遂 徐醉 敍位
餌 仍吏 耳異		蛓 七吏 七賜	字 疾置 賊寺	笥 相吏 思字	寺 詳吏 習字
茹 人恕 汝豫	怚 將預 將豫	覷 七慮 取豫		絮 息據 胥豫	⿸尸⿰彳豕 徐預

莊	初	牀	疏	邦	滂
		⿰崇刂 仕仲 助甃			
	糉 楚絳 楚巷	漴 士降 助巷	淙 色絳 史絳		胮 匹絳 譬絳
裝 爭義 菑義			屣 所寄 師義		
				賁 彼義 臂 卑義 彼義 筆義	譬 匹賜 帔 披義 劈義 披義
	⿰差皮 楚愧				
			帥 所類 所位	祕 兵媚 畀 必至 彼肄 筆律	屁 匹寐 濞 匹備 劈肄 披律
胾 側吏 仄異	廁 初吏 測異	事 鉏吏 仕異	駛 疏吏 師異		
詛 莊助 阻誤	楚 瘡據 初誤	助 牀據 乍誤	疏 所去 朔誤		

並	明	非	敷	奉	微
	幏 莫弄 暮甕				
	㝱 莫鳳	諷 方鳳 付甕	賵 撫鳳 敷甕	鳳 馮貢 附甕	
	雺 莫綜 暮甕				
			葑 芳用 付甕	俸 扶用 附甕	
髲 平義 並義 避 毗義 弼義					
備 平祕 並肄 鼻 毗至 弼肄	媚 明祕 米肄 寐 彌二 密肄				
		沸 方味 付畏	費 芳未 敷畏	鷶 扶沸 附胃	未 無沸 物貴

	影	喻	爲	曉	匣
十 合 432 遇	嫗 衣遇 郁據	裕 羊戍 羽遽	芋 王遇 余遽	煦 香句 許衜	
十一 合 1 暮	汙 烏路 烏故			謼 荒故 虎誤	護 胡誤 胡誤
十二 開 4 霽	翳 於計 壹計			欰 呼計 喜藝	奚 胡計 檄詣
合 4 霽				嘒 呼惠 虎衛	慧 胡桂 戶衛
十三 開 432 祭	緆 於厲 倚例	曳 餘制 移袂			
合 432 祭		銳 以芮 喻歲	衞 于歲 喻贅	𧵮 呼吠	
十四 開 1 泰	藹 於蓋 阿蓋			餀 呼艾 黑艾	害 胡蓋 荷艾
合 1 泰	薈 烏外 烏會			譮 呼會 虎最	會 黃外 戶最
十五 開 2 卦	隘 烏解 倚賣			謑 火解 喜隘	邂 胡解 系隘
合 2 卦				諣 呼卦 虎派	畫 胡卦 戶卦
十六 開 2 怪	噫 烏介 倚戒			譮 許介 喜隘	械 胡介 系隘
合 2 怪				𧮳 火怪 虎怪	壞 胡怪 戶怪
十七 開 2 夬	喝 於犗 倚戒			譪 火犗 喜隘	㰶 何犗
合 2 夬	黵 烏快 烏快			咶 火夬	話 下快 戶卦

見	溪	羣	疑	端	透
屨 九遇 舉裕	驅 區遇 區裕	懼 其遇 局裕	遇 牛具 魚懼		
顧 古暮 古誤	絝 苦故 苦誤		誤 五故 五路	妬 當故 篤誤	兔 湯故 禿誤
計 古詣 吉詣	契 苦計 起詣		詣 五計 擬麗	帝 都計 底詣	替 他計 體詣
桂 古惠 固衛					
猘 居例 紀藝	憩 去例 起藝	偈 其憩 極藝	劓 牛例 擬例 藝 魚祭 擬例		
劌 居衛 固衛	犈 丘吠				
蓋 古太 箇艾	磕 苦蓋 可艾		艾 五蓋 餓蓋	帶 當蓋 朵艾	泰 他蓋 託艾
儈 古外 固外	檜 苦會 庫會		外 五會 誤會	祋 丁外 妬會	娧 他外 兔會
懈 古隘 皆隘			睚 五解 義會		
卦 古賣 固賣	嫛 苦賣 器隘				
誡 古拜 皆隘	烗 苦戒 器隘		[illegible] 五介 義戒		
怪 古壞 固怪	蒯 苦怪 庫怪		瞶 五怪 誤壞		
犗 古喝 皆隘					
夬 古賣 固快	快 苦夬 庫邁				

定	泥	來	知	徹	澄
		屢 浪遇 呂裕	註 中句 竹裕	閨 丑注 黜裕	住 持遇 逐裕
渡 徒故 獨誤	笯 乃故 努誤	路 洛故 魯誤			
第 特計 迪詣	泥 奴計 溺詣	麗 郎計 里詣		[illegible] 丑戾	
		例 力制 里藝	㿃 竹例 知藝	跇 丑例 恥藝	滯 直例 直藝
			綴 陟衛 竹衛		鏑 涂芮 逐衛
大 徒蓋 鐸艾	柰 奴帶 諾艾	賴 落蓋 羅艾			
兌 杜外 渡會		酹 郎外 路會			
			膪 竹賣		
				[illegible] 他怪 黜壞	
				蠆 丑犗 恥隘	[illegible] 除邁 直隘

禪	審	神	穿	照	娘
樹 常句 殊裕	戍 傷遇 署裕			注 之戍 朱裕	
逝 時制 石藝	世 舒制 式藝		掣 尺制 尺藝	制 征例 職藝	
啜 嘗芮 樹衞	稅 舒芮 暑衞		毳 楚稅 杵衞	贅 之芮 汁衞	
					褹 女介 膩隘

邪	心	從	清	精	日
	尠 思句 胥裕	聚 才句 族裕	娶 七句 促裕	緅 子句 祖裕	孺 而遇 汝裕
	訴 桑故 速誤	祚 昨誤 族誤	厝 倉故 麤誤	作 臧祚 祖誤	
	細 蘇計 息詣	嚌 在詣 集詣	砌 七計 七詣	霽 子計 即詣	
				祭 子例 即藝	
篲 祥歲 敘銳	歲 相銳 須銳		毳 此芮 促銳	蕝 子芮 足銳	芮 而銳 汝衞
			蔡 倉大 亥艾		
	䃀 先外 素會	⿱⺮最 才外 祚會	⿰日最 七外	最 祖外 作會	

五十七

莊	初	牀	疏	邦	滂
	菆 鎩注 初誤		揀 色句 朔誤		
				布 博故 補誤	怖 普故 普誤
				閉 博計 箄詣	媲 匹詣 劈詣
			⿰山祭 所例 史藝		
			⿰口率 山芮	蔽 必袂 箄藝	潎 匹蔽 劈藝
				貝 博蓋 布霈	霈 普蓋 破貝
債 側賣 滓隘	差 楚解 測隘	⿸疒柴 士解 乍隘	曬 所賣 史隘		
				庍 方卦	派 匹卦 破賣
瘵 側界 滓械			鎩 所拜 所壞		
				拜 博怪 布怪	湃 普怪 破怪
	啐 蒼夬 抄隘	寨 豺夬 乍隘	哵 所犗		
	嘬 楚夬 楚伎			敗 北邁 布怪	

並	明	非	敷	奉	微
		付 方遇 夫務	赴 芳遇 敷務	附 符遇 扶務	務 亡遇 無附
捕 薄故 泊誤	暮 莫故 姥誤				
薜 蒲計 弼詣	謎 莫計 米詣				
弊 毗祭 弼藝	袂 彌弊 米藝				
旆 蒲蓋 步霈	眛 莫貝 暮旆				
粺 傍卦 步賣	賣 莫懈 暮隘				
憊 蒲拜 步壞	韎 莫拜 暮壞				
唄 薄邁 簿邁	邁 莫話 暮敗				

附切語攷證

八未　鸗扶涕切案王仁煦本切韻唐寫本唐韻鍇本說文涕作沸此誤

十三祭　陳澧云䊠丘吠切䊠呼吠切吠字在二十廢此廢韻增加字誤入此韻集韻䊠䊠在廢韻可證也

十七史　啐蒼吏切案儀禮釋文俱七內反禮記雜記釋文引徐倉快反蓋倉吏即七內韻文雖差音讀無改闡微竟云（今用）抄邁切協用抄邁隘切殊誤今姑從其說而訂正于此

代有開無合趣文法
合者以謂內有經字莫
代切趣以唇音皆合口呼
非也

合，誨一喙三

序	韻	開合	影	喩	爲	曉	匣
十八	隊	合 1	[illegible] 烏繢 烏誨			誨 荒內 虎對	蚚 胡輩 潰 胡對 戶內
十九	代	開 1 合 1	㤅 烏代 阿槩			儗 海愛 黑愛	瀣 胡槩 荷礙
二十	廢	合 3	穢 於廢 烏喙			喙 許穢 虎穢	
二十一	震	開 4 3 2	印 於刃 乙晉	胤 羊晉 異刃		釁 許覲 喜印	
	震	合 3					
二十二	稕	合 4 3					
二十三	問	合 3	醞 於問 郁訓		運 王問 喩郡	訓 許運 許運	
二十四	焮	開 3	隱 於靳 倚靳			焮 香靳 喜靳	
二十五	願	合 2 3	怨 於願 郁勸		遠 于願 喩勸	楥 虛願 許怨	
	願	開 3	堰 於建 倚建			獻 許建 喜堰	
二十六	慁	合 1	搵 烏困 烏困			惛 呼悶 虎困	慁 胡困 戶困
二十七	恨	開 1	[illegible] 烏恨 阿艮			恨 胡艮 戶艮	
二十八	翰	開 1	按 烏旰 阿漢			漢 呼旰 黑按	翰 侯旰 荷岸
二十九	換	合 1	惋 烏貫 烏貫			喚 火貫 虎玩	換 胡玩 戶玩

五十九

見	溪	羣	疑	端	透
憒 古對 固誨	塊 苦對 庫誨		磑 五對 誤隊	對 都隊 妬誨	退 他內 兎誨
溉 古代 箇愛	慨 苦蓋 可愛		礙 五溉 餓耐	戴 都代 朶愛	貸 他代 妥愛
		衛 渠穢 遽穢	刈 魚肺 誤肺		
	螼 羌印 菣 去刃 印起	僅 渠遴 忌印	憖 魚覲 義覲		
吻 九峻 據韻					
捃 居運 據運		郡 渠運 遽運			
靳 居焮 記印		近 巨靳 忌印	垽 吾靳 義近		
絭 居願 據怨	券 去願 去怨	圈 臼万 具願	願 魚怨 遇勸		
建 居万 記堰		健 渠建 忌堰	甗 語堰 義健		
睔 古困 固困	困 苦悶 庫悶		顐 五困 誤悶	頓 都困 妬困	
艮 古恨 箇恨			皚 五恨 餓恨		
旰 古案 箇按	侃 苦旰 可按		岸 五旰 餓翰	旦 得按 得按	炭 他旦 妥按
貫 古玩 固玩	𨨏 口喚 庫玩		玩 五換 誤換	鍛 丁貫 妬玩	彖 通貫 兎玩

澄	徹	知	來	泥	定
			纇 盧對 路內	內 奴對 怒隊	隊 徒對 渡內
			賚 洛代 勒礙	耐 奴代 諾礙	代 徒耐 渡礙
陳 直刃 稚印	疢 丑刃 恥印	鎮 陟刃 智印	遴 良刃 吏印		
			論 盧困 路悶	嫩 奴困 怒悶	鈍 徒困 渡悶
			爛 郎旰 勒岸	儺 奴案 諾按	憚 徒案 渡岸
			亂 郎段 路玩	偄 奴亂 怒玩	段 徒玩 渡玩

古今切韻表

禪	審	神	穿	照	娘
時刃 愼 侍印	式刃 眒 試印			章刃 震 至印	
食閏 順 樹韻	舒閏 舜 恕韻			之閏 稕 注韻	

日	精	清	從	心	邪
	晬 子對 作誨	倅 七內 措誨		碎 蘇內 素誨	
	載 昨代 子愛	菜 倉代 次愛	載 昨代 字礙	塞 先代 四愛	
刃 而振 日印	晉 即刃 即印	親 七遴 砌印		信 息晉 細印	賮 徐刃 習印
閏 如順 孺韵	俊 子徇 作韵			峻 私閏 粟韵	徇 詞閏 敘韻
	焌 子寸 作困	寸 倉困 措困	鐏 徂悶 祚悶	巽 蘇困 素困	
	賛 則旰 恣按	粲 蒼案 次按	㜺 徂贊 字岸	繖 蘇旰 四案	
	穳 子筭 作困	竄 七亂 措玩	欑 在玩 祚玩	筭 蘇貫 素玩	

古今切韻表

滂	邦	䟽	牀	初	莊
配 滂佩 破誨	背 補妹 布誨				
				櫬 初覲 差印	
米 匹刃 譬印	儐 必刃 臂印				
				𢿘 叉万 楚怨	
噴 普悶 破困	奔 甫悶 布困				
判 普半 破玩	半 博慢 布玩				

微	奉	敷	非	明	竝
				妹 莫佩 慕佩	佩 蒲昧 步妹
				䆀 莫代 慕礙	
	吠 符廢 附穢	肺 芳廢 赴穢	廢 方肺 付穢		
問 亡運 務奮	分 扶問 附問	湓 匹問 赴問	糞 方問 付問		
萬 無販 務飯	飯 符萬 附萬	嬎 芳萬 赴萬	販 方願 付萬		
				悶 莫困 慕困	坌 蒲悶 步悶
				縵 莫半 慕玩	叛 薄半 步玩

附切語攷證

十九代　慨苦蓋切　案王仁煦切韻蓋作愛唐韻作摡廣韻誤

二十九緩　半博慢切　陳澧云廣韻諸本誤慢字在三十諫今從徐鉉作幔案王仁煦切韻唐寫本唐韻俱作漫

漢書音忠青犯

韻	影	喻	爲	曉	匣
三十 諫 開2	晏 烏澗 倚諫				骭 下晏 檄鴈
諫 合2	綰 烏患 烏慣				患 胡慣 戶慣
三十一 襉 開2					莧 侯襉 檄鴈
襉 合2					幻 胡辨 戶慣
三十二 霰 開4	宴 烏甸 乙見			韅 呼甸 喜宴	見 胡甸 系硯
霰 合4	餶 烏縣 郁絹			絢 許縣 許院	縣 黃練 穴院
三十三 線 開4 3	躽 於扇 倚扇		衍 予線 異賤		
線 合432		掾 以絹 欲倦	援 王眷 喻倦		
三十四 嘯 開4	窔 烏叫 一叫			歗 火弔 喜要	
三十五 笑 開3 合434	要 於笑 一笑		燿 弋照 異妙		
三十六 效 開23 合2	靿 於教 倚教			孝 呼教 喜教	效 胡教 系貌
三十七 號 開1 合1	奧 烏到 阿誥			耗 呼到 黑奧	號 胡到 荷傲
三十八 箇 開1	侉 安賀 安賀			呵 呼箇 黑餓	賀 胡箇 核餓
三十九 過 合1	涴 烏臥 烏貨			貨 呼臥 虎臥	和 胡臥 戶臥

見	溪	羣	疑	端	透
諫 古晏 記晏			鴈 五晏 義諫		
慣 古患 固患			薍 五患 誤患		
襉 古莧 紀晏					
繝 古幻 固幻					
見 古電 記宴	俔 苦甸 器宴		硯 吾甸 義現	殿 都甸 底宴	瑱 他甸 替宴
睊 古縣 捩院					
	譴 去戰 器宴		彥 魚變 義戰		
眷 居倦 院攄 絹 吉掾 院菊	弮 區倦 去院	倦 渠眷 遽院			
叫 古弔 記要	竅 苦弔 器要		顤 五弔 義料	弔 多嘯 底要	糶 他弔 替要
	趬 丘召 器要	嶠 渠廟 耀技 3 翹 巨要 耀忌 4	虓 牛召 義獎 3		
教 古孝 戒孝	敲 苦敎 器孝		樂 五敎 義效		
誥 古到 篩奧	犒 苦到 可奧		傲 五到 餓號	到 都導 朶奧	
箇 古賀 各餓	坷 口箇 渴餓		餓 五个 我賀	跢 丁佐 朶餓	拖 吐邏 妥餓
過 古臥 固臥	課 苦臥 庫臥		臥 吾貨 誤貨	桗 都唾 妬臥	唾 湯臥 兎臥

定	泥	來	知	徹	澄
				孱 丑晏	
					綻 丈莧 雅膩
電 堂練 第硯	晛 奴甸 溺硯	練 郎甸 吏硯			
		㾓 連彥 吏堰	[illegible] 陟扇 智堰		邅 持僊 雅彥
		戀 力倦 盧院	囀 知戀 竹院	猭 丑戀 黜院	傳 直戀 逐院
藋 徒弔 第耀	尿 奴弔 溺耀	顤 力弔 吏耀			
		尞 力獎 吏耀		朓 丑召 恥要	召 直照 雅要
			罩 都教 智孝	趠 丑教 恥孝	棹 直教 雅教
導 徒到 惰傲	腝 那到 諾傲	嫪 郎到 勒傲			
馱 唐佐 鐸餓	奈 奴箇 諾餓	邏 郎佐 勒餓			
惰 徒臥 渡臥	愞 乃臥 怒臥	[illegible] 魯過 路臥			

禪	審	神	穿	照	娘
					奻 女患
繕 時戰 侍彥	扇 式戰 試堰		硟 昌戰 熾堰	戰 之膳 至堰	輾 女箭 膩彥
摶 時釧 樹院			釧 尺絹 處院	剸 之囀 注院	
邵 寔照 侍瀌	少 失照 試要			照 之少 至要	
					橈 奴教 膩教

邪	心	從	清	精	日
	霰 蘇甸 細宴	荐 在甸 集硯	倩 倉甸 砌宴	薦 作甸 即宴	
羨 似面 習彥	線 私箭 細堰	賤 才線 集彥		箭 子賤 即彥	
漩 辝戀 敘院	選 息絹 胥院		縓 七絹 取院		㬮 人絹 儒院
	嘯 蘇弔 細要				
	笑 私妙 細要	噍 才笑 劑燿	陗 七肖 砌要	醮 子肖 恣要	饒 人要 日燿
	喿 蘇到 四奥	漕 在到 字傲	操 七到 次奥	竈 則到 恣奥	
	些 蘇箇 四餓		磋 七過 次餓	佐 則箇 子餓	
	膹 先臥 素臥	坐 徂臥 祚臥	諎 七過 措 剉 麤臥 臥	挫 則臥 祖臥	

滂	邦	疏	牀	初	莊
		訕 所晏 史晏	輚 士諫 乍鴈	羼 初雁 差晏	
襻 普患 破患		孿 生患 史患		篡 初患 楚患	
盼 匹莧 破晏	扮 晡幻 布晏				
片 普麪 譬宴					
	徧 方見 臂晏				
騙 匹戰 譬彥	變 彼眷 臂院	[illegible] 所眷 數院	籑 士戀 助院		孨 莊眷
剽 匹妙 譬要	裱 方廟 彼要				
奅 匹皃 破孝	豹 北教 布孝	稍 所教 史教	巢 士稍 乍教	抄 初教 差孝	抓 側教 滓孝
	報 博耗 布奥				
破 普過 普臥	播 補過 布臥				

竝	明	非	敷	奉	微
	慢 謨晏 慕晏				
辮 蒲覓 步鴈	閛 亡患 暮鴈				
	麪 莫甸 密硯				
卞 皮變 避彥；便 婢面 避面	面 彌弁 密彥				
驃 毗召 避耀	廟 眉召 米耀；妙 彌笑 寐耀				
靤 防教 步效	貌 莫教 暮效				
暴 蒲報 泊傲	冐 莫到 暮傲				
縛 符臥 步臥	磨 摸臥 暮臥				

附切語攷證

三十二霰　縣黃練切王仁煦本切韻錯
本說文練作絢此誤

三十三線　偏方見切王本切韻遍博見
反唐韻博燕反俱在霰韻麵紐上此誤

	影	喻	爲	曉	匣
四十 禡 開2	亞 衣嫁 倚罷			嚇 呼訝 喜罷	暇 胡駕 系罷
禡 合2	攨 烏吳 烏化			化 呼霸 虎跨	摦 胡化 戶跨
禡 開43		夜 羊謝 異謝			
四十一 漾 開43	怏 於亮 倚向	漾 餘亮 異亮		向 許亮 喜漾	
漾 合23			迋 于放 喻貺	況 許訪 許旺	
四十二 宕 開1	盎 烏浪 厄浪			荒 呼浪 虎曠	吭 下浪 核浪
宕 合1	汪 烏浪 烏曠				攩 平曠
四十三 映 開2	瀴 於孟 厄孟			[illegible] 許更 黑孟	行 下更 核孟
映 合2	宖 烏橫 烏孟				蝗 戶孟 戶甏
映 開3	映 於敬 倚敬				
映 合3			詠 爲命 喺命		
四十四 諍 開2	[illegible] 驚迸				
諍 合2				轟 呼迸 虎甏	
四十五 勁 開34				欲 許令	
勁 合4				敻 休正 許用	

六十七

見	溪	羣	疑	端	透
駕 古訝 記亞	髂 枯駕 器亞		訝 吾駕 義駕		
坬 古罵 固化	跨 苦化 庫化		瓦 五化 誤化		
彊 居亮 記漾	唴 丘亮 器漾	弶 其亮 忌漾	⿰車卬 魚尙 義向		
⿰言㞷 居況 固旺		⿰犭㞷 渠放 遽旺			
掆 古浪 箇浪	抗 苦浪 可浪		枊 五浪 餓浪	譡 丁浪 德浪	儻 他浪 託浪
桄 古曠 固曠	曠 苦謗 庫謗				
更 古孟 箇孟					
敬 居慶 記映	慶 丘敬 器映	競 渠敬 忌映	迎 魚敬 義敬		
			硬 五諍 餓孟		
勁 居正 記映	輕 去盈 器映				

定	泥	來	知	徹	澄
			咤 陟鴉 智亞	詫 丑亞 恥亞	蛇 除鴉 稚亞
		亮 力讓 吏漾	帳 知亮 智漾	悵 丑亮 恥漾	仗 直亮 稚漾
宕 徒浪 惰浪	儾 奴浪 訥浪	浪 來宕 勒宕			
			倀 豬孟 智孟	牚 他孟 恥孟	鋥 除更 稚孟
		令 力政 吏映		遉 丑鄭 恥映	鄭 直正 稚映

禪	審	神	穿	照	娘
					膠 乃亞 腻弫
	舍 始夜 試夜	䠶 神夜 食夜	迠 充夜 齒夜	柘 之夜 至夜	
尙 時亮 侍漾	餉 式亮 試漾		唱 尺亮 齒漾	障 之亮 至漾	釀 女亮 腻漾
盛 承政 侍映	聖 式正 試映			正 之盛 至映	

邪	心	從	清	精	日
辭夜 謝 習夜	司夜 蝑 細夜	慈夜 褯 集夜	遷謝 笡 砌夜	子夜 唶 卽夜	
	息亮 相 細漾	疾亮 匠 集漾	七亮 蹡 砌漾	子亮 醬 卽漾	人樣 讓 日樣
	蘇浪 喪 四浪	徂浪 藏 字浪		則浪 葬 子浪	
	息正 性 細映	疾政 淨 集映	七政 倩 十映	子姓 精 卽映	

莊	初	牀	疏	邦	滂
詐 側駕 滓亞		乍 鉏駕 助亞	嗄 所嫁 史亞		
			誜 所化 數化	霸 必駕 布亞	帊 普駕 破亞
壯 側亮 阻[illegible]	[illegible] 初亮 [illegible]壯	狀 鋤亮 助[illegible]			
				螃 補曠 布浪	
				榜 北孟 布孟	
	瀙 楚敬 差孟		生 所敬 史孟		
				柄 陂命 臂映	
諍 側迸 滓孟				迸 北諍 布諍	倗 蒲迸
				併 卑政 臂映	娉 匹正 譬映

用浪爲切以閬切
合四等與唐韻傍步
光今乖違

竝	明	非	敷	奉	微
眏 白猲 步亞	禡 莫猲 暮亞				
		放 甫妄 付妄	訪 敷亮 赴妄	防 符况 附妄	妄 巫放 務放
傍 蒲浪 步浪	漭 莫浪 暮浪				
膨 蒲孟 步孟	孟 莫更 暮諍				
病 皮命 避映	命 眉病 寐映				
偋 防正 避映	詺 彌正 寐映				

微	奉	敷	非	明	並
				[illegible]	[illegible]
		芳			
[illegible]	防		[illegible]		
				[illegible]	[illegible]
				[illegible]	[illegible]
				命	[illegible]
				[illegible]	[illegible]

	影	喻	爲	曉	匣
四十六 徑 開4	鎣 烏定 郁寧				脛 胡定 系映
徑 合4					
四十七 證 開合343	應 於證 倚證	孕 以證 異證		興 許應 喜應	
四十八 嶝 開合11					
四十九 宥 開合3432		狖 余救 逸救	宥 于救 異舊	齅 許救 喜宥	
五十 候 開合11	漚 烏候 阿遘			蔻 呼漏 黑寇	候 胡遘 荷漏
五十一 幼 開合44	幼 伊謬 乙救				
五十二 沁 開432	蔭 於禁 倚禁		顈 于禁 異禁		
五十三 勘 開1	暗 烏紺 阿紺			顑 呼紺 黑暗	憾 胡紺 荷暗
五十四 闞 開1				賗 呼濫 黑暗	憨 下瞰 核暗
五十五 豔 開合33	⿰忄弇 於驗 倚劍　厭 於豔 乙劍	豔 以贍 逸劍			
五十六 㮇 開4	酓 於念				
五十七 釅 開3				脅 許欠 喜驗	
五十八 陷 開2	⿰音臽 於陷 倚陷				陷 戶⿰音臽 系鑑
五十九 鑑 開2	⿰黑敢 黯去聲			⿰亻敢 許鑑 喜鑑	𥂕 胡懺 諧鑑
六十 梵 合3	俺 於劍 倚劍				

透	端	疑	羣	溪	見
聽 他定 替映	町 丁定 底映			磬 苦定 器映	徑 古定 記映
		凝 牛餕 義證	殑 其餕 忌應		
瀓 台鄧 他鄧	嶝 都鄧 德蹭				亘 古鄧 箇鄧
		鼽 牛救 義救	舊 巨救 忌宥	[illegible] 丘救 器宥	救 居祐 記宥
透 他候 託候	鬥 都豆 德候	偶 五遘 餓候		寇 苦候 渴候	遘 古候 箇候
			[illegible] 巨幼 忌幼	[illegible] 丘繆 器幼	
		吟 宜禁 義蔭	[illegible] 巨禁 忌蔭		禁 居蔭 記蔭
僋 他紺 他暗	馾 丁紺 多暗	儑 五紺 餓憾		勘 苦紺 渴暗	紺 古暗 箇暗
賧 吐濫 託暗	擔 都濫 多暗			闞 苦濫 渴暗	[illegible] 古暫 箇暗
		驗 魚窆 義劍			
添 他念 底豔	店 都念 底[illegible]			傔 苦念 器驗	兼 記豔 趝 古念 紀念
		釅 魚欠 義劍		[illegible] 丘[illegible] 器驗	
		顩 玉陷 義陷		歉 口陷 器陷	[illegible] 公陷 記陷
					鑑 格懺 記陷
				欠 去劍 器驗	劍 居欠 記驗

定	泥	來	知	徹	澄
定 徒勁 第映	甯 乃定 溺映	零 郎定 吏映			
		餕 里甑 吏飑		覴 丑證 敕飑	瞪 丈證 稚飑
鄧 徒亘 惰贈		踜 魯鄧 勒鄧			
		溜 力救 吏宥	晝 陟救 智宥	畜 丑救 恥宥	胄 直祐 稚宥
豆 田候 惰候	耨 奴豆 諾候	陋 盧候 勒候			
		臨 良鴆 吏陰	椹 知鴆 智陰	闖 丑禁 恥陰	鴆 直禁 稚陰
醰 徒紺 惰暗	妠 奴紺 諾暗	顲 郎紺 勒暗			
憺 徒濫 惰暗		濫 盧瞰 勒暗			
		殮 力驗 吏驗		覘 丑豔 敕豔	
磹 徒念 第豔	念 奴店 溺豔	稴 力店 吏豔			
			鮎 陟陷 智陷		賺 佇陷 稚陷

娘	照	穿	神	審	
	證 諸應 至應	稱 昌孕 熾應	乘 食證 食應	勝 詩證 試應	
糅 女救 膩宥	呪 職救 至宥	臭 尺救 尺宥		狩 舒救 試宥	
賃 乃禁 膩蔭	枕 之任 至蔭			深 式禁 試蔭	
	占 章豔 至豔	䠴 昌豔 尺豔		閃 舒斂 試豔	
諵 尼賺 膩陷					

禪	日	精	清	從	心
			靘 千定 砌映		醒 蘇佞 細映
丞 常證 侍應	認 而證 日應	甑 子孕 霽應			
		增 子鄧 子鄧	蹭 千鄧 次鄧	贈 昨亘 字鄧	[illegible] 思贈
授 承呪 侍宥	揉 人又 日宥	僦 即就 即宥	䞺 七溜 砌宥	就 疾僦 劑宥	秀 息救 細宥
		奏 則候 子候	輳 倉奏 次候	[illegible] 才奏 字候	瘶 蘇奏 四候
甚 時鴆 侍陰	妊 汝鴆 日陰	浸 子鴆 即陰	沁 七鴆 砌陰		
		篸 作紺 子暗	謲 七紺 次暗		俕 蘇紺
				暫 藏濫 字暗	三 蘇暫 四暗
贍 時豔 侍豔	念 而豔 日豔	[illegible] 子豔 子豔	壍 七豔 砌豔		
		僭 子念 子豔		[illegible] 漸念 劑豔	[illegible] 先念 細豔
		[illegible] 子鑑			

邪	莊	初	牀	疏	邦
					塴 方隥 布鄧
岫 以祐 習宥	皺 側救 滓宥	簉 初救 差宥	驟 鉏佑 助宥	瘦 所祐 史宥	
	譖 莊蔭 滓蔭	讖 楚譖 差譖		滲 所禁 史譖	
					窆 方驗 智驗
	蘸 莊陷 滓陷		儳 士陷 作鑑		
		懺 楚鑑 差鑑	鑱 士懺 作鑑	釤 所鑑 史鑑	

滂	並	明	非	敷	奉
		瞑 莫定 寐應			
	凭 皮證 避應				
	倗 父鄧 步鄧	懵 武亘 暮鄧			
			富 方副 付宥	副 敷救 赴宥	復 扶富 附宥
仆 匹候 普候	腤 蒲候 步候	茂 莫候 暮候			
		繆 靡幼 密有			
	埿 蒲鑑				
				泛 孚梵 赴劍	梵 扶泛 附劍

徵
莓 亡救
婺 亡劍 務汎

	影	喻	爲	曉	匣
入聲一 屋 合1	屋 烏谷 烏谷			謈 呼木 呼屋	縠 胡谷 胡祿
屋 合432	郁 於六 紆菊	育 余六 喻肉	囿 于六 余肉	畜 許竹 虛郁	
二 沃 合2	沃 烏酷 烏酷			熇 火酷 呼沃	鵠 胡沃 胡沃
三 燭 合3		欲 余蜀 余局		旭 許玉 虛郁	
四 覺 合2	渥 於角 烏角			吒 許角 忽渥	學 胡覺 奚岳
五 質 開432	乙 於筆 衣肸　一 於悉 衣悉	逸 夷質 移疾	[illegible] 于筆 移栗	肸 羲乙 喜　欯 許吉 乙	
六 術 合432		聿 餘律 紆橘		獝 況必 虛　狘 許聿 聿	
七 櫛 開2					
八 物 合	鬱 紆物 紆屈		[illegible] 王勿 余屈	[illegible] 許勿 許鬱	
九 迄 開3			圪 于乞	迄 許訖 喜乙	
十 月 合3	噦 於月 郁厥		越 王伐 欲掘	[illegible] 許月 旭噦	
月 開3	謁 於歇 乙歇			歇 許竭 肸謁	
十一 沒 合1	頞 烏沒 烏忽			忽 呼骨 呼骨	麧 下沒 何沒　搰 戶骨 胡兀
十二 曷 開1	遏 烏葛 阿葛	藹 予割		顯 許葛 呵遏	曷 胡葛 何遏
十三 末 合1	斡 烏括 烏括			豁 呼括 呼括	活 戶括 胡末

見	溪	羣	疑	端	透
穀 古祿 姑屋	哭 空谷 枯屋			豰 丁木 都屋	禿 他谷 脫屋
菊 居六 居都	麴 驅菊 區都	驧 渠竹 巨育	砡 魚菊 魚菊		
梏 古沃 姑沃	酷 苦沃 枯沃		[illegible] 五沃 吾鵠	篤 冬毒 都沃	
輂 居玉 居都	曲 邱玉 區都	局 渠玉 巨欲	玉 魚欲 魚局		
覺 古岳 吉獄	㱿 苦角 乞覺		嶽 五角 逆學		
暨 居乙 居質 基；吉 一	詰 去吉 欺一	姞 巨乙 忌逸	耴 魚乙 疑暱		
橘 居聿 居聿					
亥 九勿 居鬱	屈 區勿 區鬱	倔 衢物 巨鬱	崛 魚勿 魚屈		
訖 居乞 基一	乞 去訖 欺乙	趌 其迄 忌乙	疙 魚乞 義乞		
厥 居月 菊噦	闕 去月 曲噦	[illegible] 其月 局越	月 魚厥 玉撅		
訐 居竭 吉謁		揭 其謁 極謁	钀 語訐 逆竭		
骨 古忽 姑忽	窟 苦骨 枯忽		兀 五忽 吳滑	咄 當沒 都忽	宊 他骨 土忽
葛 古達 歌遏	渴 苦曷 可遏		嶭 五割 莪曷	怛 當割 多遏	闥 他達 他薩
括 古活 姑豁	闊 苦栝 枯豁		枂 五活 吳活	掇 丁括 都豁	侻 他括 土豁

定	泥	來	知	徹	澄
獨 徒谷 杜斛		祿 盧谷 盧斛			
		六 力竹 閭育	竹 張六 豬郁	蓄 丑六 褚郁	逐 直六 杜育
毒 徒沃 杜沃	褥 內沃 奴沃	濼 盧毒 盧沃			
		錄 力玉 閭欲	瘃 陟玉 豬郁	梀 丑玉 褚郁	躅 直錄 杜欲
		犖 呂角 祿岳	斲 竹角 竹角	逴 敕角 黜渥	濁 直角 直岳
		栗 力質 吏逸	窒 陟栗 知乙	抶 丑栗 恥乙	秩 直一 直逸
		律 呂卹 閭朮	㤕 竹律 竹聿	黜 丑律 褚聿	朮 直律 直律
突 陀骨 杜兀	訥 內骨 奴沒	[illegible] 勒沒 盧兀			
達 唐割 惰曷	捺 奴葛 儺曷	剌 盧達 羅達			
奪 徒活 杜活		捋 郎括 盧活			

娘	照	穿	神	審	禪
朒 女六 女育	粥 之六 朱郁	俶 昌六 處郁		叔 式竹 書郁	熟 殊六 食育
	燭 之欲 朱旭	觸 尺玉 書郁	贖 神蜀 舒欲	束 書玉 書郁	蜀 市玉 殊欲
搦 女角 尼岳					
暱 尼質 尼逸	質 之日 之乙	叱 昌栗 蚩乙	實 神質 舌逸	失 式質 設乙	
		出 赤律 處聿	術 食聿 舌律		

邪	心	從	清	精	日
	速 桑谷 蘇屋	族 昨木 祚木	瘯 千木 粗屋	鏃 作木 租屋	
	肅 息逐 胥育	歜 才六	鼀 七宿 趨郁	蹙 子六 祖郁	肉 如六 如育
	洬 先篤 蘇沃			傶 將毒 租沃	
續 似足 敘欲	粟 相玉 胥郁		促 七玉 趨郁	足 即玉 租郁	辱 而蜀 儒欲
	悉 息七 西一	疾 秦悉 截逸	七 親吉 砌一	堲 資悉 節一	日 人質 仁逸
	卹 辛聿 胥聿	崒 慈卹 祚律	焌 倉聿 措聿	卒 子聿 租聿	
	窣 蘇骨 蘇忽	捽 昨沒 祚兀	猝 倉沒 粗忽	卒 臧沒 租忽	
	躠 桑割 思達	巀 才割 字曷	攃 七曷 次薩		
		柮 藏活 祚活	撮 倉括 粗豁	繓 子括 租 鬄 姊末 豁	

莊	初	牀	疏	邦	滂
				卜 博木 補屋	扑 普木 普屋
縅 側六 阻屋	珿 初六 初屋		縮 所六 疏屋		
				襮 博沃 補沃	
捉 側角 阻渥	娖 測角 楚渥	浞 士角 助岳	朔 所角 疏渥	剝 北角 補渥	璞 匹角 普渥
	剎 初栗 差乙	齜 仕叱 乍瑟	率 所律 疏聿	筆 鄙密 卑 必 卑吉 一	匹 譬吉 譬一
[illegible] 側律 阻卒					
櫛 阻瑟 菑瑟		齜 崱瑟 乍瑟	瑟 所櫛 師櫛		
					[illegible] 普沒 普忽
				撥 北末 補豁	鏺 普活 普豁

微	奉	敷	非	明	竝
				木 莫卜 莫祿	暴 蒲木 步木
	伏 房六 扶斛	蝮 芳福 敷屋	福 方六 夫屋	目 莫六 莫祿	
				瑁 莫沃 暮沃	僕 蒲沃 步沃
	幞 房玉 扶欲		轐 封曲 夫沃		
				邈 莫角 模岳	雹 蒲角 步岳
				密 美必 箄莫 蜜 彌畢 逸迷	弼 薄密 逸陛 邲 毗必 逸避
物 文弗 無佛	佛 符弗 符勿	拂 敷勿 敷勿	弗 分勿 夫物		
韈 望發 物伐	伐 房越 伏韈	怖 拂伐 拂韈	髮 方伐 福韈		
				沒 莫勃 暮訥	勃 蒲沒 步沒
				末 莫撥 暮活	跋 蒲撥 步活

附切語攷證

九迄

訖居乙切　陳澧切韻攷謂乙字誤從徐鍇作乞忠案切韻唐

韻並作乞今依正

	影	喻	爲	曉	匣
十四 黠 開2	軋 烏黠 乙戛				黠 胡八 系揠
黠 合2	婠 烏八 屋八			傄 呼八 忽八	滑 戶八 核拔
十五 轄 開12	鸛 乙鎋 乙瞎			瞎 許鎋 喜揠	鎋 胡瞎 系鎋
轄 合2				䀜 荒刮	頢 下刮 核拔
十六 屑 開4	噎 烏結 一結			奆 虎結 肸噎	纈 胡結 檄詣
屑 合4	抉 於決 郁決			血 呼決 旭噦	穴 胡決 懸悅
十七 薛 開432	焆 於列 乙揭	悅 弋雪 欲劣		娎 許列 肸謁	
薛 合432	妜 於悅 郁鈌；噦 乙劣 郁拙	抴 羊列 逸列		威 許劣 旭噦	
十八 藥 開432	約 於略 乙卻	藥 以灼 逸[illegible]		謔 虛約 肸約	
藥 合431	嬳 憂縛 郁縛		籰 王縛 欲縛	矆 許縛 旭縛	
十九 鐸 開1	惡 烏各 阿各			臛 呵各 呵各	涸 下各 何咢
鐸 合1	臒 烏郭 屋郭			霍 虛郭 忽郭	穫 胡郭 胡郭
二十 陌 開2	啞 烏格 阿格			赫 呼格 呵格	垎 胡格 何額
陌 合2	韄 乙白 一虢；擭 一虢 屋虢			謋 虎伯 呼虢	嚄 胡伯 胡陌
陌 開23				虩 許卻 喜戟	

透	端	疑	羣	溪	見
				[illegible] 恪八 乞揠	戛 古黠 吉揠
		䯛 五滑 兀滑		[illegible] 口滑 酷滑	劀 古滑 谷滑
獺 他鎋 他揠		齾 五鎋 逆轄		[illegible] 枯鎋 乞揠	鴰 古鎋 吉揠
		刖 五刮 兀刮			刮 古頒 谷刷
鐵 他結 惕噎	窒 丁結 的噎	齧 五結 逆截		猰 苦結 乞噎	結 古屑 吉噎
				闋 苦穴 曲嚇	玦 古穴 菊血
			蹶 紀劣 局劣	缺 傾雪 曲噦	蹶 紀劣 菊噦
		櫱 魚列 逆傑	傑 渠列 極桀	朅 丘竭 乞揭	揭 蹇列 吉謁 子 居列 吉噎
		虐 魚約 逆略	噱 其虐 極藥	卻 去約 乞約	腳 居勺 吉約
			戄 具玃 局縛	躩 丘縛 屈縛	玃 居縛 菊縛
託 他各 他郝		咢 五各 我鶴		恪 苦各 可郝	各 古落 歌郝
		[illegible] 五郭 兀擭		廓 苦郭 酷霍	郭 古博 谷霍
		額 五陌 我陌		客 苦格 可赫	格 古伯 歌赫
				[illegible] 丘擭 酷擭	虢 古伯 谷擭
		逆 宜戟 疑劇	劇 奇逆 忌逆	隙 綺戟 欺釜	戟 几劇 基隙

定	泥	來	知	徹	澄
			窡 丁滑 竹滑		
			哳 陟鎋 陟振		
			(鵽 丁刮 竹刷)	頢 丑刮 黜刷	
姪 徒結 迪齧	涅 奴結 溺齧	奊 棘結 力齧			
		劣 力輟 律悅	輟 陟劣 竹啜	鈹 丑悅 黜爇	
		列 良辥 力櫱	哲 陟列 陟噎	屮 丑列 敕噎	轍 直列 直櫱
		略 離灼 力藥	芍 張略 陟約	皃 丑略 敕約	著 直略 直藥
鐸 徒落 惰咢	諾 奴各 儺咢	落 盧各 勒咢			
		硑 盧穫 祿穫			
			磔 陟格 知赫	坼 丑格 恥赫	宅 場伯 直額

娘	照	穿	神	審	禪
女黠 痆 匿搌					
女滑 豽 女滑					
女刮 妠 女刷					
女劣 吶 女劣	職悅 出 燭啜	昌悅 歠 出悅		失爇 說 束曦	殊雪 啜
	旨熱 晢 職噎	昌列 掣 尺噎	食列 舌 食櫱	識列 設 式噎	常列 折 石櫱
女略 逽 女藥	之若 灼 職約	昌約 綽 尺約		書藥 爍 式約	市若 妁 石藥
女白 踖 尼額					

日	精	清	從	心	邪
髶 而轄					
	節 子結 卽噎	切 千結 七噎	截 昨結 集齧	屑 先結 息噎	
爇 如劣 辱悅	蕝 子悅 卒噦	膬 七絕 蔟噦	絕 情雪 族悅	雪 相絕 粟噦	踅 寺絕 徐悅
熱 如列 日蘗	蠽 姊列 卽噎			薛 私列 息噎	
若 而灼 日藥	爵 卽略 卽約	鵲 七雀 七約	嚼 在爵 集藥	削 息約 息約	
	作 則落 則郝	錯 倉各 雌郝	昨 在各 字學	索 蘇各 思郝	
	嘄 祖郭 租蠚				

古今切韻表

莊	初	牀	疏	邦	滂
札 側八 菑揠	[illegible] 初八 差揠		殺 所八 師瞎		
茁 鄒滑 阻八				八 博拔 卜滑	汃 普八 普八
	剎 初鎋 差揠	鐁 查鎋 乍轄			
	簒 初刮 初刷		刷 數刮 數刮	捌 百鎋 卜揠	
				[illegible] 筆噎	瞥 普蔑 劈噎
茁 側劣 捉噦			㕞 所劣 朔噦	[illegible] 方別 謁筆　鷩 幷列 噎筆	瀎 芳滅 劈噎
		[illegible] 士劣 乍揠	榝 山列 色揠		
斮 側略 仮郝					
				博 補各 補郝	[illegible] 匹各 普郝
窄 側伯 菑赫		齰 鋤陌 乍額	索 色窄 師赫		
				伯 博陌 補赫	拍 普百 普赫
	柵 測戟 差戹		索 山戟 師赫		[illegible] 陛逆

竝	明	非	敷	奉	微
蒲八 拔 步滑	莫八 儈 木滑				
	莫鎋 礣 莫轄				
蒲結 擎 弼蹓	莫結 蔑 密蹓				
皮列 刖 弼 便滅 撇 蘖	亡列 滅 密蘖				
			孚縛 縛 拂約	符钁 縛 伏藥	
傍各 泊 步愕	慕各 莫 模愕				
傍陌 白 步額	莫白 陌 驀額				
弼戟 欂 陛逆					

附切語攷證

十七薛啜姝雪切案唐寫本王本切韻姝俱作樹唐韻作殊泰定內府曹本俱同餘

	影	喻	爲	曉	匣
二十一 麥 開 2	戹 於革 阿隔				覈 下革 何麥
麥 合 2				剨 呼麥 呼虢	獲 胡麥 胡伯
二十二 昔 開 43	益 伊昔 伊昔	繹 羊益 移籍			
昔 合 43		役 營隻 余局		瞁 許役 虛役	
二十三 錫 開 4				赥 許激 喜益	檄 胡狄 系釋
錫 合 4				殈 呼狊 虛役	
二十四 職 開 432	憶 於力 衣亟	弋 與職 移力		赩 許極 喜億	
職 合 3			域 雨逼 余洫	洫 況逼 虛域	
二十五 德 開 1	餩 愛黑 阿黑			黑 呼北 呵刻	劾 胡得 何勒
德 合 1				䞰 呼或 忽國	或 胡國 胡國
二十六 緝 開 432	邑 於汲 衣汲 揖 伊入 [illegible]倚	熠 羊入 異立	煜 爲立 移立	吸 許及 希揖	
二十七 合 開 1	唈 烏荅 阿[illegible] 姶 烏合 烏閤			欱 呼合 呵荅	合 侯閤 曷閤
二十八 盍 開 4	鰪 安盍 阿盍			[illegible] 呼盍 呵榼	盇 胡臘 何臘
二十九 葉 開 432	敏 於輒 [illegible]乙 魘 於葉 接乙	葉 與涉 逸捷	曄 筠輒 逸獵		
三十 怗 開 4				弽 呼牒 喜怗	協 胡頰 檄葉

見	溪	羣	疑	端	透
隔 古核 部厄	礊 楷革 可厄		鷊 五革 我核		
蟈 古獲 谷畫					
激 古歷 吉益	燩 苦擊 乞益		鷁 五歷 宜繳	的 都歷 低益	逖 他歷 梯益
郹 古闃 居域	闃 苦鶪 曲域				
殛 紀力 基億	⿰革亟 丘力 怯億	極 渠力 傑弋	嶷 魚力 疑力		
祴 古得 部黑	刻 苦得 可黑			德 多則 多黑	忒 他德 他黑
國 古或 骨或					
急 居立 基揖	泣 去急 欺揖	及 其立 忌[illegible]	岌 魚及 逆及		
閤 古沓 葛合	溘 口荅 克盍		㬎 五合 鄂合	答 都合 德塔	錔 他合 他答
砝 居盍 歌 ⿰盍頁 古盍 盍	榼 苦盇 克盇		儑 五盇 我盇	皶 都盍	榻 吐盍 他臘
⿰糸劫 居輒 吉業	㾀 去涉	衱 其輒 極業			
頰 古協 吉愜	愜 苦協 乞燮			聑 丁愜 的怗	怗 他協 惕愜

劉本韻末[illegible]之後加
唐韻[illegible][illegible]

古今切語表

澄	徹	知	來	泥	定
		摘 陟革 知厄	礐 力摘 翾核		
擲 直炙 直釋	彳 丑亦 恥益	[illegible] 竹益 知益			
	[illegible] 丑歷		靂 郎擊 離釋	惄 奴歷 泥檄	荻 徒歷 第釋
直 除力 轍力	敕 恥力 恥億	陟 竹力 知億	力 林直 離弋		
			勒 盧則 羅劾	[illegible] 奴勒 儺劾	特 徒得 隋劾
蟄 直立 轍熠	湁 丑入 敕揖	縶 陟立 知揖	立 力入 離熠		
			拉 盧合 羅納	納 奴荅 儺拉	沓 徒合 惰拉
			臘 盧盍 羅蹹	魶 奴盍 諾臘	蹹 徒盍 惰臘
牒 直葉 直葉	銸 丑輒 敕攝	輒 陟葉 陟攝	獵 良涉 力葉		
			[illegible] 盧協 力協	苶 奴協 溺葉	牒 徒協 迪協

八十十

禪	審	神	穿	照	娘
石 常隻 時釋	釋 施隻 詩益	麝 食亦 舌釋	尺 昌石 蚩益	隻 之石 之益	
				菒 之役	
寔 常職 時弋	識 賞職 詩弋	食 乘力 舌弋	瀷 昌力 蚩億	職 之翼 之億	匿 女力 尼弋
十 是執 時熠	溼 失入 設揖		斟 昌汁 蚩揖	執 之入 漸揖	孨 尼立 尼熠
				譫 章盇	
涉 時攝 石葉	攝 書涉 式摺		諸 叱涉 尺攝	讋 之涉 職攝	聶 尼輒 匿葉

日	精	清	從	心	邪
	積 資昔 卽益	皵 七迹 七益	籍 秦昔 [illegible]釋	昔 思積 西益	席 祥易 習釋
		[illegible] 七役 趨役			
	績 則歷 節益	戚 倉歷 切益	寂 前歷 截釋	錫 先擊 屑益	
日 而力 如弋	卽 子力 節億		堲 秦力 截弋	息 相卽 西億	
	則 子得 子黑	墄 七則 雌黑	賊 昨則 字勎	塞 蘇則 思黑	
入 人執 日力	[illegible] 子入 節揖	緝 七入 切揖	集 秦入 截習	[illegible] 先立 屑揖	習 似入 邪集
	帀 子答 子答	[illegible] 七合 此答	雜 徂合 字納	趿 蘇合 思答	
		囃 倉雜	[illegible] 才盍 字臘	[illegible] 私盍 思榻	
讘 而涉 日葉	接 卽葉 卽攝	妾 七接 七接	捷 疾葉 疾葉		
	浹 子協 卽帖		[illegible] 在協	[illegible] 先頰 蘇協 燮 息帖	

莊	初	牀	疏	邦	滂
責 側革 菑厄	策 楚革 差厄	賾 士革 乍核	栜 山責 師戹		
	[illegible] 簪摑 査阻			檗 博厄 補厄	擗 普麥 普戹
				碧 彼役 必益 辟 必益 卑益	僻 芳辟 披益
				壁 北激 卑益	霹 普擊 披益
稄 阻力 札色	測 初力 察色	崱 士力 乍弋	色 所力 師側		
				逼 彼側 彼億	堛 芳逼 披億
				北 博墨 補黑	覆 匹北 普黑
戢 阻立 札揖	㞙 初戢 測揖	戢 仕戢 乍熠	澀 色立 殺揖	鵖 彼及 彼揖	
		𨖫 士合			
			萐 山輒 師插		

等韻北覆
蘇墨間
口呼

並	明	非	敷	奉	微
繴 蒲革 步核	麥 莫獲 暮核				
擗 房益 避釋					
甓 扶歷 避釋	覓 莫狄 迷釋				
愎 符逼 避弋	𥨩 亡逼 寐弋				
菔 蒲北 步勀	墨 莫北 暮勀				
[illegible] 皮及 避習					

	影	喩	爲	曉	匣
業 三十三 開 3	腌 於業 乙劫			脅 虛業 喜劫	
洽 三十一 開 2	踚 烏洽 乙夾			䶊 呼洽 盻狎	洽 侯夾 檄翓
狎 三十二 開 2	鴨 烏甲 乙甲			呷 呼甲 盻押	狎 胡甲 檄押
乏 三十四 開 3					

見	溪	羣	疑	端	透
劫 居怯 吉業	怯 去劫 乞業	跲 巨業 極業	業 魚怯 逆怯		
夾 古洽 吉押	恰 苦洽 乞押		[illegible] 五夾 疑洽		
甲 古狎 吉鴨					
	猲 起法 乞押				

澄	徹	知	來	泥	定
		劄 竹洽 知押			
渫 丈甲 直狎					
	⿰犭臿 丑法 敕押				

娘	照	穿	神	審	禪
女洽 囡 匿洽					
女法 [illegible] 匿洽					

邪	心	從	清	精	日

莊	初	牀	疏	邦	滂
側洽 眨 仄押	楚洽 插 測押	士洽 [illegible] 乍洽	山洽 霎 色押		
			所甲 翣 色押		

竝	明	非	敷	奉	微
		法 方乏 福押	魼 孚乏	乏 房法 扶洽	

聲類考　陳澧

多何得　得德則多　丁當經　都當孤　當都郎　冬都宗　七字聲同一類丁以下四字與上三字切語不系聯實同一類一東涷德紅切又都貢切一送涷多貢切都貢多貢同一音則都多二字實同一類也○此爲端之類端多官切

張陟良　知陟離　猪陟魚　徵陟陵　中陟弓　追陟佳　陟竹力　卓竹角　竹張六　九字聲同一類○此爲知之類

之止而　止諸市　章諸良　征諸盈　諸章魚　煮章與　支章移　職之翼　正之盛　旨職雉　占職廉　脂旨移　十二字聲同一類○此爲照之類照之少切　字母家以此十二字爲照之三等

抽丑鳩　癡丑之　楮褚丑呂　丑敕久　恥敕里　敕恥力　七字聲同一類○此爲徹之類

心　見　溪

徹丑列切

蘇素姑　素桑故　速桑谷　桑息郎　相息良　悉息七　思司息茲　斯息移　私息夷　雖息遺　辛息鄰　息相即

須相俞　胥相居　先蘇前　寫息姐　十七字聲同一類○此爲心之類心息林切

居九魚　九舉有　俱舉朱　舉居許　規居隋　吉居質　紀居里　几居履　古公戶　公古紅　過古臥　各古落　格古伯　兼古甜　姑古胡　佳古腝　詭過委　十七字聲同一類古以下九字與上八字不系聯實同一類居九舉三字互用古公二字互用則不能兩相系聯耳三十六養獷居往切又居猛切三十八梗獷古猛切又居往切古猛切即居猛切之音是居古二字同一類也○此爲見之類見古電切

康苦岡　枯苦胡　牽苦堅　空苦紅　謙苦兼　口苦后　楷苦駭　客苦格　恪苦各　苦康杜　去丘據　丘去鳩　墟　祛去魚　詰去吉　窺去隨　羌去羊　欽去金　傾去營　起墟里　綺墟彼　豈袪豨　區驅豈俱　二十四字聲同一類去以下十四字與上十字不系聯實同一類康苦二字互用去丘二字互用則不能兩相系聯耳三江控苦江

按三鍾蚤曲恭切曲丘玉切五眞檍卿義切卿去京切九麻傑乞加切乞去訖切則溪紐當增曲卿乞三字

切一東控苦紅切又丘江切丘江切即苦江切之音是苦丘二字同一類也 此爲溪之類 溪苦奚切〇

方府良 卑府移 并府盈 封府容 分府文 府方矩 鄙方美 必卑吉 彼甫委 兵甫明 筆鄙密 陂彼爲 畀必至 十四字聲同一類〇字母家分之以方封分府甫五字爲非之類 非甫微切 卑并鄙必彼兵筆陂畀九字入邦之類

敷 孚芳無 妃芳非 撫芳武 芳敷方 披敷羈 峯敷容 丕敷悲 拂敷勿 九字聲同一類字母家分之以敷孚妃撫峯拂七字爲敷之類披丕二字入滂之類

昌尺良 尺 赤昌石 充昌終 處昌與 叱昌栗 春昌脣 七字聲同一類〇此爲穿之類 穿昌緣切 字母家以此七字爲穿之三等

於央居 央於良 憶於力 伊於脂 依 衣於希 憂於求 一於悉 乙於筆 握於角 謁於歇 紆憶俱 挹伊入 烏哀都 哀烏開 安烏寒 煙烏前 鷖烏奚 愛烏代 十九字聲同一類 烏以下六字與上十三字不同

心

見

溪

[illegible]

[redacted]

溪之等韻三等皆用去等

一二四等皆用康等

[illegible]

徹丑列切

蘇素姑 素桑故 速桑谷 桑息郎 相息良 悉息七 思司息茲 斯息移 私息夷 雖息遺 辛息鄰 息相卽

須相俞 胥相居 先蘇前 寫息姐 十七字聲同一類○此爲心之類心息林切

居九魚 九舉有 俱舉朱 舉居許 規居隋 吉居質 紀居里 几居履 古公戶 公古紅 過古臥 各古落 格古伯 兼古甜 姑古胡 佳古膎 詭過委 十七字聲同一類古以下九字與上八字不系聯實同一類居九舉三字互用古公二字互用則不能兩相系聯耳三十六養獷居往切又居猛切三十八梗獷古猛切又居往切古猛切卽居猛切之音是居古二字同一類也○此爲見之類見古電切

康苦岡 枯苦胡 牽苦堅 空苦紅 謙苦兼 口苦后 楷苦駭 客苦格 恪苦各 苦康杜 去丘據 丘去鳩 墟 祛去魚 詰去吉 窺去隨 羌去羊 欽去金 傾去營 起墟里 綺墟彼 豈祛豨 區驅豈俱 二十四字聲同一類去以下十四字與上十字不系聯實同一類康苦二字互用去丘二字互用則不能兩相系聯耳三江控苦江

非 芳

按三鍾銎曲恭切曲丘玉切五寘檣卿義切卿去京切九麻傑乞加切乞去訖切則溪紐當增曲卿乞三字落
檣踦研切五陵田也

敷 滂 穿 影

切一東控苦紅切又丘江切丘江切即苦江切之音是苦丘二字同一類也此爲溪之類溪苦奚切○

方府良卑府移幷府盈封府容分府文府甫方矩鄙方美必卑吉彼甫委兵甫明筆鄙密陂彼爲畀必至十四字聲同一類○字母家分之以方封分府甫五字爲非之類非甫微切卑幷鄙必彼兵筆陂畀九字入邦之類

敷孚芳無妃芳非撫芳武芳敷方披敷羈峯敷容丕敷悲拂敷勿九字聲同一類字母家分之以敷孚妃撫峯拂七字爲敷之類披丕二字入滂之類

昌尺良尺赤昌石充昌終處昌與叱昌栗春昌脣七字聲同一類○此爲穿之類穿昌緣切字母家以此七字爲穿之三等

十七薛啜姝悅切乃殊悅切之誤

於央居央於良憶於力伊於脂依衣於希憂於求一於悉乙於筆握於角謁於歇紆憶俱挹伊入烏哀都哀烏開安烏寒煙烏前鷖烏奚愛烏代十九字聲同一類烏以下六字與上十三字不分

清　　透　　精

聯實同一類於央二字互用烏哀二字互用則不能兩相系聯耳十遇汚烏路切十一模汚哀都切又一故切一故切即烏路切之音是烏一二字同一類也○此爲影之類影於丙切○按二十八山嬛委鰥切委於詭切則影紐當增委字

倉七岡　蒼七岡　親七人　遷七然　取七庾　七親吉　青倉經　采倉宰　醋倉故　麤倉胡　千蒼先　此雌氏　雌此移　十四字聲同一類此雌二字與上十二字不系聯實同一類親七二字互用此雌二字互用則不能兩相系聯耳一先縓此緣切三十三線縓七絹切又七全切七全切即此緣切之音是七此二字同一類也○此爲清之類清七情切

他託何　託他各　土吐他魯　通他紅　天他前　台土來　湯吐郎　八字聲同一類○此爲透之類透他候切

將即良　子即里　資即夷　即子力　則子德　借子夜　茲子之　醉將遂　姊將几　遵將倫　祖則古　臧則郎　作則落　十三字聲同一類○此爲精之類精子盈切○按十七準儘組紖切組則古切則精紐當增組字

嬛乃增加字也

宋本註鉏鉏切
指掌圖列澂類
牀母下

曉　幫　滂　疏

呼荒烏　荒呼光　虎呼古　謈呼刑　火呼果　海呼改　呵虎何　香許良　朽許久　羲許羈　休許尤　況許訪　許虛呂　興虛陵　喜虛里　虛朽居○十六字聲同一類香以下九字與上七字不系聯實同一類呼荒二字互用朽許虛三字互用則不能兩相系聯耳二十二元𩳐況袁切五支𩳐許羈切又火元切火元切即況袁切之音是況火二字同一類也○此為曉之類曉香晶切○按十二蟹扮花[redacted]彩切花呼瓜切則曉紐當增花字

晡丸

邊布玄　布博故　補博古　伯百博陌　北博墨　博補各　巴伯加　八字聲同一類○此為幫之類幫博旁切○按三十一襇扮晡幻切晡博故切則幫紐當增晡字

滂普郎　普滂古　匹譬吉　譬匹賜　四字聲同一類匹譬二字與滂普二字不系匹譬二字互用則不能兩相系聯耳三十四果頗普火切八戈頗滂禾切又匹我切即普火切之音是普匹二字同一類也○此為滂之類

聯滂普二字互用

山所間　疏踈所葅　沙砂所加　生所庚　色所力　數所矩　所疏舉　史疏士　十字聲同一類○

以下濁　以上清

定　莊　初　審

字母家以此十字爲審之二等審式荏切

書舒傷魚傷商式陽施式支失式質矢式視試式吏式賞職賞書兩詩書之釋施隻始詩止

十四字聲同一類○字母家以此十四字爲審之三等

初楚居楚創舉創瘡初良測初力叉初牙廁初吏芻測隅八字聲同一類○字母家

以此八字爲穿之二等

莊側羊爭側莖阻側呂鄒側鳩簪側吟側仄阻力七字聲一類字母家以此七字

爲照之二等○字按三十五馬䶥鮓瓦切鮓子䶥切則莊紐[illegible]當增鮓

右切語上字淸聲二十一類二百四十四字

徒同都同徒紅特徒得度徒故杜徒古唐堂徒郎田徒年陀徒何地徒四十字聲同一類

○此爲定之類定徒徑切○按十二齊題獨計切獨徒谷切則定紐當增獨字

除直魚場直良池直離治持直之遟直尼佇直呂柽直主丈直兩直除力宅場伯十二字聲同一類○此爲澄之類澄直陵切○澄紐當增墜字

鋤鉏士魚牀士莊豺士皆崱士力士仕鉏里崇鋤弓査鉏加雛仕于俟牀史助牀據十二字聲同一類○字母家以此十二字爲牀之二等

如人諸汝人渚儒人朱人如鄰而如之仍如乘兒汝移耳而止八字聲同一類○此爲日之類日人質切○

余餘予以諸夷以脂以羊已羊與章弋翼與職與余呂營余傾移弋支悅弋雪十二字聲同一類○字母家以此十二字爲喻之四等喻羊戍切

于羽俱羽雨王矩云雲王分王雨方韋雨非永于憬有云久遠雲阮榮永兵爲遠支洧榮美筠爲贇十四字聲同一類○字母家以此十四字爲喻之三等

明 微 羣 奉 竝

文(無分)美(無鄙)望(巫放)[慕 莫故]無巫(武夫)明(武兵)彌(武移)亡(武方)眉(武悲)綿(武延)武(文甫)靡(文彼)莫(慕各)模謨摸(莫胡)母(莫厚)十八字聲同一類(莫以下六字與上十二字不系聯實同一類文無武三字互用莫慕二字互用則不能兩相系聯耳一東韻夢莫中切又武仲切一送韻夢莫鳳切又亾中切武仲切[illegible]即莫鳳切之音亡中切即莫中切之音是武莫亡三字同一類也)○字母家以美明彌眉綿靡莫慕模謨摸母十二字爲明之類無巫亡武文望六字爲微之類(微無非切)

渠(強魚)強(巨良)求(巨鳩)巨(其呂)具(其遇)臼(其九)衢(其俱)其(渠之)奇(渠羈)暨(具冀)十字聲同一類○此爲羣之類(羣渠云切)○按二十八獮蜎狂兗切狂巨王切則羣紐當增狂字

房防(符方)縛(符钁)平(符兵)皮(符羈)附(符遇)符苻扶(防無)便(房連)馮(房戎)毗(房脂)弼(房密)浮(縛謀)父(扶雨)婢(便俾)十六字聲同一類○字母家分之以房防縛附符苻扶馮浮父十字爲奉之類(奉扶隴切)平皮便毗弼婢六字入竝之類

來　亘　從

盧落胡 來落哀 賴落蓋 落洛盧各 勒盧則 力林直 林力尋 呂力舉 良呂張 離呂支 里良士 郎魯當

魯郎古 練郎甸 十五字聲同一類力以下六字與上六字不系聯郎魯練三字與上十二字又不系聯實皆同一類盧落二字互用力林二字互用郎魯二字又互用則皆不能相系聯耳一東籠盧紅切三鍾籠力鍾切又力東切力東切即盧紅切之音十二霽蜦郎計切十八諄蜦力迍切又力計切力計切即郎計切之音是盧力郎三字同一類也 此爲來之類

○按三十三線漣連彥切連力延切八戈臠縷切縷力主切則來紐當增漣縷二字

胡戶吳 乎戶吳 侯戶鉤 戶侯古 下胡雅 黃胡光 何胡歌 七字聲同一類○此爲匣之類匣胡甲切

○按十二蟹夥懷丫切懷戶乖切二十八山湲獲頑切獲胡麥切則匣當增懷獲二字

才昨哉 徂昨胡 在昨宰 前昨先 藏昨郎 昨酢在各 疾秦悉 匠疾亮 秦匠鄰 慈疾之 自疾二 情疾盈

漸慈染 十四字聲同一類疾以下七字與上七字不系聯實同一類在昨二字互用疾秦匠三字互用則不能相系聯耳三鍾從疾容切三用從疾用切又才容切才容切即疾容切之音是疾才二字同一類也 ○此爲從之類

竝　疑　泥　禪　娘
泥

從疾容切

蒲胡薄步故薄裴回薄薄各傍白陌傍傍光步部口蒲七字聲同一類○此爲竝之類竝蒲迥切○按三十三音爸捕可切捕薄故切則竝紐當增捕字

魚居語疑其語牛求語語巨魚宜羈魚擬紀魚危爲魚玉欲魚五古疑俄何五吾乎五研堅五遇牛具虞愚俱遇十五字聲同一類○此爲疑之類

奴都乃乃亥奴諾各奴內對奴嬭禮奴那何諾六字聲同一類○此爲泥之類泥奴低切

時之市殊朱市常嘗羊市蜀玉市市止時植殖寔職常署恕常臣鄰植承陵署是氏紙承視承矢成征是十六字聲同一類○字母家以此十二字爲禪類禪市連切

尼夷女拏加女女呂尼三字聲同一類○此爲娘之類娘女良切

邪 神

徐似魚 祥似羊 辭似兹 似詳里 旬詳遵 寺詳吏 夕詳易 隨旬爲 十字聲同一類○

此爲邪之類邪似嗟切

神食鄰 乘食陵 食乘力 實神質 四字聲同一類○字母家以此四字爲牀之三等

右切語上字濁聲十九類二百零八字

凡切語上字淸聲濁聲共四百五十二字

凡切語上字清聲濁聲共四百五十二字

右切語上字濁聲十九類二百零八字

三等

神食鄰乘食陵食乘力實神質四字聲同一類○字母家以此四字爲牀之

此爲邪之類似嗟切

徐似魚祥似羊詳似羊辭似茲辭似茲似詳里旬詳遵寺詳吏夕詳易隨旬爲十字聲同一類○

韻類表

上平

一東　紅戶公　東德紅　公古紅　三字同爲一類一等合口呼

終職戎　戎如融　融以戎　弓宮居戎　中陟弓　六字同爲一類三等合口呼

二冬　冬都宗　宗作冬　二字同爲一類一等合口呼

三鐘　鍾職容　庸容餘封　封府容　恭九容　凶許容　六字同爲一類三等合口呼

四江　江古雙　雙所江　二字同爲一類二等牙音重脣喉音開口呼舌上正齒半舌合口呼

五支　支章移　移弋支　離呂支　知陟離　宜魚羈　奇渠羈　羈居宜

七字同爲一類三等開口呼

爲薳支 垂是爲 危魚爲 隨隋旬爲 規居隋 六字同爲一類三等合口呼

六脂

脂旨夷 夷以脂 飢肌居夷 私息夷 資即夷 尼女夷 七字同爲一類三等合口呼

悲府眉 眉武悲 追陟隹 隹職追 維遺以追 綏息遺 七字同爲一類三等合口呼

七之

之止而 其渠之 茲子之 而如之 持直之 菑側持 六字同爲一類三等開口呼

八微

微無非 非甫微 韋雨非 歸舉韋 四字同爲一類三等合口呼

希香衣衣依於希三字同爲一類三等開口呼

九魚　魚語居居九魚諸章魚余以諸葅側魚五字同爲一類三等合口呼

十虞　俱舉朱隅遇俱于羽俱朱章俱誅陟輸俞逾羊俱輸式朱芻測隅夫甫無無武夫十一字同爲一類三等合口呼

十一模　胡乎戶吳姑孤古胡都當孤吾吳五乎烏哀乎八字同爲一類一等合口呼

十二齊　兮奚胡雞鷄人兮稽雞古奚迷莫兮低都奚七字同爲一類四等開口呼

圭古攜攜戶圭二字同爲一類四等合口呼

十三佳　佳古膎　膎戶佳　二字同爲一類二等開口呼

媧緺古蛙　蛙烏媧　三字同爲一類二等合口呼

十四皆　諧戶皆　皆古諧　二字同爲一類二等開口呼

乖古懷　懷戶乖　二字同爲一類二等合口呼

十五灰　恢苦回　回戶恢　杯布回　灰呼恢　四字同爲一類一等合口呼

十六咍　哀烏開　開苦哀　來洛哀　哉祖才　才昨哉　五字同爲一類一等開口呼

十七眞　人如鄰　鄰力珍　珍陟鄰　眞職鄰　賓必鄰　巾居銀　銀語巾

七字同爲一類三等開口呼

筠爲贇　贇於倫　二字同爲一類三等開口呼

十八諄 匀羊倫 倫綸力迍 脣食倫 遵將倫 旬詳遵 迍陟倫 七字
同爲一類三等開口呼
趣渠人 砏普巾 二字同爲一類三等開口呼
十九臻 詵所臻 臻側詵 二字同爲一類二等開口呼
二十文 分府文 文無分 云王分 三字同爲一類三等合口呼
二一欣 斤舉欣 欣許斤 二字同爲一類三等開口呼
二二元 袁雨元 元愚袁 煩附袁 三字同爲一類三等合口呼
軒虛言 言語軒 二字同爲一類三等開口呼
二三魂 昆古渾 渾魂戶昆 奔博昆 尊祖昆 五字同爲一類一等
合口呼
二四痕 痕戶恩 恩烏痕 根古痕 三字同爲一類一等開口呼

二一五寒　寒胡安安烏寒干古寒三字同爲一類一等開口呼

濡奴官一類一等合口呼

二一六桓　官古丸潘普官丸胡官端多官四字同爲一類一等合口呼

二一七删　還戶關關古還班布還三字同爲一類二等合口呼

姦古顔顔五姦二字同爲一類二等開口呼

二一八山　山所間閑戶間間古閑三字同爲一類二等開口呼

鰥古頑頑吳鰥二字同爲一類二等合口呼

潑按四宵有於宵切之要又有於喬切之妖有去遙切之蹻又有起囂切之趫又有渠遙切之翹又

下平

一先　前昨先　先蘇前　賢胡田　田徒年　年奴顚　顚都年　堅古賢
煙烏前　八字同爲一類四等開口呼
涓古玄　玄胡涓　二字同爲一類四等合口呼

二仙　仙相然　然如延　延以然　連力延　焉於乾　乾渠焉　六字同
爲一類三等開口呼
緣與專　泉全疾緣　專職緣　宣須緣　川昌緣　攣呂緣　員圓
王權　權巨員　十字同爲一類三等合口呼

三蕭　彫都聊　聊落蕭　堯五聊　蕭蘇彫　幺於堯　五字同爲一類
四等開口呼

四宵　遙餘昭　招昭止遙　嬌舉喬　焦卽消　喬巨嬌　邀於宵　霄消

巨嬌切之喬有甫遥切之飆又有甫嬌切之鑣有彌遥切之蜱又有武瀌切之苗知喬囂嬌瀌之有別於宵遥也兹别分十二字為兩類喬囂嬌瀌為一類遥招昭焦邀霄消宵為一類照依其韻定前為開口三等後為開口四等校宋世以來上正嵩無一四等者該嵩說無二三等於是廣韻韻系不可董理矣

宵相邀 瀌甫嬌 囂許嬌 十二字同爲一類三等開口呼

五肴 茅莫交 肴胡茅 交古肴 嘲陟交 四字同爲一類二等開口呼

六豪 刀都勞 牢勞魯刀 曹昨勞 遭作曹 毛莫袍 袍薄褒 褒博毛 八字同爲一類一等開口呼

七歌 何河胡歌 歌古俄 俄五何 四字同爲一類一等開口呼

八戈 禾和戶戈 戈古禾 波博禾 婆薄波 五字同爲一類一等合口呼

靴許胒 胒於靴 䏙去靴 三字同爲一類三等合口呼

伽求迦 迦居伽 二字同爲一類三等開口呼

九麻 霞胡加 加古牙 牙五加 巴伯加 四字同爲一類二等

開口呼

車尺遮**遮**正奢**嗟**子邪**邪**以遮**賒奢**式車六字同爲一類三等開口呼

華戶花**瓜**古華**花**呼瓜三字同爲一類二等合口呼

十陽

羊陽與章**章**諸良**良**呂章**張**陟良**莊**側羊六字同爲一類三等開口呼

王雨方**方**府良二字同爲一類三等合口呼

十一唐

郎魯當**當**都良**剛岡**古郎四字同爲一類一等開口呼

光古黃**黃**胡光**旁**步光三字同爲一類一等合口呼

十二庚

行戶庚**庚**古行二字同爲一類二等開口呼

盲武庚**橫**戶盲二字同爲一類二等合口呼

驚京舉卿卿去京三字同爲一類三等開口呼

兵甫明明武兵榮永兵三字同爲一類三等合口呼

十三耕

莖戶耕耕古莖二字同爲一類二等開口呼

萌莫耕宏戶萌二字同爲一類二等合口呼

十四淸

情疾盈盈以成貞陟盈成是征征諸盈幷府盈六字同爲一類四等開口呼

營余傾傾去營二字同爲一類四等合口呼

十五靑

刑戶經經古靈靈郎丁丁當經四字同爲一類四等開口呼

扃古螢螢戶扃二字同爲一類四等合口呼

十六蒸

蒸煑仍仍如乘乘食陵陵力膺膺於陵冰筆陵兢矜居

陵 升識蒸 九字同爲一類三等開口呼

十七登 登都滕 滕徒登 增作滕 棱盧登 崩北滕 恆胡登 朋步崩

七字同爲一類一等開口呼

肱古弘 弘胡肱 二字同爲一類一等合口呼

十八尤 求巨鳩 由以周 州周職流 秋七由 流力求 鳩居求

尤羽求 八字同爲一類三等開口呼

謀莫浮 浮縛謀 二字同爲一類三等合口呼

十九侯 侯戶鉤 鉤古侯 婁落侯 三字同爲一類一等開口呼

二十幽 蚪渠幽 幽於蚪 烋香幽 彪甫烋 四字同爲一類四等開口呼

二一侵 林力尋 尋徐林 心息林 淫餘針 針職深 深式針 任如林

今金居吟吟魚金簪側吟十一字同爲一類三等開口呼

二二二覃　含胡男南男那含三字同爲一類一等開口呼

二二三談　甘古三三蘇甘酣胡甘談徒甘四字同爲一類一等開口呼

二二四鹽　鹽余廉廉力鹽占職廉炎于廉淹央炎五字同爲一類三等開口呼

二二五添　兼古甜甜徒兼二字同爲一類四等開口呼

二二六咸　讒士咸咸胡讒二字同爲一類二等開口呼

二二七銜　銜戸監監古銜二字同爲一類二等開口呼

二二八嚴　嚴語驗驗虛嚴二字同爲一類三等開口呼

二九凡　凡扶芝芝匹凡二字同爲一類三等開口呼

房[illegible]切同扶同切

上聲

一董 動徒總 孔康董 董多動 蠓莫孔 總作孔 五字同爲一類 一等合口呼

二腫 隴力踵 踵之隴 奉扶隴 宂而隴 勇余隴 悚息拱 拱居竦 冢知隴 八字同爲一類 三等合口呼

䳋莫湩 湩都䳋 二字同爲一類 一等合口呼

三講 項胡講 講古項 慃烏項 三字同爲一類 二等牙音重脣喉音開口呼舌上正齒半舌合口呼

四紙 是氏承紙 紙帋諸氏 豸池爾 爾兒氏 此雌氏 侈尺氏 綺墟彼 倚於綺 十字同爲一類 三等開口呼

彼甫委 委於詭 詭過委 累力委 毀許委 婢便俾 靡文彼

捶之累 弭綿婢 髓息委 俾并弭 十一字同為一類三等合口呼

五旨 雉直几 姊將几 履力几 几居履 矢式視 視承矢 六字同為一類三等開口呼

鄙方美 美無鄙 洧榮美 軌居洧 壘誄力軌 水式軌 癸居誄 九字同為一類三等合口呼

六止 止諸市 市時止 里理良士 紀己居理 士鉏里 史疎士 擬魚紀 九字同為一類三等開口呼

七尾 匪府尾 尾無匪 鬼居偉 偉于鬼 四字同為一類三等合口呼

豈祛狶 狶虛豈 二字同為一類三等開口呼

八語 巨其呂 呂力舉 舉居許 許虛呂 渚章與 與余呂 六字同爲一類三等合口呼

九麌 矩俱雨 雨羽禹王矩 甫方矩 武文甫 主之庾 庾以主 八字同爲一類三等合口呼

十姥 補博古 魯郎古 古公戶 杜徒古 戶侯古 五字同爲一類一等合口呼

十一薺 禮盧啓 米莫禮 啟康禮 弟徒禮 四字同爲一類四等開口呼

十二蟹 廾乖買 夥懷廾 二字同爲一類二等合口呼

買莫蠏 蠏胡買 二字同爲一類二等開口呼

十三駭 楷苦駭 駭侯楷 二字同爲一類二等開口呼

十四賄　罪徂賄　賄呼罪　猥烏賄　三字同爲一類一等合口呼

十五海　改古亥　亥胡改　愷苦亥　紿徒亥宰作亥　乃奴亥　在昨宰

七字同爲一類一等開口呼

十六軫　軫章忍　忍而軫　引余忍　盡慈忍　四字同爲一類三等開口呼

殞于敏　敏眉殞　二字同爲一類三等合口呼

十七準　尹允余準　準之尹　三字同爲一類三等合口呼

十八吻　粉方吻　吻武粉　二字同爲一類三等合口呼

十九隱　謹居隱　隱於謹　二字同爲一類三等開口呼

二十阮　遠雲阮　阮虞遠　晚無遠　三字同爲一類三等合口呼

幰虛偃　偃於幰　二字同爲一類三等開口呼

二一混　本布忖　忖倉本　損蘇本　袞古本　四字同爲一類一等合口呼

二二很　墾康很　很胡墾　二字同爲一類一等開口呼

二三旱　旱胡笴　但徒旱　笴古旱　三字同爲一類一等開口呼

二四緩　管古滿　緩胡管　纂作算　伴薄旱　滿莫旱　五字同爲一類一等合口呼

二五潸　板布綰　綰烏管　皖戶板　三字同爲一類二等合口呼

赧奴板　一類二等開口呼

二六產　簡古限　限胡簡　二字同爲一類三等開口呼

二七銑　典多殄　殄徒典　峴胡典　繭古典　四字同爲一類四等開口呼

當分夭矯表為一類
開口三等兆小少沼為
一類開口四等說見前
下平四宵

畎姑泫 泫胡畎 二字同爲一類四等合口呼

二八 獮 淺七演 演以淺 善常演 展知演 輦力展 翦即淺 蹇九輦 免亡辦 辨辦符蹇 十字同爲一類三等開口呼

兗以轉 緬彌兗 篆持兗 轉陟兗 四字同爲一類三等合口呼

二九 篠 鳥都了 了盧鳥 皛胡了 皎古了 四字同爲一類四等開口呼

三十 小 兆治小 小私兆 夭於兆 矯居夭 表陂矯 少書沼 沼之少 七字同爲一類三等開口呼

三一 巧 絞古巧 飽博巧 巧苦絞 爪側絞 四字同爲一類二等開口呼

三二一皓 老盧皓 浩皓胡老 早子皓 道徒皓 抱薄浩 六字同爲一類一等開口呼

三三哿 我五可 可枯我 二字同爲一類一等開口呼

三四果 火呼果 果古火 二字同爲一類一等合口呼

三五馬 下胡雅 雅疋五下 賈古疋 四字同爲一類二等開口呼

野冶也羊者 者章也 姐茲野 五字同爲一類三等開口呼

寡古瓦 瓦五寡 二字同爲一類二等合口呼

三六養 兩良獎 養餘兩 獎即兩 丈直兩 掌諸兩 五字同爲一類三等開口呼

昉分网 网文兩 往于兩 三字同爲一類三等合口呼

三七蕩 朗盧黨 黨多朗 二字同爲一類一等開口呼

晃胡廣 廣古晃 二字同爲一類一等合口呼

三八梗 梗古杏 杏何梗 二字同爲一類二等開口呼

永于憬 憬俱永 丙兵永 三字同爲一類三等合口呼

猛莫杏 礦古猛 [illegible]烏猛 三字同爲一類二等開口呼

影於丙 景居影 冷魯打 打德冷 四字同爲一類三等開口呼

三九耿 耿古幸 幸胡耿 二字同爲一類二等開口呼

四十靜 郢以整 靜疾郢 井子郢 整之郢 四字同爲一類四等開口呼

頃去潁 潁餘頃 二字同爲一類四等合口呼

四一迥　頂鼎都挺　挺徒鼎　醒蘇挺　涬胡頂　剄古挺　六字同爲一類四等開口呼

迥戶頮　熲古迥　二字同爲一類四等合口呼

四二拯　拯蒸上聲　庱丑拯　二字同爲一類三等開口呼

四三等　肯苦等　等多肯　二字同爲一類一等開口呼

四四有　九久舉有　有云久　柳力久　酉與久　婦房久　否方九　七字同爲一類三等開口呼

四五厚　后厚胡口　口苦后　斗當口　垢苟古后　六字同爲一類一等開口呼

四六黝　黝於糾　糾居黝　二字同爲一類四等開口呼

四七寑　稔荏如甚　甚常枕　朕直稔　枕章荏　凜力甚　飲於錦　錦居

飲　痒疎錦　九字同爲一類

四八感　禫徒感　感古禫　唵烏感　三字同爲一類一等開口呼

四九敢　覽盧敢　敢古覽　二字同爲一類一等開口呼

五十琰　琰以冉　冉　染而琰　漸慈染　斂良冉　儉巨險　險虛檢　檢居

奄衣儉　九字同爲一類三等開口呼

五一忝　玷多忝　忝他玷　二字同爲一類四等開口呼

五二儼　掩於广　广魚掩　二字同爲一類三等開口呼

五三豏　斬側減　減古斬　豏下斬　三字同爲一類二等開口呼

五四檻　黤於檻　檻胡黤　三字同爲一類二等開口呼

五五范　錽亡范　范　犯防錽　三字同爲一類三等開口呼

去聲

一送 送蘇弄 弄盧貢 貢古貢 涷多貢 四字同爲一類一等合口呼

衆之仲 仲直衆 鳳馮貢 三字同爲一類三等合口呼

二宋 宋蘇統 統他綜 綜子宋 三字同爲一類一等合口呼

三用 用余頌 頌以用 二字同爲一類三等合口呼

四絳 絳古巷 巷胡絳 三字同爲一類牙音重脣喉音二等開口呼舌上正齒半舌合口呼

五寘 義宜寄 寄居義 賜斯義 豉是義 智知義 企去智 五字同爲一類三等開口呼

睡是僞 僞危睡 累良僞 恚於避 避毗義 六字同爲一類三等合口呼

六至 利力至 至脂利 四息利 冀几利 自疾二 二而至 器去冀 寐彌二 八字同爲一類三等開口呼

遂徐醉 醉將遂 位于愧 愧媿俱位 類力遂 萃秦醉 媢明秘 備平秘 秘兵媢 季居悸 悸其季 十二字同爲一類三等合口呼

七志 吏力置 置陟吏 記居吏 志職吏 四字同爲一類三等開口呼

八未 未味無沸 沸方味 胃于貴 貴居胃 畏於胃 六字同爲一類三等合口呼

豙魚既 既居豙 二字同爲一類三等開口呼

九御 據倨居御 御牛倨 慮良倨 預羊洳 洳人恕 恕商署 助牀據 署常恕 去丘倨 十字同爲一類三等合口呼

十遇 具其遇 遇牛具 戍商遇 句九遇 注之戍 五字同爲一類三等合口呼

十一暮 故古暮 暮莫故 誤五故 路洛故 祚昨誤 五字同爲一類一等合口呼

十二霽 計古詣 詣五計 戾郎計 三字同爲一類四等開口呼

十三祭 惠(胡桂) 桂(古惠) 二字同爲一類(四等合口呼)

例(力制) 祭(子例) 制(征例) 罽(居例) 弊(毗祭) 袂(彌弊) 蔽(必袂) 世(舒制) 憩(去例) 九字同爲一類(三等開口呼)

稅(舒芮) 芮(而銳) 銳(以芮) 歲(相銳) 衛(于歲) 五字同爲一類(三等合口呼)

綣(丘吠) 緣(呼吠) 二字爲廢韻誤入

十四泰 大(徒蓋) 太(他蓋) 蓋(古太) 貝(博蓋) 艾(五蓋) 帶(當蓋) 六字同爲一類(一等開口呼)

外(五會) 會(黃外) 最(祖外) 三字同爲一類(一等合口呼)

十五卦 懈(古隘) 隘(烏懈) 二字同爲一類(二等開口呼)

賣(莫懈) 卦(古賣) 二字同爲一類(二等合口呼)

十六怪 介戒界(古拜) 三字同爲一類(二等開口呼)

拜怪博 怪壞古 壞怪胡 三字同爲一類二等合口呼

十七夬

夬邁古 邁話莫 話快下 快夬苦 四字同爲一類二等合口呼

喝犗於 犗喝古 二字同爲一類二等開口呼

十八隊

内對奴 對隊都 隊對徒 繢對胡 妹昧莫 昧佩莫 佩昧蒲 輩妹補 八字同爲一類 一等合口呼

十九代

愛代烏 代耐徒 耐代奴 漑槩代古 五字同爲一類一等開口呼

二十廢

肺廢方 廢肺芳 穢廢於 三字同爲一類三等合口呼

刈廢魚 爲一類三等開口呼

二一震

刃振而 晉刃卽 遴刃良 覲遴渠 振刃章 印刃於 六字同爲一類三等開口呼

昀峻九 爲一類三等合口呼

二二稕　峻私閏　閏如順　順食閏　三字同爲一類三等合口呼

二三問　運王問　問亡運　二字同爲一類三等合口呼

二四焮　靳於焮　焮香靳　二字同爲一類三等開口呼

二五願　怨於願　願魚怨　万無販　販方願　四字同爲一類三等合口呼

建居万　堰於建　二字同爲一類三等開口呼

二六慁　困苦悶　悶莫困　寸倉困　三字同爲一類一等合口呼

二七恨　艮古恨　恨胡艮　二字同爲一類一等開口呼

二八幹　旰古案　按案烏旰　旦得旰　贊則旰　五字同爲一類一等開口呼

二九換　玩五換　換胡玩　掇徒玩　貫古玩　亂郎掇　喚火貫　筭蘇貫　半博幔　幔莫半　九字同爲一類一等合口呼

三十諫　晏烏澗　澗諫古晏　三字同爲一類二等開口呼

慣古患　患胡慣　二字同爲一類二等合口呼

三一襇　襇古莧　莧侯襇　二字同爲一類二等開口呼

幻胡辨　辨蒲莧　二字同爲一類二等合口呼

三二霰　電甸佃堂練　練郎甸　麵莫甸　五字同爲一類四等開口呼

縣黃絢　絢許縣　二字同爲一類四等合口呼

三三線　箭子賤　賤才線　線私箭　面彌箭　碾女箭　扇式戰　戰之膳　膳時戰　彥魚變　九字同爲一類三等開口呼

變彼眷　眷卷居倦　倦渠卷　戀力卷　囀知戀　釧尺絹　絹吉掾　掾以絹　九字同爲一類三等合口呼

當以廟爲一類開口三等
餘爲一類開口四等見
前下平四宵左傳釋文
剽匹妙反字林匹召反知不
同也

偏方見 此霞韻誤入

三四嘯 弔多嘯 嘯蘇弔 叫古弔 三字同爲一類 四等開口呼

三五笑 妙彌笑 笑私妙 要於笑 少失照 照之少 召直照 廟眉召 八字同爲一類

三等開口呼

三六效 教古孝 孝呼教 皃莫教 稍所教 四字同爲一類 二等開口呼

三七號 導徒到 到都導 報博耗 耗呼到 四字同爲一類 一等開口呼

三八箇 賀胡箇 箇个古賀 佐則箇 邏郎佐 五字同爲一類 一等開口呼

三九過 過古臥 貨呼臥 唾湯臥 臥吾賀 四字同爲一類 一等合口呼

四十禡 駕嫁古訝 訝吾嫁 亞衣嫁 四字同爲一類 二等開口呼

霸必嫁 化呼霸 罵莫嫁 吴胡化 四字同爲一類 二等合口呼

夜(羊謝)謝(辝夜)二字同爲一類(三等開口呼)

四一漾

亮(力讓)讓(人樣)樣(餘亮)向(許亮)四字同爲一類(三等開口呼)

訪(敷亮)況(許訪)放(甫妄)妄(巫放)四字同爲一類(三等合口呼)

四二宕

宕(徒浪)浪(來宕)二字同爲一類(一等開口呼)

曠(苦謗)謗(補曠)二字同爲一類(一等合口呼)

四三映

孟(莫更)更(古孟)二字同爲一類(二等開口呼)

橫(戶孟)爲一類(二等合口呼)

命(眉病)病(皮命)二字同爲一類(三等合口呼)

敬(居慶)慶(丘敬)二字同爲一類(三等開口呼)

四四諍

諍(側迸)迸(北諍)二字同爲一類(二等開口呼)

四五勁　正（之盛）盛（承正）鄭（直正）姓（息正）令（力政）六字同爲一類四等開口呼

四六徑　定（徒徑）侫（乃定）徑（古定）三字同爲一類四等開口呼

四七證　應（於證）證（諸應）甑（子孕）孕（以證）餕（里甑）五字同爲一類三等開口呼

四八嶝　亘（古鄧）鄧（徒亘）隥（都鄧）贈（昨亘）四字同爲一類一等開口呼

四九宥　救（居祐）祐（于救）副（敷救）富（方副）呪（職救）溜（力救）就（疾僦）僦（即就）九字同爲一類三等開口呼

五十候　遘（古候）候（胡遘）豆（田候）奏（則候）漏（盧候）五字同爲一類一等開口呼

五一幼　謬（靡幼）幼（伊謬）二字同爲一類四等開口呼

五二沁　鴆（直禁）禁（居蔭）任（汝鴆）蔭（於禁）譖（莊蔭）五字同爲一類三等開口呼

五三勘　紺（古暗）暗（烏紺）二字同爲一類一等開口呼

五四闞　濫盧瞰　暫蹔藏濫　瞰矙苦濫　五字同爲一類一等開口呼

五五豔　豔以贍　贍時豔　驗魚窆　窆方驗　四字同爲一類三等開口呼

五六㮇　念奴店　店都念　二字同爲一類四等開口呼

五七釅　欠去劍　劒居欠　釅魚欠　三字同爲一類三等開口呼

五八陷　韽於陷　陷戶韽　豏佇陷　三字同爲一類二等開口呼

五九鑑　懺楚鑒　鑑監格懺　三字同爲一類二等開口呼

六十梵　泛孚梵　梵扶泛　二字同爲一類三等開口呼

一屋 竹張六 六力竹 逐直六 福方六 匊菊居六 宿息逐 七字同爲一類 三等合口呼

谷古祿 祿盧谷 木莫卜 卜博木 四字同爲一類 一等合口呼

二沃 酷苦沃 沃烏酷 毒徒沃 篤冬毒 四字同爲一類 一等合口呼

三燭 欲余蜀 玉魚欲 蜀市玉 足即玉 曲丘玉 錄力玉 六字同爲一類 三等合口呼

四覺 角覺古岳 岳五角 三字同爲一類 牙音重脣喉音二等開口呼 舌上正齒半舌合口呼

五質 叱昌栗 日人質 質之日 一於悉 七親吉 吉居質 栗力質 悉息七 必畢畀吉 乙於畢

密美畢 筆鄙密 十三字同爲一類 三等開口呼

率所律 一類 二等合口呼

六術 聿余律 卹辛律 律呂卹 三字同爲一類 三等合口呼

韻類表

七櫛　瑟所櫛　櫛阻瑟　二字同爲一類二等開口呼

八物　弗分勿　物勿文弗　三字同爲一類三等合口呼

九迄　乞去訖　訖居迄　迄許訖　三字同爲一類三等開口呼

十月　厥居月　月魚厥　越王伐　伐房越　發方伐　五字同爲一類三等合口呼

歇許竭　竭其謁　謁於歇　訐居竭　四字同爲一類三等開口呼

十一沒　勃蒲沒　沒莫勃　忽呼骨　骨古忽　四字同爲一類一等合口呼

十二曷　葛割古達　達唐割　曷胡葛　四字同爲一類一等開口呼

十三末　撥北末　末莫撥　活戶括　括栝古活　五字同爲一類一等合口呼

十四黠　八博拔　拔蒲八　黠胡八　三字同爲一類二等開口呼

滑戶八　一類二等合口呼

十五鍇　瞎許鍇　轄胡瞎　三字同爲一類二等開口呼

頒丑刮　刮古頒　二字同爲一類二等合口呼

十六屑　結古屑　屑先結　蔑莫結　三字同爲一類四等開口呼

穴胡決　決古穴　二字同爲一類四等合口呼

十七薛　列良薛　薛私列　竭渠列　滅亡列　熱如列　五字同爲一類三等開口呼

雪相絕　悅弋雪　絕情雪　劣力輟　輟陟劣　爇如劣　六字同爲一類三等合口呼

十八藥　灼之若　勺市若　若而灼　藥以灼　略離灼　雀卽略　約於略　虐魚約　九字同爲一類三等開口呼

縛符钁　钁居縛　籰王縛　三字同爲一類三等合口呼

十九鐸　落盧各　各古落　二字同爲一類一等合口呼

郭古博　博補各　矱胡郭　三字同爲一類一等合口呼

二十陌　白傍陌　陌莫白　伯博陌　格古伯　四字同爲一類二等開口呼

虢古伯　擭一虢　二字同爲一類二等合口呼

劇奇逆　戟几劇　逆宜戟　郤綺戟　四字同爲一類三等開口呼

二一麥　獲胡麥　麥莫獲　摑古獲　三字同爲一類二等合口呼

戹厄於革　革古核　核下革　摘陟革　責側革　六字同爲一類二等開口呼

二二昔　迹積資昔　昔思積　益伊昔　亦易羊益　辟必益　炙隻之石　石常隻　十字同爲一類三等開口呼

役營隻　一類三等合口呼

二三錫　激擊古歷　歷郎擊　狄徒歷　四字同爲一類四等開口呼

鶪古闃 闃苦鶪 三字同爲一類四等合口呼

二四職 翼與職 職之翼 直除力 力林直 卽子力 側阻力 極渠力 七字同爲一類三等開口呼

逼彼側 爲一類三等合口呼

二五德 則子德 得多則 北博墨 黑呼北 勒盧則 墨莫北 七字同爲一類一等開口呼

或胡國 國古或 二字同爲一類一等合口呼

二六緝 入人執 執之入 立力入 及其立 急居立 汁是執 戢阻立 八字同爲一類三等開口呼

二七合 閤古沓 合侯閤 沓徒合 答都合 四字同爲一類一等開口呼

二八盍　臘盧盍　盍胡臘　二字同爲一類一等開口呼

囃倉雜　此合韻誤入

二九葉　涉時攝　葉與涉　攝書涉　輒陟葉　接即葉　五字同爲一類三等開口呼

三十帖　協胡頰　頰古協　愜苦協　牒徒協　四字同爲一類四等開口呼

三一洽　夾古洽　洽侯夾　囡女洽　三字同爲一類二等開口呼

三二狎　狎胡甲　甲古狎　二字同爲一類二等開口呼

三三業　業魚怯　怯去刼　刼居怯　三字同爲一類三等開口呼

三四乏　乏房法　法方乏　二字同爲一類三等開口呼

切語舊說

音學辨微九辨翻切云漢以前注書者但曰某字讀如某音或不甚的孫炎爾雅音義始有反切之法古曰反或曰翻後改曰切其實一也上一字取同類同位七音同類清濁同位下一字取同韻韻窄字少者或借相近之韻取同位同類者不論四聲平上去入任取一字取同韻者不論清濁清濁定於上一字不論下一字如德紅切東字東清而紅濁戶公切紅字紅濁而公清俱可任取蓋德與東戶與紅清濁定於此也後人韻書有嫌其清濁不類疑於轉紐者下一字必須以清切清以濁切濁固爲親切然明者觀之正不必如此倘識前人之切爲誤則不知切法者矣此事本非難明者一轉即是不煩將位次指數亦不須他韻借轉且不必出聲調音只見兩字便作一字讀之聲音本自然也而人以爲難彼固有所蔽也

又曰凡依音類母位取上一字者謂之音和舌頭與舌上重脣與

輕脣交互取上一字者謂之類隔（如長幼之長丁丈反以舌頭切舌上也綢繆之繆武彪反以輕脣切重脣也）

又曰取上一字有寬有嚴甚嚴者三四等之重脣不可混也照穿牀審之二等三等不相假也喻母之三等四等亦必有別也餘可從寬不必以等拘矣

切韻考通論云以上字定清濁不知上去入各有清濁則遇切語上字用上去入者不辨所切爲何音如東字德紅切不知德字爲清音則疑德紅切爲東之濁音矣（東之濁音無字）隆字力中切不知力字爲濁音則疑力中切爲隆之清音矣（隆之清音無字）洪字戶公切不知戶字爲濁音則疑戶公切烘字矣衝字尺容切不知尺字爲清音則疑尺容切重字矣此上去入之清濁所以不可不知也

又云切語之法非連讀二字而成一音也（如同徒紅切蛩渠容切連讀而成音者偶然相合耳）連讀二字成一音誠爲直捷然上字必用支魚歌麻諸韻字下字必用喉音字支魚歌麻無收音而喉音直出其上不收其下直接故可相連而成一音否則中有窒礙不能相連矣然必拘此法或所當用者有音無字或雖有字而隱僻難識此亦必窮之術也而呂新吾交泰韻潘稼堂類音必欲爲之於是以塑翁切終字以竹硧切中字夫字有不識乃爲切語以終中易識之字而用塑硧難識之字爲切不亦傎乎孰若古人但取雙聲疊韻之爲坦途哉（西洋人金尼閣西儒耳目資亦以二字連讀爲一音此則用其本國之法耳）

又後論云開口合口名目古人雖無之然甚精當廣韻切語下字分別開合甚明如羈（居宜切開口）嬀（居爲切開口）攲（去奇切開口）虧（去爲切開口）耆（渠脂

切開口 逵渠追切合口 宜魚羈切開口 危魚爲切合口 下字兩兩不同是開合以下字定之也上字兩兩相同是開合不以上字定之也切語上字不論開合故字母亦不論開合見溪疑三字皆開口羣字合口隨所用而不拘也開合本由於韻之不同然見溪羣疑影喻曉匣八母之開合則假出音亦不同故後來有妄增字母者也

音韻闡微凡例云世傳切韻之書其用法繁而取音難今依本朝字書合聲切法則用法簡而取音易如公字舊用古紅切今擬姑翁切巾字舊用居銀切今擬基因切牽字舊用苦堅切今擬欺煙切蕭字舊用蘇彫切今擬西腰切蓋翻切之上一字定母下一字定韻今於上一字擇其能生本音者下一字擇其能收本韻者緩讀之爲二字急讀之即成一音

又云凡字之同母者其韻部雖異而呼法開合相同則翻切但換

下一字而上一字不換如姑翁切公字姑威切歸字姑彎切關字姑汪切光字此四字皆見母合口呼俱生聲於姑字又如基因切巾字基煙切堅字基腰切驕字基優切鳩字此四字皆見母齊齒呼俱生聲於基字由此以推凡翻切之上一字皆取支微魚虞歌麻數韻中字辨其等母呼法其音自合以此數韻能生諸部之音

又云凡字之同韻者其字母雖異而平仄清濁相同則翻切但換上一字而下一字不換如基煙切堅字欺煙切牽字梯煙切天字卑煙切邊字此四字皆先韻之清聲俱收聲於煙字如奇延切虔字池延切纏字彌延切綿字齊延切錢字此四字乃先韻之濁聲俱收聲於延字由此以推凡各韻清聲之字皆收於本韻之影母各韻濁聲之字皆收聲於本韻之喻母蓋影喻二母聲有清濁乃

本韻之喉音天下之聲皆出於喉而收於喉故翻切之下一字用影喻二母中字收歸喉音其聲自合也

又云每韻中同音之字彙於一處每音第一字下註明其音今將舊翻切列於前係以廣韻集韻舊名將所擬合聲切列於後係以合聲二字其有係以今用二字者因本母本呼於支微魚虞數韻中無字者則借仄聲或別部之字以代之但開齊合撮之類不使相淆遇本韻影喻二母無字者則借本韻旁近之字以代之其清母濁母之分不使或紊其取音比舊稍近也有再係以協用二字者再借鄰韻影喻二母中字以協其聲也或係以借用二字者乃雖借鄰韻併非影喻二母中字其聲爲近而亦不甚協者也

古今切語表敘

右表爲十三年手錄，廣韻切語列字右，近世國音本音韻闡微，今取其切語列左，若一音有二三切語者，闡微之讀則列於下，四聲分列，命之曰古今切語表，又錄音學辨微切韻攷音韻闡微論切語之說于後，以見其法，善乎陳澧之言曰，切語之法，非連讀二字而成一音也，又曰，上字與所切之字雙聲，下字與所切之字疊韻，上字定其清濁，下字定其平上去入，夫非連讀以成音，則殊異乎他國拼音之文，上字與所切之字雙聲，則上字者，但比況發聲之狀，而無開合洪細短長之別，如當都郎切，黨多郎切，讜丁浪切，當開口也，而用合口之都，黨上聲也，而用平聲之多，譡一等也，而用四等之丁，然當都黨多譡丁者，其發聲時，舌俱彈齶上斷，及其音成，始有開合短長之勢，當舌之彈擊也，無有異也，闡微之例，必舉而析之，然其等亶用朶坱鞅用倚，堅祚用族，詞徐用習，吐音俱諧，是知開合齊撮之別，屬下字不屬上字也，韻者，收聲之狀也，韻部者，所以區異其狀而爲之封域也，今建協用借用二目，以期合乎流俗，乃江不從陽，覺不從藥者，實拘畏而不敢耳，夫增設條例，不得貫通，何若順勢審聲，循其自然者耶，

韻鏡指掌圖敍列諸韻中字，然不注切語，四聲切韻表增列切語，然不依廣韻，切韻攷依廣韻矣，然多所刪遺，案廣

韻鍾韻恭字注云陸氏以恭蜙縱等入冬韻非也，陳氏既刪于鍾，復不入冬，使恐恐曲諸音失其平聲，唐韻王本切韻夬韻俱有犗字，陳氏謂爲後人增者，因刪犗喝諸聲，山鍇開口，失其繼序，馮鳳伏相隨，鳳誤用貢字，如豐之用空也，玉篇鳳浮諷切可證，今以鳳伍弄哄，㝱隨蒙蠓木，瞢目無去，莫弄莫鳳亦云音同而刪條矣，

廣韻湩都鵃切，陳氏云徐鍇都侗反陸氏書湩無同韻之字，故附入二腫，而切語則借用一董侗字，廣韻鵃增加字也不錄，韻部所以畫界音讀，則切語下字不得相假，廣韻湩鵃互用，以標其同類，而因字少也，則附見于腫，小徐切語，身足徵信，又云率所律切，律在六術，以率無同類之字

故借用，案切韻質術不分，率故在質，及其既分而簡取未盡，猶切韻眞諄不分，而廣韻眞有筠贇，諄有砏趣，震稕不分，而震有昀，眕準不分，準有縢蠑濜脤，寒桓不分，而寒有濡，旱緩不分而緩有攤也，又云鰥借用頑，案切韻頑吳鰥反，在山韻，又云儼魚掩切，此韻皆僻字故借用琰韻，案唐寫切韻，琰儼不分，王本則分矣，而琰幷互用，广儼險互用，今廣韻險檢儼掩貶預在琰，亦分疏未當，非借也，又云釅魚欠切，脅許欠切，菱（原誤菱今依黎本正）亡劒切，欠劒在六十梵，此韻皆僻字，故借用，案王本切韻嚴韻，欠劒互用，梵韻梵泛互用，廣韻合爲一韻，又分之未當，非借也，又云凡符咸切，此韻字少，故借用二十六咸之咸字也

，案新添類隔條，凡符芝切，與切韻說文合，則咸實誤字，非借也，要之陳氏所謂借用，未可憑依，

廣韻切語下字脣音可用開合字，開合俱可用脣音字，蓋讀脣音，必先合脣而後開，故開合通用，如卑陂同音，卑用移，陂用爲，彼裨同音爲其上，彼用委，裨用弭，賁臂同音爲其去，俱用義，陳氏以卑與賁臂列開，陂與彼裨列合，切韻考條例云，今考平上去入四韻相承者，其每韻分類亦多相承，茲何舛錯歧出若此耶，蓋未明其通用之故耳，明其通用，則綺用彼而非疏，恚用避亦非疏矣，廣韻獝況必切合也，欯許吉切，開也，今存欯删獝，戲士板切開也，撰雛鯇切合也，今存戲删撰，紇下沒切開也，搰戶骨切

合也，今以紇爲合而删搰，鬢姊末切開也，緺子括切合也，今以鬢屬末而删緺，鴐古訝切開也，坬古罵切合也，今存鴐删坬，垎胡格切，赫呼格切，啞烏格切開也，嚄胡伯切，韄乙白切，謋虎伯切，合也，今以嚄爲開而删韄謋，存赫啞而删垎，盲武庚切合也，故橫用盲，猛莫杏切合也，故礦用猛，畀用礦，今以猛列開，謂礦借用猛而删畀，又以䁝爲開，不知熒省聲者無開口也，孟莫更切合也，故蝗橫用孟，宖用橫，今以孟列開，謂蝗借用孟而删宖，逼彼側切合也，故洫域用逼，今以洫域列開，謂畫捇諸字隱僻而削落，豈徒此也，企跬俱丘弭切而分開合，綶䙶俱古覓切而分開合，棧撰俱士免切而分開合，格虢俱古伯切而分開合，黠胡八切開也，滑戶八切合也，𦬇乖買切合也解佳買切開也，陳氏或存此而去彼，或存一而去餘，存者曰疏，曰借用，去者曰增加，不知皆脣音與開合通用也，今表悉爲補正，至如往用兩，爲用支，役用隻，汪用浪，夐用正，合口而以開口作切，違錯常例，其因合口終開，故用開口，如詩釋文紘獲耕反熒迴丁反之比歟，不當曰借用以解之也，

切韻攷于同音兩切語，多刋剟不錄，或曰以其無害于例故錄，爲例不亦殽乎，夫同音兩切語並載于篇者，當如國故論衡所云，殆切韻所承聲類韻集諸書，丵嶽不齊，未定一統故也，不惟切韻，如曹憲廣雅音，礱音落東，籠音力公

，饔音於龍，饗音於恭，揖音而容，毦音而恭，郭璞方言音，僇恪膠反，芆恪交反，憮亡輔反，慔亡主反，諄章順反，諄之潤反，此一人之作，猶差互若此，況切韻裒聚羣籍乎，陳氏以兩切語同一音，爲後人增加字者，亦未有徵，何者，如支韻劑遵爲切，騹子垂切，陳氏云此音同增加字也，案敦煌本王仁煦本切韻劑騹俱有，其非坿益甚明，陳氏蓋以垂爲同類，故刪騹存劑，移宜異類，故貲厜俱存，案厜切韻俱姊規反，爾雅釋文云郭才規反，顧視規反，雖體文殊岐，而聲埶同規，則其與劑騹同爲合口矣，陳氏又何以刪存之哉，陳氏不信字母等韻，依據切語上下字，探索聲類韻類，偶然卓異，然簡册蕩滅，乃欲復切韻之舊

，豈可得哉，惜陳氏集法言以前切語未成，不能闚察漢隋之統紀，僅采驗于二徐，難乎免于意必之語矣，

聲韻雖本于口耳，而欲辨別其清濁等呼，固非目驗切語不能，切韻考首列聲類韻類者以此，今師其意列聲類考于前，復系聯切語下字成韻類表于後，以爲學者循省之助，民國二十三年四月十八日休寧趙世忠識

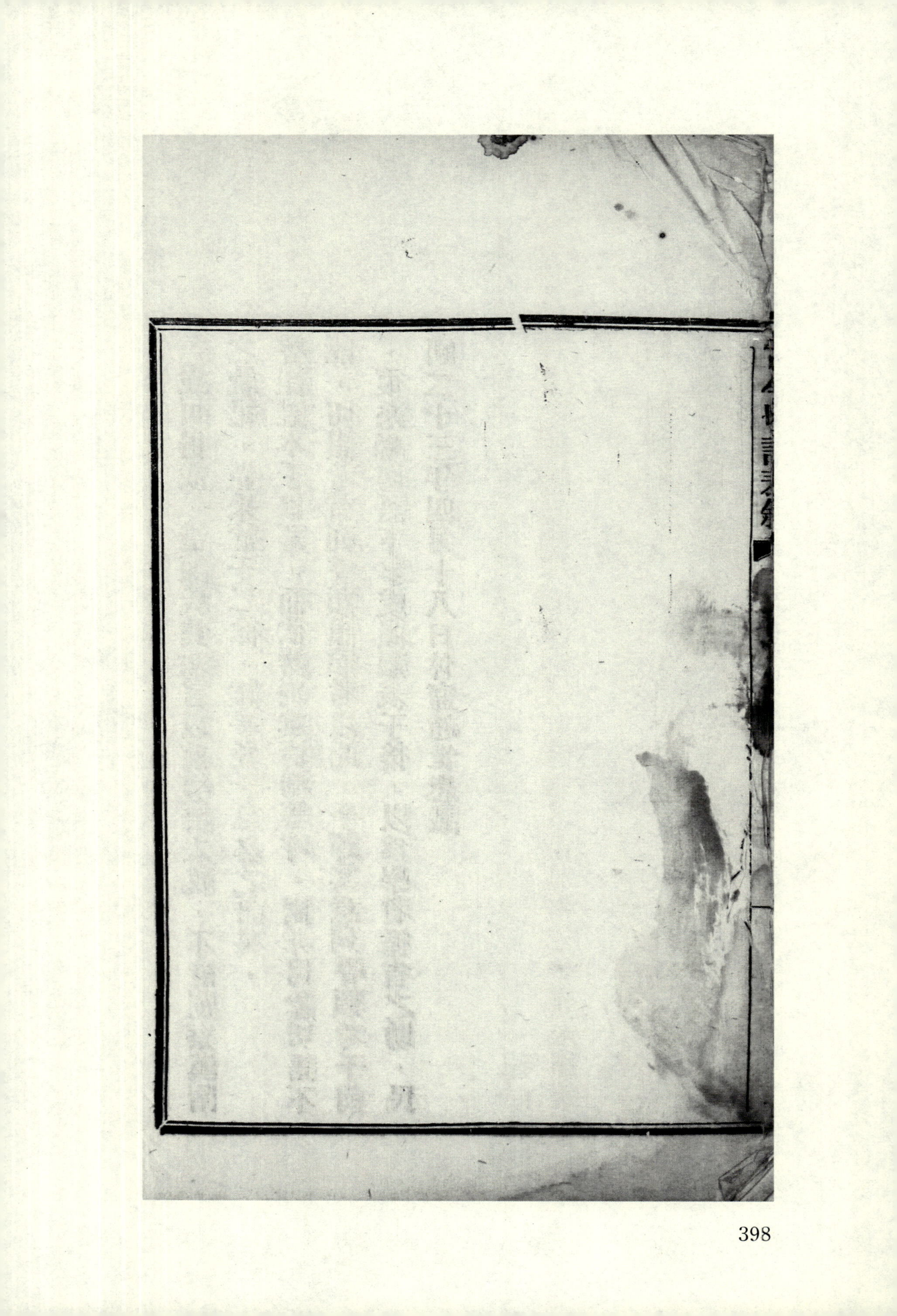

貴大中文系語言學專題講座演講稿

贵大中文系语言学专题讲座

记录65年。

语言自研组 郭 定

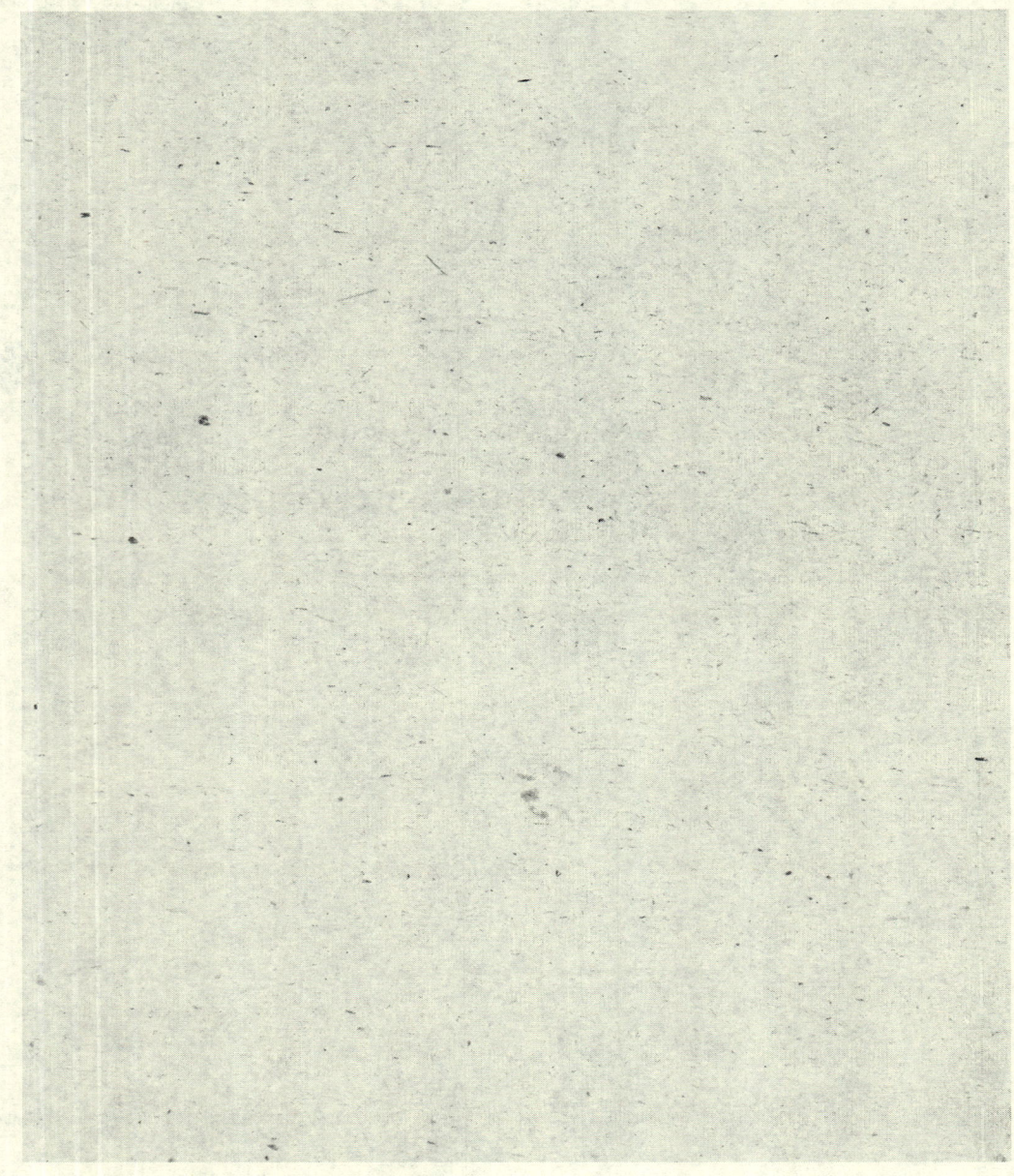

~~專題課第一講~~ 語言学问题讲座

讲题——怎样批判接受清人語言学遗产

第一节　引言

我们~~这一讲作为专题课的开场白，~~希望通过这一讲，明确两件事：

甲、《古代汉語》（包括声韵学、文字学、训詁学）《汉語史》的学习和研究，对注释、分析古代文献，确有它的「古为今用」的政治意义。

乙、清人对注释、分析古代文献，做出巨大成绩，这是事实。但不能说，清人已經做尽了头，相反，我们对他们研究的成果，还要加以鑑定，同时古代文献中存在的語言问题，还是不少，还有待于我们努力，学习前人方法，以进前

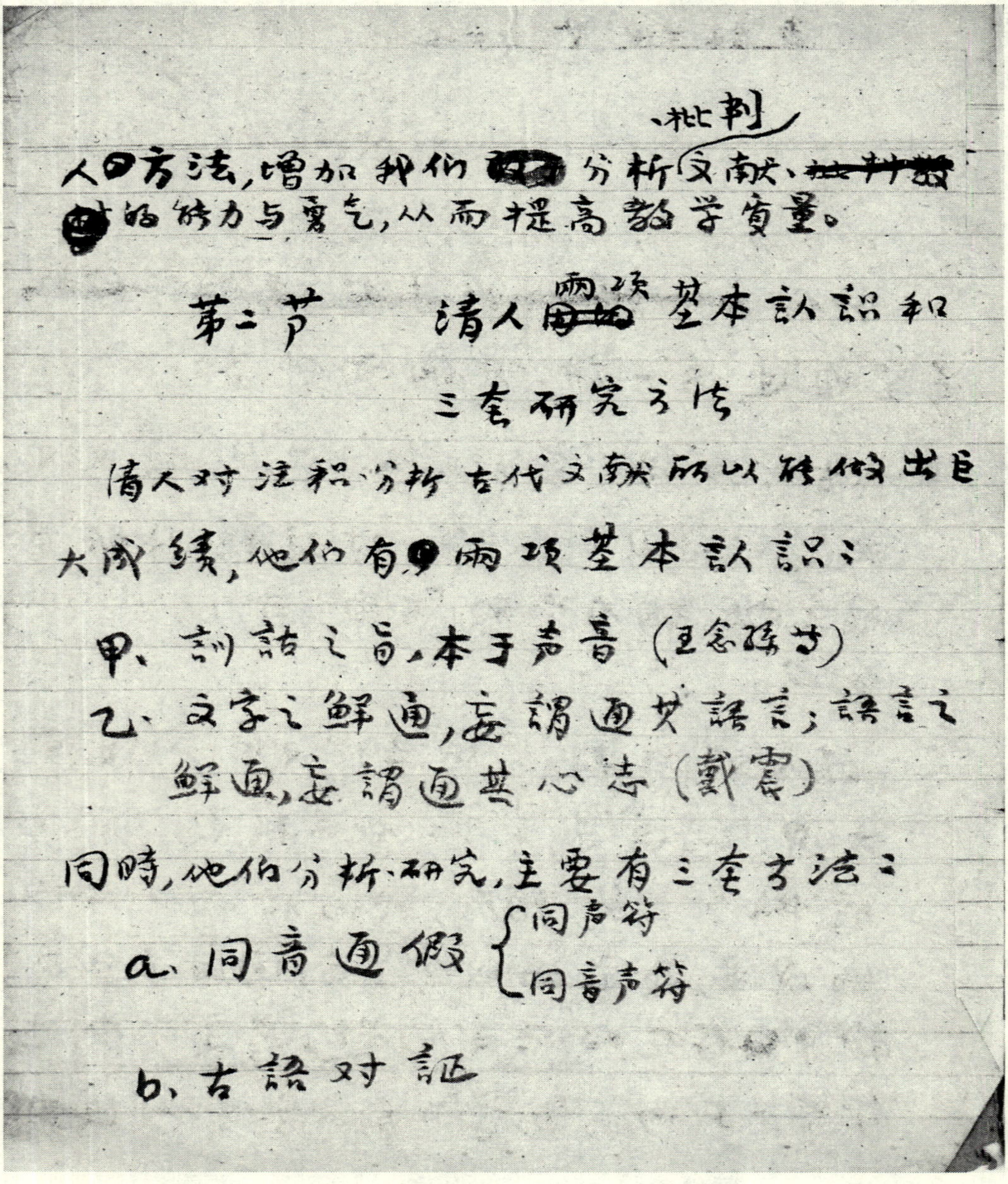
人的方法，增加我们分析文献、批判的能力与勇气，从而提高教学质量。

第二节　清人两项基本認識和三套研究方法

清人对注释、分析古代文献所以能做出巨大成绩，他们有两项基本認識：

甲、訓詁之旨，本于声音（王念孫说）

乙、文字之解通，妄謂通其語言；語言之解通，妄謂通其心志（戴震）

同時，他们分析、研究，主要有三套方法：

a、同音通假 { 同声符 / 同音声符

b、古語对証

C、語法规律｛連文同义
对稱同义
其他

清人成就，尽管很大，但他们运用的方法，主要不出这三套，下面略举例証实之。

国风·唐风：

采苓采苓，首阳之巅，人之为言，苟亦无信，舍旃舍旃，苟亦无然，人之为言，胡得焉？

朱注：「人之为是言以告子者」，增字注经。

王引之說：「为」讀「讹」，「貨」重文「䝈」，尚书·尧典：「平秩南讹」史記·五帝本纪作「南譌」。小雅·沔水、正月都有「民之讹言」。

另提行

又大雅·板：「匪(非)我言耄，爾用憂謔」，朱注：「非我老耄而妄言，乃汝以憂為戲耳」，不合古語。俞樾讀「憂」為「優」，「優謔」連文同义。左傳襄六年：「少相狎，長相優」，杜注：「優，調戲也。」

另提行

又史記·樂毅列傳：「子胥不蚤(早)見主之不同量，是以至于入江而不化」，索隱：「言子胥怀恨，故虽投江而神不化，为波涛之臣也。」王念孫說：「化者，变也……上文曰：吳王不寤先論之可以立功，故沉子胥而不悔。不悔与不化，意亦相近。」这就从「对称同义」得出的結論。

第三节　清人方法的进一步运用

我们今天在马克思、列宁主义和毛泽东思想指导下，对清人用的方法不是继承而是发展的继承、批判的继承。下面略举八例以明之。

① 孔雀东南飞：「兰芝初还时，府吏见丁宁，结誓不别离。今日违情义，恐此事非奇。」近人注：「奇犹嘉，非奇和后来的不妙意思差不多。」「奇犹嘉」没有训诂根据；「不妙」语气软弱不称。「非奇」是连文同义。「是非」、「奇正」是反义连文，老子：「以正治国，以奇用兵」。「非奇」就是「不是不正」，就是说，「这样做不对不正当。」

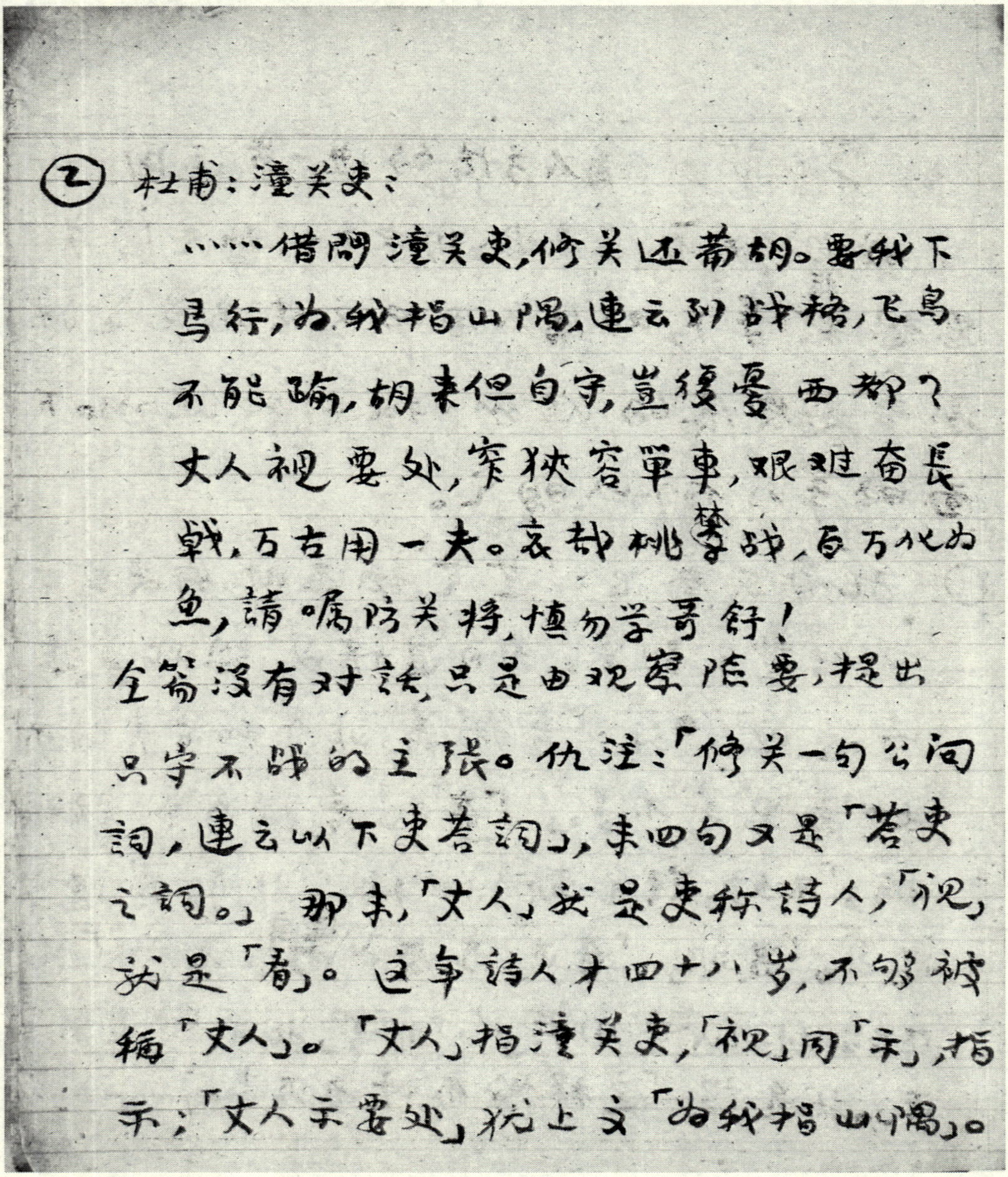
② 杜甫：潼关吏：

……借問潼关吏，脩关还备胡。要我下马行，为我指山隅，連云列战格，飞鸟不能踰，胡来但自守，岂復憂西都？丈人視要处，窄狭容單車，艰难奋長戟，万古用一夫。哀哉桃林战，百万化为鱼，請嘱防关将，慎勿学哥舒！

全篇没有对話，只是由观察险要，提出只守不战的主張。仇注：「脩关一句公问詞，連云以下吏答詞」，末四句又是「答吏之詞。」那末，「丈人」就是吏称詩人，「視」就是「看」。这年詩人才四十八岁，不够被稱「丈人」。「丈人」指潼关吏，「視」同「示」，指示；「丈人示要处」犹上文「为我指山隅」。

小雅·鹿鳴：「視民不恌」，郑笺：「視古示字」。礼記·曲礼：「幼子常視毋誑」，郑注：「視，今之示字。」詩人用古語，后人望文生訓。

③ 荀子·天論：「日月、星辰、瑞厤，是禹桀之所同也。」郝懿行注：「瑞厤即厤象」引尧典「厤象日月星辰」。尧典「象」是「法」的意思，动詞作謂語，不能移在后面。「瑞厤」是[redacted]反义[redacted]連文。「瑞」是祥瑞，「厤」是祅戾。荀子假「厤」为「鬲」，「𩰲」重文「𤮍」。汉书·薛宣传：「阴阳否鬲，和气不兴」，「否」是「泰否」的「否」，「鬲」是「瑞鬲」的「鬲」，就是祅星、雾雨，[redacted]「和气不兴」之类。

④ 金文·叔家父簠：「悊德不亡」，番生簋：「丕

顯皇且（祖）考，穆々克誓氒（厥）德。」金文家讀「悊」、「誓」為「哲」，「哲德」可通，「哲厥德」不可通。「誓」「矢」古通用：国风·柏舟：「之死矢靡它」，論語：「夫子矢之曰」。金文假「悊」、「誓」為「矢」，动詞；大雅·江汉：「矢其文德」，毛傳：「矢，施也。」是古語。

⑤ 正确标点古书，效用苟于注释，这一套工具，古人没有完善，今天我们要充分利用它。我们标点荀子·天論一节：

夫星之隊，木之鳴，是天地之变，阴阳之化，物之罕至者也，怪之可也；而畏之非也，物之已至者。人祅则可畏也。

「物之罕至」所以「怪之可也」；「物之已至」所以「畏之非也」；中间用个分号，文义了然。星队纵然伤损了禾苗，木鸣纵然惊散了牛马，都是「物之已至」，有何可畏？杨本

「物之已至者」連下文「人祆则可畏也」讀，注：「物之既至可畏者，在人之祆也」，不得荀旨。

⑥ 語法，古人也只是心中有数，未能充分发揮，有待于今人努力。古代汉語有这两条规律——主語省略，兼語省略。

（姜氏）請京，（莊公）使（叔段）居之。

——（左传隐元年）

我们掌握这两条语法规律，就顺利地解决了《孔雀东南飞》里几行詩里的語言问题。几行詩是：

媒人去数日，寻遣丞請还。說：「有兰家女，承籍有宦官。」云：「有第五郎，娇逸未有婚，遣丞为媒人，主簿通語言。」直說：「太守家，有此令郎君，既欲结大义，故遣来贵门。」阿母谢媒人：「女子先有誓，老姥岂敢言？」

这几行詩前面，旧注都說「文有脱誤」。最近有人解釋：

「丞」指县丞。「遣丞」是县令遣。「請」是因事請命于太守。「还」是丞还

县。「承籍」兩句是县丞建议县令另向
兰家求婚，説兰家是官宦人家，和刘
氏不同。

这样穿凿，文理事理，都感到很别扭。这几行詩并无脱误，问题在「尋遣丞請还」这一句，省略了主語和賓語。「媒人去数日」一句，已经把县令求婚一段结束，下文与县令毫无关係了。誰「遣丞」呢，当然是太守；請誰还呢，当然是媒人。説：「有兰家女，承籍有宦官」是媒人向太守推薦兰家女，并誇耀她的门第。下文是到兰家求婚。「兰芝」姓兰名芝，如蔡琰、徐淑、左芬之比，我们应該信詩不信序。

⑦ 清人注释，也有不够正确的。前引王念孙等释「至于入江而不化」可作一例。「化」应读「訛」。小雅无羊：「或寝或訛」，释文引韓詩：「訛，觉也。」是說：「有的羊睡觉，有的羊醒着。」关雎传：「寤，觉也」，說文：「悟，觉也。」「至于入江而不化」就是「至死不悟」意思，「不悟」与「不悔」义更近。

⑧ 清人注释，有时是错误的，举王引之等释「夏康娱」作例。离骚：「启九辩与九歌兮，夏康娱以自纵」，王注：「夏康，启子太康也。」劉震注：「康娱二字連文，篇内凡三見。」王引之說：「夏」当读为「下」，即大荒西经所謂「夏后开（启）上三嫔于天，得九辩

九歌以下」，引左传僖二年「虞師晋師灭下阳」

公羊、穀梁作「夏阳」。按「上」、「下」是基本詞汇，

不同于地名「下阳」，何致假「夏」为「下」？

「夏康娱」三字連文同义，古代汉語，多有其例。

周颂、我将：「仪式刑文王之典」，尚书、洪範：

「人用側頗僻」，左传襄三十一年：「繕完葺墙」。

离騒一篇凡三见：「覽相观于四极兮」、「和

調度以自娱兮」。礼記、乡飲酒义：「夏之言

假也。」大雅、假乐：「假乐君子」，「假乐」連文

同义。国語、晋語：「暇豫之吾吾」，尔雅、釋

詁：「豫，乐也」，「暇豫」連文同义。所以「夏」

与「康娱」連文同义。「歡」当是「夏」

「假」、「暇」的对轉；「假乐」、「暇豫」猶「歡

乐」、「欢娱」。

第四节 结語

上面我们把清人語言文字方面遗产，扼要地提出了，并指出清人遗产还有待于我们补充和纠正。毛主席教导我们：在战略上要轻视困难，在战术上要重视困难。在战略一方面，我们今后有信心赶超古人；在战术一方面，我们还年轻，古书读得少，掌握通假字、重文、訓詁以及一些特殊例句也是不多，有待于今后努力，随时留心。弥补这个缺陷，有两部工具书——阮元《经籍籑詁》、朱骏声《説文通訓定声》，在通假字、重文、訓詁和某些例句方面，可以大量地

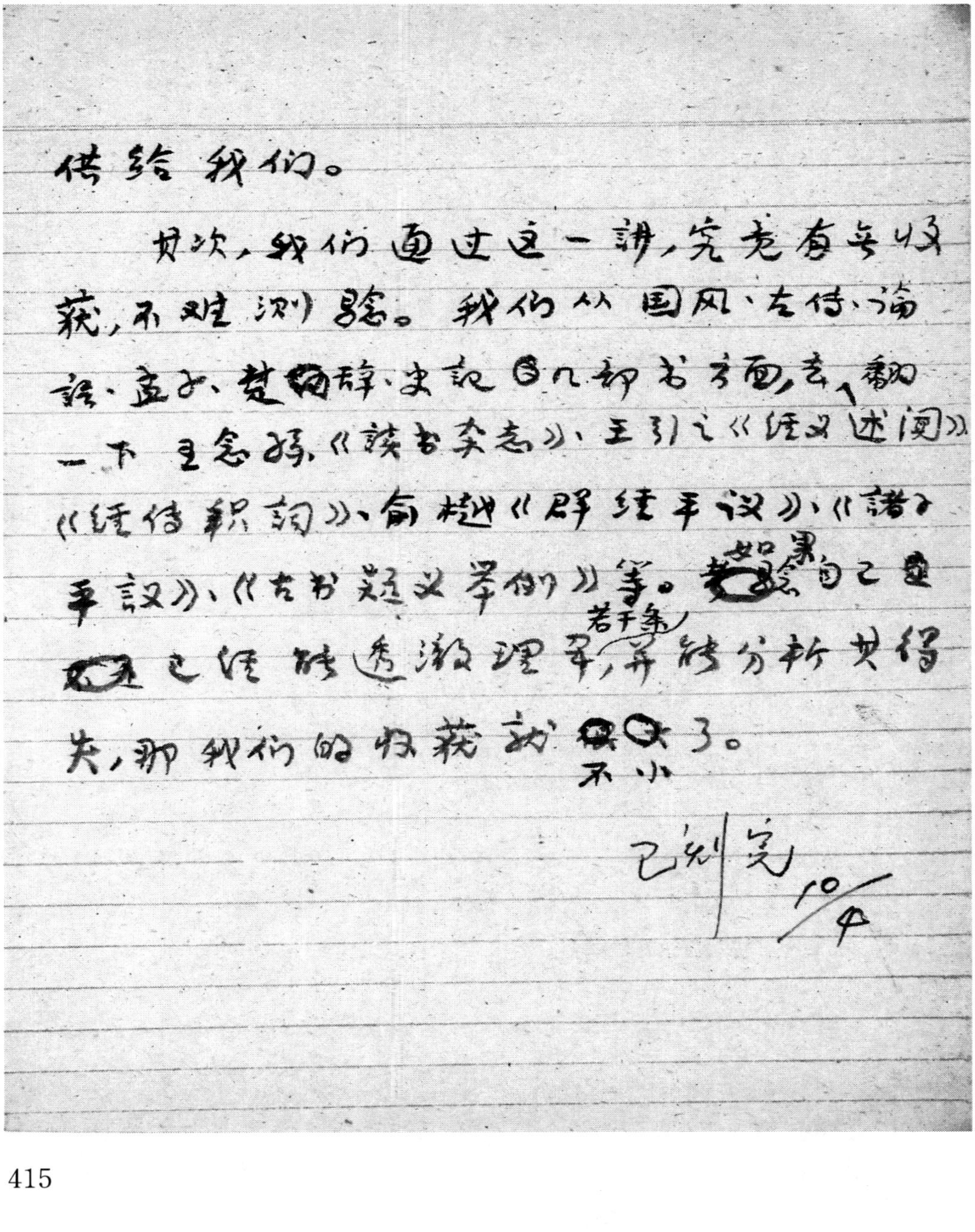

传给我们。

其次，我们通过这一讲，究竟有无收获，不难测验。我们从国风、左传、论语、孟子、楚辞、史记几部书方面，去翻一下王念孙《读书杂志》、王引之《经义述闻》《经传释词》、俞樾《群经平议》、《诸子平议》、《古书疑义举例》等。如果自己通过这些读物整理若干条，并能分析其得失，那我们的收获就不小了。

已刻完 10/4

乘風破浪
注意
五月十六日以前取
语言学专题讲座
第二讲

語言学专题講座第二講

声韵学方面几个问题

第一节　声势学説的發展

声势学説从方以智(1610?—1672)发明「发、送、收」，中經錢大昕(1728—1804)提出「出声(发声)一而已，送气有清浊之歧，收声又有内外之歧」的説法，到劳乃宣(1843—1921)的「戛、透、轢、捺」声势学説基本上达到正确程度。

方氏、錢氏的「送气」包括擦声六母——曉匣、心邪、審禪，不够精密。劳氏增加一个「轢」类，收容这六母，和「透」类划开，这是正确的。但他把「来」母归在「轢」类就錯了。「来」是边声不擦，不能和擦声六母同类。这一语言实际，近古「入声转变规律」给反映出来了。⑩从元朝《中原音韵》里得出「入声转变规律」——全浊转阳平，次浊转去声，阴声转上声。「匣、邪、禅」三母的入声转阳平，所以肯定它们是全浊；「来」的入声转去声，所以肯定它是次浊，不能与「匣、邪、禅」三母同为「轢」类。「棱」类虽是次浊，但全是鼻声（注一），而「来」是边声，也不能同类。所以须采钱氏「收有内外之歧」的说法，用洪榜的分法，定「棱」类为「内收声」，「来」为「外收声」。声势学说到此，基本上正确了。

只有「喻」母为类，还有问题。这牵涉

到等韵家把「影」「喻」配为清浊，是否适当
的问题。过去声韵学家把「影、喻」同列为
「发声」（要素），陈澧称为「双发」。钱氏说：「出
声一而已」，指出汉语特点，「发声」没有带音
的，不应该有什么「双发」。如果「影、喻」配为
清浊，也不会钱氏指出的汉语另一个特点——「送
气（包括透、擦）有清浊之歧」。第一，「影、喻」的
清浊之歧，并不送气；第二，送气的清浊之歧是
次清与全浊（详见下节），而「影、喻」是全清
与次浊，不能用钱说说明「影、喻」之同声势。影
为「真」类，保留。理由：「影」为全清；系
本汉以喉壁音塞声？注（注二）「喻」改归
「外收声」。理由：「喻」「来」同为次浊；「来」是边声
不擦，「喻」是通音不擦，气皆由出外收。列表於

如下：

	戛（发）	透（送）		轢（送）		捺（内收）	外收
牙音	見	溪	群	曉	匣	疑	
舌头	端	透	定			泥	来
舌上	知 照	徹 穿	澄 床	審	禪	娘 日	
重唇	帮	滂	並			明	
輕唇	非	敷	奉			微	
齿头	精	清	從	心	邪		
喉音	影						喻
清浊	全清	次清	全浊	次清	全浊	次浊	次浊

（注一）中古音「日」母讀 ɲ，「微」母讀 ɱ，所以「捺」类全是鼻声。

~~第一节　清浊问题~~

（注二）照高本汉注音：「影」母字「渊」读 ʔiʷɛn

「喻」母字「员」读 jĭwɛn，能说「于」是了的浊声母吗？高本汉这一类「影、喻」注音，值得重视。

第二节　清浊问题

清浊用下面一个表来标明，基本上解决了问题。

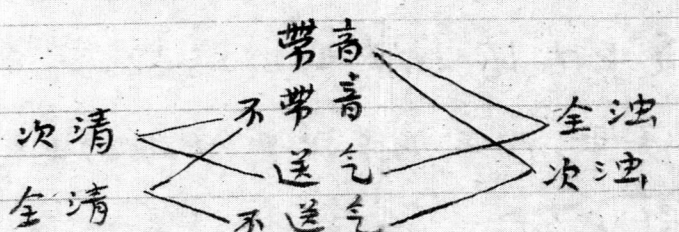

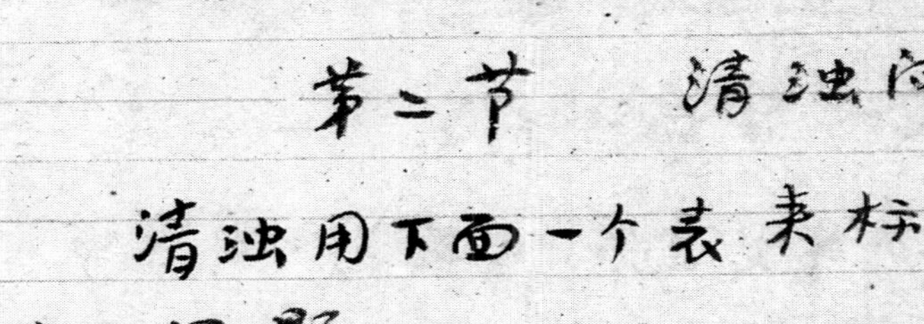

凡是「見」类不带音、不送气，是全清；凡是「透」类，即「送气」，钱大昕所謂所謂「有清浊之歧」。我们掌握这句话，「透」类的「溪、群」

「透、定」、「徹、澄」、「滂、並」、「敷、奉」、「清、從」、「穿、床」等是前者帶音，后者不帶音，所以前者次清，后者全浊。~~（参见前节附表）~~「捺」类和「外收声」不送气而帶音，所以是次浊。这些都无问题（参见上节附表）。所謂帶音不帶音，有什么憑据和标准呢？声调的阴平、阳平是中古清、浊声母的遗迹，就是阴平属于清声母，阳平属于浊声母。例如「淵、員」前「影」后「喻」，「丘、求」前「溪」后「群」，「偷、头」前「透」后「定」，「抽、俦」前「徹」后「澄」……这就是錢氏所謂「送气有清浊之歧。」「見」类（发声、出声）「鈎、糾」

没有阳平 góu jiú，「端、颠」没有阳平 duán dián……这就是錢氏所说「出声一而已」。「农」、「蒙」「龍」……只有阳平没有阴平，可见「捺」类也是「一而已」，都是次浊。有人称为「不清不浊」或「半清半浊」是不妥当的。今天的阴平、阳平就是我们衡量三十六字带音不带音的标准。

剩下的清浊问题，就在「轉」类，~~諸家异説不一如下表~~「曉」是次清，「匣」是全浊，諸家無异词；「心邪」「審禅」諸家纷歧如下表：

字母	心 審	邪 禪
切韵指南	純清	全浊
切韵指掌图 四声等子	全清	半清半浊
音学辨微	次清	次浊
今定	次清	全浊

这「[illegible]類」清浊纠纷，也是元朝「入声轉变规律」给我们解决了。「匣、邪、禪」的入声转阳平，肯定它們是全浊（見上节），《切韵指南》对了。「[illegible]類」的浊音既是全浊，又肯定了擦声是輕送气，而事实也是这样。所以「心、審」母，就不

可能是全清、纯清，而应该是次清，《音学辨微》对了。

第三节　怎样「寻母定等」

见到一个字，就能把它属于哪个字母指出来，把它的等呼指出来，这叫做「寻母定等」。这是我们学习声韵学所要求的最基本的一套本领。却也不能视之太易，须熟练掌握几项标准，下一定的工夫，才能学会这套本领。我们所以要学会这套本领，为的是「寻中古音之母，定中古音之等」，便于我们进行《汉语史》语音发展方面的研究工作。

首先我们要注意五项事：

（甲）掌握修正了的发音部位，「晓、匣」为牙音（舌根），「来」为舌上，「日」为正齿；而全部正齿又为舌上，如第一节附表。

（乙）掌握拼音字母：

牙音——g k° h° (ŋ) (洪)

j q° x° (细) } 见溪群晓匣疑

舌头——d t° n l——端透定泥来 娘

舌上——zh ch° sh° r——知彻澄 照穿床审禅日

重唇——b p° m——帮滂并明

轻唇——f° (v) ————非敷奉(微)

齿头——z c° s° (洪)
　　　　j q° x° (细) ——精清从心邪

喉音——零声母(开)/w(合)/y(齐撮)——影喻

(两) 掌握钱氏这句话：「送气有清浊之歧」。

钱氏所云「送气」包括「透」「轢」两类，上表凡加小圈（f包括三母加重圈）是一个拼音字母包括中古两个字母，前清后浊，字母下面画一横线，互相对照。第一，记住这是「透」「轢」两类。第二，掌握有无阴平、阳平，例如 有「偷头」「通同」，它包括两个字母，該加小圈；又如 g 有 gāo 无 gáo，它只清无浊；n 有 nán 无 nān，它只浊无清，都不加小圈。有清无浊是「戛」类，有浊无清是「捺」类。

丁、注意三种须查反切、查表：

(1) 普通話戛类、轢类的去声(见母洪音除外)

(2) 尖团音

(3) 零声母

戊、关于「定等」，我们学过《声韵学基础知識》，已经明白：

凡韵或韵头是 i 或用半元音 j 为齐齿；是 u 或用半元音 w 是合口；是 y 或用半元音 ɥ 是撮口，在三种条件以外是开口。注意：凡捲舌音（舌上）轻唇音改洪为细。

下面是我们掌握上面五项方法，再把「贵州大学中文系」各字「寻母定音」：

「贵」—— g的去声，洪音，不须查反切，「见」母。

「州」—— 平声，声母是zh，「知、照」母。

「大」—— d的去声，查反切「徒盖切」，「定」母。

「学」—— 是尖团音，查反切「胡觉切」，「匣」母。

「中」—— 平声，声母是zh，「知、照」母。

「文」——零声母，查反切「無分切」，查《反切上字表》，「無」属「微」母。

「系」——x的去声又是尖团音，查反切「胡計切」，「匣」母。

其次，「定等」：

「贵」guì——韵头为u，合口。

「州」zhōu——韵头为o，开口；中古（捲舌音）齐齿。

「大」dà（中古音d'ɑi）——韵头为a，开口。

「学」xué——韵头为ü，撮口。

「中」zhōng——韵头o实为u，合口；中古（捲舌音）撮口。

「文」wén —— ~~韵头~~ 因声之音 w，合口；轻唇音是撮口。

「系」xì —— 韵母为 i；齐齿。

~~未完~~

第四节 「知」「照」「庄」三系区别及音值

「知」、「照」、「庄」三系如下表：

知系	知	徹	澄		
照系	照	穿	神	審	禪
莊系	莊	初	床	山	
拼音字母	zh	ch		sh	
中古音值	tɕ	tɕ'	dʑ'	ɕ	ʑ

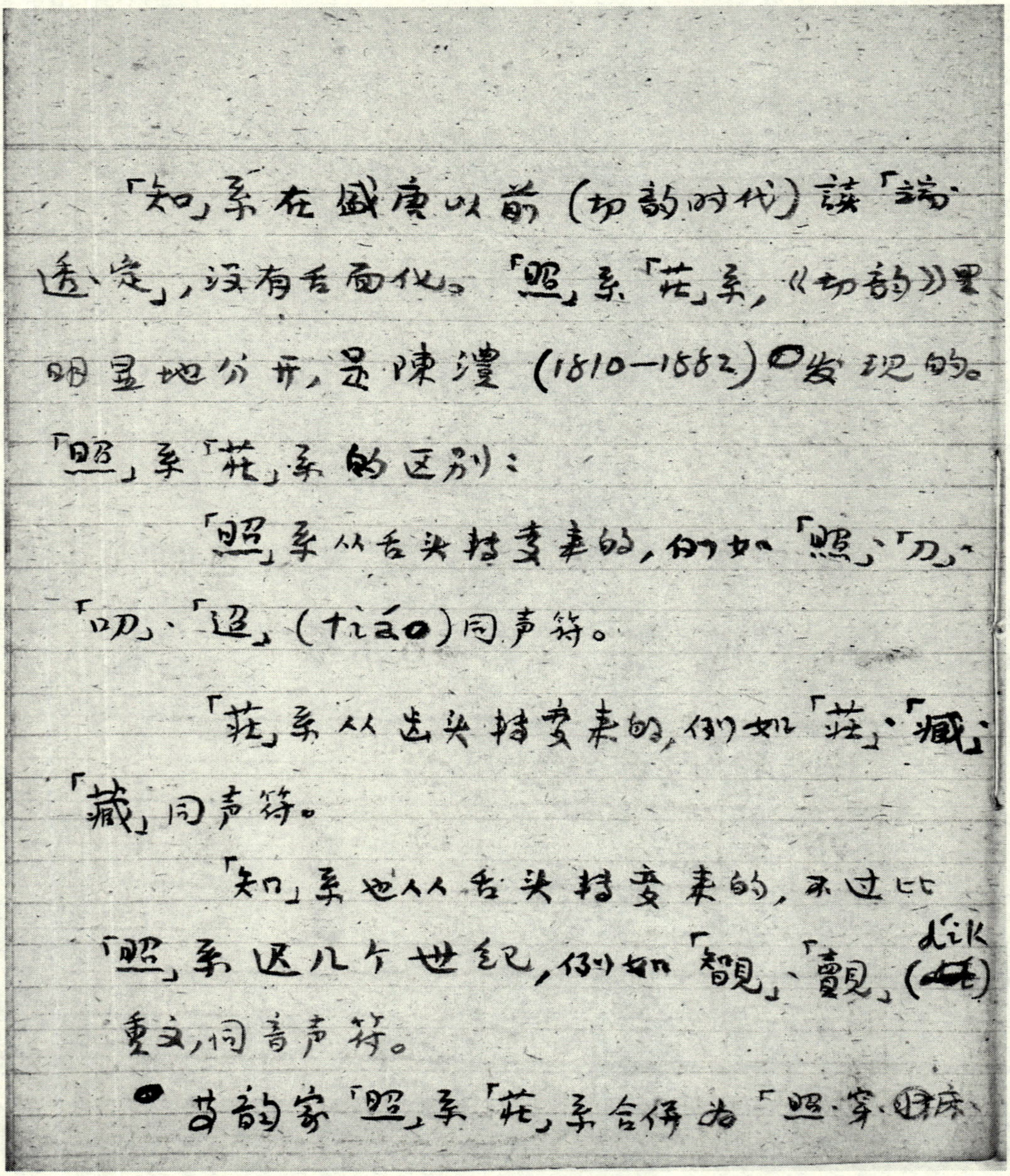

「知」系在盛唐以前（切韵时代）读「端透、定」，没有舌面化。「照」系「莊」系，《切韵》里明显地分开，是陳澧（1810—1882）发现的。

「照」系「莊」系的区别：

「照」系从舌头转变来的，例如「照」、「刀」、「叨」、「迢」（tiao）同声符。

「莊」系从齿头转变来的，例如「莊」、「臧」、「藏」同声符。

「知」系也从舌头转变来的，不过比「照」系迟几个世纪，例如「智見」、「䚷見」（dik）重文，同音声符。

● 音韵家「照」系「莊」系合併为「照、穿、牀審、禪」，「照」系三等，「莊」系二等。「知」系与「照」系分开，三等居多，少数二等。

三系之区别如上述，因此声韵学家把三系定出三个不同音值。高本汉定「知」系为 ȶ ȶ' ȡ'，「照」系为 $t\text{ɕ}$ $t\text{ɕ}'$ $d\text{ʑ}'$ ɕ ʑ，「莊」系为 $t\text{ʂ}$ $t\text{ʂ}'$ $d\text{ʐ}'$ ʂ。王力先生初用高本汉説，最近改「莊」系为 $t\text{ʃ}$ $t\text{ʃ}'$ $d\text{ʒ}'$ ʃ。

我们同意定「照」系音值为 $t\text{ɕ}$ $t\text{ɕ}'$ $d\text{ʑ}'$ ɕ ʑ，有闽、粤方言及高丽譯音为根据。其次「魚」韵有「照」系的「諸」、「書」，等韵列合口三等，韵母是 iu，声母只能是 $t\text{ɕ}$

ɕ，不能是 tʂ ʂ，因为卷舌音不能有细音，不能和舌面最前之音 i y 结合。

我们不同意三系有三个音值，理由有三：

(一) 等韵家三十六字母合併「照」系「莊」系，虽然列等不同，至多只是韵头区别，而声母读音无别。

(二) 玉篇（四部丛刊本）前列《切字要法》用三两个字标出二十八个声类（注三），而无字母名称，当出盛唐时代，移録於下（附注字母一引者）：

一因烟（影）　二人然（日）　三新鲜（心）

四餳涎（邪）　五迎妍（疑）　六零连（来）

七清千（清）　八賓边（帮）　九經堅（見）

十神禪（禪）	秦前（從）	寧年（泥）
寅延（喻）	真氈（照）	娉偏（滂）
亭田（定）	陳纏（澄）	平便（並）
擎虔（群）	輕牽（溪）	稱燀（穿）
丁顛（端）	興掀（曉）	汀天（透）
精箋（精）	民眠（明）	聲羶（審）
刑賢（匣）		

这里比三十六字母少轻唇四母外，少「知」、「彻」、「娘」、「床」四母。这一珍贵资料，反映那时三系同音。既有「亭田」又有「陳纏」，肯定已经有「知」系了。惟其

「知」系音值全同「照」系，才能以「澄」兼「床」，以「照、穿」兼「知、徹」。又没有「莊」系，知道也是「照」系兼該，与各韵一致。

（三）元朝三系读音无区别：

《中原音韵》里，

《东鍾》韵——中忠（知）鍾鐘終（照）同音；忡（徹）充（穿）同音，蟲（澄）崇（床）同音。

《江阳》韵——樁（知）莊（莊）同音，張（知）章（照）同音，幢（澄）床（床）同音，昶（徹）敞（穿）同音，「長（知）掌（照）同音，帳（知）瘴（照）同音。

《支思》韵—— 詩（審）師（山）同音，始矢豕（審）史使（山）同音。

《蕭豪》韵—— 啁（知）抓（莊）同音，卓（知）捉（莊）同音。

三系音值从中唐经过宋元，一直到今天普通話，三系音值没有区别。三系分注三个不同的音，是~~没有根~~不合实际的。

最后説一説为什么《切韵》分别「照」「莊」，三十六字母分别「知」「照」。我们在《声韵学基础知識》里，读到广韵分韵之多，由于「南北是非，古今通塞」，这句話也适用于声母。古代声韵学者不通古音，但对「南北是非，古今通塞」是注意的。由于「莊」系部分方言读「精」系，所以《切韵》把它分开，既不併于「精」系，也不併于「照」系；等韵把它列为二等，在「精」系「照」系之間，显出它们的关係。「知」系才从「端」系分化不久，本不与「照」相通，于是按照「古今通塞」，「知」系与「端」系併成四等，显出它们的关係。

（注三）《切字要法》后面轻唇二母，后人妄加。排列与七音次序而轻唇二母独后；全文没有脱落，独缺轻唇四文；全文皆分清浊，轻唇独无奉母——显然出于后人拼凑。

第五节　唇音开合问题

音韵学家对于唇音开合问题，迄今未决。约分三派：

第一派，認为唇音有开无合，举明朝葉秉敬代表。他在所著《韵表·凡例》里說：「皦宫、商涓二派，帮滂並明非奉從文七字无声（注四）」，这是說唇音没有合口、撮口。

第二派，認为唇音有合无开，举近人黄侃、錢玄同代表。他们把广韵所有开口韵如「咍」、「青」、「肴」、「豪」之类，他们都因为韵中有合音字，妄分开合两类，以至

206韵多到339类（实际304类）。

第三派认为声音有开有合，但条理混乱，举等韵家代表。刘鉴《切韵指南》错误最少，《韵镜》、《七音略》次之，《切韵指掌图》、《四声等子》最乱。

本节内容，主要是批判第一、第二派，澄清第三派。

（一）批判第一、第二派

韵摄里面，有所谓「独韵」就是有合无开如「通」摄、「遇」摄，或有开无合如「效」摄（流摄）；它们里面合音，并不例外。~~(流摄(22外)[illegible]~~ 如「东」韵里的「蓬」(bʊŋ)

「蒙」(muŋ)，「东」韵里的「敷」(fu)「無」(vu)，它们韵母或韵头必须是u，你能说唇音有开无合吗？又「宵」韵有「镳」(piau)「苗」(miau)，「青」韵有「瓶」(biŋ)「民」(miŋ)，它们的韵头只能是i不能是u，你能说唇音有合无开吗？

其次，重唇撮口（合口三等）转轻唇，也反映出唇音有开合。「文」韵里的「分」、「文」与「君」、「群」、「薰」等同韵，韵母为yn；「真」韵里的「斌」、「岷」与「巾」、「银」、「駰」同韵，韵母为in。同是细音，而「分、文」(pyn myn)变为轻唇，「斌、岷」而(pin min)不变，显然它们是分辨开合的。

有人会提出疑问：「流」攝是独韵，有开无合，为什么唇音变轻唇？

这是由于古代「流」攝讀 u 不讀 əu，唇音保留古音合口，所以变轻唇。据《广韵》「流」攝里有「浮」、「枹」、「妇」、「负」、「阜」、「否」、「部」等，《中原音韵》的《鱼模》韵里这些字皆讀 u，合口：

否、斧、府同音，当读 fu；

浮、扶、符同音，当讀 fu；

枹、夫、敷同音，当讀 fu；

妇、负、阜、父、赴同音，当讀 fu；

部、布、步同音，当讀 bu；

现在普通话除「否」字外，还是如此。证明

「流」攝的唇音一直是保留古韵以合口的。

(二)澄清第三派

等韵五种要籍，除《切韵指南》外，唇音都是胡乱安排。根据「重唇合口三等转轻唇」的规律，得出澄清等韵唇音的两条原则：

甲、凡轻唇决是合口三等。

乙、合口无四等，凡合口四等移为开口四等。

用这两条原则，检查《切韵指南》，皆合。惟「蟹」攝合口四等有「剈」、「眭」二字，不合。「眭」在「齐」韵，「剈」在「仙」韵，不在本攝，当删。运用两条原则，对証《切韵指南》，可以澄清各等韻書的舊音部分。

（注四）華氏廢「敷母，併入「非」母。他又廢去「知、徹、澄、娘、疑」，只剩三十字母。

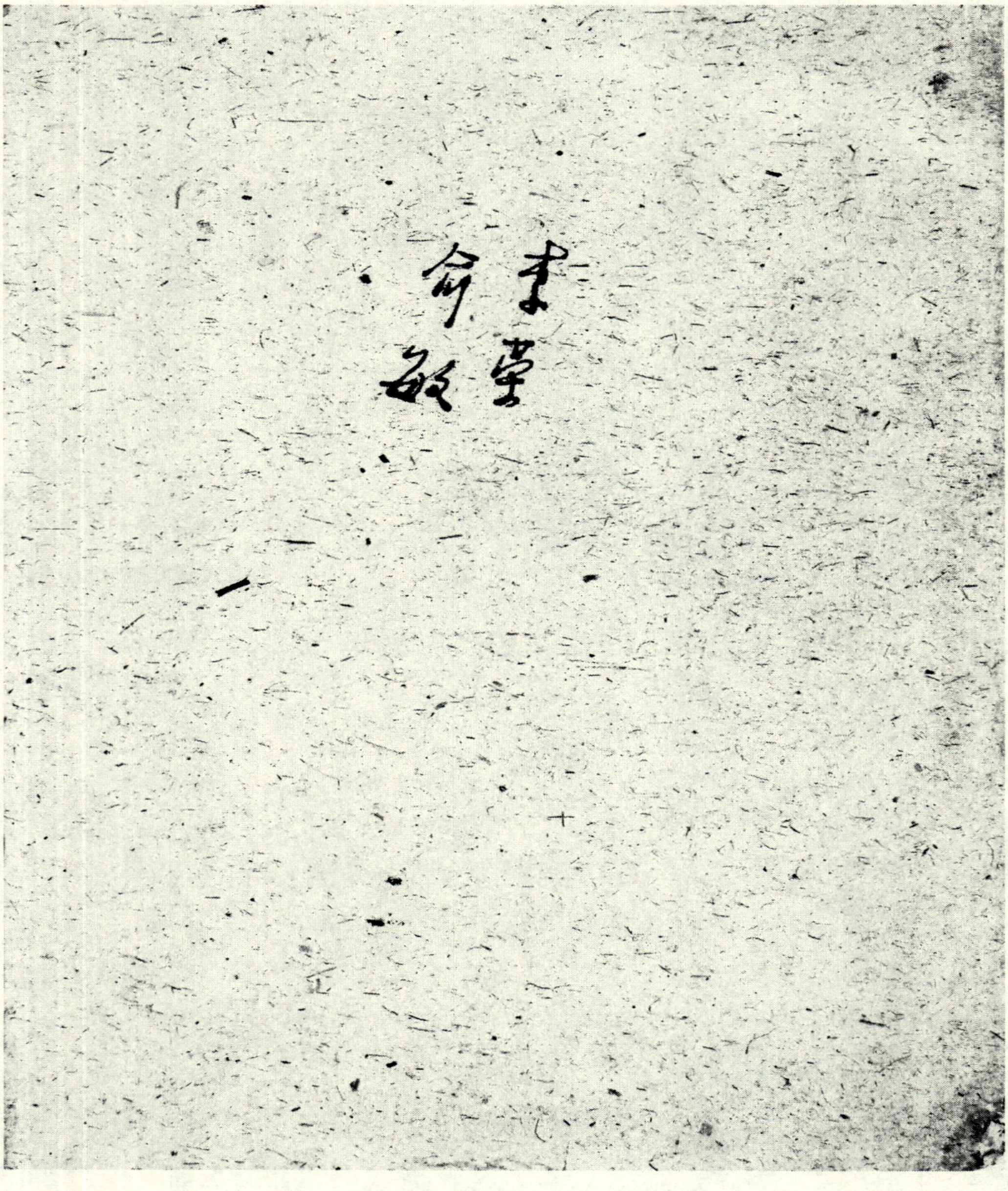

段氏《十七部諧聲表》批注

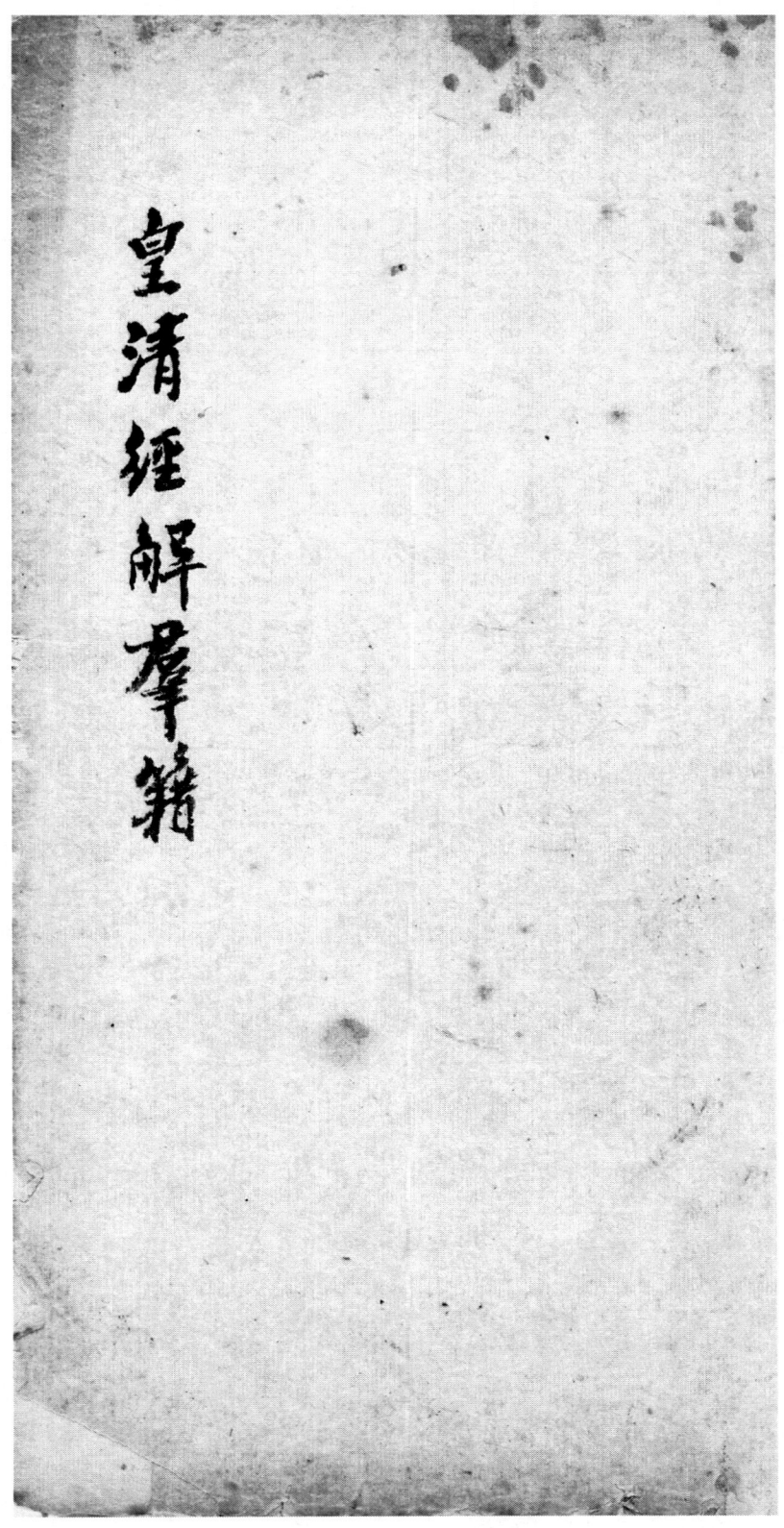

皇清經解羣籍

皇清經解彙籍各種卷十六之八十九　學海堂

六書音均表

金壇段大令玉裁著

古十七部諧聲表

六書之有諧聲文字之所以日滋也攷周秦有韵之文某聲必在某部至嘖而不可亂故視其偏旁以何字爲聲而知其音在某部易簡而天下之理得也許叔重作說文解字時未有反語但云某聲某聲卽以爲韵書可也自音有變轉同一聲而分散於各部各韵如一某聲而某在厚韵媒腜在灰韵一每聲而悔晦在隊韵敏在軫韵晦痗在厚韵之類參縒不齊承學多疑之要其始則同諧聲者必同部也三百篇及周秦之文備矣輒爲十七部諧聲偏旁表補古六埶之散逸類列某聲某聲分繫於

各部以䌫今韵則本非其部之諧聲而闌入者憭然可攷矣

第一部 陸韵平聲之咍上聲止海去聲志代入聲職德

絲聲 台聲 枲聲 里聲

貍聲 來聲 思聲 其聲

𦣝聲 龜聲 𢀛聲 聲聲

又聲 有聲 尤聲 右聲

而聲 丌聲 近聲與十三部近別 㞢聲之

事聲 蚩聲 市聲 某聲

才聲 𢦏聲 在聲 母聲

佩聲 久聲 臺聲 式聲

㠯聲以 能聲 矣聲 疑聲

亥聲 郵聲 牛聲 玆聲

茲聲 甾聲 畐聲 不聲

不聲作不 絲聲 甾聲

辭聲 司聲 㠯聲 采聲

友聲 否聲 吉聲 宰聲

啚聲 止聲 齒聲 巳聲

已聲 耳聲 士聲 喜聲

寺聲 時聲 史聲 吏聲

負聲 [illegible]聲與十五部別 緇聲 戒聲

婦聲 舊聲 乃聲 異聲

北聲 食聲 戠聲 子聲

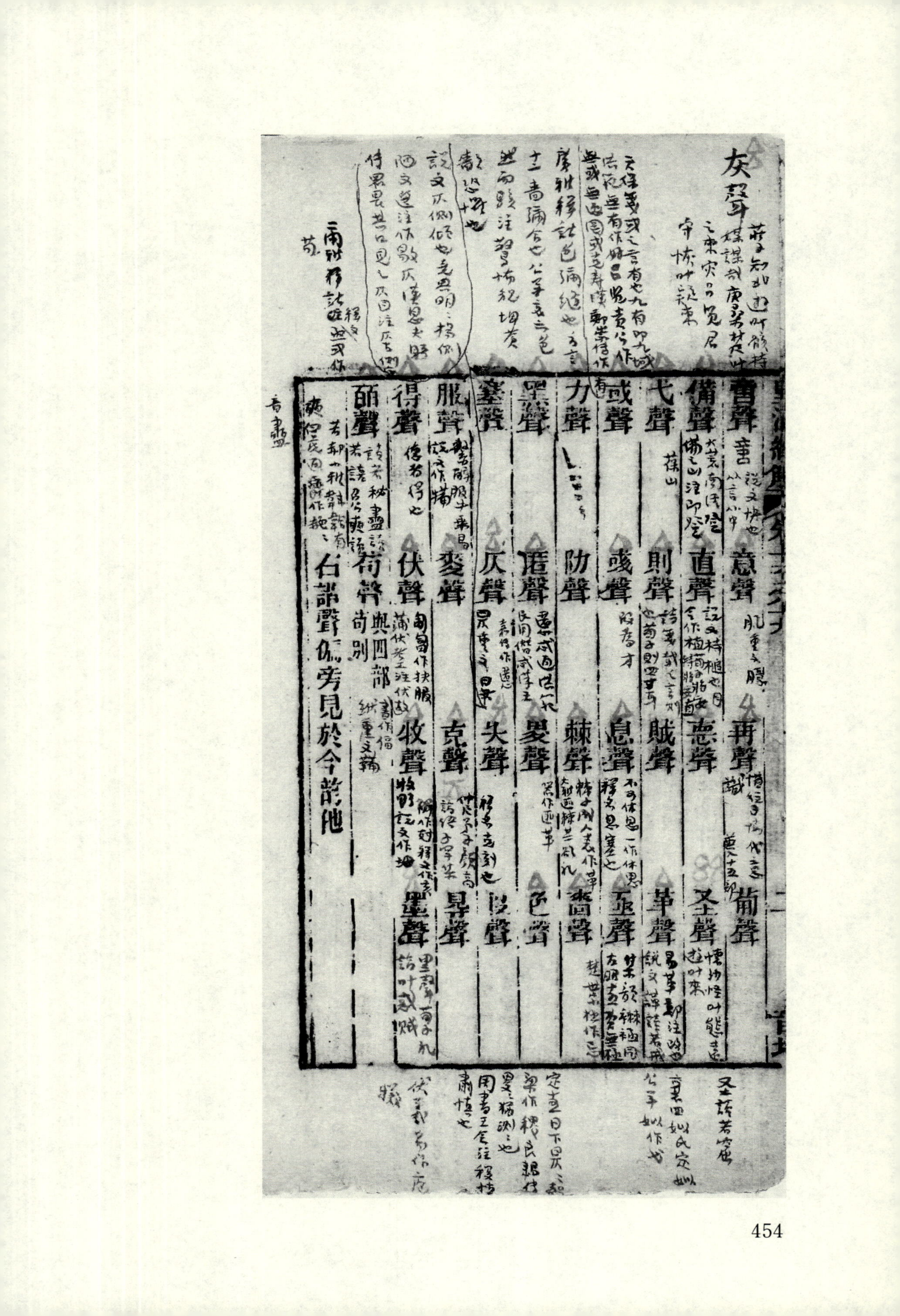

畐聲　意聲 肊重文臆　再聲　葡聲

備聲　直聲　悳聲　圣聲

弋聲　則聲　賊聲　革聲

或聲　[illegible]聲　息聲　亟聲

力聲　阞聲　棘聲　嗇聲

黑聲　匿聲　畟聲　色聲

塞聲　仄聲　夨聲　[illegible]聲

服聲　麥聲　克聲　㝵聲

得聲　伏聲　牧聲　墨聲

皕聲　茍聲 與四部茍別

台部聲偏旁見於今韻他

豪 十九

沃 二十

第二部

部內者皆從第一部轉入

陸韻平聲蕭宵肴豪上聲篠小巧皓去聲嘯笑效号

毛聲	樂聲	杲聲	喿聲
寮聲	小聲	丿聲	少聲
㶾聲隸作票	麃聲	暴聲	暴聲二字隸作暴
夭聲	芺聲	敖聲	卓聲
勞聲	龠聲	翟聲	爵聲
交聲	虐聲	高聲	喬聲
刀聲	召聲	到聲	兆聲
苗聲	缶聲	要聲	爻聲
夰聲	夲聲與三部孝別	教聲	𦥑聲

槃聲 巢聲 弔聲 堯聲
鄛聲 盜聲 勺聲 雀聲
弱聲 皃聲 貌聲 梟聲
号聲 號聲 了聲 爻聲
皀聲

右諸聲偏旁見於今韵他部內者皆從弟二部轉入

弟三部

陸韵平聲尤幽上聲有黝去聲宥幼入聲屋沃燭覺

九聲 厹聲 尻聲 州聲
求聲 流聲 六聲 坴聲
鼀聲 休聲 舟聲經偏旁石作𠂢 憂聲

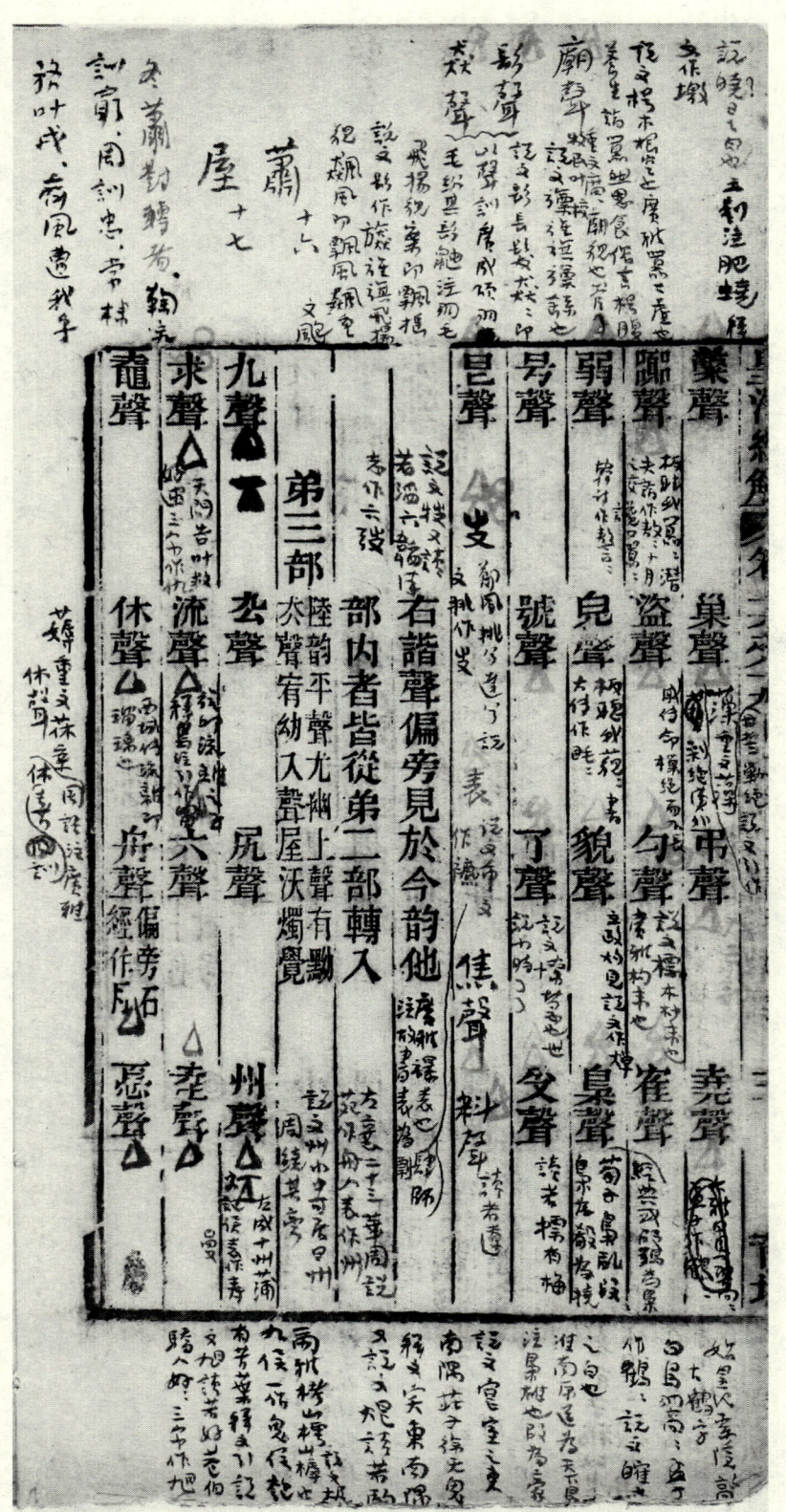

憂聲　汓聲 重文泅　游聲　讎聲

攸聲　條聲　修聲　脩聲

肅聲　尗聲　叔聲　戚聲

夔聲 讀若焦　秋聲　夲聲 同　參聲

舀聲　髟聲　[illegible]聲　卯聲

丣聲　酉聲　周聲　矛聲

柔聲　敄聲　包聲　匋聲

焦聲 入二部　[illegible]聲 入二部　鳥聲　舄聲

壽聲　孚聲　𢆶聲　幽聲

酉聲　酉聲　臭聲　叜聲 同叟

牢聲　爪聲　叉聲 古文　蚤聲

經韻樓 … 段大令六書音均表 四

廘聲

牖聲

丩聲	收聲	囚聲	秀聲
冃聲	冃聲	冒聲	好聲
報聲	手聲	老聲	牡聲
畜聲	嘼聲	雔聲	帚聲
酋聲 酋古文	百聲	頁聲 亦古文百	道聲
守聲	乍聲	自聲 皁隸作	叟聲
缶聲	由聲	充聲 宂散字與入部宂十二部宂別	戊聲
丑聲	丂聲	考聲	保聲
保聲 古文	簋聲	劉聲	朋聲
受聲	東聲	非聲	婁聲 改同婁
臼聲	咎聲	艸聲	草聲 皁俗作

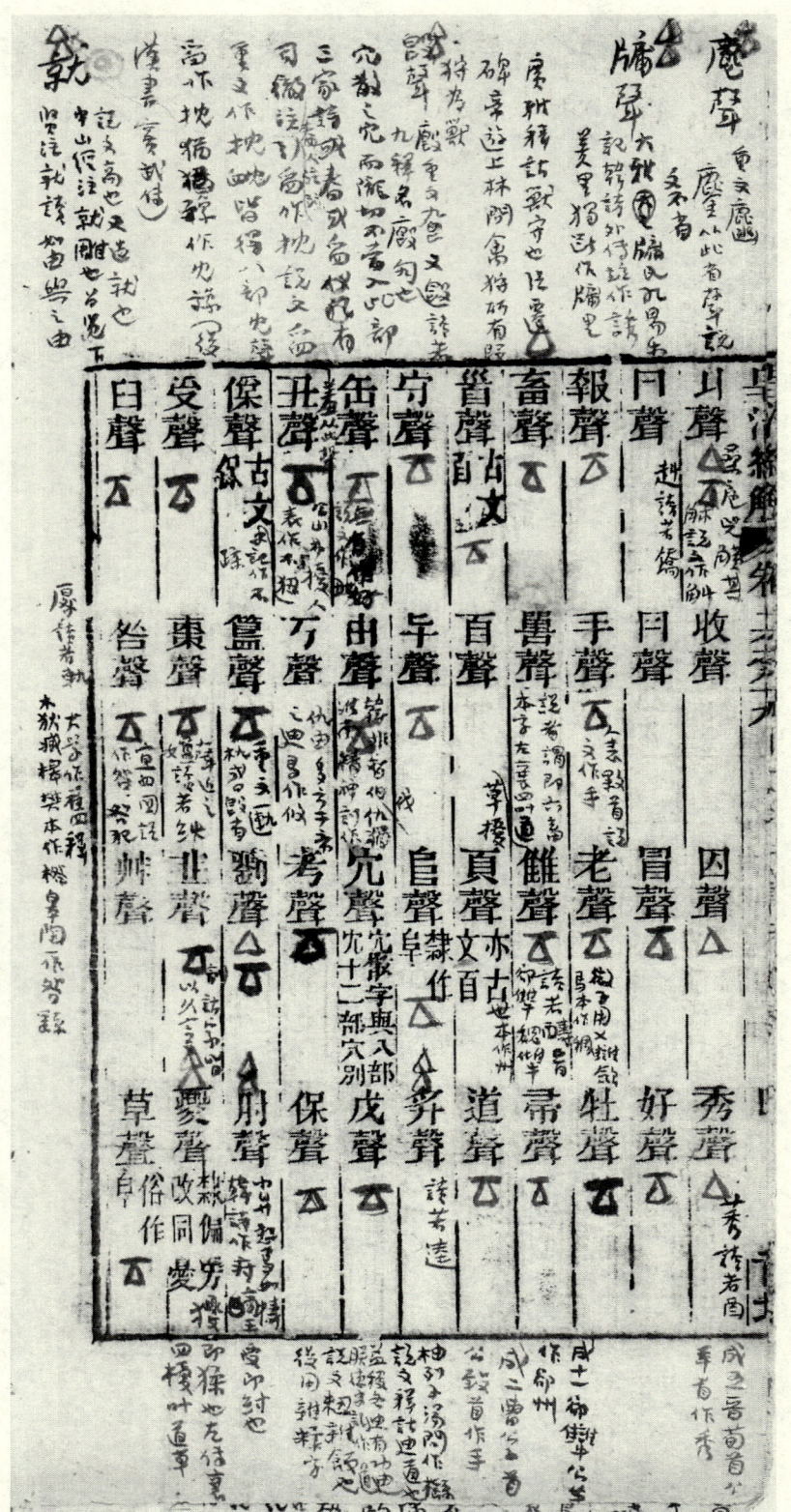

夰聲　昊聲　孝聲　祝聲

鳥聲　谷聲　㕻聲　族聲

屋聲　獄聲　哭聲　足聲

束聲　欶聲　匊聲　臼聲

學聲　竹聲　犕聲　復聲

肉聲偏旁石經作月　告聲　育聲　毒聲

卣聲　賣聲　辱聲　蓐聲

佰聲古文夙　曲聲　玉聲　奧聲

壴聲　㱿聲　蜀聲　木聲

珏聲　录聲與十四部彔別　桌聲　逐聲

芺聲　豕聲與十五部豖別　卜聲　攴聲

㚔聲 秋走苟字成相作㚔字 讀如桀字并釋文㚔或作㚔 說文㚔重文㚔
說文字古文孚，保古文保 系 音
系𠁥迺龠縢陰寶字寶世字
作葆字兩張實龜業書作
葆龜易聖人大寶曰位盂古
作保字重文蝠
易㚔噬肉𠭥毒說文
腤面和也从百从肉讀若柔
朱曰肉聲是也
夰聲 放也从大从八 昦从此得聲　昊聲 ㄠ　孝聲 ㄠ　△祝聲 ㄠ
島聲 ㄠ　谷聲　匋聲　族聲
學聲 ㄠ　竹聲　△篤聲　△復聲 宮夫注復之言報也
肉聲 偏旁石經作月　△告聲 ㄠ 大祝注故書造作竈　△育聲 重文育字作毓　△毒聲
畜聲　賣聲　辱聲　蓐聲
㐁聲 古文𠙴　曲聲 毛傳曲阿曲阿也　玉聲　△奧聲
珏聲　彔聲 與十四部彖別　卓聲　△逐聲 易顛其欲逐逐作悠悠蘇林音迪
業聲　豖聲 與十五部豕別　卜聲　攴聲 文萩作
六書音均表 五
懷四州吁鰥州作祝說盡讀若祝
定田鼻觸字作浩油莊之公字謹作都
旬師注蕭字或作莤之讀若縮司尊彝大祭縮酌為數
之子夏作攸之笛

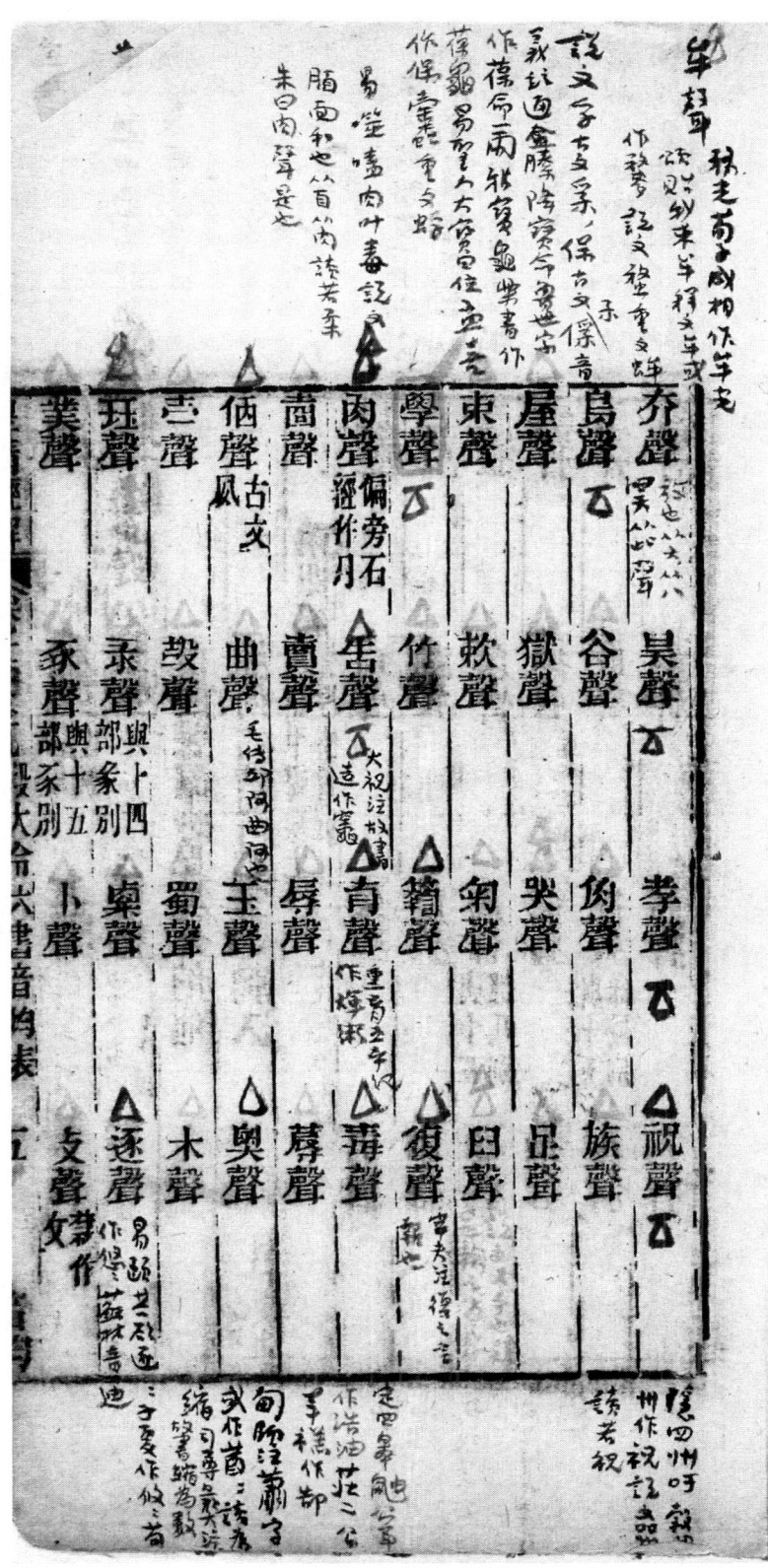

皇清經解 卷……

咼聲 叐聲說文作夙 鹿聲 翏聲

𦎫聲隸作孰 秃聲秀或說 目聲

右諸聲偏旁見於今韵他

部內者皆從弟三部轉入

第四部 陸韻平聲矦上聲厚去聲候

婁聲 句聲 朱聲注咮也 禺聲

豆聲 尌聲 廚聲 區聲

䖒聲 矦聲 八聲與十五部八別 殳聲

需聲 須聲 俞聲 芻聲

后聲 取聲 冣聲與十五部最別 聚聲

後聲 臾聲 偭聲 口聲

侯 十五

（第九部）東侯對轉者六月顒叶公、

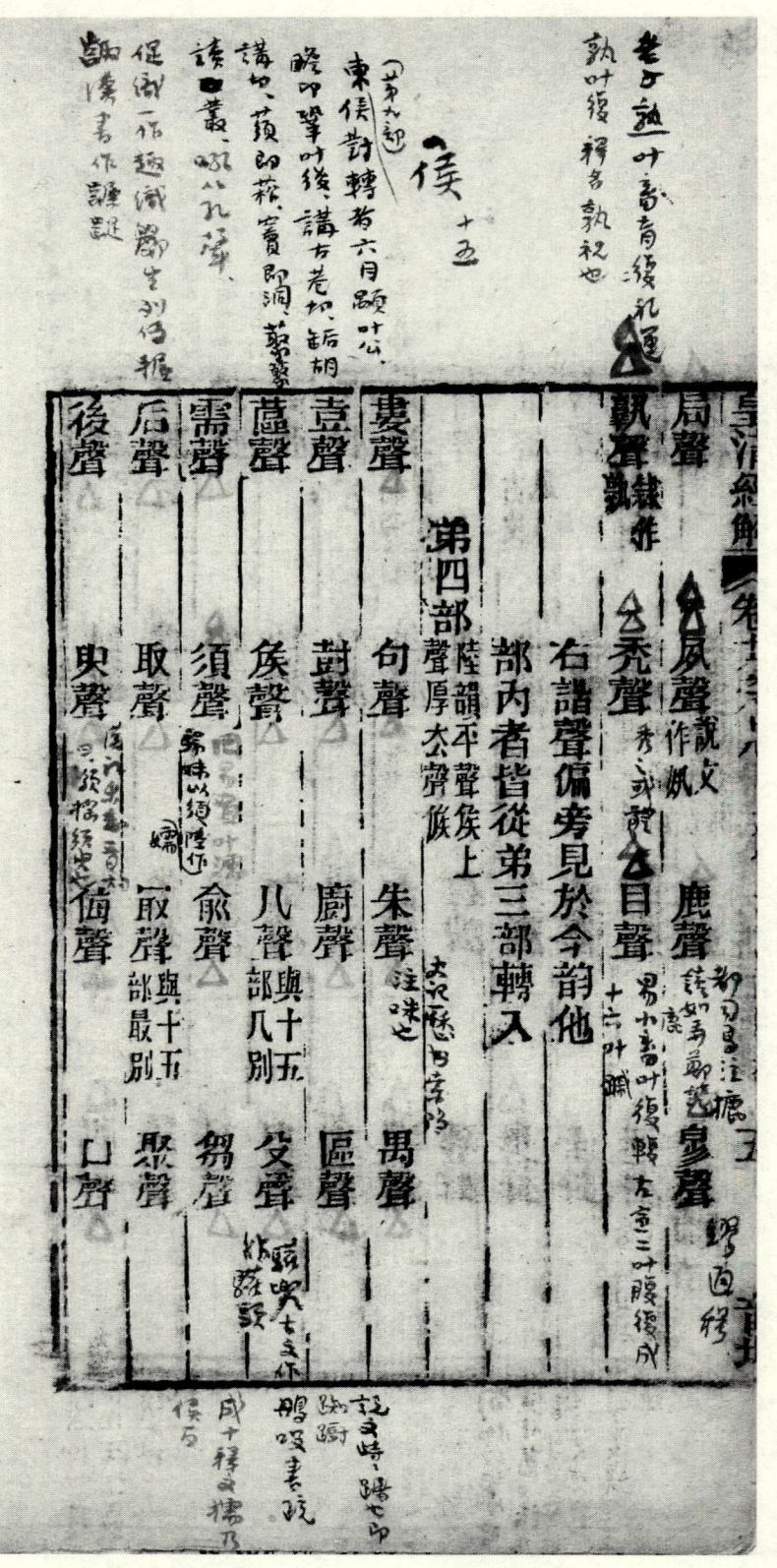

魚模與陽唐對轉者

模 十二

鐸 十三（第十部）

㫗聲 厚聲 付聲 府聲

走聲 奏聲 丶聲 主聲

斗聲 冓聲 豆聲 具聲

屚聲 寇聲 晝聲 部聲

毘聲 斲聲

右諸聲偏旁見於今韵他

部內者皆從弟四部轉入

弟五部 陸韵平聲魚虞模上聲語麌姥去聲遇御暮入聲藥鐸

且聲 沮聲 者聲 奢聲

父聲 甫聲 尃聲 浦聲

亐聲亐隸作于 粤聲 雩聲 夸聲

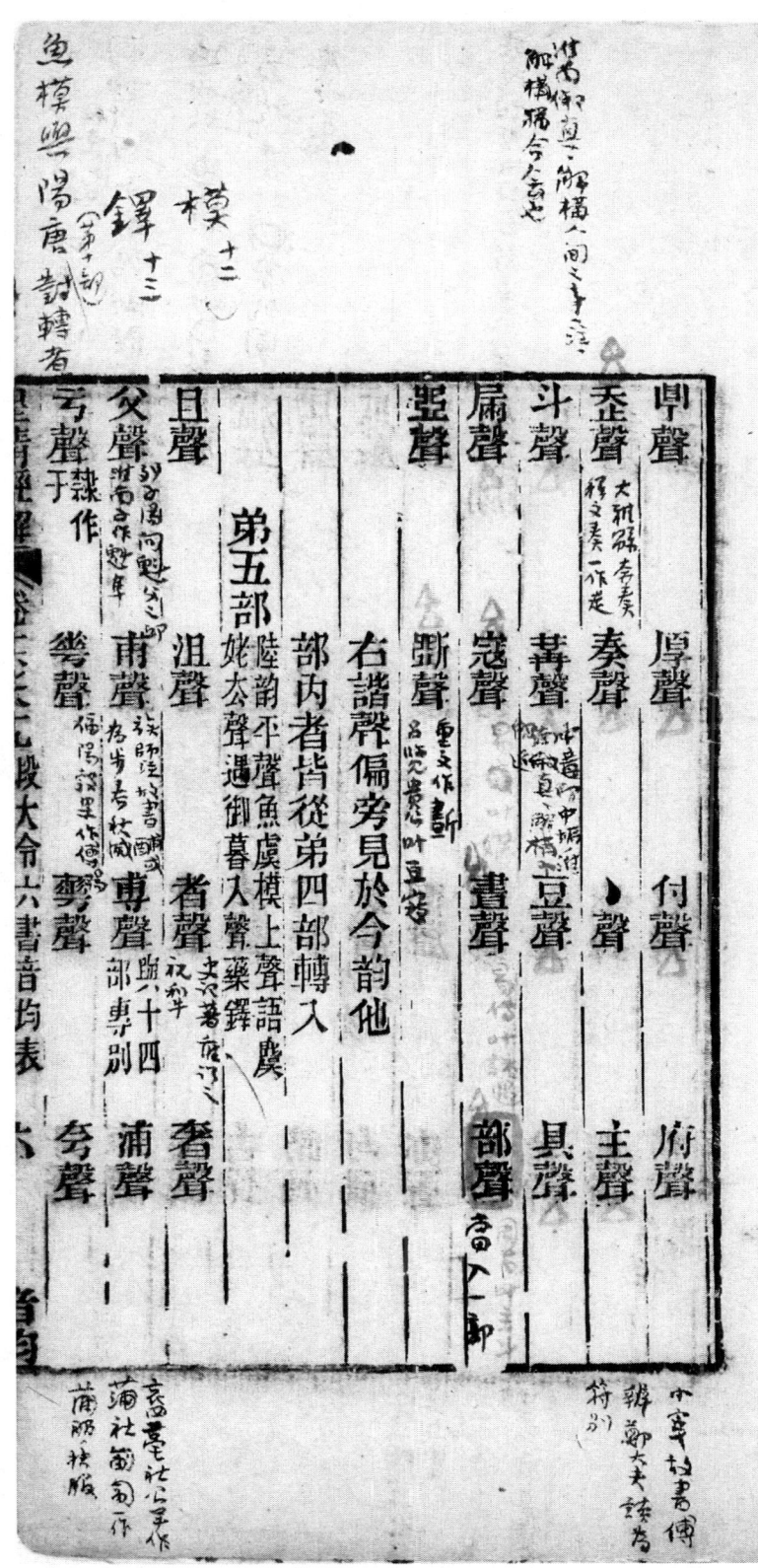

亡無、荒蕪、卭吾、迎逜
同訓。杜業也。駔子朗切。駔駹、
迎叶故、樂記處叶旅鼓
舉稚、書於四寫乾圖
處叶呂、

雩聲 瓠聲 夫聲 牙聲
叚聲與十四部叚别 豭聲 家聲 車聲
巴聲 吳聲 虍聲 慮聲
盧聲 虘聲 雐聲 古聲
居聲 各聲 洛聲 路聲
瓜聲 烏聲 於聲古文烏 与聲
與聲 卸聲 御聲 亦聲
䠶聲同射 夸聲 亞聲 惡聲
魚聲 𩺰聲 穌聲 舍聲
余聲 涂聲 素聲 䀠聲
瞿聲 襾聲 賈聲 莫聲俗作暮

庶聲	度聲	席聲	𩏂聲
巨聲	榘聲	壺聲	奴聲
㚘聲	圖聲	乎聲	作聲
土聲	夕聲	無聲	毋聲
亞聲	石聲	乇聲	馬聲
呂聲	鹵聲	下聲	女聲
処聲	羽聲	兕聲	雨聲
五聲	吾聲	予聲	午聲
許聲	戶聲	雇聲	武聲
鼠聲	黍聲	禹聲	鼓聲
鼓聲	夏聲	宁聲	舄聲

隻聲　蒦聲　旅聲　寡聲

圉聲　蠱聲　若聲　魯聲

虞聲　斿聲　㡿聲隸作厈俗作斥　朔聲

凵聲　免聲　舄聲　睪聲

擇聲　谷聲與三部谷不同　卻聲　𦎫聲與十三部𦎫別

𩫏聲隸作郭　戟聲隸作戟　乇聲　㫺聲

貉聲　靃聲　炙聲　白聲

帛聲　尺聲　百聲　赤聲

赦聲　赫聲　叚聲說文作㕚　㕡聲

貨聲　霍聲　霸聲　叒聲

乇聲

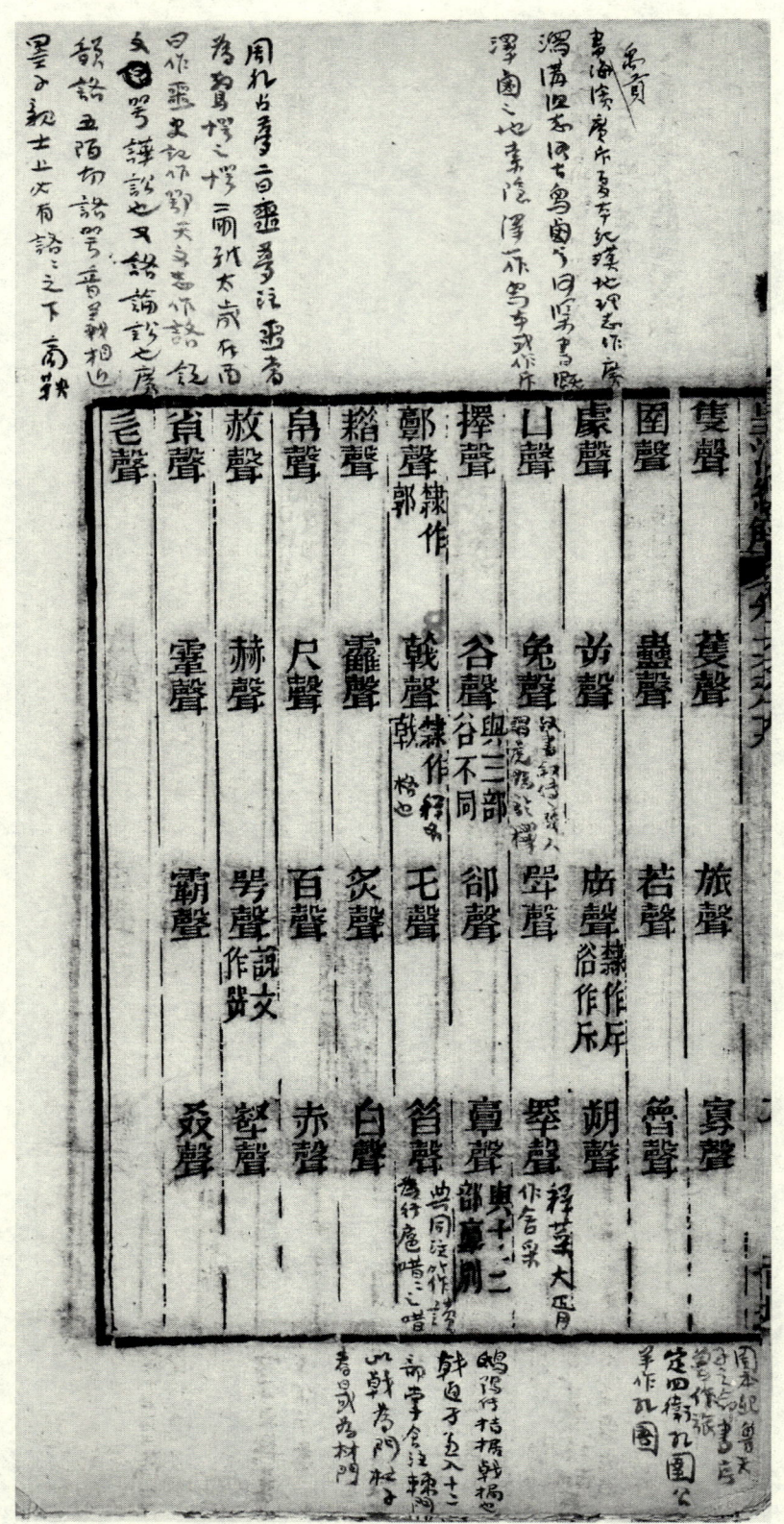

傳千人之諾諾不如一士之諤諤

登 二十四

說文拼上舉也重文撜淮南齊俗子路撜溺而受牛謝注撜舉也方言十三出休（溺字）為拼方室十二注出溺曰拯

𤼲聲 易渙叶陵勝 乃拼

一切經音義引說文

爾雅釋詁仍孫注仍再重也 ……

右諧聲偏旁見於今韵他部內者皆從弟五部轉入

弟六部 陸韻平聲蒸登上聲拯等去聲證嶝

瞢聲 夢聲 蠅聲 朋聲

弓聲 曾聲 升聲 雁聲

𢍏聲 朕聲 興聲 夌聲

亙聲 與十四部亘別 恆聲 丞聲 烝聲

承聲 徵聲 兢聲 厶聲 古文厷

厷聲 仌聲 冫隸作 登聲 𤼲聲 說文作𦤎

椉聲 仍聲 爯聲 稱聲

𡕝聲 薨聲

465

右諧聲偏旁見於今韻他
部内者皆從弟六部轉入

弟七部

陸韵平聲侵鹽添上聲寑琰忝去聲沁豔㮇入聲緝葉怗

咸聲 鹹聲 㐭聲 林聲
心聲 今聲 念聲 金聲
酓聲 欽聲 歆聲 凡聲
風聲 𢆉聲 南聲 㚔聲與十一部幸別
⿰㚔凡聲 男聲 琴聲 彡聲
⿰糹㒳聲 甚聲 音聲 宄聲
兓聲 朁聲 侵聲 錦聲
罙聲與十五部突別 壬聲 任聲 品聲

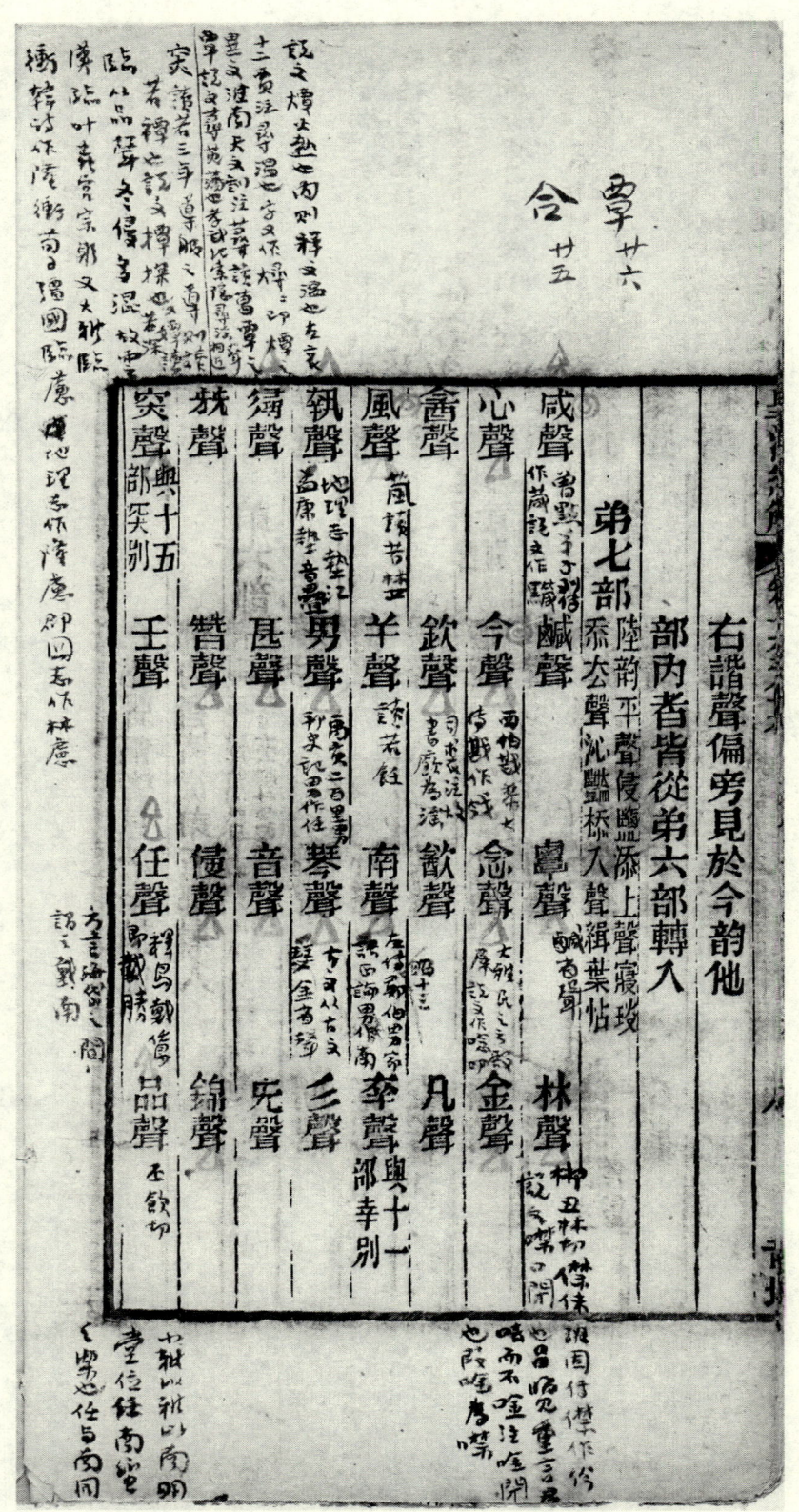

坐聲與二部錯別　淫聲　占聲　黏聲

王聲隸作王之　三聲　參聲　𢦏聲

韱聲　巳聲說文作弓　氾聲　从聲

兼聲　廉聲　僉聲　閃聲

西聲　㖬聲　冄聲　亩聲

㐭聲　審聲　弇聲　猒聲

厭聲　咠聲　戢聲　及聲

立聲　溼聲　亼聲　㬎聲

隰聲　合聲　拾聲　邑聲

雥聲　雧聲　入聲　十聲

叶聲　聶聲　習聲　燮聲

龖聲 劦聲 協聲 叒聲

甘聲 冄聲

右諧聲偏旁見於今韻他部內者皆從弟七部轉入

弟八部

陸韻平聲覃談咸銜嚴凡上聲感敢琰忝儼范去聲勘闞陷鑑釅梵入聲合盍洽狎業乏

圅聲 臽聲 餡聲 監聲

鹽聲 炎聲 剡聲 熊聲

焱聲 𢽎聲 籀文敢字說文作敢 厰聲 嚴聲

广聲 詹聲 斬聲 毚聲

甘聲 奄聲 韱聲 欠聲

冘聲 與冘別古冘在三部 妾聲 甲聲 枼聲

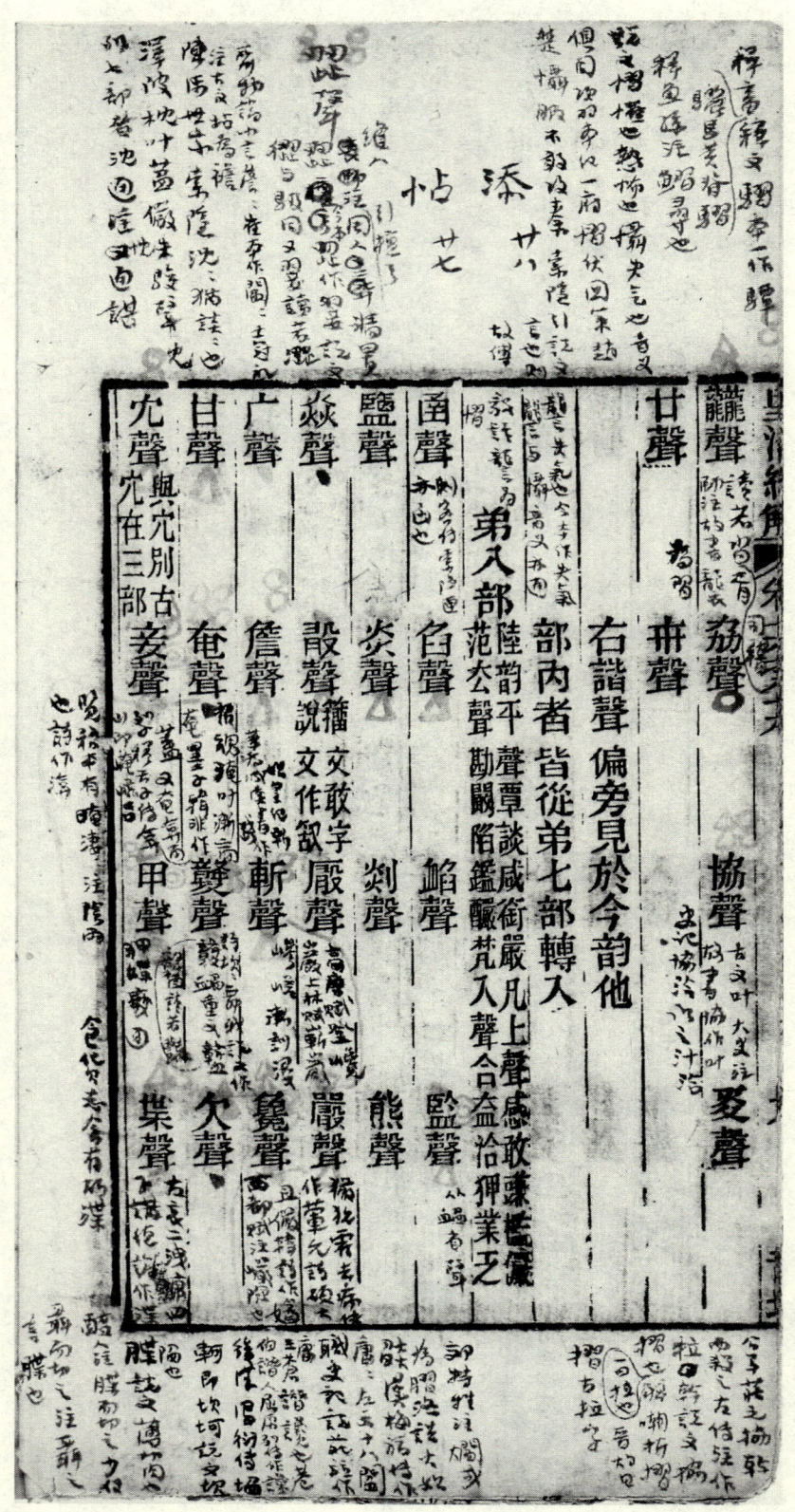

涉聲　瀳聲　業聲　疌

巤聲　耴聲取別　夾聲

盇聲　𦐧聲　臿聲　籋聲

沓聲　帀聲

右諧聲偏旁見於今韵他

部內者皆從弟八部轉入

弟九部陸韵平聲東冬鍾江上聲董腫講去聲送宋用絳

中聲　躳聲　宮聲　東聲

重聲　童聲　龍聲　公聲

蟲聲　冬聲　夅聲　降聲

隆聲　丰聲　奉聲　夆聲

東

冬廿一

皇清經解卷六百五十七　段大令六書音均表

陳引三舊中得也
訟古文作䜋 松重文作㮤
頌籀文作額 [illegible] 詩
序頌者美盛德之形容[illegible]
是額容也 知訟松頌皆
从容省聲与皆[illegible]公無
涉 大射儀頌磬東面注
古文頌為庸 淮南[illegible]作
玉篇赤誦子即赤松子也

逢聲　用聲 眡瞭注頌或作庸　甬聲　庸聲
从聲　巡聲　囟聲　恖聲
同聲　△農聲 泥　邕聲　雝聲 雍同
宋聲 心　△戎聲 泥　封聲 古文从𡊅 [illegible] 籀文从[illegible]　容聲
工聲　巩聲　空聲 从土[illegible]　送聲
充聲　共聲　雙聲 [illegible]也即[illegible]　冢聲
蒙聲　凶聲　匈聲　兇聲
㚇聲　△宗聲 精　崇聲　嵩聲
豐聲　△眾聲 [illegible]文螽　尨聲　厖聲
竦聲　冢聲 [illegible]　茸聲
右諧聲偏旁見於今韵他

封[illegible]切[illegible] [illegible]又[illegible]封[illegible]注封 [illegible]字 一作堋 [illegible] 昭十二 春秋[illegible] 省作螽

涉聲 [illegible]聲

[illegible]聲 巤聲 耴聲與四部取別 夾聲

盍聲 翕聲 臿聲 龠聲

沓聲 帀聲

右諸聲偏旁見於今韵他部內者皆從弟八部轉入

第九部

陸韵平聲東冬鍾江上聲董腫講去聲送宋用絳

中聲 舩聲 宮聲 東聲

重聲 童聲 龍聲 公聲

蟲聲 冬聲 夅聲 降聲

隆聲 丰聲 奉聲 夆聲

隴引之着中得也
訟古文作訟 松重文作寀
頌貌也 籀文作額 詩
序頌者美盛德之形容
為額容也 知訟松頌皆
从容省聲 与髯山之公無
涉 大射儀頌磬東面注
古文頌為庸 淮南亦作俗
玉篇未論了 卯未松子也

逢聲 用聲 甬聲 庸聲
（用聲 賦曉注頌或作庸）

从聲 巡聲 囪聲 悤聲

同聲 △農聲 泥 邕聲 雝聲 同雍

宋聲 心 △戎聲 泥 封聲 容聲
（封聲 古文从坐 李陽冰曰从一手聲 籀文）

工聲 巩聲 空聲 送聲
（空聲 从土丰聲）

充聲 共聲 雙聲 冢聲
（雙聲 序 棖欆也 印揀）

蒙聲 凶聲 匈聲 兇聲

㚇聲 △宗聲 精 崇聲 嵩聲

豐聲 △眾聲 尨聲 厖聲
（眾聲 諸書文螽）

竦聲 家聲 茸聲
（家聲 釋名冢腫也 冢長同義）

右諧聲偏旁見於今韻他

封 桑匽孔切 檀弓縣棺而封 又既封而弔 注封當為窆之字 一作堋 說文堋 …
昭十二
春秋冬 … 公子
省作螉

部內者皆從弟九部轉入

弟十部 陸韵平聲陽唐上聲養蕩去聲漾宕

王聲 行聲 衡聲 生聲

匡聲 往聲 狂聲 网聲

冏聲 黃聲 廣聲 昜聲

殤聲 陽聲 湯聲 爿聲

牆聲 將聲 臧聲 永聲

方聲 放聲 旁聲 皇聲

亢聲 兵聲 光聲 京聲

羊聲 羕聲 毀聲 𤕦聲隸作襄

庚聲 康聲 唐聲 皀聲

竟聲 雲棲外搨鏡 叶密書影釋文 鏡 景也 境与疆通

鄉聲 鄉聲 上聲 畺聲

彊聲 強聲 兄聲 桑聲

爽聲 刅聲 與十三部刃別 梁聲 彭聲

央聲 昌聲 囧聲 朙聲

兩聲 兩聲 倉聲 相聲

亯聲 隸作亨享 向聲 尙聲 堂聲

象聲 皿聲 孟聲 卬聲

慶聲 丙聲 叜聲 章聲

商聲 亡聲 㐬聲 器聲 隸作喪

長聲 皀聲 隸作艮 量聲 羹聲

誩聲 競聲 香聲 弜聲

青十一

盈以成切喻母古音應歸禾

頭纓重文經籍与聽同左

襄二十三晉欒盈史記盈作

逞考工記注桯讀如楹

嬴聲　說文纓緌也大射箋

嬴蝸也 趙語嬴縮

精代東京賦不嫡不盈

古宣四何嬴与覺作盈

秉聲　黽聲　䵶聲 讀若蠅　包聲

竝聲　允聲　匸聲 讀若方

右諧聲偏旁見於今韵他

部內者皆從第十部轉入

第十一部 陸韵平聲庚耕清青上聲梗耿靜迥去聲映諍勁徑

熒聲　丁聲　成聲　亭聲

正聲 左宣四番于丁寧注丁寧鉦也　生聲　盈聲　鳴聲

殸聲 籀文磬 古文从巠聲　𡈼聲 與七部壬別　廷聲　呈聲

戩聲　戴聲　青聲　鼎聲 小徐說文古文以貞為鼎 籀文以鼎為貞

名聲　平聲　寍聲　寧聲

甯聲　嬰聲　甹聲 甹讀若亭 䳟讀若䳟　敬聲

綮說贏人表作䔋

傳之公羊櫻作灯

文十七趙盾表作聖

段大令六書音均表

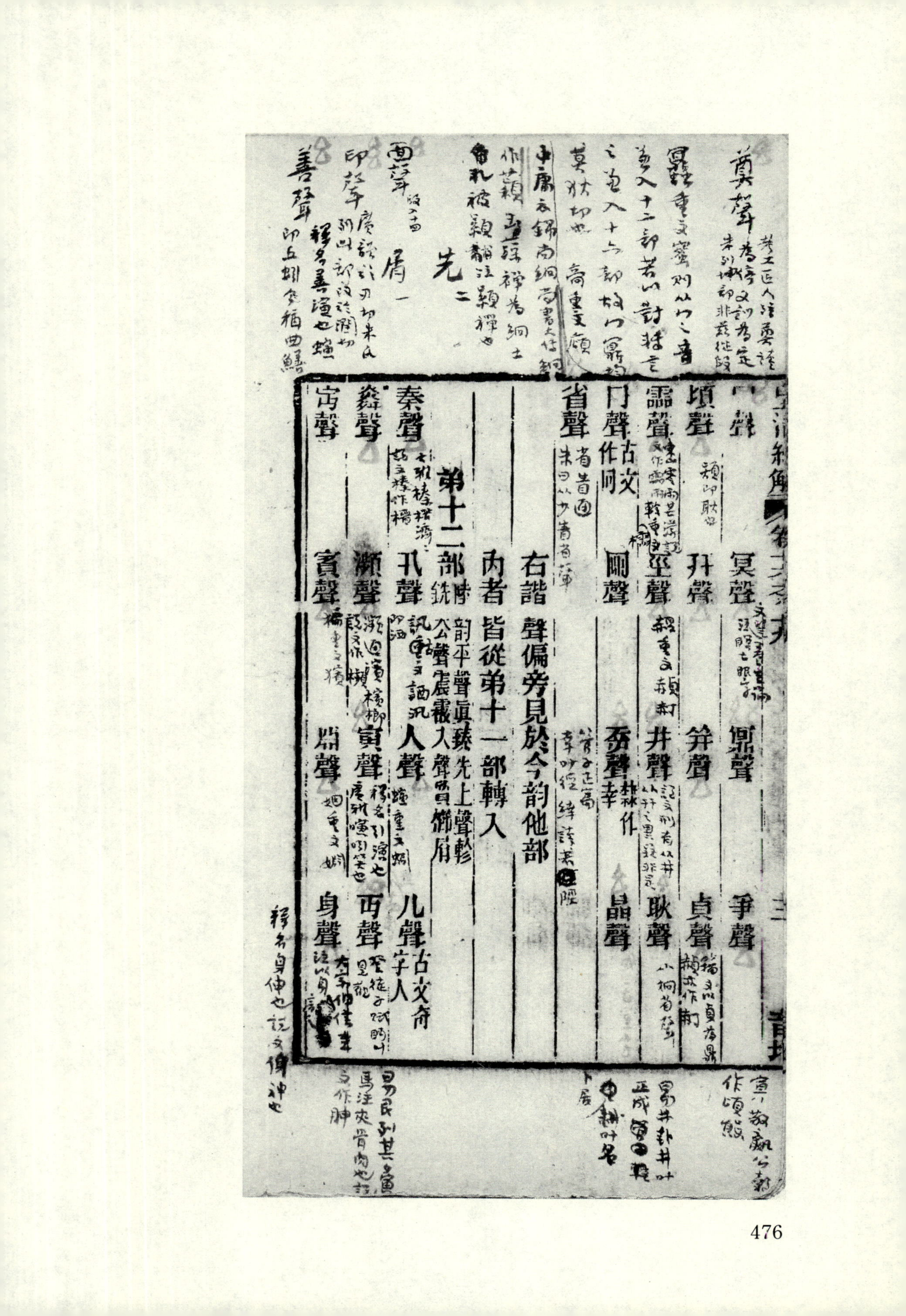

冂聲　冥聲　鼏聲　爭聲

頃聲　幵聲　并聲　貞聲

霝聲　巠聲　井聲　耿聲

冋聲古文作坰　𠕀聲　㚔聲隸作幸　晶聲

省聲

右諧聲偏旁見於今韵他部

丙者皆從弟十一部轉入

弟十二部

今韵平聲眞臻先上聲軫銑去聲震霰入聲質櫛屑

秦聲　卂聲　人聲　儿聲古文奇字人

粦聲　瀕聲　寅聲　西聲

丏聲　賓聲　㫬聲　身聲

尹聲 筍筍同、[illegible]尹義 [illegible]尹[illegible]、注尹讀如竹箭之筠。詩[illegible]朱 [illegible]聲、增尹聲。段

閵聲 [illegible]

列尹為十三部

前聲 [illegible]

晉聲 [illegible]

便聲 [illegible] 便[illegible]說文便作[illegible] 玄

聿 [illegible]當以火聿為聲 [illegible]決氣津叶[illegible] 亂

旬聲 [illegible] 粤聲 [illegible] 信聲 [illegible] 辛聲 [illegible]

秦聲 [illegible] 新聲 令聲 [illegible] 天聲

田聲 [illegible] 千聲 仁古[illegible] 年聲 因聲

命聲 申聲 陳聲 [illegible]文作陣 黽聲

仁聲 眞聲 顚聲 佞聲

匀聲 [illegible] 訇聲 [illegible] 兩聲 閵聲 [illegible]

進聲 [illegible] 扁聲 [illegible] 臣聲 [illegible] 臤聲 同字

賢聲 進即晉也 堅聲 辡聲 [illegible] 弦聲

[illegible]聲 廣韻因塵切 本草茵蔯 民聲 [illegible] 𦘒聲 盡聲

[illegible]聲 見一先 [illegible]聲 [illegible] 引聲 [illegible] 矜聲

頻聲 見二十一震 八聲 [illegible] [illegible]聲 [illegible] 穴聲

[illegible]

皇清經解卷[illegible]六書音均表 [illegible]

悉聲　傳注若屑上林賦肸蠁蜀都賦翕響説肸響布也

誋若鞞

說文𢙦悉處也引書有夏

之民叨𢙦今多作叨懫

傳以忿懫言之忿戾忿懫

忿𢙦忿懥（大学）一也

𢎘聲　　禹貢三百里納秸地理志作內𢎘　宋書𢎘

　　習鳴球長楊賦拮

　　隔鳴球地理志明注古

　　戛也謂戛擊稍明字

　　往玉篇楷擊

孑聲　　唐韻楊慈孑孑娟也雨

　　　　腓娟螺注井中虫娟

　　　　淮南說林注孑孑結蟨

四聲　必聲　宓聲　瑟聲 說文淮南書說与空本相切古同

㿻聲　普聲 从白與五部普別今作替　實聲　吉聲

壹聲　頡聲　質聲　七聲 說文疐作躓 印周載疐其尾

疐聲　𠨍聲 隸省黜　卽聲 笴亞𩏂　節聲

日聲 日𥡴音案低　疾聲　㮚聲　桼聲

㯃聲　至聲 大宗伯注摯之言至　室聲　畢聲

一聲　乙聲 失从手乙聲 高唐賦叶室畢　血聲　徹聲

逸聲　卽聲 段以說文注列十三部　𠬝聲 隸作抑　失聲

𠚣聲 隸作別 从冎从刀 八八声聲 卽別之古文

右諧聲偏旁見於今韵他部

內者皆從弟十二部轉入

大雅生民 貫魚說注 寔置 釋作 如

齊人来亭𨊚之 𦤈 𨊚 段為 轍

䄪之戕于鐵 ∴ 公 羊作秩

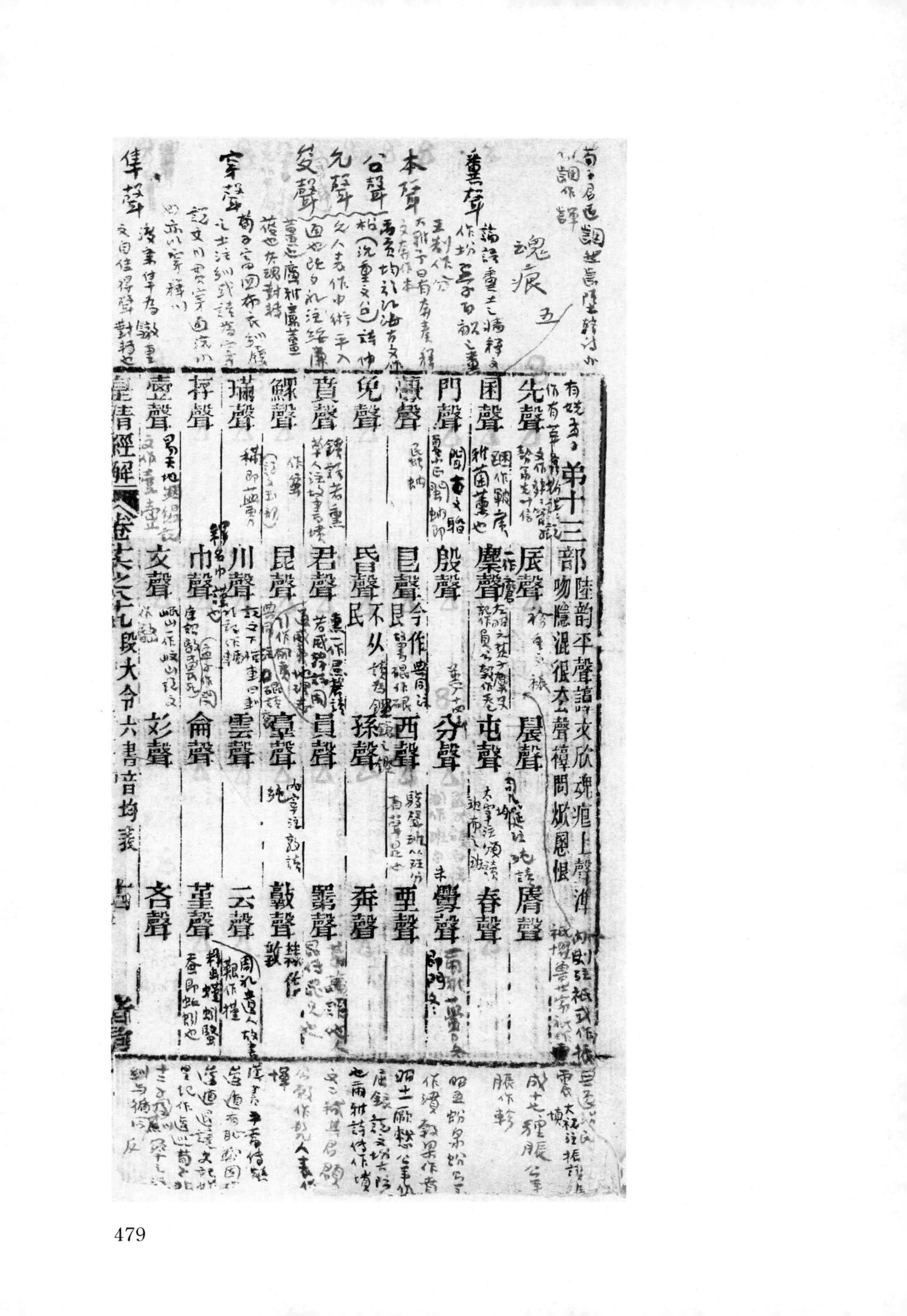

第十三部 陸韵平聲諄文欣魂痕上聲準吻隱混很去聲稕問焮慁恨

先聲 辰聲 晨聲 脣聲

囷聲 麇聲 屯聲 春聲

門聲 殷聲 分聲 釁聲

尊聲 𥁕聲 西聲 垔聲

免聲 昏聲民不从 孫聲 奔聲

賁聲 君聲 員聲 [illegible]聲

鰥聲 昆聲 𦎫聲 敦聲

㒼聲 川聲 雲聲 云聲

[illegible]聲 巾聲 侖聲 堇聲

壼聲 文聲 彣聲 吝聲

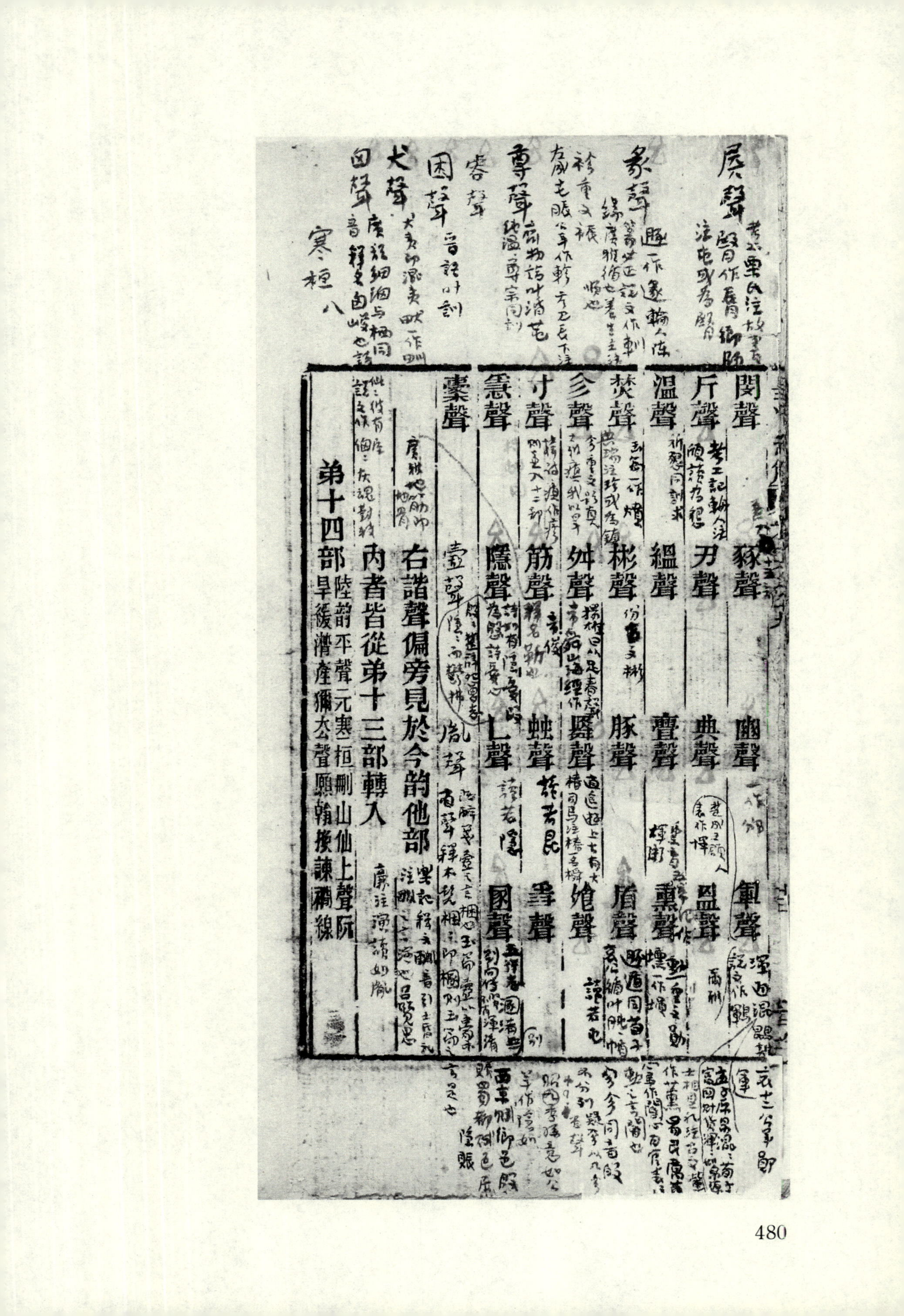

閔聲 豩聲 豳聲 軍聲

斤聲 刃聲 典聲 盈聲

溫聲 緼聲 亶聲 熏聲

焚聲 彬聲 豚聲 盾聲

㐱聲 舛聲 舜聲 飧聲

寸聲 筋聲 蚰聲 尋聲

㥯聲 隱聲 乚聲 圂聲

㯻聲

右諸聲偏旁見於今韵他部內者皆從弟十三部轉入

弟十四部 陸韵平聲元寒桓刪山仙上聲阮旱緩潸產獮去聲願翰換諫襇線

[illegible]聲 倝聲 袁聲 睘聲

釆聲與采別一部 𢍏聲 卷聲 [illegible]聲

巺聲 丁聲 屵聲 彥聲

雁聲 鴈聲 旦聲 半聲

辛聲 言聲 泉聲 邍聲

歎聲 難聲 厵聲同原 䜌聲

官聲 珏聲 襄聲 屭聲

卵聲 爰聲 反聲 開聲

亘聲隸作亘 宣聲 桓聲 見聲

連聲 莧聲 寬聲 廾聲張參以爲古冊字

[illegible]聲 䙴聲[illegible]隸作 宛聲 宛聲

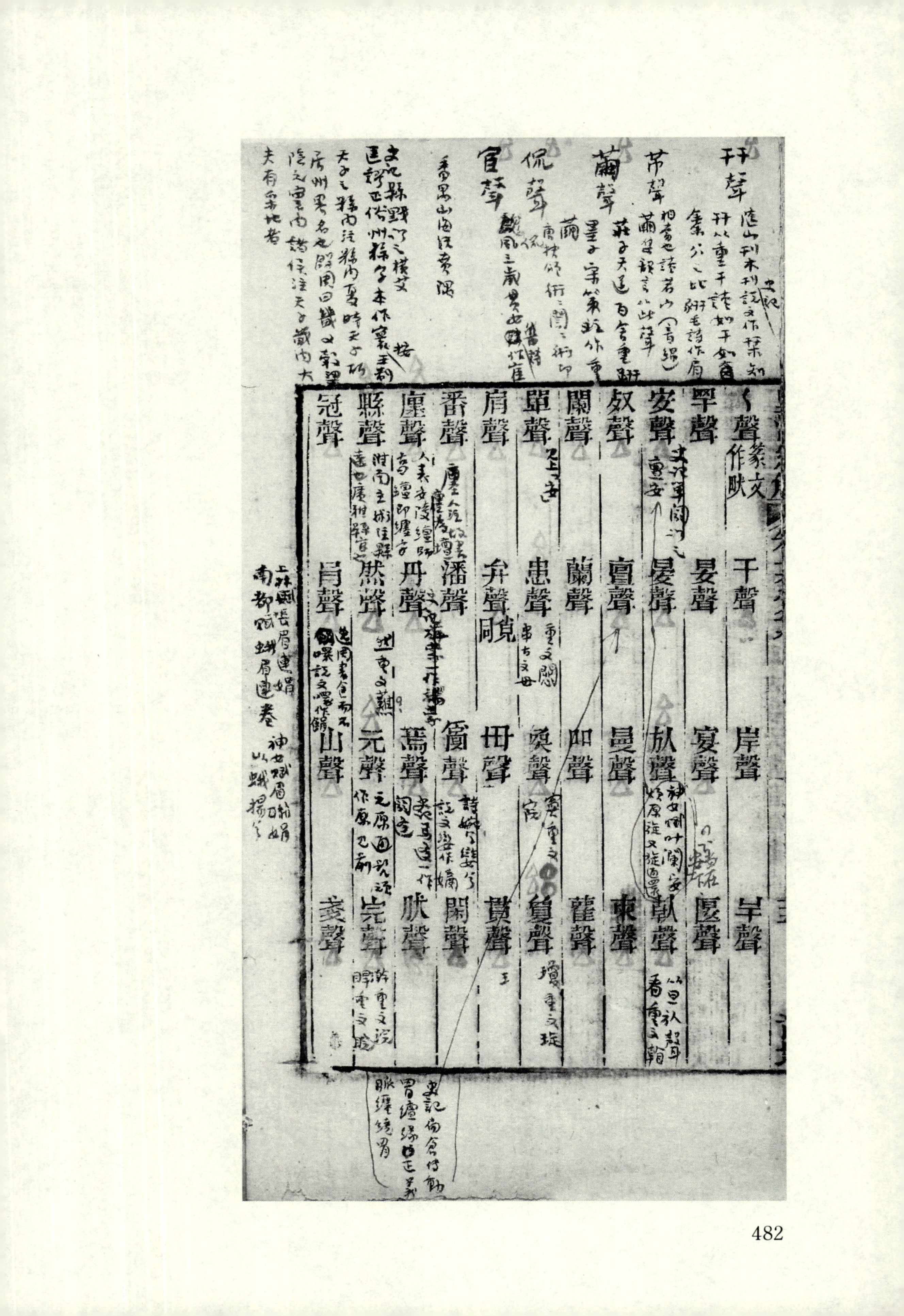

幵聲

蔄聲

侃聲

官聲

〈聲 篆文作畎

干聲

岸聲

旱聲

罕聲

晏聲

宴聲

匽聲

安聲

㬅聲

㫃聲

倝聲

奴聲

亶聲

曼聲

柬聲

闌聲

蘭聲

吅聲

雚聲

單聲

患聲

奐聲

夐聲

肩聲

弁聲 同覍

毌聲

貫聲

番聲

潘聲

[illegible]聲

閑聲

廛聲

丹聲

焉聲

肰聲

縣聲

然聲

元聲

完聲

冠聲

肙聲

山聲

[illegible]聲

衍聲　憲聲　㭉聲　㪔聲

潸聲　𣏟聲　樊聲　延聲

鬳聲　獻聲　次聲與十五部次別　萲聲

緜聲　耑聲　段聲　燕聲

丸聲　虔聲　譱聲　鮮聲

䜌聲　𠬜聲攀隸作　𡫳聲隸作　褰聲

叕聲　面聲　般聲　煩聲

贊聲　秝聲　彖聲　[illegible]聲

㕣聲與九部㕣別　沿聲　袁聲　班聲

建聲　算聲　𦰩聲　犬聲

刪聲　肙聲　雋聲與十六部雋別　㚘聲

六書音均表

允聲 夋聲 蔄聲讀若鑾 㝵聲

甍聲誤从瓦讀若耎 斷聲

右諧聲偏旁見於今韵他部

㒳者皆從弟十四部轉入

八 弟十五部 陸韵平聲脂微齊皆灰上聲旨尾薺駭賄去聲至未霽祭泰怪夬隊廢入聲術物迄月沒曷末黠鎋薛

妻聲 飛聲 皆聲 自聲

師聲 歸聲 厶聲與大部厶別 私聲

夂聲 衣聲 鬼聲 嵬聲

中聲 貴聲 畾聲 罘聲

𡨄聲 綏聲 攴聲 几聲

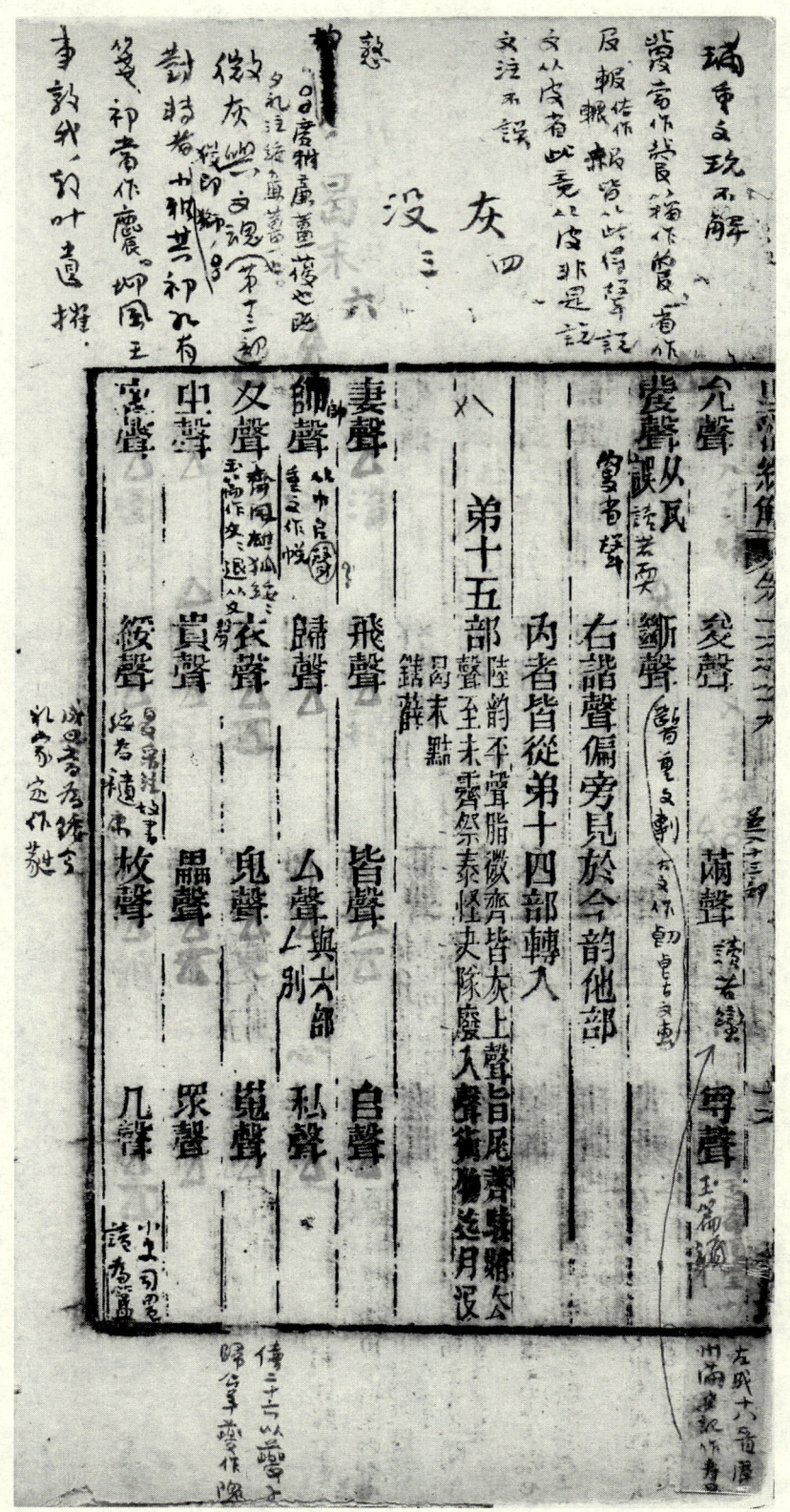

尗聲與十七部尗別　示聲　視聲　祁聲

祋聲　敳聲　豈聲　微聲

非聲　口聲與四部口別　韋聲　幾聲

隹聲　雈聲　唯聲　隼聲雖同

夷聲　匕聲　尼聲　旨聲

稽聲　耆聲　[illegible]聲　屍聲

屖聲　虫聲　犀聲　眉聲

畏聲　希聲　氐聲與十六部氐別　底聲

厎聲　奞聲　黹聲　夂聲

師聲　威聲　癸聲　比聲

皀聲　米聲　麋聲　鼻聲

罪聲	伊聲	委聲	回聲
回聲 古文回	尸聲	次聲	戾聲
利聲	秝聲 古文利	黎聲	毇聲
毀聲	尒聲	爾聲	䰜聲
豊聲 與九部豐別	夶聲	弟聲	朿聲
美聲	隶聲	此聲	火聲
水聲	矢聲	兕聲	二聲
履聲	肄聲	棄聲	𠦪聲
捸聲	皃聲	气聲	旡聲
既聲	㤅聲	夔聲	胃聲
吠聲	四聲	豕聲	彖聲

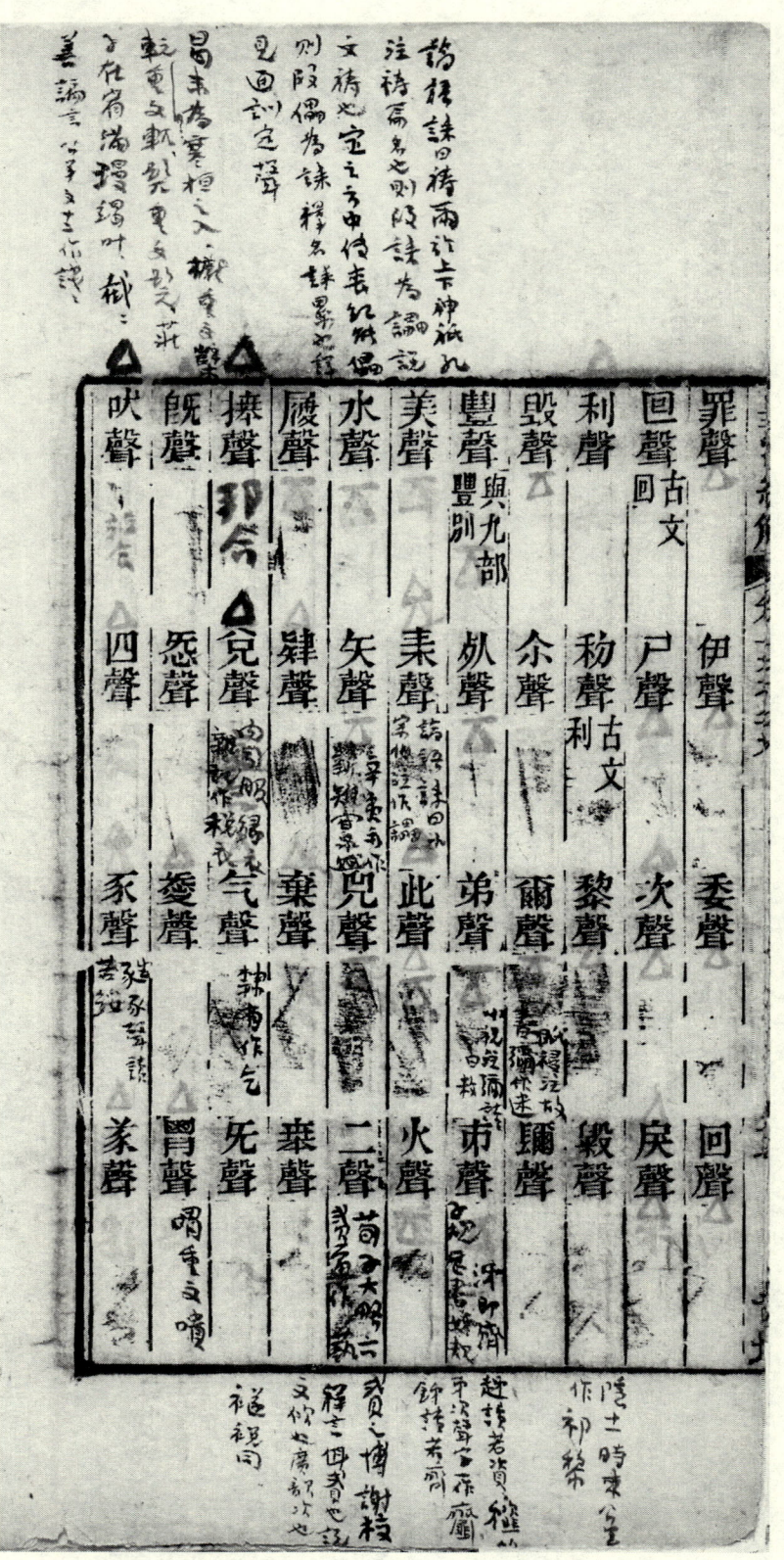

雪聲 詩蝃蝀叶關說九 歲叶世末絕發筏 好色例叶貝蔡朱 跋聲 言从雨从彗會意 彗非聲也 則昌 未部當補雪聲

戌与戍疑是重文 眼讀若 識語文鉞車鑾聲也引詩 鑾聲鉞鉞 毛詩作噦噦

季聲 　条聲 　惠聲 　卒聲

未聲 　市聲與巿一部古文市別 　位聲 　率聲

朮聲 　復聲作退 　出聲 　隶聲

彗聲 　慧聲 　由聲 　尉聲

犮聲 　對聲 　類聲 　類聲

內聲 　孛聲 　貝聲 　文聲

祭聲 　蠣聲 　厲聲 　匃聲

曷聲 　离聲 　羍聲 　丯聲

㓞聲 　契聲 　害聲 　折聲

哲聲 　帶聲 　戌聲 　歲聲

歲聲 　外聲 　世聲 　貰聲

欮聲　厥聲　歲聲　祭聲

医聲　殹聲　𡿪聲　列聲

大聲　介聲　癹聲　發聲

伐聲　𠄌聲　戉聲　亅聲

叕聲　寽聲　孛聲　𠯑聲隸作舌

聒聲　屮聲　旹聲　辥聲

嶭聲　櫱聲　巘聲　瓛聲

桀聲　㚔聲與七部奉一部孛別　達聲　月聲

舌聲从干　敓聲　奪聲　截聲

朮聲　聿聲　律聲　弗聲

叏聲　乞聲　系聲　衰聲

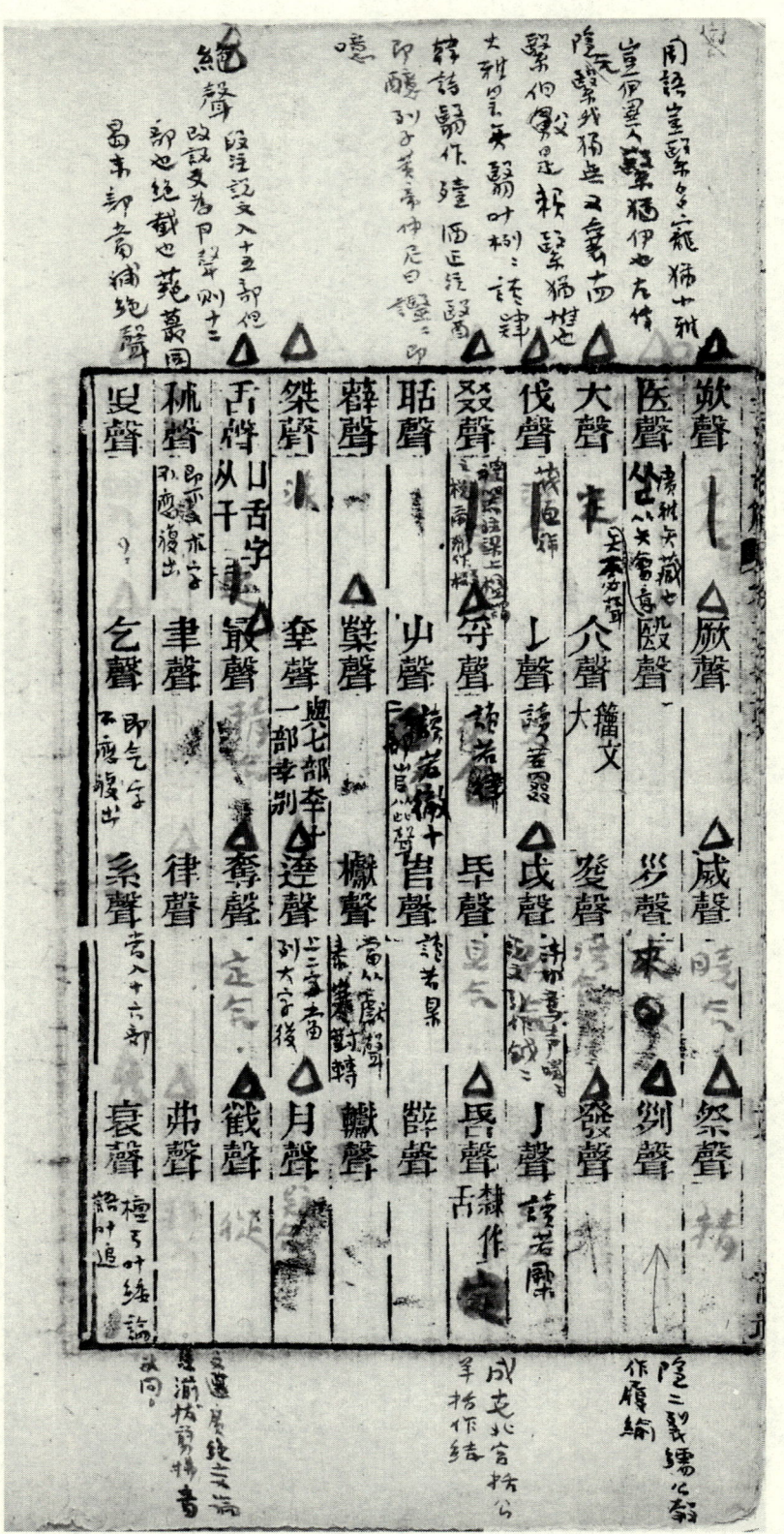

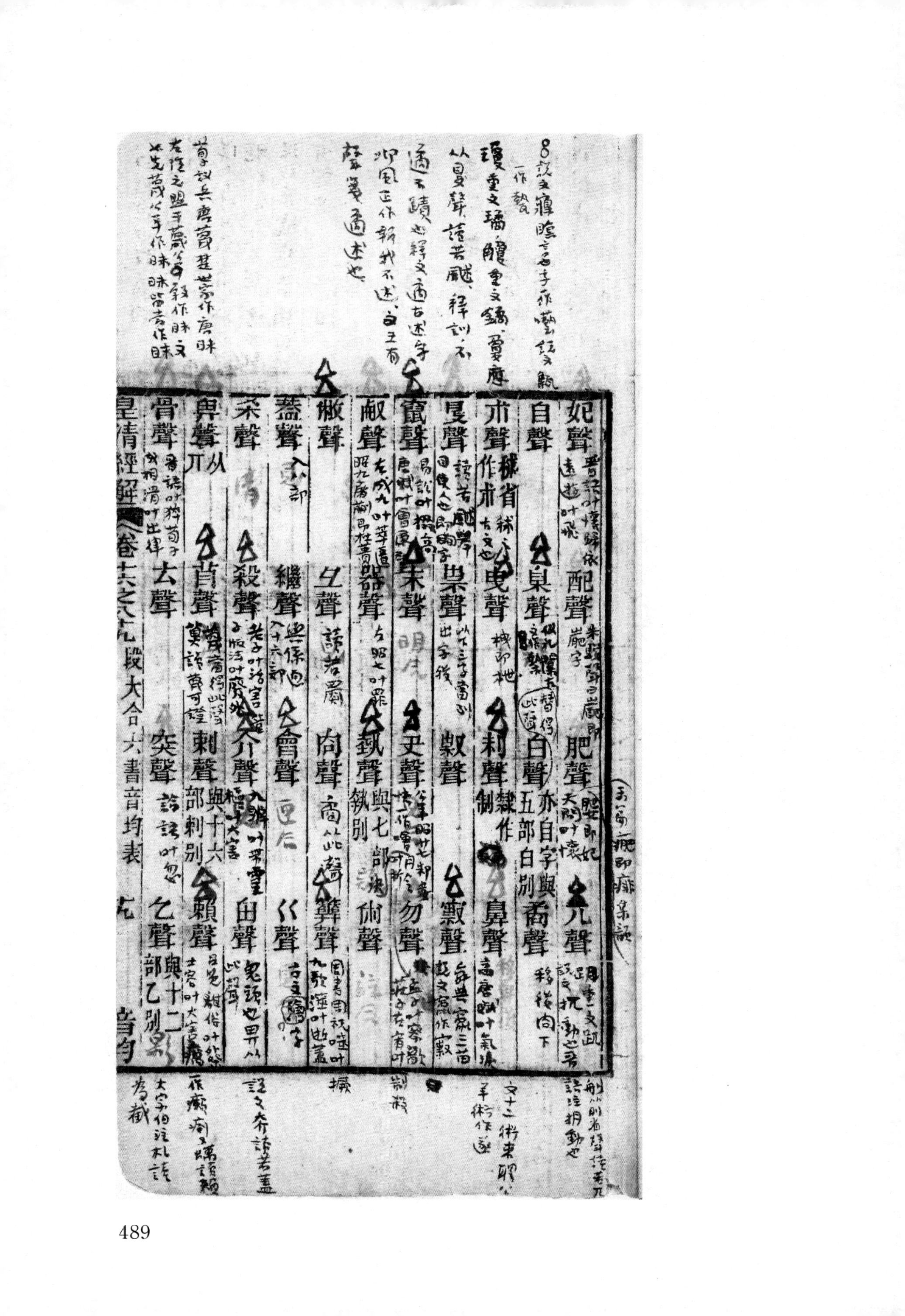

妃聲 配聲 肥聲 尢聲

自聲 臯聲 白聲亦自字與五部白別 皆聲

朮聲作朮 秫省 叀聲 利聲隸作刎 鼻聲

𥄎聲 巢聲 㪅聲 㪅聲

奞聲 朱聲 叏聲與七部勿別 勿聲

敝聲 器聲 埶聲埶別 術聲

㡀聲入部 生聲 肉聲 毳聲

𢇍聲 繼聲 會聲 巜聲

杀聲 殺聲 介聲與十六部 由聲

畀聲从丌 背聲 刺聲部刺別 賴聲

骨聲 去聲 突聲 乙聲部與十二乙別

皇清經解卷六百五十六段氏六書音均表 音韵

曰越通曰說文義同

大雅蘊隆蟲蟲韓詩作鬱隆

泥行乘橇徐廣曰橇一作蕝

可證也

齊 九

錫 十

支齊與清青對轉（第十一部）

曰聲 與十二部日別 乾聲 曶聲 𡴀聲

㓹聲 籀文銳 叡聲 [illegible]聲 絜聲

毳聲 歺聲 埶聲

右諧聲偏旁見於今韻他部

內者皆從弟十五部轉入

弟十六部 陸韻平聲支佳上聲紙蟹去聲寘卦入聲陌麥昔錫

支聲 巂聲 知聲 是聲

智聲 卑聲 斯聲 乁聲

氏聲 祇聲 疷聲 厂聲

虒聲 圭聲 佳聲 戹聲

奚聲 兒聲 規聲 鳺聲

若同、鞞補鼎切、𨈌俾同
剠使、閩孔大較右縈兩
軝注於書軝為軒、形鈃
并軒鈃相同、晢睎注枝
書奧或為帝、古文注同

徙聲 地理志注 斯　象聲 與十四部象別　𧰼聲 非从象　厷聲

絫聲　乁聲 與十部乁別　豸聲　麗聲 䕻 一作蘄

危聲　厽聲　只聲 胑重文肢 枳讀若秖　虒聲

益聲　𦃇聲　帝聲　啻聲 隸作啇 與十部商別

適聲　易聲 易亦聲 作狄字　析聲　晢聲

朿聲 與三部朿別　策聲　𨒪聲 籀文迹　責聲 隸作責

刺聲　辟聲　鬲聲　鬻聲

鷊聲　脊聲 脊　狊聲 與三部臭別　鶪聲

解聲　厄聲 卜居軶叶蹟　戹聲　狄聲

迹聲　秝聲　厤聲 厲重文𠪚　歷聲 栗氏注 栗古文或作歷

役聲 古音在十七部 大招叶隘　鬩聲　畫聲 繣讀若畫 天問叶歷　𠂢聲 讀若稗

𧰼讀若弛 𧰼讀若隸

楚詞度世闊晰霓兮靡
晰注闊寬也劉段闊為晰之
經闊从兒聲不應複出

說文乁𡧋 有所夾藏也 讀與傒同

𠂢聲　冊聲　毄聲　繫聲

糸聲　𢇍聲　買聲　系聲　[illegible]聲

右諸聲偏旁見於今韻他部

丙者皆從弟十六部轉入

弟十七部　陸韻平聲歌戈麻上聲哿果馬去聲箇過禡

它聲　沱聲　佗聲　冎聲

咼聲　過聲　哥聲　爲聲

皮聲　乁聲　可聲　何聲

离聲　離聲　也聲　地聲

施聲　迆聲　義聲　儀聲

羲聲　加聲　麻聲　彡聲

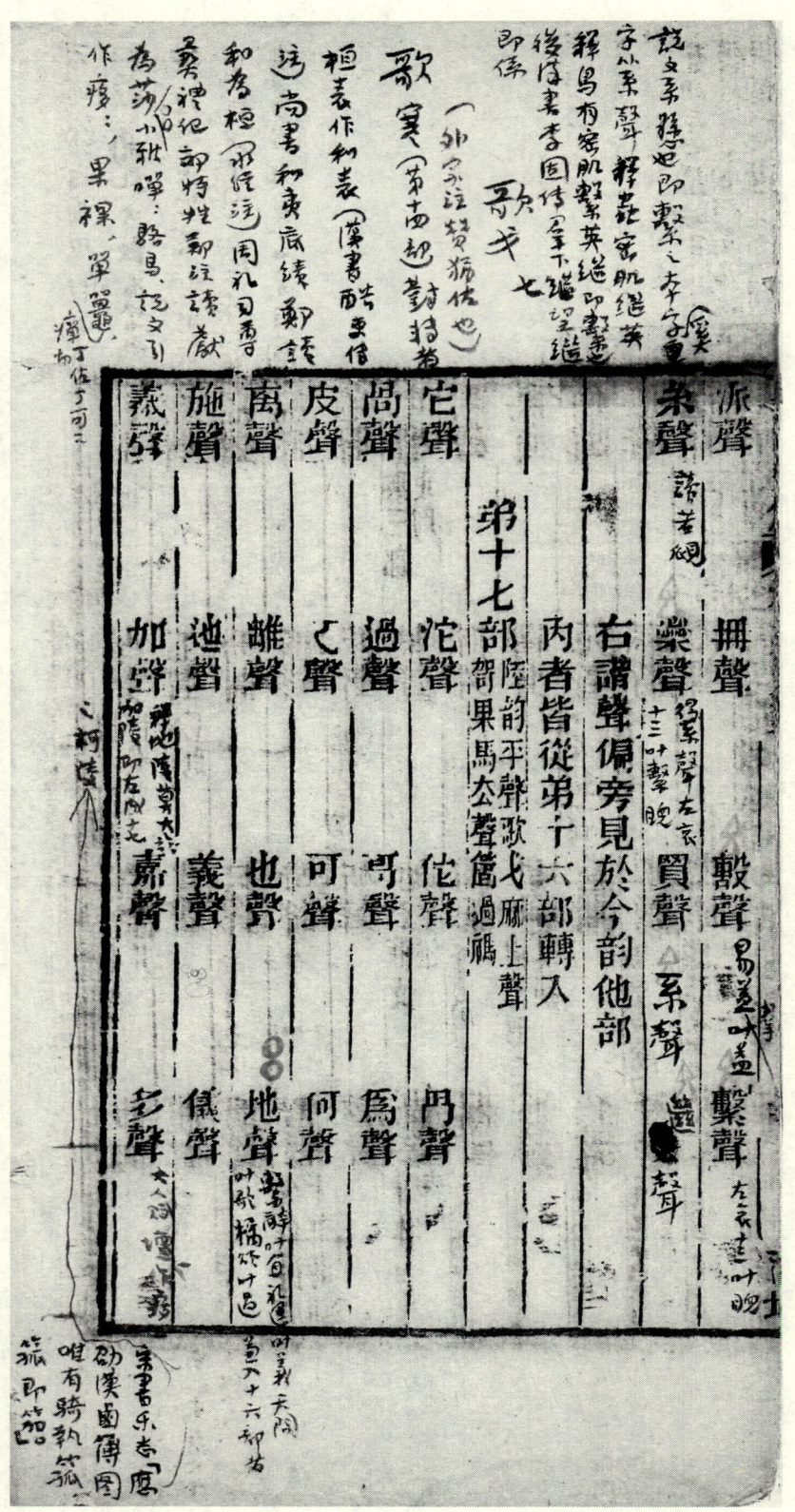

宜聲 奇聲 猗聲 差聲
麻聲 靡聲 我聲 羅聲
羅聲 詈聲 罷聲 羆聲
𠂹聲 垂聲 匕聲與十五部匕別 化聲
吹聲 𠂇聲 左聲 沙聲
瓦聲 隓聲 隋聲 墮聲
𨓦聲 坐聲 禾聲 和聲
繇聲 果聲 裸聲 朵聲
萑聲 貞聲 瑣聲 惢聲
臥聲 戈聲 𣎆聲 中聲
𦣞聲同爾

右諧聲偏旁見於今韵他部
內者皆從弟十七部轉入
右十七部諧聲凡不可知者及疑似不明者缺之不以肎意滑
不以漢後音韵惑溯洄沿流什得其八九矣

皇淸經解卷十六之八十九終

494

補第十三部旬勻二字古讀

旬重文𡧍，鈞重文銞，旬重文眴，則勻旬語相同，朱駿聲謂旬从日勻省聲是也。勻旬古音最雜華理。大學恂慄，注：恂字或作峻。荀虡，檀弓、明堂位作筍虡，劉修碑，其於鄉黨遜遜如也，祝睦碑鄉黨遜遜，今論語作恂恂。荀卿一作孫卿，則勻旬古音在齒。小雅哀此惸獨，孟子引作煢獨，洪範無虐煢獨，周頌嬛嬛在疚，文選寡婦賦注引韓詩嬛嬛余在疚，劉讓若云，莊子田子方李注，眴謂眩也，則勻旬古音又應在喉。說文眴目搖也，文選注開闔目數搖也，眴讀舍是重文，玉篇瞬與瞚同，列子黃帝釋文，吳人呼瞬目為眴目，論語循循然善誘人，孟子章指後漢趙壹傳注作恂恂。士昏禮腊一肫，注古文肫為鈞，少牢禮注古文䐘作肫，則勻旬古音又似在舌。謹案勻旬古在匣母，細音混邪，遂切歸邪而為齒音。如桓胡官切，細音為況袁切之萱，又訛入齒而為須緣切之宣。筍為思引切，猶宣為須緣切，古本在喉，不在齒也。匣之細音既混邪，邪則自定變來，故又與詳遵切之循同音，斯乃音訛，勻旬古不在舌也。

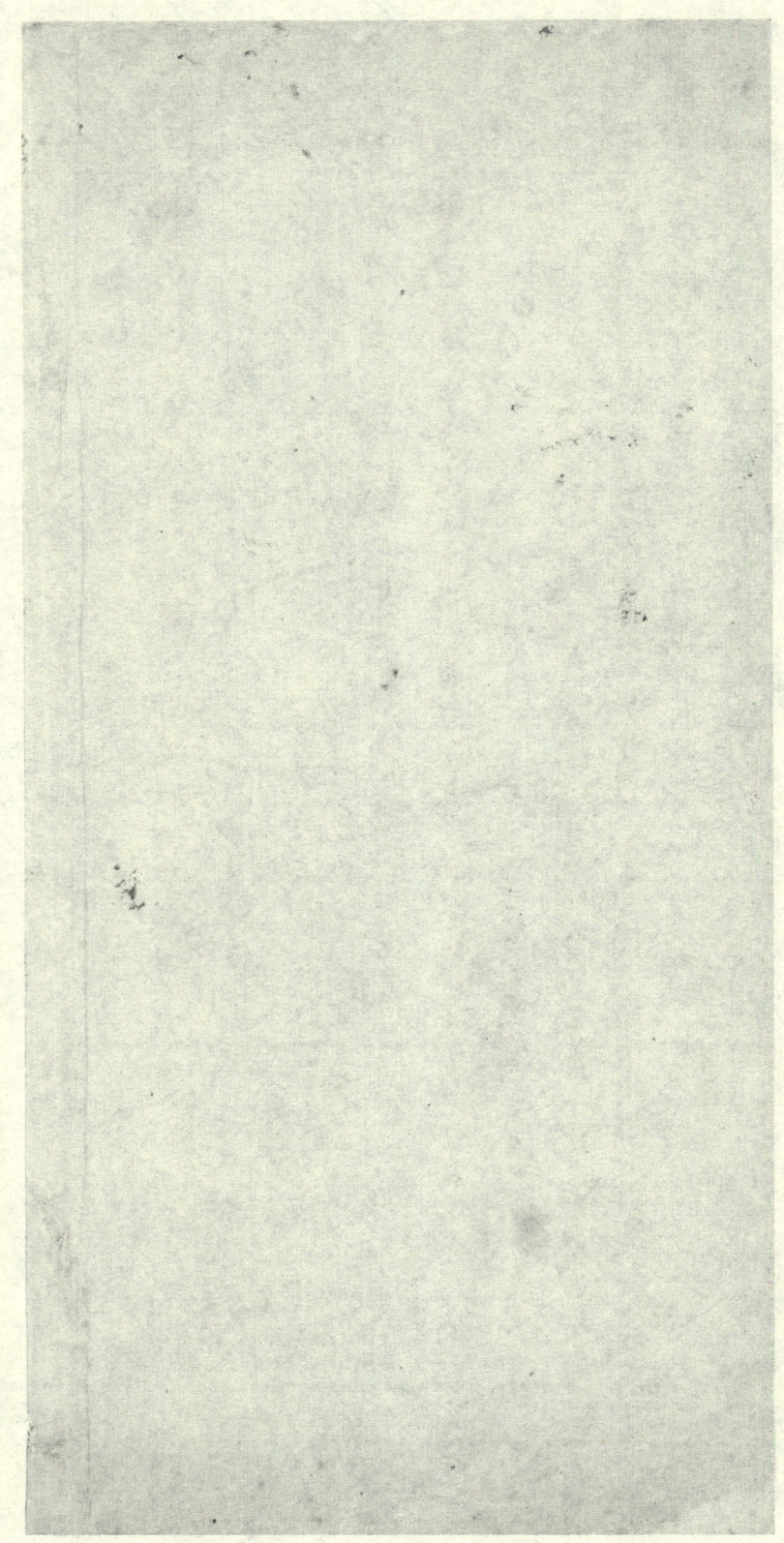

對曾運乾聲韻學的評價（殘）

曾氏運乾云、聲音之理、音侈者聲鳴、音弇者聲細、廣韻切語侈音例為鳴聲、弇音例為細声、反之鳴声例用侈音、細声例用弇音、此其例即見法言之自序、云、支（章移切）脂（旨夷切）魚（語居切）虞（遇俱切）共為一韻、先（蘇前切）仙（相然切）尤（于求切）侯（胡溝切）俱論是切、上四字移夷居俱明韻（即切語下一字音學也）之易於淆惑者、下四字蘇相于胡明切（即切語上一字声學也）之易於淆惑者、故支脂魚虞皆舉音和双声以明分別韻部之意、先仙尤侯皆舉類隔双声以明分別紐類之意、今於先蘇前切、蘇相不能互異者、先為真韻之侈音、蘇在模韻亦侈音也、例音侈者声鳴、故先蘇前切也、仙相然切、相蘇不能互異者、仙為寒韻之弇音、相在陽韻亦弇音也、例音弇者声细、故仙相然切也、又如尤于求切、于胡不能相易者、尤为萧韵之弇音、于廣韵亦弇音也、例音弇者声细、故尤于求切也、侯胡溝切、胡于不能相易者、侯为廣韵之侈音、胡在模韵亦侈音也、例音侈者声鸿、故侯胡溝切也、是故法言切语之法、以上字定声之鸿细、而音之弇侈寓焉、以下字定音之弇侈、而声之鸿细亦寓焉、見切语上字其声鸿者、知下字必为侈音、其声细者、知其下字必为弇音矣、見切语下字其音侈者、知其上字必为鸿声、其音弇者、知其上字必为细声矣、試以一东部首东同中蟲四字證之、东中同蟲皆類隔双声、此与仙先尤侯一類、东德红切、同徒红切、德徒鸿声也、亦侈音也、红侈音也、亦鸿声也、故曰音侈者声鸿、声鸿者音侈、中陟弓切、蟲直弓切、陟直細声也，亦弇音也，弓弇音也，亦細声也，故云音弇者声細，細者音弇，四字同在一韵，不獨德陟徒直不能互易，即紅弓亦不能互易，此即陸生重輕互異之大例也。東塾舉此四字，以明清濁及平上去入，而不知声音弇侈鴻細即寓其中，故其所分声類不循條理，囿於方音，拘于聯系，于明微之亦分者合之，影等十母之亦分者亦各仍其旧而不分，殆猶未明陸生之大法也。

曾氏所謂影等十母亦分者，即影曉見溪疑來精清從心十母是也。

古漢語語法質疑

古漢語語法質疑 張世舟

近年承乏貴州大学古漢語的教学工作，継续教了兩班。教材基本上是采用王力先生主编的講义和修訂的教本。关于語法方面，本人還有一些看法，難于放弃，現在把它整理出来，不敢自以為是，作為一項"質疑"，向國内同好諸君請教。這些問題，都是從古漢语上提出的，但亦不能不牽涉到現代漢语。就是說，所提出的，在現代漢语语法上，同樣是一個未决的問題。

(一)介词問題

自经《馬氏文通》"以彼之法，律我之文"（文通序）以"彼之法"的 *Preposition*，硬替"我之文"立一類"介词"。我在二十年前就發生懷疑，在拙著《國文文法》八頁（1942年湖南兰田书報合作社印行）引左傳僖公三十二年"晋人禦師必於殽"，老子"取天下常以無事"，指出"於"和"以"受"必"和"常"修飾。既受修飾，它本身就是有实义的实词，与西文 *Preposition* 絶然不同。後来读高名凯先生《漢语语法论》198页，有這几句話："這里的所謂介词，实在也会有动词的味道；如果不是在句子里还有其他更為主要的动词，我們就非把它們当做真正的动词看不可。"這給我很大啟發。解放後，中國科学院語言研究所语法小組編写的《语法講話》，词類取消了"介词"，我大以為快。可是不久翻了案，词類還是保留了"介词"。雖然修订本的《语法講話》（改名《現代漢语語法講話》）不用"介词"，

介詞，不另立一類，稱為"次動詞"；但把這一類動賓詞組作為　2
修飾語，還有商量餘地。在漢語里，"介詞"能否獨成一類，是漢語語法上一件大事，牽涉到很多漢語語法上問題（見后），不能草率認為定論。現在我提出一些粗淺看法；它要修飾這一點就不提了。

甲.古漢語最常用的所謂"介詞"，如"為"、"以"、"自"、"與"、"於"等，都能獨立充當謂語，說明它們只是動詞。例如：

(1)夫子為衛君乎？（論語·述而）

(2)吾不為是也。（孟子·梁惠王上）

(3)彼以其富，吾以吾仁。（孟子·公孫丑下）

(4)三代之得天下也以仁，其失天下也以不仁。（孟子·離婁上）

(5)好言自口，莠（yǒu 酉）言自口。（詩經·小雅·正月）

(6)子路宿於石門，晨門曰："奚自？"子路曰："自孔氏。"（論語·憲問）

(7)子行三軍則誰與？（同上 述而）

(8)鳥獸不可與同群，吾非斯人之徒與而誰與？（同上 微子）

(9)周公之不有天下，猶益之於夏、伊尹之於殷也。（孟子·萬章上）

(10)寡人之於國也，盡心焉耳矣。（孟子·梁惠王上）

(11)始吾於人也，聽其言而信其行。（論語·公冶長）

(12)孔子於衛主癰疽（yōng qū 人名）。（孟子·萬章上）

以上例句，許多是顯而易見的。有些還會有人曲解，略為分析。例句(4)"三代之得天下也"和"其失天下也"都是主謂詞組充當主語，"以"是謂語，是動詞。前詞組里"之"是消滅主謂詞組獨立性的助詞，后詞組里"其"是主謂詞組里的主語。如果說"以仁"、"以不仁"是介賓詞組作補語，這里用的"之"和"其"都不通了。而且在讀者的語

天津白有光紙8开每本100頁

气上（就是古人說話的語气），"三代之得天下也"和"其失天下也"都有較大的停頓，説明它们是話題，是主語。例 3

句（7）是个緊缩句，補足成爲复句，就是"子行三軍，則子誰與？"如果説"誰與"是介賓词组作補語，語气被連詞"則"隔断，显然錯了。例句（8）后兩个"與"显然是謂語，都是动詞；前一个"與"的詞性、詞義完全相同，構成連动式，說成介賓词組作状語，显然是附会。例句（9）"周公之不有天下"是主謂词组作主語，"猶"是謂语，"益之於夏、伊尹之於殷"是並列的兩個主謂词組作"猶"的賓語，"之"是消滅主謂词組獨立性的助詞，"於"是謂語，是动詞。如果説"於夏""於殷"是介賓词组，修飾什麼呢？例句（10）、（11），"寡人之於國也"和"始吾於人也"都用了助詞"也"隔断語气，显然它们都是主謂関係的分句；"寡人之於國也"~~始吾於人也~~句型正同"赤之適齊也"（論語·雍也），"於"的词性和成分，全同动詞"適"。如果説"於國"和"於人"是介賓词組，修飾什麼？因爲與後文関係，已被"也"字隔开了，而且"之"字也無法安頓。例句（12），句型同"子在齊聞韶"（論語·述而），硬把"孔子於衛"的主謂関係剥奪掉，把"於衛"說成介賓词組修飾主語，是錯誤的。

乙、通過下面兩個例句，説明介词説法是不符合漢語語言实際的。

（13）王立於沼上。（孟子·梁惠王上）

（14）齊宣王見孟子於雪宫。（梁惠王下）

前一句話，目前一般認爲"於沼上"是介賓词组（介词结构）充当補語，不符合漢語实際。从读书语气上看，"立於"结合着，並且可以發問"立於何處？"便可答出賓语"沼上"。這種語感，完全保留在現代漢語里。總現代漢語是"王站在地子上"，現在硬說"在"是介詞，"在地子上"是介賓詞組作補語。在語气上，是不是有人会在"站"字有停頓意味呢？完全不是，而是"站在"结合着。潘允同志的《也說"在"》（中國语文1960年3月号），更举出許多例句，如"恶霸都跪在了人民面前"、"把林丽抱在了懷里"等等，有力地說明"跪在"、"抱在"是结合着充当谓语，后跟的是宾语。潘同志還說："与其说这个动词後面的'在'是介词，不如說这个'在'是动詞"，并引用黎錦熙先生"两动相屬的复合动词"的說法，这是完全正確的。我们說"之於"是"两动相屬的复合动词"作謂语，符合漢语实際，"於"是动词，不是介词。 4

例句(14)是連动式，有些人会想不通。主要有兩點。第一，语序不同現代，今天是說"齊宣王在雪宮見孟子"。语法有很大的凝固性，但也不是絶无变化；這一语序变化，是存在的。現在說"媽媽在家煮飯"，古人一定是說"母蒸飯於室"，等于我们說"红花"、"吃飯"，苗語說"花红"、藏語說"飯吃"，誰对誰都不應该說"想不通"。第二，"齊宣王於雪宮"，"名(代)+於+名(代)"是主謂賓関係想不通。這確是主謂賓関係，上文例句(9)—(12)，已給證实了。更补充一个例句，"吾於子思，則師之矣"（孟子·萬章下），"吾於子思"一定是主謂賓関係，絶不能說"於子思"是介宾词组，跨過連词"則"去修飾"師"。又前引"晉人禦師必於殽"，拿掉状語"必"，句型全同"齊宣王見孟子於雪宮"了。通過"必"字修飾，更显示"於"的实词性和动词性，而且連动的"禦師"和"於殽"，後者是主，重於前者，所以下文緊接叙殽的地势。說"於殽"是次，是补语，不符合漢语实际。有人说，"必"不修飾"於"，是修飾介宾词组"於殽"。這不然。同书有一句"必伐秦師"，能說"必"是修飾"伐秦師"嗎？

丙、由於介詞的歧異，在漢語語法上，造成一系列的混亂，与略述於下。

a、在分析句子上造成的混亂

黎先生在《新著國語文法》125頁（1955年校訂本）提出"兩動相屬的複合動詞"，對漢語語法有很大貢獻。這种情况，古漢語里不普遍，我們可以簡称"複動謂語"，例如：

(15) 牛羊下來。（詩經·王風）

(16) 衛人使右宰醜涖殺州吁于濮。（左傳·隱公四年）

(17) 范匄趨進。（同上成公十六年）

(18) 徒人費走出。（同上莊公八年）

(19) 有鵩飛入誼舍。（賈誼：鵩鳥賦）

(20) 秦穆公乃發兵送內（納）重耳。（史記·晉世家）

(21) 破鏡飛上天。（古絕句）

(22) 於是嚴遂懼誅，亡去游，求人可以報韓傀者。（戰國策·韓策）

~~(23) 楚圍漢王滎陽急~~

(23) 楚圍漢王滎陽急，漢王遁亡去。（史記·張丞相列傳）

這些"複動謂語"是連用兩個或三個動詞，構成一个動作概念"下來"，不是說又"下"又"來"。這不同于連動式"親裹贏糧"（史記·吳起列傳），"裹"、"贏"是兩個動作概念："包扎起來担着"。這不同於單純詞（連綿字）"河上乎逍遙"，"逍"、"遙"都不是一個詞，是兩个音節。潘同志說："動詞同在"的結合是一个詞"，錯了。它不同于現代漢語用趨向動詞的合成謂語，古代"來"、"去"、"上"、"下"不是趨向動詞，只是動詞。趨向動詞的產生，是在"去"当"往"講以後，漢魏以前是沒有的，詳見拙著《漢語發展史》179－185頁（貴州大學1961年油印本）。

黎先生"複合動詞"的提法很对。可是由于介詞觀念，捨不得放弃或者没考慮放弃，於是对分析句子，自相矛看，陷于混乱。他举出这几句话：

子、陽貨送一盤肘子給孔夫子。

丑、陽貨送給孔夫子一盤肘子。

寅、陽貨把一盤肘子送給孔夫子。

黎先生說這三句話，就是文言"陽貨饋孔子蒸豚"。他又說，"把"改作"以"，"給"改作"於"或"與"皆可通。那末，前三句就成文言：

卯、陽貨饋蒸豚於孔子。

辰、陽貨饋於孔子蒸豚。（這句文言不順，存而不論）

巳、陽貨以蒸豚饋於孔子。

卯句是連動式，句法同例句（14）。巳句也是連動式，"饋於"是"集動謂语"。黎先生說"送給"是"集合动词"，又承認"給"可改作"於"，那就无異於承認"饋於"是"集合謂语"了，很對。可是他又說，"送給（饋於）"拆開如子式（卯式），"給（於）"就退居介词地位了。這種混亂，更不如現在人說巳句的"於孔子"是补语；錯是錯，还錯得一致呢。

再举一些分析上的混亂：

（24）爸爸上街买菜，妈妈在家煮飯。

（25）爸爸上街，妈妈在家。

"上"和"在"，无論在词義上、词性上、語感上，完全一致，都是动词作謂语。有什麼理由独独不承認"妈妈在家煮飯"是連动式，而和上一分句，作出不同的分析？

爸爸上街买菜，妈妈在家煮飯。

主 謂 賓 谓 賓 主 賓 謂 賓

状

又如：

（26）人人為我服務，我替人人服務。

天津白有光紙8开每本100頁

(27) 人人为我，我为人人。

"为"和"替"，无论在词义上、词性上、语感上，完全一致，都是动词作谓语。有什么理由独独不承认"人人为我服务"是连动式，而和下一分句，作出不同的分析？

人人为我服务，我替人人服务。
主　宾　谓　主谓宾　谓
状

b. 在趋向动词上造成的混乱

(28) 她站在街头，一声不响。

(29) 她走过街头，一声不响。

这两句话，句型语感，完全一致，"站在"、"走过"都是"复动谓语"。可是硬要说"在"是介词，而"过"不能，于是趋向动词加进了一些不恰当的词，如"过"、"进"、"出"、"回"等，形成混乱。

c. 在"时态助词"上造成的混乱

"了"、"着"是表时态的助词，但由于受动词词义的限制，有些也不能带，如"企图"不能带"了"，"像"不能带"着"之类。某些所谓介词，不能带"了"、"着"，理由是一样，是词汇上事，不是词性上事。而有些能带"了"、"着"的，又被说不表时态，把"为了"、"为着"列为介词的合成词，"了"、"着"成为词尾了。

我们体会体会下面几句话：

(30) 公社为社员，办了一所夜校。

(31) 公社为了社员，办一所夜校。

(32) 公社为了社员，办了一所夜校。

(33) 你向着东走，我背着东走，所以越离越远。

"办"带的"了"，"背"带的"着"表时态，而"为"带的"了"，"向"带的"着"就不表时态，这种"信口无凭"的说法，谁人相信？又"了"、"着"到底是词还是词尾，也造成了混乱。

d. 在"把"字句、"被"字句上造成的混乱

(24)你把那本书放下。
(25)阵地已经被我们攻占了。

"把"字句是连动式，可以问"我把什么放下了？""被"字句是兼语式，可以问"被谁攻占了？"不要说"把"、"被"是介词，介词必定要带宾语构成结构，充当成分。"把那本书"、"被我们"，是什么成分呢？只好说是状语。把状语省去拿掉，不损害句子完整；连动式前一个动宾拿掉，就很勉强；兼语式前一个动宾拿掉，绝不可通。无法处理"把"字句、"被"字句语法成分，就无法作出分析。另外

(26)地主被打垮了。
(27)地主被农民打垮了。

我们认为这两句话同是兼语式，前一句话省略兼语"农民"罢了。"被"字在这两句话里，无论在词义上、词性上、语感上，能说有丝毫差别吗？不要把它俩划归两类，前一个是助词，后一个是介词，很不妥当。

e. 在"词法"上造成另一混乱

何谓实词？在句子里能独立充当成分。这是大家公认的了。硬说有所谓"介词"就不能符合这条法则，只有用所谓"介词结构"，才能充当成分；于是不能不把所谓"介词"划归虚词。它实修饰，有实义；可以发问"为谁服务？""站在何处？"可以问出宾语，划为虚词，很不恰当。

f. 在"语法发展史"上造成的混乱

读"汉语发展史"，差不多公认补语起于西汉以后。由于例句(13)的"于泥上"，(14)的"于云霄"被说成补语，说我国就有补语了。更前推，"其集大命于厥躬"(书经·君奭)、"於(wū)昭于天"(诗经·大雅·周颂)，西周就有补语了。补语起于何时，怎样讲呢？

……最后还要说一下，为什么有人坚持介词独立一类呢？……

天津白有光纸8开每本100页

主要不过说，介词不能单独作谓语。这在古漢语里，我们前面 9
第一節已经全面否定了。在現代漢语里，由于词义的轉变，语感的轉变，某些所谓"介词"诚然不能独立作謂语，这是受词义的限制，不能凭这来處理词法、语法。承认是連动式，不是全部都能充当谓语，绝無限制嗎？"你若見了三姑娘，替我問候一声罢。"（紅樓夢八十九回）"（你）替我"也不成話，能说"替"不能独立作谓语，也是介词嗎？而且所谓"介词"，也不是全部不能独立作谓语，随便举几句話：

(28)"为"，見前例句(27)。

(29)"在"，見前例句(25)。

(30)他對着我，我對着他，彼此半天不說一句話。

(31)我到上海。

(32)算学你比他強，语文你不能和他比。

(33)一心向着共產黨。

(34)我就依照你的辦法。

(35)有條公路，沿着黃河。

(36)你根據什么理由？

……

一二十个所谓"介词"，随手就举出九个，不通連动，都可以充当谓语。能不能跨類这么多呢？

在漢语里，无論是古代或是現代，实難找出一條理由能跟"介词"独立一類。

(二)量词應該独立一類

量词有人划为名詞附類，不恰当。雖然有少数名词与量词跨類，如"一杯水"、"一車薪"（孟子·告子上），"杯"、"車"本是名詞，这里都是量词了。跨類的情况，汉语比較多一些，绝不能說誰是誰的附類，应从语法意义上来认識。量词和名词，在语法意义上，距離很大。名词主要是充当主语、宾语，而量词不能，它和数词一样，除非是当作指称的事物看待，才能充当主语、宾语，如"三加四等于七"、"十升为一斗"。

又量词和数词，可以说结下不解之缘，这是结合着充当定语（現代漢语，也作补语）。量词應当和数词对举起来，特立一類，显示它们的配偶关係。

(三)助动词問題

《馬氏文通》有"助动词"，举的"可"、"足"、"能"、"得"诸字，吕叔湘先生列入限制词（副词），（見《中国文法要略》17页）都有待于考慮。

"能"在古漢语里，可以單独作谓语，只是动词，例如：

(3.1) 人一能之，己百之，人十能之，己千之。果能此道矣，雖愚必明，雖柔必强。（中庸）

(3.2) 能之曰能之，不能曰不能，行之至也。（荀子·子道）

(3.3) 夫徐行者，豈人所不能哉？（孟子·告子下）

(3.4) 為大勝者，唯聖人能之。（莊子·秋水）

(3.3)的"所"就代"徐行"，(3.4)的"之"就代"為大勝"。"所"、"之"既然充当了谓语，原句可改為"豈人不能徐行哉？""唯聖人能為大勝。"当然"徐行"、"為大勝"都是"能"的宾语，談不上"助动词"，也谈不上"能行"、"能為"是合成谓语。"欲"、"願"、"得"、"敢"之類，情况一樣，都是动词。這一點，目前可以说是一致了。

"可"、"足"，吕先生的意見，值得参考。可是通过下面的句子：

(3.5) 孺子可教也。（史记·留侯世家）

(3.6) 求也為之，比及三年，可使足民。（论语·先進）

(3.7) 若寡人者，可以保民乎哉？（孟子·梁惠王上）

(3.8) 臣弑其君，可乎？（梁惠王下）

(3.9) 小子鳴鼓而攻之可也。（论语·先進）

天津白宣纸8开每本100頁

(3.10)使人可其奏。（史记·汲鄭列传）

(3.11)草木之實足食也。（韩非子·五蠹）

(3.12)吾力足以举百钧。（梁惠王上）

(3.13)百姓足，君孰与不足。（论语·颜渊）

例句(3.5)、(3.6)、(3.7)、(3.11)、(3.12)，"可"、"足"都是状语，但不能说是副词。因为它们又充当谓语，如例句(3.6)、(3.13)的"足"，(3.8)、(3.9)、(3.10)的"可"。"足民"是使动，"使民足"；"可其奏"是意动，"以其奏為可"，符合形容词作用規律。所以"可"、"足"應该是形容词，不是副词，更不是助动词。馬氏說："可、足兩助词後，所續其他动词，概有受动（被动——引者）之解"，不对，詳見下文"动句与表句"。

現代漢语里，"能"、"願"、"会"之類，一般不能独立作谓语。可是在语感上，古今基本还是一致的。例如："你争取不争取得个奖状？""得个奖状"是动宾词组充当"争取不争取"的宾语，可以倒过来作主语："得个奖状，你争取不争取？"同樣，"你会不会写钢板？""写钢板"也可以倒过来作主语："写钢板，你会不会？"上面我们已经肯定古漢语动宾词组"為大勝"是"能"的宾语；在現代漢语里，象"得个奖状"、"写钢板"这些动宾词组同是宾语，符合漢语实際；古今语感，並无二致。同時又可发問，問出宾语，"他会什麽？"答出"写钢板"；"写钢板"應该是宾语。又從语气上可以看出"能"的後面动宾词组是宾语，如

(3.14) 他拔○田里所有的杂草。

（○表輕微的停頓）

(3.15) 他能拔○田里所有的雜草。

(3.16) 他拔草。

(3.17) 他能○拔草。

一般谓宾，宾语長，在谓语後有輕微的停頓，如例句(3.14)、(3.15)。宾语短，没有停頓，如

12

(3·16)与所举例句(3·17)，都在"能"字有轻微停顿，绝没有人这样说"他能拔○草。"这就说明"拔草"构成一个语义，充当一个成分——宾语；"能拔"不构成一个语义，不是一个成分，不是合成谓语。又可以问"他能拔草吗？""他会拔草吗？"只要答"他能""他会"，不会答"他能拔""他会拔"，应该肯定"能""会"都是谓语，是动词，不是助动词或能愿动词。再从语义、语感上，说明"能"后的动宾词组是宾语。"她才周岁，就能唱歌了，"这句话只是叙述她对"唱歌"能不能，并不是说她"唱歌"，"能"是谓语，还是谓语的主要部分，"助"于什么了？"助动词"这一术语，用在汉语里是不恰当的。

最近有几位同志在《中国语文》1960年1月号、5月号发表文章，讨论助动词。他们用义代动词，认为凡是"义什么"用来问的，是动词；用"义怎么样"来问的，是助动词，于是把很多动词"要"、"想"、"愿意"、"喜欢"、"乐意"、"希望"、"打算"、"准备"、"企图"、"肯定"、"表示"、"开始"……都说成助动词。果式中同志列出的28个助动词，就中他承认还有11个跨类。其实跨类的何止11个。"我情愿我的儿子参军"，"情愿"可以换用"愿意"、"乐意"。又"你的工作什么时候开始？""他的工作，很难继续下去。"不能不承认"情愿"、"愿意"、"乐意"、"开始"、"继续"是动词，跨类又多出5个。"一定"应该是形容词，要减去。所列27个助动词，就有16个跨类，太多了。

所以要从动词里划出一个附类"助动词"或"能愿动词"，主要是说："动词一般用名词(代词)作宾语，而助动词不能。"所以"他会俄文"、"她会唱歌"，说前一个"会"是动词，后一个"会"是助动词，是跨类。如果用那两种提问方式，"会唱歌"、"会跳舞"、"会扎风筝"、"会写钢板"……统统只能问"会什么"，那"会"只能是动词。刘坚同志助动词表上，还列"会"字，不免自乱其例了。"他要喝水"，"他要找个人谈谈。"三年一同志说这两句……

天津白书纸8开每本100页

話，都是問"要什麽"，"要"都是動词。"他要找个人談談"，為什么 13
不能問"他要怎麽樣"？对某些句子，到底該用哪種发問方式，不免有爭執，难于掌握。"你要喝水"，"他要找个人谈谈"，语感一樣，语法框子（"要"以跟動词）一樣，承认这些句能問"要怎么樣"，把兩句話的"要"判為兩類，是令人難以理解的。如果这兩句話只承認都問"要什麽"，如王同志的看法，那末，还有什麽"要"字的能問"要怎么樣"呢？結果，助动词表里，"要"字必得删去。凡是"能××"一般是問"能幹什么"，很少能問"能怎么樣"。"他能写文章"，无法反对"能"和"会"是一个语感、一個词性。王同志还认为"会什么""肯定会"是动词，那"能"还不能不是动词。助动词表里，"能"字也得删去。如果用同志们兩种发問方式，其結果必然要使助动词表裡的一些主要词被删掉，豈不是"助动词"就起了根本动摇吗？我仔细思量，刘王同志的兩種提問方式，可能就是從"动词一般帶名詞宾语，而助动词不能"这个标准想出来的。凡是問"×什么"，答的一般是名词（代词）；凡是問"×怎麽樣"，答的一般是表动作的动词（或帶宾语、补语）。刘同志忽略了这里"一般"兩个字，提出了兩種发問方式，就引起了重重糾紛，不再究詰了。"他打算投考外语学院"，"他准备考貴州大学"……，誠然只能問"他打算怎麽樣"、"他准备怎么樣"。这足以充分说明漢语的宾语，也可以用"×怎么樣"发問。如果用刘同志的标准，硬把"打算"、"准备"……十来个（可能更多）动词说成助动词，就不是從语言得出语法，而是自定语法来限制语言了。动宾词组作宾语，是古漢语、现代漢语普遍现象，都能用"×怎么樣"发問。前引莊子"为大勝者，唯聖人能之"，可以说"唯聖人能為大勝"。这里只能問"聖人能怎么樣"，答出动宾词组"為大勝"是宾语。绝不能用刘同志标准，说"能"是助动词，因为原文就是用代词"之"代"為大勝"充当"能的宾语。

說"动词一般带名词(代词)宾语，而助动词不能"，我们已經從古漢语、現代漢语，作了全面分析，肯定动词、动宾词組作宾语，是漢语存在的普遍事实，这個主要划界标准完全失了根据。还有其他划界标准，总不出这一个格式——"动词一般怎樣，而助动词不能"。既说"一般怎樣"，就是无法否认"一小部分不这樣"，那末所謂"助动词不能"者，我们只要求允許它们能和那些"一小部分不这樣"的动词，保留同樣權利，保留同樣職權，用不着逐项討論了。

(四) 定语后置問題

"陳文子有馬十乘"(論语·公冶長)这句话，据一般語法，可能有幾种分析：

a、陳文子 有馬 十乘。
主 謂兼 謂

b、陳文子 有馬 十乘。
主 謂宾 謂
主

c. 陳文子 有馬 十乘。
主 謂宾 补

d、陳文子 有馬 十乘。
主 謂宾 定

我们認為最後的分析恰当，"十乘"是"馬"的定語後置。理由是：

甲、数量词作定语，前置的如"一杯水"、"一車薪"(孟子·告子上)，先秦是比較少的；漢以後，前置的定语多起来了，如"一尺布"、"一斗粟"(史记·淮南王列傳)、"一卮酒"(同上·匈奴傳)、"千足羊"(同上·貨殖列傳)、"一株栗"(古乐府)、"一顆梅"(刘向：說艾)之類。說"馬千乘"等于漢代說"千乘馬"，符合漢語發展實际。

乙、史記貨殖列傳："陸地牧馬二百蹄，牛蹄角千，千足羊。""馬二百蹄""牛蹄角千"（數量詞例）是數量詞后置，"千足羊"是數量詞前置。這說明西漢人語感在觀念轉變中的真實情况。他們对數量詞作定語，前置或後置，等量齊觀，所以把三組詞平列起來。如果在上古，應該一律，也是"羊千足"；如果在後代，應該一律，也是"二百蹄馬""千蹄角牛"。

丙、金文錄伯敦："余易（錫）女（汝）秬（秬）鬯（鬯）一卣，金車，馬三（四）匹，鋚勒（鋚革）。"把四種物品"秬鬯""金車""馬""鋚革"平列看，完全謂語"錫"的賓語。只有承認"一卣""四匹"是定語後置，符合語言實際。現代漢語，可以說："他剛租了房子，就有朋友送他床、桌和兩張椅子。"[redacted]古文就是"贈之床、几、椅二"，符合漢語實際。前三種分析，都不能分析金文這句話。

"定語後置"古代只有數量詞作定語的一種，其外就沒有了。最近南開《古代漢語讀本》提出了"定語後置"，主要例句是：

(4.1)嚴仲子恐誅，亡去游，求人可以報俠累者。

（史记·刺客列傳）

(4.2)伯夷，聖之清者也。（孟子·萬章下）

他們說"可以報俠累"是"人"的定語后置，"清"是"聖"的定語后置。謝質彬同志不同意這種分析。謝同志說："聖"是定語，"清者"是中心詞，意思是"聖人里頭的清潔的"，我們同意。但說"求人里面的可以向俠累報仇的人"，似乎是說"人"是"可以報俠累者"的定語，就要商量了，見下節。（謝說見《中国語文》1960年11月号）

(五)"求人可以報俠累者"怎樣分析

16

“求人可以報侠累者”，承前分句，主語“嚴仲子”省略。這句話，可能有四種不同的分析：

a、□求人可以報侠累者。
　主謂賓　　定

b、□求人可以報侠累者。
　主謂定　　　賓

c、□求人一可以報侠累者。
　主謂　　　　賓

d、□求人可以~~[illegible]~~□報侠累者。
　主謂主状谓　　　　賓謂　賓　賓
　　　　　　　定

分析a，是南開《古代漢语读本》的意見，b是谢同志的意見，c是某些同志的意見，d是我个人的意見。為研究这个問題，~~為研究这个問題~~，把这一同類句型多摆出一些，便見真象。

(5.1)求人可以報侠累者。（刺客列傳）

(5.2)太子及賓客知其事者，（同上）

(5.3)今有人日攘其鄰之雞者。（孟子·滕文公下）

(5.4)壯者散而之四方者，（同上梁惠王下）

(5.5)何愛（吝）餘明（多餘的燭光）之照四壁者？（秦策）

(5.6)有鄙人嘗事孔子者，（吕氏春秋、必己）

(5.7)士之慠（傲）爵禄者，固輕其主；其主慠霸王者，亦輕其士。（新序·雜事）

(5.8)覩一異鵲自南方來者。（莊子·山木）

(5.9)宋元君將畫圖，衆史皆至，……有一史後至者。（同上田子方）

(5.10)亦去其害馬者而已矣。（同上徐无鬼）

我们知道代词“之”只作宾语，代词“其”只作定语或词组里的主语。通过例句(5.10)，显然看出，“其害马”是主谓词组，充当“者”的定语，不能用a、c两种分析。例句(5.1)

的"人"，假使用代词代替，只能用"其"，不能用"之"——"求其可以報使秦者"通；"求之可以報使秦者"不通。可見a分析"人"為賓语，c分析"人"為帶兼指成分的賓语，都是錯误。b分析人為定语，但須在而添上"里面"才講得通，還是偶然的。(5.3)就是说"現在有一个人每天偷他鄰家一隻鷄的"，(5.6)就是说"有一个鄉下人剛才追隨孔子的"，不必要加上"里面"，说成"現在有人里面的每天偷他鄰家一隻雞的人"、"有鄉下人里面的剛才追隨孔子的人"，多麽彆扭？(5.5)"餘光"，加不上"里面"；(5.8)、(5.9)，"一異鵲"、"一史"，都被數词"一"定死了是單數，更加不上"里面"。從偶然現象，用現代汉语語感，分析(5.1)的"人"是定语，也是錯的。"餘光之照四壁者"、"士之懷爵禄者"，"之"正是消滅主謂词组的独立性，充當定语。

(六)連動式問題

關于"連動式"，目前还有分歧。古漢语連動之间，常常用平列連词"而"。分兩組：

a组：兩个动作，各自獨立地連續着，如：

(6.1)公入而賦大隧之中。(左傳·隱公元年)
(6.2)右援枹而鼓。(同上成公二年)
(6.3)植其杖而芸。(論语·微子)
(6.4)乞諸其鄰而與之。(同上公冶長)
(6.5)舍瑟而作 (同上先進)
(6.6)魯連見辛垣衍而無言。(趙策)
(6.7)鄭人買其櫝而還其珠。(韓非子·外儲説左上)
(6.8)髡辭而行。(史记·滑稽列傳)

b组：兩个动作，不是前一个动作停止了，后一个动作才起，而是同時運行着，如：

(6.9) 夜縋而出。（左傳·僖公三十年）

腰系着绳子从城上放出。

(6.10) 坐而假寐（同上 宣公二年）

坐着打瞌子。

(6.11) 詠而歸。（論语·先進）

唱着回家。

(6.12) 楚狂接輿歌而過孔子。（同上 微子）

唱着歌打孔子面前過去。

(6.13) 有牽牛而過堂下者。（孟子梁惠王上）

有牽着牛經過堂下的。

(6.14) 王笑而不言。（全上）

笑着不說話。

(6.15) 提刀而立。（莊子·養生主）

提着刀站起。

(6.16) 仰而視之。（同上 秋水）

抬着头看。

近人認為表連續動作的a组是連動式；認為表連合動的b组不是連動式，說前面的動词或動宾是状语，修飾后面的动词。我们認為都是連動式，理由是：

第一點，通过以下例句，認識一下單句或分句的單句里面复主语和复谓语是什麼性質。

(6.17) 仁與義為定名，道與德為虛位。（韓愈：原道）

(6.18) 君子賢其賢而親其親，小人樂其樂而利其利。（大學）

(6.19) （敗者）棄甲曳兵而走。（孟子梁惠王上）

(6.20) 叟不遠千里而來。（同上）

這些复主、复謂的单句或分句的单句，都可拆為复句。

甲、仁與義為定名，＝仁為定名，義為定名。（下分句同）。

乙、君子賢其賢而親其親＝君子賢其賢，君子親其親（下分句同)。

丙、髭髯而行。——髭髯，髭行。

丁、王笑而不言。——王笑，王不言。

戊、(败者)弃甲曳兵而走。——(败者)弃甲，(败者)曳兵，(败者)走。

己、叟不远千里而来。——叟不远千里，叟来。

由于不同的主语有共同的谓语，所以用平列连词"与"构成复主单句"仁与义为定名"，"仁为"和"义为"的主谓关系不变。由于不同的谓语有共同的主语，所以用平列连词"而"，构成复谓单句"髭髯而行"、"王笑而不言"，而"髭髯"、"髭行"、"王笑"、"王不言"的主谓关系，同样是不变的。硬割断"王笑"的主谓关系，把"笑"误成状语，是不恰当的。

名词表的是人和事物，是凝固的，是各自分离的，所谓复主单句(6.17)的复主关系，只有一个，语法关系和词义关系，都是对等的。可是动词是表人和事物的动作，是流动的。在复谓单句里，这个流动的动态，发生于一个人、一件事物，不可能要求词义关系，都是对等，位置可以互换。如例句(6.18)那样，有时两个动作虽然是各自别开，却有先后继续，"髭髯而行"，位置不可互换，不能说"髭行而髯"。有时两种动作，也不是平列着，也不是先后继续着，而是同时并存连合着。复谓有这三种形式，是人和事物的动态，有这三种情况，反映在语言里。而这三种不同的动态，都是从人和事物发出的，都是有主谓关系，是一致的。例句(6.17)的复主和例句(6.18)的复谓，语义、语法都是对等关系；例句(6.18)和A组b组的复谓，在语法上却都是对等关系，同用连列连词"而"。把b组"(烛之武)缒"、"(赵盾)坐"……的主谓关系割断，说"缒"、"坐"是状……语，是不恰当的。

第二点，b组是连系动，第二个动作已经开始，第一个动作还在持续，所以现代汉语都用時態助詞"着"，却不能因此否定它是連动式。比較下面两句話：

(6.21)她放下孩子买車票。

(6.22)她抱着孩子买車票。

第一句說，"买"的动作開始，"放下"的动作结束了，不能用"着"；后一句話，"买"的动作開始，"抱"的动作還在持续，所以用"着"。"她放下"、"她抱"的主謂関係，完全一樣。对这两句話作出不同的分析，是不可理解的。先"主"、"次"的說法更玄虛，无法掌握，各人有各人的看法；"放下孩子"也可以附会是"次"，又如"你站稳立場发言"，甲說"发言"是主，乙說"站稳立場"是主，可就麻烦了。這一項，王福庭同志有詳细的論證，見《中國語文》1960年6月号283—4页，我就不多扯了。

第三点，我们分析下面三句話：

(6.23)(敗者)棄甲而走。

甩掉盔甲跑。

(6.24)(敗者)曳兵而走。

拖着刀跑。

(6.25)(敗者)棄甲曳兵而走。

第一句是a式，第二句是b式。古人語感"棄"、"曳"、"走"都是"敗者"三个动作，都是"敗者"的謂語，用一个平列連词"而"，在語法上是对等的。硬說中间一个是状语，這种分析，是不可理解的。

第四点，即令允許先a式b式来决定連动式、非連动式，到实际分析里，还会遇到困难。"子路聞之喜"(論語公冶長)这句話，可以是a式"子路听了高興"，也可以是b式"子路听着高兴"，怎么办呢？"你站稳立場发言"，"发言"的动作開始了，"站稳立場"还是持续着，但用"着"是很不自然的，又怎么办呢？

最后谈一谈王福庭同志建议的"連动式不如改為連謂式"（中国语文1960年10号）前人也提过，是可以的。可是这種連动式，前动後形的，在古漢语、現代漢语里是很少的，如：

(6、26) 苔痕上階緑，草色入簾青。（刘禹錫文）
(6、27) 我看了不舒服。

```
对付連动式有这个特殊形式就可以了；改称不改稱，問題不大。王同志举的"連謂式"一些例句，有的还待商量。我認為連动（或連謂）之间，不應該有語气停頓。"他說話說得不清楚"可否考虑"他說話"是主謂詞組充当主語？"姑娘太红不好看"可否考虑是复句？"他忙着收拾東西"、"他红着脸說"，"红"帶"着"又帶宾语，應該肯定是形容詞动化；"忙"可以看作动詞，至少是形容詞动化，這两句就說成"前形后动"，也得考虑。王同志列的四種"連谓式"——前动后动、前动后形、前形后形、前形后动——后两種我還没找到恰当的例句，僅只有極少的"前动后形"，所以"連动式"改稱"連谓式"，意義不大；但我並不反對改稱。
```

（七）复指問題

關於复指成分，目前還相当分歧。据我初步研究，漢语复指，只有兩个形式。

A式：复指代词

(7、1) 非台（我）小子，敢行稱亂。（書经、湯誓）
(7、2) 予旦（周公名）已受人之徽（美）言。（同上立政）
(7、3) 豈弟君子，無信讒言。（詩經、小雅、小明）

現代漢语"你们大家"、"我老王"皆是。另外"鐵道儋礦物，雖然复指名词，卻和b式不是一回事，是从a式发展出来的。

b式：复指名词

(7.4) 天休(嘉美)于寧王，興我小邦周(书經·大誥)

(7.5) 楚狂接輿歌而過孔子，(論語·微子)

(7.6) 公子姊為趙惠文王弟平原君夫人。(史記·信陵君列傳)

現代漢语"中國首都北京"、"偉大領袖毛澤東"皆是。

這些复指，马氏叫"同次"，黎先生叫"同位"，鄒熾昌氏叫"附稱"。所謂"次"、"位"、"稱"，現在講漢语语法是不用了，所以"同位"这个術语，也就不必适了，称"复指"妥当。

过去讲"同次"、"同位"、"附稱"，現在讲"复指"，很不一致。今误的错误不提，提出四项讨论。

甲、"有……者"句

(7.7) 楚人有藏金者。(孟子·梁惠王下)

(7.8) 齊人有馮諼者。(齊策)

讓 有人通过翻译"齐人有冯谖这个人"，認"者"等于"這个人"，复指，不妥。第一，代词"者"，从带定语讀，說是复指，不合。其次，檀弓下："有臣柳莊也者，非寡人之臣，社稷之臣也。"正說明"有……者"句的者是语气助词，更加添些用"也者"。等於"……者……也"句的"者"是语气助词，"仁者人也"(中庸)，语气更加强些用"也者"，"仁也者人也"(孟子·尽心下)。凭翻译处理古汉语语法，是有危險的。

乙、表词(称谓句)

(7.9) 臣(梓慶)工人，何術之有？(庄子·達生)

(7.10) 將軍(曹霸)魏武之子孫，於今為庶為清門。

(杜甫：丹青引)

(7.11) 老王，山東人，非常爽直。

(7.12) 北京，中國首都，十分壯麗。

大興白有光紙8开每本100頁

這四句話，同一句里，同是复指。"臣，工人"、"將軍，魏武之子孫"是省略"者"、"也"的"……者……也"句，就是"臣、工人也"、"將軍者，魏武之子孫也。"都是句子，不是复指。"……者……也"句还残留在現代漢語里，"老王，山東人"，"北京，中國首都"，还成一句話，是句子，不是复指。"臣"、"將軍"、"老王"、"北京"，讀書說話，中間停頓，就顯它們是說明对象，是主語。如果倒一下，"工人梓慶，何術之有？""魏武之子孫曹霸，於今為庶為清門"、"山東人老王，非常爽直"、"中國首都北京，十分壯麗"，那就是單句了，主語是复指，中間沒有停頓。馬建忠說"臣，工人"是同次，現在說"北京，中國首都"是复指或同位詞組，是同樣的錯誤。

丙、所謂"外位主語"

(7.13) 富與貴，是人之所欲也。（論語·里仁）

(7.14) 蘭槐之根，是為芷。（荀子·勸學）

(7.15) 祖國，這不是一個普通的詞兒，這是一個至親至愛的名字，尊貴的名字，神聖的名字。（魏巍文）

"五侯九伯，女（汝）實征之"（左傳僖公四年）、"董存瑞，我很愛他。"過去說"五侯九伯"、"董存瑞"是外位主語，現在一般同意是主語，而下面是主謂詞組作謂語，符合語言實際。上面三句話，過去說"富與貴"、"根"、"祖國"是外位主語，同樣不符合語言實際，仍然是後面主謂詞組作謂語。有些同志可能是從外位主語這個觀念出發，說上面三句話，"是"复指"富與貴"、"根"，"這"复指"祖國"。复指不允許停頓。前一個"這"說是复指已不妥，後一個"這"也說為复指，更不妥了。假使这么一句"祖國不是一個普通的詞兒，這是……"，能說"這"是复指嗎？

天津白有光紙8开每本100頁

丁、專名合成詞（或固定詞組）

“黎先生說‘帕米尔高原是同位’，不妥。這等于‘周恩来總理’、‘王××老師’，只能當一个詞看待，至多說是‘固定詞組’，其实不是什么詞組。‘周恩来總理’、‘王××老師’可拆開，‘周總理’、‘王老師’不好拆開，只是一个詞。实質是一樣的，倒過来‘總理周恩来’、‘老师王××’就是b式的复指了。

最后說明b式的‘趙王之弟平原君’、‘老师王××’，前一个对后一个有修飾意味，為什么不說前者是定語？凡名詞作定语，古漢語能加助詞‘之’，現代漢語能加助詞‘的’。我們不能說‘趙王弟之平原君’、‘老師的王××’，所以b式都是复指关係，不是偏正关係。

（八）‘以’的詞性問題

‘以’在古漢語里，是介詞还是动詞，前面已經討論过。另外，‘治世之音安以樂，亡國之音哀以思（悲伤）’（礼記·乐記）的‘以’是平列連詞，也是沒有問題的。問題在以下三類句型：

a組：‘以’在名詞后面

(8.1) 楚國方城以為城，漢水以為池。（左传·僖公四年）

(8.2) 仁以為己任。（論語·泰伯）

(8.3) 君子義以為質，禮以行之，孫（遜）以出之，信以成之。（同上·衛灵公）

(8.4) 江漢以濯之，秋陽以暴之。（孟子·滕文公上）

b組 ‘以’在动詞（或帶賓語）后面

(8.5) 逾扶以下。（左传·襄公二年）

(8.6) 君子游道，樂以忘憂；小人全軀，說以忘罪。（甲 楊惲文）

~~[illegible]~~

(8.7) 若舍鄭以為東道主，（左传·僖公三十年）

(8.8) 焉用亡鄭以陪鄰？　　　　(仝上)

(8.9) 志士仁人，無求生以害仁，有殺身以成仁。

~~(8.10)~~　　　　(論语·衛灵公)

(8.10) 是故審聲以知音，審音以知樂，審樂以知政。(乐記)

C组："以"在比較長的句子後面

(8.11) 五侯九伯，女實征之，以夾輔周室。(左傳·僖公四年)

(8.12) 太史書曰："趙盾弑其君"，以示於朝。(仝上 宣公二年)

(8.13) 晉人歸楚公子穀臣與連尹襄老，以求知罃。

(仝上 成公三年)

(8.14) 大人世及以為禮，城郭溝池以為固，禮樂以為紀，以正君臣，以篤父子……　　(禮記·礼運)

(8.15) 於是廢先王之道，焚百家之言，以愚黔首。

(賈谊·過秦论)

(8.16) 銷鋒鏑，鑄以為金人十二，以弱天下之民。(仝上)

以上三组，現在一般对"以"作出不同的處理，判成不同的词類，認為a组的"以"是介词（实际是动词，不同），前面的名词是宾语提前；b组的"以"是連词表示前后引為的目的或结果関係；c组的"以"是介词，后面省略宾语"之"，"以"有"拿着来"意思。我们認為c组的處理，是正確的，而a组和b组，并不两樣。

a组的形式，現代漢语还保存，对比：

(8.17) 斧頭拿着来劈柴。

(8.18) 斧以斯之。　(詩經·陳風)

這兩句詞的型語感一致，同是連动词组作謂語，是表句。"斧頭"、"斧"是主语，不是"以"的宾语提前，詳見后節"表句"。

b组的"以"用"拿着来"翻译，不太自然，但是"拿着来"的意味，是明顯的，特别是例句(8.10)更明顯。不因為"以"等于

"拿着来"，才显示后一动作是前一动作的目的，或是前一动作所产生的结果。C组情况一样，"正君臣"、"笃父子"，正是"大人世及……"的目的，是由"以"的实词表达出来的，"以"有实义，不是虚词，不是连词。 26

例句(8.7)在b组，却又说"以"是介词了，形成混乱。不"舍鄭"又怎能"为東道主"呢？"为東道主"正是"舍鄭"的目的。由于拘執"以"后省略的"之"是指鄭，于是同句型作出不同處理，形成混亂。又"大人世及以为禮，城郭溝池以为固，禮義以为纪"，三个"以"，语感全同。后二个句是入b，前一个句是a组，"世(父子相傳)"、"及(兄弟相傳)"都是动词，怎么"世及"又說成是"以"的賓语提前呢？古人制定"世及"为禮，"为禮"不正是"世及"的结果吗？我们认为"大人世及"是主謂词组作主语，"城郭溝池"、"禮義"是名词的并列词组作主語，句型一致，语感一致。又例句(8.15)、(8.16)在文章里是排句，"以"的语感词性，完全一致。而"廢先王之道，焚百家之言"是并列的动宾词组，能不能把(8.15)歸入b组，說"以"是連词呢？如果凭繁簡作区分，既不成理論，又難于掌握。如原句和"焚百家之言，以愚黔首"、"焚書以愚黔首"三句繁簡雖不同，而基本组織是一樣的；假使凭繁簡作不同的分析，怎能令人心服？又"焚百家之言以愚黔首"，到底是称繁呢还是称簡呢？难于掌握。例句(8.16)的"以"，无法附会为連词。但是主要成分不变，改为"銷鋒鏑，鑄金人，以弱天下之民"，是不是可以歸到b组說"以"是連词呢？总的說一句，如果說b组的"以"是連词，就会導致重重纠纷，不可究詰。

为什麼会想到"以"是連词呢？可能由于漢以后辭賦對仗，"以"对"而"，如：

(8.19)舟搖搖以輕颺，風飄飄而吹衣。(陶淵明：歸去來辭)

(8.20)登東皋以舒嘯，臨清流而賦詩。(仝上)

這里"以"对"而"，並且可以互換。卻不能說二者詞性相等，意義全同，僅僅是互換以后講得通罢了。至如同篇的"門雖設而常關"，"樂琴書以消憂"之類，"以"、"而"並不能互換。可見漢以后对"而"、"以"，並不曾混同起來。

(九)動句和表句

動句和表句，曾在拙著《簡明語法》里提過(1955年五十年代出版社出版)。動句就是一般所謂叙述句，表句近于一般所謂描寫句。至于判斷句，漢語里是不存在的。古漢語根本沒有"是"字句，"…者…也"句，只是表句。現代漢語"是"字句，有動句、表句兩式，見下。"是"的后面常跟名詞(代詞)或名詞性的主謂詞組和"的"字結構，是宾語。漢語的"是"，詞性和"有"差不多，与英文to be完全不是一回事。

動句用動詞作謂語，主語是謂語的動作施出者。漢語主謂关係，不完全这樣，有很多句子的謂語(我稱表語)，是表主語的情態或狀况。形式約有四種：

甲、形容詞作表語

(9.1)肉食者鄙，未能遠謀。 (左傳、庄公十年)

(9.2)周貧且微，諸侯莫朝。(趙策)

(9.3)東方紅，太陽升。

(9.4)山里人胆子小。 (魯迅文)

乙、名詞(代詞)作表語

(9.5)孔子，魯人也。

(9.6)此心之所以合於王者何也？(孟子、梁惠王上)

(9.7)老王，山東人。

丙、動詞(或帶宾語、补语)作表语

天津白寿光紙8开每本100頁

28

(9.8) 龍逢斬，比干剖。（庄子·胠箧）
(9.9) 孺子可教也。（史記·留侯世家）
(9.10) 老者安之，朋友信之，少者懷之。（論语·公冶長）
(9.11) 这件事办了。
(9.12) 这件事办完了。
(9.13) 帝国主义赶出中国了。
(9.14) 台上坐着主席团。

丁、主謂词組作表语

(9.15) 回也其心三月不違仁。（论语·雍也）
(9.16) 蘭槐之根，是为芷。（荀子·劝学）
(9.17) 這本书，我不要。
(9.18) 董存瑞，我很爱他。

表句是漢语语法一大特点，它的主谓关係，不同于动词的谓语是表主语的行为或动作的，而是用表语描寫主语，説明主语。認清这一点，可以正確處理汉语里一些主谓关系。略举数例：

a、清除"被动"誤見

例句(9.8)，《馬氏文通》認為"前后无加"的被动式；例句(9.9)又說："可、足两助动词所續其他动词，概有受动（被动）之解。"实际这些动词形化了，充当表语，"斬"只表"龍逢斬了"，"可教"只表"孺子可教"，"办了"、"办完了"只表这件事進行到什么程度。不会有人写这樣文句"孺子可見教也"，不会有人这樣说："这件事被办了"，"这件事被办完了"。前面例句(8.17)"拿着来劈柴"表着頭作用，也用不着说"被拿着来劈柴"。馬氏附会被动，不符合语言实际。

b、可以说明特殊"是"字句

(9.19) 我的哥哥是方臉。

(9.20)你们是知识分子的言语，他们是人民大众的言语。

(毛主席：在延安文艺座谈会上的讲话)

例句(9.19)在贵阳某中学争论过，有的说通，有的说不通。有人来问我，我问："读这句话，人们懂不懂呢？"他说："懂。"我说："懂就通。"可是还不能停止争论，我只好举出(9.20)毛主席这句话，肯定是通。为什么会有人说不通呢？当然受了英语系词支配，加上规定"判断句"，说不合逻辑，"是"怎么是脸呢？"不理解汉语有表句，表语只表一部分，"他聪明"、"他很胖"，并不等于说"他的天分聪明"、"他的身体很胖。"表句(9.19)、(9.20)同理可推。至于"普库霍是太阳"，就是动句了，这是判断句，问题不大，但没有必要。

c、可以重行考虑"台上坐着主席团"问题

这一问题，争论很久，现在似乎多数同意"台上"是状语，"坐着主席团"是无主句。我还认为这是一个表句，"台上"是主语，拙著《简明语法》提过几条理由，现在补充两条。

第一，无主句"下雨了"是一句话，是能独立的句子。"现在下雨了"，状语"现在"可以拿掉。一切句子，状语拿掉，都不影响句子的存在。如果说"台上"是状语，拿掉了，"坐着主席团"是一句话吗？没有无主句资格，它只是动宾词组充当表语。

第二，"台上放着几盆花，十分幽美。"这是复句，后一分句主语"台上"承前分句主语省略，这是复句常例。如果说"台上"是状语，又充当做一分句主语，是讲不通的。

d、其他

例句(9.10)动宾词组作谓语(表语)，例句(9.15)主谓词组作谓语(表语)，是我在拙著《国文文法》里讲表句提出的，现在差不多取得一致意见了，不须多谈。

(十) 余论

上面一些粗浅意见，可以说是汉语语法上比较重大的問題。还有一些次要的，略提一提。

甲、动宾之间的"夫"，應該是語气助词，不是指示代词。能附会是指示代词，是偶然的。至如"小子何莫学夫诗？"（論語·陽貨）"食夫稻，衣夫錦"（仝上）的"夫"，绝不能附会指代，只是语气助词。又"王知夫苗乎？"（孟子·梁惠王上）、"諸君知獵乎？"（史记·蕭相國世家），"王"是單词，"诸君"是[illegible]词，或用"夫"或不用，只是為修辞，不須指代。

乙、古漢语词头、词尾問題，只有"紛若"（易經·巽）、"沃若"（詩經·卫風）、"申申如，夭夭如"（論語·述而）、"率爾"、"鏗爾"（同上先進）、"油然"、"沛然"（孟子·梁惠王上）的"若"、"如"、"爾"、"然"，古代是一声之轉，可以認為是形容词词尾。古汉语似乎没有词头，也没有其他词尾。有人認為"有夏"、"有殷"的"有"是名词词头，其实这个助词，普遍用在动词、形容词前面；几乎所有的名词、动词、形容词都能用它，不起什么形態作用，只是足成語气。又"之子于歸"，毛傳："于，往也"；吕氏春秋·古乐"燕燕往飛"，應該就是邶風的"燕燕于飛"。"于"本是由动词"往"发展為表持续态的助词。"王于出征"，不好說"于"是词头。又"八月其穫"（豳風·七月）的"其"是虚擬语气助词，表將然，同"是其远也"（左傳·僖公三十年）。下文"十月穫稻"，所以"八月"说"其穫"。"其"不是詞头。

丙、分析句子問題，第一，笔者凭若干年一点教学經驗，認為教语法不引導学生面向语言去分析，只是讲书，语法就成了空談，引不起学生兴趣。即令為应付考试，记一点教條，也无法巩固。第二，分析方法，老一套圖解，把句子拆得七零八落，看不清句子内部组织，现在一般不用了。綫标法，势必要用單线、双线、單浪线、双浪綫，鬧得眼花，也不好。拙著《簡明语法》用綫标附注法，但是用兩套，不包含詞组

天津白有光纸8开每本100頁

的一套，包含词组又一套，也不好。近几年改進只用一套，词 31
组用直线，词组又包词组用三道线；也有用到四道五道線
的，是很少的。前面一些分析，就用这个方法，現在补充交代几項。

a，并列词组，在并列各词之间加个顿号，不标直线。

b，复指中间加短破折号，不标直线。

c，紧缩句在連谓上面联个弧線，区别于連动式，如

禹闻善言则拜。

d，兼语式，兼语注"兼"，就不与連动式混了。

e，动句、表句分别注"谓"、"表"，如

共產党是太陽。　　　　我的哥哥是方臉。
主　谓　宾　　　　　　定　主　　宾
　　　　　　　　　　　　　　　　表

f，词组、结构要分别，结构不包词组，不標直線，如

这朵花是红的。
定　主谓宾

他的父親是做木匠的。　　好色之人，能讓千乘之国。
定　　主谓　宾　　　　　宾主谓　定　宾
　　　　　　宾　　　　　定　　　　宾

同样

好色者……
　宾主
　定

"者"古漢语是代词，"好色者"语法关系，完全同"好色之人"，"好色"是定语，"人"、"者"同是中心词，不能混同结构，不能这样标注：

好色者……
　宾
　主

笔者久居边邑，孤陋寡闻，殷切期待同志们指教！

3

對《語法講話》的意見

主語和謂語的关系，動词和賓語的关系，是很重要的两个语法现象。好些人认为主谓关系只是射手放箭，動賓关系只是箭中靶子。所以"全场热烈鼓掌"就会加它个"语法不通"的罪名。"全场怎么能够热烈鼓掌"？必定要改为"全场的人热烈鼓掌"。又如"这一锅饭能吃三十人"，"三个人盖一床被子"这些活的话——只有人吃饭哪有饭吃人，只有被盖人哪有人盖被子；其实汉语的主谓关系不一定只是射手放箭一个形式，动宾关系也不一定只是箭中靶子一个形式。这些"语法讲话"都帮助我们搞明白了（"中国语文"一九五二年九月号廿三—廿四页，又一九五三年一月号十九页）。中国过去一些专家，每个或多或少都有

一

贡献，这是事实。正因为有这基础，所以出个天才有"语法讲话"这一比较中肯的新体系的产生。"语法讲话"一开头就提出三种语法是讨论句子的各种格式……句子的格式里头最重要的是字的次序。"字的次序"是汉语最重要的特征之一。用"倒装法"，就会把这个特征抹掉。形容词在前是附加语，在名词后便是谓语，黎劭西先生早就说出了。副词也是这样，在动词（或形容词，或副词）前是修饰语，在后是补语。"语法讲话"也给我们讲明白了（同上一九五三年二月号廿四页）。又"时点"、"时段"的分析（同上一九五二年九月号廿五页，又十月号十六页）……很多的创见都是从字的次序上发觉出来的。英文的verb有它有时的变化形态，而后面跟的往往是形容词和主语谓语代词，

二

名能不能说是宾语，因此才有"补足词"一说的必要。我们的语言里有以说：

1. 他是中国人。　3. 横子里是书。

2. 他家中国人。　4. 横子里有书。

例1和例3，例2和例4，语法构造完全一致，没有理由说"是"字后的是补足词，"家"字、"有"字后的是宾语。又英语可以说"The flower is red"，但"是"字要说"这花是红的"形容词加"的"字变成体词结构了（见上元五三年十月号廿三页）可见汉语"是"字和英文 be 字有本质上的不同。"语法讲话"采用了"连动式"和"兼语式"这就把"宾语补足词"从汉语语法中排出去了。

"语法讲话"又采用了"主语谓语"的说法，这一来，"外位""宾语提前"就不必谈了。"不必谈"是合理的。例如：

三

"这本书我买了"日语是"此本ハ私力大キマセン"。按日语的语法说"此本"是大主语，"私力（我）"是小主语。可见把"这本书"的主语资格剥夺了，说成"宾语提前"是不妥当的。

上面说过，"语法讲话"是一个比较合人满意的新体系，但是我也有些不同意的地方。

"讲话"后半部规划性不够强，往往"单单字成词"，不做分"章"，因此词义和语法有时也不能联系起来。但是先是词义方面的问题拉进语法里来说，就有些"支离破碎"之感了。谈"修正句"一节（同上，元五三年四月号）也是从词义上作了一些必要的分类。

"讲话"又有前后照应不到的地方。例如讲词类时在名词底下加入了"调查、研究、

四

指示、报告、教育、训练等词（同上一九五三年八月号廿八页），可是后头说到宾语时，又说"谈谈、半天"是动词做宾语（同上一九五八年九月号四页）。既然提出连动式，又说"有人往这里来"、"在里头坐一会儿"两句话里的"往这里"、"在里头"是动词的修饰语（同上，一九五三年二月号十九页），"讲话"主动词就下到有"助动词"一类。汉语里是不是有助动词，我觉得需要进一步去研究。例如：

你能唱歌吗？、 你想唱歌吗？

你会唱歌吗？、 你爱唱歌吗？

你肯唱歌吗？、 你怕唱歌吗？

你愿唱歌吗？、 你希望唱歌吗？、

这些句子在语法构造上是没有区别的。没有理由说"想"、"爱"、"怕"、"希望"是动词，而"能"、"会"、"肯"、"愿"是助动词。说

五

助动词不能重叠，不能带着词尾，不能带着词尾"了"字，"能"字后头不能用"过"字，试问，"有"字、"是"字、"象"字能重叠吗？能带"着"字吗？"是"字、"象"字能用词尾"了"？后头能带用"过"字吗？可见能不能加词尾和别的都由它受词义的局限，不是语法问题。说"助动词"可以抽掉，但是所举"我希望去"一例中的"希望"就可以抽掉，自己已经把自己的立论推翻了。其实能不能抽掉，全看在句用作宾语的动词或用作主语的力量能否去解说完，如果能去解说完，就能抽掉，例如："我希望去"、"我能唱歌"。如果不能去解说完，就不能抽掉，例如："我希望下雨"、"我才愿如今"、"安县系天族行，我愿不雨，不愿天晴"，"希望"和"愿"是不能抽掉的，说助动词不能带体词宾语，但是"我会俄文"的"俄文"止

六

是体词作宾语。如果说"我会俄文"的"会"是动词，"我会唱歌"的"会"是助动词，那就等于说"我爱这本书"的"爱"是动词，"我爱唱歌"的"爱"是助动词，这显然是不合理的（同上，一九五三年，第卅六页）。在汉语里面"彼将住此"和"彼暂住此"的语法结构完全一致，我们一定说"将"和"暂"都是付词。可是英语里都是这样说：He will stay here. He stays here temporarily. 从词的形态和词序上，应该说"将"是助动词，"暂"是付词。中西不可混为一谈。同理，在汉语里面"我能唱歌"和"我爱唱歌"的语法结构也是完全一样的。可是英语都是：I can sing. I like to sing. 英语"能"字后面跟的动词是根词，与一般助动词的结构形式一致，证明是助动词。"爱"后面跟的动词是无定式

七

（或动名词）与一般动词用法一致，证明是动词。这也是中西不可混为一谈的。所以我怀疑汉语有助动词，可能找不出根据。"讲话"又从动词里分出"付动词"一类，我（认为）觉得也是不必要的。"连动式"只有动的连续，说不上动的主从，因而不需要什么"正付"。吕叔湘先生举的两个"连"动式的句子是无法分别正付的：

"再拿起来看看"，这是看不出什么。

"大家鼓掌欢迎"。

可见连动式的两个动作，强分主从，是不必要的，有时行不通的。如果说"被"、"把"这些动词一定需要有真实完足动词来完足自己的意义，该称它为付动词，那么"使"、"认为"表动词是有同样情形的，不也该称为"付动词"吗？但"讲话"没有这样。

八

最后我还要申述我个人暂不接受的包袱，那就是「動句」、「表句」的说法。「鸟语」「花香」这两句话可以简单地做汉语句子的两大典范。尤其是我们的祖先说话，爱将描写，也就是爱用表句，因为形成汉语极重要的特征之一。如果把表句认识清楚，就能够到汉语的本质，就能(够到)顺利地说明汉语里一些「疑难杂症」。例如「三斤白菜一千元」「三斤白菜」是主语，「一千元」是名词做表语，也就是谓语，是说明「三斤白菜」的价值。例如「全场热烈鼓掌」也是表(语)句，「全场」是主语，「热烈鼓掌」是句心结构做表(语)词，也就是谓语，是说明主语「全场」的景况。此因为有些同志对「動句」和「表句」这些的两个截然不同的实质，体会不深，所以碰到一些本来是健康的语言，都

九

发生了不应有的误会，和不适当的解释说，「讲话」拿谓语的性质做标准，分成四种句子：体词谓语句、形容词谓语句、动词谓语句、主谓谓语句(同上、一百五二页)。表面上分得很好，实质上有一些模糊的。依我的私见，动词谓语句是动句，其余都是表句，分析句子不能光从形式上去看。例如：

这本书一万五千元。　这本书可爱。

这本书很好。　这本书我不爱它。

这四句都是表句。如果从谓语形式上分成四类，那是不很合适的。

注释：

(四)「语文知识」一九五三年八月号郑林曦文。

(五)、「新着国语文法」一百六十二页。

十

近現代學人學術著述叢刊

張汝舟 撰 張道鋒 整理

張汝舟手稿集

2

國家圖書館出版社

第二册目録

天文曆法

金文具備王年、月、日、月相之三十八器的鑄造時代考定表……一
《史》《漢》月日考正……三
西周銅器年代新定……一三
《推步演草》甲、乙、丙、丁……一七
《(夏)小正》校釋……三四五
春秋經朔譜……四七九

金文具備王年、月、日、月相之三十八器的鑄造時代考定表

金文具备王年、月、日、月相之三十八器的铸造时代考定表

器名	铭文要点	各家考定			备注
		郭沫若	吴其昌	今定	
敔季簋	隹(唯)王四年八月初吉丁亥		康王	成王	
大簋	隹十又二年三月既生霸丁亥王在𩡧侲宫王乎(呼)吴师召大	懿王	懿王	成王	
大鼎	隹十又五年三月既霸丁亥王在𩡧侲宫	懿王	懿王	成王	
[illegible]	隹廿又六年十月初吉己卯	康王	康王	成王	
师訇簋	王若曰师訇丕(丕)显文武孚(敷)受天令(命)王曰哀才(哉)今日天疾畏(威)降丧 隹元年二月既望庚寅王各于大室荣内右	宣王	康王	康王	
庚嬴鼎	隹廿又二年四月既望己酉王客(格)宫衣(殷)事	康王	康王	康王	"二年"疑"三"年之误
小盂鼎	隹八月既望辰在甲申……雩(粤)若翌(翌)乙酉……隹王廿又五祀	康王	康王	康王	又从厚宗明说补甲申，非
师覭簋	隹王元年六月既望丁亥王才(在)周康宫		昭王	昭王	
史伯硕父鼎	隹六年八月初吉己巳			昭王	
虢季子白盘	隹十又一年正月初吉丁亥		夷王	昭王	
伊簋	隹王廿又七年正月既望丁亥王在周康宫𩫖	厉王	厉王	昭王	鬳季见大克鼎
望簋	隹王十又三年六月初吉戊戌王在周康新宫……王乎史年册令望	共王	昭王	穆王	
伯克壶	隹十又六年七月既生霸乙未	夷王	厉王	穆王	
寰盘	隹廿又八年五月既望庚寅王才周康穆宫	厉王	厉王	穆王	廿当为卅之误
师虎簋	隹元年六月既望甲戌王在杜居格于大室井伯内右师虎王乎内史吴	共王	孝王	共王	
趩簋	隹三月初吉乙卯王才周各大室咸井叔(叔)入右趩隹王二祀	孝王	夷王	共王	
师遽簋	隹王三祀四月既生霸辛酉王才周客新宫	懿王	共王	共王	
趞曹鼎(二)	隹十又五年五月既生霸壬午龏(共)王才周新宫王射于射卢(庐)	共王	共王	共王	
吴彝	隹二月初吉丁亥王才周成大室……乍(作)册吴……隹王二祀	共王	夷王	懿王	
牧簋	隹王七年十又三月既生霸甲寅王才周……王乎内史吴册令牧	共王	孝王	孝王	
师兑簋	隹元年五月初吉甲寅王才周各康庙……内史尹册令师兑足(续一行注)师龢父左右走马	幽王	幽王	厉王	
师兑簋(二)	隹三年二月初吉丁亥王才周……余既命女足师龢父司左右走马	幽王	幽王	厉王	"丁"疑为"乙"之误
[illegible]	隹三年三月初吉甲戌王才周师彔宫	宣王			

休盘	隹廿年正月既望甲戌王才周康宫 益公右走马休王乎作册尹	宣王	穆王	孝王	
諫簋	隹五年三月初吉庚寅王才周師彔宫 嗣馬共右諫王乎内史先册令諫	厲王	厲王	夷王	
兮甲盤	隹五年三月既死霸庚寅王初各(略) 伐厰執(獫狁)……兮伯吉甫作盤	宣王	宣王	夷王	
師𩛥簋	隹王元年正月初吉丁亥白(伯)龢(和)父 若曰	厲王	共和	厲王	
周伯和尊	隹王命元年正月初吉丁亥伯和父 若曰		共和	厲王	
師晨[illegible]	隹三年二月初吉丁亥王才周令既令女 [illegible]	[illegible]	厲王	厲王	"丁"疑為"乙"
師𠭰簋	隹三年三月初吉甲戌王才周師彔宫 嗣馬共右師𠭰	厲王	厲王	厲王	
頌鼎	隹三年五月既死霸甲戌王在周康卲宫	共王	宣王	厲王	
鬲攸从鼎	隹卅又一年三月初吉壬辰王在周康宫徲 (夷一…說)大室	厲王	厲王	厲王	
無㠱簋	隹十又三年正月初吉壬寅王征南尸 (夷)	厲王	康王	共和	
曶鼎	隹王元年六月既望乙亥王才周穆王大 (室)井叔易曶赤金 隹王三月既生霸辰才丁酉	孝王	孝王	宣王	
師嫠簋	師龢父𡆥(殂一說)嫠叔市(素黻)巩 (恐)告于王隹十有一年九月初吉丁亥王才周	宣王	宣王	宣王	
虢季子白盤	隹十又二年正月初吉丁亥……搏伐厰執 于洛之陽……王各周廟宣廟(榭)爰鄉(饗)	夷王	宣王	宣王	
克鐘	隹十又六年九月初吉庚寅王在周康剌(厲) 宫王乎士曶召克	夷王	宣王	宣王	
克盨	隹十又八年十又二月初吉庚寅王才周康穆宫	厲王	厲王	宣王	"八"疑為"六"之誤

《史》《漢》月日考正

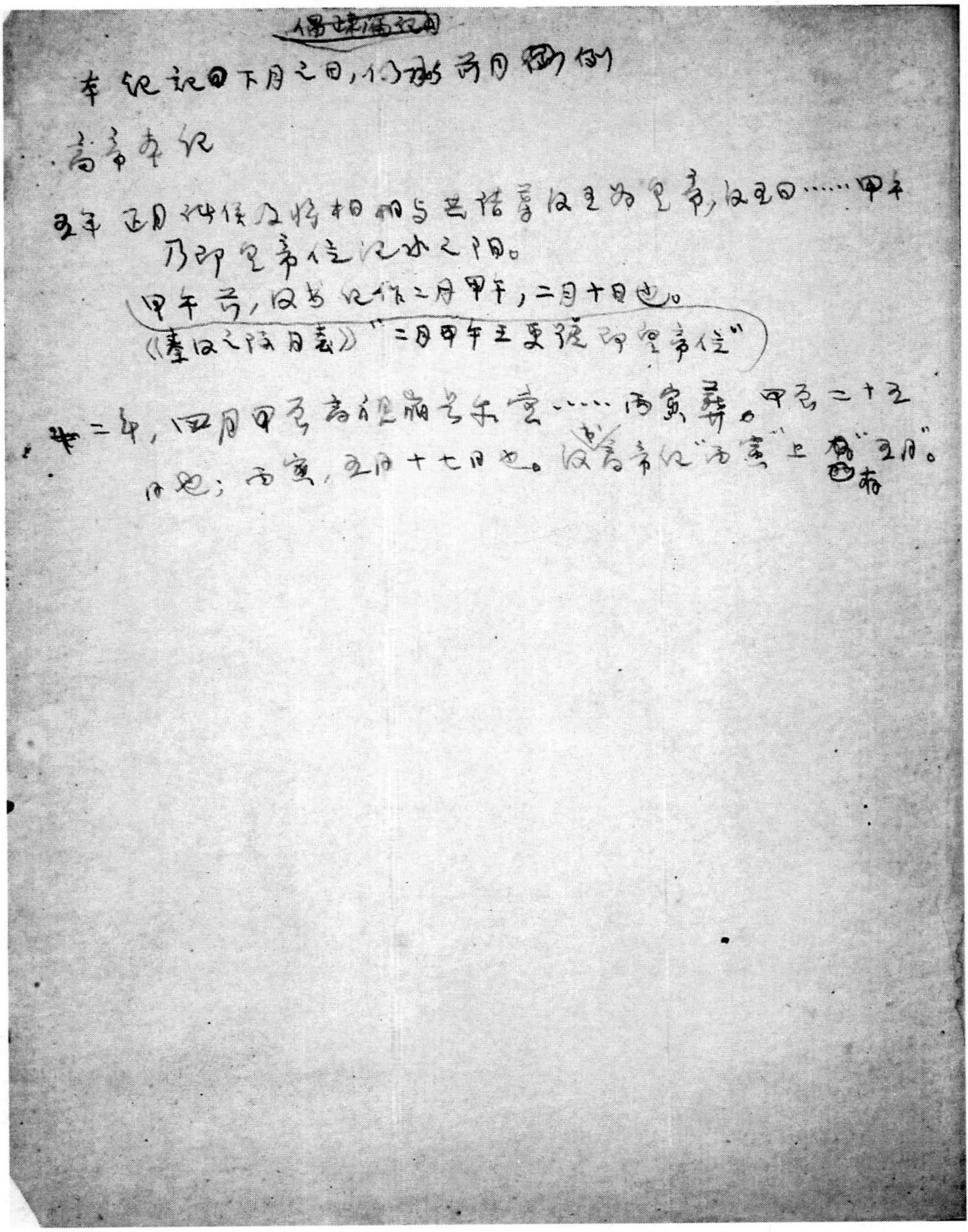

偶读漫记

本纪记日下月之日，仍嫌有用例

高帝本纪

五年 正月诸侯及将相相与共请尊汉王为皇帝，汉王曰……甲午
乃即皇帝位汜水之阳。
甲午者，汉书纪作二月甲午，二月十日也。
《秦汉之际月表》"二月甲午王更号即皇帝位"

十二年，四月甲辰高祖崩长乐宫……丙寅葬。甲辰二十五
日也；丙寅，五月十七日也。汉书高帝纪"丙寅"上有"五月"。

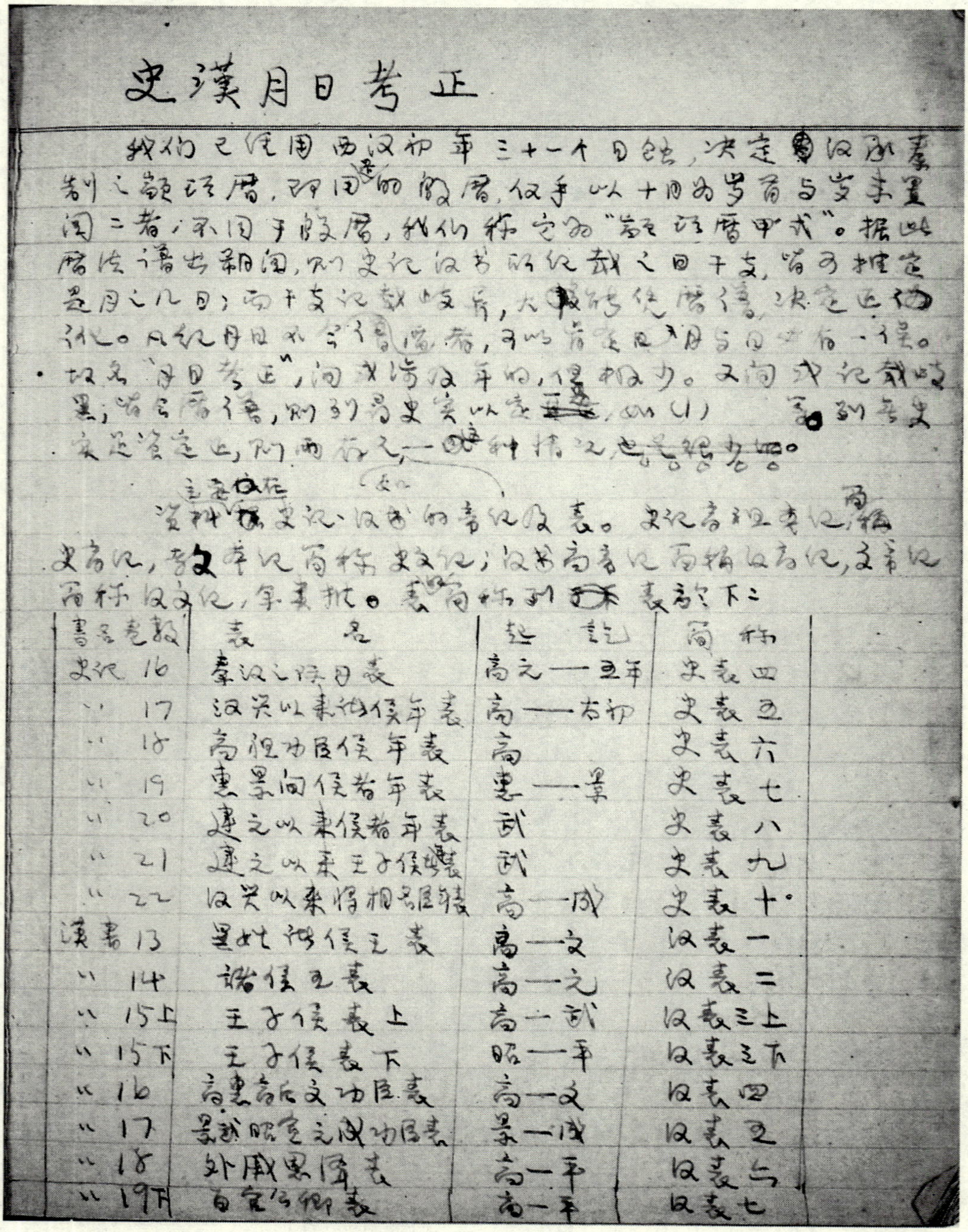

史漢月日考正

我们已使用西汉初年三十一个日蚀，决定西汉承秦制之颛顼历，仍用迁的殷历，仅乎以十月为岁首与岁末置闰二者，不同于殷历，我们称它为"颛顼历甲式"。据此历法谱出朔闰，则史记汉书所记载之日干支，皆可推定是月之几日；而干支记载歧异，大都系传写错讹。凡纪月日不合于历谱者，可以肯定其月与日必有一误。故名"月日考正"，[illegible]。又同戊记载歧异，皆合历谱，则列为史实以定，(1) [illegible]，则两存之——此种情况也是很少的。

资料主要见在史记、汉书的本纪及表。史记高祖本纪简称史高纪，孝文本纪简称史文纪；汉书高帝纪简称汉高纪，文帝纪简称汉文纪，余类推。表的简称列表于下：

書名卷數	表名	起訖	簡稱
史记 16	秦汉之际月表	高元—五年	史表四
〃 17	汉兴以来诸侯年表	高——太初	史表五
〃 18	高祖功臣侯年表	高	史表六
〃 19	惠景间侯者年表	惠——景	史表七
〃 20	建元以来侯者年表	武	史表八
〃 21	建元以来王子侯者年表	武	史表九
〃 22	汉兴以来将相名臣年表	高—成	史表十
漢書 13	异姓诸侯王表	高—文	汉表一
〃 14	诸侯王表	高—元	汉表二
〃 15上	王子侯表上	高—武	汉表三上
〃 15下	王子侯表下	昭—平	汉表三下
〃 16	高惠高后文功臣表	高—文	汉表四
〃 17	景武昭宣元成功臣表	景—成	汉表五
〃 18	外戚恩泽侯表	高—平	汉表六
〃 19下	百官公卿表	高—平	汉表七

◎高帝二年丙申（西元前205年）

(1) 汉高纪"二年二月癸未令民除秦社稷立汉社稷"，"二月癸未"，五日。

(2) 又，"二年六月壬午立太子"，"六月壬午"，六日。

◎高帝四年戊戌

(3) 史表五，"四年十月乙丑初王英布"，"十月乙丑"，二十七日，但月误。汉高纪、史表四、汉表一及史汉布本传并作"七月"。七月乙丑朔。

(4) 史表五，"四年封张耳，其年薨，明年子敖立，八年废为宣平侯，九年立子如意。"
汉本传，"四年夏立耳为赵王，五年秋耳薨。""夏"误，据史表四、汉高纪、汉表一，张耳之封在四年十一月。

◎高帝五年己亥

(5) 史高纪，"五年正月诸侯及将相相与共请尊汉王为皇帝……甲午，乃即皇帝位汜水之阳。"汉高纪及史表四并作"二月甲午"是，二月三日。

(6) 史表五"五年二月乙未王吴芮"，汉表一同，二月四日。

(7) 汉高纪"六月壬辰大赦"，三日。

(8) 史表四"五年七月耳薨，八月耳子敖立"，汉表一"五年十二月丑耳薨"，汉本传"五年秋耳薨"，史表五"四年封张耳，其年薨，明年子敖立，八年废为宣平侯"。

按五年十二月无乙丑，当是月误"七月乙丑"，六日。史表五"五年"亦误。又"八年废"，当是"九年废"，见后。

(9) 史表五"五年九月壬子初王卢绾"，是年九月无壬子。汉表一、汉表七并作后九月。后九月壬子，二十五日。

⑩ 高帝六年庚子

(10) 汉高纪"六年十二月甲申始剖符封功臣曹参等为通侯"，史表六、汉表四同。十二月甲申，二十八日。

(11) 史表六"六年正月丙戌吕泽、释之元年"，正月丙戌朔。汉表六，吕泽同，释之作"四月丙戌"，月误。

(12) 汉高纪"六年正月丙午，立刘贾为荆王，弟交为楚王……壬子以云中之喜为代王，以子肥为齐王"，汉表二同。史表五，交、贾同，喜作"六年初王喜"不日，肥作"正月甲子"，日误。正月丙午，二十一日，壬子二十七日。史高纪"七年立兄刘仲（喜名）为代王（记当在二月前）"，年误。（七年正月无壬子）

(13) 史表六"六年正月丁未周灶元年"，汉表四同，正月丁未，二十二日。

(14) 又"六年正月戊申丁复元年"，汉表四同，正月戊申，二十三日。

(15) 又"六年正月戊午郭蒙元年"，汉表四同，正月无戊午。依表列次序应是月误（若非午是申之误）。二月戊午，三日。

(16) 又"六年三月戊子雍齿元年"，汉表四同，三月戊子，四日。

(17) 又"六年三月丙午陈武元年"，三月丙午，二十二日。汉表四作"三月丙申"，十二日。依表列次序，汉表是。

(18) 又"六年三月庚子朱轸元年"，汉表四同，三月庚子，十六日。

(19) 又"六年四月癸未阎泽赤元年"汉表四同，四月癸未，二十九日。

?(20) 又"六年六月丁亥戎赐元年"，汉表四同，六月无丁亥。

(21) 又"六年七月庚寅郭亭元年"，汉表四同，七月庚寅，八日。

(22) 又"六年七月戊戌华无害元年"，汉表四同，七月戊戌，十六日。

(23) 又"六年八月丙辰刘到节元年"汉表四同，八月丙辰，四日。
(24) 又"六年八月甲子王陵节元年"，汉表四同，八月甲子，十二日。
(25) 又"六年八月丁丑张苍元年"，汉表四同，八月丁丑，二十五日。

⑦ 高帝七年辛丑
(26) 史表六"七年六月癸亥刘它元年"，六月癸亥，十六日。汉表四作"十月癸亥"，十二日。据表列次序，汉表是。
(27) 又"七年十月甲子，陈胥、薛侯元年"，十月甲子，十三日。汉表四，陈胥同，薛侯作"十一月甲子"，当月误。
(28) 又"七年七月戊辰许温元年"，七月无戊辰，月误。汉表四作"许盎十月戊辰封"。十月戊辰，十七日。
(29) 又"七年正月己酉吕胥元年"，汉表四同，正月乙酉29日。
(30) 又"七年三月壬寅華寄元年"汉表四同，三月壬寅，二十三日。
? (31) 又"七年七月丙辰杜得臣元年"汉表四同，七月无丙辰，明必有误。

⑧ 高帝八年壬寅
(32) 史表六"八年十月癸丑赵将夜元年"，汉表四同，十月癸丑，八日。
(33) 又"八年十月丙辰温疥元年"汉表四同，十月丙辰，十一日。
(34) 又"八年十二月丁未卫胠元年"，汉表四同，十二月丁未，二日。
(35) 又"八年十二月丁卯许瘛元年"，十二月丁卯，二十二日。汉表四作"三月丁卯"，月误。
(36) 又"八年三月丙戌陈遬节元年"，三月丙戌，十三日。汉

表四作"三月丁卯"日误。

(37) 又"八年二月辛巳杨武之年"，二月无辛巳，日/朔误。汉表四作"三月辛卯"，十八日。

?(38) 又"八年四月辛卯魏遬之年"，汉表四同，"遬"作"遫"。四月无辛卯。

(39) 又"八年六月戊申卢卿之年"，六月戊申，六日。汉表四作"[illegible]卢卿六月戊辰封"，六月戊辰，二十六日。据表列次序，史表是。

(40) 又"八年六月壬子卢罢师之年"，汉表四同，六月壬子，十日。

(41) 又"八年七月癸酉陈[illegible]之年"，汉表四同，七月癸酉，二日。

?(42) 又"八年九月丙午刘仲之年"，汉表三上同，九月无丙午，日月必有误。

史记"八年代王刘仲弃国亡，自归雒阳，废以为合阳侯"，史表十亦在八年。九月丙午，月日不合历，但据表列次序，[illegible]，刘仲封为合阳侯之在八年秋，当无问题。史表五作九年，汉书纪作七年，皆误。汉书纪"七年，令[illegible]樊哙留定代地，十二月上还过赵，不礼赵王。是月匈奴攻代，代王喜弃国自归雒阳，赦以为合阳侯。辛卯立子如意为代王。"七年冬匈奴方解平城之围而罢去，留将樊哙留定代地，史书记认为是时之[illegible]刘仲为代王"，自无匈奴攻代，代王亡归雒阳之理。[illegible]刘仲封为合阳侯之处分，在八年秋，或当在九月丙午六日较为合理；以八年为是，汉书[illegible]作九年。按当日情况，匈奴之攻代，代王亡归雒阳在八年秋，故九月当处分，汉封子如意为代王；因樊哙不从，九年徙代王如意王赵。[illegible]并来朝国，所以[illegible]并不及封代之事，[illegible]"赵隐王如意九年立"，"徙"字不[illegible]。汉表二"赵隐王如意九年四月立"，亦不如"赵共王恢"、"赵幽王友"、"赵幽王[illegible]"等称"徙"。汉书纪"九年十二月贯高等谋[illegible]

殺之……正月廢趙王敖為宣平侯，徙代王如意為趙王，[illegible]仍敖封宣平侯，如意之為趙王，史表亦並作四月。年记為正月為四月，于刘仲封八年後九月封合陽侯，并不同年；如为正月，则只三个多月，[illegible]情理。一如意封代王，[illegible]接命[illegible]来就国。而是[illegible]正月[illegible]廢趙王[illegible]敖，改封如意為趙王。这一段史实，史记、汉书乃至通鉴，中间犯了异同。我们知道史表[illegible]年月日是当时史官书写有关的第一手史料如档案之类，然后据年月日修[illegible]排列（少数失误），可信程度比较大。所以说，整理这一段史实，主要根据史表与这一方面资料："合陽侯[illegible]年九月丙午刘仲之年"。于是作出以下一段初步整理的史实：

高帝六年正月二十七日壬子，立兄仲为代王，八年秋，匈奴攻代，代王仲亡归洛陽，後九月六日丙午，赦仲為合陽侯，九年十二月二十二日辛卯，立四子如意為代王。[illegible]接命後，如意来代就国，十二月趙相貫高謀逆發覺，正月廢趙王敖為宣平侯，改封如意為趙王。

（43）又，"八年後九月乙未陈署之年"，後九月乙未，十九日。汉表四作"九月乙未"二十五日。

~~（44）~~

④ 高帝九年癸卯

（44）史表六，"九年十一月壬寅疆瞻之年"，十一月壬寅，三日。汉表四作"十二月"，誤。

（45）又，"九年三月丙辰须毋之年"，三月丙辰，十九日。汉表四作"丙戌"，誤。

（46）又，"九年四月丙寅周成之年"，四月無丙寅。汉表四作"四月戊寅"，十一日。

(47) 又，"九年九月丙午吴程之年"，九月丙午，十二日。汉表四作"丙子"，误。

◎ 高帝十年甲辰

◎ 高帝十一年乙巳

(48) 史表六，"十一年十二月癸巳张相如之年"，汉表四同，十二月癸巳，六日。又，"十一年二月癸巳魏傒之年"依表列次序，汉表三上"十二月癸巳"是。

(50) 又，"十一年十二月甲寅栾説之年"，汉表作乐説，同，十二月甲寅，二十七日。

(49) 又，"十一年十二月丙辰陶舍之年"，汉表四同，表列次序在乐説後，是。十二月丙辰，二十九日。

(51) 又，"十一年正月己未公孙耳之年"，汉表四作公孙昔，同。正月己未，三日。

?(52) 又，同日高邑之年，汉表四作"高邑正月己卯"二十三日。

(53) 又，"十一年正月辛未赵尧之年"，正月辛未，十五日。汉表四作十一月，不同。

(54) 史表五，"十一年二月丙子初王恒"，二月无丙子。汉表二作"正月丙子"，二十日。

(55) 史表六，"十一年正月丙辰杜恬之年"，丙辰前月晦。汉表四作"正月丙戌"晦。颛顼之术，丙戌为二月朔，此条为汉初用颛顼甲戌之一证。

(56) 又，"十一年二月丁亥宣虎之年"，汉表四同，二月丁亥朔。

(57) 又，"十一年二月己酉赵衍之年"，二月己酉，二十三日。

(58) 又，"十一年二月己巳公上不害之年"，二月无己巳。汉表四"二月一日"，

(59) 又，"十一年二月辛亥吕臣、靳彊之年"，二月辛亥，二十五日。

(60) 史表五，"十一年三月丙午，初王恢"，汉表二同，三月无丙午。疑据史汉高纪，恢、友似同日封，"午"指"寅"之误。

(61) 又，"十一年三月丙寅初王友"，汉表二同，三月丙寅，十一日。

汉表四只日同，新疆作"三月"误。

(62) ~~史表六~~，"十一年二月癸酉彭祖之年"，二月无癸酉。汉表四作"三月癸酉"十八日。

8 (63) 又，"十一年二月乙酉戚鳃之年"，二月无乙酉。汉表四作"三月乙酉"晦。此一条，也是汉初用颛顼甲戌之一证。

(64) ~~又~~史表五，"十一年十二月庚午厉王长之年"，汉表二作"十月庚午"，十月、十二月皆无庚午。史高纪，"十一年秋七月淮南王黥布反……高祖自往击之，立子长为淮南王"，汉高纪同。七月庚午，十七日。

?(65) 史表六，"十一年七月己丑翟盱之年"，汉表四同，七月无己丑。

(66) 又，"十一年八月甲辰昭涉掉尾之年"，汉表四同，八月甲辰，二十一日。

⊙ 高帝十二年丙午

(67) 史表六，"十二年十月乙未单父圣之年"，汉表四同，十月乙未，十三日。

(69) 又，"十二年十一月辛丑周竃之年"，十一月无辛丑，汉表四作"十月辛丑"十九日。汉表两"高祖十二年十月辛丑王濞"，史表五、六年同。

(68) 又，"十二年十月戊戌黄极忠之年"，汉表四同，十月戊戌，十六日。

(70) 又，"十二年十月壬寅灵常之年"，汉表四同，十月壬寅，二十日。

(71) 又，"十二年十月乙酉冷耳、奚意之年"，十月乙酉，三日。汉表四作"十月己酉"二十七日；意作"正月乙酉"，正月无

漢惠紀“五月丙寅太子即皇帝位”，疑史高祖紀“己巳”為“己下”之誤。“己下
立太子”，[illegible]漢[illegible]高紀引鄭氏“己下捨”。

乙酉。依表列次序，漢表是，耳、意之誤，同為十月二十七日。

(72) 又，“十二年十一月庚辰刘广之年”，十一月庚辰，二十八日。漢表三上作“正月乙酉”誤。

(73) 又，“十一年十一月丁亥王周之年”，十一月無丁亥。漢表四作“十二月丁亥”，六日。

(74) 又，“十二年十二月癸卯黄赫苛之年”，漢表四同，十二月癸卯，二十二日。

(75) 又，“十二年正月乙丑冯谿苛之年”，漢表四同，正月乙丑，十四日。

(77) 又“十二年二月丁巳刘襄之年”，二月無丁巳，漢表四作“三月丁巳”七日。

(78) 又，“十二年三月丙寅鄺疥之年”，三月丙寅，十六日。漢表四作“二月丙寅”，月誤。

(79) 史高紀，“十二年四月甲辰，高祖崩长乐宫，丙寅葬，己巳立太子。漢高紀同，“丙寅”上有“五月”，“己巳”作“己下”。四月甲辰，二十五日。五月丙寅，十七日，己巳二十日。

(76) 史表五，“十二年三月甲午初王吴”，三月無甲午。漢表二作“二月甲午”十三日。

(80) 史表六，“十二年六月壬辰陈仓苛之年”，漢表四同，六月壬辰，十四日。

西周銅器年代新定

西周銅器年代新定

(次序暂用吴其昌《金文厤朔疏証》)

器名　1.吴其昌　2.王国维　3.郭沫若　新定

師旦鼎 陶四　武王
(隹元年八月丁亥師旦受命作周王太姒宝尊彝敢拜稽首用祈眉寿子孫無疆萬億年永宝用享)

大豐敦 愙八　武王

小臣單觶　武王

中甗一 薛十　周公攝政四年

鳴鼓尊 貞松堂七 愙 宗校文九　成王

公違鼎 愙六　〃

公違簋　〃

鄒安周金文存 〃

周公東征鼎　〃

(豐白鼓鼎)

(鳳翔新出土，吳書附拓片)

筌盨 薛十　〃　、

筌鬲 周金文二　〃

叔邦父簠 薛十五 〃

呂行壺

師旦鼎

（吳其昌曆證卷一）

（訂補）據曆譜武王元年（即公曆前一一二二年）即入甲申人統以來五百二十二年。是年閏餘十八（故閏在二月）大餘七，小餘二十九。正月大，辛卯朔；八月大丁亥朔。是鼎為八月一日所鑄。

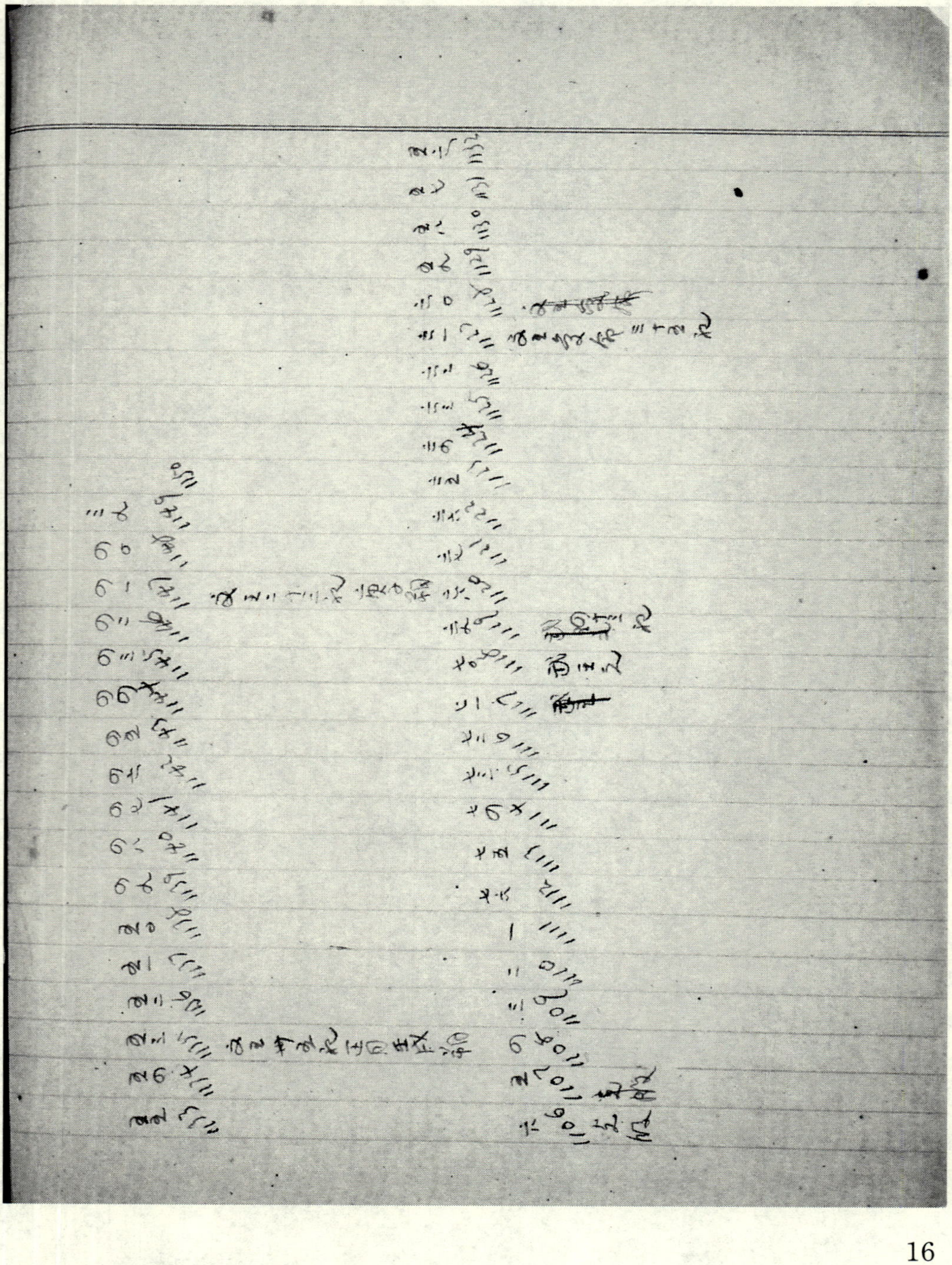

《推步演草》甲、乙、丙、丁

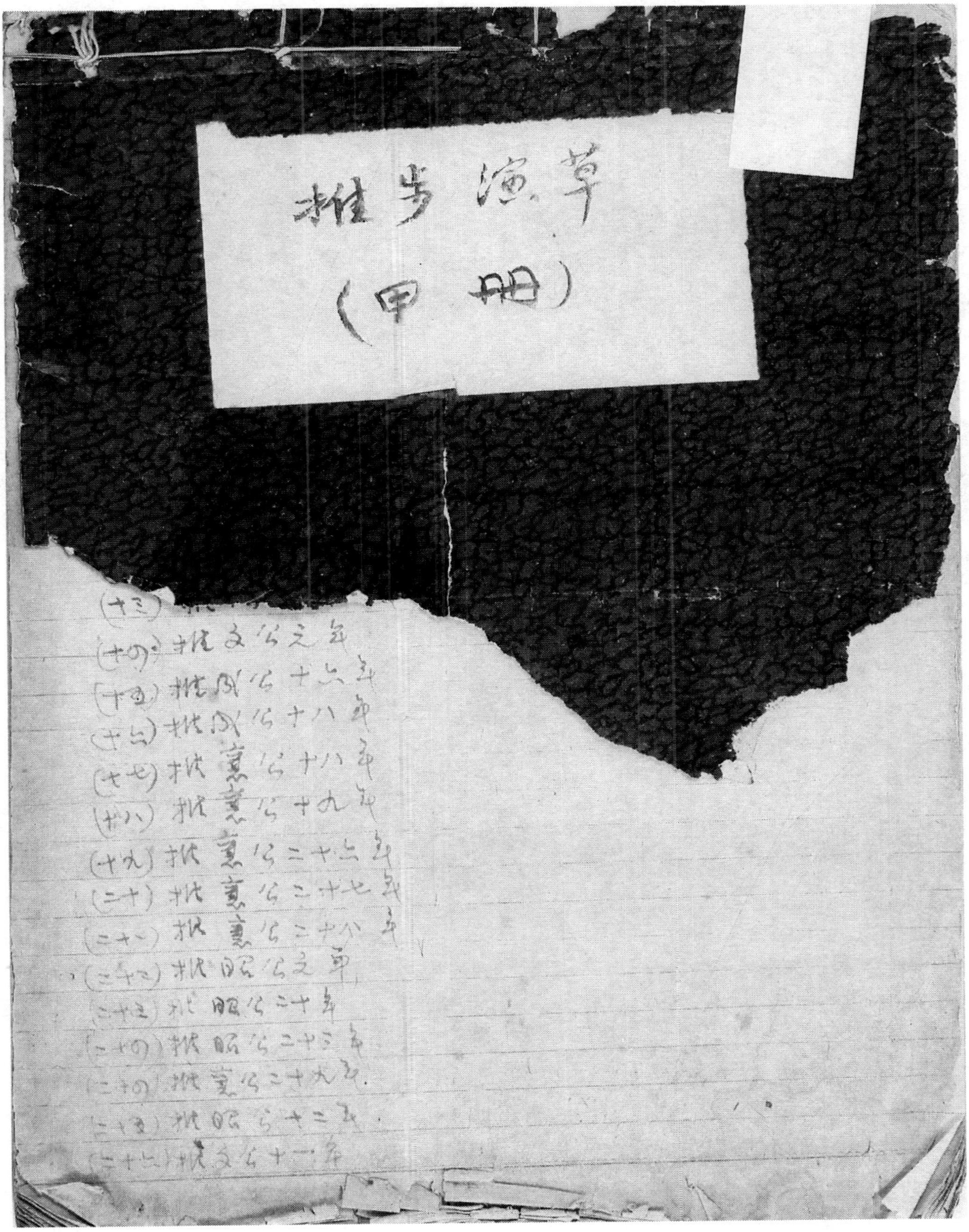
推步演草
(甲册)
(十四)推文公元年
(十五)推成公十六年
(十六)推成公十八年
(十七)推襄公十八年
(十八)推襄公十九年
(十九)推襄公二十六年
(二十)推襄公二十七年
(二十一)推襄公二十八年
(二十二)推昭公元年
(二十三)推昭公二十年
(二十四)推昭公二十三年
推昭公十二年
推文公十一年

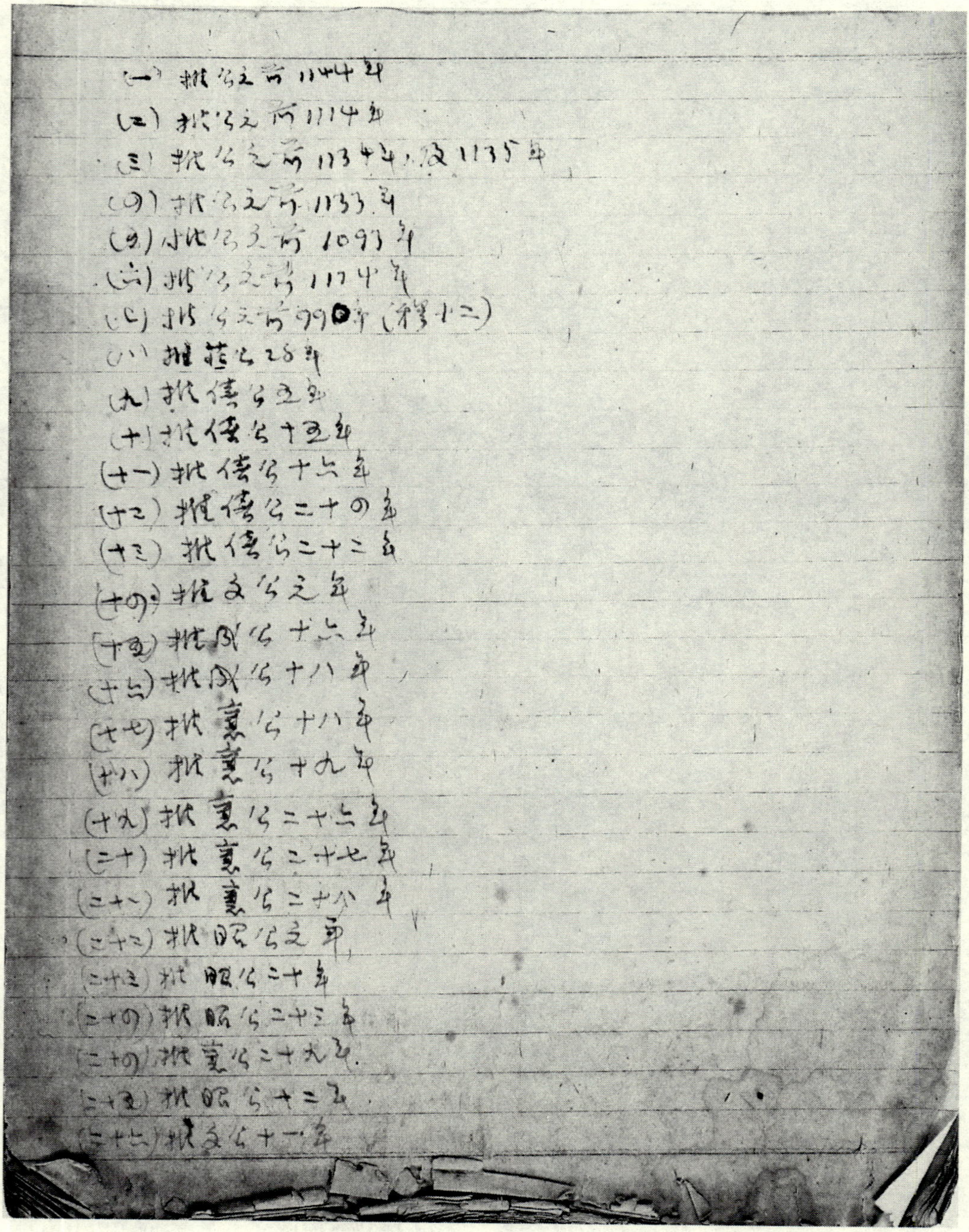
(一)推公元前1144年
(二)推公元前1114年
(三)推公元前1134年,及1135年
(四)推公元前1133年
(五)推公元前1093年
(六)推公元前1174年
(七)推公元前99[illegible]年(释十二)
(八)推莊公28年
(九)推僖公五年
(十)推僖公十五年
(十一)推僖公十六年
(十二)推僖公二十四年
(十三)推僖公二十二年
(十四)推文公元年
(十五)推成公十六年
(十六)推成公十八年
(十七)推襄公十八年
(十八)推襄公十九年
(十九)推襄公二十六年
(二十)推襄公二十七年
(二十一)推襄公二十八年
(二十二)推昭公元年
(二十三)推昭公二十年
(二十四)推昭公二十三年
(二十四)推襄公二十九年
(二十五)推昭公十二年
(二十六)推文公十一年

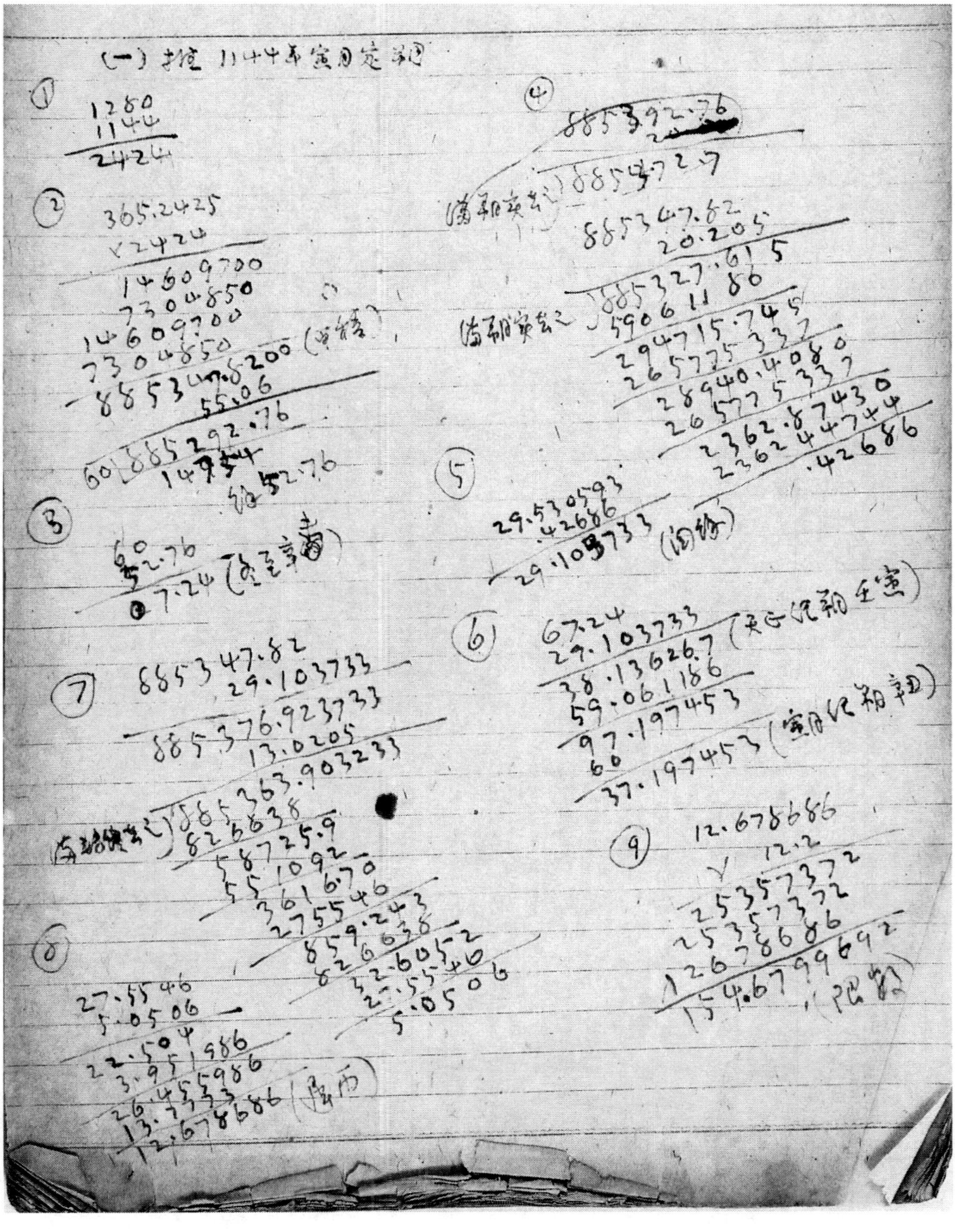

(一) 推1144年实月定朔
① 1280
1144
2424
② 365.2425
×2424
14609700
7304850
14609700
7304850
885347.8200 (实积)
55.06
885292.76
60|885292.76
14754
余52.76
③ 60
52.76
07.24 (天正闰余)
④ 885292.76
满朔实去之 885347.82
885347.82
20.205
885327.615
满朔实去之 590611 86
294715.745
265775.337
28940.408
26577 5.337
2362.87430
2362.44744
.42686
⑤ 29.530593
.42686
29.103733 (闰缩)
⑥ 67.24
29.103733 (天正经朔去实)
38.136267
59.061186
97.197453
60
37.197453 (实月经朔辛日)
⑦ 885347.82
29.103733
885376.923733
13.0205
885363.903233
满朔实去之 826638
58725.9
551092
361670
275546
859.243
826638
32.605
27.5546
5.0506
⑧ 27.5546
5.0506
22.504
3.951986
26.453333
13.7333
12.678686 (经历)
⑨ 12.678686
×12.2
25357372
25357372
12678686
154.6799692 (阳数)

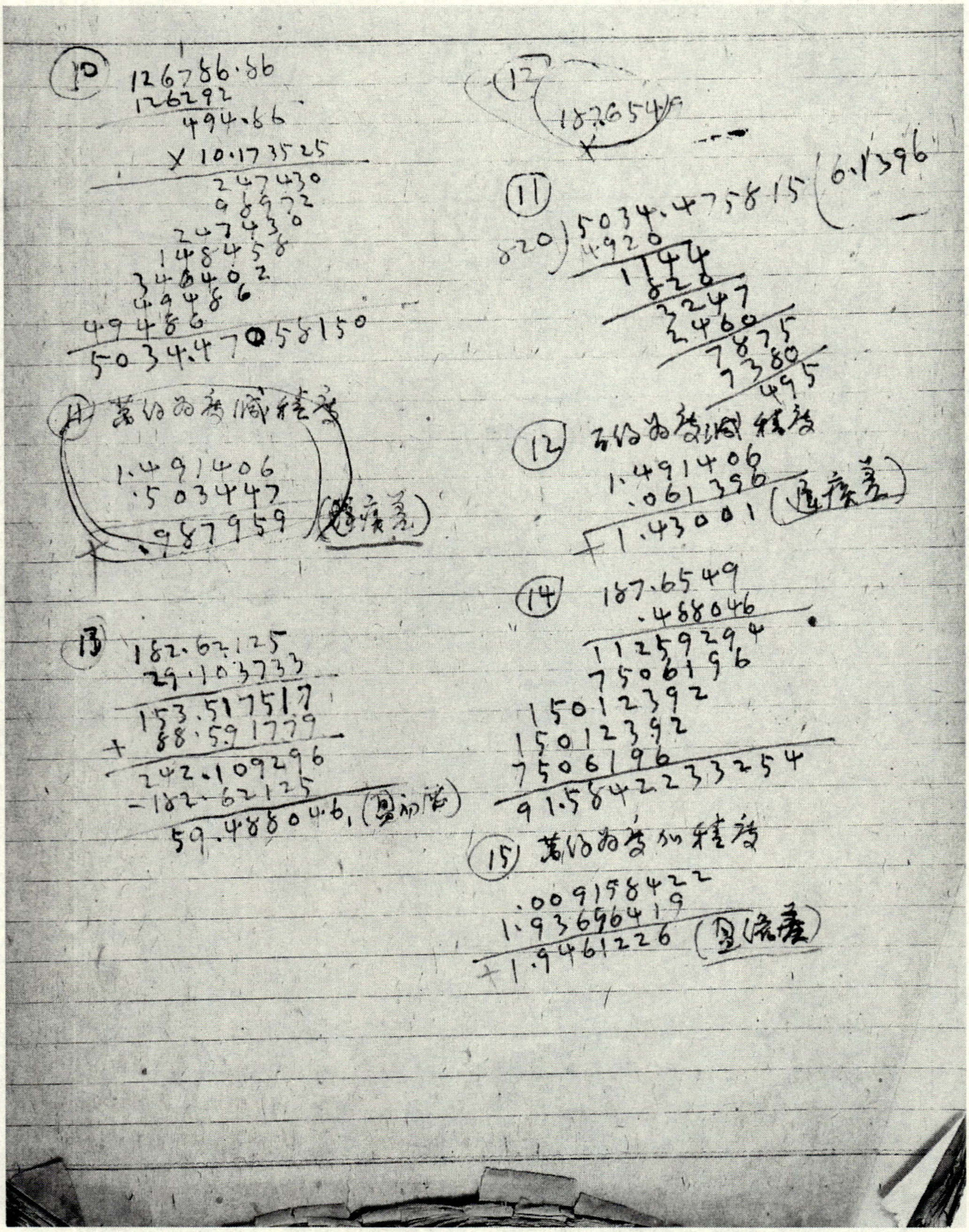

⑩
126786.86
126292
494.86
×10.173525
247430
98972
247430
148458
346402
49486
49486
5034.47058150

⑪
820)5034.475815(6.1396
4920
1144
820
3247
2460
7875
7380
495

⑬
1.491406
.503447
.987959

⑫
1.491406
.061396
1.43001

⑭
187.6549
.488046
11259294
7506196
15012392
15012392
7506196
91.584223325 4

⑬
182.62125
29.103733
153.517517
+88.591779
242.109296
−182.62125
59.488046

⑮
.00915842 2
1.93696419
1.9461226

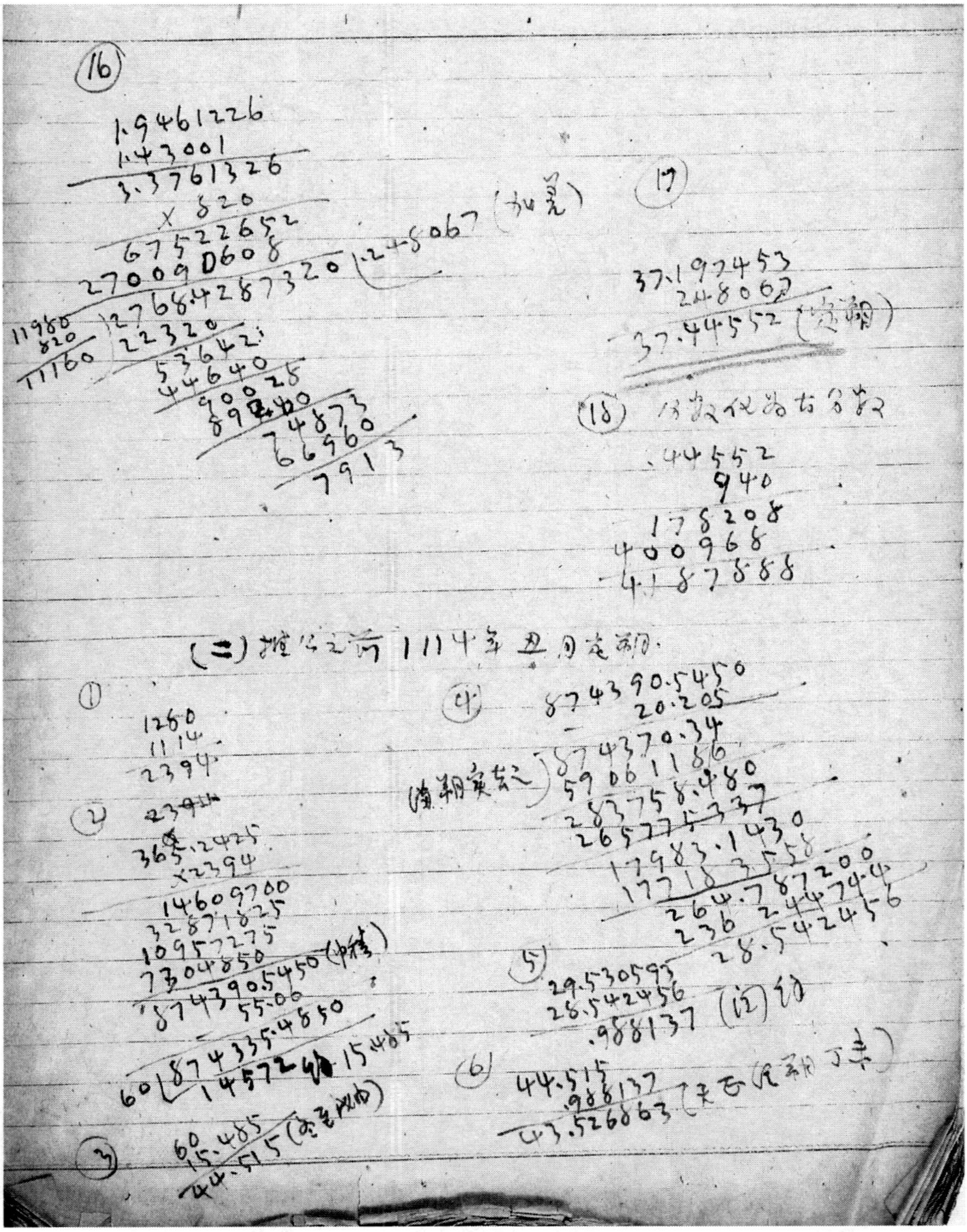

(16)
1.9461226
1.43001
3.3761326
×820
675222652
2700910608
2768.4287320
12.48067 (加差)
11980
820
11160
22320
53642
44640
90028
89280
74873
66960
7913
(17)
37.197453
24.8067
37.44552 (定朔)
(18) 分数化为时分数
.44552
940
178208
400968
418.7888
(二) 推公元前1114年丑月定朔
(1)
1280
1114
2394
(2)
365.2425
×2394
14609700
32871825
10957275
7304850
874390.5450 (中积)
55.06
874335.4850
60 | 874335.4850
14572 [illegible] 15.485
(3)
60
15.485
44.515 (冬至时间)
(4)
874390.5450
20.205
874370.34
望朔策去之
590611.86
283758.480
265775.337
17983.1430
17718.3558
264.787200
236.244744
28.542456
(5)
29.530593
28.542456
.988137 (闰余)
(6)
44.515
.988137
43.526863 (天正经朔丁未)

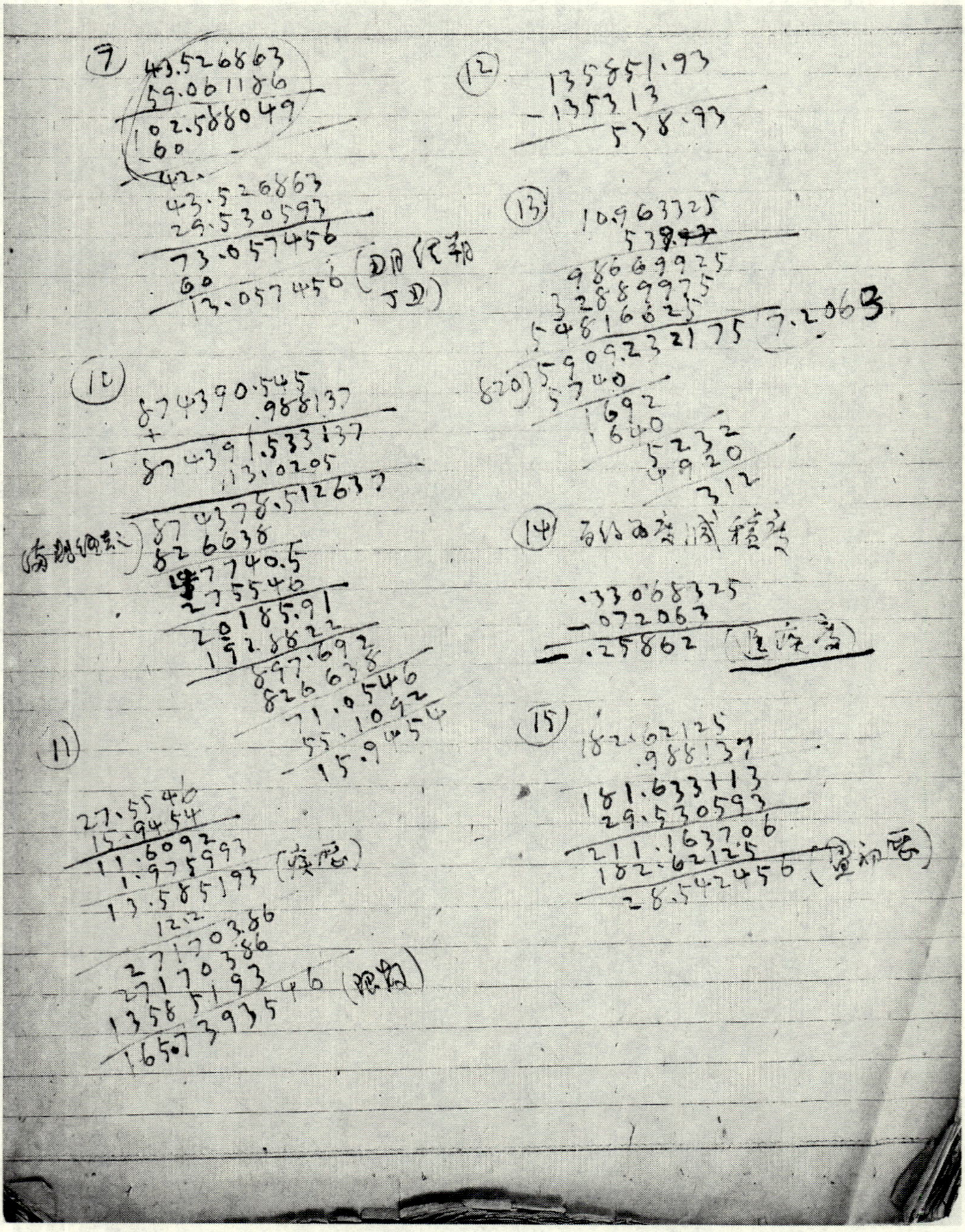

⑦
43.526863
59.061186
102.588049
60
42.
43.526863
29.530593
73.057456
60
13.057456

⑫
135851.93
-135313
538.93

⑬
10.963325

⑩
87439 0.545
.988137
87439 1.533137
13.0205
87378.512637

⑭
.330683 25
-.072063
.25862

⑮
182.62125
.988137
181.633113
29.530593
211.163706
182.62125
28.542456

⑪
27.5546
15.9454
11.6092
1.975993
13.585193

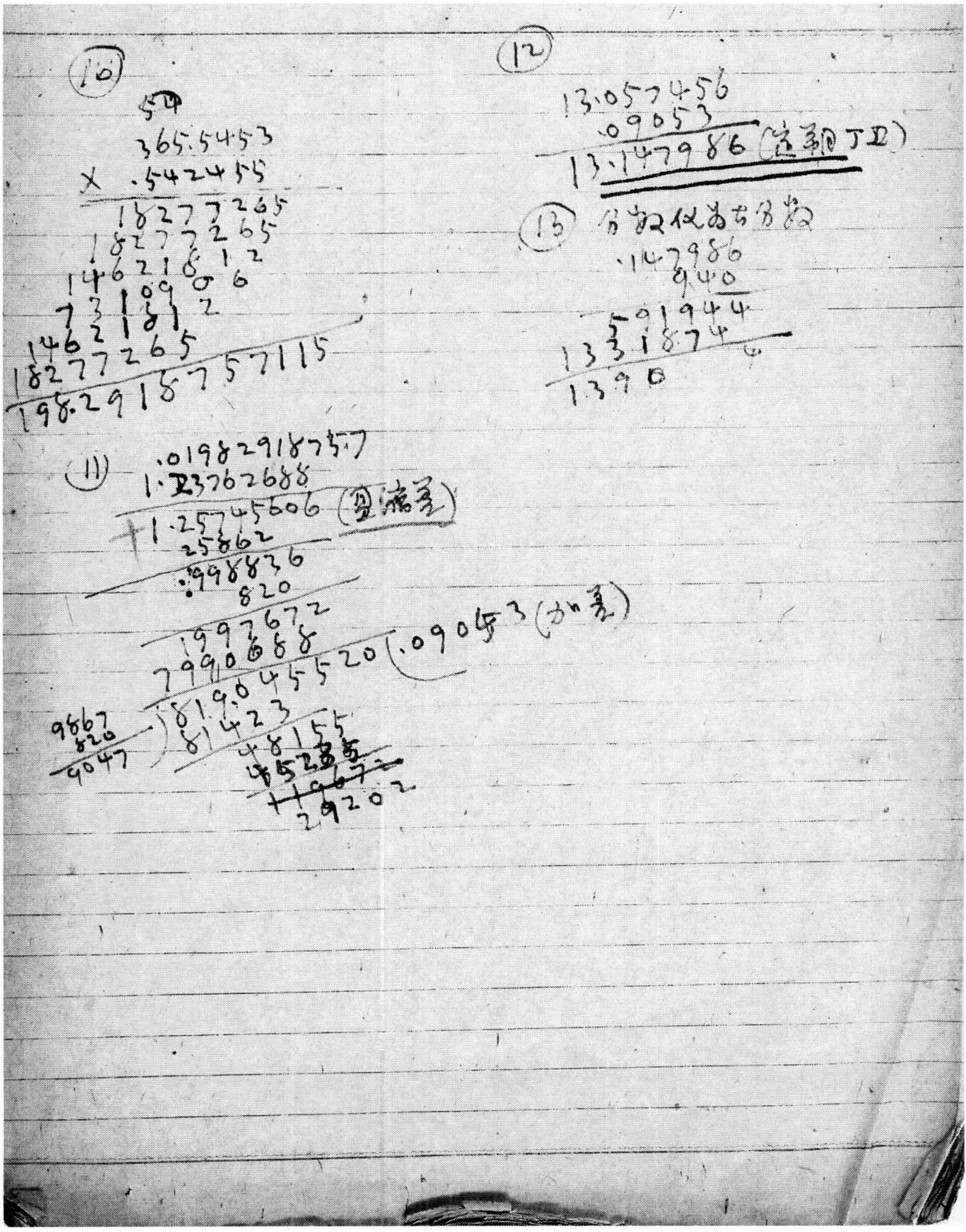

⑩
365.5453
× .542455
18277265
18277265
14621812
7310906
731812
146
18277265
198.2918757115

⑪
.01982918757
1.23762688
1.25745606
25862
.998836
820
1997672
7990688
7990455520 (.090453 (加差)
9867
820
9047) 8190.
81423
48155
45285
11967
29202

⑫
13.057456
.090453
13.147986

⑬ 分数化为十分数
.147986
940
591944
1331874
1390

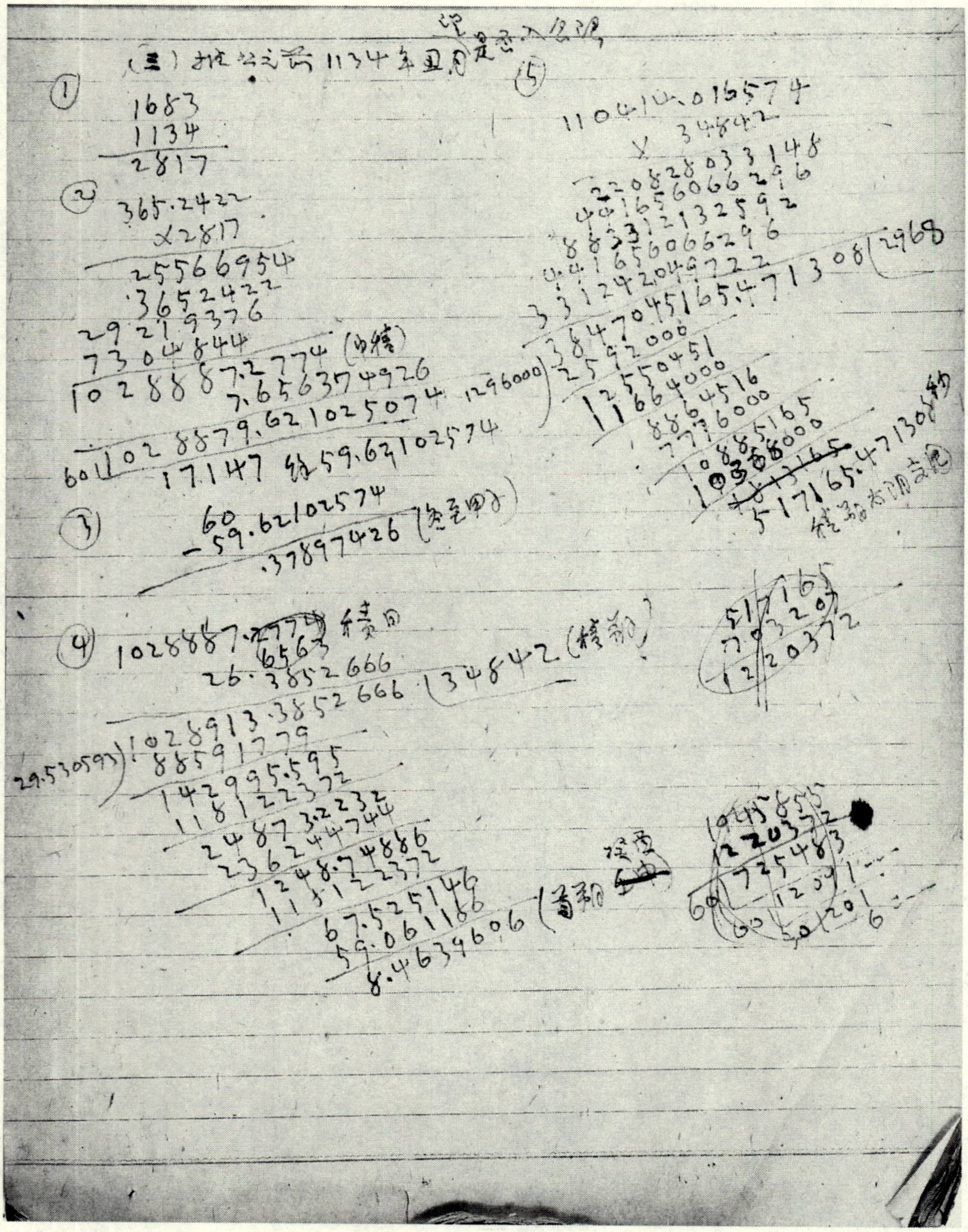
1134
①
1683
1134
2817
②
365.2422
×2817
③
60
−59.62102574
.37897426
④
29.530593
8.4634606
⑤
110410.016574
×34842

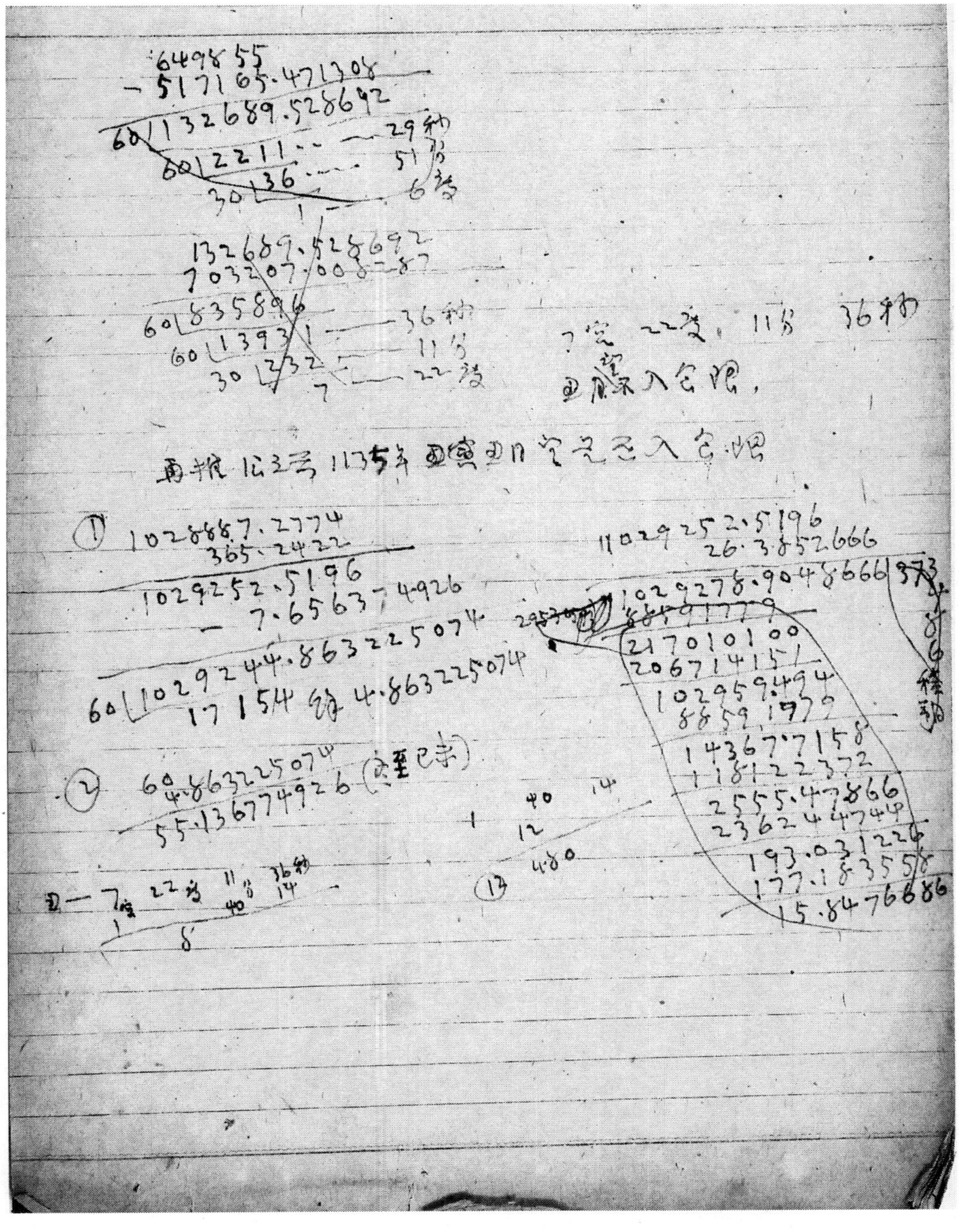
6498 55
− 5171 65.471308
60 | 132689.528692
60 | 2211 … 29 秒
30 | 36 … 51 分
1 … 6 度

132689.528692
7032 07.00887
60 | 835896 — 36 秒
60 | 13931 — 11 分
30 | 232 — 22 度
7

7 宫 22 度，11 分 36 秒

① 1028887.2774
365.2422
1029252.5196
− 7.65637 4926
60 | 1029244.863225074
17154 余 4.863225074

② 60
4.863225074
55.136774926

一 7 宫 22 度 11 分 36 秒
14 40
1 8

1029252.5196
26.3852666
1029278.9048666
2170101.00
2067141.51
102959.494
88591779
14367.7158
11812.2372
2555.47866
2362.44744
193.031226
177.183558
15.8476686

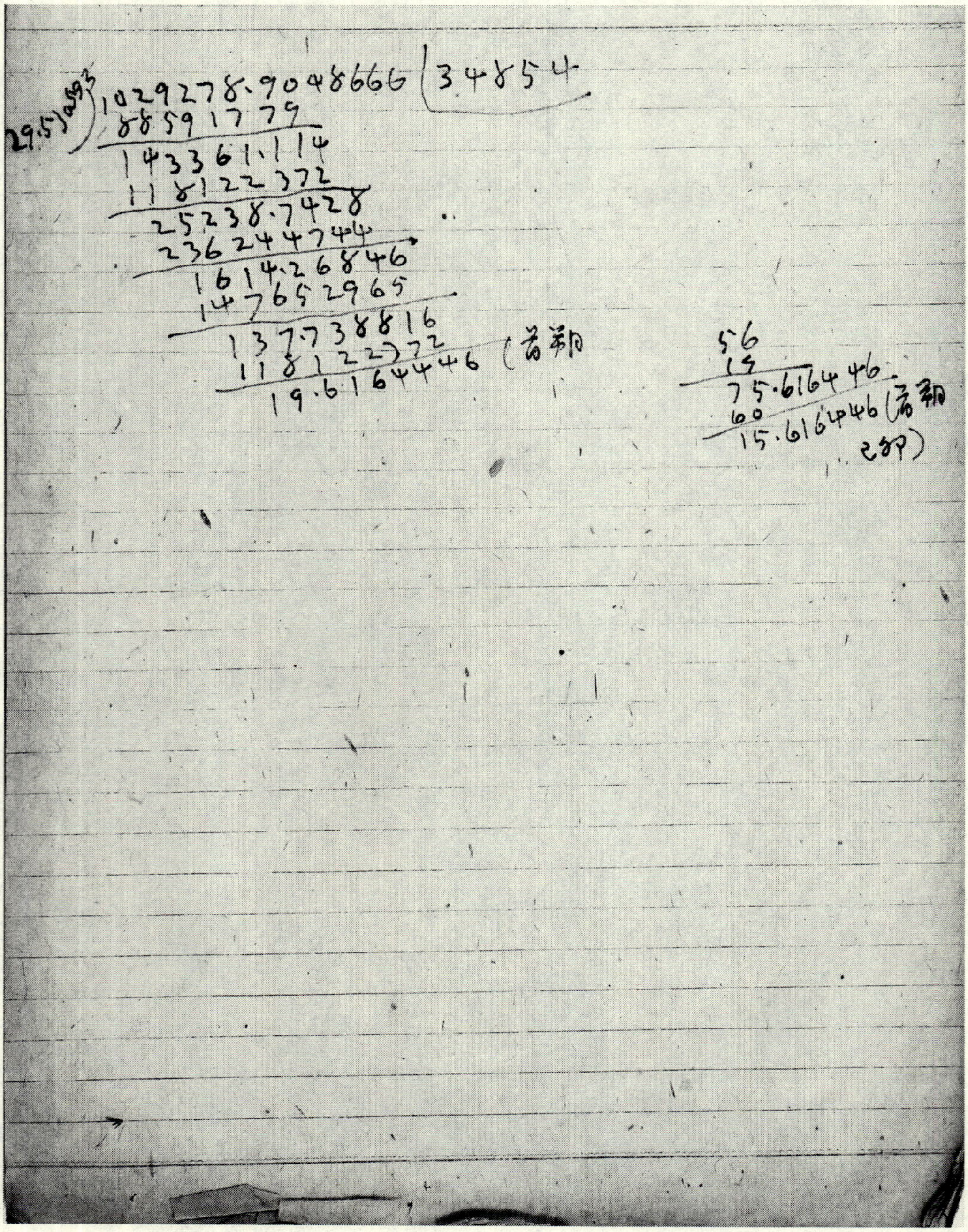

29.53)0593 1029278.9048666 (34854
885917779
14336.1114
118122372
25238.7428
23624.7744
1614.26846
1476.52965
137.738816
118.122772
19.616444 6 (首朔

56
19
75.616446
60
15.616446 (首朔己卯)

（四）推公元前1133年五月朔之干支

①

1028887.2774
365.2422

1028522.0352
− 7.656374926

60 | 1028514.378825074
17141　余54.378825074

②

60
54.378825074

5.621174926（冬至己巳）

③

1028522.0352
26.3852666

1028548.4204666 | 34829

29.530593) 1028548.4204666
885917.79

142630.630
118122.372

24508.2584
23624.4744

883.78406
590.61186

293.172206
265.775337

27.3968696（首朔丁酉）

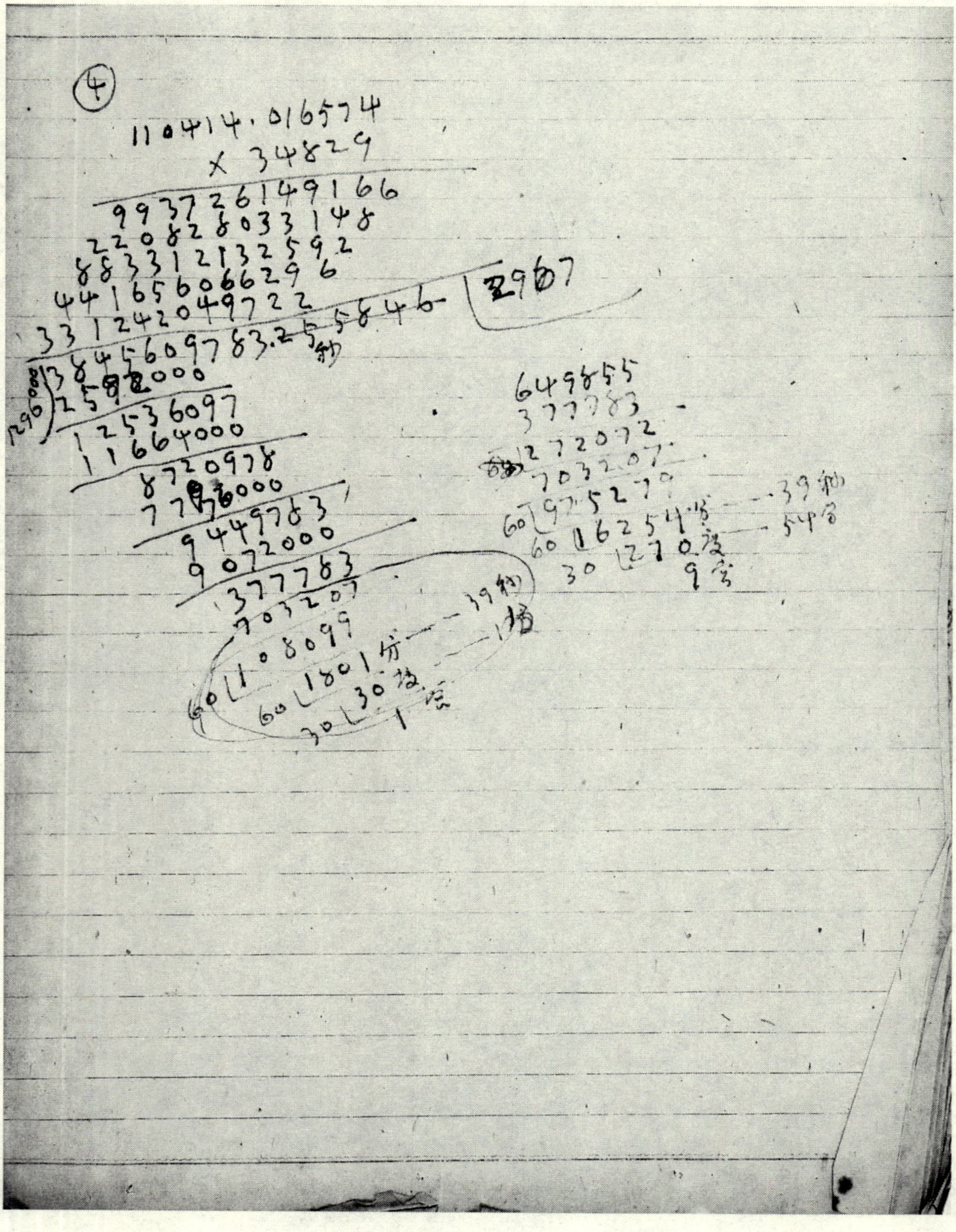
④
110414.016574
× 34829
9937261491 66
3845609783.25
12536097
11664000
8720978
9449763
9072000
377783
703207
60⌊1.08099
60⌊1801分——39秒
30⌊30度——1度
1宫
649855
377783
272072
703207
60⌊97527 0
60⌊16254分——39秒
30⌊270度——54分
9宫

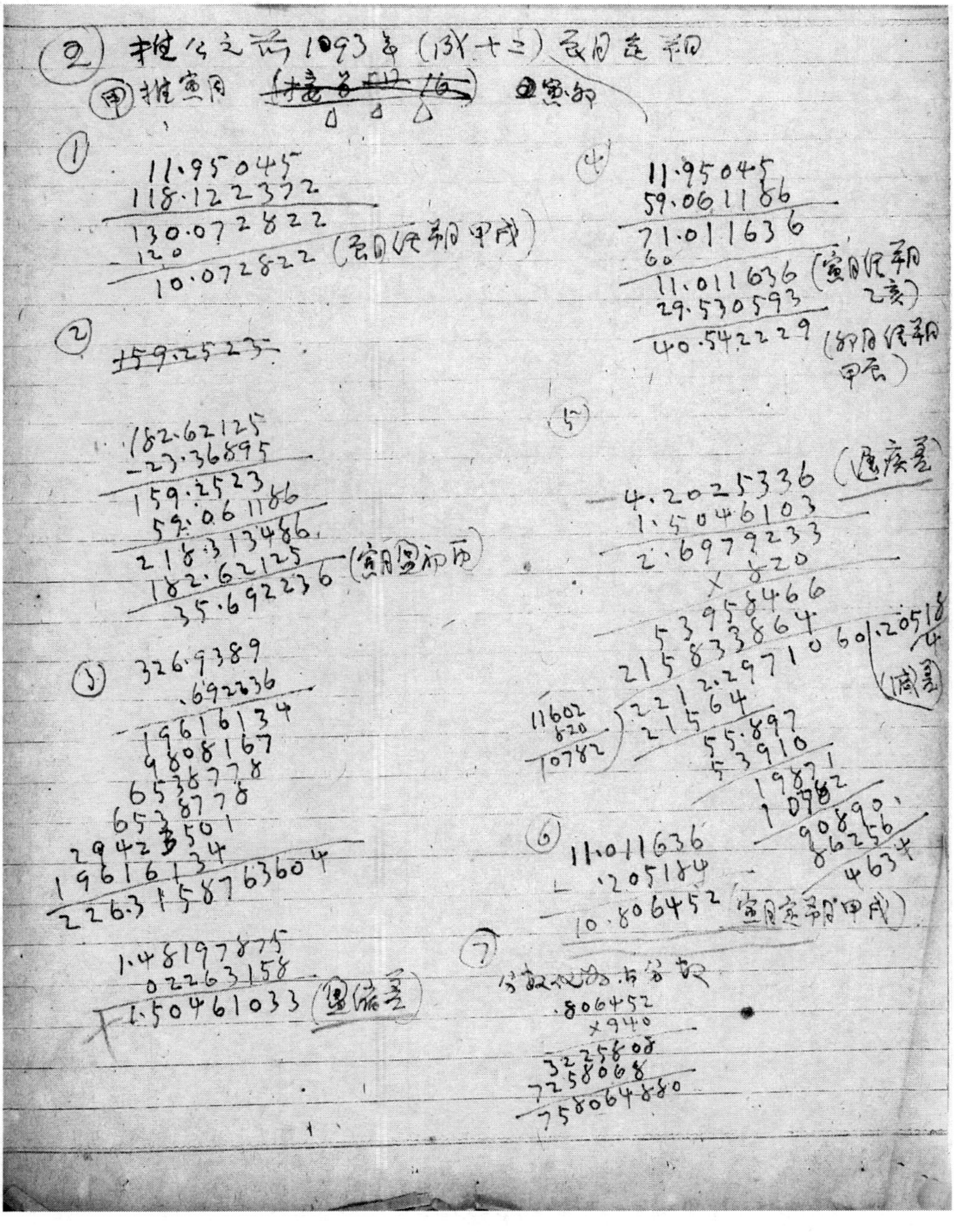
② 推公元前1093年（13/十二）辰月定朔
甲 推寅月 寅卯
①
11.95045
118.122372
130.072822
120
10.072822（辰月经朔甲戌
②
159.2523
182.62125
-23.36895
159.2523
59.061186
218.313486
182.62125
35.692236（寅月盈初丙
③
326.9389
.692236
226.3158763604
1.48197875
.02263158
1.50461033（盈缩差
④
11.95045
59.061186
71.011636
60
11.011636（寅月经朔乙亥）
29.530593
40.542229（卯月经朔甲辰）
⑤
4.2025336（迟疾差
1.5046103
2.6979233
×820
60.120518
⑥
11.011636
.1205184
10.806452（寅月定朔甲戌）
⑦
.806452
×940
758064880

②推卯月（见第~~册~~16题）

5.2969938（卯月迟疾差）

−
+2.2154 6036（卯月盈缩差）

3.08153344

820

61630 6688

24652 26752

2526857420 80 ｜.24359（脁差）

11193
820
10373) 25268
20746
45225
41492
37337
31119
62184
51865
10319

40.542229

.24359

−

40.298639（卯月定朔日甲辰）

分数化为古分数

.29864
840

119456
268776
281

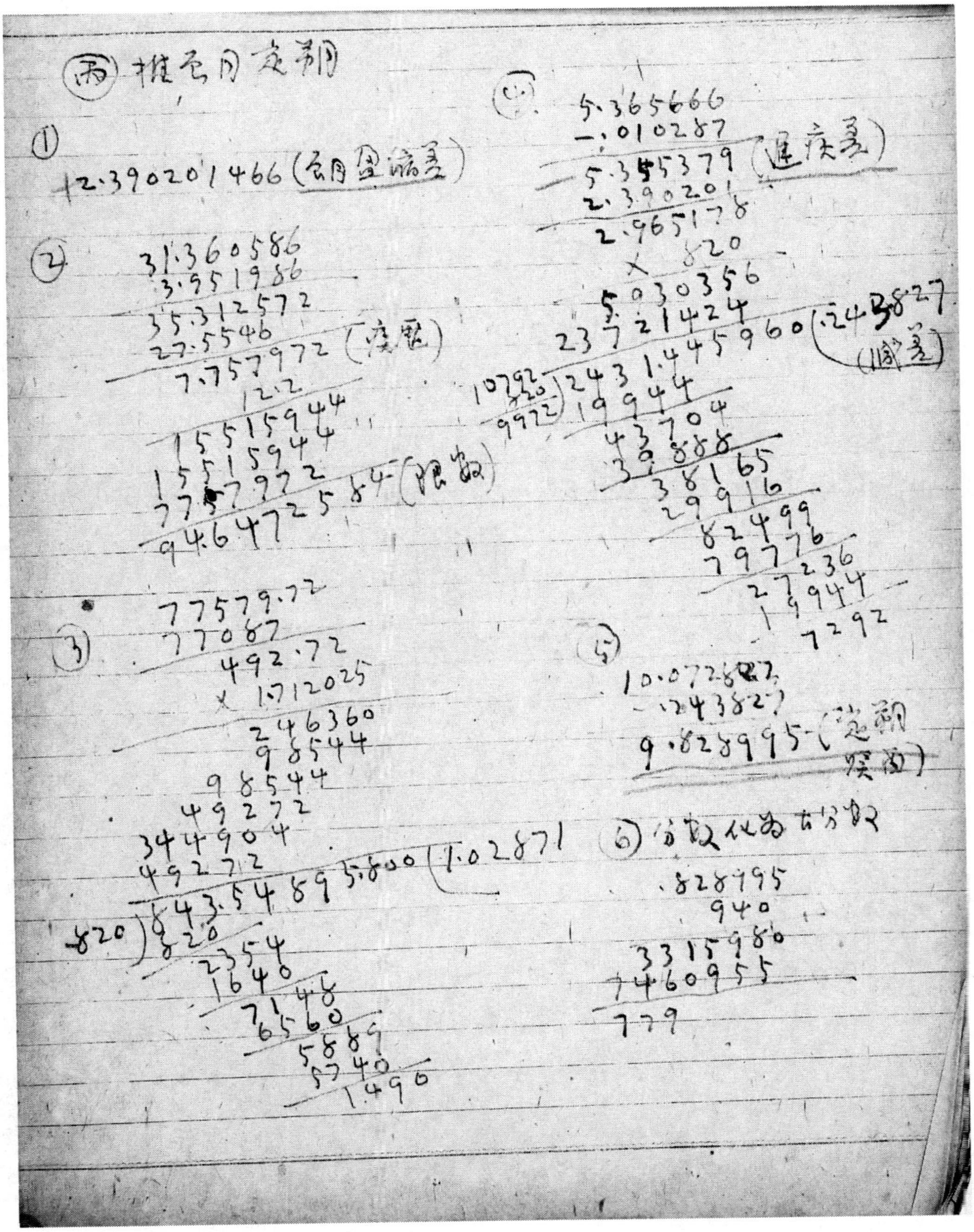
(丙) 推合月定朔
①
12.390201466 (合月望强差)
②
31.360586
3.951986
35.312572
27.5546
7.757972 (实数)
12.2
155159440
155159944
7757972
94647258.4 (限数)
③
77579.72
77087
492.72
× 1.712025
246360
98544
98544
49272
344904
492772
843.5489.5800 (1.02871
④
5.365666
-.010287
5.355379 (迟疾差)
2.390201
2.965178
× 820
5930356
2372142.4
2431.445960 (.243827 (脁差)
⑤
10.072822
-.243827
9.828995 (定朔实数)
⑥ 分数化为百分数
.828995
940
3315980
7460955
779

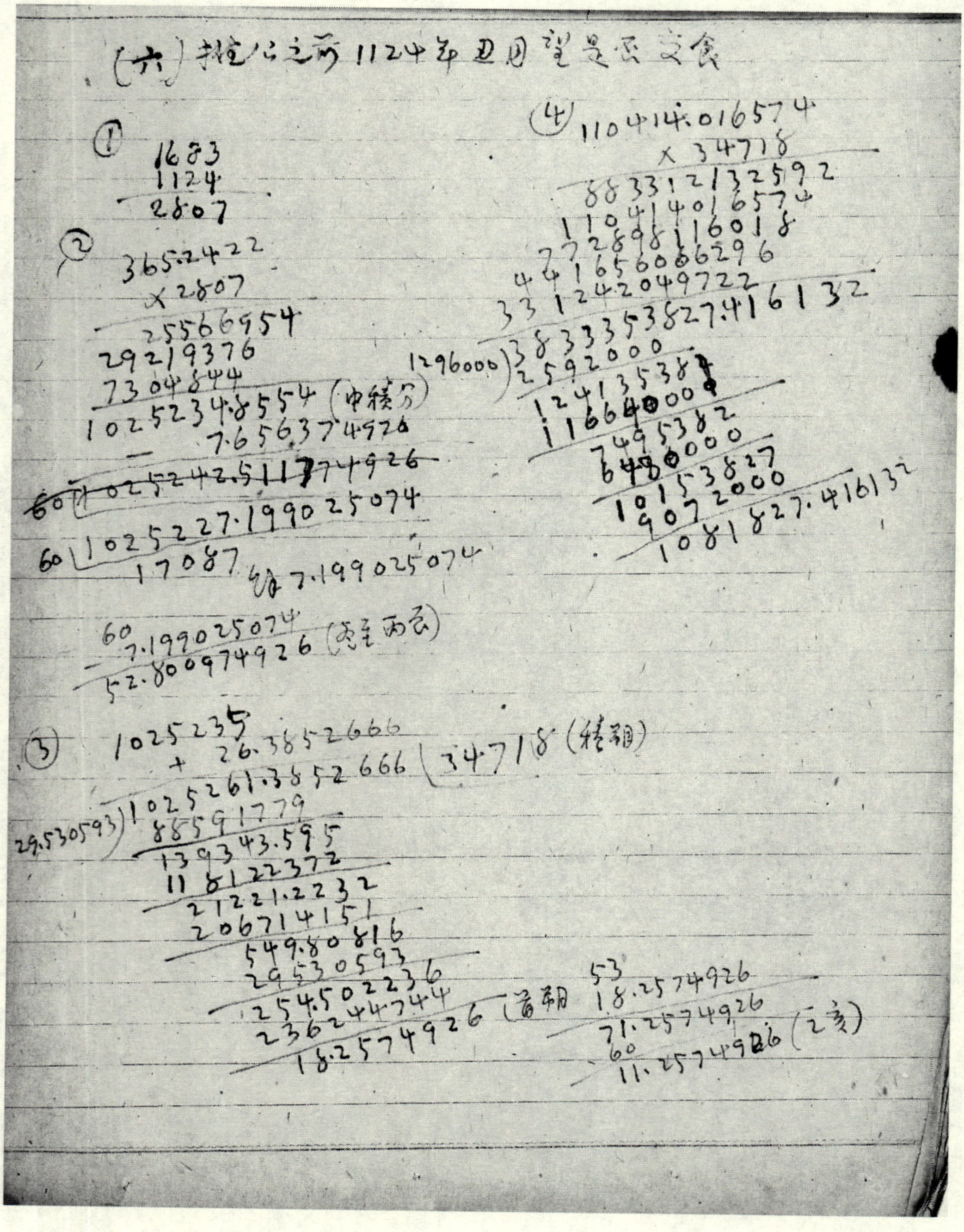

（六）推公元前1124年丑月望是否交食

①
1683
1124
2807

②
365.2422
×2807
25566954
29219376
7304844
1025234.8554（中积分）
7.65637492б
~~1025242.511774926~~
60）1025227.199025074
17087 余7.199025074

60
7.199025074
52.800974926

③
1025235
+26.3852666
1025261.3852666
29.530593）1025261.3852666（34718（积朔）
885917779
139343.595
118122372
21221.2232
20671415.1
549.80816
29.530593
254.502236
236244744
18.2574926（首朔

53
18.2574926
71.2574926
60
11.2574926（乙亥）

④
110414.0165774
×34718
883312132592
110414016574
772898116018
441656066296
331242049722
3833353827.416132
1296000）3833353827.416132
2592000
12413538
11664000
749538
648000
1015382.7
907200.0
108182.7.416132

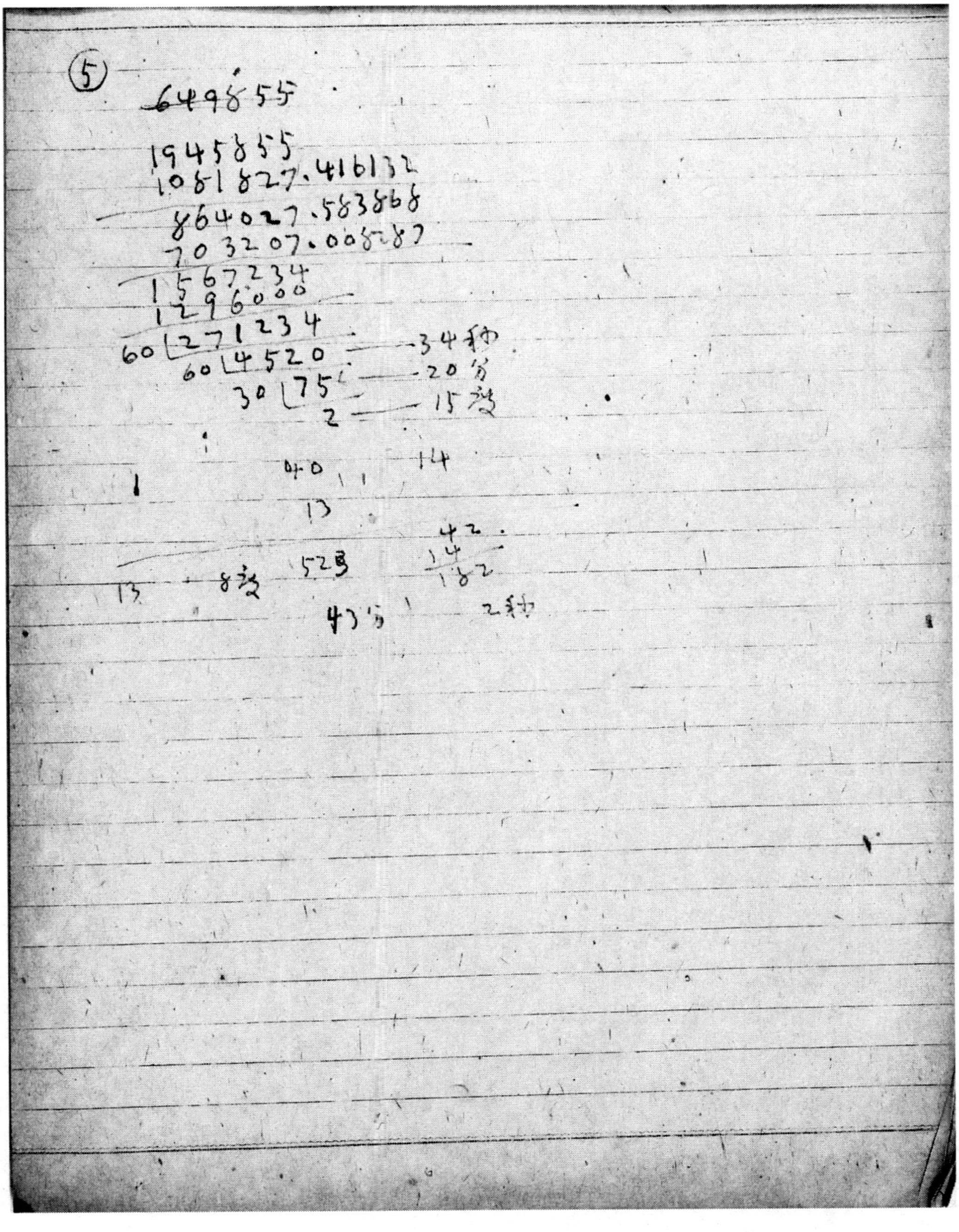

⑤

~~649855~~

1945855
1081827.416132
864027.583868
703207.008587
1567234
1296000
60|271234 —— 34秒
60|4520 —— 20分
30|75 —— 15度
2

40 14
13

42
14
182

13 8度 52 43分 2秒

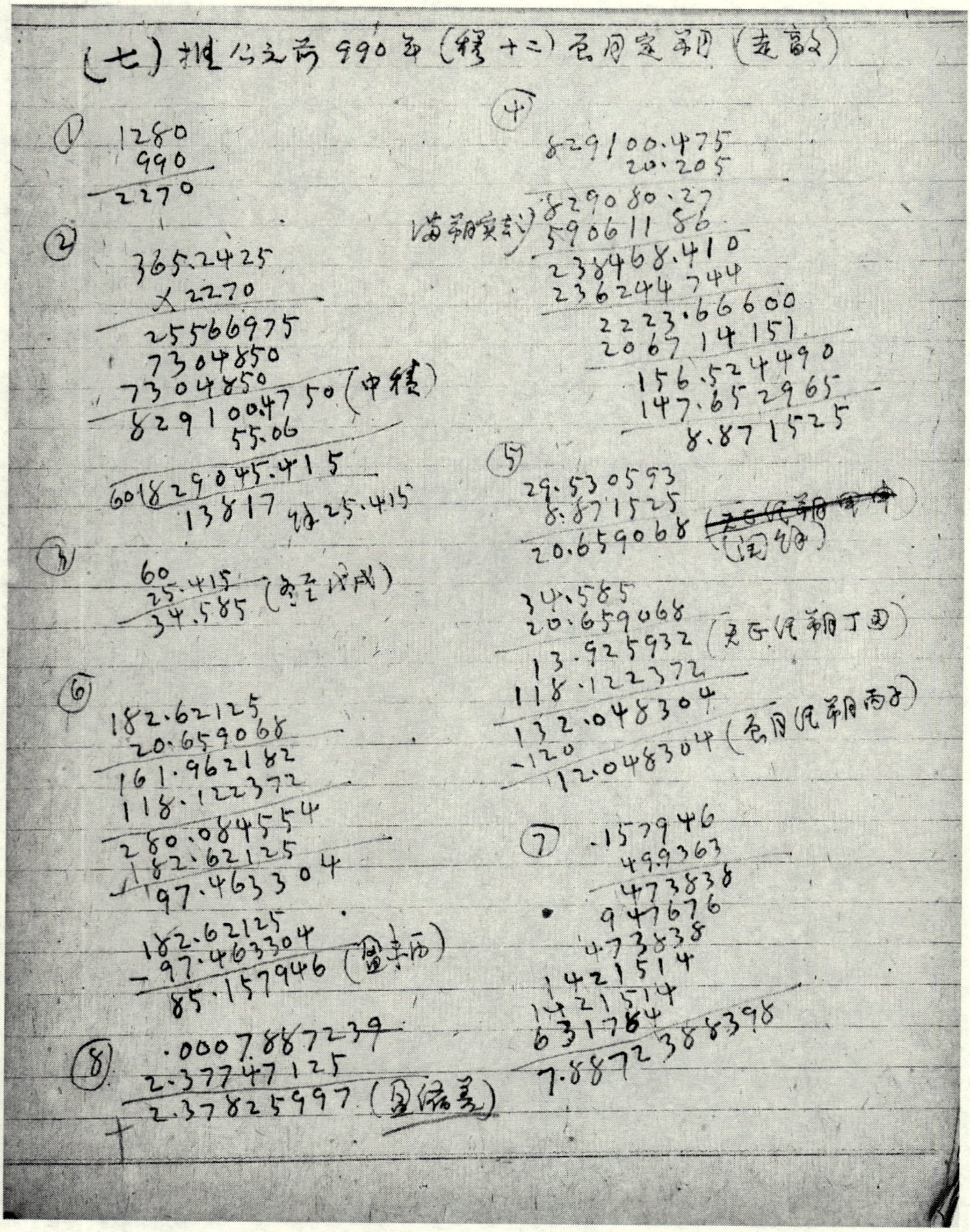
(七)推公元前990年(穆十二)天正月定朔(步法)

① 1280
990
2270

② 365.2425
×2270
25566975
7304850
7304850
829100.4750(中积)
55.06
60)829045.415
13817 余25.415

③ 60
25.415
34.585(距庚戌)

④ 829100.475
20.205
829080.27
590611.86
238468.410
236244.744
2223.66600
2067.14151
156.524490
147.652965
8.871525
满朔实数

⑤ 29.530593
8.871525
20.659068(闰余)

34.585
20.659068
13.925932(天正经朔丁酉)
118.122372
132.048304
-120
12.048304(天正经朔丙子)

⑥ 182.62125
20.659068
161.962182
118.122372
280.084554
182.62125
97.463304

182.62125
-97.463304
85.157946(盈末限)

⑦ .157946
499363
473838
947676
473838
1421514
1421514
631784
7.887238398

⑧ .00078872397
2.37747125
2.37825997(盈缩差)

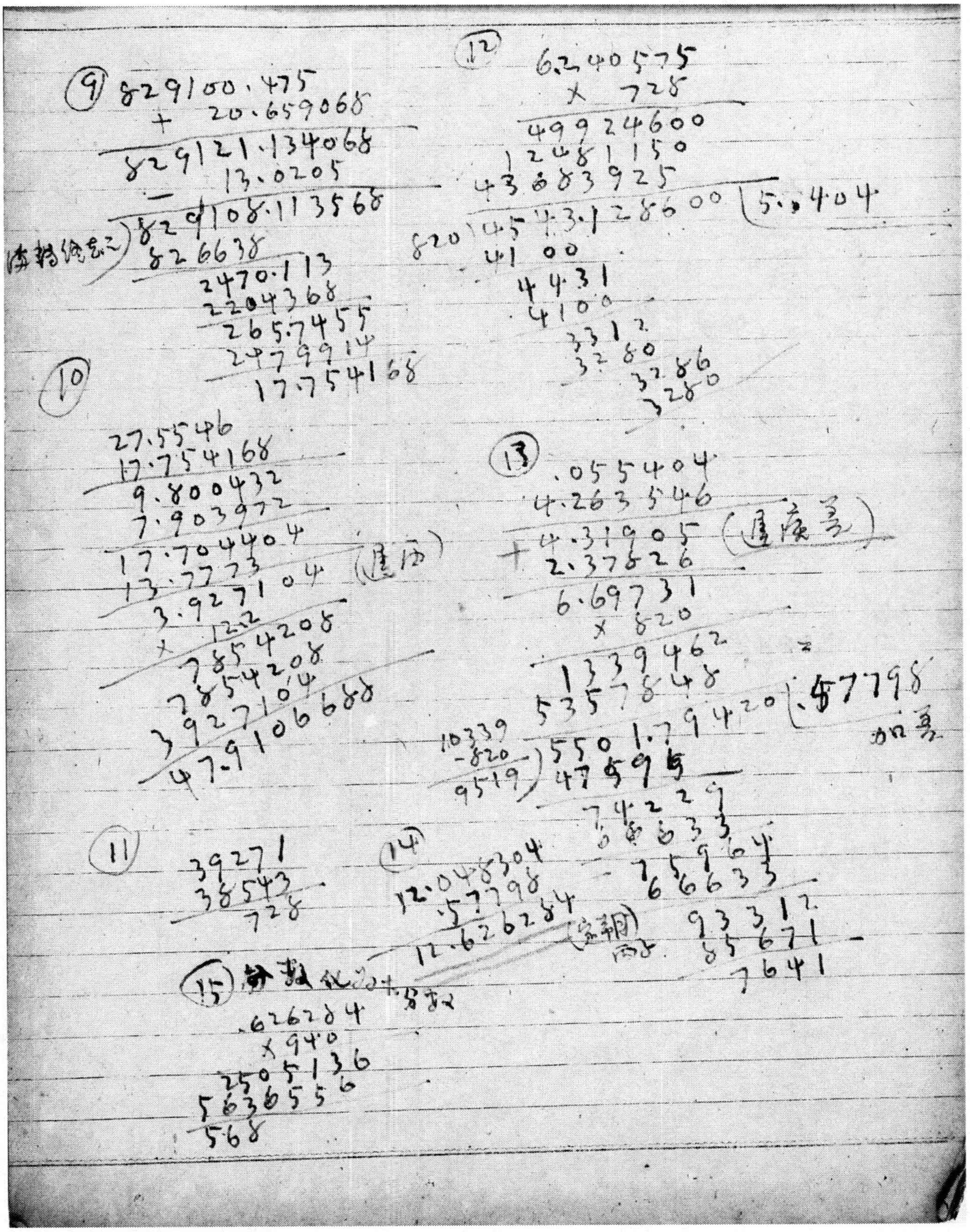
⑨ 829100.475
+ 20.659068
829121.134068
− 13.0205
829108.113568
826638
2470.113
2204368
265.7455
2479914
17.754168

⑩
27.5546
17.754168
9.800432
7.903972
17.704404
13.7733
3.927104
× 12.2
7854208
7854208
3927104
47.9106688

⑪
39271
38543
728

⑫
6.240575
× 728
49924600
12481150
43683925
820)4543.128600(5.5404
4100
4431
4100
3312
3280
3286
3280

⑬
.055404
4.263546
+ 4.31905
2.37826
6.69731
× 820
1339462
5357848
5501.79420(.67798
10339
−820
9519
47596
74229
66633
75964
66633
93317
85671
7641

⑭
12.048304
.57798
12.626284

⑮
.626284
× 940
2505136
5636556
588

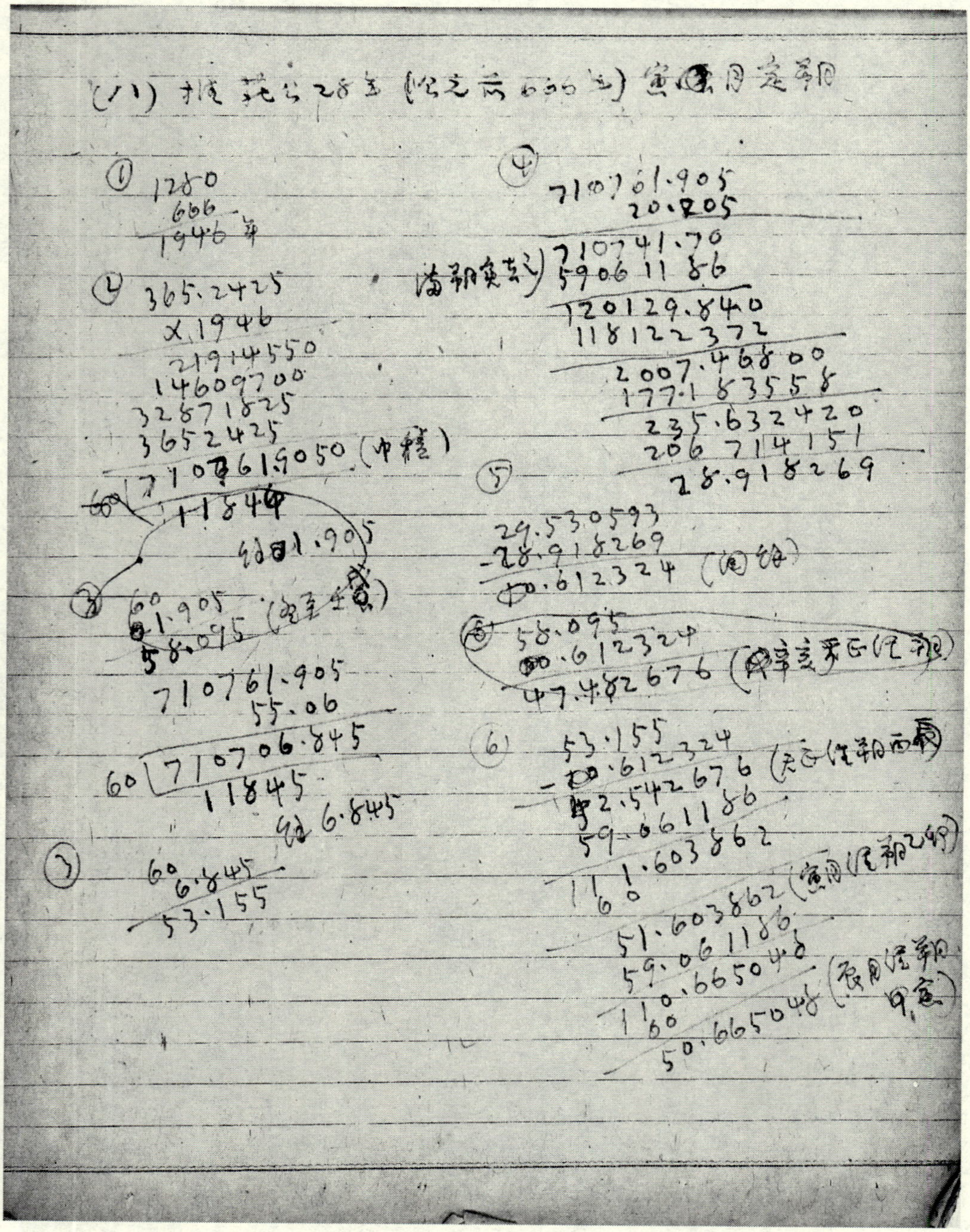

① 1280
666
1946
④ 365.2425
×1946
2191455 0
14609700
3287 1825
3652425
710761.9050
② 61.905
58.095
710761.905
55.06
710706.845
11845
6.845
③ 60
6.845
53.155
④ 710761.905
20.205
710741.70
590611.86
120129.840
118122372
2007.46800
1771.83558
235.632420
206.714151
28.918269
⑤ 29.530593
-28.918269
0.612324
58.095
0.612324
47.482676
⑥ 53.155
0.612324
52.542676
59.061186
1.603862
51.603862
59.061186
50.665048

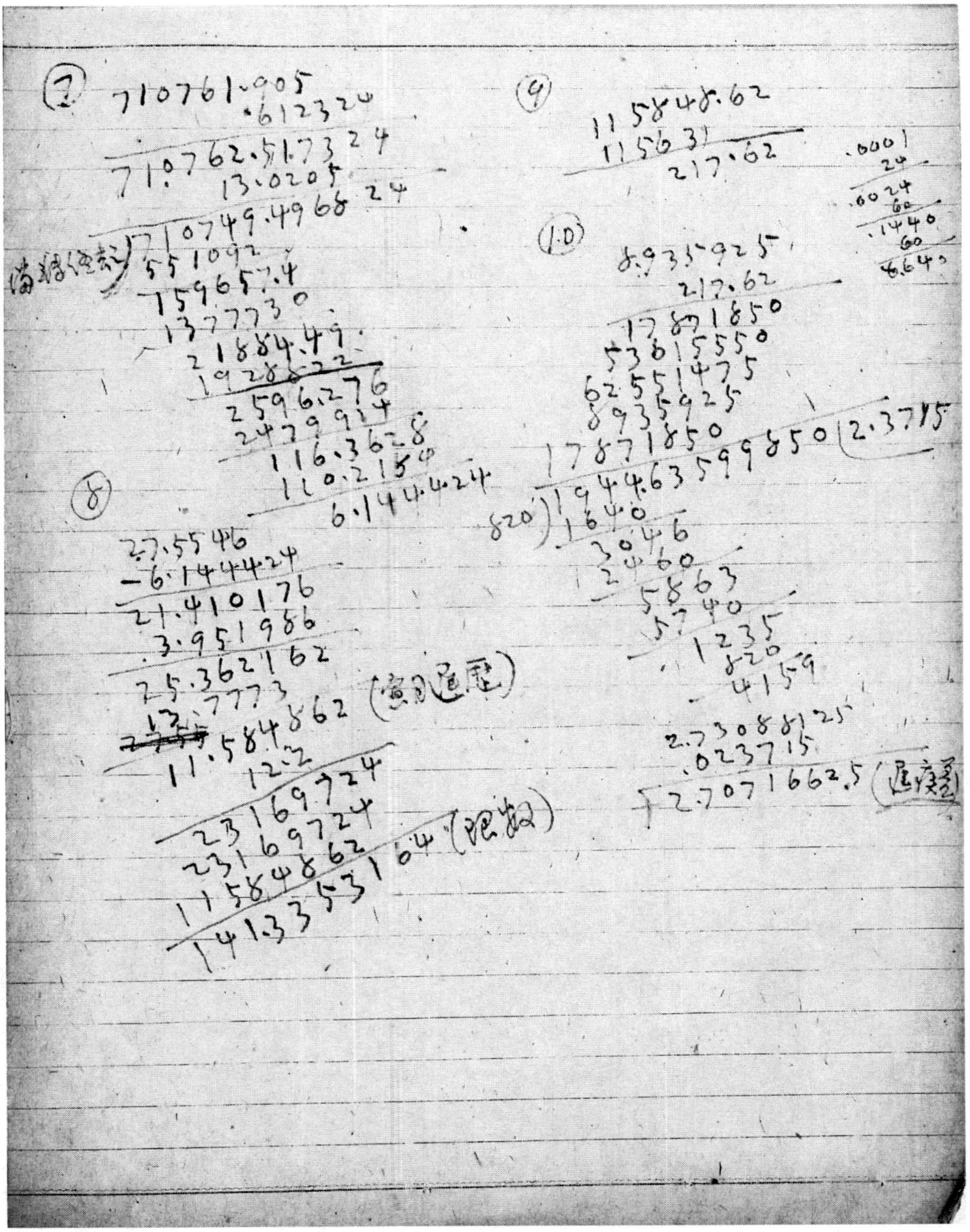
⑦ 710761.905
.612324
71076 2.517324
710762.517324
13.0205
710749.496824
710749.4968 24
(偏转角起)551092
1596557.4
1377730
218844.9
192882.2
2596.276
2479924
116.3628
110.2154
6.144424
⑧
27.5546
−6.144424
21.410176
3.951986
25.362162
13.7773
11.584862 (实测距离)
12.2
23169724
23169724
11584862
141335316 64 (距离)
⑨
115848.62
115631
217.62
⑩
8935925
217.62
17871850
53615550
62551475
8935925
17871850
1944635998 50 (2.3715
820) 1944
1640
3046
2460
5863
5740
1235
820
4159
.0001
24
.0024
60
.1440
60
8.640
2.7308125
.023715
2.7071662.5 (距离)

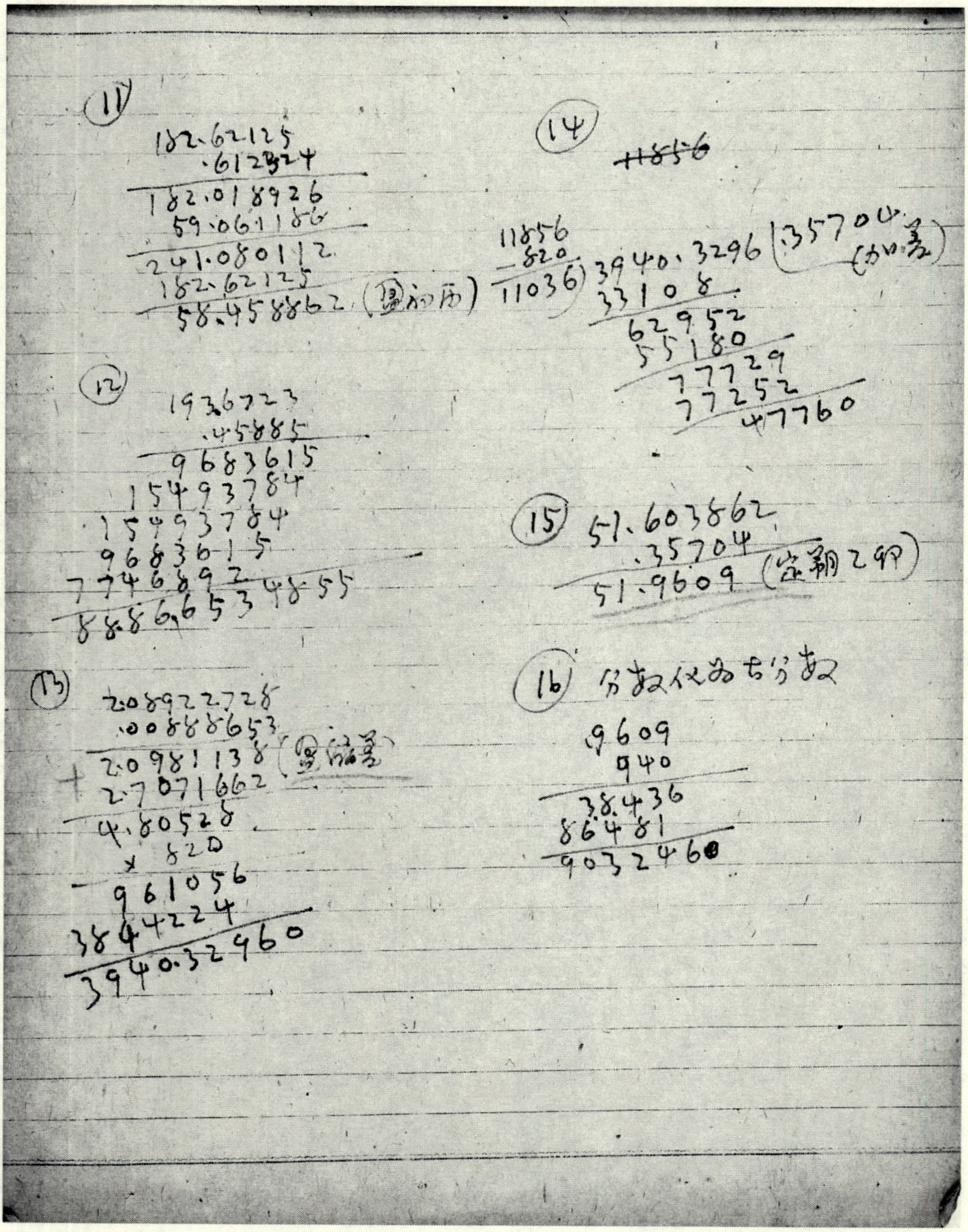

(11)
182.62125
.612324
182.018926
59.061186
241.080112
182.62125
58.458862 (望初丙)
(12)
1936723
.45885
9683615
15493784
15493784
9683615
7746892
888665348.55
(13)
2.08922728
.00888653
2.0981138 (望缩差)
2.7071662
4.80528
× 820
961056
3844224
3940.32960
(14)
11856
11856
-820
11036) 3940.3296 (.35704 (加差)
33108
62952
55180
77729
77252
47760
(15) 51.603862
.35704
51.9609 (定朔乙卯)
(16) 分数化为十分数
.9609
940
38436
86481
903246

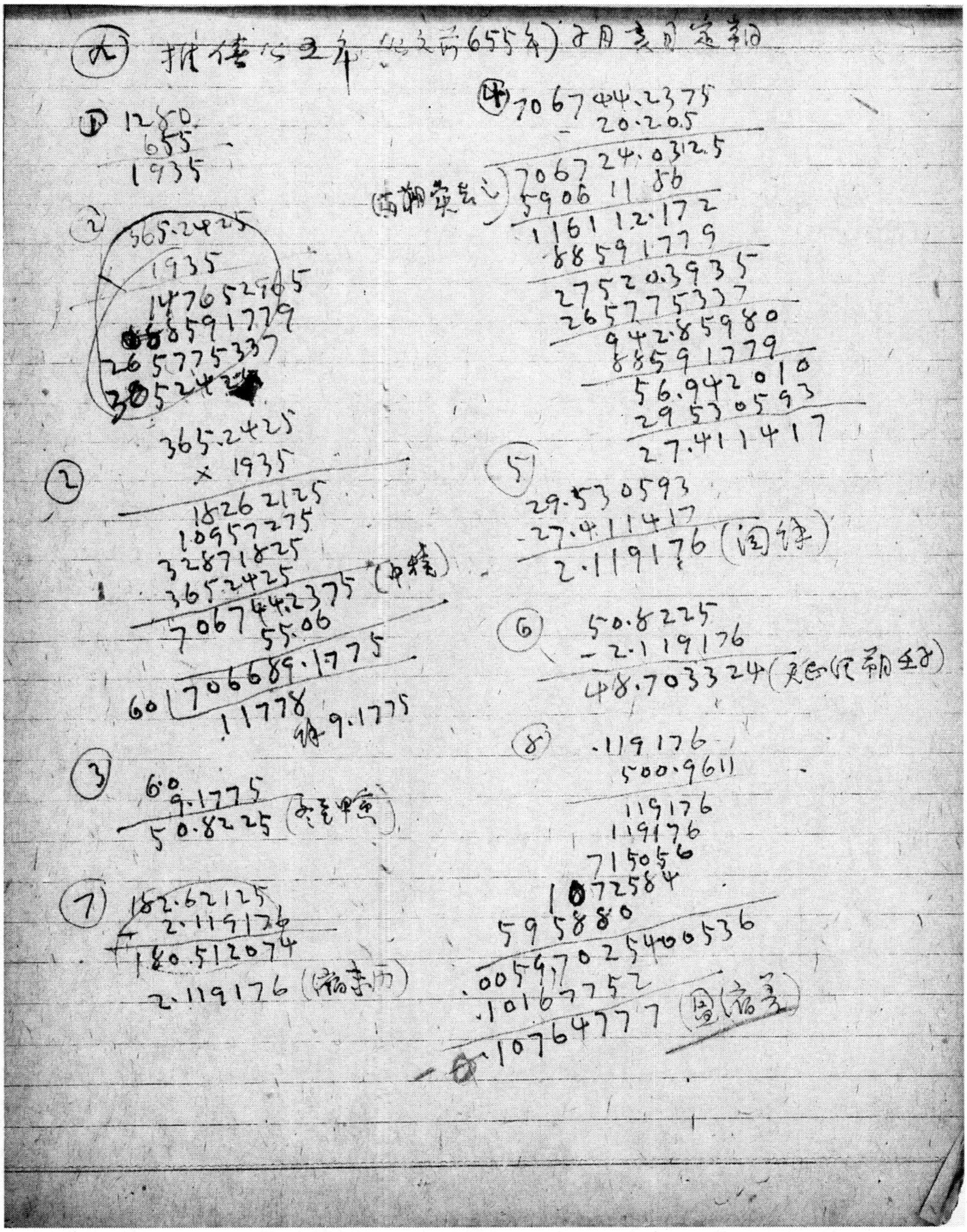

(九)

① 1280
655
1935

②
365.2425
× 1935
1826 2125
10957275
32871825
3652425
706744.2375
55.06
706689.1775
60 | 706689.1775
11778
49.1775

③
60
9.1775
50.8225

⑦
182.62125
2.119176
180.512074
2.119176

④
706744.2375
− 20.205
706724.0312.5
590611.86
116112.172
88591779
27520.3935
26577.5337
942.85980
88591779
56.942010
29.530593
27.411417

⑤
29.530593
−27.411417
2.119176

⑥
50.8225
− 2.119176
48.703324

⑧
.119176
500.961
119176
119176
715056
1072584
595880
.0059702540 0536
.10167752
.10764777

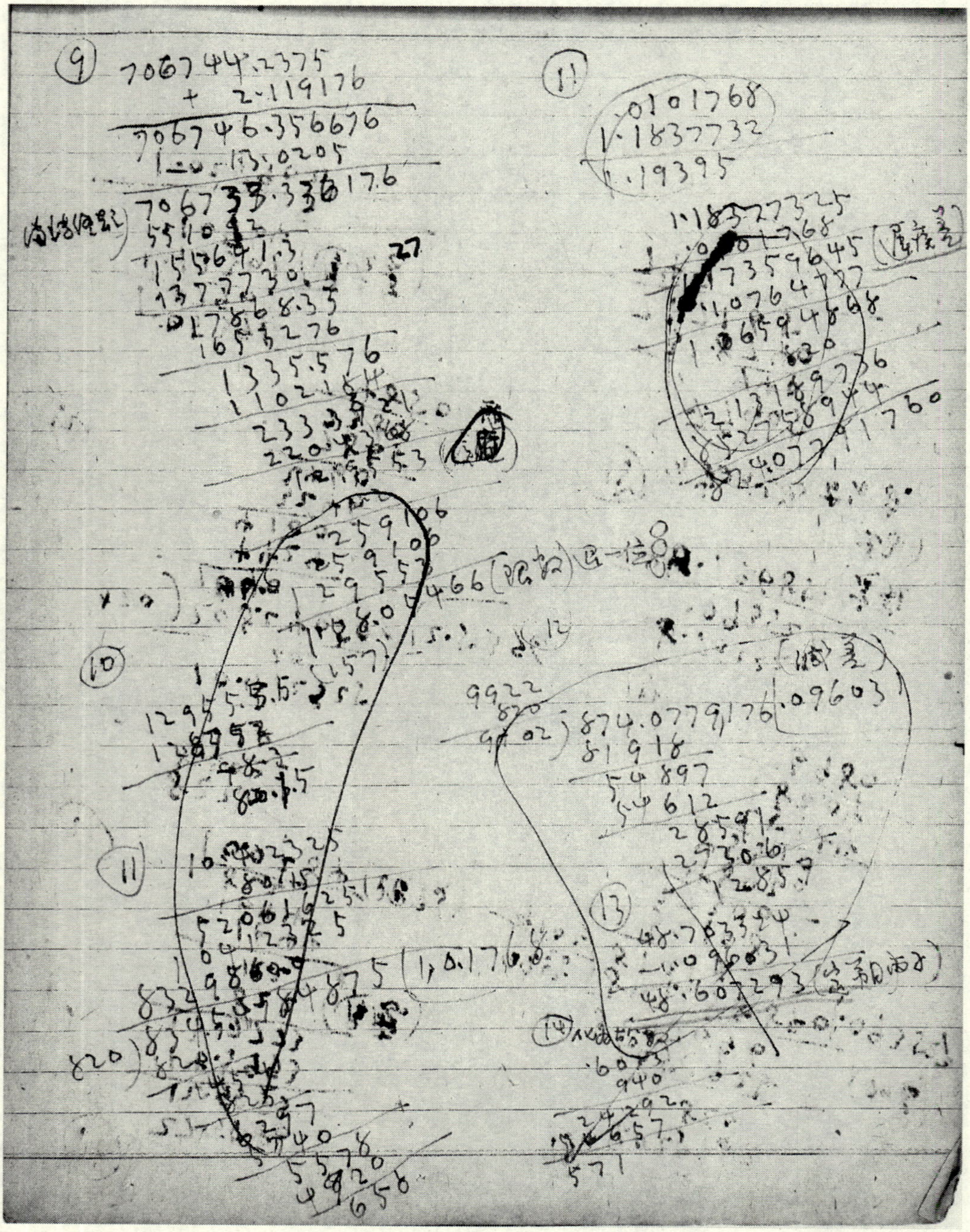

⑨ 706744.2375
+ 2.119176
706746.356676

⑪ .0101768
1.1837732
1.19395

1.18377325
1.173596645
1.0764
(虚误差)

466 (略前)进一位

⑩
1295.5

⑪
1.0.176

(减差)
9922
820
874.0779176 .09603
81918
54897
54612

⑬
48.7633
1.09603
48.60293 (实差)

⑭
.6003
940
571

5578
820
656

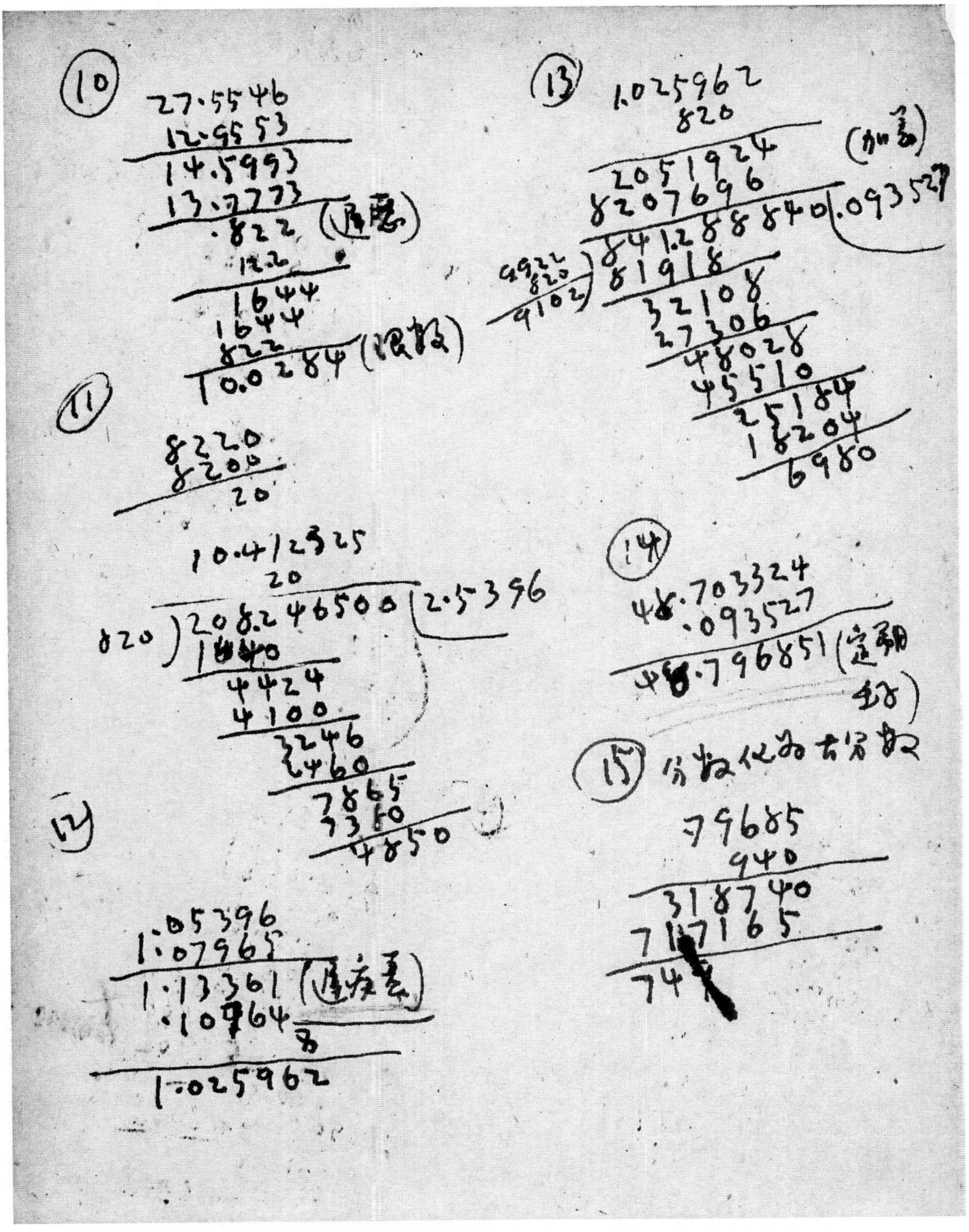

⑩
27.5546
12.9553
14.5993
13.7773
.822 (厘差)
12.2
1644
1644
822
10.0284 (根数)

⑪
8220
8200
20

10.412325
20
820) 208.246500 (2.5396
1640
4424
4100
3246
2460
7865
7380
4850

⑫
1.05396
1.07965
1.13361 (厘度差)
.10964
8
1.025962

⑬
1.025962
820
2051924
8207696
841.288840 (.093527 (加數)
9922
820
9102) 81918
32108
27306
48028
45510
25184
18204
6980

⑭
48.703324
.093527
48.796851 (定朔數)

⑮ 分數化為古分數
79685
940
318740
717165
74

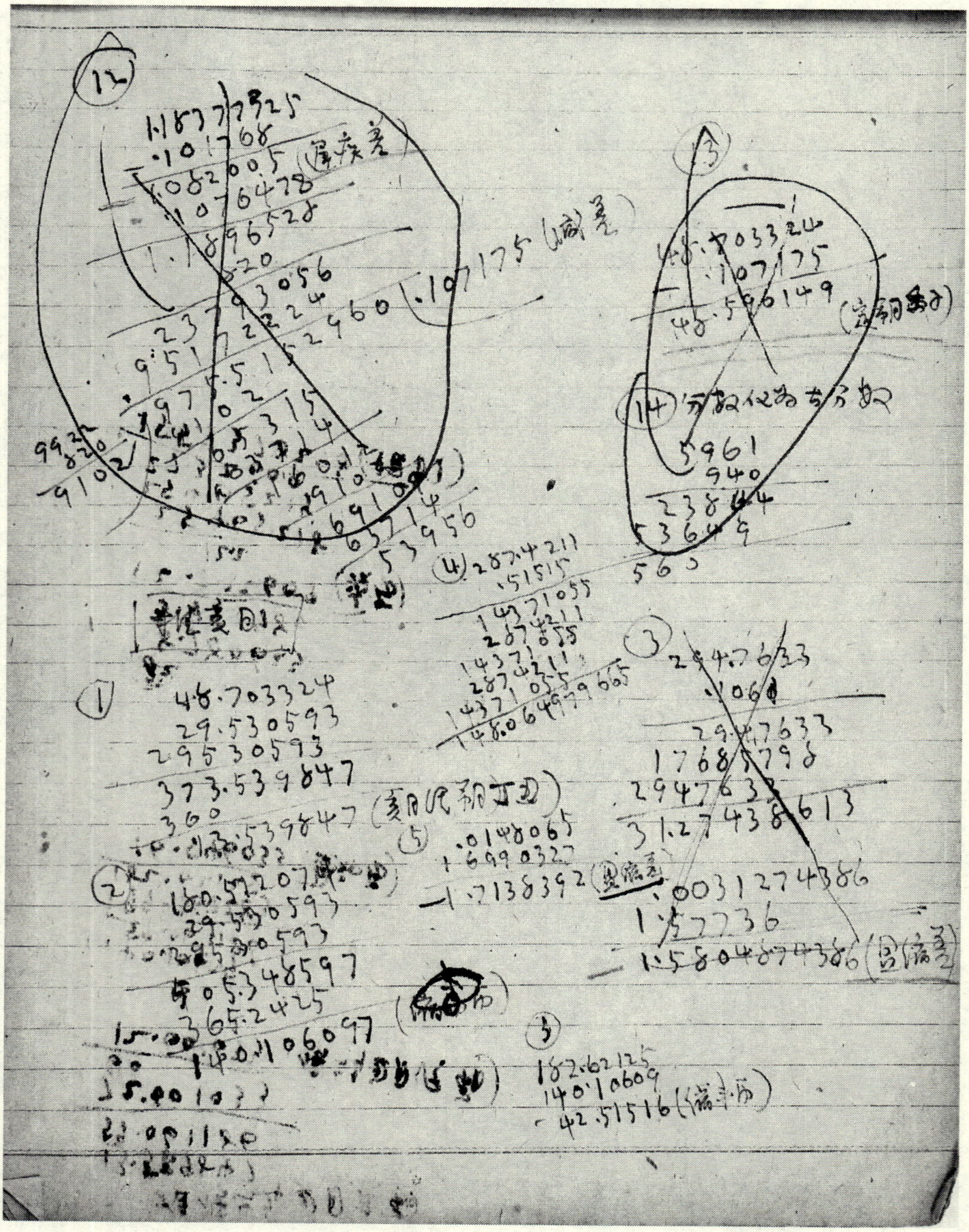
48.703324
29.530593
373.539847
180.572207
365.2425
182.62125
140.10609
42.51516

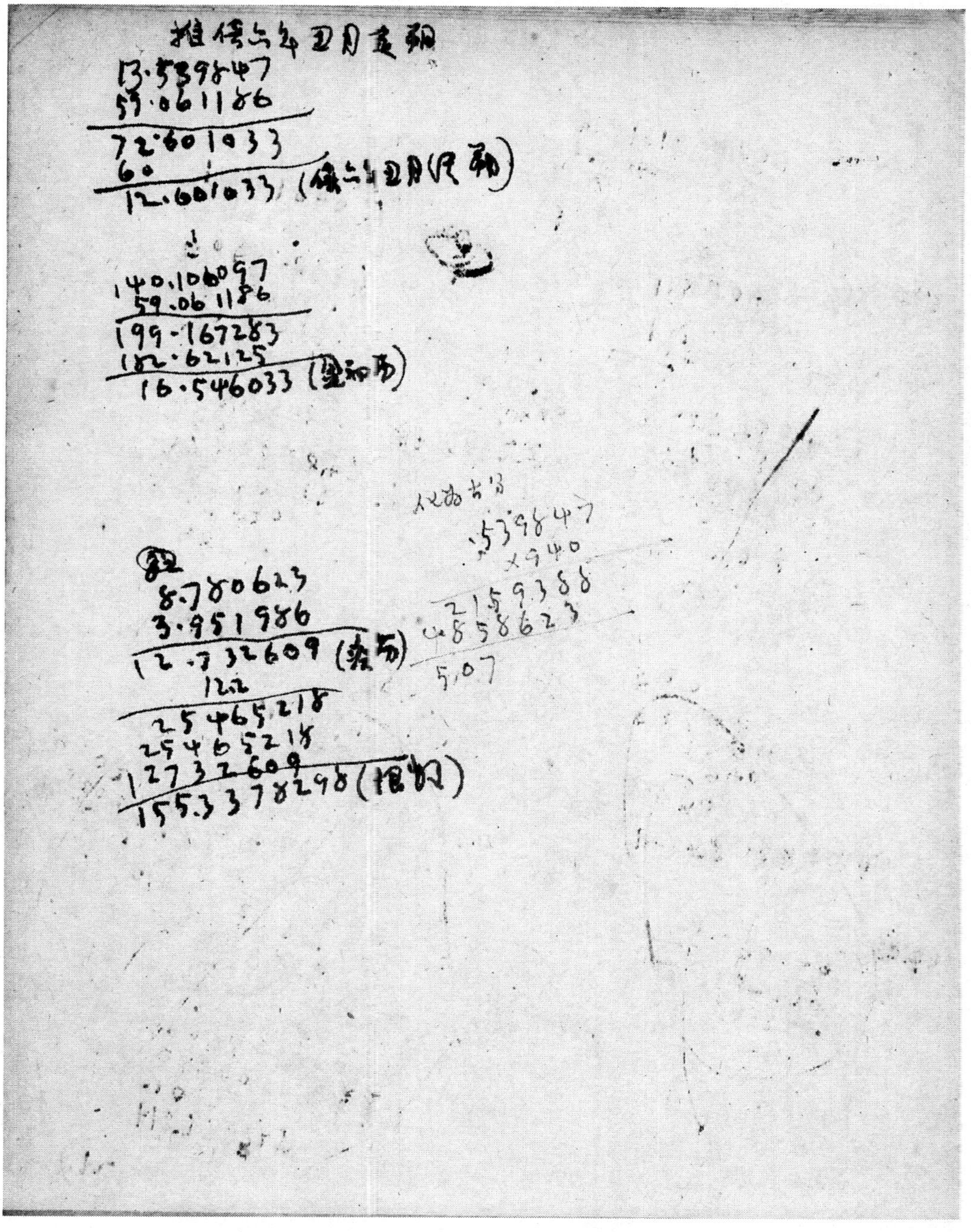

13.5398847
59.061186
72.601033
60
12.601033

140.106097
59.061186
199.167283
182.62125
16.546033

.5398847
×940
2159388
48586623
5.07

8.780623
3.951986
12.732609
12.2
25465218
25465218
12732609
155.3378298

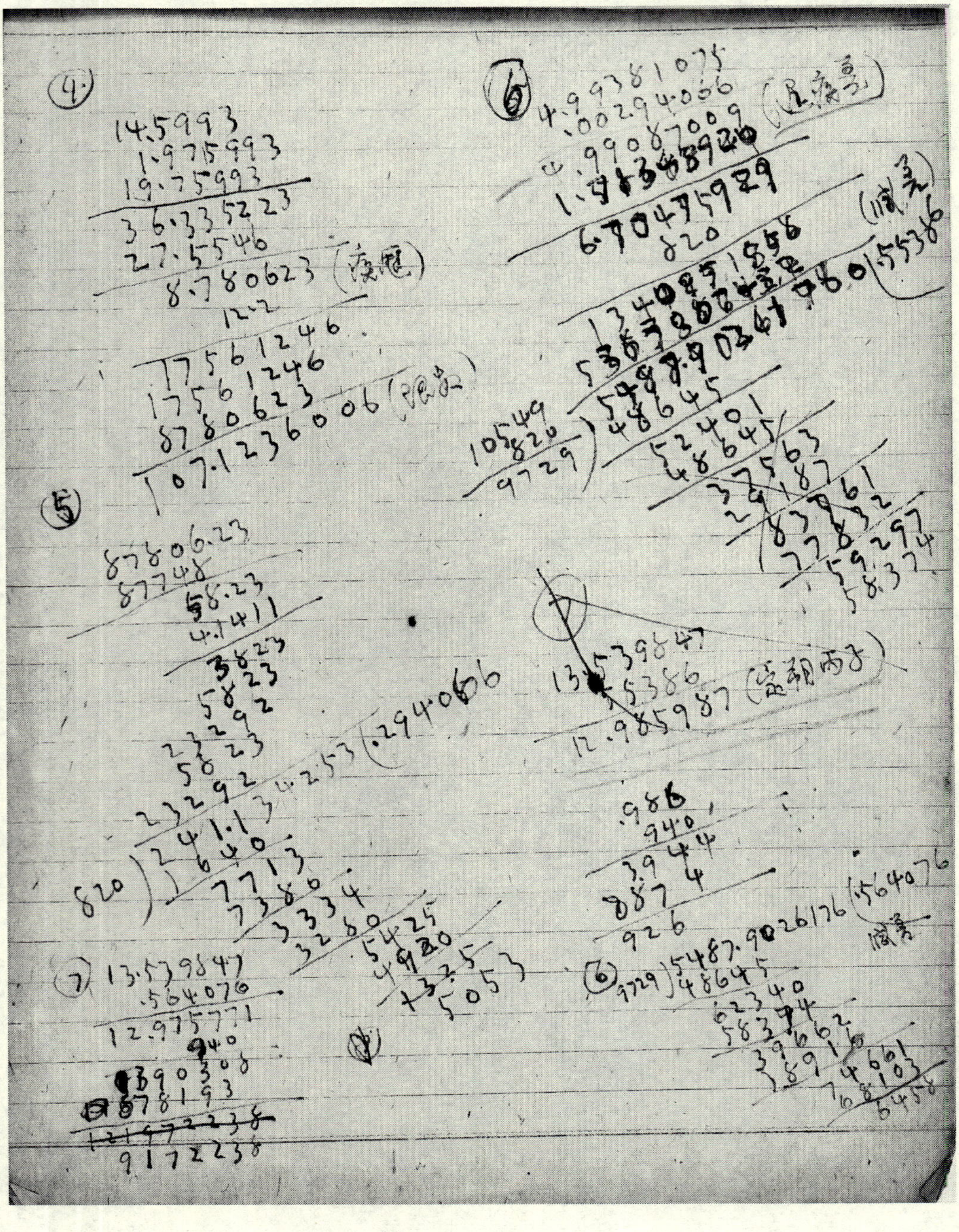

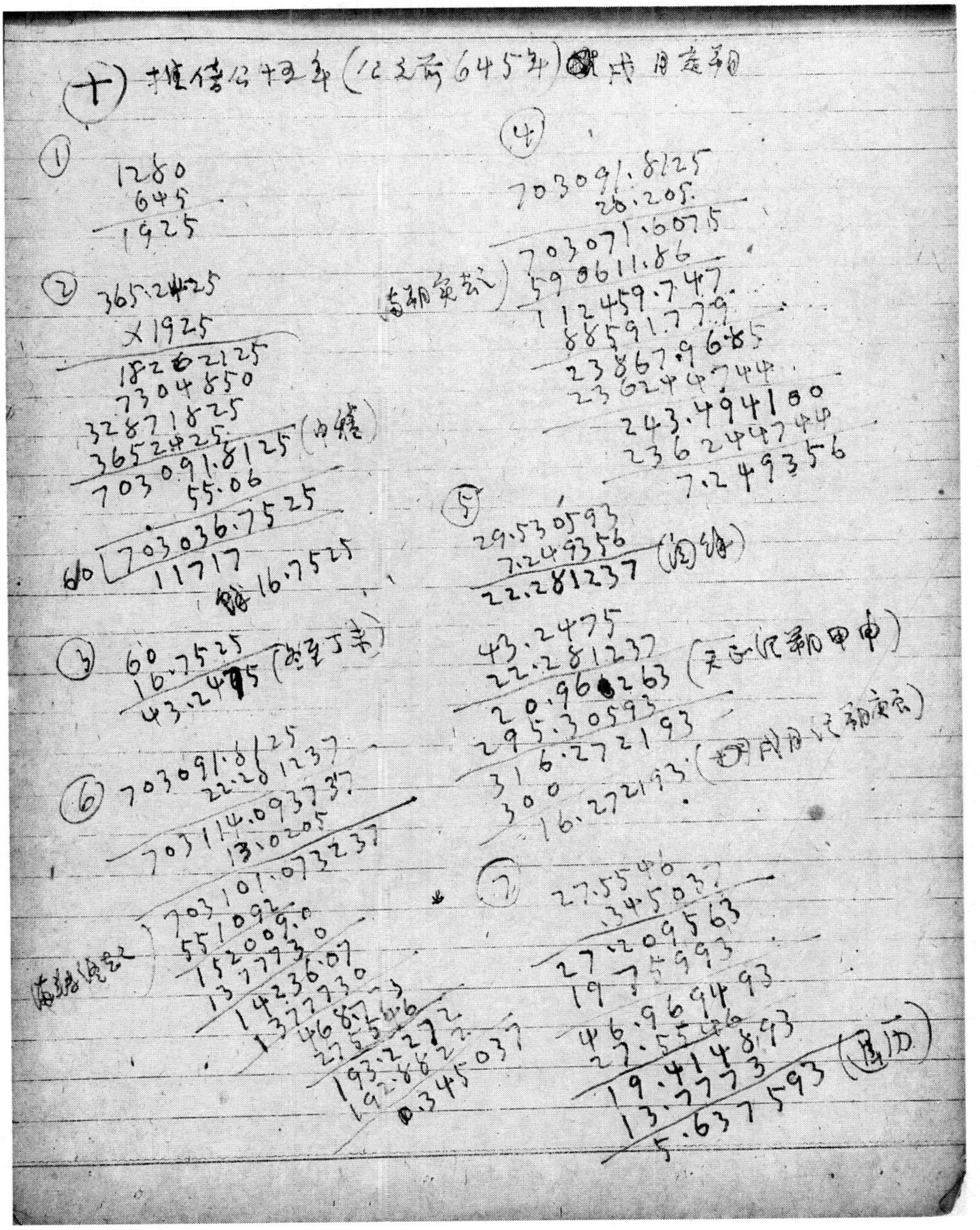

(十) 推僖公十五年(公元前645年)戊戌日庚朔

① 1280
645
1925

② 365.2425
×1925
1826125
7304850
3287182.5
365242.5
703091.8125 (日積)
55.06
703036.7525
60 ⌊ 703036.7525
11717
餘 16.7525

③ 60
16.7525
43.2475 (冬至丁未)

④ 703091.8125
20.205
703071.6075
703071.86
590611.86
112459.747
88591.779
23867.9685
23624.4744
243.494100
236.24744
7.249356

⑤ 29.530593
7.249356
22.281237 (閏餘)

43.2475
22.281237
20.966263 (天正經朔甲申)
295.30593
316.272193
300
16.272193 (戊戌日經朔庚寅)

⑥ 703091.8125
22.281237
703114.093737
13.0205
703101.073237
703101.0
551092.0
152009.0
137773.0
14236.07
13777.30
458.77
275.546
183.22
192.882
0.345037

⑦ 27.5546
.345037
27.209563
19.75993
46.969493
27.5546
19.414893
13.7773
5.637593 (庚寅)

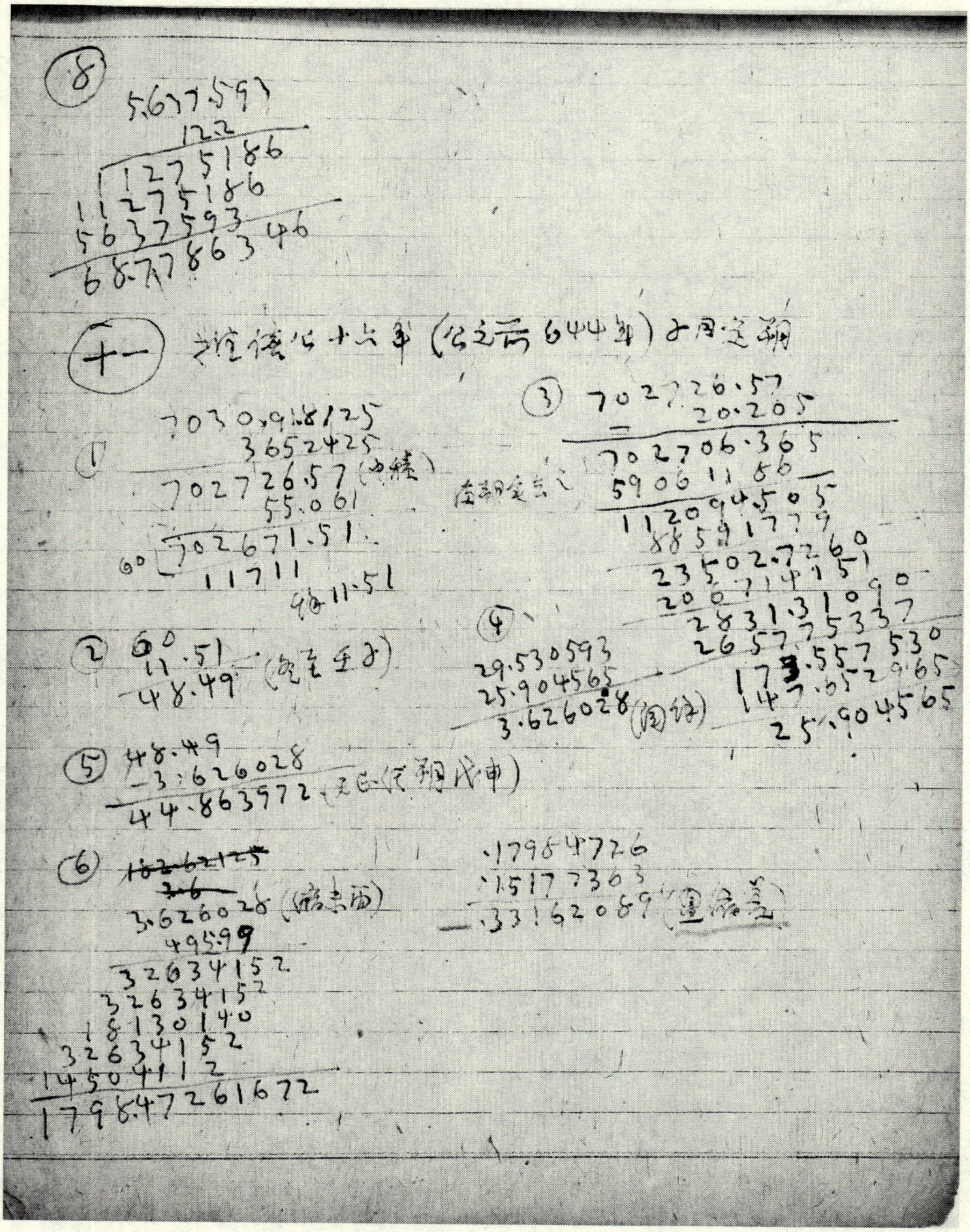
8
5637593
122
1127518 6
1127518 6
5637593
687786346
十一
7030,918125
3652425
70272657
55.061
702671.51
11711
11.51
60
11.51
48.49
702726.57
20.205
702706.365
59061156
112094505
88591779
235027760
206714151
28313109 0
26577533 7
29.530593
25.904565
3.626028
25.904565
48.49
−3.626028
44.863972
3.626028
49599
32634152
32634152
18130140
32634152
1450411 2
1798472616 72
.17984726
.15177363
.33162089

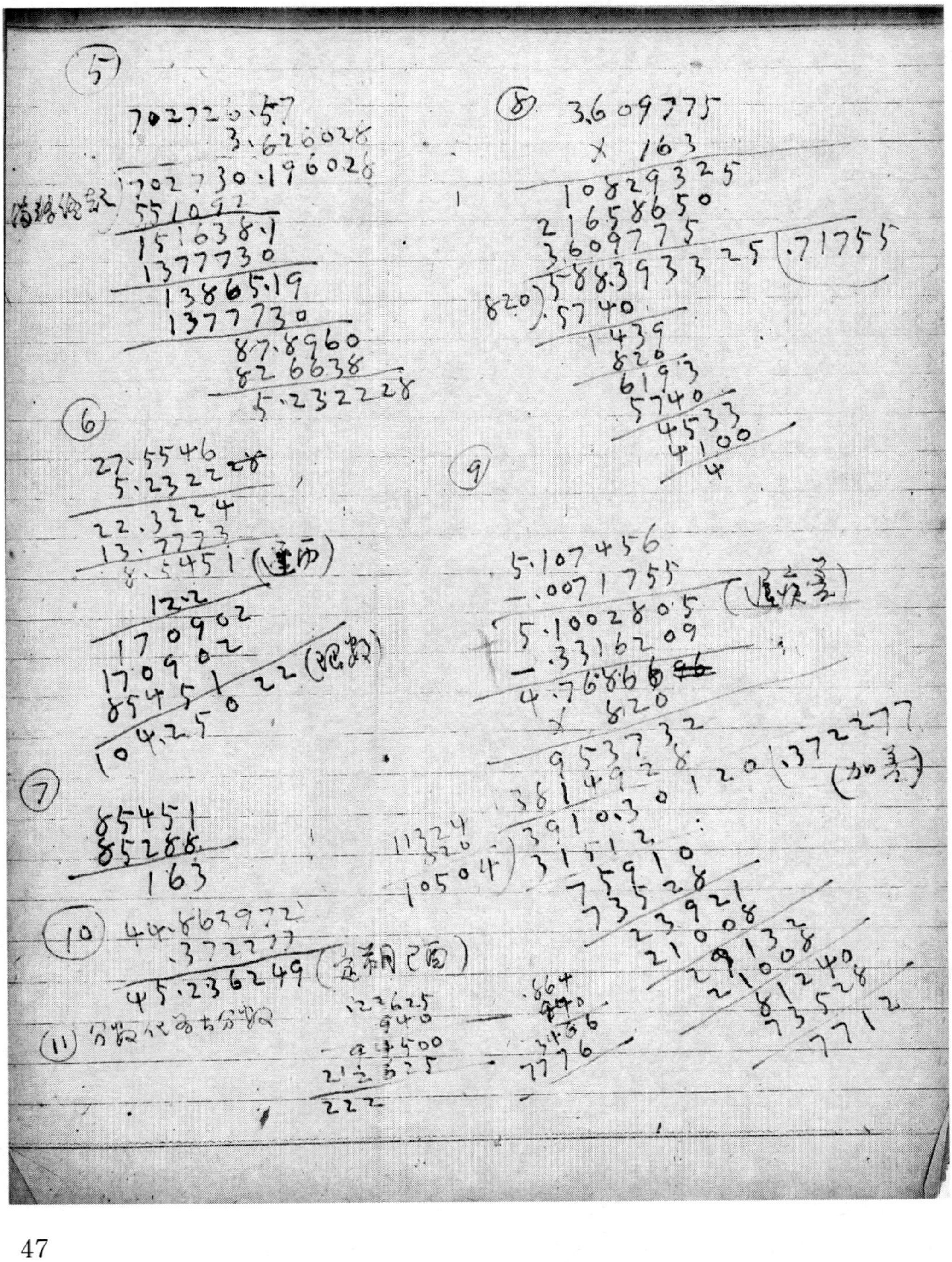

(5)

70272.57
3.626028
70273.196028
551092
1516381
1377730
138651.9
1377730
878960
826638
5232228

(6)

27.5546
5.232228
22.3224
13.7773
8.5451
12.2
170902
170902
85451 022
104.25

(7)

85451
85288
163

(8) 3.609775
× 163
10829325
21658650
3609775
588393325 (.71755
820) 5740
1439
820
6193
5740
4533
4100
4

(9)

5.107456
−.0071755
5.1002805
−.3316209
4.76866
× 820
953732
381492801 2.0 (.372277
10504) 391003
31512
75910
73528
23921
21008
29132
21008
81240
73528
7712

(10) 44.863972
.372277
45.236249

(11)

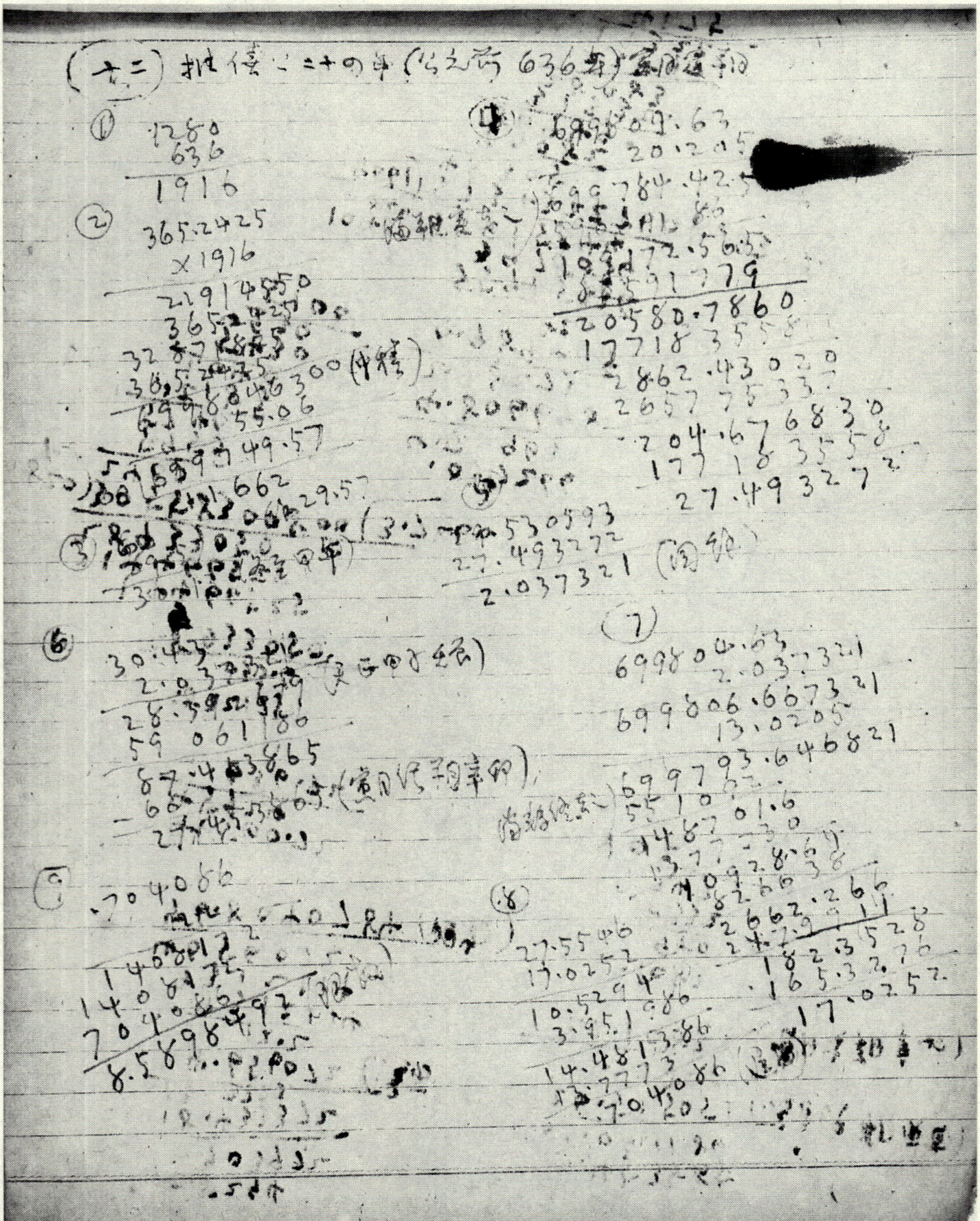

(十二)

① 1280
636
1916

② 365.2425
×1916

27.493272
2.037321

(7)
699804.63
2.037321
699806.667321
13.0205
699793.646821

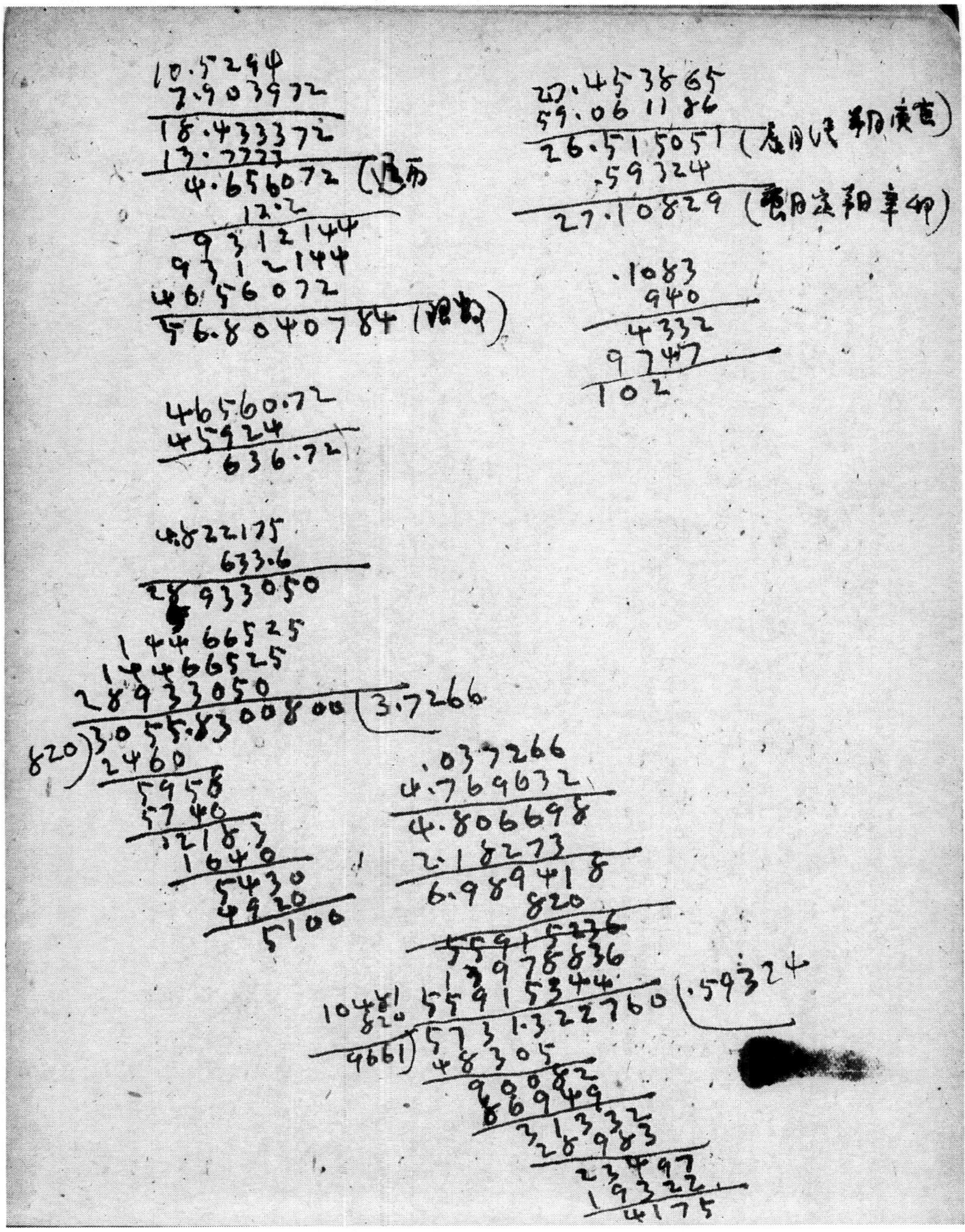
10.5294
7.903972
18.433372
13.7773
4.656072
12.2
9312144
9312144
4656072
56.8040784
4656072
45924
636.72
27.453865
59.061186
26.515051
.59324
27.10829
.1083
940
4332
9747
102
.037266
4.769632
4.806698
2.18273
6.989418
820
(3.7266
(.59324

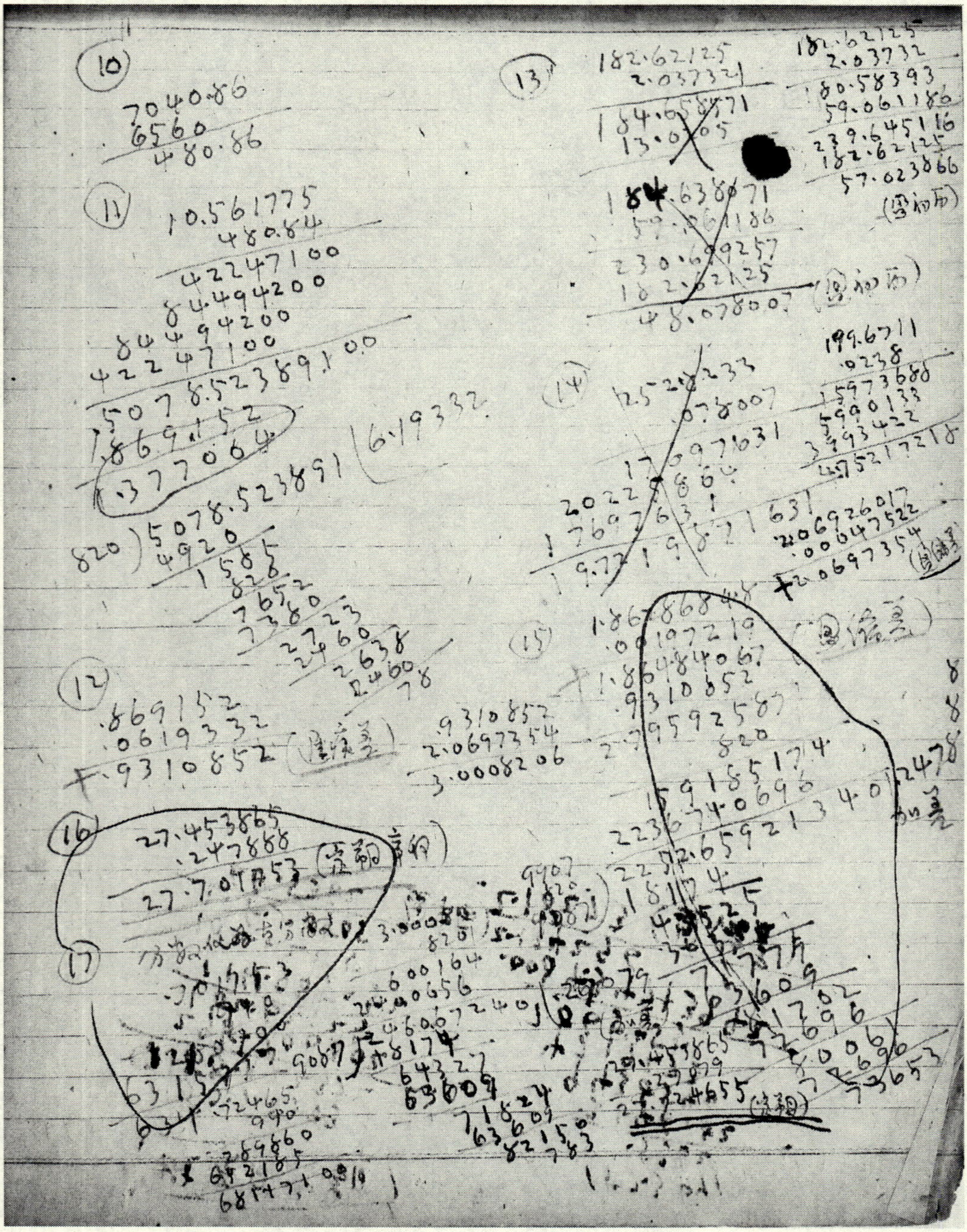

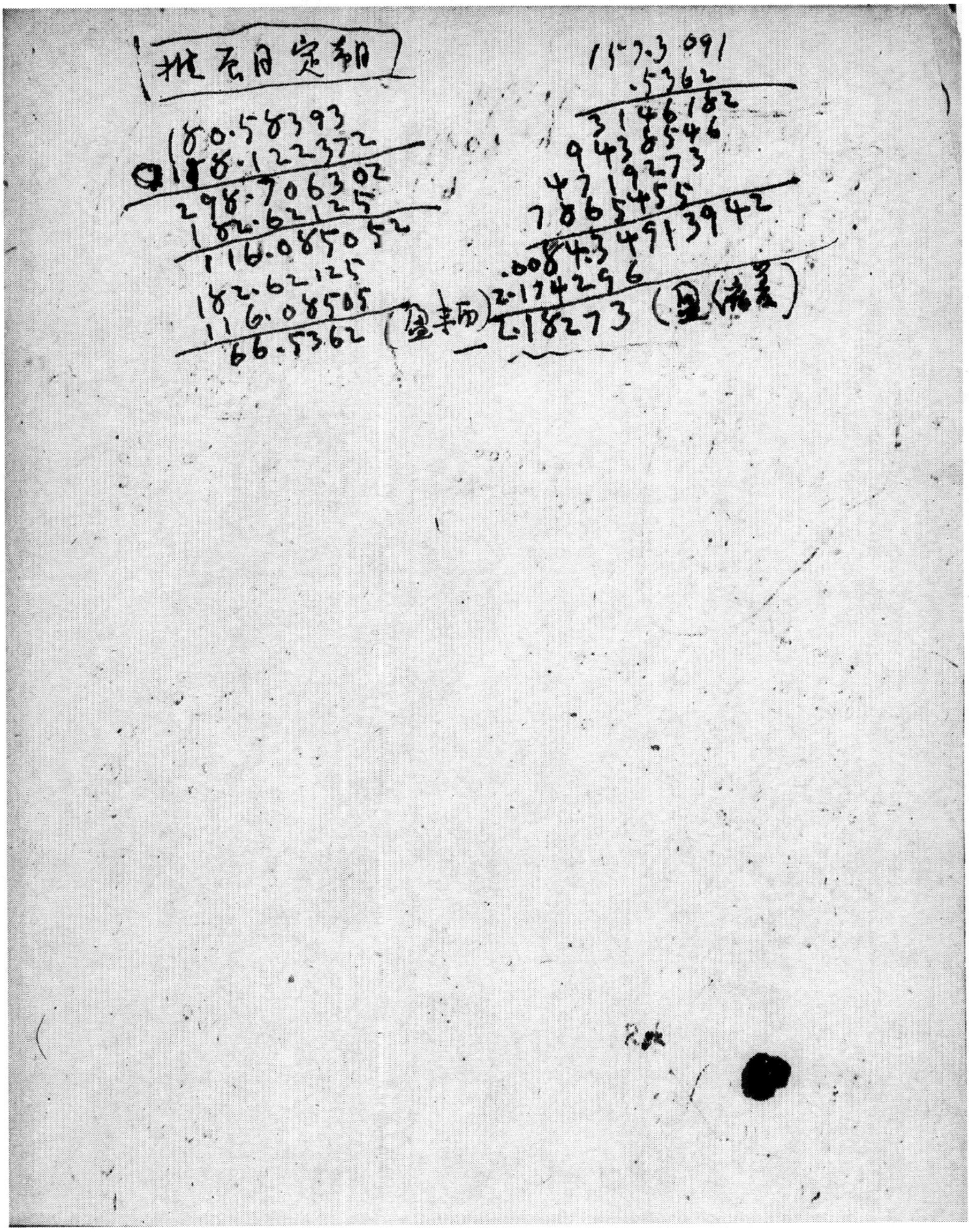

[illegible]

180.58393
188.122372
298.706302
182.62125
116.085052
116.08505
182.62125
116.08505
66.5362 ([illegible])

1573.091
.5362
3146182
9438546
4719273
7865455
8434913942
.008434913942
2.174296
2.18273 ([illegible])

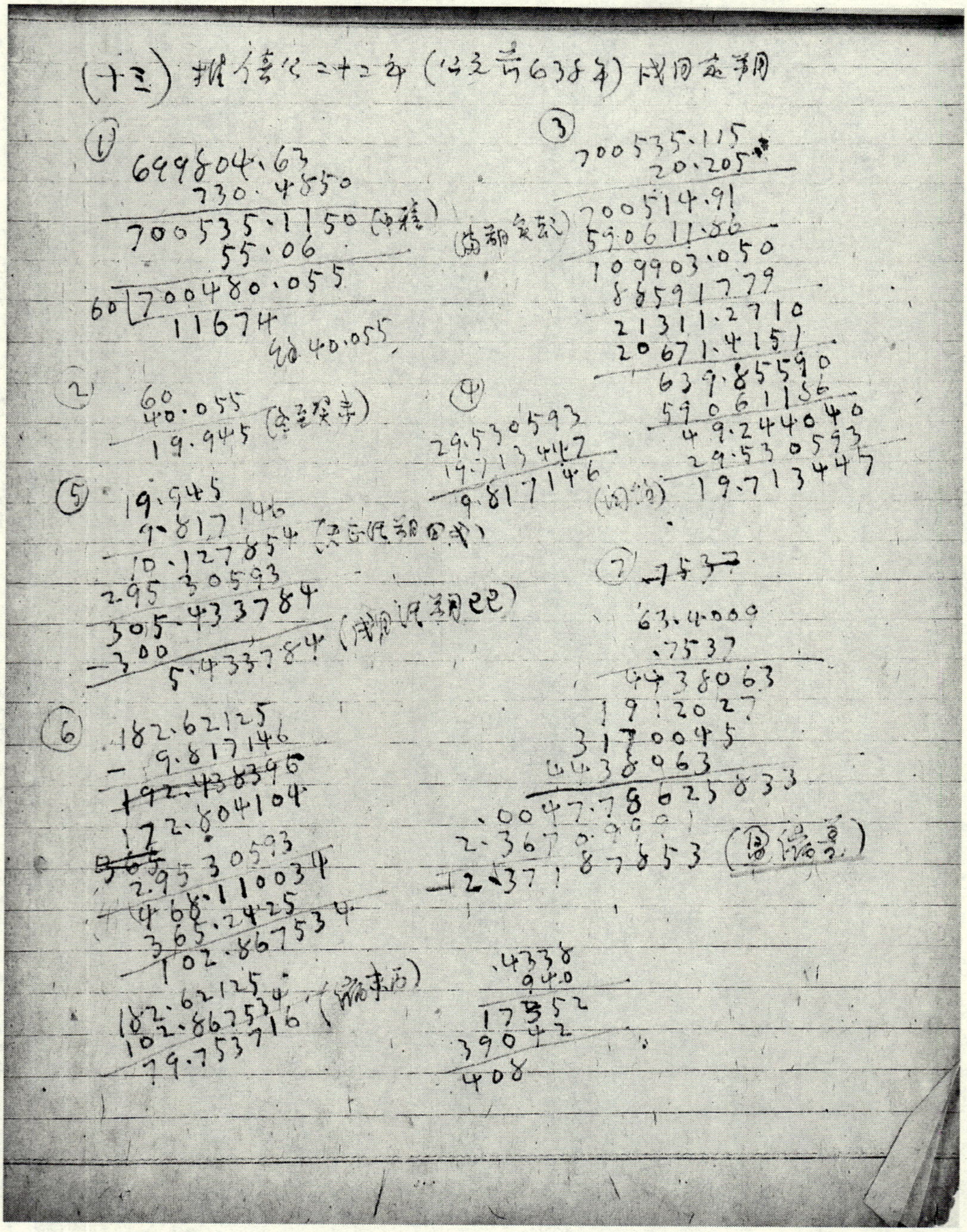
(十三) 推僖公二十二年（公元前638年）戊日朔
①
699804.63
730.4850
700535.1150
55.06
60 700480.055
11674
40.055
②
60
40.055
19.945
③
700535.115
20.205
700514.91
59061.156
109903.050
88591.779
21311.2710
20671.4151
639.85590
590.61156
49.244040
29.530593
19.713447
④
29.530593
19.713447
9.817146
⑤
19.945
9.817146
10.127854
295.30593
305.433784
300
5.433784
⑥
182.62125
9.817146
192.438396
172.804104
295.30593
468.110034
365.2425
102.867534
182.62125
102.867534
79.753716
⑦
63.4009
.7537
4438063
1912027
3170045
4438063
.00477.78625833
2.3670.9001
2.3718.7853
.4338
940
17352
39042
408

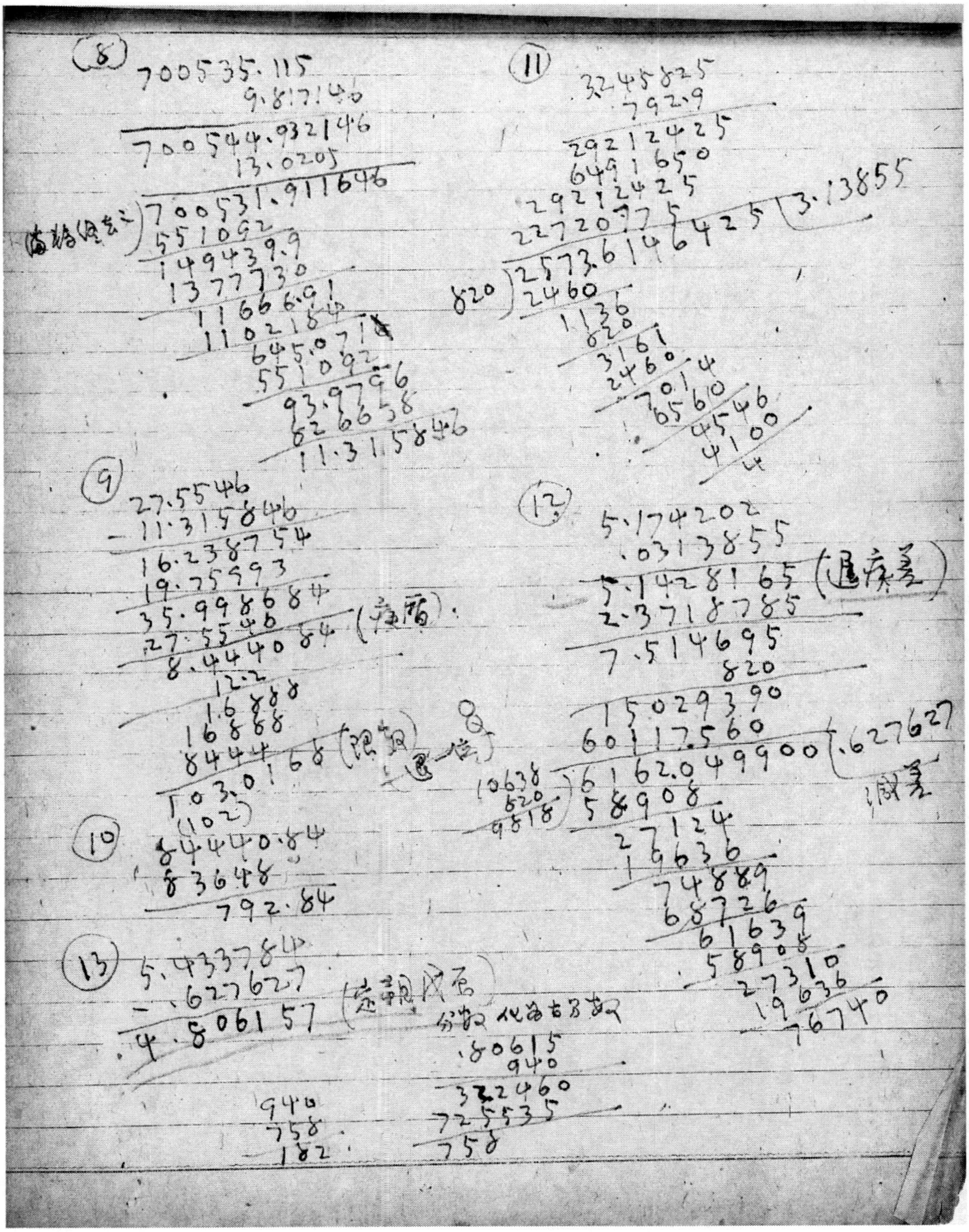
(8)
700535.115
9.817146
700544.932146
13.0205
700531.911646
(除法)700531.911646
551092
149439.9
137773.0
11666.91
11021.84
645.071
551.092
93.979
82.6638
11.31584

(9)
27.5546
−11.315846
16.238754
19.75993
35.998684
27.5546
8.444084
12.2
16888
16888
8444
103.0168
(102)

(10)
84440.84
83648
792.84

(11)
.3245825
.7929
29212425
6491650
29212425
22720775
2573.6146425 (3.13855
820)2573.6146425
2460
1136
820
3161
2460
7014
6560
4546
4100
4

(12)
5.174202
.0313855
5.142816
2.371878
7.514695
820
15029390
6011756
616.2049900 (.627627
10638)616.2049900
58908
27124
19636
74889
68726
61639
58908
27310
19636
76740

(13)
5.433784
−.627627
4.806157

.80615
940
322460
725535
758

940
758
182

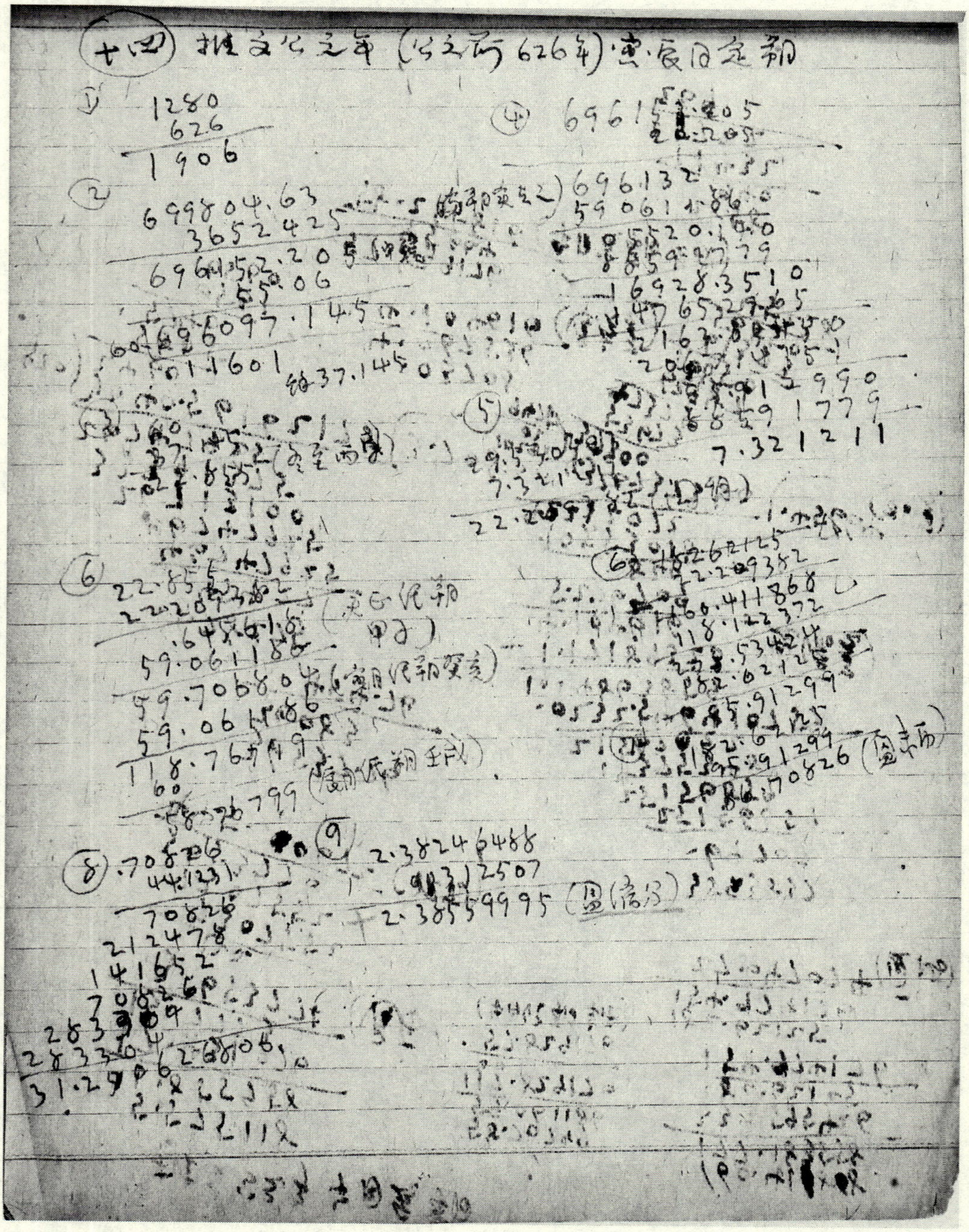

（十四）推文公元年（公元前626年）寅辰日定朔

① 1280
626
1906

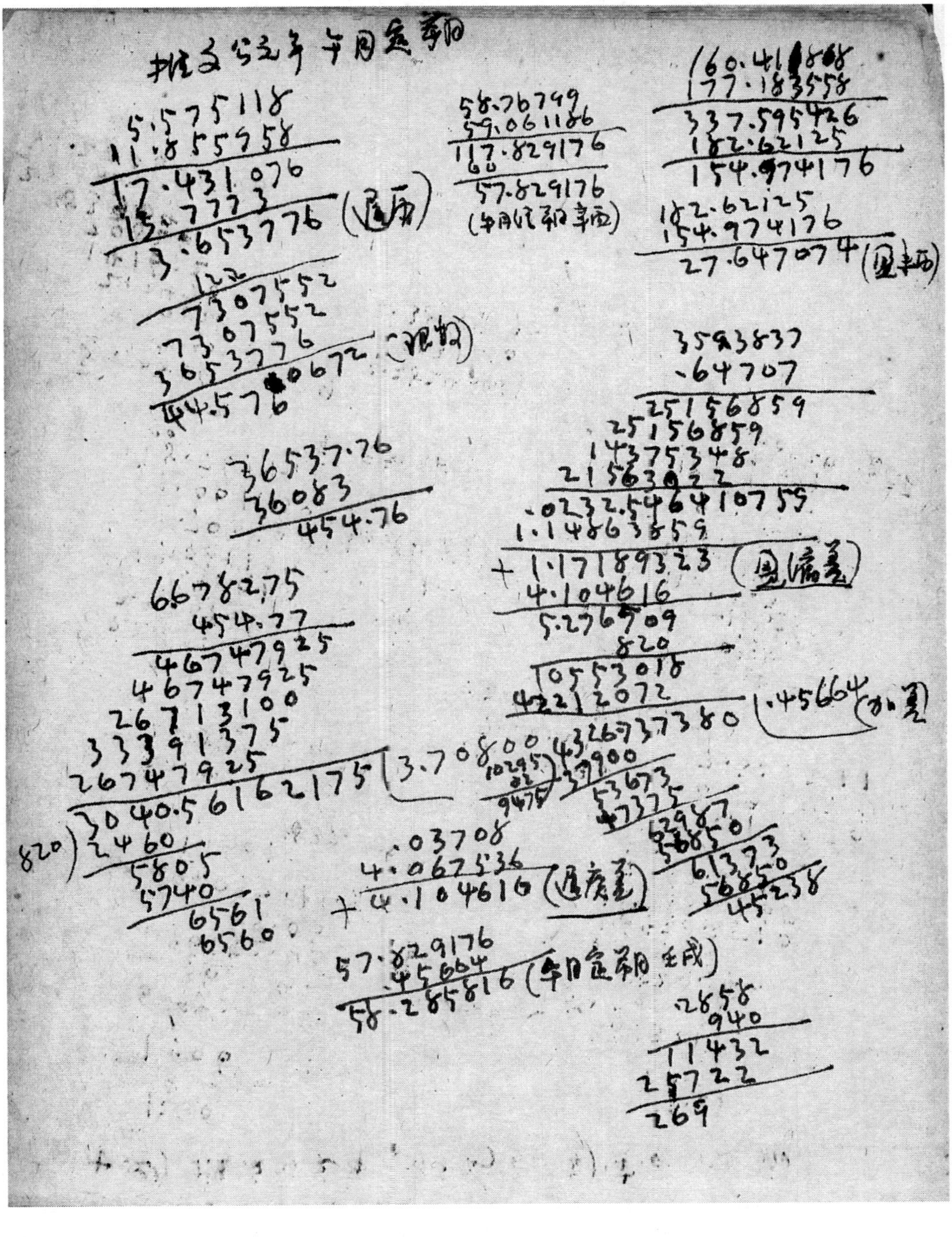

5.575118
11.855958
17.431076
3.653776
7307552
3653776
58.76749
59.061186
117.829176
57.829176
160.41
337.595426
182.62125
154.974176
182.62125
154.974176
27.647074
.64707
25156859
25156859
14375348
21563022
1.1171893223
4.104616
5.276709
820
0553018
36537.76
36083
454.76
6678275
454.77
4674792 5
467 47925
26713100
33391375
26747925
3040.56162175
3.70800
820
2460
5805
5740
6561
6560
.03708
4.067536
4.104616
57.829176
45664
58.285816
2858
940
11432
25722
269

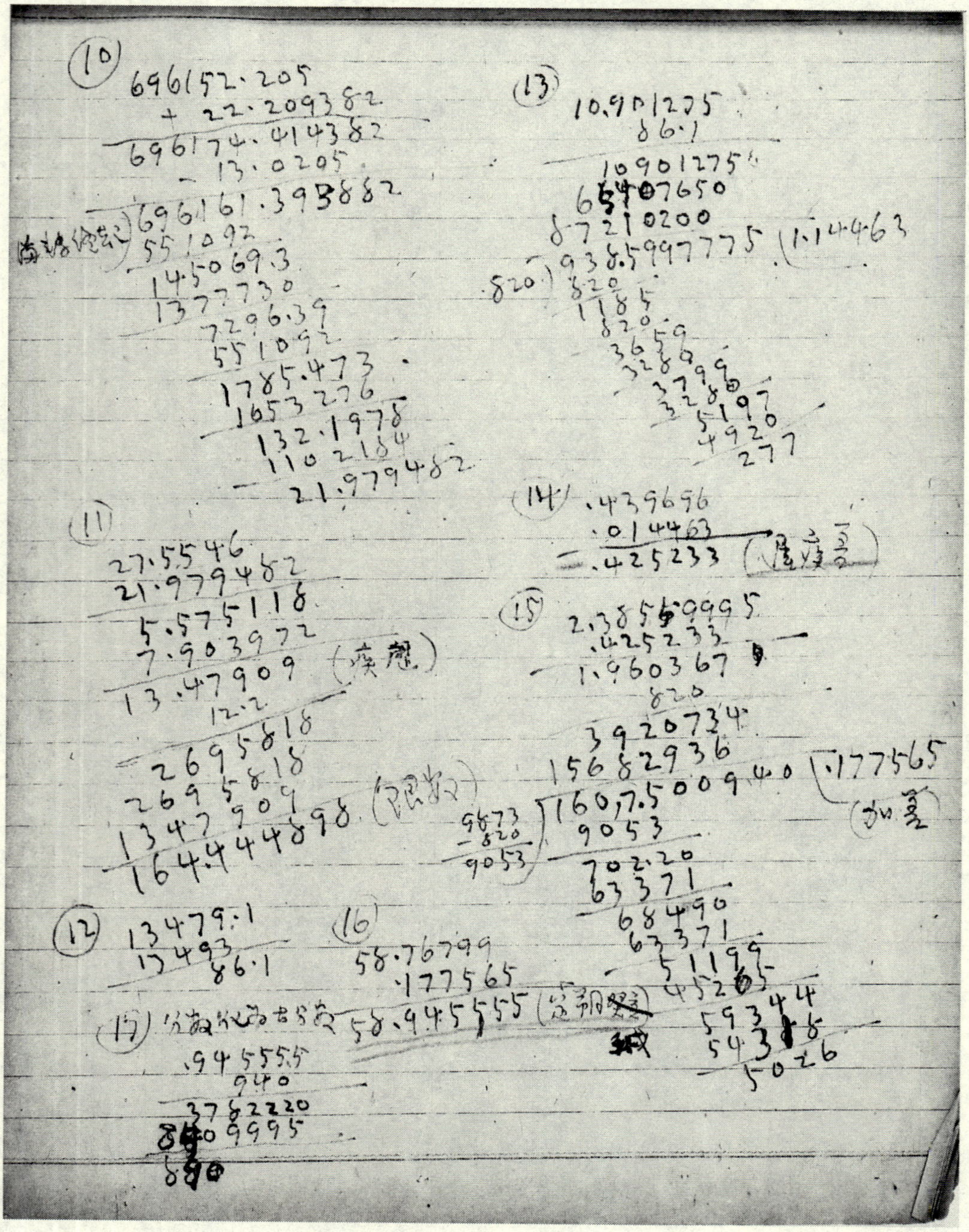

(10)
696152.205
+ 22.209382
696174.414382
- 13.0205
696161.393882
[illegible] 551092
145069.3
137730
7296.39
551092
1785.473
1653276
132.1978
1102184
- 21.979482

(11)
27.5546
21.979482
5.575118
7.903972
13.47909 ([illegible])
12.2
2695818
2695818
2695818
1347909
164.444898 ([illegible])

(12)
13479.1
13493
86.1

(13)
10.901275
86.1
10901275
65407650
87210200
938.5997775 (1.14463
.820) 938.5997775
820
1185
820
3659
3280
3799
3280
5190
4920
277

(14)
.439696
.014463
- .425233 ([illegible])

(15)
2.3855995
.425233
- 1.960367
820
392073
1568293
160.750094 (.177565 ([illegible])
9873
820
9053
9053
70220
63371
68490
63371
51199
45265
59344
54318
5026

(16)
58.76799
.177565
58.945555 ([illegible])

(17) [illegible]
.945555
940
3782220
8509995
880

（十五）推成公十六年（公元前575年）午月经朔

①

1280
575
1855

365.2425
×1855
18262125
18262125
29219400
3652425
677524.8375（中積）
55.05
60⌊677469.7875
11291
49.7875

②

60
−9.7875
50.2125（冬至甲寅）

⑤

50.2125
15.7627
34.4498（天正经朔庚戌）
177.183558
7.266248
211.633358
180
31.633358（午月经朔乙未）

③

677524.8375
−20.205
677504.6325
倍朔实去之 59061.186
86892.772
59061186
27831.5865
26577533.7
1254.05280
1181.22372
72.829080
59.061186
13.767894

④

29.530593
13.767894
15.762699（闰余）

⑥

182.62125
15.7627
166.85855
177.183558
344.042108
182.62125
161.420858
182.62125
161.42085
21.2004（闰年历）

⑦

388.2851
.2004
27531404
7765702
.0077.9323 3404
.9228 6453
.9306.5776（盈缩差）

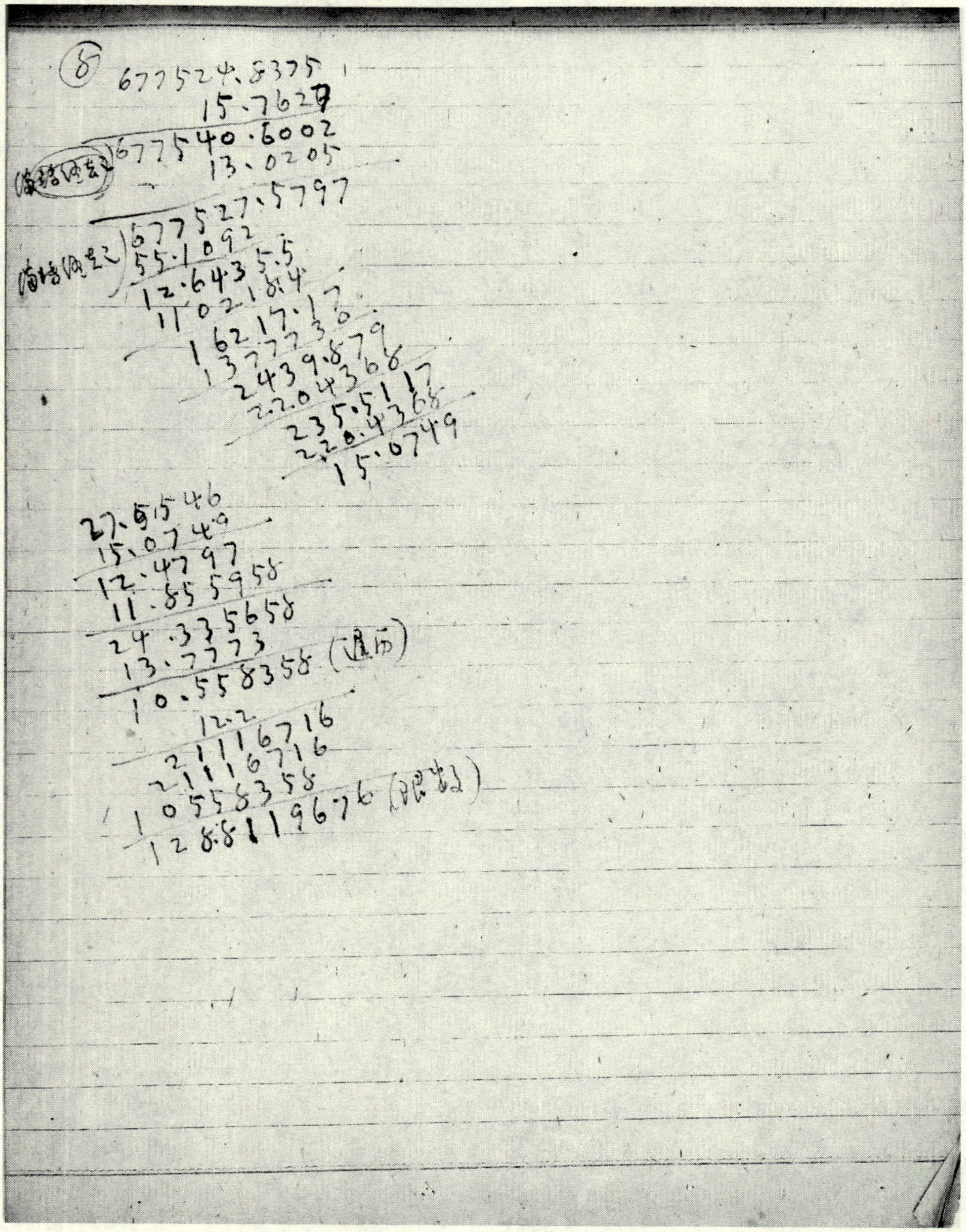
⑧ 677524.8375
15.7627
677540.6002
13.0205
677527.5797

[illegible] 677527.5797

677527
55.1092
12.6435.5
11.0218.4
1.6217.170
1.3777389
2439.879
22.04368
235.5117
220.4368
15.0749

27.5546
15.0749
12.4797
11.855958
24.335658
13.7773
10.558358 ([illegible])
12.2
21116716
21116716
1055835 8
1288119676 ([illegible])

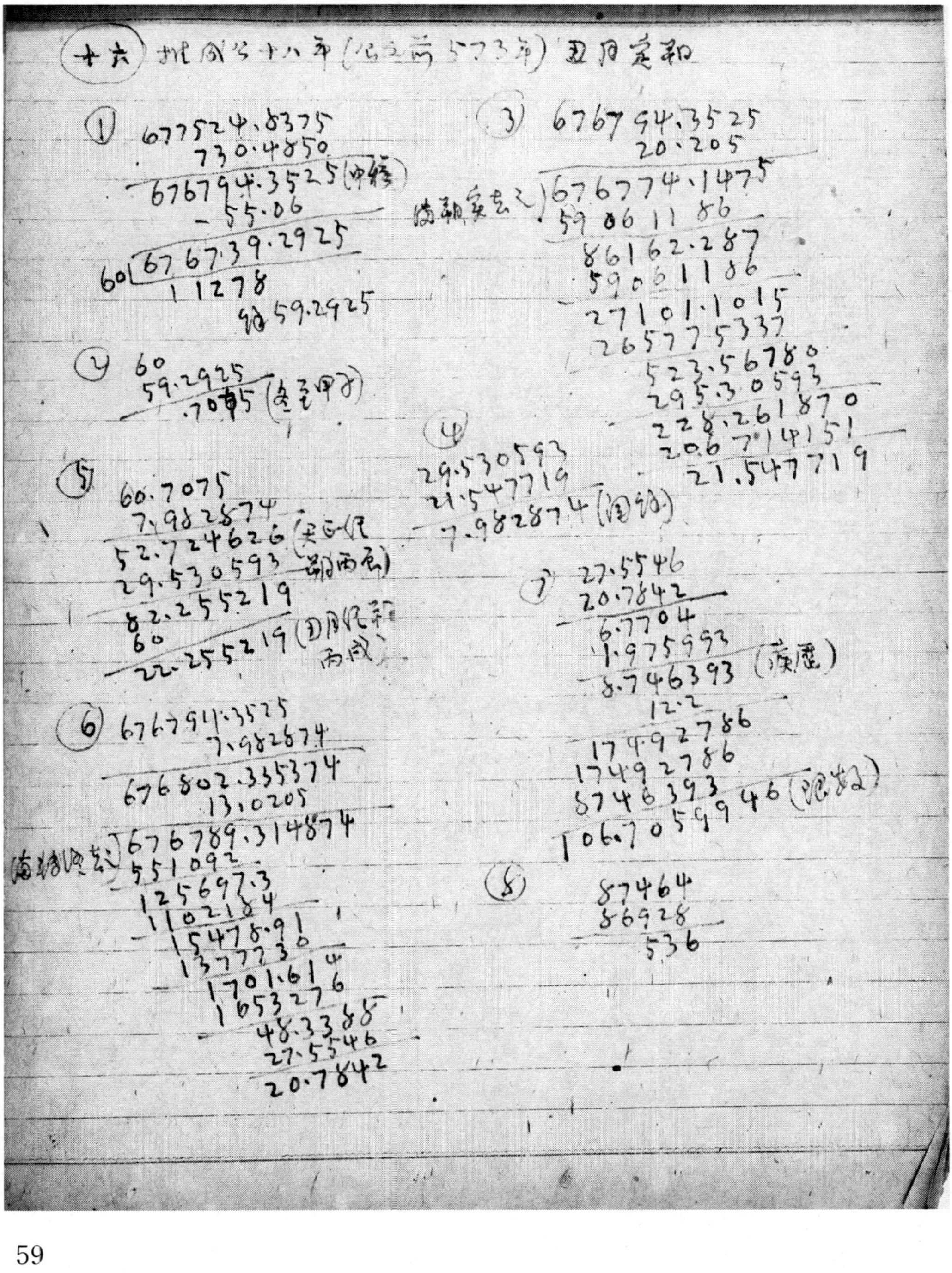
（十六）鲁成公十八年（公元前573年）五月定朔

① 677524.8375
730.4850
676794.3525（中积）
－55.06
60 | 676739.2925
11278
余59.2925

② 60
59.2925
.7075（冬至甲子）

③ 676794.3525
20.205
满朔实去之 | 676774.1475
5906 1186
86162.287
59061186
27101.1015
26577.5337
523.56780
295.30593
228.261870
206.714151
21.547719

④ 29.530593
21.547719
7.982874（闰余）

⑤ 60.7075
7.982874
52.724626（天正朔
29.530593 →朔丙辰）
82.255219
60
22.255219（五月朔
丙戌）

⑥ 676794.3525
7.982874
676802.335374
13.0205
满朔实去之 | 676789.314874
551092
125697.3
1102184
154789.1
1377230
170161.4
1653276
48.3388
27.5546
20.7842

⑦ 27.5546
20.7842
6.7704
1.975993
8.746393（庚历）
12.2
17492786
17492786
8746393
106.7059946（泥数）

⑧ 87464
86928
536

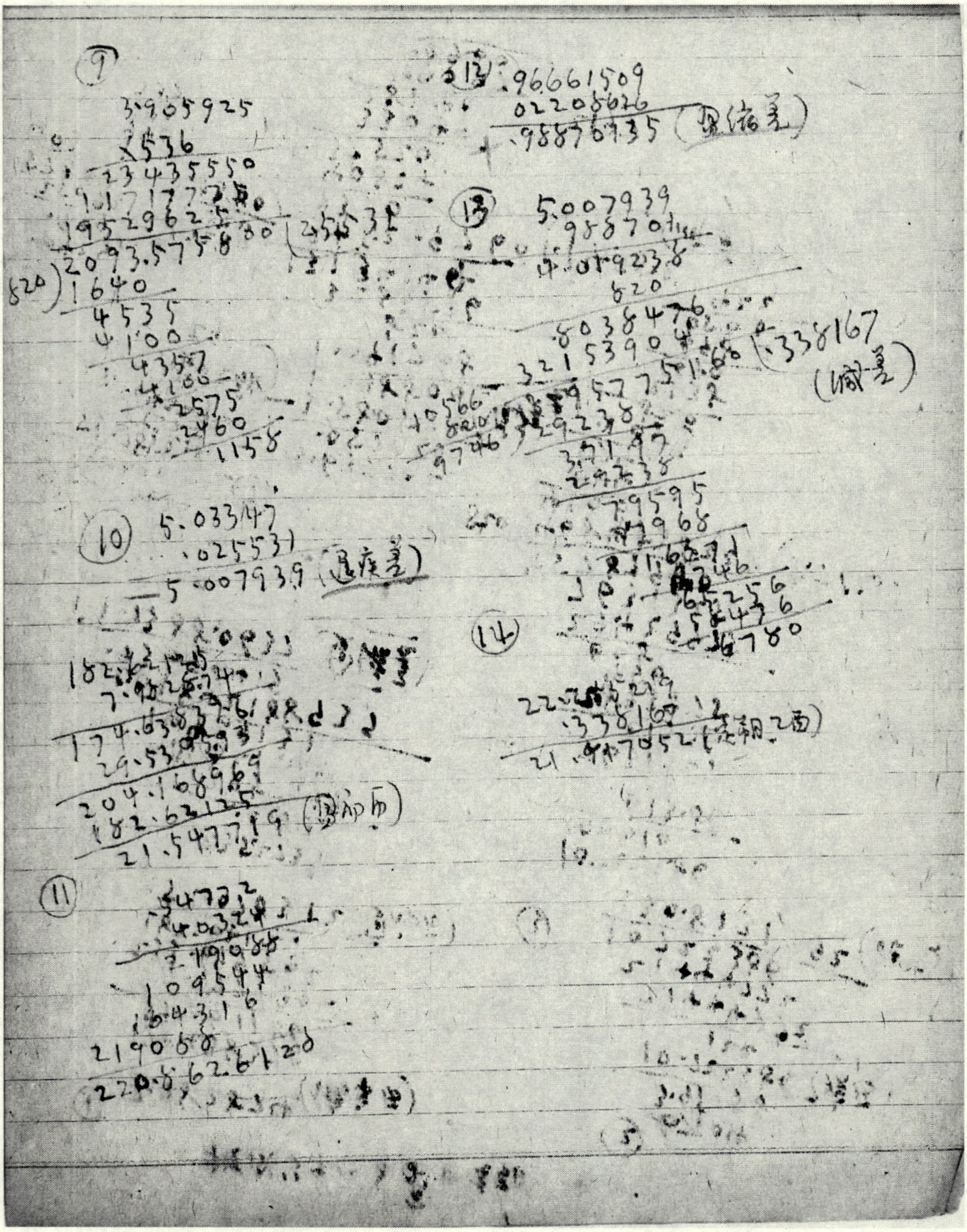

⑨
3.905925
×536
23435550
11717775
19529625
2093.575800
820)1640
4535
4100
4357
4100
2575
2460
1158

⑫ .96661509
.02208626
.98870135（[illegible]）

⑬ 5.007939
.988701
4.019238
820
803847
321539
.338167
（[illegible]）

⑩ 5.033477
.025537
5.007939（[illegible]）

[illegible]
174.[illegible]
29.53[illegible]
204.168969
182.621[illegible]
21.547719（[illegible]）

⑭
[illegible]
.338167
21.947052（[illegible]）

⑪
[illegible]
219068
220.862.6120（[illegible]）

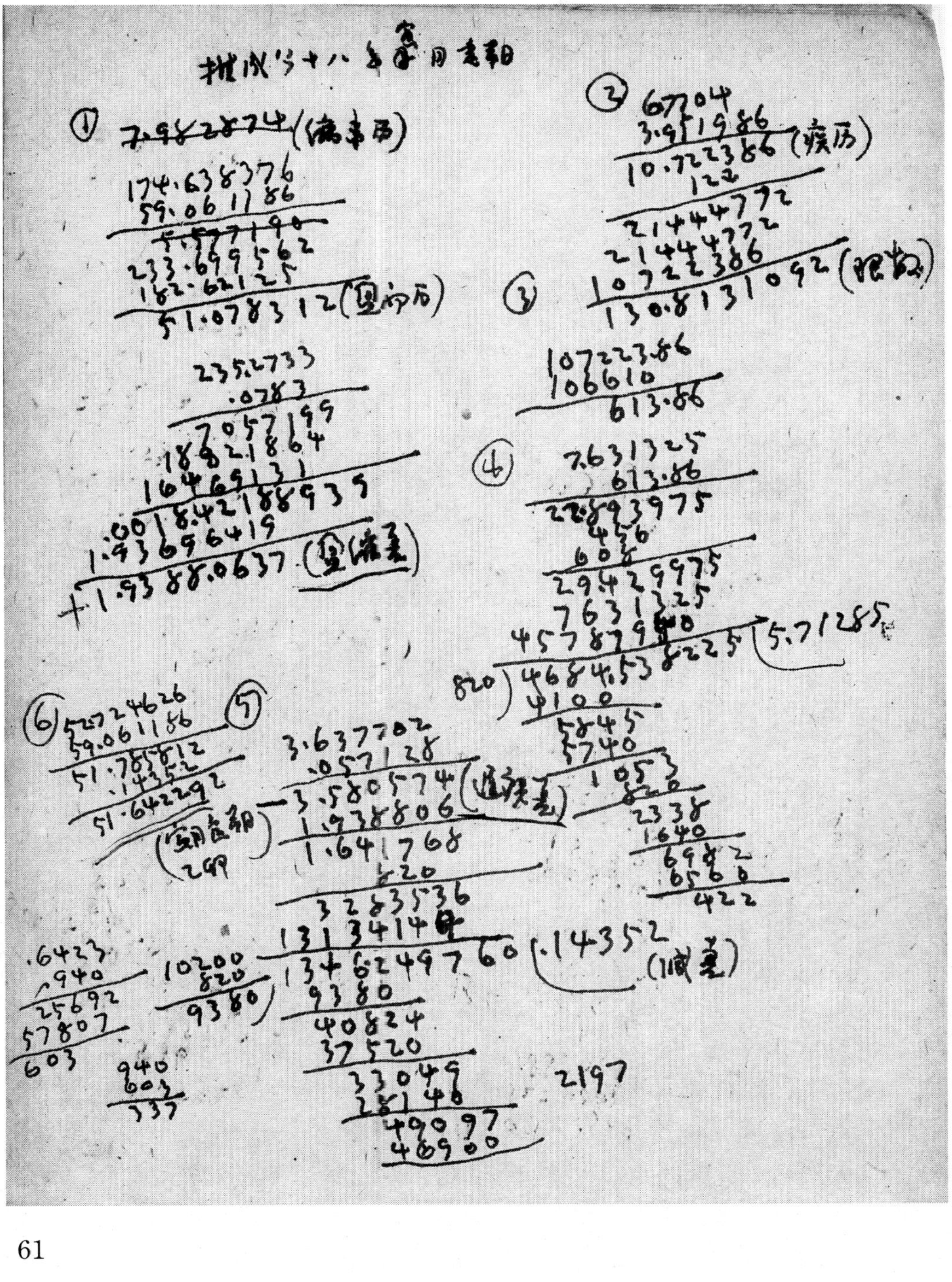
推求乃十八年實月表朔
51.078312
1.9388.0637
130.8131092
5.71285
.14352
51.642292
2197

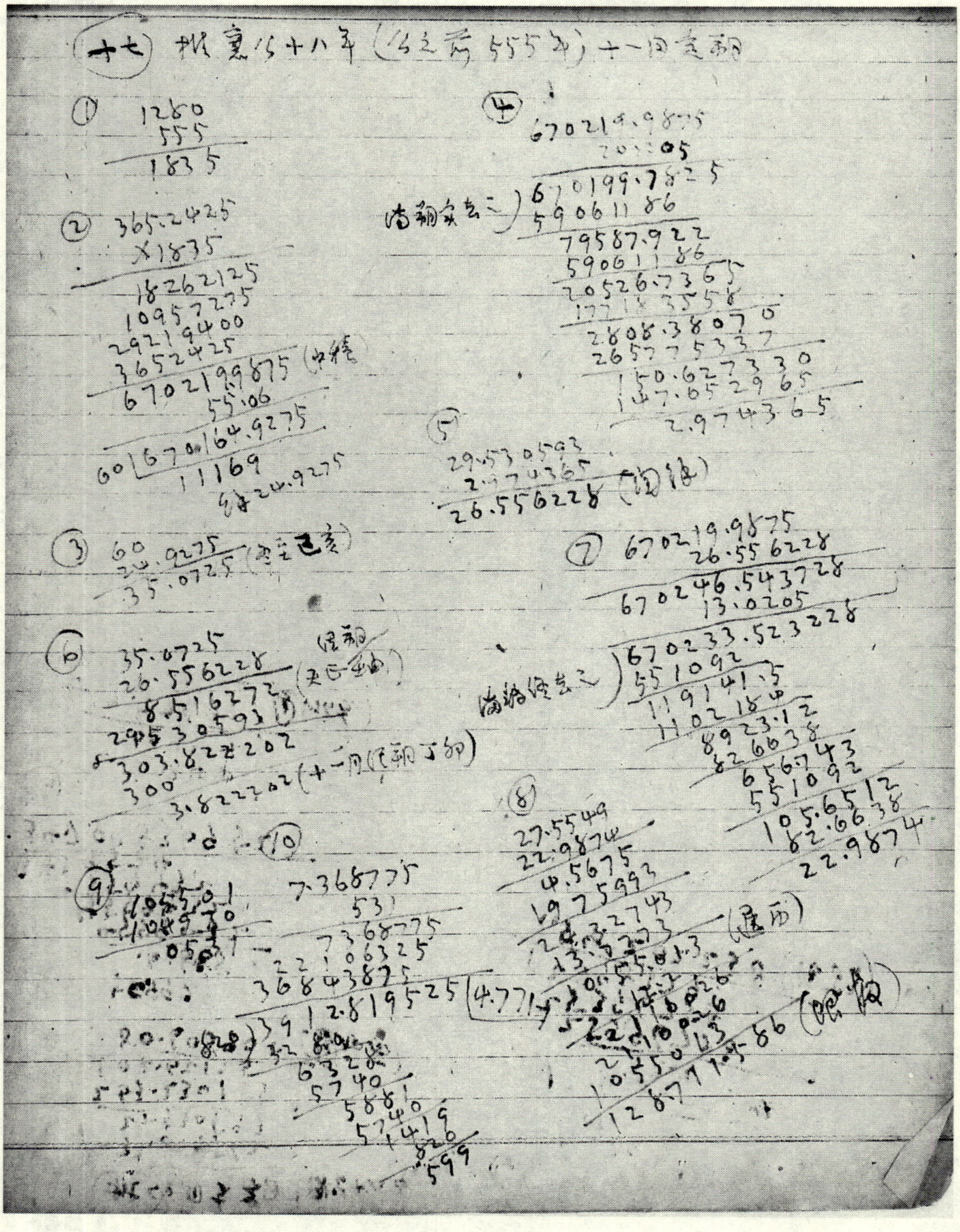

十七 推襄公十八年（公元前555年）十一月定朔
① 1280
555
1835
② 365.2425
×1835
18262125
10957275
29219400
3652425
670219.9875（中积）
55.06
60 670164.9275
11169
余24.9275
③ 60
24.9275
35.0725
④ 670219.9875
20.2105
670199.7825
6 70199.7825
590611.86
79587.922
590611.86
20526.7365
177183558
2808.3807
26577.5337
150.6273
147.6529
2.9743
⑤ 29.530593
2.974365
26.556228（闰余）
⑥ 35.0725
26.556228
8.516272
29.530593
303.822202
300
3.822202（十一月庚朔丁卯）
⑦ 670219.9875
26.556228
670246.543728
13.0205
670233.523228
551092
119141.5
110218
8923.12
826638
656743
551092
105651.2
826638
229874
⑧ 27.5549
22.9874
4.5675
19.75993
⑩ 7.368775
53
368843875
391.2819525
4.771
12877105.86

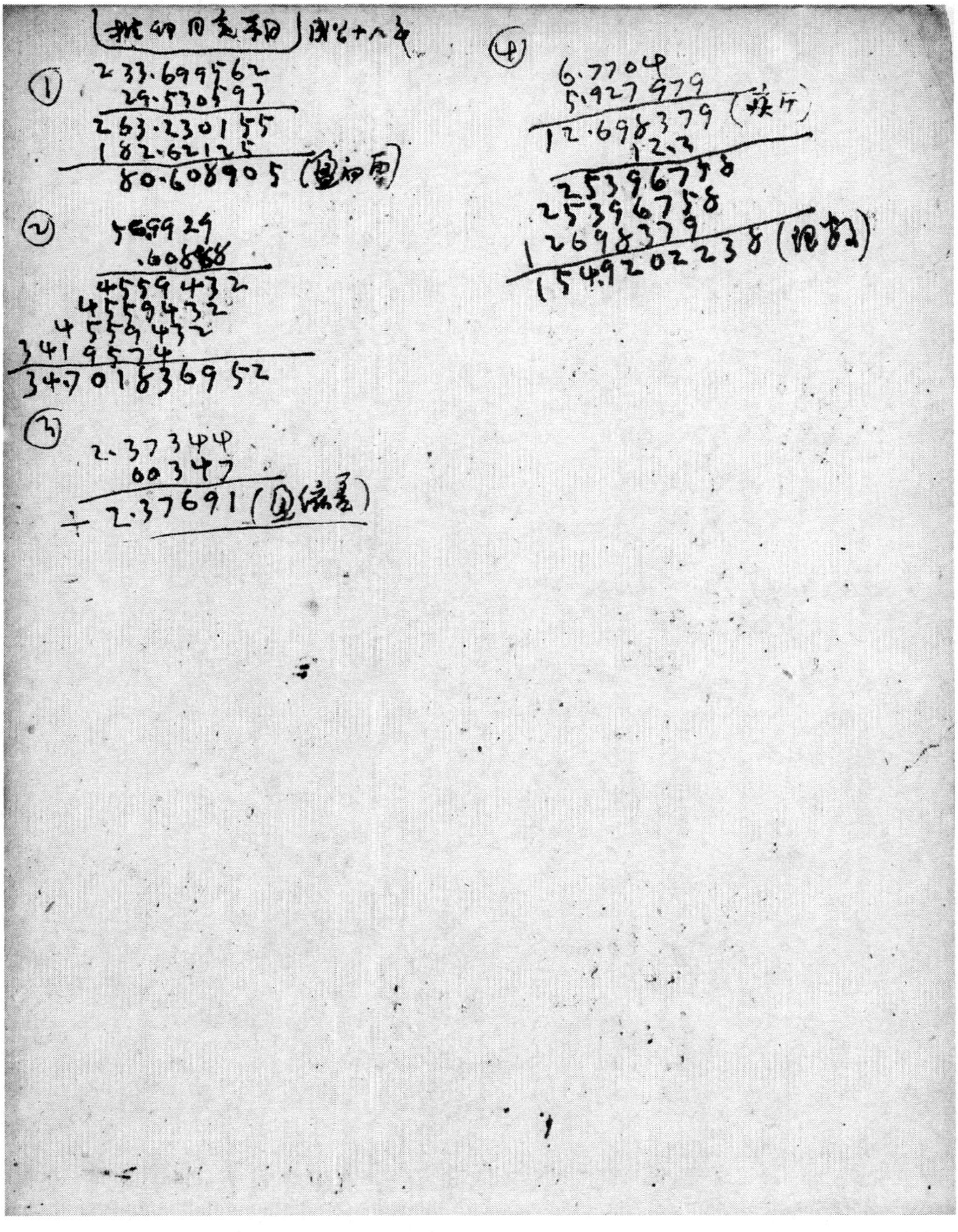

①
233.699562
29.530597
263.230155
182.62125
80.608905

②
569929
.60888
4559432
4559432
4559432
3419574
3470183695 2

③
2.37344
00347
2.37691

④
6.77049
5.927979
12.698379
12.3
253967538
25396758
12698379
154920223 8

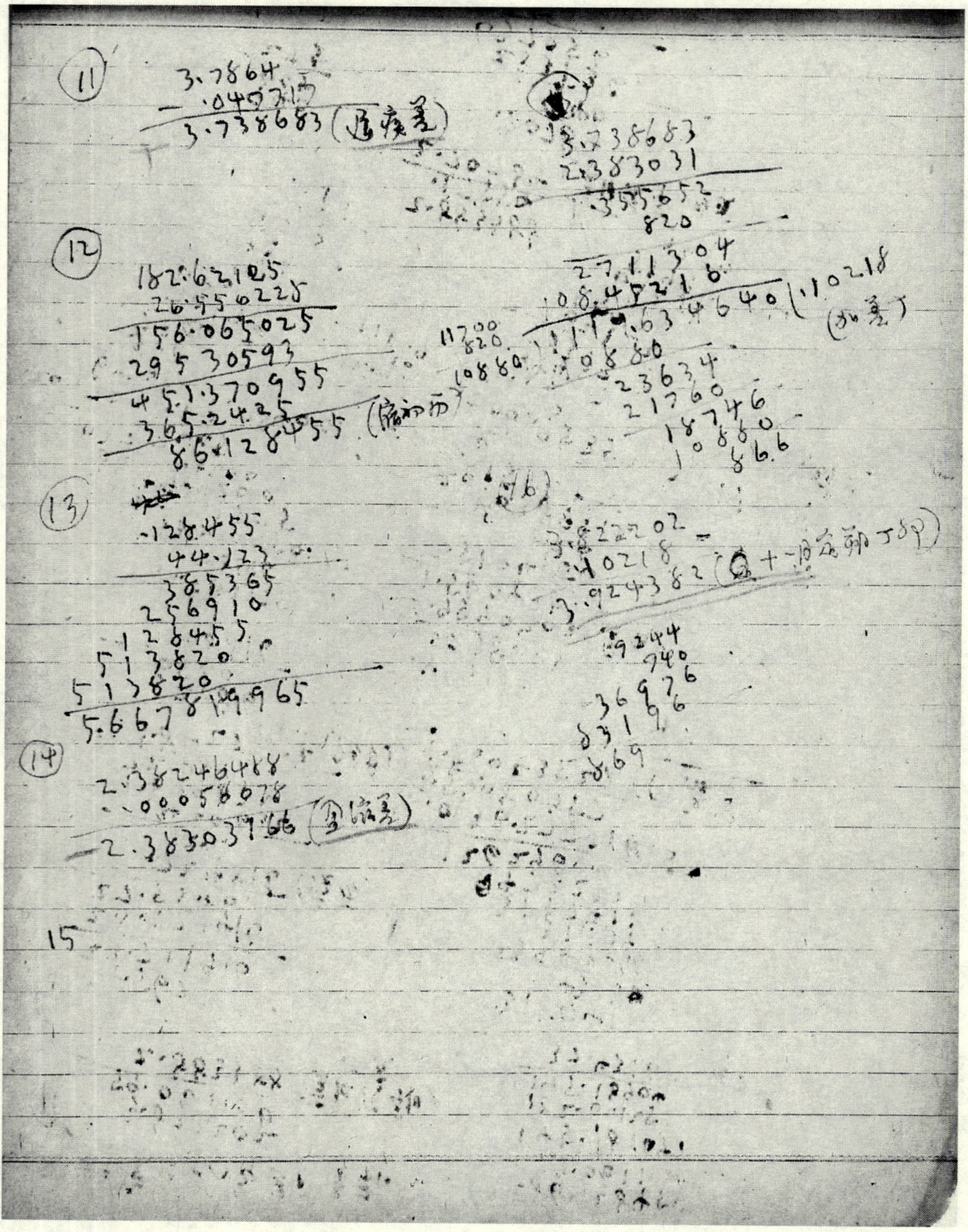
(11)
3.7864
.0477
3.738683

3.738683
2.383031
1.355652
820

(12)
182.62125
26.550225
156.065025
295.30593
451.370955
365.2425
86.128455

27.11304
08.48216
11.1634640 (11.0218)
11700
820
10880
10880
23634
21760
18746
10880
866

(13)
128455
44.123
385365
256910
128455
513820
513820
5.66781.9965

(16)
40218
3.924382
9244
940
36976
83196
869

(14)
2.38246488
.00058078
2.38303766

15

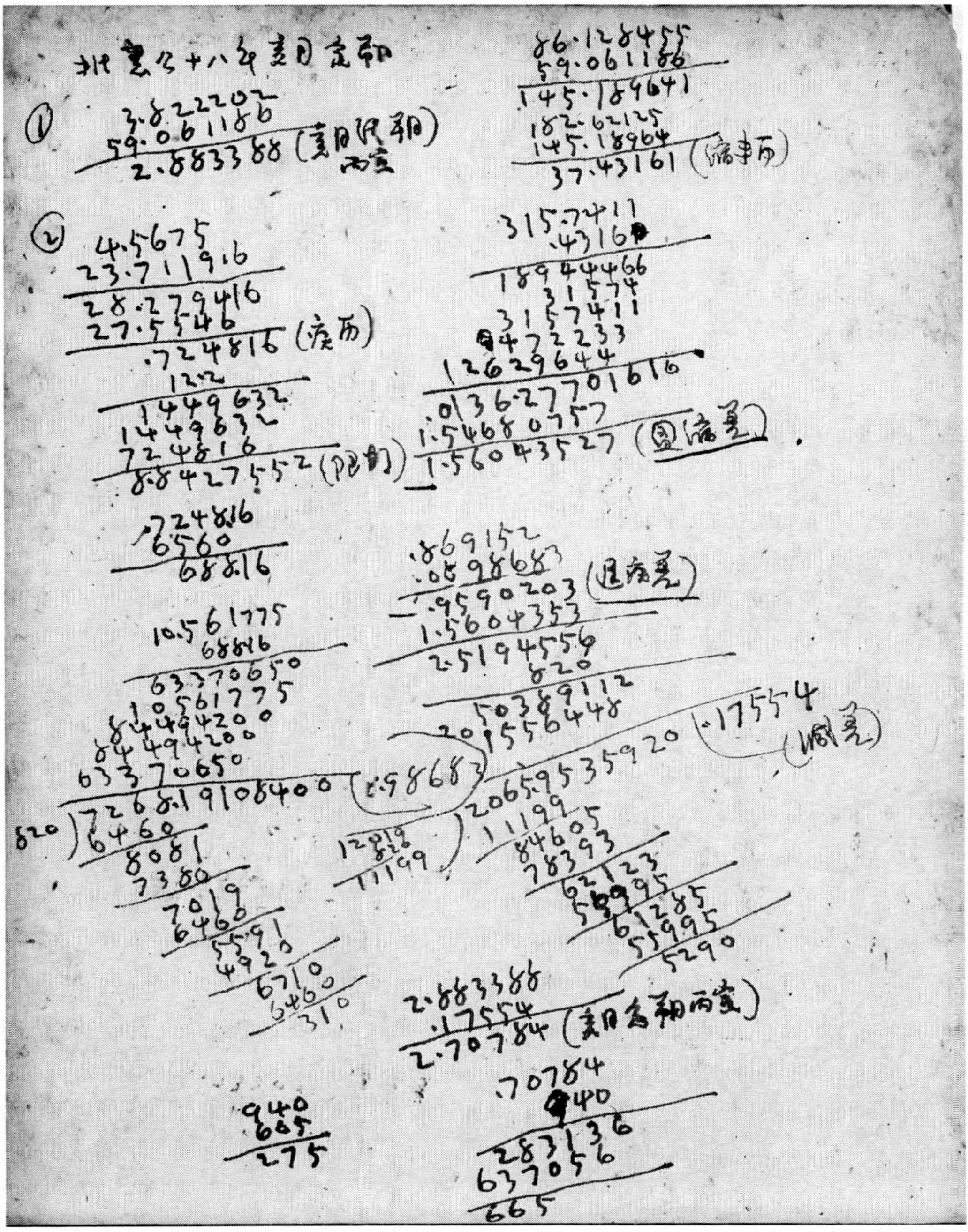

①

3.822202

59.061186

2.883388

86.128455

59.061186

145.189641

182.62125

145.18964

37.43161

②

4.5675

23.71191.6

28.279416

27.5546

.724816

12.2

1449632

1449632

724816

8.8427552

315.7411

.4316

18944466

315774

3157411

94722233

126296444

.0136277016016

1.54680757

1.56043527

.724816

6560

68816

.869152

.0598683

.9590203

1.56043353

2.5194556

820

50389112

20155644 8

2065.9535920

.17554

10.561775

68816

63370650

10561775

84494200

84494200

63370650

7268.191084 00

1.98683

820) 7268

6460

8081

7380

7019

6460

5591

4920

6710

6460

310

12019

820

11199

2065.9535920

11199

84605

78393

62123

59995

61285

59995

5290

2.883388

.17554

2.70784

.70784

940

283136

637056

665

940

665

275

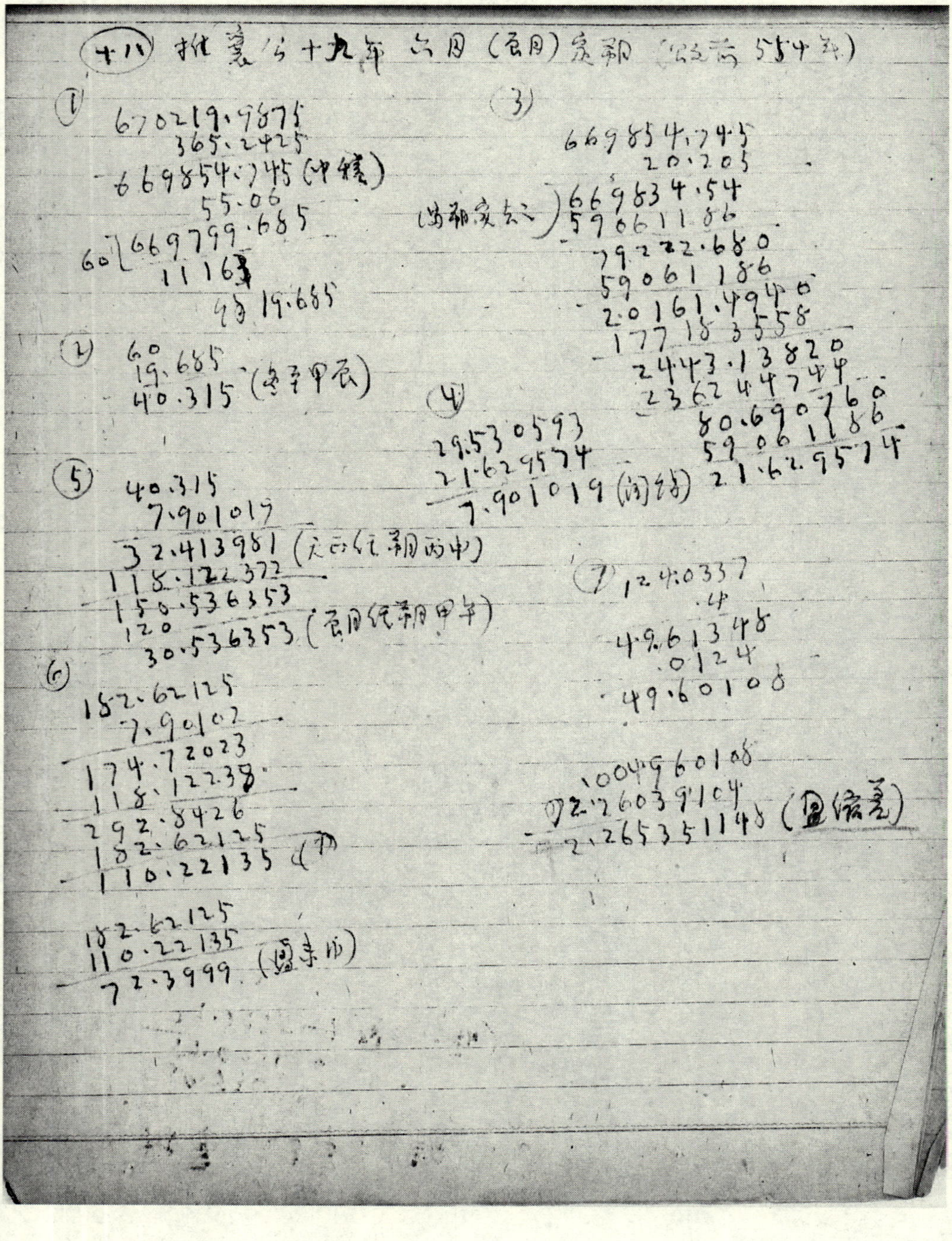

（十八）推襄公十九年六月（[illegible]月）庚朔（公元前554年）

①
670219.9875
365.2425
669854.745（中积）
55.06
669799.685
60）669799
11163
[illegible] 19.685

②
60
19.685
40.315（[illegible]甲辰）

③
669854.745
20.205
（[illegible]）669834.54
5906111.86
79222.680
5906118.6
20161.4940
1771835.58
2443.13820
2362447.44
80.690760
59.061186
21.629574

④
29.530593
21.629574
7.901019（[illegible]）

⑤
40.315
7.901019
32.413981（[illegible]朔丙申）
118.122372
150.536353
120
30.536353（[illegible]朔甲午）

⑥
182.62125
7.90102
174.72023
118.12238
292.8426
182.62125
110.22135（[illegible]）

182.62125
110.22135
72.3999（[illegible]）

⑦
124.0337
.4
49.61348
.0124
49.60108

.0049960108
72.26039104
72.26535114（[illegible]）

推壹十八年年日宸朔

30.536353
59.061186
29.597549(癸巳低朔)

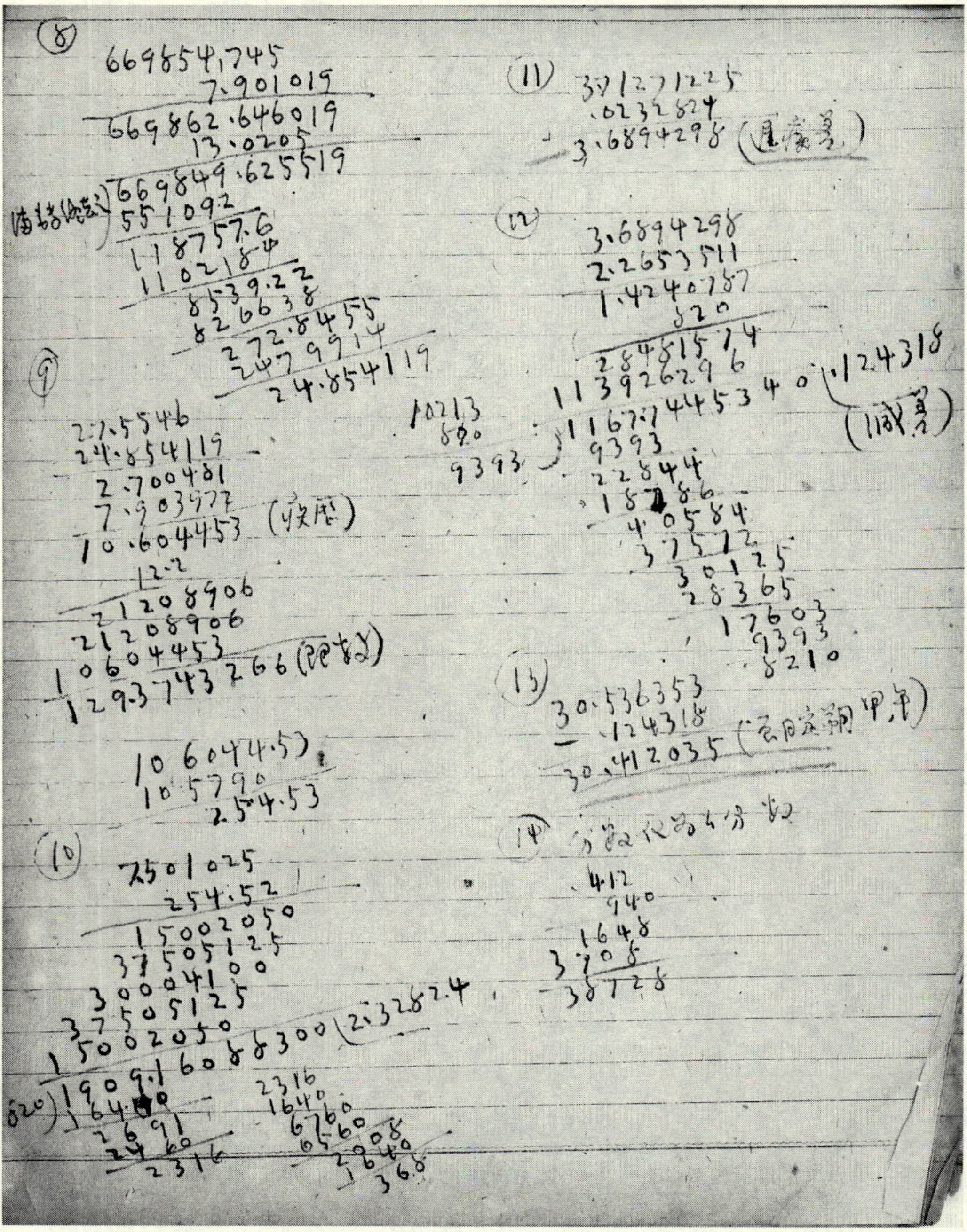

⑧
669854.745
7.901019
669862.646019
13.0205
669849.625519
551092
118757.6
1102184
8539.22
8266.38
272.8455
247.9914
24.854119
⑨
27.5546
24.854119
2.700481
7.903972
10.604453
12.2
21208906
21208906
10604453
129.37743266
106044.57
105790
254.53
⑩
2501025
254.52
15002050
37505125
30004100
30005125
37505125
15002050
1909.16088300
232.824
⑪
3.7127225
.0232824
3.6894298
⑫
3.6894298
2.2653511
1.4240787
520
2.8481574
11392629.6
1167.7445340
.124318
9393
⑬
30.536353
.124318
30.412035
⑭
.412
940
1648
3708
38728

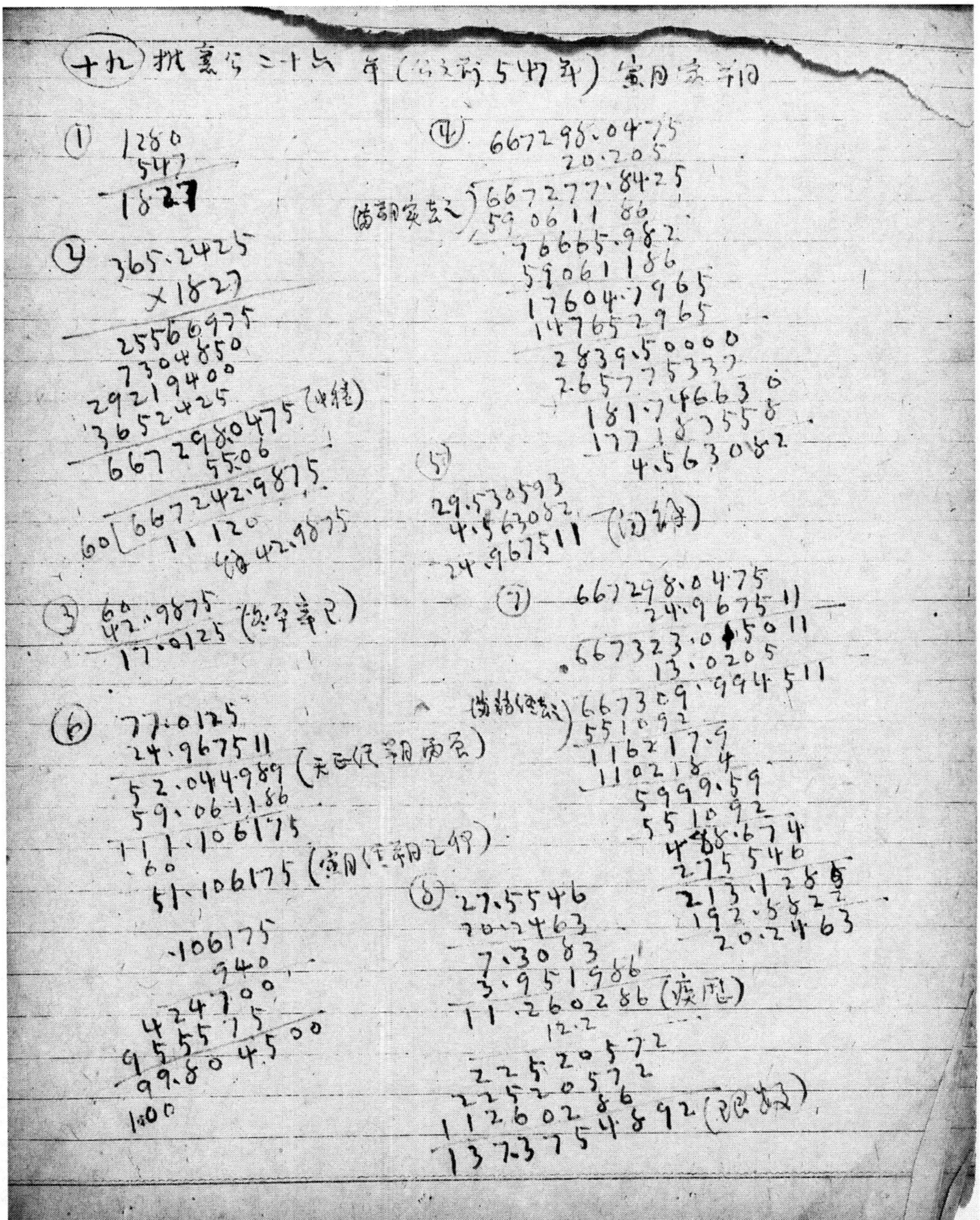

（十九）推襄公二十六年（公元前547年）寅月实朔

① 1280
547
1827

② 365.2425
×1827
25566975
7304850
29219400
3652425
667298.0475（积日）
55.06
60）667242.9875
11120
余42.9875

③ 60
42.9875
17.0125（冬至辰巳）

④ 667298.0475
20.205
（满朔实数）667277.8425
5906118.6
76665.982
5906118.6
17604.7965
11765.2965
2839.50000
2657.75337
181.746630
177.183558
4.563082

⑤ 29.530593
4.563082
24.967511（闰余）

⑥ 77.0125
24.967511（天正经朔所在）
52.044989
59.061186
111.106175
60
51.106175（寅月经朔之位）

.106175
940
424700
955575
99.804500
100

⑦ 667298.0475
24.967511
667323.015011
13.0205
667309.994511
（满转余数）667309
551092
116217.9
110218.4
5999.59
5510.92
488.674
275.546
213.1288
192.8822
20.2463

⑧ 27.5546
20.2463
7.3083
3.951986
11.260286（疾历）
12.2
22520572
22520572
1126028.6
137.3754892（限数）

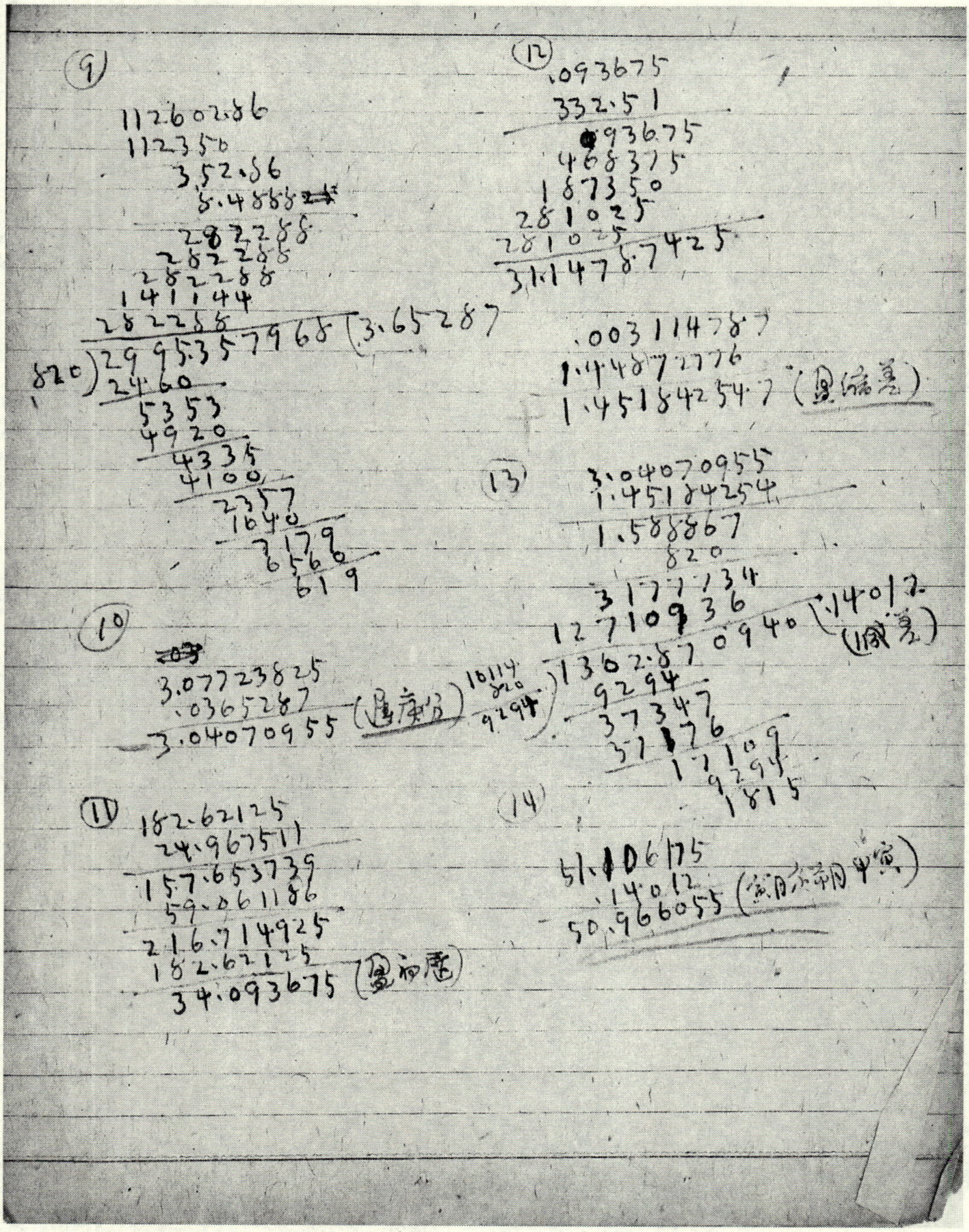

9
112602.86
112350
352.86
8.48882
3.65287
820)2995357968
12
.093675
332.51
3.114787425
.003114787
1.44872776
1.451842547
13
3.04070955
1.45184254
1.588867
820
1302.87
.14017
10
3.07723825
.0365287
3.04070955
11
182.62125
24.967511
157.653739
59.061186
216.714925
182.62125
34.093675
14
51.106175
.14012
50.966055

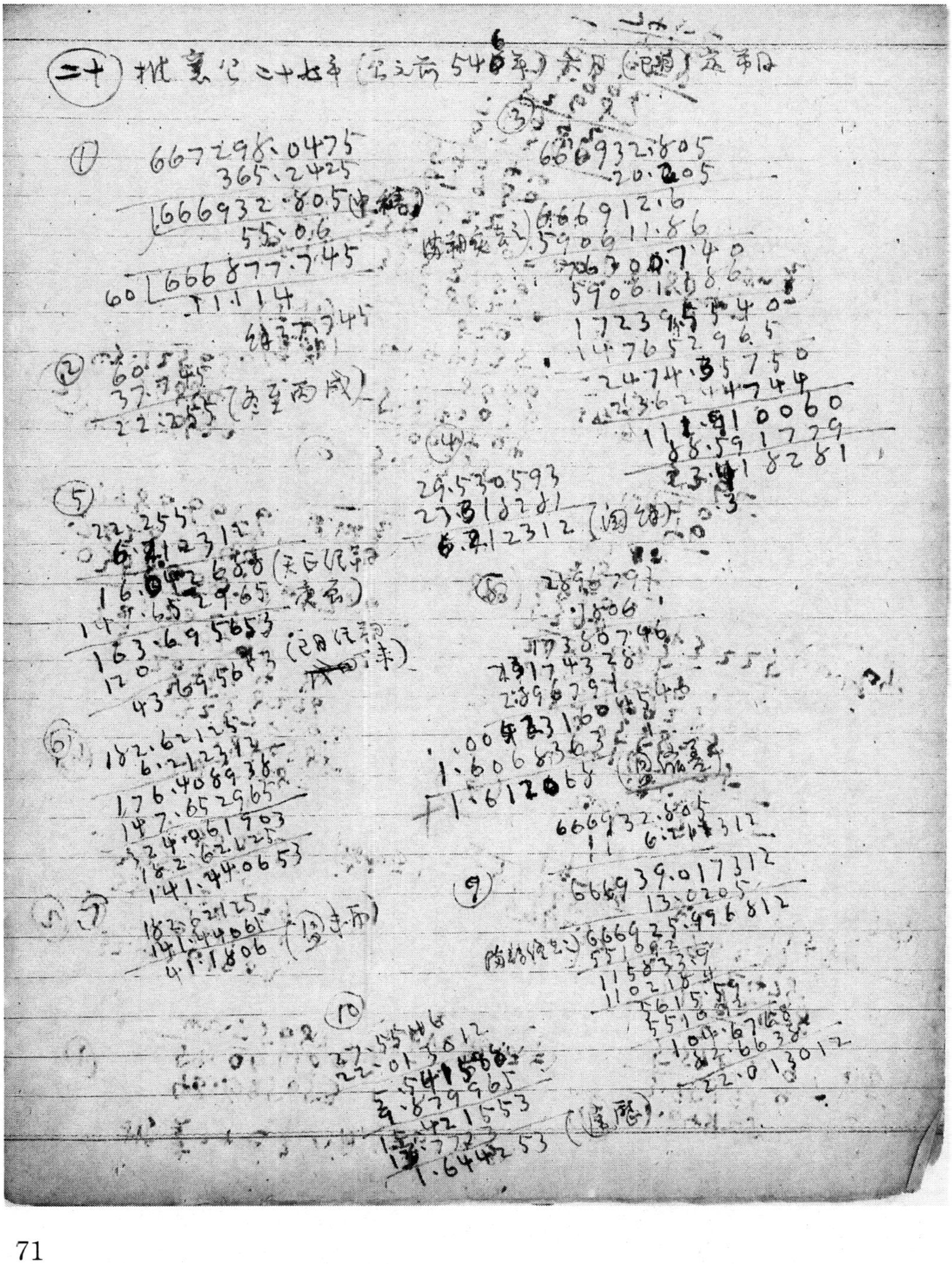
667298.0475
365.2425
666932.805
666877.745
666932.805
29.530593
666939.017312

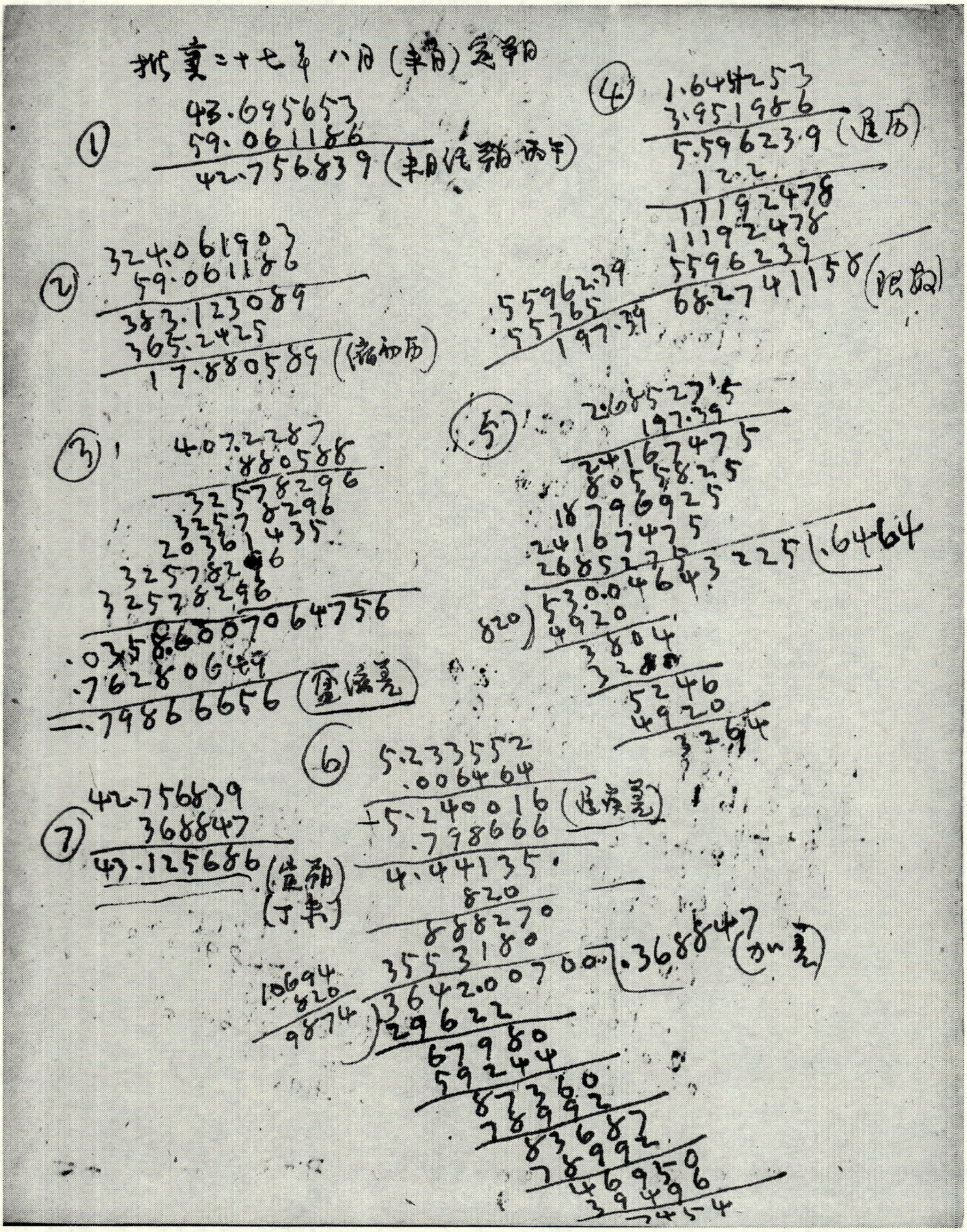

① 43.695653
59.061186
42.756839
② 324.061903
59.061186
383.123089
365.2425
17.880589
③ 407.2287
.880588
④ 1.644253
3.951986
5.596239
5.596239
68.27411158
⑤ 268527.5
197.39
.6464
⑥ 5.233552
.006464
5.240016
.798666
4.44135
820
.368847
⑦ 42.756839
368847
43.125686

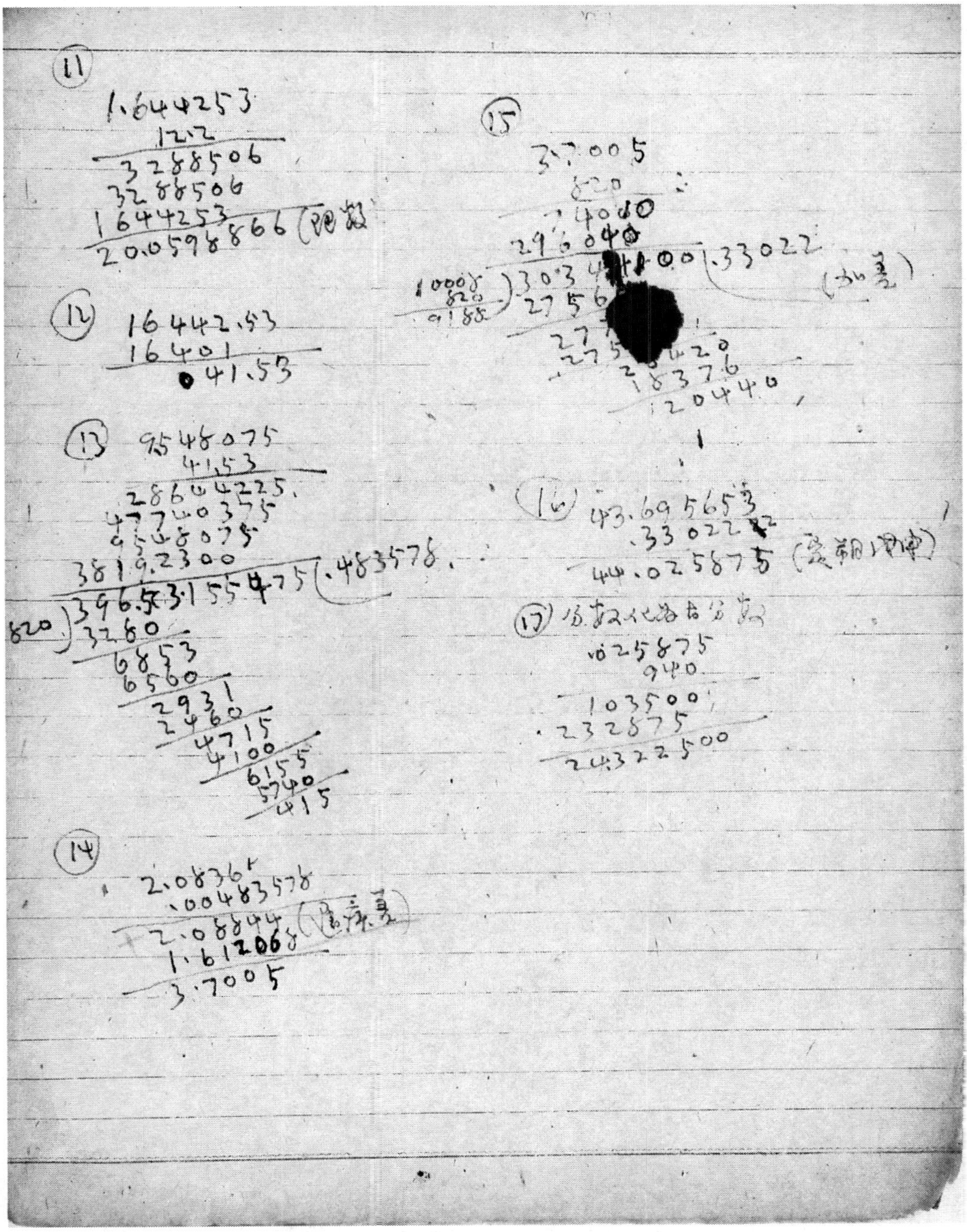
⑪
1.6442253
12.2
3288506
3288506
1644253
20.0598866
⑫
16442.53
16401
41.53
⑬
9548075
41.53
28644225
4774037.5
9548075
3819.2300
396.531554775
.483578
820
3280
6853
6560
2931
2460
4715
4100
6155
5740
415
⑭
2.08361
.00483578
2.08844
1.612068
3.7005
⑮
3.7005
820
74010
296040
303.4
.33022
10008
820
9188
2756
18376
12044.0
⑯
43.695653
.33022
44.025875
⑰
.025875
940
103500
232875
24322500

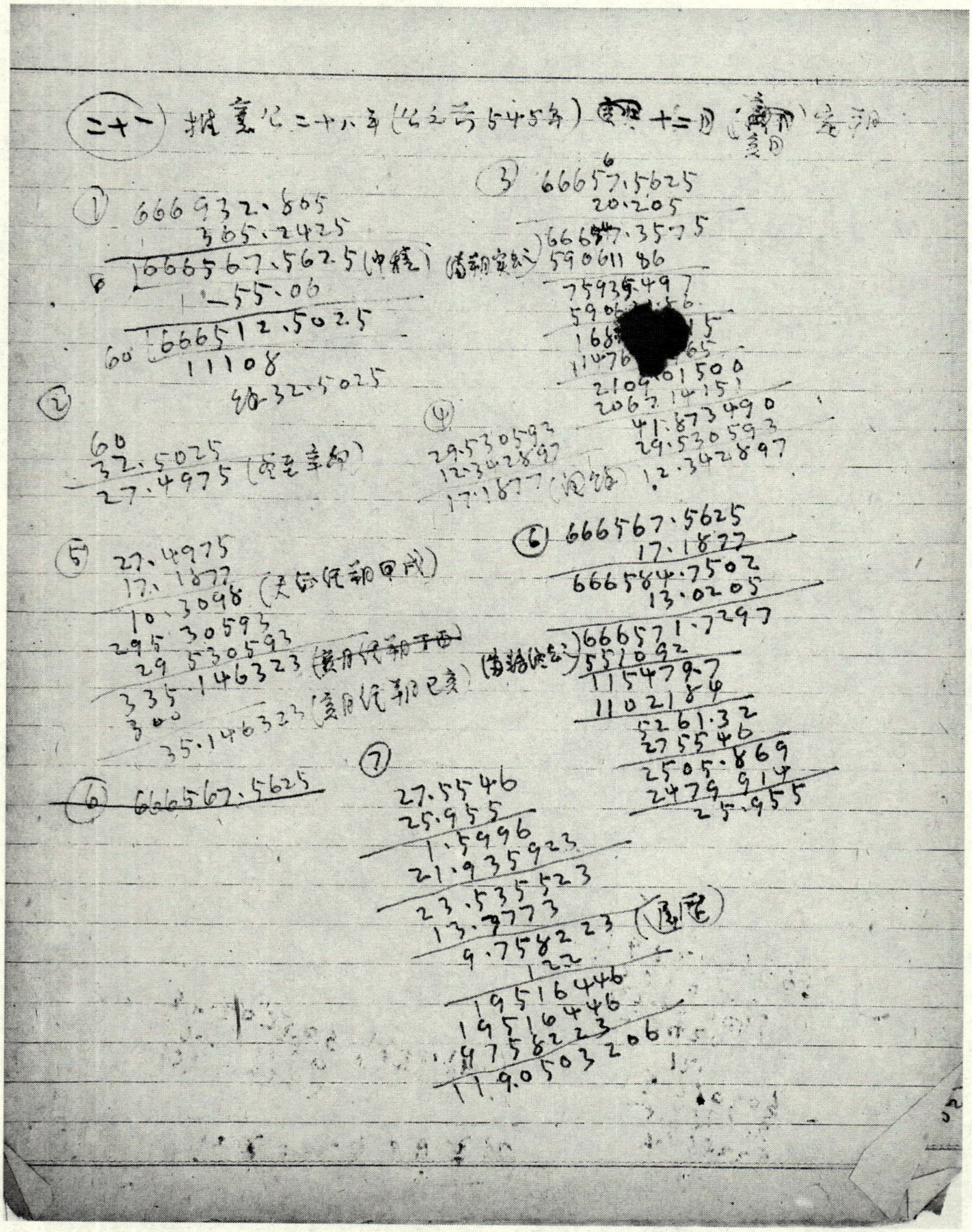

二十一 推襄公二十八年（公元前545年）[illegible]十二月（[illegible]）定朔

① 666932.805
305.2425
666567.5625（中積）
55.06
666512.5025
11108
餘32.5025

② 60
32.5025
27.4975（[illegible]）

③ 666567.5625
20.205
666547.3575
5906118 6
75935.497
[illegible]
21090150 0
2067.14151
41.873490
29.530593
12.342897

④ 29.530593
12.342897
17.1877（[illegible]）

⑤ 27.4975
17.1877（天正經朔甲戌）
10.3098
29.530593
335.146323（[illegible]）
35.146323（[illegible]經朔己亥）

~~⑥ 666567.5625~~

⑥ 666567.5625
17.1877
666584.7502
13.0205
666571.7297
551092
1154797
1102184
5261.32
27546
2505.869
2479.914
25.955

⑦ 27.5546
25.955
1.5996
21.935923
23.535523
13.7773
9.758223
1951646
19516446
17582223
11.9050320 6

35.146323
59.061186
34.207509
9.758223
3.951986
13.710209
12.2
27420418
27420418
13710209
167.2645498

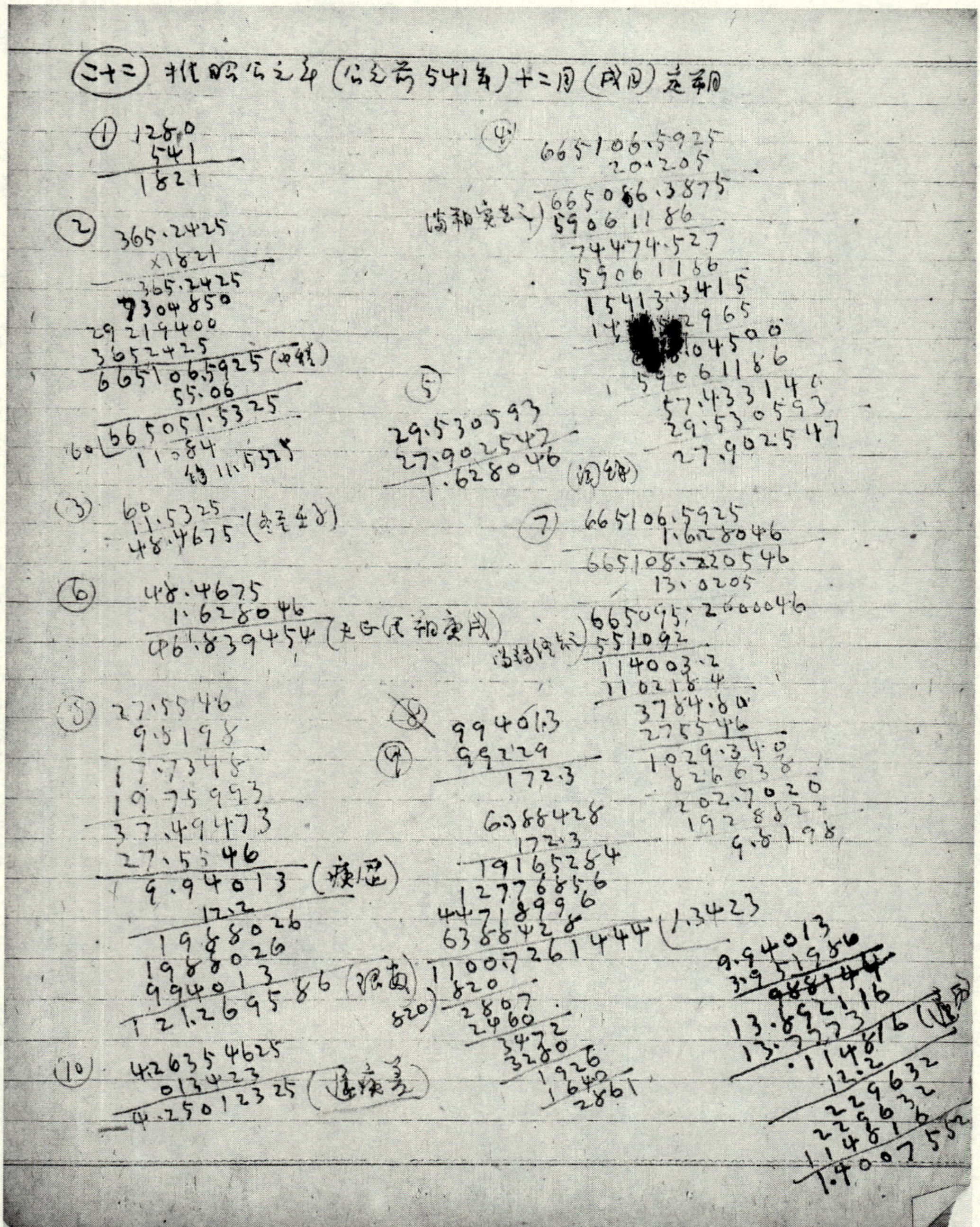
二十二 推昭公元年（公元前541年）十二月（戊日）定朔

① 1280
541
1821

② 365.2425
×1821
365.2425
7304850
29219400
3652425
665106.5925
55.06
665051.5325
60) 665051.5325
11084
余11.5325

③ 60
11.5325
48.4675

④ 665106.5925
20.1205
665086.3875
590611.86
74474.527
590611.86
15413.3415
[illegible]
590611.86
57.43314
29.530593
27.902547

⑤ 29.530593
27.902547
1.628046

⑥ 48.4675
1.628046
46.839454

⑦ 665106.5925
1.628046
665108.220546
13.0205
665095.200046
551092
114003.2
110218.4
3784.8
2755.46
1029.34
826.638
202.702
192.882
9.8198

⑤ 27.5546
9.5198
17.7348
19.75993
37.49473
27.5546
9.94013
12.2
1988026
1988026
994013
121.2695586

⑨ 99401.3
99229
172.3
6388428
172.3
19165284
12776856
44718996
6388428
1100726.1444 / 1.3423
820) 820
2807
2460
3472
3280
1926
1640
2861

9.94013
3.9515386
13.892116
13.733316
.114816
12.2
229632
229632
114816
1.4007552

⑩ 4.2635 4625
0.13423
4.25012325

72.1.5325 — 11.5325 — [illegible]

.55

(11)

182.62125
1.628046
180.993204
295.30593
476.299134
365.2425
~~841.541634~~
111.056634

(12)

182.62125
111.056634
71.564616（缩末限）

(13)

1139953
.564616
6839718
1139953
6839718
4559812
6839718
5699765
64.36357703048

.82
.5
410

(14)

111.056634
59.530593
170.587227

182.62125
170.587227
12.03403

2.293533359
.00643635
2.29996994（盈缩差）
4.25012325
6.55009338
820
13100186
52400744
5371.076260
.56514（减差）

10324
820
9504

47520
61907
57024
48836
47520
131626
9504
36586

(15)

46.839454
295.30593
342.145384
300
42.145384（戊寅后朔丙午）
− .56514
41.580244（定朔乙巳）

(16) 以为古分远之

.58024
940
232096
522216
545

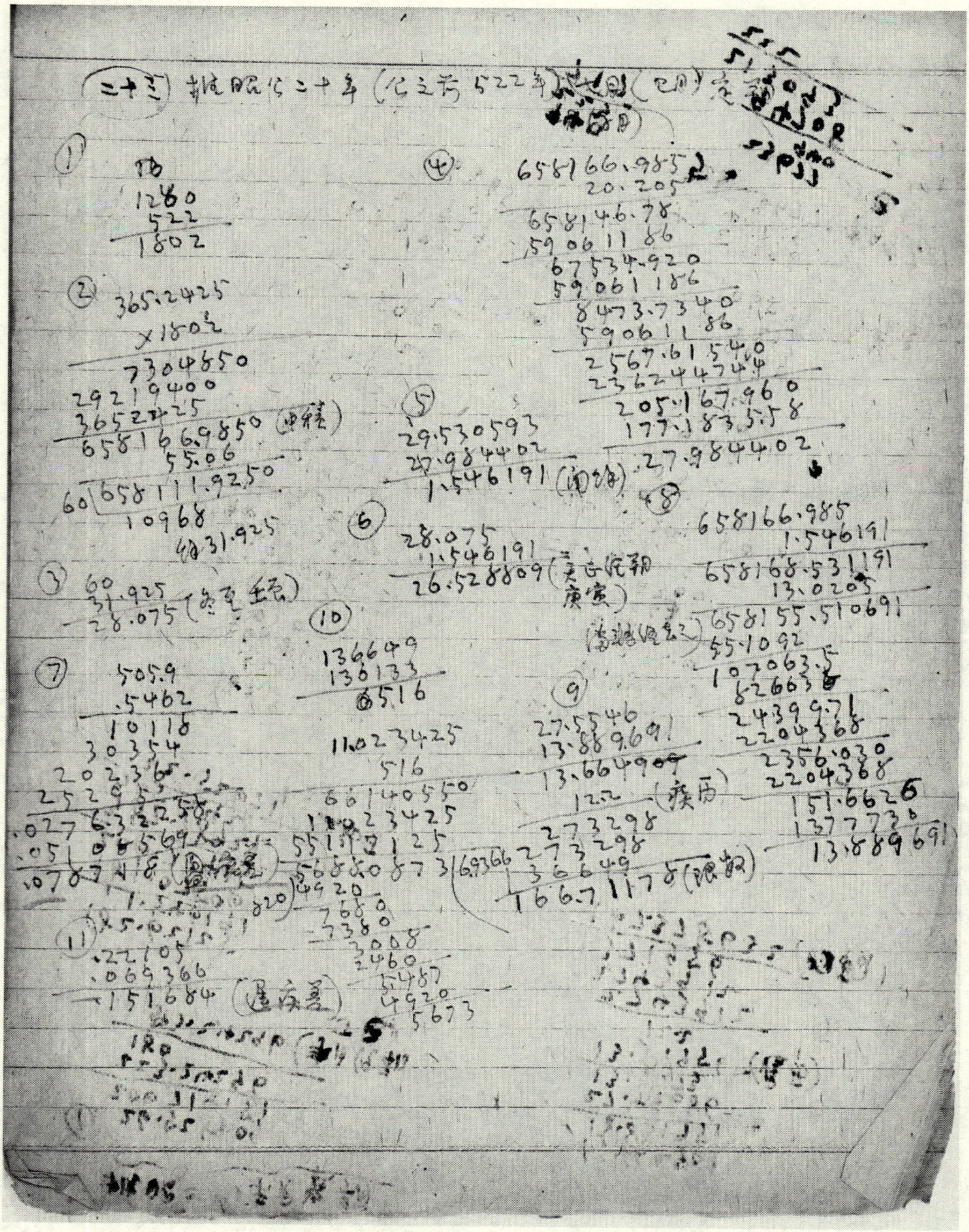

（二十三）推昭公二十年（公元前522年）……（己丑）……

①
1280
522
1802

② 365.2425
×1802
7304850
29219400
3652425
658166.9850（中积）
55.06
60 | 658111.9250
10968
余31.925

③ 60
31.925
28.075（冬至壬辰）

④ 658166.985
20.205
658146.78
5906 1186
67534.920
59061186
8473.7340
5906 1186
2567.61540
2362 44744
205.167.960
177.183.558
27.984402

⑤ 29.530593
27.984402
1.546191（闰余）

⑥ 28.075
1.546191
26.528809（天正经朔庚寅）

⑦ 505.9
.5462
10118
30354
20236
25295
.0276322558
.0516569
.1078718

⑧ 658166.985
1.546191
658168.531191
13.0205
658155.510691
55.1092
107063.5
82663.8
2439971
2204368
2356.030
2204368
151.6626
137.7730
13.889691

⑨ 27.5546
13.889691
13.664909
12.2（庚西）
273298
273298
136649
166.71178（限数）

⑩ 136649
136133
516

11.023425
516
66140550
11023425
55117125
5688087.3

11 5.0515
.22105
.069366
.151684（盈缩差）

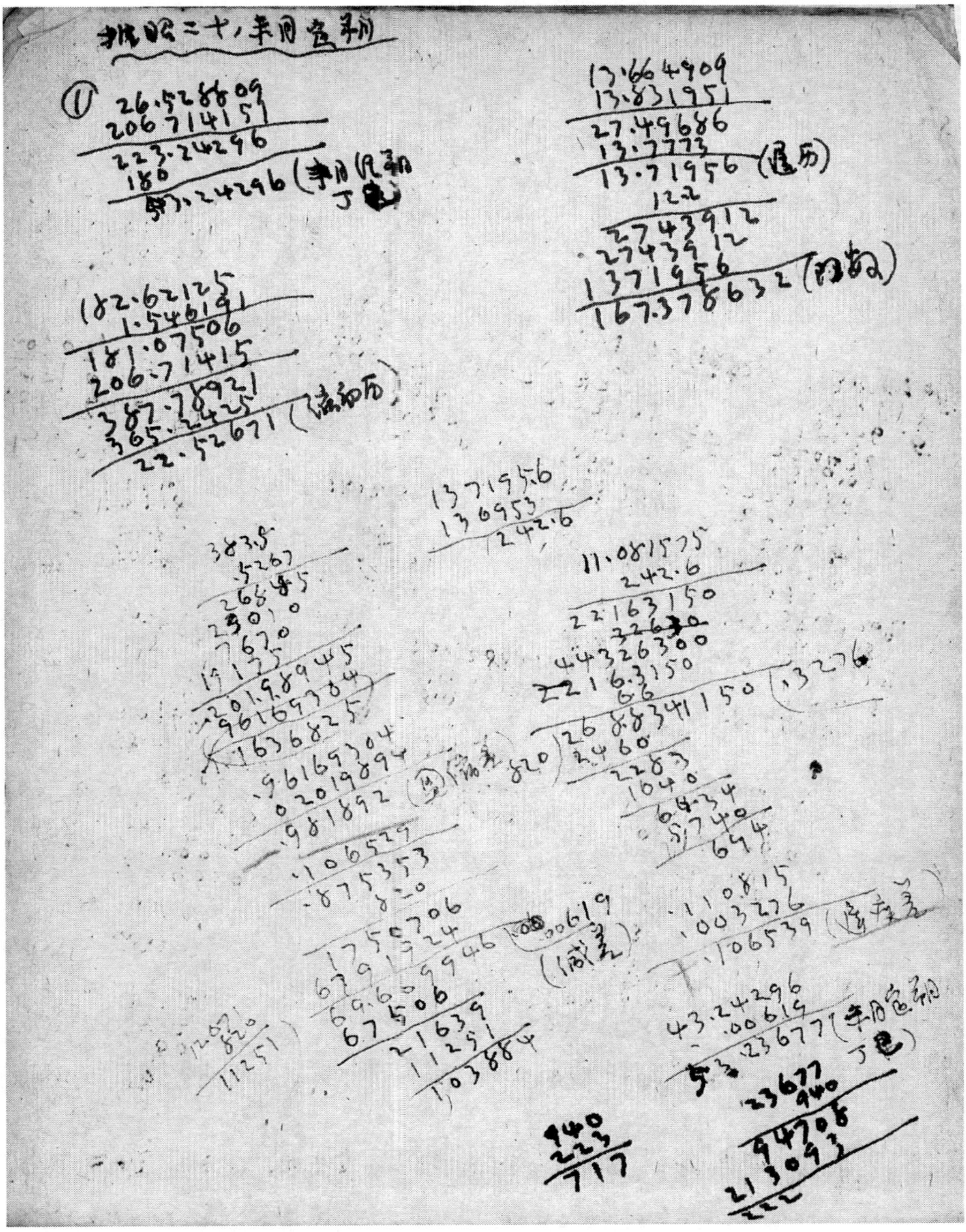

①
26.528809
206.714151
223.24296
180
43.24296
13.664909
13.831951
27.496860
13.7773
13.71956
122
27439120
167.378632
182.62125
1.546191
181.07506
206.71415
387.78921
365.2425
22.52671
43.24296
.00619
43.23677

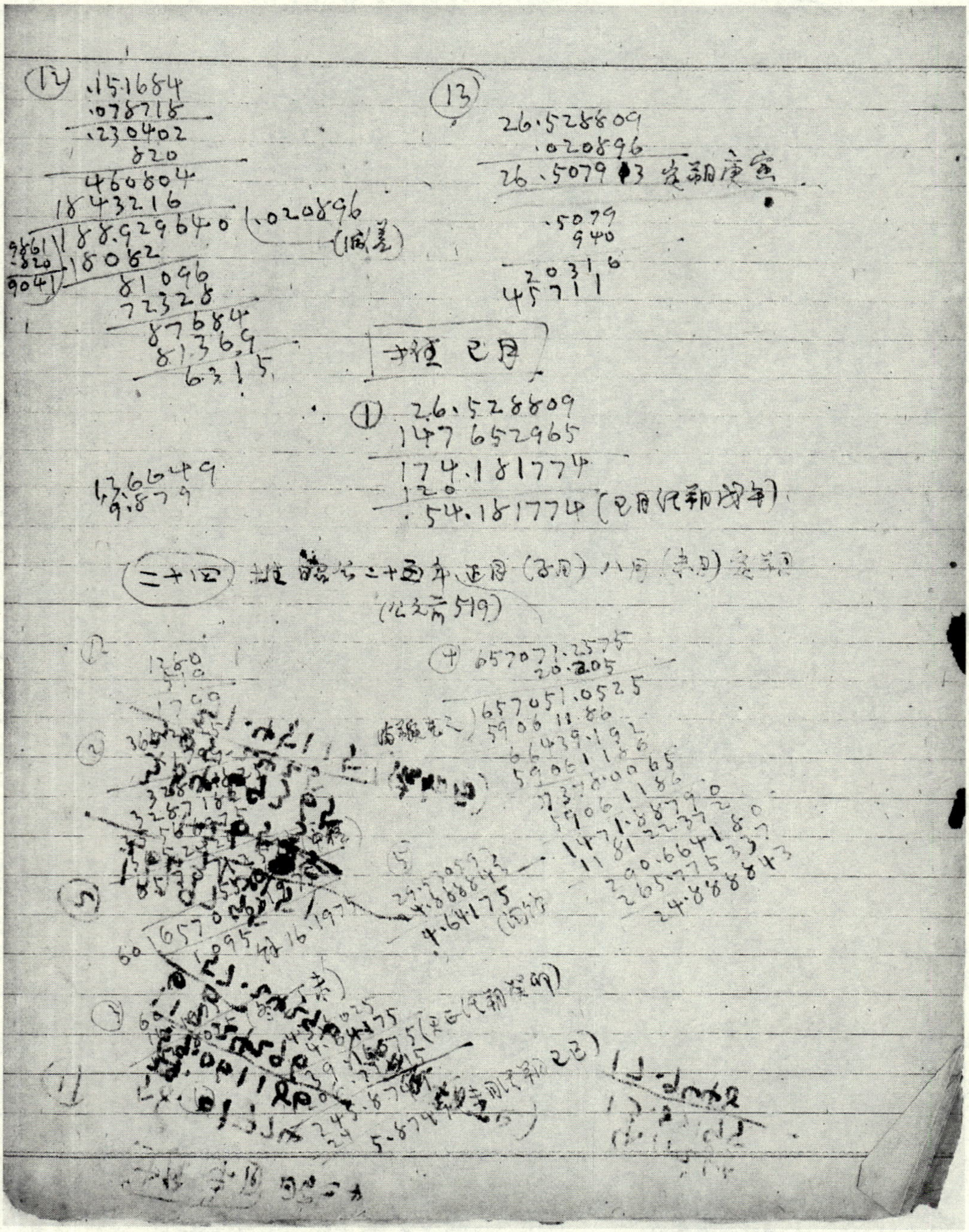

(12) .151684
.078718
.230402
820
460804
1843216
188929640 (.020896 (闰差))
18082
81096
72328
87684
81369
6315

(13) 26.528809
.020896
26.507913 定朔庚寅

.5079
940
20316
45711

十值 巳月

① 26.528809
147.652965
174.181774
120
54.181774 (巳月代朔戊午)

13.6649
9.879

(二十四) 昭公二十五年 正月(子月) 八月(未月) 定朔
(公元前519)

(4) 657071.2575
20.205
657051.0525
5906 11.86
66439.192
5906 1186
7378.0065
5906 1186
1471.8879
1181 22372
290.66418
265.77537
24.888843

(5) 4.64175

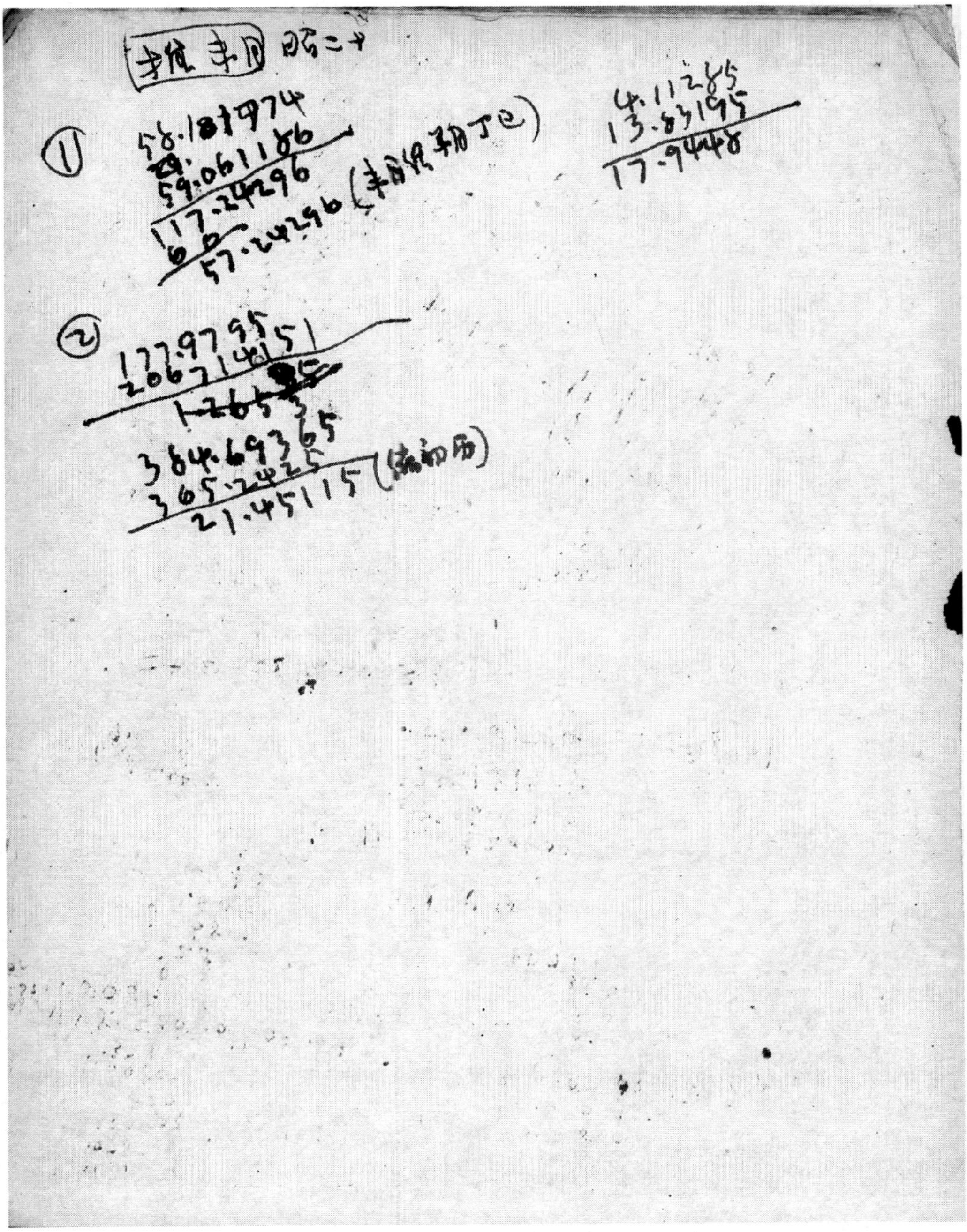
①
58.187974
59.061186
117.24296
57.24296
45.11285
13.83195
17.9448
②
177.97951
206.71481
384.69365
365.2425
21.45115

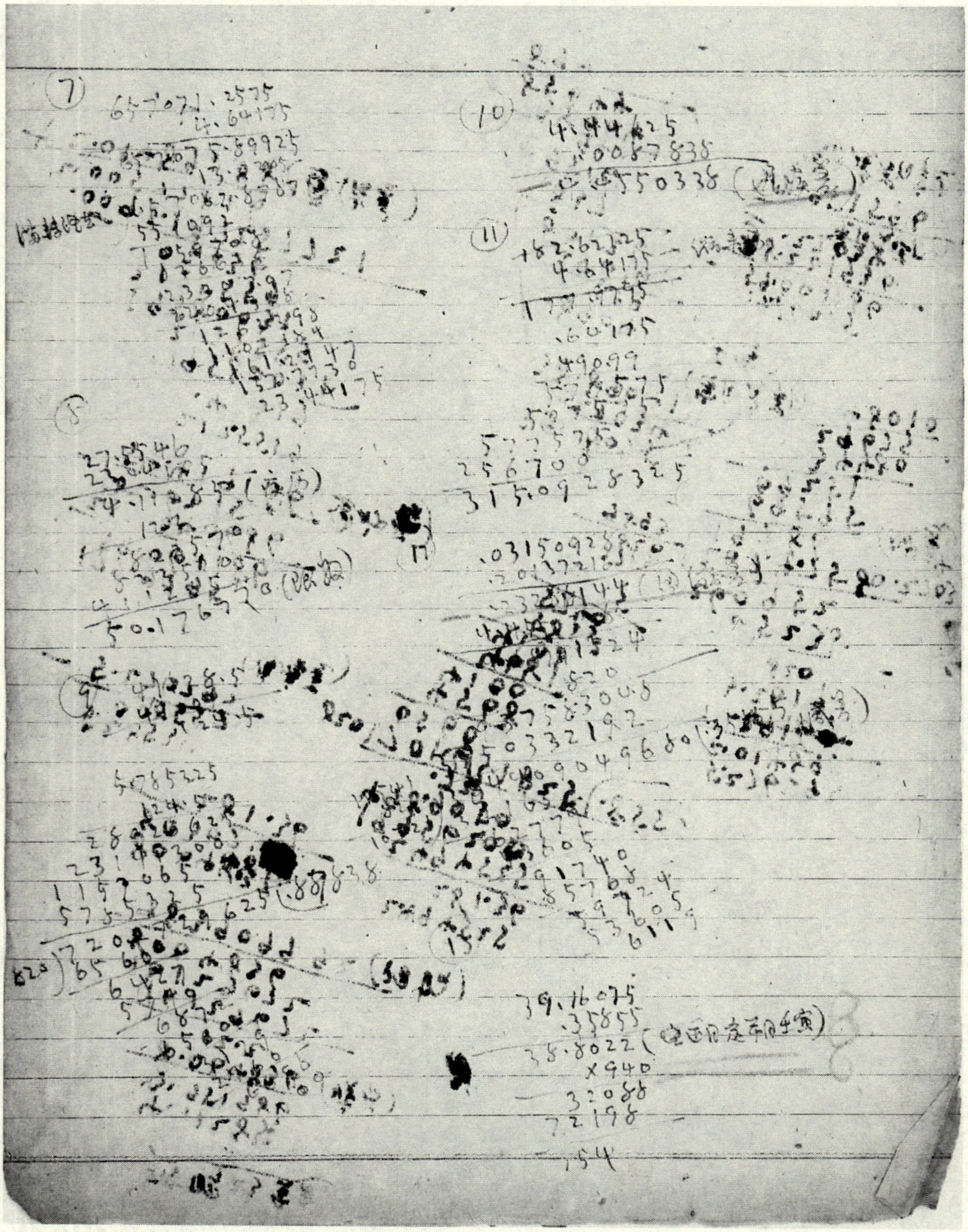

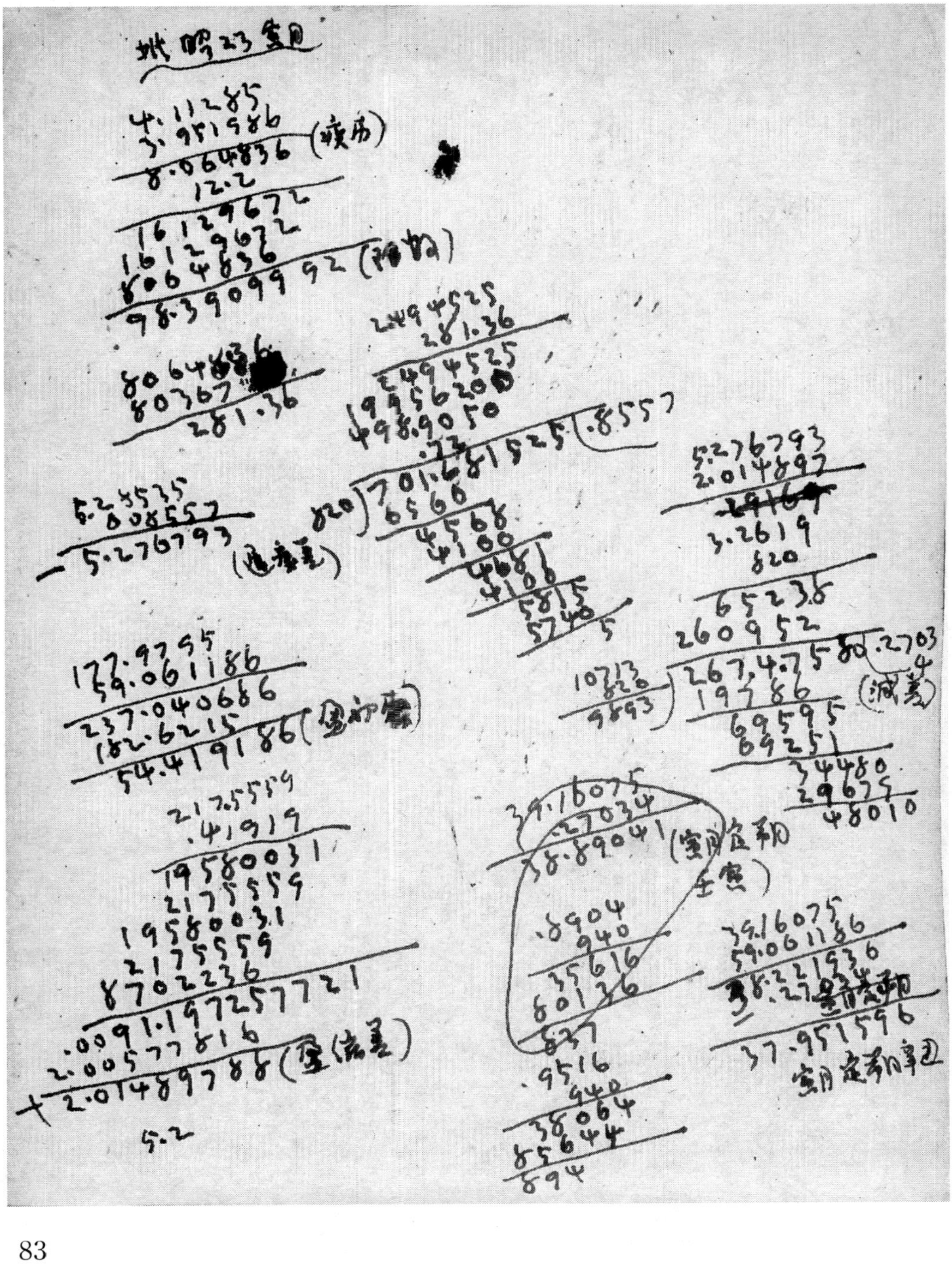

4.112885
3.951986
8.064836 (积历)
12.2
16129672
16129672
8064836
98.3909992
249.4525
281.36
80644836
80367
281.36
2494525
19956200
4988.9050
70.1681925 (.8557
5.2.8535
.008557
5.276793 (通积差)
820) 7016
6560
4568
4100
4681
4100
5815
5740
5.276793
2.014897
3.2619
820
65238
260952
267.475
19786
69595
69251
34480
29675
48010
(减差)
10713
820
9893
177.9795
59.061186
237.040686
182.6215
54.419186 (实积率)
217.5559
.41919
19580031
2175559
19580031
2175559
8702236
.0091.1972577721
2.0057781 6
2.0148978 8 (盈缩差)
5.2
39.16075
.27034
38.89041 (实月定积日)
.8904
940
35616
80136
837
.9516
940
38064
85644
894
39.16075
59.061186
38.221036
37.951596
实月定积日

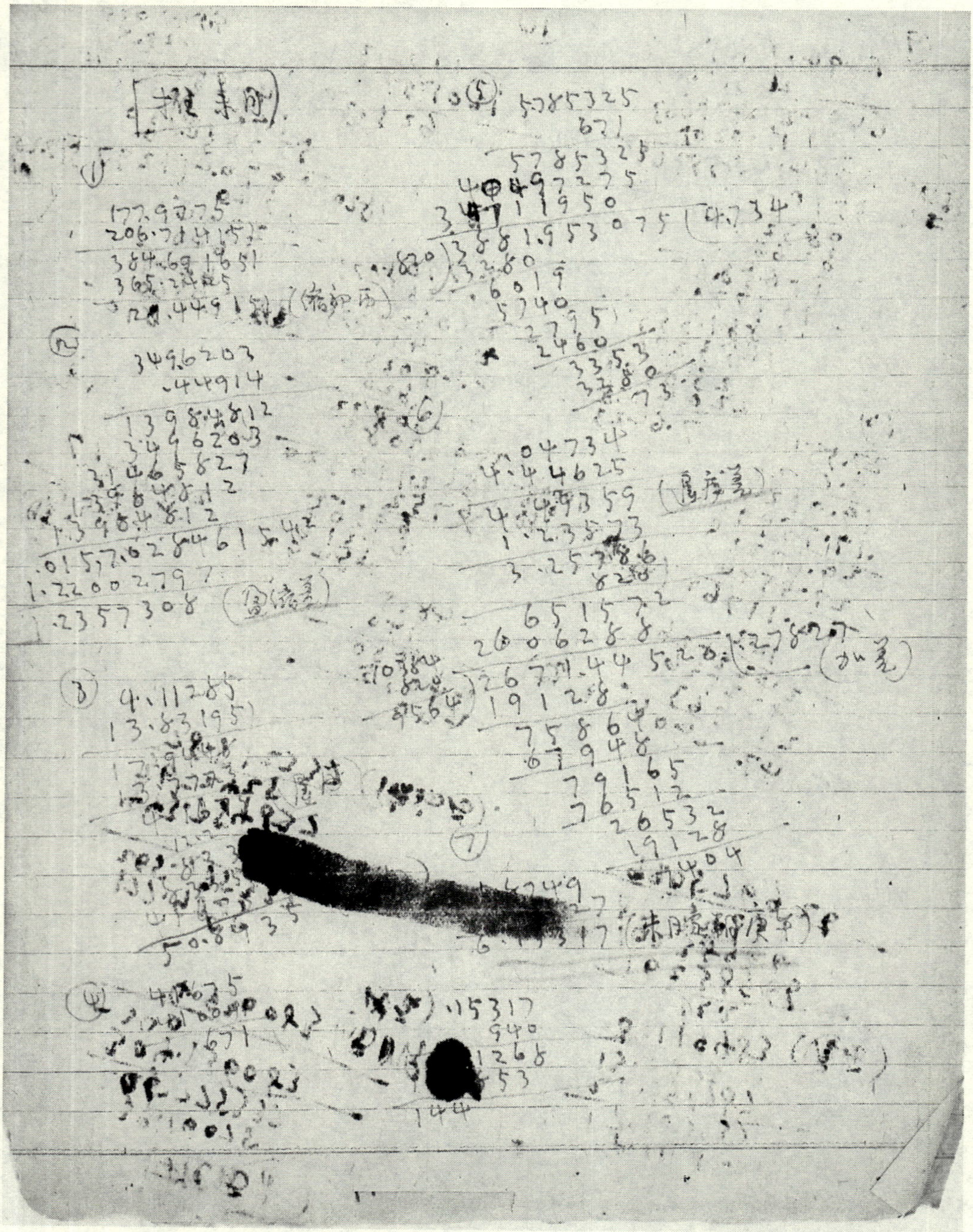

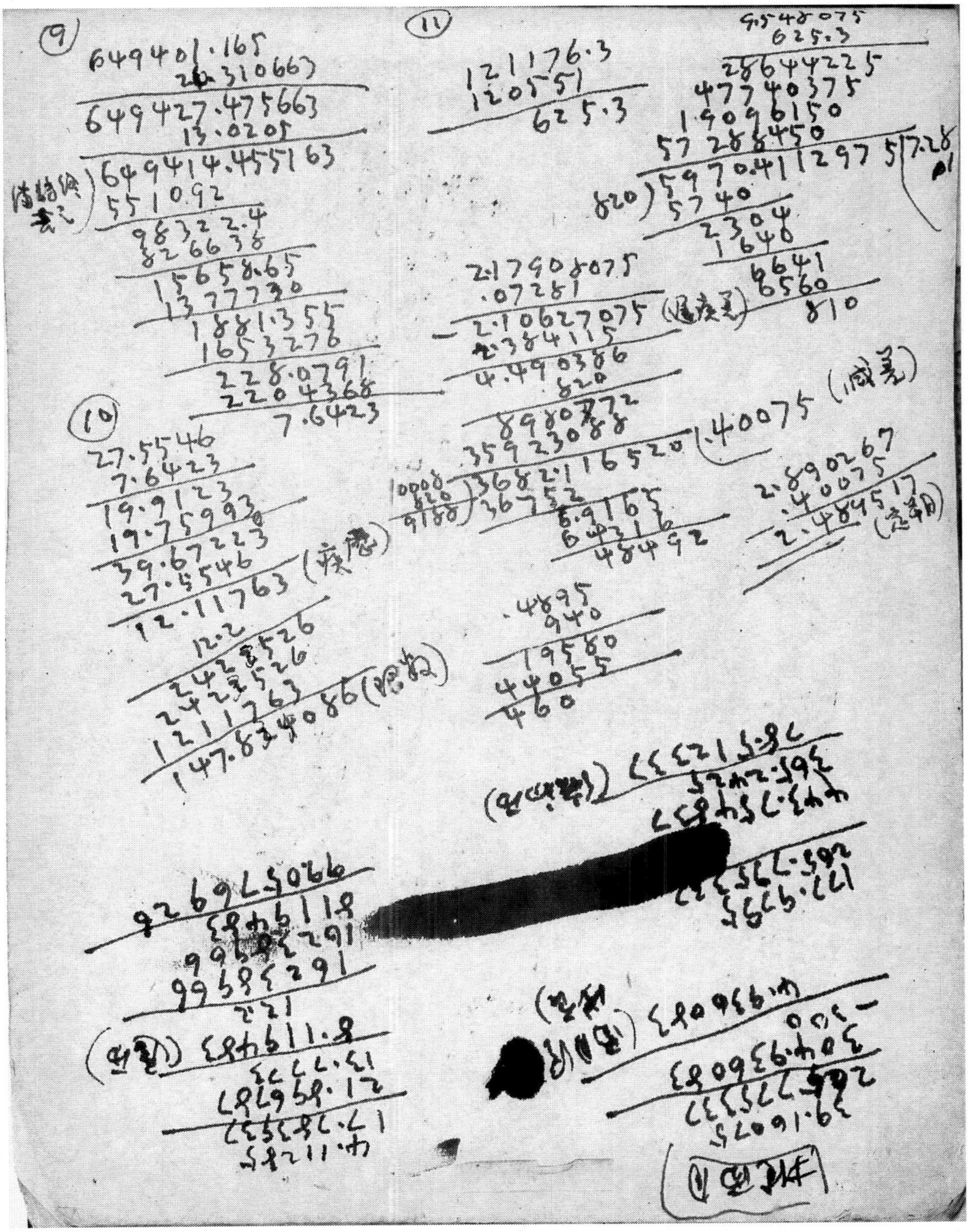
⑨
649401.165
26.310663
649427.475663
13.0205
649414.455163
551092
98322.4
82663.8
15658.65
1377730
1881355
1653276
228.0791
220.4368
7.6423

⑩
27.5546
7.6423
19.9123
19.75993
39.67223
27.5546
12.11763
12.2
2422526
2422526
1211763
147.8340086

⑪
121176.3
120551
625.3

9548075
625.3
28644225
47740375
19096150
57288450
5970.4112975
5740
2304
1640
6641
6560
810

2.17908075
.07281
2.10627075
2.384115
4.490386
820
8980772
359230888
3682116520
367752
5.9165
6.4316
48492
.40075
2.890267
.40075
2.484517
.4895
940
19580
44055
460

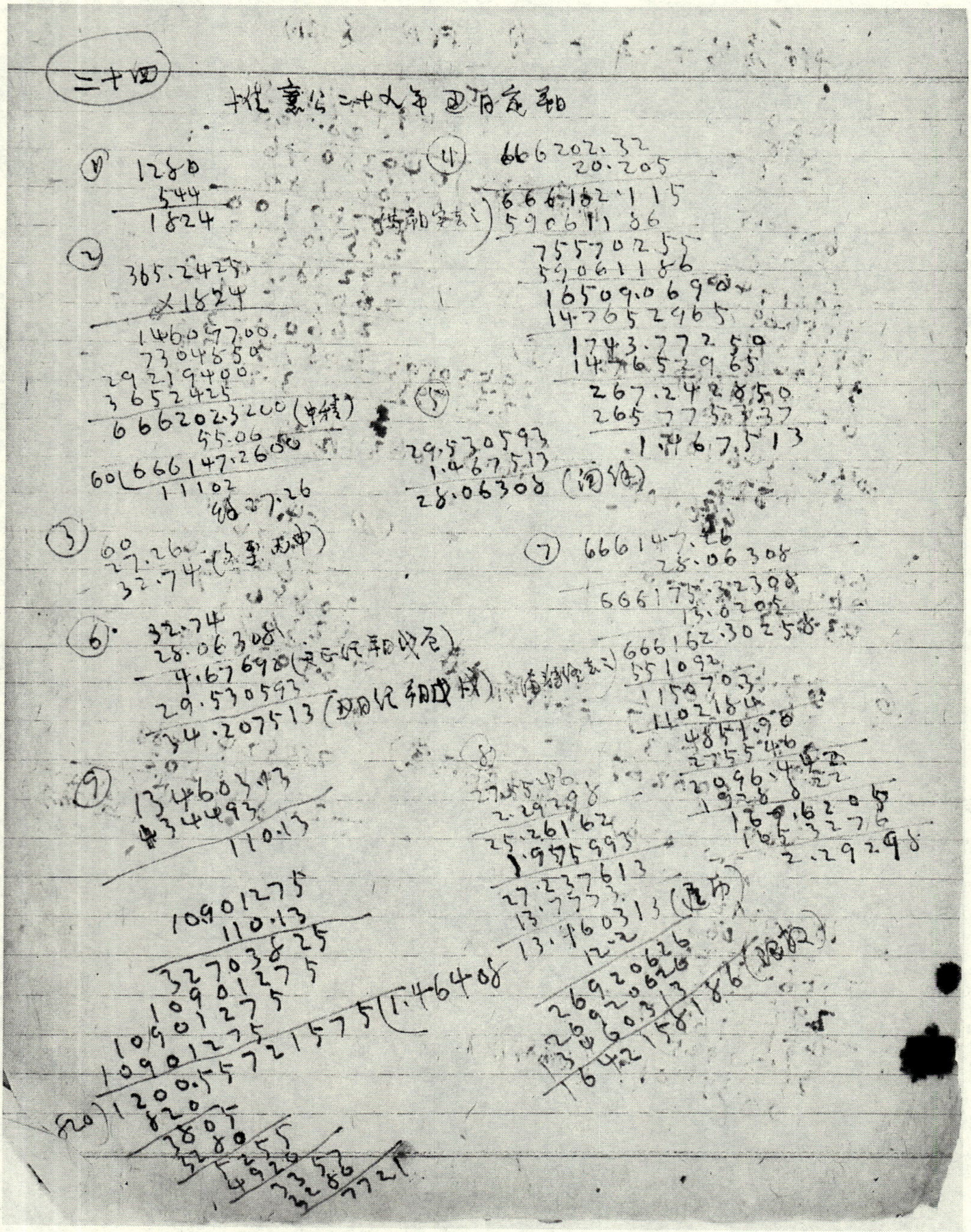

二十四

① 1280
544
1824

② 365.2425
×1824

④ 666202.32
20.205

⑤ 29.530593
1.467513
28.06308

⑥ 32.74
28.06308
4.67692
29.530593
34.207513

⑦ 666147.26
28.06308

⑨ 134603.93

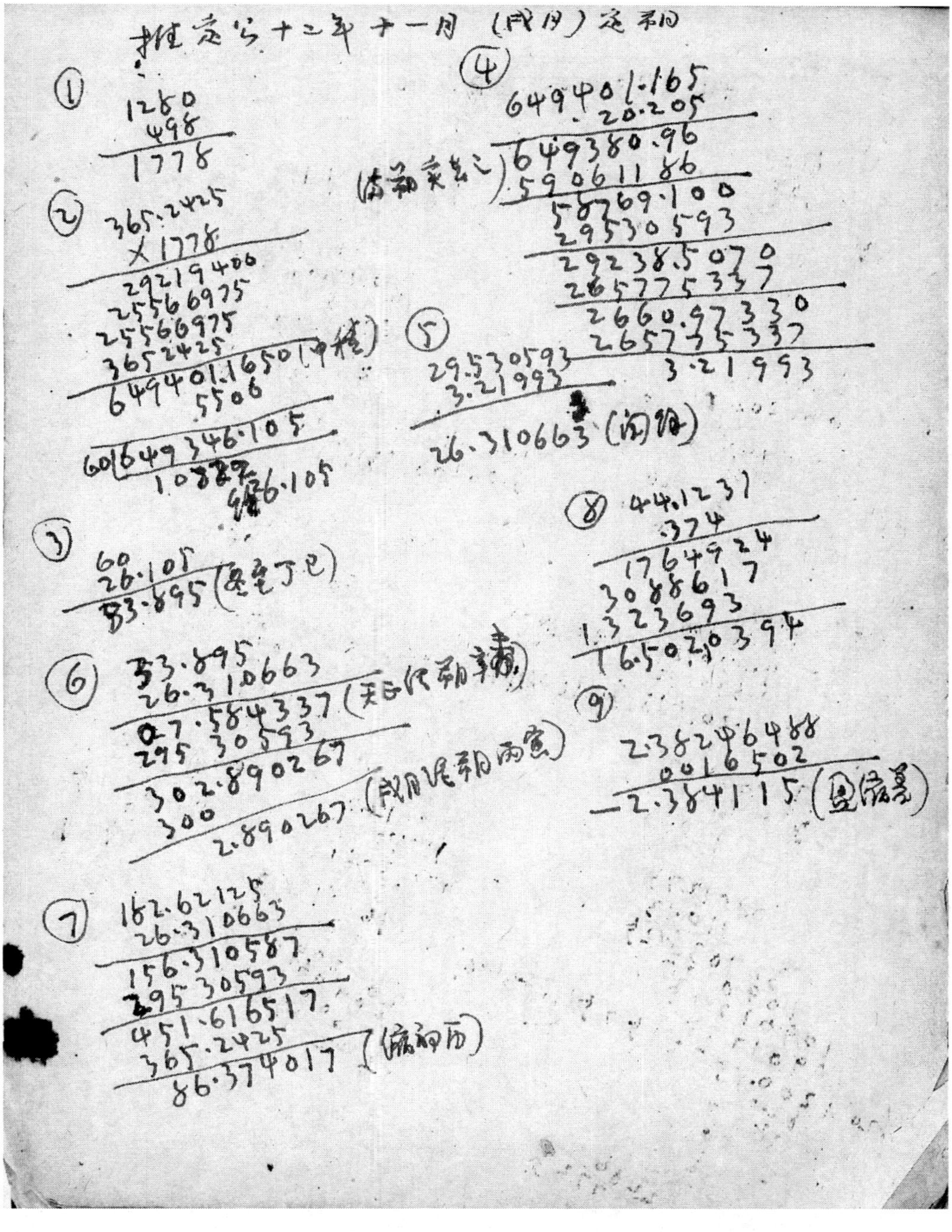

推定公十二年十一月（戊子）定朔

①
1280
498
1778

②
365.2425
×1778
29219400
25566975
25566975
3652425
649401.1650（冲積）
5506
649346.105
1088
26.105

③
60
26.105
33.895

④
649401.165
20.205
649380.96
590611.86
58769.100
2953059.3
2923850.70
2657753.37
266097.330
265775337
3.21993

⑤
29.530593
3.21993
26.310663（闰余）

⑥
33.895
26.310663
7.584337
295.30593
302.890267
300
2.890267

⑦
162.62125
26.310663
136.310587
295.30593
431.616517
365.2425
66.374017

⑧
44.1237
.374
1764924
3088617
1323693
16.502394

⑨
2.3824648
.016502
2.384115

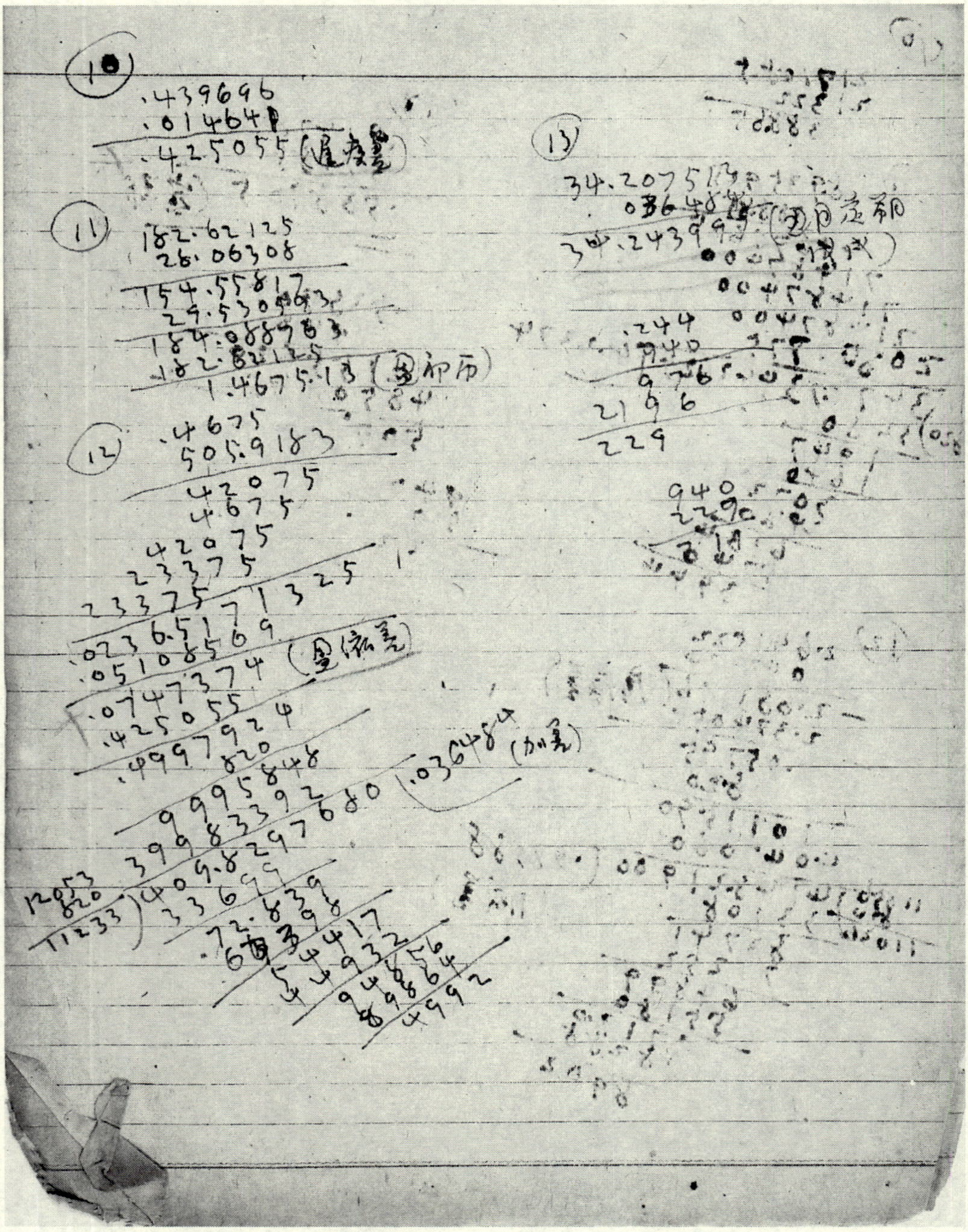
(10)
.439696
.014641
.425055

(11)
182.62125
28.06308
154.55817
29.53096
184.08883
182.62125
1.467583

(12)
.4675
505.9183
42075
4675
42075
23375
23375
.0236517
.051085
.0747374
.425055
.4997924
820
.4997848
9995848
3998339
.03648
3998329760
4098299
33699
72839
54417
54932
94864
4992

(13)
34.2075
.036
34.2439
.244
.940
2196
229

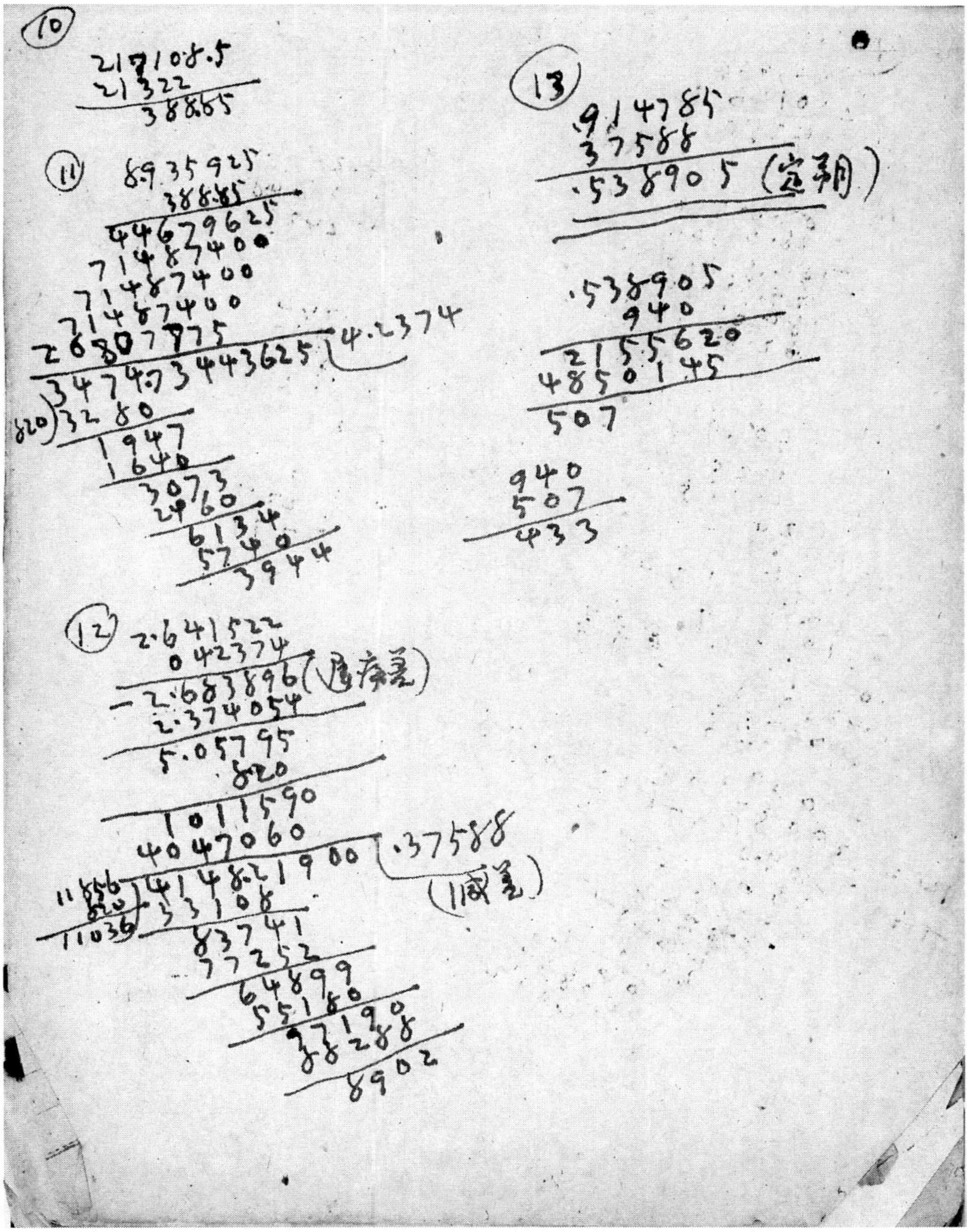

⑩
217108.5
21322
38885

⑪
8935925
38885
44679625
71487400
71487400
71487400
71487400
26807775
347473443625 ⌋4.2374
820)3280
1947
1640
3073
2460
6134
5740
3944

⑫
2.641522
0.42374
2.683896（度差）
2.374054
5.05795
820
1011590
4047060
41482190 0 ⌋.37588（1减差）
11856
820
11036)33108
83741
77252
64899
55180
97190
88288
8902

⑬
.914785
37588
.538905（定朔）

.538905
940
2155620
48501145
507

940
507
433

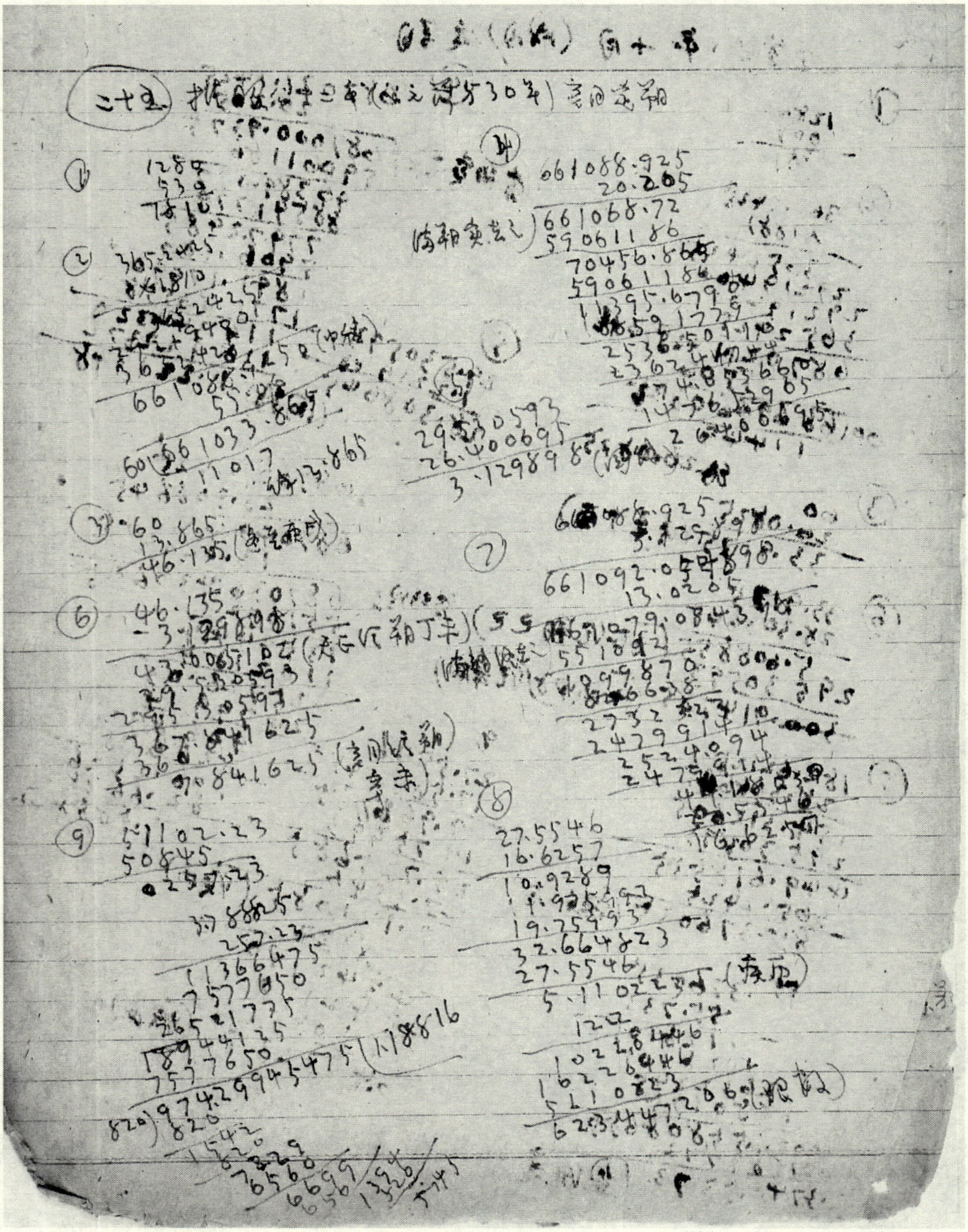

661088.925
20.205
661068.72
590611.86
70456.86
661033.865
29.5205593
26.400695
3.129898
60.865
13.865
46.135
661092.05
13.0205
27.5546
16.6257
10.9289
19.75993
32.664823
27.5546
5.110223
97429945475
1.18816

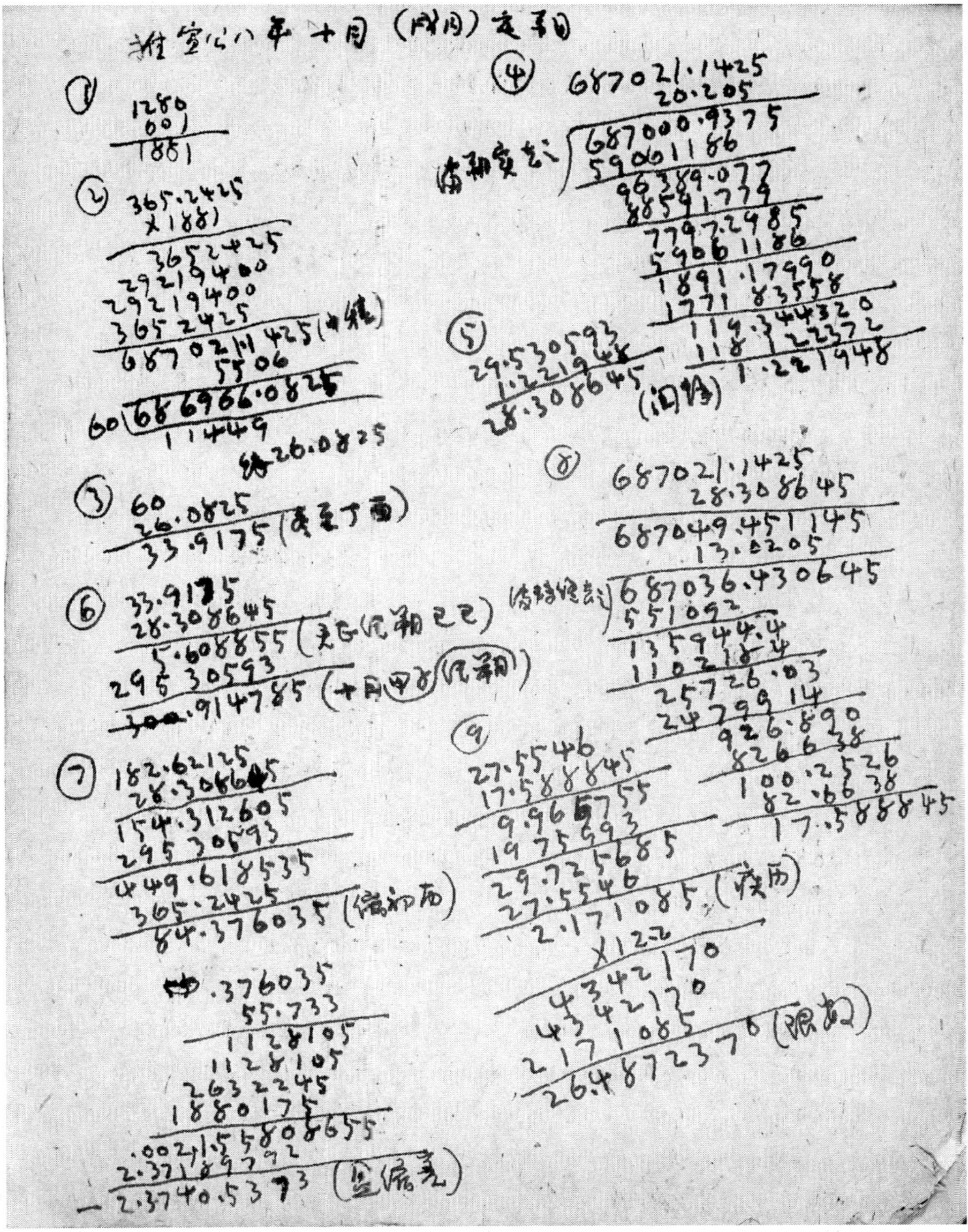
①
1280
601
1881

②
365.2425
×1881
365 2425
292 19400
292 19400
365 2425
687021.1425
5506
60 686966.0825
11449
26.0825

③
60
26.0825
33.9175

⑥
33.9175
28.308645
5.608855
29.530593
.914785

⑦
182.62125
28.308645
154.312605
29.530593
449.618535
365.2425
84.376035

.376035
55.733
1128105
1128105
2632245
1880175
.002155808655
2.371
2.37405373

④
687021.1425
20.205
687000.9375
59061186
96389.077
88591779
7797.2985
5906.1186
1891.17990
1771.83558
119.344320
118.122372
1.221948

⑤
29.530593
1.221948
28.308645

⑧
687021.1425
28.308645
687049.451145
13.0205
687036.430645
551092
135944.4
110218.4
25726.03
24799.14
926.890
826.638
100.2526
82.6638
17.588845

⑨
27.5546
17.588845
9.965755
19.753593
29.725685
27.5546
2.171085
×1222
4342170
4342170
4342170
2171085
2.6487237

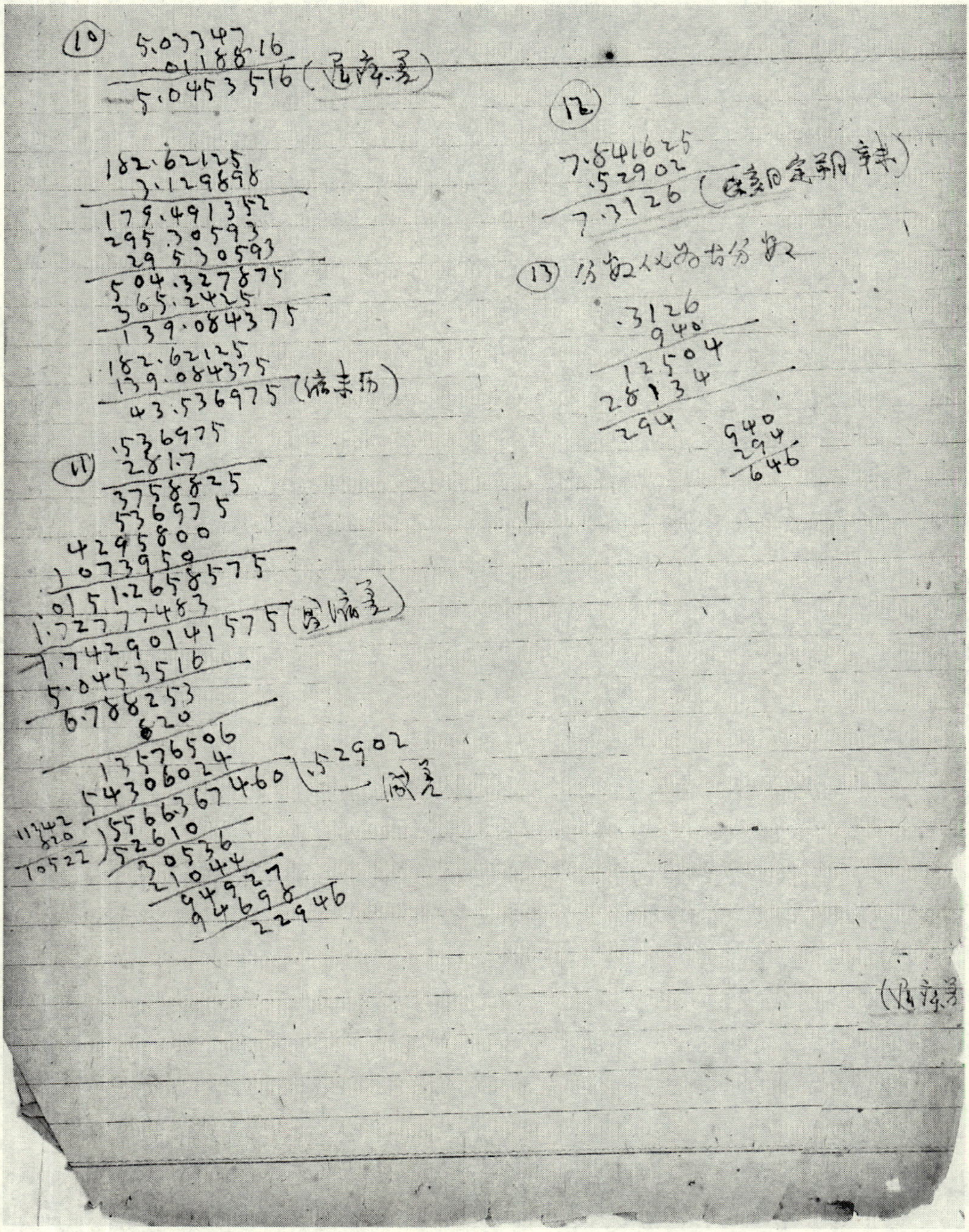

⑩ 5.033347
.0118816
5.0453516（遲疾差）

182.62125
3.129898
179.491352
295.30593
29.530593
504.327875
365.2425
139.084375
182.62125
139.084375
43.536975（縮末歷）

⑪ .536975
281.7
3758825
536975
4295800
1073950
.0151.2658575
1.727774483
1.7429014157 5（實縮差）
5.0453516
6.788253
820
13576506
54306024
5566367460（.52902 減差）
11342 820 10522）5566367460
52610
30536
21044
94927
94698
22946

⑫ 7.841625
.52902
7.3126（除夜日定朔辛未）

⑬ 分數化為古分數
.3126
940
12504
28134
294
940
294
646

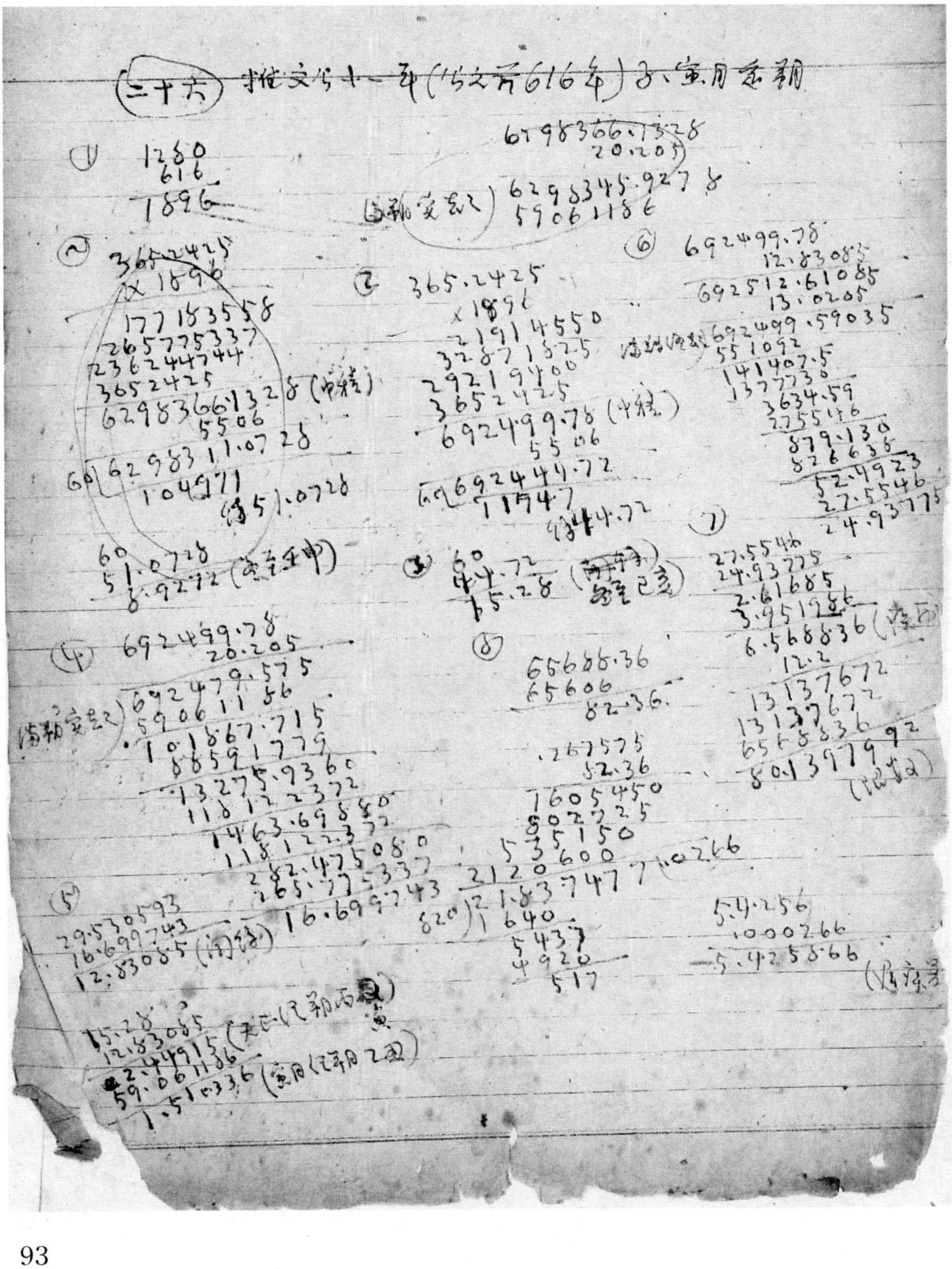

二十六 推文公十一年（公元前616年）子、寅月丞朔

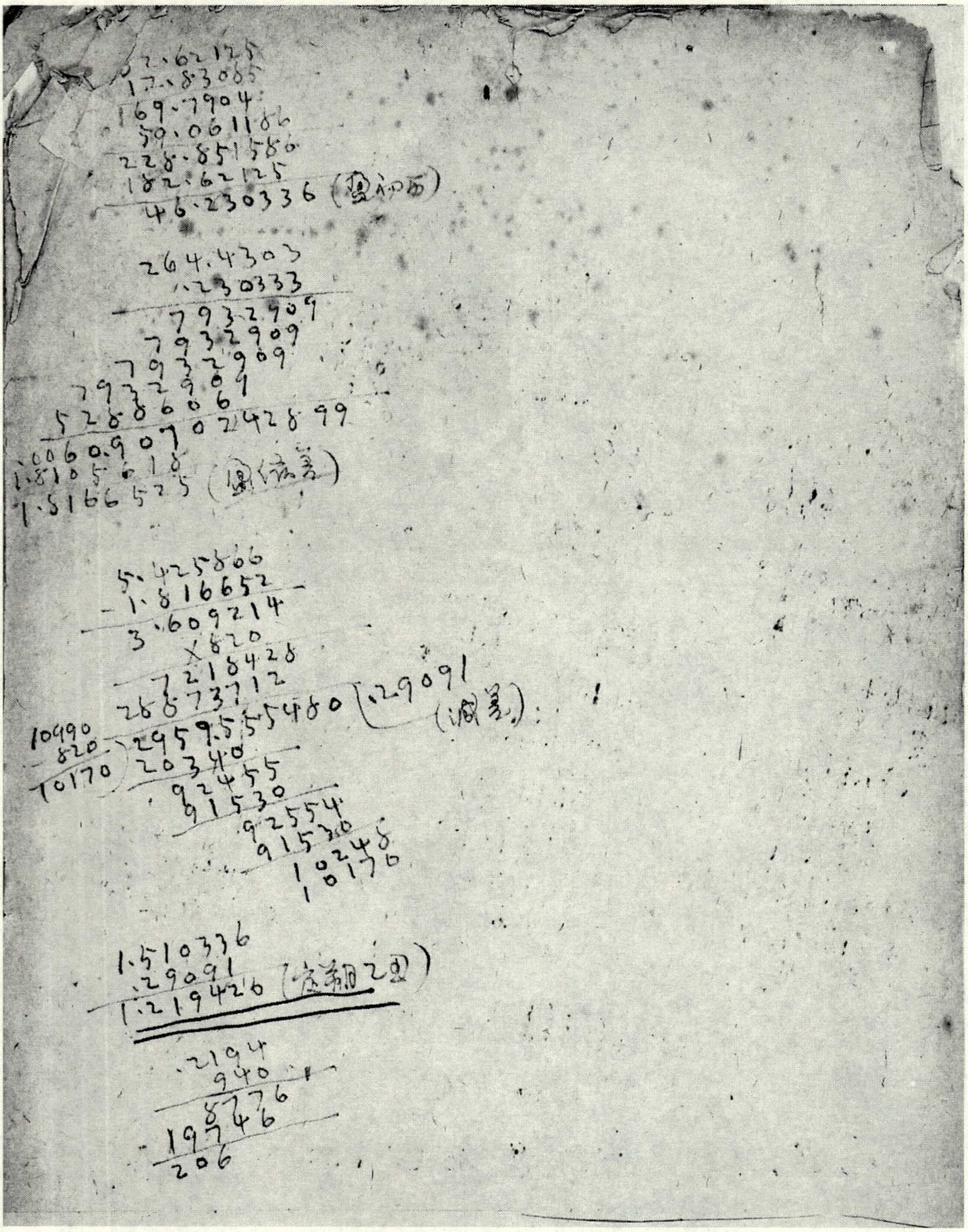

182.62125
17.83065
169.7904
59.061166
228.851580
182.62125
46.230336 ([illegible])

264.4303
.230333
7932909
7932909
7932909
7932909
52886061
10060.90702428 99
1.8105618
1.5166575 ([illegible])

5.425866
1.816652
3.609214
×820
7218428
28873712
2959.5554880 (.29091 ([illegible]))
10990
820
10170
20340
92455
91530
92554
91530
10248
10170
1

1.510336
.29091
1.219426 ([illegible])

.2194
940
8776
19746
206

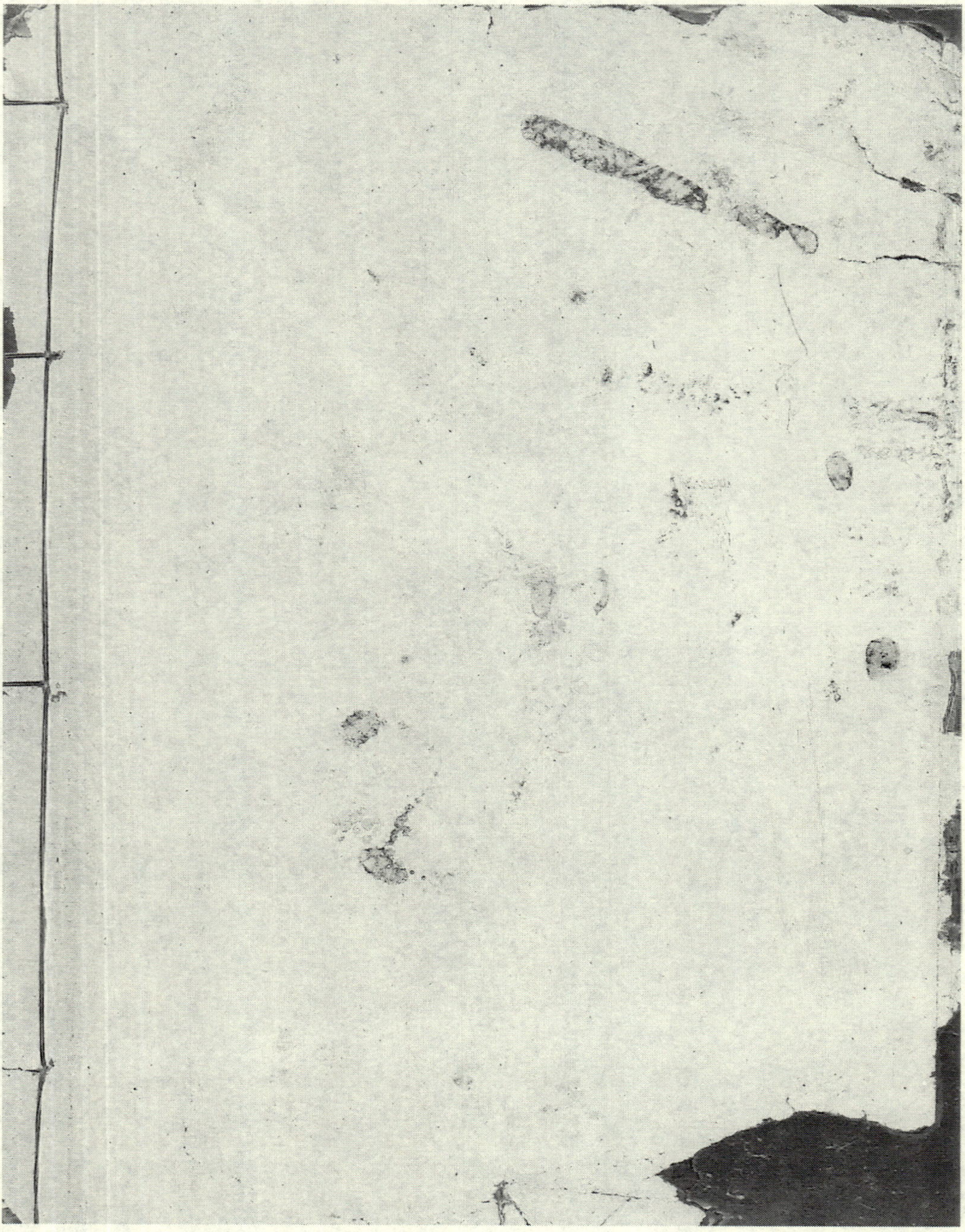

此册只须核查演算，不须重推
推步演草
（乙册）
拍纸本

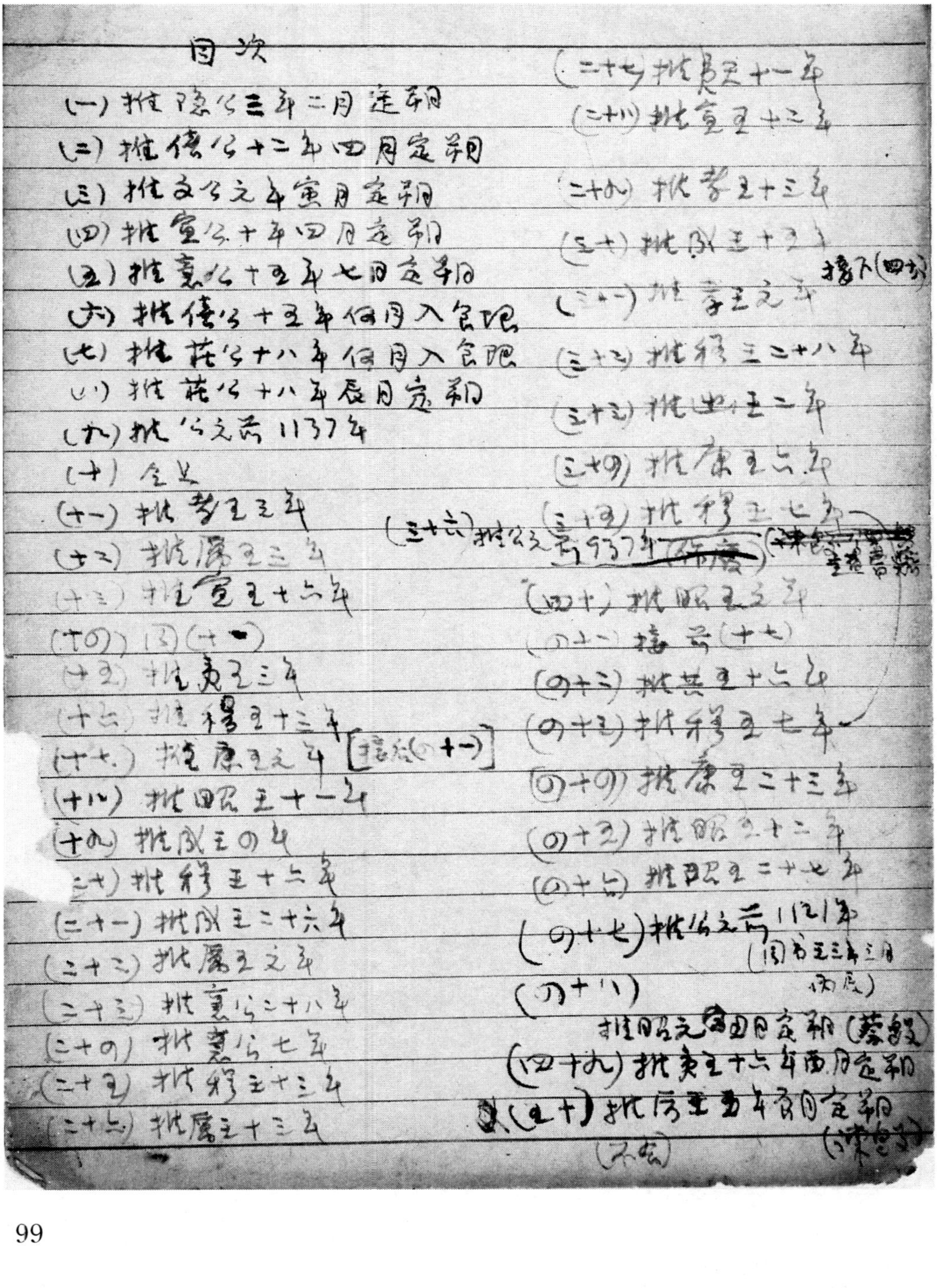
目次
(一) 推隐公三年二月定朔
(二) 推僖公十二年四月定朔
(三) 推文公元年寅月定朔
(四) 推宣公十年四月定朔
(五) 推襄公十五年七月定朔
(六) 推僖公十五年何月入食限
(七) 推庄公十八年何月入食限
(八) 推庄公十八年辰月定朔
(九) 推公元前1137年
(十) 仝上
(十一) 推孝王元年
(十二) 推厉王三年
(十三) 推宣王十六年
(十四) 同(十一)
(十五) 推夷王三年
(十六) 推穆王十三年
(十七) 推康王元年 [接后(四十一)]
(十八) 推昭王十一年
(十九) 推成王四年
(二十) 推穆王十六年
(二十一) 推成王二十六年
(二十二) 推厉王元年
(二十三) 推襄公二十八年
(二十四) 推襄公七年
(二十五) 推穆王十三年
(二十六) 推厉王十三年
(二十七) 推夷王十一年
(二十八) 推宣王十二年
(二十九) 推孝王十三年
(三十) 推成王十[illegible]年 接下(四十)
(三十一) 推孝王元年
(三十二) 推穆王二十八年
(三十三) 推幽王二年
(三十四) 推康王六年
(三十五) 推穆王七年
(三十六) 推公元前1937年 ([illegible])
(四十) 推昭王元年
(四十一) 接前(十七)
(四十二) 推共王十六年
(四十三) 推穆王七年
(四十四) 推康王二十三年
(四十五) 推昭王十二年
(四十六) 推昭王二十七年
(四十七) 推公元前1121年
(同成王三年三月 丙辰)
(四十八)
推昭元酉月定朔 (蔡毅)
(四十九) 推夷王十六年酉月定朔
(五十) 推厉王五年寅月定朔
([illegible])
(不成)

（六十[redacted]）重推公元前925年卯月定朔（錯在何處）

（不合）見~~另册~~

① 1280
925
2205

② 365.2425
2205

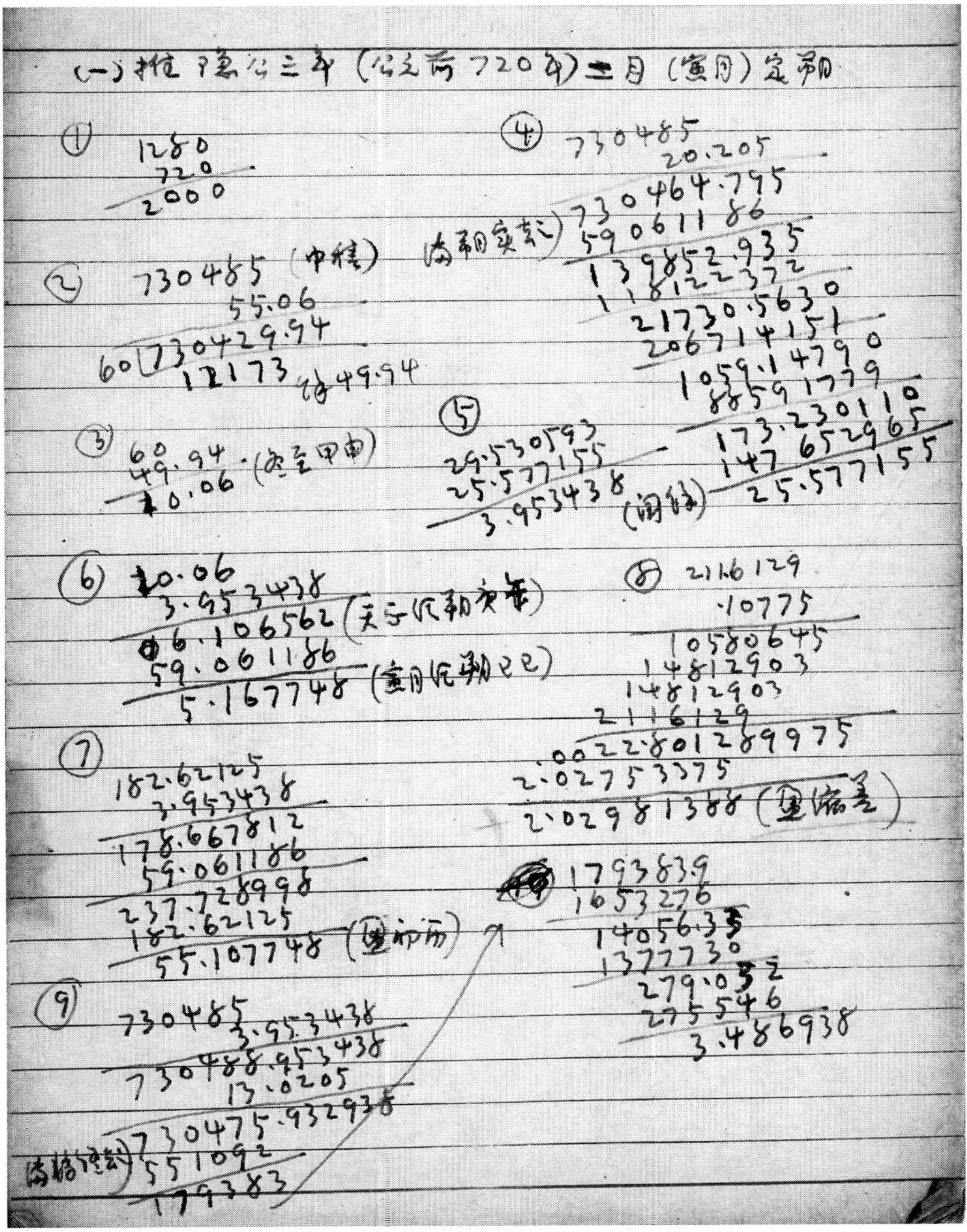

(一)推隐公三年（公元前720年）二月（寅月）定朔
① 1280
720
2000
② 730485（中积）
55.06
60|730429.94
12173 余49.94
③ 60
49.94（冬至甲申）
10.06
④ 730485
20.205
730464.795
59061186
138852.935
118122372
21730.5630
20671415
1059.14790
8859177 9
173.230110
147652965
25.577155
⑤ 29.530593
25.577155
3.953438
（闰余）
⑥ 10.06
3.953438
6.106562
59.061186
5.167748
⑦ 182.62125
3.953438
178.667812
59.061186
237.728998
182.62125
55.107748
⑧ 211.6129
.10775
10580645
14812903
14812903
2116129
2.00228012899 75
2.0275 3375
2.029813 88
179383.9
165327 6
14056.3
137773 0
279.0
275546
3.486938
⑨ 730485
3.953438
730488.953438
13.0205
730475.932938
551092
179383

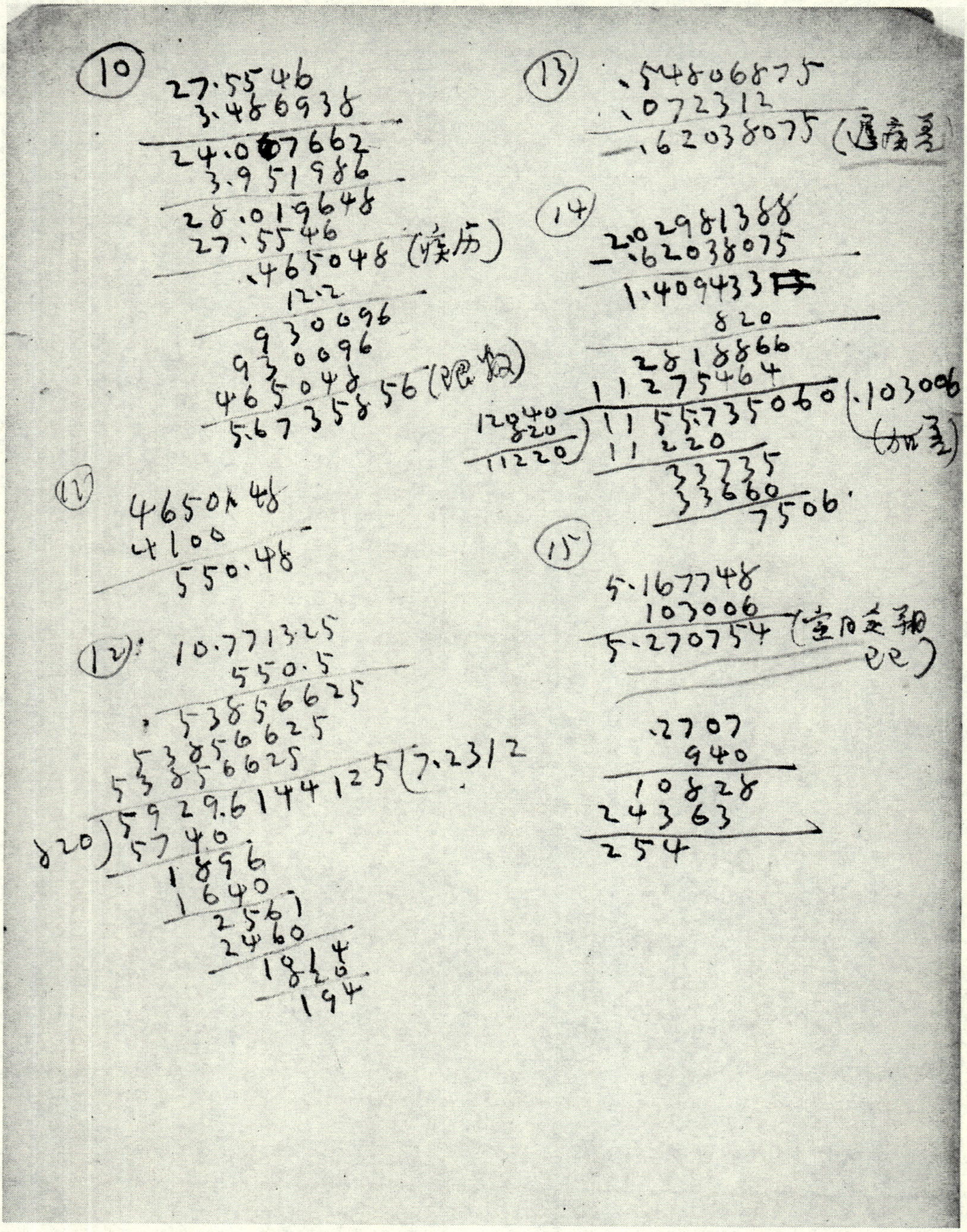
⑩
27.5546
3.486938
24.067662
3.951986
28.019648
27.5546
.465048
12.2
930096
930096
465048
5.6735856
⑪
4650.48
4100
550.48
⑫
10.771325
550.5
.53856625
53856625
53856625
5929.6144125 (7.2312
820) 5929
5740
1896
1640
2561
2460
1814
1620
194
⑬
.54806875
.072312
.62038075
⑭
2.02981388
.62038075
1.4094331
820
2818866
11275464
1155735060 (.103006
12840
820
11220
11220
33735
33660
7506
⑮
5.167748
103006
5.270754
.2707
940
10828
24363
254

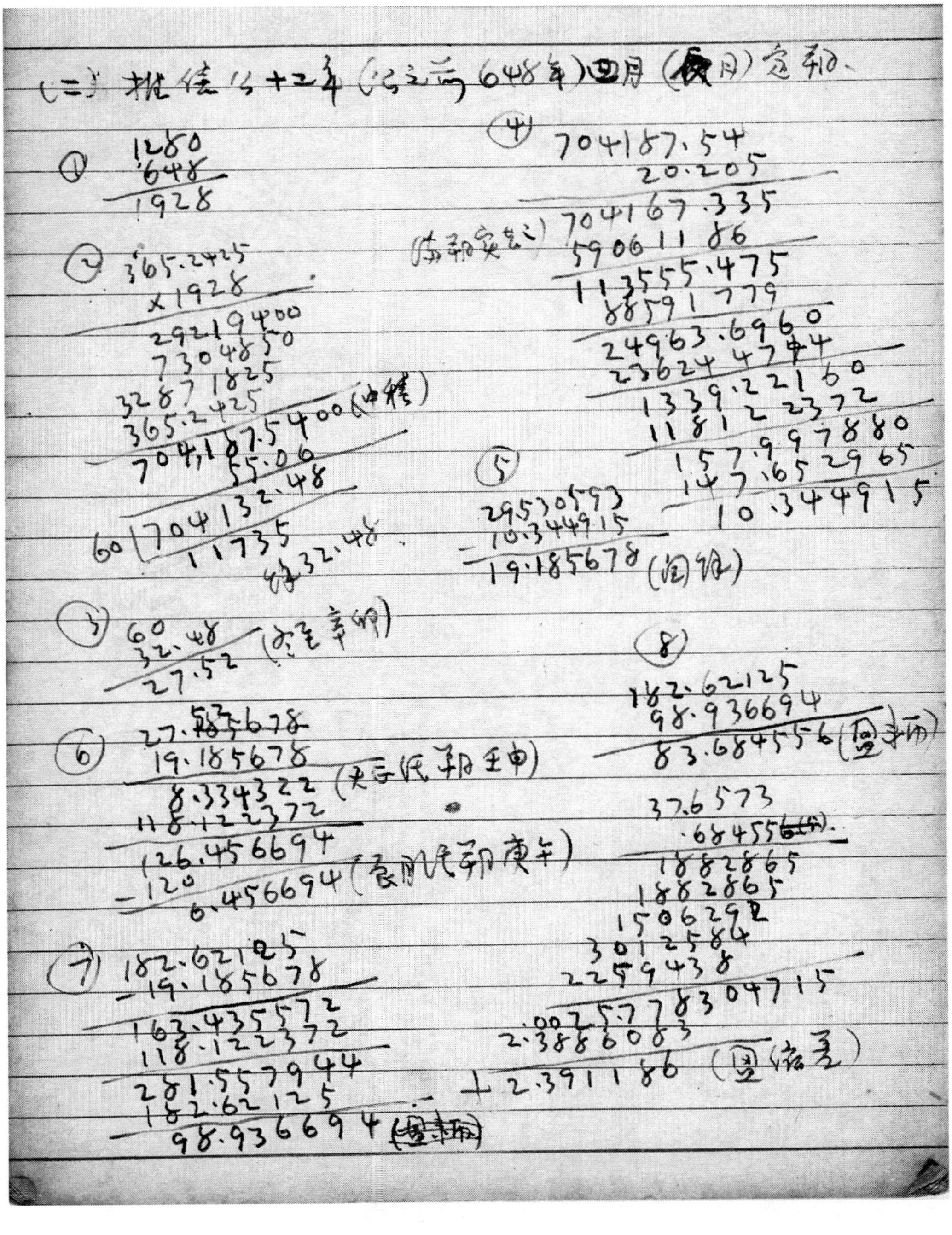

(二) 推僖公十二年(公元前648年)四月(庚日)定朔

① 1280 + 648 = 1928

② 365.2425 × 1928
2921940 0
730485 0
3287 1825
365 2425
704187.5400 (中積)
55.06
704132.48
60 | 704132.48 — 11735 餘 32.48

③ 60 − 32.48 = 27.52 (大余辛卯)

④ 704187.54
20.205
704167.335
(閏積實記) 590611 86
113555.475
88591779
24963.6960
23624 4784
1339.2216 0
1181 2 2372
157.997880
147.165 2965
10.344915

⑤ 29530593
10.344915
19.185678 (閏餘)

⑥ 27.[illegible]
19.185678
8.334322 (天正經朔壬申)
118.122372
126.456694
−120
6.456694 (庚朔經朔庚午)

⑦ 182.62125
−19.185678
163.435572
118.122372
281.557944
182.62125
98.936694 (轉積)

⑧ 182.62125
98.936694
83.684556 (轉積)

37.6573
.684556
1882865
1882865
1506292
3012584
2259438
25.77783047715
2.388 6083
+ 2.391186 (盈縮差)

(9)

704187.54
+ 19.185678
704206.725678
− 13.0205
704193.705178

满精修数 551092
153101.7
1377730
153287.0
1377730
155140.5
1377730
173.6751
165.3276
8.347578

(10)

27.5546
8.347578
19.207022
7.903972
27.110994
13.7773
13.333694 (屋图)
12.2
26667388
26667388
1333369.4
162.6710668 (总数)

(11)

.13333.94
12285.3
483.94

(12)

1077 1325
484
43085300
86170600
43085300
52137.21300 (6.357
820) 52 13.7
4920
2927
2460
4672
4100
5721
5740

(13)

.655782
− .06357
+ .592212
2.391186 (屋度差)
2.983398
820
5966796
2386718.4
2446.3863 60 | 218 03
12040 / 820 / 11220) 2446.3 86360
22440
20238
11220
90186
89760
42636 (加差)

(14)

6.456694
.21830
6.674994 (度相对)

(15) 分数化为古分数

.675 × 940 = 634

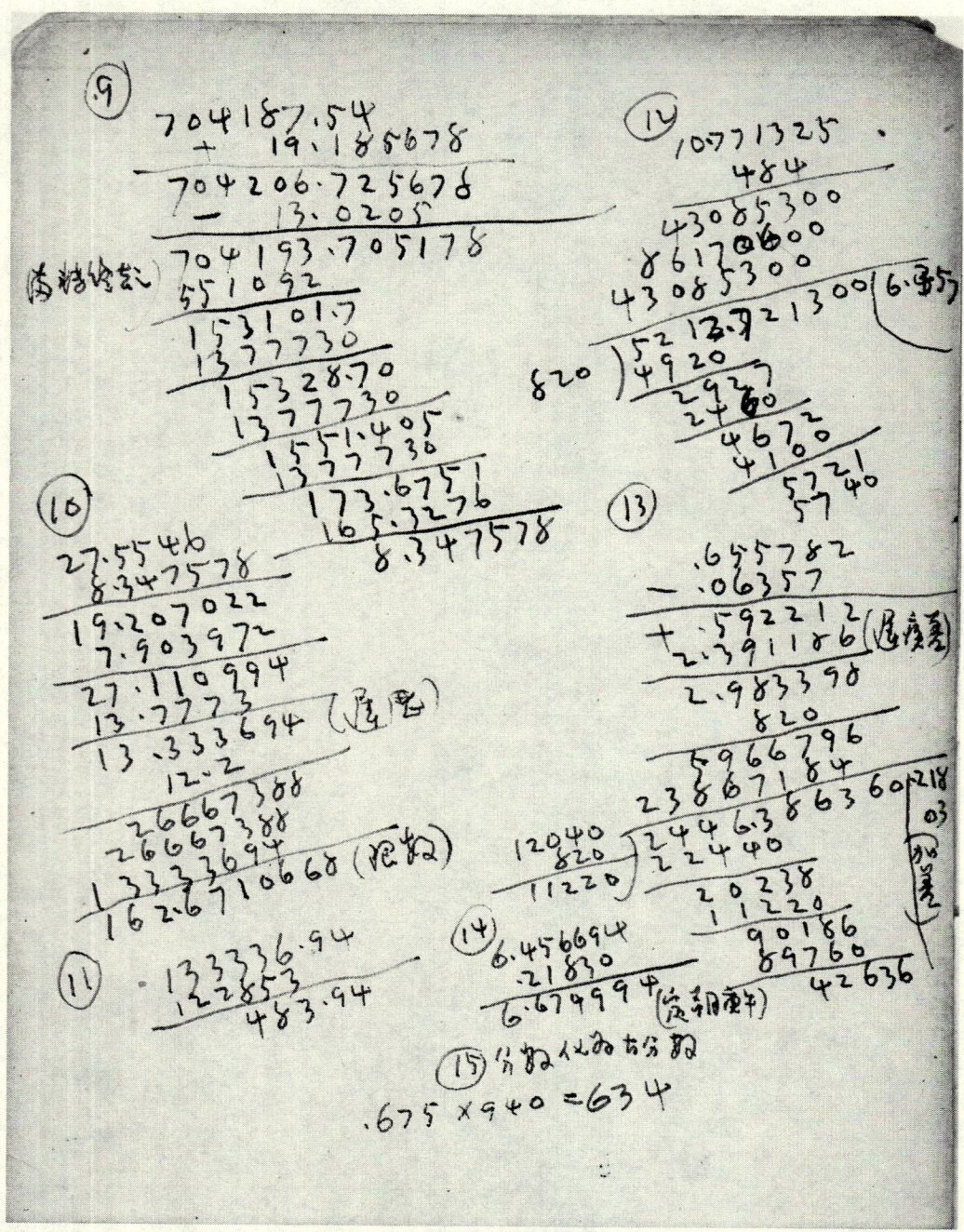

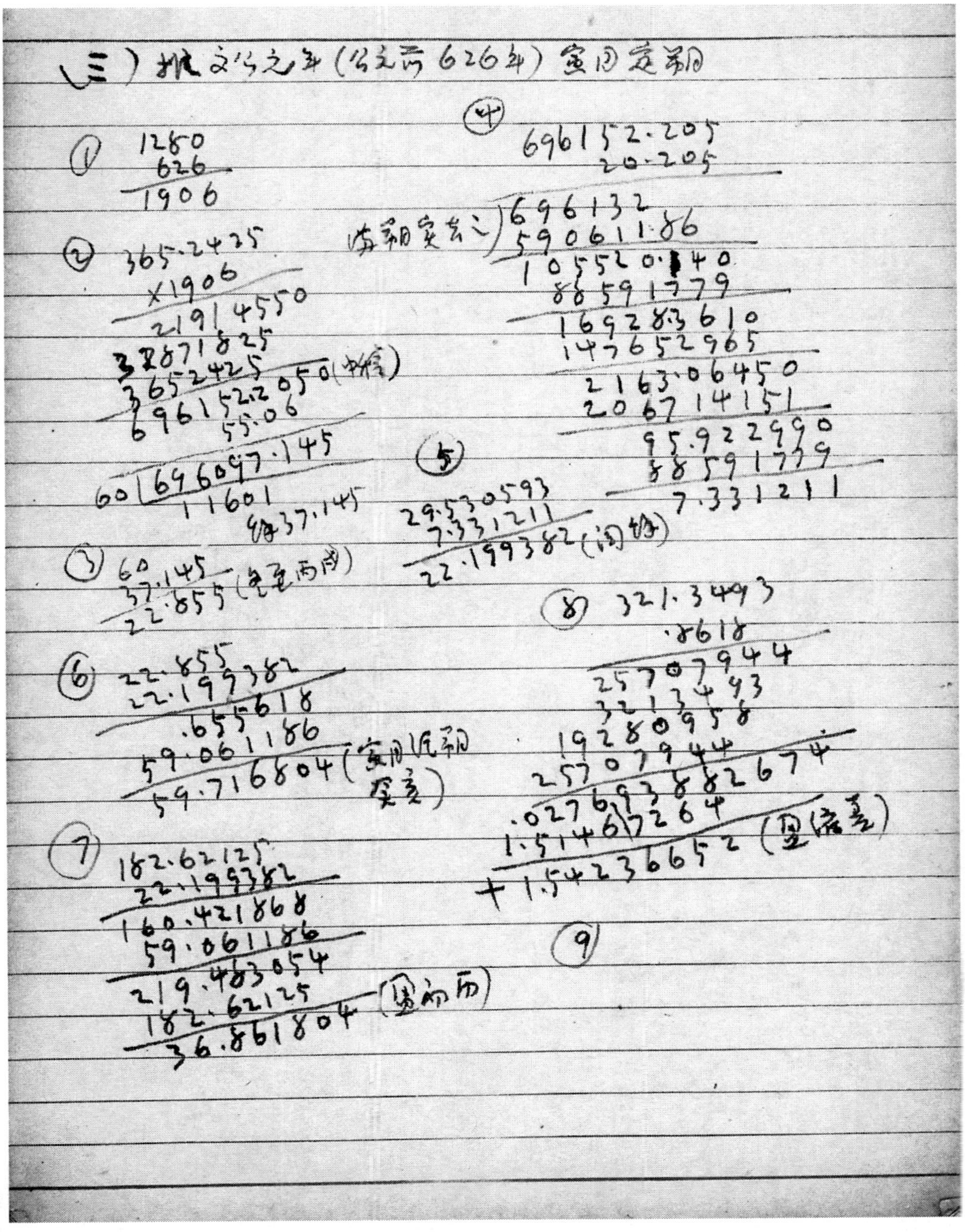
（三）推文公之年（公元前626年）实日定朔
① 1280
626
1906
② 365.2425
×1906
696152.205
60 | 696097.145
11601
③ 60
37.145
22.855
④ 696152.205
20.205
696132
590611.86
⑤ 29.530593
7.331211
22.199382
⑥ 22.855
22.199382
.655618
59.061186
59.716804
⑦ 182.62125
22.199382
160.421868
59.061186
219.483054
182.62125
36.861804
⑧ 321.3493
.8618
⑨

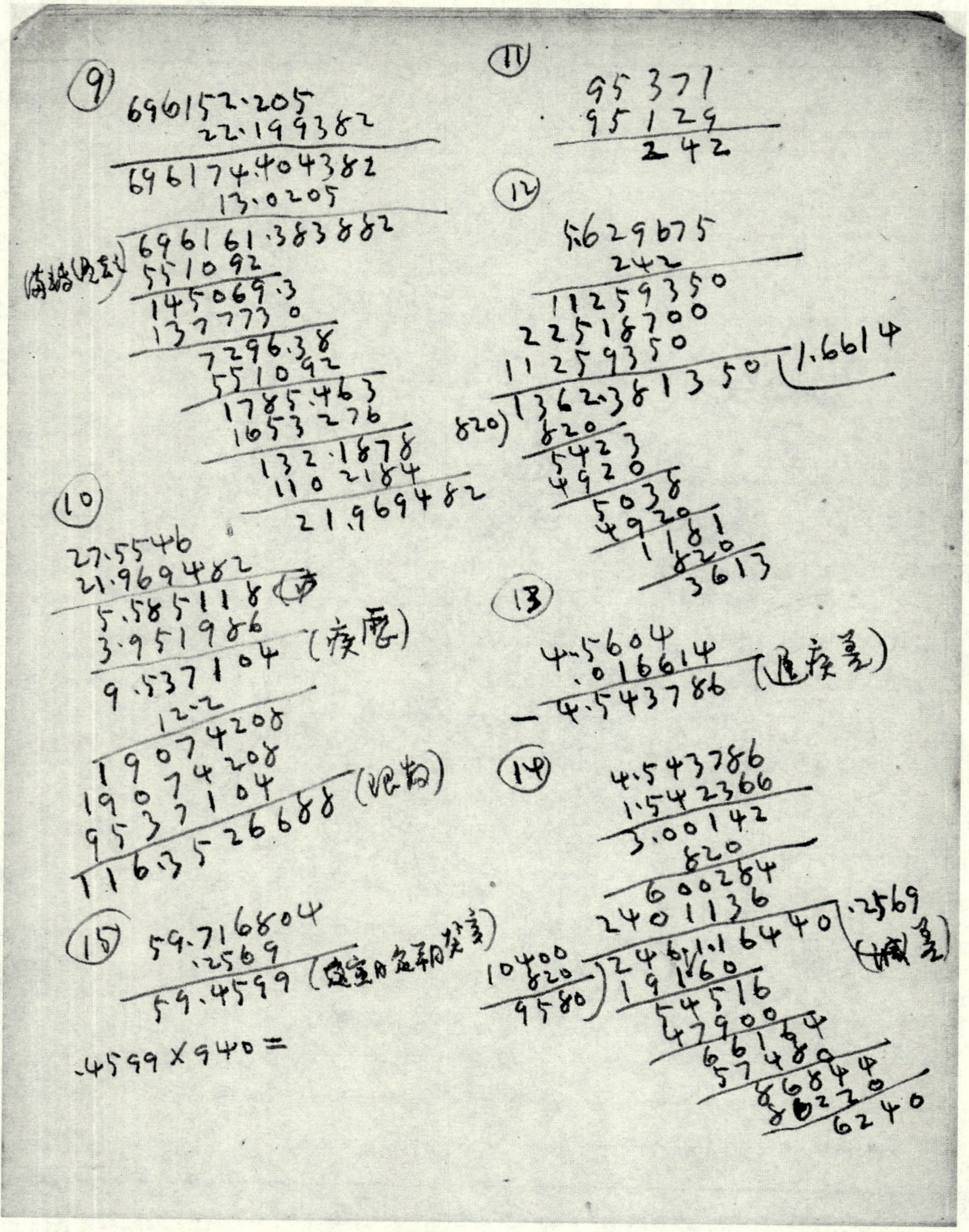

⑨
696152.205
22.199382
696174.404382
13.0205
696161.383882
551092
145069.3
1377730
7296.38
551092
1785.463
1653276
132.1878
1102184
21.969482

⑩
27.5546
21.969482
5.585118
3.951986
9.537104
12.2
19074208
19074208
9537104
116.3526688

⑪
95371
95129
242

⑫
5629675
242
11259350
22518700
11259350
1362.381350 1.6614
820)
820
5423
4920
5038
4920
1181
820
3613

⑬
4.5604
.016614
—4.543786

⑭
4.543786
1.542366
3.00142
820
600284
2401136
246.116440 .2569
10400
820
9580)
19160
54516
47900
66164
57480
86840
86220
6240

⑮
59.716804
.2569
59.4599

.4599×940=

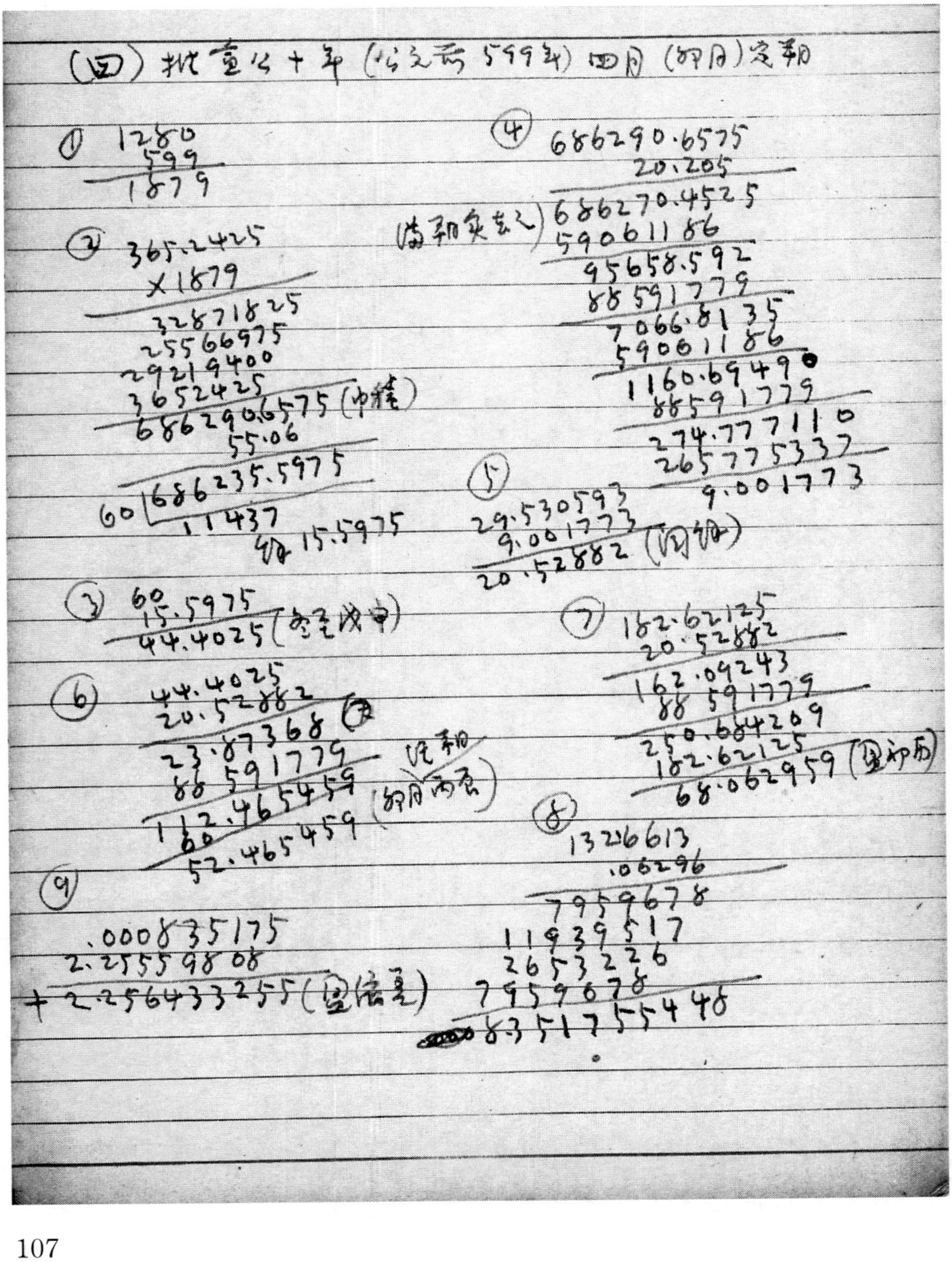

（四）推宣公十年（公元前599年）四月（卯月）定朔

① 1280
599
1879

② 365.2425
×1879
32871825
25566975
29219400
3652425
686290.6575（中積）
55.06
686235.5975
60 | 686235.5975
11437
餘 15.5975

③ 60
15.5975
44.4025（冬至戊申）

④ 686290.6575
20.205
686270.4525
（满积朔实去之）5906118.6
95658.592
88591779
7066.8135
5906118.6
1160.6949
88591779
274.777110
265775337
9.001773

⑤ 29.530593
9.001773
20.528820（闰餘）

⑥ 44.4025
20.52882
23.87368
88591779
112.465459（定朔 卯月丙辰）
60
52.465459

⑦ 182.62125
20.52882
162.09243
88591779
250.684209
182.62125
68.062959（星初历）

⑧ 1326613
.06296
7959678
11939517
2653226
7959678
83517554.48

⑨ .000835175
2.2555980.8
+ 2.2564332.55（日躔差）

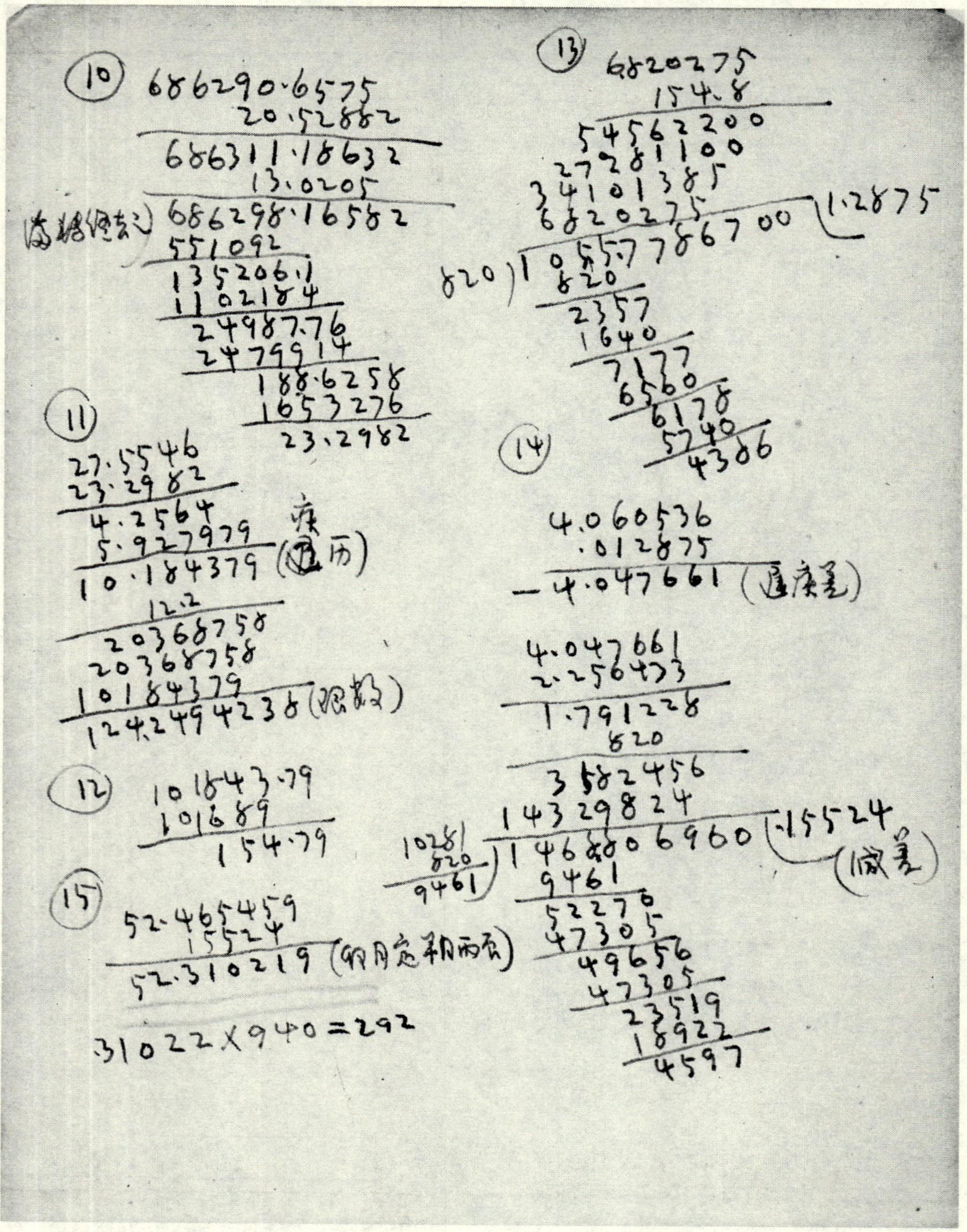
⑩ 686290.6575
20.52882
686311.18632
13.0205
(沿赤道经度) 686298.16582
551092
1352061
1102184
249877.6
247991.4
188.6258
165.3276
23.2982

⑪
27.5546
23.2982
4.2564
5.927979
10.184379 (疾历)
12.2
20368758
20368758
10184379
124.2494236 (跟数)

⑫ 101843.79
101689
154.79

⑮
52.465459
.15524
52.310219 (朔月定积两日)

31022×940=292

⑬ 6820275
154.8
54562200
27281100
34101375
6820275
1055778670 0
820)1055778670 0 (1.2875
820
2357
1640
7177
6560
6178
5740
4386

⑭
4.060536
.012875
—4.047661 (迟疾差)

4.047661
2.256433
1.791228
820
3582456
14329824
1468806960 (.15524
1028
820
9461
9461
52270
47305
49656
47305
23519
18922
4597
(减差)

(五) 推襄公十五年（公元前558年）月（午月）定朔

①
1260
558
1838

②
3652425
×1838
29219400
10957275
29219400
3652425
671315715 0（积）
55.06
671260.6550
60|671260.6550
11187 余40.655

③
60.655
40.655
19.345（冬至实率）

⑤
79.345
23.460669
55.884331
177.183558
233.067889
180
53.067889（午月经朔丁巳）

⑧
1.18452696
0.3184741
+ 1.21642437（望实差）

③
671315.715
20.205
（满朔实积）671295.51
5906 1186
80683.650
59061186
21622.4640
20671.4151
951.04890
885.91779
65.131110
59061186
6.069924

④
29.530593
6.069924
23.460669（闰余）

⑥
182.62125
23.460669
159.160581
177.183558
336.344139
182.62125
153.722889

⑦
182.62125
153.722889
28.89836（望实面）

354.5101
.89835
17725505
10635303
28360808
31905909
28360808
318.4741483335

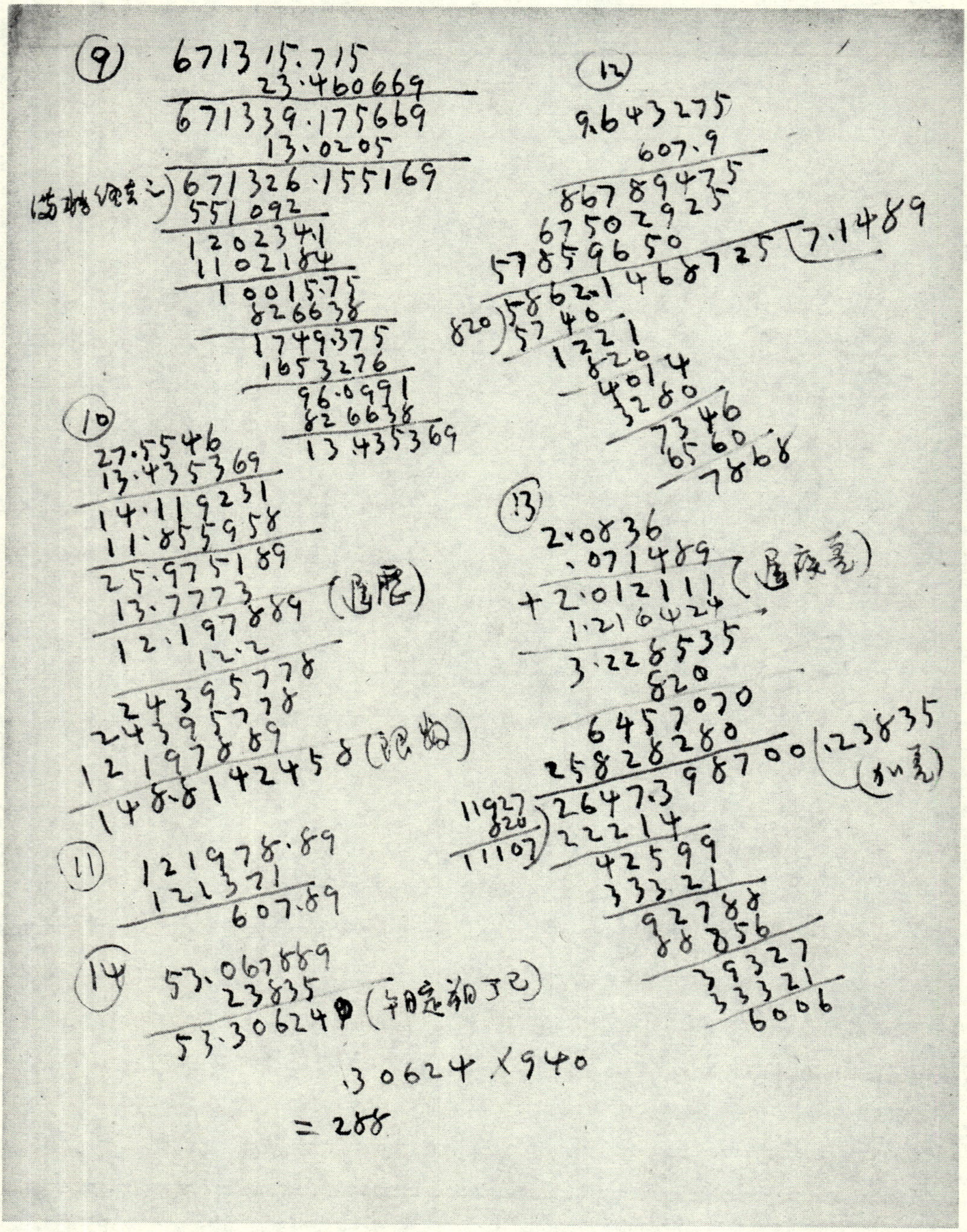
⑨ 671315.715
23.460669
671339.175669
13.0205
671326.155169
551092
1202341
1102184
1001575
826638
1749375
1653276
96.0991
82.6638
13.435369
⑩ 27.5546
13.435369
14.119231
11.855958
25.975189
13.7773
12.197889
12.2
24395778
24395778
12197889
148.8142458
⑪ 121978.89
121371
607.89
⑭ 53.067889
23835
53.306249
.30624 ×940
= 288
⑫ 9643275
607.9
86789475
67502925
57859650
5862.1468725
7.1489
820) 5740
1221
8204
4014
3280
7346
6560
786
⑬ 2.0836
.071489
+2.012111
1.216424
3.228535
820
6457070
25828280
2647.398700
.123835
11927
820
11107
22214
42599
33321
92788
88856
39327
33321
6006

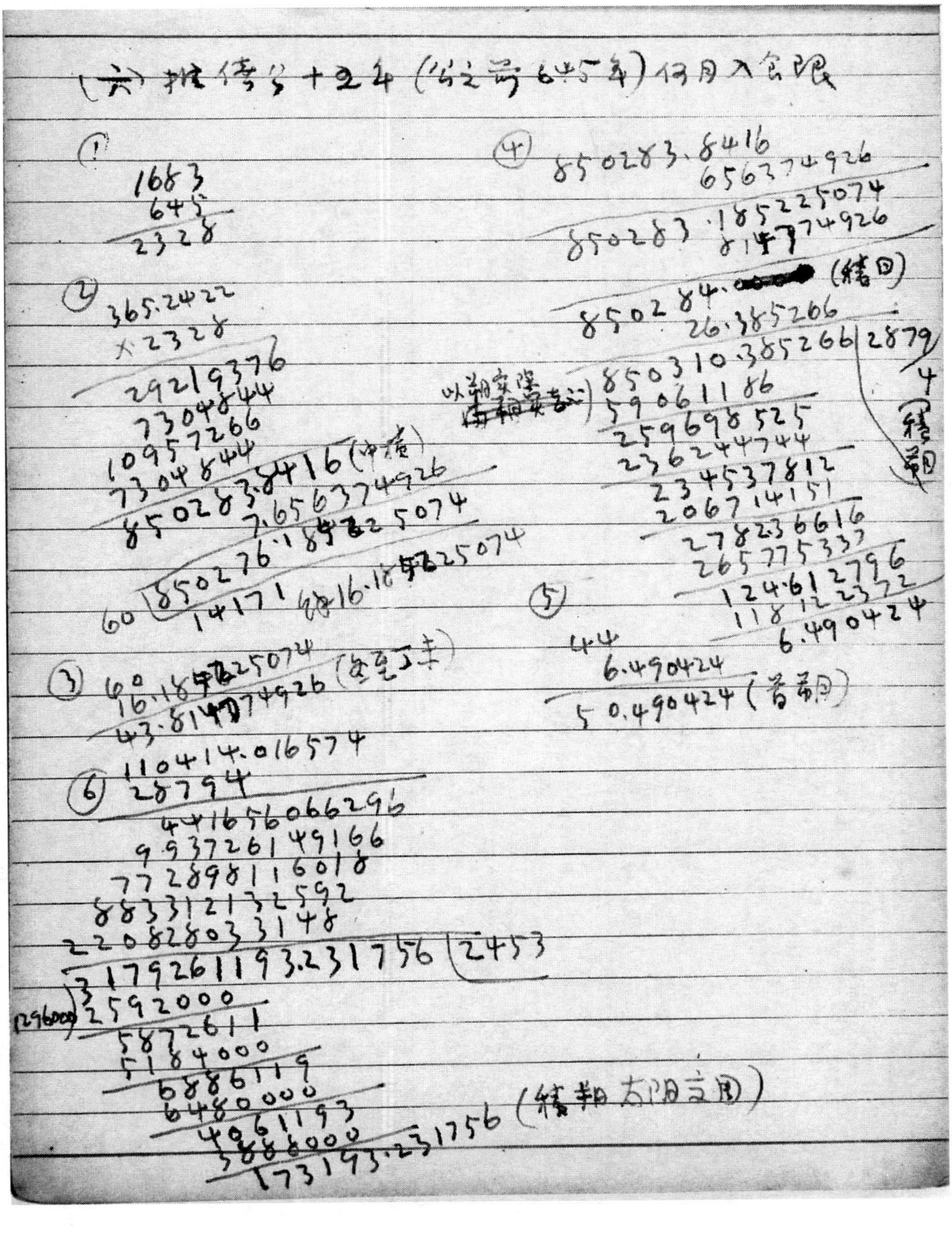

1683
645
2328
365.2422
×2328
850283.8416
656374926
850310.385266
2879
6.490424
50.490424
110414.016574
28794
2453
2592000
5184000
6480000

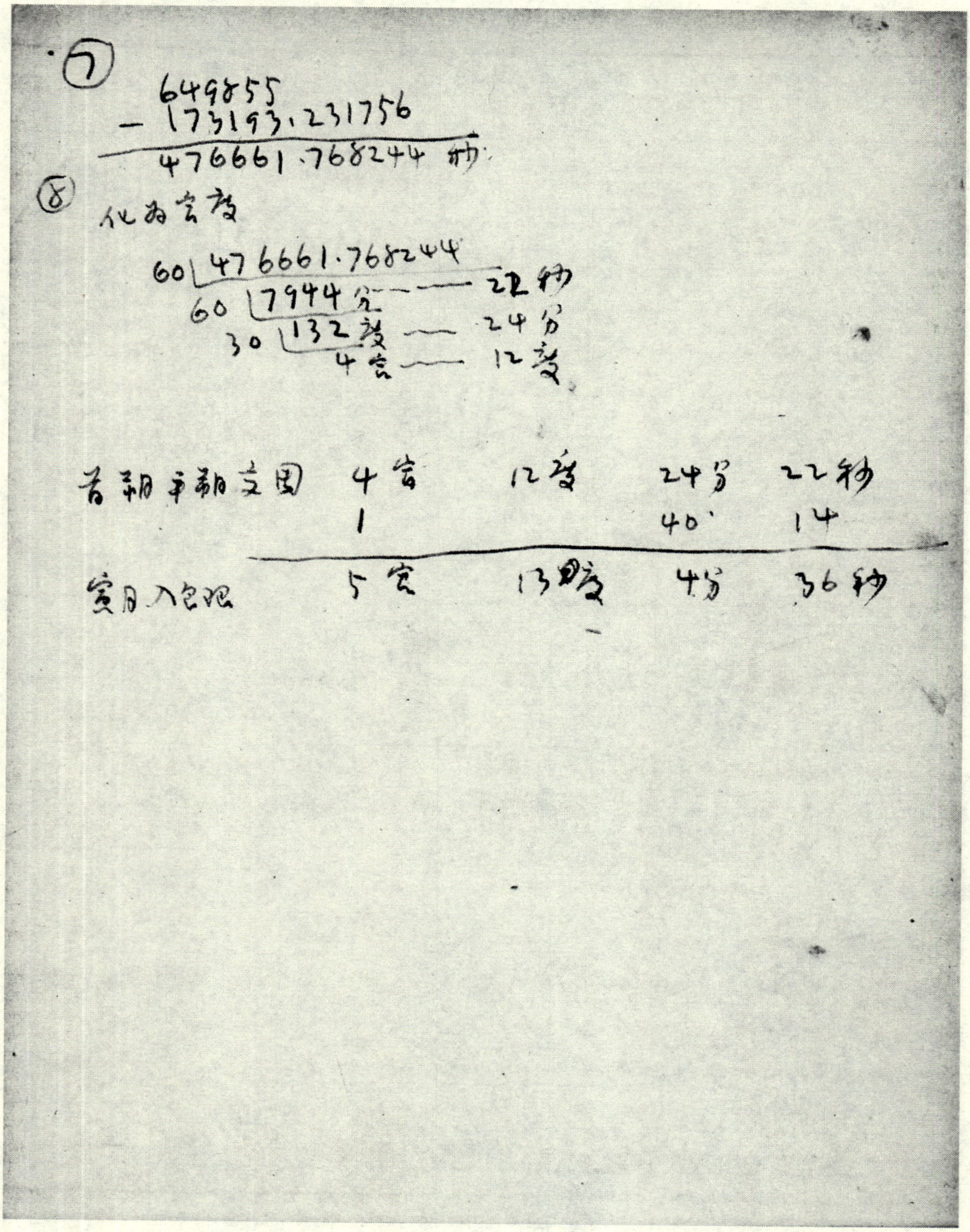

⑦

$$\begin{array}{r} 649855 \\ -\ 173193.231756 \\ \hline 476661.768244 \text{ 秒} \end{array}$$

⑧

化为宫度

$$\begin{array}{l} 60\,\underline{|\,476661.768244} \\ \quad 60\,\underline{|\,7944\text{ 分}} \text{ —— } 22\text{ 秒} \\ \qquad 30\,\underline{|\,132\text{ 度}} \text{ —— } 24\text{ 分} \\ \qquad\qquad 4\text{ 宫} \text{ —— } 12\text{ 度} \end{array}$$

首朔平朔交周	4宫	12度	24分	22秒
	1		40′	14
实月入交泛	5宫	13度	4分	36秒

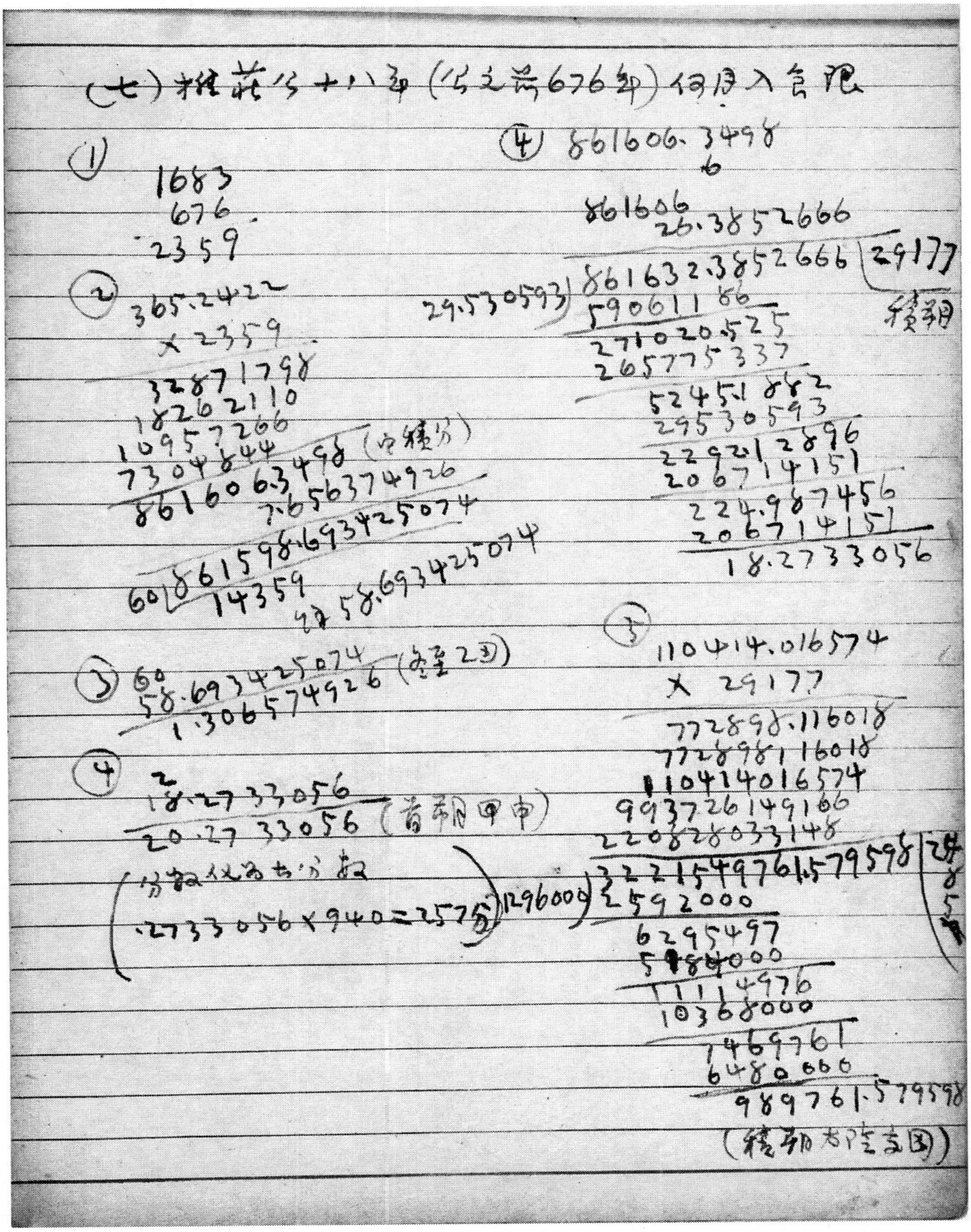

(七)推算分十八节(分之为676节)何日入会限

① 1683
676
2359

② 365.2422
× 2359
3287179.8
1826211.0
1095726.6
730484.4
861606.3498 (中积分)
861606.3498
7.6563749 26
861598.69342 5074
60)861598.69342 5074
14359
58.69342 5074

③ 60
58.69342 5074 (合差23日)
1.30657 4926

④ 18.27 33056
2
20.27 33056 (首朔甲申)

(分数化为古分数
.2733056 × 940 = 257分)

④ 861606.3498
6
861606
25.3852666
29.530593)861632.3852666(29177
590611 86
271020.525
265775 337
5245.1882
2953 0593
229212896
206714151
224.987456
206714151
18.27333056

⑤ 110414.016574
× 29177
772898.116018
772898116018
110414016574
993726149166
220828033148
129600)2221549761.579598
2592000
6295497
5184000
1114976
10368000
1469761
6480000
989761.579598
(積朔大陰盈日)

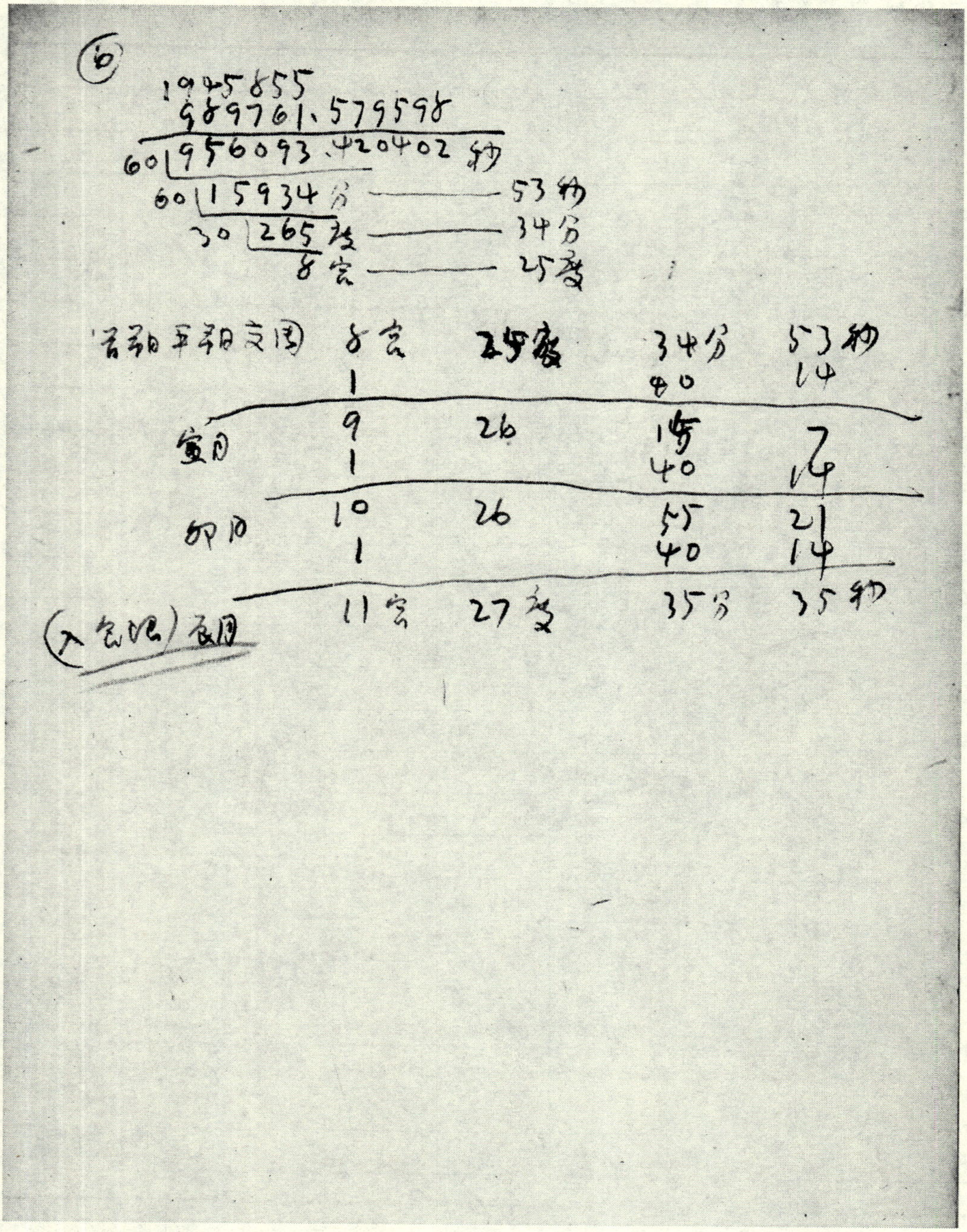

⑥

1945855
989761.579598
60 | 956093.420402 秒
60 | 15934 分 —— 53 秒
30 | 265 度 —— 34 分
8 宫 —— 25 度

首朔平朔交周	8 宫	25 度	34 分	53 秒
	1		40	14
寅日	9	26	15	7
	1		40	14
卯日	10	26	55	21
	1		40	14
(入宫限) 辰日	11 宫	27 度	35 分	35 秒

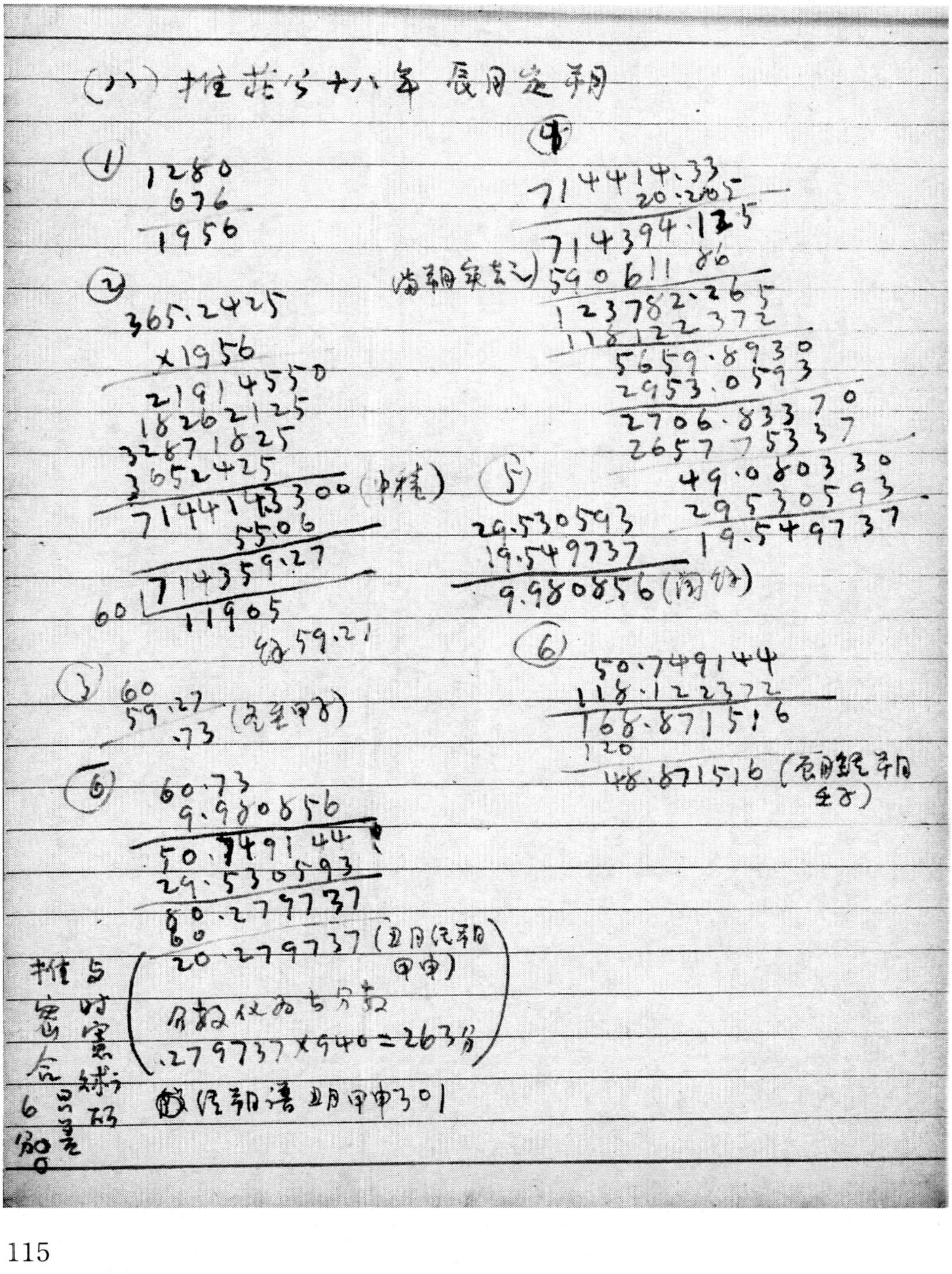
(八) 推庄公十八年辰月定朔

①
1280
676
1956

②
365.2425
×1956
21914550
18262125
32871825
3652425
714414633.00 (中積)
55.06
714359.27
60 | 714359.27
11905
余 59.27

③
60
59.27
.73

⑥
60.73
9.980856
50.749144
29.530593
80.279737
60
20.279737

④
714414.33
20.205
714394.125
714394.125
590611.86
123782.265
118122.372
5659.8930
2953.0593
2706.83370
2657.75337
49.080330
29.530593
19.549737

⑤
29.530593
19.549737
9.980856

⑥
50.749144
118.122372
168.871516
120
48.871516

.279737×940=263分

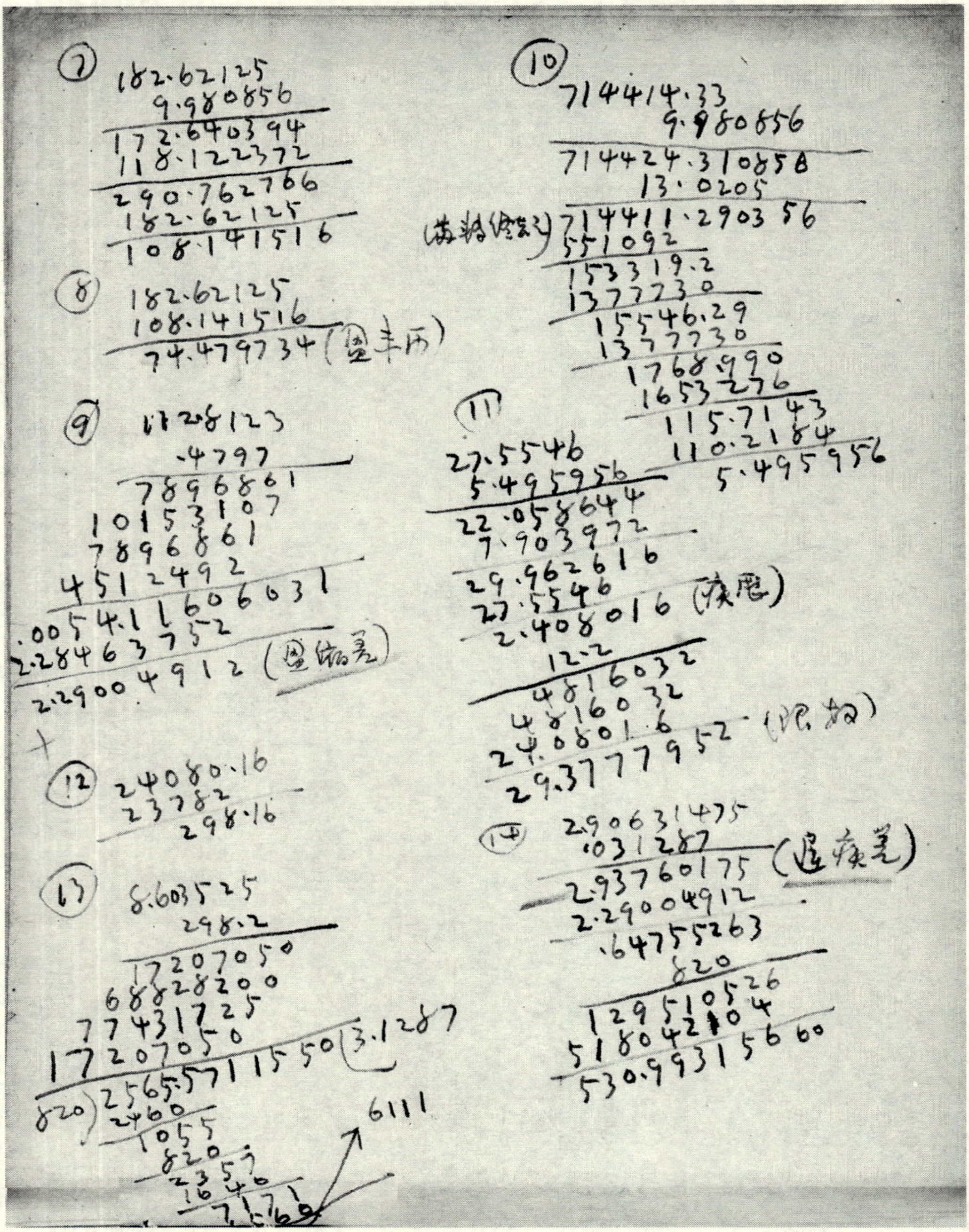
⑦
182.62125
9.980856
172.640394
118.122372
290.762766
182.62125
108.141516

⑧
182.62125
108.141516
74.479734

⑨
.4797
7896861
10153107
7896861
4512492
.0054116 06031
2.28463752
2.29004912

⑩
714414.33
9.980856
714424.310856
13.0205
714411.290356
551092
153319.2
1377730
155462.9
1377730
176899.0
1653276
115.7143
110.2184
5.495956

⑪
27.5546
5.495956
22.058644
7.903972
29.962616
27.5546
2.408016
12.2
4816032
4816032
24.08016
29.3777952

⑫
24080.16
23782
298.16

⑬
8.603525
298.2
17207050
68828200
77431725
17207050
2565.571155 0
3.1287
820) 2460
1055
820
2353
1640
7169
6111

⑭
2.9063 1475
.031287
2.93760175
2.29004912
.64755263
820
12951052 6
518042104
530.99315660

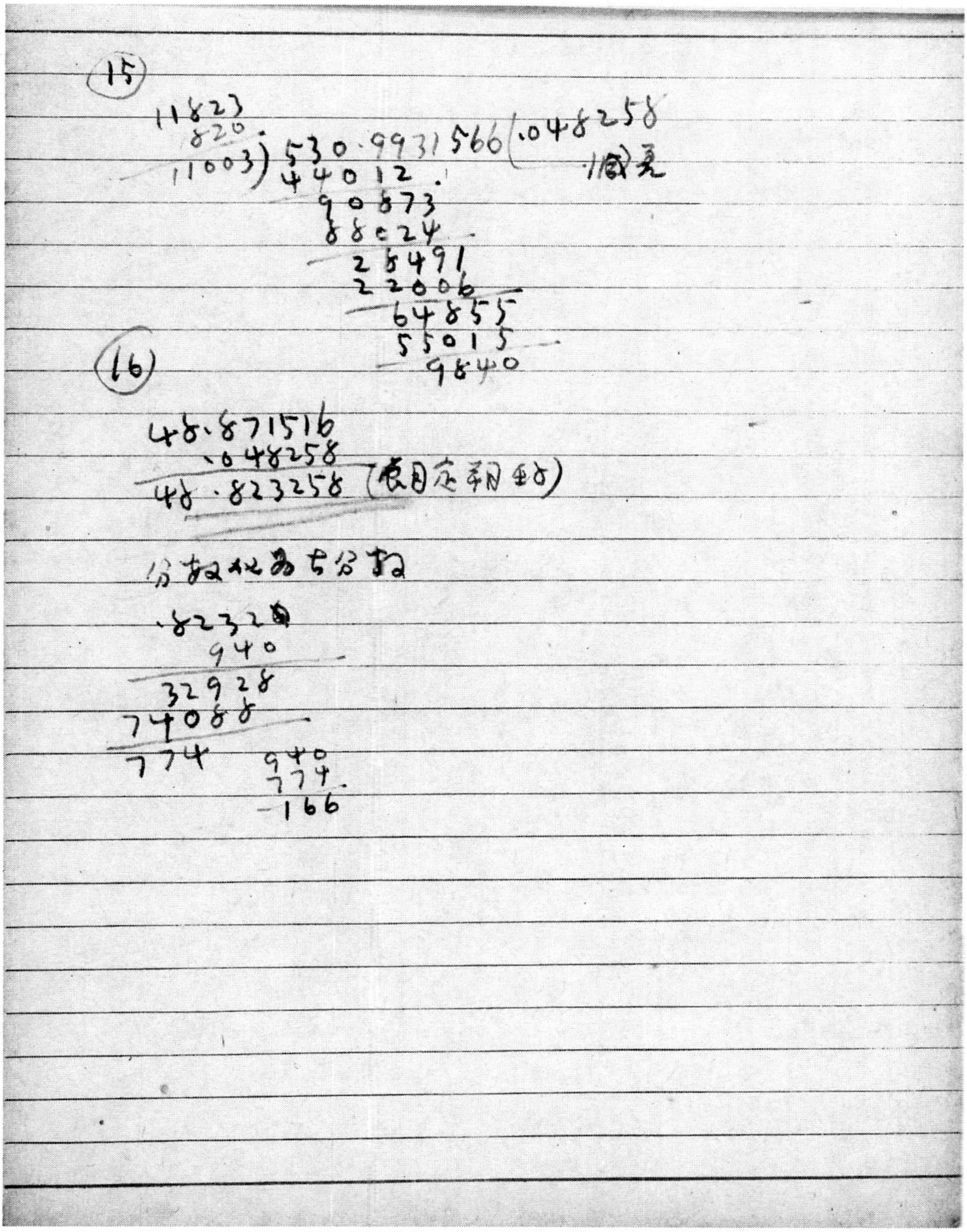

(15)

11823
820
11003) 530.9931566 (.048258
[illegible]
44012
90873
88024
28491
22006
64855
55015
9840

(16)

48.871516
.048258
48.823258 ([illegible])

分数化為[illegible]分数

.82328
940
32928
74088
774

940
774
166

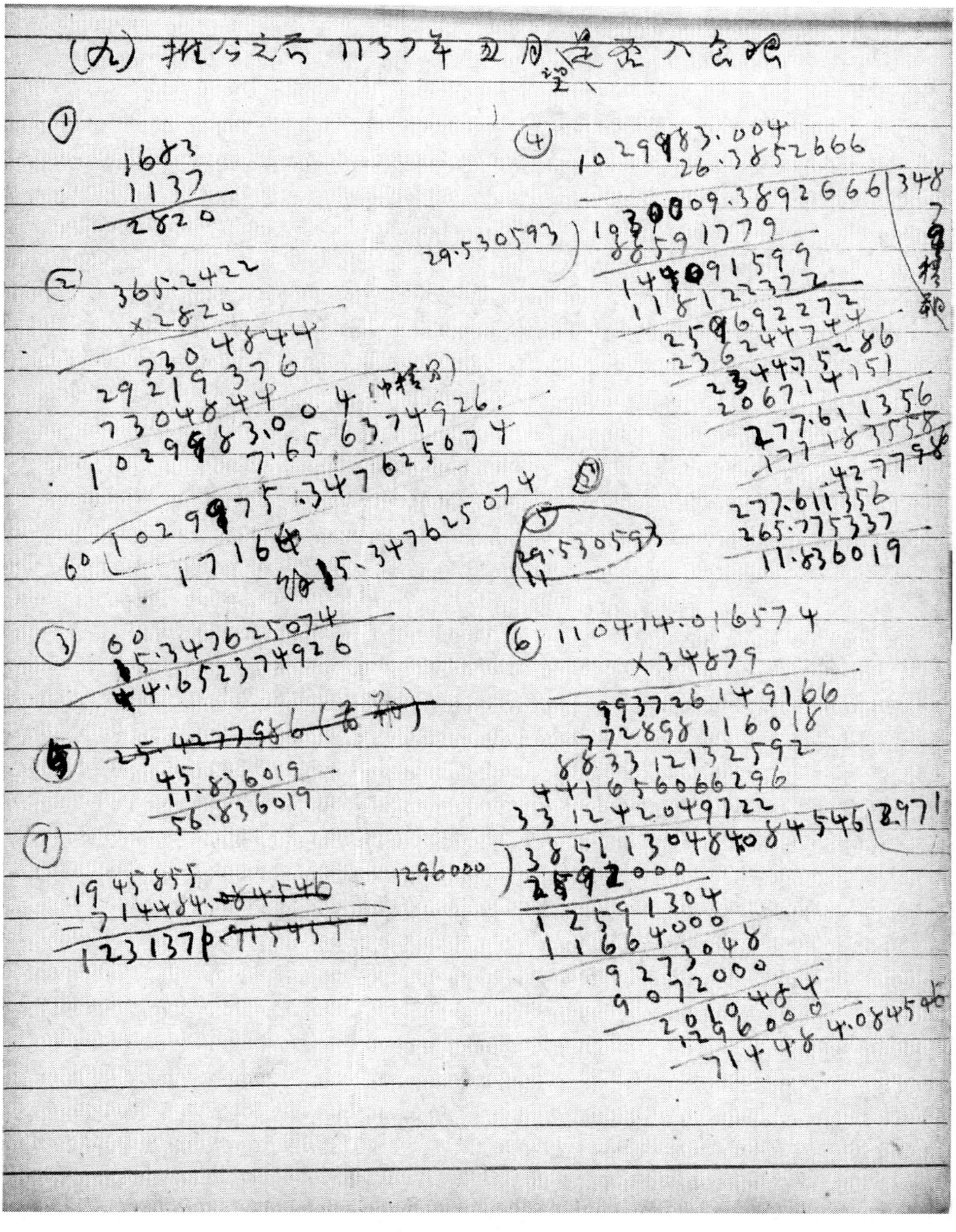

(九) 推公元前1137年五月望是否入食限

①
1683
1137
2820

②
365.2422
×2820
7304844
2921937 6
7304844
1029983.004 (冲积日)
7.65 6374926.
1029975.347625074

60) 1029975.347625074
17166
15.347625074

③
60
15.347625074
44.652374926

⑤
~~25.427779586 (会积)~~
45.836019
11.836019
56.836019

⑦
1945855
−714484.084546
1231370.915454

④
1029983.004
26.3852666
1030009.3892666 | 348 79 积朔
29.530593) 1030009.3892666
88591779
144091599
118122372
25969227 2
2362447 44
2344752 86
2067141 51
277.611356
177.1835588
427779586
277.611356
265.775337
11.836019

⑤
29.530593
11

⑥
110474.016574
×34879
994266149166
772898116018
883312132592
441656066296
331242049722
3853130484084546 | 2.971
1296000) 3853130484084546
2592000
1261304
1166400 0
9273048
9072000
201048 4
129600 0
714484.084546

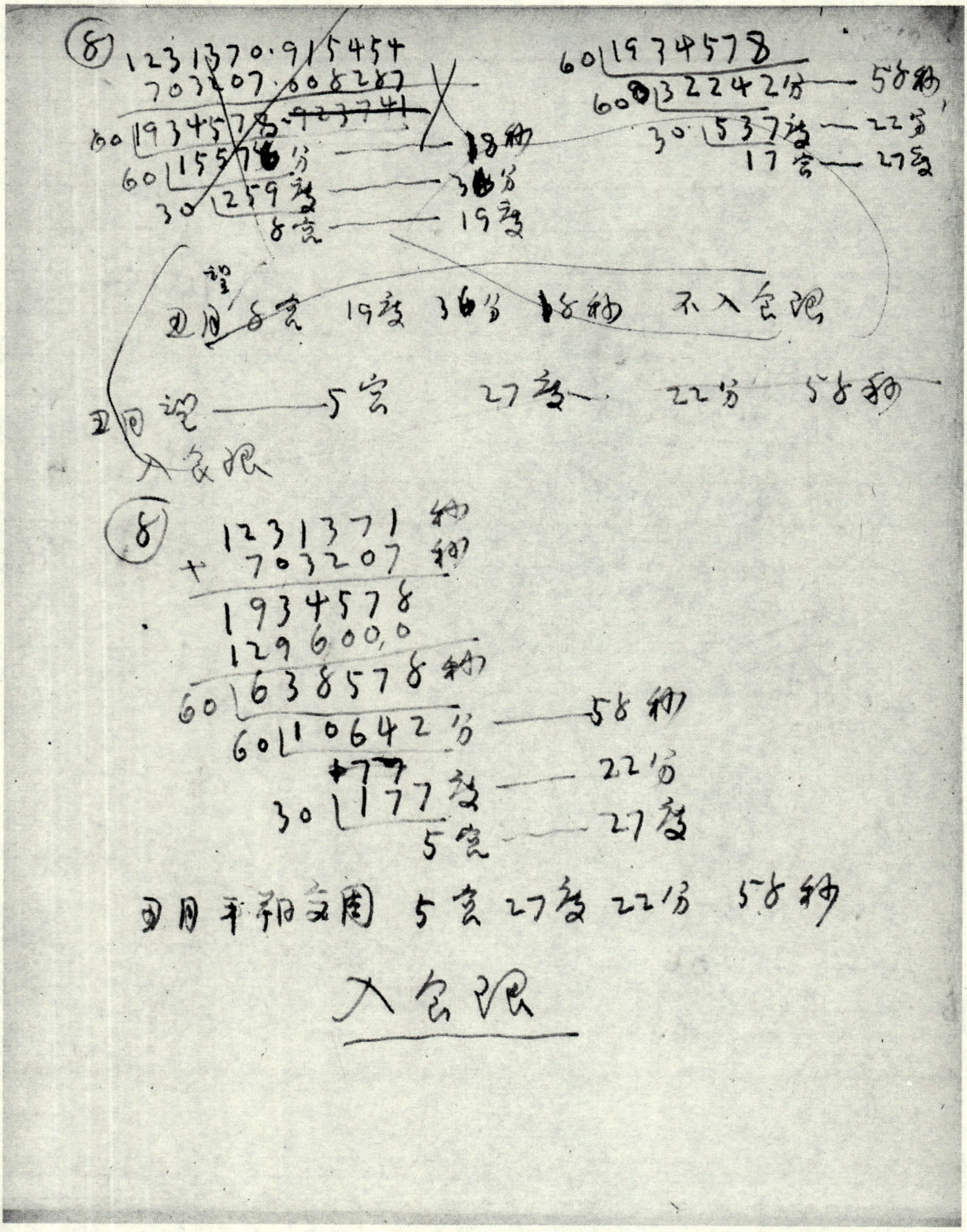
⑧ 1231370.915454
703207.008287
60|1934578
60|15576 分 —— 18秒
30|259 度 —— 36分
8宫 —— 19度

60|1934578
60|32242 分 —— 58秒
30|537 度 —— 22分
17宫 —— 27度

五月望 8宫 19度 36分 18秒 不入食限

五月望 —— 5宫 27度 22分 58秒
入食限

⑧
1231371 秒
+ 703207 秒
1934578
1296000
60|638578 秒
60|10642 分 —— 58秒
30|177 度 —— 22分
5宫 —— 27度

五月平朔交周 5宫 27度 22分 58秒

入食限

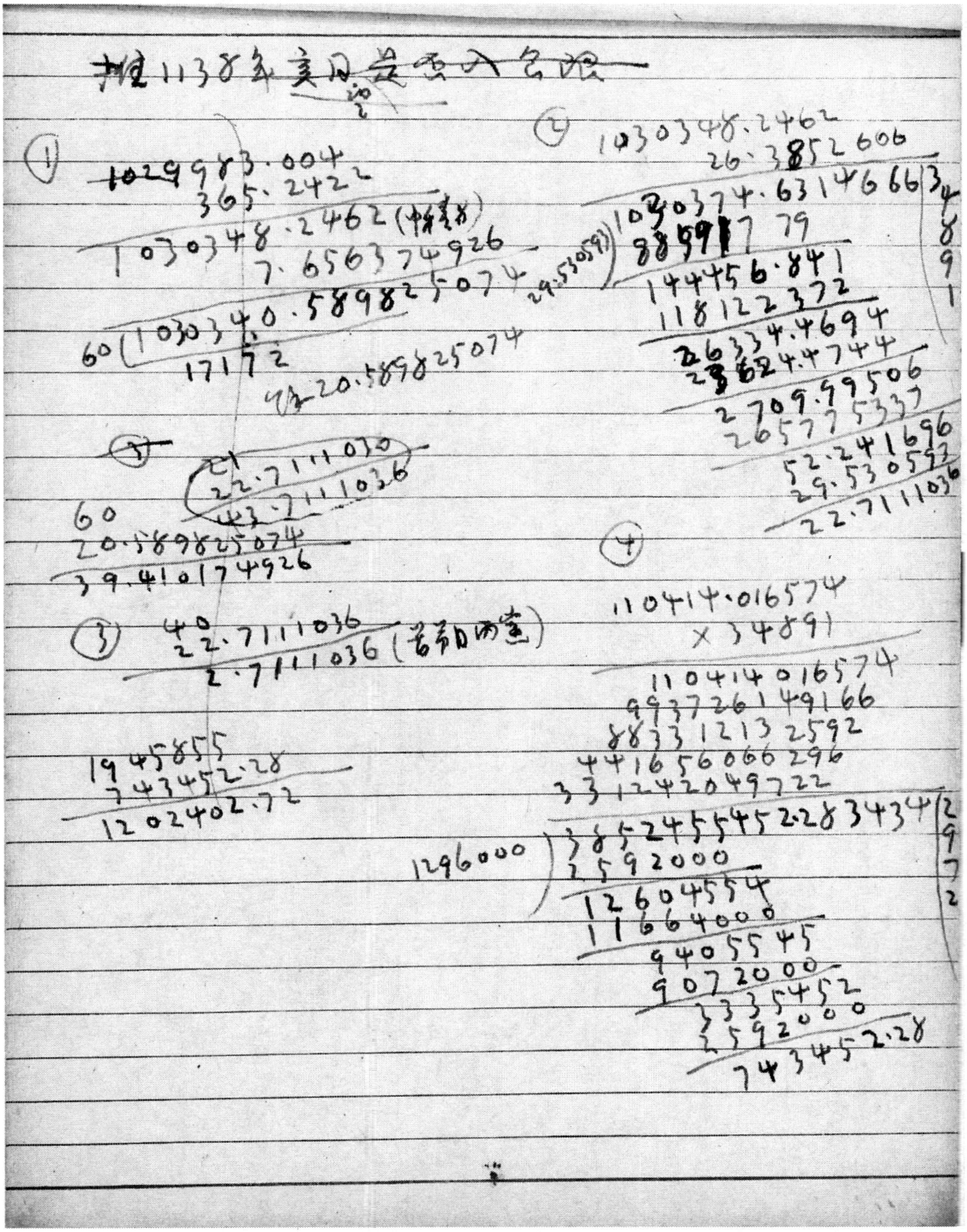

~~推1138年[illegible]~~

①

~~1029983.004~~

365.2422

1030348.2462 ([illegible])

7.656374926

1030340.589825074

60) 1030340

17172

20.589825074

②

1030348.2462

26.3852606

1030374.6314666 3

29.530593

885917 79

144456.841

118122372

26334.4694

26624.4744

2709.99506

2657.75337

52.241696

29.530593

22.711036

~~⑤~~

22.711036

60

20.589825074

39.410174926

③ 40

22.711036 ([illegible])

2.711036

194585 5

743452.28

1202402.72

④

11041 4.016574

× 34891

11041 4016574

99372 6149166

88331 2132592

44165 6066296

33124 2049722

385245545 2.2 8343 4

1296000) 3852455

2592000

12604554

11664000

940554 5

9072000

3335452

2592000

743452.28

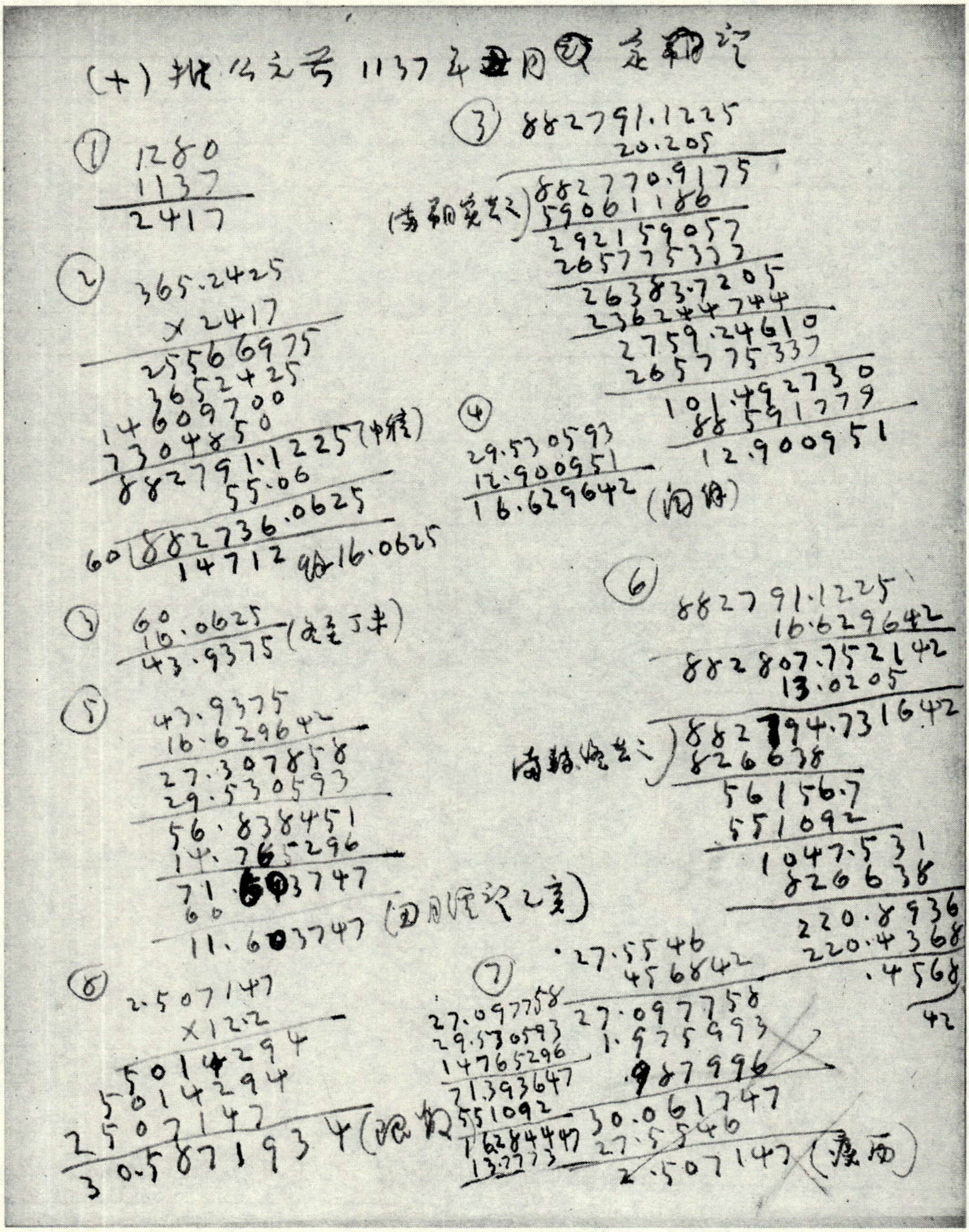

（十）推公元前1137年正月己亥定朔望

① 1280
1137
2417

② 365.2425
×2417
2556 6975
3652425
1460 9700
7304850
882791.12225（中積）
55.06
882736.0625
60）882736.0625
14712 餘16.0625

③ 60
16.0625
43.9375（庚辰丁未）

⑤ 43.9375
16.629642
27.307858
29.530593
56.838451
14.765296
71.603747
60
11.603747（正月經朔之辰）

⑧ 2.507147
×12.2
5014294
5014294
2507147
30.5871934（限數）

③ 882791.1225
20.205
882770.9175
滿朔策去之）59061186
292159057
265775337
26383720 5
23624474 4
2759.24610
265775337
101492730
88591779
12.900951

④ 29.530593
12.900951
16.629642（閏餘）

⑥ 882791.1225
16.629642
882807.752142
13.0205
882794.731642
滿轉終去之）826638
56156.7
551092
1047.531
826638
220.8936
220.4368
.4568
42

⑦ 27.097758
29.530593
14765296
71393647
551092
1628444?
13.7773

.27.5546
456842
27.097758
1.975993
.987996
30.061747
27.5546
2.507147（遲曆）

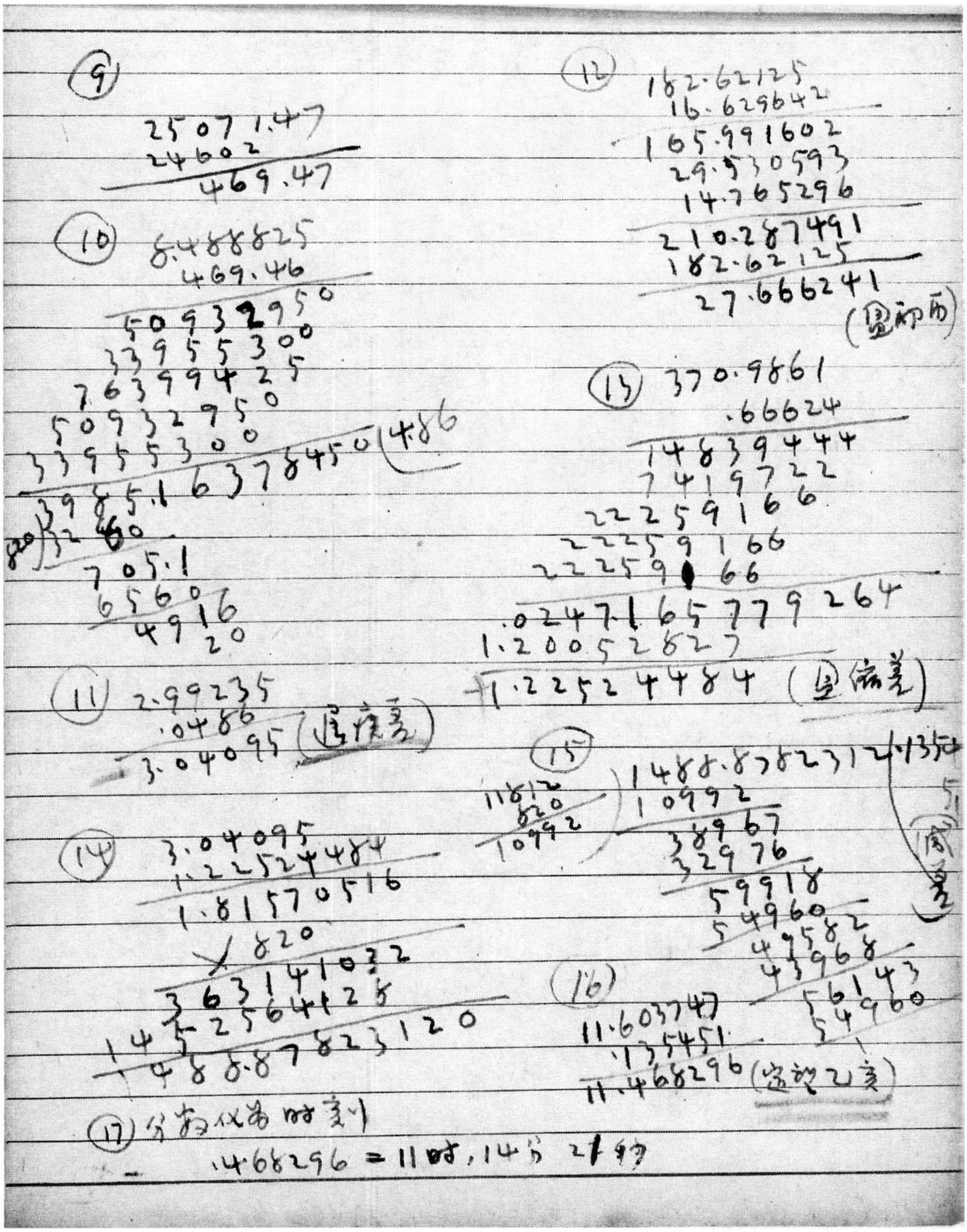
⑨
2507.47
2460.2
469.47

⑩ 8.488825
469.46
50932950
33955300
76399425
50932950
33955300
3985.1637845.0 (486)

⑪ 2.99235
.0486
3.04095 (退度差)

⑭ 3.04095
1.22524484
1.81570516
× 820
363141032
1452564128
1488.87823120

⑰ 分為化為時刻
.468296 = 11时, 14分 21秒

⑫ 182.62125
16.629642
165.991602
29.530593
14.765296
210.287491
182.62125
27.666241 (望初历)

⑬ 370.9861
.66624
14839444
7419722
22259166
22259166
22259166
.02471657779264
1.20052827
1.22524484 (望缩差)

⑮ 1488.8782312
10992
38967
32976
59918
54960
49582
43968
56143
54960

⑯ 11.603747
.135451
11.468296 (宿望乙亥)

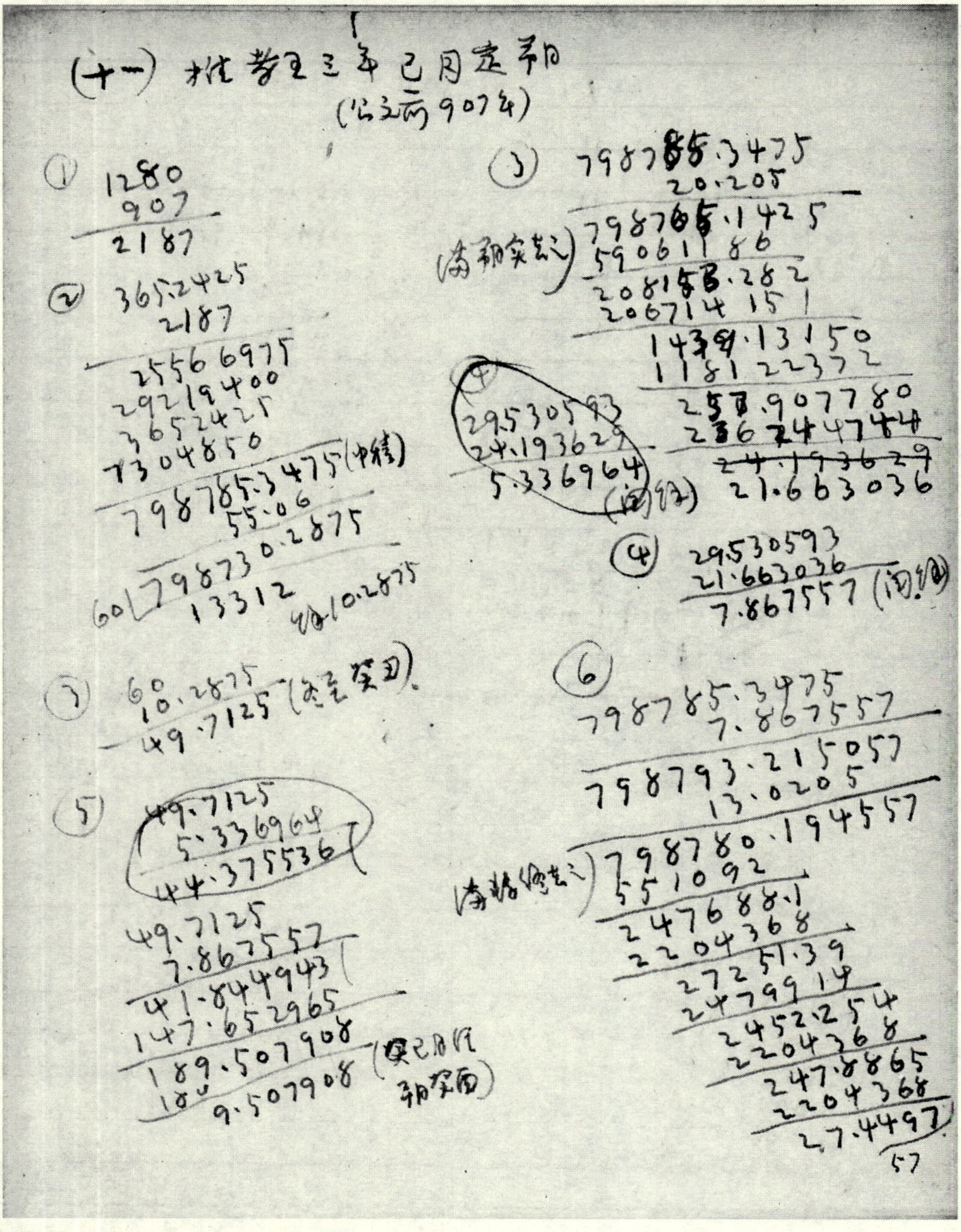

(十一) 推孝王三年已月定朔
(公元前907年)

① 1280
907
2187

② 3652425
2187
25566975
29219400
3652425
73048500
7987853475(中積)
798785.3475
55.06
798730.2875
60 | 798730.2875
13312 餘10.2875

③ 60
10.2875
49.7125 (天正冬至)

③ 7987853475
20.205
798765.1425
59061186 (潘朔實數)
208158.282
206714151
1439.13150
1181 22372
257.907780
236.244744
24.193629
21.663036

④ 29530593
24.193629
5.336964 (閏餘)

④ 29530593
21.663036
7.867557 (閏餘)

⑤ 49.7125
5.336964
44.375536

49.7125
7.867557
41.844943
147.652965
189.507908
180
9.507908 (癸巳月經朔癸酉)

⑥ 798785.3475
7.867557
798793.215057
13.0205
798780.194557
551092 (潘望策數)
2476881
2204368
272513.9
2479914
2452254
2204368
247.8865
2204368
27.4497
57

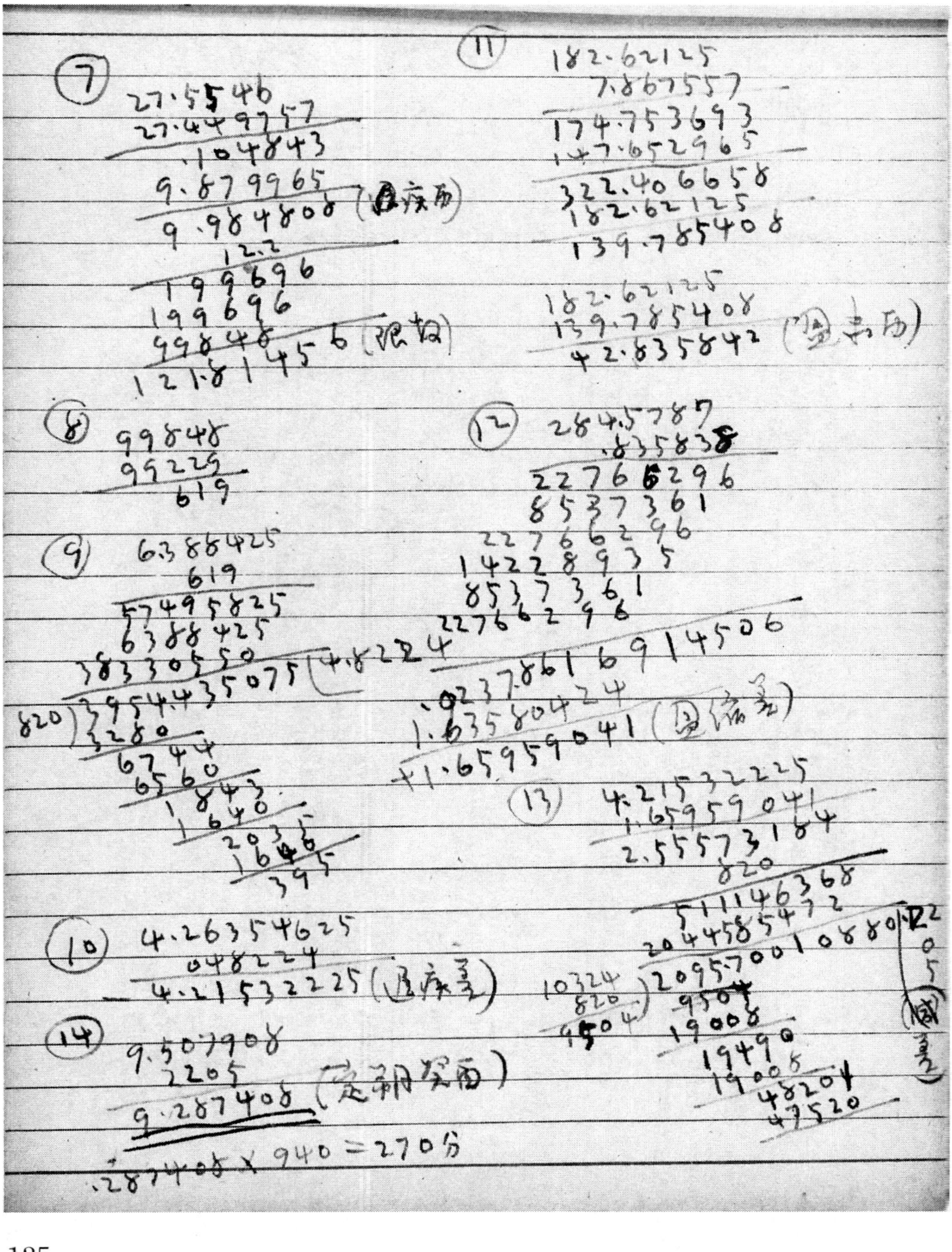
⑦
27.5546
27.449757
.104843
9.879965
9.984808（[illegible]）
12.2
199696
199696
99848
121.81456（[illegible]）

⑧
99848
99229
619

⑨
6388425
619
57495825
6388425
38330550
3954435075（4.8224
820）
3280
6744
6560
1843
1640
2035
1640
395

⑩
4.263546 25
.048224
4.21532225（[illegible]）

⑭
9.507908
.2205
9.287408（[illegible]）
.287408×940＝270分

⑪
182.62125
7.867557
174.753693
147.652965
322.406658
182.62125
139.785408

182.62125
139.785408
42.835842（[illegible]）

⑫
2845787
.835838
22765296
8537361
22765296
14228935
8537361
22765296
2378616914506
.02378616
.048224
1.635804 24
1.6595 9041（[illegible]）

⑬
4.21532225
1.65959041
2.55573184
820
511146368
204458547 2
2095700 10880（.2205
[illegible]）
10324
820
9504
9504
19008
19490
19008
48204
47520

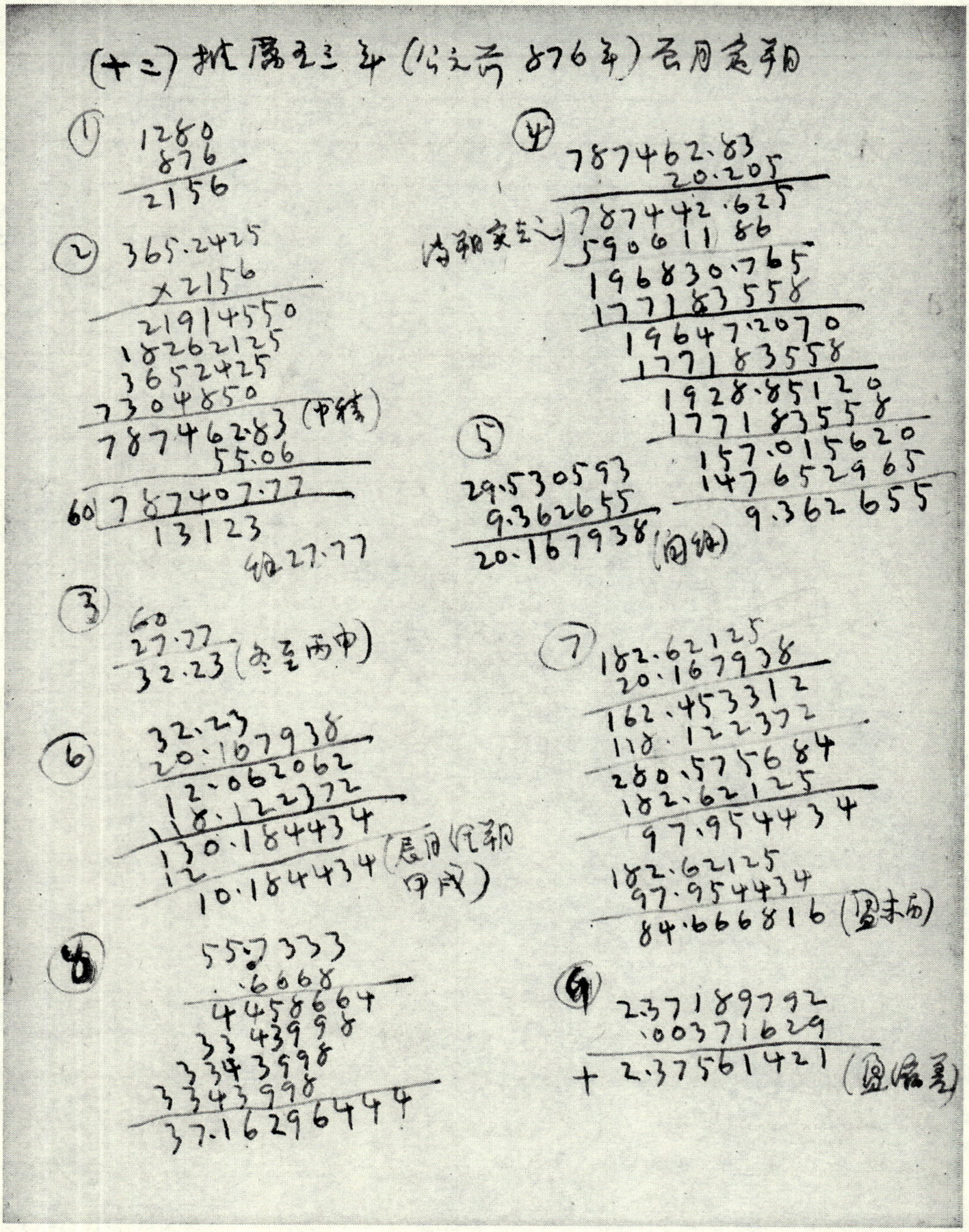

(十二) 推厲王三年（公元前876年）正月定朔

①
1280
876
2156

②
365.2425
×2156
21914550
18262125
3652425
7304850
787462.83（中積）
55.06
60 787407.77
13123
餘27.77

③
60
27.77
32.23（冬至丙申）

④
787462.83
20.205
787442.625
590611.86
196830.765
177183558
19647.2070
177183558
1928.85120
177183558
157.015620
147652965
9.362655

（消朔實差）

⑤
29.530593
9.362655
20.167938（閏餘）

⑥
32.23
20.167938
12.062062
118.122372
130.184434
12
10.184434（辰月經朔甲戌）

⑦
182.62125
20.167938
162.453312
118.122372
280.575684
182.62125
97.954434
182.62125
97.954434
84.666816（遲末限）

⑧
557333
.6668
4458664
3343998
3343998
3343998
37.1629644

⑨
2.3718972
.00371629
+2.37561421（遲縮差）

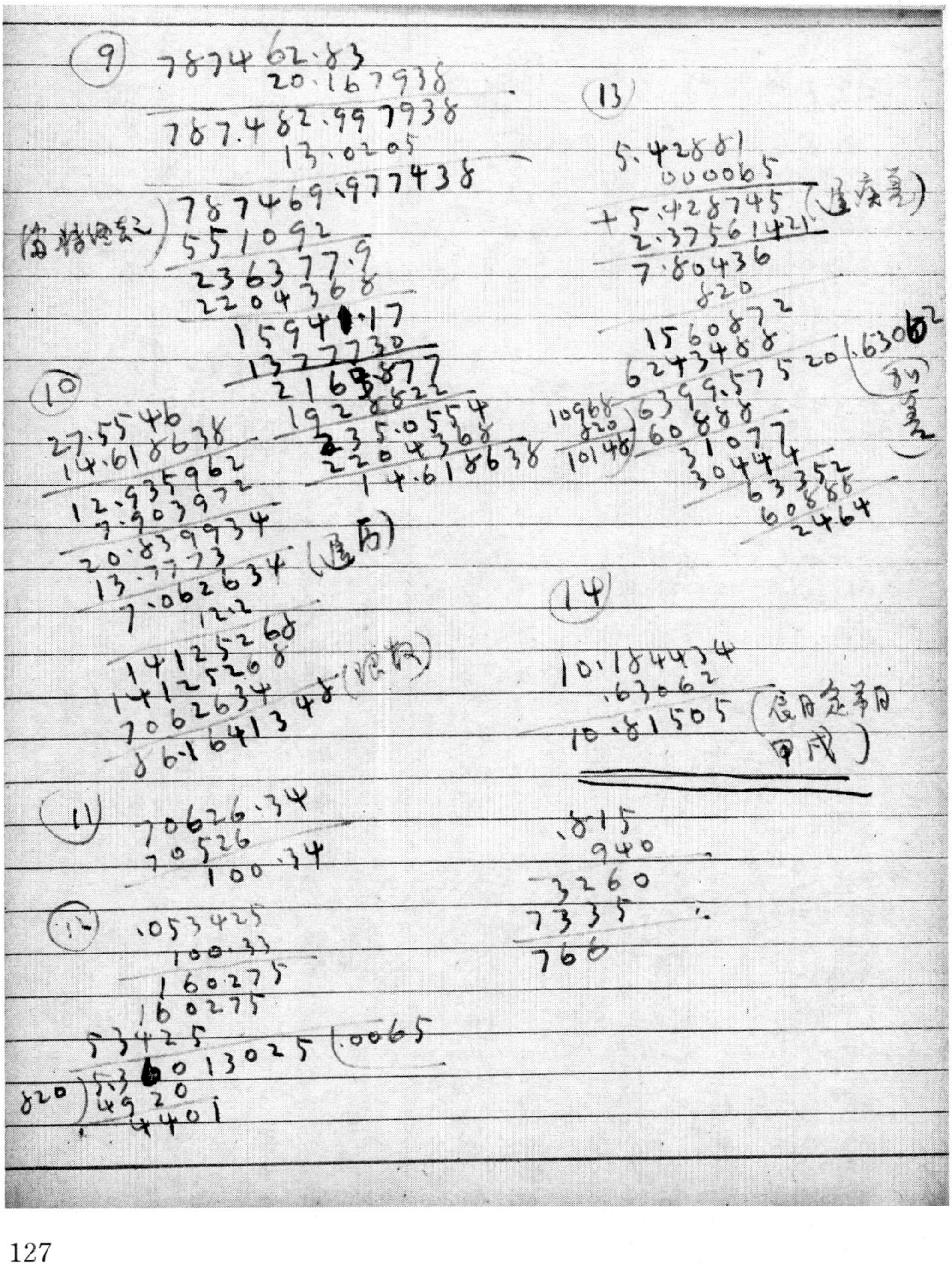

(9)
7874 62.83
20.167938
787.482.997938
13.0205
787469.977438
(活精德纪) 787469.977438
551092
236377.9
2204368
159401.7
1377730
216387.7
192 8822
235.0554
2204368
14.618638

(10)
27.5546
14.618638
12.935962
7.903972
20.839934
13.7773
7.062634 (遇丙)
12.2
14125268
14125268
7062634
86.1641348 (说明)

(11)
70626.34
70526
100.34

(12)
.053425
100.33
160275
160275
53425
53.6013025 (.0065
820) 53
4920
4401

(13)
5.42881
000065
+5.428745 (遇庚)
2.37561421
7.80436
820
1560872
6243488
639.957520 (.63062 ...)
10968
820
10148) 60888
31077
30444
63352
60888
2464

(14)
10.184434
.63062
10.81505 (岁月左年日 甲戌)

.815
940
3260
7335
766

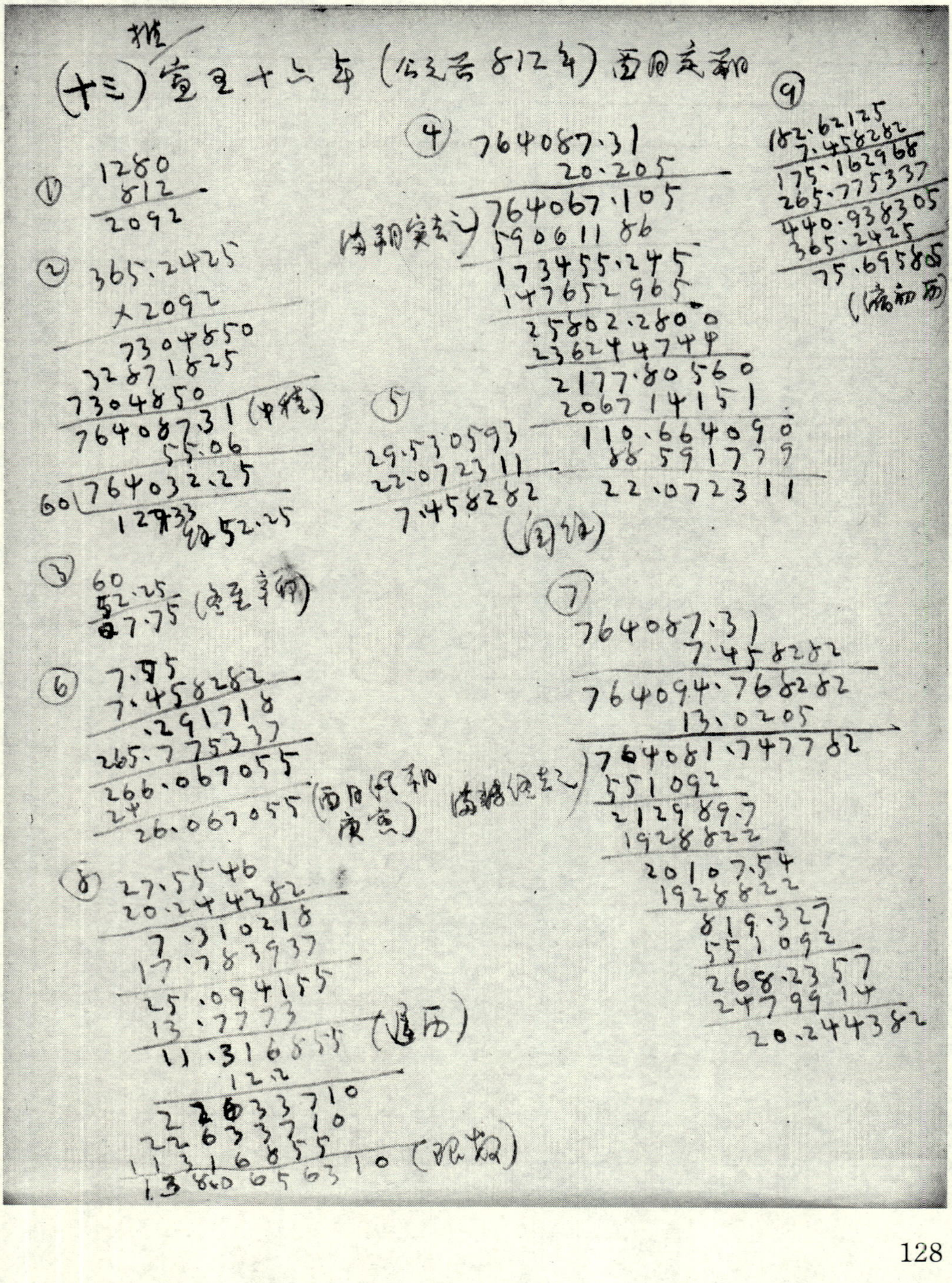

（十三）推宣王十六年（公元前812年）西周定朔

① 1280
812
2092

② 365.2425
×2092
730 4850
3287 1825
7304 850
764087.31（中積）
55.06
60) 764032.25
12733 余 52.25

③ 60
52.25
7.75（冬至辛未）

④ 764087.31
20.205
满朔实去之) 764067.105
590611 86
173455.245
147652 965
25802.2800
23624 4744
2177.8056
2067 1415 1
110.664090
88 591779
22.072311

⑤ 29.530593
22.072311
7.458282
（闰余）

⑥ 7.75
7.458282
.291718
265.775337
266.067055
24
26.067055（西周纪朔庚寅）

⑦ 764087.31
7.458282
764094.768282
13.0205
满纪法去之) 764081.747782
551092
212989.7
1928822
20107.54
1928822
819.327
551092
268.2357
2479914
20.244382

⑧ 27.5546
20.244382
7.310218
17.783937
25.094155
13.7773
11.316855（通余）
12.2
22633710
22633710
11316855
138.0656310（积数）

⑨ 182.62125
7.458282
175.162968
265.775337
440.938305
365.2425
75.695805
（宿初历）

(十四) 推孝惠三年(公元前907年)朔日定朔

(見页十一)

.104843
5.927979
6.032822 (殷历)
122
1206564 4
12065644
6032822
73.6004284 (积分)

174.753693
88.591779
263.345472
182.62125
80.724222 (太初历)

41.844943
88.591779
130.436722
12
10.436722 (朔日积朔 甲戌)

一 积数73 — 精度分3.485 —(减)

太初历80 — 精度2.37344 —(加)

相隔约3度

减差不会能超过.436722

所以本朔决定是甲戌，分数不必去算了。

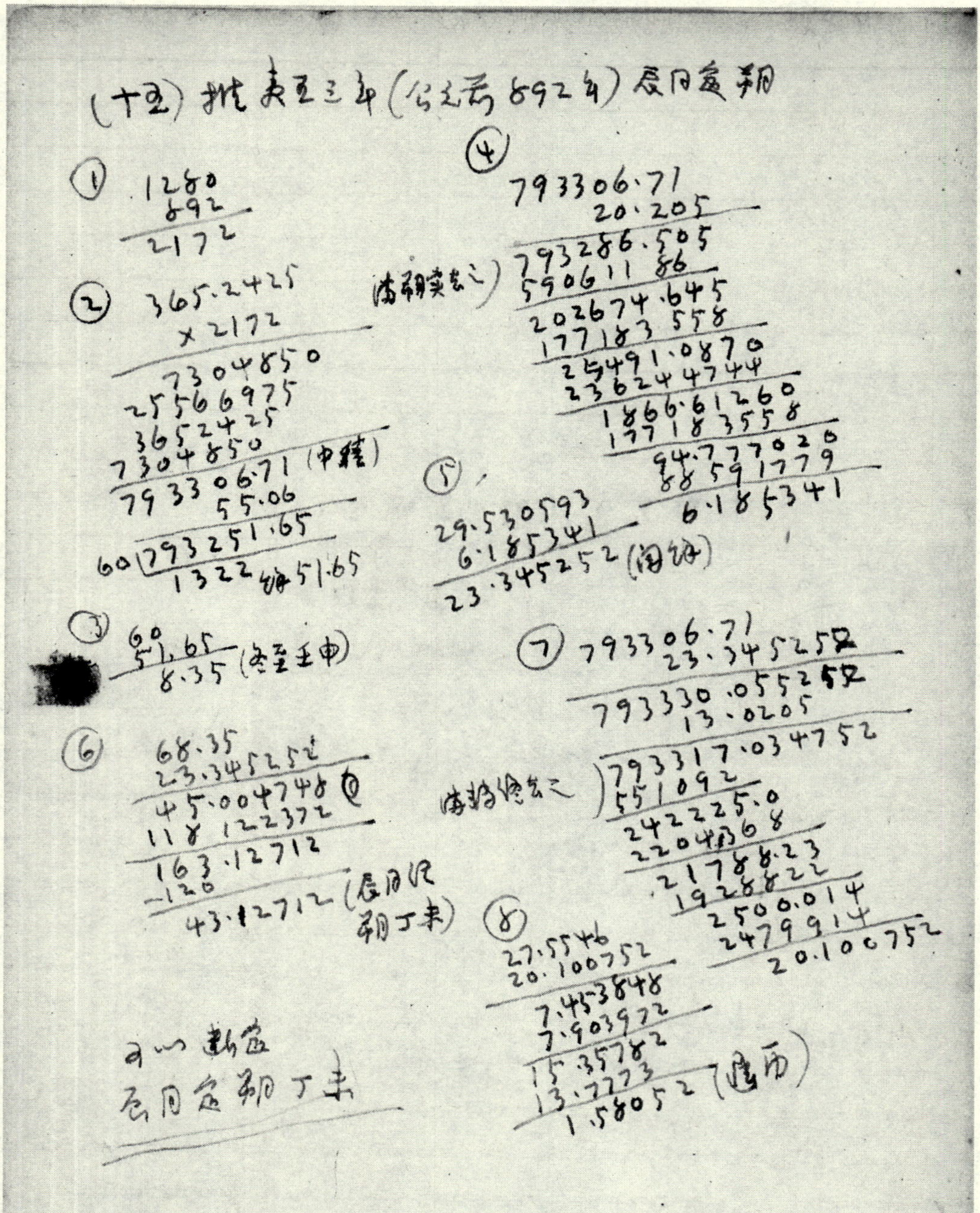
（十五）推夷王三年（公元前892年）辰月定朔
① 1280 692 2172
② 365.2425 ×2172
7304850
2556 6975
365 2425
7304 850
793306.71（中积）
55.06
60)793251.65
1322 余51.65
③ 60 51.65 8.35（冬至壬申）
④ 793306.71
20.205
793286.505
满朔实去之
590611 86
202674.645
177183 558
25491.0870
23624 4744
1866.61260
1771 83558
94.77020
88 591779
6.185341
⑤ 29.530593
6.185341
23.345252（闰余）
⑥ 68.35
23.345252
45.004748
118 122372
163.12712
−120
43.12712（辰月定朔丁未）
⑦ 793306.71
23.345252
793330.055252
13.0205
793317.034752
满转终去之
551092
242225.0
2204368
21788.23
1928822
250.0014
2479914
20.100752
⑧ 27.5546
20.100752
7.453848
7.903972
15.35782
13.7773
1.58052（迟历）
由此断定
辰月定朔丁未

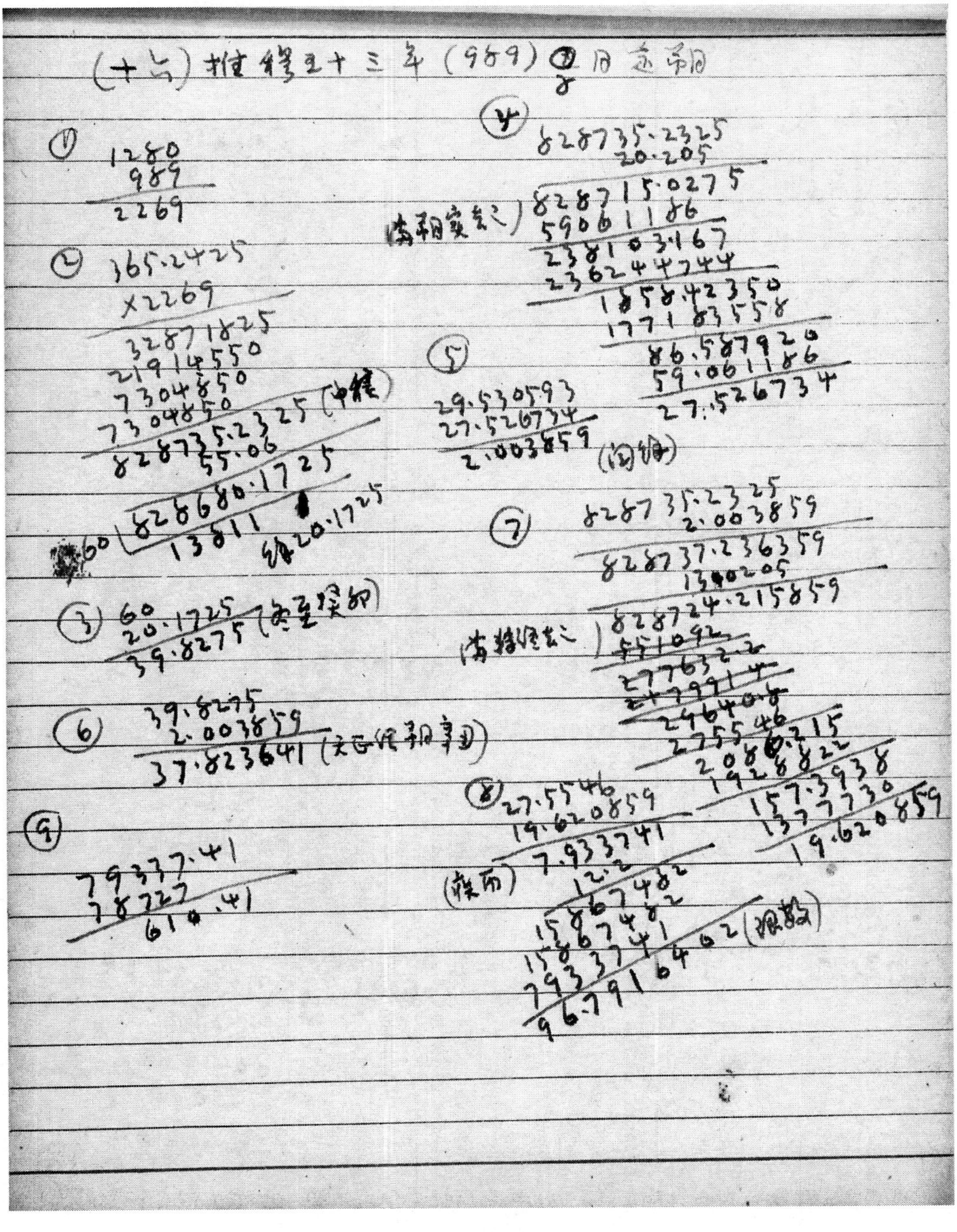
(989)
1280
989
2269
365.2425
×2269
828735.2325
828680.1725
13811
39.8275
37.823641
828735.2325
20.205
828715.0275
27.526734
29.530593
2.003859
828737.236359
19.620859
7.933741
79337.41
610.41
96.791640

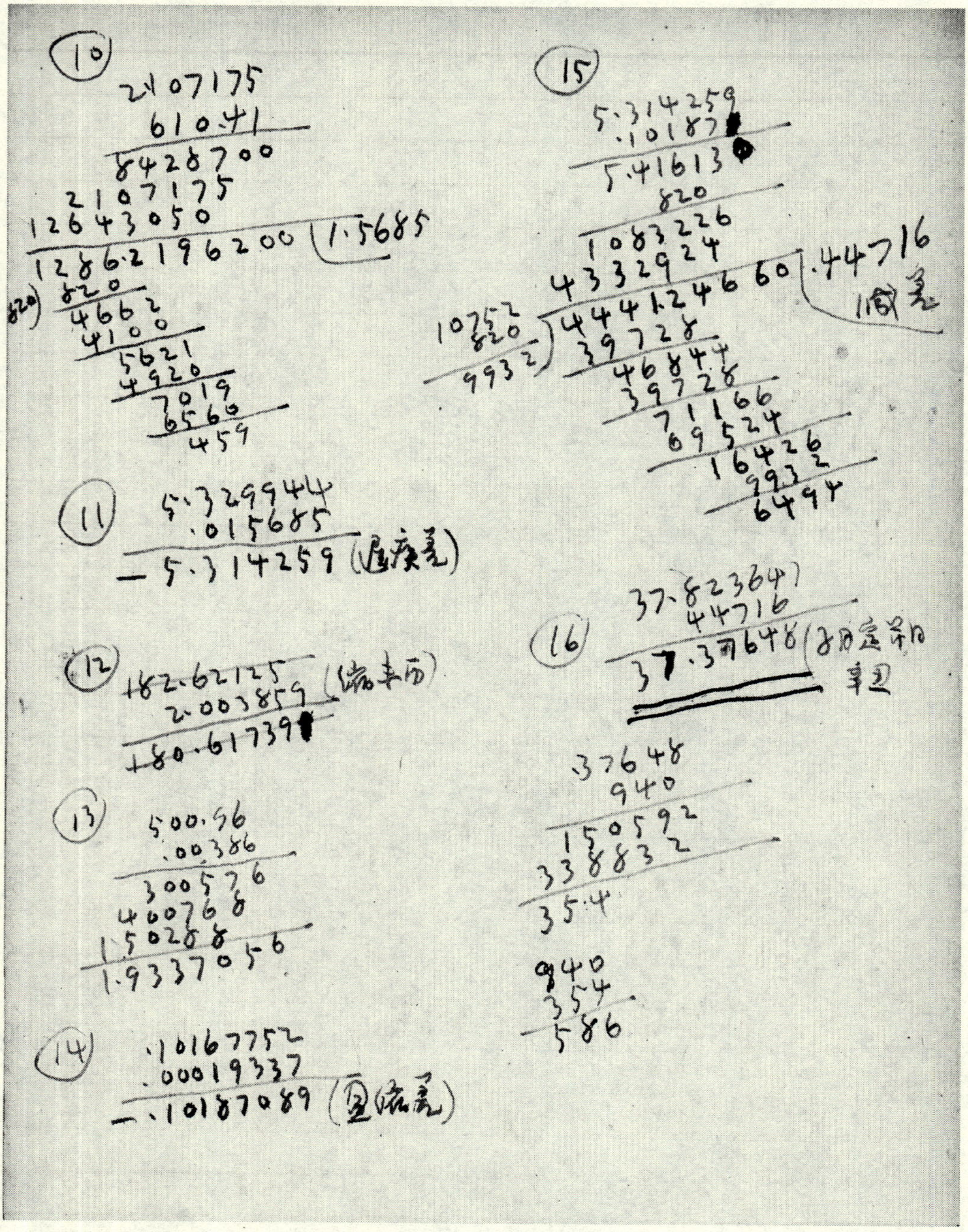

⑩
2.107175
610.41
8428700
2107175
12643050
1286.2196200 | 1.5685
820
4662
4100
5621
4920
7019
6560
459
⑪
5.329944
.015685
—5.314259
⑫
182.62125
2.003859
180.617391
⑬
500.56
.00386
300576
400768
150288
1.9337056
⑭
.10167752
.00019337
—.10187089
⑮
5.314259
.101871
5.416130
820
1083226
4332924
4441.24660 | .44716
10752
820
9932
39728
46844
39728
71166
69524
16426
9932
6494
⑯
37.823647
44716
37.37648
37648
940
150592
338832
35.4
940
354
586

(十七) 推康王之年(1067)正月定朔

酉月

① 1280
1067
2347

② 365.2425
×2347
2556 6975
14609700
10957275
7304850
857224.1475 (中积)
55.06
857169.0875
60 | 857169.0875
14286 余9.0875

③ 60
9.0875
50.9125 (冬至甲寅)

④ 857224.1475
20.205
满朔实去之) 857203.9425
590611.86
266592.082
265775.337
816.74550
590.61186
226.133640
206.714151
19.419489

⑤ 29.530593
19.419489
10.111104 (闰余)

⑥ 50.9125
10.111104
40.801396
29.530593
70.331989
60
10.331989 (正月经朔 甲戌)
236.244744
246.576733
240
6.576733 (酉月经朔 庚午)

⑦ 182.62125
10.111104
172.510146
265.775337
438.285483
365.2425
73.042983 (盈初历 缩)

⑧ 118.4311
.043
3552933
4737244
.0005.0925373
2.2727944
2.27330366 (盈缩差)

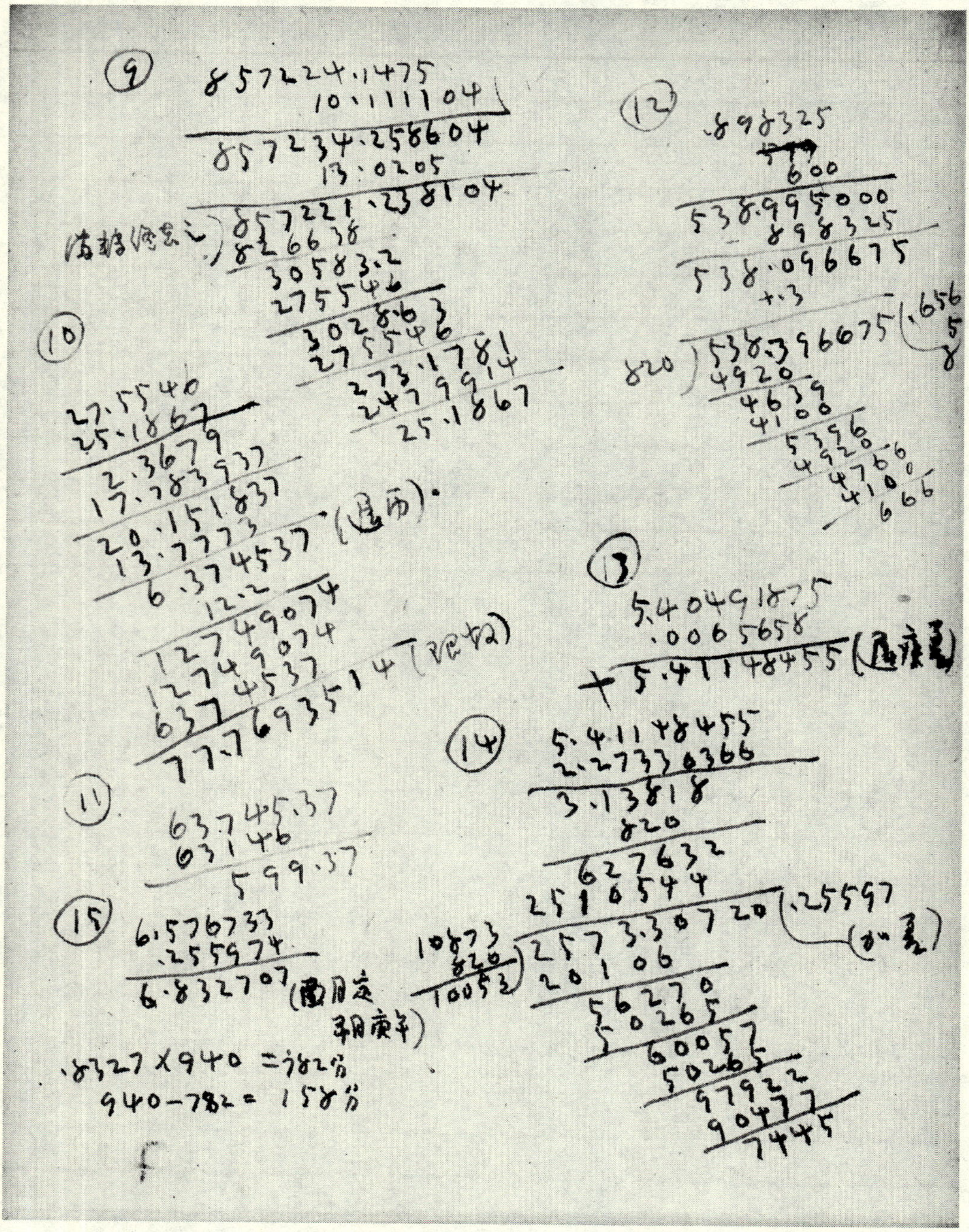
⑨
857224.1475
10.111104
857234.258604
13.0205
857221.238104
清朝综变之
826638
30583.2
275546
302863
275546
273.1781
2479914
25.1867
⑩
27.5546
25.1867
2.3679
17.783937
20.151837
13.7773
6.374537（过历）
12.2
127.49074
127.49074
1274537
637
77.769351 47（距划）
⑪
637.45.37
63146
599.37
⑫
.898325
600
538.995000
.898325
538.096675
+.3
820）538.396675（.656
4920
4639
4100
5396
4920
4760
4100
666
⑬
5.4049187 5
.0065658
+5.4114845 5（历应）
⑭
5.41148455
2.27330366
3.13818
820
627632
2510544
10873
820
10053
2573.30720（.25597（加差）
20106
56270
50265
60057
50265
97922
90477
7445
⑮
6.576733
.255974
6.832707（闰月定
归庚年）
.8327×940 =782分
940-782= 158分

(十八) 推昭王十一年四月庚子日
(1031)

①
1280
1031
2311

②
385.2425
× 2311
3852425
3852425
3852275
10557850
7304850
844075.4175 (甲积)
55.06
844020.3575
60) 844020.3575
14067
余 .3575

③
60
.3575
59.6425 (岁名交亥)

④
844075.4175
20.205
844055.2125
(以朔实乘之) 29.061186
253443.352
2362447744
1719.86685
1476529865
2433.31200
2362447744
70.864560
59.061186
11.803374

⑤
29.530593
11.803374
17.727219
(闰余)

⑥
59.6425
17.727219
41.915281
29.530593
71.445874
60
11.445874 (五月朔 和乙亥)

⑦
182.62125
17.727219
164.894031
29.530593
194.424624
182.62125
11.803374 (望前两)

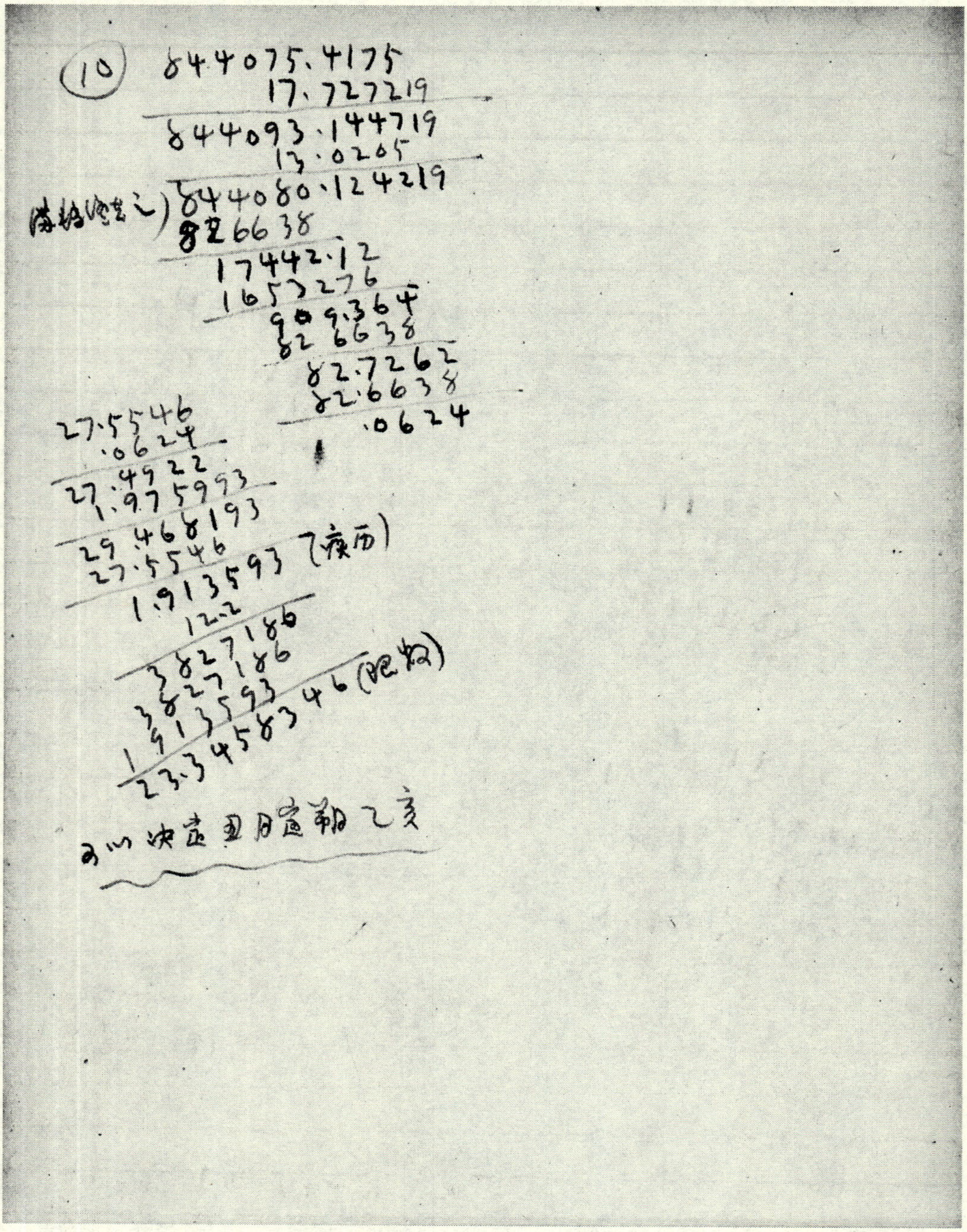
10
844075.4175
17.727219
844093.144719
13.0205
844080.124219
826638
17442.12
1653276
909.364
826638
82.7262
82.6638
.0624
27.5546
.0624
27.4922
1.975993
29.468193
27.5546
1.913593
12.2
3827186
3827186
1913593
23.3458346

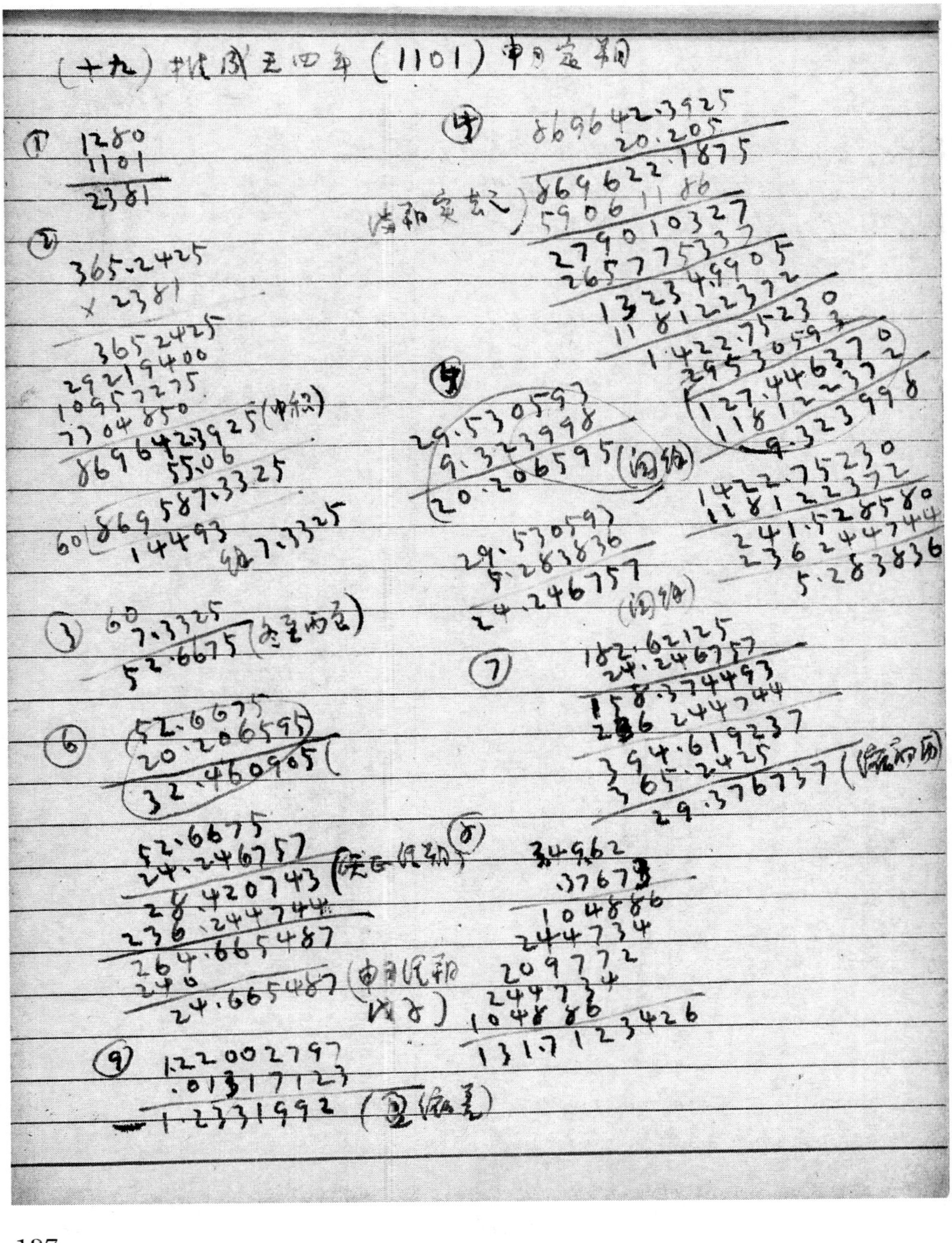
(十九) (1101)
① 1280
1101
2381
② 365.2425
×2381
3652425
29219400
10957275
7304850
869642.3925
55.06
869587.3325
60 869587.3325
14493
7.3325
③ 60
7.3325
52.6675
⑥ 52.6675
20.206595
32.460905
52.6675
24.246757
28.420743
236.244744
264.665487
240
24.665487
⑨ 122.002797
.01317123
1.2331992
④ 869642.3925
20.205
869622.1875
279010327
1422.75230
29530593
⑤ 29.530593
9.323998
20.206595
29.530593
5.283836
24.246757
1422.75230
1181223772
241.528580
236.244744
5.283836
⑦ 182.62125
24.246757
158.374493
236.244744
394.619237
365.2425
29.376737
⑧ 34.962
104886
244734
209772
131.71123426

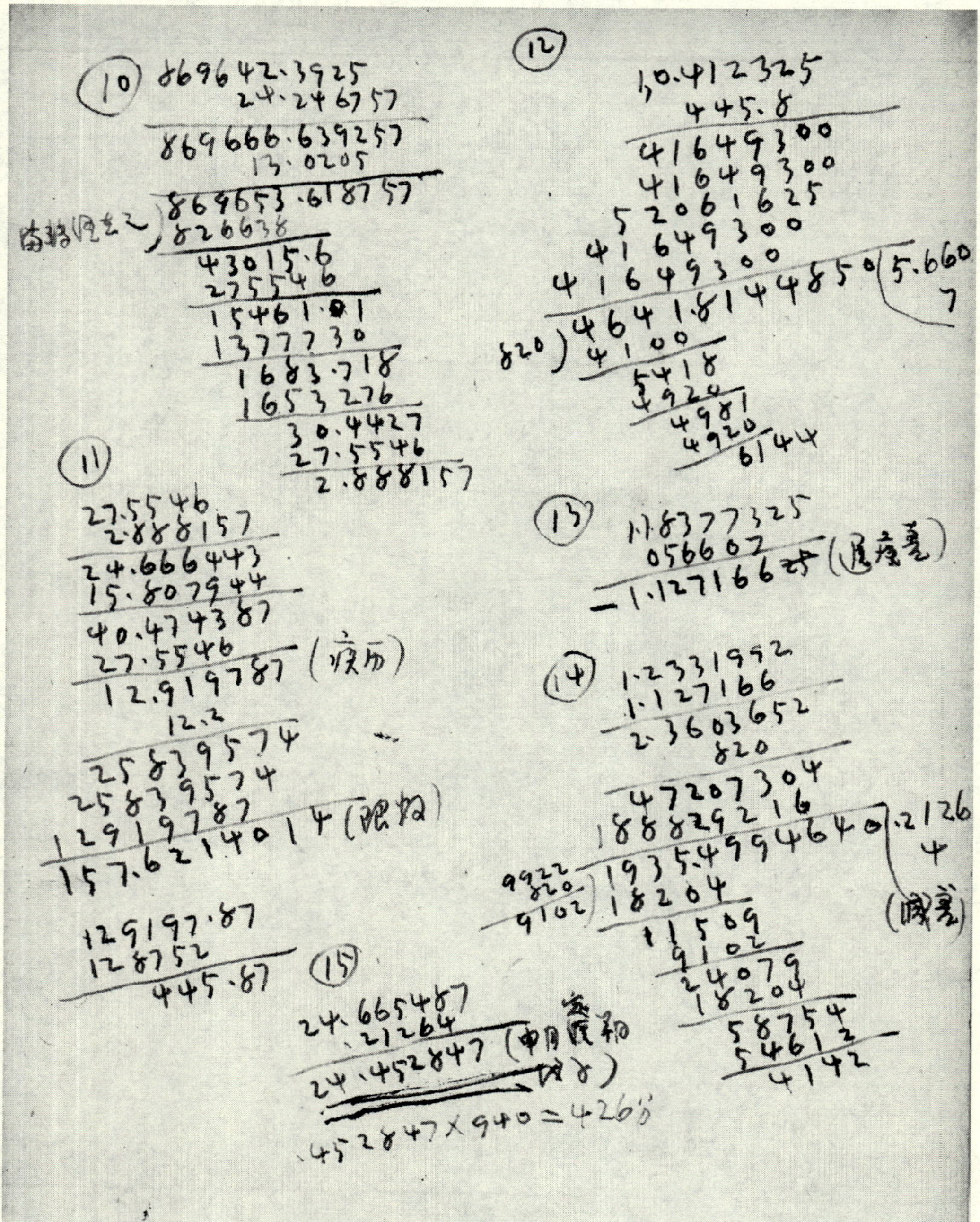

⑩ 869642.3925
24.246757
869666.639257
13.0205
869653.618757
[illegible]) 826638
43015.6
27554 6
15461.01
1377730
1683.718
1653276
30.4427
27.546
2.888157

⑪
27.5546
2.888157
24.666443
15.807944
40.474387
27.5546
12.919787 ([illegible])
12.2
25839574
25839574
12919787
157.6214014 ([illegible])
129197.87
128752
445.87

⑫
10.412325
445.8
41649300
41649300
52061625
41649300
41649300
4641.814485) 5.660 7
820) 4100
5418
4920
4981
4920
6144

⑬
1.1837725
056602
-1.127166 ([illegible])

⑭
1.2331992
1.127166
2.3603652
820
47207304
18882916
9922 820 9102) 1935.499464) .2126 4 ([illegible])
18204
11509
9102
24079
18204
58754
54612
4142

⑮
24.665487
.21264
24.452847 ([illegible])
.452847×940 = 426[illegible]

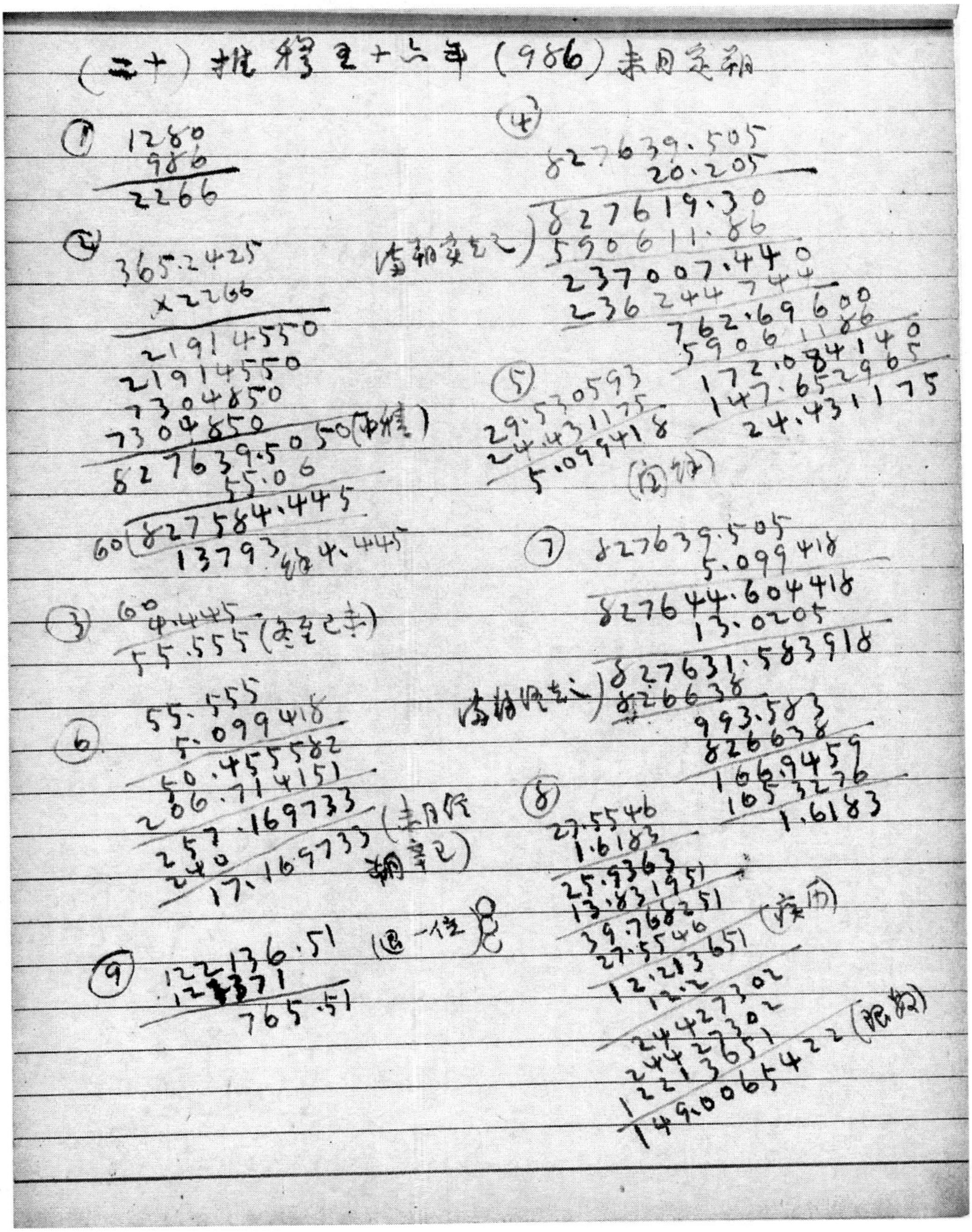

（二十）推穆王十六年（986）未月定朔

① 1280
986
2266

② 365.2425
×2266
2191455 0
2191455 0
730485 0
730485 0
827639.5050（中積）
55.06
827584.445
60）827584.445
13793 餘4.445

③ 60
4.445
55.555（丑至己未）

④ 827639.505
20.205
827619.30
閏餘交泛）827619.30
590611.86
237007.440
236244.744
762.69600
590611186
172.084140
147.652965
24.431175

⑤ 29.530593
24.431175
5.099418
（閏餘）

⑥ 55.555
5.099418
50.455582
206.714151
257.169733（未月經
240
17.169733 朔辛巳）

⑦ 827639.505
5.099418
827644.604418
13.0205
827631.583918
閏餘閏泛）827631.583918
826638
993.583
826638
166.9459
165.3276
1.6183

⑧ 27.5546
1.6183
25.9363
13.831951
39.768251
27.5546
12.213651
12.2
24427302
24427302
12213651
149.0065422（限數）

⑨ 122136.51（退一位）
121371
765.51

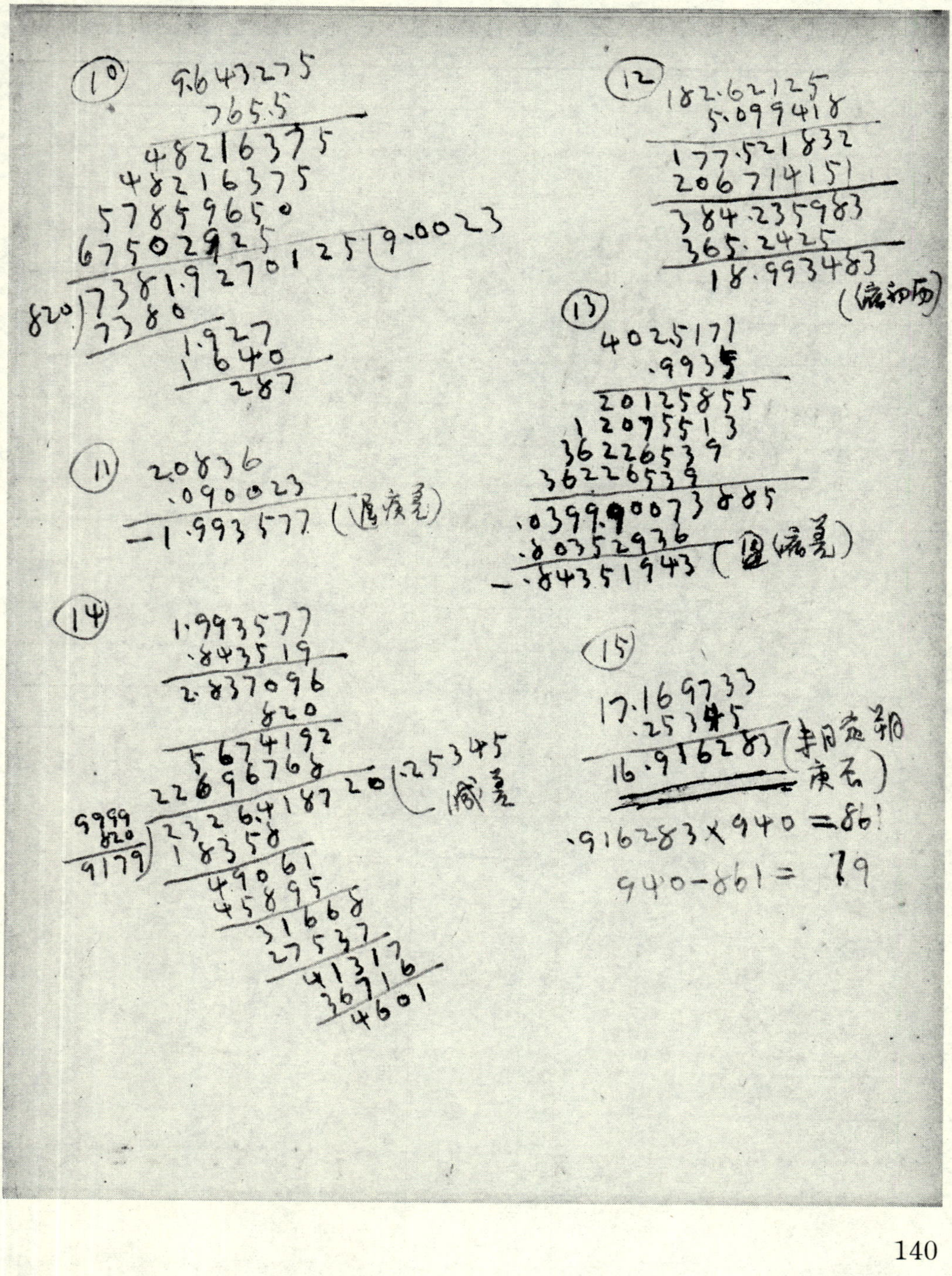

10
9.643275
765.5
48216375
48216375
57859650
67502925
7381.9270125
9.0023
820
7380
1.927
1640
287
12
182.62125
5.099418
177.521832
206.714151
384.235983
365.2425
18.993483
13
4025171
.9935
20125855
12075513
36226539
36226539
.03999007385
.80352936
-.84351943
11
2.0836
.090023
-1.993577
14
1.993577
.843519
2.837096
820
5674192
22696768
232.6418720
.25345
9999
820
9179
18358
49061
45895
31668
27537
41317
36716
4601
15
17.169733
.25345
16.916283
.916283×940=861
940-861=79

(二十一) 推熙宁二十六年 (1079) 戊月定朔

① 1280
1079
2359

② 365.2425
×2359
32871825
18262125
10957275
7304850
861607.0575 (中积)
55.06
60 861551.9975
14359
40 41.9975

③ 60
41.9975
48.0025 (冬至大余)

④ 861607.0575
20.205
861586.8525
满朔实去之) 59061186
270974.992
265775337
5199.6555
2953.0593
2246.59620
2067.14151
179.454690
177.183558
2.271132

⑤ 29.530593
2.271132
27.259461 (闰余)

⑥ 48.0025
27.259461
20.743039
29.530593
316.048969
300
16.048969 (戊月经朔大余)

⑦ 861607.0575
27.259461
861634.316961
13.0205
861621.296461
满纪法去之) 826638
34983.2
27554.6
7428.69
55109.2
1917.776
1653.276
264.5004
247.9914
16.5090

⑧ 27.5546
-16.509061
11.045539
+19.75993
30.805469
-27.5546
3.250869 (朓朒)

可以决定戊月
朔是己卯

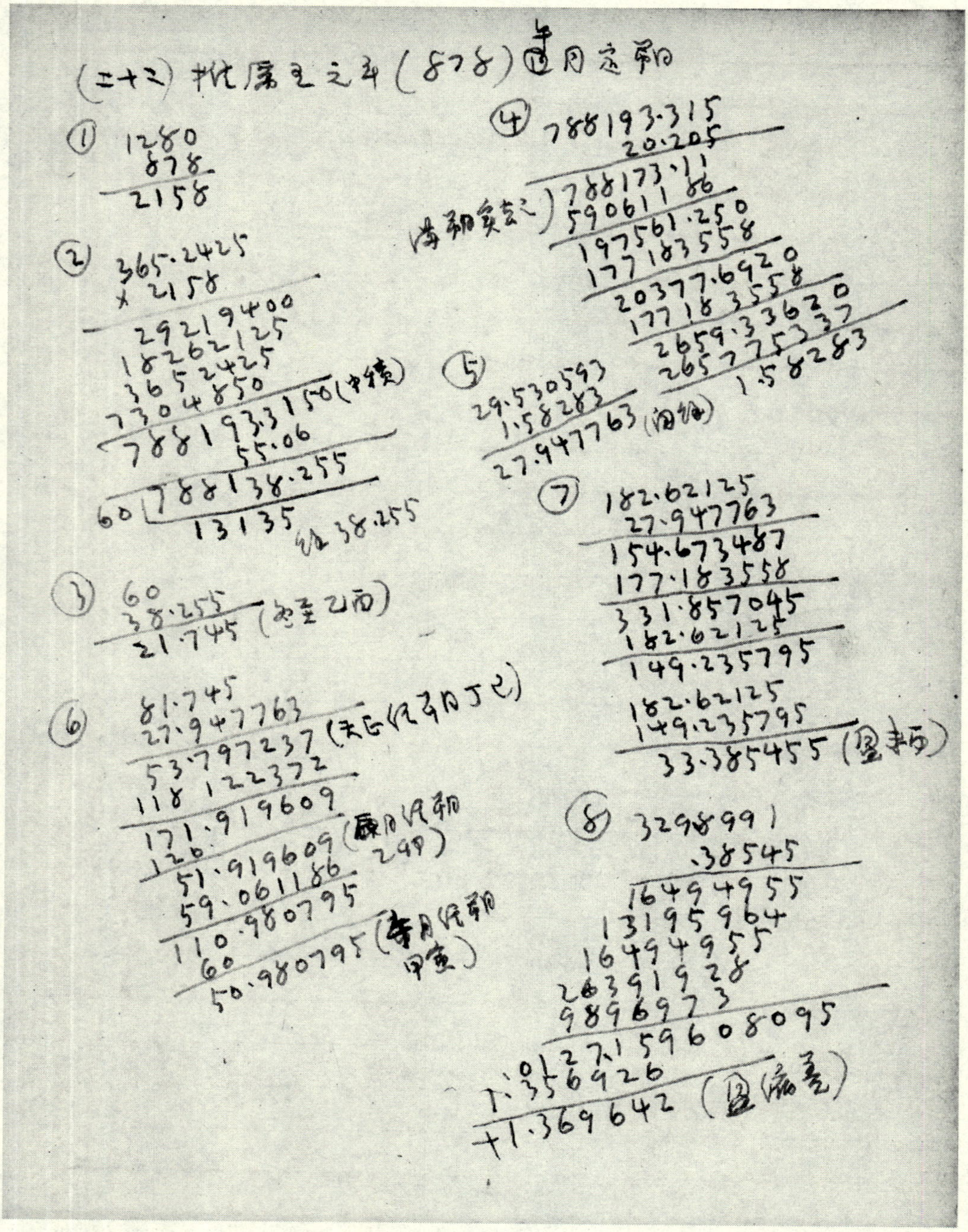

（二十二）推唐乾符五年（878）正月定朔

①
1280
878
2158

②
365.2425
×2158
2921940
1826212 5
365 2425
730 4850
788193.3150（中積）
55.06
60)788138.255
13135 餘38.255

③
60
38.255
21.745（冬至乙酉）

④
788193.315
20.205
788173.11
590611.86（閏朔算外）
197561.250
177183558
20377.6920
17718 3558
2659.33620
2657.75337
1.58283

⑤
29.530593
1.58283
27.947763（閏餘）

⑥
81.745
27.947763
53.797237（天正經朔日丁巳）
118 122372
171.919609
120
51.919609（歲月經朔 2.99）
59.061186
110.980795
60
50.980795（寅月經朔甲寅）

⑦
182.62125
27.947763
154.673487
177.183558
331.857045
182.62125
149.235795
182.62125
149.235795
33.385455（盈末限）

⑧
3298991
.38545
16494955
13195964
16494955
26391928
9896973
1.27159608095
1.356926
+1.369642（盈縮差）

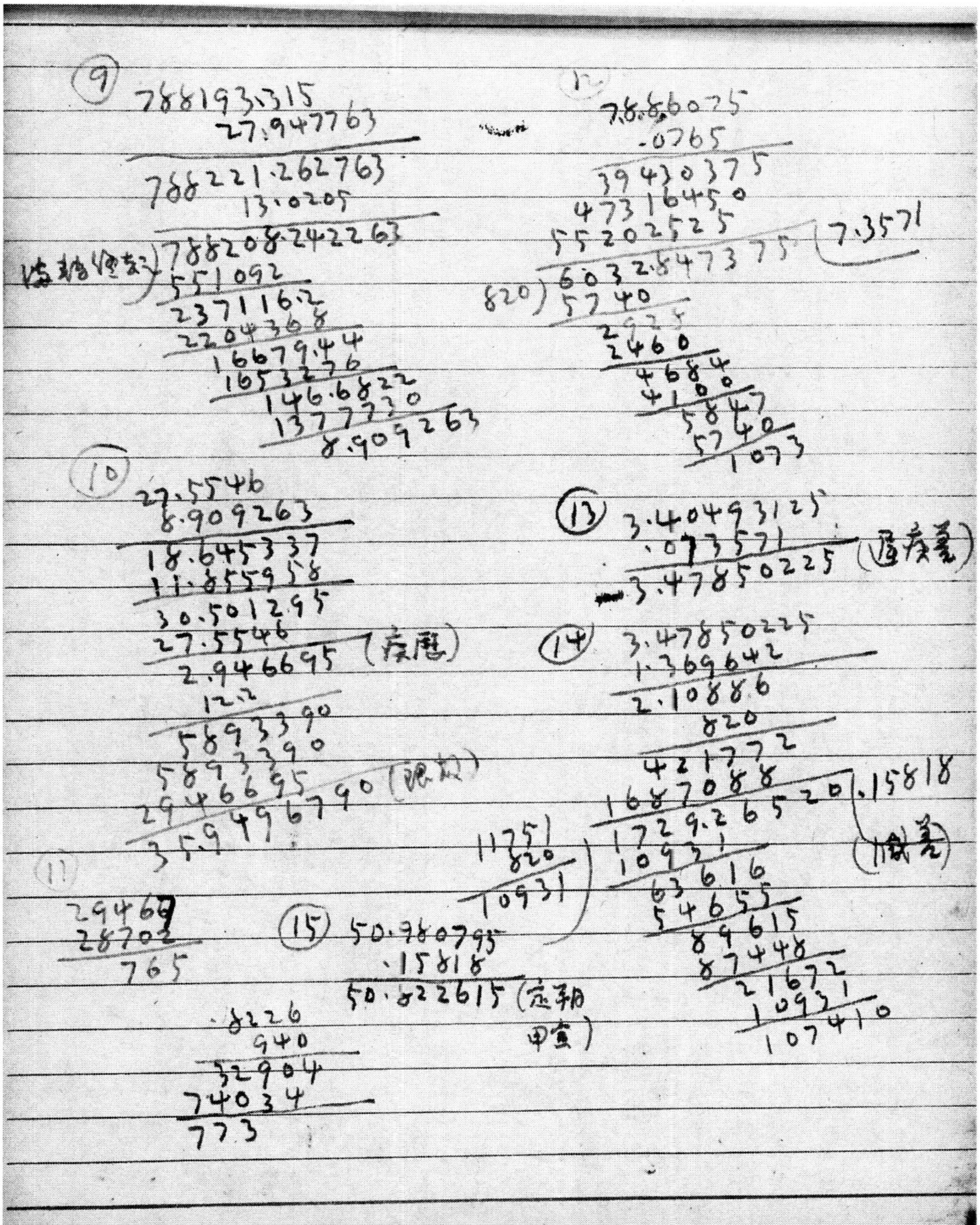
⑨
788193.315
27.947763
788221.262763
13.0205
788208.242263
551092
237116.2
220436.8
16679.44
16533.76
146.6822
137.7730
8.909263
⑩
27.5546
8.909263
18.645337
11.855958
30.501295
27.5546
2.946695
12.2
589339 0
589339 0
2946695
35.9496790
⑪
29469
28702
765
.8226
940
32904
74034
773
⑫
78.86025
.0765
39430375
47316450
55202525
6.032847375
820) 6.032847375 (7.3571
5740
2460
4684
4100
5847
5740
1073
⑬
3.40493125
.073571
3.47850225
⑭
3.47850225
1.369642
2.108860
820
421772
1687088
1729.265 20 (.15818
10931
63616
54655
89615
87448
21672
10931
107410
⑮
50.980795
.15818
50.822615
1175
820
10931

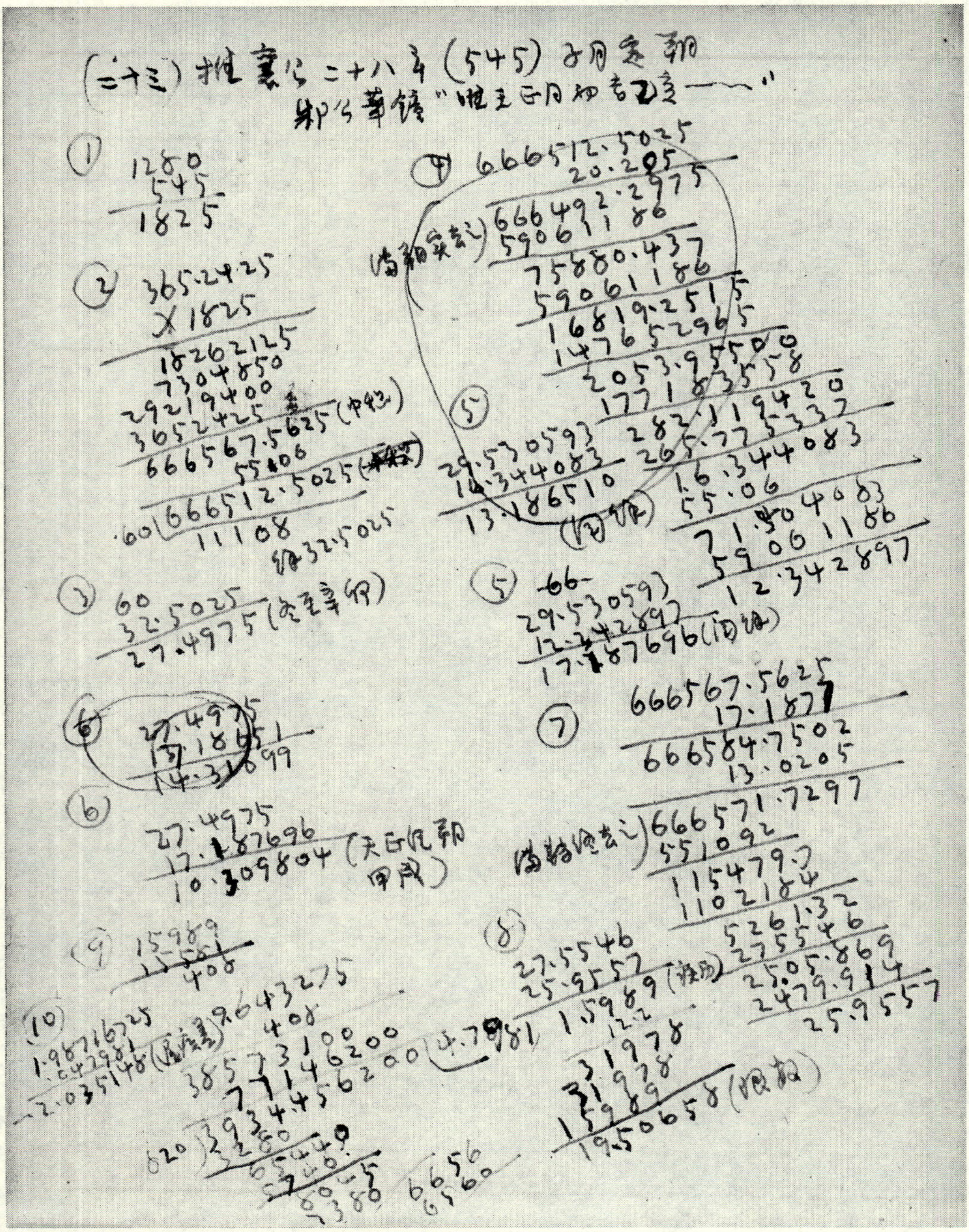
(二十三) 推襄公二十八年(545)子月朔
邾公華鐘"隹王正月初吉乙亥——"

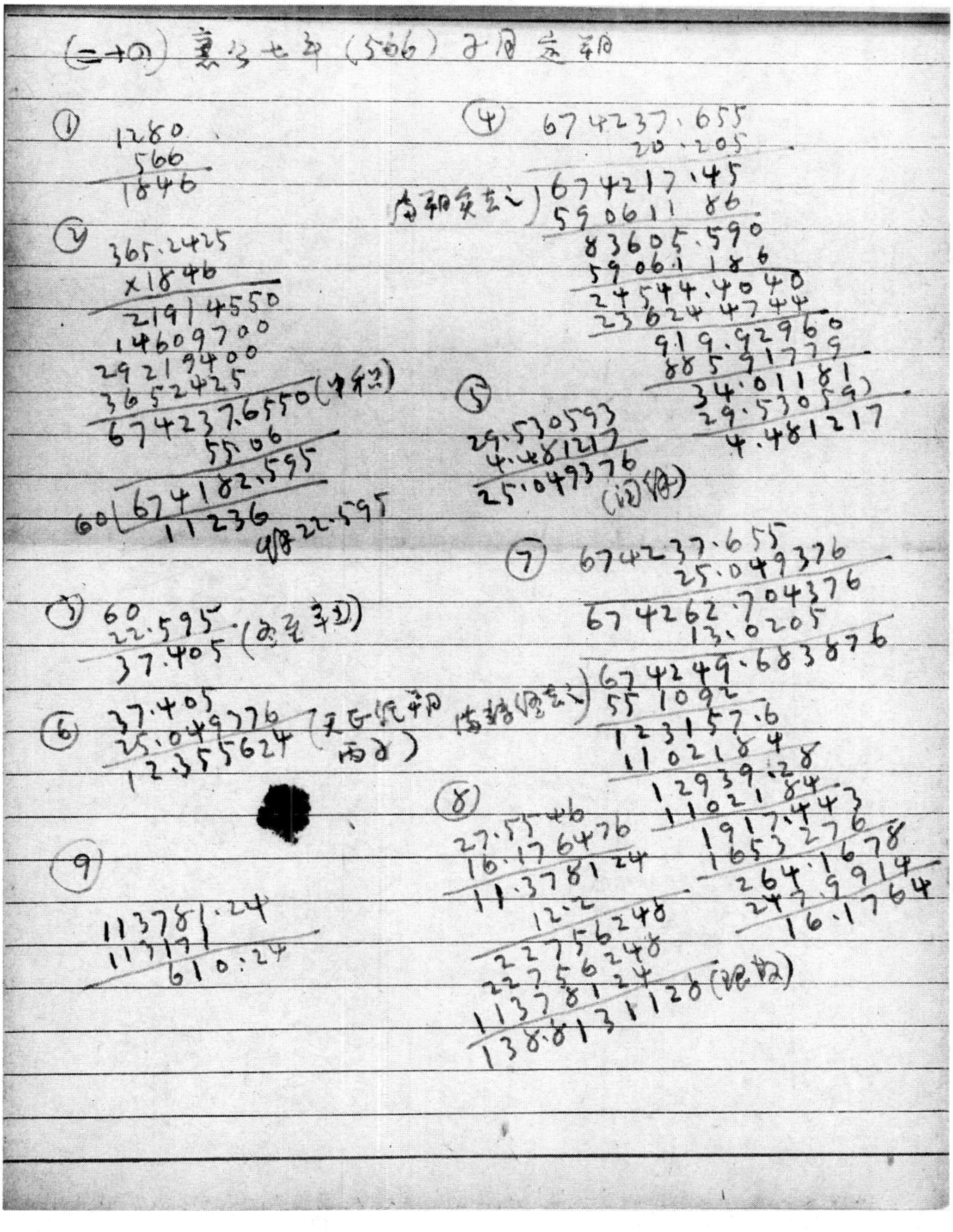

(二十四) 熹平七年(566) 子月定朔

① 1280
566
1846

② 365.2425
×1846
2191 4550
1460 9700
2921 9400
365 2425
674237.6550 (中积)
55.06
674182.595
60 | 674182.595
11236 余22.595

③ 60
22.595
37.405 (冬至辛酉)

④ 674237.655
20.205
674217.45
590611.86
83605.590
59061.186
24544.4040
23624.4744
919.92960
885.91779
34.01181
29.530593
4.481217

⑤ 29.530593
4.481217
25.049376 (闰余)

⑥ 37.405
25.049376
12.355624 (天正经朔 丙子)

⑦ 674237.655
25.049376
674262.704376
13.0205
674249.683876
551092
123157.6
110218.4
12939.28
11021.84
1917.443
1653.276
264.1678
247.9914
16.1764

⑧ 27.5546
16.176476
11.378124
12.2
22756248
22756248
11378124
138.8131128 (朓朒)

⑨ 113781.24
113171
610.24

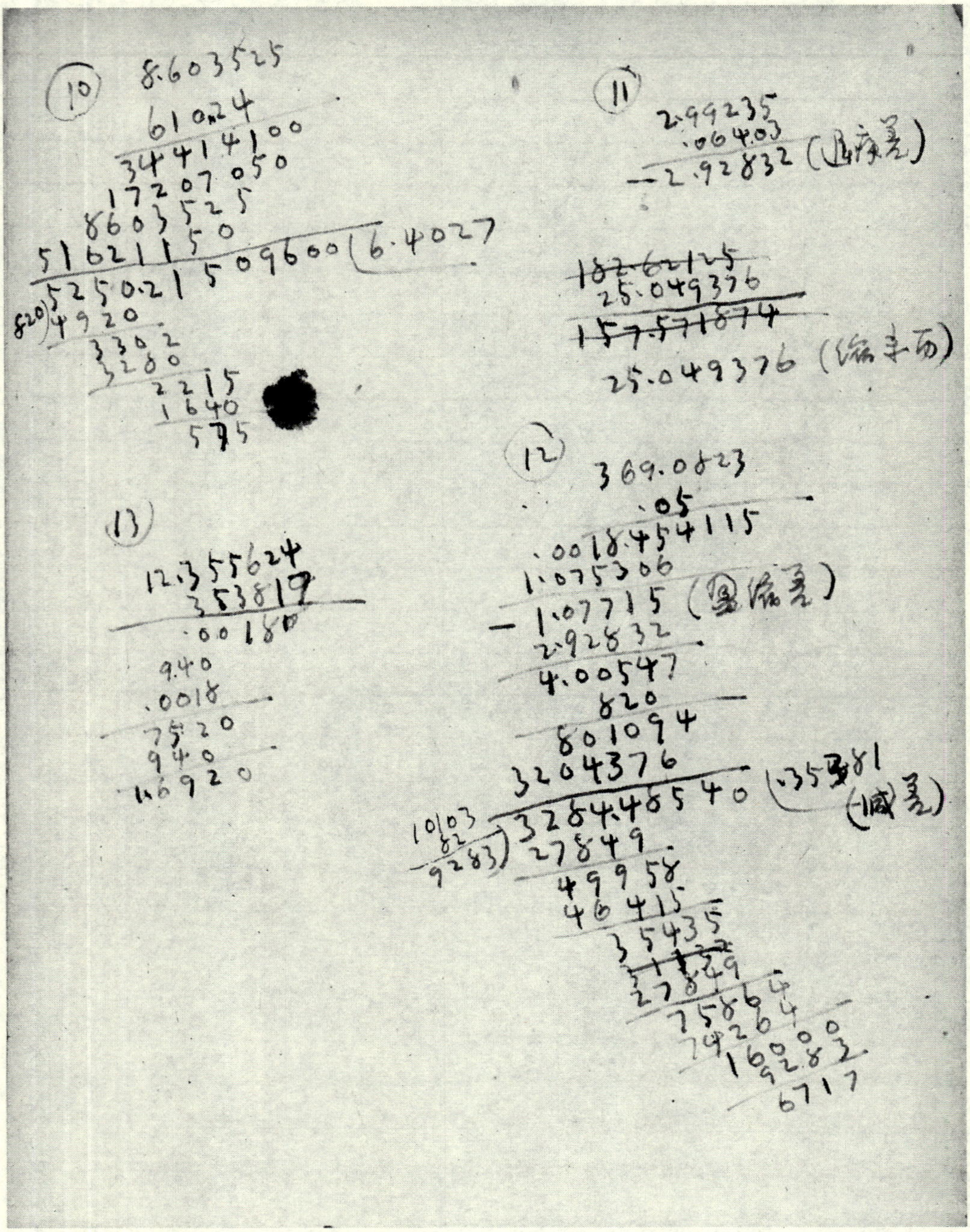
⑩ 8.603525
61.024
34414100
17207050
8603525
516211150
525.021509600 (6.4027
820) 4920
3302
3280
2215
1640
575

⑪ 2.99235
.06403
2.92832 ([illegible])

~~182.62125~~
25.049376
~~157.571874~~
25.049376 ([illegible])

⑫ 369.0823
.05
.0018.454115
1.075306
1.07715 ([illegible])
2.92832
4.00547
820
801094
3204376
3284.48540 (.35381
(减差)
10103
82
9283) 3284.48540
27849
49958
46415
35435
27849
75864
74264
16000
9283
6717

⑬ 12.355624
.353819
.00180
940
.0018
7520
940
16920

十[illegible]（二十三）

⑪

182.62125

17.187696（缩[illegible]）

407.2287

.1877

28506009

285060096

3257829

4072287

.0076.43682699

.762 80649

.7704501 7（[illegible]缩[illegible]）

2.035148

2.805598

820

5611196

22444784

2300.5903566（.20716

（减[illegible]）

11925

820

1105

22210

79590

77735

18553

7[illegible]

⑫

10.309804

.20716

10.102644（[illegible]周[illegible]

甲戌）

.102644

940

410576

923796

96.485360

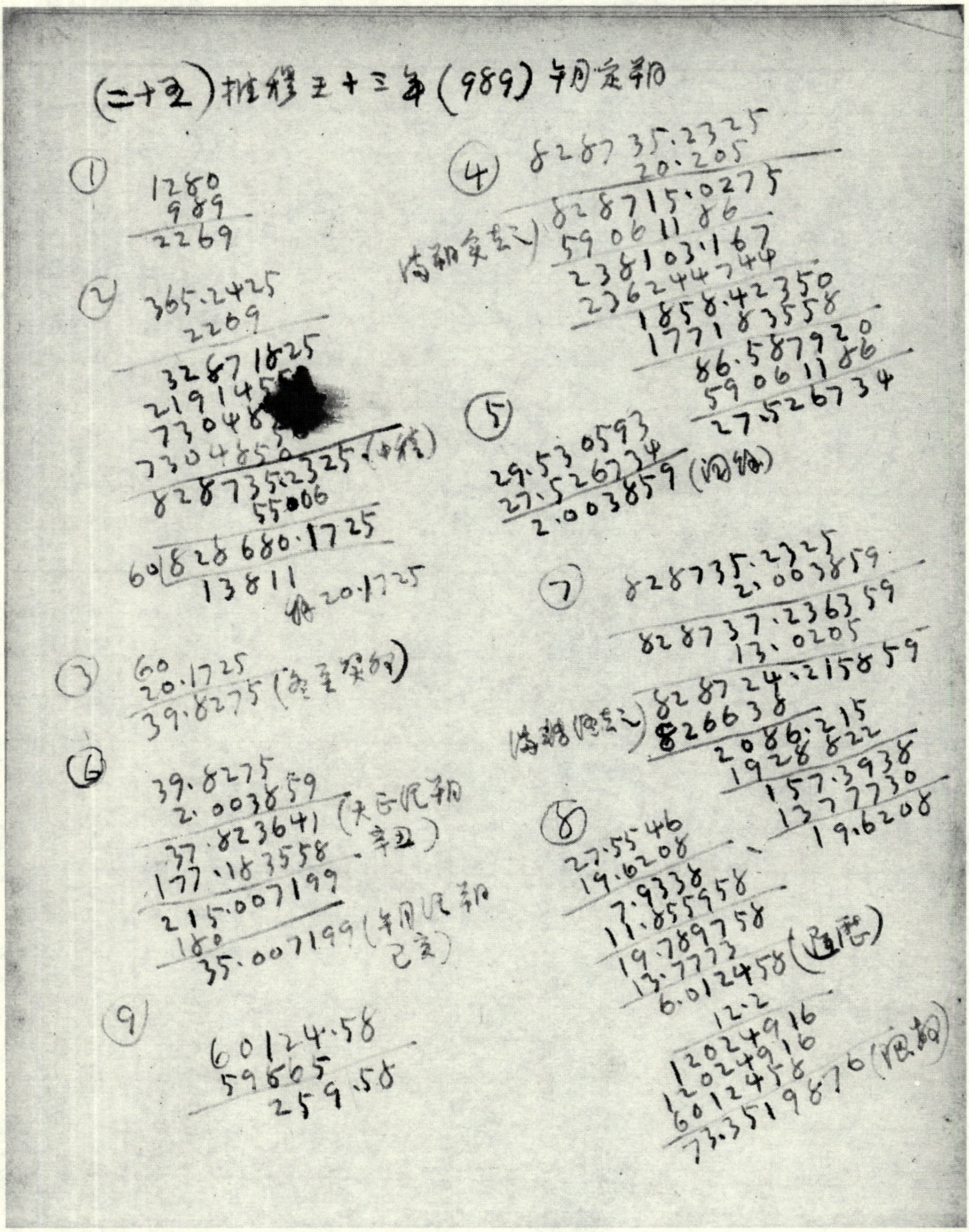

(二十五)推穆王十三年(989)年月定朔

① 1280
989
2269

② 365.2425
2269
3287 1825
21914 55
73048 5
73048 50
828735.2325 (积日)
55006
60 | 828680.1725
13811 余 20.1725

③ 60
20.1725
39.8275 (冬至癸卯)

④ 828735.2325
20.205
828715.0275
59 06 11 86
2381031167
2362447744
1858.42350
1771 83558
86.587920
59 06 11 86
27.526734

⑤ 29.530593
27.526734
2.003859 (闰余)

⑥ 39.8275
2.003859
37.823641 (天正经朔
177.183558 辛丑)
215.007199
180
35.007199 (年月经朔
己亥)

⑦ 828735.2325
2.003859
828737.236359
13.0205
828724.215859
826638
2086.215
1928 822
157.3938
137 7730
19.6208

⑧ 27.5546
19.6208
7.9338
11.855958
19.789758
13.7773
6.012458 (通闰)
12.2
12024916
12024916
6012458
73.351987 6 (闰朔)

⑨ 6012 4.58
59865
259.58

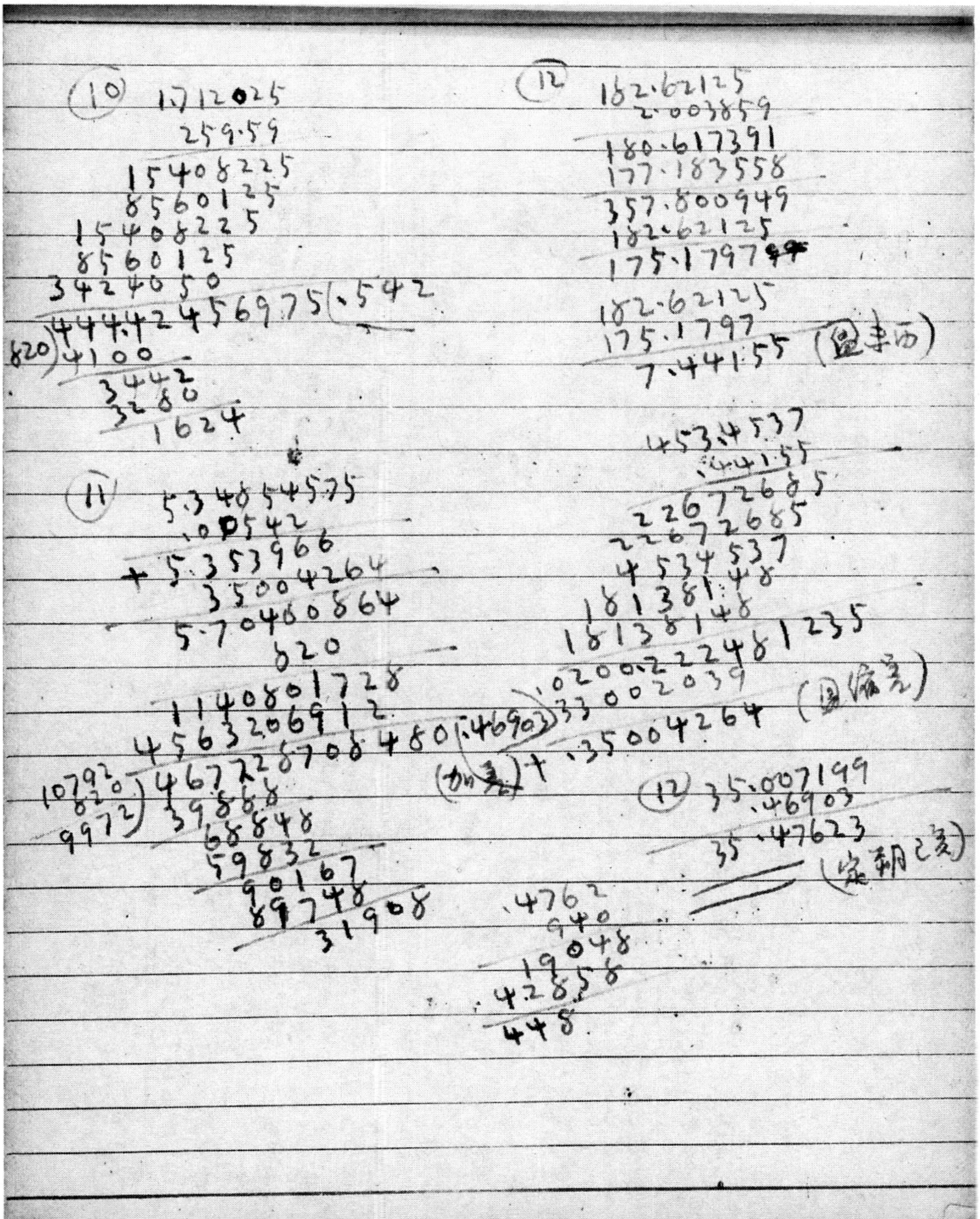

(10) 1.712025
259.59
15408225
8560125
15408225
8560125
3424050
444.4245697 5 (.542
820) 4100
3442
3280
1624

(11) 5.348544575
.00542
+ 5.353966
35004264
5.70400864
820
114080 1728
45632069 12
10792 / 820 / 9972) 4677287 08480 (.46903
39888
68848
59832
90167
89748
31908

(12) 182.62125
2.003859
180.617391
177.183558
357.800949
182.62125
175.1797
182.62125
175.1797
7.44155 (盈率西)

453.4537
.44155
22672685
22672685
4534537
18138148
18138148
181381481235
.0200222481235
33002039
.35004264 (盈缩差)
(加差) + .35004264

(12) 35.007199
.46903
35.47623 (定朔之差)

.4762
940
19048
42858
448

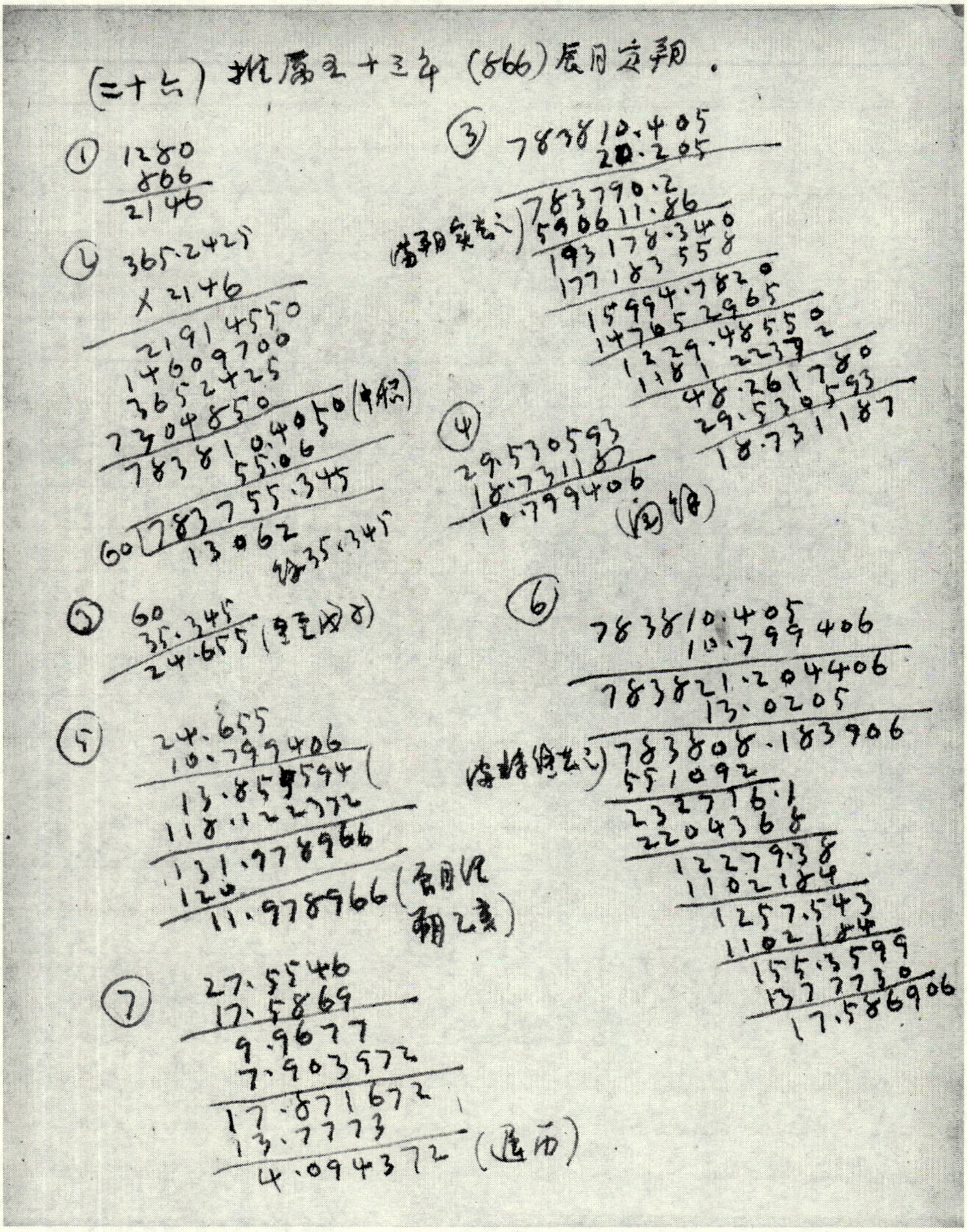
(二十六)
(866)
① 1280
866
2146
② 365.2425
×2146
2191 4550
1460 9700
365 2425
730 4850
78381 0.4050
783810.405
55.06
783755.345
60
13062
35.345
③ 783810.405
20.205
783790.2
590611.86
193178.340
177183558
15994.7820
14765.2965
1229.48550
1181.22372
48.261780
29.530593
18.731187
④ 29.530593
18.731187
10.799406
⑤ 24.655
10.799406
13.855594
118.122372
131.977966
120
11.977966
⑥ 783810.405
10.799406
783821.204406
13.0205
783808.183906
551092
232716.1
220436.8
12279.38
11021.84
1257.543
1102.184
155.3599
137.7730
17.586906
⑦ 27.5546
17.5869
9.9677
7.903572
17.871672
13.7773
4.094372

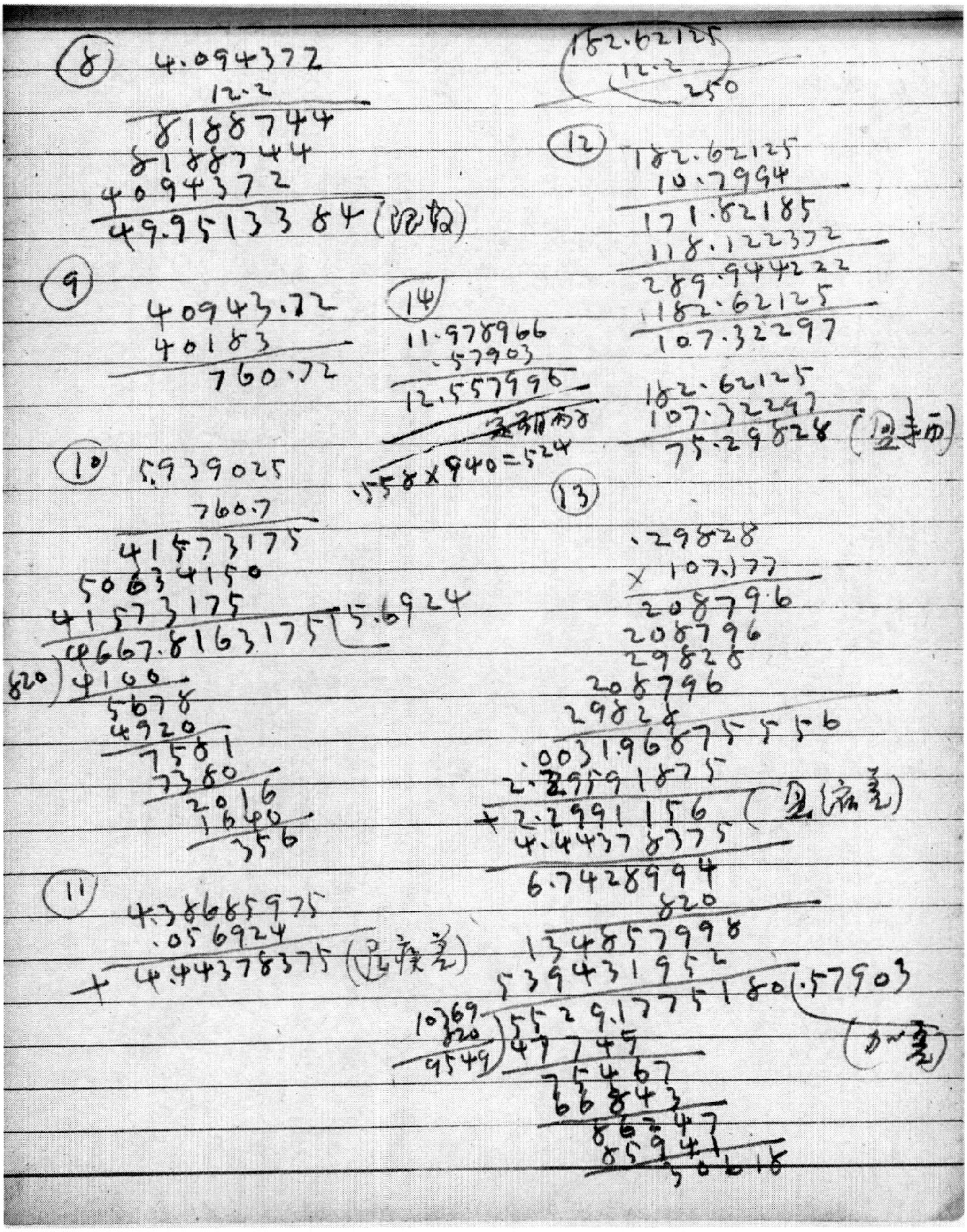

⑧ 4.094372
12.2
8188744
8188744
4094372
49.9513384
⑨ 40943.72
40183
760.72
⑩ 5.939025
760.7
41573175
50634150
41573175
4667.8163175
5.6924
820
⑪ 4.38665975
.056924
+ 4.44378375
182.62125
12.2
250
⑫ 182.62125
10.7994
171.82185
118.122372
289.944222
182.62125
107.32297
182.62125
107.32297
75.29828
⑭ 11.978966
.57903
12.557996
.558×940=524
⑬ .29828
× 107.177
208796
208796
29828
208796
29828
.0031.96875556
2.2959 1875
+ 2.2991156
4.44378375
6.7428994
820
134857988
539431952
5529.1775180
.57903
10369
820
9549

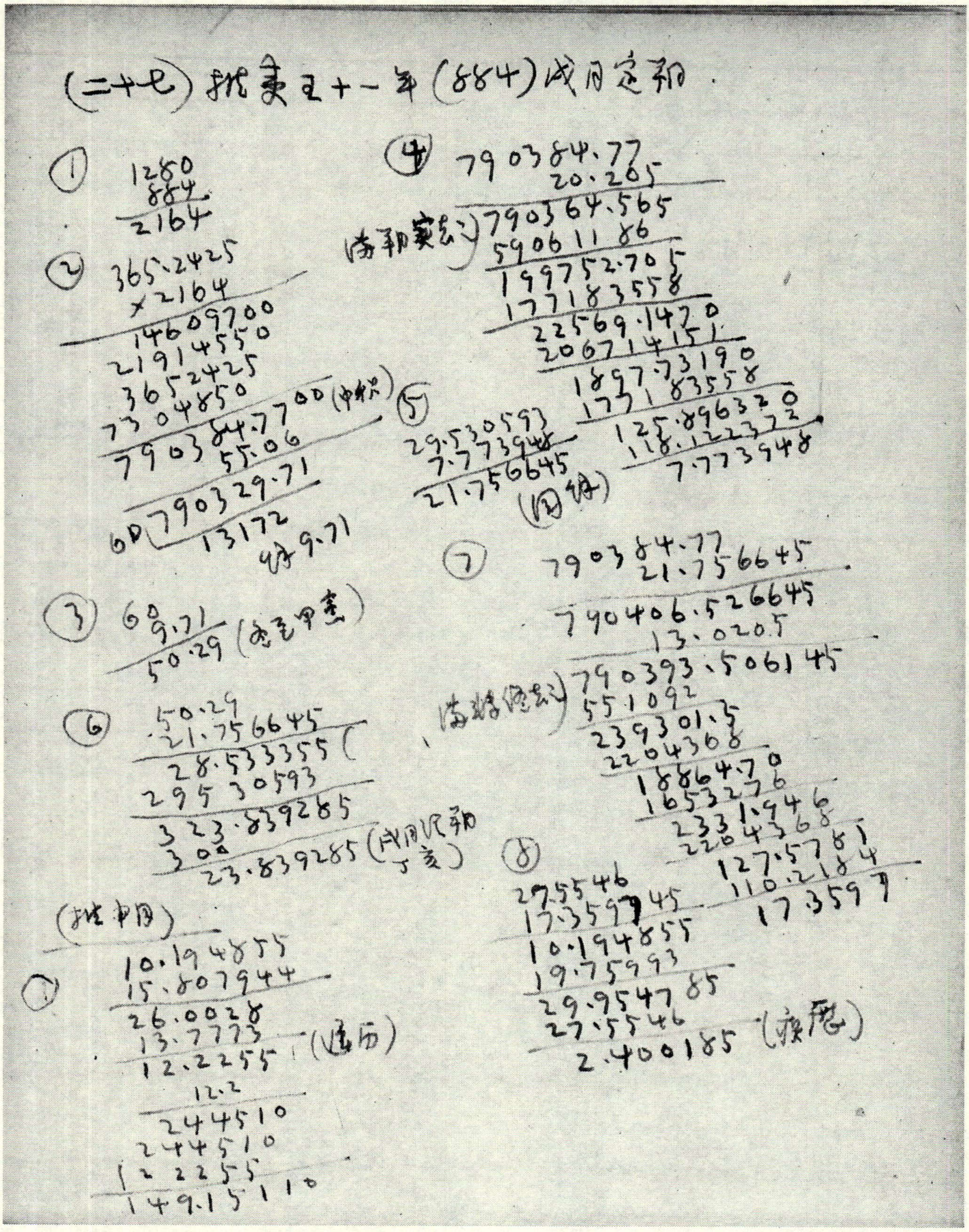
（二十七）推夷王十一年（884）戌月定朔
① 1280
884
2164
② 365.2425
×2164
14609700
2191455
3652425
730485
790384.77
（中积）
55.06
790329.71
60
13172
余9.71
③ 60
9.71
50.29
④ 790384.77
20.205
790364.565
59061186
199752.705
177183558
22569.1470
20671415
1897.7319
1771835.58
125.89632
118.122372
7.773948
⑤ 29.530593
7.773948
21.756645
⑥ 50.29
21.756645
28.533355
29.530593
323.839285
300
23.839285
⑦ 790384.77
21.756645
790406.526645
13.0205
790393.506145
551092
239301.5
2204368
188647
1653276
233194.6
22043.68
127.5781
110.2184
17.3597
⑧ 27.5546
17.3597
10.194855
19.75993
29.954785
27.5546
2.400185
10.194855
15.807944
26.0028
13.7773
12.2255
12.2
244510
244510
122255
149.15110

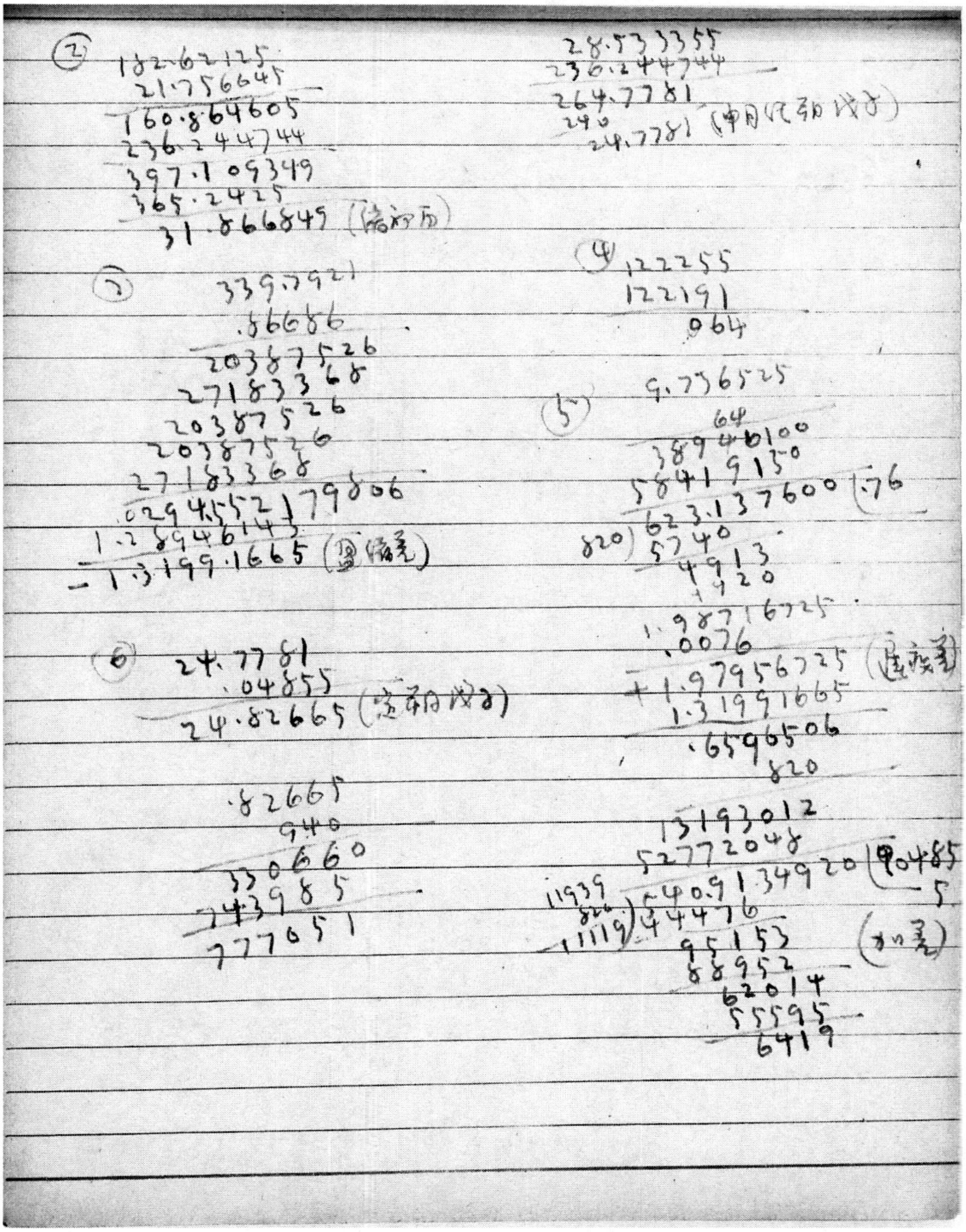

③
182.62125
21.756645
160.864605
236.244744
397.109349
365.2425
31.866849 ([illegible])

⑦
339.7921
.86686
20387526
27183368
20387526
20387526
27183368
.029455217 9806
1.2894614 3
-1.3199.1665 ([illegible])

⑥
24.7781
.04855
24.82665 ([illegible])

.82665
940
330660
743985
777051

28.533355
236.244744
264.7781
240
24.7781 ([illegible])

④
.122255
.122191
.064

⑤
9.736525
64
38940100
58419150
623.137600 (.76
820) 5740
4913
4920

1.98716725
.0076
+1.97956725 ([illegible])
1.31991665
.6596506
820

13193012
52772048
540.91349 20 (90485
11939 820
11119) 44476 5
95153
88952 ([illegible])
62014
55595
6419

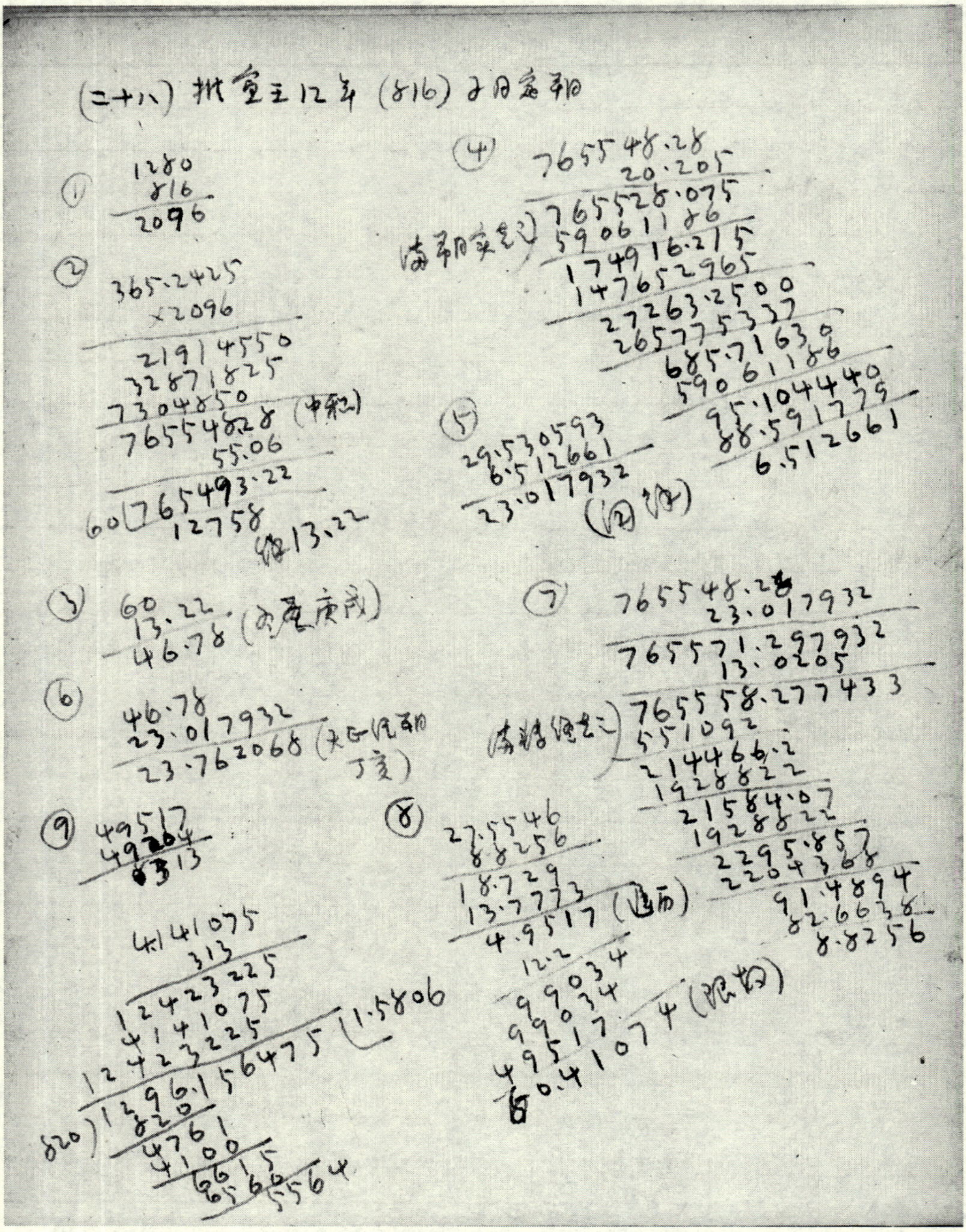

(二十八) [illegible]宣王12年 (816) [illegible]月[illegible]朔
① 1280
816
2096
② 365.2425
×2096
2191 4550
3287 1825
7304850
76554828 (中积)
55.06
60)765493.22
12758
[illegible]13.22
③ 60
13.22
46.78 (丙辰庚戌)
⑥ 46.78
23.017932
23.762068 (天正[illegible]朔 丁亥)
⑨ 49517
49204
313
41141075
313
12423225
4141075
12423225
1296.156475 1.5806
820)1296
820
4761
4100
6615
6560
5564
④ 765548.28
20.205
765528.075
[illegible] 59061186
17491 6.215
14765 2965
27263.2500
26577 5337
685.71630
590 61186
95.104440
88.591779
6.512661
⑤ 29.530593
6.512661
23.017932
(闰[illegible])
⑦ 765548.28
23.017932
765571.297932
13.0205
765558.277433
[illegible] 551092
214466.2
1928822
21584.07
1928822
2295.857
2204368
91.4894
82.6638
8.8256
⑧ 27.5546
8.8256
18.729
13.7773
4.9517 ([illegible])
12.2
99034
99034
99517
49517
60.41074 ([illegible])

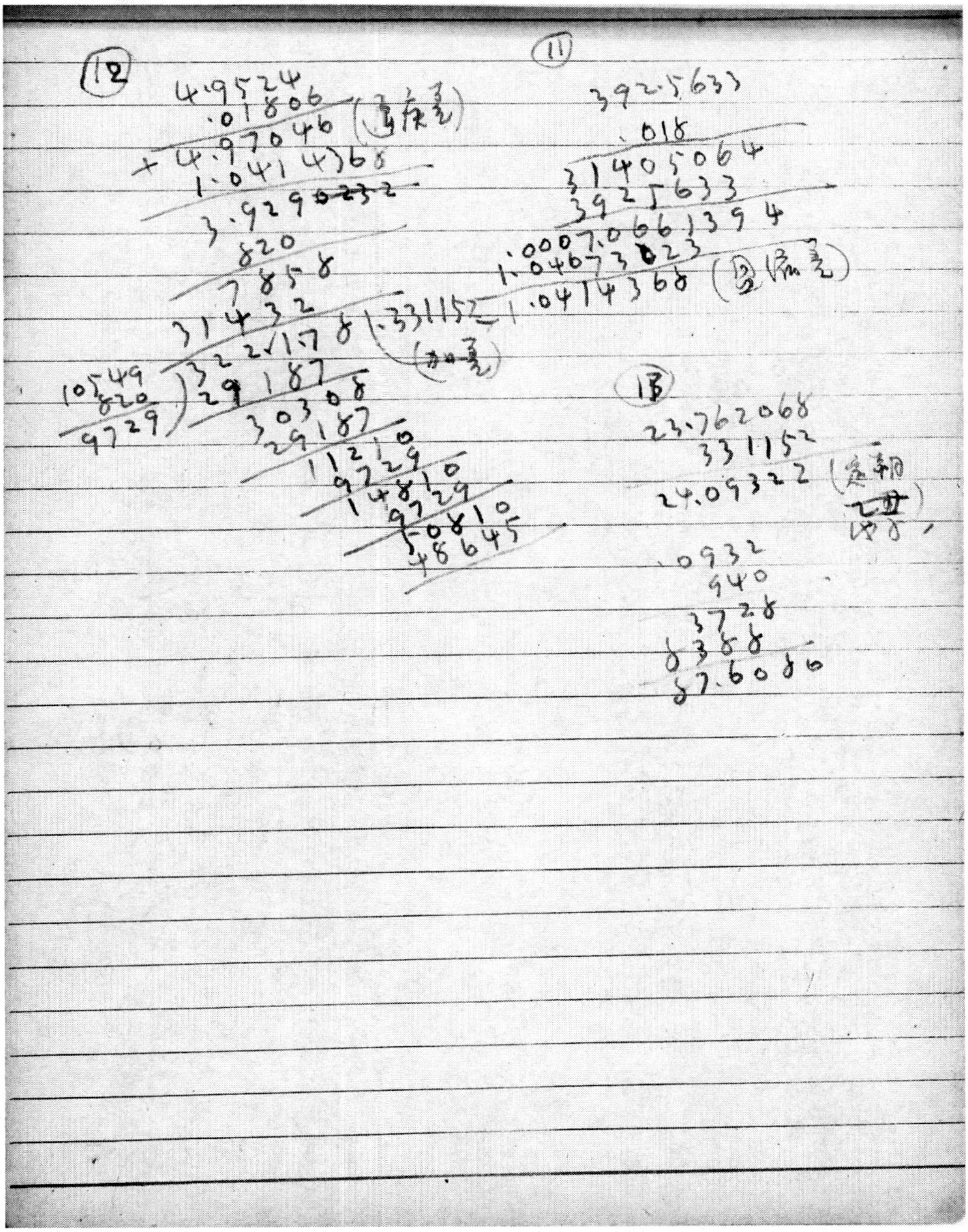
12
4.9524
.01806
4.97046
4.9
1.0414368
3.929
820
7858
31432
322.178
1.331152
10549
820
9729
29187
30308
29187
11210
9729
14810
9729
5081
48645
11
392.5633
.018
31405064
3925633
1.0007.0661394
1.0467323
1.0414368
23.762068
331152
24.09322
.0932
940
3728
8388
87.6088

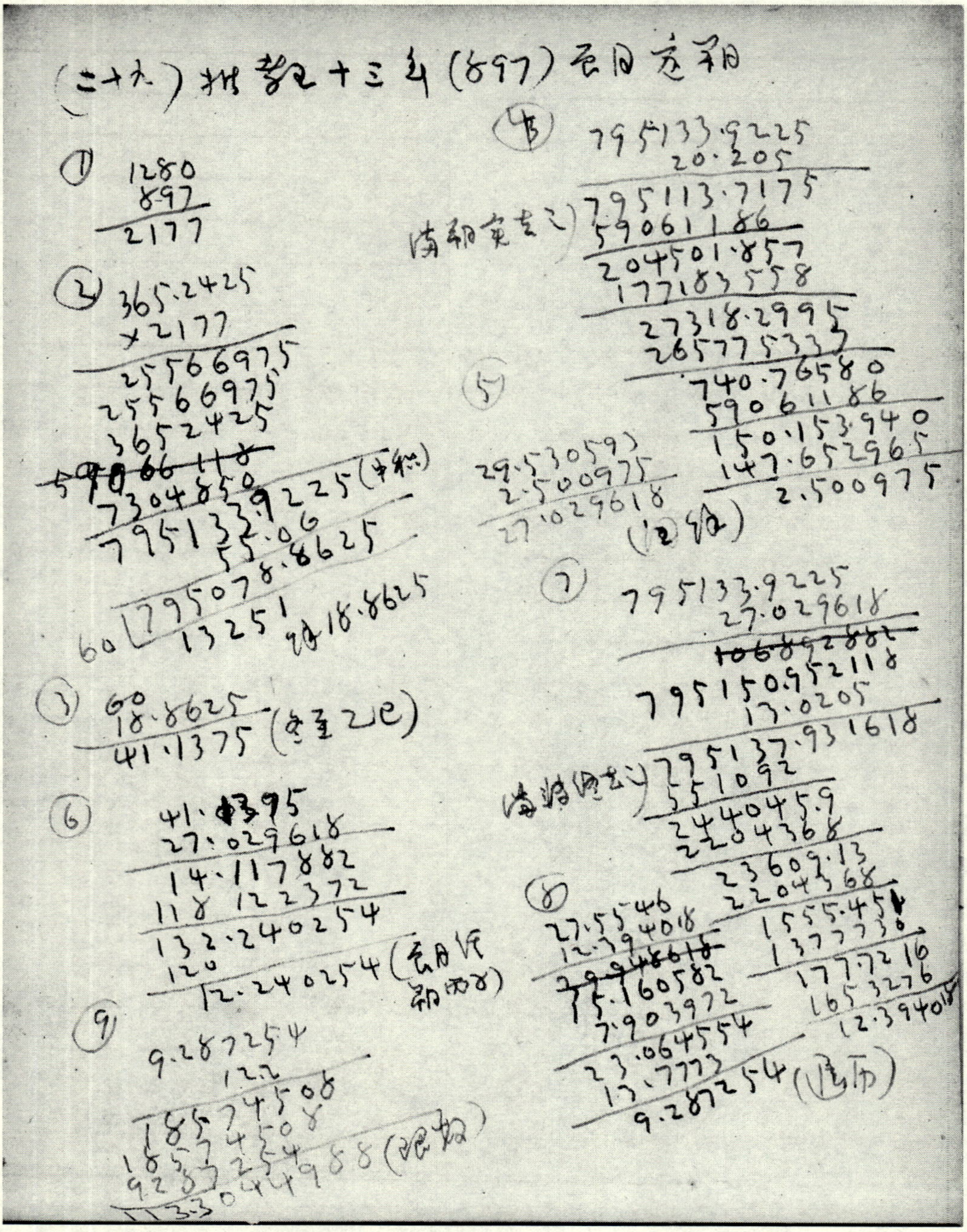

(二十六) 乾寧十三年(897) 辰日定朔

① 1280
897
2177

② 365.2425
×2177
25566975
25566975
3652425
7304850
795133.9225 (中积)
55.06
795078.8625
60 | 795078.8625
13251 18.8625

③ 60
18.8625
41.1375 (至乙巳)

④ 795133.9225
20.205
795113.7175
590611.86
204501.857
177183.558
27318.2995
26577.5337
740.7658
590.61186
150.153940
147.652965
2.500975

⑤ 29.530593
2.500975
27.029618 (闰余)

⑥ 41.1375
27.029618
14.117882
118 122372
132.240254
120
12.240254 (辰日在朔四)

⑦ 795133.9225
27.029618
795150.952118
13.0205
795137.931618
551092
244045.9
220436.8
23609.13
22043.68
1555.45
1377730
177.7216
165.3276
12.394018

⑧ 27.5546
12.394018
15.160582
7.903972
23.064554
13.7773
9.287254 (迟历)

⑨ 9.287254
12.2
18574508
18574508
9287254
113.3044988 (迟数)

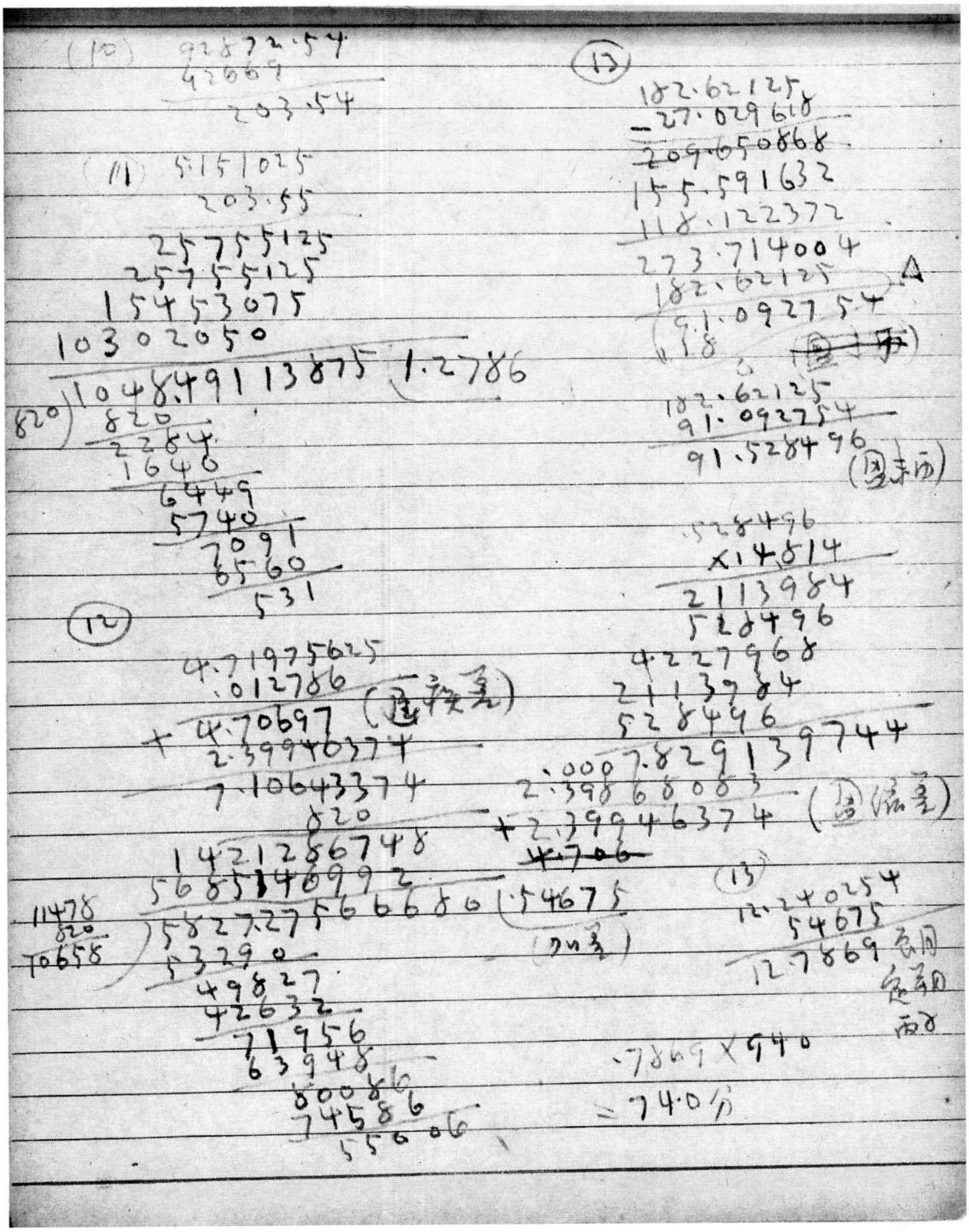
(10) 92872.54
42669
203.54

(11) 5151025
203.55
25755125
25755125
15453075
10302050
1048491138875 1.2786
820) 1048491138875
820
2284
1640
6449
5740
7091
6560
531

(12)
4.71975625
.012786 (国较差)
+ 4.70697
2.3994037 4
7.1064337 4
820
1421286748
5685146992
11478
820
70658
5827275666680 (.54675
53290 (加差)
49827
42632
71956
63948
80086
74586
55606

(13)
182.62125
−27.029618
209.650868
155.591632
118.122372
273.714004
182.62125 Δ
91.092754
182.62125
91.092754
91.528496 (国末间)

.528496
×14514
2113984
528496
4227968
2113984
528496
7.829139744
2.0007
2.39868083
+2.39946374 (国缩差)
4.706

(13)
12.240254
54675
12.7869

.7869×940
=740分

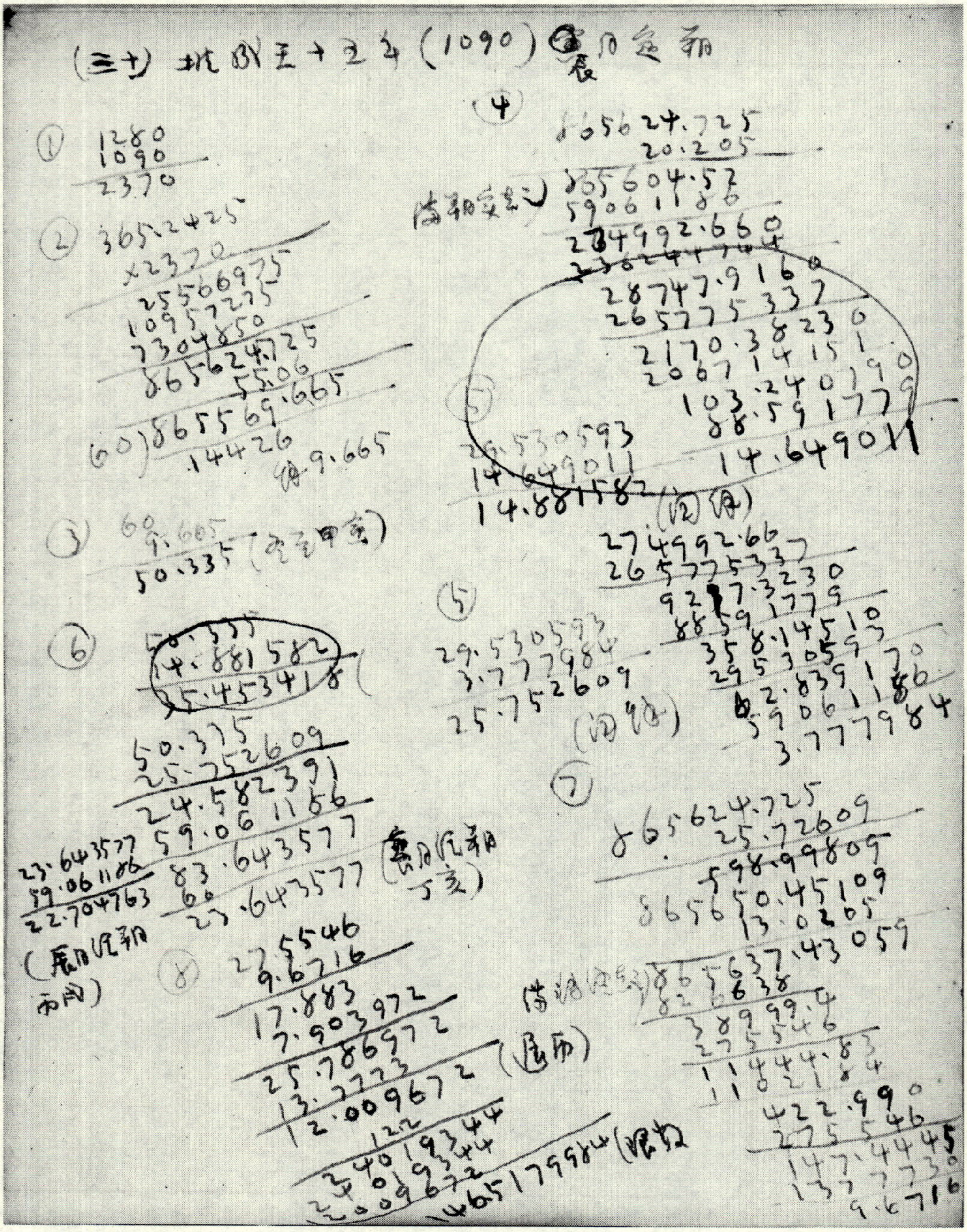
(三十) 桃哉王十五年（1090）[illegible]月朔

① 1280
1090
2370

② 365.2425
×2370
865624.725
55.06
(60) 865569.665
14426 余9.665

③ 60
9.665
50.335 ([illegible]甲寅)

④ 865624.725
20.205
865604.52
5906.1186
274992.660
28747.9160
265775.337
2170.3823
2067.1415
103.2407
88.59177
14.649011

⑤ 29.530593
14.649011
14.881582

27492.66
265775.337
9217.3230
8859.1779
358.1451
295.30593
62.839170
59.061186
3.777984

⑤ 29.530593
3.777984
25.752609

⑥ 50.335
14.881582
35.453418

50.335
25.752609
24.582391
59.061186
83.643577
60
23.643577

23.643577
59.061186
22.704763

⑦ 865624.725
25.72609
598.99809
865650.45109
13.0205
865637.43059

⑧ 27.5546
9.6716
17.883
7.903972
25.786972
13.7773
12.009672

422.990
275.546
147.4445
137.7730
9.6716

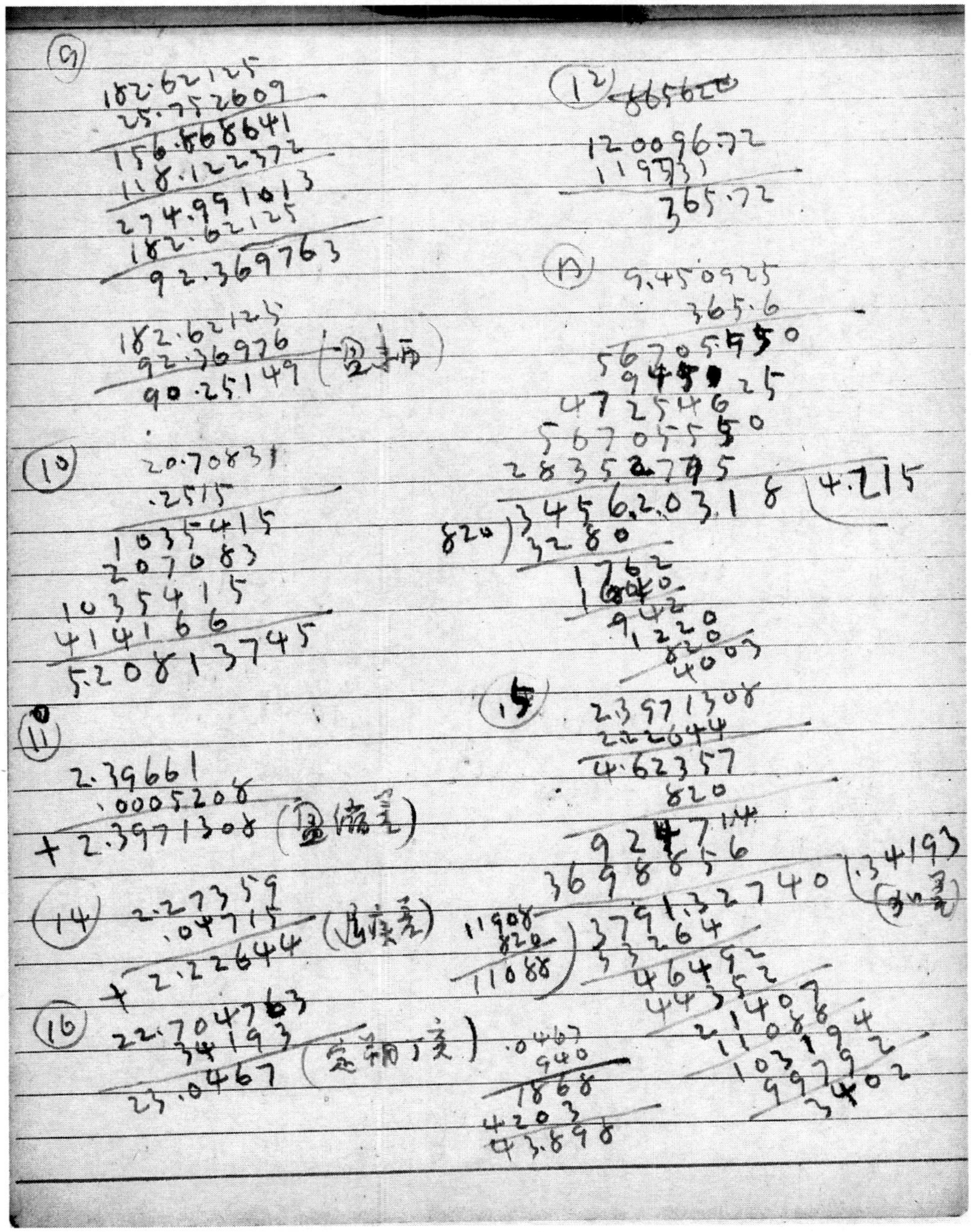

⑨

182.62125
25.752609
156.868641
118.122372
274.991013
182.62125
92.369763

182.62125
92.36976
90.25149 ([illegible])

⑩

20.70831
.2515
1035415
207083
1035415
414166
5.208137745

⑪

2.39661
.0005208
+2.3971308 ([illegible])

⑭

2.27359
.04715
+2.22644 ([illegible])

⑯

22.70476
34193
23.0467 ([illegible])

⑫

12.009672
11.9931
365.72

⑬

9.450925
365.6
56705550
9450925
47254625
56705550
28352775
3456.2031 8 | 4.215
820
3280
1762
1640
1220
820
4003

⑮

2.3971308
2.22644
4.62357
820
9247.14

369883 2740 | .34193
11908
820
11088

.0467
940
1868
4203
43.898

(三十一) 推孝王元年实日定朔
(909)

①
1280
909
2189

②
365.2425
2189
3287 1825
29 219400
36 52425
73 04850
799515.8325
55.06
60⌊799460.7725
13324
余20.7725

③
60
20.7725
39.2275 (丙寅实日)

④
799515.8325
20.2085
799495.6275
(治朔实之) 59061186
208883.767
206714151
2169.61650
206714151
102.474990
88.591779
13.883211

⑤
39530593
13.883211
15.647382 (闰余)

⑥
39.2275
15.647382
23.580118
59.061186
22.641304 (实日定朔丙戌)

⑦
799515.8325
15.647382
799531.479882
13.0205
799518.459382
(治转经实之) 551092
248426.4
2479914
435.059
275546
159.5133
1377730
21.7403

⑧
27.5546
21.7403
5.8143
12.2
116246
116246
58143
70.93606

⑨
5.8143
3.951986 (疾分)
9.766286
12.2
19532572
19532572
9766286
119.1486892 (眺朔)

接下 (四十八)

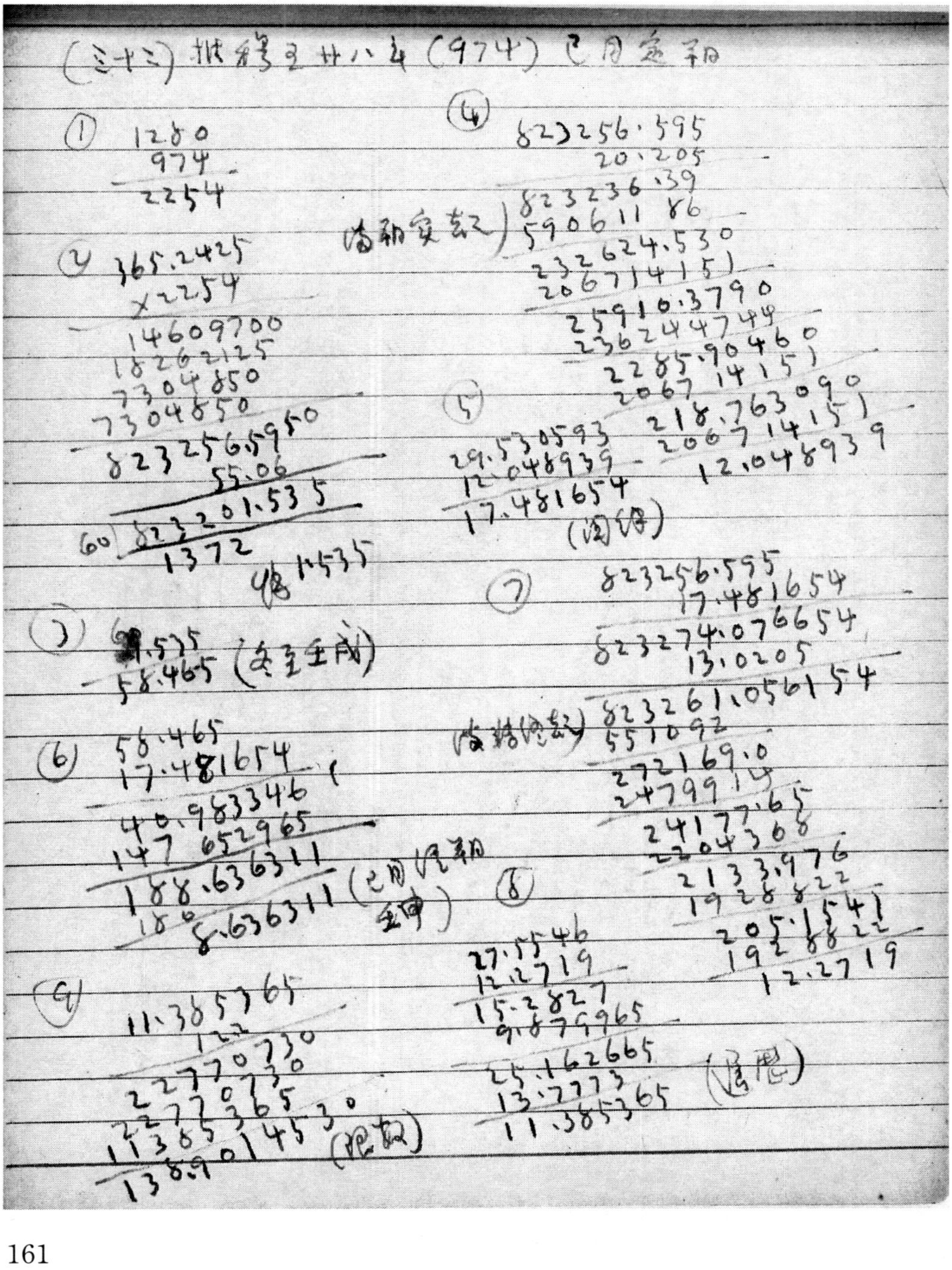

(三十三) (974)
① 1280
974
2254
② 365.2425
×2254
14609700
18262125
7304850
7304850
823256.5950
55.06
60 823201.535
1372
③ 58.465
④ 823256.595
20.205
823236.39
590611 86
232624.530
206714151
25910.3790
23624474
2285.9046
2067 14151
218.763090
2067 14151
12.048939
⑤ 29.530593
12.048939
17.481654
⑥ 58.465
17.481654
40.983346
147 652965
188.636311
⑦ 823256.595
17.481654
823274.076654
13.0205
823261.056154
551092
272169.0
247991
24177.65
220436
21339.76
1928822
205.1541
1928822
12.2719
⑧ 27.5546
12.2719
15.2827
9.879965
25.162665
13.7773
11.385365
⑨ 11.385365
2277073
138.9

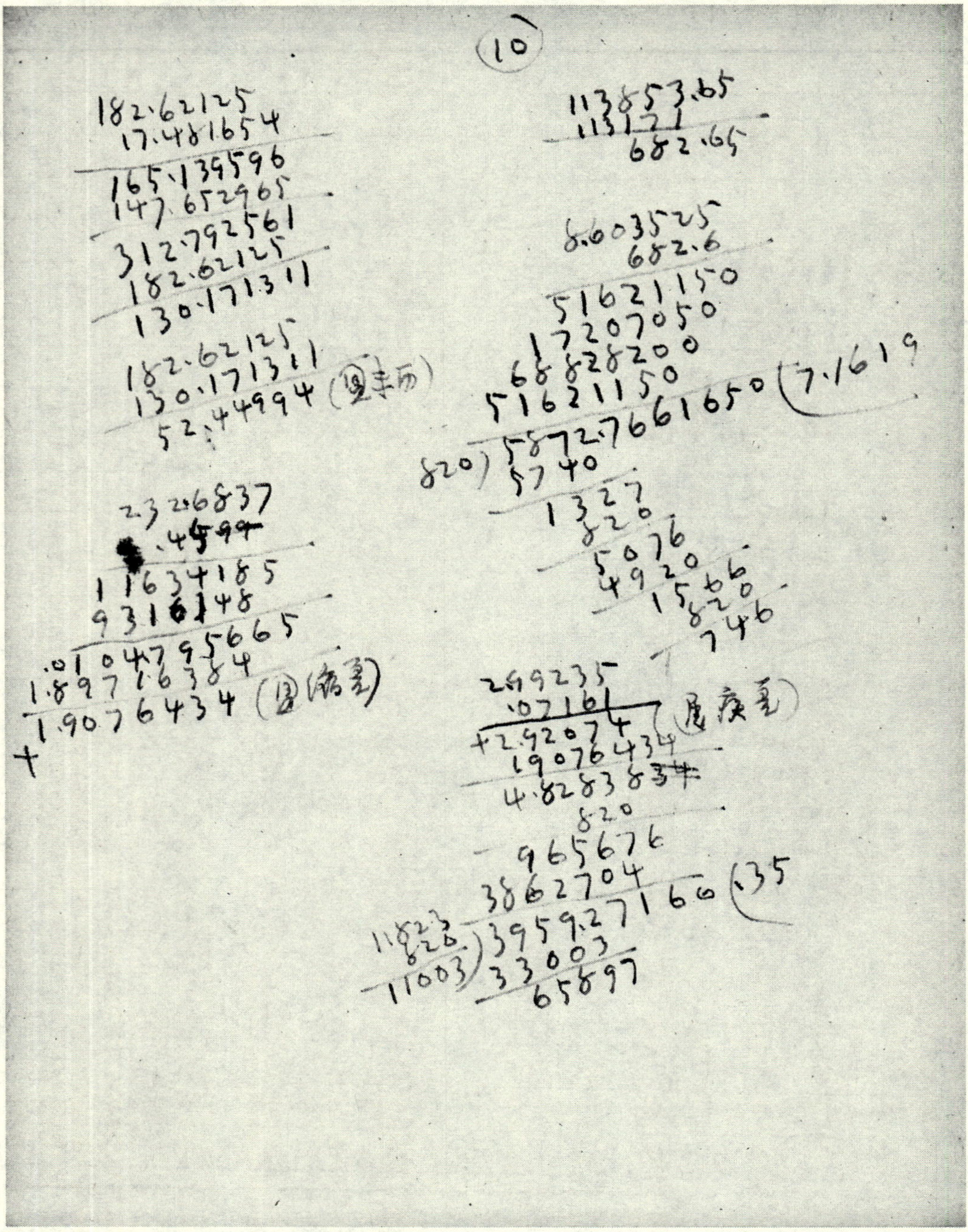
10
182.62125
17.481654
165.139596
147.652965
312.792561
182.62125
130.171311
182.62125
130.171311
52.44994
2.32.6837
1163 4185
1.897 16384
1.9076434
113853.65
682.65
8.603525
682.6
51621150
68828200
7.1619
820)
5740
1327
820
5076
4920
746
299235
.07161
19076434
4.82838
965676
3862704
.135
11823
820
11003)
33003
65897

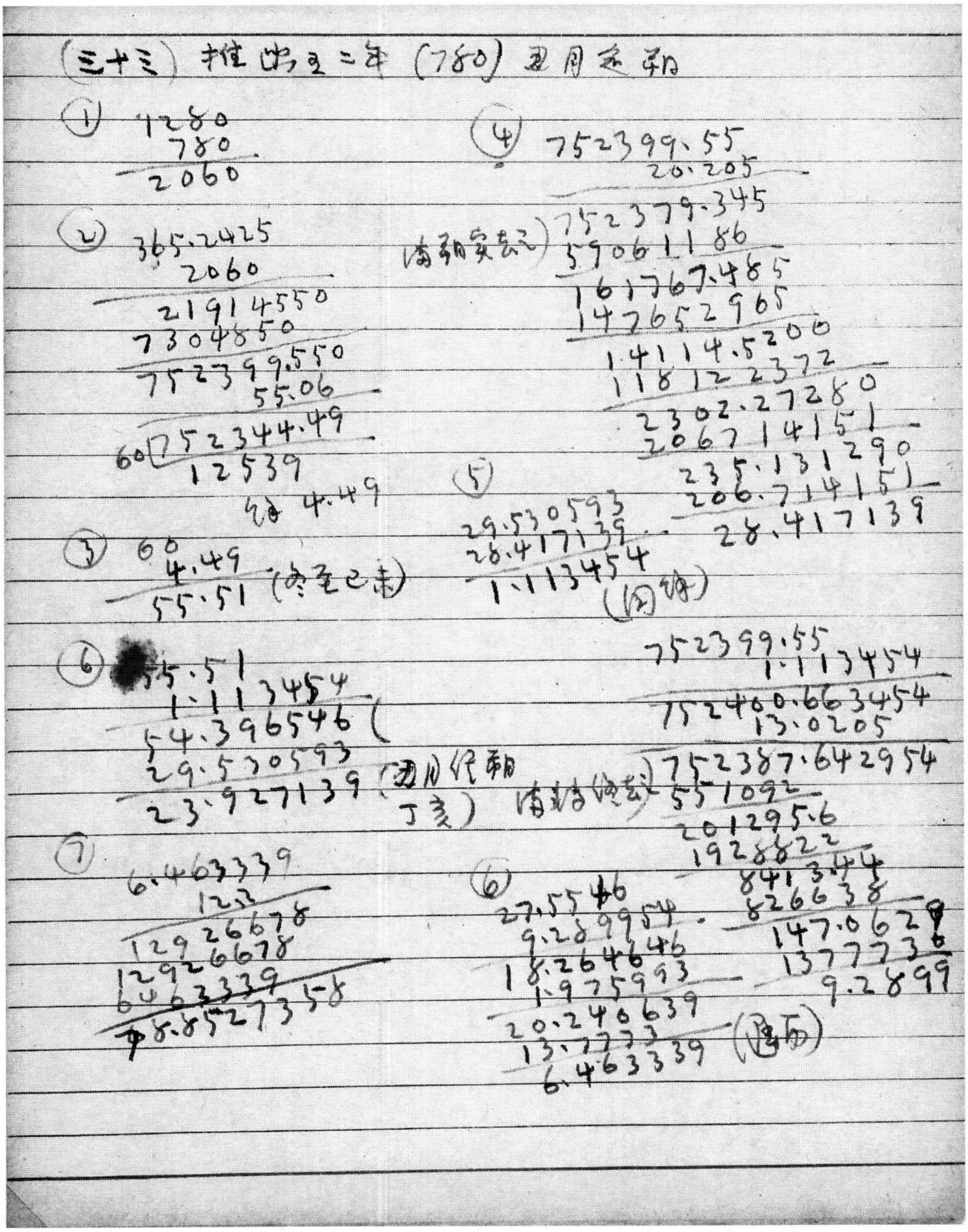

(三十三) 推建中二年(780)正月定朔

① 1280
780
2060

② 365.2425
2060
21914550
7304850
752399.550
55.06
60 | 752344.49
12539
余 4.49

③ 60
4.49
55.51 (冬至己未)

④ 752399.55
20.205
752379.345
(通朔实数) 590611.86
161767.485
147652.965
14114.5200
11812.2372
2302.27280
2067.14151
235.131290
206.714151
28.417139

⑤ 29.530593
28.417139
1.113454
(闰余)

752399.55
1.113454
752400.663454
13.0205
752387.642954
(通积余数) 551092
201295.6
192882.2
8413.44
8266.38
147.0628
137.7736
9.2899

⑥ 55.51
1.113454
54.396546 (
29.530593
23.927139 (正月经朔丁亥)

⑥ 27.5546
9.289954
18.264646
1.975993
20.240639
13.7773
6.463339 (迟历)

⑦ 6.463339
12.3
129266678
129266678
1292666778
6463339
79.8527358

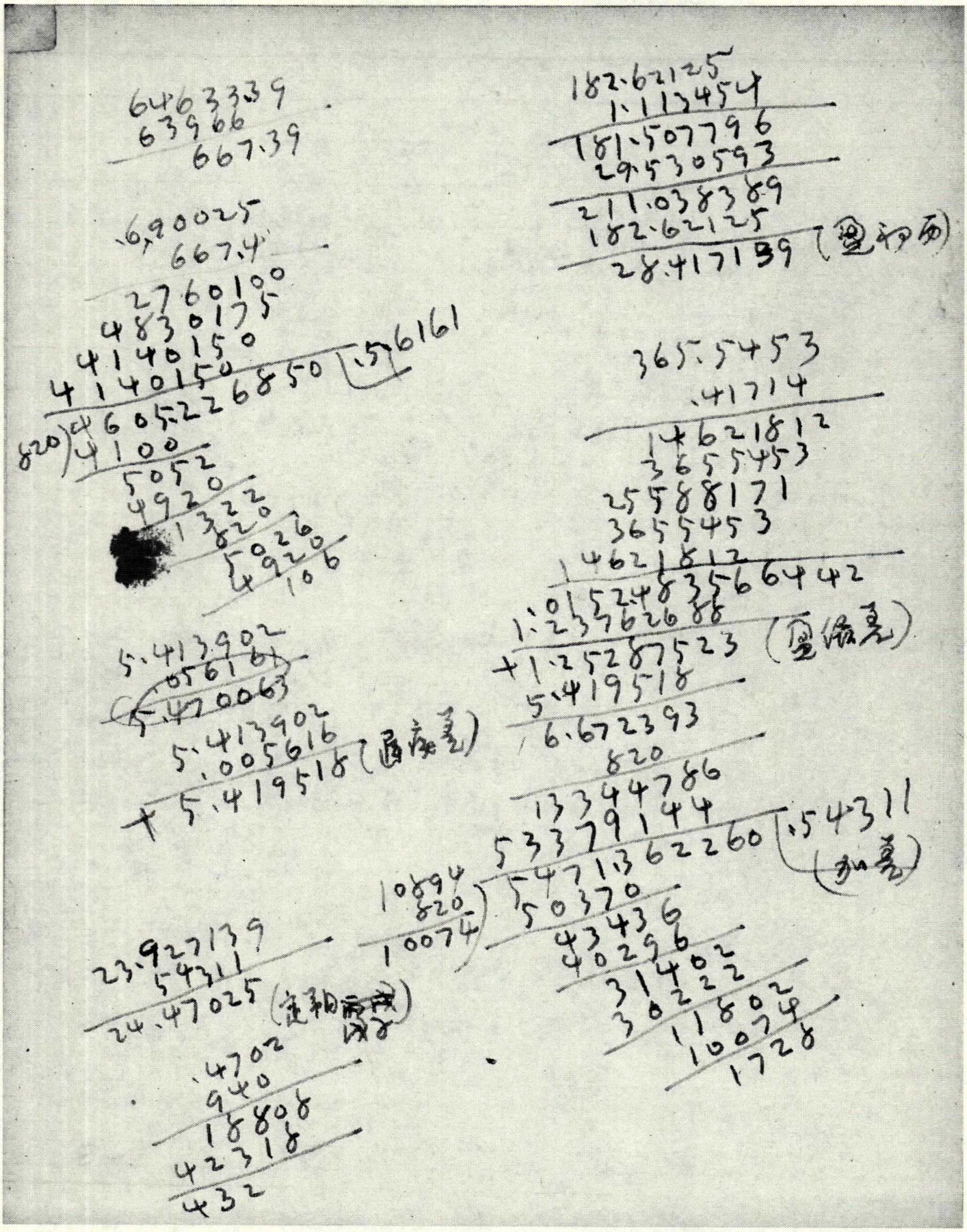
6463339
63966
667.39

6.90025
667.4
2760100
4830175
4140150
4140150
820)4605226850 (.56161
4100
5052
4920
1322
820
5026
4920
106

5.413902
.056161
5.470063
5.413902
.005616
+5.419518 (通度差)

23.927139
.54311
24.47025 (定朔度)
.4702
940
18808
42318
432

182.62125
1.113454
181.507796
29.530593
211.038389
182.62125
28.417139 (盈初度)

365.5453
.41714
14621812
3655453
25588171
3655453
14621812
152483564442
1.23762688
+1.252875523 (盈缩差)
5.419518
6.672393
820
13344786
53379144
5471362260 (.54311 (加差)
50370
43436
40296
31402
30222
11802
10074
1728

10894
820
10074

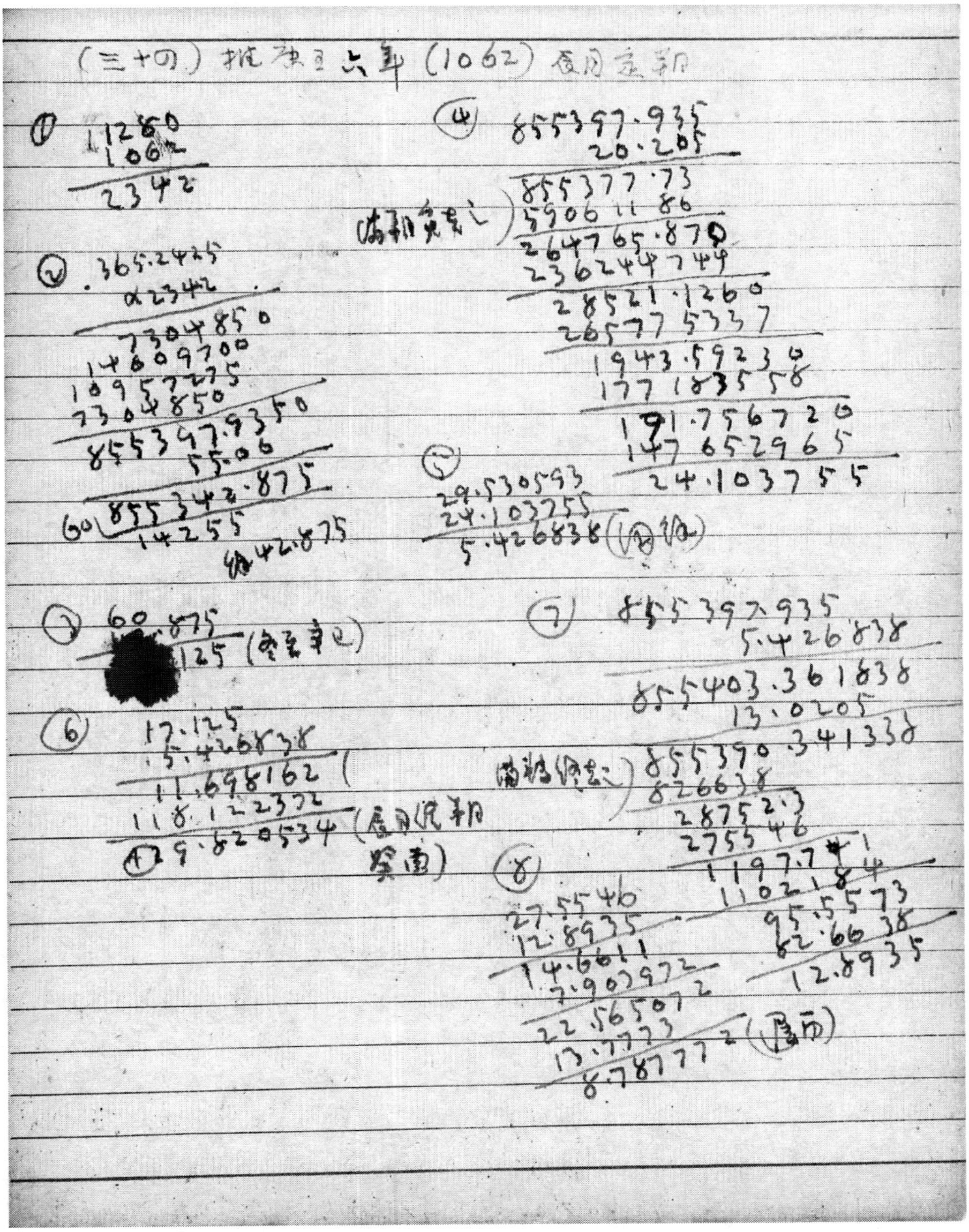
（三十四）
(1062)
① 1280
1062
2342
② 365.2425
2342
7304850
14609700
10957275
7304850
855397.9350
55.06
855342.875
14255
42.875
④ 855397.935
20.205
855377.73
28521.1260
1943.59230
191.756720
147.652965
24.103755
⑤ 29.530593
24.103755
5.426838
⑥ 17.125
5.426838
11.698162
118.122372
129.820534
⑦ 855397.935
5.426838
855403.361838
13.0205
855390.341338
⑧ 27.5546
12.8935
14.6611
22.565072
8.78777
95.5573
82.6638
12.8935

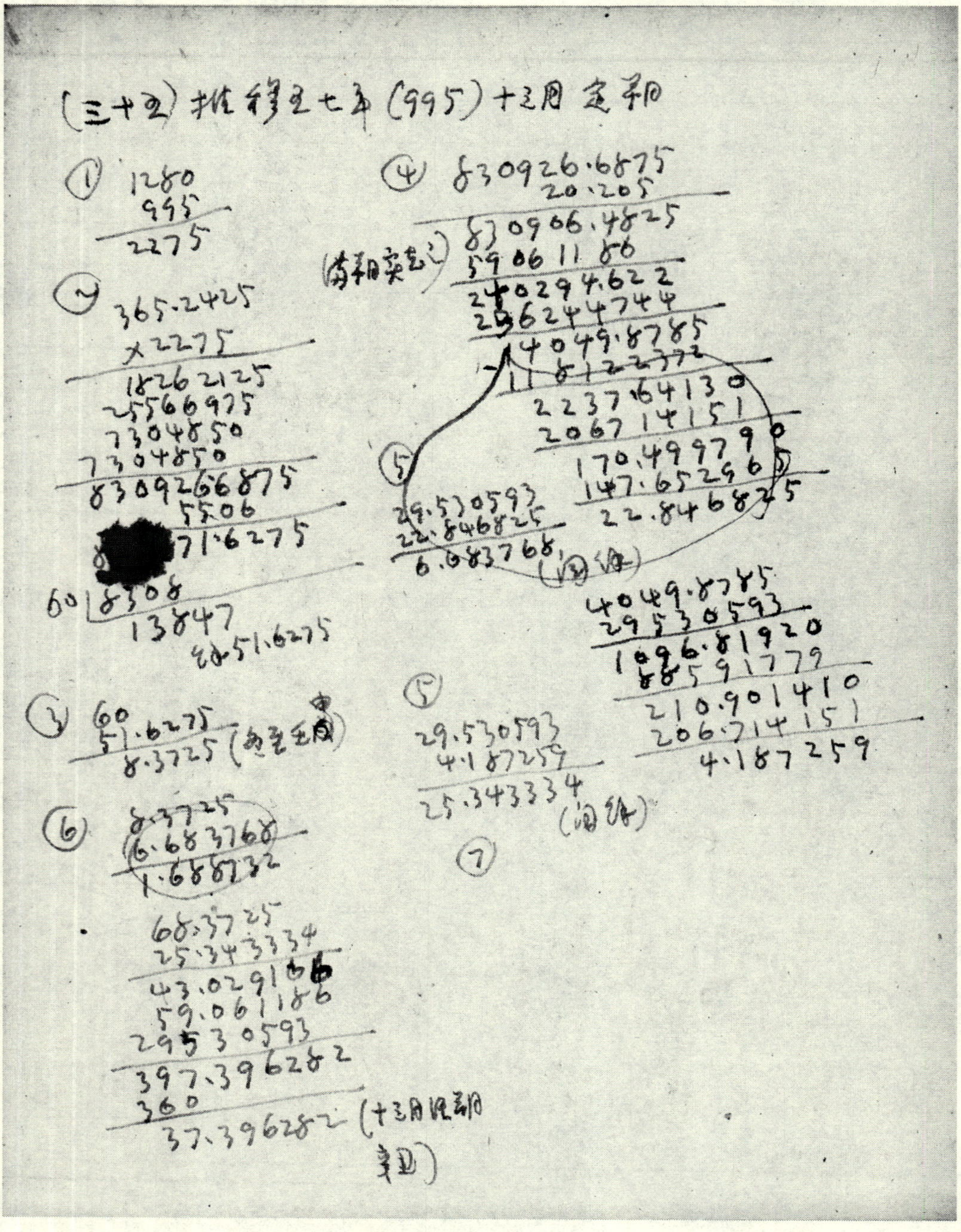

（三十五）
（995）
① 1280 995 2275
② 365.2425 ×2275 1826 2125 2556 6975 730 4850 730 4850 830 926 6875 5506
13847
③ 60 51.6275 8.3725
④ 830926.6875 20.205 830906.4825 590611.86 240294.622 236244744 4049.8785
2237.64130 2067.14151 170.499790 147.652965 22.846825
⑤ 29.530593 22.846825 6.683768
4049.8785 2953.0593 1096.81920 885.91779 210.901410 206.714151 4.187259
⑤ 29.530593 4.187259 25.343334
⑥ 8.3725 6.683768 1.688732
68.3725 25.343334 43.029166 59.061186 29.530593 397.396282 360 37.396282
⑦

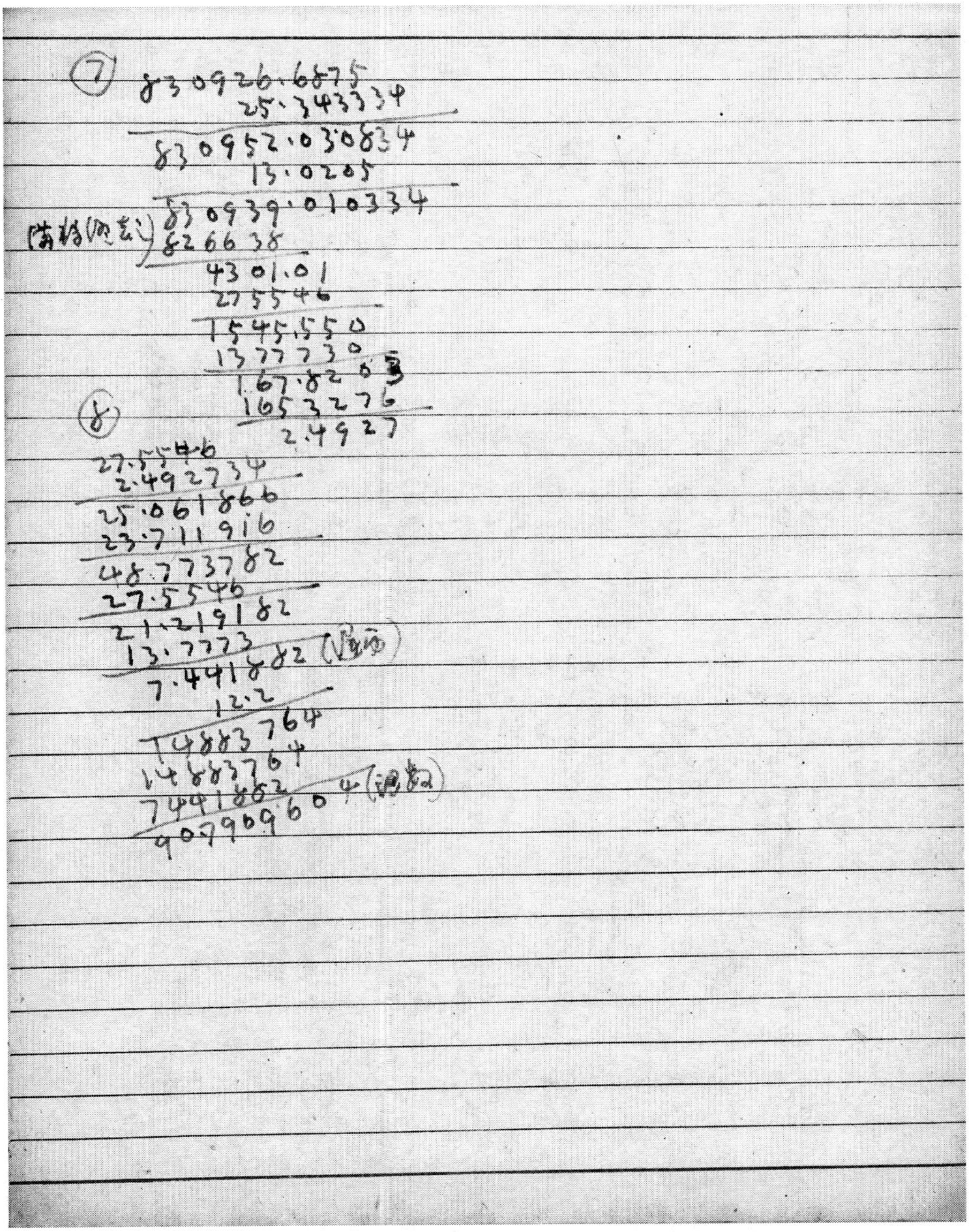

⑦ 830926.6875
25.343334
830952.030834
13.0205
830939.010334
[illegible] 826638
4301.01
27.5546
1545.550
1377.730
167.8205
165.3276
2.4927

⑧
27.5546
2.492734
25.061866
23.711916
48.773782
27.5546
21.219182
13.7773
7.441882 ([illegible])
12.2
14883764
14883764
7441882
90790960.4 ([illegible])

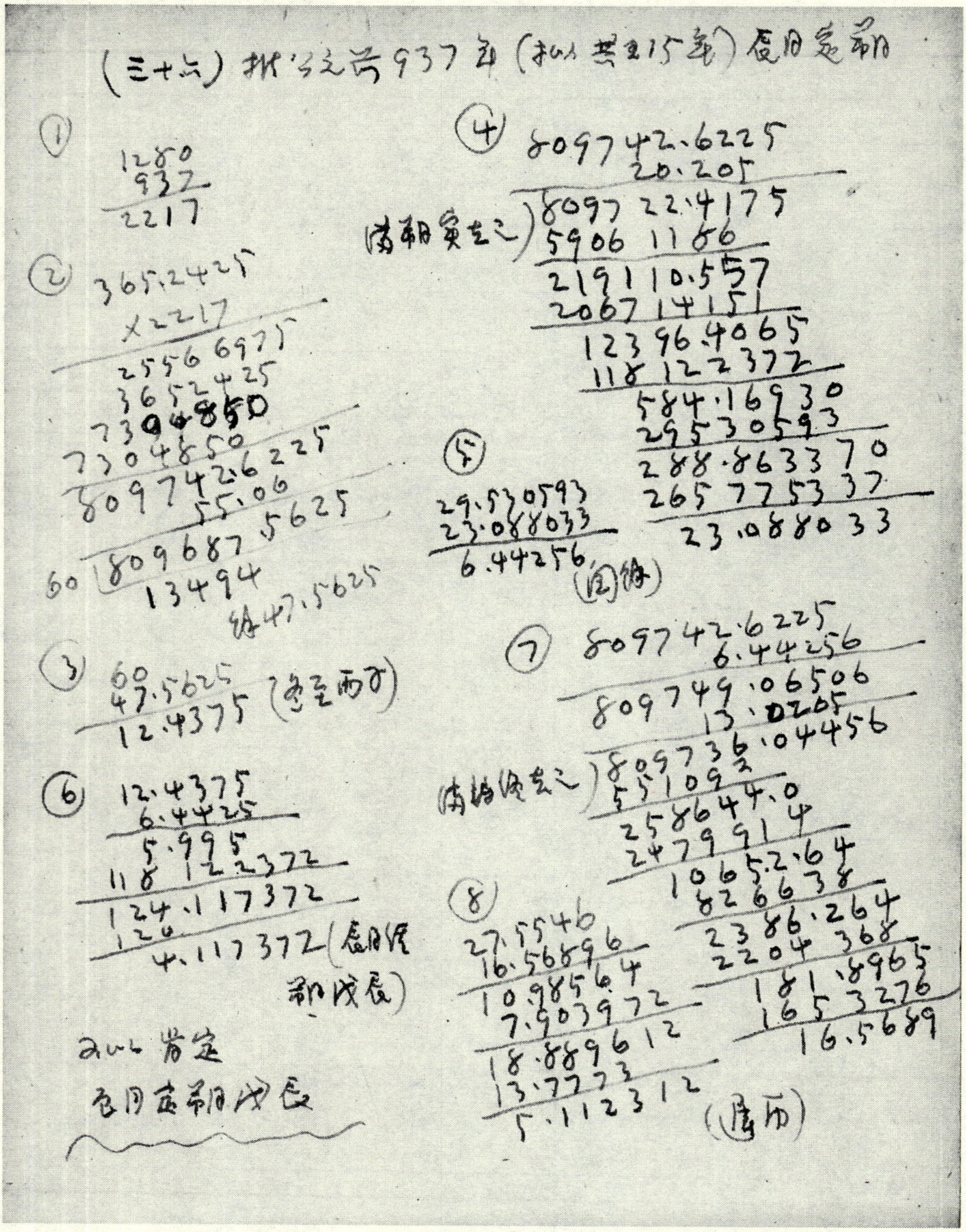

（三十六）推公元前937年（穆王15年）历日定朔

① 1280 − 937 = 2217

② 365.2425
×2217
25566975
3652425
7304850
7304850
809742.6225
55.06
809687.5625
60）809687.5625
13494
余47.5625

③ 60 − 47.5625 = 12.4375（冬至丙子）

④ 809742.6225
20.205
满朔实去之）809722.4175
590611.66
219110.557
206714.151
12396.4065
118122372
584.16930
295.30593
288.86337
265.77534
23.088033

⑤ 29.530593
23.088033
6.44256（周历）

⑥ 12.4375
6.4425
5.995
118122372
124.117372
124
4.117372（历日距朔戊辰）

⑦ 809742.6225
6.44256
809749.06506
13.0205
满朔望去之）809736.04456
551092
258644.0
247991.4
10652.64
82663.8
2386.264
2204.368
181.8965
165.3276
16.5689

⑧ 27.5546
16.56896
10.98564
7.903972
18.889612
13.7773
5.112312（殷历）

以上肯定
历日在朔戊辰

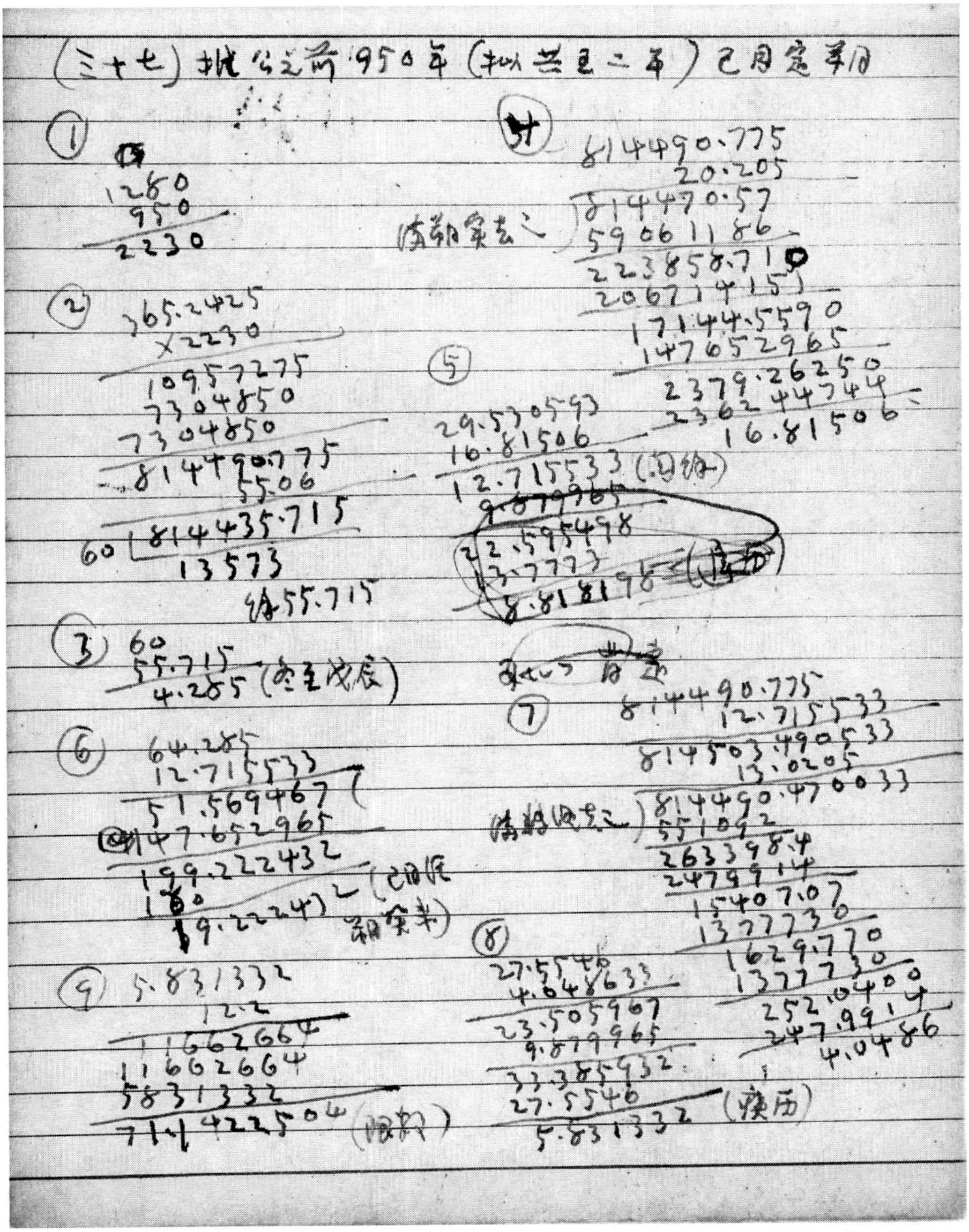
（三十七）推公元前950年（拟共王二年）
① 1280 950 2230
② 365.2425 ×2230
814490.775
20.205
814470.57
171445590
1476529 65
2379.26250
16.81506
29.530593
12.715533
814490.775
12.715533
④ 64.285
12.715533
51.569467
5.831332
27.5546
23.505967
9.879965
5.831332

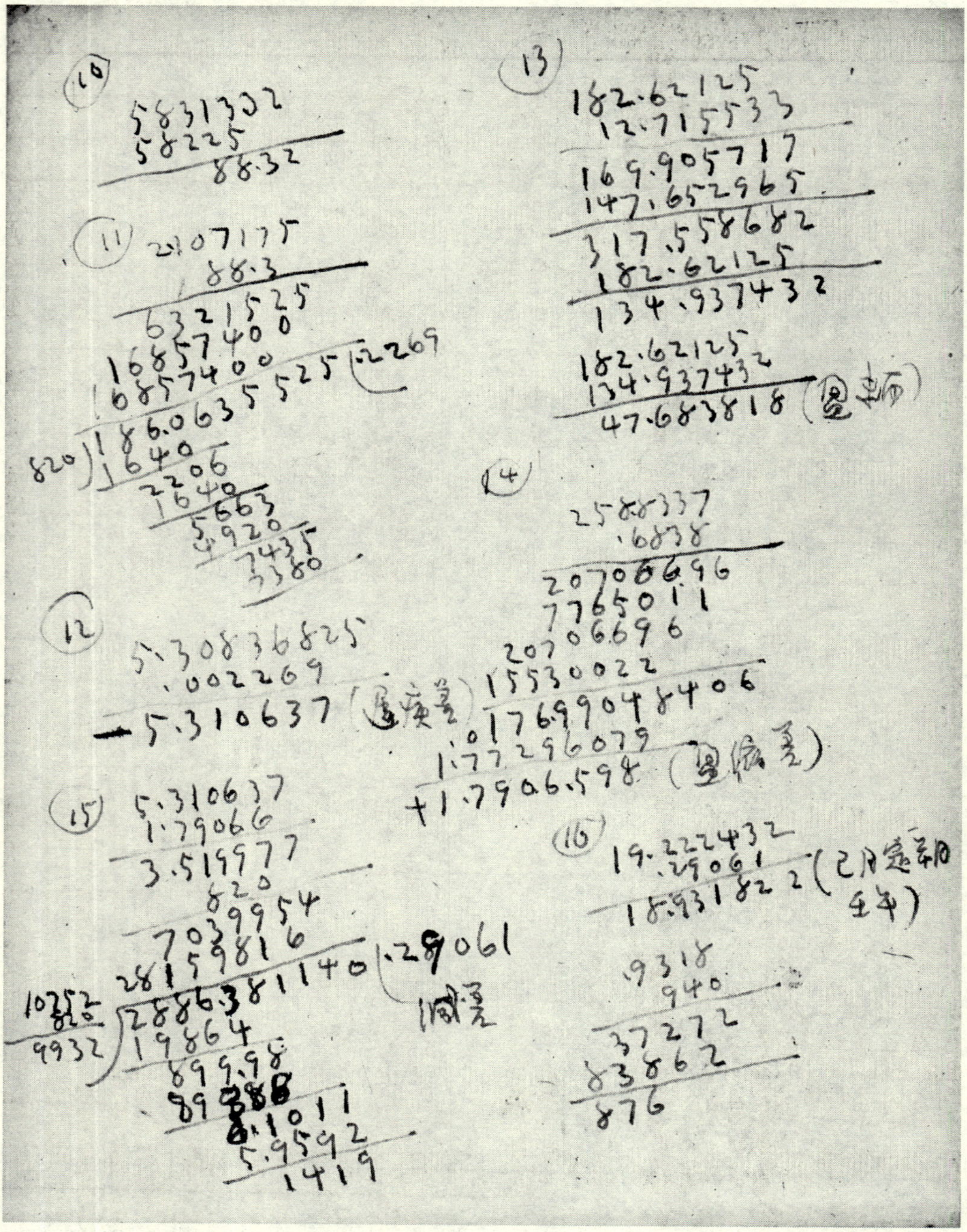

(10)
5831332
58225
88.32

(11)
2.07175
88.3
6321525
16857400
16857400
186.0635525 (.2269
820) 1640
2206
1640
5663
4920
7435
7380

(12)
5.30836825
.002269
—5.310637 (逐度差)

(13)
182.62125
12.715533
169.905717
147.652965
317.558682
182.62125
134.937432
182.62125
134.937432
47.683818 (圓輔)

(14)
2588337
.6838
20706696
7765011
20706696
15530022
176.99048406
.0176904
1.77296079
+1.7906598 (圓縮差)

(15)
5.310637
1.79066
3.519977
820
8399954
7039954
28159816
288.6381140 (.29061
10352
820
9932) 288.63
19864
89998
89388
81011
59592
1419
(減差)

(16)
19.222432
.29061
18.931822 (已月遠朔平率)
.9318
940
37272
83862
876

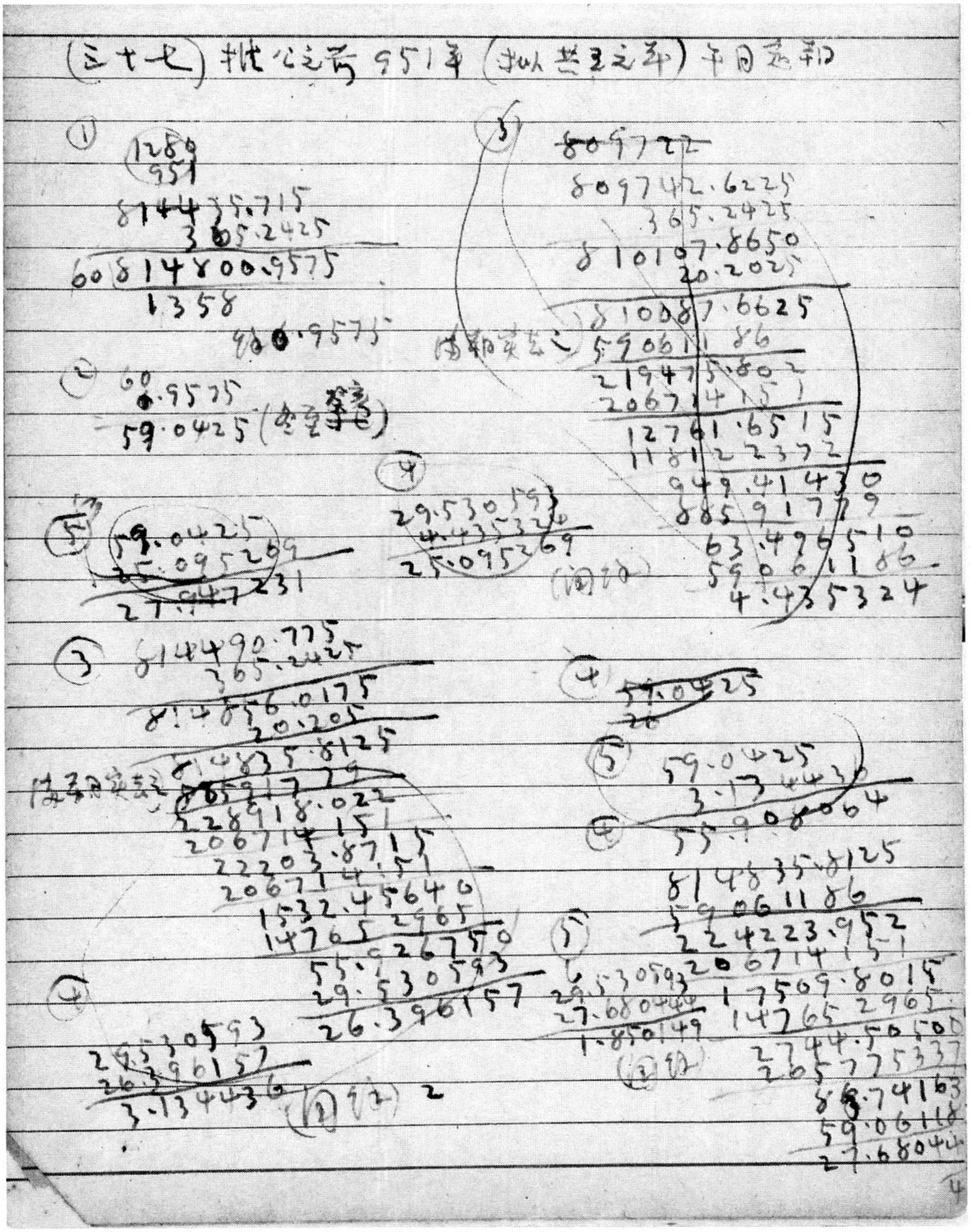
(三十七) 推公元前951年（拟共王元年）干日关系
①
1289
951
814435.715
365.2425
60 814800.9575
1358
60.9575
②
60
0.9575
59.0425
③
814490.775
365.2425
814856.0175
20.205
814835.8125
④
29.530593
26.396157
3.134436
⑤
809742.6225
365.2425
810107.8650
20.2025
810087.6625
59061186
12761.6515
949.41430
63.496510
59.061186
4.435324
⑤
59.0425
3.174430
814835.8125
59061186
224223.952
17509.8015
14765.2965
2744.5050
2657.75337
59.06118
27.68044

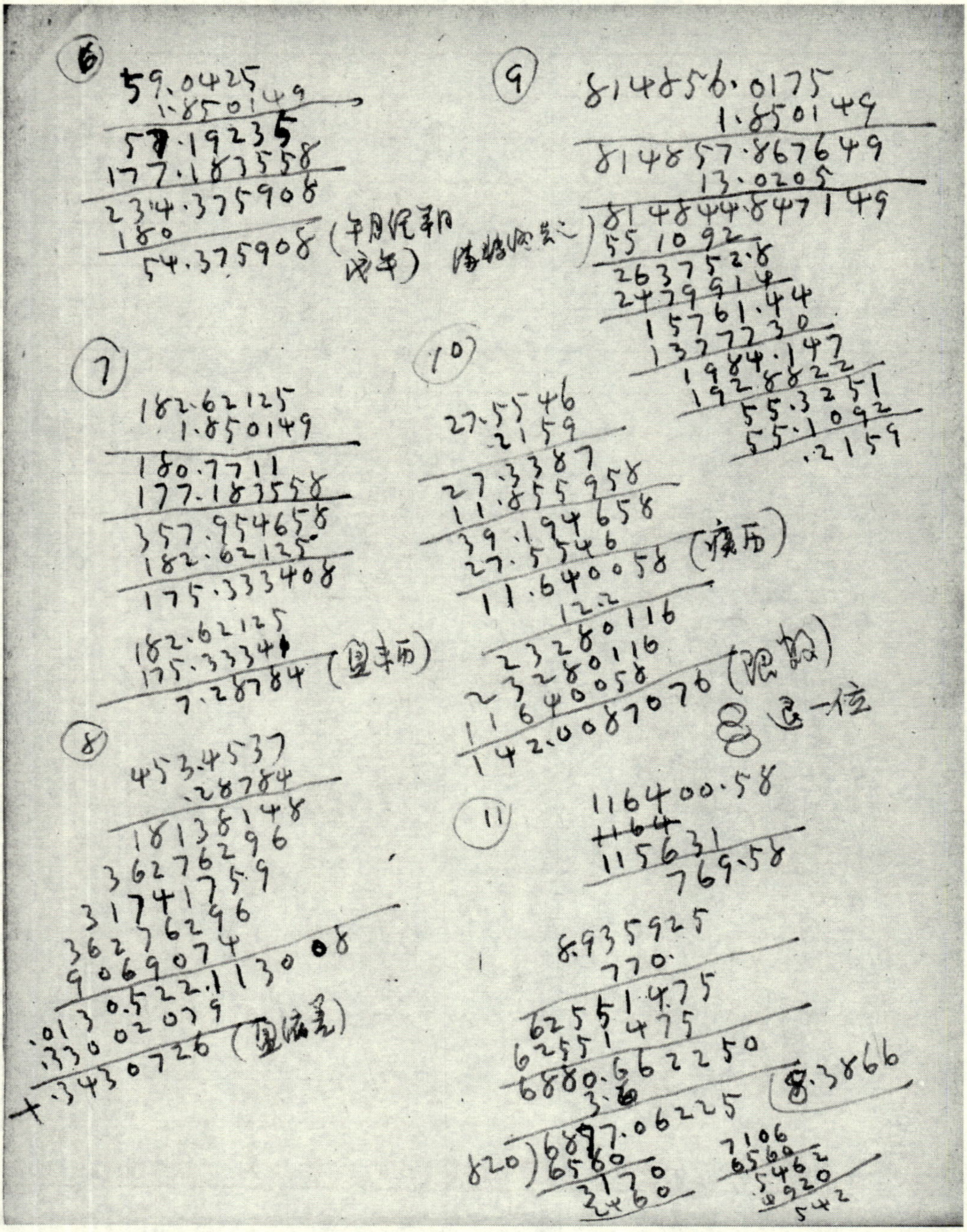
⑥
59.0425
1.850149
57.19235
177.183558
234.375908
180
54.375908 ([illegible])
⑨
814856.0175
1.850149
814857.867649
13.0205
814844.847149
55 1092
263752.8
247991.4
15761.44
1337730
1984.142
1928822
55.3251
55.1092
.2159
⑦
182.62125
1.850149
180.7711
177.183558
357.954658
182.62125
175.333408
182.62125
175.33341
7.28784 ([illegible])
⑩
27.5546
.2159
27.3387
11.855958
39.194658
27.5546
11.640058 ([illegible])
12.2
23280116
23280116
11640058
142.0087076 ([illegible])
8 退一位
⑧
453.4537
.28784
18138148
36276296
31741759
36276296
9069074
130.5222113008
.01330 02079
.3430726 ([illegible])
⑪
116400.58
1164
115631
769.58
8.935925
770
62551475
62551475
6880.662250
6887.06225
8.3866
820) 6887
6560
3270
2460
7106
6560
5462
4920
542

(12)

2.73088125
.083866
— 2.647015 (盈度差)

(13)

2.647015
.340726
2.306289
820
46125778
18450312
189.1156980 20555 (减差)
18498
51356
46245
51119
46245
4874

10064
820
9244

(14)

54.375908
20555
54.170358 (中间定积或年)

1704
940
6816
15336
1600

940
160
780

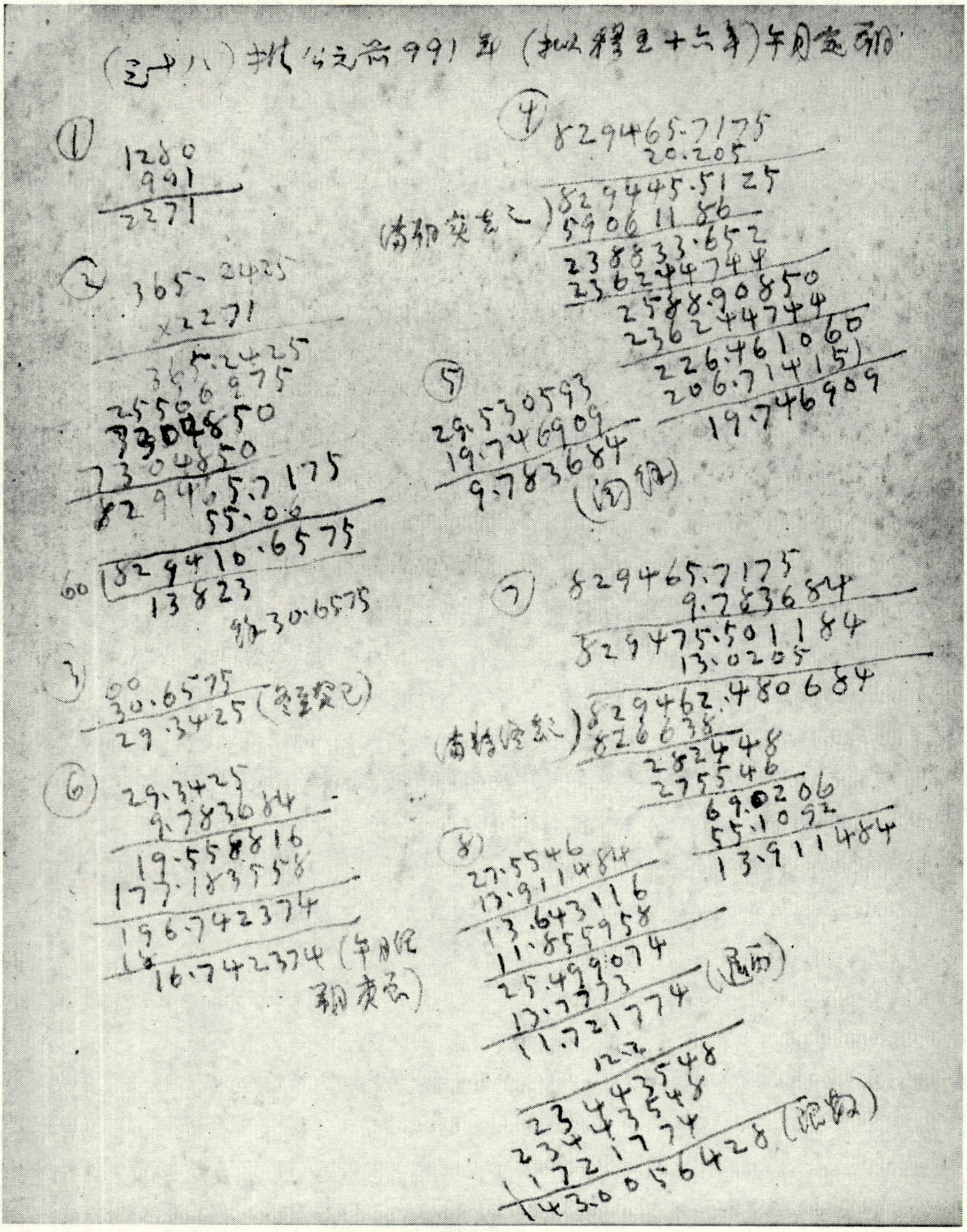
（三十八）推公元前991年（拟穆王十六年）年月定朔
①
1280
991
2271
②
365.2425
×2271
365.2425
2556.6975
730.4850
829465.7175
55.06
829410.6575
60
13823
余30.6575
③
30.6575
29.3425
⑥
29.3425
9.783684
19.558816
177.183558
196.742374
16.742374
④
829465.7175
20.205
829445.5125
甫朔实差之
590611.86
238833.652
236244744
2588.90850
2362.44744
226.461060
206.71415
19.746909
⑤
29.530593
19.746909
9.783684
（闰余）
⑦
829465.7175
9.783684
829475.501184
13.0205
829462.480684
甫转余数
826638
2824.48
2755.46
69.0206
55.1092
13.911484
⑧
27.5546
13.911484
13.643116
11.855958
25.499074
13.7773
11.721774
（入历）
234.43548
234.43548
11.721774
143.056428
（日数）

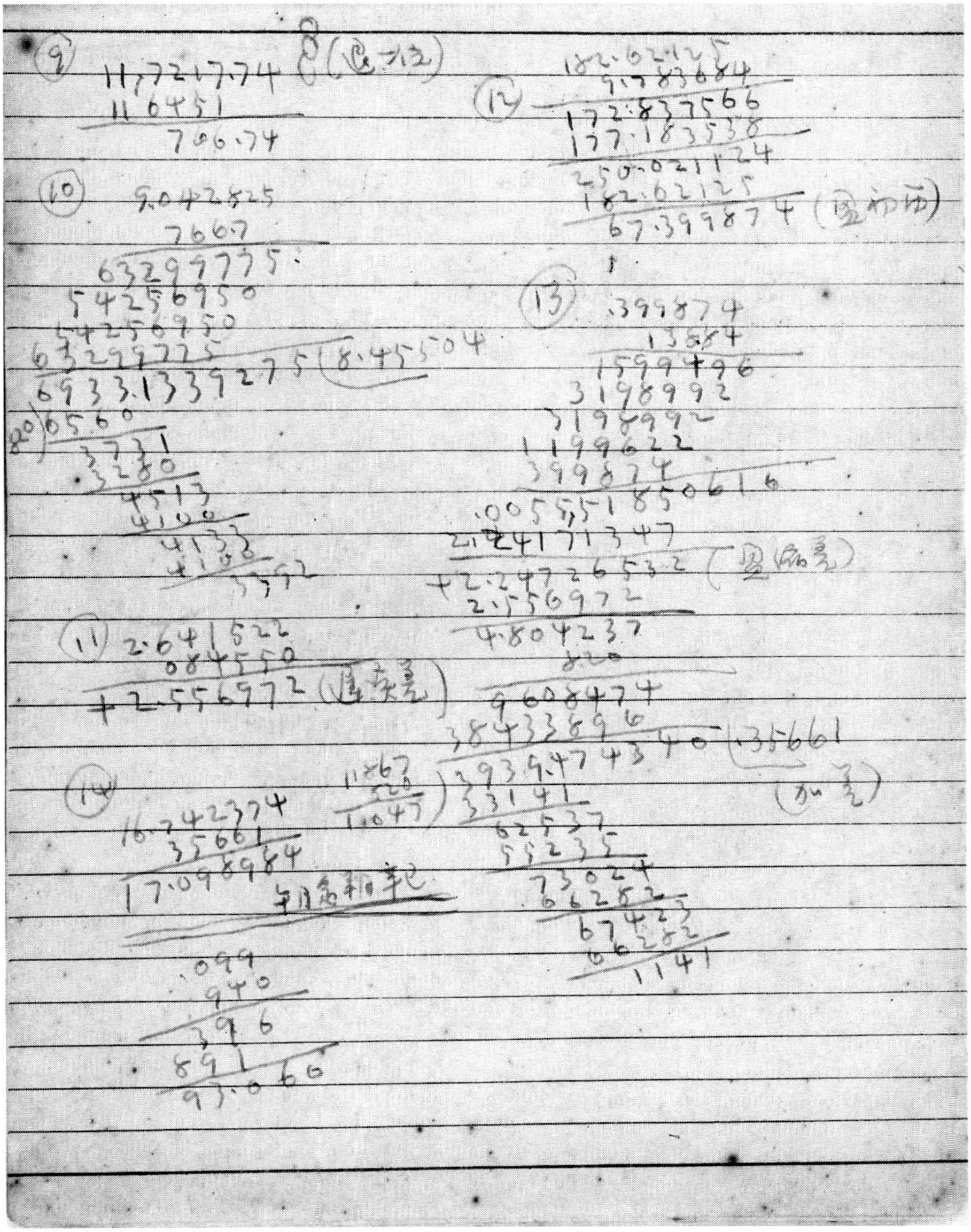

⑨ 11.721774 8（過十位）
116451
706.74

⑩ 9.042825
7667
63299775
54256950
54256950
63299775
6933.1339275（8.45504

80）0560
3731
3280
4513
4100
4133
4100
3772

⑪ 2.641522
084550
+2.556972（過毫）

⑫ 182.62125
9.783684
172.837566
177.183538
250.021124
182.62125
67.399874（過初兩）

⑬ .399874
13884
1599496
3198992
3198992
1199622
399874
5551850616
.005551850616
2.1241171347
+2.247726532（過毫）
2.556972
4.804237
820
9608474
38433896
393.9474340（.35661
（加毫）

1.867
820
1.047）393.9474
33141
62537
55233
73024
66282
67423
66282
1141

⑭ 16.742374
35661
17.098984
（朝高相乾）

.099
940
396
891
93.060

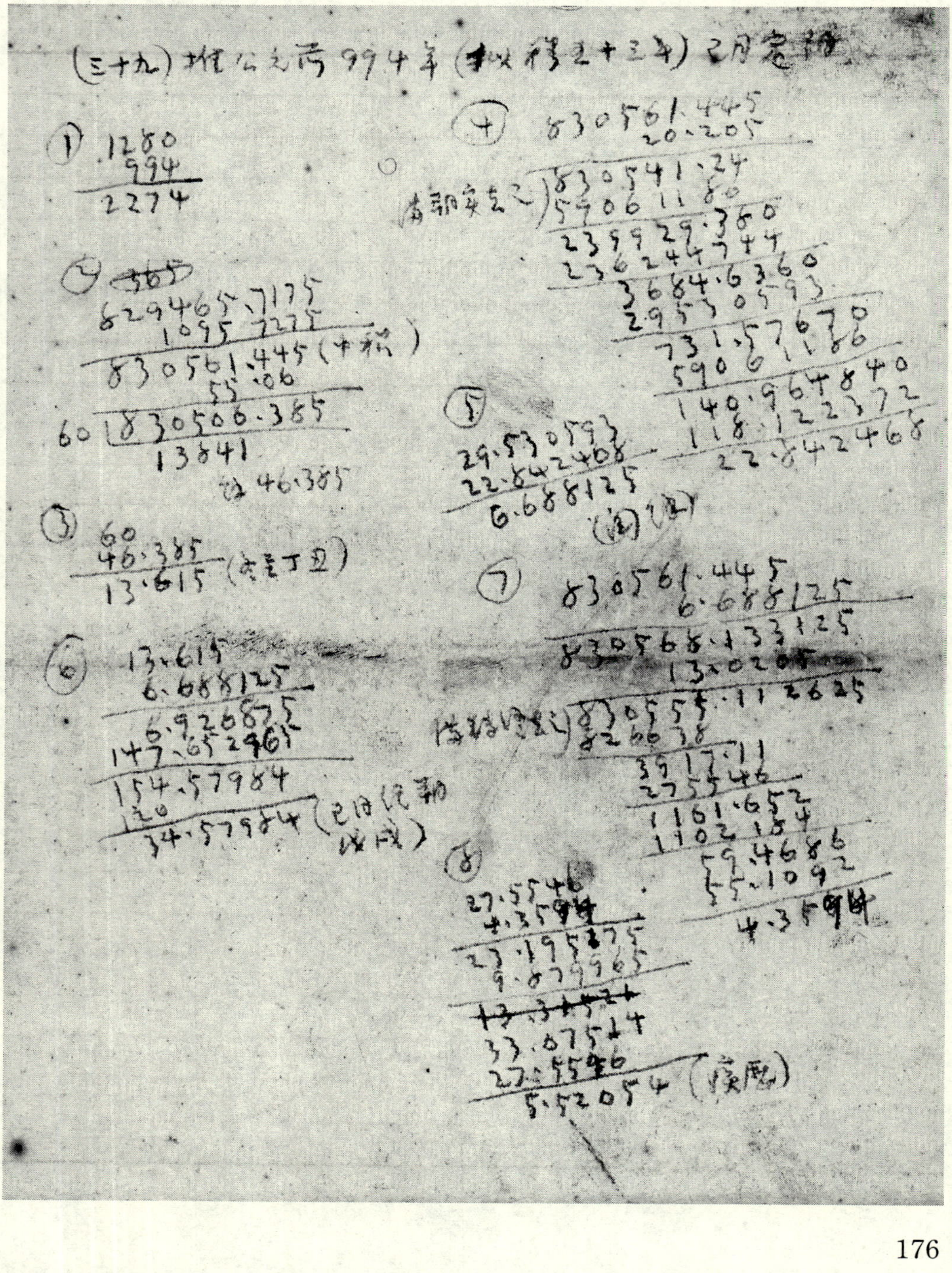

(三十九)推公元前994年(拟穆王十三年)2月定朔

① 1280
994
2274

② 365
629465.7175
1095.7275
830561.445(中积)
55.06
60 | 830506.385
13841
余 46.385

③ 60
46.385
13.615(定丁丑)

⑥ 13.615
6.688125
6.926875
147.652965
154.57984
120
34.57984(己日俨勒)

④ 830561.445
20.205
830541.24
5906118
235929.360
236247744
3684.6360
2955.0593
731.57670
590.61186
140.964840
118.122372
22.842468

⑤ 29.530593
22.842468
6.688125
(闰余)

⑦ 830561.445
6.688125
830568.133125
13.020
830555.112625
8266
3917.11
2755.46
1161.652
1102.184
59.4686
55.1092
4.35

⑧ 27.5546
4.3594
23.19587
9.879965
13.31621
33.07584
27.5546
5.52054(夜度)

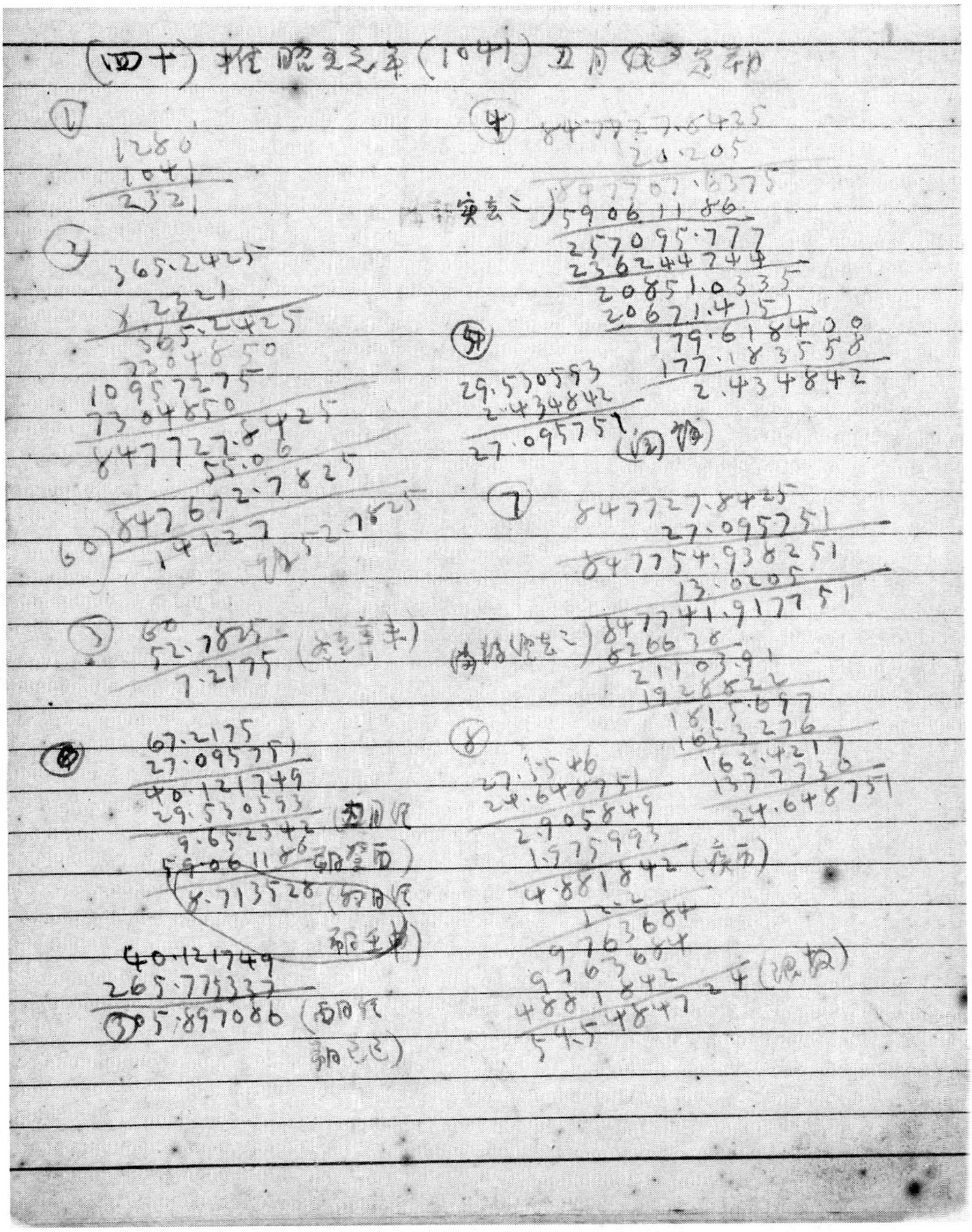

(四十) 推晦望之年(1041)五月……

①
1280
1041
239

②
365.2425
×239
3287.1825
1095.7275
730.4850
87292.9575

③
60
52.7825
7.2175

④
67.2175
27.095751
40.121749
29.530593
9.652342
59.061186
8.713528

40.121749
265.775337
305.897086

④
847727.8425
20.205
847707.6375
590611.86
257095.777
236244744
20851.0335
20671.4151
179.618400
177.183558
2.434842

⑤
29.530593
2.434842
27.095751

⑦
847727.8425
27.095751
847754.938251
13.0205
847741.917751
826638
211039.1
192852
1815.077
1653.276
162.4217
137.7730
24.648751

⑧
27.3546
24.648751
2.705849
1.975993
4.881842
2
9.763684
9763684
4881842
5.454847

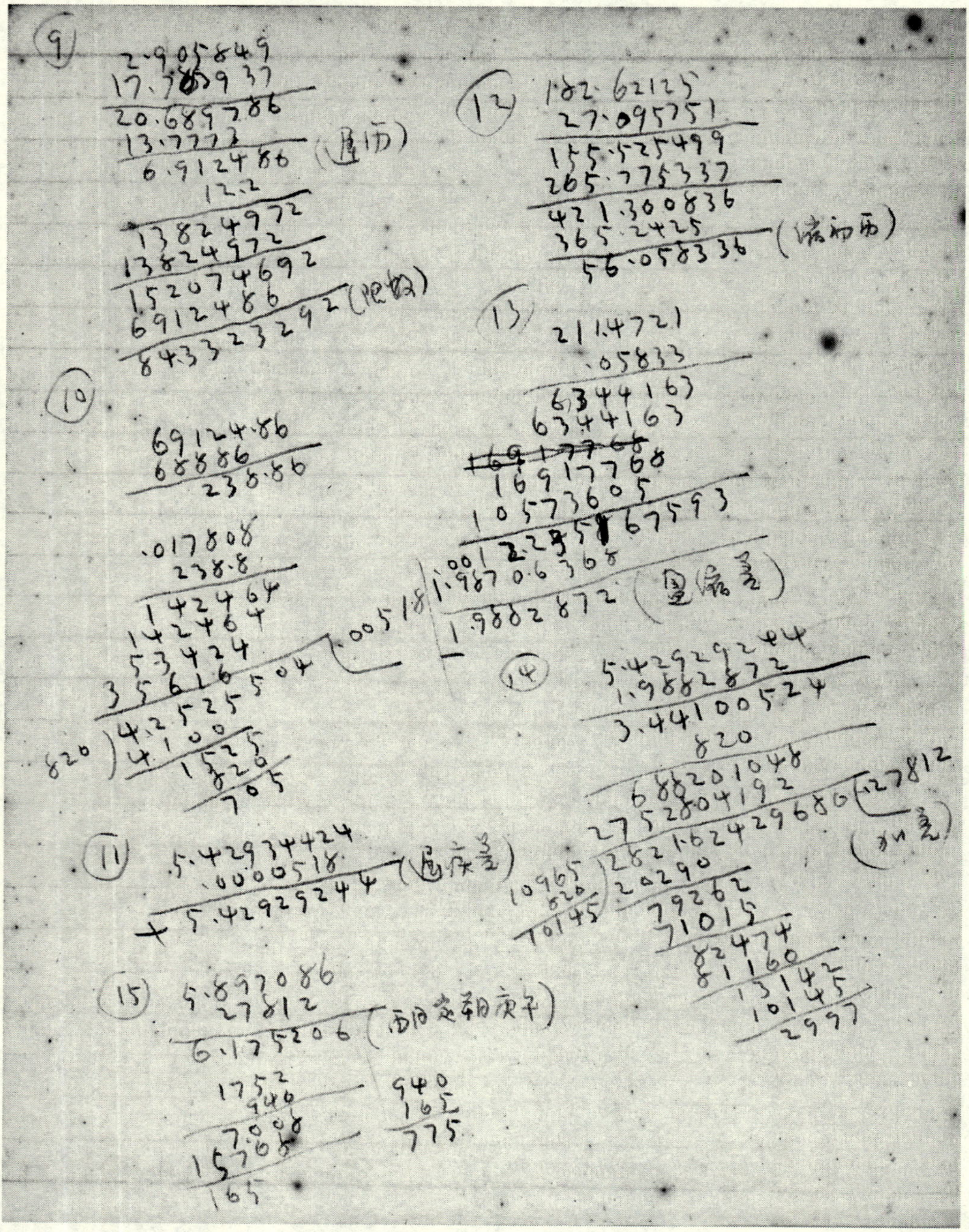

(9)
2.905849
17.783937
20.689786
13.7773
6.912486 (通历)
12.2
13824972
13824972
152074692
6912486
843323292 (距数)

(10)
6912486
68886
23886

.017808
238.8
142464
142464
53424
35616
.00518
4.25255 04
820) 4.25255
4100
1525
820
705

(11)
5.42934424
.00000518
5.42929244 (通余差)

(12)
182.62125
27.095751
155.525499
265.775337
421.300836
365.2425
56.058336 (积初历)

(13)
211.4721
.05833
6344163
6344163
16917768
10573605
1.9870636 8 (通余差)
1.9882872

(14)
5.42929244
1.9882872
3.441005 24
820
6882010 48
2752804192
2821.6242 9680
.27812 (加差)
10965
820
10145

(15)
5.897086
27812
6.175206 (西历元积庚子)

1752
940
7008
15768
165

940
165
775

（四十一）推康定元年（1067）正月定朔

高橋（十七）

①

172.510146
29.530593
202.040739
182.62125
19.419489（宣明历）

2.3679
1.975993
4.343693（庚历）

12.2
86687786
86687786
868343893
4.343
52.99549946（限数）

又以当实正月定

朔甲戌

（四十二）推世宗十六年（931）申月定朔

①

1280
931
2211

②

365.2425
2211
3652425
3652425
7304850
7304850
7304850
807551.1675（中积）
55.06
807496.1075
60 | 807496.1075
13458
余16.1075

③

60
16.1075
43.8925（冬至丁未）

④

807551.1675
20.205
807530.9625

满朔实去之 5906 11 86
216919.102
206714 151
10204.9515
8859.1779
1345.77360
1181.22372
164.549880
147.652965
16.896915

⑤

29.530593
16.896915
12.633678

（闰余）

⑥

43.8925
12.633678
31.258822
236 244744
267.503566
24
27.503566（申月民朔辛卯）

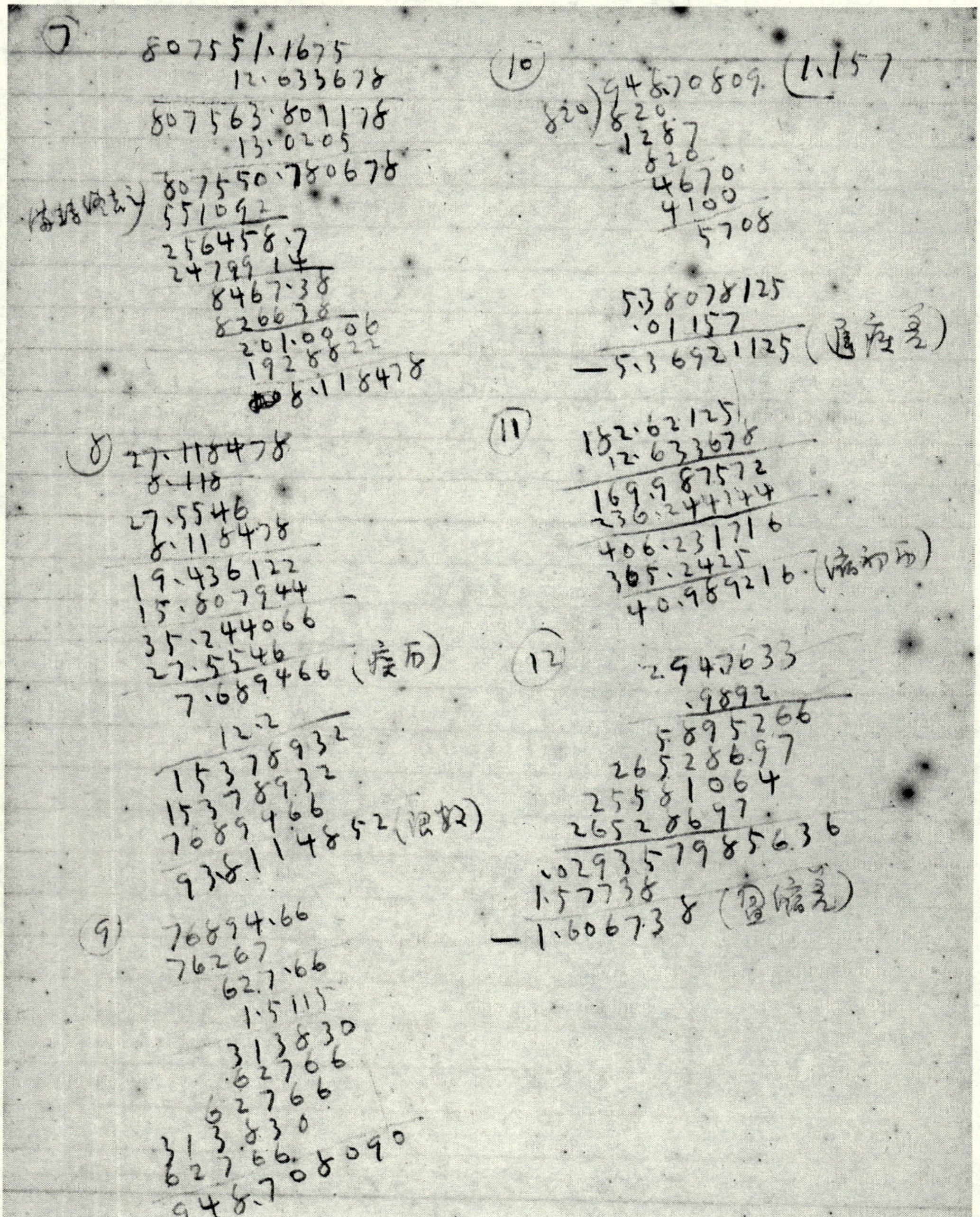

(7)
807551.1675
12.033678
807563.801178
13.0205
807550.780678
[illegible] 807550
551092
256458.7
247991.4
8467.38
8266.38
201.0006
192.8822
8.118478

(8)
27.118478
8.118
27.5546
8.118478
19.436122
15.807944
35.244066
27.5546
7.689466 (疾历)
12.2
15378932
15378932
7689466
11485.2 ([illegible])
938.11

(9)
76894.66
76267
627.66
1.5115
313830
62766
62766
313830
627.66
948.708090

(10)
820)948.70809 (1.157
820
1287
820
4670
4100
5708

5.38078125
.01157
—5.36921125 ([illegible])

(11)
182.62125
12.633678
169.987572
236.244144
406.231716
365.2425
40.989216 ([illegible])

(12)
2.947633
.9892
5.895266
26528697
25581064
26528697
.02935798563.6
1.57738
—1.60673.8 ([illegible])

⑬

5.3692.1125
1.606738
6.969949
820
13939898
55759592
5715.358180 (.571993
(減差)
1012(82) 49960
9993 719.35
69944
19918
9992
99261
89928
93338
89928
3410

⑭

27.503566
.571993
26.931573 (申月定朔
庚寅)

.9315
940
37260
83835
8761

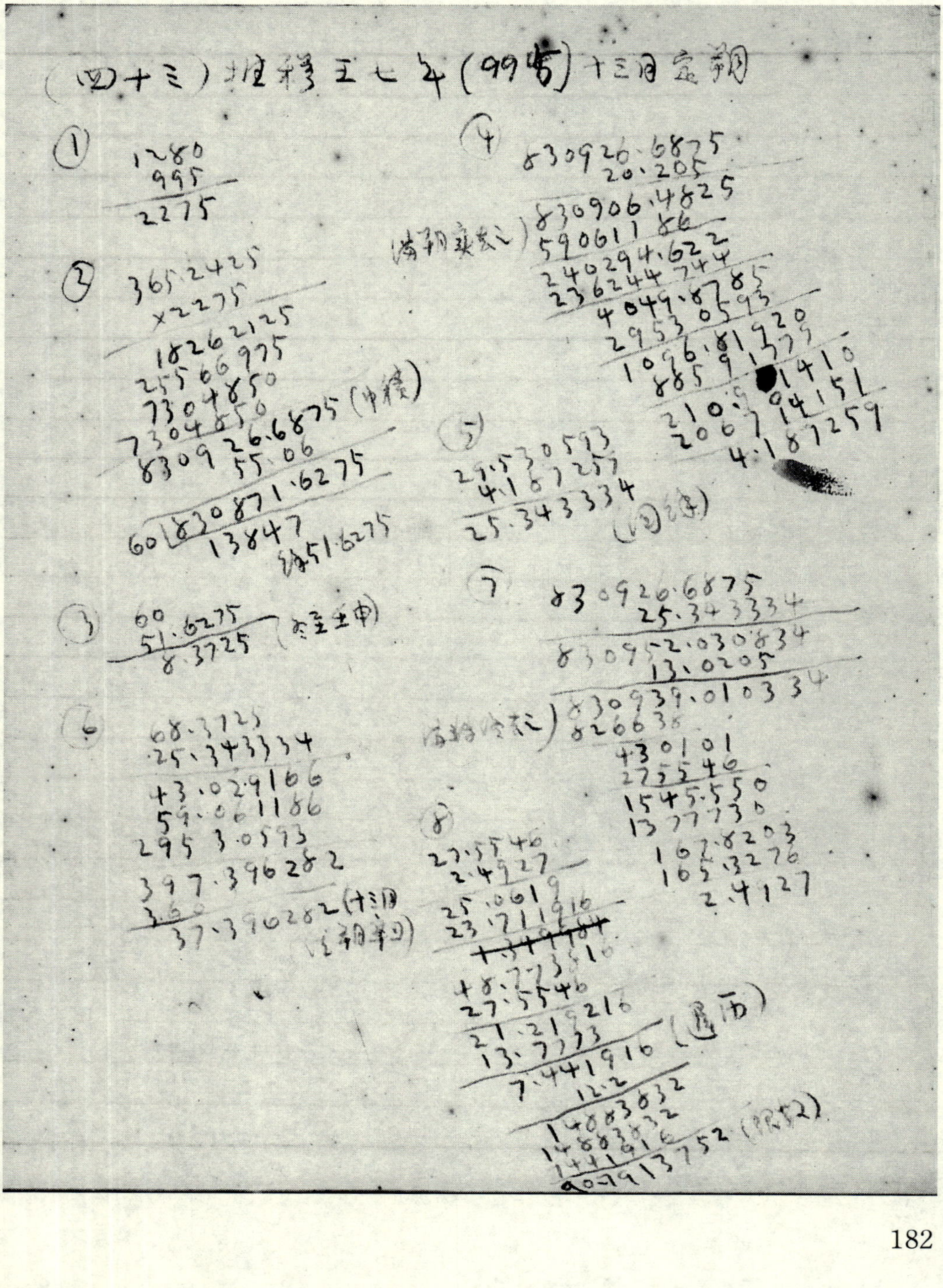

（四十三）推穆王七年（99岁）十三月定朔

① 1280
995
2275

② 365.2425
×2275
18262125
25566975
7304850
7304850
830926.6875（中积）
55.06
830871.6275
60|830871.6275
13847
余51.6275

③ 60
51.6275
8.3725（至壬申）

④ 830926.6875
20.205
830906.4825
（闰朔积日）590611.86
240294.622
236244.744
4049.8785
2953.0593
1096.81920
885.91779
210.90141
206.714151
4.187259

⑤ 29.530593
4.187259
25.343334（闰余）

⑥ 68.3725
25.343334
43.029166
59.061186
2953.0593
397.396282
360
37.396282（十三月朔甲寅）

⑦ 830926.6875
25.343334
830952.030834
13.0205
830939.010334
（闰朔积日）826638
430101
275546
1545550
1377730
167.8203
165.3276
2.4127

⑧ 27.5546
2.4927
25.0619
23.711916
1.349984
48.73916
27.5546
21.219216
13.7773
7.441916（盈历）
12.2
14883832
14883832
1441916
20.7913752（限数）

(9) 744.17.16
733.7
61.16

(10) .898325
612.16
5389950
898325
1796650
898325
5389950
549.918632 (.67063)
800) 4920
5791
4740
5186
4920
266

(11) 5.413902
.006706
5.407196 ([illegible])

(14) + 1.521704
3.885492
820
7770984
31083936
3186.103440 (.31135
([illegible]))
11053
820
10233) 3186
30099
11620
10233
13873
10233
36404
30699
5705

(12)
182.62125
25.343334
157.277916
29530593
59001180
511.045032
365.2425
146.402532

182.62125
146.402532
36.218718 ([illegible])

13 321.3493
.2188
25707944
25707944
3213493
6426980
.00703112264 84
1.5146 7 7264
— 1.5217 0376 ([illegible])

(15) 37.396252
31135
37.707632 ([illegible]
[illegible])

.7076
940
28304
63684
665

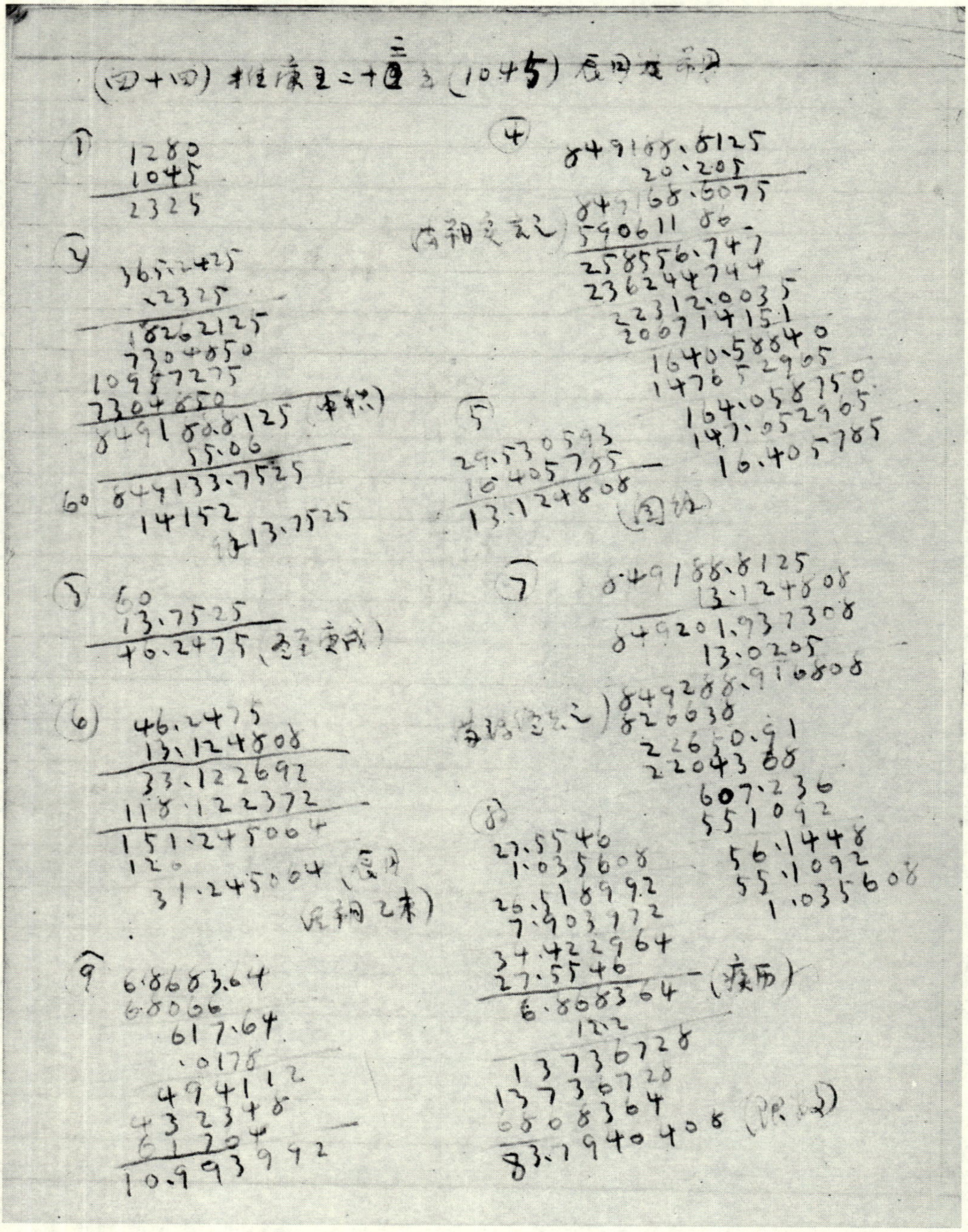

(四十四) 推康王二十三年(1045) 辰日在朔

① 1280
1045
2325

② 365.2425
2325
18262125
7304850
10957275
7304850
849188.8125 (本积)
15.06
60 849133.7525
14152
余13.7525

③ 60
13.7525
46.2475 (甲子交戌)

④ 849188.8125
20.205
849168.6075
去相交之 590611 86
258556.747
236244744
22312.0035
20071415.1
1640.58840
1476.52905
164.058750
147.052905
16.405785

⑤ 29.530593
16.405785
13.124808 (闰余)

⑥ 46.2475
13.124808
33.122692
118.122372
151.245004
120
31.245004 (辰日
辰相乙未)

⑦ 849188.8125
13.124808
849201.937308
13.0205
849188.916808
去相除之 849288.916808
820638
2265.091
2204368
607.236
551092
56.1448
55.1092
1.035608

⑧ 27.5546
1.035608
26.518992
7.903772
34.422964
27.5546
6.868364 (疾历)
12.2
13736728
13736728
6868364
83.7940408 (限数)

⑨ 6.868364
6.8006
617.64
.0178
494112
432348
61764
10.993992

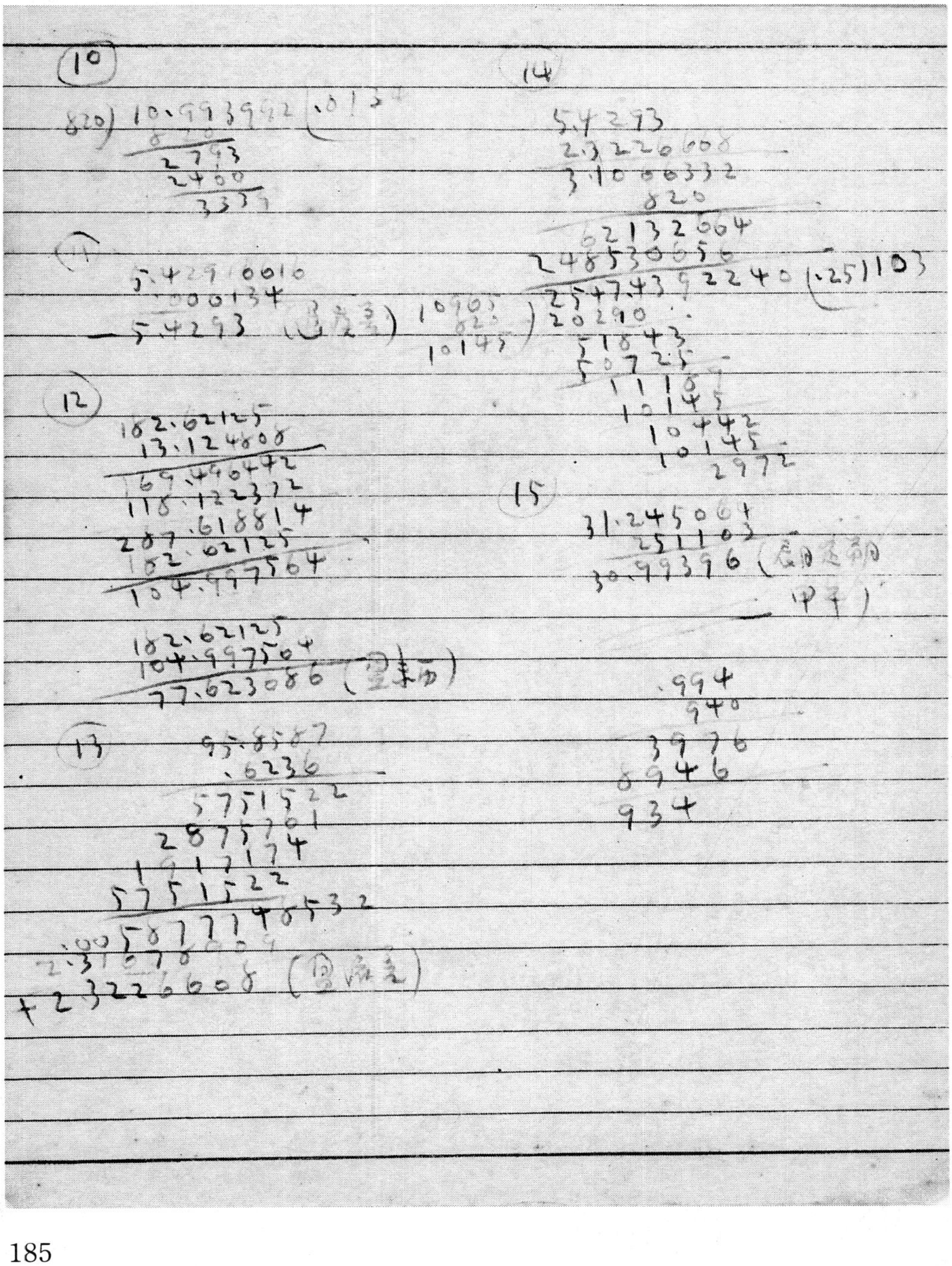

(10)

820) 10.993992 (.0134
820
2793
2460
3339

(11)

5.42910010
.000134
—5.4293 (己庚丑) 10903
10145

(12)

182.62125
13.124808
169.496472
118.122372
287.618814
182.62125
104.997564

182.62125
104.997564
77.623086 (壬未亥)

(13)

95.8587
.6236
575152
287576
191717
575152
.00587774 8532
2.3167
+2.3226608 (口亥三)

(14)

5.4293
2.3226608
3.1066332
820
62132664
24853066
2547.43922240 (.251103
20290
5184
5072
1118
1014
10442
10145
2972

(15)

31.245064
.251103
30.99396 (己庚戊丑
—甲子)

.994
940
3976
8946
934

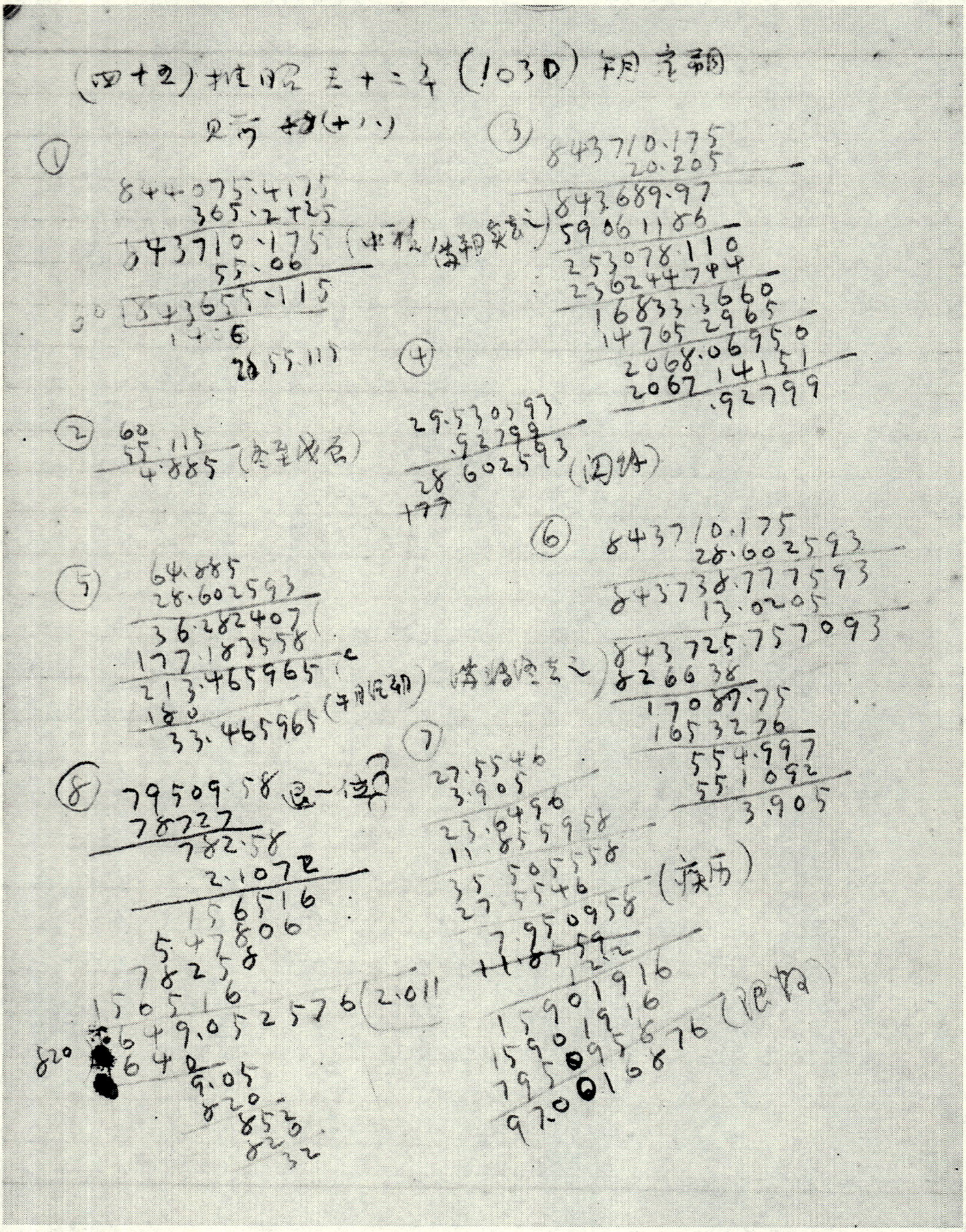
(四十三)推昭王十二年(1030)朔望朔

贝可推(十八)

①
844075.4175
365.2425
843710.175 (此稿
55.06
843655.115
14.6
28.55.115

②
60
55.115
4.885 (冬至成己)

③
843710.175
20.205
843689.97
59061186
253078.110
236244744
16833.3660
14765.2965
2068.06950
2067.14151
.92799

④
29.530593
.92799
28.602593 (闰余)
+77

倍积余之

⑤
64.885
28.602593
36.282407
177.183558
213.465965
180
33.465965 (十月既朔)

⑥
843710.175
28.602593
843738.777593
13.0205
843725.757093
826638
17087.75
1653276
554.997
551.092
3.905

倍积余之

⑦
27.5546
3.905
23.6496
11.855558
35.505558
27.5546
7.950958 (疾历)
7.95
159.01916
15901916
159009558
79500 16876 (退指)
97.00

⑧
79509.58 退一位?
78727
782.58
2.1072
156516
547806
78258
156516
649.052576 (2.011
640
9.05
820
853
820
32

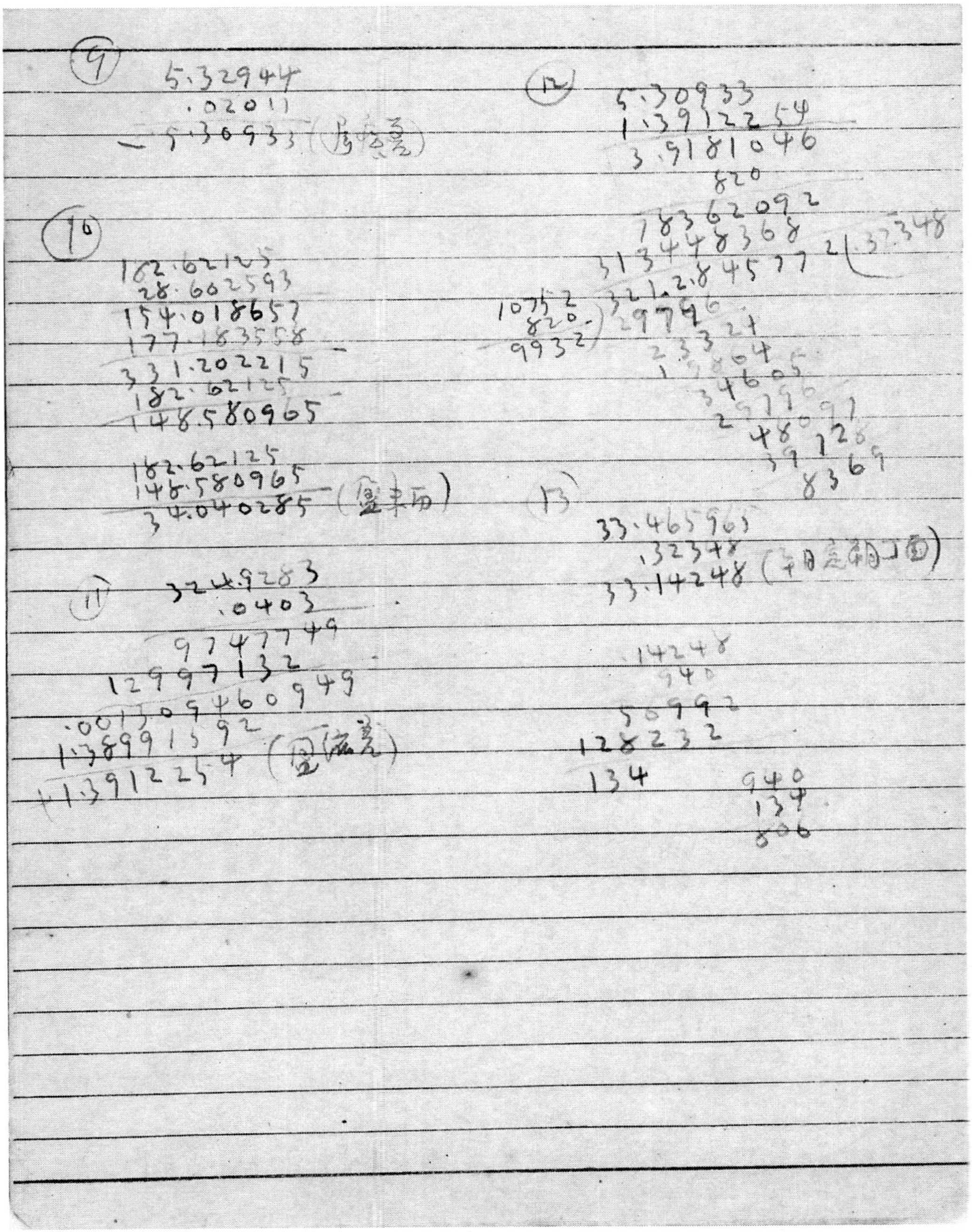

⑨
5.32944
.02011
5.30933
⑩
182.62125
28.602593
154.018657
177.183558
331.202215
182.62125
148.580965
182.62125
148.580965
34.040285
⑪
324.9283
.0403
97477749
12997132
.0013094609 49
1.38991592
1.39122554
⑫
5.30933
1.39122554
3.91810 46
820
1.32348
⑬
33.465965
.32348
33.14248
14248
940
128232
134
940
134
806

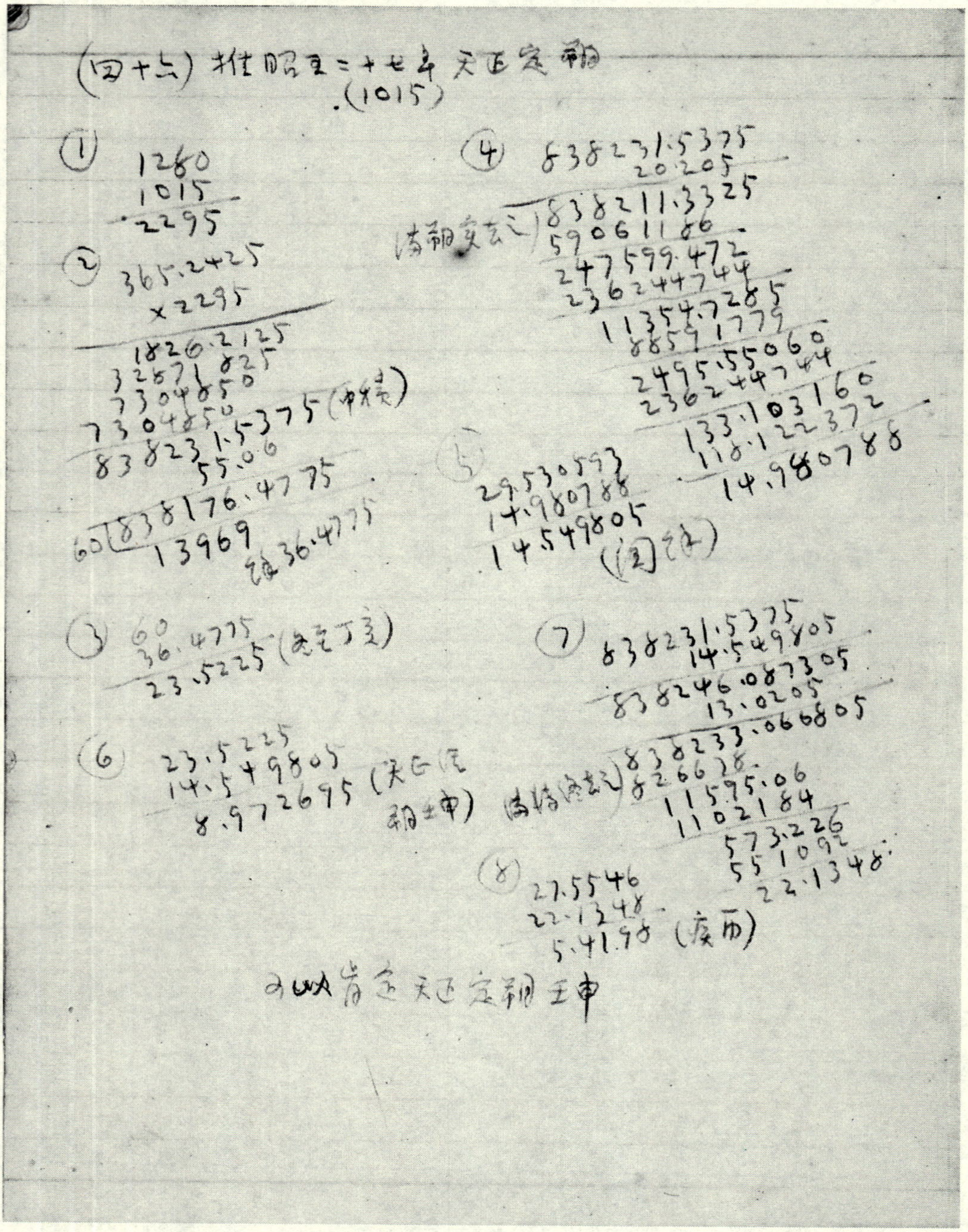

(四十六) 推昭王二十七年天正定朔

(1015)

① 1260
1015
2295

② 365.2425
×2295
1826.2125
32871.825
730485
730485
838231.5375 (中积)
55.06
838176.4775
60|838176.4775
13969
馀36.4775

③ 60
36.4775
23.5225 (岁首丁亥)

④ 838231.5375
20.205
838211.3325
满朔实去之 590611.86
247599.472
236244744
11354.7285
8859.1779
2495.55060
236244744
133.103160
118.122372
14.980788

⑤ 29.530593
14.980788
14.549805 (闰馀)

⑥ 23.5225
14.549805
8.972695 (天正经朔壬申)

⑦ 838231.5375
14.549805
838246.087305
13.0205
838233.066805
满转实去之 826628
11595.06
11021.84
573.226
551.092
22.1348

⑧ 27.5546
22.1348
5.4198 (庚丙)

所以肯定天正定朔壬申

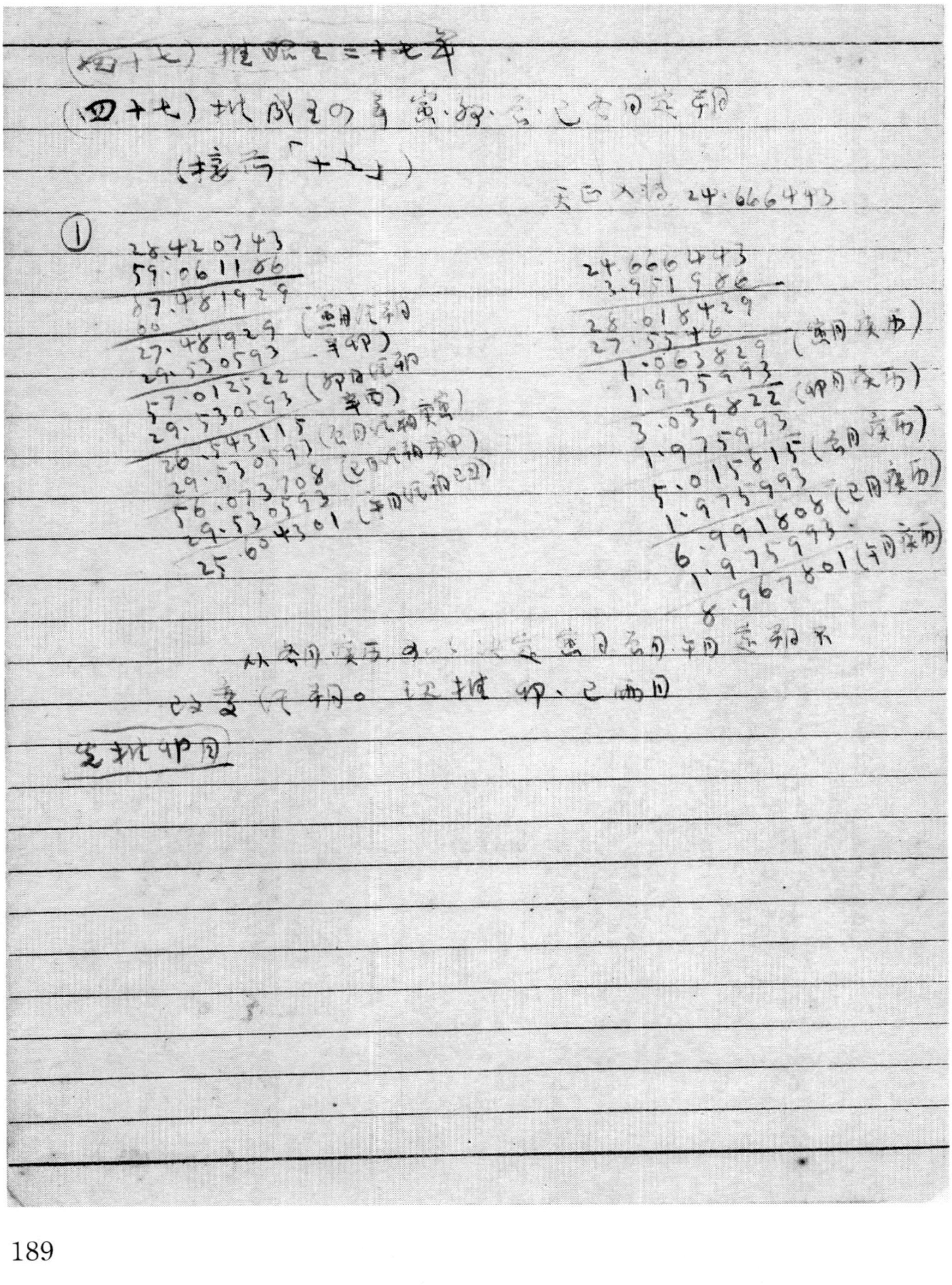
(四十七)
24.666443
①
28.420743
59.061186
87.481929
27.481929
29.530593
57.012522
29.530593
24.666443
3.951986
28.618429
1.063829
1.975993
3.039822
1.975993
5.015815
1.975993
6.991808
1.975993
8.967801

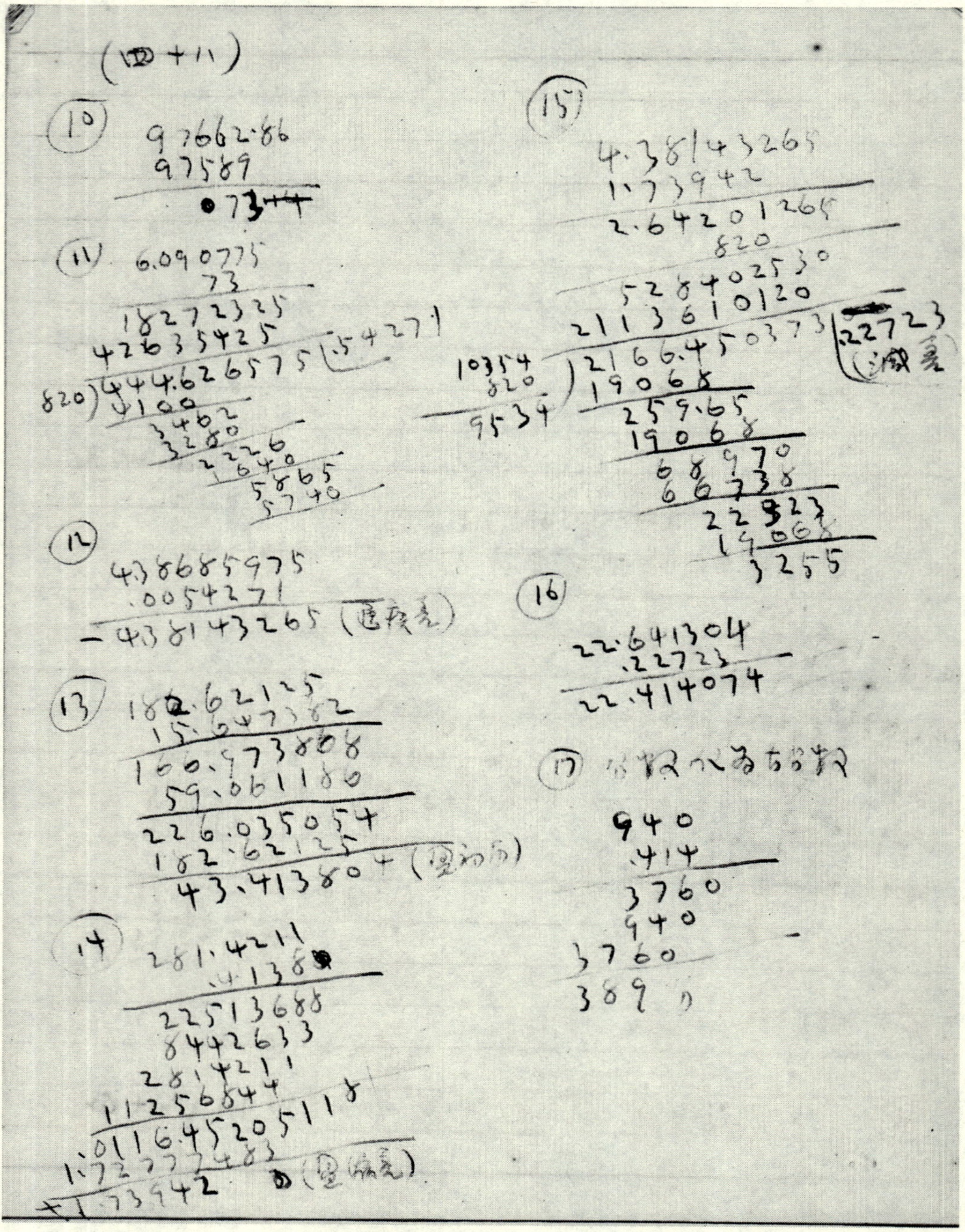

(四十八)

⑩
97662.86
97589
.73

⑪
6.090775
73
18272325
42635425
444.626575 [.54271
820) 444.626575
4100
3462
3280
2226
1640
5865
5740

⑫
4.38685975
.0054271
—4.38143265 (道致差)

⑬
182.62125
15.647382
166.973868
59.061186
226.035054
182.62125
43.413804 (里初房)

⑭
281.4211
.41388
22513688
8442633
2814211
11256844
1.0116.452051118
1.72777483 (里偏差)
+1.73942

⑮
4.38143265
1.73942
2.64201265
820
52840253
21136810120
2166.450373
10354
820
9534
) 2166.45037 [22723 (減差)
19068
25965
19068
68970
66738
22323
19068
3255

⑯
22.641304
.22723
22.414074

⑰ 分数以为古数

940
.414
3760
940
3760
389.

(四十七) 推公元前1121年辰、寅月定朔

① 1280
1121
2401

② 365.2425
×2401
365.2425
1460970 0
730485 0
876947.2425
55.06
60)876892.1825
14614
余 52.1825

③ 60
52.1825
7.8175 (纪元辛未)

④ 876947.2425
20.205
(距朔实实之) 876927.0375
590611.86
286315.177
265775337
20539.8405
17718.3558
2821.48470
2657.75337
163.731330
147.652965
16.078365

⑤ 29.530593
16.078365
13.452228 (闰余)

⑥ 67.8175
13.452228
54.365272 (寅月纪朔戊午)
118.122372
172.487644 (辰月纪朔丙辰)
120
52.487644

⑦ 182.62125
13.452228
169.169022
118.122372
287.291394
182.62125
104.670144

⑧ 182.62125
104.670144
77.951106 (置来前)

⑨ 95.8587
.9511
958587
958587
4792935
8627283
.00911.7120957
2.31678909
+2.32590621 (置闰差)

54.365272
59.061186
113.426458
60
53.426458

(寅月纪朔
丁巳)

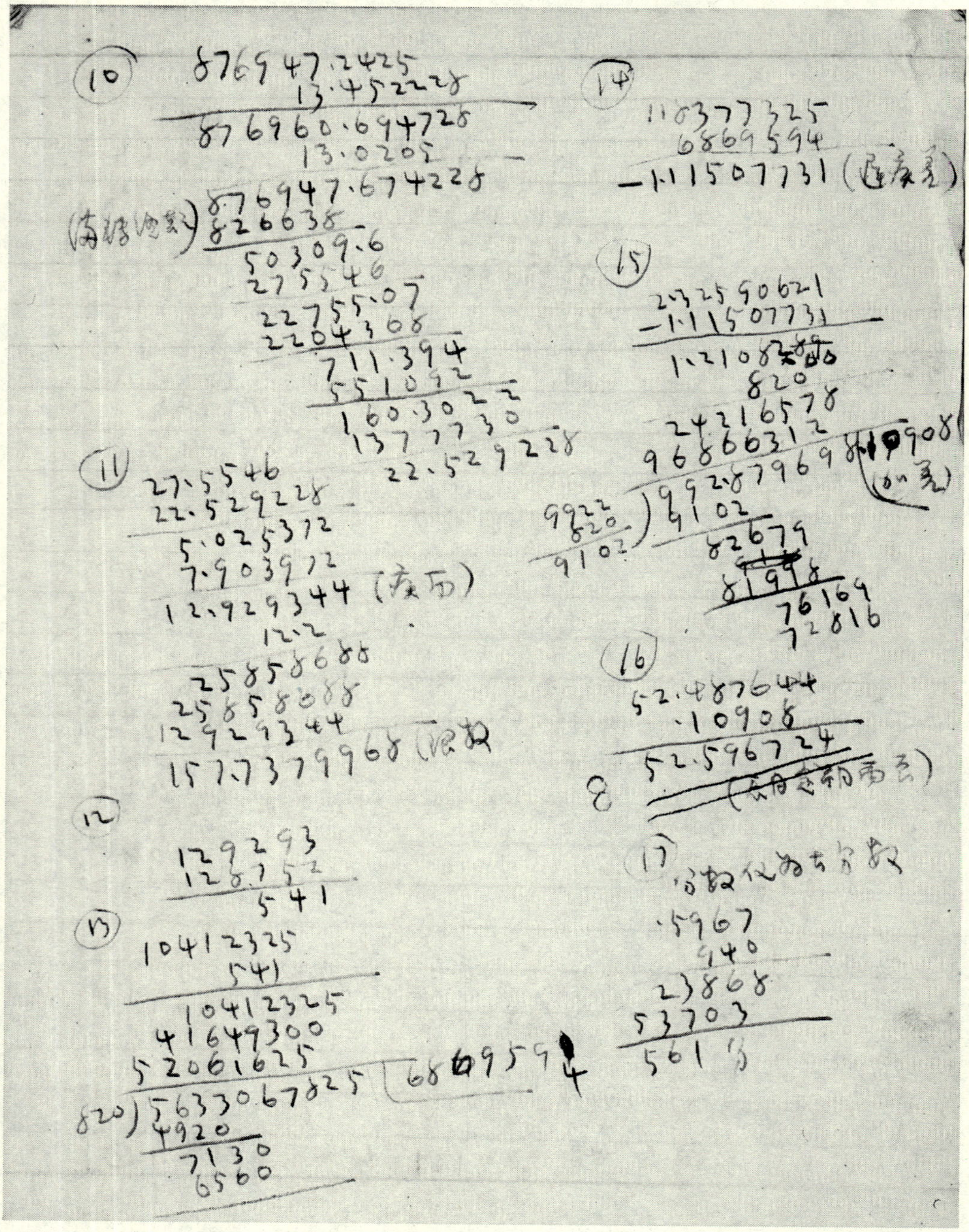

(10)
876947.2425
13.452228
876960.694728
13.0205
876947.674228
(满秩除数) 826638
50309.6
275546
22755.07
22043608
711.394
551092
160.3022
137.7730
22.529228

(11)
27.5546
22.529228
5.025372
7.903972
12.929344 (度历)
12.2
258586808
258586808
12929344
15773799608 (限数)

(12)
129293
128752
541

(13)
10412325
541
10412325
41649300
52061625
820) 5633067825 (6869594
4920
7130
6560

(14)
110377325
6869594
−111507731 (盈缩差)

(15)
232590621
−111507731
121082890
820
24216578
96866312
9922 820 9102) 9928796980 (10908 (加差)
9102
82679
81918
76169
72816

(16)
52.487644
.10908
52.596724
8 (入转定积差)

(17)
分数化为 ... 分数
.5967
940
23868
53703
561 分

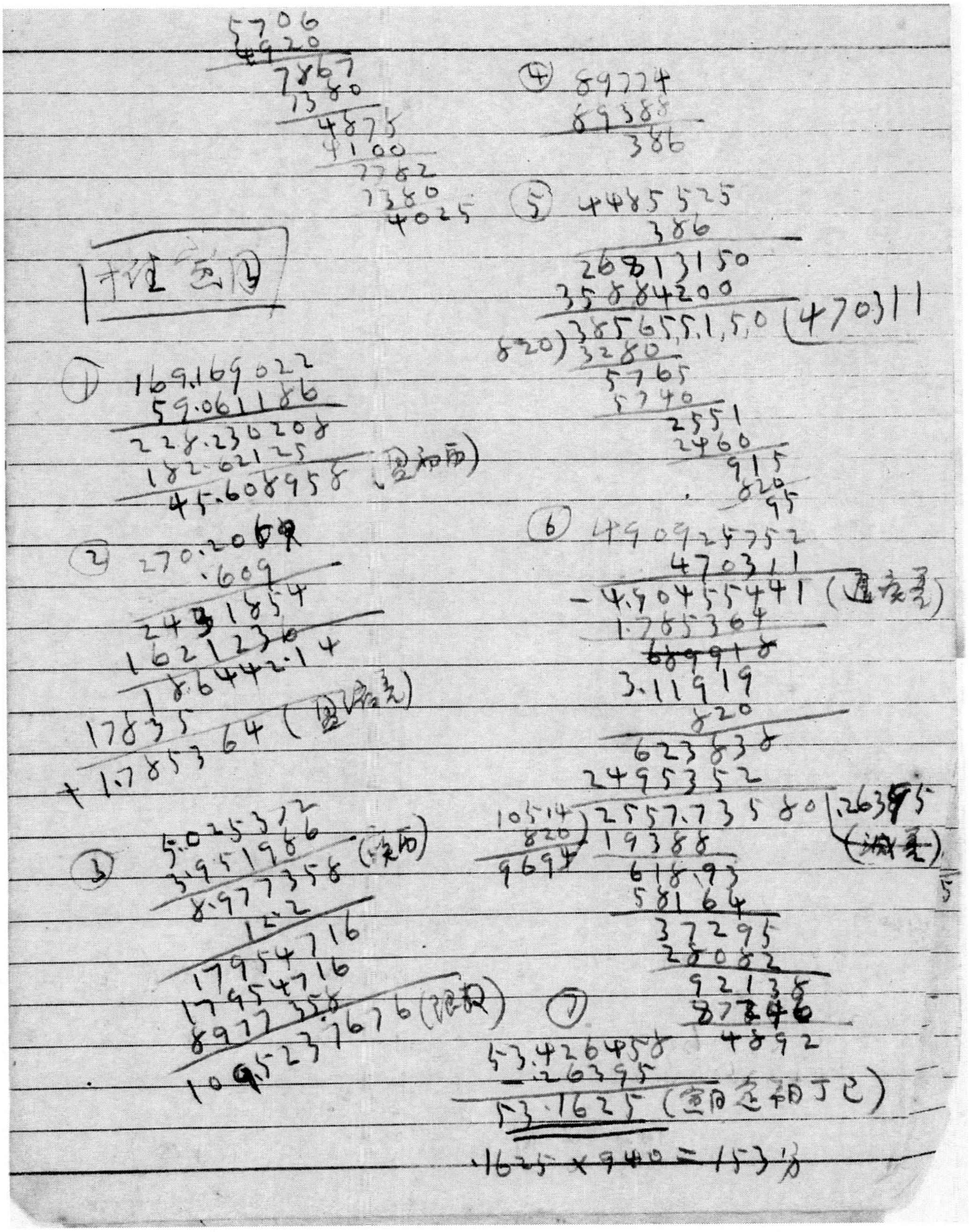
5706
4920
7867
7380
4875
4100
7752
7380
4025

④ 89774
89388
386

⑤ 4485525
386
26813150
35884200
38565,5,1,5,0 (470311
820) 3280
5765
5740
2551
2460
915
820
95

① 169.169022
59.061186
228.230208
182.62125
45.608958

② 270.2069
.609
2431854
1621236
1.86442.14
17835
+1.785364

③ 5.025372
3.951986
8.977358
1.2
17954716
17954716
8977358
10.95237676

⑥ 49.0925752
470311
-4.904554.41
1.785364
689918
3.11919
820
623838
249352
2557.73580 (.26395
10514 820) 19388
9694
61893
58164
37295
28082
92138
87346
4892

⑦ 53.426458
-.26395
53.1625

.1625 × 940 = 153

(四十八) 推照之望月定朔

(见前40)

① 望月经朔 9.652342

② 望月缩历 4.881842

限数 59.548472

③
155.525499
29.530593
185.056092
182.62125
2.434842 (缩初历)

④ 500.9611

.4348
501
4348
21740
.0217.8348
.0167752
+ .123461 (盈缩差)

⑤
48818.42
48384
434.42

⑥
.4014275
434.4
17257100
17257100
12942825
172571
820) 174.2210600 (2.285
1640
2342
1640
7022
6560
4621

⑦
4.9092572
.02285
− 4.93211 (迟疾差)

⑧
4.93211
.123461
4.808649
820
961730
3846920
11394) 3943.09300 (.13728 (减差)
820) 31722
10574
77089
24018
30713
21148
95650
84594
058

⑨
9.652342
.3729
9.279442

⑩ 定朔癸酉
小数化为百分数

.279442 × 940
= 263 分

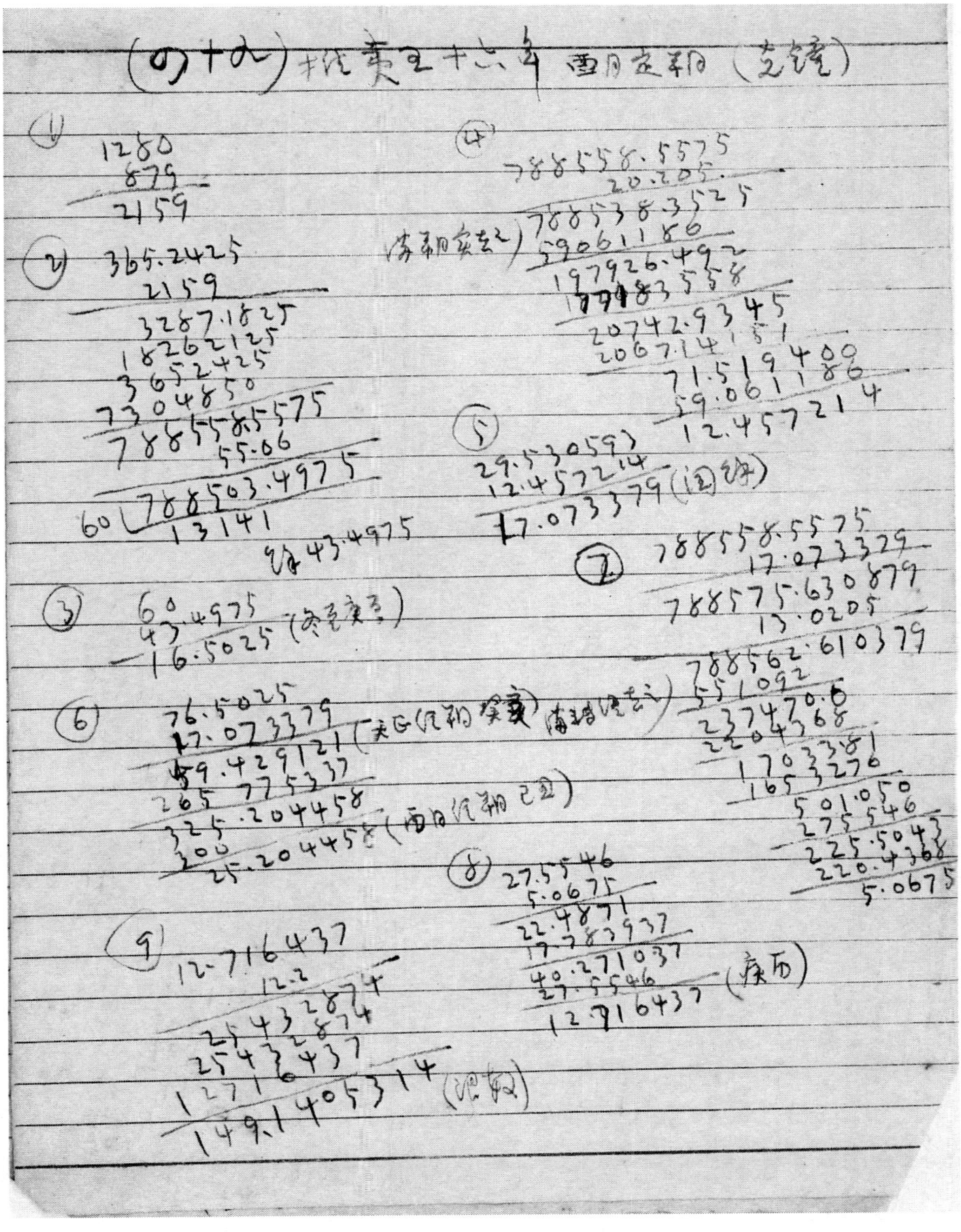

(四十九) 推黄帝十六年 酉月定朔 (老钱)

① 1280 / 879 / 2159

② 365.2425 × 2159 = 3287.1825 / 1826.2125 / 365.2425 / 730.4850 / 788558.5575 − 55.06 = 788503.4975 ÷ 60 = 13141 余 43.4975

③ 60 − 43.4975 = 16.5025 (冬至)

④ 788558.5575 − 20.205 = 788538.3525 / 29.0611186 / 197926.492 / [illegible] / 20742.9345 / 20671.4151 / 71.519400 / 59.061186 / 12.457214

⑤ 29.530593 − 12.457214 = 17.073379 (闰余)

⑥ 76.5025 − 17.073379 = 59.429121 / 265.775337 / 325.204458 − 300 = 25.204458

⑦ 788558.5575 − 17.073379 = 788575.630879 / 13.0205 / 788562.610379 / 51092 / 237470.6 / 220.4368 / 170338.1 / 1653276 / 501.050 / 275.546 / 225.5043 / 220.4368 / 5.0675

⑧ 27.5546 − 5.0675 = 22.4871 / 17.783937 / 40.271037 − 27.5546 = 12.716437 (庚西)

⑨ 12.716437 × 12.2 = 25432874 / 25432874 / 12716437 / 149.1405314 (甲戌)

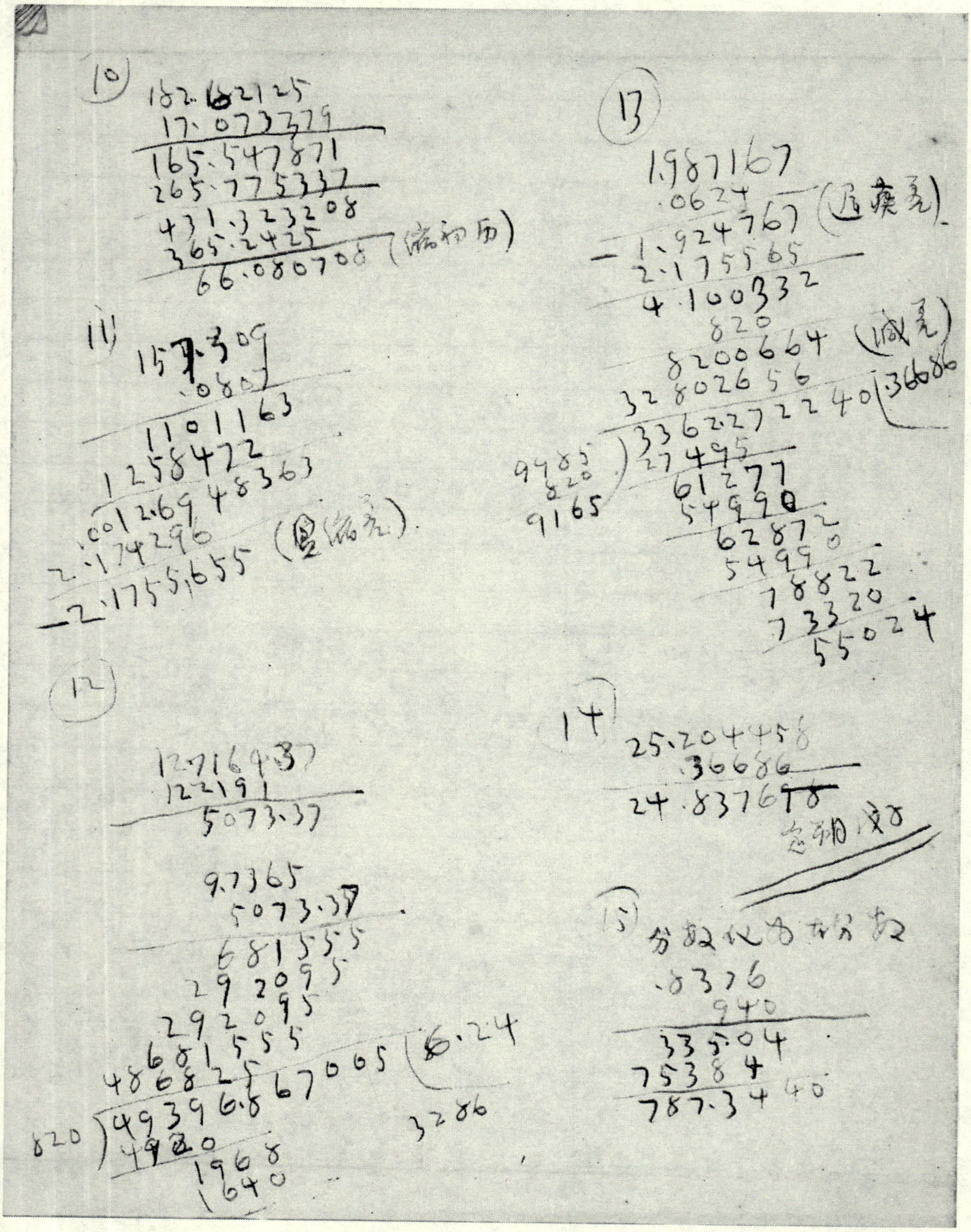
10
182.62125
17.073379
165.547871
265.775337
431.323208
365.2425
66.080708
11
.0807
11011163
12584722
2.174296
2.1755655
12
1271649.37
122191
5073.37
9.7365
5073.37
681555
292095
2920955
4868125
49396.867065
820
4920
1968
1640
6.24
3286
13
1.987167
.0624
1.924767
2.175565
4.100332
820
8200664
32802656
3362277224.0
.36686
27495
61277
54990
62872
54990
78822
73320
55024
9485
820
9165
14
25.204458
.36686
24.837598
15
分数化为小数
.8376
940
335.04
75384
787.3440

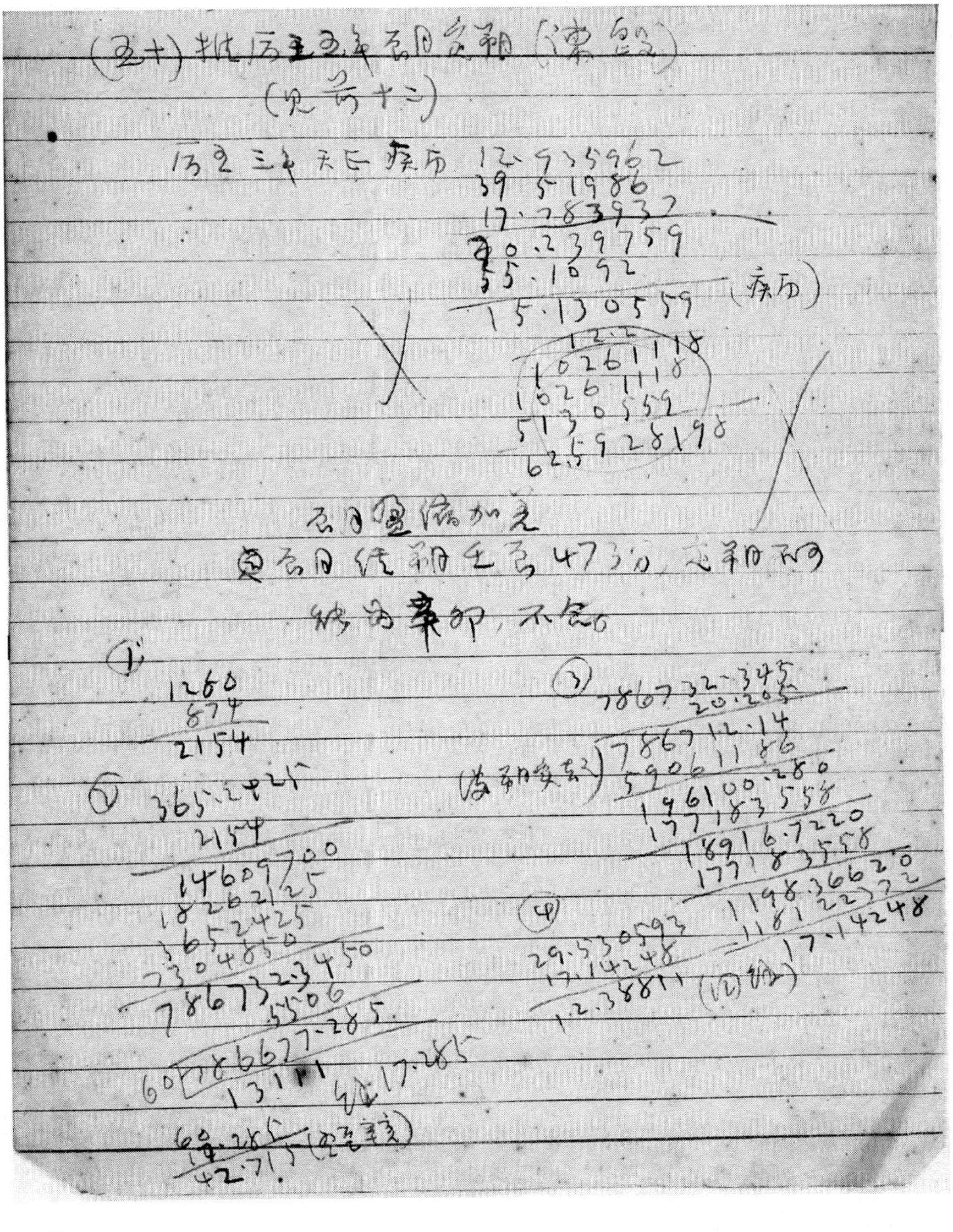

(见前十二)
12.935962
39.51986
17.783937
15.130559
473分
①
1260
874
2154
②
365.2425
2154
14609700
18262125
3652425
7304850
786732.3450
786627.285
17.285
③
786732.345
20.205
786712.14
590611.86
19610O.280
177183.558
18916.7220
177183.558
1198.36620
1181.22372
17.14248
④
29.530593
17.14248
12.38811

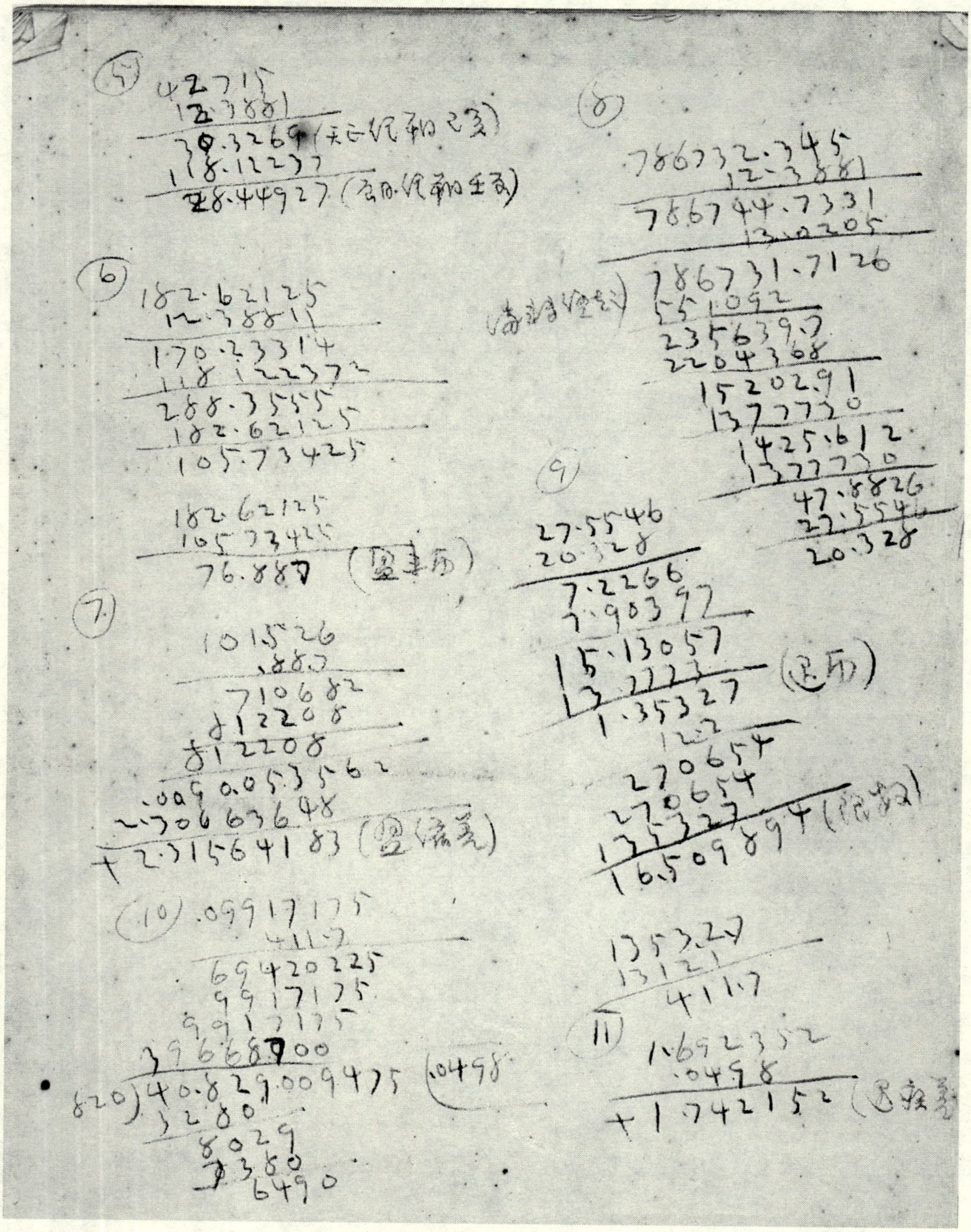

⑤
42715
12.3881
30.3269（?）
118.12277
88.44927（?）

⑥
182.62125
12.38811
170.23314
118.122372
288.3555
182.62125
105.73425

182.62125
105.73425
76.887（?）

⑦
101526
.887
710682
812208
812208
.0090.0535562
2.706636.48
+2.3156 41 83（?）

⑩ .09917175
4117
69420225
9917125
9917175
3966 8800
820)40.829.009475 (.0498
3280
8029
7380
6490

⑧
786732.345
12.3881
786744.7331
13.0205
786731.7126
（?）55 1092
2356397
2204368
152029.1
1377720
142561.2
1377720
47.8826
27.5546
20.328

⑨
27.5546
20.328
7.2266
7.90392
15.13057
13.7773
1.35327（?）
12.2
270654
270654
135327
16.509894（?）

135327
13121
4117

⑪
1.692352
.0498
+1.742152（?）

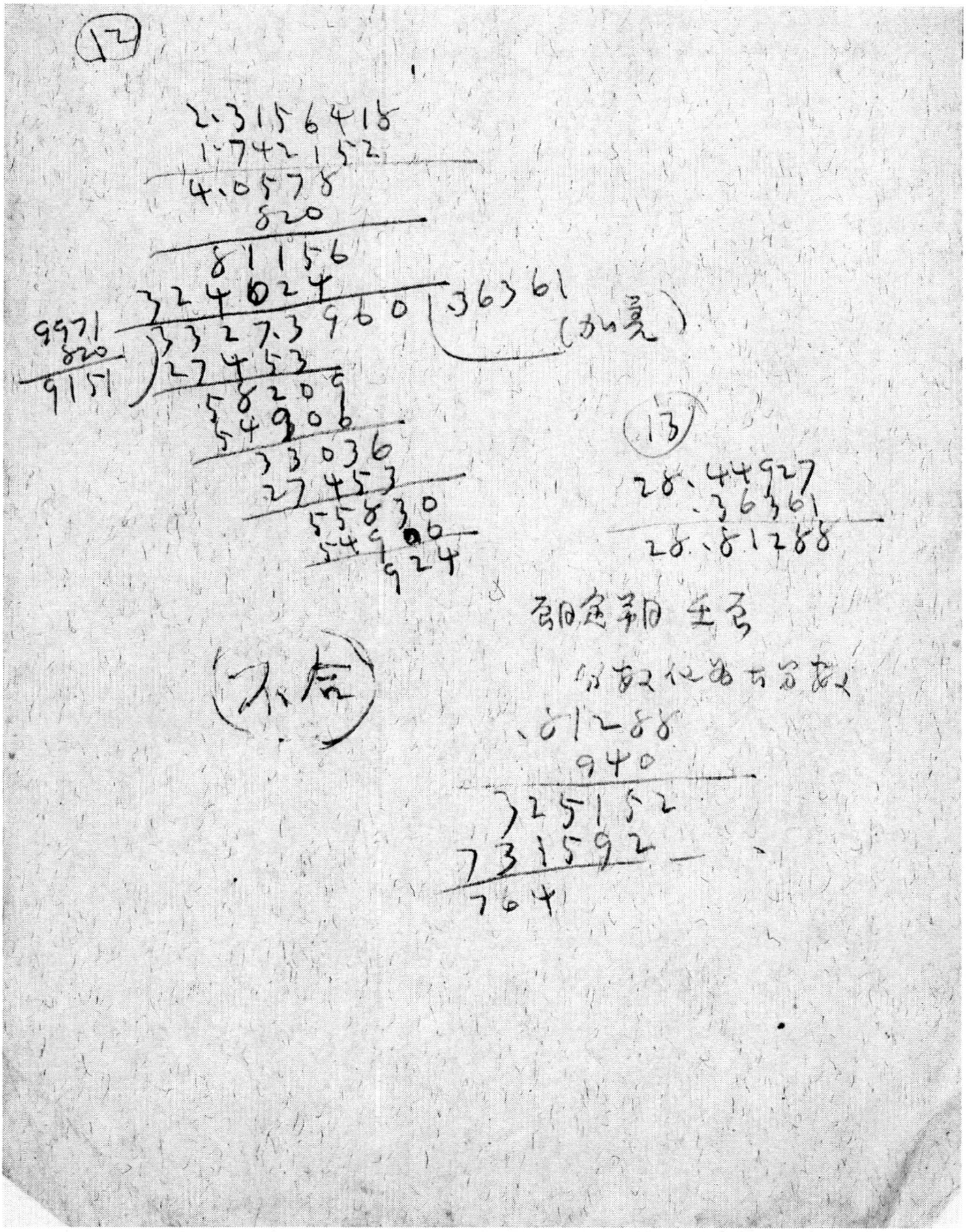

12
2.3156418
1.742152
4.0578
820
81156
324024
9971
820
9151
3327.3960
27453
58209
54906
33036
27453
55830
54906
924
.36361
13
28.44927
.36361
28.81288
.81288
940
725152
731592
764

此册重推.可据
推步演草
(丙册)
拍纸本

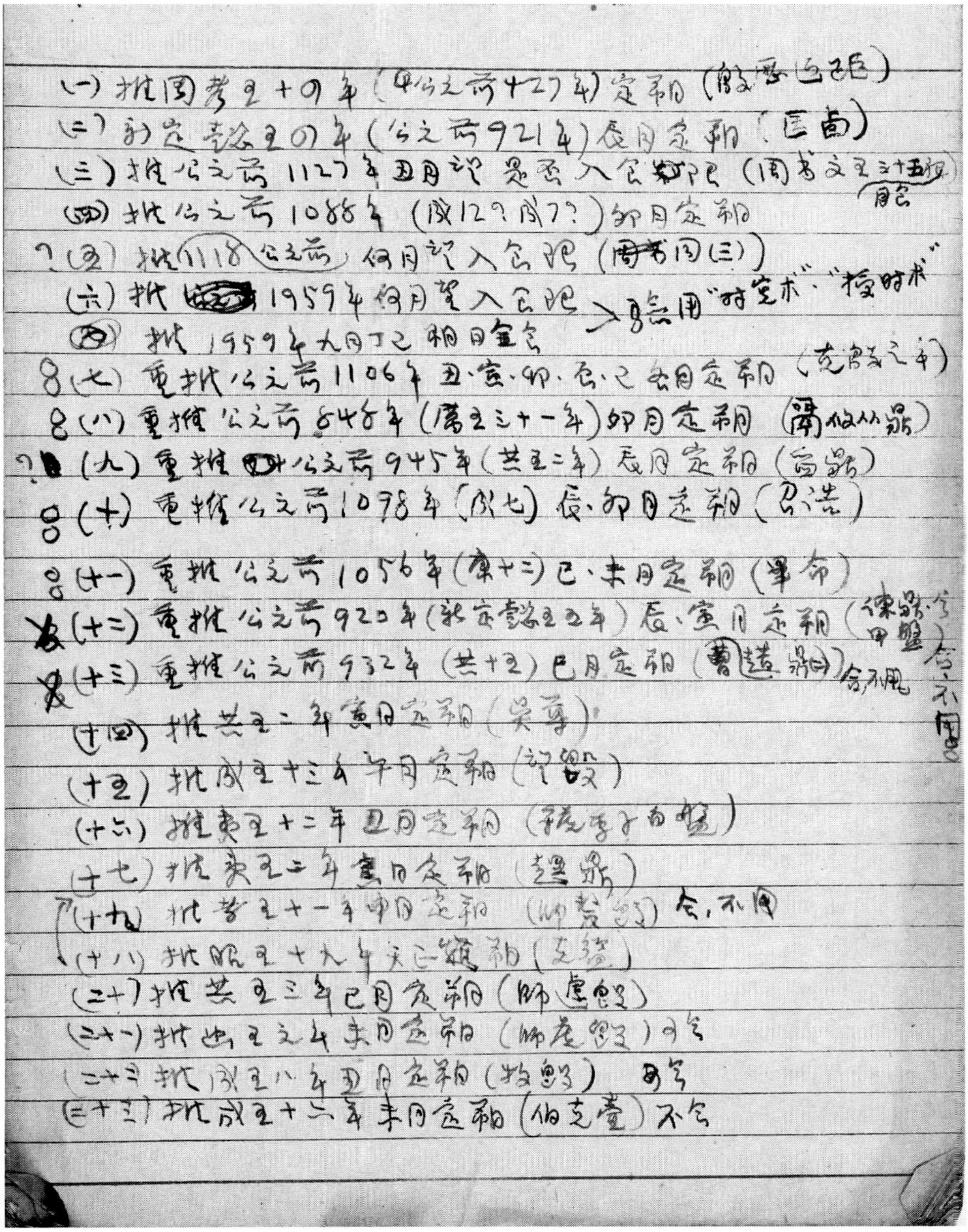

（一）推周孝王十四年（公元前427年）定朔（[illegible]）
（二）新定懿王四年（公元前921年）辰月定朔（匡卣）
（三）推公元前1127年丑月记是否入食限（周书文王三十五祀 月食）
（四）推公元前1088年（成12？成7？）卯月定朔
？（五）推1118公元前何月记入食限（周书同（三））
（六）推[illegible]1959年何月望入食限 → 验用"时宪术"、"授时术"
（六）推1959年九月丁巳朔日全食
8（七）重推公元前1106年丑、寅、卯、辰、巳各月定朔（克商之年）
8（八）重推公元前848年（厉王三十一年）卯月定朔（鬲攸从鼎）
？（九）重推[illegible]公元前945年（共王二年）辰月定朔（[illegible]鼎）
8（十）重推公元前1078年（成七）辰、卯月定朔（召诰）
8（十一）重推公元前1056年（康十二）巳、未月定朔（毕命）
（十二）重推公元前920年（新定懿王五年）辰、寅月定朔（休盘、[illegible]甲盘）合，不用
（十三）重推公元前932年（共十五）巳月定朔（曹趞鼎）合，不用
（十四）推共王二年寅月定朔（吴尊）
（十五）推成王十三年[illegible]月定朔（[illegible]簋）
（十六）推夷王十二年丑月定朔（虢季子白盘）
（十七）推夷王二年寅月定朔（趩鼎）
（十九）推孝王十一年申月定朔（师[illegible]簋）合，不用
（十八）推昭王十九年天亡簋朔（[illegible]）
（二十）推共王三年巳月定朔（师虎簋）
（二十一）推幽王元年未月定朔（师晨簋）可合
（二十二）推成王八年丑月定朔（[illegible]簋）可合
（二十三）推成王十六年未月定朔（伯克壶）不合

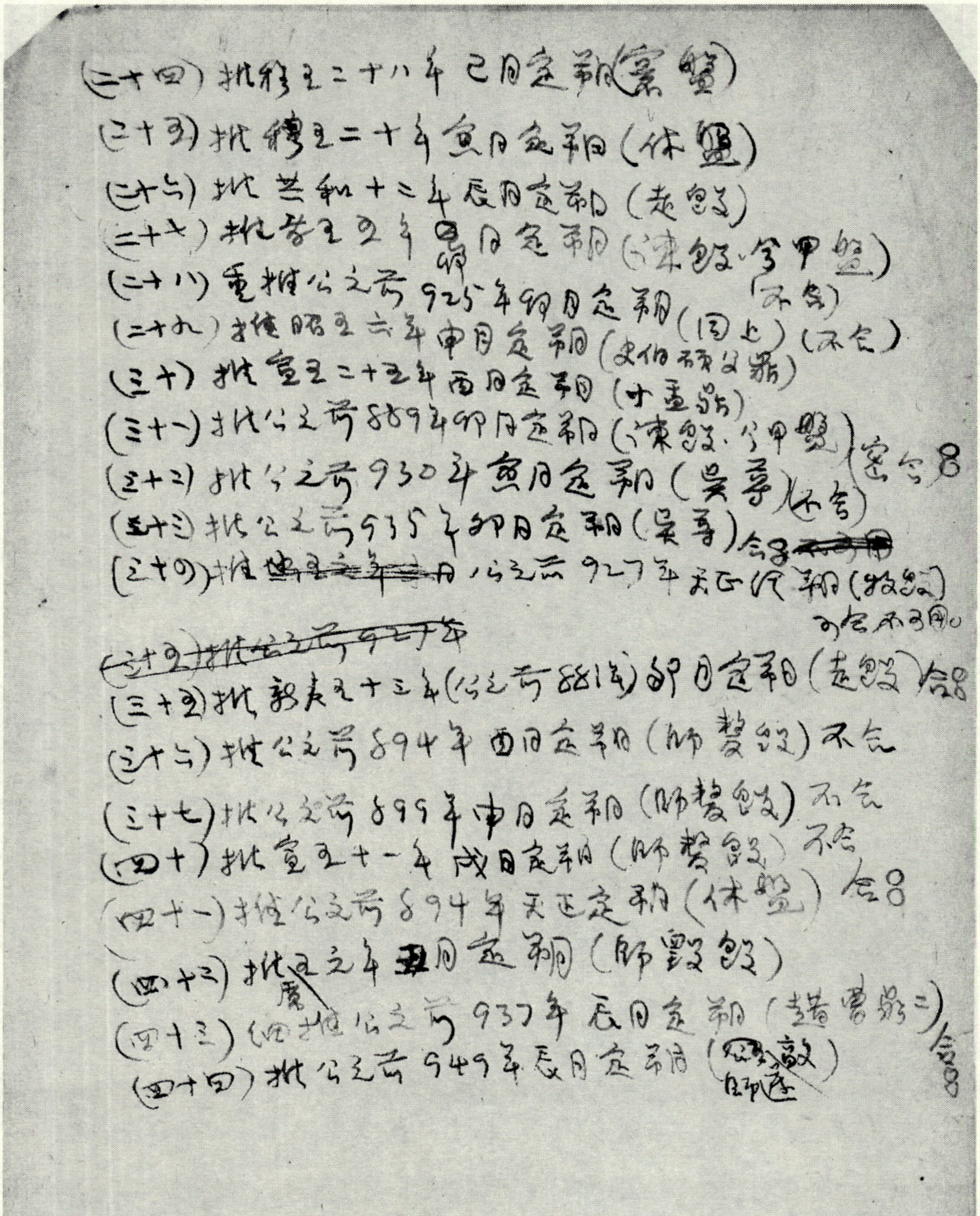
(二十四)推穆王二十八年巳月定朔(寰盤)
(二十五)推穆王三十年寅月定朔(休盤)
(二十六)推共和十二年辰月定朔(走簋)
(二十七)推宣王五年卯月定朔(諫簋、兮甲盤)
(二十八)重推公元前925年卯月定朔(同上)(不合)
(二十九)推昭王六年申月定朔(史伯碩父鼎)(不合)
(三十)推宣王二十五年酉月定朔(寸盂鼎)
(三十一)推公元前889年卯月定朔(諫簋、兮甲盤)密合
(三十二)推公元前930年寅月定朔(吴彝)(不合)
(三十三)推公元前935年卯月定朔(吴彝)合
(三十四)推~~懿王元年□月~~公元前927年丑正定朔(牧簋)
可合不可用。
~~(三十五)推公元前□□年~~
(三十五)推夷王十三年(公元前881年)卯月定朔(走簋)合
(三十六)推公元前894年酉月定朔(師嫠簋)不合
(三十七)推公元前899年申月定朔(師嫠簋)不合
(四十)推宣王十一年戌月定朔(師嫠簋)不合
(四十一)推公元前894年丑正定朔(休盤)合
(四十二)推厲王元年丑月定朔(師毀簋)
(四十三)推公元前937年辰月定朔(趞曹鼎二)合
(四十四)推公元前949年辰月定朔(師遽簋)合

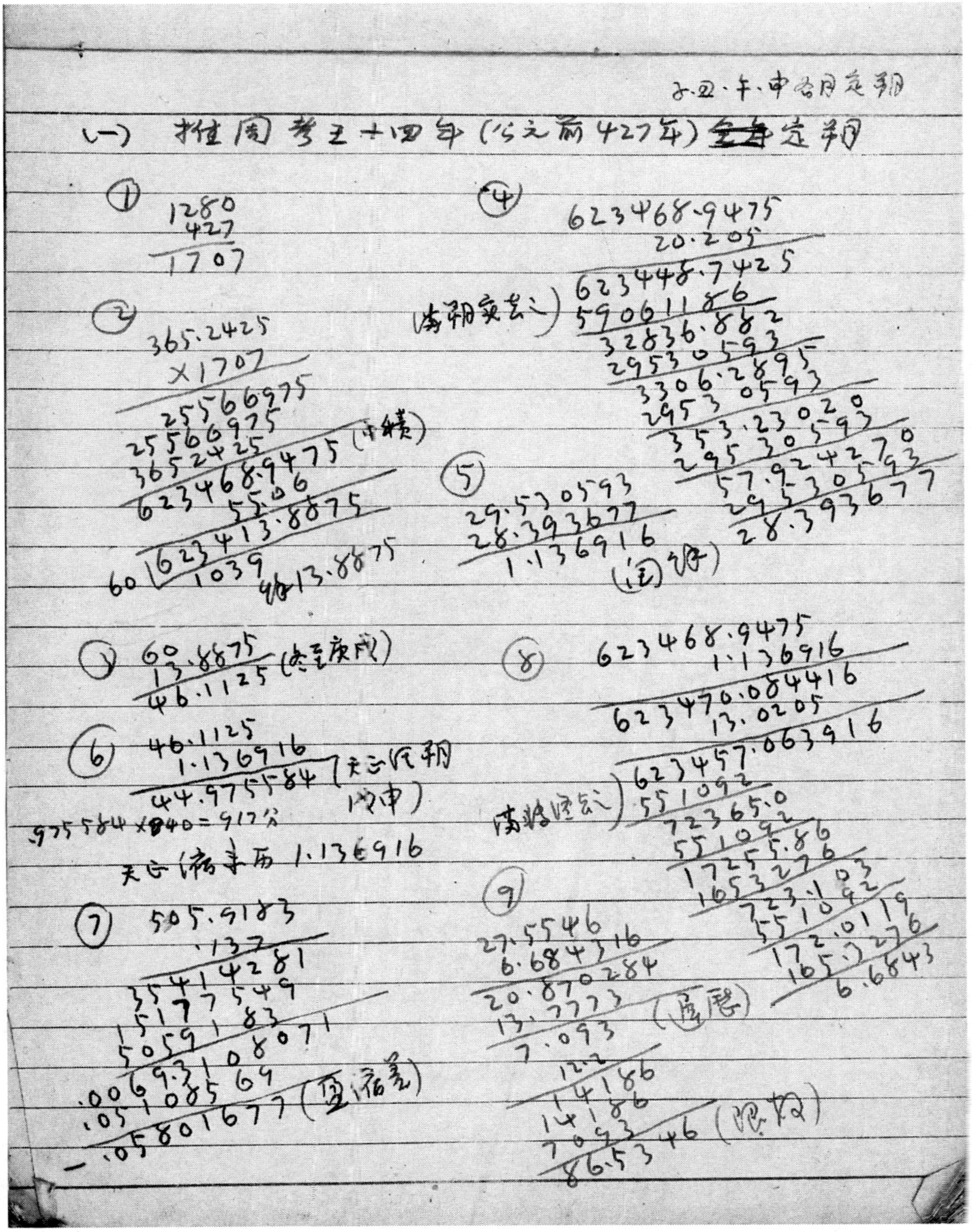
子、丑、午、申各月定朔

(一) 推周考王十四年（公元前427年）定朔

① 1280
427
1707

② 365.2425
×1707
2556 6975
2556 6975
365 2425
623468.9475
55.06
623413.8875
60 | 623413.8875
1039 | 13.8875

③ 60
13.8875
46.1125

⑥ 46.1125
1.136916
44.975584
975584×840=917分
天正缩末历 1.136916

⑦ 505.9183
.137
35414281
15177549
505.9183
.0069310871
.0510856 4
.05801677

④ 623468.9475
20.205
623448.7425
590611.86
32836.882
29530.593
3306.289
2953.0593
353.2302
295.30593
57.92427
29.53059
28.393677

⑤ 29.530593
28.393677
1.136916

⑧ 623468.9475
1.136916
623470.084416
13.0205
623457.063916
551092
72365.0
551092
172558.6
165327.6
7231.03
551092
172.0111
165.3276
6.6843

⑨ 27.5546
6.6843316
20.870284
13.7773
7.093
12.2
14186
14186
7093
86.5346

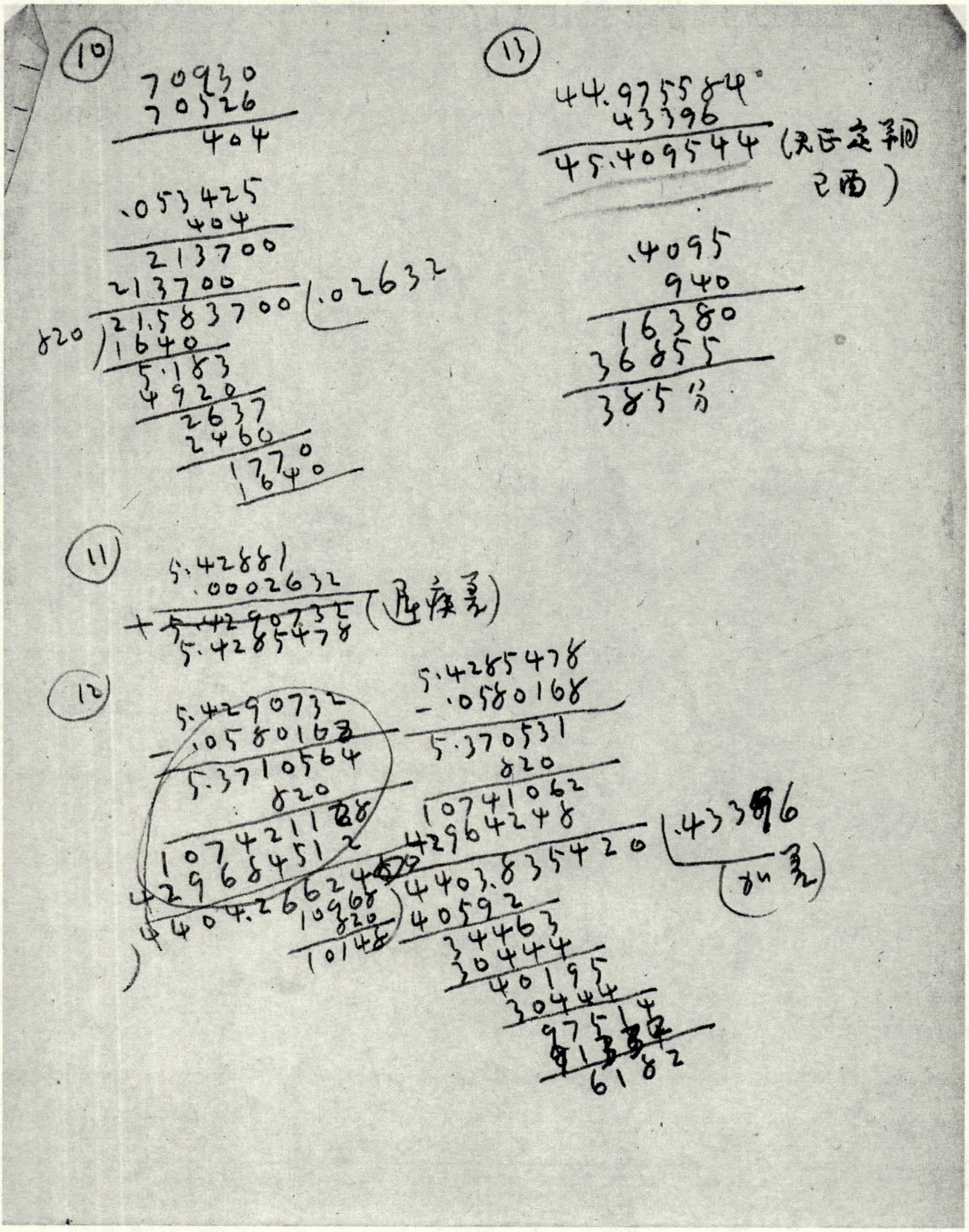

⑩

70930
70526
404

.053425
404
213700
213700
820) 21.583700 (.02632
1640
5183
4920
2637
2460
1770
1640

⑪

5.42881
.0002632
+ 5.4290732 （退滚量）
5.4285478

⑫

5.4290732
-.1058016
5.3710564
820
1074211
4296845
4404.26624

5.4285478
-.0580168
5.370531
820
10741062
4296424
4403.835420 (.43396
4059
34463
30444
40195
30444
9751
6182
（加量）

⑬

44.975584
43396
45.409544 （决正定朔已酉）

.4095
940
16380
36855
385分

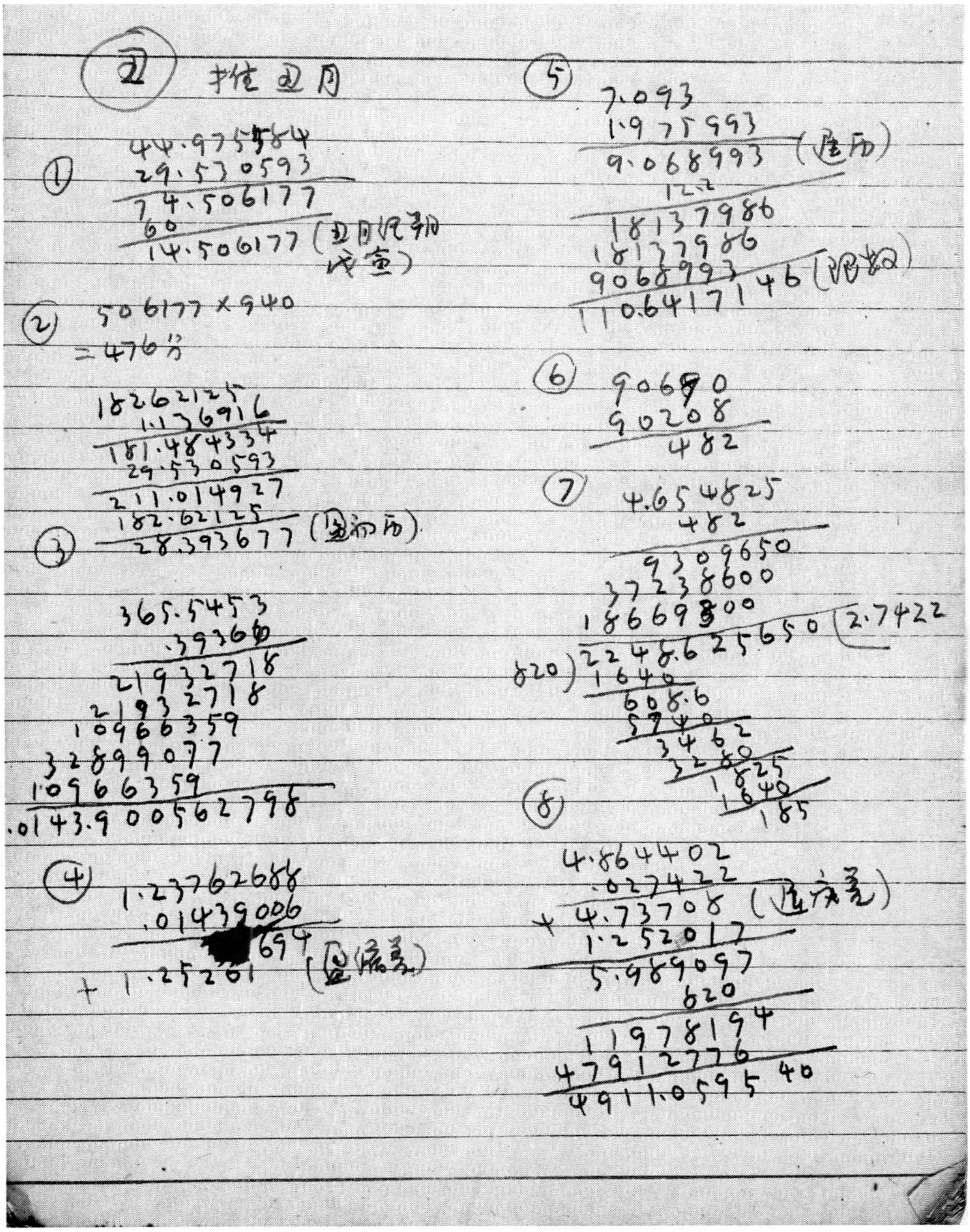
(五)

①
44.975584
29.530593
74.506177
60
14.506177

② 506177×940
=476

182.62125
1.136916
181.484334
29.530593
211.014927
182.62125
③ 28.393677

365.5453
.39360
21932718
21932718
21932718
109663590
32899077
109663590
.0143.900562798

④
1.23762688
.01439006
694
+1.25201

⑤
7.093
1.975993
9.068993
12.2
18137986
18137986
9068993
110.6417146

⑥
90680
90208
482

⑦
4.654825
482
9309650
37238600
18669800
2.7422
620)2244.625650
1640
608.6
5740
3462
3280
1825
1640
185

⑧
4.864402
.027422
+4.73708
1.252017
5.989097
620
11978194
47912776
4911.0595 40

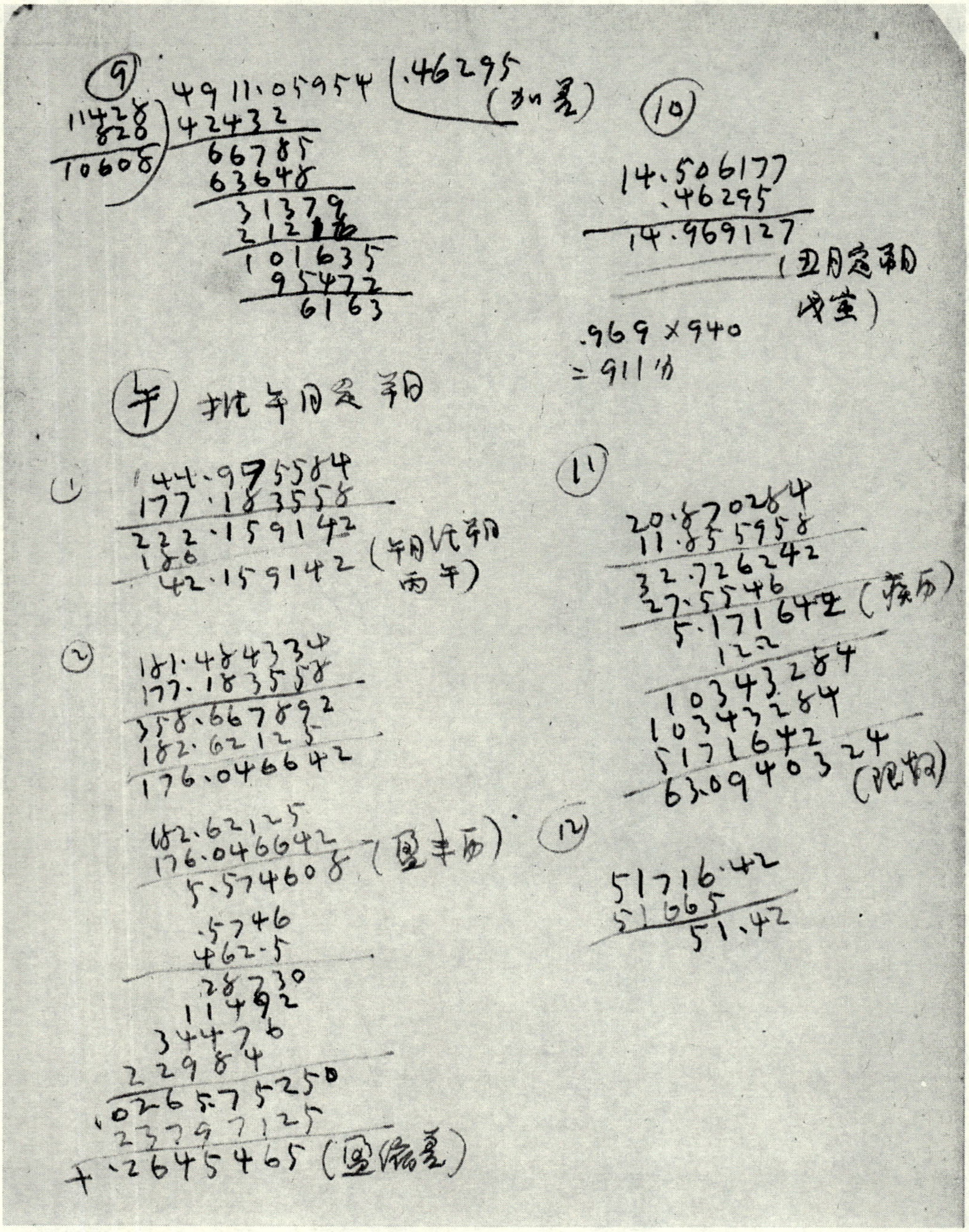

⑨ 11428 / 828 / 10608

4911.05954 | .46295 (加差)
42432
66785
63648
31379
21216
101635
95472
6163

⑩
14.506177
.46295
14.969127 (丑月定朔戊寅)

.969×940
=911分

(午) 推午月定朔

① 44.975584
177.183558
222.159142
180
42.159142 (午月经朔丙午)

② 181.484334
177.183558
358.667892
182.62125
176.046642

182.62125
176.046642
5.574608 (盈末历)

.5746
462.5
28730
11492
34476
22984
.026575250
.02379 7125
+.2645465 (盈缩差)

⑪
20.870284
11.855958
32.726242
27.5546
5.171642 (疾历)
122
10343284
10343284
5171642
63.0940324 (朓朒)

⑫
51716.42
51665
51.42

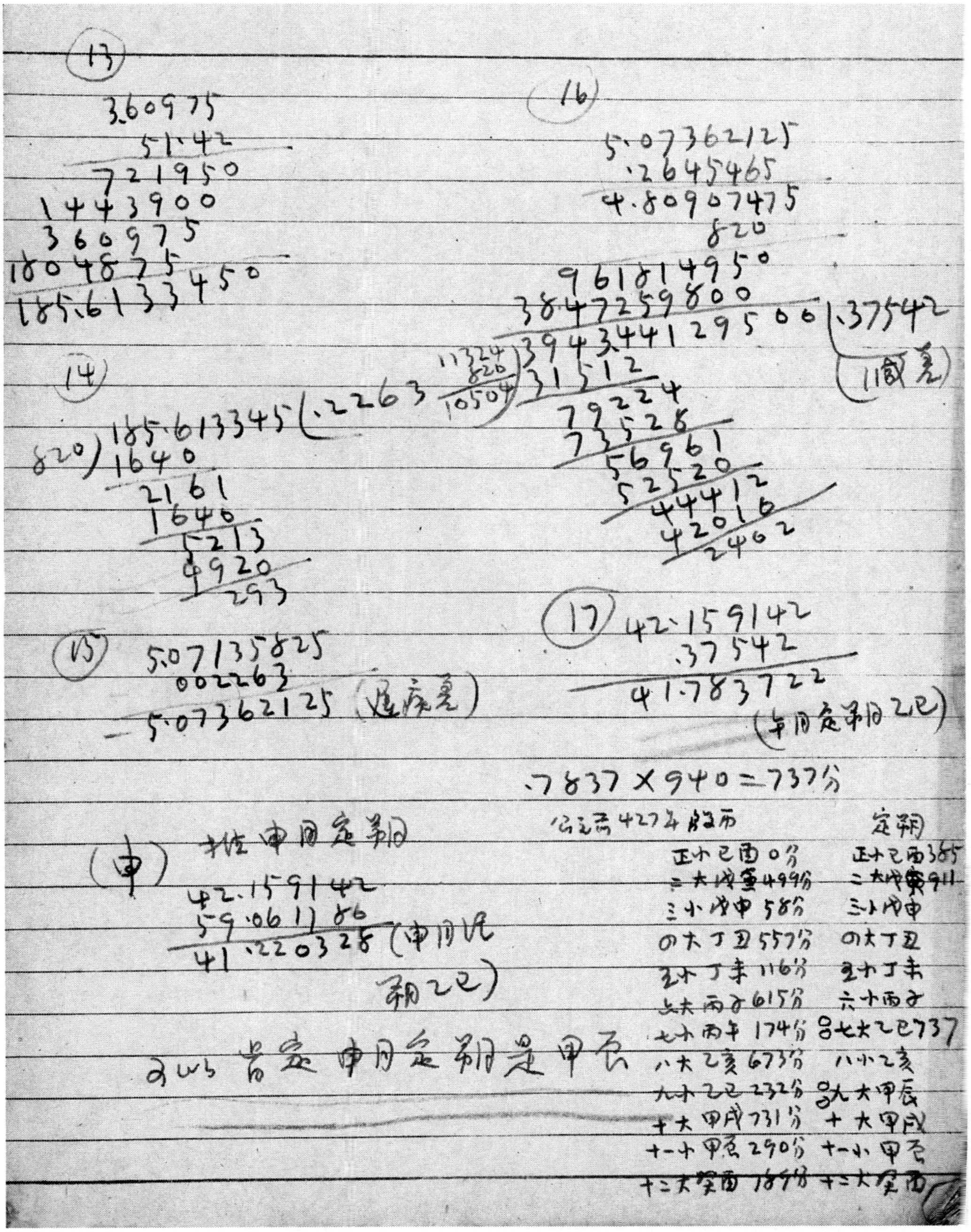

13
360975
51.42
721950
1443900
360975
1804875
185.61333450
16
5.07362125
.2645465
4.80907475
820
961814950
3847259800
3943441295.00
.37542
(11食差)
14
185.613345
.2263
820
1640
2161
1640
5213
4920
293
15
5.07135825
.002263
5.07362125
17
42.159142
.37542
41.783722
.7837×940=737分
定朔
正小己酉0分
正小己酉365
二大戊寅499分
二大戊寅911
三小戊申58分
三小戊申
四大丁丑557分
四大丁丑
五小丁未116分
五小丁未
六大丙子615分
六小丙子
七小丙午174分
七大乙巳737
八大乙亥673分
八小乙亥
九小乙巳232分
九大甲辰
十大甲戌731分
十大甲戌
十一小甲辰290分
十一小甲辰
十二大癸酉789分
十二大癸酉
推申月定朔
42.159142
59.061186
41.220328
申月定朔是甲辰

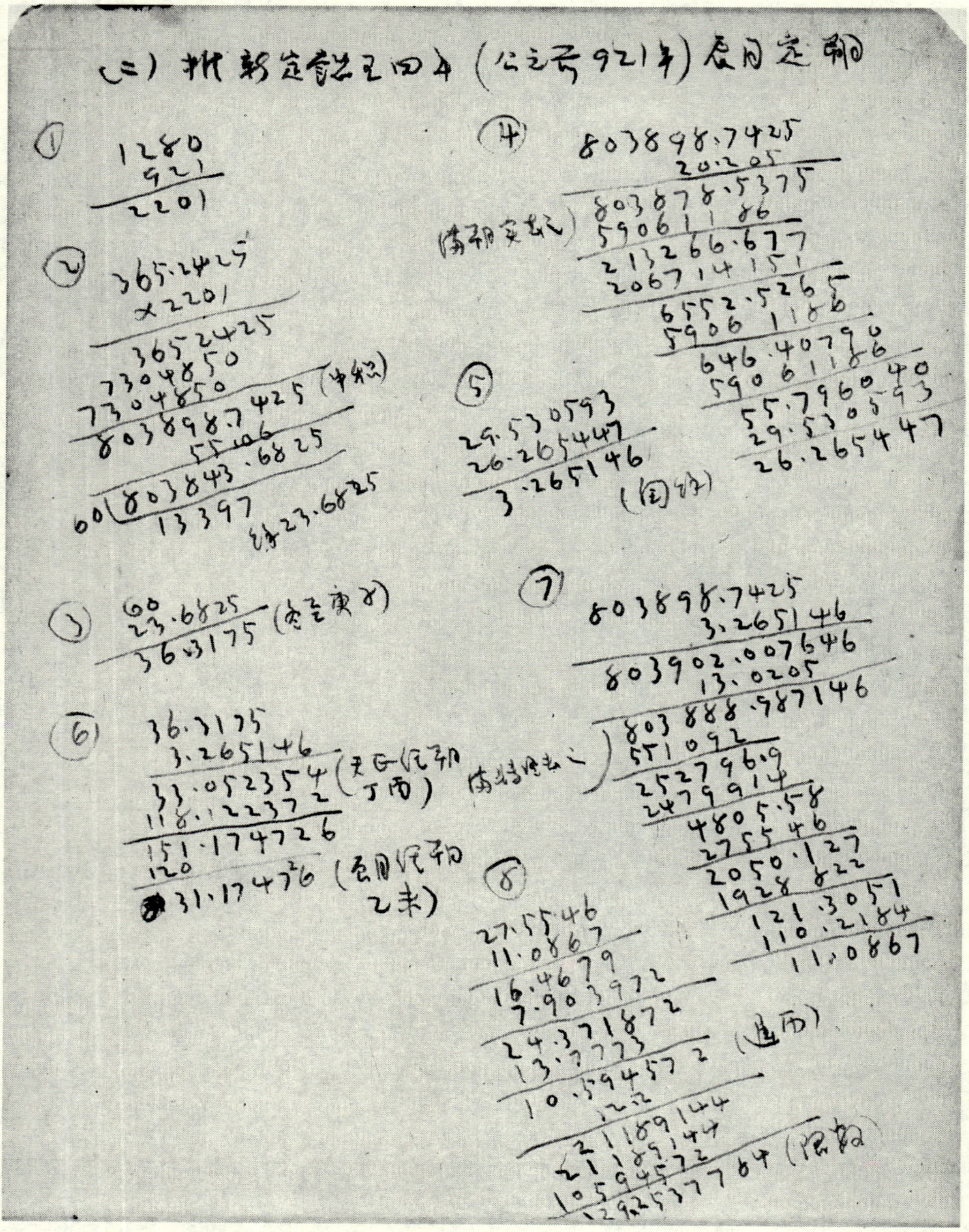

(二) 推新罗景明王四年(公元后921年)庚日定朔

① 1280
921
2201

② 365.2425
×2201
3652425
7304850
7304850
803898.7425 (中积)
55106
60)803843.6825
13397 余23.6825

③ 60
23.6825
36.3175 (岁首庚子)

④ 803898.7425
20.205
803878.5375
满闰实数) 590611.86
213266.677
206714.151
6552.526
5906.1186
646.4079
590.61186
55.79604
29.530593
26.265447

⑤ 29.530593
26.265447
3.265146
(闰余)

⑥ 36.3175
3.265146
33.052354 (天正经朔丁酉)
118.122372
151.174726
120
31.174726 (庚日经朔乙未)

⑦ 803898.7425
3.265146
803902.007646
13.0205
803888.987146
满转终去之) 551092
2527961.9
2479914
48055.8
27.5546
2050.127
1928.622
121.3051
110.2184
11.0867

⑧ 27.5546
11.0867
16.4679
7.903972
24.371872
13.7773
10.594572 (迟丙)
12.2
21.1189144
21.189144
10.594572
129.25377764 (迟朔)

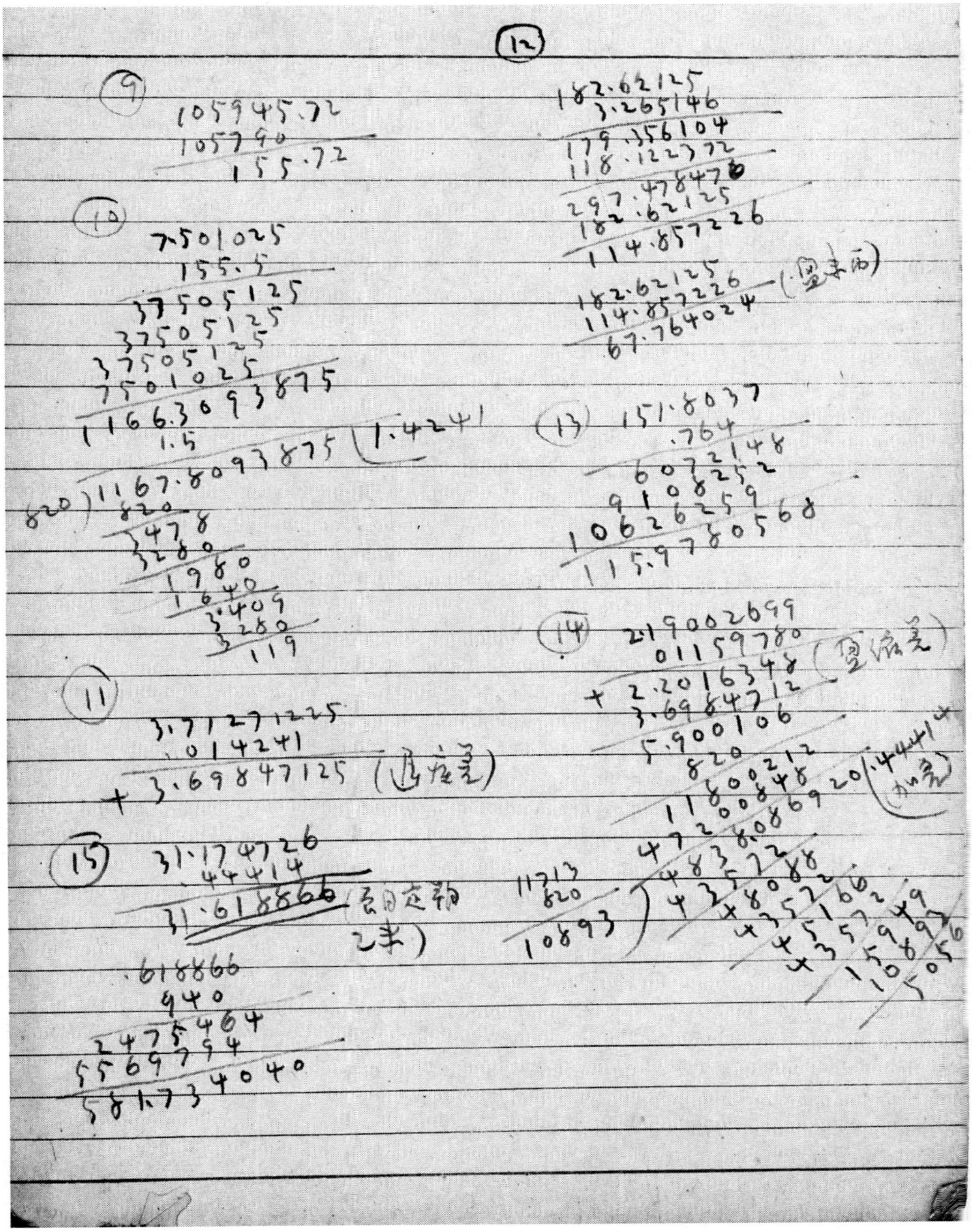

⑫

182.62125
3.265146
179.356104
118.122372
297.478476
182.62125
114.857226

182.62125
114.857226
67.764024 ([illegible])

⑨

105945.72
105790
155.72

⑩

7.501025
155.5
37505125
37505125
37505125
7501025
1166.3093875
1.5
1167.8093875 (1.4241)

820)1167.8093875
820
3478
3280
1980
1640
3409
3280
119

⑪

3.71271225
.014241
+ 3.69847125 ([illegible])

⑬

151.8037
.764
6072148
9108222
10626259
115.97805668

⑭

2.19002699
.01159780
+ 2.20162479 ([illegible])
3.69847712
5.900106
820
11800212
47200848
4720086920 (1.4441 [illegible])

11713
820
10893)

⑮

31.174726
.44414
31.618866 ([illegible])

.618866
940
2475464
5569794
581.7334040

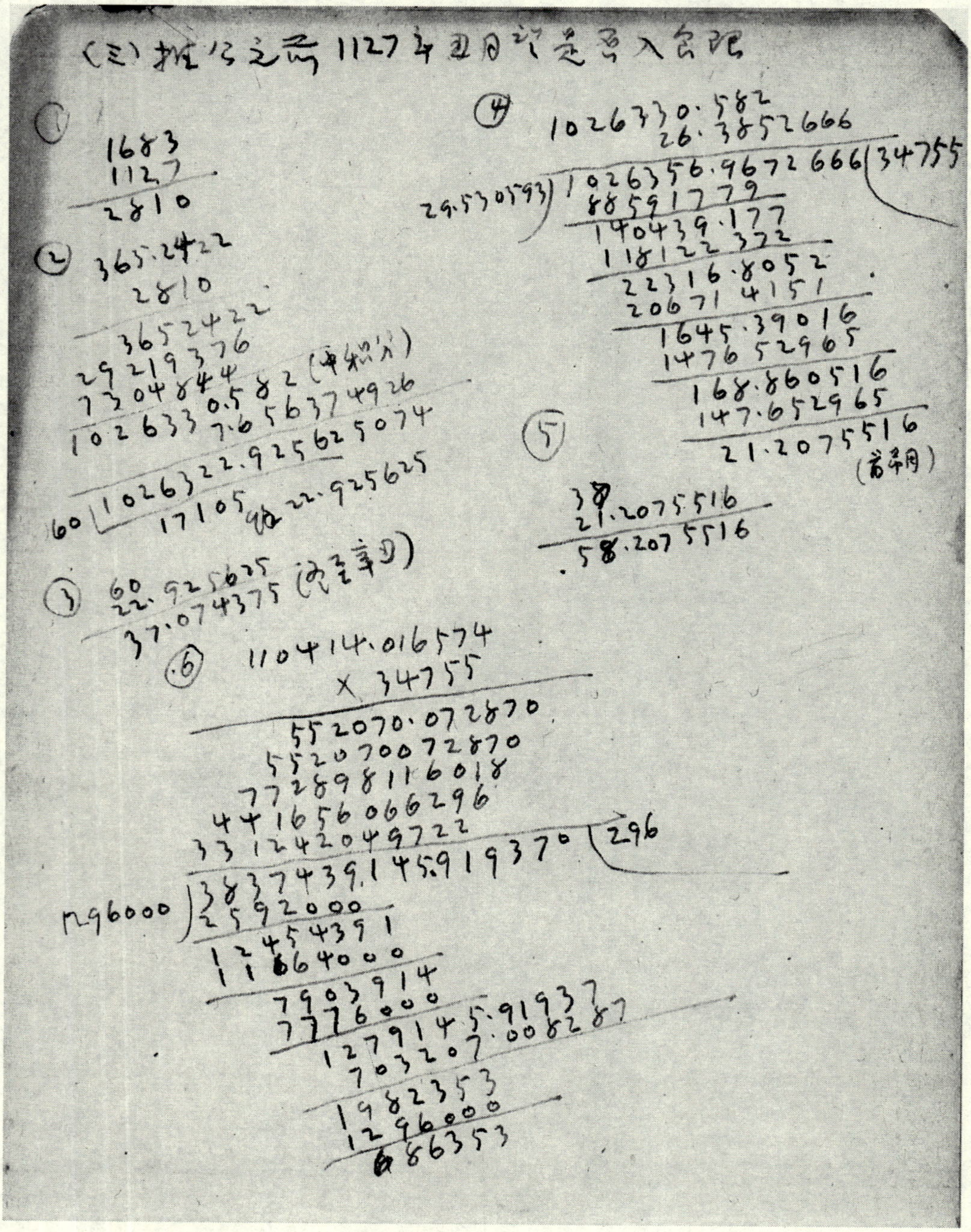

1683
1127
2810
365.2422
2810
102633.0582
1026322.925625
17105
22.925625
37.074375
110414.016574
× 34755
3837439.14591937
1296000
102633.0.582
26.3852666
1026356.9672666
34755
29.530593
140439.177
22316.8052
1645.39016
168.860516
147.652965
21.2075516
38
21.2075516
58.2075516

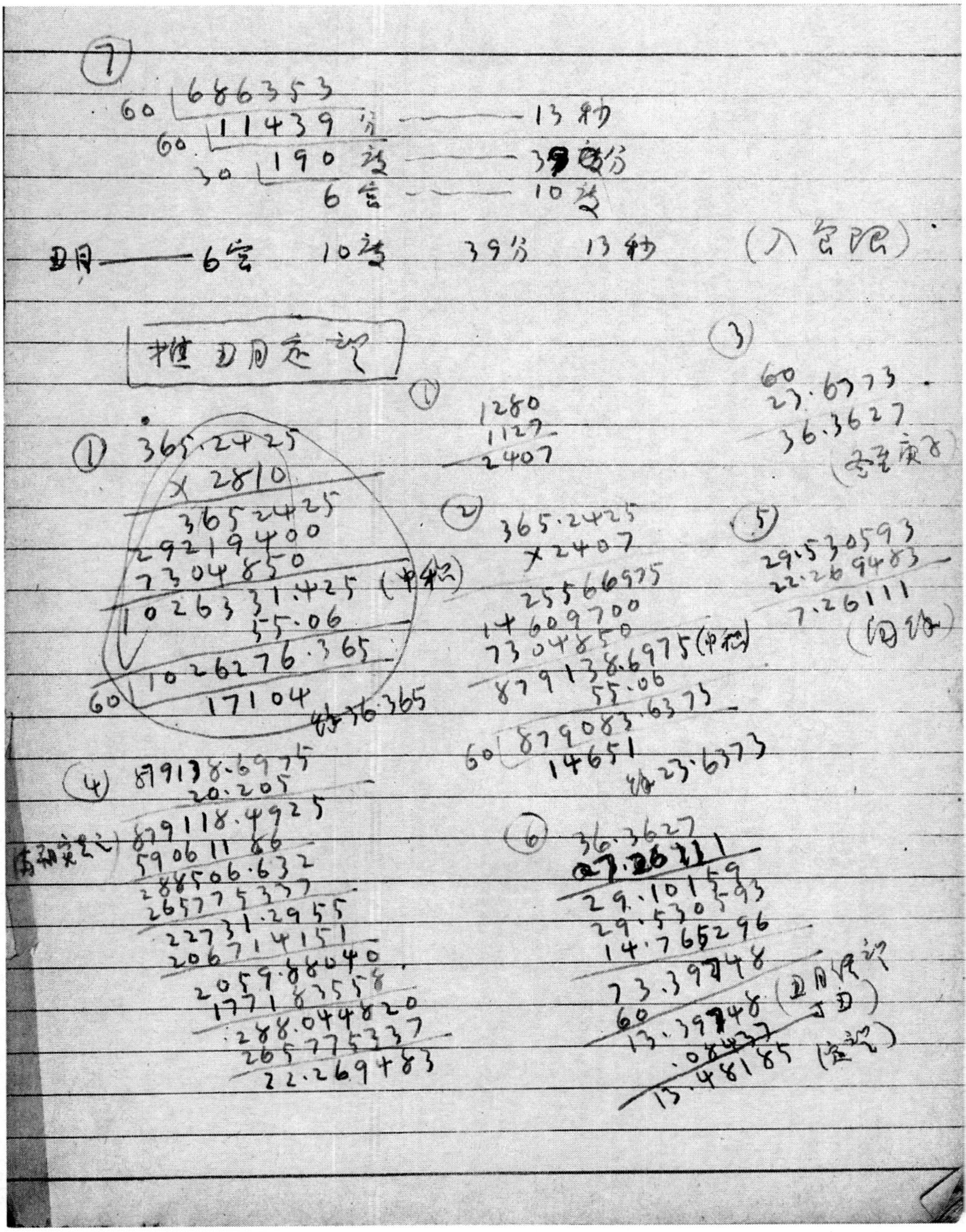

⑦
60 | 686353
60 | 11439 分 —— 13 秒
30 | 190 度 —— 39 分
6 宫 —— 10 度

日月 —— 6宫 10度 39分 13秒 (入宫限)

推日月定望

① 365.2425
×2810
3652425
2921940
730485
1026331.425 (中积)
55.06
1026276.365
60 | 1026276.365
17104 余36.365

1280
1127
2407

② 365.2425
×2407
25566975
14609700
730485
879138.6975 (中积)
55.06
879083.6375
60 | 879083.6375
14651 余23.6375

③ 60
23.6375
36.3625 (天正冬至)

④ 879138.6975
20.205
879118.4925
590611.86
288506.632
265775337
22731.2955
20671.4151
2059.88040
1771.83558
288.044820
265.775337
22.269483

⑤ 29.530593
22.269483
7.26111 (闰余)

⑥ 36.3625
27.26111
29.10159
29.530593
14.765296
73.39748
60
13.39748 (日月望记 寸日)
.08437
13.48185 (定望)

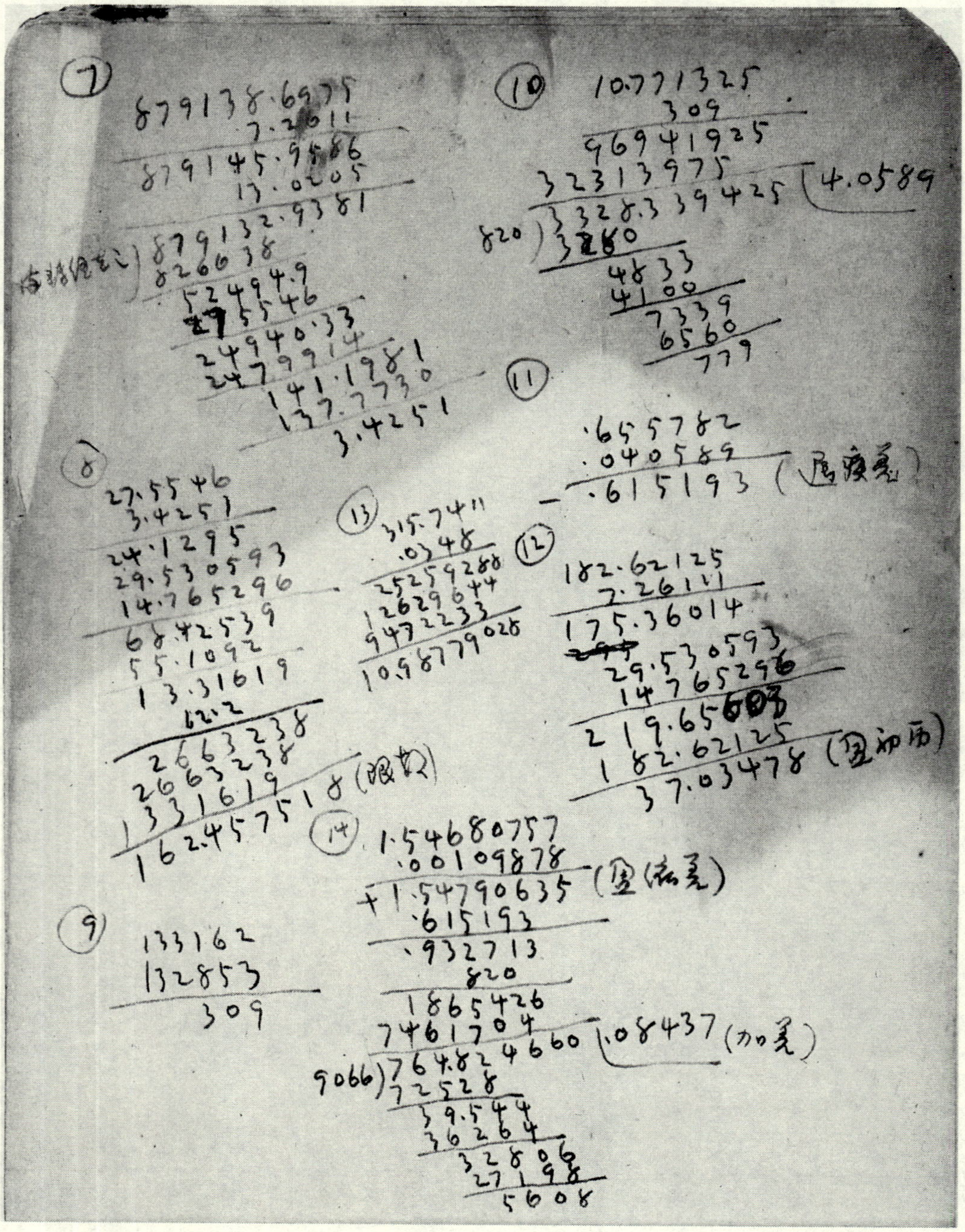

⑦
879138.6975
7.2611
879145.9586
13.0205
879132.9381
826638
52494.9
27.5546
24940.33
24799.14
141.198
137.7730
3.4251

⑧
27.5546
3.4251
24.1295
29.530593
14.765296
68.42539
55.1092
13.31619
12.2
26632238
26632238
1331619
162.457518

⑨
133162
132853
309

⑩
10.771325
309
96941925
32313975
3328339425 | 4.0589
820) 3280
4833
4100
7339
6560
779

⑪
.655782
.040589
.615193

⑫
182.62125
7.26111
175.36014
29.530593
14.765296
219.65
182.62125
37.03478

⑬
315.7411
.0348
25259288
12629644
9472233
10.98779028

⑭
1.54680757
.00109878
+1.54790635
.615193
.932713
820
1865426
7461704
764.824660 | .08437 (加差)
9066) 72528
39544
36264
32806
27198
5608

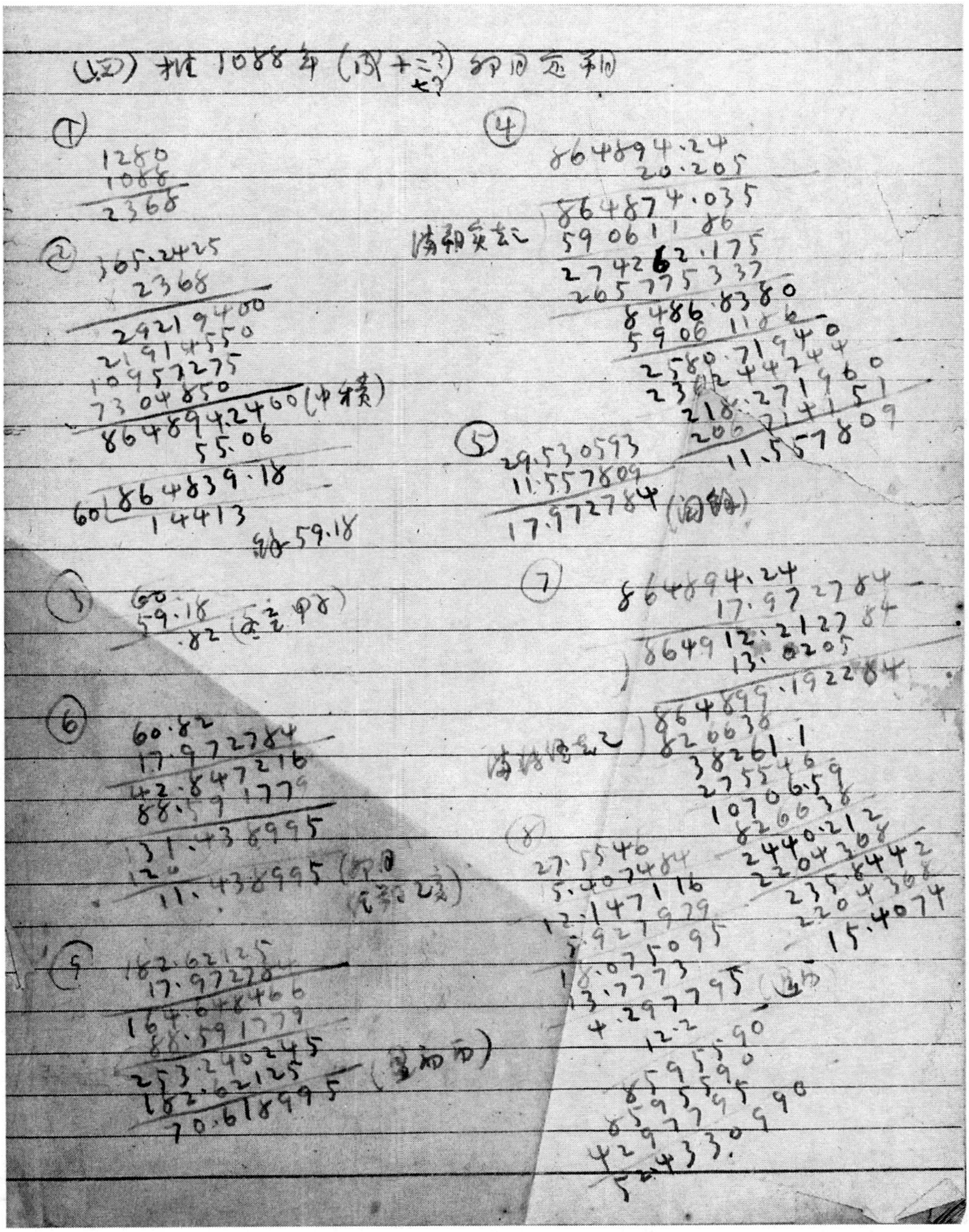

（五）推1088年（丙十二？七？）朔日定和

①
1280
1088
2368

②
365.2425
2368
29219400
21914550
10957275
7304850
864894.2400（中積）
55.06
60|864839.18
14413
59.18

③
60
59.18
.82（天正甲子）

④
864894.24
20.205
864874.035
59061186
2742662.175
265775337
8486.8380
5906.1186
2580.7194
2362442444
218.271960
206.71151
11.557809

⑤
29.530593
11.557809
17.972784（閏餘）

⑥
60.82
17.972784
42.847216
88.591779
131.438995
120
11.438995（朔日天正乙亥）

⑦
864894.24
17.972784
864912.212784
13.0205
864899.192284
820638
38261.1
275546
107065.9
820638
2440.212
2204368
235.8442
2204368
15.4074

⑧
27.5546
5.407484
12.147116
5.927095
18.075773
13.77773
4.297795

⑨
182.62125
17.972784
164.648466
88.591779
253.240245
182.62125
70.618995（冬至前）

12.2
859590
859590
8597795990
4297330
52433

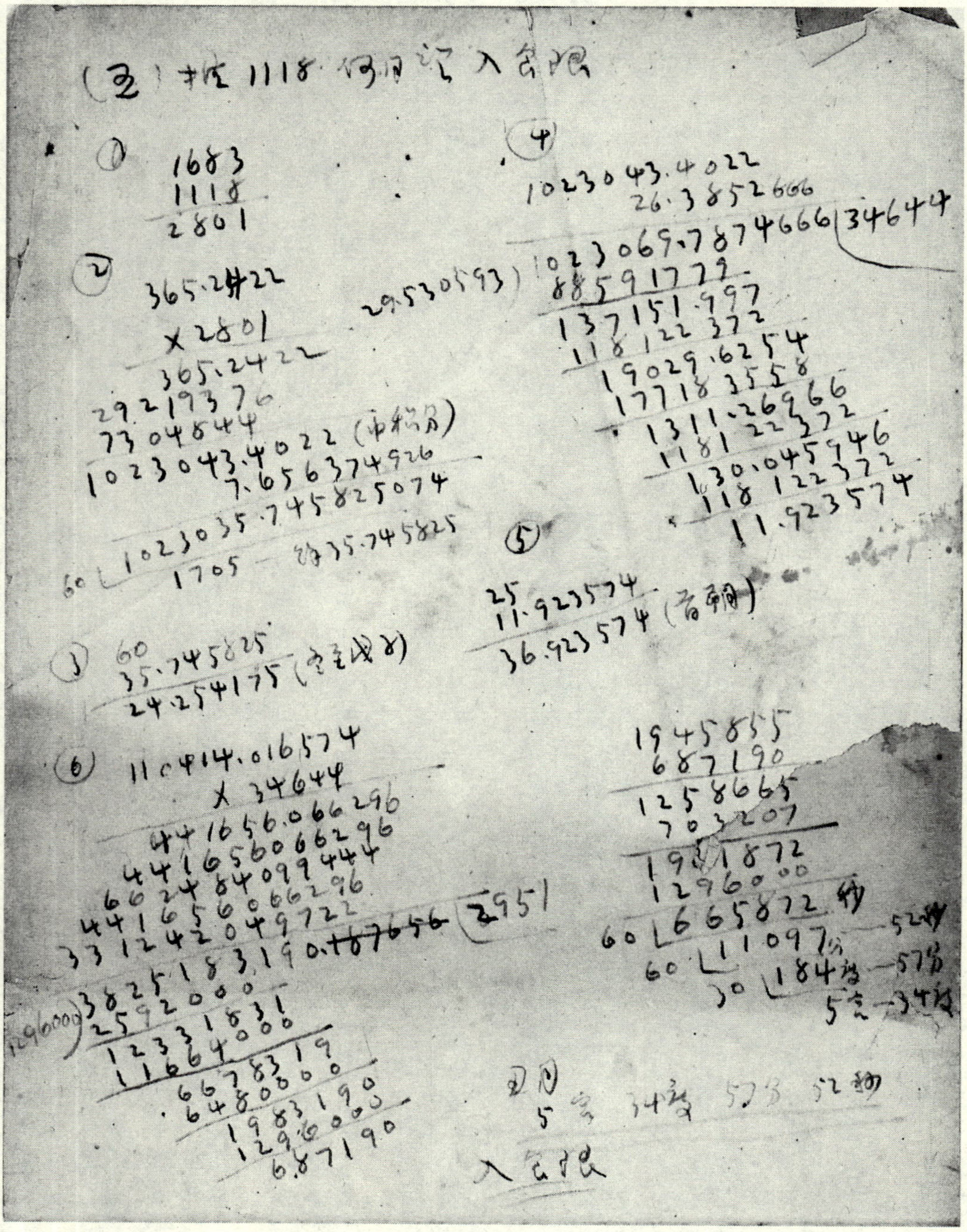

(五) 推1118 何日 [illegible] 入食限

① 1683
1118
2801

② 365.2422
×2801
365.2422
292.19376
73 04844
1023043.4022 (中积分)
7.656374926
1023035.745825074
60 | 1023035.745825
17050 余35.745825

29.530593)

③ 60
35.745825
24.254175 ([illegible])

④ 1023043.4022
26.3852666
1023069.7874666 | 34644
1023069.7874666
885917 72
137151.997
118122 372
19029.6254
17718 3558
1311.26966
1181 22372
130.0459546
118 122372
11.923574

⑤ 25
11.923574
36.923574 (首朔)

⑥ 110414.016574
×34644
441656.066296
441656066296
662484099444
441656066296
331242049722
38251831 90.187656 | 2951
1296000) 38251831 90
2592000
12331831
11664000
667831 9
6480000
198319 0
1296000
687190

1945855
687190
1258665
703207
1981872
1296000
60 | 685872 秒
60 | 11097 分 — 52秒
30 | 184 度 — 57分
5 宫 — 4度

五月
5宫 4度 57分 52秒
入食限

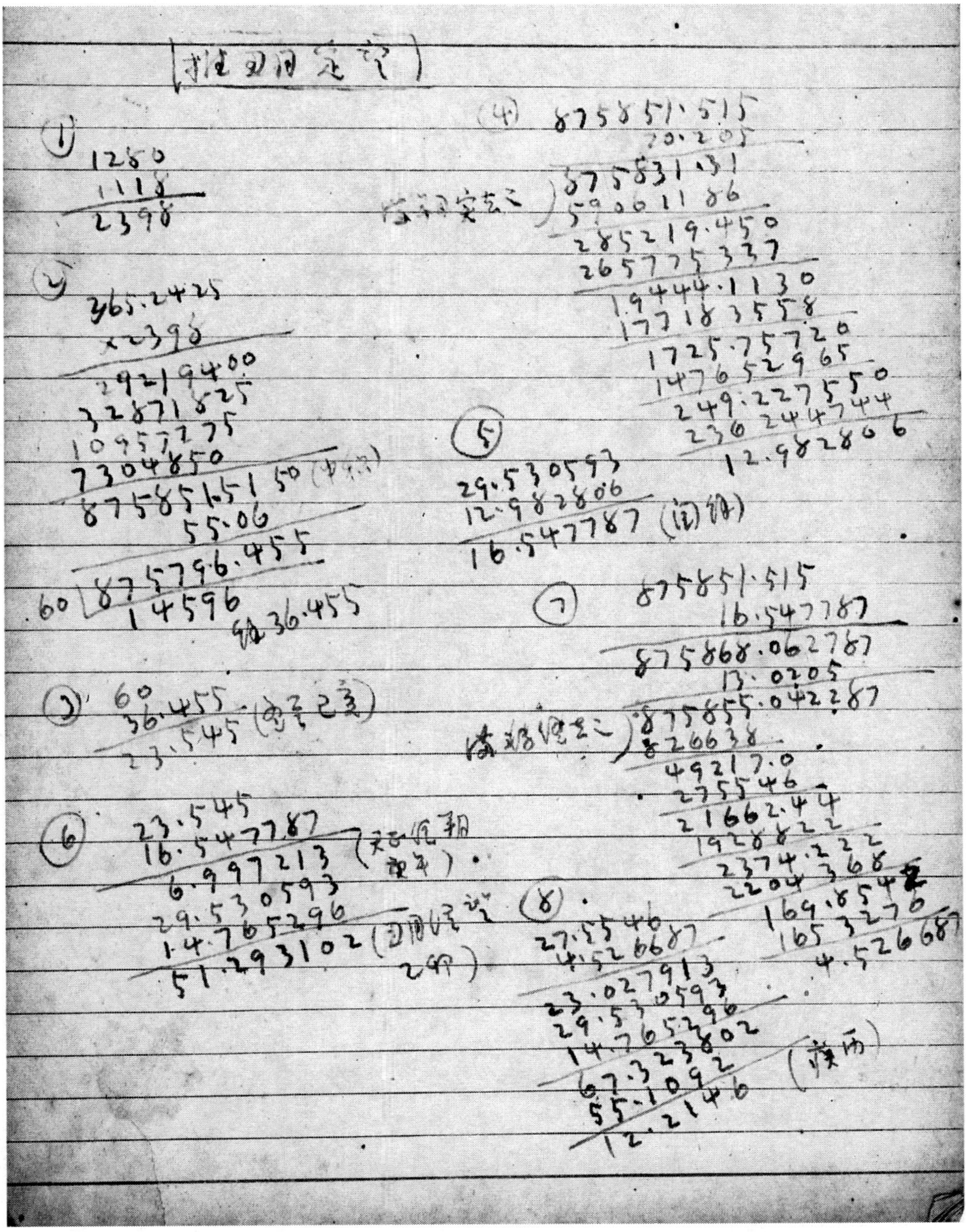
①
1280
1118
2398
②
365.2425
×2398
29219400
32871825
10957275
7304850
875851.51 50
55.06
875796.455
60
14596
36.455
③
60
36.455
23.545
④
875851.515
20.205
875831.31
590061186
285219.450
265775337
19444.1130
17718355 8
1725.75720
1476529 65
249.227550
236244744
12.982806
⑤
29.530593
12.982806
16.547787
⑥
23.545
16.547787
6.997213
6.997213
29.530593
14.765296
51.293102
⑦
875851.515
16.547787
875868.062787
13.0205
875855.042287
826638
49217.0
275546
21662.44
1928822
2374.222
2204.368
169.854
165.3276
4.526687
⑧
27.5546
4.526687
23.027913
29.530593
14.765296
67.323802
55.1092
12.2146

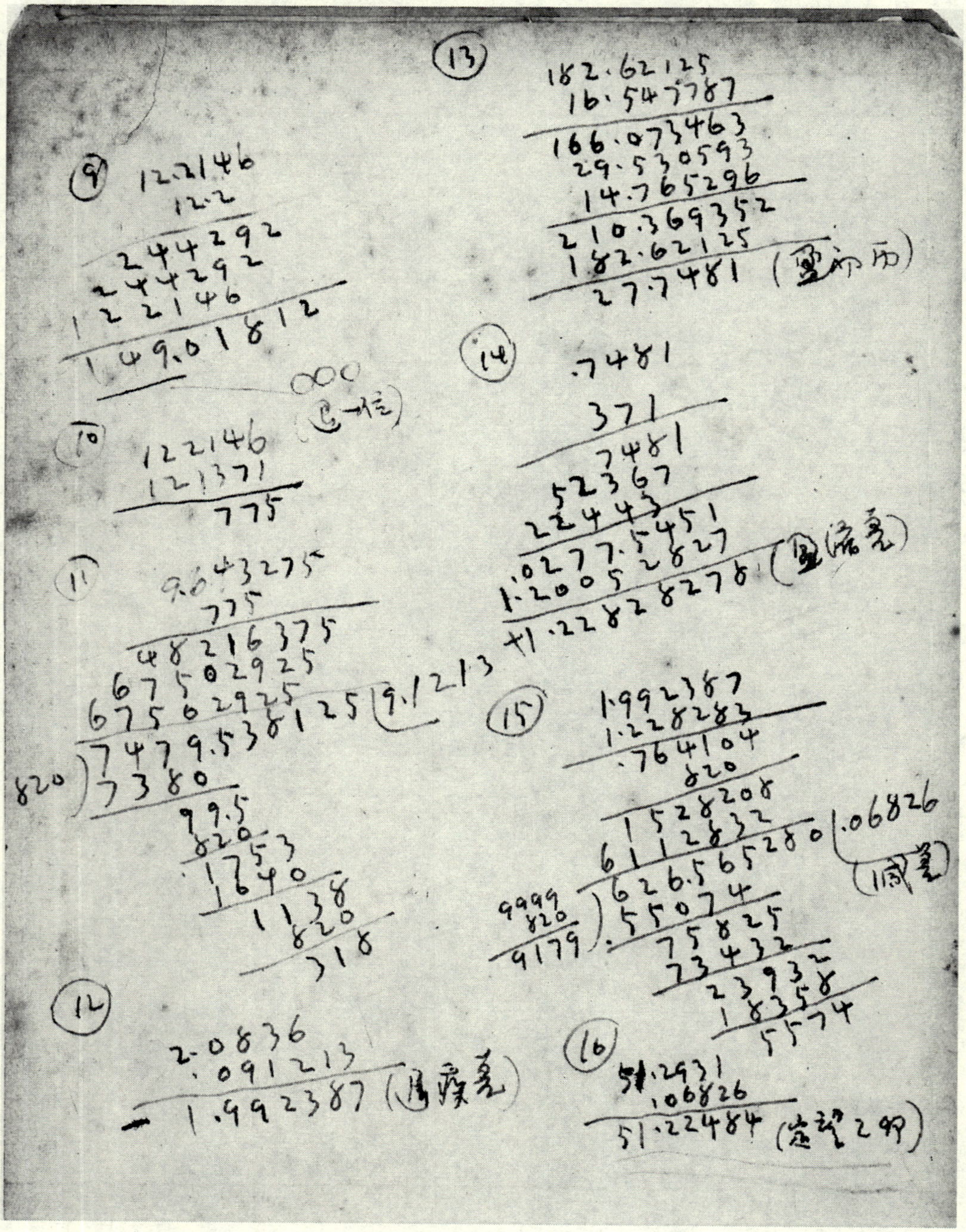

(13)
182.62125
16.547787
166.073463
29.530593
14.765296
210.369352
182.62125
27.7481

(9)
12.2146
12.2
244292
244292
122146
149.01812

(10)
122146
121371
775

(14)
.7481
371
7481
52367
22443
1.0277.5451
1.2005 2827
+1.2282 8278

(11)
9.643275
775
48216375
67502925
67502925
7479.538125 | 9.1213
820) 7479.5
7380
99.5
820
1753
1640
1138
820
318

(15)
1.992387
1.228283
.764104
820
1528208
6112832
626.565280 | .06826
9999
820
9179) 626.565280
55074
75825
73432
23932
18358
5574

(12)
2.0836
.091213
1.992387

(16)
51.2931
.06826
51.22484

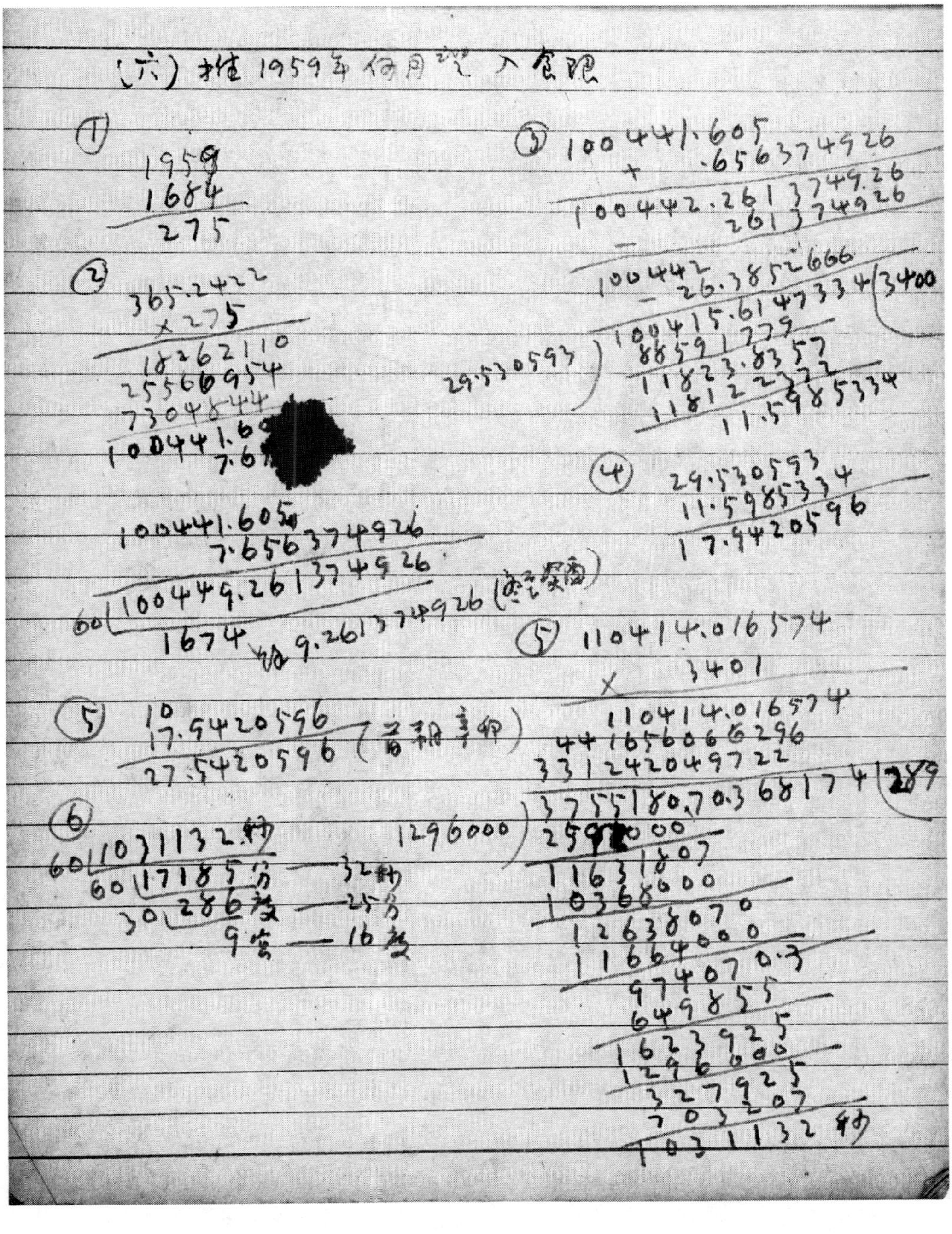

（六）推1959年何月望入食限

①
1959
1684
275

②
365.2422
×275
18262110
25569954
7304844
100441.60
7.6

100441.605
7.65637492б
100449.26137492б
60 | 100449.26137492б
1674 ⋯ 9.26137492б（远望实离）

⑤
10
17.5420596
27.5420596（首朔交积）

⑥
60 | 103113 2秒
60 | 1718 5分 —— 32秒
30 | 28 6度 —— 25分
9宫 —— 16度

③ 100441.605
\+ .65637492б
100442.26137492б
− .26137492б
100442
− 26.3852666
100415.6147334 | 3400
29.530593) 100415.6147334
88591779
11823.8357
11812.2372
11.5985334

④
29.530593
11.5985334
17.9420596

⑤ 110414.016574
× 3401
110414.016574
44165606.6296
331242049722
375518070.368174 | 289
1296000) 375518070.368174
2592000
1163180 7
1036800 0
12638070
11664000
974070.3
648855
1623925
1296000
327925
703207
103 1132 秒

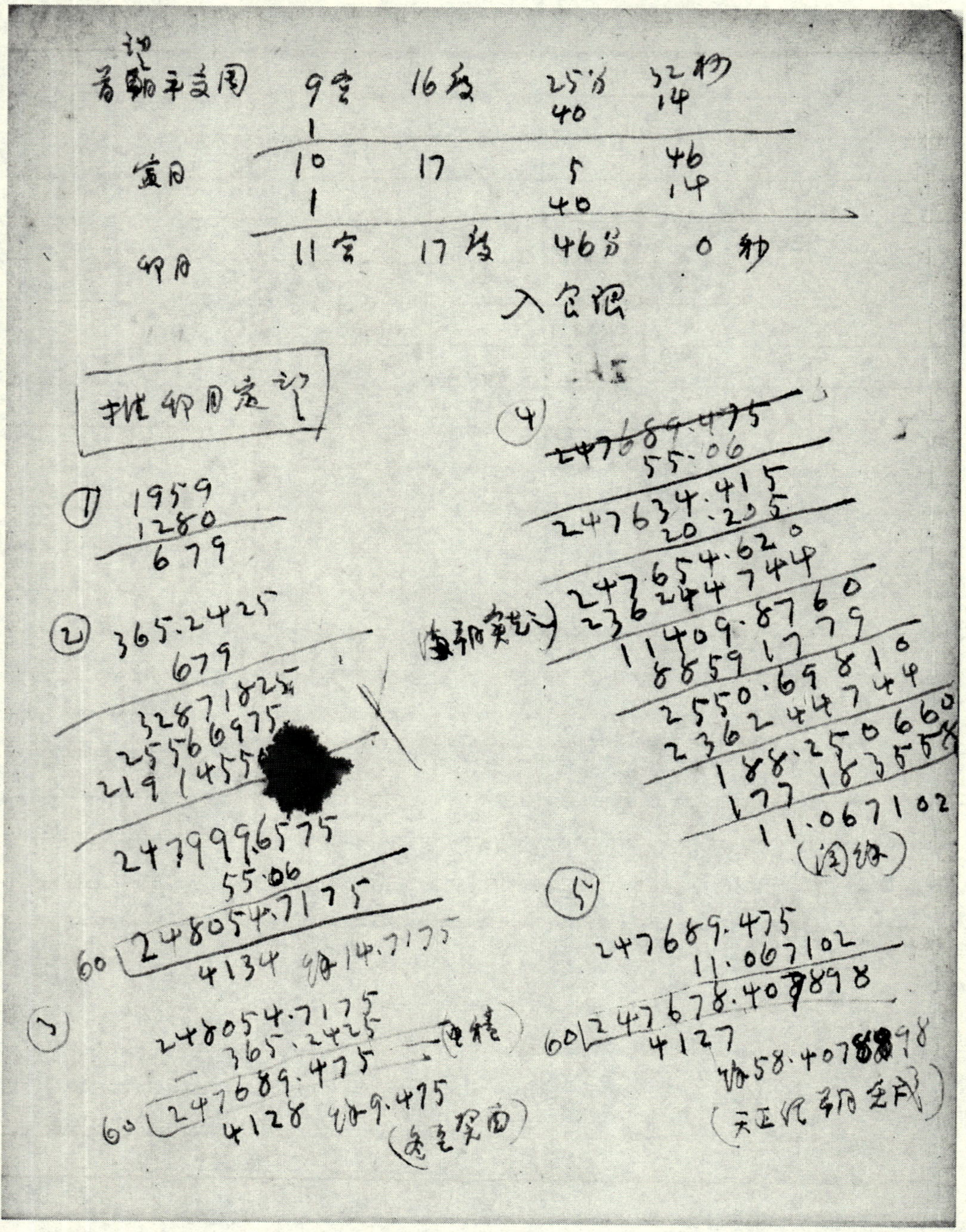
首朔平交周 9宫 16度 25分 32秒
寅日 10 17 5 46
卯日 11宫 17度 46分 0秒
入食限
推卯日宠订
① 1959
1280
679
② 365.2425
679
247999.6575
55.06
248054.7175
60 4134
③ 248054.7175
365.2425
247689.475
60 4128
④ 247689.475
55.06
247634.415
20.205
247654.620
236244744
11409.8760
8859.1779
2550.69810
2362.44744
188.25066
177.18356
11.067102
⑤ 247689.475
11.067102
247678.407898
60 4127

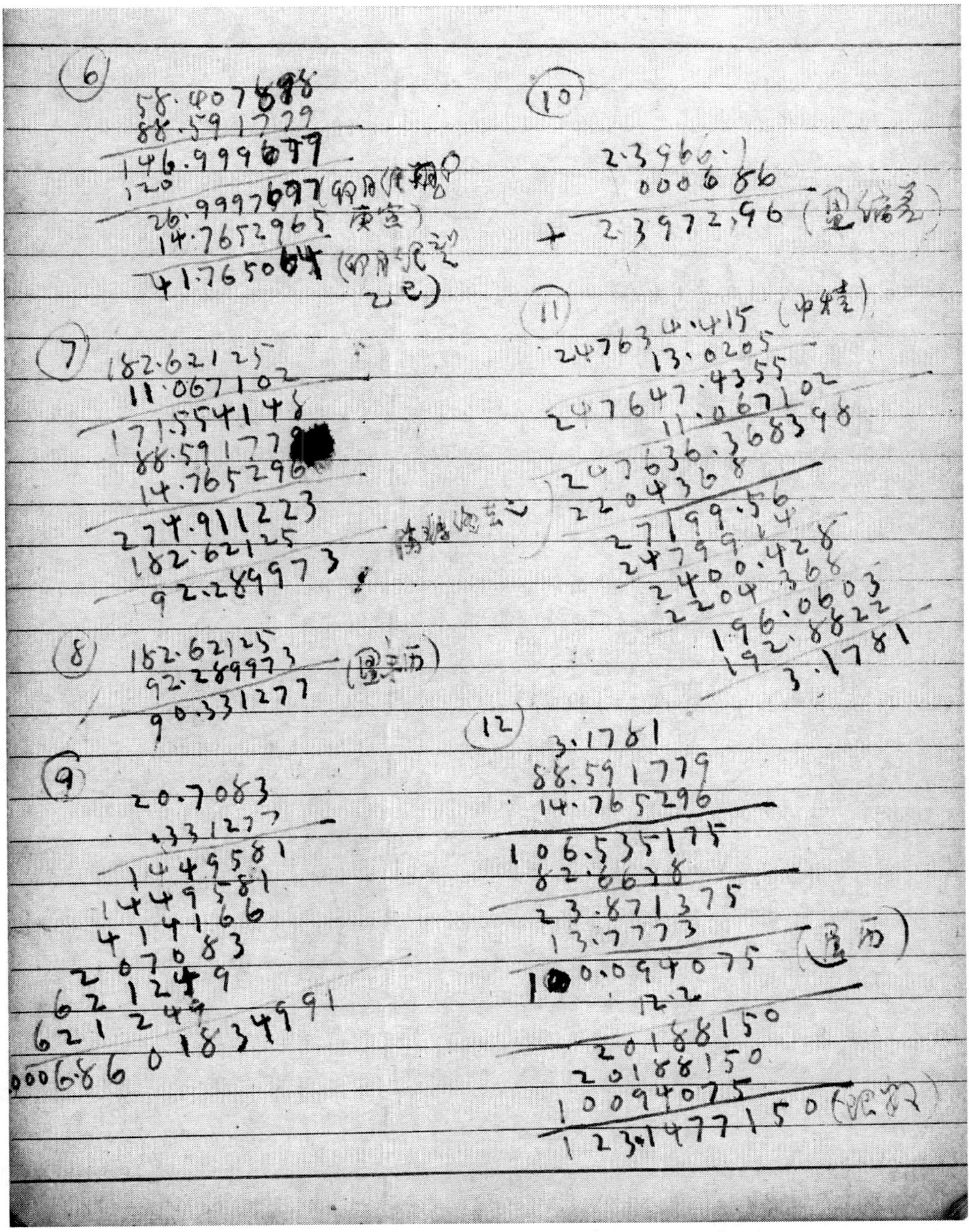

⑥
58.407888
88.591779
146.999667
120
26.999697 (卯月佐朔)
14.765296 庚室)
41.765064 (卯月纪望
乙巳)

⑦
182.62125
11.067102
171.554148
88.591779
14.765296
274.911223
182.62125
92.289973

⑧
182.62125
92.289973
90.331277 (置天历)

⑨
20.7083
.331277
1449581
1449581
1441166
414083
207083
621249
621249
0006860183491

⑩
2.3966.1
0006.86
2.3972.96 (置缩差)

⑪
24763 4.415 (中積)
13.0205
247647.4355
11.067102
247636.368398
2204368
27199.56
24799.14
2400.428
2204.368
196.0603
192.8822
3.1781

⑫
3.1781
88.591779
14.765296
106.535175
82.6638
23.871375
13.7773
100.094075 (置历)
12.2
20188150
20188150
10094075
12314771150 (泥积)

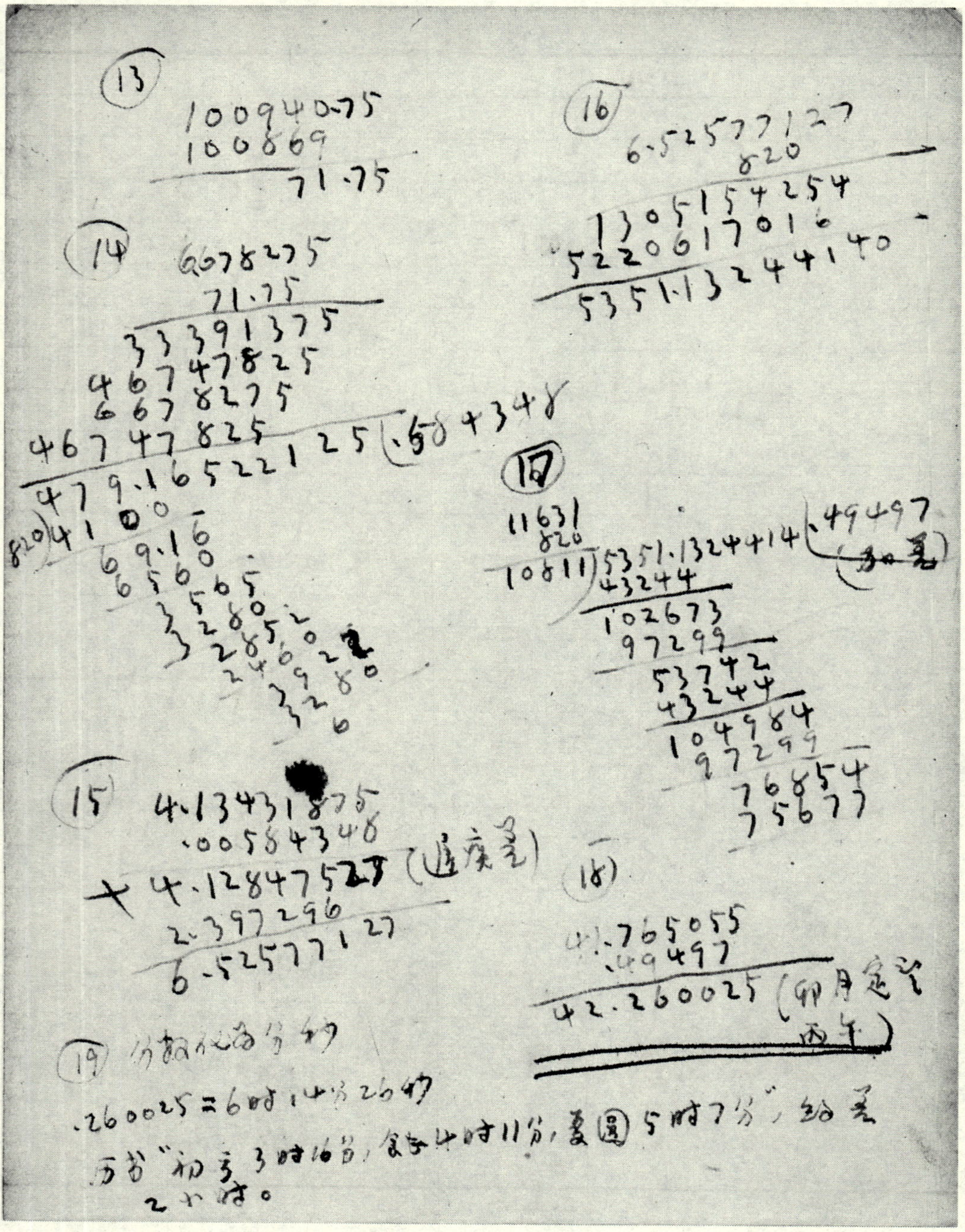

(13)
10094075
100869
71.75
(14)
6678275
71.75
467 47 825
479.165221125
(15)
4.13431875
.00584348
4.1284752
2.397296
6.52577127
(16)
6.52577127
820
5351.1324414
(17)
11631
820
10811
43244
102673
97299
53742
43244
104984
97299
76854
75677
(18)
41.765055
.49497
42.260025
(19)
.260025=6时14分26秒

推1959年九月丁巳朔日宫度

60 | 327925 秒 —— 25 秒
60 | 5465 分 —— 5 分
30 | 91 度 —— 1 度
3 宫

首朔平交周

	3宫	1度	5分	25秒
	1		40	14
寅月	4	1	45	39
	1		40	14
	5	2	25	53
卯月	1		40	14
	6	3	6	7
辰月（入危距）	6	4	1	24
	0	7	7	31
戌月（入危距）				

推戌月（即九月）定朔

①
171.554148
295.30593
466.860078
365.2425
101.617578

②
182.62125
101.617578
81.003672（儒略历）

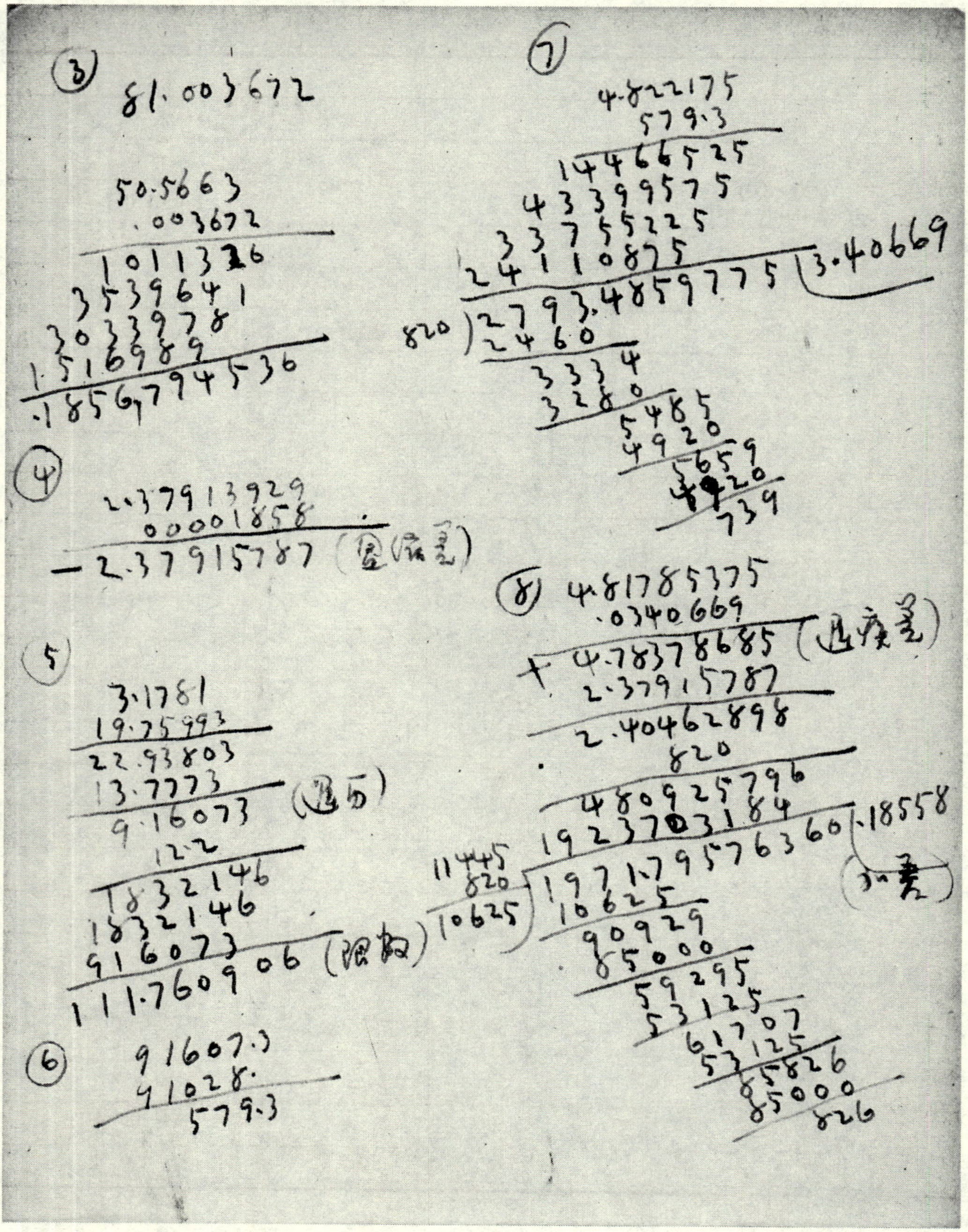

(3) 81.003672

50.5663
.003672
1011326
3539641
3033978
1516989
.18567945536

(4)
2.37913929
00001858
—2.37915787 (蜜[illegible])

5
3.1781
19.75993
22.93803
13.7773
9.16073 (通[illegible])
12.2
1832146
1832146
916073
111.760906 (距数)

(6)
91607.3
91028.
579.3

(7)
4.822175
579.3
14466525
43399575
33755225
24110875
2793.4859775 | 3.40669
820) 2793
2460
3334
3280
5485
4920
5659
4920
739

(8) 4.81785375
.0340669
+ 4.78378685 (通[illegible])
2.37915787
2.40462898
820
480925796
192370318 4
1923703176360 | .18558 (加[illegible])
11445
820
10625) 1971795763 60
10625
90929
85000
59295
53125
61707
53125
85826
85000
826

⑨

58.407898
295.30593

353.713828（戊日经朔丁巳）
300
53.713828（戊日经朔丁巳）
.18558

53.899408（戊日定朔丁巳）

⑩ 分数化为时刻

.899408 = 21时，35分15秒

历书"我国不能看到"合朔在夜，应。

又推今年酉月（九月）望入交限，经望38.948022（壬寅）

据西、庚历相符为减差，约得卅分

酉望月定望时为 ~~[illegible]~~ 38.55 为下午1时许，我

国不能看到，因为月食一般以为常事，故历书不注出欤？

又历书推三月（辰月）庚申朔日环食，注"我国不能看到"。

辰月经朔56.53027（庚申），据多望力相符为减差，不

到.1，则定朔在昼，何以中国不见？待重推。

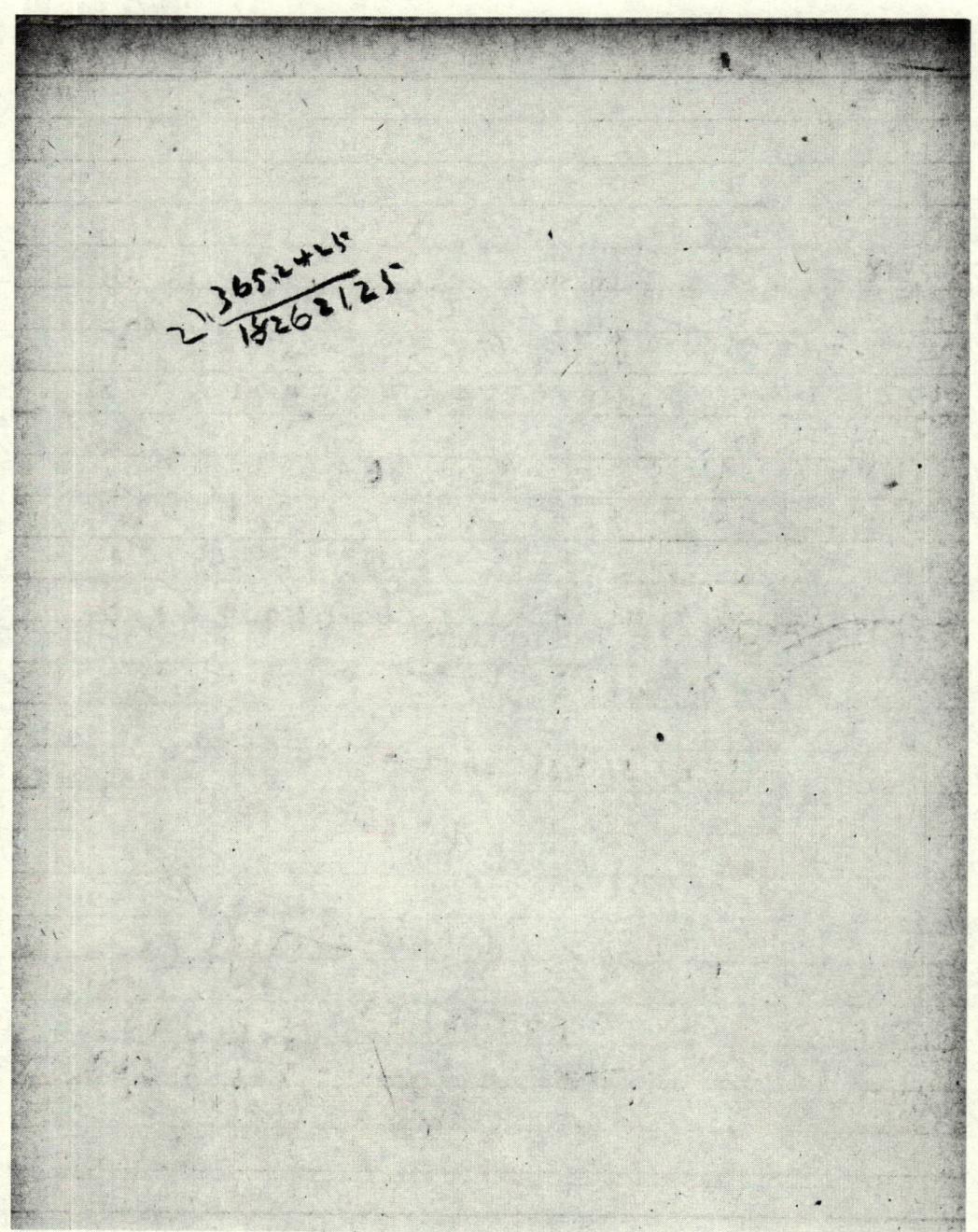
365.2425
18262.125

(七) 推公元前1106年丑、寅、卯、辰、巳各月定朔

① 1280 (授时历今之)
1106
2386

② 365.2425 (岁实)
×2386
2191 4550
2921 9400
1095 7275
730 4850
871468.6050 (中积)
55.06
871413.545
60 | 871413.545
14523
余33.545

③ 60.0
33.545 (冬至庚寅)
26.455

⑥ 86.455
28.930023
57.524977 (天正经朔辛酉)
29.530593
27.055617 (丑月经朔辛卯)
29.530593
56.586163 (寅月庚申)
29.530593
26.116786 (卯月庚寅)
29.530593
55.647349 (辰月己未)
29.530593
25.177942 (巳月己丑)

④ 871468.605
20.205 —历
871448.4
590611.86
280836.54
265775.337
15061.2030
14765.2965
295.90650
295.30593
.60057

(满朔实数)

⑤ 29.530593
.60057
28.930023 (闰余)

⑦ 182.62125
28.930023
153.691227
29.530593
183.221820
182.62125
.60057 (闰初历)
.0510 8569 (闰[illegible]分[illegible])
.6005 (7)
306.51414 (自.0005乘)
5544 (闰[illegible])
+.03061 7694

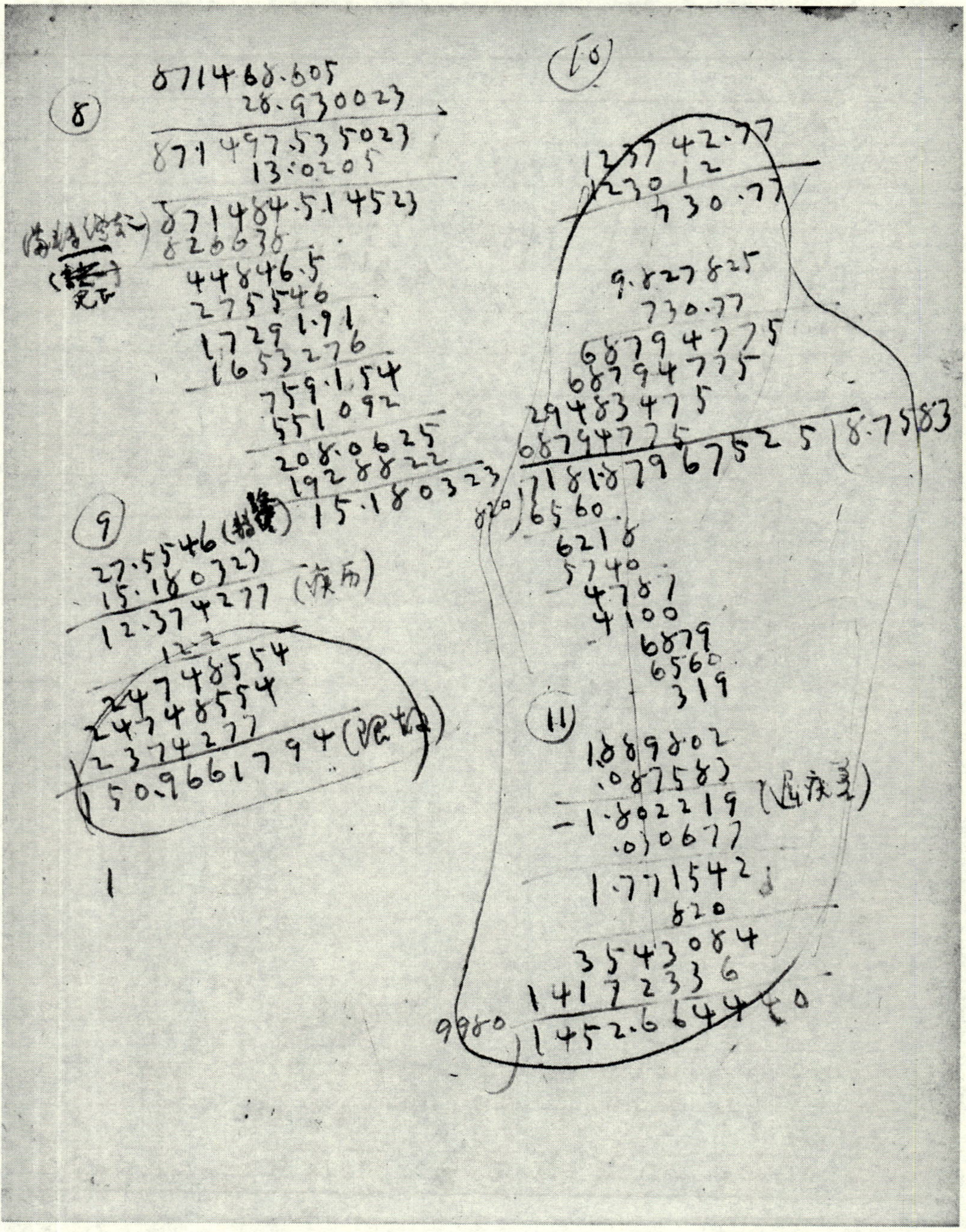

⑧
871468.605
28.930023
871497.535023
13.0205
871484.51452 3
826638
44846.5
275546
172921.91
1653276
75915.4
551092
208.0625
192 88 22
15.180323

⑨
27.5546
15.180323
12.374277
24748554
24748554
2374277
150.9661794

⑩
123742.77
123012
730.77
9.827825
730.77
68794775
68794775
29483475
68794775
7181879675.25 (8.7583
6560
6218
5740
4787
4100
6879
6560
319

⑪
1.889802
.087583
1.802219
.030677
1.771542
820
3543084
14172336
1452.66444

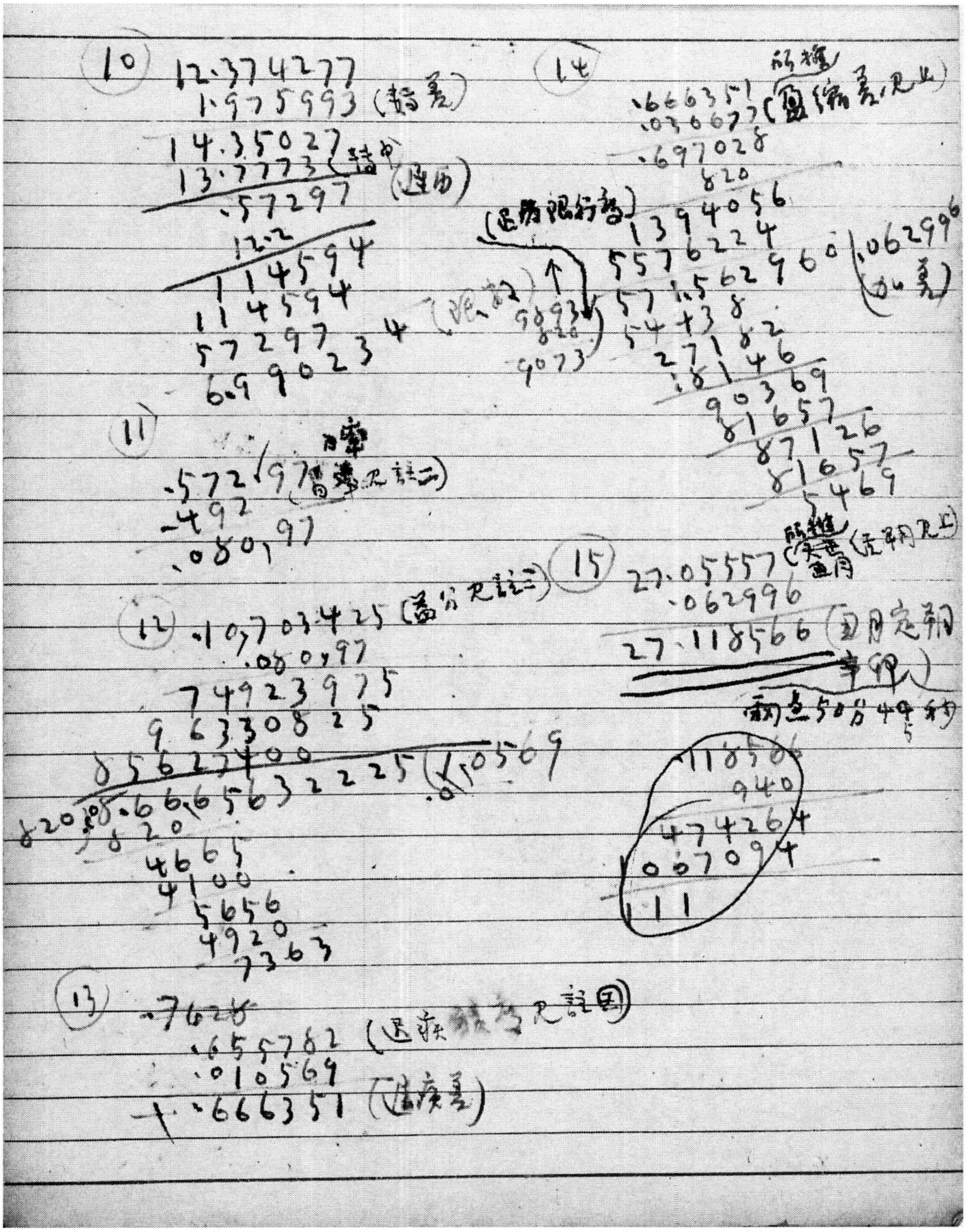

(10)
12.374277
1.975993 (積差)
14.35027
13.7773 (積中) (通閏)
.57297
12.2
114594
114594
57297
69023 4

(11)
.57297 (冬至見註二)
.492
.08097

(12)
.10703425 (春分見註三)
.08097
7492397 5
963308 25
8562 2700
.866563 2225 (.10569
820
4665
4100
5656
4920
7363

(13)
.7628
.655782 (退疾 見註四)
.010569
1.666351 (遲疾差)

(14)
.666351
.030677 (盈縮差見上)
.697028
820
1394056
5576224
57.15629 60 (.062996 (加差)
9893
9073
54438
27182
27146
903 69
81657
87126
81657
5469

(15)
27.05557
.062996
27.118566 (望月定朔
辛卯)
酉初五十分四十九秒

118566
940
474264
1067094
111

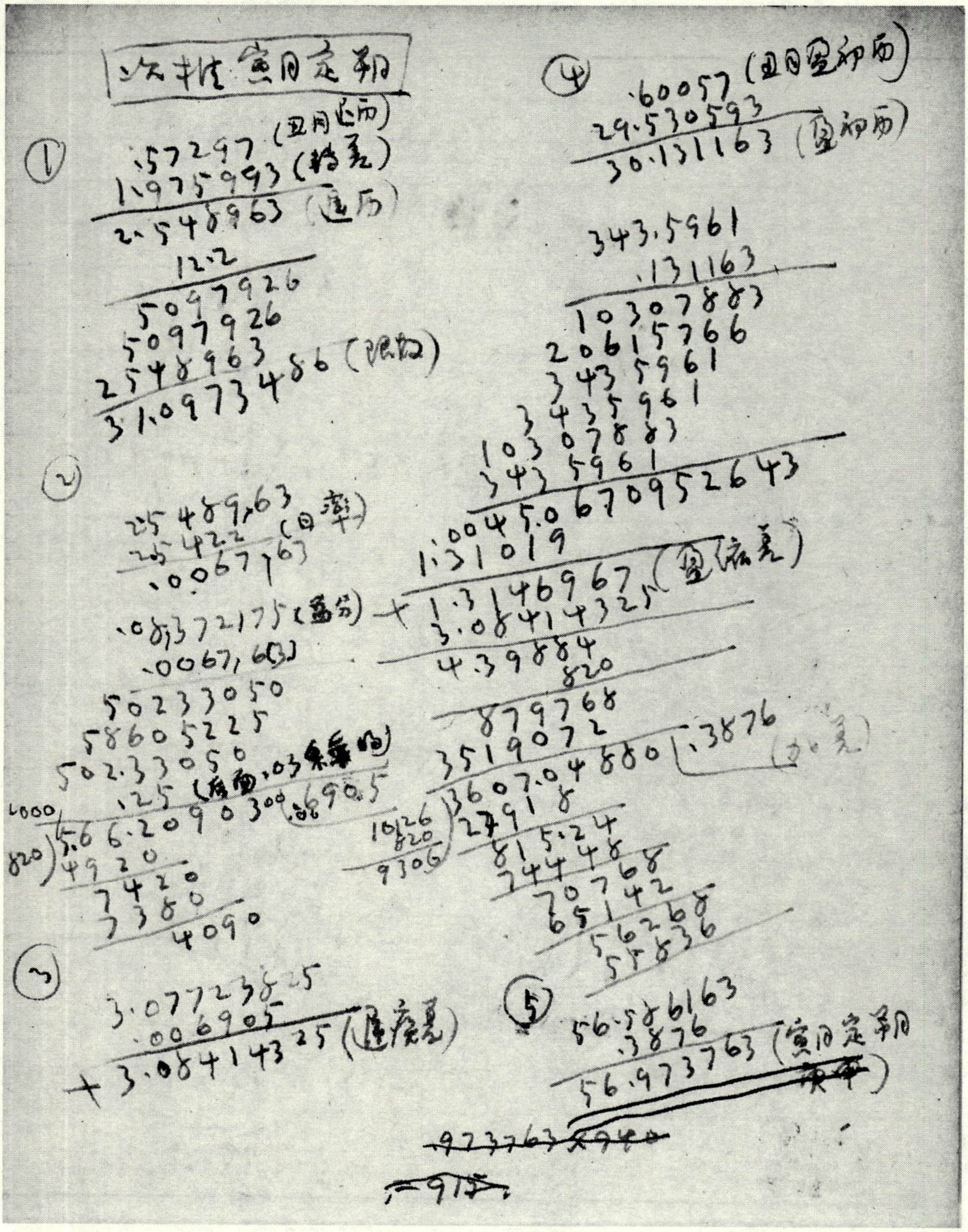

次推实日定朔

①
.57297 (丑月迟历)
1.975993 (转差)
2.548963 (迟历)
12.2
5097926
5097926
2548963
31.0973486 (迟数)

②
25.48963
25.422 (日率)
.006763
.08372175 (益分)
.006763
50233050
58605225
50233050
125
566.2090300
4920
7420
7380
4090

③
3.0772 3825
.006905
3.08414325 (迟度差)

④
.60057 (丑日盈初历)
29.530593
30.131163 (盈初历)
343.5961
.131163
10307883
20615766
3435961
3435961
10307883
3435961
1.004506709526 43
1.31019
1.3146967 (盈缩差)
3.08414325
4.39884
820
879768
3519072
3607.04880 .3876 (加差)

⑤
56.586163
.3876
56.973763 (实日定朔)

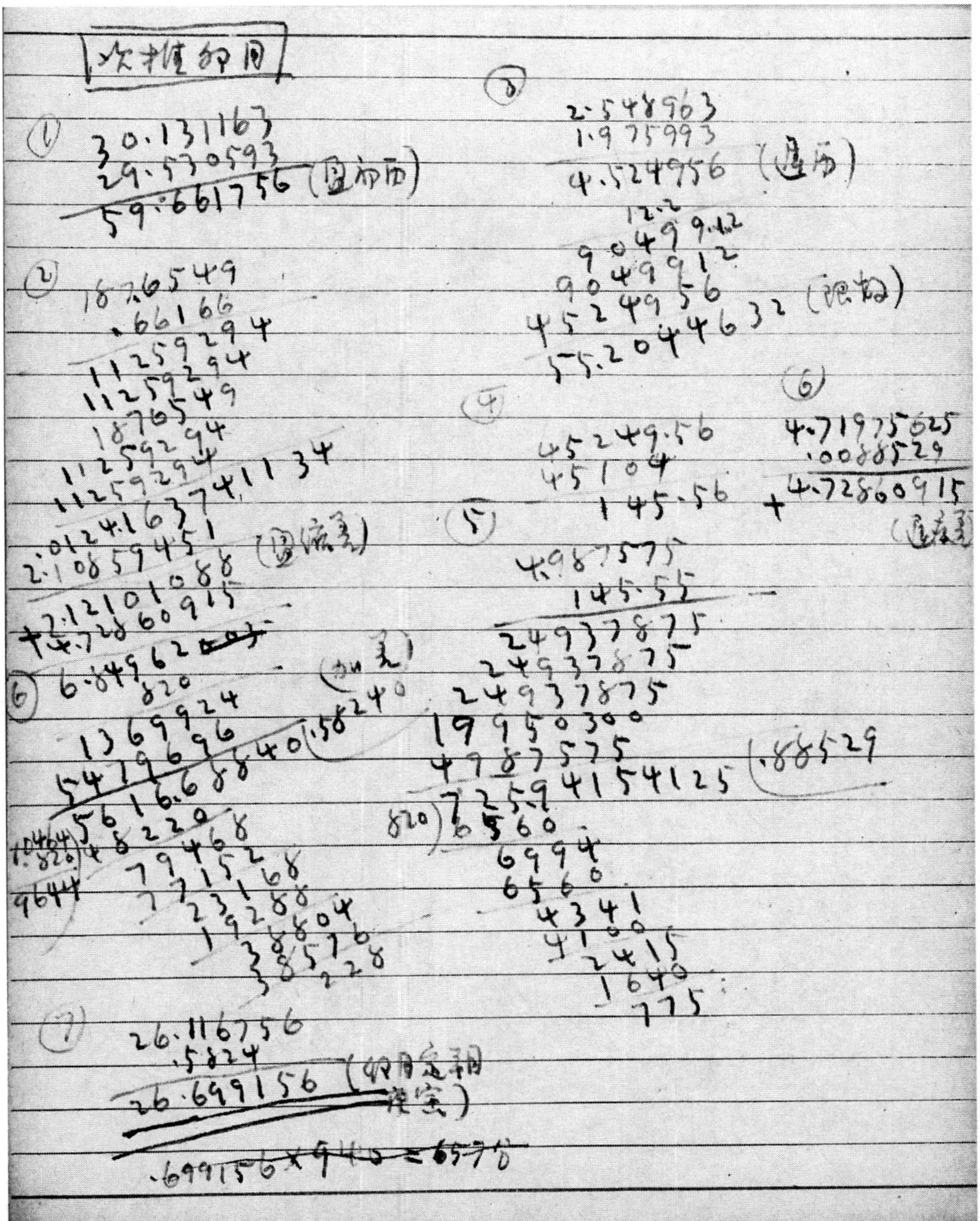

次推[illegible]

① 30.131163
29.530593
59.661756 ([illegible])

② 18.76549
.66166
1125294
1125294
1125549
1876594
1125294
1125294
1125929411134
2.01241637
2.1085945 ([illegible])
2.1210 1088
4.72860915 +
6.84962
820
1369924
5479696 840
56 16.6 88
56 8 2 2 0
1.0404 .820 4 8 2 2 0
9644
79468
7715 168
7723 188
192 804
38576
38228

⑦ 26.116756
.5824
26.699156 ([illegible])
~~.699156 × 940 = 657[illegible]~~

③ 2.548963
1.975993
4.524956 ([illegible])
12.2
9049942
9049912
9049956
4524946 32 ([illegible])
55.2044 632

④ 45249.56
45104
145.56

⑥ 4.71975625
.00885 29
4.72860915 +
([illegible])

⑤ 4.987575
145.55
24937875
24937875
24937875
19950300
4987575
725941 54125 (.88529
820) 7259
6560
6994
6560
4341
4100
2415
1640
775

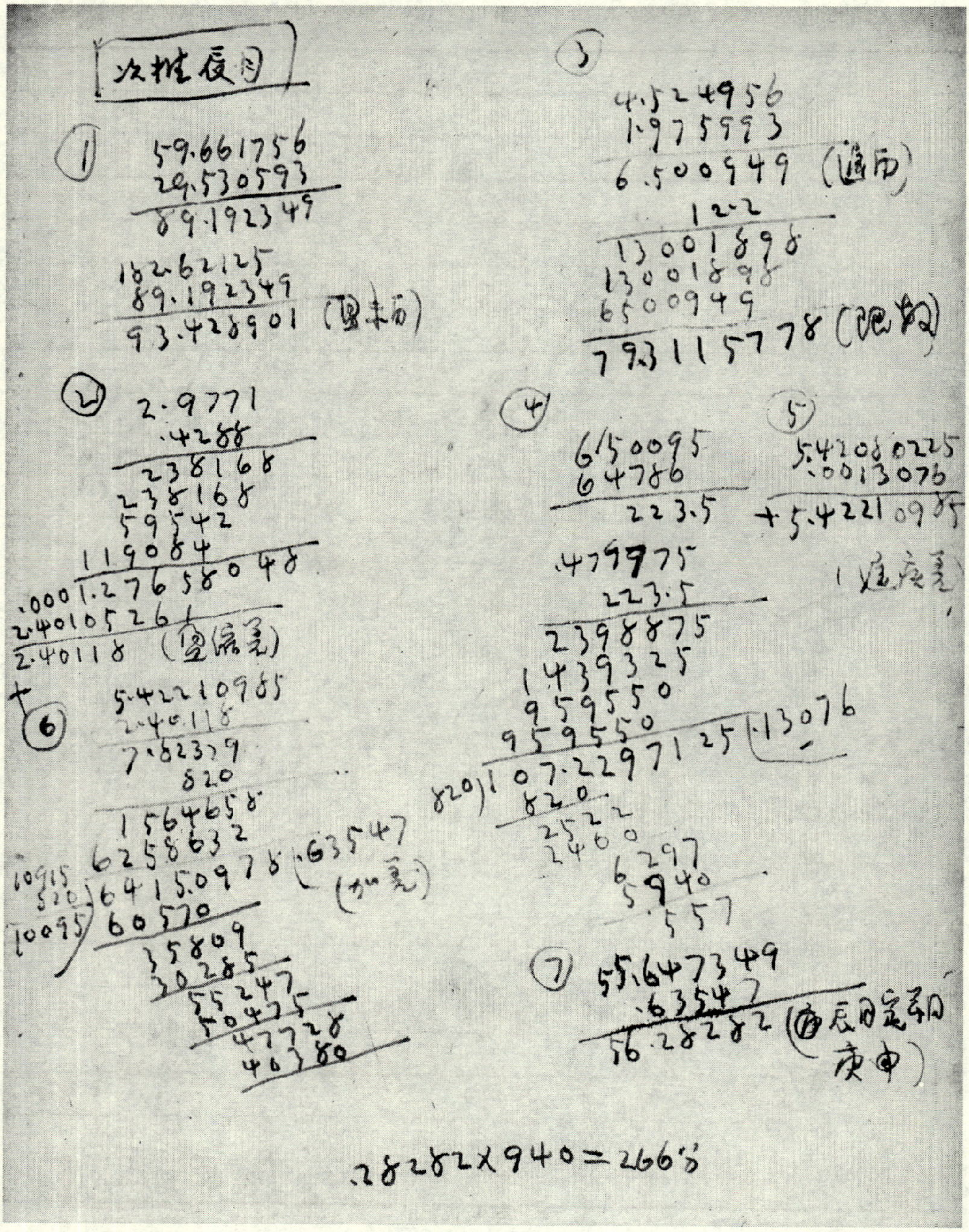
次推辰日
①
59.661756
29.530593
89.192349
162.62125
89.192349
93.428901
②
2.9771
.4288
238168
238168
59542
119084
1.27658048
2.40105261
2.40118
③
4.524956
1.975993
6.500949
12.2
13001898
13001898
6500949
79311577 8
④
650095
64786
223.5
.479775
223.5
2398875
1439325
959550
959550
107.2297125
.13076
⑤
5.42080225
.0013076
5.4221098 5
⑥
5.42210985
2.40118
7.82329
820
1564658
6258632
6415.09778
.63547
60570
⑦
55.647349
.63547
56.28282
庚申
.28282×940=266分

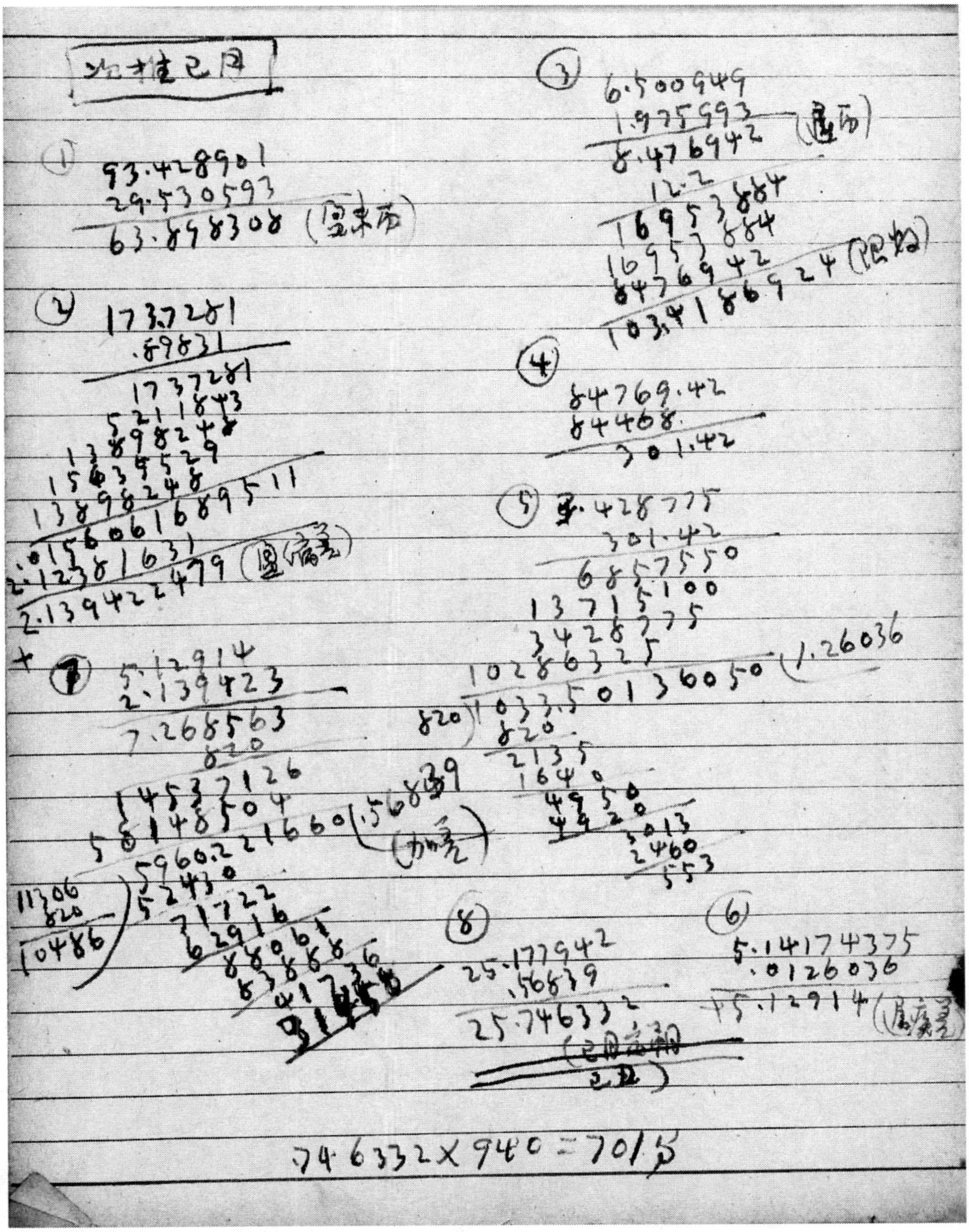

93.428901
29.530593
63.898308
6.500949
1.975993
8.476942
84769.42
84468
301.42
1.26036
5.141774375
.0126036
5.129914
25.177942
.56839
25.746332
74.6332×940=7015

2 | 365.3525

1826.2625

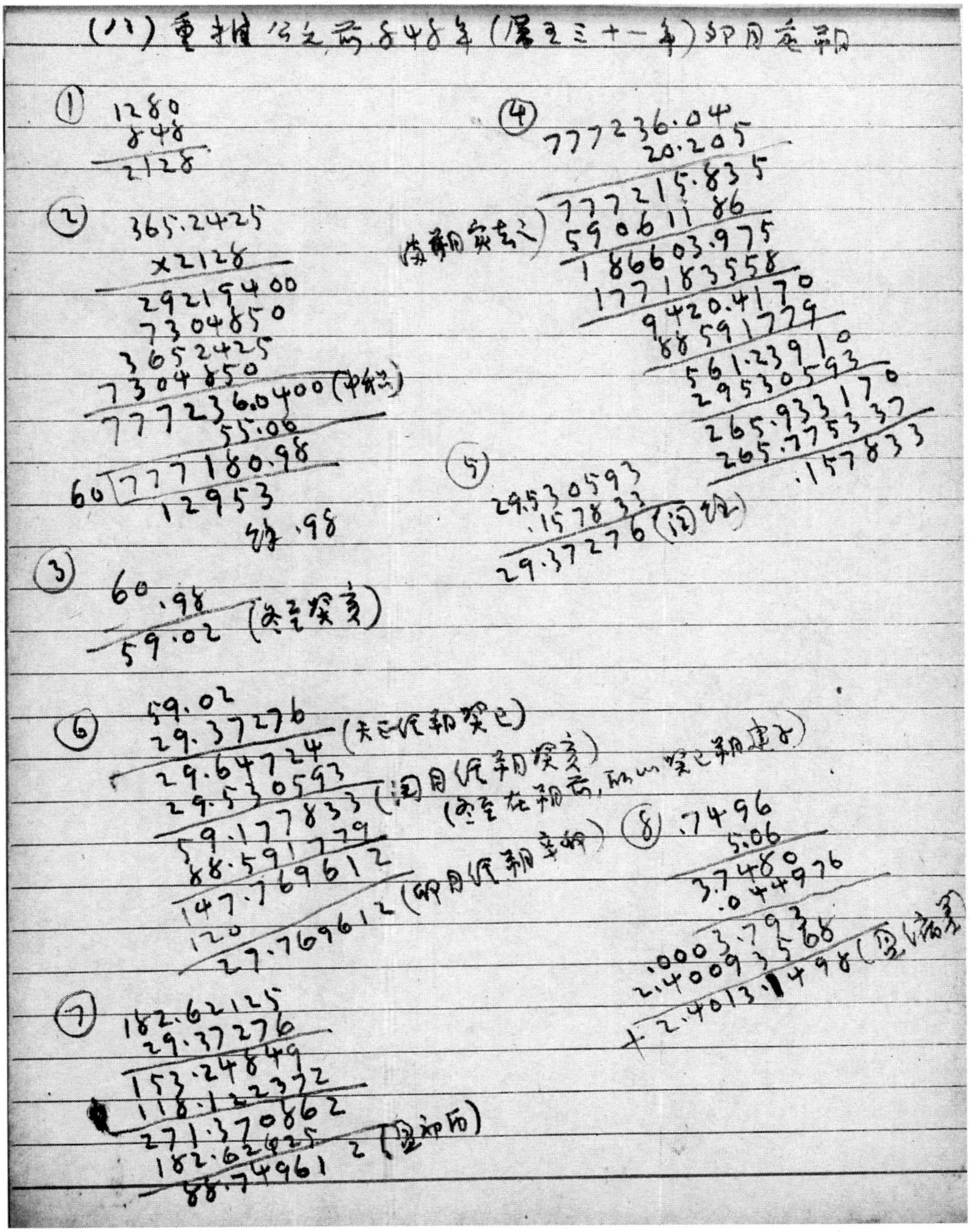

(八) 重推公元前848年（厲王三十一年）[illegible]

① 1280
848
2128

② 365.2425
×2128
29219400
7304850
3652425
7304850
777236.0400 [illegible]
55.06
60 | 777180.98
12953
[illegible] .98

③ 60
.98
59.02 [illegible]

④ 777236.04
20.205
777215.835
590611.86 [illegible]
186603.975
177183558
9420.4170
8859.1779
561.23910
29530593
265.933170
265.775337
.157833

⑤ 29530593
.157833
29.37276 [illegible]

⑥ 59.02
29.37276 [illegible]
29.64724
29.530593
.117833 [illegible]
59.177833 [illegible]
88.591779
147.769612
120
27.769612 [illegible]

⑦ 182.62125
29.37276
153.24849
118.122372
271.370862
182.62125 [illegible]
88.749612 [illegible]

⑧ .7496
5.06
3.7480
.044976
.0003.7933
2.4009.3568
2.4013.1498 [illegible]

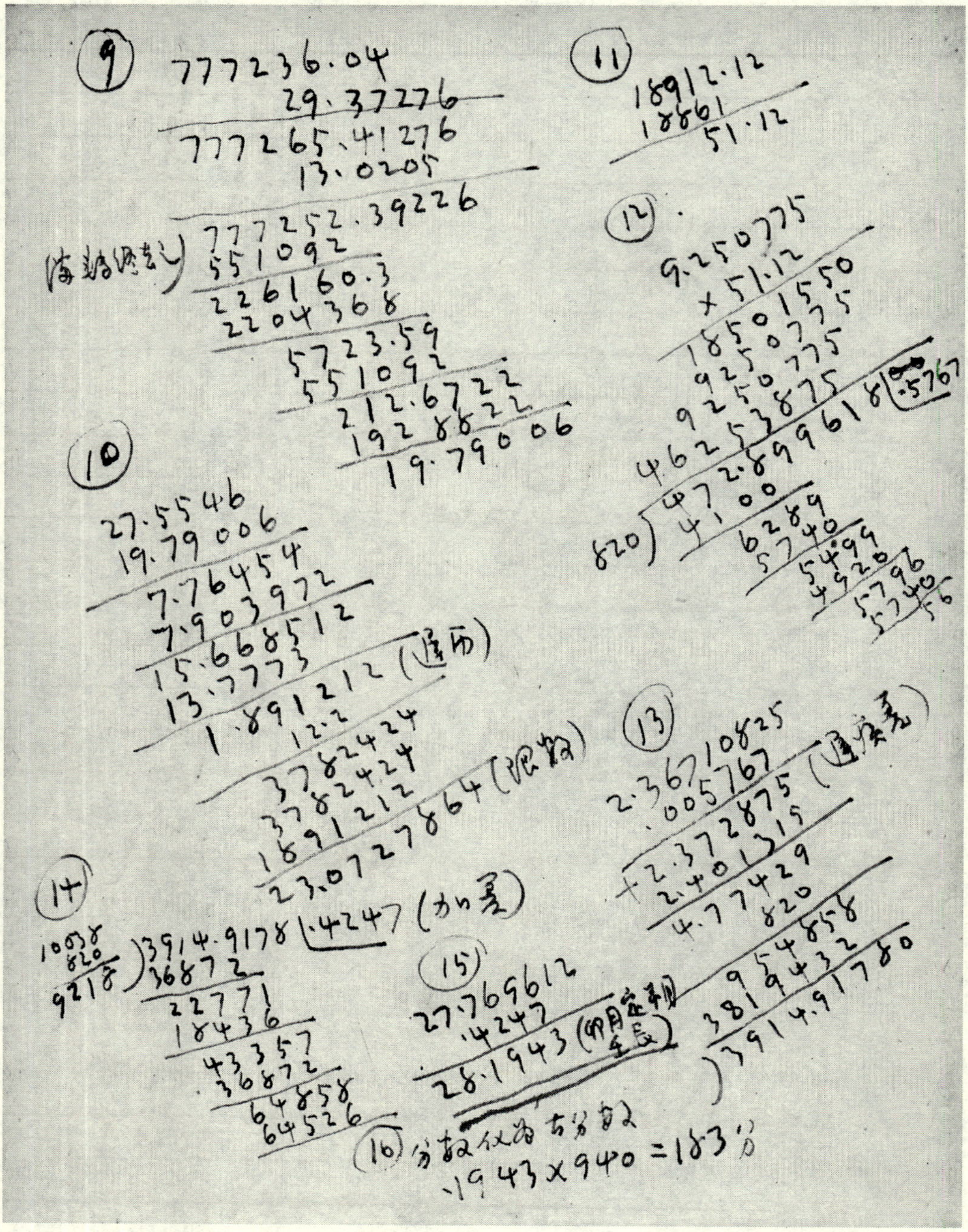

⑨
777236.04
29.37276
777265.41276
13.0205
777252.39226
海船總記 551092
226160.3
2204368
5723.59
551092
212.6722
1928822
19.79006

⑩
27.5546
19.79006
7.76454
7.903972
15.668512
13.7773
1.891212 (運而)
12.2
3782424
3782424
1891212
23.0727864 (跟粉)

⑪
18912.12
18861
51.12

⑫
9.250775
×51.12
18501550
9250775
9250775
9253875
4.62538 75
472.899618 .5767
820) 472.899618
4100
6289
5740
5499
4920
5796
5740
56

⑬
2.3671 0825
.005767
+2.372875 (逢渡差)
2.401319
4.77429
820
954858
3819432
3914.91780

⑭
10038
820
9218) 3914.9178 .4247 (加基)
36872
22771
18436
43357
36872
64858
64526

⑮
27.769612
.4247
28.1943 (明月盈朔全長)

⑯ 分数似为古分数
.1943×940=183分

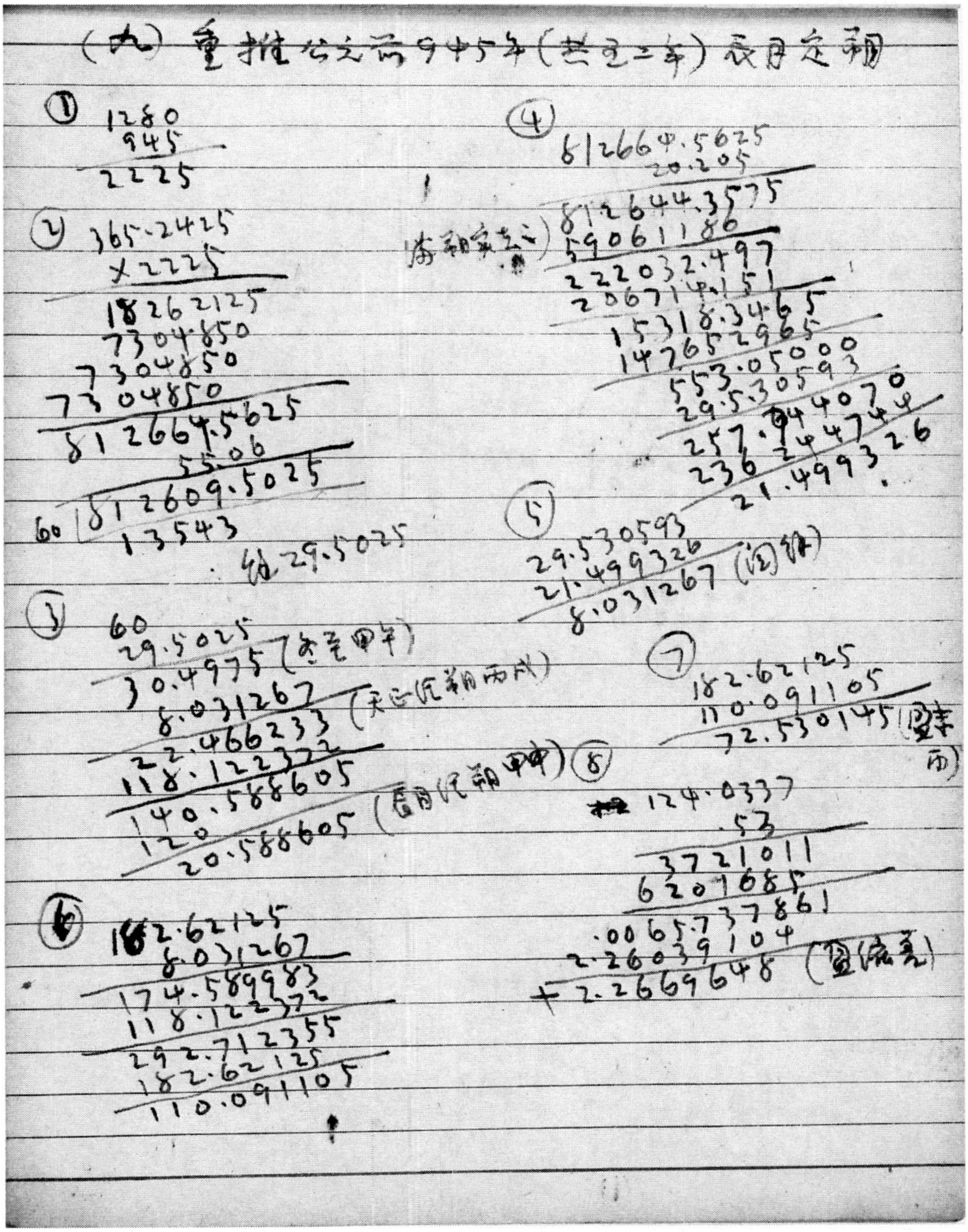

（九）重推公元前945年（共王二年）每月定朔

①
1280
945
2225

②
365.2425
×2225
18262125
7304850
7304850
7304850
812664.5625
55.06
812609.5025
60 | 812609.5025
13543
余29.5025

③
60
29.5025
30.4975（冬至甲午）
8.031267
22.466233（天正经朔丙戌）
118.122372
140.588605
120
20.588605（首月经朔甲申）

④
812664.5625
20.205
812644.3575
590611.86（除朔策去之）
222032.497
206714.151
15318.3465
14765.2965
553.05000
29.530593
257.94070
236.244744
21.499326

⑤
29.530593
21.499326
8.031267（闰余）

⑥
182.62125
8.031267
174.589983
118.122372
292.712355
182.62125
110.091105

⑦
182.62125
110.091105
72.530145（望辛丙）

⑧
124.0337
.53
3721011
6201685
.0065737861
2.26039104
+2.2669648（望缩差）

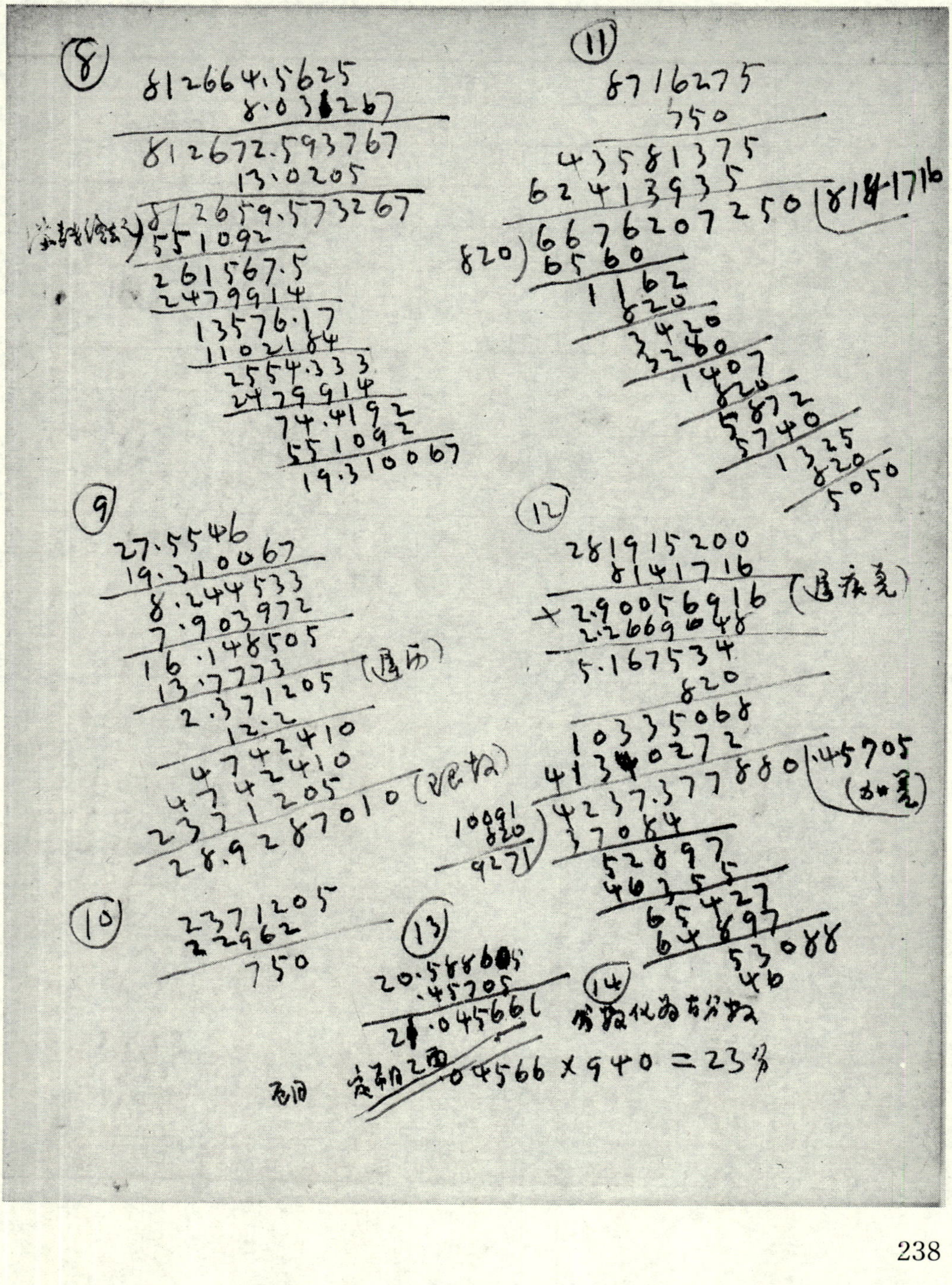
⑧
8126645625
8.03267
812672.593767
13.0205
812659.573267
551092
261567.5
2479914
13576.17
1102184
2554.333
2479914
74.4192
551092
19.310067
⑨
27.5546
19.310067
8.244533
7.903972
16.148505
13.7773
2.371205
12.2
4742410
4742410
2371205
28.9287010
⑩
2371205
2962
750
⑪
8716275
750
435813750
62413935
6676207250
820)6676207250
6560
1162
820
3420
3280
1407
820
5872
5740
1325
820
5050
8141716
⑫
281915200
8141716
2.90056916
2.2669648
5.167534
820
103350688
41340272
4237.377880
45705
37084
52897
46355
65427
64897
53088
46
⑬
20.58805
.45705
21.045661
.04566 × 940 = 23
⑭

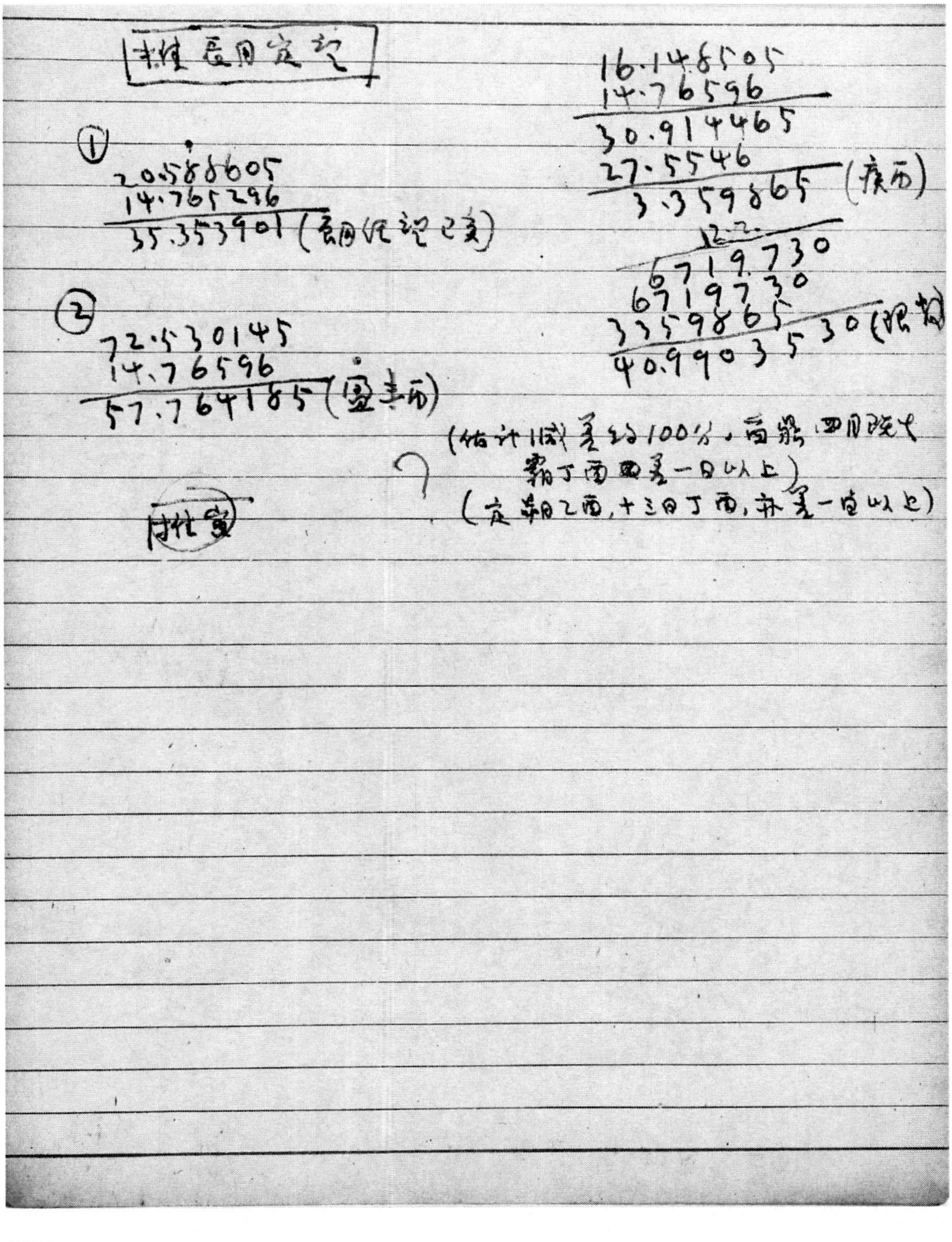

①
20.588605
14.765296
35.353901
②
72.530145
14.76596
57.764185
16.148505
14.76596
30.914465
27.5546
3.359865
6719730
6719730
3359865
40.9903530

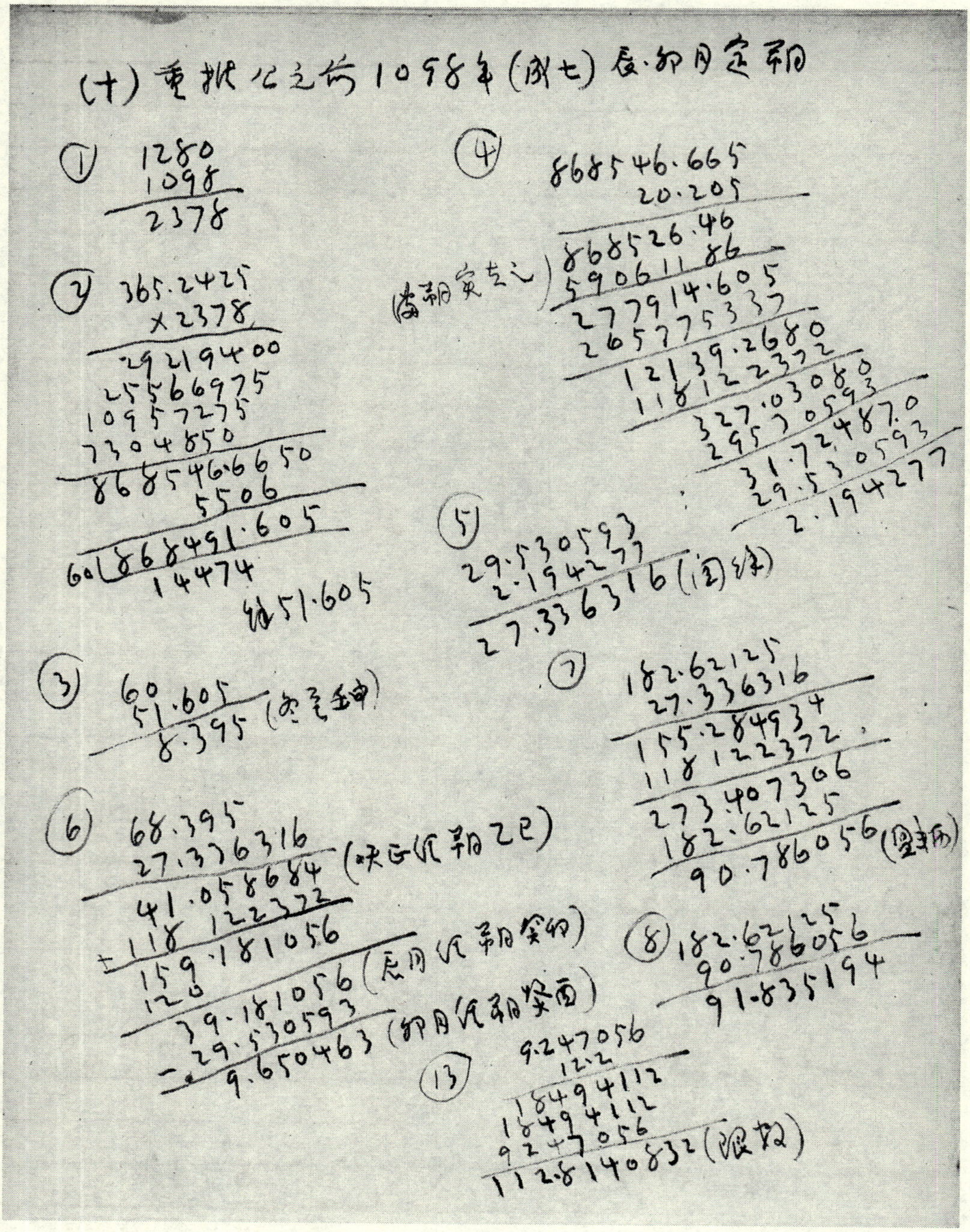

(十)重推公元前1098年(成七)辰、卯月定朔

①
1280
1098
2378

②
365.2425
×2378
29219400
25566975
10957275
7304850
868546.6650
5506
60)868491.605
14474
余51.605

③
60
51.605
8.395 (天正[illegible])

④
868546.665
20.205
868526.46
868611.86
590611.86
277914.605
265775337
12139.2680
11812.2372
327.03080
295.30593
31.72487.0
29.530593
2.194277

⑤
29.530593
2.194277
27.336316 (闰余)

⑥
68.395
27.336316
41.058684 (天正[illegible]朔乙巳)
118.122372
159.181056
120
39.181056 (辰月[illegible]朔癸卯)
29.530593
9.650463 (卯月[illegible]朔癸酉)

⑦
182.62125
27.336316
155.284934
118.122372
273.407306
182.62125
90.786056 (望[illegible])

⑧
182.62125
90.786056
91.835194

⑬
9.247056
12.2
18494112
18494112
9247056
112.8140832 (限[illegible])

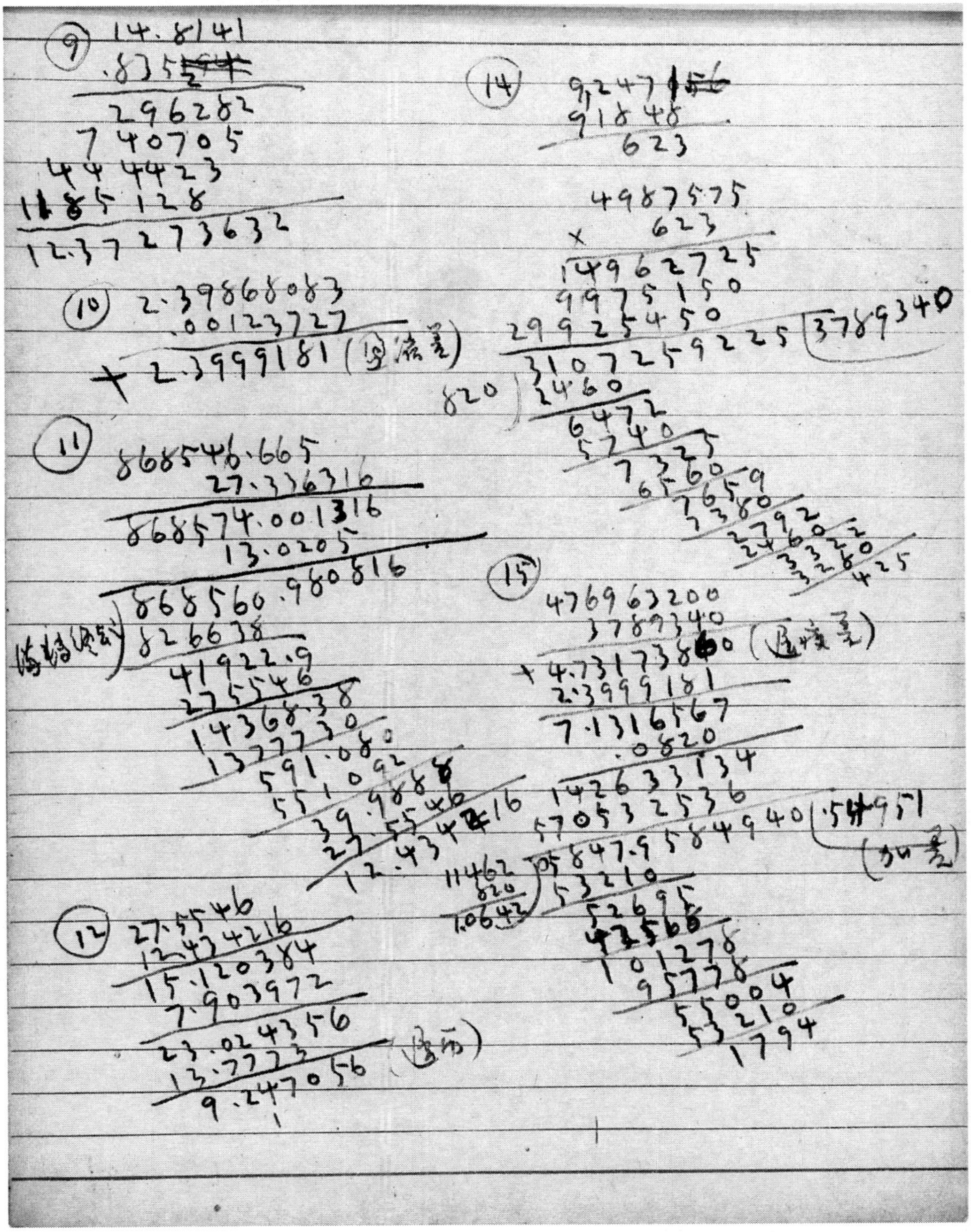
⑨ 14.8141
.835
296282
740705
444423
1185128
12.37273632
⑩ 2.39868083
.00123727
2.3999181（安滿量）
⑪ 868546.665
27.336316
868574.001316
13.0205
868560.980816
826638
41922.9
27554.6
14368.38
13777.30
591.080
551.092
39.988
27.5546
12.434216
⑫ 27.5546
12.434216
15.120384
7.903972
23.024356
13.7773
9.247056（邊前）
⑭ 9247
91848
623
4987575
× 623
14962725
9975150
29925450
3107259225
3789340
820
2460
6472
5740
7325
6560
7659
7380
2792
2460
3322
3280
425
⑮ 476963200
3789340
4.731738（邊橫量）
2.3999181
7.1316567
.0820
14263134
57053253
5847.958494
.5494
(34量)
11462
820
1.0642
53210
52695
47566
101278
95778
55004
53210
1794

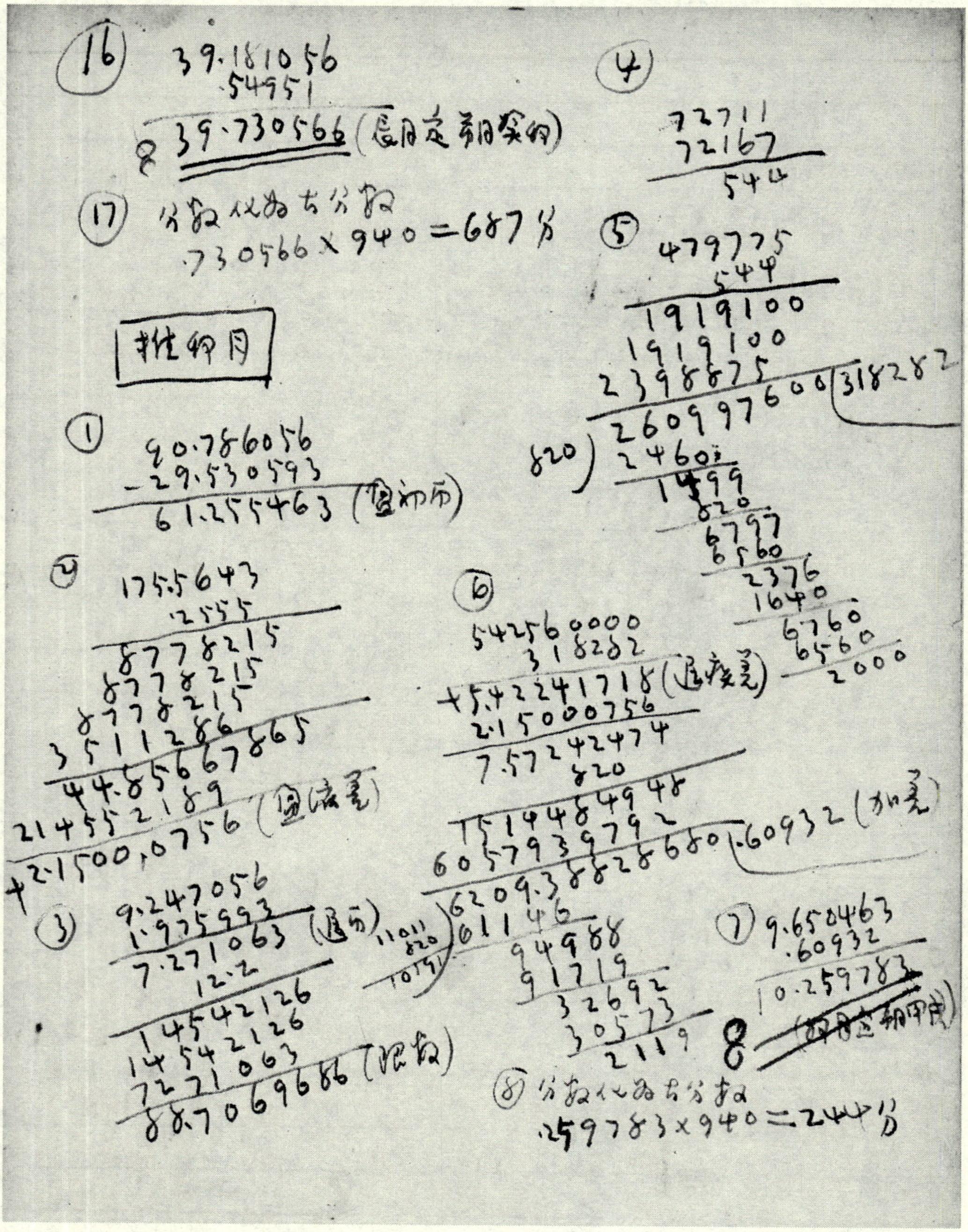

⑯ 39.181056
.54951
39.730566（辰日定朔实时）

⑰ 分数化为古分数
.730566×940＝687分

推朔月

① 90.786056
−29.530593
61.255463（盈初历）

② 17.55643
.2555
877 8215
877 8215
877 8215
351 1286
44.85667865
21455 2189
+2.1500,0756（盈缩差）

③ 9.247056
1.975993
7.271063（盈历）
12.2
1454 2126
1454 2126
727 1063
88.7069686（限数）

④ 72711
72167
544

⑤ 479775
544
1919100
1919100
2398875
260997600 | 318282
820) 24600
1499
820
6797
6560
2376
1640
6760
6560
2000

⑥ 5425 60000
318282
+5.42241718（迟疾差）
2.15000756
7.57242474
820
15144 8494 8
6057939792
6209.38828680 | .60932（加差）
6209.3
611 46
94988
91719
32692
30573
2119

11011
820
10191

⑦ 9.650463
.60932
10.259783
（辰日定朔甲时）

⑧ 分数化为古分数
.259783×940＝244分

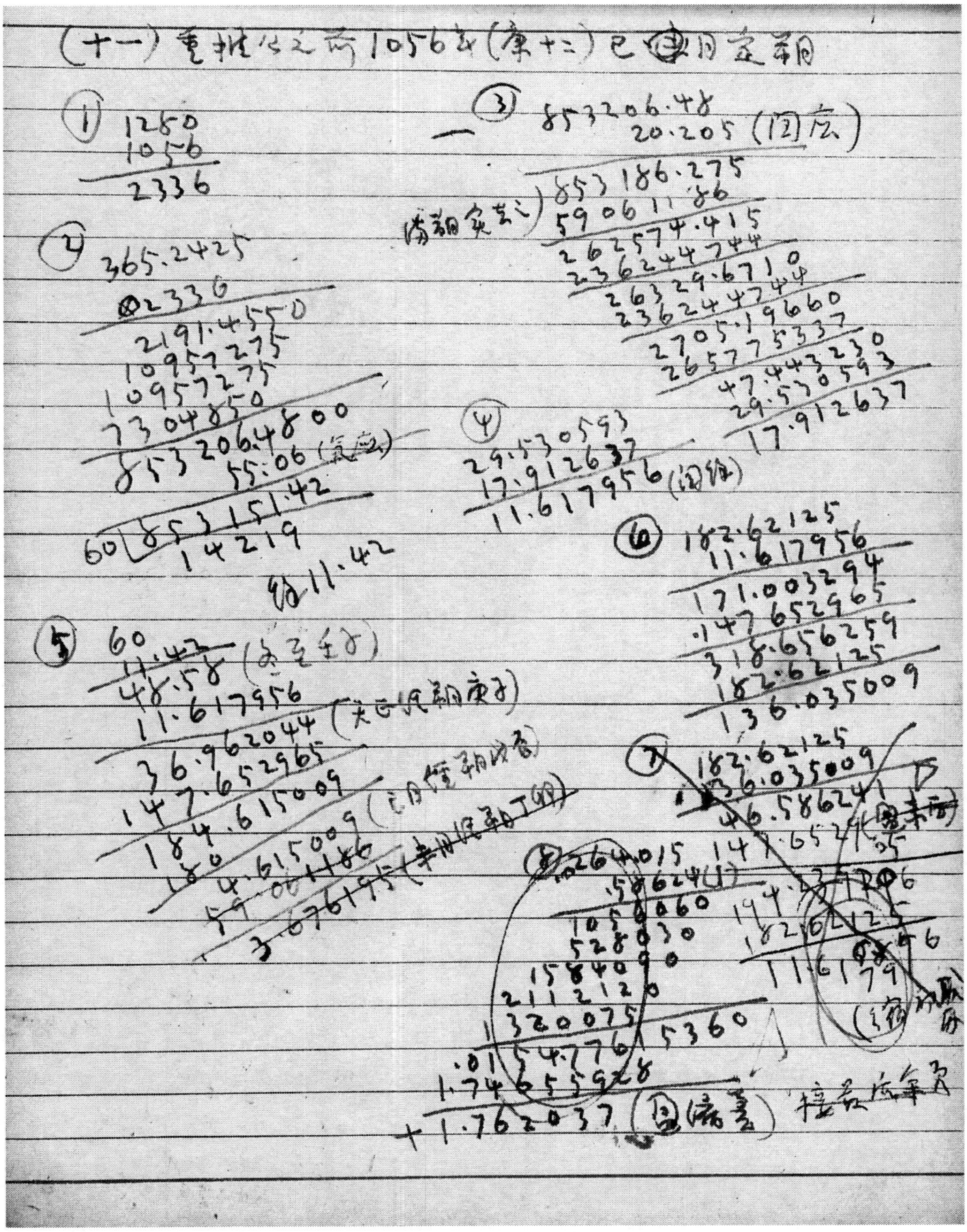
(十一) 重推公元前1056年(康十二)己□朔定朔
① 1250
1056
2336
② 365.2425
2336
2191.4550
1095.7275
1095.7275
730.4850
853206.4800
55.06
853151.42
60 | 853151.42
14219
11.42
③ 853206.48
20.205
853186.275
590611.86
262574.415
236244.744
26329.6710
23624.4744
2705.19660
2657.75337
47.443230
29.530593
17.912637
④ 29.530593
17.912637
11.617956
⑤ 60
11.42
48.58
11.617956
36.962044
147.652965
184.615009
180
4.615009
59.001186
3.676195
⑥ 182.62125
11.617956
171.003294
147.652965
318.656259
182.62125
136.035009
⑦ 182.62125
136.035009
46.586241
147.6524
⑧ 10264015
1.762037

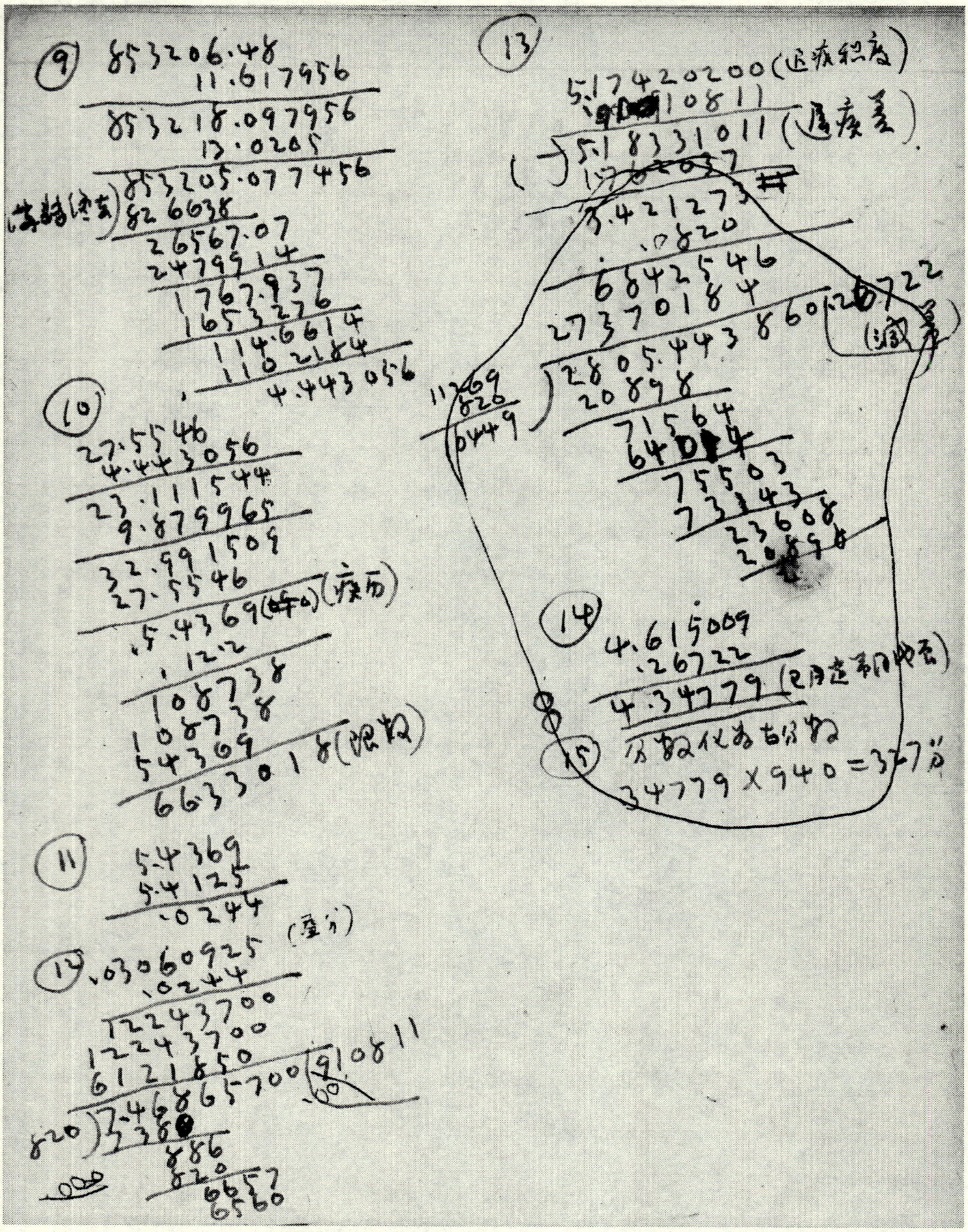

⑨ 853206.48
11.617956
853218.097956
13.0205
853205.077456
(满转除去) 826638
26567.07
24799.14
1767.937
1653276
114.6614
110.2184
4.443056

⑩ 27.5546
4.443056
23.111544
9.879965
32.991509
27.5546
5.4369(岁余)(应历)
.1212
108738
108738
54369
6633018(跟数)

⑪ 5.4369
5.4125
.0244

⑫ .03060925 (至分)
.0244
12243700
12243700
6121850
746865700 | 910811
820) 7.468
7380
886
820
6657
6560

⑬ 5.17420200(近疾积度)
[illegible]1081 1
5.18331011(過度差)
(一) 5.18331011
17[illegible]
3.421273
.0820
6842546
27370184
2805.443860 | 26722 (减差)
11269 / 820 / 10449) 2805.443
20898
71564
64[illegible]
75503
73343
23608
20[illegible]

⑭ 4.615009
.26722
4.34779 (日月近疾日中分)

⑮ 分数化为古分数
34779 × 940 = 327分

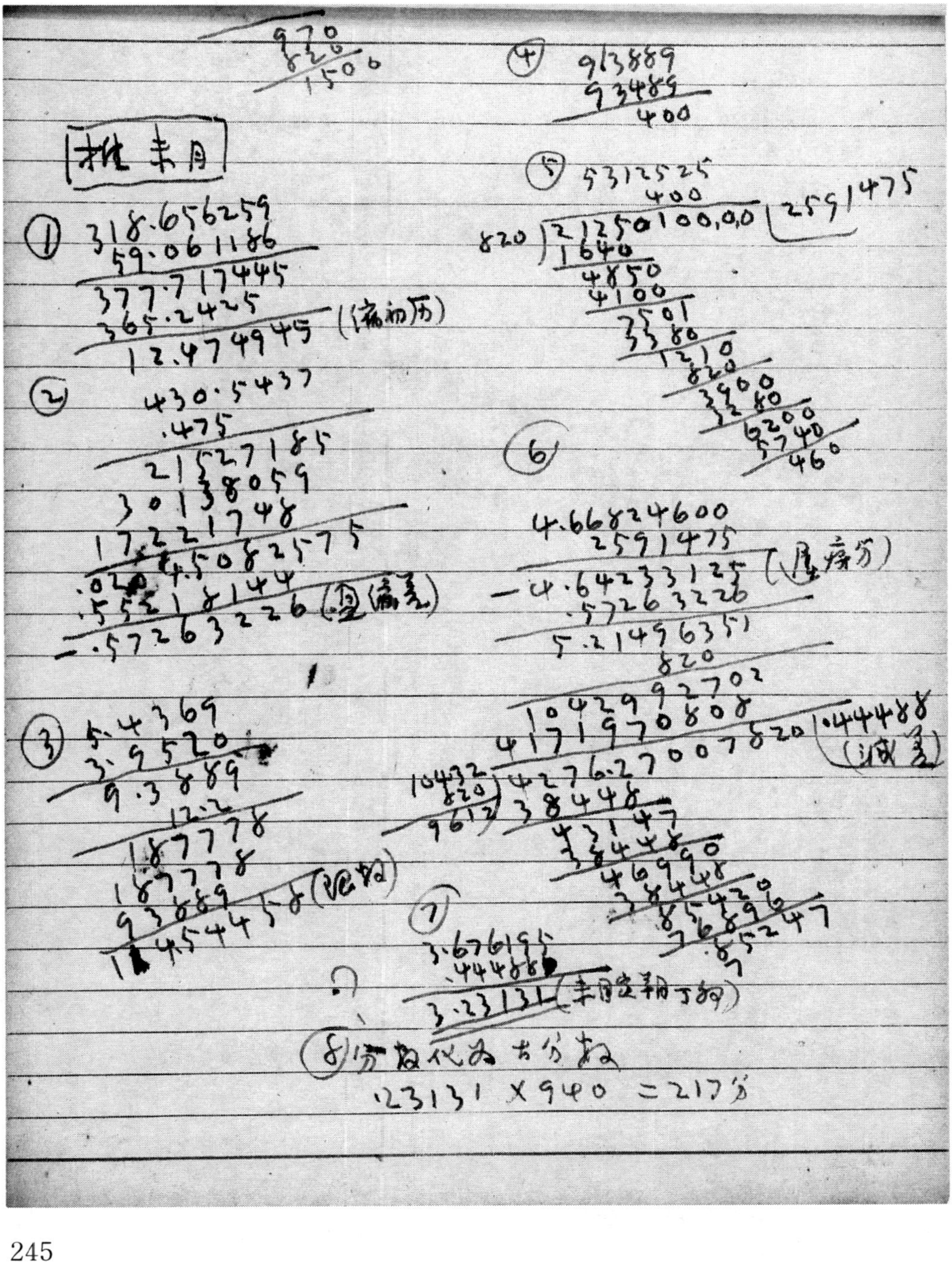

970
820
1500

推末月

① 318.656259
59.061186
377.717445
365.2425
12.474945 (编初历)

② 430.5437
.475
21527185
21538059
30138059
17221748
17.2215082577
.020
.5521 8144
-.57263226 (里偏差)

③ 5.4369
3.9520
9.3889
12.2
187778
187778
93889
1.8454458 (距根)

④ 913889
93489
400

⑤ 9312525
400
820) 2125 0100,0,0 (2591475
1640
4850
4100
7501
3380
1210
820
3900
3280
6200
5740
460

⑥
4.66824600
2591475
-4.6423312 (屋差分)
.57263226
5.2149635
820
10429 92702
41719 70808
4276.2700 7820 (.44488 (减差)
10432 / 820 / 9612
38448
43147
38448
46990
38448
85426
76896
8527

⑦ 3.676195
.44488
3.23131 (未朏朔丁期)

⑧ 分数代为有分数
.23131 × 940 = 217分

(十二)重推公元前920年(新定懿王元年)辰月寅月定朔

① 1280
920
2200

② 365.2425
× 2200
7304850
7304850
803533.5000
55.06
803478.44
60 | 803478.44
13391
余33.44

③ 60
33.44
26.56 (冬至庚寅)
14.14053
27.41947 (天正经朔辛卯)
118.12372
145.541842
120
25.541842 (辰月经朔己丑)

85.541842
−59.061186
26.480656 (寅月经朔庚寅)

④ 803533.5
20.205
803513.295
以朔实去之) 5906 1186
213901.435
20[illegible]14151
6187.2840
5906 1186
281.165400
265 7753377
15.390063

⑤ 29.530593
15.390063
14.14053 (闰余)

⑥ 182.62125
14.14053
168.48072
118.12372
286.603092
182.62125
103.981842

⑦ 182.62125
103.981842
78.6394 (望壬午)

⑧ .6394
90.1751
6394
31970
44758
6394
57546
.0057.658058954
2.3263 7496
2.3321 4076 (望缩差)

⑨ 803533.5
14.14053
803547.64053
13.0205
803534.62003
以朔望去之) 551092
252442.6
247991.4
4451.22
27.5546

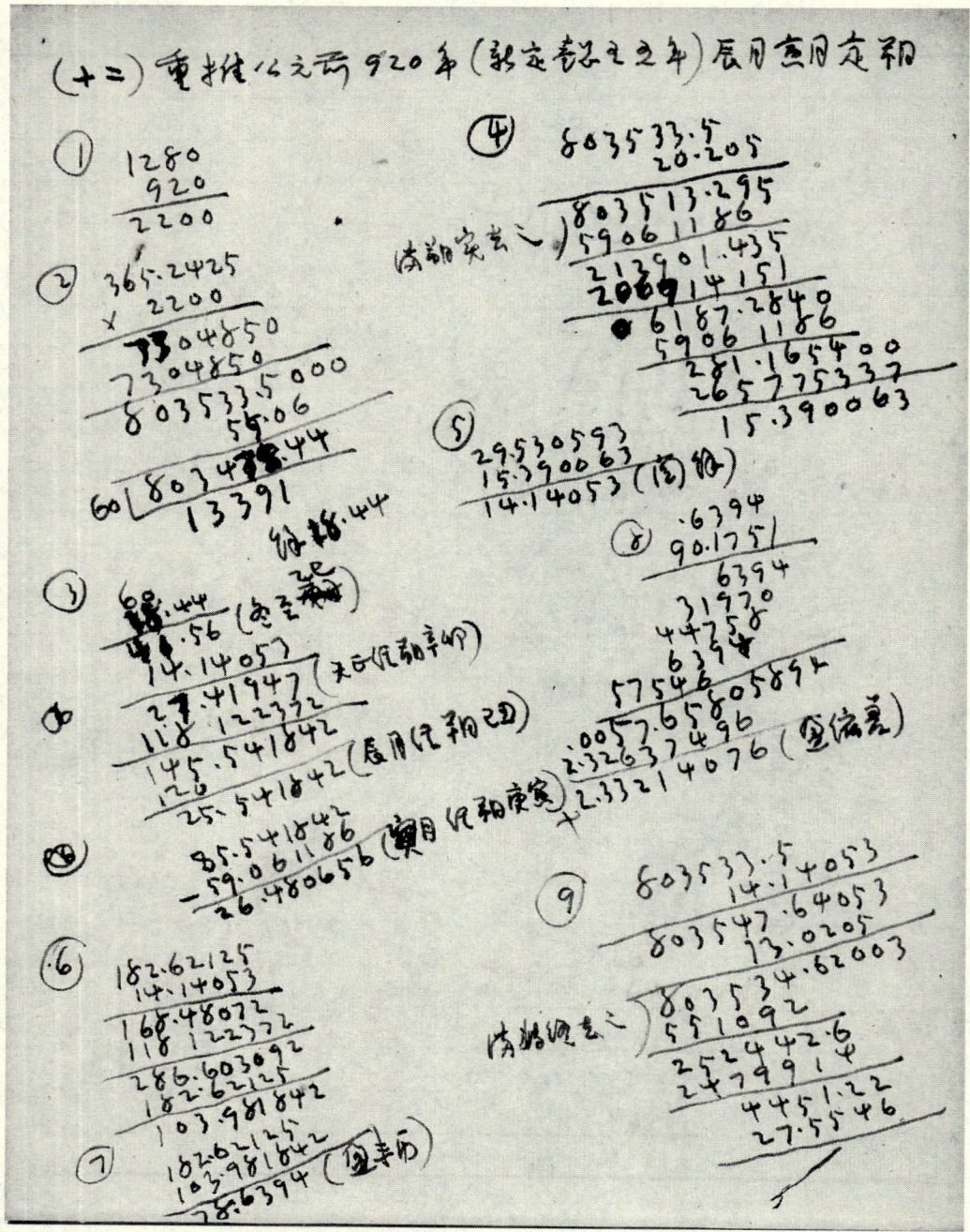

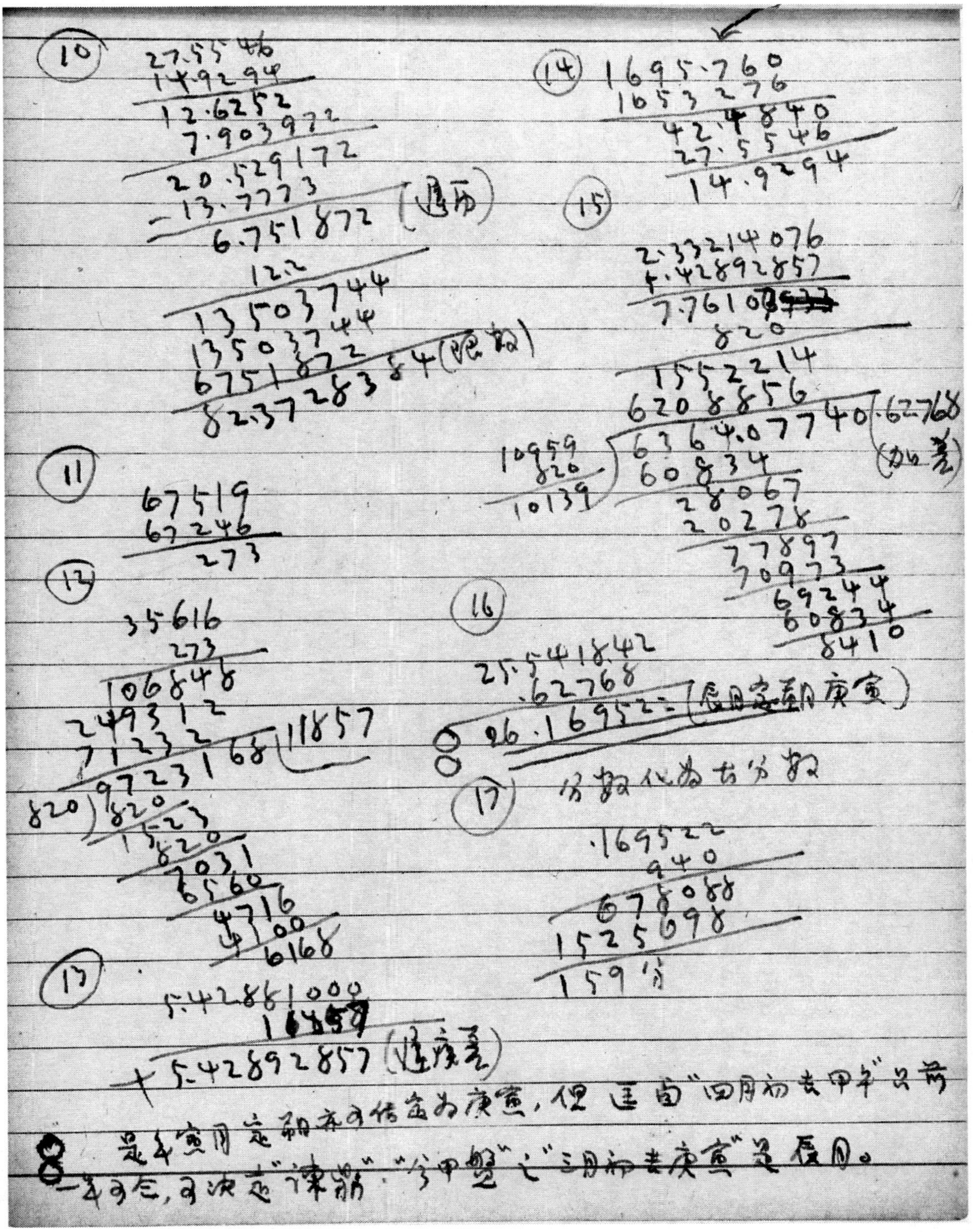

(10)
27.5546
14.9294
12.6252
7.903972
20.529172
−13.7773
6.751872（通历）
12.2
13503744
13503744
6751872
82377283584（通积）

(11)
67519
67246
273

(12)
35616
273
106848
249312
71232
9723168 | 11857
820) 9723168
820
1523
820
7031
6560
4716
4100
6168

(13)
5.42861000
16859
+5.42892857（通余差）

(14)
1695.760
1653.276
42.4840
27.5546
14.9294

(15)
2.33214076
5.42892857
7.76107
820
1552214
6208856
10959
820
10139) 636.407740 .62768（加差）
60834
28067
20278
77897
70973
69244
60834
8410

(16)
25.5418442
.62768
26.16952（经朔庚寅）

(17) 分数化为古分数
.169522
940
678088
1525698
159分

是年实用定朔本可定为庚寅，但这是"四月初去甲午"只前一年可定，可决是"谏疏""分甲盟"之"三月初是庚寅"是庚日。

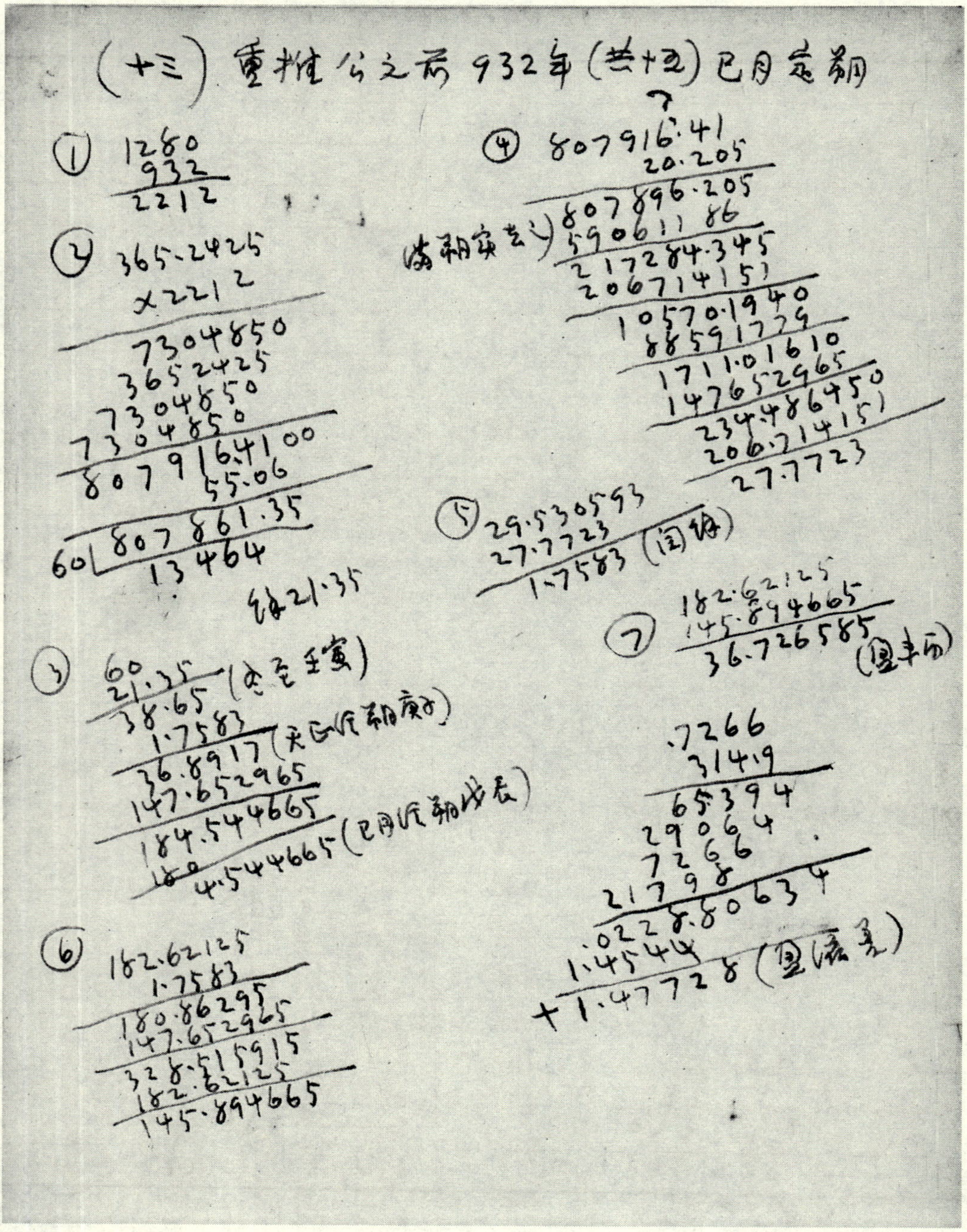

（十三）重推公元前932年（共十五）巳月定朔

① 1280
932
2212

② 365.2425
×2212
7304850
3652425
7304850
7304850
807916.4100
55.06
60 | 807861.35
13464
余21.35

③ 60
21.35（冬至壬寅）
38.65
1.7583
36.8917（天正近朔庚子）
147.652965
184.544665（巳月近朔戊辰）
180
4.544665（巳月近朔戊辰）

④ 807916.41
20.205
807896.205
（减朔实若干）590611.86
217284.345
206714151
10570.1940
8859.1779
1711.01610
1476.52965
234.486450
206.714151
27.7723

⑤ 29.530593
27.7723
1.7583（闰余）

⑥ 182.62125
1.7583
180.86295
147.652965
328.515915
182.62125
145.894665

⑦ 182.62125
145.894665
36.726585（盈未丙）

.7266
314.9
65394
29064
7266
21798
2.28.80634
1.0228
1.45444
+1.47728（盈缩差）

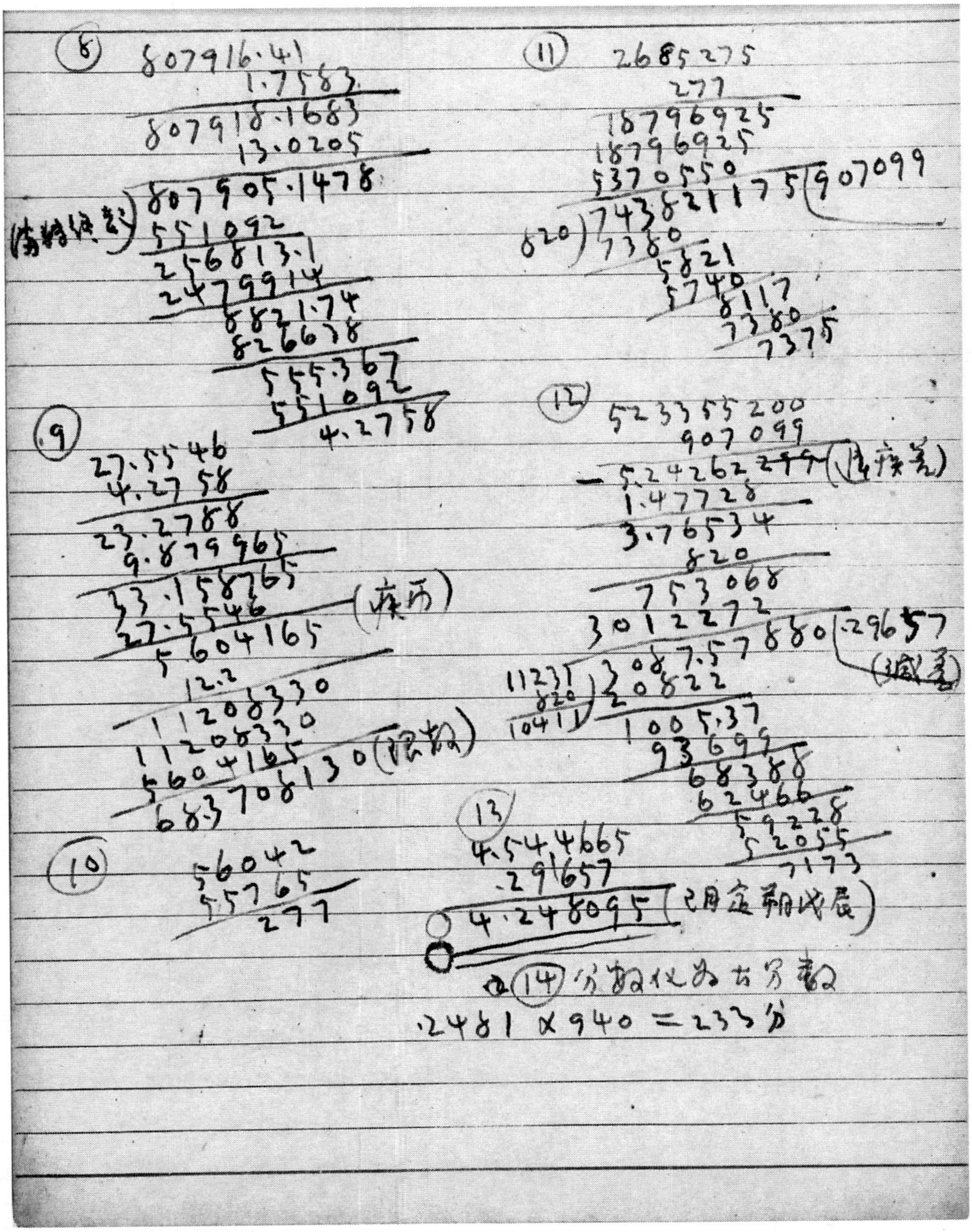

(8)
807916.41
1.7583
807918.1683
13.0205
807905.1478
551092
256813.1
2479914
882.174
826678
555.367
551092
4.2758
(9)
27.5546
4.2758
23.2788
9.879965
33.158765
27.5546
5.604165
12.2
11208330
11208330
5604165
68370813 0
683708130
(10)
56042
55765
277
(11)
2685275
277
18796925
18796925
5370550
743821175 | 907099
820) 7438
7380
5821
5740
8117
7380
7375
(12)
52335200
907099
—524262279
1.47728
3.76534
820
753068
3012272
3087.57880 | .29657
11231
820
10411
20822
1005.37
93699
68388
62466
59228
52055
7173
(13)
4.544665
.29657
4.248095
(14) 分数化为古分数
.2481 × 940 = 233 分

（廿四）推崇五二年寅月定朔（实算）
（四九）

① 174.589983
59.061166
233.651169
182.62125
51.029919（望初历）

② 235.27
.03
.00070581
1.93369642
+1.93767（望缩差）

③ 8.244533
3.951986
12.196652（疾历）
12.2
2439304
2439304
2439652
12196652
148797544（限数）

12.1965
12.1371
594

⑦ 分数化为古分数
.4594
940
18376
41346
432
.5206
940
20824
46854
499

④ 9.643275
594
38573100
86789475
48216375
5728.10535 | 6.9855
820) 5728.1
4920
8087
7380
7010
6560
4505
4100
405

⑤ 2.0836
.069855
2.013745（迟疾差）
1.93767
.076075
820
152150
608600
62.38150 | .00689 减差
9999
820
9179) 62.384
55094
73075
64853
8822

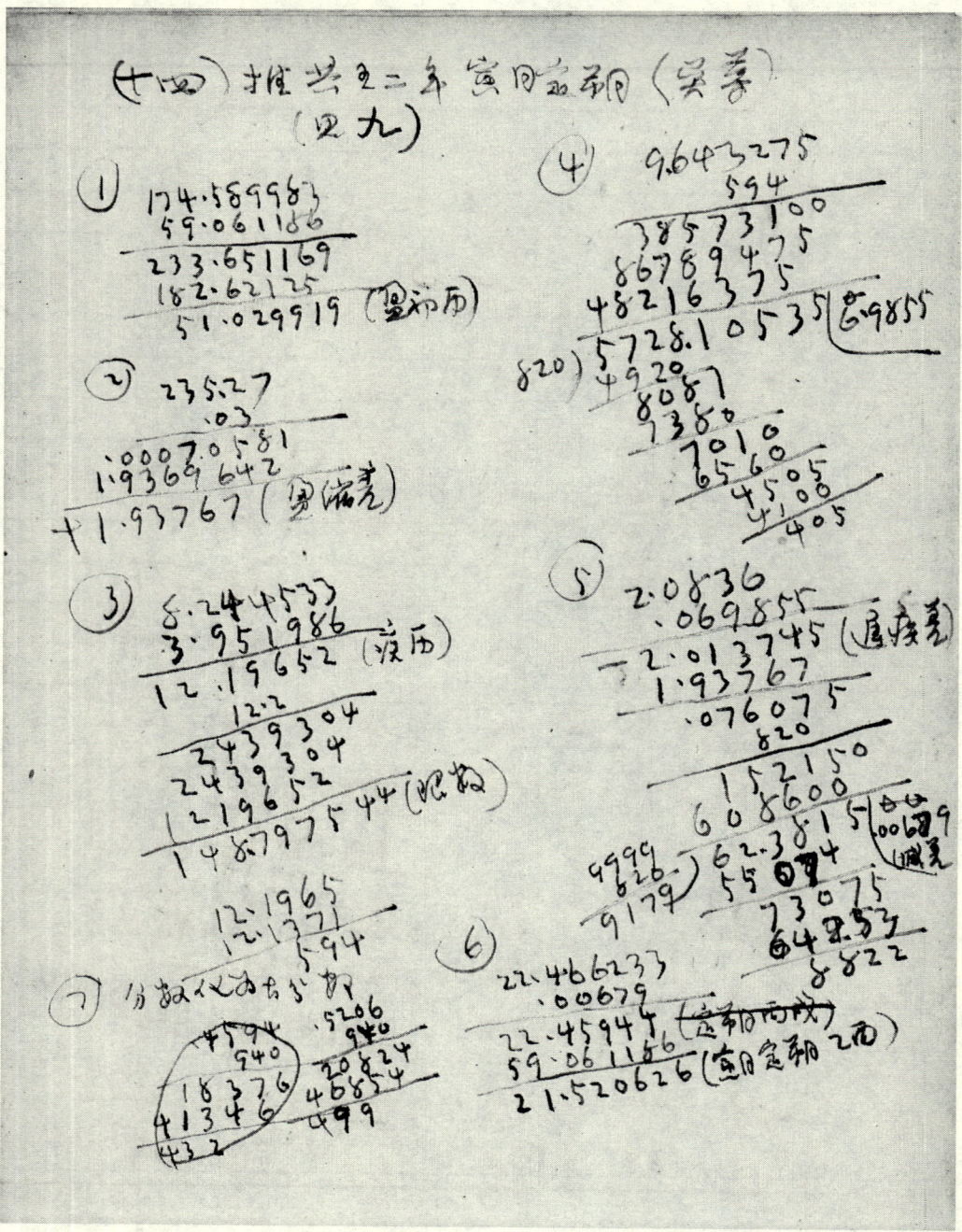

⑥ 22.466233
.00679
22.459443（~~定朔日两改~~）
59.061166（寅月定朔之日）
21.520626（寅月定朔之日）

（十二）推成王十三年午月定朔（积数）

①

1280
1093　3222
2373

② 365.2425
2373
10957275
25566975
10957275
7304850
866720.4525
55.06
866665.3925

60 | 866665.3925
14444　余 25.3925
　　　　365

60
25.3925
34.6075（冬至戊戌）

866665.3925
365.2425
866300.15

60 | 866300.15
14438
余 20.15

60
20.15
39.85（冬至癸卯）

③ 866720.4525
20.205
866700.2475
590611.86　满朔实去之）
276088.387
265775.337
10313.0505
8859.1779
1453.87260
1181.23722
272.648880
265.775337
6.873543

④

29.530597
6.873543
22.657054

866700.2475
365.2425
866335.005

866335.005
590611.86　满朔实去之）
275723.145
265775.337
9947.8080
8859.1779
1088.63010
885.91779
202.71231
177.183558
25.528752

⑤

29.530597
25.528752
4.001841（闰余）

39.85
4.001841
35.848159（天正经朔己亥）
177.183558
213.031717
180
33.031717（午月经朔丁酉）

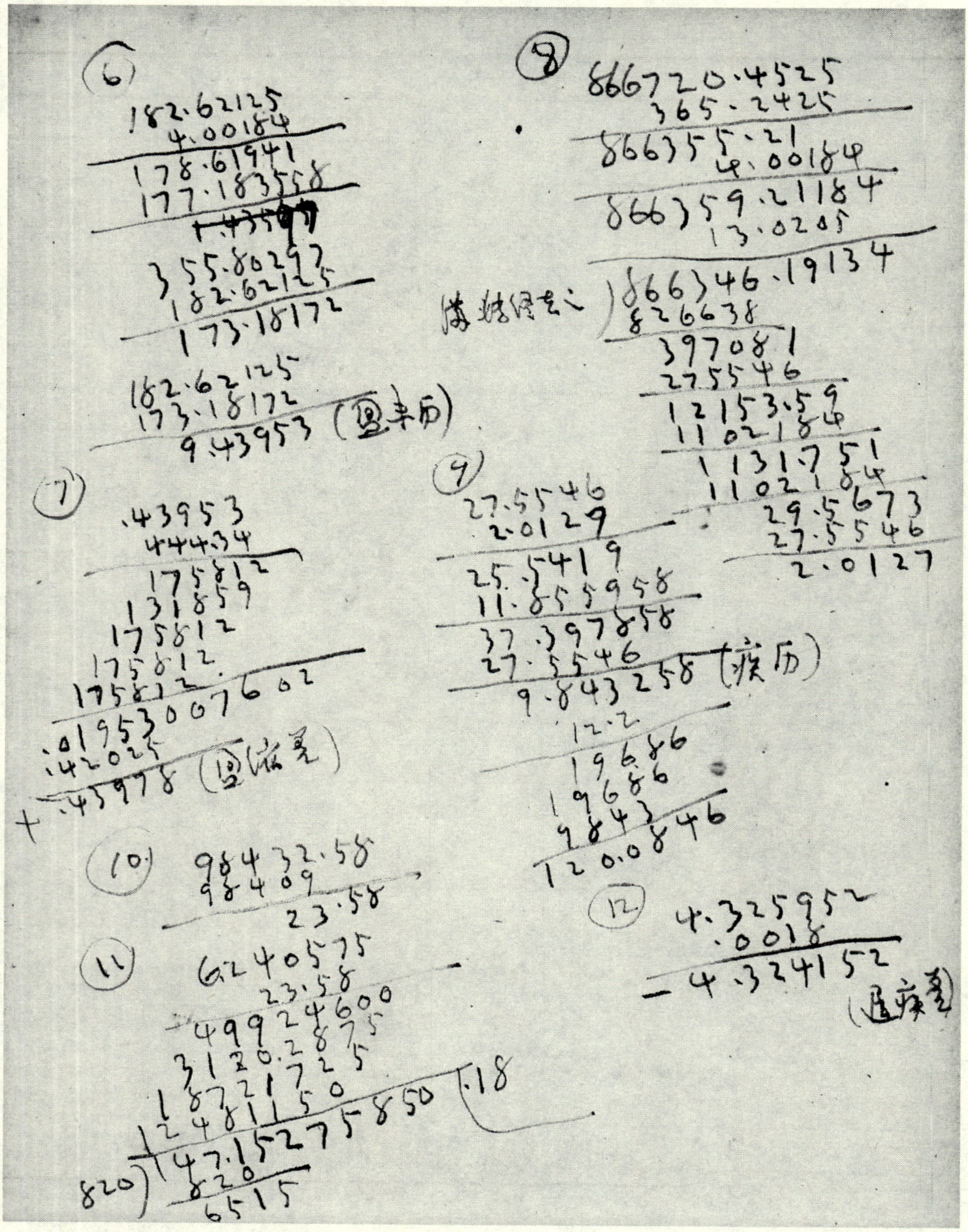

⑥
182.62125
4.00184
178.61941
177.183558
1.43597
355.80297
182.62125
173.18172
182.62125
173.18172
9.43953（回来历）

⑦
.43953
44434
175812
131859
175812
175812
175812
.01953007602
.42025
.43978（回溯差）

⑧
866720.4525
365.2425
866355.21
4.00184
866359.21184
13.0205
866346.19134
826638
397081
275546
1215359
1102184
1131751
1102184
29.5673
27.5546
2.0127

⑨
27.5546
2.0129
25.5419
11.855958
37.397858
27.5546
9.843258（疾历）
12.2
19686
19686
19686
9843
120.0846

⑩
98432.58
98409
23.58

⑪
6240575
23.58
49924600
31202875
12481150
124811
147.15275850 |.18
820) 147.1
820
6515

⑫
4.325952
.0018
－4.324152（退疾差）

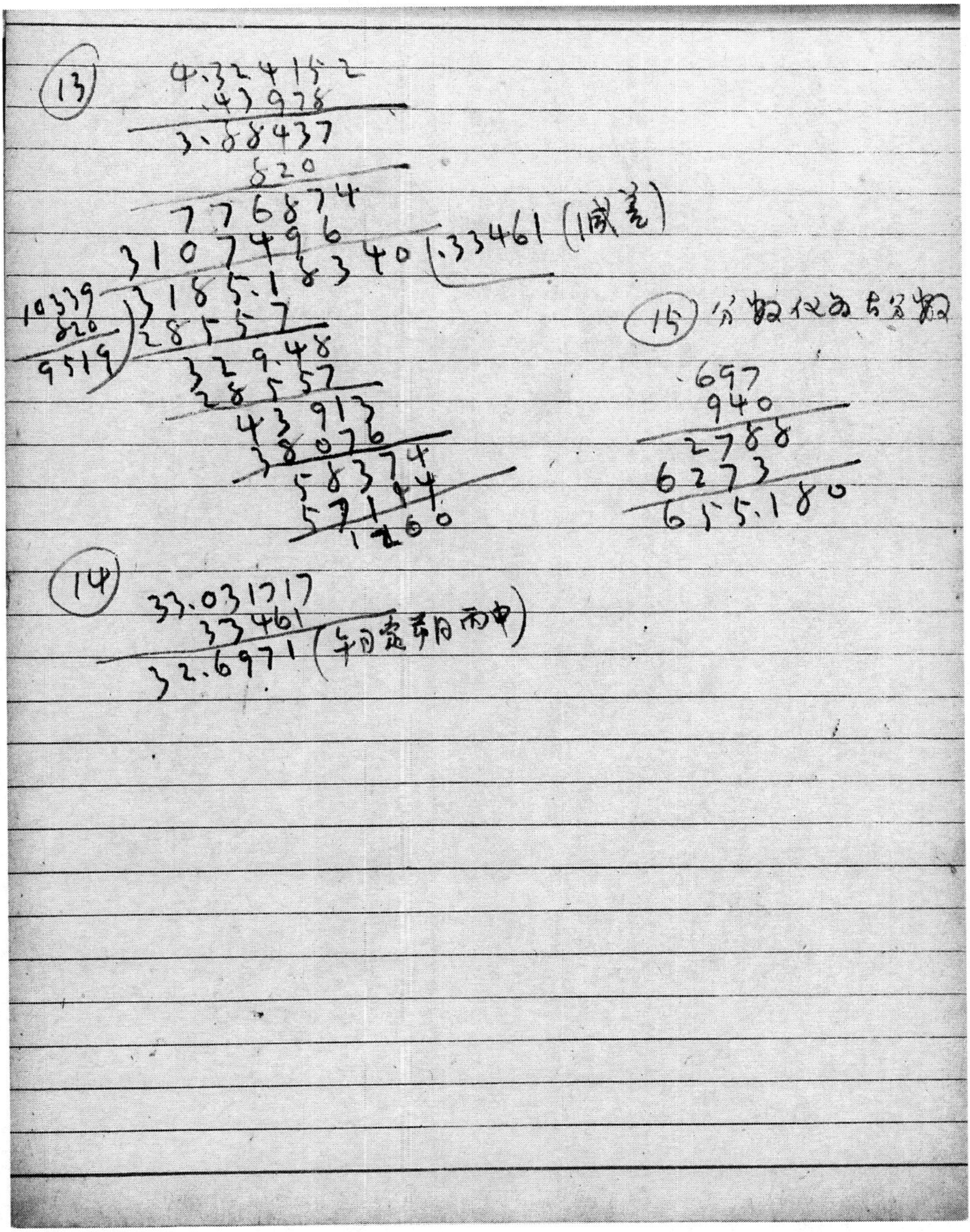

(13)

4.3241152
.43978
3.88437
820
776874
3107496
31077496 83340 .33461（1减差）
10339
820
9519
3185.1
28557
329.48
28557
43913
38076
58374
57144
1260

(14)

33.031717
33461
32.6971（年日宽朔日丙申）

(15) 分数化为百分数

.697
940
2788
6273
655.180

（十六）宣王十二年四月定朔（虢季子盘）

①
1280
883
2163

②
365.2425
2163
1095 7275
2191 4550
365 2425
730 4850
790019.5275
55.06
60)789964.4675
13166
余 4.4675

③
60
4.4675
55.5325（冬至己未）

④
790019.5275
20.2205
满朔实去之) 789999.3225
590611 86
199387.463
177183 558
22203.9045
20671 4151
1532.48940
1476 52965
55.959750
29 530593
26.429157

⑤
29.530593
26.429157
3.101436（闰余）

⑥
55.5325
3.101436
52.431064（天正经朔日丙辰）
29.530593
21.961657（四月经朔日乙酉）

⑦
790019.5275
3.101436
790022.628936
13.0205
满转终去之) 790009.608436
551092
238917 6
220436 8
184808 0
165327 6
194804 8
192882 2
19.226

⑧
27.5546
19.2264
8.3282（疾历）

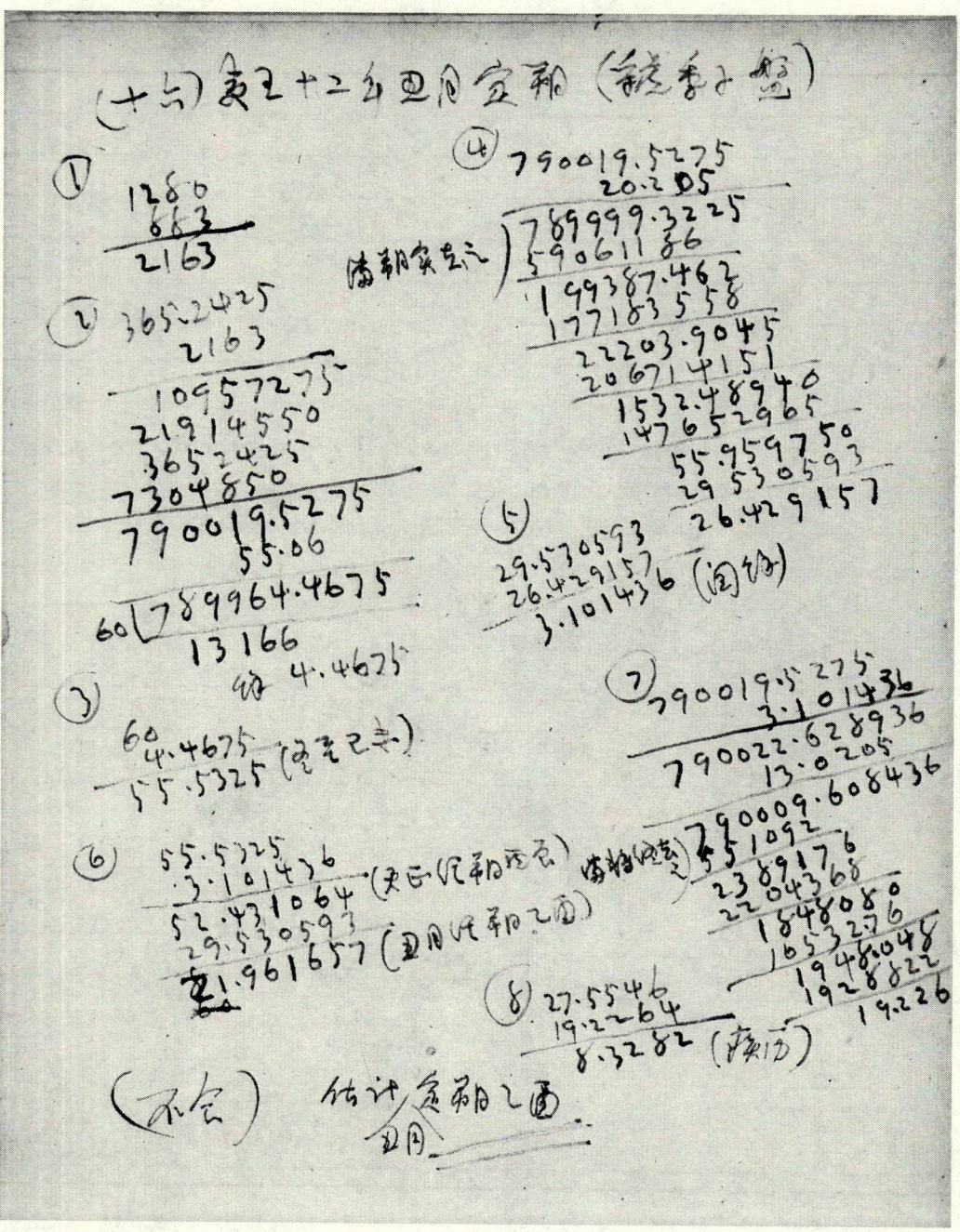

（不合）　估计四月定朔乙酉

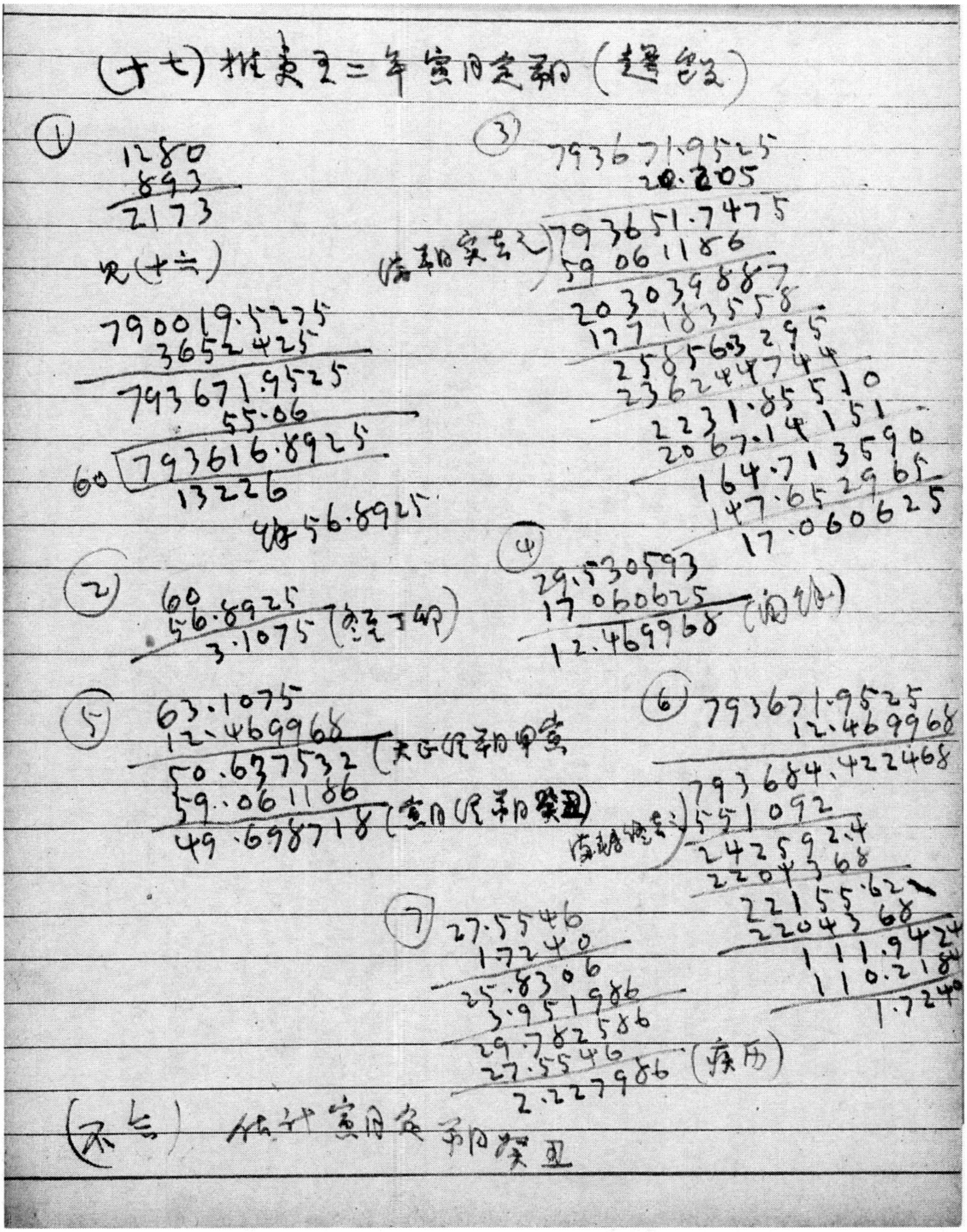

（十七）推夷王二年寅月定朔（趙銓）

①
1280
893
2173
见（十六）
790019.5275
3652.425
793671.9525
55.06
60 ⌐793616.8925
13226
4456.8925

②
60
56.8925
3.1075（辛丁卯）

③
793671.9525
20.205
793651.7475
（積朔實去之）59.061186
203039887
177183558
25856329.5
23624474.4
2231.85510
2067.14151
164.713590
147.652965
17.060625

④
29.530593
17.060625
12.469968（闰餘）

⑤
63.1075
12.469968
50.637532（天正經朔甲寅）
59.061186
49.698718（寅月經朔癸丑）

⑥
793671.9525
12.469968
793684.422468
（積朔實去之）551092
2425922.4
2204368
221554.62
220436.8
1117.8624
1102.184
1.7240

⑦
27.5546
1.7240
25.8306
3.951986
29.782586
27.5546
2.227986（疾历）

（不合）估计寅月定朔癸丑

（十八）推昭王十九年天正应朔（克鉴）

①
1280
1023
2303

②
365.2425
.2303
10957275
10957275
7304850
841153.4775
55.06
60）841098.4175
14018
余18.4175

③
60
18.4175
41.5825（冬至乙巳）
16.138512
25.443988（天正经朔己丑）

④
841153.4775
20.205
841133.2725
（满朔策去之）841133.2725
590611.86
250521.412
236244.744
14276668
11812237.2
2464.4313.0
2362.44744
101.983860
88.591779
13.392081

⑤
29.530593
13.392081
16.138512（闰余）

⑥
841153.4775
16.138512
841169.616012
13.0205
841156.595512
（满转周去之）841156.5
826638
145185.9
137773.8
741.295
551.092
190.2035
165.3276
24.8759

⑦
27.5546
24.8759
2.6787（疾历）
12.2
53574
53574
26787
32.68014

估计应朔己丑

可行

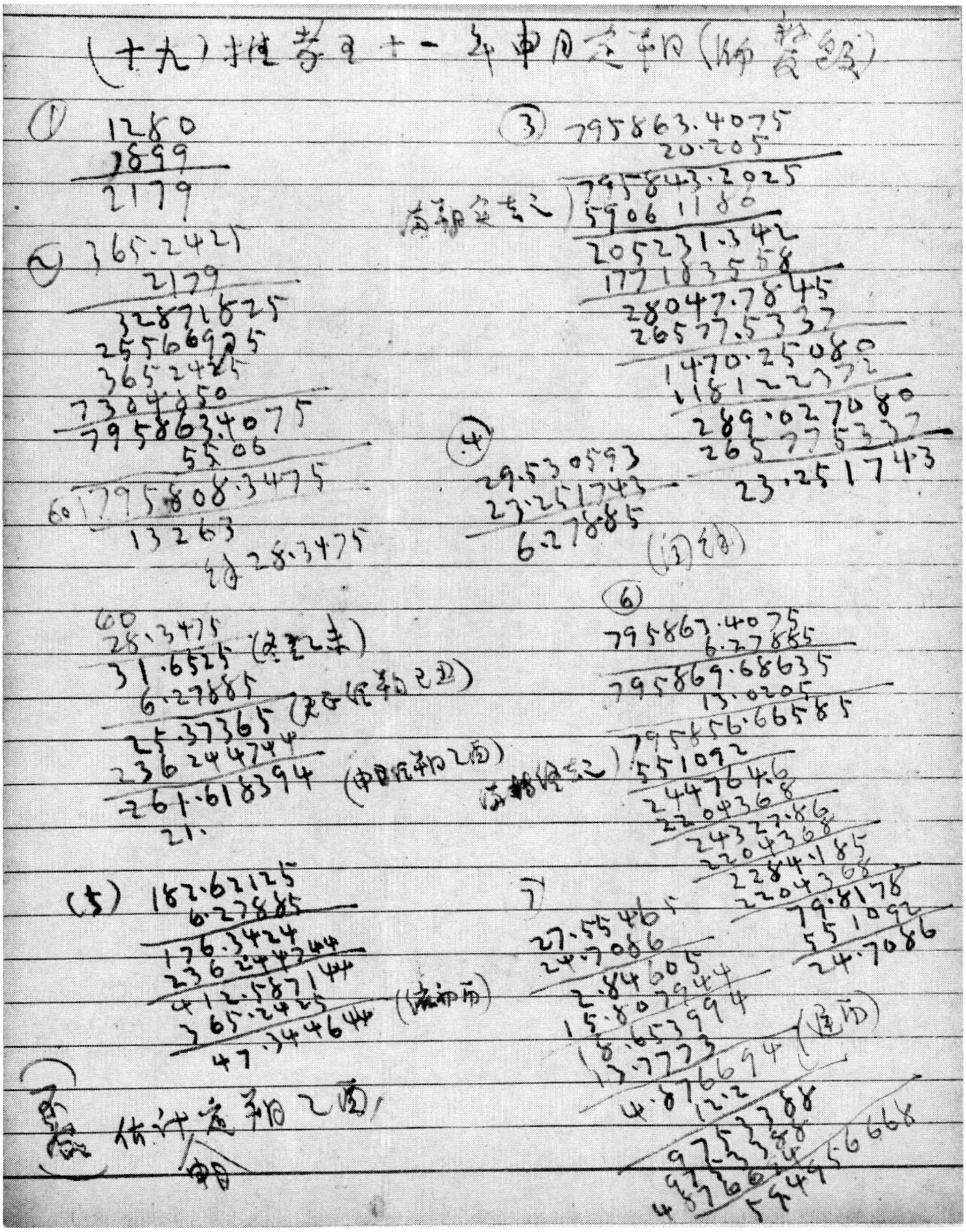

（十九）推孝王十一年申月定朔（师𠭯簋铭）

①
1280
1899
2179

② 365.2425
2179
3287 1825
2556 6975
365 2425
730 4850
795863.4075
55.06
60)795808.3475
13263
余28.3475

60
28.3475
31.6525（冬至之未）
6.27885
25.37365（冬至后朔之日）
236.244744
261.618394（申月定朔之日）
21.

(5) 182.62125
6.27885
176.3424
236.244744
412.587144
365.2425
47.344644（庚朔日）

③ 795863.4075
20.205
795843.2025
（庚朔之岁之）5906 1180
20523 1.342
177183558
28047.7845
26577.5337
1470.2508
1181.2272
289.0270 80
265 77.5337
23.251743

④
29.530593
23.251743
6.27885
（闰余）

⑥
795863.4075
6.27885
795869.68635
13.0205
795856.66585
（庚朔后之之）551092
2447646
22043 68
243.2786
220 4368
2284185
220 4368
79.8178
55 1092
24.7086

7
27.5546
24.7086
2.8460
15.807944
18.653994
13.7773
4.876694（庚日）
12.2
9753388
975 3388
487 66 ...
5549 56668

（求） 估计定朔之日 申朔

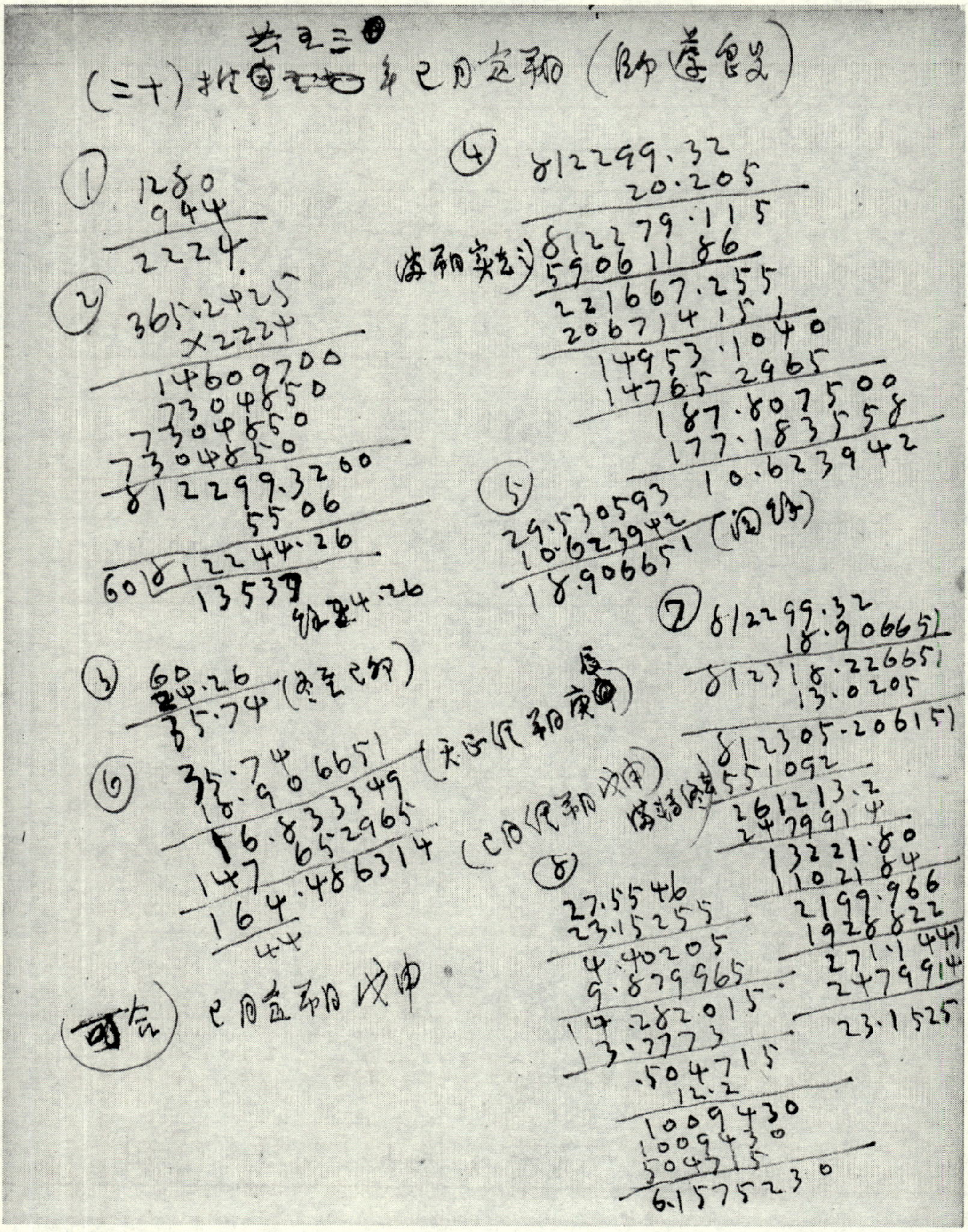

(二十) [illegible] 已月定朔 ([illegible])
① 1280
944
2224
② 365.2425
×2224
14609700
7304850
7304850
7304850
812299.3200
5506
60) 812244.26
13537
44.26
③ 44.26
35.74
④ 812299.32
20.205
812279.115
590611.86
221667.255
206714.151
14953.1040
14765.2965
187.807500
177.183558
10.623942
⑤ 29.530593
10.623942
18.906651
⑥ 35.74
18.906651
16.833349
147.652965
164.486314
44
⑦ 812299.32
18.906651
812318.226651
13.0205
812305.206151
551092
261213.2
247991.4
13221.80
11021.84
2199.966
1928.822
271.144
247.9914
23.1525
⑧ 27.5546
23.15255
4.40205
9.879965
14.282015
13.7773
.504715
12.2
1009430
1009430
504715
6157523.0

（二十一）推幽王元年六月定朔（師虎簋）

① 1280
781
2061

② 365.2425
2061
365.2425
21914550
7304850
752764.7925
55.06
60) 752709.7325
12545
49 9.7325

③ 60
9.7325
50.2675（至正月甲寅）
19.75866
30.50884（天正经朔甲子）
206.71415
237.22299
57

（六月经朔辛酉）

④ 752764.7925
20.205
752744.5875
（满朔实去之）5906 1186
162132.727
147652965
14479.7625
11812372
2667.5253
26577533
9.77193

⑤ 29.530593
9.77193
19.758663（闰余）

⑥ 752764.7925
19.75866
752784.55116
13.0205
752771.53066
（满朔望去之）551092
201679.5
19288
08797.33
86266.38
626638
530950
53.546
225.4046
255.9914
247
7.4132

⑦ 27.5546
7.413266
20.141334
13.831951
33.973285
27.5546
6.418685
12.2
12837370
12837370
12837370
6418685
78307957 0（定朔）

六月定朔庚申
可合〇

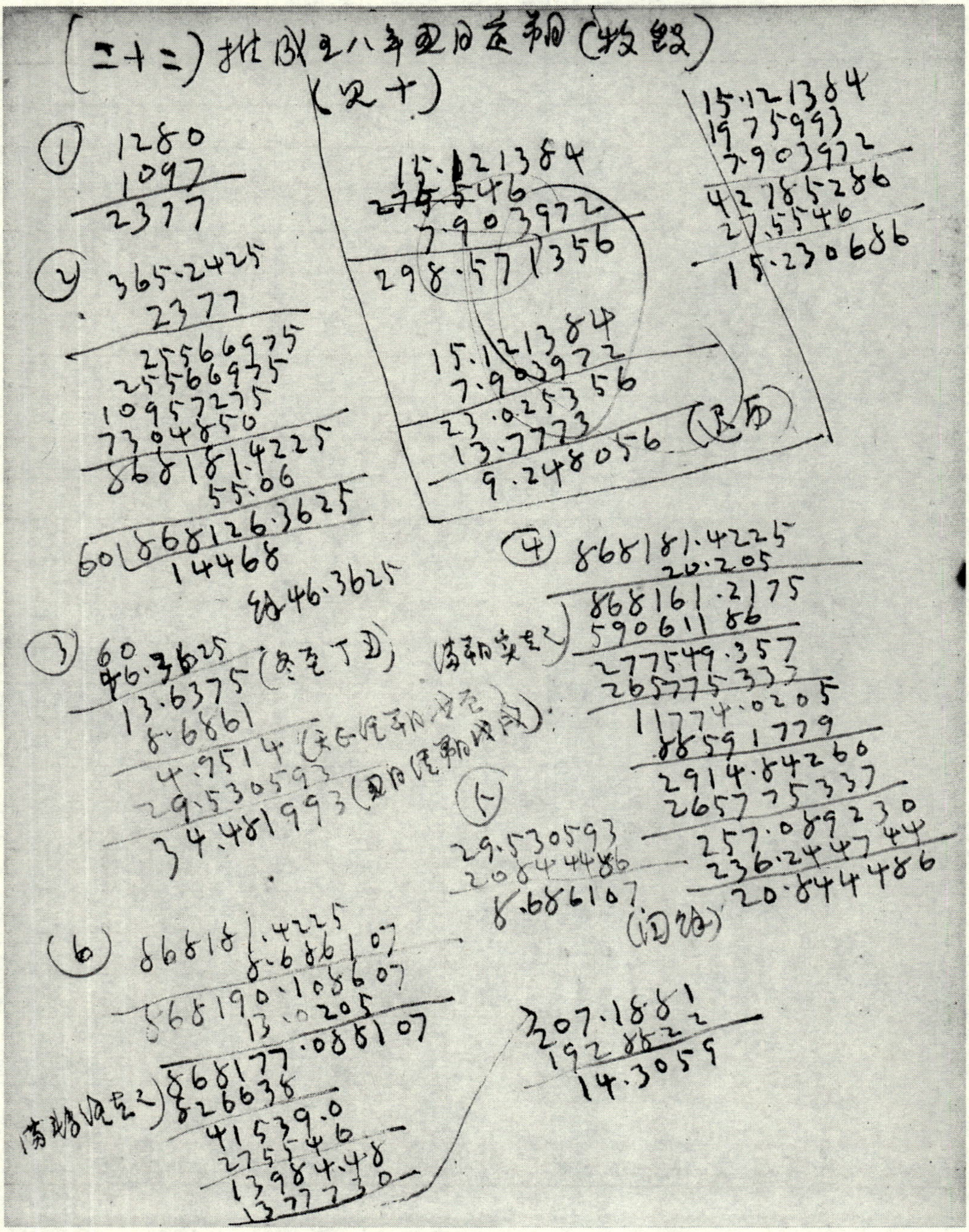

(二十二) 推成王八年四月庚朔(数録)
(貝十)

① 1280
1097
2377

② 365.2425
2377
25566975
25566975
10957275
7304850
868181.4225
55.06
60)868126.3625
14468
餘46.3625

③ 60
46.3625
13.6375 (冬至丁丑)
8.6861
4.9514
29.530593
34.481993

15.121384
7.903972
298.571356

15.121384
7.903972
23.025356
13.7773
9.248056

15.121384
19.75993
7.903972
42.785286
27.5546
15.230686

④ 868181.4225
20.205
868161.2175
59061186
277549.357
265775.337
11774.0205
8859.1779
2914.84260
265775337
257.089230
236.244744
20.844486

29.530593
20.844486
8.686107

⑥ 868181.4225
8.686107
868190.108607
13.0205
868177.088107
826638
41539.0
27554.6
13984.48
1377730

307.1881
192.8822
14.3059

⑦

27.5546
14.3059
13.2487
1.975993
15.224693
13.7773
1.447393 (迟历)
12
2.894786
2.894786
1.447393
17.6581946 望日 定朔次成，可合。

(三十三) 桃园主十六年 未月定朔 (伯克莹)

(见第四四 三十)

咸丰十五年天正迟历

17.883
39.51586
57.40286
39.51986
17.883
13.7773
4.1057 (迟历)

57.40286
55.1092
2.29366 (疾历)
12
46
2
27. (限数)

未月经朔己卯2时47分，~~定朔己卯，先朔一日，可合~~ 分数日不大，未月在盈之后，且缩最低，可估定未月定朔次至，不合

（二十四）推程王二十八年己月交朔（~~宿之意~~ 實盤）

①

1260
0994
2254

②

365.2425
2254
1460 9700
182 62125
730 4850
7304850
823256.5950
5506
60 | 823201.535
1372
餘1.535

③

60
1.535
58.465（冬至壬戌）
17.481654
40.983346（天正經朔甲子）
147.652965
188.626311（己月經朔壬申）

④

823256.595
20.205
823236.39
（滿朔實去之）5906 1186
232624.530
2067 14151
25910.3790
2362447744
2285.90460
20671415 1
218.763090
20671 4151
12.048939

⑤

29.530593
12.048939
17.481654（閏餘）

⑥

823256.595
17.481654
823274.076654
13.0205
823261.056154
（滿轉終去之）551092
272169.0
247991 4
24177.65
22043 68
2133.976
1928822
205.1541
192.8822
12.2719

⑦

27.5546
12.2719
15.2827
9.879965
25.162665
13.7773
11.385365（遲曆）

⑧

11.385365
12.2
22770730
22770730
11385365
138901 4530（積數）

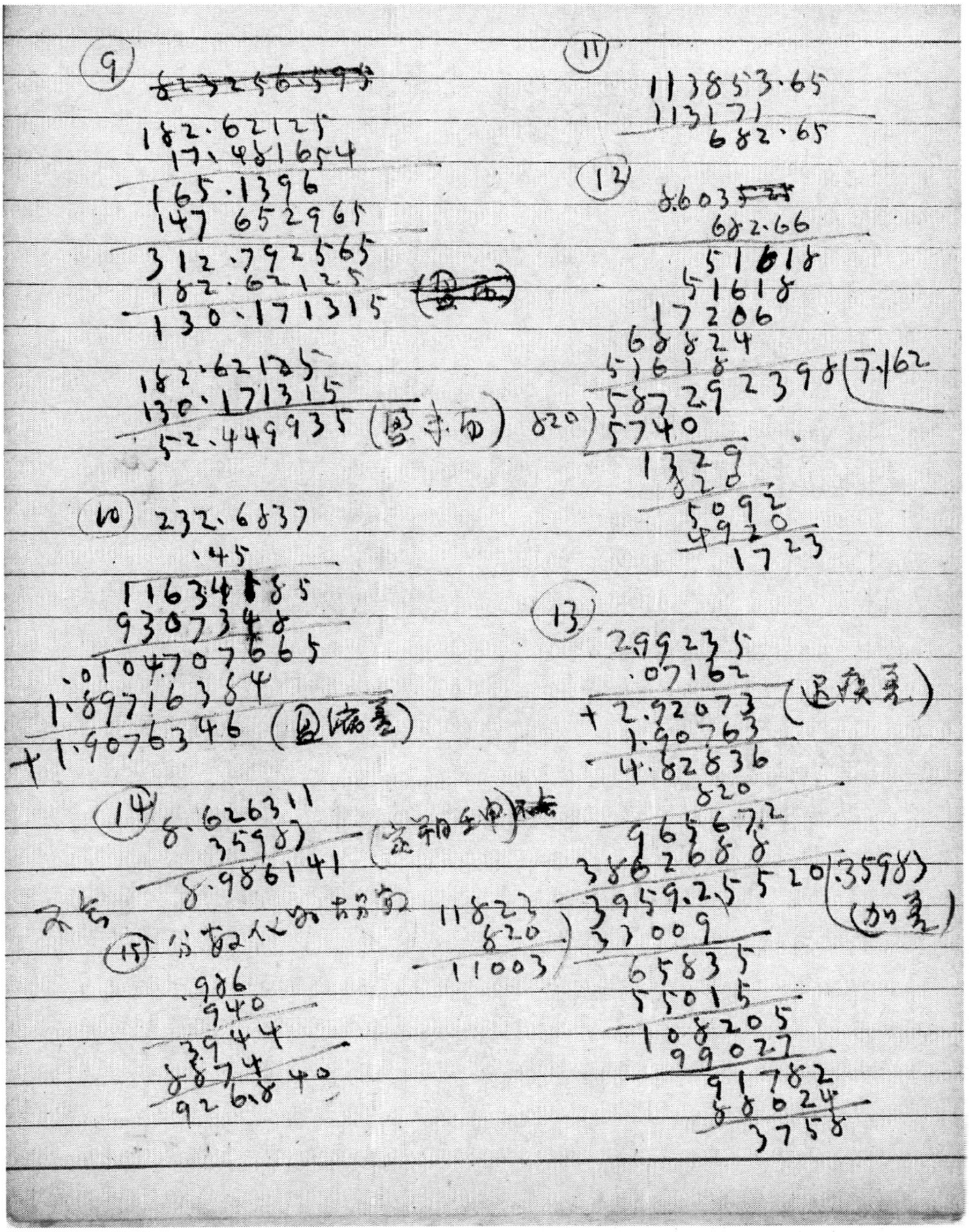

⑨ ~~8232565.593~~

182.62125
17.481654
165.1396
147 652965
312.792565
182.62125
130.171315 ([illegible])

182.62125
130.171315
52.449935 ([illegible]) 820)

⑩ 232.6837
.45
11634185
9307348
.0104707665
1.89716384
+1.90763 46 ([illegible])

⑪
113853.65
113171
682.65

⑫
8.6035
682.66
51618
51618
17206
68824
51618
587.292398 (7.162
5740
1329
820
5092
4920
1723

⑬
29923 5
.07162
+2.92073 ([illegible])
1.90763
4.82836
820
965672
3862688
3959.25520 (.3598)
([illegible])
33009
65835
55015
108205
99027
91782
88024
3758

⑭ 8.626311
3598)
8.986141 ([illegible])

不合

⑮ 分数化[illegible]
986
940
3944
8874
92618 40

11823
820
11003)

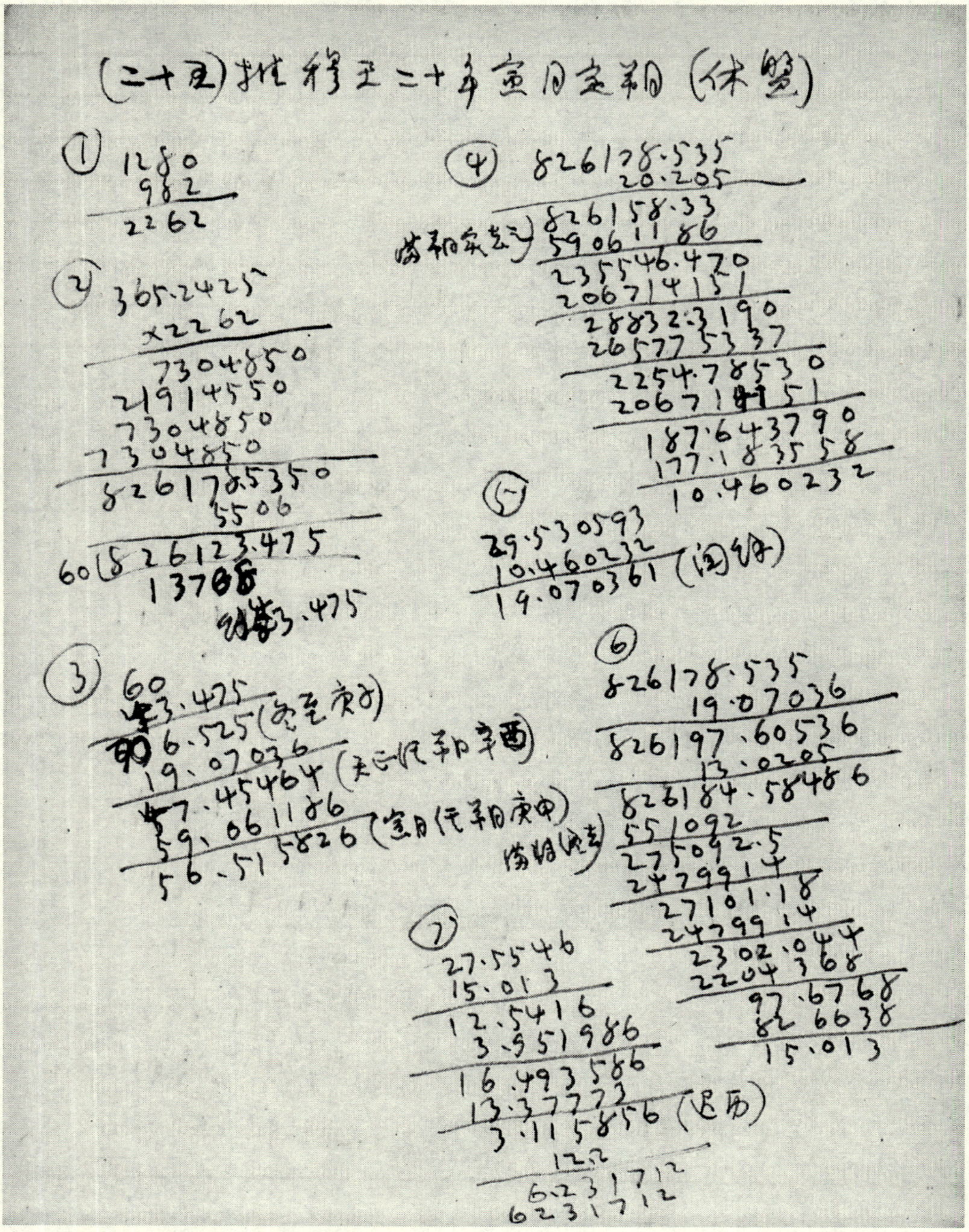
(二十五)推穆王二十年寅月定朔(休盘)
① 1280
982
2262
② 365.2425
×2262
7304850
21914550
7304850
7304850
826178.5350
5506
60⌊826123.475
13768
3.475
③ 60
3.475
56.525(冬至庚子)
19.07036
37.45464(天正经朔辛酉)
59.061186
56.515826(寅月经朔庚申)
④ 826178.535
20.205
826158.33
590611.86
235546.470
206714151
28832.3190
26577.5337
2254.78530
206714151
187.643790
177.183558
10.460232
⑤ 29.530593
10.460232
19.070361(闰余)
⑥ 826178.535
19.07036
826197.60536
13.0205
826184.58486
551092
275092.5
247991.4
27101.18
24799.14
2302.044
2204.368
97.676
82.6638
15.013
⑦ 27.5546
15.013
12.5416
3.951986
16.493586
13.37773
3.115856(迟历)
12.2
6.231712
6231712

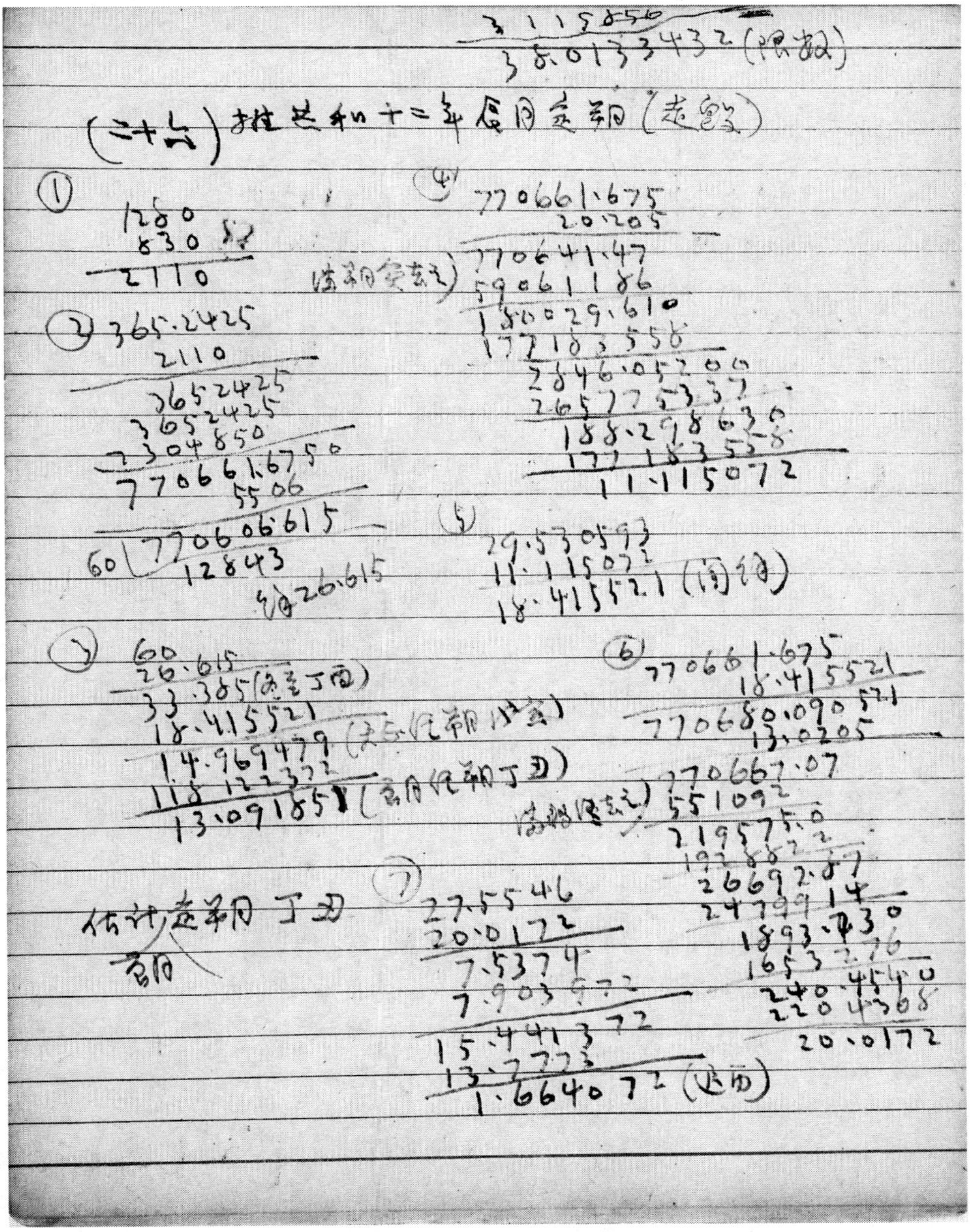

3.115856
38.01733432
①
1280
830
2110
② 365.2425
2110
3652425
3652425
7304850
770661.6750
770661.675
5506
770606.615
60
12843
26.615
③
60
26.615
33.385
18.415521
14.969479
118.122372
13.091851
④
770661.675
20.205
770641.47
59061186
180029.610
177183558
2846.05200
2657753.37
188.298630
177183558
11.115072
⑤
29.530593
11.115072
18.415521
⑥
770661.675
18.415521
770680.090521
13.0205
770667.07
551092
219575.0
192882
26692.87
247991.4
1893.730
1653.276
240.4540
220.4368
20.0172
⑦
27.5546
20.0172
7.5374
7.903972
15.441372
13.7773
1.664072

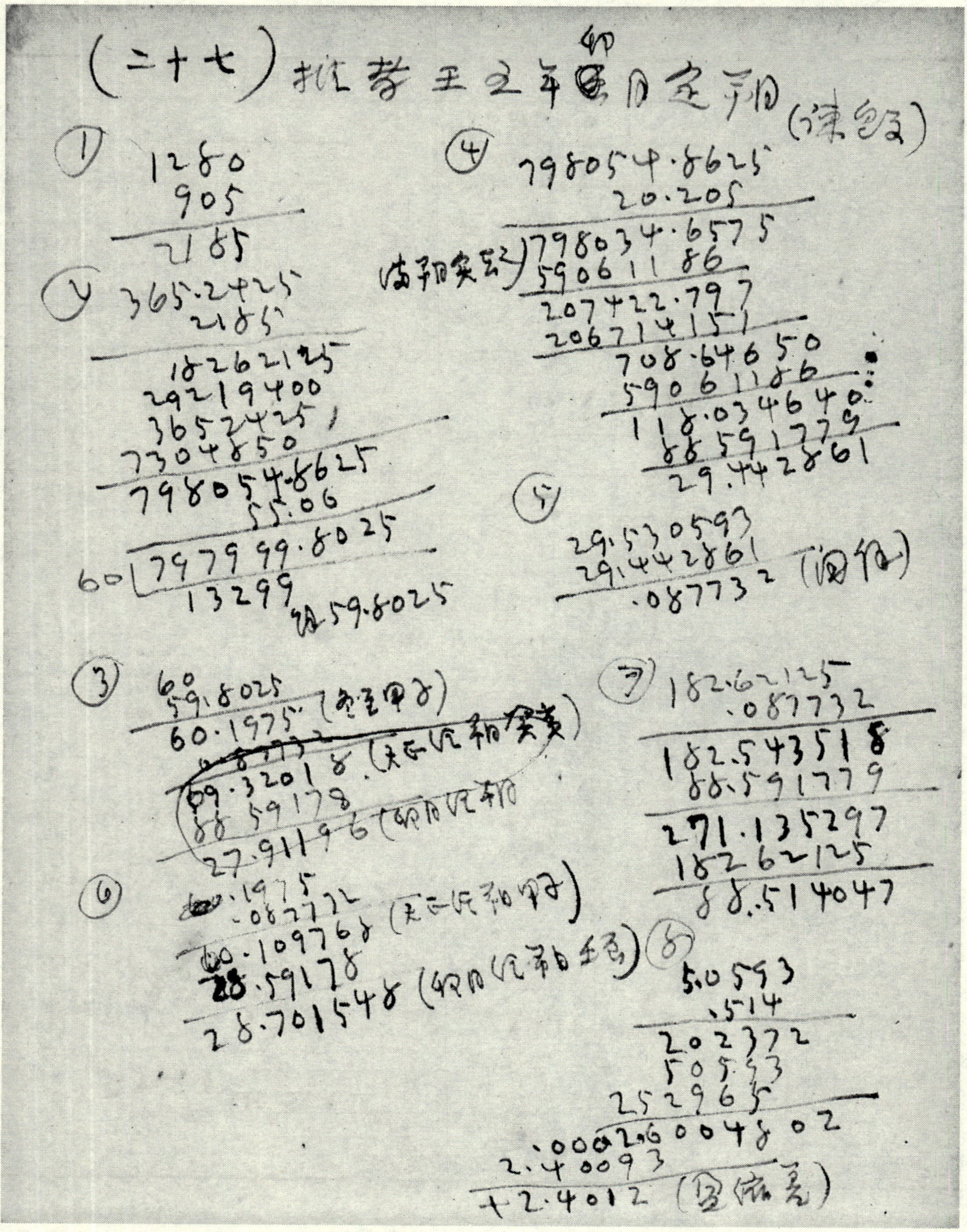
（二十七）推孝王元年卯月定朔（陈録）
① 1280
905
2185
② 365.2425
2185
1826212.5
2921940.0
365242.5
730485.0
798054.8625
55.06
60 | 797999.8025
13299 …59.8025
③ 60
59.8025
60.1975
.087732
60.32018
88.59178
27.91196
④ 798054.8625
20.205
798034.6575
590611.86
207422.797
206714.151
708.64650
590.61186
118.03464
88.591779
29.442861
⑤ 29.530593
29.442861
.087732
⑥ 60.1975
.087732
60.109768
88.59178
28.701548
⑦ 182.62125
.087732
182.543518
88.591779
271.135297
182.62125
88.514047
⑧ 5.0593
.514
202372
50593
252965
2.6004802
2.40093
+2.4012

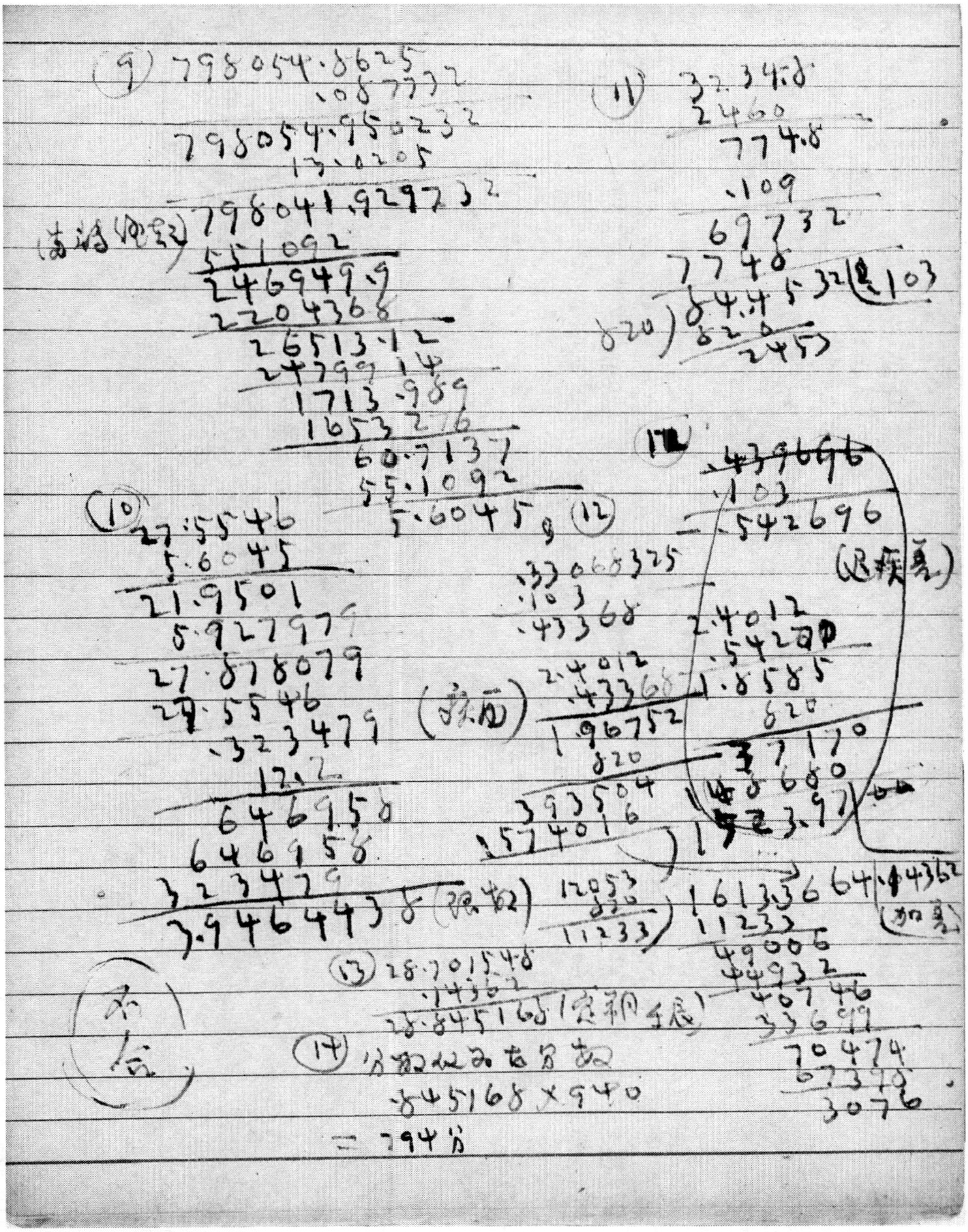
(9) 798054.8625
.107772
798054.950232
13.0205
798041.929732
(商数纯理) 798041.929732
551092
2469499
2204368
2651312
2479914
171398
1653276
607137
551092
5.6045
(10) 27.5546
5.6045
21.9501
5.927979
27.878079
27.5546
.323479
1212
646958
646958
323479
3.946443 8 (总数)
(11) 32.34.8
2460
7748
.109
69732
7748
820) 844532 (.103
820
2453
(12) .33068325
.103
.433368
2.4012
.43368
1.96752
820
393504
157 4016
(12) .439696
.103
.542696
(紧接上)
2.4012
.54270
1.8585
820
37170
16680
1923.97
1613 3664 .14362
11233
49006
44932
40746
33699
70474
67370
3076
12053
820
11233
(加算)
(13) 28.701548
.14362
28.845168 (实利干层)
(14) 分数以后去百分数
.845168 × .940
= 794分
(不合)

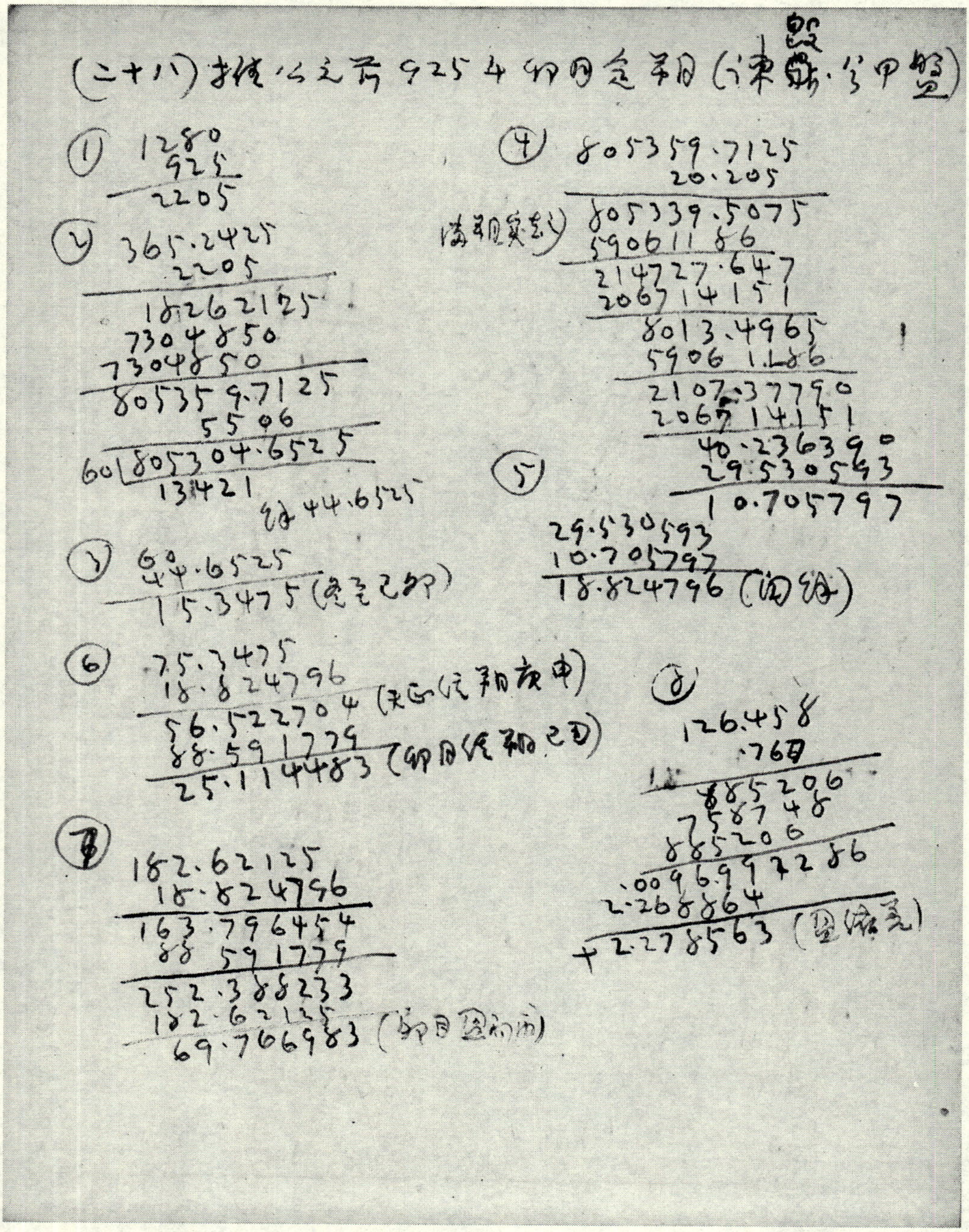

（二十八）推算公元前925年卯月定朔（陈殷、公甲盘）

① 1280
925
2205

② 365.2425
2205
1826212.5
730485.0
730485.0
805359.7125
5506
60|805304.6525
13421
余44.6525

③ 60
44.6525
15.3475（冬至己卯）

④ 805359.7125
20.205
805339.5075（满朔实数）
590611.86
214727.647
206714.151
8013.4965
59061.186
2107.37790
2067.14151
40.23639
29.530593
10.705797

⑤ 29.530593
10.705797
18.824796（闰余）

⑥ 75.3475
18.824796
56.522704（天正经朔庚申）
88.591779
25.114483（卯月经朔己丑）

⑦ 182.62125
18.824796
163.796454
88.591779
252.388233
182.62125
69.766983（卯月望前天）

⑧ 126.458
.768
885206
758748
885206
.009699.7286
2.268864
+2.278563（望修正）

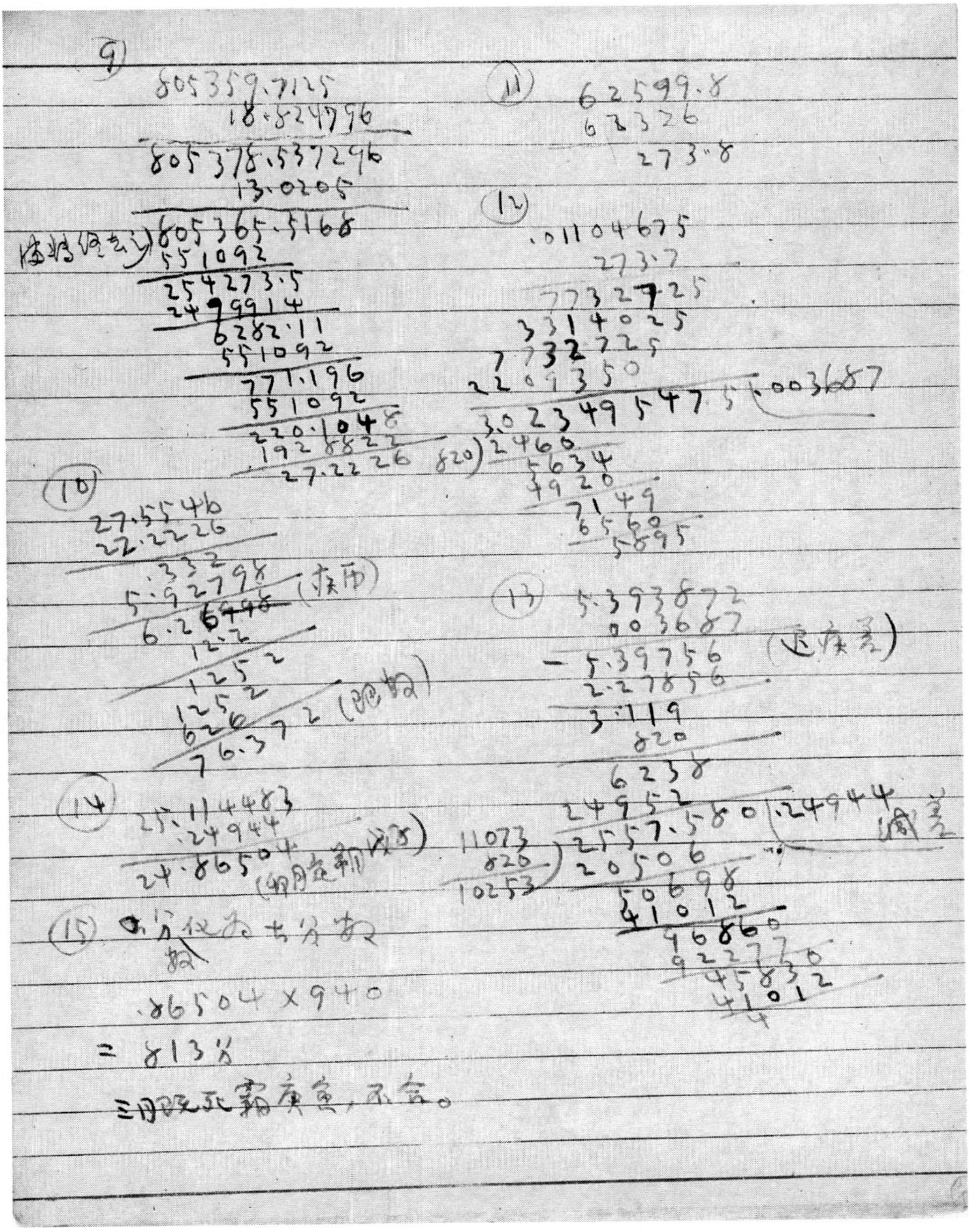

(9)
805359.7125
18.824796
805378.537296
13.0205
805365.5168
551092
254273.5
249914
6282.11
551092
77.196
551092
220.1048
192.8822
27.2226

(10)
27.5546
22.2226
5.92798
6.26
76.372

(11)
62599.8
63326
273.8

(12)
.01104675
3.02349547 .003687

(13)
5.398872
.03687
5.39756
2.27856
3.119
820
6238
2557.580 .24944

(14)
25.11483
.24944
24.86504

(15)
.86504 × 940
= 813

三月晚承霜度息，承会。

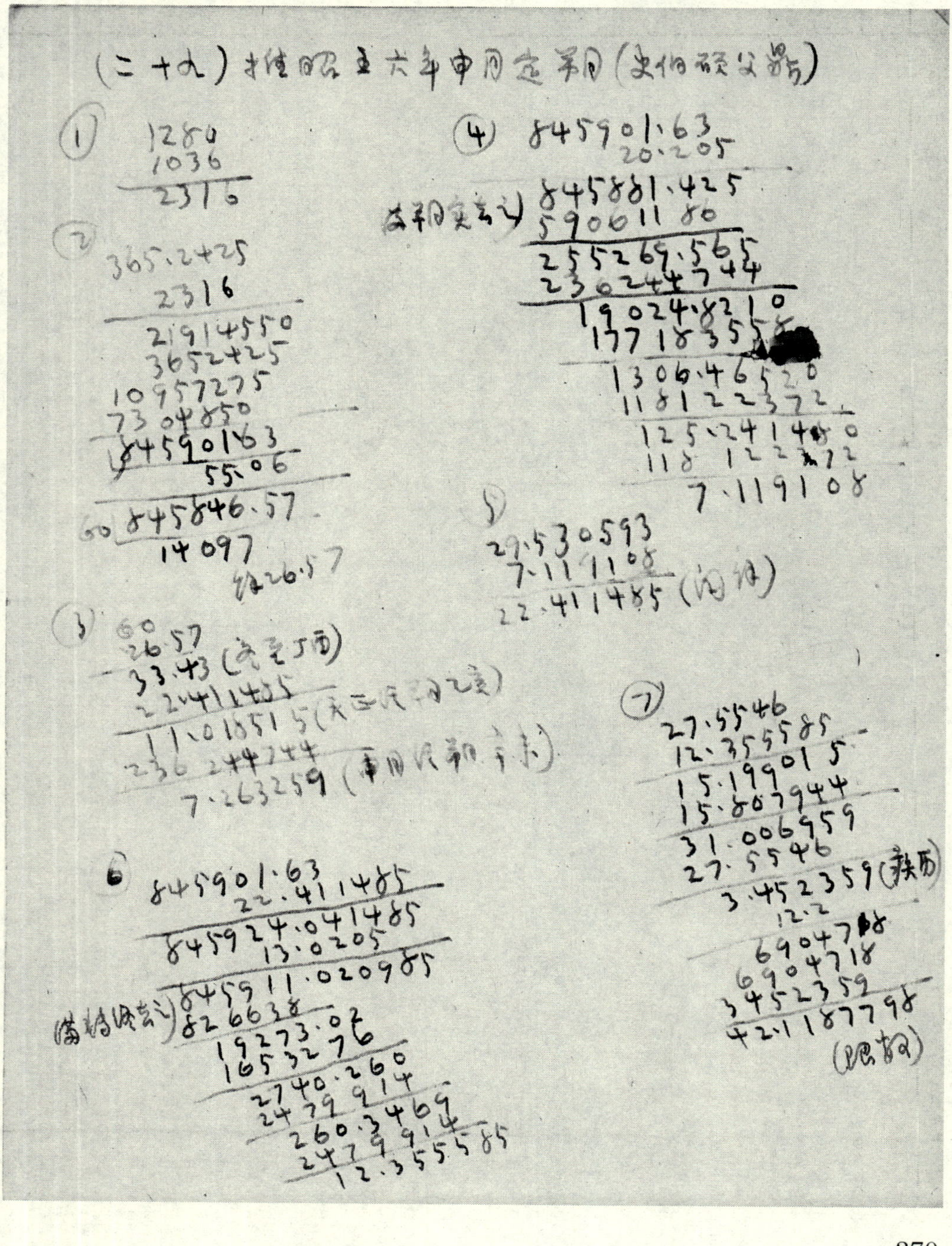
(二十九) 推□□王六年申月定朔日 (史伯硕父鼎)
① 1280
1036
2316
② 365.2425
2316
21914550
3652425
10957275
7304850
845901.63
55.06
845846.57
14097
26.57
③ 60
26.57
33.43
22.411485
11.018515
236 244744
7.26325 9
④ 845901.63
20.205
845881.425
590011 80
255269.565
236244744
19024.8210
1306.46520
1181223 72
125.24 1480
7.119108
⑤ 29.530593
7.111108
22.411485
⑥ 845901.63
22.411485
845924.041485
13.0205
845911.020985
826638
19273.02
2740.260
260.3469
12.355585
⑦ 27.5546
12.355585
15.199015
15.807944
31.006959
27.5546
3.452359
12.2
69047180
69047180
3452359
42.1187798

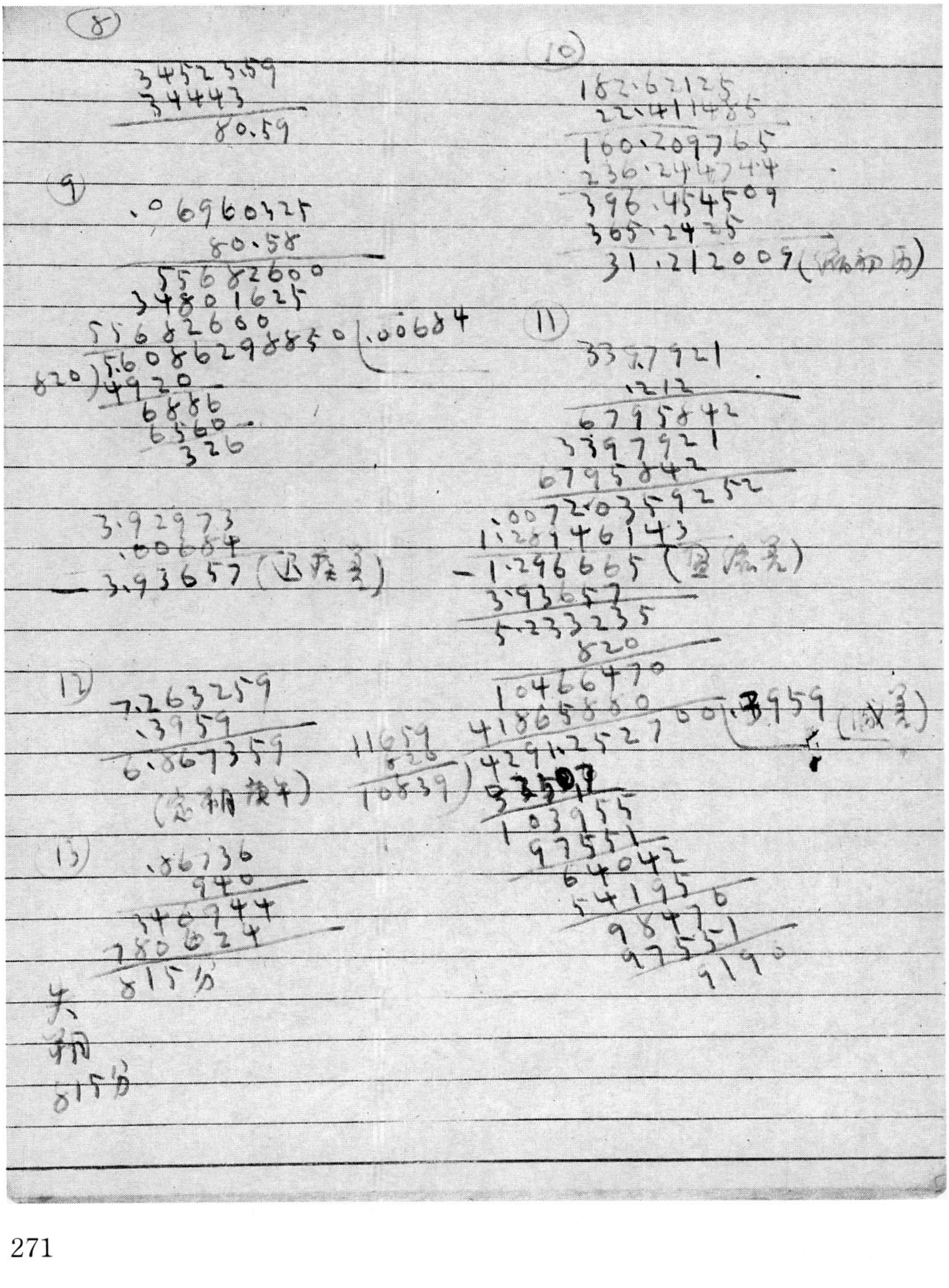

(8)

3452359
34443
80.59

(9)

.0696032 5
80.58
55682600
34801625
55682600
.5608629 8850 | .00684
820) 5608
4920
6886
6560
326

3.92973
.00684
3.93657

(10)

182.62125
22.411485
160.209765
236.244744
396.454509
365.2425
31.212009

(11)

33?7921
.1212
6795842
3397921
6795842
.0072035925 2
1.289461 43
1.296665
3.93657
5.233235
820
1046 6470
41865880
4291125 27 00 | .3959
10839) 42911
33507
103955
97551
64042
54195
98476
97551
9190

(12)

7.263259
.3959
6.867359

11659
820
10839

(13)

.86736
940
346944
780624
815分

失
相
815分

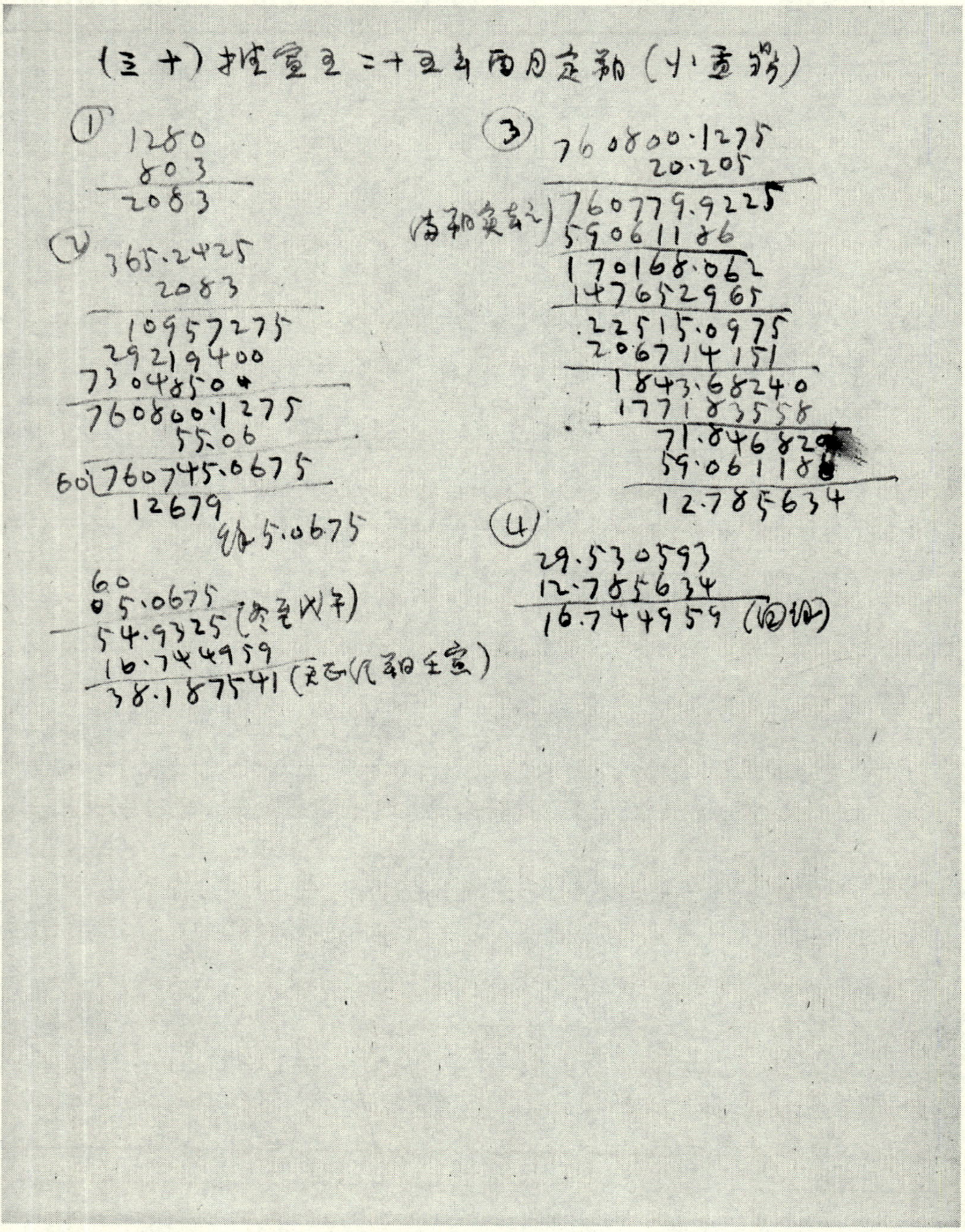
(三十)推宣王二十五年丙月定朔(小畫錄)
①
1280
803
2083
②
365.2425
2083
10957275
29219400
73048504
760800.1275
55.06
60|760745.0675
12679
餘5.0675
60
5.0675
54.9325
16.744959
38.187541
③
760800.1275
20.205
760779.9225
5906118.6
170168.062
147652965
22515.0975
20671415.1
1843.68240
177183558
71.846829
59.061118
12.785634
④
29.530593
12.785634
16.744959

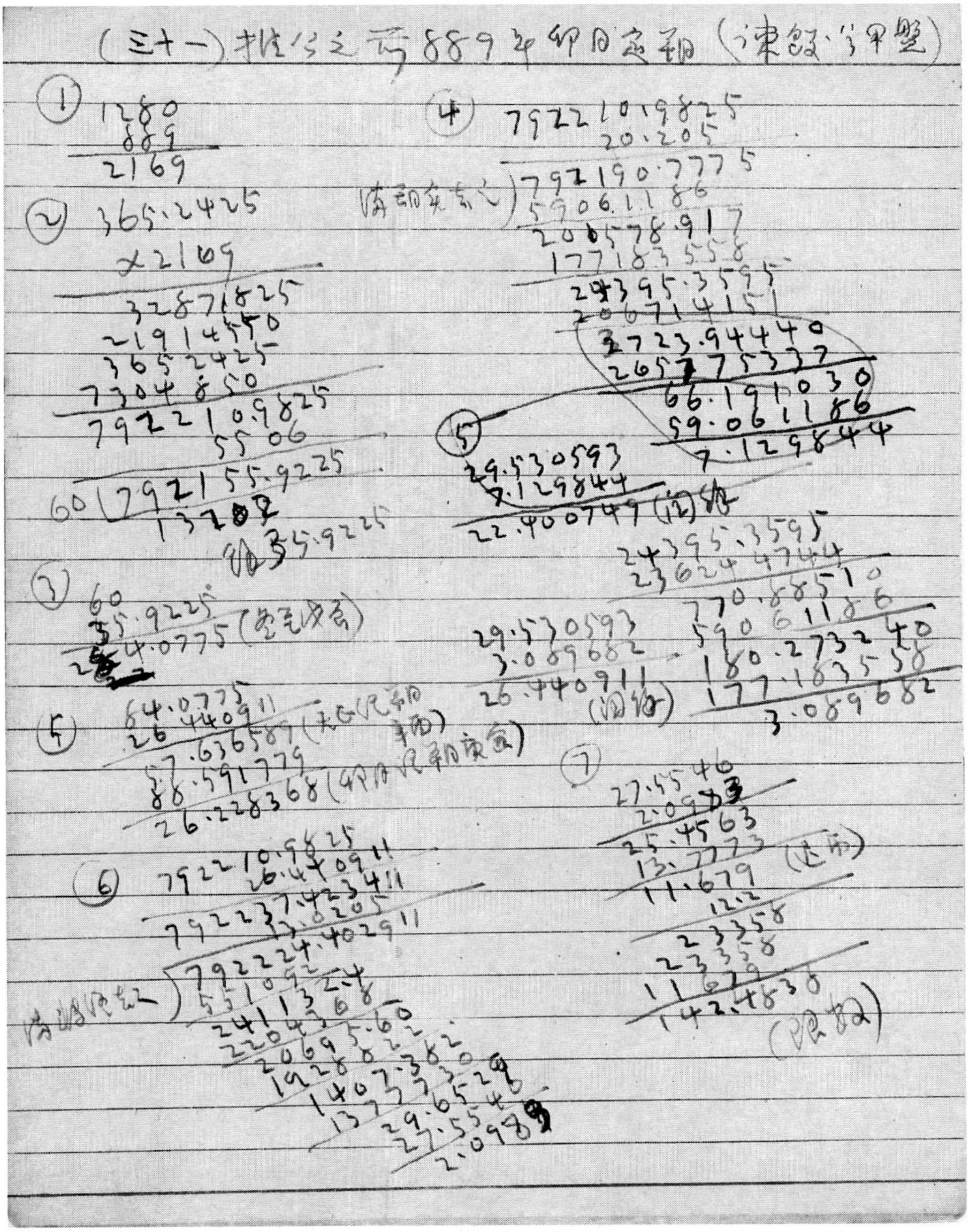
（三十一）推公元前889年卯日交朔
①
1280
889
2169
②
365.2425
×2169
3287182 5
2191455 0
365 2425
7304 850
792210.9825
5506
60 | 792155.9225
13202
余35.9225
③
60
35.9225
24.0775
④
792210.9825
20.205
792190.7775
5906.1186
201578.917
177183.558
24395.3595
20671.4151
3723.9440
2657.75337
66.191030
59.061186
7.129844
⑤
29.530593
7.129844
22.400749
24395.3595
23624.4744
770.8851 0
590.61186
180.27324 0
177.18355 8
3.089682
29.530593
3.089682
26.440911
④
84.0775
26.440911
57.636589
88.591779
26.228368
⑥
792210.9825
26.440911
792237.423411
13.0205
792224.402911
⑦
27.5546
2.0983
25.4563
13.7773
11.679
12.2
23358
23358
11.679
142.4838

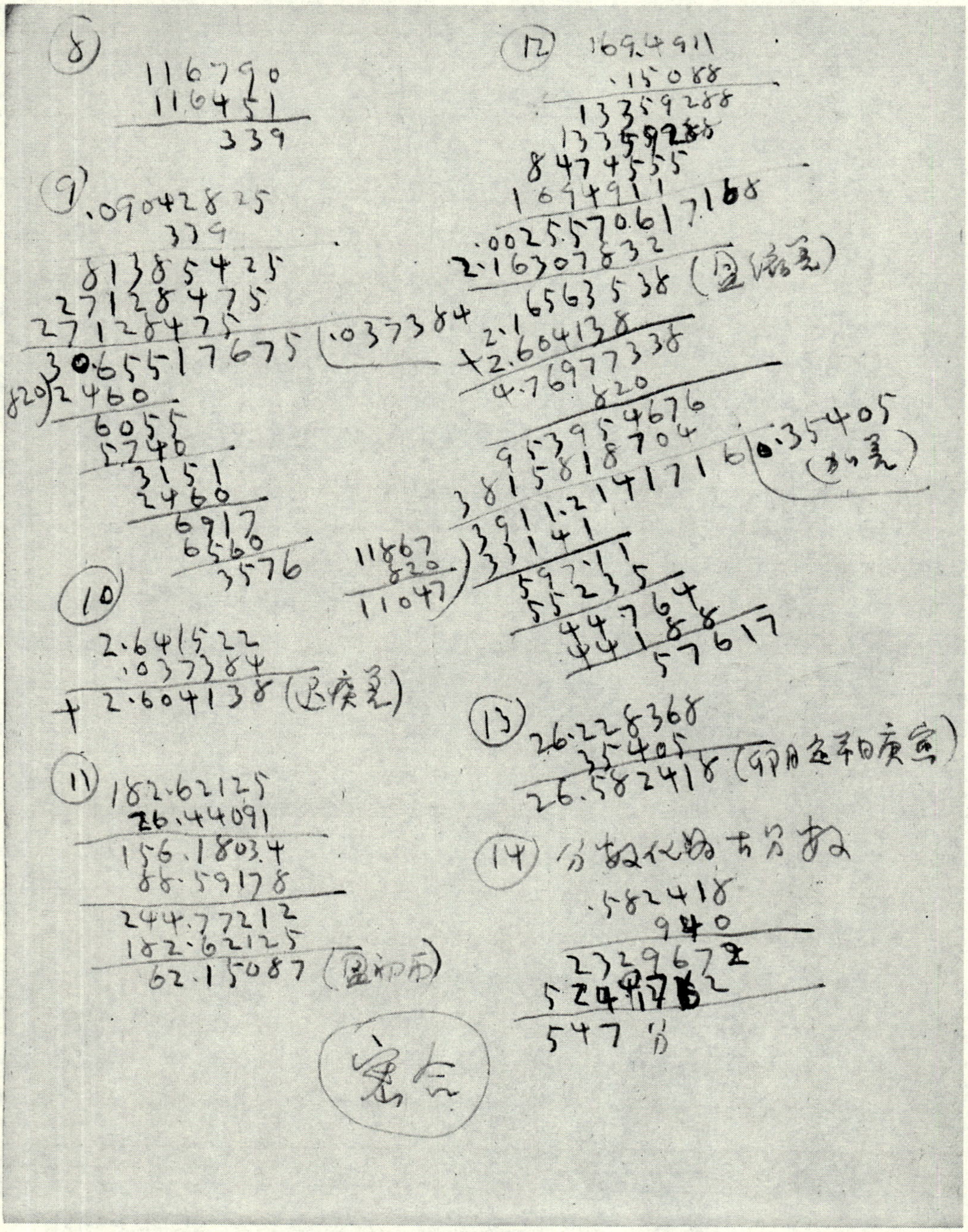
⑧
116790
116451
339

⑨ .07042825
339
61385425
27128475
27128475
30655176.75 (.037384
820) 2460
6055
5740
3151
2460
6917
6560
3576

⑩
2.641522
.037384
+ 2.604138（退疾气）

⑪ 182.62125
26.44091
156.18034
88.59178
244.77212
182.62125
62.15087（盈初雨）

⑫ 169.4911
.15088
13359288
13359288
84745555
1694911
.002557061717168
2.16307832
2.16563538（盈缩气）
2.1
+2.604138
4.769773338
820
95395467 6
3815818704
3815814171716（0.35405（加气）
11867
820
11047) 3911.21411
33141
59711
55235
44764
44188
57617

⑬ 26.228368
35405
26.582418（卯日退第日度实）

⑭ 分数化为古分数
.582418
940
2329672
5241762
547 分

（完）

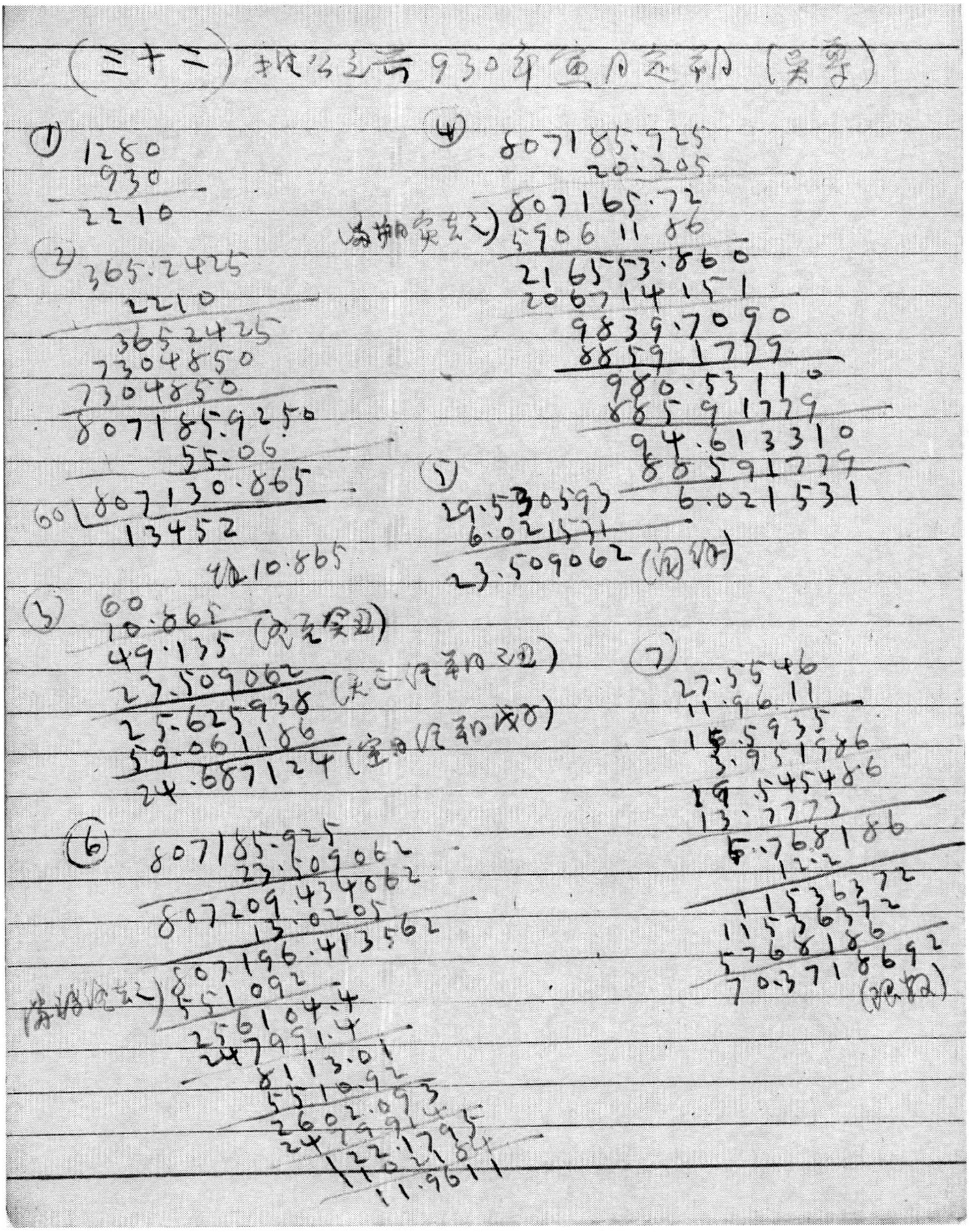
（三十二）推公元前930年寅月定朔（吴算）
① 1280
930
2210
② 365.2425
2210
3652425
7304850
7304850
807185.9250
55.06
60 | 807130.865
13452
10.865
③ 60
10.865
49.135
23.509062
25.625938
59.061186
24.687124
④ 807185.925
20.205
807165.72
590611.86
216553.860
206714151
9839.7090
8859.1779
980.53110
885.91779
94.613310
88.591779
6.021531
⑤ 29.530593
6.021531
23.509062
⑥ 807185.925
23.509062
807209.434062
13.0205
807196.413562
551092
256104.4
247991.4
8113.01
5510.92
2602.093
2479.9145
122.1785
110.2184
11.9601
⑦ 27.5546
11.9611
15.5935
3.951186
19.545486
13.7773
5.768186
12.2
11536372
11536372
5768186
70.3718692

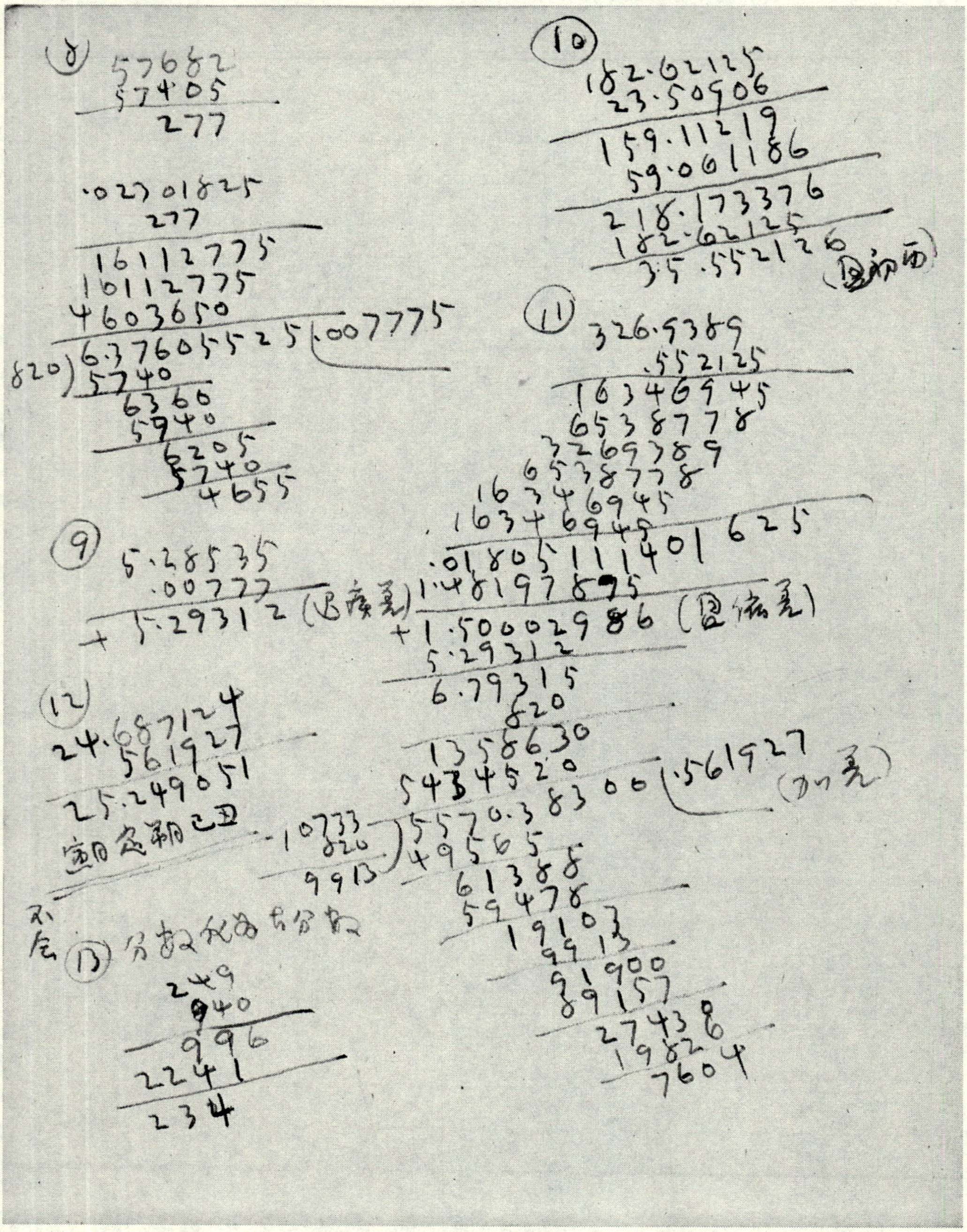
⑧
57682
57405
277
.02701825
277
16112775
16112775
4603650
6.37605525 .007775
820) 6.37605525
5740
6360
5740
6205
5740
4655
⑨
5.28535
.00777
+ 5.29312 (退度差)
⑩
182.62125
23.50906
159.11219
59.061186
218.173376
182.62125
35.552126 (冬初西)
⑪
326.9389
.552125
16346945
6538778
3269389
6538778
16346945
16346945
.01805111401625
1.48197895
+1.50002986 (日缠差)
5.29312
6.79315
820
1358630
5434520
9913) 5570.38300 .561927 (加差)
10733
820
49565
61388
59478
19103
9913
91900
89157
27438
19826
7604
⑫
24.687124
561927
25.249051
迎冬朔己丑
不会
⑬ 分数化为古分数
249
940
996
2241
234

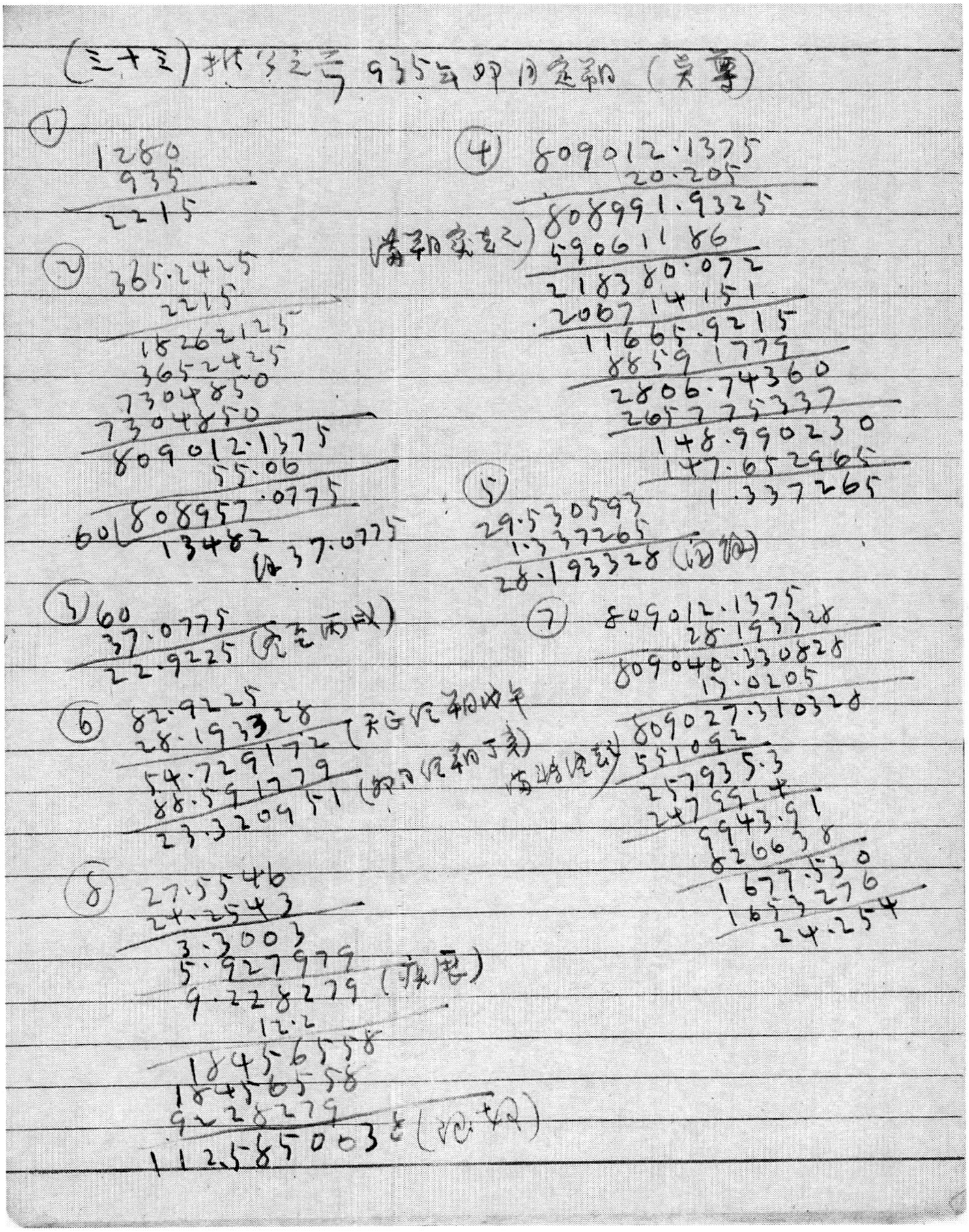

(三十三) 推算公元935年卯月定朔 ([illegible])

①
1280
935
2215

②
365.2425
2215
1826 2125
365 2425
730 4850
730 4850
809012.1375
55.06
60)808957.0775
13482 余37.0775

③
60
37.0775
22.9225 ([illegible])

④
809012.1375
20.205
808991.9325
590611 86
218380.072
2067 14 151
11665.9215
8859 1779
2806.74360
2657 75337
148.990230
147.652965
1.337265

[illegible]

⑤
29.530593
1.337265
28.193328 (闰余)

⑥
82.9225
28.193328
54.729172 ([illegible])
88.591779
23.320951 ([illegible])

⑦
809012.1375
28.193328
809040.330828
17.0205
809027.310328
551092
257935.3
247 9914
9943.91
8266 38
1677.530
1653 276
24.254

⑧
27.5546
24.2543
3.3003
5.927979
9.228279 ([illegible])
12.2
1845 6558
1845 6558
9228279
112.5850038 ([illegible])

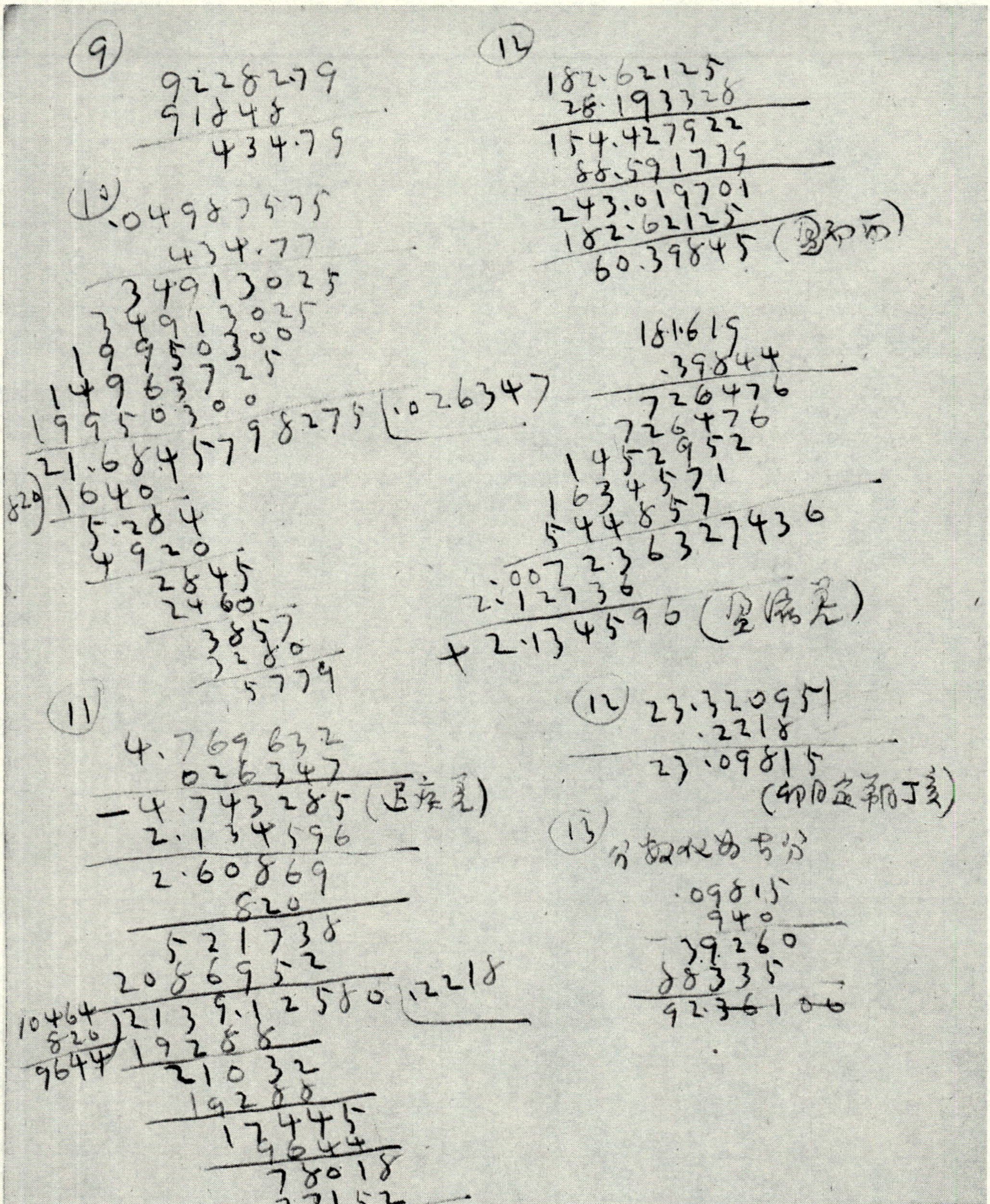

⑨
9228279
91848
434.79

⑩ .049875775
434.77
3491302 5
3491302 5
1995030 0
1496372 5
1995030 0
1995030 0798275 .026347
21.6845798275
820) 1640
5.284
4920
2845
2460
3857
3280
5779

⑪
4.769632
.026347
—4.743285（退東差）
2.134596
2.60869
820
521738
2086952
10464
820
9644) 2139.12580 .2218
19288
21032
19288
17445
9644
78018
77152
866

⑫
182.62125
28.193328
154.427922
88.591779
243.019701
182.62125
60.39845（壁初西）

181.619
.39844
726476
726476
1452952
1634571
544857
5448573
2.007236327436
2.12736
+2.134596（壁偏東）

⑫ 23.320951
.2218
23.09815
（卯日食初丁亥）

⑬
分數化為秒分
.09815
940
39260
88335
92.36100

（三十四）推公元前~~……~~
927年天正实朔（数据）

①
```
 1280
  927
 2207
```

②
```
  365.2425
     2207
 2556 6975
 730485 0
730485 0
806090.1975
    55.06
60)806035.1375
     13433
          余55.1375
```

③
```
 60
 55.1375
  4.8625（天正戊寅）
 64.8625
 26.604621
 38.257879（天正经朔壬寅）
```

④
```
           806090.1975
               20.205
实朔积日）  806069.9925
           590611.86
           215458.132
           206714.151
              8743.9815
              5906.1186
              2837.86290
              2657.75337
               180.109530
               177.183558
                 2.925972
```

⑤
```
 29.530593
  2.925972
 26.604621（闰余）
```

⑥
```
             806090.1975
                 26.6046
             806116.8021
                 13.0205
             806103.7816
转终积日）    551092
             255011.7
             2479914
               702038
               551092
               1509.461
               1377730
                131.7316
                110.2184
                 21.5132
```

⑦
```
  27.5546
  21.5132
   6.0414（疾历）
     12.2
  120828
  120828
  60414
  73705.08（闰数）
```

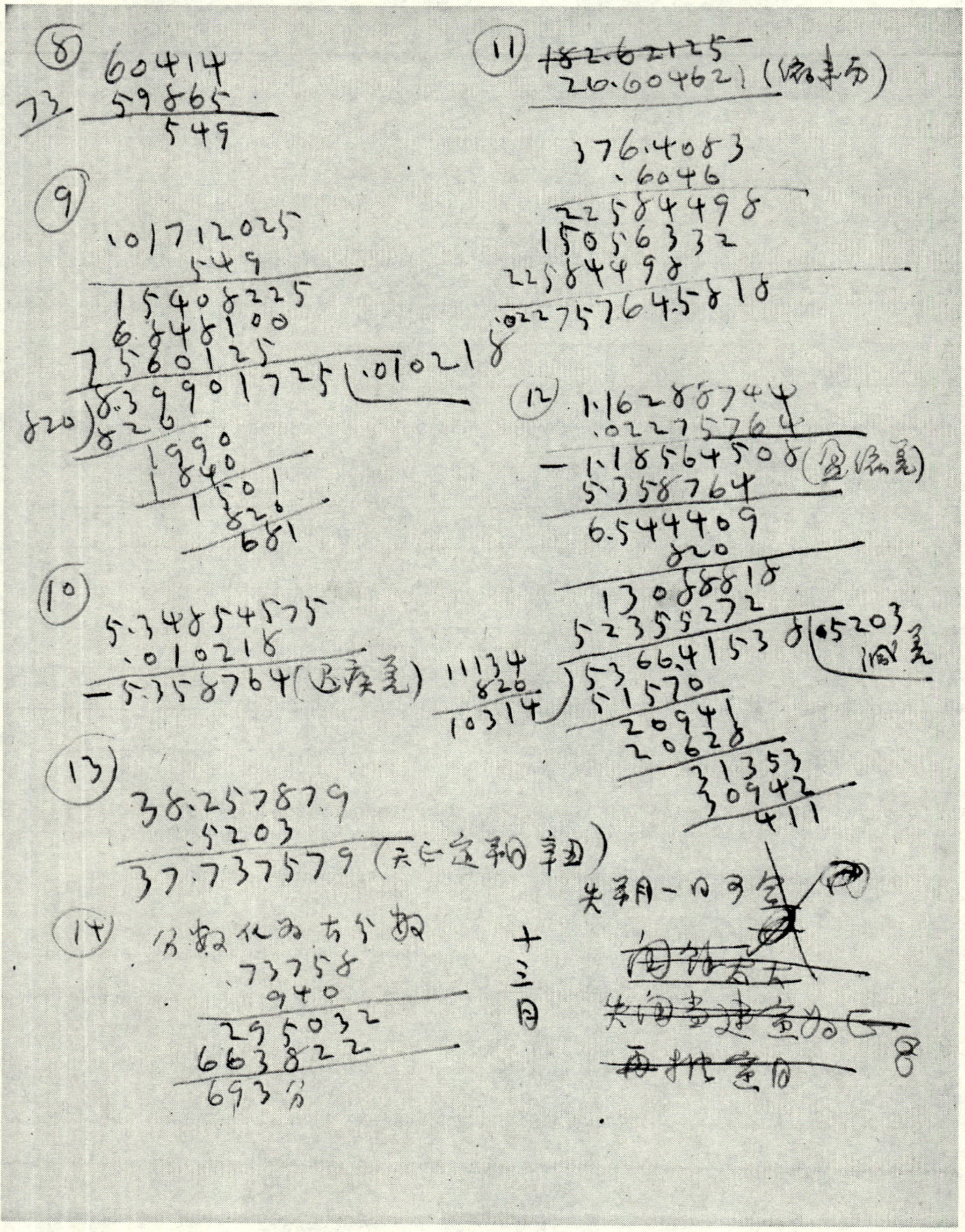

⑧ 60414
73 59865
549

⑨
.01712025
549
15408225
6848100
7560125
8.3990 1725 | .010218
820) 820
1990
1640
1501
820
681

⑩
5.3485 4575
.010218
—5.358764 (退疾差)

11134
820
10314

⑪ ~~182.62125~~
20.60462 (统率分)

376.4083
.6046
22584498
15056332
22584498
.02275764 5818

⑫ 1.16288744
.02275764
—1.18564508 (盈缩差)
5.358764
6.544409
820
13088818
52355272
5366.41538 | .05203
53 66 | 减差
51570
20941
20628
31353
30942
411

⑬
38.257879
.5203
37.737579 (天正定朔日辰)

⑭ 分数化为古分数
.73758
940
295032
663822
693分

十三日

先求一日子分
~~再加去~~
~~先求各速度分~~
~~再推定日~~

~~再~~批实用家租

① 38.257875
59.061186
37.319065（实用住租章程）

② 60414
3951986
9.993386（疾历）

122
1998677 2
1998677 2
999 3 3 86
1219 193.092（现有）

③ 99933.86
99229
704.86

④ .063

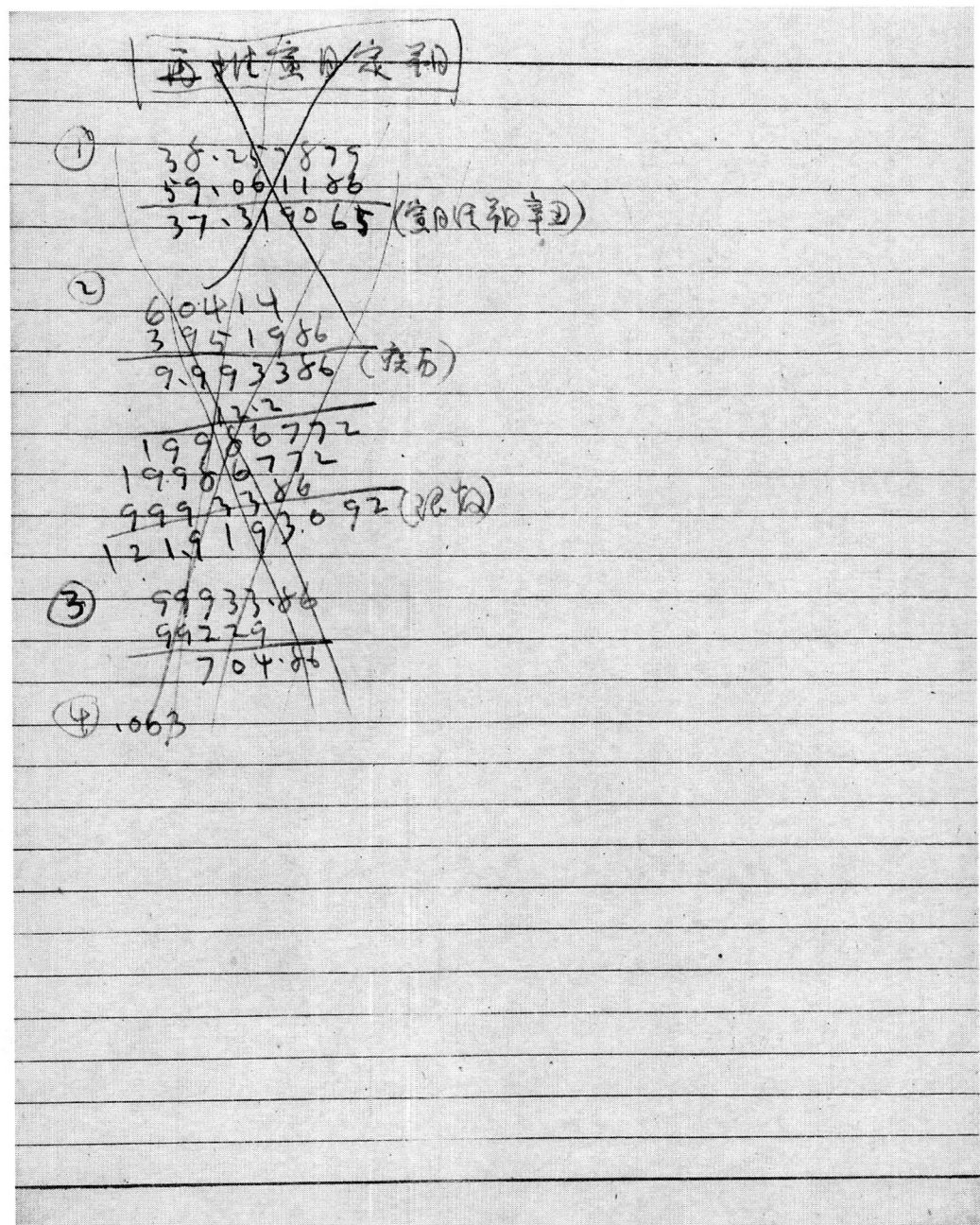

（三十五）推[illegible]王十三年（公元前881年）朔日定朔
（[illegible]）

① 1280
881
2161

② 365.2425
2161
3652425
2191 4550
3652425
7304850
789289.0425
55.06
789233.9825
60 | 789233.9825
13153
[illegible] 53.9825

③ 60
53.9825
66.0175（冬至庚午）
24.852204
41.165296
88.591779
9.757075（朔日[illegible]）

④ 789289.0425
20.205
[illegible] 789268.8375
590611 86
198656.977
177183 558
21473.4195
20671415[illegible]
802.00440
59061186
211.392540
206714151
4.678389

⑤ 29.530592
4.678389
24.852204（闰余）

⑥ 789289.0425
24.8522
789264.1903
13.0205
789251.1698
[illegible] 551092
238159.1
2204368
7722.36
551092
2211.449
2204368
7.081

⑦ 27.5546
7.081
20.4736
5.927979
26.401579
13.7773
12.624279 [illegible]
12.2
25248558
25248558
12624279
154.0162038
（[illegible]）

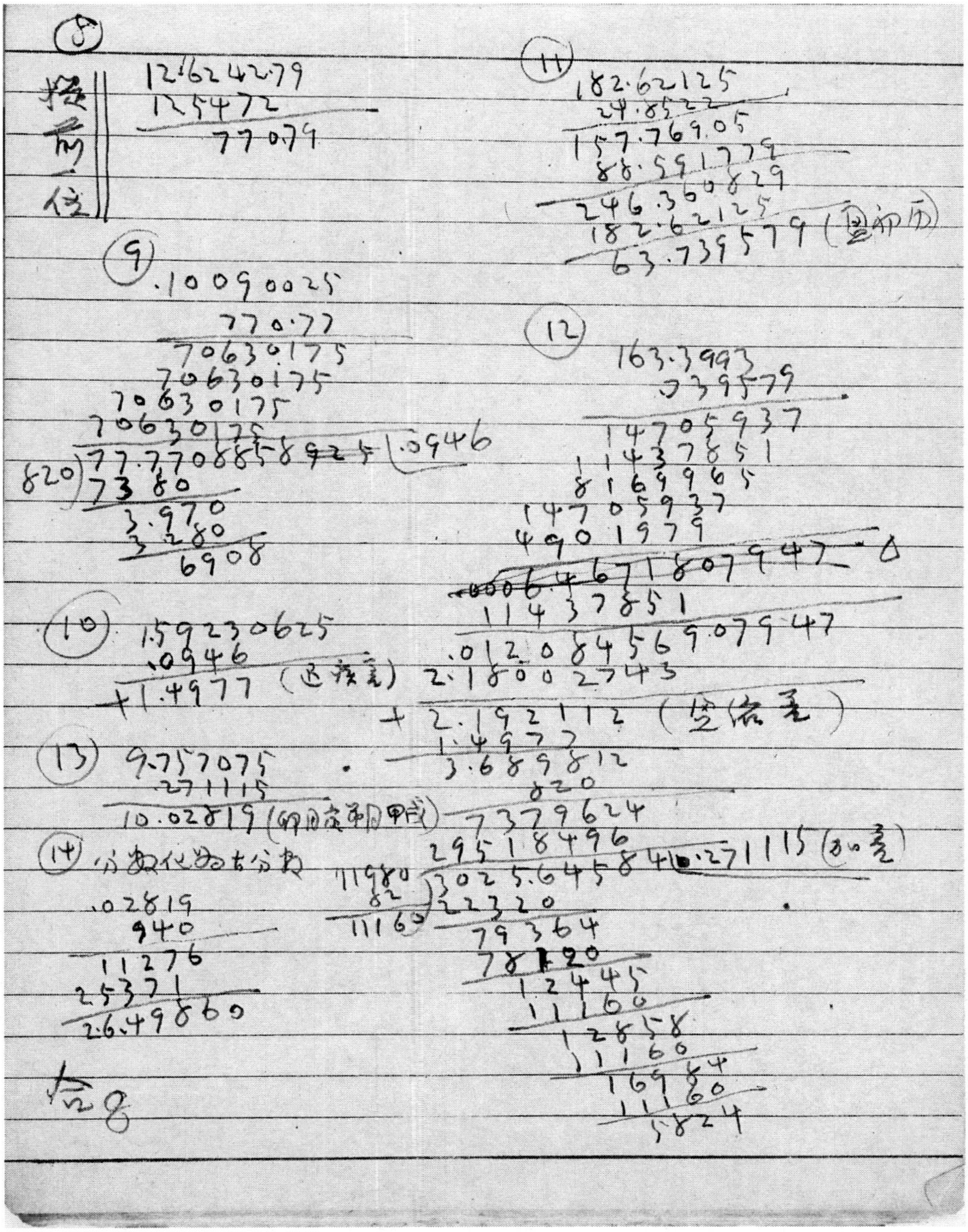

⑧ 接前一位
12.6242279
12.5472
77079

⑨ .10090025
770.77
70630175
70630175
70630175
70630175
77.770885892.5 | .0946
820) 7380
3.970
3.280
6908

⑩ 1.59230625
.0946
+1.4977（还积差）

⑪ 182.62125
24.8522
157.76905
88.591779
246.360829
182.62125
63.739579（望朔历）

⑫ 163.3993
.739579
14705937
11437851
8169965
14705937
4901979
.0006467180794 7 Δ
11437851
.0120845690794 7
2.18002743
+2.192112（望后差）
1.4977
3.689812
820
7379624
2951 8496
11980) 3025.64584 | .271115（加差）
82
11160
22320
79364
78120
12445
11160
12858
11160
16984
11160
5824

⑬ 9.757075
.271115
10.028190（明日庚寅朝甲戌）

⑭ 分数化为古分数
.02819
940
11276
25371
26.49860

合 8

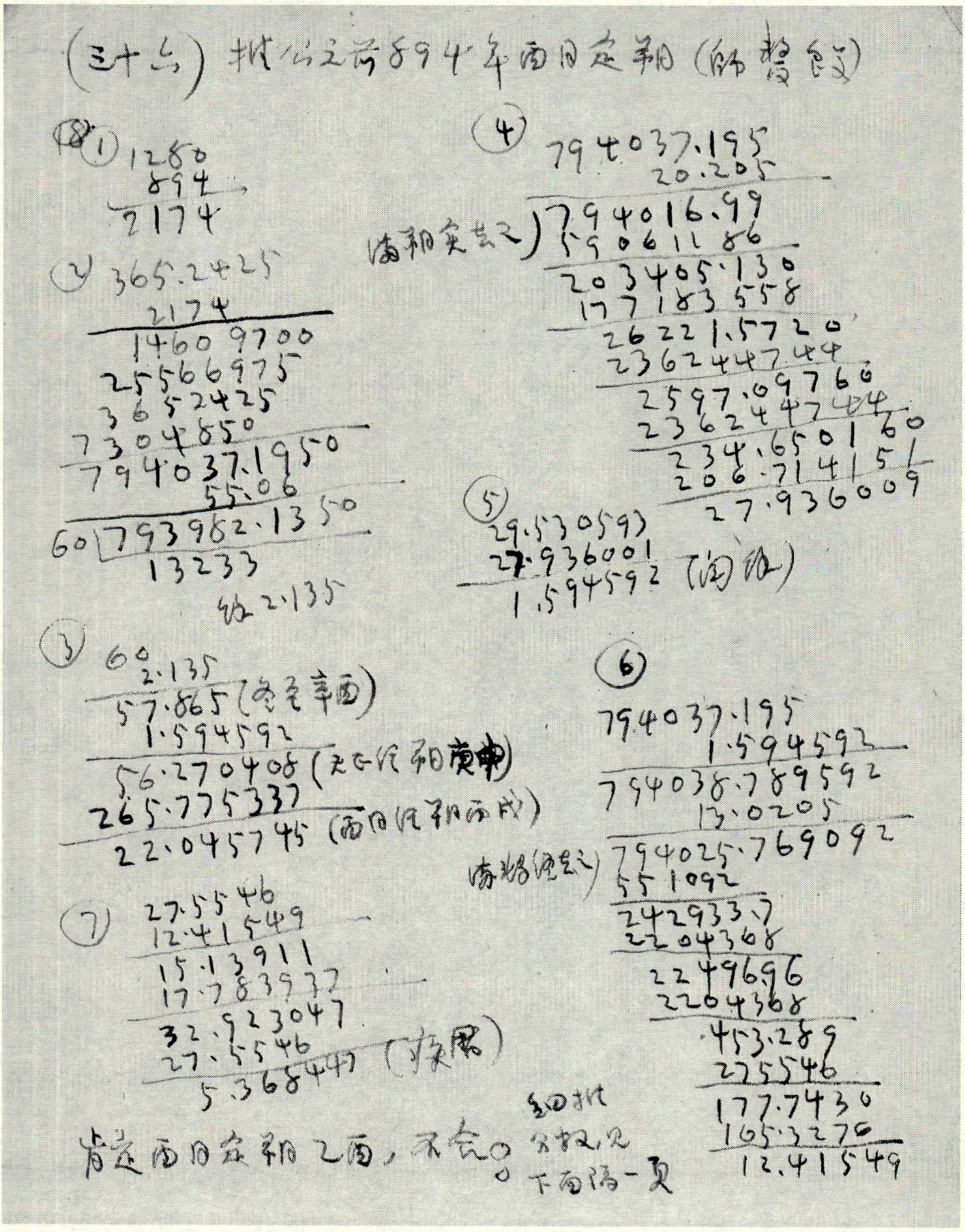

(三十六) 推公元前894年酉日定朔（师鼓簋）

① 1280
894
2174

② 365.2425
2174
14609700
25566975
3652425
7304850
794037.1950
55.06
60 | 793982.1350
13233
余 2.135

③ 60
2.135
57.865 (冬至辛酉)
1.594592
56.270408 (天正经朔庚申)
265.775337
22.045745 (酉日经朔丙戌)

④ 794037.195
20.205
794016.99
790611.86
203405.130
177183558
26221.5720
23624474.44
2597.09760
2362447.44
234.650160
206.714151
27.936009

⑤ 29.530593
27.936001
1.594592 (闰余)

⑥ 794037.195
1.594592
794038.789592
13.0205
794025.769092
551092
242933.7
2204368
2249696
2204368
453.289
275546
177.7430
165.3276
12.41549

⑦ 27.5546
12.41549
15.13911
17.783937
32.923047
27.5546
5.368447 (迟疾)

肯定酉日庚朔乙酉，不会。 细推 分数见 下面隔一页

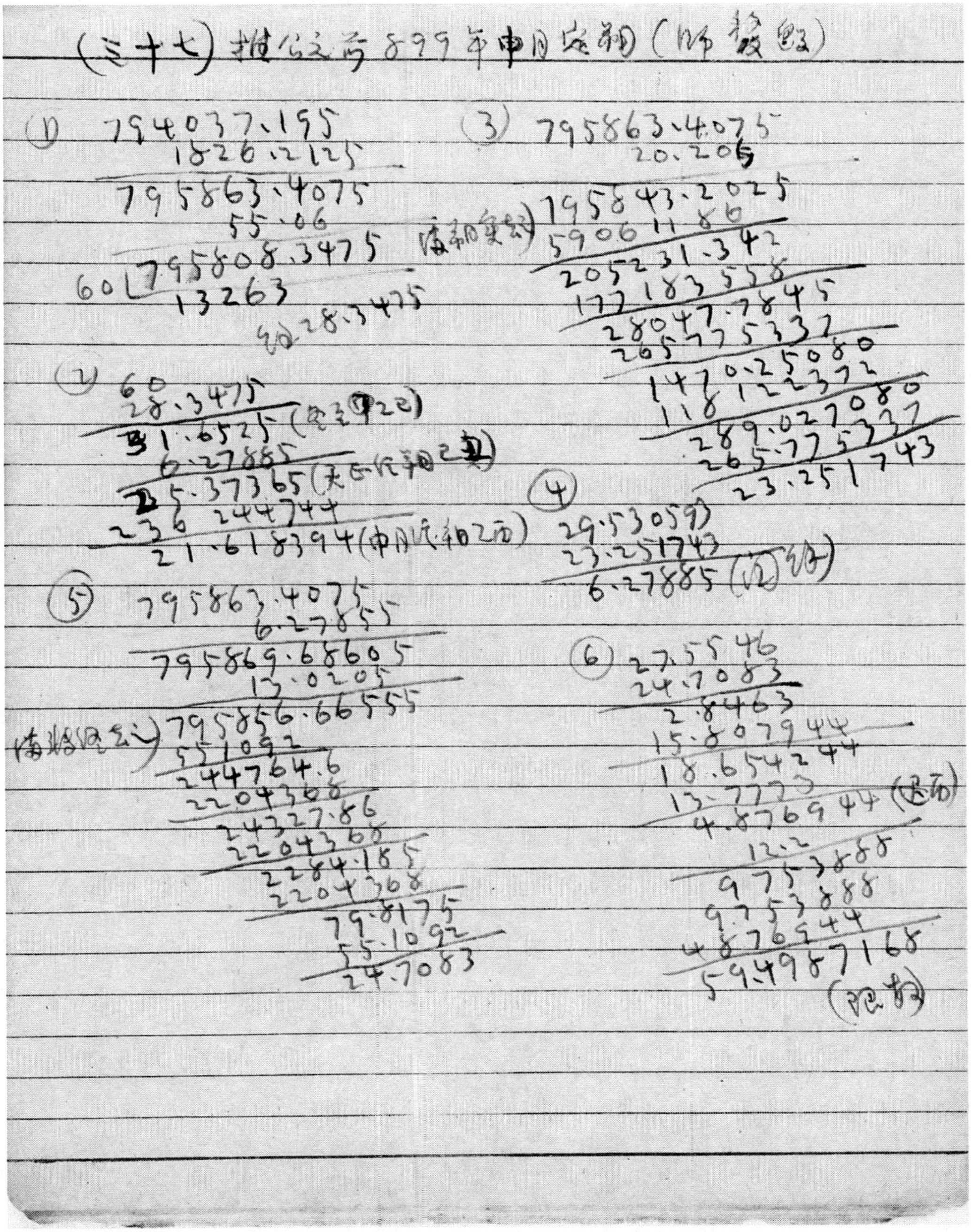

（三十七）推公元前899年申月定朔

① 794037.195
1826.12125
795863.4075
55.06
795808.3475
60⌊795808.3475
13263
餘28.3475

② 60
28.3475
31.6525
6.27885
25.37365
23.6 244744
21.618394

③ 795863.4075
20.205
795843.2025
590611.86
205231.342
177183558
28047.7845
26577.5337
1470.25080
1181.22372
289.027080
265.775337
23.251743

④ 29.53059
23.251743
6.27885

⑤ 795863.4075
6.27855
795869.68605
13.0205
795856.66555
795856
551092
244764.6
2204368
24327.86
2204368
2284.185
2204368
79.8175
55.1092
24.7083

⑥ 27.5546
24.7083
2.8463
15.807944
18.654244
13.7773
4.876944
12.2
975.3888
975.3888
4.876944
59.4987168

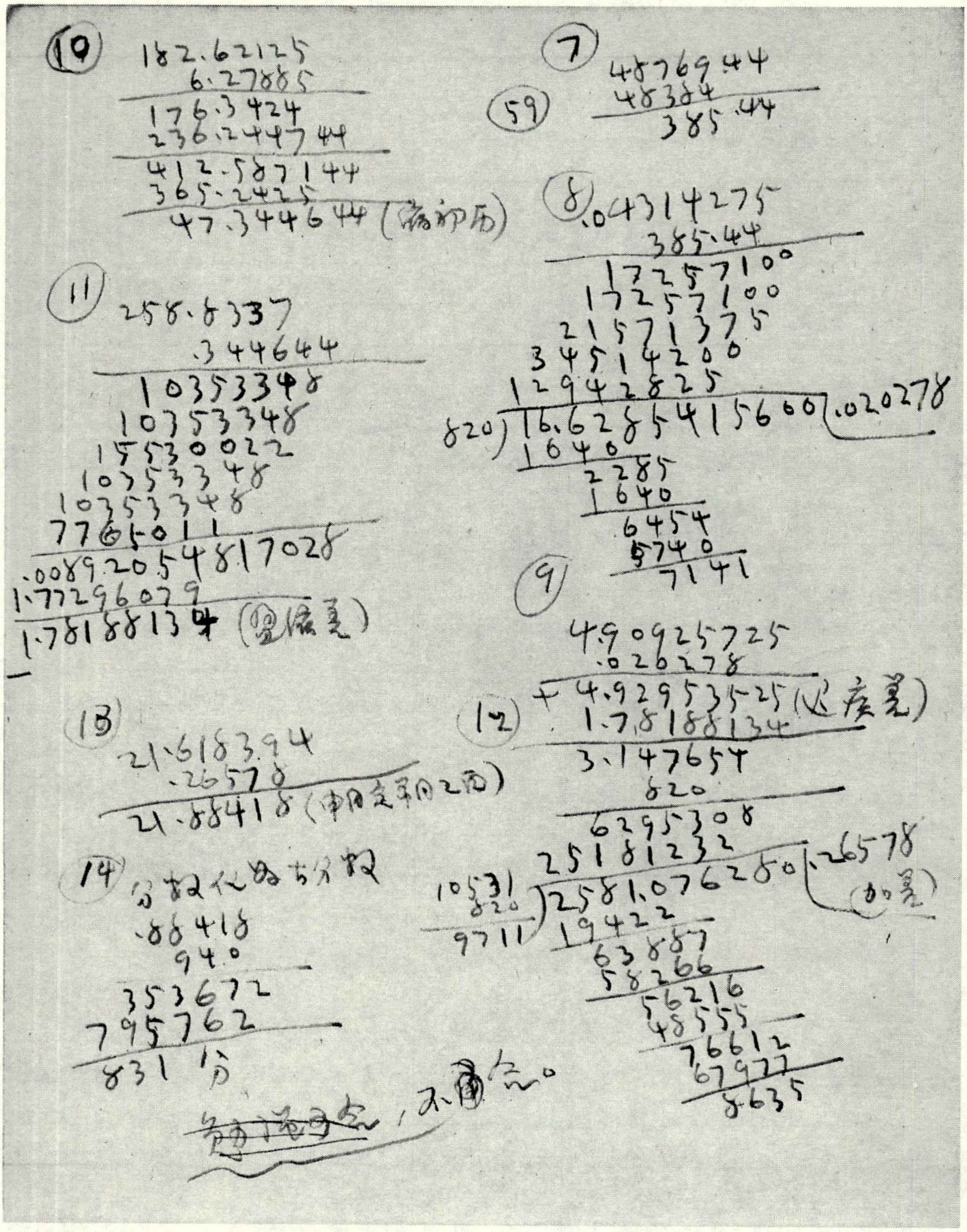

10
182.62125
6.27885
176.3424
236.244744
412.587144
365.2425
47.344644
11
258.8337
.344644
10353348
10353348
15530022
10353348
10353348
7765011
.0089205481702
1.77296079
1.78188134
13
21.618394
.26578
21.88418
14
.88418
940
353672
795762
831 分
7
59
48769.44
48384
385.44
8
.04314275
385.44
17257100
17257100
21571375
34514200
12942825
820)16.628541560(.020278
1640
2285
1640
6454
5740
7141
9
4.9092575725
.020278
4.929535525
12
1.78188134
3.147654
820
6295308
25181232
10531
820
9711)2581.076280(.26578
19422
63887
58266
56216
48555
76612
67977
8635

補（三十六）

⑧ 5.368447（[illegible]）
12.2
1073 6894
1073 6894
5368447
65.495 0534（[illegible]）

⑨ 5368447
53305
379.47

⑩ .03245825
379.47
22720775
12983300
29212425
22720775
9737475
12.3169321275

⑪ 5.14174775
.01502
—5.15676375（[illegible]）

⑫ 182.62125
1.59459
181.02666
265.775337
446.802
365.2425
81.5595（[illegible]）

⑬ 73.0271
.5595
3651355
6572439
3651355
3651355
.004085866245
2.351715 93
—2.35580 18（[illegible]）
5.15676375
7.51256555
820
1502513110
601005 2440
6160.3037 5 | .58854

52335
92680
83736
89443
83736
57077
52335
4742

⑭ 22.045745
.58854
21.4572（[illegible]）

⑮ 分數化為十分數
.4572×940 = 430分

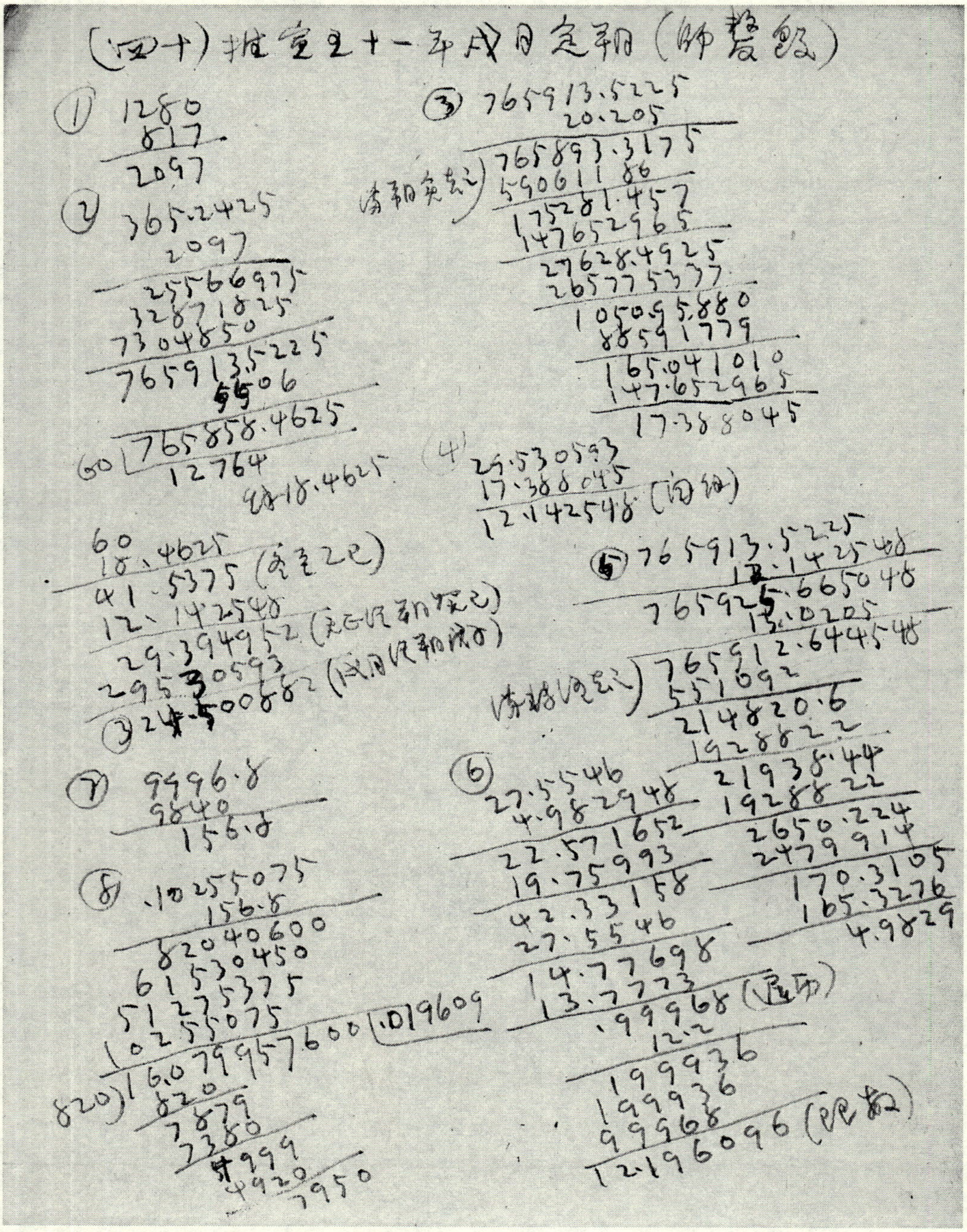
(四十)推宣王十一年戌月定朔(師嫠殷)

① 1280
817
2097

② 365.2425
2097
25566975
32871825
7304850
765913.5225
55.06
60)765858.4625
12764
餘18.4625

60
18.4625
41.5375(庚子之巳)
12.142548
29.394952(天正月朔癸巳)
29.530593
24.5008??(戌月月朔庚戌)

③ 765913.5225
20.205
765893.3175
清朝夏正記 550611.86
175281.457
147652965
27628.4925
26577.5337
1050.9588
885.91779
165.041010
147.652965
17.388045

(4) 29.530593
17.388045
12.142548(閏餘)

⑤ 765913.5225
12.142548
765925.665048
13.0205
清朝通正記 765912.644548
551092
214820.6
192882.2
21938.44
19288.22
2650.224
2479.914
170.3105
165.3276
4.9829

⑥ 27.5546
4.982948
22.571652
19.75993
42.33158
27.5546
14.77698
13.7773
.99968(遲疾)
12.2
199936
199936
99968
12.196096(限數)

⑦ 9996.8
9840
156.8

⑧ .10255075
156.8
82040600
61530450
51275375
10255075
16.079957600 | .019609
820)
820
7879
7380
4999
4920
7950

(9)

1.28712
.01961
+1.30673 (退度差)

(10)

182.62125
12.142548
170.478702
295.30593
465.784632
365.2425
100.542132

(11)

182.62125
100.542132
82.079118 ([illegible])

.079118
44.1211
79118
79118
158236
79118
316472
316472
.0034907731898
2.38419592
2.3876867 ([illegible])
−2.3876867
1.30673
1.0809567
820
21619134
86478536
886.3844940

(12)

9937
820
9117

886.384494 | .09722
820 53
65.854
63.819
2035 4
1823 4

减差

(13)

24.500882
.09722
24.403662
[illegible]

(14)

分数化为百分数

403662
940
16146480
3632958
379442280

（四十）推公元前894年天正经朔（体整）
（见前三十六）

①
15.1391
13.7773
1.3618（通闰）
12.2
27236
27236
13618
16.61396（闰积）

②
13618
13121
497

③
.099171775
497
69420225
89254575
39668900
39668835975（.060107）
820）49.28835975
4920
883
820
6359

④
16.92357
.060107
+1.75246（定朓差）

⑤
594592
5059
535132?
297296?
297296?
.0300804092?
.0510856?
.081166（定缩差）

⑥
1.75246
.08116
1.6713
820
33426
133704
137.0466（.14976 加差）
9151（9971 820 9151）
45536
36604
89326
82359
69670
64057
5613

⑦
56.270408
.14976
56.420178（天正经朔庚申）

⑧ 化朔小余为时分数
42017
940
168068
378153
3958

合⑩

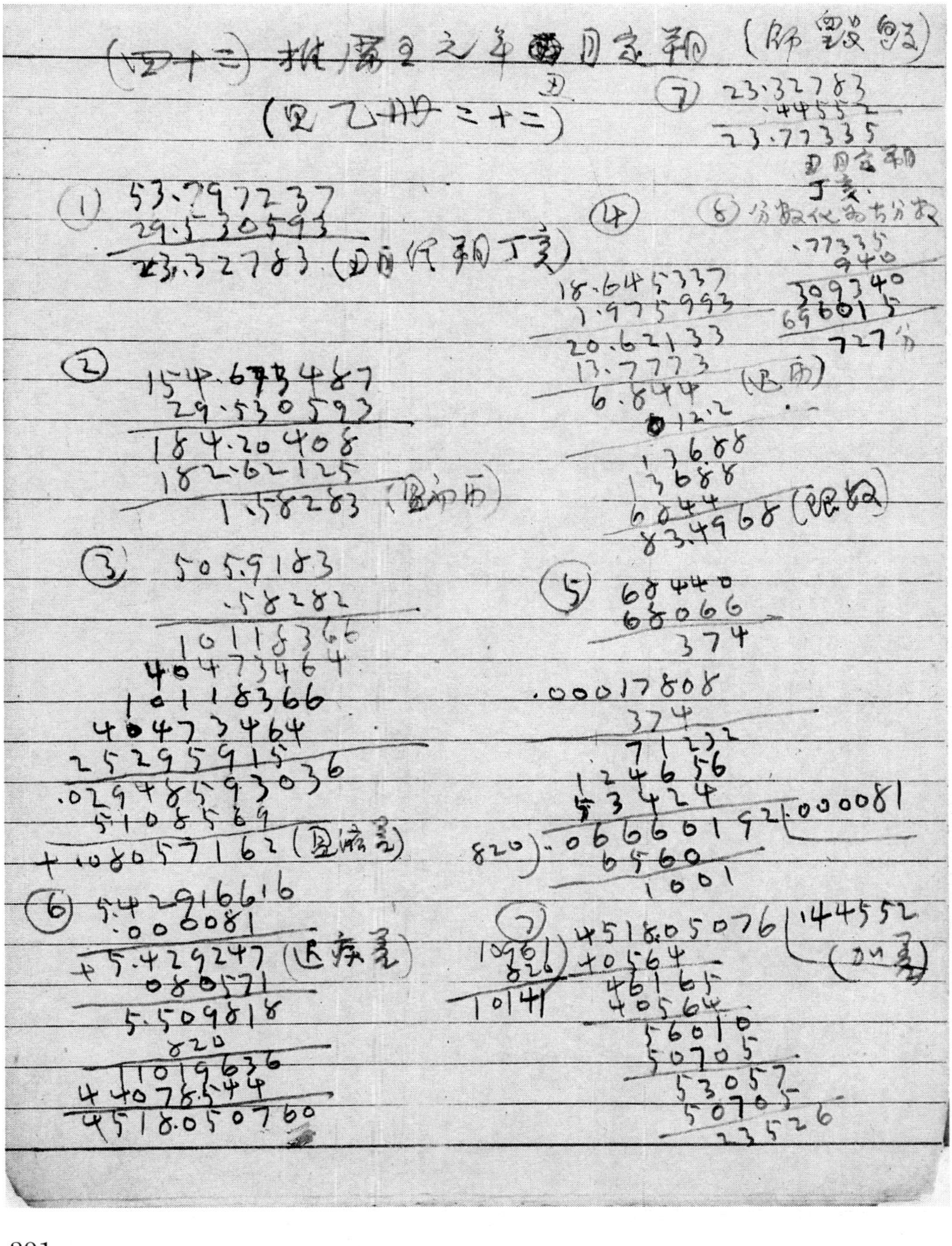

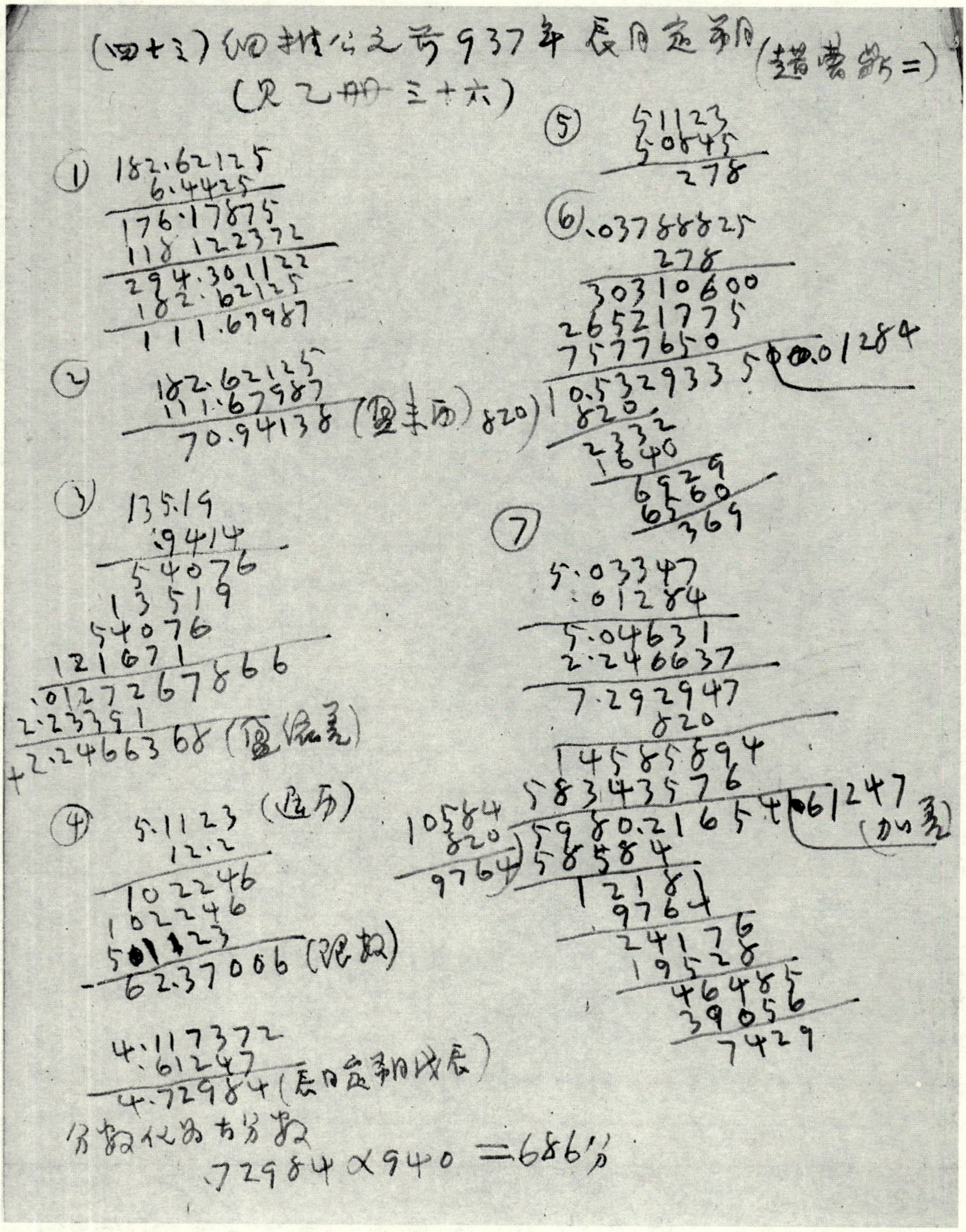

(四十三) 细推公元前937年辰日定朔 (赵书补二)
(见乙册三十六)

① 182.62125
6.4425
176.17875
118.123372
294.301122
182.62125
111.67987

② 182.62125
111.67987
70.94138 (盈末历)

③ 13.519
.9414
54076
13519
54076
121671
.012726786
2.23391
+2.2466368 (盈缩差)

④ 5.1123 (迟历)
12.2
102246
102246
51123
-62.37006 (限数)

4.117372
.61247
4.72984 (辰日定朔戊辰)

分数化为古分数
.72984×940 =686分

⑤ 5.1123
5.0845
278

⑥ .037888825
278
30310600
26521775
7577650
10.532933 5 (.01284
820)
2332
1640
6929
6560
369

⑦ 5.03347
.01284
5.04631
2.246637
7.292947
820
14585894
58343576
5980.21654 (.61247 (加差)
10584
820
9764) 58584
12184
9764
24176
19528
46485
39056
7429

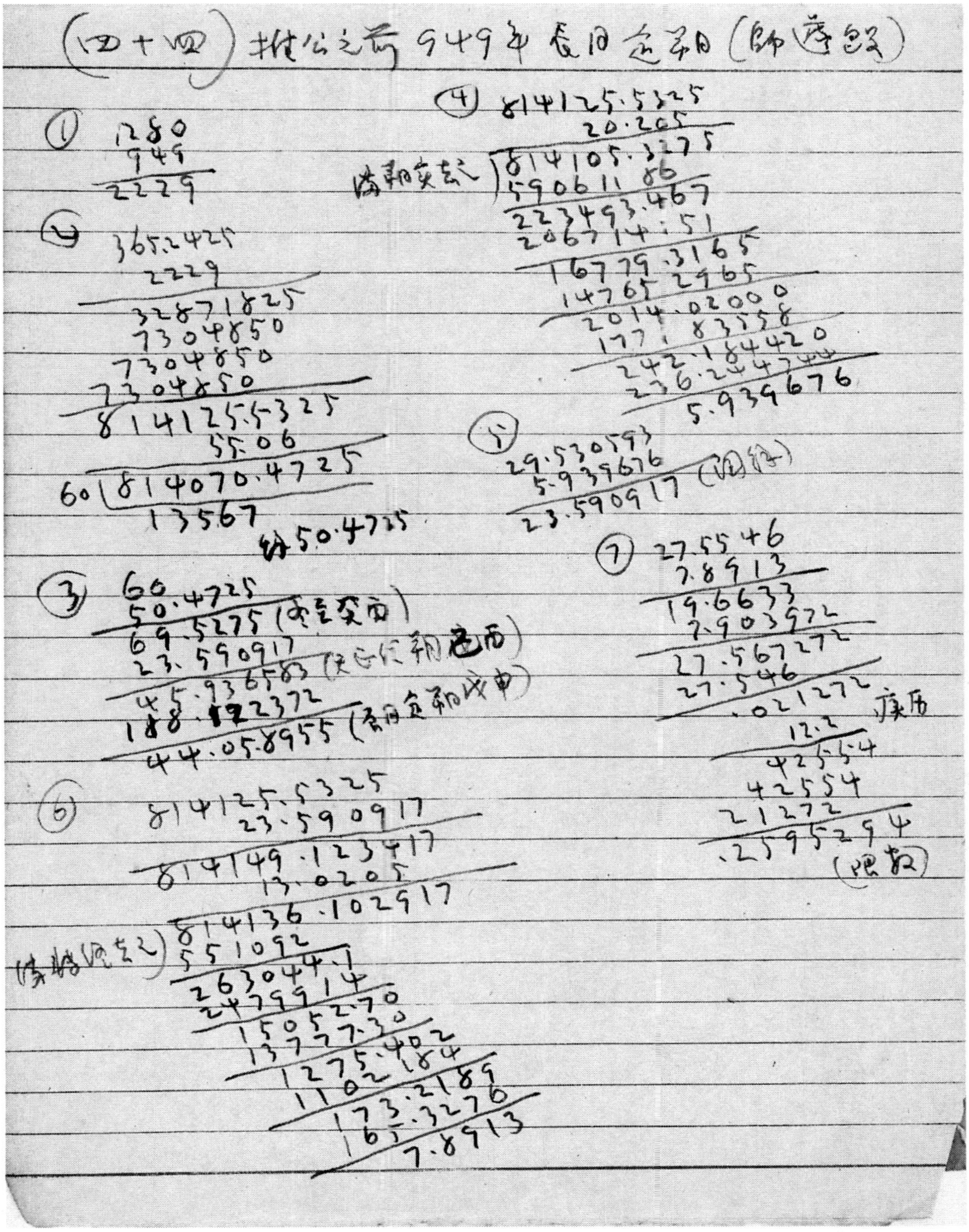
(四十四) 推公元前949年長日迄朔日 (師遵算)
① 1280
949
2229
② 3652425
2229
32871825
7304850
7304850
7304850
814125.5325
55.06
60 | 814070.4725
13567
餘50.4725
③ 60
50.4725
09.5275
23.590917
45.936583
188.122372
44.058955
④ 814125.5325
20.205
814105.3275
590611.86
223493.467
206714.51
16779.3165
14765.2965
2014.02000
1771.83558
242.184420
236.244744
5.939676
⑤ 29.530593
5.939676
23.590917
⑥ 814125.5325
23.590917
814149.123417
13.0205
814136.102917
551092
263044.1
247999.14
15052.70
13777.30
1275.402
1102.184
173.2189
165.3276
7.8913
⑦ 27.5546
7.8913
19.6633
7.903972
27.567272
27.546
.021272
12.2
42554
42554
21272
.2595294

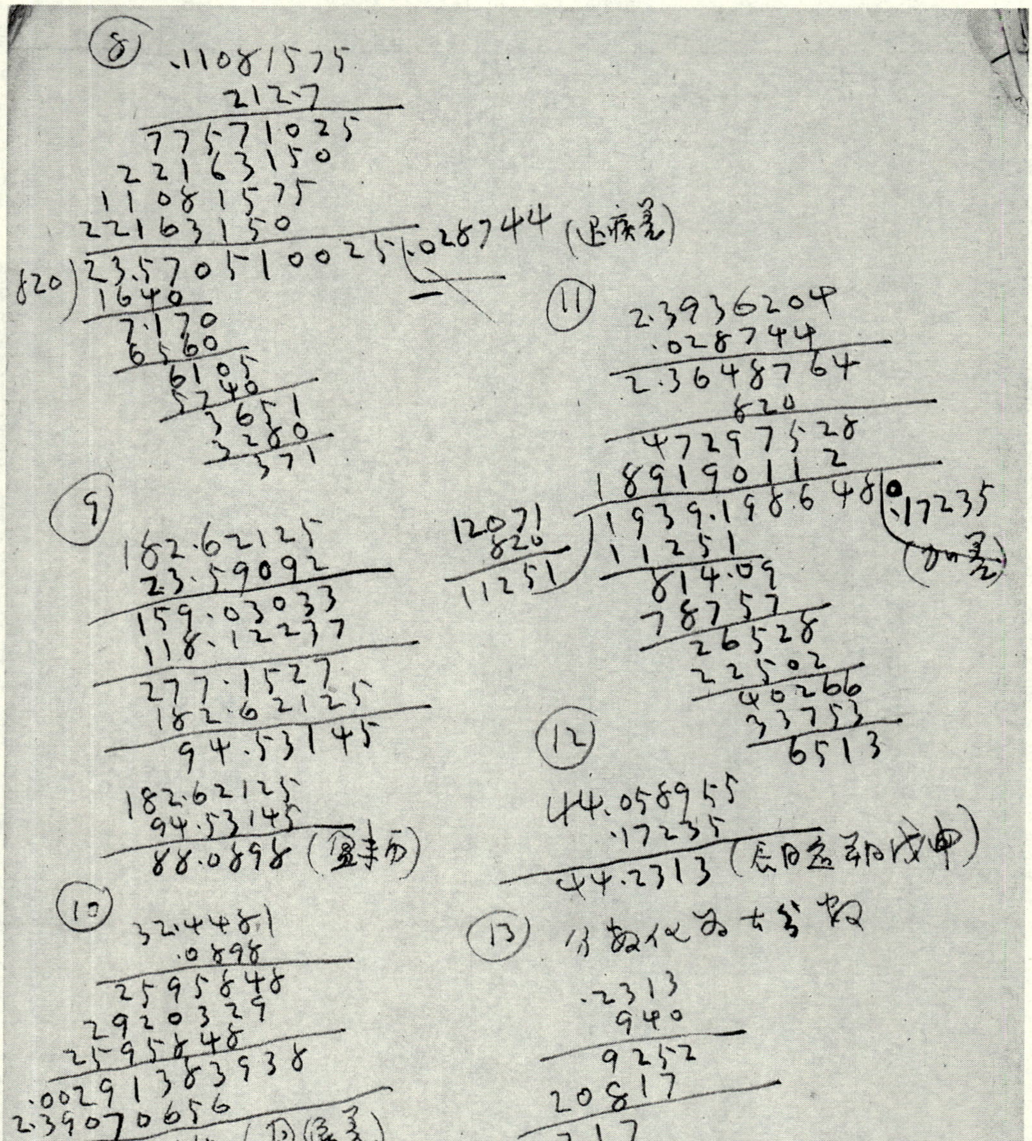
⑧
.11081575
212.7
77571025
22163150
11081575
22163150
820)23.570510025(.028744 (迟疾差)
⑪
2.3936204
.028744
2.3648764
820
47297528
18919011.2
1939.19886.48(.17235
⑨
182.62125
23.59092
159.03033
118.12237
277.1527
182.62125
94.53145
182.62125
94.53145
88.0898
⑫
44.058955
.17235
44.2313
⑩
32.44481
.0898
2595848
2920329
2595848
.0029138393 8
2.3907 0656
2.3936204
⑬
.2313
940
9252
20817
217

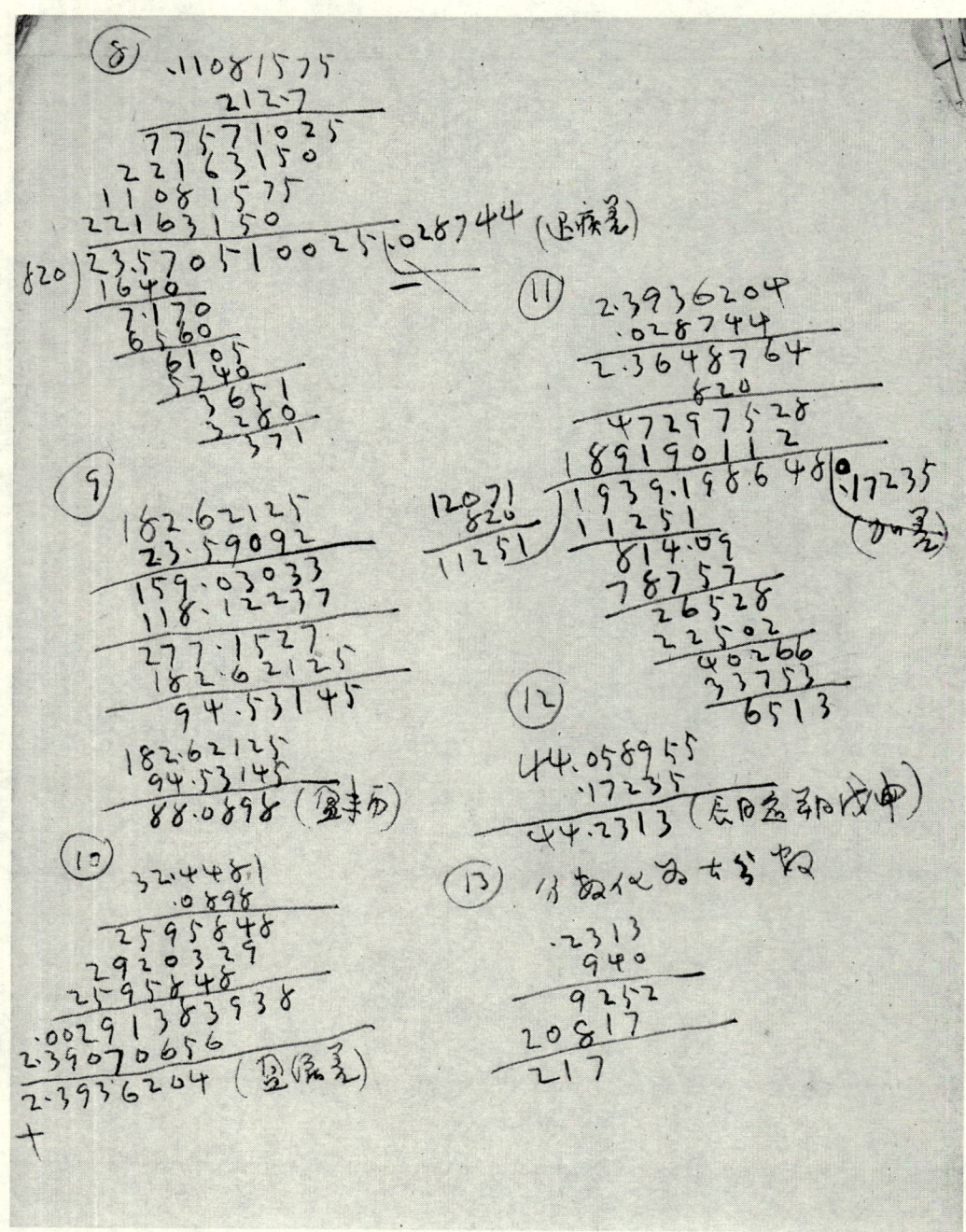

1131年酉月	5宫	53度	2分	20秒	(入宫距
		8	2	48	
1130年酉月	6宫	1	5	8	(入宫距)
		8	2	48	
	6宫	9	7	56	(入宫距)
1129年酉月					
	11	7	22	34	
			30	30	(入宫距)
	5	16			
1128年申月			1	24	
	6	4			
				54	(入宫距)
	11	20	31		
1127年[illegible]月					
1127年[illegible]月 另推算	6宫	10度	39分	17秒	(入宫距)
	11	7	22	34	
				47	(入宫距)
1126年子月	5	18	1		
		8	2	48	
	5	26	4	35	(入宫距)
1125年戌月		8	2	48	
亥月	5	34	7	23	(入宫距)
		8	2	48	
1124年亥月	5	42	10	11	(入宫距)
		8	2	48	
1123年亥（戌）月	5	50	12	59	(入宫距)
		8	2	48	
1122年戌月	5	58	15	47	(入宫距)

		8	2	48
1121年上旬	6	6	18	35（入己账）
	~~11~~	8	22	46
	~~5~~	~~13~~	21	24（入己账）
1120年下旬	6	14		
	11	7	22	34
	5	21	43	58（入己账）
1119中旬				

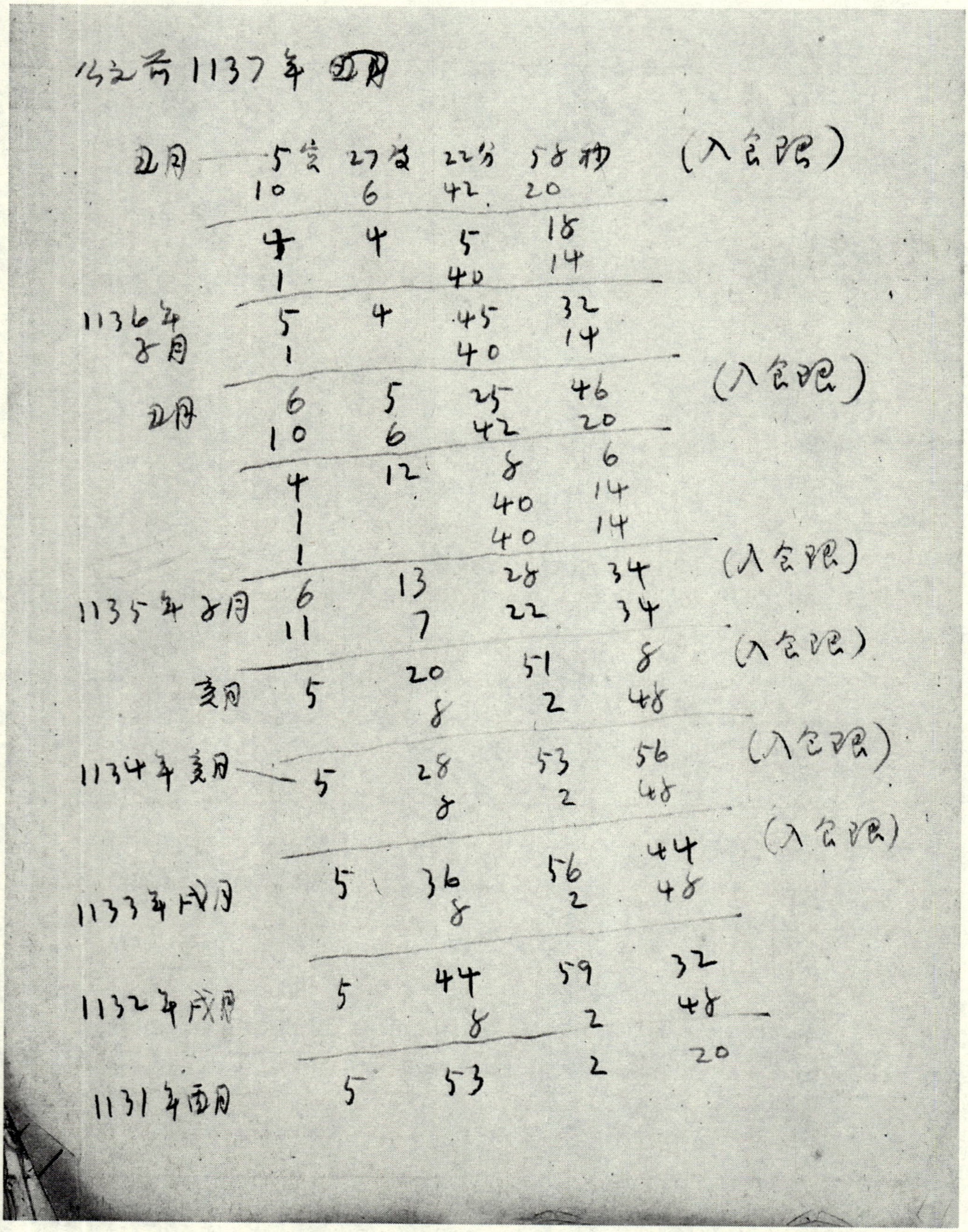

公元前1137年四月

五月	5宫	27度	22分	58秒	(入食限)
	10	6	42	20	
	4	4	5	18	
	1		40	14	
1136年	5	4	45	32	
子月	1		40	14	(入食限)
五月	6	5	25	46	
	10	6	42	20	
	4	12	8	6	
	1		40	14	
	1		40	14	
	1				(入食限)
1135年子月	6	13	28	34	
	11	7	22	34	(入食限)
亥月	5	20	51	8	
		8	2	48	(入食限)
1134年亥月	5	28	53	56	
		8	2	48	(入食限)
1133年戌月	5	36	56	44	
		8	2	48	
1132年戌月	5	44	59	32	
		8	2	48	
1131年酉月	5	53	2	20	

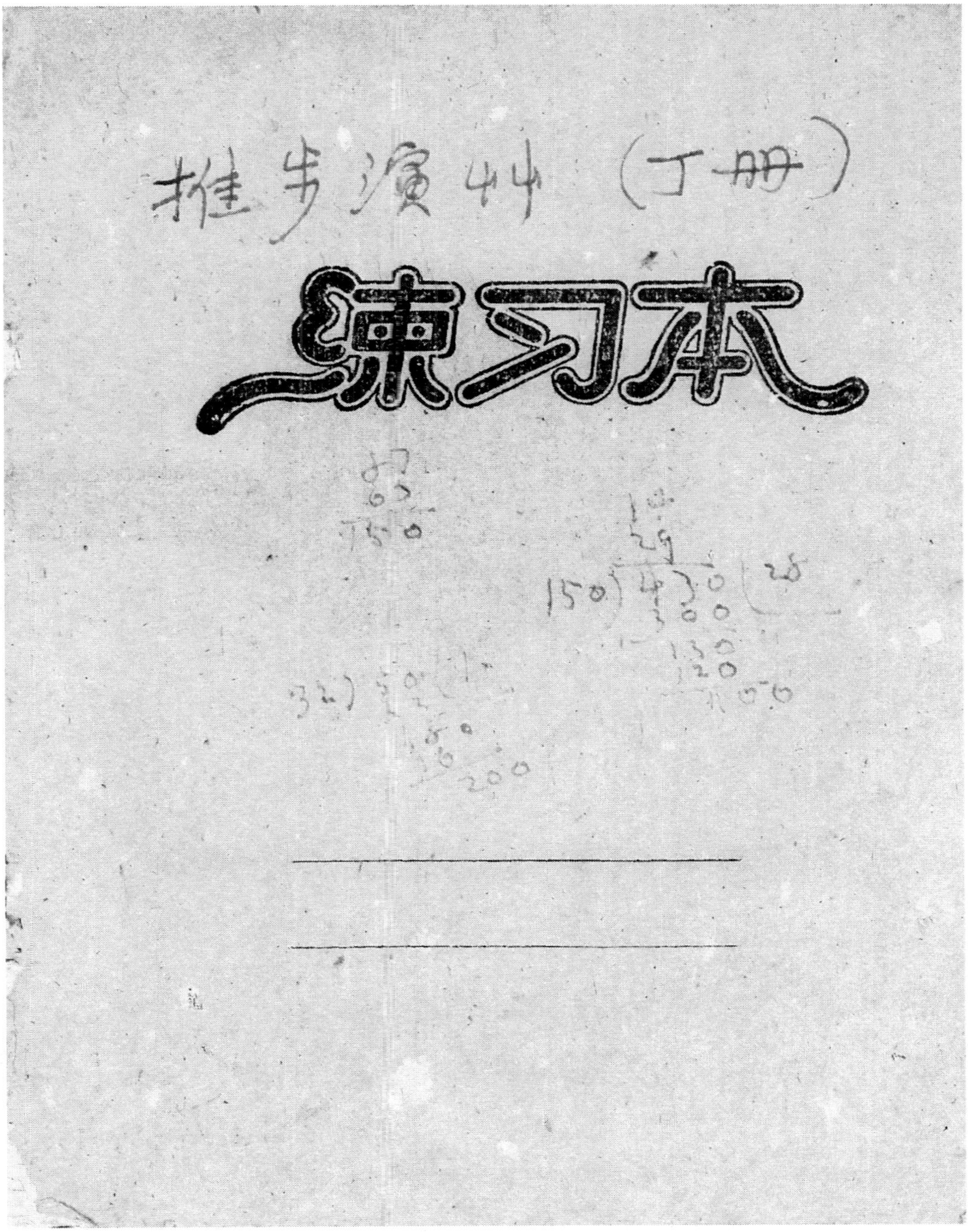
推步演艸（丁册）
練习本

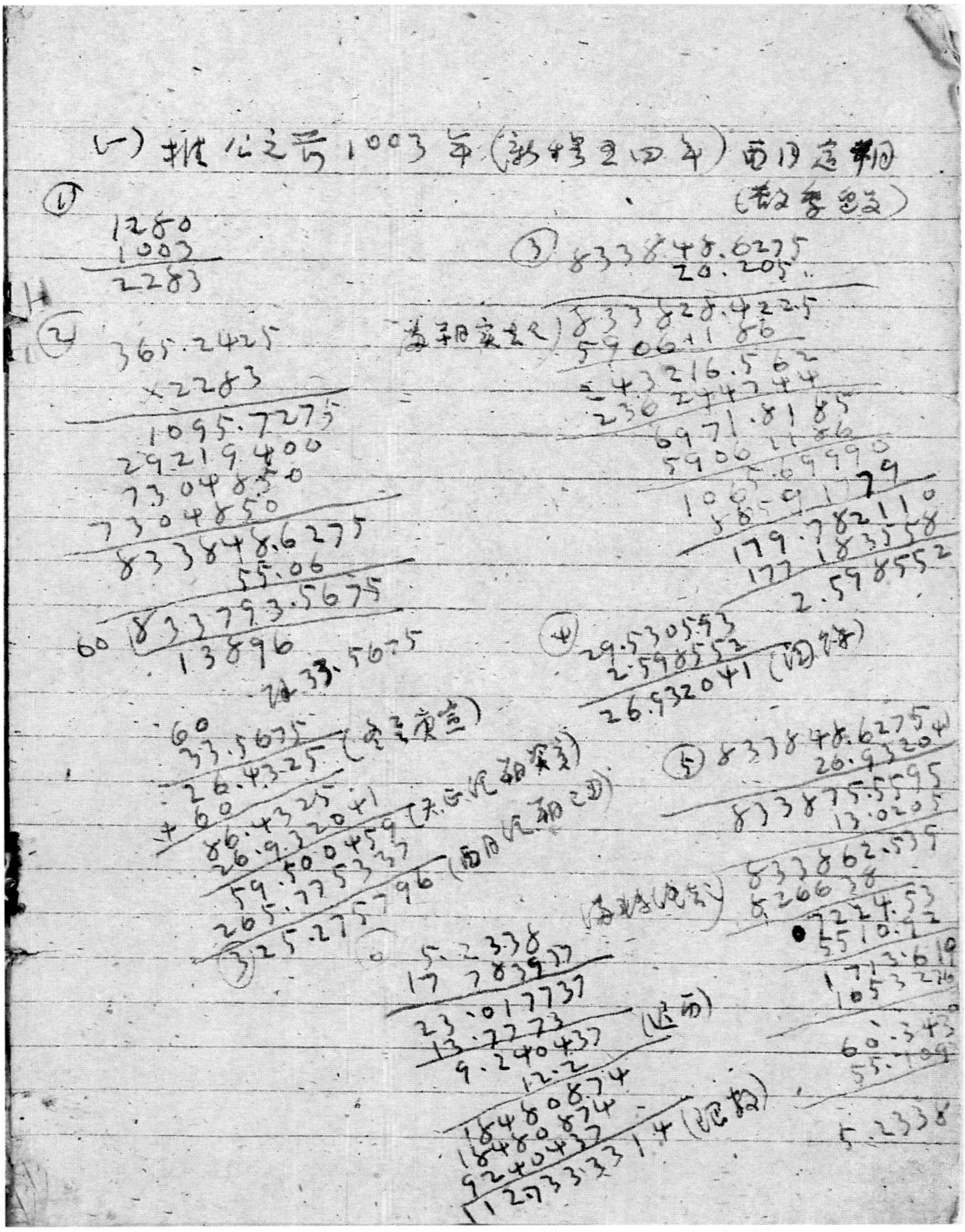

(一) 推公元前1003年 西月连朔

①
1280
1003
2283

②
365.2425
×2283
1095.7275
29219.400
73048.50
730485.0
833848.6275
55.06
60 833793.5675
13896
33.5675

60
33.5675
26.4325
+60
86.4325
26.932041
59.500459
265.775337
265.27796
325.275

③ 833848.6275
20.205
833828.4225
590611.86
243216.562
236244.744
6971.8185
5906.1186
1065.6999
1065.91779
885.782110
179.78211
177.183558
2.598552

④
29.530593
2.598552
26.932041

⑤ 833848.6275
26.93204
833875.5595
13.0205
833862.539

5.2338
17.783937
23.017737
13.7773
9.240437
12.2
18480874
18480874
9240437
1127333314

7224.53
5510.92
1713.61
1053.24
60.343
55.109
5.2338

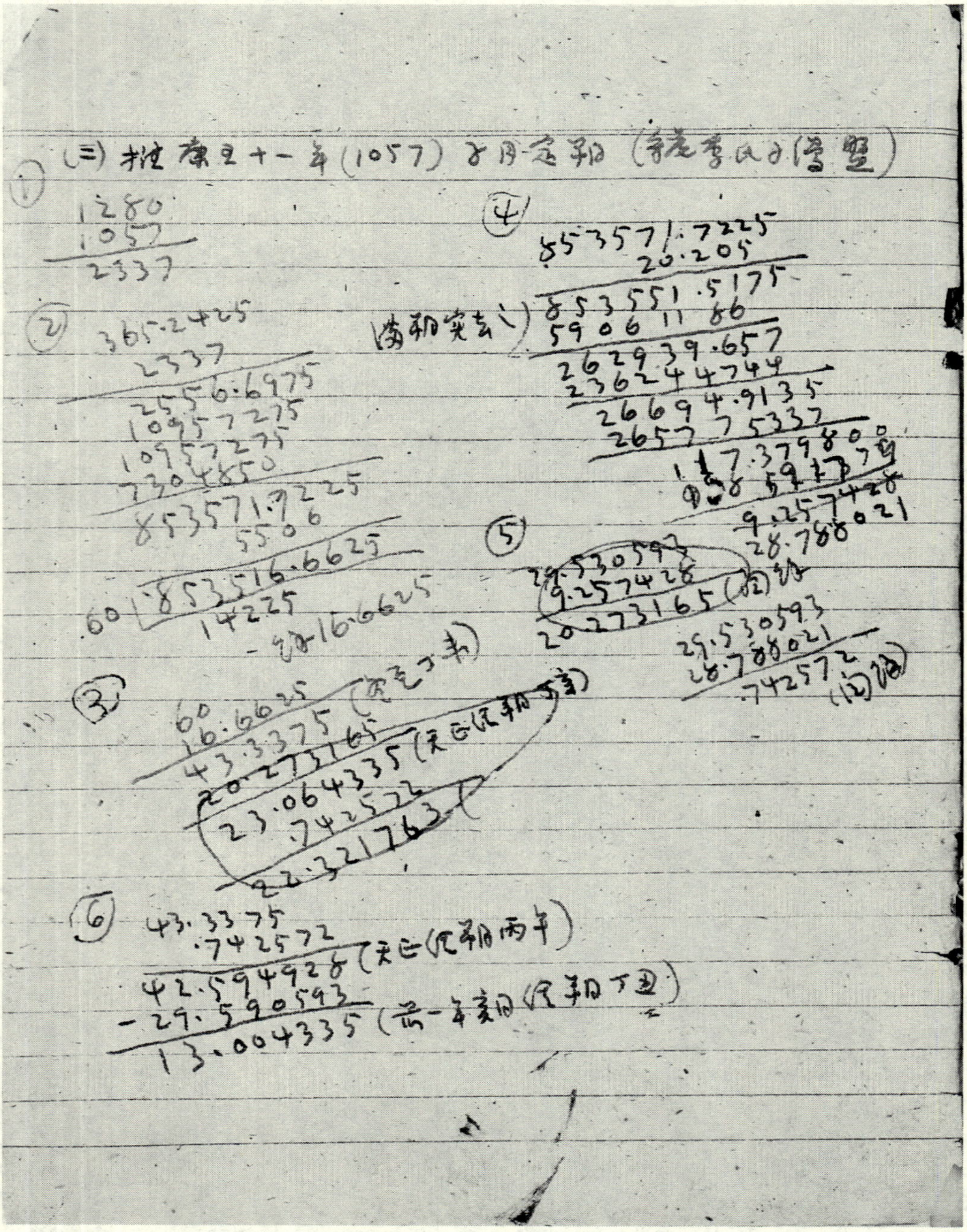
(三) 推康王十一年(1057)8月定朔
1280
1057
2337
365.2425
2337
853571.7225
5506
853516.6625
60
14225
16.6625
60
16.6625
43.3375
20.273165
23.064335
.742572
22.321763
853571.7225
20.205
853551.5175
590611.86
262939.657
29.530593
20.273165
29.530593
28.788021
.742572
43.3375
.742572
42.594928
29.530593
13.064335

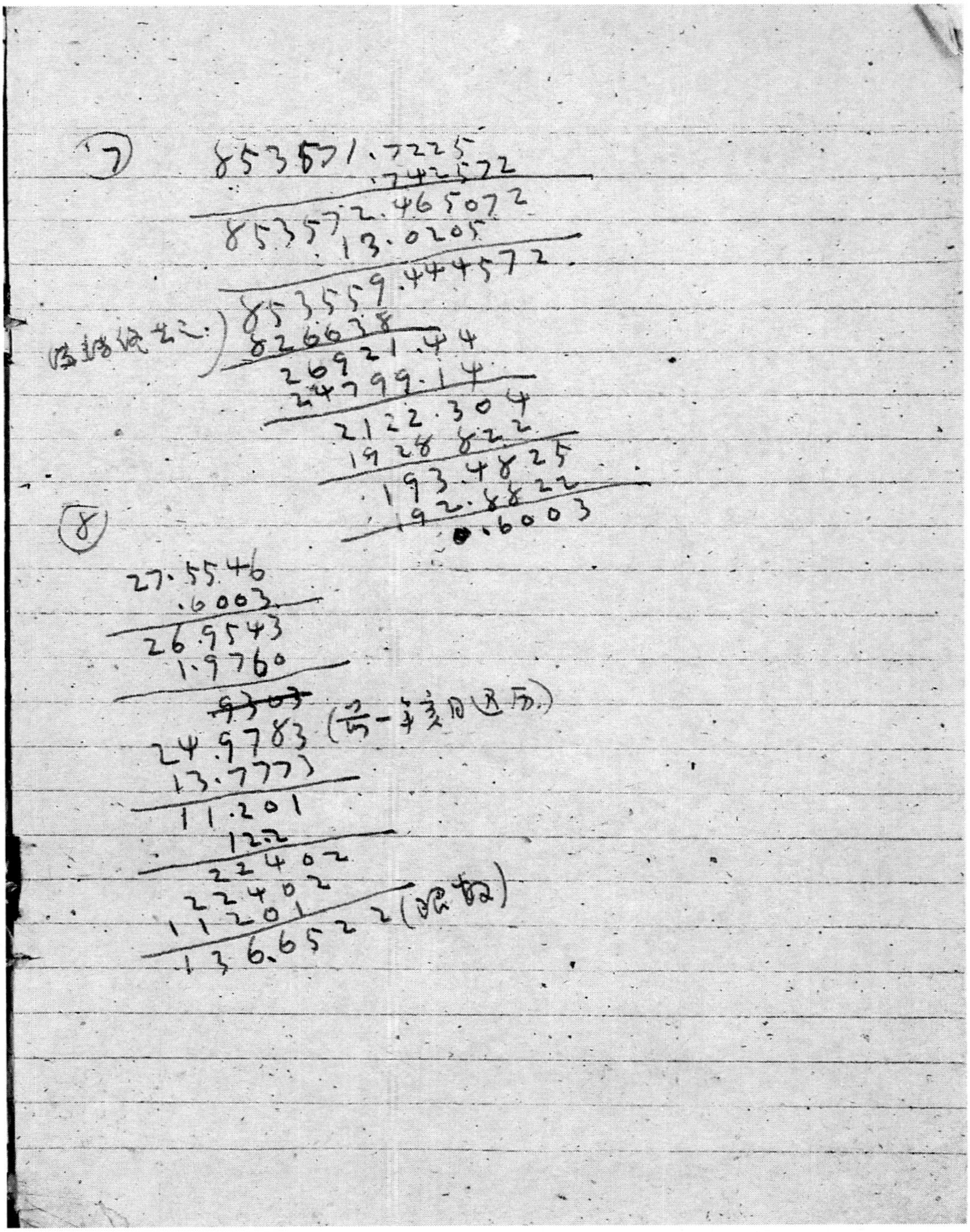
7
853571.7225
.742572
853572.465072
13.0205
853559.444572
853559
826638
26921.44
24799.14
2122.304
1928.822
193.4825
192.8822
.6003
8
27.5546
.6003
26.9543
1.9760
24.9783
13.7773
11.201
12.2
22402
22402
11201
136.6522

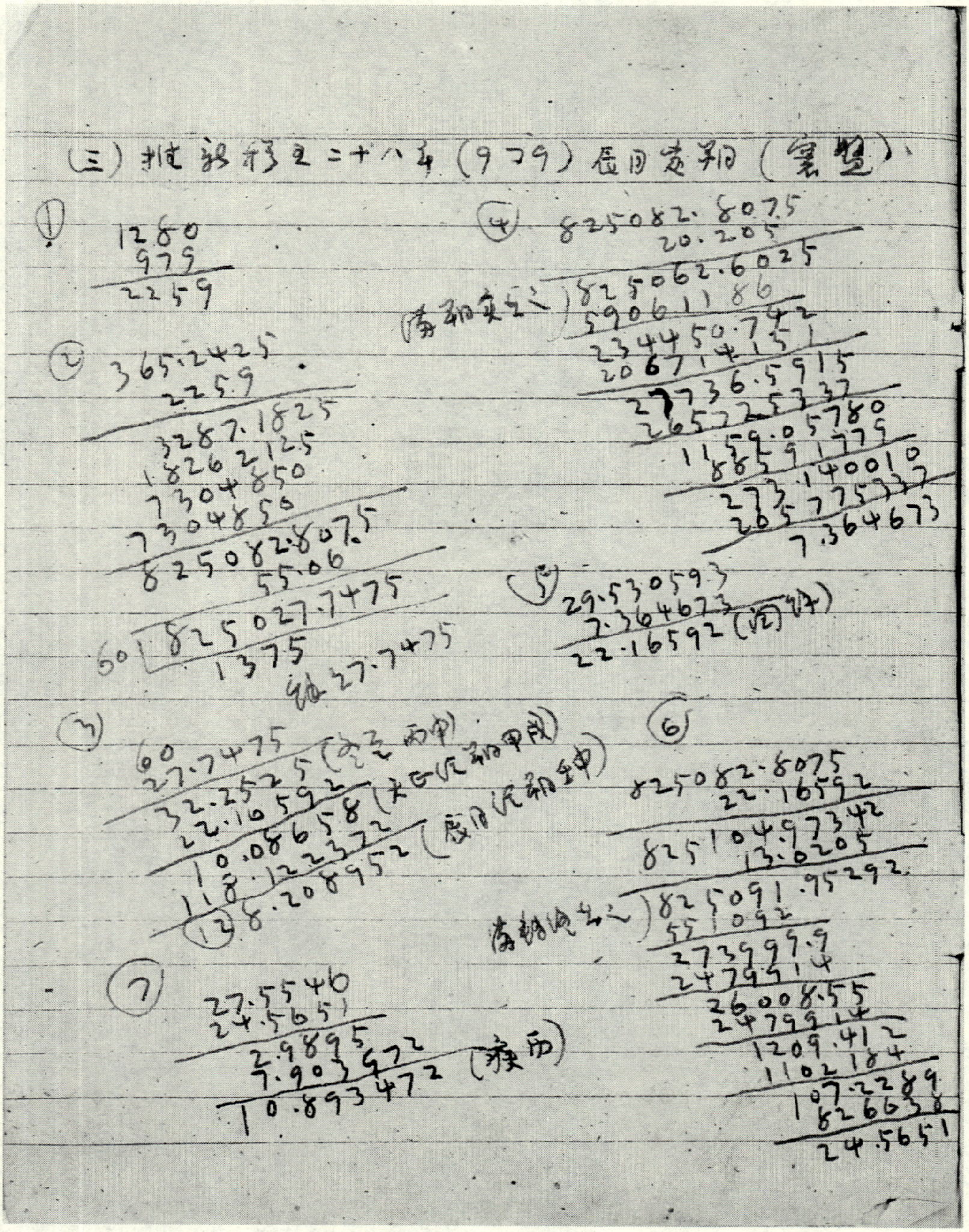

(三)推积年至二十八年(979)历日表朔(实验)

①
1280
979
2259

②
365.2425
2259
3287.1825
1826 2125
730 4850
730 4850
825082.8075
55.06
60 | 825027.7475
1375
余 27.7475

③
60
27.7475
32.2525
22.16592
10.08658
118.12232
128.20895

④
825082.8075
20.205
825062.6025
825062.6025
590611.86
234450.742
206714.151
27736.5915
26522.5337
1159.05780
885.91779
273.140010
265.775337
7.364673

⑤
29.530593
7.364673
22.16592

⑥
825082.8075
22.16592
825104.97342
13.0205
825091.95292
551092
273999.9
247991.4
26008.55
247991.4
1209.412
1102.184
107.2289
82.6638
24.5651

⑦
27.5546
24.5651
2.9895
7.903572
10.893472

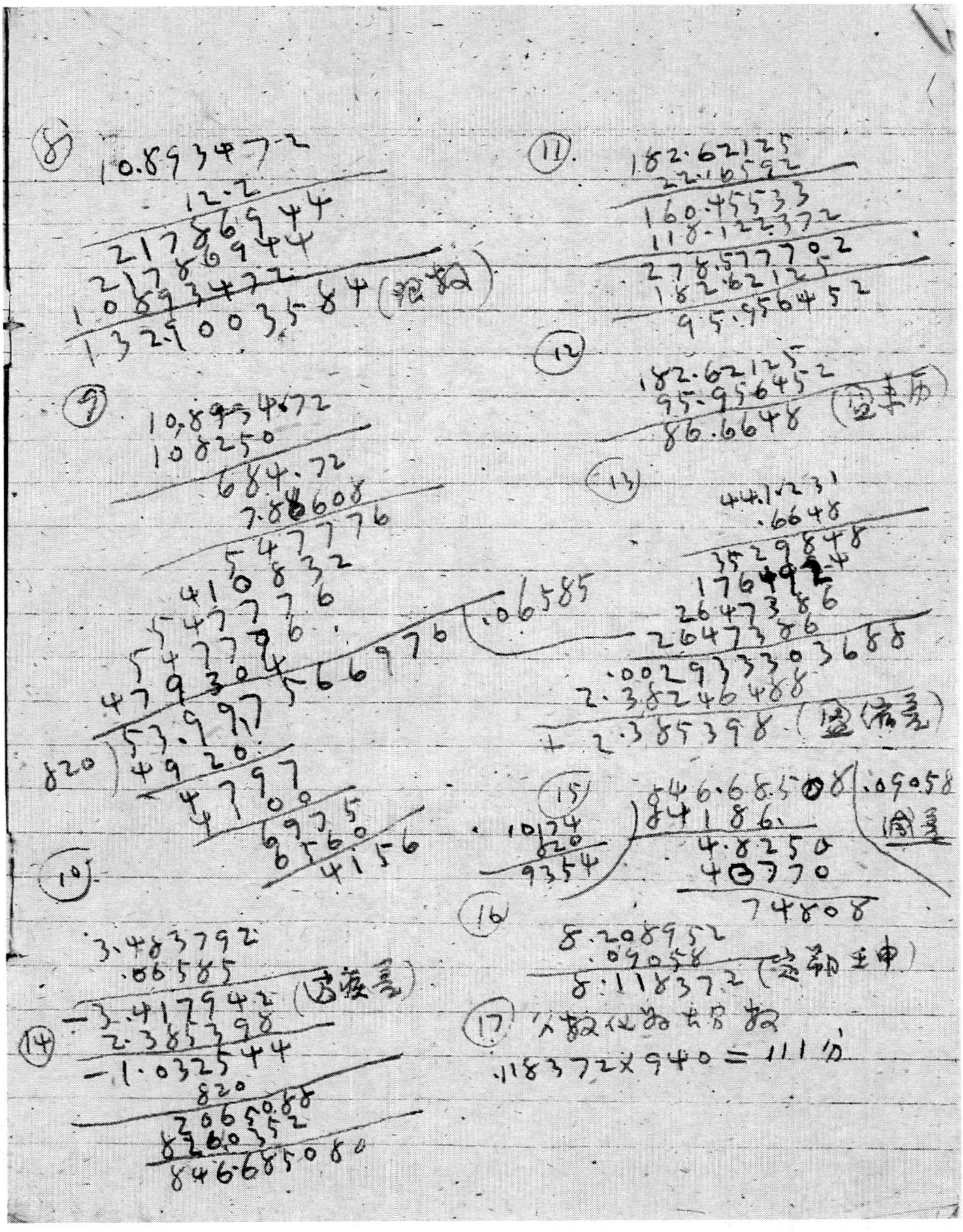

⑧ 10.8934772
12.2
21786944
21786944
1089347722
132.90035.84 (折数)

⑨ 10.8934672
10825.0
684.72
7.88608
547776
410832
547776
5477764
479304 566976 (.06585
820) 53.9977
49.20
4797
4100
6975
6560
4156

⑩
3.483792
.06585
-3.417942 (盈缩差)

⑭ 2.385398
-1.032544
820
20650.88
8260352
846.685080

⑪ 182.62125
22.16592
160.45533
118.122372
278.577702
182.62125
95.956452

⑫ 182.62125
95.956452
86.6648 (盈末历)

⑬ 44.12231
.6648
3529848
176492
2647386
2647386
.0029333036888
2.38246488
+2.385398 (盈缩差)

⑮ .10124
820
9354) 846.68508 (.09058
84186
4.8250
40770
74808 (闰差)

⑯ 8.208952
.09058
8.118372 (定朔壬申)

⑰ 分数化为大余数
.118372×940=111分

壹

(四) 推新疆王廿六年(981)戊月気朔(壹)

① 1280
981
2261

② 365.2425
2261
365.2425
2191455.0
730485.0
730485.0
825813.2925
55.06
60) 825758.2325
13762
余 38.2325

③ 60
38.2325
21.7675 (壬元之面)
.415152
21.352348 (天正经朔之面)

⑥ 21
295 30593
16.658278 (戊月经朔庚食)

④ 825813.2925
20.205
825793.0875
(积朔率之) 590611.86
235181.227
206714.15
28467.0765
26577.5337
1889.54280
1771.83558
117.707220
88.591779
29.115441

⑤ 29.530593
29.115441
.415152 (闰馀)

⑦ 825813.2925

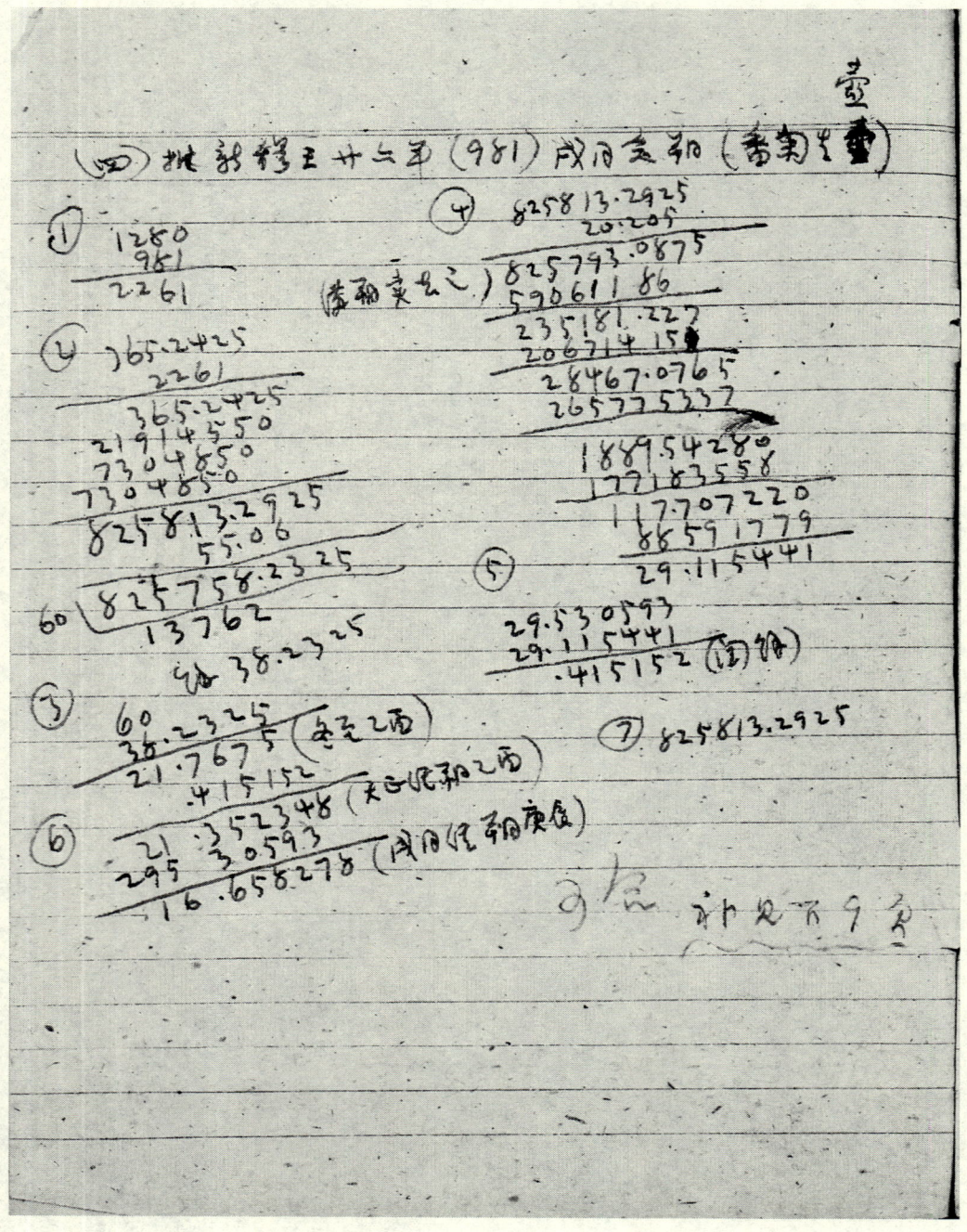

补见下页

（五）推公元前220年（秦始皇13年）子月定朔
（無甚誤）

①
1280
829
2109

②
365.2425
2109
3287 1825
365 2425
730 4844
770295.8325
55.06
[illegible].7725
60 | 770240
12837
餘20.7725

60
20.7725
39.2275（癸亥時）
.660312
38.567188（天正壬寅）

③
770295.8325
20.1205
770275.6275
＊滿相累積之 590611.86
179663.767
177183.558
2480.20950
2362.74744
117.462060
88.591779
28.870281

④
29.530593
28.870281
.660312（閏餘）

⑤
770295.8325
.660312
770296.492812
13.0205
770283.472312

⑥

[illegible] 770283.472312
551092
2191914
1928822
263092.7
247914
151.0132
1377730
132.4023
1102184
22.1839

27.5546
22.1839
5.3707
12.2
107414
107414
53707
65.522254 ([illegible])

9

补（四）

⑦ 825853.2225
.415152…

825853.70705
130205
6871.52
8255
551092
2747486
2479714
26757.28
24799.14
1958.147
1928.882
29.2651
27.5546
1.7105

27.5546
1.7105
25.8441
13.7773
12.0668
12.2
241336
241336
120668
1.47

（混数）

10

(十六)推後漢乾祐三年(950)寅月定朔

(錯誤)

①
1280
950
2230

②
365.2425
×2230
10957275
7304850
7304850
814490.775
55.06
60|814435.715
13573
74 55.715

60
55.715 (天正冬至)
4.285
12.715533 (天正經朔甲寅)
51.509467 (寅月經朔甲寅)
59.061186
50.630653 (寅月定朔甲寅)

③ 814490.775
20.205
814470.57
59061186 (寅月朔策之)
22385871
[illegible]
1714455
14765296
2379.26250
2362 44744
16.81506

④
29.53059
16.81506
12.71553 (12.71553)

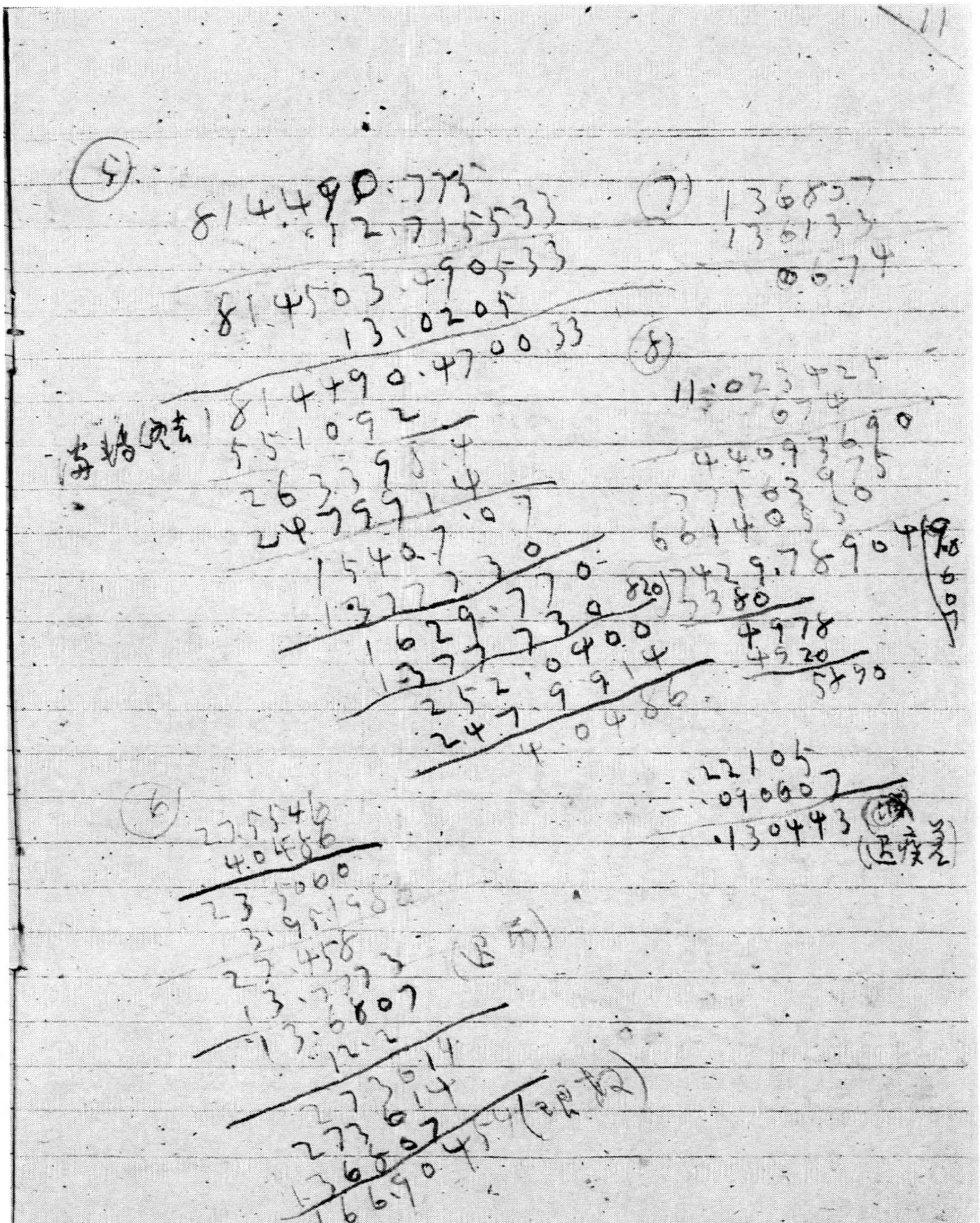

⑤
81449 0.775
12.715533
81450 3.490533
13.0205
81449 0.470033
⑦
13685.7
13613.3
⑧
⑥

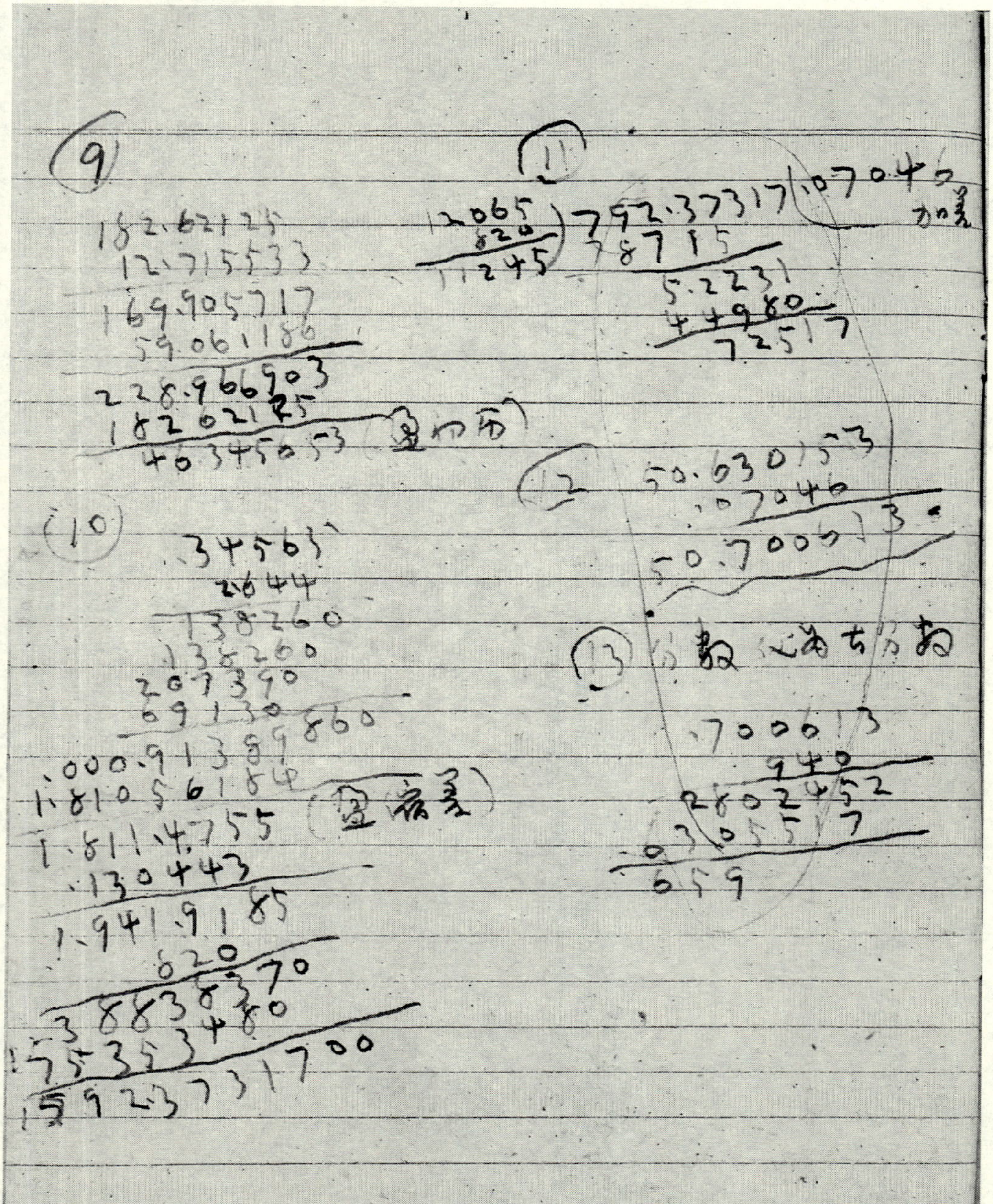

⑨
182.62125
12.715533
169.905717
59.061186
228.966903
182.62125
46.345053 (盈加丙)
⑩
.34563
2644
138260
138260
207390
69130 860
.000.91389
1.810.56184 (盈缩差)
1.811.47755
.130443
1.941.9185
820
3883870
1.5533480
1.592.3731700
⑪
12.065
820
11245) 792.37317 (.07047
加差
78715
5.2231
4.4980
72517
⑫
50.630153
.07046
50.700613
⑬
分数 [illegible]
.700613
940
2802452
6305517
659

(11)

12065
820
11245 15923.7317 .14161 (加差)
11245
4678.7
4498.0
180.77
112.45
68.28
6.8

(12)

50630.153
.54161
77.76
.77

(13) 闰分数很大 940
77177
6580
6580
940
6580
6580
725

天正经朔分数小，日以前定减之
大些，日月定朔

(七) 推[illegible] 28年 [illegible]月[illegible]朔

定朔(三)

10.08658 (天正經朔) (5)

(1) -2.9895 ([illegible]) 22.16592 ([illegible])

12.2
59790
59790
29895
36.47190 ([illegible])

(6)
397
397.99117
.16592
79598
358191
198995
238794
39799
.00660835008
1514672604
1.521271 ([illegible])

(2)
2.9895
2.9522
.0373

(3) 7.759675
333
2328
5432
820)5.66.48 (.0069
4920
748

(4) 3.48392
.0069
3.4907 ([illegible])

⑦

-1.521271
-3.4907

5.012
820

10024 (1[illegible])
40096
9840 .4764
1739 | 41 0
820 | 32757
10919
83414
76433
69810
65514
4296

⑧

10.08658
3764
9.71018 ([illegible])

⑨ [illegible]

940
7102
1880
940
6580
668

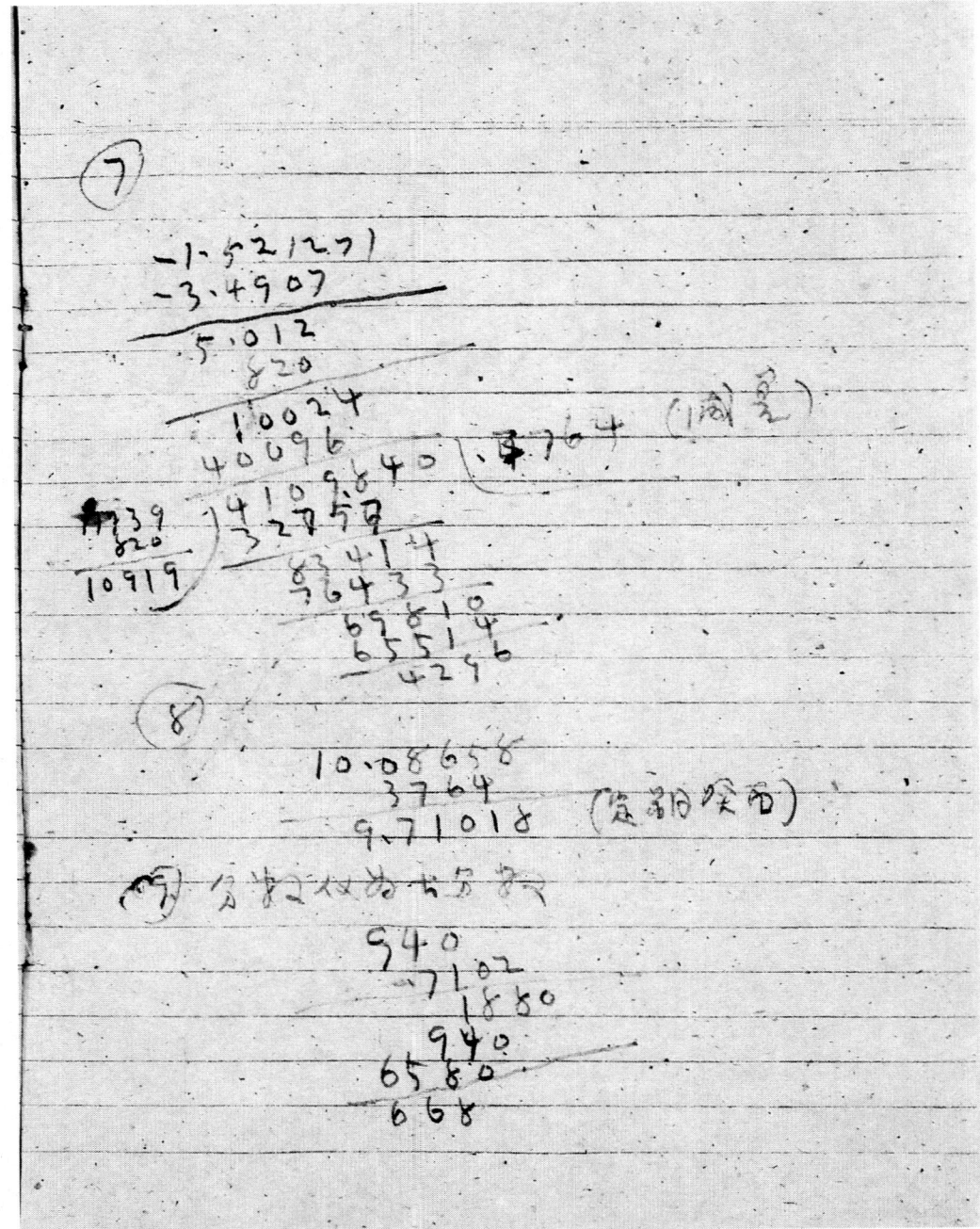

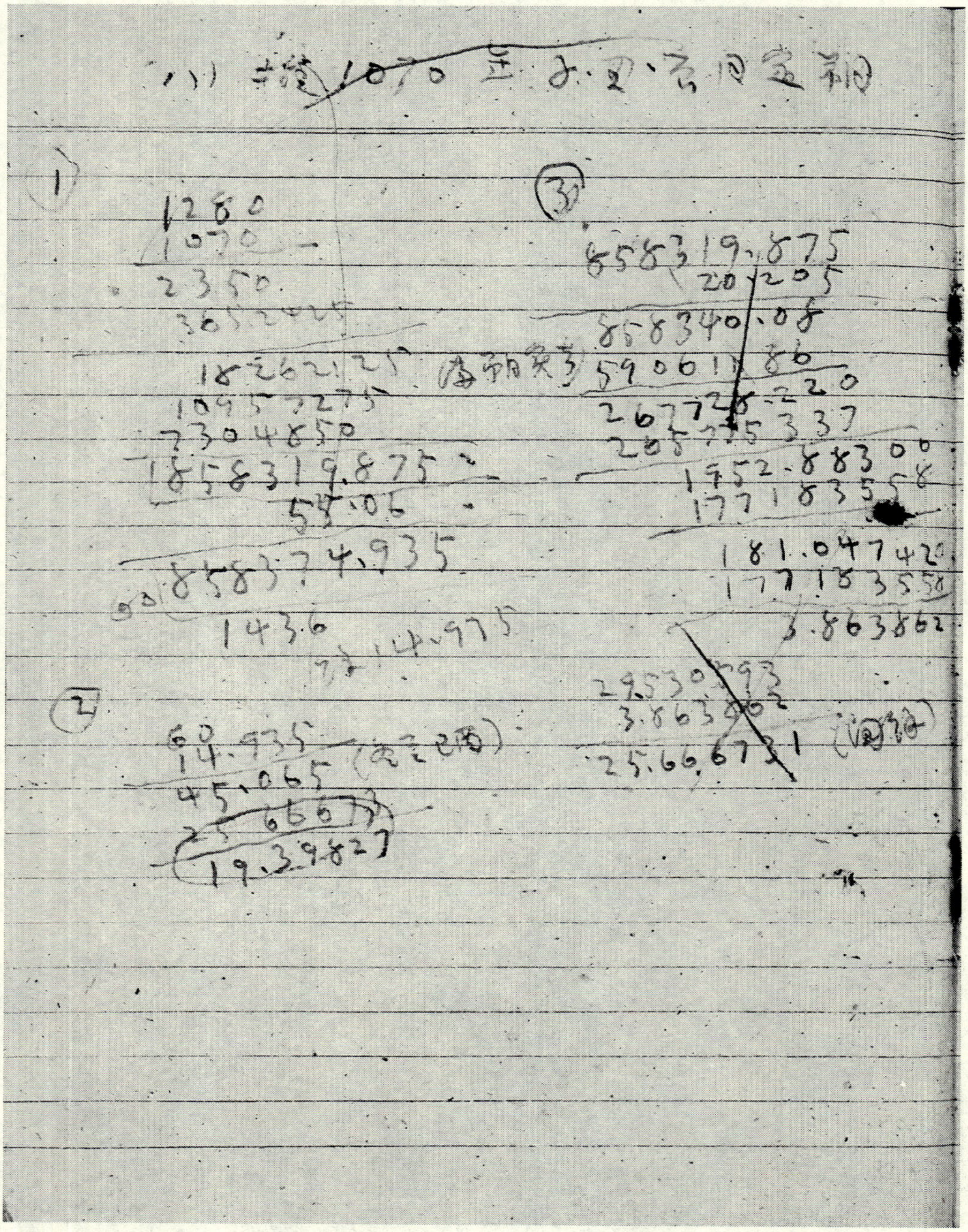
（八）

1)

1280
1070
2350

18262125
10957275
7304850
185831 9.875
55.06
858374.935
1436
14.975

2

60.
14.935
45.065
25.66673
19.39827

3

858319.875
20.205
858340.08
590611.86
267728.220
285775337
1952.88300
1771835.58
181.047420
1771835.58
3.863862
29.530593
3.863862
25.666731

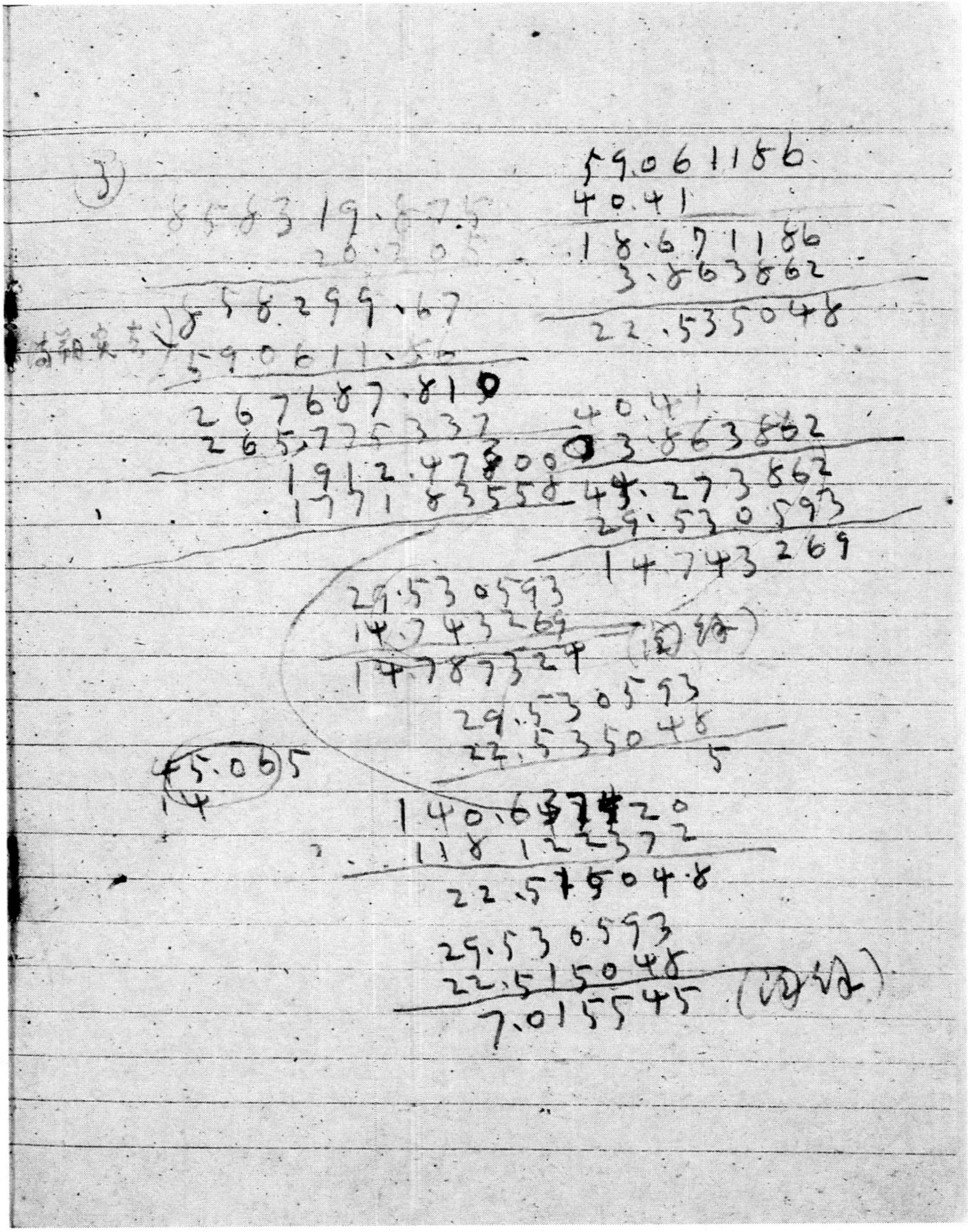

③

59.061186
40.41
18.671186
3.863862
22.535048

858299.67
590611.50
267687.810
265775337
1912.47800
1771 83550

40.41
3.863862
44.273862
29.530593
14.743269

29.530593
14.743269
14.787324

29.530593
22.535048

45.065
14

140.63720
118 12372
22.57504.8

29.530593
22.515048
7.015545

(八)

28.169455
29.530593
57.700048 (望月[illegible])
118.122372
55.82242 ([illegible])
55.82242
29.530593

[illegible]

(1)

858319.875
55.06
60) 858264.815
14304
[illegible] 24.815

60
24.815
35.185 ([illegible])
7.015545
28.169455 ([illegible])

(2)

858319.875
7.015545
8.890545
858326
13.0205
858313.870045

[illegible]) 858313
826638
31675.8
27554.6
4121.274
27554.6
1365.810
1102.184
263.626
247.914
15.6346

820 | 2805.5475 | 3.42

2460

3455

3280

1754

③

27.5546

15.6346

11.92 ~~00~~ （实历）

12.2

2384

2384

1192

14.5424 （朔起）

9351825

300

2805547500

11.92

11.8911

300

2307.0625

.03422 ~~28~~

-2.3329 （迟疾差）

④

~~184.62125~~ （缩宫历）

7.015545

~~177.605705~~

8实正经朔分数小，我们可以肯定减差要大一点，下月定朔是辛卯。下月转迟历，情形复加差，~~丑辰~~两月可以肯定不变经朔。

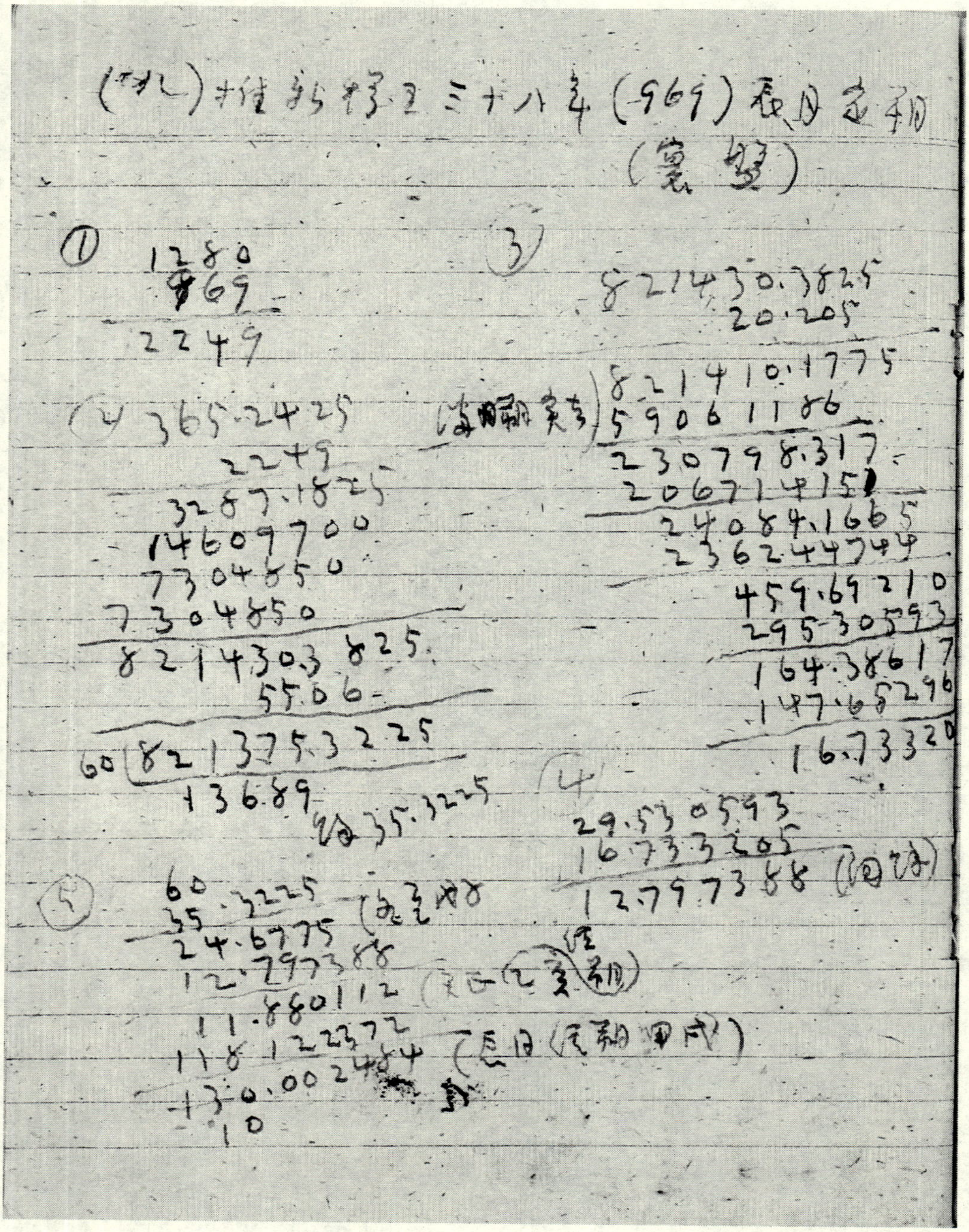

(廿九)推新罗王三十八年(-969)春月定朔
(实验)

①
1280
969
2249

②
365.2425
2249
3287.1825
1460970.0
730485.0
730485.0
821430.3825
55.06
60)821375.3225
13689
余35.3225

③
821430.3825
20.205
821410.1775
朔策 5906.1186
230798.317
206714.151
24084.166
23624.4744
459.6921
295.30593
164.38617
147.65296
16.73320

④
29.530593
16.733205
12.797388(闰余)

⑤
60
35.3225(天正冬至)
24.6775
12.797388
11.880112(天正经朔)
11.880112
118.12372
118.122372
130.002484(春月经朔甲戌)
10

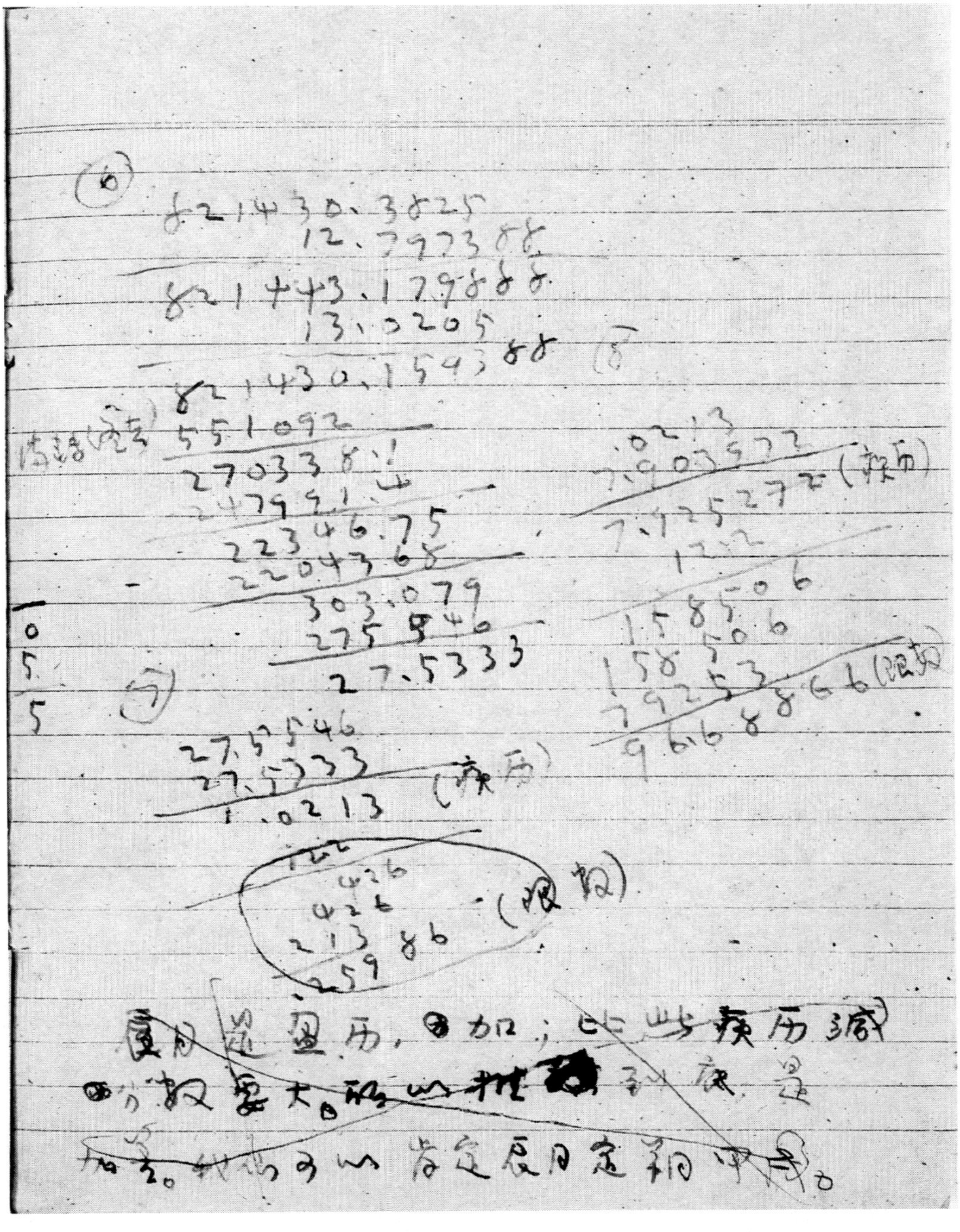
821430.3825
12.79388
821443.179888
13.0205
821430.159388
551092
27033.8
223 46.75
220 43.68
303.079
275 546
27.5333
27.5546
27.5333
.0213
.0213
7.925272
1.585.06
15850.6
79253
966886
夏月是盈历，加；比此朔历减
所以推
加之。我们可以肯定夏月

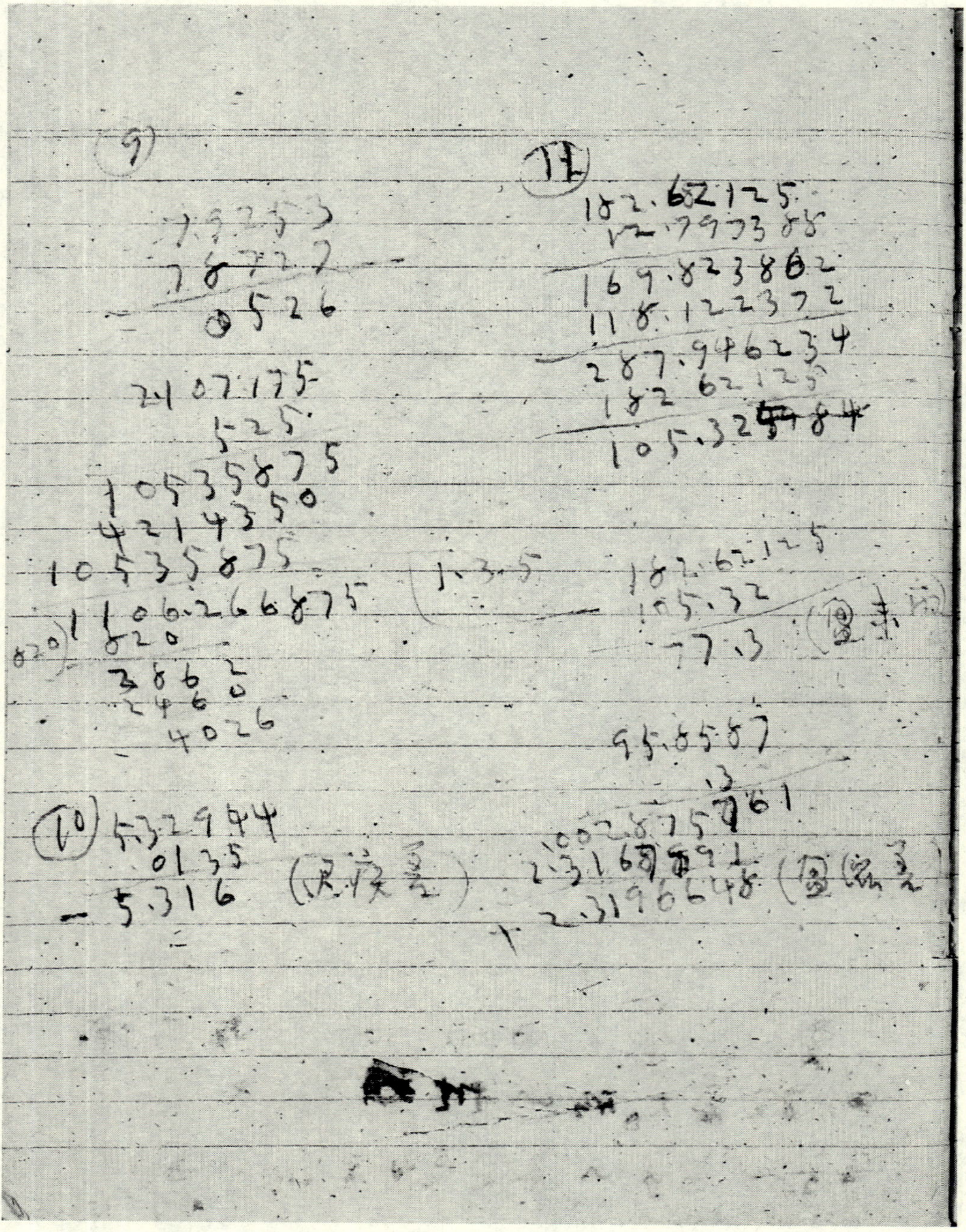

9
7.9253
7.8727
0526
2107.175
1.25
10535875
4214350
10535875
1106.266875
820
3862
2460
4026
11
182.62125
12.79338
169.823862
118.122372
287.946234
182.62125
105.32
1.3.5
182.62125
105.32
77.3
95.8587
13
761
10
5.32944
0135
5.316

(12)

5.316
2.3196648
2.9963352
820
5992670 4
5997(0)8816
2397 9948640 .12474 (阅三)
245.69
107553
820
19(8)8(4)4
9932
47059
3972(8)8
23314
6(9)524
3790

(13) 10.002484 应目
2474
9.7551 (党报突围)

(14) 分数化为分数

7551
940
30204
67959
210

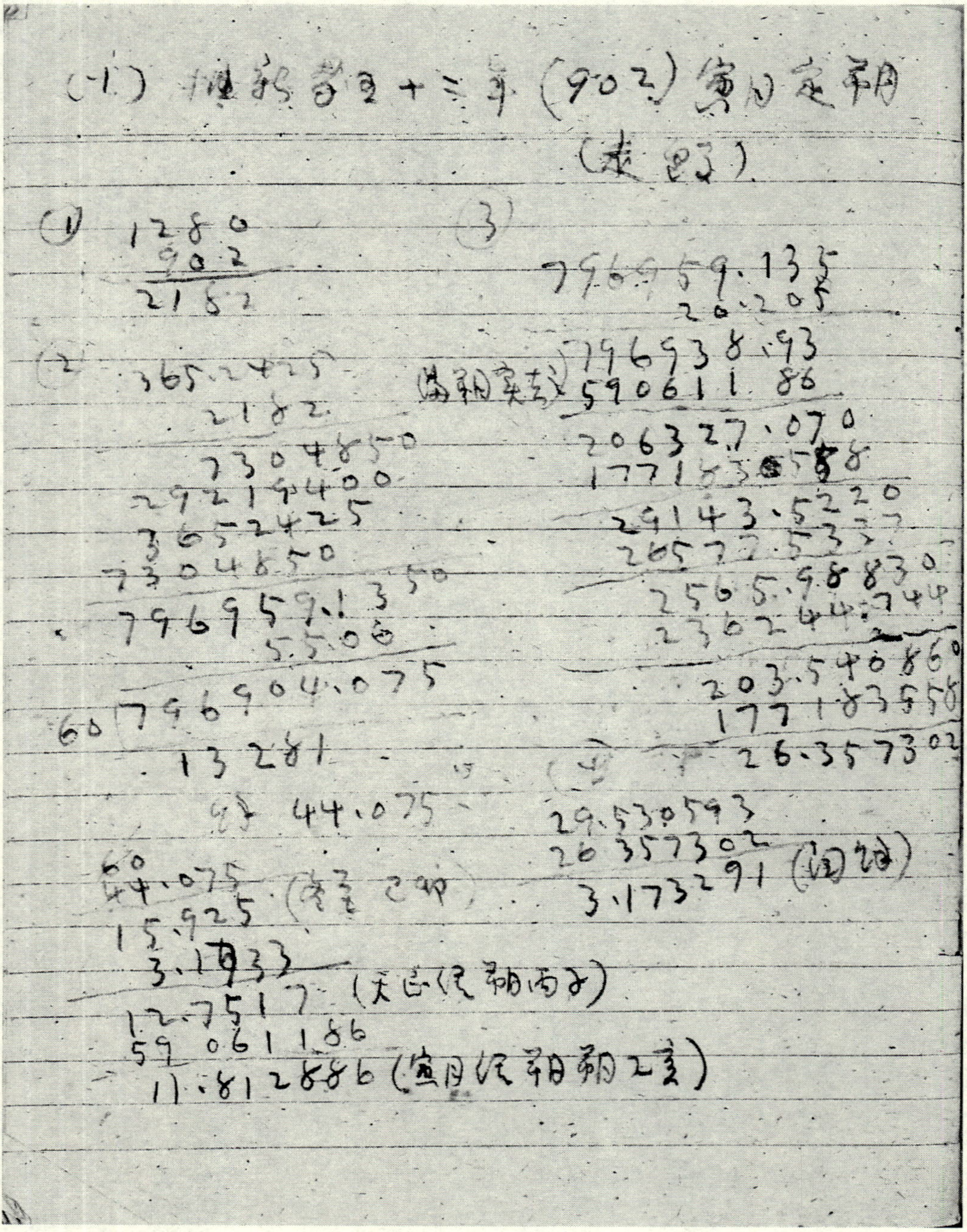
(1) [illegible]十三年(902)寅月定朔

(表略)

① 1280
902
2182

② 365.2425
2182
7304850
2921400
3652425
7304850
796959.1350
55.06
796904.075
60
13281
44.075

60
44.075 (大余 乙卯)
15.925
3.1533
12.7517 (天正经朔丙子)
59.061186
11.812886 (寅月经朔朔乙亥)

③
796959.135
20.205
796938.93
590611.86 (满朔实数)
206327.070
177183.558
29143.5220
26577.5337
2565.98830
2362.44744
203.540860
177.183558
26.357302

④
29.530593
26.357302
3.173291 (闰余)

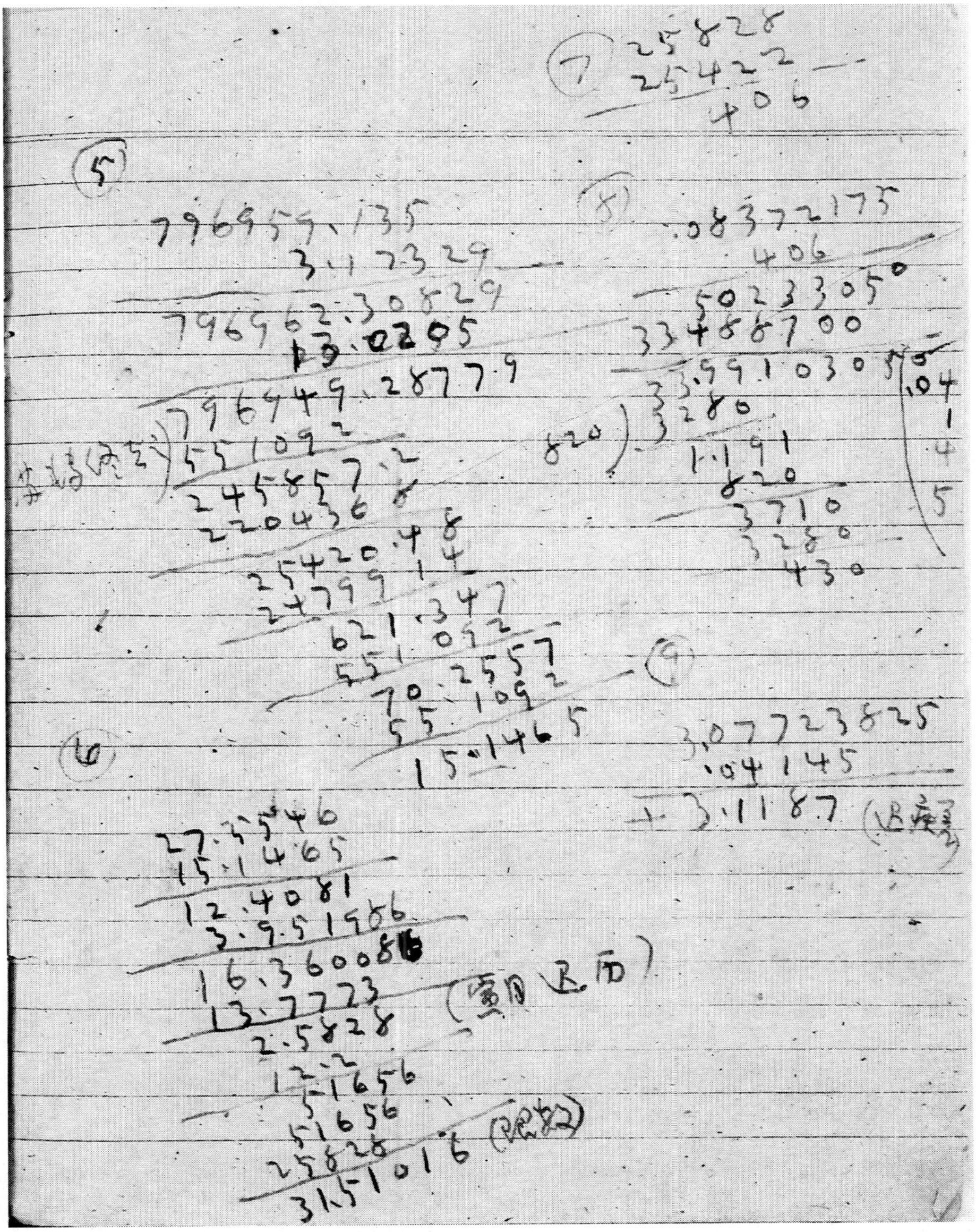

⑦ 25828
25422
406

⑤
796959.135
3.17329
796962.30829
13.0205
796949.28779
551092
2458572
2204368
2542048
2479914
621347
551092
702557
551092
151465

⑧ .08372175
.406
5023305
3348700
3391030
3280
1191
820
3710
3280
430

.04
1
4
5

⑨ 3.0772325
.04145
3.1187

⑥
27.5546
15.1465
12.4081
3.951956
16.360086
13.7723
2.5828
12.2
1656
51656
25828
31.51016

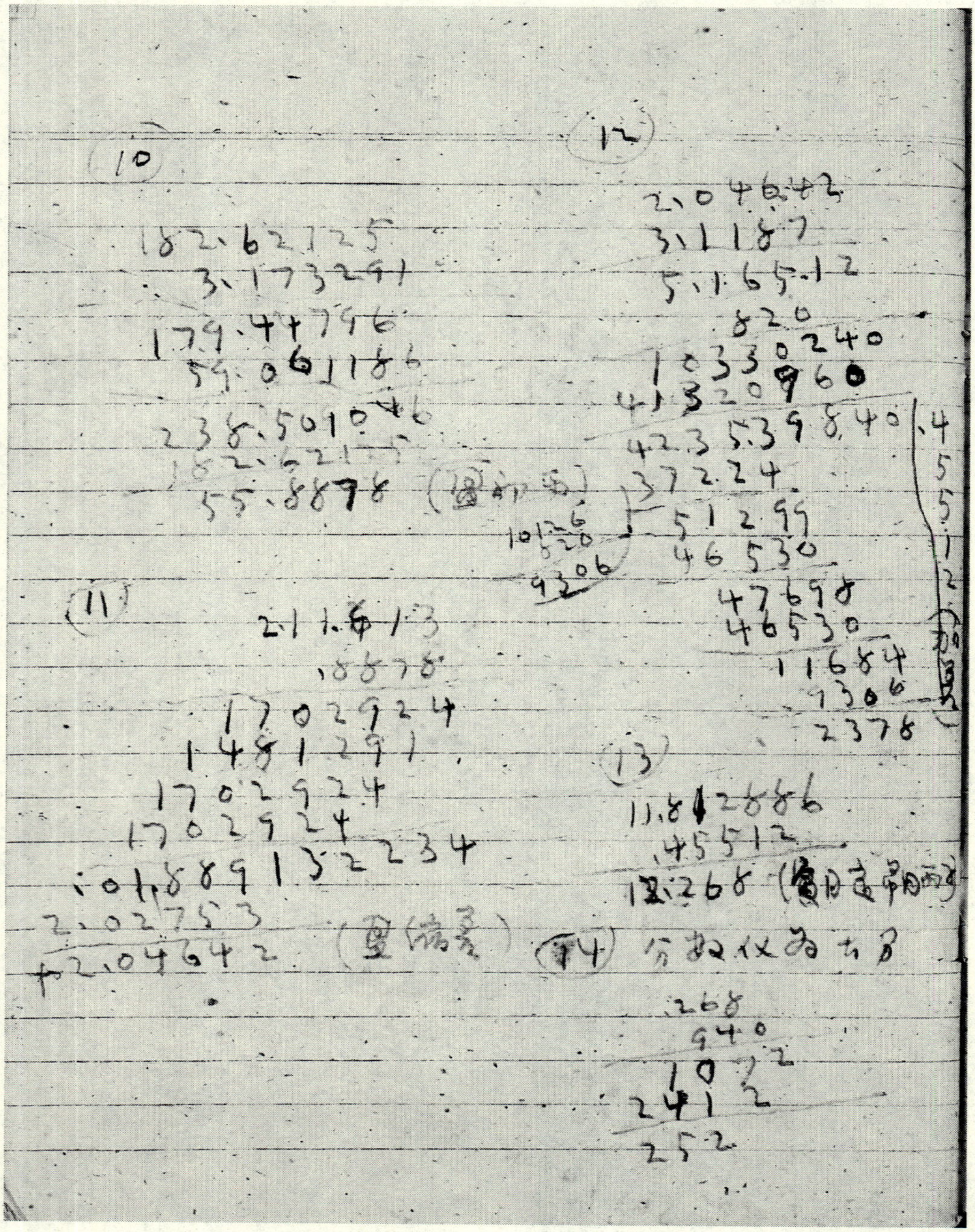
(10)
182.62125
3.173291
179.44796
59.061186
238.501046
182.62125
55.8878
(11)
211.6013
.8878
1702924
1481291
1702924
1702924
101.8891322234
2.02753
2.04642
(12)
2.04683
3.1187
51.16512
820
10330240
41320960
42.35398.40
37224
51299
46530
47698
46530
11684
9306
2378
(13)
11.812886
.45512
分数仅为古日
268
940
102
2412
252

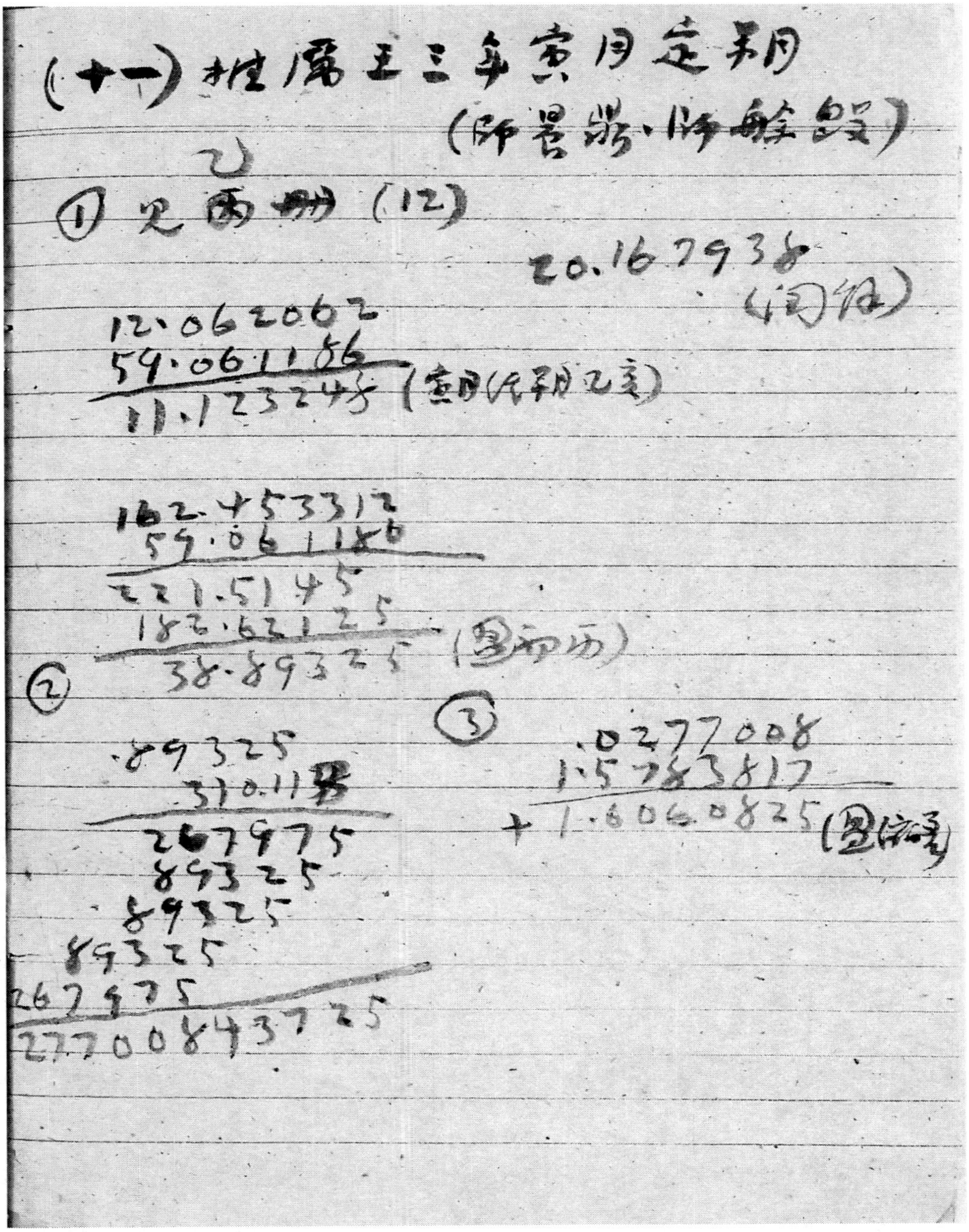

(十一) 推厲王三年寅月定朔

(師晨鼎、師艅簋)

乙

① 癸丙卅 (12)

20.167938
(閏組)

12.062062
59.061186
11.123248 (寅朔庚朔乙亥)

162.453312
59.061180
221.51445
182.62125
38.89325 (距初历)

②

.89325
310.1185
267975
89325
89325
89325
267975
27700843725

③

.0277008
1.5783817
+1.6060825 (距冬至)

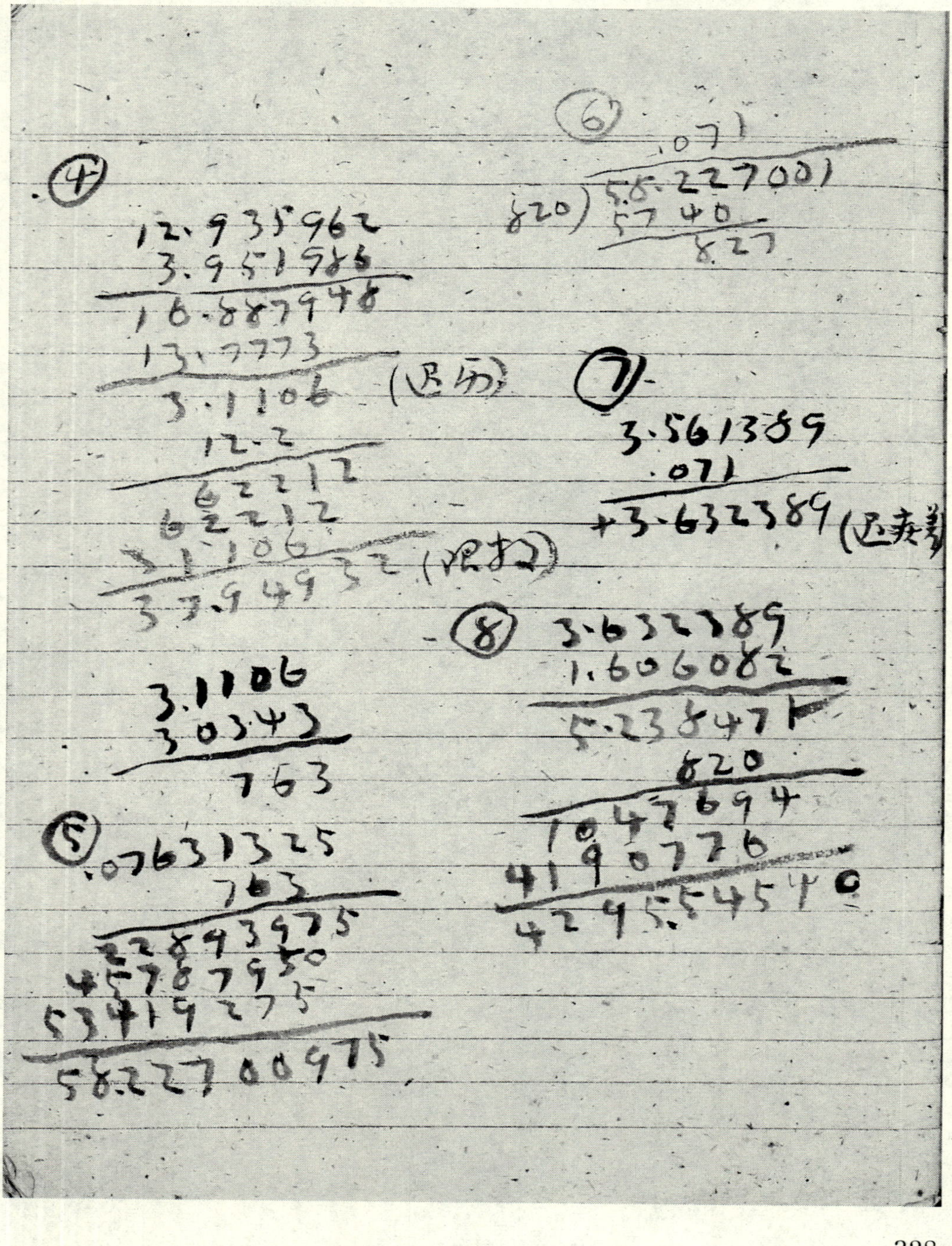

④

12.935962
3.951986
16.887948
13.7773
3.1106 (迟历)
12.2
62212
62212
31106
379.4932 (迟扫)

3.1106
3.0343
763

⑤ .07631325
763
22893975
45787950
53419275
58.22700975

⑥
.071
820) 58.227001
5740
827

⑦
3.561389
.071
+3.632389 (迟表)

⑧ 3.632389
1.606082
5.238471
820
104769 4
41907 76
424555 4540

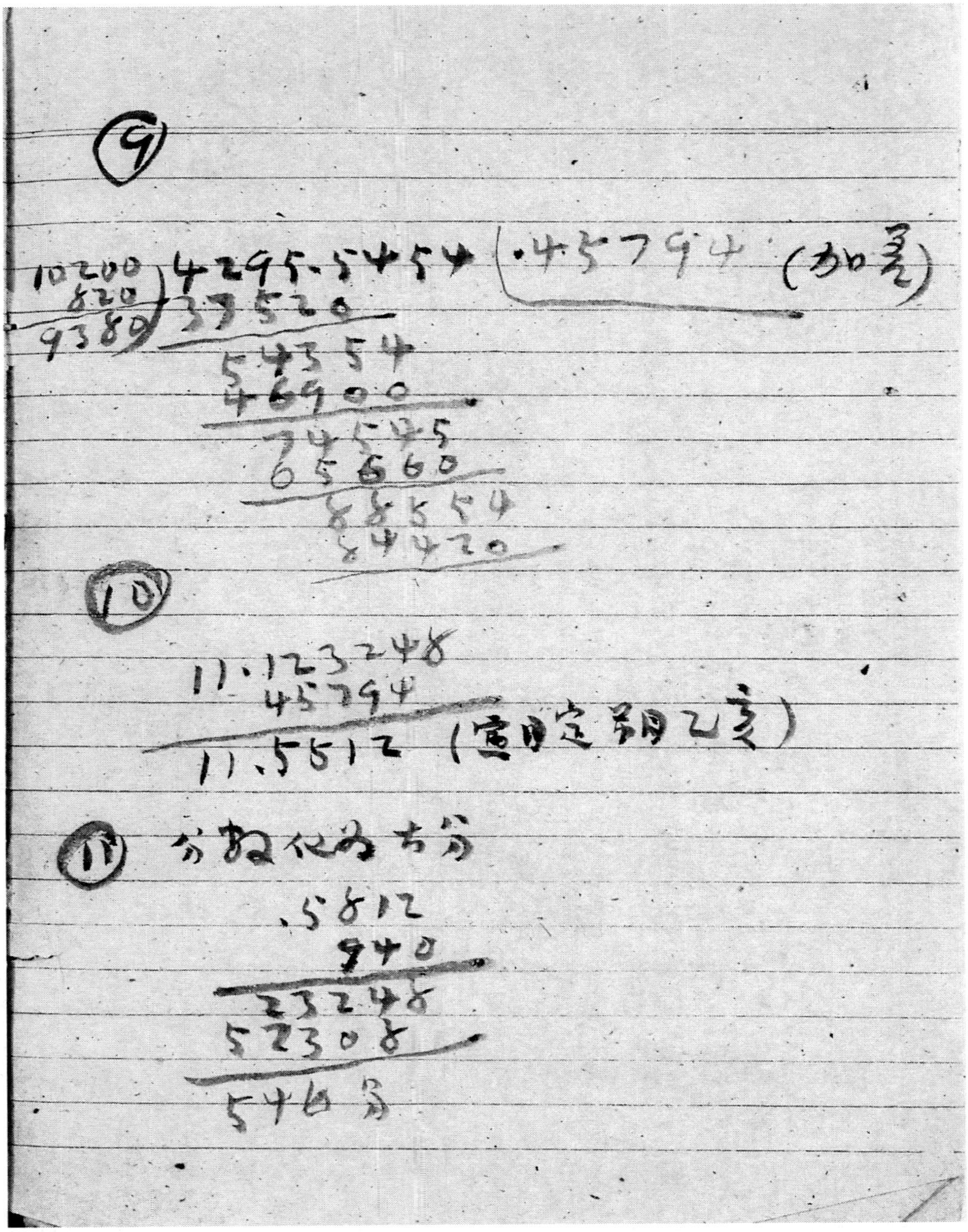

⑨

10200
820
9380) 4295.5454 (.45794 (加差)
37520
54354
46900
74545
65660
88854
84420

⑩

11.123248
.45794
11.5512 (宣明定朔乙亥)

⑪ 分收化为古分

.5812
940
23248
52308
546分

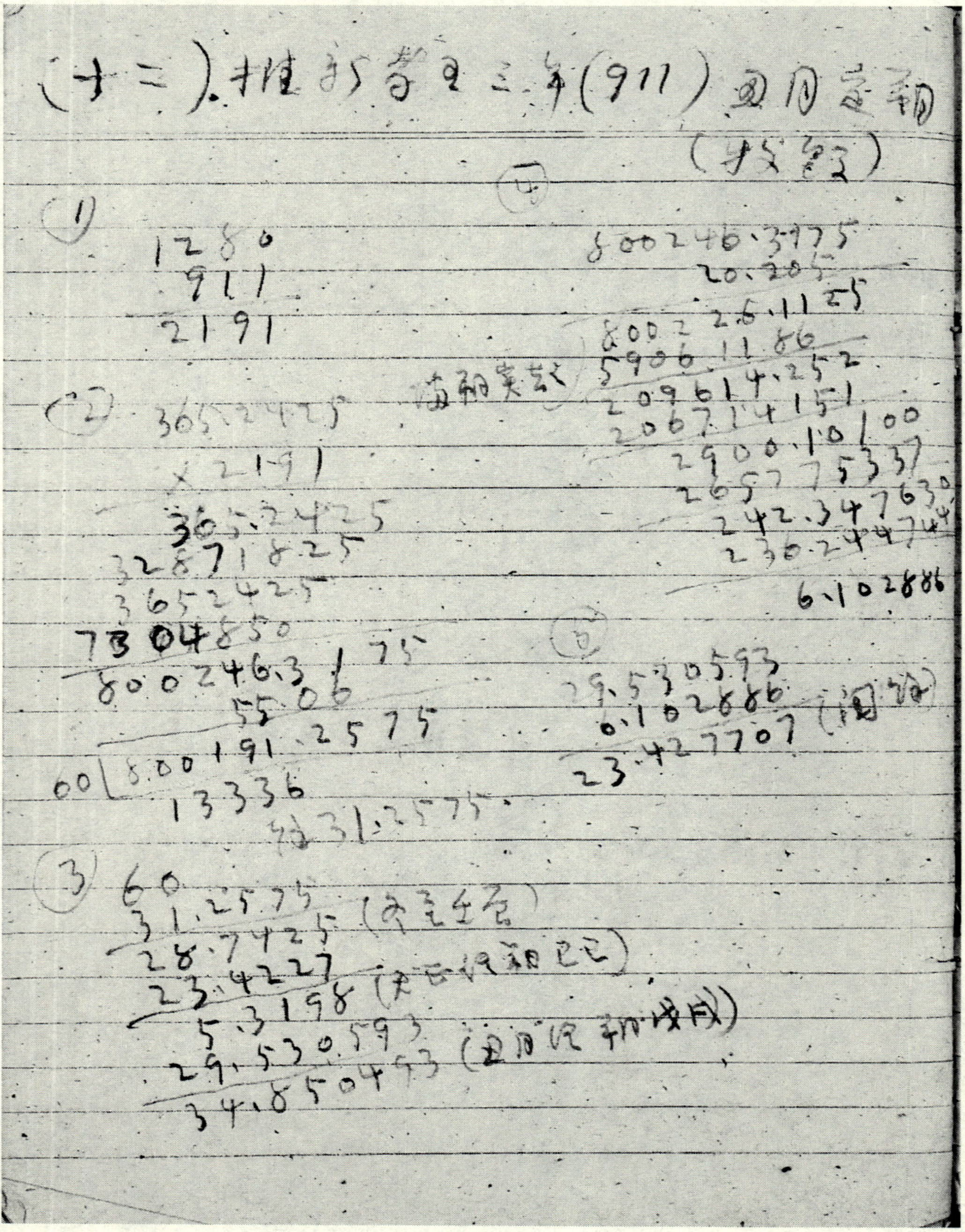
(十二).推算开平五年(911)五月定朔

(草稿)

①

1280
911
2191

②

365.2425
×2191

365.2425
3287182.5
365242.5
730485.0
800246.3175
55.06
800191.2575

60 | 800191
13336
[illegible] 31.2575

③

60
31.2575 ([illegible])
28.7425
23.4227 ([illegible])
5.3198 ([illegible])
29.530593 ([illegible])
34.850493

④

800246.3175
20.205
26.1125
8002 11.86
5906 11.86 [illegible]
209614.252
206714.151
2900.10100
2657.75337
242.347630
236.24474[illegible]
6.102886

⑤

29.530593
6.102886
23.427707 ([illegible])

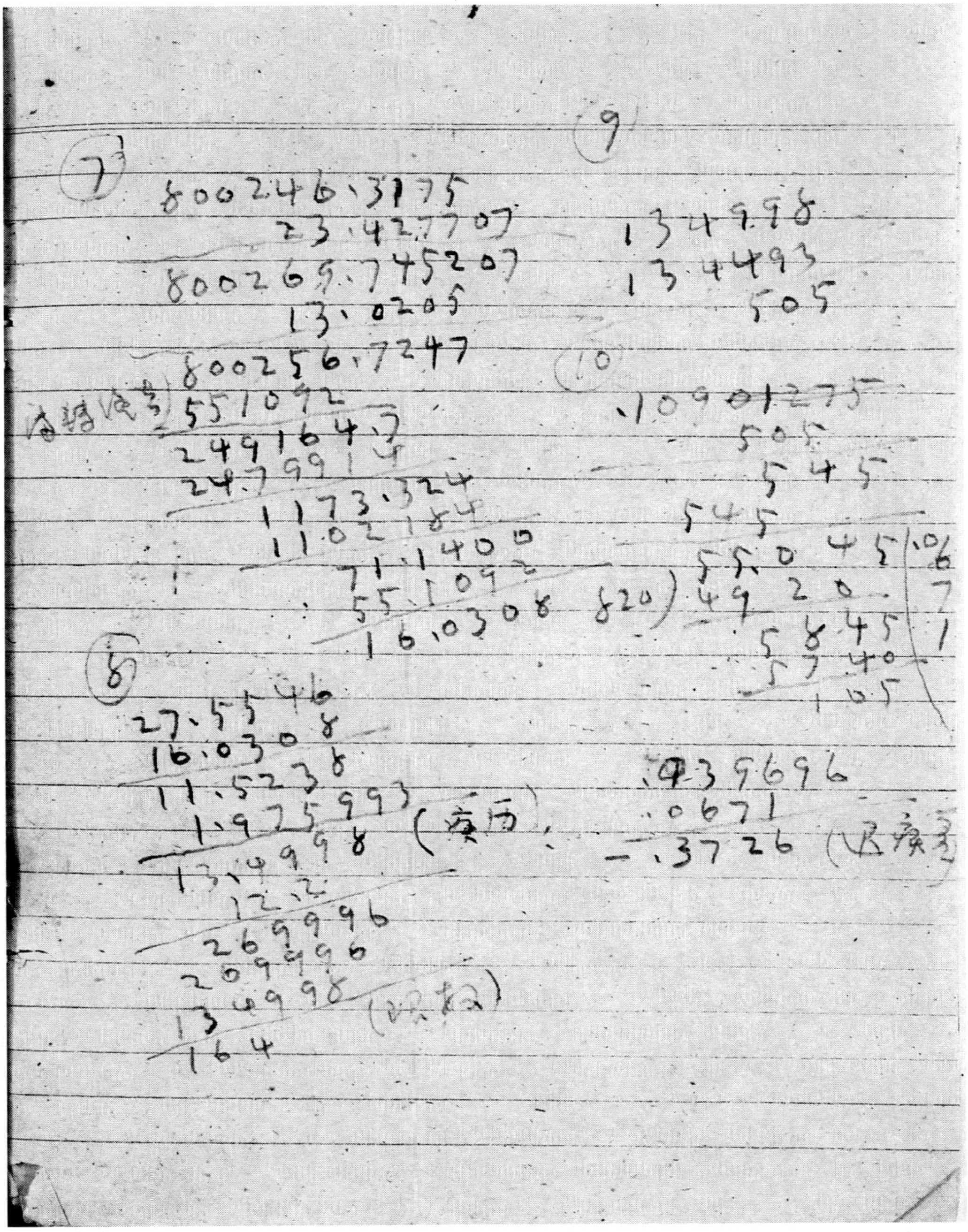

⑦
800246.3775
23.427707
800269.745207
13.0205
800256.7247
合销收号 551092
249164.7
247991.4
1173.324
1102.184
71.1400
55.1092
16.0308

⑧
27.5546
16.0308
11.5238
1.925993 (廣西)
13.4998
12.2
269996
269996
134998 (跟拉)
164

⑨
134998
134493
505

⑩
.1091275
505
545
545
55045 | 10
820) 4920 | 67
5845 | 1
5740
105

.439696
.0671
-.3726 (以廣西)

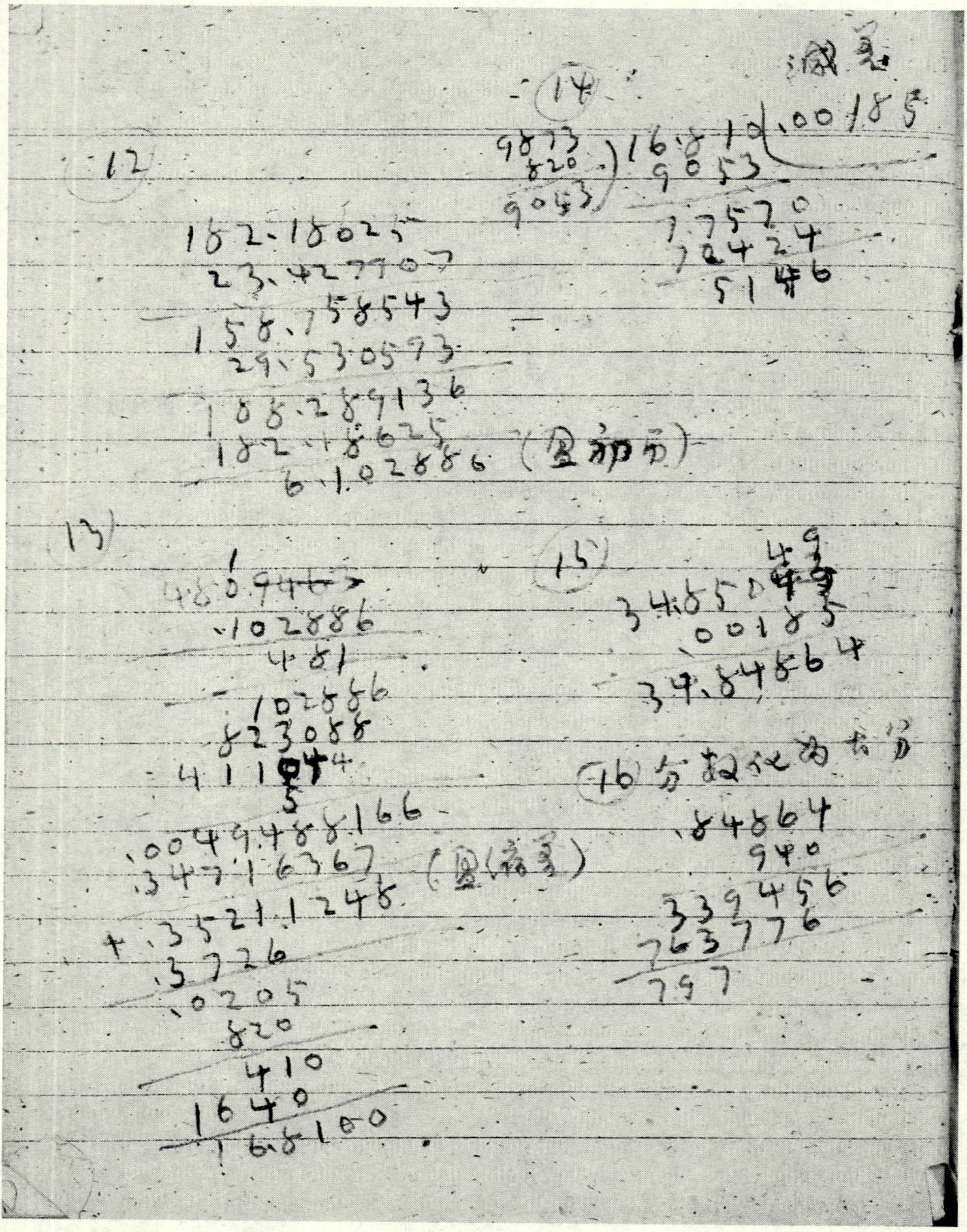
12
182.18025
23.42907
158.758543
29.530593
188.289136
182.18625
6.102886
13
480.946
102886
481
102886
823088
411544
.004948166
.347163672
.3521.1248
.3726
.0205
820
410
1640
168100
14
1.00185
16.810
9053
77570
72424
5146
15
3455049
.00185
34.84864
16
.84664
940
339456
763776
797

推曆元卅八年（1949）

推蒙王十八年（861）正月定朔

第一步 求冬至及经朔

①

1280（授时历历元）

861

2141

②

365.2425（岁实）

×2141

365.2425

14609.700

36524.25

730485.0

781984.1925（中积）

55.06

781929.1325

60 | 781929.1325

13032

余 9.1325

③

60

− 9.1325

50.8675（冬至甲寅）

④

781984.1925（闰应）

−20.205

781963.9875

满朔实去之）781963.9875

590611.86

191352.1275

177183.558

14168.5695

11812.2372

2356.3323

2067.14151

289.19079

265.775337

23.415453

⑤

29.530593（朔实）

23.415453（闰余）

6.115140

⑥

50.86675
−6.11514
44.75236 (天正经朔戊申)
+147.652965 (朔实×5)
192.405325
180
12.405325 (正月经朔丙子)

第二步 求盈缩差

⑦ 182.62125 (半岁周)(闰余)
−6.11514
176.50611
+147.692569 (朔实)
324.198679 (半岁周)
−182.62125
141.577429 (盈)

⑧ 反减半岁周：
182.62125
141.57743
41.04382 (盈末限

注："满半岁周去之，即交盈历"
又：盈初缩末限八十八九千九十二分
缩初盈末限九十三日七千一百二十分
又：盈历在盈初缩末限以下为初限，
以上反减半岁周，余为末限。
缩历在缩初盈末限以下为初限，
以上反减半岁周，余为末限。

⑨ 检之既：以盈率十数乘缩加分之积，加缩积度：

```
   .02896791
  ×.04382
  ---------
     5793582
   23174328
   8690373
 11587164
 -------------
.0012693738162
.160683633
-------------
.161953007（盈缩差，损）

1.60683633
 .00126937
----------
1.6080957
（盈缩差，加）
```

第三步 求迟疾差

[illegible] 转终：二十七万五千五百四十六分

转中：十三万七千七百七十三分

初限：八十四

中限：一百六十八

周限：三百三十六

转差：一日九千七百五十七分九十三秒

转度：一十三万〇三百〇五分

注四：中积加闰余减转应，满转终去之，不尽，以减转终（满60去之），即为入转日及分。

在转中以下为疾历；以上减去转中为迟历。

(10)

781984.1925 (中积)
6.11514 (闰余)
\+
781990.30764
13.0205 (交差)
−
781977.28714

满交终去之)
781977
551092
230885.2
220968
10498.48
8266.38
2182.107
1928.822
253.2851
247.9914
5.2937 (交泛)

法曰：置通交泛日及分，以十二限二十分乘之，在初限以下为初限；以上反减中限，余为末限。

(11)

5.29374
× 12.2
1058748
1058748
529374
64.583628 (限数)

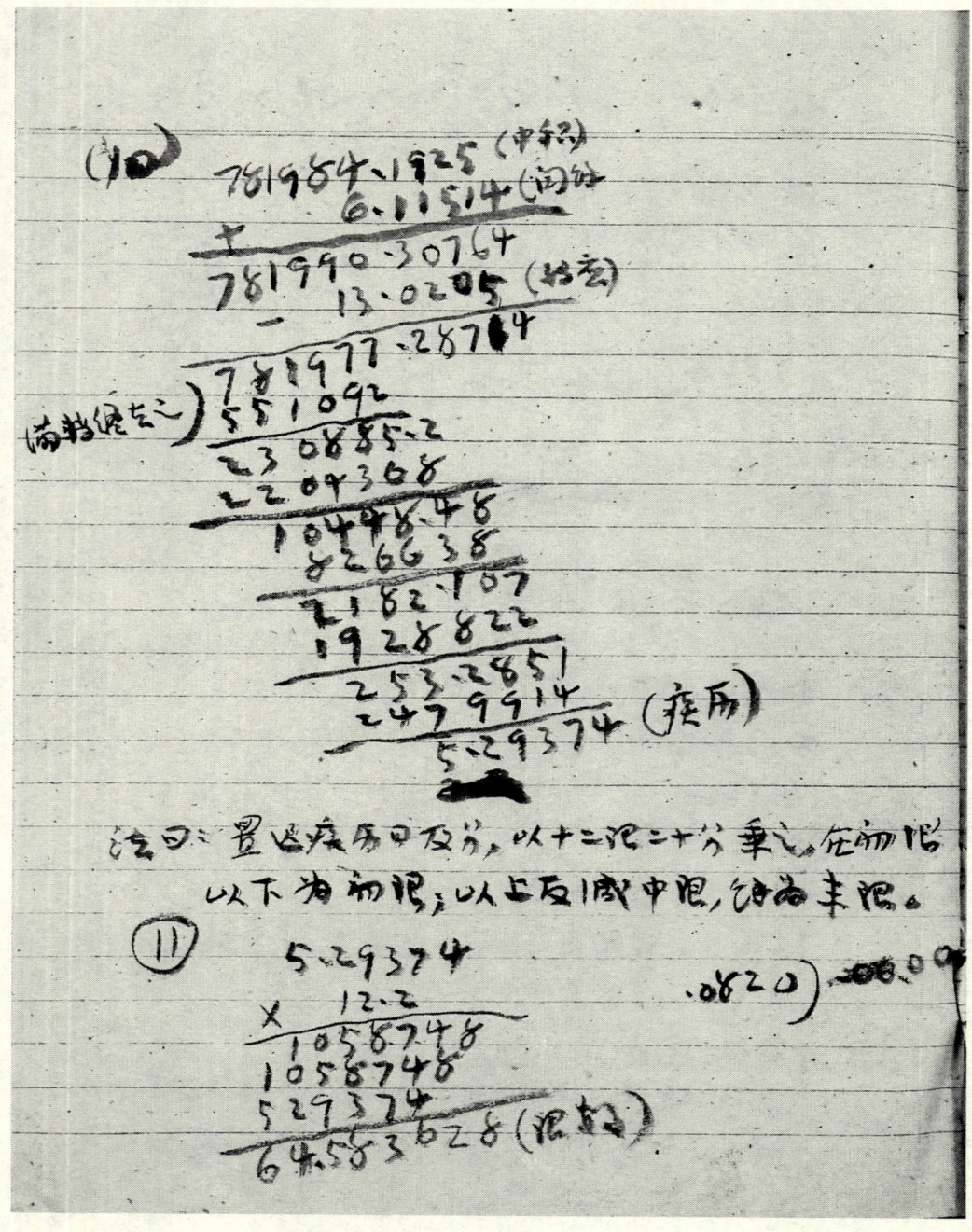

.0820) ~~00.0~~

法曰：置迟疾历日及分，以迟疾历日率减之，余以其下损益分乘之，如八百二十而一，益加损减其下迟疾度，即为所求迟疾差。

⑫ 检立成：

```
 5.29374
 5.2485
 ───────
  .04524

 .03428775
  .04524
 ─────────
  13715100
  6857550
  6857550
 17143875
13715100
─────────────
15511778100    .01896
  820
 ─────
  7311
  6560
 ─────
   7517
   7560
    7372
     820
    ────
    5578
```

```
 5.107456
+ .01896
─────────
 5.126416 （迟疾差 减）
```

第四步 ~~求定朔~~ 推加减差

~~(13)~~ 法曰：视所得盈缩差、迟疾差，以盈遇迟，缩遇疾，相并；盈遇疾，缩遇迟，相较。各以八百二十分乘之为实，再以迟疾限行度减去八百二十分为法；法除实为加减差。置经朔以加减差加减之，即为定朔。

(13)

1.6080957
−5.1264416
−3.5183217

.0882
703664
714656
28 1 4 6 5 6 0 2 2 4
.2885 0 2
21172
76882
74102
27804
21172
6632

减差 .2726

~~1.1306~~
~~.0882~~
~~1.0424~~

1.1306
.0882
1.0586

~~1.0424~~
1.0586

⑭

12.405325
.2726

12.1327 定朔

化为古分：

.1327 × 940 = 125分

940
876

64

940
735

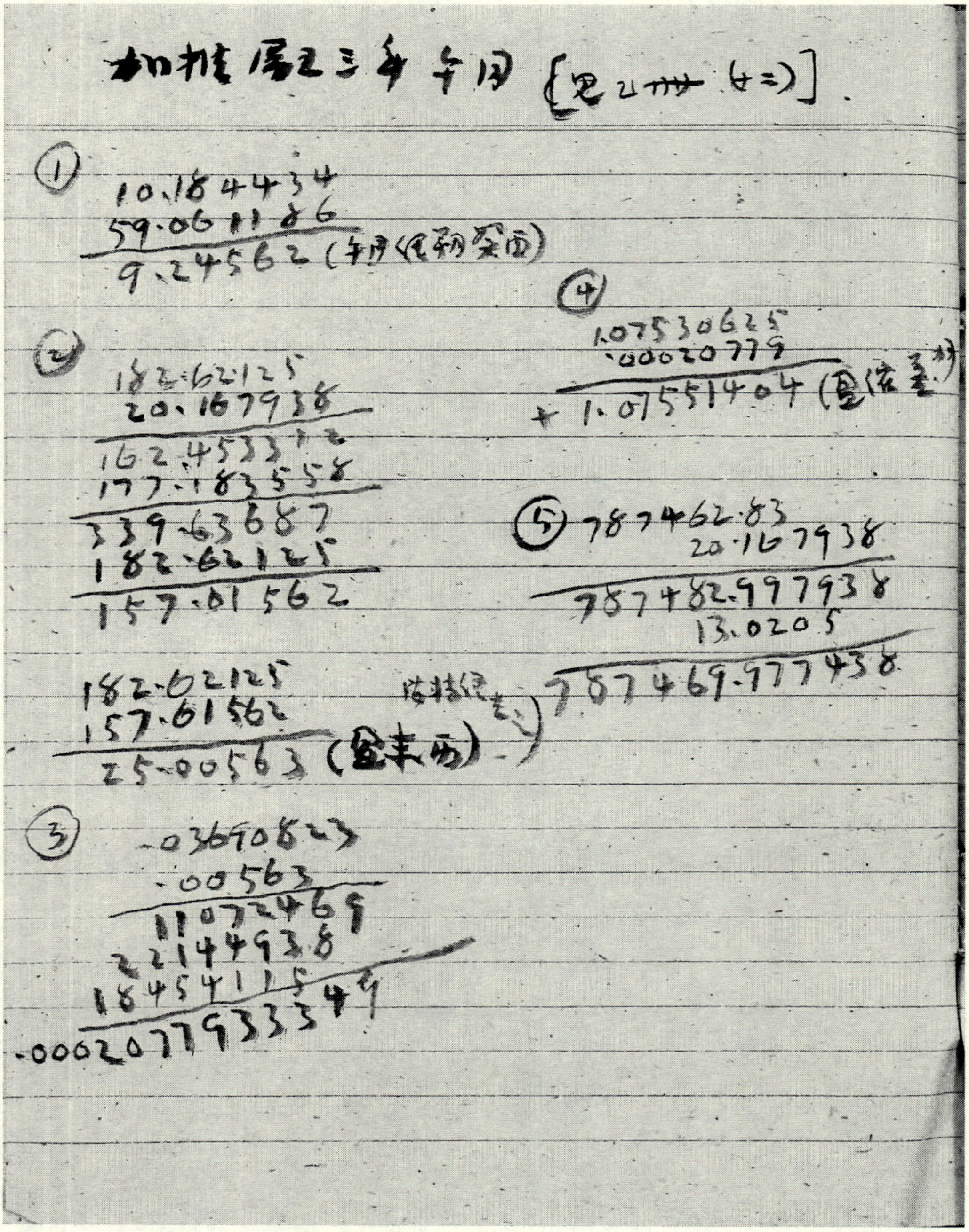
①
10.184434
59.061186
9.24562

②
182.62125
20.167938
162.453312
177.183558
339.63687
182.62125
157.01562

182.62125
157.61562
25.00563

③
.03690823
.00563
11072469
22144938
18454115
.00020779335

④
1.07530625
.00020779
1.07551404

⑤
787462.83
20.167938
787482.997938
13.0205
787469.977438

《（夏）小正》校釋

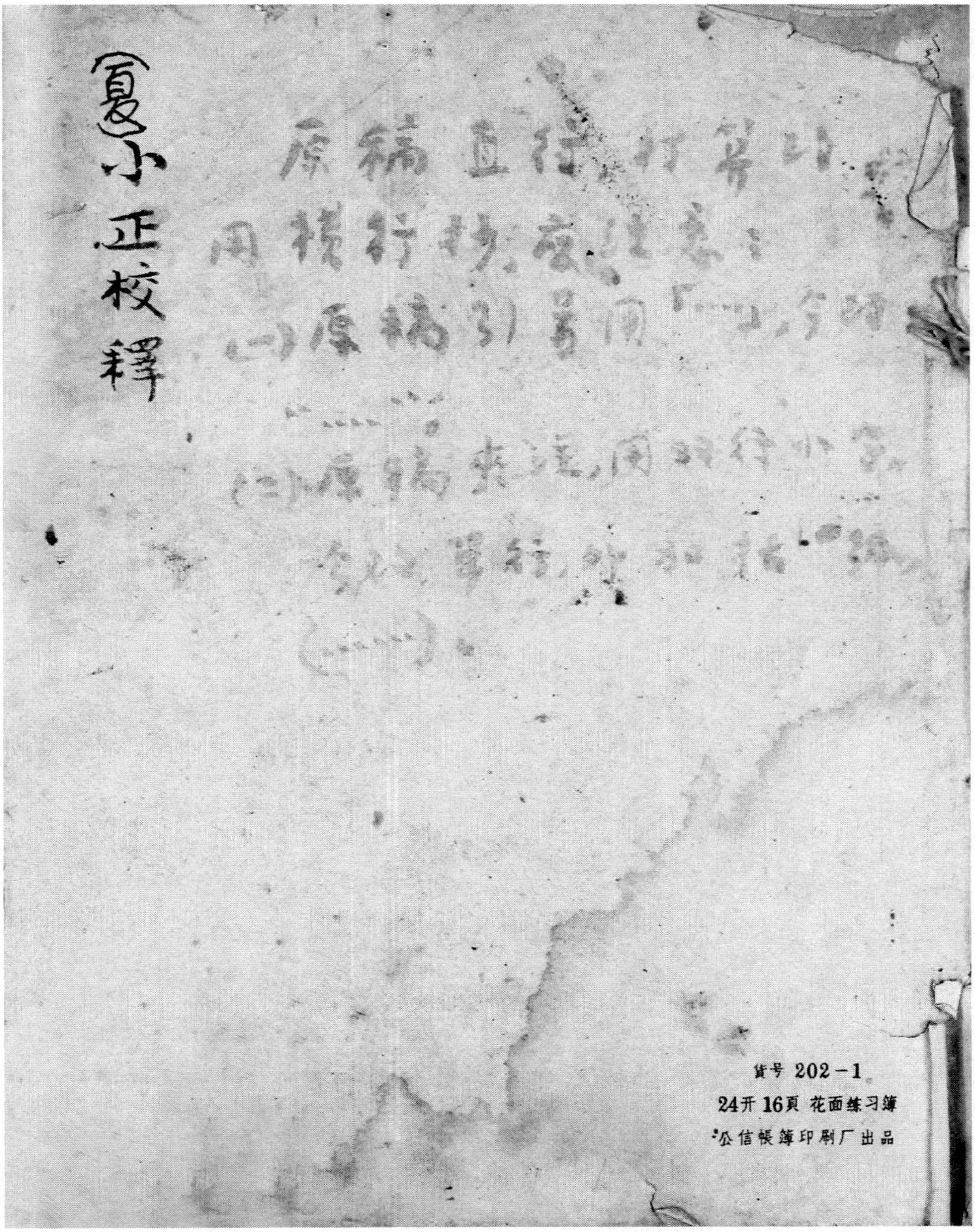

(夏)小正校釋
原稿直行，打印時
用橫行排，應注意：
(一)原稿引號用「……」，今譯
"……"號
(二)原稿夾注，用雙行小字，
單行，外加括"號
(……)
貨号 202－1
24开 16頁 花面练习簿
公信帳簿印刷厂出品

自序

小正舊題夏小正，夏字後人妄加。王筠云：「傳文小正字凡四見，竹書亦曰頒小正，知此書本以小正名。蓋大戴以其書最古，特題曰夏也。」謂此書本以小正名，是也。但傳敷以夏正解經，且曰夏有煮祭，迷誤已久。題曰夏，未必始于大戴也。傳大率能達經旨，且質辭古奧，有清人不能通者，非漢人所能為。但已誤認小正為夏正，必在三正論流行之後，卻絕無四分之跡，未見殷曆，則傳當出春秋戰國之際，與月令先後不甚相遠也。釋菜之禮，先儒無定說，其廢久矣。傳言「謂今時大舍采也」，則猶行此禮。傳之古可知也。五月傳「菽糜以在經中」，尊小正為經，則小正之更古可知。小正言秀幽，言剝棗，言有鳴倉庚，亦見七月，未能詳定其謬誤也。柳或偶同，不相謀也。小正之二分二至不分明，四宫二十八宿亦略不見完具之跡，小正先於堯典無疑。小正建丑為正，周亦殷正亦建丑為正。小正為殷周之際頒行之舊典，則不可易也。三正之說，始見於左傳昭公十七年。謂夏以建寅為正月，殷以建丑為正月，周以建子為正月。逸周書頗有後人增竄。尤其周月時訓二篇，備言節氣中氣，非四分發明以前所能有。其言三正，不足據也。春秋前期，建丑為正，月日歷歷可考，宰人已能言之，見公羊注困學紀聞九。且西周金文備具王年月日月相者，三十有七器。以建子推之多不合，以建丑推之，除三器可疑外，悉合。詳見拙著西周考年。先儒惑於三正，古書往往難通，於是創為周家大事用夏正，七月詩兼用夏正周正之說。夫王朝正朔，寧有大事不用之理。一人之作，忽而夏正，忽而周正，何其顛頓乃爾。以建丑說之，則皆通矣。邊周書周月云，至於敬授民時，巡狩祭享，猶自夏也，尤為破綻。果爾，周正建子何所用之乎。以小正之星象證之而益明。蓋天文，千古不變者也，歲差亦微，亦能推算。故天上材料，較之紙上材料與地下材料，更為堅確。竺可楨先生據歲差由今日之中星，推堯典之中星，確定堯典為西周初年之作，不可易也。小正星象與堯典合，小正星象物候與七月合。即不利用竺先生之論定而采用其方法，據歲差推小正之星象而決小正為殷周之際頒行之舊典，建丑為正，亦不可易也。隨文校釋，具見本編，茲不備引。時公元一千九百六十五年七月，在贵阳花溪贵州大学。年六十有七。

著者

#（夏）小正校釋

張淩江舟学

正月啓蟄。音執

【傳】言始發蟄也。

【校釋】畢沅夏小正考注，啓作启，廷。古書詎能一依說文而妄改。且啓字已見金文召尊、毳叔大林鐘。又啓為後起字固也，但其字果从口啟聲乎，抑从攴启聲乎。余謂啟从攴戶會開門之意，昭然若揭，前伯啟錢正作攺。說文丁[illegible]启，開也，从戶从口，會意，甚晦。許書有不可盡信者。本編以校釋為名，恐世人迷信畢氏而妄校，故一發之，後不置辯。

洪震煊夏小正疏義云，下啓訓發，鄭君士昏禮注用之。

說文：蟄，藏也。藏猶今言冬眠。

或問：月令記仲春仲秋曰日夜分，記仲夏曰日長至，記仲冬曰日短至，是夏正也。今言小正為殷正，則小正之正月建丑，月令之孟春建寅。小正啓蟄，雁北鄉，魚陟負冰，凍塗，獺獻魚記在正月。而月令蟄蟲始振，鴻雁來，魚上冰，東風解凍，獺祭魚記在孟春。月令孟春明是建寅，小正正月物候既同，何得建丑。欲釋此疑，必先考訂月令之為何書，成於何時。考訂既明，則小正物候與月令之或同或異，不必迻文繫釋矣。月令之星象，幾乎全符小正。

作夏正之月令，據殷正之星象，是其天文知識，尚未達
戰國多士之水平。且已誤於三正論，誤以小正為夏正矣。六
歷之殷歷為四分歷之初創，乃假殷歷與夏歷，七國秦
率用之，詳見拙著殷歷譜原或再談屈原之生卒。殷
歷備列二十四節氣，載明星度，見漢書律歷志。月令不備
節氣，是蒙誤據殷正，與四分殷歷實測相違（四分殷歷創於周考王十四年，公元前四二七年）。是月令之成
書當三正論流行之後，殷歷未頒，甘公石公之學尚未顯
於世也。其在春秋戰國之際乎。至於物候，耳目可資。其所
以不同小正者，則氣候之變也（畢沅已見及此）。殷歷節氣，驚蟄在夏正正
月，月令孟春之月蟄蟲始振，正合。小正在建丑之正月，氣候
變也。氣候仍然遞變，太初歷移驚蟄於雨水之後，則又在

夏正二月矣。又七月言蠶月條桑，與小正三月攝桑委
子始蠶，令留在夏正二月。月令勸蠶事記在季春，亦氣候
之變也。氣候仍然遞變，今江浙蠶月條桑概在清明前
後，則夏正四月也。(?)江北氣候，浙不適宜於樹桑育蠶，遑論
華北。此皆氣候遞變之可考者。月令之物候，符合當時
夏正之實際，非襲小正而為之也。小正正月鷹則為鳩，梅杏
杝桃華，月令鷹化為鳩，桃始華，皆移在仲春，愚目睹也。
小正正月鷹北鄉，雉震雊，雞桴粥；月令鴈北鄉，雉雊，雞乳，皆移在季冬。
天文憑實測，限於水平，遂致誤據小正而不察。物候則憑
目驗，不合小正則必改，信月令物候之為實錄也。由於不知氣候之有遞變，見西周小
正之物候，泰半符合於當時周之實際，遂誤以為小
正之為夏小正矣。月令之為何書既明，月令與小正之異同

可解，而二書文獻價值始顯。不但小正可證，月令亦[illegible]矣

黃也。

雁

雁北鄉。（去聲，同向）

［傳］先言雁而後言鄉者，何也。見雁而後數（上聲）其鄉也。鄉者何也。鄉其居也。雁以北方為居。何以謂之居。生且長焉爾。九月遰（舊音遞，按應讀為逝）鴻雁。先言遰而後言鴻雁，何也。見遰而後數之，則鴻雁也。何不謂南鄉也。曰，非其居也，故不謂南鄉。記鴻雁之遰也，如（同而）不記其鄉，何也。曰，鴻不必當小正之遰者也。（大戴本作「何以謂之為居」，王引之據後文例，刪為居二字，今讀依王氏依傳文本。）

［校釋］顧鳳藻夏小正經傳集解：「遰與逝通」，是也。故九

月傳「遰，往也。」史記賈生列傳「鳳縹縹其高遰」，漢書「遰」作「逝」。集韻「逝」說，「遰」重文，注與傳合。

「見（先言）遰如後」，言鴻雁何也」，北宋傅崧卿夏小正戴氏傳（大戴本）本並作而後，傳本注「舊注而亦作如」。此舊注據關澮本，當是盧辯所見異本，今從之。後「如不記其鄉何也」，傳本作而不，注「舊注一作如」，今大戴本正作如。古人慣用變文，見日知錄二十四互辭條，又俞樾古書疑義舉例，上下文異字同義例。[illegible] 後人不達而妄改之。

「見遰而後如之」，大戴本作數之，今依關本。或言數或言如（傳用後義），如，亦古人變文。說文「數，計也」，計包計算計度二義，如讀為茹，詩六月「玁狁匪茹」，鄭箋「茹，度也」。如數，正所謂異字同義也。傳本遰此字，大戴脫此字，今據關本補。

遰此二字，主謂關係。鴻之遰也，有可此有不可此。張衡

8 疑衍，依注
李儆元眉
元字

西京賦「南翔衡陽，北棲鴈門」，山海經注「鴈門山，鴈之
所出。」傳言「鴈以北方為居，即鴈門。有定居，其遊可必，
記曰北鄉，是『常不正之遷也者』。」西京賦「南翔衡陽」，左
思蜀都賦「候鴈銜蘆」，吳都賦「候鴈造江」。而「彭蠡（鄱陽湖）
既豬，陽鳥攸居」早見於禹貢。是無定居也。使不正其
遷曰南鄉，是「不必當不正之遷也者也」。傳義甚明。諸家
惟洪震煊用閩本傳奉也解則不可從。遵義鄭知同曰夏
小正校錄作（同）遷也，旁注「此句義晦，說者強為之解，恐
有誤字」。說者皆指洪氏，但注無誤字。

稿本未刻，貴陽李儆元校藏

雉震雊。音構

【傳】雊也者，鳴也。震也者，鼓其翼也。正月必雷，雷不必聞，惟雉為必聞之。何以謂之。雷則雉震雊，相識（同誌）以雷。

【校釋】說文「雊，雄雌鳴也，雷始動，雉乃鳴而句（徐作雊）其頸，从隹句，句亦聲」。書高宗肜日「越有雊雉」，孔疏「於是有雊鳴之雉」。詩小弁「雉之朝雊」，鄭箋「雊，雉鳴也」，月令「雉雊」，鄭注同。並與傳合。史記殷本紀述商書，易雊為呴，正義即用鄭注。各本雊作呴，唐宋人引小正有作雊作鴝者，今據書詩月令說文定作雊。關本脫雊字。易說卦「震，動也」，今通作振，與傳義合。大戴本關本傳本傳文雊震二字互易，今據初學記（卷三）所引訂正。其所以二字互易者，後人依經文之序而妄改也。古人文，承述前文有逆其序者，傳亦有其例，如釋緹縞，釋絜由胡，釋納卵蒜皆是。傳釋震雊，經文已無剩義，乃又從雷震之義而曲為之說。夫震，急雷也，而雊，霹靂也，說文月令建卯之仲春，雷乃發聲，何至建丑之正月而有震。許氏妄承其說，段注又曲為之解，妄訂經文為雷震雉雊。多歧亡羊，一至於此。

魚陟負冰。

【傳】陟，升也。負冰云者，言解蟄也。

【校釋】洪氏疏義云：「解者開也，解蟄猶言啓蟄云爾。」鄭氏通卦驗注云：「負冰，上近冰也。」大戴易本命云：「介鱗夏食冬蟄。」

農緯厥耒。

〔傳〕緯，束也。束其耒云爾者，用是見君子之亦有耒也。

〔校釋〕爾雅釋言「厥，其也。」傳言束其耒，寓詁於解。尚書雅頌多用厥，春秋以後只用其。吾友青陽洪誠據周禮用其不用厥，判周禮非周公作。小正兩用厥，不用其，亦出於周初之一證也。洪氏疏義曰：「說文云：韡，束也。从韋，韋聲。作緯，聲近假借字也。（按聲符同，古即同音）手耕曲木為耒。耒下前曲接耜。耜，耒頭金也。」洪說是。但又云：「耒耜是材，故須束之。其者，其農民也。」如經止曰農緯耒，似束耒專為農民有也。今曰農緯厥耒，著厥字，用是見農民特各自束其耒云爾，外此有天子公卿諸侯之束耒也，故曰束其

耒云爾者，用是見君子之亦有耒也。」此記則非。古代始耕，

天子親耕籍田。月令「天子親載耒耜，帥三公九卿諸侯大夫

躬耕帝籍，天子三推，三公五推，卿諸侯九推。」厥，厥君子

也。耒，手所執，秉之以帛，農民之耒不爾。箸一緒字，故傳假

之，「用是見君子之亦有耒也。」農言農事，記緒厥耒，

記耕籍田，明農事春耕之始，即七月所謂三之日即正月于耜也。

洪說曲而晦，經文之精妙胥失矣。傳文君子，大戴脫子字，

據闕本補。君子指天子三公九卿諸侯大夫。

初歲祭耒。一作坒

【傳】始用暢也，其用初云爾。暢也者，終歲之用祭也，言

是月之始用之也。初者始也。或曰，祭韭也。囿有韭。囿也者，囿之燕者也。

【校释】傳本始用暢為經文。畢沅謂王應麟引經無始用暢句。洪氏疏義、顧氏集解、李調之《夏小正箋》、鄭知同校錄，經文皆無始用暢句。惟畢氏攷注、孫星衍夏小正傳、王筠夏小正正義、徐世溥夏小正解用傳本。今據大戴本，始用暢也，蓄一也字，明非經文。闕本作「初歲祭耒，始用暢。暢者其曰初云爾」。古代初為故言，始為通語，故爾雅初字與哉首基肇等字連次而以始字釋之。使初字用在古代，亦如今日，則此傳亦不煩釋「初者始也」。茲以闕本論之，使始用暢為經文，則傳為「暢

者其曰初之雨，是以校言釋通語，無是理也。闕本之
有脫誤審矣。暢通鬯，酒也。終歲之用祭也，用下省
以字。或曰祭韭也，孔廣森大戴記補注謂記別家經文
或作初歲祭韭，其說是也。傳既引別本，因而傳之曰，
囿有韭，釋非野生之山韭。翻又釋囿，自傳自釋，其例
多矣。並諸家囿有韭，別為經文。夫韭乃菜之一種而
久者，見說文。非物候，小正無緣記之。傳本作囿有見韭，
據四月囿有見杏而妄加見字，辨見四月校釋。
經文當作初歲祭韭，涉上文傳寫誤作祭耒。祭韭
見七月，祭耒無聞焉。祭韭者，祭同韭也。七月疏「祭

用韭菜而開之，所以禦暑」。四之日殷正二月，非暑時。暑當
使臭惡，言「曰禦暑」即言防臭惡。犧牲臭惡，不可食矣。
韭為常久之菜，正終歲之用以祭者，是月始用之，故著初歲
二字。曰初歲祭韭，猶言一歲之始祭，當曰即月令立春之
祈穀，故承農績厥事而記之。經文簡奧，但如明達。曰謂
初歲祭韭，最含始用意，其譏喻之。祭韭之誤已久，姑仍
之。
囿也者，大戴脫者字，據關本補。遊謂游燕，字一作宴。洪
氏疏義引其弟頤煊曰：「周禮囿人掌囿游之獸禁。鄭
君云，囿游，囿之離宮小苑觀處也。凡人君游觀之處，

皆得謂之蕪」。園但樹果木，不得滋蕪，故以園之蕪者釋園。

時有俊風

〔傳〕俊者大也。大風，南風也。何大於南風也。曰，合冰必於南風，解冰必於南風，生必於南風，殺必於南風，故大之也。

〔校釋〕合冰闕本作合水。按詩匏有苦葉「迨冰未泮」，假泮為判，說文「判，分也」。是冰有分合，合冰猶言結冰。合冰解冰相對為義，生殺亦相對為義。大戴殺作收，非，今從闕本。合冰必於南風，殺必於南風，殊難置信。洪氏疏義引御自昌云「冰非南風不結，今時猶然也」，當是謊言。王筠正義引顧氏曰「俊風，條風也。通卦驗曰，東北曰條風。淮南子曰，冬至四十五日條風至，高注，艮卦之風，一名融。」冬至四十五日條風至，小正記在正月，時令甚近。曰俊，从允得聲，允余準切。融，以戎切。允融皆喻母四等字，古讀定母。或曰俊風，或曰融風，或曰條風，一聲之轉。傳望文生義。

寒曰滌凍塗。

【傳】滌也者，變也，變而燼也。曰凍塗者，凍下澤（同）釋上多也。

【校釋】周禮條狼氏注「滌，除也。」詩出車「雨雪載（則）也塗」，毛傳「塗，凍釋也。」傳言凍下釋上多，言凍之在上已多釋而下猶是冰也，義較毛益精。曰越于爰諸字，經義述聞曰：「偏於經傳無以寒日二字連文者。」

曰猶言於是也，見王引之經傳釋詞。小正「時有俊

風，寒日滌凍塗」原是文一條，言時有俊風，寒於是除而

凍釋。傳，句解之，遂成割裂。月令約小正此條為

「東風解凍」，不但曰字之義始明，而俊風之為條風即東北

風，益無疑義矣。東北風約言稱東風可也。若云俊風為

且月令疏「條風，東風也」。

南風，與月令違。曰字，大戴本不誤。~~本傳[illegible]本誤[illegible]~~

傳本經作日，傳作曰。後人多所誤，疏矣。

田鼠出。

【傳】田鼠者，嗛鼠也，記時也。~~[illegible]嗛為[illegible]鼸，假[illegible]鼸鼠即~~

〔校釋〕嗛為鼸之假字。據爾雅郭注，鼸鼠即袋鼠。釋文引字林，鼸鼠即鼩鼠。故之疑田鼠即鼫鼠。爾雅郭注「鼫鼠好在田中食粟豆」，詩魏風用假字作碩鼠，曰：「碩鼠碩鼠，無食我黍，無食我苗，無食我麥」，故曰田鼠也。

農率均田。

〔傳〕率者，備也。均田者，始除田也，言農夫急除田也。

〔校釋〕洪氏疏義云：「均古文䓝省。說文云：䓝，艾也。又訓春草根枯，引之而發土為墢，謂之䓝。䓝除同義。國語齊語云：及寒，擊菒除田以待時耕，菒即槁字，枯草根也。除田云急者，氾勝之農書云，「土長冒橛，陳根可拔，耕者急發」，是其義也。率者循也，釋詁文，但於經義無取。王氏釋詞：聿與率聲近而義同，見經傳釋詞。詩蟋蟀「歲聿云莫」，毛傳「聿，遂也」。農遂均田，發田鼠出，明其發田鼠之窟穴，不徒拔陳根已也。著一率字而經義之富，經文之精，因具見矣。

~~獺獸祭[illegible]~~

率，遂也，殷周之際通語也。書盤庚「盤庚遷于殷，民不適有居，率籲眾慼，出矢言」，遂呼眾慼出誓言也。堯典，偽古文分為舜典「柔遠能邇，惇德允元，而難任人，蠻夷率服」，從夷遂服也。又「於予擊石拊石，百獸率舞」，百獸遂舞也。詩周頌「率見昭考，以孝以享」，亦承前文述祭事之盛而言，遂見昭考也。先儒皆以實詞解率，詁鞫為窮，王氏釋詞釋為以，亦欠允洽。

獺獸祭魚。

〔傳〕其必與之獸何也。曰，非其類也。祭也者，得多也，善其祭而後食之。十月豺祭獸，謂之祭，獺祭魚，謂之獸大祭何也。豺祭其類，獺祭非其類，故謂之獸，大之也。

〔校釋〕大戴經文脫獸字，傳文獸訛作獻，據關本傅本補正。傅本於大戴異文必注，而訛為獻未注，知北宋集賢本尚未訛也。淮南子高誘注云「是月之時，獺祭鯉魚於水邊，四面陳之，謂之祭魚也。曰得魚多，四面陳之，似陳犧牲然，故時人以祭言之。孔廣森曰「獺水居食魚，亦自祭其先」，失之。小正為授時之書，重在物候，非春秋褒貶之書，傳往往曲說。[redacted] 與之獸，與稱謂也。

見經傳釋詞。

鷹則為鳩。

【傳】鷹也者，其殺之時也。鳩也者，非其殺之時也。善變而之仁也，故其言之也曰則，盡其辭也。鳩為鷹，變而之不仁也，故不盡其辭也。

【校釋】之仁，之不仁，之字皆訓往。古人言物化可哂，不必論也。說者謂此鳩為布穀，非斑鳩，詳見三月鳴鳩下。

農及雪澤，

【傳】言雪澤之無高下也。

【校釋】澤讀爲釋，管子（已見前傳）「農耕及雪釋」，~~耕[illegible]~~可證。及讀趁，及少康之未家之及，猶今言趁也。高下猶言上下。雪釋無有上下，凍釋有上下。此傳云云，所以別於前傳「凍塗者，凍下而上釋者也」。洪氏疏義「高平曰原，下平曰隰」，失之。

初服于公田。

【傳】古有公田焉者，古言先服公田而後服其田也。

【校釋】詩噫嘻「亦服爾耕」，鄭箋「服，事也」。詩甫田「雨我公田，遂及我私」，是西周有公田私田，其田即指私田。

采芸。

【傳】為廟采也。

【校釋】傳義言為宗廟祭祀而采。陳氏疏義「廟祭用芸無聞焉」。

〔漢〕集管子立政篇「正月令農始作服于公田，農耕及雪釋，耕始焉，芸卒焉」。此概括為「農及雪澤，初服于公田，卒芸」，謂經文本作「卒芸」。後人不識芸字而改「卒」為「采」。管子「耕始焉，芸卒焉」，始卒相對為文，明耕事始而芸事畢矣。芸即均，古人變文，說已見前。按陳桓曰芸，引申之除草亦曰芸也。芸，去五分切，喻母三等，古在匣母，讀如魂也。旬古文作旬，金文王孫鐘作訇，竝从勻不省，朱駿聲謂旬从勻省聲是也。莊子田子方釋文引李注：眴，謂眩也，聲訓，猶説文訇从言勻省聲讀若玄也。是均古音讀玄，亦在匣母。明均芸古同紐。均在古韻先部，芸在古韻魂部，二部古音近，毛詩猶多合韻，遠古甚或同部。甲骨文卜旬甚多，字皆作云，作亏作𠄔，即假云為旬。云旬通假，芸均通假，此為堅證矣。衆芸之誤已久，姑仍之，附存鄙說於此。

鞠則見。

【傳】鞠者何也？星名也。鞠則見者，歲再見爾。皆言鞠則旦也。

【校釋】見字爲古代天文學專用詞，言旦出星，初出地平東方，距

緣。二十度許 傳不得其義。鞠星不見天官書，諸家不明見字之義
而妄擬。戴震謂鞠為噣，即柳宿，或百二，柯觀謂鞠為柞西星，
王筠謂鞠為老人星，朱氏說文通訓定聲謂鞠為危宿上天鈎，是。惟洪震煊引孫星衍說，鞠虛聲
相近，謂鞠為虛宿。以星度推之，虛晦見，孫説是也。正
月參中，參去日躔百度許，在日躔東。參去虛二十五度許，在日躔西一百
初昏參中。二十五度許，可旦見。

〔傳〕蓋記時也云。

〔校釋〕昏旦二字，為天文學重要名詞，古人於此時觀象也。初昏在
日入後，星初現之時間。士昏禮鄭目錄云：「日入三商為昏」，
孔疏：「三光靈曜亦日入三刻為昏，」准之，日出前三刻為旦。

文選新刻漏銘李善注引五經要義云：「昏，隨也；旦，明也。日入後漏三刻為昏，日出前漏三刻為明。」堯典疏：「日未出前二刻半為明，日入後二刻半為昏。」

古代一日百刻，今日一日九十六刻，約略相等。今日日入後二刻半，尚不能見星，緯書要義說也。中，言初昏參星在頂上正中，後世所謂中星也。

堯典但舉二分二至之中星，其時各月之中星皆可推定。每年十二中氣，平分周天三百六十五度又四分度之一，每一中氣，宿移三十度強。約言之，即每月行三十度強。

堯典「日短星昴」，言冬至中星為昴，此建子之月。昴以宋元豐距度計之，度十一度，加畢十七度，加觜一度，加參十度，合三十九度。昴、參度數，不應全部計入正月星移之數。則正月初昏參中，其為建丑之月無疑。此小正所為殷正之鐵證也。

斗柄縣（同懸）在下。

【傳】言斗柄者，所以著參之中也。

【校釋】著讀（直略切），猶六月傳之言當。斗（北斗星也）柄縣在下，為冬至，千萬年不變也。小正記在正月下。斗建與旦昏之星位，相輔而行，小正之要圖（十一月十二月不觀象，見十六[illegible]），故首出之。是時斗柄縣在下略偏東，約而言之曰：縣在下也。若小正為夏正，建寅之月，斗柄已近乎曰東指，不得云縣在下矣。

柳稊。

【傳】梯也者，發孚也。

【校釋】傳本經作梯，傳作稊，今依大戴作梯。王筠正義云：「發孚者，初生葉也，孚甲包之，解發則成葉。稊者，甲也，孚也，第指解孚甲而生也。」洪氏疏義云：「孚當為采字之誤。說文云：采，古文穗。采字形近故誤。說文：穗，禾成秀也。易大過：枯楊生稊。釋文云：稊，楊之秀也。今見楊柳初秀時，纍纍垂下，正如禾穗。」按桃杏已花，而柳始發孚，非其候也。洪說為近之。

梅杏杝桃則華。校同

【傳】杝桃，山桃也。

〔校箋〕杝（字一）作榹。釋為山桃。（爾雅「榹桃，山桃也」，非爾雅文例，遂錄此傳而未察也）杝从它聲，古音讀沱。从虒聲

之榹傂趆，註直離切，古亦在定母。古該支歌通轉甚多，故

杝即榹。孔廣森曰「經義蓋杝與桃為二物」，是也。杝自是杝，

爾雅郭注，似桃而小，與桃別。曰杝為杝桃，非古人語（爾雅作榹桃……）傳連出杝桃，而此釋只是杝，

此例甚多。如「緆，繡也」者，勺隨也，只釋繡，緐由用者緐母也，只釋

由娟，內大也者，大火，只釋火，皆其例。（唐蜩鳴者，蝘也，只釋唐蜩）諸氏疏義言傳專釋杝桃，明

經梅杏杝桃為三物，黃山圓刪杝下桃字，故謂非是。前人不

達古人文例而妄改古書者多矣，（吳）妨容一例焉。

文例非傳者自為之也，古文固皆然。如說文玉部「玤讀若詩曰瓜瓞菶

菶，一曰若盒蚌」，不必言讀若瓜瓞菶菶之菶，若盒蚌之蚌。歟

呂山桃是一物，杝

桃爰是二物。毛詩

碩鼠，碩大，是一

物，或作鼫鼠，爰

是二物。

隸

此古多，不煩過篆。

緹

縞。

【傳】緹縞也者，莎隨也。緹也者，其實也。先言緹而後言縞者，何也？緹先見者也。何以謂之？小正以著名也。

【校釋】緹縞並舉，正釋縞字，例已見前。關本畢本傳本諸本並刪緹字，非是。爾雅「薃侯，莎，其實媞」，廣雅「地毛莎隨也」。莎隨亦單言莎。廣雅「其蒿，青蘘也」。楚辭招隱士「青莎雜樹兮」。莎蘘古同音，青蘘即青莎，蘘即蒿。蒿即縞也。御覽引廣志「莎可以為雨衣」。雨衣為青蘘所製，故名蘘衣。此草農民所重，故小正記之。正月非結實之時。李調元

雞桴粥。音育

箋云「緹，黄種土色也，其色纁，周禮地官草人，黄種赤緹是也」。訪未必待黄，單言緹亦未能知其為黄色也。顧鳳藻夏小正解云「緹，縞，花之色也，赤曰緹，白曰縞。緹者杝桃，縞者梅，如緹暎縞者杏也」。小正記花色，無謂也。存疑待考。傳本小正以之下涉上行小字。著即上文先見之義，小正以顯著者名之以示人，故先言緹。俞氏平議杝解緹云「先言實而後言縞，猶下文剝棗栗零，正古人文法之錯綜。傳曰，先言緹而後言縞何也，緹先見者也。此曲為之說，未必經有此義」。據俞說是。九月内火，火是既入矣，

傳此類曲說甚多

不曰大内而曰内火，不得謂以著名也。

〔傳〕粥也者，相粥之時也。 或曰，桴，嫗伏也。粥，養也。

〔校釋〕傳謂相粥之時也，說文段注謂一本作相粥粥呼也，畢本孔廣森補注言黄本時作呼，盧本作相粥之呼，段據之。按用之。之時勉强可通，各本無異。~~不知段所據何本~~清人不知何據，不便輕用。

傳曰相粥則讀粥為粥粥，音視雞相呼，其聲粥粥。桴嫗伏也者，洪氏疏義云："莊子云，嫗雞搏狸，此嫗字義也。又云，越雞不能伏鵠卵，此伏字義也。桴古文孚，一切經音義引通俗文，卵化曰孚，音芳付反。" 按今言抱雞，抱即伏之古代字遠音也。古無輕唇音。合肥民間於室內起高架，鋪卵其上，覆以被褥，下用微火溫之，亦能出雞，謂之焐坊，焐即嫗之古代字遠音也。粥讀鬻，同育，爾雅釋詁："育，養也。" 洪氏疏義引黄模云："桴粥當為孚育。韓詩外傳曰，卵之性為雛，不得良雞覆伏乎育，則不成為龤。」傳陳二義，或曰是也。

二月往耰柔禪。

【傳】禪，單也。

【校釋】耰，洪氏疏義引晉灼漢書注「以耒椎塊曰耰」，而申說之曰，「正月陳田發土為墢，二月往耰之，以耒椎塊。」柔，大戴作黍，據閩本正。疏義云，「柔當為䵖，古文省。」說文云，「䵖，和田也。」爾雅，「田一歲曰菑，二歲曰新田。」孫炎云，「新田，新成柔田也。」柔，和義也。正月非單衣之候，諸家讀禪為彈盡也。王筠謂功畢，洪氏謂耰柔期於彈盡，皆與往義不協。（李調元謂盡力，而民猶盡力，似待言也。）謹案禪當讀墠，說文「墠，野土也」，（古代土田同義。）段注以為即鄭風「東門之墠」之墠，毛傳：除[illegible]田町町者。

町町，平坦之義。

陳劍說，即椎塊使之細碎且平坦，毛傳亙

亦耰義，用者字明為名詞，知為田也。采墠連文同義。耰之

二者皆持

功得和田坦之名。

初俊羔，助厥母粥。

【傳】俊也者，大也。粥也者，養也。言大羔能食草木而不食其母也。羊蓋非其子而後養之，善養而記之也。或曰：夏有煮祭。祭也者，用羔，是時也。不足喜樂，喜羔之為生也而記之。與羔，羊腹時也。

【校釋】夏有煮祭，大戴夏形誤為憂，據傳本正。是時也，諸本屬下句，今依鄭知同讀。是之古通用，言用羔之時也，釋

經文初無義。是時也，如屬下句，則用羊不用也字，無疑，
本傳本作未全 不足喜樂，皆主語。即令出主語，曰「是不
足喜樂」羊也，曰「是時也不足喜樂」，於義乖矣。論語季氏「無
乃爾是過與」即「無乃爾之過與」，與下文「是誰之過與」呼
應。兩句與此傳互證。閩本作不足善樂，今依大戴。與羊
羊，大戴傳本皆作與羊牛，今依閩本引舊注「一本作至羊」改。
盧森補注本，羣本、洪本注同。
也。大足時含草木而不食其母，時有事也，何足記。
也。徐世溥夏小正解云「俊，餕也，即獻羔之禮也」。俊餕皆
無獻義。煮祭或以易祭，經傳無考。若云俊羔為獻羔，訓
詁無據，且與時毋膩，義不相屬。與羔，羊腹時也，孔廣

森曰：「腹謂母於腹下乳之也」，言腹時名羔，不腹時名羊。
羔為小羊，古人亦不知之，何焯傳之誤耳如此。古時羔之
三字皆通用。詩召南「之子于歸」，鄭箋「之子，是子也」。許與羔者，
羊腹之也。腹言孕育。釋羔助成母衛，終報母恩云爾。
傳除二義，皆欠允洽。謹案：俊當讀為逡，或復之訛也。說文「逡
復，古文退也」。今本誤作復也。王筠說文句讀云：「當作復
退」
也」，爾雅玉篇廣韻皆云退也」。漢書王莽傳「復依隆約」，師
古注：「復，退也」。禮記檀弓下「君退」，鄭注：「退，去也」。去今言離
開，君離開大夫之宮也。逡羔，言退羔，去羔，使羔自母退出，
使羔離開母也。又四月傳「執駒也者，離之去母也」。則退羔，亦
為離之去母，義更明也。又獻乳子時，不發情，故自母處

退出外牢，促使其母發情受胎。助成毋術之主，疑為農民，術即術而，即育，言生育也。二月草茂，足供芻食，是月陽盛，動物最易發情，畜此時已可行之，故曰初言。農家耕牧之事，由卿大夫莅之，固以為小正同政也。故上與往檮柔梓相次。二月陽盛，人物皆易發情，故下與綏多女士相次。

綏多女士。

［傳］綏，安也，冠子取婦之時也。

［校釋］女，少女，男，少男。安之者，使其婚姻及時也。即周禮媒氏所云「中(仲)春之月，令會男女，於是時也，奔者不禁。」古代男子二十而冠，三十而娶，洪氏引漢昭帝冠辭「欽順仲春之吉辰」語，古代冠禮亦在二月。似後人依傳義為故事，經義似專指取婦。

丁亥萬用入學。

〔傳〕丁亥者，吉日也。萬也者，干戚舞也。入學也者，大學也，謂今時大舍釋同采菜同也。

〔校釋〕干支配合凡六十日，二月未於必有丁亥。孔廣森謂亥為天門，先王貴焉，故舉以言之。洪氏謂丁不必亥，舉亥以該其餘。洪說近之。月令「仲春之月上丁命樂正習舞釋菜」，釋菜之義，先儒無定說，大抵為入學時祭先師之禮。

祭鮪。鮪音洧

〔傳〕祭不必記，記鮪何也。鮪之至有時，美物也。鮪者，魚之先至者也，而其至有時，謹記其時。

【校釋】詩衛風「鱣鮪發發」釋文「鮪似鱣，大者名王鮪，小者名叔鮪」。淮南子高誘注「鮪魚似鯉而大」。山海經東山經「碧陽水中多鱣鮪」，郭注「似鱣而長鼻，體無鱗甲」。按衛風、山海經皆鱣鮪連文，高注恐非。祭鮪與祭韭同，言祭用鮪也。周禮𩧕人云「春獻王鮪」，月令淮南子時則訓皆云「薦鮪于寢廟」。謹記無時，但氏疏義云「中釋經記祭鮪，為鮪記，非為祭記也」。

大戴傳文無堇字，今依朱本補。

榮堇。

【傳】菜也。

大戴堇作黃，也作芑。今依傳本。堇，傳本未注

【校釋】大戴異文，知某賢本大戴記猶同，關本作堇。詩縣「堇荼如飴」，毛傳「堇，菜也。荼，苦菜也」。禮記內則「飴蜜以甘之，堇荁（音丸）以滑之」，鄭注「冬用堇，夏用荁」，因儀禮士虞禮「夏

用葵，冬用苴」也。是堇有葵名。（三夏人今猶堇葵）爾雅釋草「齧，苦堇」，郭注「今堇葵也，葉似柳，子如米，汋食之滑。」古詩「采葵持作羹」，即此菜，非向日葵。洪氏義疏據畢沅說，讀堇為芹，說文作菦，「堇」周禮醢人加豆之實有芹菹，因用爾雅郭注「芹，今水中芹菜。」按堇、芹、菦皆同音一物，兩雅分而二之已非，但猶云「芹，楚葵」，芹似是葵屬也。郭注以為水中芹菜則大非矣。菜即堇，同花

兩雅釋草「木謂之華，草謂之榮」。

采繁由胡。

〔傳〕繁由胡者，繁母也。繁，旁勃也。皆豆實也，故記之。

〔校釋〕大戴采作菜，涉上文誤，由誤作田，據傅本正之。大戴作萬，

8 傳言皆之實也，指繫與由胡，刪由胡，不可言皆。畢沅、洪震煊、王筠注詁皆合釋上文繫董，併無此例。

9 廣森作旁，云：「蓋本旁字，脫去上半，或誤為方，因轉為旁耳。」按方旁古同音，經本作方勃，陸璣作旁勃，廣雅作旁勃，皆後起異文也。朱蓋本作方，孫星衍曰：「旁旁為方」，今從之。繫由胡乃同類之二物，非一物之二名，猶杝杏之皆

畢沅刪經由胡二字，竄改傳文為「蘩，由胡。由胡者，蘩母也。蘩母，旁勃也」，謬專輒之至也。傳本已刪經文由胡二字而妄改傳為「蘩，由胡。由胡者，蘩母也」，刪「蘩，旁勃也」四字。洪氏反以傳本為是，作大戴為駮文。謹按「蘩由胡者，蘩母也」，連寫蘩由胡而止釋由胡，例見正月梅杏杝桃則華校釋。先釋由胡後釋蘩，古人亦述之文，不必順次，例見正月燁震句校釋。不達古人文例而竄

亂古書，雖畢洪通人，猶不能免，而不慎歟。

昆小蟲抵蚳。遲音

[傳]昆者衆也，由魂魂也。魂魂也者，動也，小蟲動也。其先言動而後言蟲者，何也。萬物至，是動而後著。抵猶推也。蚳，螘同蟓卵也，為祭醢也。取之則必推之，推之不必取。取必推而不言取。

[校釋]由魂魂，大戴誤為田魂螺。萬物下，大戴脫至字。抵猶推也，大戴抵誤作措。不必二字大戴誤倒。注據傳本補正。由魂魂也四字，各本不重，從由魂句絕，今依此

宛平黄氏本經義述聞引。按老子「夫物芸芸」，河上公注「芸芸者，華葉盛」，實言物之眾多，猶太玄經言「魂魂萬物」，注「魂魂，眾多之貌」。孝經援神契「魂魂芸芸也」，芸芸動也。是古人魂芸之有眾義動義者，皆重言之，傳亦當然，不得如諸家之讀。王引之曰「一切經音義兩引此，並云魂魂然小蟲動也，是魂魂二字連讀」，王說是也。其次，如於由魂句絕，訓釋不用也字煞尾，亦非傳例。王引之用黄本，是也。但謂黄本衍下一由字則非。若刪下一由字，則「魂魂也者，動也」，專釋魂魂，則傳文成「昆，衆也，猶動也」，遂成矛盾之言矣。傳「由魂魂也」，用爾雅訓取魂芸衆多之義，釋昆所以訓衆之故。下「由魂魂也者」，乃又用此聲訓，取魂魂芸芸之動義，提出又一義。若今人行文，當曰「昆，衆也，猶魂魂也。又動也，猶魂魂也」。古人之文則婉而曲，不如今人之文拙而明也。

傳陳之二義。前義昆為形容詞，作定語，言衆小蟲也。又義昆為自動詞，作謂語，傳言小蟲動也。主語倒，亦正有此文法，但於義無壞。言衆小蟲推蠕子，方足資取用，少則不爾，非取用之時矣。前義較勝。為孚醢，見周禮醢人。

衆小蟲不推蠕子，無從取用，故曰「取之則必推之」。象小蟲之推蠕也，亦有不取之時，故曰「推之不必取」。取

必待推，言推而取自見，經不必言取，所謂「取必推而
不言取」。此釋經記「昆小蟲抵蚳」，蟲事人手皆見。前經
記發鮪，傳發明為鮪記非為發記。經之蘊，非傳無以
發之，此其顯著者也。

來降燕乃睇。（音第）

〔傳〕燕，乙也。（如鳥鷙）降者，下也。言來者，何也。莫能見其始出也，故曰
來降。言乃睇，何也。睇者，眄也。眄者，視可為室者也。
百鳥皆曰巢，突穴，取與之室，何也。操（音移上去）泥而就家，
入人內也。

〔校釋〕入人内，大戴四部叢刊本作人，據闗本正。王筠曰：「本文與陟玄鳥蟄文偕同。來謂之降，去謂之陟，皆神之也。」言其來也降自天，其去也升于天，故曰神之也，即傳言莫能見其始出也。說文「睇，目小視也，南楚謂

~~乙也，各本作甲乙之乙，今正。說文~~

眄曰睇。」乙也，非甲乙之乙。說文「乙，玄鳥也，齊魯謂之乙。」巢，突穴，三字連文同義。說文「堀，突也」，堀同窟，故孔氏補注云「突，窟也」。取，與之。孔氏云「取字誤，當為與。與之，謂之也，與正月傳其必與之獻同義。」與之即謂之，孔說是也。但其~~無~~字緣誤為取，不容輕改。謹按取當

廣雅釋詁「撰，取也」。方言「斂物而細曰撰」。

讀為趣，廣雅釋詁「趣，遽也」。此聲訓，一聲之轉。

內著趣，巢穴塵或堂上，古人以門限分內外，孔氏補注引漢書「家有一堂二內」，不得經義。

剝鱓。音駝

【傳】以為鼓也。

【校釋】剝鱓皮以為鼓也。說文「鱓，魚皮可為鼓」。詩大雅「鼉鼓彭彭」，毛傳「鼉，魚屬」。按鼉後世名鼉龍，鱷魚之屬，實脊椎動物。

有鳴倉庚。

【傳】倉庚者，商庚也。

〔校釋〕舊本「高庚也」下有「高庚者，長股也」六字。今依莊述祖說，删之，移「長股也」三字於「四月鳴蜮」傳。倉庚即今之黃鸎。詩之黃鳥、鶬鶊，亦此鳥異名。[redacted]

榮芸。時有見稊，始收。

〔傳〕有見稊而後始收，是小正序也。小正之序時也，皆若是也。稊者，所為豆實。

〔校釋〕稊，大戴四部叢刊本誤作梯，今正。芸，說文「芸，草也，似目宿」。高誘淮南注「芸，菜名」。洪氏疏義云「稊當讀為荑。詩自牧歸荑，傳云，荑，茅之始生也。鄭箋云可以供祭祀。周禮醢人，朝食之豆有茆菹，鄭大夫讀茆為茅，云茅菹，茅初生。御婦大祭祀供茅菹。此皆傳所謂豆實之義也」。按說文鵜、鶇重文，艸部荑、荑重文，故稊即荑，洪說是。

確。張爾岐曰："收，蓄也。"

有鳴倉庚，時有見稊，四月囿有見杏，五月浮游有殷，諸有字皆語助詞，殷用之際，文法如是。詳見經傳釋詞。

豈有有而不見不現者乎。

三月參則伏。

【傳】伏者，非亡之辭也。星無時而不見，我有不見之時，故曰伏云。

（大戴亡作忘，依傳本。）

【校釋】洪氏疏義云："伏者，去日近也。凡星西去日遲三十度許，則昏而伏於西方。"其說是也。每月宿西移三十度強，正月參中，三月西移六十度強，去日僅三十度強，及昏時猶在

西方，離地平線二十度許。但距日近，
天空，受日光影響，伏而不見。

攝（聶讀）染。

〔傳〕染攝而記之，急柔也。

〔校釋〕孔氏補注云：「攝讀如爾雅『葉晝聶』，謂桑葉始生未舒之貌。」按釋木「守宮槐，葉晝聶宵炕」，初學記引孫炎注「聶，合，炕，張也。」孔說是。但此拒妾子始發去遠，桑葉
尚聶合而未舒張，非始生也。

委楊。

〔傳〕楊則苑（鬱音）而後記之。

〔校釋〕苑，大戴誤作花，據傳李引舊注改正。傳當訓於解，則讀

垂為苑也。詩小雅「有菀者柳」，毛傳「菀，茂木也。」菀苑同。楚辭懷沙「滔滔孟夏兮，草木莽莽」。陶詩「孟夏草木長，繞屋樹扶疎」。宋人詞「[illegible]」[illegible]。小正節氣較早，故於三月記苑楊，為候其餘也。顧鳳藻云「[illegible]」言則者，蓋文不前傳。桑所急也，備而記之；楊非所急也，則苑而後記之。[illegible]孔氏、洪氏皆見及此。

𩏑音趨羊。

〔傳〕羊有相還旋同之時，其類𩏑𩏑然，記變爾。或曰，𩏑，羝也。

〔校釋〕還讀旋。集韻「𩏑𩏑，羊相逐貌」，相旋即相逐也。或曰，𩏑，羝也，羝非牡羊之謂。羝即牴，說文「牴，觸也」，字从牛从羊同，牛羊皆有角相觸也。或曰之義，正可補延相旋相逐之義。即相旋相逐而且相觸也。三月陽盛，牝牡羊發情最熾之時，故有此變。記變之者，非常有也。其數二字，解羊相逐如畫。經義述聞謂數當為類，類與貌同。曰其貌犉犉然，於義使，於情事棄然矣。傳置自二月始，傳置自二月始，謂為犉羊而為之也。犉羊。潘氏以羊疫言之，誤矣。

螜胡谷切則鳴。

【傳】螜，天螻也。

【校釋】螜，爾雅郭注，螻蛄也；方言謂南楚謂之杜狗。黄叔

琳謂卯今之土狗。[illegible]

頒冰。

【傳】頒冰也者，分冰以授大夫也。

【校釋】大戴無上也字，脫援字，據關本傳本補。分冰，亦寓訓於解。訓頒為分。援，援者，洪氏疏義云：「援讀如廣雅釋詁云，援，編也，謂編授於大夫也。左氏昭四年傳，食肉之家，冰皆與焉。大出而畢賦，自命夫命婦至於老疾，無不受冰。此編授之義也。」

采識。音職

【傳】識，草也。

【校釋】孔氏補注云：「金履祥曰，識當作蘵。爾雅，蘵，黃蒢。注云，「藏葉似酸漿，花小而白，中心黄，江東以作菹食。」按古字通假，猶周禮職方氏，樊毅修華嶽碑作識方氏。識職同聲符，例得通假。金說是，不得云識當作藏也。

妾子始蠶。

〔傳〕先妾而後子，何也。曰：事有漸也，言自卑事者始，執養宮事。執，操也；養，長也。

〔校釋〕洪氏疏義云：「妾，蠶妾；子，女子。左傳載諸侯謀於桑下，蠶妾在其上。言自卑事者始也者，此申釋事有漸義也。崔寔四民月令云，清明節，令蠶妾理蠶室。蠶妾為執卑賤之事者，理蠶室為蠶始。」按洪說是。傳言執養宮事，即操持養長蠶室之事，包括理蠶室，養長蠶之事。卑事者，即指理蠶室等一

切籌備工作皆經緯萬端所為，言事之始者。傳本誤，當云「言事自卑者始」，孔氏
依用之，非是。惠但本鄭而不誤。「言自卑事者始，執豪宮事」，文義一貫而下。
始字下不能隔用也字，傳本非。詩七月以蠶月為三月，與小正
合。

祈麥實。

【傳】麥實者，五穀之先見者，故急祈而記之。

【校釋】月令「季春之月，薦鮪于寢廟，乃為麥祈實」。鄭注，「不言所祈，承寢廟可知」。小正或亦然也。

越有小旱。

【傳】越，于也。記是時恒有小旱。

【校釋】越于，上古通用，古皆匣母一聲之轉。孔氏謂為發語辭，非。

洪氏謂越有小旱，猶言于是有小旱，近之。于是，于時也。傳言恒有小旱，亡精。方輿多有兩季旱季之分，三月四月為旱季，故小正三月記越有小旱，如四月繼之，則越有大旱矣。王筠謂為帝雲記，近之。

田鼠則為鴽。音如

〔傳〕鴽，鵪也。變而之善，故盡其辭也。鴽為鼠，變而之不善，故不盡其辭也。

〔校釋〕各本作田鼠化為鴽。傳言盡其辭，經文必有則字，用王引之說正。諸家皆言鵪與鶉為二物，按淮南子時則訓「田鼠化為鴽」，高誘注「鴽，鶉也。」~~青緗雜記之鶉也~~

列子天瑞「田鼠之為鶉。」是鴽、鵪、鶉，一物之三名，

今時令言之曰鵪鶉。

拂桐芭。葩同

【傳】拂也者，拂也，桐芭之時也。或曰，言桐芭始生貌拂拂然也。

【校釋】說文「拂，過擊也。」離騷王逸注「拂，擊也。」擊桐者，余在

故鄉合肥，寓僦居李氏積虛草堂，堂前植桐數株，花時零

粉飛挾芭隨風入室中，落在衣服，每污垢甚苦，故古人

有擊桐之事，擊其木所以落其花而掃之

也。古有拂桐之事，則有拂桐之語，故經記拂桐而附著一芭

字，明拂桐也桐芭之時，傳義發之。使桐字不遠，傳則變詞矣。或曰，讀拂為茀，廣雅釋訓「茀茀，茂也」。前義拂為動詞，或曰拂為形容詞。古代語音分化，起於以音別義，拂字當亦如是。嘗試言之，詩大序「風，風也」，樂記「樂者樂也」，[illegible]「齊之為言齊也」，詩鄭風毛傳「虛，虛也」，板鄭箋「易，易也」。昭當時語音已有分化，始離以同字作訓。分化之迹至後世而益顯著，樂風別乎去，樂判疑來，齊分從莊，易讀去入。前不能謂先秦兩漢分化之音即已如此，其萌則可由同字作訓而確定之也。毛傳之虛，十正傳之拂，同字作訓，理亦當然。傳本刪拂也二字，俗或從之，誤矣。

嗚鳩。

傳 言始相命也。先鳴而後鳩，何也。鳩者，鳴而後知其鳩也。

［校釋］諸氏疏義云：「相命猶言相呼也。鳴訓命者，春秋繁露云：鳴而命者，謂名此鳩為鳴其聲也，亦其名也。詩，宛彼鳴鳩，傳云，鳴鳩，鶻鵃。爾雅釋鳥孫炎注云，鶻鵃一名鳴鳩；舍人云，今之班鳩；樊光云，鶻鳩春來冬去。東京賦云，鶻鵃春鳴。謂此鳩也。」說者皆謂此鳩與正月鷹化為鳩，五月鳩為鷹之鳩非一物。諸氏疏義云：「月令鷹化為鳩，鄭注，鳩，搏穀也。搏穀即布穀。列子天瑞篇云，鷂之為鸇，鸇之為布穀，布穀久復為鷂。鷂，鷹屬，義與鄭同也。」此鳩為鳴鳩，彼鳩為布穀。布穀即吾鄉所謂割麥插禾者也。

四月昴則見。初昏南門正。

【傳】南門者，星也。歲再見一正，蓋大正所取法也。

【校释】朱本毋上脫十字，由讀者不知見字上義為未畫(?)

詗(?)宋，書指星見而[illegible]十字，借未可讀矣。歲再，一

星十二(?)，正南北見即

南門正，正即中。史記天官書：亢為疏廟，其南北兩大星曰南

門。」是南門當亢之宿位。小正四月建辰，中星為翼，諸家

釋正為中，誤也。王筠正義云：「疑正下有闕文。六月之斗柄，七

月十月之織女，皆言正，而云正在上，正東鄉，正北鄉，不止正

字而已。是知正本非中。故正月八月之參中，五月之大火

中，自成文法，與言近者不同。又南門二星，號為角，角（原作亢）
宿，然西一星直角二度，東一星直氐四度，相距二十四度，
豈能於中央無星處取正中「耶」。（范作）王說得之。
是無「日中星鳥」，（是春分中星）中星為南陸之星。不曰「日中星星」者，避
辭義殺亂也。南方七宿曰朱鳥，故變言「日中星鳥」。以
卯月中星為星拱之，辰月中星為翼。
[redacted]十五度之半，加畢十七度，加觜一度，
加參十度，加井三十四度，加鬼二度，加柳十四度，加星七度，
加張十七度，加翼十九度之半，共一百七度。是昴在翼西一百
十七度也。而當翼在日躔東百度許，是昴在日躔七度許，可以見。古人觀測
非球精密，容小有差失也。四月昴則見，為辰月之星宿。
辰月為四月，則丑月為正月審矣。此以小正為殷正之確

諟也。

歲再見一正，傳者不知見字之義，從田見字。以四月之正與十月之見為再見。言再見之中有一正，即指此月。

大正，説者多歧。小正大正對舉，政有大小，故別為大正小正，較通。洪氏義疏言大正，古刑官名，引逸周書嘗麥解，其説甚辯，可參考。文長不録，檢周書而自明也。

鳴札。

【傳】札者，寧縣也。（懸同）鳴而後知之，故先鳴而後札。

【校釋】爾雅釋蟲云「蚻，蜻蜻」，郭注「如蟬而小」。寧縣，爾雅郭注引作虎懸，未知孰是。

阓有見杏。

〔傳〕阓者，山之蹝者也。

〔校釋〕記見正月。非長於園，故曰園之蹝。杏長於山，故曰山之蹝。

鳴蜮。蟈同

〔傳〕蜮也者，長股也。或曰，屋造之屬也。

〔校釋〕長股也三字，各本錯簡，錯在二月有鳴倉庚傳，作商庚者，長股也。經義述聞引莊述祖曰，"倉庚不名長股，或曰二字，亦與蜮也者不相聯屬。長股也三字，當在蜮也者之下，或曰之上。蜮與蟈同，廣雅，蛙蟈，長股也，本此。其商庚者三字，

則後人以意加之耳。」金文國皆作或，或國古今字。王

引之又引周禮蟈氏鄭注「蟈，今御所食蛙也」，名醫錄「鼃一

名長股」，急就篇注「鼃，色青，小形而長股」，證成莊說。

屈造者，淮南子說林「鼓造辟兵，壽盡五月之望」，高注

「鼓造一曰蝦蟆。」王筠正義、洪震煊疏義，並謂鼓造即記

文「𪓰𪓿，詹諸也，詩曰得此𪓰𪓿」。毛詩作戚施。御覽蟲

豸部引韓詩章句「戚施，蟾蜍，喻醜惡」。屈鼓古音相近，

屈造即鼓造。𪓰𪓿、戚施、蟾蜍、詹諸，古音亦相近，實一物

也。屈造之與蟾蜍，則一物之二名。此物亦蛙類而醜者，晉

灼謂之癩得蛄，生于庭院中，與蛙生水田者別。漢書武帝

紀「秋，鼃蝦蟇鬭」，師古曰「鼃似蝦蟇而長腳，其色青」。今

吾鄉稱蛙為蝦蟆，白居易詩「蠢蠢水中物，無用者蝦蟆」，是唐時已然。漢時不爾，不能~~[illegible]~~據後世之物名，疑漢時高誘之注釋也。蟯蜂生於庭院，與人同處，勢不能繁殖，且鳴聲並不洪亮，無以定候。桃蛙於初夏，晨暮鳴聲振耳，所謂蛙部鼓吹者，足以定候。

傳陳二義，前一義是也。

王萯莠。取荼。

〔傳〕荼也者，以為君薦蔣也。

〔校釋〕洪氏義疏云：「王萯，草也。管子地員云，剽土之次曰五沙，其種大萯細萯，白莖青秀以蔓。大萯即王萯，青秀之秀，即此秀也。」按莠即苗而不秀之秀，爾雅釋草「不榮而實者謂之秀」，是其義也，動詞。管子青秀，指其穗青，秀為名詞，洪氏混之，非也。管子以蔓，以猶且也，言黃（白）茎青穗且蔓生也。管子言種，則非野生。

取茶者，荼茅秀也，非苦菜。詩鄭風「有女如荼」，鄭箋「荼，茅秀，物之輕者，飛行無常」。是時可以代絮用之。孔氏補注云「周官掌荼，掌以時聚荼。儀禮（按見既夕禮）因為茵著。（按入聲裝也）廣雅曰：薦蓐，席也。蓋茵亦通稱焉」。後代茵褥，古代之薦也，蓐亦其類。古人坐臥皆於地，坐臥者皆可曰席。惟臥者則須著以荼也。

莠逃。越有大旱。

【傳】記時爾。

【校釋】詩七月「四月秀葽」，此葽一聲之轉，月份亦合，是七月用段正之說。七月孔疏「蔞之為草，書傳無文」，固不以爾雅之蔞蒿為蔞，慎之至也。按穆天子傳「茅萯蒹葽」，四物並舉，必有類似之處。

執陟攻駒。

〔傳〕執也者，始執駒也。執駒也者，離之去母也，執而升之居也。攻駒也者，教之服車，數舍（同釋）之也。

〔校釋〕詩小雅「皎皎白駒，食我場苗，縶之維之，以永今朝」，毛傳「縶，絆也」。此經執當讀為縶。二月記來降燕，九月記陟玄鳥蟄，是來曰降，去曰陟。今縶陟，始見離母之義，非謂升之居也。攻訓治，即寓馴教之義。數舍之者，洪氏謂為駒節其力。余謂駒性急，亦所以適其性，故屢释其执綮而纵之也。王筠正义曰「执、阶皆是虚字，必须连四字成句，言执之阶之攻之者，皆驹也。不应断为两句。」盖驳毕沅读阶为牡马之騭。假因之际，三字连文多矣，王说是也。

五月参则见。

〔传〕参也者，伐星也，故尽其辞也。

〔校释〕伐大戴作牧，傅本但引旧注一作牧，是集贤大戴本犹作伐也。诗唐风毛传「三星，参也」。汉书天文志「参为白虎三星，直者，是为衡石，下有三星，锐，曰罚」。罚即伐也。是参与伐非一星。考工记「熊旗六斿以象伐也」，郑注「伐属白

虎宿，與參連體而六星。」是以併參而稱伐矣。言見西

則旦也。正月參中，星在日躔東百度許。月移日

三十度隔，四閏月至五月，參在日躔西二十度許，故旦

見於東方。古不精密，粗略言之耳。

浮游有殷。

【傳】殷，衆也。浮游殷之時也。浮游者，渠略也，朝生而暮死。

稱有，何也？有見也。

【校釋】浩然疏引郭璞曰：「爾雅釋蟲云，蜉蝣，渠略。舍人注云，南陽以東曰蜉蝣，梁宋之間曰渠略。方言謂蜉蝣，秦晉之間謂之渠蟝。

說文云，[illegible]。皆字異而實同也。陸璣疏云，渠略，甲下有翅能

飛，夏月陰時出也。中，朔生而暮死者。」有為語助詞，傳説非也。

見二月晴有見釋下。

鴂則鳴。

【傳】鴂者，百鷯也。鳴者，相命也。其不辜之時也。是善之，故盡其辭也。

【校釋】相命，相呼也，見三月鳴鳩下。爾雅釋鳥「鵙，伯勞也」，月令鄭注「鵙，搏勞也」。與經傳字異義同。張華禽經謂伯勞似鶷鵳，爾雅郭注謂鵙為百舌鳥。不辜者，郝氏義疏云：「辜之猶磔之。」韓非云：所辜磔甚衆。呂覽高注云：伯勞夏至後應陰殺蛇，磔之於棘而鳴其上。不磔之而鳴，與此傳不辜之義不合。」~~摘蛇食之，磔之，磔蛇也。淮南中高誘「伯勞夏至應陰而鳴，殺蛇磔於木」，其證。~~小正，館正也，五月去夏至尚月餘，正不辜之時。傳者見不及此，誤為盡其辭而云云。

鴂，小正已月鳴，月令午月鳴，七月未月鳴。是鳴于時，小正與七月不應差兩月。以鴂之鳴，為時甚長，小正記其始，七月隨所聞而詠之也。七月「七月鳴鵙，八月載績」，詩大率比月言之，王肅謂七月為五月之誤，則非。

時有養日。

〔傳〕養，長也。一則在本，一則在末，故其記曰，時有養日云也。

〔校釋〕養日，經作養白，傳作養日，依傳本正。云也，大戴作云之也，依傳本引舊注正。孔氏補注云「養之言羕也，韓詩曰，江之羕矣。一猶或也，如春秋穀梁傳，一有一無之一。言夏至之氣，或在月初，或在月終。鄭君月令注，辰角見九月本也，天根見九月末也。可見月初為本，月終為末。」孔說是。

也，推謂為夏至之氣則非。小正，舒正也，夏至之氣不在五月。時有養夜，記在十月，註傳謂為冬至之氣乎。正可據養日養夜之記，明其時對日長至、日短至之知識，尚未獲得。五月已覺日之長矣，十月已覺夜之長矣，故記之也。此亦小正必先於堯典之一證。

乃衣瓜。

【傳】乃衣者，急瓜之辭也。衣也者，始食瓜也。

【校釋】大戴，經脫衣字，傳，衣也者，衣誤作瓜。傳本，經作乃衣瓜，傳引舊注一本「乃衣者，急衣之辭也。衣也者，始創衣也」。今以大戴為主，訂正之。由於讀者不識衣字，既刪經文衣字，傳亦改作瓜也

者。衣，讀如老子「衣養萬物而不為主」之衣，衣養連
文，衣亦養也。且即以夏正，五月亦非食瓜之時，且七月，七
月食瓜，傳者不容不知。食當讀為飭，謂整飭之。有種瓜者，有
剪去餘藤摘去支蔓之事，吾鄉謂之打杈，聲去。此即所謂飭也，亦即
所謂衣養之也。飭瓜為瓜之要務，且有定時，故小正記之。打杈非一次，故傳言之。

畀婦。

良蜩鳴。興，三五日翕，望乃伏。

傳：良蜩也者，五采具也。其不言生而稱興，何也？不知
其生之時，故曰興。以其興也，故言之興，五三五日翕也。
望也者，月之望也。而伏云者，不知其死也，故謂之伏。三

五日也者，十五日也。翁也者，令也。伏也者，入而不見也。

【校釋】三五日，各本脫三字，五日不得解為十五日，依黃[illegible]岷園說補。傳，五采具廛也，各本也誤為之。按經，良蜩由於分割經之一條為二，也誤為之，而廛之二字，遂竄入經文，作廛之興。興之主語亦良蜩也，無緣更出廛為主語。下傳「唐蜩鳴者，廛也」，此傳但釋五采具，辭亦不備。此釋良蜩，五采具，廛也，後釋唐蜩，廛也，明[illegible]同類而有異。今加整訂，並併經文各本兩條為一條。爾雅舍人注「梁宋以東謂蜩為蝘」。翁令也者，古曰泉蟬群噪，如今樂，洪氏翁讀如論語翁如也之翁，是也。是翁即始鳴。洪氏又云，「望者亦十五日之名也。淮南說林訓云，蟬飲而不食，三十日而蛻。按此十五日而翁，十五日而伏，適得三十日

也」。按以望計日數，無此理。經文記望乃伏，以淮南之說推
之，興在四月，翕在五月，經記五月良蜩鳴，注無違戾。入而傳本引
集賢大戴作人而，則而讀乃，言人乃不見也。

啓灌藍蓼。

【傳】啓者，別也，陶而疏之也。灌者，聚生者也。記時也。

【校釋】王筠正義引張爾岐曰：「月令五月令民毋刈藍以染。
鄭注，此月藍始可別。蓋種藍之法，先蒔于畦，生五六寸許，
乃分別栽之。藍蓼，藍之似蓼者，今名小藍。藍有數種，
此種最優。」以藍蓼為一物之名，非是。雷云：「蓼，藍之
似蓼者。」藍蓼同類之二物，如梅桃之比。王筠謂藍蓼

當是二物，是也，但以本草莨有七種說之，又非。陶而疏之者，陶當讀爲搯，猶楚辭懷沙「滔滔孟夏」，史記作「陶陶孟夏」也。說文搯下引周書「師乃搯」而釋之曰「搯者，拔兵刃以習擊刺。」齊民要術種藍法[illegible]「五月中，新雨後，即接耬耩拔栽之。」吾鄉分秧，自秧田取秧，謂之拔秧。後世言拔，先秦言搯，即陶也。陶而疏之，即拔藍於畦而疏[illegible]疏散移植也。孔廣森「陶，茇也」，洪震煊「陶，除也」，並失之。

鳩爲鷹。唐蜩鳴。

【傳】唐蜩鳴者，匽也。

【校釋】良蜩與唐蜩皆蟬也，而有別，傳言之矣。其鳴皆在五月，而有先後，故分別記之。七月「五月鳴蜩」，與小正合。

種黍菽糜。

〔傳〕初昏大火中。大火者，心也。心中，種黍菽糜時也。

〔校釋〕各本「初昏大火中」列為經文，誤也。此傳者戴注王正語本相
用為殷周二代頒行之曆書者以夏正記小正，畢夏正初
昏大火中，釋經文種黍菽糜，著一時令，甚為釋經明矣。
使初昏大火中為經文，宜乎傳氏引或曰「種黍菽糜以心
中為節」，傳因大火中而及之，非小正文。則應刪經文種黍菽
糜。後言「以同在經中」，又何疑也。然果如傳說，
以中，流，伏，入，同觀星位，定月分，在古人極為重要。也

星月移三十度便，甚易了。以錶表示之，星在十二點，次月至十一點則為流，
又次月至十點則為伏，又次月至九點，達地平綫，則入矣。
小正記中者一，正月初昏參中；言伏者二，三月參則伏，八月辰
則伏；言入者一，九月內火。言流者，見詩七月「七月流火」，孔疏言
西流，是也。小正之為昬正，所記星位，一無乖錯，即以大火言之，
九月內火，八月辰則伏，七月流火，六月火中，正合昬正。何得十正記
五月大火中乎。言「五月大火中」，正傳者已惑三正論，不知小正
~~五月大火中者，[illegible]正也，三正[illegible]星位[illegible]不[illegible]~~
為昬周共用之歷法，誤以夏正說小正也。
~~中在東方，在是月，[illegible]日，星火是也。[illegible]~~
麋讀為肉麋，星柔也。經言秋述阅謂言柔則麋在其中，
以麋為衍文。按下文以菽麋，傳言以在經中。又何言使

槩為衍文，僅重一𦤎字，經中重一字者，多矣，何煩言以在經中。王說非也。同類連用一字，古書多矣，小正亦有，杝桃、柔䄙，藍蓼皆是也。三字連文，殷周之際多有，書盤庚「無傲從（同縱）康」，書洪範「人用側頗僻」，詩周頌「儀式刑文王之典」皆是也。

煮梅桃。

〔傳〕為豆實也。

〔校釋〕洪氏疏引云「周禮饋食之籩，其實乾䕩，鄭注：乾䕩，乾梅也。籩實而此云豆實者，竹豆謂之籩，故亦得謂籩為豆」。

蕭蘭。

〔傳〕為沐浴也。

【校釋】孔氏引九歌「浴蘭湯兮沐芳」，洪氏引神女賦「沐蘭澤」。

菊穈。

【傳】以同己在經中，又言之，時同是何也。是食嗣（音）秬，闕而記之。

【校釋】傳本作「是食短，闕而記之」。豆粥為農食之常，非闕食短，更無闕可言。爾雅釋草「秬黑黍，秠一稃二米」。郭注「此亦黑黍，但中米異耳」。郝氏義疏「秠亦黑黍之文，與黍同類，即今之穄」。說文，穄，穈也；穈，穄也。一切經音義引倉頡篇云，穄，大黍也，又云，似黍而不黏，關西謂之穈」。是[illegible]秬秠同為黑黍，秠，穄，穈，乃一物之異名。傳言是食秬，寓訓於解，釋穈為秠也，皆黑黍也。食讀儀禮公食大大夫禮之食。公食大夫禮有黍簋三，稷簋三，一羊乘以饋稷，猶左傳昭公四年「子產獻伯子男會公之禮」，一羊公以饋侯也。鄭目錄言公食大夫禮為聘禮，天子有朝無聘。且朝聘為君侯大政，小正不當記之。此食秬記鳴天子私燕也。詩鹿鳴序「鹿鳴，燕群臣嘉賓也」，是其事。（詩言我有嘉賓，即與燕之群臣。）行之有定時，故小正記之。（七月革秀，五月正鹿食革時也。）秬之倫當禾蝕為夭，遂誤作矢，說是傳義經旨（後人改秬為短，又妄改關字）皆失矣。關而記之，釋蔬字，關聯而記之，猶禮記玉藻「大夫不得造車馬」，中庸「郊社之禮，所以事上帝也」，馬不稱造，社事后土，曰事馬，曰郊社，亦關而言之，古人之修辭法也，所謂連不成辭也。

頒馬。

「傳」分大夫卿之駒也。循閒諸則，或取離駒納之則法也。

「校釋」大戴作分夫婦之駒也，據傳本正。傅注「戴禮脫大字」，是某賢本卿猶不誤。後人以夫卿不可解，竄改卿為婦。月令作頒馬政，分賜大夫卿之駒，殺有等差，亦小政之一。莪麋，頒馬，皆賣賜群臣[redacted]之小政，故連次記之。閒諸則，即詩小雅「閑之維則」也，閒閑，皆讀為嫺習之嫺。詩秦風「四馬既閑」，毛傳「閑，習也」。則法連文，取離駒納之則法，[redacted]正釋閒諸則，言納之於則法也。孔氏洪氏於納之句絕，則字逗，非是。二氏謂離駒為離母之駒，亦望文增字為說。~~案傳驪姬蔡中郎集~~ [redacted] 離駒即驪駒，黑色駒。猶（燕策）高漸離，論衡作高漸麗也。此傳本依詩為說，詩言「比物四驪，閑之維則」，[redacted]傳言「或取驪駒

納之法則」，或即指詩，言小正不如唱驪駒也。若為離母之駒，

或字[illegible]便不得其解矣。傳用詩義者，明此間諸則，教戰也，進

於四月攻駒之教服事也。

六月初昏斗柄正在上。

【傳】五月大火中，六月斗柄正在上，用此斗柄之不正當心也。

蓋當依。依，尾也。

【校釋】各本作在當心，依盧校本正。斗柄正在上為夏至建

午之月，千古不易也。建午為六月，則建丑為正月，小

正之為殷正無疑。傳者已惑於三正論，不知小正為

殷周二代頒行之舊典，自安以夏正說小正，遂有斗

柄不正當心之說。不知小正六月建于(初)昏大火中，斗柄正當心也。即用傳者之義，夏正六月初昏箕中，當云蓋當箕。以是徵傳者天文知識之儉矣。

煮桃。

【傳】桃也者，杝桃也。杝桃也者，山桃也。煮以為豆實也。

【校釋】呂氏疏義云：「周禮饋食之籩，其實有桃。」

鷹始摯。

【傳】始摯而言之，何也？諱煞(殺同)之辭也，故言摯云。

【校釋】煞，傳本作殺。按煞字不見說文，正世儒以謂俗字也。正古本為煞，後人據說文改之。使本為殺字，無緣改作煞也。九氏補注不依傳本，是。故言摯云，大戴脫言字，依傳本。

補。禮記儒行「鷙蟲攫搏」，鄭注「鷙蟲，猛鳥猛獸也」，鷙即鷙（摯），言猛摯。始摯則始攫搏矣，不言始攫搏，詩言殺也。洪氏用說文「鷙，擊殺鳥也」破摯字，則詩之義不見。讀詩為畏，尤非。~~然本字[illegible]~~

~~七月莠萑葦。~~

~~本也。~~

七月莠（秀同）萑（雚同）葦。

【傳】未莠則不為萑葦。莠然後為萑葦，故先言莠。

【校釋】詩七月「八月萑葦」，毛傳「豫（預同）畜萑葦，可以為曲也。」說文「曲，蠶薄」，今之蘆席是也。是蘆七月秀萑葦，月未秀取其秀以著薦蓐，八月則刈取其莖而預儲之為蠶席。詩七月與小正無乖戾也。中文緊接「蠶月條桑」，其義可見。

狸子肇肆。（雉同）

【傳】肇，始也。肆，遂也（肆，如字），言其始遂也。其或曰，肆，肄（同）殺也。

【校釋】王筠正義云：「黃氏（愢園）曰若鷹之學習然也。筠案黃氏蓋讀肆為肄。肄，習也。玉藻，肆束及帶，鄭注肆讀為肄」。月令記鷹之學飛，而小正不記狸子肄殺，但記狸子肇肄，亦謂殺之義也。傳陳二義，或曰是也。肆殺也三字，或以肆字逗，謂以殺訓肆，非是。其或曰，傳氏疑其字為衍，孔氏謂此與穀梁傳其一曰句法正同。

湟潦生苹。

【傳】湟，下處也。有湟然後有潦，有潦而後有苹草也。

【校釋】湟，下處也，是讀湟為隍。按湟潦連文，湟即潢，說文「潢，積水池」，文選南都賦正作潢潦，詳見洪氏義疏。苹者，說文「苹，蓱也，無根浮水而生者」，今謂之浮萍，與下苹秀之為馬帚者別。

爽死。

【傳】爽也者，猶疏也。

【校釋】王筠正義引黃岷園曰：「或曰，爽，蘱也，草名，蓋夏枯草之屬。能明曰，故謂之爽」。戴氏謂爽為來之誤，來為萊之省，即藋草，其說甚辯。但小正七月建未，今說夏正之季夏之草之夏枯若矣，惟夏枯草以夏枯得名，黃氏所引或曰，說無古籍足徵，其說為近之。猶疑自是爽之異名，亦無考矣。

華荼。秀同

【傳】華也者，有馬帚也。

【校釋】傳本無有字，諸家據之，非也。有為喻母三等，古音同在匣母，雙聲通用，有猶為也，詳見經傳釋詞。有為馬帚者，為馬帚也，可製馬帚也，猶二月傳蚳為螘醢也，四月取荼傳以為君薦蔣也。後世以其製馬帚，遂有馬帚草之名，爾雅「荓，馬帚」是也。傳若之時，華尚無馬帚之名，但曰為馬帚也。嚴廷說小正傳之甚古，且先於爾雅也。郭注「荓似蓍，可以為掃彗」，傳曰可以為馬帚之爾。詩鹿鳴「食野之苹」，鄭箋「苹，藾蕭」，爾雅誤離為二。洪氏義疏引其季父坎煊云「爾雅，苹藾蕭，與荓馬帚為同物也」，得之。

漢案户。

【傳】漢也者，河也。案户也者，直（值同）户也，言正南北也。

【校釋】大戴脫若河也三字，據傳本補。案讀為按，猶言壓也。管子霸言「按彊助弱」，房注「按，抑也」，謂壓抑彊者而輔助弱者。漢壓户，故傳曰值户，值，當也。古人南其户，當户則天河正指南北矣。

寒蟬鳴。

〔傳〕蟬也者，蝭樂也。

〔校釋〕莊子逍遙遊「蟪蛄不知春秋」，釋文引司馬彪云：「蟪蛄，寒蟬也，一名蝭蟧」，傳作蝭樂。古無舌上音，蝭蟧言知了，其蝭蟧之遺音歟。

初昏織女正東鄉。〔同向〕時有霖雨。

〔傳〕無。

〔校釋〕史記天官書「婺女，其北織女。」小正七月箕中，織女在箕東四十度餘，見於東方。織女三星，形成三角，尖指東方，故曰正東鄉也。霖雨者，左傳隱公九年「凡雨自三日以往為霖。」

萑葦。

【傳】萑，聚也。葦，萑葦之秀，為蒋，褚同，著之也。萑未秀為䒷，葦未秀為蘆。

【校釋】顧鳳藻箋解云："蒋，席也。褚當為褚，與著通。以綿裝衣曰褚。言所以聚之者，為蒋則以此褚之也。周禮掌荼，掌以時聚荼。既夕禮曰：'茵著用荼。'"荼秀蘆秀皆曰荼，其用同，參見四月取荼下。

斗柄縣（懸同）在下則旦。

斗柄所指，月移一辰。夏至斗柄正在上，古代午為上，子為下，則斗柄指午，則未同斗柄指未。每時斗柄所指移一辰。下午七點，黃昏斗柄指未，則九點指申，十一點……

已刪去「校釋」二字，其前應有「傳」字樣。

441

指酉，次日一點指戌，次日三點指亥，五點指子。則旦斗柄縣在下也。未月斗柄所指如是。未月為七月，則正月為丑月，小正之為殷正明矣。

八月剝瓜。

〔傳〕剝瓜也者，畜瓜之時也。

〔校釋〕大戴無剝瓜也者四字，依傳本補。剝瓜者，洪氏震煊疏義曰，「說文云，『剝，裂也。』裂與副削同意。詩曰，『疆場有瓜，是剝是菹。』傳云，『剝瓜為菹也。』此畜瓜讀如旨蓄之蓄，謂剝削淹漬以為旨蓄也。」按剝剖一聲之轉。淹今作醃，漬即浸，剖瓜而醃之浸之，猶今之醬瓜。畜瓜之時，明非詩七月「七月食瓜」之時也。

玄校。縞同

【傳】玄也者，黑也。校也者，若綠色然，婦人未嫁者衣之。（緣褖同）

【校釋】緣，大戴作綠，綠義與玄乖舛，依傳本正。洪氏讀緣為褖，引詩綠衣箋「綠當作褖」，又「褖衣黑」，與玄校義叶。洪說是也。

校者，顧鳳藻引施國祁曰：「玉篇，絞，綠色，嫁者衣也，即本此為說，脫未字。」玉藻鄭注「絞，蒼黃之色」，說文「黑而有赤色為玄」，色不甚近。按校為（當讀）縞。（校縞古音同紐同部。）莊子在宥「焉知曾史之不為桀紂嚆矢也」，向注「矢之鳴者」。通俗文「鳴箭曰骹」。縞之作校，猶嚆之作骹也。說文綥切引詩曰縞衣綥巾，未嫁女所服，與傳義正合。

七月「載玄載黃，我朱孔陽」，亦在八月。時藍蓼已成，婦女之染事始矣，小正記玄校以該之。

剥棗。

【傳】剥也者，取也。

【校釋】詩七月「八月剥棗」，與小正合。毛傳「剥，擊也」，今云打棗子與

傳義相足。

栗零。

【傳】零也者，降也。零而後取之，故不言剥也。

【校釋】爾雅釋詁「降、霝，落也」，零即霝。

丹鳥羞白鳥。

【傳】丹鳥者，謂丹良也。白鳥者，謂閩蚋也。其謂之鳥何也，重其養者也。有翼者為鳥。羞也者，進也，不盡食也。

【校釋】閩，大戴作蚊，此後人不識古字而妄改，依傳本正。其謂之

鳥何也，書大戴脱何字，據傳本補。丹良者，洪氏引崔豹古今注「螢，腐草為之，一名丹良，一名丹鳥，食蚊蚋焉。」進不盡食也，寓訓於解，以進訓羞。月令疏「丹鳥以白鳥為珍羞」，是羞為進食之義，傳加不盡二字，申足文重其養之義。大戴進下衍也字，當删。經言羞而傳言養者，王氏正義引黃崐圃曰，「丹鳥，螢也。螢稟陽，有君象，故謂之君鳥。逸周書時訓曰，君鳥不養羞，臣下驕慢。蓋螢七月但食風露，不啖食白鳥，而以養之。養之而後食之，明君之不虐取於下也。八月乃食之，然不盡食，唯進之而已，明君之不盡取於下也。故金氏曰，是君道也。自月令訛為群鳥養羞，而說者紛紛矣。」

辰則伏。

【傳】辰也者，謂星也。伏也者，入而不見也。

【校釋】辰也者，大戴脫者字，據傳本補。經義述聞曰：「星上脫房字，當依初學記引補。凡傳之釋星名，於二十八宿則以其別名釋之，若參也者伐星也，大火者心也之屬是也。非二十八宿星，則但云星名而已，若鞠者何也，星名也，南門者星也之屬是也。房為二十八星之一，則不得但以星釋之。」此亦拘泥之見。~~果亦則但~~爾雅釋天「大辰，房心尾也」，傳但釋之為星，別其非日月會，於義已足。房與心亦得各~~蒙~~大辰之稱，爾雅釋天「大火謂之大辰」，說文「曟，房星」。初學記據說文加一房字，盧本又據爾雅改星為心，皆書輒。大火，八月伏，九月內，一曰大辰，一曰大火，文之錯綜也。傳言入而不見也，[redacted]

混入與伏。入與伏，星位差三十度許，說見五月。

鹿人從。

【傳】鹿人從者，從群也。鹿之養也離，群而同乃善而。之其同離而生，非所知時也，故記從不記離。君子之居幽也不言。或曰，人從也者，大者於外，小者於內，率~~[illegible]~~之也。

【校釋】大戴（鹿）人從三字不重，則脫經文矣，據傳本補。人從猶漢人言人偶，中庸鄭注傳以從群釋之是也。范家相云：「從群也者，言如人之從群」誤。洪氏既言人偶（从）即方言之人兮，鄭注之人偶，又引●詩桑柔箋「鹿相輩偶行」，其說善矣，又引范說而是之，何也。鹿之養也離，下離而生即承之以生訓養也。

羣而善而，上而字猶乃也，下而字讀~~詩齊風~~俟我于著乎而

（論語「已而已而，今之從政者殆而」之）

而，語末助詞。後若摯而句。小正以著名，其離而生，無所著見，故

曰非所知時也。及其人從也，則相輩偶行，牲牲然衆多，則

著矣，則可記矣。君子居幽，獨居離羣而無言，則無可記，申

記從不記離之義。人從也者，大戴重人字，傳本重人從，

依畢沅本李調元本刪。或曰，補足前義。大者於外，小者於內，率之，

無其見相人從之善。傳本妄刪「羣而善而」下一而字，諸家斷句皆

訛，傳遂不可解矣。離與羣相對見義。畢氏洪氏讀離

為麗，尤非。

鴽為鼠。

【傳】見三月。

〔校釋〕見三月。

參中則旦。

〔傳〕無。

〔校釋〕正月參中，參在日躔東約百度許。月行三十度，三月末則伏，以鐘表言之，參在十點，則四月在九點。酉，七閏月行二百十度許，則八月參在日躔西一百十度許。三月在四點，六月在七點，七月在六點，八月在五點。故參中則旦。

此時去，八月初昏參在鐘表五點，約以六午七點為初昏，七點在鐘表之點，九點在四點，十一點在三點，日一點在二點，三點在一點，五點參在十二點，參中則旦矣。

九月内[illegible]火。

〔傳〕內火也者，大火。大火也者，心也。

〔校釋〕傳例訓釋皆用也字煞尾，不應一處獨異。當作「內、大也者，大火也。大火也者，心也。」句法同「執也者，始執駒也。執駒也者，離之去母也」、「杝也者，杝桃也。杝桃也者，山桃也」。脫誤已久，姑仍之而附記焉。

內同入，說文「內，入也」。主謂倒，殷周之際文法多有之，傳者皆曲說為之，見正月緹縞下引俞樾說。

遰（逝同）鴻鴈。

〔傳〕遰，往也。

〔校釋〕見正月。

主夫出火。

〔傳〕主夫也者，主以時縱火也。

〔校釋〕主夫出火，動賓之間用夫字，語助詞，猶論語「小子何莫學夫詩」，「食夫稻，衣夫錦」。主，掌管，出火即傳言縱火。周禮司爟「凡國失火，野焚萊，則有刑罰焉」，鄭注「野焚萊，擅放火」，放火即縱火，主之即所以禁之。不必如崔氏訓主為絕止也。

陟玄鳥蟄。

〔傳〕陟，升也。玄鳥者，鷰也。先言陟而後言蟄，何也。陟而後蟄也。

〔校釋〕

〔校釋〕傳本鷰作燕。説文「燕，玄鳥也」。餘見二月。

熊羆豹貉（鶴音）鼶（音斯）鼬（音柚）則穴。

【傳】若蟄而。

【校釋】豹貉，大戴傳本作貊貉，按貊一作貉，音義相通，今依傳本。鼶鼬，大戴傳本皆作鼬鼶，鼬鼶古皆以為同物，今依爾雅郭注引。則穴，大戴穴誤作大，依傳本正。詩大東疏引周禮「穴人掌攻蟄獸」，鄭注「蟄獸，熊羆之屬」。是獸可言蟄，不得云若蟄。若猶乃也，乃蟄正釋則穴，則亦乃也。而，顧氏釋（策解「而」，語辭，是也。而為語末）助詞，見八月鹿人從下。戴震、盧見曾、洪震煊等改作「言蟄也」，輕改古書不可為訓。

榮鞠。

【傳】鞠，草也。鞠榮而樹麥，時之急也。

【校釋】鞠今作菊，月令「鞠有黃花」。又月令「仲秋之月，乃勸種麥，毋或失時；其有失時，行罪無疑」。此樹麥時之急也。月令在仲秋八月，小正在九月，同為建酉之月也。~~傳~~傳後小正所以記葉鞠之故，為種麥候也。

王始裘。

【傳】王始裘者，何也？衣裘之時也。

【校釋】王始裘，大戴不重，脫經文，據傳本補。詩七月「九月築場圃，十月納禾稼」，十月為秋收之候，而非衣裘之時。月令「孟冬之月，天子始裘」，則為小正十一月。此在九月，疑有錯簡。

辰繫于日。

〔傳〕無。

〔校釋〕傳本，辰繫于日，不列於經，意者謂辰繫于日，著衣求衣之時。知不然者，經用于，傳用於，此當是經文。辰即大火，是月大火入，與日躔竟合，猶之繫然。大辰為房心尾三宿之總名，舉大辰即指其中之心，猶堯典言「日中星鳥」即舉朱鳥七宿而指其中之星宿也。後人不達，泥於說文、小正兩言辰，皆以房星言之，疎矣。

雀入于海為蛤。

〔傳〕蓋有矣，非常入也。

〔校釋〕月令「季秋之月，爵（雀同）入大水為蛤」。鄭注「大水，海也」。物化之事，書傳訛傳，唱無目驗，故傳作模楔棲之辭。

十月豺祭獸。

〔傳〕善其祭而後食之也。

〔校釋〕參見正月獺獸祭魚。

初昏。

〔傳〕無。

〔校釋〕孔氏補注云：「昏謂昏姻也。荀子曰，霜降逆女，冰泮殺內。故是月始令民昏姻，逮來歲春仲而止。毛詩三星在天，傳說以為十月參星昏見，可以嫁娶是也。此經無傳，又適與南門見相屬。大衍麻議逆疑十月定星中時，南門昏伏，不當言見，乃誤讀之故耳。」孔說是也。秦氏五禮通考謂而昏二字衍文，經義述聞是秦非孔。但孔引毛傳、子貢為堅證。仍以不輕動經文為是。

南門見。

［傳］南門者，星名也。及此再見矣。

［校釋］南門值亢，亢距虛約百度。虛，小正九月中，十月流，十月虛去日躔七十度許，則南門在日躔西三十度許，故晨見也。昏時，南門已先日入一時許，何由見乎。小正前已三言見，皆晨見，此亦晨見乃合，以是知孔說之確也。洪氏疏義引開元占經「東井一曰天之南門」，謂此南門為東井。按東井在虛東一百四十度許，十月初昏，東井尚在地平線下二十度，言見亦甚勉強。且小正觀象，不應如是紛錯。又占經言「一曰天之南門」，

未言「一曰南門」，亦不能以南門之為東井。詩氏言傳於同名之星不釋，而四月南門者星也，此南門者星名也，以此證傳以兩南門非一星。夫傳兩言再見，以為一星乎且詩小旻傳「猶，道也」，楚茨傳「皇，大也」，生民傳「誕，大也」，烈祖傳「假，大也」，並於同篇複見，何獨於小正傳而疑之。

黑鳥浴。

〔傳〕黑鳥浴者，何也，鳥也。浴也者，飛乍高乍下也。

〔校釋〕大戴作黑鳥浴，鳥下脫也字，據關本傳本補正。黑鳥浴者，鳥也，此蓋舉黑鳥浴而只釋黑鳥，傳例多矣，見正月梅杏杝桃則華下。傳本刪浴字，諸家疑之，非是。

浴从谷聲，老子「谷神不死」，河上公作浴神。谷讀為穀，猶堯典昧谷，尚書大傳，周禮縫人注並作柳穀。詩甫田「以穀我士女」，鄭箋「穀，養也」。黑鳥浴，浴讀穀，亦言烏反哺也。李時珍言烏鴉反哺，冬月尤甚，故小正記於十月。傳，浴也者，飛乍高乍下也，正狀烏之覓食反哺，來往之類也。洪氏謂此經原作黑鳥俗凡，或有為俗，或原作㣧凡，有為㣧，後人遂誤為浴，以勞也、倦也言之。說文回曲，亦非經旨。

時有養夜。

〔傳〕時有養者，長也，若日之長也云。

〔校釋〕大戴脫經文，據關本傳本補。傳，關本傳本作「時有養夜者，養，長也」，由不達傳之文例而妄改，諸家從

若日之長

之之非是。也云，宋本誤作也玄，據傳本正。

也云，猶曰若五月言時有養日也。參見五月校釋。

雉入于淮為蜃。

〔傳〕蜃者，蒲盧也。

〔校釋〕月令「孟冬之月，雉入大水為蜃」，鄭注「大水，淮也；大蛤曰蜃」。洪氏疏義云「國語吳語曰，其民必移就蒲蠃（音裸）于東海之濱。魏書云，自遭喪亂，率乏糧穀，袁術在江淮，取蒲蠃。皆是物也」。

織女正北鄉。則旦。

〔傳〕織女，星名也。

【校釋】宋本戴旦訛作具，據傳本正。織女所值之宿，有三說。一曰天官書云，婺女其北織女。一曰洪氏引實測圖，織女值營室。一說釋曰織女在東御覽引史天文志曰織女之北鄉。故織女值婺

案

【校釋】宋本戴旦訛作具，據諸本經文末有則旦二字，宋本大戴作則具。今據天文實際刪。小正十月營室中，織女值婺女，在中星之西四十餘度，在日躔之東五十餘度，何由日晨見乎。洪氏據實測圖謂織女值營室，則十月在日躔東八十餘度，更不能昏見。織女之星，隨時遷易，天官書去古未遠，不可易也。後人不諳天文，因見小正七月紀織女正東鄉，

十月又記織女正北鄉，便以為一記昏，一記旦，遂妄加則旦二字。而不知小正之記織女，猶夫其記北斗也，但以正東鄉、正北鄉辨之，皆在初昏也。七月正東鄉，十月正北鄉，季移一方，與北斗合。且又七月織女在中星東四十餘度，十月織女在中星西四十餘度，加之九十度許，正符三閱月星移之數。知經文無錯簡，則旦二字，為後人妄加。

正在上，孫在下。

十有一月王狩。

【傳】狩者，言王之時田也，冬獵為狩。

【校釋】田也，各本無也字，依黃本、戴本補。傳本，王狩重。

〔校釋〕疑落二字

陳筋革。

〔傳〕陳筋革者，省兵甲也。洪氏疏證曰：「孔氏廣森云：『筋，弓也；革，甲也。』震煊按：筋以為弓，因謂弓為筋，猶革以為甲，因謂甲為革也。弓為五兵之一，從革弓以該其餘。傳曰兵，見所省不止于（按：刊本誤作至）一弓也。承上王將言之，簡軍實也。」洪說是，古代田獵以習戎事，不徒簡軍實也。此與上當為一條，傳分釋之，遂割裂矣。

弗當誠作疑

嗇人不從。

〔傳〕不從者，弗行於時，是同月也。萬物不通。

〔校釋〕孔氏補注云：「弗行，不從王而行也。嗇人，嗇夫也。」夏書曰，嗇夫馳，庶人走。魏德曰，嗇夫承命，告于天子，蓋小臣給王使令者也。於將無事，故不從。」洪氏疏義云：「畜人謂農人也。說文云：田夫謂之畜夫。大戴禮四代云：畜民執功，皆謂農人也。詩七月云：穹窒熏鼠，塞向墐戶，嗟我婦子，曰為改歲，入此室處。鄭箋云：歲終而一之日觱發，二之日栗烈，當避寒氣而入所穹窒墐戶之室而居之。曰處曰居。皆與此弗行義同也。」按洪說近是。周易復之象曰：「先王以至日閉關，商旅不行，后不省方。」傳以弗行釋不從，畜人弗行，猶言商旅不行也。落物不迫，猶月令言「天地不通，閉塞而成冬」，申述弗行於時月。若如孔說，小臣不從，又何足記？不從為不從君，何煩釋為弗行，更何煩釋為不從王而行乎。不從釋為弗行者，從即八月鹿人從之人從，畜人下

但言從，避辭複也。人從為假周閒語，猶漢人言人偶。從之訓
訓从，从二人會意，亦即偶之義。八月傳釋為從群，即互相來
往之義。是月嚴寒，人避居室內，不遠出，故傳曰
弗行。商旅亦不行，小正以書人該四民也。堯典：仲冬厥民隩。僞孔傳：隩，室也，民改歲入此室處以避風寒。
時月也四字屬下句。此遺傳例訓釋，然民用也字，又屬下句，則於文書言厥民隩，小正言書人不從，其義一也。此說以弗行句絕，於
[illegible]贊矣。蓋從傳民[illegible]王均。[illegible]

隕麋角。

〔傳〕隕，墜也。日冬至陽氣至，始動，諸向生皆蒙蒙符
矣，故麋角隕，記時焉爾。

〔校釋〕小正十有一月建亥，傳以冬至言之，亦以夏正誤從
小正也。日冬至，大戴日作曰，依專本正。洪氏引史

記律書「陽氣冬至則宛藏于虛。日冬至則一陰下藏，一陽上舒」，證曰為誤字。余謂初言日短至（以土圭測日景），日短長至，繼言日夏至，日冬至，四分曆始去日字而言夏至冬至。謂向生揭植物。畢沅謂蒙讀如萌，符讀如孚甲之孚，畢說是。方言「蒙，萌也」。倓氏引律書「萬物剖符甲而出」，字正作符甲。

十有二月鳴弋。同 鳶

【傳】弋也者，禽也。先言鳴而後言弋者，何也，鳴而後知其弋也。

【校釋】王筠引金履祥曰：「弋當作鳶，今雪霽霜風之晨據此，上雨或有缺文。

則弋鳥鳴」，是。詩四月「匪鶉匪弋鳥」，毛傳「鶉，鵰也」。

孔疏本，弋鳥作鷙，引孟康曰「鷙，大鵰也」。是弋鳥即鷙，故

周書云，大雪之日鷙鳥鳴。檢逸周書時訓無此語，不知

梁氏何據引此，待考。鵰、弋鳥皆鷙鳥，不畏寒，冬日鳴，足為候。

金氏且曰驗其事，殆可信也。

說文無弋鳥字，鷙字。說文引詩四月作鳶，弋鳥為喻母四等，古屬定母，孔疏作鷙，鳶

鷙古同音，其音古代與鷙絕遠。小正，段

周之書也，毛詩，古文也。此鳥初名弋鳥，者作弋，後轉名鳶鳥，經師遂今文

改毛詩古文耳。小正之鳴弋，毛詩之匪弋鳥，古文有此字，不得以許

書之無而疑之也。玉篇列弋鳥鳶為重文，失之。

玄駒賁。

〔傳〕玄駒也者，螘同蟻也。賁者何也，走於地中也。

〔校釋〕洪氏疏義云，「爾雅，蚍蜉大者螘，釋文云，螘亦作蟻。方言云，蚍蜉梁益之閒謂之玄蚼。賁讀曰奔，爾雅釋言云，奔，走也」。

納卵蒜。

〔傳〕卵蒜也者，本如卵者也。納者何也，納之君也。

〔校釋〕古今注言卵蒜為小蒜，洪氏引禮記内則注，卵鹽，大鹽也，謂卵蒜為大蒜。未知孰是。本，~~[illegible]~~猶言根也。根大如卵，洪

虞人入梁。謂迫之。

〔傳〕虞人，官也。入梁者，主設罔罟者也。

〔校釋〕王氏經義述聞云：「梁者二字，蓋後人所加。虞人即水虞也，主者掌也。魯語，大寒降，土蟄發，水虞於是乎講罛罶。鳥獸成，水蟲孕，水虞於是禁罝罜麗。是虞人之官，主設罔罟也。」按王説是，但謂梁者二字，後人所加，則非。誠如王氏言，梁者主設罝罟者也，義不可通。果如王氏言，語順且明，後人無緣加梁者，形成義不可通。果如王氏言，傳置入梁而不釋，亦欠允洽。傳釣梁上脱入字耳。者也之者爲助詞，與孟子告子上「舍魚而取熊掌者也」同。月令「季冬之月，命漁師始漁」，與小正文異義同。

隕麋角。

【傳】蓋陽氣且睹也，故記之也。

【校釋】傅氏云：「月令仲冬麋角解，與小正十一月記隕麋角合。十二月又記之，蓋衍文。戴氏因誤為之傳，失之矣。」小正為頒行之舊典，後人無緣衍此。王引之、孔震煌並用說文「睹，旦明也」，釋睹為著，言十二月陽氣已著，别於十一月陽氣始動，此亦附會。小正記初不記漸也。竊疑此五月錯簡也，本作「隕鹿角」。月令「仲夏鹿角解」，又「仲冬，麋角解」，即依傳小正。隕鹿角三字脫簡，散落此冊外，編者遂附於卷末。後人又以十二月「隕鹿角」遂於月令，遂改據十一月經文，改為麋耳。

十一月十二月不記星象何也。記星象為置閏也。已記十月，閏否已可定矣。十一月十二月但置一小月一大月，已無差失。續次則農事已畢，無所資於星象。續次一之日觱發，二之日栗烈，旦昏尤寒，高處觀測，亦非所堪。非如王筠所言傳久之有脫佚也。二月不記星象何也。古人於流、伏、內甚為熟諳。正月記參中，三月記參伏，則二月為參流，不言可知。猶火記伏、內，無流亦不記也。此古人文字互見之妙。使小正十二月記星象，昴為小正顯星，十二月應不記昴中，十二月斗柄縣在下，赫然分明，應不記而待正月始記。蓋小正旅行之書，欲則必行，不欲則亦不行。十一月、十二月，不記星象，司歷無所事也。

夏小正記載，各月詳略有殊，事各有當，王筠謂傳疑脫佚，非是。

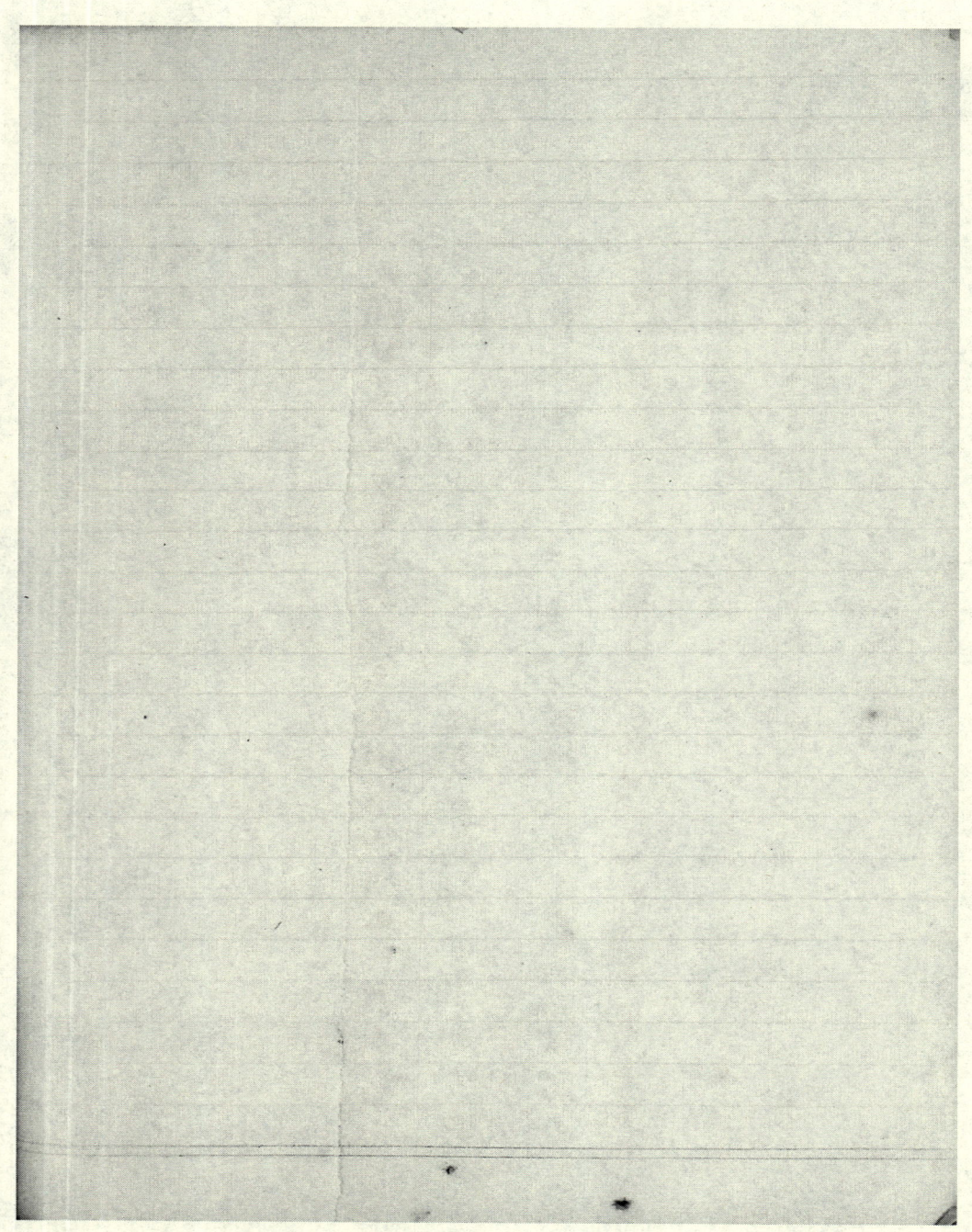

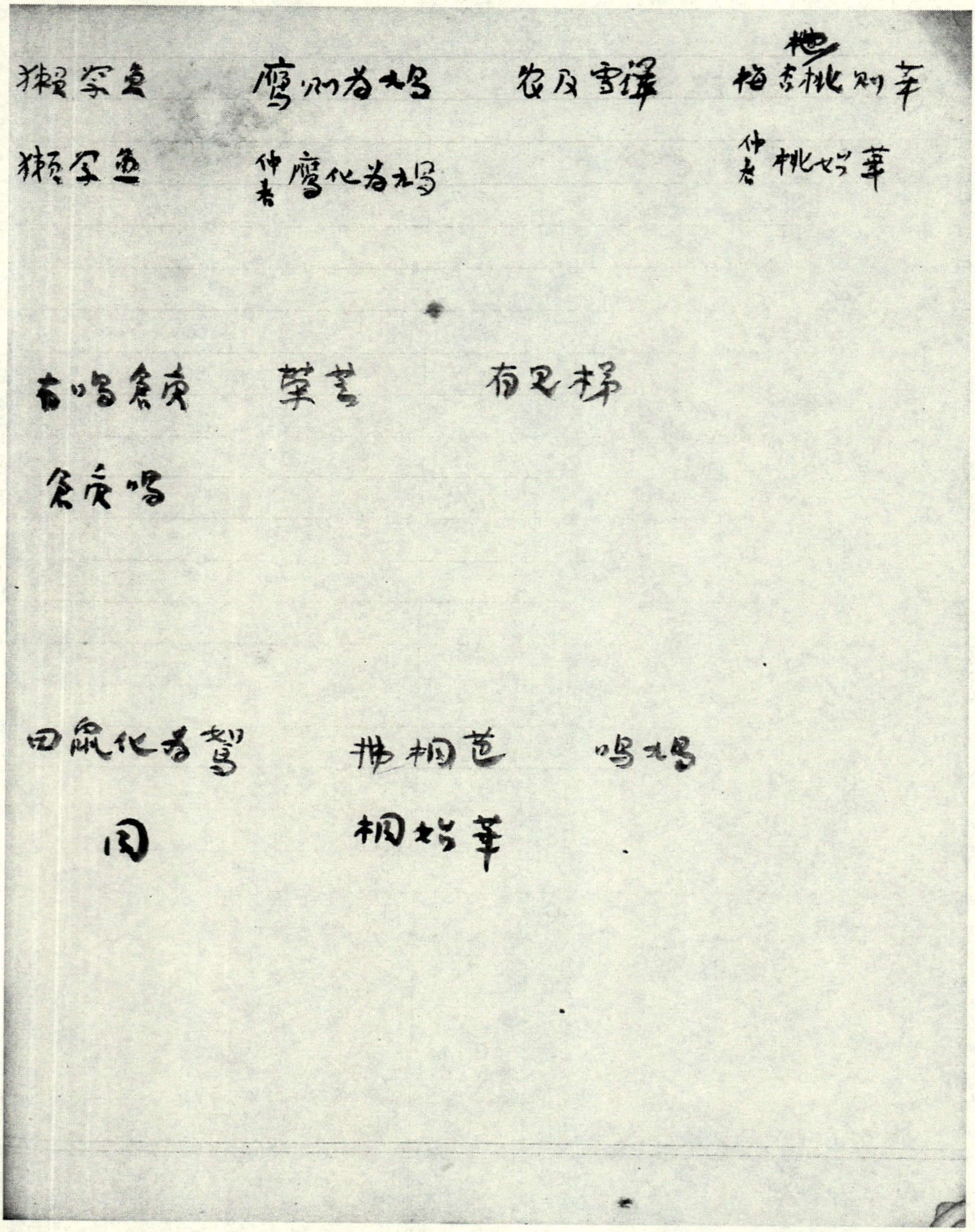
獭祭鱼　鹰则为鸠　农及雪泽　梅杏杝桃则华

獭祭鱼　仲春鹰化为鸠　仲春桃始华

有鸣仓庚　荣芸　有见稊

仓庚鸣

田鼠化为鴽　拂桐芭　鸣鸠

同　桐始华

小正　农纬厥耒　初岁祭耒　冻涂　农率均田

月令　东风解冻

小正　荣芸(堇)　昆小虫抵蚳　来降燕　剥鱓

月令　玄鸟至　蛰虫咸动

小正　颁冰　采识　妾子始蚕　祈麦实

月令　劝蚕事　为麦祈实

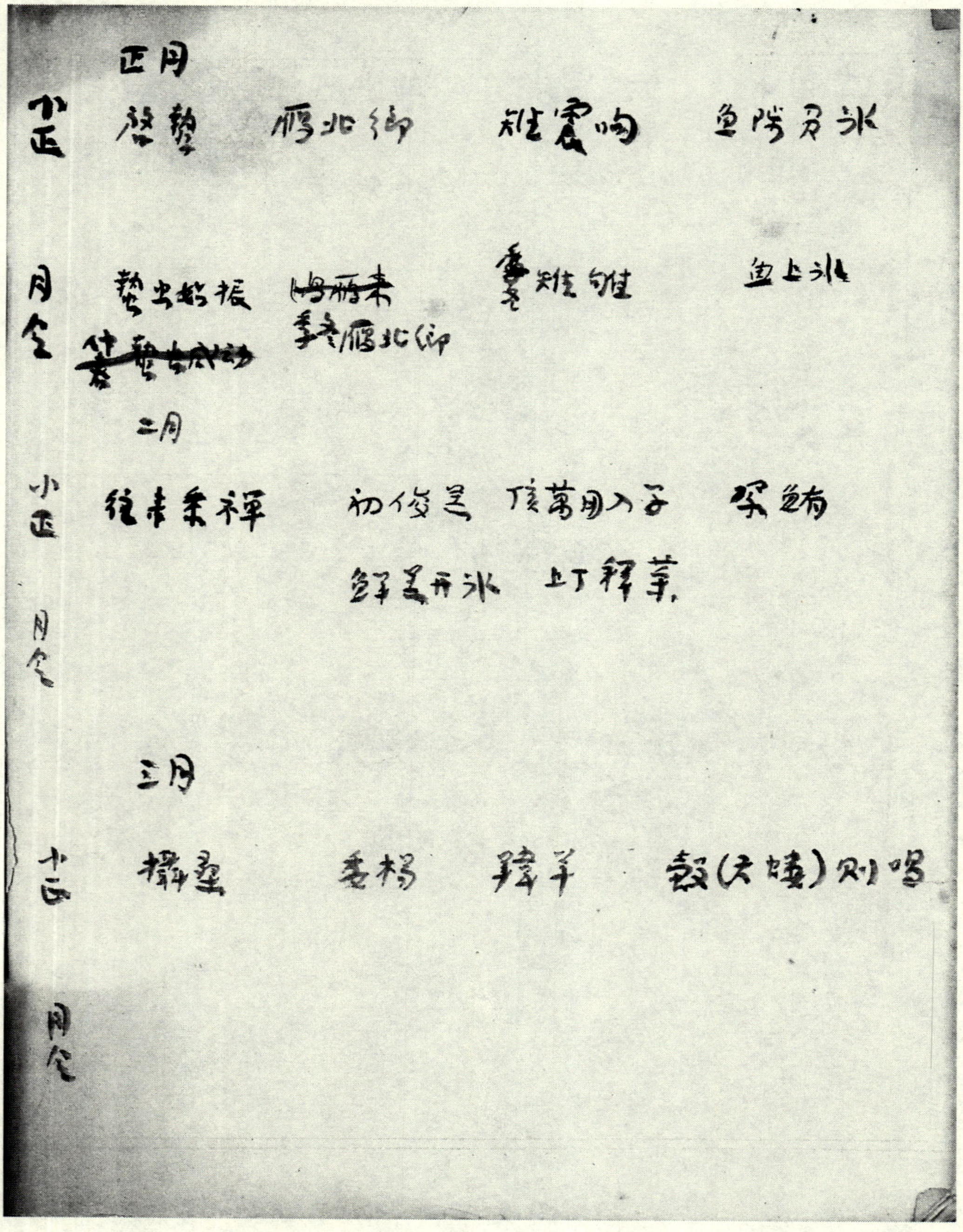
正月

小正　启蛰　雁北乡　雉震呴　鱼陟负冰

月令　蛰虫始振　~~鸿雁来~~　季冬雉雊　鱼上冰
仲春~~蛰虫咸动~~　季冬雁北乡

二月

小正　往耰黍禅　初俊羔　亥萬用入学　祭鲔
鲜羔开冰　上丁释菜

月令

三月

小正　摄桑　委杨　䍧羊　毂（犬蝼）则鸣

月令

春秋經朔譜

春秋經朔譜

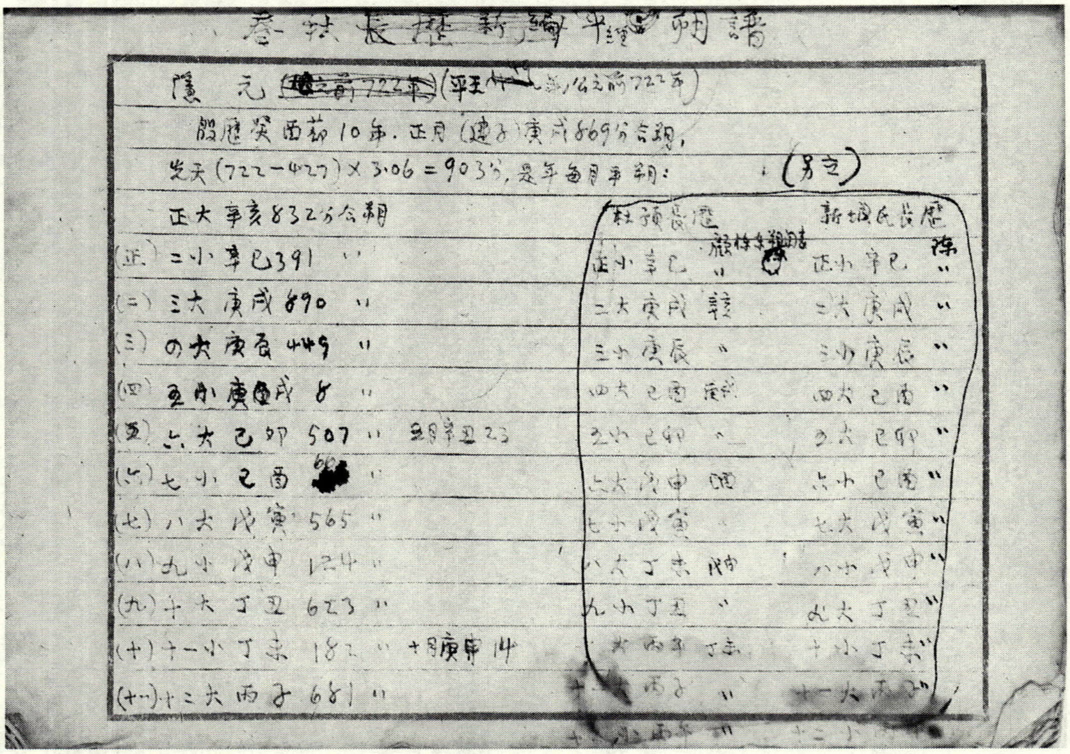

春秋长历新编平王朔谱

隐元（平王四十九年/公元前722年）

殷历癸酉蔀10年．正月（建子）庚戌869分合朔，

先天（722－427）×3.06＝903分，是年每月平朔：（另立）

正大辛亥832分合朔

		杜预长历	新城氏长历
（正）二小辛巳391 〃		正小辛巳 〃	正小辛巳 〃
（二）三大庚戌890 〃		二大庚戌 [illegible]	二大庚戌 〃
（三）四大庚辰449 〃		三小庚辰 〃	三小庚辰 〃
（四）五小庚戌8 〃		四大己酉 [illegible]	四大己酉 〃
（五）六大己卯507 〃	五月辛丑23	五小己卯 〃	五大己卯 〃
（六）七小己酉66 〃		六大戊申 [illegible]	六小己酉 〃
（七）八大戊寅565 〃		七小戊寅 〃	七大戊寅 〃
（八）九小戊申124 〃		八大丁未 [illegible]	八小戊申 〃
（九）十大丁丑623 〃		九小丁丑 〃	九大丁丑 〃
（十）十一小丁未182 〃	十月庚申14	[illegible]大丙午 丁未	十小丁未 〃
（十一）十二大丙子681 〃		十[illegible]丙子 〃	十一大丙[illegible] 〃

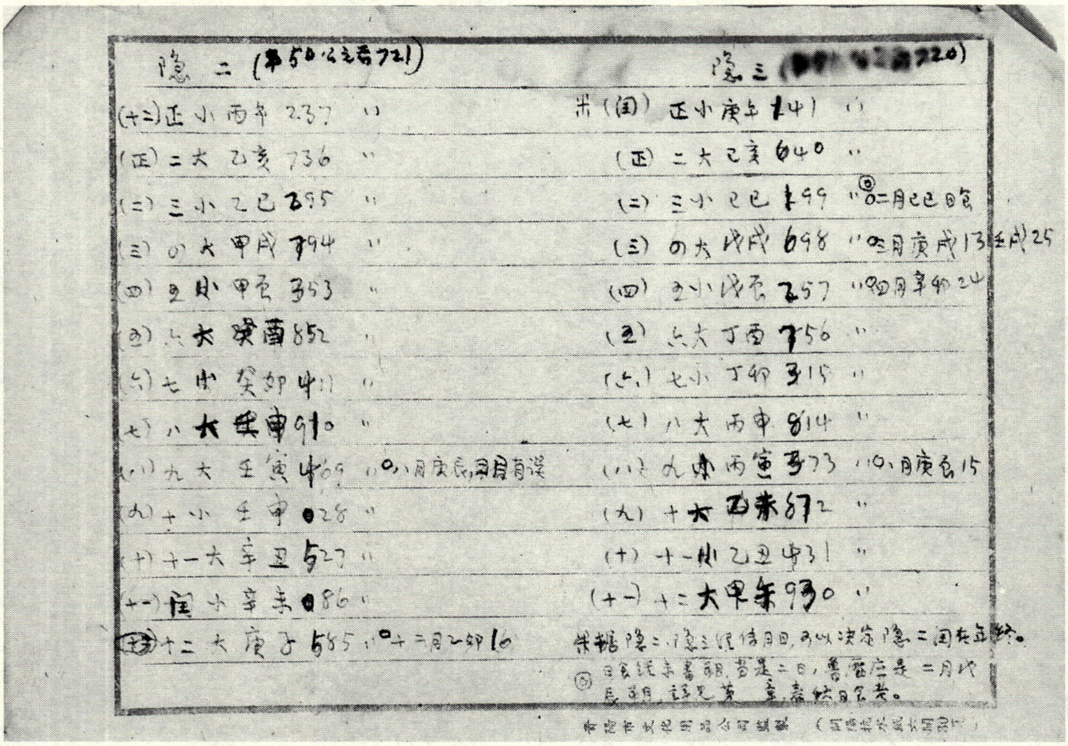

隐二（平王五十年/公元前721）	隐三（[illegible]720）
（十二）正小丙午237 〃	闰（闰）正小庚午141 〃
（正）二大乙亥736 〃	（正）二大己亥640 〃
（二）三小乙巳295 〃	（二）三小己巳199 〃 ⓪二月己巳日食
（三）四大甲戌794 〃	（三）四大戊戌698 〃 三月庚戌13 壬戌25
（四）五小甲辰353 〃	（四）五小戊辰257 〃 四月辛卯24
（五）六大癸酉852 〃	（五）六大丁酉756 〃
（六）七小癸卯411 〃	（六）七小丁卯315 〃
（七）八大壬申910 〃	（七）八大丙申814 〃
（八）九大壬寅469 〃 八月庚辰日月有误	（八）九小丙寅373 〃 十二月庚辰15
（九）十小壬申028 〃	（九）十大乙未872 〃
（十）十一大辛丑527 〃	（十）十一小乙丑431 〃
（十一）闰小辛未086 〃	（十一）十二大甲午930 〃
（十二）十二大庚子585 〃 十二月乙卯16	

※据隐二、隐三经传月日，可以决定隐二闰在年终。

⓪日食从未书朔，当是二日，鲁历应是二月己巳朔，详见第[illegible]章春秋日食表。

[illegible]（[illegible]）

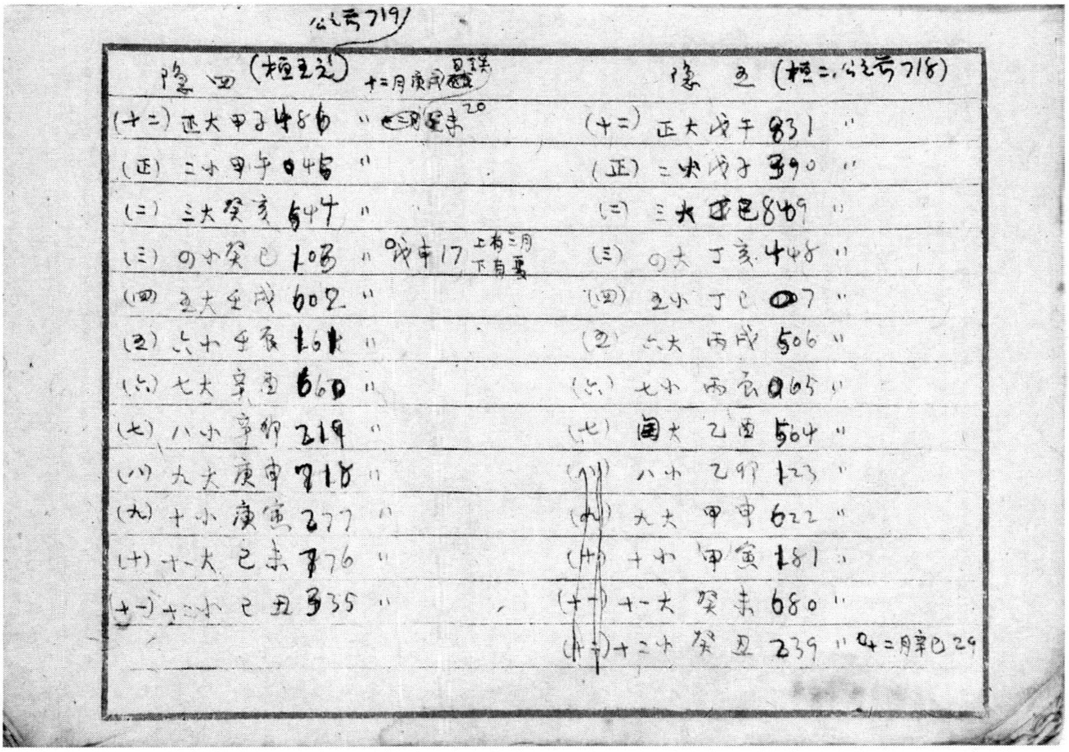

隐四（桓王元 公元前719） 十二月庚戌晨误

(十二) 正大甲子 486 〃 七月??? 20
(正) 二小甲午 046 〃
(二) 三大癸亥 644 〃
(三) 四小癸巳 103 〃 戊申17 上有二月 下有要
(四) 五大壬戌 602 〃
(五) 六小壬辰 161 〃
(六) 七大辛酉 660 〃
(七) 八小辛卯 219 〃
(八) 九大庚申 718 〃
(九) 十小庚寅 277 〃
(十) 十一大己未 776 〃
(十一) 十二小己丑 335 〃

隐五（桓二，公元前718）

(十二) 正大戊午 831 〃
(正) 二小戊子 390 〃
(二) 三大丁巳 849 〃
(三) 四大丁亥 448 〃
(四) 五小丁巳 007 〃
(五) 六大丙戌 506 〃
(六) 七小丙辰 065 〃
(七) 闰大乙酉 564 〃
(八) 八小乙卯 123 〃
(九) 九大甲申 622 〃
(十) 十小甲寅 181 〃
(十一) 十一大癸未 680 〃
(十二) 十二小癸丑 239 〃 四十二月辛巳29

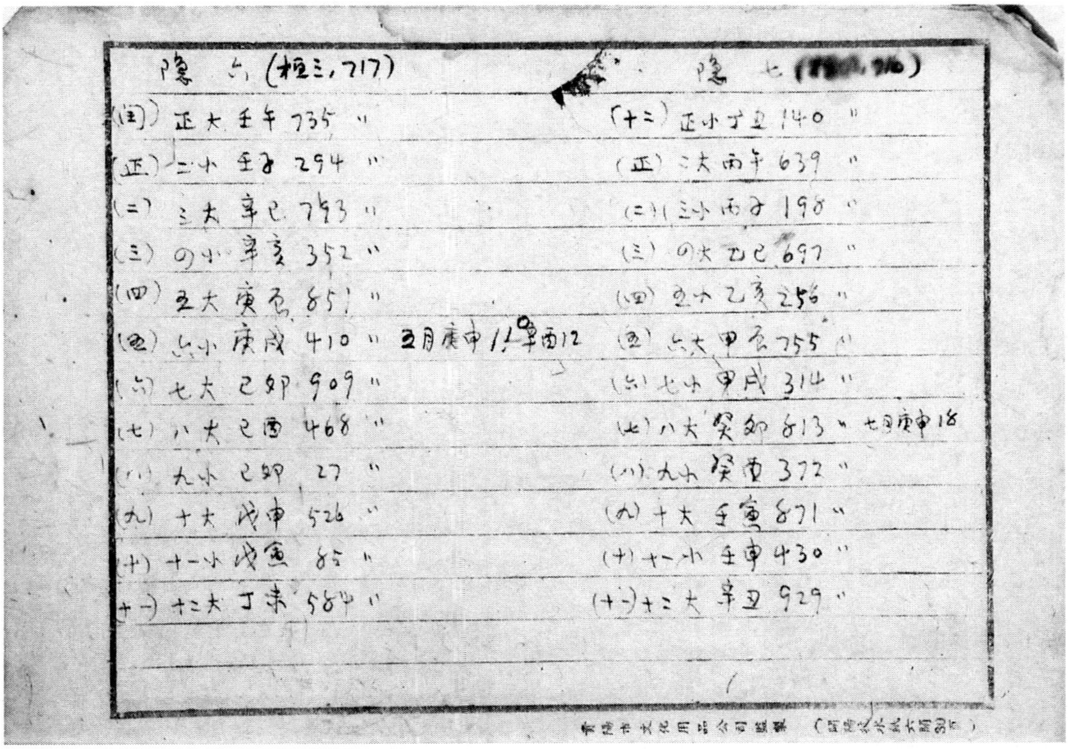

隐六（桓三，717）

(十二) 正大壬午 735 〃
(正) 二小壬子 294 〃
(二) 三大辛巳 793 〃
(三) 四小辛亥 352 〃
(四) 五大庚辰 851 〃
(五) 六小庚戌 410 〃 五月庚申11 辛酉12
(六) 七大己卯 909 〃
(七) 八大己酉 468 〃
(八) 九小己卯 27 〃
(九) 十大戊申 526 〃
(十) 十一小戊寅 85 〃
(十一) 十二大丁未 584 〃

隐七（[illegible]）

(十二) 正小丁丑 140 〃
(正) 二大丙午 639 〃
(二) 三小丙子 198 〃
(三) 四大乙巳 697 〃
(四) 五小乙亥 256 〃
(五) 六大甲辰 755 〃
(六) 七小甲戌 314 〃
(七) 八大癸卯 813 〃 七月庚申18
(八) 九小癸酉 372 〃
(九) 十大壬寅 871 〃
(十) 十一小壬申 430 〃
(十一) 十二大辛丑 929 〃

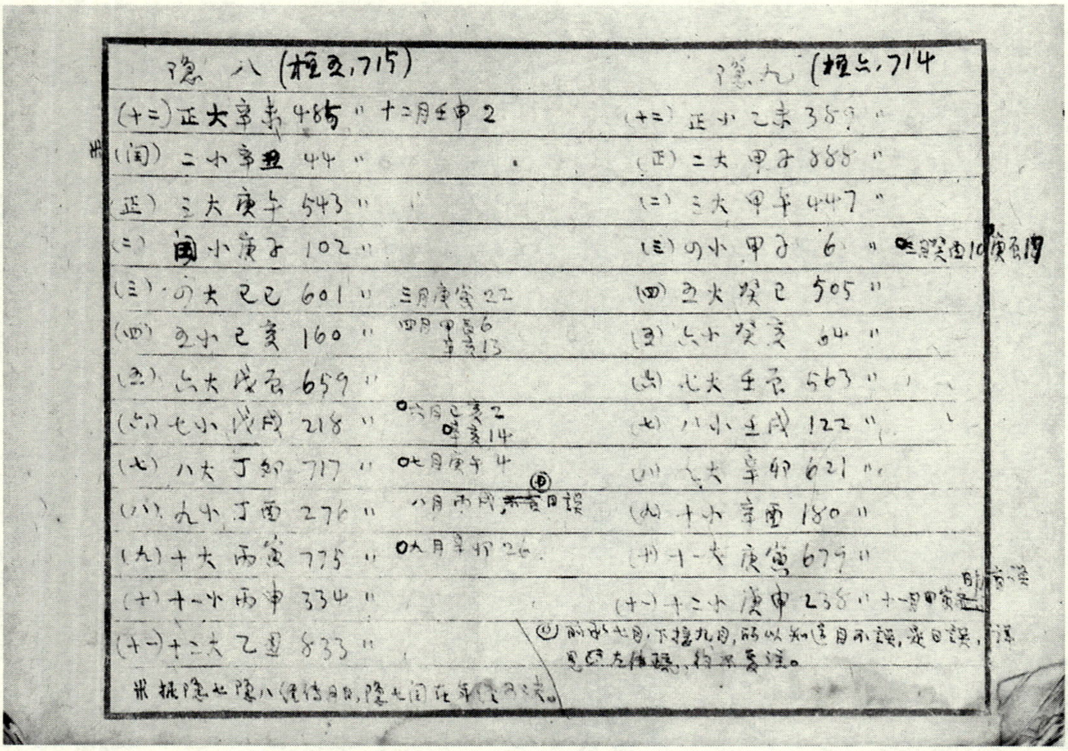

隐八（桓五，715）

(十二)正大辛未 485 〃 十二月壬申 2
(闰)二小辛丑 44 〃
(正)三大庚午 543 〃
(二)四小庚子 102 〃
(三)五大己巳 601 〃 三月庚寅 22
(四)五小己亥 160 〃 四月甲辰 6 辛亥 13
(五)六大戊辰 659 〃
(六)七小戊戌 218 〃 六月己亥 2 辛亥 14
(七)八大丁卯 717 〃 七月庚午 4
(八)九小丁酉 276 〃 八月丙戌 ⑪日误
(九)十大丙寅 775 〃 九月辛卯 26
(十)十一小丙申 334 〃
(十一)十二大乙丑 833 〃
※据隐七隐八定结月日，隐七闰在年终为误。

隐九（桓六，714）

(十二)正小乙未 359 〃
(正)二大甲子 888 〃
(二)三大甲午 447 〃
(三)四小甲子 6 〃 三月癸酉 10 庚辰 17
(四)五大癸巳 505 〃
(五)六小癸亥 64 〃
(六)七大壬辰 563 〃
(七)八小壬戌 122 〃
(八)九大辛卯 621 〃
(九)十小辛酉 180 〃
(十)十一大庚寅 679 〃
(十一)十二小庚申 238 〃 十一月甲寅 日为误
⑪前承七月，下接九月，所以知这月不误，是日误，得见左传，待考查注。

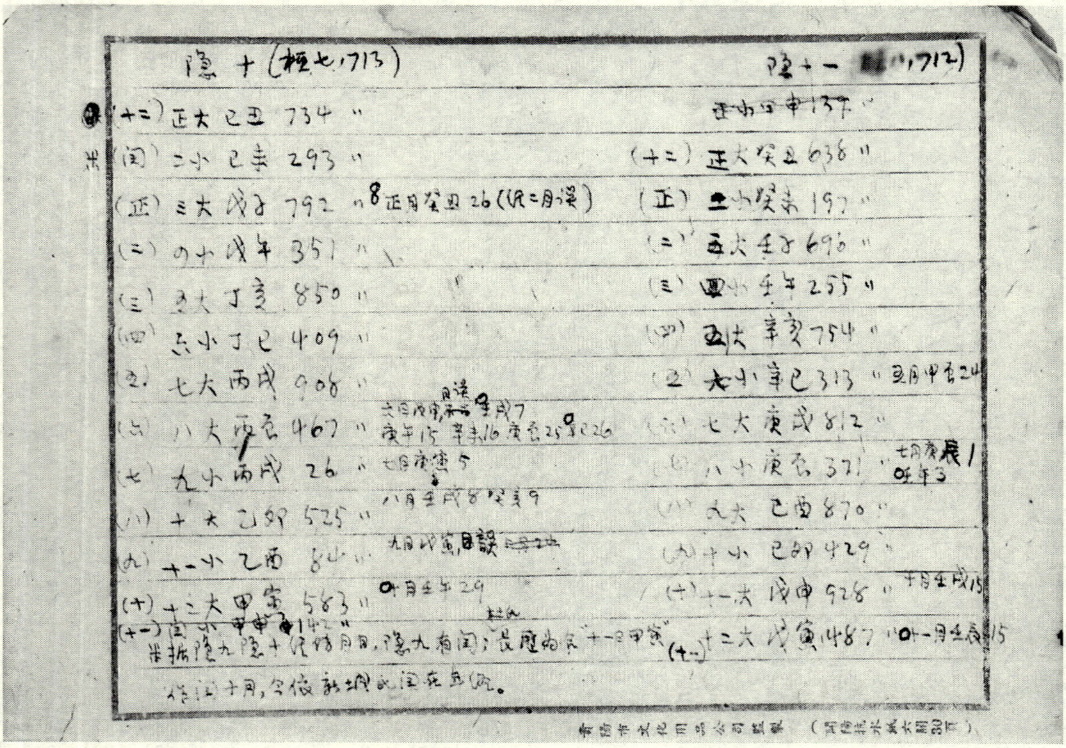

隐十（桓七，713）

(十二)正大己丑 734 〃
(闰)二小己未 293 〃
(正)三大戊子 792 〃 8 正月癸丑 26（从二月误）
(二)四小戊午 351 〃
(三)五大丁亥 850 〃
(四)六小丁巳 409 〃
(五)七大丙戌 908 〃
(六)八大丙辰 467 〃 六月壬戌 7 庚午 15 辛未 16 庚辰 25 辛巳 26
(七)九小丙戌 26 〃 七月庚辰 5
(八)十大乙卯 525 〃 八月壬戌 8 癸亥 9
(九)十一小乙酉 84 〃 九月戊寅 日误
(十)十二大甲寅 583 〃 十月壬午 29
(十一)闰小甲申 142 〃
※据隐九隐十定结月日，隐九有闰；长历由定"十一日甲寅"作闰十月，今依新城氏闰在年终。

隐十一（[illegible]，712）

(十二)正大癸丑 638 〃
(正)二小癸未 197 〃
(二)三大壬子 696 〃
(三)四小壬午 255 〃
(四)五大辛亥 754 〃
(五)六小辛巳 313 〃 五月甲申 24
(六)七大庚戌 812 〃
(七)八小庚辰 371 〃 七月庚辰 1 壬午 3
(八)九大己酉 870 〃
(九)十小己卯 429 〃
(十)十一大戊申 928 〃 十月壬戌 15
(十一)十二大戊寅 487 〃 十一月壬辰 15

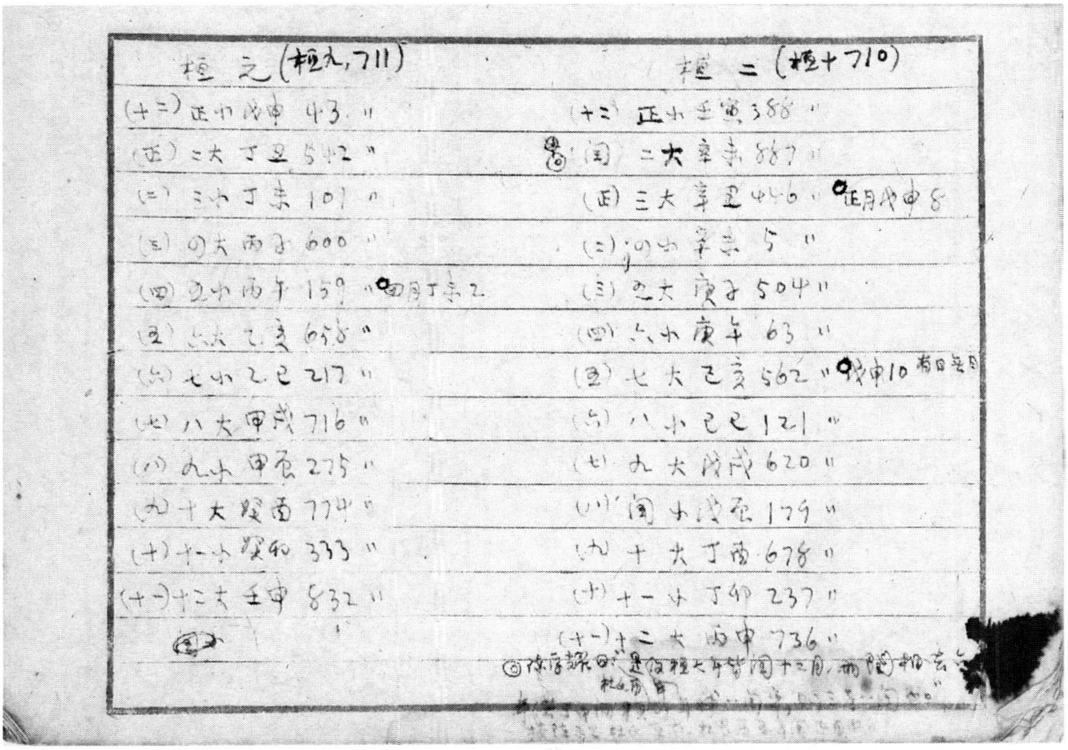

桓之（桓九，711）

(十二) 正小戊申 43 〃
(正) 二大丁丑 542 〃
(二) 三小丁未 101 〃
(三) 四大丙子 600 〃
(四) 五小丙午 159 〃 ◎四月丁未2
(五) 六大乙亥 658 〃
(六) 七小乙巳 217 〃
(七) 八大甲戌 716 〃
(八) 九小甲辰 275 〃
(九) 十大癸酉 774 〃
(十) 十一小癸卯 333 〃
(十一) 十二大壬申 832 〃
(闰)

桓二（桓十，710）

(十二) 正小壬寅 388 〃
(闰) 二大辛未 887 〃
(正) 三大辛丑 446 〃 ◎正月戊申8
(二) 四小辛未 5 〃
(三) 五大庚子 504 〃
(四) 六小庚午 63 〃
(五) 七大己亥 562 〃 ◎戊申10 有日无月
(六) 八小己巳 121 〃
(七) 九大戊戌 620 〃
(八) 闰小戊辰 179 〃
(九) 十大丁酉 678 〃
(十) 十一小丁卯 237 〃
(十一) 十二大丙申 736 〃
◎陈厚耀曰："是[illegible]桓七年皆闰十二月，而闰相去[illegible]
杜氏历日[illegible]"

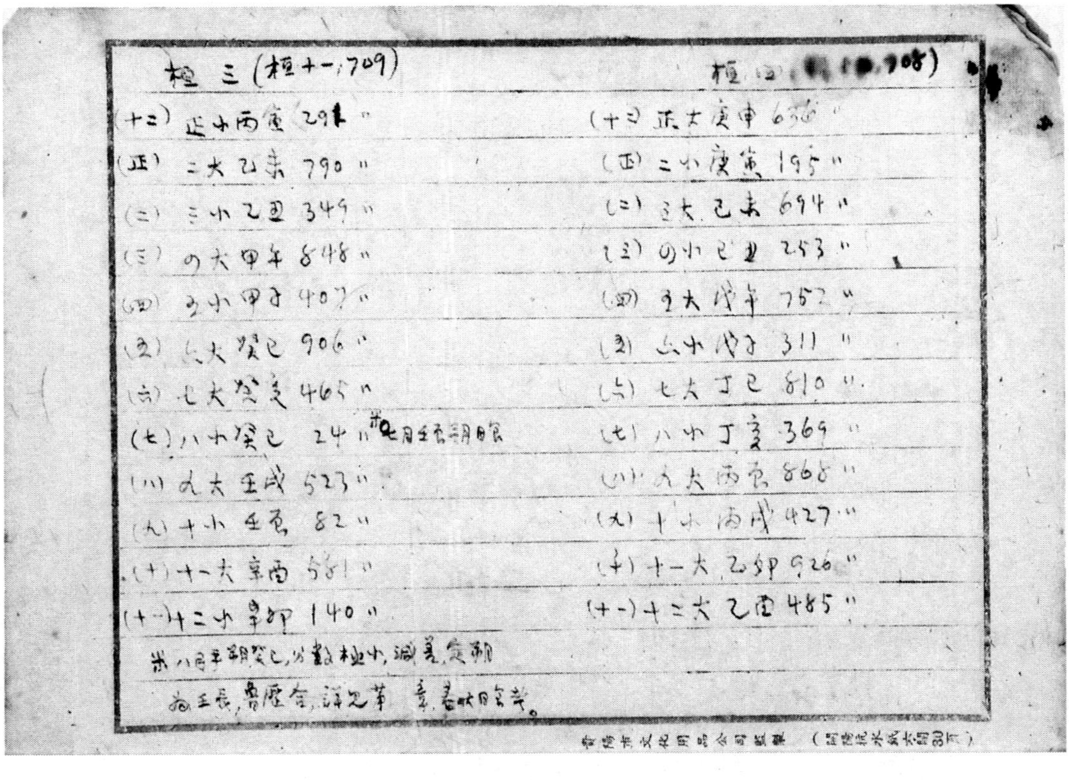

桓三（桓十一，709）

(十二) 正小丙寅 29[illegible] 〃
(正) 二大乙未 790 〃
(二) 三小乙丑 349 〃
(三) 四大甲午 848 〃
(四) 五小甲子 407 〃
(五) 六大癸巳 906 〃
(六) 七大癸亥 465 〃
(七) 八小癸巳 24 〃 ※七月壬辰朔日食
(八) 九大壬戌 523 〃
(九) 十小壬辰 82 〃
(十) 十一大辛酉 581 〃
(十一) 十二小辛卯 140 〃
※八月辛朔癸巳，分数极小，则是定朔
为壬辰，鲁历合，详见第 章，春秋日食考。

桓四（[illegible]708）

(十二) 正大庚申 6[illegible] 〃
(正) 二小庚寅 195 〃
(二) 三大己未 694 〃
(三) 四小己丑 253 〃
(四) 五大戊午 752 〃
(五) 六小戊子 311 〃
(六) 七大丁巳 810 〃
(七) 八小丁亥 369 〃
(八) 九大丙辰 868 〃
(九) 十小丙戌 427 〃
(十) 十一大乙卯 926 〃
(十一) 十二大乙酉 485 〃

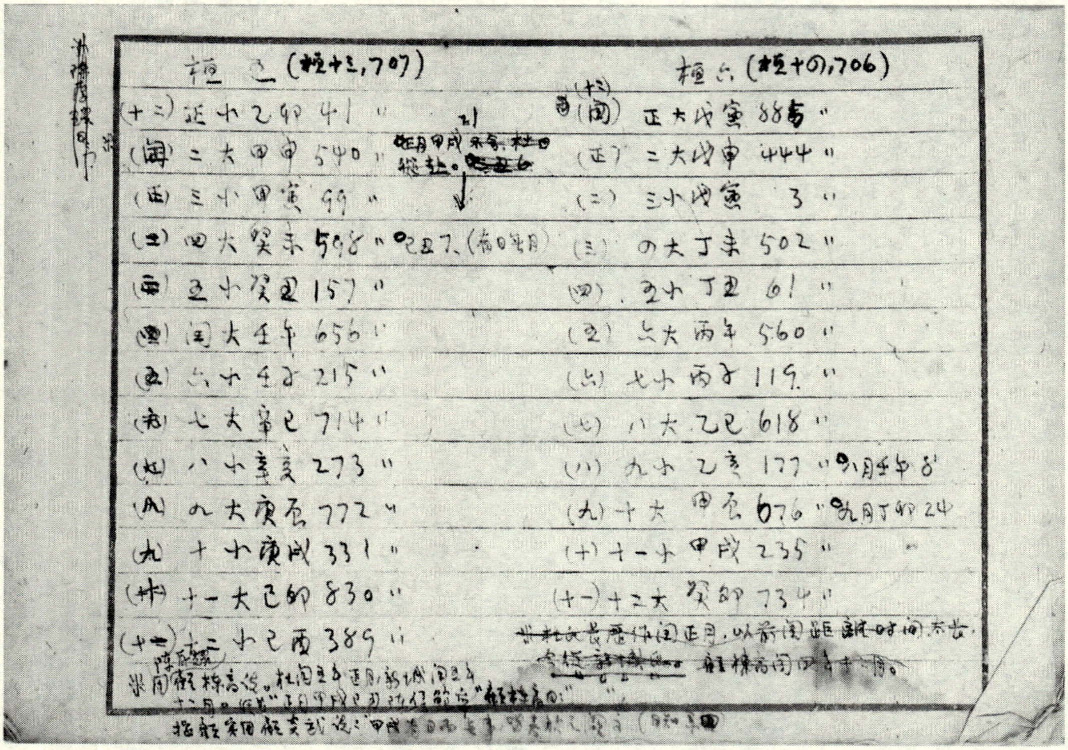

桓五（桓十三，707）	桓六（桓十四，706）
(十二) 正小乙卯 41 〃	(十二)(闰) 正大戊寅 888 〃
(闰) 二大甲申 540 〃	(正) 二大戊申 444 〃
(正) 三小甲寅 99 〃	(二) 三小戊寅 3 〃
(二) 四大癸未 598 〃 ○己丑7（肯日等月）	(三) 四大丁未 502 〃
(三) 五小癸丑 157 〃	(四) 五小丁丑 61 〃
(四) 闰大壬午 656 〃	(五) 六大丙午 560 〃
(五) 六小壬子 215 〃	(六) 七小丙子 119 〃
(六) 七大辛巳 714 〃	(七) 八大乙巳 618 〃
(七) 八小辛亥 273 〃	(八) 九小乙亥 177 〃 ○八月壬申8
(八) 九大庚辰 772 〃	(九) 十大甲辰 676 〃 ○九月丁卯24
(九) 十小庚戌 331 〃	(十) 十一小甲戌 235 〃
(十) 十一大己卯 830 〃	(十一) 十二大癸卯 734 〃
(十一) 十二小己酉 389 〃	

[illegible]

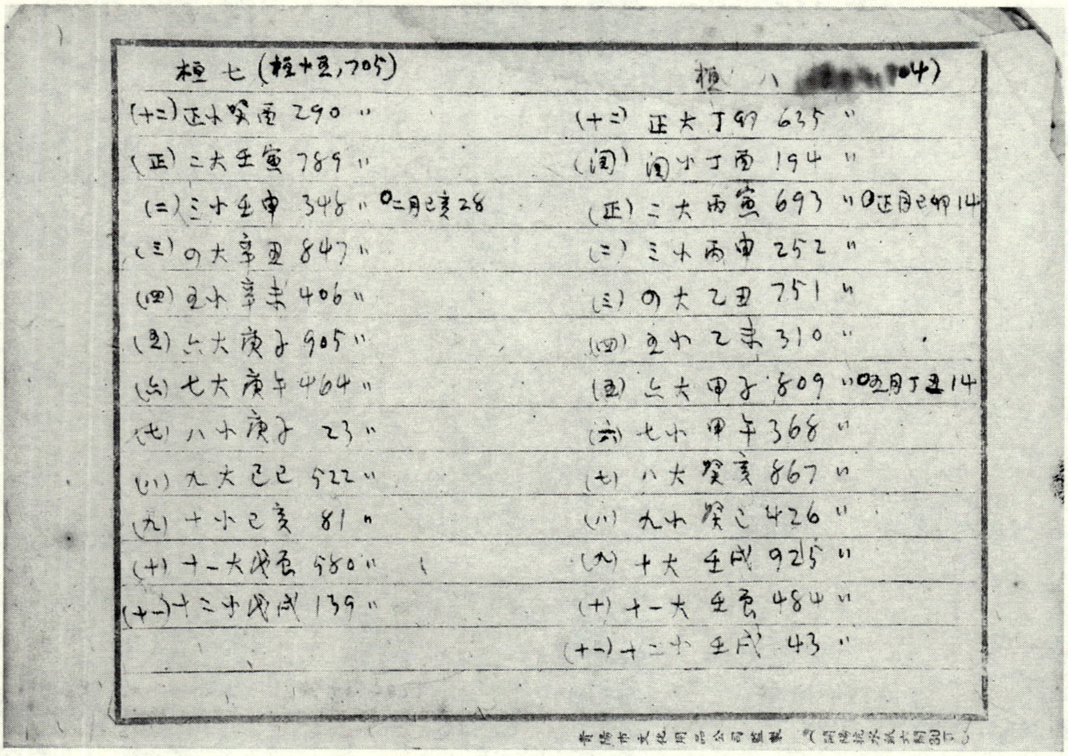

桓七（桓十五，705）	桓八（[illegible]704）
(十二) 正小癸酉 290 〃	(十二) 正大丁卯 635 〃
(正) 二大壬寅 789 〃	(闰) 闰小丁酉 194 〃
(二) 三小壬申 348 〃 ○二月己亥28	(正) 二大丙寅 693 〃 ○正月己卯14
(三) 四大辛丑 847 〃	(二) 三小丙申 252 〃
(四) 五小辛未 406 〃	(三) 四大乙丑 751 〃
(五) 六大庚子 905 〃	(四) 五小乙未 310 〃
(六) 七大庚午 464 〃	(五) 六大甲子 809 〃 ○五月丁丑14
(七) 八小庚子 23 〃	(六) 七小甲午 368 〃
(八) 九大己巳 522 〃	(七) 八大癸亥 867 〃
(九) 十小己亥 81 〃	(八) 九小癸巳 426 〃
(十) 十一大戊辰 580 〃	(九) 十大壬戌 925 〃
(十一) 十二小戊戌 139 〃	(十) 十一大壬辰 484 〃
	(十一) 十二小壬戌 43 〃

桓九（桓十七，703）		
（十二）	正大辛卯 539〃	
（正）	二小辛酉 98〃	
（二）	三大庚寅 547〃	
（三）	四小庚申 156〃	
（四）	五大己丑 655〃	
（五）	六小己未 214〃	
（六）	七大戊子 713〃	
（七）	八小戊午 272〃	
（八）	九大丁亥 771〃	
（九）	十小丁巳 330〃	
（十）	十一大丙戌 829〃	
（十一）	十二小丙辰 388〃	

桓十（桓十八，702）		
（十二）	正大乙酉 884〃	
（正）	二大乙卯 443〃	○正月庚申 6
（二）	三小乙酉 2〃	
（三）	四大甲寅 901〃	
（四）	五小甲申 60〃	
（五）	六大癸丑 559〃	
（六）	七小癸未 118〃	
（七）	八大壬子 617〃	
（八）	九小壬午 176〃	
（九）	十大辛亥 675〃	
（十）	闰小辛巳 234〃	
（十一）	十一大庚戌 733〃	
（十二）	十二小庚辰 292〃	○十二月丙午 27

桓十一（桓十九，701）		
※（闰）	正大己酉 788〃	
（正）	二小己卯 347〃	
（二）	三大戊申 846〃	
（三）	四小戊寅 405〃	
（四）	五大丁未 904〃	
（五）	六大丁丑 463〃	○五月癸未 7
（六）	七小丁未 22〃	
（七）	八大丙子 521〃	
（八）	九小丙午 80〃	
（九）	十大乙亥 579〃	九月丁亥 13
（十）	十一小乙巳 138〃	
（十一）	十二大甲戌 637〃	

※杜氏长历十一年闰正月，今从新城，闰在十年岁终。

桓十二（[redacted]700）		
（十二）	正小甲辰 193〃	
（正）	二大癸酉 692〃	
（二）	三小癸卯 251〃	
（三）	四大壬申 750〃	
（四）	五小壬寅 309〃	
（五）	六大辛未 808〃	
（六）	七小辛丑 367〃	○七月壬寅 2
（七）	八大庚午 866〃	○八月丁亥 18
（八）	九小庚子 425〃	○九月壬辰不合，杜曰误。
（九）	十大己巳 924〃	
（十）	十一大己亥 483〃	~~十一月丙戌~~
（十一）	十二小己巳 42〃	○十一月丙戌 18

重庆市文化用品公司监制（[illegible]30张）

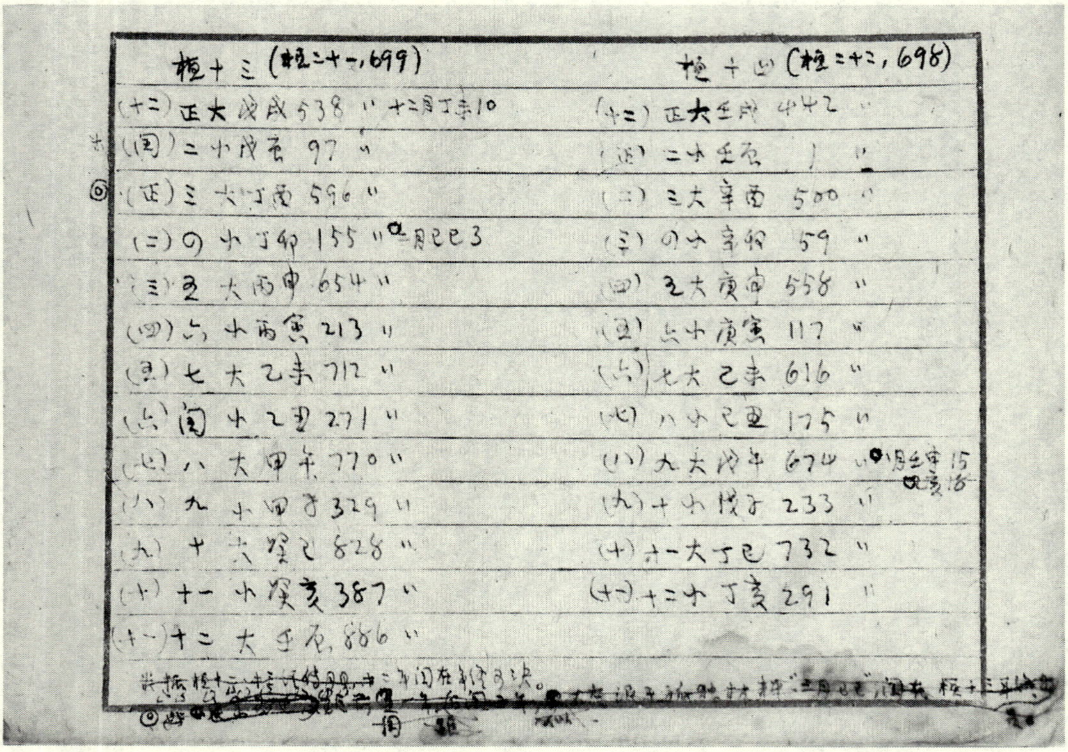

桓十三（桓二十一，699）	桓十四（桓二十二，698）
(十二) 正大戊戌538 〃 十二月丁未10	(十二) 正大壬戌442 〃
(闰) 二小戊辰97 〃	(正) 二小壬辰1 〃
(正) 三大丁酉596 〃	(二) 三大辛酉500 〃
(二) 四小丁卯155 〃 ○二月己巳3	(三) 四小辛卯59 〃
(三) 五大丙申654 〃	(四) 五大庚申558 〃
(四) 六小丙寅213 〃	(五) 六小庚寅117 〃
(五) 七大乙未712 〃	(六) 七大己未616 〃
(六) 闰小乙丑271 〃	(七) 八小己丑175 〃
(七) 八大甲午770 〃	(八) 九大戊午674 〃 ○八月壬申15 ○乙亥18
(八) 九小甲子329 〃	(九) 十小戊子233 〃
(九) 十大癸巳828 〃	(十) 十一大丁巳732 〃
(十) 十一小癸亥387 〃	(十一) 十二小丁亥291 〃
(十一) 十二大壬辰886 〃	

※据桓十六[illegible]十二月闰在前之次。[illegible]

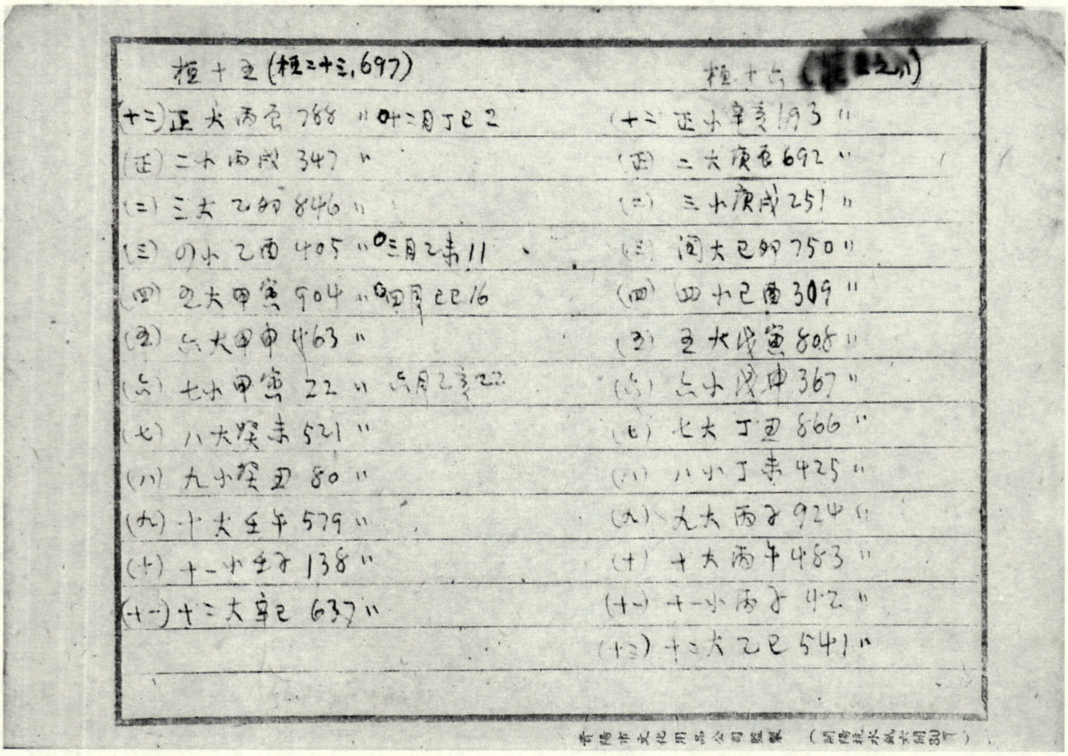

桓十五（桓二十三，697）	桓十六（[illegible]）
(十二) 正大丙辰768 〃 ○十二月丁巳2	(十二) 正小辛亥193 〃
(正) 二小丙戌347 〃	(正) 二大庚辰692 〃
(二) 三大乙卯846 〃	(二) 三小庚戌251 〃
(三) 四小乙酉405 〃 ○三月乙未11	(三) 闰大己卯750 〃
(四) 五大甲寅904 〃 ○四月己巳16	(四) 四小己酉309 〃
(五) 六大甲申463 〃	(五) 五大戊寅808 〃
(六) 七小甲寅22 〃 六月乙亥22	(六) 六小戊申367 〃
(七) 八大癸未521 〃	(七) 七大丁丑866 〃
(八) 九小癸丑80 〃	(八) 八小丁未425 〃
(九) 十大壬午579 〃	(九) 九大丙子924 〃
(十) 十一小壬子138 〃	(十) 十大丙午483 〃
(十一) 十二大辛巳637 〃	(十一) 十一小丙子42 〃
	(十二) 十二大乙巳541 〃

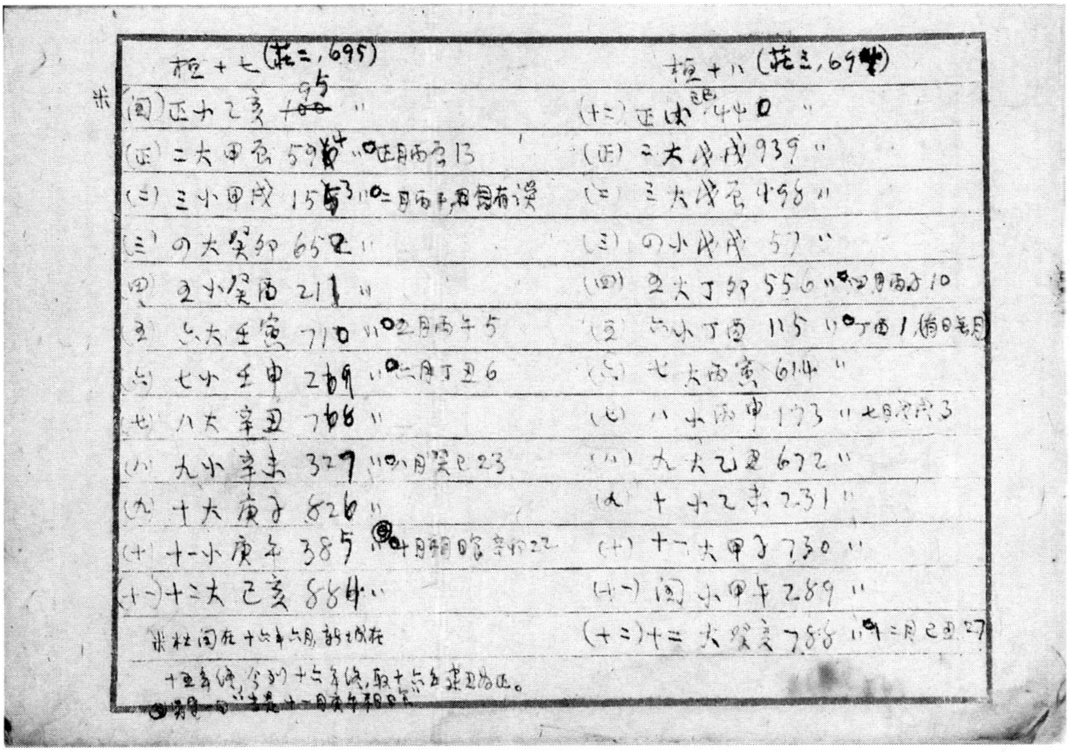
桓十七（莊二，695）
米（閏）正小乙亥 695 〃
（正）二大甲辰 594 〃 正月丙子13
（二）三小甲戌 153 〃 二月丙申，日食有误
（三）四大癸卯 652 〃
（四）五小癸酉 211 〃
（五）六大壬寅 710 〃 五月丙午5
（六）七小壬申 269 〃 六月丁丑6
（七）八大辛丑 768 〃
（八）九小辛未 327 〃 八月癸巳23
（九）十大庚子 826 〃
（十）十一小庚午 385 〃 十月朔日食，辛卯22
（十一）十二大己亥 884 〃
米杜闰在十六年六月，新城茯
十五年終，今移十六年終，取十六年建丑為正。

桓十八（莊三，694）
（十二）正小己巳 440 〃
（正）二大戊戌 939 〃
（二）三大戊辰 498 〃
（三）四小戊戌 57 〃
（四）五大丁卯 556 〃 四月丙子10
（五）六小丁酉 115 〃 丁酉1，（有日无月）
（六）七大丙寅 614 〃
（七）八小丙申 173 〃 七月戊戌3
（八）九大乙丑 672 〃
（九）十小乙未 231 〃
（十）十一大甲子 730 〃
（十一）闰小甲午 289 〃
（十二）十二大癸亥 788 〃 十二月己丑27

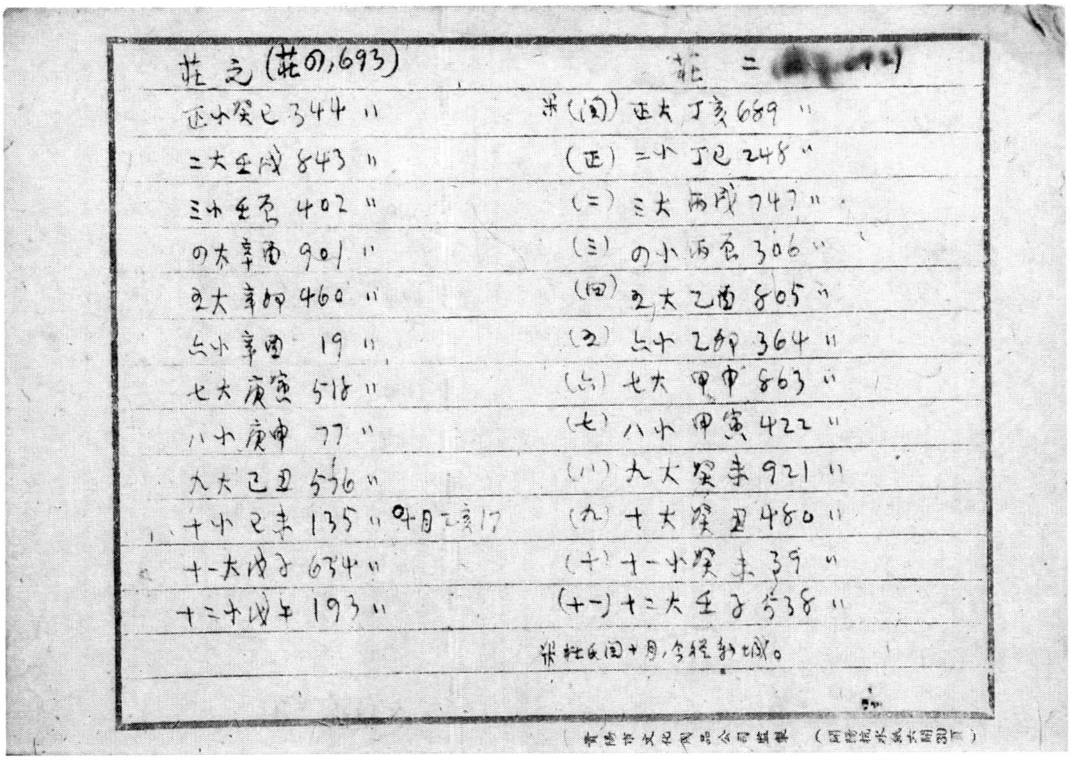
莊元（莊四，693）
正小癸巳 344 〃
二大壬戌 843 〃
三小壬辰 402 〃
四大辛酉 901 〃
五大辛卯 460 〃
六小辛酉 19 〃
七大庚寅 518 〃
八小庚申 77 〃
九大己丑 576 〃
十小己未 135 〃 十月乙亥17
十一大戊子 634 〃
十二小戊午 193 〃

莊二
米（閏）正大丁亥 689 〃
（正）二小丁巳 248 〃
（二）三大丙戌 747 〃
（三）四小丙辰 306 〃
（四）五大乙酉 805 〃
（五）六小乙卯 364 〃
（六）七大甲申 863 〃
（七）八小甲寅 422 〃
（八）九大癸未 921 〃
（九）十大癸丑 480 〃
（十）十一小癸未 39 〃
（十一）十二大壬子 538 〃
米杜氏闰十月，今從新城。

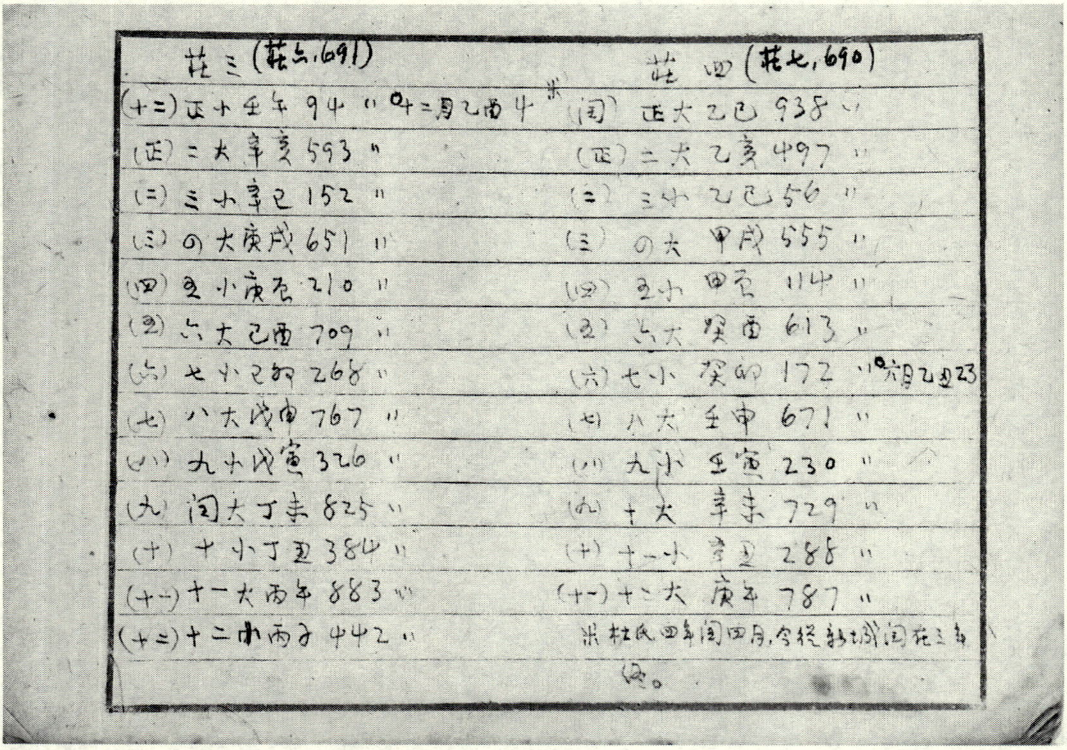

莊三（莊六，691）
(十二) 正小壬午 94 〃 ⁰十二月乙酉4 ※
(正) 二大辛亥 593 〃
(二) 三小辛巳 152 〃
(三) 四大庚戌 651 〃
(四) 五小庚辰 210 〃
(五) 六大己酉 709 〃
(六) 七小己卯 268 〃
(七) 八大戊申 767 〃
(八) 九小戊寅 326 〃
(九) 闰大丁未 825 〃
(十) 十小丁丑 384 〃
(十一) 十一大丙午 883 〃
(十二) 十二小丙子 442 〃

莊四（莊七，690）
(闰) 正大乙巳 938 〃
(正) 二大乙亥 497 〃
(二) 三小乙巳 56 〃
(三) 四大甲戌 555 〃
(四) 五小甲辰 114 〃
(五) 六大癸酉 613 〃
(六) 七小癸卯 172 〃 ⁰六月乙丑23
(七) 八大壬申 671 〃
(八) 九小壬寅 230 〃
(九) 十大辛未 729 〃
(十) 十一小辛丑 288 〃
(十一) 十二大庚午 787 〃
※杜氏四年闰四月，今从新城闰在三年。

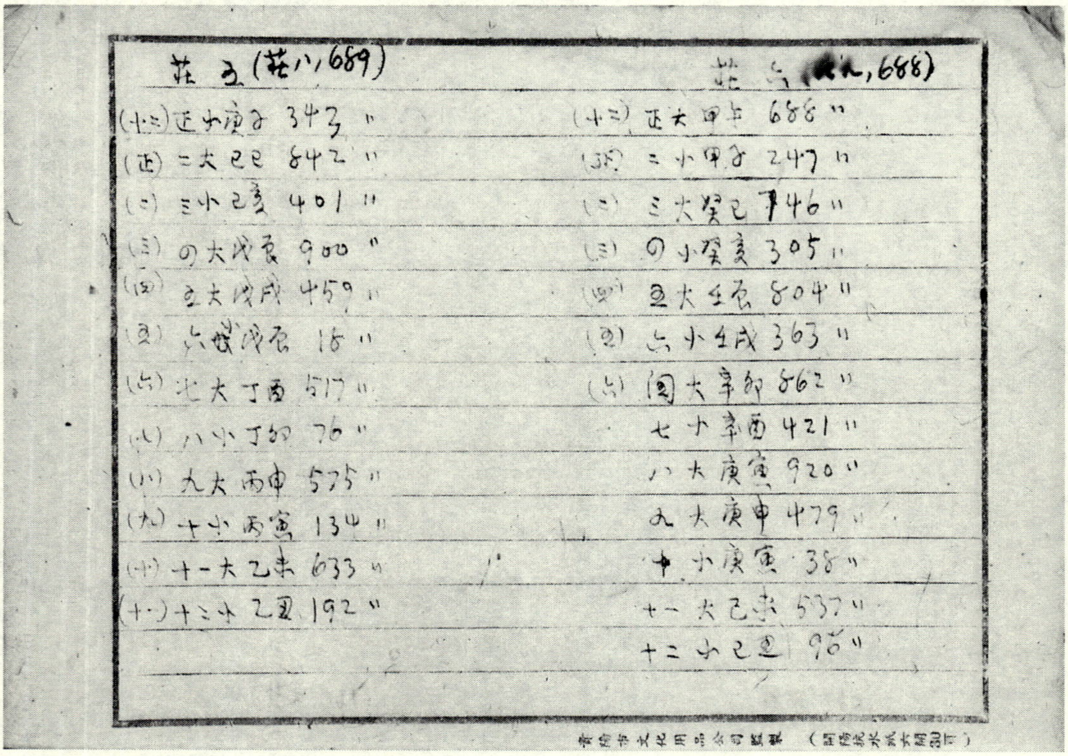

莊五（莊八，689）
(十二) 正小庚子 343 〃
(正) 二大己巳 842 〃
(二) 三小己亥 401 〃
(三) 四大戊辰 900 〃
(四) 五大戊戌 459 〃
(五) 六小戊辰 18 〃
(六) 七大丁酉 517 〃
(七) 八小丁卯 76 〃
(八) 九大丙申 575 〃
(九) 十小丙寅 134 〃
(十) 十一大乙未 633 〃
(十一) 十二小乙丑 192 〃

莊六（莊九，688）
(十二) 正大甲午 688 〃
(正) 二小甲子 247 〃
(二) 三大癸巳 746 〃
(三) 四小癸亥 305 〃
(四) 五大壬辰 804 〃
(五) 六小壬戌 363 〃
(六) 闰大辛卯 862 〃
七小辛酉 421 〃
八大庚寅 920 〃
九大庚申 479 〃
十小庚寅 38 〃
十一大己未 537 〃
十二小己丑 96 〃

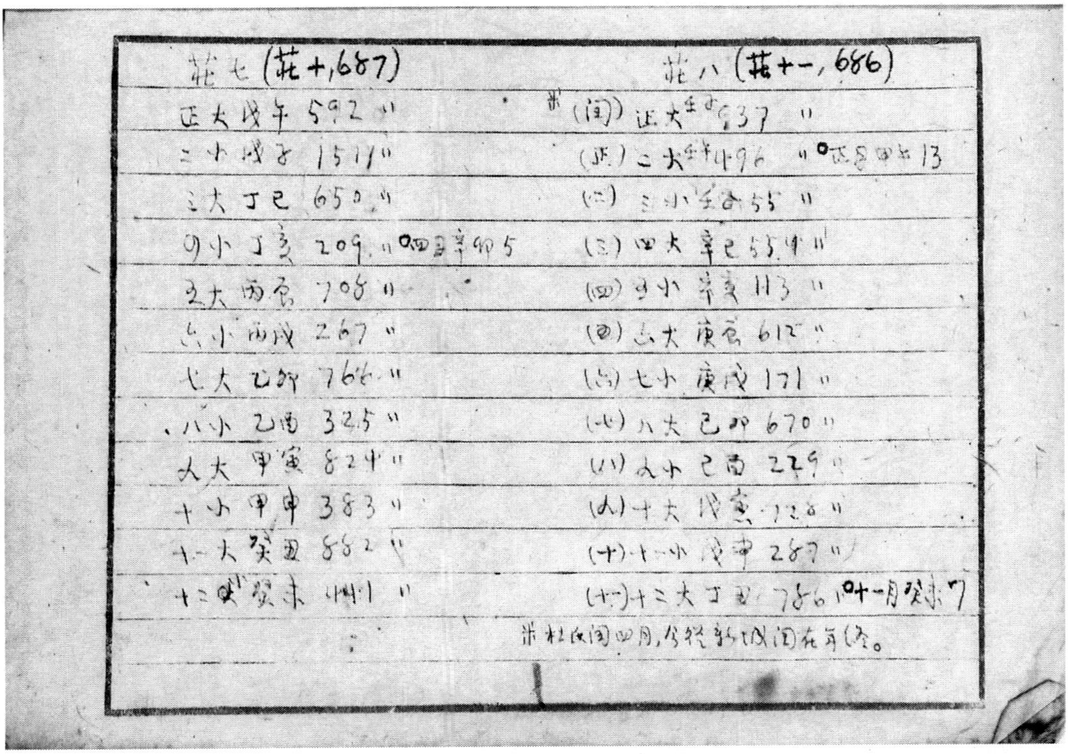

莊七（莊十，687）	莊八（莊十一，686）
正大戊午 592〃	＊（閏）正大壬子 937〃
二小戊子 151〃	（正）二大壬午 496〃 ○正月甲申13
三大丁巳 650〃	（二）三小壬子 55〃
四小丁亥 209〃 ○四月辛卯5	（三）四大辛巳 554〃
五大丙辰 708〃	（四）五小辛亥 113〃
六小丙戌 267〃	（五）六大庚辰 612〃
七大乙卯 766〃	（六）七小庚戌 171〃
八小乙酉 325〃	（七）八大己卯 670〃
九大甲寅 824〃	（八）九小己酉 229〃
十小甲申 383〃	（九）十大戊寅 728〃
十一大癸丑 882〃	（十）十一小戊申 287〃
十二小癸未 441〃	（十一）十二大丁丑 786〃 ○十一月癸未7
	＊杜氏閏四月，今從新城閏在年終。

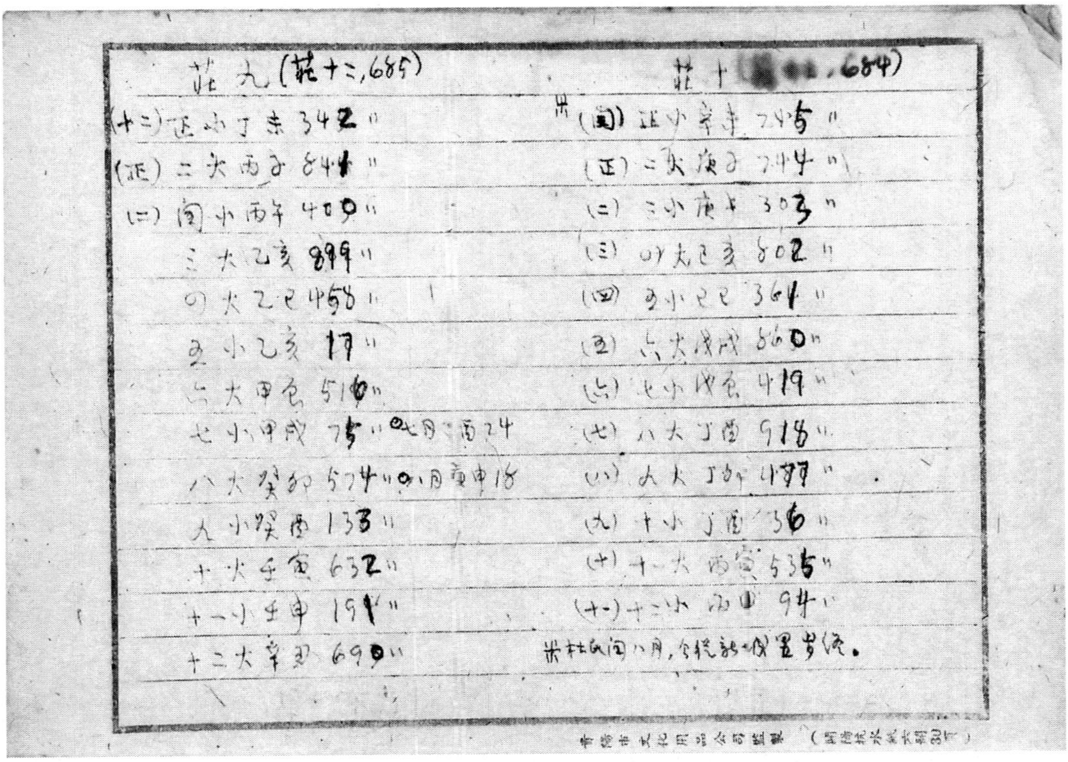

莊九（莊十二，685）	莊十（[illegible]，684）
（十二）正小丁未 342〃	＊（閏）正小辛未 745〃
（正）二大丙子 841〃	（正）二大庚子 744〃
（二）閏小丙午 400〃	（二）三小庚午 303〃
三大乙亥 899〃	（三）四大己亥 802〃
四大乙巳 458〃	（四）五小己巳 361〃
五小乙亥 17〃	（五）六大戊戌 860〃
六大甲辰 516〃	（六）七小戊辰 419〃
七小甲戌 75〃 ○七月丁酉24	（七）八大丁酉 918〃
八大癸卯 574〃 ○八月庚申18	（八）九大丁卯 477〃
九小癸酉 133〃	（九）十小丁酉 36〃
十大壬寅 632〃	（十）十一大丙寅 535〃
十一小壬申 191〃	（十一）十二小丙申 94〃
十二大辛丑 690〃	＊杜氏閏八月，今從新城置歲終。

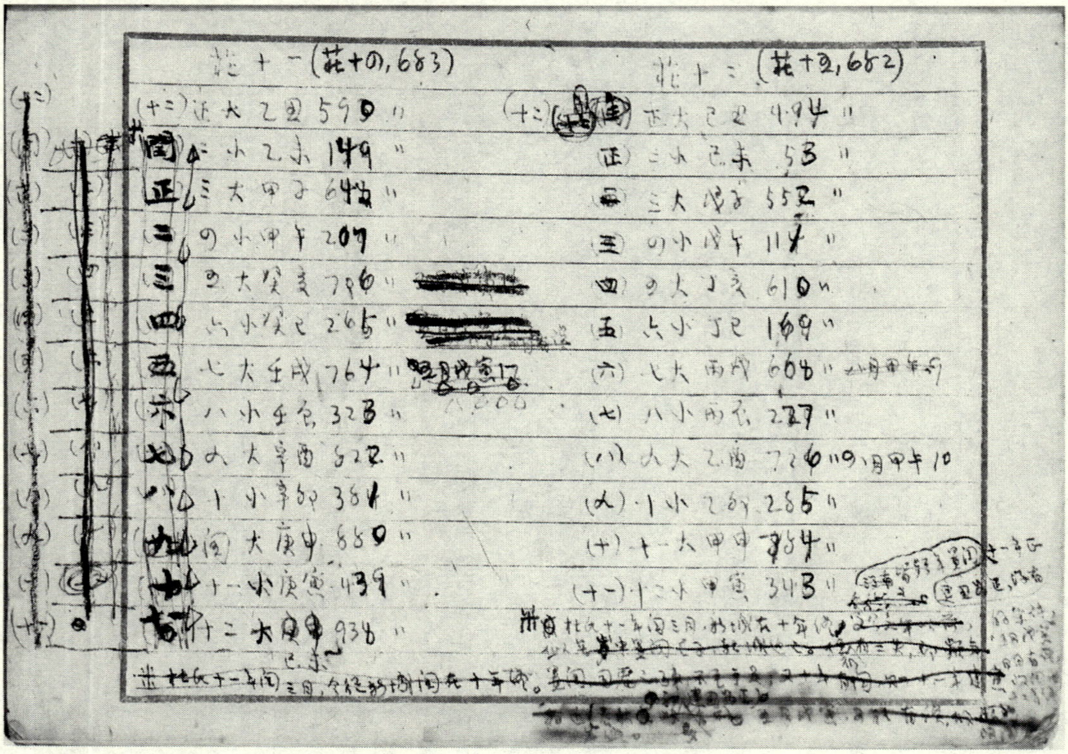

莊十一（莊十四，683）

(十二)	正大乙丑 590 〃
闰	二小乙未 149 〃
正	三大甲子 649 〃
二	四小甲午 207 〃
三	五大癸亥 766 〃
四	六小癸巳 265 〃
五	七大壬戌 764 〃
六	八小壬辰 323 〃
七	九大辛酉 822 〃
八	十小辛卯 381 〃
九	闰大庚申 880 〃
十	十一小庚寅 439 〃
十一	十二大己未 938 〃

莊十二（莊十五，682）

(十二)	正大己丑 494 〃
正	二小己未 53 〃
二	三大戊子 552 〃
三	四小戊午 111 〃
四	五大丁亥 610 〃
五	六小丁巳 169 〃
(六)	七大丙戌 668 〃
(七)	八小丙辰 227 〃
(八)	九大乙酉 726 〃 九月甲午 10
(九)	十小乙卯 285 〃
(十)	十一大甲申 784 〃
(十一)	十二小甲寅 343 〃

[illegible]

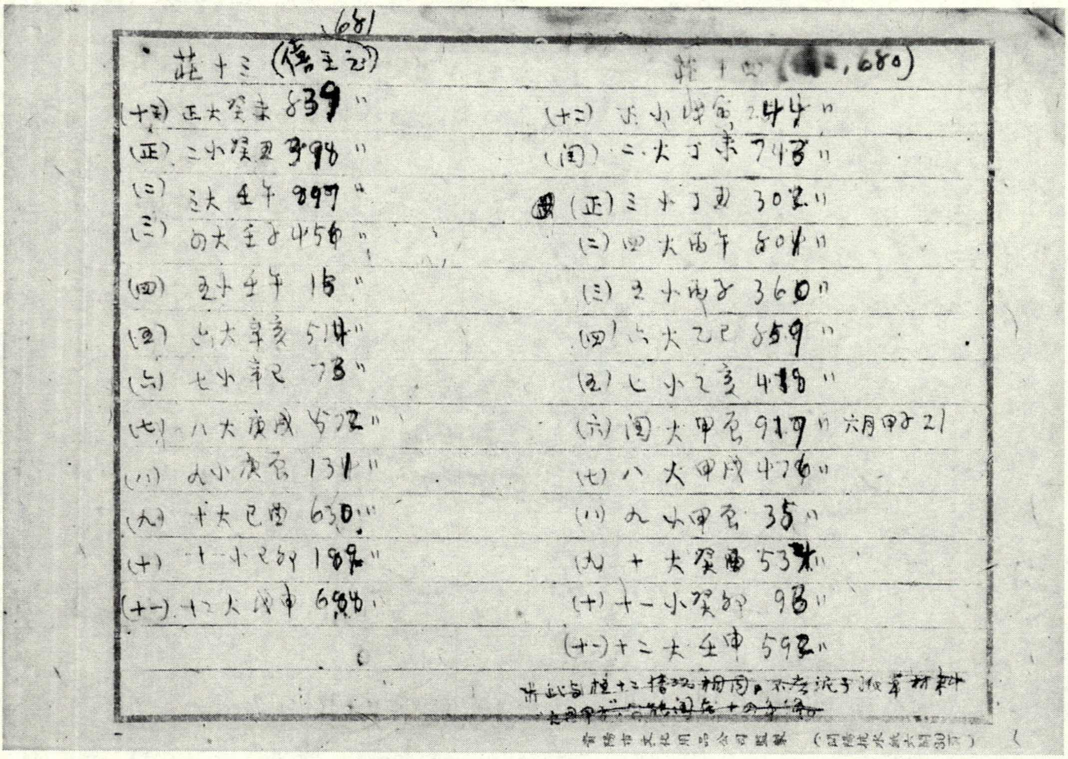

莊十三（僖王元，681）

(十二)	正大癸未 839 〃
(正)	二小癸丑 398 〃
(二)	三大壬午 897 〃
(三)	四大壬子 456 〃
(四)	五小壬午 15 〃
(五)	六大辛亥 514 〃
(六)	七小辛巳 73 〃
(七)	八大庚戌 572 〃
(八)	九小庚辰 131 〃
(九)	十大己酉 630 〃
(十)	十一小己卯 189 〃
(十一)	十二大戊申 688 〃

莊十四（僖二，680）

(十二)	正小戊寅 247 〃
(闰)	二大丁未 746 〃
(正)	三小丁丑 305 〃
(二)	四大丙午 804 〃
(三)	五小丙子 363 〃
(四)	六大乙巳 862 〃
(五)	七小乙亥 421 〃
(六)	闰大甲辰 920 〃 六月甲子 21
(七)	八大甲戌 479 〃
(八)	九小甲辰 38 〃
(九)	十大癸酉 537 〃
(十)	十一小癸卯 96 〃
(十一)	十二大壬申 595 〃

[illegible]

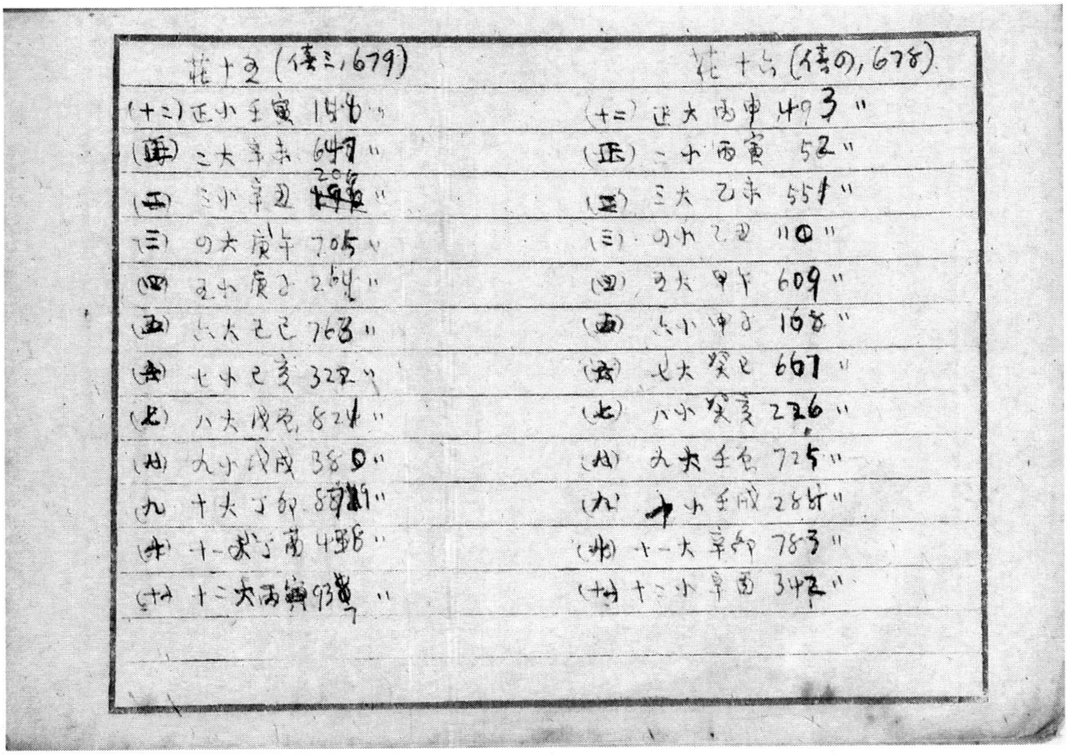

莊十五（僖三，679） 莊十六（僖四，678）

(十二) 正小壬寅	15[illegible]	(十二) 正大丙申	493
(正) 二大辛未	647	(正) 二小丙寅	52
(二) 三小辛丑	20[illegible]	(二) 三大乙未	551
(三) 四大庚午	705	(三) 四小乙丑	110
(四) 五小庚子	264	(四) 五大甲午	609
(五) 六大己巳	763	(五) 六小甲子	168
(六) 七小己亥	322	(六) 七大癸巳	667
(七) 八大戊辰	821	(七) 八小癸亥	226
(八) 九小戊戌	380	(八) 九大壬辰	725
(九) 十大丁卯	[illegible]	(九) 十小壬戌	284
(十) 十一大丁酉	438	(十) 十一大辛卯	783
(十一) 十二大丙寅	93[illegible]	(十一) 十二小辛酉	342

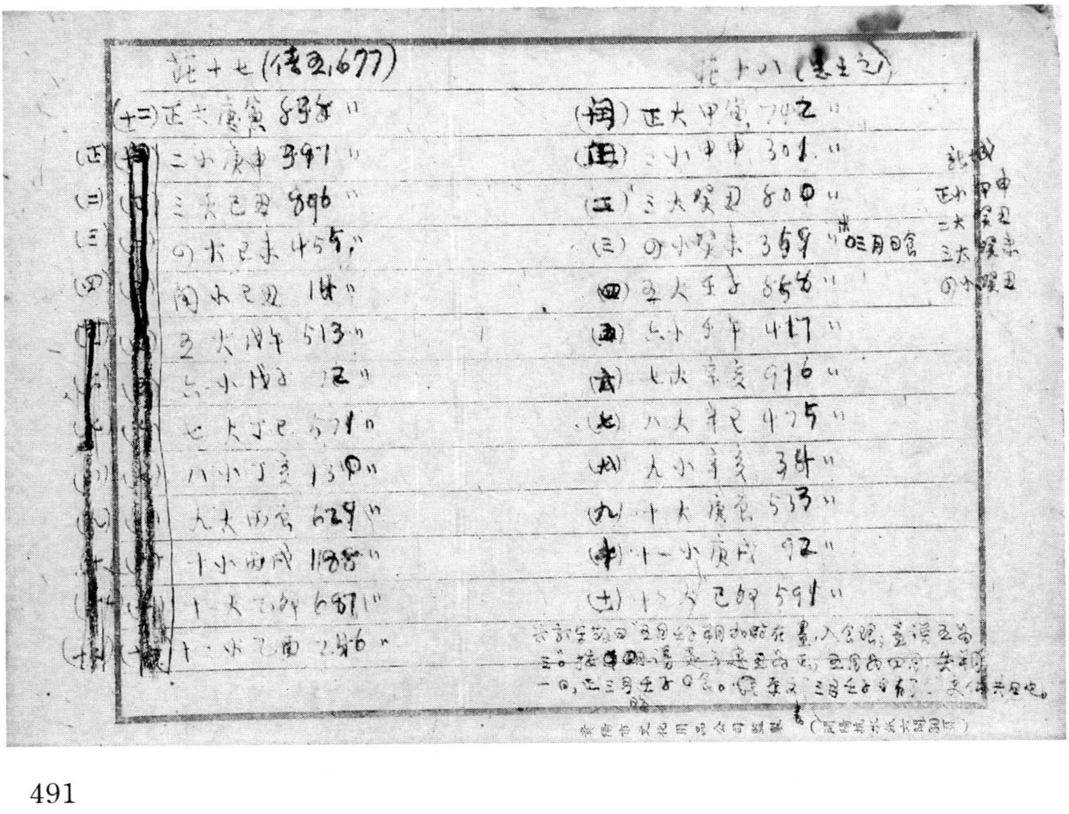

莊十七（僖五，677） 莊十八（惠王元）

(十二) 正大庚寅	8[illegible]	(閏) 正大甲寅	742
(正) 二小庚申	397	(正) 二小甲申	301
(二) 三大己丑	896	(二) 三大癸丑	800
(三) 四大己未	455	(三) 四小癸未	359 晦日月食
(四) 閏小己丑	14	(四) 五大壬子	858
五大戊午	513	(五) 六小壬午	417
六小戊子	72	(六) 七大辛亥	916
七大丁巳	571	(七) 八大辛巳	475
八小丁亥	130	(八) 九小辛亥	34
九大丙辰	629	(九) 十大庚辰	533
十小丙戌	188	(十) 十一小庚戌	92
十一大乙卯	687	(十一) 十二大己卯	591
十二小乙酉	246		

新城 正小甲申 二大癸丑 三大癸未 四小癸丑

[illegible]

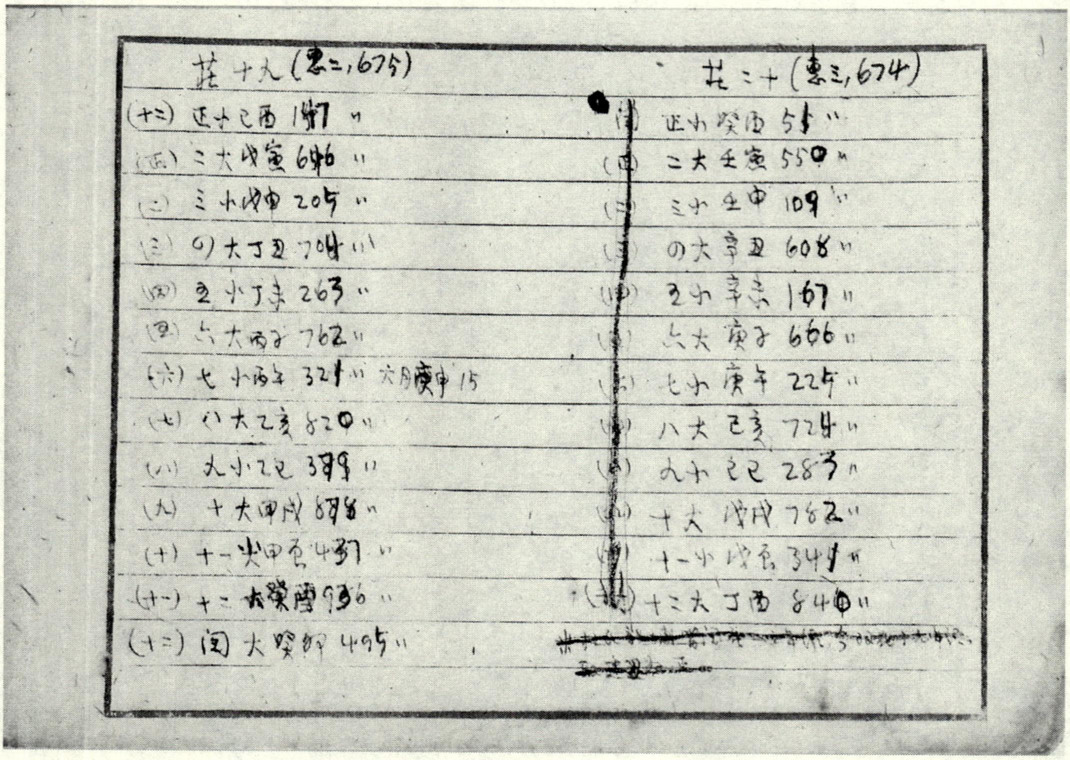

莊十九（惠二，675）

(十二) 正大己酉 1947 〃
(正) 二大戊寅 686 〃
(二) 三小戊申 205 〃
(三) 四大丁丑 704 〃
(四) 五小丁未 263 〃
(五) 六大丙子 762 〃
(六) 七小丙午 321 〃 六月庚申 15
(七) 八大乙亥 820 〃
(八) 九小乙巳 379 〃
(九) 十大甲戌 878 〃
(十) 十一小甲辰 437 〃
(十一) 十二大癸酉 936 〃
(十二) 闰大癸卯 495 〃

莊二十（惠三，674）

(闰) 正小癸酉 54 〃
(正) 二大壬寅 550 〃
(二) 三小壬申 109 〃
(三) 四大辛丑 608 〃
(四) 五小辛未 167 〃
(五) 六大庚子 666 〃
(六) 七小庚午 225 〃
(七) 八大己亥 724 〃
(八) 九小己巳 283 〃
(九) 十大戊戌 782 〃
(十) 十一小戊辰 341 〃
(十一) 十二大丁酉 840 〃

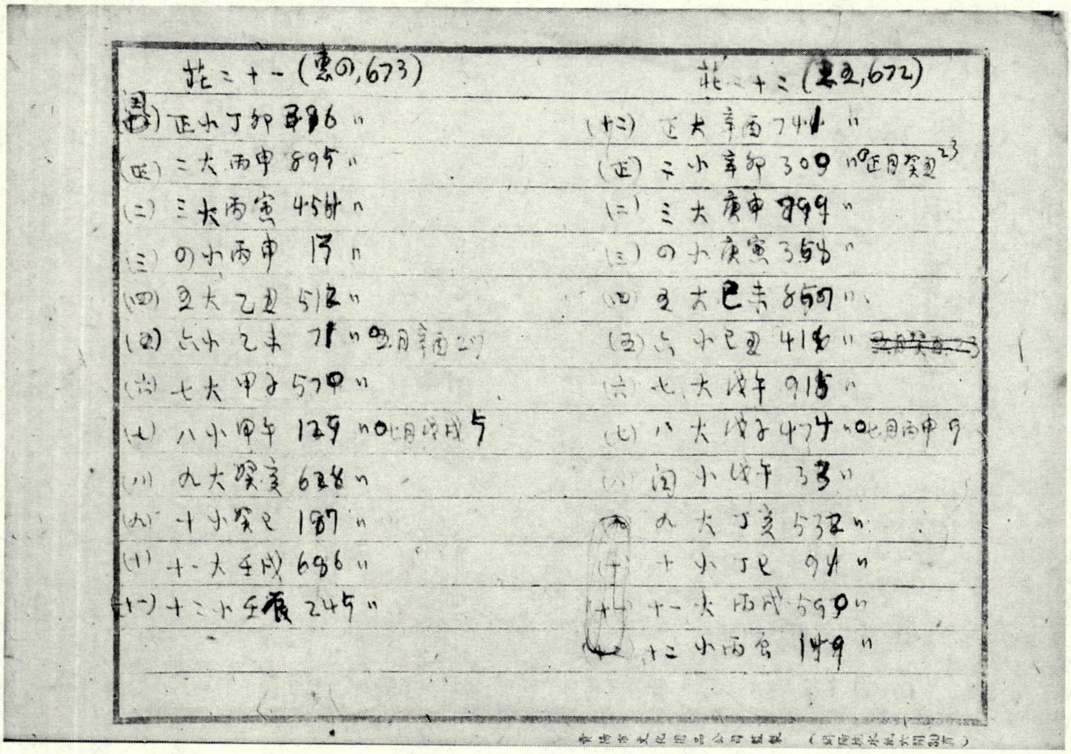

莊二十一（惠四，673）

(闰) 正小丁卯 386 〃
(正) 二大丙申 895 〃
(二) 三大丙寅 454 〃
(三) 四小丙申 13 〃
(四) 五大乙丑 512 〃
(五) 六小乙未 71 〃 五月辛酉 27
(六) 七大甲子 570 〃
(七) 八小甲午 129 〃 七月戊戌 5
(八) 九大癸亥 628 〃
(九) 十小癸巳 187 〃
(十) 十一大壬戌 686 〃
(十一) 十二小壬辰 245 〃

莊二十二（惠五，672）

(十二) 正大辛酉 744 〃
(正) 二小辛卯 309 〃 正月癸丑 23
(二) 三大庚申 899 〃
(三) 四小庚寅 356 〃
(四) 五大己未 860 〃
(五) 六小己丑 41 〃
(六) 七大戊午 915 〃
(七) 八大戊子 474 〃 七月丙申 9
(八) 闰小戊午 33 〃
(九) 九大丁亥 532 〃
(十) 十小丁巳 91 〃
(十一) 十一大丙戌 590 〃
(十二) 十二小丙辰 149 〃

莊二十三（惠六，671）	莊二十四（惠七，670）
正大乙酉 645	閏（閏）正小庚辰 59
二小乙卯 204	（正）二大己酉 549
三大甲申 703	（二）三小己卯 108
四小甲寅 262	（三）四大戊申 607
五大癸未 764	（四）五小戊寅 166
六小癸丑 320 六月辛未 24（杜改十七年律）	（五）六大丁未 665
七大壬午 849	（六）七小丁丑 224
八小壬子 388	（七）八大丙午 723
九大辛巳 887	（八）九小丙子 282 [illegible]
十小辛亥 430	（九）十大乙巳 781
十一大庚辰 935	（十）十一小乙亥 340
十二大庚戌 494 四二十二月甲寅 5	（十一）十二大甲辰 839

※杜以二十四年閏七月，今從新城閏在二十三年……

莊二十五（惠八，669）	莊二十六（惠九，668）
（十二）正小甲戌 395	正小戊戌 298
（正）二大癸卯 894	二大丁卯 798
（二）三大癸酉 453 二月辛酉（杜十七年律）	三小丁酉 357
（三）四小癸卯 12	四大丙寅 856
（四）五大壬申 511	五小丙申 415
（五）閏小壬寅 70 [illegible]	六大乙丑 914
六大辛未 569 六月辛未朔日食	七大乙未 473
七小辛丑 128	八小乙丑 32
八大庚午 627	九大甲午 531
九小庚子 186	十小甲子 89
十大己巳 685	十一大癸巳 588
十一小己亥 244	十二小癸亥 147 十二月癸亥朔日食
十二大戊辰 743	

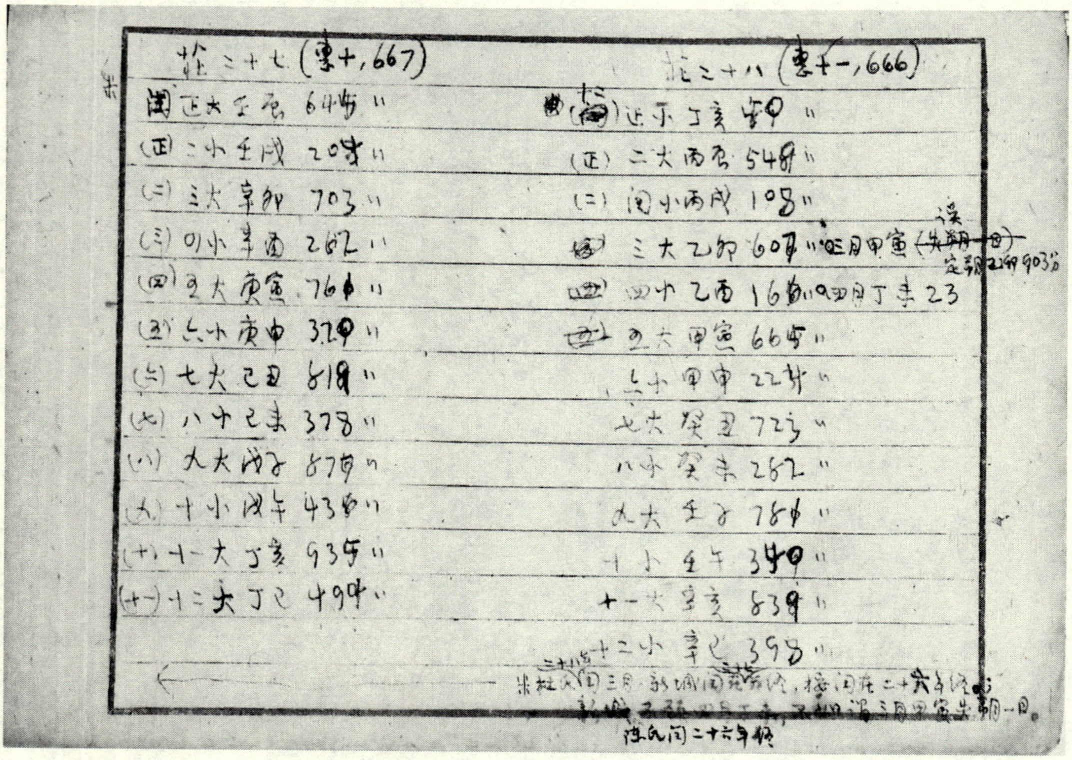

莊二十七（惠十，667）

閏 正大壬辰 64[illegible]
（正）二小壬戌 20[illegible]
（二）三大辛卯 703
（三）四小辛酉 262
（四）五大庚寅 76[illegible]
（五）六小庚申 32[illegible]
（六）七大己丑 81[illegible]
（七）八小己未 378
（八）九大戊子 87[illegible]
（九）十小戊午 43[illegible]
（十）十一大丁亥 935
（十一）十二大丁巳 494

莊二十八（惠十一，666）

（閏）正小丁亥 5[illegible]
（正）二大丙辰 54[illegible]
（二）閏小丙戌 108
（三）三大乙卯 607 正月甲寅（先朔一日）误 定朔乙卯903分
（四）四小乙酉 16[illegible] 四月丁未 23
（五）五大甲寅 665
六小甲申 22[illegible]
七大癸丑 723
八小癸未 282
九大壬子 78[illegible]
十小壬午 34[illegible]
十一大辛亥 839
十二小辛巳 398

朱杜氏閏三月，新城閏[illegible]，按閏在二十六年終。
[illegible]
陳氏閏二十六年終

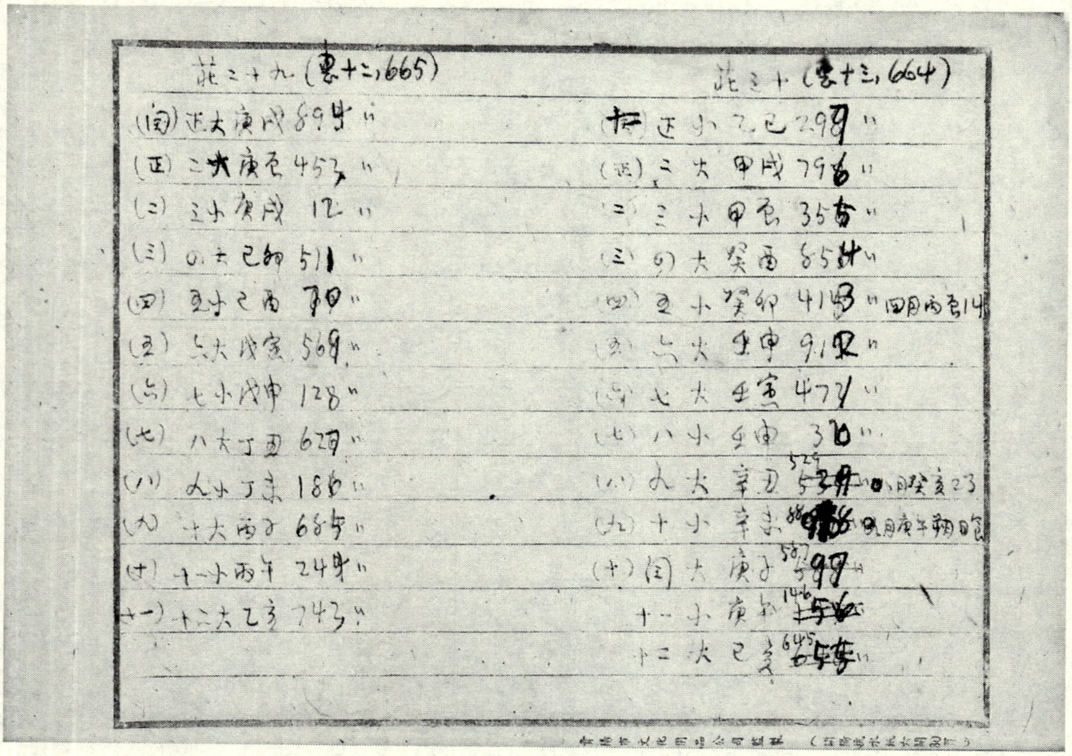

莊二十九（惠十二，665）

（閏）正大庚戌 89[illegible]
（正）二大庚辰 453
（二）三小庚戌 12
（三）四大己卯 511
（四）五小己酉 [illegible]
（五）六大戊寅 56[illegible]
（六）七小戊申 128
（七）八大丁丑 62[illegible]
（八）九小丁未 18[illegible]
（九）十大丙子 68[illegible]
（十）十一小丙午 24[illegible]
（十一）十二大乙亥 743

莊三十（惠十三，664）

（十二）正小乙巳 29[illegible]
（正）二大甲戌 79[illegible]
（二）三小甲辰 35[illegible]
（三）四大癸酉 85[illegible]
（四）五小癸卯 41[illegible] 四月丙辰 14
（五）六大壬申 91[illegible]
（六）七大壬寅 47[illegible]
（七）八小壬申 3[illegible]
（八）九大辛丑 529 [illegible]月癸亥 23
（九）十小辛未 88[illegible] [illegible]月庚午朔日食
（十）閏大庚子 587
十一小庚午 146
十二大己亥 645

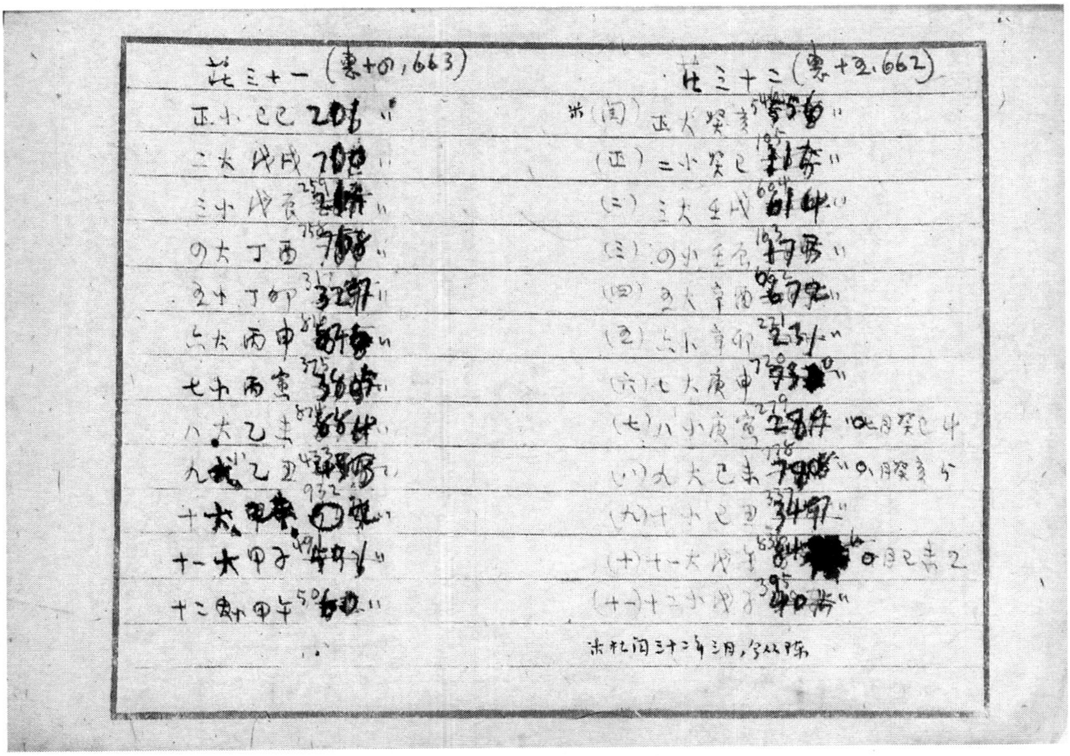
乾三十一（惠十四，663）
正小己巳
二大戊戌
三小戊辰
四大丁酉
五小丁卯
六大丙申
七小丙寅
八大乙未
九小乙丑
十大甲午
十一大甲子
十二小甲午
乾三十二（惠十五，662）
正大癸亥
二小癸巳
三大壬戌
四小壬辰
五大辛酉
六小辛卯
七大庚申
八小庚寅
九大己未
十小己丑
十一大戊午
十二小戊子
此杜閏三十二年三月，今从陈

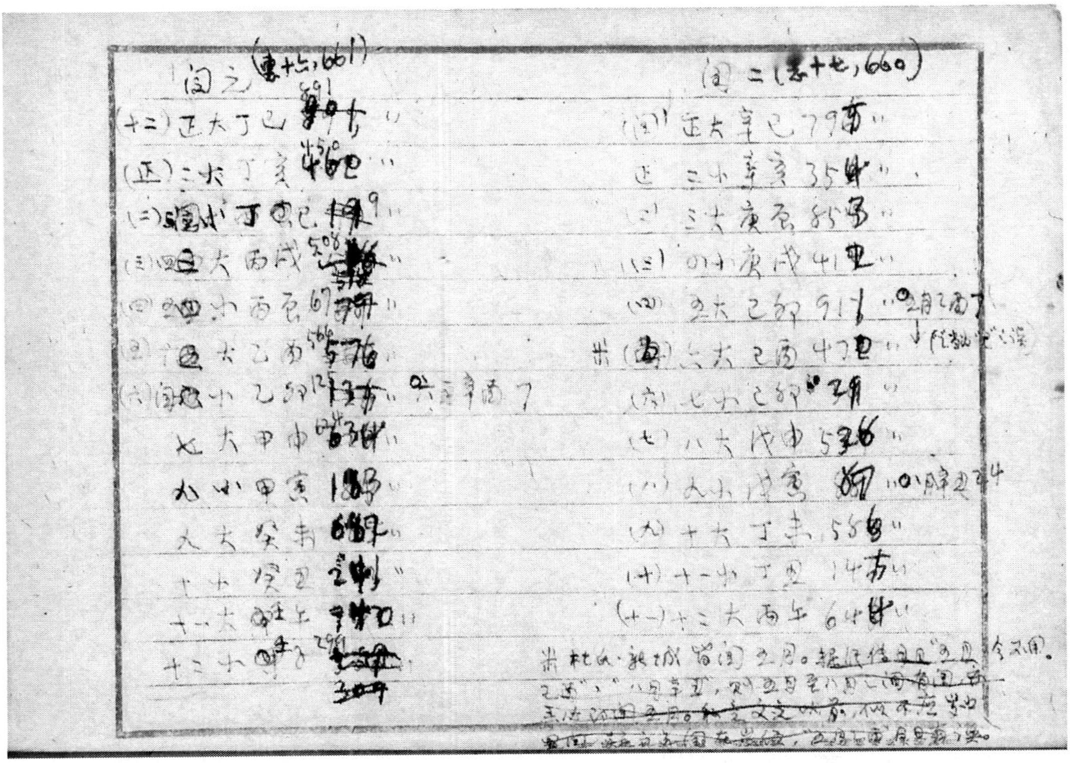
閏元（惠十六，661）
正大丁巳
二大丁亥
四大丙戌
六大乙酉
七大甲申
九小甲寅
十大癸未
十一大壬午
閏二（惠十七，660）
正大辛巳 79
二小辛亥 35
三大庚辰 85
四小庚戌 41
五大己卯 91
六大己酉 47
八大戊申
十大丁未 55
十一小丁丑 14
十二大丙午 64
此杜氏、新城皆閏五月。

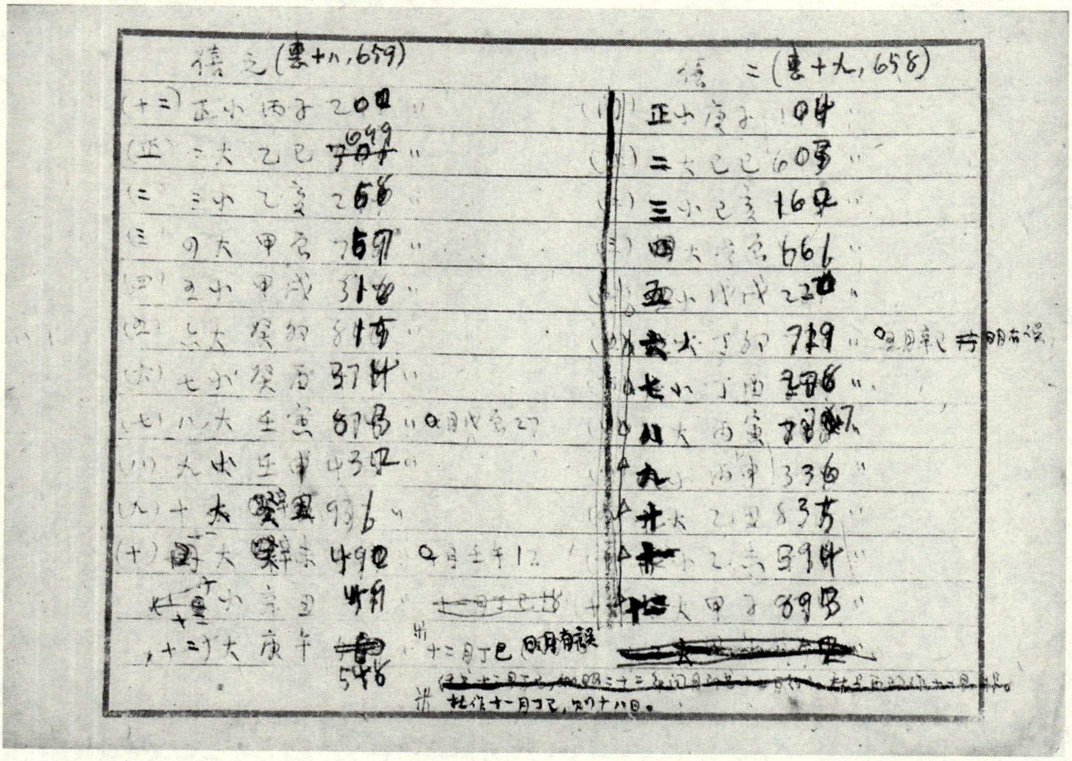

僖元（惠十八，659）

僖二（惠十九，658）

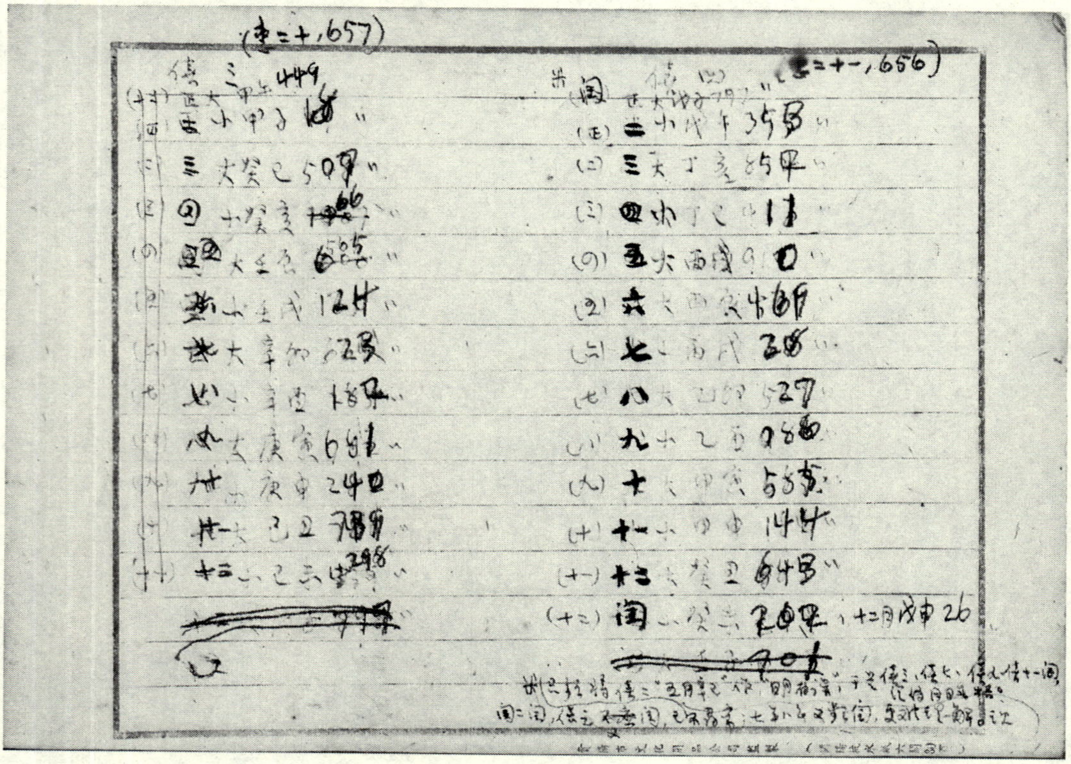

（惠二十，657）

僖三

僖四（惠二十一，656）

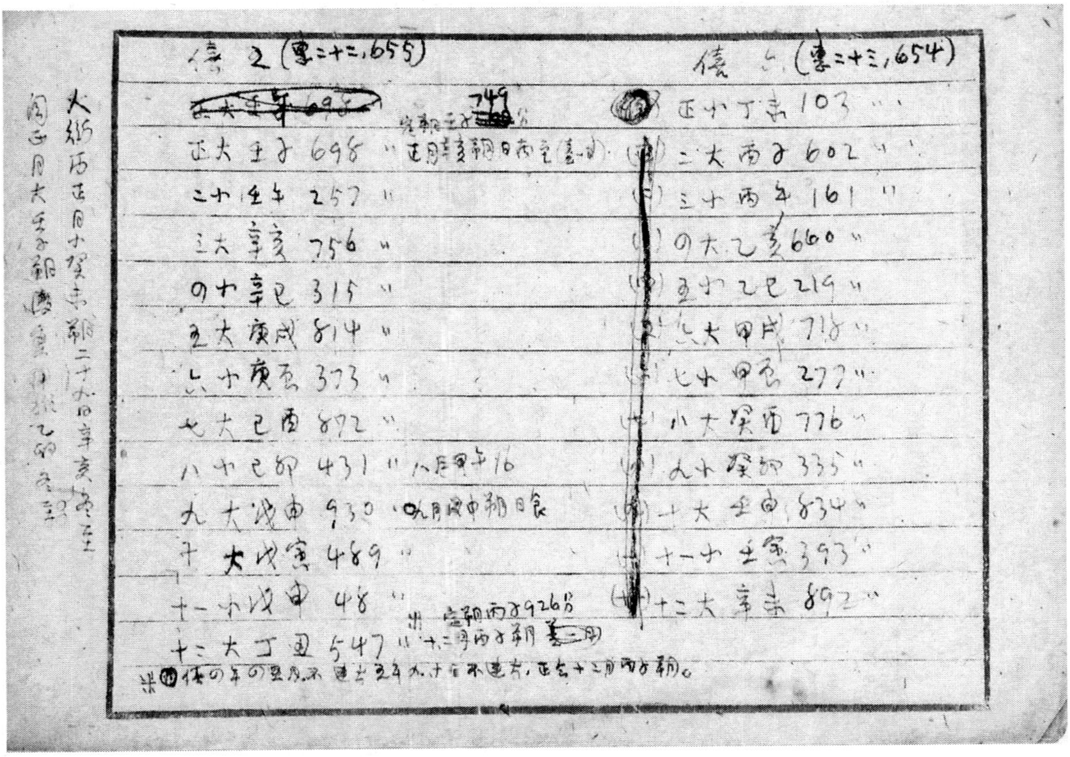

僖五（惠二十二，655）

正大壬子698〃　正月辛亥朔日南至（差一日）

二小壬午257〃

三大辛亥756〃

四小辛巳315〃

五大庚戌814〃

六小庚辰373〃

七大己酉872〃

八小己卯431〃　八月甲午16

九大戊申930〃　九月戊申朔日食

十大戊寅489〃

十一小戊申48〃

十二大丁丑547〃　十二月丙子朔（差一日）

丙子926分

※四僖五年正月不當是辛亥，正當十二月丙子朔。

大衍丙正月小癸未朔二十八日辛亥冬至

閏正月大壬子朔……乙卯冬至

僖六（惠二十三，654）

正小丁未103〃

二大丙子602〃

三小丙午161〃

四大乙亥660〃

五小乙巳219〃

六大甲戌718〃

七小甲辰277〃

八大癸酉776〃

九小癸卯335〃

十大壬申834〃

十一小壬寅393〃

十二大辛未892〃

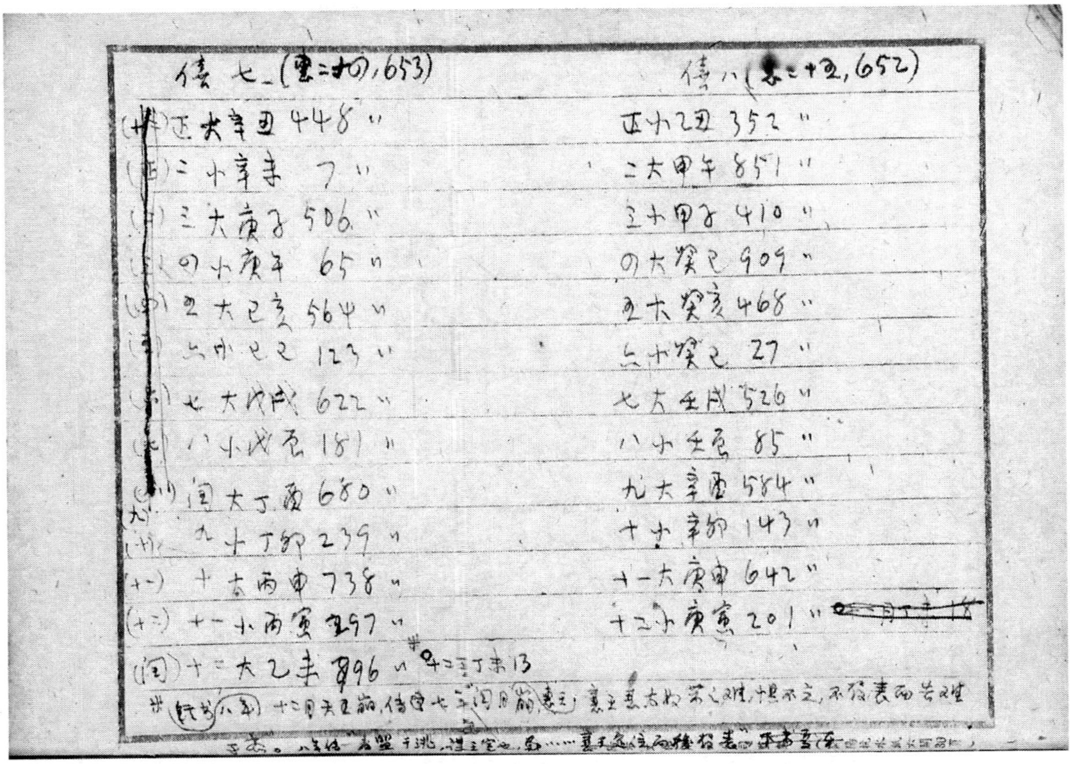

僖七（惠二十四，653）

（十二）正大辛丑448〃

（正）二小辛未7〃

（二）三大庚子506〃

（三）四小庚午65〃

（四）五大己亥564〃

（五）六小己巳123〃

（六）七大戊戌622〃

（七）八小戊辰181〃

（八）閏大丁酉680〃

（九）九小丁卯239〃

（十）十大丙申738〃

（十一）十一小丙寅297〃

（十二）十二大乙未896〃　※十二月丁未13

※（……）十二月大乙未朔，僖公七年閏月前……，……不得表而告之……

僖八（惠二十五，652）

正小乙丑352〃

二大甲午851〃

三小甲子410〃

四大癸巳909〃

五小癸亥468〃

六小癸巳27〃

七大壬戌526〃

八小壬辰85〃

九大辛酉584〃

十小辛卯143〃

十一大庚申642〃

十二小庚寅201〃

僖九（襄王元 651）	僖十（襄二，650）
正大己未 697 〃	（闰）正小甲寅 102 〃
二小己丑 256 〃	（正）二大癸未 601 〃
三大戊午 755 〃 ○三月丁丑 20	（二）三小癸丑 160 〃
四小戊子 314 〃	（三）四大壬午 659 〃
五大丁巳 813 〃	（四）五小壬子 218 〃
六小丁亥 372 〃	（五）闰大辛巳 717 〃
七大丙辰 871 〃 ※○七月乙酉 30（晦）	六小辛亥 276 〃
八小丙戌 430 〃	七大庚辰 775 〃
九大乙卯 929 〃 ○九月戊辰 14 ○甲子 10	八小庚戌 334 〃
十大乙酉 488 〃	九大己卯 833 〃
十一小乙卯 47 〃	十小己酉 392 〃
十二大甲申 546 〃	十一大戊寅 891 〃
※杜长历七月小乙卯朔，故曰"七月无乙酉"。	十二大戊申 450 〃

僖十一（襄三，649）	僖十二（襄四，648）
正小戊寅 6 〃	※（闰）正小壬申 351 〃
二大丁未 505 〃	（正）二大辛丑 850 〃
三小丁丑 64 〃	（二）三小辛未 409 〃
四大丙午 563 〃	（三）四大庚子 908 〃 ※○三月庚午日食（晦）
五小丙子 122 〃	（四）五小庚午 467 〃
六大乙巳 621 〃	（五）六小庚子 26 〃
七小乙亥 180 〃	（六）七大己巳 525 〃
八大甲辰 679 〃	（七）八小己亥 84 〃
九小甲戌 238 〃	（八）九大戊辰 583 〃
十大癸卯 737 〃	（九）十小戊戌 142 〃
十一小癸酉 296 〃	（十）十一大丁卯 641 〃
十二大壬寅 795 〃	（十一）十二小丁酉 200 〃

※僖公十二年三月庚午朔日食，鲁历是年建丑为正，为四月先朔一日辛未朔，三月晦日食，故经不书朔。杜氏明书"书三月"无朔"是三月"可知；又"十二月丁丑"不合。

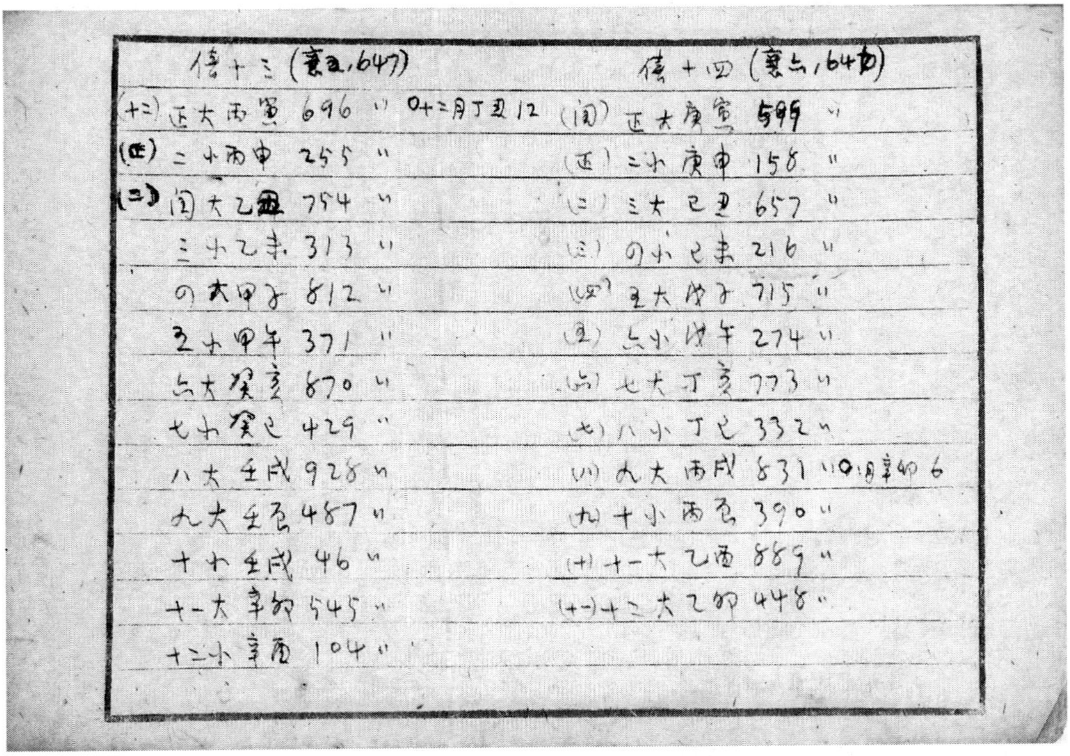

僖十三（襄五，647）	僖十四（襄六，646）
（十二）正大丙寅 696 〃 日十二月丁丑12	（闰）正大庚寅 599 〃
（正）二小丙申 255 〃	（正）二小庚申 158 〃
（二）闰大乙丑 754 〃	（二）三大己丑 657 〃
三小乙未 313 〃	（三）四小己未 216 〃
四大甲子 812 〃	（四）五大戊子 715 〃
五小甲午 371 〃	（五）六小戊午 274 〃
六大癸亥 870 〃	（六）七大丁亥 773 〃
七小癸巳 429 〃	（七）八小丁巳 332 〃
八大壬戌 928 〃	（八）九大丙戌 831 〃日九月辛卯6
九大壬辰 487 〃	（九）十小丙辰 390 〃
十小壬戌 46 〃	（十）十一大乙酉 889 〃
十一大辛卯 545 〃	（十一）十二大乙卯 448 〃
十二小辛酉 104 〃	

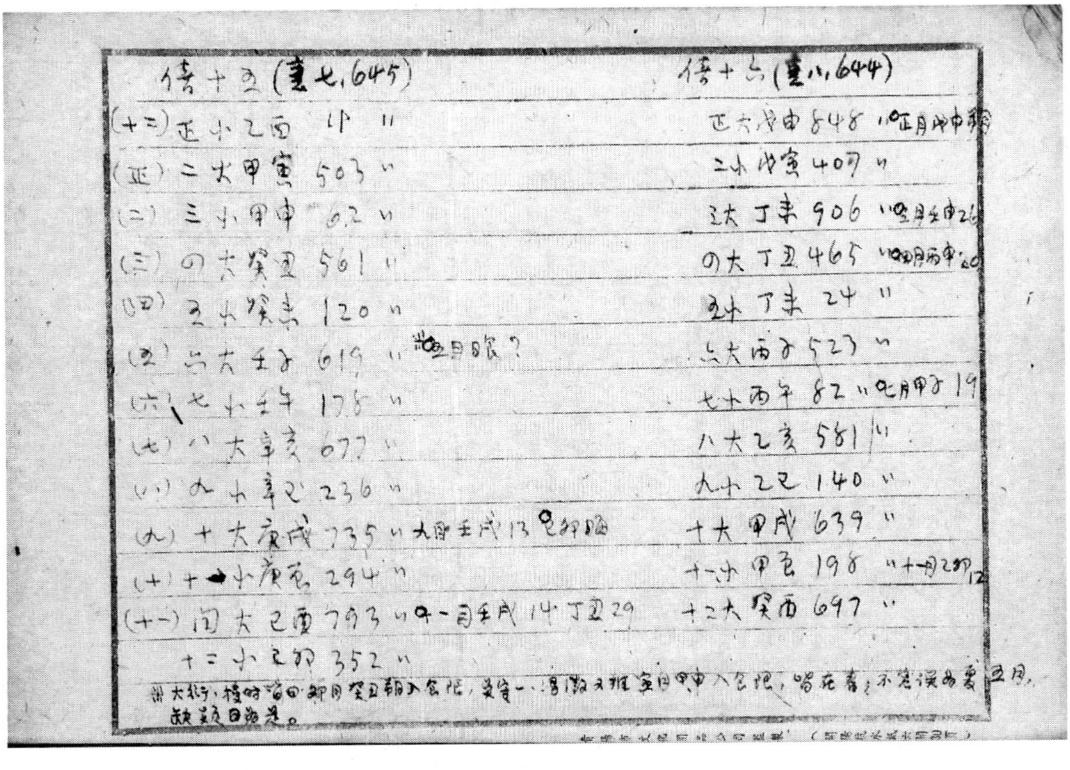

僖十五（襄七，645）	僖十六（襄八，644）
（十二）正小乙酉 [illegible] 〃	正大戊申 848 〃日正月戊申朔
（正）二大甲寅 503 〃	二小戊寅 407 〃
（二）三小甲申 62 〃	三大丁未 906 〃日三月壬申26
（三）四大癸丑 561 〃	四大丁丑 465 〃日四月丙申20
（四）五小癸未 120 〃	五小丁未 24 〃
（五）六大壬子 619 〃 日五月日食？	六大丙子 523 〃
（六）七小壬午 178 〃	七小丙午 82 〃日七月甲子19
（七）八大辛亥 677 〃	八大乙亥 581 〃
（八）九小辛巳 236 〃	九小乙巳 140 〃
（九）十大庚戌 735 〃 日九月壬戌13 己卯晦	十大甲戌 639 〃
（十）十一小庚辰 294 〃	十一小甲辰 198 〃 十一月乙卯12
（十一）闰大己酉 793 〃 日十一月壬戌14 丁丑29	十二大癸酉 697 〃
十二小己卯 352 〃	

※大衍：授时历□卯月癸丑朔入食限，交会一……得数又推[illegible]甲申入食限，明年者：不宜误为夏五月，缺题日而是。

499

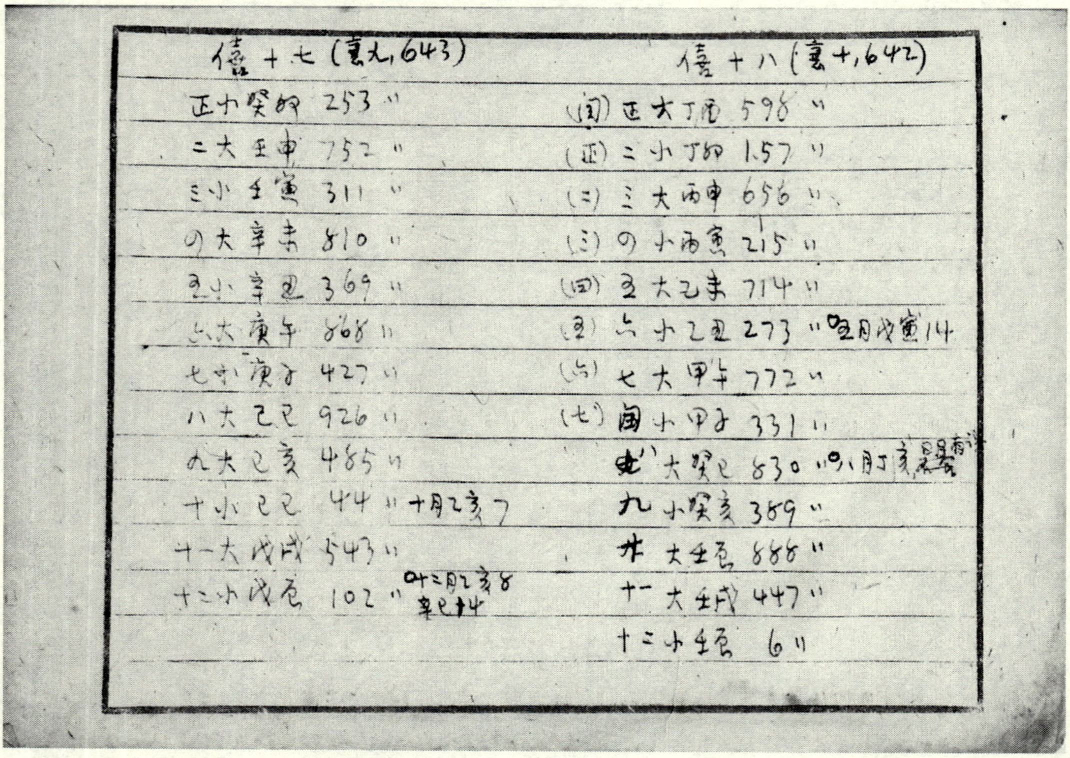

信十七（寛九，1643）
正小癸卯 253〃
二大壬申 752〃
三小壬寅 311〃
四大辛未 810〃
五小辛丑 369〃
六大庚午 868〃
七小庚子 427〃
八大己巳 926〃
九大己亥 485〃
十小己巳 44〃 十月乙亥7
十一大戊戌 543〃
十二小戊辰 102〃
信十八（寛十，1642）
（閏）正大丁酉 598〃
（正）二小丁卯 157〃
（二）三大丙申 656〃
（三）四小丙寅 215〃
（四）五大乙未 714〃
（五）六小乙丑 273〃
（六）七大甲午 772〃
（七）閏小甲子 331〃
八大癸巳 830〃
九小癸亥 389〃
十大壬辰 888〃
十一大壬戌 447〃
十二小壬辰 6〃

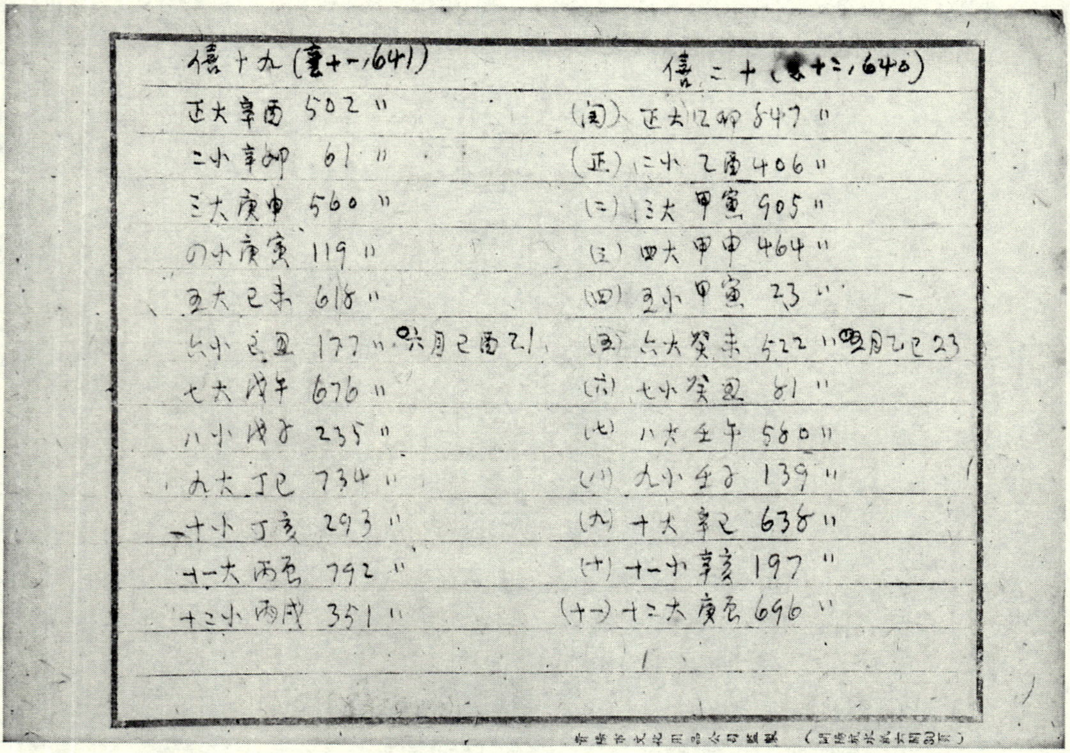

信十九（寛十一，1641）
正大辛酉 502〃
二小辛卯 61〃
三大庚申 560〃
四小庚寅 119〃
五大己未 618〃
六小己丑 177〃
七大戊午 676〃
八小戊子 235〃
九大丁巳 734〃
十小丁亥 293〃
十一大丙辰 792〃
十二小丙戌 351〃
信二十（寛十二，1640）
（閏）正大乙卯 847〃
（正）二小乙酉 406〃
（二）三大甲寅 905〃
（三）四大甲申 464〃
（四）五小甲寅 23〃
（五）六大癸未 522〃
（六）七小癸丑 81〃
（七）八大壬午 580〃
（八）九小壬子 139〃
（九）十大辛巳 638〃
（十）十一小辛亥 197〃
（十一）十二大庚辰 696〃

倭二十一（貞十三，639）		倭二十二（貞十四，638）
（十二）	正小庚戌 252〃	正小甲戌 156〃
（正）	二大己卯 751〃	二大癸卯 655〃
（二）	三小己酉 310〃	三小癸酉 214〃
（三）	闰大戊寅 809〃	四大壬寅 713〃
	四小戊申 368〃	五小壬申 272〃
	五大丁丑 867〃	六大辛丑 771〃
	六小丁未 426〃	七小辛未 330〃
	七大丙子 925〃	八大庚子 829〃 ※八月丁未8
	八大丙午 484〃	九小庚午 388〃
	九小丙子 43〃	十大己亥 887〃
	十大乙巳 542〃	十一大己巳 446〃 ※十一月己巳朔 丙子8 丁丑9
	十一小乙亥 101〃	十二小己亥 5〃
	十二大甲辰 600〃 ※十二月癸丑10	

倭二十三（貞十五，637）		倭二十四（貞十六，636）
正大戊辰 501〃	（二）	正小壬辰 404〃 二月甲午3 辛丑10 壬寅11 丙午15 丁未16 [illegible]17 三月乙丑晦，月小尽。
二小戊戌 60〃	（三）	二大辛酉 903〃
三大丁卯 559〃	（四）	三大辛卯 462〃 三月甲申
四小丁酉 118〃	（五）	四小辛酉 21〃
五大丙寅 617〃 ○五月庚寅25	（六）	五大庚寅 520〃
六小丙申 176〃	（七）	六小庚申 79〃
七大乙丑 675〃	（八）	七大己丑 578〃
八小乙未 234〃	（九）	八小己未 137〃
九大甲子 733〃	（十）	九大戊子 636〃
十小甲午 292〃	（十一）	十小戊午 195〃
十一大癸亥 791〃	（十二）	十一大丁亥 694〃
十二小癸巳 350〃	（闰）	十二小丁巳 253〃
（正）闰大壬戌 849〃		

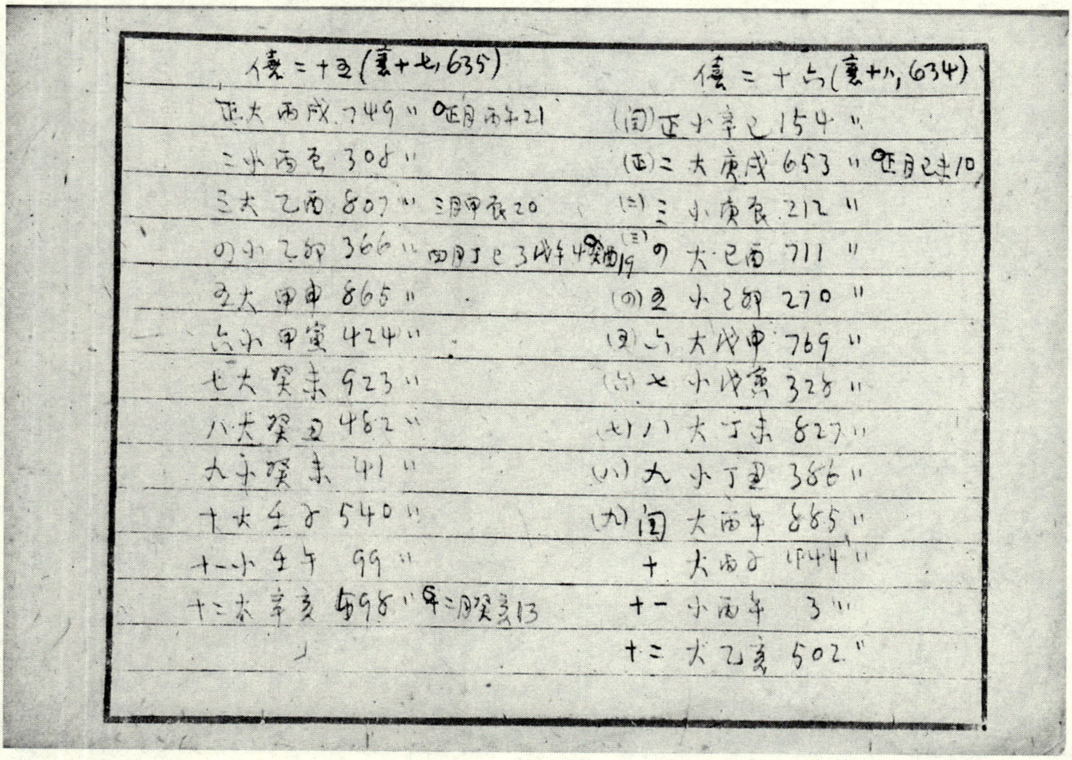

僖二十五(襄十七,635)	僖二十六(襄十八,634)
正大丙戌 749" 〇正月丙午21	(閏)正小辛巳 154"
二小丙辰 308"	(正)二大庚戌 653" 〇正月己未10
三大乙酉 807" 三月甲辰20	(二)三小庚辰 212"
四小乙卯 366" 四月丁巳3 戊午4 癸酉19	(三)四大己酉 711"
五大甲申 865"	(四)五小己卯 270"
六小甲寅 424"	(五)六大戊申 769"
七大癸未 923"	(六)七小戊寅 328"
八大癸丑 482"	(七)八大丁未 827"
九小癸未 41"	(八)九小丁丑 386"
十大壬子 540"	(九)閏大丙午 885"
十一小壬午 99"	十大丙子 444"
十二大辛亥 598" 〇十二月癸亥13	十一小丙午 3"
	十二大乙亥 502"

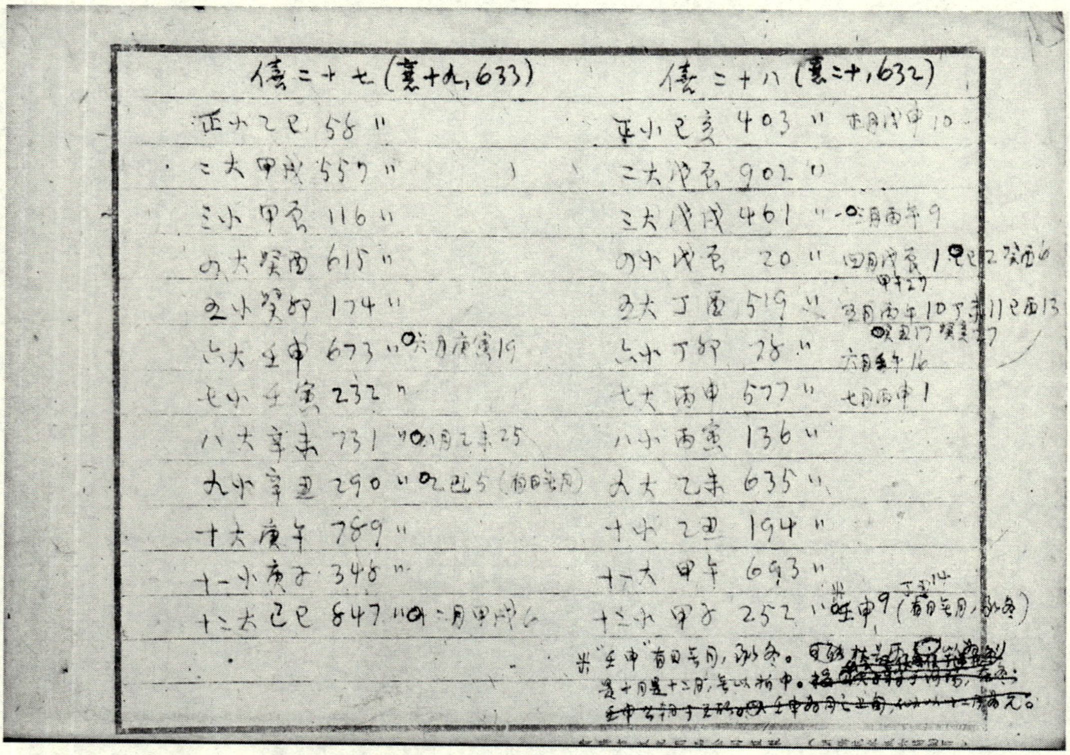

僖二十七(襄十九,633)	僖二十八(襄二十,632)
正小乙巳 58"	正小己亥 403" 正月戊申10
二大甲戌 557"	二大戊辰 902"
三小甲辰 116"	三大戊戌 461" 〇三月丙午9
四大癸酉 615"	四小戊辰 20" 四月戊辰1 己巳2 癸酉6 甲午27
五小癸卯 174"	五大丁酉 519" 五月丙午10 丁未11 己酉13 癸丑17
六大壬申 673" 〇六月庚寅19	六小丁卯 78" 六月壬午16
七小壬寅 232"	七大丙申 577" 七月丙申1
八大辛未 731" 〇八月乙未25	八小丙寅 136"
九小辛丑 290" 〇乙巳5(有日无月)	九大乙未 635"
十大庚午 789"	十小乙丑 194"
十一小庚子 348"	十一大甲午 693"
十二大己巳 847" 〇十二月甲戌6	十二小甲子 252" 〇壬申9 丁丑14(有日无月,融合)

此"壬申"有日无月,融合。[illegible]
是十月是十二月之误以前中。[illegible]
[illegible]

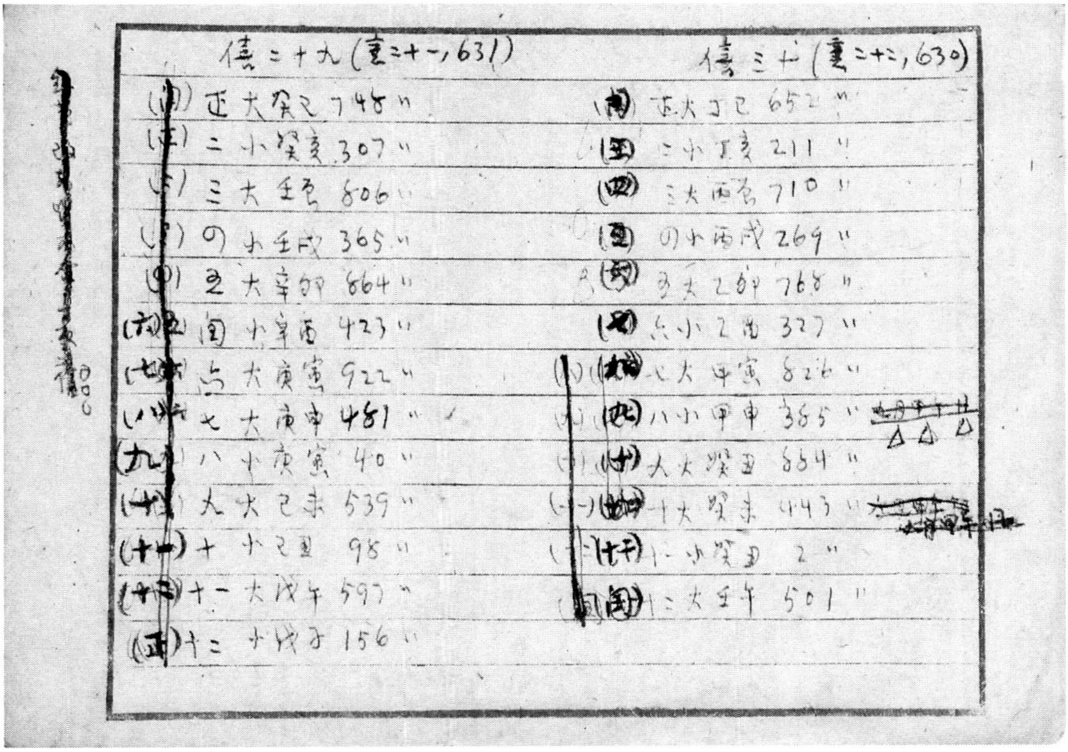

僖二十九（襄二十一，631）

正 大 癸巳 748〃
二 小 癸亥 307〃
三 大 壬辰 806〃
四 小 壬戌 365〃
五 大 辛卯 864〃
闰 小 辛酉 423〃
六 大 庚寅 922〃
七 大 庚申 481〃
八 小 庚寅 40〃
九 大 己未 539〃
十 小 己丑 98〃
十一 大 戊午 597〃
十二 小 戊子 156〃

僖三十（襄二十二，630）

正 大 丁巳 652〃
二 小 丁亥 211〃
三 大 丙辰 710〃
四 小 丙戌 269〃
五 大 乙卯 768〃
六 小 乙酉 327〃
七 大 甲寅 826〃
八 小 甲申 385〃
九 大 癸丑 884〃
十 大 癸未 443〃
十一 小 癸丑 2〃
十二 大 壬午 501〃

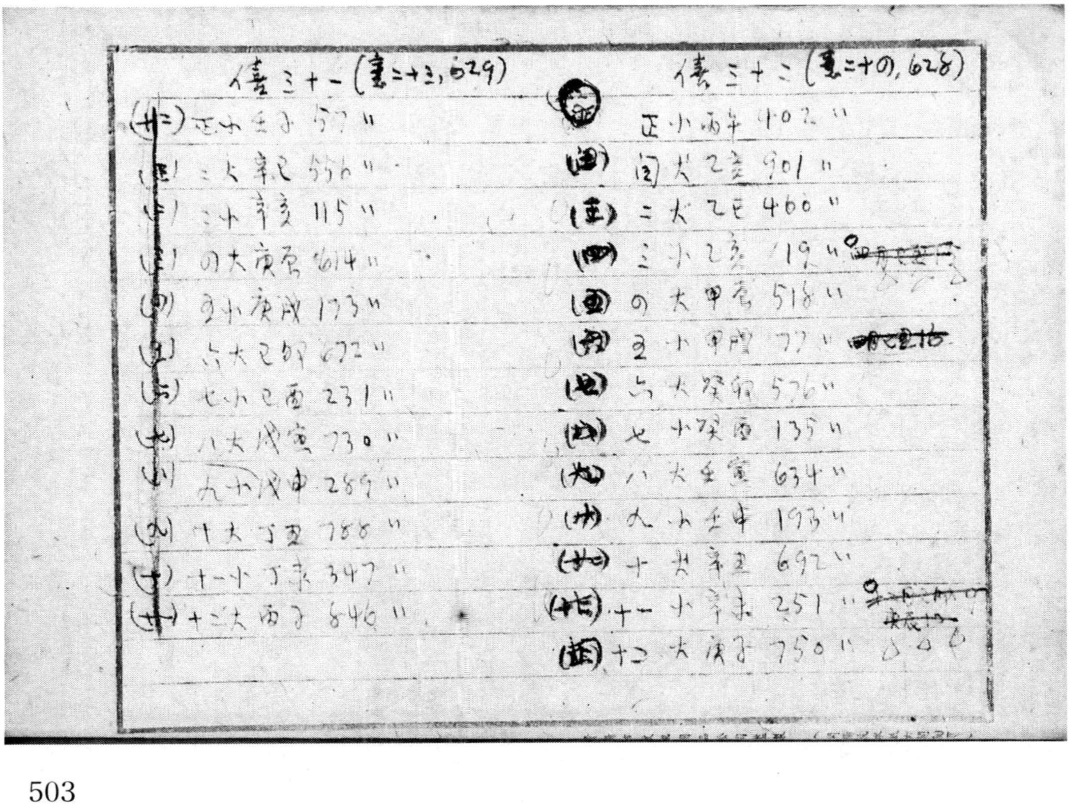

僖三十一（襄二十三，629）

正 小 壬子 57〃
二 大 辛巳 556〃
三 小 辛亥 115〃
四 大 庚辰 614〃
五 小 庚戌 173〃
六 大 己卯 672〃
七 小 己酉 231〃
八 大 戊寅 730〃
九 小 戊申 289〃
十 大 丁丑 788〃
十一 小 丁未 347〃
十二 大 丙子 846〃

僖三十二（襄二十四，628）

正 小 丙午 402〃
闰 大 乙亥 901〃
二 大 乙巳 460〃
三 小 乙亥 19〃
四 大 甲辰 518〃
五 小 甲戌 77〃
六 大 癸卯 576〃
七 小 癸酉 135〃
八 大 壬寅 634〃
九 小 壬申 193〃
十 大 辛丑 692〃
十一 小 辛未 251〃
十二 大 庚子 750〃

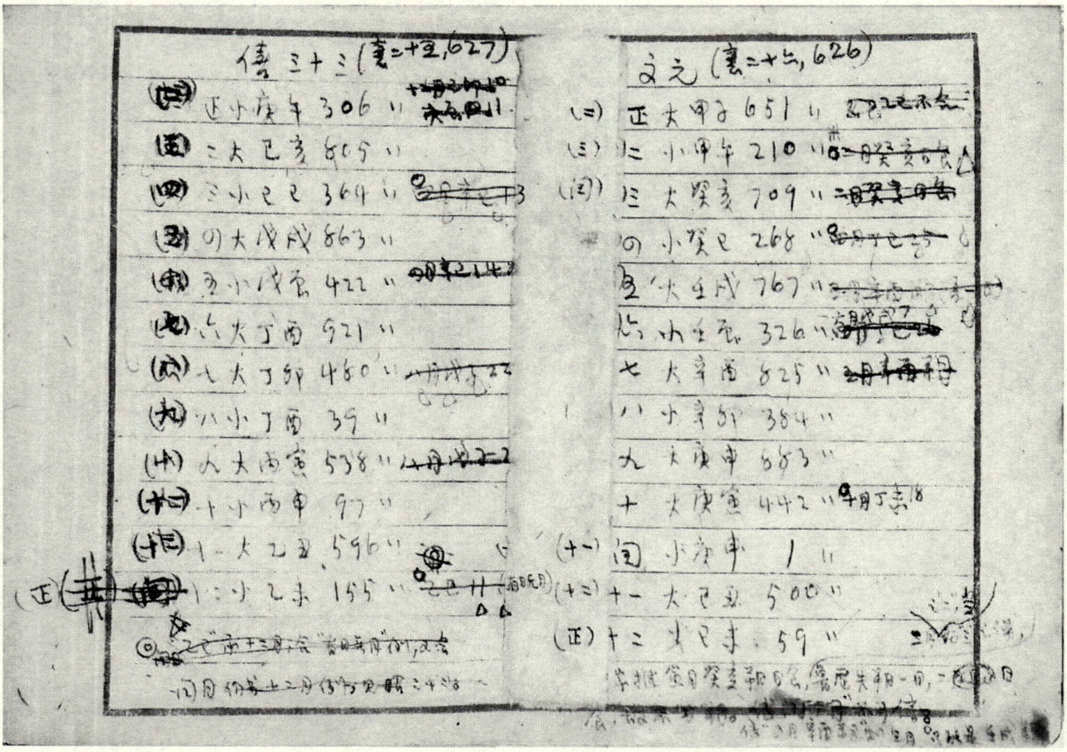

僖三十三(襄二十五,627)
(三)正小庚午 306〃
(四)二大己亥 605〃
(四)三小己巳 364〃
(五)四大戊戌 863〃
(六)五小戊辰 422〃
(七)六大丁酉 921〃
(八)七大丁卯 480〃
(九)八小丁酉 39〃
(十)九大丙寅 538〃
(十一)十小丙申 97〃
(十二)十一大乙丑 596〃
(正)十二小乙未 155〃

文元(襄二十六,626)
(二)正大甲子 651〃
(三)二小甲午 210〃
(四)三大癸亥 709〃
四小癸巳 268〃
五大壬戌 767〃
六小壬辰 326〃
七大辛酉 825〃
八小辛卯 384〃
九大庚申 883〃
十大庚寅 442〃
(十一)閏小庚申 1〃
(十二)十一大己丑 500〃
(正)十二小己未 59〃

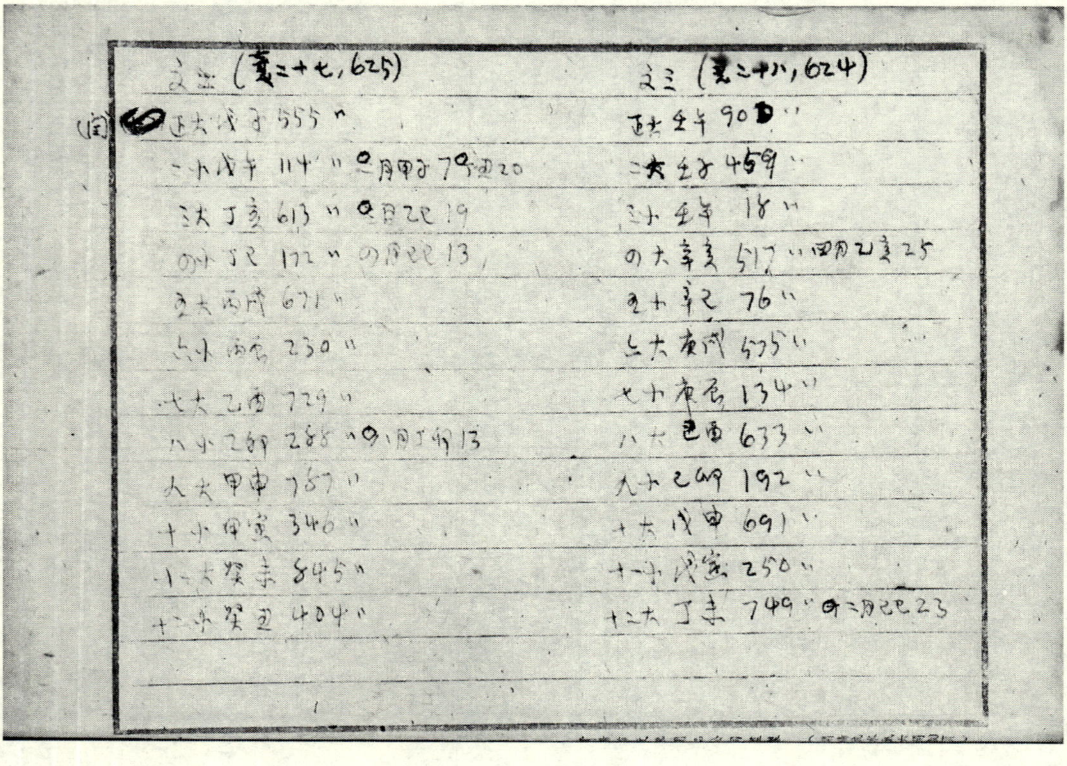

文二(襄二十七,625)
(閏)正大戊子 555〃
二小戊午 114〃 二月甲子7 丁丑20
三大丁亥 613〃 三月乙巳19
四小丁巳 172〃 四月己巳13
五大丙戌 671〃
六小丙辰 230〃
七大乙酉 729〃
八小乙卯 288〃 八月丁卯13
九大甲申 787〃
十小甲寅 346〃
十一大癸未 845〃
十二小癸丑 404〃

文三(襄二十八,624)
正大壬午 903〃
二大壬子 459〃
三小壬午 18〃
四大辛亥 517〃 四月乙亥25
五小辛巳 76〃
六大庚戌 575〃
七小庚辰 134〃
八大己酉 633〃
九小己卯 192〃
十大戊申 691〃
十一小戊寅 250〃
十二大丁未 749〃 十二月己巳23

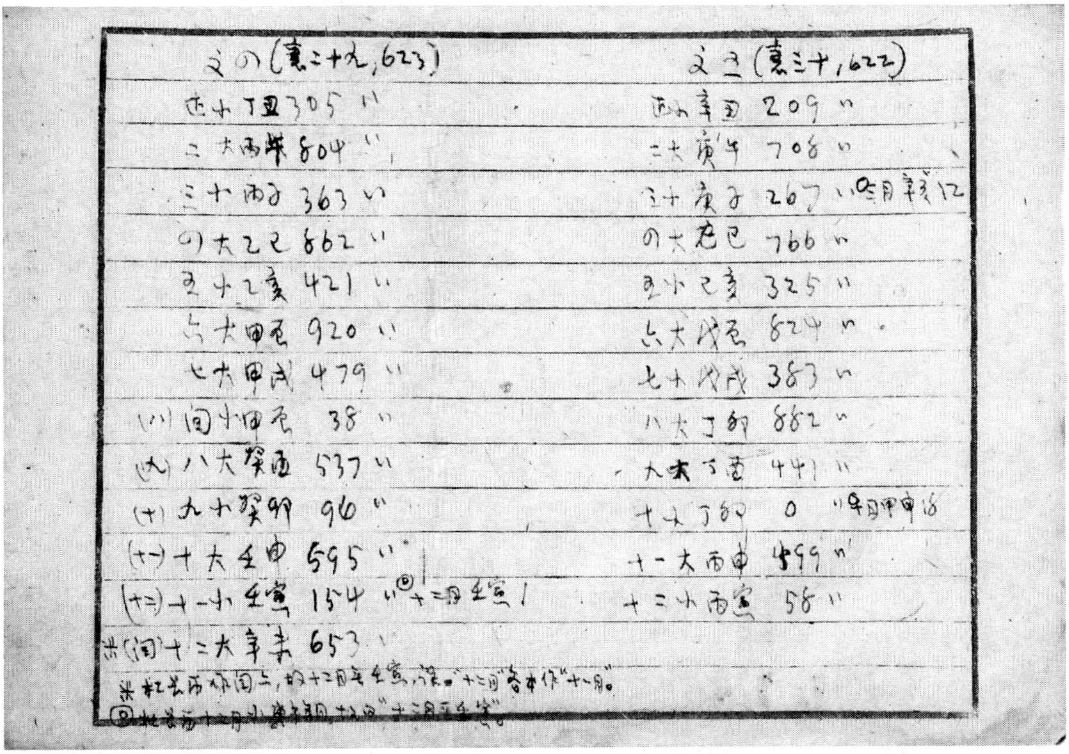

文四（襄二十九，623）

正小丁丑305〃
二大丙午804〃
三小丙子363〃
四大乙巳862〃
五小乙亥421〃
六大甲辰920〃
七大甲戌479〃
（八）闰小甲辰38〃
（九）八大癸酉537〃
（十）九小癸卯96〃
（十一）十大壬申595〃
（十二）十一小壬寅154〃 ⑩十二月壬寅！
※（闰）十二大辛未653〃
※杜以丙子为闰二，故十二月无壬寅，误。"十二月"旧本作"十一月"。
⑩杜以为十二月小[illegible]，故"十二月无壬寅"。

文五（襄三十，622）

正小辛丑209〃
二大庚午708〃
三小庚子267〃 正月辛亥12
四大己巳766〃
五小己亥325〃
六大戊辰824〃
七小戊戌383〃
八大丁卯882〃
九大丁酉441〃
十大丁卯0〃 十月甲申18
十一大丙申499〃
十二小丙寅58〃

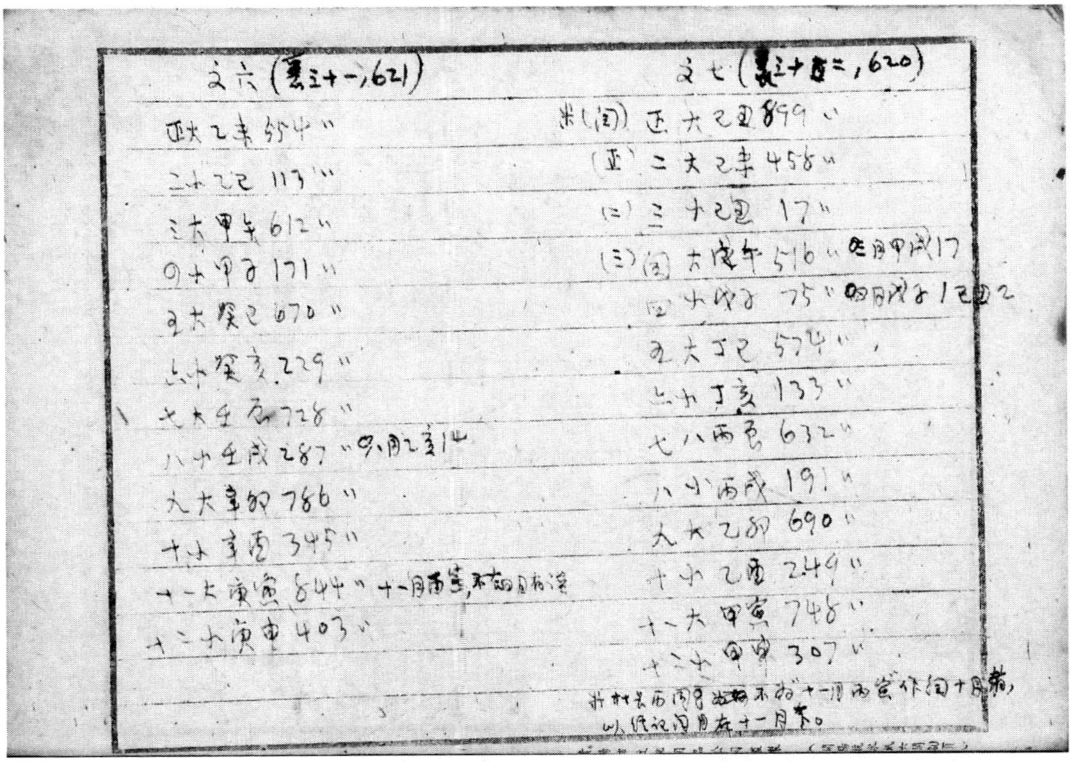

文六（襄三十一，621）

正大乙未554〃
二小乙丑113〃
三大甲午612〃
四小甲子171〃
五大癸巳670〃
六小癸亥229〃
七大壬辰728〃
八小壬戌287〃 九月乙亥14
九大辛卯786〃
十小辛酉345〃
十一大庚寅844〃 十一月丙寅，不知何月有误
十二小庚申403〃

文七（襄三十二，620）

※（闰）正大乙丑899〃
（正）二大乙未458〃
（二）三小乙丑17〃
（三）闰大戊午516〃 三月甲戌17
（四）小戊子75〃 四月戊子1己丑2
五大丁巳574〃
六小丁亥133〃
七大丙辰632〃
八小丙戌191〃
九大乙卯690〃
十小乙酉249〃
十一大甲寅748〃
十二小甲申307〃
※杜以丙[illegible]不知十一月丙寅作闰十月者，以置闰月在十一月末。

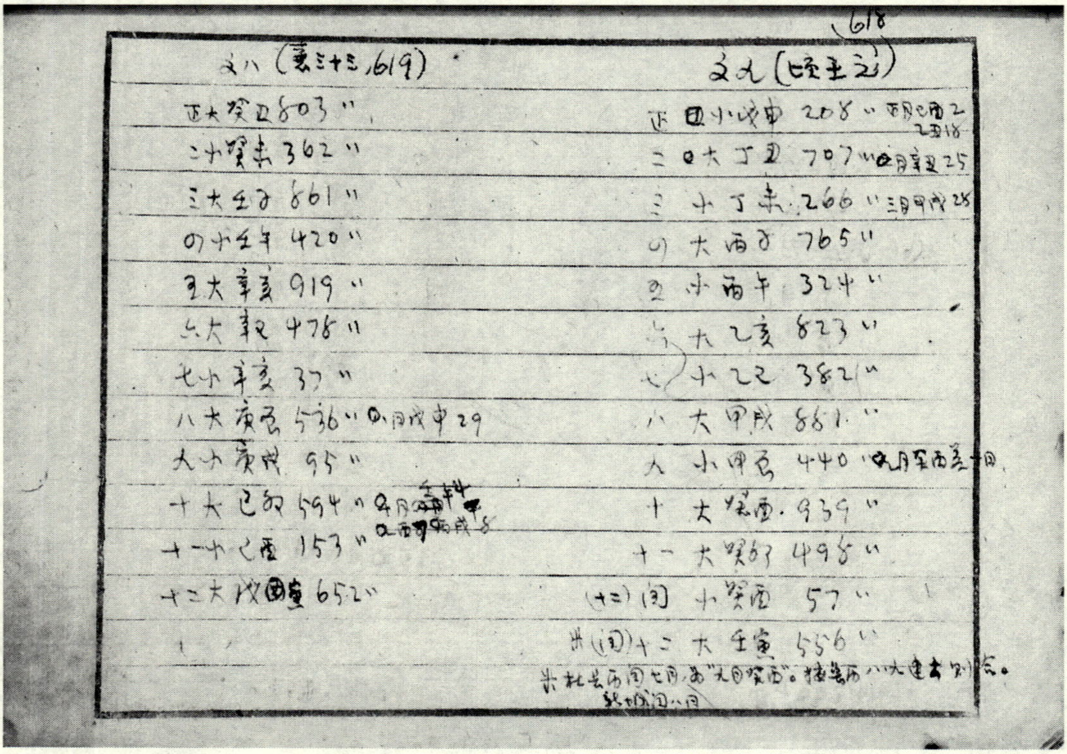

文八（襄三十三，619）

正大癸丑 803〃
二小癸未 362〃
三大壬子 861〃
四小壬午 420〃
五大辛亥 919〃
六大辛巳 478〃
七小辛亥 37〃
八大庚辰 536〃 八月戊申29
九小庚戌 95〃
十大己卯 594〃 [illegible]
十一小己酉 153〃 [illegible]
十二大戊寅 652〃

文九（顷王元，618）

正 小戊申 208〃 [illegible]
二 大丁丑 707〃 [illegible]
三 小丁未 266〃 三月甲戌28
四 大丙子 765〃
五 小丙午 324〃
六 大乙亥 823〃
七 小乙巳 382〃
八 大甲戌 881〃
九 小甲辰 440〃 [illegible]
十 大癸酉 939〃
十一 大癸卯 498〃
（十二）闰 小癸酉 57〃
（闰）十二 大壬寅 556〃
[illegible]

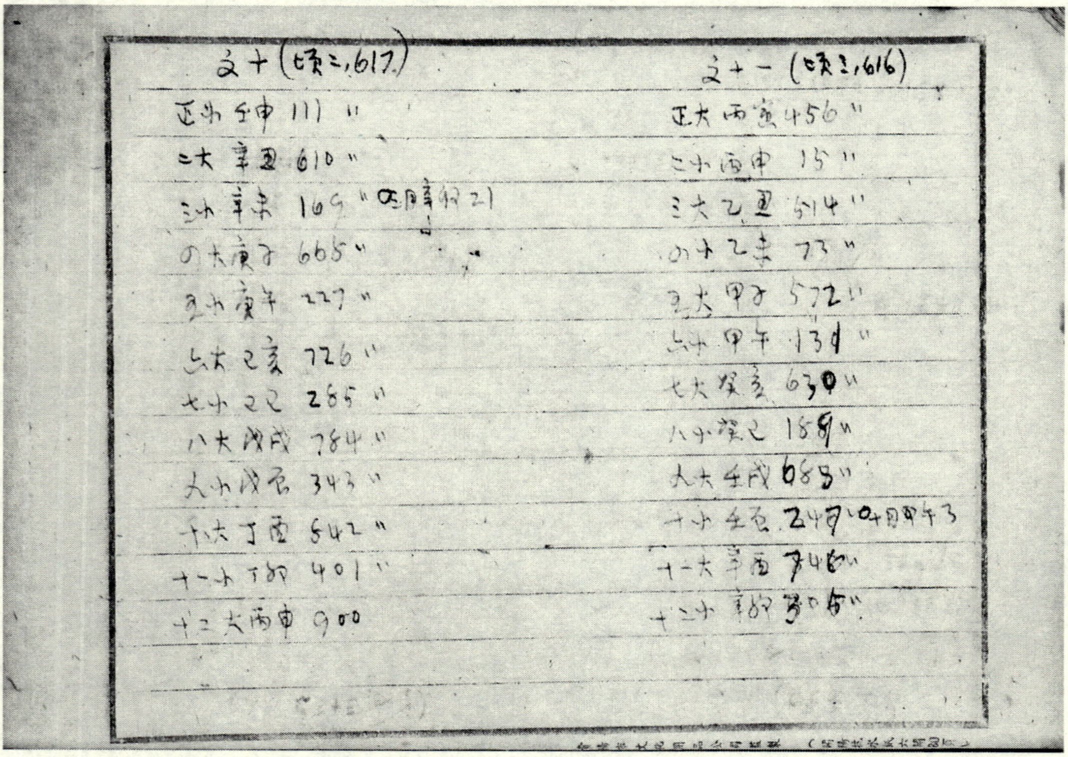

文十（顷二，617）

正小壬申 111〃
二大辛丑 610〃
三小辛未 169〃 [illegible]
四大庚子 665〃
五小庚午 227〃
六大己亥 726〃
七小己巳 285〃
八大戊戌 784〃
九小戊辰 343〃
十大丁酉 842〃
十一小丁卯 401〃
十二大丙申 900

文十一（顷三，616）

正大丙寅 456〃
二小丙申 15〃
三大乙丑 514〃
四小乙未 73〃
五大甲子 572〃
六小甲午 131〃
七大癸亥 630〃
八小癸巳 189〃
九大壬戌 688〃
十小壬辰 247〃 [illegible]
十一大辛酉 746〃
十二小辛卯 305〃

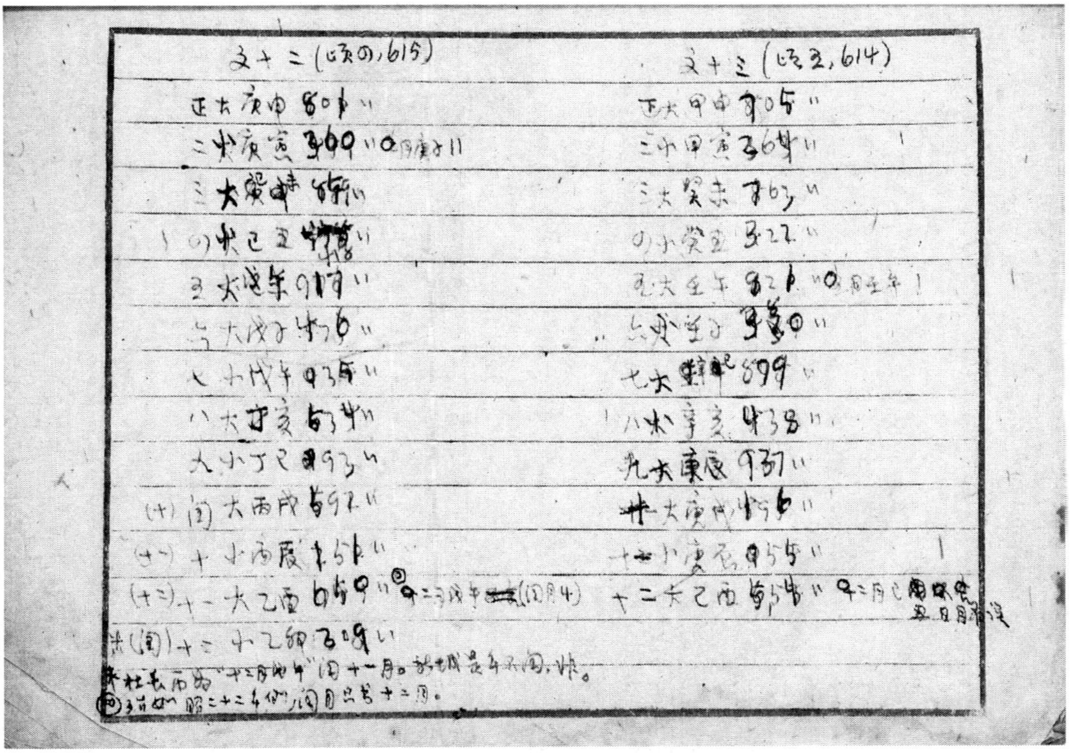
文十二（昭〇，615）
正大庚申
二小庚寅
三大癸
四小己丑
五大戊午
六大戊子
七小戊午
八大丁亥
九小丁巳
(十) 閏 大丙戌
(十一) 十 小丙辰
(十二) 十一 大乙酉
(閏) 十二 小乙卯
文十三（昭五，614）
正大甲申
二小甲寅
三大癸未
四小癸丑
五大壬午
六大壬子
七大
八小辛亥
九大庚辰
十大庚戌
十一小庚辰
十二大乙酉

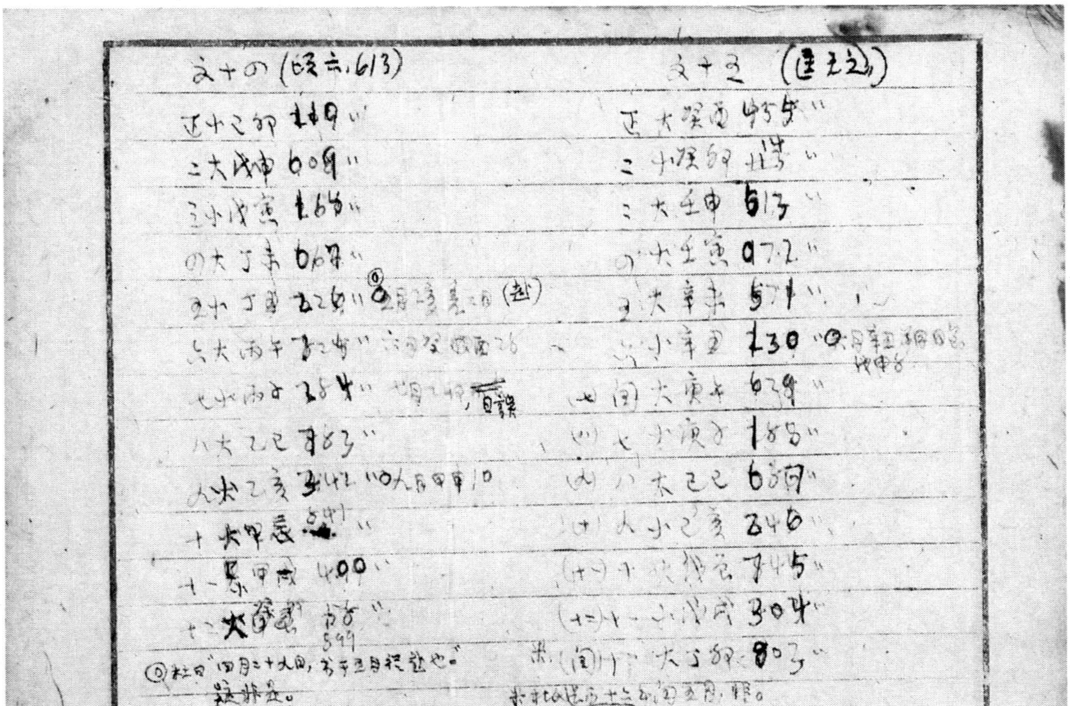
文十四（昭六，613）
正小乙卯
二大戊申
三小戊寅
四大丁未
五小丁丑
六大丙午
七小丙子
八大乙巳
九小乙亥
十大甲辰
十一小甲戌
十二大癸卯
文十五
正大癸酉
二小癸卯
三大壬申
四大壬寅
五大辛未
六小辛丑
(七) 閏 大庚午
(八) 七 大庚子
(九) 八 大己巳
(十) 九 小己亥
(十一) 十 大戊辰
(十二) 十一 小戊戌
閏 十二 大丁卯

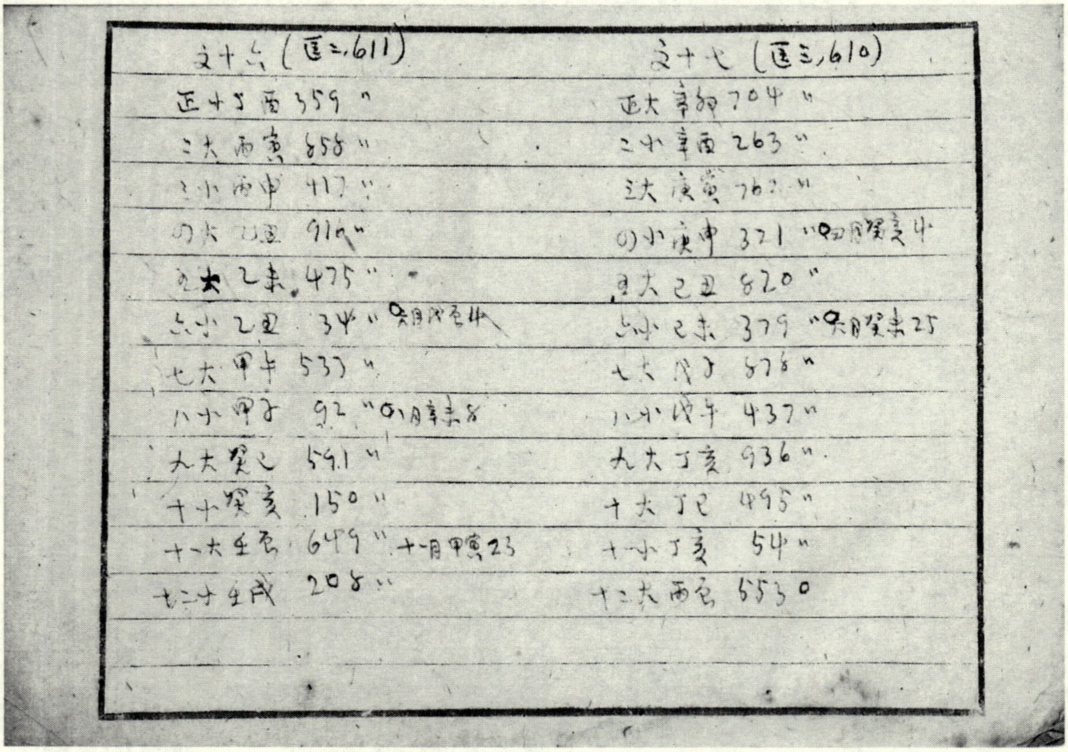

文十六（匡二，611）
正小丁酉 359″
二大丙寅 858″
三小丙申 417″
四大乙丑 916″
五大乙未 475″
六小乙丑 34″ 六月戊辰4
七大甲午 533″
八小甲子 92″ 八月辛未8
九大癸巳 591″
十小癸亥 150″
十一大壬辰 649″ 十一月甲寅23
十二小壬戌 208″
文十七（匡三，610）
正大辛卯 704″
二小辛酉 263″
三大庚寅 762″
四小庚申 321″ 四月癸亥4
五大己丑 820″
六小己未 379″ 六月癸未25
七大戊子 878″
八小戊午 437″
九大丁亥 936″
十大丁巳 495″
十一小丁亥 54″
十二大丙辰 553

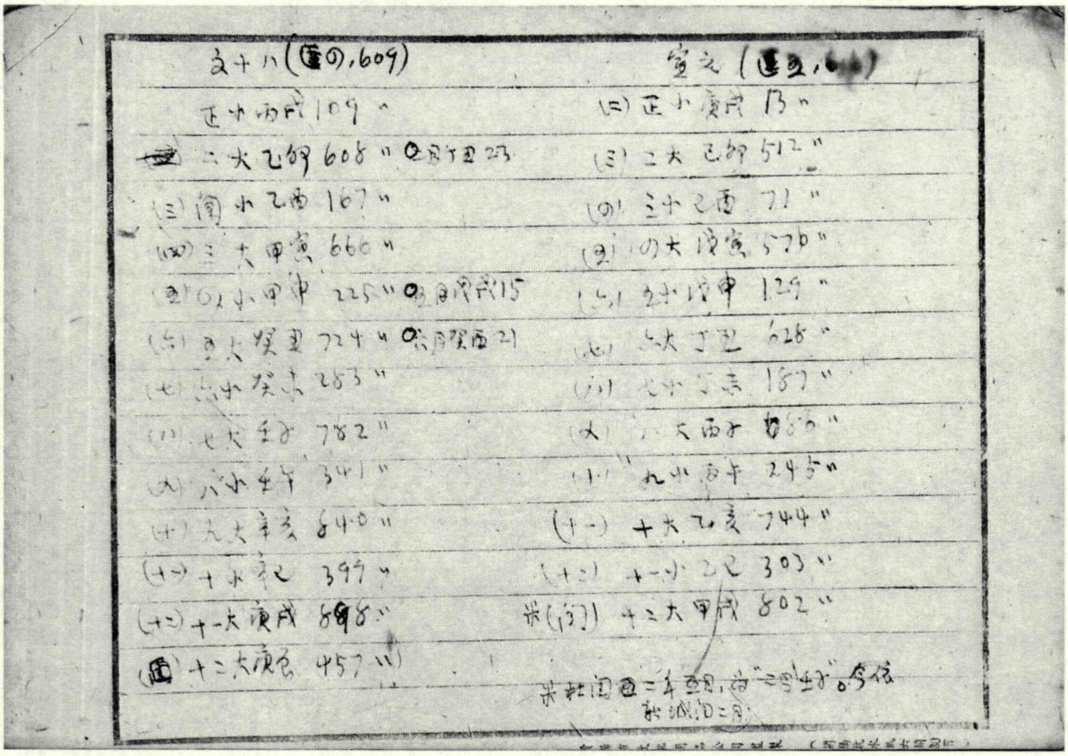

文十八（匡四，609）
正小丙戌 109″
二大乙卯 608″ 二月丁丑23
(三) 闰小乙酉 167″
(四) 三大甲寅 666″
(五) 四小甲申 225″ 四月戊戌15
(六) 五大癸丑 724″ 六月癸酉21
(七) 六小癸未 283″
(八) 七大壬子 782″
(九) 八小壬午 341″
(十) 九大辛亥 840″
(十一) 十小辛巳 399″
(十二) 十一大庚戌 898″
十二大庚辰 457″
宣元（匡五，
(二) 正小庚戌 13″
(三) 二大己卯 512″
(四) 三小己酉 71″
(五) 四大戊寅 570″
(六) 五小戊申 129″
(七) 六大丁丑 628″
(八) 七小丁未 187″
(九) 八大丙子 686″
(十) 九小丙午 245″
(十一) 十大乙亥 744″
(十二) 十一小乙巳 303″
米(闰) 十二大甲戌 802″

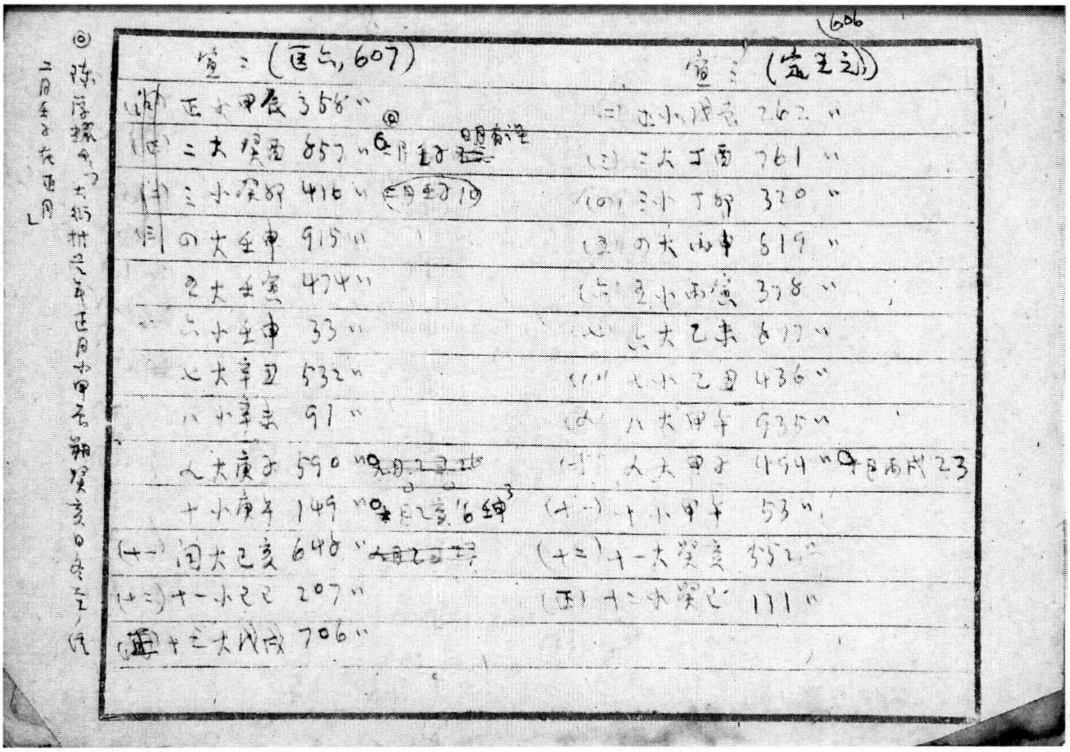
宣二（匡六，607）
正大甲辰358
二大癸酉857
三小癸卯416
四大壬申915
五大壬寅474
六小壬申33
七大辛丑532
八小辛未91
九大庚子590
十小庚午149
闰大己亥648
十一小己巳207
十二大戊戌706
宣三（宣五之）
正小戊辰262
二大丁酉761
三小丁卯320
四大丙申819
五小丙寅378
六大乙未877
七小乙丑436
八大甲午935
九大甲子494
十小甲午53
十一大癸亥552
十二小癸巳111

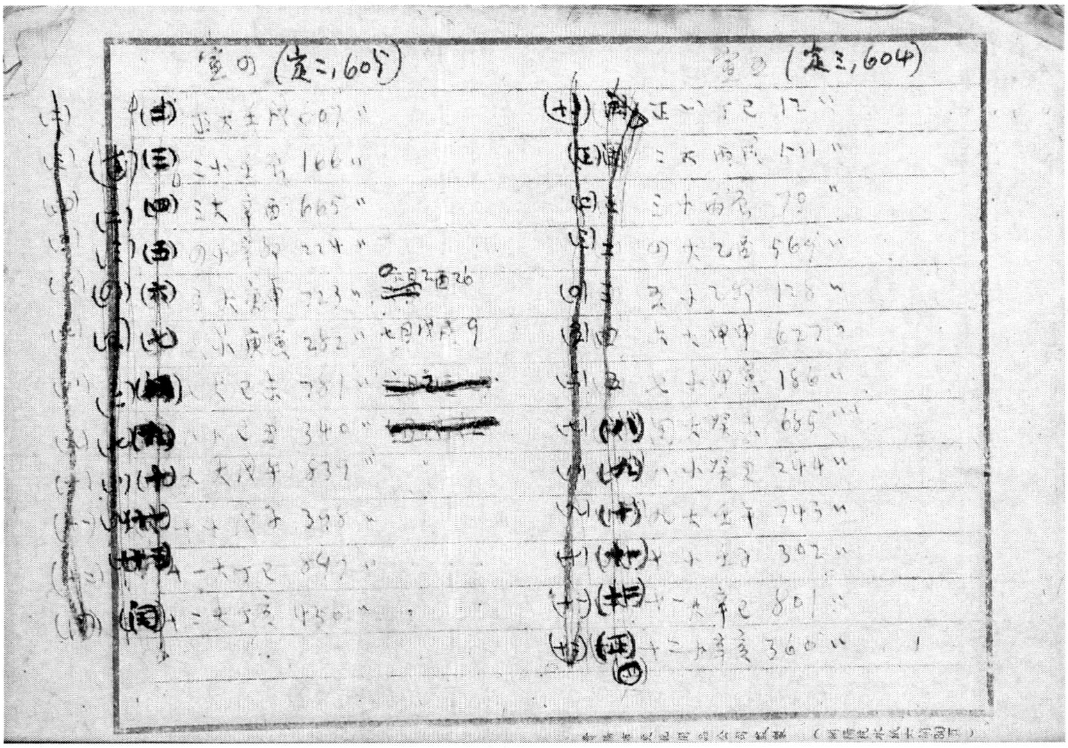
宣四（宣二，605）
宣五（宣三，604）

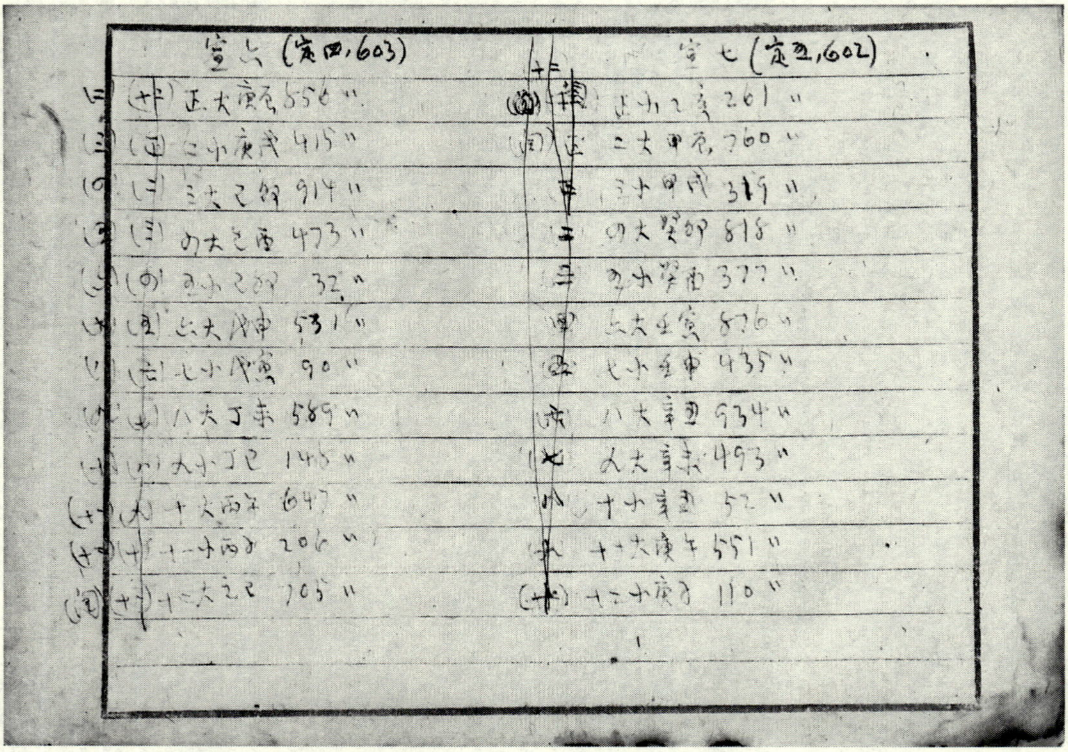

宣六(寅四,603)

正大庚辰556"
二小庚戌415"
三大己卯914"
四大己酉473"
五小己卯32"
六大戊申531"
七小戊寅90"
八大丁未589"
九小丁丑148"
十大丙午647"
十一小丙子206"
十二大乙巳705"

宣七(寅五,602)

正小乙亥261"
二大甲辰760"
三小甲戌319"
四大癸卯818"
五小癸酉377"
六大壬寅876"
七小壬申435"
八大辛丑934"
九大辛未493"
十小辛丑52"
十一大庚午551"
十二小庚子110"

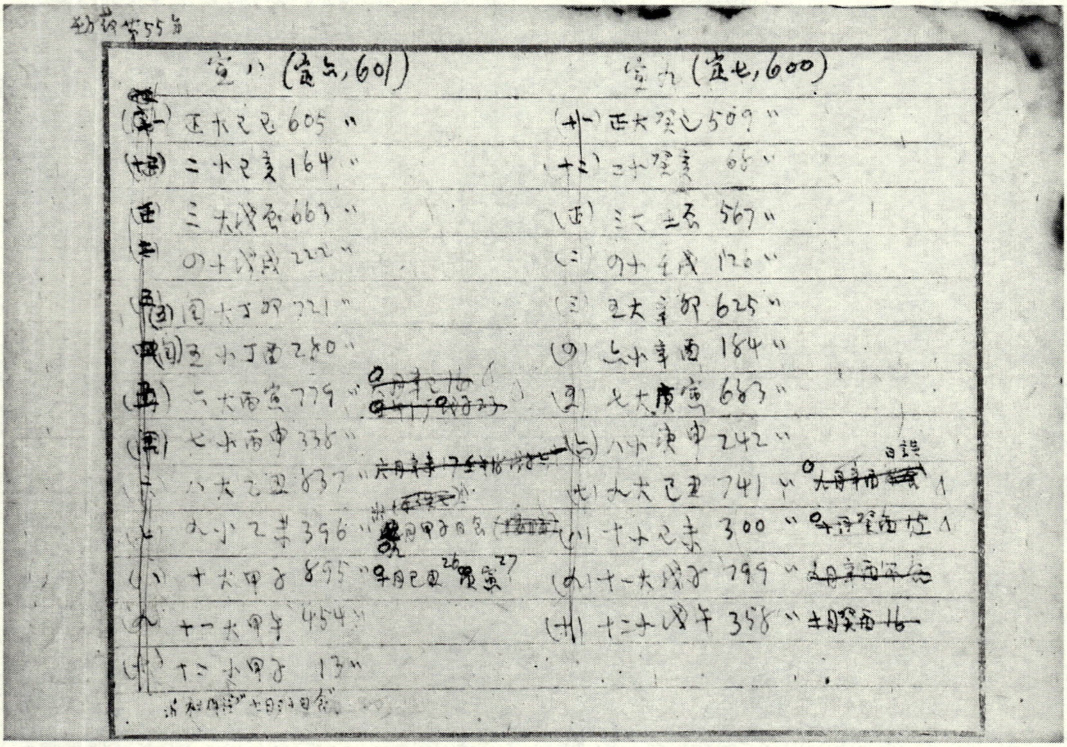

宣八(寅六,601)

正大己巳605"
二小己亥164"
三大戊辰663"
四小戊戌222"
閏大丁卯721"
五小丁酉280"
六大丙寅779"
七小丙申338"
八大乙丑837"
九小乙未396"
十大甲子895"
十一大甲午454"
十二小甲子13"

宣九(寅七,600)

正大癸巳509"
二小癸亥68"
三大壬辰567"
四小壬戌126"
五大辛卯625"
六小辛酉184"
七大庚寅683"
八小庚申242"
九大己丑741"
十小己未300"
十一大戊子799"
十二小戊午358"

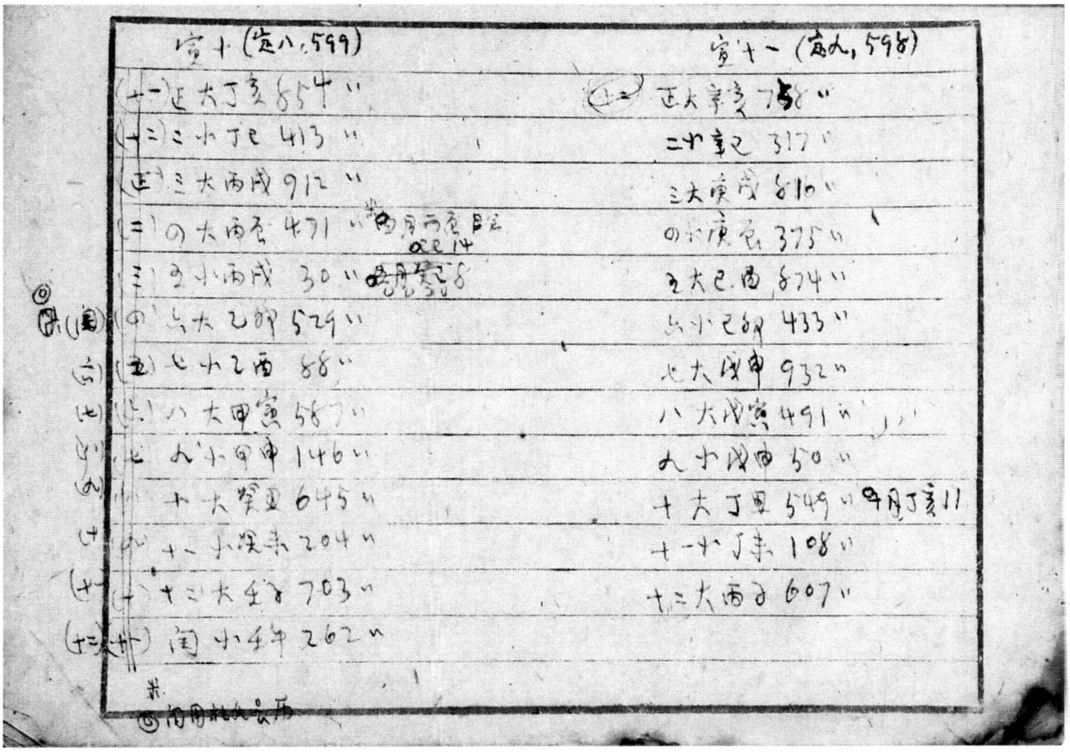

宣十（虞八，599）		宣十一（虞九，598）
(十一) 正大丁亥 854"		正大辛亥 758"
(十二) 二小丁巳 413"		二小辛巳 317"
(正) 三大丙戌 912"		三大庚戌 816"
(二) 四大丙辰 471"	四月丙辰日食 又2.14	四小庚辰 375"
(三) 五小丙戌 30"	晦月食 8	五大己酉 874"
(四) 六大乙卯 529"		六小己卯 433"
(五) 七小乙酉 88"		七大戊申 932"
(六) 八大甲寅 587"		八大戊寅 491"
(七) 九小甲申 146"		九小戊申 50"
(八) 十大癸丑 645"		十大丁丑 549" 九月丁亥11
(九) 十一小癸未 204"		十一小丁未 108"
(十) 十二大壬子 703"		十二大丙子 607"
(十一) 闰小壬午 262"		

※ 闰用杜预长历

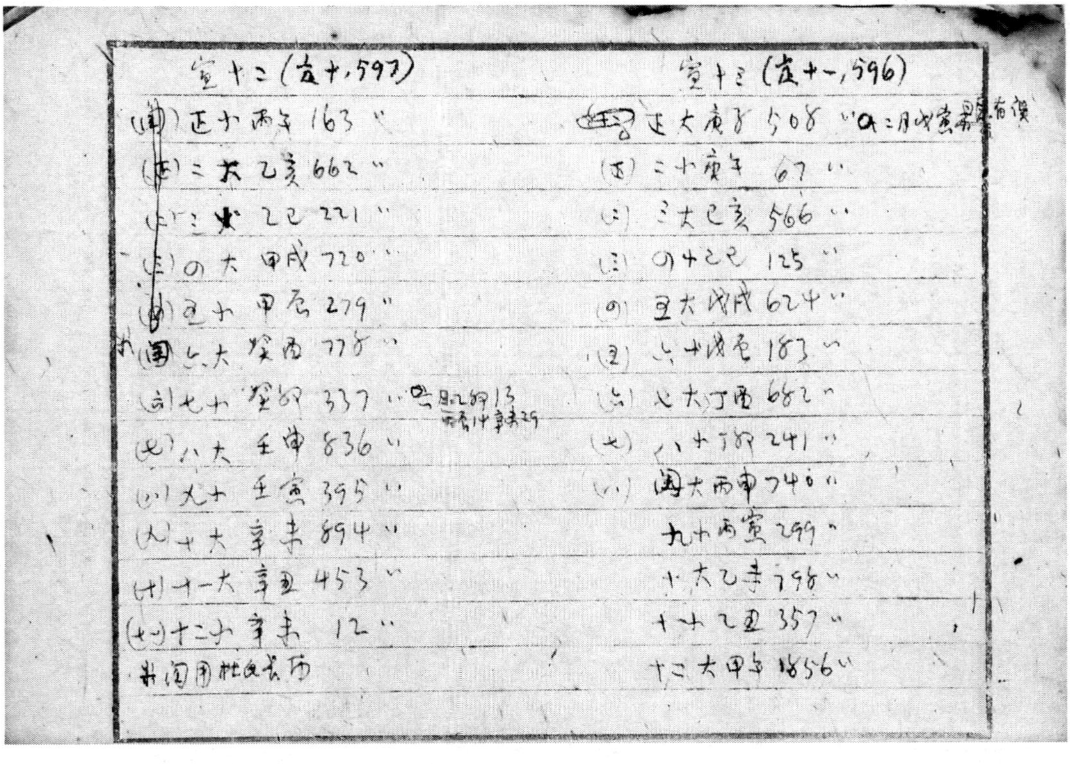

宣十二（虞十，597）		宣十三（虞十一，596）
(闰) 正小丙午 163"		(十二) 正大庚子 508" 二月戊寅……
(正) 二大乙亥 662"		(正) 二小庚午 67"
(二) 三小乙巳 221"		(二) 三大己亥 566"
(三) 四大甲戌 720"		(三) 四小己巳 125"
(四) 五小甲辰 279"		(四) 五大戊戌 624"
(五) 六大癸酉 778"		(五) 六小戊辰 183"
(六) 七小癸卯 337"	六月乙卯13 ……	(六) 七大丁酉 682"
(七) 八大壬申 836"		(七) 八小丁卯 241"
(八) 九小壬寅 395"		(八) 闰大丙申 740"
(九) 十大辛未 894"		九小丙寅 299"
(十) 十一大辛丑 453"		十大乙未 798"
(十一) 十二小辛未 12"		十一小乙丑 357"
※ 闰用杜预长历		十二大甲午 856"

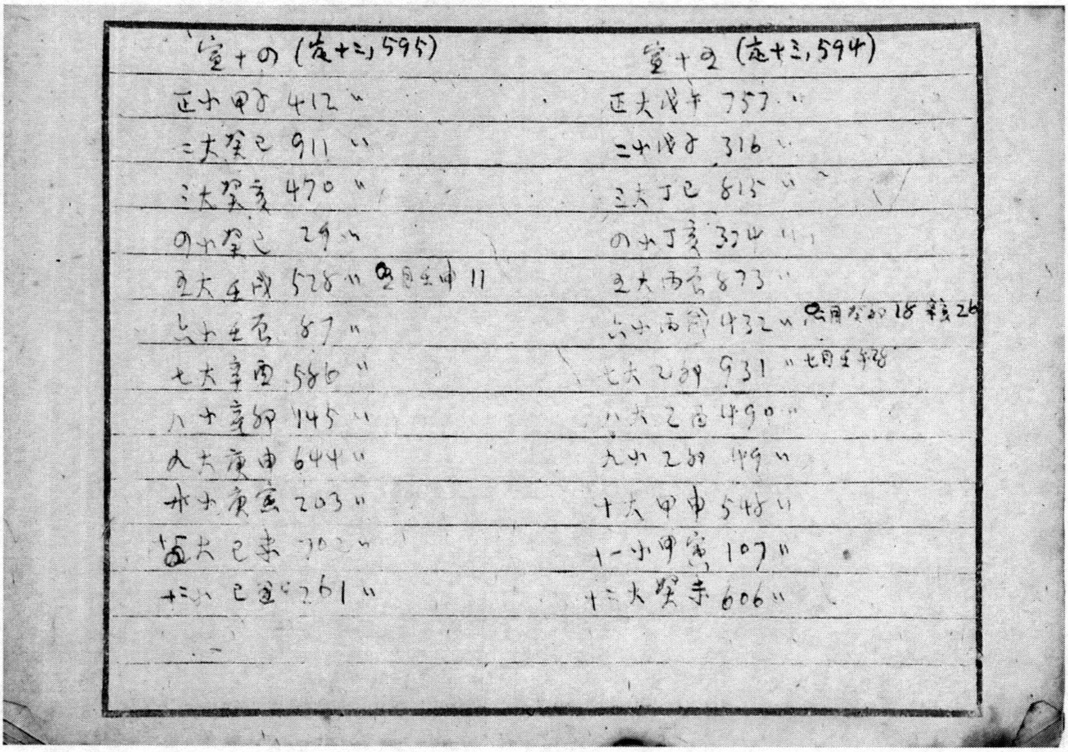

宝十四（庚十三，595）	宝十五（庚十三，594）
正小甲子412〃	正大戊午757〃
二大癸巳911〃	二小戊子316〃
三大癸亥470〃	三大丁巳815〃
四小癸巳29〃	四小丁亥374〃
五大壬戌528〃 閏五月壬申11	五大丙辰873〃
六小壬辰87〃	六小丙戌432〃 閏六月癸卯18 [illegible]26
七大辛酉586〃	七大乙卯931〃 七月壬午18
八小辛卯145〃	八大乙酉490〃
九大庚申644〃	九小乙卯49〃
十小庚寅203〃	十大甲申548〃
十一大己未702〃	十一小甲寅107〃
十二小己丑261〃	十二大癸未606〃

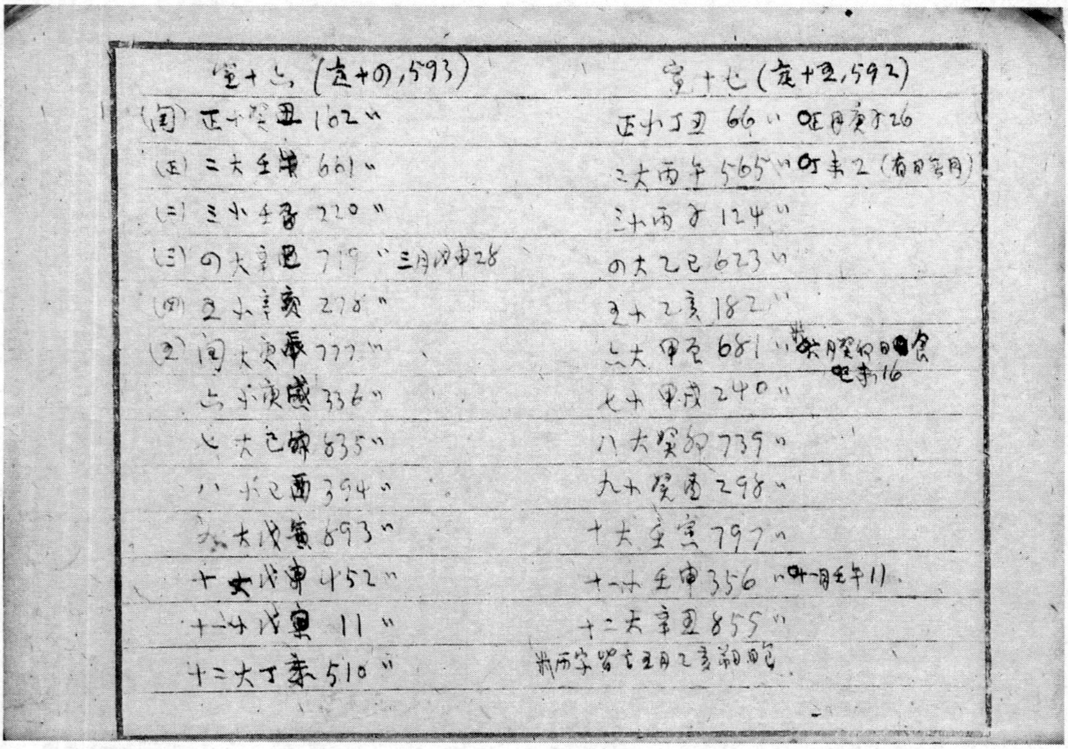

宝十六（庚十四，593）	宝十七（庚十五，592）
（閏）正小癸丑162〃	正小丁丑66〃 正月庚子26
（正）二大壬午661〃	二大丙午565〃 丁未2（有日食月）
（二）三小壬子220〃	三小丙子124〃
（三）四大辛巳719〃 三月戊申28	四大乙巳623〃
（四）五小辛亥278〃	五小乙亥182〃
（五）閏大庚辰777〃	六大甲辰681〃 六月癸卯日食 己未16
六小庚戌336〃	七小甲戌240〃
七大己卯835〃	八大癸卯739〃
八小己酉394〃	九小癸酉298〃
九大戊寅893〃	十大壬寅797〃
十大戊申452〃	十一小壬申356〃 十一月壬午11
十一小戊寅11〃	十二大辛丑855〃
十二大丁未510〃	丙字皆五月乙亥前的

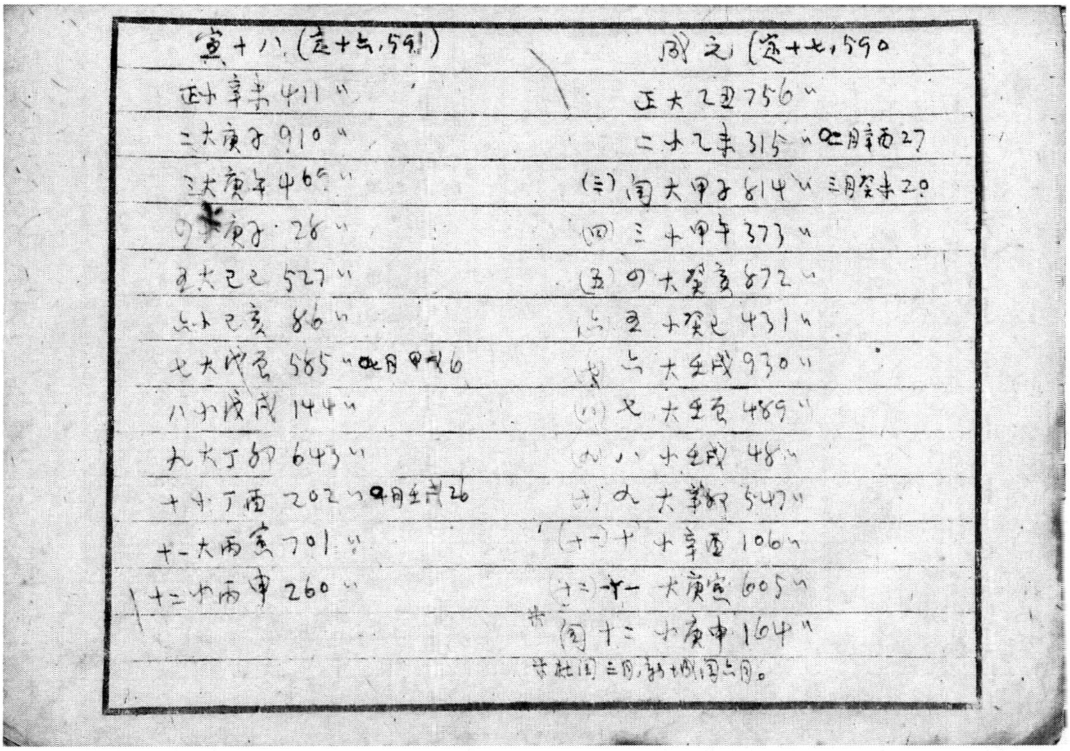

寅十八（庚十六，591）	戌元（庚十七，590）
正小辛未411〃	正大乙丑756〃
二大庚子910〃	二小乙未315〃 二月辛酉27
三大庚午469〃	(三)闰大甲子814〃 三月癸未20
四小庚子28〃	(四)三小甲午373〃
五大己巳527〃	(五)四大癸亥872〃
六小己亥86〃	(六)五小癸巳431〃
七大戊辰585〃 七月甲戌6	(七)六大壬戌930〃
八小戊戌144〃	(八)七大壬辰489〃
九大丁卯643〃	(九)八小壬戌48〃
十小丁酉202〃 十月壬戌26	(十)九大辛卯547〃
十一大丙寅701〃	(十一)十小辛酉106〃
十二小丙申260〃	(十二)十一大庚寅605〃
	闰十二小庚申164〃
	案杜闰三月，新城闰六月。

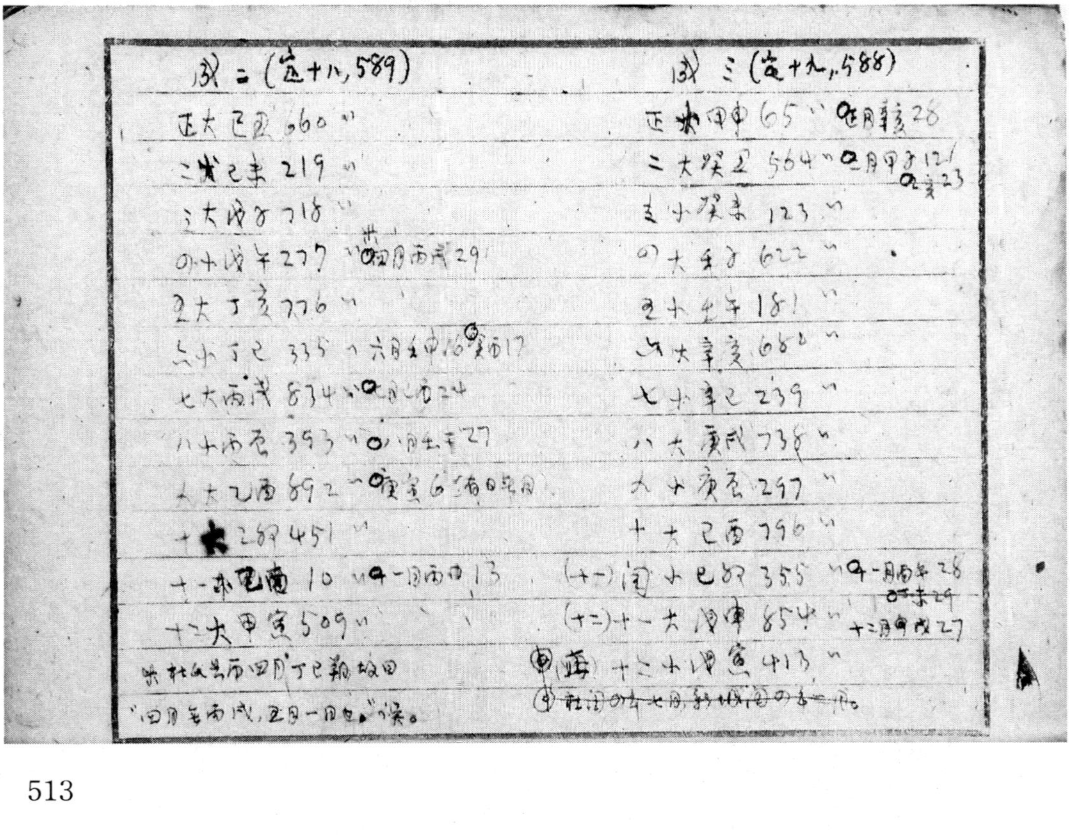

戌二（庚十八，589）	戌三（庚十九，588）
正大己丑660〃	正小甲申65〃 正月辛亥28
二小己未219〃	二大癸丑564〃 二月甲子12 乙亥23
三大戊子718〃	三小癸未123〃
四小戊午277〃 四月丙戌29	四大壬子622〃
五大丁亥776〃	五小壬午181〃
六小丁巳335〃 六月壬申16 癸酉17	六大辛亥680〃
七大丙戌834〃 七月乙酉24	七小辛巳239〃
八小丙辰393〃 八月壬午27	八大庚戌738〃
九大乙酉892〃 九月庚寅6 [illegible]	九小庚辰297〃
十小乙卯451〃	十大己酉796〃
十一大甲申10〃 十一月丙申13	(十一)闰小己卯355〃 十一月丙午28 丁未29
十二大甲寅509〃	(十二)十一大戊申854〃 十二月甲戌27
案杜氏失丙四月丁巳朔，故日	十二小戊寅413〃
“四月壬丙戌，五月一日也”误。	[illegible]

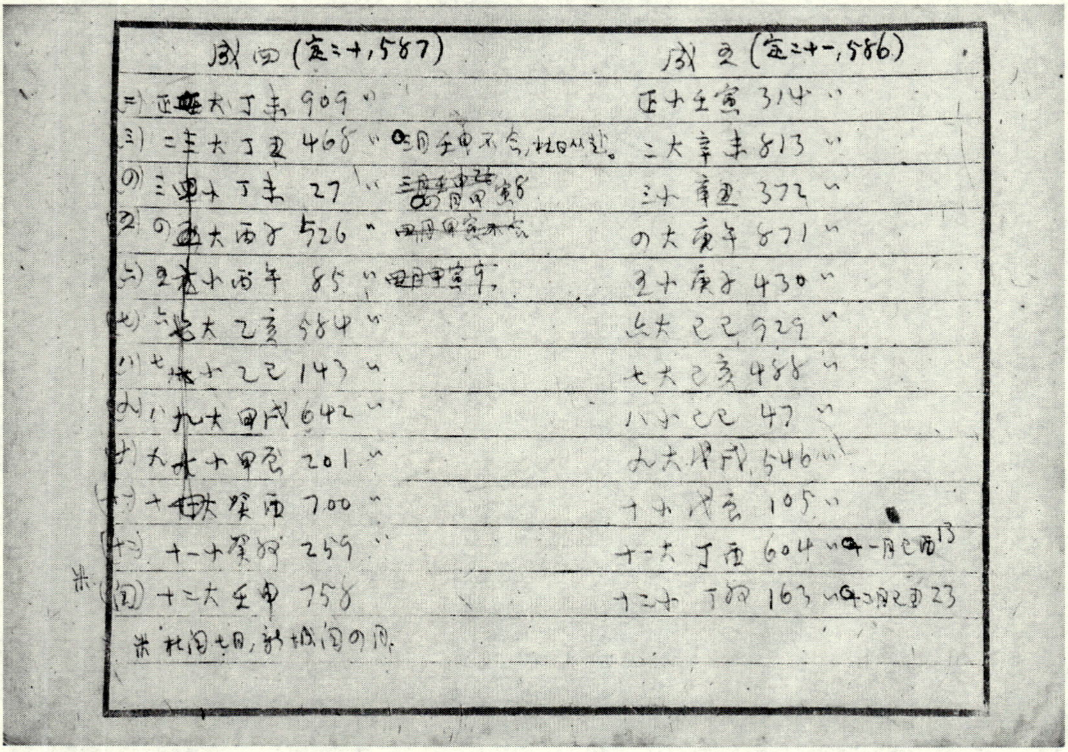

咸四（定二十，587）	咸五（定二十一，586）
（二）正大丁未 909〃	正小壬寅 314〃
（三）二大丁丑 468〃 明壬申不合，杜曰从是。	二大辛未 813〃
（四）三小丁未 27〃 [illegible]	三小辛丑 372〃
（五）四大丙子 526〃 [illegible]	四大庚午 871〃
（六）五小丙午 85〃 [illegible]	五小庚子 430〃
（七）六大乙亥 584〃	六大己巳 929〃
（八）七小乙巳 143〃	七大己亥 488〃
（九）八大甲戌 642〃	八小己巳 47〃
（十）九小甲辰 201〃	九大戊戌 546〃
（十一）十大癸酉 700〃	十小戊辰 105〃
（十二）十一小癸卯 259〃	十一大丁酉 604〃 十一月己酉13
※（闰）十二大壬申 758	十二小丁卯 163〃 十二月己丑23

※杜闰七月，新城闰四月。

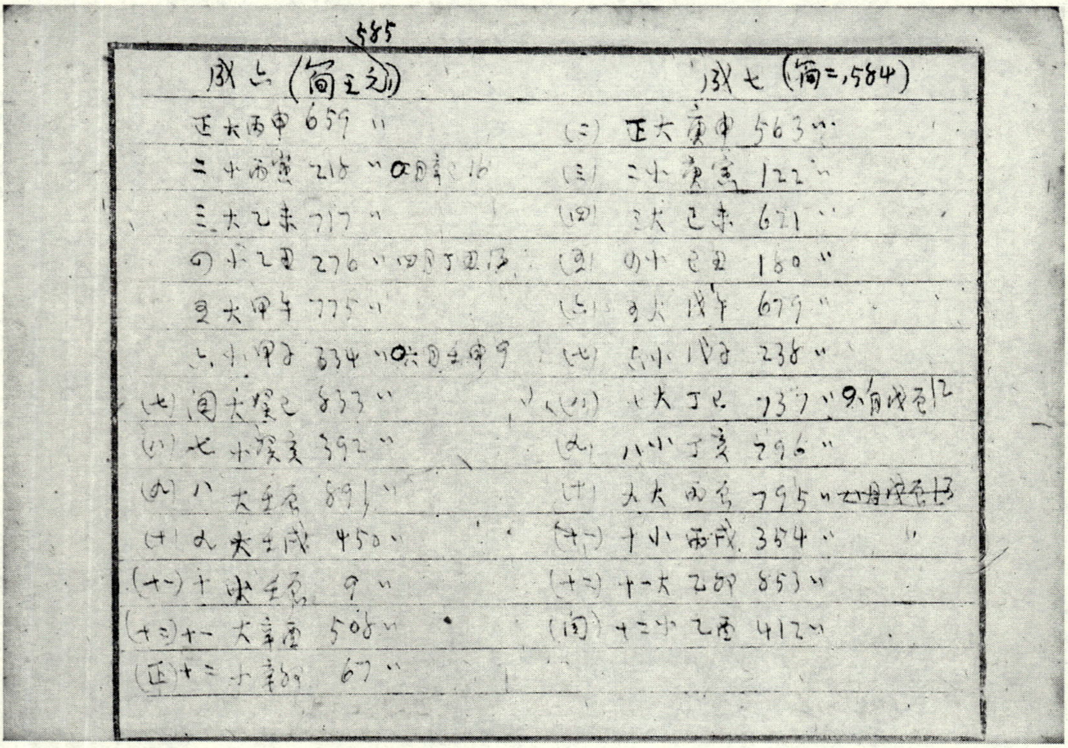

咸六（调露元，585）	咸七（调二，584）
正大丙申 659〃	（二）正大庚申 563〃
二小丙寅 218〃 四月辛巳16	（三）二小庚寅 122〃
三大乙未 717〃	（四）三大己未 621〃
四小乙丑 276〃 四月丁巳	（五）四小己丑 180〃
五大甲午 775〃	（六）五大戊午 679〃
六小甲子 334〃 六月壬申9	（七）六小戊子 238〃
（七）闰大癸巳 833〃	（八）七大丁巳 737〃 八月戊辰12
（八）七小癸亥 392〃	（九）八小丁亥 296〃
（九）八大壬辰 891〃	（十）九大丙辰 795〃 十月戊辰13
（十）九小壬戌 450〃	（十一）十小丙戌 354〃
（十一）十大壬辰 9〃	（十二）十一大乙卯 853〃
（十二）十一大辛酉 508〃	（闰）十二小乙酉 412〃
（正）十二小辛卯 67〃	

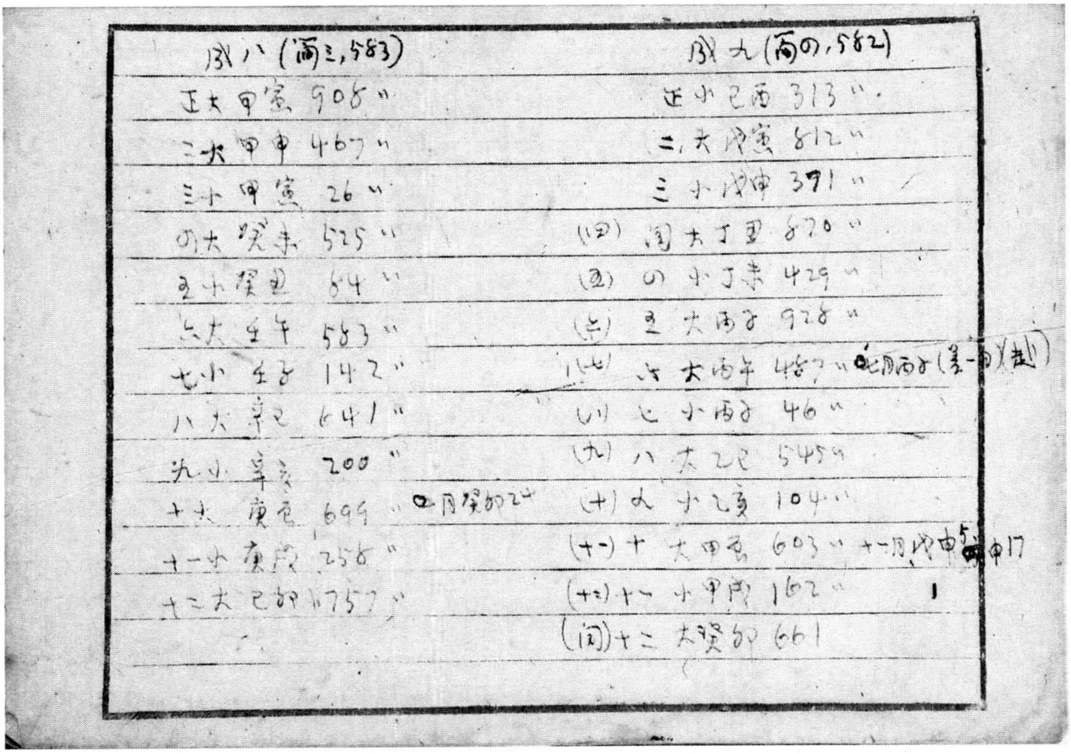

成八（丙三，583）	成九（丙四，582）
正大甲寅 908〃	正小己酉 313〃
二大甲申 467〃	二大戊寅 812〃
三小甲寅 26〃	三小戊申 371〃
四大癸未 525〃	（四）闰大丁丑 870〃
五小癸丑 84〃	（五）四小丁未 429〃
六大壬午 583〃	（六）五大丙子 928〃
七小壬子 142〃	（七）六大丙午 487〃 七月丙子（[illegible]）
八大辛巳 641〃	（八）七小丙子 46〃
九小辛亥 200〃	（九）八大乙巳 545〃
十大庚辰 699〃 四月癸卯24	（十）九小乙亥 104〃
十一小庚戌 258〃	（十一）十大甲辰 603〃 十一月戊申5 甲申17
十二大己卯 757〃	（十二）十一小甲戌 162〃
	（闰）十二大癸卯 661

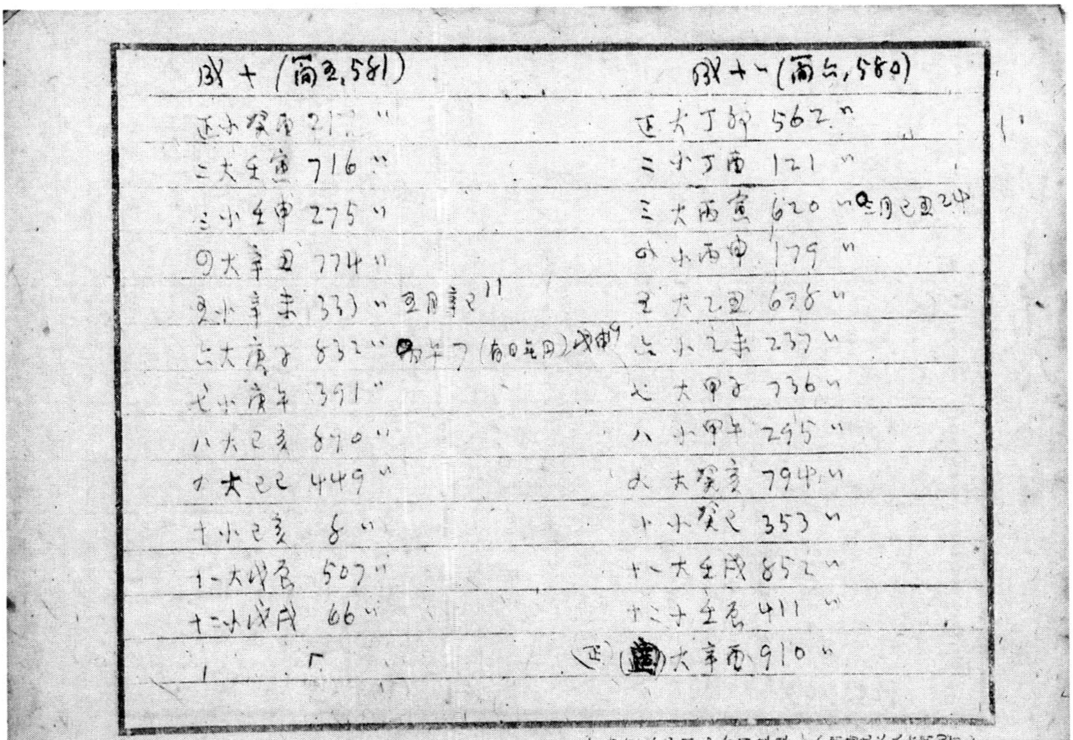

成十（丙五，581）	成十一（丙六，580）
正小癸酉 2[illegible]〃	正大丁卯 562〃
二大壬寅 716〃	二小丁酉 121〃
三小壬申 275〃	三大丙寅 620〃 三月己丑24
四大辛丑 774〃	四小丙申 179〃
五小辛未 333〃 五月辛巳11	五大乙丑 678〃
六大庚子 832〃 [illegible]午7（有日无月）戊申9	六小乙未 237〃
七小庚午 391〃	七大甲子 736〃
八大己亥 890〃	八小甲午 295〃
九大己巳 449〃	九大癸亥 794〃
十小己亥 8〃	十小癸巳 353〃
十一大戊辰 507〃	十一大壬戌 852〃
十二小戊戌 66〃	十二小壬辰 411〃
	（正）（闰）大辛酉 910〃

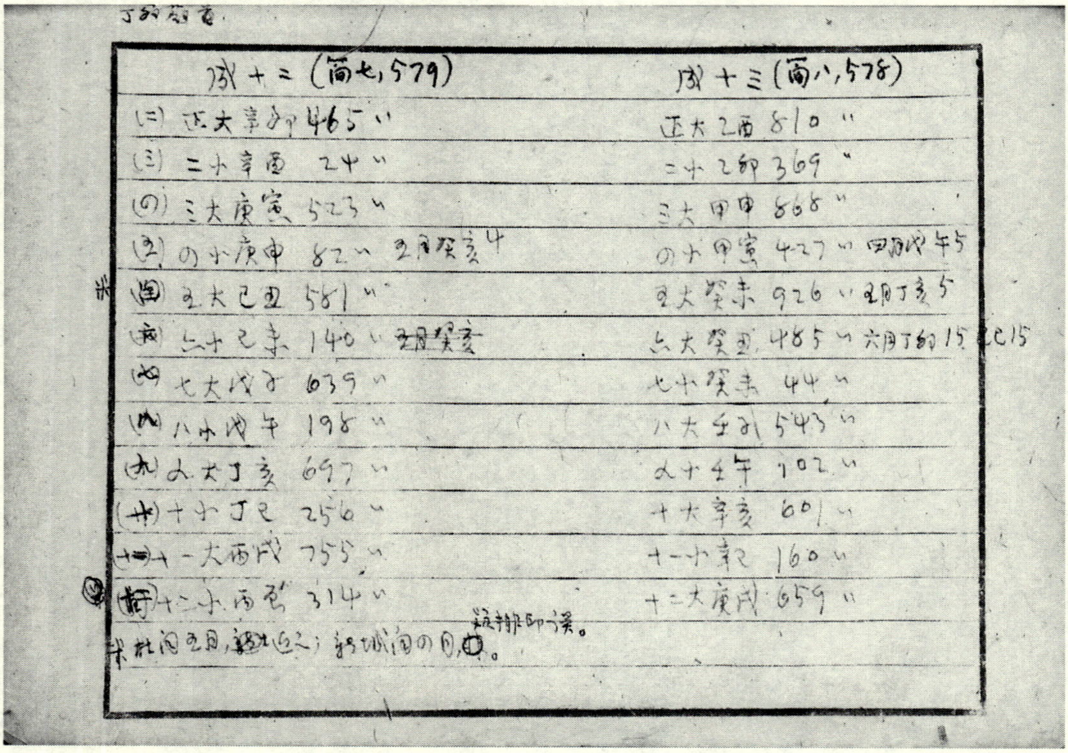

丁卯朔首

成十二（前七，579）	成十三（前八，578）
(二) 正大辛卯 465 〃	正大乙酉 810 〃
(三) 二小辛酉 24 〃	二小乙卯 369 〃
(四) 三大庚寅 523 〃	三大甲申 868 〃
(五) 四小庚申 82 〃 五月癸亥4	四小甲寅 427 〃 四月戊午5
*(閏) 五大己丑 581 〃	五大癸未 926 〃 五月丁亥5
(六) 六小己未 140 〃 五月癸亥	六大癸丑 485 〃 六月丁卯15 己15
(七) 七大戊子 639 〃	七小癸未 44 〃
(八) 八小戊午 198 〃	八大壬子 543 〃
(九) 九大丁亥 697 〃	九小壬午 102 〃
(十) 十小丁巳 256 〃	十大辛亥 601 〃
(十一) 十一大丙戌 755 〃	十一小辛巳 160 〃
(十二) 十二小丙辰 314 〃	十二大庚戌 659 〃

*杜閏五月，趙正之；新城閏四月，疑排印误。

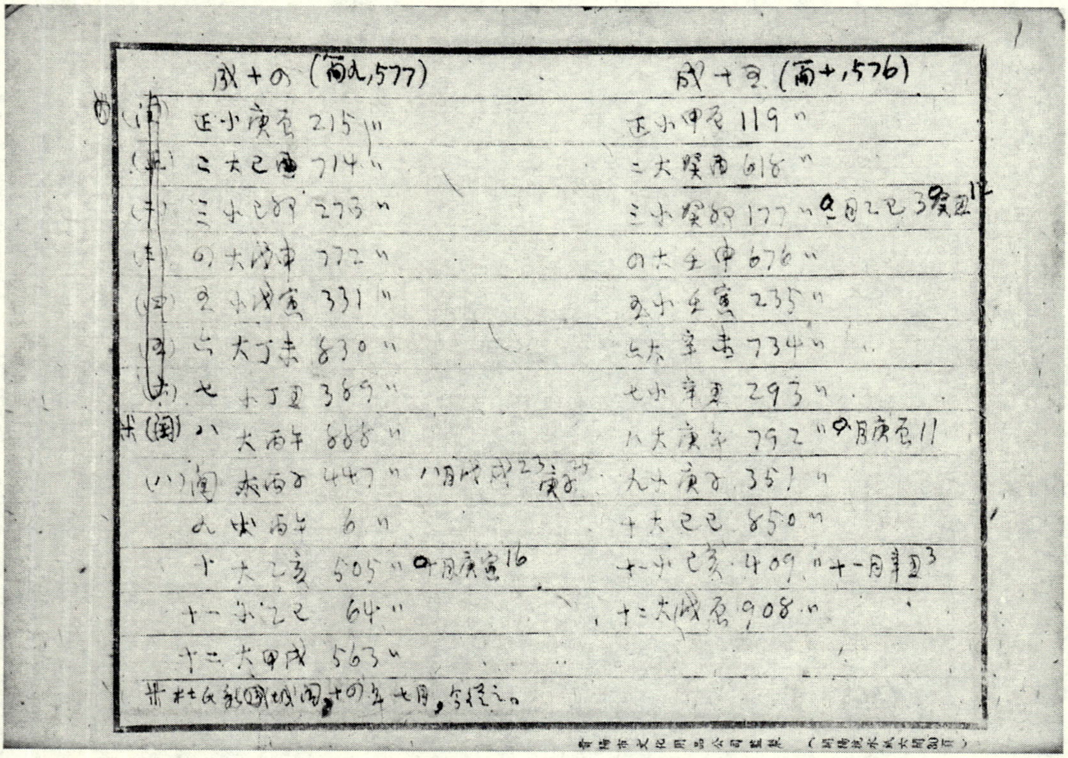

成十四（前九，577）	成十五（前十，576）
(正) 正小庚辰 215 〃	正小甲戌 119 〃
(二) 二大己酉 714 〃	二大癸卯 618 〃
(三) 三小己卯 273 〃	三小癸酉 177 〃 三月乙巳3 癸丑17
(四) 四大戊申 772 〃	四大壬申 676 〃
(五) 五小戊寅 331 〃	五小壬寅 235 〃
(六) 六大丁未 830 〃	六大辛未 734 〃
(七) 七小丁丑 389 〃	七小辛丑 293 〃
*(閏) 八大丙午 888 〃	八大庚午 792 〃 九月庚辰11
(八)(閏) 八小丙子 447 〃 八月戊戌23 庚子	九小庚子 351 〃
九大丙午 6 〃	十大己巳 850 〃
十大乙亥 505 〃 十月庚寅16	十一小己亥 409 〃 十一月辛丑3
十一小乙巳 64 〃	十二大戊辰 908 〃
十二大甲戌 563 〃	

*杜氏新城閏十四年七月，今從之。

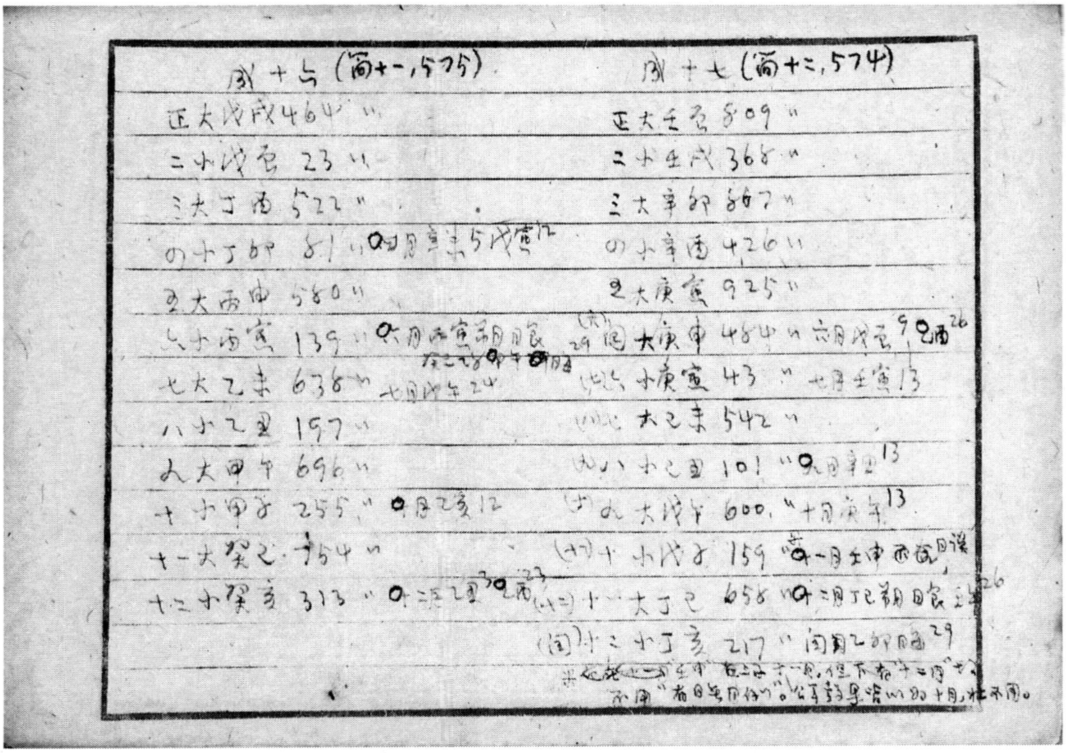

成十六（前十一，575）

正大戊戌 464″
二小戊辰 23″
三大丁酉 522″
四小丁卯 81″ 四月辛未5、戊寅12
五大丙申 580″
六小丙寅 139″ 六月丙寅朔日食
七大乙未 638″ 七月戊午24
八小乙丑 197″
九大甲午 696″
十小甲子 255″ 十月乙亥12
十一大癸巳 754″
十二小癸亥 313″ 十二月丁巳23 乙酉

成十七（前十二，574）

正大壬辰 809″
二小壬戌 368″
三大辛卯 867″
四小辛酉 426″
五大庚寅 925″
（六）闰大庚申 484″ 六月戊辰9、己酉26
（七）六小庚寅 43″ 七月壬寅13
（八）七大己未 542″
（九）八小己丑 101″ 九月辛丑13
（十）九大戊午 600″ 十月庚午13
（十一）十小戊子 159″ 十一月壬申日误
（十二）十一大丁巳 658″ 十二月丁巳朔日食 壬申26
（闰）十二小丁亥 217″ 闰月乙卯晦29

※……在二年十一月，但下有“十二月”又有“闰月”。……十月，并不闰。

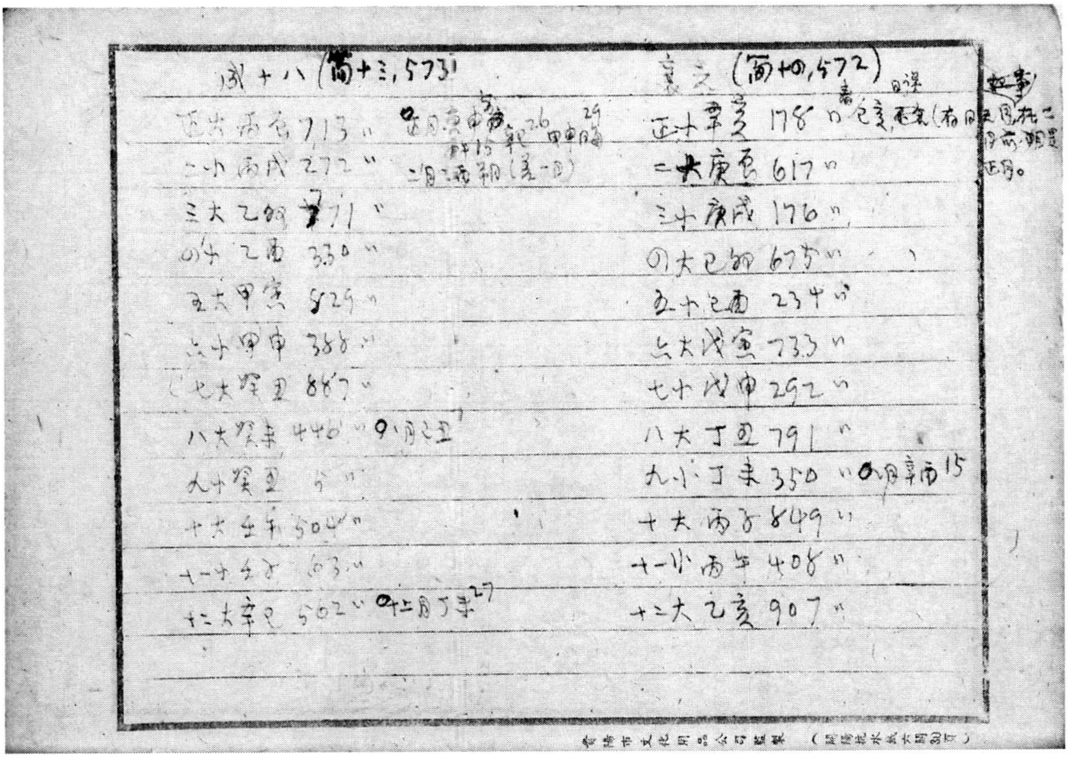

成十八（前十三，573）

正小丙辰 713″ 正月庚申5、甲申29
二小丙戌 272″ 二月丙辰朔（差一日）
三大乙卯 771″
四小乙酉 330″
五大甲寅 829″
六小甲申 388″
七大癸丑 887″
八大癸未 446″ 八月己丑7
九小癸丑 5″
十大壬午 504″
十一小壬子 63″
十二大辛巳 562″ 十二月丁未27

襄元（前十四，572）

正小辛亥 178″ 春己亥 日误
二大庚辰 617″
三小庚戌 176″
四大己卯 675″
五小己酉 234″
六大戊寅 733″
七小戊申 292″
八大丁丑 791″
九小丁未 350″ 九月辛酉15
十大丙子 849″
十一小丙午 408″
十二大乙亥 907″

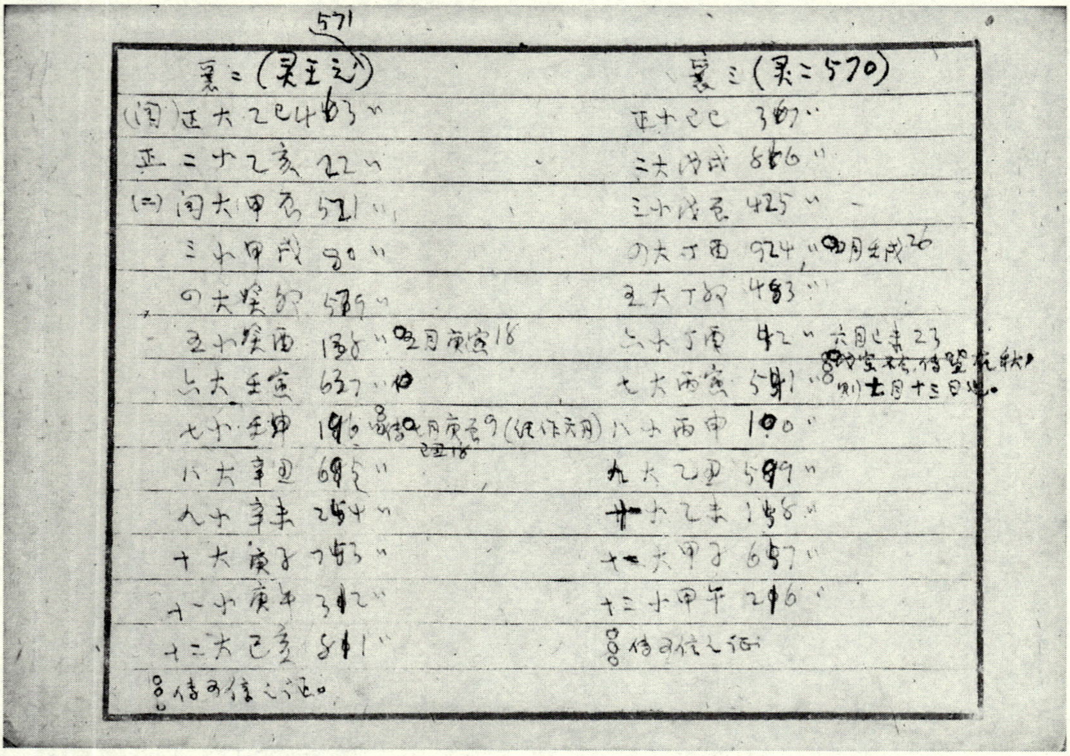

襄二（吴王元）571

(闰)正大乙巳 463	
二小乙亥 22	
(二)闰大甲辰 521	
三小甲戌 80	
四大癸卯 579	
五小癸酉 138	五月庚寅18
六大壬寅 637	
七小壬申 196	
八大辛丑 695	
九小辛未 254	
十大庚子 753	
十一小庚午 312	
十二大己亥 811	

襄三（吴二570）

正小己巳 367	
二大戊戌 866	
三小戊辰 425	
四大丁酉 924	四月壬戌26
五大丁卯 483	
六小丁酉 42	六月己未23
七大丙寅 541	
八小丙申 100	
九大乙丑 599	
十小乙未 158	
十一大甲子 657	
十二小甲午 216	

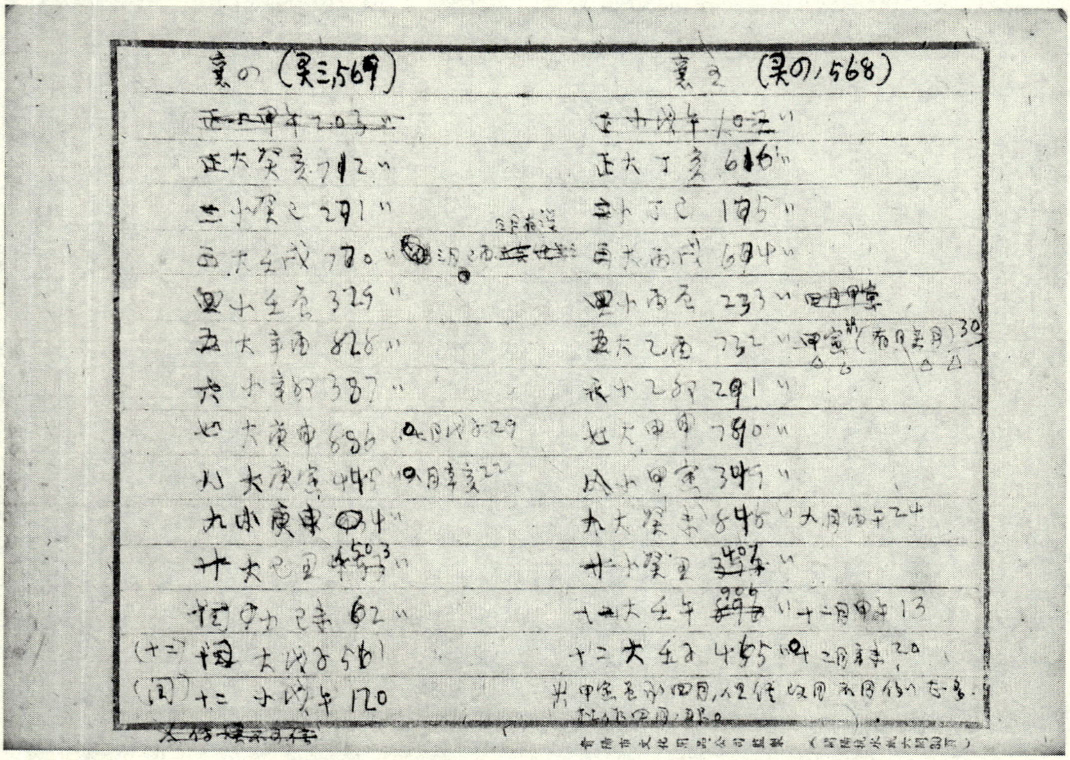

襄四（吴三569）

~~正小甲午 203~~	
正大癸亥 742	
二小癸巳 281	
三大壬戌 780	
四小壬辰 329	
五大辛酉 828	
六小辛卯 387	
七大庚申 886	七月戊子29
八大庚寅 445	八月辛亥22
九小庚申 4	
十大己丑 503	
十一小己未 62	
(十二)十二大戊子 561	
(闰)十二小戊午 120	

襄五（吴四，568）

~~正小戊午~~	
正大丁亥 619	
二小丁巳 175	
三大丙戌 674	
四小丙辰 233	
五大乙酉 732	
六小乙卯 291	
七大甲申 790	
八小甲寅 349	
九大癸未 848	九月丙午24
十小癸丑 407	
十一大壬午 906	十一月甲午13
十二大壬子 465	

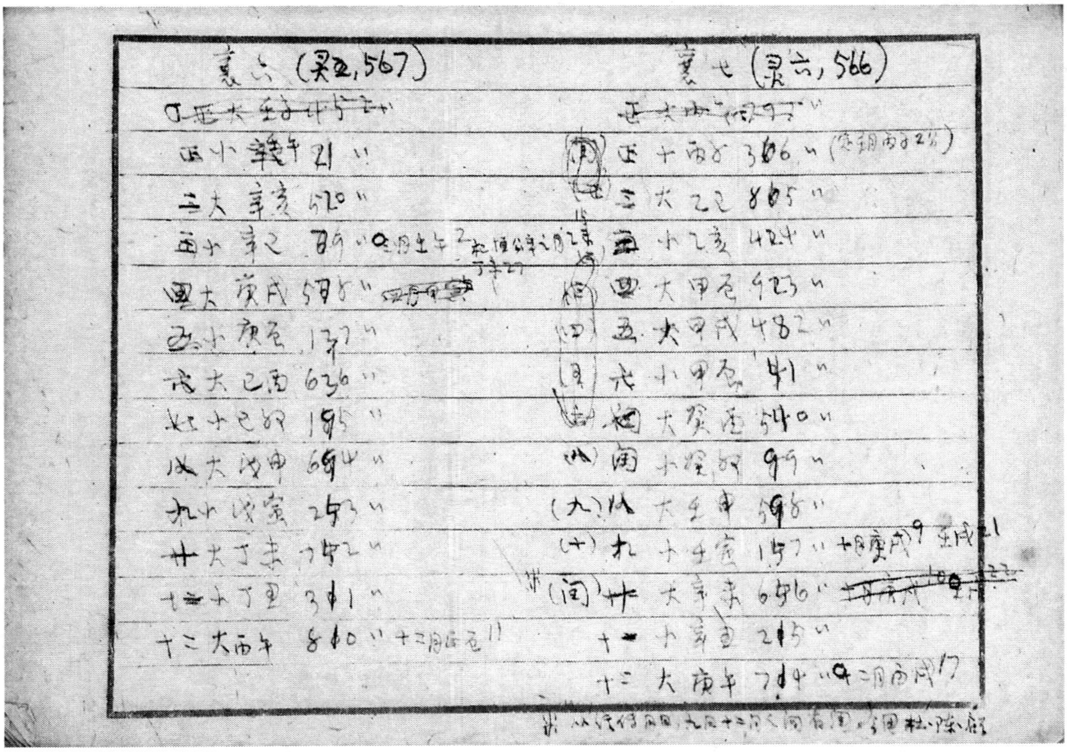
憲六 (吴五, 567)
憲七 (吴六, 566)

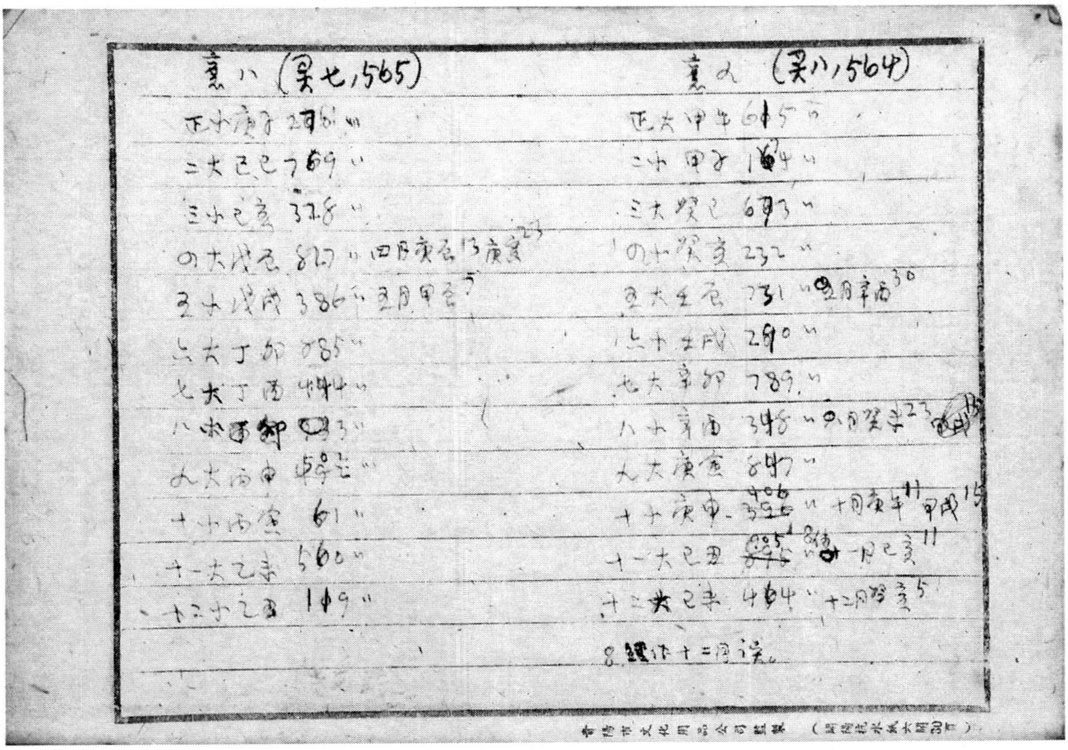
憲八 (吴七, 565)
憲九 (吴八, 564)

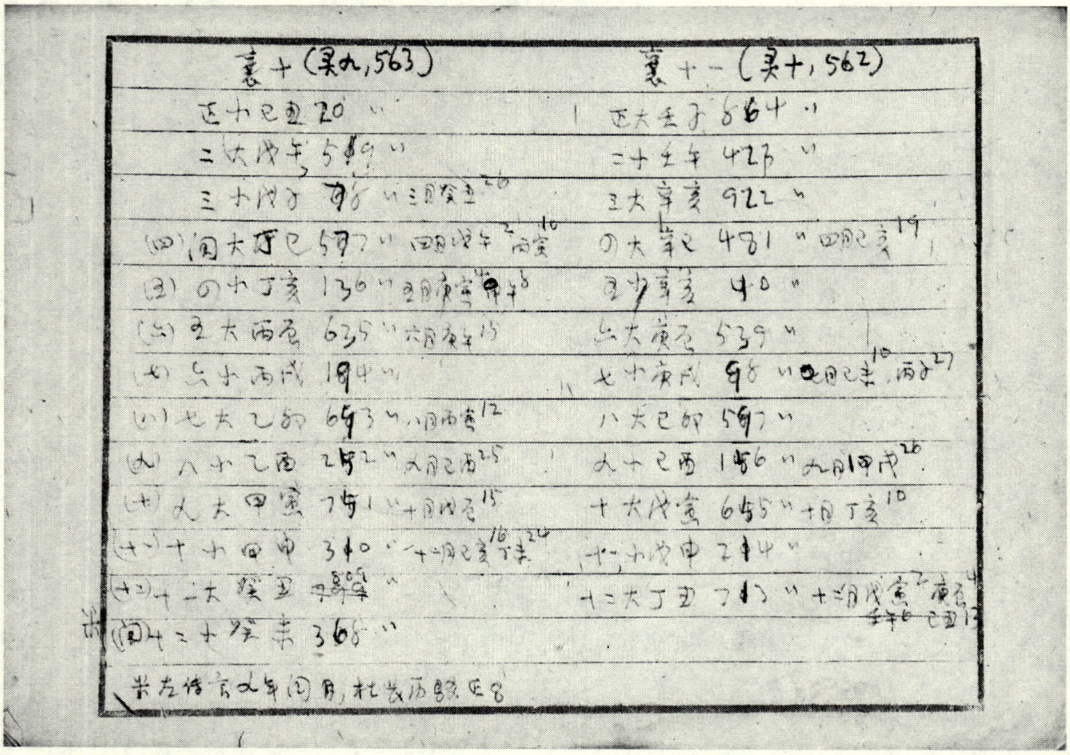

襄十（吴九，563）	襄十一（吴十，562）
正小己丑 20″	正大壬子 864″
二大戊午 5[illegible]9″	二小壬午 423″
三小戊子 78″ 三月癸丑26	三大辛亥 922″
(四)闰大丁巳 577″ 四月戊午2 丙寅10	四大辛巳 481″ 四月己亥19
(五)四小丁亥 136″ 五月庚寅4 甲午8	五小辛亥 40″
(六)五大丙辰 635″ 六月庚午15	六大庚辰 539″
(七)六小丙戌 194″	七小庚戌 98″ 七月己未10 丙子27
(八)七大乙卯 693″ 八月丙寅12	八大己卯 597″
(九)八小乙酉 252″ 九月己丑25	九小己酉 156″ 九月甲戌26
(十)九大甲寅 751″ 十月戊辰15	十大戊寅 655″ 十月丁亥10
(十一)十小甲申 310″ 十一月己亥16 丁未24	十一小戊申 214″
(十二)十一大癸丑 [illegible] 809″	十二大丁丑 713″ 十二月戊寅2 庚辰4 壬午6 己丑13
(闰)十二小癸未 368″	

※左传言文年闰月，杜氏历躲正8

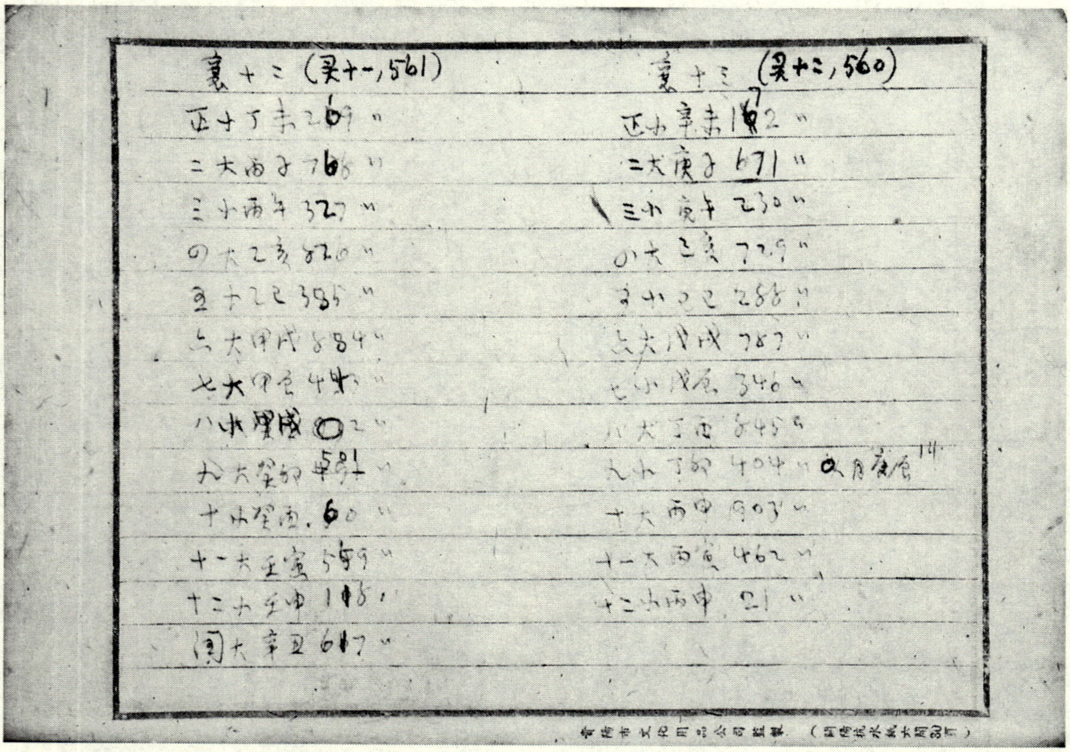

襄十二（吴十一，561）	襄十三（吴十二，560）
正小丁未 269″	正小辛未 172″
二大丙子 768″	二大庚子 671″
三小丙午 327″	三小庚午 230″
四大乙亥 826″	四大己亥 729″
五小乙巳 385″	五小己巳 288″
六大甲戌 884″	六大戊戌 787″
七大甲辰 443″	七小戊辰 346″
八小甲戌 02″	八大丁酉 845″
九大癸卯 501″	九小丁卯 404″ 九月庚辰14
十小癸酉 60″	十大丙申 903″
十一大壬寅 559″	十一大丙寅 462″
十二小壬申 118″	十二小丙申 21″
闰大辛丑 617″	

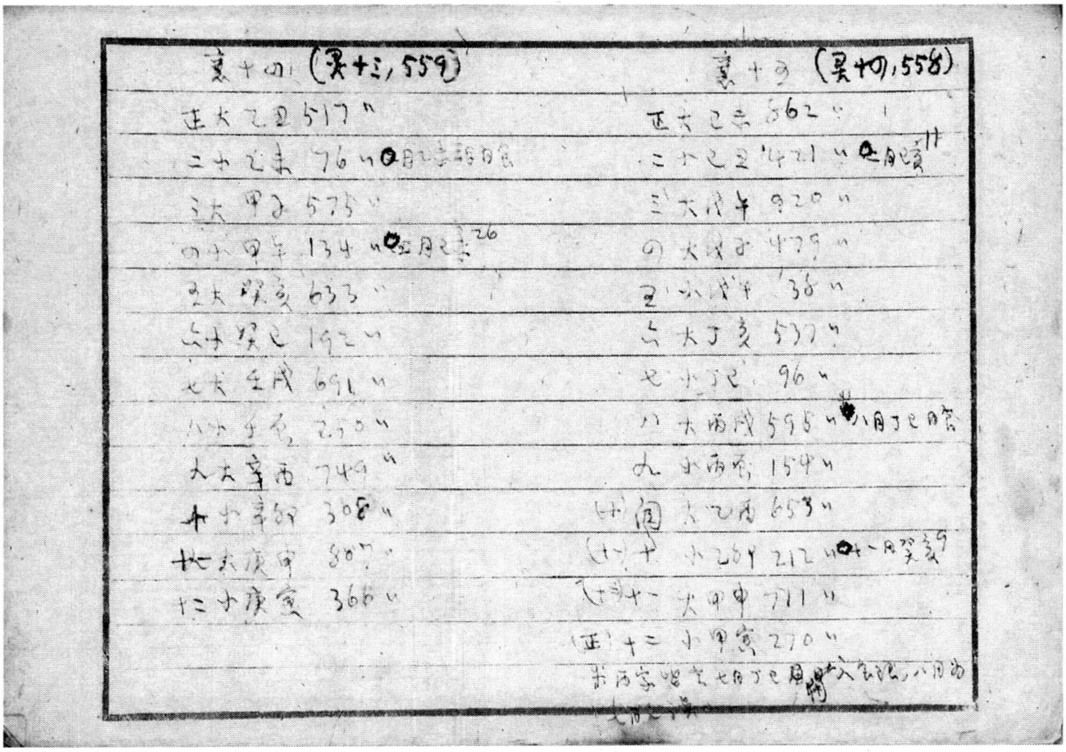

哀十四（吳十三，559）	哀十五（吳十四，558）
正大乙丑 517〃	正大乙未 862〃
二小乙未 76〃 ○日[illegible]	二小乙丑 421〃 ○二月乙亥11
三大甲子 575〃	三大戊午 920〃
四小甲午 134〃 ○五月乙未26	四大戊子 479〃
五大癸亥 633〃	五小戊午 38〃
六小癸巳 192〃	六大丁亥 537〃
七大壬戌 691〃	七小丁巳 96〃
八小壬辰 250〃	八大丙戌 595〃 ●八月丁巳日食
九大辛酉 749〃	九小丙辰 154〃
十小辛卯 308〃	(十)閏 大乙酉 653〃
十一大庚申 807〃	(十一)十 小乙卯 212〃 ○十一月癸亥9
十二小庚寅 366〃	(十二)十一 大甲申 711〃
	(正)十二 小甲寅 270〃
	[illegible]

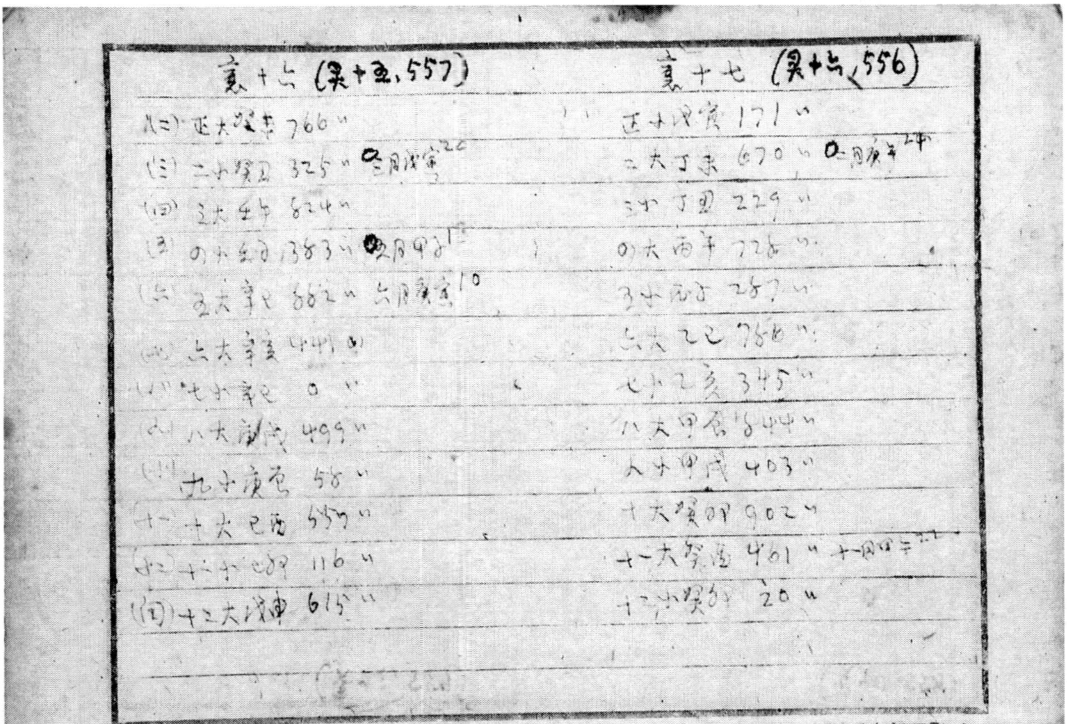

哀十六（吳十五，557）	哀十七（吳十六，556）
(二)正大癸未 766〃	正小戊寅 171〃
(三)二小癸丑 325〃 ○二月戊寅22	二大丁未 670〃 ○二月庚午24
(四)三大壬午 824〃	三小丁丑 229〃
(五)四小壬子 383〃 ●四月甲子1	四大丙午 728〃
(六)五大辛巳 882〃 六月庚寅10	五小丙子 287〃
(七)六大辛亥 441〃	六大乙巳 786〃
(八)七小辛巳 0〃	七小乙亥 345〃
(九)八大庚戌 499〃	八大甲辰 844〃
(十)九小庚辰 58〃	九小甲戌 403〃
(十一)十大己酉 557〃	十大癸卯 902〃
(十二)十一小己卯 116〃	十一大癸酉 461〃 十一月甲午21
(正)十二大戊申 615〃	十二小癸卯 20〃

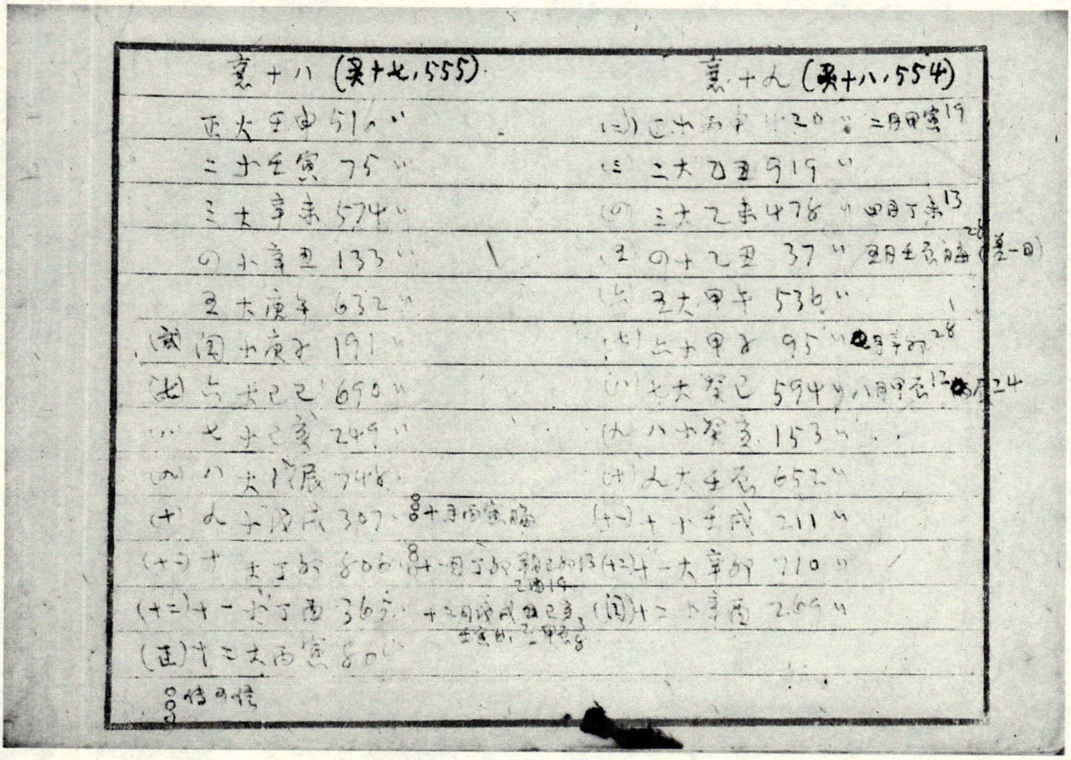
哀十八（吴十七，555）
哀十九（吴十八，554）

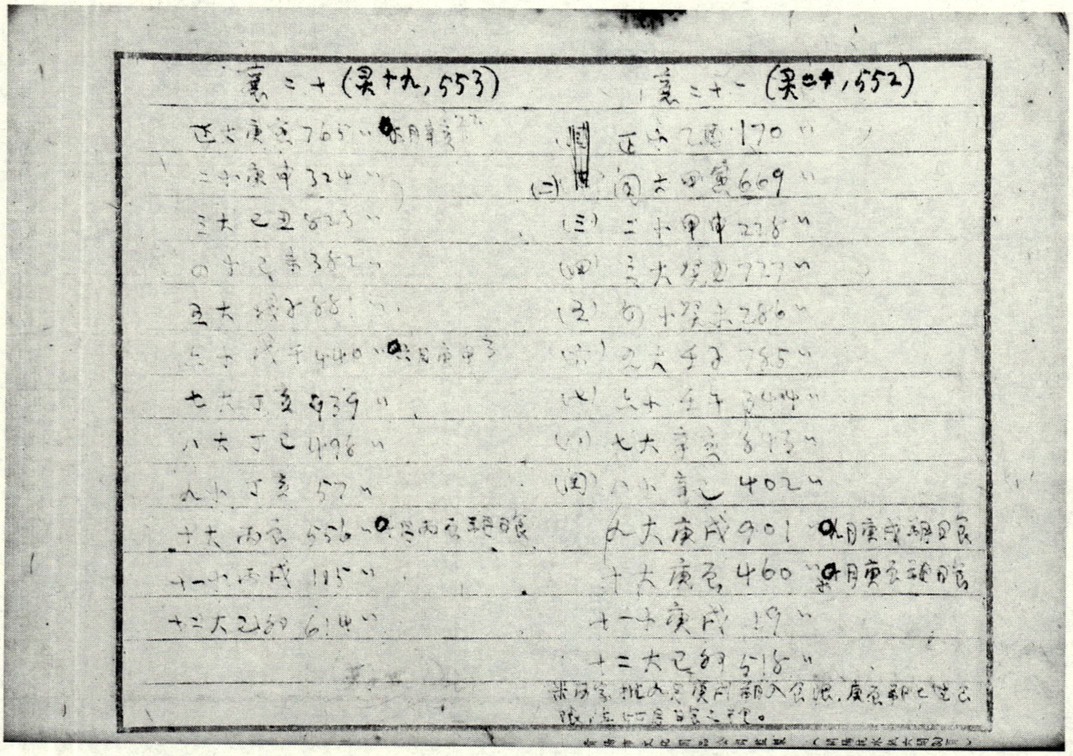
哀二十（吴十九，553）
哀二十一（吴廿，552）

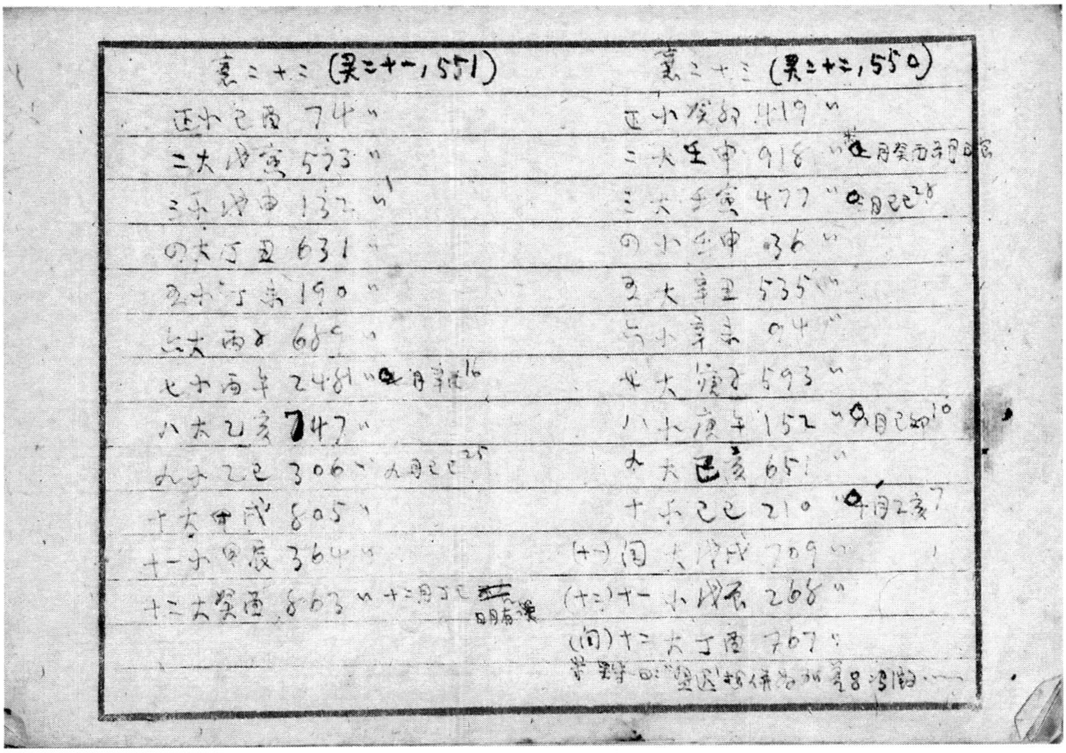

表二十三（果二十一，1551）

正小己酉 74
二大戊寅 573
三小戊申 132
四大丁丑 631
五小丁未 190
六大丙子 689
七小丙午 248 [illegible]
八大乙亥 747
九小乙巳 306 [illegible]
十大甲戌 805
十一小甲辰 364
十二大癸酉 863 [illegible]

表二十三（果二十二，1550）

正小癸卯 419
二大壬申 918 [illegible]
三大壬寅 477 [illegible]
四小壬申 036
五大辛丑 535
六小辛未 094
七大庚子 593
八小庚午 152 [illegible]
九大己亥 651
十小己巳 210 [illegible]
（十一）閏大戊戌 709
（十二）十一小戊辰 268
（正）十二大丁酉 767
[illegible]

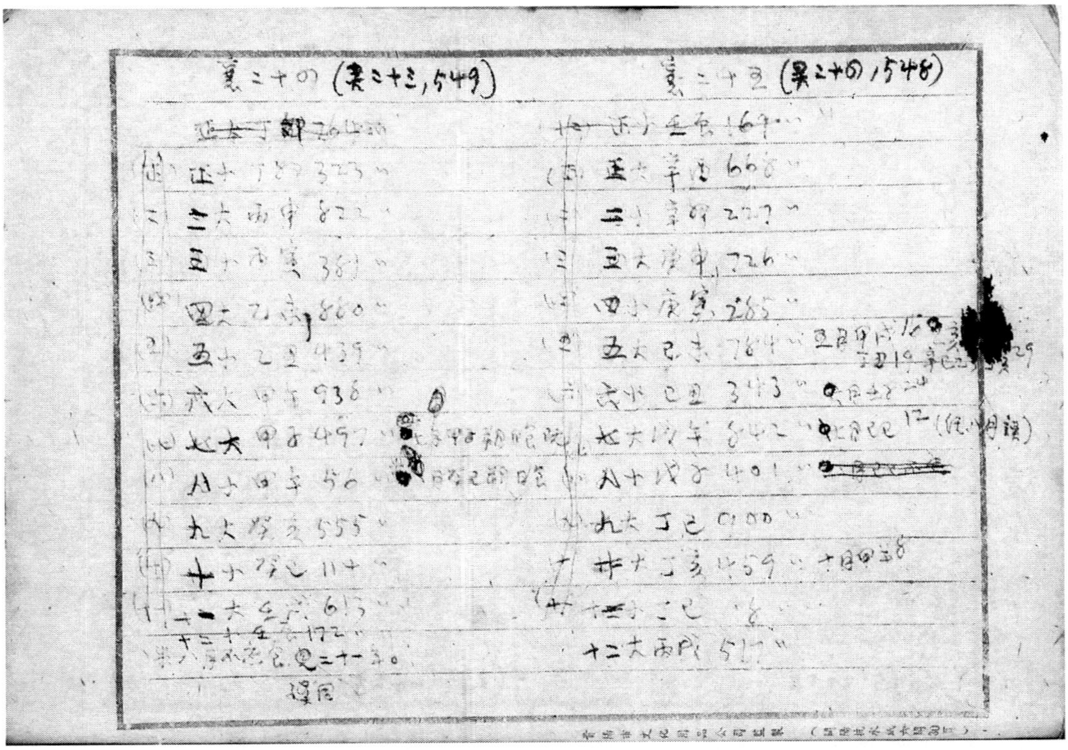

表二十四（果二十三，1549）

~~正大丁卯~~ [illegible]
（正）正大丁卯 323
（二）二大丙申 822
（三）三小丙寅 381
（四）四大乙未 880
（五）五小乙丑 439
（六）六大甲午 938
（七）七大甲子 497 [illegible]
（八）八小甲午 056 [illegible]
（九）九大癸亥 555
（十）十小癸巳 114
（十一）十一大壬戌 613
十二小壬辰 172
[illegible]

表二十五（果二十四，1548）

（十二）正小壬辰 167
（正）正大辛酉 666
（二）二小辛卯 225
（三）三大庚申 724
（四）四小庚寅 283
（五）五大己未 782 [illegible]
（六）六小己丑 343 [illegible]
（七）七大戊午 842 [illegible]
（八）八小戊子 401
（九）九大丁巳 900
（十）十大丁亥 459 [illegible]
（十一）十一小乙巳
十二大丙戌 517

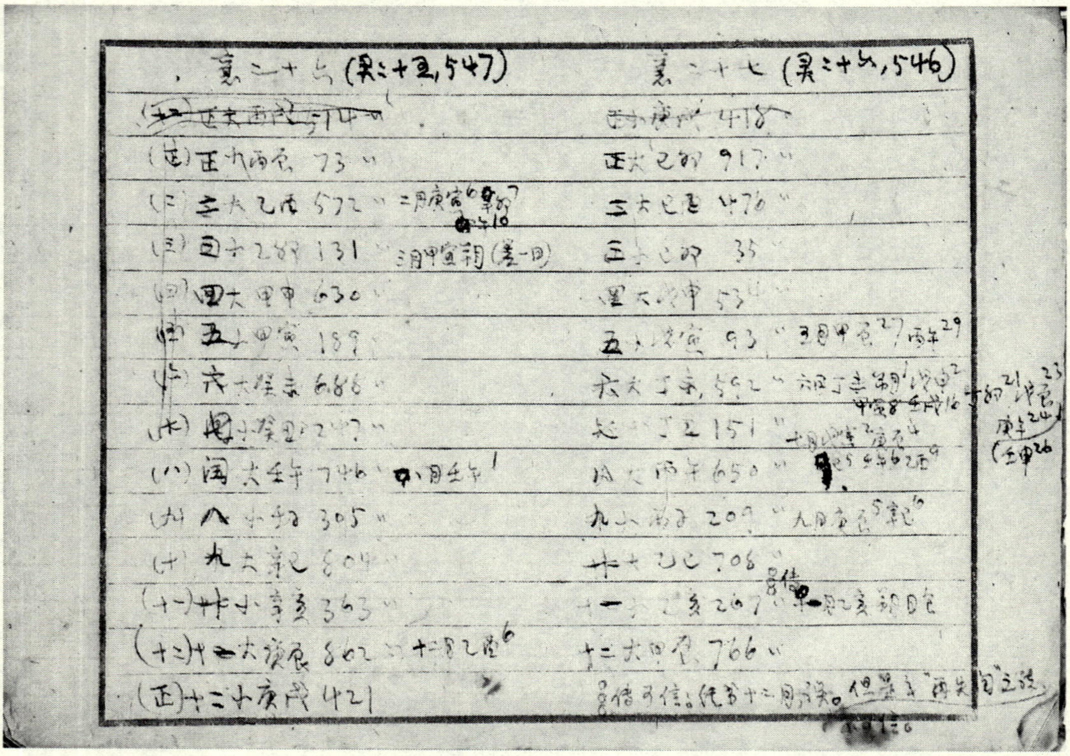
襄二十六（吴二十五，547）
正大丙戌 714
（正）正小丙辰 73
（二）二大乙酉 572 二月庚寅6 辛卯7 甲午10
（三）三小乙卯 131 三月甲寅朔（差一日）
（四）四大甲申 630
（五）五小甲寅 189
（六）六大癸未 686
（七）七小癸丑 247
（八）八大壬午 746 八月壬午1
（九）八小壬子 305
（十）九大辛巳 804
（十一）十小辛亥 363
（十二）十一大庚辰 862 十二月乙酉6
（正）十二小庚戌 421
襄二十七（吴二十六，546）
正小庚辰 418
正大己卯 917
二大己酉 476
三小己卯 35
四大戊申 534
五小戊寅 93 五月甲辰27 丙午29
六大丁未 592 六月丁未朔1 戊申2 甲寅8 壬戌16 丁卯21 己巳23 庚午24 壬申26
七小丁丑 151
八大丙午 650
九小丙子 209
十大乙巳 708
十一小乙亥 267 十一月乙亥朔日食
十二大甲辰 766

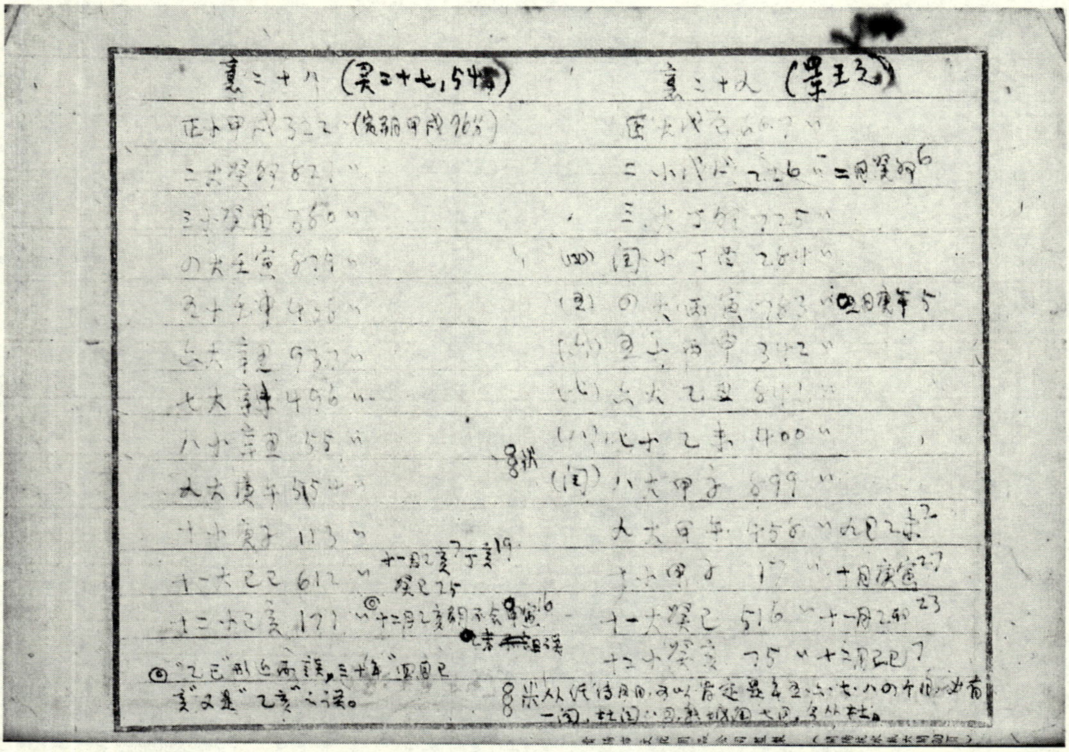
襄二十八（吴二十七，545）
正小甲戌 322（实朔甲戌 765）
二大癸卯 821
三小癸酉 380
四大壬寅 879
五小壬申 438
六大辛丑 937
七大辛未 496
八小辛丑 55
九大庚午 554
十小庚子 113
十一大己巳 612 十一月乙亥7 丁亥19 癸巳25
十二小己亥 171 十二月乙亥朔不会甲寅6
襄二十九（吴王乙）
正大戊辰 670
二小戊戌 226 二月癸卯6
三大丁卯 725
（四）四小丁酉 284
（五）四大丙寅 783 五月庚午5
（六）五小丙申 342
（七）六大乙丑 841
（八）七小乙未 400
（闰）八大甲子 899
九大甲午 456 九月乙未2
十小甲子 17 十月庚寅27
十一大癸巳 516 十一月乙卯23
十二小癸亥 75 十二月己巳7

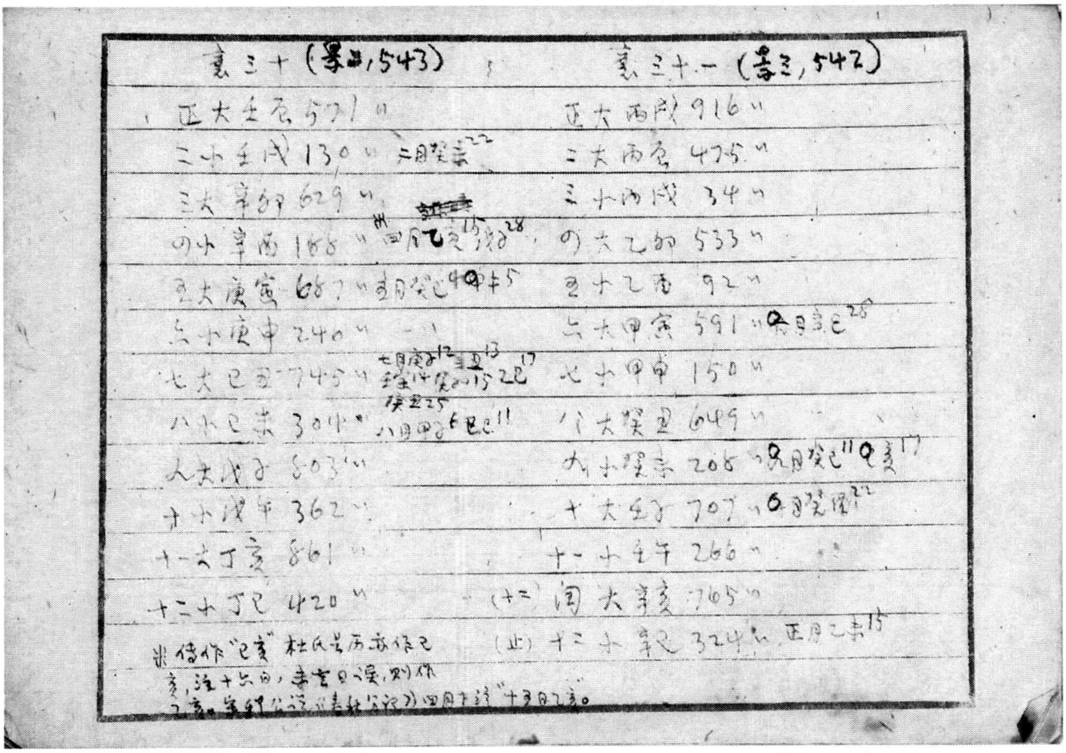
襄三十 (鲁四，543)
襄三十一 (鲁三，542)
正大壬辰 571
二小壬戌 130 二月癸未22
三大辛卯 629
四小辛酉 188
五大庚寅 687
六小庚申 240
七大己丑 745
八小己未 304
九大戊子 803
十小戊午 362
十一大丁亥 861
十二小丁巳 420
正大丙戌 916
二大丙辰 475
三小丙戌 34
四大乙卯 533
五小乙酉 92
六大甲寅 591
七小甲申 150
八大癸丑 649
九小癸未 208
十大壬子 707
十一小壬午 266
(十二) 闰大辛亥 765
(止) 十二小辛巳 324 正月乙未15

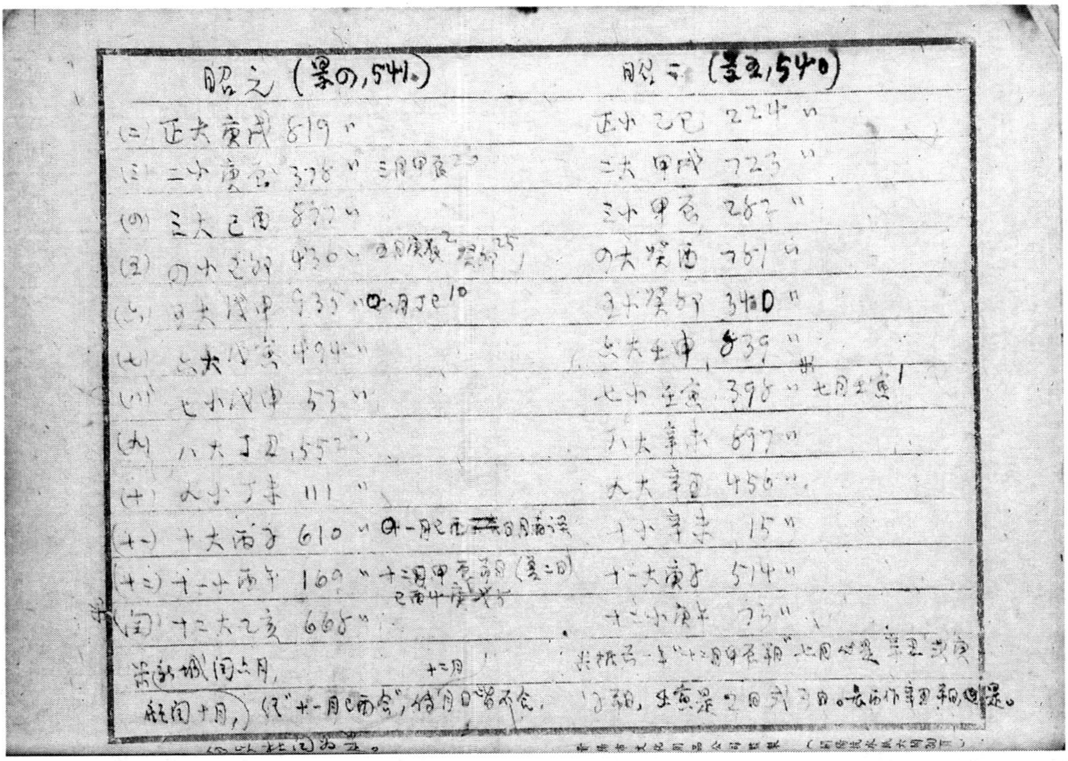
昭元 (鲁四，541)
昭二 (鲁五，540)
(二) 正大庚戌 819
(三) 二小庚辰 378 三月甲辰
(四) 三大己酉 877
(五) 四小己卯 436
(六) 五大戊申 935
(七) 六大戊寅 494
(八) 七小戊申 53
(九) 八大丁丑 552
(十) 九小丁未 111
(十一) 十大丙子 610
(十二) 十一小丙午 169 十二月甲辰朔
(闰) 十二大乙亥 668
正小乙巳 224
二大甲戌 723
三小甲辰 282
四大癸酉 781
五小癸卯 340
六大壬申 839
七小壬寅 398 七月壬寅1
八大辛未 897
九大辛丑 456
十小辛未 15
十一大庚子 514
十二小庚午 73

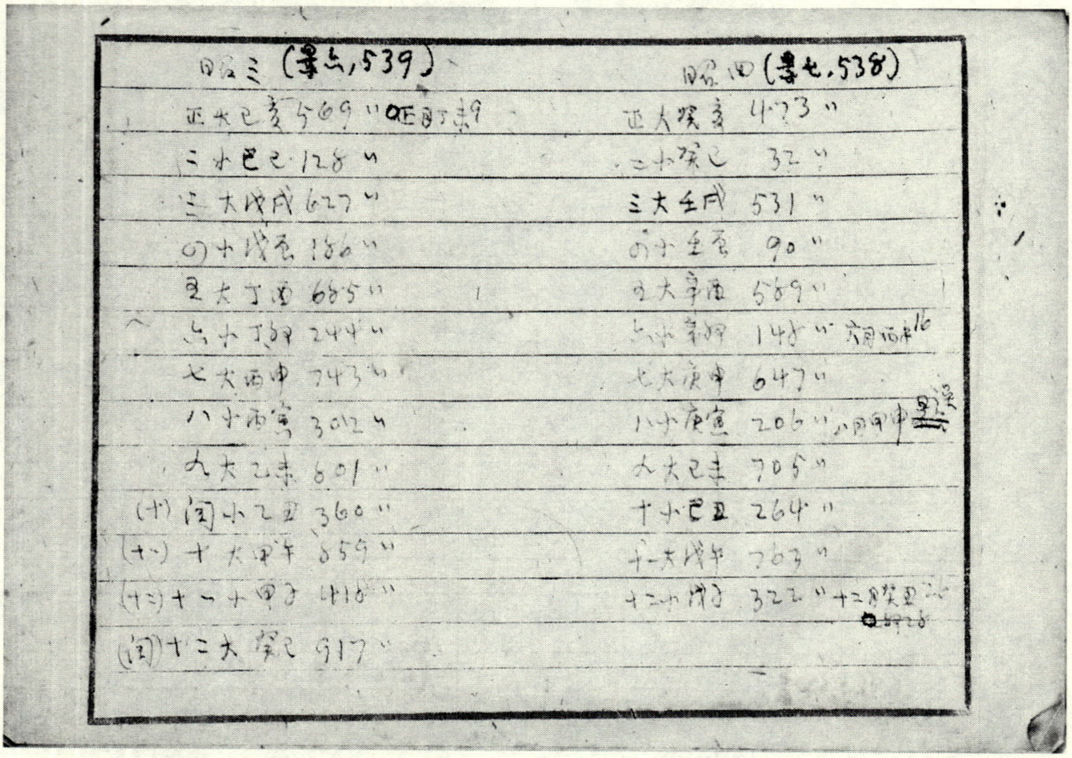

昭三（景六，539）	昭四（景七，538）
正大己亥569″ 正月丁未9	正大癸亥473″
二小己巳128″	二小癸巳32″
三大戊戌627″	三大壬戌531″
四小戊辰186″	四小壬辰90″
五大丁酉685″	五大辛酉589″
六小丁卯244″	六小辛卯148″ 六月丙申16
七大丙申743″	七大庚申647″
八小丙寅302″	八小庚寅206″ 八月甲申
九大乙未801″	九大己未705″
(十)闰小乙丑360″	十小己丑264″
(十一)十大甲午859″	十一大戊午763″
(十二)十一小甲子418″	十二小戊子322″ 十二月癸丑
(闰)十二大癸巳917″	

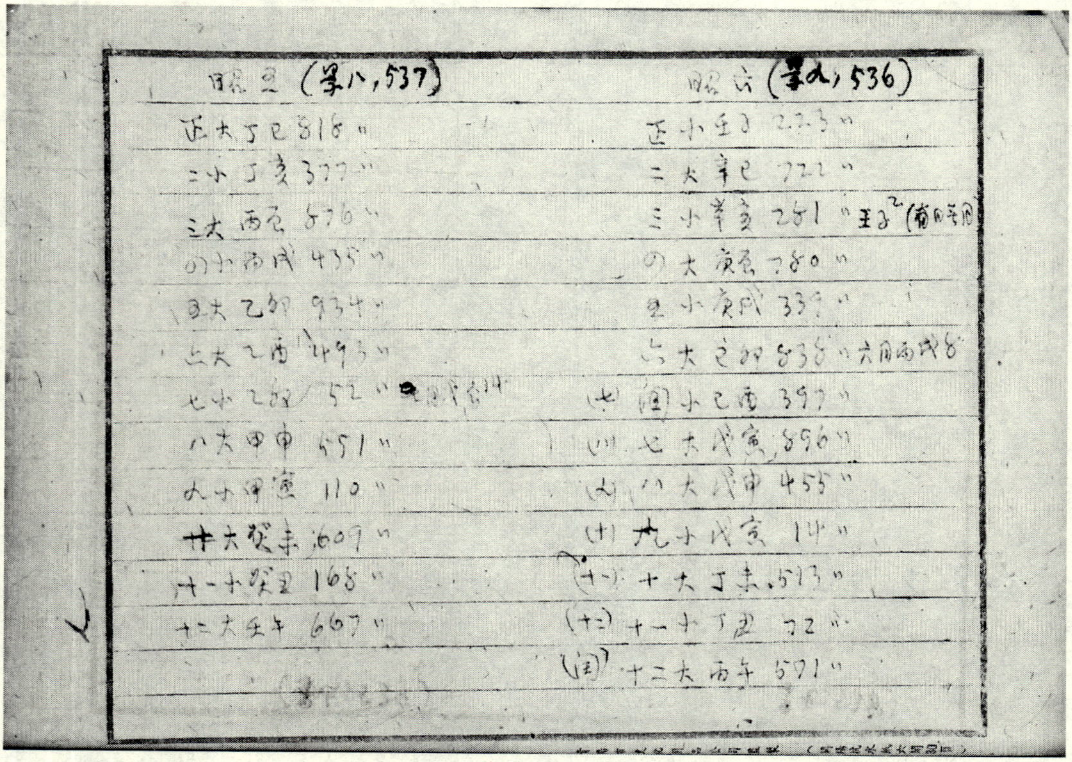

昭五（景八，537）	昭六（景九，536）
正大丁巳818″	正小壬子223″
二小丁亥377″	二大辛巳722″
三大丙辰876″	三小辛亥281″ 壬子2（前日冬至）
四小丙戌435″	四大庚辰780″
五大乙卯934″	五小庚戌339″
六大乙酉493″	六大己卯838″ 六月丙戌8
七小乙卯52″ 七月[illegible]14	(七)闰小己酉397″
八大甲申551″	(八)七大戊寅896″
九小甲寅110″	(九)八大戊申455″
十大癸未609″	(十)九小戊寅14″
十一小癸丑168″	(十一)十大丁未573″
十二大壬午667″	(十二)十一小丁丑72″
	(闰)十二大丙午571″

晗七(梁十,535)	晗八(梁十一,534)
正小丙子 127〃 正月癸巳 27 壬寅	正大庚午 472〃
二大乙巳 626〃 二月戊申	二小庚子 31〃
三小乙亥 185〃	三大己巳 530〃 三月甲申 16
四大甲辰 654〃 四月甲戌朔晗	四小己亥 89〃 四月辛巳 辛亥 13
五小甲戌 243〃	五大戊辰 588〃
六大癸卯 742〃	六小戊戌 147〃
七小癸酉 301〃	七大丁卯 646〃 七月甲戌 8 丁丑 11
八大壬寅 800〃 八月戊申 27	八小丁酉 205〃 八月庚戌 14
九小壬申 359〃	九大丙寅 704〃
十大辛丑 858〃 十月辛巳 26	十小丙申 263〃 ~~[illegible]~~
十一小辛未 417〃 十一月戊辰 13	十一大乙丑 762〃 [illegible]月壬午 18
十二大庚子 916〃 十二月癸亥 24	十二小乙未 321〃 ~~十二月[illegible]~~

8 疑作十月误。杜氏受历闰八月,故言皆误。

晗九(梁十二,533)	晗十(梁十三,532)
正大甲子 817〃	(二) 正大戊子 721〃
二小甲午 376〃 二月庚申 27	(三) 二小戊午 280〃
(三) 闰大癸亥 875〃	(四) 三大丁亥 779〃
(四) 三小癸巳 434〃	(五) 四小丁巳 338〃 四月庚辰
(五) 四大壬戌 933〃	(闰) 五大丙戌 837〃 五月庚[illegible]
(六) 五大壬辰 492〃	六小丙辰 396〃
(七) 六小壬戌 51〃	七大乙酉 895〃 七月[illegible] 4
(八) 七大辛卯 550〃	八大乙卯 454〃
(九) 八小辛酉 109〃	九小乙酉 13〃
(十) 九大庚寅 608〃	十大甲寅 512〃
(十一) 十小庚申 167〃	十一小甲申 71〃
(十二) 十一大己丑 666〃	十二大癸丑 570〃 十二月甲子 12
(十三) 十二小己未 225〃	

[illegible] 疑闰十年五月是。

案杜闰八年八月,新城闰八年九月,"十一月壬午""十二月庚申"皆不合,[illegible]闰也。

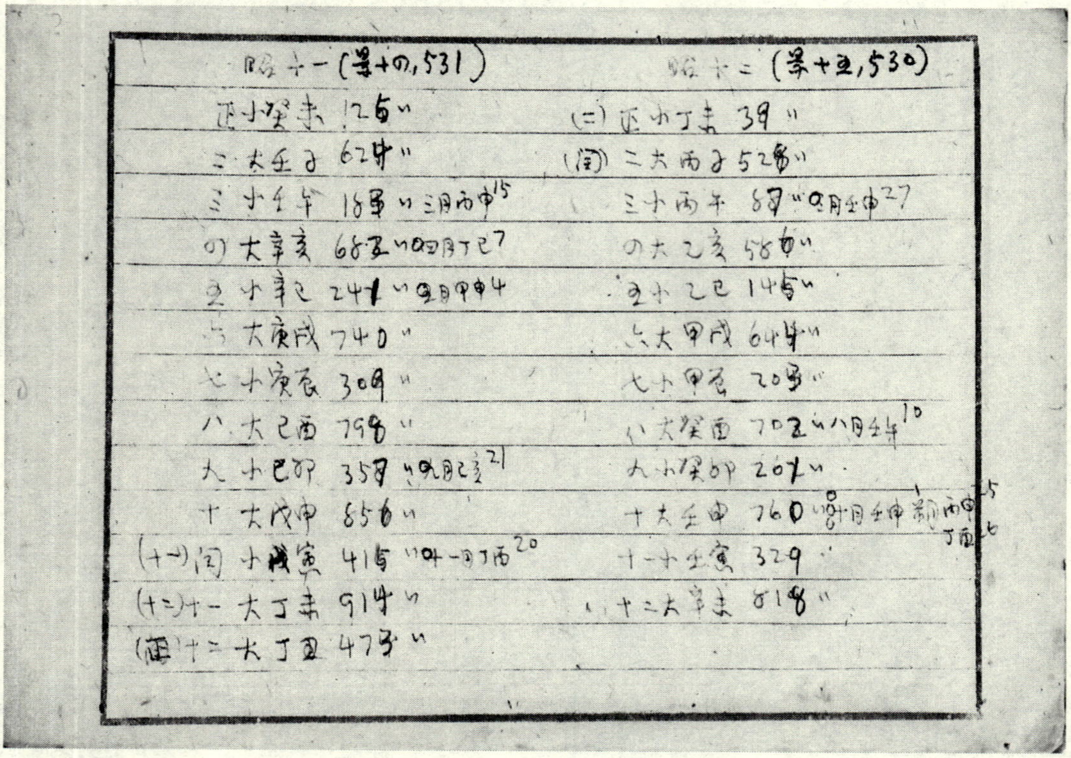

昭十一（梁十四，531）
正小癸未 12五〃
二大壬子 62甲〃
三小壬午 18丑〃 三月丙申15
四大辛亥 68丑〃 四月丁巳7
五小辛巳 24九〃 五月甲申4
六大庚戌 740〃
七小庚辰 309〃
八大己酉 798〃
九小己卯 358〃 九月己亥21
十大戊申 856〃
（十一）闰小戊寅 41丙〃 十一月丁酉20
（十二）十一大丁未 91甲〃
（正）十二大丁丑 47乙〃

昭十二（梁十五，530）
（二）正小丁未 39〃
（闰）二大丙子 52癸〃
三小丙午 89〃 四月壬申27
四大乙亥 58丙〃
五小乙巳 14丙〃
六大甲戌 64甲〃
七小甲辰 20乙〃
八大癸酉 70五〃 八月壬午10
九小癸卯 20九〃
十大壬申 760〃 十月壬申 丙申5 丁酉6
十一小壬寅 329〃
十二大辛未 818〃

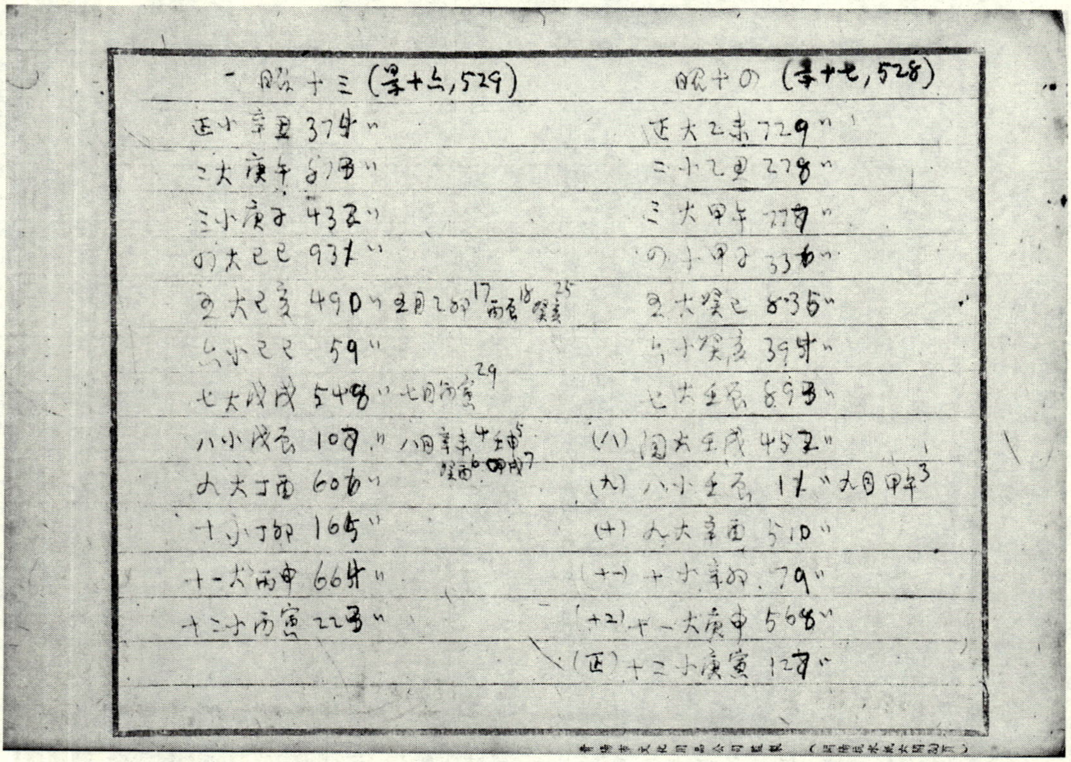

昭十三（梁十六，529）
正小辛丑 37甲〃
二大庚午 87丙〃
三小庚子 43乙〃
四大己巳 93九〃
五大己亥 490〃 五月乙卯17 丙辰18 癸亥25
六小己巳 59〃
七大戊戌 548〃 七月丙寅29
八小戊辰 10丙〃 八月辛未4 壬申5 癸酉6 甲戌7
九大丁酉 606〃
十小丁卯 16丙〃
十一大丙申 66甲〃
十二小丙寅 22乙〃

昭十四（梁十七，528）
正大乙未 729〃
二小乙丑 278〃
三大甲午 77丙〃
四小甲子 33丙〃
五大癸巳 835〃
六小癸亥 39甲〃
七大壬辰 89乙〃
（八）闰大壬戌 45乙〃
（九）八小壬辰 1九〃 九月甲午3
（十）九大辛酉 510〃
（十一）十小辛卯 79〃
（十二）十一大庚申 568〃
（正）十二小庚寅 12丙〃

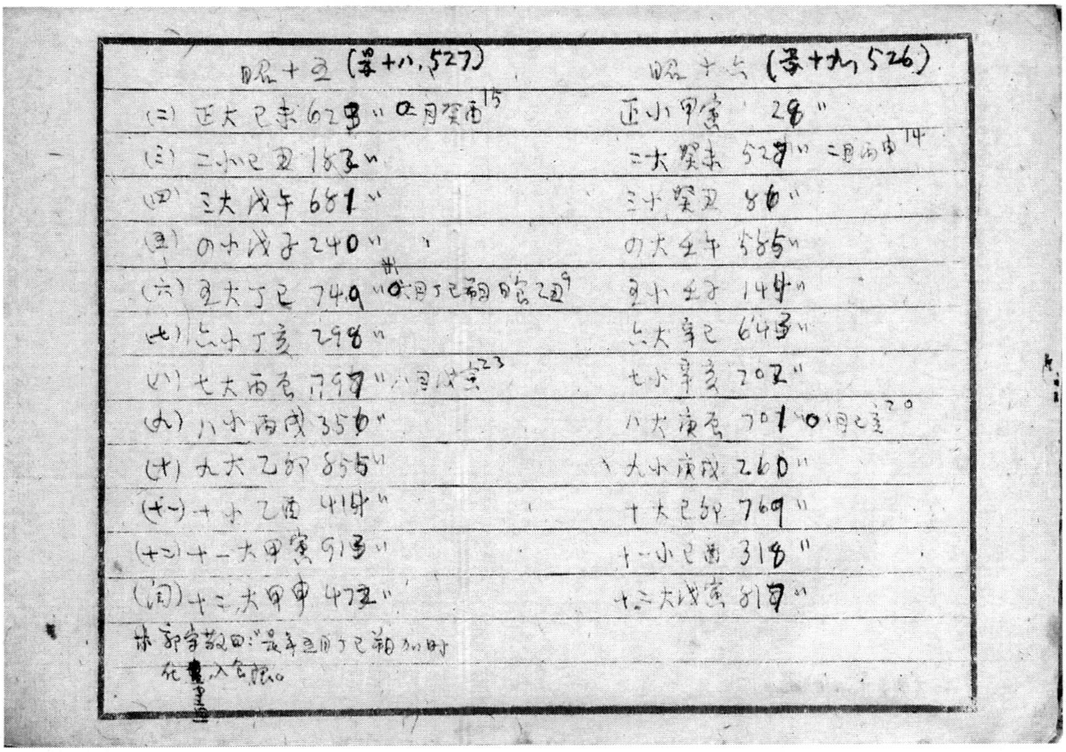

昭十五（第十八，527）	昭十六（第十九，526）
(二) 正大己未 62号" 四月癸酉[15]	正小甲寅 28"
(三) 二小己丑 18子"	二大癸未 52? " 二月丙申[14]
(四) 三大戊午 681"	三小癸丑 80"
(五) 四小戊子 240"	四大壬午 585"
(六) 五大丁巳 749" 六月丁巳朔日食乙丑[9]	五小壬子 14? "
(七) 六小丁亥 298"	六大辛巳 64? "
(八) 七大丙辰 79? " 八月戊寅[23]	七小辛亥 20? "
(九) 八小丙戌 350"	八大庚辰 701" 十月己亥[20]
(十) 九大乙卯 855"	九小庚戌 260"
(十一) 十小乙酉 41? "	十大己卯 769"
(十二) 十一大甲寅 91? "	十一小己酉 318"
(闰) 十二大甲申 47? "	十二大戊寅 81? "

术郭守敬曰："是年五月丁巳朔加时在昼入食限。"

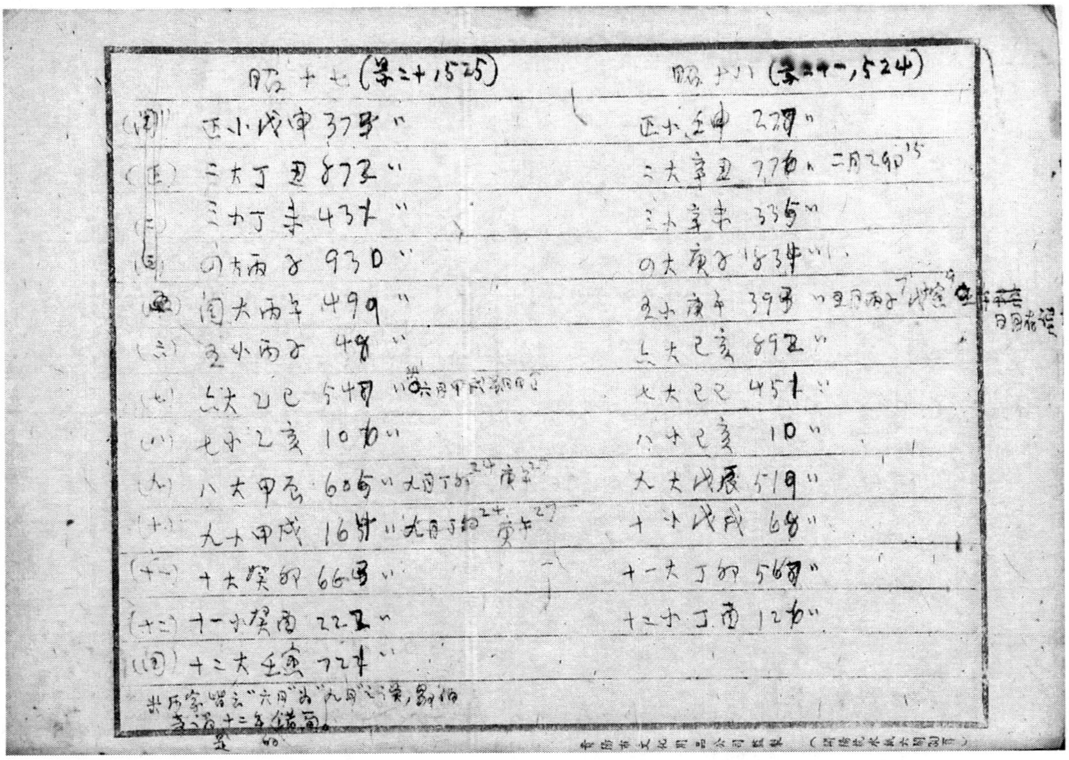

昭十七（第二十，525）	昭十八（第二十一，524）
(闰) 正小戊申 37? "	正小壬申 22? "
(正) 二大丁丑 87? "	二大辛丑 770" 二月己酉[15]
(二) 三小丁未 43? "	三小辛未 335"
(三) 四大丙子 930"	四大庚子 83? "
(四) 闰大丙午 499"	五小庚午 39? " 五月丙子[7] 火灾 …… 日有食之
(六) 五小丙子 48"	六大己亥 89? "
(七) 六大乙巳 54? " 六月甲戌朔日食	七大己巳 451"
(八) 七小乙亥 10? "	八小己亥 10"
(九) 八大甲辰 60? " 九月丁卯[24] 庚午[27]	九大戊辰 519"
(十) 九小甲戌 16? " 九月丁卯[24] 庚午[27]	十小戊戌 68"
(十一) 十大癸卯 66? "	十一大丁卯 56? "
(十二) 十一小癸酉 22? "	十二小丁酉 12? "
(闰) 十二大壬寅 72? "	

此历家皆云"六月"为"九月"之误，或伯……十二年错简。

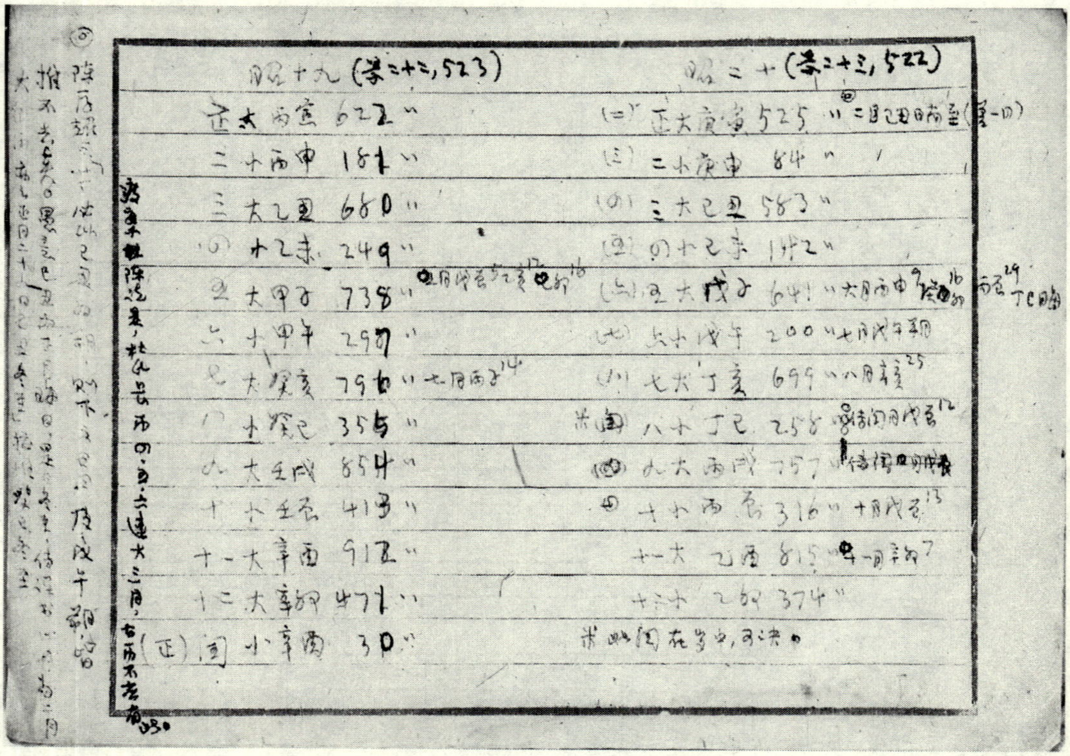

昭十九（姜二十二，523）

正大丙寅 622
二小丙申 181
三大乙丑 680
四小乙未 249
五大甲子 738
六小甲午 297
七大癸亥 796 七月丙子[14]
八小癸巳 355
九大壬戌 854
十小壬辰 413
十一大辛酉 912
十二大辛卯 471
（正）闰小辛酉 30

昭二十（姜二十三，522）

（二）正大庚寅 525 二月己丑日南至（第一日）
（三）二小庚申 84
（四）三大己丑 583
（五）四小己未 142
（六）五大戊子 641
（七）六小戊午 200 七月戊午朔
（八）七大丁亥 699
米闰 八小丁巳 258
九大丙戌 757
十小丙辰 316 十月戊辰[13]
十一大乙酉 815
十二小乙卯 374
米此闰在当中，可决。

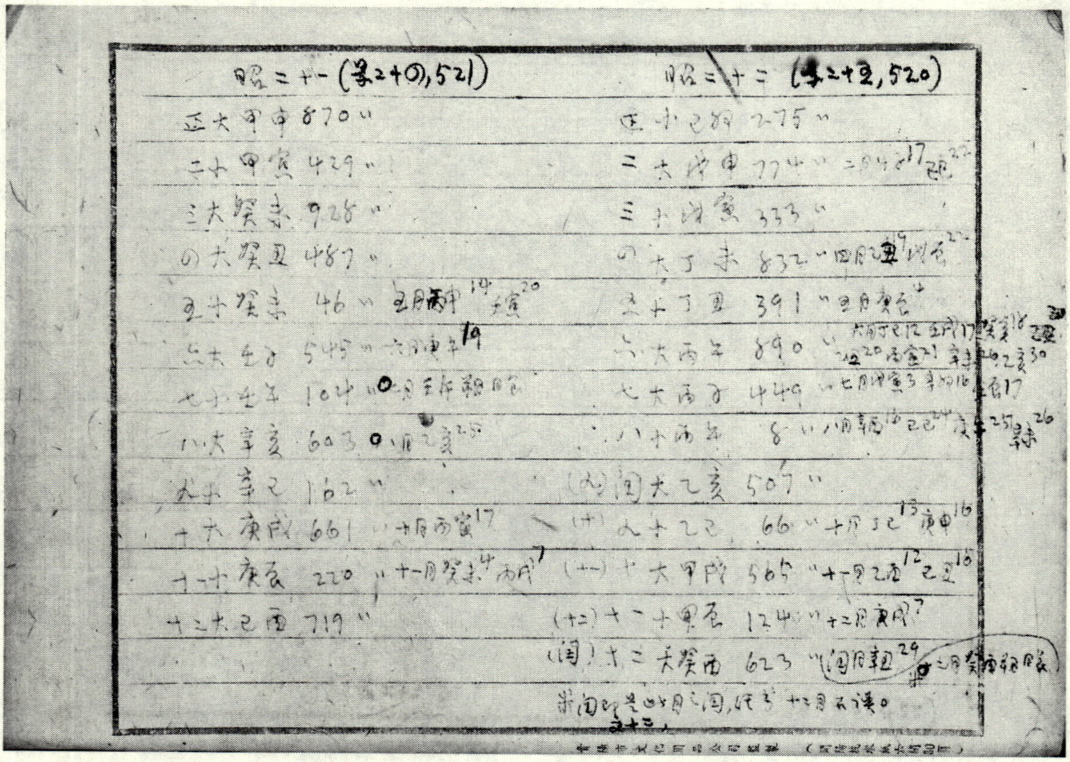

昭二十一（姜二十四，521）

正大甲申 870
二小甲寅 429
三大癸未 928
四大癸丑 487
五小癸未 46
六大壬子 545
七小壬午 104
八大辛亥 603
九小辛巳 162
十大庚戌 661 十月丙寅[17]
十一小庚辰 220
十二大己酉 719

昭二十二（姜二十五，520）

正小己卯 275
二大戊申 774
三小戊寅 333
四大丁未 832
五小丁丑 391
六大丙午 890
七大丙子 449
八小丙午 8
（九）闰大乙亥 507
（十）九小乙巳 66
（十一）十大甲戌 565
（十二）十一小甲辰 124 十二月庚戌[7]
（闰）十二大癸酉 623

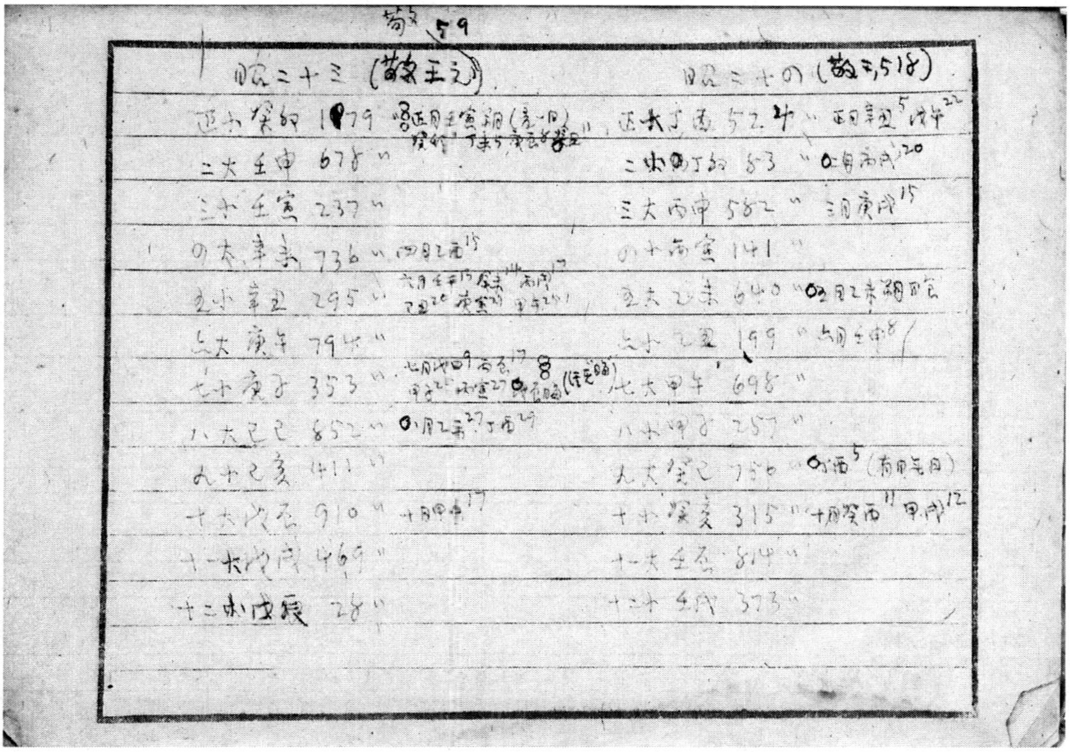

敬 59

昭二十三（敬王元）
正小癸卯 1[illegible]79 " 昭正月壬寅朔（差一日） 癸卯 丁未5 庚戌8 [illegible]
二大壬申 678 "
三小壬寅 237 "
四大辛未 736 " 四月乙酉15
五小辛丑 295 " 六月壬午 [illegible] 丙戌 丁亥 庚寅 [illegible]
六大庚午 794 "
七小庚子 353 " 七月戊申9 丙辰17 8 甲子 [illegible] 27 [illegible]晦（经无晦）
八大己巳 852 " 八月乙未27 丁酉29
九小己亥 411 "
十大戊辰 910 " 十月甲申17
十一大戊戌 469 "
十二小戊辰 28 "

昭二十四（敬二，518）
正大丁酉 524 " 正月辛丑5 戊午22
二小丁卯 83 " 二月丙戌20
三大丙申 582 " 三月庚戌15
四小丙寅 141 "
五大乙未 640 " 五月乙未朔日食
六小乙丑 199 " 六月壬申8
七大甲午 698 "
八小甲子 257 "
九大癸巳 756 " 丁酉5（有月无日）
十小癸亥 315 " 十月癸酉11 甲戌12
十一大壬辰 814 "
十二小壬戌 373 "

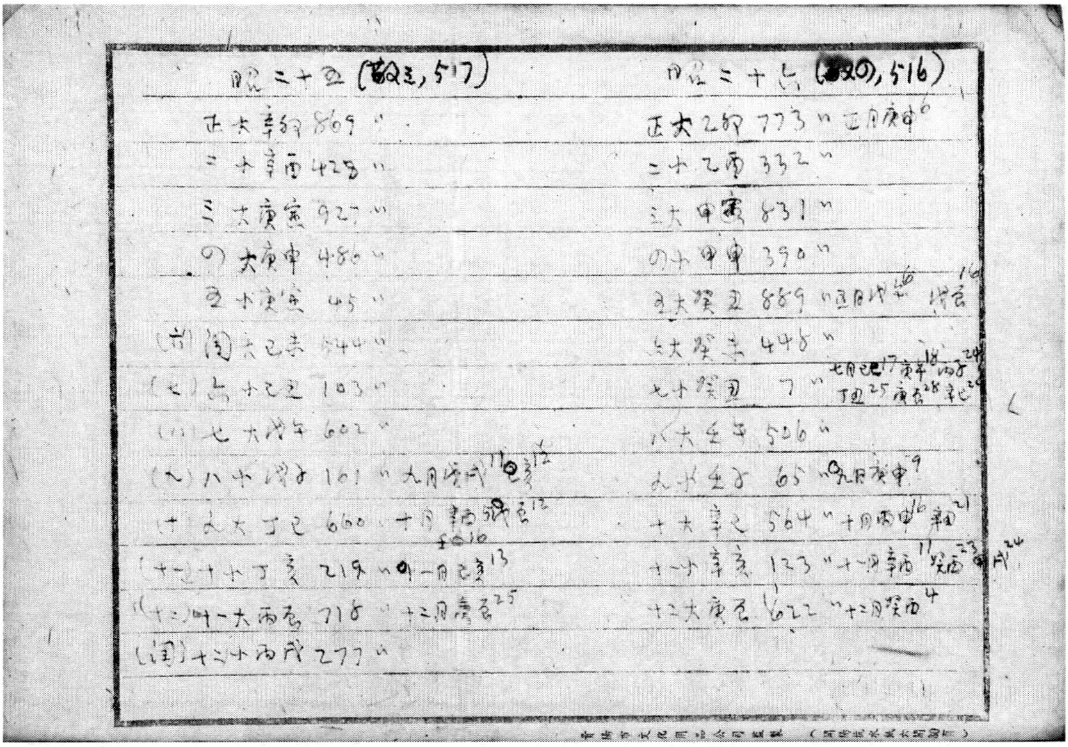

昭二十五（敬三，517）
正大辛卯 869 "
二小辛酉 428 "
三大庚寅 927 "
四大庚申 486 "
五小庚寅 45 "
（六）闰大己未 544 "
（七）六小己丑 103 "
（八）七大戊午 602 "
（九）八小戊子 161 " 九月戊戌11 己亥12
（十）九大丁巳 660 " 十月辛酉 戊辰12
（十一）十小丁亥 219 " 十一月己亥13
（十二）十一大丙辰 718 " 十二月庚辰25
（闰）十二小丙戌 277 "

昭二十六（敬四，516）
正大乙卯 773 " 正月庚申6
二小乙酉 332 "
三大甲寅 831 "
四小甲申 390 "
五大癸丑 889 " 五月戊午6 戊辰16
六大癸未 448 "
七小癸丑 7 " 七月己巳17 庚午18 丙子24 丁丑25 庚辰28 辛巳29
八大壬午 506 "
九小壬子 65 " 九月庚申9
十大辛巳 564 " 十月丙申16 辛丑21
十一小辛亥 123 " 十一月辛酉11 癸酉23 甲戌24
十二大庚辰 622 " 十二月癸酉4

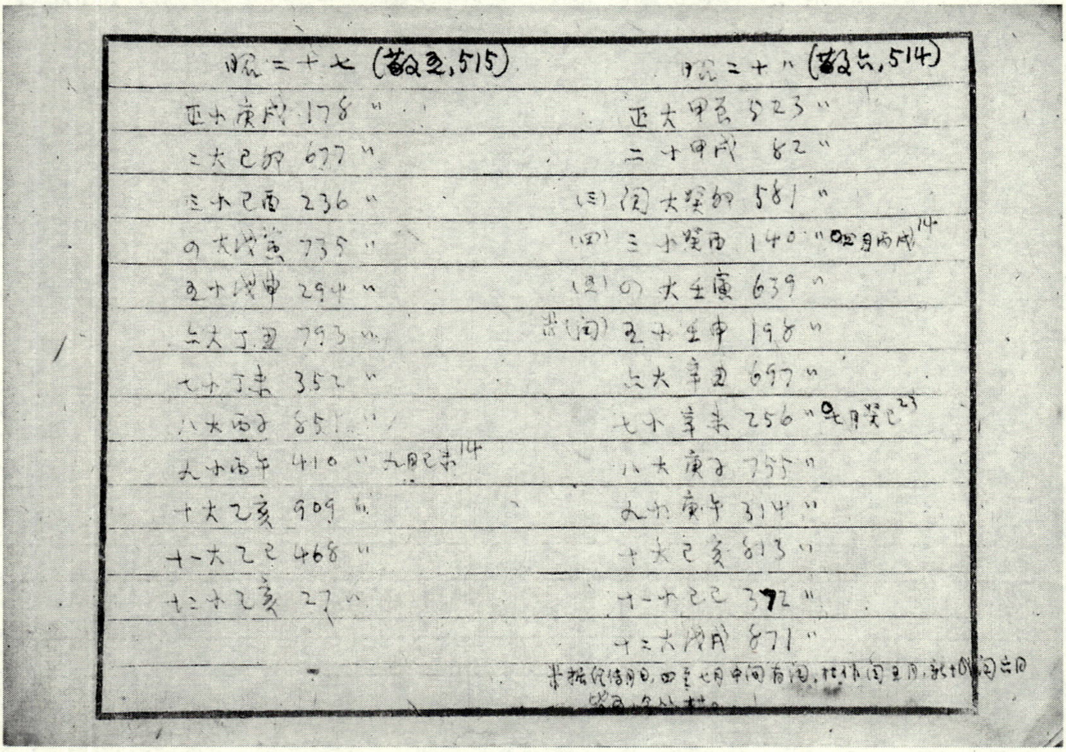

昭二十七（敬五，515）

正小庚戌 178 "
二大己卯 677 "
三小己酉 236 "
四大戊寅 735 "
五小戊申 294 "
六大丁丑 793 "
七小丁未 352 "
八大丙子 851 "
九小丙午 410 " 九月己未[14]
十大乙亥 909 "
十一大乙巳 468 "
十二小乙亥 27 "

昭二十八（敬六，514）

正大甲辰 523 "
二小甲戌 82 "
（三）闰大癸卯 581 "
（四）三小癸酉 140 " ○四月丙戌[14]
（五）四大壬寅 639 "
＊（六）五小壬申 198 "
六大辛丑 697 "
七小辛未 256 " ○七月癸巳[23]
八大庚子 755 "
九小庚午 314 "
十大己亥 813 "
十一小己巳 372 "
十二大戊戌 871 "

＊据倪信月日，四至七月中间有闰，杜作闰五月，新城闰六月，皆可，今从杜。

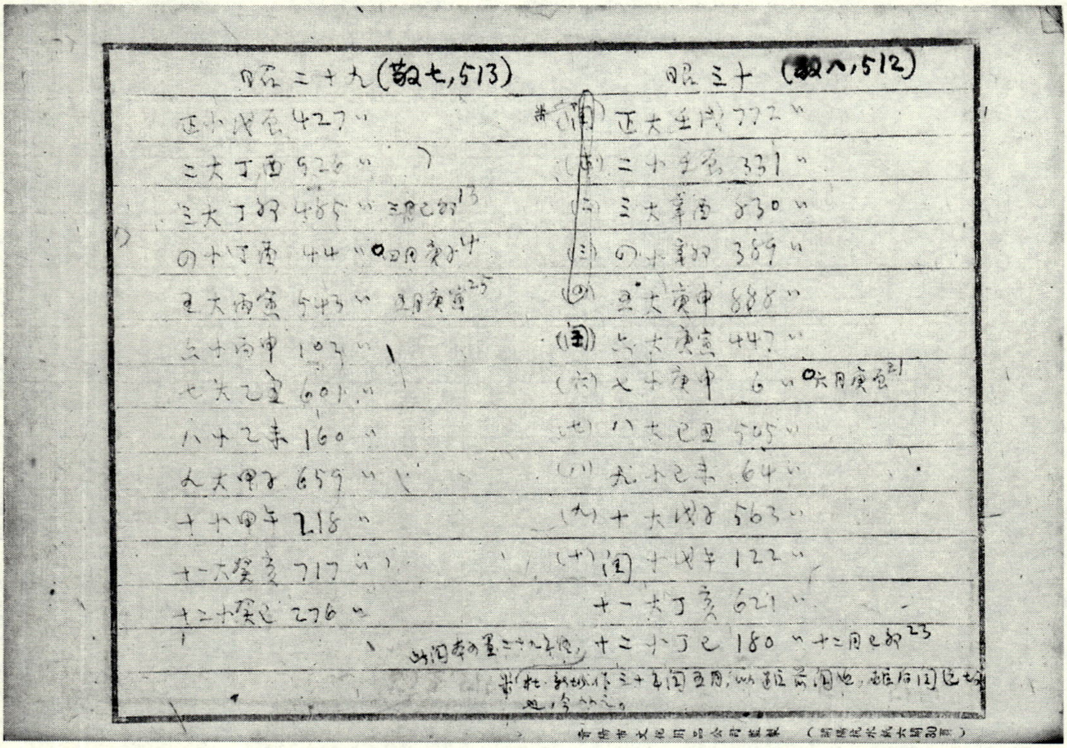

昭二十九（敬七，513）

正小戊辰 427 "
二大丁酉 926 "
三大丁卯 485 " 三月己卯[13]
四小丁酉 44 " ○四月庚子[24]
五大丙寅 543 " 五月庚寅[25]
六小丙申 102 "
七大乙丑 601 "
八小乙未 160 "
九大甲子 659 "
十小甲午 218 "
十一大癸亥 717 "
十二小癸巳 276 "

昭三十（敬八，512）

＊（闰）正大壬戌 772 "
（正）二小壬辰 331 "
（二）三大辛酉 830 "
（三）四小辛卯 389 "
（四）五大庚申 888 "
（五）六大庚寅 447 "
（六）七小庚申 6 " ○六月庚辰[21]
（七）八大己丑 505 "
（八）九小己未 64 "
（九）十大戊子 563 "
（十）闰十小戊午 122 "
十一大丁亥 621 "
十二小丁巳 180 " 十二月己卯[23]

此闰本可置二十九年后，

＊杜、新城作三十年闰五月，以避前闰也，避后闰亦可也，今从之。

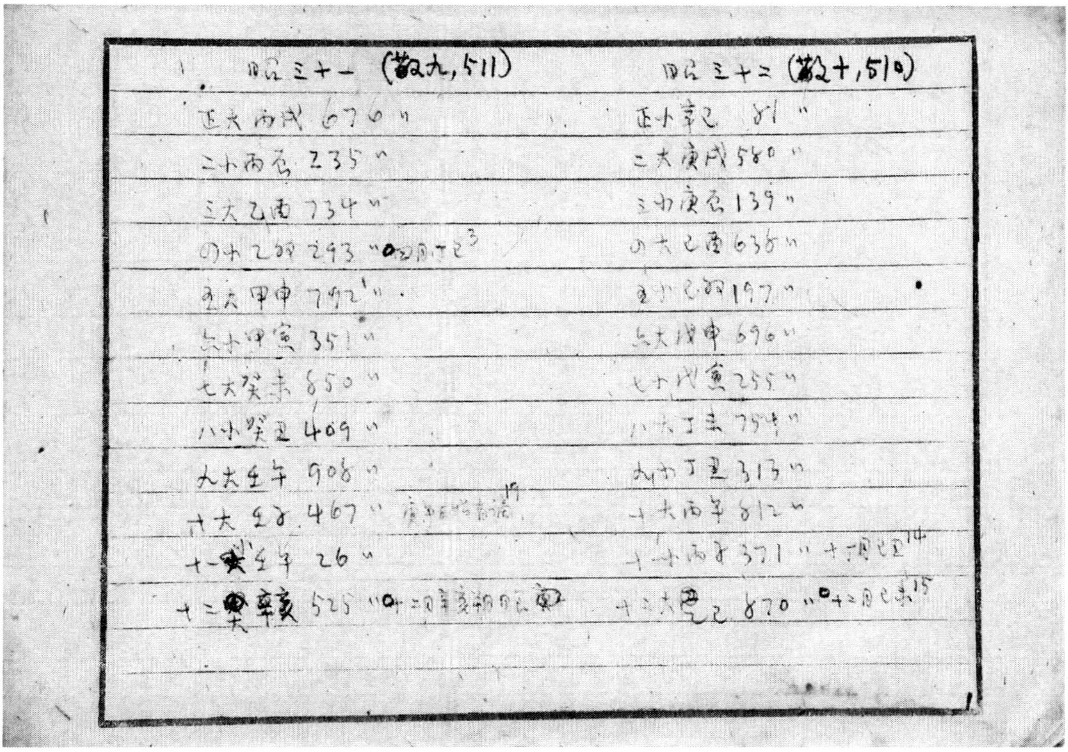

昭三十一（薮九，511）
正大丙戌 676〃
二小丙辰 235〃
三大乙酉 734〃
四小乙卯 293〃 四月［illegible］[3]
五大甲申 792〃
六小甲寅 351〃
七大癸未 850〃
八小癸丑 409〃
九大壬午 908〃
十大壬子 467〃 ［illegible］[19]
十一［癸］壬午 26〃
十二［癸］辛亥 525〃 十二月［illegible］

昭三十二（薮十，510）
正小辛巳 81〃
二大庚戌 580〃
三小庚辰 139〃
四大己酉 638〃
五小己卯 197〃
六大戊申 696〃
七小戊寅 255〃
八大丁未 754〃
九小丁丑 313〃
十大丙午 812〃
十一小丙子 371〃 十一月己巳[14]
十二大乙巳 870〃 十二月己未[15]

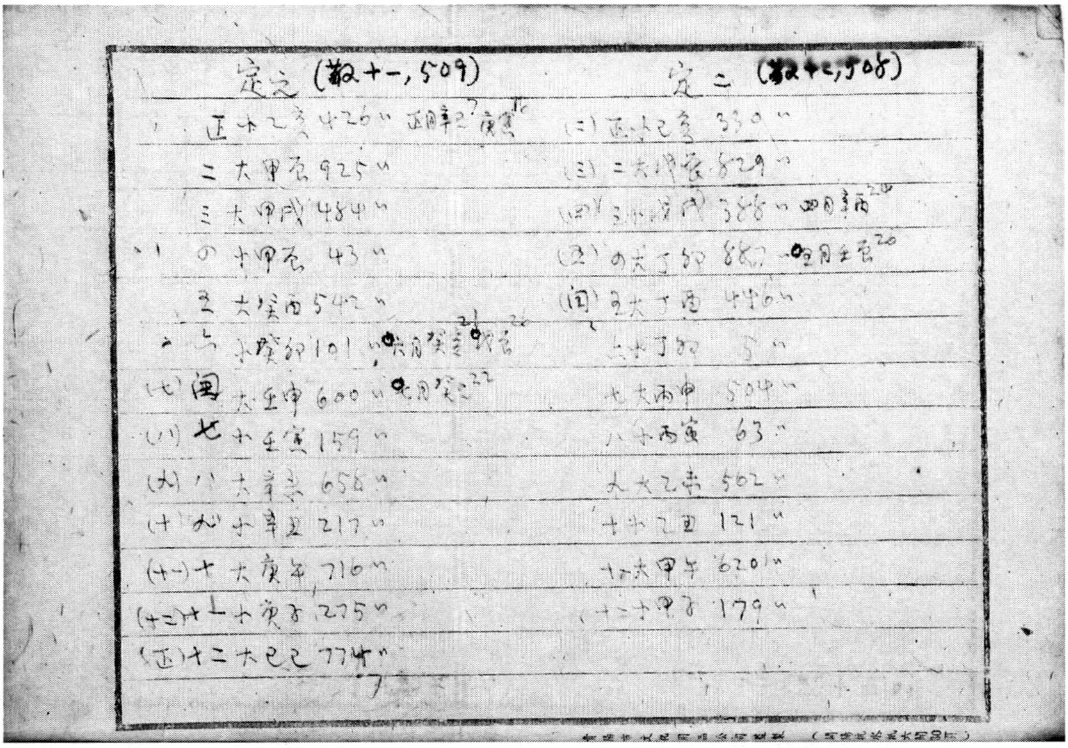

定元（薮十一，509）
正小乙亥 426〃 正月辛巳[7] 庚寅[16]
二大甲辰 925〃
三大甲戌 484〃
四小甲辰 43〃
五大癸酉 542〃
六小癸卯 101〃 六月癸亥[21] 癸巳[26]
（七）闰 大壬申 600〃 七月癸巳[22]
（八）七小壬寅 159〃
（九）八大辛未 658〃
（十）九小辛丑 217〃
（十一）十大庚午 716〃
（十二）十一小庚子 275〃
（正）十二大己巳 774〃

定二（薮十二，508）
（二）正小乙亥 330〃
（三）二大甲辰 829〃
（四）三小甲戌 388〃 四月辛丙[20]
（五）四大丁卯 887〃 四月壬辰[20]
（闰）五大丁酉 446〃
六小丁卯 5〃
七大丙申 504〃
八小丙寅 63〃
九大乙未 562〃
十小乙丑 121〃
十一大甲午 620〃
（十二）十二小甲子 179〃

定三(敬十三,507)	定四(敬十四,506)
正大癸巳 675〃	正小戊子 80〃
二小癸亥 234〃 ○月辛卯[29](公羊作三月,误)	二大丁巳 579〃 ○月癸巳不合,朔日以赴
三大壬辰 733〃	三小丁亥 138〃
四大壬戌 292〃	(四)闰大丙辰 637〃 ○四月庚辰[25]
五大辛卯 791〃	(五)四小丙戌 196〃
六小辛酉 350〃	(六)五大乙卯 695〃
七大庚寅 849〃	(七)六小乙酉 254〃
八小庚申 408〃	(八)七大甲寅 753〃
九大己丑 907〃	(九)八小甲申 312〃
十大己未 466〃	(十)九大癸丑 811〃
十一小己丑 125〃	廿(闰)十小癸未 370〃
十二大戊午 624〃	十一大壬子 869〃 ○一月庚午[19] 己卯[28] 庚辰[29]
	十二小壬午 428〃

若杜闰十月,新城闰七月均可,今从杜。

定五(敬十五,505)	定六(敬十六,504)
正大辛亥 924〃	正小丙午 329〃 ○正月癸亥[18]
二大辛巳 483〃	二大乙亥 828〃
三小辛亥 42〃 ○月辛亥朔日食	三小乙巳 387〃
四大庚辰 541〃	四大甲戌 886〃 四月己丑[16]
五小庚戌 100〃	五大甲辰 445〃
六大己卯 599〃 ○六月丙申[18]	六小甲戌 4〃
七小己酉 158〃 ○七月壬子[4]	七大癸卯 503〃
八大戊寅 657〃	八小癸酉 62〃
九小戊申 216〃 九月乙亥[28]	九大壬寅 561〃
十大丁丑 715〃 十月丁亥[11] 己丑[13] 庚寅[14]	十小壬申 120〃
十一小丁未 274〃	十一大辛丑 619〃
十二大丙子 773〃	十二小辛未 178〃
	(正)闰大庚子 677〃

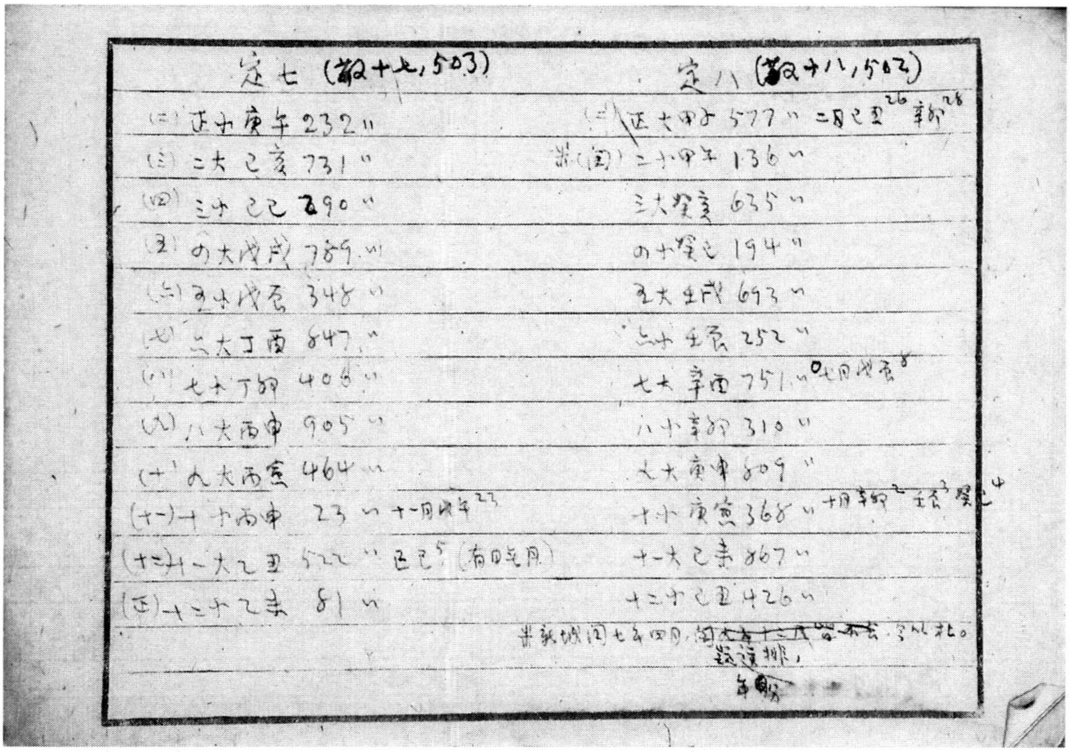

定七 (前十七,503)	定八 (前十八,502)
(二) 正小庚午 232"	(二) 正大甲子 577" 二月己丑26 辛卯28
(三) 二大己亥 731"	※(闰) 二小甲午 136"
(四) 三小己巳 290"	三大癸亥 635"
(五) 四大戊戌 789"	四小癸巳 194"
(六) 五小戊辰 348"	五大壬戌 693"
(七) 六大丁酉 847"	六小壬辰 252"
(八) 七小丁卯 406"	七大辛酉 751" 七月戊辰8
(九) 八大丙申 905"	八小辛卯 310"
(十) 九大丙寅 464"	九大庚申 809"
(十一) 十小丙申 23" 十一月戊午23	十小庚寅 368" 十月辛卯2 壬辰3 癸巳4
(十二) 十一大乙丑 522" 乙巳5 (有日食月)	十一大己未 867"
(正) 十二小乙未 81"	十二小己丑 426"

※新城闰七月四月,闰~~大吉十二月~~皆不合,宜从此。殷谱排,年朔……

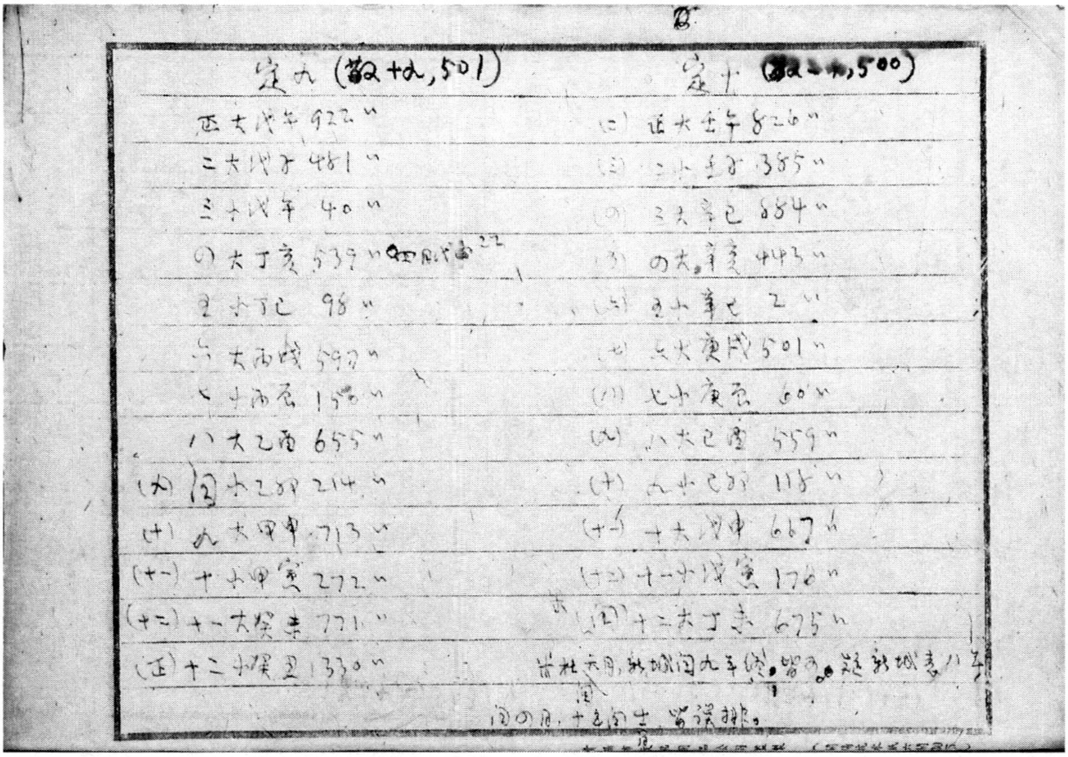

定九 (前十九,501)	定十 (前二十,500)
正大戊午 922"	(二) 正大壬午 826"
二大戊子 481"	(三) 二小壬子 385"
三小戊午 40"	(四) 三大辛巳 884"
四大丁亥 539" 四月戊寅22	(五) 四大辛亥 443"
五小丁巳 98"	(六) 五小辛巳 2"
六大丙戌 597"	(七) 六大庚戌 501"
七小丙辰 156"	(八) 七小庚辰 60"
八大乙酉 655"	(九) 八大己酉 559"
(九) 闰小乙卯 214"	(十) 九小己卯 118"
(十) 九大甲申 713"	(十一) 十大戊申 667"
(十一) 十小甲寅 272"	(十二) 十一小戊寅 176"
(十二) 十一大癸未 771"	亦(闰) 十二大丁未 675"
(正) 十二小癸丑 1330"	

皆杜六月,新城闰九年,皆不合。疑新城表八年闰四月,十三闰世,皆误排。

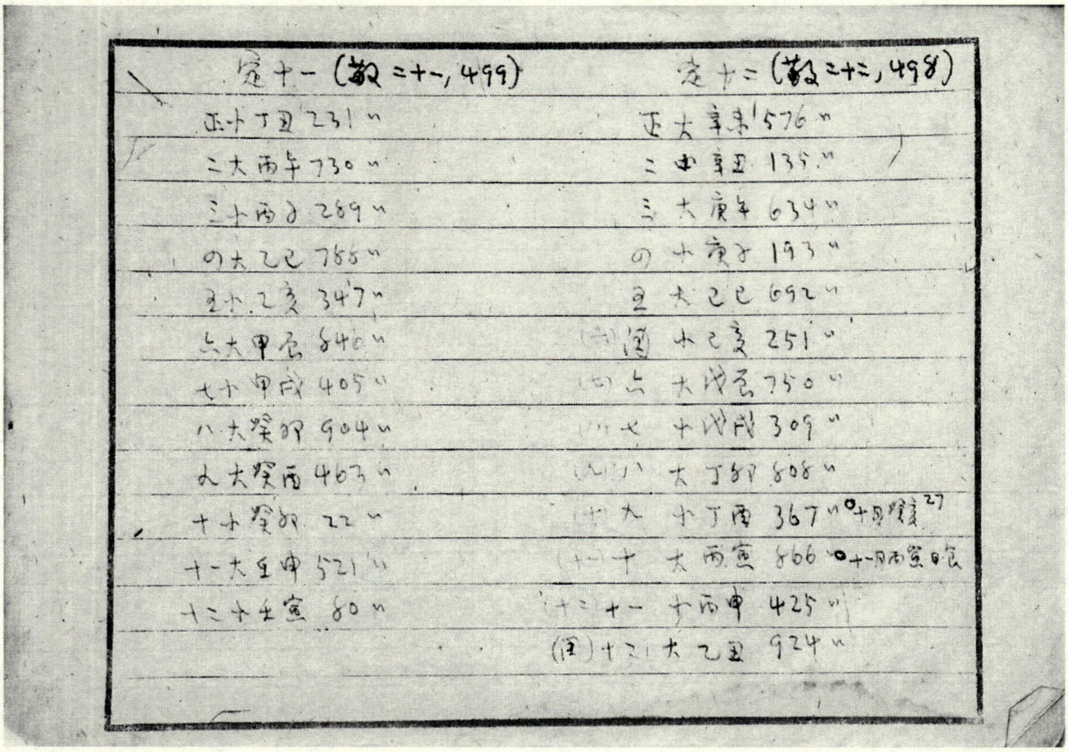
定十一（數二十一，499）
正小丁丑 231 〃
二大丙午 730 〃
三小丙子 289 〃
四大乙巳 788 〃
五小乙亥 347 〃
六大甲辰 846 〃
七小甲戌 405 〃
八大癸卯 904 〃
九大癸酉 463 〃
十小癸卯 22 〃
十一大壬申 521 〃
十二小壬寅 80 〃
定十二（數二十二，498）
正大辛未 576 〃
二小辛丑 135 〃
三大庚午 634 〃
四小庚子 193 〃
五大己巳 692 〃
（六）閏 小己亥 251 〃
（七）六 大戊辰 750 〃
（八）七 小戊戌 309 〃
（九）八 大丁卯 808 〃
（十）九 小丁酉 367 〃 十月癸亥27
（十一）十 大丙寅 866 〃 十一月丙寅日食
（十二）十一 小丙申 425 〃
（閏）十二 大乙丑 924 〃

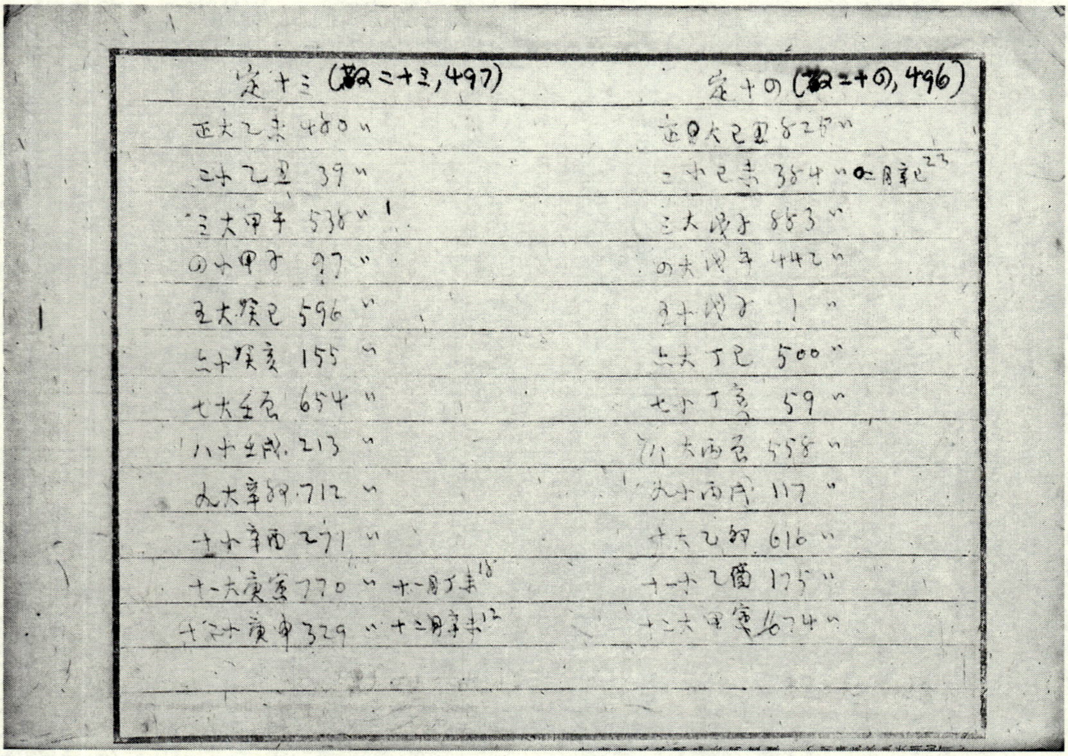
定十三（數二十三，497）
正大乙未 480 〃
二小乙丑 39 〃
三大甲午 538 〃
四小甲子 97 〃
五大癸巳 596 〃
六小癸亥 155 〃
七大壬辰 654 〃
八小壬戌 213 〃
九大辛卯 712 〃
十小辛酉 271 〃
十一大庚寅 770 〃 十一月丁未18
十二小庚申 329 〃 十二月辛未12
定十四（數二十四，496）
正月大己丑 825 〃
二小己未 384 〃 二月辛巳23
三大戊子 883 〃
四大戊午 442 〃
五小戊子 1 〃
六大丁巳 500 〃
七小丁亥 59 〃
八大丙辰 558 〃
九小丙戌 117 〃
十大乙卯 616 〃
十一小乙酉 175 〃
十二大甲寅 674 〃

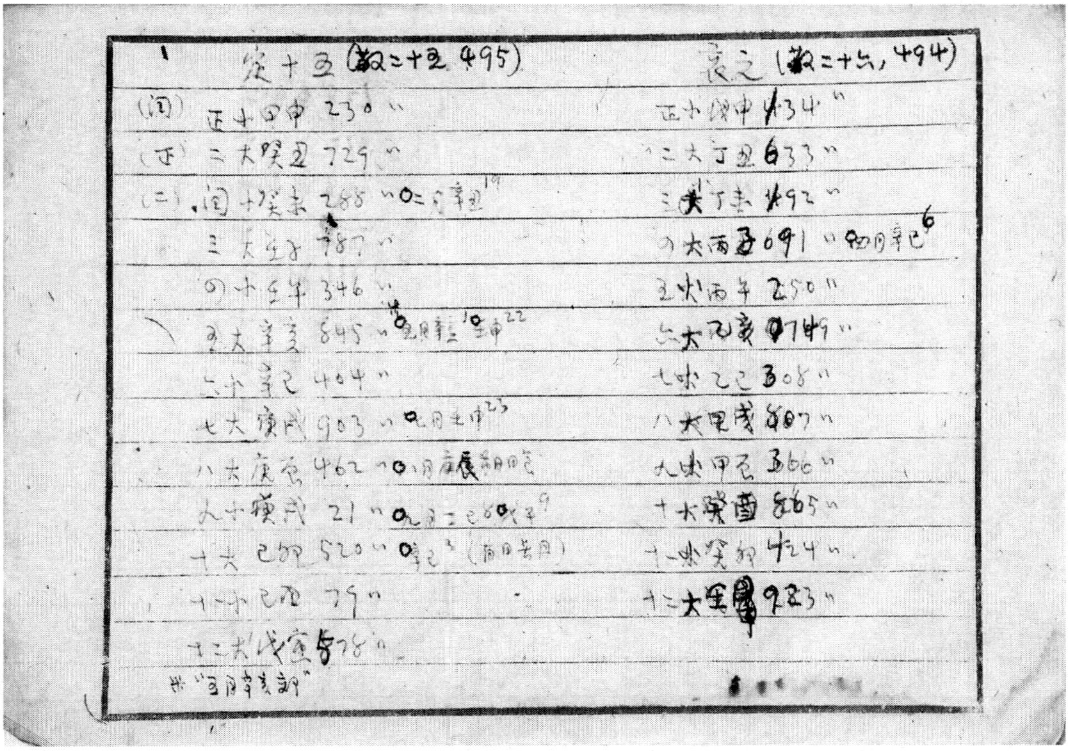

定十五（数二十五，495）	哀元（数二十六，494）
(闰) 正小甲申 230	正小戊申 434
(正) 二大癸丑 729	二大丁丑 633
(二) 闰小癸未 288 二月辛丑[19]	三大丁未 492
三大壬子 787	四大丙子 691 四月辛巳[6]
四小壬午 346	五小丙午 250
五大辛亥 845 五月辛亥[1] 壬申[22]	六大乙亥 749
六小辛巳 404	七小乙巳 308
七大庚戌 903 七月壬申[23]	八大甲戌 807
八大庚辰 462 八月庚辰朔日食	九小甲辰 366
九小庚戌 21 九月丁巳[8] 戊午[9]	十大癸酉 865
十大己卯 520 十月辛巳[3]（有日无月）	十一小癸卯 424
十一小己酉 79	十二大壬申 923
十二大戊寅 578	

卌"五月辛亥朔"

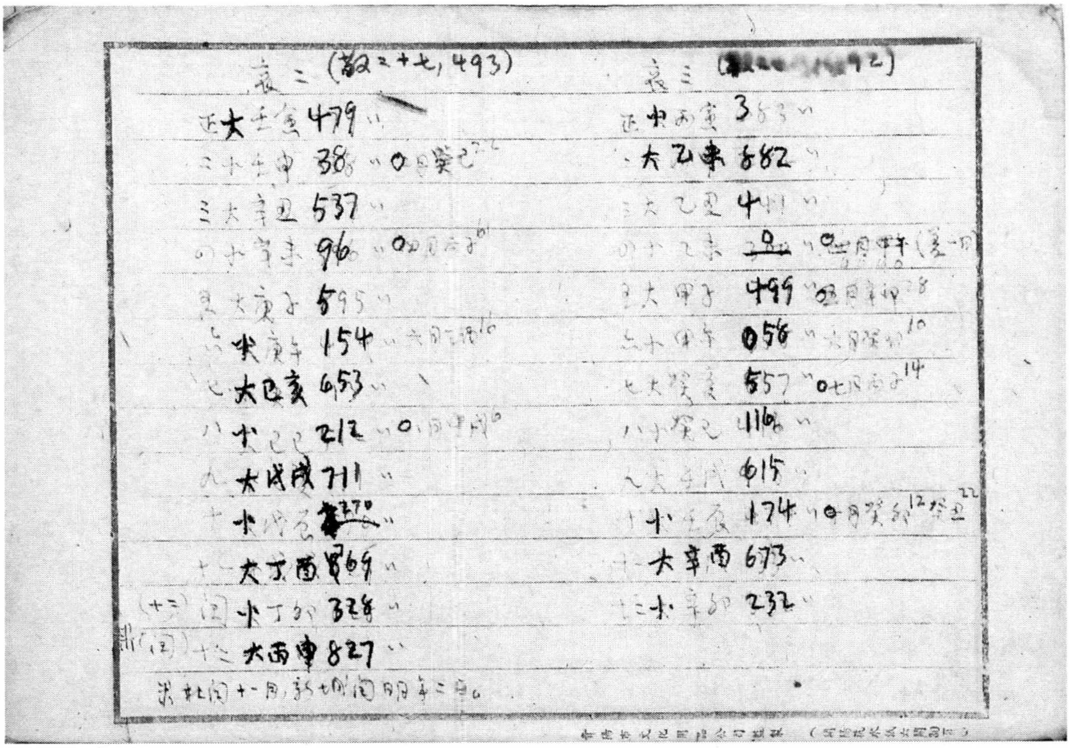

哀二（数二十七，493）	哀三（[illegible]492）
正大壬寅 479	正小丙寅 383
二小壬申 38 二月癸巳[22]	二大乙未 882
三大辛丑 537	三大乙丑 441
四小辛未 96 四月丙子[6]	四小乙未 0 四月甲午（差一日）
五大庚子 595	五大甲子 499 五月辛卯[28]
六小庚午 154 六月[illegible][10]	六小甲午 58 六月癸卯[10]
七大己亥 653	七大癸亥 557 七月丙子[14]
八小己巳 212 八月甲戌[6]	八小癸巳 116
九大戊戌 711	九大壬戌 615
十小戊辰 270	十小壬辰 174 十月癸卯[12] 癸丑[22]
十一大丁酉 769	十一大辛酉 673
(十二) 闰小丁卯 328	十二小辛卯 232
(闰) 十二大丙申 827	

杜注闰十一月，新城闰明年二月。

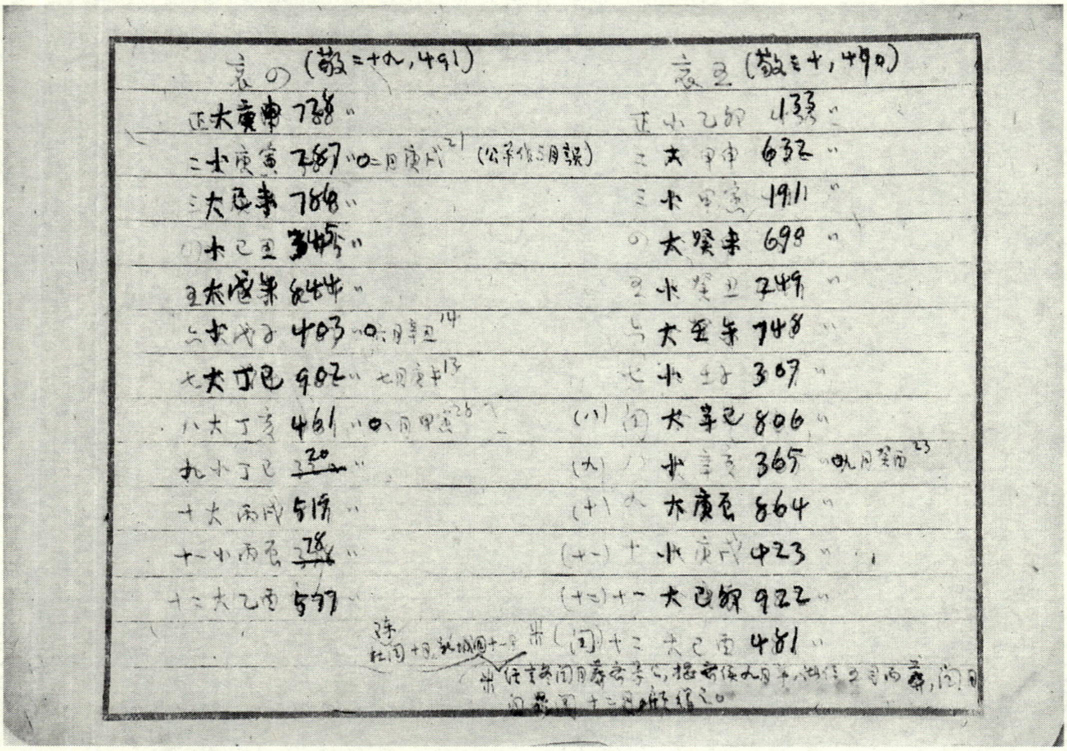
哀四（数二十九，491）
正大庚申 788
二小庚寅 787 四二月庚戌21（公羊作三月误）
三大己未 786
四小己丑 345
五大戊午
六小戊子 403 四六月辛丑14
七大丁巳 902 七月庚申13
八大丁亥 461 四八月甲辰26
九小丁巳 320
十大丙戌
十一小丙辰 78
十二大乙酉 577
哀五（数三十，490）
正小乙卯 133
二大甲申 632
三小甲寅 191
四大癸未 698
五小癸丑 249
六大壬午 748
七小壬子 307
（八）闰 大辛巳 806
（九）八 小辛亥 365 既日食癸酉23
（十）九 大庚辰 864
（十一）十 小庚戌 423
（十二）十一 大己卯 922
闰十二 大己酉 481

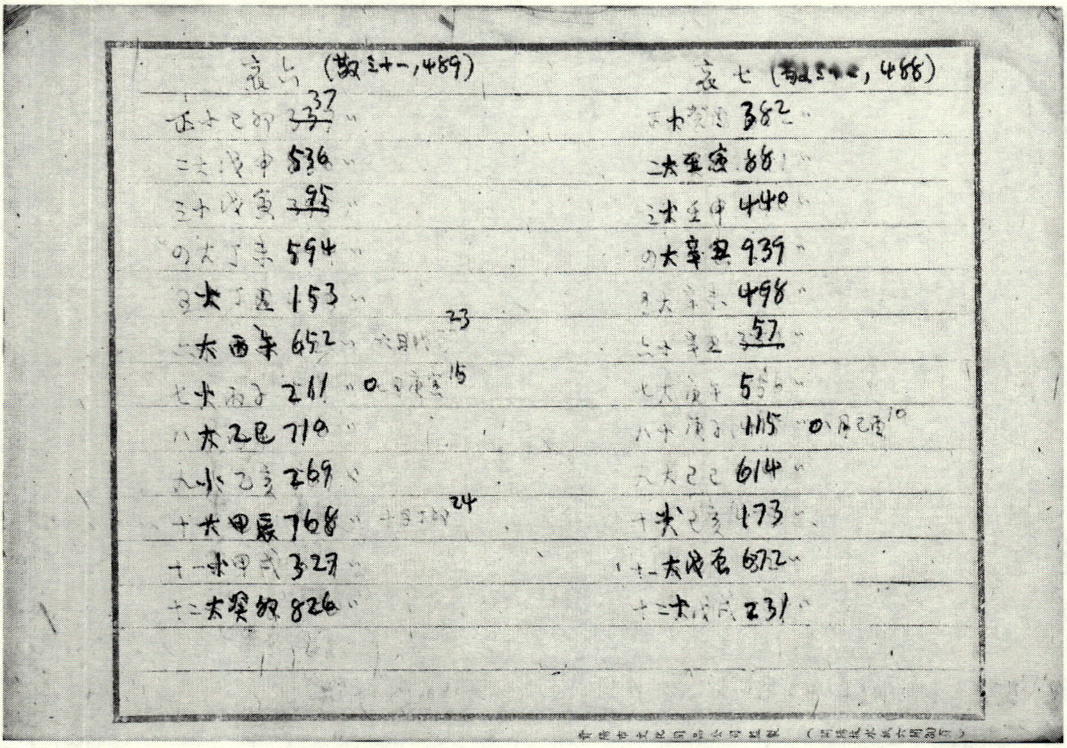
哀六（数三十一，489）
正小己卯 37
二大戊申 536
三小戊寅 95
四大丁未 594
五大丁丑 153
六大丙午 652
七小丙子 211 四七月庚寅15
八大乙巳 710
九小乙亥 269
十大甲辰 768 十月丁卯24
十一小甲戌 327
十二大癸卯 826
哀七（数三十二，488）
正小癸酉 382
二大壬寅 881
三小壬申 440
四大辛丑 939
五小辛未 498
六小辛丑 57
七大庚午 556
八小庚子 115 四八月乙酉10
九大己巳 614
十小己亥 173
十一大戊辰 672
十二小戊戌 231

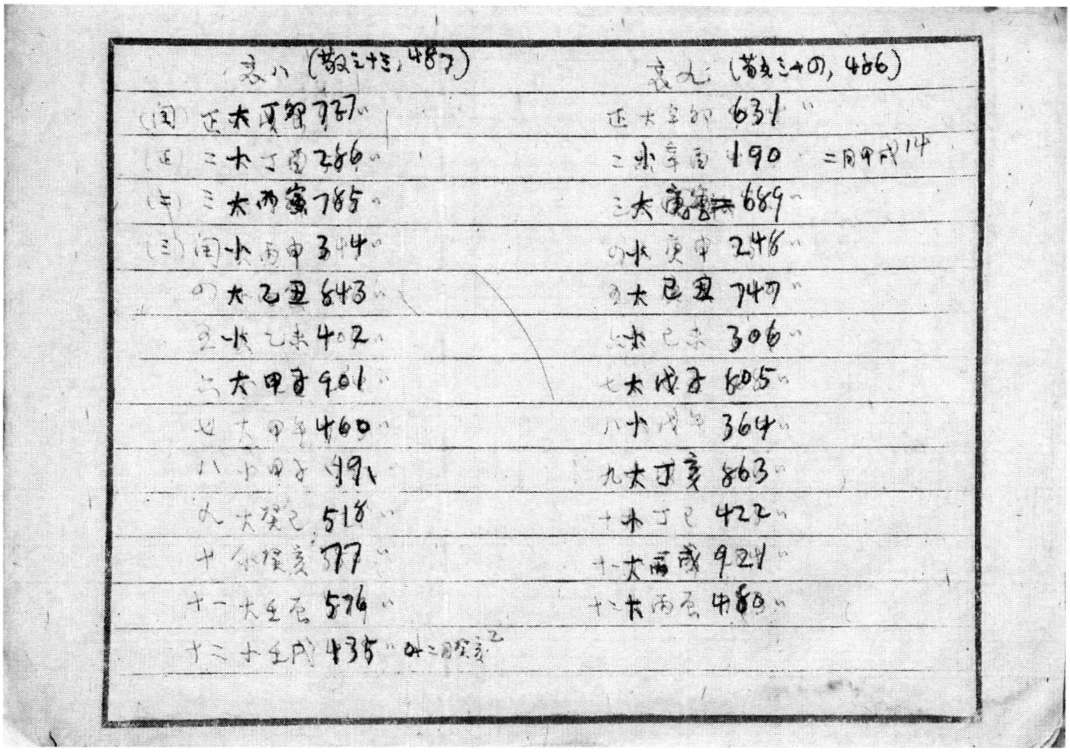

哀八（敬王三十三，487）

(闰) 正大丁卯 787
(正) 二大丁酉 286
(二) 三大丙寅 785
(三) 闰小丙申 344
四大乙丑 843
五小乙未 402
六大甲子 901
七大甲午 460
八小甲子 19
九大癸巳 518
十小癸亥 77
十一大壬辰 576
十二小壬戌 435 外二月癸亥[2]

哀九（敬王三十四，486）

正大辛卯 631
二小辛酉 190 二月甲戌[14]
三大庚寅 689
四小庚申 248
五大己丑 747
六小己未 306
七大戊子 805
八小戊午 364
九大丁亥 863
十小丁巳 422
十一大丙戌 921
十二大丙辰 480

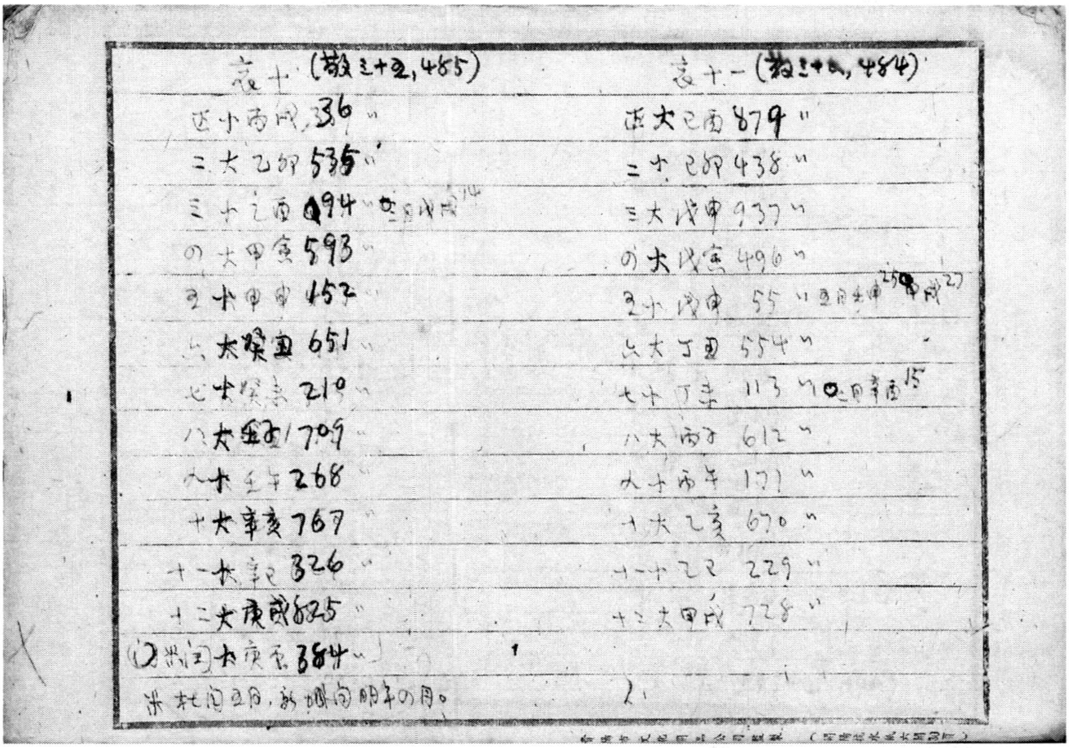

哀十（敬王三十五，485）

正小丙戌 36
二大乙卯 535
三小乙酉 94 三月戊戌[14]
四大甲寅 593
五小甲申 152
六大癸丑 651
七小癸未 210
八大壬子 709
九小壬午 268
十大辛亥 767
十一小辛巳 326
十二大庚戌 825
(十二) 闰小庚辰 384

注 杜闰五月，新城闰明年四月。

哀十一（敬王三十六，484）

正大己酉 879
二小己卯 438
三大戊申 937
四大戊寅 496
五小戊申 55 五月壬申[25]甲戌[27]
六大丁丑 554
七小丁未 113 七月辛酉[15]
八大丙子 612
九小丙午 171
十大乙亥 670
十一小乙巳 229
十二大甲戌 728

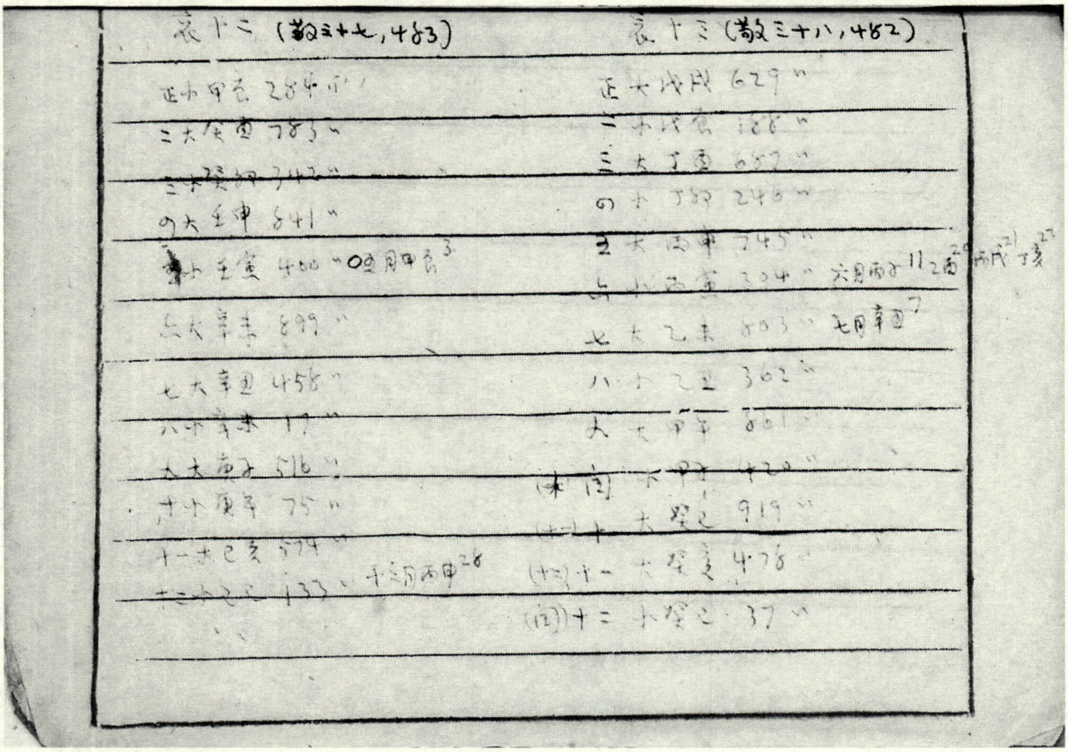

哀十二(敳三十七,483)

正小甲辰 284
二大癸酉 783
三小癸卯 342
四大壬申 841
五小壬寅 400 〇五月甲辰3
六大辛未 899
七大辛丑 458
八小辛未 17
九大庚子 516
十小庚午 75
十一大己亥 574
十二小己巳 133 十二月丙申28

哀十三(敳三十八,482)

正大戊戌 629
二小戊辰 188
三大丁酉 687
四小丁卯 246
五大丙申 745
六小丙寅 304 六月丙子11 [illegible]
七大乙未 803 七月辛酉7
八小乙丑 362
九大甲午 861
(十)閏小甲子 420
(十一)十大癸巳 919
(十二)十一大癸亥 478
(十三)十二小癸巳 37

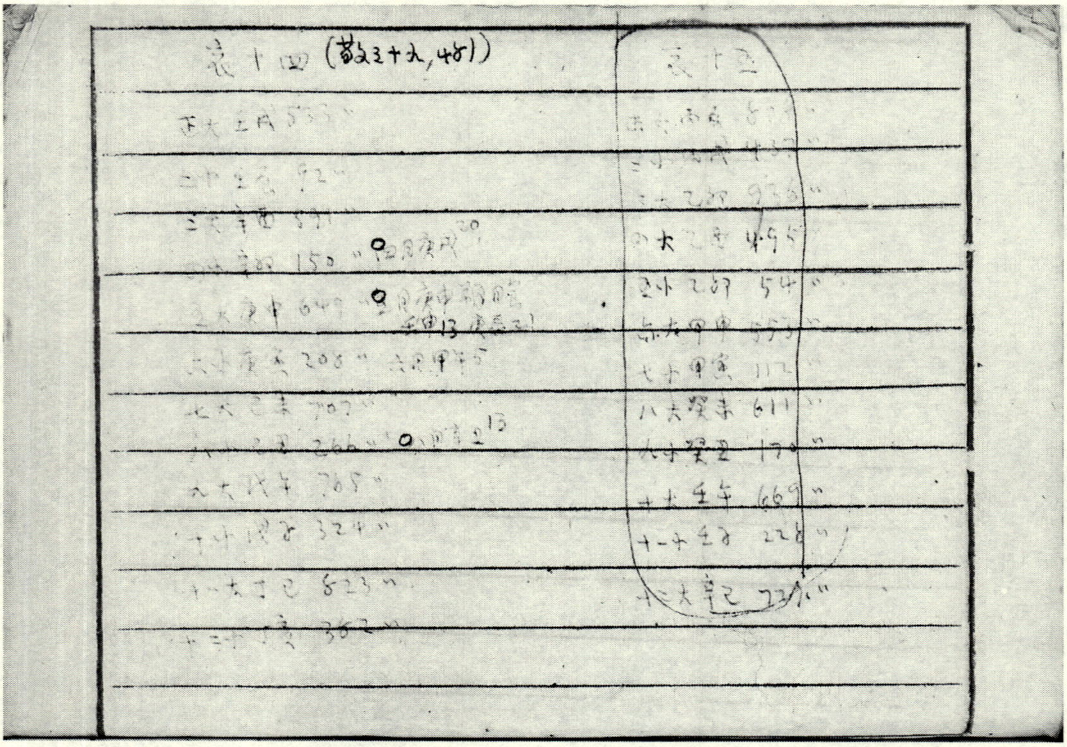

哀十四(敳三十九,481)

正大壬戌 533
二小壬辰 92
三大辛酉 591
四小辛卯 150 〇四月庚戌20
五大庚申 649 〇五月庚申朔 [illegible]
六小庚寅 208 六月甲午5
七大己未 707
八小己丑 266 〇八月辛丑13
九大戊午 765
十小戊子 324
十一大丁巳 823
十二小丁亥 382

哀十五

正大丙辰 [illegible]
二小丙戌 [illegible]
三大乙卯 936
四大乙酉 495
五小乙卯 54
六大甲申 553
七小甲寅 112
八大癸未 611
九小癸丑 170
十大壬午 669
十一小壬子 228
十二大辛巳 727

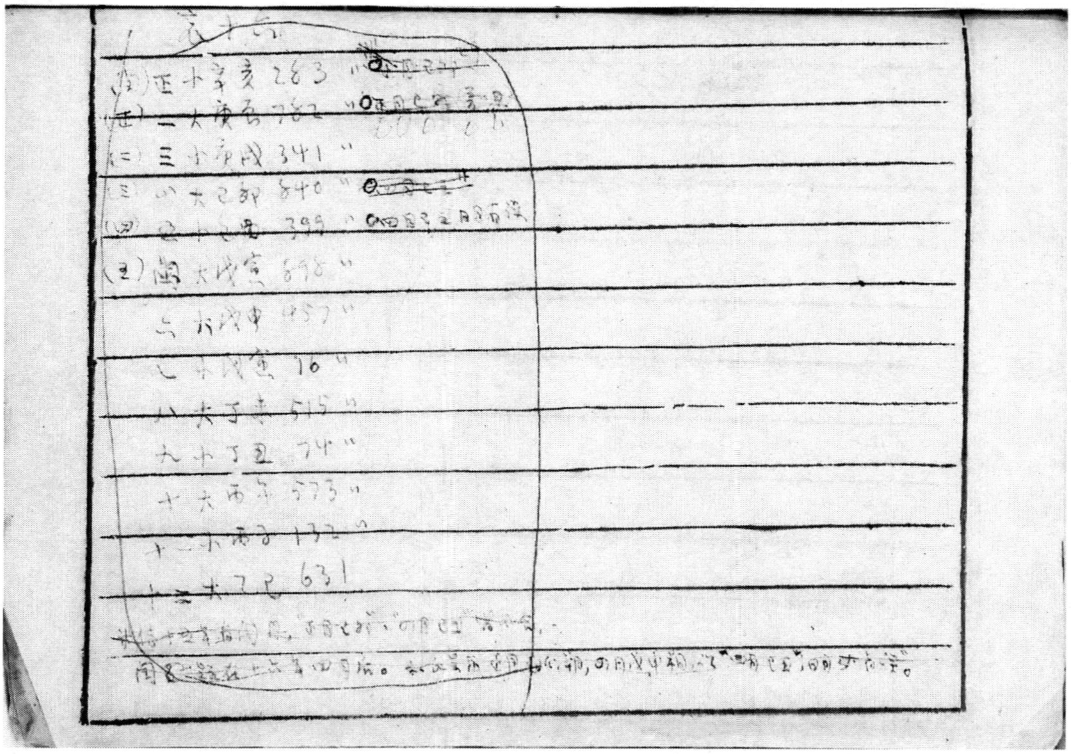

（六）正 小辛亥 283
（正）一 大庚辰 782
（二）三 小庚戌 341
（三）四 大己卯 840
（四）五 小己酉 399
（五）閏 大戊寅 898
六 小戊申 457
七 小戊寅 76
八 大丁未 515
九 小丁丑 74
十 大丙午 573
十一 小丙子 132
十二 大乙巳 631

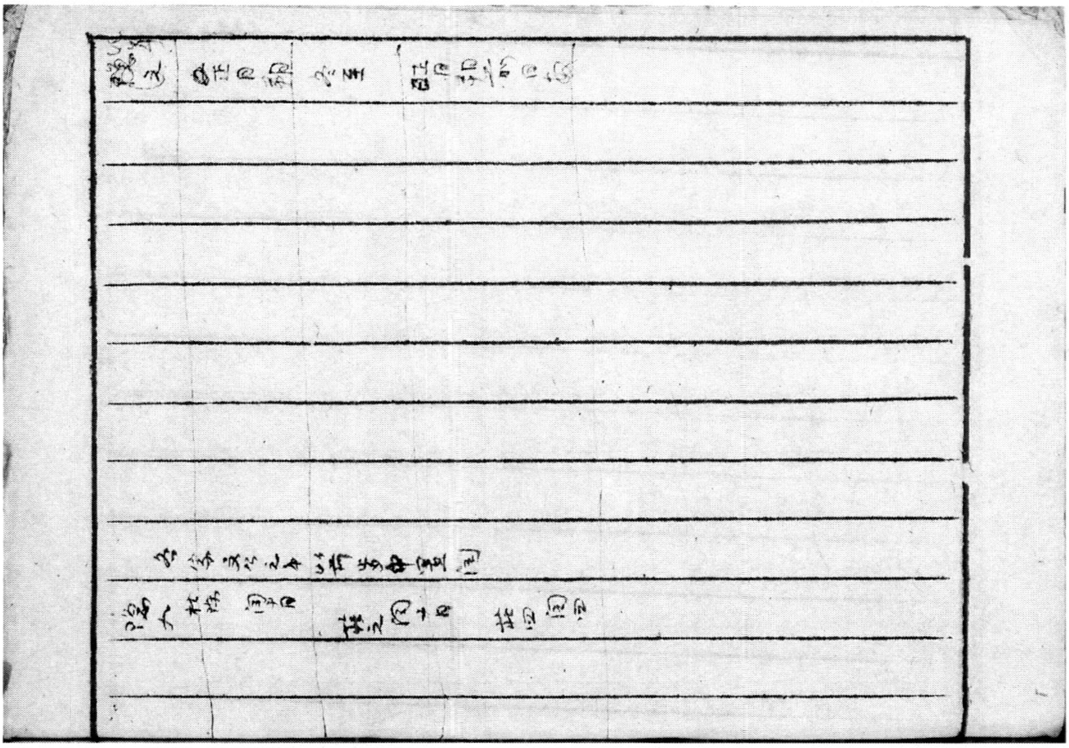

近現代學人學術著述叢刊

張汝舟手稿集

張汝舟 撰 張道鋒 整理

3

國家圖書館出版社

第三册目録

西周經朔譜……一

歷史學

魏石經新考(殘)……一〇五
殷周之際諸家所定西周年代异同表……一一七
明思宗論……一二一
談榮孟源同志《試談西周紀年》……一二三
論戚繼光(殘)……一四一
討論《〈周易〉之製作時代》……一四三

文學

歷代韻文選(上)……一六九
《九歌》新釋……二三三
魯默生傳……二六三

盲翁雜文……二六五
佛教
《心經》通解（殘）……二八七
佛教在中國歷史上的貢獻（殘）……三一一
書信
致蔣希文信兩封……三四九
致張立儀信……三五一
復孟醒仁信兩封……三六二
復周本淳信……三七三
致高鵬信……三七九
復譚科模信……三八二
復周本淳信……四〇〇
復韓老師信兩封……四一四
復邊正方信……四三三
復汪岳尊信……四三六
復謝業廣信……四四一

致鄧小平副主席、方毅院長信……四四五
致張華三信……四五一
致劉、薛諸領導信……四五三
致汪岳尊信……四九一
致鄭老師、朱老師、卞同學信……四九二
致張葉蘆信……四九七
復中國訓詁學會籌備會信……五一九
致張聞玉信(殘)……五二三
致應鐸信……五二七

西周經朔譜

1

西周经朔谱

~~西~~公元前1122年（旧说据刘歆《三统历》定为武王克殷之年，即周武王元年）

是年殷历己卯蔀66年，

据殷历朔闰谱，

正月小壬辰257分合朔。

按密率，是年先天

(1122－427)×3.06 ＝ 2126分

2126＋257－940×2 ＝ 503分

是年经朔为

正大 甲午 503分合朔

（天正） 二小 甲子 62 〃 冬至丙寅后朔280 定朔癸亥567分 ~~冬至丙寅后朔~~ 新城氏推壬戌朔大

闰大 癸巳 561 〃

三小 癸亥 120 〃

四大 壬辰 619 〃

五小 壬戌 178 〃

六大 辛卯 677 〃

七小 辛酉 236 〃

八大 庚寅 735 〃

九小 庚申 294 〃

十大 己丑 793 〃

十一小 己未 352 〃

十二大 戊子 851 〃

公西之前1121年
正小戊午 407 〃 冬至辛未，合朔13日
二大丁亥 906 〃
三大丁巳 405 〃 大衍历"定朔丙辰"非。定朔丁巳153分
四小丁亥 24 〃
五大丙辰 523（定朔丙辰561分）
六小丙戌 82 〃
七大乙卯 581 〃
八小乙酉 140 〃
九大甲寅 639 〃
十小甲申 198 〃
十一大癸丑 697 〃
十二小癸未 256 〃

公西之前1120年
~~癸未 255~~ 〃
正大壬子 752 〃
二小壬午 311 〃
三大辛亥 810 〃
四小辛巳 369 〃
五大庚戌 868 〃
六小庚辰 427 〃
七大己酉 926 〃
八大己卯 485 〃
九小己酉 44 〃
十大戊寅 543 〃
闰小戊申 102 〃
十一大丁丑 601 〃
十二小丁未 160 〃

公西之前1119
~~正小丁未 157~~ 〃
正大丙子 656 〃
二小丙午 215 〃
三大乙亥 714 〃
四小乙巳 273 〃
五大甲戌 772 〃
六小甲辰 331 〃
七大癸酉 830 〃
八小癸卯 389 〃
九大壬申 888 〃
十大壬寅 447 〃
十一小壬申 6 〃
十二大辛丑 505 〃

公西之前1118年（文王十崩）
正小辛未 61 〃
二大庚子 560 〃
三小庚午 119 〃
四大己亥 618 〃
五小己巳 177 〃
六大戊戌 676 〃
七小戊辰 235 〃
八大丁酉 734 〃
九小丁卯 293 〃
十大丙申 792 〃
十一小丙寅 351 〃
十二大乙未 850 〃

西元前1117年（武元）

正小乙丑 406〃
二大甲午 905〃
三大甲子 464〃
四小甲午 23〃
五大癸亥 522〃
六小癸巳 81〃
闰大壬戌 580〃
七小壬辰 139〃
八大辛酉 638〃
九小辛卯 197〃
十大庚申 696〃
十一小庚寅 255〃
十二大己未 754〃

西元前1116年（武二）17分

正小己丑 310〃 己亥冬至後朔10日
二大戊午 809〃
三小戊子 368〃
四大丁巳 867（定朔戊午365分）
五小丁亥 426〃
六大丙辰 925（定朔丁巳68分）
七大丙戌 484〃
八小丙辰 43〃
九大乙酉 543〃
十小乙卯 101〃
十一大甲申 600〃
十二小甲寅 159〃

西元前1115年（武三）

正大癸未 655〃
二小癸丑 214〃
三大壬午 713〃
四小壬子 272〃
五大辛巳 771〃
六小辛亥 330〃
七大庚辰 829〃
八小庚戌 388〃
九大己卯 887〃
十大己酉 446〃
十一小己卯 5〃
十二大戊申 504〃

西元前1114年（武四）

正小戊寅 60〃
二大丁未 559〃 冬至戊申，後朔1日
三小丁丑 118 定朔丁丑139分
闰大丙午 617〃
四小丙子 176〃
五大乙巳 675〃
六小乙亥 234〃
七大甲辰 733〃
八小甲戌 292〃
九大癸卯 791〃
十小癸酉 350〃
十一大壬寅 849〃
十二小壬申 408〃

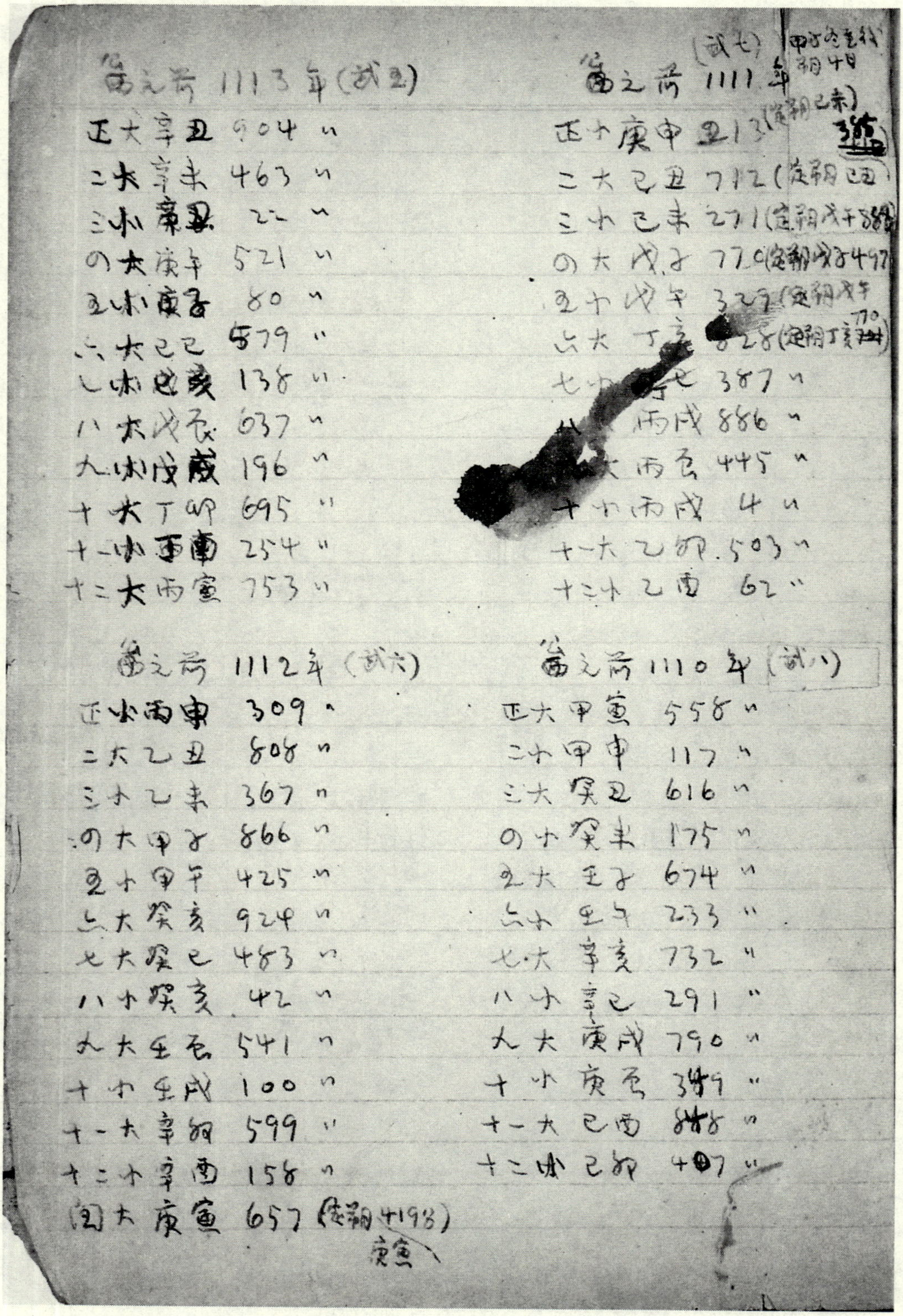

公元前1113年（武五）

正大辛丑 904 〃
二大辛未 463 〃
三小庚子 22 〃
四大庚午 521 〃
五小庚子 80 〃
六大己巳 579 〃
七小己亥 138 〃
八大戊辰 637 〃
九小戊戌 196 〃
十大丁卯 695 〃
十一小丁酉 254 〃
十二大丙寅 753 〃

公元前1111年（武七）（甲子冬至在朔4日）

正小庚申 213（定朔乙未）355
二大己丑 712（定朔己丑）
三小己未 271（定朔戊午 88）
四大戊子 770（定朔戊子 497）
五小戊午 329（定朔戊午 770）
六大丁亥 828（定朔丁亥 [illegible]）
七小丁巳 387 〃
八大丙戌 886 〃
九小丙辰 445 〃
十小丙戌 4 〃
十一大乙卯 503 〃
十二小乙酉 62 〃

公元前1112年（武六）

正小丙申 309 〃
二大乙丑 808 〃
三小乙未 367 〃
四大甲子 866 〃
五小甲午 425 〃
六大癸亥 924 〃
七大癸巳 483 〃
八小癸亥 42 〃
九大壬辰 541 〃
十小壬戌 100 〃
十一大辛卯 599 〃
十二小辛酉 158 〃
闰大庚寅 657（定朔 4198）庚寅

公元前1110年（武八）

正大甲寅 558 〃
二小甲申 117 〃
三大癸丑 616 〃
四小癸未 175 〃
五大壬子 674 〃
六小壬午 233 〃
七大辛亥 732 〃
八小辛巳 291 〃
九大庚戌 790 〃
十小庚辰 349 〃
十一大己酉 848 〃
十二小己卯 407 〃

公元前1109年（武九）

正大[illegible] 903〃
二大戊寅 462〃
三小戊申 21〃
四大丁丑 520〃
五小丁未 079〃
六大丙子 578〃
七小丙午 137〃
八大乙亥 636〃
闰小乙巳 195〃
九大甲戌 694〃
十小甲辰 253〃
十一大癸酉 752〃
十二小癸卯 311〃

公元前1108年（武十）

正大壬申 807〃
二小壬寅 366〃
三大辛未 865〃
四小辛丑 424〃
五大庚午 923〃
六大庚子 482〃
七小庚午 41〃
八大己亥 540〃
九小己巳 99〃
十大戊戌 598〃
十一小戊辰 157〃
十二大丁酉 656〃

公元前1107年

正小丁卯 212〃
二大丙申 711〃
三小丙寅 270〃
四大乙未 769〃
五小乙丑 328〃
六大甲午 827〃
七小甲子 386〃
八大癸巳 885〃
九大癸亥 444〃
十小癸巳 3〃
十一大壬戌 502〃
十二小壬辰 061〃

公元前1106年（武十二年）
[illegible] 29日

正大辛酉 557〃
二小辛卯 116（定朔辛卯111分）
三大庚申 615（定朔庚申9.5分）
四小庚寅 174（定朔庚寅659分）
五大己未 673（定朔庚申2066分）
闰小己丑 232（定朔己丑 ~~[illegible]~~ 701分）
六大戊午 731〃
七小戊子 290〃
八大丁巳 789〃
九小丁亥 348〃
十大丙辰 847〃
十一小丙戌 406〃
十二大丙辰 905〃
乙卯

西元前1105年（武十三崩）

正大乙酉 461 〃
二小乙卯 20 〃
三大甲申 519 〃
四小甲寅 078 〃
五大癸未 617 〃
六小癸丑 136 〃
七大壬午 635 〃
八小壬子 194 〃
九大辛巳 693 〃
十小辛亥 252 〃
十一大庚辰 751 〃
十二小庚戌 310 〃

西元前1103年（成二）

正小甲戌 211 〃
二大癸卯 710 〃
闰小癸酉 269 〃
三大壬寅 768 〃
四小壬申 327 〃
五大辛丑 826 〃
六小辛未 385 〃
七大庚子 884 〃
八大庚午 443 〃
九小庚子 [illegible]2 〃
十大己巳 501 〃
十一小己亥 60 〃
十二大戊辰 559 〃

鲁伯禽元

西元前1104年（成元 [illegible]）

正大己卯 806 〃
二小己酉 365 〃
三大戊寅 864 〃
四小戊申 423 〃
五大丁丑 922 〃
六大丁未 481 〃
七小丁丑 40 〃
八大丙午 579 〃
九小丙子 098 〃
十大乙巳 597 〃
十一小乙亥 156 〃
十二大甲辰 655 〃

西元前1102年（成三）

正小戊戌 115 〃
二大丁卯 614 〃
三小丁酉 173 〃
四大丙寅 672 〃
五小丙申 231 〃
六大乙丑 730 〃
七小乙未 289 〃
八大甲子 788 〃
九小甲午 347 〃
十大癸亥 846 〃
十一小癸巳 405 〃
十二大癸亥 904 〃
壬戌

西元前1101年(成四)

正大壬辰 460 (定望丙辰伐 朔乙卯日)
二小壬戌 19 〃
三大辛卯 518 (定朔辛卯
四小辛酉 077 〃
五大庚寅 576 (定朔庚寅
六小庚申 135 〃
七大己丑 634 (定朔己丑
八小己未 193 〃
九大戊子 692 (定朔戊子426分)
十小戊午 251 〃
十一大丁亥 750 〃
闰小丁巳 309 〃
十二大丙戌 808 〃

西元前1099年(成六)

正大庚戌 797 〃
二小庚辰 265 〃
三大己酉 767 〃
四小己卯 326 〃
五大戊申 825 〃
六小戊寅 384 〃
七大丁未 883 〃
八大丁丑 442 〃
九小丁未 1 〃
十大丙子 500 〃
十一小丙午 59 〃
十二大乙亥 558 〃

西元前1100年(成五)

正小丙辰 364 〃
二大乙酉 863 〃
三小乙卯 422 〃
四大~~癸未~~甲申 921 〃
五大甲寅 480 〃
六小甲申 39 〃
七大癸丑 538 〃
八小癸未 097 〃
九大壬子 596 〃
十小壬午 155 〃
十一大辛亥 654 〃
十二小辛巳 213 〃

西元前1098年(成七)

正小乙巳 114 〃 (~~壬申~~ 接朔乙卯日)
二大甲戌 613 (定朔甲戌860分
三小甲辰 172 (定朔甲辰617分
四大癸酉 671 (定朔~~[illegible]~~分)
五小癸卯 230 (定朔癸卯667分)
六大壬申 729 〃
七小壬寅 288 〃
闰大辛未 787 〃
八小辛丑 346 〃
九大庚午 845 〃
十小庚子 404 〃
十一大己巳 903 〃
十二大己亥 462 〃

西元前1097年（成八 王親政）

正小己巳 18 〃
二大戊戌 517 〃
三小戊辰 76 〃
四大丁酉 575 〃
五小丁卯 134 〃
六大丙申 633 〃
七小丙寅 192 〃
八大乙未 691 〃
九小乙丑 250 〃
十大甲午 749 〃
十一小甲子 308 〃
十二大癸巳 807 〃

西元前1096年（成九）

正小癸亥 363 〃
二大壬辰 862 〃
三大壬戌 421 〃
四小辛卯 920 〃
五大辛酉 479 〃
六小辛卯 38 〃
七大庚申 537 〃
八小庚寅 96 〃
九大己未 595 〃
十小己丑 154 〃
十一大戊午 653 〃
十二小戊子 212 〃

西元前1095年（成十）

正大丁巳 708 〃
二小丁亥 267 〃
三大丙辰 766 〃
闰小丙戌 325 〃
四大乙卯 824 〃
五小乙酉 383 〃
六大甲寅 882 〃
七大甲申 441 〃
八小甲寅 0 〃
九大癸未 499 〃
十小癸丑 58 〃
十一大壬午 557 〃
十二小壬子 116 〃

西元前1094年（成十一）

正大辛巳 612 〃
二小辛亥 171 〃
三大庚辰 670 〃
四小庚戌 229 〃
五大己卯 728 〃
六小己酉 287 〃
七大戊寅 786 〃
八小戊申 345 〃
九大丁丑 844 〃
十小丁未 403 〃
十一大丙子 902 〃
十二大丙午 461 〃

公元前1093年（成十二）

正小丙子 77（冬至己亥，距朔23日）
二大乙巳 576〃
三小乙亥 135（定朔甲戌75分）
四大甲辰 634（定朔甲辰28分）
五小甲戌 193（定朔癸酉77分）
六大癸卯 692〃
七小癸酉 191〃
八大壬寅 690〃
九小壬申 249〃
十大辛丑 748〃
十一小辛未 307〃
十二大庚子 806〃
闰小庚午 365〃

公元前1091年（成十四）

正小甲午 265〃
二大癸亥 764〃
三小癸巳 323〃
四大壬戌 822〃
五小壬辰 381〃
六大辛酉 880〃
七小辛卯 439〃
八大庚申 938〃
九大庚寅 497〃
十小庚申 56〃
十一大己丑 555〃
十二小己未 114〃

公元前1092年（成十三）

正大己亥 860〃 冬至戊戌癸卯后朔4日
二小己巳 419〃
三大戊戌 918〃
四大戊辰 477〃
五小戊戌 36〃
六大丁卯 535〃
七小丁酉 94（定朔丙申655分）
八大丙寅 593〃
九小丙申 152〃
十大乙丑 651〃
十一小乙未 210〃
十二大甲子 709〃

公元前1090年（成十五）

正大戊子 610〃 甲子冬至距朔26日
二小戊午 169〃
三大丁亥 668（定朔戊子
四小丁巳 227〃
五大丙戌 726（定朔丁亥44分）
六小丙辰 285〃
七大乙酉 784〃
八小乙卯 343〃
九大甲申 842〃
闰小甲寅 401〃
十大癸未 900〃
十一大癸丑 459〃
十二小癸未 18〃

西元前1089年(成十六)

正大壬子 514 〃
二小壬午 73 〃
三大辛亥 572 〃
四小辛巳 131 〃
五大庚戌 630 〃
六小庚辰 189 〃
七大己酉 688 〃
八小己卯 247 〃
九大戊申 746 〃
十小戊寅 305 〃
十一大丁未 804 〃
十二小丁丑 363 〃

西元前1088年(成十七)

正大丙午 859 〃
二小丙子 418 〃
三大乙巳 917 〃
四大乙亥 476 〃
五小乙巳 35 〃
六大甲戌 534 〃
七小甲辰 93 〃
八大癸酉 592 〃
九小癸卯 151 〃
十大壬申 650 〃
十一小壬寅 209 〃
十二大辛未 708 〃

西元前1087年(成十八)

正小辛丑 264 〃
二大庚午 763 〃
三小庚子 322 〃
四大己巳 821 〃
五小己亥 380 〃
闰大戊辰 879 〃
六小戊戌 438 〃
七大丁卯 937 〃
八大丁酉 496 〃
九小丁卯 55 〃
十大丙申 554 〃
十一小丙寅 113 〃
十二大乙未 612 〃

西元前1086年(成十九)

正小乙丑 168 〃
二大甲午 667 〃
三小甲子 226 〃
四大癸巳 725 〃
五小癸亥 284 〃
六大壬辰 783 〃
七小壬戌 342 〃
八大辛卯 841 〃
九小辛酉 400 〃
十大庚寅 899 〃
十一大庚申 458 〃
十二小庚寅 17 〃

公元前1085年(成二十)

正大己未513〃
二小己丑72〃
三大戊午571〃
四小戊子130〃
五大丁巳629〃
六小丁亥188〃
七大丙辰687〃
八小丙戌246〃
九大乙卯745〃
十小乙酉304〃
十一大甲寅803〃
十二小甲申362〃

公元前1084年(成二十一)

正大癸丑858〃
闰小癸未417〃
二大壬子916〃
三大壬午475〃
四小壬子34〃
五大辛巳533〃
六小辛亥92〃
七大庚辰591〃
八小庚戌150〃
九大己卯649〃
十小己酉208〃
十一大戊寅707〃
十二小戊申265〃

公元前1083年(成二十

正大丁丑761〃
二小丁未320〃
三大丙子819〃
四小丙午378〃
五大乙亥877〃
六小乙巳436〃
七大甲戌935〃
八大甲辰494〃
九小甲戌53〃
十大癸卯552〃
十一小癸酉111〃
十二大壬寅610〃

公元前1082年(成廿三

正小壬申166〃
二大辛丑665〃
三小辛未224〃
四大庚子723〃
五小庚午282〃
六大己亥781〃
七小己巳340〃
八大戊戌839〃
九小戊辰398〃
十大丁酉897〃
闰大丁卯456〃
十一小丁酉15〃
十二大丙寅514〃

西元前1081年(成卅四)

正小丙申 70"
二大乙丑 569"
三小乙未 128"
四大甲子 627"
五小甲午 186"
六大癸亥 685"
七小癸巳 244"
八大壬戌 743"
九小壬辰 302"
十大辛酉 801"
十一小辛卯 360"
十二大庚申 859"

西元前1080年(成卅五)

正小庚寅 415"
二大己未 914"
三大己丑 473"
四小己未 32"
五大戊子 531"
六小戊午 90"
七大丁亥 589"
八小丁巳 148"
九大丙戌 647"
十小丙辰 206"
十一大乙酉 705"
十二小乙卯 264"

西元前1079年(成卅六)

正大甲申 760" 冬至壬申，後朔28日
二小甲寅 319"
三大癸未 818"
四小癸丑 377"
五大壬午 876"
六小壬子 435"
七大辛巳 934"
閏大辛亥 493"
八小辛巳 52"
九大庚戌 551"
十小庚辰 110 既朔己卯
十一大己酉 609"
十二小己卯 168"

西元前1078年(成卅七)

正大戊申 664"
二小戊寅 223"
三大丁未 722"
四小丁丑 281"
五大丙午 780"
六小丙子 339"
七大乙巳 838"
八小乙亥 397"
九大甲辰 896"
十大甲戌 455"
十一小甲辰 14"
十二大癸酉 513"

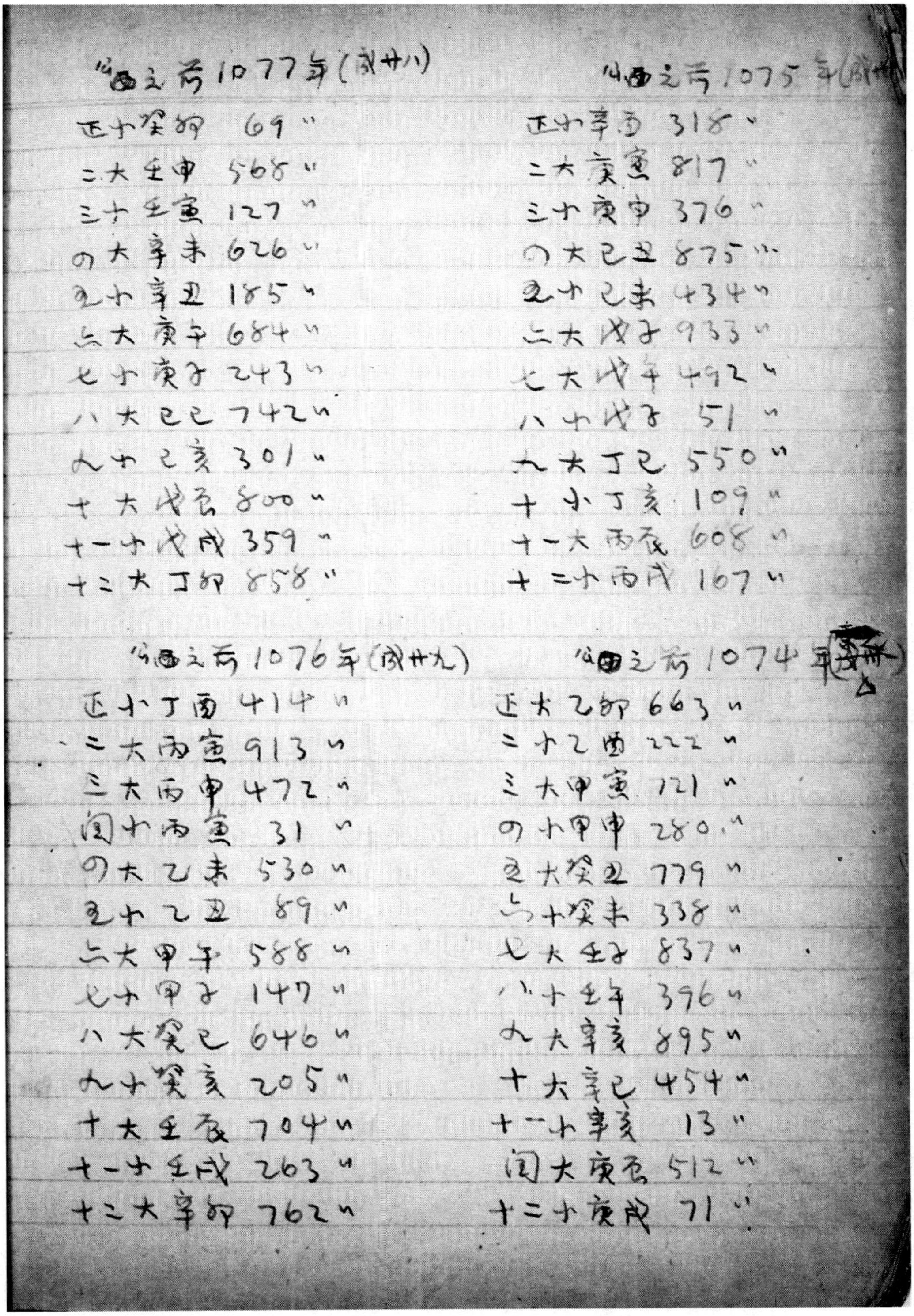

公元前1077年（成廿八）

正小癸卯 69〃
二大壬申 568〃
三小壬寅 127〃
四大辛未 626〃
五小辛丑 185〃
六大庚午 684〃
七小庚子 243〃
八大己巳 742〃
九小己亥 301〃
十大戊辰 800〃
十一小戊戌 359〃
十二大丁卯 858〃

公元前1075年（成卅

正小辛酉 318〃
二大庚寅 817〃
三小庚申 376〃
四大己丑 875〃
五小己未 434〃
六大戊子 933〃
七大戊午 492〃
八小戊子 51〃
九大丁巳 550〃
十小丁亥 109〃
十一大丙辰 608〃
十二小丙戌 167〃

公元前1076年（成廿九）

正小丁酉 414〃
二大丙寅 913〃
三大丙申 472〃
闰小丙寅 31〃
四大乙未 530〃
五小乙丑 89〃
六大甲午 588〃
七小甲子 147〃
八大癸巳 646〃
九小癸亥 205〃
十大壬辰 704〃
十一小壬戌 263〃
十二大辛卯 762〃

公元前1074年（ ）△

正大乙卯 663〃
二小乙酉 222〃
三大甲寅 721〃
四小甲申 280〃
五大癸丑 779〃
六小癸未 338〃
七大壬子 837〃
八小壬午 396〃
九大辛亥 895〃
十大辛巳 454〃
十一小辛亥 13〃
闰大庚辰 512〃
十二小庚戌 71〃

公元前1073年（[redacted]）

正大己卯 566 〃
二小己酉 125 〃
三大戊寅 624 〃
四小戊申 183 〃
五大丁丑 682 〃
六小丁未 241 〃
七大丙子 740 〃
八小丙午 299 〃
九大乙亥 798 〃
十小乙巳 357 〃
十一大甲戌 856 〃
十二小甲辰 415 〃

公元前1071年（[redacted]）

正小戊辰 316 〃
二大丁酉 815 〃
三小丁卯 374 〃
四大丙申 873 〃
五小丙寅 432 〃
六大乙未 931 〃
七大乙丑 490 〃
八小乙未 49 〃
九大甲子 548 〃
闰小甲午 107 〃
十大癸亥 606 〃
十一小癸巳 165 〃
十二大壬戌 664 〃

公元前1072年（[redacted]）

正大癸酉 911 〃
二大癸卯 470 〃
三小癸酉 29 〃
四大壬寅 528 〃
五小壬申 87 〃
六大辛丑 580 〃
七小辛未 145 〃
八大庚子 644 〃
九小庚午 203 〃
十大己亥 702 〃
十一小己巳 261 〃
十二大戊戌 760 〃

公元前1070年（[redacted]）

正小壬辰 220 癸至己亥合朔 8日定朔辛甲
二大辛酉 719 定朔辛酉
三小辛卯 278 〃定朔辛卯
四大庚申 777 〃定朔庚申(?)
五小庚寅 336 〃定朔庚寅
六大己未 835 〃
七小己丑 394 〃
八大戊午 893 〃
九大戊子 452 〃
十小戊午 11 〃
十一大丁亥 510 〃
十二小丁巳 69 〃

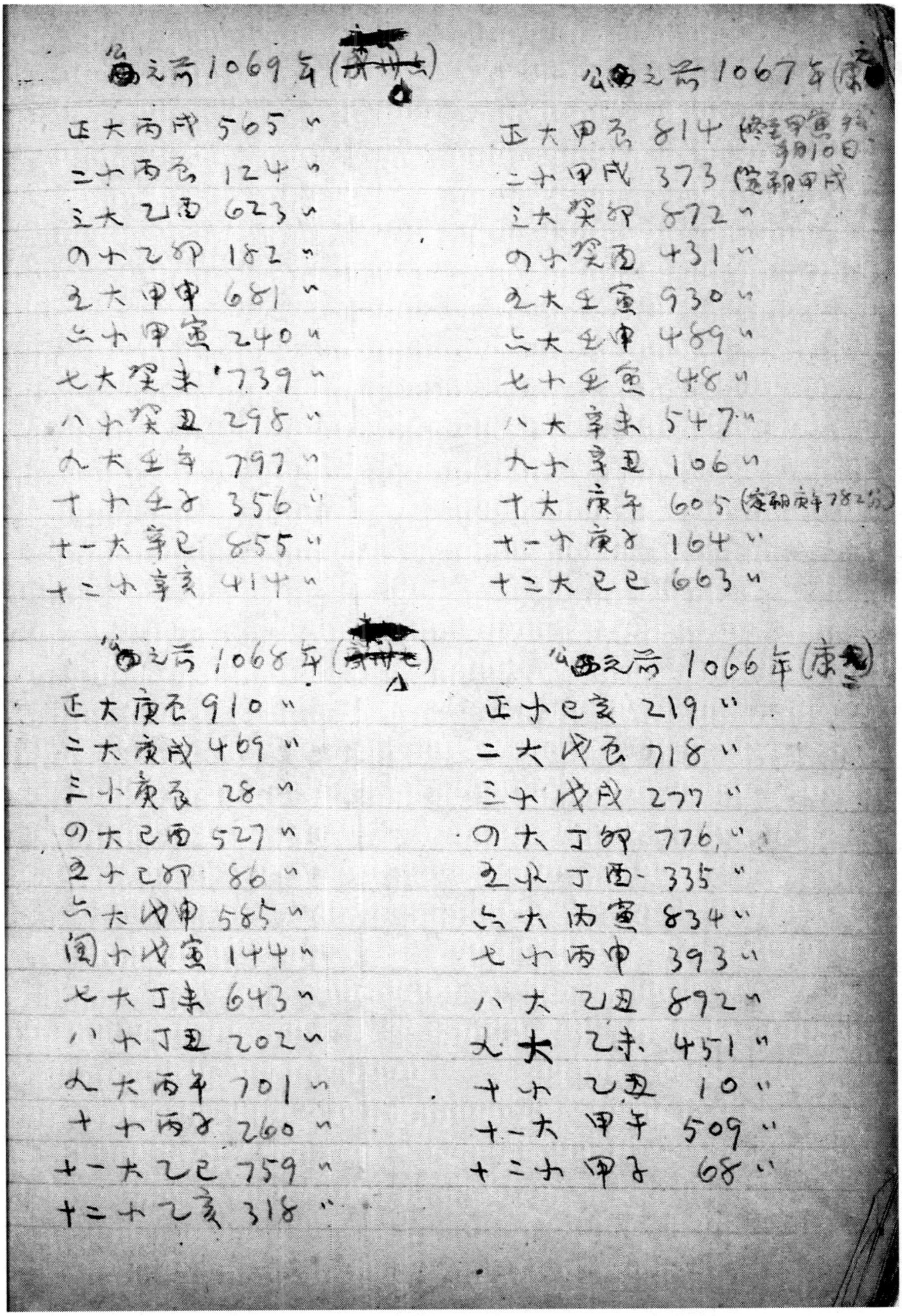
公西元前1069年([redacted])
正大丙戌 565 〃
二小丙辰 124 〃
三大乙酉 623 〃
四小乙卯 182 〃
五大甲申 681 〃
六小甲寅 240 〃
七大癸未 739 〃
八小癸丑 298 〃
九大壬午 797 〃
十小壬子 356 〃
十一大辛巳 855 〃
十二小辛亥 414 〃

公西元前1067年(庚
正大甲辰 814 ([illegible]至甲寅朔 [illegible]10日
二小甲戌 373 (随朔甲戌
三大癸卯 872 〃
四小癸酉 431 〃
五大壬寅 930 〃
六大壬申 489 〃
七小壬寅 48 〃
八大辛未 547 〃
九小辛丑 106 〃
十大庚午 605 (随朔庚午782分)
十一小庚子 164 〃
十二大己巳 663 〃

公西元前1068年([redacted])
正大庚辰 910 〃
二大庚戌 469 〃
三小庚辰 28 〃
四大己酉 527 〃
五小己卯 86 〃
六大戊申 585 〃
闰小戊寅 144 〃
七大丁未 643 〃
八小丁丑 202 〃
九大丙午 701 〃
十小丙子 260 〃
十一大乙巳 759 〃
十二小乙亥 318 〃

公西元前1066年(庚
正小己亥 219 〃
二大戊辰 718 〃
三小戊戌 277 〃
四大丁卯 776 〃
五小丁酉 335 〃
六大丙寅 834 〃
七小丙申 393 〃
八大乙丑 892 〃
九大乙未 451 〃
十小乙丑 10 〃
十一大甲午 509 〃
十二小甲子 68 〃

西元前1065年(康[illegible])

正 大 癸巳 564〃
二 小 癸亥 123〃
闰 大 壬辰 622〃
三 小 壬戌 181〃
四 大 辛卯 680〃
五 小 辛酉 239〃
六 大 庚寅 738〃
七 小 庚申 297〃
八 大 己丑 796〃
九 小 己未 355〃
十 大 戊子 854〃
十一 小 戊午 413〃
十二 大 丁亥 912〃

西元前1063年(康[illegible])

正 大 辛亥 813〃
二 小 辛巳 372〃
三 大 庚戌 871〃
四 小 庚辰 430〃
五 大 己酉 929〃
六 大 己卯 488〃
七 小 己酉 47〃
八 大 戊寅 546〃
九 小 戊申 105〃
十 大 丁丑 604〃
闰 小 丁未 163〃
十一 大 丙子 662〃
十二 小 丙午 221〃

西元前1064年(康[illegible])

正 大 丁巳 468〃
二 小 丁亥 27〃
三 大 丙辰 526〃
四 小 丙戌 85〃
五 大 乙卯 584〃
六 小 乙酉 143〃
七 大 甲寅 642〃
八 小 甲申 201〃
九 大 癸丑 700〃
十 小 癸未 259〃
十一 大 壬子 758〃
十二 小 壬午 317〃

西元前1062年(康[illegible])

正 大 乙亥 717 冬至辛巳，後朔6日
二 小 乙巳 276〃
三 大 甲戌 775〃
四 小 甲辰 334〃
五 大 癸酉 833 既朔甲戌
六 小 癸卯 392〃
七 大 壬申 891〃
八 大 壬寅 450〃
九 小 壬申 9〃
十 大 辛丑 508〃
十一 小 辛未 67〃
十二 大 庚子 566〃

西元前1061（庚[illegible]）

正小庚午 122 〃
二大己亥 621 〃
三小己巳 180 〃
四大戊戌 679 〃
五小戊辰 238 〃
六大丁酉 737 〃
七小丁卯 296 〃
八大丙申 795 〃
九小丙寅 354 〃
十大乙未 853 〃
十一小乙丑 412 〃
十二大甲午 911 〃

西元前1059年（庚[illegible]）

正小戊子 371 〃
二大丁巳 870 〃
三小丁亥 429 〃
四大丙辰 928 〃
五大丙戌 487 〃
六小丙辰 46 〃
七大乙酉 545 〃
八小乙卯 104 〃
九大甲申 603 〃
十小甲寅 162 〃
十一大癸未 661 〃
十二小癸丑 220 〃

西元前1060年（庚[illegible]）

正大甲子 467 〃
二小甲午 26 〃
三大癸亥 525 〃
四小癸巳 84 〃
五大壬戌 583 〃
六小壬辰 142 〃
七大辛酉 641 〃
闰小辛卯 200 〃
八大庚申 699 〃
九小庚寅 258 〃
十大己未 757 〃
十一小己丑 316 〃
十二大戊午 815 〃

西元前1058年（庚[illegible]）

正大壬午 716 〃
二小壬子 275 〃
三大辛巳 774 〃
四小辛亥 333 〃
五大庚辰 832 〃
六小庚戌 391 〃
七大己卯 890 〃
八大己酉 449 〃
九小己卯 8 〃
十大戊申 507 〃
十一小戊寅 66 〃
十二大丁未 565 〃

公元前1057年(康十[illegible])

正	小	丁丑	121〃	(定朔丁丑)
二	大	丙午	620〃	冬至丁未距朔一日
三	小	丙子	179〃	
四	大	乙巳	678〃	
闰	小	乙亥	237〃	
五	大	甲辰	736〃	
六	小	甲戌	295〃	
七	大	癸卯	794〃	
八	小	癸酉	353〃	
九	大	壬寅	852〃	
十	小	壬申	411〃	
十一	大	辛丑	910〃	
十二	大	辛未	469〃	

公元前1056年(康十[illegible])

正	小	辛丑	25〃	冬至壬子後朔[illegible]日
二	大	庚午	524〃	
三	小	庚子	83〃	
四	大	己巳	582〃	
五	小	己亥	141〃	
六	大	戊辰	640	定朔戊辰327分
七	小	戊戌	199〃	
八	大	丁卯	698	(随朔丁卯2̇17分)
九	小	丁酉	257〃	
十	大	丙寅	756〃	
十一	小	丙申	315〃	
十二	大	乙丑	814〃	

公元前1055年(康十[illegible])

正	小	乙未	370〃
二	大	甲子	869〃
三	小	甲午	428〃
四	大	癸亥	927〃
五	大	癸巳	486〃
六	小	癸亥	45〃
七	大	壬辰	544〃
八	小	壬戌	103〃
九	大	辛卯	602〃
十	小	辛酉	161〃
十一	大	庚寅	660〃
十二	小	庚申	219〃
闰	大	己丑	718〃

公元前1054年(康十[illegible])

正	小	己未	273〃
二	大	戊子	772〃
三	小	戊午	331〃
四	大	丁亥	830〃
五	小	丁巳	389〃
六	大	丙戌	888〃
七	大	丙辰	447〃
八	小	丙戌	6〃
九	大	乙卯	505〃
十	小	乙酉	64〃
十一	大	甲寅	563〃
十二	小	甲申	122〃

鲁考公

公元前1053年（康[illegible]）

正大癸丑 618〃
二小癸未 177〃
三大壬子 676〃
四小壬午 235〃
五大辛亥 734〃
六小辛巳 293〃
七大庚戌 792〃
八小庚辰 351〃
九大己酉 850〃
十小己卯 409〃
十一大戊申 908〃
十二大戊寅 467〃

公元前1051年（康[illegible]）

正大辛未 867〃
二小辛丑 426〃
三大庚午 925〃
四大庚子 484〃
五小庚午 43〃
六大己亥 542〃
七小己巳 101 定朔己巳480分
八大戊戌 600〃
九小戊辰 159〃
十大丁酉 658〃
十一小丁卯 217〃
十二大丙申 716〃

公元前1052年（康[illegible]）

正小戊申 23〃
二大丁丑 522〃
三小丁未 81〃
四大丙子 580〃
五小丙午 139〃
六大乙亥 638〃
七小乙巳 197〃
八大甲戌 696〃
闰小甲辰 255〃
九大癸酉 754〃
十小癸卯 313〃
十一大壬申 812〃
十二小壬寅 371〃

公元前1050年（康[illegible]）

正小丙寅 272〃
二大乙未 771〃
三小乙丑 330〃
四大甲午 829〃
五小甲子 388〃
六大癸巳 887〃
七大癸亥 446〃
八小癸巳 5〃
九大壬戌 504〃
十小壬辰 63〃
十一大辛酉 562〃
十二小辛卯 121〃

鲁炀公

公元前1049年(康[redacted])

正大庚申 617忽
二小庚寅 170〃
三大己未 675〃
四小己丑 234〃
五大戊午 733〃
闰小戊子 292〃
六大丁巳 791〃
七小丁亥 350〃
八大丙辰 849〃
九小丙戌 408〃
十大乙卯 907〃
十一大乙酉 466〃
十二小乙卯 25〃

公元前1047年(康[redacted])

正大戊寅 866〃
二小戊申 425〃
三大丁丑 924〃
四大丁未 483〃
五小丁丑 42〃
六大丙午 541〃
七小丙子 100〃
八大乙巳 599〃
九小乙亥 158〃
十大甲辰 657〃
十一小甲戌 216〃
十二大癸卯 715〃

公元前1048年([redacted])

正大甲申 521〃
二小甲寅 80〃
三大癸未 579〃
四小癸丑 138〃
五大壬午 637〃
六小壬子 196〃
七大辛巳 695.〃
八小辛亥 254〃
九大庚辰 753〃
十小庚戌 312〃
十一大己卯 811〃
十二小己酉 370〃

公元前1046年(康[redacted])

正小癸酉 271〃
二大壬寅 770〃
闰小壬申 329〃
三大辛丑 828〃
四小辛未 387〃
五大庚子 886〃
六大庚午 445〃
七小庚子 4〃
八大己巳 503〃
九小己亥 62〃
十大戊辰 561〃
十一小戊戌 120〃
十二大丁卯 619〃

西元前1045年(~~康廿三~~)[redacted]△

正小丁酉 175〃
二大丙寅 674〃
三小丙申 233〃
四大乙丑 732〃
五小乙未 291 (疑朔甲午933分)
六大甲子 790〃
七小甲午 349〃
八大癸亥 848〃
九小癸巳 407〃
十大壬戌 906〃
十一大壬辰 465〃
十二小壬戌 24〃

西元前1043年(~~康廿一~~)
~~康廿一~~△

正小乙卯 424〃
二大甲申 923〃
三大甲寅 482〃
四小甲申 41〃
五大癸丑 540〃
六小癸未 99〃
七大壬子 598〃
八小壬午 157〃
九大辛亥 656〃
十小辛巳 215〃
十一大庚戌 714〃
十二小庚辰 273〃

西元前1044年(~~康廿二~~)[redacted]△

正大辛卯 520〃
二小辛酉 79〃
三大庚寅 578〃
四小庚申 137〃
五大己丑 636〃
六小己未 195〃
七大戊子 694〃
八小戊午 253〃
九大丁亥 752〃
十小丁巳 311〃
闰大丙戌 810〃
十一小丙辰 369〃
十二大乙酉 868〃

西元前1042年(~~康廿~~)
~~康廿~~△

正大己酉 769〃
二小己卯 328〃
三大戊申 827〃
四小戊寅 386〃
五大丁未 885〃
六大丁丑 444〃
七小丁未 3〃
八大丙子 502〃
九小丙午 61〃
十大乙亥 560〃
十一小乙巳 119〃
十二大甲戌 618〃

公元前1041年(昭[illegible])

正 小 甲辰 174 (定朔辛未，望朔 27日)
二 大 癸酉 673 (定朔癸酉 263分)
三 小 癸卯 232 〃
四 大 壬申 731 定朔壬申
五 小 壬寅 290 〃
六 大 辛未 789 〃
闰 小 辛丑 348 〃
七 大 庚午 847 〃
八 小 庚子 406 〃
九 大 己巳 905 (定朔庚午 165分)
十 大 己亥 464 〃
十一 小 己巳 23 〃
十二 大 戊戌 522 〃

公元前1040年(昭[illegible])

正 小 戊辰 78 〃
二 大 丁酉 577 〃
三 小 丁卯 136 〃
四 大 丙申 635 〃
五 小 丙寅 194 〃
六 大 乙未 693 〃
七 小 乙丑 252 〃
八 大 甲午 751 〃
九 小 甲子 310 〃
十 大 癸巳 809 〃
十一 小 癸亥 368 〃
十二 大 壬辰 867 〃

公元前1039年(昭[illegible]

正 小 壬戌 423 〃
二 大 辛卯 922 〃
三 大 辛酉 481 〃
四 小 辛卯 40 〃
五 大 庚申 539 〃
六 小 庚寅 98 〃
七 大 己[illegible] 597 〃
八 小 己丑 156 〃
九 大 戊午 655 〃
十 小 戊子 214 〃
十一 大 丁巳 713 〃
十二 小 丁亥 272 〃

公元前1038年(昭[illegible])

正 大 丙辰 768 〃
二 小 丙戌 327 〃
三 大 乙卯 826 〃
闰 小 乙酉 385 〃
四 大 甲寅 884 〃
五 大 甲申 443 〃
六 小 甲寅 2 〃
七 大 癸未 501 〃
八 小 癸丑 60 〃
九 大 壬午 559 〃
十 小 壬子 118 〃
十一 大 辛巳 617 〃
十二 小 辛亥 176 〃

公元前1037年(昭…)

正大庚辰 972 〃
二小庚戌 231 〃
三大己卯 730 〃
四小己酉 289 〃
五大戊寅 788 〃
六小戊申 347 〃
七大丁丑 846 〃
八小丁未 405 〃
九大丙子 904 〃
十大丙午 463 〃
十一小丙子 22 〃
十二大乙巳 521 〃

公元前1035年(昭…)

正大戊戌 920 〃
二大戊辰 479 〃
三小戊戌 38 〃
四大丁卯 537 〃
五小丁酉 96 〃
六大丙寅 595 〃
七小丙申 154 〃
八大乙丑 653 〃
九小乙未 212 〃
十大甲子 711 〃
十一小甲午 270 〃
十二大癸亥 769 〃

公元前1036年(昭…)

正小乙亥 77 〃
二大甲辰 576 〃
三小甲戌 135 〃
四大癸卯 634 〃
五小癸酉 193 〃
六大壬寅 692 〃
七小壬申 251 〃
八大辛丑 750 〃
九小辛未 309(殷朔庚午815分)
十大庚子 808 〃
十一小庚午 367 〃
十二大己亥 866 〃
闰小己巳 425 〃

公元前1034年(昭…)

正小癸巳 325 〃
二大壬戌 824 〃
三小壬辰 383 〃
四大辛酉 882 〃
五大辛卯 441 〃
六小辛酉 0 〃
七大庚寅 499 〃
八小庚申 58 〃
九大己丑 557 〃
十小己未 116 〃
十一大戊子 615 〃
十二小戊午 174 〃

[redacted]

公元前1033年（昭[redacted]）△

正大丁亥 670〃
二小丁巳 229〃
三大丙戌 728〃
四小丙辰 287〃
五大乙酉 786〃
六小乙卯 345〃
七大甲申 844〃
八小甲寅 403〃
闰大癸未 902〃
九大癸丑 461〃
十小癸未 20〃
十一大壬子 519〃
十二小壬午 78〃

公元前1032年（昭十[redacted]）△

正大辛亥 574〃
二小辛巳 133〃
三大庚戌 632〃
四小庚辰 191〃
五大己酉 690〃
六小己卯 249〃
七大戊申 748〃
八小戊寅 307〃
九大丁未 806〃
十小丁丑 365〃
十一大丙午 864〃
十二小丙子 423〃

公元前1031年（昭十[redacted]）

正大乙巳 919 应是癸亥朔 朔18日
二大乙亥 478（应朔乙亥
三小乙巳 37〃
四大甲戌 536〃
五小甲辰 95〃
六大癸酉 594〃
七小癸卯 153〃
八大壬申 652〃
九小壬寅 211〃
十大辛未 710〃
十一小辛丑 269〃
十二大庚午 768〃

公元前1030年（昭十[redacted]）

正小庚子 324 应是戊辰，接朔 28日
二大己巳 823〃 ~~[illegible]~~ [redacted]
三小己亥 382〃
四大戊辰 881〃
五小戊戌 440〃
闰大丁卯 939〃
六大丁酉 498（定朔丁酉1344）
七小丁卯 57〃
八大丙申 556〃
九小丙寅 115〃
十大乙未 614〃
十一小乙丑 173〃
十二大甲午 672〃

公元前1029年(昭[redacted]) △

正小甲子 228〃
二大癸巳 727〃
三小癸亥 286〃
四大壬辰 785〃
五小壬戌 344〃
六大辛卯 843〃
七小辛酉 402〃
八大庚寅 901〃
九小庚申 460〃
十小庚寅 19〃
十一大己未 518〃
十二小己丑 77〃

公元前1027年(昭[redacted]) △

正大壬子 918〃
二大壬午 477〃
闰小壬子 36〃
三大辛巳 535〃
四小辛亥 94〃
五大庚辰 593〃
六小庚戌 152〃
七大己卯 651〃
八小己酉 210〃
九大戊寅 709〃
十小戊申 268〃
十一大丁丑 767〃
十二小丁未 326〃

公元前1028年(昭[redacted]) △

正大戊午 573〃
二小戊子 132〃
三大丁巳 631〃
四小丁亥 190〃
五大丙辰 689〃
六小丙戌 248〃
七大乙卯 747〃
八小乙酉 306〃
九大甲寅 805〃
十小甲申 364〃
十一大癸丑 863〃
十二小癸未 422〃

公元前1026年(昭[redacted]) △

正大丙子 822〃
二小丙午 381〃
三大乙亥 880〃
四小乙巳 439〃
五大甲戌 938〃
六大甲辰 497〃
七小甲戌 56〃
八大癸卯 555〃
九小癸酉 114〃
十大壬寅 613〃
十一小壬申 172〃
十二大辛丑 671〃

公西元前1025年（昭[illegible]）△

正小辛未 227〃
二大庚子 726〃
三小庚午 285〃
四大己亥 784〃
五小己巳 343〃
六大戊戌 842〃
七小戊辰 401〃
八大丁酉 900〃
九大丁卯 459〃
十小丁酉 18〃
十一大丙寅 517〃
闰小丙申 76〃
十二大乙丑 575〃

公西元前1024年（昭[illegible]）△

正小乙未 131〃
二大甲子 630〃
三小甲午 189〃
四大癸亥 688〃
五小癸巳 247〃
六大壬戌 746〃
七小壬辰 305〃
八大辛酉 804〃
九小辛卯 363〃
十大庚申 862〃
十一小庚寅 421〃
十二大己未 920〃

公西元前1023年（昭[illegible]）

正大己酉 476 [illegible] 16日
二小己未 35〃
三大戊子 534〃
四小戊午 93〃
五大丁亥 592〃
六小丁巳 151〃
七大丙戌 650〃
八小丙辰 209〃
九大乙酉 708〃
十小乙卯 267〃
十一大甲申 766〃
十二小甲寅 325〃

公西元前1022年（昭[illegible]）△

正大癸未 821〃
二小癸丑 380〃
三大壬午 879〃
四小壬子 438〃
五大辛巳 937〃
六大辛亥 496〃
七小辛巳 55〃
闰大庚戌 554〃
八小庚辰 113〃
九大己酉 612〃
十小己卯 171〃
十一大戊申 670〃
十二小戊寅 229〃

公元前1021年（昭[redacted]

正大丁未 725 〃
二小丁丑 284 〃
三大丙午 783 〃
四小丙子 342 〃
五大乙巳 841 〃
六小乙亥 400 〃
七大甲辰 899 〃
八大甲戌 458 〃
九小甲辰 17 〃
十大癸酉 516 〃
十一小癸卯 75 〃
十二大壬申 574 〃

公元前1019年（昭[redacted]

正大丙申 475 〃
二小丙寅 34 〃
三大乙未 533 〃
闰小乙丑 92 〃
四大甲午 591 〃
五小甲子 150 〃
六大癸巳 649 〃
七小癸亥 208 〃
八大壬辰 707 〃
九小壬戌 266 〃
十大辛卯 765 〃
十一小辛酉 324 〃
十二大庚寅 823 〃

公元前1020年（昭[redacted]

正小壬寅 130 〃
二大辛未 629 〃
三小辛丑 188 〃
四大庚午 687 〃
五小庚子 246 〃
六大己巳 745 〃
七小己亥 304 〃
八大戊辰 803 〃
九小戊戌 362 〃
十大丁卯 861 〃
十一小丁酉 420 〃
十二大丙寅 919 〃

公元前1018年（昭[redacted]

正小庚申 379 〃
二大己丑 878 〃
三小己未 437 〃
四大戊子 936 〃
五大戊午 495 〃
六小戊子 54 〃
七大丁巳 553 〃
八小丁亥 112 〃
九大丙辰 611 〃
十小丙戌 170 〃
十一大乙卯 669 〃
十二小乙酉 228 〃

公西元前1017年（昭[illegible]）

正 大 甲寅 724″
二 小 甲申 283″
三 大 癸丑 782″
四 小 癸未 341″
五 大 壬子 840″
六 小 壬午 399″
七 大 辛亥 898″
八 大 辛巳 457″
九 小 辛亥 16″
十 大 庚辰 515″
十一 小 庚戌 74″
十二 大 己卯 573″
闰 小 己酉 132″

公西元前1016年（昭[illegible]）

正 大 戊寅 627″
二 小 戊申 186″
三 大 丁丑 685″
四 小 丁未 244″
五 大 丙子 743″
六 小 丙午 302″
七 大 乙亥 801″
八 小 乙巳 360″
九 大 甲戌 859″
十 小 甲辰 418″
十一 大 癸酉 917″
十二 大 癸卯 476″

公西元前1015年（昭[illegible]）

正 小 癸酉 32 此年正月癸酉朔 14日应朔壬申
二 大 壬寅 531″
三 小 壬申 90″
四 大 辛丑 589″
五 小 辛未 148″
六 大 庚子 647″
七 小 庚午 206″
八 大 己亥 705″
九 小 己巳 264″
十 大 戊戌 763″
十一 小 戊辰 322″
十二 大 丁酉 821″

公西元前1014年（昭[illegible]）

正 小 丁卯 377″
二 大 丙申 876″
三 小 丙寅 435″
四 大 乙未 934″
五 大 乙丑 493″
六 小 乙未 52″
七 大 甲子 551″
八 小 甲午 110″
九 大 癸亥 609″
闰 小 癸巳 168″
十 大 壬戌 667″
十一 小 壬辰 226″
十二 大 辛酉 725″

公元前1013年（昭廿九）

正小辛卯281〃
二大庚申780〃
三小庚寅339〃
の大己未838〃
五小己丑397〃
六大戊午896〃
七大戊子455〃
八小戊午14〃
九大丁亥513〃
十小丁巳72〃
十一大丙戌571〃
十二小丙辰130〃

公元前1011年（昭卅一）

正小庚辰31〃
二大己酉530〃
三小己卯89〃
の大戊申588〃
五小戊寅147〃
闰大丁未646〃
六小丁丑205〃
七大丙午704〃
八小丙子263〃
九大乙巳762〃
十小乙亥321〃
十一大甲辰820〃
十二小甲戌379〃

公元前1012年（昭三十）

正大乙酉626〃
二小乙卯185〃
三大甲申684〃
の小甲寅243〃
五大癸未742〃
六小癸丑301〃
七大壬午800〃
八小壬子359〃
九大辛巳858〃
十小辛亥417〃
十一大庚辰916〃
十二大庚戌475〃

公元前1010年（昭卅二）

正大癸卯875〃
二小癸酉434〃
三大壬寅933〃
の大壬申492〃
五小壬寅51〃
六大辛未550〃
七小辛丑109〃
八大庚午608〃
九小庚子167〃
十大己巳666〃
十一小己亥225〃
十二大戊辰724〃

西元前1009年（昭卅三）

正小戊戌 280〃
二大丁卯 779〃
三小丁酉 338〃
四大丙寅 837〃
五小丙申 396〃
六大乙丑 895〃
七大乙未 454〃
八小乙丑 13〃
九大甲午 512〃
十小甲子 71〃
十一大癸巳 570〃
十二小癸亥 129〃

西元前1007年（昭卅五）

正大丙辰 529〃
二小丙戌 88〃
三大乙卯 587〃
四小乙酉 146〃
五大甲寅 645〃
六小甲申 204〃
七大癸丑 703〃
八小癸未 262〃
九大壬子 761〃
十小壬午 320〃
十一大辛亥 819〃
十二小辛巳 378〃

西元前1008年（昭卅四）

正大壬辰 625〃
閏小壬戌 184〃
二大辛卯 683〃
三小辛酉 242〃
四大庚寅 741〃
五小庚申 300〃
六大己丑 799〃
七小己未 358〃
八大戊子 857〃
九小戊午 416〃
十大丁亥 915〃
十一大丁巳 474〃
十二小丁亥 33〃

西元前1006年（穆元）

正大庚戌 874〃
二小庚辰 433〃
三大己酉 932〃
四大己卯 491〃
五小己酉 50〃
六大戊寅 549〃
七小戊申 108〃
八大丁丑 607〃
九小丁未 166〃
十大丙子 665〃
閏小丙午 224〃
十一大乙亥 723〃
十二小乙巳 282〃

公元前1005年（穆二）

正大甲戌 778加
二小甲辰 337〃
三大癸酉 836〃
四小癸卯 395〃
五大壬申 894〃
六大壬寅 453〃
七小壬申 12〃
八大辛丑 511〃
九小辛未 70〃
十大庚子 569〃
十一小庚午 128〃
十二大己亥 627〃

公元前1003年（穆四）

正大癸亥 528〃 金文庚寅后卯27日
二小癸巳 87〃
三大壬戌 586〃
四小壬辰 145〃
五大辛酉 644〃
六小辛卯 203〃
七大庚申 702〃
闰小庚寅 261〃
八大己未 760〃
九小己丑 319〃（应朔己丑）
十大戊午 818〃
十一小戊子 377〃
十二大丁巳 876〃

公元前1004年（穆三）

正小己巳 183〃
二大戊戌 682〃
三小戊辰 241〃
四大丁酉 740〃
五小丁卯 299〃
六大丙申 798〃
七小丙寅 357〃
八大乙未 856〃
九小乙丑 415〃
十大甲午 914〃
十一大甲子 473〃
十二小甲午 32〃

公元前1002年（穆五）

正小丁亥 432〃
二大丙辰 931〃
三大丙戌 490〃
四小丙辰 49〃
五大乙酉 548〃
六小乙卯 107〃
七大甲申 606〃
八小甲寅 165〃
九大癸未 664〃
十小癸丑 223〃
十一大壬午 722〃
十二小壬子 281〃

西元前1001年（穆六）

正大辛巳777〃
二小辛亥336〃
三大庚辰835〃
四小庚戌394〃
五大己卯893〃
六大己酉452〃
七小己卯 11〃
八大戊申510〃
九小戊寅 69〃
十大丁未568〃
十一小丁丑127〃
十二大丙午626〃

西元前999年（穆八）

正小庚子86〃
二大己巳585〃
三小己亥144〃
四大戊辰643〃
五小戊戌202〃
六大丁卯701〃
七小丁酉260〃
八大丙寅759〃
九小丙申318〃
十大乙丑817〃
十一小乙未376〃
十二大甲子875〃

西元前1000年（穆七）

正小丙子182〃
二大乙巳681〃
三小乙亥240〃
闰大甲辰739〃
四小甲戌298〃
五大癸卯797〃
六小癸酉356〃
七大壬寅855〃
八小壬申414〃
九大辛丑913〃
十大辛未472〃
十一小辛丑 31〃
十二大庚午530〃

西元前998年（穆九）

正小甲午431〃
二大癸亥930〃
三大癸巳489〃
四小癸亥48〃
五大壬辰547〃
六小壬戌106〃
七大辛卯605〃
八小辛酉164〃
九大庚寅663〃
十小庚申222〃
十一大己丑721〃
闰小己未280〃
十二大戊子779〃

公元前997年（穆十）

正小戊午334〃
二大丁亥833〃
三小丁巳392〃
四大丙戌891〃
五大丙辰450〃
六小丙戌9〃
七大乙卯508〃
八小乙酉67〃
九大甲寅566〃
十小甲申125〃
十一大癸丑624〃
十二小癸未183〃

公元前996年（穆十一）

正大壬子679〃
二小壬午238〃
三大辛亥737〃
四小辛巳296〃
五大庚戌795〃
六小庚辰354〃
七大己酉853〃
八小己卯412〃
九大戊申911〃
十大戊寅470〃
十一小戊申29〃
十二大丁丑528〃

公元前995年（穆十二）

正小丁未84（冬至壬申 距朔25日
二大丙子583〃
三小丙午142〃
四大乙亥641〃
五小乙巳200〃
六大甲戌699〃
七小甲辰258〃
八大癸酉757〃
九小癸卯316〃
闰大壬申815〃
十小壬寅374〃
十一大辛未873〃
十二小辛丑432（冬朔辛丑665

公元前994年（穆十三）

正大庚午928（冬至丁酉 距朔7日
二大庚子487〃
三小庚午46〃
四大己亥545〃
五小己巳104〃
六大戊戌603（冬朔戊戌
七小戊辰162〃
八大丁酉661〃
九小丁卯220〃
十大丙申719〃
十一小丙寅278〃
十二大乙未777〃

公元前993年（穆十四）

正 小 乙丑 333〃
二 大 甲午 832〃
三 小 甲子 391〃
四 大 癸巳 890〃
五 大 癸亥 449〃
六 小 癸巳 8〃
七 大 壬戌 507〃
八 小 壬辰 66〃
九 大 辛酉 565〃
十 小 辛卯 124〃
十一 大 庚申 623〃
十二 小 庚寅 182〃

公元前991年（穆十六）

正 大 癸未 582（冬至癸巳在朔10日）
二 小 癸丑 141〃
三 大 壬午 640〃
四 小 壬子 199〃
五 大 辛巳 698〃
六 小 辛亥 257〃
七 大 庚辰 756（定朔辛巳93分）
八 小 庚戌 315〃
九 大 己卯 814〃
十 小 己酉 373〃
十一 大 戊寅 872〃
十二 小 戊申 431〃

公元前992年（穆十五）

正 大 己未 678〃
二 小 己丑 237〃
三 大 戊午 736〃
四 小 戊子 295〃
五 大 丁巳 794〃
六 小 丁亥 353〃
闰 大 丙辰 852〃
七 小 丙戌 411〃
八 大 乙卯 910〃
九 大 乙酉 469〃
十 小 乙卯 28〃
十一 大 甲申 527〃
十二 小 甲寅 86〃

公元前990年（穆十七）

正 大 丁丑 927（冬至戊戌在朔21日）
二 大 丁未 486〃
三 小 丁丑 45〃
四 大 丙午 544〃
五 小 丙子 103（定朔丙子568分）
六 大 乙巳 602〃
七 小 乙亥 161〃
八 大 甲辰 660〃
九 小 甲戌 219〃
十 大 癸卯 718〃
十一 小 癸酉 277〃
十二 大 壬寅 776〃

鲁幽元

公元前989年（穆十八）

正	小	壬申	332〃
二	大	辛丑	831〃 癸卯冬至後朔日2日 定朔辛丑354分
闰	小	辛未	390〃
三	大	庚子	889〃
四	大	庚午	448〃
五	小	庚子	7〃
六	大	己巳	506〃
七	小	己亥	65（定朔己亥446分）
八	大	戊辰	564〃
九	小	戊戌	123〃
十	大	丁卯	622〃
十一	小	丁酉	181〃
十二	大	丙寅	680〃

公元前987年（穆二十）

正	大	庚寅	581〃
二	小	庚申	140〃
三	大	己丑	639〃
四	小	己未	198〃
五	大	戊子	697〃
六	小	戊午	256〃
七	大	丁亥	755〃
八	小	丁巳	314〃
九	大	丙戌	813〃
十	小	丙辰	372〃
闰	大	乙酉	874〃
十一	小	乙卯	430〃
十二	大	甲申	929〃

公元前988年（穆十九）

正	小	丙申	236〃
二	大	乙丑	735〃
三	小	乙未	294〃
四	大	甲子	793〃
五	小	甲午	352〃
六	大	癸亥	851〃
七	小	癸巳	410〃
八	大	壬戌	909〃
九	大	壬辰	468〃
十	小	壬戌	27〃
十一	大	辛卯	526〃
十二	小	辛酉	85〃

公元前986年（穆廿一）

正	大	甲寅	485 冬至己未後朔5日
二	小	甲申	44〃
三	大	癸丑	543〃
四	小	癸未	102〃
五	大	壬子	601〃
六	小	壬午	160〃
七	大	辛亥	659〃
八	小	辛巳	218（定朔庚辰861分）
九	大	庚戌	717〃
十	小	庚辰	276〃
十一	大	己酉	775〃
十二	小	己卯	334〃

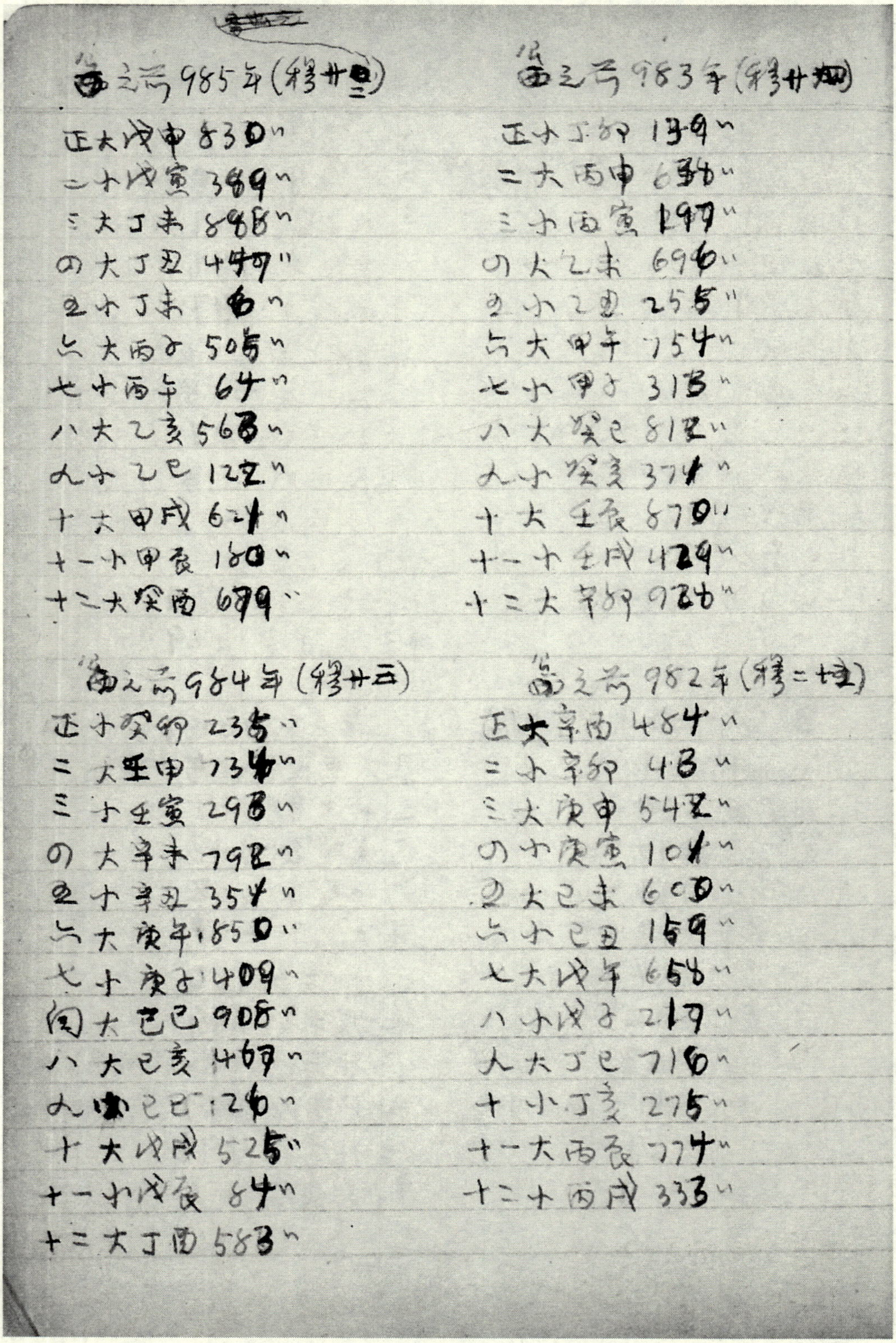

西元前985年(穆卅二)

正大戊申 833
二小戊寅 389
三大丁未 888
四大丁丑 449
五小丁未 6
六大丙子 505
七小丙午 64
八大乙亥 563
九小乙巳 122
十大甲戌 624
十一小甲辰 180
十二大癸酉 679

西元前983年(穆卅四)

正小丁卯 139
二大丙申 684
三小丙寅 197
四大乙未 696
五小乙丑 255
六大甲午 754
七小甲子 313
八大癸巳 812
九小癸亥 374
十大壬辰 870
十一小壬戌 429
十二大辛卯 926

西元前984年(穆卅三)

正小癸卯 235
二大壬申 734
三小壬寅 293
四大辛未 792
五小辛丑 354
六大庚午 850
七小庚子 409
闰大己巳 908
八大己亥 469
九小己巳 126
十大戊戌 525
十一小戊辰 84
十二大丁酉 583

西元前982年(穆三十五)

正大辛酉 484
二小辛卯 43
三大庚申 542
四小庚寅 101
五大己未 600
六小己丑 159
七大戊午 658
八小戊子 217
九大丁巳 716
十小丁亥 275
十一大丙辰 774
十二小丙戌 333

668

公元前981年（穆廿六）

正大乙卯 829〃　721以前定与乙酉朔同日大时刻
二小乙酉 388〃
三大甲寅 887〃
四大甲申 446〃
闰小甲寅 5〃
五大癸未 504〃
六小癸丑 63〃
七大壬午 562〃
八小壬子 121〃
九大辛巳 620〃
十小辛亥 179〃
十一大庚辰 678〃
十二小庚戌 237〃

公元前979年（穆廿八）

正小甲戌 138〃　冬至丙申后朔 22日定朔癸酉
二大癸卯 687〃定朔癸卯
三小癸酉 196〃定朔壬申
四大壬寅 695〃
五小壬申 254〃（定朔壬申111分）
六大辛丑 753〃
七小辛未 312〃（定朔辛未
八大庚子 811〃
九小庚午 370〃
十大己亥 869〃
十一小己巳 428〃
十二大戊戌 927〃
闰大戊辰 486〃

公元前980年（穆廿七）

正大己卯 733〃
二小己酉 292〃
三大戊寅 791〃
四小戊申 350〃
五大丁丑 849〃
六小丁未 408〃
七大丙子 907〃
八大丙午 466〃
九小丙子 25〃
十大乙巳 524〃
十一小乙亥 83〃
十二大甲辰 582〃

公元前978年（穆廿九）

正小戊戌 41〃
二大丁卯 540〃
三小丁酉 99〃
四大丙寅 598〃
五小丙申 157〃
六大乙丑 656〃
七小乙未 215〃
八大甲子 714〃
九小甲午 273〃
十大癸亥 772〃
十一小癸巳 331〃
十二大壬戌 830〃

公元前977年（穆卅[illegible]）
正小壬辰 386〃
二大辛酉 885〃
三大辛卯 444〃
四小辛酉 3〃
五大庚寅 502〃
六小庚申 61〃
七大己丑 560〃
八小己未 119〃
九大戊子 618〃
十小戊午 177〃
十一大丁亥 676〃
十二小丁巳 235〃

公元前976年（穆卅[illegible]）
正大丙戌 731〃
二小丙辰 290〃
三大乙酉 789〃
四小乙卯 348〃
五大甲申 847〃
六小甲寅 406〃
七大癸未 905〃
八大癸丑 464〃
闰小癸未 23〃
九大壬子 522〃
十小壬午 81〃
十一大辛亥 580〃
十二小辛巳 139〃

公元前975年（穆卅[illegible]）
正大庚戌 635〃
二小庚辰 194〃
三大己酉 693〃
四小己卯 252〃
五大戊申 751〃
六小戊寅 310〃
七大丁未 809〃
八小丁丑 368〃
九大丙午 867〃
十小丙子 426〃
十一大乙巳 925〃
十二大乙亥 484〃

公元前974年（穆卅[illegible]）
正小乙巳 40〃
二大甲戌 539〃
三小甲辰 98〃
四大癸酉 597〃
五小癸卯 156〃
六大壬申 655（定朔壬申927分）
七小壬寅 214〃
八大辛未 713〃
九小辛丑 272〃
十大庚午 771〃
十一小庚子 330〃
十二大己巳 829〃

魯設之

公元前973年（穆卅四）

正小己亥 385〃
二大戊辰 884〃
三大戊戌 443〃
四小戊辰 2〃
五大丁酉 501〃
闰小丁卯 60〃
六大丙申 559〃
七小丙寅 118〃
八大乙未 617〃
九小乙丑 176〃
十大甲午 675〃
十一小甲子 234〃
十二大癸巳 733〃

公元前972年（穆三十五）

正小癸亥 289〃
二大壬辰 788〃
三小壬戌 347〃
四大辛卯 846〃
五小辛酉 405〃
六大庚寅 904〃
七大庚申 463〃
八小庚寅 22〃
九大己未 521〃
十小己丑 80〃
十一大戊午 579〃
十二小戊子 138〃

魯設之

公元前971年（穆卅六）

正大丁巳 634〃
二小丁亥 193〃
三大丙辰 692〃
四小丙戌 251〃
五大乙卯 750〃
六小乙酉 309〃
七大甲寅 808〃
八小甲申 367〃
九大癸丑 866〃
十小癸未 425〃
十一大壬子 924〃
十二大壬午 483〃

公元前970年（穆卅七）

正小壬子 39〃
二大辛巳 538〃
闰小辛亥 97〃
三大庚辰 596〃
四小庚戌 155〃
五大己卯 654〃
六小己酉 213〃
七大戊寅 712〃
八小戊申 271〃
九大丁丑 770〃
十小丁未 329〃
十一大丙子 828〃
十二小丙午 387〃

公元前969年（穆卅四）

正大乙亥 883〃 每壬戌子后 朔13日
二大乙巳 442〃
三小乙亥 1〃
四大甲辰 500〃
五小甲戌 59 定朔~~甲戌~~癸酉 71〃
六大癸卯 558〃
七小癸酉 117〃
八大壬寅 616〃
九小壬申 175〃
十大辛丑 674〃
十一小辛未 233〃
十二大庚子 732〃

公元前968年（穆卅五）

正小庚午 288〃
二大己亥 787〃
三小己巳 346〃
四大戊戌 845〃
五小戊辰 404〃
六大丁酉 903〃
七大丁卯 462〃
八小丙申 21〃
九大丙寅 520〃
十小丙申 79〃
閏大乙丑 578〃
十一小乙未 137〃
十二大甲子 636〃

公元前967年（穆四十）

正小甲午 192〃
二大癸亥 691〃
三小癸巳 250〃
四大壬戌 749〃
五小壬辰 308〃
六大辛酉 807〃
七小辛卯 366〃
八大庚申 865〃
九小庚寅 424〃
十大己未 923〃
十一大己丑 482〃
十二小己未 41〃

公元前966年（穆四十一）

正大戊子 537〃
二小戊午 96〃
三大丁亥 595〃
四小丁巳 154〃
五大丙戌 653〃
六小丙辰 212〃
七大乙酉 711〃
八小乙卯 270〃
九大甲申 769〃
十小甲寅 328〃
十一大癸未 827〃
十二小癸丑 386〃

公元前965年（穆四十二）

正大壬午881〃
二小壬子440〃
三大辛巳939〃
四大辛亥498〃
五小辛巳57〃
六大庚戌556〃
闰小庚辰115〃
七大己酉614〃
八小己卯173〃
九大戊申672〃
十小戊寅231〃
十一大丁未730〃
十二小丁丑289〃

公元前964年（穆四十三）

正大丙午785〃
二小丙子344〃
三大乙巳843〃
四小乙亥402〃
五大甲辰901〃
六大甲戌460〃
七小甲辰19〃
八大癸酉518〃
九小癸卯77〃
十大壬申576〃
十一小壬寅135〃
十二大辛未634〃

公元前963年（穆四十四）

正小辛丑190〃
二大庚午689〃
三小庚子248〃
四大己巳747〃
五小己亥306〃
六大戊辰805〃
七小戊戌364〃
八大丁卯863〃
九小丁酉422〃
十大丙寅921〃
十一大丙申480〃
十二小丙寅39〃

公元前962年（穆四十五）

正大乙未535〃
二小乙丑94〃
三大甲午593〃
闰小甲子152〃
四大癸巳651〃
五小癸亥210〃
六大壬辰709〃
七小壬戌268〃
八大辛卯767〃
九小辛酉326〃
十大庚寅825〃
十一小庚申384〃
十二大己丑883〃

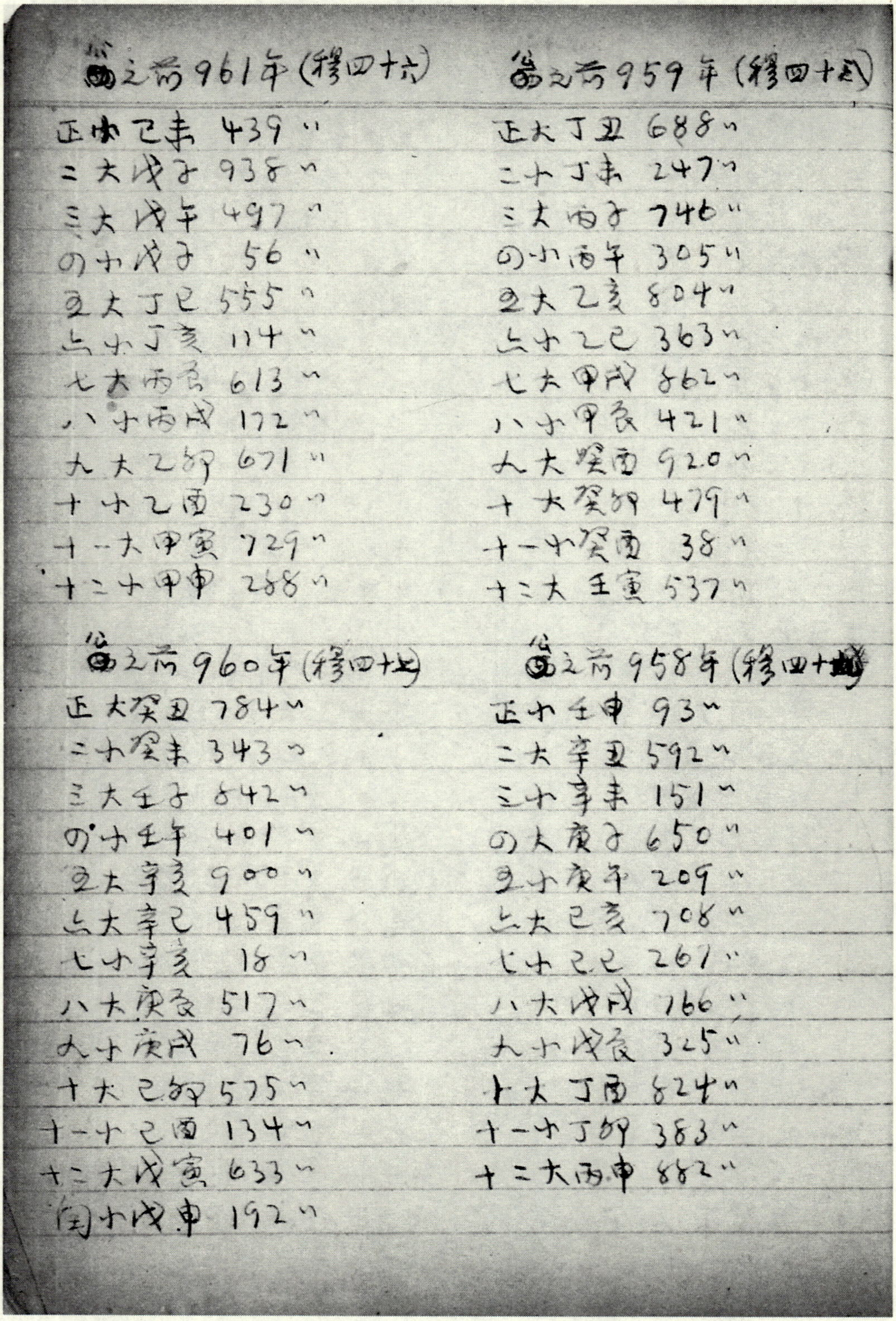

公元前961年（穆四十六）

正小己未 439″
二大戊子 938″
三大戊午 497″
四小戊子 56″
五大丁巳 555″
六小丁亥 114″
七大丙辰 613″
八小丙戌 172″
九大乙卯 671″
十小乙酉 230″
十一大甲寅 729″
十二小甲申 288″

公元前960年（穆四十七）

正大癸丑 784″
二小癸未 343″
三大壬子 842″
四小壬午 401″
五大辛亥 900″
六大辛巳 459″
七小辛亥 18″
八大庚辰 517″
九小庚戌 76″
十大己卯 575″
十一小己酉 134″
十二大戊寅 633″
闰小戊申 192″

公元前959年（穆四十八）

正大丁丑 688″
二小丁未 247″
三大丙子 746″
四小丙午 305″
五大乙亥 804″
六小乙巳 363″
七大甲戌 862″
八小甲辰 421″
九大癸酉 920″
十大癸卯 479″
十一小癸酉 38″
十二大壬寅 537″

公元前958年（穆四十九）

正小壬申 93″
二大辛丑 592″
三小辛未 151″
四大庚子 650″
五小庚午 209″
六大己亥 708″
七小己巳 267″
八大戊戌 766″
九小戊辰 325″
十大丁酉 824″
十一小丁卯 383″
十二大丙申 882″

公元前957年（穆五十）

正小丙寅438〃
二大乙未937〃
三大乙丑496〃
四小乙未55〃
五大甲子554〃
六小甲午113〃
七大癸亥612〃
八小癸巳171〃
闰大壬戌670〃
九小壬辰229〃
十大辛酉728〃
十一小辛卯287〃
十二大庚申786〃

公元前956年（穆五十一）

正小庚寅342〃
二大己未841〃
三小己丑400〃
四大戊午899〃
五大戊子458〃
六小戊午17〃
七大丁亥516〃
八小丁巳75〃
九大丙戌574〃
十小丙辰133〃
十一大乙酉632〃
十二小乙卯191〃

公元前955年（穆五十二）

正大甲申687〃
二小甲寅246〃
三大癸未745〃
四小癸丑304〃
五大壬午803〃
六小壬子362〃
七大辛巳861〃
八小辛亥420〃
九大庚辰919〃
十大庚戌478〃
十一小庚辰37〃
十二大己酉536〃

公元前954年（穆五十三）

正小己卯92〃
二大戊申591〃
三小戊寅150〃
四大丁未649〃
五小丁丑208〃
闰大丙午707〃
六小丙子266〃
七大乙巳765〃
八小乙亥324〃
九大甲辰823〃
十小甲戌382〃
十一大癸卯881〃
十二小癸酉440〃

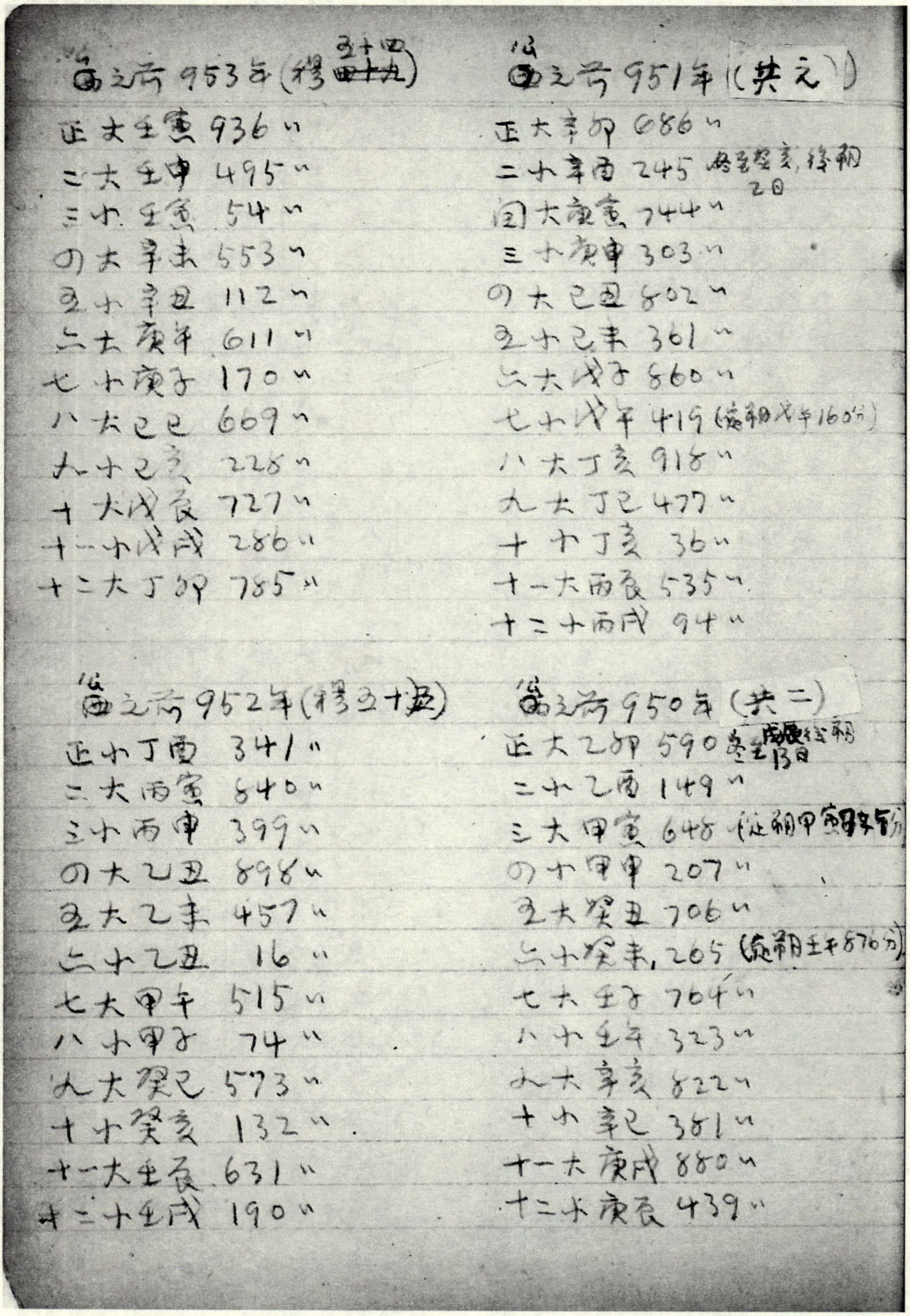

公元前953年（穆~~四十九~~五十四）

正大壬寅 936〃
二大壬申 495〃
三小壬寅 54〃
四大辛未 553〃
五小辛丑 112〃
六大庚午 611〃
七小庚子 170〃
八大己巳 669〃
九小己亥 228〃
十大戊辰 727〃
十一小戊戌 286〃
十二大丁卯 785〃

公元前952年（穆五十五）

正小丁酉 341〃
二大丙寅 840〃
三小丙申 399〃
四大乙丑 898〃
五大乙未 457〃
六小乙丑 16〃
七大甲午 515〃
八小甲子 74〃
九大癸巳 573〃
十小癸亥 132〃
十一大壬辰 631〃
十二小壬戌 190〃

公元前951年（共元）

正大辛卯 686〃
二小辛酉 245 [illegible]癸亥，经朔 2日
闰大庚寅 744〃
三小庚申 303〃
四大己丑 802〃
五小己未 361〃
六大戊子 860〃
七小戊午 419（定朔戊午160分）
八大丁亥 918〃
九大丁巳 477〃
十小丁亥 36〃
十一大丙辰 535〃
十二小丙戌 94〃

公元前950年（共二）

正大乙卯 590 [illegible]经朔 13日
二小乙酉 149〃
三大甲寅 648（经朔甲寅[illegible]分）
四小甲申 207〃
五大癸丑 706〃
六小癸未 265（定朔壬午870分）
七大壬子 764〃
八小壬午 323〃
九大辛亥 822〃
十小辛巳 381〃
十一大庚戌 880〃
十二小庚辰 439〃

公元1949年（共三）

正大己酉 934〃 冬至癸酉后初24日
二大己卯 498〃
三小己酉 58〃
四大戊寅 551〃
五小戊申 110（闰朔庚申217分）
六大丁丑 409〃
七小丁未 168〃
八大丙子 607〃
九小丙午 226〃
十大乙亥 726〃
十一小乙巳 264〃
闰大甲戌 788〃
十二小甲辰 342〃

公元1948年（共四）

正大癸酉 898〃
二小癸卯 397〃
三大壬申 896〃
四大壬寅 456〃
五小壬申 14〃
六大辛丑 519〃
七小辛未 78〃
八大庚子 574〃
九小庚午 130〃
十大己亥 634〃
十一小己巳 188〃
十二大戊戌 689〃

公元1947年（共五）

正小戊辰 248〃
二大丁酉 742〃
三小丁卯 304〃
四大丙申 803〃
五小丙寅 359〃
六大乙未 858〃
七小乙丑 413〃
八大甲午 916〃
九大甲子 475〃
十小甲午 34〃
十一大癸亥 538〃
十二小癸巳 92〃

公元1946年（共六）

正大壬戌 588〃 庚寅35分冬至 校朔28日
二小壬辰 147〃
三大辛酉 646〃
四小辛卯 205〃
五大庚申 704〃
六小庚寅 263〃
七大己未 762（闰朔庚申25分）
闰小己丑 324〃
八大戊午 820〃
九小戊子 379〃
十大丁巳 888〃
十一小丁亥 437〃
十二大丙辰 936〃

宋文帝945年（廿七）

正大丙戌 492 以定望算校 相8日
二小丙辰 51〃
三大乙酉 550（定朔乙酉499分）
四小乙卯 109 定朔乙卯
五大甲申 608 定朔乙酉73分 定望己亥
六小甲寅 167〃
七大癸未 666〃
八小癸丑 225〃
九大壬午 724〃
十小壬子 283〃
十一大辛巳 782〃
十二小辛亥 341〃

宋文帝943年（廿九）

正小乙亥 242〃
二大甲辰 741〃
三小甲戌 300〃
闰大癸卯 799〃
四小癸酉 358〃
五大壬寅 857〃
六小壬申 416〃
七大辛丑 915〃
八大辛未 474〃
九小辛丑 33〃
十大庚午 532〃
十一小庚子 91〃
十二大己巳 590〃

宋文帝944年（廿八）

正大庚辰 837〃
二小庚戌 396〃
三大己卯 895〃
四大己酉 454〃
五小己卯 13〃
六大戊申 512〃
七小戊寅 71〃
八大丁未 570〃
九小丁丑 129〃
十大丙午 628〃
十一小丙子 187〃
十二大乙巳 686〃

宋文帝942年（卅）

正小己亥 146〃
二大戊辰 645〃
三小戊戌 204〃
四大丁卯 703〃
五小丁酉 262〃
六大丙寅 761〃
七小丙申 320〃
八大乙丑 819〃
九小乙未 378〃
十大甲子 877〃
十一小甲午 436〃
十二大癸亥 935〃

公元前941年（共和十一）

正大癸巳 491″ 冬至乙卯，后朔22日
二小癸亥 50″
三大壬辰 549″
四小壬戌 108″
五大辛卯 607″
六小辛酉 166″
七大庚寅 665″
八小庚申 224″
九大己丑 723″
十小己未 282″
十一大戊子 781″（定朔戊子606分）
十二小戊午 340″
闰大丁亥 839″

公元前940年（共和十二）

正小丁巳 394″
二大丙戌 893″
三大丙辰 452″
四小丙戌 11″
五大乙卯 510″
六小乙酉 69″
七大甲寅 568″
八小甲申 127″
九大癸丑 626″
十小癸未 185″
十一大壬子 684″
十二小壬午 243″

公元前939年（共和十三）

正大辛亥 739″
二小辛巳 298″
三大庚戌 797″
四小庚辰 356″
五大己酉 855″
六小己卯 414″
七大戊申 913″
八大戊寅 472″
九小戊申 31″
十大丁丑 530″
十一小丁未 89″
十二大丙子 588″

公元前938年（共和十四）

正小丙午 144″
二大乙亥 643″
三小乙巳 202″
四大甲戌 701″
五小甲辰 260″
六大癸酉 759″
七小癸卯 318″
八大壬申 817″
九小壬寅 376″
闰大辛未 875″
十小辛丑 434″
十一大庚午 933″
十二大庚子 492″

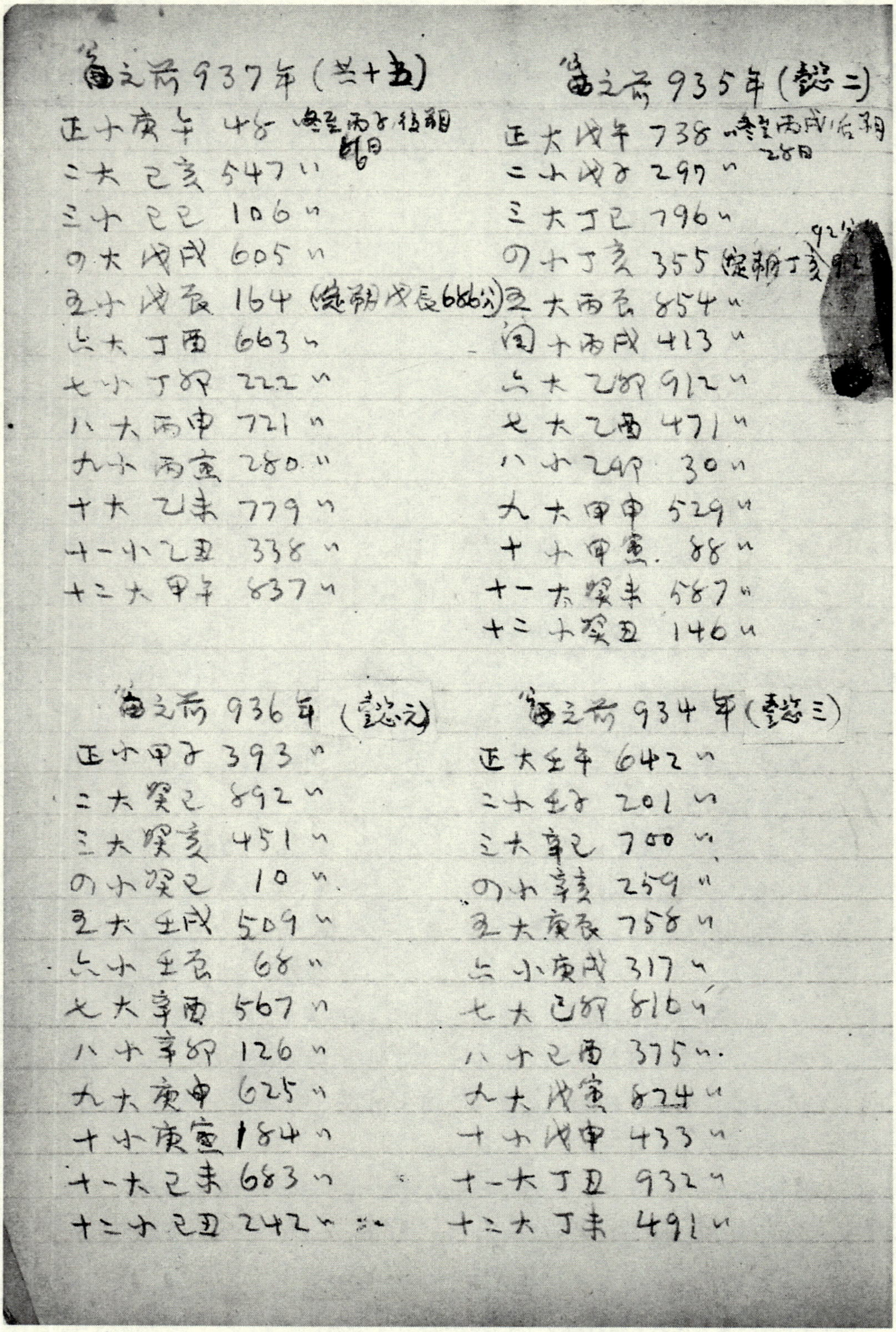

西元前937年（共十五）

正小庚午 48 冬至丙子合朔6日
二大己亥 547 〃
三小己巳 106 〃
四大戊戌 605 〃
五小戊辰 164（定朔戊辰666分）
六大丁酉 663 〃
七小丁卯 222 〃
八大丙申 721 〃
九小丙寅 280 〃
十大乙未 779 〃
十一小乙丑 338 〃
十二大甲午 837 〃

西元前935年（懿二）

正大戊午 738 冬至丙戌合朔28日
二小戊子 297 〃
三大丁巳 796 〃
四小丁亥 355 定朔丁亥92
五大丙辰 854 〃
闰小丙戌 413 〃
六大乙卯 912 〃
七大乙酉 471 〃
八小乙卯 30 〃
九大甲申 529 〃
十小甲寅 88 〃
十一大癸未 587 〃
十二小癸丑 146 〃

西元前936年（懿元）

正小甲子 393 〃
二大癸巳 892 〃
三大癸亥 451 〃
四小癸巳 10 〃
五大壬戌 509 〃
六小壬辰 68 〃
七大辛酉 567 〃
八小辛卯 126 〃
九大庚申 625 〃
十小庚寅 184 〃
十一大己未 683 〃
十二小己丑 242 〃

西元前934年（懿三）

正大壬午 642 〃
二小壬子 201 〃
三大辛巳 700 〃
四小辛亥 259 〃
五大庚辰 758 〃
六小庚戌 317 〃
七大己卯 816 〃
八小己酉 375 〃
九大戊寅 874 〃
十小戊申 433 〃
十一大丁丑 932 〃
十二大丁未 491 〃

公元前933年（懿四）

正小丁丑 47 〃
二大丙午 546 〃
三小丙子 105 〃
四大乙巳 604 〃
五小乙亥 163 〃
六大甲辰 662 〃
七小甲戌 221 〃
八大癸卯 720 〃
九小癸酉 279 〃
十大壬寅 778 〃
十一小壬申 337 〃
十二大辛丑 836 〃

公元前932年（懿五）

正小辛未 392 〃 癸卯冬至 後朔2日
（建子）闰大庚子 891 〃
二大庚午 450 〃
三小庚子 9 〃
四大己巳 508 〃
五小己亥 67 〃
六大戊辰 566（定朔戊辰233分）
七小戊戌 125 〃
八大丁卯 624 〃
九小丁酉 183 〃
十大丙寅 682 〃
十一小丙申 241 〃
十二大乙丑 740 〃

公元前931年（懿六）

~~戊申朔冬至~~ 庚午0分冬至 [illegible]1日

正小乙未 296 〃
二大甲子 795 〃
三小甲午 354 〃
四大癸亥 853 〃
五小癸巳 412 〃
六大壬戌 911 〃
七大壬辰 470 〃
八小壬戌 29 〃
九大辛卯 528（定朔庚寅876分）
十小辛酉 87 〃
十一大庚寅 586 〃
十二小庚申 145 〃

公元前930年（懿七）

正大己丑 641 〃
二小己未 200 〃
三大戊子 699（定朔己丑234分）
四小戊午 258 〃
五大丁亥 757 〃
六小丁巳 316 〃
七大丙戌 815 〃
八小丙辰 374 〃
九大乙酉 873 〃
十小乙卯 432 〃
闰大甲申 931 〃
十一大甲寅 490 〃
十二大癸未 49 〃

西元前929年（懿八）

~~正小甲申 ……~~

正大癸丑 545〃

二小癸未 104〃

三大壬子 603〃

四小壬午 162〃

五大辛亥 661〃

六小辛巳 220〃

七大庚戌 719〃

八小庚辰 278〃

九大己酉 777〃

十小己卯 336〃

十一大戊申 835〃

十二小戊寅 394〃

西元前927年（懿十）

正小壬寅 295（定朔辛丑693）

二大辛未 794〃

三小辛丑 353〃

四大庚午 852〃

五小庚子 411〃

六大己巳 910〃

七大己亥 469〃

閏小己巳 28〃

八大戊戌 527〃

九小戊辰 86〃

十大丁酉 585〃

十一小丁卯 144〃

十二大丙申 643〃

西元前928年（懿九）

正大丁未 890〃

二大丁丑 449〃

三小丁未 8〃

四大丙子 507〃

五小丙午 66〃

六大乙亥 565〃

七小乙巳 124〃

八大甲戌 623〃

九小甲辰 182〃

十大癸酉 681〃

十一小癸卯 240〃

十二大壬申 739〃

西元前926年（懿十一）

正小丙寅 199〃

二大乙未 698〃

三小乙丑 257〃

四大甲午 756〃

五小甲子 315〃

六大癸巳 814〃

七小癸亥 373〃

八大壬辰 872〃

九小壬戌 431〃

十大辛卯 930〃

十一大辛酉 489〃

十二小 ~~庚寅 988~~〃

辛卯 48

普濬之

公元前925年（壹总十二）

正大庚申 644（冬至[illegible]朔19日）
二小庚寅 103 〃
三大己未 602 〃
四小己丑 161（[illegible]）
五大戊午 660 〃
六小戊子 219 〃
七大丁巳 718 〃
八小丁亥 277 〃
九大丙辰 776 〃
十小丙戌 335 〃
十一大乙卯 834 〃
十二小乙酉 393 〃

公元前923年（壹总十四）

正大戊寅 793 〃
二小戊申 352 〃
三大丁丑 851 〃
四小丁未 410 〃
五大丙子 909 〃
六大丙午 468 〃
七小丙子 [illegible] 〃
八大乙巳 526 〃
九小乙亥 085 〃
十大甲辰 584 〃
十一小甲戌 143 〃
十二大癸卯 642 〃

公元前924年（壹总十三）

正大甲寅 889 〃
二大甲申 448 〃
三小甲寅 007 〃
闰大癸未 506 〃
四小癸丑 065 〃
五大壬午 564 〃
六小壬子 123 〃
七大辛巳 622 〃
八小辛亥 181 〃
九大庚辰 680 〃
十小庚戌 239 〃
十一大己卯 738 〃
十二小己酉 297 〃

公元前922年（壹总十五）

正小癸酉 198 〃
二大壬寅 697 〃
三小壬申 256 〃
四大辛丑 755 〃
五小辛未 314 〃
六大庚子 813 〃
七小庚午 372 〃
八大己亥 871 〃
九小己巳 430 〃
十大戊戌 929 〃
十一大戊辰 488 〃
闰小丁酉 047 〃
十二大丁卯 546 〃

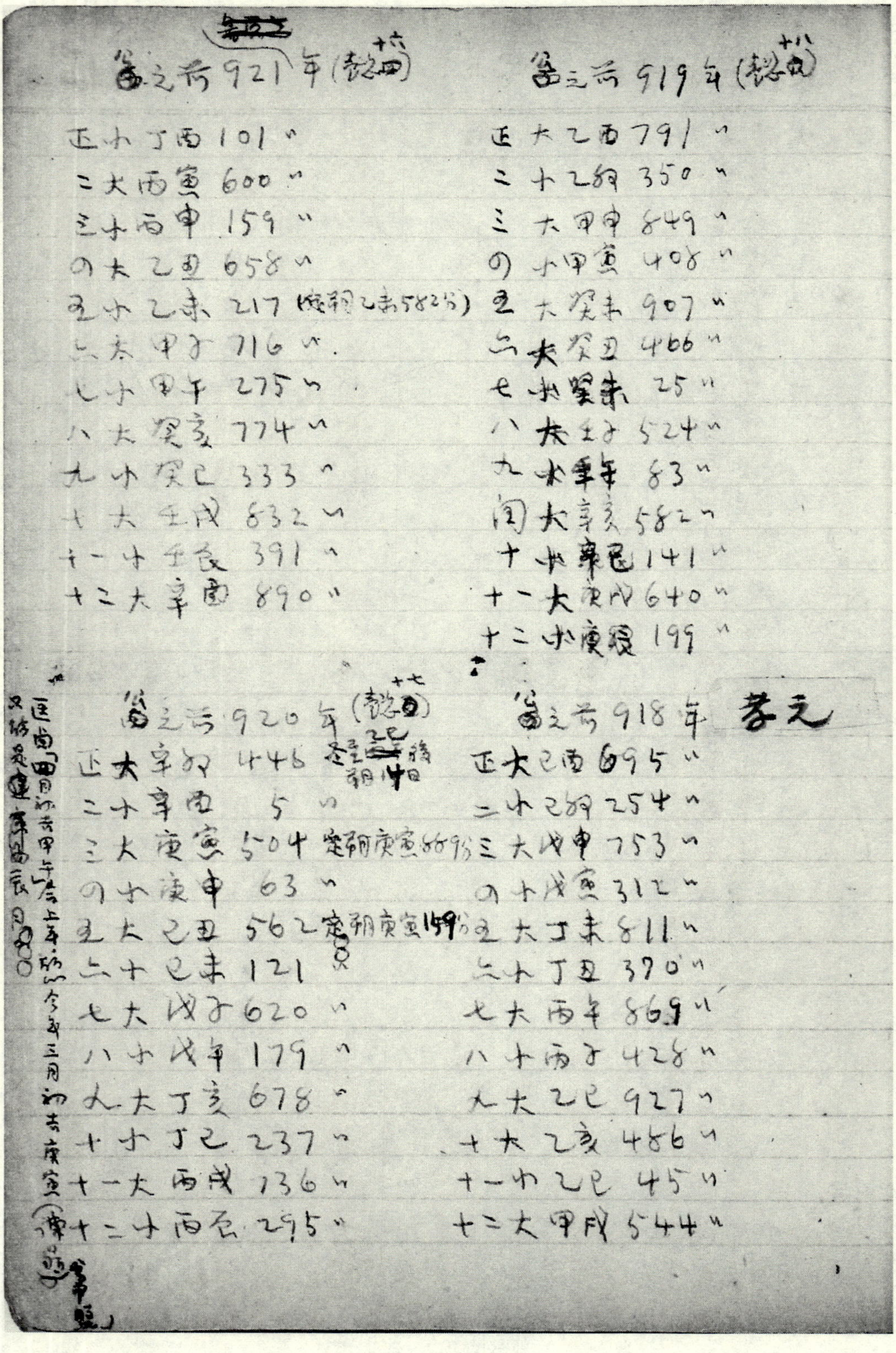

西元前921年(懿王十六)

正 小 丁酉 101〃
二 大 丙寅 600〃
三 小 丙申 159〃
四 大 乙丑 658〃
五 小 乙未 217 (定朔乙未582分)
六 大 甲子 716〃
七 小 甲午 275〃
八 大 癸亥 774〃
九 小 癸巳 333〃
十 大 壬戌 832〃
十一 小 壬辰 391〃
十二 大 辛酉 890〃

西元前919年(懿王十八)

正 大 乙酉 791〃
二 小 乙卯 350〃
三 大 甲申 849〃
四 小 甲寅 408〃
五 大 癸未 907〃
六 大 癸丑 466〃
七 小 癸未 25〃
八 大 壬子 524〃
九 小 壬午 83〃
闰 大 辛亥 582〃
十 小 辛巳 141〃
十一 大 庚戌 640〃
十二 小 庚辰 199〃

西元前920年(懿王十七)

正 大 辛卯 446 冬至乙巳 后朔廿日
二 小 辛酉 5〃
三 大 庚寅 504 定朔庚寅66分
四 小 庚申 63〃
五 大 己丑 562 定朔庚寅159分
六 小 己未 121
七 大 戊子 620〃
八 小 戊午 179〃
九 大 丁亥 678〃
十 小 丁巳 237〃
十一 大 丙戌 736〃
十二 小 丙辰 295〃

西元前918年 孝王

正 大 己酉 695〃
二 小 己卯 254〃
三 大 戊申 753〃
四 小 戊寅 312〃
五 大 丁未 811〃
六 小 丁丑 370〃
七 大 丙午 869〃
八 小 丙子 428〃
九 大 乙巳 927〃
十 大 乙亥 486〃
十一 小 乙巳 45〃
十二 大 甲戌 544〃

匡卣 四月初吉甲午 懿王元年 今年三月初吉庚寅

又校是逆 … 辰月

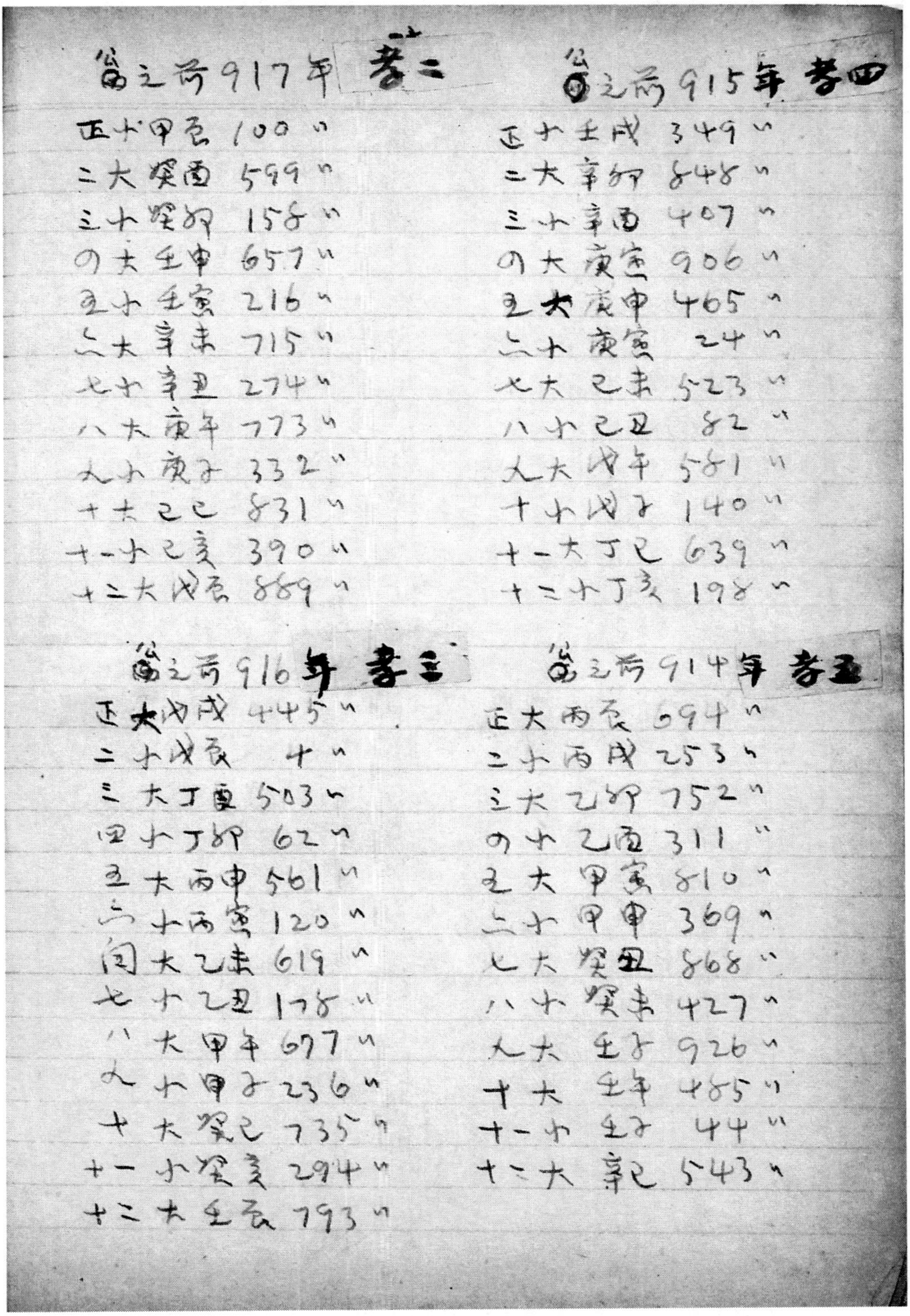

公元前917年 孝二

正小甲辰 100〃
二大癸酉 599〃
三小癸卯 158〃
の大壬申 657〃
五小壬寅 216〃
六大辛未 715〃
七小辛丑 274〃
八大庚午 773〃
九小庚子 332〃
十大己巳 831〃
十一小己亥 390〃
十二大戊辰 889〃

公元前915年 孝四

正小壬戌 349〃
二大辛卯 848〃
三小辛酉 407〃
の大庚寅 906〃
五大庚申 465〃
六小庚寅 24〃
七大己未 523〃
八小己丑 82〃
九大戊午 581〃
十小戊子 140〃
十一大丁巳 639〃
十二小丁亥 198〃

公元前916年 孝三

正大戊戌 445〃
二小戊辰 4〃
三大丁酉 503〃
四小丁卯 62〃
五大丙申 561〃
六小丙寅 120〃
闰大乙未 619〃
七小乙丑 178〃
八大甲午 677〃
九小甲子 236〃
十大癸巳 735〃
十一小癸亥 294〃
十二大壬辰 793〃

公元前914年 孝五

正大丙辰 094〃
二小丙戌 253〃
三大乙卯 752〃
の小乙酉 311〃
五大甲寅 810〃
六小甲申 369〃
七大癸丑 868〃
八小癸未 427〃
九大壬子 926〃
十大壬午 485〃
十一小壬子 44〃
十二大辛巳 543〃

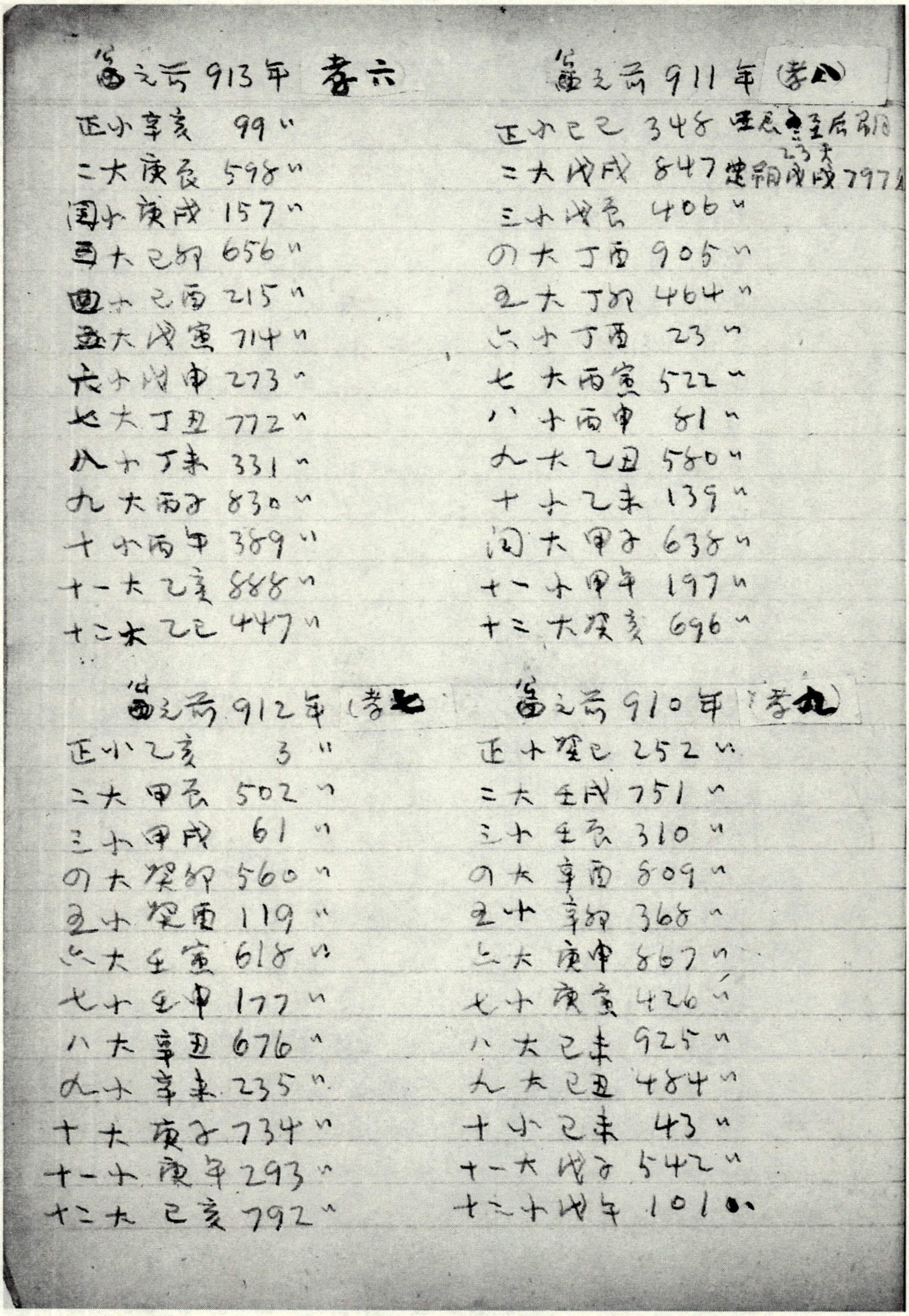
公元前913年 孝六

正小辛亥 99〃
二大庚辰 598〃
闰小庚戌 157〃
三大己卯 656〃
四小己酉 215〃
五大戊寅 714〃
六小戊申 273〃
七大丁丑 772〃
八小丁未 331〃
九大丙子 830〃
十小丙午 389〃
十一大乙亥 888〃
十二大乙巳 447〃

公元前911年 孝八

正小己巳 348 建辰 至后朔日
二大戊戌 847 建朔戊戌 797 23天
三小戊辰 406〃
四大丁酉 905〃
五大丁卯 464〃
六小丁酉 23〃
七大丙寅 522〃
八小丙申 81〃
九大乙丑 580〃
十小乙未 139〃
闰大甲子 638〃
十一小甲午 197〃
十二大癸亥 696〃

公元前912年 孝七

正小乙亥 3〃
二大甲辰 502〃
三小甲戌 61〃
四大癸卯 560〃
五小癸酉 119〃
六大壬寅 618〃
七小壬申 177〃
八大辛丑 676〃
九小辛未 235〃
十大庚子 734〃
十一小庚午 293〃
十二大己亥 792〃

公元前910年 孝九

正小癸巳 252〃
二大壬戌 751〃
三小壬辰 310〃
四大辛酉 809〃
五小辛卯 368〃
六大庚申 867〃
七小庚寅 426〃
八大己未 925〃
九大己丑 484〃
十小己未 43〃
十一大戊子 542〃
十二小戊午 101〃

公元前909年（孝[illegible]）

正大丁亥 599 朔 冬至癸丑距朔16日定朔丁亥
二小丁巳 156 〃
三大丙戌 655 〃（定朔丙戌389分）
四小丙辰 214 〃
五大乙酉 713 〃
六小乙卯 272 〃
七大甲申 771 〃
八小甲寅 330 〃
九大癸未 829 〃
十小癸丑 388 〃
十一大壬午 887 〃
十二大壬子 446 〃

十一

公元前908年（孝[illegible]）

正小壬午 2 〃
二大辛亥 501 〃
三小辛巳 60 〃
四大庚戌 559 〃
五小庚辰 118 〃
六大己酉 617 〃
七小己卯 176 〃
闰大戊申 675 〃
八小戊寅 234 〃
九大丁未 733 〃
十小丁丑 292 〃
十一大丙午 791 〃
十二小丙子 350 〃

十二

公元前907年（孝[illegible]）

正大乙巳 846 〃 冬至癸丑，朔后8日
二小乙亥 405 〃
三大甲辰 904 〃
四大甲戌 463（定朔甲戌
五小甲辰 22 〃
六大癸酉 521（定朔癸酉270分）
七小癸卯 80 〃
八大壬申 579 〃
九小壬寅 138 〃
十大辛未 637 〃
十一小辛丑 196 〃
十二大庚午 695 〃

十三

公元前906年（孝[illegible]）

正小庚子 251（定朔庚子
二大己巳 750 〃
三小己亥 309 〃
四大戊辰 808 〃
五小戊戌 367 〃
六大丁卯 866 〃
七小丁酉 425 〃
八大丙寅 924 〃
九大丙申 483 〃
十小丙寅 42 〃
十一大乙未 541 〃
十二小乙丑 100 〃

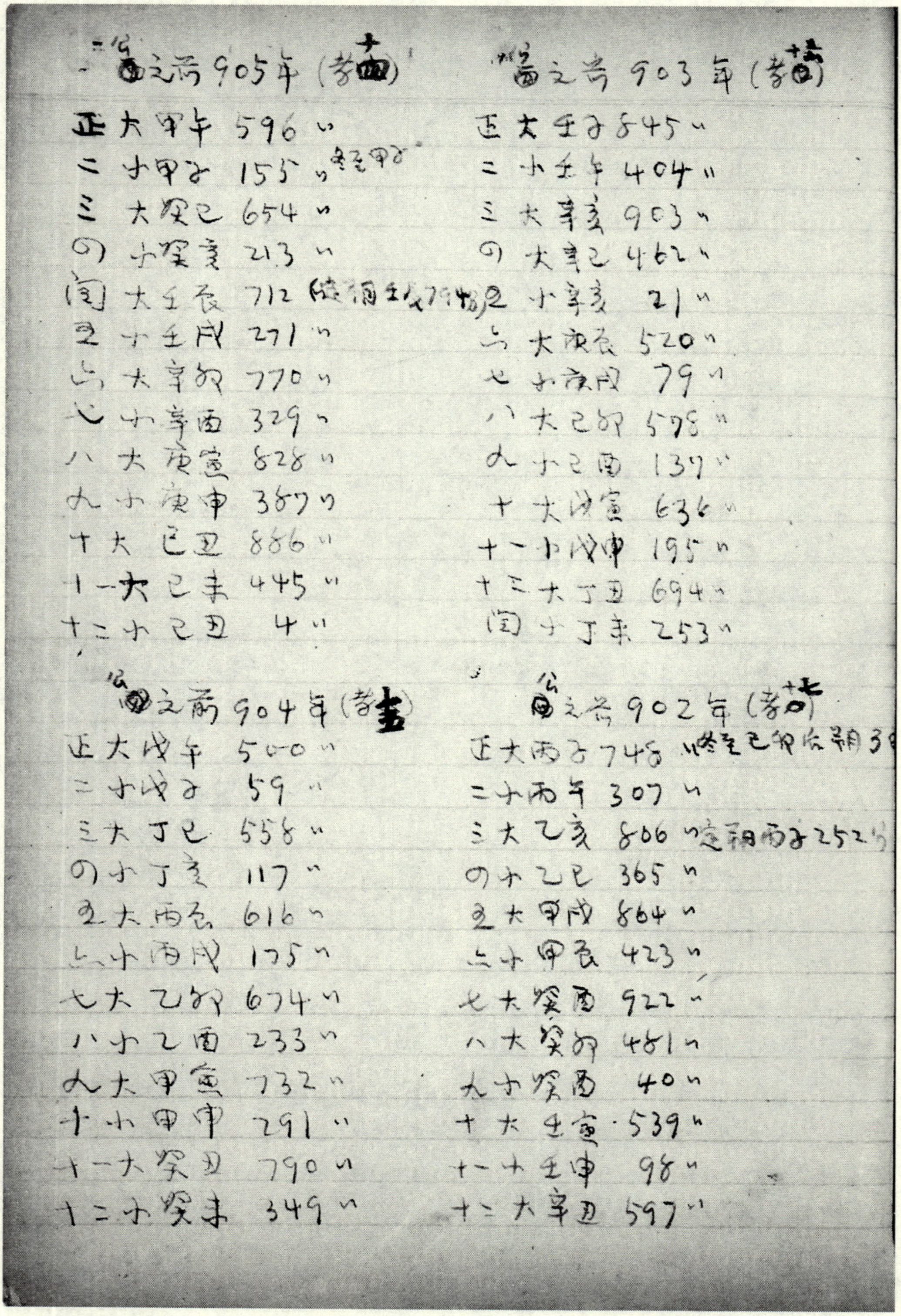
公元前905年（孝十四）
正 大 甲午 596〃
二 小 甲子 155〃 [illegible]甲子
三 大 癸巳 654〃
四 小 癸亥 213〃
闰 大 壬辰 712 [illegible]朔壬戌7[illegible]
五 小 壬戌 271〃
六 大 辛卯 770〃
七 小 辛酉 329〃
八 大 庚寅 828〃
九 小 庚申 387〃
十 大 己丑 886〃
十一 大 己未 445〃
十二 小 己丑 4〃

公元前903年（孝十六）
正 大 壬子 845〃
二 小 壬午 404〃
三 大 辛亥 903〃
四 大 辛巳 462〃
五 小 辛亥 21〃
六 大 庚辰 520〃
七 小 庚戌 79〃
八 大 己卯 578〃
九 小 己酉 137〃
十 大 戊寅 636〃
十一 小 戊申 195〃
十二 大 丁丑 694〃
闰 小 丁未 253〃

公元前904年（孝十五）
正 大 戊午 500〃
二 小 戊子 59〃
三 大 丁巳 558〃
四 小 丁亥 117〃
五 大 丙辰 616〃
六 小 丙戌 175〃
七 大 乙卯 674〃
八 小 乙酉 233〃
九 大 甲寅 732〃
十 小 甲申 291〃
十一 大 癸丑 790〃
十二 小 癸未 349〃

公元前902年（孝十七）
正 大 丙子 748 〃冬至己卯合朔子[illegible]
二 小 丙午 307〃
三 大 乙亥 806〃 定朔丙子252〃
四 小 乙巳 365〃
五 大 甲戌 864〃
六 小 甲辰 423〃
七 大 癸酉 922〃
八 大 癸卯 481〃
九 小 癸酉 40〃
十 大 壬寅 539〃
十一 小 壬申 98〃
十二 大 辛丑 597〃

公元前901年（孝十四）

正小辛未 153〃
二大庚子 652（定朔庚子）
三小庚午 211〃
四大己亥 710〃
五小己巳 269〃
六大戊戌 768〃
七小戊辰 327〃
八大丁酉 826〃
九小丁卯 385〃
十大丙申 884〃
十一大丙寅 443〃
十二小丙申 2〃

公元前899年（孝二十）

正小乙丑 402〃 定乙未后朔 6天
二大戊午 901 定朔戊午
三大戊子 460〃
四小戊午 19〃
五大丁亥 518〃
六小丁巳 77〃
七大丙戌 576〃
八小丙辰 135〃
九大乙酉 634（定朔乙酉 83）
十小乙卯 193〃
十一大甲申 692〃
十二小甲寅 251〃

公元前900年（孝十九）

正大乙丑 498〃
二小乙未 57〃
三大甲子 556〃
四小甲午 115〃
五大癸亥 614〃
六小癸巳 173〃
七大壬戌 672〃
八小壬辰 231〃
闰大辛酉 730〃
九小辛卯 289〃
十大庚申 788〃
十一小庚寅 347〃
十二大己未 846〃

公元前898年（孝二十一）

正大癸未 747〃
二小癸丑 306〃
三大壬午 805〃
四小壬子 364〃
五大辛巳 863〃
六小辛亥 422〃
七大庚辰 921〃
八大庚戌 480〃
九小庚辰 39〃
十大己酉 538〃
十一小己卯 97〃
十二大戊申 596〃

西元前897年（孝二十二）

正小戊寅 152 晦至乙巳距朔27日
二大丁未 651 〃
三小丁丑 210 〃
四大丙午 709 〃
五小丙子 268（距朔丙874分）
闰大乙巳 767 〃
六小乙亥 326 〃
七大甲辰 825 〃
八小甲戌 384 〃
九大癸卯 883 〃
十大癸酉 442 〃
十一小癸卯 1 〃
十二大壬申 500 〃

西元前895年（孝二十四）

正小丙申 401 〃
二大乙丑 900 〃
三大乙未 459 〃
四小乙丑 18 〃
五大甲午 517 〃
六小甲子 76 〃
七大癸巳 575 〃
八小癸亥 134 〃
九大壬辰 633 〃
十小壬戌 192 〃
十一大辛卯 691 〃
十二小辛酉 250 〃

西元前896年（孝二十三）

正小壬寅 56 〃
二大辛未 555 〃
三小辛丑 114 〃
四大庚午 613 〃
五小庚子 172 〃
六大己巳 671 〃
七小己亥 230 〃
八大戊辰 729 〃
九小戊戌 288 〃
十大丁卯 787 〃
十一小丁酉 346 〃
十二大丙寅 845 〃

西元前894年（孝二十五）

正大庚寅 746 〃
（正）二小庚申 305（距朔庚申395分）
辛酉冬至后朔1日
闰大己丑 804 〃
三小己未 363 〃
四大戊子 862 〃
五小戊午 421 〃
六大丁亥 920 〃
七大丁巳 479 〃
八小丁亥 38 〃
九大丙辰 537 〃
十小丙戌 96（距朔乙酉530分）
十一大乙卯 595 〃
十二小乙酉 154 〃

公元前893年（夷元）

正大甲寅 650 〃 冬至丁卯后朔13日
二小甲申 209 〃
三大癸丑 708 〃
四小癸未 267 〃
五大壬子 766 〃
六小壬午 325 〃
七大辛亥 824 〃
八小辛巳 383 〃
九大庚戌 882 〃
十大庚辰 441 〃
十一小庚戌 0 〃
十二大己卯 499 〃

公元前891年（夷三）

正大壬申 899 〃
二大壬寅 458 〃
三小壬申 17 〃
四大辛丑 516 〃
五小辛未 75 〃
六大庚子 574 〃
七小庚午 133 〃
八大己亥 632 〃
九小己巳 191 〃
十大戊戌 690 〃
十一小戊辰 249 〃
十二大丁酉 748 〃

公元前892年（夷二）

正小己酉 55 〃 冬至壬申后朔23日
二大戊寅 554 〃
三小戊申 113 〃
四大丁丑 612 〃
五小丁未 171 定朔丁未
六大丙子 670 〃
七小丙午 229 〃
八大乙亥 728 〃
九小乙巳 287 〃
十大甲戌 786 〃
闰小甲辰 345 〃
十一大癸酉 844 〃
十二小癸卯 403 〃

公元前890年（夷四）

正小丁卯 304 〃
二大丙申 803 〃
三小丙寅 362 〃
四大乙未 861 〃
五小乙丑 420 〃
六大甲午 919 〃
七大甲子 478 〃
八小甲午 37 〃
九大癸亥 536 〃
十小癸巳 95 〃
十一大壬戌 594 〃
十二小壬辰 153 〃

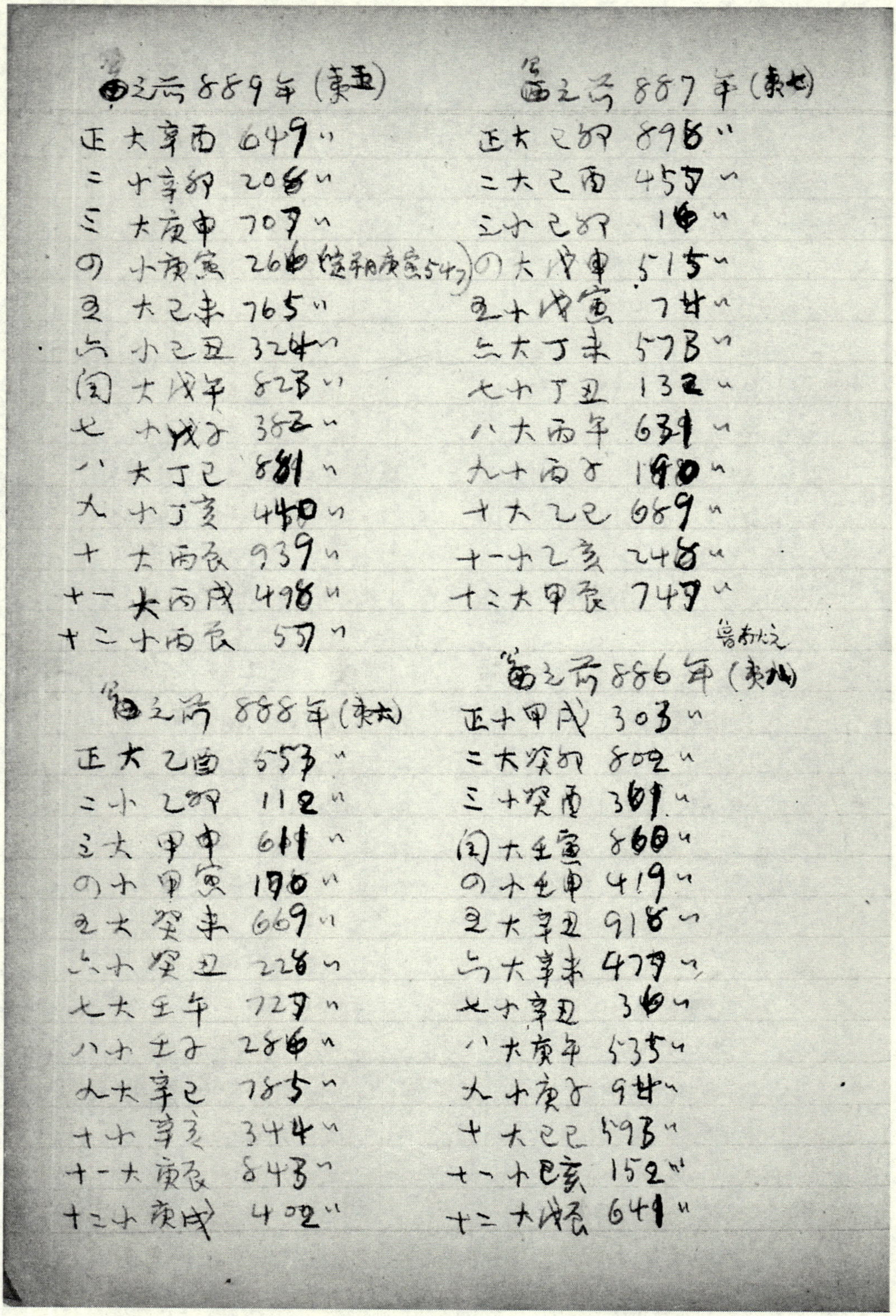
西元前889年（表五）

正 大 辛酉 649

二 小 辛卯 206

三 大 庚申 707

四 小 庚寅 266（递补庚寅547）

五 大 己未 765

六 小 己丑 324

闰 大 戊午 823

七 小 戊子 382

八 大 丁巳 881

九 小 丁亥 440

十 大 丙辰 939

十一 大 丙戌 498

十二 小 丙辰 557

西元前887年（表七）

正 大 己卯 898

二 大 己酉 457

三 小 己卯 16

四 大 戊申 515

五 小 戊寅 74

六 大 丁未 573

七 小 丁丑 132

八 大 丙午 631

九 小 丙子 190

十 大 乙巳 689

十一 小 乙亥 248

十二 大 甲辰 747

西元前888年（表六）

正 大 乙酉 553

二 小 乙卯 112

三 大 甲申 611

四 小 甲寅 170

五 大 癸未 669

六 小 癸丑 228

七 大 壬午 727

八 小 壬子 286

九 大 辛巳 785

十 小 辛亥 344

十一 大 庚辰 843

十二 小 庚戌 402

鲁献公元

西元前886年（表九）

正 小 甲戌 303

二 大 癸卯 802

三 小 癸酉 361

闰 大 壬寅 860

四 小 壬申 419

五 大 辛丑 918

六 大 辛未 477

七 小 辛丑 36

八 大 庚午 535

九 小 庚子 94

十 大 己巳 593

十一 小 己亥 152

十二 大 戊辰 641

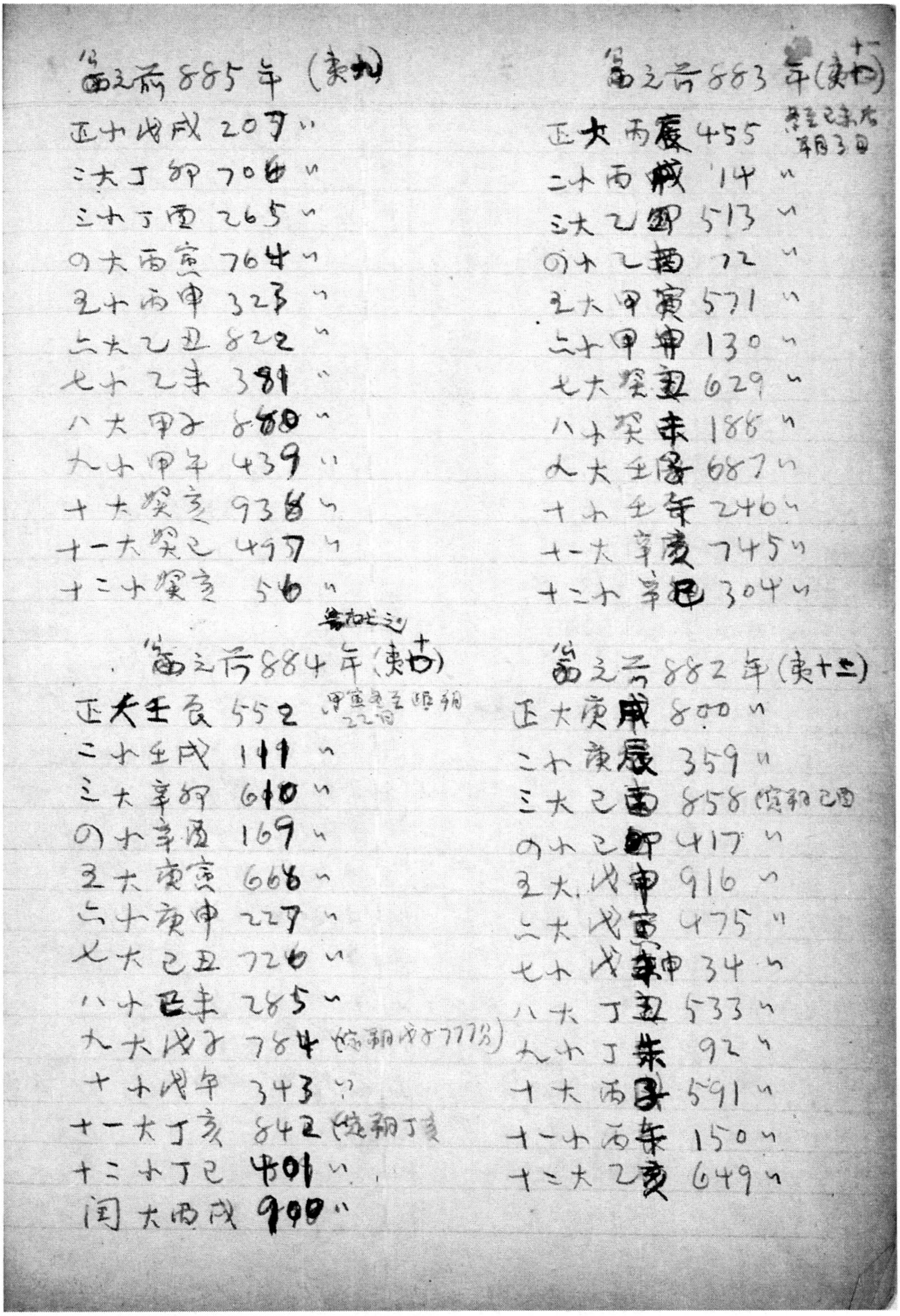

西元前885年（夷九）
正小戊戌 207〃
二大丁卯 706〃
三小丁酉 265〃
四大丙寅 764〃
五小丙申 323〃
六大乙丑 822〃
七小乙未 381〃
八大甲子 880〃
九小甲午 439〃
十大癸亥 938〃
十一大癸巳 497〃
十二小癸亥 56〃

西元前884年（夷十）
正大壬辰 552 [illegible]
二小壬戌 111〃
三大辛卯 610〃
四小辛酉 169〃
五大庚寅 668〃
六小庚申 227〃
七大己丑 726〃
八小己未 285〃
九大戊子 784（[illegible]戊子777分）
十小戊午 343〃
十一大丁亥 842 [illegible]丁亥
十二小丁巳 401〃
闰大丙戌 900〃

西元前883年（夷十一）
正大丙辰 455 [illegible]
二小丙戌 14〃
三大乙卯 513〃
四小乙酉 72〃
五大甲寅 571〃
六小甲申 130〃
七大癸丑 629〃
八小癸未 188〃
九大壬午 687〃
十小壬子 246〃
十一大辛巳 745〃
十二小辛亥 304〃

西元前882年（夷十二）
正大庚戌 800〃
二小庚辰 359〃
三大己酉 858 [illegible]己酉
四小己卯 417〃
五大戊申 916〃
六大戊寅 475〃
七小戊申 34〃
八大丁丑 533〃
九小丁未 92〃
十大丙子 591〃
十一小丙午 150〃
十二大乙亥 649〃

西元前881年（夷十三）

正小乙巳 205〃
二大甲戌 704〃
三小甲辰 263〃
四大癸酉 762（定朔甲戌27分）
五小癸卯 321〃
六大壬申 820〃
七小壬寅 379〃
八大辛未 878〃
闰小辛丑 437〃
九大庚午 936〃
十大庚子 495〃
十一小庚午 54〃
十二大己亥 553〃

西元前880年（夷十四）

正小己巳 109〃
二大戊戌 608〃
三小戊辰 167〃
四大丁酉 666〃
五小丁卯 225〃
六大丙申 724〃
七小丙寅 283〃
八大乙未 782〃
九小乙丑 341〃
十大甲午 840〃
十一小甲子 399〃
十二大癸巳 898〃

西元前879年（夷十五）

正大癸亥 454〃（冬至癸亥后朔17日）
二小癸巳 13〃
三大壬戌 512〃
四小壬辰 71〃
五大辛酉 570〃
六小辛卯 129〃
七大庚申 628〃
八小庚寅 187〃
九大己未 686〃
十小己丑 245〃定朔戊子787
十一大戊午 744〃
十二小戊子 303〃

西元前878年（厉元）

正大丁巳 799〃乙酉冬至后朔28日
二小丁亥 358（定朔丁亥727分）
三大丙辰 857〃
四小丙戌 416〃
五大乙卯 915定朔丙辰
闰大乙酉 474〃
六小乙卯 33（定朔甲寅773分）
七大甲申 532〃
八小甲寅 91〃
九大癸未 590〃
十小癸丑 149〃
十一大壬午 648〃
十二小壬子 207〃

公元前877年（蔀三）

正大辛巳 703〃
二小辛亥 262〃
三大庚辰 761〃
四小庚戌 320〃
五大己卯 819〃
六小己酉 378〃
七大戊寅 877〃
八小戊申 436〃
九大丁丑 935〃
十大丁未 494〃
十一小丁丑 53〃
十二大丙午 552〃

公元前875年（蔀四）

正大庚午 453〃
二小庚子 12〃
闰大己巳 511〃
三小己亥 70〃
四大戊辰 569〃
五小戊戌 128〃
六大丁卯 627〃
七小丁酉 186〃
八大丙寅 685〃
九小丙申 244〃
十大乙丑 743〃
十一小乙未 302〃
十二大甲子 801〃

公元前876年（蔀三）

正小丙子 108〃 丙申冬至，後朔20日
二大乙巳 607〃
三小乙亥 166 定朔乙亥546分
四大甲辰 665〃
五小甲戌 224（定朔甲戌766分）
六大癸卯 723〃
七小癸酉 282〃
八大壬寅 781〃
九小壬申 340〃
十大辛丑 839〃
十一小辛未 398〃
十二大庚子 897〃

公元前874年（蔀五）

正小甲午 357〃
二大癸亥 856〃
三小癸巳 415〃
四大壬戌 914〃
五大壬辰 473〃（定朔壬辰764分）
六小壬戌 32〃
七大辛卯 531〃
八小辛酉 90〃
九大庚寅 589〃
十小庚申 148〃
十一大己丑 647〃
十二小己未 206〃

公元前873年（属六）

正大戊子 702〃
二小戊午 261〃
三大丁亥 760〃
四小丁巳 319〃
五大丙戌 818〃
六小丙辰 377〃
七大乙酉 876〃
八小乙卯 435〃
九大甲申 934〃
十大甲寅 493〃
十一小甲申 52〃
闰大癸丑 551〃
十二小癸未 110〃

公元前871年（属八）

正小丁未 11〃
二大丙子 510〃
三小丙午 69〃
四大乙亥 568〃
五小乙巳 127〃
六大甲戌 626〃
七小甲辰 185〃
八大癸酉 684〃
九小癸卯 243〃
十大壬申 742〃
十一小壬寅 301〃
十二大辛未 800〃

公元前872年（属七）

正大壬子 606〃
二小壬午 165〃
三大辛亥 664〃
四小辛巳 223〃
五大庚戌 722〃
六小庚辰 281〃
七大己酉 780〃
八小己卯 339〃
九大戊申 838〃
十小戊寅 397〃
十一大丁未 896〃
十二大丁丑 455〃

公元前870年（属九）

正小辛丑 356〃
二大庚午 855〃
三小庚子 414〃
四大己巳 913〃
五大己亥 472〃
六小己巳 31〃
七大戊戌 530〃
闰小戊辰 89〃
八大丁酉 588〃
九小丁卯 147〃
十大丙申 646〃
十一小丙寅 205〃
十二大乙未 704〃

公元前869年（厉十）

正小乙丑 260〃
二大甲午 759〃
三小甲子 318〃
四大癸巳 817〃
五小癸亥 376〃
六大壬辰 875〃
七小壬戌 434〃
八大辛卯 933〃
九大辛酉 492〃
十小辛卯 51〃
十一大庚申 550〃
十二小庚寅 109〃

公元前868年（厉十一）

正大己未 605〃
二小己丑 164〃
三大戊午 663〃
四小戊子 222〃
五大丁巳 721〃
六小丁亥 280〃
七大丙辰 779〃
八小丙戌 338〃
九大乙卯 837〃
十小乙酉 396〃
十一大甲寅 895〃
十二大甲申 454〃

公元前867年（厉十二）

正小甲寅 10〃
二大癸未 509〃
三小癸丑 68〃
闰大壬午 567〃
四小壬子 126〃
五大辛巳 625〃
六小辛亥 184〃
七大庚辰 683〃
八小庚戌 242〃
九大己卯 741〃
十小己酉 300〃
十一大戊寅 799〃
十二小戊申 358〃

公元前866年（厉十三

正大丁丑 854〃 冬至戊子，既朔12日
二小丁未 413〃
三大丙子 912（应朔丁丑
四大丙午 471〃
五小丙子 30（应朔丙子524分
六大乙巳 529〃
七小乙亥 88〃
八大甲辰 587〃
九小甲戌 146〃
十大癸卯 645〃
十一小癸酉 204〃
十二大壬寅 703〃

公元前865年（厲十四）

正 小 壬申 259〃
二 大 辛丑 758〃
三 小 辛未 317〃
四 大 庚子 816〃
五 小 庚午 375〃
六 大 己亥 874〃
七 小 己巳 433〃
八 大 戊戌 932〃
九 大 戊辰 491〃
十 小 戊戌 50〃
十一 大 丁卯 549〃
十二 小 丁酉 108〃
閏 大 丙寅 607〃

公元前864年（厲十五）

正 小 丙申 162〃
二 大 乙丑 661〃
三 小 乙未 220〃
四 大 甲子 719〃
五 小 甲午 278〃
六 大 癸亥 777〃
七 小 癸巳 336〃
八 大 壬戌 835〃
九 小 壬辰 394〃
十 大 辛酉 893〃
十一 大 辛卯 452〃
十二 小 辛酉 11〃

公元前863年（厲十六）

正 大 庚寅 507〃
二 小 庚申 66〃
三 大 己丑 565〃
四 小 己未 124〃
五 大 戊子 623〃
六 小 戊午 182〃
七 大 丁亥 681〃
八 小 丁巳 240〃
九 大 丙戌 739〃
十 小 丙辰 298〃
十一 大 乙酉 797〃
十二 小 乙卯 356〃

公元前862年（厲十七）

正 大 甲申 852〃
二 小 甲寅 411〃
三 大 癸未 910〃
四 大 癸丑 469〃
五 小 癸未 28〃
六 大 壬子 527〃
七 小 壬午 86〃
八 大 辛亥 5[illegible]5〃
九 小 辛巳 144〃
閏 大 庚戌 643〃
十 小 庚辰 202〃
十一 大 己酉 701〃
十二 小 己卯 260〃

~~西~~公元前861年（第十八）

正大戊申 756〃 冬至甲寅，后朔6日
二小戊寅 315〃
三大丁未 814〃
四小丁丑 373〃
五大丙午 872〃
六小丙子 431〃 连朔丙子125分
七大乙巳 930〃
八大乙亥 489〃
九小乙巳 48〃
十大甲戌 547〃
十一小甲辰 106〃
十二大癸酉 605〃

~~西~~公元前860年（第十九）

正小癸卯 161〃
二大壬申 660〃
三小壬寅 219〃
四大辛未 718〃
五小辛丑 277〃
六大庚午 776〃
七小庚子 335〃
八大己巳 834〃
九小己亥 393〃
十大戊辰 892〃
十一大戊戌 451〃
十二小戊辰 10〃

~~西~~公元前859年（第二十）

正大丁酉 506〃
二小丁卯 65〃
三大丙申 564〃
四小丙寅 123〃
五大乙未 622〃
闰小乙丑 181〃
六大甲午 680〃
七小甲子 239〃
八大癸巳 738〃
九小癸亥 297〃
十大壬辰 796〃
十一小壬戌 355〃
十二大辛卯 854〃

~~西~~公元前858年（第二十一）

正小辛酉 410〃
二大庚寅 909〃
三大庚申 468〃
四小庚寅 27〃
五大己未 526〃
六小己丑 85〃
七大戊午 584〃
八小戊子 143〃
九大丁巳 642〃
十小丁亥 201〃
十一大丙辰 700〃
十二小丙戌 259〃

公元前857年（厲二十二）

正大乙卯 755〃
二小乙酉 314〃
三大甲寅 813〃
四小甲申 372〃
五大癸丑 871〃
六小癸未 430〃
七大壬子 929〃
八大壬午 488〃
九小壬子 47〃
十大辛巳 546〃
十一小辛亥 105〃
十二大庚辰 604〃

公元前856年（厲二十三）

正小庚戌 160〃
闰大己卯 659〃
二小己酉 218〃
三大戊寅 717〃
四小戊申 276〃
五大丁丑 775〃
六小丁未 334〃
七大丙子 833〃
八小丙午 392〃
九大乙亥 891〃
十大乙巳 450〃
十一小乙亥 9〃
十二大甲辰 508〃

公元前855年（厲二十四）

正小甲戌 64〃
二大癸卯 563〃
三小癸酉 122〃
四大壬寅 621〃
五小壬申 180〃
六大辛丑 679〃
七小辛未 238〃
八大庚子 737〃
九小庚午 296〃
十大己亥 795〃
十一小己巳 354〃
十二大戊戌 853〃

[illegible]

公元前854年（厲二十五）

正小戊辰 409〃
二大丁酉 908〃
三大丁卯 467〃
四小丁酉 26〃
五大丙寅 525〃
六小丙申 84〃
七大乙丑 583〃
八小乙未 142〃
九大甲子 641〃
十小甲午 200〃
闰大癸亥 699〃
十一小癸巳 258〃
十二大壬戌 757〃

公元前853年（厲二十六）

正小壬辰 313〃
二大辛酉 812〃
三小辛卯 371〃
四大庚申 870〃
五小庚寅 429〃
六大己未 928〃
七大己丑 487〃
八小己未 46〃
九大戊子 545〃
十小戊午 104〃
十一大丁亥 603〃
十二小丁巳 162〃

公元前851年（厲二十八）

正小辛巳 63〃
二大庚戌 562〃
三小庚辰 121〃
四大己酉 620〃
五小己卯 179〃
六大戊申 678〃
七小戊寅 237〃
闰大丁未 736〃
八小丁丑 295〃
九大丙午 794〃
十小丙子 353〃
十一大乙巳 852〃
十二小乙亥 411〃

公元前852年（厲二十七）

正大丙戌 658〃
二小丙辰 217〃
三大乙酉 716〃
四小乙卯 275〃
五大甲申 774〃
六小甲寅 333〃
七大癸未 832〃
八小癸丑 391〃
九大壬午 890〃
十大壬子 449〃
十一小壬午 8〃
十二大辛亥 507〃

公元前850年（厲二十九）

正大甲辰 907〃
二大甲戌 466〃
三小甲辰 25〃
四大癸酉 524〃
五小癸卯 83〃
六大壬申 582〃
七小壬寅 141〃
八大辛未 640〃
九小辛丑 199〃
十大庚午 698〃
十一小庚子 257〃
十二大己巳 756〃

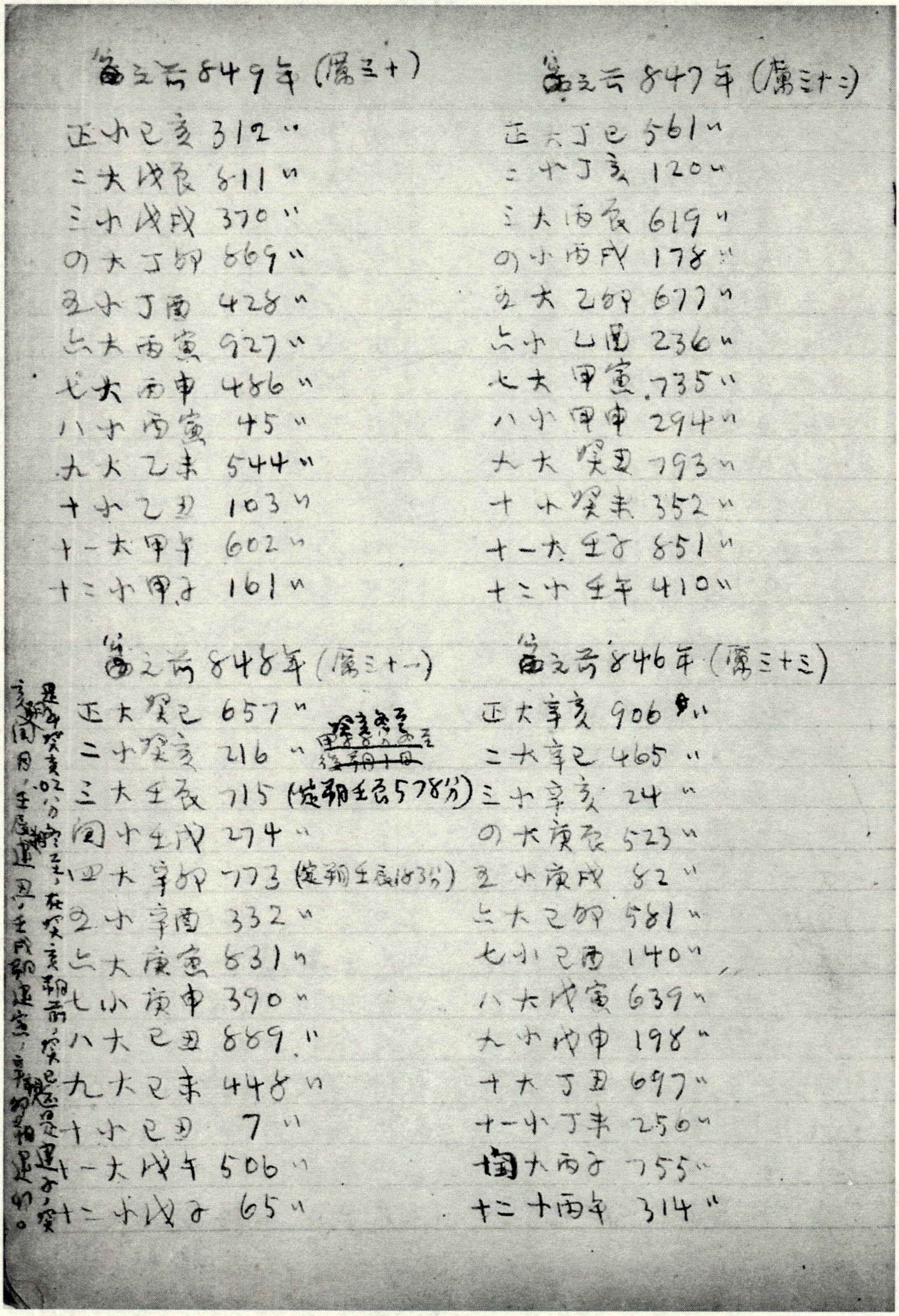

公元前849年（厲三十）

正小己亥 312〃
二大戊辰 811〃
三小戊戌 370〃
四大丁卯 869〃
五小丁酉 428〃
六大丙寅 927〃
七大丙申 486〃
八小丙寅 45〃
九大乙未 544〃
十小乙丑 103〃
十一大甲午 602〃
十二小甲子 161〃

公元前847年（厲三十二）

正大丁巳 561〃
二小丁亥 120〃
三大丙辰 619〃
四小丙戌 178〃
五大乙卯 677〃
六小乙酉 236〃
七大甲寅 735〃
八小甲申 294〃
九大癸丑 793〃
十小癸未 352〃
十一大壬子 851〃
十二小壬午 410〃

公元前848年（厲三十一）

是年癸亥[illegible]分，[illegible]在癸亥朔前，[illegible]遲[illegible]，亥朔閏月，壬辰[illegible]遲丑，壬戌朔遲寅，[illegible]朔相遲卯。

正大癸巳 657〃
二小癸亥 216〃 ~~[illegible]~~
三大壬辰 715（定朔壬辰578分）
閏小壬戌 274〃
四大辛卯 773（定朔壬辰183分）
五小辛酉 332〃
六大庚寅 831〃
七小庚申 390〃
八大己丑 889〃
九大己未 448〃
十小己丑 7〃
十一大戊午 506〃
十二小戊子 65〃

公元前846年（厲三十三）

正大辛亥 906〃
二小辛巳 465〃
三小辛亥 24〃
四大庚辰 523〃
五小庚戌 82〃
六大己卯 581〃
七小己酉 140〃
八大戊寅 639〃
九小戊申 198〃
十大丁丑 697〃
十一小丁未 256〃
閏大丙子 755〃
十二小丙午 314〃

公元前845年（厲三十四）

正大乙亥 809〃
二小乙巳 368〃
三大甲戌 867〃
四小甲辰 426〃
五大癸酉 925〃
六大癸卯 484〃
七小癸酉 43〃
八大壬寅 542〃
九小壬申 101〃
十大辛丑 600〃
十一小辛未 159〃
十二大庚子 658〃

公元前843年（厲三十六）

正大甲子 559〃
二小甲午 118〃
三大癸亥 617〃
四小癸巳 176〃
五大壬戌 675〃
六小壬辰 234〃
七大辛酉 733〃
八小辛卯 292〃
九大庚申 791〃
閏小庚寅 350〃
十大己未 849〃
十一小己丑 408〃
十二大戊午 907〃

~~西元前~~

公元前844年（厲三十五）

正小庚午 214〃
二大己亥 713〃
三小己巳 272〃
四大戊戌 771〃
五小戊辰 330〃
六大丁酉 829〃
七小丁卯 388〃
八大丙申 887〃
九大丙寅 446〃
十小丙申 5〃
十一大乙丑 504〃
十二小乙未 63〃

公元前842年（厲三十七）

正大戊子 463〃
二小戊午 22〃
三大丁亥 521〃
四小丁巳 80〃
五大丙戌 579〃
六小丙辰 138〃
七大乙酉 637〃
八小乙卯 196〃
九大甲申 695〃
十小甲寅 254〃
十一大癸未 753〃
十二小癸丑 312〃

公元前841年（共和元）

正 大 壬午 808"
二 小 壬子 367"
三 大 辛巳 866"
四 小 辛亥 425"
五 大 庚辰 924"
六 大 庚戌 483"
七 小 庚辰 42"
八 大 己酉 541"
九 小 己卯 100"
十 大 戊申 599"
十一 小 戊寅 158"
十二 大 丁未 657"

公元前840年（共和二）

正 小 丁丑 213"
二 大 丙午 712"
三 小 丙子 271"
四 大 乙巳 770"
五 小 乙亥 329"
六 大 甲辰 828"
闰 小 甲戌 387"
七 大 癸卯 886"
八 大 癸酉 445"
九 小 癸卯 4"
十 大 壬申 503"
十一 小 壬寅 62"
十二 大 辛未 561"

公元前839年（共和三）

正 小 辛丑 117"
二 大 庚午 616"
三 小 庚子 175"
四 大 己巳 674"
五 小 己亥 233"
六 大 戊辰 732"
七 小 戊戌 291"
八 大 丁卯 790"
九 小 丁酉 349"
十 大 丙寅 848"
十一 小 丙申 407"
十二 大 乙丑 906"

公元前838年（共和四）

正 大 乙未 462"
二 小 乙丑 21"
三 大 甲午 520"
四 小 甲子 79"
五 大 癸巳 578"
六 小 癸亥 137"
七 大 壬辰 636"
八 小 壬戌 195"
九 大 辛卯 694"
十 小 辛酉 253"
十一 大 庚寅 752"
十二 小 庚申 311"

公元前837年（共和五）

正大己丑807〃
二小己未366〃
闰大戊子865〃
三小戊午424〃
四大丁亥923〃
五大丁巳482〃
六小丁亥41〃
七大丙辰540〃
八小丙戌99〃
九大乙卯598〃
十小乙酉157〃
十一大甲寅656〃
十二小甲申215〃

公元前836年（共和六）

正大癸丑711〃
二小癸未270〃
三大壬子769〃
四小壬午328〃
五大辛亥827〃
六小辛巳386〃
七大庚戌885〃
八大庚辰444〃
九小庚戌3〃
十大己卯502〃
十一小己酉61〃
十二大戊寅560〃

公元前835年（共和七）

正小戊申116〃
二大丁丑615〃
三小丁未174〃
四大丙子673〃
五小丙午232〃
六大乙亥731〃
七小乙巳290〃
八大甲戌789〃
九小甲辰348〃
十大癸酉847〃
闰小癸卯406〃
十一大壬申905〃
十二大壬寅464〃

公元前834年（共和八）

正小壬申20〃
二大辛丑519〃
三小辛未78〃
四大庚子577〃
五小庚午136〃
六大己亥635〃
七小己巳194〃
八大戊戌693〃
九小戊辰252〃
十大丁酉751〃
十一小丁卯310〃
十二大丙申809〃

公元前833年（共和九）

正小丙寅365〃
二大乙未864〃
三小乙丑423〃
四大甲午922〃
五大甲子481〃
六小甲午40〃
七大癸亥539〃
八小癸巳98〃
九大壬戌597〃
十小壬辰156〃
十一大辛酉655〃
十二小辛卯214〃

公元前832年（共和十）

正大庚申710〃
二小庚寅269〃
三大己未768〃
四小己丑327〃
五大戊午826〃
六小戊子385〃
七大丁巳[illegible]84〃
闰大丁亥443〃
八小丁巳2〃
九大丙戌501〃
十小丙辰60〃
十一大乙酉559〃
十二小乙卯118〃

公元前831年（共和十一）

正大甲申614〃
二小甲寅173〃
三大癸未672〃
四小癸亥231〃
五大壬午730〃
六小壬子289〃
七大辛巳788〃
八小辛亥347〃
九大庚辰846〃
十小庚戌405〃
十一大己卯904〃
十二大己酉463〃

公元前830年（共和十二）

正小己卯19〃
二大戊申518〃
三小戊寅77〃
四大丁未576〃
五小丁丑135〃
六大丙午634〃
七小丙子193〃
八大乙巳692〃
九小乙亥251〃
十大甲辰750〃
十一小甲戌309〃
十二大癸卯808〃

公元前829年（共和十三）

正小癸酉364〃
二大壬寅863〃 癸卯冬至后朔一日 定朔壬寅
三小壬申422〃
四大辛丑921〃
闰大辛未480〃
五小辛丑39〃
六大庚午538〃
七小庚子97〃
八大己巳596〃
九小己亥155〃
十大戊辰654〃
十一小戊戌213〃
十二大丁卯712〃

公元前827年（宣元）

正大辛卯612〃 甲寅17分冬至後朔2日
二小辛酉171〃
三大庚寅670〃
四小庚申229〃
五大己丑728
六小己未287（定朔戊午922分）
七大戊子786
八小戊午345（定朔戊午83）
九大丁亥844〃
十小丁巳403〃
十一大丙戌902〃
十二大丙辰461〃
闰小丙戌20〃

公元前828年（共和十四）

正小丁酉268〃
二大丙寅767〃
三小丙申326〃
四大乙丑825〃
五小乙未384〃
六大甲子883〃
七大甲午442〃
八小甲子1〃
九大癸巳500〃
十小癸亥59〃
十一大壬辰558〃
十二小壬戌117〃

公元前826年（宣二）

正大乙卯516〃 冬至戊午後朔3日
二小乙酉75〃
三大甲寅574〃
四小甲申133（定朔甲申75分）
五大癸丑632〃
六小癸未191〃
七大壬子690〃
八小壬午249〃
九大辛亥748〃
十小辛巳307〃
十一大庚戌806〃
十二小庚辰365〃

公元前825年(宣三)

正大己酉 861〃
二小己卯 420〃
三大戊申 919〃
四大戊寅 478〃
五小戊申 37〃
六大丁丑 536〃
七小丁未 95〃
八大丙子 594〃
九小丙午 153〃
十大乙亥 652〃
十一小乙巳 211〃
十二大甲戌 710〃

魯武之

公元前824年(宣四)

正小甲辰 260〃
二大癸酉 765〃
三小癸卯 324〃
四大壬申 823〃
五小壬寅 382〃
六大辛未 881〃
七小辛丑 440〃
八大庚午 939〃
閏大庚子 498〃
九小庚午 57〃
十大己亥 556〃
十一小己巳 115〃
十二大戊戌 614〃

公元前823年(宣五)

正小戊辰 170〃
二大丁酉 669〃
三小丁卯 228〃
四大丙申 727〃
五小丙寅 286〃
六大乙未 785〃
七小乙丑 344〃
八大甲午 843〃
九小甲子 402〃
十大癸巳 901〃
十一大癸亥 460〃
十二小癸巳 19〃

~~魯武之~~

公元前822年(宣六)

正大壬戌 515〃
二小辛辰 74〃
三大辛酉 573〃
四小辛卯 132〃
五大庚申 631〃
六小庚寅 190〃
七大己未 689〃
八小己丑 248〃
九大戊午 747〃
十小戊子 306〃
十一大丁巳 805〃
十二小丁亥 364〃

（公）西元前821年（宣七）

正大丙辰 860〃
二小丙戌 419〃
三大乙卯 918〃
四大乙酉 477〃
五小乙卯 36〃
閏大甲申 535〃
六小甲寅 94〃
七大癸未 593〃
八小癸丑 152〃
九大壬午 651〃
十小壬子 210〃
十一大辛巳 709〃
十二小辛亥 268〃

（公）西元前820年（宣八）

正大庚辰 764〃
二小庚戌 323〃
三大己卯 822〃
四小己酉 381〃
五大戊寅 880〃
六小戊申 439〃
七大丁丑 938〃
八大丁未 497〃
九小丁丑 56〃
十大丙午 555〃
十一小丙子 114〃
十二大乙巳 613

（公）西元前819年（宣九）

正小乙亥 169〃
二大甲辰 668〃
三小甲戌 227〃
四大癸卯 726〃
五小癸酉 285〃
六大壬寅 784〃
七小壬申 343〃
八大辛丑 842〃
九小辛未 401〃
十大庚子 900〃
十一大庚午 459〃
十二小庚子 18〃

（公）西元前818年（宣十）

正大己巳 514〃
二小戊戌 73〃
閏大戊辰 572〃
三小戊戌 131〃
四大丁卯 630〃
五小丁酉 189〃
六大丙寅 688〃
七小丙申 247〃
八大乙丑 746〃
九小乙未 305〃
十大甲子 804〃
十一小甲午 363〃
十二大癸亥 862〃

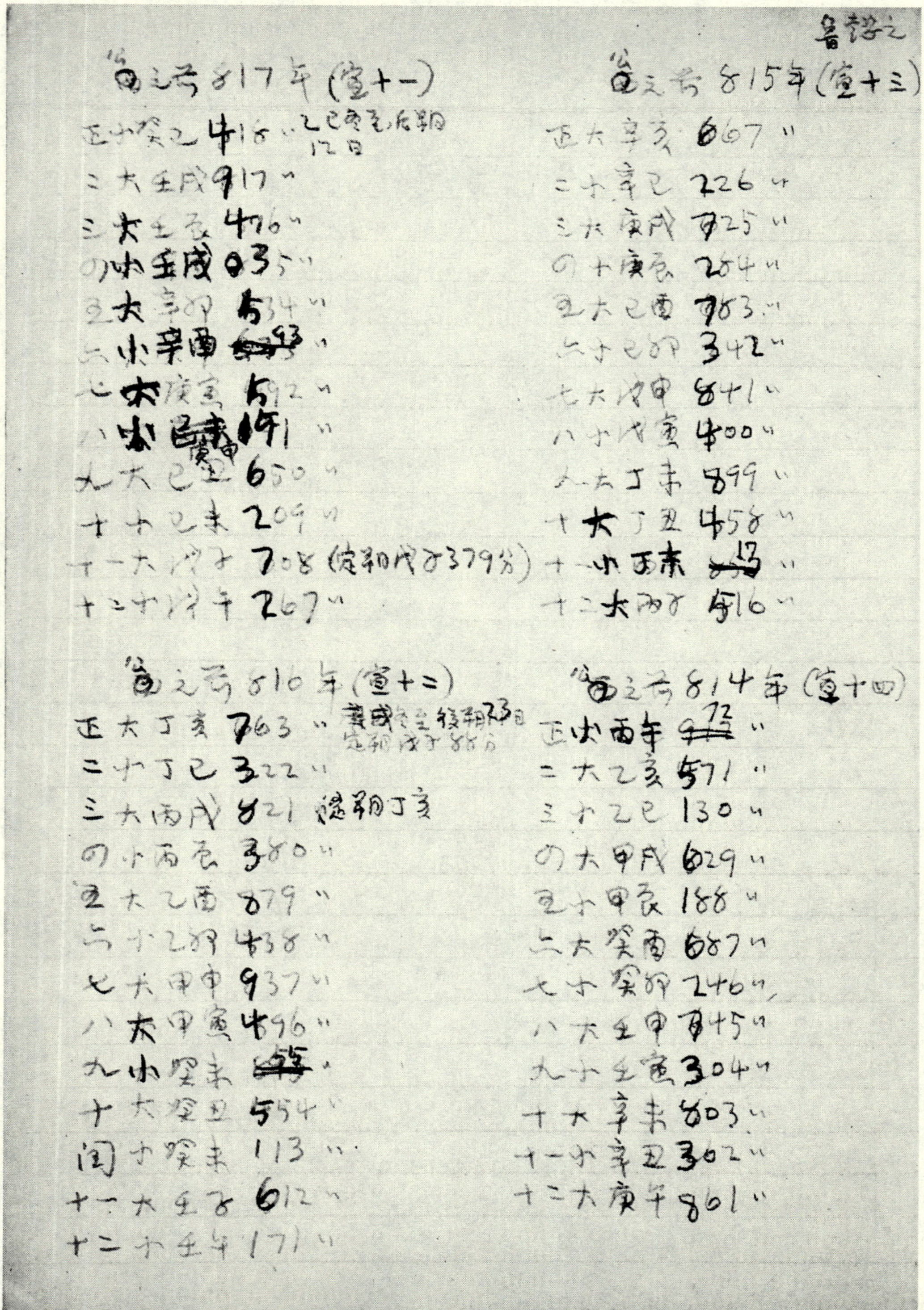
[illegible]

公元前817年（宣十一）

正小癸巳 418〃 乙巳惠王后朔12日

二大壬戌917〃

三大壬辰476〃

四小壬戌035〃

五大辛卯534〃

六小辛酉[illegible]〃

七大庚寅592〃

八小己未[illegible]1〃

九大己丑650〃

十小己未209〃

十一大戊子708（定朔戊子379分）

十二小戊午267〃

公元前816年（宣十二）

正大丁亥763〃 [illegible]

定朔戊子88分

二小丁巳322〃

三大丙戌821 遗朔丁亥

四小丙辰380〃

五大乙酉879〃

六小乙卯438〃

七大甲申937〃

八大甲寅496〃

九小癸未[illegible]

十大癸丑554〃

闰小癸未113〃

十一大壬子612〃

十二小壬午171〃

公元前815年（宣十三）

正大辛亥667〃

二小辛巳226〃

三大庚戌725〃

四小庚辰284〃

五大己酉783〃

六小己卯342〃

七大戊申841〃

八小戊寅400〃

九大丁未899〃

十大丁丑458〃

十一小丁未17〃

十二大丙子516〃

公元前814年（宣十四）

正小丙午72〃

二大乙亥571〃

三小乙巳130〃

四大甲戌629〃

五小甲辰188〃

六大癸酉687〃

七小癸卯246〃

八大壬申745〃

九小壬寅304〃

十大辛未803〃

十一小辛丑362〃

十二大庚午861〃

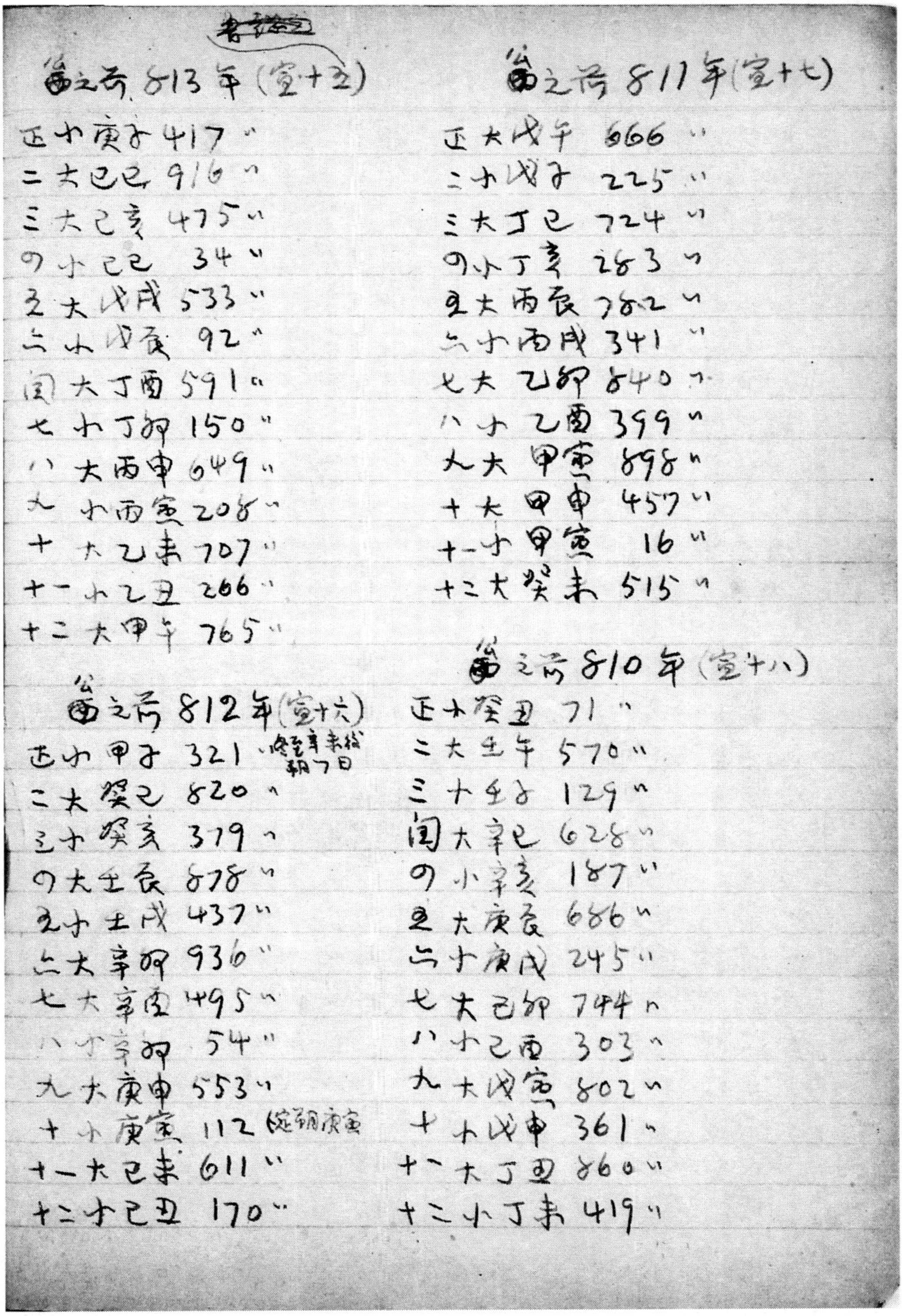
公元813年(宣十五)
正小庚子417″
二大己巳916″
三大己亥475″
四小己巳34″
五大戊戌533″
六小戊辰92″
閏大丁酉591″
七小丁卯150″
八大丙申649″
九小丙寅208″
十大乙未707″
十一小乙丑266″
十二大甲午765″
公元811年(宣十七)
正大戊午666″
二小戊子225″
三大丁巳724″
四小丁亥283″
五大丙辰782″
六小丙戌341″
七大乙卯840″
八小乙酉399″
九大甲寅898″
十大甲申457″
十一小甲寅16″
十二大癸未515″
公元812年(宣十六)
正小甲子321 [illegible]
二大癸巳820″
三小癸亥379″
四大壬辰878″
五小壬戌437″
六大辛卯936″
七大辛酉495″
八小辛卯54″
九大庚申553″
十小庚寅112 [illegible]
十一大己未611″
十二小己丑170″
公元810年(宣十八)
正小癸丑71″
二大壬午570″
三小壬子129″
閏大辛巳628″
四小辛亥187″
五大庚辰686″
六小庚戌245″
七大己卯744″
八小己酉303″
九大戊寅802″
十大戊申361″
十一大丁丑860″
十二小丁未419″

公元前809年（宣十九）

正大丙子 915"
二大丙午 474"
三小丙子 33"
四大乙巳 532"
五小乙亥 91"
六大甲辰 590"
七小甲戌 149"
八大癸卯 648"
九小癸酉 207"
十大壬寅 706"
十一小壬申 265"
十二大辛丑 764"

公元前807年（宣二十一）

正小乙未 223"
二大甲子 722"
三小甲午 281"
四大癸亥 780"
五小癸巳 339"
六大壬戌 838"
七小壬辰 397"
八大辛酉 896"
九大辛卯 455"
十小辛酉 14"
十一大庚寅 513"
十二小庚申 72"

魯相御之

公元前808年（宣二十）

正小辛未 320"
二大庚子 819"
三小庚午 378"
四大己亥 877"
五小己巳 436"
六大戊戌 935"
七大戊辰 494"
八小戊戌 53"
九大丁卯 552"
十小丁酉 111"
十一大丙寅 610"
十二小丙申 169"
閏大乙丑 668"

公元前806年（宣二十二）

正大己丑 568"
二小己未 127"
三大戊子 626"
四小戊午 185"
五大丁亥 684"
六小丁巳 243"
七大丙戌 742"
八小丙辰 301"
九大乙酉 800"
十小乙卯 359"
十一大甲申 858"
十二小甲寅 417"

西元前805年（宣二十三）

正大癸未 913〃
二大癸丑 472〃
三小癸未 31〃
四大壬子 530〃
五小壬午 89〃
六大辛亥 588〃
七小辛巳 147〃
八大庚戌 646〃
闰小庚辰 205〃
九大己酉 704〃
十小己卯 263〃
十一大戊申 762〃
十二小戊寅 321〃

~~[illegible]~~

西元前804年（宣二十四）

正大丁未 817〃
二小丁丑 376〃
三大丙午 875〃
四小丙子 434〃
五大乙巳 933〃
六大乙亥 492〃
七小乙巳 51〃
八大甲戌 550〃
九小甲辰 109〃
十大癸酉 608〃
十一小癸卯 167〃
十二大壬申 666〃

西元前803年（宣二十五）

正小壬寅 222〃
二大辛未 721〃
三小辛丑 280〃
四大庚午 779〃
五小庚子 338〃
六大己巳 837〃
七小己亥 396〃
八大戊辰 895〃
九大戊戌 454〃
十小戊辰 13〃
十一大丁酉 512〃
十二小丁卯 71〃

西元前802年（宣二十六）

正大丙申 567〃
二小丙寅 126〃
三大乙未 625〃
四小乙丑 184〃
五大甲午 683〃
闰小甲子 242〃
六大癸巳 741〃
七小癸亥 300〃
八大壬辰 799〃
九小壬戌 358〃
十大辛卯 857〃
十一小辛酉 416〃
十二大庚寅 915〃

西元前801年(宣二十七)

正大庚申 471〃
二小庚寅 30〃
三大己未 529〃
四小己丑 88〃
五大戊午 587〃
六小戊子 146〃
七大丁巳 645〃
八小丁亥 204〃
九大丙辰 703〃
十小丙戌 262〃
十一大乙卯 761〃
十二小乙酉 320〃

西元前800年(宣二十八)

正大甲寅 816〃
二小甲申 375〃
三大癸丑 874〃
四小癸未 433〃
五大壬子 932〃
六大壬午 491〃
七小壬子 50〃
八大辛巳 549〃
九小辛亥 108〃
十大庚辰 607〃
十一小庚戌 166〃
十二大己卯 665〃

西元前799年(宣二十

正小己酉 221〃
二大戊寅 720〃
闰小戊申 279〃
三大丁丑 778〃
四小丁未 337〃
五大丙子 836〃
六小丙午 395〃
七大乙亥 894〃
八大乙巳 453〃
九小乙亥 12〃
十大甲辰 511〃
十一小甲戌 70〃
十二大癸卯 569〃

公元前798年(宣三十)

正小癸酉 125〃
二大壬寅 624〃
三小壬申 183〃
四大辛丑 682〃
五小辛未 241〃
六大庚子 740〃
七小庚午 299〃
八大己亥 798〃
九小己巳 357〃
十大戊戌 856〃
十一小戊辰 415〃
十二大丁酉 914〃

鲁孝公

公元前797年(宣三十一)

正大丁卯 470"
二小丁酉 29"
三大丙寅 528"
四小丙申 87"
五大乙丑 586"
六小乙未 145"
七大甲子 644"
八小甲午 203"
九大癸亥 702"
十小癸巳 261"
十一大壬戌 760"
闰小壬辰 319"
十二大辛酉 818"

公元前796年(宣三十二)

正小辛卯 374"
二大庚申 873"
三小庚寅 432"
四大己未 931"
五大己丑 490"
六小己未 49"
七大戊子 548"
八小戊午 107"
九大丁亥 606"
十小丁巳 165"
十一大丙戌 664"
十二小丙辰 223"

公元前795年(宣三十三)

正大乙酉 719"
二小乙卯 278"
三大甲申 777"
四小甲寅 336"
五大癸未 835"
六小癸丑 394"
七大壬午 893"
八大壬子 452"
九小壬午 11"
十大辛亥 510"
十一小辛巳 69"
十二大庚戌 568

公元前794年(宣三十四)

正小庚辰 124"
二大己酉 623"
三小己卯 182"
四大戊申 681"
五小戊寅 240"
六大丁未 739"
七小丁丑 298"
闰大丙午 797"
八小丙子 356"
九大乙巳 855"
十小乙亥 414"
十一大甲辰 913"
十二大甲戌 472"

公元前793年(宣三十五)

正	小甲辰	28"
二	大癸酉	527"
三	小癸卯	86"
四	大壬申	585"
五	小壬寅	144"
六	大辛未	643"
七	小辛丑	202"
八	大庚午	701"
九	小庚子	260"
十	大己巳	759"
十一	小己亥	318"
十二	大戊辰	817"

公元前792年(宣三十六)

正	小戊戌	373"
二	大丁卯	872"
三	小丁酉	431"
四	大丙寅	930"
五	大丙申	489"
六	小丙寅	48"
七	大乙未	547"
八	小乙丑	106"
九	大甲午	605"
十	小甲子	164"
十一	大癸巳	663"
十二	小癸亥	222"

公元前791年(宣三十七)

正	大壬辰	718"
二	小壬戌	277"
三	大辛卯	776"
闰	小辛酉	335"
四	大庚寅	834"
五	小庚申	393"
六	大己丑	892"
七	大己未	451"
八	小己丑	10"
九	大戊午	509"
十	小戊子	68"
十一	大丁巳	567"
十二	小丁亥	126"

公元前790年(宣三十八)

正	大丙辰	622"
二	小丙戌	181"
三	大乙卯	680"
四	小乙酉	239"
五	大甲寅	738"
六	小甲申	297"
七	大癸丑	796"
八	小癸未	355"
九	大壬子	854"
十	小壬午	413"
十一	大辛亥	912"
十二	大辛巳	471"

公元前789年(宣三十九)

正小辛亥 27〃
二大庚辰 526〃
三小庚戌 85〃
四大己卯 584〃
五小己酉 143〃
六大戊寅 642〃
七小戊申 201〃
八大丁丑 700〃
九小丁未 259〃
十大丙子 758〃
十一小丙午 317〃
十二大乙亥 816〃
闰小乙巳 375〃

公元前788年(宣四十)

正大甲戌 870〃
二小甲辰 429〃
三大癸酉 928〃
四大癸卯 487〃
五小癸酉 46〃
六大壬寅 545〃
七小壬申 104〃
八大辛丑 603〃
九小辛未 162〃
十大庚子 661〃
十一小庚午 220〃
十二大己亥 719〃

公元前787年(宣四十一)

正小己巳 275〃
二大戊戌 774〃
三小戊辰 333〃
四大丁酉 832〃
五小丁卯 391〃
六大丙申 890〃
七大丙寅 449〃
八小丙申 8〃
九大乙丑 507〃
十小乙未 66〃
十一大甲子 565〃
十二小甲午 124〃

公元前786年(宣四十二)

正大癸亥 620〃
二小癸巳 179〃
三大壬戌 678〃
四小壬辰 237〃
五大辛酉 736〃
六小辛卯 295〃
七大庚申 794〃
八小庚寅 353〃
九大己未 852〃
闰小己丑 411〃
十大戊午 910〃
十一大戊子 469〃
十二小戊午 28〃

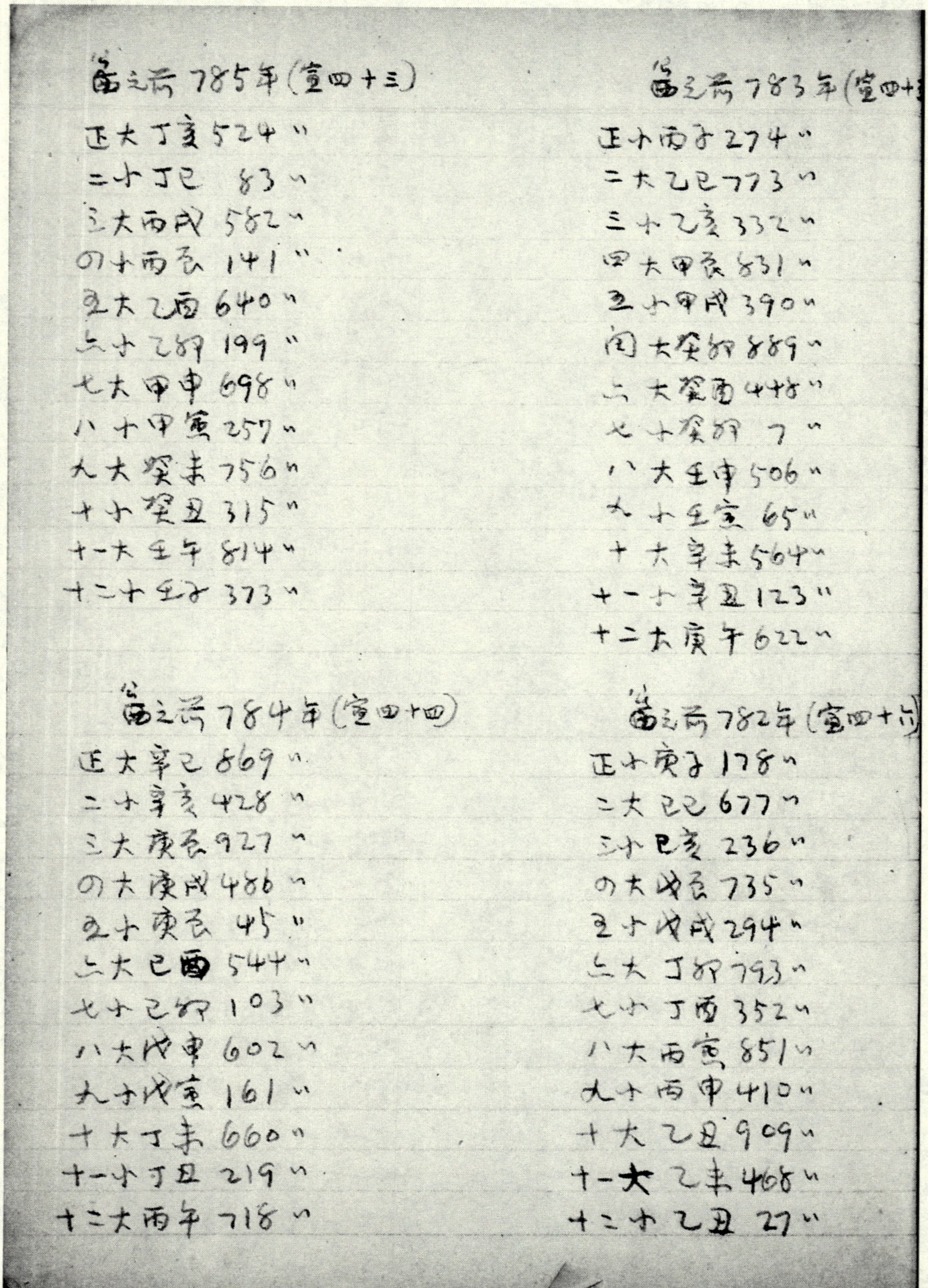

公元前785年(宣四十三)

正大丁亥524"
二小丁巳83"
三大丙戌582"
四小丙辰141"
五大乙酉640"
六小乙卯199"
七大甲申698"
八小甲寅257"
九大癸未756"
十小癸丑315"
十一大壬午814"
十二小壬子373"

公元前784年(宣四十四)

正大辛巳869"
二小辛亥428"
三大庚辰927"
四大庚戌486"
五小庚辰45"
六大己酉544"
七小己卯103"
八大戊申602"
九小戊寅161"
十大丁未660"
十一小丁丑219"
十二大丙午718"

公元前783年(宣四十

正小丙子274"
二大乙巳773"
三小乙亥332"
四大甲辰831"
五小甲戌390"
闰大癸卯889"
六大癸酉448"
七小癸卯7"
八大壬申506"
九小壬寅65"
十大辛未564"
十一小辛丑123"
十二大庚午622"

公元前782年(宣四十六)

正小庚子178"
二大己巳677"
三小己亥236"
四大戊辰735"
五小戊戌294"
六大丁卯793"
七小丁酉352"
八大丙寅851"
九小丙申410"
十大乙丑909"
十一大乙未468"
十二小乙丑27"

西元前781年（幽元）

正大甲午 523〃 冬至甲寅合朔20日
二小甲子 82〃
三大癸巳 581〃
四小癸亥 140〃
五大壬辰 639〃
六小壬戌 198〃
七大辛卯 697〃
八小辛酉 256〃
九大庚寅 755〃
十小庚申 314〃
十一大己丑 813〃
十二小己未 372〃

西元前780年（幽二）

正大戊子 868〃
闰小戊午 427〃 冬至己未後朔1日
二大丁亥 926（定朔戊子432分）
三大丁巳 485〃
四小丁亥 44〃
五大丙辰 543〃
六小丙戌 102〃
七大乙卯 601〃
八小乙酉 160〃
九大甲寅 659〃
十小甲申 218〃
十一大癸丑 717〃
十二小癸未 276〃

西元前779年（幽三）

正大壬子 772〃
二小壬午 331〃
三大辛亥 830〃
四小辛巳 389〃
五大庚戌 888〃
六大庚辰 447〃
七小庚戌 6〃
八大己卯 505〃
九小己酉 64〃
十大戊寅 563〃
十一小戊申 122〃
十二大丁丑 621〃

西元前778年（幽四）

正小丁未 177〃
二大丙子 676〃
三小丙午 235〃
四大乙亥 734〃
五小乙巳 293〃
六大甲戌 792〃
七小甲辰 351〃
八大癸酉 850〃
九小癸卯 409〃
十大壬申 908〃
闰大壬寅 467〃
十一小壬申 26〃
十二大辛丑 525〃

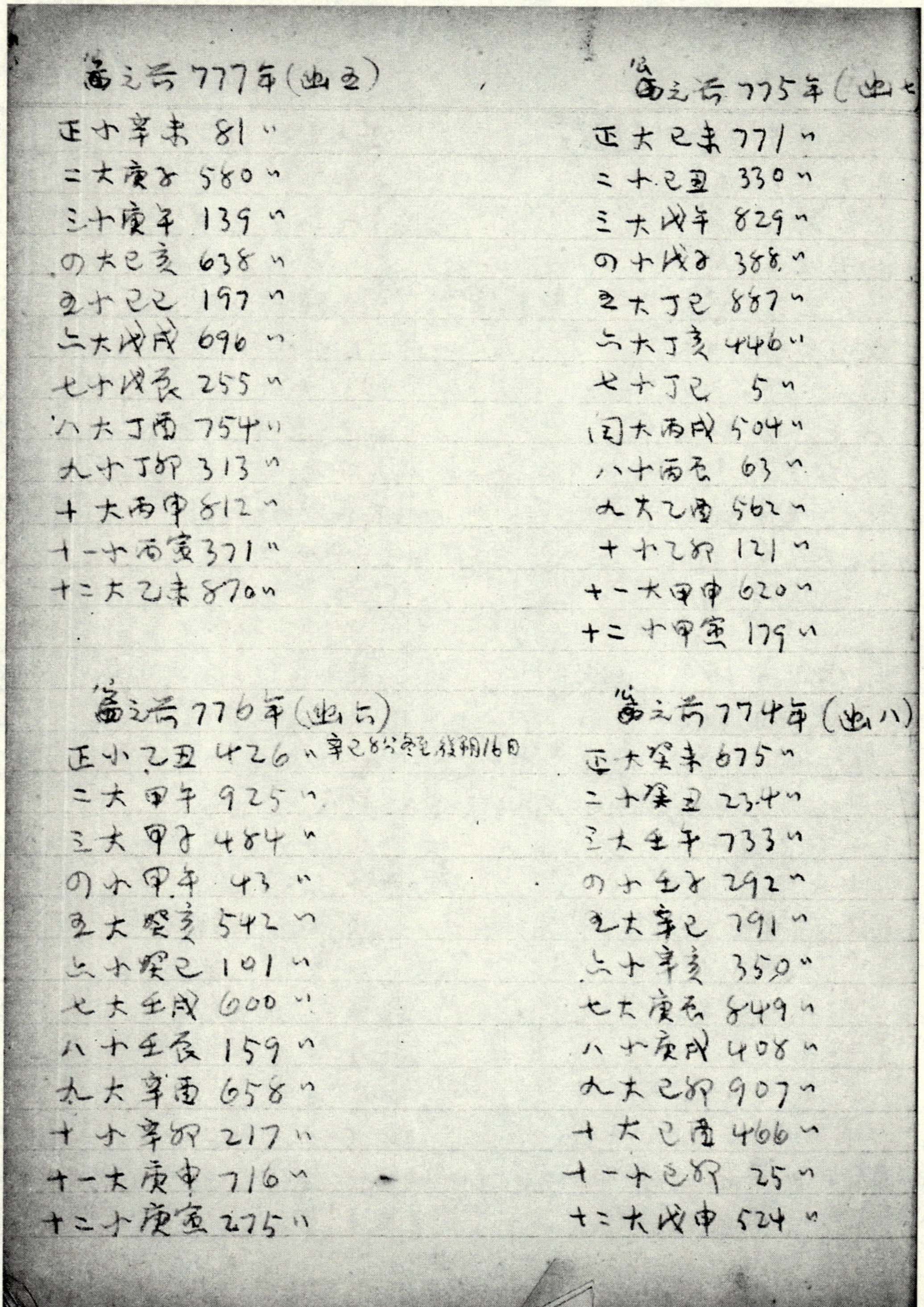

西元前777年(幽五)
正小辛未 81"
二大庚子 580"
三小庚午 139"
四大己亥 638"
五小己巳 197"
六大戊戌 696"
七小戊辰 255"
八大丁酉 754"
九小丁卯 313"
十大丙申 812"
十一小丙寅 371"
十二大乙未 870"

西元前775年(幽七)
正大己未 771"
二小己丑 330"
三大戊午 829"
四小戊子 388"
五大丁巳 887"
六大丁亥 446"
七小丁巳 5"
闰大丙戌 504"
八小丙辰 63"
九大乙酉 562"
十小乙卯 121"
十一大甲申 620"
十二小甲寅 179"

西元前776年(幽六)
正小乙丑 426" 辛巳8分食 後朔16日
二大甲午 925"
三大甲子 484"
四小甲午 43"
五大癸亥 542"
六小癸巳 101"
七大壬戌 600"
八小壬辰 159"
九大辛酉 658"
十小辛卯 217"
十一大庚申 716"
十二小庚寅 275"

西元前774年(幽八)
正大癸未 675"
二小癸丑 234"
三大壬午 733"
四小壬子 292"
五大辛巳 791"
六小辛亥 350"
七大庚辰 849"
八小庚戌 408"
九大己卯 907"
十大己酉 466"
十一小己卯 25"
十二大戊申 524"

公元前773年（幽九）

正小戊寅 80〃
二大丁未 579〃
三小丁丑 138〃
四大丙午 637〃
五小丙子 196〃
六大乙巳 695〃
七小乙亥 254〃
八大甲辰 753〃
九小甲戌 312〃
十大癸卯 811〃
十一小癸酉 370〃
十二大壬寅 869〃

公元前772年（幽十）

正小壬申 425〃
二大辛丑 924〃
三大辛未 483〃
闰小辛丑 42〃
四大庚午 541〃
五小庚子 100〃
六大己巳 599〃
七小己亥 158〃
八大戊辰 657〃
九小戊戌 216〃
十大丁卯 715〃
十一小丁酉 274〃
十二大丙寅 773〃

公元前771年（幽十一）

正小丙申 329〃
二大乙丑 828〃
三小乙未 387〃
四大甲子 886〃
五大甲午 445〃
六小甲子 4〃
七大癸巳 503〃
八小癸亥 62〃
九大壬辰 561〃
十小壬戌 120〃
十一大辛卯 619〃
十二小辛酉 178〃

西周终，后附谱至平王四十八年，下接《春秋经朔谱》。

魯惠元

西元前770年（平王元，東遷）

正 大 庚寅 674"
二 小 庚申 233"
三 大 己丑 732"
四 小 己未 291"
五 大 戊子 790"
六 小 戊午 349"
七 大 丁亥 848"
八 小 丁巳 407"
九 大 丙戌 906"
十 大 丙辰 465"
十一 小 丙戌 24"
閏 大 乙卯 523"
十二 小 乙酉 82"

西元前769年（平二）

正 大 甲寅 576"
二 小 甲申 135"
三 大 癸丑 634"
四 小 癸未 193"
五 大 壬子 692"
六 小 壬午 251"
七 大 辛亥 750"
八 小 辛巳 309"
九 大 庚戌 808"
十 小 庚辰 367"
十一 大 己酉 866"
十二 小 己卯 425"

西元前768年（平三）

正 大 戊申 921"
二 大 戊寅 480"
三 小 戊申 39"
四 大 丁丑 538"
五 小 丁未 97"
六 大 丙子 596"
七 小 丙午 155"
八 大 乙亥 654"
九 小 乙巳 213"
十 大 甲戌 712"
十一 小 甲辰 271"
十二 大 癸酉 770"

西元前767年（平四）

正 小 癸卯 326"
二 大 壬申 825"
三 小 壬寅 384"
四 大 辛未 883"
五 大 辛丑 442"
六 小 辛未 1"
七 大 庚子 500"
八 小 庚午 59"
九 大 己亥 558"
閏 小 己巳 117"
十 大 戊戌 616"
十一 小 戊辰 175"
十二 大 丁酉 674"

公元前766年（平五）

正小丁卯 230〃
二大丙申 729〃
三小丙寅 288〃
四大乙未 787〃
五小乙丑 346〃
六大甲午 845〃
七小甲子 404〃
八大癸巳 903〃
九大癸亥 462〃
十小癸巳 21〃
十一大壬戌 520〃
十二小壬辰 79〃

公元前765年（平六）

~~正小壬辰 76〃~~
正大辛酉 575〃
二小辛卯 134〃
三大庚申 633〃
四小庚寅 192〃
五大己未 691〃
六小己丑 250〃
七大戊午 749〃
八小戊子 308〃
九大丁巳 807〃
十小丁亥 366〃
十一大丙辰 865〃
十二小丙戌 424〃

公元前764年（平七）

正大乙卯 920〃
二大乙酉 479〃
三小乙卯 38〃
四大甲申 537〃
五小甲寅 96〃
六大癸未 595〃
闰小癸丑 154〃
七大壬午 653〃
八小壬子 212〃
九大辛巳 711〃
十小辛亥 270〃
十一大庚辰 769〃
十二小庚戌 328〃

公元前763年（平八）

正大己卯 824〃
二小己酉 383〃
三大戊寅 882〃
四大戊申 441〃
五小戊寅 0〃
六大丁未 499〃
七小丁丑 58〃
八大丙午 557〃
九小丙子 116〃
十大乙巳 615〃
十一小乙亥 174〃
十二大甲辰 673〃

西元前762年（平九）

正小甲戌229〃
二大癸卯728〃
三小癸酉287〃
四大壬寅786〃
五小壬申345〃
六大辛丑844〃
七小辛未403〃
八大庚子902〃
九大庚午461〃
十小庚子20〃
十一大己巳519〃
十二小己亥78〃

公元前761年（平十）

正大戊辰574〃
二小戊戌133〃
闰大丁卯632〃
三小丁酉191〃
四大丙寅690〃
五小丙申249〃
六大乙丑748〃
七小乙未307〃
八大甲子806〃
九小甲午365〃
十大癸亥864〃
十一小癸巳423〃
十二大壬戌922〃

公元前760年（平十一）

正大壬辰478〃
二小壬戌37〃
三大辛卯536〃
四小辛酉95〃
五大庚寅594〃
六小庚申153〃
七大己丑652〃
八小己未211〃
九大戊子710〃
十小戊午269〃
十一大丁亥768〃
十二小丁巳327〃

公元前759年（平十二）

正大丙戌823〃
二小丙辰382〃
三大乙酉881〃
四小乙卯440〃
五大甲申939〃
六大甲寅498〃
七小甲申57〃
八大癸丑556〃
九小癸未115〃
十大壬子614〃
闰小壬午173〃
十一大辛亥672〃
十二小辛巳231〃

公元前758年（平十三）

正大庚戌727〃
二小庚辰286〃
三大己酉785〃
四小己卯344〃
五大戊申843〃
六小戊寅402〃
七大丁未901〃
八大丁丑460〃
九小丁未19〃
十大丙子518〃
十一小丙午77〃
十二大乙亥576〃

公元前756年（平十五）

正大己亥477〃
二小己巳36〃
三大戊戌535〃
四小戊辰94〃
五大丁酉593〃
六小丁卯152〃
七大丙申651〃
闰小丙寅210〃
八大乙未709〃
九小乙丑268〃
十大甲午767〃
十一小甲子326〃
十二大癸巳825〃

公元前757年（平十四）

正小乙巳132〃
二大甲戌631〃
三小甲辰190〃
四大癸酉689〃
五小癸卯248〃
六大壬申747〃
七小壬寅306〃
八大辛未805〃
九小辛丑364〃
十大庚午863〃
十一小庚子422〃
十二大己巳921〃

公元前755年（平十六）

正小癸亥381〃
二大壬辰880〃
三小壬戌439〃
四大辛卯938〃
五大辛酉497〃
六小辛卯56〃
七大庚申555〃
八小庚寅114〃
九大己未613〃
十小己丑172〃
十一大戊午671〃
十二小戊子230〃

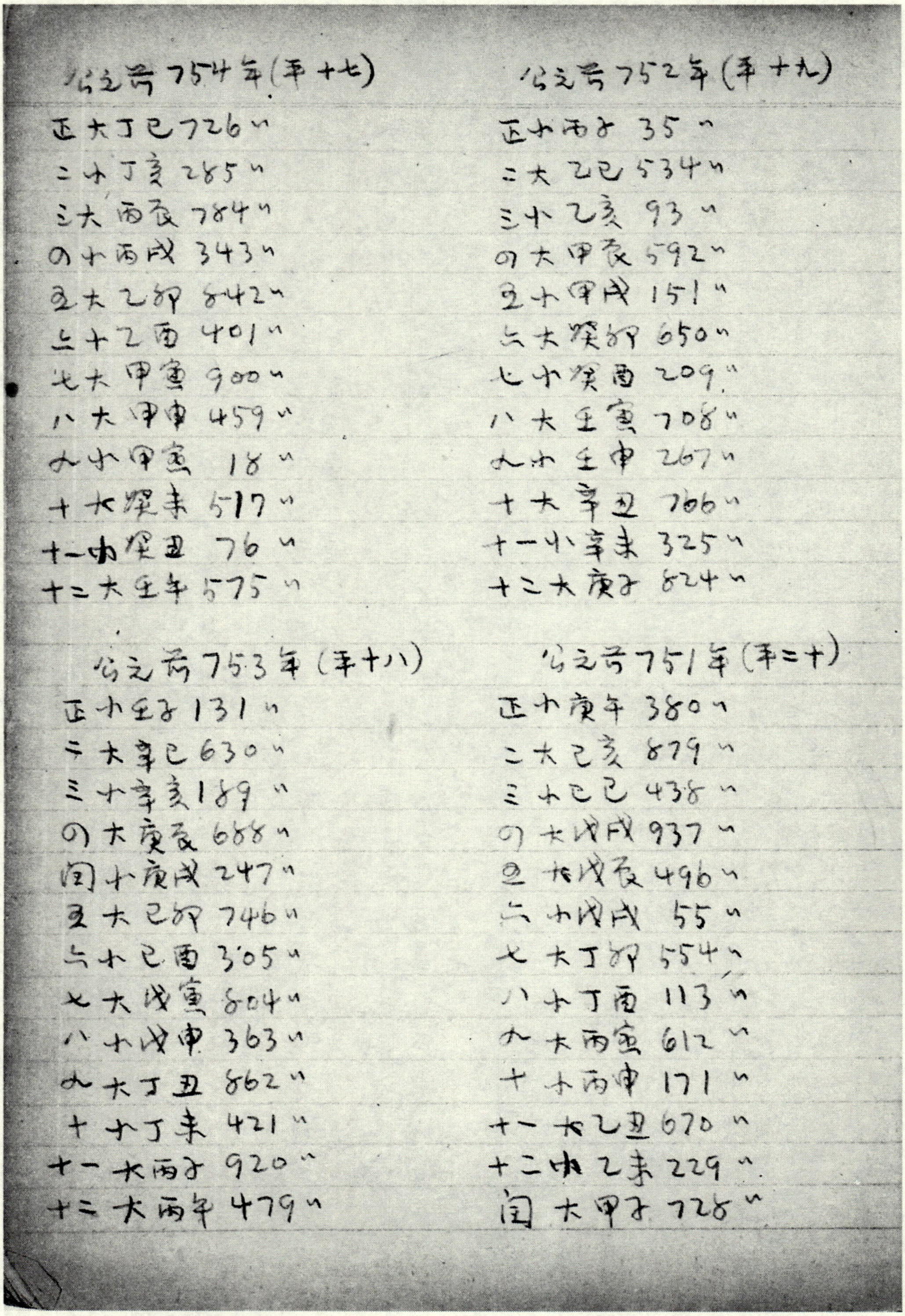

公元前754年(平十七)

正大丁巳726〃
二小丁亥285〃
三大丙辰784〃
四小丙戌343〃
五大乙卯842〃
六小乙酉401〃
七大甲寅900〃
八大甲申459〃
九小甲寅18〃
十大癸未517〃
十一小癸丑76〃
十二大壬午575〃

公元前752年(平十九)

正小丙子35〃
二大乙巳534〃
三小乙亥93〃
四大甲辰592〃
五小甲戌151〃
六大癸卯650〃
七小癸酉209〃
八大壬寅708〃
九小壬申267〃
十大辛丑766〃
十一小辛未325〃
十二大庚子824〃

公元前753年(平十八)

正小壬子131〃
二大辛巳630〃
三小辛亥189〃
四大庚辰688〃
闰小庚戌247〃
五大己卯746〃
六小己酉305〃
七大戊寅804〃
八小戊申363〃
九大丁丑862〃
十小丁未421〃
十一大丙子920〃
十二大丙午479〃

公元前751年(平二十)

正小庚午380〃
二大己亥879〃
三小己巳438〃
四大戊戌937〃
五大戊辰496〃
六小戊戌55〃
七大丁卯554〃
八小丁酉113〃
九大丙寅612〃
十小丙申171〃
十一大乙丑670〃
十二小乙未229〃
闰大甲子728〃

公元前750年（平廿一）

正小甲午 283〃
二大癸亥 782〃
三小癸巳 341〃
四大壬戌 840〃
五小壬辰 399〃
六大辛酉 898〃
七大辛卯 457〃
八小辛酉 16〃
九大庚寅 515〃
十小庚申 74〃
十一大己丑 573〃
十二小己未 132〃

公元前749年（平廿二）

正大戊子 628〃
二小戊午 187〃
三大丁亥 686〃
四小丁巳 245〃
五大丙戌 744〃
六小丙辰 303〃
七大乙酉 802〃
八小乙卯 361〃
九大甲申 860〃
十小甲寅 419〃
十一大癸未 918〃
十二大癸丑 477〃

公元前748年（平廿三）

正小癸未 33〃
二大壬子 532〃
三小壬午 91〃
四大辛亥 590〃
五小辛巳 149〃
六大庚戌 648〃
七小庚辰 207〃
八大己酉 706〃
闰小己卯 265〃
九大戊申 764〃
十小戊寅 323〃
十一大丁未 822〃
十二小丁丑 381〃

公元前747年（平廿四）

正大丙午 877〃
二小丙子 436〃
三大乙巳 935〃
四大乙亥 494〃
五小乙巳 53〃
六大甲戌 552〃
七小甲辰 111〃
八大癸酉 610〃
九小癸卯 169〃
十大壬申 668〃
十一小壬寅 227〃
十二大辛未 726〃

公元前746年（平廿五）

正小辛丑 282〃
二大庚午 781〃
三小庚子 340〃
四大己巳 839〃
五小己亥 398〃
六大戊辰 897〃
七大戊戌 456〃
八小戊辰 15〃
九大丁酉 514〃
十小丁卯 73〃
十一大丙申 572〃
十二小丙寅 131〃

公元前744年（平廿七）

正大己未 531〃
二小己丑 90〃
三大戊午 589〃
四小戊子 148〃
五大丁巳 647〃
六小丁亥 206〃
七大丙辰 705〃
八小丙戌 264〃
九大乙卯 763〃
十小乙酉 322〃
十一大甲寅 821〃
十二小甲申 380〃

公元前745年（平廿六）

正大乙未 627〃
二小乙丑 186〃
三大甲午 685〃
四小甲子 244〃
五大癸巳 743〃
闰小癸亥 302〃
六大壬辰 801〃
七小壬戌 360〃
八大辛卯 859〃
九小辛酉 418〃
十大庚寅 917〃
十一大庚申 476〃
十二小庚寅 35〃

公元前743年（平廿八）

正大癸丑 876〃
二小癸未 435〃
三大壬子 934〃
四大壬午 493〃
五小壬子 52〃
六大辛巳 551〃
七小辛亥 110〃
八大庚辰 609〃
九小庚戌 168〃
十大己卯 667〃
十一小己酉 226〃
十二大戊寅 725〃

公元前742年（平廿九）

正小戊申281〃
二大丁丑780〃
闰小丁未339〃
三大丙子838〃
四小丙午397〃
五大乙亥896〃
六大乙巳455〃
七小乙亥14〃
八大甲辰513〃
九小甲戌72〃
十大癸卯571〃
十一小癸酉130〃
十二大壬寅629〃

公元前741年（平三十）

正小壬申185〃
二大辛丑684〃
三小辛未243〃
四大庚子742〃
五小庚午301〃
六大己亥800〃
七小己巳359〃
八大戊戌858〃
九小戊辰417〃
十大丁酉916〃
十一大丁卯475〃
十二小丁酉34〃

公元前740年（平卅一）

正大丙寅530〃
二小丙申89〃
三大乙丑588〃
四小乙未147〃
五大甲子646〃
六小甲午205〃
七大癸亥704〃
八小癸巳263〃
九大壬戌762〃
十小壬辰321〃
闰大辛酉820〃
十一小辛卯379〃
十二大庚申878〃

公元前739年（平卅二）

正小庚寅434〃
二大己未933〃
三大己丑492〃
四小己未51〃
五大戊子550〃
六小戊午109〃
七大丁亥608〃
八小丁巳167〃
九大丙戌666〃
十小丙辰225〃
十一大乙酉724〃
十二小乙卯283〃

公元前738年（平卅三）

正大甲申 779〃
二小甲寅 338〃
三大癸未 837〃
四小癸丑 396〃
五大壬午 895〃
六大壬子 454〃
七小壬午 13〃
八大辛亥 512〃
九小辛巳 71〃
十大庚戌 570〃
十一小庚辰 129〃
十二大己酉 628〃

公元前737年（平卅四）

正小己卯 184〃
二大戊申 683〃
三小戊寅 242〃
四大丁未 741〃
五小丁丑 300〃
六大丙午 799〃
闰小丙子 358〃
七大乙巳 857〃
八小乙亥 416〃
九大甲辰 915〃
十大甲戌 474〃
十一小甲辰 33〃
十二大癸酉 532〃

公元前736年（平卅五）

正小癸卯 88〃
二大壬申 587〃
三小壬寅 146〃
四大辛未 645〃
五小辛丑 204〃
六大庚午 703〃
七小庚子 262〃
八大己巳 761〃
九小己亥 320〃
十大戊辰 819〃
十一小戊戌 378〃
十二大丁卯 877〃

公元前735年（平卅六）

正小丁酉 433〃
二大丙寅 932〃
三大丙申 491〃
四小丙寅 50〃
五大乙未 549〃
六小乙丑 108〃
七大甲午 607〃
八小甲子 166〃
九大癸巳 665〃
十小癸亥 224〃
十一大壬辰 723〃
十二小壬戌 282〃

公元前734年（平卅七）

正大辛卯 778〃
二小辛酉 337〃
三大庚寅 836〃
閏小庚申 395〃
四大己丑 894〃
五大己未 453〃
六小己丑 12〃
七大戊午 511〃
八小戊子 70〃
九大丁巳 569〃
十小丁亥 128〃
十一大丙辰 627〃
十二小丙戌 186〃

公元前733年（平卅八）

正大乙卯 682〃
二小乙酉 241〃
三大甲寅 740〃
四小甲申 299〃
五大癸丑 798〃
六小癸未 357〃
七大壬子 856〃
八小壬午 415〃
九大辛亥 914〃
十大辛巳 473〃
十一小辛亥 32〃
十二大庚辰 531〃

公元前732年（平卅九）

正小庚戌 87〃
二大己卯 586〃
三小己酉 145〃
四大戊寅 644〃
五小戊申 203〃
六大丁丑 702〃
七小丁未 261〃
八大丙子 760〃
九小丙午 319〃
十大乙亥 818〃
十一小乙巳 377〃
十二大甲戌 876〃
閏小甲辰 435〃

公元前731年（平四十）

正大癸酉 930〃
二大癸卯 489〃
三小癸酉 48〃
四大壬寅 547〃
五小壬申 106〃
六大辛丑 605〃
七小辛未 164〃
八大庚子 663〃
九小庚午 222〃
十大己亥 721〃
十一小己巳 280〃
十二大戊戌 779〃

公元前730年（平四十一）

正小戊辰 335 〃
二大丁酉 834 〃
三小丁卯 393 〃
四大丙申 892 〃
五大丙寅 451 〃
六小丙申 10 〃
七大乙丑 509 〃
八小乙未 68 〃
九大甲子 567 〃
十小甲午 126 〃
十一大癸亥 625 〃
十二小癸巳 184 〃

公元前729年（平四十二）

正大壬戌 680 〃
二小壬辰 239 〃
三大辛酉 738 〃
四小辛卯 297 〃
五大庚申 796 〃
六小庚寅 355 〃
七大己未 854 〃
八小己丑 413 〃
闰大戊午 912 〃
九大戊子 471 〃
十小戊午 30 〃
十一大丁亥 529 〃
十二小丁巳 88 〃

公元前728年（平四十三）

正大丙戌 584 〃
二小丙辰 143 〃
三大乙酉 642 〃
四小乙卯 201 〃
五大甲申 700 〃
六小甲寅 259 〃
七大癸未 758 〃
八小癸丑 317 〃
九大壬午 816 〃
十小壬子 375 〃
十一大辛巳 874 〃
十二小辛亥 433 〃

公元前727年（平四十四）

正大庚辰 929 〃
二大庚戌 488 〃
三小庚辰 47 〃
四大己酉 546 〃
五小己卯 105 〃
六大戊申 604 〃
七小戊寅 163 〃
八大丁未 662 〃
九小丁丑 221 〃
十大丙午 720 〃
十一小丙子 279 〃
十二大乙巳 778 〃

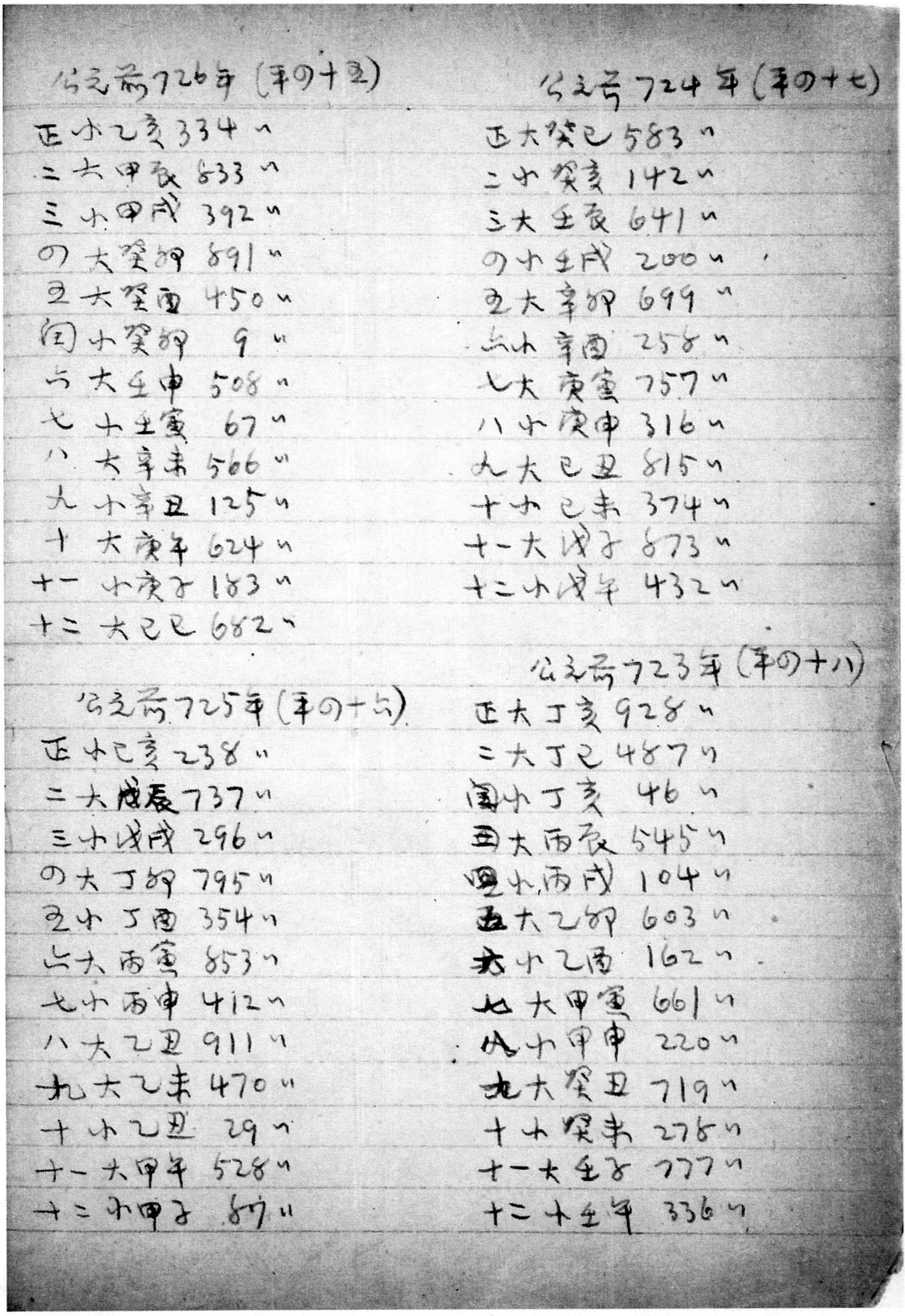

公元前726年（平四十五）
正小乙亥334〃
二大甲辰833〃
三小甲戌392〃
四大癸卯891〃
五大癸酉450〃
闰小癸卯9〃
六大壬申508〃
七小壬寅67〃
八大辛未566〃
九小辛丑125〃
十大庚午624〃
十一小庚子183〃
十二大己巳682〃

公元前725年（平四十六）
正小己亥238〃
二大戊辰737〃
三小戊戌296〃
四大丁卯795〃
五小丁酉354〃
六大丙寅853〃
七小丙申412〃
八大乙丑911〃
九大乙未470〃
十小乙丑29〃
十一大甲午528〃
十二小甲子87〃

公元前724年（平四十七）
正大癸巳583〃
二小癸亥142〃
三大壬辰641〃
四小壬戌200〃
五大辛卯699〃
六小辛酉258〃
七大庚寅757〃
八小庚申316〃
九大己丑815〃
十小己未374〃
十一大戊子873〃
十二小戊午432〃

公元前723年（平四十八）
正大丁亥928〃
二大丁巳487〃
闰小丁亥46〃
三大丙辰545〃
四小丙戌104〃
五大乙卯603〃
六小乙酉162〃
七大甲寅661〃
八小甲申220〃
九大癸丑719〃
十小癸未278〃
十一大壬子777〃
十二小壬午336〃

魏石經新考（殘）

之中。儀禮僅殘最後一碑，故誤以為禮記。至其所錄碑數四十六，當據毀碑之遺礎，非可臆度也。而曰西行存十六碑，南行殘儀禮一碑，東行存論語一碑，共存十八碑，當是晉以後一字石經所存之確數。三字石經二十八碑，北魏馮熙傳所稱，洛陽雖經破亂，苑然猶在者也。一字石經所存十八碑，加三字石經二十八碑，共四十六碑，更加典論所存二碑，（典論六碑存二見水經注）正符水經注所稱四十八碑之數。御覽碑部引戴延之西征記，謂三字石經碑三十五枚，表裏刻春秋經尚書二部，今有十八枚存，餘皆崩。此言表裏刻春秋經尚書二部，固是三字石經。然十八枚存，餘皆崩，乃一字石經。戴氏所記，如是乖舛，三十五枚之數，奚足依據。正始刻三字石經，原只就尚書春秋二部字數估計，故二十八碑，正背刻之，足能容也。使當時有刻左傳計劃，何至刻至二十八碑而轉頭刻其背面。若云，刻完春秋，又復議刻左傳，此百三十餘碑，斗加五倍之工資，似甚只是草草。縱即有之，亦不致刻至三十五碑而轉頭刻其背面。）

碑，只能計其一面字數，合前二十八碑所餘之三碑又三十一

刻七千八百二十字。而隸續左傳殘字，「事口於是齊人口口口盟

來告曰」，此桓公十七年文。隱之至此，實有八千九百四十字，亦非三十

五碑所能容。太炎先生以水經注四十八石碑言之，則更謬矣。隸續所收，

或是偽作，或是殘帛，如宋句中正（楊南仲）三字孝經之比（見宋志），非是拓自石經者。正

始三字石經，只刻尚書春秋，未刻左傳。太炎靜安諸大師，皆有誤解，

不可不辯。或曰，唐志之三字石經左傳古篆書，何如。曰，隋志載三字石經

尚書九卷，注，梁有十三卷。又三字石經尚書五卷。又三字石經春秋三卷，注，

梁有十二卷。此真唐初[illegible]三字石經拓本。（隋志，傳拓之本，猶在祕府）舊

唐志載，三字石經尚書古篆三卷，三字石經左傳古篆十三卷，新志同，惟

作左傳古篆書十二卷。兩志皆不言三字石經春秋，開之時不應遂亡佚。

此十二卷左傳（舊志誤作十三卷）即是梁時十二卷春秋，佚而復出者耳。尚書則又較隋

志[illegible]殘九卷五卷者多殘六卷二卷。典籍時隱時現，時殘時全，往往如是。然則二十八

石所餘之三碑又三十一行，果刻何書。考魏時古文大盛，三字石經，即所推

重古文，正所以平專用今文之失也。隋志，有賈逵春秋釋訓一卷，服虔有

第廿三	第廿四	第廿五	第廿六	第廿七	第廿八
多方二九行 立政連題五行	立政三〇行 顧命連題四行	顧命二九行 康王之誥連題五行	康王之誥一〇行 呂刑連題二四行	呂刑二五行 文侯之命連題九行	文侯之命三行 費誓連題一〇行 秦誓連題一四行 空一行 春秋經題一行隱公第一連題五行

第一	第二	第三	第四	第五	第六
隱公二九行 桓公第二連題七行	桓公三六行	桓公一二行 莊公第三連題二四行	莊公三六行	莊公一六行 閔公第四連題六行 僖公第五連題一四行	僖公三六行

自第二十六碑刻完尚書，即續刻春秋，轉從背面刊號第
一，至第二十五碑第五行而畢。尚餘三碑又三十一行，不知續刻何經。
說者咸以隸續有左傳殘字，以為續刻左傳，謹案非也。據唐石
經，左傳共十九萬八千九百四十五字，除去杜序千六百七字，尚有十九萬
七千三百三十八字，兩面刻之，須百三十餘碑。今二十六碑尚書既畢，
即轉頭續刻春秋，可知當日決無刻左傳之計劃。隋以前人，記
述石經，只云尚書，春秋。王靜安曰，左氏隱桓二公傳共九千三百三十
九字，加以尚書一萬八千六百五十字，春秋一萬六千五百七十二字，共四萬四
千五百六十一字。每字三體，得十有三萬三千六百八十三字。今依西征記三
十五碑字數計之，得十有四萬七千字，蓋所刊左氏，當至莊公中葉而
止。案王說實為疏舛。後漢蔡邕傳注引洛陽記，太學在洛陽南
開陽門外講堂，長十丈，廣二丈，堂前石經四部。本碑凡四十六枚。西行尚
書周易公羊傳十六碑存，十二碑毀。南行禮記（案當是儀禮）十五碑悉
崩壞。東行論語二碑，[illegible]（案當作三碑）二碑毀。禮記碑上，有諫議大夫馬日
磾議郎蔡邕名。此記一字石經六部而曰四部，殆魯詩在西行十二毀碑

金縢——四七六字，二五行。

大誥——六四九字，三四行。

康誥——九一●八字，四七行。

酒誥——六七二字，三五行。

梓材——二五四字，一四行。

召誥——七三五字，三八行。

洛誥——七六六字，四○行。

多士——五七一字，三○行。

無逸——五八九字，三一行。

君奭——七四八字，三九行。

多方——七九一字，四一行。

立政——六六九字，三五行。

顧命——六二五字，三三行。

康王之誥——二七一字，一五行。

刑——九五二字，四九行。

文侯之命——二一二字，一二行。

費誓——一八二字，一〇行。

秦誓——二四八字，一四行。

隱公第一——六四四字，三四行。

桓公第二——一〇六四字，五五行。

莊公第三——一四八二字，七六行。

閔公第四——一〇〇字，六行。

僖公第五——二二〇〇字，一一一行。

文公第六——一三六八字，七〇行。

宣公第七——一一八一字，六一行。

成公第八——一七〇四字，八七行。

襄公第九——二八二四字，一四三行。

昭公第十——二一六一字，一一〇行。

定公第十一——一一八三字，六一行。

哀公第十二——一一〇〇字，五六行。

据上所列字数行数，排入二十八碑，正面排尚书，每碑三十四行，背面排春秋，每碑三十六行。密合今之断碑尚书第二十一，春秋第八，皆不可易。具谱於下。

第一	第二	第三	第四
经名一行 书序连题三三行	书序二四行 尧典连题一〇行	尧典一三行 舜典连题二一行	舜典一九行 皋陶谟连题一五行
			第十五 春[illegible]五行

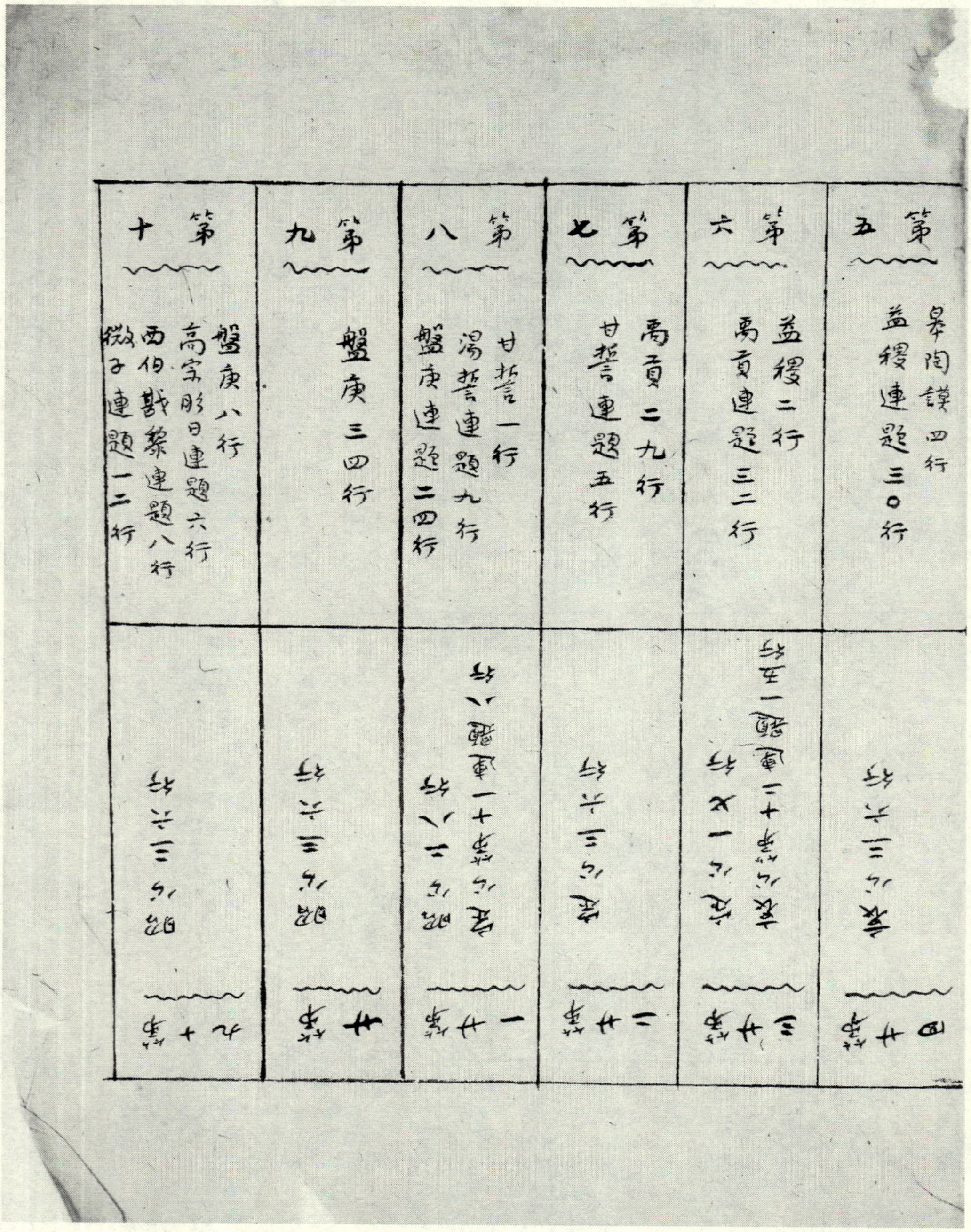

第十	第九	第八	第七	第六	第五
盤庚八行 高宗肜日連題六行 西伯戡黎連題八行 微子連題一二行	盤庚三四行	甘誓一行 湯誓連題九行 盤庚連題二四行	禹貢二九行 甘誓連題五行	益稷二行 禹貢連題三二行	皋陶謨四行 益稷連題三〇行

第廿四	第廿三	第廿二	第廿一	第廿	第十九
哀公三六行	定公一七行 哀公第十二連題一五行	定公三六行	昭公二八行 定公第十一連題八行	昭公三六行	昭公三六行

第十一	第十二	第十三	第十四	第十五	第十六
微子一行 牧誓連題一四行 洪範連題一九行	洪範二九行 金縢連題五行	金縢二〇行 大誥連題一四行	大誥二〇行 康誥連題一四行	康誥三三行 酒誥題一行	酒誥三四行
第十八	第十七	第十六	第十五	第十四	第十三
襄公二六行 昭公第十連題一〇行	襄公三六行	襄公三六行	襄公三六行	成公二七行 襄公第九連題九行	成公三六行

今存

第廿二	第廿一	第廿	第十九	第十八	第十七
君奭二二行 多方連題一二行	無逸一七行 君奭連題一七行	多士二〇行 無逸連題一四行	洛誥二四行 多士連題一〇行	召誥一八行 洛誥連題一六行	梓材連題一四行 召誥連題二〇行

今存

第十二	第十一	第十	第九	第八	第七
宣公一二行 成公第八連題二四行	宣公三六行	文公二三行 宣公第七連題一三行	文公三六行	僖公二五行 文公第六連題一一行	僖公三六行

春秋塞難三卷，又春秋漢議駁二卷。賈服大師，皆崇古學，附刻表揭，容或有之。書缺有間矣，疑莫能明也。

殷周之際諸家所定西周年代异同表

明思宗論

明思宗論

汝舟初稿

自古人君無遠略貪近功喜便給之小才忽貞固之大器卒之希治而愈亂求安而愈危者三代下胥然也而敗亡之烈禍且及身則莫如明思宗者當思宗即位之初承光熹斁壞之餘流寇起於內滿洲擾於外國勢阽危誠如累卵然袁崇煥孫承宗盧象昇輩竄於外鄭崇儉邵捷春張任學俞應桂輩請亂於內劉念臺黃石齋諸大儒拾遺補闕於左右稟大一統之局歷十六年之久矣遠不能以固存君子讀史至此論君則莫後有為論臣則盈廷濟濟乃竟不免滅亡之禍閣書論之欲念臺石齋者後世尊為大儒從祀文廟者也當時讀懷治道至明治矣顧帝斥為迂闊呵為狂肆俱坐[illegible][illegible]不免禍楊嗣昌博涉文籍諳於故事工筆札有口辯帝信愛之恨相見晚特流寇方熾嗣昌陳十面網之討薦

熊文燦總督其事帝以爲無憂也及文燦敗嗣昌代之
功罪定於愛憎將校離心賊勢益熾襄陽破洛陽陷嗣
昌憂懼不食死是時崇煥承宗輩亦既戮死或罷不競
其用而國事不可救矣方帝之妥政嗣昌也石齋疏劾
廷爭帝大怒欲重罪之憚其名高永戍廣西及嗣昌敗廷
臣稍稍稱石齋帝召見之石齋泣乞歸時殆崇禎十五
六年間勢已不可爲矣時烽火既殂畿輔矣帝召見念
臺念臺曰論者但論才望不問操守以議論捷給舉動
妖張爲才望取爵位則有餘責事功則不足帝曰濟變
之司先才後守念臺曰他不具論如范志完操守不謹
大將偏裨賄由朝廷所以三軍解體帝默然爲吁若明
思宗者可謂至死不悟者矣

談榮孟源同志《試談西周紀年》

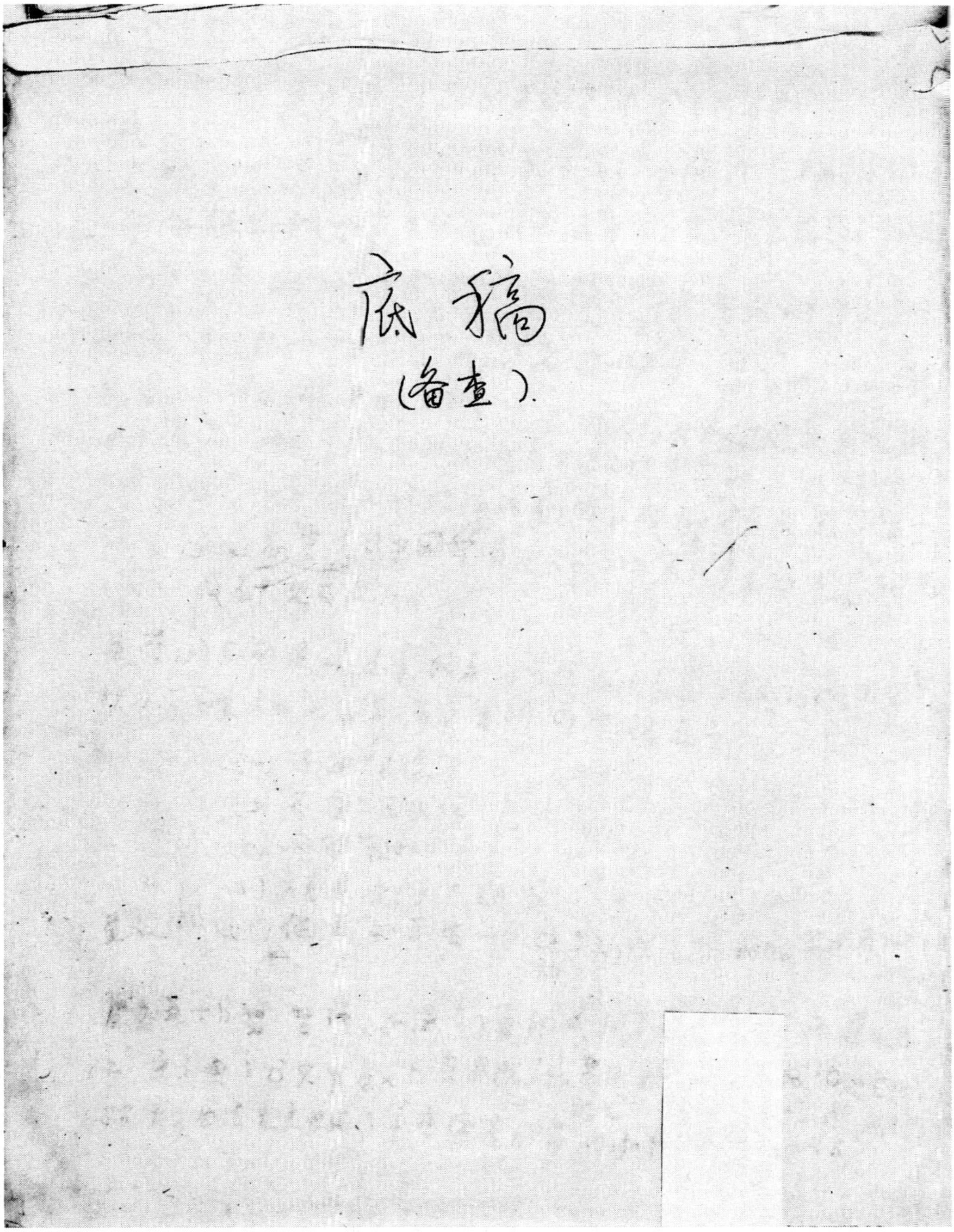
底稿
（备查）

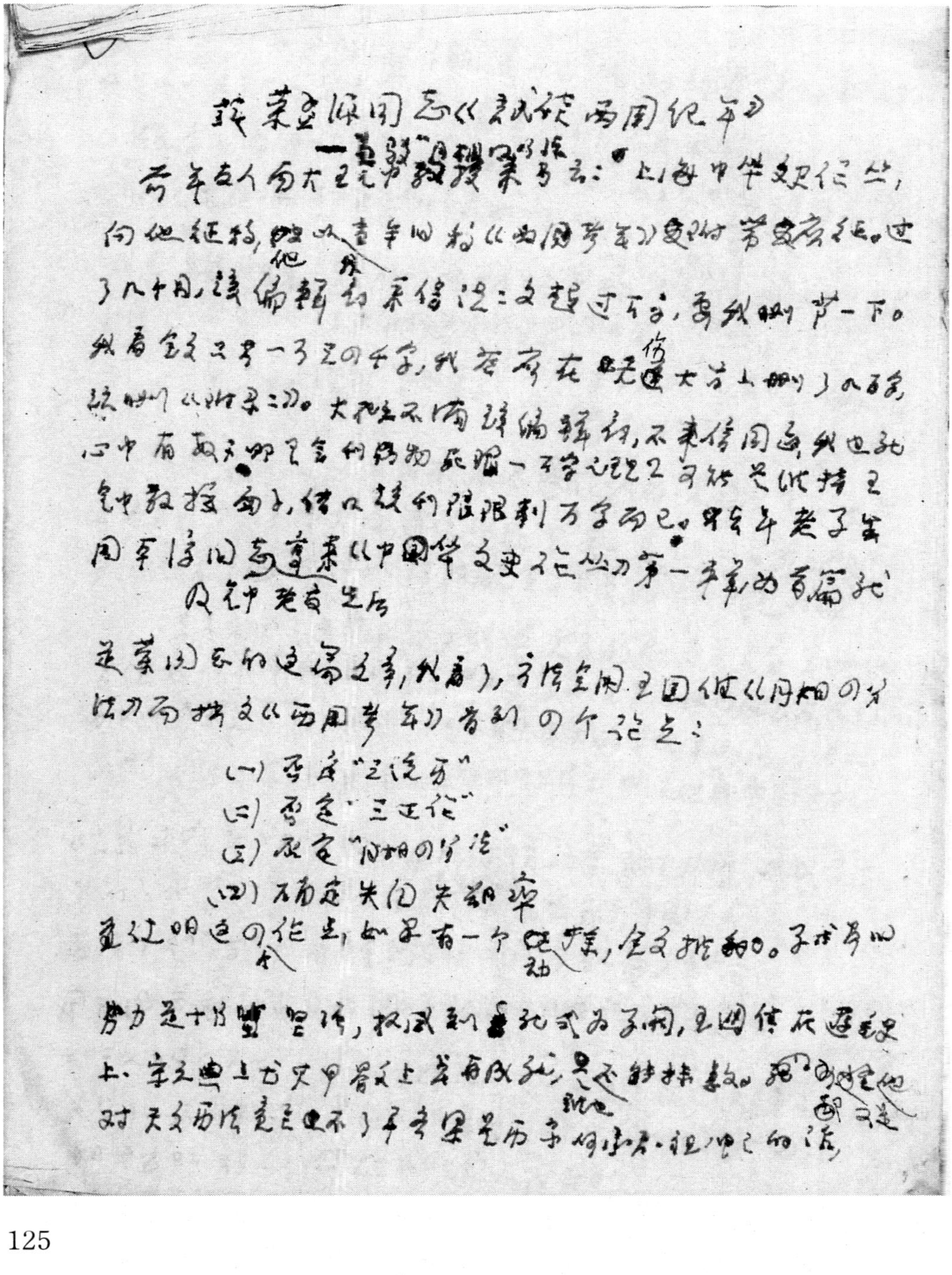
（一）否定“三统历”
（二）否定“三正论”
（三）否定“月相四分说”
（四）确定失闰失朔率

"四分术，文则合天，立名不敢差一日"，而刘歆《世经》又以"旁死霸"为一天。"王先生也不知道。又董作宾"生霸、死霸、月相"何以如？

216
427
389

　　据《汉书·律历志》"十二年正月初吉丁亥"，是宣王时器，与今先异说。[illegible]距[illegible]前427年，过十二年[illegible]，超过三[illegible]

为月之生魄又多差一天。所以宣王十二年正月初吉丁亥，推出是[illegible]初三，因此王先生提出月相四分法。因为权威而用，又因[illegible]，以[illegible]初吉"推上"吃"到第二[illegible]初之为一[illegible]，越[illegible]越[illegible]，越[illegible]越[illegible]

一到了权威，就可以"从心所欲而不逾矩"，就好比文化大革命中[illegible]大[illegible]文[illegible]方面，异化[illegible]一样，比比皆是。[illegible]"二[illegible]"什么，[illegible]批评权威，[illegible]，拨乱反正，是时候了。

　　[illegible]大[illegible]，[illegible]，[illegible]编[illegible]和审[illegible]。工作中[illegible]从[illegible]，[illegible]的月相[illegible]。不料[illegible]大编[illegible]来[illegible]月相[illegible]，[illegible]来一些卡片。全[illegible]月相四分[illegible]材料，[illegible]大师

《生霸死霸考》不足以入大厅，[illegible]，[illegible]风[illegible]，[illegible]了[illegible][illegible]形势之下[illegible]有人[illegible]中国天文

[illegible]，与[illegible]陈久金[illegible]二[illegible]，[illegible]一[illegible]文[illegible]

[illegible]月相[illegible]，[illegible]月相[illegible]

[illegible]四分[illegible]二分[illegible]（[illegible]）。[illegible]

[illegible]，[illegible]古代[illegible]月相[illegible]一[illegible]

[illegible]，[illegible]《生霸死霸考》

③

一日既死霸　晦日死魄（笔补按此说误）　二日旁死霸

旁之言薄也，偏也　三日哉生霸　亦谓之朏　十五日既生霸

余先生以晦日死魄，错了。[illegible]一代与[illegible]王氏等古代的诸儒大师，竟然把"既生魄"与"既死魄"的"既"与"已既"的"既"混同起来。刘歆不明白"既生魄"与"既死魄"之为朔与望，所以给出谬说"死魄，朔也；生魄，望也"，从此月相之说大乱。俞先生又[illegible]"既生霸"之为朔，也把"既"作"既望"之"既"，遂成"晦日死霸"的错误。[illegible]（究其来，忘记了左传桓公三年"日有食之，既"，杜注"既，尽也"）[illegible]的明灯。俞先生之说之所以被抛弃，不为无故。"既死霸"是"一日朏"，而"一日既死霸"不是[illegible]。"三日哉生明"

十六

"一日朔，一日初吉，一日吉"；十五日"既生霸"不是"一日望"，也不是"十六日既望"也，皆世儒所以误的。如果[illegible]，日月相的分法，[illegible]上弦、下弦两个月相。它都是"生魄"，月球之面；死魄，月背之面。"既死魄"也，今朔，即一个分别，人们看见月球是全部背光面，全黑色，所以叫"朔"。朔，北方曰朔方，黑色[illegible]东南西北中，北方为玄，四灵[illegible]，北方曰玄武，"玄武"就是"黑龟"。朔一名初吉，[illegible]"吉"[illegible]初吉不是月相[illegible]"上弦""下弦"这两个月相之天文意义[illegible]大同[illegible]，以[illegible]"亦宜用之"。实为[illegible]，大同吉日。古今皆称朔与"望"亦一般用

④ 初吉"既死霸"，十五日则用"既生霸"十六日已既望。一个月如这

这里的个月相"初吉、既死霸、既生霸、既望"实际只是四天——一日、十五日、十六日。"十六"即是"十五"，实际只是两天——朔、望。那里有月相的分之？《律历志》："惟十五年三月初吉庚寅"，今甲盘："惟五年三月既死霸庚寅。""初吉"、"既死霸"是同一天（初一）的异名，所以此二器也是同王同年同月同日所铸之器。我在拙考《西周纪年谱》之有

[illegible]王五年三月朔庚寅，完全合（周厉王[illegible]）。

我们清晰地讲一讲月相的安排。初一人们只见月球全部的黑暗背光面，白色受光面都没有，叫做合朔。这个朔时间很短。一分钟前，月球东面还有一线线的白色受光面；一分钟后月球西边就有一线线的白色受光面。这个白色受光面，到初三，月球西面，黄昏时，人们才看到如眉般的白色受光面，叫做"哉生魄"。这是说"生魄"之始也。古人误以"生魄"为初[illegible]，这成"魄"为月质之[illegible]，以后律历志大多承此说："死魄，朔也；生魄，望也"，这错误透顶，已如前述。"生魄"从初三才始见，因为初一初二，地球西面受光面还很低，加之黄昏时西方日光未尽，更看不见。而一[illegible]从合朔之一分一秒，就"哉生魄"了，不过到初三，人们才能看见。古人说："月大，二日，月小，三日"是对的。[illegible]大月则[illegible]是十日，[illegible]太阳[illegible]，[illegible]初二偶而能见到如眉月。[illegible]一般只说初三日出，月就是"哉生魄"。从此一天一天增加，到初八[illegible]

⑤

球上黑白两面平分，，犹象两弦弓，半圆月似弓，中间的径线是弓弦，所以叫"上弦""下弦"。上弦初八，从初三起亮度到初八，到上弦，是月球光明面在西边。这时亮度到十五，光明面到了极点，全都是光明面，没有丝缕状的黑暗面，生魄到了尽头，所以叫"既生魄"。十六叫"既望"，就是望（既生魄）的第二天，"既望"之也。"既死魄"、"既生魄"都在最短暂的时刻，不到一分一秒，或者四一分一秒，都不合理，也不能[illegible]看出，要使"既死魄"也可以没有多大意义，[illegible]只要"月相"只[illegible]光明面。望（既生魄）[illegible]一缕一缕属"死魄"[illegible]，到二十二日月球平分，形成两弦弓，为"下弦"，与"上弦"相反，光明面在东。这时到下月初一，光明面减完了，全是"死魄"了，所以叫"既死魄"。所以也初一，月球绝对黑色毫无亮光，所以叫"朔"，也就是死魄死透了。[illegible]十五之，[illegible]生魄[illegible]不多[illegible]，古人没有能从今天这天文学知识，不能这样早知。

(注) "既生魄"、"望"、"下弦"又叫月相，[illegible]古人月相，只有这一天，而[illegible]还在一个[illegible]几分几秒，[illegible]月相的[illegible]。

（6）

科学研究，要凭实际材料说话，不可随心所欲，从实际材料出发，引出结论。这种科学的学风，很久以来我国学者所遵循。如钱大昕、李锐、王国维等也都具有这种学风。只是有的学者，偶因一字未安，不加深究，妄作曲说，遂害其实。这种相传，是先生下月相四分法所发挥之也。"书面材料"、"实物材料"本是王先生提出的。我要提出"天文材料"，才能与其他书面材料互相印证。书面材料之较有关于武王伐纣的历史记载见于《世俘》上之历点（内中有些已失传）。据《汉书·律历志》所引：

（一）《周书·武成篇》曰："惟一月壬辰旁死霸，若翌日癸巳"

（二）《武成篇》曰："惟四月既旁生霸，粤六日庚戌，武王燎于周庙。"

（三）《召诰》"惟二月既望，粤六日乙未"

（四）《召诰》曰："惟三月丙午朏"

（五）"十二月戊辰晦，周公以人反政"

（六）《毕命丰刑》曰："惟十有二年六月庚午朏"

（七）《汉书·律历志》云："十月癸亥朔，日有食之"

我从这七项书面材料中得到"粤几日"这些字，我先要求的了：不定点，怎么办？如果一个月相能包七八天，用以记日，就很不准确，才以这种"月相"不同，所以古代仍用干支记日。《春秋》经历……干支是初九、十九或二十九。二十四史、《通鉴》等皆用干支记日，杜预……汪日桢《长术辑要》乃至近人陈垣之《二十史朔闰表》。

(7) 我曾讨论过这七个历点，加上金文三十多个历点，用月相的分法，这些

珍贵史料，（西周）用四分法，全部排入表内。一个铜器，我找出了三七个

王，将他从之陈、马两同志文章，以及西周六器，到王国维、

吴其昌、郭沫若、董作宾的大家断定中六器铸造之年代，基本上

用月相四分法，才能使之安排，甚得一致。主张“月相四分法”之传

统是由王国维创始的，还由于子我以解的差错。至此

取之朝名为《历时历》编了一本《西周纪朔谱》，从公元前

1122年（刘歆定为克殷之年）到公元前771年（幽王亡年）。

“朔策”29.530593为一个月，分朔月大月小。“纪朔”是指

按历元之去不一，连续各个月不差错，到季朔才提定朔。由月绕地球的

之朔精密起来，每年有三两个月定朔不同于经朔，或差一天

的一天。我们这本《西周纪朔谱》就是我们将张汝舟五金文

上的十多个历点的试排。这些文上材料，不可更动。已经把西周逐年的

纪朔排在纸上，把四十多个历点去查对，合，就是合；不合，把失闰几天

失望几时几刻记下来。失闰超过一月，不合；失朔超过一天，不用。推定

朔，是重要手段。推定这月加天减天，纪朔分为大月加天，也许纪朔改

在第二天；纪朔分为十八过减天，也许纪朔改在前一天。推定朔必

校货之时间，每推一个定朔，就要测算足把计。先查《纪朔谱》

才有可能得出信实不虚的推定朔。《西周纪朔谱》就是将每月之

的手电筒。例如刘歆定克殷之年为公元前1122年，我们打开

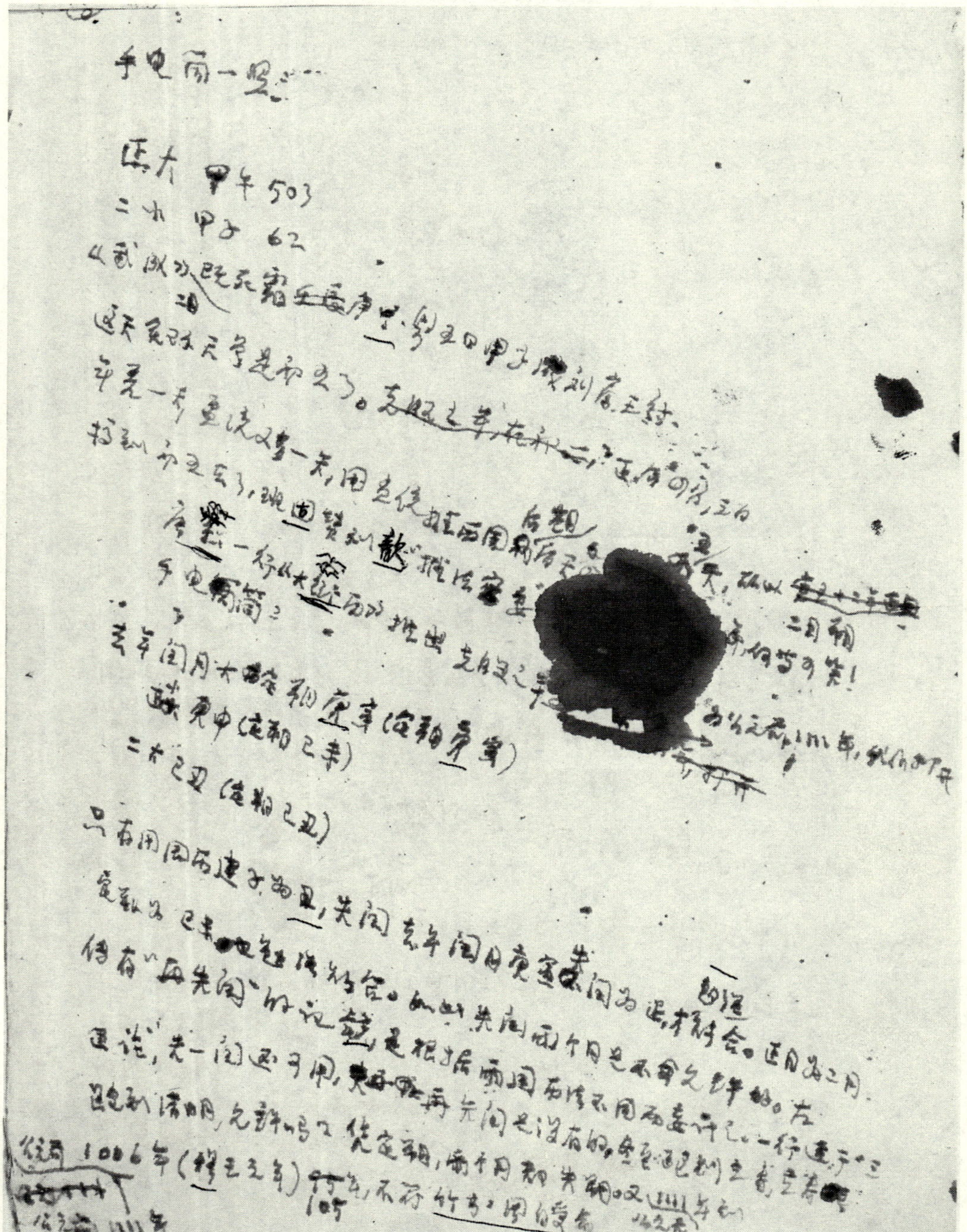

查周金中各王穆王前年之数。[illegible]以公元前1111年为克殷之年。再以[illegible]
一些，假以公元前1106年：

正大 辛酉 557
二小 辛卯 116（定朔辛卯 111）
三大 庚申 615（定朔庚申 915）
四小 庚寅 174（定朔庚寅 657）
五大 乙未 673（定朔[illegible]庚申 286）
闰小 庚寅 174（定朔庚寅 657）

周初用殷历建丑为岁正，完全合天。公元前1106年到穆王
元年公元前1006年，正是百年。因为刘歆推定克殷之年为
公元前1122年，多出12年，与《古本竹书纪年》合不上，于是[illegible]《尚书》
[illegible]二年，又[illegible]文王武王在位年数及周公摄
政年，[illegible]。

又据[illegible]周公[illegible]之年。[illegible]《西
周[illegible]》，[illegible]《古本竹书纪年》，与[illegible]穆王
[illegible]。[illegible]《史记》、《[illegible]》、《吕氏春秋》、《史记·封禅书》
武王在位十三年，克殷后在位二年。这方面一些[illegible]王在位年数，更
无记载。1000 —（[illegible]2 + [illegible]37 + [illegible]26）= 35。这35，[illegible]
[illegible]王在位年[illegible] 2

[illegible]（[illegible]）[illegible]十又五年[illegible]（[illegible]）[illegible]（[illegible]）

[illegible]。全文材料，三[illegible]用[illegible]，[illegible]加这年数15年，
正穆王前之[illegible]。

将全文材料（全四十一件）[illegible]，[illegible]上[illegible]
[illegible]王、[illegible]王、[illegible]王的在位年数。只有[illegible]
[illegible]，这四方面[illegible]下材料四十一[illegible]只[illegible]，[illegible]
材料

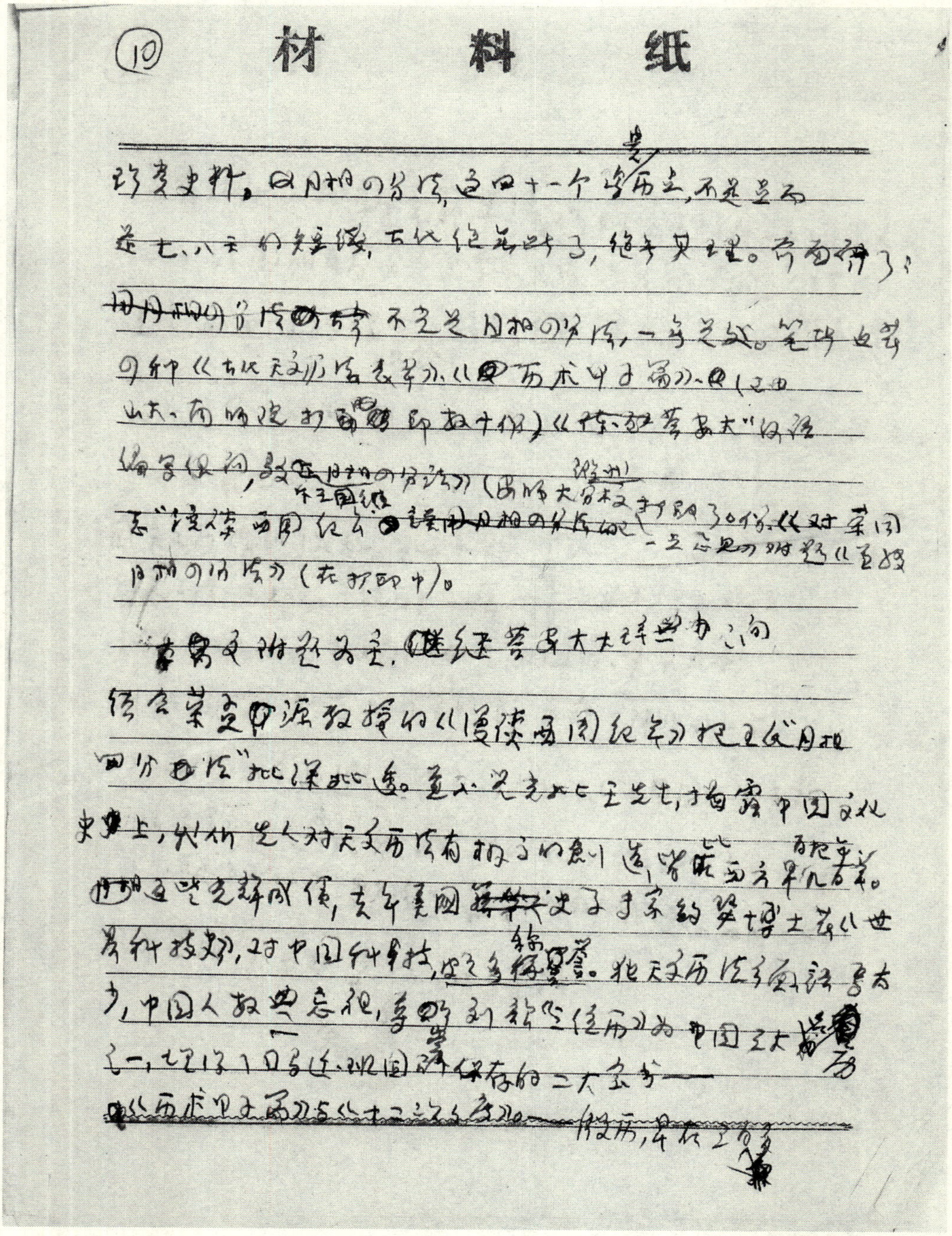

⑩ 材 料 纸

[illegible]

⑪ 材 料 纸

[illegible]年前，风行一时，[illegible]博士[illegible]，是[illegible]人。中国学人不知道，外国朋友更[illegible]文[illegible]史学家，只能凭中国[illegible]之[illegible]述之，如中国物理学家之钱临照教授，历史学家[illegible]地位[illegible]，数千年来人[illegible]。但[illegible]权威[illegible]，不[illegible]提出[illegible]加以付[illegible]。中国天文历法的[illegible]，[illegible]二十八宿的来[illegible]、[illegible]三正论、[illegible]，二十八宿[illegible]上古历年、[illegible]。至[illegible]朱文鑫[illegible]天[illegible]数千年上[illegible]。二十八宿一阵风吹一下，即可清除。[illegible]不行。拙著《中国古代天文历法史》就是[illegible]的[illegible]战场。[illegible]《[illegible]》[illegible]以及《[illegible]》不可忽视，八十老翁[illegible]矣！

[illegible]

材料纸

(12)

西周王年与拙著西周诸年所订之年对照表

周王在位年数	某教授	拙著
	武王 3年	武王 2年
	周公 7	
	成王 32	成王 37
	康王 29	康王 26
	昭王 19	昭王 35
	穆王 54	穆王 55
	共王 16	共王 15
	懿王 16	懿王 15
	孝王 11	孝王 25
	夷王 12	夷王 15
	厉王 30	厉王 37
	共和 15	共和 14
	宣王 45	宣王 46
	幽王 11	幽王 11
西周总年	300	336

某教授改据章鸿钊之说克殷之年为公元前1055年，幽王在位十一年亡于前771年。即1055－771＝284年，西周总年数是年历。

(13)

材料纸

宣王是西周十二王，此前各王在位加起来的，所以不合
合计。共王，懿王在位十九年，共子孝、懿两王纪年少。其间
纪年，适用断代新成果。特别是从西周穆王以后至宣王之
是个窄子，厉王在位37年，宣王在位26年，如果昭王在位19年，他寿
不到60岁能生出一个五十岁的儿子？穆王之在位人们所说的数字太大如此！
又共王，厉王37年《西周年纪》有材料懿王二十五年
(阿攸从鼎"佳卅又一年
三月初吉壬辰"，用手电筒一照，只么在文物上的64年的月相和壬
辰，合天。正是厉王三十一年的三月初一。某某是厉王三十年，此器是......如不
我们的《西周纪
朔谱》，西周时代四十一个器铭资料，总共从西周开始十年
通本查核一个一个历是合理的一年，编成一本小册子，就好
非常重要，某器合乎一年了，拿手电筒一照是暗不明，不像
不露，是很快查的。被月相的分析一搞乱，电手电筒就竟也
用处，一个历只可以在七八个历之了，全盘打不了地下的
材料，从此查，字不精心！手电筒一照就明亮。但
写完，同时又自制。我们如果多核验，从所1055年的月相
周间，排将纪历等，用《殷历书》……《西周纪年》，是不
相同，都是这根罗卜，就不能说明。只有将……月相的
私意安排的
写法"
另面……地下材料。依你我们的41个宝贵历点，才能得到
充分利用。

材　　料　　纸

假借地下材料趞曹鼎"隹十又五年五月既生霸壬午龏王在周新宫"，各家书上公元前937年，而推十五年公元前951年和952年穆王崩，这不是共王是谁？又走簋"隹二月初吉丁亥……推王二十祀"，打开(两周纪年相合)合上公元前935，那公元前935是他元年，不是懿王是谁？这些材料是在青铜铜器上的，什么材料有这么可靠？孝王、夷王，都是假全是假借的材料，材料确的，这就不是假的，根据上，还有铜器(铭)的根据了。

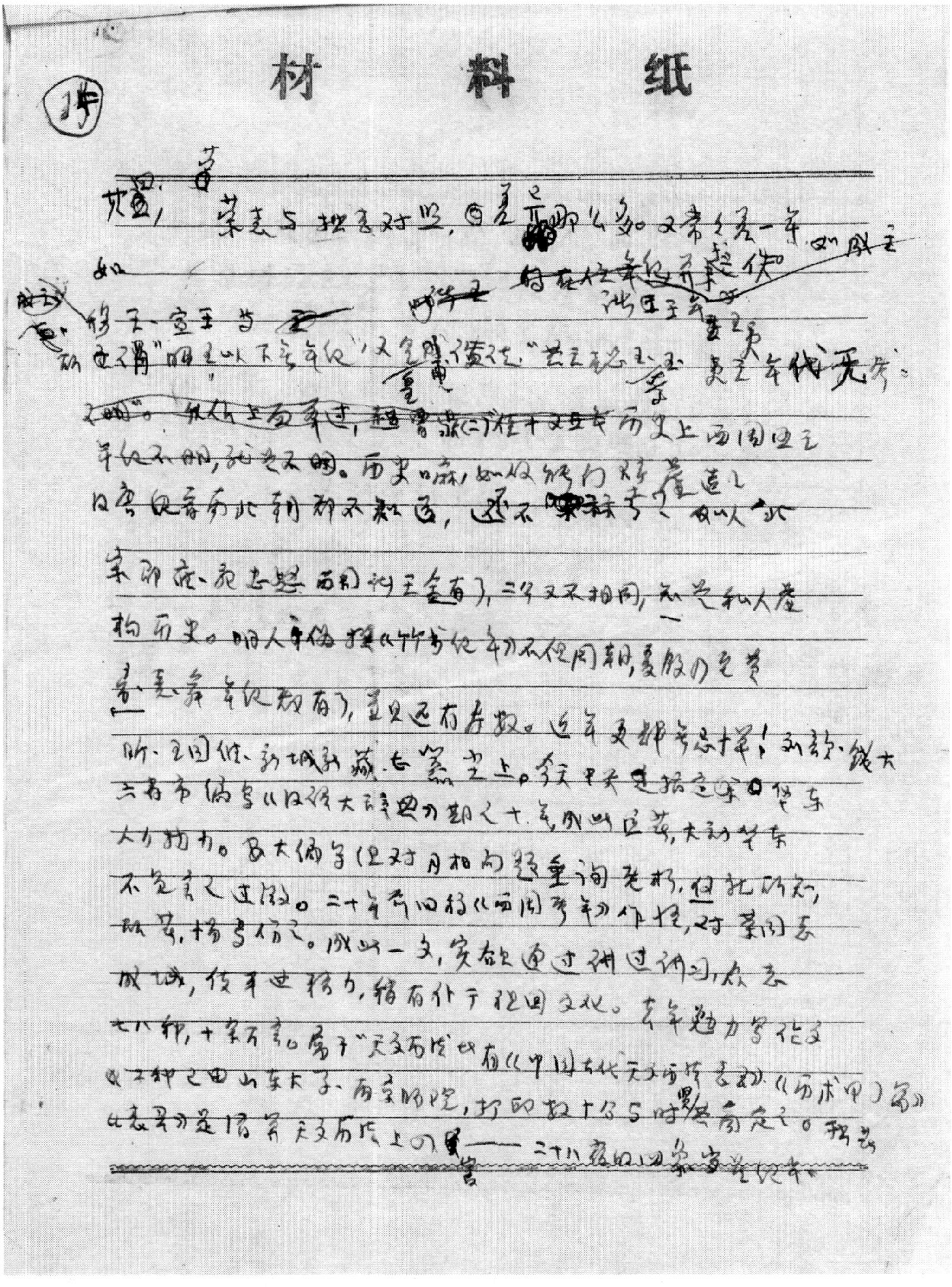
材料纸

(16)

材料纸

三五社、三[illegible]的第一[illegible]，《[illegible]》是我中国天文历法人[illegible]二大宗旨[illegible]青年同学之生，[illegible]有所认识及其[illegible]之联系。一切[illegible]，有效果。我是[illegible]，这门学术，这种学不是天书，[illegible]。这是实话，而当与任课教师及其他[illegible]的老师，和本[illegible]，他们[illegible]一定能[illegible]。但话不能说死。善学善教，则事半而功倍；不善[illegible]，则事倍而功半。刘彦和有言："知其为难，其易也将至；忽其为易，其难也方来。"愿与诸生共勉之！

論戚繼光（殘）

著作《练兵实纪》九卷已著录，惟《止止堂集》五卷，只存目不入四库。何以故？《存目提要》云："继光有平倭功，当时推为良将。诗亦抗健近燕赵之音。而《愚愚》中，多及阴阳果报神怪之事，不免偏驳。考继光有《登盘山绝顶》七律一首，格律颇壮，今石刻尚存，殆刻于刻集之后欤？"四库诸臣已知戚氏之为名将，已知其诗近燕赵之音，七律抗健，竟以《愚愚》多及阴阳因果神怪之事，不免偏驳。作者本人不以为偏驳，四库诸公横加诬陷，何其主观狭隘，坐井观天，使祖国文化事业，蒙上烟雾，名将抗健之诗，竟被抛弃。迂腐儒生，千古一辙。今天《西游记》、《聊斋志异》皆为古典文学之上品，"偏驳"云乎哉！《明史》本传："继光幼倜傥，负奇气。家贫，好读书，通经史大义……俞大猷老将务持重，继光则飚风

装订线

20×16=320　　80—1—206—2　　80.10　　第45页

討論《〈周易〉之製作時代》

討論「周易之制作時代」　張汝舟

「周易之制作時代」是郭沫若先生著的「青銅時代」裏的一篇。（五四頁—七七頁）郭先生的兩種近著「十批判書」和「青銅時代」確是郭先生近年來研究的輝煌成果，我尤其喜歡「十批判書」。但是郭先生研究態度，還不夠客觀，運用材料，還不夠全面，所以偶而也犯學術界一般的錯誤：先有了結論，然後設法來附會。不過郭先生不諱言自己的錯誤，他毫不容情地批判他十五年前的「中國古代社會研究」，他很不高興一些朋友對他的學說盲目地信從。他說：「有的朋友還沿用着我的錯誤，有的則沿用着我錯

誤的徵引而又引到另一錯誤的判斷，因此關於古代的面貌
引起了許多新的混亂。（十批判書第一頁）郭先生既悔恨人盲
目地沿用他的「中國古代社會研究」，我想他現在一定不希望人
再盲目地信從他的「十批判書」和「青銅時代」，以至沿用了錯誤，
造成他將來的悔恨。學術界展開「批評與自我批評」不是已
到時候了嗎？郭先生的「批判」，有的正確，有的未必正確，我們
能夠盲目地承用嗎？對於毛主席的號召：總結「從孔夫子到孫中
山」這一份珍貴的遺產，我們能夠袖手旁觀，任其草率
從事嗎？例如郭先生有這一個總結：「周易經部作於戰國初
年的楚人馯臂子弓」，杜守素、侯外廬、紀玄冰諸先生是同

意的；（中國思想通史二一頁）范文瀾、翦伯贊、呂振羽諸先生是不同意的。（中國歷史簡編八四頁，中國史綱二〇六頁，中國政治思想史二〇頁或簡明中國通史七二頁）這一問題，該怎樣總結呢？我不能不加以討論。我們且從郭先生所依據的理由，一一加以檢討。

第一，他說「八卦是既成文字的誘導物」，我看內中只有坎卦☵是偶合，其餘多少有些附會。試問八卦是從兩個符號一一排列成功的呢，還是先發現坎坤二卦再找文字來依附的呢？先發現了坎坤二卦，憑什麼「思路」做基礎想出八個東西，又恰恰合乎數的「排列」？

第二，他說：「周易爻辭裏面，有利用春秋中葉晉事的痕跡」，這當然是主要的最有力的否定周易作於春秋中葉以前的證據。我們看他引的例子：

「中行告公，用圭。」（益六三）

「中行告公，從。利用為依（衛）遷國。」（益六四）

「包荒用馮河，不遐遺。朋亡，得尚（當）於中行。」（泰九二）

「中行獨復。」（復六四）

「莧陸夬夬，中行无咎。」（夬九五）

郭先生說：「這幾條的『中行』，我相信是春秋時晉國的『荀林父』……荀林父初將中行，左傳宣十四年稱為『中行桓子』，而他的子孫便以「中行」為氏。」又說：『就前兩例的「中行告公」而言，「中行」二字除講為人名外，是不能有第二種解釋的。』謹按原文是「有孚中行，告公用圭。」誠信於中道，故可告公用圭。這「中行」絕不是人名，就和下文「有孚惠心」「有孚惠我德」那「有孚」下不能是人名一樣。「中行告公，從」，「不中行」，雖「告公」也不能從了，很好解釋。論語，「不得中行而與之」，包注，「行之合中者」，朱注，「行，道也」。孟子引用孔子這句話，正是「不得中道而與之」。象辭裏面有「中行」「行中」「中道」：

「長子帥師，以中行也。」（師九五）

「大君之宜，行中之謂也。」（臨六五）

「袢母之蠱，得中道也。」（蠱九二）

「黃離元吉，得中道也。」（離六二）

「九二貞吉，得中道也。」（解九二）

「有戎勿恤，得中道也。」（夬九二）

「七日得，以中道也。」（既濟六二）

「行」金文作非，象十字路，所以「行」就是「道」，「中行」就是「中道」。孔子用「中行」，孟子用「中道」；爻辭用「中行」，象辭多用「中道」，一用「中行」。「中行」「中道」多少含一點時代性吧。另外「中行」「中道」都在卦「位」之中，（註二）所以「中行」「中道」的「中」，是意義重點所在。至於「公孫氏」「司馬氏」「中行氏」之類，它們每一個孤立的字義，都不須顯示，同時，也不能顯示了。「中行」意義的重點，既在「中」字，也就絕不能是「中行氏」了。其外，「莧陸夬夬，中行：无咎。」孟喜說：「莧陸，獸名，夬有足，足為羊也。」（路史注引）朱駿聲說，「莧」是「萈」的形誤，說文，「萈，山羊細角者，胡官切。」（說文通訓定聲乾部）我看孟喜本應該是「萈」，不然，就說不到羊了。但不是羊而是馬，是「驪馬白腹」的「騵」。（註二）「夬」應讀如「趹」或「駃」。（註三）說文，「趹，馬行貌」，廣雅，「駃，奔也。」从馬之「駃」訓奔，从足之「趹」訓馬行貌，正是本義。「陸」是馬跳，莊子馬蹄篇，「翹足而陸」，司馬彪注，「陸，跳也，字書作踛。」「萈陸趹趹，中行：无咎」，是說，「馬快快地跑，在路的中間，就不發生毛病了」；這裏面含的教訓，不言可喻。要說是羊，不但對於「陸」「夬夬」不能切合，羊在大路上走，是不經常的，更談不上對它要求什麼「中道」。馬是駕車子的，不「中道」就會出事；竝且「騵」是駕戎車的，（見大雅大明竝禮記檀弓）那就更要小心了。要說，「莧陸夬夬，荀林父无咎」，豈不太費解嗎？ 爻辭裏的「中行」，就是「中道」，絕不是「荀林父」。春秋時代的事儘多，作易者一概不提，獨對「荀林父」這樣有興趣，一提再提乃至五提，也不近情理。又子弓是楚人，何以偏要遠引晉事？

第三，郭先生說：「孔子與易說無關係」，但是論語裏有兩章書：

(一)子曰：「加我數年，五十以學易，可以無大過矣。」

(二)子曰：「南人有言曰：『人而無恒，不可以作巫醫。』善夫！不恒其德，或承之羞。」子曰：「不占而已矣。」

郭先生對於(二)沒提出什麼否定的理由，只說沒有「易曰」，又說孔子作周易，「何以他的嫡傳如子思孟軻之徒，竟一個字也不提。」我看子思二十三篇，只存中庸一篇，孟子外書也不在了。荀子三十三篇，只有兩篇提到周易；假使荀書命運，亦同思孟之書，就大有機會被後人判定「對周易一字不提」。這種判斷，是危險的。我們不應枝節，我們專在論語這兩章找可以否定的條件最好。我們從(二)，應該看出「不恒其德，或承之羞」不像一般的口語；其次，這八個字是和「占」有關。所以我們只能相信是孔子引用周易，絕不能說「編制易經的人，盜用孔子的話。」要有人問為什麼不用「易曰」，我就請他用「易曰」把這書改編一下，他就會看出記者的修辭技術了。

關於(一)呢，鄭先生用魯論，「加我數年，五十以学，亦可以無大過矣」，自然孔子不會有「学易」這回事了。我認為鄭康成舍魯論用古論是正確的。試問「十五而志於学」的孔子，一直「發憤忘食」了三十多年，天天是在学習，何以還沒到五十歲，忽而發出「假年」之歎。「再添我幾歲，我就五十了，学習一下，就可以不犯大偏差了」，難道一向沒学習嗎？古論是對的。孔子快到五十歲，「学易」有了心得，於是戲發「假年」之歎，語氣似乎謙沖，卻十足表出那「躊躇滿志」和「朝聞夕死」的情趣。「再添我幾歲，我就五十了，把易經学習一下，就可以不犯大偏差了」！弦外之音，那時死也可以了；如果現在就死，「易」還沒学習好呢。孔子晚年敘述他自己進学的次第，是「五十而知天命」，正是「学易」之年。北方学者篤實，南方学者玄虛，（接輿，長沮，桀溺，老子，莊子，屈原等都是楚人）一直到隋唐，都是這樣。孔子言性與天道，子貢未得聞，思孟是北方学者，不長於易，也是可能之一。商瞿受易，傳給馯生在玄想發達的楚國，又被荀子那樣推重的「馯臂子弓」，於是易学更加光大起來：這是可信的；「孔子與易說無關係」是不可信的。易傳與子弓或他的弟子有關是可能的；「易傳中所有的『子曰』可以解釋

「荀子曰」或「子弓曰」並不是孔子，這是不可通的。儒家紀錄孔子的話為「子曰」，就和後代儒生在同門中稱老師的話為「先生說」，不必提姓，是同樣的情形。先秦儒家，只對孔子一人如此，其他人雖是本師，也只稱「子—沈子曰」「子—公羊子曰」「子—司馬子曰」，決不敢稱「子曰」。就是墨子之徒，記他們老師的話，也只稱「子—墨子曰」，不稱「子曰」。儒家稱「子弓」「荀子」的話為「子曰」，那是不會有的。子曰：『小人不恥不仁，不畏不義，不見利不勸，不威不懲；小懲而大誡，此小人之福也。易曰：「屨校滅趾，无咎，」此之謂也。』文辭既是子弓做的，子弓發議論，引自己的「易曰」說：「此之謂也」，這是多麼滑稽？子曰：「顏氏之子，其殆庶幾乎！有不善未嘗不知，知之未嘗復行也。」孟子說「臧氏之子」等於現代詞「臧家這個孩子」，是鄙薄之詞，而且孟子以「叟」的資格，對於新進的小夥子，可以用這種口語。「顏家這個孩子」是老師疼愛之詞。「子弓」和「荀子」稱「顏淵」是「顏家這個孩子」是不成話的。揚子法言「顏氏子之樂也內」，這等於用典，正是辭賦家習氣。「某氏之子」是先秦時代流行的口語，絕不應該混用。

第四，左傳裏的「韓宣子來聘，觀書於太史氏，見易象與魯春秋……」，鄧先生說是劉歆竄入的，憑空推斷，也就無法討論。左傳裏那些「卜」「筮」呢，也說是劉歆搗鬼。他是根據「汲冢書」的。我們把關於「汲冢書」兩節文字，錄在下面：

晉書二十一束晳傳：

其易經二篇，與周易上下經同。易繇陰陽卦二篇，與周易略同，繇辭則異。卦下易經一篇，似說卦而異。公孫段二篇，公孫段與邵陟論易。……師春一篇，書左傳諸卜筮，師春似是造書者姓名也。

杜預春秋左氏傳後序：

汲郡汲縣有發其界內舊冢者，大得古書，皆簡編科斗文字。……始者藏在祕府，余晚得見之。所記大凡七十五卷，多雜碎怪妄，不可訓知。周易及紀年最為分了。周易上下篇，與今正同。別有陰陽說，而無彖、象、文言、繫辭，疑於時仲尼造之於魯，尚未播之於遠國也。……文

別有一卷，純集疏左氏傳卜筮事，上下次第及其文義皆
與左傳同，名曰師春。師春似是鈔集者人名也。
這「師春」是從左傳裏輯錄出來的，是晉人親眼所見。假使說「師春」
原是一部書，「在劉歆編割左傳時候被割裂而利用了的一種
資料」，試問「師春」是卜筮書，何以能夠預先埋伏了「上下次第
與左傳同」呢？ 束皙，杜預都沒說「師春」內容有逸出左傳以
外的，試問劉歆縱然好事，割裂三五條也就有了，何以一定要把
那全部書割裂得一條不留？ 司馬遷說，「左丘失明，厥有國語」，
漢書藝文志有國語二十一篇，就是現在的二十一卷。國語裏~~三~~四次說
到「筮」，（見周語、晉語、吳語）晉語的兩次都有「卦」和「繇辭」，是誰竄入

的呢。又是割裂什麼書的呢？左傳裏一些「卦」和「繇辭」，史記裏也有，又是誰竄入的呢。不是「師春」鈔集左傳，而是劉歆割裂的「師春」竄入左傳：汲冢裏的書，劉歆怎會看到呢？郭先生說：「師春是關於卜筮的書，不會受到秦始皇的焚書之厄，同時也就可以想到，在漢代的祕府中必然有所蒐藏」。我看不受到焚書之厄，一樣可以亡佚：「易繇陰陽卦」不是不見於「漢志」嗎？漢志全鈔劉歆七略，凡後加的書名，都注明。「漢志」沒有「師春」，我敢說，「漢代的祕府中必然沒有師春」。如果說：劉歆偷偷地割裂了「師春」，又偷偷地把它燒了，又要蒙同了他的父親和同館校書的一批人，因為這種校書工作，絕不是少數人担任的，他們父子和任宏，尹咸，李柱國等，不過總其成罷了。劉歆自己的「七略」不著錄「歸藏」，可以的；他父親的「別錄」不會不著錄，怎辯的呢？他如果要達大陰謀，為的什麼？左傳裏竄入些「卜筮」就提高多大價值嗎？諸如此類問題，都應該考慮一下。又郭先生說：「八卦是既成文字的誘導物，而其構成時期亦不得在春秋以前。」八卦演為六十四卦，應當更後了，「筮法」有沒有呢？「龜為卜，蓍為筮」，「卜筮不過三」，「卜筮不相襲」（並見曲禮）「凡國之大事，先筮後卜」，（周禮筮人）（註四）「筮短龜長」，（左傳僖四）「我蔑卜筮」，（國語吳語）……這些「卜」「筮」對舉的「筮」是什麼一回事呢？「八卦構成時期不能在春秋以前」，而周公嘴裏卻說出：「若卜筮罔不是孚」；（周書君奭離開八卦，還有什麼「筮」呢？

尤其重要的是我們不能忽視「歷史發展規律」。殷代神道思想那樣發達，所以特別重視「卜筮」，西周就差些了；春秋時更淡，所謂「卜以決疑，不疑何卜」；（左傳桓十一）戰國更不同了，「卜筮」的紀載，幾乎絕跡。何以能在戰國之初，產生一部卜筮之書——周易？這一部卜筮之書一降生，就能引起學術性的研究，就有一批學者——師春，公孫段，邵陟等研究討論，著在簡編了，著編流傳了，一直傳到北方了。這些，要按照歷史發展情形和規律，是講不通的。

最後，「餘論」裏，郭先生說：「子弓把種種的資料利用來，作為周易的卦辭和爻辭，資料的時代，本不一致，但被利用的殷周時代的繇辭特別多，故爾對於那著作全體上給了一種原始的色彩」。我們現在從周易的「用字」與「用韻」（註五）和它所反映的那時「經濟形態」與「意識形態」（註六）就能夠肯定周易經部確是「殷周時代的繇辭」，所以它「全體上有一種原始的色彩」，這不是誰給它的。殷周時代連八卦都沒有，而子弓卻能「利用殷周時代的繇辭特別多」，不但特別多，這且一卦一爻地那樣特別合頭，這都是不可想像的。總括一句，我要向郭先生建議，把「青銅時代」裏那一篇「周易之製作時代」大大修改一下，或者率性把這一篇抽掉，做一個「從善如流」

的榜樣：這是我為新文化篇分析求的！

（註一）第二爻在內卦之中，第五爻在外卦之中，這是最明顯的。復䷗的六四，在五陰之中，益䷩的六三，在三陰之中，也是很明顯的。益的六四是承六三說的，六四以陰輔九五，君臣相得，所以六三只是「告公」，六四並且「從」了：這兩爻是一串的。

（註二）古代羊類有「羱」，（見爾雅）豕類也有「豲」，（見說文）牛類也有「⿰牛原」，（見集韻引山海經）馬類也有「騵」。（見詩大雅及爾雅）「原」與「元」通，本訓大，凡是大畜都叫「原」。其初文是從羊起的：萈字上象羊角。又有「完」或「羦」。

後漢書馬融傳「脰完羝」，注「完羝，野羊也，字書作羦」，音户官反，與完通。又「寬」从萈聲，而古文以完為寬。（見說文）集韻把萈⿰羊萈羦三字列為重文，是正確的。「完」从元聲，元與原通，朱駿聲說「羱」就是「萈」，也是正確的。大豕，大牛，大鳥都跟着大羊叫「原」，後来分化為「羱」「豲」「犤」「騵」，最初是同用一個萈字。後來讀周易的人，却看成「莧菜」了。

（註三）周易每一卦的卦名，不只用它一個字義，例如：屯卦，初爻言盤桓，二爻言屯如邅如，即「迍」字，「鈍」字；三爻言入于林中，即「杶」字；五爻言屯其膏，即「肫」字。（見劉

中叔遺書中学發微補

（註四）郭先生引用過周禮的、註說「其中自有不少的先秦資料」。（十批判書二六頁）

（註五）周易經過漢人用今文寫的，所以它「用字」的原始情形，多被湮沒。但是漢人有鬧不清楚的，便沒有改，例如用「包」為「庖」，用「光」為「廣」，用「辯」為「蹁」，用「井」為「阱」，用「易」為「場」。註見王引之經義述聞。本文考證的「莧陸夬夬」就是「睦陸趹趹」，也是一例。關於用韻，姑舉一例。歌韻的字，是逐漸向支韻跑的。「離」字在詩經裏是在歌韻的。但是老子裏的「能無離」「能嬰兒」

「能無知」；九歌裏的「悲莫悲於生別離，樂莫樂於新相知」；呂氏春秋精諭裏的「弗能知」「弗能窺」「弗能離」：都是叶韻的。可見戰國以後，「離」字是跑到支韻去了。是文辭裏的「離」字還在歌韻：離九三，「日昃之離，不鼓缶而歌，則大耋之嗟」，又小過上六，「弗遇過之，飛鳥離之」：這兩個「離」字都音羅。

（註六）周易所反映那時社會的「經濟形態」，看出田獵畜牧，還是相當主要的生產部門，貨幣是用「貝」「朋」；目前新史學家引的很多，不必贅說。至於它所反映那時「意識形態」呢，我認為殷代神道思想特別發達，西周是趨向「人文主義」了，對於「祭祀觀」有顯著的轉變。第一，周人用牲，大為減少；第二，「王其德之用，祈天永命」，（周書召誥）「克堪用德，惟典神天」，（周書多方）提出一個「德」字，不像殷人那樣專靠「神」「天」了。有德，薄祭也受福；無德，厚祭也不受福：這是周人的「祭祀觀」。中孚卦辭，「豚魚吉」，彖辭，「豚魚吉，信及豚魚也」。王引之根據儀禮，國語，王制，證明「豚魚」是薄祭。他說：「苟有忠信之德，則人感其誠而神降之福，故曰豚魚吉，言雖豚魚之薦亦吉也」。又既濟九五，「東鄰殺牛，不如西鄰之禴祭，實受其福」：這正是西鄰否定東鄰之厚祭，言其不能尚德也。另外「觀卦」和「萃卦」的卦辭，也有同樣的含義。周易雖然引用一些殷商的史實：「高宗伐鬼方」、「帝乙歸妹」「箕子之明夷」等，但是我們從「王亨于岐山」和「東鄰殺牛，不如西鄰之禴祭」，可決定周易是周人作品，制作時代，是在西伯稱王之後，牧野誓師之前。

歷代韻文選（上）

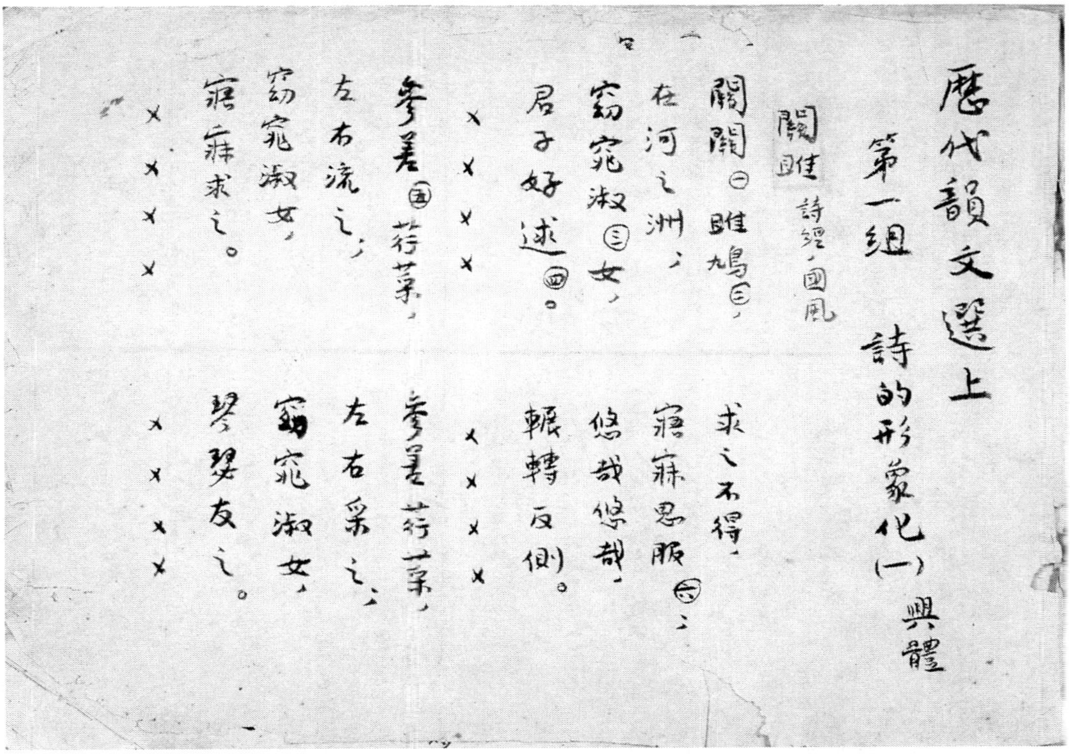

歷代韻文選上

第一組 詩的形象化(一) 興體

關雎 詩經·國風

關關(一)雎鳩(二)，在河之洲；
窈窕淑(三)女，君子好逑(四)。
××××
參差(五)荇菜，左右流之；
窈窕淑女，寤寐求之。
××××
求之不得，寤寐思服(六)；
悠哉悠哉，輾轉反側。
××××
參差荇菜，左右采之；
窈窕淑女，琴瑟友之。
××××

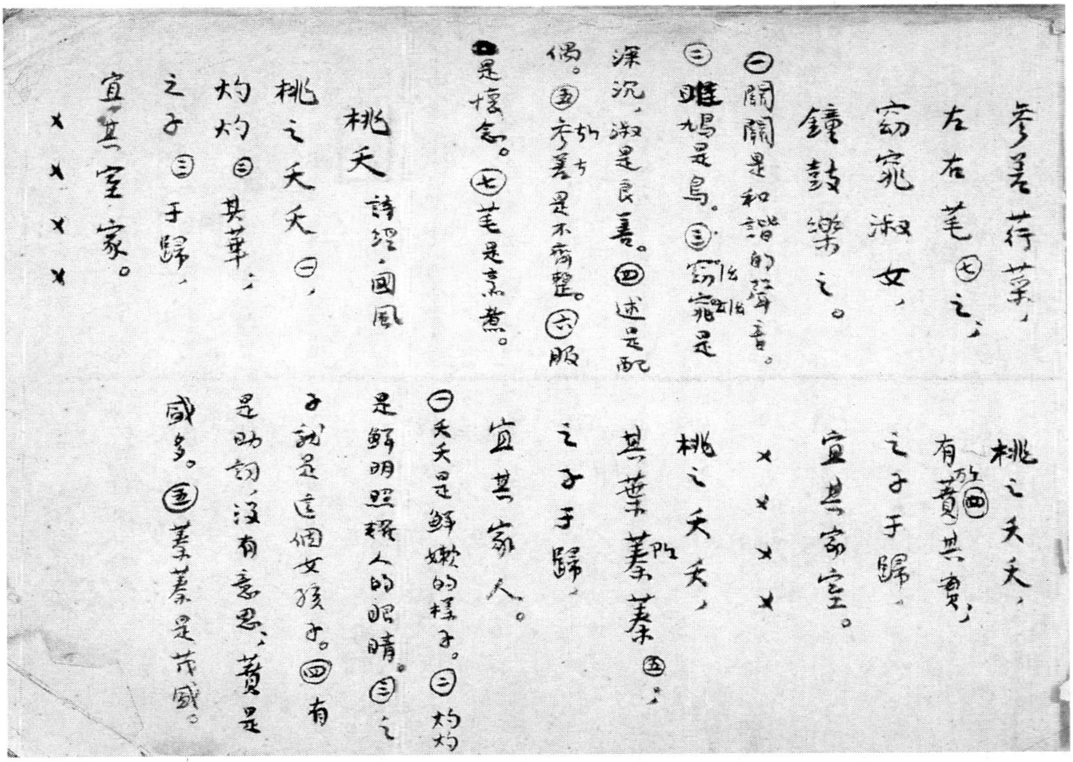

參差荇菜，左右芼(七)之；
窈窕淑女，鐘鼓樂之。
××××

(一)關關是和諧的聲音。(二)雎鳩是鳥。(三)窈窕是深沉，淑是良善。(四)逑是配偶。(五)參差是不齊整。(六)服是懷念。(七)芼是烹煮。

桃夭 詩經·國風

桃之夭夭(一)，灼灼(二)其華；
之子(三)于歸，宜其室家。
××××
桃之夭夭，有蕡(四)其實；
之子于歸，宜其家室。
××××
桃之夭夭，其葉蓁蓁(五)；
之子于歸，宜其家人。

(一)夭夭是鮮嫩的樣子。(二)灼灼是鮮明照耀人的眼睛。(三)之子就是這個女孩子。(四)有是助詞，沒有意思，蕡是盛多。(五)蓁蓁是茂盛。

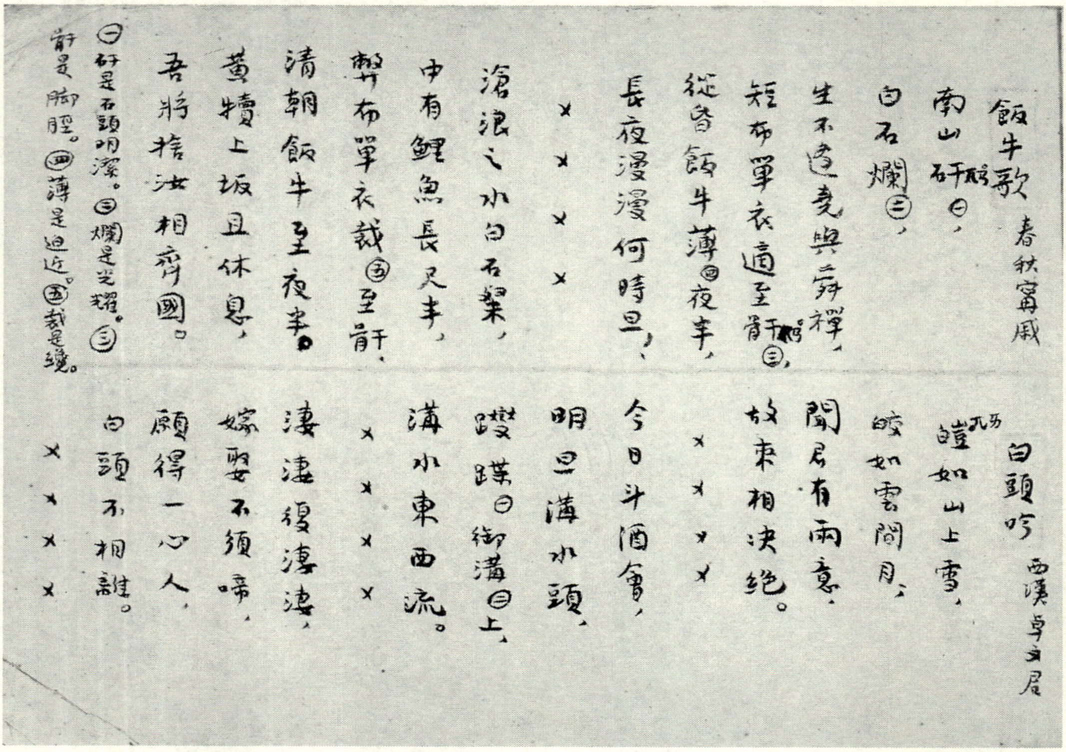

飯牛歌 春秋甯戚

南山矸㊀，
白石爛㊁，
生不遭堯與舜禪，
短布單衣適至骭㊂，
從昏飯牛薄㊃夜半，
長夜漫漫何時旦，

××××

滄浪之水白石粲，
中有鯉魚長尺半，
擊布單衣裁㊄至骭、
清朝飯牛至夜半。
黃犢上坂且休息，
吾將捨汝相齊國。

㊀矸是石頭明潔。㊁爛是光耀。㊂骭是脚脛。㊃薄是迫近。㊄裁是纔。

白頭吟 西漢卓文君

皚如山上雪，
皎如雲間月，
聞君有兩意，
故來相決絕。

××××

今日斗酒會，
明旦溝水頭，
躞蹀㊀御溝㊁上，
溝水東西流。

××××

淒淒復淒淒，
嫁娶不須啼，
願得一心人，
白頭不相離。

××××

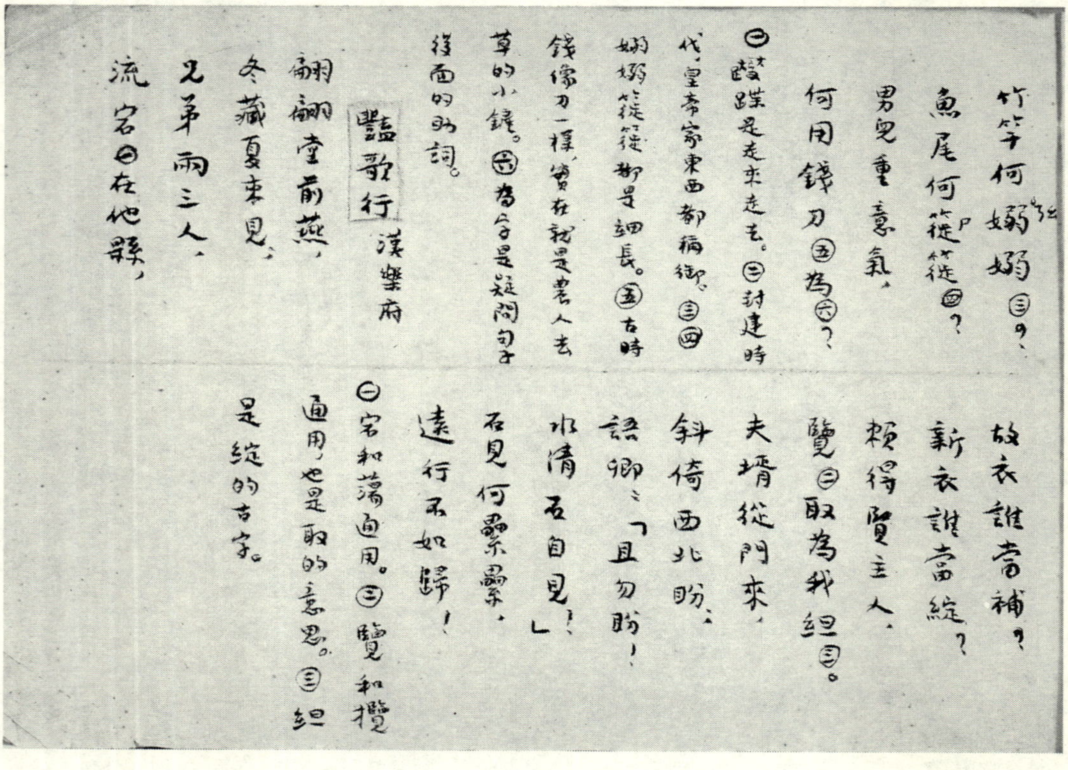

竹竿何嫋嫋㊂，
魚尾何簁簁㊃？
男兒重意氣，
何用錢刀㊄為㊅？

㊀躞蹀是走來走去。㊁封建時代，皇帝家東西都稱御。㊂㊃嫋嫋簁簁都是細長。㊄古時錢像刀一樣，實在就是農人去草的小鏟。㊅為字是疑問句子後面的助詞。

艷歌行 漢樂府

翩翩堂前燕，
冬藏夏來見。
兄弟兩三人，
流宕㊀在他縣，
故衣誰當補？
新衣誰當綻？
賴得賢主人，
覽㊁取為我組㊂。
夫壻從門來，
斜倚西北眄。
語卿：「且勿眄！
水清石自見」！
石見何纍纍，
遠行不如歸！

㊀宕和蕩通用。㊁覽和攬通用，也是取的意思。㊂組是綻的古字。

城上烏 東漢靈帝時童謠

城上烏，
尾畢逋(一)，
公為吏，
子為徒，
一徒死，
百乘車。
車班班(二)，
入河間。
河間姹女(三)工數錢，
以錢為室金為堂。
石上慊慊(四)舂黃粱，
梁下有懸鼓，
我欲擊之丞相怒！

(一)逋和痡字通，病態。(二)班班是連續不斷。(三)姹是美。桓帝死無子，就是把靈帝從河間迎來，河間姹女是指的靈帝母親永樂太后，她非常貪污，幫助靈帝賣官鬻爵。這首是靈帝時童謠。
(四)慊慊是不足的意思。

送陳章甫 盛唐李頎

四月南風大麥黃，
棗花未落桐葉長，
青山朝別暮還見，
嘶馬出門思故鄉。
陳侯立身何坦蕩！
虬鬚虎眉仍大顙，
腹中貯書一萬卷，
不肯低頭在草莽。
東門沽酒飲我曹，
心輕萬事如鴻毛，
醉臥不知白日暮，
有時空望孤雲高。
長河浪頭連天黑，
津吏停舟渡不得，
鄭國遊人未及家，
洛陽行子空歎息！
聞道故林相識多，
罷官昨日今如何？

促刺詞(一) 中唐王建

促刺復促刺，
水中無魚山無石，
少年雖嫁不得歸，
頭白猶著父母衣。
田邊舊宅非所有，
我身不及逐雞飛(二)！
出門若(三)有歸死處，
猛虎當前向前去。
百年不遣踏君門，
在家誰喚為新婦？
豈不見他鄰舍娘，
嫁來常在舅姑旁，

(一)促刺是受壓迫的意思。(二)楚辭「寧與黃鵠比翼乎？將與雞鶩爭食乎？」屈原不肯與雞鶩爭食，我則逐雞飛還趕不上。(三)若就是哪。唐詩裏多如此，例如杜荀鶴詩「承恩不在貌，教妾若為容？」

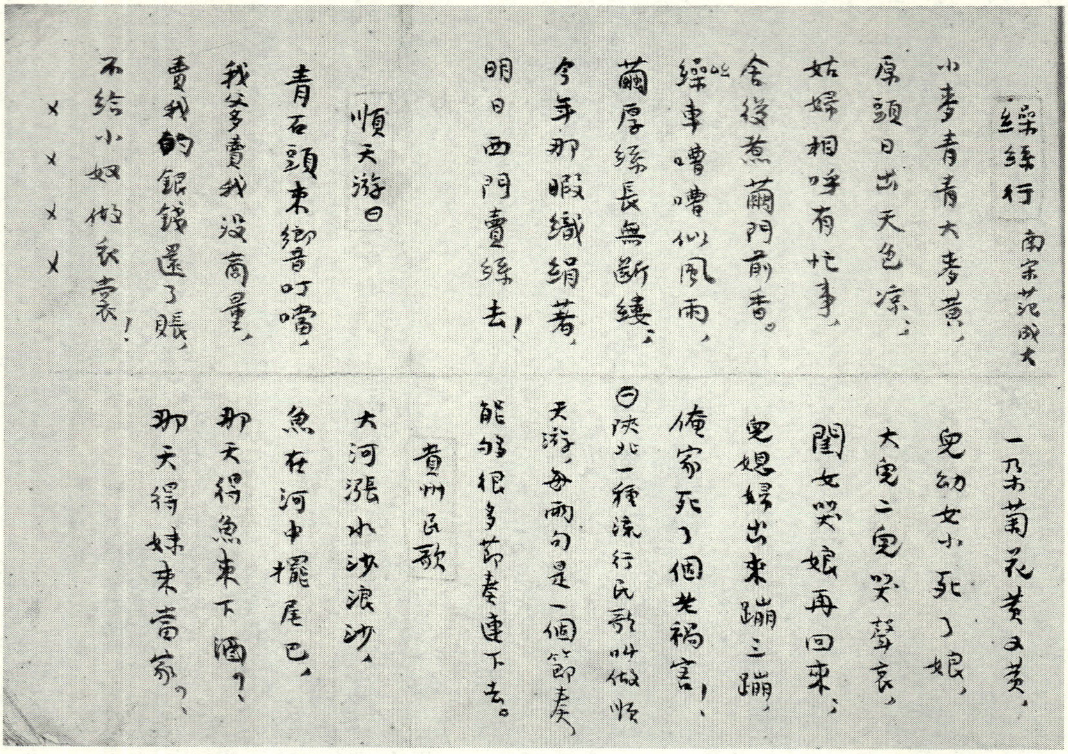

繅絲行　南宋范成大

小麥青青大麥黃，
原頭日出天色涼；
姑婦相呼有忙事，
舍後煮繭門前香。
繅車嘈嘈似風雨，
繭厚絲長無斷縷；
今年那暇織絹著，
明日西門賣絲去！

順天遊㊀

青石頭東鄉音叮噹，
我爹賣我沒商量，
賣我的銀錢還了賬，
不給小奴做衣裳！

× × × ×

一朵菊花黃又黃，
兒幼女小死了娘，
大兒二兒哭聲哀，
閨女哭娘再回來；
兒媳婦出來蹦三蹦，
俺家死了個老禍害！

㊀陝北一種流行民歌叫做順天遊，每兩句是一個節奏，能夠很多節奏連下去。

貴州民歌

大河漲水沙浪沙，
魚在河中擺尾巴，
那天得魚來下酒？
那天得妹來當家？

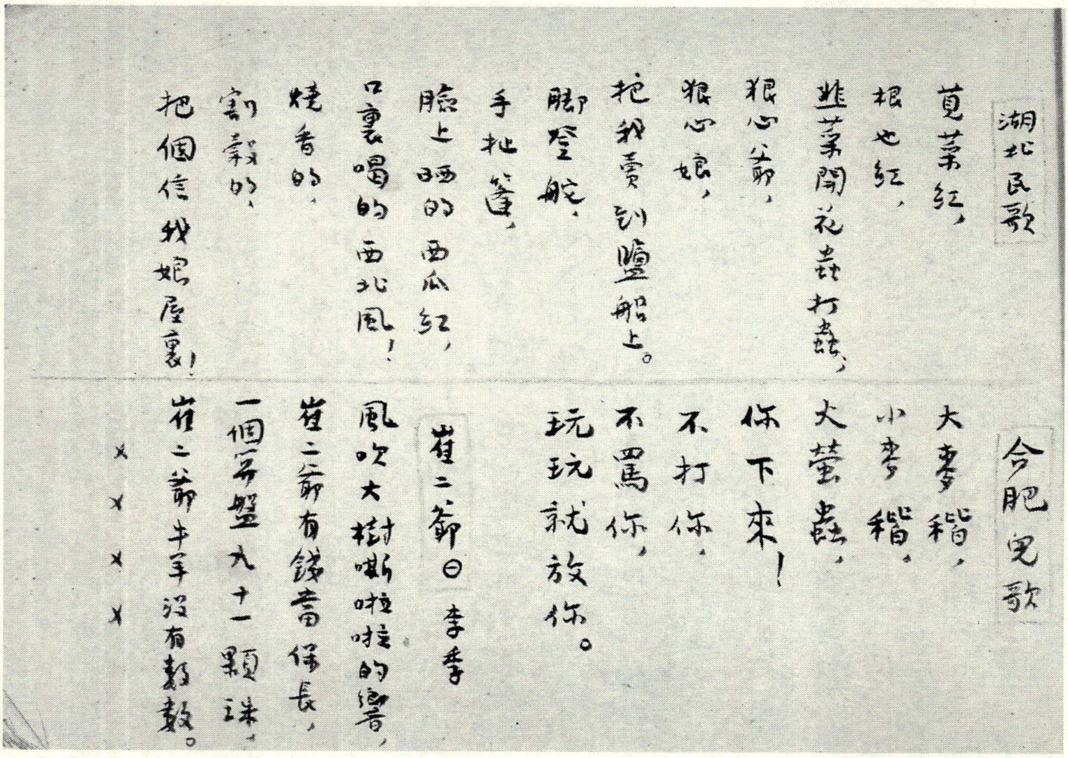

湖北民歌

莧菜紅，
根也紅，
韭菜開花喜打喜，
狠心爺，
狠心娘，
把我賣到鹽船上。
腳登舵，
手扯篷，
臉上晒的西瓜紅，
口裏喝的西北風！
燒香的，
割穀的，
把個信我娘屋裏！

合肥兒歌

大麥稭，
小麥稭，
大螢蟲，
你下來！
不打你，
不罵你，
玩玩就放你。

崔二爺㊀　李季

風吹大樹嘩啦啦的響，
崔二爺有錢當保長，
一個算盤九十一顆珠，
崔二爺半年沒有數數。

× × × ×

烟囱裏冒烟飛滿天，
崔二爺他有半個天，
縣長跟前說一句話，
颳風下雨都由他！

× × × ×

天氣越冷風越緊，
人越有錢心越狠。
十八年莊稼沒有收，
莊户人家皺眉頭，

× × × ×

打不下糧食吃不成飯，
崔二爺租子也難還；
餓着肚子還好過，
短下租子命難活，

㈠這是「王貴與李香香」的一節。

荷荷㈠

阮章競

桃花塢，
楊柳樹，
東山月兒雲遮住，
漳河流水水流沙，
荷荷一濱一聲訴：
『常陰天，
森羅殿，
自從闖進那磚門院，
苦膽拌黃連！
一鍋要煮兩樣飯，
婆婆罵硬，小姑嫌爛，
拍拍三巴掌，
人家端盌俺旁邊看；
罵俺眼饞不洗衣裳，
張嘴「敗婆娘」！
哪年才把頭熬到？
漳河你為甚不出槽？
為俺沖條道』！

㈠這是「漳河小曲」的一節。

第二組 詩的形象化㈡ 比體

綠衣 詩經·國風

綠兮衣兮，
綠衣黃裏㈡，
心之憂矣，
曷維其已！

× × × ×

綠兮衣兮，
綠衣黃裳，
心之憂矣，
曷維其亡！

綠兮絲兮，
女所治兮，
我思古人，
俾無訧㈢兮。

× × × ×

絺兮綌㈢兮，
淒其以㈣風；
我思古人，
實獲我心。

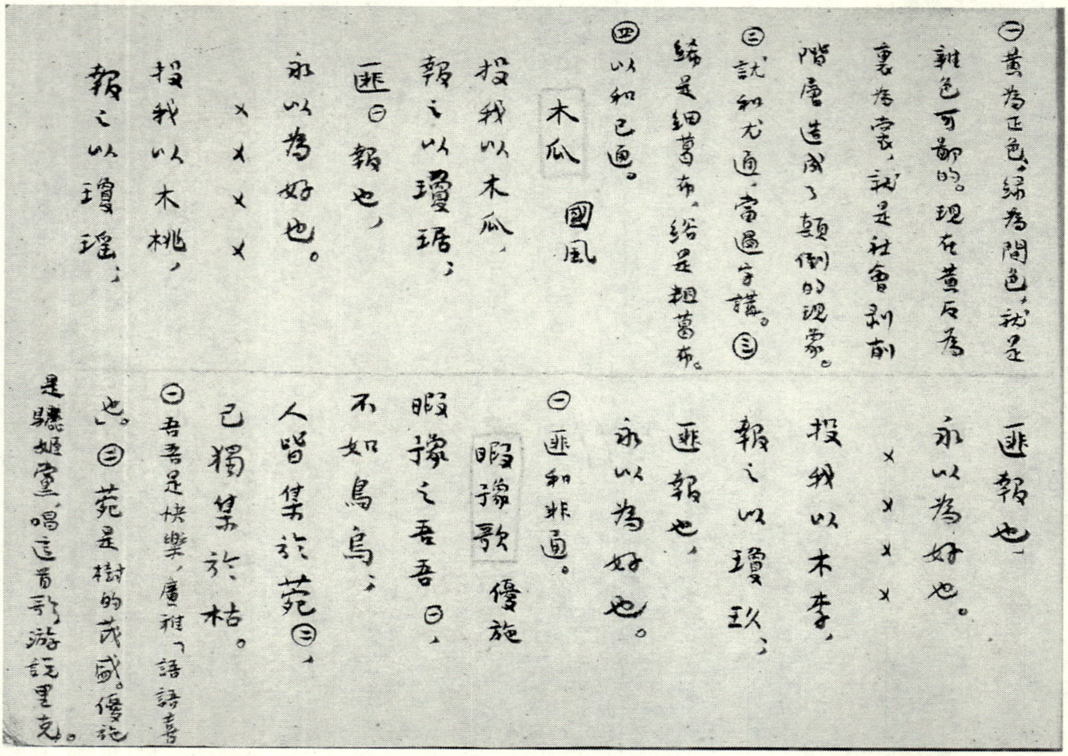
㊀黃為正色，綠為間色，就是
雜色可鄙的。現在黃反為
裏為裳，就是社會剝削
階層造成了顛倒的現象。
㊁試和尤通，當過字講。㊂
絺是細葛布，綌是粗葛布。
㊃以和已通。
木瓜 國風
投我以木瓜，
報之以瓊琚；
匪㊀報也，
永以為好也。
××××
投我以木桃，
報之以瓊瑤；
匪報也，
永以為好也。
××××
投我以木李，
報之以瓊玖；
匪報也，
永以為好也。
㊀匪和非通。
暇豫歌 優施
暇豫之吾吾㊀，
不如鳥烏；
人皆集於苑㊁，
己獨集於枯。
㊀吾吾是快樂，唐稚「語語喜
也。㊁苑是樹的茂盛。優施
是驪姬黨，唱這首歌，游説里克。

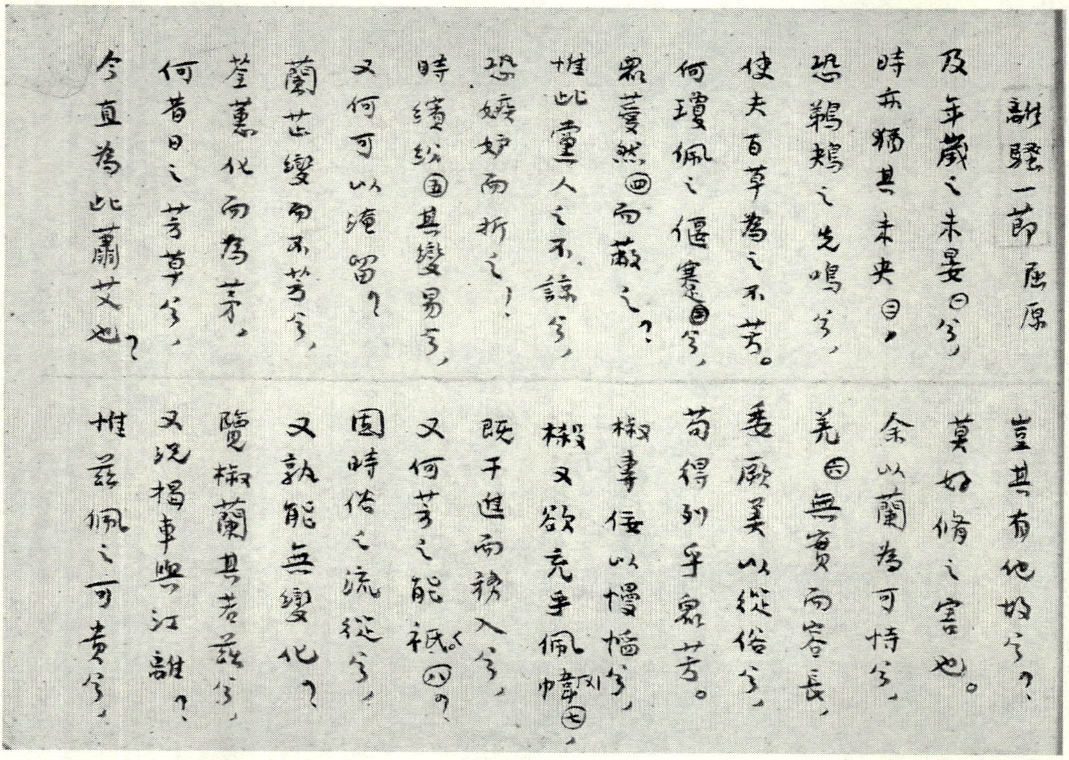
離騷一節 屈原
及年歲之未晏㊀兮，
時亦猶其未央㊁。
恐鵜鴂之先鳴兮，
使夫百草為之不芳。
何瓊佩之偃蹇㊂兮，
衆薆然㊃而蔽之？
惟此黨人之不諒兮，
恐嫉妒而折之！
時繽紛㊄其變易兮，
又何可以淹留？
蘭芷變而不芳兮，
荃蕙化而為茅。
何昔日之芳草兮，
今直為此蕭艾也？
豈其有他故兮？
莫好脩之害也。
余以蘭為可恃兮，
羌㊅無實而容長，
委厥美以從俗兮，
苟得列乎衆芳。
椒專佞以慢慆兮，
樧又欲充夫佩幃㊆，
既干進而務入兮，
又何芳之能祗㊇？
固時俗之流從兮，
又孰能無變化？
覽椒蘭其若茲兮，
又況揭車與江離？
惟茲佩之可貴兮，

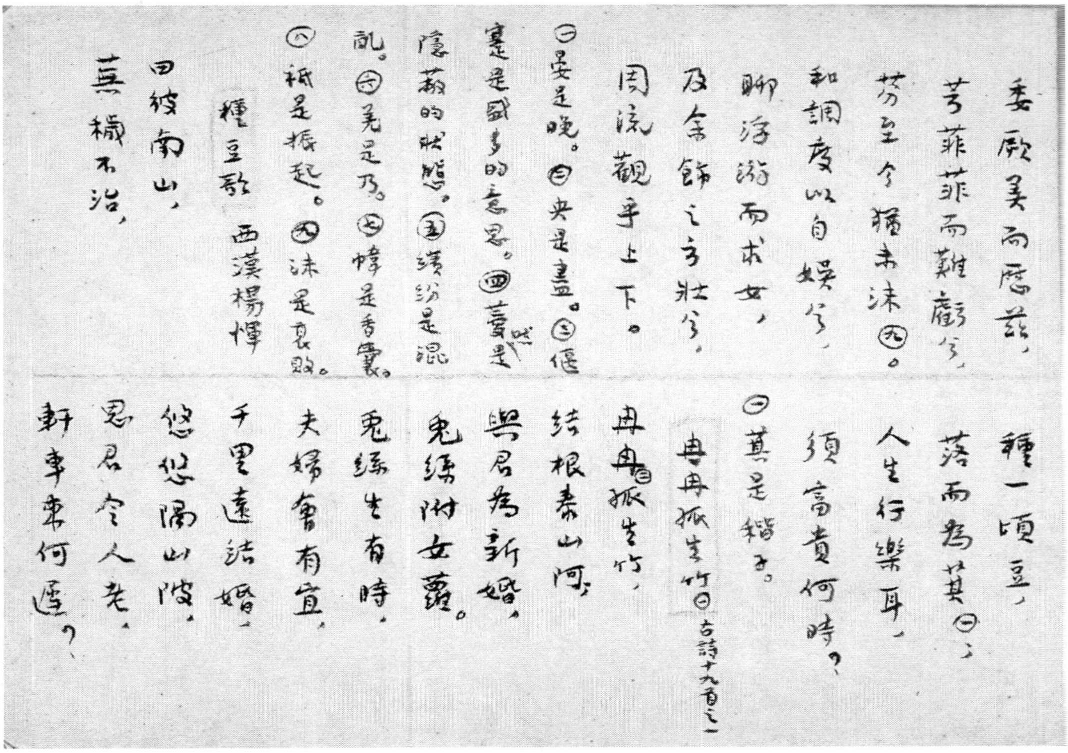

委厥美而歷茲，
芳菲菲而難虧兮，
芬至今猶未沫㈨。
和調度以自娛兮，
聊浮游而求女，
及余飾之方壯兮，
周流觀乎上下。

㈠晏是晚。㈡央是盡。㈢偃蹇是驕傲的意思。㈣薆然是隱蔽的狀態。㈤繽紛是混亂。㈥羌是乃。㈦幃是香囊。㈧祗是振起。㈨沫是衰敗。

種豆歌　西漢楊惲

田彼南山，
蕪穢不治，
種一頃豆，
落而為萁㈠；
人生行樂耳，
須富貴何時？

㈠萁是稭子。

冉冉孤生竹㈠　古詩十九首之一

冉冉㈡孤生竹，
結根泰山阿；
與君為新婚，
兔絲附女蘿。
兔絲生有時，
夫婦會有宜，
千里遠結婚，
悠悠隔山陂。
思君令人老，
軒車來何遲？

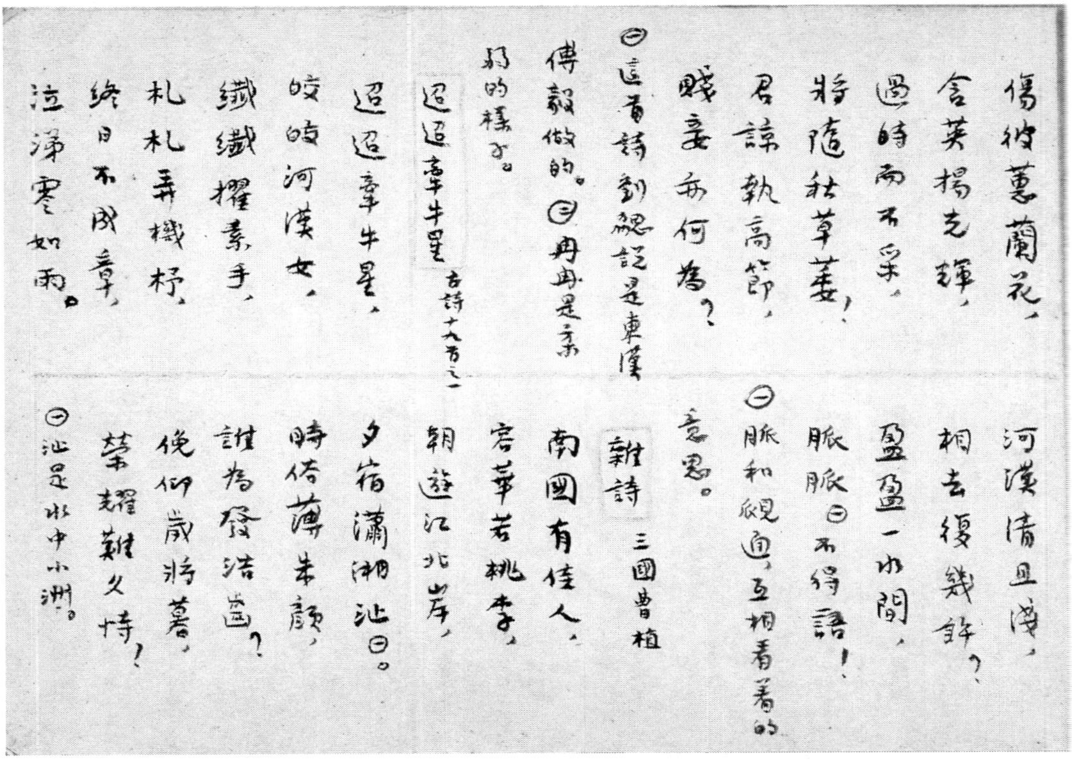

傷彼蕙蘭花，
含英揚光輝，
過時而不采，
將隨秋草萎！
君諒執高節，
賤妾亦何為？

㈠這首詩劉勰說是東漢傅毅做的。㈡冉冉是柔弱的樣子。

迢迢牽牛星　古詩十九首之一

迢迢牽牛星，
皎皎河漢女，
纖纖擢素手，
札札弄機杼，
終日不成章，
泣涕零如雨。
河漢清且淺，
相去復幾許？
盈盈一水間，
脈脈㈠不得語！

㈠脈脈和覛覛通，互相看著的意思。

雜詩　三國曹植

南國有佳人，
容華若桃李，
朝遊江北岸，
夕宿瀟湘沚㈠。
時俗薄朱顏，
誰為發皓齒？
俛仰歲將暮，
榮耀難久恃！

㈠沚是水中小洲。

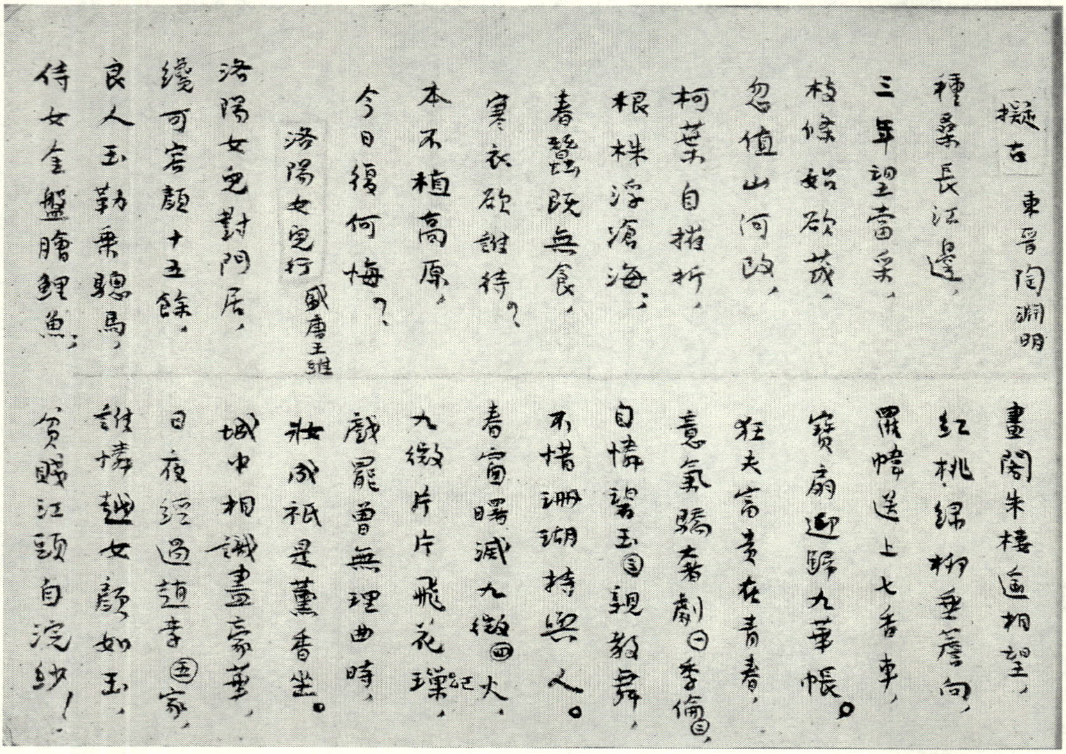

擬古　東晉陶淵明

種桑長江邊，
三年望當采。
枝條始欲茂，
忽值山河改。
柯葉自摧折，
根株浮滄海；
春蠶既無食，
寒衣欲誰待？
本不植高原，
今日復何悔？

洛陽女兒行　盛唐王維

洛陽女兒對門居，
纔可容顏十五餘。
良人玉勒乘驄馬，
侍女金盤膾鯉魚；
畫閣朱樓盡相望，
紅桃綠柳垂簷向，
羅幃送上七香車，
寶扇迎歸九華帳。
狂夫富貴在青春，
意氣驕奢劇㈠季倫㈡，
自憐碧玉㈢親教舞，
不惜珊瑚持與人。
春窗曙滅九微㈣火，
九微片片飛花璅，
戲罷曾無理曲時，
妝成秖是薰香坐。
城中相識盡繁華，
日夜經過趙李㈤家，
誰憐越女顏如玉，
貧賤江頭自浣紗！

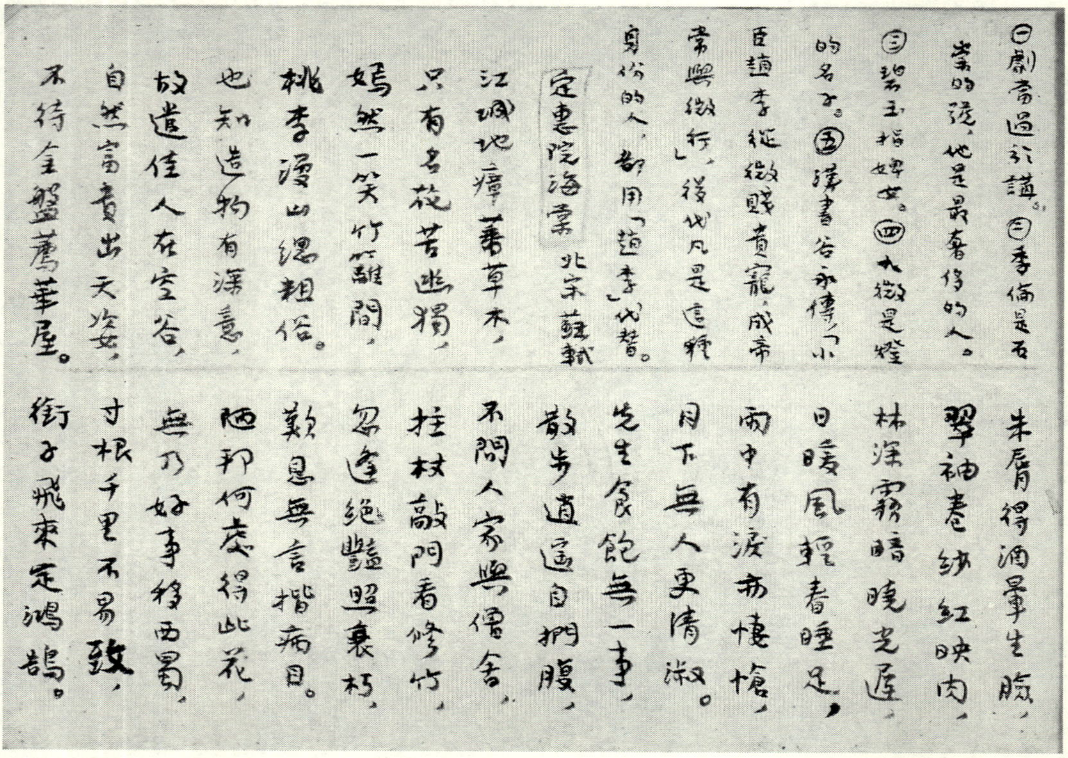

㈠劇當過字講。㈡季倫是石崇的號，他是最奢侈的人。㈢碧玉指婢女。㈣九微是燈的名字。㈤漢書谷永傳：「小臣趙李從微賤貴寵，成帝常與微行」，後代凡是這種身份的人，都用「趙李」代替。

定惠院海棠　北宋蘇軾

江城地瘴蕃草木，
只有名花苦幽獨。
嫣然一笑竹籬間，
桃李漫山總粗俗。
也知造物有深意，
故遣佳人在空谷。
自然富貴出天姿，
不待金盤薦華屋。
朱脣得酒暈生臉，
翠袖卷紗紅映肉。
林深霧暗曉光遲，
日暖風輕春睡足，
雨中有淚亦悽愴，
月下無人更清淑。
先生食飽無一事，
散步逍遙自捫腹，
不問人家與僧舍，
拄杖敲門看修竹。
忽逢絕豔照衰朽，
歎息無言揩病目。
陋邦何處得此花，
無乃好事移西蜀？
寸根千里不易致，
銜子飛來定鴻鵠。

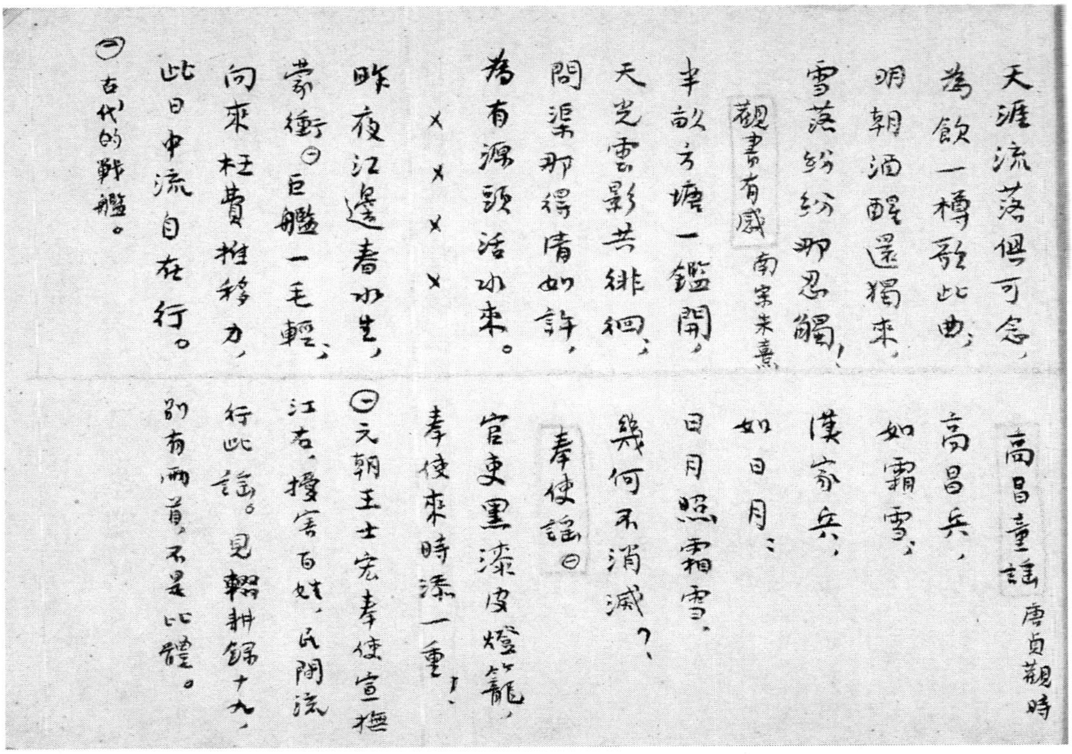

天涯流落俱可念，為飲一樽歌此曲；明朝酒醒還獨來，雪落紛紛那忍觸！

觀書有感　南宋朱熹

半畝方塘一鑑開，天光雲影共徘徊；問渠那得清如許，為有源頭活水來。

× × × ×

昨夜江邊春水生，蒙衝㊀巨艦一毛輕；向來枉費推移力，此日中流自在行。

㊀古代的戰艦。

高昌童謠　唐貞觀時

高昌兵，如霜雪；漢家兵，如日月。日月照霜雪，幾何不消滅？

奉使謠㊀

官吏黑漆皮燈籠，奉使來時添一重！

㊀元朝王士宏奉使宣撫江右，擾害百姓，民間流行此謠。見輟耕錄十九。別有兩首，不是此體。

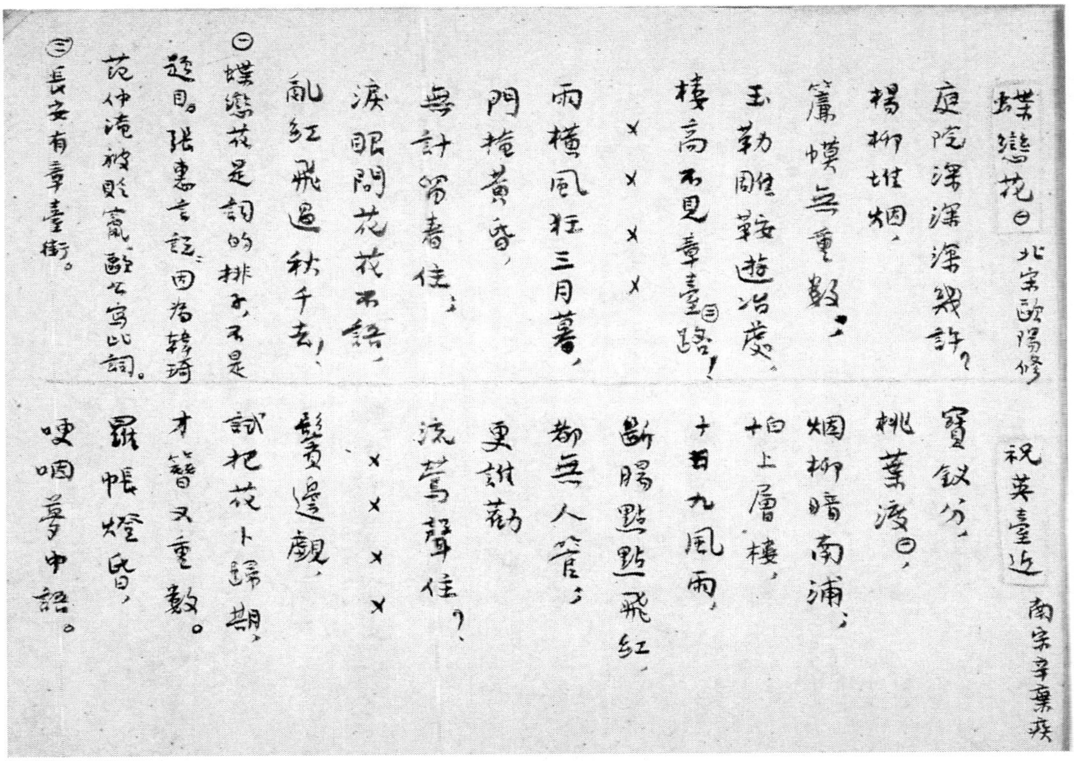

蝶戀花㊀　北宋歐陽修

庭院深深深幾許？楊柳堆烟，簾幕無重數；玉勒雕鞍遊冶處，樓高不見章臺路㊁！

× × × ×

雨橫風狂三月暮，門掩黃昏，無計留春住；淚眼問花花不語，亂紅飛過秋千去。

㊀蝶戀花是詞的排子，不是題目。張惠言說：因為韓琦范仲淹被貶竄，歐公寫此詞。

㊁長安有章臺街。

祝英臺近　南宋辛棄疾

寶釵分，桃葉渡㊀，烟柳暗南浦；怕上層樓，十日九風雨。斷腸點點飛紅，都無人管；更誰勸流鶯聲住？

× × ×

鬢邊覷，試把花卜歸期，才簪又重數。羅帳燈昏，哽咽夢中語。

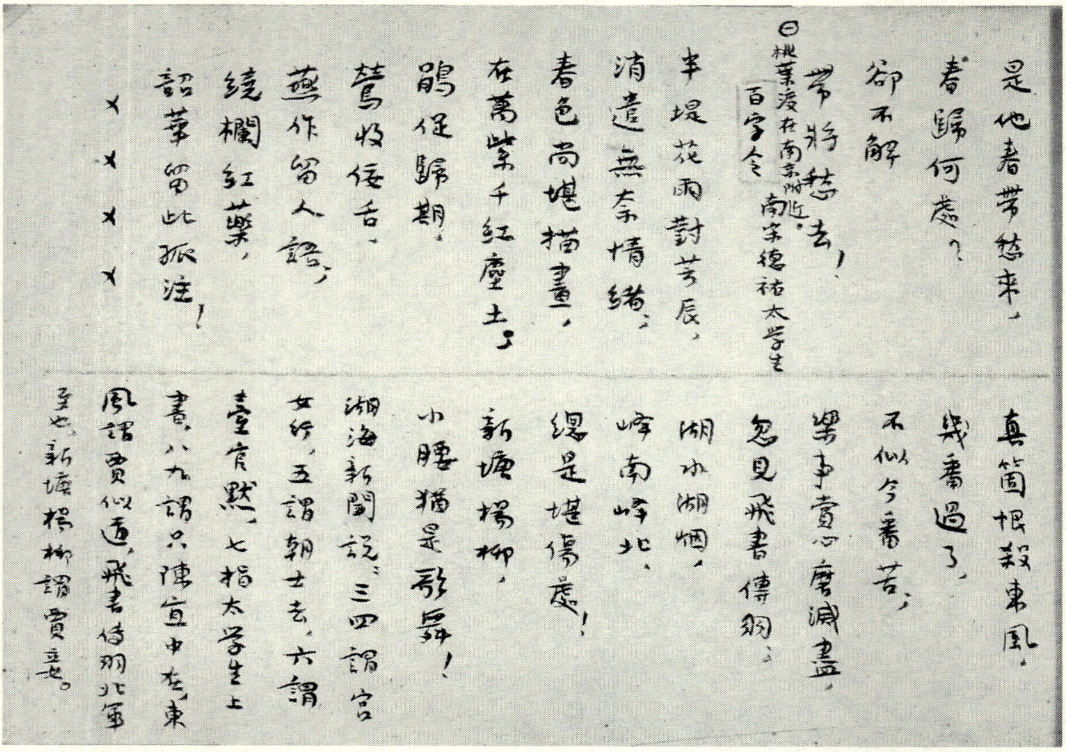

是他春带愁来，
春归何处？
却不解
带将愁去！

南宋德祐太学生　百字令

㊀桃叶渡在南京附近。

半堤花雨对芳辰，
消遣无奈情绪；
春色尚堪描画，
在万紫千红尘土。
鹃促归期，
莺收佞舌，
燕作留人语；
绕栏红药，
韶华留此孤注！

× × × ×

真个恨杀东风，
几番过了，
不似今番苦；
乐事赏心磨灭尽，
忽见飞书传羽；
湖水湖烟，
峰南峰北，
总是堪伤处！
新塘杨柳，
小腰犹是歌舞！

湖海新闻说：三四谓宫女行，五谓朝士去，六谓台官默，七指太学生上书，八九谓只陈宜中在，东风谓贾似道，飞书传羽北军至也，新塘杨柳谓贾妾。

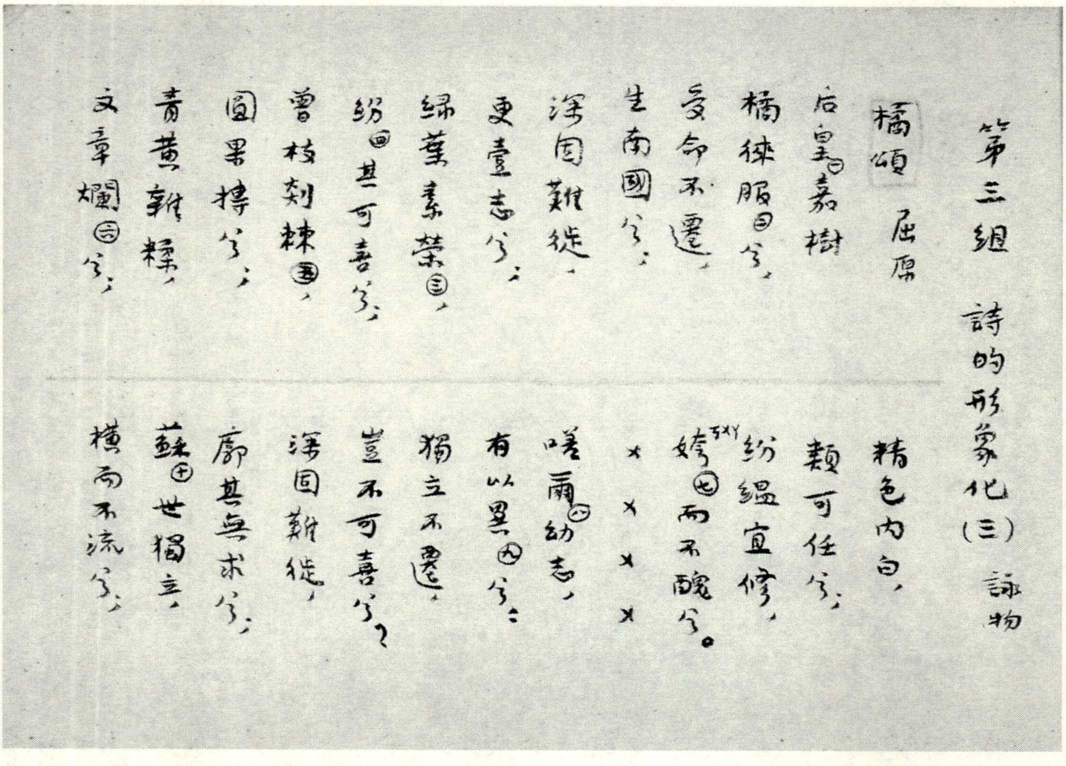

第三组　诗的形象化（三）　咏物

橘颂　屈原

后皇㊀嘉树
橘徕服㊁兮，
受命不迁，
生南国兮；
深固难徙，
更壹志兮；
绿叶素荣㊂，
纷㊃其可喜兮；
曾枝剡棘㊄，
圆果抟兮；
青黄杂糅，
文章烂㊅兮；
精色内白，
类可任兮；
纷缊宜修，
姱㊆而不丑兮。

× × × ×

嗟尔㊇幼志，
有以异㊈兮；
独立不迁，
岂不可喜兮？
深固难徙，
廓其无求兮；
苏㊉世独立，
横而不流兮；

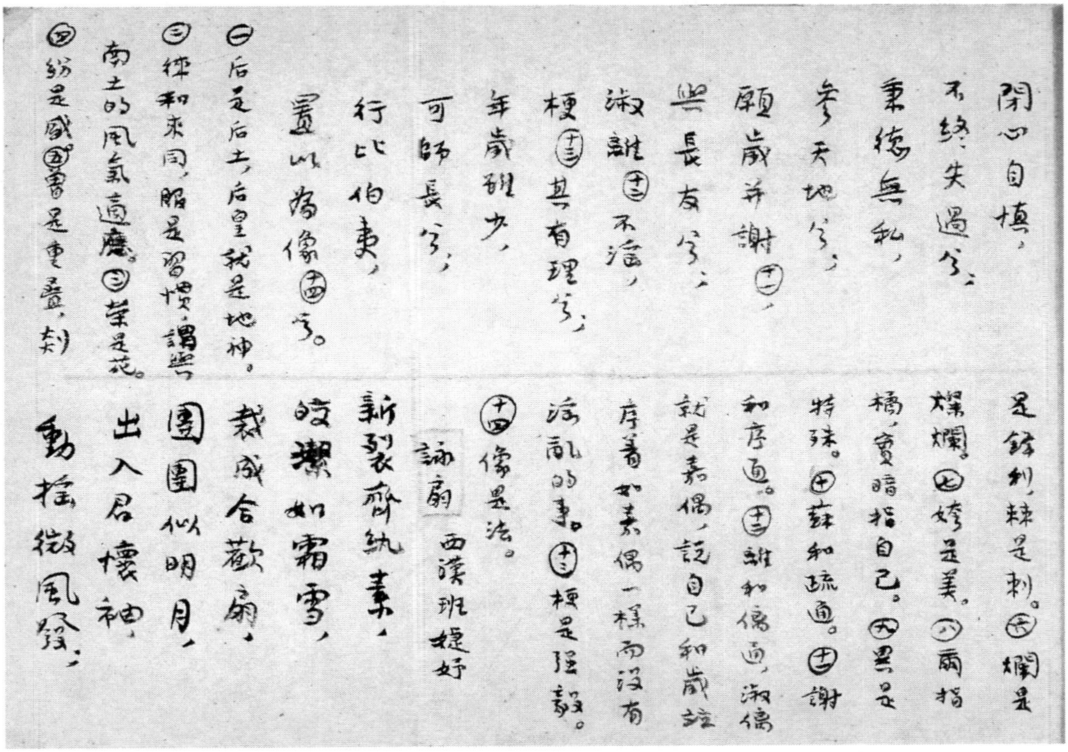

閑心自慎，
不終失過兮；
秉德無私，
參天地兮；
願歲并謝㊉一，
與長友兮；
淑離㊉二不淫，
梗㊉三其有理兮；
年歲雖少，
可師長兮；
行比伯夷，
置以為像㊉四兮。

㊀后是后土，后皇就是地神。
㊁徠和來同，服是習慣，謂與南土的風氣適應。㊂榮是花。
㊃紛是盛，㊄曾是重疊，剡是銳利，棘是刺。㊅爛是燦爛。㊆姱是美。㊇兩指橘，實暗指自己。㊈異是特殊。㊉蘇和疏通。㊉一謝和序通。㊉二離和儷通，淑儷就是善偶，說自己和歲並序著如善偶一樣而沒有淫亂的事。㊉三梗是強毅。
㊉四像是法。

詠扇 西漢班婕妤

新裂齊紈素，
皎潔如霜雪，
裁成合歡扇，
團團似明月，
出入君懷袖，
動搖微風發；

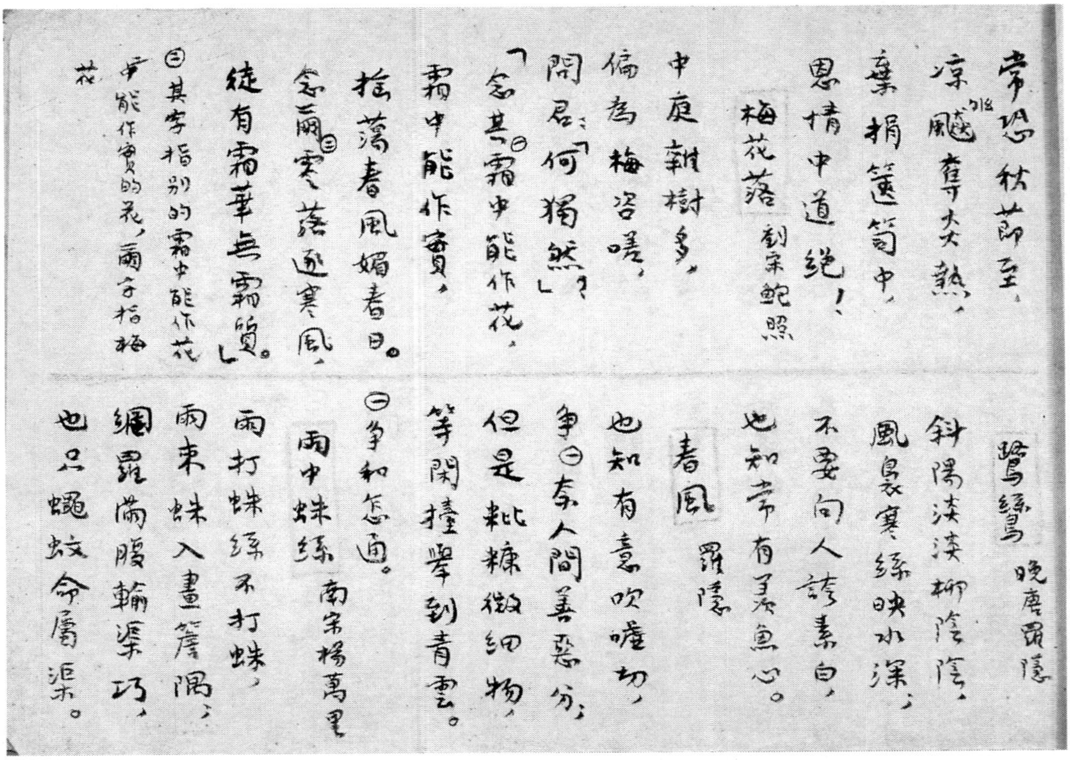

常恐秋節至，
涼飆奪炎熱，
棄捐篋笥中，
恩情中道絕！

梅花落 劉宋鮑照

中庭雜樹多，
偏為梅咨嗟，
問君：「何獨然？」
「念其㊀霜中能作花，
露中能作實，
搖蕩春風媚春日。
念爾㊁零落逐寒風，
徒有霜華無霜質」。

㊀其字指別的霜中能作花能作實的花，爾字指梅花

鷺鷥 晚唐羅隱

斜陽淡淡柳陰陰，
風裊寒絲映水深，
不要向人誇素白，
也知常有羨魚心。

春風 羅隱

也知有意吹噓切，
爭㊀奈人間善惡分；
但是秕糠微細物，
等閒擡舉到青雲。

㊀爭和怎通。

雨中蛛絲 南宋楊萬里

雨打蛛絲不打蛛，
雨來蛛入畫簷隅；
網羅滿腹輸渠巧，
也只蠅蚊命屬渠。

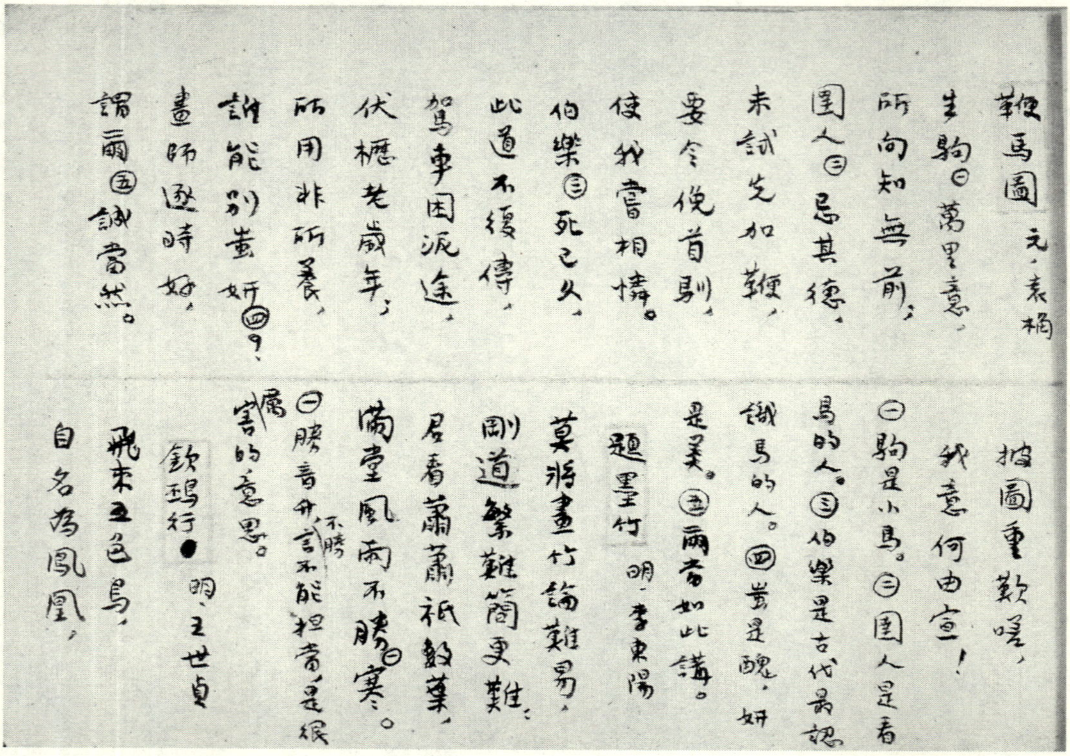

鞭馬圖 元、袁桷

生駒㈠萬里意，
所向知無前；
圉人㈡忌其德，
未試先加鞭，
要令俛首馴，
使我嘗相憐。
伯樂㈢死已久，
此道不復傳，
駕事困泥途，
伏櫪老歲年；
所用非所養，
誰能別蚩妍㈣？
畫師盛時好，
謂爾㈤誠當然。
披圖重歎嗟，
我意何由宣！

㈠駒是小馬。㈡圉人是看馬的人。㈢伯樂是古代最認識馬的人。㈣蚩是醜，妍是美。㈤爾者如此講。

題墨竹 明、李東陽

莫將畫竹論難易，
剛道繁難簡更難；
君看蕭蕭祇數葉，
滿堂風雨不勝㈠寒。

㈠勝音升，言不勝不能担當，是很厲害的意思。

欽鳰行 ● 明、王世貞

飛來五色鳥，
自名為鳳凰，

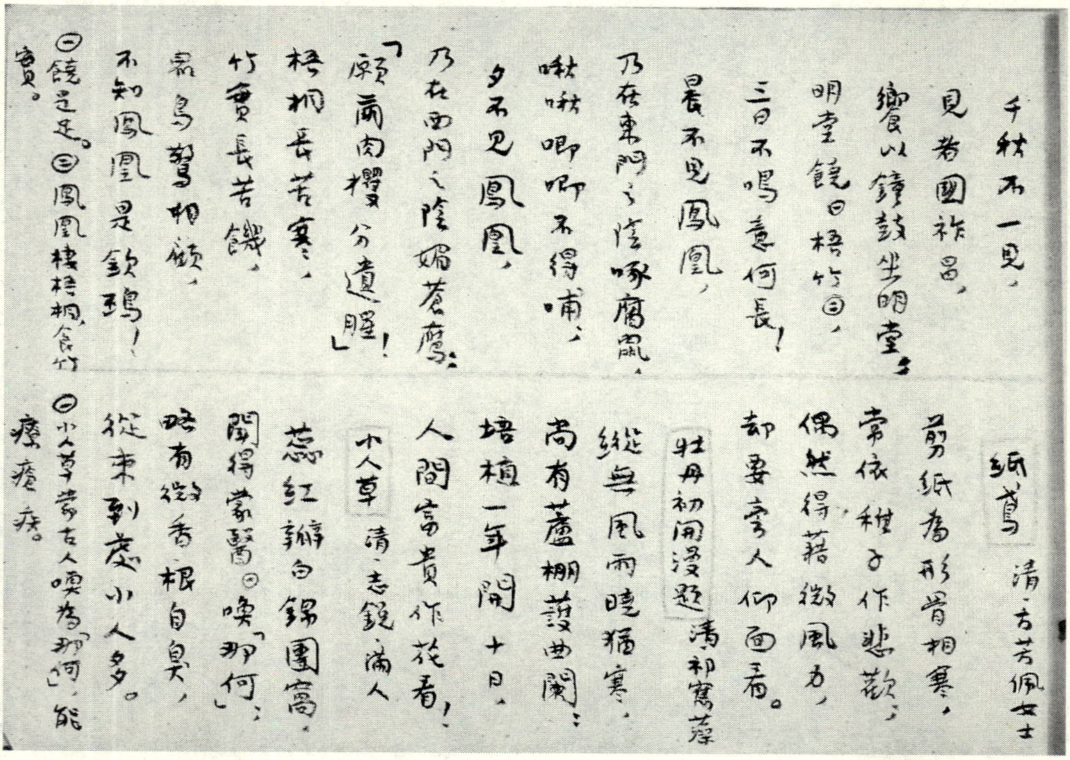

千秋不一見，
見者國祚昌，
饗以鐘鼓坐明堂，
明堂饒㈠梧竹㈡，
三日不鳴意何長！
晨不見鳳凰，
乃在東門之陰啄腐鼠，
啾啾唧唧不得哺；
夕不見鳳凰，
乃在西門之陰媚蒼鷹：
「願爾肉攫分遺腥！」
梧桐長苦寒，
竹實長苦饑，
眾鳥驚相顧，
不知鳳凰是欽鳰！

㈠饒是足。㈡鳳凰棲梧桐，食竹實。

紙鳶 清、方芳佩女士

剪紙為形骨相寒，
常依稚子作悲歡；
偶然得藉微風力，
卻要旁人仰面看。

牡丹初開漫題 清、祁寯藻

縱無風雨曉猶寒，
尚有蘆棚護曲闌；
培植一年開十日，
人間富貴作花看！

小人草 清、志銳、滿人

蕊紅瓣白錦團窠，
聞得蒙醫㈠喚「那何」；
略有微香根自臭，
從來到處小人多。

㈠小人草蒙古人喚為「那何」，能療瘡疾。

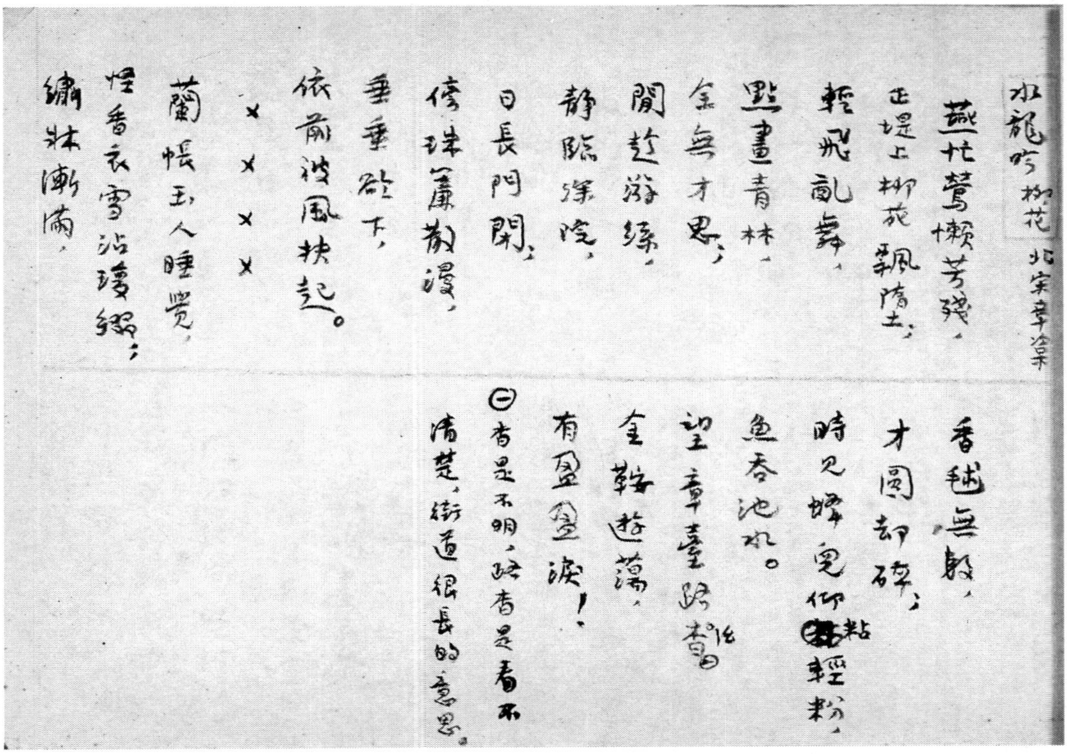

水龍吟 楊花 北宋章楶

燕忙鶯懶芳殘，
正堤上柳花飄墜；
輕飛亂舞，
點畫青林，
全無才思；
閒趁遊絲，
靜臨深院，
日長門閉。
傍珠簾散漫，
垂垂欲下，
依前被風扶起。
×××
蘭帳玉人睡覺，
怪春衣雪沾瓊綴；
繡牀漸滿，
香毬無數，
才圓卻碎；
時見蜂兒仰粘輕粉，
魚吞池水。
望章臺路杳(一)，
金鞍遊蕩，
有盈盈淚！

(一)杳是不明，路杳是看不清楚，街道很長的意思。

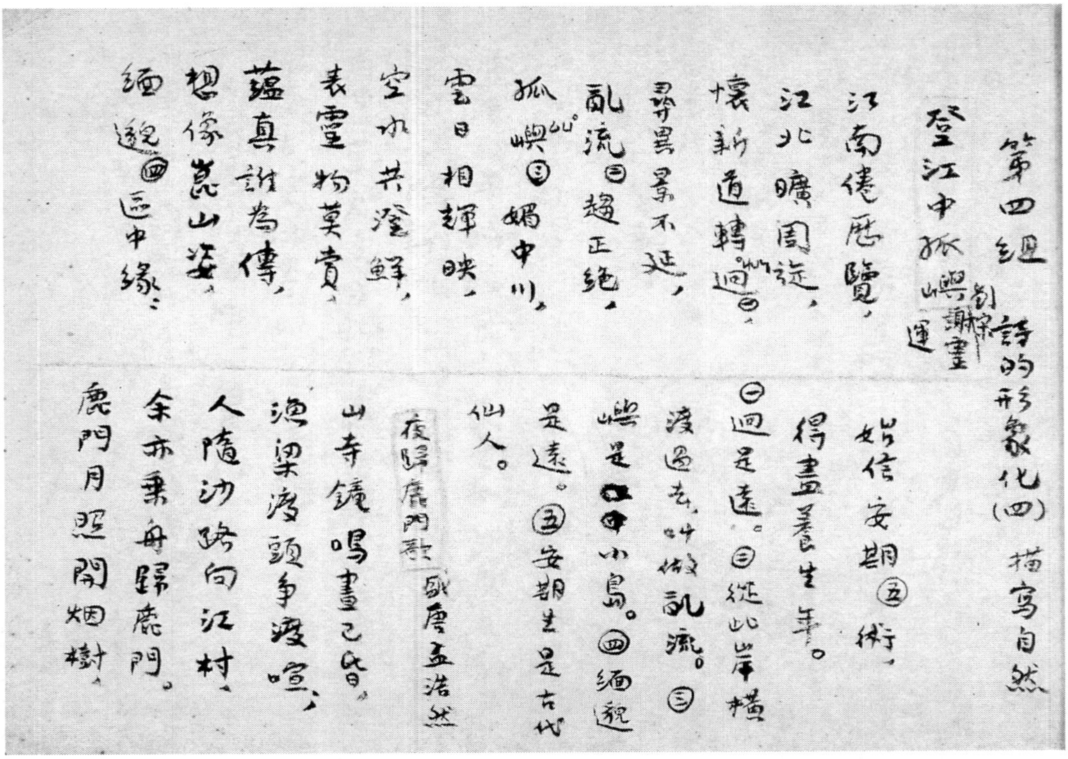

第四組 詩的形象化(四) 描寫自然

登江中孤嶼 劉宋謝靈運

江南倦歷覽，
江北曠周旋，
懷新道轉迴(一)，
尋異景不延，
亂流(二)趨正絕，
孤嶼(三)媚中川，
雲日相輝映，
空水共澄鮮，
表靈物莫賞，
蘊真誰為傳，
想像崑山姿，
緬邈(四)區中緣；
始信安期(五)術，
得盡養生年。

(一)迴是遠。(二)從此岸橫渡過去，叫做亂流。(三)嶼是[illegible]中小島。(四)緬邈是遠。(五)安期生是古代仙人。

夜歸鹿門歌 盛唐孟浩然

山寺鐘鳴晝已昏，
漁梁渡頭爭渡喧；
人隨沙路向江村，
余亦乘舟歸鹿門。
鹿門月照開烟樹，

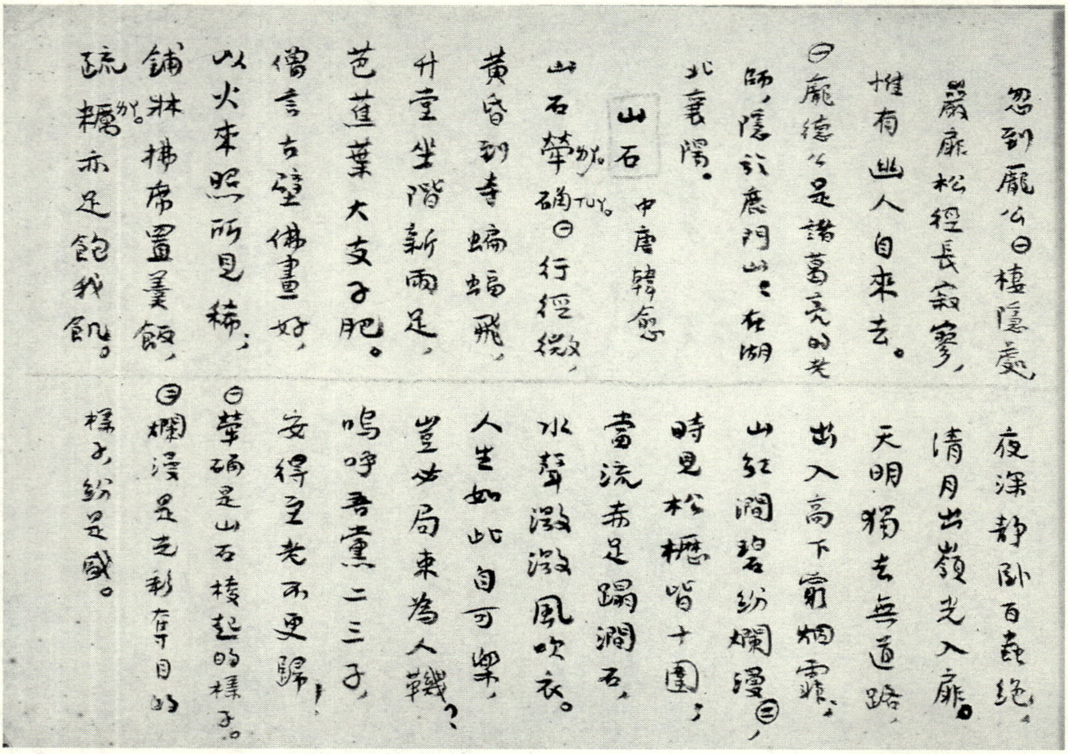

忽到龐公⊖棲隱處，
巖扉松徑長寂寥，
惟有幽人自來去。
⊖龐德公是諸葛亮的老師，隱於鹿門山，在湖北襄陽。

山石　中唐　韓愈

山石犖确TUY。⊖行徑微，
黃昏到寺蝙蝠飛，
升堂坐階新雨足，
芭蕉葉大支子肥。
僧言古壁佛畫好，
以火來照所見稀；
鋪牀拂席置羹飯，
疏糲亦足飽我飢。

夜深靜卧百蟲絕，
清月出嶺光入扉。
天明獨去無道路，
出入高下窮煙霏，
山紅澗碧紛爛漫⊜，
時見松櫪皆十圍；
當流赤足蹋澗石，
水聲激激風吹衣。
人生如此自可樂，
豈必局束為人鞿？
嗟哉吾黨二三子，
安得至老不更歸！
⊖犖确是山石棱起的樣子。
⊜爛漫是色彩奪目的樣子，紛是盛。

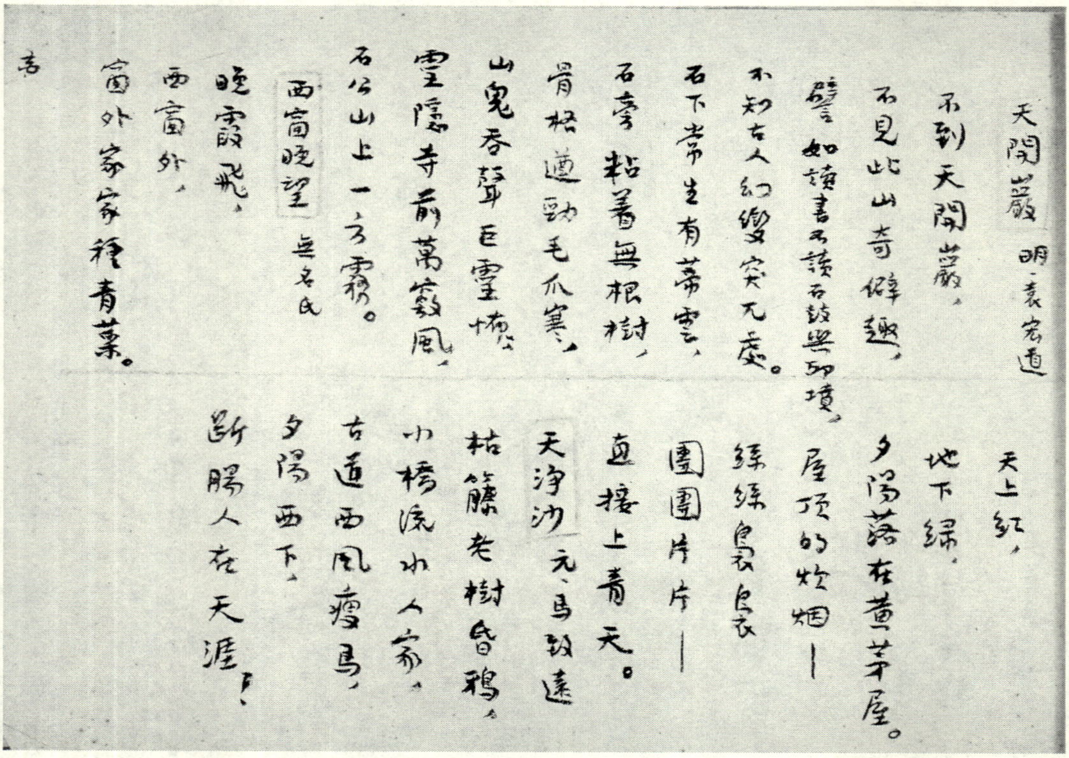

天閑巖　明·袁宏道

不到天閑巖，
不見此山奇僻趣，
譬如讀書不讀石鼓與卯境，
不知古人幻變突兀處。
石下常生有蒂雲，
石旁粘著無根樹，
骨格遒勁毛爪寒，
山鬼吞聲巨靈怖。
雲隱寺前萬竅風，
石公山上一方霧。

西窗晚望　無名氏

晚霞飛，
西窗外，
窗外家家種青菜。

吉

天上紅，
地下綠，
夕陽落在黃茅屋。
屋頂的炊烟——
縷縷裊裊
團團片片——
直接上青天。

天淨沙　元·馬致遠

枯藤老樹昏鴉，
小橋流水人家，
古道西風瘦馬，
夕陽西下，
斷腸人在天涯！

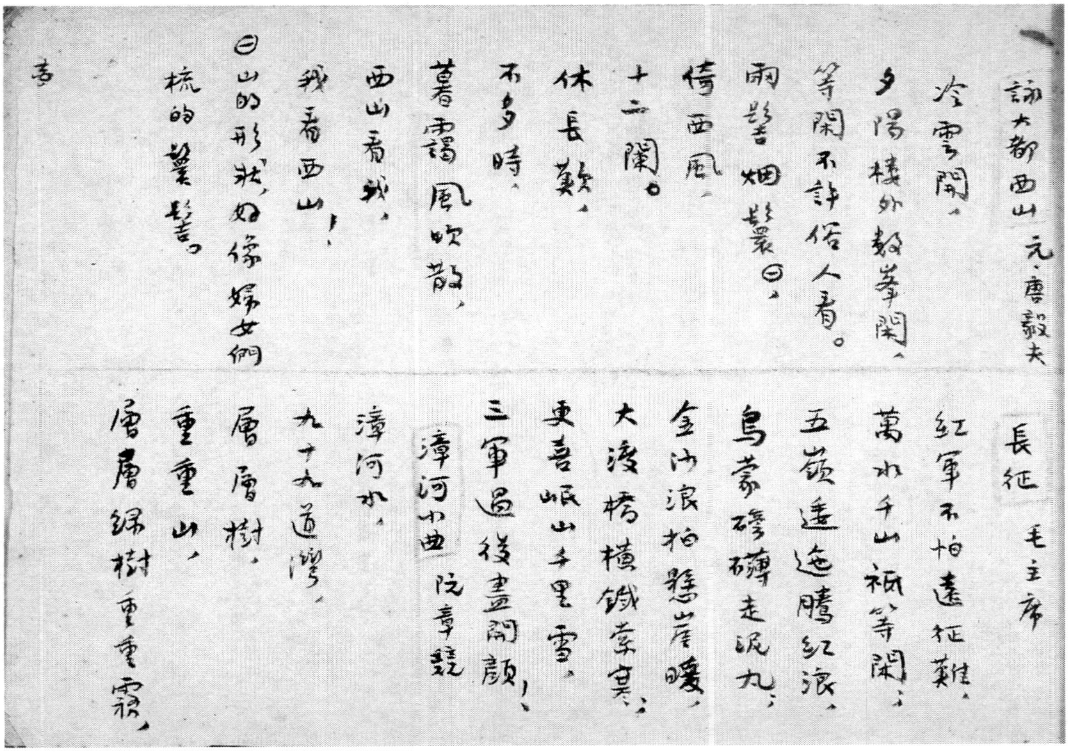

詠大都西山 元·盧毅夫

冷雲閑、
夕陽樓外數峯閑、
等閑不許俗人看。
雨髻烟鬟、
倚西風、
十二闌。
休長歎、
不多時、
暮靄風吹散、
西山看我、
我看西山！
(西山的形狀，好像婦女們梳的髮髻。)

長征 毛主席

紅軍不怕遠征難、
萬水千山祗等閑；
五嶺逶迤騰紅浪、
烏蒙磅礴走泥丸；
金沙浪拍懸崖暖、
大渡橋橫鐵索寒；
更喜岷山千里雪、
三軍過後盡開顏！

漳河小曲 阮章競

漳河水、
九十九道灣、
層層樹、
重重山、
層層綠樹重重霧、

音

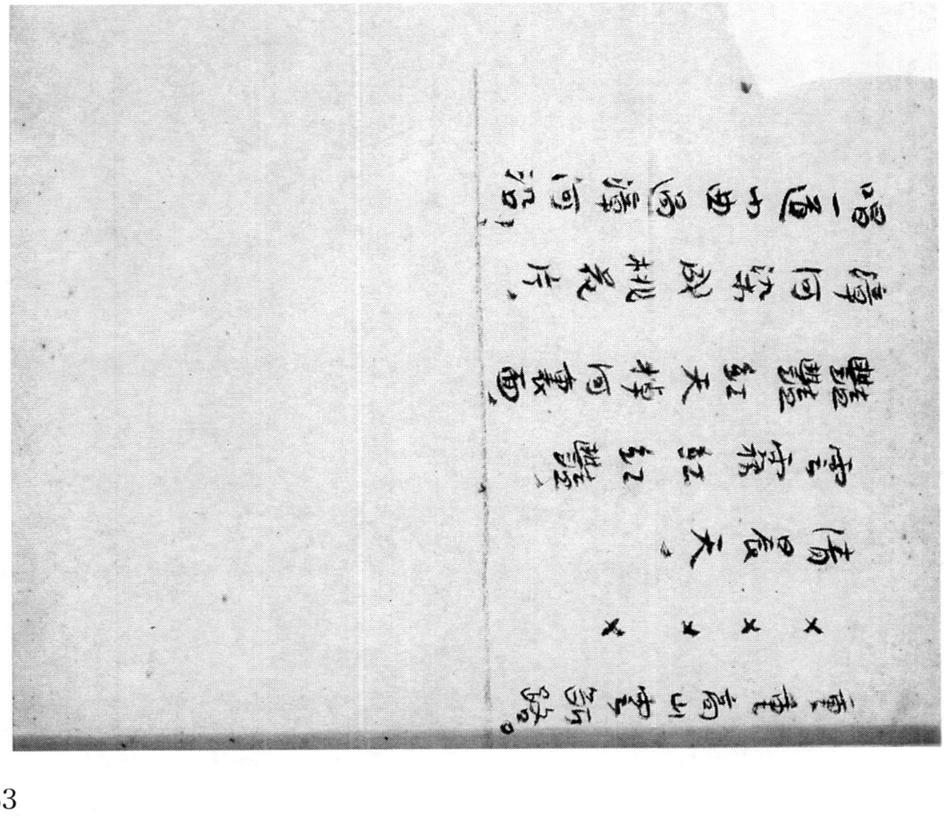

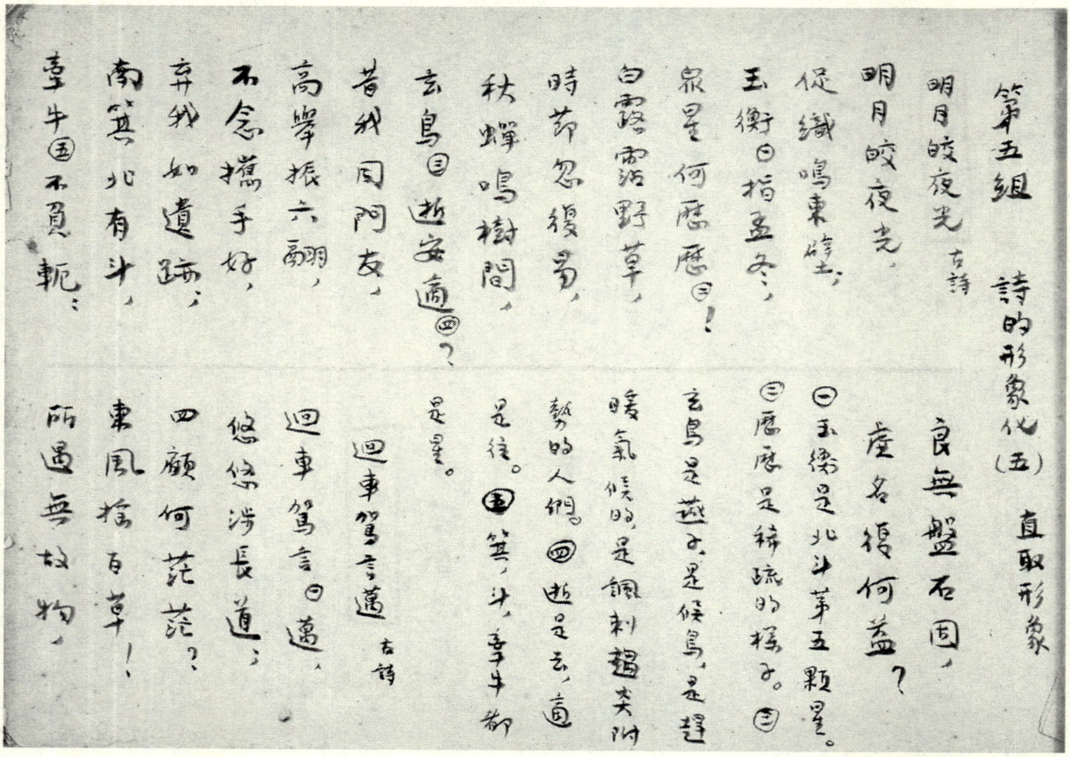

第五組　詩的形象化(五)　直取形象

明月皎夜光　古詩

明月皎夜光，
促織鳴東壁；
玉衡㊀指孟冬，
衆星何歷歷㊁！
白露霑野草，
時節忽復易，
秋蟬鳴樹間，
玄鳥㊂逝安適㊃？
昔我同門友，
高舉振六翮，
不念攜手好，
棄我如遺跡；
南箕北有斗，
牽牛不負軛；
良無盤石固，
虛名復何益？

㊀玉衡是北斗第五顆星。㊁歷歷是稀疏的樣子。㊂玄鳥是燕子，是候鳥，是趕暖氣候的，是諷刺趨炎附勢的人們。㊃逝是去，適是往。㊄箕，斗，牽牛都是星。

迴車駕言邁　古詩

迴車駕言㊀邁，
悠悠涉長道；
四顧何茫茫？
東風搖百草！
所遇無故物，

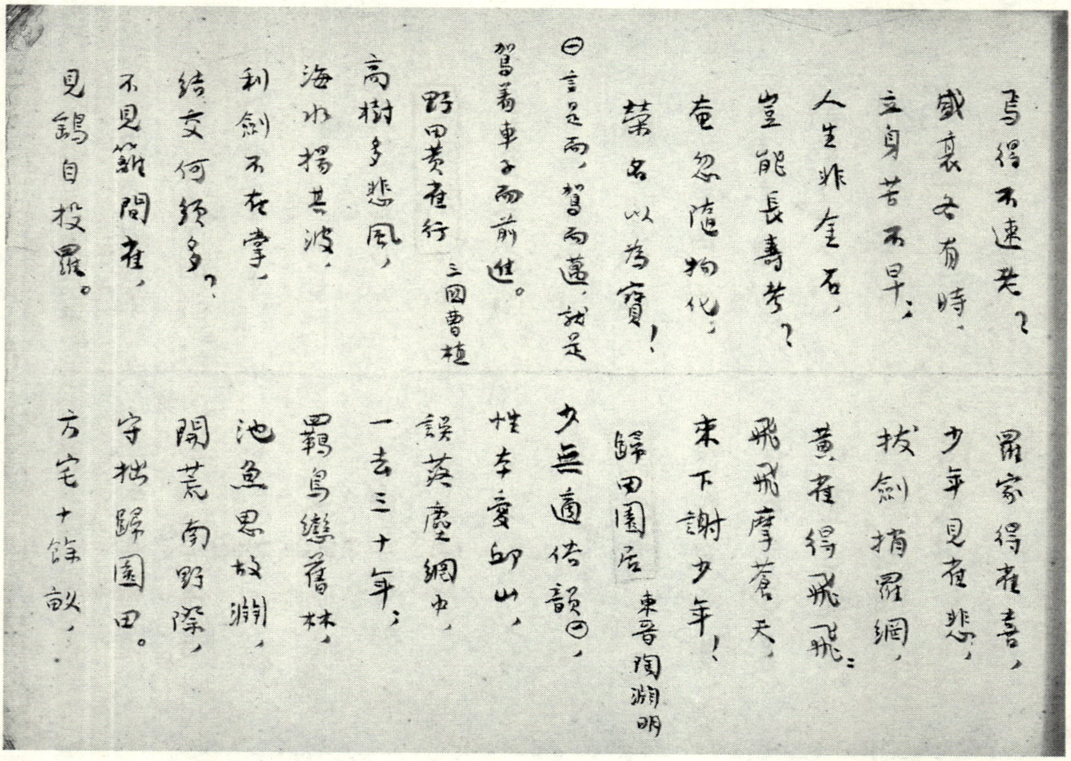

焉得不速老？
盛衰各有時，
立身苦不早；
人生非金石，
豈能長壽考？
奄忽隨物化，
榮名以為寶！

㊀言是而，駕而邁，就是駕著車子而前進。

野田黃雀行　三國曹植

高樹多悲風，
海水揚其波，
利劍不在掌，
結交何須多？
不見籬間雀，
見鷂自投羅。
羅家得雀喜，
少年見雀悲，
拔劍捐羅網，
黃雀得飛飛；
飛飛摩蒼天，
來下謝少年！

歸田園居　東晉陶淵明

少無適俗韻㊀，
性本愛丘山，
誤落塵網中，
一去三十年；
羈鳥戀舊林，
池魚思故淵，
開荒南野際，
守拙歸園田。
方宅十餘畝，

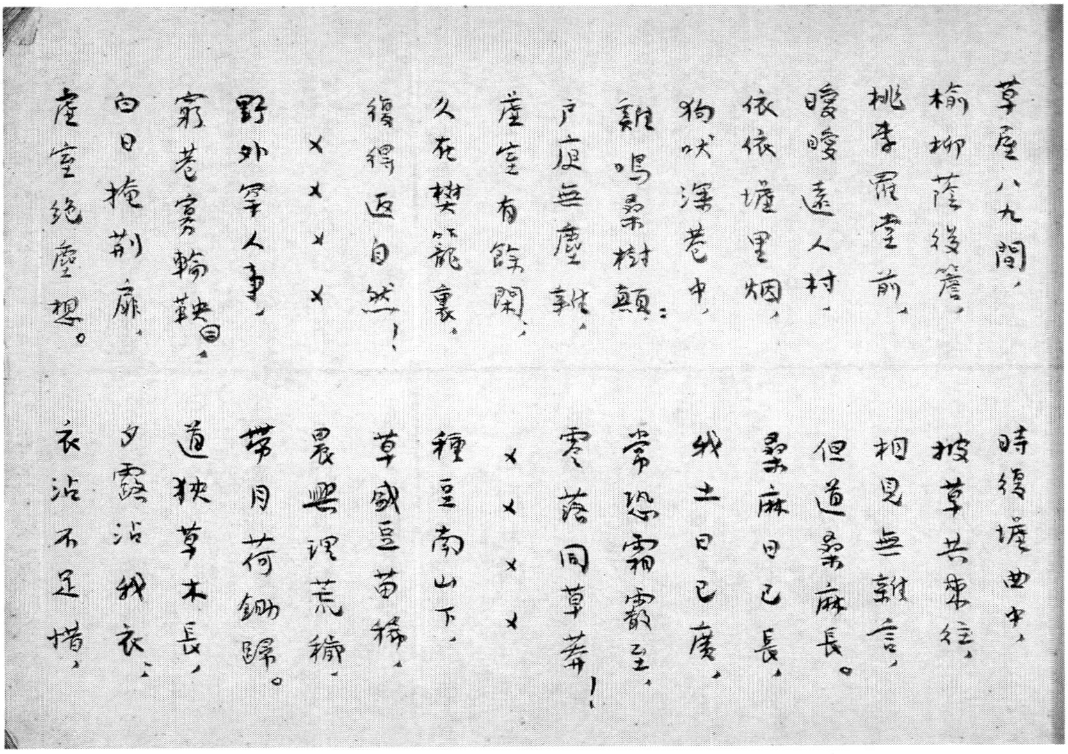
草屋八九間，
榆柳蔭後簷，
桃李羅堂前，
曖曖遠人村，
依依墟里烟，
狗吠深巷中，
雞鳴桑樹顛：
户庭無塵雜，
虛室有餘閑，
久在樊籠裏，
復得返自然！
× × × ×
野外罕人事，
窮巷寡輪鞅㊁，
白日掩荊扉，
虛室絶塵想。
時復墟曲中，
披草共來往，
相見無雜言，
但道桑麻長。
桑麻日已長，
我土日已廣，
常恐霜霰至，
零落同草莽！
× × × ×
種豆南山下，
草盛豆苗稀，
晨興理荒穢，
帶月荷鋤歸。
道狹草木長，
夕露沾我衣，
衣沾不足惜，

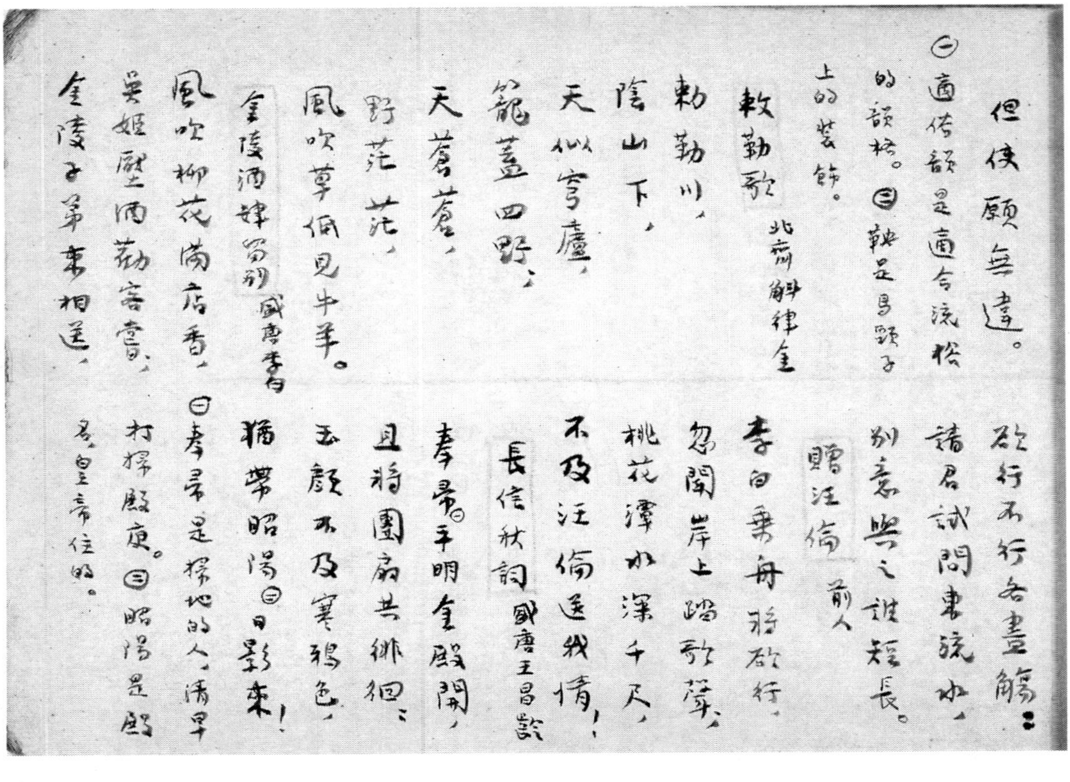
但使願無違。

㊀適俗韻是適合流俗的韻格。㊁鞅是馬頸子上的裝飾。

敕勒歌 北齊斛律金

敕勒川，
陰山下，
天似穹廬，
籠蓋四野；
天蒼蒼，
野茫茫，
風吹草低見牛羊。

金陵酒肆留別 盛唐李白

風吹柳花滿店香，
吴姬壓酒勸客嘗。
金陵子弟來相送，
欲行不行各盡觴：
請君試問東流水，
別意與之誰短長。

贈汪倫 前人

李白乘舟將欲行，
忽聞岸上踏歌聲，
桃花潭水深千尺，
不及汪倫送我情！

長信秋詞 盛唐王昌齡

奉帚㊀平明金殿開，
且將團扇共徘徊；
玉顔不及寒鴉色，
猶帶昭陽㊁日影來！

㊀奉帚是掃地的人，清早打掃殿庭。㊁昭陽是殿名，皇帝住的。

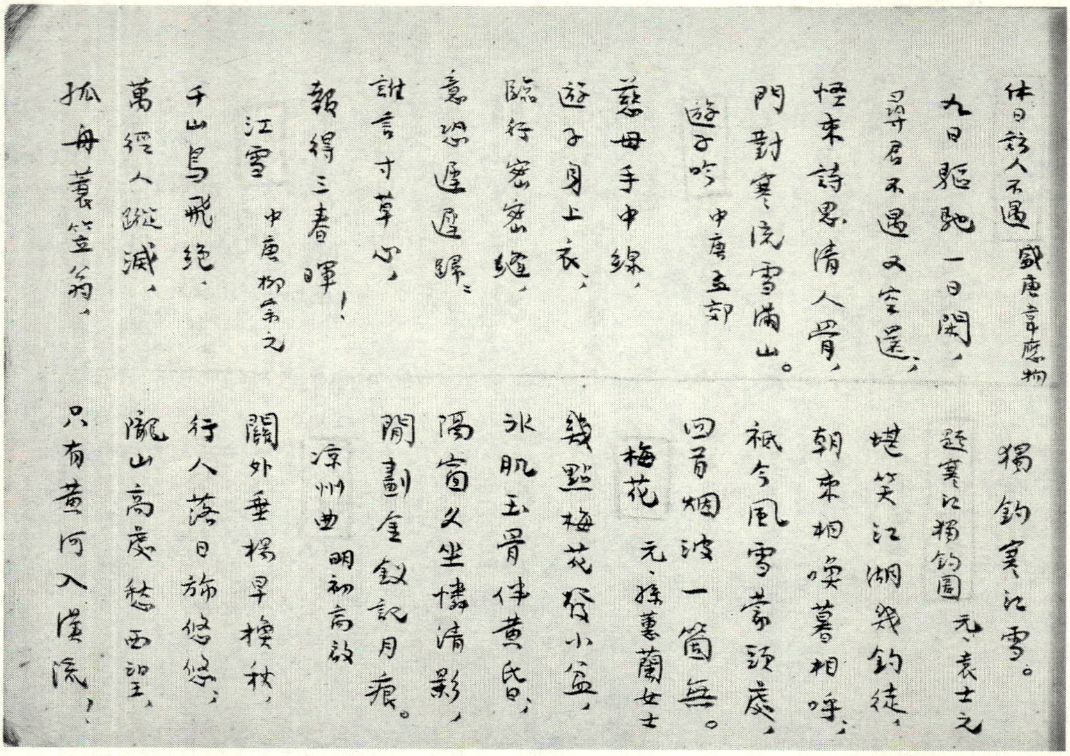

休日訪人不遇　盛唐韋應物

九日驅馳一日閑，
尋君不遇又空還，
怪來詩思清人骨，
門對寒流雪滿山。

遊子吟　中唐孟郊

慈母手中線，
遊子身上衣，
臨行密密縫，
意恐遲遲歸，
誰言寸草心，
報得三春暉！

江雪　中唐柳宗元

千山鳥飛絕，
萬徑人蹤滅，
孤舟蓑笠翁，
獨釣寒江雪。

題寒江獨釣圖　元、袁士元

堪笑江湖幾釣徒，
朝來相喚暮相呼，
祇今風雪蒙頭處，
回首烟波一個無。

梅花　元、孫蕙蘭女士

幾點梅花發小盆，
冰肌玉骨伴黃昏，
隔窗久坐憐清影，
閑劃金釵記月痕。

涼州曲　明初高啟

關外垂楊早換秋，
行人落日旆悠悠，
隴山高處愁西望，
只有黃河入漢流，

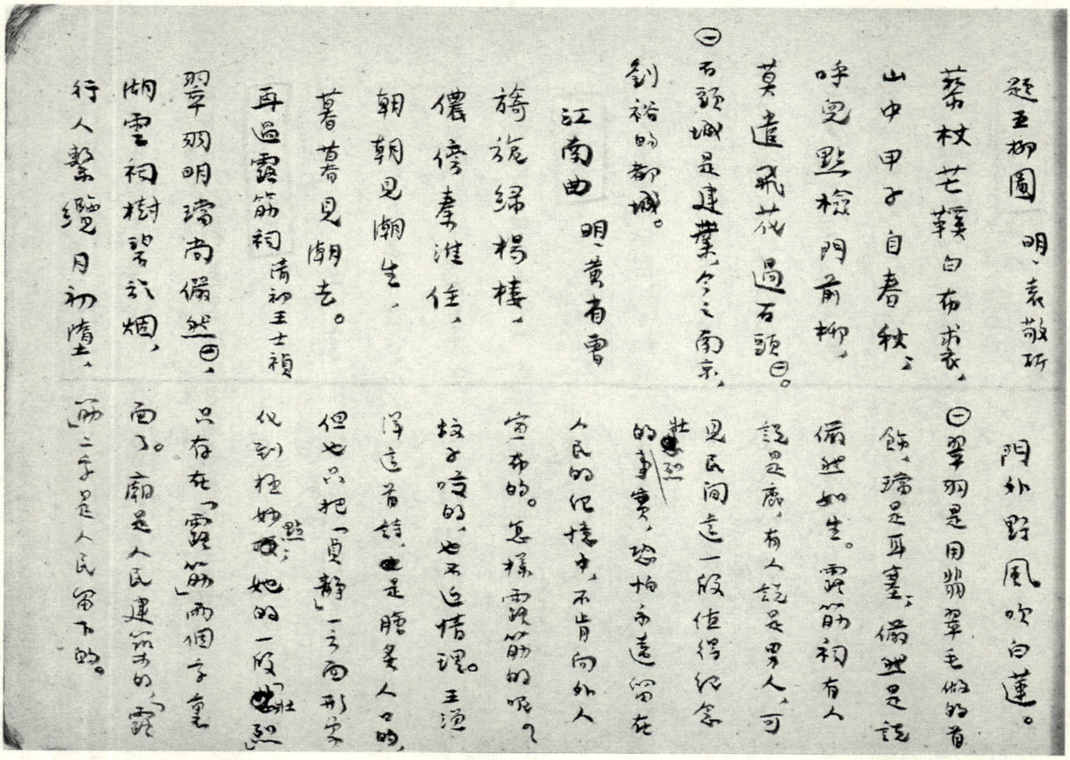

題玉柳圖　明、袁敬所

藜杖芒鞋白布裘，
山中甲子自春秋，
呼兒點檢門前柳，
莫遣飛花過石頭㊀。

㊀石頭城是建業，今之南京，劉裕的都城。

江南曲　明、黃省曾

旖旎綠楊樓，
儂傍秦淮住，
朝朝見潮生，
暮暮見潮去。

再過露筋祠　清初王士禎

翠羽明璫尚儼然㊀，
湖雲祠樹碧於烟，
行人繫纜月初墮，
門外野風吹白蓮。

㊀翠羽是用翡翠毛做的首飾，璫是耳墜；儼然是說儼然如生。露筋祠有人說是廟，有人說是男人，可見民間這一段值得紀念的壯烈事實，恐怕永遠留在人民的記憶中，不肯向外人宣布的。怎樣露筋的呢？蚊子咬的，也不近情理。王漁洋這首詩，也是膾炙人口的，但也只把「貞靜」二字而形容化到極妙點；她的一段「壯烈」只有在「露筋」兩個字裏面了。廟是人民建築的，「露筋」二字是人民留下的。

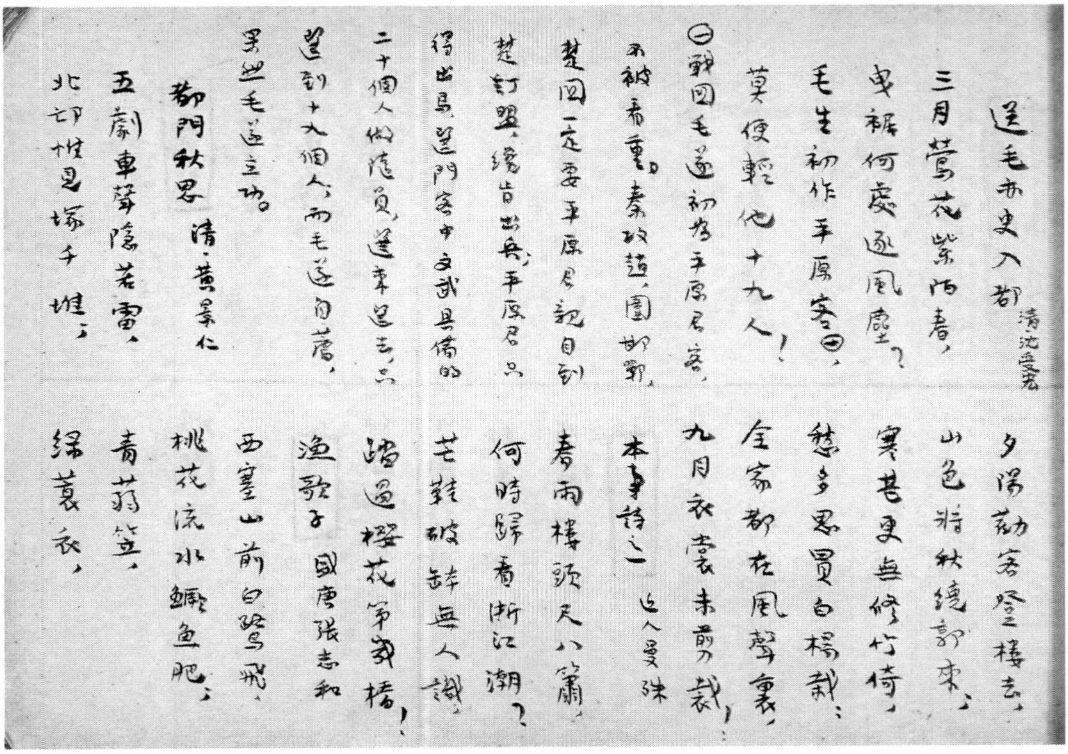

送毛西史入都　清沈受宏

三月鶯花紫陌春，
曳裾何處逐風塵？
毛生初作平原客㊀，
莫便輕他十九人！

㊀戰國毛遂初為平原君客，不被看重。秦攻趙，圍邯鄲，趙國一定要平原君親自到楚訂盟，總共出兵；平原君只得出具選門客中文武具備的二十個人做隨員，選來選去，只選到十九個人，而毛遂自薦，果然毛遂立功。

都門秋思　清·黃景仁

五劇車聲隱若雷，
北邙惟見塚千堆；
夕陽勸客登樓去，
山色將秋繞郭來；
寒甚更無修竹倚，
愁多思買白楊栽；
全家都在風聲裏，
九月衣裳未剪裁！

本事詩之一　近人曼殊

春雨樓頭尺八簫，
何時歸看浙江潮？
芒鞋破缽無人識，
踏過櫻花第幾橋！

漁歌子　唐張志和

西塞山前白鷺飛，
桃花流水鱖魚肥；
青箬笠，
綠蓑衣，

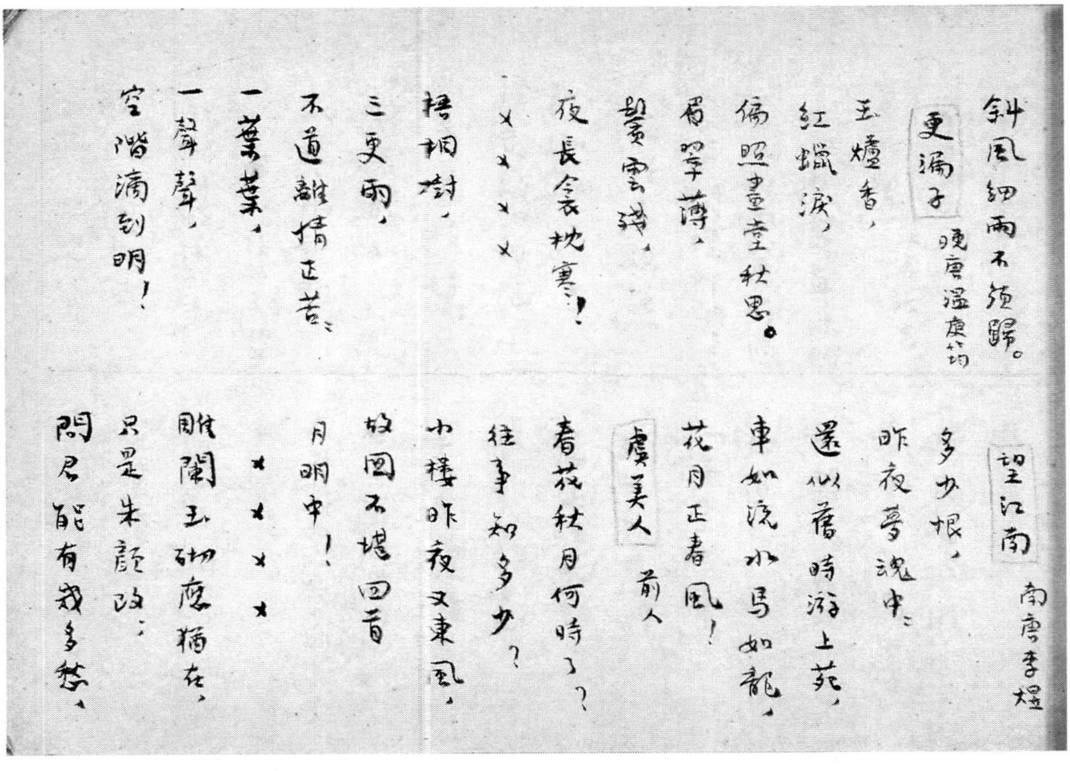

斜風細雨不須歸。

更漏子　晚唐溫庭筠

玉爐香，
紅蠟淚，
偏照畫堂秋思。
眉翠薄，
鬢雲殘，
夜長衾枕寒！
××××
梧桐樹，
三更雨，
不道離情正苦。
一葉葉，
一聲聲，
空階滴到明！

望江南　南唐李煜

多少恨，
昨夜夢魂中：
還似舊時游上苑，
車如流水馬如龍，
花月正春風！

虞美人　前人

春花秋月何時了？
往事知多少？
小樓昨夜又東風，
故國不堪回首
月明中！
××××
雕闌玉砌應猶在，
只是朱顏改；
問君能有幾多愁，

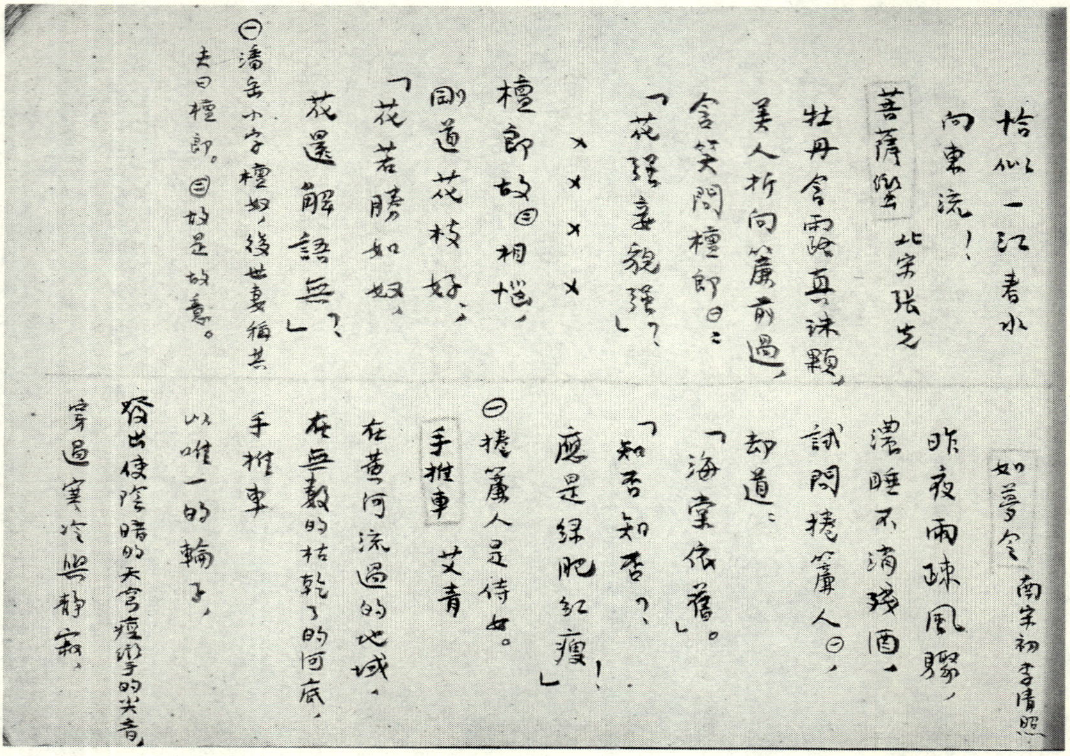

恰似一江春水
向東流！

菩薩蠻　北宋張先

牡丹含露真珠顆，
美人折向簾前過，
含笑問檀郎㊀：
「花强妾貌强？」
× × × ×
檀郎故㊁相惱，
剛道花枝好，
「花若勝如奴，
花還解語無？」

㊀潘岳小字檀奴，後世妻稱其夫曰檀郎。㊁故是故意。

如夢令　南宋初李清照

昨夜雨疏風驟，
濃睡不消殘酒，
試問捲簾人㊀，
卻道：
「海棠依舊。」
「知否知否？
應是綠肥紅瘦！」

㊀捲簾人是侍女。

手推車　艾青

在黄河流過的地域，
在無數的枯乾了的河底，
手推車
以唯一的輪子，
發出使陰暗的天穹痙攣的尖音，
穿過寒冷與靜寂，

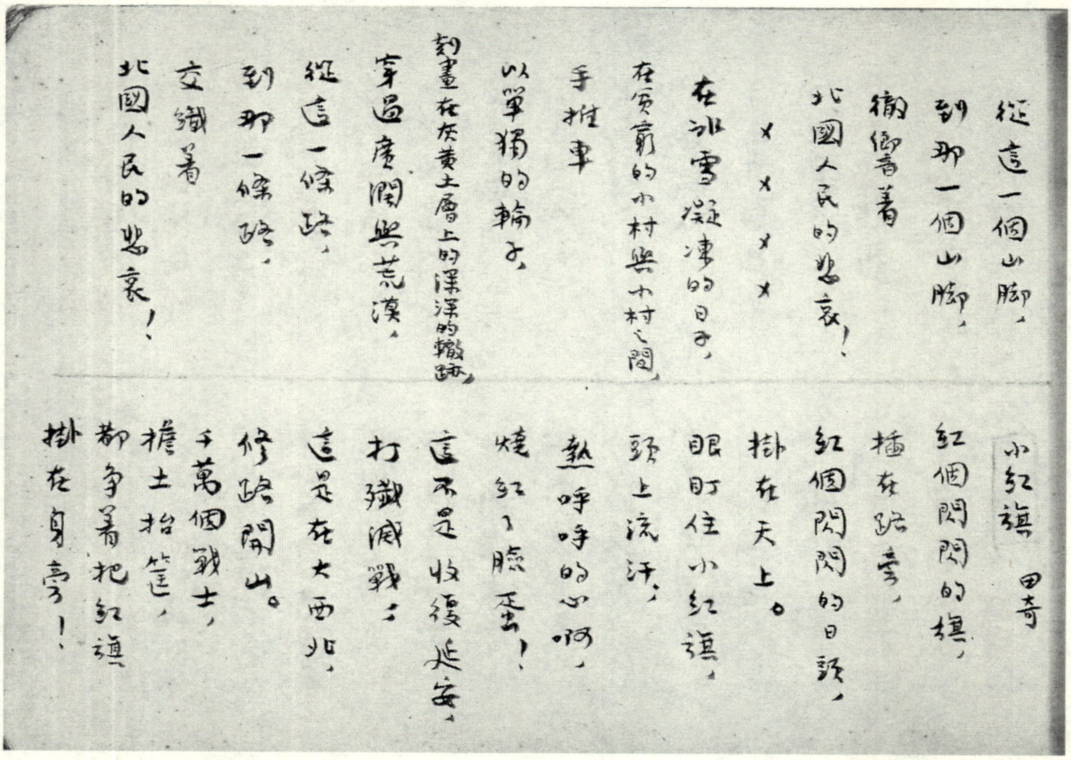

從這一個山腳，
到那一個山腳，
徹響着
北國人民的悲哀！
× × × ×
在冰雪凝凍的日子，
在貧窮的小村與小村之間，
手推車
以單獨的輪子，
刻畫在灰黄土層上的深深的轍跡，
穿過廣闊與荒漠，
從這一條路，
到那一條路，
交織着
北國人民的悲哀！

小紅旗　田奇

紅個閃閃的旗，
插在路旁，
紅個閃閃的日頭，
掛在天上。
眼盯住小紅旗，
頭上流汗，
熱呼呼的心啊，
燒紅了臉蛋！
這不是收復延安，
打殲滅戰；
這是在大西北，
修路開山。
千萬個戰士，
擔土抬筐，
都爭着把紅旗
掛在身旁！

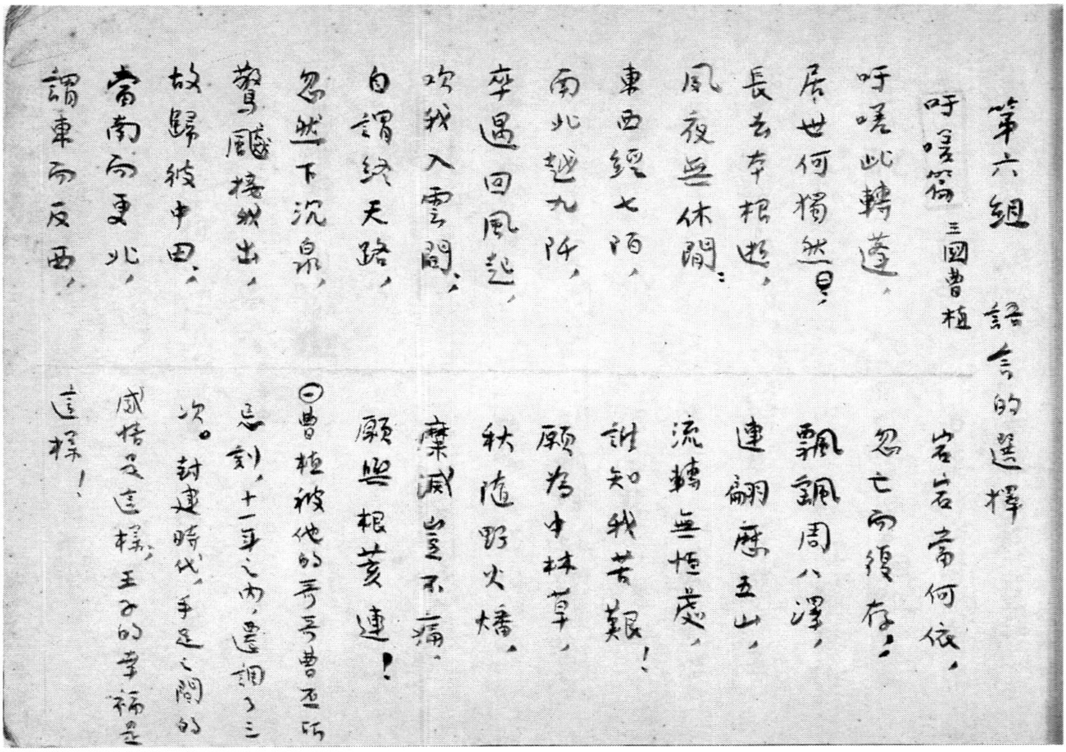

第六組 語言的選擇

吁嗟篇 三國曹植

吁嗟此轉蓬，居世何獨然！長去本根逝，夙夜無休閒；東西經七陌，南北越九阡，卒遇回風起，吹我入雲間；自謂終天路，忽然下沉泉，驚飆接我出，故歸彼中田，當南而更北，謂東而反西，宕宕當何依，忽亡而復存！飄颻周八澤，連翩歷五山，流轉無恒處，誰知我苦艱！願為中林草，秋隨野火燔，糜滅豈不痛，願與根荄連！

㊀曹植被他的哥哥曹丕所逼到，十一年之內，遷調了三次。封建時代，手足之間的感情是這樣，王子的幸福是這樣！

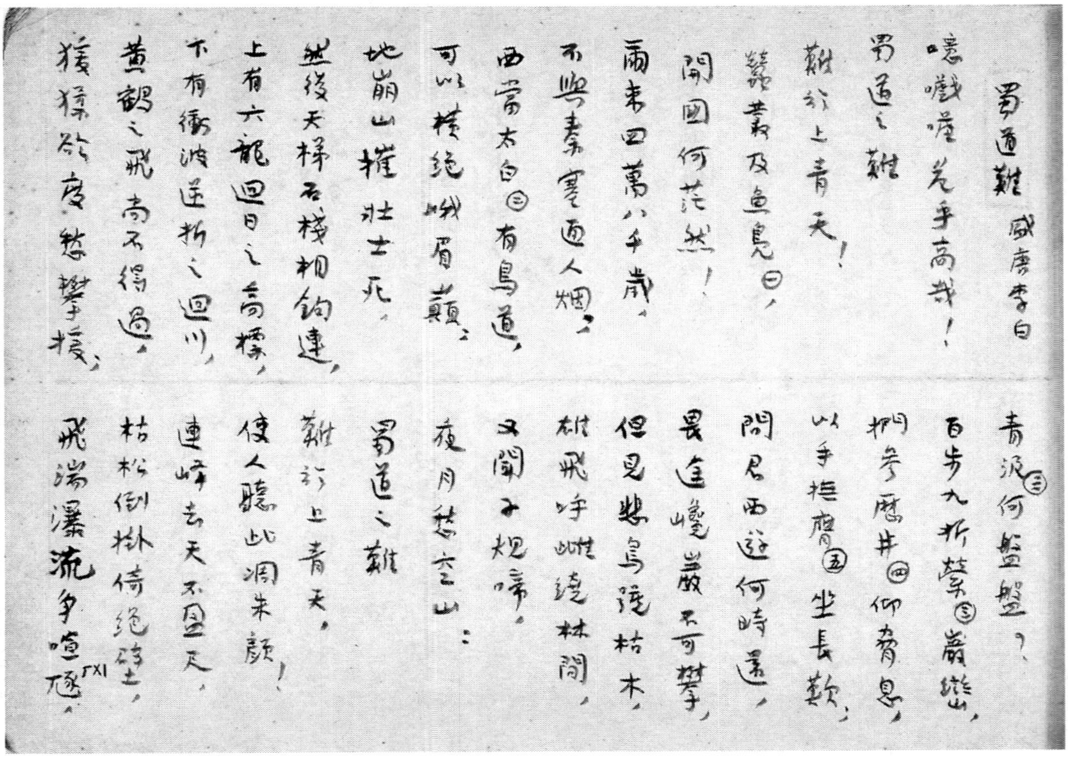

蜀道難 盛唐李白

噫吁嚱危乎高哉！蜀道之難 難於上青天！蠶叢及魚鳧㊀，開國何茫然！爾來四萬八千歲，不與秦塞通人煙；西當太白㊁有鳥道，可以橫絕峨眉巔；地崩山摧壯士死，然後天梯石棧相鉤連，上有六龍回日之高標，下有衝波逆折之回川，黃鶴之飛尚不得過，猿猱欲度愁攀援；青泥㊂何盤盤，百步九折縈㊂巖巒，捫參歷井㊃仰脅息，以手撫膺㊄坐長歎；問君西遊何時還，畏途巉巖不可攀，但見悲鳥號枯木，雄飛呼雌繞林間，又聞子規啼 夜月愁空山：蜀道之難 難於上青天，使人聽此凋朱顏！連峰去天不盈尺，枯松倒掛倚絕壁，飛湍瀑流爭喧豗，

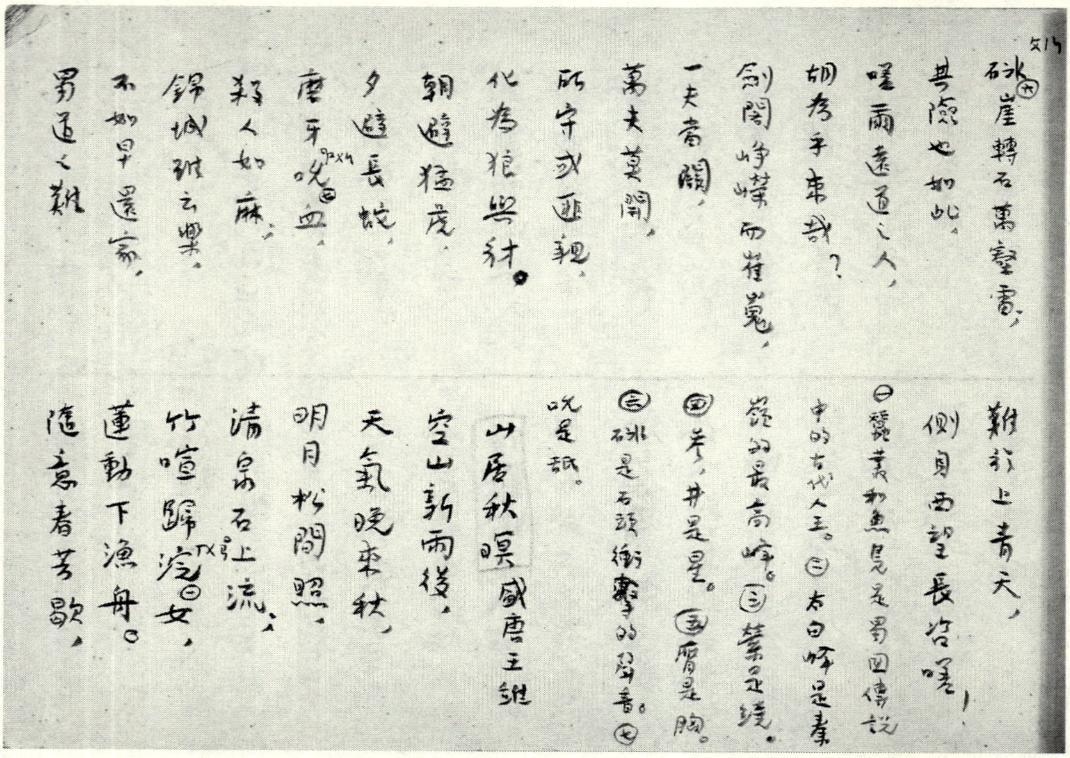
砯(六)崖轉石萬壑雷，
其險也如此，
嗟爾遠道之人，
胡為乎來哉？
劍閣崢嶸而崔嵬，
一夫當關，
萬夫莫開，
所守或匪親，
化為狼與豺。
朝避猛虎，
夕避長蛇，
磨牙吮(七)血，
殺人如麻，
錦城雖云樂，
不如早還家，
蜀道之難
難於上青天，
側身西望長咨嗟！
(一)蠶叢和魚鳧是蜀國傳說中的古代人王。(二)太白峰是秦嶺的最高峰。(三)棧是棧。
(四)參、井是星。(五)膺是胸。
(六)砯是石頭衝擊的聲音。(七)吮是舐。
山居秋暝 盛唐 王維
空山新雨後，
天氣晚來秋，
明月松間照，
清泉石上流，
竹喧歸浣(一)女，
蓮動下漁舟。
隨意春芳歇，

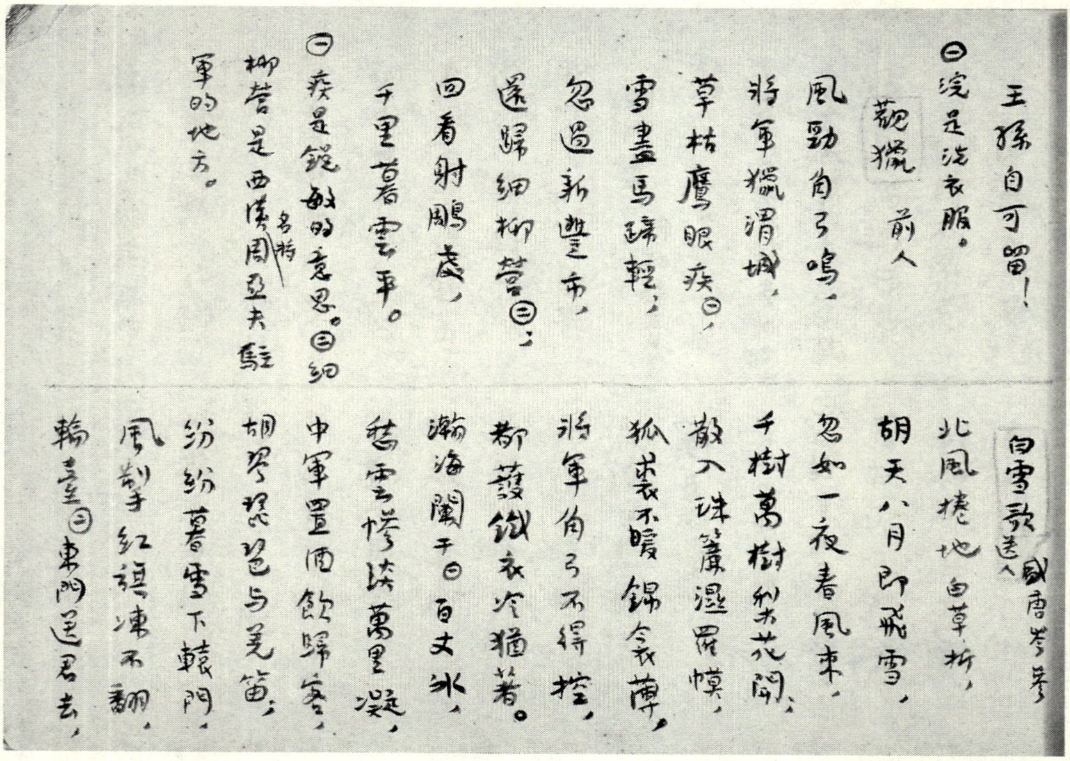
王孫自可留！
(一)浣是洗衣服。
觀獵 前人
風勁角弓鳴，
將軍獵渭城，
草枯鷹眼疾(一)，
雪盡馬蹄輕，
忽過新豐市，
還歸細柳營(二)；
回看射鵰處，
千里暮雲平。
(一)疾是銳敏的意思。(二)細柳營是西漢名將周亞夫駐軍的地方。
白雪歌送人 盛唐 岑參
北風捲地白草折，
胡天八月即飛雪，
忽如一夜春風來，
千樹萬樹梨花開，
散入珠簾濕羅幕，
狐裘不暖錦衾薄，
將軍角弓不得控，
都護鐵衣冷猶著。
瀚海闌干(一)百丈冰，
愁雲慘淡萬里凝，
中軍置酒飲歸客，
胡琴琵琶與羌笛，
紛紛暮雪下轅門，
風掣紅旗凍不翻，
輪臺(二)東門送君去，

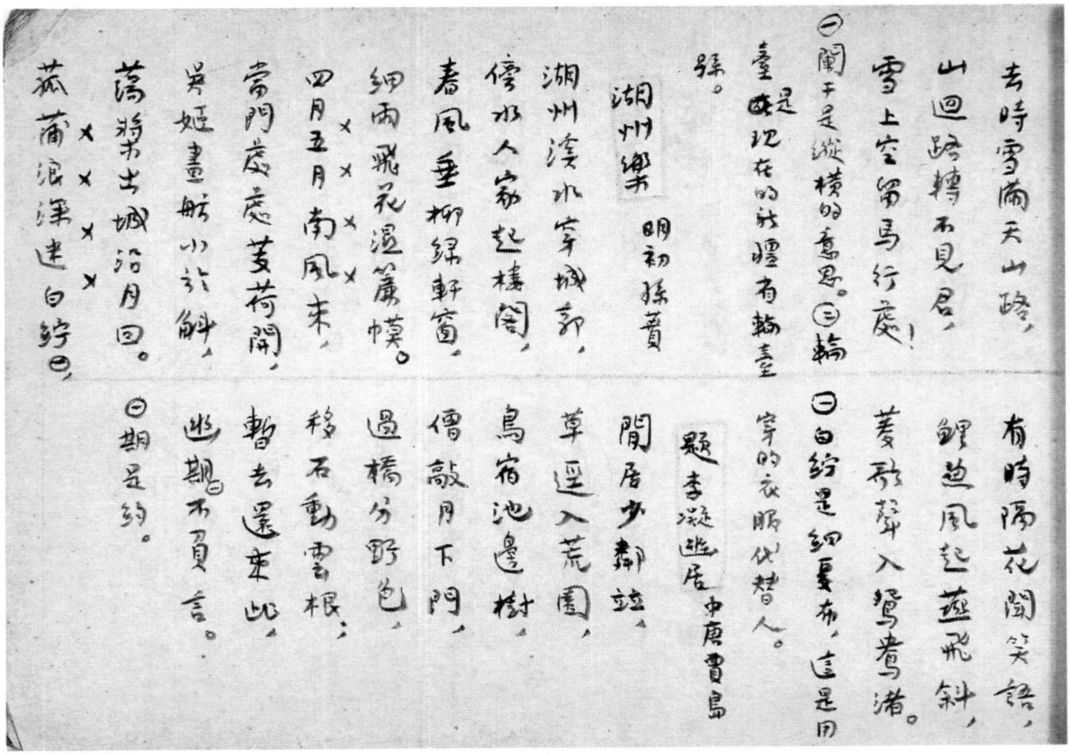

去時雪滿天山路，
山回路轉不見君，
雪上空留馬行處！
(一)闌干是縱橫的意思。(二)輪臺是現在的新疆有輪臺縣。

湖州樂　明初 孫蕡

湖州溪水穿城郭，
傍水人家起棹閣，
春風垂柳綠軒窗，
細雨飛花濕簾幕。
× × × ×
四月五月南風來，
當門處處芰荷開，
吳娃畫舫小於斛，
蕩槳出城沿月回。
× × × ×
菰蒲浪深迷白紵(一)，
有時陽花聞笑語，
鯉逆風起燕飛斜，
菱歌聲入鴛鴦渚。
(一)白紵是細夏布，這是用穿的衣服代替人。

題李凝幽居　中唐 賈島

閑居少鄰並，
草逕入荒園，
鳥宿池邊樹，
僧敲月下門，
過橋分野色，
移石動雲根，
暫去還來此，
幽期(一)不負言。
(一)期是約。

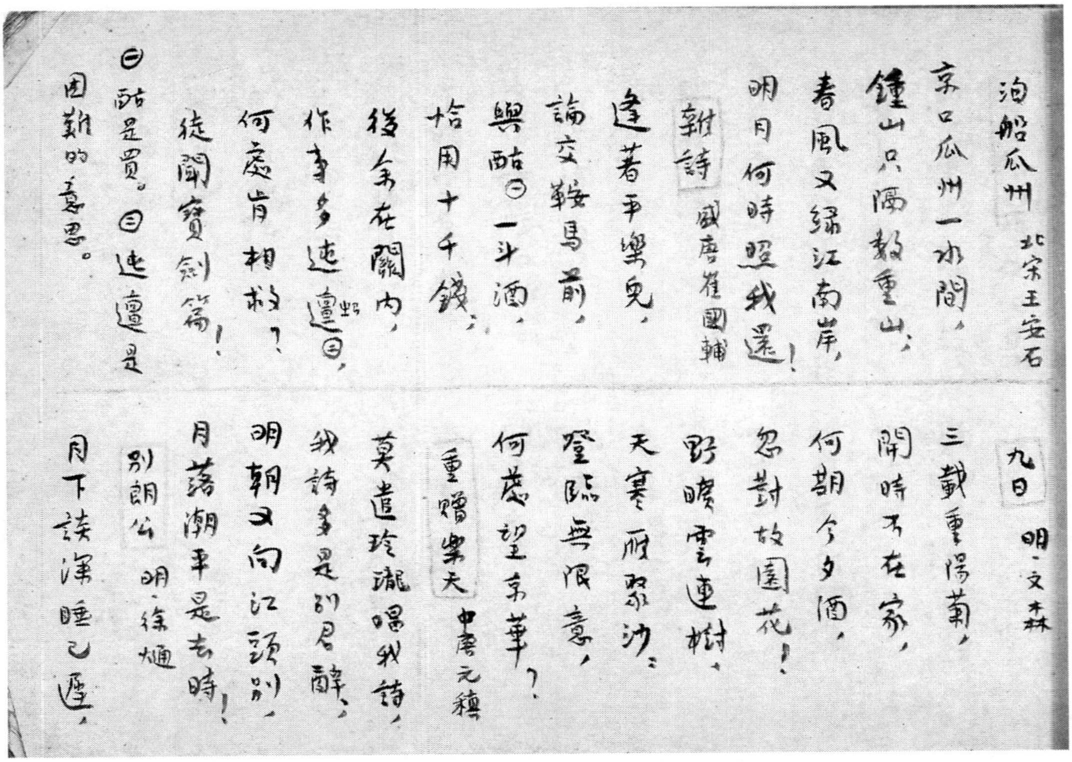

泊船瓜州　北宋 王安石

京口瓜州一水間，
鍾山只隔數重山；
春風又綠江南岸，
明月何時照我還！

雜詩　盛唐 崔國輔

逢著平樂兒，
論交鞍馬前，
與酤(一)一斗酒，
恰用十千錢。
後余在關內，
作事多迍邅(二)，
何處肯相救？
徒聞寶劍篇！
(一)酤是買。(二)迍邅是困難的意思。

九日　明·文森

三載重陽菊，
開時不在家，
何期今夕酒，
忽對故園花！
野曠雲連樹，
天寒雁聚沙，
登臨無限意，
何處望京華？

重贈樂天　中唐 元稹

莫遣玲瓏唱我詩，
我詩多是別君辭，
明朝又向江頭別，
月落潮平是去時！

別朗公　明·徐熥

月下談深睡已遲，

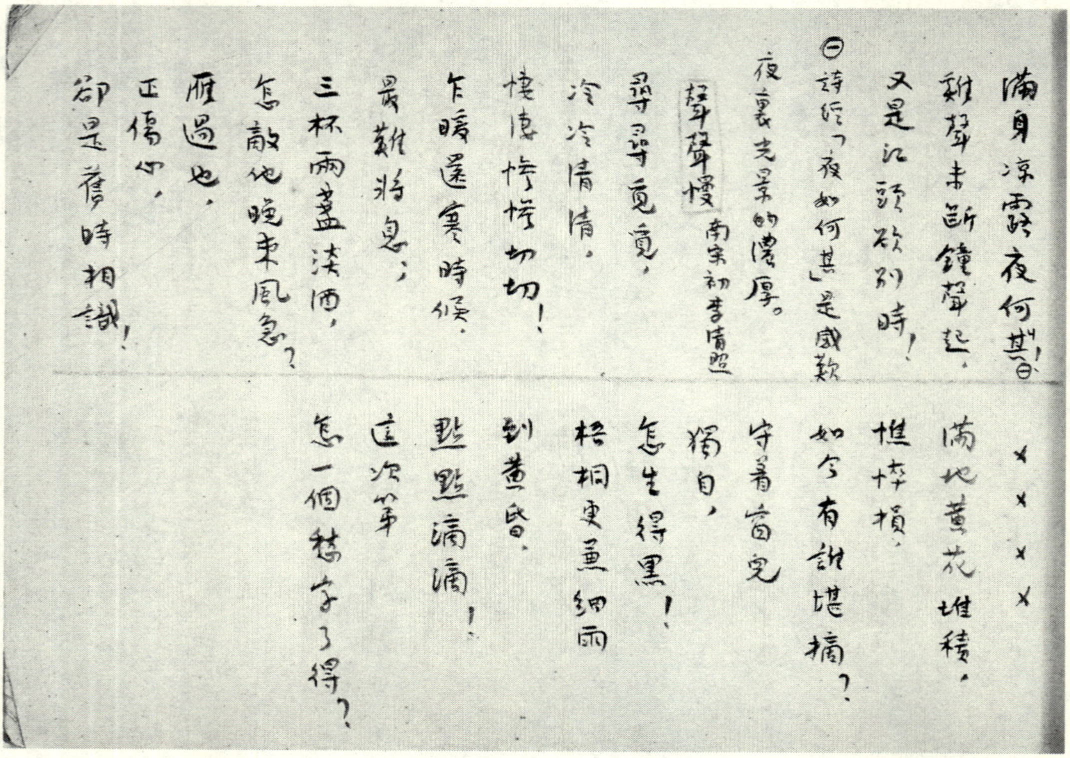

滿身涼露夜何其！㊀
雞聲未斷鐘聲起，
又是江頭教別時！
㊀詩經「夜如何其」是感歎
夜裏光景的濃厚。

聲聲慢 南宋初李清照
尋尋覓覓，
冷冷清清，
悽悽慘慘切切！
乍暖還寒時候，
最難將息；
三杯兩盞淡酒，
怎敵他晚來風急？
雁過也，
正傷心，
卻是舊時相識！
××××
滿地黃花堆積，
憔悴損，
如今有誰堪摘？
守着窗兒
獨自，
怎生得黑！
梧桐更兼細雨
到黃昏，
點點滴滴！
這次第
怎一個愁字了得？

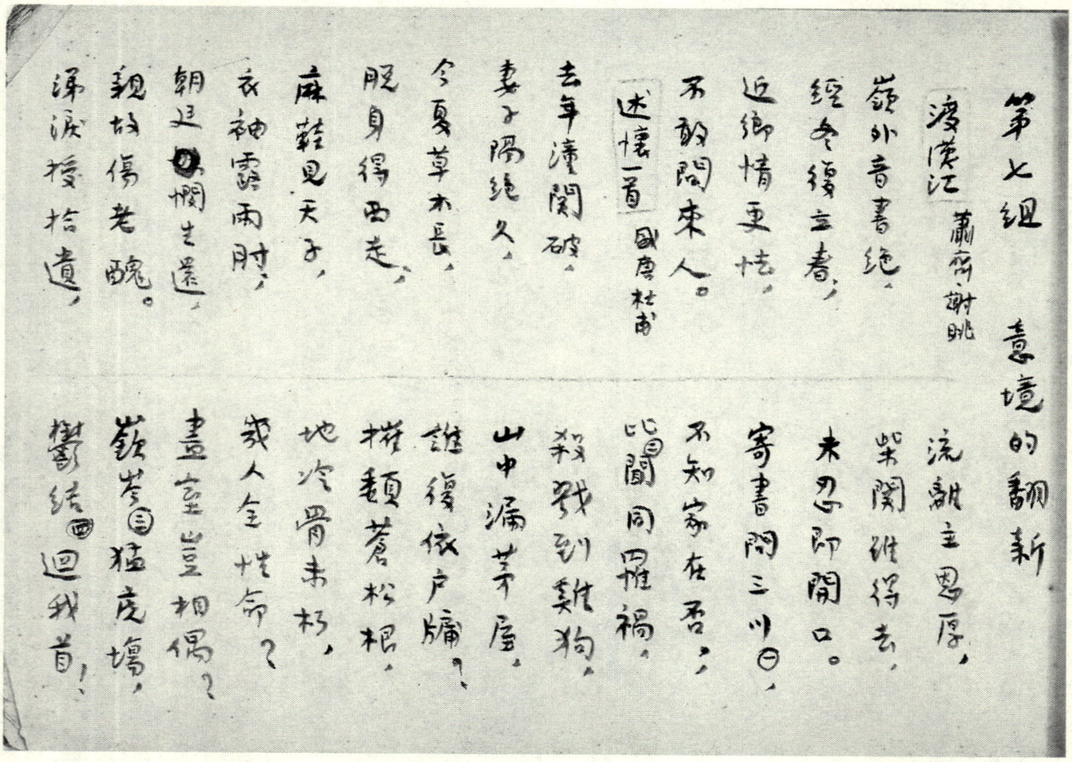

第七組 意境的翻新

渡漢江 蕭齊、謝朓
嶺外音書絕，
經冬復立春，
近鄉情更怯，
不敢問來人。

述懷一首 盛唐杜甫
去年潼關破，
妻子隔絕久，
今夏草木長，
脫身得西走，
麻鞋見天子，
衣袖露兩肘，
朝廷㊁憫生還，
親故傷老醜。
涕淚授拾遺，
流離主恩厚，
柴門雖得去，
未忍即開口。
寄書問三川㊀，
不知家在否？
比㊂聞同罹禍，
殺戮到雞狗，
山中漏茅屋，
誰復依戶牖？
摧頹蒼松根，
地冷骨未朽，
幾人全性命？
盡室豈相偶？
嶔岑㊂猛虎場，
鬱結㊃迴我首！

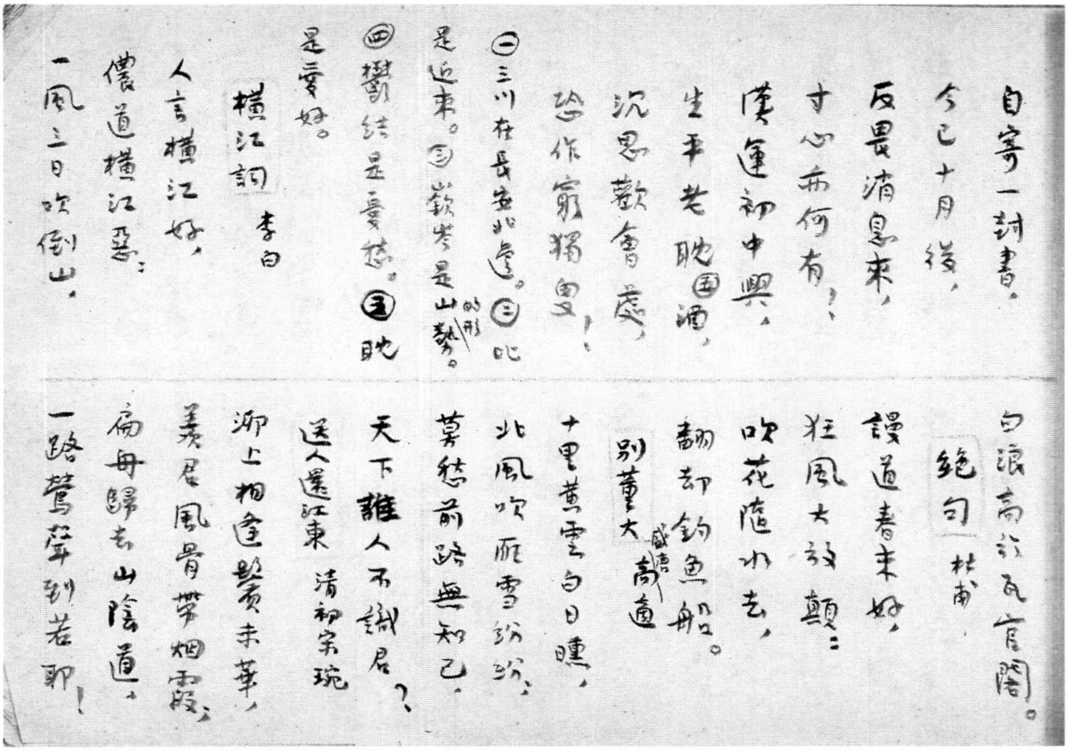

自寄一封書。
今已十月後，
反畏消息來，
寸心亦何有？
漢運初中興，
生平老耽㈤酒。
沉思歡會處，
恐作窮獨叟！

㈠三川在長安北邊。㈡叱是近來。㈢嶔岑是山的形勢。
㈣鬱結是憂愁。㈤耽是愛好。

橫江詞 李白

人言橫江好，
儂道橫江惡：
一風三日吹倒山，
白浪高於瓦官閣。

絕句 杜甫

謾道春來好，
狂風太放顛：
吹花隨水去，
翻卻釣魚船。

別董大 盛唐 高適

十里黃雲白日曛，
北風吹雁雪紛紛，
莫愁前路無知己，
天下誰人不識君？

送人還江東 清初宋琬

潞上相逢鬢未華，
羨君風骨帶烟霞，
扁舟歸去山陰道，
一路鶯聲到若耶！

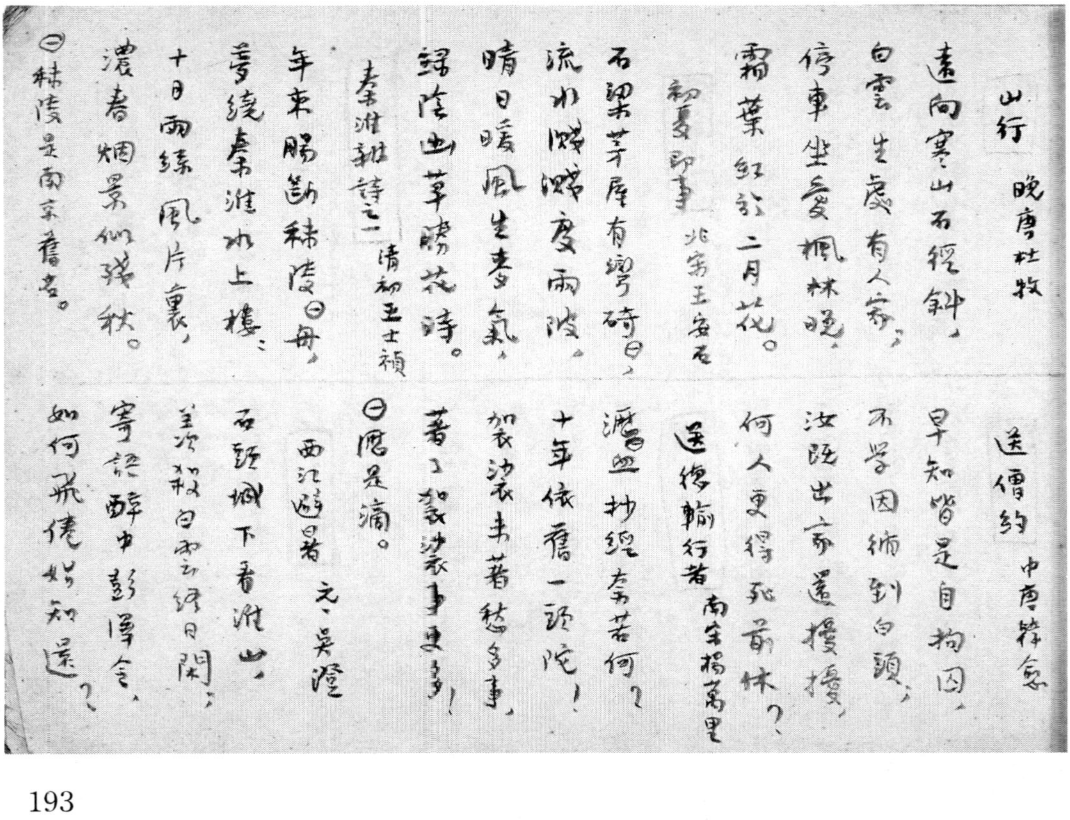

山行 晚唐杜牧

遠向寒山石徑斜，
白雲生處有人家；
停車坐愛楓林晚，
霜葉紅於二月花。

初夏即事 北宋王安石

石梁茅屋有彎碕㈠，
流水濺濺度兩陂。
晴日暖風生麥氣，
綠陰幽草勝花時。

秦淮雜詩之二 清初王士禎

年來腸斷秣陵㈠舟，
夢繞秦淮水上樓：
十日雨絲風片裏，
濃春烟景似殘秋。

㈠秣陵是南京舊名。

送僧約 中唐韓愈

早知皆是自拘囚，
不學因循到白頭；
汝既出家還擾擾，
何人更得死前休？

送德輪行者 南宋楊萬里

瀝㈠血抄經奈若何？
十年依舊一頭陀！
袈裟未著愁多事，
著了袈裟事更多！

㈠瀝是滴。

西江避暑 元·吳澄

石頭城下看淮山，
盡教白雲終日閑；
寄語醉中彭澤令，
如何飛倦始知還？

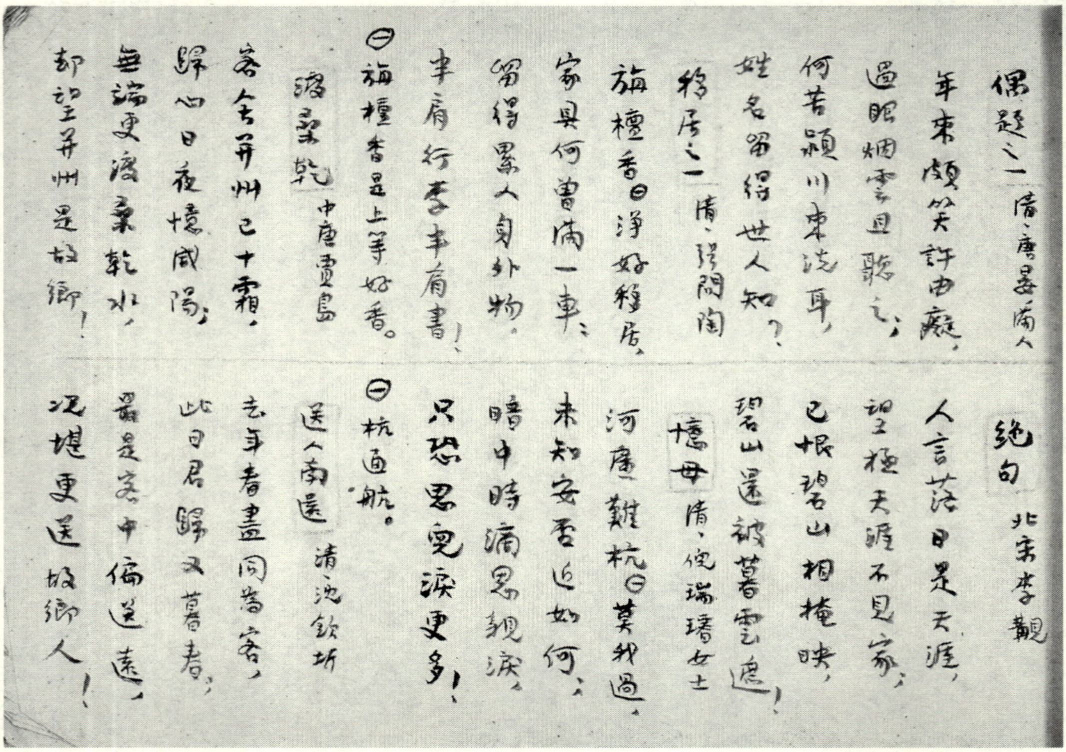

偶题之一 清·唐晏满人

年来颇笑许由痴，
遍眼烟云且听之；
何苦颍川来洗耳，
姓名留得世人知？

移居之一 清·张问陶

旃檀香(曰)净好移居，
家具何曾满一车；
留得累人身外物，
半肩行李半肩书！

(曰)旃檀香是上等好香。

渡桑乾 中唐贾岛

客舍并州已十霜，
归心日夜忆咸阳；
无端更渡桑乾水，
却望并州是故乡！

绝句 北宋李觏

人言落日是天涯，
望极天涯不见家；
已恨碧山相掩映，
碧山还被暮云遮！

忆母 清·倪瑞璿女士

河广难杭(曰)莫我过，
未知安否近如何；
暗中时滴思亲泪，
只恐思儿泪更多！

(曰)杭通航。

送人南还 清·沈钦圻

去年春尽同为客，
此日君归又暮春；
都是客中偏送远，
况堪更送故乡人！

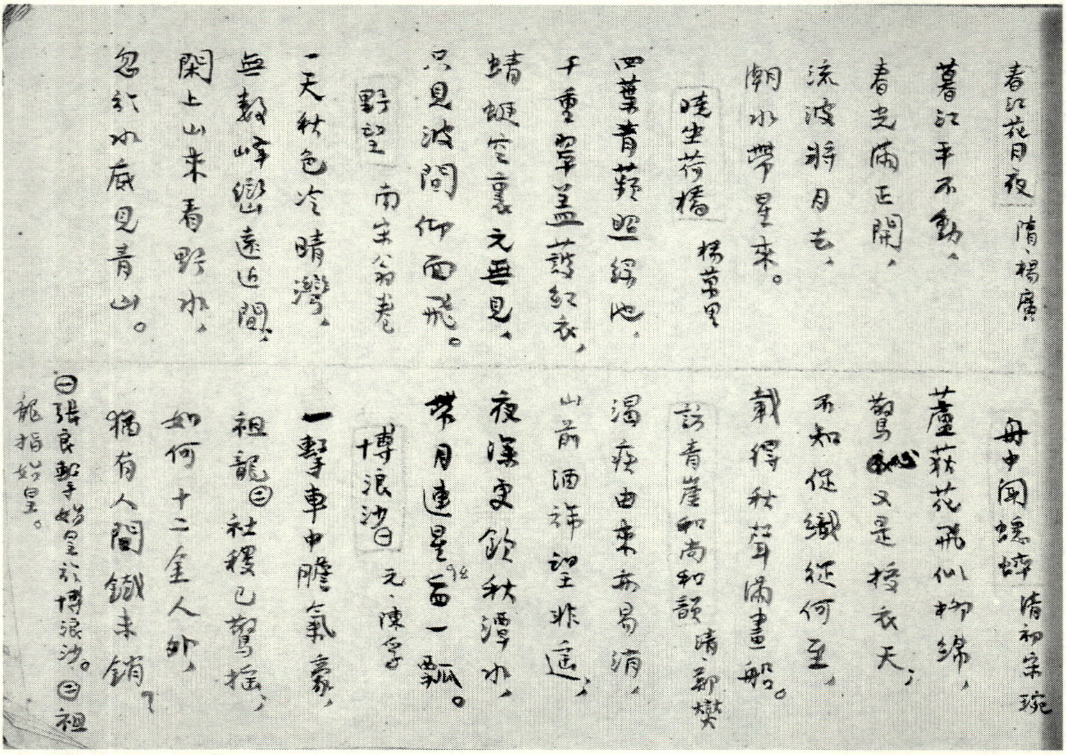

春江花月夜 隋·杨广

暮江平不动，
春花满正开；
流波将月去，
潮水带星来。

晓坐荷桥 杨万里

四叶青萍照绿池，
千重翠盖护红衣；
蜻蜓空里元无见，
只见波间仰面飞。

野望 南宋翁卷

一天秋色冷晴湾，
无数峰峦远近间；
闲上山来看野水，
忽于水底见青山。

舟中闻蟋蟀 清初宋琬

芦荻花飞似柳绵，
蟋蟀又是捣衣天；
不知促织缘何至，
载得秋声满画船。

访青崖和尚和韵 清·郑燮

湍疾由来出易清，
山前洒衲望非遥；
夜深更饮秋潭水，
带月连星舀一瓢。

博浪沙(曰) 元·陈孚

一击车中胆气豪，
祖龙(曰)社稷已惊摇；
如何十二金人外，
犹有人间铁未销？

(曰)张良刺秦始皇于博浪沙。(曰)祖龙指始皇。

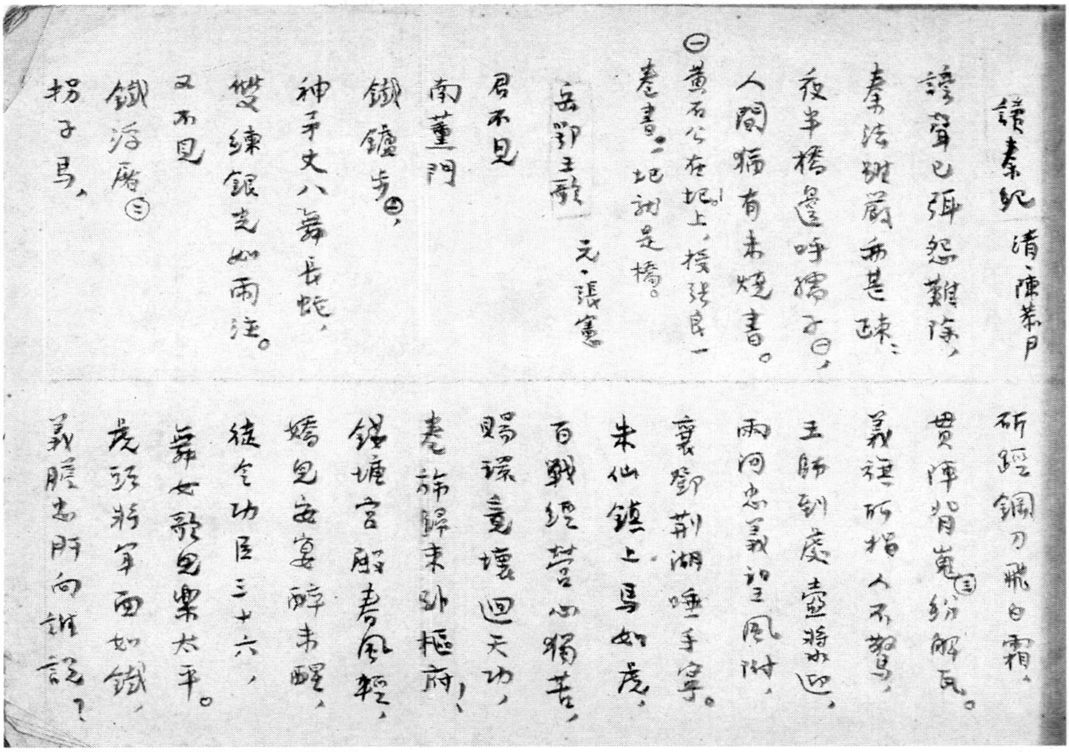

讀秦紀　清、陳恭尹

謗聲已弭怨難除，
秦法雖嚴亦甚疏；
夜半橋邊呼孺子㈠，
人間猶有未燒書。

㈠黃石公在圯上，授張良一卷書。圯就是橋。

岳鄂王歌　元、張憲

君不見
南董門
鐵鏈步㈠，
神弓丈八舞長蛇，
雙練銀光如雨注。
又不見
鐵浮屠㈡
拐子馬，
斫鐙鋼刀飛白霜，
貫陣背嵬㈢紛解瓦。
義旗所指人不驚，
王師到處壺漿迎，
兩河忠義望風附，
襄鄧荊湖唾手寧。
朱仙鎮上馬如虎，
百戰經營心獨苦，
賜環竟壞回天功，
養痾歸來卧樞府，
錢塘宮殿春風輕，
嬌兒安宴醉未醒，
徒令功臣三十六，
舞女歌兒樂太平。
虎頭將軍面如鐵，
義膽忠肝向誰說？

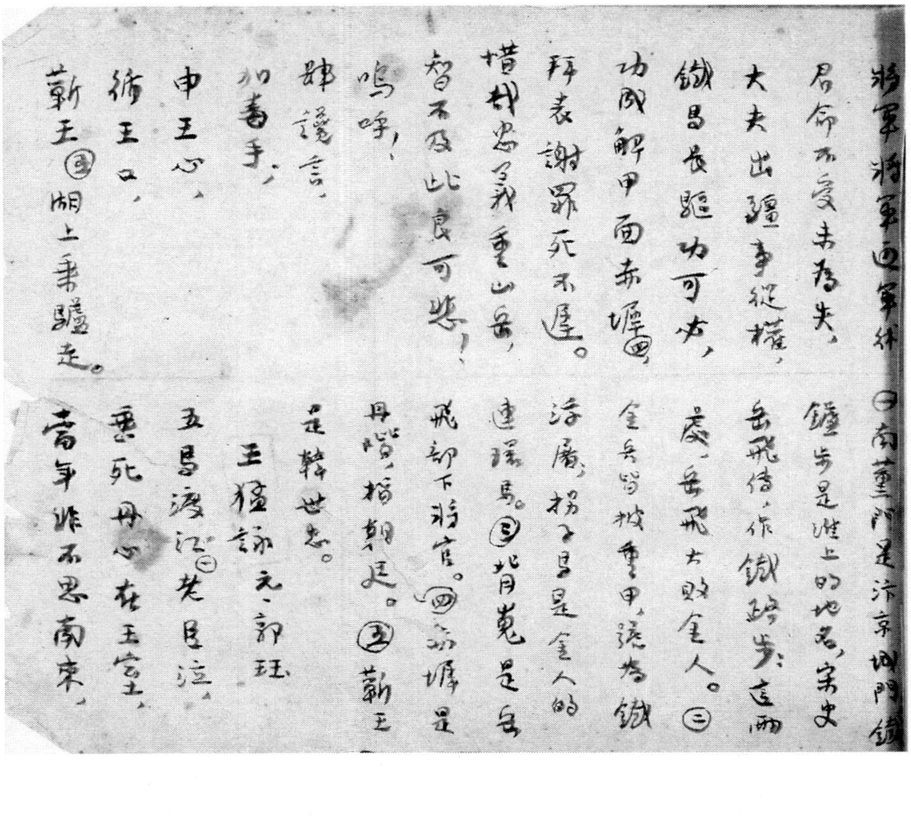

將軍將軍回軍休，
君命不受未為失，
大夫出疆事從權，
鐵馬長驅功可成，
功成解甲面赤墀㈣，
拜表謝罪死不遲。
惜哉忠義重山岳，
智不及此良可悲！
嗚呼，
歸讒言，
加毒手，
中王心，
銜王口，
蘄王㈤湖上乘驢走。

㈠南董門是汴京城門，鐵鏈步是汴上的地名，宋史岳飛傳，作鐵路步；在這兩處，岳飛大敗金人。㈡金兵皆披重甲，號為鐵浮屠，拐子馬是金人的連環馬。㈢背嵬是岳飛部下將官。㈣赤墀是丹墀，指朝廷。㈤蘄王是韓世忠。

王猛詠　元、郭珏

五馬渡江㈠老臣泣，
惡死丹心在玉堂，
當年誰不思南來，

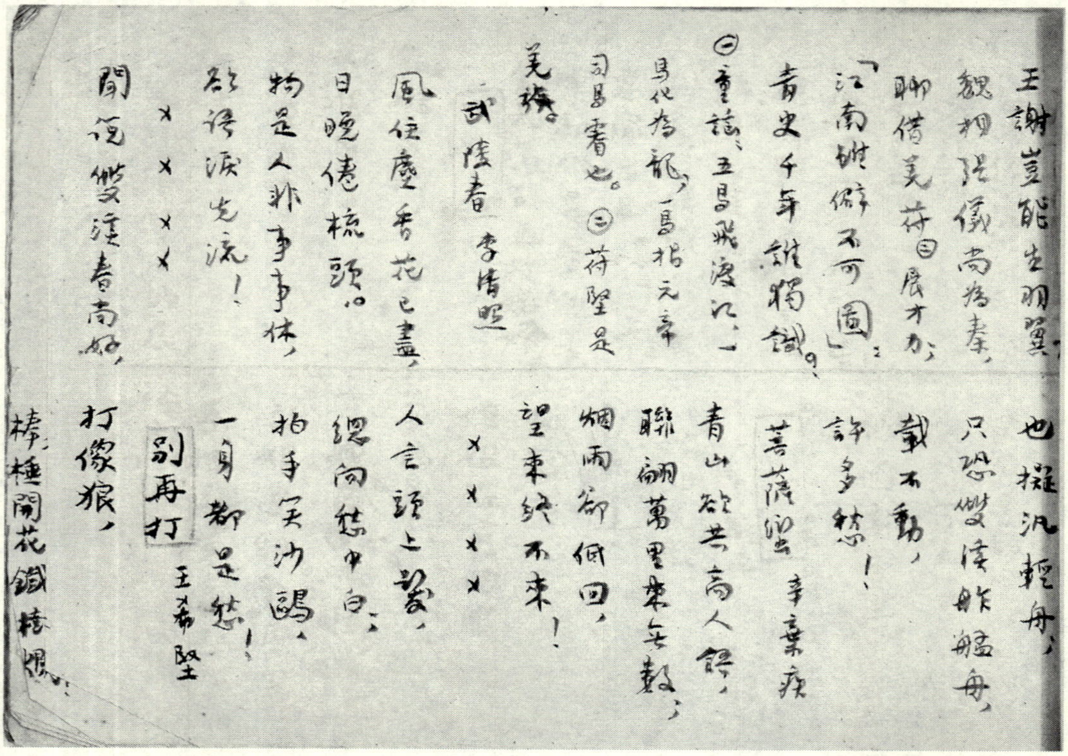
王謝豈能生羽翼，
魏相鴻儀尚為秦，
聊借羌苻㈡展才力；
「江南謝傅不可圖」；
青史千年誰獨識。
㈠童謠：五馬飛渡江，一馬化為龍，一馬指元帝司馬睿也。㈡苻堅是羌族。

武陵春　李清照

風住塵香花已盡，
日晚倦梳頭。
物是人非事事休，
欲語淚先流！
××××
聞說雙溪春尚好，
也擬汎輕舟，
只恐雙溪舴艋舟，
載不動，
許多愁！

菩薩蠻　辛棄疾

青山欲共高人語，
聯翩萬里來無數；
烟雨卻低回，
望來終不來！
××××
人言頭上髮，
總向愁中白；
拍手笑沙鷗，
一身都是愁！

别再打　王希堅

打像狼，
棒棰開花鐵樹爛！

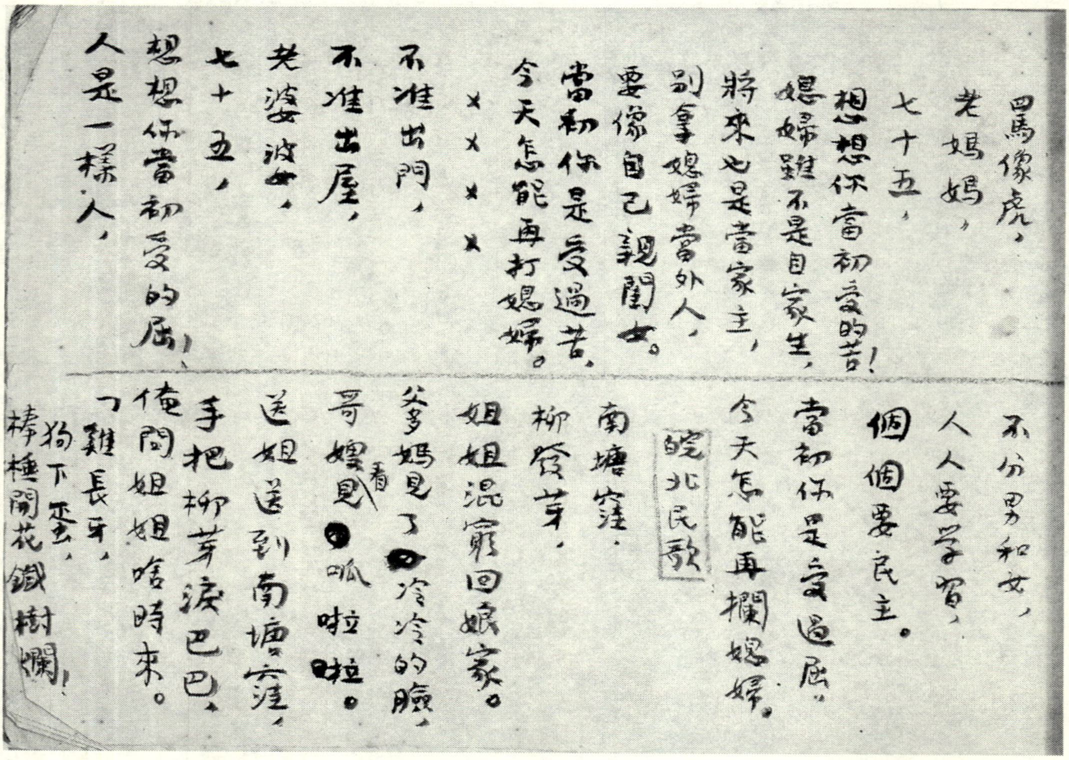
罵像虎，
老媽媽，
七十五，
想想你當初受的苦！
媳婦雖不是自家生，
將來也是當家主，
別拿媳婦當外人，
要像自己親閨女。
當初你是受過苦，
今天怎能再打媳婦。
××××
不准出門，
不准出屋，
老婆婆，
七十五，
想想你當初受的屈，
人是一樣人，
不分男和女，
人人要學習，
個個要民主。
當初你是受過屈，
今天怎能再攔媳婦。

皖北民歌

南塘窪，
柳發芽。
姐姐混窮回娘家。
爹媽見了冷冷的臉，
哥嫂見了(看)呱啦啦。
送姐送到南塘窪，
手把柳芽淚巴巴，
俺問姐姐啥時來。
「雞長牙，
狗下蛋，
棒棰開花鐵樹爛！

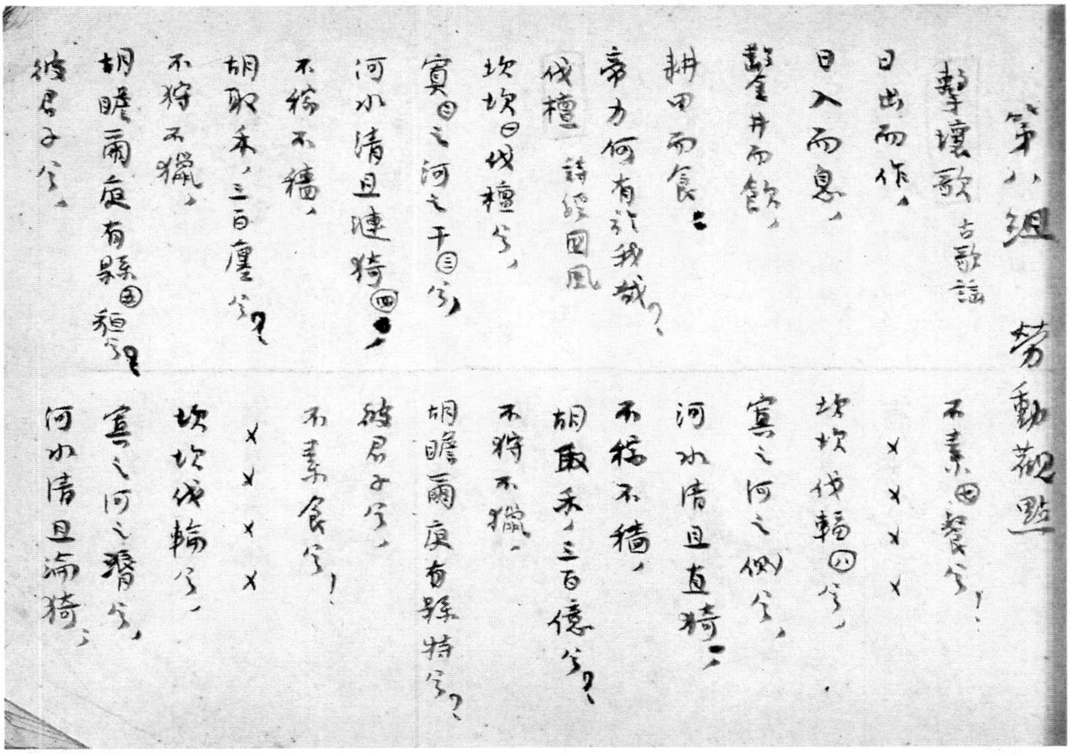

第八組　勞動觀點

擊壤歌　古歌謠

日出而作，
日入而息，
鑿井而飲，
耕田而食；
帝力何有於我哉？

伐檀　詩經國風

坎坎㈠伐檀兮，
寘㈡之河之干㈢兮，
河水清且漣猗㈣；
不稼不穡，
胡取禾三百廛兮？
不狩不獵，
胡瞻爾庭有縣㈤貆兮？
彼君子兮，
不素㈥餐兮！

××××

坎坎伐輻㈧兮，
寘之河之側兮，
河水清且直猗；
不稼不穡，
胡取禾三百億兮？
不狩不獵，
胡瞻爾庭有縣特兮？
彼君子兮，
不素食兮！

××××

坎坎伐輪兮，
寘之河之漘兮，
河水清且淪猗；

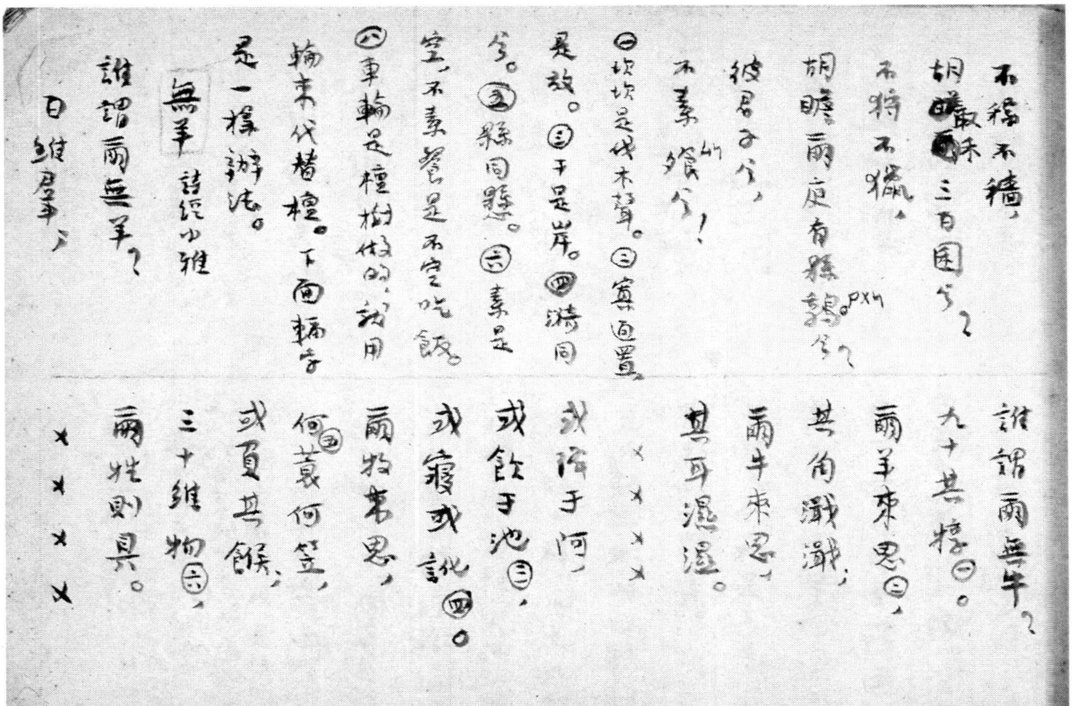

不稼不穡，
胡取禾三百囷兮？
不狩不獵，
胡瞻爾庭有縣鶉兮？
彼君子兮，
不素飧兮！

㈠坎坎是伐木聲。㈡寘同置，是放。㈢干是岸。㈣猗同兮。㈤縣同懸。㈥素是空，不素餐是不空吃飯。㈧車輪是檀樹做的，說用輪來代替檀。下面輻字是一樣辦法。

無羊　詩經小雅

誰謂爾無羊？
曰維羣。

誰謂爾無牛？
九十其犉㈠。
爾羊來思㈡，
其角濈濈；
爾牛來思，
其耳濕濕。

××××

或降于阿，
或飲于池㈢，
或寢或訛㈣。
爾牧來思，
何㈤蓑何笠，
或負其餱，
三十維物㈥，
爾牲則具。

××××

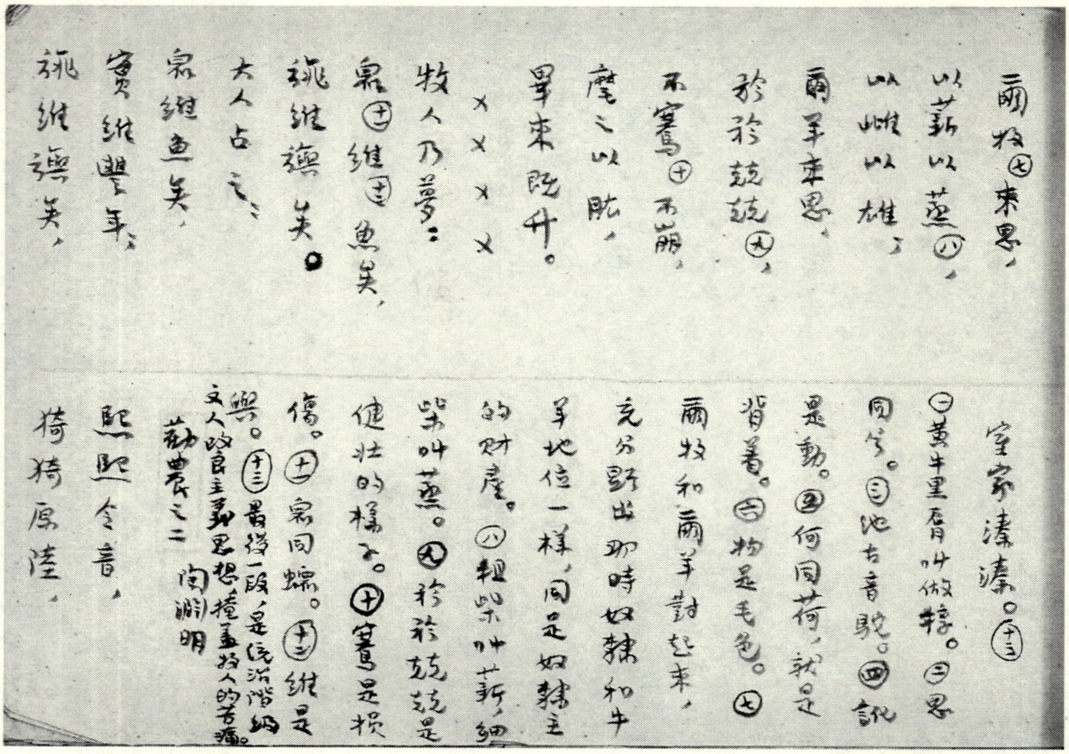

爾牧⑦來思，以薪以蒸⑧，以雌以雄；
爾羊來思，矜矜兢兢⑨，不騫⑩不崩，麾之以肱，畢來既升。

× × × ×

牧人乃夢：衆⑪維⑫魚矣，旐維旟矣。●
大人占之：衆維魚矣，實維豐年；旐維旟矣，室家溱溱。⑬

⑴黃牛黑脣叫做犉。⑵思同兮。⑶池古音駝。⑷訛是動。⑸何同荷，就是背着。⑹物是毛色。⑺爾牧和爾羊對起來，充分顯出那時奴隸和牛羊地位一樣，同是奴隸主的財產。⑻粗柴叫薪，細柴叫蒸。⑼矜矜兢兢是健壯的樣子。⑽騫是損傷。⑾衆同螽。⑿維是與。⒀最後一段，是統治階級文人改良主義思想，掩蓋牧人的苦痛。

勸農之二　陶淵明

熙熙令音，猗猗原陸。

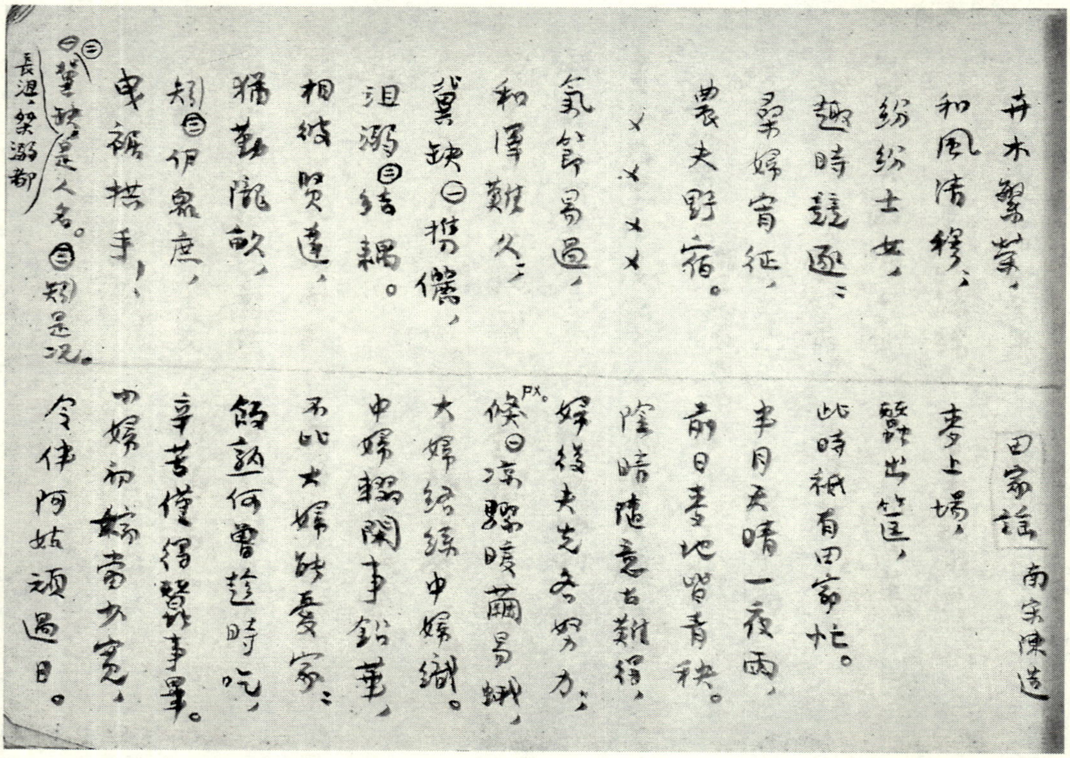

卉木繁茸，和風清穆，紛紛士女，趨時競逐，桑婦宵征，農夫野宿。

× × × ×

氣節易過，和澤難久，冀缺⑴携儷，沮溺⑵結耦。相彼賢達，猶勤隴畝，矧⑶伊衆庶，曳裾拱手！

⑴冀缺是人名。⑵長沮、桀溺都是人名。⑶矧是況。

田家謠　南宋陳造

麥上場，蠶出筐，此時只有田家忙。半月天晴一夜雨，前日麥地皆青秧。陰晴隨意古難得，婦後夫先各努力。倏⑴涼驟暖繭易蛾，大婦絡絲中婦織。中婦輟閑事鉛華，不比大婦能憂家。飯熟何曾趁時吃，辛苦僅得蠶事畢。小婦初嫁當少寬，令伴阿姑頑過日。

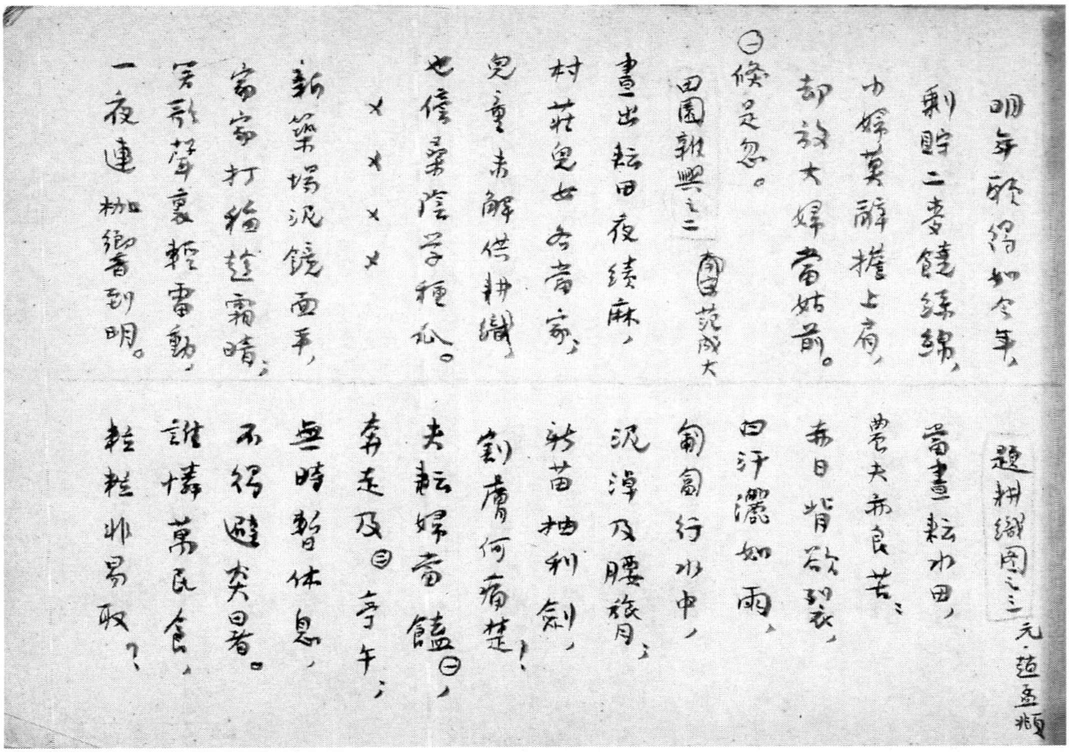
明年號得如今年，剩貯二麥饒絲綿，小婦莫辭搓上肩，卻放大婦當姑前。
⊖倏足忽。

田園雜興之二　南宋·范成大

晝出耘田夜績麻，村莊兒女各當家，兒童未解供耕織，也傍桑陰學種瓜。

× × × ×

新築場泥鏡面平，家家打稻趁霜晴，笑歌聲裏輕雷動，一夜連枷響到明。

題耕織圖之三　元·趙孟頫

當晝耘水田，農夫亦良苦，赤日背欲裂，白汗灑如雨。匍匐行水中，泥淖及腰膂；新苗抽利劍，割膚何痛楚！夫耘婦當饁⊖，奔走及⊜亭午；無時暫休息，不得避炎暑。誰憐萬民食，粒粒非易取？

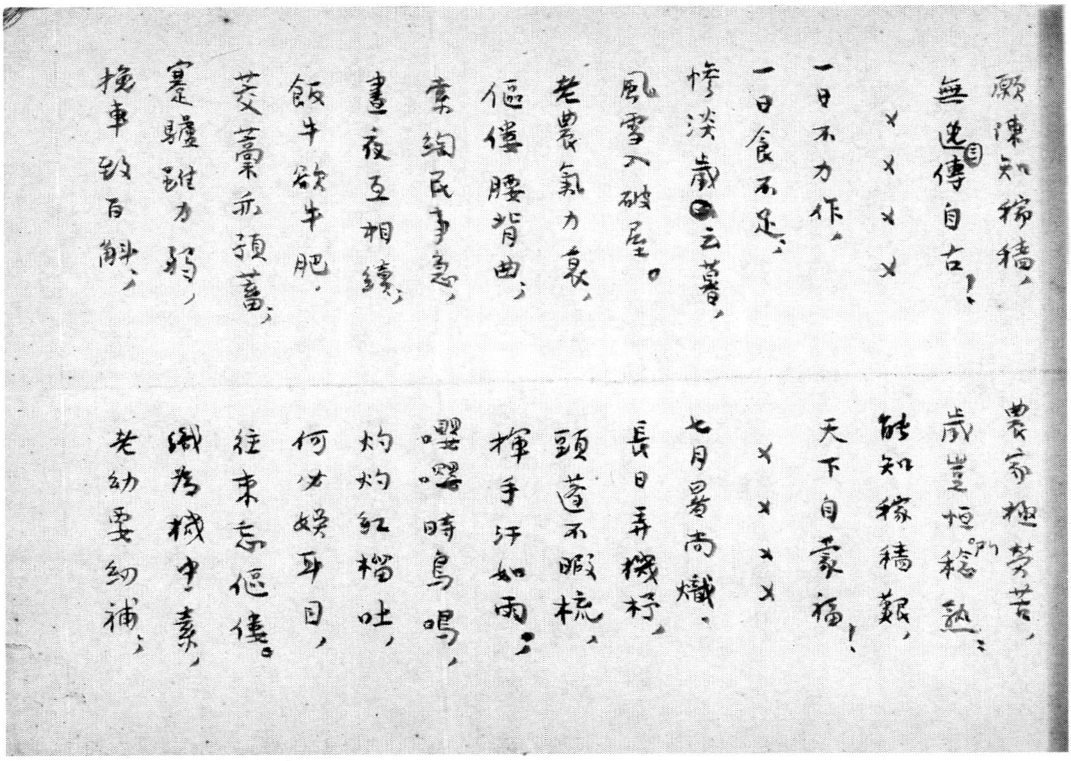
厥陳知稼穡，無逸⊜傳自古！

× × × ×

一日不力作，一日食不足；慘淡歲⊝云暮，風雪入破屋。老農氣力衰，傴僂腰背曲；稟綯民事急，晝夜互相續；飯牛欲牛肥，茭藁亦須蓄；蹇驢雖力弱，挽車致百斛，農家極勞苦，歲豈恒稔（rěn）熟，能知稼穡艱，天下自蒙福！

× × × ×

七月暑尚熾，長日弄機杼，頭蓬不暇梳，揮手汗如雨；嚶嚶時鳥鳴，灼灼紅榴吐，何以娛耳目，往來忘傴僂。織為機中素，老幼要紉補，

青燈照夜棧，
蟋蟀窗外語。
辛勤亦何有，
身躬衣幾縷？
婦為田家婦，
終歲胼勞苦！

㊀饁是送飯。㊁及是趁。
㊂無逸是書經的一篇。

謫居　　明、王守仁

謫居屢在陳，㊀
從者有慍見；
山荒聊可田，
錢鎛㊁還易辦；
夷俗多火耕，
仿習亦頗便；
及茲春未深，
數畝猶足佃；
豈徒實口腹，
且以理荒宴；
遺穗及鳥雀，
貧寡發餘羨；
出來在明晨，
山寒易霜霰。

㊀孔子在陳國絕糧，子路慍見。慍見是形於色。
㊁錢鎛是農器。

刈禾長白山下㊀　　清初顧炎武

載耒來東國，
年年一往還；
禾垂墟照晚，
果落野禽間；
食力終全節，
依人尚厚顏㊁！
黃巾城下路，
猶有鄭公㊂山。

㊀山東也有個長白山。㊁顏
先生問的話，也是朋友送的，
所以說：依人尚厚顏。㊂鄭公
是鄭玄，玄是山東密州
人。

採粟謠

上山採粟，
粟熟茨深，
粟刺手指，
茨刺足心；
一滴一粒，
血染茨針！
× × × ×
下山敲粟，
粟不盈斗；
欲食不可，
秋風怒吼；
兒尚無衣，
安能餬口？
× × × ×
衣不厭暖，
食不厭甘：
富者食粟，
猶厭肉單，
焉知貧賤，
血以御寒！

大家忙　　于振東

秋風吹，
天漸涼，

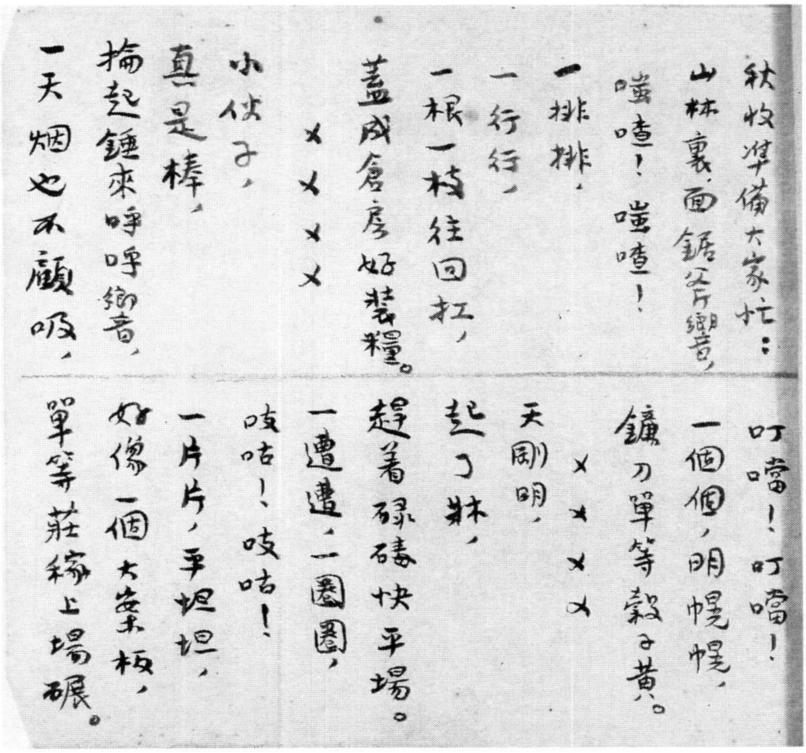

秋收準備大家忙：
山林裏面鋸斧響，
嗤嗟！嗤嗟！
一排排，
一行行，
一根一枝往回扛，
蓋成倉房好裝糧。
××××
小伙子，
真是棒，
掄起鍾來呼呼響，
一天烟也不顧吸，
叮噹！叮噹！
一個個，明幌幌，
鐮刀單等穀子黃。
××××
天剛明，
起了牀，
趕着碌碡快平場。
一遭遭，一圈圈，
吱咕！吱咕！
一片片，平坦坦，
好像一個大案板，
單等莊稼上場碾。

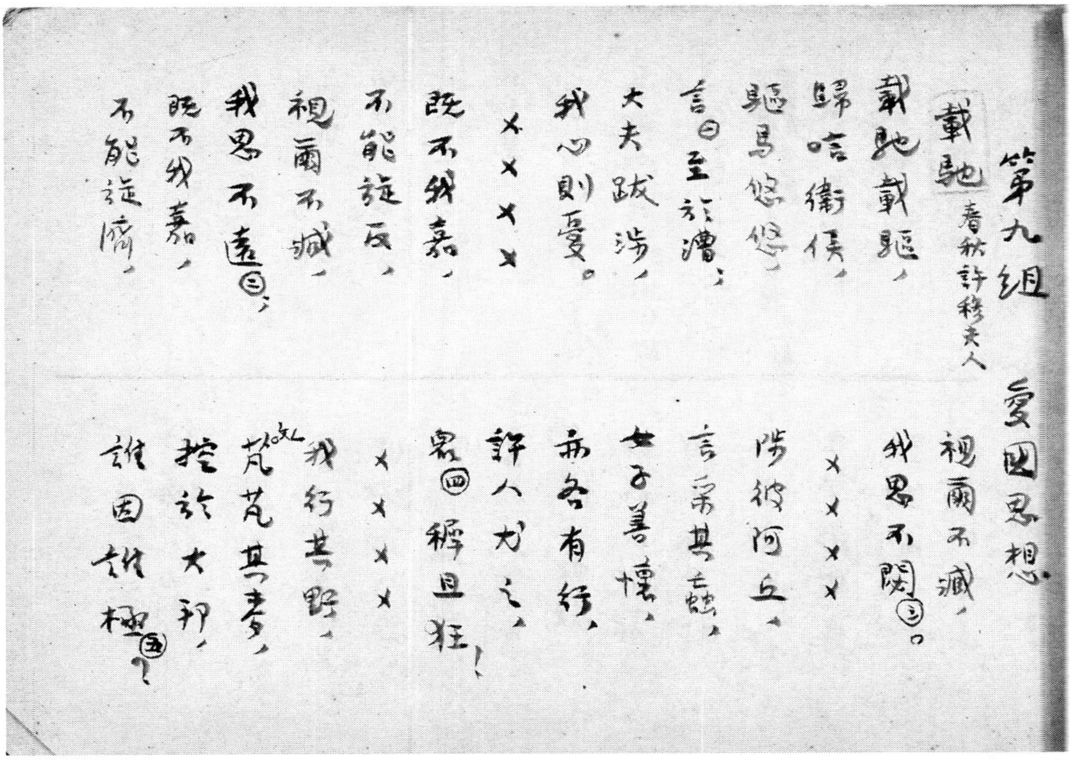

第九組 愛國思想

載馳 春秋許穆夫人

載馳載驅，
歸唁衛侯，
驅馬悠悠，
言㊀至於漕，
大夫跋涉，
我心則憂。
××××
既不我嘉，
不能旋反，
視爾不臧，
我思不遠㊂；
既不我嘉，
不能旋濟，
視爾不臧，
我思不閟㊂。
××××
陟彼阿丘，
言采其蝱，
女子善懷，
亦各有行，
許人尤之，
衆㊃穉且狂！
××××
我行其野，
芃芃其麥，
控於大邦，
誰因誰極㊄？

大夫君子，

無我有尤！

百爾所思，

不如我所之！

㊀詩[redacted]是乃。[redacted]㊁遠是忘。㊂

閟是閉。㊃宿是既。㊄

因是依，極是至。誰因誰

極，是說：到什麼地方去依

靠什麼人。

白馬篇 曹植

白馬飾金羈，

連翩西北馳，

借問誰家子，

幽并遊俠兒，

少小去鄉邑，

揚聲沙漠垂㊀；

宿昔秉良弓，

楛矢何參差！

控弦破左的，

右發摧月支㊁，

仰手接飛猱，

俯身散馬蹄㊂，

狡捷若猴猿，

勇剽若豹螭；

邊城多警急，

胡虜數遷移，

羽檄從北來，

厲馬㊃登高隄，

長驅蹈匈奴，

左顧凌鮮卑；

棄身鋒刃端，

性命安可懷！

父母且不顧，

何言子與妻；

名編壯士籍，

不得中顧私，

捐軀赴國難，

視死忽如歸！

㊀垂是邊。㊁㊂文選注

引邯鄲淳「藝經」：馬射，

左邊為月支三枚，馬蹄

二枚。可見「月支」「馬蹄」都

是「的」。㊃厲馬是互文，

就是厲兵秣馬。

塞上 高適

東出盧龍塞，

浩然客思孤；

亭堠列萬里，

漢兵猶備胡；

邊塵漲北溟，

虜騎正南驅，

轉鬭豈長策，

和親非遠圖；

惟昔李將軍㊀，

按節出皇都，

總戎掃大漠，

一戰擒單于。

常懷感激心，

願效縱橫謨，

倚劍欲誰語，

關河空鬱紆！

㊀李將軍是李廣。

留花門

杜甫

花門㊀天驕子，
飽肉氣勇決，
高秋馬肥健，
挾矢射漢月；
自古以為患，
詩人厭薄伐㊁，
修德使其來，
羈縻固不絕。
胡為傾國至，
出入暗金闕！
中原有驅除，
隱忍用此物。
公主歌黃鵠，
君王指白日，
連雲屯左輔，
百里見積雪㊂；
長戟鳥休飛，
哀笳曉幽咽，
田家最恐懼，
麥倒桑枝折；
沙苑臨清渭，
泉香草豐潔，
渡河不用船，
千騎常撇烈。
胡塵踰太行，
雜種抵京室，
花門既須留，
原野轉蕭瑟！

㊀居延海北三百里有花門堡，回紇所居。㊁小雅：薄伐玁狁。

㊂回紇兵衣穿都是白的。

西涼伎

中唐白居易

西涼伎，
假面胡人假獅子，
刻木為頭絲作尾，
金鍍眼睛銀帖齒，
奮迅毛衣擺雙耳，
如從流沙來萬里。
紫髯深目兩胡兒，
鼓舞跳梁前致辭：
應似涼州未陷日，
安西都護進來時。
須臾云：「得新消息，
安西路絕歸不得」，
泣向獅子涕雙垂，
「涼州陷沒知不知？」
獅子回頭向西望，
哀吼一聲觀者悲。
貞元邊將愛此曲，
醉坐笑看看不足，
享賓犒士宴監軍，
獅子胡兒長在目。
有一征夫年七十，
見弄涼州低面泣，
泣罷斂手白將軍：
「主憂臣辱昔所聞，
自從天寶兵戈起，
犬戎日夜吞西鄙，
涼州陷來四十年，
河隴侵將七千里，
平時安西萬里疆，
今日邊防在鳳翔！
緣邊空屯十萬卒，

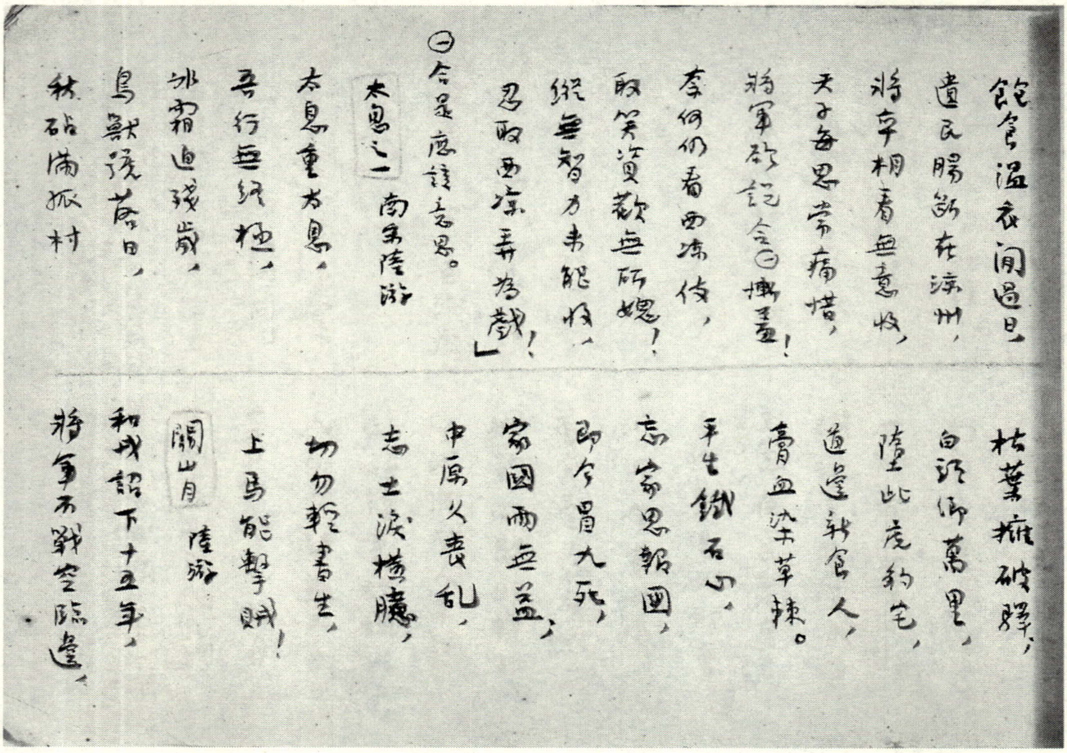

饑食溫衣閒過日，
遺民腸斷在涼州，
將卒相看無意收，
天子每思常痛惜，
將軍欲說合㊀慚羞！
奈何仍看西涼伎，
取笑資歡無所媿！
縱無智力未能收，
忍取西涼弄為戲！

㊀合是應該之意。

太息之一　南宋陸游

太息重太息，
吾行無終極，
冰霜迫殘歲，
鳥獸號落日，
秋砧滿孤村，
枯葉擁破驛，
白頭鄉萬里，
墮此虎豹宅，
道邊新食人，
膏血染草棘。
平生鐵石心，
忘家思報國，
即今冒九死，
家國兩無益，
中原久喪亂，
志士淚橫臆，
切勿輕書生，
上馬能擊賊！

關山月　陸游

和戎詔下十五年，
將軍不戰空臨邊，

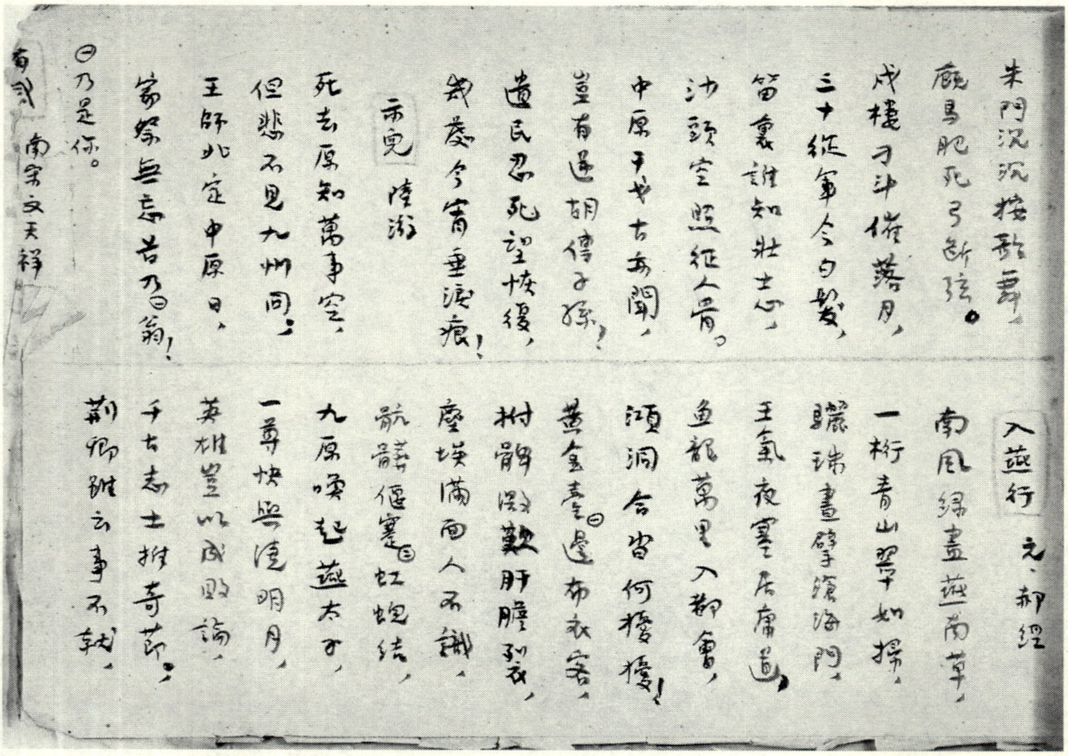

朱門沉沉按歌舞，
廄馬肥死弓斷弦。
戍樓刁斗催落月，
三十從軍今白髮，
笛裏誰知壯士心，
沙頭空照征人骨。
中原干戈古亦聞，
豈有逆胡傳子孫！
遺民忍死望恢復，
幾處今宵垂淚痕！

示兒　陸游

死去原知萬事空，
但悲不見九州同；
王師北定中原日，
家祭無忘告乃㊀翁！

㊀乃是你。

南宋文天祥

入燕行　元、郝經

南風綠盡燕南草，
一桁青山翠如掃，
躡瑞畫壁瞰海門，
王氣夜塞居庸道，
魚龍萬里入都會，
澒洞合沓何擾擾！
黃金臺㊀邊布衣客，
樹影[illegible]數肝膽裂，
塵埃滿面人不識，
骯髒偃蹇㊁虹蜺結，
九原喚起燕太子，
一尊快與澆明月，
英雄豈以成敗論，
千古志士推奇節，
荊卿雖云事不就，

氣壓咸陽與洛陽，
何如石晉割燕雲，
呼人作父為人臣！
偷生一時快一己，
遂使王氣南北分，
天王戕虜作降虜，
禍亂哀哀鬧其深；
誰能倒挽析津水，
與洗當時晉人恥？
崑崙直上尋田疇㊂，
漠漠丹霄跨箕尾！

㊀黄金臺是燕昭王築的，招待天下士。㊁龍蟠是偉直，但蹇蹇高高，但樣如此，是天之虹蜺之氣結成的，就是氣干雲霄之意。㊂左思詩：功成不受爵，長揖歸田廬。

崖山弔古　明、陳獻章

忍奪中華與外夷，
乾坤回首重堪悲！
鐫功奇石張弘範，
不是胡兒是漢兒！

贈朱監紀　清初顧炎武

十載江南事已非，
與君辛苦各生歸；
愁看京口三軍潰，
痛說揚州十日圍；
碧血未消今戰壘，
白頭相見舊征衣。
東京朱祐年猶少，
莫向尊前歎式微！

送子德歸關中　顧炎武

與子前年長作客，
子非朱顏我頭白㊀，
燕山一別八年餘，
再裹行滕來九陌；
君才如海不可量，
奇正縱橫勢莫當，
彈筝擊筑坐太息，
豈可日月無瞻望！
為我一曲歌伊涼，
拳十一州歸大唐，
奇材劍客今豈絕，
秦地萃田都蕪茫，
薊門朝士多狐鼠，
舊日鬚眉化兒女，
生女須教出塞妝，
生男要學鮮卑語！
掌把漢書挂牛角，
獨出郊原更誰與？
自從烽火照乾乾，
不敢宮前問禾黍㊁。
子行西還度蒲津，
正喜秋氣高嶕峋，
華山有地堪作屋，
相與結伴除荆榛！

㊀李因篤字子德，比炎武小二十歲。㊁照七綫，算子回圈，作禾黍形。

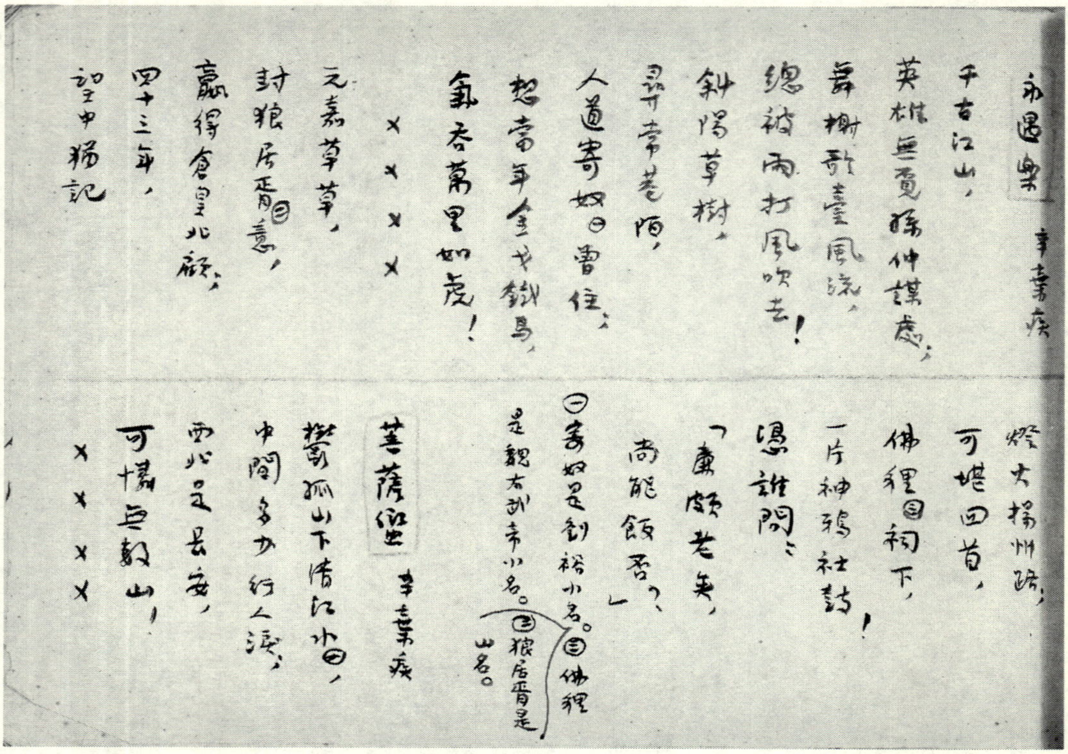

永遇乐 辛弃疾

千古江山，
英雄无觅孙仲谋处；
舞榭歌台，风流
总被雨打风吹去！
斜阳草树，
寻常巷陌，
人道寄奴㈠曾住；
想当年，金戈铁马，
气吞万里如虎！

× × × ×

元嘉草草，
封狼居胥㈡意，
赢得仓皇北顾；
四十三年，
望中犹记
烽火扬州路；
可堪回首，
佛狸㈢祠下，
一片神鸦社鼓！
凭谁问：
「廉颇老矣，
尚能饭否？」

㈠寄奴是刘裕小名。㈢佛狸是魏太武帝小名。㈡狼居胥是山名。

菩萨蛮 辛弃疾

郁孤台下清江水㈠，
中间多少行人泪；
西北是长安，
可怜无数山！

× × × ×

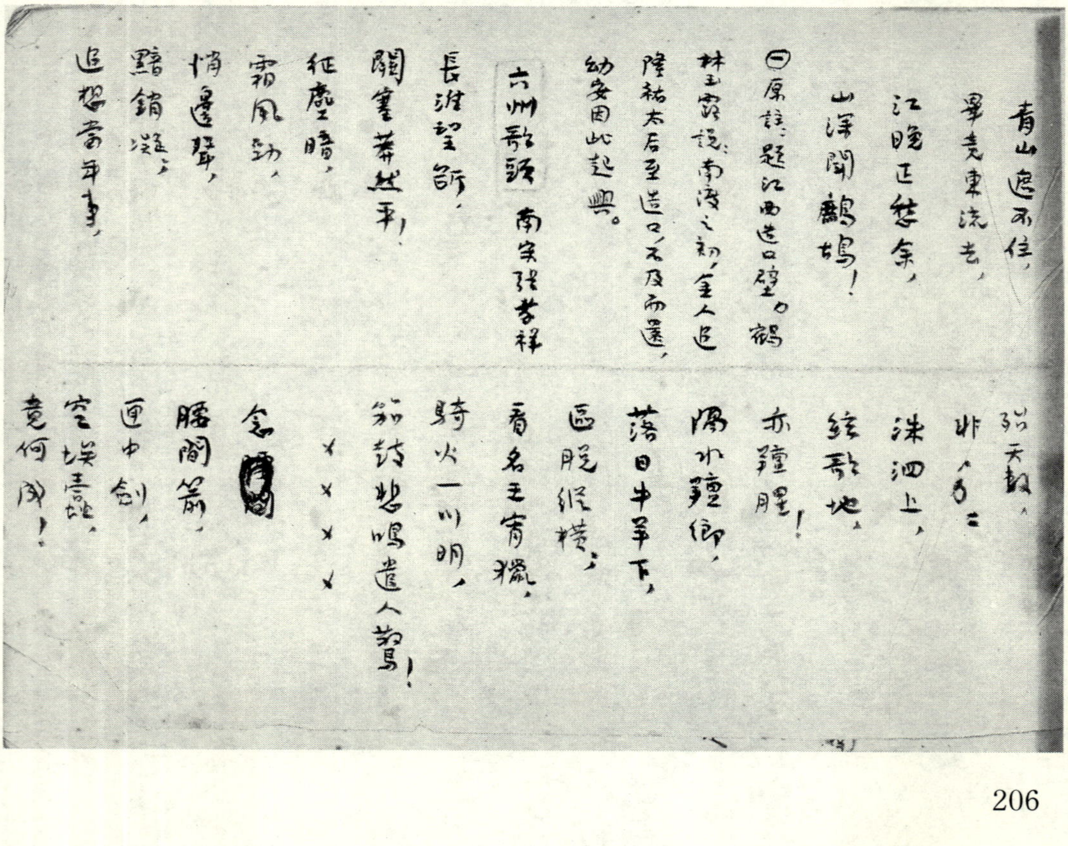

青山遮不住，
毕竟东流去，
江晚正愁余，
山深闻鹧鸪！

㈠原注：题江西造口壁。鹤林玉露说：南渡之初，金人追隆祐太后至造口，不及而还，幼安因此起兴。

六州歌头 南宋张孝祥

长淮望断，
关塞莽然平，
征尘暗，
霜风劲，
悄边声，
黯销凝；
追想当年事，
殆天数，
非人力；
洙泗上，
弦歌地，
亦膻腥！
隔水毡乡，
落日牛羊下，
区脱纵横；
看名王宵猎，
骑火一川明，
笳鼓悲鸣，遣人惊！

× × × ×

念腰间箭，
匣中剑，
空埃蠹，
竟何成！

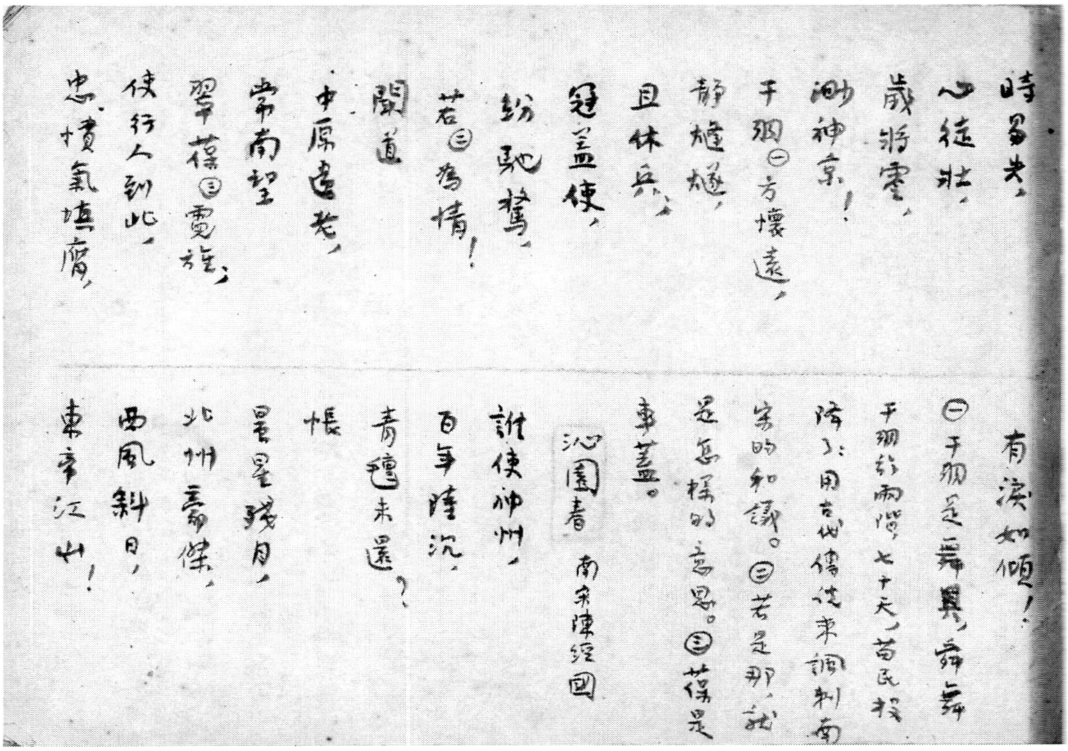

時易失，心徒壯，歲將零，渺神京！干羽㈠方懷遠，靜烽燧，且休兵，冠蓋使，紛馳騖，若㈡為情！聞道中原遺老，常南望，翠葆㈢霓旌；使行人到此，忠憤氣填膺，有淚如傾！

㈠干羽是舞具，舜舞干羽於兩階七十天，苗民投降了：用古代傳說來調劑南宋的和議。㈡若是那，就是怎樣的意思。㈢葆是車蓋。

沁園春　南宋陳經國

誰使神州，百年陸沉，青氈未還？悵晨星殘月，北州豪傑，西風斜日，東帝江山！

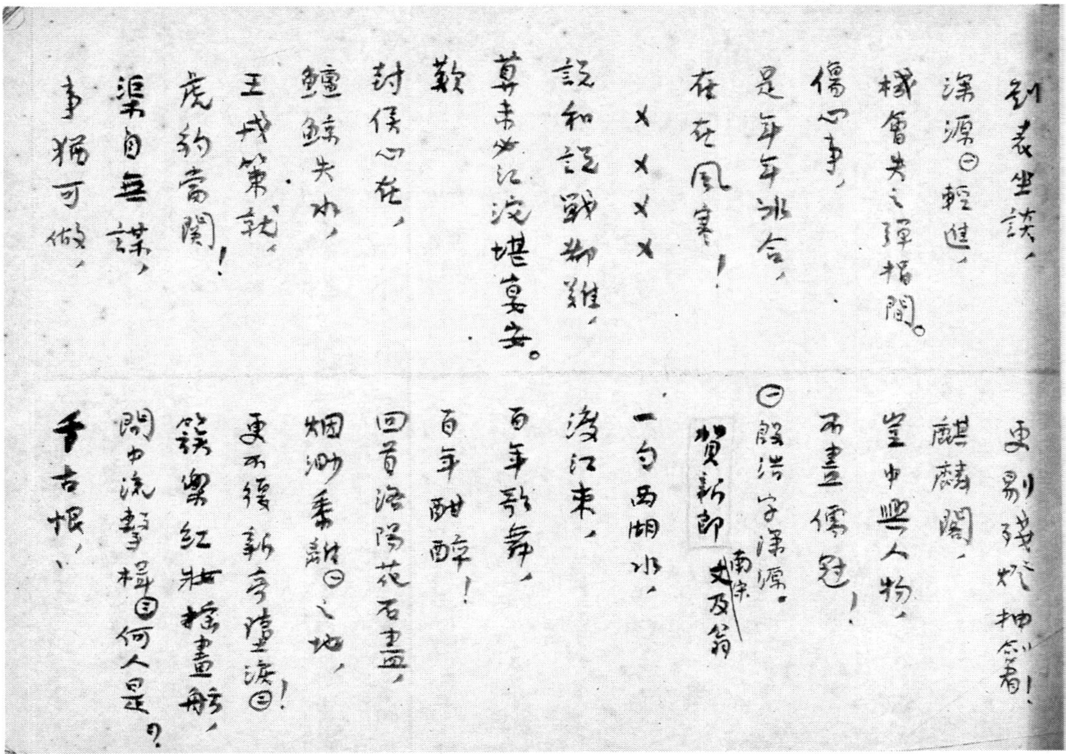

劉表坐談，深源㈠輕進，機會失之彈指間。傷心事，是年年冰合，在在風寒！

××××

說和說戰都難，算未必江沱堪宴安。歎封侯心在，鱣鯨失水，平戎策就，虎豹當關！渠自無謀，事猶可做，更剔殘燈抽劍看！麒麟閣，豈中興人物，不畫儒冠！

㈠殷浩字深源。

賀新郎　南宋文及翁

一勺西湖水，渡江來，百年歌舞，百年酣醉！回首洛陽花石盡，煙渺黍離㈠之地，更不復新亭墮淚㈡！簇樂紅妝搖畫舫，問中流擊楫㈢何人是？千古恨，

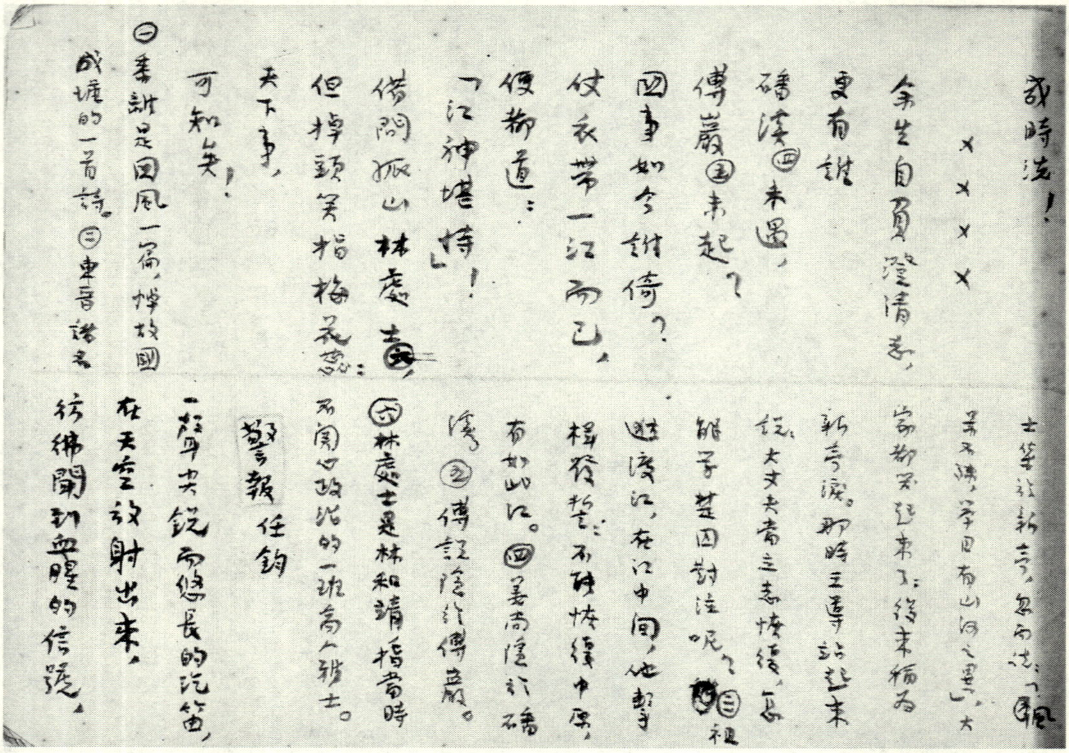

感時淚！

××××

余生自負澄清志，
更有誰
磻溪㈣未遇，
傅巖㈤未起？
國事如今誰倚？
仗衣帶一江而已，
便欲道：
「江神堪恃」！
借問孤山林處士㈥，
但掉頭笑指梅花蕊：
天下事，
可知矣！

㈠本詞是國風一篇，悼故國成墟的一首詩。㈡東晉諸名士等登新亭，感而流淚。「風景不殊，舉目有山河之異」。大家都哭起來了，後來稱為新亭淚。那時王導站起來說，大丈夫當立志恢復，何至作楚囚對泣呢？㈢祖逖渡江，在江中間，他擊楫發誓：不能恢復中原，有如此江。㈣姜尚隱於磻溪。㈤傅說隱於傅巖。㈥林處士是林和靖，指當時不關心政治的一班高人雅士。

警報　任鈞

一聲尖銳而悠長的汽笛，
在天空放射出來，
彷彿聞到血腥的信號，

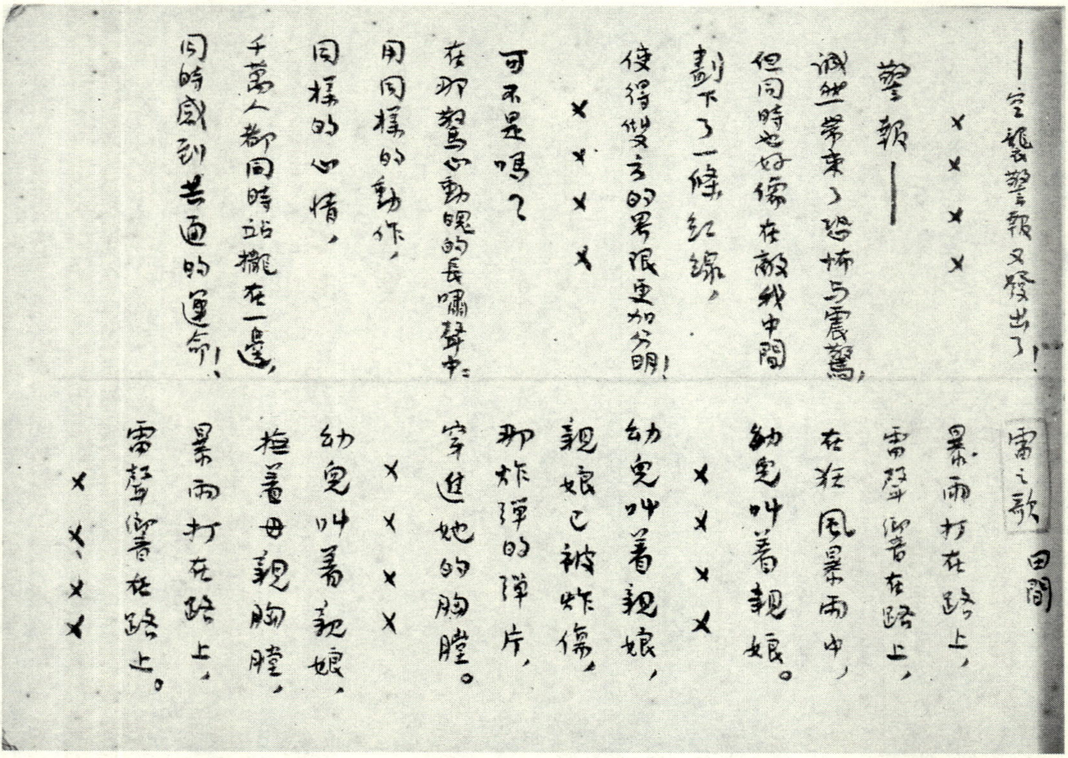

——空襲警報又發出了！

××××

警報——
誠然帶來了恐怖與震驚，
但同時也好像在敵我中間
劃下了一條紅線，
使得雙方的界限更加分明！

××××

可不是嗎？
在那驚心動魄的長嘯聲中，
用同樣的動作，
同樣的心情，
千萬人都同時站攏在一邊，
同時感到共通的運命！

雷之歌　田間

暴雨打在路上，
雷聲響在路上，
在狂風暴雨中，
幼兒叫著親娘。

××××

幼兒叫著親娘，
親娘已被炸傷，
那炸彈的彈片，
穿進她的胸膛。

××××

幼兒叫著親娘，
抱著母親胸膛，
暴雨打在路上，
雷聲響在路上。

×、××

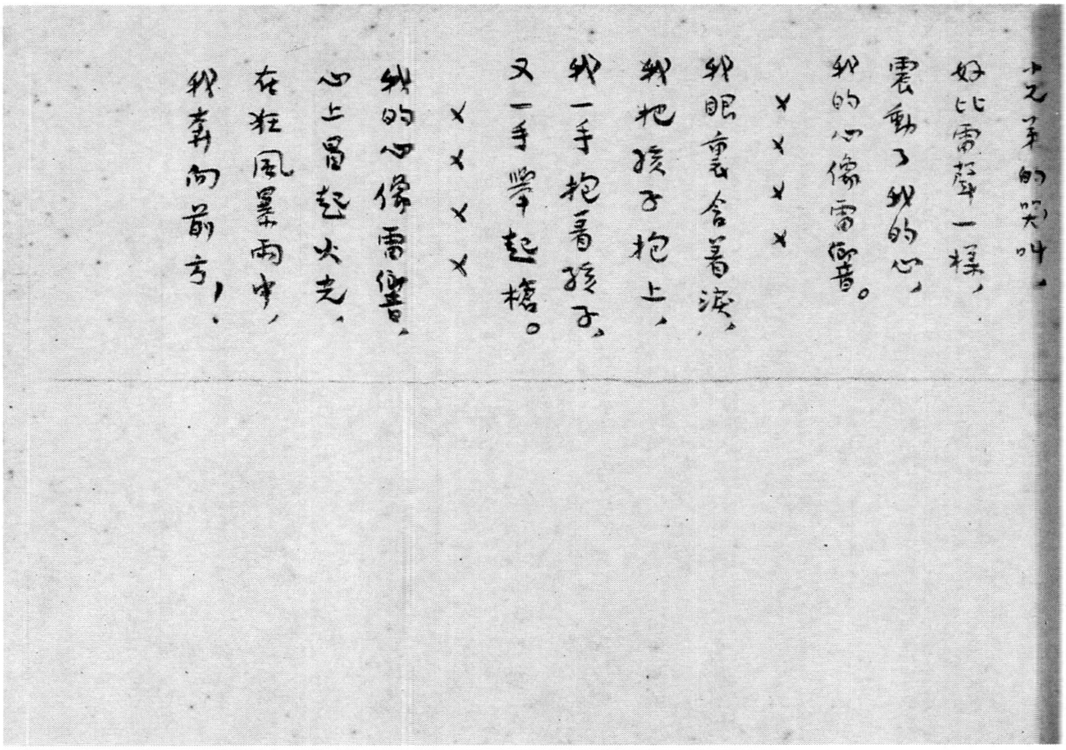

小兄弟的哭叫，
好比雷聲一樣，
震動了我的心，
我的心像雷響。
× × × ×
我眼裏含著淚，
我把孩子抱上，
我一手抱着孩子，
又一手舉起槍。
× × × ×
我的心像雷響，
心上冒起火光，
在狂風暴雨中，
我奔向前方！

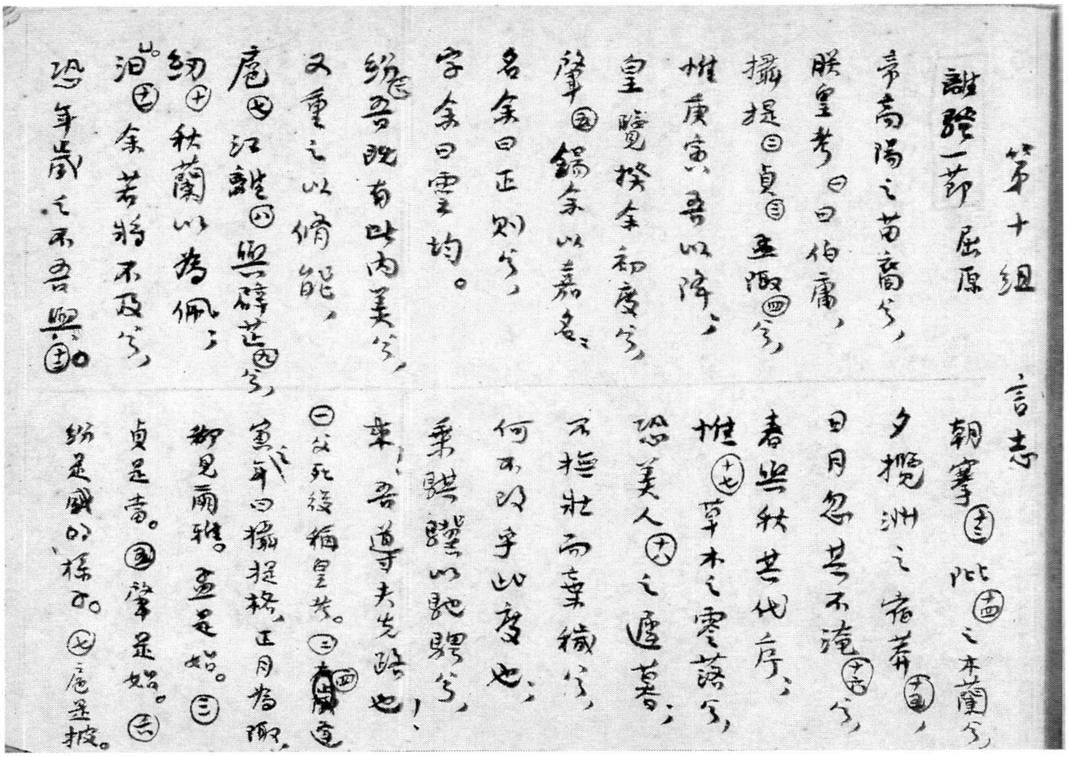

第十組　言志

離騷一節　屈原

帝高陽之苗裔兮，朕皇考㊀曰伯庸，攝提㊁貞㊂孟陬㊃兮，惟庚寅吾以降；皇覽揆余初度兮，肇㊄錫余以嘉名：名余曰正則兮，字余曰靈均。紛㊅吾既有此內美兮，又重之以脩能，扈㊆江離㊇與辟芷㊈兮，紉㊉秋蘭以為佩；汩(十一)余若將不及兮，恐年歲之不吾與(十二)。

朝搴(十三)阰(十四)之木蘭兮，夕攬洲之宿莽(十五)，日月忽其不淹(十六)兮，春與秋其代序；惟(十七)草木之零落兮，恐美人(十八)之遲暮；不撫壯而棄穢兮，何不改乎此度也；乘騏驥以馳騁兮，來，吾導夫先路也！

㊀父死後稱皇考。㊁太歲㊃寅年曰攝提格，正月為陬，御見爾雅。孟是始。㊂貞是當。㊄肇是始。㊅紛是盛的樣子。㊆扈是披。

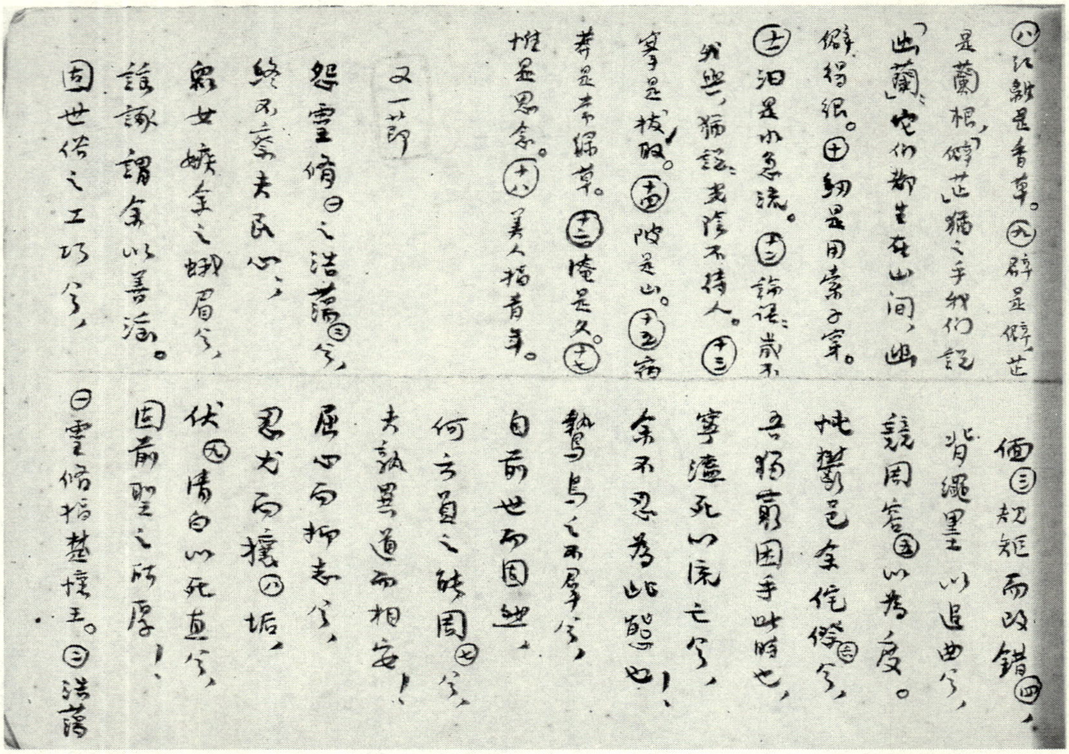

(八)江離是香草。(九)辟是僻，芷是蘭根，「辟芷」猶之乎我們說「幽蘭」，它們都生在山間，幽僻得很。(十)紉是用索子穿。(十一)汩是水急流。(十二)論語：歲不我與，猶說：光陰不待人。(十三)搴是拔取。(十四)阰是山。(十五)宿莽是常綠草。(十六)淹是久。(十七)惟是思念。(十八)美人指青年。

又一節

怨靈修(一)之浩蕩(二)兮，

終不察夫民心，

衆女嫉余之蛾眉兮，

謠諑謂余以善淫。

固世俗之工巧兮，

偭(三)規矩而改錯(四)，

背繩墨以追曲兮，

競周容(五)以為度。

忳鬱邑余侘傺(六)兮，

吾獨窮困乎此時也，

寧溘死以流亡兮，

余不忍為此態也！

鷙鳥之不羣兮，

自前世而固然，

何方圜之能周(七)兮，

夫孰異道而相安！

屈心而抑志兮，

忍尤而攘(八)垢，

伏(九)清白以死直兮，

固前聖之所厚！

(一)靈修指楚懷王。(二)浩蕩

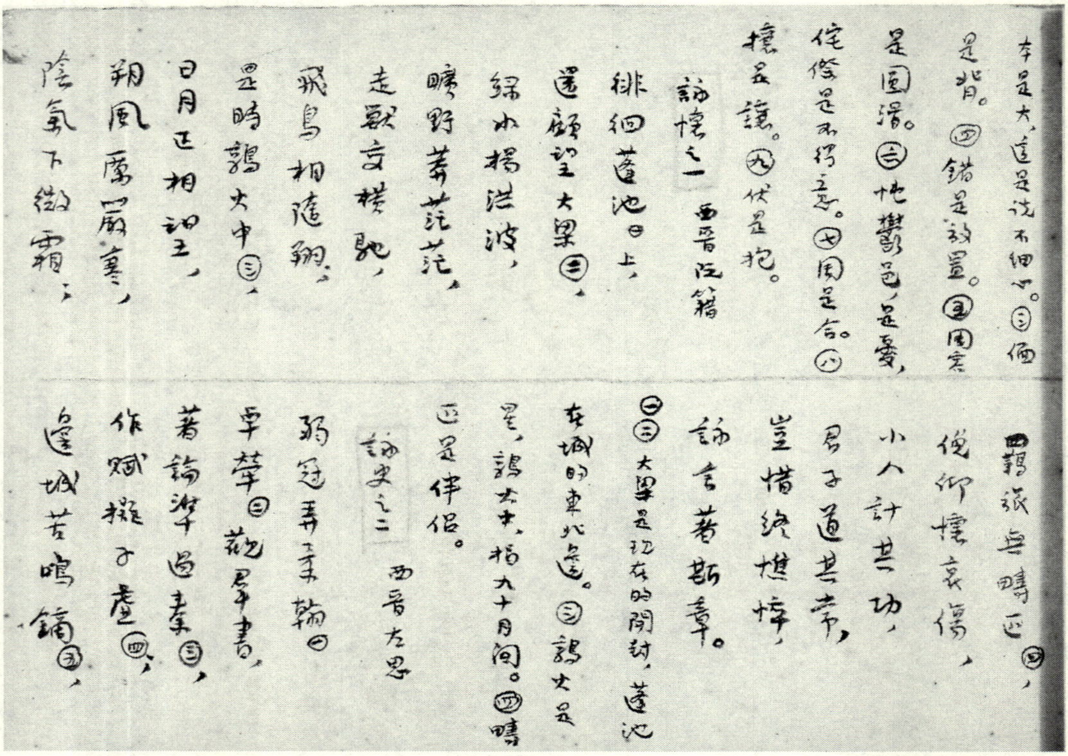

本是大，這是說不細心。(三)偭是背。(四)錯是放置。(五)周容是圓滑。(六)忳鬱邑，是憂，侘傺是不得志。(七)周是合。(八)攘是鑲。(九)伏是抱。

詠懷之一　西晉阮籍

徘徊蓬池(一)上，

還顧望大梁(二)。

綠水揚洪波，

曠野莽茫茫。

走獸交橫馳，

飛鳥相隨翔。

是時鶉火中(三)，

日月正相望，

朔風厲嚴寒，

陰氣下微霜，

羈旅無疇匹(四)，

俛仰懷哀傷，

小人計其功，

君子道其常，

豈惜終憔悴，

詠言著斯章。

(一)(二)大梁是現在的開封，蓬池在城的東北邊。(三)鶉火是星，鶉火中，指九十月間。(四)疇匹是伴侶。

詠史之二　西晉左思

弱冠弄柔翰(一)，

卓犖(二)觀羣書，

著論準過秦(三)，

作賦擬子虛(四)，

邊城苦鳴鏑(五)，

羽檄飛京都，
雖非甲胄士，
疇昔覽穰苴，
長嘯激清風，
志若無東吳，
鉛刀貴一割，
夢想騁良圖，
左眄澄江湘，
右盼定羌胡，
功成不受爵，
長揖歸田廬。

×××××

荊軻飲燕市，
酒酣氣益震，
哀歌和漸離㊅，
謂若傍無人。

雖無壯士節，
與世亦殊倫，
高眄邈四海，
豪右何足陳！
貴者雖自貴，
視之若埃塵；
賤者雖自賤，
重之若千鈞。

㊀來獵是筆。㊁卓犖是不羣。㊂㊃賈誼作過秦論，司馬相如作子虛賦。㊄鏑是箭頭。㊅高漸離擊筑，荊軻和之，旁若無人。

擬行路難　鮑照

對案㊀不能食，
拔劍擊柱長歎息，
丈夫生世會幾時，
安能蹀躞垂羽翼！
棄置罷官去，
還家自休息，
朝出與親辭，
暮還在親側，
弄兒牀前戲，
看婦機中織；
自古聖賢盡貧賤，
何況我輩孤且直！

㊀案是盤。

古風之一　李白

齊有倜儻生，
魯連特高妙，
明月㊀出海底，
一朝開光曜，
卻秦振英聲，
後世仰末照，
意輕千金贈，
顧向平原㊁笑，
吾亦澹蕩人，
拂衣可同調。

㊀明月是珠。㊁平原君趙勝，因魯仲連游說辛垣衍一席話，嚇退了秦軍，賜他千金，魯仲連不受。

自京赴奉先述懷　杜甫

杜陵有布衣，
老大意轉拙，
許身一何愚，
竊比稷與契！
居然成濩落㊀，

白首甘契闊㈢，
蓋棺事則已，
此志常覬豁㈢；
窮年憂黎元，
歎息腸內熱，
取笑同學翁，
浩歌彌激烈，
非無江海志，
瀟灑送日月，
生逢堯舜君，
不忍便永訣；
當今廊廟具，
構廈豈云缺，
葵藿傾太陽，
物性固莫奪；
顧惟螻蟻輩㈣，
但自求其穴，
胡為慕大鯨，
輒擬偃溟渤；
以茲悟生理，
獨恥事干謁，
兀兀遂至今，
忍為塵埃沒！
終愧巢與由，
未能易其節，
沉飲聊自遣，
放歌破愁絕！

× × × ×

歲暮百草零，
疾風高岡裂，
天衢陰崢嶸，
客子中夜發，

霜嚴衣帶斷，
指直不得結；
凌晨過驪山，
御榻在嵽嵲㈤，
蚩尤㈥塞寒空，
蹴蹋崖谷滑，
瑤池氣鬱律㈦，
羽林㈧相摩戛；
君臣留歡娛，
樂動殷樛嶱㈨，
賜浴皆長纓，
與宴非短褐；
彤庭所分帛，
本自寒女出，
鞭撻其夫家，
聚斂貢城闕，
聖人筐篚恩，
實欲邦國活，
臣如忽至理，
君豈棄此物！
多士盈朝廷，
仁者宜戰慄，
況聞內金盤，
盡在衛霍室；
中堂舞神仙，
烟霧散玉質，
煖客貂鼠裘，
悲管逐清瑟，
勸客駝蹄羹，
霜橙壓香橘，
朱門酒肉臭，
路有凍死骨；

榮枯咫尺異，
惆悵難再述！
××××
北轅就涇渭，
官渡又改轍，
群冰從西下，
極目高崒兀。
疑是崆峒來，
恐觸天柱折，
河梁幸未坼，
枝撐聲窸窣。
行旅相攀援，
川廣不可越。
老妻寄異縣，
十口隔風雪，
誰能久不顧，
庶往共饑渴；
入門聞號咷，
幼子饑已卒，
吾寧捨一哀，
里巷亦嗚咽；
所愧為人父，
無食致夭折，
豈知秋禾登，
貧窶有倉卒；
生常免租稅，
名不隸征伐，
撫迹猶酸辛，
平人固騷屑；
默思失業徒，
因念遠戍卒，
憂端齊終南，

澒洞㊉不可掇㊁！
㊀蓑蓑、空洞，見莊子，此指
貧乏。㊁契闊是勤苦。㊂
翹鍇是鮮明。㊃螻即蟻。
㊄崆峒是高山。㊅蚩尤是
古代兵家之祖，這裡是指
刀兵現象。㊆鬱律是萎
氣盛。㊇羽林是衛兵。㊈
餘是盛，樛葛是連續不斷。
㊉澒洞也是連續不斷。㊁掇是止。

封丘作　高適

我本漁樵孟諸㊀野，
一生自是悠悠者，
乍可狂歌草澤中，
寧堪作吏風塵下！
祇言小邑無所為，
公門百事皆有期，
拜迎官長心欲碎，
鞭撻黎庶令人悲！
歸來向家問妻子，
舉家盡笑今如此，
生事應須南畝田，
世情付與東流水；
夢想舊山安在哉，
為銜君命且遲回，
乃知梅福㊁徒為爾，
轉憶陶潛歸去來！
㊀孟諸澤在河南東部。㊁
梅福是西漢隱士。

自序　晚唐　杜荀鶴

酒甕琴書伴病身，
熟諳時事樂於貧；

寧為宇宙閒吟客，
怕作乾坤竊祿人；
詩旨未能忘救物，
世情奈值(一)不容真；
平生肺腑無言處，
白髮吾唐一逸人！
(一)值是當，或是正。

長歌行　陸游

人生不作安期生，
醉入東海騎長鯨，
猶當出作李西平，
手梟逆賊清舊京；
金印煌煌未入手，
白髮種種來無情，
成都古寺卧秋晚，
落日偏傍僧窗明，
豈其馬上破賊手，
哦詩長作寒螿鳴！
興來買盡市橋酒，
大車磊落堆長瓶，
哀絲豪竹助劇飲，
如鉅野(一)受黃河傾；
平時一滴不入口，
意氣頓使千人驚，
國讎未報壯士老，
匣中寶劍夜有聲，
何當凱旋宴將士，
三更雪壓飛狐城(二)。
(一)鉅野即鉅野澤在山東。(二)飛狐城是現在河北廣昌縣。明初創蓋

走馬引

天冥冥，
雲濛濛，
當天白日中貫虹，
壯士拔劍出門去，
手提讎頭擲草中；
擲草中，
血漉漉，
追兵夜至深谷伏，
精誠貫天天心哀，
太一乃遣天馬從天來，
揮霍雷電揚風埃；
壯士呼，
天馬馳，
橫行白晝，
吏不敢窺，
戴天之恥自古有必報，
天地亦與相扶持；
夫差能不忘而報越，
棲於會稽又殺之，
始知壯士猶無愧，
魯莊嵇紹(一)
何以為人為(二)！
(一)魯莊公的父親桓公是齊襄公害死的，嵇紹的父親嵇康是司馬昭害死的。(二)為是助詞。

除夕寫懷　清末樊增祥

誓逐班生出玉門，
不然奇服返江村；
誰能一世青衫底，
銀燭青燈照淚痕！

紀事詩　近人梁啟超

猶憶中原事可哀，
蒼黃天地入蒿萊，

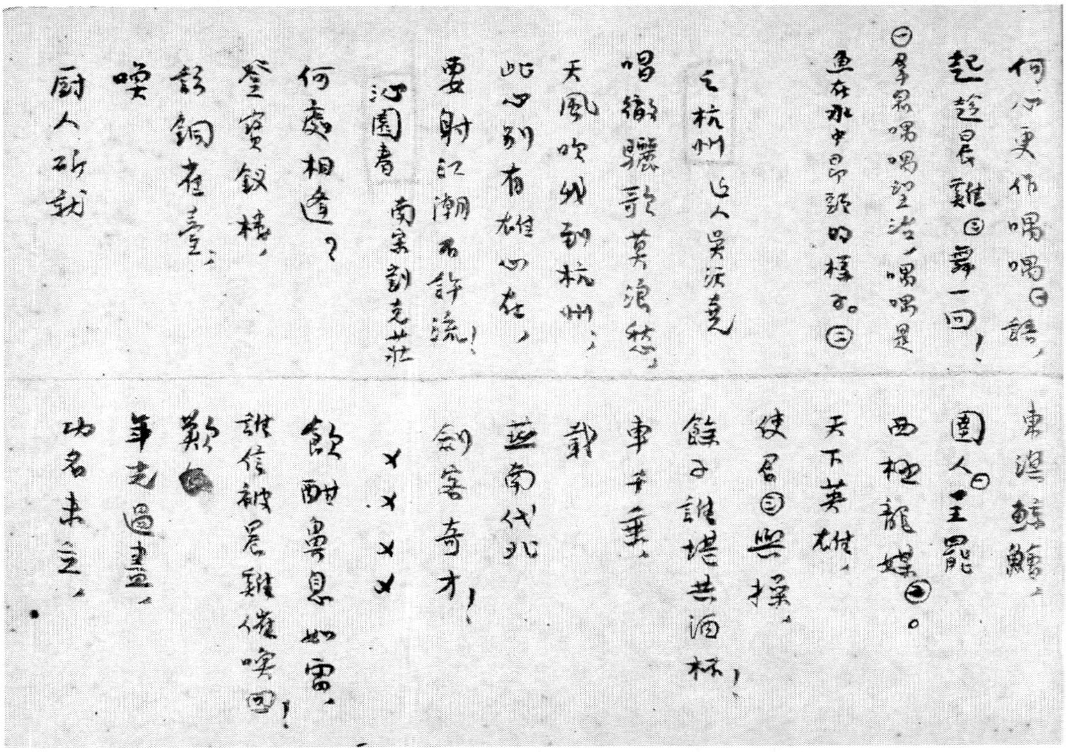

何必更作喁喁(一)語，
起趁晨雞(二)舞一回！
(一)羣衆喁喁望治，喁喁是魚在水中昂頭的樣子。(二)

之杭州　近人吳沂竟

唱徹驪歌莫浪愁，
天風吹我到杭州；
此心別有雄心在，
要射江潮萬弩流！

沁園春　南宋劉克莊

何處相逢？
登寶釵樓，
訪銅雀臺；
喚
廚人斫就
東溟鯨鱠；
圉人(一)呈罷，
西極龍媒(二)。
天下英雄，
使君(三)與操，
餘子誰堪共酒杯！
車千乘，
載
燕南代北
劍客奇才！
× × × ×
飲酣鼻息如雷，
誰信被晨雞催喚(四)！
歎
年光過盡，
功名未立，

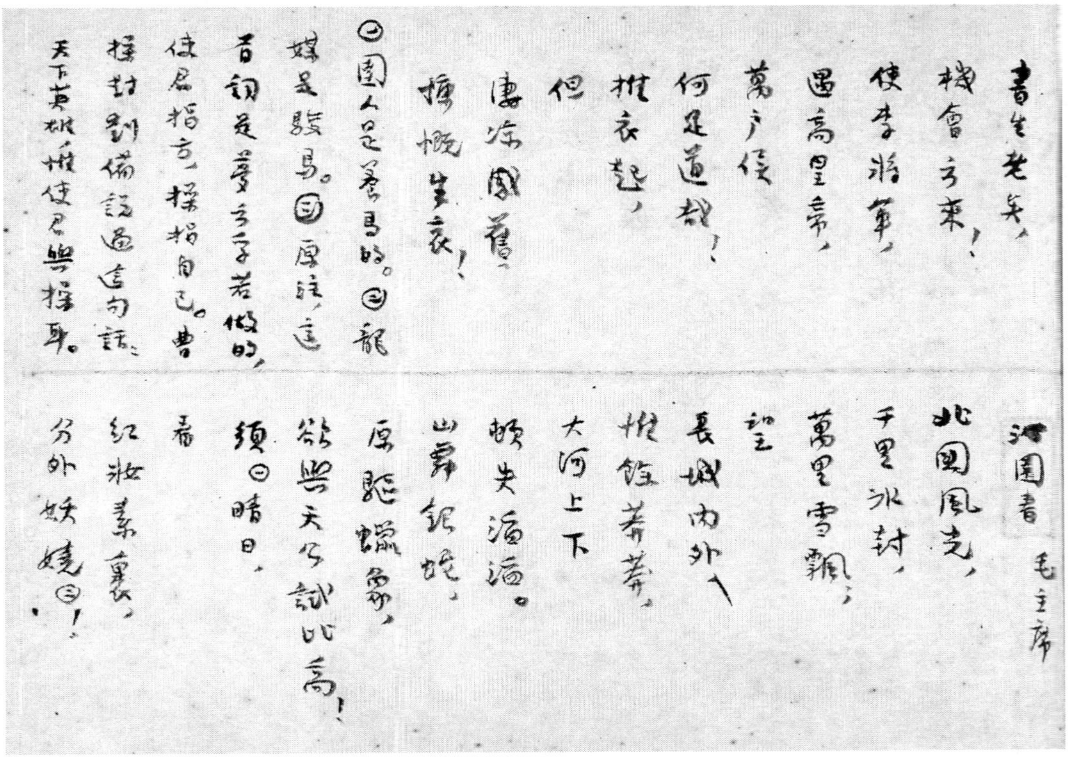

書生老矣，
機會方來！
使李將軍，
遇高皇帝，
萬戶侯
何足道哉！
推衣起，
但
凄涼感舊，
慷慨生哀！
(一)圉人是養馬的。(二)龍媒是駿馬。(三)原註，這首詞是夢方孚若做的，使君指方，操指自己。曹操對劉備說過這句話：天下英雄，惟使君與操耳。

沁園春　毛主席

北國風光，
千里冰封，
萬里雪飄；
望
長城內外，
惟餘莽莽，
大河上下
頓失滔滔。
山舞銀蛇，
原馳蠟象，
欲與天公試比高！
須(一)晴日，
看
紅妝素裹，
分外妖嬈(二)！

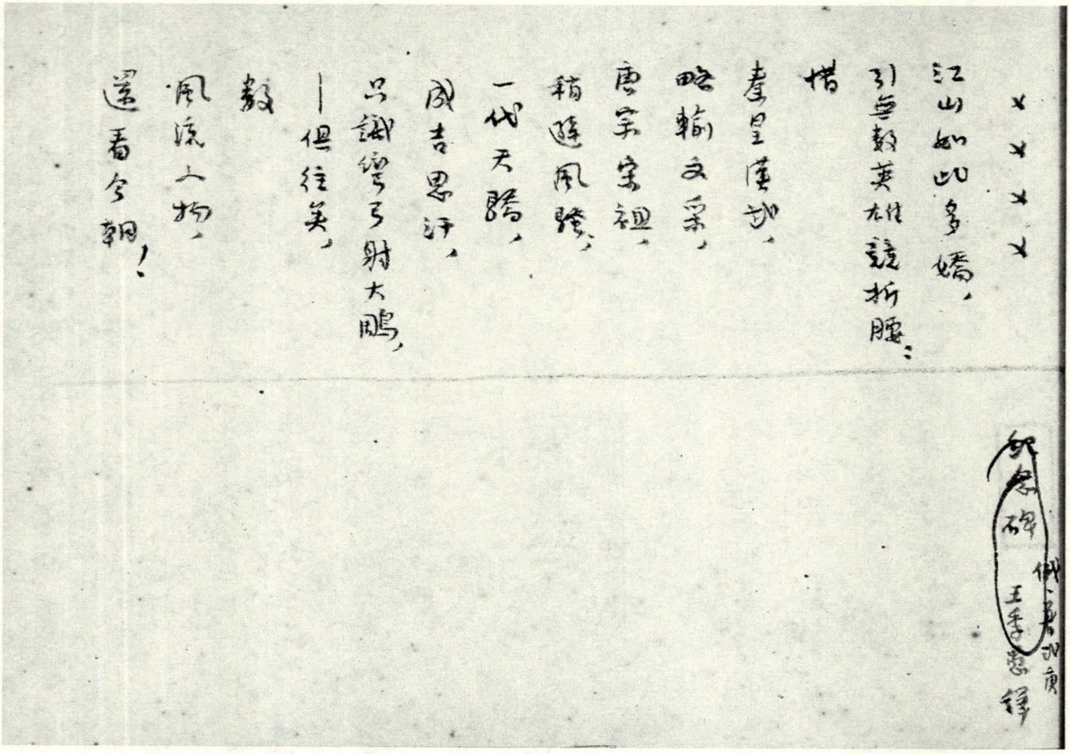
× × × ×
江山如此多嬌，
引無數英雄競折腰；
惜
秦皇漢武，
略輸文采，
唐宗宋祖，
稍遜風騷，
一代天驕，
成吉思汗，
只識彎弓射大鵰，
——俱往矣，
數
風流人物，
還看今朝！

紀念碑
俄、普式庚
王季愚譯

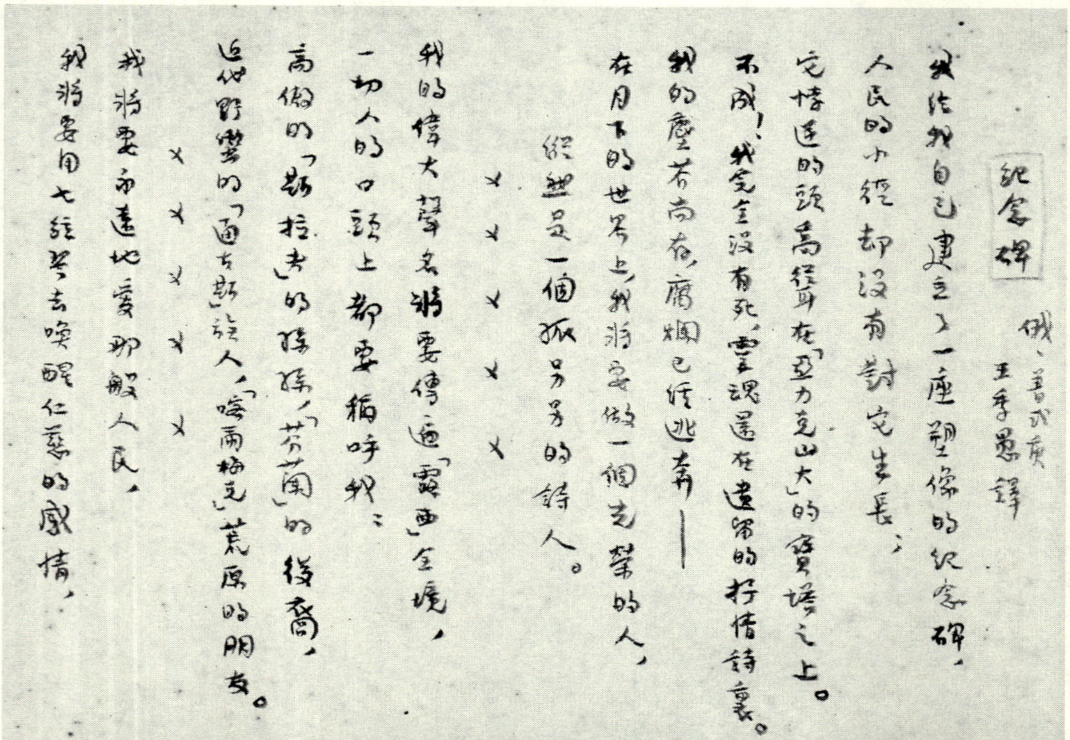
紀念碑
俄、普式庚
王季愚譯
我給我自己建立了一座塑像的紀念碑，
人民的小徑卻沒有對它生長；
它倨傲的頭高經聳在「亞力克山大」的寶塔之上。
不成！我完全沒有死，靈魂還在遺留的抒情詩裏。
我的塵芥尚存，腐爛已經逃奔——
在月下的世界上，我將要做一個光榮的人，
縱然是一個孤另另的詩人。
× × × ×
我的偉大聲名將要傳遍「露西」全境，
一切人的口頭上都要稱呼我：
高傲的「斯拉夫」的孫孫，「芬蘭」的後裔，
近代野蠻的「通古斯」族人，「喀爾梅克」荒原的朋友。
× × × ×
我將要永遠地愛那般人民，
我將要用七絃琴去喚醒仁慈的感情，

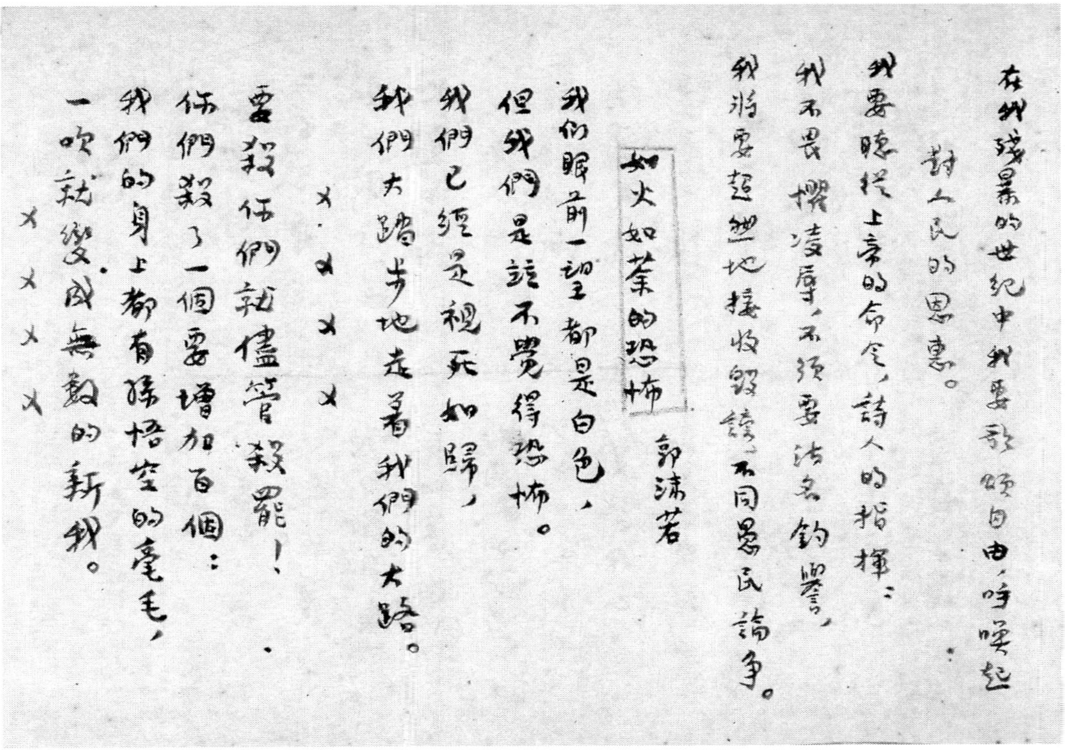

在我殘暴的世紀中我要歌頌自由，呼喚起
對人民的恩惠。
我要聽從上帝的命令，詩人的指揮：
我不畏懼凌辱，不須要沽名釣譽，
我將要超然地接收毀譽，不同愚民論爭。

如火如荼的恐怖　郭沫若

我們眼前一切都是白色，
但我們是誰不覺得恐怖。
我們已經是視死如歸，
我們大踏步地走着我們的大路。

× × × ×

要殺你們就儘管殺罷！
你們殺了一個要增加百個：
我們的身上都有孫悟空的毫毛，
一吹就變成無數的新我。

× × × ×

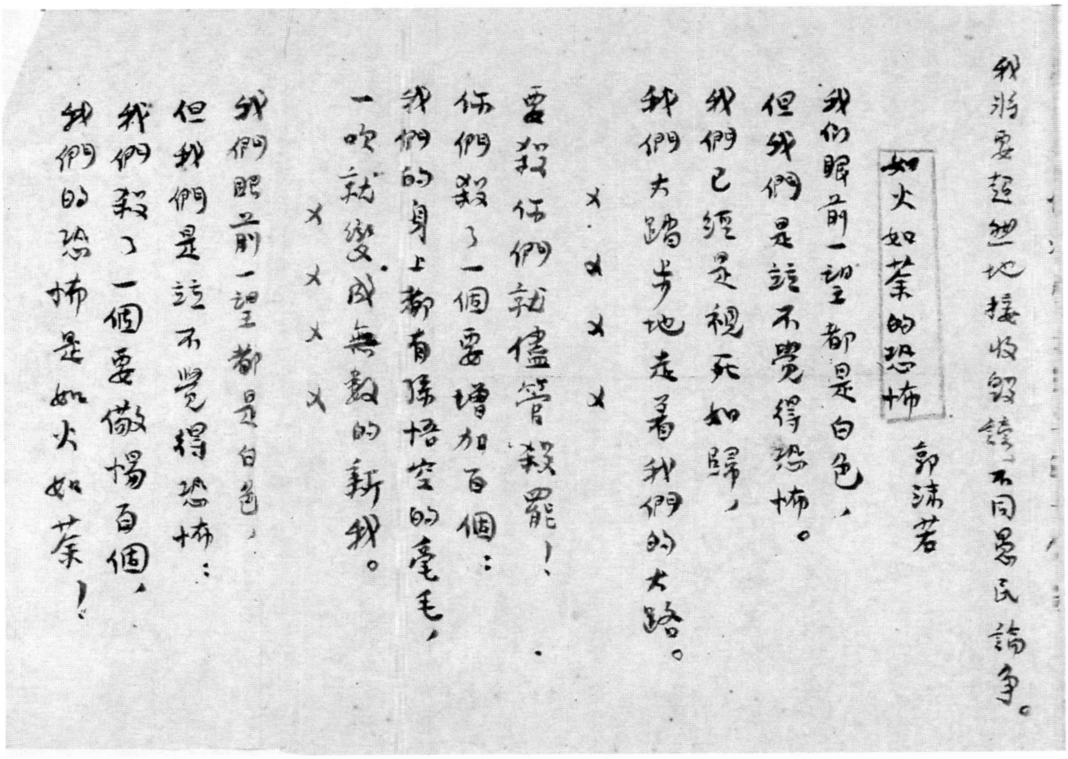

我將要超然地接收毀譽，不同愚民論爭。

如火如荼的恐怖　郭沫若

我們眼前一切都是白色，
但我們是誰不覺得恐怖。
我們已經是視死如歸，
我們大踏步地走着我們的大路。

× × × ×

要殺你們就儘管殺罷！
你們殺了一個要增加百個：
我們的身上都有孫悟空的毫毛，
一吹就變成無數的新我。

× × × ×

我們眼前一切都是白色，
但我們是誰不覺得恐怖：
我們殺了一個要做掉百個，
我們的恐怖是如火如荼！

第十一組　抒情

燕燕　國風

燕燕于飛，
差池(一)其羽，
之子于歸，
遠送于野，
瞻望弗及，
泣涕如雨！
××××
燕燕于飛，
頡之頏之(二)，
之子于歸，
遠于將(三)之，
瞻望弗及，
佇立以泣！
××××
燕燕于飛，
下上其音，
之子于歸，
遠送于南，
瞻望弗及，
實勞我心！
××××
仲氏(四)任(五)只，
其心塞淵(六)，
終(七)溫且惠，
淑慎其身，
先君(八)之思，
以勖(九)寡人(十)。

(一)差池是不齊的樣子。差音雌。(二)向上飛叫做「頡」，向下飛叫做「頏」。頡頏音潔杭。(三)將是送。(四)這首詩是衛莊公夫人莊姜送戴媯的詩，仲氏是稱呼戴媯的。（媯音規。戴媯是莊公妾。）(五)任是對朋友肯幫助。(六)塞是實，淵是深。(七)終是既。(八)先君指莊公。(九)勖是勉勵。勖音旭。(十)寡人是莊姜指自己。

叔于田　國風

叔(一)于田，
巷無居人——
豈無居人，
不如叔也
洵(二)美且仁。
××××
叔于狩，
巷無飲酒——
豈無飲酒？
不如叔也
洵美且好。
××××
叔適野，
巷無服(三)馬——
豈無服馬？
不如叔也
洵美且武。

(一)伯仲叔季，都是對男子的美稱。(二)洵是誠然的意思。(三)服是乘。

還　國風

子之還(一)兮，

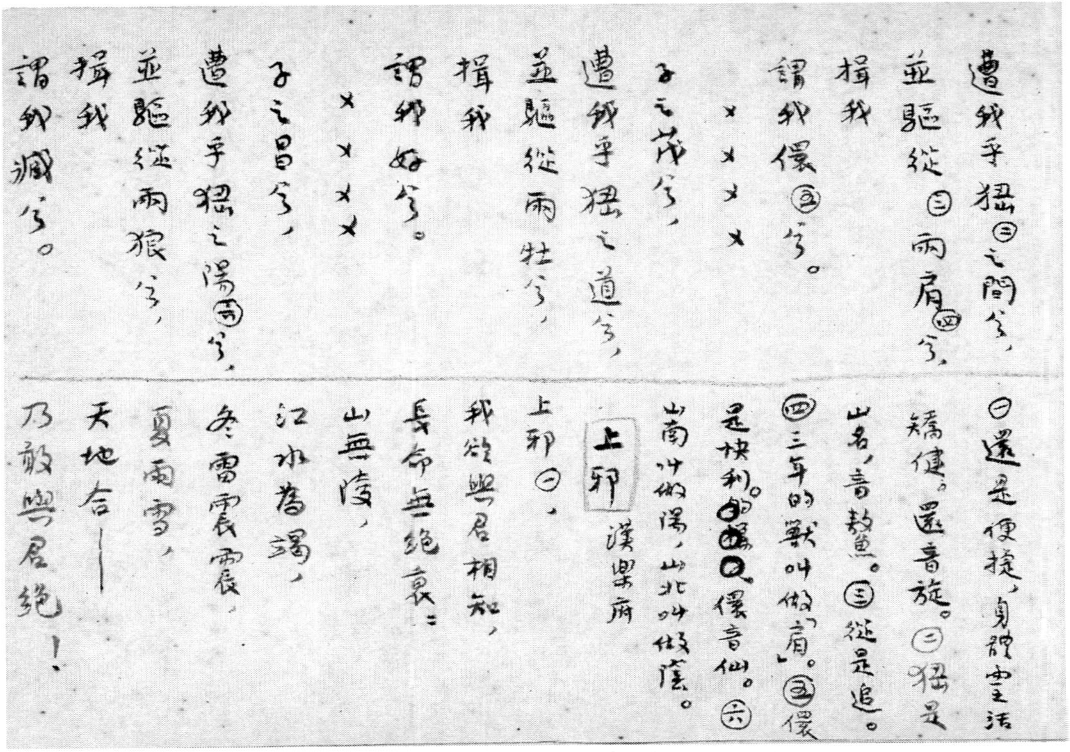

遭我乎峱㈡之間兮，
並驅從㈢兩肩㈣兮，
揖我
謂我儇㈤兮。
××××
子之茂兮，
遭我乎峱之道兮，
並驅從兩牡兮，
揖我
謂我好兮。
××××
子之昌兮，
遭我乎峱之陽㈥兮，
並驅從兩狼兮，
揖我
謂我臧兮。

㈠還是便捷，身體靈活矯健。還音旋。㈡峱是山名，音鰲。㈢從是追。㈣三年的獸叫做「肩」。㈤儇是快利。儇音仙。㈥山南叫做陽，山北叫做陰。

上邪 漢樂府

上邪㈠，
我欲與君相知，
長命無絕衰；
山無陵，
江水為竭，
冬雷震震，
夏雨雪，
天地合——
乃敢與君絕！

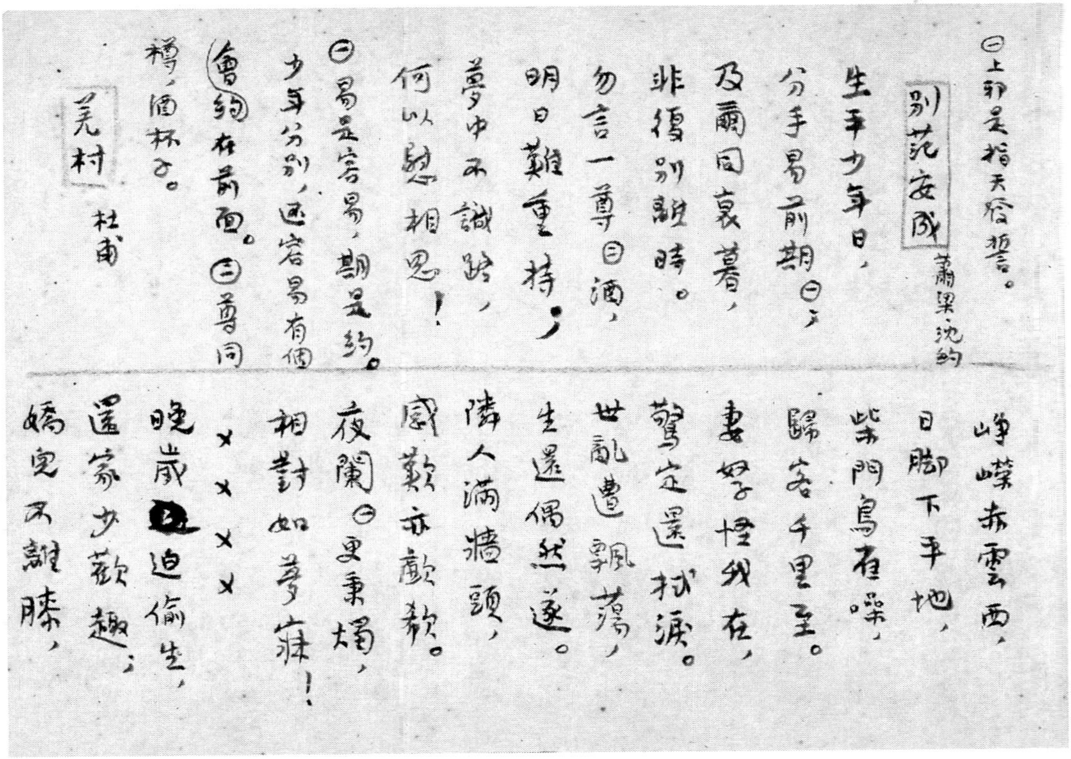

㈠上邪是指天發誓。

別范安成 蕭梁·沈約

生平少年日，
分手易前期㈠；
及爾同衰暮，
非復別離時。
勿言一尊㈡酒，
明日難重持；
夢中不識路，
何以慰相思！

㈠易是容易，期是約。少年分別，還容易有個會約在前面。㈡尊同樽，酒杯子。

羌村 杜甫

崢嶸赤雲西，
日腳下平地，
柴門鳥雀噪，
歸客千里至。
妻孥怪我在，
驚定還拭淚。
世亂遭飄蕩，
生還偶然遂。
鄰人滿牆頭，
感歎亦歔欷。
夜闌㈠更秉燭，
相對如夢寐！
××××
晚歲迫偷生，
還家少歡趣；
嬌兒不離膝，

畏我復卻去。
憶昔好追涼，
故繞池邊樹，
蕭蕭北風勁，
撫事煎百慮。
頼知禾黍收，
已覺糟牀注，
如今足斟酌，
且用慰遲暮。

××××

群雞正亂叫，
客至雞鬥爭，
驅雞上樹木，
始聞扣柴荊。
父老四五人，
問我久遠行，

手中各有攜，
傾榼(二)濁復清。
苦辭：
「酒味薄，
黍地無人耕，
兵革既未息，
兒童盡東征。」
請為父老歌，
艱難愧深情，
歌罷仰天歎，
四座淚縱橫！

(一)闌是盡。(二)榼是酒器，音客，普通讀如合。

遭田父泥(一)飲　杜甫

步屧(二)隨春風，
村村自花柳，

田翁逼社日(三)，
邀我嘗春酒。
酒酣誇新尹(四)：
「畜眼(五)未見有。」
回頭指大男：
「渠是弓弩手，
名在飛騎籍，
長番歲月久。
前日放營農，
辛苦救衰朽，
差科死則已，
誓不舉家走。
今年大作社，
拾遺(六)能住否？
叫婦開大瓶，
盆中為吾取。」

感此氣揚揚，
須知風化首；
語多雖雜亂，
說尹終在口。
朝來偶然出，
自卯將及酉，
久客惜人情，
如何拒鄰叟？
高聲索果栗，
欲起時被肘。
指揮過無禮，
未覺村野醜；
月出遮我留，
仍嗔問升斗。

(一)泥是強留，去聲。(二)屧是革鞋，音蝶。(三)社日在

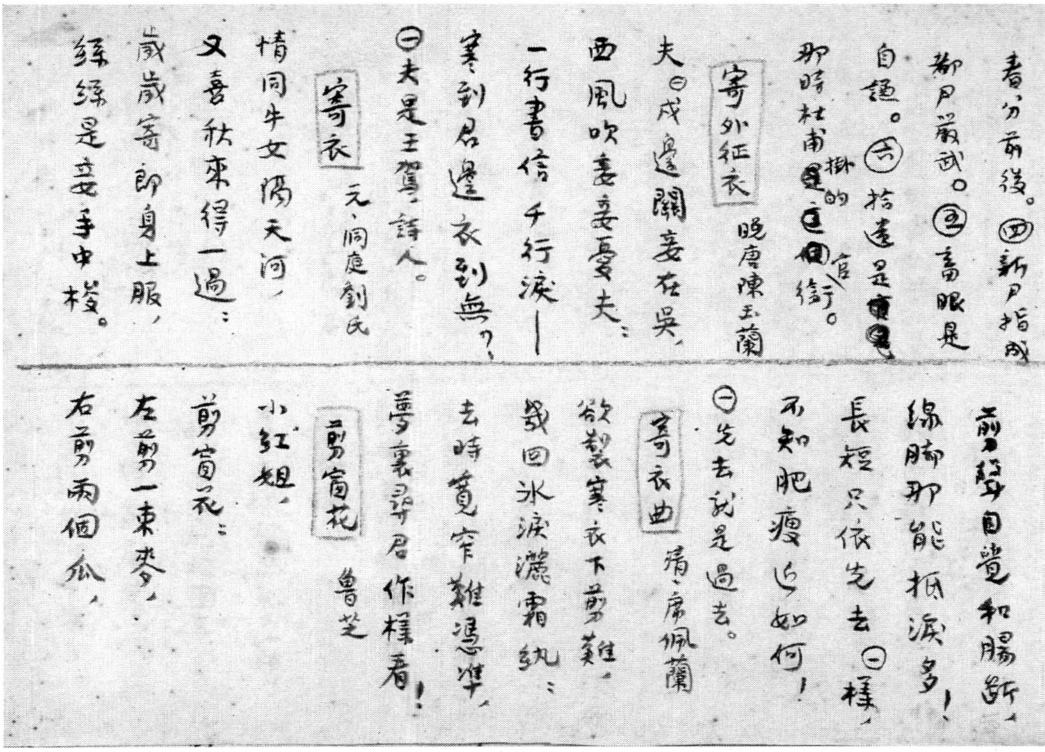

春，分前後。㊃新月，指成都尹嚴武。㊄畜眼，是自題。㊅指遠是官，那時杜甫掛的官銜。

寄外征衣　晚唐陳玉蘭

夫㊀戍邊關妾在吳，
西風吹妾妾憂夫；
一行書信千行淚——
寒到君邊衣到無？

㊀夫是王駕，詩人。

寄衣　元、冋庭劉氏

情同牛女隔天河，
又喜秋來得一過；
歲歲寄郎身上服，
絲絲是妾手中梭。

剪裁自覺和腸斷，
線腳那能抵淚多！
長短只依先去㊀樣，
不知肥瘦近如何！

㊀先去就是過去。

寄衣曲　清、席佩蘭

欲製寒衣下剪難，
幾回冰淚灑霜紈；
去時寬窄難憑準，
夢裏尋君作樣看！

剪窗花　魯芝

小紅姐，
剪窗花；
左剪一束麥，
右剪兩個瓜，

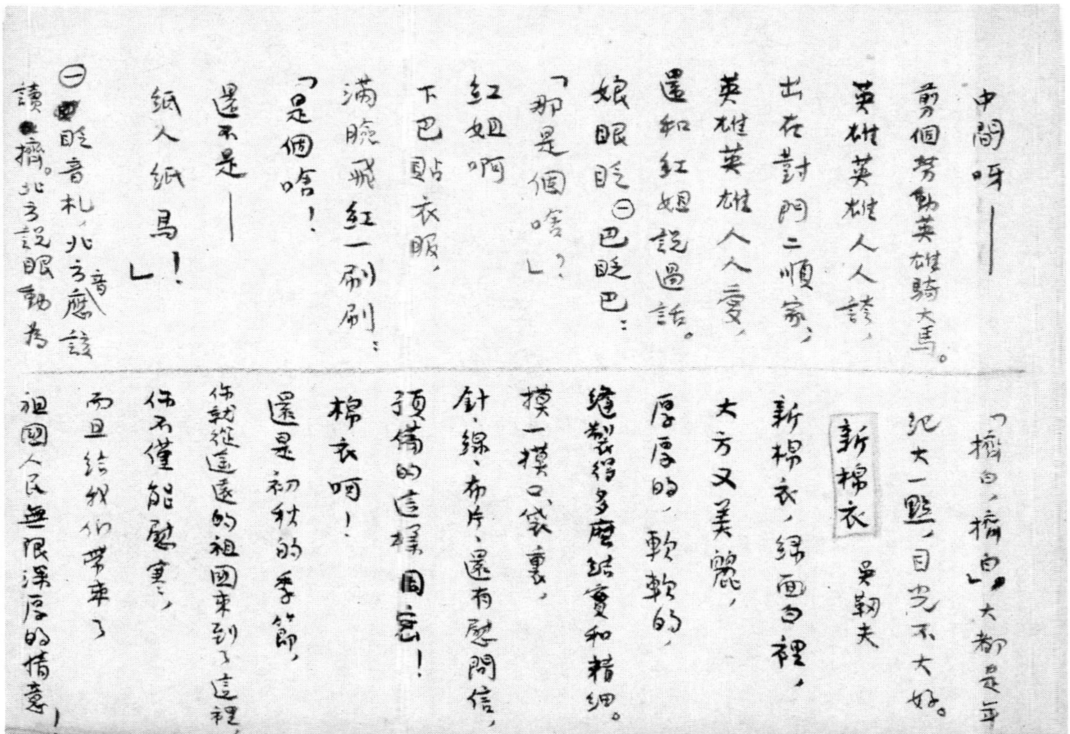

中間呀——
剪個勞動英雄騎大馬。
英雄英雄人人誇，
出在對門二順家；
英雄英雄人人愛，
還和紅姐說過話。
娘眼眨㊀巴眨巴：
「那是個啥？」
紅姐啊
下巴貼衣服，
滿臉飛紅一刷刷：
「是個啥！
還不是——
紙人紙馬」！

㊀眨音札，北方音應該讀摘。北方說眼動為「摘巴，摘巴」，大都是年紀大一點，目光不大好。

新棉衣　吳翰夫

新棉衣，綠面白裡，
大方又美麗，
厚厚的，軟軟的，
縫製得多麼結實和精細。
摸一摸口袋裏，
針、線、布片、還有慰問信，
預備的這樣周密！
棉衣呵！
還是初秋的季節，
你就從遙遠的祖國來到了這裡，
你不僅能慰寒，
而且給我們帶來了
祖國人民無限深厚的情意！

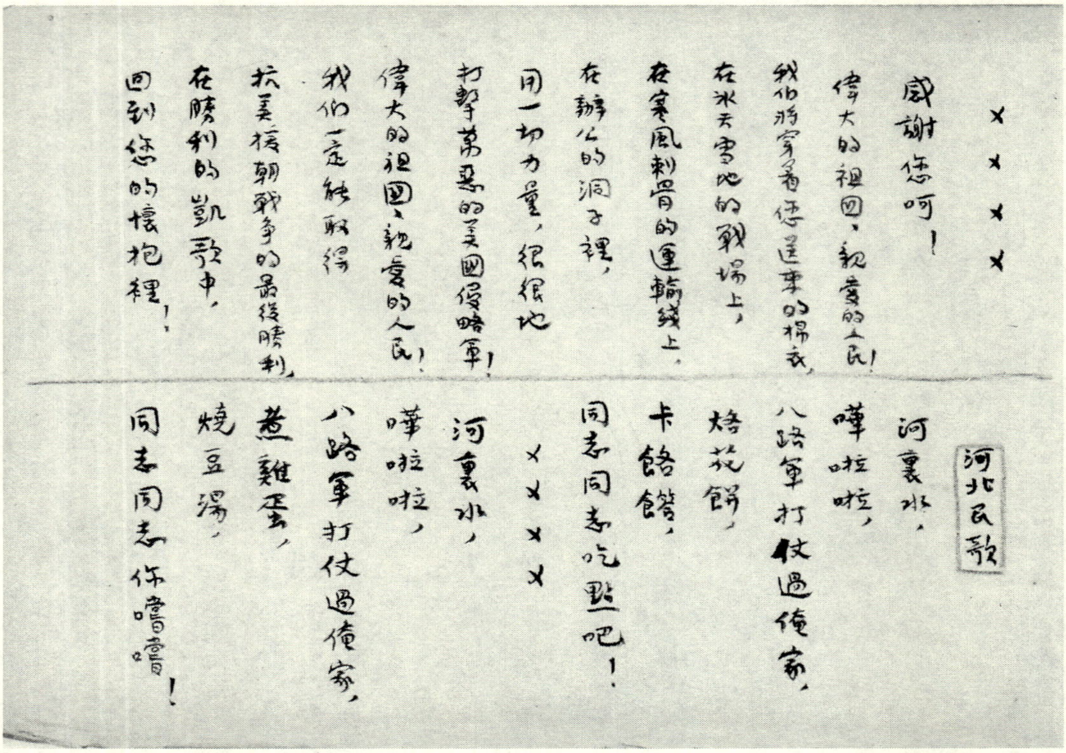

××××

感謝您呵！
偉大的祖國，親愛的人民！
我們將穿着您送來的棉衣，
在冰天雪地的戰場上，
在寒風刺骨的運輸線上，
在辦公的洞子裡，
用一切力量，狠狠地
打擊萬惡的美國侵略軍！
偉大的祖國，親愛的人民！
我們一定能取得
抗美援朝戰爭的最後勝利，
在勝利的凱歌中，
回到您的懷抱裡！

河北民歌

河裏水，
嘩啦啦，
八路軍打仗過俺家，
烙花餅，
卡餎餷，
同志同志吃點吧！

××××

河裏水，
嘩啦啦，
八路軍打仗過俺家，
煮雞蛋，
燒豆湯，
同志同志你嚐嚐！

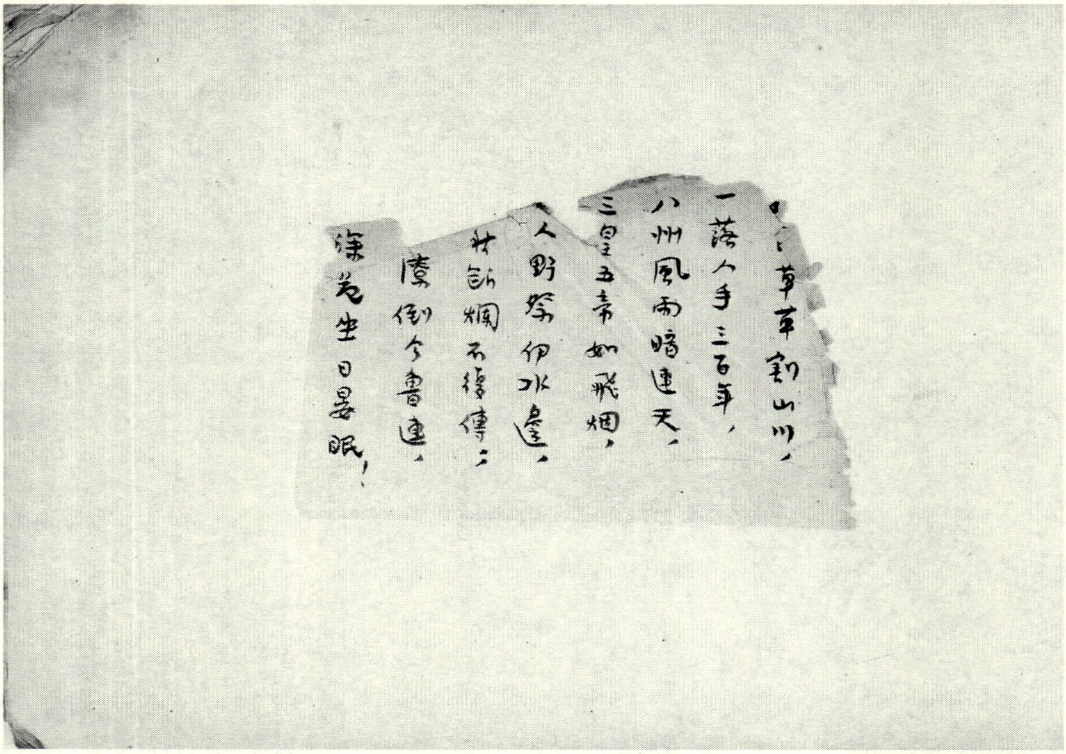

[illegible]草草割山川，
一落人手三百年，
八州風雨暗連天，
三皇五帝如飛烟，
[illegible]人野祭伊水邊，
林飢烟不得傳；
[illegible]懷倒今書連，
涂花生日晏眠！

#《九歌》新釋

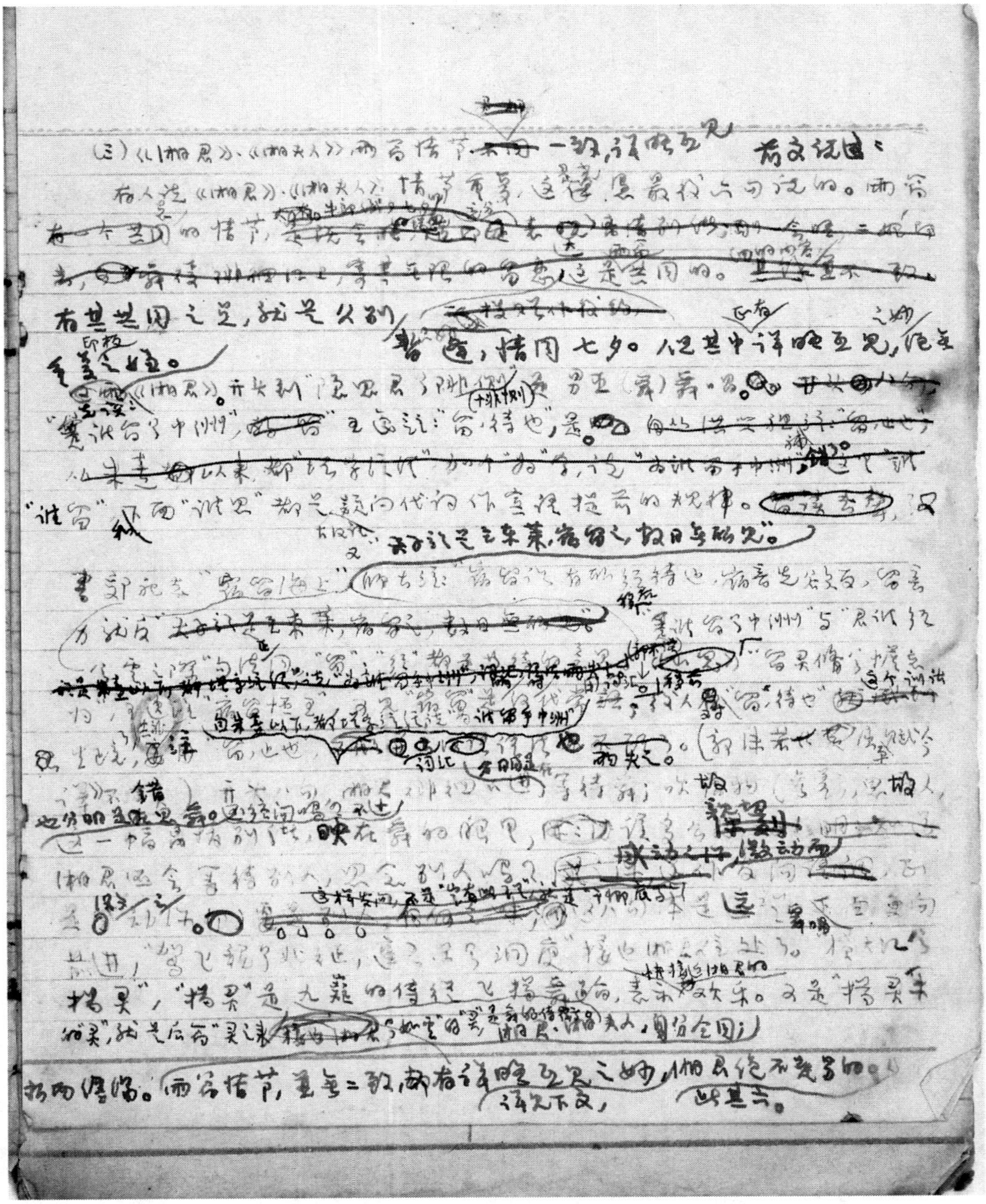
（三）《湘君》、《湘夫人》两篇情节一致，详略互见
有人说《湘君》、《湘夫人》情节重复，这是最粗心的说法。

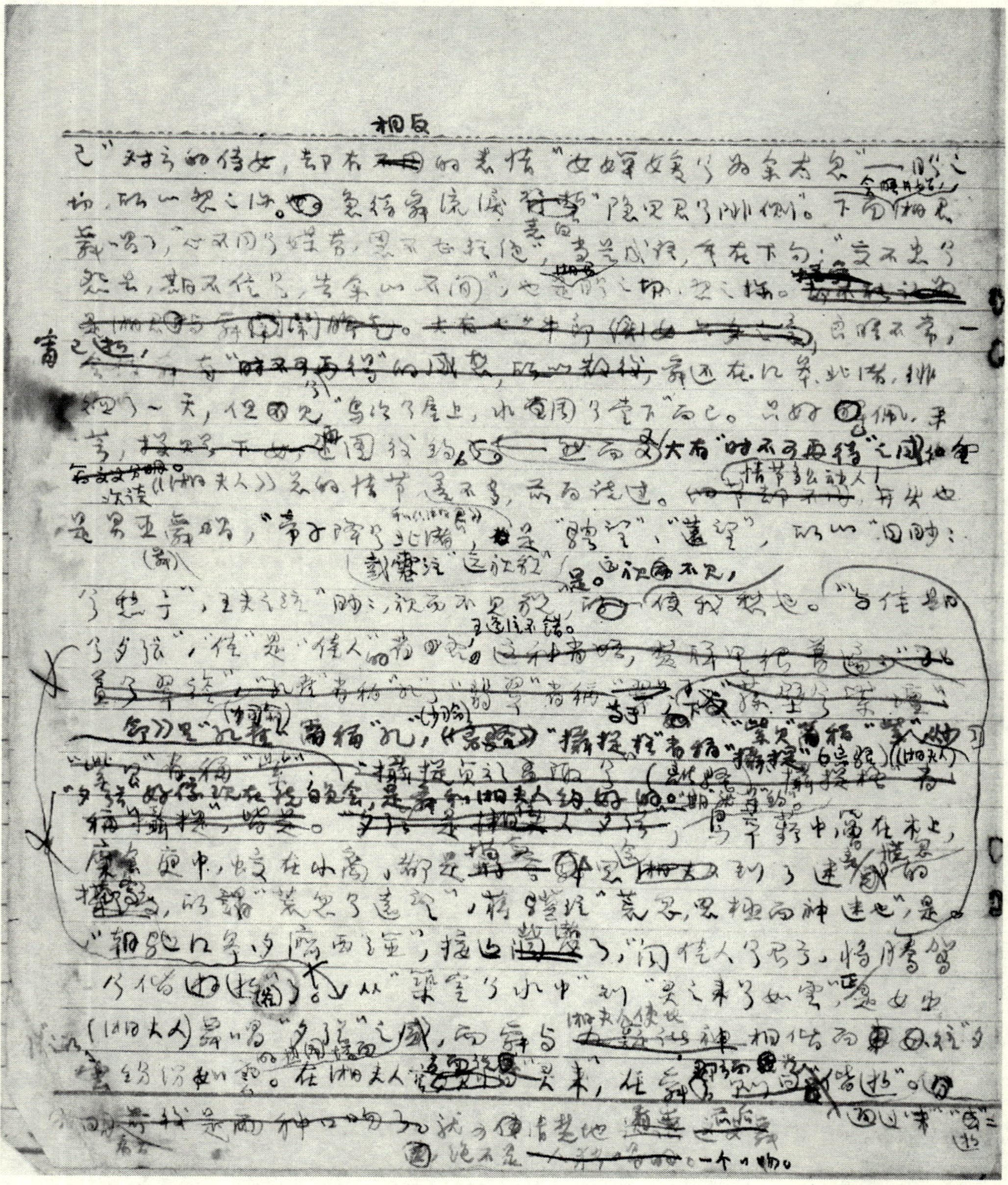

以为是说"使山川之神充当侍卫"。

"来"是来"夕济"之路,"逝"是往"夕济"之所,那末"夕济"是湘夫人这一面可知。[illegible]"九嶷缤其并迎",[illegible]"灵之来兮如云"的"灵",就《湘君》里指灵的"灵",是舜的侍卫。他们是侍舜往湘夫人所往处,是欢迎,并不迎人。"迎"字原作"御",《惜诵》"俾山川以备御兮",王逸注:"御,侍也","并御"、[illegible]"并侍"。[illegible]"御"[illegible],王逸注"御,侍也"。九歌原文是"御"[illegible]字[illegible]"迎"。[illegible]为"迎"[illegible]。[illegible]九嶷缤其并迎"也同是同样情形的误改。并御是并侍,正因为是"御"才与下句"去故"协韵。"迎"字恢复为"御",那末"灵之来兮如云",中间[illegible]不是九嶷的神了。旧说"九嶷的神来迎湘夫人"([illegible])有大之妇而来迎,还不死心,要抢[illegible],这对他们的劳动人民该是多么大的损害!一字之差,[illegible]不可不辨。

最后湘君也是良辰[illegible],[illegible]不会,但[illegible]情,看[illegible]细心[illegible]一段情节,就看明了。两篇本有详略[illegible]对比:前篇写湘君由思而怨,[illegible]十分[illegible];后篇写湘夫人就[illegible]了,前篇写舜"思往而远"[illegible]十分[illegible]感人,后篇就[illegible];后篇写"夕济"[illegible]十分热闹,前篇就略了……说两篇重复是不对的;说两篇是两个不同的场面,也是不对的。

[illegible]字,

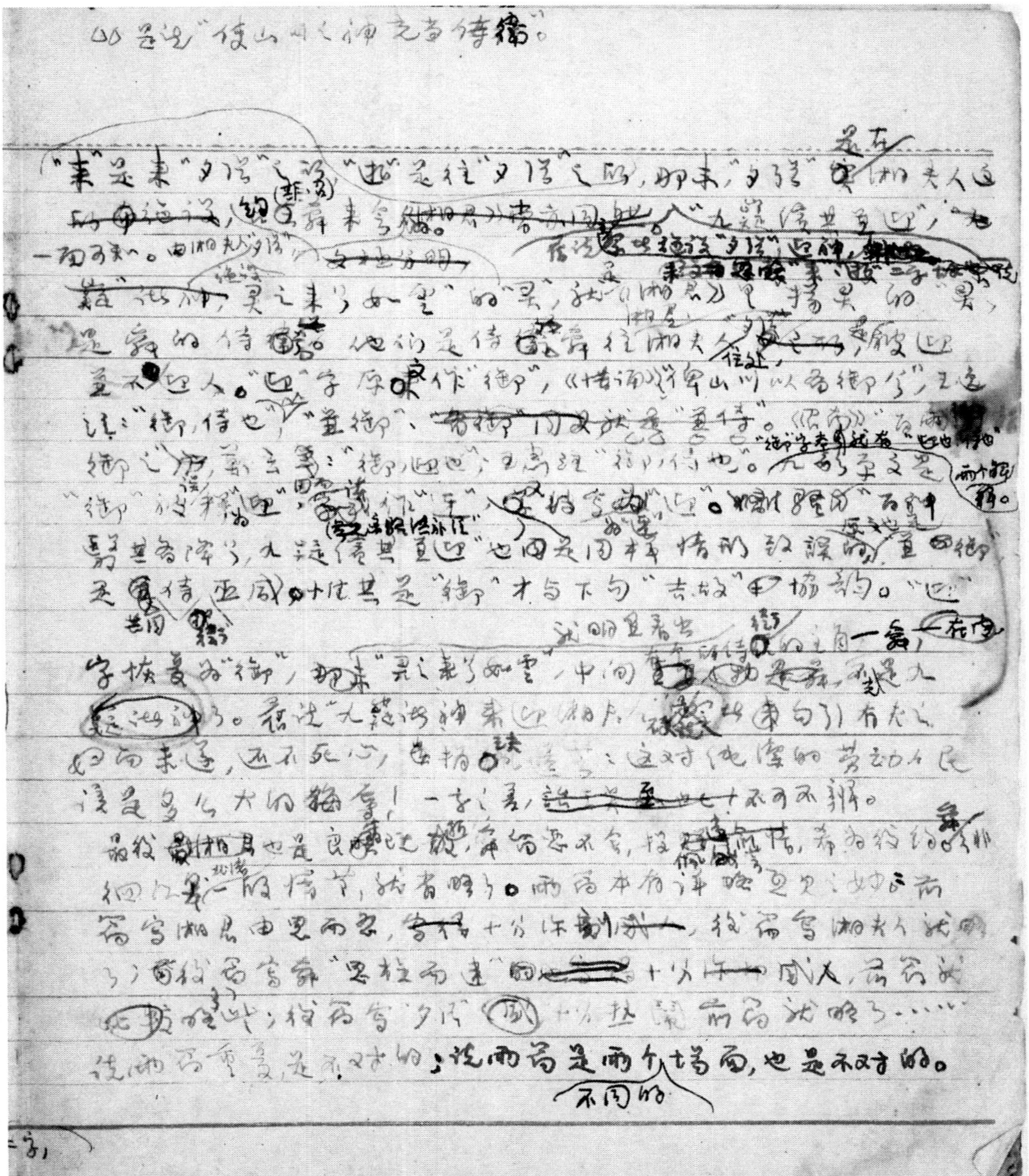

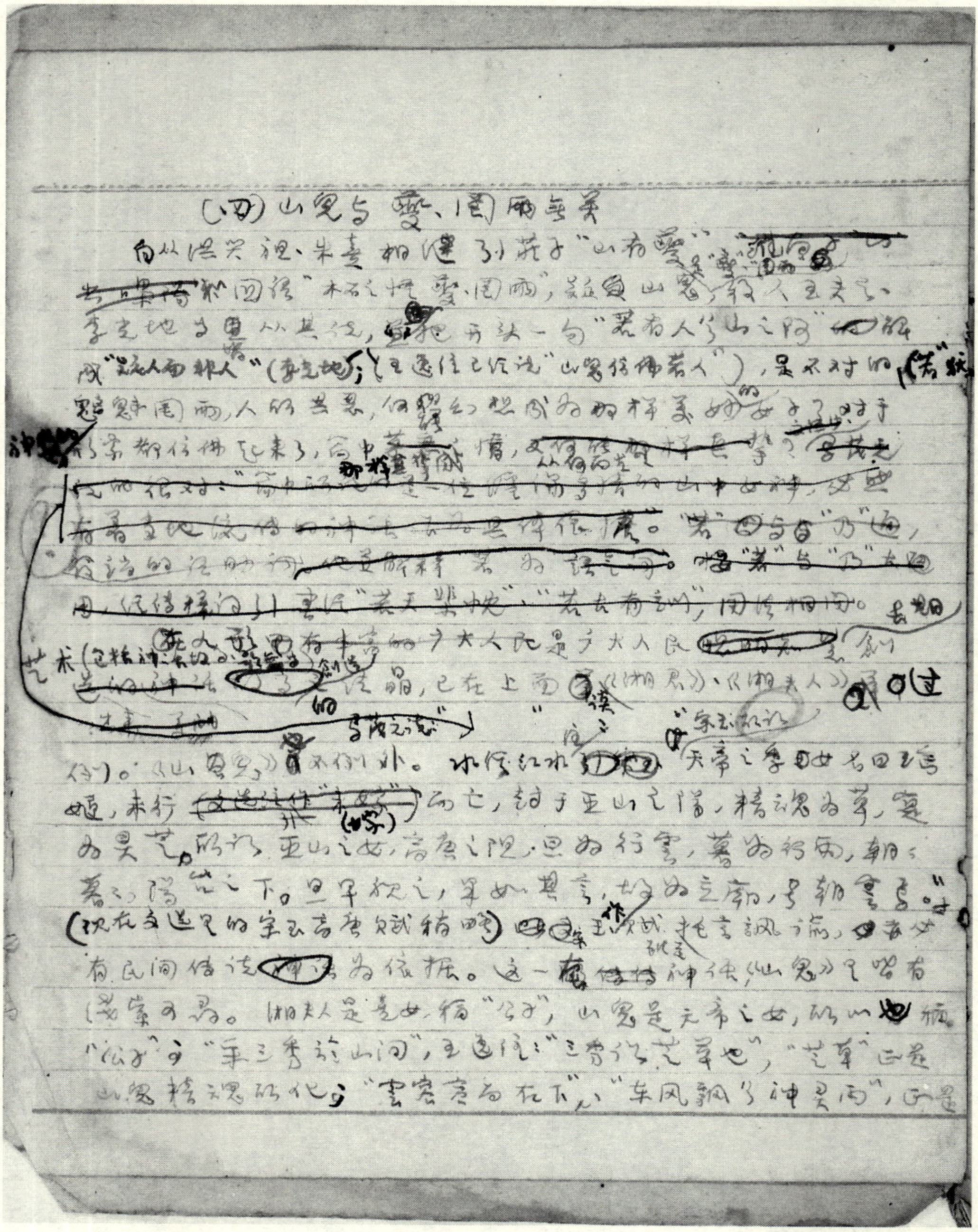

（四）山鬼与夔、罔两无关

自从洪兴祖、朱熹相继引庄子“山有夔”……“木石之怪夔、罔两”，说到山鬼，致使后人……李光地等皆从其说，并把开头一句“若有人兮山之阿”解成“若人而非人”（李光地）；（王逸注已说“山鬼仿佛若人”），是不对的。……鬼魅罔两，人所共恶，何能幻想成为那样美好的女子？……

……《山鬼》亦不例外。水经江水注……“天帝之季女名曰瑶姬，未行而亡，封于巫山之阳，精魂为草，实为灵芝。所谓巫山之女，高唐之阻，旦为行云，暮为行雨，朝朝暮暮，阳台之下。旦早视之，果如其言，故为立庙，号朝云焉。”（现在文选里的宋玉高唐赋稍略）宋玉作赋，托言讽谏，当有民间传说为依据。这一神话，《山鬼》里皆有迹象可寻。湘夫人是尧女，称“公子”，山鬼是天帝之女，所以也称“公子”。“采三秀兮于山间”，王逸注：“三秀谓芝草也”，“芝草”正是山鬼精魂所化；“云容容兮而在下”、“东风飘兮神灵雨”，正是

九歌~~注释~~新释

東皇太一

吉日兮辰良，

王注："日谓甲乙，辰谓寅卯。"洪引沈括："吉日兮辰良，盖相错成文，则语势矫健。"

穆将愉兮上皇，

王注："穆，敬也；愉，乐也；上皇谓东皇太一也。"

抚长剑兮玉珥，

王注："抚，持也；玉珥谓剑镡也。"洪补："抚，循也，以手循其珥也；博雅曰，剑珥谓之镡，镡，剑鼻，一曰剑口，一曰剑环。"

李、蒋、戴同朱注

璆锵鸣兮琳琅，

王夫之《通释》："璆锵琳琅，皆玉声"，非。

王注："璆、琳、琅，皆美玉名也。尔雅曰，有璆琳琅玕焉。锵，佩声也，诗曰佩玉锵锵。"洪："礼记曰然后玉锵鸣也。"朱注："璆锵皆玉声，孔子世~~王注~~家云：环佩玉声璆然。"非。

瑶席兮玉瑱，

王夫之《通释》："瑶席，席华美如瑶也。"

王注："瑶，石次玉者。"洪："瑱，压也，音镇；下文云白玉兮为镇是也。"朱注："瑱与镇同，所以压神位之席也。"

盍将把兮琼芳，

王注："盍，何不也；把，持也；琼，玉枝也。"
刘注："盍属[illegible]云字也"，细审曰然。

林云铭~~[illegible]~~ 诗缉注："盍，合也。"

蕙肴蒸兮兰藉，

王注："蕙肴，以蕙草蒸肉也；藉，所以藉饭食也，易曰藉用白茅也。"洪："国语曰，亲戚宴飨，则有肴烝；藉，荐也。"朱注："蒸，进也，此言以蕙裹肴而进之"，非。

奠桂酒兮椒浆，

王注："桂酒，切桂置酒中也；椒浆，以椒置浆中也。"洪："说文曰：奠，置祭也。"

扬枹兮拊鼓，

王注："扬，举也；拊，击也。"洪："枹音浮，击鼓槌也。"

疏缓节兮安歌，

王注："疏，希也。"王注："使曲节希缓而安意情歌。"

陈竽瑟兮浩倡，

王注："陈，列也；浩，大也。"王夫之曰："倡与唱通。"

灵偃蹇兮姣服，

朱注："灵谓神降于巫之身者也。"

芳菲菲兮满堂，

五音纷兮繁会，

君欣欣兮乐康。

王注："灵谓巫也；偃蹇，舞貌；姣，好也；服，饰也。"洪："古者巫以降神，灵偃蹇兮姣服，言神降而托于巫也。"朱注："偃蹇，美貌。"

王注："菲菲，芳貌。"

王注："五音，宫商角徵羽也；纷，盛貌；繁，众也。"五臣："繁会，错杂也。"

王注："欣欣，喜貌；康，安也。"五臣："君谓东皇也。"

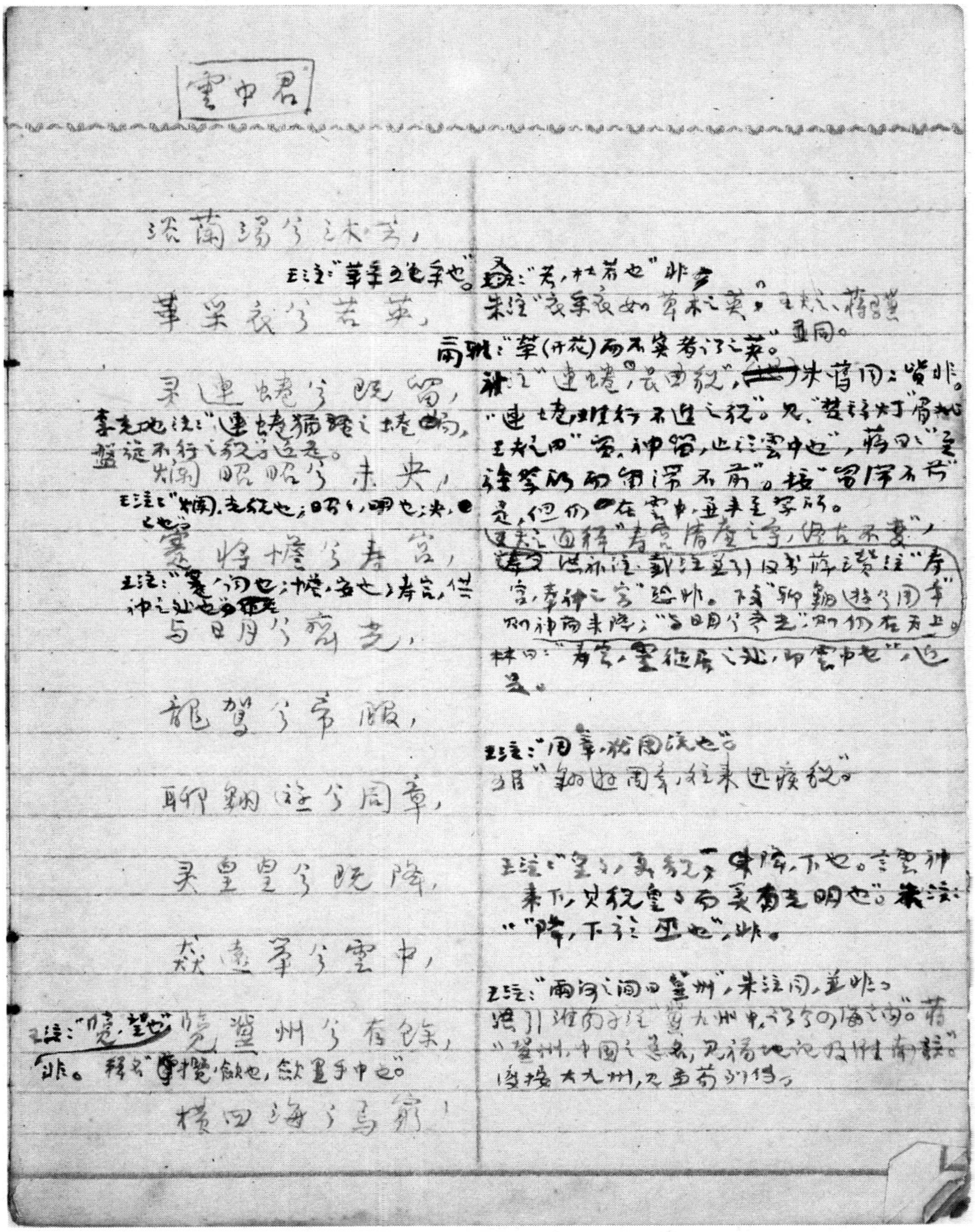

云中君

浴兰汤兮沐芳，

王注："华采，五色采也。"五臣："若，杜若也"非。

华采衣兮若英，

朱注："衣采衣如草木之英。"王说、蒋骥同。

俞樾："华（开花）而不实者谓之英。"

灵连蜷兮既留，

补注："连蜷，长曲貌。"[illegible]朱蒋同之，皆非。"连蜷"，难行不进之貌。见"楚辞灯"[illegible]

李光地注："连蜷犹蜷之蜷蜎，盘旋不行之貌。"近是。

王说曰："留，神留，止于云中也"，蒋曰："[illegible]徘徊而留滞不前"。按"留"字不当是，但仍"在云中"并未至寿宫。

烂昭昭兮未央，

王注："烂，光貌也；昭昭，明也；央，已也。"

謇将憺兮寿宫，

王注："謇，词也；憺，安也；寿宫，供神之处也。"

[illegible]"寿宫，清庙之宫，[illegible]"，[illegible]注、戴注并引汉书薛瓒注"寿宫，奉神之宫"，皆非。下文"聊翱游兮周章"则神尚未降；"与日月兮齐光"则仍在天上。

与日月兮齐光，

林曰："寿宫，灵所居之处，即云中也"，近是。

龙驾兮帝服，

王注："周章，犹周流也。"

[illegible]"翱游周章，往来迅疾貌"。

聊翱游兮周章，

王注："皇皇，美貌。"[illegible]降，下也。言云神来下，见其皇皇而美有光明也。"朱注："降，下于巫也"，非。

灵皇皇兮既降，

猋远举兮云中，

王注："两河之间曰冀州"，朱注同，并非。

王注："览，望也"，非。释名："揽，敛也，敛置手中也。"

览冀州兮有余，

[illegible]"冀州，中国之总名，[illegible]"[illegible]大九州，[illegible]

横四海兮焉穷！

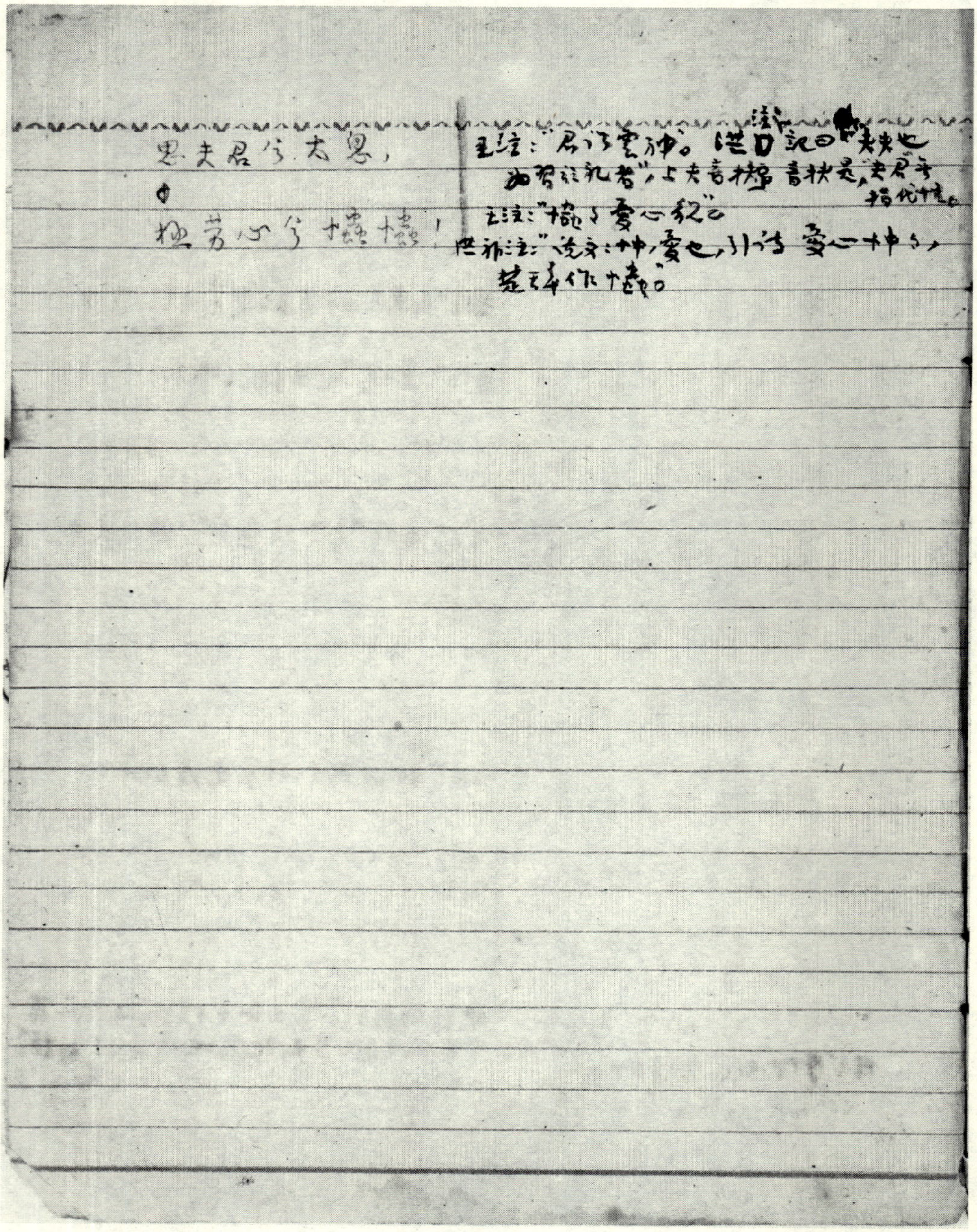

思夫君兮太息，

极劳心兮㤥㤥！

王注："君谓云神。"洪注：記曰："[illegible]夫也，如習於礼者"，上夫音扶。音扶是，夫君乃指代神。

王注："㤥㤥，忧心貌。"

洪补注："说文：忡，忧也，引诗'忧心忡忡'，楚辞作㤥。"

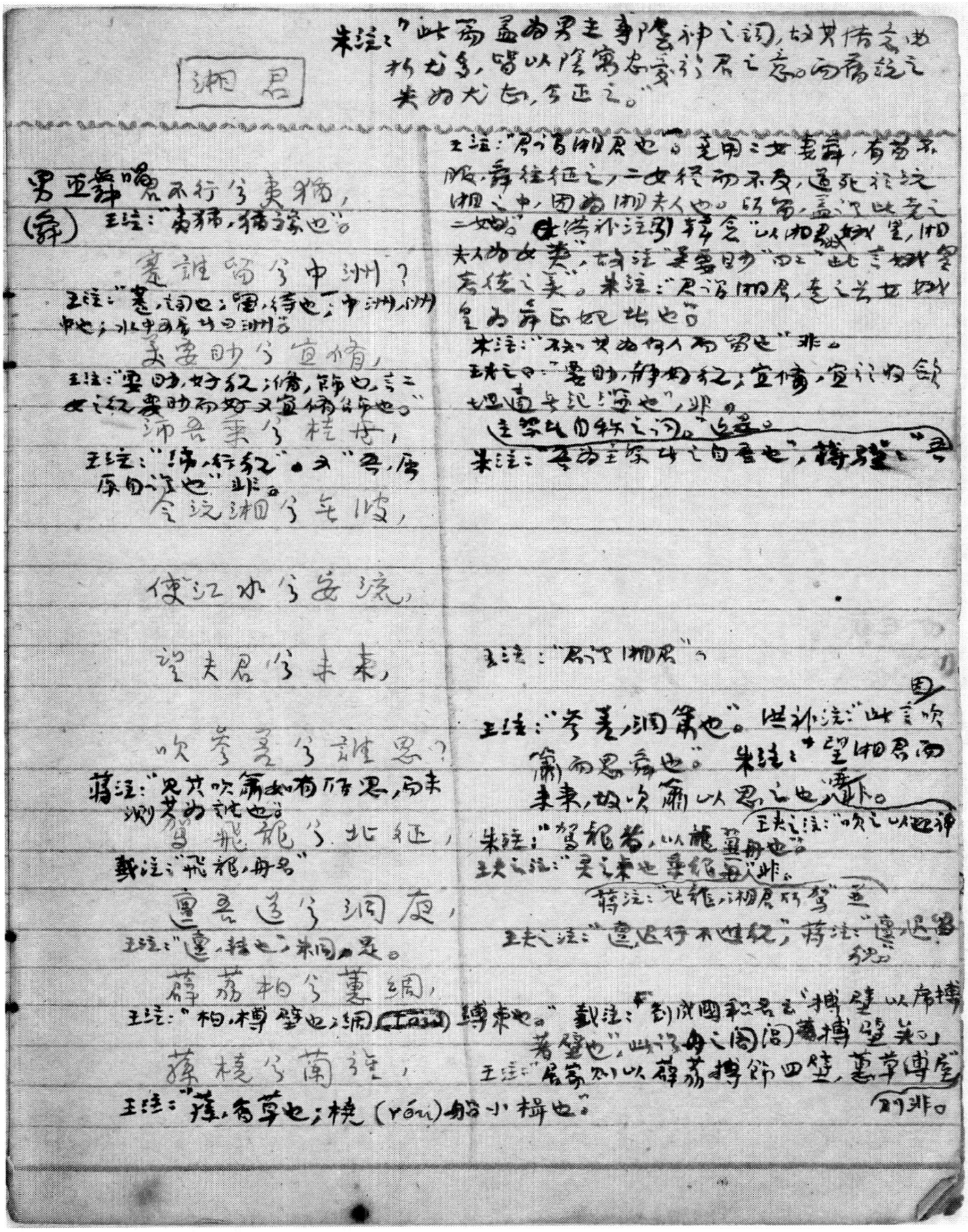

湘君

朱注："此篇盖为男主事阴神之词，故其情意曲折尤多，皆以阴寓忠爱于君之意。而旧说之失为尤甚，今正之。"

男巫舞唱(舜)

君不行兮夷犹，

王注："夷犹，犹豫也。"

王注："君，谓湘君也。尧用二女妻舜，有苗不服，舜往征之，二女从而不及，道死于沅湘之中，因为湘夫人也。所留，盖谓此尧之二女也。"洪补注引韩愈"以湘君娥皇，湘夫人为女英"。蒋注"美要眇"而云"此言娥皇容德之美。"朱注："君，谓湘君，尧之长女娥皇，为舜正妃者也。"

蹇谁留兮中洲？

王注："蹇，词也；留，待也；中洲，洲中也；水中可居者曰洲。"

朱注："本不知其为何人所留也"，非。

美要眇兮宜修，

王注："要眇，好貌；修，饰也。言二女之貌要眇而好，又宜修饰也。"

蒋注："要眇，静好貌；宜修，宜于修饰，恰到好处'宜也'"，非。

沛吾乘兮桂舟，

王注："沛，行貌。"又"吾，屈原自谓也"，非。

"主祭者自称之词。"是。

朱注："吾，为主祭者之自吾也"，蒋强之"吾"

令沅湘兮无波，

使江水兮安流，

望夫君兮未来，

王注："君，谓湘君。"

吹参差兮谁思？

蒋注："巫共吹箫，如有所思，而未测其为谁也。"

王注："参差，洞箫也。"洪补注："此言因吹箫而思舜也。"朱注："望湘君而未来，故吹箫以思之也。"非。

王夫之注："吹之以迎神"

驾飞龙兮北征，

戴注："飞龙，舟名"

朱注："驾龙者，以龙翼舟也。"

王夫之注："灵之乘也，乘龙而……"非。

蒋注："飞龙，湘君所驾，无……"

邅吾道兮洞庭，

王注："邅，转也"；洞，是。

王夫之注："邅，迟行不进貌"，蒋注："邅，迟留貌。"

薜荔柏兮蕙绸，

王注："柏，搏壁也；绸(dāo)，缚束也。"戴注："刘成国释名云'搏壁以席搏着壁也'，此言舟之四周以为搏壁矣。"

王注："屈原言己以薜荔搏饰四壁，蕙草缚屋"，非。

荪桡兮兰旌，

王注："荪，香草也；桡(ráo)，船小楫也。"

望涔阳兮极浦，

王注："涔阳，江碕名，近附郢；极，远也；浦，水涯也。"洪补注："碕音祈，曲岸也。"洪引水经，非。

横大江兮扬灵，

王注："灵，精诚也"，朱注："扬灵，未详。""灵"字多作"舲"，皆非。

其光灵，犹言舒发意气也。王夫之说。

扬灵兮未极，

王注："极，已也。"朱注："极，至也。"

女婵媛兮为余太息。

林注："湘君之侍女"。

蒋注："女，湘君侍女"是；戴同，屈同。

王注"女谓女嬃，屈原姊也"非；朱注"女指旁观之人"亦非。王夫之注"女音汝"皆

朱注："女婵媛指旁观之人，盖见其慕望之切，亦为之眷恋而嗟叹之也"，朱以"眷恋"释"婵媛"，近之。

横流涕兮潺湲，

王注："潺湲，流貌"，

隐思君兮陫侧！

王注"君谓怀王也"，非。朱注"君，湘君也"是。王注："陫，陋也……隐伏陋之中思念君也"，非。洪补注："陫，痛也"。王夫之注"陫侧与悱恻同"，李光地同，是也。

女至岩嵎（湘君）桂櫂兮兰枻，

王注："櫂，楫也；枻，船旁板也。"朱注同。

洪补注："楫谓之枻，一曰櫂也。"

斫冰兮积雪，

王注："斲，斫也，言乘船遭天盛寒，举其櫂楫斫冰，冻纷然如积雪"。朱注同。

采薜荔兮水中，

王注："薜荔之草，缘木而生"

搴芙蓉兮木末，

王注："搴，采取也；芙蓉，荷华也，生水中"。

心不同兮媒劳，

恩不甚兮轻绝！

石濑兮浅浅，

王注："濑，湍也；浅浅，流疾貌"。朱注同。

洪补注引文选注："石濑水激石间则怒成湍，浅音笺"。

飞龙兮翩翩，	王注："屈原[illegible]，非天(翩)[illegible]……仰见……"非，非。洪补注："翩翩，疾飞也"，朱注："翩翩，飞疾貌"。
交不忠兮怨长，	王注："交，友也；忠，厚也。言朋友相与不厚，则长相怨恨"。
期不信兮告余以不闲。	王注："閒，暇也"。朱注："凡交不以忠，则怨之者长矣；期不以信，则必将告我以不暇而负其约矣。"
（舞）男巫舞唱　鼂骋骛兮江皋，	王注："泽曲曰皋"。洪补注："骋，直驰也；骛，乱驰也"。洪校："鼂一作朝"。
夕弭节兮北渚，	王注："弭，安也；渚，水涯也"。朱注："弭，按也"。洪补注："渚，沚也；尔雅：小洲曰渚"。
鸟次兮屋上， 王注："次，舍也。再宿曰信，过信曰次"。朱注："次，止也"，是。	
水周兮堂下！	王注："周，旋也"，朱注同。朱注："此言神既不来，则我亦还而将复以自休耳。"
捐余玦兮江中，	王注："玦，玉佩也"。洪补注："捐玦遗佩以贻湘君，与离骚解佩纕以结言同意"。朱注："捐玦遗佩，以贻湘君也"。
遗余佩兮澧浦，	
采芳洲兮杜若，	王注："芳洲，香草丛(藂)生水中之处"。朱注："芳洲，香草所生之处也"。朱注："杜若叶似姜而有文理，味辛"。
将以遗兮下女。	朱注："又采香草以遗其下之侍女，使通吾意殷勤而并致玦佩之见取，其恳恳之心如此"。
时不可兮再得，	
聊逍遥兮容与！	王注："逍遥，游戏也"。朱注："逍遥容与，皆游嬉闲暇之意也"。

湘夫人

男巫（舜）舞唱

帝子降兮北渚，

王注："帝子謂堯女也；降，下也；言堯之女娥皇女英隨舜不反，沒於湘水之渚，因為湘夫人。"朱注："帝子，謂湘夫人，堯之次女女英，舜次妃也。"

目眇眇兮愁予，

王注："眇眇，好貌。"朱注："予，屈原自謂也"非，朱注："愁予者，舜為主祭者之言，望之不見使我愁也。"

王逸注："言神人以德美好，愁我失志焉"，非。洪補注："眇眇，微貌，言神之降，望而不見，使我愁也"，是。

嫋嫋兮秋風，

王注："嫋嫋，秋風搖木貌"，是。洪補注："嫋，長弱貌"，朱注同，非。

洞庭波兮木葉下。

登白薠兮騁望，

王注："薠草秋生，今南方湖澤皆有之。"又："騁，平也"非，朱注："騁望，縱目也"是。

與佳期兮夕張，

王注："佳謂湘夫人也，不敢直指斥尊者，故言佳也"，非。朱注："佳下一有人字非是，佳，佳人也，謂夫人也"，是。

王注："張，施也。"洪補注："張音帳，陳設也。"朱用洪，是。

鳥何萃兮蘋中，

王注："萃，集"。洪："萃音遂。"又曰："蘋，水草。"朱同。

罾何為兮木上？

王注："罾，魚網也"，朱注同。

沅有茝兮醴有蘭，

思公子兮未敢言。

王注："公子謂湘夫人也"，朱注："公子，帝子而又曰公子，猶秦之稱皇帝，而其男女猶曰公子公主，古人質也。"大注同朱。

洪補注："諸侯之子稱公子，謂子椒子蘭也"，非。

荒忽兮遠望，

洪補注："荒忽，不分明之貌"。戴注："公子猶帝子。"

觀流水兮潺湲。

麋何食兮庭中，　王注："麋，兽名，似鹿也"。朱注："似鹿而大"。麋，洪音眉，朱同。

~~蛟何为兮水裔？~~

蛟何为兮水裔？　洪补注："裔，边也，曰末也"。

朝驰余马兮江皋，

夕济兮西澨，　王注："济，渡也；澨，水涯也"，朱同。朱注："朝驰夕济，犹上章江皋北渚之意"。

闻佳人兮召予，　王注："予，屈原自谓也"非。朱注："佳人谓夫人也"；"偕，俱也；逝，往也；言与召予之使者俱往也"。

将腾驾兮偕逝。

女巫（湘夫人）独唱

筑室兮水中，

葺之兮荷盖，　洪补注："葺，七入切，说文：茨也"。朱注："葺，盖也"。

荪壁兮紫坛，　王注："以荪草饰室壁，累紫贝为室坛"。洪注："坛音善，引任昉子注：'楚人谓中庭为坛'"。

播芳椒兮成堂，　王注："布香椒于堂上"，朱注："播，布也"。

桂栋兮兰橑，　王注："以木兰为榱也"。洪注："橑音老，说文：椽也"。朱同洪。

辛夷楣兮药房，　王注："辛夷香草，以作户楣"，按"辛夷"非香草。洪注："本草云：辛夷树大，连合抱，高数仞，此花初发如笔，北人呼为木笔"，朱注同。朱注："楣，门户上横梁也"。

王注："药，白芷也；房，室也"。

罔薜荔兮为帷，

王注："罔，结也，言结薜荔为帷帐"，朱同。

洪引广雅："芷，其叶谓之药"，朱注："药，白芷叶也"。

擗蕙櫋兮既张，

朱注："擗，擘析也，析蕙以为屋櫋联也。"

白玉兮为镇，

王注："以白玉镇坐席也"，朱注："镇，压坐席也。"

疏石兰兮为芳，

芷葺兮荷屋，

缭之兮杜衡。

合百草兮实庭，

建芳馨兮庑门。

九嶷缤其并迎，

王注："九嶷，山名，舜所葬也"朱同。

灵之来兮如云！

戴注："言舜灵既降，而舜又使九嶷之神来迎之以去也"非。

（舞）男巫舞唱

捐余袂兮江中，

王注："袂，衣袖也；褋，襜襦也"朱同。

遗余褋兮醴浦，

搴汀洲兮杜若，

将以遗兮远者。

时不可兮骤得，

王注："骤，数"是。

聊逍遥兮容与！

王注："擗，析也，以析蕙覆櫋屋"。五臣："擗析以为屋联"。

洪补注："擗音觅，又一音觅；櫋音绵"。

王注："石兰，香草；疏，布陈也"朱同。

王注："葺，盖屋也"。

王注："缭，缚束也"朱同。（杜衡，香草）

五臣："实，满也"。

王注："馨，香之远闻者，积之以为门庑"。洪注："庑音武，说文曰：堂下周屋也；庑门，谓庑与门也"。朱注虽用说文，但又曰："积芳馨以庑其门也"，是，与洪异。

王注："言舜使九嶷之山神缤然来迎二女，则百神侍从，纷然如云也"，朱注同，非。"迎"本作"御"，侍也，非"迎"，可详。

王夫之注："袂当作玦，褋当作韘，诗：'童子佩韘'"，是。

王注："汀，平也；远者，谓高贤隐士也"。朱注："远者，谓夫人之侍女，以其既远去而名之也"。

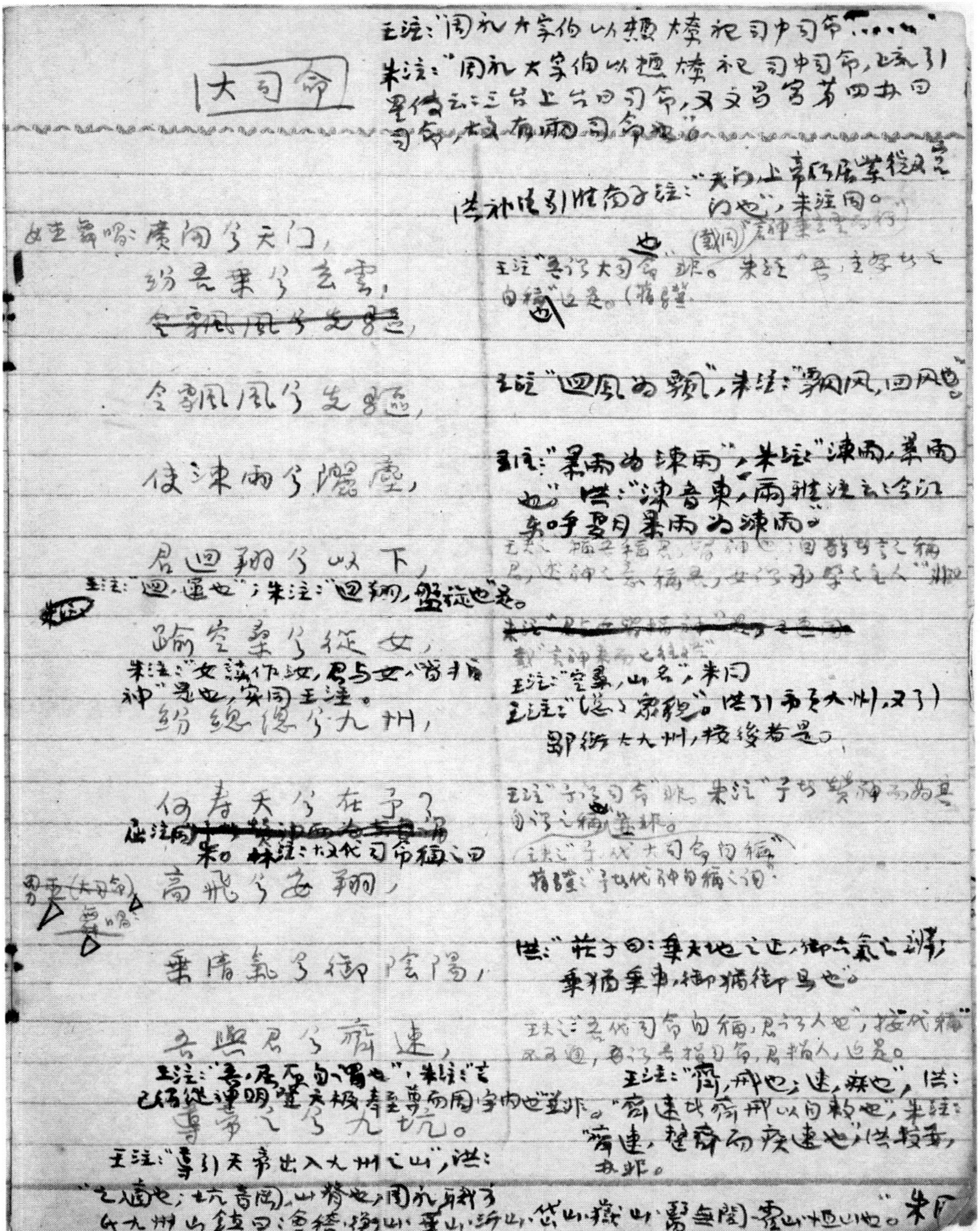

大司命

王注："周礼大宗伯以槱燎祀司中司命……"

朱注："周礼大宗伯以槱燎祀司中司命，疏引星传云：三台上台曰司命，又文昌宫第四亦曰司命，故有两司命也。"

洪补注引淮南子注："天神上帝行居掌从人之□也"，朱注同。

王注"吾谓大司命也"。朱注"吾，主祭者之自称"也是。

女主角唱：广开兮天门，

纷吾乘兮玄云；

~~令飘风兮先驱，~~

令飘风兮先驱，

王注"回风为飘"，朱注："飘风，回风也"。

使涷雨兮洒尘，

王注："暴雨为涷雨"，朱注："涷雨，暴雨也"。洪："涷音东，尔雅注云：今江东呼夏月暴雨为涷雨。"

君回翔兮以下，

王注："回，运也"；朱注："回翔，盘旋也"是。

逾空桑兮从女，

朱注："女读作汝，君与女，皆指神"是也，实同王注。

王注："空桑，山名"，朱同

纷总总兮九州，

王注："总总，众貌"。洪引禹贡九州，又引《尔雅》九州，按后者是。

何寿夭兮在予？

~~巫注同……~~

朱、林注：以代司命自称之词

王注"予谓司命"也。朱注"予者，□神之为其自谓之称"是也。

男主（大司命）独唱

高飞兮安翔，

乘清气兮御阴阳，

洪："庄子曰：乘天地之正，御六气之辩，乘犹乘车，御犹御马也"。

吾与君兮齐速，

王注："吾，君，不自谓也"，朱注："言己得从神明，□天极寿，至尊而周宇内也"是也。

王注："齐，戒也；速，疾也"。洪："齐速犹齐戒以自敕也"，朱注："齐速，整齐而疾速也"，洪较长，可取。

导帝之兮九坑。

王注："导引天帝出入九州之山"，洪："之，适也；坑音冈，山脊也，周礼职方氏九州山镇曰：会稽、衡山、华山、沂山、岱山、岳山、医无闾、霍山、恒山也。"朱同

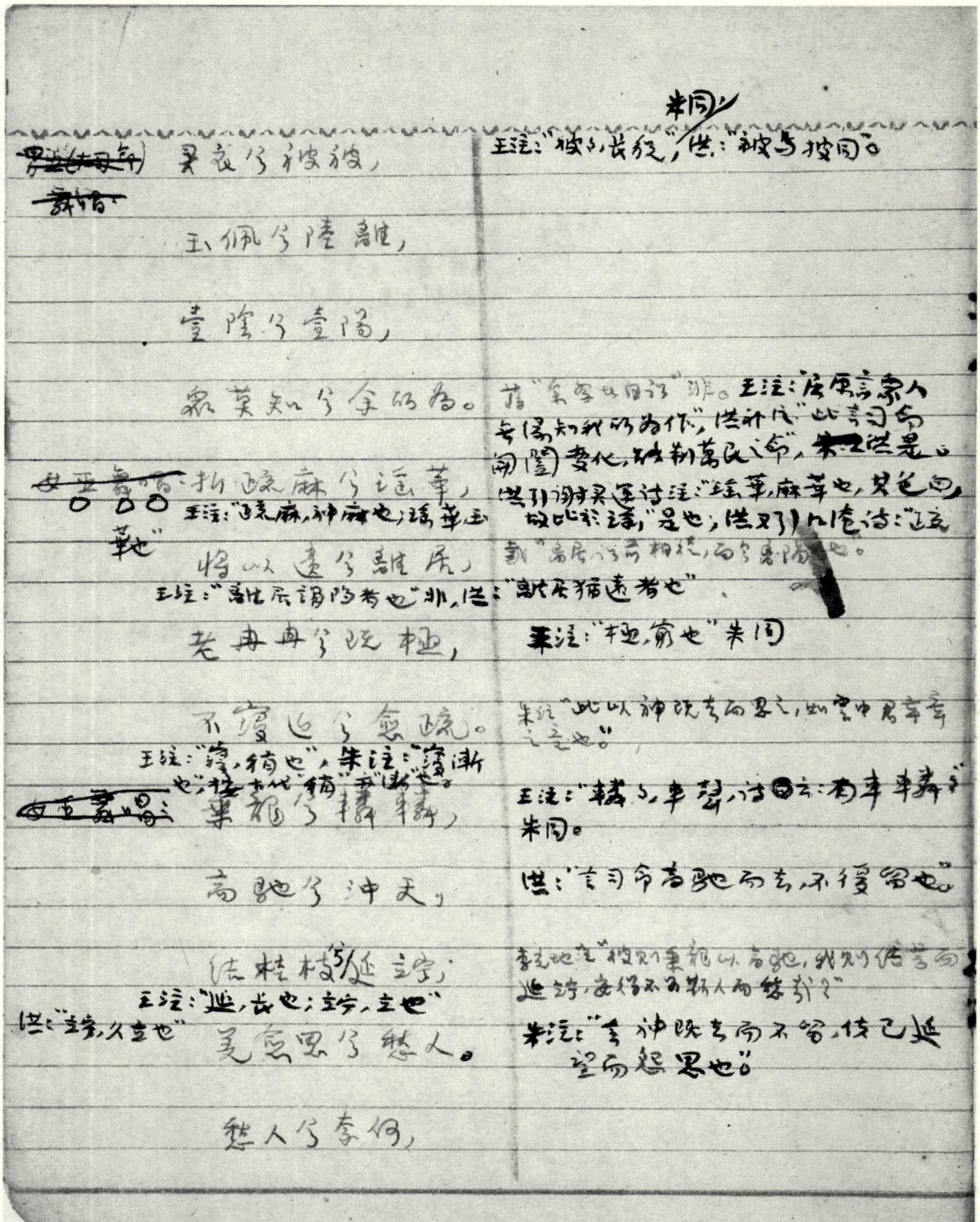

靈衣兮被被，
王注："被被，長貌"，洪："被與披同"。朱同。
玉佩兮陸離，
壹陰兮壹陽，
衆莫知兮余所為。
蔣"余字女自謂"非。王注："言乎言衆人無復知我所為作"，洪補："此言司命闔闢變化，執制萬民之命"，朱：洪是。
折疏麻兮瑤華，
王注："疏麻，神麻也；瑤華，玉[illegible]"
洪引謝靈運詩注："瑤華，麻華也，其色白，故比於瑤"，是也。洪又引[illegible]
將以遺兮離居，
王注："離居謂隱者也"非，洪："離居猶遠者也"
老冉冉兮既極，
朱注："極，窮也"朱同
不寖近兮愈疏。
朱注："此以神既去而思之，如雲中君章意之意也"。
王注："寖，稍也"，朱注："寖，漸也"
乘龍兮轔轔，
王注："轔轔，車聲"，[illegible]：有車轔轔。朱同。
高馳兮沖天，
洪："言司命高馳而去，不復留也"。
結桂枝兮延佇，
王注："延，長也；佇，立也"
洪："佇，久立也"
[illegible]
羌愈思兮愁人。
朱注："言神既去而不留，使己延望而愁思也"。
愁人兮奈何，

願若今兮無虧，

固人命兮有當，

孰離合兮可為？

王注："虧，歇也。願身行善，常若於今無有歇也。"朱注："無虧，保守志行無損缺也。"是。

王注："言人受命而生，有當貴賤貧富，是天祿也。已獨放逐離別，不復會合，不可為思也。"洪云："或離或合，神實司之，非人所能為也。"朱同。

華亮無慊，姜注："此處華，謂華也。"

少司命

秋兰兮蘪芜，	蘪芜 洪："郭璞曰：香草，叶小如萎状。本草云：芎䓖，其叶名蘼芜，似蛇床而香，骚人借以为譬。"朱注同。
罗生兮堂下，	朱注："罗生，言二物并列而生也。"
绿叶兮素枝，	
芳菲菲兮袭予。	王注："袭，及也。"朱注同。
夫人自有兮美子，	王注："夫人谓万民也"；洪："夫音扶，考工记曰：夫人而能为镈也；夫人犹言凡人也。" 朱注："夫人犹言彼人也，如左传之言不能见夫人也"，洪是；蒋注："夫人犹言人人，见考工记"，亦同洪义。
荪何以兮愁苦？	王注："荪谓司命也，言天下万民人人自有子孙，司命何为主握其年命而用思愁苦也。"五臣注同。朱注："荪，犹汝也，盖为巫之自汝也，言彼神之心自有所美而好之者矣，汝何为愁苦而必求其合也"，非。
秋兰兮青青，	洪："诗云：绿竹青青，青青，茂盛也，青音菁。"
绿叶兮紫茎，	
满堂兮美人，	朱注："言美人并会，盈满于堂，而司命独与我睨而相视以成亲好。"是，汉云："至此则神降于巫而非复前章之意矣"，则非。"神降于巫"，"与予目成"也。
忽独与余兮目成！	王注："言万民众多，美人并会，盈满于堂，而司命独与我睨而相视，成为亲也。"
入不言兮出不辞，	
乘回风兮载云旗。	
悲莫悲兮生别离，	

与女游兮河之渚，

流澌纷兮将来下。　王注："流澌，解冰也"

子交手兮东行，　王注："子，谓河伯也"，朱同。朱注："交手者，古人将别，则相执手，以见不忍相远之意，晋宋间犹如此也"。

送美人兮南浦，　王注："美人，屈原自谓也"非。朱注："美人与予，皆巫自谓也"，近是。

波滔滔兮来迎，

鱼隣隣兮媵予。　王注："媵，送也。"朱同。按："媵，以證切"，

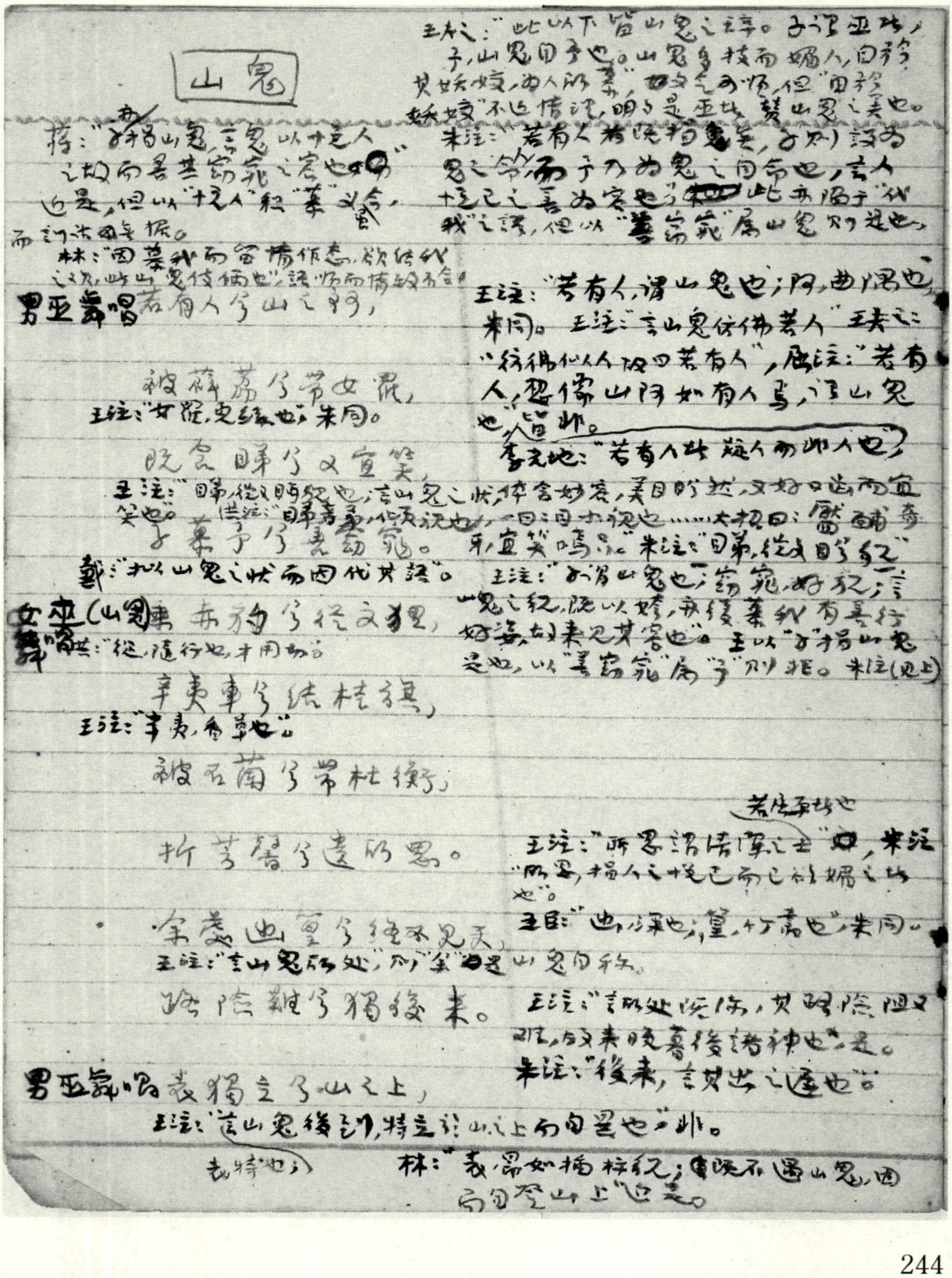

山鬼

王夫之："此以下皆山鬼之辞。子，谓巫也；予，山鬼自予也。山鬼多技而媚人，自矜其妖姣，为人所慕。"如此之可惜，但"自矜妖姣"不近情理，明乃是巫女赞山鬼之美也。

朱注："若有人者既指鬼矣，子则设为鬼之命，而予乃为鬼之自命也，言人十之已之善为容也。"此亦隔于"代我"之譬，但以"善窈窕"属山鬼则是也。

按："予指山鬼言鬼以十之人之故而善其窈窕之容也"近是，但以"十之人"释"子"义含，而言则未免无据。

林："因慕我而留情作态，欲结我之欢，此山鬼伎俩也。"语味而情致不合。

男巫舞唱 若有人兮山之阿，

王注："若有人，谓山鬼也；阿，曲隅也。"朱同。王注："言山鬼仿佛若人。"王夫之："仿佛似人，故曰若有人"，戴注："若有人，想像山阿如有人焉，谓山鬼也。"皆非。

李光地："若有人者，疑人而非人也。"

被薜荔兮带女罗，

王注："女罗，兔丝也。"朱同。

既含睇兮又宜笑，

王注："睇，微眄貌也。言山鬼之状，体含妙容，美目盼然，又好口齿而宜笑也。"洪注："睇，……视也，……"……朱注："睇，微眄貌。"

子慕予兮善窈窕。

戴："拟山鬼之状而因代其语。"

王注："子，谓山鬼也；窈窕，好貌。言山鬼之貌，既以姣好，又复慕我有善行好姿，故来见其容也。"王以"子"指山鬼是也，以"善窈窕"属"予"则非。朱注（见上）

女巫（山鬼）舞唱 乘赤豹兮从文狸，

洪注："从，随行也，才用切。"

辛夷车兮结桂旗，

王注："辛夷，香草也。"

被石兰兮带杜衡，

折芳馨兮遗所思。

王注："所思，谓清洁之士若屈原者也。"朱注："所思，指人之被己而已被媚之者也。"

余处幽篁兮终不见天，

王注："言山鬼所处，"下"余"字是山鬼自称。

王曰："幽，深也；篁，竹丛也。"朱同。

路险难兮独后来。

王注："言所处既深，其路险阻又难，故来晚暮，后诸神也。"是。朱注："后来，言其出之迟也。"

男巫舞唱 表独立兮山之上，

王注："言山鬼后到，特立于山之上而自异也。"非。表，特也。

林："表是如揭标状；自既不遇山鬼，因而自登山上望之。"近是。

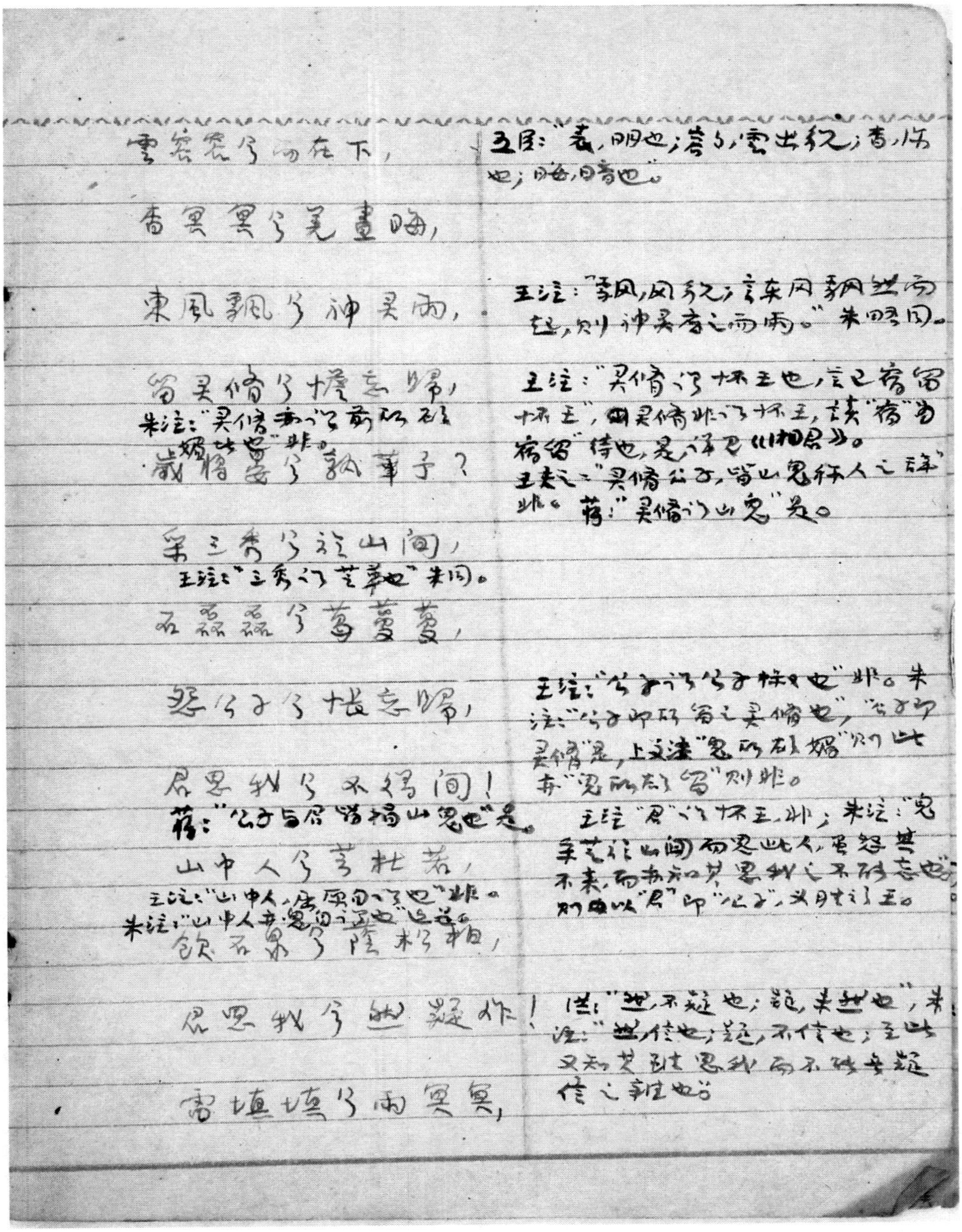

雲容容兮而在下，　　王注："表，明也；容容，雲出貌；杳，深也；晦，暗也。"

杳冥冥兮羌晝晦，

東風飄兮神靈雨，　　王注："飄，風貌；言東風飄然而起，則神靈應之而雨。"朱略同。

留靈脩兮憺忘歸，　　王注："靈脩謂懷王也，言己宿留懷王"，謂靈脩非謂懷王，讀"留"為"宿留"待也，見評《湘君》。

朱注："靈脩亦謂前所欲結婚姻者也"非。

歲既晏兮孰華予？　　王夫之："靈脩公子，皆山鬼稱人之辭"非。蔣："靈脩謂山鬼"是。

采三秀兮於山間，

王注："三秀謂芝草也"朱同。

石磊磊兮葛蔓蔓，

怨公子兮悵忘歸，　　王注："公子謂公子椒也"非。朱注："公子即所留之靈脩也"，"公子即靈脩"是，上文注"鬼所欲婚"則此亦"鬼所欲留"則非。

君思我兮不得閒！

蔣："公子與君皆指山鬼也"是。　　王注"君"謂懷王，非；朱注："鬼來芳於山間而思此人，雖怨其不來，而亦知其思我之不得閒也"，則由以"君"即"公子"，又自相違。

山中人兮芳杜若，

王注："山中人，屈原自謂也"非。

朱注："山中人亦鬼自謂也"近是。

飲石泉兮蔭松柏，

君思我兮然疑作！　　注："然，不疑也；疑，未然也"，朱注："然，信也；疑，不信也；至此又知其雖思我而不能無疑信之雜也。"

雷填填兮雨冥冥，

猨啾啾兮狖夜鸣，	注："啾啾，声也；狖似猿，余救切。"
风飒飒兮木萧萧，	
思公子兮徒离忧！	五臣："离，罹也"，朱同。

国殇

（国殇）男巫舞唱

操吴戈兮被犀甲，　王注："戈，戟也；甲，铠也"，洪："操，持也；说文曰：戈，平头戟也；考工记曰：犀甲寿百年"。朱略同洪。

车错毂兮短兵接，　王注："错，交也（朱同）；短兵，刀剑也"，朱同。

旌蔽日兮敌若云，

矢交坠兮士争先。　王注："坠，堕也"。

凌余阵兮躐余行，　王注："凌，犯也；躐，践也"朱同。

左骖殪兮右刃伤，　王注："殪，死也"朱同。王注："言己所乘左骖马死，右騑马被刀创也"。

霾两轮兮絷四马，
王注："絷，绊也"。洪："霾读若埋"。

援玉枹兮击鸣鼓，
洪："援，引也"。

天时怼兮威灵怒，　"怼"，王本作"坠"，注："落也"，朱从文苑作"怼"，注"怨也"。

严杀尽兮弃原野！　王注："严，壮也；杀，死也"，朱注："严杀犹言鏖战痛杀也"，是。

女巫（国殇）舞唱

出不入兮往不反，　王注："言壮士出国（战），不复顾入，一往必死，不复还反也"，是。

平原忽兮路超远，

带长剑兮挟秦弓，

首身离兮心不惩，　王注："惩，恶也"，朱注："惩，创艾也，虽死而心不悔也"。

诚既勇兮又以武，

终刚强兮不可凌。

身既死兮神以灵，

子魂魄兮为鬼雄！　王注："魂魄武毅，长为百鬼之雄杰也"。

禮魂

王注："言祠祀九神，皆先齋戒，成其礼敬，乃傳歌作乐，急疾擊鼓以稱神意也。"

成礼兮會鼓，

傳芭兮代舞，

王注："芭，巫所持香草名也；代，更也。"蒋同，云"芭与葩同，巫所持香草也。"

⊕ 戴："容与，态度闲容"是。

姱女倡兮容與，

王注："姱，好貌，谓使童稚好女先倡而舞，则进退容与而有节度也。"洪补注："倡，亦作唱。"朱注："姱，好也"是。又"女倡，女子为倡優也"非。

王夫之："倡，歌也"，蒋同。

春蘭兮秋菊，

朱注："春祠以蘭，秋祀以菊，即所傳之葩也。"

長無絕兮終古！

戴："華之初秀曰芭。"

朱熹：楚辭集注（聽雨齋套印本）九歌附录

李賀曰：其骨古而秀，其色幽而豔。

姚寬曰：歌以九名而載十一篇何也？曰：如七啟七發以數名之，非以章名之耳。

張銑曰：九者陽數之極，自謂否極，取為歌名也。

馮覲曰：神情悽惋，詞復婉豔。喜讀之可以佐歌，悲讀之可以當哭；清商麗曲，備極情態矣。

陳深曰：（略）

孫鑛曰："九歌句法精粹而特奇陗，在楚辭中最為精深。

呂延濟曰（略）

郭正域曰：九歌簡峭婉娩，三百篇以下絕調，後人臨摹可厭。

徐渭之衆、蔣之翹、金蟠 三家略。

朱子《楚辭辯證》云："篇名九歌，蓋不可曉。舊以九為陽數者，尤為衍說。或疑猶有虞夏九歌之遺声，亦不可考，今姑闕之，以俟知者，然非义之所急也"。

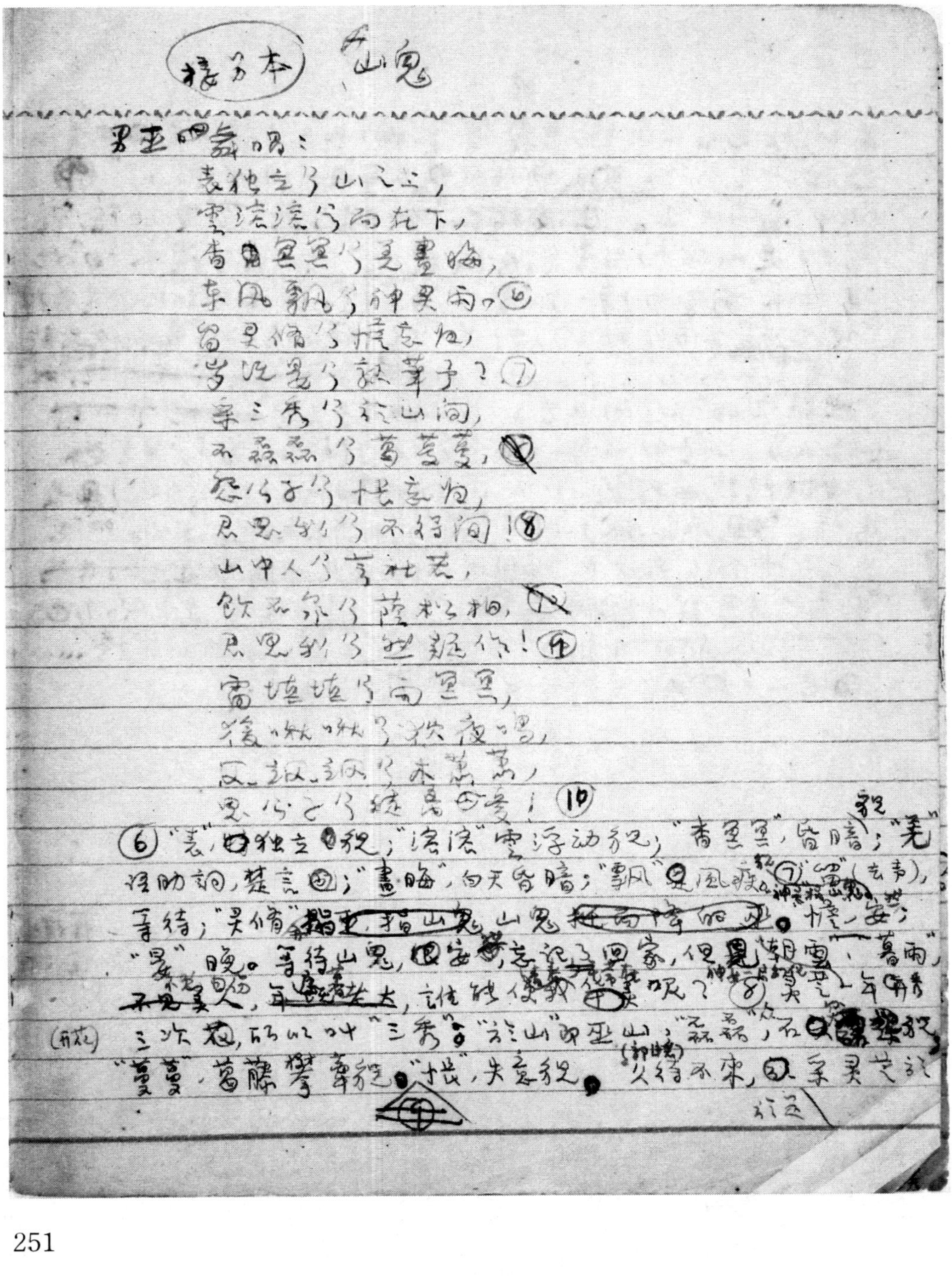

（接另本）山鬼

男巫唱：
表独立兮山之上，
云容容兮而在下，
杳冥冥兮羌昼晦，
东风飘兮神灵雨。⑥
留灵修兮憺忘归，
岁既晏兮孰华予？⑦
采三秀兮於山间，
石磊磊兮葛蔓蔓，
怨公子兮怅忘归，
君思我兮不得闲！⑧
山中人兮芳杜若，
饮石泉兮荫松柏，
君思我兮然疑作！⑨
雷填填兮雨冥冥，
猨啾啾兮狖夜鸣，
风飒飒兮木萧萧，
思公子兮徒离忧！⑩

⑥“表”，独立貌；“容容”，云浮动貌；“杳冥冥”，昏暗貌；“羌”，语助词，楚言；“昼晦”，白天昏暗；“飘”，风疾貌。⑦“留”（去声），等待；“灵修”，指山鬼。“憺”，安；“晏”，晚。等待山鬼，安然忘记了回家，但是朝云、暮雨，年岁老大，谁能使我再美呢？⑧“三秀”，芝草一年开花三次，所以叫“三秀”；“於山”即巫山；“磊磊”，石众貌；“蔓蔓”，葛藤攀牵貌；“怅”，失意貌。久待不来，……

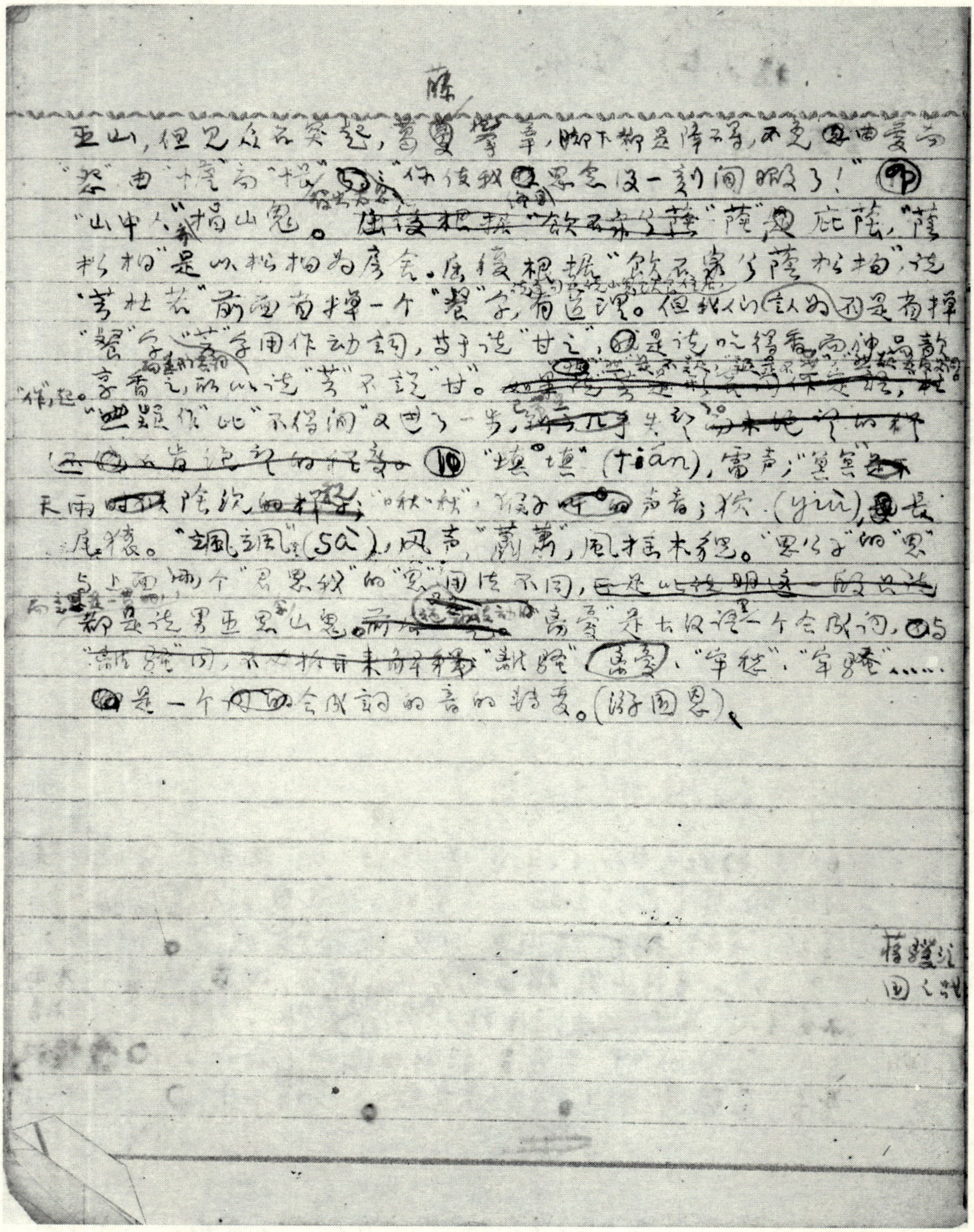

巫山，但见众石突起，葛蔓缠绕，脚下都是碎石子，不免由衷而"怨"，由"怅"而"惆"。"你使我思念没一刻闲暇了！"⑨"山中人"指山鬼。"荫"是庇荫，"荫松柏"是以松柏为房舍。唐讀根据"饮石泉兮荫松柏"，说"芳杜若"前面省掉一个"馨"字，有道理。但我们认为不是省掉"馨"字，"芳"字用作动词，等于说"甘之"，是说吃得香，……所以说"芳"不说"甘"。"山鬼"比"湘夫人"又进了一步，……⑩"填填"（tián），雷声；"冥冥"，天雨阴沉；"啾啾"，猿子的声音；狖（yòu），长尾猿。"飒飒"（sà），风声，"萧萧"，风摇木貌。"思公子"的"思"与上面两个"君思我"的"思"用法不同，都是说男巫思山鬼。"离忧"是古汉语一个合成词，⑮"离骚"、"牢愁"、"牢骚"……都是一个合成词的音的转变。（游国恩）

蒋骥注
国之说

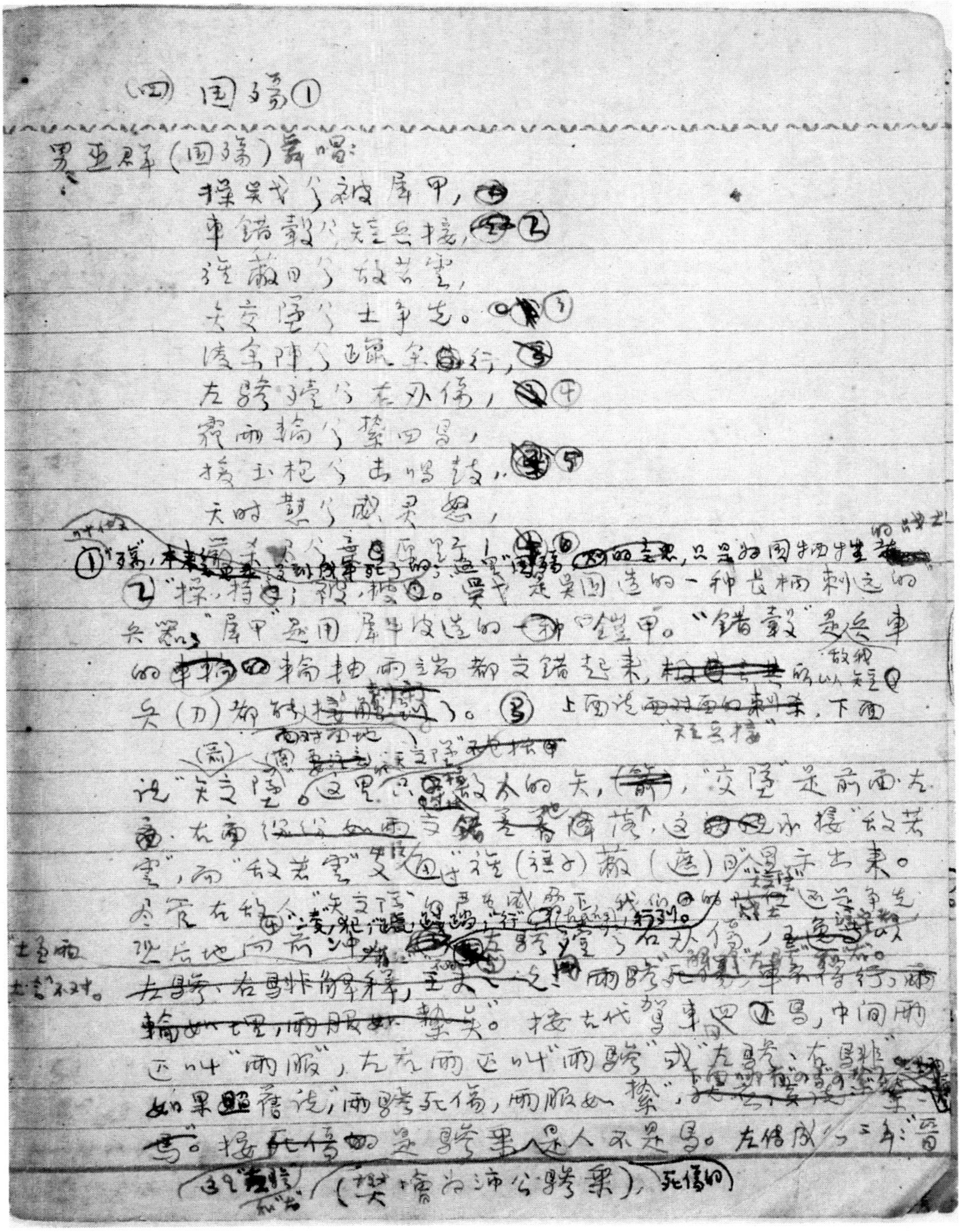
(四) 国殇①

男巫群(国殇)舞唱：

操吴戈兮被犀甲，②
车错毂兮短兵接，
旌蔽日兮敌若云，
矢交坠兮士争先。③
凌余阵兮躐余行，
左骖殪兮右刃伤，④
霾两轮兮絷四马，
援玉枹兮击鸣鼓，⑤
天时怼兮威灵怒，
严杀尽兮弃原野。⑥

①“殇”，……这里“国殇”……只是为国牺牲的战士。

②“操”，持；“被”，披。“吴戈”是吴国造的一种长柄刺远的兵器。“犀甲”是用犀牛皮造的铠甲。“错毂”是敌我战车的轮轴两端都交错起来，所以短兵（刀）都接触了。③上面说“短兵接”，下面说“矢交坠”。这里是敌人的矢，“交坠”是前面左面右面交错着降落，这就承接“敌若云”，而“敌若云”又通过“旌（旗子）蔽（遮）日”显示出来。不管在纷纷“矢交坠”的情况下……士争先恐后地向前冲。④“凌”，犯；“躐”，践踏；“行”，行列。……“左骖殪兮右刃伤”……古代驾车用四匹马，中间两匹叫“两服”，左右两匹叫“两骖”或“左骖、右騑”。如果照旧说，两骖死伤，两服如“絷”……马。……是骖乘，是人不是马。左传成公二年：晋……（樊哙为沛公骖乘），死伤的……

“士争两士”……不对。

最为分明。这里是主将（郤克）"伤于矢"，所以"左"把"右"的辔（缰）交过来合并掌握，腾出"右"代行主将的职务——"援枹而鼓"。《国殇》是"左骖"和"右"死伤，所以执辔无人，车子的停埋起，四马的停御起，但

解张御郤克，郑丘缓为右，……郤克伤于矢，流血及屦，未绝鼓音曰「余病矣！」……左并辔，右援枹而鼓。"郤克是主将，已经伤于矢了，所以左（解张）把右（郑丘缓）的辔（缰）合并掌握，右（郑丘缓）把主将（郤克）的枹（鼓槌）拿来击鼓。《国殇》[illegible]伤的是左、右，而主将无恙，只是执辔无人，所以两轮如埋，车子不能前进，两轮好象埋起了，四马好象捆起了。在这种情况下，主将还援（引）玉枹，击鸣鼓。蒋骥注："车右主击刺，故以刃言"；[illegible]刃（chāng）[illegible]"右"，不一定如周礼说"主击刺"，但他说"右"是人不是马，这话对了。

死，刃，（chāng）伤，字又写作"創"，今本作刃，恐是形误："創伤"连文，"刃伤"就死板生硬。"怼"（duì），怨；"时"，是，指示代词，指怀王糊涂，引起天帝和神灵的怨怒，好象说"非战之罪也，天也"。"严杀"，肃杀，古书说"鏖战"（朱熹）；"尽"是结束的意思。"弃原野"指战士们尸骨。

女巫群（巫属）舞唱：

出不入兮往不反，
平原忽兮路超远！⑦
带长剑兮挟秦弓，
首身离兮心不惩。⑧
诚既勇兮又以武，
终刚强兮不可凌，⑨
身既死兮神以灵，
子魂魄兮为鬼雄！⑩

⑦"出"，走出[illegible]门；王逸注"出阃"，"阃"是闺房的门，更含妇人的嗬和感情。"忽"是渺渺茫茫的意思，就是说路大远；"超远"，"遥"[illegible]。⑧"惩"，悔恨的不知所在意思。⑨"又以武"，[illegible]

（tiáo），也是远的意思，如说"迢迢"。 古书说"任诚勇[illegible]"

（批注：古代典籍“不通顺”字 传写的错 如左传“十年尚犹有臭”句法同。的例证 有时“又”用的意思）

因为句子语气完足，多用个“以”字，“以”~~也是连词~~，如论语“使民敬忠以劝”。~~诗经大雅“不大声以色”。韩非子“……晚贾文武”。这种用法在古书里很常见的例，如左传“十年尚犹有臭”，尚犹“尚犹”。~~

(10)“神以灵”里的“以”带动词性，过去说是介词或连词，它的意义大都是出现在前，或者根本不出现，这一个词（以）有“用”、“因”的意思；较特殊。为什么身死了神还灵呢，就由于（以）最终战士的刚强还不可凌犯。~~所以称做~~“鬼雄”，鬼中之雄。

接朱注起"秋兰"六句，朱注："少司命亦阳神而少卑者，故为女巫之言以接之"。次"秋兰"四句，朱注："司命独与我睨而相视……则亦女巫之言"；次"入不言"四句，朱注："此为巫言"，次"荷衣"四句，朱注："此亦为巫言"；次"与女沐"四句，朱注："此复为神语以命巫者"，次"孔盖"四句，注："此盖为众人之词"。

乐莫乐兮新相知！

荷衣兮蕙带，

儵而来兮忽而逝。

夕宿兮帝郊，　王注："帝谓天帝"

君谁须兮云之际？　五臣："须，待也"

与女沐兮咸池，　王注："咸池，星名，盖天池也"，洪："咸池见《星经》"　朱同。

晞女发兮阳之阿，　王注："晞，干也"，朱同。王注："阳，阳谷，日所行也"……洪："《淮南》曰：日出旸谷，浴于咸池，拂于扶桑，是谓晨明；登于扶桑，是谓朏明；至于曲阿，是谓旦明；《远游》曰：朝濯发于汤谷，夕晞余身兮九阳。"

望美人兮未来，
王注："美人谓司命"。朱注："此复为神语以命巫者，女为美人谓指巫也"非。

临风怳兮浩歌！
王注："怳，失意貌"朱同。五臣："浩，大也"。

孔盖兮翠旍，　王注："言司命以孔雀之翅为车盖，翡翠之羽为旗旍"，朱略同。

登九天兮抚彗星，　王注："九天，八方中央也。言司命乃升九天之上，据持彗星，欲扫除邪恶，辅仁贤也"。洪："《左传》曰：天之有彗，以除秽也"是。朱注："抚，扫除之也"非。
蒋："抚，持之也"亦非。
蒋："幼艾犹言老少，以喻众民也"非。

竦长剑兮拥幼艾，
王注："竦，执也"，洪："竦，立也"，朱注[illegible]作"拥"，注："拥，提携之意"。王注："幼，少也；艾，长也"，洪引《孟子》、《曲礼》……朱注同之："幼，少也；艾，美好也"，这是……[illegible]

王注："荪，香草，谓神也"。
荪独宜兮为民正！
王注："宜为万民之平正"，朱注："正，平也，……宜为民之所取正也"亦非。
蒋："正，长也"是。

東君

广雅："东君，日也"，汉书郊祀志有东君。

（tūn）

女巫舞唱

暾将出兮东方，

照吾槛兮扶桑，

抚余马兮安驱，

夜皎皎兮既明。

驾龙辀兮乘雷，

载云旗兮委蛇，

王注："以云为旌旗，委蛇而长。"

长太息兮将上，

王注："言日将去扶桑上而升天，则徘徊太息，顾念其居也。"

心低佪兮顾怀，

洪注："低佪，迟疑不即进貌"

羌声色兮娱人，

王注："娱，乐也"。

观者憺兮忘归。

王注："憺，安也。言日色光明旦耀，四方人观见之，莫不娱乐憺然意安而忘归也"。

縆瑟兮交鼓，

王注："縆，急张弦也"，朱同。交鼓，对击鼓也。

箫钟兮瑶簴，

洪引一本注"钟笙与钟声相应之笙"，以为"箫钟"乃钟与箫声相应之钟，朱同。王注："瑶簴以美玉为饰也"。朱同。

鸣篪兮吹竽，

王注："篪（一作箎）竽，乐器名也"朱同。

王注："日始出东方，其容暾暾而盛大也"。洪："暾，他昆切"。朱注："暾，温和而明盛也"。

王注："吾谓日也"非，朱注："吾，主祭者自称也"近是。王注："槛，楯也"，朱同。

王注："余谓日也"非，蒋注："篇中凡言余吾者，皆祭者自谓"，近是。

洪补注："旁本明音亡" 朱注："明，叶音芒"。

王注："辀，车辕也"；朱注："辀，车辕也，龙形曲似之，故以为辕；雷气转似轮，故以为车轮"。

朱注："言乘此车以往迎日，又以其望高远而低佪顾怀，盖见下方所陈钟鼓竽瑟声音之美，灵巫会舞容色之盛，足以娱悦观者，使之安肆喜乐，久而忘归，如下文之所云也"。洪以声音属万物，并与王注异。

思灵保兮贤姱。

王注："灵，谓巫也；姱，好貌。言己思得贤好之巫，使与日神相保乐也。"

洪："古人云：诏灵保，召方相，说者曰：灵保，神巫也。"朱用之。

洪："姱音户，叶韵；音苦胡切，未详。"

翾飞兮翠曾，

王注："曾，举也"，洪："翾，小飞也，许缘切；曾作层切，博雅曰：翾、翥，飞也。"朱注："翾，小飞轻扬之貌，曾，举也，又翥飞也，言巫舞工巧，翾然若飞鸟之举也"，王注言"翠鸟之举"，朱易为"飞鸟之举"，读"翠"为"举"欤？但王是。广雅以"飞"释"翾"与"翥"，朱以"翥飞"释"翾"，误。

展诗兮会舞，

王注："展，舒"，洪："展诗犹陈诗也"，朱同洪。

王注："会舞，犹合舞也"朱同。

应律兮合节，

王注："举合六律以应舞节"

灵之来兮蔽日。

王注："言日神悦喜，于是来下，从其官属，蔽日而来也"。朱同。

男巫（东君）舞唱

青云衣兮白霓裳，

王注："言日神来下，青云为上衣，白霓为下裳也；日出东方入西方，故用其方色以为饰也"，朱注同。

举长矢兮射天狼，

王注："天狼，星名，以喻贪残，日为王者，王者受命，必诛贪残"，

洪引晋书天文志："狼一星，在东井南，为野将，主侵掠。"朱用之，又引"弧九星在狼东南，天弓也，主备盗贼"。

操余弧兮反沦降，

洪："操，持也"，朱注："沦，没也；降，下也，言日下而入太阴之中也。"

王注："言日诛恶以后，复循道而退下入太阴之中，不伐其功也。"

援北斗兮酌桂浆，

王夫之："斗，代东君自称"非。

撰余辔兮高驼翔，

洪："撰，雏免切，定也，持也"朱注："撰，持也"。

杳冥冥兮以东行。

王注："言日过太阴，不见其光，出杳杳，入冥冥，直东行而复出"。朱略同，语非。

洪："杳，深也；冥，幽也"朱同。

王夫之："弧矢，孔所谓桴日之弓，射月之矢也"，近是。

天狼，妖节之气蔽日者

蒋："此因日去而升高以送之；衣云裳霓，言己之升引极高也。天狼以喻小人，射之者冀其因日入而见也。反，回也，沦降，日西沉也；操弧反之，犹挥戈以回日也。然送日极西，而复持辔东行，长夜冥途，与之相逐，盖又以迎东日之出也"，近是。

河伯

与女游兮九河， 洪："女读作汝，九河名见禹贡"

冲风起兮横波， 王注："冲，隧也。"五臣："冲风，暴风也。"洪："诗云：大风有隧"中王也。朱注："冲，遂也"，屈注："冲，隧也"

乘水车兮荷盖，
王注："言河伯以水为车。"
洪曰："括地图云：冯夷乘云车，驾二龙。"

驾两龙兮骖螭， 朱注："此或为女巫之词，女指河伯也。"
洪："螭，丑知切，说文云：如龙而黄；一说：无角曰螭"，朱同。

登昆仑兮四望，

心飞扬兮浩荡， 王注："浩荡，志放貌"

日将暮兮怅忘归，
洪："怅，失志也"。

惟极浦兮寤怀。 王朱注："寤，觉也；怀，思也"，朱同。
洪："惟，思也。"

鱼鳞屋兮龙堂，

紫贝阙兮朱宫，
洪："阙，门观也"。

灵何为兮水中？

乘白鼋兮逐文鱼， 王注："大鳖为鼋，逐，从也"，朱同。王注"[illegible]鲤鱼"，洪引文选注"文鱼有翅能飞。"

左传僖八"晋里克帅师，梁由靡御，虢射为右"

闵二年"公与石祁子玦，与甯庄子矢，使守，曰「以此赞国，择利而为之。」"杜注"玦示以当决断，矢示以御难"

又，"渠孔御戎，子伯为右，黄夷前驱，孔婴齐殿。"

闵元"赵夙御戎，毕万为右"

桓三"曲沃武公伐翼，韩万御戎，梁弘为右"，杜注"御戎，仆也；右，戎车之右"；孔疏"周礼戎仆掌戎车（驭）；戎右掌戎车之兵革使。故知御为戎仆，右是戎车之右也。"

左传文十八「齐懿公使职骖乘"，杜注"骖乘，陪乘。"

嘉庆一统志358

君山在巴陵县西南洞庭湖中，一名湘山，亦称洞庭山……地记：黄帝南巡至江，登熊湘，即湘山也。山海经：洞庭之山，帝之二女居之。史记秦始皇二十八年浮江至湘山祠，逢大风，问湘君何神，博士曰：闻之尧女舜之妻葬此。始皇大怒，使刑徒三千人，伐湘山树，赭其山。水经注：洞庭湖中有君山，山有石穴，潜通吴之包山，郭景纯所谓巴陵地道者也。是山湘君之所游处，故曰君山，汉武帝登之，射蛟于是山。

湘妃庙在巴陵县西南君山，祀尧二女……县志：宋元丰年知岳州郑民以前请于朝，封湘君为渊德侯；嘉定五年，重建湘君祠于君山，以湘夫人配之。按湘君湘夫人，韩愈谓为尧女；宋封渊德侯，反以湘妃配，似以湘君为男子，皆不可晓之所为也。今犹正何称湘妃庙。

又，355

舜二妃墓在湘阴县北。括地志：二妃冢在湘阴县北一百六十里青草山；通典：湘阴县北，地名黄陵，即二妃所葬。

黄陵庙在湘阴县北四十里，唐韩愈有记。水经注：大湖水西流，径二妃庙南，世谓之黄陵庙，言大舜之陟方也，二妃从征，溺于湘江，故名，为立祠于水侧焉。荆州刘表刊石立碑，树之于庙中。按庙当以六月十四日祭，至今因之。

魯默生傳

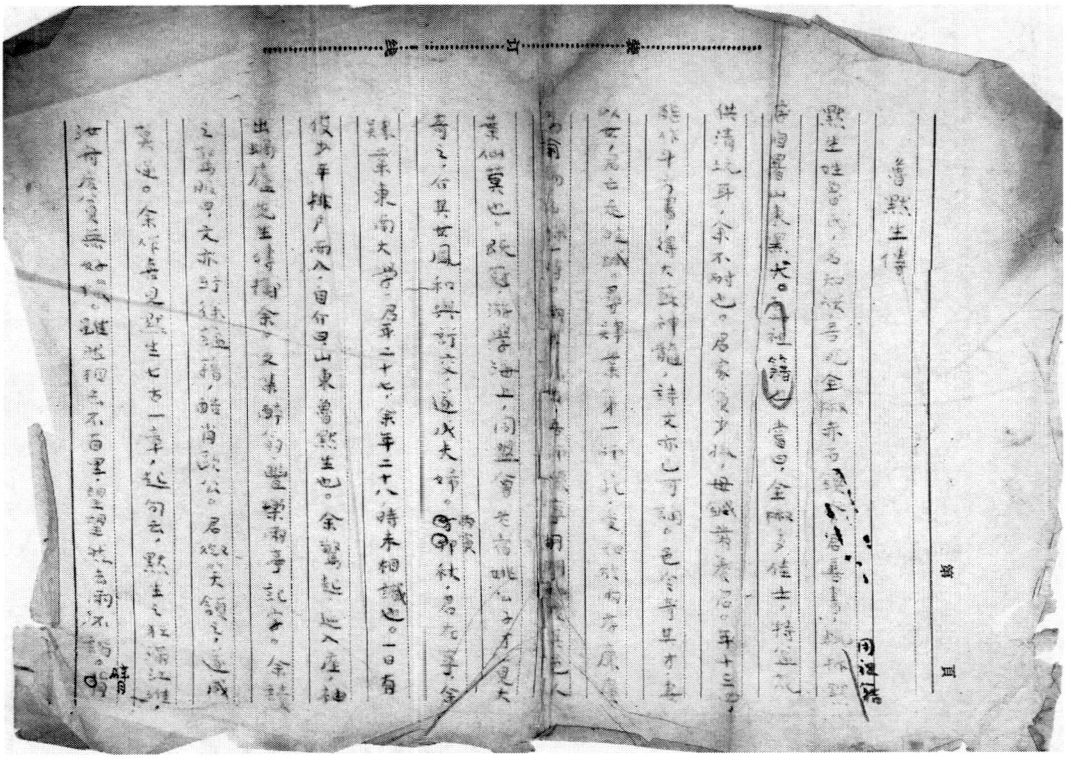

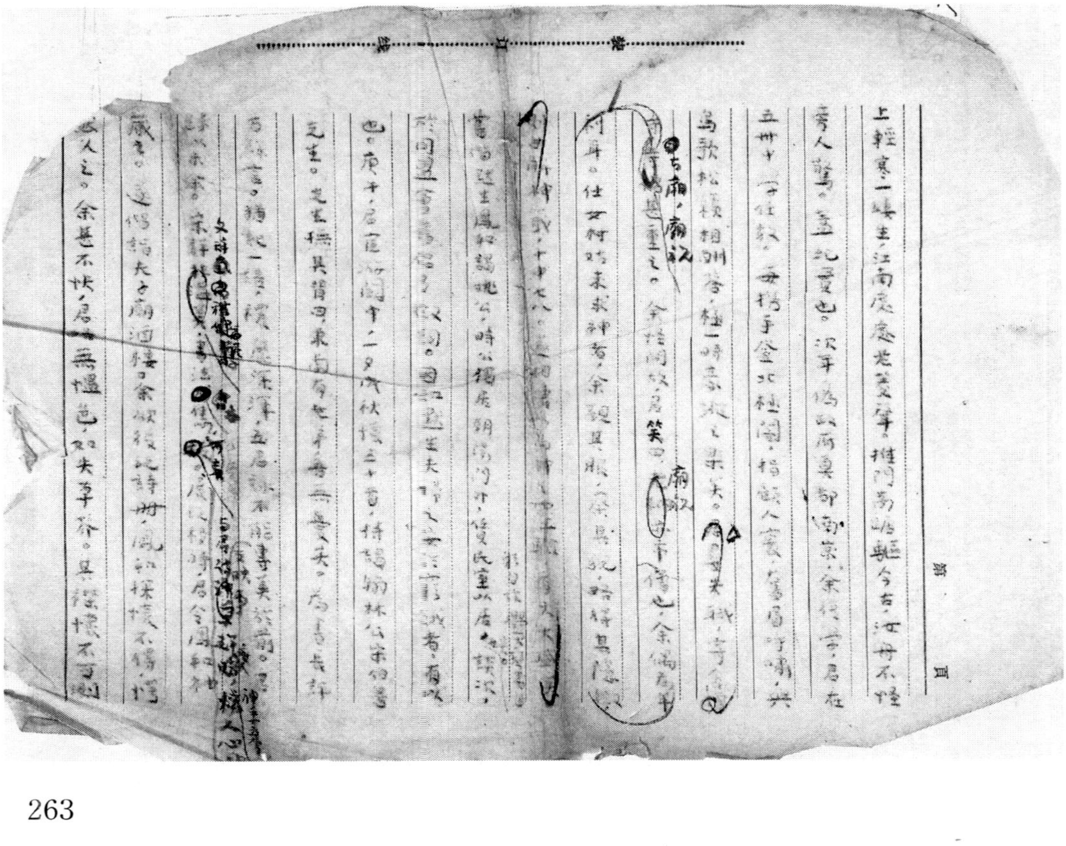

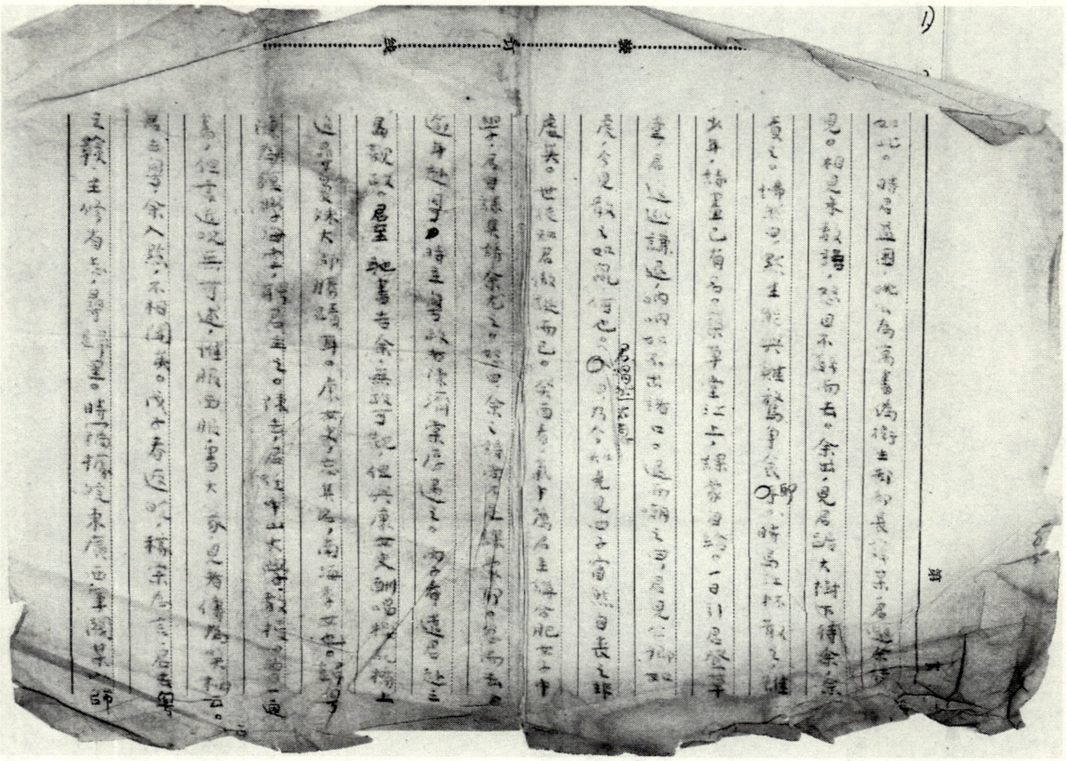

如此。時君益困，[illegible]長沙某居近，余時
見。相見未敢揖，[illegible]不辭而去。余[illegible]見君[illegible]大樹下待余[illegible]
[illegible]
[illegible]
[illegible]
[illegible]
[illegible]世[illegible]而已。[illegible]
[illegible]
[illegible]
[illegible]
[illegible]
[illegible]
[illegible]

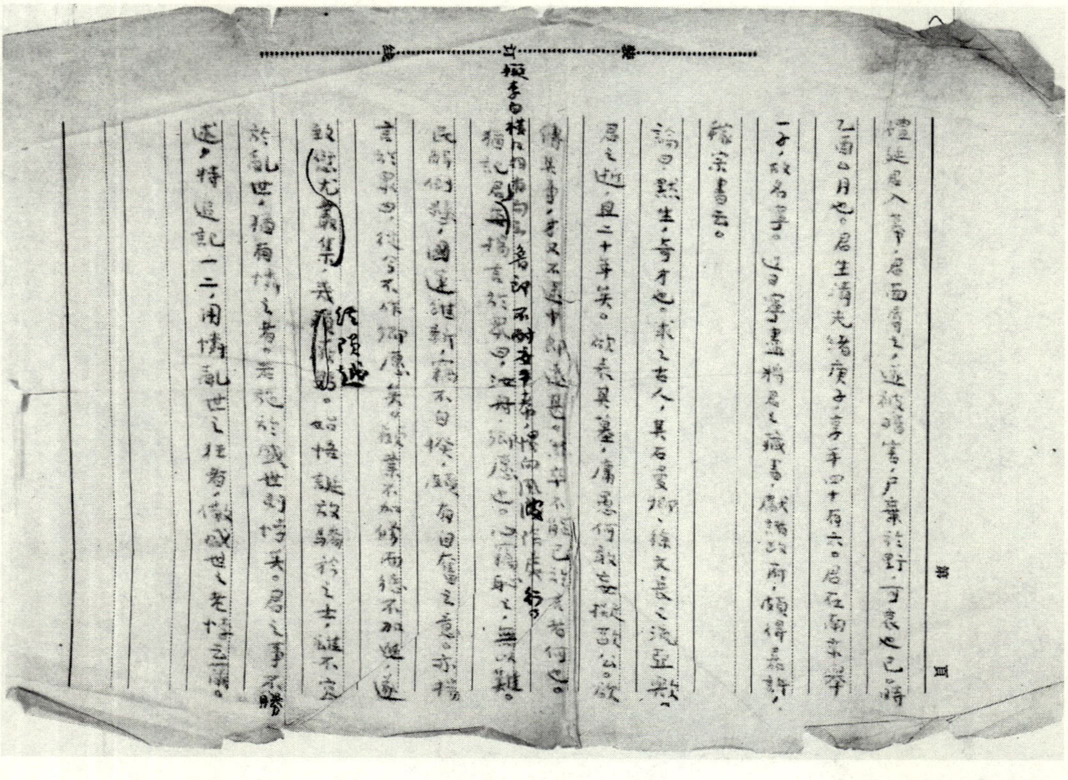

禮延居入幕，居面責之，遂被嫉害，尸棄於野，可哀也已。時
乙酉四月也。居生清光緒庚子，享年四十有六。居在南京，舉
一子，故名享。[illegible]居之藏書，獻諸政府，頗得嘉許，
稼宗書去。
論曰：默生，奇才也。求之古人，其石曼卿、徐文長之流亞歟。
居之遊，且二十年矣。欲表其墓，[illegible]
[illegible]
[illegible]
[illegible]
[illegible]
[illegible]
於亂世，猶有情之者。[illegible]
[illegible]特追記一二，[illegible]

盲翁雜文

育翁杂文

我认识了一个工人

1965年一个夏天，下午我和老伴
安在花溪公园．麟山茶室．
坐着吃茶。忽然，穿一套
破旧衣裳．廿来岁的男子，
坐在我的旁边．一吃吃了两
大碗凉面，吃得蛮香。我

好奇，问他一句："同志！你没有吃午饭啊？"他"嗯"了一声，却反问我一句："老先生，是安徽人吧？"我回答"是"，他说："~~我是~~是~~安徽人，家住在~~皖北怀远县人，姓刘，家庭是个中农~~的~~；我问："~~你~~他是怎么到贵阳的呢，他说：

他读了书，去工厂学钳工，

54年支援大西南，几年后

升到六级工，娶一个贵阳女子

（在百货商店当售货员，他们结婚

已经生了两个男孩。"我

听后，惊异地问："那你

们的家庭很美满，你今
天这种情况，怎么搞的？"
他笑了，说："这一年多，哥
哥是共产党员、在供销社叔
等，来信我不回信；贵阳花
溪的老乡，要我到他们家
玩，我不去。今天见了你们

两位老人，就像见了亲人

一样，老先生问，我只好

实说，我们工厂在贵阳头桥

名叫，机器修配厂，厂长是

湖南人，作风甚好，他到

车间，别人向他打招呼

我从来[illegible][illegible]我的话不理

他，~~稠~~另外，他从家乡带了表妹来，公开地搞男女关系，在厂里~~要~~勒令干部签字，骂干部，啥工作也不干，我当群众面提他意见，~~每一次~~尤其我说道他有一些贪污的问题，我当群众面揭发他，他怀恨专心。三年前，无罪失败，把我从工厂下放出来，什么叫下放呢？把我六级工人（四）降为修路工人，一天只赚几角钱生活费，这时，我爱人也相应地从开门店开除出来，每天几角钱，一家四口，怎样活下去呢？

房子也租不起了。我和爱人从山里砍了棵树，砍了捆茅草，在六广门邮政局后面空地上，自己动手，盖了两间小茅屋，住下来了。"

我很惊奇地问："你受了这种迫害，你爱人能够和你共同患难，可不容易嘛！”

老刘说：“总有一个过程，

他和我结婚，不到几天，我板

起面孔对他说‘你这样爱打

扮，我们也不是长头夫妻！’

她态度很好，对我说：‘你讲

嘛，你不讲我怎么懂呢？’

不到三天，她把好衣服，和一些化妆品，送的送，卖的卖，一扫而光。从此，她穿着最朴素的布衣服，同时，家庭生活也相应地比较艰苦。因此，我知道后，蓄积了几个钱，尽了这次实惠，我所还能活两三个月。但是离家乡七千里路，无亲无故，存几个钱也用光了。于是乎，我就挑个担子到贵阳市街道、乡镇去打货，修理铜器、木器和皮鞋，每场可以赚三、两块钱，这样，自资活了几个同：忽然：上级指示，乡镇不准单干。我的摊子摆不成了。由于同乡的帮忙，他去求村部当干部，帮我忙。准我去那里摆摊子。由于，乡镇人，收入少，活不下去了，便又挺胸而出；

说："花溪南边，还要修大飞机厂，我去挑土方"。老刘
致庆：她爱人是城市姑娘，是
学生，这种苦她也干不了。她爱
人说："我年轻、身体好，什么
苦干不了？人干的，她到飞机
厂苦干，挑土，每天挑土方

赚块把多钱，全家の口工就勉强

活下去了，今天，我去石板

那赶场，确实没吃午饭。

碰到你们两个老人家，不觉口不

觉话就多了，停不住。（他又说：

①厂长把我从工厂撵出来了今年

春天，贵阳搞四清，厂长贪

污案，被群众斗了多次。厂长说："我贪污是事实，但实际数目没有这么大，老刘清楚"。于是群众同意他找老刘打证明，老刘如实地办了。老刘又说："今年春天，贵阳搞四清，丁长贪污案被斗了九次厂长说："贪污是事实，但数目没有这么大，老刘清楚"。群众同意他找老刘打证明，老刘如实地给他办了。"

老刘撵出门，众人异口同声说："老刘一手好生活，字也写

脾气不好，"觉安听到这句话
对老刘说："同志、脾气要改，不
然要吃亏。"老刘头一摆
说："脾气不能改，我们贫下中
农就靠这几根硬骨头"，我对他说
"对坏人要硬，对自己的哥哥又
是党员，要求帮助一点，似乎

也可以的。他说："哥哥儿女多，
经济并不宽裕，所以他来信，
我也不管。"于是老刘谈到
他们弟兄感情很好。
之前，他以他的大侄子刘
要了回来。侄子带一副通光眼镜
他很不顺眼，戴了几天，送他
出火车。去车站门外，他

又对侄子说："你把眼镜送给叔叔。"

老叔接到手，把眼镜扔到一丈多远的荒草窝里去，板起面孔对侄子说："你爹爹带个烂草帽二十多年换不起，共产党来了，我家翻了身，你读了小学，当供销社售货员，你眼又

不近视，你戴这个眼镜子

装什么像？”

老师们对待爱人也好，对待孩子也好，今天对待我们也好，深深地讲了几堂深刻的阶级课。

第二自爱。~~我的被服好~~

刘

文化大革命开始．我们没有再见面的机会。又一年多些．刘故去．快六个年头了。十二年前，在江西庐山开会某个下午，听老刘同志的长篇讲话；感动极深．追记于此．全是事实。

七五．6．18． 南翔口述．杨德林笔记

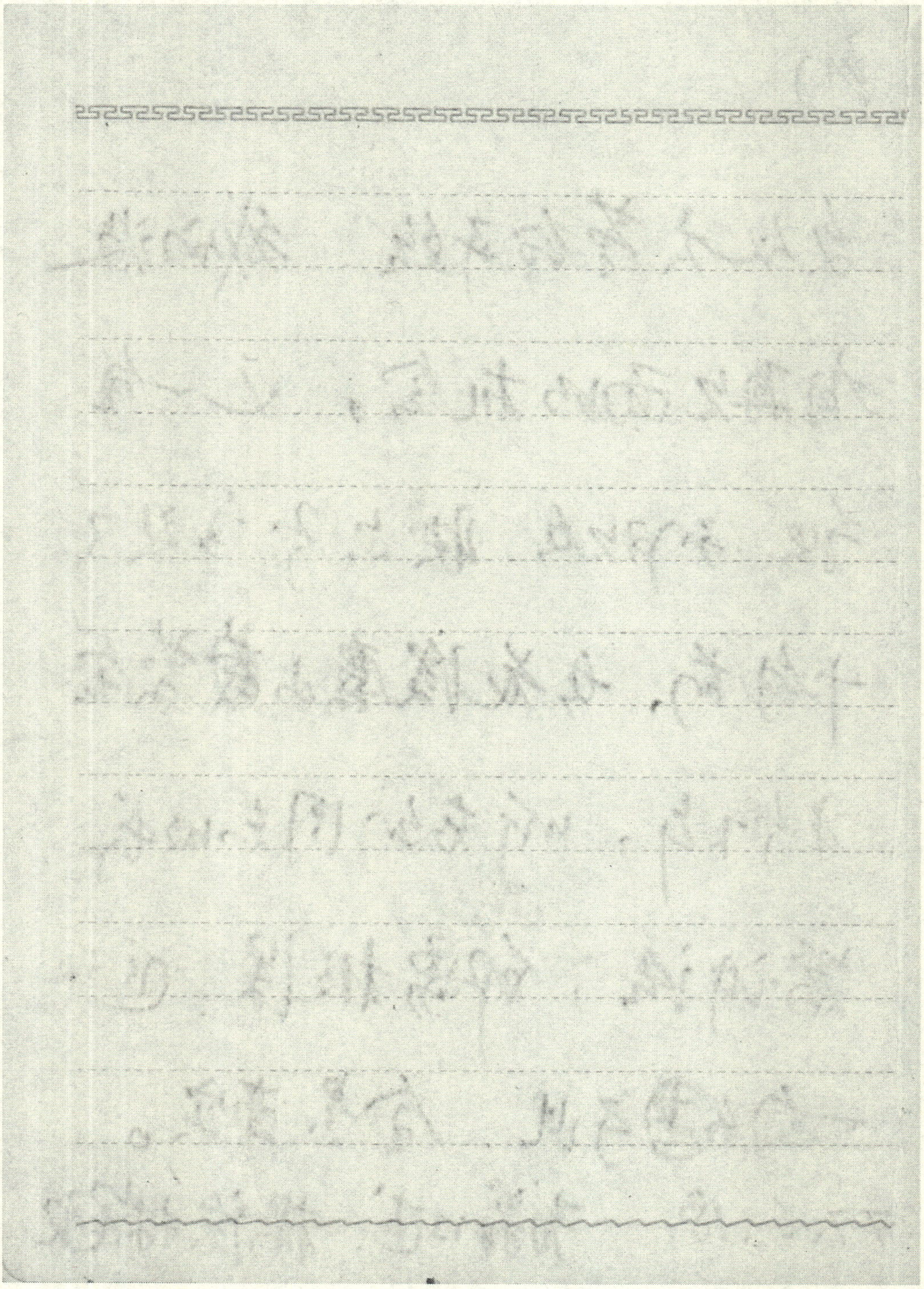

《心經》通解（殘）

(1)

心經通解

三皈弟子張慧波敬撰

般若波羅密多心經

般若，梵語，音譯為「八隂手」「惹」。用漢語音譯為「智慧」。勝義不翻，是五不翻之一。佛經中義勝於中國聖哲之智慧。猶南無義譯為皈依，義勝於歸依，雖用異體字皈，還不不够原義，所以用音譯。唐以前漢語無輕唇音，佛徒不讀今音南無而讀古音拉模。波羅密多，多是韻尾無義，舊譯不翻。玄奘新譯有之。波羅密義譯為度，佛經之普度眾生之度，從此岸到彼岸，此岸是烦恼，是娑婆，彼岸清净是極樂。此岸是六凡：天、人、修羅、餓鬼、畜生、地獄。彼岸是四聖：小乘、中乘、大乘、佛。

觀自在菩薩

（浅释）觀自在是舊譯，新譯觀世音。音譯太長，但用義譯。舊譯已久，最為通行，大師新譯，不改竄。菩薩梵語全稱菩提薩埵，簡稱菩薩。義譯菩提是覺，薩埵是有情。覺有情有兩義。覺是佛，但菩薩大慈大悲，我不入地獄誰入地獄，度生既切，故用動賓詞組稱為覺有情。如用聯合詞組釋之，若覺菩薩，覺則覺矣，

②

一 又又用联合词组释之，等觉菩萨，觉则觉矣，
浅释尽意摘。二义皆通。下面经文，阿耨多罗三
藐三菩提，義譯，無上正等正覺。這梵
語也九个音节，義譯出来，是佛，多么明
确？ 佛教菩萨五十二位。小乘圣果等於
八地菩萨，中乘醒果等於十地菩萨。五十一位
菩萨是等觉菩萨，五十二位是妙觉菩萨，
就是佛果。等觉菩萨称菩萨摩訶萨。
就是大菩萨，摩訶義譯為大。
行深般若波羅蜜多時，

〔注释〕已见前，注意"涅"字。观自在菩萨是等觉菩萨，第一位，"涅"字以别于罗汉（小乘圣人）辟支佛（中乘圣人）。

照见五蕴皆空，度一切苦厄。

〔注释〕蕴，隐也，又名五阴。即下经文之色、受、想、行、识。下面经文，眼、耳、鼻、舌、身、意是六根，色、声、香、味、触、法是六尘，眼识乃至意识。眼根与色接触为受，意识但为想，于是行动叫做行，一行就[illegible]在八识田中留迹，一个[illegible]的种子，是六道流回生

③

死根源。举一个例。一个人，受这一道问题不大，根尘不能避免不接触。想、行二蕴上要下工夫。一个单位十二分手脚有女性干部，总得不接触，自是要姿色，身为领导又追觉，不容提出问题。于是见了妄生羡慕心，成了想蕴了。再仗权势，动手动脚，就成了行蕴了。随着行蕴，识神就种下含藏识了。如果[illegible]造成深刻行为，轻则革职，重则开除党籍，甚至枪毙。[illegible]新中国三十年了，上海[illegible]例[illegible]

耳根鼻根舌根身根意根，对声尘、香尘、味尘、触尘、法尘。通过五蕴，形成种种罪孽，难道是脱离[illegible]

现实的迷信吗？林彪「四人帮」之流，
为争当国家主席，不惜千方百计谋害毛主席周总理，篡夺党权。
迷了心窍，搞得稍稍懂点五蕴之笑，有何不好？能照见就更好了。
看看红楼梦，和尚给贾瑞一面镜子，叫他看正面，
反面。贾瑞看正面王熙凤嘻嘻笑，张开两手，向他招手，反过来
来看是一具枯骨。今多少英雄，只看正面，不
看反面。正面上的美女嫦娥、妲己、褒姒以及杨贵妃的正面美貌，
这难道是脱离现实的迷信吗？当看镜子反面，后果如何呢？
照见色蕴是空之，受也无好，下流之害不起，
想从何来，行更没有。这就度一切苦厄，减自
存在菩萨。《金刚经》云：如来有肉眼，有天
眼，有慧眼，有法眼，有佛眼。天眼也不能未想到

（4）

又纯是镜子反面，才会旋绕如年，乃是一切凡夫所见的。如果完如

来只有佛眼，那就完只纯看正面，不见镜子正面，那就无来镜子反面

两面看的是如来的慧眼，没有肉眼，佛以弘法利生

舍利子，色不异空，空不异色，色即是空，空即是色。

注解　舍利子是佛弟子，知慧第一。佛以此无名而告

之。色只括声、香、味、触，属物质方面。近代科学家讲明了法界，

意识方面，思想方面。那就是客观世界；法界即是心不生，

也就是不增不减。心作意识，心法，相宗所谓心法与心王之阿赖耶

就是精神世界，与物质世界二者对立。理事无碍法界

识！去後来先作主公（玄奘大师，识规矩颂）。不垢不净，则合阿赖耶识

就是色不异空，空不异色，二者不是割裂的，是镜子正反两面，

面，各自存在。事事无碍法界，是色即是空，空即是

色，这就色空不二，心物一如的最高的世界观。唯心唯物

皆非究竟。依經[redacted]經，就看对现实革命形势

有益有害。古不适為今用，自當抛弃。因此莊子的话說，

夫子拙於用大，何病於瓠？

受想行識，亦復如是。

直譯

舊譯作受不異空，空不異受，……識不異空，空不異

識，文字……簡練些。

舍利子，是諸法空相，不生不滅，不垢不淨，不增不減。

意譯

法意相字。法相宗，亦名相宗。相宗百法名門論，

只有心王八識是空相，色法是物質，不是空，是相。說明物

質不滅，即是不生不滅，不垢不減，已如上述。佛說衆生皆

有佛性，又說轉識成智，只有心王八識是

(5)

符合不垢不淨。轉前五識為成所作智，轉意識為妙觀察智，轉七識末那識為無分別智，轉八識阿賴耶識為大圓鏡智。轉識成智，八識自然不淨。眾生皆有佛性，下面經文，無智亦無得，以無所得故。因菩提薩埵，故說成智，非內外爍，本體自是，當然不垢。所以不垢不淨，只有心法八識符合。佛與西方哲學的唯本體論，即佛法四種緣起。一，業識緣起是小乘，二，阿賴耶識緣起，即大乘相宗，三，真如緣起，即大乘性宗，四，六大緣起，即密宗。諸法空相，包括三諦，一、三句，小乘緣起，包括四諦，苦集滅道，知苦斷集，慕滅修道。認為眾生學

苦，由於造業（孽），斷集則苦就沒有了。修道就是
斷集滅就是修小乘四果：入流果、一往來果、不來果、
阿羅漢果。所以小乘，四諦就是認為苦從集來，
只顧自己的苦樂，所以被稱為自了漢。大乘
弘法利生，所以六祖壇經上說，佛法不世間，不離
世間覺。離世覓菩提，恰如求兔
角。證明大乘佛法，不脫離世間。大乘有一
乘圓教，即法華經開頭就叙三車代表
三乘。華嚴經最后善財五十三參中
遇外道邪參。大乘圓教，比周秦諸子互
相矛盾，尤其歷代文理相輕，高明多了。
歷代文人相輕，各以所長，

[illegible]

(6)

相轻所短，论不圆通，百家争鸣，越争越乱。专家先生们，看一点佛书，理解理解什么叫万法圆了，看点庄子，此亦一是非，彼亦一是非，莫若以明。明就是明智，就是般若。为什么心执念那么多，迷了心窍，有己无人，坐井观天？林彪「四人帮」就曾经隐隔害，你说圆融，他们就给你带上一顶帽子，反对百家争。甚至说你是阶级息灭论者。

是故空中無色，無受想行識，無眼耳鼻舌身意，無色聲香味觸法，無眼界乃至無意識界，無無明亦無無明盡，乃至無老死亦無老死盡，無苦集滅道，無智亦無得，以無所得故。

上段說空相，此段說空。以四種緣起說，此段就是說真如緣起，是佛果。大乘起信論說以不覺義覺義說染淨，由信解行證由不覺而證真如。真如也就是大圓鏡智。密宗六大緣起，地水火風空識，（空是性宗，識是相宗）地水火風空皆是色，性相不二，心物一如，於理無違。佛法本體論如此，終以一語以無所得故，最見精切。上面說了，用孟子一句話，就能說明心體，根由外鑠，儒家學到賢聖，腦子不是吃益智補腦丹得來的。佛學家成佛作祖，也是本體自具

(7)

非由外铄。所以天台宗六即之每一个心即佛。心即佛，所以鼓励众生，成佛人人有分。镜子又一面，又成三乘贤圣。如经无灭道，如经无〔亦〕无无明尽，无智亦无智。这三个无字极要注意。小乘有人空法空（证二空）。

成唯识论开首就证得二破：破烦恼障证真解脱，破所知障得大菩提。法不空，所知障不破，一切功业，这样后果圆满。我们有一点成绩，就沾沾自喜，与锱铢讨价还价。不遂意就牢骚，就怠工，能不想想乙林彪“四人帮”之流，何尝不是利令智昏，都整垮，身败名裂，遗臭万年呢？

各种哲学各种宗教，都有方法论。佛教大乘就是行深般若波羅蜜多。行波羅蜜多，必須無智亦無得，未是深，才破所知障，才是深。小乘也要念金剛經：若阿羅漢作是念，我得阿羅漢道，即為著我人衆生壽者。成了專字，也不着專字相。立了大功，也不着立功相。孔子对我们講的：第一隅不以三隅反，則不復也。中乘之洽論

講三世姻緣：無明緣行，行緣識（第一世）識緣名色，名色緣六入，六入緣觸，觸緣受，受緣愛，愛緣取，取緣有，有緣（第二世）有緣生，老緣老死。無明是煩惱根源，由無明緣起，造成罪業（薛子），罪業緣成起識田種子，是第一世因緣。由前世業識，隨入母胎，緣起肉體名色，肉體緣起六入，即六根……塵接觸，觸後意識，現受了，象受，愛戀，愛著，叫做愛，

(8)

緣成肉體，叫做名色。肉體緣起六根，叫做六入。六入與六塵接觸。觸緣起受，受以意識俱緣起愛。愛緣取起取，於諸境起取着心。取緣起有，造有漏之因，結來世之苦果。這是第二世之因緣。今世有漏之因，緣起今世之生與老死。這說明眾生輪迴生死。佛法宣傳了生脫死，不墮輪迴，說十二因緣還滅門：無明滅則行滅，行滅則識滅，乃至生滅則老死滅。這叫做涅槃，叫做了生脫死，不墮輪迴。經言無明盡，老死盡，盡就是滅。以後解說這談輪迴，怎能與有神論通解呢？把無神論反動地講清楚。既有神論，申靠神吃飯，靠神創造世界，靠神去解放人類，豈不反動。如果說：黃帝宗是唐虞而往，

在第一句是在叙而生，从来不以解答为什么

林题「由人本之流，通常导出悲剧」。若产生反对有神

论，有道理。佛教讲轮回，有其根据，交代明

白，则红楼梦的宿命论思想由道说。傅林外

史最后一句词：从今后，茶炉茶灶，白礼空王。又

差化骗女却记她奉事观音。刑雅能说佛教红楼梦

有宿命论思想，又应说佛教持书雪芹思想

反动。也不应说阶级局限性。反动旧东西，怎能产生

这种进步作品？

菩提萨埵依般若波罗蜜多故，心无罣碍。无罣

碍故，无有恐怖，远离颠倒梦想，究竟涅槃。

⑨

菩提薩埵，音譯簡稱菩薩，已見前。般若波羅蜜多，音譯，意譯智慧度，亦見前。心無罣礙，掛礙事物，有罣礙就如行船遇到暗礁，不能順利前進，就不自在。反之，沒有罣礙，就能暢快前進，有什么恐怖？快快地前進，何必顛倒夢想，一帆風順了生脫死。究竟涅槃，此處說菩薩，小乘阿羅漢果等於八地菩薩。中乘辟支佛，等于十地菩薩。二者皆已不墮輪迴，但必須更進一步，由等覺菩薩與妙覺而菩薩即佛，才是究竟涅槃。免所縛，十方三界，欲界未來

有人說，水中暗礁，客觀存在，怎能心無罣？則

后之四，四人帮打砸抢抄抓，难道不是客观存在
吗？瞒得了清醒的人，明白这是暂时的，横行霸道一
不成气候，什么白色恐怖只能吓倒一些不
般明智的人，不少自寻短见。般若佛
过去劫为歌利王割截身体，耶稣身钉十字
架，有什么理可讲？有人又会疑问，这样岂不
丧失了争气节？孔子说：暴虎冯河吾不与
也。無，發辭也。每手空拳去打虎，赤身露体去涉
水过河，徒劳无谓牺牲，算什么争气节？
三世諸佛，依般若波羅蜜多故，得阿耨多羅三藐三菩
提。

(10)

三世，过去、现在、未来。阿耨多羅三藐三菩提，梵文音譯，漢語意譯，無上正等正覺。正等正觉，就是等觉菩薩。上面加个無上，就是妙觉菩薩佛了。般若波羅蜜多，是所依之法。阿耨多羅三藐三菩提，得的果。經前段文，無智亦無得，就是空這句，智就指般若波羅蜜多。得，就是這里的得。無智無得，佛果也要也要空。無智亦無得，亦兼上節，菩薩依四般若波羅蜜多……究竟涅槃，是等觉菩薩極果，依所依之智同，所得之果，究竟涅般，也要空，義可互明。

故知般若波羅蜜羅蜜多，是大神咒，是大明咒，是無上咒，是無等等咒。

咒也是五不翻之一，此里說明顯密融通

說明般若密因功。大神咒，言能降魔。大明咒，言
能破暗日。是無上咒，能顯真理。無等等咒，能極妙
妙覺果。無等等咒，無與等倫。

能除一切苦，真實不虛。

能除一切苦，登密切極樂。上言大神咒、大明咒、無上
咒、無等等咒，正密功，斯為第一，所指者。讚咒，益所
照見，彌陀、勢至，三聖一致，顯密同歸，禪
淨雙修，圓融無礙，得大自在。般若有三：文字
般若、觀照般若、實相般若。文字般若是信解，觀
照般若是行，實相般若是證。文字般若，信為功德母，
五十二位，凡入初住信，即稱初住菩薩。此信又解，若能
行解相應，如不證果，除一切苦，往生極樂，則為上妙證矣。

故說般若波羅蜜多咒。即說咒曰：揭諦揭諦，波羅揭諦，波羅

五支乃現在所受之果也。八曰愛。謂貪染五欲等事也。九曰取。謂於諸境生取著心也。十曰有。謂作有漏之因。能招未來之果。此三支乃現在所作之因也。十一曰生。謂受未來五蘊之身也。十二曰老死。謂未來之身既老而死。此二支乃來世當受之果也。此十二因緣。該三世因果。展轉因依。如輪旋轉。無有休息。一切衆生迷而不知。良可悲也。此本緣覺之人所觀之境。大乘菩薩徹照此境皆無實性。故云無也。

無苦集滅道

無苦集滅道者。觀四諦清淨也。苦即生死苦果。集是惑業苦因。此二者世間之法也。滅即涅槃樂果。道即道品樂因。此二者出世間之法也。說此四諦者。欲令衆生知苦斷集。慕滅修道。離苦得樂也。此本聲聞之人所觀之境。大乘菩薩照了此境當體空寂。故云無也。

無智亦無得。

智者。般若之智也。大乘菩薩以智照境。既無五蘊及四諦諸法。即是人法皆空。境智俱泯。如病去藥亡。故云無智亦無得也。

以無所得故。

此結前起後之言。

菩提薩埵。依般若波羅蜜多故。心無罣礙。無罣礙故。無有恐怖。遠離顛倒夢想。究竟涅槃。

菩提薩埵者。能依之人也。般若波羅蜜多者。所依之法也。菩薩之人依此般若法門修学。功成理顯。故得心無業縛。因無業縛。故無生死恐怖。既無生死恐怖。則無顛倒煩惱。此三障既空。三德乃顯。故云究竟涅槃。涅槃者。梵語摩訶般涅槃那。華言大滅度。大即法身。滅即解脱。度即般若。此之三德非別有也。即三障是。迷即三障。悟即三德。所謂生死即法身。煩惱即般若。結業即解脱。然雖障即是德。自非般若之功德不能顯。譬如磨鏡。垢盡明現。斯之謂也。

三世諸佛。依般若波羅蜜多故。得阿耨多羅三藐三菩提。

三世者。过去未來現在也。阿耨多羅三藐三菩提者。華言無上正等正覺。此言非惟菩薩如是修證。而一切諸佛。莫不皆修般若得成正覺也。

故知般若波羅蜜多。是大神呪。是大明呪。是無上呪。是無等等呪。

前是顯說般若。後是密說般若。然既顯說而又密說者何耶。良由衆生根器不同。所入有異故也。四種呪者。蓋言般若功用。能破魔障。名大神呪。能滅癡暗。名大明呪。能舍利子。佛之弟子。智慧第一。因其爲衆請問。故菩薩呼其名而告之云。

色不異空。空不異色。色即是空。空即是色。受想行識亦復如是。

色即四大幻色。空乃般若真空。衆生由迷真空而受幻色。譬如水之成冰也。菩薩因修般若觀慧照了幻色即是真空。其猶融冰爲水。然色之與空。其體無殊。故曰色不異空。空不異色。如冰不異水。水不異冰。復恐鈍根衆生不了。猶存色空二見。故曰色即是空。空即是色。如冰即是水。水即是冰。若受若想若行若識。莫不皆然。此乃一經之要。般若之心也。

舍利子。是諸法空相。不生不滅。不垢不淨。不增不減。

是諸法者。指前五蘊也。空相者。即真空實相也。菩薩復告舍利子云。既了諸法當體即是真空實相。實相之體。本無生滅。既无生滅。豈有垢淨。既無垢淨。豈有增減乎。

是故空中無色。無受想行識。

此真空實相之中。既不可以生滅垢淨增減求之。故總結云。無色。無受想行識。無即空也。

無眼耳鼻舌身意。無色聲香味觸法。

真空實相之中。既無五蘊六根六塵此空十二入也。

無眼界。乃至無意識界。

既無十二入。亦無十八界。十八界者。六根六塵六識也。乃至者。舉其始末而略其中也。如上五蘊十二入十八界。不出色心二法。爲迷心重者。說爲五蘊。爲迷色重者。說爲十二入。爲色心俱迷者。說爲十八界。已上三科。修学之人。隨其根器。但修一科。即能悟入。

無無明。亦無無明盡。乃至無老死。亦無老死盡。

此空十二因緣也。無明者。癡暗也。謂於本性無所明了。非暫然無知。乃違理强覺之謂也。無無明等者。菩薩以般若智。觀其無明。其性本空。無生滅相。故云無無明亦無無明盡也。乃至無老死。亦無老死盡者。義與前同。但舉其始末。而略其中也。生相者。如法華經云。無明緣行。乃至生緣老死是也。滅相者。如經云。無明滅則行滅。乃至生滅則老死滅是也。十二因緣。亦名十二有支。一曰無明。亦名煩惱。二曰行。謂造作諸業。此二支乃過去所作之因也。三曰識。謂起妄念。初託母胎也。四曰名色。從託胎後。生諸根形也。五曰六入。於胎中而成六根也。六曰觸。出胎後六根對六塵也。七曰受。謂領納世間好惡等事。此

佛教在中國歷史上的貢獻（殘）

佛教在祖国历史上的贡献

张汝舟

去年（八〇年）十二月中国佛教协会第四届全国代表会议在北京召开。我以中央与地方会力支持参加了会议。

贯彻了中央宗教政策、[illegible]民族政策、外交政策，以及中央新出任务的化方针，使得佛教今天得到真正解放，受到由衷的感动，[illegible]，全体二百五十多名代表一致[illegible]爱国爱教。[illegible]

爱教，同时也得懂得佛法不是如世俗所见，只是迷信，是腐朽的，是国家社会上的人所厌弃的糟粕。相反，佛者觉也，"修"者解迷入觉也，"行"者利他众生也，行觉道，使如来普度众生也。

以教信之主——佛、法、僧——为主，为历史上上智所称，在历史上创立了[illegible]的成绩。[illegible]社会里，佛教有许多经过[illegible]。

[illegible]中国历史上对[illegible]有哪些贡献[illegible]，[illegible]佛教政策，[illegible]的人那一年[illegible]，[illegible]

佛教[illegible]不了解，[illegible]，对佛教有四[illegible]

[illegible]

初步的理解。佛教有三大特点：

（一）富有正义感。就是善恶分明，严格划清。用力修戒、定、慧，熄灭贪嗔痴；从此岸的"悭贪"、"放逸"、"懈怠"、"愚痴"、"散乱"度到彼岸"布施"、"忍辱"、"戒"、"精进"、"般若"、"禅定"，叫做六度。如来为三乘圣人说法，也为人间凡夫说《十善业道经》，"十善业"与"十恶业"森然对立，修一切善法得阿耨多罗三藐三菩提（金刚经，指修一切善法即可成佛）。

（二）佛法辩证观念强。恩格斯《自然辩证法》说："佛徒有辩证法"，如以《金刚经》说："如来说法，随说随扫"，就是针对了人们执着死板的机械唯物论，教条主义和形而上学而[illegible]判断也了。

（三）佛教提倡"大无畏精神"。"大无畏"之名就出于佛经。"我不入地狱，谁入地狱"（地藏菩萨语）。历史上"三武一宗"法难（北魏太武帝、北周武帝、唐武宗、五代周世宗），佛教徒受到什么样残酷的迫害，此后不知，正法越打越兴。儒家"舍生取义、杀身成仁"，耶稣钉十字架，老子"以身为天下，身寄天下何患"。今天到胡耀邦、黄继光式的烈士，赴汤蹈火，不惜付出保贵的生命，佛教徒对此，岂不敢争之。要知道佛教徒中不少是出类拔萃。这篇文章指出的法师与居士，也是真正做到以出世心，办世间事的卓绝人才。哪有逃避现实的宗教又不起积极作用，不也宗教，什么学术，都该踢掉！

……不堪回首，写这篇述说，以表白我对佛教初步的理解。

佛教精神特点：（一）正义感强，善恶分明，智慧圆[illegible]。修一切善法即为菩萨。[illegible]达彼岸。同时佛法"辩证"观点，反对[illegible]，反对[illegible]，圆融[illegible]，不立一法，[illegible]一切苦。机械论，[illegible]佛经里所有。

（二）大无畏精神。"大无畏"之义，是从佛经上来的。"我不入地狱谁入地狱？""地狱不空，誓不成佛。""世界上有一个人还没得解脱，就不能说自己已得解脱。"佛教徒所以这样，[illegible]在[illegible]年代[illegible]舍身[illegible]，[illegible]赴汤蹈火的烈士，[illegible]有宗教信仰的。[illegible]如谭嗣同[illegible]是如来所宗教，

一般教外人，一定把宗教[illegible]，[illegible]"宗教"的[illegible]一千多年，[illegible]宗教，[illegible]十年浩劫，也[illegible]佛法之存在。相反，[illegible]和尚居士，[illegible]。上海[illegible]，大[illegible]，[illegible]中国佛协[illegible]上海[illegible]佛[illegible]，[illegible]北京[illegible]。[illegible]北京广济寺[illegible]，[illegible]有人写[illegible]"迷信"[illegible]，[illegible]就是信而不迷，就是迷而不信，看看历史上这么多的和尚与居士，[illegible]

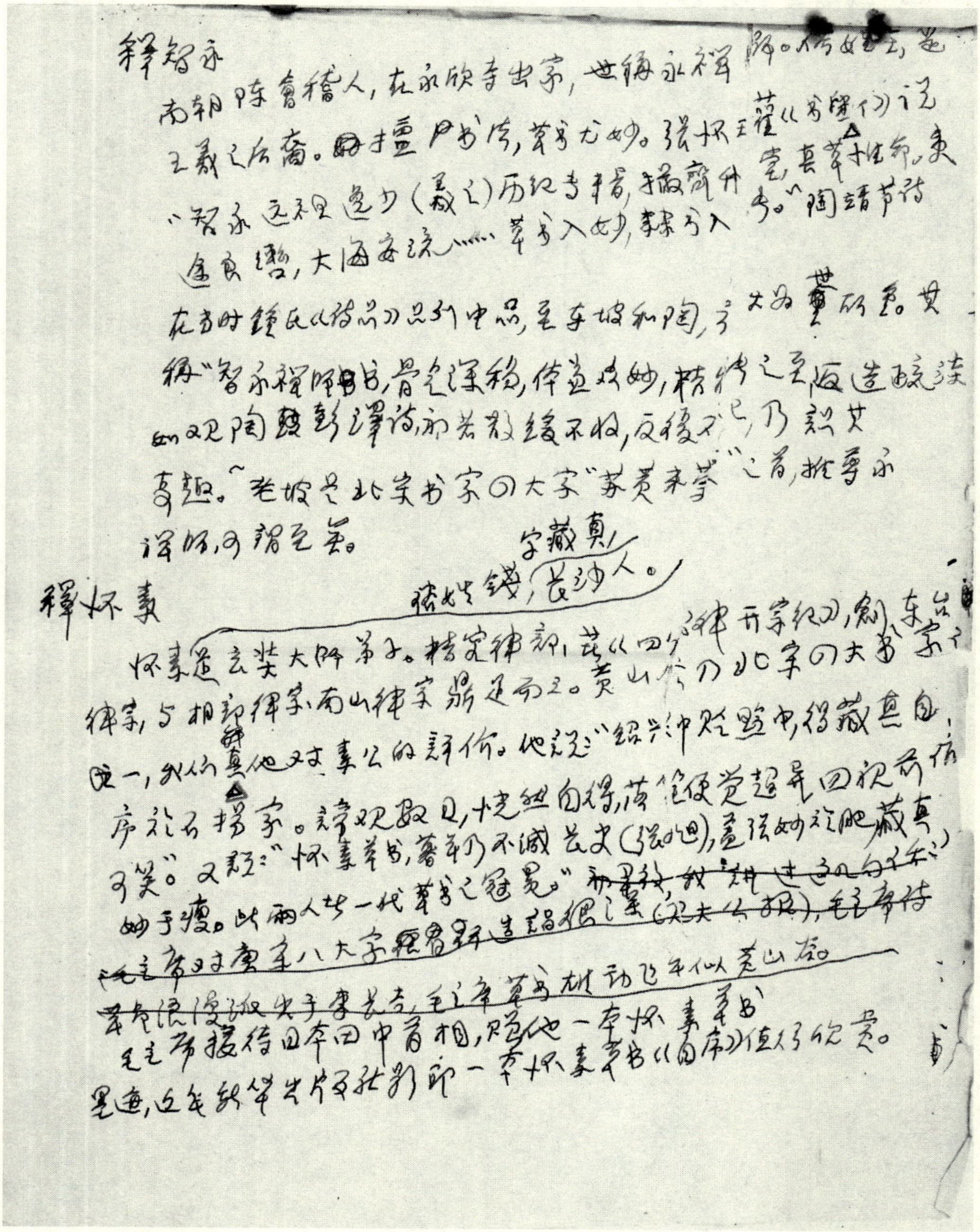

释智永

南朝陈会稽人，在永欣寺出家，世称永禅师。传是王羲之后裔。善书，草书尤妙。张怀瓘《书断》说："智永远祖逸少（羲之）历纪专精，摄齐升堂，真草惟命，夷途良辔，大海安流……草书入妙，隶书入能。"陶靖节诗在当时钟氏《诗品》只列中品，至东坡和陶，方大为世所重。黄称："智永禅师书，骨气深稳，体兼众妙，精能之至，反造疏淡。如观陶彭泽诗，初若散缓不收，反覆不已，乃识其奇趣。"老坡是北宋书家四大家"苏黄米蔡"之首，推尊永禅师，可谓至矣。

释怀素

字藏真，俗姓钱，长沙人。

怀素是玄奘大师弟子。精究律部，著《四分律开宗记》，创东塔宗，与相部律宗、南山律宗鼎足而立。黄山谷乃北宋四大书家之一，我们看他对素公的评价。他说："绍兴中于黔中，得藏真自序于石扬休家。谛观数日，恍然自得，落笔便觉超异，回视前作可笑。"又题："怀素草书，暮年乃不减长史（张旭），盖张妙于肥，藏真妙于瘦。此两人皆一代草书之冠冕。"~~[illegible]~~

毛主席接待日本田中首相，赠他一本怀素草书《自序》墨迹，近年文物出版社影印一本怀素草书《自序》，值得欣赏。

积 八大山人

朱耷(dā)明宗室。明亡后，入奉新山为僧。号雪个、个山、人屋，后号八大山人。工书，善画山水花鸟竹木，笔墨纵恣，简括绝伦。张庚《画徵录》说："八大山人有仙才，隐于书画。书法有晋唐风格。"吴修《昭代尺牍小传》称赞他"所书所画有别趣。"又不开览，宜易认此！

积石涛 余颖宾言：诗名朱若极。

~~明楚藩后~~出家名道济，字石涛，号清湘老人，又号大涤子、苦瓜和尚。自谓苦瓜，为它时人所加之别号，重其道行才艺和佛门"宗师"之德也。其与八大山人同时，精分隶，善画山水兰竹，笔意纵恣，大江以南画家第一。著有《苦瓜和尚画语录》。

王概只称他为　　郑板桥称他的兰竹

积石溪

髡残，武陵刘氏子，名髡残，字石溪，自号白秃，又字介丘，号石道人。住金陵牛首山。工画山水，好写奇僻图景，与石涛、八大山人、清初三个和尚，与清初四家山水并论一时的"四王"(王时敏、王鉴、王翚、王原祁)，然不能与其相比，宜非奇才之生也，论者称，然不能力争之

积弘仁

俗姓江名韬，安徽休宁人，明诸生。

入清出家名弘仁，号渐江。工诗文，善画山水，~~初学宋画家等~~好画黄山松石，晚年宗倪云林笔法，自成一家。

清初四大画僧——八大山人、石涛、石溪、弘仁，各树一帜，别具风格，与当代名震画坛的四王——相对抗，为艺术宗师气概。满清入关，士人俯首出家，四大画僧就与作诗僧苍雪(读彻)、大汕(番禺人)及的僧众以智者，保明遗，皆具有强烈的民族气节，不容抹杀。

~~佛教 刘勃恩~~

积髡地(刘勃恩)

（向余《文心》…

刘勰字彦和，南朝梁代东莞莒人（今山东地）。据《梁书》本传："勰早孤，笃志好学，家贫不婚娶，与沙门僧祐居，博通经论。"由梁天监中，为定林寺佛藏目录编者，开内典录、昭明之先河。时七庙皆用蔬果，而二郊农社，犹有牺牲。彦和表请，宜全部祭祀，一概革除。[illegible]，定林寺撰经毕功，遂求出家，先燔鬓发以自誓，敕许之，乃变服改名为慧地。彦和曾述生况借佛礼的传人秉翰而来。尝一梦之大抵结论释于《文心雕龙》之序《序志》云："齿在逾立，则尝夜梦执丹漆礼器（其意谓执礼之器）随仲尼而南行。旦而寤，乃怡然而喜：大哉圣人之难见也，乃小子之垂梦欤！自生人以来，未有如夫子者也。"如此仰止高山，是在于夫子门墙之下了。又曰："敷赞圣旨，莫若注经，而马郑诸儒，弘之已精，就有深解，未足立家。唯文章之用，实经典枝条，五礼资之以成，六典因之致用……去圣久远，文体解散，辞人爱奇，言贵浮诡……于是搦笔和墨，乃始论文。"《文心雕龙》为书五十篇，其不一之意全不相失大意。扬子《太玄》为…遗传诸家之精；桓谭《新论》也…之见。独《文心雕龙》为书，当代文学沈约见而称之，常置几案。唐代刘子玄（知几）子玄广知之，颇为推仰。其《史通·自序》独论…以扬雄《法言》、王充《论衡》、陆景《典语》诸作，皆以为时代偏驳，有所未尽。其称《文心雕龙》亦云："词人属文，其体非一，譬甘辛殊味，丹素异彩，后来祖述，识昧圆通，家有诋诃，人相掎摭。"故刘勰《文心》

出焉。北宋黄山谷云："论文则《文心雕龙》，论史则《史通》。"指斯二，大抵同也。至明清之初，时儒纪昀（晓岚）与黄叔琳（昆圃）为此书作"辑"作"注"，于是《文心》始在士林，人争诵读。清末瑞安孙诒让《札迻》也曾校《文心》，民国初丹徒李审言亦补《文心黄注》。吾师季刚先生著《文心雕龙札记》，题词云："论文之书，鲜有专籍。自桓谭《新论》、王充《论衡》，杂论篇章，继此以降，作者间出。然文或湮阙，有如《流别》《翰林》之类；语或简括，有如《典论》《文赋》之侪。其敷陈详覈，征证丰多，枝叶扶疏，原流粲然者，刘氏《文心》一书耳。"其推尊可谓至矣。余以为黄先生之与舍人，才分相同，缘非世，其心其言，竟如一辙，非人力也。余故以为《札记》者，东莞之功臣，蕲春之刘侗，妙喜之之通家公之！也。殆即如来不异不同，非一非二之法门耳。

皎然大师

唐代著名诗僧皎然，长城谢氏子，名昼，大谢康乐十世孙。居湖州杼山。中年了心地法门。文章儁丽，为当代名贤多才颜鲁公、韦苏州所推重。著有《儒释交游传》《内典类聚》《号呶子》。唐宋诗僧多矣，不可尽述。独述皎然大师者，其融会佛儒，以出世人，办世间事，为祖国文化，立不可磨灭之成绩。所著《诗式》，至为世推重，精通《文心》。

於今且有过高视文之世，《诗式》与《文心》并共同之。《文心》乃"继往开来"，《诗式》则"开来继往"。此二书之大较也。

但二书也有异有同，不一不二，亦有相似，并无过甚。《文心》之比四文，知之新文，批评方法垂范百代。《诗式》并皎然六经菁英，妙协於理，连绵吟观文海，超世多殊，之言新鲜，而旨近而又远。我等当先为其起所得，知见浅陋，又不自量，自以为是，妄持计度，略陈其起解。《诗式》之"重意诗例"云：

"两重意以上，皆文外之旨。若遇高手如康乐公，览而察之，但见情性，不睹文字。……此道尊之於儒，则冠六经之首；贵之於道，则居众妙之门；崇之於释，则彻空王之奥。"大师之出此一段言论，不是泛言，是其日学人为言道世精妙，不可死在《诗式》上，不可拘泥在文字上，必须归根於情性。《诗式》有意有深，都是性出心裁。即如辨体十九个字："高"、"逸"、"贞"、"忠"、"节"、"志"、"气"、"情"、"思"、"德"、"诫"、"闲"、"达"、"悲"、"怨"、"意"、"力"、"静"、"远"。把这十九字机械论其形而上学，死在字句下，十九个字如何括尽文章之理致（解读）思想上之内容？如读程颢诗句则"万物静观皆自得，四时佳兴与人同"，朱熹诗句"……"，"夜雨巴山"，又何尝有诗意。此十九字经自诸诗句），则此境最难……如十九字发展到了司空图《二十四诗品》，又不可：雄浑、冲淡、纤秾、沉着、高古、典雅、洗炼、劲健、绮丽、自然、含蓄、豪放、精神、缜密、疏野、清奇、委曲、实境、悲慨、形容、超诣、飘逸、旷达、流动。

魏文《典论·论文》云："夫文本同而末异，盖奏议宜雅，书论宜理，铭诔尚实，诗赋欲丽。"陆机《文赋》云："诗缘情而绮靡，赋体物而浏亮，……铭博约而温润，箴顿挫而清壮……"遂及《风骨》，乃至《文心》所谓"比兴"、"夸饰"、"练字"、"隐秀"及诸篇。

杜子美诗句："清新庾开府，俊逸鲍参军。"自许其诗"沉郁顿挫"。其不从文章

修辞，~~典雅，推移，其来~~粘字连形，单一文字，多纷出入翰林，经

眼古今中外。苏子瞻才华盖世，为某王休。早得毛主席之文艺讲话。

（主席说）王海蓉同志读杜甫《北征》。王同志奏毛主席答她：打

预防针。主席说："不要打预防针，钻得进，跳得出就是了。"这是一个

"钻"字一个"跳"字，为下很大力气呢。东坡诗句："好诗不厌千回读，"

才能钻得进；又说："不识庐山真面目，只缘身在此山中。"才能跳得出。

一孔之见眉目寸之，近部《文心》、《诗式》足全于时。文艺理论，是大书

当时所写的一句话。书我偕好文字，辨明之之序，供之三十载，

扶情模型，逐量，说人子弟。今年过八十，我亦垂问，只得

举毛主席所昊足，引东坡诗句为证；更引杜诗"文章千古事，得失寸

心知"与刘彦和《明诗》"诗有恒裁，思无定位，随性适分，鲜（疑当

改"斯"）能通圆。若妙识所难，其易也将至；忽之为易，其难也方来"（明诗）。

四化之在文艺方面，似应大加一把劲努力，方能按此而证。

言，希我诗论坛猛击明里、是林伯、李健吾诸撰，有以教之！

赵朴初、林默涵、启功、顾？编

（一回顾方于《文心》、《诗式》中）

僧一行

一行法师，唐大观寺区象囿全德寓心佛之珠。则天后子等嵩

程处室，天后之侄武三思权倾一时，慕其法师之行，请与订

交，法师逃遁，遁入空门。开元中玄宗强之入京，置于光天殿。

数访以安国抚人之道。著有《法嗣付藏》、《像（大衍）》

《开元大衍历》、《大日经疏》等名著。常被大家誉为中国密教之祖师，历数天文之大家。

大师是唐名臣之后裔，立朝大节，炳如日星。为中兴之臣，立不朽之勋功，历数天文，尤为卓越。世称之大衍历为历代[illegible]《三统历》唐开元之僧一行《大衍历》之前，有[illegible]《授时历》《大衍》、《授时》为名历，确不可易。而刘歆《三统》的祖国历数天文上的[illegible]，这是祖国历数天文二千年的光辉历史，直至于今人享受天算大家[illegible]提出"[illegible]"[illegible]，"[illegible]"大也。数十年之间，[illegible]，[illegible]，[illegible]"三统"之[illegible]。权威直到今天。[illegible]权威宗人，竟如此也。一行大师，更为卓越，不惧权威，直以《大衍》精密，指出刘歆所定"武王克商"为公元前1122年，而定为公元前1111年，甚为至精，已近实际。而刘歆之权威，直到今天，从未不动，权威之害人，有如此也！惟其正道不行，邪说横生，清代钱大昕迷信《三统》以致近代王国维、新城新藏、董作宾、吴其昌、（浦江清）[illegible]，著书行世，迷雾[illegible]祖先之辉煌科技之"李、苏、张、元"之精英，[illegible]史家，[illegible]。

何以称之历史上关于这位历法,即有此道而服及朝廷。

外国转述之一句话:"不学不读,不止不行",刘彝、徐光启、王国维……印象与《授历》与《大衍历》以及何承天、祖冲之,一行大师、郭守敬……的先后成绩我们不得不称于世界。说者以自己道德之……之下,出世不……时的。一行大师,曾有"……"之名,……《大衍历》比……一……,以见历史上是……的……。

《……》"……"为佛门之大宗。《心经》……,"究竟涅槃",《阿弥陀经》"是人终时,心不颠倒,即得往生阿弥陀佛极乐国土。"世内"……"、"自己……"。……"……",……"……"……,……

△

憨山大师

明朝佛法二百多年,仅有四大高僧,大师是其一也。四大高僧:憨山外,即莲池大师、紫柏大师与蕅益大师,……国家人民之大,实……,世……佛法入中国以后,历史……一……"……",……《……经》……十……,……"一切法皆是佛法",……

这些……人物,这种……精神已如前述。……

……

一行"大行可阅"，是为融汇大同的"大行"。如是，如文心"即是"道无"，
就同於龙潜的，不是当将君往飞龙在天，与"随其所掛"都是不同。这表之旨
然太师，如是提出王道之人之一体。憨山大师之注《庄子内七篇》大体
以内圣外王之道为道，主张初引憨大师（引以解）出《药地炮庄》
全部九条是从《释解》。

本文开端提出，他有三种特点（一）正义感悟，（二）辩证观念，（三）大乘菩萨精神。在这三个基础上，通过《憨山大师年谱》与《庄子内七篇注》，以大师实修道行与修养，化解三个年的教外人士的迷惑。

（一）大师主张"教之道一"，是说三教都是三个一体的道，道就是一个内圣外王之道。《庄子齐物论》"百骸九窍六藏，赅而存焉，吾谁与为亲？"大师注："骸指骸也，言总是一身。若从各个而为我，不知此中那一件是我最亲者。若以一件为亲，则余者皆不属我矣。若件件都亲，则有多我。毕竟此中谁为我，此即佛经十八界析色明空观法。即《圆觉经》云：'四大分离，今者妄身，当在何处。'此破我执之第一观也。"《金刚经》破四相——无人相、无我相、无众生相、无寿者相——究竟落在"无我相"——"若菩萨通达无我法者，如来说明真是菩萨。"孔子四毋——毋意、毋必、毋固、毋我——归根在"毋我"。老子"及吾无身，吾又何患"，庄子"吾丧我"。终说世尊"我观的的道，是真正的的道"；归根结底是从脑子里一个"我"字作怪。对这些人横加非议，是没有根据的。

(二)通过三教圣人主张"无我"，提出一个"真我"与"假我"。"无我"者无假我也。假我者，八识田中累积的多生世记种子，天地父母所感？草除根，提到不来的积习，我也为此作乐，隐在无边苦海之中。所以三教圣人也修持，也……修心养性，此后成圣为贤，又当称其成佛作祖。老子说"为学日益，为道日损，损之又损以至于无为。无为而无不为。"人世为学问，是一点一滴加起来的，所以说"为学日益"。修心养性，是一点一滴消去贻误了的种子果，所以说"为道日损"。到了功夫成熟"玄之又玄，众妙之门"，"无为而无不为"，达到"内圣外王"地步。"内圣"是生活习静，修止观，是心斋、坐忘，是识光、正心；"外王"是成佛作祖，度化众生，是而无我众生得度者；"以尊万物以为一世蕲乎乱（治），孰弊弊焉以天下为事"（逍遥游）（金刚经）；为是天下而化不自己，化育万物而民不知；各类草木任物自喜（宗师），大师讲"人生任物自适自喜，帝力何有于我。"中庸曰"致中和，天地位焉，万物育焉。"又"声色之于以化民，末也。"诗曰："德輶（轻）如毛，毛犹有伦；上天之载（事），无声无臭，至矣。"从

谈，"子曰'予欲无言'。三教圣人，都从心性上做工夫，达到与天地合其德，与日月合其明的圣境。这就是所以逍遥游了去，"世人不得如此逍遥者，只被一个我字拘不起，故凡所作，只为自己一身上求功求名，自古到今，举世之人无不被此之作事著了一生，何曾有一息之快活哉？不在心性上痛下苦功，

怎得快活，哪有幸福？三教圣人，都为这日夜上心工夫，决不是博虚模影，是玄虚空洞的唯心主义者。达摩祖师面壁，六祖大师坐破七个蒲团，赵州和尚四十年不杂用心。世之好学者，却在“子曰”盖上下功夫，失忽案头判服，博得个之圆相时，回家怀呼娘子要子而已，何值一笑！

（二）、释迦诸世如来佛都只为着利别人救身命，所以耶稣钉十字架，憨山大师五十岁下狱受苦刑，八个月而已

憨山大师著《观老庄影响论》八篇，中有《观心法》云：“余幼师孔不知孔，师老不知老，既而入深山大泽，习静以观心焉。由是不知孔老之所唯心，万法唯识……法法皆真，迷者执之而不知也。若悟自心，则法无不妙，心法俱妙，唯在此能了。”照向之所不知者人师（孔、老、学识）而拥之为得，修到不知自我多矣，但不知现世界的人面，把要说什么的“我”法甚呢？

（三）三教圣人，救世心切，释迦过去世为歌利王割截身体（金刚经），耶稣钉十字架，孔子畏匡，阨于陈蔡，憨山大师五十岁时下狱，受苦刑（被杖）八个月。万历二十三年充军雷州（今广东雷州半岛），则择安时讲学，著书更多。许多官吏护法，第十年始得释。又是就在这十年中弘法度生，大师因此到来，遍游天下，仍向王舍，请出说法。大师以法为己弘传，有那一般人唯阵，为著《大学决疑》以教导他们。……成通利话，他意安于以现状长安。世人晓得不稳，一道成通利路，禁止设立，陷他们走。里林竟之四人贩之市方场，此道不是“心”法不讲，民信不屈人被之

憨山大师，安徽全椒蔡氏子，年十二，剃发于金陵古长干寺。先入五台山，后迁居东海之牢山。后归曹溪传法。万历二十三年二月

李之仪，这篇写于方以智之盛。主于融合儒释道三教，了明出道士儒生之上，明了之本。其述相宗，晚年之有《楞严通议》、《法华通义》、《起信论解》、《唯识论解》、《性相通说》、《观老庄影响论》、《庄子内七篇注》、《中庸直指》、《圆觉直解》、《道德经解》、《大学决疑》、《春秋左氏心法》等。陶宗仪《书史会要》称大师书法"善行草，杭州有南屏印书馆[illegible]大师墨迹，风格近董其昌、东坡、山谷之间，其代雷霆之笔，殊不可及。大师出家后，一曲山夫，何得后例乎？

释弘智（方以智）

方以智字密之，安徽桐城人。父孔炤，明崇祯年间以右佥都御史巡抚湖广，击贼李自成，八战八捷。以智是崇祯进士。明末南都有四公子之称，与陈贞慧、侯方域、冒辟疆齐名，以智为其中之一。[illegible]著《药地炮庄》、《东西均》九卷，融会三教，与憨山大师同一旨趣。时势之所趋，佛儒道宋元明三代，并之不可动摇，如儒生道士，参统为力。三武一宗之法难，近一千年而不起，是有一定利势造成。没有佛法，就不可能有宋明理学了。宋儒指斥佛老为异端，以伊川、晦庵为最。又送伊川[illegible]睦州佛徒上座，以"三代礼乐，尽在其中"。东坡好谈，问伊川，指出"正教不行佛，何以见之？"东坡、山谷又与佛徒来往，亲密佛印，二人皆在彭二林《居士传》中。晦庵行道，亦读《大慧禅师语录》，莲池师事庐山[illegible]禅师，学道于

了实。明许多道学"阳儒阴释"，实际双方都是"阳儒阴释"，

都是用佛家的方法，进一步分析几个范畴，成绩在董仲舒、

杨雄、文中子、韩愈之上。宋儒又不是因为教他们了，却把他们一笔抹杀，以为二程直接是孟子以后的第一人了。

所以朱子在《大学章句序》说："程氏两夫子出，而有以接乎孟氏之传"，

了为学矣"，我们看的道学和尚居士，在祖国文化史上的意义，

就在这里，比那些儒生所谓"道统"晓"实"的方面要多少了。明了佛教的影响，

打倒孔家店，却是心德有亏！阳明以下，大讲禅学，明明

是佛门"正法眼藏"，还不肯认账。李卓吾和尚指斥一

佛道打破了界限，得到很多有理智的先进者。袁宏道又第三学数。

明代还有不少理学家指着不以己为师。

一个死板拘谨的理学先生，不知道

来看看明代理学先生的儒士，如颜山农、何心隐、黄宗

的《明儒学案》不敢为他们立"学案"。又是黄梨洲

通儒，黄不敢不顾"时尚"，却在别人学案里，如颜山农、

何心隐传）相当的介绍"记述"。尤其是"罗近溪"后继何心隐

王门诸子之内，虽然又以文学

《学案》。当代只有四川赵大洲坦白抗

家"，他是悉心佛教，但不废伦常，不能于

满纸谈何！"赵大洲说道"，当代

年人反驳，也无法反驳什么

《憨山大师年谱》[illegible]在《明儒学案》之中，梨洲先生[illegible]

[illegible]。而[illegible]正续《弘明集》就是佛教[illegible]史，历宋、元、明

十种主要著作，如刘勰[illegible]只能以九五之[illegible]达《文心》，才可太行[illegible]唐代

十家草出大篇，与论[illegible]师（憨山）[illegible]（[illegible]）[illegible]

[illegible]，一代文[illegible]，[illegible]《[illegible]》、《[illegible]》十卷

命不到一个字，[illegible]大师[illegible]，[illegible]之教，

[illegible]主端倪。如果憨山、弘[illegible]，才可畅言教之道一，[illegible]

人间世。[illegible]

[illegible] 憨山大师在《逍遥游》

[illegible]开端就[illegible]"大而化之之谓圣，圣而不可知之之谓神"，[illegible]就以庄子

字里行间，[illegible]，[illegible]！[illegible]"至人、圣人、神人是一体"。儒家也讲"大而化"的"圣"，"化而不可知"的"神"。[illegible]，[illegible]

把"心斋""坐忘"的至妙的境界，归于孔颜？有人说庄子

为孔子真传，庄子得其[illegible]真传，[illegible]都有[illegible]。

[illegible] 憨山说"庄子是老子注疏，孟子是孔子注疏"，[illegible]

之有孟子，犹老子之有庄子"，[illegible]——[illegible]

矣，不一不二。文革革命后，有人批[illegible]孟子有民主思想，[illegible]孔子，[illegible]

[illegible]，有人[illegible]，说老子是唯物主义，庄子是主观唯心论[illegible]

一批人，[illegible]，[illegible]人！"[illegible]，[illegible]

[illegible]"（[illegible]论）[illegible]庄子某篇[illegible]，[illegible]

庄子[illegible]，[illegible]也。[illegible]仁，[illegible]

袁（宏道）《袁子之说》中即说："五教外，五教外有愿教，正宗教也。
五教之关，二教风行……"接引：雷每子曰："把天下有余之人，则求一担之人
恶人不可得；把天下之险谲机械，则求如鲁莽而不可得。"
最合传者句："庄子特地现外道身，作用反径，挑开是
正人之眼，苦如教！"这以所以用反面教材之乃年前可以知之（此点中作快要，详）
只有此，总成一道也！究之支离遁世，藏身于《药地炮庄》
摸着有人间未见之秘闭，开人神智，嘉惠多士，不可尽述。
寅之不本不足合傅寿其，所在单出历史上之以出世人而世间了"的
奇人物，从其从"内圣"，才可以"外王"；从其出世"然后才可以"无不为"；
皆是佛法不足消极落后，而是在今天新时代的大道
上有所贡献。《药地炮庄》是把庄子当作哲学之禅的一盏灯塔，（曼殊惠出《庄子内篇》
四之七，庄然在外面摸，若有之说，实该禅家一点，看了我楼，佛
堂，与通子恶其之旨如何合。"《宗镜录》引袁小修（中道）曰："泥洹了
了；楞严会上，遍观音虚机。"实相曰："犯如来佛，以文殊教，文殊本
因佛性也；文字般若，缘因佛性也；观照般若，了
因佛性了明觉所以然，即文字可也，离文字可也。如春之花，有花觉春，非
离文字皆不可也，非即非离亦不可也。"如果未明，即可与
庄子直见之血脉，不有通出来见翻个筋斗。只解成佛，不解度生，
是狭不周大也。《大宗师》引高忠宪（攀龙）曰："现前道理极

公安三袁——宗道、弘道、中道

和尚在祖国历史上起有突出，已达什一。[illegible]宗教可以传世之速、取时久的国家，加以考查[illegible]。这批之连续不断的智慧者，它之互相[illegible]，以人类传播[illegible]佛教求知有三个字：记量知、比量知、圣言量知。记量知，是[illegible]通过五十二个宝和心，[illegible]抽的主理[illegible]。凡大判素"比量知"、"圣言量知"。孔子说："君子有三畏：畏天命，畏大人，畏圣人之言。小人不知天命而不畏也，狎大人，侮圣人之言。"伊斯兰教五大信仰：真宰、先知、天经、天仙使、后世。此与之教圣人之[illegible]的，一是相当，但有大的差异。"真宰"就是人之[illegible]的天[illegible]苟。凡的"天君"、老庄说"自然"，耶教"如来""莫如"，儒家是个"道"。这是读书人，又是人生的归宿。西方哲学，则称之一家。回教"先知"就是和往生人的未住，就是圣人之言；"天经"就是回教的《古兰经》，犹太教的[illegible]《新约》，佛教有《大藏经》，道家有《道藏》，儒家有《四书》。"仙使"就是[illegible]的[illegible]，也就是"大人"；"后世"就是"来生"，就是佛家的"轮回"，[illegible]不[illegible]，不[illegible]。[illegible]如在，祭神如神在，子路问事鬼神，只[illegible]，多神[illegible]并不否定神鬼之存在。一是[illegible]做圣人的[illegible]。[illegible]以天[illegible]。现在也说：没有多[illegible]，如若不[illegible]，[illegible]不过只说一世因果，不说三世。不谈三世，[illegible]多少[illegible]。[illegible]三大国，向中国、俄国[illegible]。[illegible]是[illegible]不自主的政府与[illegible]民风。[illegible]

护持设生

形成一个野心家的战略中心。上面引的《华严》"诸法
自性，缘会而生"，今天用来说的实难，有的学佛人反对杀生，
也有主张的杀生，要看是在一个实难地区，实难深浅，更有
不同，不从三世因果来解释，是讲不通的。有趣、素
神学家的处境，其实分别而生的阴谋、罪孽也不是人所能的。
共业所感，非人力之能挽救。中共领导与西哈努克走这
运而生的，但是很快来一脚踢掉，非一朝一夕之故。也
叫做"天命"。庄子曰"物不胜天久矣"。道家讲"无为"，
其目的是要求"无不为"。中国一句老话："天下本无事，庸人
自扰之"，有点道理。中国这三十年动乱，就是"动得
过了道的限度"而已。现在提出"安定团结"就纠正"动乱"。
能不能用《金刚经》的辩证格式："安定团结，即非安定团
结，是名安定团结"？一切措施，先求个安定，才能走到矫枉
过正地步，为安定而安定，四人帮之残余不过十年二十年将来
仍，被这些残余旧势力利用，不作大恶，小恶不断，"安定
团结"嘛，用老子的话，当了诸侯，为得帝国主义以利
其盗贼之私。先求一个安定阶段，才能得到"真正的"安定团结。三
试一穿这些包括在这十年措施，到底能胜能败，可惜明白再
以韩愈与憨山大师的事迹对比一下。大师生八旬年，
受刑拷问，剥下袈裟，蛇行到中国南海的雷州十年来人罪僧。
韩文公受庭刑，然后被放，贬到潮州当刺史。但是大师

又此期间，弘传范围更广，著书立说更多，心境安适，竟与
成一家之言。韩公无处可遣世奉佛的苦恼，使得赶到远地，韩公
一样，有句："云横秦岭家何在，雪拥蓝关马不前。"知
汝远来应有意，好收吾骨瘴江边。"自当懊悔，到潮州
就上"谢上表"，惶惶惧惧，如此指天誓日。幸而遇到
大颠法师"究解外形骸，以理自胜，不为事物侵乱"（韩与孟尚
书中语）。遇到这么一位高僧，自然受益，心境开朗，安然无恙
回到袁州。《……》记"来袁州留衣服为别，乃人之情，非崇
信其法求福田利益也"。《金刚经》说"菩萨所作福德，不应
贪著，故说菩萨不受福德"，是说所作福，不应贪著。
"贪著"之事将就贪乘去追求；就将就故是不能，得其由谈乎，
陷落之途。韩公从大颠问法，虽然得到福德，但韩公已经有
了一百八十度的转变，《佛经》的意义追求福报之心，不贪不
著而已。再从著书立说上比照一下韩公与大颠法师比一下。玄奘
大师译《瑜伽师地论》，延寿禅师《宗镜录》都是100卷。澄观大
师《华严疏》60卷，《华严疏演义钞》80卷，而注疏主要窥基大师，
《成唯识论述记》更是20卷，共有十余字之多。而论疏，也不是
几百本之对一下《韩昌黎集》，除去唐中人文字（墓志铭等）
应酬之作（如序），等《原道》、《原性》、《原毁》、《……》、
《……论》之类，真不能说妙，也算一字之值。薄薄一本，与唐代大
师的著述，未免相形见绌。

居士也是佛的四众弟子，只是在未出家，比和尚处境较好，
不受进修生活上的束缚些。但也有比和尚不利之处，

许多信佛的居士，被他们后人，全部抹煞。比如公安三袁，曾在文学史上辉光满目，没有他们信佛的只字记述。历史上这些和尚居士的出色成绩，过去特别是现在好多专家没有整理，没有高扬，更没赶上。马克思说："共产主义不是从天上掉下的，它是空想社会主义、英国经济学、黑格尔唯心辩证法，都是共产主义的源泉。"毛主席也说："我们不能割断历史"，要"古为今用"。有人常主张"民族虚无"，对祖国文化，任意抹杀。世界上明智的人，说："中共主张革命不外出，即使外出，他的国家都接不去，因为没有中国有那样悠久的文化基础。"以马克思主义来说，越南是个样子，柬埔寨又是怎么样？印尼又怎么样子？都因文化根基差，这些当作东西，~~[illegible]~~罢了！以怒报！惨！印尼共产党对中共反信，但~~[illegible]~~地以为通过一位以暴力开明的共产主义领袖，即可和平进入社会主义，它不是不能接受中共革命路线的。有人说，几个和尚居士一些成绩，把它们这些作为一切历史上的，与向是不是文化但历史上文化，它不是和保守的革命成功与失败。国内有些人士，知识浅薄，又不虚心，不肯分析、利理解过去的历史上一些事物，马上急于过日子，不好！言归正传，介绍几个居士。

公安三袁——袁宗道、袁弘道、袁中道

袁宗道字伯修，弘道字石公又字中郎，中道字小修。三兄同为袁，皆成进士。伯修官至右春坊右庶子兼翰林院侍读。中郎官至~~[illegible]~~吏部郎中~~[illegible]~~，晚年主试秦中，出榜多名士。小修官至南京礼部仪~~[illegible]~~文选司郎中。时主持文坛者有前后七子~~[illegible]~~，主张文必秦汉，诗必盛唐。三袁以大无畏精神出而抵制，倡以性灵为主，反对摹拟，当时称为公安体。伯修有《白苏斋诗文集》，以乐天东坡为宗向，"

後翻因抄技灵，一扫当世模拟之陋风。中郎《叙小修诗》云：“弟小修，十岁余著《黄山》《雪》二赋，约五千言，虽不……，然刻画以垂不朽者，无以异也。

小修独自麻薄之……。欲独专信老子庄周、列御寇诸家言，皆自作注疏，多言外趣。旁及西方之书、教外之语，备极研究。既长，胆量愈廓，识见愈朗，的然以豪杰自命，而与一世之豪杰为友。其视妻子之相聚如鹿豕之相聚耳。……

……李卓吾（龙湖），志出世而诸友因之日进。十年天下。因而学于李龙湖（指李贽），……

修若。《钱牧斋曰：“杜之秋兴，白之长恨，元之连昌宫词，皆千古绝调，文章之元气也。楚人不知，妄加评骘，……与子瞻，矣至後生堕于云雾。盖小修之弟向所承议于如此。而今之……

作者，(当时)公安于竟陵皆而排之，不……过乎？”此信乃牧斋作……

主公安之……，互相标榜，……附记……与牧斋及党之梅之畲生……之至交，故其言如此。况手手稍理，……时至重玉解，人以为稚宠去。

又小修有《纪梦》见赣益大师少年十馀……小修自其梦见，……于西方，与……相如庄严，以为中郎已生极乐。

乐，乃“撰梦回”，因示……成语，尚存在此修公事。”中郎曰：“此如……之事之人，也只能中郎、小修一辈有此瑞应，世俗不知……以为怪。”中郎有《叙小修诗》一文，前段与牧斋《袁小修传》意亦相同。後面一段更见小修之为文与见解之卓越也。文曰：“小修之

诗，大都独抒性灵，不拘格套，非从自己胸臆流出，不肯下笔。有时情与境会，顷刻千言，如水东注，令人夺魄。……以文必准于秦汉，诗则必效法于盛唐，剽窃模拟，……则共指以为野狐外道。曾不知文准秦汉矣，秦汉人曷尝字字学六经欤？诗准盛唐矣，盛唐人曷尝字字学汉魏欤？秦汉而学六经，岂复有秦汉之文？盛唐而学汉魏，岂复有盛唐之诗？唯夫代有升降而法不相沿，各极其变，所以可贵。”

中郎作《广庄》，即从庄子内七篇发挥庄子玄旨。其《广大学》所云：“古今……，未有不言生死者。佛曰：‘为一大事出现于世’，孔曰：‘朝闻夕死’，老曰：‘死而不亡者寿’。……生死，人皆知之；孔学之为生死，虽钜儒大贤，未有能遂知之者。嗟嗟！圣人之道，止于经世，即一修齐之……。而谓之谈性与天，穷极微妙，……之甚。……”道故伏羲仲尼……至今犹在。……非……。仲尼表高，子渊表……。三教圣人来世……同一

檀……本无实事。……诸……。

一~~全世界~~眼见，同一耳闻，同一气出入。此非想、心可知，智證乃见。读偈者，尚以此意参之，庶几无负之嫡传者！

上引中郎稱小修厥弃妻女及乡里小儿，而中郎对待事世众生视同一体，同一耳目，同一心思。之所不同者，各人条件不同。中郎位置绝对，不如此不足大乘佛法之旨。小修在下人位，不如此偈不的态度，不可得有。离真正摆脱尘凡，达其彼岸。杂术大同有小异，将之老人之言，须交当代人向世俗道理，深入浅出才行。取得"浅出"也来说明，才能生动，引人入胜。

圣人，尤为无疑。其意曰："如长短黑白"（将佛以菩萨二乘起用分别菩萨与二乘似白黑）数一（题目作5）虑處为群，即是二乘根器。若夫欲立高山之顶，的一体，即是行菩萨行。儒者所谓"灯光蔽天，正佛所谓"。细心读佛典，始其不知耳。

同一眼见，同一耳闻，同一气出入。此非识心分别可知，智证乃见也。读儒书者，苟以此参之，存我圣门之[illegible]高[illegible]哉！"又如《白沙先生传》云："先生自言[illegible]字伯[illegible]……十岁能诗。……先生以册封还里，仲兄与余皆知向学。先生教以心性之说，每有省，互相商榷。先生指为勤之甚，我[illegible]。是年偶于[illegible]与大慧[illegible]物格处，有所入。即呼仲兄与语。甫拟开口，仲兄即跃然曰："不必言！"相与大笑而罢。正是如[illegible]诸书，乃云："至宝原在家内，何必向外觅求？"[illegible]以禅诠儒，使见两家会一之旨，遂著《海[illegible]》。"

十修以禅诠儒，中即以禅《庄》，退之由禅[illegible]解，宋儒阳儒阴释，实则一也，特不如三教之坦率耳。退之以卫道自居，幸遇大颠解除内心苦痛，竟得生还。[illegible]一[illegible]，[illegible]十多天，海上祭鳄，又往访大颠于山中。又将赴袁州[illegible]

却信道者书信"此小人情"。然有大[illegible]之人，还是和尚，并说"人生"，[illegible]是[illegible]也不[illegible]。[illegible]"此[illegible]情"[illegible]"此[illegible]神情"，或"此[illegible]道情"。不但道者书[illegible]信[illegible]，[illegible]已[illegible]分明，"退之已[illegible]了。[illegible]，[illegible]无知，[illegible]将其信，已[illegible]与大颠[illegible]的信，附在《[illegible]》集外。[illegible]欲盖弥彰的[illegible]使俩揭穿！对居士之[illegible]，如三教之[illegible]，一切化[illegible]如各种文字[illegible]，只[illegible]"[illegible]派"，不[illegible]之[illegible]知[illegible]，从[illegible]而来。[illegible]明[illegible]："[illegible]大觉，不知[illegible]，[illegible]。"

[illegible]

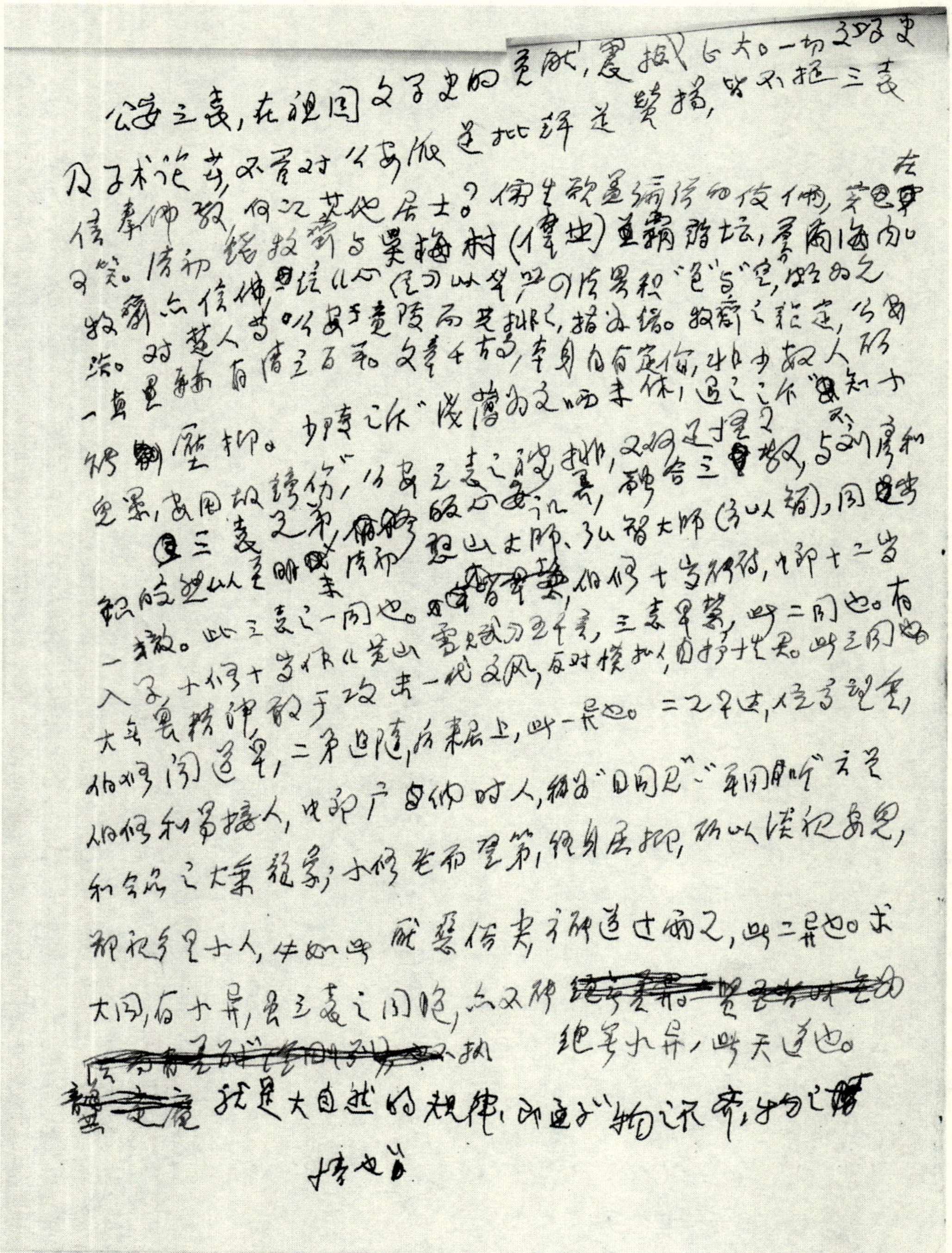

贡献，震撼了大江南北一切文学史
公安三袁，在祖国文学史的 是批评还是赞扬，但不提三袁
及其学术思想，不肯对公安派 左
信奉佛教，何况其他居士？先生欲蒐编你的传略，定包罗
了然。你初 钱牧斋与吴梅村（伟业）主霸诗坛，享誉海内
牧斋亦信佛，其论公安以“[illegible]”的诗果和“色”与“空”，[illegible]
派。对楚人的以公安竟陵而[illegible]排斥，指为[illegible]。牧斋之轻薄，公安
一直受[illegible]有清三百年。文章千古事，本身自有定价，非少数人所
能[illegible]压抑。[illegible]之后“浅薄”的文风来，[illegible]之后不知
道[illegible]，又何足道？[illegible]，与刘彦和
惠栗，[illegible]谬论，公安三袁之被排，[illegible]三[illegible]，
三袁之弟[illegible]的公安识者，[illegible]山大师、弘智大师（[illegible]），同是
[illegible]的人[illegible]你[illegible]初来[illegible]，伯修十岁能诗，中郎十二岁
一[illegible]。此三袁之一同也。[illegible]，三袁早[illegible]，此二同也。有
入了十八十岁作《黄山雪》赋[illegible]千言，[illegible]反对模拟，自抒性灵。此三同也。
大家[illegible]精神[illegible]于攻击一代文风，[illegible]二之早逝，[illegible]
伯修[illegible]道早，二弟追随，后来居上，此一异也。
伯修和弟接人，中郎广[illegible]时人，称为“[illegible]”[illegible]
和公品之大[illegible]，小修老而[illegible]，终身居[illegible]，所以[illegible]，
初[illegible]十人，[illegible]此[illegible]过[illegible]之，此二异也。求
大同，存小异，是三袁之同[illegible]，亦又[illegible]
绝无小异，此天道也。
[illegible]执
就是大自然的规律，而[illegible]
[illegible]

彭绍升

祖国历史上多少伟大人物，事迹彰彰在目，而身世被埋没，

世传无法追核。但居

要，头上是了矣，也彰彰在目，世传……

士别无标志，只有每个三意在文学史上超越的卓

越贡献，主要的成就在于融会三教，与历来千余年多少伟大

大慧、憨山、弘智（方以智）等，被传出迷执，将孔老精微

妙道，完全适宜，照及后世耳目。憨山之主张发挥

的伟人开明。据我所知，传至今天时代需要，儒之圣人

不仅三圣，也仅五圣（加耶稣、穆罕默德）都在天

命、心性下功夫，被世人所目为迂腐、迷信，大可商量。

"马列主义是哲学的最高哲学"，"天命、心性，最高哲学，

从何下手？现在还在儒家哲学上重申几句话，皆在《论语》

《孟子》里面："五十而知天命"，"不知命无以为君子"，"夫子之文章

可得而闻也，夫子之言性与天道，不可得而闻也"，"学

问之道无他，求其放心而已"。昨天（五月二十八）《文汇日报》

发表《中央共产主义青年团书记韩英

一篇《报告》，题目是《把五讲四美活动长期坚持下去》付

题是《团中央在京召开共产主义道德教育座谈会》，

文中有一段："共青团的根本任务，是用共产主义精神教育

青年。从现在青年和社会的实际出发，为了抵制资产阶

阶级、封建主义旧思想，医治十年动乱带来的心灵创伤，
防止外来的"精神污染"，需要在青年中倡导共产主义精神。这些一
条，已经把这次倡导的精神完全括尽，下面只是回顾括号"十年动乱

在这段话中，我提出这几个"问题"——
带来的心灵创伤"、"外来的精神污染"以及这段话下面的"学习
雷锋"一阵阵风。"十年带来的心灵上的创伤"，何等严重！为什么林彪
四人帮能造成这么大危害？还不是中国多少年放弃人民道德培养，在
社会上造成林彪、四人帮有适当的教育"滋生蔓延"的土壤了吗

林彪、四人帮已被打倒，余毒是否容易清除干净了？中共政策明确
打了出，要么到下层，仍然不免"拖拉风"、"后门风"、"官僚作风"、"男女
关系不正风"……这些都是相互严重的心灵上的病态。今天雷锋当代
明确指出了。学习不可忽视这点。资产阶级、封建主义的
旧思想必须批判，外来的精神污染，必须防止，这是容易
了解的。旧思想中常常有好坏两面。十年动乱，许多正是借口
破四旧"造成的。外来的精神污染，又对资利用山头主义盛用一包
文化领导"私立山头，互相包庇。还要从人的思想深处多多分析
历史，分析现代社会现实，扫除脑子里一片"颠倒见"。每次运动
都说争查。可是大家思想上从来不曾理解查实关系的有
物。查是精神世界上的不要道学的原动力。今天只讲佛学说，
说过了，还引起大家怀疑不信。孔子说的"四毋"——毋意、
毋必、毋固、毋我。"毋意"即不要从个人私意去妄推事理的；"毋必"，
不要任意肯定未落实的见解；"毋固"是已被揭穿的错误，不要
顽固不改。这对四十多岁和中年之也须讲明白。资产阶级思想，

损人利己罢了，就是"小人喻于利"；"夫子之道，忠恕而已"，朱熹说"尽己之谓忠，推己之谓恕"，这就是说，多为人想，多原谅人，这就是"君子喻于义"。外国与中国，古与今同，"以古为鉴"就是十分必要的根源。南京郊区有位古稀的老人说："赵普半部论语治天下，我看论语国学现在要用上，二十一世纪以后十年几十年来中国更需要。"这话确是成立的。我看要抓好治思想教育的人师，是要知道"身教重于言教"，这是西方哲人也经验的一句话。"半部论语是这些人，既读论语，也是这些人，只是不曾读。"闭着眼骂古人，不对；古为今用，以十六个字是内功，也借自敦煌的语句，与今天社会现实实在有关，与党的一些条规有关，多读几句，总有好处。

言归正传，再谈两位居士，有在祖国文化史上有不平凡的成绩，值得以前年代写过的。

彭绍升字尺木，江苏长洲人，号二林又号知归子。乾隆二十六年进士。工古文，初兼贯史之为人，深慕其经世功业。后读儒先书，尤喜陆王之学。尝与吴县汪缙、罗有高交游，大阅藏经，居深山习静，专修持戒律。欲以儒佛之学。晚岁还家。嘉庆元年卒，年五十七。著《二林居集》、《居士传》、《善女人传》、净土等作多种。

据现存资料，二林居士尺牍，最少隐晦，不须考辨。其融会之数，与历代大德一致。其居深山习静，素修持戒古尹，较之中郎"意气风发"则且过之。其文章收入《续古文辞类纂》若干篇，在桐城文中亦推崇之。其关心国家之功绩，与比中郎、中修、宽庵且不稍逊色。

龚自珍字璱人，号定庵，仁和人（杭州）。又名巩祚。

父丽正，字暘谷，乾隆乙卯举人，嘉庆丙辰进士，官苏松太兵备道，署江苏按察使。著有《国语注补》《三礼图考》《两汉书质疑》《楚辞名物考》等。母段氏，茂堂先生（玉裁）先生之女，名驯，字淑斋，著有《绿华吟榭诗草》。

定庵外祖为戴东原先生之高弟，是皖派古文大师。定庵却嗜公羊春秋今文派。又桐城阳湖文派，声震天下，定庵却在当时逸奇辟，与当时所谓文派截然异军突起。

谭复堂（献）云："明甘伯以汪容甫（中）魏默深（源）龚定庵为国朝古文三大家。谓汪文内闳肆而外饰声，龚文内饰声而外闳肆，魏文亦闳肆、亦饰声。戴子高谓，汪文似不及龚，汪仅能自行其法，龚则已造於虚。予谓汪非不能及龚，龚实大胜於魏。存此三说以俟深知笃好之人。丁亥四月二十五日记。"笔者按：丁亥是定庵三十七岁，记在《定庵文集》之卷首。

有两篇《与江居士笺》，《与江居士笺》癸未六月二日，定庵年三十二。江居士即江沅也，是皖派古文大师江声之孙，江先生专攻佛法，亦研究小学（字学），有著作。于净土功课，如定庵所批色。年三十三，已作《……》之书。世谓定庵晚年信佛，但曰"晚年好佛"，断失之矣。

定庵道光进士，官至礼部主事。博学负才气，继承公羊春秋，实乃开风气也。晚年尤好佛乘。著《龚定庵全集》。毛主席常引用也。

道光二十一年卒，年五十。定庵与默深为晚清启蒙进步思想之前驱，已成定论。他的一首绝句："九州生气恃风雷，万马齐喑究可哀。我劝天公重抖擞，不拘一格降人材。"大声疾呼代表了定庵

赠象，隆隆之飙歘，嘉庆丙辰进士，官苏松太兵备道，署江苏按察

使。著有《国语注补》《三礼图考》《两汉书质疑》《楚辞名物考》等。

母段氏，茂堂先生（玉裁）先生之女，名驯，字淑斋，著有《绿华吟榭诗草》。

玉裁先生外祖为戴东原先生之门人，是皖派古文大师。定

庵初从刘公羊春秋今文派。又桐城、阳湖文派，声震天下，定

庵初在所遇奇辟，与当时所谓文法者为异军突起。

魄之大可知

宣为当代辟文之"。胡甘伯以汪容甫（中）魏默深（源）龚定庵为国

朝古文三大家。称汪文之内阔辟而外整齐，魏文内整齐而外阔

辟，龚文亦阔辟、亦整齐。龚子高谊，汪文似不及龚，汪仅能为骈体，

龚则已造其奥。予谓汪非不能及龚，龚实大胜于魏。存此三说以

俟深知笃好之人。丁亥四月二十五日记。"笔者按丁亥为定庵三十七岁，

记在《定庵文集》卷三之《书后》。而篇《与江居士笺》（《定庵文集》），

《与江居士笺》癸未六月二日，定庵年三十二。江居士即江沅也，是皖派古文大师

江声之孙，江先生专念佛经，以亦研小学，有著作。

定庵从此好佛。年三十三，已作《……》。

庵晚年信佛，但曰"晚年好佛，斯失矣"。

定庵道光进士，官至礼部主事。博学负才气，继子龚橙公羊

春秋，其学系而此兴也。晚年尤好佛乘。著《龚定庵全集》。毛泽东常引用也

道光二十一年，卒，年五十。

定庵与魏源为晚清改进学者，已成定论。

的一首绝句："九州生气恃风雷，万马齐喑究可哀。我劝天

公重抖擞，不拘一格降人材。"

的文诗文，并以为自己。远与《文心雕龙》……可与文字的世道

文献，都有佛学素养史识，大意理会，知文不能理解李贺李白！

《龚定庵全集》1935年上海世界书局出版。首列文集三卷本，次《定庵续集四卷本》，皆论著杂文。次《定庵文集补编》四卷本，皆论著杂文。次《定庵文集补》不分卷本，亦论著杂文。次《定庵文拾遗》不分卷。次《定庵诗集》不分卷。次《定庵集外未刻诗》不分卷。次《定庵词选》不分卷。分三部份：影事词选、小奢摩词选、庚子雅词、定庵手钞词。次《定庵集外未刻词》。次《定庵先生年谱》。从诗文经学十学内典，乃至西北地理以及回文、蒙文、满文无不通和解，诚绝世之奇才！据年谱：道光三年，先生三十二岁《与江居士书》（文集写作"笺"）

次年八月与吴县贝简香居士（墉）江铁君居士（沅）校刊唐释宗密《圆觉经略疏》。自为跋文（并据文集《发大心文》）与嘉江宜人题名册尾又撰后序。先生学佛，铁君为第一导师，次仁和钱东父居士（林）慈风和尚，四人皆表彰性辉禅师之书，笃信赞叹。慈公住龙相宗，东父则奥《教乘净土四问》。在京师，识睿亲王子镇国公容斋居士（裕恩），好读内典，编识蒙古、特珂克、西藏、西洋、蒙古回部及满汉字，校定全藏，凡经有新旧数译者，皆访得之，或校归一是，或两存之，三存之。自释典入震旦以来，未之有也。

又借经于龙泉寺僧唯一（德州人）。持陀罗尼满四十九万卷，更四百定程，编著《普门品》《普贤》之文。"是时先生才三十三岁，觉世之问渊学者大，振古稀有。而对佛门建树，空前未有也。中。寿仅五十，成如此造福，其价值不可思议。只如先生《

《话》中……
若外所记文，皆师宗先生与其友江铁君、贝简香、覃孙王子……千载
难逢之良知识，策中诚为先生，一二佛二佛之四五佛所种善
善根，遂能遇此。《定庵全集》与《年谱》具在，我们节《与江居
士笺》及《答大[illegible]》各一小段，以作佐证。

与江居士笺："别来以来，各自苦辛。柳文长曰'积思之门'，
颜[illegible]人复曰'寡欲之府'，钱[illegible]曰'多情之本'。所以青灯
中夜，皎然此本来之心，知无[illegible]。自珍之言，自足证下而坚进。
人之贫穷，周以财帛，再成檀施，二之足下欲我求无上法宝乎？
人之疾病，遗以良药，再成恩力，二之二之足下欲我求无上医王
乎？人之迷路，引以道路，再成指示，二之二之足下欲我求无上导
[illegible]……
别来已深，足下智第，择草精良，合说不尽。……
以《行愿品》自乏。《圆觉经》自苏州刻成，再约所求之也，当自
致贝居士。然此书之种，不[illegible]。贤者之道变三年，生年三十二。此笺形式是明友，谓之道时节和合。……
铁君世出僧侣，通经子，有述作。定盦二十[illegible]之考在光阳陵从《[illegible]献
叔[illegible]》自为江居士之一文《徐俟斋（杨）书札跋》，知俟斋先生
（自考七十八卷）
氏之先人朴庵之裔，丰农证孙五代居同里，与同子，为因遗交。丰
农之子彬崖椒园印棣，先以学本兼京，世称吴[illegible]；复州江（沅）载（震）
锡居而[illegible]对峙。且庭（声）之孙铁君（沅）、东原（震）之子[illegible]
股武[illegible]（玉裁）之外孙[illegible]定庵。定庵与铁君（沅）、简香（[illegible]）如

佛学思想，铁君、蔼吾皆以二林居士为杰

出《儒行述》，而叙明季~~情~~及国朝诸儒 彭二林居士为圣贤之志

焉。"（铁君的跋）绍宋先生《文献征存录》先事行 而使我得先生别

居士古文思之游桐城、阳湖之间，通过铁君、蔼吾，使我得读二林居士传。彭二林

阳湖而神往于彼，斯亦一代文坛之异采。四个字以形容得十分贴切，知桐城

日某君所记胡安伯、戴子高诸公所论，确洵也。魏源、龚自珍为国朝之

大古文家，文章十数之在近魔与野狐禅，乃是居靖之。宫本所述与乃魏氏之罕见的眼光，

以一身人[illegible]论究于嘉道之际大师之间，亦为一时之所望也。然而

此之龚、魏则自有所宗。评定人物，自当以识力为先[redacted]以宗其《老子本义》

所见与考据之由、戴氏郭东藩千年来的训学之上。龚、魏与在东方[illegible]

世界之为学思，是一片大乘菩萨之襟怀。宫所[illegible]才做物。~~[illegible]~~而诗家

州三代通人——王瑞荪、刘端临与他自己。刘端临子孙汉学世家，[illegible]

者的规定，~~[illegible]~~宗族之子引以经义述闻乃字佛之意，以其不引以足

称其人而又为，以子字及受嫉害，以[illegible]近魔《发大心文》中首之

八句说："我今誓发大心，凡生人伦，受种种恼。大心菩萨，

深知果，今今有故。如是可起现，脱令我今世发善念，敬人正觉即

有魔事，不得成就；便当知 ~~世~~ 生善根微浅，

脱令今世~~连发善念，敬人正受~~ 出诚实言而以恕人，人反讥笑，

便当知我前世信根微浅，不听~~[illegible]~~它言故……如遇它横逆。应

正思惟，生安受心；遇他机~~机~~，应正思惟，生 ~~[illegible]~~ 他心，遇他

作恶，应正思惟，生度他心。

恩他冥顽不灵，不忠不孝，不存血性，于亲于国漠然无情，应

正思惟，生感动他心。……举一反三，应度世如大心，

通俗佛家"不可有象，象化即是邪"。[illegible]功在著作而不自见"，"天下[illegible]皆是众教[illegible]之心者，而[illegible]实是一[illegible]之变也。""日出而作，日入而息"，[illegible]有以为我"之教之人之大用如此。[illegible]帝力于我何有哉"[illegible]

希望王氏之训传，但当有才气的援，不要抹煞。但也分解释，[illegible]人在世之中有权[illegible]。我们算不到二十位和尚居士，其目的[illegible]担当他人，乃知"以出世心办世间事"，"出世"者[illegible]"世间事"办好，[illegible]

宗教政策在变国爱教，宗教信仰自由，团结全民族宗教团体中的贡献力量。时至此，这种战斗首先，讲及"佛教在祖国文化中的作用"，写此一文，也是保[illegible]其中[illegible]，就不敢说出家是消极。

十年前一位老师讲书，引一句"四海之内，皆兄弟也"，挨批"没有阶级性"，他无法解释"皆兄弟"非此，这意"皆大心"，即对不忠不孝祖国弟兄漠然无情的人，还要去感动他心。有什么阶级性可言呢！我们政府今天对台湾问题，正与这意思是同样大心，去感动他心。融坚而勇通，一致而百虑，一切从大处着眼，感动台湾人，提三通——通商、通邮、通航——达到祖国和平统一。通一通不够通，台湾一千八百万同胞中，可以有通情达理的[illegible]说，且不看自称福州之位通人，以文平刘[illegible]来通。相反，宋相理学先生周敦颐读书《通书》"通"得还不错。谁都知道他就是庐山莲溪师，《太极图》"无极而太极"，太极亦何尝无极出于道家陈抟，世人皆知。如而况会三教，自周子始，故称"通"也。不知小儿宋国[illegible]私，又[illegible]此错得[illegible]，入主出奴，"[illegible]道术将为天下裂"（《庄子·天下篇》），又[illegible]《通书》第三章[illegible]

善恶；德：爱曰仁，宜曰义，理曰礼，通曰智，守曰信。"

融会之哲也。太极图，无极为○，太极为◐，即此又明周子之

"五行一阴阳也，阴阳一太极也。"《大易》太极生两仪，两仪生四象，四象生八卦，故周子之说之曰：

《老子》道生一，一生二，二生三，三生万物。

太极，所谓"性"、"命"即在此。"天"为"自然"这世界本体。周子用"诚，无为"融会了孔老。儒家只说

复而问道"天"："反身而诚，乐莫大焉"，《老子》："为道日损，损之又损，以至于无为，无为而无不为"，周子曰："诚，无为"，融会孔老。也融会了佛家，"诚，无为"即

"真如"；"寂，然不动"，即觉也不觉也。之融汇《大易》，知寂然不动，《起信论》。

拉一线理子是融会之哲，来为诗复了后之融会之哲而信周，周子之书，自信自己思想

；似因道常读《老庄》又不懂《老庄》。丛林中寻找加以安循佛经，不懂孔门，寓学有德。也可行不一定要到马列主义、毛泽东思想，也是思想不真正实践，年思想。至心

视通大宇宙，放开眼界，似宽，彼陷几十年几百年成绩，又才能了。呼"天"

人材挑搜，不拘一格降人材，完成中国建设、实现世界和平！

三教合道，殊途同归，从心而思至慧山、三表、可以领悟定庵，韩二二程、宋儒和今之学派，皆择取其教（包括天主、耶稣、伊斯兰等），各自发展而不互相抵触，才能适应今天世界，真理是放之四海而皆准的一点也没有改变，何以故之任何成绩，正是这部大机器上一颗螺丝钉。道许多钜儒大贤，就是吃两个字了——一个"道"字一个"心"。这一套"良心"与"大智"，仅手续上道之名，而实是自己把自人（包括古今贤人）的手足胸脯。"天下知美之为美"、"万物皆备于我，反身而诚，乐莫大焉"不知其然以为真，"予欲无言"、"天何言哉"

如引~~（道不远人，君子）~~~~"满街皆是圣人"（王阳明）~~

"子问之道无他，求其放心而已"（孟子·告子）"把心放在腔子里"（宋儒语录）"满街皆是圣人"（王阳明语）。这也即所说"今人同一日月，同一天地，同一气出入"，口人心不昧，就能融通万象之理，无往而不真。老子说"为道日损，损之又损以至于无为"，庄子说"生也有涯而知也无涯，以有涯随无涯，殆已"，佛家说"般若"即是说"空"，此今日认佛老之无端，脱离实际。试问，孝文道公子和尚居士之学，岂非马克思之能

司马迁说"查考思虑就智慧，日光明照，又种种善"（金刚经）。皆有因缘为用，"程明道说'廓然而大公，物来而顺应'"也，这就是孔孟传的道学，程明道之传承，就从他们的话，可见他们是一家。这就不远不近也了。懂得这两句话，就懂得"廓然（无私无我的大公）"

开卷于神思铭寓江湖魏阙之
思末数篇遁入禅学盖不得
意之所由作也

書信

敬煩　檢燃試匠誼

將陽羡樣藥屋主說

的小說（鏡头字及反切）鈔存此

本為感！並請注校本。

弟　陸翔托

64.7.20

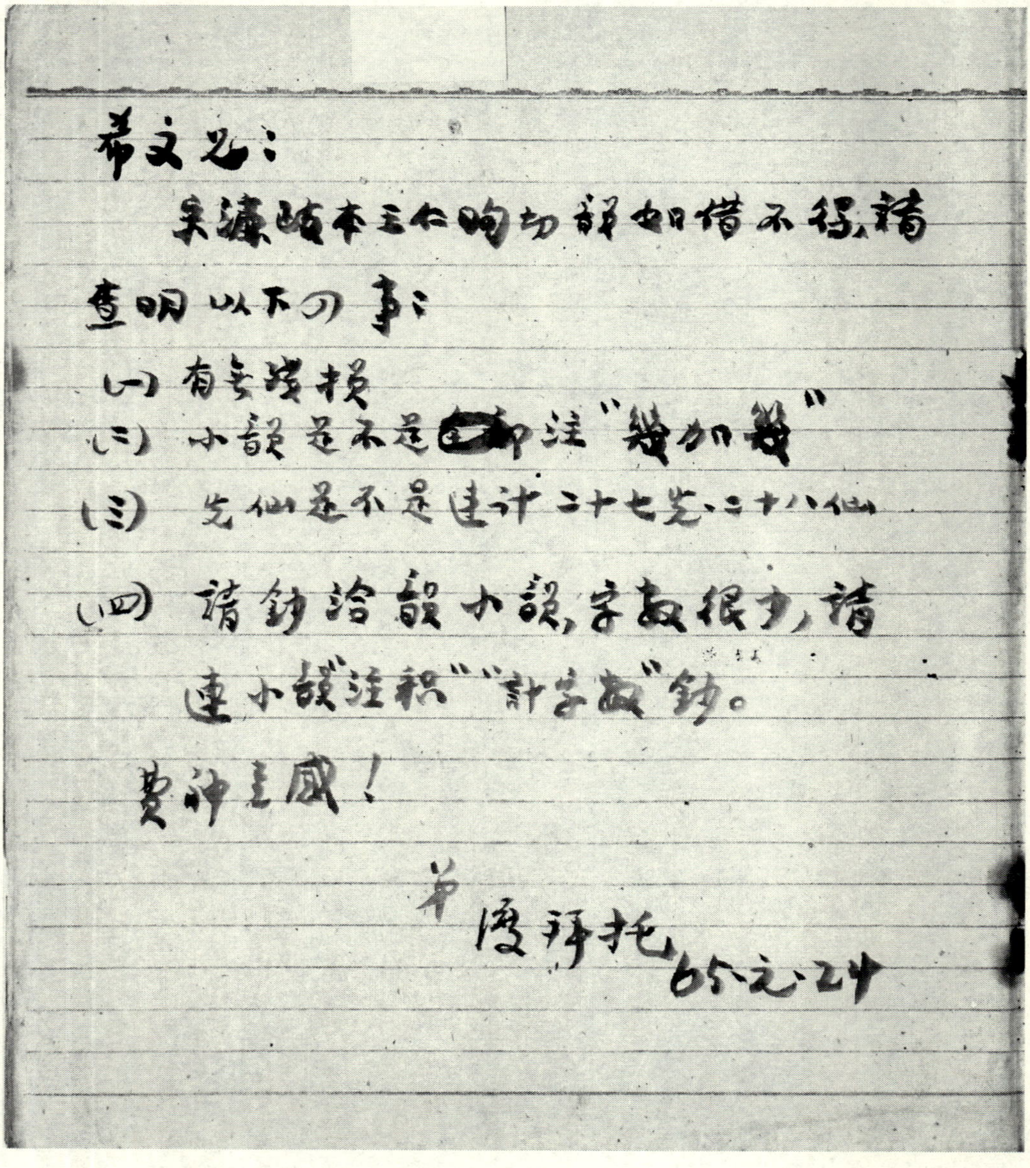

希文兄：

宋濂跋本王仁昫切韵如借不得，请查明以下的事：

(一) 有无跋语

(二) 小韵是不是都注"几加几"

(三) 先仙是不是连计二十七先、二十八仙

(四) 请钞给几个小韵，字数很少，请连小韵注释"计字数"钞。

费神至感！

弟 浚拜托，65.元.24

已"小胜了骄，大挫了馁。"
从哪里引起想想。
你从六岁跟我们过十一年。姥姥说你是我们的命根子；见了妈妈叫姥姥阿姨又常常说："杭姐这样惯，奶奶害了她"。实际呢，奶奶一面疼你也一面教育你，你清楚，他们并不全了解，从你过去说的话语，也证明这一点。你十七岁到杭州，你说过："我要努力，做弟妹的榜样，哪叫我是老大呢"；第二年你到农场，取得了一些成绩，你说"我还要更大努力，做出成绩，教他们口服心服，奶奶爱我爱对了，疼我疼对了"，以后你又说"领导说我冲劲大，天不怕，地不怕，不是爷爷奶奶给我的，又是谁呢？"

奶奶说，最重要的教育有三点，你基本上做到了：

(一)．培养你廉洁不贪的优良品

质。从你六岁进小学，哪怕你拾到一个小东西，如铅笔小刀之类，奶奶总是要你交给老师。每次奶奶都说："金子都不爱人家的"！所以你到学校后来到农场对待人家就像奶奶一样，亏自不亏人。

（二）训练你热爱劳动。奶奶是农村生产能手，三十七岁才脱离生产。我们家乡有些勤劳的父母教训懒惰的子女说："力气是浮才，用掉又回来。"意思是说，劳动不要怕累，休息一夜，第二天早晨又还原了。你每次下乡劳动，奶奶那两句话鼓励你，我都听熟了，你当然永不能忘。暑天，你下乡劳动，没了帐子，贵州蚊子凶，你皮肤娇，一伤腿，蚊子咬伤，两腿浮肿，出血、脓，你坚持不休息，你回家奶奶又喜欢又心痛，拉你到学校医务室医治，用药水洗，用药布包，好多天才好。你到农场，劳动更出奇，得了一个"白老虎"的称号。尤其是在双抢季节你发烧，领导要你休息，你不过几天，你场韦书记到你房间，高声对你说："叫你休息不休息，你对人民不负责！今天我用组织名义命令你休息"！你写信给我还不高兴说："韦书记命令我不敢违背，双抢我没完成任务。爸爸青少年时候也能干一点农村轻微劳动，后来读书成了一个四体不勤”的知识分子了。你说领导表扬你冲劲大，是爹々奶々给你的。与爹々无关，全是奶々教育你的。

〈三〉、奶々以身教给你树立了阶级斗争的气魄，举你亲见亲闻的几件事。你虽然十来岁，肯定是记得的。

a、爹々奶々带你到贵州平剧院，看平剧，演的是：“小姑贤”，我们做第三排，康院长坐在我们前排。剧演到婆々虐待媳妇的时候，康院长回头笑嘻々地问奶々：“旧社会，是不是这样？”奶々一点不笑回答一句：“我没做过媳妇。

我走到了过道，回到家，我打电话给妈妈：
"你为什么对[illegible]这样[illegible]了？你
只能说'陈先生也来配的单，我没有见过她
姐！'"妈妈反问我："妈和你们给我那么好
我们是老百姓人，去得罪大官吗？"我左思
右想，找不出话答她，只能在心里骂句
土话"穷人气大"，也不知道她为什么看待
这样的人，也不知她是人从哪里来的，
倒了多的很。不幸了，可是相反她对穷苦
的人又那么同情，并知道，~~[illegible]~~
又不知这色钟意情从哪里来的。拿你拿几
里的说。说两件：一个是老董和董嫂，老
董是老隐大校，董嫂是帮我家一
静隣村了隔壁，妈妈叫你喊他们董伯
伯、董妈妈；其次就是老静隣村的排

奶奶人之黄，你喊他们黄爷爷，黄奶奶。太奶奶去了，住在马路寨一个最要好的王奶奶和奶奶好，认作一家。全家喊奶奶姑太太。你还记得吗？你才到我家，王奶奶带几根包谷秆来，你爱吃；王奶奶告诉你"我家包谷秆多，你跟我家去吃"，你跟着就跑，跑到马路上，把你追回来。我对奶奶笑着说："可怪我们两个隔生和大人一喊就跟我们来；今天王奶奶几根包谷秆，就喊他跟着跑了嘛。"

6. 另有一次，奶奶火气太大了。那时我家住在楼上，与李家家（白梓）对门。学校号召清洁运动，各家妇女都大大卖力，楼板用布擦，窗子玻璃用皮纸擦，整整忙了一两天。学校人员组织，医务室派七、八个干部，一家家查看。先查李家，查过门上贴红纸"最清洁"三字。后查我家

表达门上贴了红纸"清除"二字。红纸~~最除清~~"上写
奶奶发火，当场责问大家："你们当老兵服，
是为国服役，你们不是来清除，你们是来中找
茬子。"这些头年兄弟和姑娘，除了叹气，
李奶奶生气，当着他们面，把条子撕掉。他
们也不作声？那有什么办法呢？结果从
此后大家陆续不贴红条子了。"造反有理"
做什么？

还有一次，奶奶的口锋更利了。那时
你已十周岁，你当然完全记得。事情是这样
的：住我家对门一位党员教授的孩子对
你说："我不和你玩了，你家是反革命。"你告
诉奶奶，奶奶立即冲到他家窗子口，指着
他们夫妻，大骂："我家是反革命，你是特务！"
就这样批评他们无聊，骂了个多钟头，没

有个部家敷衍，可见他们夫妻平时不得人心；他们夫妻一声不吭，没有理由，大约接着是保不了啦。奶奶去世，韩老师包括其大中文系老师，来一封唁信："噩耗传来，十分悼惜！……大家都怀念张奶奶种种美德：朴素、勤俭、谦虚、慈祥……知道这次陆续的悲悼者，大家能得慰藉。她老人家永远被好人纪念！"奶奶种种美德，指她全部的事迹；斗争气节凛然存之。爹爹在解放前有过好些的危病，你不了解。你受奶奶影响太，变本加厉了。那时你十六岁了，你班上来个插班生，衣服很不好，生活困难，班主任理也不理；过了好久，班主任知道她父母都是老干部，班就变了，加倍辅导她，叫到家里去，吃这样，吃那样。干你什么事？你到班里同学讲：

大骂老师军部。那时候你到王那里去再报告你，一句反动话，是别人说的，硬说是你讲的，你不屈服，大哭大骂；那时候无办法，只好说"你是傻姐"！你回家饭也不吃，奶奶亲到学校质问老师，我那时想了，"你冲动太大，天不怕地不怕"，都是奶奶惯你的，宠宠前问不大。

从小的上面材料，奶奶宠爱你，用不着说了；教育你，你也接受教育，有了一些成绩。一些人的说奶奶宠你是害你是宠爱的。根据小的上面的大是，"每年往节请男亲"（你亲到同的）去年正月初一正是你男亲家家，你们家奶奶的时候，请男亲……是应该的，正常的。可是奶奶之走去给你的教育，你完美的教育，就应该更加努力一如既往。并奶奶之算也就是

和竞争宠。不熟的店，悲观失望，只想
搁错。使妈妈九泉下不能安心。那还是
妈妈害了你了。懂吧。知道。只要加鞭，振
作起来，多往好处想，多往宽处想。走哪里跳到哪，
走哪里飞上天，急之急之。健康第一啊。
还是要注意，多往好处想，千万要多照顾你身体的。

爸爸字。

七七.四.

21

<二>

復安大查先生信

醒仁老弟：

得信久未復，因写信托將國華老师春节回家赴你校访问，昨天他来说他没有去安大，所以今天才復。

我吃了一辈子粉笔灰，从来没想过谁是我的得意门生。当年在合肥，老弟与景绍热情接待，尤其景绍，四十三年抓了联系的人，与老弟对我一般无二，几次冒寒风进城，帮我不少忙，是想不到的。在八中相处，那时候师生如同一家，在合肥六中，仅是师生课堂见面。老弟毕业后，几次通信于西北大学，告诉我，你是鲁思研究红旗手，我很高兴，你从故纸堆里爬出来了。你那天临走时告诉我，说我有个学生叫周汝昌，我回信只说他是六中的高材生，连个我"门徒"也没写。一个四十三年没见面的，和他论师生关系有什么意思？而今天，景况如此，就出乎我的意料之外了。

今天，我和老弟与学生，从国家文化着想，要建立一种新关系。周总理《十大政治报告》说："本世纪末，中国要成为一个四个现代化的强国。"现在到本世纪末，只有二十年了，而这老弟是可以看到的，这个我是不行了。哪个人只要有"爱国心"，略有所羡、妒忌、欢欣鼓舞。如果没有"爱国心"还谈什么阶级感情，还有什么资格々棒打的人帮力？一切按国家需要与个人的条件，能做多少，做多少，脑子里除去一些自私自利思想、一切完蛋。

所谓新的关系，要搞团结，不要搞分裂，要建立人与人之间这种新的关系。更需要去破私立公，做一个全心全意为人民服务的人。到本世纪末，这二十多年中，要有一个跃进，在这段时间里，任何个人都要努力做一个中国的新人。我虽老，但活多年、五年、三月、五日，也要向大海里投一点力。我这块废铜烂铁也应该投入世界革命、中国革命的大熔炉中，也可能锻炼成一颗小小螺丝钉。如果想得一个老当益壮、"老骥伏枥"的意思，还不是追求名利的人那一伙？先生说，这一点，还是懂的。"利令智昏"是二千年前司马迁提出来的一句格言。而因利因昏头的蠢人，还是屡见不鲜的。"文人相轻"，自古如此，"各以所长，相轻所短"，这也提了近两千年，到目前，大小部门，搞不团结的还是不少。这是什么缘故呢？因利因昏头的蠢人，头脑子昏了，眼睛花了，只看自己的长处，看不见自己的短处，只看见别人的短业。造成一个单位不团结的气氛。资本家阶级唯利是图，大家都知道。毛主席号召："毫不利己，专门利人"，一般人也熟悉。棒打四人帮，肯不肯棒打自己脑子里的自私自利思想，先生自勉，希望两位老弟共勉。我们今后，搞好新关系，这一方面，互相勉励，互相促进是必要的，业务方面，互相帮助，也是必要的，但是次要的。我也不知能活几年，分析是衰，但没有严重的、可以致命的慢性病，活三、五、七年是可能的，就在这个短暂的时间里，只要有一点报国心，还要尽尽的最大，又在两位互相

了解的两位老弟通个信，写点讲
又帮助我，写篇能有一次会晤，或
者我进城，一切都要条件充分不充分。
一切都教育革命需要不需要，但不
能说主要是学生，造成人力财力
的浪费。此信，请转学信看一下。

许昌伟同学从你那里借了
十元，他寄给你来说，先从你处退回
他们了，现在还了没有？

又黄宝的朋友王同志借给我
十斤粮票，请你们代还一下，不久
托张国英老师送上，再见。

健康进步。

陈鹤琴。

文启者.

前天写的信，你转给景绍看一下。这几张纸不要转，影响不好。不是有什么秘密，同是四十多年的师生的关系、情况隔绝的有长短，了解也有深浅。按毛主席教导："部队干部和地方干部有矛盾，部队干部负责，老干部与新干部有矛盾，老干部负责……"世界上千千万万个桃子，找不出两个全无差别的桃子，差异就是矛盾。例如：老弟和古道今，字经是世家子弟，学有渊源，其中就有差异嘛。老弟是厚，字经倜傥，其中就有矛盾嘛，老弟毕竟与我接触多些，而字弟搞好团结。我要求老弟多负点责，担说话之职，和稀泥。如果说两位老弟之间有隔阂，就算是我服输了，服输了这么说。

老弟评《音翁五种》，比较落实，没多少过情之誉。别人批些过情之誉，这种人多了有点憋气吧！亡友音瑛生说过："捧我捧错了，比骂我骂错了更可恨。"这话有点哲学。去年十二月一号晚，老弟打电话看我，我对你说："要度寒冬怕冷，我怕冷，农村火墙炭末完都用了，希望去一个暖房到九零三你校住两个月。借客两间房，两张小床，一张桌案，两个凳子，租钱照出，水电费照缴，学校没有什么经济之负担，我们师生偶尔交谈谈，多方面有益处。千万不要勉强，我一辈子不愿意向人有所无聊的要求，希望老师不要使先生丢脸，你说“不成问题，很多人都没打倒，当不会给老教师挑重担子。”我们说这番话，当即在面，不料老弟来信说，因为还没达到目的，拖一个半月才来信，这就是老弟热情过渡，只想师生团聚一面，没有想到我是一个比较不爱求人的一面，老弟盛情可感，但要求我不要急

师兄的信，没有提及到你校避
寒的问，因为今年安徽气候太寒，
多少年没有，清明不是过去了吗？
有这个经验，木炭不是绝对买不
到；早一点办个百把斤，什么问
题都没有了，今年几斤木炭不是过
去了吗。能如师兄谈的那样，我
和两位老弟得一点益处，祝

快乐进步

姗俊

77.4.4.

两

（三）

復淮安平桥中学周訓师信

七七、四、二十七、

華淳老弟：

四十年不通音问，忽然苏北飞来一函，情如昨日，喜可知也！两首新词《临江仙》，贴切事实，词句工稳，大有词味；一般诗人作词，句读不算知诗耳，不足取。老弟欣赏我的《临江仙》，四十年前往事涌上心头，那时难师难弟情如父子，本不足奇怪。值得回忆的"矮屋绛帐"里，一天来一个张振鸿，老弟对我说："夫子之门，何其杂也？"我说："他是少华派来侦察，怎么能拒绝？"我话如此说，心中暗暗高兴，居然有"子见南子，子路不悦"的敢于斗争的学生！我记得清清楚楚，你当然不会忘记。我们的矮屋绛帐里

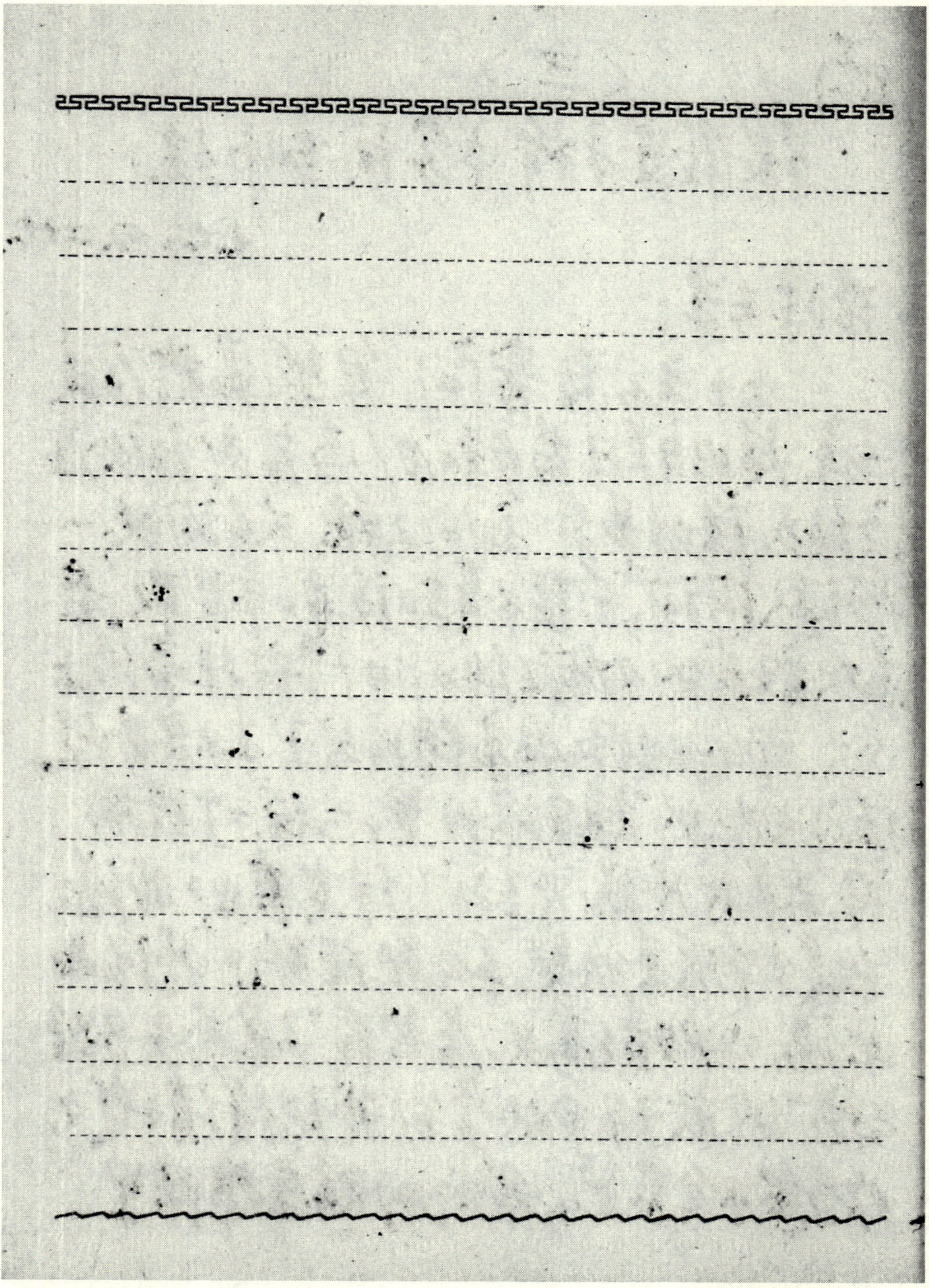

大多是打狗腿子队里人，老弟受罪身手，那天张振鸿要不是在我家恐怕免不了吃苦。高一部主任夏赓英到我们高二部，被学生大吼大骂，夏抱头鼠窜而去。高二部对于这么一个大职务，大人物敢于当面唾骂，这种风气国立八中其它十部是没有的。八中学生不少进了贵州大学，我也去了。在解放前夕，反饥饿运动中，安徽学生都在学生会长史健（和滁县人）旗帜下搞运动，结果史健和金春祺（全椒人）牺牲，做牢的八九个。淮上健儿"名不虚传"这种性格，在旧社会要吃亏的。南大陈先生说："几千年旧社会一下子就改造好了吗？"但在新社会吃点亏不会有性命危险，一切自责，都体念国家，不计较量，莫尊得失。老弟昔时气，有胆量，我知道，但还事拖不住气，缺乏涵养，我有点放心。七二年秋和七三年秋，我到南京，我问范增元，他说你还在农村；去年冬在合肥见了增元，我又问，他说你们夫妇曾经一道到过合肥，我才放心。大寨精神，就是踏踏实实；毛主席教导——"实事求是"，来不得半点虚伪和骄傲。先生有了《79》，还觉得一天改造一天。青年还要看到本世纪末中国成为一个四个现代化的社会主义强国。今后二十三年每一个人都要努努力，怎样为国家献出力量。青年不要只享受现成，要自闯路，好自为之，为国效劳，不考虑个人地位问题，是所望也！

西元

附寄《赠吕剑》一份，本来不要乱传。我对你家学很信赖，乱传"无害有害"，青年人嚷嚷："诗歌也要学习民歌；新诗人才能有生气"，什么陈规旧格，五绝、七绝、七律

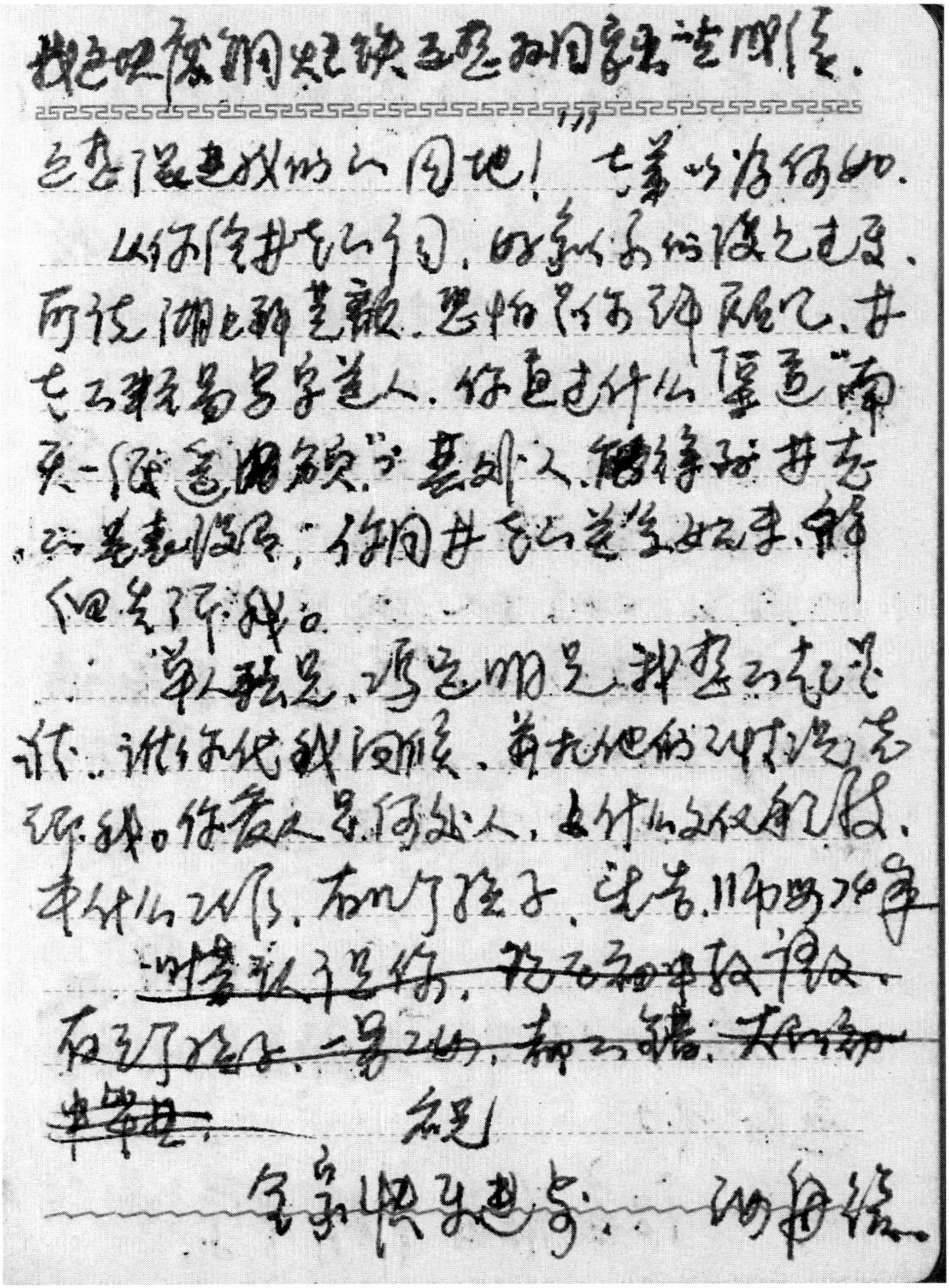
[illegible]

已[illegible]我们的[illegible]园地！[illegible]何如。

[illegible]

[illegible]你[illegible]什么[illegible]

[illegible]

[illegible]请你代我问候，并[illegible]他们[illegible]

[illegible]你爱人是何许人，在什么[illegible]

[illegible]什么工作，有几个孩子，[illegible]

[illegible]

[illegible]

[illegible]

[illegible]

所以要掉几个字也；因太不好的请代笔。

又启者：五一那天一个上午，我领七八个同学经过难民所，拉铁群一道登象鼻山；至山顶上我指着一个广场大规模的集会，对大家说："这是一群蚂蚁！"山顶上八九个人，我只清楚地记得有铁群和葉蕃；你应该也在。记得吗？如果记得你知道那天是什么集会，函告。切切！

沙舟 又

你能不能回忆出那天在山顶上还有谁？

江蘇淮安車橋中學

寄云南.华宁县系工地管理局

（四）丁 高鹏同志的信，

鹏弟：

大前年你带眷属回家乡，畅谈了半天，未能尽兴。正好像俗话所说："和先生爱讲的话，三天三夜也讲不完"。你回滇以后，大家很来消息你打算申请调回墨江。还有人说，你有一个玉溪小马村的杨同志和我家宇佩章同志关系很好、并且说你也认识这个同志。我写一封信给你，问问真实情况，两年多没有得到回信，甚念！

生生气了，消息久断，双方直至谈来对不中断。家乡付信给你在是

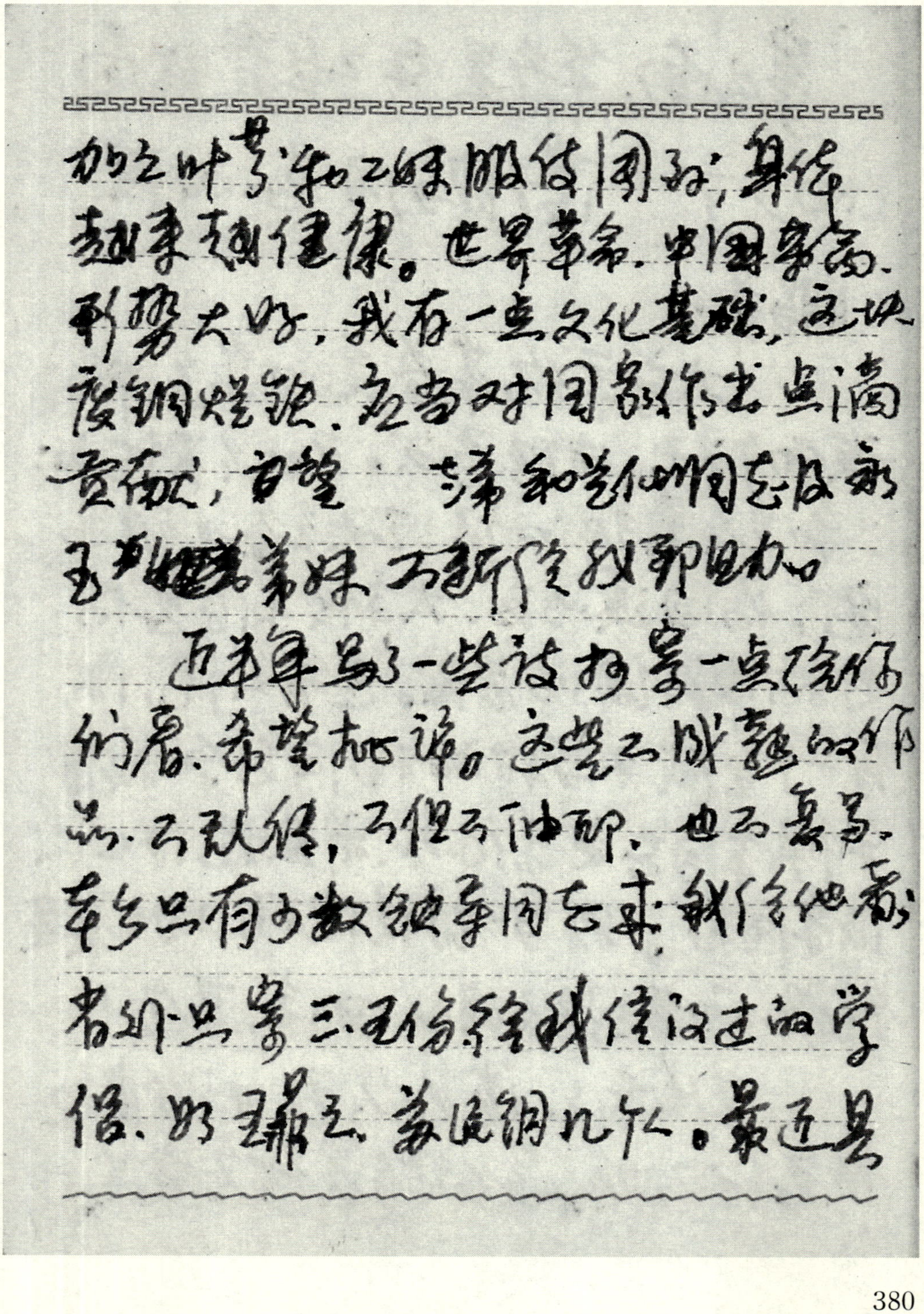

加之叶哥和小妹服侍周到，身体越来越健康。世界革命、中国革命、形势大好，我有一点文化基础，这块废钢烂铁，应当对国家作出点滴贡献，目望　请和沈阳同志及我五弟　弟妹不断给我帮助。

近来几年写了一些诗和写一点读作的看、希望批评。这些不成熟的作品，不敢给，不但不体面，也不象事。幸乡只有少数领导同志来我住地看，看外只寄三、五份给我信得过的学者、好友、亲近朋友们。最近是随县大学分中，写了大队办新集。大多大队新集移址至大多湖边；回华大队新集至南张，叶书调教初中了语文。兄以兄妹表现也不错，你们加上朋友们情况，我也想知道一点。祝

全家快乐安康。

海再。

77.

5.1

廿戊（伍）

復资阳三中谭科模

志师的信：

科模弟：

去年暑期，接到你一封信，感到一些不快活，写了一封长信，因为解不准，你思想有这么大波动，是什么原因，所以，这封未发。毛主席逝世，我们情绪很悲痛。

九月十八日，在我们大队礼堂中开大会听

（体）

央天安门追悼会。亚芳等怕急我身体吃不消，劝我不去。我说："今天情绪压不住，你、把钢笔和信纸摆好，我在家把我的心情告诉鼎三，此后几天，又把给你的信改写一下，打算一道寄出，结果未办到。主要原因还不明了，你最近的处境，恐怕对你提的意见是无的放矢。今年春节后，得鼎三信他说："对老弟爱莫能助"，我很诧异！3、4月间我挂号复鼎三一封信，信中，关于你也说几句话：大意是说老弟与鼎三是唯一的知己朋友，"爱莫能助"，叫我怎样理解呢？我只说："斜模是正派人，不能说"爱莫能助"；

老弟把自己情况告诉我，我们还要叫下去。" 不知这封信能否转给，设有，立即来信（望挂号），因为农村信转到大队，大队人员手杂，常有遗失。

最近，贵大一位同事来信谈：赵主任、朱先生先后逝去，学校开了个隆重的追悼会。这件事，在我看来，理所当然。赵、朱两位先生即已解放了，毛主席指示，干部逝世"炊事员也要开个追悼会"，何况大学主任和老师呢！这叫做从公心出发考虑问题，解决问题。如果把老的问题——张赵及朱诸之类——纠缠不放，就不免心里有不平之气，这就我把违背辩证法的发展观，走上唯心论的形而上学了。从贵大最近传来的消息，缘广普(陈)老弟去年夏天那封信，使我作上面的推想。不然的话，"害我者之者热……"、"诽之者热……"这一类的话又从哪里来的呢？收东，我推想，贵阳还有少数人不知道我，已经回故乡了，对你散布这一类话，估计人不会骗。估计必竟是估计，估计错了希望你纠正，不要见怪。

无论如何，思想疙瘩自己去解。一切从国家利益着想，少从个人或亲友方面，思想上没有解不了的疙瘩，不要把自己的看法，估计高了把实况、现实估计低了，不必要好！安徽有句古话："看山打柴"。我认为，这句话有一点唯物辩证法的意味。引伸之，就是说，见什么人说什么话，在什么地方说什么话，到什么时代说什么话，等等。我再推演一下，不但看山打柴，也要本身的条件打柴；例如，打柴人，有老少男女，能力不同，用的工具~~也不同~~是镰刀或是斧头又不同，那么打什么柴，也就不同了。毛主席教导：社会复杂，人的脑子也要复杂一些；凡事多想想，问一个"为什么？"上一个月，我复霖之信关于老年择婚："家庭琐务好，不是难；难、难、难是"，二十年工作的成绩"不足是"，有进步的亲友"不足是"，已经加入进步组织，入盟或入党"也不足是"……——"倚名师，入室弟子"那就太可笑了！"倚什么呢？学习马列主义，毛泽东思想。~~改去~~该从脑子里存余的不（能正确对待的思想）够纯洁的东西。

个人的荣誉得失固不屑与人去计较，先生老了（79），并要纪录中国要做一个四个现代化的强国现在22年，我是看不到了。老弟们总之是可以看到的。在这方面来想，你们有责任对国家献出几点细评，这是正经事。骥之春初的来信，说什么等他那年退休"交责一身轻"才能实现东游计划，我复信用柳宗元的话说："始而骇，中而疑，终乃大信；"但不好说终乃大信，因为没有足够的根据，只来一个"终乃提一个不成熟的估计"一个多月，没接到彝之复信，可能是我估计错了。这封信转给彝之，有什么说什么。我在华东看的革命形势很鼓舞人心。各省的发展形势可能不平衡，但不会有太大的差距。千万不要因对环境不满。李懷将龙俊先生不是在贵州吗？他

之

八十多岁了，申请退休。

书记，是党龄很高的党员。

又负责参加安顺三中领导班子。

奇不到八十怎么提出退休的

想法，先生老了。虽然我祖国

成为一个社会主义强国，但家

乡什食品供应充足，加之老

爷和孩子们服侍周到，身体还

很健康。血压正常，三年多了

失眠症也好了。别无任何慢

性病，特别是心脏好，医生

都说我还可活十年。先生是

一个科团乐观者，多活一天，是幸福

多少有一点陈旧知识，要通过你们接下来，也可能在文化战线上起一点废铜烂铁的作用。主观愿望总能体现多少是多少，用不着自己（担心）顾虑。这也如曩之说：“随遇而安”这不是庄子混世哲学，而是毛主席教导：一切事不符合，客观实际，都要朱姨。

正因为致信求事低，又不愿意随心乱想，又没有掌握到对方实际，只好凭以往一些现象去推测，新不能理解到对方的发言，只可以我是什么原因。一个月前，给寄去的信，到现在没有收到复信，什么原因，不便乱想。给寄信的大意：是说我被抛弃，有些人说是我第一、第二等得意门生，我也只好默认，最近五年，我每一次业务水平，不得老弟与鼎立帮助、带到棺材去、主要是认为非常可惜。语法古文、是科技，声音训诂也是科学性的东西，诗词重要的研讨、能对文化起到作用。毛主席把文化与武装并立、形成革命的大军。老弟与鼎立都是能力强、且又有一定的政治水平、帮多会作，几乎能对国家，能对社会主义建设能添一砖一瓦。对个人来说，我这一点爱国心是有的。将来定全部定案说，不但我不强求，你们也不要强求，“随遇而安”好了。

我问韩之德同志：“董懂

不学乎萎缩，机警，不
学乎鬼祟。靠之戒惧。信
封写出等，我也只好随它
去我私；我的警惕性很差。
但自称做过一个静守
人疑神疑鬼。我还
不相信，人间还有这么多
蚂蚁，疑神疑鬼！

老弟去年夏天，有诗相调，并且

你讽刺一信也，我之复回

信的稿子，改来已久，没提

到的也，同心很不赞成

你提这一类人。改过，大家

都细致了，同时人民内部，提

这些人有什么作用呢？太

小气！这一类人你的说

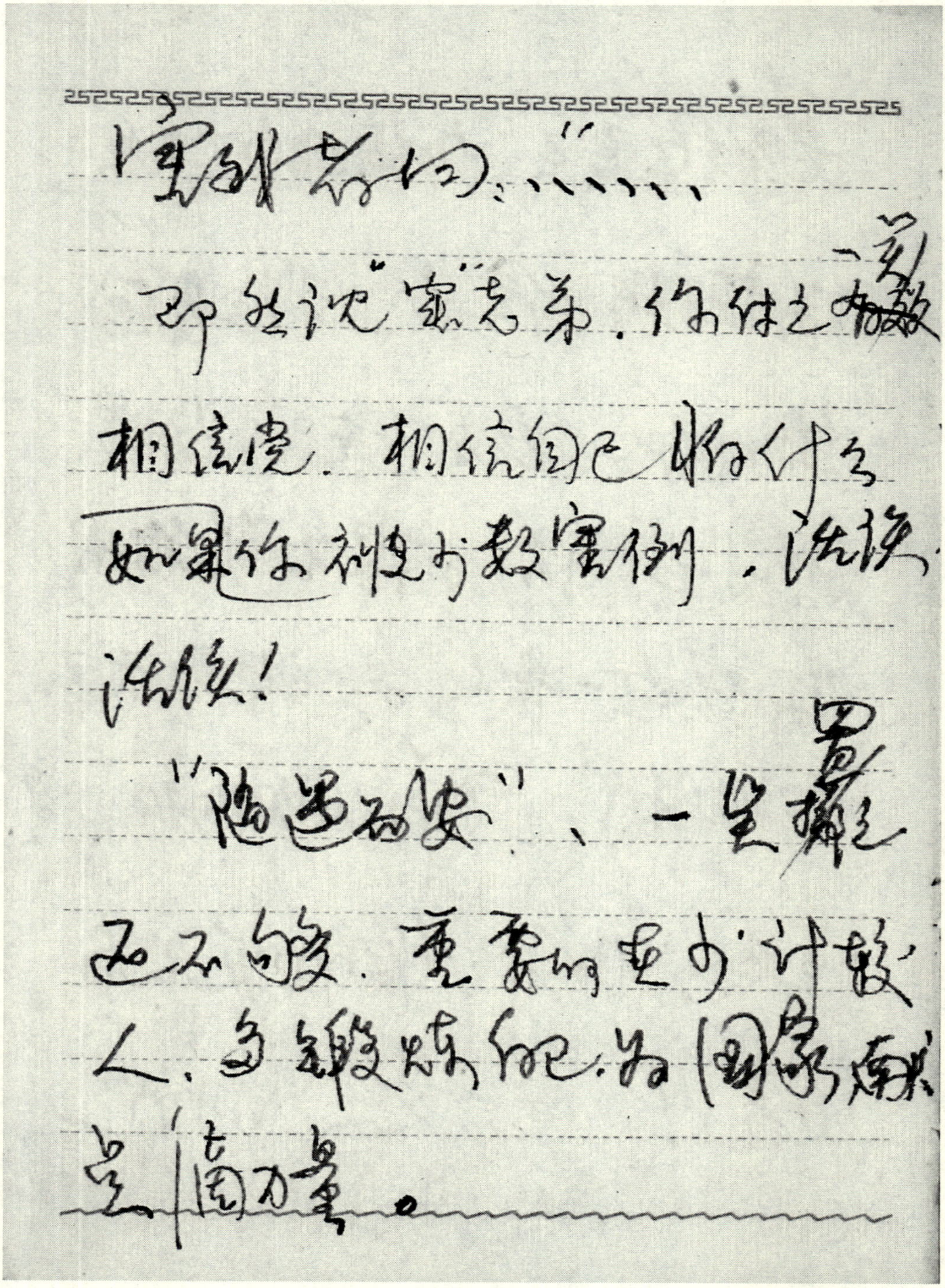

实践出学问……

即能说"实践第一"，你往之一点

相信党，相信自己做什么

如果你被动数实例，流淌，流淌！

"随遇而安"、一生罢之

还不够，更要的是少"计较"人，多锻炼自己，为国家献

出个人力量。

同志们人什么不都事。致

有苦恼！

要说的很多。~~自由讨论~~：

希望你们的自觉性。通讯处：

你们信封上写

南京——金陵章辉路

国华新中。

马[illegible] 收

艰难艰苦的人，不要[illegible]

艰苦岁。要加强艰苦的锻炼

就是我们的罪过，他们受怀疑多少天，他们有权，由我们引起的，我们的罪。我们还搞什么诡秘？绝千万不要搞。毛主席说"要团结不要分裂"；无缘无故，对毁我者、害我者，内心加反感，又怎样搞好团结呢？不知不觉，自己滑到"不要"也

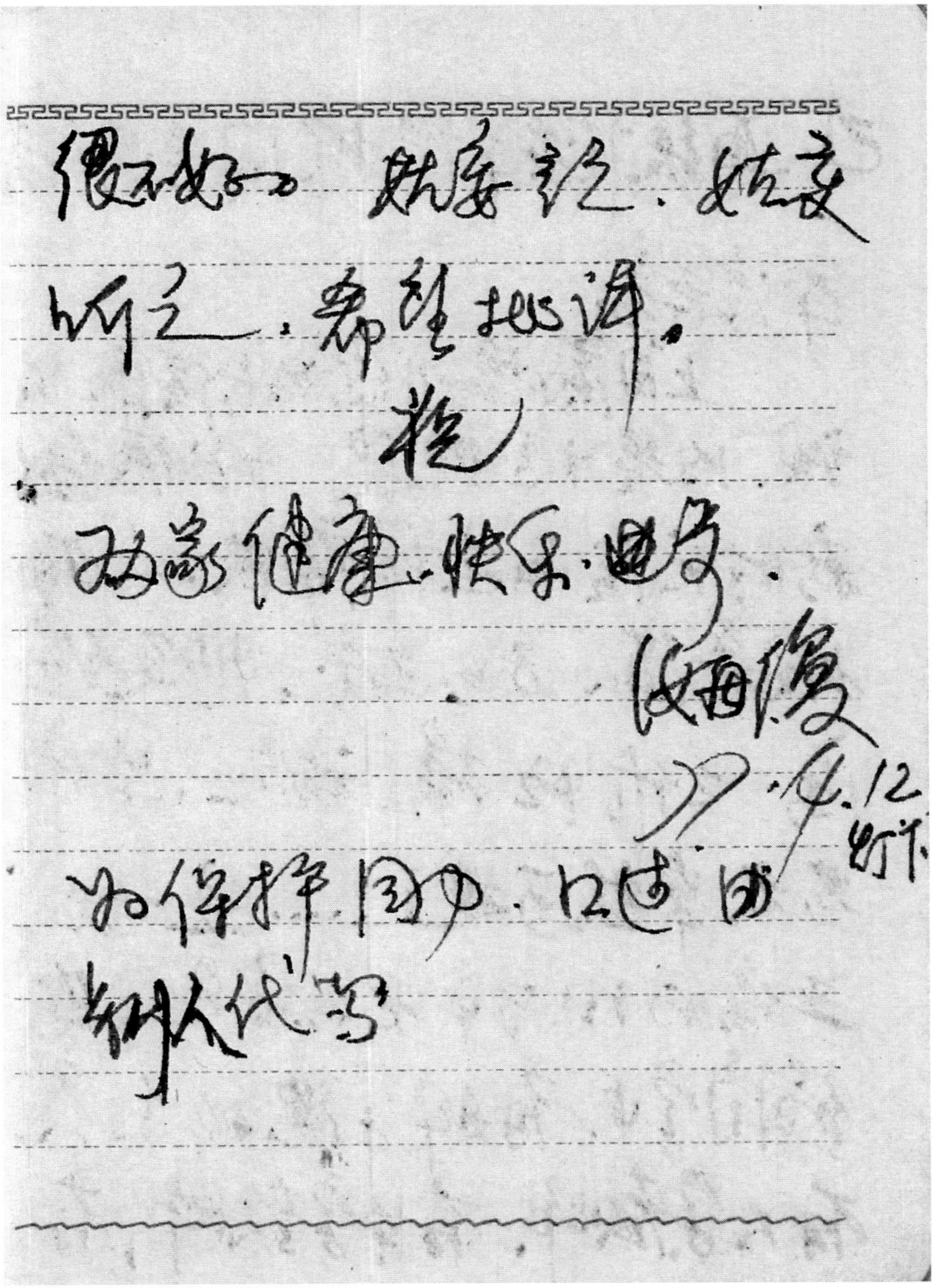
[illegible]
[illegible]
祝
[illegible]健康、快乐、[illegible]。
[illegible]
77.9.12
[illegible]
[illegible]代写

己 再复张安华榜中学同老师信.

华淳老弟：

上月底接到你的长信和诗词，内容十分饱满，十分振奋！新时代话的这样痛快——婚姻美满、子女进步，朋友追深，工作忙碌，诗文、写作艺术卓然可观……这一切，在你们同辈中也不多见。你们同学中，有科学院研究员，有大学教师，有中学教师，有其它文化工作人员。这些工作也是；新时代一切工作都要争取做出卓越的成绩，才能够在本世纪末，中国要胜利地实现现代化的社会主义强国的这二十年中，献出每个人的力量。先生去了五、七年运动会后，也要和语法修辞学界不断联系，写些残缺零篇，加上你们的学历，在中国革命文字史中也许能添一颗两颗小小螺丝钉了。这一点，为国尽瘁，老弟以为如何？

上月29日离家到合肥治眼。30日与小妹乘三轮车到安大，至同学结家午餐，先后见到醒红、老弟与外文系杨锦明老友。从九点谈到十二点。我喉咙都哑了，也是几乎帮打倒了。彼此可以畅所欲言。醒红想调你到安大，同去湖一位学任田吴尔锦至面，

(合肥三十一中教务处信)、大家在
团聚，醉红真热心，有两个愿
望：一、陪有。二、为北来信放
弟弟毛泽覃置之度外。
毛泽弟生到肥，约醉红、蔡
群到我家，很些有想去到的
情、情。越早越好，近则今晨，
远则明天。以合肥车站买
票，乘两小时车到巢县的亲家，
落然后转车，半小时到本南村

楠梓到我家只要半里。表侄
王思慈在楠梓管理車站，汽
車上下，他都在站。你们下車由
他领你们到我家。从万家
湾到楠梓公路不大好。如
果久雨之后，你们不要在万
湾下車，直接买票到金椒
瓦厝。同样每天下午有車到
高雄。路好；没到先双至
高雄陆院，和伯院长。小

你的姐妹在供销社工作。章辉到我家十余里。公路已修好。不过还未通车。你们到章辉，也许有机会，坐拖拉机把你们带到家门口。这一条路好得多一些。

王務商同学在美从事高分子研究，近年来已无联系？中美邮电关系是否有恢复，走去。虑了能你和他通信。
叶芸现仍在浙江师院，
受组织尊重。一男二女，大孙女，
二孙女已结婚，有孩子了。晓敏
杭生。~~丈夫家姓~~"蒋"。尚未结婚
的小孙孙女也都高中毕业。
~~[illegible]~~表现尚好、至南阳
到了孙子各有位置。小妹最
强。她爱好英文，所走西本
广播讲座；又爱好文艺了她很

琢成同志们欣赏的诗词。我给她讲了大作《送幼子参军》。谈艺术技巧方面所谓"炼字、炼句、炼意"。旧诗要求字稳，遣字要求词意通达的大锤炼。所谓"炼字"、"炼句"主要是为"炼意"。班超"投笔从戎，盛年壮志"，被你炼成一句，"掷笔从戎去"。"丈夫安爱惜其少年"，被你炼成一句，"丈夫惜少年"。又炼成钢

一句俗话，被你加个字炼成

一句好诗，“纯钢久炼成”。上面

对一句“宝剑常磨利”，很工整，

似从“荀子”“金就砺则利”化

出来的。开头用刘越石典故

为少年写的，为新中国儿女

争光彩；“我们北游行”把

的东西纪念“要有意思中坚的

指”的意思就很明白了；这

就是结尾。中间两联，教训的

看法，甚为正确，也许是好意。

法国更好，为其南通表示意思是

中也，"甚至到"个甚字，反而写到

政权机就很好；"中直自身

发展"，这是我们的最重要之

任务。随後再请他久久，来些

意见，要给你们以好的意见，改

正。以后来信只称"湘母娘"

或"湘母亲娘"，"湘南母大兄"

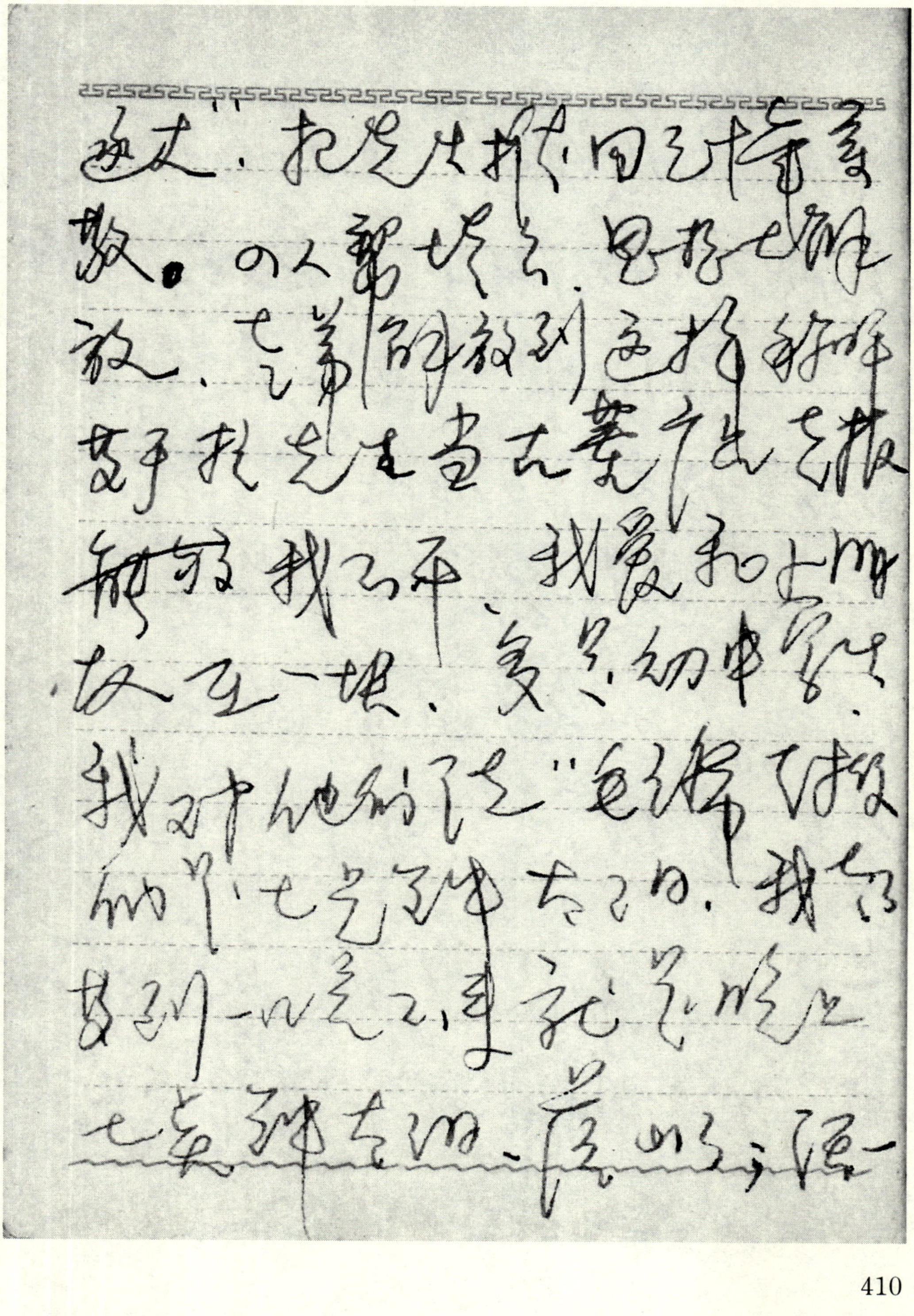

来，我写四一页，谈谈只有，

一晚至已，我总是不太定

舒伸在心的，……，你相信吗？

“老骥伏枥，志在千里”，说明

的为人民做大事。希望你

新近多读论文，发挥你的

七分敢说敢讲的风格，

文章须多写，要打标点，词

也要打标点，谢谢小妹

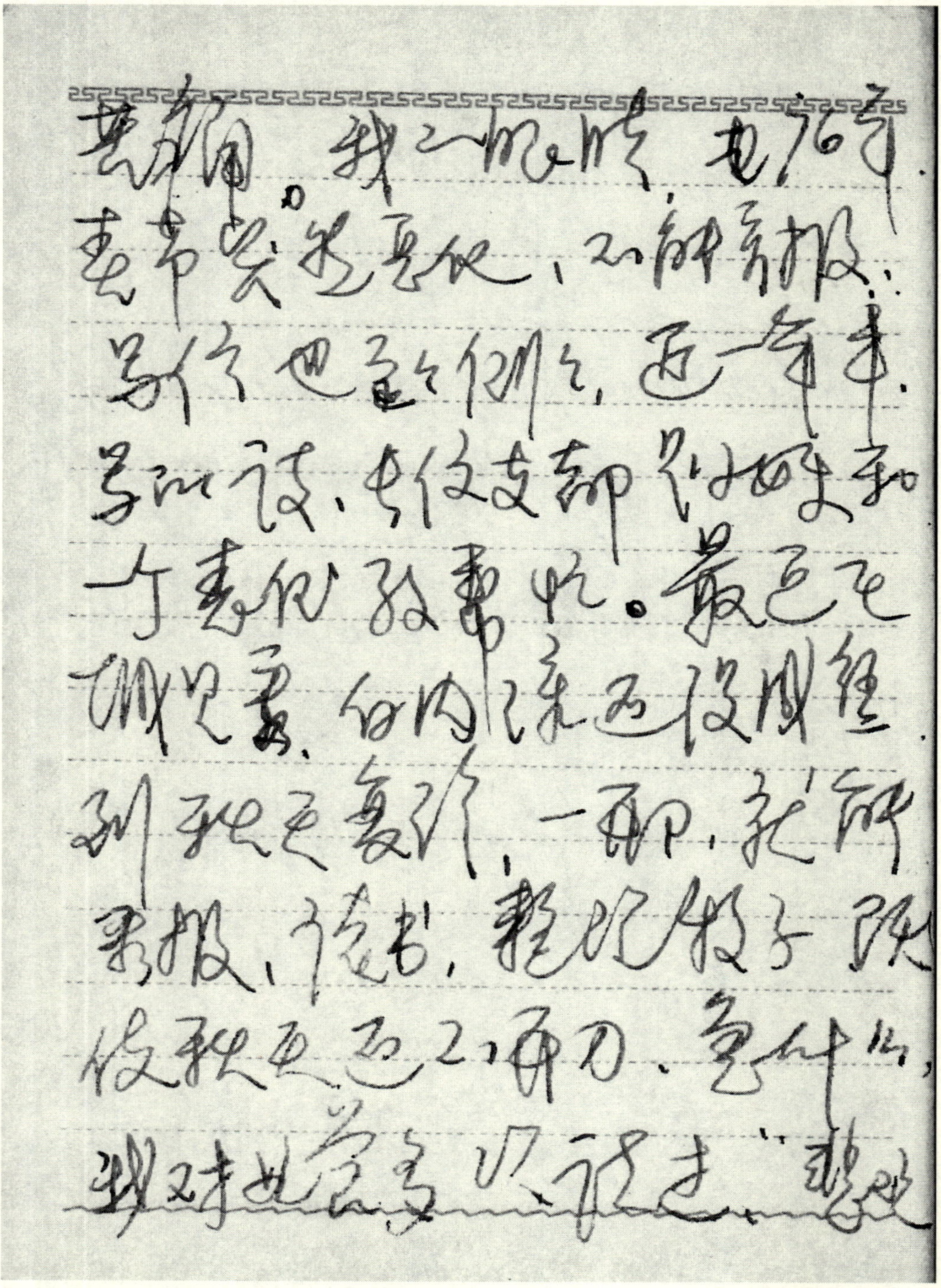

还是老之是磨砺剑，还是
也是拿伤剑。"很多朋友说
我们看日本足球赛，我说：我
看国外足球好；认人可满意
我是快活一段时间；后来
失望，我还是看国外足球、
又发生嘛，老弟，你还相信
吗？ 祝
写作 健康 愉快，代向家人
我们全问好。 海[illegible]，72.6.14

庚

復貴大韓老师信

韩老师：

去年夏天你我通信，不必提了。内容和最近的差不多，从今年夏初（六七两月）我们两次通信也不必多提，只把我第二次復你的信寄给楊宪同志，把復你的信抄正一遍。原因我担心這封信有些感激你的地方，你不好意思把原信寄

朱书记和杨寅同志。~~不然的话~~

朱~~书记~~先生同志当然停职交待，而杨寅

同志但仍党总支付书记，这封信

让他看一下。那封信写我请

按现状，领稿费工资，不申请

退休。你4月的来信"关于对退

休一事，请先生的态度意见我了

解，直已向党总支朱书记汇报

组织上也知道了，请放心。"不料

5月接到你信，说："总支秘书

告诉我，上级已批下了一批老教师的退休，其中有张先生。五月份起领退休工资。~~[illegible]~~我到家乡就是六个年头，身体也还是加健了。~~[illegible]~~经你的信讲了，县区、社队领导和中、小学老校长教师来我家，经常坐谈一、两个小时，并不感甚拘束。我已将退休之申请撤消和了。并不至于计较每月少领之资若干，自这一点你和杨宾同志是会相信的。我不申请退休是要求我们号召特别是全校各种运动，使我要动，不应该把我这一块废铜烂铁埋起来。这一点你和杨宾同志也不至于怀疑我态度。工资72元，开支大有什么意思？既然是系支书要你通知我，那就不是你无心吹风通气了，是有领导指示的。不过没有领导同志直接征求我意见。5.6两日退休好数收到，谢谢你。你问我有什么合理要求，我也不知道合理不合理，提一下。你问我"退休后是在贵大还是至家乡安居休养"。孙女玲玲（叶芳的大女孩）高中毕业，已经超过两年，已好学生、团员，现担任大队妇联主任。她愿意到贵大，能够至外文系或中文系读书，提高自己工作能力，为人民更好服务。

这就代替顶职，行不行呢？
~~请你吹吹风~~。我认为录取
新生来学校不教，但收做学
生辞工，辞代替顶职！这就
要双方协商，我向你吹一下
风。
"王子问我"退休后是否去贵大
还是在家乡安居休养"这
个事没有征询意见的法子，
确是难；地隔七千里，在

首题八、十《797》、身体总的比
过去健康。四岁大 毕竟长
了，四岁大在政府二道沟
旅馆。有什么意义呢？这个
问。贵大领导会清楚的，你
通过这个风也好多了。今
年春节前后复你第二封挂号
信（今天附上）讲到写报告
展形势。县、区、乡、办事处、
大队、办事处的。毕竟发展

很快，师资缺乏。我回家来
之就是一个多头，各中学领导
和教师个别的或集体的
来找我问这问那，甚至要求
叫我讲文学。我这时眼睛
既已衰老，仍年不要说瞎着吃
出报"安居休养"，我一面
回复你意见，不申请退休，
在我的理由。这时又写了最
近的新的一周来的台安书记

可是，王报告中说"要任人唯
贤，要德才兼备，要搞"五湖"
老中青三结合会更好办事"。王铁
你们家乡这种情况，我确实，
不能"安居休养"，而家乡领
导和老师们也不会看着实
信。事实如此，可是，贵大领
导已经没征求我意见作决
定，我退休，我欣然接受。只
请你和杨宗同志通通口气、

a. 关于家乡培养中学语文教师，曾和领导谈过一些规划，并且已经开始行动过，以后不好偷懒，"安居休养"。每月工资多十元少十元有什么关系。

b. 对于退休我只了解，病是唯一的条件，五月底我到安大会见一位老同学，老同事，楷书教授，七十岁了，身体不好，但还编书，只要轻微的

晚稿，不但没有登在画报，
连稿子也没有提，不见得，去
登载。但我已经退休了，我
不考虑个人得失问题，谈好
退世，我打破老风气写信。又
回了，收，袁同志表示了，
回后去之，我向你通告风。
你回信说："中文系通过了，
上级还没批准，你的任
依。"我复你信，不必依了。
我另想办法。但我的存了

常生给祖助

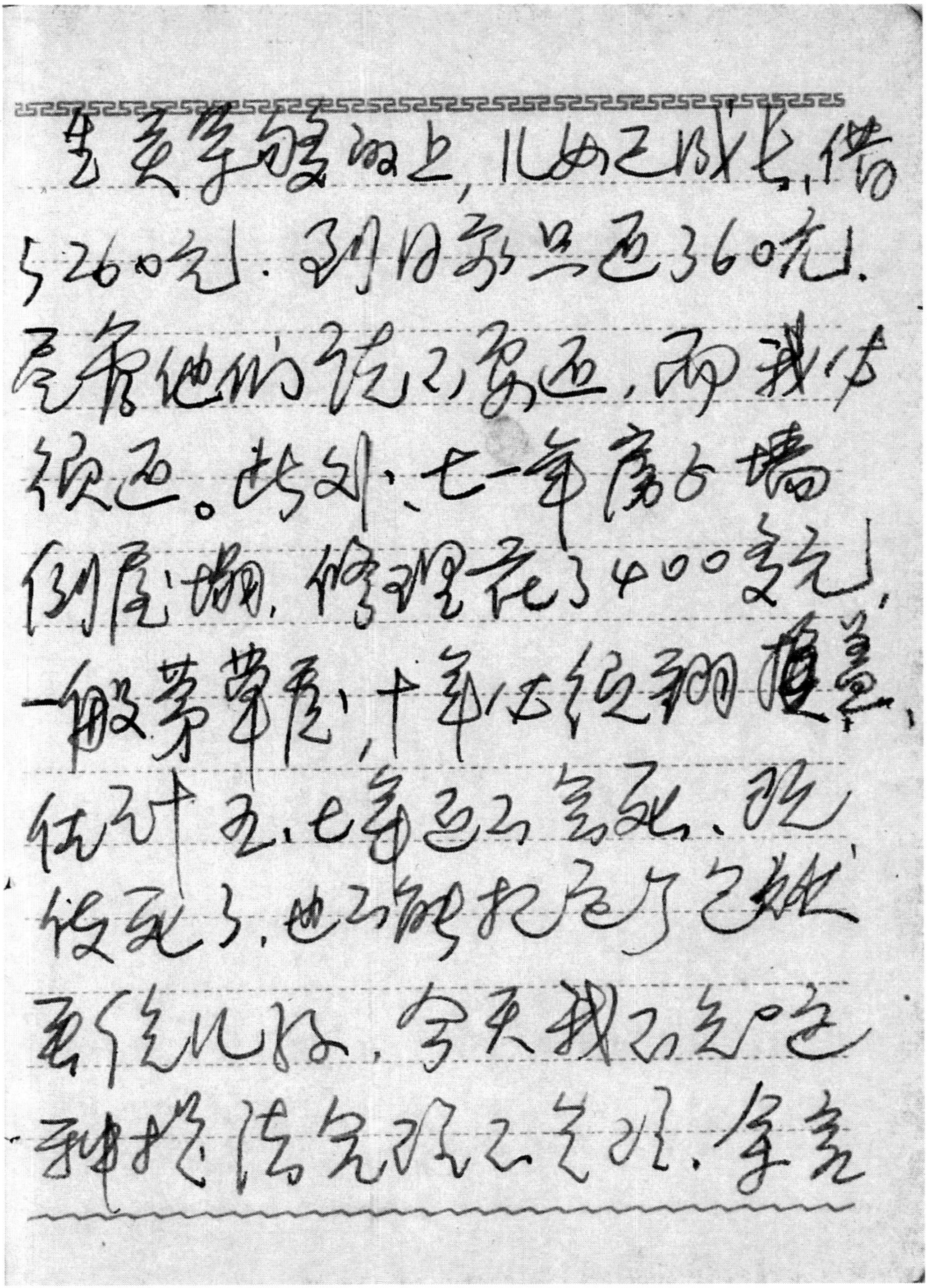
生活学够温上，儿女已成长，借
与260元，到日家只还了360元，
尽管他们说不要还，而我仍
须还。此外，七一年房子墙
倒屋塌，修理花了400多元，
一般茅草房，十年必须翻修盖，
估计五、七年还不会死，现
假死了，也不能把危房包袱
丢给儿孙，今天我不能不这
种想法免得死不瞑目，拿着

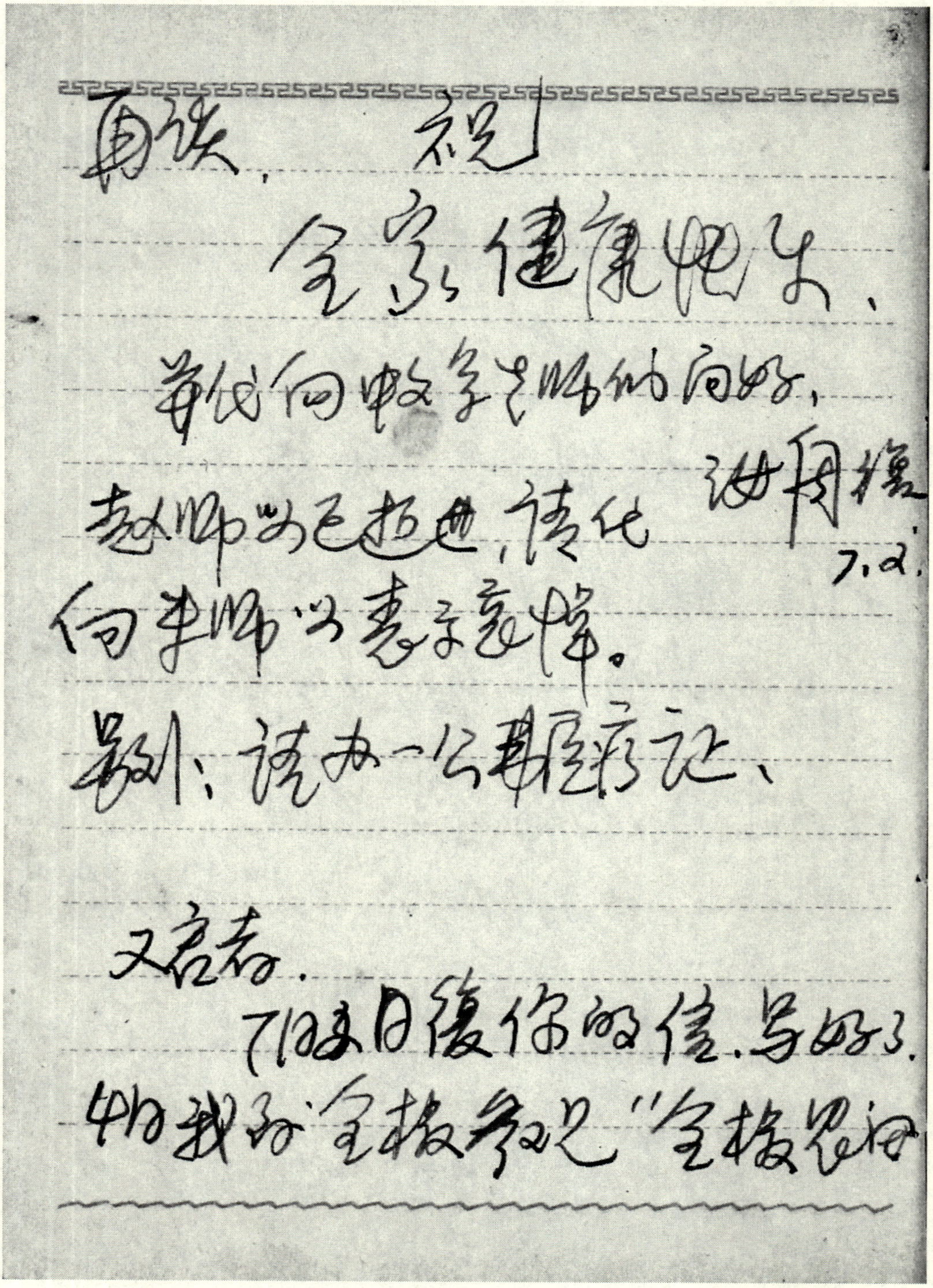

再谈，祝

全家健康愉快、

并代向敏学老师们问好，

赵老师们已搬走，请代向李老师们表示哀悼。

最后：请办一份[illegible]证、

谢国[illegible]

7.2.

文启春：

7月10日复你的信，写好了。

4日我到全校参加"全校[illegible]

十年规划"，10号回京，收到你七月5号的信，多知道老大一些情况，所以加写这张"文话"。你说"杨宝同志任县委付书记，了解我，可以直接和他通信。我们2月复你那封信说对象我2月复你的信，不必要了。和杨同志通信，以后再说，目前也无必要。反正你给我的信

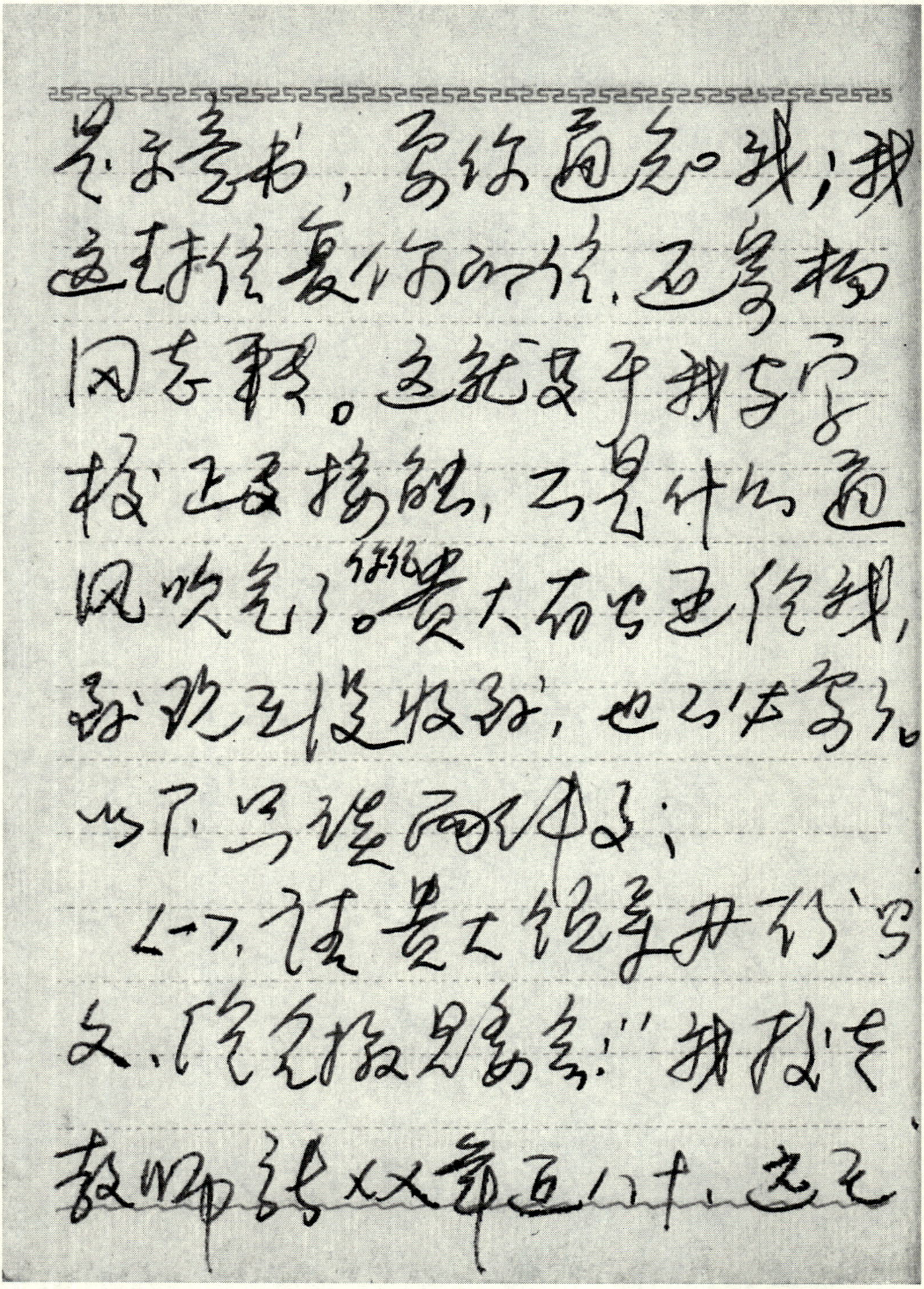
是否来书，要你通知我；我
这封信复你的信，还寄杨
同志来稿。这就是关于我学
校工作接触，不是什么通
风吹气了。徐纪贵大哥写过信给我，
我现在没收到，也不去写了。
以下写谈两件事：
（一）请贵大姐寄我们写
文，信已报告如下："我校
教师讲XX篇五八十，这已

安徽，我校已连同一批老教师和好医生体检。得以回[illegible]七折，每月实支乃元、再请帮他打个电话……[illegible]。完事完毕。~~另据说我单位、[illegible]留捐全额~~，其它每月八号发工资，学生~~、以其它发工资等~~按[illegible]另一天发书、请假九[illegible]之后由它接发，不必再等候。

〈二〉、文革初期，指先了几句草书。又谈了68年七月的夜，你们去抄去诗文信札、笔记、书画……我问过你，你说以后要追还的，请你~~解进~~帮忙，能追多少是多少。我们借书画，最可惜是[illegible]〈诗陶闲望湖、沈周题图、胡之浚书〉[illegible]

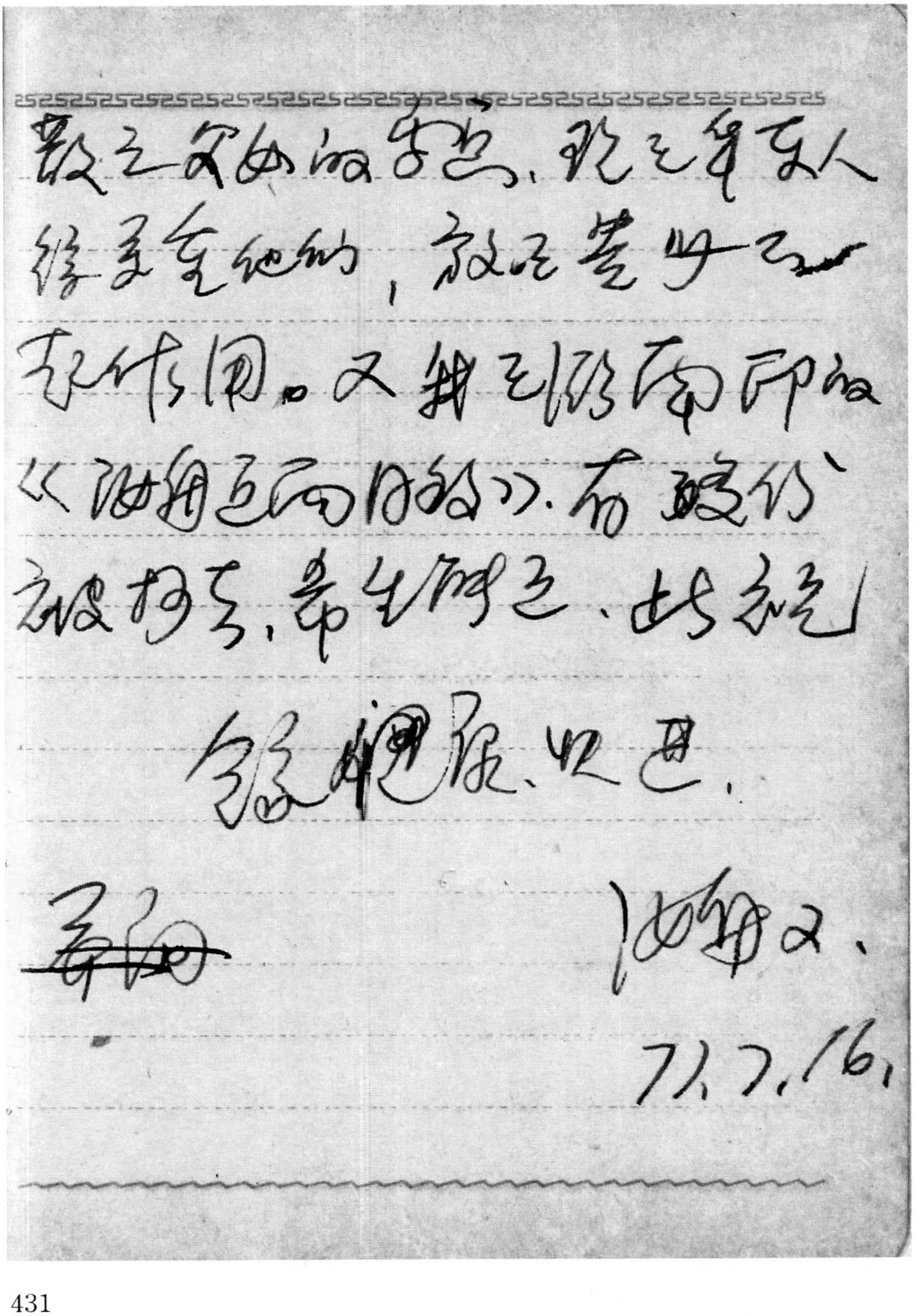
[illegible]，[illegible]
[illegible]，[illegible]
[illegible]。又我已将[illegible]
从海婴[illegible]。[illegible]
[illegible]，[illegible]。此致
[illegible]
海婴又
71.7.16.

第

复西屯医生的信.

七七.七.二九.

正宇契兄学友:

七月十四号 大札及信

廿今天才收到. 大约耽

搁两周不知何故。

五足与会六天,获

益甚多. 而医界 二

学助我更多.

大作文情并茂，诚为
佳作，甚佩。勉和以，表
示敬意，希指正。
回里后，将拙著
逢人说项，引起邻村
对我 的倾慕。这
村中有王光庭同志，年39，
党员，在肥东县城工作，
患气管炎，上海、南京

昭言已悉。弟昨日未多事，

为作一札，由德寿兄

呈。不知王同志已否到

呈？　此诗甚好何，

感激之~~提~~高~~深表~~寻觅，

携来之另纸原呈　敬祝

~~全~~家春安、

弟　陈海周　顿

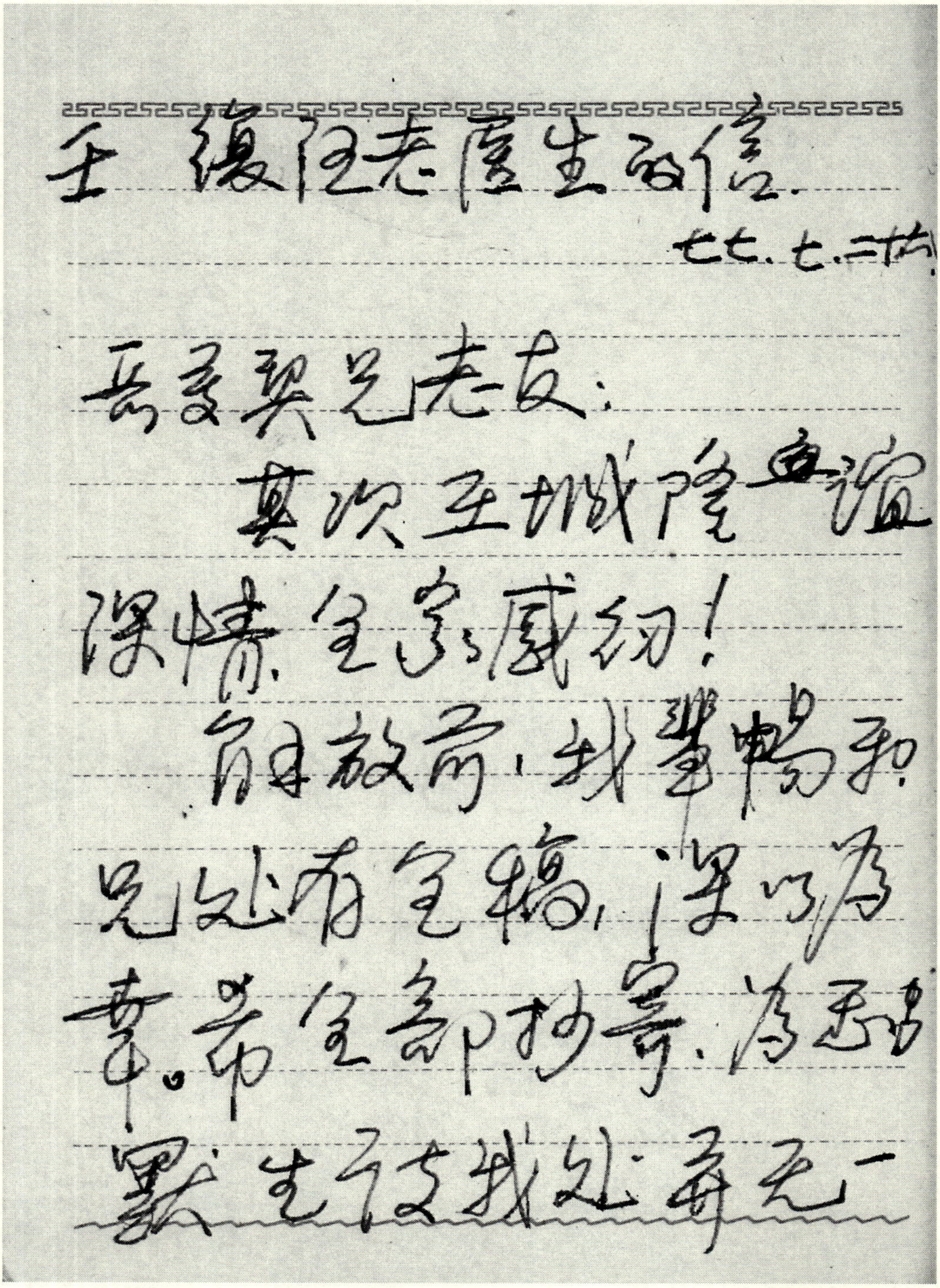
王复阳老医生的信。

七七.七.二六

岳美契兄老友：

其次至城隍盛谊深情，全家感纫！

解放前，我辈畅和兄处有全稿，深以为幸。希全部抄寄，为丞书罢先生予支我处并无一盲、聋处能寻一二，更恶。

大作《羊羔子》，孙女小时爱好文艺，翻阅再三，弟略为解释，告之曰："诗多半是言情人，你只欣赏他新词，而不了解言情人的艺术手段，写法、用词，连

球式的步步紧的圆好，更
要知道该半圆。这次
谈战略，实际就是"论
全抓纲"上两句"论国
抓纲"，是"论党抓纲"
两个篇章，后更带一个
藏掌"论全抓纲"性
的作用的人。可以看出，

下句"要扫乌云见太阳"，不要忽视这个"要"字。是说挨过的人都以为受一个批判了，风平安。用一个"要"字把这次会议精神和盘托出。以外还讲了一点，不啰嗦了。三十年前拙和。剑作

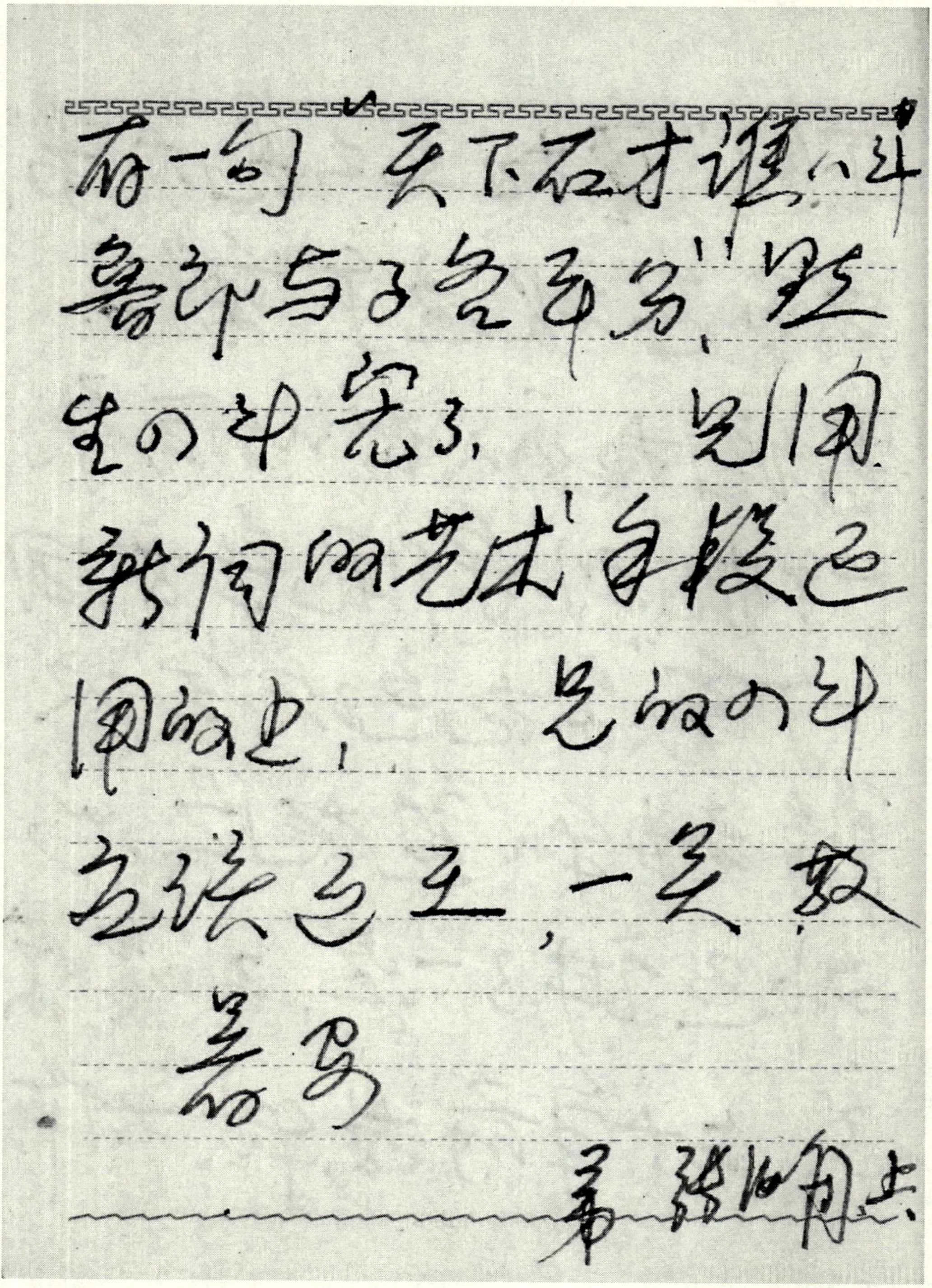
有一句"天下石才谁八斗，鲁郎与子各平分"。先生的书完了，是用新闻的艺术手段包围的史，是你的书立德之主，一是敬善写

弟 张[illegible]上

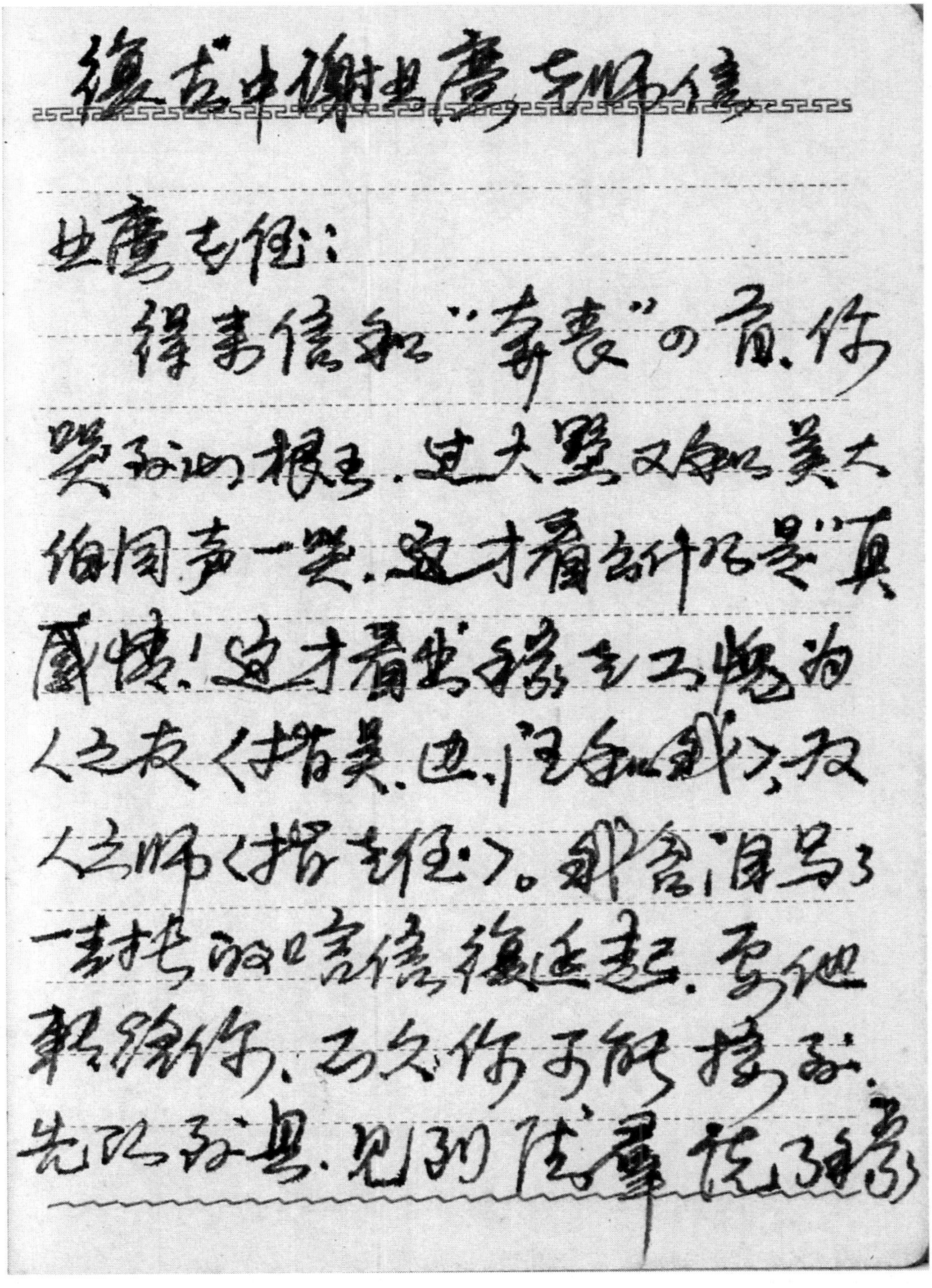

复吉中衡世鹰老师信

世鹰老侄：

得来信和"寿衰"的诗，你哭我的根王，过大学又和吴大伯同声一哭，这才看出什么是"真感情"！这才看出孙老不愧为人之友（指吴、迪、汪和我），为人之师（指老侄）。我含泪写了一封长的唁信复述起，要他转给你，不久你可能接到。先此致意。见到陈肇请代致意

享临终一些灵异。临终前后，
托梦了。也还写了首七律，八首
七绝。但也有诗、林、尚也
会及诗及文，最奇怪，他在我
离开此根生之际一周，于十二月
二十七日写一信给叶公，中间用
了十多个"俗文"，大大感动了我们
文史。信的内容，语的语气十
分婉转动人。同志冒，信之
十八日发出，当他去世，不到现
这封信是他的绝笔。他写

給她寫這封信，"願知時至"、
是否啟。也有懂這個道理、大概
有這个事實、他寫走了、對老友這
么關心、他這封絕筆信、反
復念誦讀、永保存、對其刻
而道、大作"寄表"也值得同反
復讀之、蘇知の首

次韻世應任《寄表》、

一、馬上念師長，心表值逾珍。
賜也如聽夢，今來感新賜。
二、雙徒感唐主，良朋也亦隱。

培植孙儿贤丘、乃祖道益章。
三、双亲已升云，死生事之常。
诚能化悲痛，庶不负门墙。
四、红光照将行，光明正大变。
太阳散余热，余光自可见。
此信与挽联，转陆群，并
述陆工老指正。希望工老大作
早日能见否。工老有意，转他文
章并请他外祖父，与子宾爹爹赐
教。何日孙……。 祝

近安　　　　大安 [illegible] 2.5.

社会科学院

敬爱的邓付主席、方毅院長：

古语"穷则呼天，痛则呼母"，我没有什么"穷"，也没有什么"痛"。可是今天遇到的情况很不景气，中国技术文化攀登高峰仍不容忽视。八十盲翁，不老也老了，非呼"天"呼"母"不可了。

事情是这样：拙稿《西周考年》被压二十年，其被压经过见《附件》及拙稿自序开头两句。直到77年3月科学院院長办公室以"郭沫若同志"处名义指示，将此稿寄科学院《考古》及《历史研究》，要求打印三五十分送国内著名文史部门及专家指正，趁我尚未瞑目得以修改。拖了一年，将拙稿退回。退稿的事实为平常，何足挂齿？而《历史研究》编辑部来函，表面上肯定我花了不少精力，希望我对该刊继续支持。可是该刊编辑部却借北京几个专家的口作了这么一些评论：拙稿不足之处是引用根据不可靠，郭老《西周金文考释》是几十年前著作，有的前人认为是西周初期的，后人查出是后期；过去认为是后期的，今天查出是初期。并说：现代铜器不断出土，

装订线

装
订
线

希望我参考。这一指示明白告诉我，不管是该刊编辑部同志或是北京几名专家，对于拙著根本没有过目。凭印象给投稿者一个指示，何以言之？拙著虽然引用郭老几十年前著作，而断定铜器的年代与郭老很多不同。各家断定铜器年代也互有不同，各逞己见。有的根据铜器的形状与花纹。这种办法不够坚强。中国历代很多方面会仿古。只有据铭文所载年月日、月相的用精密历法推定，除某王不行，这是天上材料，提供给我们的资料，无法反对。解放后《考古》杂志我订的，大运动后该杂志复刊，我也买了几本。解放前夕出土铜器的拓文，我也见到几种，铭文甚短，对拙著不起作用。据"历点"推定年代，是最确切的。这适用于铜器，也适用于古书——诗经《十月之交》、书经《武成》与《召诰》，小雅《十月之交》："朔日辛卯，日有食之……"用历法推算是西周幽王六年，这篇诗列在小雅后，毛传、诗小序都说是幽王时诗。只郑玄懂历法，不知自己历法不精密，硬说却这"十月之交"几篇幽王年代的诗，是厉王年代，改窜《召诰》纪元。伟大领袖毛主席教导我们，科学要实际求是，来不得半点虚伪。我研究天文历法多年，无所用之，大概是1952年科学院《历史研究》发表浦江清先生一篇文章用天文历法解释《离骚》，确定屈原生年。经过两年国内对浦先生文章只有赞美没有批评。我写一篇《再谈屈原的生年》，发表于《光明日报》，纠正浦先生的错误，这是我过去研究成果的初步使用。这篇文章寄到《历史研究》编辑部，该部答复："先生对古历有专长，大作本刊不拟登载，另找其他刊物发表"。一拖两年没有消息，我把稿子要回，发表在《文史哲》66年5月号上。又日本新城新藏《西周纪年》在中国史学界统治十多年，我才开始写《西周考年》。《历史研究》编辑部没有认真过目，作一个空洞的肯定："颇有研究"和一个空洞的要求"继续支持"该刊。空洞的话对人不能起帮助作用。

如果《历史研究》编者或北京专家真正对拙著过目了，把我开头"四个论点"（甲.否定三统历；乙.否定三正论；

丙、否定月相四分法，丁、确定失闰限与失朔限)。如果这四个论点有一、二个站不住脚，全部论文不能成立，就不是什么"不足之处了"，这是第一要点。第二，把我批驳新城新藏的指出三、五条错误，这也不仅是"不足之处"了。第三，审查我所主的若干条，如果指出三、五条不能成立，也不是什么"不足之处"了。不但对投稿要用这种认真态度，任何报刊编者都要用这种态度审查来稿，才符合大寨踏踏实实的精神，才能鼓励笔者用大寨精神实干、苦干、巧干。

空洞的肯定和要求，不是责任性的搪塞，这种作风值得考虑。

《参考消息》两年前透露英、美两国专家合人写了一部巨著《世界科技史》，对中国祖先科技成就予以肯定。"指南针"、"勾股定理"、"圆周律"……之类，中国科学家早有论著，比西方早几百年。唯天文历法，中国没有澄清的说法，外国人就没有资料，拙著指出一些澄清似乎可以提出讨论。《中国科技史》，在本

(77210)

装订线

世纪最后二十二年内，科学院《历史研究》似乎要放在肩上。把拙著並未过目，轻易抛弃，这种作法不好。杂志以"历史研究"为名，置西周信史开端二百多年于不顾，"研究"就落空了，至少是偏废一角了。

拙著《古历与古史》写成定稿的有三部分——阴历谱、西周考年、（夏）小正校释。其余待眼睛好转后整理。

附件及编辑部复信，都寄《历史研究》编辑部。

此致

敬礼！

张汝舟上

1978.2.24

装订线

(77210)

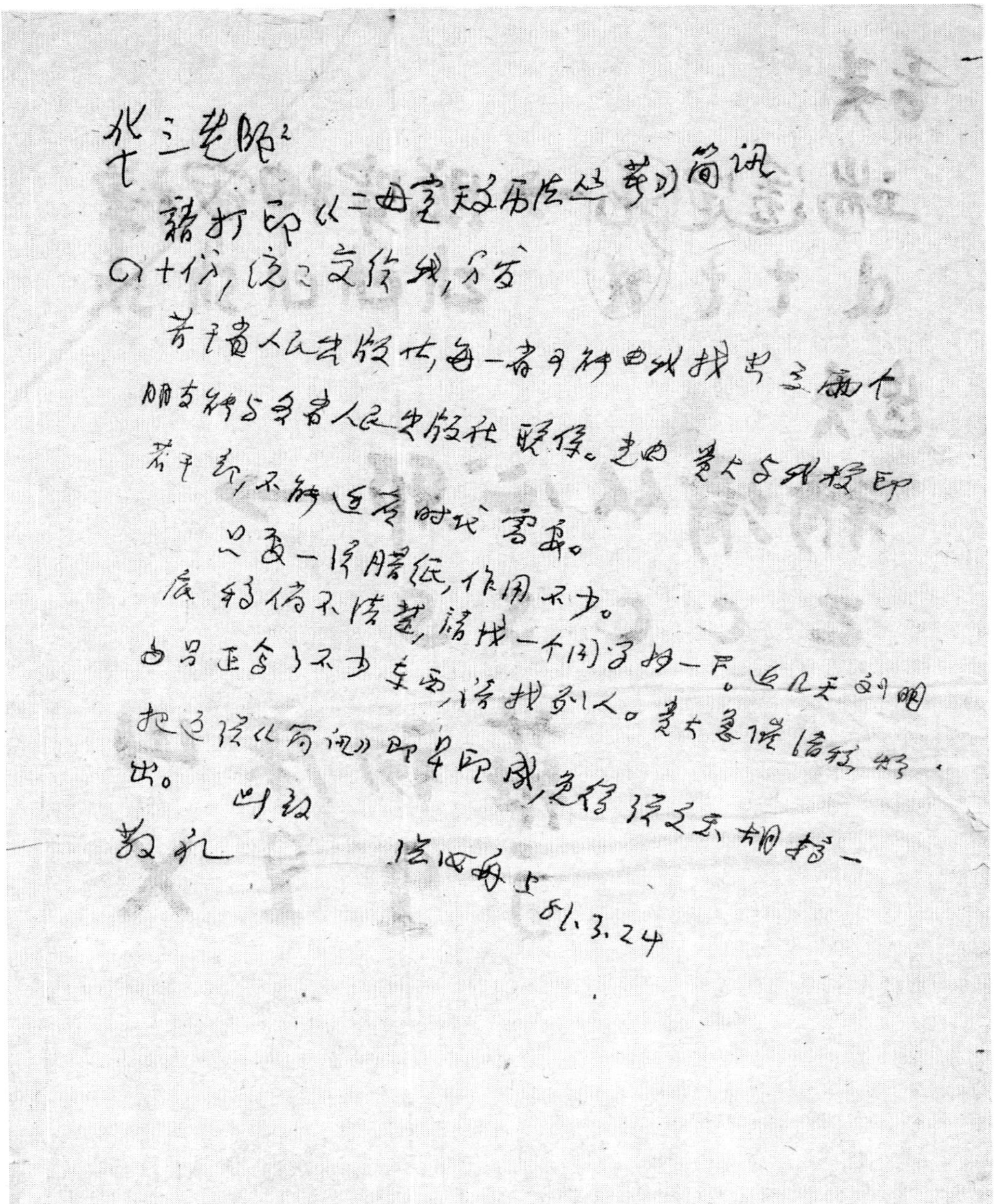
华三老师：

请打印《二曲室天文历法丛书》简讯
四十份，陆续交给我，分发

青海人民出版社，每一省只能由我找出三两个
朋友能与各省人民出版社联系。这由黄大与我校印
若干书，不能适应时代需要。

只要一张腊纸，作用不少。

底稿字有不清楚，请找一个写字好的一点。近几天刘明
由另正含了不少东西，请找别人。黄大急催信稿好
把这份《简讯》即早印成，免得陈文京胡扯一
出。

此致

敬礼

陈遵妫上

81.3.24

刘、薛……各位领导同志：

接读八月十六日手示，还要我注释下去。为博士计，今天只把四分之一的注释，誊写上，已经是三易稿，七月上旬过程已向您们汇报。很久没有~~[illegible]~~来示，由于听了李竟之消息，安大师生在注释《[illegible]》，我松了一口气。春节后借到一部《儒林外史》，精神一振，还想把写的四分之一稿子，大大改写一下。把再稿只写八页的《说明》加写为四十二页。《说明》写得这么长，是讨论到《外史》各方面问题，以供各位大学中文系老师们参考。他们接受去年编写《外史》的任务，有七八位老师来我这谈过，我第三次改写稿他们看了。所以第三次改写《说明》对《外史》提些私见。您们最近的信，还要我继续注释，感到这么长《说明》用不着加上，估计全部注释不过六十页左右，而安上这么个大头，也不象样。所以这十多天把四十二页的《说明》压成十六页，再将注释文重行改写，今日誊写上。以下我提两个不成熟意见：

(一) 今天我写的稿，我还当做初稿，还要通过两个三结合、三查三改、集思广益，大家的，个人才力是有限的。所以这篇注释的署名，前面

这篇注释的　年　月　日

~~广东是多数的；个人才力毕竟有限的。所以我只有请~~

~~出版[除去地区革委会"评法批儒"小组]看~~

手稿需要，这次我要去如来了。但我建议还是由个人

"评法批儒"小组，就是由整理人几位同志组成也好，

或者请组织编几个，更加多人好些。最后，还用[除去

地区革委会"评法批儒"小组]比较妥当。这是一个建议，

(二) 这次注释稿有哪几个可能：

a、问题多；

b、问题不太多，略加改正；

如果是a，那么就把此稿印出若干份，寄全地区的[illegible]，请[illegible]

之后再校改。如果还不多，请

您们把意见寄回，我把问题写信给你。

注释工作[illegible]所谓"词句"[illegible]分析问题

这一本《中国人名大辞典》，是一个人大党在农村，

稿子，在词句注释方面，[illegible]"不详"，或与[illegible]

找不到他们姓名，定几个字"不详"，有《佩文韵府》和一些类书，

基本上查到，[illegible]的是不知他的姓名，《中国人名大辞典》

后附的《异名表》一[illegible]；[illegible]

[illegible]

先写这些，[illegible]

[illegible]

[illegible]

致礼！

装订线　73.2.4—2

第　页

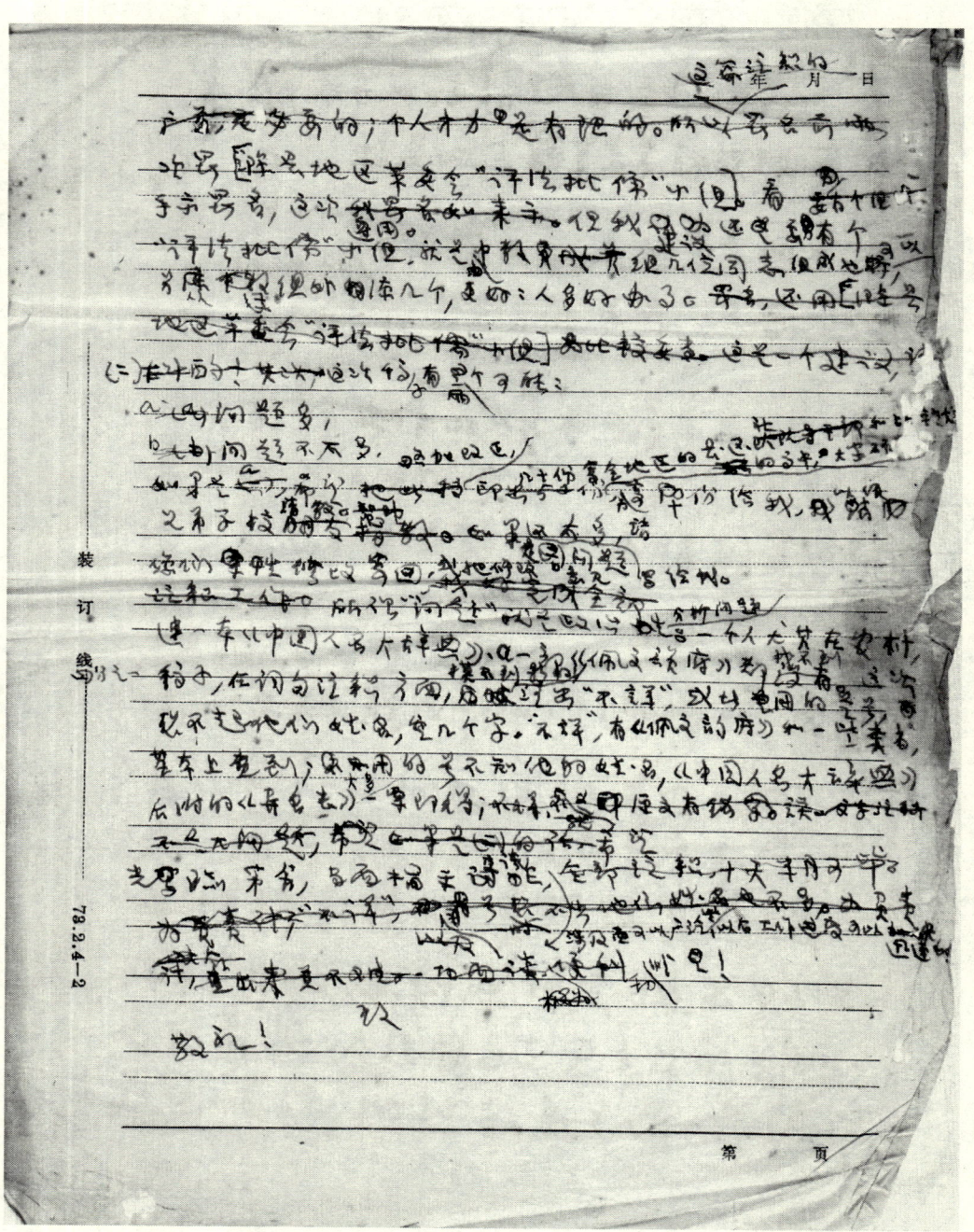

第　页

1

吴敬梓《移家赋并序》注释

滁县地区革委会评法批儒小组

壹、[说明]

《移家赋》这篇文章，是从著名讽刺小说家写《儒林外史》的吴敬梓所作的《文木山房诗文集》里抽出来的。是古赋体，有一定才华，但辞句古奥艰深，留传钞里也有错别字、脱漏句子，给注释工作一些困难，但问题不大。根据省革委下达的《评法批儒编写出版规划》文件（应简称"省文件"）"为了把批林批孔运动普及、深入、持久地进行下去，根据毛主席和党中央的指示精神，遵照法家著作注释出版规划座谈会提出的任务和要求，必须用马克思主义的立场、观点、方法，批判孔孟之道，总结儒法斗争和整个的阶级斗争的历史经验，抓好评法批儒工作。这是上层建筑领域革命的一项重大任务，对于坚持党的基本路线，发展无产阶级文化大革命的成果，反修防修，巩固无产阶级专政，具有重要意义。根据有文件这段指示，一篇文章，偶然文句有点脱误，不是大问题，问题在分析作者的政治思想。

有文件同时指示：“对法家的进步作用要予以必要的历史的肯定，对其阶级和时代的局限性，也应从历史条件加以分析和说明。”但有文件又指出“坚持革命性与科学性的统一。要破除迷信，解放思想，勇于创新，知难而进。评法批儒必须

3、坚持阶级分析，放在路线斗争的高度上，予以肯定或否定。我们要依据上级指示精神，实事求是，既要不违反历史唯物辩证法，要看古人的历史局限性。同时在政治性重大问题上，也不能曲护古人，而不从马克思主义毛泽东思想的高度，予以批评，辜负了这次评法批儒是落实毛主席战略部署的一件大事了，是前人从未做过的工作，是一项光荣而艰巨的政治任务"（省里文件）。我们在工具书、参考资料奇缺的条件下，也尽可能把原文理解比较清楚，但也难免不少要的引经据典，搞繁琐考证，分散读者对路线斗争的注意力，也会被引入错误的邪路。

第　页

我们从这一点不全面的初步认识，粗粗阅读《移家赋》，对作者吴敬梓，提出一点初步评价。

吴敬梓字敏轩又字文木，安徽全椒人，生于满清王朝康熙四十年，卒于乾隆十九年（公元1701—1754）。三十三岁（雍正十一年）移家南京，《移家赋》就是这年写的。不但《儒林外史》是一部优秀的小说，以白文写讽刺文学，这篇《移家赋》也是有一定才华。他讨厌八股文，八股文写得越好他越讨厌。他只考过秀才考取了，始终没考过举人。安徽巡抚（赵国麟）推荐他到北京应博学鸿词科考试，他没有去，见他的好友程晋芳写的《吴敬梓传》道这个实。程传说"世望族，

谈吴家

5、

科第仕宦多显赫，就是世世代代是有名望的家族，也科举出身，重官僚而显贵的继承。从《移家赋》为吴敬梓自序，从明王朝永乐皇帝起，到吴差不多吴家就有立百多年的贵族家世。到吴敬梓偏家穷了，有时连日烟囱不冒烟，靠卖仅存的文书和朋友帮助过日子。这都是写实。在历史人物中，象吴敬梓这种人并不是少数，自负才华，又不肯低头去钻营富贵，怀才不遇之感，使时常狂自放，以诗赋诗，古来讥刺挥霍多代贵族，有些生命受到迫害，不仅是穷愁潦倒而已。从大文豪政治家屈原开始树立这种伉直不屈的品格，以后孔融、嵇康、阮

装订线

阮籍、嵇康、李白、孟浩然、李贽、徐
文长……都是程度不同的人物。
吴敬梓、程晋芳的性格，和这批
人，性格通达，是大体相同。尤其
拥有财富的程晋芳与世代贵族的
吴敬梓，都是挥金如土，终于穷
得走投无路，所以二人交谊很好。今
天不少古人都是封建迷信，可是
吴敬梓要求《儒林外史》这书中可以讲
早，至于歌颂明清王朝，吹捧自己官僚家庭，大赞
金之道，这应该提出批评。《儒林外史》
里说什么"这位以求半时从我"，什么
"谓分玉局之香，渴饮金茎之露"，什么
"玉炉定锦，回了清况"，什么"画诞
见身五人，四成四士"，什么"笙

装
订
线

第　　页

下

国粹艺（指如是六经及其它数种艺）渔猎百家"，什么"强施于美国（佛教、基督），词赋源于鄢郢（楚国）"，什么"（御）发轫于科举（即八股文章）仍追逐于前贤仲舒之窥园之日，（必）伸美天出墨之年"，什么"足不精赏破户修子宫（子宫就是~~（国）目前"壁庙"~~（这是指八股的子或））"余更序文试，这种文字与文章封举人，一则曰"家声清华，性乾择霍"，再则曰"子婿万户之侯"，三则曰"取富贵于何时"……从这些上看，很有些象似前代"报通"人物。从《移家赋》里看（他们 [illegible]）的这种思想意识，不明若干清。到目前为止，（我们）连一部《文木山房诗文集》、一部《金

8、~~称是春秋战国转动，只说这第篇~~对作者提出一点看法，不笼统下面结，有待于两个"三结合"组织讨论了。够不够称是法家，目前还难肯定。

附带提一下我们在注释的方式上，想作个尝试。考虑到部分"评法批儒"文章，大都分段（有的并不分段）之后，原文，次将本段难懂词句注释，最后将全段来个"译文"。不管是"评法"还是"批儒"，原文都是文言。这些难懂的词句，为适应工农兵一般水平，固然看了难懂的词句注释，不一定能把全段意思贯通起来，所以既"注"又"译"是必要的。也有些评法文章，只注不译的，只适用于文化水平较高的知识分子。我们认为节省印刷纸张，更得节省读者的宝贵精力，我们想把"注释"和"译文"[illegible]。

9、

文献这段阐陈师只注不译。

合起来作一章，这也只是表达的意见，做个尝试。同样待两个"主持者"讨论。

贰【注释】 式、《注释》

(甲) 原文

粤以癸丑之年，建寅之月，农祥晨正，女夷鼓歌。

注释

这一段，是叙述移家的年、月以及那天的天气调和。古代以干支纪年月日。

"粤"是句子开头用的虚字，没有词义。"癸丑之年"是清王朝雍正十一年，作者二十三岁。"建寅之月"是旧历正月。"农祥晨正"初见于《国语·周语》。韦昭注："农祥，房星也。""晨正"是说凌晨房星见于人们顶上的。（注三）女夷是风神，《淮南子·天文训》说："女夷鼓歌，以司天和。""司"是掌管的意思。作者引用这个典故，是说移家那天，风神帮忙，风向不偏不逆，风力不大不小，便于行船，这就得了"天和"的顺利。

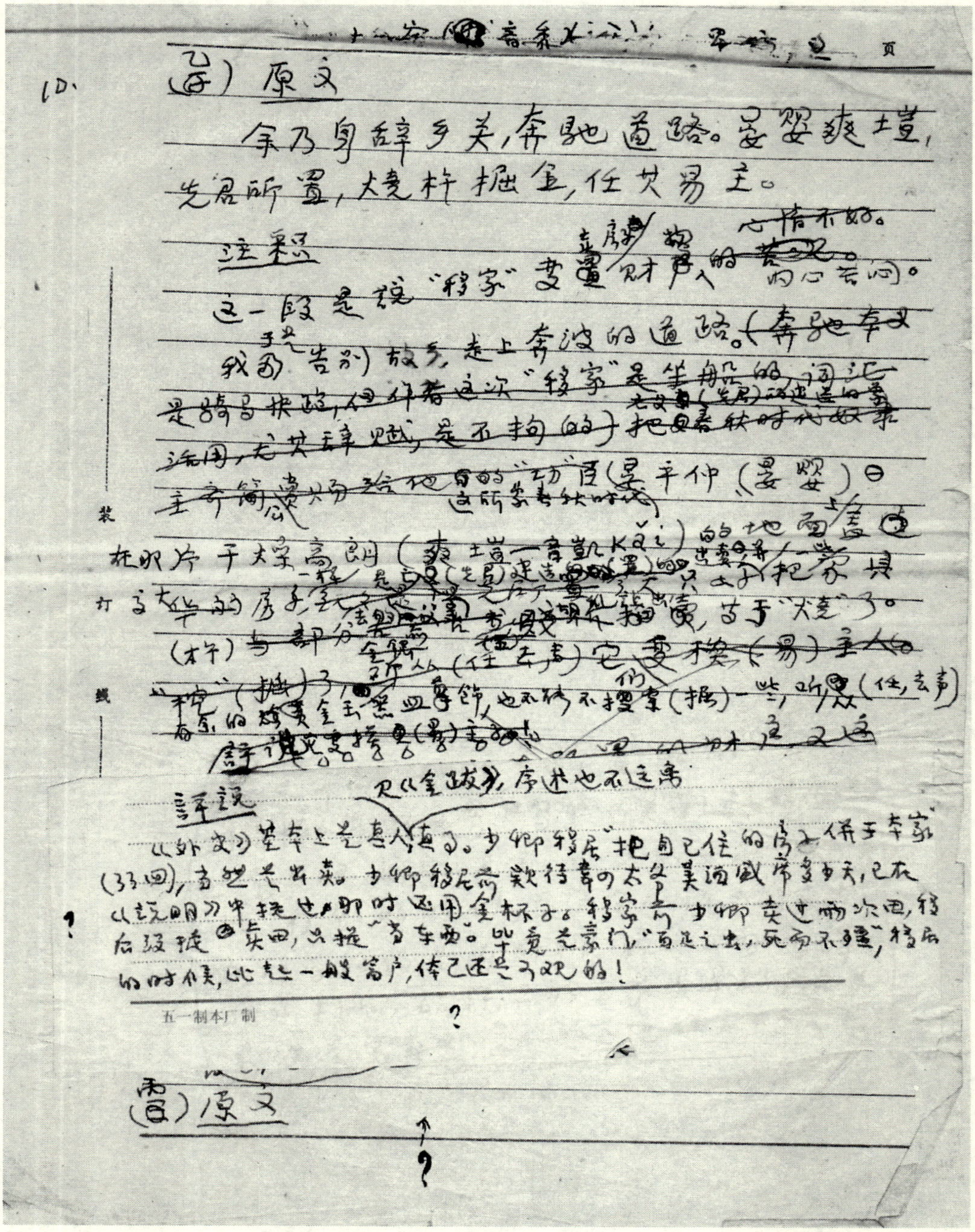

(乙/五) 原文

余乃身辞乡关，奔驰道路。晏婴爽垲，先君所置，大竟杵掘金，任其易主。

注释

这一段是说"移家"变卖财产的内心苦闷。

我离开（辞别）故乡，走上奔波的道路。（奔驰本义）[illegible]

……把春秋时代齐国……晏平仲（晏婴）曰……

……在明亮干燥高朗（爽垲一音凯kǎi）的地面上建……把家具……了。

（杵）与部分……金银……所以（任其）它要换（易）主人。

……（掘）……一些……（任，去声）……

见《全跋》，序述也不这么

评说

《外史》基本上是真人真事。少卿移居把自己住的房子售于本家（33回），当然是出卖。少卿移居前款待韦四太爷美酒盛席多少天，已在《说明》中提过。那时还用金杯子。移家前少卿卖过两次田，移后没提卖田，只提"当东西"。毕竟是豪门，"百足之虫，死而不僵"，移居的时候，比起一般富户，体面还是可观的！

五一制本厂制

(丙/三) 原文

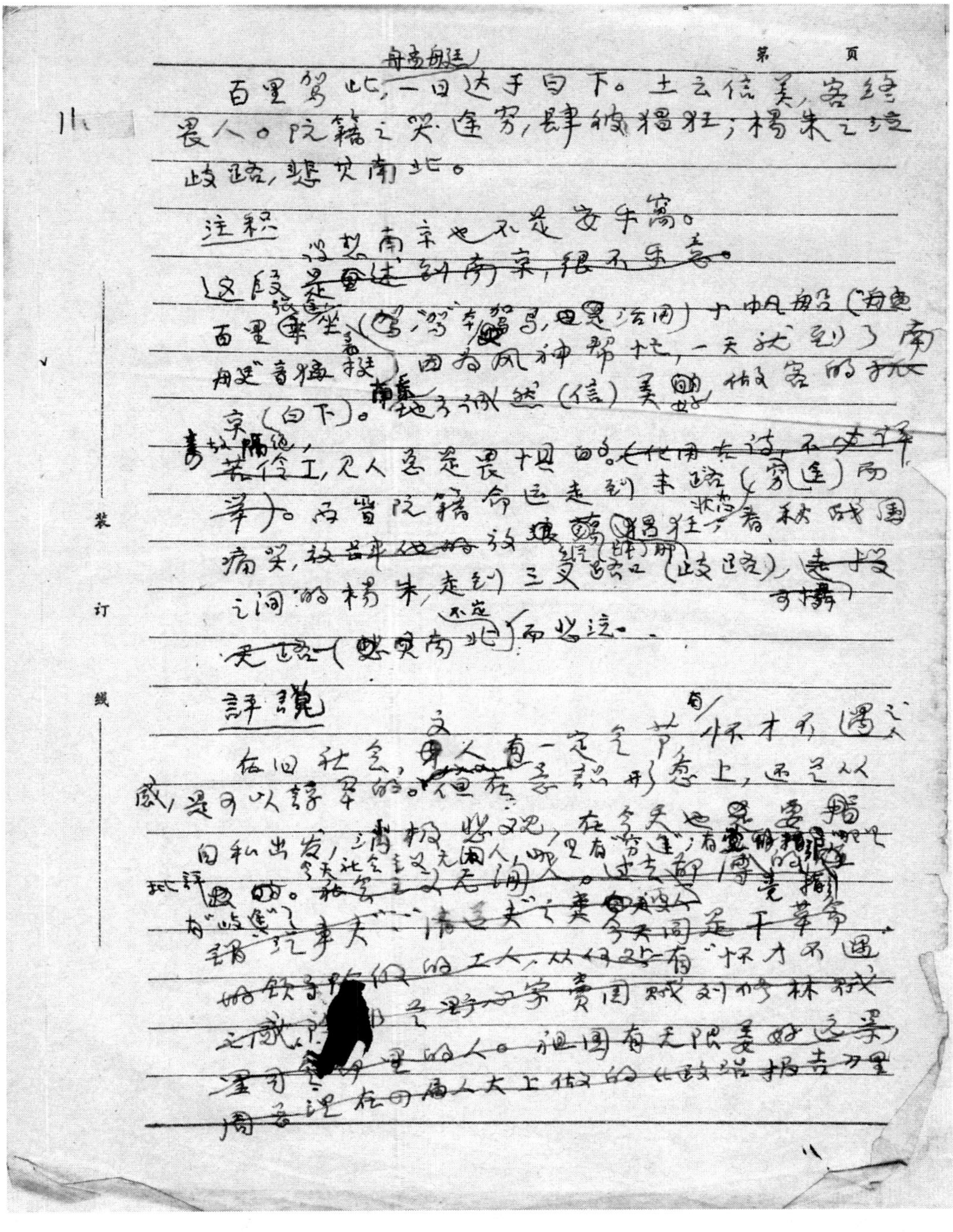
舟旁舟廷

第　　页

百里驾此，一日达于白下。土云信美，客绝畏人。阮籍之哭途穷，肆彼猖狂；杨朱之泣歧路，悲哭南北。

注释

没想南京也不是安乐窝。

这段是叙述到南京，很不乐意。

百里乘坐（驾、驾车驾马，四是说舟）十帆船（舟是音搞错），因为风神帮忙，一天就到了南京（白下）。南京地方诚然（信）美好，做客的孤寂隔绝，

苦伶丁，见人总是畏惧的。（化用古诗，不如注释）凡人总是畏惧的。（化用古诗，不如注释）

穷途末路（穷途）而哭。而当阮籍命运走到末路（穷途）而哭，春秋战国

痛哭，放纵地放浪狂状；春秋战国之间的杨朱，走到三叉路口（歧路），走投无路（悲哭南北）而哭泣。

评说

在旧社会，文人有一定气节，怀才不遇之感，是可以理解的。但在意识形态上，还是从自私出发，消极悲观，在今天也是要批判的。今天社会主义无个人的"穷途"，有"歧途"……

……今天同是干革命的工人，从何处有"怀才不遇"之感……祖国有无限美好远景……

周总理在四届人大上做的政治报告里……

12

~~我们再用二十多年时间，一定能够在本世纪内把我国建设成为社会主义现代化的强国。八亿人民欢欣鼓舞，从哪里有穷途之哭，歧路之悲呢？~~

（丁）原文

昔陆士衡之入洛，卫叔宝之过江，俱以国常，非由得已。梓家本膏华，性耽揖霍，生值承平之世，本无播迁之忧。乃以[illegible]伊既久，薪纆成疾。鸟将东徙，浑未异于更鸣；鸟巢南枝，将竟托于恋[illegible]。

注释　这段以古比今，自伤梓未由望亡依[illegible]困难，不得不

当年西晋陆机（士衡）因孙吴亡国，"移家"到洛阳；东晋卫玠（叔宝）因北方混战"移家"过江，[illegible]建康（南京）。这都是由于国家[illegible]的情况。而我[illegible]之的常规（国常），没有什么不得已[illegible]

梓家康本是[illegible]（膏华）的豪门[illegible]，性格喜欢（耽）揖霍，[illegible]生逢（值）康、[illegible]的承继太平的盛世，本没会有流离（播迁）"移家"的忧愁。[illegible]因为烦闷（[illegible]伊）已经很久，"薪纆"[illegible]一切生活[illegible]

也就概括"柴米油盐"等之[illegible]文字，[illegible]

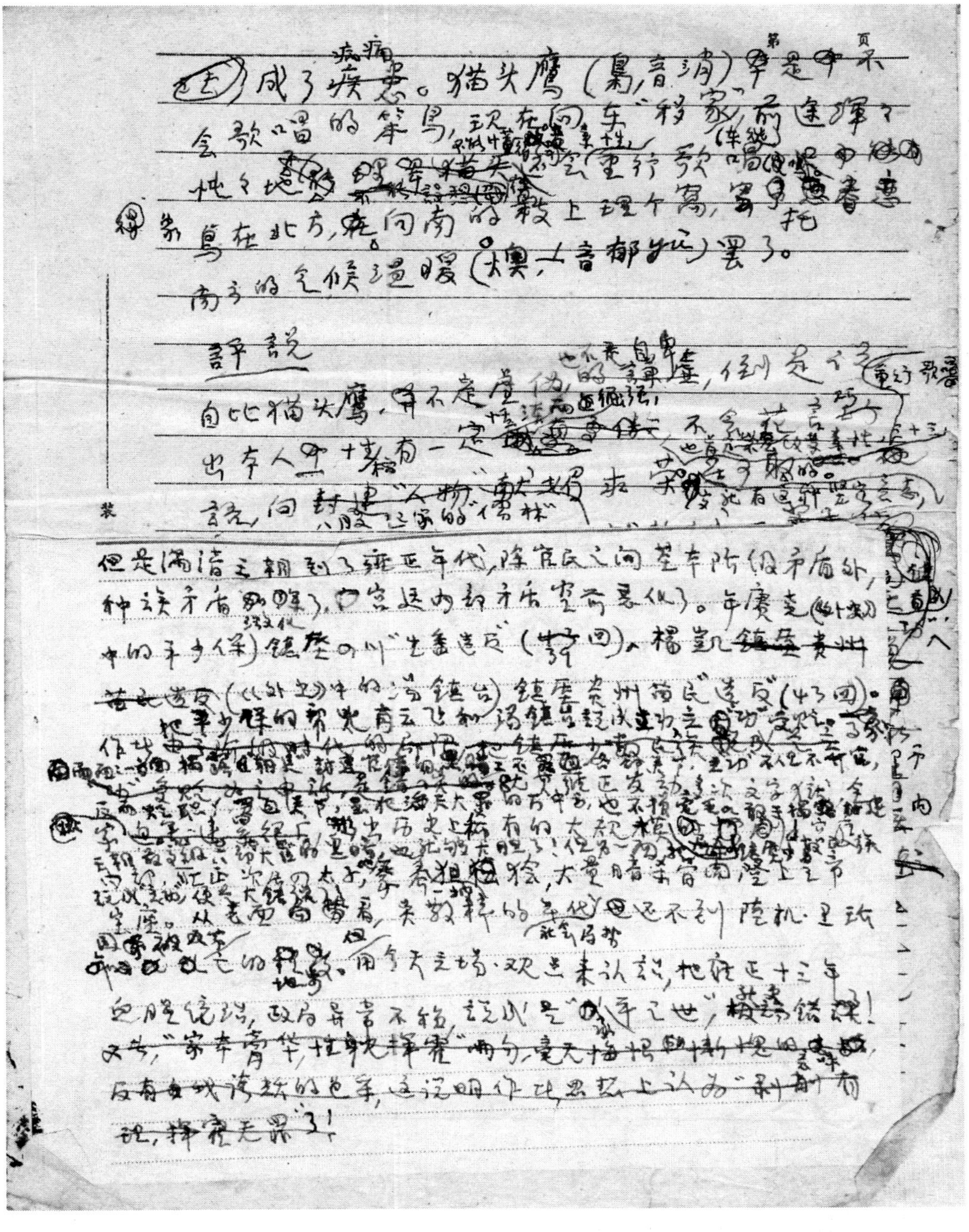

（过去）成了病痛。猫头鹰（枭，音消）是不会歌唱的笨鸟，现在向东"移家"，前途择了……

地……到南方的树上埋个窝，……

鸟在北方，向南的树上埋个窝，寄托

南方的气候温暖（燠，音郁）罢了。

评说

自比猫头鹰，并不是虚伪，……倒是个……

出本人……有一定……不会……

说，向封建"人物"献媚……八股文家的儒林……

但是满清王朝到了雍正年代，除官民之间基本阶级矛盾外，种族矛盾……了，宫廷内部矛盾……。年羹尧（……中的……）……

……（……回）、杨凯……

……（《儿女英雄传》中的……）……（43回）。……

[illegible]

……以表面看着，美好样的年代……

……雍正十三年……，……说成是"……之世"……错误！

~~灭门绝户的残酷迫害，甚至人已死去~~ 页

灭门绝户的残酷迫害，处以死刑。康雍乾时开棺戮尸，株连家属，处以死刑。康雍乾时代，不是贵州苗族，新疆、青海、四川的大小金川以及台湾，连续造反。内地也是到处农民、手工业小商人，起义频繁，有些是有组织的，声势浩大。康雍乾统治一百三十多年，政局不稳定，几种阶级斗争非常激化。~~参阅《安徽师大学报》第二期……和作者参改学习资料《红楼梦》……吴敬梓……论康、雍、乾时代资料，可见一斑。……是"值承平之世"，是……全不符历史事实。~~

（戊）原文

烟寒土銼，仲尉之居；蓬蒿月冷绳床，陈平之门推敝席。心忻（疑当作折）西母，丹薄才锦。紫萱宁疗愁之花，丹棘非忘忧之草。

注释 校勘：穷愁之茔茔。

这段~~前边疑有颠倒脱误，暂以后找到校对的材料，再作决定。暂就大文注释。~~

土灶（銼，音措cuò，本义小锅，借用），因为缺乏柴火，……仲尉家，烟寒……映对……门外……的一片……里的破旧席子，越发情况。……绳床……映对

坐卧床榻

吃用自蓬蒿；门内只有草编椸榱（绳床），铺着稻秸旧的席子。在这种情况下，心碎（心折）了，面丑丑了！加之政治地位，文学才能都很卑弱（绵薄）（绵薄）。这样，紫绶花怎么能医疗愁苦？忘忧草（丹棘）也不起忘忧作用。

评说

真的穷家之始，穷居苦况到此地步吗？《说明》已指出，到南京去以后多么阔气，江淹"文士发迹"更盛，而写穷居苦况，岂不是无病呻吟。毛病就出在年后才写出穷况，这时写穷居苦况，"拟作"在"昭明太子"《文选》诗赋"援笔立成"（《梁传》）。"拟作"是他个人历史一个大转折，不愉快心情是有的。因为"大精文章，诗赋"古赋，是他拿手好戏，又有"援笔立成"的本领，大笔一挥，脑子里那些穷苦典故，滴到腕下，写成赋调。凡是过时的文体，只有一般铭吧。

这篇不符合实，无病呻吟的，也称一两般铭吧，旧框框，没有生命力，这对今天指创作，也有

在旧社会，以旧视旧，既有才华，又有傲性，是
吃不开的。有"怀才不遇"之感，是可以理解的，前
面提过。但吴敬梓生长于三百多年的贵族
家庭，本身还有三万金遗产，不数年挥霍
丢了，所以特别伤感，后文变亡。他的阶
级烙印之深，是相当特殊，值得提
出。今年二月九日《人民日报》社论，根据毛主
席指示写的《社论》，说"我们的任务，是铲
除滋生修正主义的土壤，象列宁所说的那样，造成使资产阶级
既不能存在，也不能再产生的条件。"很明
显这个任务是重大无比的。我们对于古人，
从个人私利出发，"怀才不遇"，大发牢骚，所以人
"时代局限性"为旧文人打掩护，不但不能
完成这次铲除旧社会遗留下来的修正主义
土壤，反而为这句"人不为己，天诛地灭"

~~的评论，保持残余势力，影响我很不好。~~

(五) 原文

饥者歌食，劳者歌事。覼缕惧荒耗之讥，忳悒尽侘傺之况。叹老嗟悲，忆来述往：玉炉宫锦，旧事销沉；葛帔西华，故交零落；汜腾（~~疑是滕~~）财散，自适于穷，复何心于薪米？相如涤器，留书；贾岛诗穷，……景略（？）崙山中遇蹒跚妇边有嫁娉之女；景……乌衣之篇。咏芳江令宅，穿径谢公之墩。乌衣巷口，燕子飘零；白板桥边，鱼舟暖迺；苔殷蓬紫，凄凉何极！江山断碣绕垣，寂历前朝陵树。篆口（~~疑有脱字~~）叠永，口口嘉宾，……澄，鱼为门钥。具崔洪之癖，不言货财；读潘尼之诗，易遗尺璧。

注释　这一大段，字跡一[illegible]相对，不容易看到。饿肚子的人，就歌唱吃饭的事；劳累服役的人，就歌唱自己辛苦的事。……担心受浪费（虚耗）笔墨的嘲笑。（覼缕，音罗吕 lóu lǔ）详细……忧愁（忳悒，音豚邑 tún yì）……失意（侘傺，音诧祭 chà jì）的苦况。嗟叹年老……

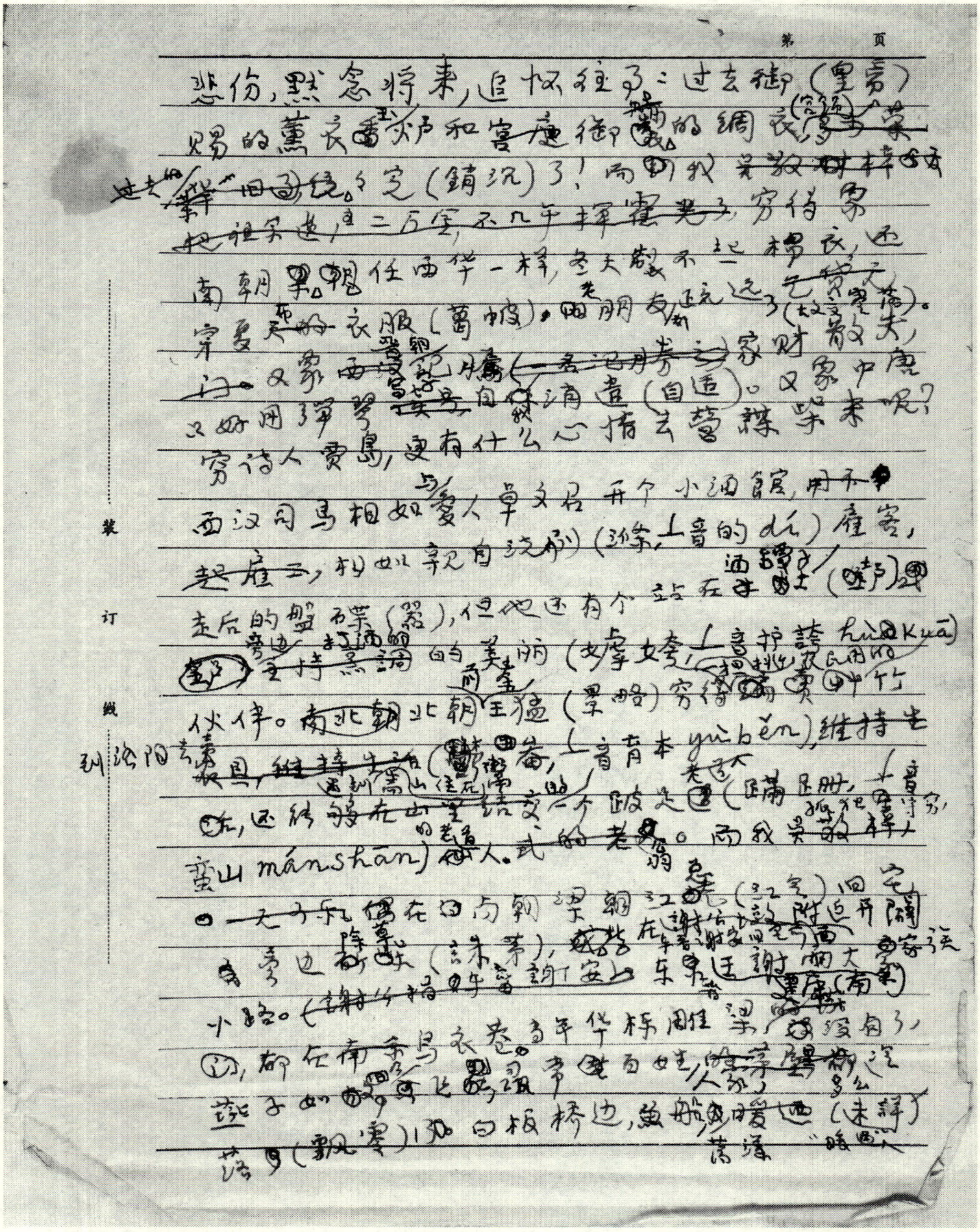
悲伤，默念将来，追怀往事：过去御（皇帝）
赐的薰衣香炉和宫廷御膳的绸衣（宫廷）
……空（铺沉）了！而我……
穷得象
南朝梁。……任西华一样，冬天穿不上棉衣，还
穿夏天布衣服（葛帔）。老朋友疏远了（……）。
……家财散失，
……又家中唐
又好用弹琴……自我消遣（自适）。又家中唐
穷诗人贾岛，更有什么心情去营谋举业呢？
西汉司马相如与爱人卓文君开个小酒馆，
……（涤，上音的dí）庸客，
相如亲自洗刷 酒垆（……）
站在……走后的盘碟（器），但他还有个
旁边打酒的美丽（女人……上音护誇kuā）……竹
伙伴。南北朝王猛（……）穷得……
……畚，上音肯本 yùběn），……
……还能够……
蛮山 mánshān）……老人。而我……
……在南朝梁朝江……（江……）旧宅
附近开阔
……旁边……（诛茅），……东……谢……大……
小路。……华栋雕梁，……没有了，
……都在南京乌衣巷……常……百姓……
燕子如今……飞……白板桥边，……（未詳）
落……（飘零）……萧……

第　页

待查）。蘇（苔）般盛，蠹虫（蠹，音揣去声 chuai）也些（蝼蚁一类）。这样凄凉，是什么时代！江山（上句）断碑（碣，音节……）缭墙（垣），冷落（寂历）前朝宫殿的树木。……（蠹）向……日天……（金水），只有麻雀飞上……（森安），门庭……（鱼钥）把门锁起……鱼式的锁……守门户就行了。……有……的……不……"文士某"不来……两首潇洒的诗，……也就忘怀财富了……容易……

评说

这一段是《赋序》集中反映全序全赋……以手脱择之个字，按文义和文体……天病呻吟的古赋滥调，……也不想"先生大负俊才，牢文力，不可一世"（全跋）。……二百年前的……古赋滥调，……八股……文的资本，"不平则鸣"，天病呻吟，"呻吟"甚至"鸣"了，也必然有"不平"的资本可言。"不平"就是思想上矛盾，矛盾就有斗争，……情绪不安，很痛苦的。这段里"思来述往"四个字，……矛盾……

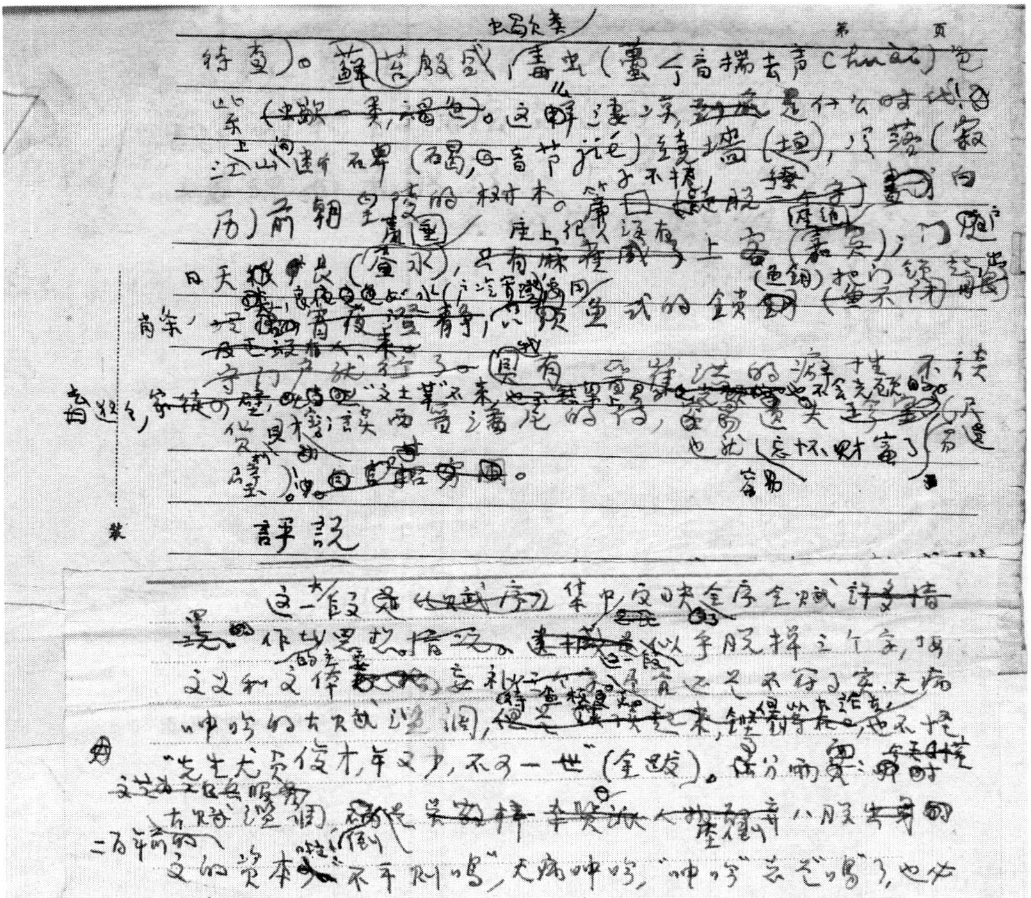

然自己思想上有浓厚"孝"的观念，运用的古赋文体，多有"颂祖述先"的框框，于是"述往"，[illegible]"伤叹"玉炉宫锦，回忆铺设一妻之满繁华没落穷困；而当前家世中落，"思来"呢，没有指望，也只能是"葛帔西华故交零落；汜腾财散，自适于琴书；贾岛诗穷，独何心于艺术了。加之社会上"李览派"与"八股派"激化的矛盾，与思想上"思来述往"的基本矛盾，交织在一起。这样在作者面前的就有可选择的两条道路：是接受周子达的"教导"——"用心举业，休学李览"（3回）来重整猫头鹰一群子家世，学破产的汜腾"自适琴书"，保持崔达的癖性"不言货财"、陶靖节、贾岛的诗篇，急措财富，不稀荣来，宁肯穿麻布衣服（葛帔）过冬呢？"冬至不能兴家，[illegible]故回家中然生千百计，卒不一往"（[illegible]）的吴敬梓，放弃前者，归宿后者，是必然的了。"思来述往"又放在《外史》最后一回，回目是——添四客述往思来，弹一曲高山流水。"述往"是概括全书，这一回只是"思来"，添四个理想人物。一个是寄和尚庙写字的，一个是卖火纸筒子下棋的，一个是开小茶馆做诗画画的，一个是裁缝爱好弹琴做诗画画的。除第一个是吃九方的，其余都是自食其力"自适于琴书"（琴书，概括琴棋书画）这与《赋序》思想一致。"弹一曲高山流水"，接收尾一首沁园春词。词有这句"今已矣，把衣冠蝉蜕，濯足沧浪。"三十多岁的人，竟能下定决心（今已矣），把纱帽当作知了脱去的壳，一脚踢开去，走到沧浪水边当渔父，意志坚定，不向利禄投[illegible]，可谓难得。但在今天，超然物外，便是脱离人民的怪物了！

是"赋"的序幕，这一段又是"序"的核心，可以
窥见作者基本的思想面貌。歌诵封
建王朝，怀念官僚家庭，尊崇孔孟之道，
前面都提过，不必重复。只在这一段里"思
来述往"四个字，提出我们粗浅认识，认
识阶级性本质的连锁作用。越"述往"就
"思来"，越思来的失望，就越怀恋"述往"的
富贵荣宠。我们从这里分析这篇《移家赋》
阶级根源。我们不愿也不应该对古人过

分节刻。斯大林教导我们："恩格斯說："唯物主义必须随同每一个新的伟大发现而采取新的形式。"大家知道，不是别人，而正是列宁在其《唯物主义与经验批判主义》这部傑作里面，为自己的时代实现了这个任务。"（斯大林《論列宁主义问题》1949年莫斯科版37页）在开头[說明]里引首文件，有这两句，这次評法批儒"是落实毛主席战略部署的一件大事，是前人从未做过的工作。"这正是主席在中国革命中伟大的发现，采取的新的形式，必定能同列宁一样，为自己的时代实现这个任务。

庚（七）原文

遂乃笙簧六艺，渔猎百家，有若之恶卧，焠之以掌；苏子之厌首，刺之于股。坐萧藻之床，书帙蠹希，映孙康之雪，炉香鸭团。林宗不改其乐，滴瀝同志不分。竟同云豹，任缁隐以无伤；持惭螟蛾，终贫困以至死。虽无杨意之荐达之天子，植谭之赏传于后人，优哉游哉，聊以卒岁！

注释

~~这部段穷困达于极点，只好另找出路，~~

自述刻苦读书。

（这乃）

夫子是吟诵（笙簧是乐器，名词用作动词）

~~孔老二的教科书~~《六经》（六艺），搜索（渔猎）

孔老二用的教科书

搜出了百家的著作（音为wèi）。~~孔老二大门徒~~有若夜里苦读

讨厌（恶，嫌）时想睡觉，伸出手掌用火烧（焠，音翠cuì）。战国苏秦夜里苦读打瞌睡，用锥子刺自己的髀（音秘bì）股。北南朝梁朝朝肩藻的模子上（床，古代坐具），因勤学，翻动的蛀虫（囊）状不停，书套（帙，音至zhì）里的蛀虫。晋孙康家贫，点不起灯，利用雪光看书子。东汉郭泰（林宗）不改他的快乐，春秋时代有个勾腰驼背（痀偻，音居漏jūlòu）的人，专心之至，思想集中，竟然同南山的黑豹一样，

开十羌（用志不分）。

~~玄豹，避康熙玄字的讳，凡玄都改用元~~（卷……页……）

下雾就不下山觅食，躲藏着饿肚子躲藏着，避免遭受伤害。（而我呢，采集过这些动物的结果）转而攀折槐树……，却不……（贝财），却守着苦待死亡。

有什么办法呢？也没有像杨意推荐司马相如那样把文章传达到汉武帝那里，也没有希望遇到东汉桓谭以后的赏识，流传给后人，那只好伏我辞赋，

如同覆瓿（盖酱瓿）……（以介词，有之据）……度过以后……（穿戴）了！

评记

一、这段自述苦读，用今天的立场、观点、方法来看，却有些什么问题？

第一，读什么书，为什么人读书？

《六艺》是孔老二教科书，司马相如的大赋呢，正与《扬子法言》一书一样，也不能为广大劳动人民服务，只能供有钱有闲的士大夫消遣。

第二，没有阶级观点。

有若是孔老二弟子，因为他为阶级服务，《论语》开卷第一章是孔老二，第二章就是他。他提倡"孝悌"、主张"不犯上"，鼓吹忠臣孝子，是董仲舒"三纲"的奠基。而桓谭恰恰相反，喜欢非毁儒家，敢于[illegible]人。而桓谭当光武面，批斥他最尊敬的谶纬，"帝大怒，将下斩之"；郭泰是世代贫贱，不来迎官府的人（事见《后汉书》本传）……而把有若与桓、郭并肩，是混淆黑白。

[illegible]……来似的修饰[illegible]……[illegible]……躲藏起来……

评注

一、这段自述若干读，用今天的立场、观点来看，却有些问题：

第一，读什么书，为什么人读书？

《六艺》是孔老二教科书，司马相如的子虚赋吧，正与《答宾戏》一类文章，也不能为广大劳动人民服务，只能供有钱有闲的士大夫消遣。

第二，没有阶级观点。

有若是孔老二高足，《论语》开卷第一章是孔老二，第二章就是他。他提倡"孝悌"、主张"不犯上"，鼓吹忠臣孝子，是董仲舒"三纲"的奠基人。而桓谭恰恰相反，喜欢非毁儒家，敢于"犯上"，当光武面，批斥他最崇敬的谶纬，"帝大怒，将下斩之"；郭泰是世代贫贱，不齿于官府的人（这见《后汉书》本传）……而把有若与桓、郭并肩，是混淆黑白。

第三，类似于修正主义哲学。

"兔罔玄豹，任冲虚以无伤"，这样[illegible]，解释起来，在今天干革命踏着先烈的血迹前进，哪里允许"冲虚以无伤"呢？

这些阴影不能不指出，但在二百年前，不[illegible]这样还有什么办法说下去呢？作出结果，要学"若徒自逍遥度岁月"，[illegible]上级之志，说同一个好调，"自适于安分"。

（下接乙3页（八）

改

（辛）

五一制本厂制

订

线

的了。问题在"刻苦读书"读什么书，为谁刻苦。

近几年国内报刊，提倡刻苦钻研马列主义，读主席著作。总理在四届人大《政治报告》里，提出主席教导："认真看书学习，弄通马克思主义。"同时总理号召"全党要认真学习马列著作和毛主席著作，坚持辩证唯物论和历史唯物论，反对唯心论和形而上学，改造世界观。"看什么书，为谁认真看书学习，主席和总理的教导，是一清二楚的了。吴敬梓等读什么书，为谁苦读，他自己也回答我们：苦读孔老二教科书六经，希望通过考试以后，有机会去攀附大皇帝，求"速学成""富贵"，这难道不

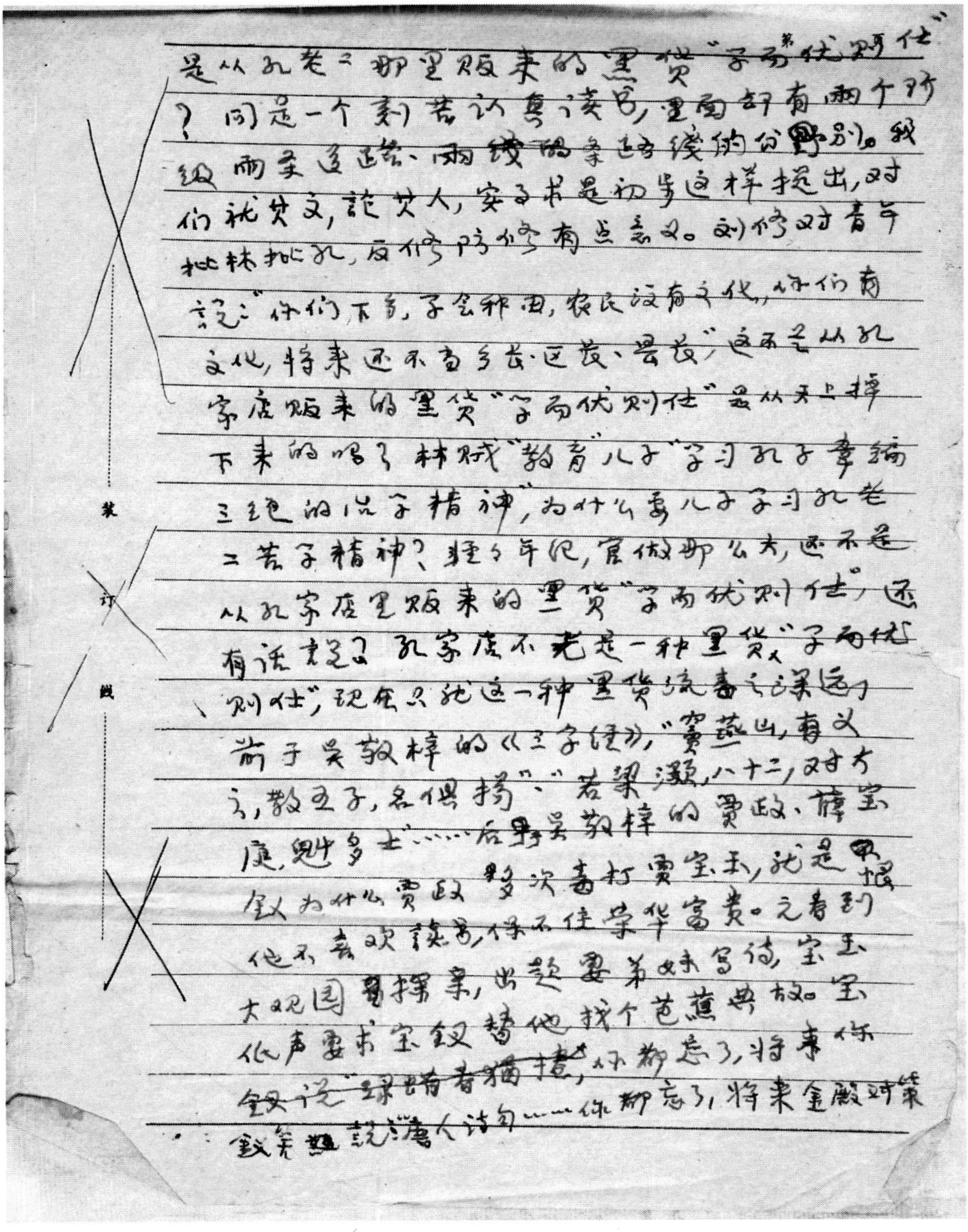
是从孔老二那里贩来的黑货"学而优则仕"
？同是一个刻苦读书，里面却有两个阶
级两条道路、两条路线的区别。我
们批判文，读书人，要多书是初步这样提出，对
批林批孔，反修防修有点意义。刘修对青年
说："你们下乡，学会种田，农民没有文化，你们有
文化，将来还不当乡长、区长、县长"这不是从孔
家店贩来的黑货"学而优则仕"是从天上掉
下来的吗？林贼"教育儿子"学习孔子韦编
三绝的治学精神"，为什么要儿子学习孔老
二苦学精神？这么年纪，官做那么大，还不是
从孔家店里贩来的黑货"学而优则仕"，还
有话就是，孔家店不是一种黑货"学而优
则仕"，现在只批这一种黑货流毒之深远，
前子吴敬梓的《三字经》，"窦燕山，有义
方，教五子，名俱扬"、"若梁灏，八十二，对大
廷，魁多士"……后来吴敬梓的贾政、薛宝
钗为什么贾政多次毒打贾宝玉，就是怕
他不喜欢读书，保不住荣华富贵。元春到
大观园省亲，出题要弟妹写诗，宝玉
低声要求宝钗替他找个芭蕉典故。宝
钗说"绿蜡香犹卷"，你都忘了，将来你
……你都忘了，将来金殿对策
钗笑道说唐人诗句……

23.

（在皇帝面前考试）作进

"赶殿殊考也忘了"，不去不错，未去应

不好好念书，就不能荣华富贵，满脑子就是

读书、考考、做官。还不是双

的儿家庭还学而优则仕要做官的"禄蠹"和她的宝玉

怎么合得来？宝玉对袭人说："为什么你们

这说的话，林妹妹从来没讲过了"你们"些

袭人和宝钗之类也。哪个阶级说哪个

阶级话，曹雪芹估计不会这样说，道理

他是明白的。扯远了一点，是插出看法，揭露

"经济之道"流毒之深远。对待古人，我们关于历史局限性，是有的，但有限度。

不能借口"历史局限性"而讨不论。阶级还是问题

（五）原文

蛟入仲舒之怀，凤吐子云之口。染

翰列元中之名，别馆藉紫芳之号。金陵（疑当作金陵）

玉海，连城是比；秃支退锋，成功可期。

□□□□□□□（疑脱一句—引者）；

千户之侯，百工之技，天予梓也而独文。梓

焉追为此赋，歌以永言。悲切怨愤，

涕唾流沫。左思之赋覆酱瓿，曹丕

然乎；李贺之诗投溷中，是吾忧也！

注释

是《文赋序》[illegible]

这一段，承接前段述黄读的成就，指出本作赋的动机，对这篇赋的自我评价，[illegible]失

蛟龙的文采，投入董仲舒的怀抱；凤孔雀（凤）

的华美，从扬雄（子云）口里吐出。写文章（染翰）到此 蘸毛笔

"元中"的名字，[illegible]杼上（著）"紫方"的称号。南京

（也许是"玄"了）有个私营书店（价值可比连城之璧）[illegible]

海是南京王府[illegible] 笔钝才低及人江淹

（参考资料）。[illegible]笔的锋都退落之了，[illegible]

好的，但成功还有希望。[illegible]千户侯是家传的爵位

（[illegible]）诗词歌赋，琴棋书画（百工之技），是天老

爷赐的（天予粹也而独文）。因此我要[illegible]于是

（"焉在遐乃"）思来述往（[illegible]）追写这篇赋，长

言（永言）直歌。悲哀是切合怨恨的，[illegible]水

（[illegible]）[illegible]西晋左思的赋

[illegible]

没有人赏识，拿去盖酱坛子（瓿，音剖 pǒu），虽然（常）

[illegible]李贺的诗被人投到

会这样[illegible]（然）吧，[illegible]

厕所（溷，音混 hùn）里，也在我忧虑之中！

文辞说（另起下页）

这是"序"的最后一段，就是做个"结束"，又替"赋"和

本人作个自我评价。未免自负大了点，这是旧文人的通

病。但"天予粹也而独文"，都是从孔家店贩来的货，

气种思想，与孔老二说的"天生德于予"是一个口吻。在思想上

林贼一伙"天才论"、"天道论"，似乎是呼吸相通。

下面是"赋"，每段另换番号，[illegible]数字。

評記

《楔子》前后这一段，是全书的总结。前边评的内中隐暗面予以委婉批评，不必多说。外挂两点："天下才华也向科文"而王冕二人的关于依于子，是反对儒家的天道观，是林氏的天才论。其次，收尾那样悲观失望，而否定自己的前反动前落后的儒家董仲舒，却那么自负自喜，思想多么混乱矛盾！只是从历史条件分析（杨大壮），来看他对儒家（结合全部历史和他的时代）"批判"，所以否认，就是也不是。

（换行）

《说明》里已举例。前段尾的话，这段合《外史》前后"公园春游"里，今已知把发明镜蝶蛙，混是通通[illegible]，吴敬梓"学问文章"与"德行"的矛盾，交织在一起。也表现志诚的矛盾，"思今"与"述往"的矛盾，坚定，稳稳站在"求贤"和"思今"的立场上，"视为千户侯"，独赏自己之技，这与前面（已）段是一致的。吴敬梓有立场，但不是无产阶级立场。他的立场是"秉持良心，指摘时弊"（鲁迅先生语）。二百年前的"公"也不是也不可能是我们今天被私立了的"公"。

阶级、时代局限性，他仅有"不言贷财"的"廉洁之癖"。今人不懂的嗜好叫做"癖"。从今上看凡是每顿酒而不是一天三通酒，不能叫"酒癖"，只是爱好。以前侯古古人讲过"马癖"、"钱癖"和"左传癖"，一眼就辨，"左传癖"好一点，"马癖"对人也无大害，可是"钱癖"就揭露他拒绝了。即是"不言贷财"的癖，是"钱癖"的反面，所以也不是"毫不利己，专门利人"，但只是社会"廉洁之癖"，即是"利令智昏"的反面，也只是他的相应地统治阶级"[illegible]"的程度，所以才能有一定的"公心"。吴敬梓不是自由过而且做到了的。吴敬梓没有这个"癖"，就不能放弃"一门三鼎甲，四代六尚书"的家世，不肯做官，坚辞"征辟"。乡里坚辞，也挂奇怪，说"世家子弟不肯做官了"（33回）

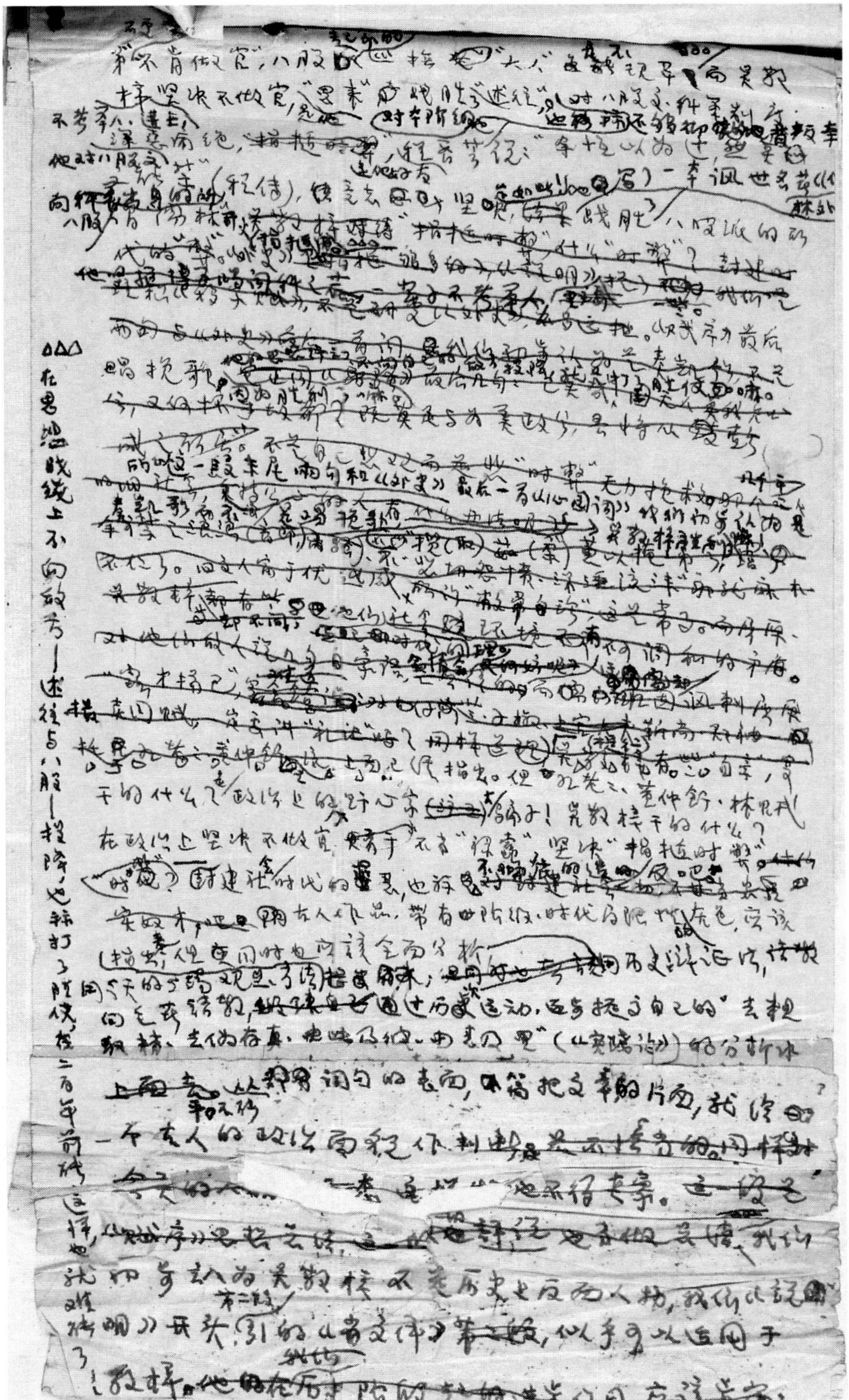

（注三）古代观察二十八宿（音秀）的星位，旦记而见（音现）是说凌晨出现于东方地平线上，昏记中星，是说黄昏在人们的头顶上。战国以前，旦记中星，偶然有之。不管怎样，既说"星正"，序是在这日，而现、中星，都不可能。这是天文常识。但注释们按旧说，不求甚解，附注于此。

（注四）骈文与赋的区别，前者不须押韵，后者必须押韵。骈文主要分两类：一是严式，全篇句句对称到底，且要求对仗工整；一是宽式，句子对称，中间但在许多对称组的前句或后句间一个单句不与上下文对称，对仗要求也宽。严式骈文，如庾信《哀江南赋序》、王勃《滕王阁集序》是典范；宽式骈文，刘勰《文心雕龙》各篇及汪中《自序》等篇是典范。《拜家赋》模仿《哀江南赋》，当然也是严式骈文，全篇不违反严式规格，只有一两处违反是不会的。加之文义也连接不起。所以……有把骈文字脱落。

抽出，撰写严式规格，上下文义两段，序是骈文，正文下面是赋，另换标题，以清眉目。

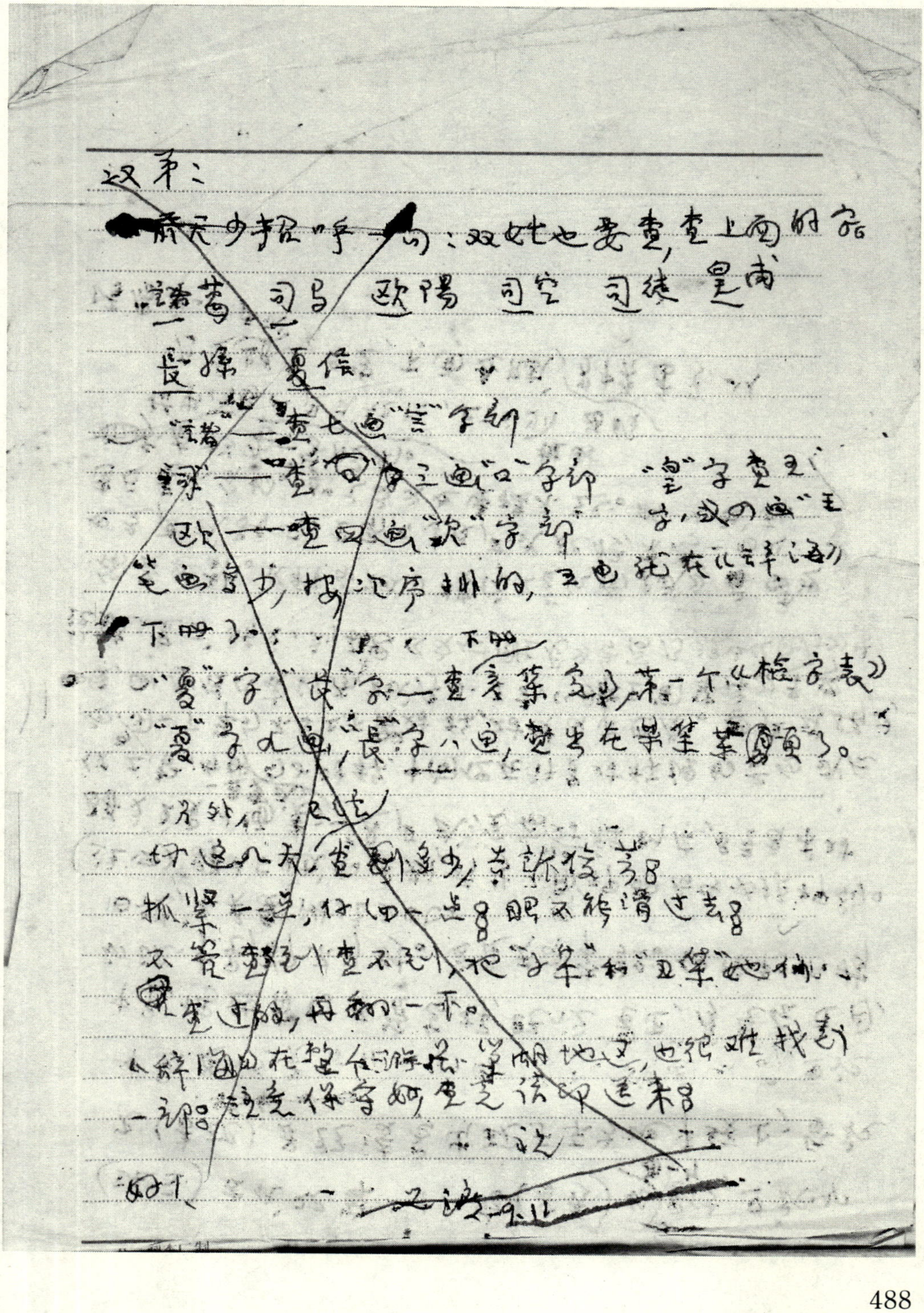

双弟：
前天少招呼一句：双姓也要查，查上面的字
诸葛 司马 欧阳 司空 司徒 皇甫
長孫 夏侯
"诸"——查七画"言"字部
"司"——查"口"字三画"口"字部 "皇"字查"王"字，或四画"王"
"欧"——查四画"欠"字部
笔画多少，按次序排的，五画就在《辞海》
下册了。 下册
"夏"字"侯"字一查索引，第一个《检字表》
"夏"字九画，"長"字八画，都在索引里了。
另外 已达
切连几天，查到这些，若许较多。
抓紧一点，仔细一点，眼不能滑过去。
不觉查找了查不到，把"子字"和"丑字"也
查过的，再翻一下。
《辞海》在整个地区，也很难找到
一部，你字好，查完还回来。
好了 又諭 9.12

我之宗周胄裔，又发轫于东浙（自注：按族谱子祖为仲雍九十九世孙）。有明靖难，用奋力于南都（自注：远祖在永乐时从龙）。赐千户之赏，封邑六合而剖符。待转弟而让袭，历数叶而迁居（自注：始祖讳转弟公自六合迁金椒）。

注释

我国西周王族的后代（裔，音异），早开国（发轫，本是车子开始发动，借喻）在东浙地带（自注：根据族谱，子祖是周文王的二伯父仲雍的九十九代孙子）。明朝朱元璋死，由孙子朱允炆继帝位（建文皇帝），不满四年，元璋的四子朱棣从他的封地北平（今北京）举兵南下，称"靖难"。远祖在南都迎降，为"靖难"出了力（自注：远祖在永乐时从龙）。以龙比君，"从龙"就是追随永乐。因此得了千户侯的实封，封邑在六合，并且有御赐的官符（古代封侯，剖为两片，各执一半）。到转弟把应该袭位的……

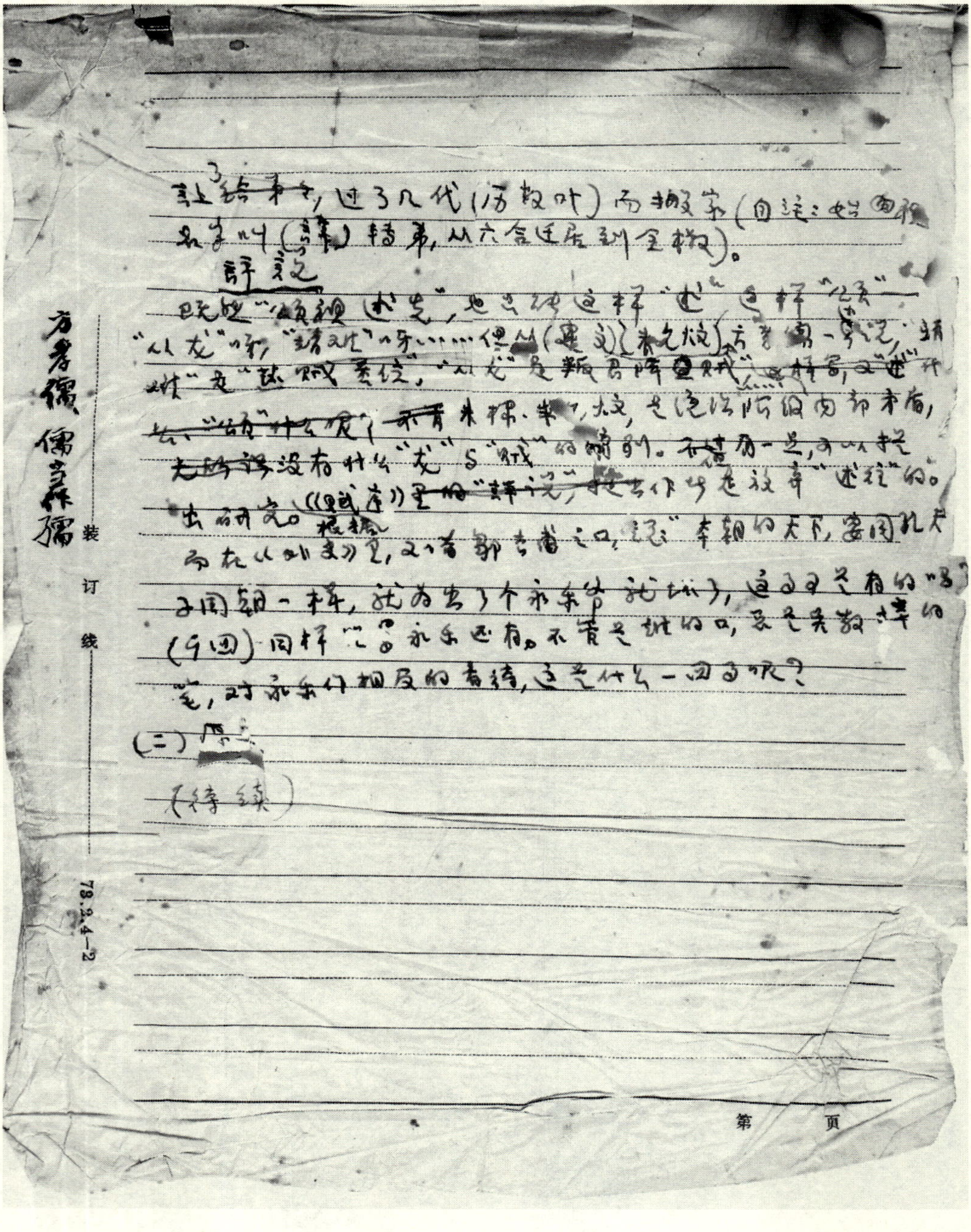
方孝孺 儒之孺 孺

装 订 线

……过了几代（历数叶）而搬家（自注：……

……从六合迁居到金陵）。

评说

既然"……述先"，也就是这样"述"这样"先"……

"从龙"啊，"靖难"啊……方孝孺一案说，"靖难"是"讨贼……"，"从龙"是叛君降贼……

……没有什么"龙"与"贼"的[illegible]。……是放弃"述往"的。

去研究。《[illegible]》……"本朝的天下，实同孔夫

子同朝一样，就为出了个永乐就坏了，这事又是有的"……

（[illegible]）同样……永乐还有……

定，对永乐作相反的看待，这是什么一回事呢？

（二）[illegible]

（待续）

78.2.4—2

第 页

贵州教育学院用笺

岳学之天医士：

前日函赐处方忘记陈述腿肿脚面肿，适江浦医院郜医士来，开一处方照服之，腿肿消退，但感冒转剧，咳清涕，小咳嗽，睡眠尚好。改服尊赐处方，还要考虑腿肿加之右边牙齿疼痛，改赐一处方，烦先从速寄来。因了不能回南京，春节前务定过京一叙

别无他 不另候此 心

撰安

弟 炳南上 81.10.28

郑老师
朱老师：
大同学
腰弱已三个月。
我回
你们之信，转多有指示，
反
我有责任感，一辈子要对不
派来的程老
望回炊。但贵州
师，只好等我回去开课。《说文》
开十三二个月讲《说文字》，第
三十月讲，给讲课来，第
第二个月讲《金文》，把你们之
之讲讲《甲骨文》。这已给了你们
听过。但未记遍。因为第三位
带去届毕业生到外面"见习"，学校
下。几位老师，去看看，也不能来听。

年　月　日

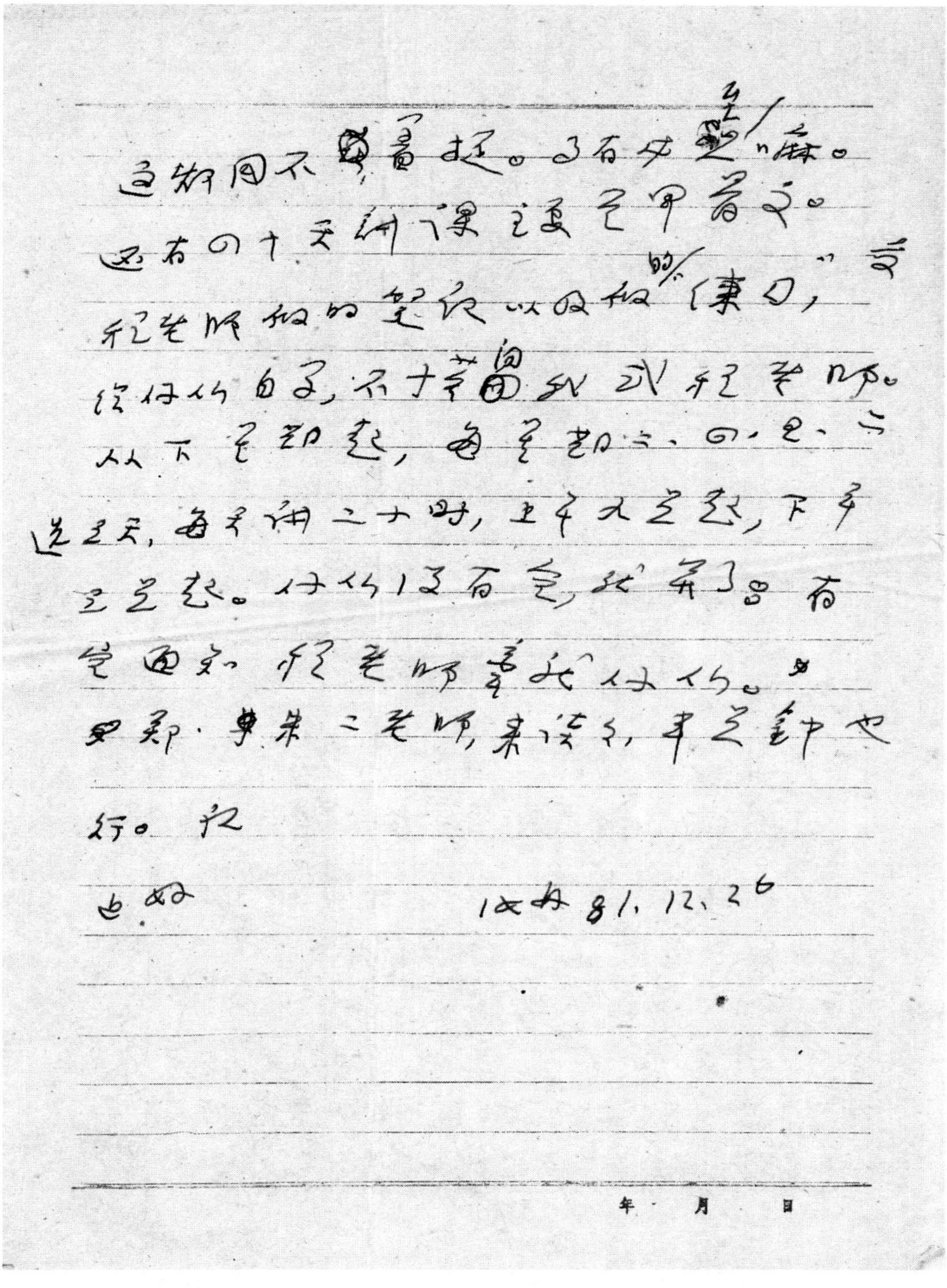
这部同不看起。写有些要嘛。
还有四十天讲课这是可用着了。
纪老师他的笔记以及他的课录，可交
给任何同学，不才留我或纪老师。
从下星期起，每星期二、四、六
这三天，每天讲二小时，上午九点起，下午
三点起。任何人没有告我再到。有
空通知纪老师告我任何。
郑、朱二老师，来谈谈，半点钟也
行。祝
近好 以丹 81.12.26

年 月 日

100元生活费交到了锦叶芬，我到老大交姜信，
写自己一百元。十月底第十个到南信，老大钱一
到，汇50元给母亲，20元捐出的，我人想
一下，（回去农村，只要大家好吃好烟，不偷工钱）
度荒，买一批药草补一下。国家有的是理
全，十年内办不到。明年来只用七百药草修
理一下，200元左右够了，不够交足买好了。
叶芬出嫁，有村帮忙，就好了。你要多
找不到！切找指导员即找到一个。
与你校那个一样，新英来还来找到。
一切完毕，多谢清理不彻底，但于我至精
力过晚。这次结合回家还小结部长，
本人受了指挥，党员学习还有多少日。
这些为农村没人要，哪怕也受人要。
郭纪殿，陈绍文云两外。在生学习信

8

第　　页

蒋南华的一封信，对文艺，没有兴趣，
希望他拿去的书是要有还再看，
托这的书，还未取来。里面的些书是寄来的，那
一些东西，只经过棒秤出 每件平均20公斤，
加九个钱，就随人家叫搬件，一个的际是，即
取走。又有搬件，这当货车运。 搭十点，就太了，
康健的人，懂什么是大是小？今天已到睬五天了，
在禧 说我饿得慌，他一口一口地喝知！大
嫩伙十娘，小子起了一个上毛回来了，说他一
这间子不在家。我问，到车站 搬快件，的女
要什同子？不什么好意，不要我搬些什么了。
第一要好笑的了，真不好想！

第　　页

叶芦芦：

一切事，不要执着，说起来容易，做起来却不容易。小竹的事，只有明年一年学写，所以为他的证件已有两年走了，明年已有学学比较语文一年，再到苏州去学，应该说，明年小竹夺魁，是有望的。现到隔年，二姐患病，到合肥疗治，然开刀，小芳、志宁、小妹全家都到合肥去了，这时凤潭和她母亲，带小王小六到隔年。小王小六出去，特别喜欢外婆伯伯，超过她们外婆和妈妈。小竹很听话，我对她说，嫂嫂到我家，小王小六已经两岁了，妈妈才回到我家，全家只剩你在家，嫂嫂又不好出面招待外婆，什么是家里主要人，要热情招待外婆。所以这二十多天，小竹太累了。上街买材，做饭，还要看小王小六睡觉，哪有时间学习。前天白石在[illegible]谈话，证件小竹总有望的，没有人经常辅导，丢下一年也就生疏了，况且又没有这样时间，要

年　月　日

州，现在还常着，可能贵大不来人，但在编的学校（贵州教育学院）的校长十二月份可能过重庆来院，你不要外出，很好。贵州教育学院没有英文专科，才来向这里调人。这边的教务长到我家，说得很好：让你在学校再呆半年，等他们来学校，这个大英文专业停一年，八二年毕业时专科三年制，还需要添教师。贵大从以前很坏，因贵大第一把手赵凤岐作坏了的。这位先生在文革时坐牢，打成右派，与他无关，他是五二年到老贵大当校长，五三年院系调整，他们是工学院，我们贵阳师院。实际，赵校长是四人帮派的培植很好的，支持四人帮派，打击我，所以后康健、黄辅忠、陈希文的广阔谈藏道会道理。目前康健还在，任贵州政治学院院长，是以此校作主，据说他这年对我的意见有转变。一切仍还要从贵州开学、文五、在编他们去了解贵州贵州政治局面。黄辅忠、陈希文意思觉得，培养培养了，赵校长又硬上去了，天下了，就是这么可笑。这一切迫害，也算拖到了才来给予平反，开除这班政治老前辈。到贵大三十年，对贵大三教授——田君亮、赵

年 月 2 日

伯恩、蹇先艾。解放后，我经常请他们吃饭；这些
事被子彬视作罪证，一年不停"诬陷刺探"，又若当子生
开"先生"，以后又被八个特务[illegible]那时超过每周九
十小时，就按[illegible]加时间加工资。我这样指导，别
人保都不下课，学生出了，与我无关。学生写过一篇艺
术批评，要打贵[illegible]剧[illegible]批评，我说："这先生是学生
之事，不能了下台，不是很可笑了。"蹇先艾的戏剧小
小组，学生看不起他，都嘲他。我严正告诉学生，"蹇先生
是当代之名作家，你要学习要[illegible]人来开[illegible]戏剧小组。"
解放后，蹇先生以遵义老乡的教育[illegible][illegible]
提拔当上贵州省文联主任，贵阳市文化局局长；四生以
贵阳市文艺界秦天真是他中学生，用小包车接他贵阳，
大撑场棒，当成[illegible][illegible][illegible]有数不尽的队伍，数不
尽的大老爷；四月走了解放后有数不尽的官——付省长、
教育厅长、贵阳师范学院副院长、贵大校长、四校村校长、省政
协付主席，文史馆付馆长……当了，人家三十年的旧
势力正行指"有过之而无不及"。又对贵州，不
感到离奇。不是不知道他们是这下坡路，告你
你一个底，这[illegible]有[illegible]，不[illegible]前[illegible]，也不
能[illegible]千万，不可信任，和[illegible]，[illegible]
小们见了摸倒地下，也是个"属中[illegible]"，不是位人
一等的人。经过时代[illegible]，[illegible]，[illegible]，中人
年　月3日

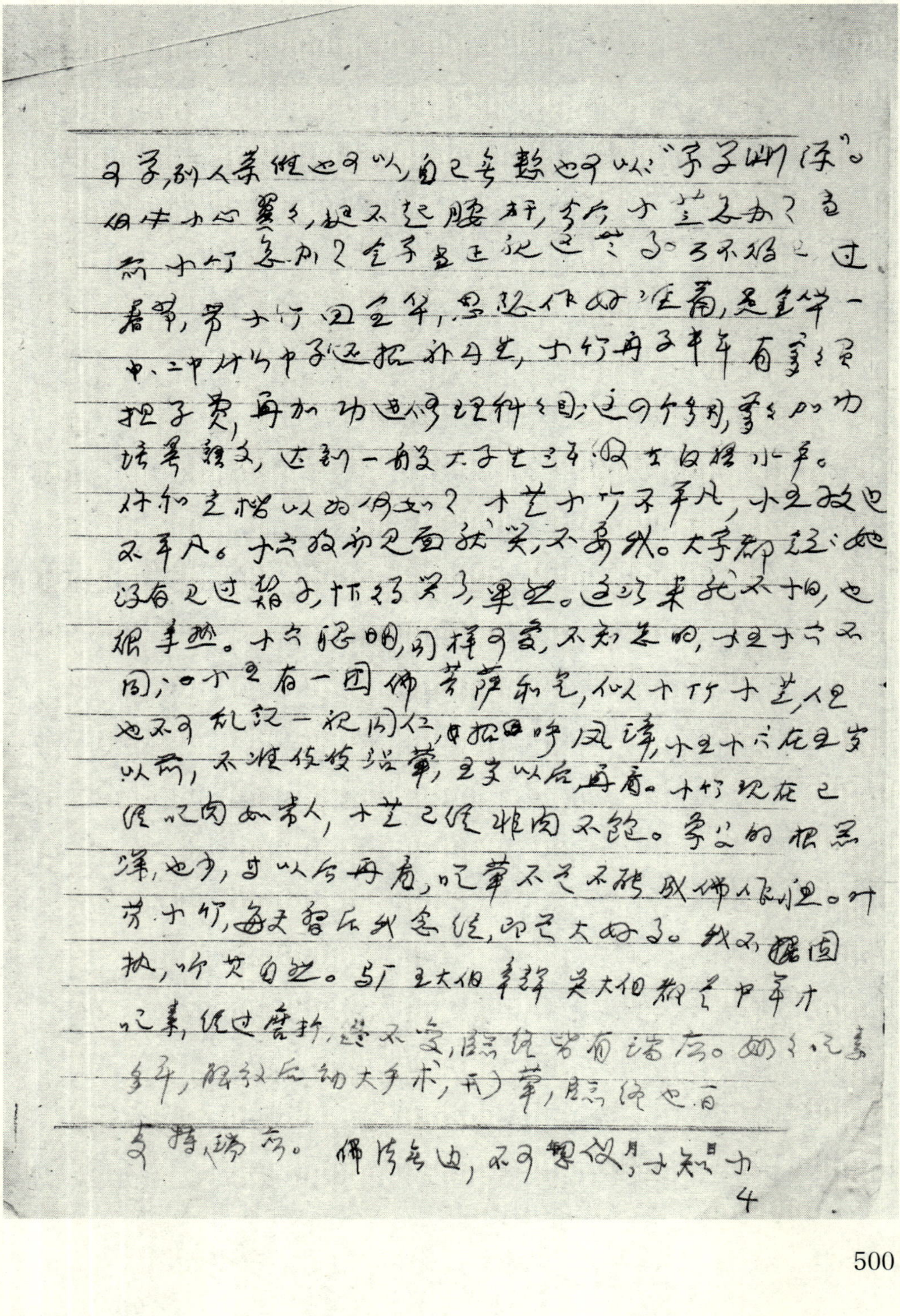

习字，别人笑他也可以，自己高兴也可以"字字断流"。但年小心翼翼，挺不起腰杆，希望小芝长大了自而小竹长大了全家当正统这会了。可不得了过春节，背小竹回家，思想作好准备，先坐车一中、二中什么中学还招那么生，小竹再过半年有事又担子重，再加功课得理科的，这四个多月，紧紧加功语言辞文，达到一般大学生三年级生的程度水平。你和之楷以为何如？小芝小竹不平凡，小主教也不平凡。小六教而见面就笑，不安然。大家都说她没有见过姑子，怀得笑了，果然。这次来我不怕，也很平然。小六聪明，同样可爱，不知怎的，小主小六不同；小主有一团佛菩萨和气，似小竹小芝，但也不可乱说一说内行，如招呼风请，小主小六在五岁以前，不准传授经筆，五岁以后再看。小竹现在已经吃肉如常人，小芝已经非肉不饱。家父的根器深，也少，可以后再看，吃荤不是不能成佛作祖。叶劳小竹，每天督促我念经，功已大好了。我不固执，听其自然。与广玉大伯吴大伯都是中年才吃素，经过磨折，道不变，隐修常有瑞应。姗姗吃素多年，隔数后动大手术，开了荤，隐修也百支持瑞应。佛法无边，不可思议。

月日 小知

4

见，要作私见，如果超过了被出。这次过
宁，和大王大姐住了些日，外孙十五之出
十子，还又吃了肉。我住了又要赶住他吃了肉。
切说好，避日游西去，过武汉，与王大姐住
黄鹤楼下"双吉堂"，进去即我对双吉念五字，王
大姐说，"现在还搞这一套！"这七个字如霹
雳贯耳，真的"十分感慨，知心朋友嘛！
不如回她一句，"党中不准搞一套！又想！快到
留放了，我在北大听人说，"吴宓先生（安）打
算出家。我那天日说说"吴先生还这么积极啊！
一位中大同学，美国留学的女子陈宓侄孙之女士金
超教授，比我大，大了一十岁，问："出家还
是积极啊？"我一笑而释，真不觉得如雷
掘耳。金教授专如是言。我们感情很好，
"出家还是积极啊？"比"现在还搞这一
套"得之更得多，更为好受得多，有人情不同。知
书些，可不随便说。再问一个人，可能同
意金教授的人多些。

这个把月写了三篇文章，即《怀李园师》
《读吕正同一封信》还有在你那里
那之不提"俗"字，包括已述本人过去从师"传

年 月 5 日

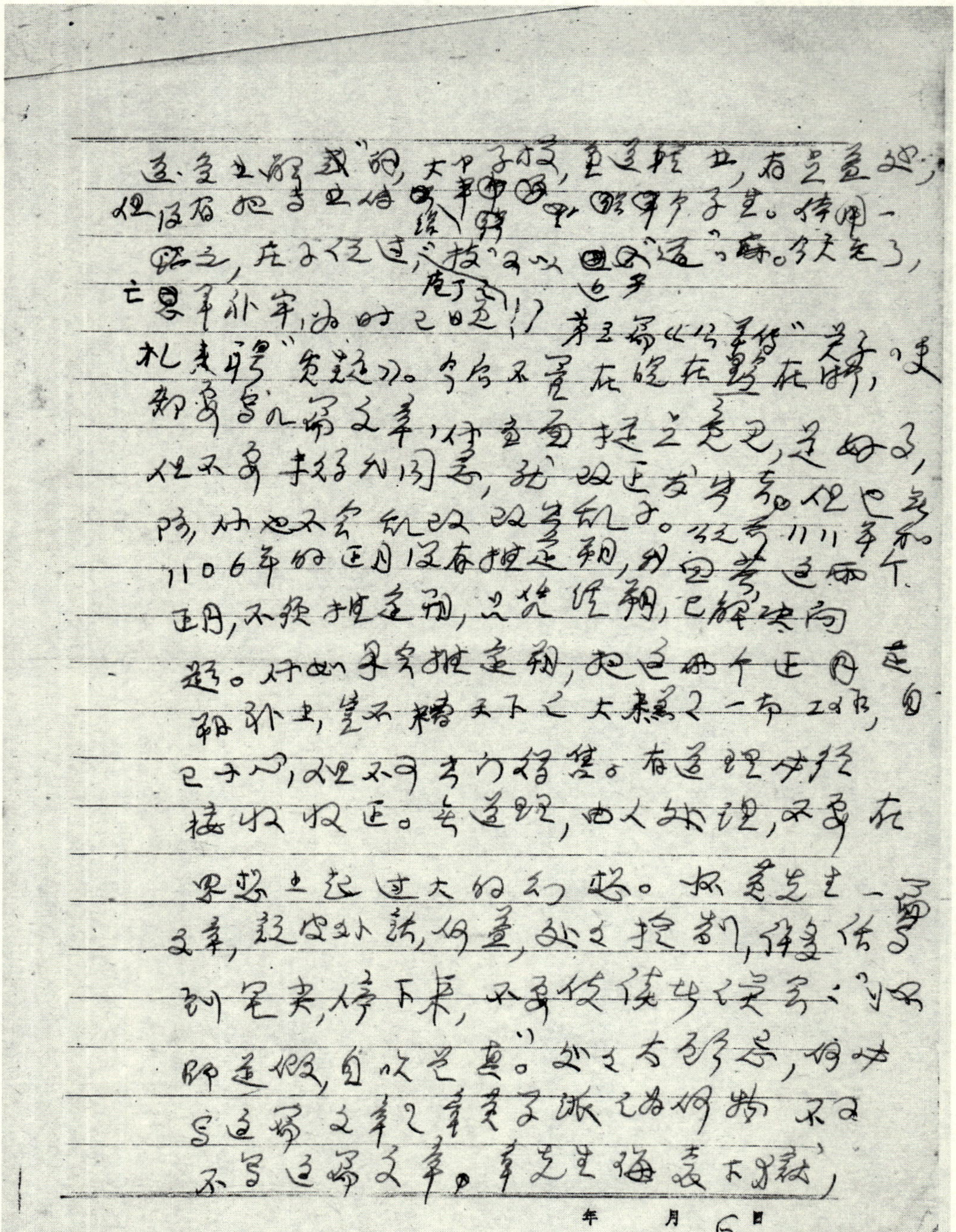
这是先生批我的"大中子校"，[illegible]这转出，有些意思，
但没有把[illegible]"[illegible]子丑"。请用一
语之，在于任过"校"可以[illegible]"这"[illegible]。然是了，
亡是年补字，此时已晚了！ 第三篇以后"[illegible]"
札来对"免疑"。今后不要在[illegible]在[illegible]，
都要当几篇文章，付之[illegible]推之者已，是好了，
但不要来[illegible]问题，就改正出来。但也是
防，什么也不会乱改，改是乱了。经考1111年和
1106年的正月没有推定朔，今日考这两个
正月，不须推定朔，只凭经朔，已解决问
题。什么如果要推定朔，把这两个正月定
朔补出，岂不[illegible]天下之大[illegible]了一本工作，自
己干吗，但不可考问错误。有道理也须
接收改正。无道理，由人非理，不要在
[illegible]上起过大的纠纷。如是先生一篇
文章，[illegible]，[illegible]，[illegible]，[illegible]
到笔来，停下来，不要[illegible]
师道假，自以为是。[illegible]，[illegible]
写这篇文章[illegible]
不写这篇文章。章先生[illegible]，

年 月 6 日

汤师爷上书袁世凯云："大总统身系国家
文化之存亡。如果大总统还要毁灭国家文化之
绝灭，岂但不能为千古[?]，且将[?]
思想[?]，岂不盛哉！"当时袁氏等相人物，
当时全国知识分子大，当然先生之子亦文章，
冠冕一代，人争异辞。《章氏丛书》、《续章
氏丛书》洋洋大著数十册，当年有几个人读得了，
只大专学校多用来当选本，《[?]》、《训诂》，
现在为时髦，这两篇文章，怎样开销，还不是
当读之急！你与其指望以勉力，徒书写有
子情，不可用力过猛，致速则不达。我子
亦称为"二毋室"，即"毋自欺"、"毋贪多
速"也。勉之哉！
个性强，是我家的风，不过如此。
小竹个性强，自号好一点，像山峰一点，
叶芳个性强，[illegible]
你也我代穿衣大褂，[illegible]山峰冬装，[illegible]
我人是"叶芳脾气不好，还大[illegible]
孩她一些。"子锦告状，我同样说："叶
芳脾气不好，是什么好摆的，你字宁可让她一
些。"后来我去叶芳，指子锦，效果不好。
反正叶芳还未做什么下流事。在这样
全家（包括叶至善等）都过分了！
"个性强"会被[illegible]碎，不易回全，

二

考不取大学，在家里无聊，又是不爱读书的人，女子嘛，出人头地，

人物不出挑，出息也有。这样个情况，岂不好了？不幸就"十有成不了个人家庭理想"。一切由家里人撑她腰，对小竹如是，今后对小云、小堂，我也如是。同样对美清、凤瑆也应如是，男的往女的。这样她们要像美清；凤瑆是大学毕业，有点骄傲，然而我担心她看不起老队。我在家中也不逼老队，说：我家孩子样样不如人家孩子，要对她重视一点。未结婚我替老队撑过腰。她对老队说："小周说，我这次到东北，父母不会有好印象，仍然要做准备。"我问为什么。她说小周父亲单独和我谈过古代史后，他认我成分子（半地主）了一级低（印中）。我说："今天还谈这些问题！好的印象，决不让她受苦！"老队没有出差，告诉凤瑆，到底进过大学的，懂得教授是什么一回事。到

年　月　日 8

东西，很不错。凤铎到晚上来了。全家对她喜欢。凤铎真可爱。上午买了五张电影票给人送来，我说："我家只有四个人为什么送五张电影票？"凤铎说："爹爹把我开除了！"我的孙女个个聪明，个个了解爹爹脑子有权威！"爹爹奶奶同样脑子有权威。妈提到你们之弟，一个一个太亲了十分亲了，我同意。脑子有权威，一切都好说。花溪人异口同声："除非是重女轻男，最喜欢三个"姐"。真的，之楷只赶上她在花溪读的小学，读了铎知道挨打，只她我不怎么会疼爱她。只是她不认错，我没过问，说我是重女，不对。但爹爹与奶奶不同：之娟与之楷打架，之娟一掌把之楷鼻子打出血大闹起来，我只暗中鼓掌，"是之有志趣，斗争性强！"奶奶心痛了，把之娟手抓在手上打了几下，我在旁，没有响声，那时耳朵不聋。奶奶打了巴掌，只骂一句，"你这个丫头太狠！"你们不了解，全家皆福太大，奶奶不会死的，她这个人，在贵阳时有过六个姊妹式的朋友，有三个母女式的朋友，统一了说出来，好像天方夜谈，好多人不会相信。孙女婚了，当当她很操过心，三姐在过程中她不瞒我。三姐写信给我，说惠通一拳把马大阿姐脸打肿了，三姐给我信，不说，她与周惠通关系还没成熟，忽然她来封信，说她困了（什么了女儿之娘们的打架）两个人都不理惠通，惠通不能喝酒，一天灌了一大瓶白酒，大吐大醉，广生来人喊她，她去了。我回三姐信说："惠通不错，有感情，也有骨气！"安庆有个小绵羊。那时我在六中教书，安庆流出"小绵羊"故事了，是教育厅有一位青年干部写封信给安庆女中一个女生求爱，说"如果你爱我，我将做一只小绵羊"。这个女生，把他这封信，贴出来，"小绵羊"传为笑话。我说过："现在婚姻自由，男的要'追'，如果这样，我们几个男子只好做和尚。"大姐子是我追上的，小妹子我是要形追他的，过后三姐清楚，怎样救了在女生园要形床上睡午睡，要形指挥三姐用纸条，去逗救救鼻子，那时惠大教理系有一位叫王毓华与叶英同班，成绩并不坏，想追要形，与要形讲多侮辱，我知道。我劝何玉辉有那样不好？另外中文系有个女孩子，她父亲向我提出婚事，她自己一口回绝，"什么东西，混蛋！"我对这个女孩有好感，[illegible]听到这门婚事，来信祝贺。后来这个女孩子与同班学生结婚，不是很好吗？为什么要那样看重何玉辉，人家为什么那样看重中文系这个女孩子？如果不迷信有什么"月老"、"冰人"，在暗中牵红线，那就很难理解，为什么一个人一碰上就大有爱情，也找不出道理。这封信，请姐看一下，有爸爸、大姐做见证，不知道如此坏人迫害，爸爸妈妈怎会在这个下场？姐同意看，我在金华过了四个月，三个孙女婿都见过了，建国聪明也不错，是为人正派、大气，不[illegible]，不情失下流。在暇时，建国对我说："爷爷，浦姐欺负我。"我要向菁菁去批评。我说："去批评没有用，菁菁要有去大街为姥姥为孙女婿做这事。"浦姐是菁菁惯的，仔细保护她一生，只好吧！话也如此说，我最关心这个人数[illegible]我孙女婿——大姐、二姐、浦姐。通过今年的个月回证，我放心了，可能保证全家两代主幸，长服幸福。今年四个月，因为太忙，怎样建筑家庭幸福，也不打听，可能有望。以后再抽时间

年 月 11 日

的聊天，摆龙门阵嘛，只不过都些“天文地理”
“声气似法”太死板。我写信，习惯用语，但不会，“太
辛子”“小辛子”不来，猪八戒现在多称为猪
八戒了。我在南语常说：“社会就是剧场，
大而国际，小而一村一家。天天都在演戏，同
是一个人，本人既是演员，又是观众。由于天天在当
演员，也天天在当观众，一天一天相互八宝过下去，回头
重度一生，多么有趣！‘不太平之十竹向我’时常是
说，我应该称呼之”我说，时常5两个学同学，还有
一个同学的是马厂山相王王事之好子王德君等，今
年已在安徽中某医学院学习；时常是四川大
队养猪医生。这四个同学的大青年，越时常
品德才智愈见精出，印象越得很深。从表皮上
看人，十个就要错九个。同志们，要大相信自己的眼
力，天天有千百只眼睛看着你们，对你发笑。天天对
主持、班主任、老教授，好学是正经，
惠通！好消息！早叔！骑车！使你们多次到乡村
看望我，对你们太辛苦了！反正不久再去，至于你们
从从这封信可以看出两天下午在乡村生面

年 月 12 日

"全家福"的照相，每一个小组一张照片，多么有意义！现在我多么回忆全华！小芝芝，我真感不通，为什么现在每早等九点，睡床上喊不到人？哟哟咳！小芝不在这里嘛！小宁跟哭？小七多么可爱！是不是把老头忘了，为什么喊小七，就好可笑？骂平可恶，怎么他脱口喊一声"小菲"，又不喜了，听得清清楚楚，对立，"小七""小七"，嫁出一次大火："你们就是鱼面"喊我"小七"……

我还得存在，你们就"小菲"、"小菲"了。我向解放提过，"小七"是不是我的信号，不但陈尝的"大毛毛"、"小毛毛"，从此不许喊这个名字，只喊"小王"、"小六"。"小七"是个连贯型，以"小七"为中心，一直喊到进大了，不许喊"陈菲菲"，小七爷爷，好不通得过吗？

芝芝、小蓉、小宁、小琦，乳名是从字名起的，而在家际上"小七"一定下来，"小蓉"是头宝，小宁是二宝，芝芝是三宝，"小琦"是四宝，八宝可能在身后。从国想了解爱你"世界观"、"人生观"。我住的世界是一个剧场，每一个人也一个角色，都是剧中演出人物，都在其中表演。就是剧中人物一身是演员与观众。懂这个道理，一个人有了一生进步又很大。不懂就不明一点狗，一点猫。

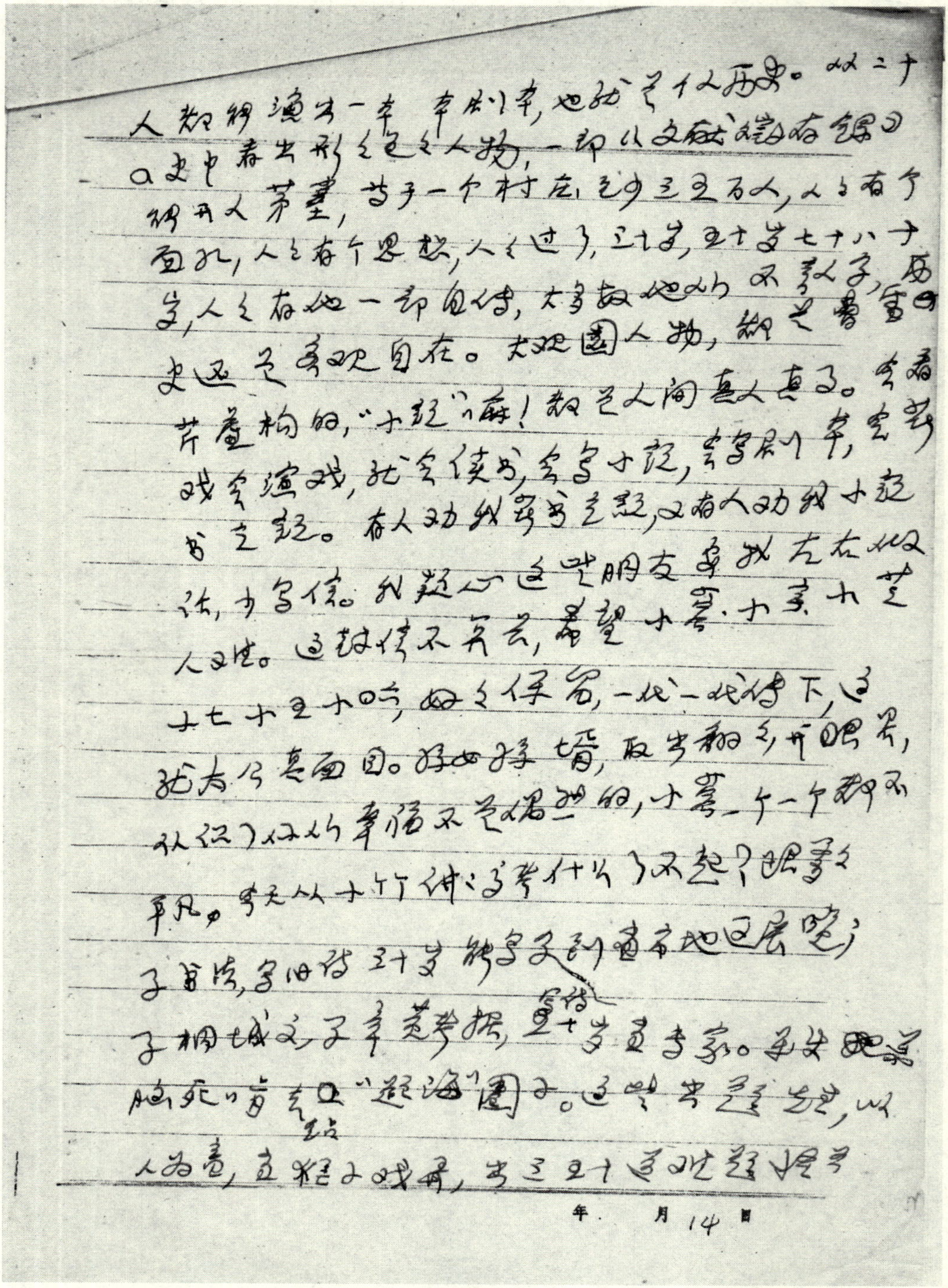
人物得编出一本本剧本，也就是个人历史。以二十
四史中看出形形色色人物，一部从文献[illegible]目
得再入茅屋，当于一个村庄，总有三五百人，人人有个
面孔，人人有个思想，人人过了三十岁，五十岁七十八十
岁，人人有他一部自传，大多数他们不识字，历
史还是喜欢自在。大观园人物，都是曹雪
芹虚构的"小说"嘛！都是人间真人真事。要看
戏要演戏，就会使书，要写小说，要写剧本，要写
书立题。有人劝我写书立题，又有人劝我小说
诀，少写信。我疑心这些朋友要我去在收
人之性。这封信不写去，希望小说，小说九是
十七十五十时，好好保留，一代一代传下，这
就大大有真面目。好好好增，应当翻开眼界，
认识了人人的幸福不是偶然的，小说一个一个都不
平凡。写天人从小竹件写什么了不起？眼前人
子曾说，写旧的三十岁[illegible]地区居民，
子桐城文，子弟黄卷，五十岁贯古家。早先[illegible]
脑死的有去五"超海"园子。这些书是这些出，以
人为者，直接了戏剧，当三五十道那些提是

年　月14日

只是得自己有学问，会评好。这些娃娃无法了

考好对这个问题。恐恐：出题先生为什

么不把字典中译文打开，在上出一些浮浅不同

的题目，但不太难，是他们得到的。这样出

的又都有浮浅意义，考出了学生水平。这样出题

要有真水平真热诚、大慈大悲的先生才肯这

样办。倘若有人问："老家伙！你替我

们出几道题！"，十三！十二！十四！十五！

十五！十六！十七！十八！十九！些半个世纪，廿一

世纪过了一半，我们的时代实在该文明！现在

聪明人还太多，都搬砖打自己脚，天天在制造

别的不自知。思想不以事实为是相信，多少

有点道理，就好办了！我们京某本上还有些

邪路，娃娃有缺乏为人正派，过得去，八九

年里每个大师协开会，倘若我能出席，十三、十三、

十五、十七！替人们哪个级级主宰，万万大吉！

对我们有益。我们年回家后实在是了

年 月 日

15

养了一条狗，又大又肥，我出门走到哪家它跟到哪家，回家才跑回来，真有感情！它也……九天不见，我问，才知道被后边大嘉打死了，我难过。我在家里大骂凶恶的人，有本事喊他来……发我脾气，我又好心说：我喊不了人，要好的就来，算是捡了，当你们有它再来。难得这条狗对我忠心不移，我竟也不能保住它的性命，惨死在刽子手手大棒之下。古人说：教（养）不严，为埋狗也。竹条编的篮筐还不够大，当到狗死去埋葬。人人都知道狗讲"义"，从来没有人说过疯狗咬主家人。狗走疯了，也不乱来。主人也不忍打死它，只说一声："畜生！还不替我滚开"，它就摇着尾巴滚开了这去。疯狗都不打，怎么活生生一条狗活活打死吃他的肉，多么这样残忍！她说得脸色都变了。小妹妹她们也有感念

年 月 日 16

尤艾华莲来我问：“吃狗肉没有了？”她说
大大是又寄给我们。”我说：“你知道你吃的狗
肉就是我家那条狗，你每次它都摇尾欢迎，你怎
么忍心吃它的肉？”她也哭了，哭天一声。这条
狗已经丧了命，也不再来迎我一两年，通过
对它掉泪，使服华莲小妹妹感觉它心，
狗就有一度善因！有人说：“同船都是缘。”不但
人，狗能同住一阵也是缘，何况做父母、夫妇，
不是黑碰的。今天搞你们家里的照片，
这几个字我对于你
说：“你外祖母为你爸爸天天，赶到我家
你爸爸，就是这个，直不麻。”假如麻子
麻了，子孙今天也回头想想，天下没有一个如何对
一个未嫁麻子，那样喜欢坚定。奶奶
说：“算了吧！人家大学毕业还没有人娶！”
奶奶说：“也有人，我上了！”天下有哪能像一
个人当天就不麻？也没有人能认识到到
老麻脸到一门官之麻子也能当教授。我上
面讲了，在北京市生活，大大是姥姥，大大又是过来。
你们奶奶家姥姥十八岁到二十六岁当过手巾校已
头，活是一位老太婆。姥姥是仙，从前不闻地

这位仪表堂的老太婆，接到单兴荣，迎风式一方子把巴巴头剪掉，把鬓子上发接上，头梳一个茶叶辫，从二奶奶拉到太太，把全家引得大笑，由一个"花姑娘！"俺若蓬蓬麻了，她便成了一个不是打住风浪，不住当个两姥姥太太，这样一个花姑娘，当个地主当不难，她干节地主来往的不知多少来咸。她祖父几代厚道，老实仔细母，一个女儿家又穷，到娘家当寡，当悲一分，与我家奶奶姑妈一样，王家好有饭吃，但奶奶的祖母聪明多智，慈善大奶奶很不佩服！一天演一剧，老人把奶奶四岁的小姑娘，和今天小芝一样；她指着我坐在母亲怀里的比小芝大一岁的哥哥，喊一声"二姑娘！（指着小芝的好女说说住）你好妈妈！"我母笑说："大姊！我家穷！"她说："穷有根呀！"说不清道理，我家十四亩薄田，小户本身只有60亩田，又有叔伯佃户00亩，怎么结成婚姻？王许有60亩田两家佃户，什么力量，不是从？爹爹说过：如果要拿我们夫妻标准，天下就有谁配得上"夫妻"了。在这一双"人"怀里去十一年，得不到一些回答？她有很多地方学奶奶，

年 月 日

18

也很多少地学学文文，要传给小莲小玲。她们的
住处像她们"样样齐全，也来参宾，桌上乱糟糟，
书包里一包糖果，袜子脱下向床下一丢，我说这
样可不好，只有一样不学学，好学苦读！
表姐运气好，一个小莲、一个小玲多么抓彩！表姐一
炕头响，"小宝"还不够，要学唱京戏了？表姐在
花篮里唱"三丁女生三朵花"，我自家，但她们不
为争争壮脸，要笑谁理，表姐正大，多容人，决不
向人家找麻烦，要能宽待人，对于个个有好感。
一个人眼睛，最糟糕。一个人眼里只有金钱、名利
地位，对这一号人少打交道，也不要得罪这一
号人。我学习三代以前是一点，她也待它好，她
根本正，没有做过见不得人的事，我说她一辈子
幽默，住我说这句大话？
要经过五反革命去怀疑，坐了监房。在房子里手铐打
骂，又和一班同号（在文革中叫"同犯"，一般的
犯者在看守里头叫"同号"）搞得"你好不好我
为你做事"的教授，说是个"老小孩子！"，别种些
是她知己。我多朋友当面说我："你这个人就是太
天真！"这和我对她的是差不多。我在向她学，小
兰子那，一片天真。我们说："学不好模仿啥，她将
子气重重。""好的小气重的！表姨妈！"她就在她

年 月 19 日

孩子气重。今年在金华，对立嫔时时地哭，"怎么做
十七妈妈呢？"十七才一岁，我懂太多对她孔多的。
立梅孩子气也不小，怎么变得比小竹还要强，这孩
子比小竹大。我在花溪，也担心立民怎么样，
我对妈妈说，过往只杭姐了了注意依照做着。
她说："不要子女太多就会了。"妈妈走后她会做来。但
门在南村住六天，过后在南村住四个月，我没见她下
过厨房。你妈妈还劝劝手，立民安家，简直到南村
一霸，到手不管菜饭家务，打一大盆，也不向
爸爸请示，也不向妈妈说一声，更不要了立将美传
打招呼，"把黄子她妈洗出门水"，不是
我这立民！"我看她，一得意在地上一躺，
小等、小琦四人一睡，也不管别人。只在南村，妈叔叔
婶婶大妈，多么高兴！小茜要听，在房间我还有要
小茜喊老奶，她那时才二十七岁，不好意思，现在
三十多岁了，可以喊老奶。小元也要与小芝一样，
喊"小姥姥"。大家以后会心疼着更好，更和睦相处，我常
常想到南村三家一样，大小不撑打吧！又云来
信，贵州教育学院不久接校俱院去来信，好不容
外出，十二月内，要拾个面目。
一切了，又变迁，又要更改，死板看问题也是小心之

年　月　日

20

意。说时觉到，有七成有团圆。又所说，一切顺风顺船了。同林与之指在猪之门前算作行对子叫，这，什么叫灵活之手来，我觉相当手气，也相灵活。~~这在哪里？~~

这在哪里？三五年我在天坛附近老黄子派声说门徒，打出一手路有五七个提理人，不是幻想。

灵活在哪里？

最少有三个区[原]，高速不止，南仿重点是家麻，浙江、安徽、贵州垂青，小试一下，我想这成绩，但须付出较大精力，所以买也不多，春风使他舵，水利筹成，高速灵活。前两年，大家包括文出、老王、长之林老把到哪北美梦，说得天南交融，又只付之一笑。全不懂世了人情。

我完全想不出我有什么理由不能活[快]上十年，老十婆子，十八、十九一个一个来了，多么可喜。林老说他有"三怕"、"三爱"。"三怕"一怕恶客，二怕假名士来谈风雅，三怕；"三爱"十婆子，

年 月 日 (21)

林老爱十芝，但我并不爱他孙女，他说："

"叶芳不接信老是说"我还不够格"冒充苏芸，李芸是不想林老是说她。"冒充苏芸去画得林老高兴，叶芳一点不通，他偏把叶芳收得多了好。"痛"偏出在仔字，难得很很。林老叫我常常笑嘻嘻，十艺太乖，姐姐伏在林老太怀抱里，两只小手被林老太抓得很紧，我认为林老太"三绝"通过血液，传给我艺术了。我敬爱林老说："十艺很不想老信老爸好的！"林老对我私心太重，我对林老希望挺大！林老最爱二妹，现在又爱上十竹了，一见就呼名"十竹""十竹"，拉去非常亲热。他写几信很是爱十竹，我相要十竹包管。有一信上说："十竹，你不要多得不好，要练字的"学习天天用功，"十竹少练大字练字，一百字一百字写信林老家，使他私心关注我！这么说说老先生对林老太尊重，对不起人老！我说，照你说说，我每字都林老家看，看不起老先生，不是学生权威！不好！今天早晨我喊几声艺艺，十竹来大拉手就我一起，已经七点半了，十竹指挥棒，他好多用脚来变她指挥。木子年月前十来，好了，大姐看这里，每信也就要到了。父子

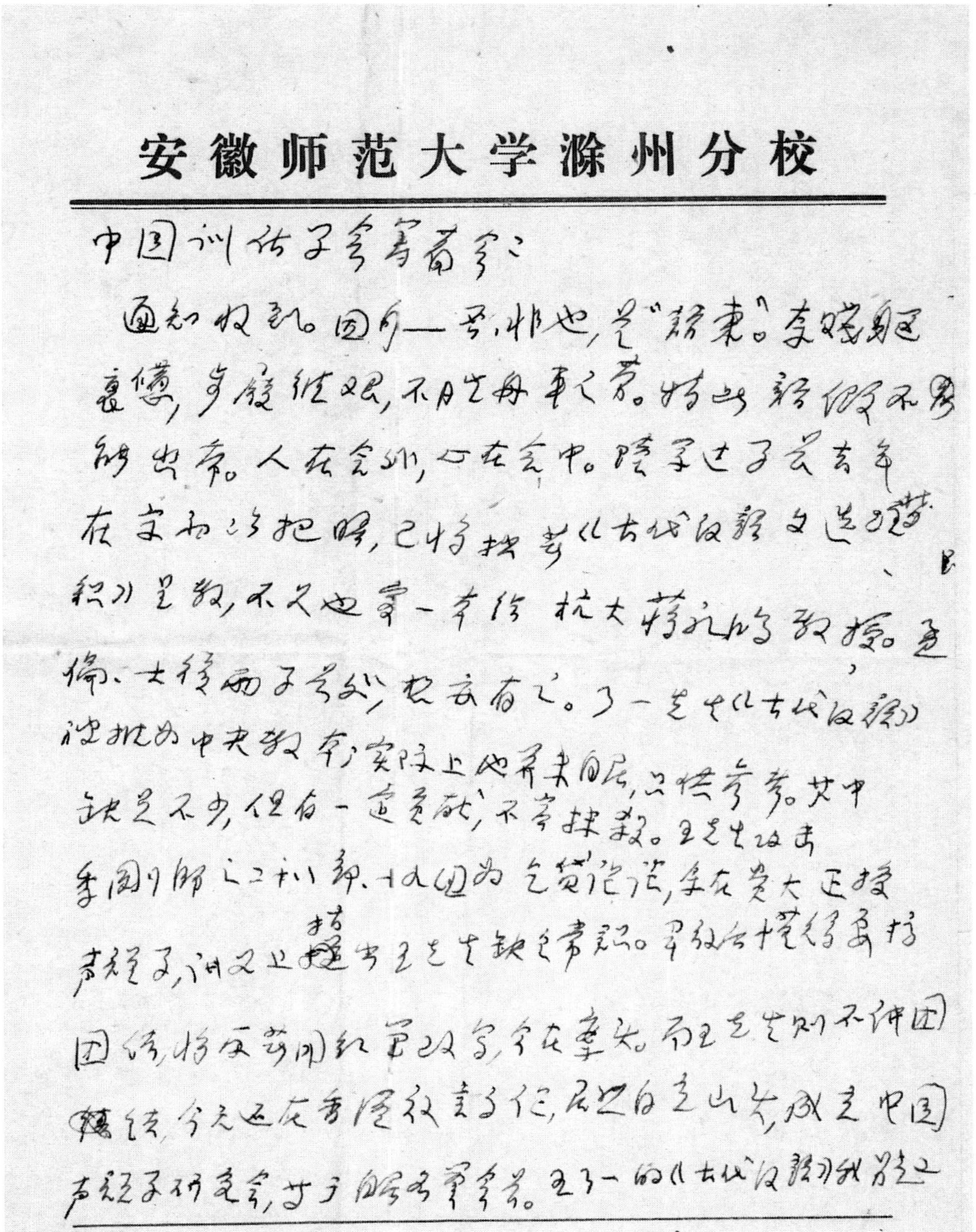

安徽师范大学滁州分校

中国训诂学会筹备会：

通知收到。[illegible]

安徽师范大学滁州分校

炉灶，用字僻因，内容太难。近年文选新注释纠正了不少。大会新旧朋友聚一下，交流学术，这好得很不过，作个倡议，这对训诂学研究，有其意义。则将推动于训诂研究。文摘这种出版刊物，我一定一番通一些参加此次会议。写一篇《读"训诂与文法"》通知你先生，黄先生商谈的，倘有其他学者写这篇文章，我再写一点文章，决不负 你学会之委爱。

去年春暖，写了一篇短文《中国近半个世纪学术界南北二派的形势》，提出"南派"将它章黄学派也即是以其外扩者也，北派是"所谓"是指梁启超、胡适之先生为首。南派乃继承清代乾嘉古文学派，写信研究，坚守传统；北派起自今文公羊学派，如非常之佳。辛亥革命后，南派大地在基地，先后有梁启超、胡适之造成极大声势，以北大、清华为主营，中山大学、厦门大学为其后劲；南派以中央大学、苏州国学会为主营，以安徽大学、武汉大学、东北师院、四川大学、贵州大学为学报十队——两盘子棋形势，北派拥革新思想之名，南派则为保护学统之营垒。我那篇文章陈述南派北派形势，

安徽师范大学滁州分校

确实如此。先生也只过得一世年纪，并非老耄。又先儿曾以格东陶门户之中外学者附会之大成；胡适之"大胆假设，小心求证"，什么研究，例不十，法不立，后又才好假设"（乾嘉大师考证，而引进西方的归纳方法。大胆之假设，适以任心地穿凿，结果只有在古书里找点似是而非的东西去"曲解附会"。唐至史人之"大胆之臆测"，真的闹了十年浩劫，凡古学者尽被倒霉，此派也遭殃。今天的人们们，当该团结起来，宽了学道，互相交流，使后之人都能遵循。郭不过校仪，于是对着历孤执师承，分生组织了"声韵学研究会"。我才感到有风不懈，诚了先也只好回敬一个"训诂研究会"。这又何妨，"矛盾是事物存在，矛盾停止，生命就停止。"我主义比西，我们写个"学风"说了话"，写几篇探索的论文的必要性方量。过去的位之过去了，只要他们不改本来，也不许无理取闹以评子号发表的文章，也不打不回敬。我这个老朋残年，上不了阵，当个拉拉队又也。

最后提个建议，古稀以外的朋友应当必须物择传人，但要注意接班人。成立训诂研究会，可否通知贵州大学讲师张文王曲贵出席，文王，主体之士当之深知道也。[illegible]

安徽师范大学滁州分校

莱阳师专教古代汉语年青学子张闻玉，至少是讲师，名已家录，其已过面，十分有些著书，足见编之多矣，又学也通，而他自费出书。

来此致候

与会的老学者、老同志实祝

新朋友作出更大成绩，树立实事求是的学风！

张汝舟 81年四月十八

千天又难剪一排尖，四化时代变了，几千年社会宜收不宜专，十年八年就能变革彻底吗？老弟是不肯用脑子的观察当前环境，我说："过河到岸，要使贵州多数落后面貌有所好转了"，你就信口，不把我信交给贵大领导（韬落一稿）也可能未变得分毫。贵州省委及贵大党校长有一定诚意，我认为不通过分华表示态度，不对。但我对到贵州，他是由于省委及学校长有诚意，贵州老学生，贵大老学生老同了多，什么欢迎我回贵大（有韩之传信）。你和我信不读，又收审信的内容：明明说利用暑假50天，假个把月回贵州一课等收），你说"带研究生，去往贵大几个月"，老弟真的不知道，我是带十多个研究生，不是要到南大做研究生一个多月嘛？何以一概装聋作哑，胡乱瞎说。如果我上次"文题片"（凡是"文题片"，都是由对方答应……，不会的）不是在你陪同下到过全贵了。这封信，还是"文题片"，不分开。道歉，晴到了人。今来另写一封信，望你至为恳的，不再诚意，不要你插手。你今后老老实实是要重视省委及贵大，不自觉地把出信新拆看，大胆变收。

今天给你十个理由，老老实实，我到不到贵大，助你不要插手，不要你插手去用，两个有权力者，老弟说不出这路是跟对个当一个普通学生之真来的，这新一个要的"讲师"、"副教授"、"教授"以和

装订线

但"大胆假设，小心求证"，科学突飞猛进，何谓"大胆假设"？倘若只是就抓古书中三五条似是而非的资料，加以附会，而成自己的"大胆假设"。流毒到日本，影响新藏，传为美谈，其《东洋天文研究》直到今天才开始有人提出批评。 老弟在这一方面，有何感想。[illegible]不可自以为了不起，居然开手世界，就有问题。可以开，反正目前中国教授们不懂。所以我就不敢写《怎样推进翻、交流？》。所以我，因为我只写推荐，1970年左右，没有是错。清代天算大师第一流是王锡阐、梅文鼎、吴江王锡阐xxx三大家。第一位是著有《推步法》，我[illegible]他的话认得是在《历算全书》里面，在福、之楷都没有翻出来。老弟曾过目没有？

最近半年，我已经宣布，不负有院在野，要培养三个付教授、五个讲师。[illegible]去年在澳门[illegible]子锦，是我不该等他们接了，我说这个我不是[illegible]培养他们？生产水平不高，少则三年多则五年不能升教授，控拢吗！我们信息灵通的。这个寒假在全学三个月，看他们俊些什么为相当把握；最近写一篇文章很有分量，上面说了，指出他们阅读大量笔记《国收经解》及《文选》，他们有七分十分，在福、之楷有一分两分十分，老弟只得有四分五分十分。对子[illegible]说的话，不是对他附和，确实如此；今天则说说他们培养，他已是付教授，三年[illegible]学其作实的付教授，也就是说，实其作实的教授水平。"一天能売三批假，

装订线

对老子及其门递卷（包括老杜）之所以只行动不试

我知道了，不但我知道，又如此批我的是"代"自作主张，

草率挑出"那一句"。不只是那一个"的"字，如一个"望"，这是

自己作的字词，只但内心深有"老师"又见字，也不肯如此

一再多事！《世说传德录》载孔子的那时是佛师，他亲自

一条的一四点，我一看就看他画上面那个"删"字。另外

写信给某老师提到两个"删"字，我一看大惊，很正确，谁有此大胆？你还

说明。（自己改错了校字呢）！底稿在此，

这个是非。你写罢来改一个，且产也绝对删改

底本的，写"以东大子"印。他说是我看的

什么"不起人"，"什么行家"，我对我的例外子字，不计较

别人手笔，这是大体作，也有些，是师尚也。白

好像"行此本无"是字，是你的作品写的。一切不计较

是去做，不成字

新鲜，已是一时，也是得之派出

众别说问，也是加以批改。就知今之学派传言的有人

序李易，四书标注丝毫，全不可之之；必以身作证，是说

序示古今具人。一经为序有为以新子偏辑著之是理的

倘，凡不足已多，我说如教章的。至相适用文理，序本

多是大，究徒了校语说文字是出（我先生曾至文之）

装订线

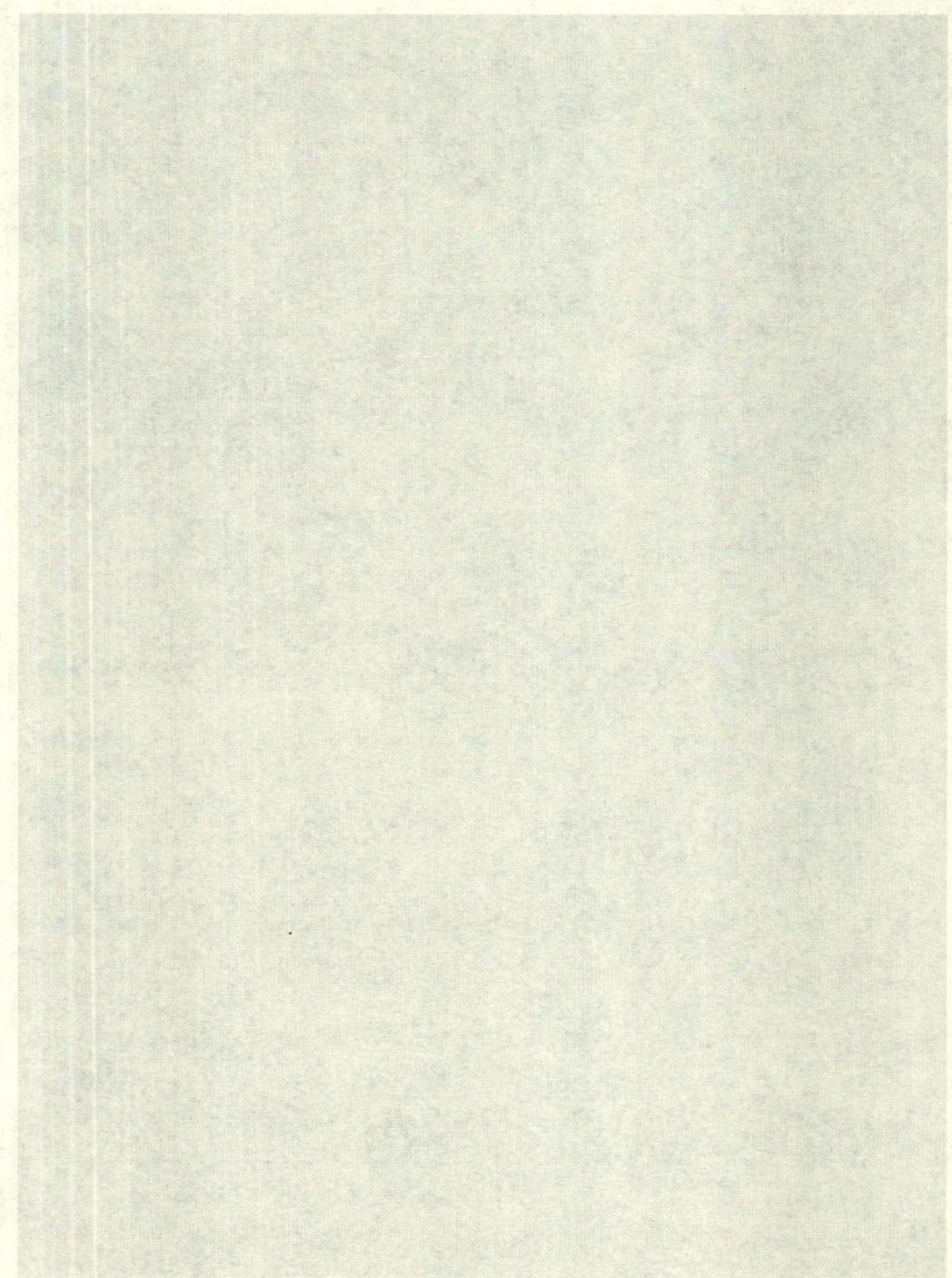

安徽师范大学滁州分校

应鐸老师同志：

所询"生魄、死魄"问题，至今烟雾。窃不自揣，呈所见，幸不吝教为感！

史籍烟蔼，尚世所重。竟以此书刊行后人就改一句"大馀，日也；小馀，月也"，以此书释为的一句就是"死魄，朔也；生魄，望也"。遂使之稍有不得传者《历术甲子篇》堕入烟雾，对"生魄、死魄"异说纷纭。

今天是依实事求是，凭肉眼观察，童稚能懂的。"生魄"是月球受光面，"死魄"也是月球背光面也。指十三四岁孩子也许他们初二初三看到傍晚的月亮，太阳已在西边正照在月球的西面，所以只看到它西面受光的那一钩眉般的受光面。一天一天受光面扩大，到十五那天，月在东日在西，太阳光完全照在月球上，人们在地球上看到月球的全部受光面与太阳遥遥相对，所以十五叫望。承大月二日承小月三日叫"哉生魄"，又叫"朏"。"朏"从月出会意，言月球受光面始明显也。说文云："朏，月未盛之明也"，就是解"月"的"生"、"也"是受光面；"哉"为"始"也，为"始生魄"的意思；是把"魄"字作"形"的解释，[illegible]都与"生魄""死魄"的认识不相一致。"生魄""死魄"是月[illegible]之[illegible]（辞源、辞海）[illegible]，人生说[illegible]；

~~是"旁生魄"又仕[illegible]而非，[illegible]把这两个问题~~

安徽师范大学滁州分校 2、

最早的记述如出土文字中的样子，一定能说清！说这是了藏掖吧，未免把古人看得太简单了，与我们今天大家讲"现代化"毕竟是两回事！既然是"旁死魄"，我们也从古书的"生魄"与"死魄"来谈。

指农十五年有"上弦"与"下弦"，上弦初七八，太阳在西照月球之西半面，所以"弦"状的"生魄"在月球的西边。下弦二十二三，与此相反，"弦"状的生魄在月球的东面。"旁死魄"是"旁死魄"的省文，经中古文《武成》"惟一月壬辰旁死霸（今文作魄）；越翼日癸巳，说文"霸，月始生也"，霸字从月。"旁死魄"是初二，那末初一是辛卯。《史记·周本纪》十一年十二月戊午师毕渡盟（孟）津，初一辛卯，二十八日戊午，二十九日己未；月大二月初一庚申，甲子是初五，天亮，史家称昭彰千古无异议。《吕览》"武王十二年二月甲子之日"；《周本纪》"武王已克殷二年，……武王病，周公乃祓斋，后而崩。语出尚书《金縢》，周史官年纪录：武王十二年病，周公祷告，代武王死。是武王十二年二月克殷，在位二年崩。《逸周书》"西周十二月崩镐"，《史记·封禅书》"武王克殷二年，天下未宁而崩。"自宋于《历术甲子篇》世传不辨，战国以后，安家出入甚大，以三历纷出，从未统一，安其历史，说文王继立九年而崩，武王即位，用文王年。中国数千年历史，都是用旧君纪年的。

到这就是要依靠历法说话，而历法有待于以通，要加以改正，三统历《三统历》，为害大矣，王国维先生提出"朔望月相四分"，实则王先生要附会"十日"，与王先生之古文、之四、月相之分的多了，以、王先生之历法的出现，常被认为得到了。今殷时代大是历家用四分，孔子以"子传道"四分久之后又三百年就改是一日，"四分"转而为周全数，前期是三百天，后期是一百天；周三统历要差一天。所以周宣王时代铜器《虢季子白盘》"惟王十二年正月初吉丁亥"，王先生用三统历推算，丁亥是周宣王十二年正月初三，于是有"初吉"包括初一到初八；于是又有"既生霸"三个月相，分别为一个月的四段，王静安博士可谓大奇！以每月初三到下月初二为一个月。

刘歆要依据"三统"却依据古文《武成》上的历法，推出武王克商为公元前1122年，班固作《汉书》"推传密要"，仍昭相历史学不足道，按他看到的纪年不来他就定成任务）。可惜的是后人多知，如果人指出四分不可信，也只唐代大历家僧一行，明文指出刘歆"武王克殷为公元前1122年"据元天上的时历法，推定为公元前1111年。又刘歆把殷周依之前16年，一行修改推至5年。错了推前一年推后一年，也不允许。新城氏把殷周依次，推迟四十年，能允许吗？

安徽师范大学滁州分校 4.

最近还有人搞《西周纪年》（试读），见《文史论丛》第一辑，推定武王克商为公元前1055年，比新城氏又晚了十二年。而这里们既不看书面资料，也不看地下资料，更不看天文资料，"月相"[illegible]。怎么不说"月相"之为既望，为弦，为望，其为"相"也皆指是一天，作为一个月相指七八天，天文历法，到了今天，又以这里得到了[illegible]点！~~[illegible]的月相，而[illegible]~~，金中古文"十一月壬辰旁死霸"、[illegible]前面已讲过，根据《周书·世俘》决定"壬辰旁死霸"为初二，朔为辛卯，二十八日戊午，渡孟津，[illegible]月小，是二十九日己未，二月朔庚申，越五日甲子周师[illegible]"咸刘商王纣"。历历分明。"旁死霸"为一月初二，旁有平去二音páng与bàng是也。我们编字辞典，大得考虑该注什么音义，要有社会基础，即中古及现代，（方言只供择从之用）。说文"旁溥也"，广韵去声宕[illegible]"傍"蒲浪切又蒲郎切，有去平二音，宕韵"光古旷切""傍蒲光切"之"光"即用古旷切之"光"。说文"旁近也"，宜[illegible]傍的去声读，既有中古音，北宋以后[illegible]"傍花随柳过前川"，又有现代音义"依傍"，以此为我们"旁生魄"、"旁死魄"的第一种念法，可加注文音义，引《尚书》"旁死魄"，[illegible]《尚书·伪传》"旁近也"，附近之近。此字当以去声读中古。[illegible]但不如取去声又切近今之读法。旁读去声，"旁死魄"为初二，靠近初一，故曰傍。旁生魄，靠近十六，也不言分。以《汉书·律历志》（《律历志》另）一段文字，引出新说："[illegible]四月己丑朔死霸。死霸

"[illegible]之旁"今读去声以校切韵，读平声旁，如有这别扭，我们编字辞典，要面对现实，为应当读的服务；但又不能弃古，所以这把"去声"分别又音平声。

安徽师范大学滁州分校 5

朔也；生霸，望也。"是月甲辰望，乙巳旁之，故武成篇曰：'惟四月既旁生霸，粤六日庚戌……翌日辛亥，粤五日乙卯。'"此"旁之"之"旁"之据望，即十六日甲辰。甲辰实为十六，既望矣，不当"生霸"望也之[illegible]，遂不得不以十六为望，然于下面干支纪日符合。又说：

"是月癸卯望，甲辰旁之，望之次日也，然后月'旁死霸'之日朔之次日。望之次日即既望，十七，乙巳为既旁生霸，下面纪日，一一符合。"[illegible]历法分明的。铜器《[illegible]》"佳（十四）王年三月初吉庚寅"，又《兮甲盘》"佳五年三月既死霸庚寅"，打开[illegible]《西周经朔谱》只有公元前八百零几年[illegible]月合夫（不失闰不失朔），周的殷历，建丑为正，[illegible]月正是三月。说明二器是同王同年之器，说明"既死霸"就是初吉，就是"朔"。合朔，不是"死魄"，是到某一天个相应的时刻月球人们只看到它的[illegible]，完全黑的，背光的，所以叫"朔"。朔方又叫朔方，古人"四象"是不科学的，以五色配五方（中央黄，土）北方玄（黑）武。以月相说之只有那一天人们看不见丝毫生霸，才是"合朔"，才叫"朔"，早一分一刻月球东边还有一线"生霸"，迟一分一刻，月球西边就有一线"生霸"一都不是"朔"了。一分一刻都不能差错，怎么一个月相能延用七八天呢？所以"既死魄"，既就是而一，就是"朔"，所以说"初吉"。《尔雅》"日有食之，说的"既"，尽也，[illegible]也；"日有食之，既"[illegible]害[illegible]也。2[illegible]

天 地 水 火 雷
风 山 泽

是"既望"之"既"是已经之义，所以"旁死霸"是初二；"旁生霸"是十六，即是既望，"既旁生魄"是十七，上面都讲清）。"旁"字得是初二，是朔的次日，所以"旁死霸"就是"既死霸"的次日，"生霸"是一个"月相"，说从死而生，朔也；生终望也"大非。从初一、初二朔的时刻起，逐渐月球亮边一路一路增加"，到初三，出现（西也）月底到此微有亮的生明，叫"哉生霸"。（加注）［删］武成看"哉生明"这一"月相"，却不是从"明""死"到"魄"了，唱之《说文》释"霸"就是没有依据。据《西周纪年（书）》是根据按时历，从公元前1122年，到殷灭周武王克商之年，一直排出五十一年，每年每月的纪朔逐分段排列下来。以是古书5段有41个历点，一查是以王纪年，不是用周；有）还再把它定制。据这朔[illegible]子詹相，是王朝《授时历》更精密了。西周的[illegible]上的[illegible]

[illegible]一个历点，以天上北斗星[illegible]之后打开天上的材料，[illegible]中古文献载我们纪年的干支（见[illegible]）点而唱完[illegible]，完全合天。刘歆国之[illegible]推步的公元前1122年，与天上材料完全[illegible]天。一行等所推定的公元前1111年，相接近真实，[illegible]天上材料公元前1111年，查天上材料《西周纪年（表）》的[illegible]

安徽师范大学滁州分校 7

若以闰月"庚寅六至七连朔""庚寅419"，失朔"521"，用四分历建丑为正，岁首发合11失闰两年，也不可解的。一行为连大"之连位"，以建子为正，岁首只失闰一年了，所以包括《武成》这么多1111年二月不失闰，则连大"712"（乙丑）定朔"乙丑385"则失朔"1.5585"超过一天半，是不允许的。所以1111年决不合《武成》记载。一月里辞周代"月相"四分法，一个铜器记的"月相"可以合三至七个至十个日，什么书面的资料，什么地下资料（金文），什么天上资料（天上的生魄、死魄与《西周经朔谱》），一概都化为乌有！我们把俞樾先生的《生霸死霸考》抄在下面：

一日 既死霸 晦日死霸

二日 旁死霸 旁之言溥也编也

三日 哉生霸 亦谓之月出

十五日 旁生霸

~~晦日 死魄~~ 二千多年的大困霸中的所谓"生魄死魄"，总算有些生理出一点头绪，老前辈给我们不少启发。如何人皆不听，鬼话连篇，俞先生的话不听，甲部这信抄出生十完全相信的，"月相四分"得到相信，~~……~~

吴其昌、新城新藏、刘朝阳等于当年（最近）……同志，风仪

安徽师范大学滁州分校 8

[illegible]

《从〈读"西周纪年"〉文中月相的分合，得出西周的纪年，竟无根据，使我国信史的开端——西周纪年问题更加混乱！》[illegible]同志是近代天文学家，近人[illegible]，所著《从中国古历析[illegible]》皆是不可多得的著作。历史家一般只据现实研究成果[illegible]以完成史学任务。

譬如班固之史学家《汉书·律历志》直言不讳是抄了刘歆的。结果不但班固而归罪刘歆。今后对史学家要求，也应该要求对于抄录史料，也要有一定抉择的水平。更有[illegible]的是今年五月初在四川成都开了一个全国性的会议讨论中国天文历法，结果一个署名陈久金、[illegible]之和[illegible]同志的《西周月相名称讨论》也大有问题。尤其[illegible]《[illegible]四分月相[illegible]》更加可笑。这是我二十年来所见的一个[illegible]月相看法，[illegible]在全国学会[illegible]，打开一看，大笑不已。

主要六节：一、古人对于月晦的观察，二、四分月相的产生及其发展，三、初吉与月相关系，四、四分月相说虚构的理由[illegible]，五、驳定点说，六、西周月相名称的本义。

[illegible]，[illegible]。从六个[illegible]，可知其

[illegible]

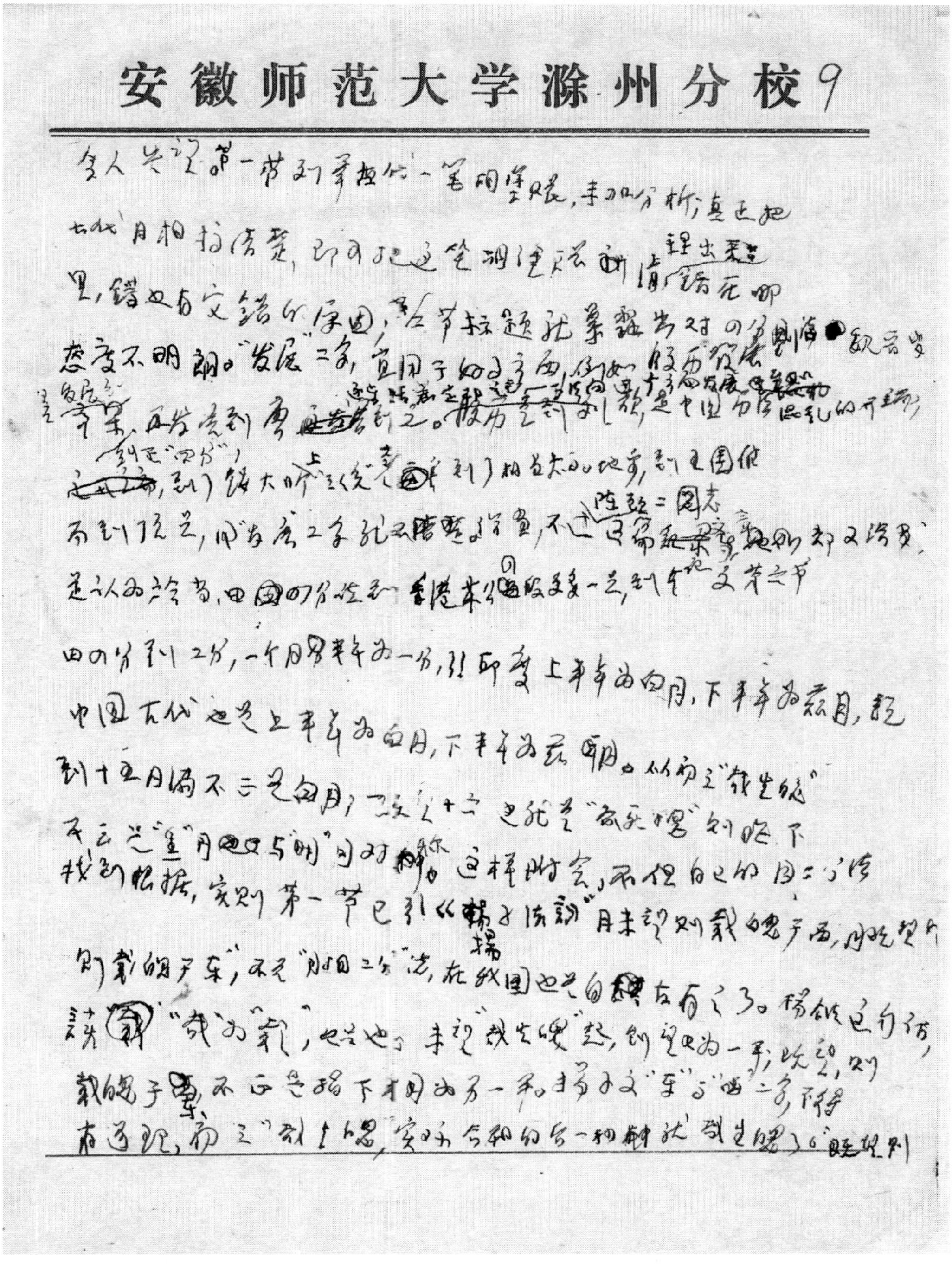

安徽师范大学滁州分校 9

全文先从第一节到第四节一笔糊涂账，未加分析，真正把古代月相搞清楚，即可把这些问题统统理出来，错在哪里，错又有交错的原因。各节标题就暴露出对四分月相法态度不明朗。"发展"二字，宜用于好的方面……

……到了钱大昕之后……到了王国维……

而到了后来，则发展二字就不能用了……

……四分月相法……

四分月相分为二分，一个月分半月为一分。引印度上半月为白月，下半月为黑月，说中国古代也是上半月为白月，下半月为黑月。

到十五月满不正是白月，二说之十六也就是"哉生魄"……不正是"望"月"与"晦"相对称。这样附会，不但自己的月二分法找到根据，实则第一节已引《扬子法言》"月未望则载魄于西，既望则载魄于东"，不是"月相二分"法，在我国也是自古有之了。扬雄已分清"哉"与"载"，也说也了未望"哉生魄"起，即望也为一半，既望，则载魄于东，不正是指下半月为另一半……

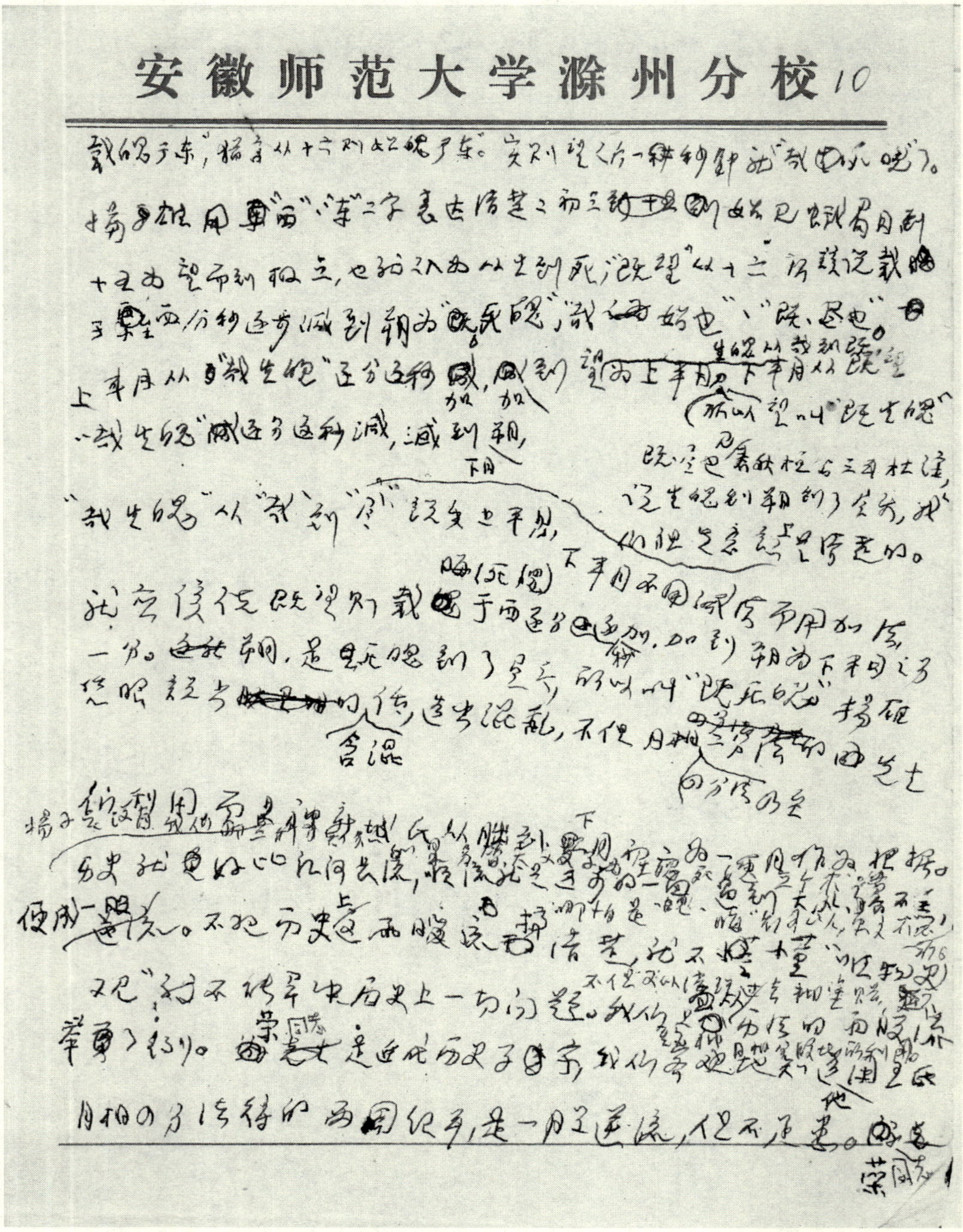
安徽师范大学滁州分校 10

里推选的章炳麟先生也是地质学家，不是史学家。可是陈、顾两同志的通俗文章，存相当大的代表面，就值得注意了。比较《两周月相名称讨论》又加付题《说霸の成说》，表面上反对王国维月相四分说，而实际是走的一条路，是一脉相承的道流。我们不必奇怪陈、顾二同志什么对于王国维的生霸死霸的资料都引了，就是我们认为是正确的晚清俞樾大师的《生霸、死霸考》不引，而[illegible]郭沫若[illegible]也没有俞先生的[illegible]。这也证明从刘歆到钱大昕到王国维、新城新藏、吴其昌[illegible]这股逆流之不可忽视。不在[illegible]。我们没有时间来对此[illegible]同志的《西周纪年》，写一篇对陈、顾两同志的《说霸之定点说》来一个《说霸之定点说》。[illegible]，我们正在编写大辞典，您给来信提出这个问题，不可不说之为幸。我们这里有老师，正在讲古代汉语中之天文历法，把这讨论[illegible]出来作为[illegible]教材。以下摘《汉语大辞典》的有关字的[illegible]，这也算是主观[illegible]，请多大辞典编写同志[illegible]以上海[illegible]。

我打算在《汉语大辞典》上这样写：

(四)哉生魄、旁死魄

"魄"，又作"霸"，一般用"魄"音。"生魄"月球受光面；死魄，月球背光之面。(一)"哉生魄"，"哉"，始也。[illegible]人字[illegible]，"哉"是"才"的借字[illegible]。初三[illegible]称"朏"。《广韵》"敷尾切"，月三日明生之名。(二)"既死魄"。"既"，尽也，《春秋》桓三年"日有食之既"，杜注"既，尽也"。按[illegible]一合朔，月的月球受光面完全没有了，所以称"既死魄"。又称初吉或"吉"。(三)"旁死魄"，初二。"旁"《广韵》"步光切"(又《广韵》"蒲浪切")[illegible]蔡邕[illegible]旁，近也；二日近死魄。"[illegible]旁"，"旁"声[illegible]以[illegible]说的[illegible]。(四)上弦初八，下弦二十二也。(五)"既生魄"，既，尽也，指十五也，称"望"。(六)既望，十六日也，亦称"旁生魄"。(七)既旁生魄，十七日也。(八)晦，朔之前一日也。朔之前一日曰晦，后一日曰旁。望亦如之，在望一日……称，后望一日为旁生魄，为十六，即既望。

以下建议我们[illegible]大……"生魄"……"生魄死魄"……初吉……"既"字……"既生魄、既望、既旁死魄"，"旁"字……"旁死魄""旁生魄"、"上弦"、"初吉"，

下弦

安徽师范大学滁州分校 13

"朔、朏、望"一共十来个词目下，各经主编定"先秦天文纪象"。我们费了不多的文字为之介绍，说是出了这十来个月相的名称。这封信之所以写，为了要求指正，主要是因为北大中文系与华东七省市汉语大词典全体与史老师与全体编写同志及读者、决审同志，就我提出来要安师大词典分同志这封校若的信，再多备意见究竟是不应该的。正在看的东西，看看的有人批评，不正相信来就会有不同意见之因之又，拍虚张声势，何尝有十人物征信？时代不同了，只是缺乏一般的源流，到这个时候人在天文历法源流中，何承天、祖冲之、僧一行、郭守敬乃至近代，至于到了近代钱大昕、王国维、朱文鑫、董作宾、新城新藏、吴其昌、刘朝阳，相反，[illegible]的，雨条这就再清楚没有了。历史上存留好多不决的问题，岂止"天文历法"一些

世争？~~是时候了，多少文化战线的真正的~~

~~世界？而向的个把我把而贡献"之偏"，总校再早到一点，~~

~~加之再大一点，去得再多一点，要十再快一点为实现四个现代化而奋~~

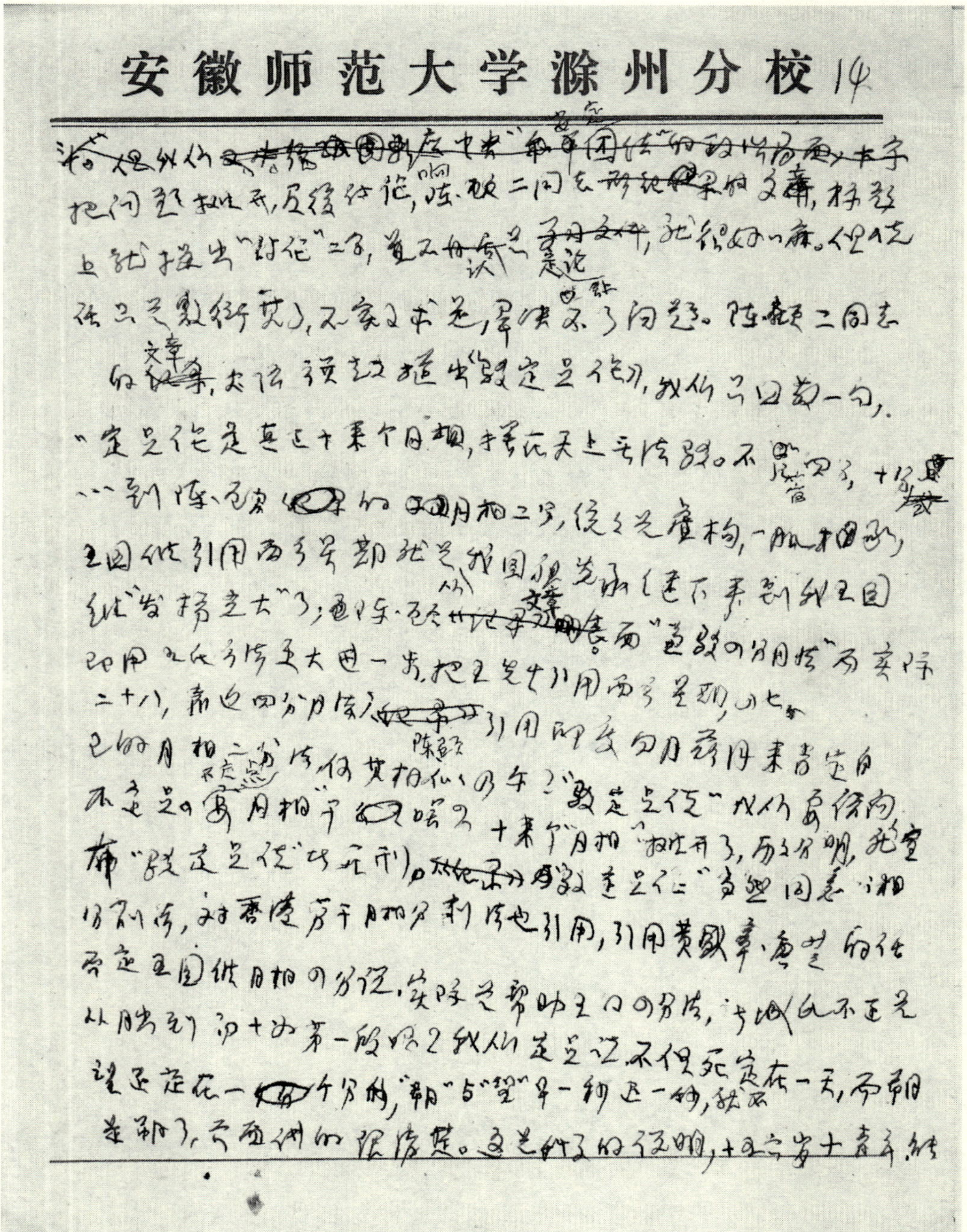
安徽师范大学滁州分校 14

十年，就是一些专家，他们自造纠纷很多定论。我们在这里大概要
初步选择写这个系条是关于西周历法的纠缠不清的
情的问题，铭文也就十来个，可以得到读者考虑，所以我
们把这封信印出来，供有兴趣同志参考，也很想受到他
人的同意实在只是专门考虑之意！

这了我们又提问，为什么要讲（考虑为什么引用黄盛璋、唐兰的四）我们所采史料
相对从春秋经到现在的有公元前511年周敬王立在王国下定论，初吉
之类只是一天，问题不大。我们定"初吉是第一天，就可以
到黄盛璋、唐兰不是大错，从叶侯户乃不是周敬
王元年的事，因为不符合天上材料。至于月相我们编录来
人写"初吉是第一到初八（黄、唐二君之说）或者初三到初十。我们今天不但要求能读古
"月相"来解释中国大量古典文字，有好十多个题目让读者正确理解，
能读古书。我们感谢陈、顾的文章来我们到了一个点，但是西周
然后鼎盘之器，有王国维、吴其昌、郭沫若、董作宾大家的断王
各器年代，不一致。各凭自己的月相说，急于一致之推步先王的
甲骨文有所成绩，其他人也有专为材料、地上材料彼此我们这一个天
上材料——十来个月相，提在天上，用推步历把西周从公元前
1122年到西周末共三十一年的每年每月的朔闰排列出来，对证
古书西材料与地下材料两方符合。就由于王先生考证出月相四分

安徽师范大学滁州分校 16.

说，把甲骨材料、地下材料，按时序纳入夏商（土坑）史。我们找出的甲四十一个历点，凭天文材料，决定了以前王位年表，是新的新发现了夏商史，每一铜器，都能合上王七七条了！两周人自己写的铭文也有年、月、日、月相"四要素具全的"。我们用月相定点法，不但合朔日，而且定分秒，已经打开了过去我们以往读大辞典为[illegible]的迷，因此"数定点法"。我们欢迎指正得到进一步改善，~~今两周王世的生霸死霸都有争到都有同样的错误，~~ 从是二大多端二千多年，到我是这说的开端，~~到了今天仍二有，并~~ 造成中国二千多年天文历法上的混乱，到西周二百余年来文王国以后，纷乱达于极点！陈梦家讲到三器的分歧，我们打开天文材料加以核对，

虢季子白盘"隹（唯）十又二年正月初吉丁亥"，王是宣王[illegible]，郭沫若说是夷王，董作宾定厉王时，打开以西周经朔谱，宣王十二年合天，夷王十二年正月初一庚辰"不符"，且前月の分法保留，夷王十二年二月戊辰，要日丁亥合。兮伯吉父盘（即兮甲盘）"隹（唯）五年三月既死霸庚寅"，王字作宣王，董定厉王。查以西周经朔谱，宣王五年三月甲[illegible]初一丁卯"不合，还是[illegible]"的分法是保留[illegible]初一丁卯，二十四庚寅，这是在王在月相的分法："既死霸"。我们用月相定位法，前先生说"既死霸是初一"，我们又加以考证，定兮甲盘是夷王五年三月庚寅，合天。同时我们从[illegible]"隹（唯）五年

安徽师范大学滁州分校

17.

三月初吉庚寅[illegible]二者是同一天同月同时的。这是怎么回事呢？又

合集俞先生主张的"初一即初吉即朔"之说。我们反对"初吉非月相"的

说法。上面我们已经说过，古人以黑色、白色配合阴阳，北方叫朔方，二十八

宿北方有玄武，"玄武"、"玄"就是黑色，"玄"就是"望"死。"既死霸"和一朔的

的定义是月球全部都是背光面。初吉是朔，是初一，十分重要的"朔"

既是"既死魄"怎么不是"月相"之一呢？甲骨的"既死霸"就是

误解的"初吉"定义问题。王国维先生最先提出月相四分

除了月相四分说还保留以外，硬说二者为生日时，"月相四分法"

可以通用，什么都可用，什么都可用。一个月相可包括七八

天，岂有此理？我们定出俞先生"既死霸"是晦错了。错在

哪里？以一代以一人之功不能建立[illegible]二生的训诂大师，

忽略了左传杜注有一个词"既是也"与另一个词"既

望"的"既"，"既已也"是同义字。"既死霸是初一"，而其前一天"晦"

是"死霸"，犹如"既望"是"望"的第二天，"既死霸"也就

是死霸的第二天，所以得出"死魄"即"晦"的错误。正

如刘歆认为既望是十六，也作出既生魄、"既死魄的前一天"是生魄望，

死魄朔也"的错误。刘歆说，"此后二千年来学者的[illegible]

轨，到近二千年为梗，是学术界一股逆流。俞先生一句错话，也不

史籍而言不成绩，确定了一些定点月相，是月相分段定点的

范畴，所以是这门科学的顺流。请看月相分段定点是什么

人，什么人立场的话，什么人违背而不使了[illegible]月相[illegible]

定点观测法，已经通过审定，工作取得统一，希望能以！教授

敬礼！

[illegible] 1980.6.6

安徽师大滁州分校中文系[illegible] 研究所所[illegible]

近現代學人學術著述叢刊

張汝舟手稿集

張汝舟 撰
張道鋒 整理

4

國家圖書館出版社

第四册目録

日記

一九六七……一
一九七一……三
一九七二……五六
一九七三……一〇〇
一九七四……一五九
一九七五……二〇二
一九七八……二〇七
一九七九……三三九
一九八〇……五二九

其他

貴州省委統戰部發言稿……五三七

日记

中共中央
关于在无产阶级文化大革命中
保护文物图书的几点意见

……

一、……

二、……

三、

四、对有毒的古籍不要随便烧掉，要作为反面教材，进行批判。

五、各地革命委员会或军管会应当结合对抄查物资的清理，尽快组织力量成立文物图书清理小组，对破四旧过程中查抄的文物（如铜器、陶瓷、玉器、书画、碑帖、工艺品等）和古籍、文献、资料进行清理，流失分散的要收集起来，集中保存，要妥善保

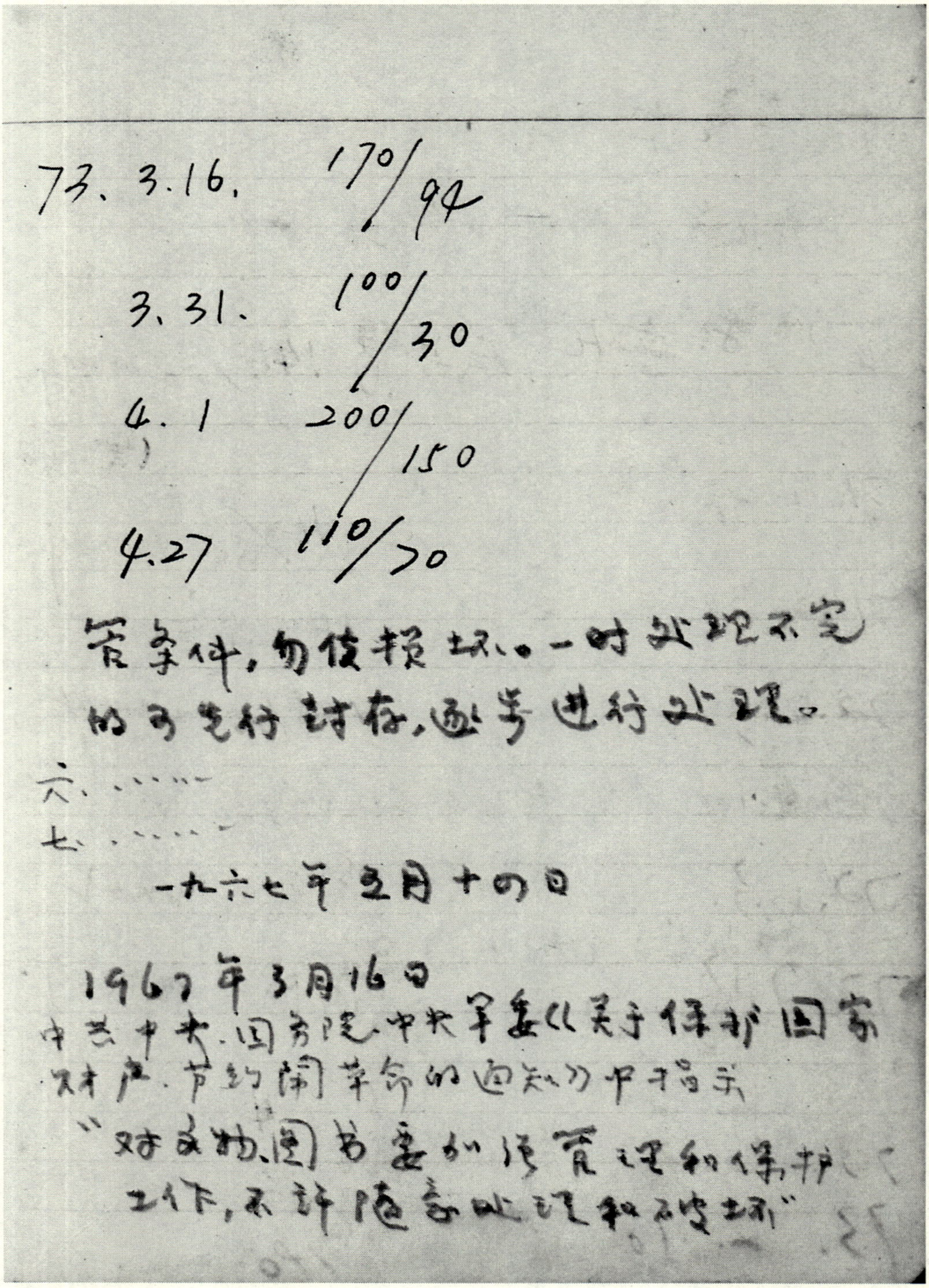
73.3.16. 170/94

3.31. 100/30

4.1 200/150

4.27 110/70

管条件，勿使损坏。一时处理不完的可先行封存，逐步进行处理。

六、……

七、……

一九六七年五月十四日

1967年3月16日

中共中央、国务院、中央军委《关于保护国家财产、节约闹革命的通知》中指示

"对文物、图书要加强管理和保护工作，不许随意处理和破坏"

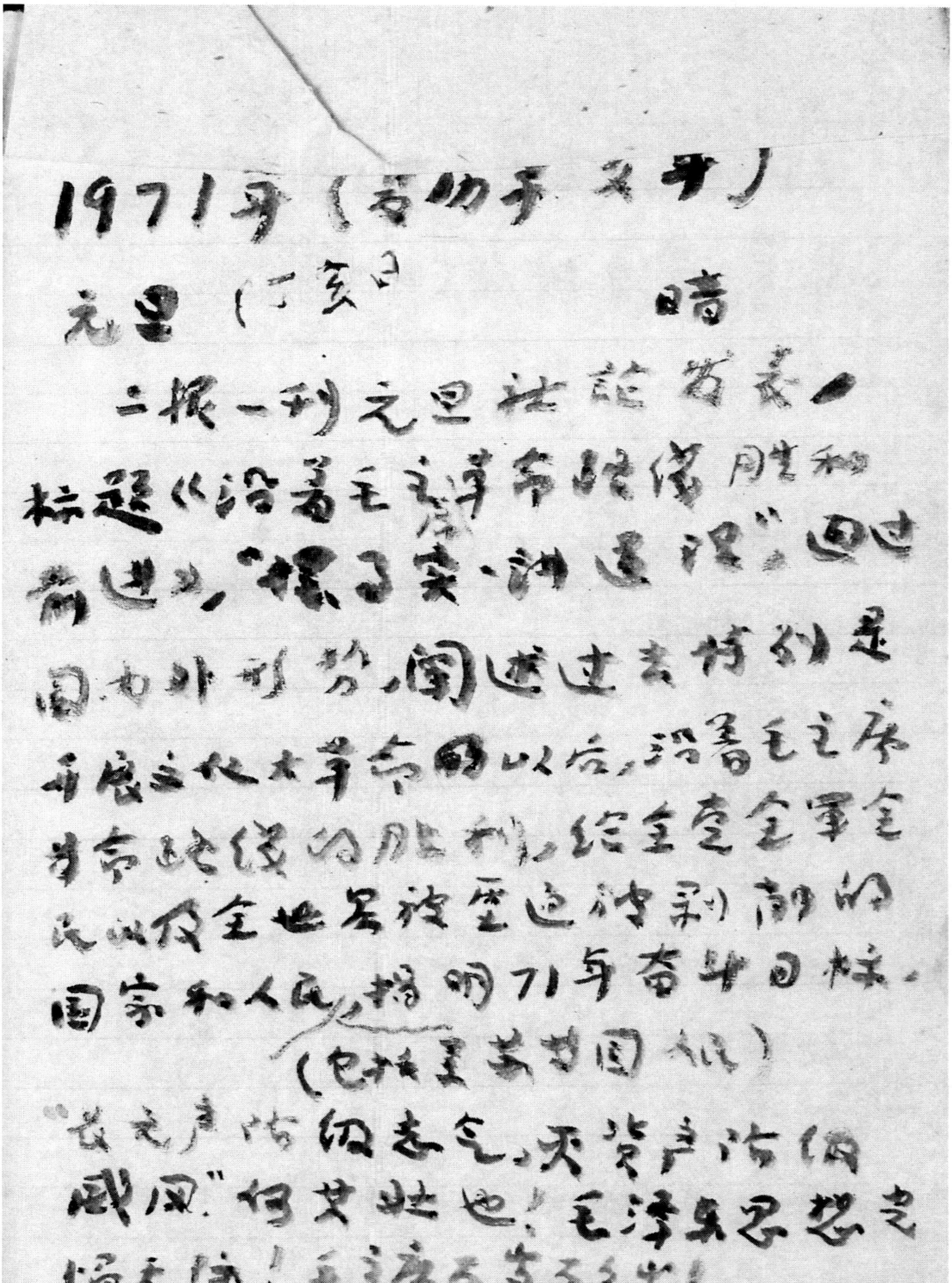

1971年（劳动手册）

元旦（星期五）　晴

二报一刊元旦社论发表，标题《沿着毛主席革命路线胜利前进》，"摆了实、讲道理"。回顾国内外形势，阐述过去特别是开展文化大革命以后，沿着毛主席革命路线的胜利，给全党全军全国人民以及全世界被压迫被剥削的国家和人民（包括美帝国人民），指明71年奋斗目标。

"长无产阶级的志气，灭资产阶级的威风"何其壮也！毛泽东思想是无敌的！毛主席万岁万万岁！

下午得彭俊彦去年十二月十二日信，嘱寄"苞米明种（即包谷种）"。

元月六日　　晴

昨接叶蓉元、乙夜信，今日复。由四日傍晚腹痛，昨服夜服药，今日午先后泻了大便二次。中午只吃稀饭一盅。

今日报载：

去年十二月十五日，中国驻法大使黄镇，曾和智驻法大使米埃乃提斯于巴黎签署联合公报，中智建立外交关系。

元月十日　　晴（星期日）

前日接玲之去年12.31的信（元旦前），今日复。

元月十一日　　晴

昨接立仁信及梦蓉照片，今日复。

喜接梦蓉照片二绝句

何幸古稀逾二翁，夫妻双健抱重々。更欣天外刘雏影，喜听邻姑夸梦蓉。

似向爷娘一笔描（脸似立权，眉眼似惠通），英姿飒爽

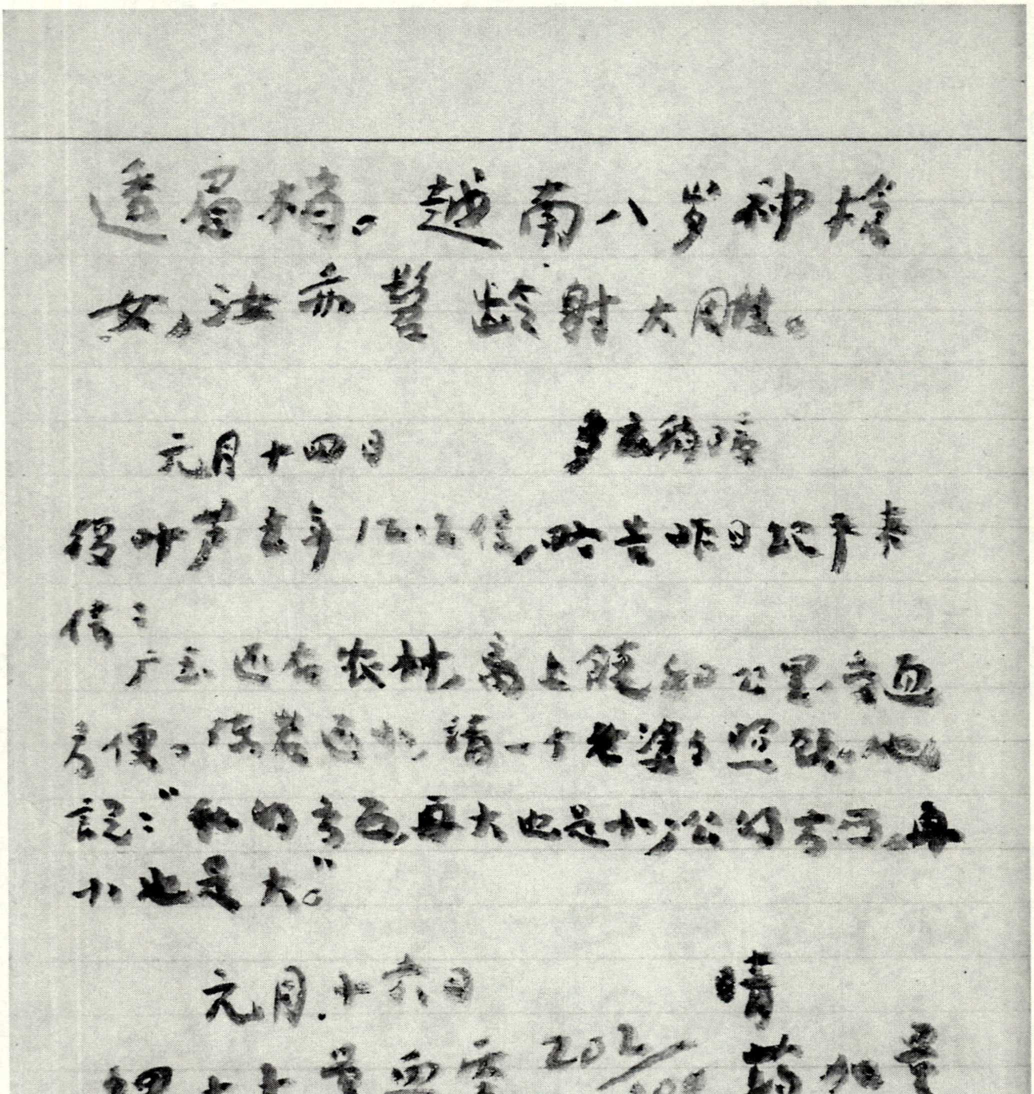
遂眉梢。越南八岁神枪女，法帝惊叹射大雕。

元月十四日　多云转阴

得叶芦芬十二日信，附告昨日北京来信：

广东西省农村，离上饶细公里，无通方便。陈某返乡，请一个老渔民送路费，他说："私的事再大也是小，公的事再小也是大。"

元月十六日　晴

魏太太量血压 202/104 药加量每日四片。

元月十九日

得叶蕾信，嘱加罗药。

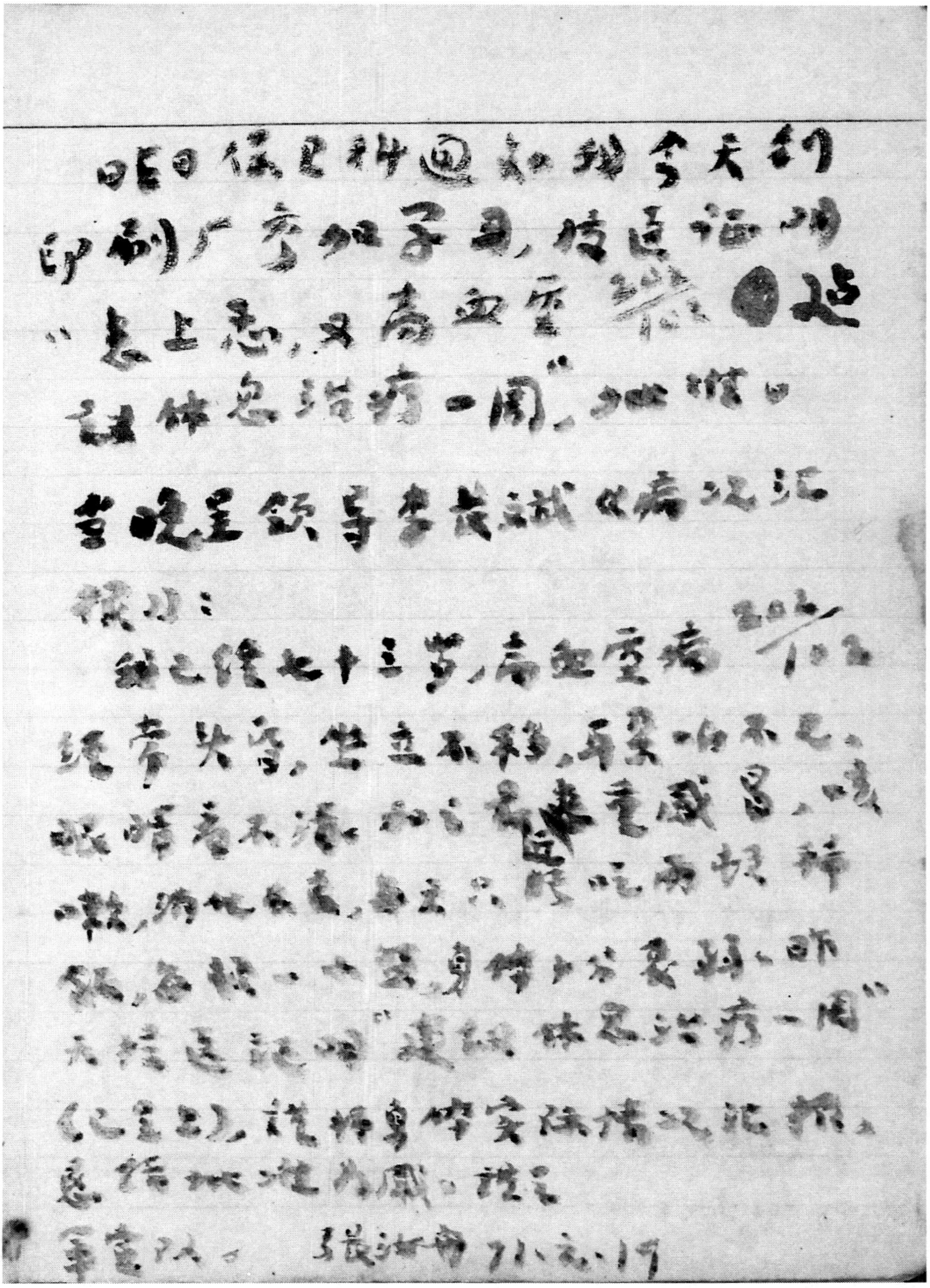
昨日保卫科通知我今天到
印刷厂参加学习，传达福州
"表上态"，又高血压220/110延
误"休息治疗一周"，如此误日
当晚呈领导李茂斌以病况汇
报如：
我已经七十三岁，高血压病220/102
经常头昏，坐立不稳，耳聋、目不见、
眼睛看不清，加之患重感冒，咳
嗽，消化不良，每天只能吃两顿稀
饭，每顿一小碗，身体十分衰弱，昨
天经医院证明"建议休息治疗一周"
（见附页），谨将身体实际情况汇报，
恳请批准为感。谨呈
军宣队　张伯驹　71.元.17

元月二十二日　晴暖

收到叶芬包裹（罩袍、豆腐乳）。

元月二十六日

收到叶芦包裹（[illegible]、香肠）

下午六时叶蕾到家。

元月二十七日

旧历元旦，~~年~~正月癸丑朔。

与叶蕾偕叶芬往合写二纸。

元月三十日

晨叶蕾赴[illegible]，于[illegible]

十五点四十分快车南返。

昨接[illegible]信，寄回稿。

学校送来[illegible]门，[illegible]远
院[illegible]，[illegible] 190/[illegible] 一[illegible]国[illegible]。
医师证明，铁路拾元。

元[illegible]
元[illegible]（[illegible]）[illegible]，[illegible]信，[illegible]
[illegible]。

二月四日
今日立春。
昨接中慧元3日夜信，知元3日夜
十点顺利到广，安然。

二月六日　　晴
寄中慧信，挂号。
兴智[illegible]北[illegible]到我家，
兴智来信，我写一纸，托他带回。

二月八日

花院医生看血压与上次差不多，验证明"休息於天"。

感冒未好，咳嗽加重，花送右中药两帖。

二月十一日　　晴

下午剪发。

中药吃毕，赴花院挂号，又发两帖。

二月十五日　　晴

接叶尊、立侃、玲玲信。

二月十六日　　晴

复玲玲信，挂号。

下午观大夫黄画室大画 23/1/22
发主件"旅鹤为巢"和"莊明"休息
壹於仳天。

二月十七日

续假15天。

二月十九日

复李仪信。

二月二十一日　　晴（星期日）

在家洗澡。

二月二十四日

复叶茜信

二月二十五日

前日接毛栋信，今已复。

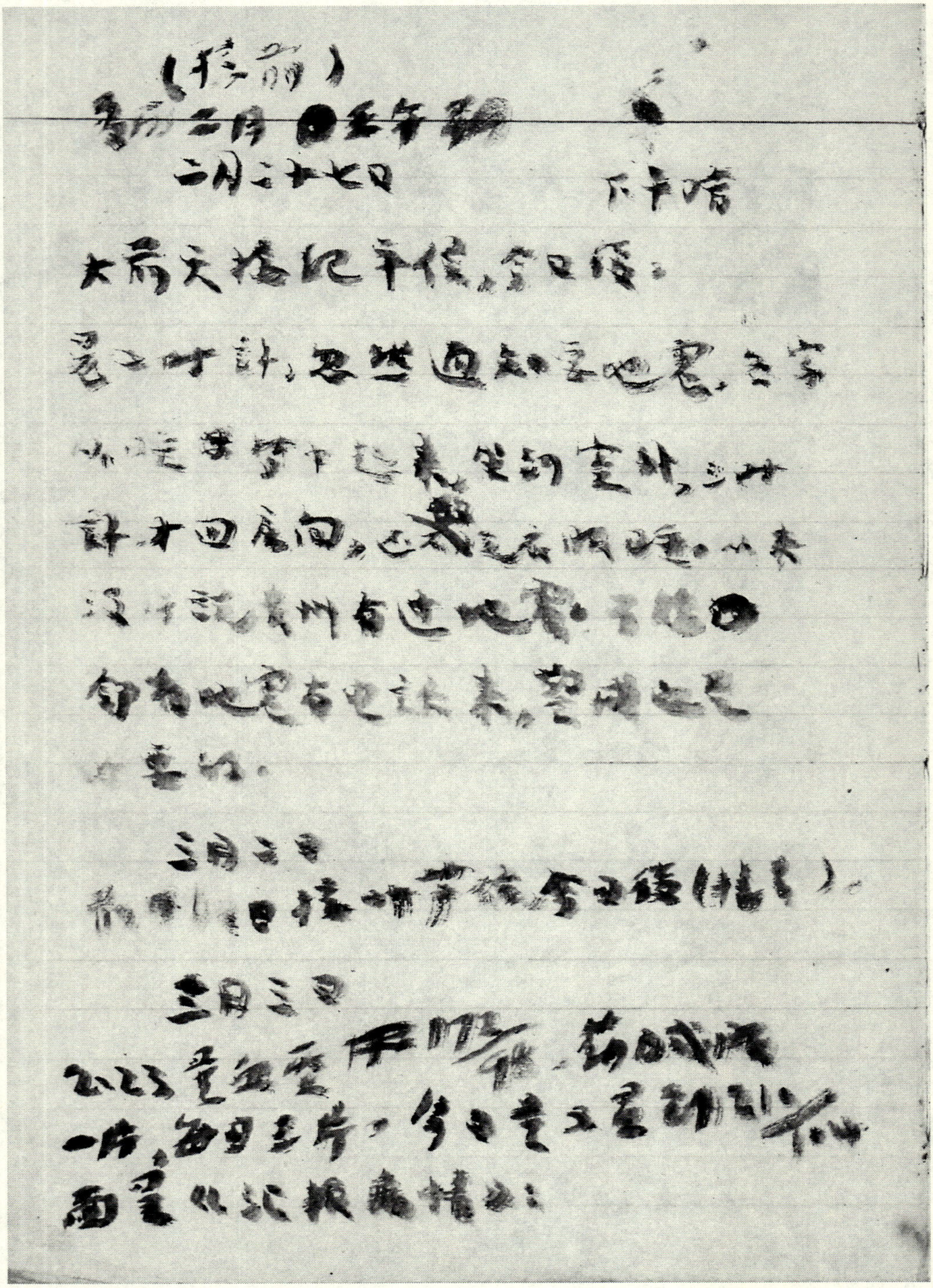

（接前）

[illegible]二月[illegible]年[illegible]

二月二十七日　　下午晴

大前天接纪平信，当日复。

晨七时许，忽然感知是地震，急穿

[illegible]出室外，约廿

许才回屋内，也[illegible]。后来

得知说广州有过地震。下午

[illegible]地震有电话来，[illegible]

[illegible]。

三月二日

[illegible]接[illegible]信（[illegible]）。

三月三日

[illegible]

一片，[illegible]

[illegible]

我是患高血压病的,凡是高血压
的通行征候,都是容易有的。常
的10—20度(指舒张压),高起来
就是30—60度。这种情况,还
是知道。我也有多年经验,特别
是这两年(从上述十年还是记
录的[illegible]记录)。这本
录,这种病不[illegible]一定。有风
险[illegible]半身不遂的危险。我说[illegible]
半身不遂,自己痛苦,家属也痛苦,
又给组织上添麻烦。今年下半年
血压 21[illegible],也很高了。我[illegible]
[illegible]
[illegible]

学习对自己有好处，我是懂得的。先是服从组织，是依偎，内心感到不安。[illegible]情况，是说领导同志批我的实际情况，给我较长期的休息。一时血压降到"100以下，转佳一些，我就算[illegible]。读《[illegible]的写作》"

原稿经张达同志吩咐了，由我来改。

三月四日

接到[illegible]（2.16）文已不错。

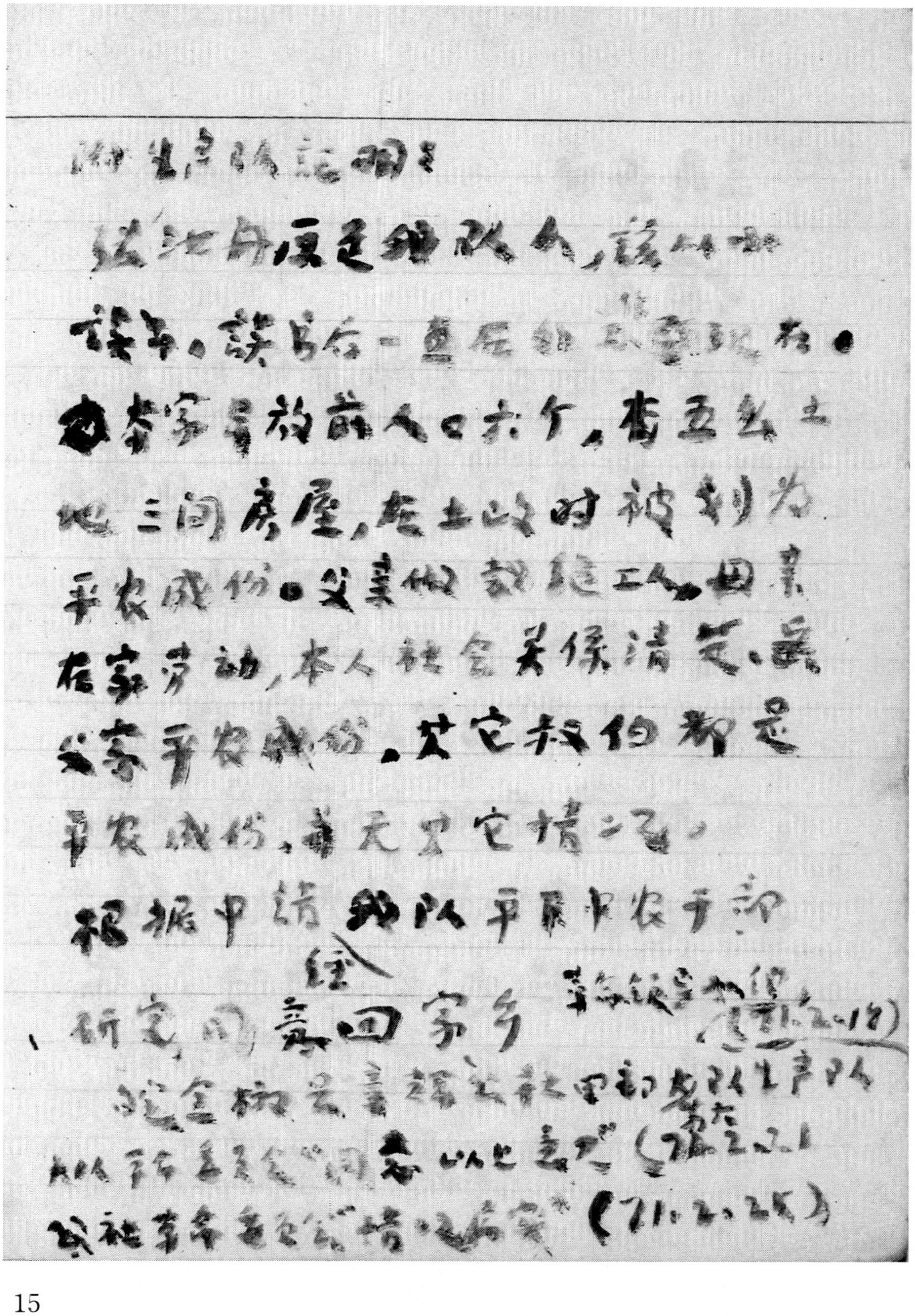

全家解放前人口六个，有五亩土
地三间房屋，在土改时被划为
贫农成份。父亲做裁缝工人，母亲
在家劳动，本人社会关系清楚，岳
父家贫农成份，其它叔伯都是
贫农成份，并无其它情况。

三月五日

报告

我多年患高血压病，身体十分衰弱，耳目不灵，长期不能工作。我内人年过七十，身体也有病痛，子女皆在数千里外工作，两个老人生活上无人照顾，深感困难。经全家研究，最好是回到家乡——（在安徽农村）跟侄儿孙们劳过活。因此提出申请，是否退职或退休处理，由组织决定。谨呈

集々稿草委会，

寄代组

附呈公社大队生产队证明一件

申请迁署[illegible]一件

寄叶芦信。

三月六日

复叶芦信。

三月七日

复叶芦信。

三月八日

复立仁信。

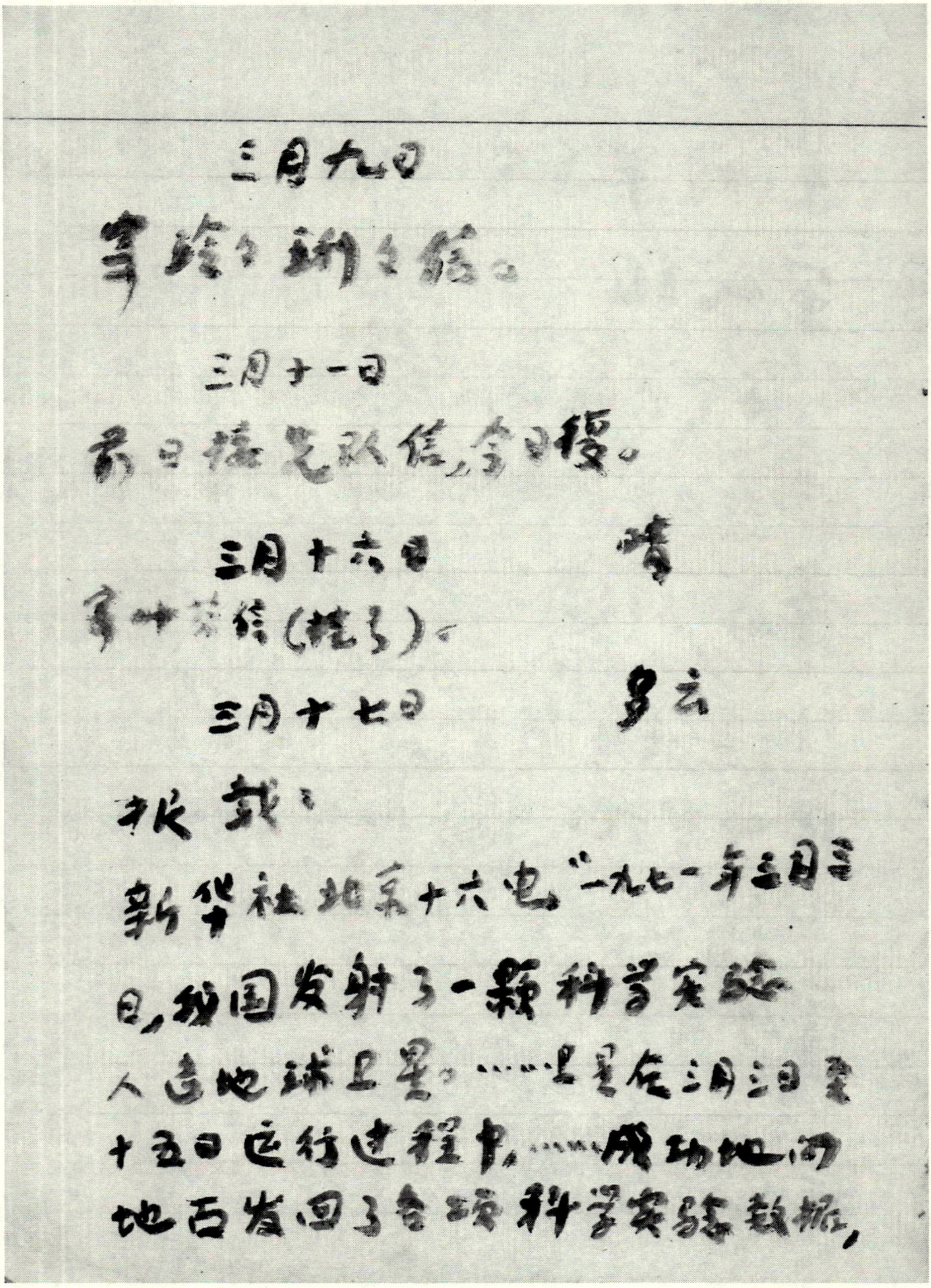

三月九日

寄玲玲、渊渊信。

三月十一日

前日接光民信，今日復。

三月十六日　晴

寄中英信（挂号）。

三月十七日　多云

报载：

新华社北京十六电："一九七一年三月三日，我国发射了一颗科学实验人造地球卫星。……卫星在三月三日至十五日运行过程中，……成功地向地面发回了各种科学实验数据，说仍在继续进行预定的科学实验工作。"

三月二十日

昨接叶誉信，金同稿。（摘录）

三月二十一日　　　　（星期日）

叶芦、姜以传德信，金同投诉。

三月二十三日　　　　晴

叶芦、叶誉信转给叶芳（摘录）

三月二十四日　　　　产拆编成表

上午刘某秀如"加工熟资

人　　　　　　　　　于3日讨论，请核定。

三月二十五日

复叶芸信。

三月二十七日　　晴

在家洗澡。

夏历三月壬子朔。

三月二十八日　　晴（星期日）

复叶芳孟中文、另附信，上午至医院，每心电作，皆我也根本才能动身。

三月三十一日　　晴

昨接叶芳信，写回复。

四月一日　　晴

昨接纪华信，写回复。

四月四日　　晴（星期日）

昨夜未尝能寝，今早为他打电。复叶芳信，内主保我老作。

四月六日　　晴

寄叶芬信，附纪平信（桂芳）。

四月十日

昨接叶芬3.30夜信："千句话，万句话，并为一句话，早日回家乡，雷打不散的，决定四月中旬动身。"今日桂芳信一件阻止，有电："申请回家，尚未批复，切勿动身。"

四月十二日

下午冒雨赴大礼堂听报告，据说是工学院领导来做的报告。晚间家属开会，上级宣布每天下午和星期一、三晚上，都要学习。

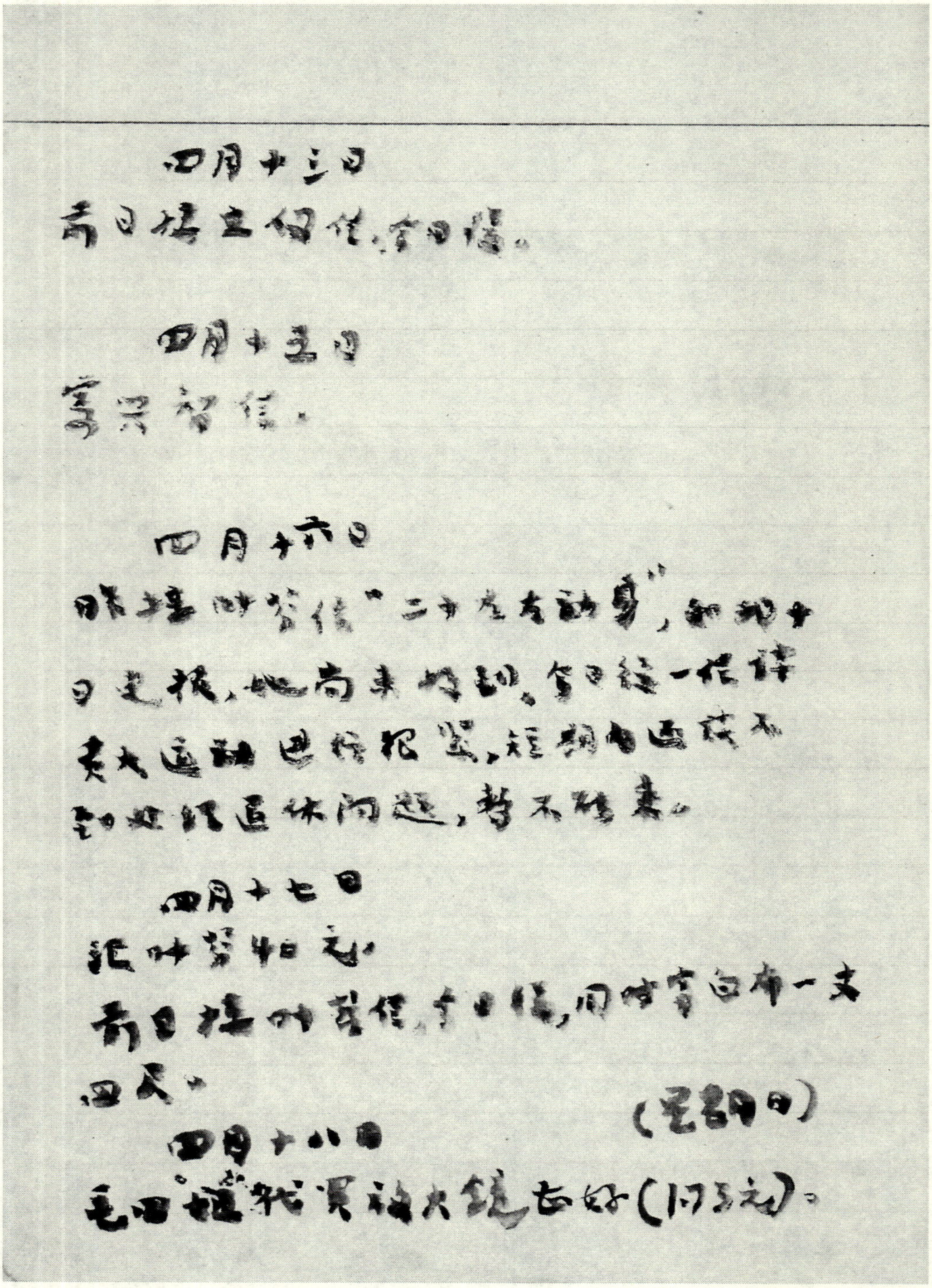

四月十三日

前日得立仰信，当日复。

四月十五日

寄吴哲信。

四月十六日

昨接叶芳信"二十年大动员"，知她十日见报，她尚未收到，当日复一挂号信，表示通融退稿作罢，短期内还找不到她们这件问题，暂不能来。

四月十七日

汇叶芳拾元。

前日接叶芳信，当日复，同时寄白布一丈四尺。

（星期日）

四月十八日

毛田嫂给买袖大镜去好（门另记）。

四月十九日　晴

魏大夫（荣芝）的量血压 150/90

药减服一片，每日二片。今日量 140/80 可略降，服药量不减。她掌握了说明书上的术语和平稳。

四月二十日　多云

上午十时宾之秋云来楼上修剪头发。

四月二十一日　晴

接到小加州信，电报已收到，大家仍要原计划不变，他们兄妹合力办理。复阿信一信。

四月二十四日

下午外调干部（子祥等）来询胡考明、李世同被捕后出狱情况，李的方面，我不知道。

四月二十五日　　（星期日）

夏历四月辛巳朔。

四月二十九日

全校各系科分别开会，动员全部师生和教职工下乡，地点在惠水（离贵阳100华里），在乡下搞斗、批、改，期三个月。中文系只三人不去，即李俶之、孟完宇和我。五日上午八时出发。

傅晓钟又来函书记。

五月一日

得叶萱信。

五月三日

两位出外调人员来了解帝编英。

五月五日　　晴

今晨蒋先生韩老师出发，步行三天。王先生（秉言）受到照顾，后天早晨坐車子去。

5.1 接先队4.20信，今日转。

（桂写）

五月七日

第一个地检區量血压 216/110，比4.[illegible]
[illegible]的舒张压[illegible]度。

五月八日

花院量血压 179/96 比4.25量的189/100 舒张压降10度，收缩压降14度。以后最好
如发现[illegible]时[illegible]，[illegible]一点。花院量的
[illegible]，过[illegible] 2.6一[illegible]，不知何故。

新华社遵义十七日电：中国共产党贵州第三届委员会成立，三常农同志被选为第一书记。

五月九日　　晴（星期日）

接[illegible]纪平4.7的信（转寄）。

五月十六日

接老姑妈、叶芳信。

五月十九日　　晴

接克队信（转寄）。

五月二十一日

十日接叶芳七日夜信，今日接，读"小步天女"为五至情况，寄叶芳。

五月二十七日

接叶芳、立保信寄金华。

（转寄）

五月二十四日

夏历五月庚戌朔

六月一日

昨接叶圣陶信，今日复。

六月三日

黄太下午人来，除了和老妈吵外，全部逗猫，相同讨[illegible]听报告。

六月四日

昨晚未写信，今[illegible]到[illegible]敢[illegible]以免[illegible]挂号函寄PA"寄九月初集稿，此地无人管理。最好是加入[illegible]得到[illegible]动身。

六月五日　　晴

接兴智信。

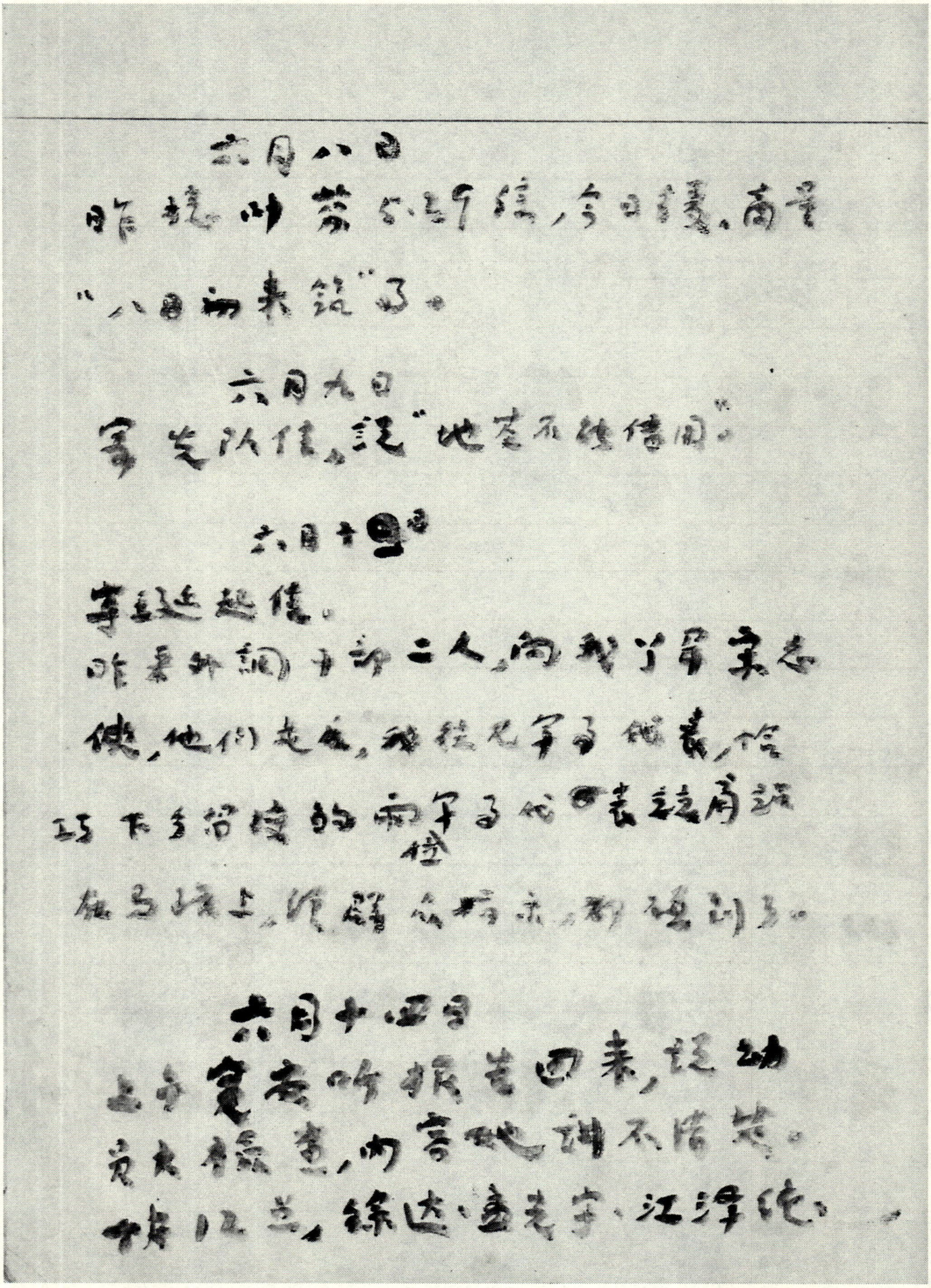
六月八日
六月九日
六月十四日

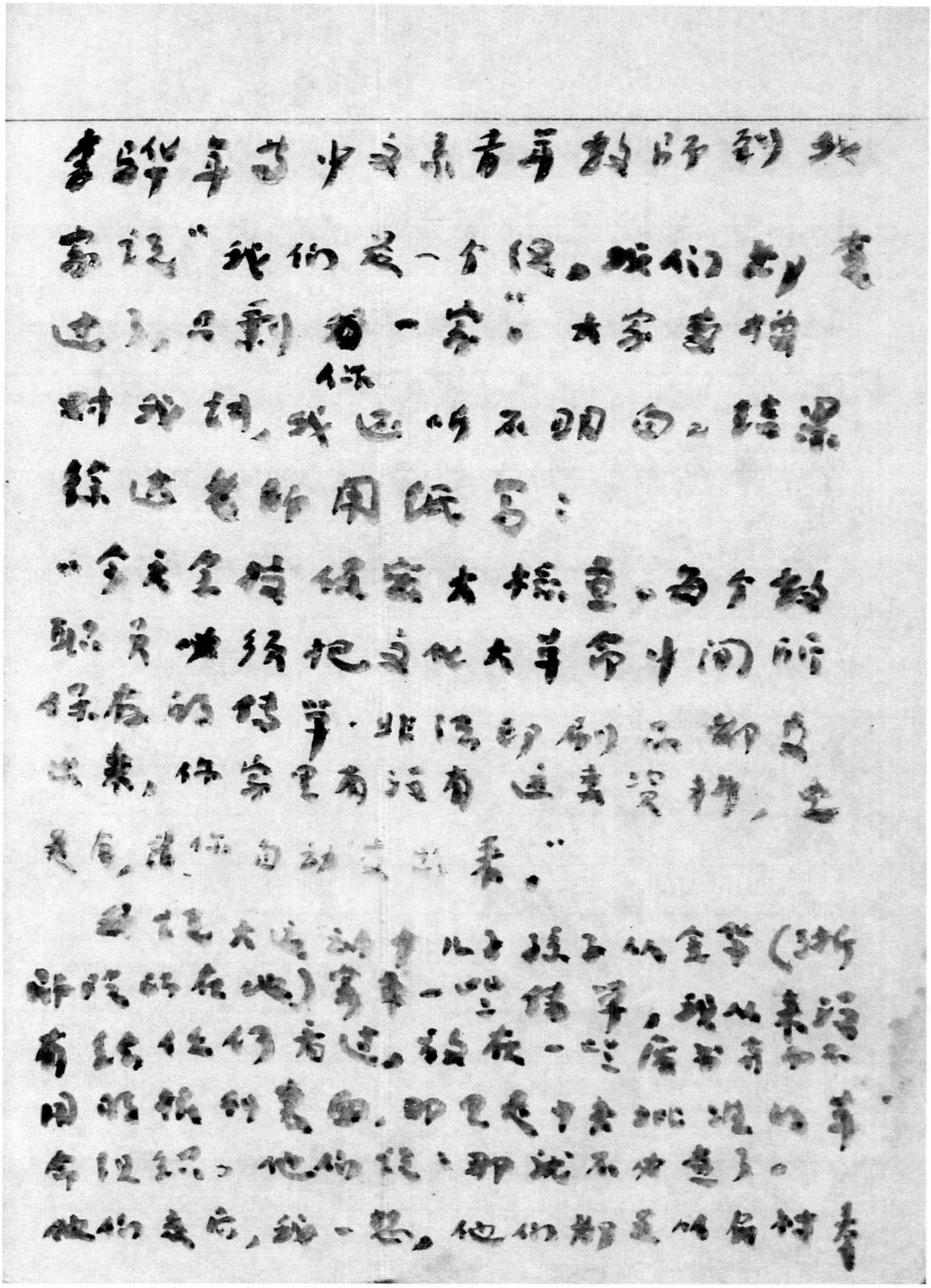
李骅年前少文来青年教师到我家说：“我们是一个组，她们都走了，只剩我一家。”大家要对我讲，我还听不明白。结果综述老师用纸写：

“今天全校领导大检查，每个教职员必须把文化大革命中间所保存的信笺、非法印刷品都交出来，你家里有没有这类资料，要是有，请你自动交出来。”

我记得大儿子的儿子孩子从金华（浙江部队所在地）寄来一些信笺，我从来没有给他们看过，拿出一些原书寄和不用的纸到里面，那是老中央批准的革命组织，他们说：那就不必要了。他们走后，我一想，他们都是从各村来

有急天寒会回来借大棉袄的，要是搜索
“五·一六”反动集团嫌疑分子，而这时和
“五·一六”反动集团，据要全国，那时节有
阻碍，被这动中会发生问题，为
此饭后就把一大箱子纸头都翻出
送到坊间付掉，要是去送交给老师。

六月十五日　　晴

下午剪发。

在家洗澡。

六月十八日

得叫寄信。

六月二十四日　陈垣先生在京逝世，年九十一。

六月二十六日

韩老师　蒋先生请假返校。

六月二十三日

夏历闰五月庚辰朔。

六月二十四日

报告

我是中文系教师，今年七十三岁了。老伴已七十四岁，两人都有严重疾病，身体极度衰弱，我近于耳聋眼瞎。儿女孙子远留在外地外省，两个衰病老人生活上确有困难，实深感。

两次以上，去年三月递写报告交中文系革委会申请退休或退职，但

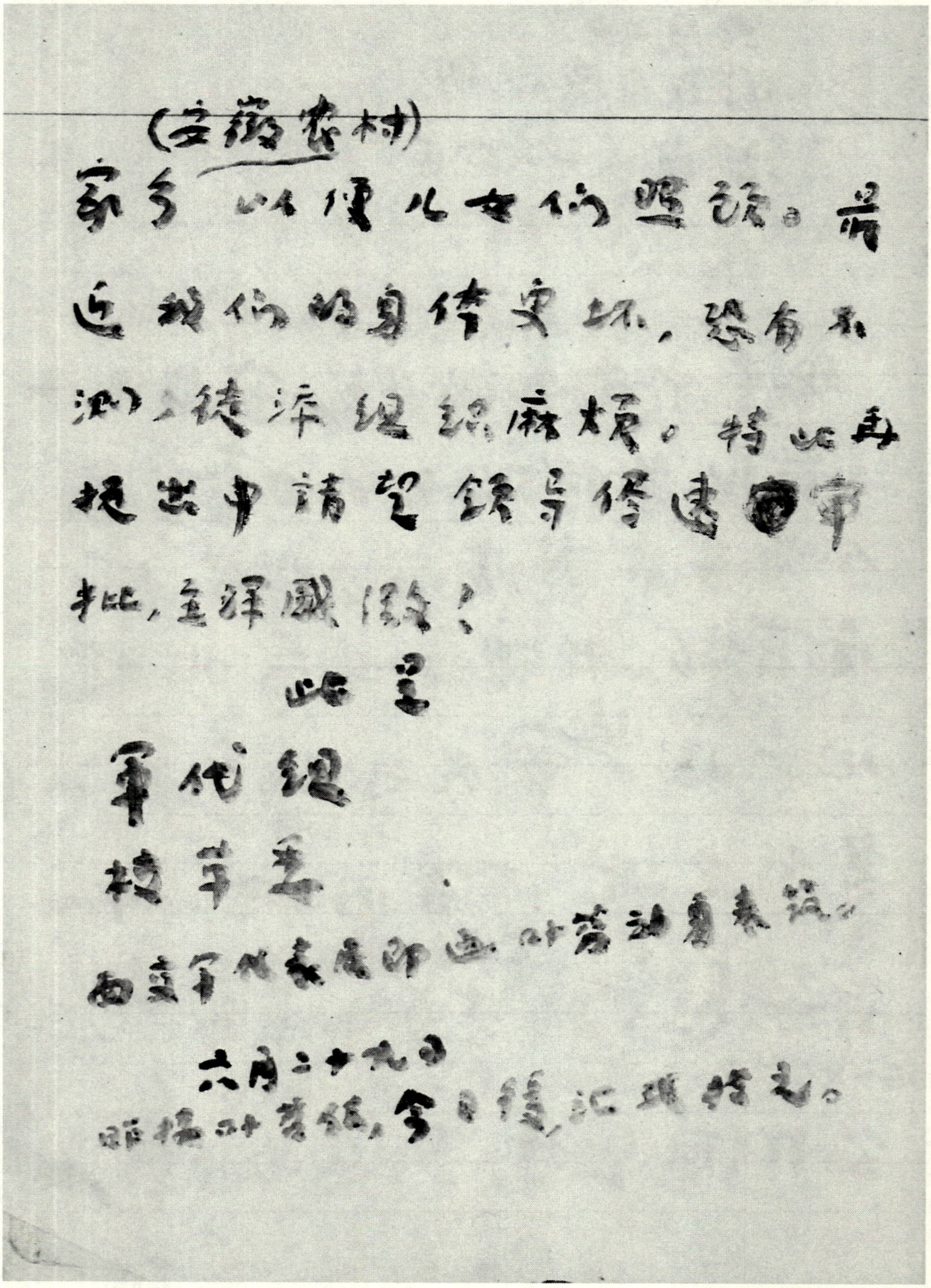
（安徽农村）
家乡，以便儿女们照顾。最
近我们的身体更坏，恐有不
测之徒添组织麻烦。特此再
提出申请，望领导修速审
批，至深感激！
此呈
军代组
杨草圣
以前劳动身体好。
西直军代表屡即函
六月二十九日
昨接你来信，今日信汇现款去。

七月一日

昨接延起信，今日复。

七月二十日　　晴

昨接延起信，今日复，托徒南辰一转。

七月二十二日　　晴

夏历六月乙酉朔。

近几天也热。

七月二十六日

晨四点钟定安起床小便，

就坐在床边上摔倒，右边

衣裤皆湿。大明 胡校医(女)

来看。也很紧张，诊断"猪奶々

志脑ㄨㄨㄨ"，我看不清。她在

"脑"字上添"软化"。我问王
先生(秦蕙)她也不说病名
"脑"什么,只说"这种病也有
终身不愈的,好多病情不重,
可以好"。~~[illegible]~~校医要量血
压,我问多少度,她说180。
但她打的是静脉针[illegible]
[illegible]。她当时说,她反映了情况,
打电话叫救护车,同时右[illegible]
不能动,吃饭吃药都要人
喂。我疑心校医说的什么
"脑×××"是学名,俗名就是
"半身不遂"。所谓"软化","不
重"只是怕我发急,血压高
了,又给组织更添麻烦。

可是这种紧张情绪落在我
身上，却落在跟我同一辈的青年
老伴身上，又怎么想，情不能已。
今天上午来长途电话来看看，要我
问叶老回电的地址。我对她讲：
回合同信门，钟也当手虐人，而付
重担压在韩家人、王素萱身上，韩
婆婆也是老人，王素萱是受理护
她，说她从前回来看病的，
叶老来越来越糟的。打电报
给叶至善，他还要求以后，
封我要他中请他，说有能说话。
我请求用了检查以后怎样打针
给我，以后有重要消息
叶至善，请告诉我，又要我检查

会打针，[illegible]我弟弟等会[illegible]也
搞会做[illegible]对"中[illegible]"
来书记之类。

七月二十九日

上午系里三位老师（孙迭、杨思、龚永福）来看视芝安，并问她经济情况，经济确有困难。我说她自己不必要，给组织添麻烦，心实不安。而组织和系三老师以同志居关怀备至，无微不至；校医诊视十分认真，使我们全家三代人十分感激。因此，她的病有所减退，昨天已打过三针，校医黄

但签博了20岁，现在吃饭不要
人喂了，已能自己端起，别人端
给她自用筷子吃，希望知上级关
怀她的人放心。”[illegible]我请他们
问[illegible]现时[illegible]哪[illegible]打出的，
是不是打给公社革委会。他们问了一
下[illegible]回答我：“[illegible]
[illegible]，[illegible]通电[illegible]了。”[illegible]请
[illegible]去问上级的了，他[illegible]
写上去问，随即回信我，他知道我再
来不够，写好了的一个纸条给我看：
“五月七日下午发出“加急”电报，给
到公社革委，
电文：[illegible]。”
这时我心安定，我[illegible]“加
急”。[illegible]实[illegible]关怀我们的
[illegible]！以上是五月的事了，下面写给我时[illegible]
说“下[illegible]”[illegible]。

七月三十日　阴雨

前几天我数量血压，宽安有好转，特别昨天戚课后和~~[illegible]~~同住，心情舒畅，今天去量血压，收缩压还比上周高廿度。

八月一日　晴（星期日）

刘俊选一贯对宽安的病尽心负责，诊得准，既打针吃药，又用"灸"的疗法，所以病日有减轻。每天不误，她从来没要人去请过。打三针后量血压降20度，她说，以后隔一天打一针，她还每天来"灸"一次。今天星期天本不应诊，因宽安该打针，她还来打针。真是毛主席教出来的好還生！

最近兩天，寶寶已能坐起，自己端碗吃飯。

八月二日 陰

晨八时韓達白赴水城，男提
着在王先生一人身上。真苦其极，"加以
息电根，在罢卿遥"，該定只有
估計，叫芳昨晚应該到家，今
天明天都何况，且听下面几年。
今上午挂几次肚子，叫芳还没到
家，心情又不平静了。

八月三日

徐達先[illegible]来看望寶寶，我說
她也病势好转，估計十天二十天后
便凭两个人保护上下汽車火車，請

他向时代表谈记住，早一天把
下来。

八月四日

我几天到校还未来，我要
向她反映"我想还不能自
力站住，她说右腿不得劲"。
是否右腿还有疼痛现象？
一松眼她就"扶着椅凳东
摸西摸，我的担心是还没
到，谁能制止她下床冒险！

八月五日

也叫她"母摔伤"疼痛，校革委

已但若何耐不来，
回家收到叶蓁四日电报，说
动身，心安。

八月六日
报载：土耳其与我国建交。

八月七日
下午快八点，叶芳到家。

八月九日
函叶蓁嘱之即请假回家（挂号）。

八月十三日

报告

我和内人年过七十，身体都很坏，本是我更坏。不幸上月底她自不小心，摔了一交，成了偏

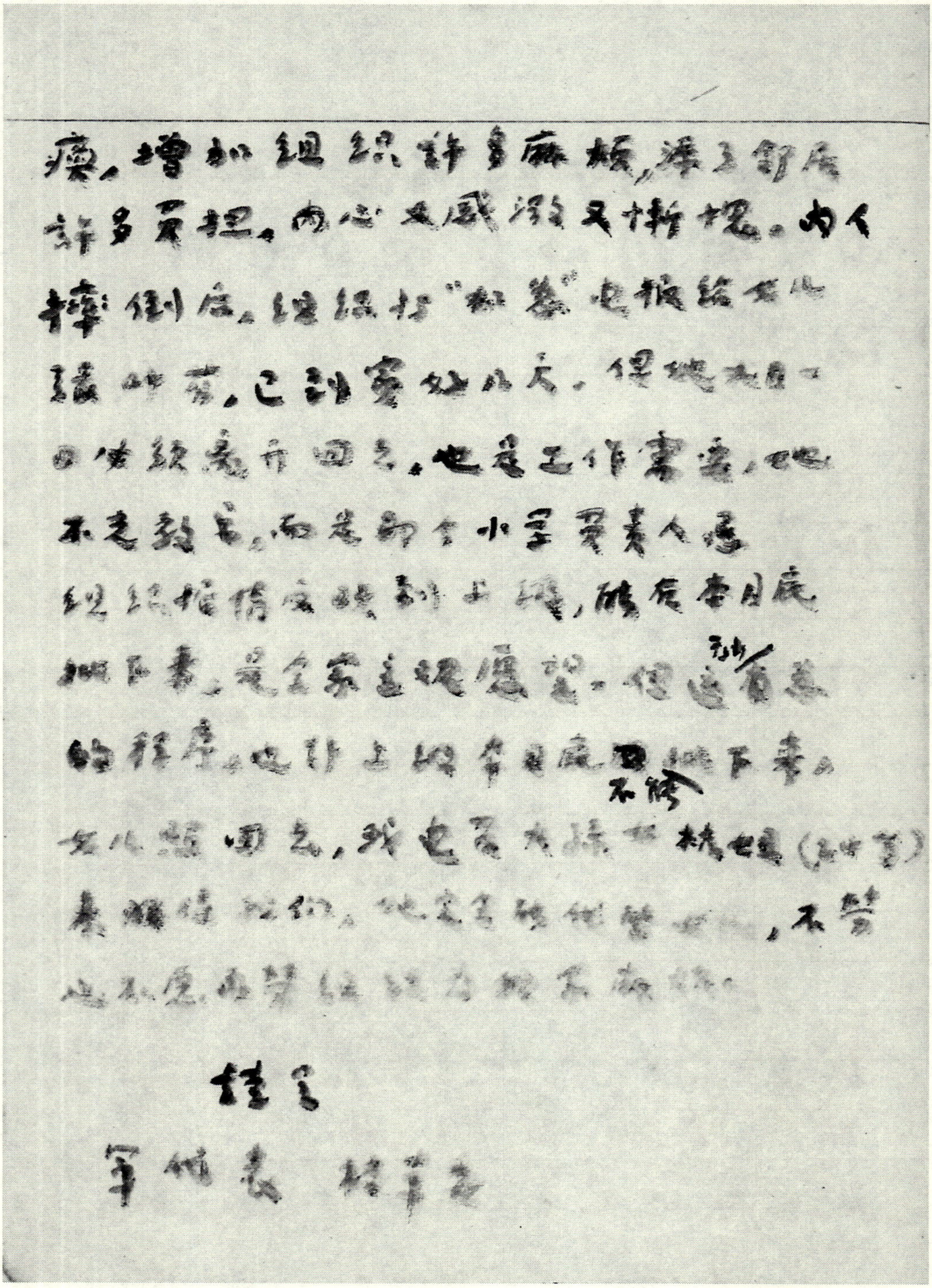
瘫，增加组织许多麻烦，泽及部属许多累担。内心又感激又惭愧。内人摔倒后，组织将"[illegible]"也报给女儿请[illegible]，已到家[illegible]八天。但她想到一日后续急待回去，也是工作需要，她不走就[illegible]，而是[illegible]小军[illegible]人[illegible]组织指派[illegible]，她后来月底回下来。是全家这[illegible]愿望。但这有急的程序，也许上级会有月底不能赶下来。女儿照回去，我也有大[illegible]桃也[illegible]（[illegible]）[illegible]的。她[illegible]，不替心，不愿再替组织[illegible]麻烦。

桂[illegible]

军械表 桂[illegible]

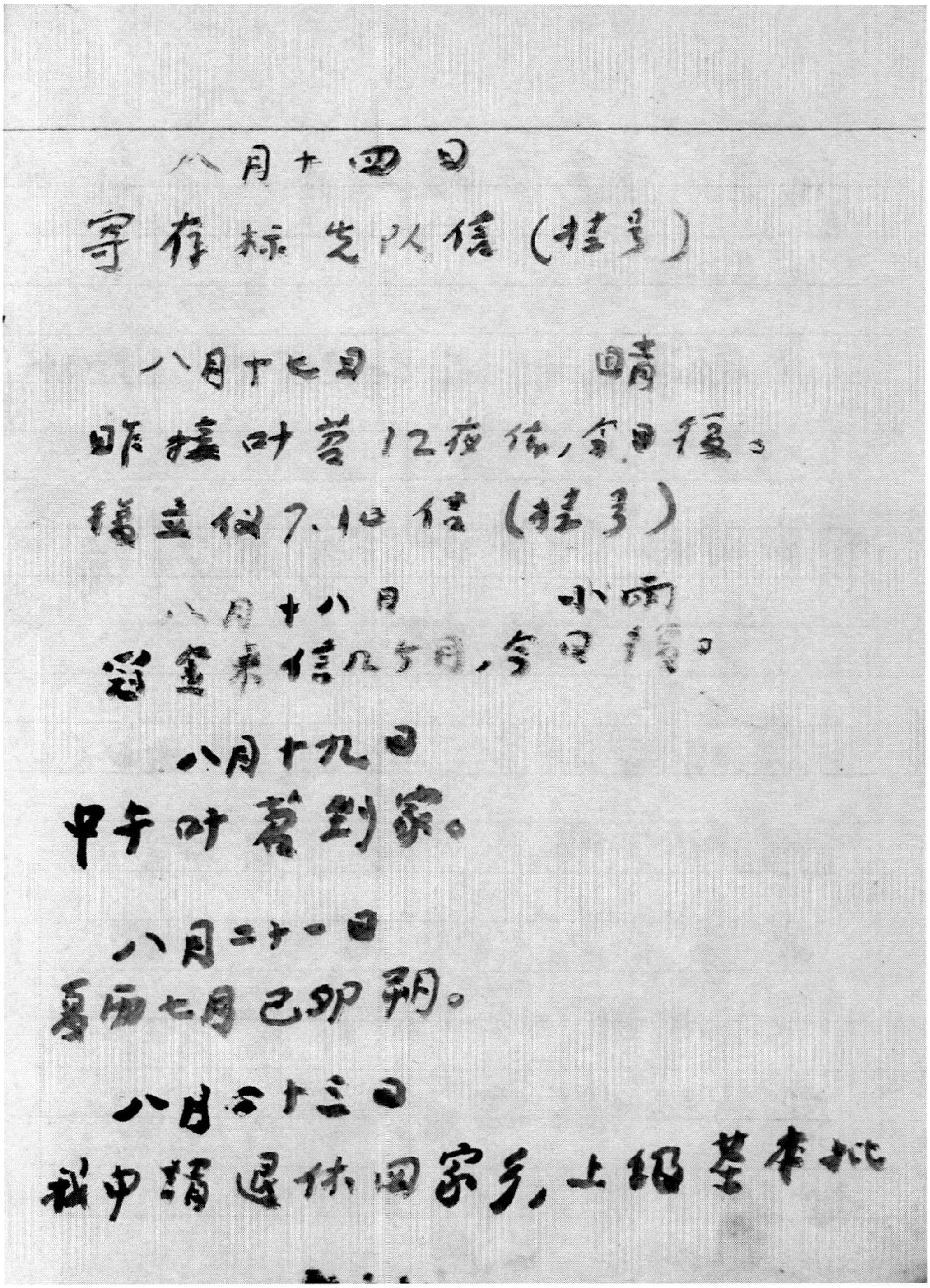
八月十四日
寄存棣先以信（挂号）
八月十七日　晴
昨接叶蓥12夜信，今日复。
稿立似7、10信（挂号）
八月十八日　小雨
冠群来信九月号，今日复。
八月十九日
中午叶蓥到家。
八月二十一日
旧历七月己卯朔。
八月二十三日
我申请退休回家乡，上级基本批

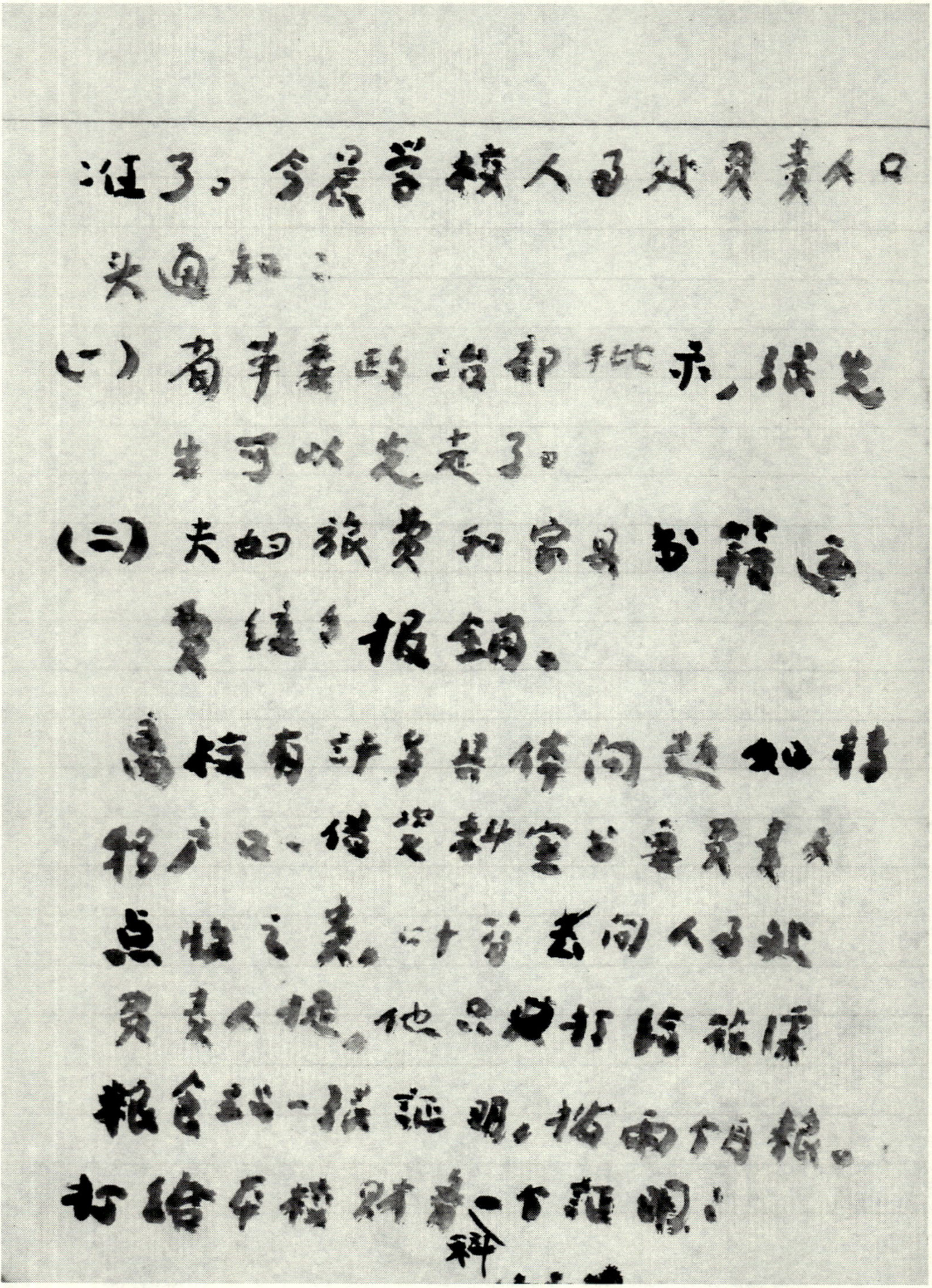
准了。今晨学校人事处负责人口头通知：

（一）省革委政治部批示，张先生可以先走了。

（二）夫妇旅费和家具书籍运费给予报销。

学校有许多具体问题如粮户口、借书教研室书要负责点收之类。以下我去问人事处负责人提，他只要打所在粮食站一张证明，指两个月粮。打给本校财务一个证明！

祥

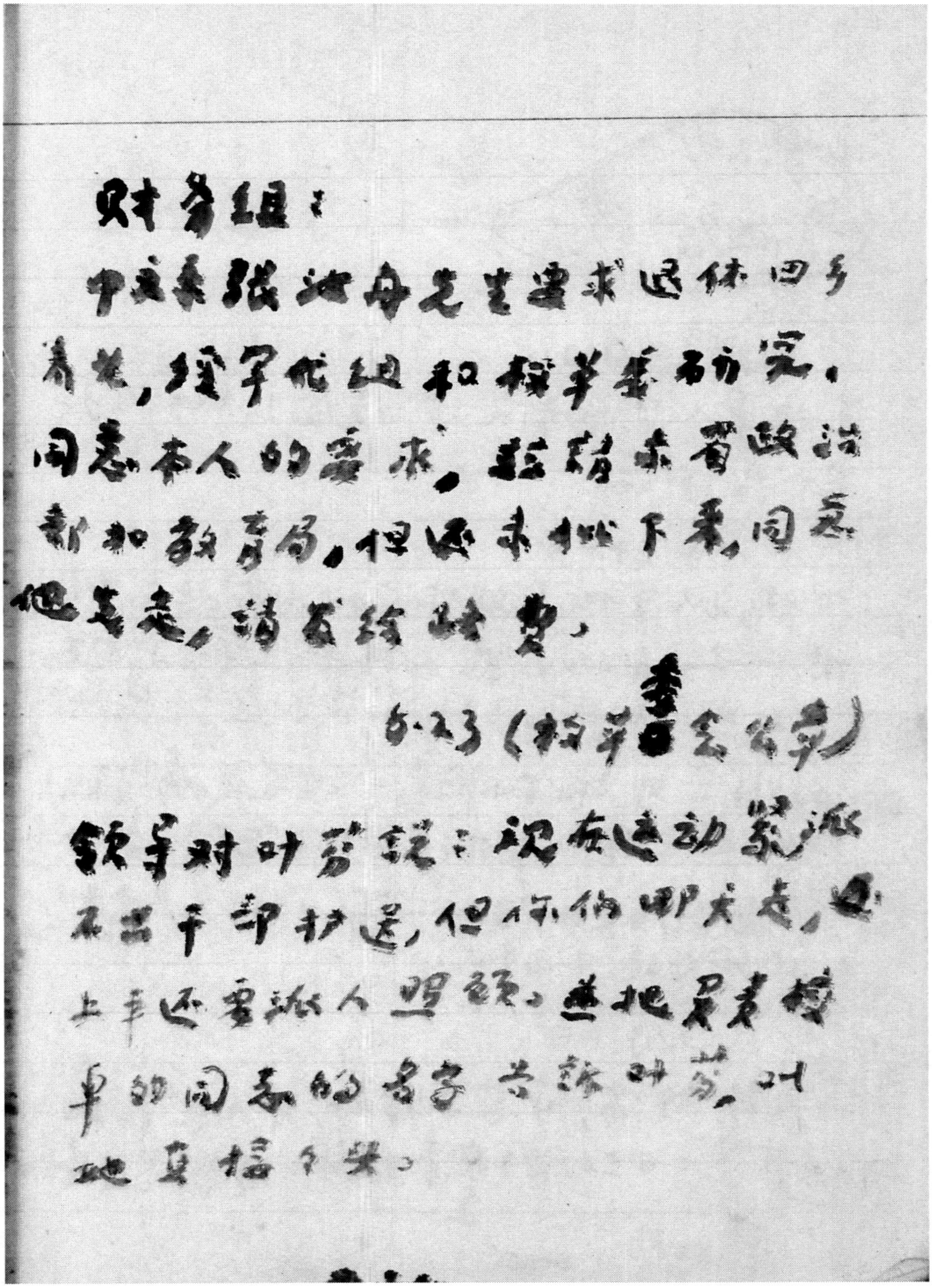
财务组：

中文系张洲舟先生要求退休回乡养老，经军代组和领导小组研究，同意本人的要求，并请示省政治部和教育局，但还未批下来，同意他先走，请发给路费。

6.23（领导小组）

钱平对叶芳说：现在运动紧张，不能干部护送，但你们哪天走，通上车还要派人照顾。并把负责接车的同志的名字告诉叶芳，叫她直接接头。

9.17
量血压 168/120

八月三十日

坐校车人货离开花溪，晚间住河滨公园贵大招待所。

八月三十一日

八时贵大军代表派许家仪同护送我到南京，说运动太紧，不能护送到家。许同志车上照顾，十分周到。叶芬专照顾宽安，我们二老都坐卧车，一路毫无痛苦。只不好要许同志倒"水化氯醛"，喊叶芬来倒，她粗心葫芦一倒差不多30cc，沉睡不醒。

九月二日

车到株洲，叶芬办得好，发个电报给叶芦"二日三时到金来接"。凌晨三时准时到金华，他们接到电报了，惠通和立橙同土车子拉我们到家。可是我呢，下车子马马虎虎，到家放在床上也没有醒。是叶芬讲的："大哥哥杭州笑了"。第二天中午才醒，对家里说明原因，他们还不相信，确实被叶芬开这个玩笑，真是交给她任务，要记她一笔帐。

许同志体谅我的身体，同意在金华住七天，我们全家感激，七天之中，款待许同志是很好的。这七天在金华除了睡觉外，个个见到，个子一般高，衣服差不多，也分不清，~~九月八日~~反正是孙女就行了。叶芬在这七天内，常抱小蓉，（小蓉不认生），也称尝到姑奶奶味道了。

九月八日

下午一时四十分离开金华。家里和许同志商议，叫立橙送我到家。

九月九日

八时乘坐浦合路汽车，火车是七点，許同志为护送上汽车，又苦了一天。我耳朵不好，前夕他写张条子给我，写道：

張老師：

你退休回家，是党和毛主席的英明领导。学校军代表和领导同志，也是很关心的，特派我负（责）送你老人，我照顾不够，請原諒。

你回家后有什么事和要求，可写信给学校，也可给我，許回去转告学校领导。 許家仪 留条 71.9.9

許同志这张条子，特々記下来，我是残廢人了，儿女还不老，尤其十个孙子已是青少年，表现比较好，更要努力，好上加好，使我对党报恩无力，只好树立一个希望全家紅，一代一代紅下去，永不变色。

当天下午二时到古河。发个电报给学校，电文：

花溪贵大军代组

~~校系领导和~~

感激党，感激校系领导和革命教师彭、许同志护送回到，十日安抵故乡。张汝舟

二叶芬去街发电报，碰到章辉两部板车，内中有先队丈人一部，先队丈人她介绍一下。天下雨了，四点雨止，她就要我们上车。我知道古河到章辉二十里，当晚可以到章辉，我们就上车了，二老同坐一车，又是先队丈人拉，介绍一下，我怎么认得？快六点了，我问~~先队~~丈人，还有多远，他说"十五里"，我说"放屁，常走路我不清楚？"天黑了，叶芬怎么又找到一部车子，二老分开坐了。一直到一个集镇，她才说是大墅街。我发火了，找饭店住下，我吃不消！她们要它

成任务，明天就叫不到车了"，只好又坐上，天黑，无有电筒，"颠簸厉害确实吃不消。但是我坐车，老朱家拉我，我发脾气，不是老混蛋吗？为什么不对我讲，不同我商议？也要记她一笔账。

当晚住罗塘丁老朱家，辛苦了他，又接受热烈招待，心过意不去。高兴见到革莲，叶芳一直不告诉我，见面介绍，调皮地介绍"这是先队同志他们很好"，我明白了。据说革莲喊我们的，我没听见，不过在灯光看一下，也感到满意。

九月十一日

一早叶芳到南张喊人接我们，到家后，全村人和今年一样，挤得一屋，还有立在门外的。他们高兴，我更高兴！免不了多说几句话，内心高兴不影响血压。

不久五表老夫妇及表侄纪中，另外外甥纪芳以及外甥女，外甥女婿荣贵等都来了。除纪芳住东湾陈，另两家都住田都陈。

纪中参军在辽宁，回来探亲，快满

假，因所要到家，特急当几天。

九月十九日

农历八月戊申朔

十月一日

剪发。

十月十六日 星期日 晴

剪叶剪发。

十月十九日 农历九月戊寅朔

十月二十八日

电韩老师催子校电汇500元以应急需，同时发一封挂号信。

剪发。

十一月一日

昨收到子校汇167元，当封挂号信给韩老师，说明此款无济于事，500元仍催子校电汇。

一月二日

代外交部长姬鹏飞电復联合国秘

书长吴丹，委派乔冠华为团长，黄华为付团长，代表符浩……等三人，付代表唐明照、王海容（女）……等五人。

委派黄华为中国常驻联合国理事会代表（大使衔），陈楚为付代表（大使衔）。

十一月十日　晴

立楷送我们到家，在家陪住两月，今晨返金华，光队送到大坪街，搭八时早班汽车。

十一月十四日　晴（星期日）

叶芳复韩老师信，附寄我给朱老师信，谈实践情况，借支300元之事，退给卢书记一个收据，便每月工资托韩老师代领代汇。

十一月十八日

夏历十月戊申朔

十一月十九日

寄纪平信，寄方国华信。

十二月十五日

收到陈宗琳先生代汇学校补发工资1523.10元。

十二月十七日

接韩建芳先生信云：

"这次补发工资共1710.49元，扣去借支旅费未报销部分172.15元，尚余1538.34元，除去寄费15.24元，共汇去1523.10元。許家俊回校后共报销127.85元。他们寄来的发票，财务科经手办此事的同志因請假回家，代理他的同志說，既然此了不忙，就等那个同志回来再説。接着全校就忙着学习中央文件，因此許多位同志还未报销。代领补发工资的陈家琳同志不了解这个情况，所以让他们扣除。你们拿来的发票，是可以去报销的，待报销后再将所报销的七十多元钱给你们拿去。"

十二月十八日

夏历冬月戊寅朔。

叶芳向支书借300元帮助存林盖房子。

十二月二十日

我们到家，得到社队一些帮助，在菜油、大米、煤炭等方面，只出钱买，还有公家力量。今晚叶芳設便宴邀請，表示謝意。当场她提出了存款意见，当大队正付书记[illegible]之任以及南街四个生产队之長，宣布存8[illegible]元支援四个生产队生产，只是随时要用随时取，实际三两年后之楷先队结婚才动用。

十二月二十五日

叶芳交150元给校本大爷在合肥替我们买羊毛线子，我做大衣，宽安做袄子。实际多立的棉衣也可以了，但少铺张了。

一九七二年（夏历壬子年）

元旦（壬辰日）

写小芦、小茜、立仪、竹老师和学超的信。有些都是去年年底陆续写的。

元月六日外交部长陈毅逝世，终年七十一岁。

元月十六日

夏历腊月丁未朔。

元月十七日

复韩老师信，嘱按需要，酌自留用一部分款。

元月二十二日

收到韩老师70多元汽车校车报销费及十二月份工资，收到陈实淋老师代领代汇元月份工资。韩老师代寄粮票56斤，收到。

元月十日

以毛主席为首的党政领导人在北京八宝山公墓为外交部长陈毅开追悼大会，周总理致悼词。

二月五日

復方国华，叶芳復韩先师，先以復叶芳至寄花生米。

二月六日　晴

二日起雪，不大，在黔中所希见也，今日午后晴。气候零下4—6度（据广播）。

二月十一日

復希文、素蓉信，附復明代珍、寄毛国琦各一纸。

下午剪发。

二月二十七日

前日写完復立楷之思的信，昨日又接他2.18的信，加写一封，今日叶芳赴章之军开会，一并挂了付邮。

二月十五日

夏历辛亥年正月小丁丑朔

三月四日

接刘一丁、明代珍夫妇信。

三月十二日　　晴

张恒柏来，言张兴楼与合肥医院干部相熟，劝我由他介绍到合肥医院医眼。

三月十五日　阴

历二月大丙午朔。

三月二十七日　　晴

叶芳寄王先生袁蕊信，嘱转托郁一看，并寄照片两张。

上午剪发。

下午得兴智信。

前日接叶芦信。

《参考消息》

3.22《参考消息》塔斯社三月二十日电：勃列日涅夫在工会代

表大会上的讲话——……怎么能够理解
在上海宴会上所发表的"今天我们两国(即
美国和中国)人民的手里掌握全世界的
未来"这段话呢?……

四月八日　　阴雨

前日接立楷又一封信,发了烧冲
昏了脑子,叶芳很生气,她今天复一
纸(桂芳)。

四月十四日　　多云(昨夜小雨)

夏历三月丙子朔。
感冒咳嗽大愈。

四月二十五日

写吴庆稀信,托询合肥市医治眼科
情况。(桂芳)

四月二十七日

《西周考年》发出，附致郭老信。信录存之：

尊敬的郭院长：

解放前后，多次承教，感荷至深！久違明训，忽忽二十年，何以故？

您院丁声树、吕叔湘、李昌厚诸先生，大运动前近二十年，未断联系，情况他们比较清楚。

西南地区特别是贵州，

中央是清楚的，

您老也不会不清楚。往事已矣，不必提，也不值提。总的一句，谁都封锁不住光焰无際的毛泽东思想。69年冬蓝亦农同志到了贵州，大运动面目，焕然一新。去年八月底，贵州大学领导经省革委同意，派干部护送我到南京，全部家具书籍运送到家。党的年老多病养起来"的英明伟大政策，何其感人！能尽犬马之力，亦当图报。郭老《中国历史简编》"西周纪年"採用日本新城由之说，錯误不細。似乎全国文化界一致遵循了。您老主编的《中国史稿》独不用新城说，中流砥柱，好象并未抓住（见拙稿《自序》）。因此不得不寄出拙稿《西周考年》向

您老请教。从报纸上明知

中央高级首长忙于国事，时间是十分珍贵。

惟拙稿并不太長，如蒙

賜阅一过，则不勝感戴。倘不得暇，請將拙稿前两頁《自序》看一下，拙稿擲交

您院历史研究所或北大历史系，幸能得到諸公检查批评，亦所望也。乞

示数行，至用盼祷！謹致

最诚崇仰的敬礼

五月一日　　晴

上午剪髮。

五月二日　　晴

寄姜子青老友信，寄之楷信（挂号），

寄叶芦信（丽水·西屏·在市中学教师訓練班）

XX　五月十四日　　从四月初一天

夏历四月丙午朔

六月十六日

夏历五月乙亥朔

六月二十五日

昨接自明先生两信。

寄韩先师信，附九个月药费收条。（挂号）寄姜子春。附复刘一心大姐

六月二十六日　　晴（星期日）

复松亭叔信。

郭老《甲申三百年祭》所收材料，许多不见正史。重要人物略举于下：

1. 牛金星—丞相—河南卢氏县举人。
2. 刘宗敏—将军　一文一武，职权最大。
3. 李信，~~投闯~~后人改名李岩，开封府杞县人，天启七年丁卯举人，有文武才。投闯王封制将军，位在刘宗敏下。（二品付权将军，三品制将军，

（摩去）　　　　　　　　　　（补见下）

~~□~~四品果毅将军。岩弟李牟封弘将军，位更低了。

4、宋献策——通天掌卜筮，牛金星荐归闯王，拜军师，河南永城人。与李岩成莫逆之交。（补见下）

5、红娘子——李岩后妻。

6、汤氏——李岩前妻。

无名氏《梼杌闲志》：

崇祯末，流寇四起，绳妓红娘子乱河南，虏杞县举人李信（即李岩）去，强委身焉。信不从，逃归。有司疑信，执下狱。红娘子来救，城中民应之，信仍归红娘子。遂与李自成为兄弟，决意为逆。李信妻汤氏劝不听，缢于楼，面色如生，未知何时死。乃出结队，复入狱之，得绝命词一首云：

"三千鸳鸯月华明，梳妆宫从容上玉京，大婿将[illegible]依如意愿，悔将金约订来生。"信得诗，大恸欲绝。

明史《李自成传》：

杞县举人李信者，逆案中尚书李精白子也。尝出粟赈饥民，民德之，曰"李公子活我"。会绳伎红娘子反，掳信，强委身焉。信逃归。官以为贼，囚狱中。红娘子来救，饥民应之，共出信。

补上了李信：

金星阴告自成谮李岩欲反，"自成令金星与岩饮，杀之。群盗解体。

（见明史《李自成传》

《明季北略》、《剿闯小史》皆言李岩、李牟兄弟同时被杀。

补上了牛、宋献策：

宋献策素善李岩，遂往见刘宗敏，以语激之。宗敏怒曰："彼（指牛）无一箭功，敢擅杀两大将，须诛之。"由是自成将相离心，献策他往，宗敏率众赴河南。

（见《明季北略》）

七月~~十一~~12日

夏历六月乙巳朔。小

七月十五日　晴，今日稍热

下午剪发，上次漏记一次。

昨日三姊呕吐发烧，叶芳送大队诊所。据

匡云说，是流行感冒，体温38.5度，今日38度，还不够吃，送回来给打葡萄糖针。三妹受了凉，发烧好。我们夏天很热，有些人贪凉，身体还好，病根潜伏到秋天很多人生大病小病，贵阳无此现象，夏天不热，不贪凉也。记之要孩子们注意。

八月二日

接叶苞信，珍珍与我各複信，接恩云恩宜（毅）来住三天。

八月八日　　　　雨

復自明·恩毅信。

八月~~五~~10日

夏历七日申~~辰~~朔。
大　戊

XXX
就在此
"戊"误"辰"

八月十八日　晴

上午剪发。

寄韩老师挂号信，附上学校《报告》一纸，请其打个《证明》到南京医院车间。

八月二十七日

復陶自明信，谢他提《西周考年自序》意见，同意改写。

復叶苕信，嘱其再寄"蜉乳"之稿。

九月一日

今日是我上火车离贵阳一周年也。寄许宗仪信，询韩老师代为学校给我打证明到南京我医，是否办好。并问贵大、贵阳师院老教师退休情况。

吴智佳书年来稿，同时写封信给他，问武大方面老教师退休情况。

"处暑"者，止暑也。上月二十三号处暑，连日气温24°，较之暑天有加无减，虽节气"止暑"而暑更未止，亦即所谓"秋老虎"也。叶荧来信说暑天40°，安徽又过色日矣。亦想四川不可能有"秋老虎"吧。前昨两日，连日雨，才凉，叶芬、光队在章辉公社学习，立之送衣服去。

九月四日　晴

章辉公社集中学习批判林贼的中央文件六天，昨日结束，今日叶芬、瑢、琍皆赴校，本学期开始上课。

九月九日　多云

夏历八月小甲辰朔。

九月六日

《新华社北京六日电》人大付委员长、民革主席、全国妇联名誉主席何香凝于一日在北京逝世，终年九十五岁。五日在首都隆重举行追悼会，由朱德委员长主持，宋庆龄付主席致悼词……宋付主席说：何香凝女士是孙中山先生的革命战友，是廖仲凯先生的革命伴侣，是中国共产党的亲密朋友，是国民党革命派杰出的代表……"追悼会结束后，何附委员长的灵柩由专车运往南京与廖仲凯先生合葬。六日下午，何付委员长的灵柩运到南京，在南京市东郊在廖仲凯先生墓地举行安葬仪式……"

九月二十五日

上午11时许日本首相田中角荣自东京飞抵北京。首相与周总理会谈四次，二十七日见了毛主席；外长大平正芳与我外长姬鹏飞外长会谈，二十九日公布《中日联合申明》，自即日起，中日外交关系建立，尽速互派大使。公报签署后周总理陪田中首相飞上海参观，第二天（30日）飞回东京。

十月八日　　晴

夏历九月癸卯朔。

大　周

十月八日　　晴（星期日）

午饭坐板车到辛集，宿王琳哥处，晚饭后，王琳哥、陈院长（辛集医院）陪赴公社，只郑主任、吴隆及二三干部在室。彭书记回家办公室，过到吴宅一叙。

十月九日

早起乘汽车11时到金墩，车误点，当到16点多才上车。候车时碰到大墅公社何氏之弟（何清道〔清元〕），来到南京已点灯火，旅舍极拥挤，次日转到铁道医院看病，何氏之弟给予帮助。纵然日前南京医院不似过去严格，但非何家之弟提起，即就省中医院不太仔细地看一下，就不会再找门路了。

十月十日

上午由何大同志、老队陪同到省中医院看眼，设备技术，不及[illegible]，又无耳科。下在何大、何之及先队陪同下，到铁道医院看眼，设备技术，比贵阳好，几个医生会诊，检查得仔细。同时又看了耳朵，左耳挖出耳垢太多，右耳不能忍痛，先用药水滴耳，约三日后再诊。

十月十一日

上午赴姜子青老友处，午餐后回旅舍（红领旅舍），立即赶时间，从新街口叫一部三轮车赴古城、鸡鸣寺一看。三轮车只能坐二人，我与何大同志，先队跟不上。车到鸡鸣寺脚下，说寺已毁，无庙殿；古城也拆了。因时间关系，匆匆回旅舍。但坐三轮车上，穿过公园全部，与十九年前，完全不同。

十月十二日

下午赴铁道医院看耳朵，右耳又用药水冲，冲出不少耳垢；又用木片在舌根多次治疗吧。

接勒，[illegible]。我一辈子不让理发师掏耳朵，这次掏出相当多的耳垢，自然感到轻松，听觉也确实好一点。

十月十三日

胡自明上午晚课，赶七时前到了上海路，他不久前跌伤右手，请病假在家。畅谈一个上午。我提出要求：过去在合肥，每次谈，你讲八成，我讲二成，今天我要求我讲八成，你讲二成。他一笑应了。但他确实也变了，不似过去信口开河。而我说话比过去放肆。畅谈之下，情不自禁地把帽子向桌上一掼，说：我今天要凭你这个人证，当我孙子手指党队，把儿女叶芦叶芬给我带的这顶"自高自大"帽子摘掉。我不是要摘这顶帽子，给你带这顶帽子，凭良实，你却相当自大，目中无人。你在中大刚毕业，才二十多岁，初到六女中，我已毕业后十年才进中大，我在六中已教过几年，有点名气，访你五六次，你屡不回拜。我不灰心，不计较你不遵一般礼节，还是多次到你处攀谈，总是冷淡。忽然前后你热起来了，信中开头写自己混账！你自己说了，"听人说你声韵子不错，我认为你是'黄门诸子'不敢说。后来听你读到林散之，我才开始转变；后来看你把中大教授排个队，你说王伯沆第一，黄季刚第二，吴梅第三，汪辟疆第四，胡小石第五。你说你排的与中大学生不同，他们说黄季刚第一，吴梅第二，胡小石第三，汪辟疆第四，王伯沆第五。我才决定你不是'黄门诸子'。"这是你傲慢之一。毕业前夕，你在中大当讲师，同时讲师只教一年级。这时王、黄、吴三老已去世，汪、胡二师还在校，你在一年级班上读到得意处，对学生说，"记下来，以后你就听不到了！"置汪、胡二师于何地？仅举两例，你比我狂，狂也有理，不必戴"自高自大"帽子。但是我狂不及你，反被儿女戴这顶帽子，确实含冤多年，今天高兴，直接了当自主地摘去这顶帽子，是时候了。"这半天读得高兴，尤其法师母近来卧床不起，还在地下忙，一会儿到厨房指挥（请有保姆），一会儿出来倒茶奉烟，又和光队密谈，捲起裤脚让光队看，大概是说浮腫吧？虽是初见面，这样亲密！她进过洋学堂，有害也有利，不象宽安那样十隔（去声），忙一阵子，就躺在床上养几分钟。午饭后，往访冬中天月耀。

十月十四日

昨听冬中说，敬之有个儿子在林学院教书，派光队去林院探问，找到敬之少子昌庚，问明敬之住在和平大儿处。据先队说：昌庚接待[redacted]来想留他吃饭，他不肯。不肯是不对的。昨天他到我们旅馆那样真率大方（见下），先队就显得孩子气；尤其白明说"一个人喝酒没味道"，我指先队能喝两杯，他给先队斟酒，先队拒绝"不会喝酒"，老法哪里会央酒？先队拒绝，也不妥。

十月十五日　　　　星期日

一早，白明、昌庚、范培之（一中教师我的学生）和先队堂妹晓琴（南京师院学生）来旅馆。快吃午饭，三个男客辞行，我留他们吃饭，法说"不行，她在家里不放心"；可见白明少不了这个有病的老伴。培之住的近，白明在门口对昌庚说"你在这里吃饭"。昌庚就不走，又不会喝酒，大概也是突头好，喝了一点，饭后倒在先队铺上蒙头大睡，睡到十七点，又留下吃晚饭，昌庚坦率大方，谈吐不俗。

十月十六日

晨乘汽车，二小时即到和县安庐（文贞街15号）。与敬之别四十矣，昔日壮年，今皆白首。四十前，余常到江上草堂，苏若还是十岁左右小孩子姑娘，今已近五十，早失明矣，三男已成长过田农。安庐两日，敬之笔过于余，片纸传递，手不停挥，苏若先后亦偶参加笔战。情谊之隆，兴趣之高，得未曾有。惟在南京自明处，庶几近之。他右手伤，说话快，我讲八成，他讲二成（我只说的二成我也听不完全，时间只半日，故逊色也。

十月十八日

晨离安庐，林氏父女送上汽车。未午，即到合肥，二十铺下车，到十一中吴先生处处，进午饭，其母亲在焉。饭后陪我们往访尚启东老医生，合肥中医院第一把好手。年七十一，中医院撤消，退休住人民医院，只上班，[illegible]在家半天应诊，也不挂号，凭有关系人介绍，诊几个人。看病快，形似马虎，外行只能说是熟练。一见面，形似老友，实在只是神交。当即去到肥科，把第一把手姚医士找来。她略看一下，说"后天再细看。"当天我问合肥一些市中老同学，谁还在，他解放后才到合肥，不能答，只讲一个丁兴研与尚老同岁。傍晚，先哲引我们宿其妹先凤处。其妹丈高家甫在七中教高中数学，好围棋，言其校友谢重宏尚在，谢年长于余，在市中同学时，知合肥有几个著名下围棋的，谢其一也。

十月十九日

晨赴南门外七中孟培英处。培英是

亡友春民之女，培俊之妹，内侄女恩云之小姑。其母在其处，在合肥查大女婿与宽安葬矣。下午，我与先队赴尚若处，请他为寄国中法语眠，为先队语好端鼻血。路过四牌楼时访丁兴矿，未遇。在尚若处，丁亦即到，是尚若约来的。谈了两个钟头，他和尚若谈的多，听不尽，一席风生，兴致勃勃，从旁看出。我也问他几句，知道六中（庐中前身）教初中的一个国文教员周亮生还在，少有才名，三十以后，绝不与人唱和。邹架琳琅，四壁皆书，于记相当惆怅。就是没有吃饭票子（文凭），教初中，也被挤掉了。周子（孝恺）不如章（教夫）。章诗不如周，而早岁没有饭票子去上初中教员，是一样的。没有吃饭票子当上教授，贵州有，湖南有，安徽有，南京也有。某些人没有吃饭票子当初中教员；某些人没有吃饭票子当上教授，是骗的哉了，我也不能回答。但两种人我认得有来往。前些稿子我看到一点，后些不但不当了教授，稿子出版了不少，我也看见。据我所见，前些是狂人嫌疑犯，后些是骗子嫌疑犯。此中人语云，除狂父女二人外，不可为人道也。狂人与骗子是对立的：骗子骂狂人自高自大看不起人；狂人骂骗子鲜廉寡耻向上爬，不择手段。骗子嫌疑犯，也还有点货色，不那样大，当个一般教授也可以，不许鲜廉寡耻；但同样没有吃饭票子，回割下线当上教授，也有一套骗的本领，骗子嫌疑犯，当教授承认就好了。今则自以为得计，名益高，位益大，从笑狂人，笑正经，笑学者，一变作家马克列主义词名，骗取"左"派，那就很危险！狂人该算骗子嫌疑犯，没有饭票子要吃饭哪，妻儿子孙还有父母，不止八口家，争取饭多一些，情也有可原。狂人原该骗子，骗子（嫌疑犯除外）不原该狂人，任口咒骂，轻则造谣、诬告，重则血书遗珍、封建余孽，反动学术权威。骂实多得很，狂人有点良心，骗子良心不多。狂人为什么直认不讳？分明是狂人，还不坦白，还不是遮遮掩掩，别有用心，滑到骗子嫌疑犯？正因为心中有鬼，要伪装骗人，有多种骗术，于是假学者，假名士（说得太偏）假马列主义者……得到甜头，名位到手，谁也的话都不听，于是骗子嫌疑犯，成为骗子现行犯。马列主义者之真假，关系民族之存亡；而学者名士之真假，不能混为一谈，但真假分清，还有记实的文。听说不久几年前，日本东京开书法展览会，中国也送去几张。写字也是名士本钱之一。本钱真，就是真名士，本钱少冒充书家，就是假名士，是骗子。日本还有真名士，在展览会上看到展出的几张字，慨然曰：“唉！中国是几千年文化大国，现在竟衰败到此地步！必有真才，隐在草野。”于是组织一个代表团访华，到北京访，没有；到南京、苏州访也没有，扫兴回国。只有乒乓球、围棋之类，成绩实实在在摆在那里，骗子插不上手。乒乓球男女英雄，为国家做出杰出贡献。田中首相访华了，公报发表了，今后中日不但邦交恢复，工农业文化各方面的交流逐步扩展。国际事实，摆在面前。乒乓球英雄，能为国增威力；足球、篮球乃至田径运动等等，也是文化还没做到“武化”名手嘛。围棋高雅之文化之一。武的文化（体育）能锻炼身体，文的文化围棋之类，也能锻炼脑子，不若之功，丢丑也不能免为之减光。但不足虑，好在骗插不上手，文化也人，思想革命化，三年五年，能同日本女国手让一个子两个子就不待去胜，也可能有几个能同日本国手对奕，还不足为国争光。一切分主次，科学尤其是主导，科学为主，原子弹、导弹造不出，人造卫星不能上天，可能尼克松、田中不能访华；次的乒乓外交，也起了辅助作用。其他文化事业，也要起辅助作用。文化事业中骗子能插手的，将来中日文化交流，还要可能不免出丑。上面不是说，日本有真名士吗？正因为人民耳目能辨的文化球类、棋类，他们插不上手；而其实非有几分眼就看不出，中日文化交流，骗子们就额首相庆了。难道他们不相信日本有真名士、真学者吗？从来他们并无真才实学，靠[illegible]骗欺人，拼命上爬，认不得人，也认不得人，就认得权和

錢。騙子会越来越少，逐渐衰弱。從一个文
化大革命，騙子都绝了，还不是"阶级斗爭
論"？不信，走着看，总有一天中日在南京联
合开展文化展覽会，当然也是"友誼第一，
比賽第二"。將来可能有的中日文化展覽会
上，只有"友誼第一"，也可能~~互相~~有违心的
互相赞揚，增加友誼。到底会有几幅真
好字、真好画，就难說了。举例言之，狂
童先生人在报上看到日中汉詩一绝，据此，
我们迎之，説是貴宾。將来可能有的中日文
化展覽会，散之又如能书能画，有点真眼，
他们会告訴我这个外行。不是幸災乐禍，
而是体諒国家只能从现有条件下做，
从团结原则出发，对騙子嫉视，轻则犯
"唯心論"，重则犯党的团结政策。就很
不好。如果說，既如此，何必挑騙子？為
下一代擦一擦眼睛，叫孩子认一认騙子

面貌，增加他们防疫力，有好处。

十月二十日

下午离开二中赴人民医院检查眼睛，姚大夫检查仔细，诊断与南京铁道医院差不多，说是白内障，未成熟，不能开刀。但姚医士说"半年后再检查，决定能否开刀"。各医院都发点眼药水及丸药（中药）。半年后如果稍好一些，我还读读书，迷信俗话"眼不医不瞎"，把开刀。两眼倒毛，铁道医院电疗左眼，合肥人民医院，又电疗右眼。先哲调动课到院陪我半天，晚到其妹先凤处。先哲在合肥十一中教语文，负教务主任责，又出狂言，说"郭老巨著，同仁都不赞成"，还说"及今国内还没有批评意见，这就是问题"。够狂了，骂他什么？年四十多，骂少狂可以吧？狂童先队叫子的。孙荒有父教之，"遗传传染，不足怪。先哲之父子玉林是个花先生，三房叫苗先生，半文盲，只内心看不起土豪劣绅，一个外乡人（宿松）只顾偷偷对我谈，做了五十多年朋友，我还引他到过江上草堂。先哲沾染了狂气，是我想歇了。吴子琳这个八十一岁老翁，敬之、自明未必记得。

十月二十一日

晨离合肥乘车到苏家湾，路未乾，无车，宿旅馆。

十月二十二日　　晴（星期日）

苏家湾到栏杆集只三十华里，是乘车四十分钟就到此集镇，到南张庄村只五华里，先队、~~开劳~~不通知我，昨天本村一位社员，去不到车，徒步回家，幼狂通知他~~母~~亲，来拉子接我。也好，劳民伤财不多，亦符合党勤俭之政策也。在栏杆集休息三小时，受到学校校长、远亲王春高同志及表侄王恩春等殷勤接待。

以上两周日记，是最近追记的，有些错了还续又错，日期不错。

以下零零碎碎，日期不能接起，就写之后编序，把十月尾十一月初，以甲乙之序记之。

甲、接洪师母（汪铭，自明手仿，汪代）信，附转先格信。

乙、苏若来信，附父母信，次日致之又补一信，同日收到。

丙、剪发。

~~丁、接洪师母信。~~

十一月十三日

寄铭先师母信附（买医）药单据（挂号）。

十一月六日

夏历十月癸甲朔日。

十一月十七日　　晴

寄之仪、之楷信（挂号）。

复苏若、洪师母信。（前日又接洪师母信）

寄先格信附转铭先师二函。写

十一月二十七日

本周未得叶某信，未详其，今日我发一信（挂号）。

十二月六（七）日　晴

夏历十一月癸卯（丁酉）朔。

十二月七日　多云

复薛若、德群信

《参考消息》11.15　（四）11.12

引英国《星期日泰晤士报》发表的丹尼斯·布利兹一篇文章《中国的两个真实情况——访华两周报道》，全文如下：没有的

没有失业现象，二十年来物价没有上涨。没有盗窃行为，没有吸毒现象。没有赌博现象，没有色情文字。人们身体健康，富有自信心，工作努力。最重要的是人们具有本国的感情共同为世界献身的精神。在一个前往访问的西方人看来，一九四九年以来更有所发展，这以弥补欧洲自从文艺复兴和宗教改革以来所十分珍视的个人自由所受的限制。

一九七二年的中国是西方的一个映像，所有的价值、成就和缺点，都被颠倒过来。反映世界中人类处境的这两个黑白照片，究竟谁是正片，谁是底片，必须由历史——最富有偏（？）见的裁判者——来裁判。

对一个来自具有相同的问题和相同的成就的另一个亚洲国家的访问者说来，中国的共产主义一定会给人以更深的印象，也许使人更加望而生畏，因为许多东西是依靠文化和社会遗产的，而别的地方是没有这样的遗产的。

……

我到处都发现人与人的关系中有一定程度的民主，至少是同斯堪的纳维亚那里的民主差不多——完全没有服从上级的习气。当我在北京郊区的一所干部子校对一位十九岁的小学女教师说她的样子不像受欢迎的时候，她对我说而且我认为也是对她的教师作了这样的有力回答："如果有人欢迎我，我就造反！"人们坦率地承认还有落后和不完善的地方，这也同样令人感到愉快。人们在任何领域，也不妄称获得独一无二的成就——例如在针刺麻醉方面。因为那样说是不正当的。

我并没有感到秘密警察无所不在，像在其他一些共产党国家那样。无论如何，一种一致的舆论压力，一直在中国起着强有力的纪律的作用。不过，在有些情况下，人们也通过共同的同意漠视了一些规定。我在城市街道上看到的千百万辆自行车没有一辆按照规定安装车灯。

中国的革命离实现完全的共产主义还很远，甚至它的社会主义也是不完全的。

公共福利广泛程度，比不上英国。……

独一无二的是这样的不可动摇的决心，即努力在人与人之间的关系方面改变人的面貌，而不只是要在物质方面达到一定的目标。"政治挂帅"（推动了引号）经济以及其他一切东西。当然在社会革命的范畴内，居于首优先地位的是进行继续大量投资来迅速实现工业化，但是，社会主义被看作是一种生活方式，而不是一个发展经济的途径。

当中国人谈到无产阶级专政的时候，他们说的是正经話：政治和经济方面的决定应当由工农自己来作出，而不是由党的上级人物来包办。

在一个拥有八亿人口的、通讯联络不发达的国家里，要做到这一点，那就意味着在下面这两者之间不断进行斗争：一方面必须维持中央在~~维持~~行政管理和意识形态方面的一定程度的权威，而另一方面又坚持全国每一个村镇要自力更生。自从六年以前开始文化革命以来，这个斗争已经斗了几个回合，但是，标志着刘少奇的经济政策的失败的，中央对生产优先的次序作了改变，看来已经牢牢地确立了——即重精神鼓励，而不是物质刺激；重思想质量，而不是技术质量；重集体价值，而不是个人价值；重协作精神，而不是竞争。

文化革命的另一个关键是决心要防止在社

主义制度内部产生新的阶级。中国的共产主义在实际做法方面有很多是导源于儒家的现世主义和实用主义社会伦理观，但是儒家的思想也导致一个完全脱离人民群众的官僚阶层的形成。中国现在的领导人鉴于在苏联形成这样一个阶层，下决心不步它的后尘。文化革命是作为一场由共产党[illegible]培育起来的一代人进行的青年改革运动而大暴发的，他们感到震惊的是，发现中国的现实在许多方面是同这种神圣的教条相矛盾的。（一九五六年匈牙利革命的起因与此相似）但是，在中国，共产党的领导人接受了正确的批评，领导了这次运动。……

同时，政治方面的成就是一场真正的革命。……而这种脱离政治的情况，在今天的西方乃是一种共同的现象。这种做法使中国的确有可能在二十一世纪建立一种像它在一千年以前那样具有特色的、给人以深刻印象的社会和文化。

未来的危险是非常显然的。随着生产的发展，物质要求将会向思想工作发动新的进攻。以短期来说，毛主席百年后将会在政治想象力和人民的权威方面留下一个空白，这在任何过去任何时候本来都是无法填补的。大部分革命政权都犯有只有七年热度的毛病，在这七年中，它们的理想在行政管理的压力下逐渐消失。中国之所以例外，有两个原因。中国共产党有二十年的时间来学习国家政权问题，然后才取得最后胜利；在整个这段时期内，它依靠农民的支持来统治它所控制的广大地区。它的领袖是一位具有非凡的远见和非常富有人情味的人物。如果列宁不是在一九二四年逝世的话，俄国的情况将会是怎样的呢？

眼前的危险将可能是出现一种军事威胁，以致迫使中国政府不得不更优先地迅速发展重工业而把文化革命规定的先后缓急的次序颠倒过来。中国对外政策最近的变化就是为了保证不致发生这种危险。

十二月十日　（星期日）

前日接文楷信，大喜!!! 父子、祖孙们断了联系快一年了！同时来信说他在两年被关的苦痛，几天心情很不平静。昨晚和叶芬谈，她说“在金华和大哥谈文楷遭遇，我就说‘我家祖祖辈辈是贫农，是善门，何以三代受此灾难，我想不通。’后来我说‘灾难一代比一代重，我也想不通。’她说‘阶级斗争嘛！’她就表说到‘灾难越大的，就是敌人最怕的’这个毛主席说的‘敌人反对的，我们就要拥护……’。这就引起我想起70年春节叶芬第一次探亲，这样说‘党的政策、毛泽东思想，必然会逐渐落实，对我家有利。’事实证明，确是如此，但不知我二家的人现在如何呢？虽然与叶芬短短交谈，心潮起了不少反复，结果，得出叶芬横说的，文楷这封信也说：“坏了变成好了。”还是要艰苦奋进，而且要勇敢前进。只不能自失，担心，要严格要求自己。

（补记）

《参考消息》7月17日

日报报道 上海舞剧团在日首次公演引起强烈反映

（附题）

英报文章《"舞剧团外交"可能导致中日和解》

东京七月十五日消息：中国上海舞剧团七月十四日在东京举行首次公演，引起了日本各方面的强烈反响。

……剧作家松山善三和他的夫人、女演员高峰秀子说："中国创造了与过去的芭蕾舞完全不同的、崭新的舞剧，使人钦佩不已。"松山还说，"《白毛女》既有政治性和教育意义，又富于情节。它不只是模仿欧洲的芭蕾舞，而且吸取了京剧的传统技术，表现出民族性，创造了崭新的艺术。"……

浅丘瑠璃子是在《战争和人》中扮演由纪子的女演员。她在听钢琴协奏曲《黄河》的演奏时流下了眼泪，并对别人说，"不知道中国怎样创造了这样高的水平。"她说"她没有想到中国的艺术会那样高。"

十月十一日　晴寒

前日接叶茵信，今日复。

复立楷信。

《人民日报》11.17刊载赵朴初文章

"现代诗中应有铁"

人民文学出版社最近第三次刊印了越南人民的伟大领袖胡志明主席的诗集《狱中日记》诗钞……

这些诗篇是作于1942年到1943年时，中国人民和越南人民的革命正处于非常艰苦的阶段。……于1942年八月在我国广西省被捕入狱。接着胡主席又被辗转递解于南宁、柳州、桂林等地，走过十三个县，住过十八处监房，历时一年多方得出狱。……

《诗钞》的第一首，就唱出了昂扬的调子：

身体在狱中，精神在狱外，

欲成大事业，精神更要大。

……

重山登到高峰后，万里舆图顿时开。

（《走路》）

东方白色已成红，幽暗残余扫一空。
暖气包罗全宇宙，行人诗兴忽加浓！

（《早晨》）

……

胡主席说自己"原不爱吟诗"，而在《看千家诗有感》中却精辟地提出了对于诗歌创作的见解。他这么说：

古诗偏爱天然美，山水烟花雪月风。
现代诗中应有铁，诗家也要会冲锋。

……不揣固陋，谨依胡主席原韵，写成绝句一首，奉题《"狱中日记"诗钞》以表景仰之：

卷地硝烟飞怒焰，人民呼吸起雄风。
诗中自有铮铮铁，好教光头识刃锋。

十二月十二日　晴更寒　室内二度

赵朴初先生寄来胡志明主席《诗钞》，并有和作一绝，佩仰之余，亦和一首。

《国风》是我的诗坛祖，时代不同应变风。今日少谈"诗有铁"，故人有胆试交锋！

十二月十四日　晴寒

復苏民钢信。

（昆明平政街宝兴巷6号）

十二月十八日　晴寒

昨新羊皮大衣上身，今上午不慎，炉火烧前襟一角。

上月底《参考消息》报道日本外交强硬。

《参考消息》11.29

苏《真理报》就日本要求归还四岛问题发表的短评《不光彩的叫嚣》

认识在提出领土要求，实质就是要求改变第二次世界大战的结果，就会陷入復仇主义立场。

同刊同日，发表

时事社报道《大平说归还四岛同和平条约不可分》

时评《日苏和约谈判，制定"持久战"的对策》

同刊同日发表

共同社报道

《日本决定就缩小美军基地同美谈判》

同刊30日发表

《周刊现代》谈日本的假想敌国的问题的文章

《调查决定了假想敌的自卫队机密报告》

《日本周刊现代》11.30号（提前出版）刊登吉原公一郎写的一篇文章，题目是从日本机密文件——调查决定了假想敌国的自卫队机密报告以，按语说：把这个报告看成是"虚构"，或者判断说是"事实"，悉听尊便。有一个防卫厅秘密机关的绝密报告——以这个情报为基础，尽可能地进行了确认。其内容同日中复交有关……。

（小题）已向首相提出的《报告书》

这里有一个报告。如果归纳一下它的内容，那就是：日本人对苏联的不信任产生于俄罗斯帝国以来的南下政策，而使这种不信任的感情固定下来的原因是第二次大战时苏联单方面撕毁了日苏互不侵犯条约。以后苏联一直把日本当作假想敌国。自十九世纪以来，中国也由于俄罗斯帝国的南下政策而被夺去了大片的领土，这成为中苏对立的原因。

在这种意义上，日本和中国在对苏联的问题上具有共同的利害关系，中国不是日本的假想敌国。

……

……但是，苏联对日本的戒心并不那么严重，反倒主要是戒备中国。

十二月二十六日

昨接高朋信。

（云南玉溪地区华宁县革委会工交组）

今日接立仪信附致立楷三纸。

十二月二十八日

前日接叶苕电报"卅一日夜到宁，今君先队赴南京去接。同时发电报给叶芦，"苕已到家，速来"，电报打到西屏，同时发封挂号信寄金华。

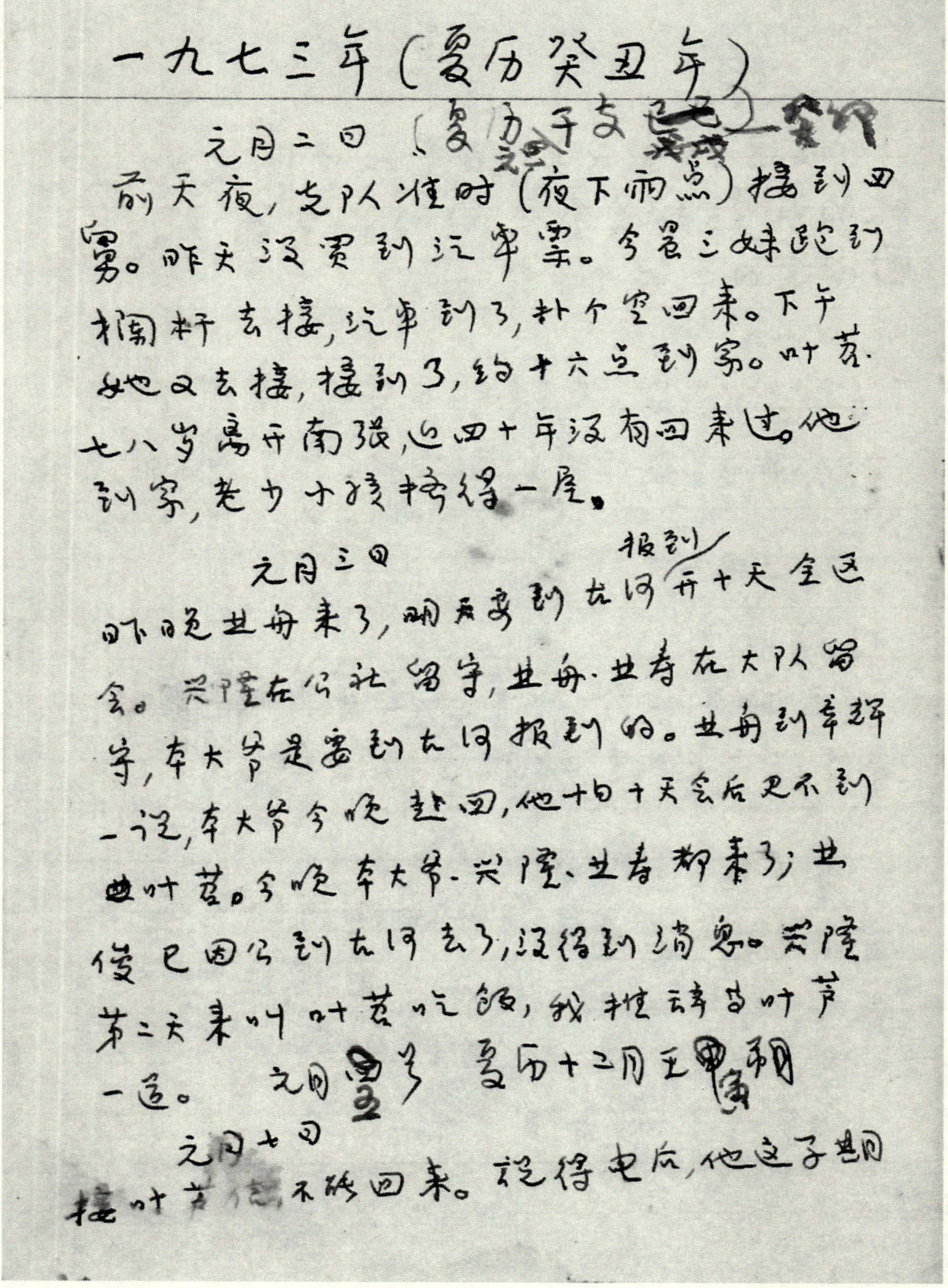

一九七三年（夏历癸丑年）

元月二日（夏历干支……）

前天夜，大队准时（夜下雨点）接到四弟。昨天没买到汽车票。今晨三妹跑到栅杆去接，汽车到了，扑个空回来。下午她又去接，接到了，约十六点到家。叶英七八岁离开南张，近四十年没有回来过。他到家，老少大孩挤得一屋。

元月三日

昨晚世舟来了，明天要到太河报到开十天全区会。兴隆在公社留守，世舟、世春在大队留守，李大爷是要到太河报到的。世舟到李辉一趟，李大爷今晚赶回，他怕十天会后见不到叶英。今晚李大爷、兴隆、世春都来了；世俊已回公社到太河去了，没得到消息。兴隆第二天来叫叶英吃饭，我推辞与叶芦一道。　元月五日　夏历十二月二日

元月七日

接叶英信，不能回来。说得电后，他这子想回

二、教二十课时，准假了，讲义发给学生由青年教师吴指到家叫立楷到湖镇农场通知立仪，立仪痛哭一天一夜，要回安徽。后来得到信，欺骗领导，以后也不好，决定明日回西屏上课。信写得不明不白。

元月十三日

接立仪信，才大明大白，才知道她痛哭一天一夜要回安徽的原因。她说，"奶奶到塘里淘米洗菜又摔一交……"那就是说"奶奶摔死了"。她已赶回金华，见到信了，"她又悲又喜"。这才使我恍然大悟，原来叶芦接到电报，误会了，向学校请"奔丧"假，及看到信，才说"不能骗领导，明日返校上课"。立楷跑到湖镇去"报丧"，当然立仪痛哭一日一夜，路费也准备了，同爸爸一道回来"送奶奶上山"。也好，俗话"要儿亲生，要财自挣"，这些年前叶芬那样和我闹脱离，要和我脱离父女关系，写[illegible]

搬到大丁，也还说"我送你上山"。在一般人有子孙送上山，也不错了；可是我是现实主义的，[redacted]，只重"生"，生前少掏气，死了上山，送却不关重要。

这场误会，叶芦、之楷当着来说痛哭，肯定同样悲伤。那份电报"芦已到家，速来渝"，语气太紧张，这么远去年才探亲，工厂任务重，怎会已到家了？那是借口，只好喊大儿子大孙女回来送上山，並且语气这么紧"速来"。如果电文"芦准假探亲，汝托前路速借来也回来"，不致引此误会。我错我承认。不过我不爱说假话，儿女都不相信，连贵大打加急电报"母病重速来"，叶芳也说是假的，真是"难又难"！

元月十日晨大丁年根二人送来叶芦电报"晨到渝"，电报发的时间是22日10点。全家放心。

元月二十九日楼耪[illegible]信，包寄四斤花生来。

元月三十日

复彭俊彦信，寄叶茗信，小玥写两纸，天真可爱。

二月四日 夏历癸丑元旦 壬申

二月二十日

蒋若女弟夜画如入仙境，诗以赓之

文化秋千世，何琼一臂担。
挑灯形影隻，看墨鬼神欢。
豪兴几忘倦，永宵未觉寒。
江山无限好，待与万方看。

王利之赴古河市写报到，参加编级测验。

二月二十二日

同日收到散之、蒋若信。各附画一幅，苍古清婷，父女竞胜。翁挥扫数纸，尤其娟秀娟好足以一轴，狂喜感激，作七绝一首致谢。蒋若另有绝句五律数章，请还予诵。

三月五（六）日　久阴才晴两日，今又晴

夏历二月小壬申（寅）朔

复蒋若信，附上月余与先队诗。

感冒过旬，咳止饮食大进。

三月六日

昨夜半宽安右手突然麻痹。

三月十四日

致仲璠书，附寄真迹二纸。

三月十六日　晴已三日

寄复自明答问信。复叶蓥信。

前数日宽安打四针硫酸镁针，右手渐能活动，还不得劲。饭量并增加，医生初病饭量减少，是心脏病关系，与高血压无关。

三月十八日　晴

寄苏若信，附德群行书一幅。
复兴智信。（二信由叶芬带大丁托人发）

三月二十一日　晴

先队赴巢买煤。
寄苏若信，附复庆梯信，嘱阅后投入邮箱。复蒋希文信二纸，附复韩先郎一纸。信由先队带巢发。

三月廿六日

近接鼎三信，反映给组织，要摆脱行政事务，专心搞教学。今日复信，畅表其用意正确，今后在教学方面，中年教师如鼎三科模在政治业务方面，水平较高，应起更大作用，不光教学生，还要教青年教师。
诒之王驯之复叶菁信。二信由王驯之带去何发。

四月一日

寄苏若附子近信，杨喜昌庚等建议向江苏省

从艺术学院

八分不同意，绝对没理由。

草婴调教之回国画院之非。估计有草婴

寄德群信。寄恩敦信，附恩云信。

得自明信，谈科研方法，不要"把老母鸡写屁"。略云（删补改写）：

……

得书大喜。前函所云，已一清二楚。政治工作抓纲，科研工作也要抓纲。科研先要抓这个纲，要解决什么问题。第一与王引之的论点，是否定钱大昕"干支纪年始于东汉"之谬说。王引之举西汉人著述，之用干支纪年，历历不紊，铁证如山。第二更进一步，肯定干支纪年起于殷历，始于殷历历元之近距周考王十四年，殷历是真夏历假历，重寅而甲是干支之首，所以定这年为甲寅，是中国干支纪年之始。《辞海》附录《历代大事年表》自周考王十四年甲寅以后，历历不紊，是史实；而周考王十四年以前所有年头的干支，就是后人填的。拙著《再谈屈原之生年》论述已甚详，前答笺已略申述，“吕氏春秋秦八年秋甲子朔”不必研究，即使秦八年秋有甲子朔，只能存疑，而不能动摇“岁在涒滩”，亦不能是“秦六年庚申”，而推“太岁在申曰涒滩”；“六”“八”二字形近而误，古书多有之。干支纪年起于战国初年，周考王十四年甲寅，在战国时代已经肇固，拙著《再谈屈原之生年》已有阐述。王引之《太岁考》问世，钱大昕“干支纪年始于东汉”之谬论，动摇了；郑说出而钱说，王说破产了。何以近代治天文历史，仍援用钱说？钱大昕、王引之都是大师，铁证历历，王说不能动摇钱。同是大师，而钱是星历大师，有著述而王无之。崇拜偶像，也凭外表，古今学术界多么可悲！科学发展，都是“前修未密，后出转精”，刘歆是星历家，齐梁何承天、祖冲之、唐僧一行也是比刘进一步星历家。班固不是星历家，而是大史家，他采刘歆“推法密要”，刘歆三统历伟大得像就成了金钢不坏的了，直到刘师培、王国维崇拜不已。何承天、祖冲之早已说"三统历疏，三百年朔差一日"，我以密率推之，306年差一日，何、祖二公，是可佩服。王国维根据三统历，金文上有不少王年、月、日、月相齐备的珍贵历点，"三百年朔差一日"，当然合不上，就是"想"出"月相四分说"来弥缝，一个月相包括七八天，奇谈！新城也用王说，但有时碰壁，不得不修改之。可笑已极，又拉着《西周考年》，现在中日待定了，在词句上加以修补一些。可笑也就够可笑了，到笑了而不用此词"可笑"，让文化界中外人士笑也罢，不笑也罢，也真是写成"何物老妪"也可以嘛。三大名历——三统历、大衍历、授时历——其中之一僧一行，明文指出周"克殷之年是纪前1111年，不是1122年，凭古文武成几个历点，用大衍历推算的，是时已发推算定朔，所以很有说服力了。刘歆这个"推侍密受"说周"克殷之年"在纪前1122年，一直到解放后《新华字典》所附《历代年表》，沿用不废！"权威权威"，何止摇不动，一行也摇不动，坚如磐石！千古文化界，就是这么一回事！顺大流的多，一犬吠日，群犬吠声，尚何言哉，尚何言哉！去年九月过和县安庆，回乡，写数首七言绝句，有句"真读书人天下少"，所以有眼的不多，盲从吠声的太多，不是一次文化大革命就天下太平。实事求是，"百家争鸣"，不能让少数骗子永为障子网，使整文化界万马齐瘖。世界文化交流的大门敞开了。

近接仲璠信，说身体不好，仍当教课，已与领导说，明退到"第二线"。我想教书的如只是站在文化战线"第一线"，其次不教书留校协助主讲教师备课、写教材，是"第二线"；其次年老多病，工资八折，睡在学校给病弱青年教师咨询，可能是第三线。本以接了来信以，老夫妇病残，儿女讨好，远在数千里外，学校领导与学内同仁情而放还故里。此在全国高等学校可说绝少。已经不在学校，离开文化战线，也就说不上"第四线"、"第五线"了。但回观国内外大好形势，我是贫农儿子，有身受的青少年灾难，眼见全家全村活生生苦难惨剧，永远深深在我脑子里。星放亮，天翻地覆，我接触了党的政策，真文本明灯，我有相当深厚的爱国思想，我有一定正义感，对　又说过"我只有好学疯了似的"。你接书云，"每说'只有好学疯了似的'我见面又确实如此，但不宜"(又打几个圈)。几千年旧社会一下子就没好了啊了"偏如　又所言，我常说"心自明有觉"即此一类。人各有志，我还不要丢失那点正直之气，一个批旧社会骗子，你得知，我不与你争权争利。交给工作干好一些，得到学生一点好感，你们掌大权，坚不任子先道德良心，就構成我的大罪，"什么"白专道路"呀，"毒害青年"呀，什么"与党争夺青年"呀，皆莫名其妙。说是你们挑的，讲又你们审查的，讲堂里有你们宠儿（学生和助教要们）监视，收不到材料，这就来就造谣，歪曲，污蔑叱骂。不但"肯定不够"摆事实，讲道理"，"重证据，重调查研究，反对逼供信"，只会无限上纲，一开始把你打成敌人，剥夺你的大鸣大放、大字报、大辩论——发言权，只准他们造谣，你申辩就是抗拒运动，就是破坏运动，罪加一等。在这一小批"左派"红人（在贵大没有例外，成份坏，历史糟，多是些刺儿头们）有少数青年是他们亲友子弟，被利用，可以原谅。但有一小批青年在他们卵翼下，心术变坏了，群众反对他们意见多。他们先发制人，向右"反对路线"，当马前卒，当上"左派"，谁敢碰他们？既出风头，又保护了自己。二十年贵州特别是贵大，特别是中文系，(每次)运动，都按这个框框进行的。最近贵州朋友来信，贾启文（贵州原有名的第一把手）平反了，李开泉（西南局……第一把手）也平反了。贵大中文系前年我离开学校还有三个未平反，听说去年有两个也平反了。党的英明伟大知识分子政策，“打击面要小，教育面要宽”、“多挽救一个，敌阵营就少一个”。这里这一小批弱者，“左”派“红”人，“红”也不过当个挂名校长，当个省文联主席，当个系主任，教研组长，官也只这么大。而且都在七十左右了，留在学校里第二线、第三线，多少有点作用，国家浪费，为时也不长也。（待续，见下

四月四日

寄自明信，上述拨乱反正，一开头就加了诬蔑成分，妄想寻欢观光、我城我藏，粗心不得，记之自儆！

夏历三月大，辛卯朔。

收到叶茂木箱，药（甘草片、芦丁片、棕……绝缘、烟嘴）。

也队转信。

四月六日

《参考消息》3月25日

美国明星晚报和华盛顿每日新闻》三月十四日发表索尔兹伯里的一篇文章，题为《新中国之精神的力量》摘要如下：

（[illegible]一语）

……

在我看来，中国在过去三年内已经获得很大程度的安全。

它的对外政策是坚强有力的，是实用主义的而不是宣传性质的。文化革命的极左口号已经消失得无影无踪了。

中国在国内外都在奉行一种中间路线，但是中国所依靠的男人和妇女，是具有一种新精神，同旧社会的精神截然相反的一种精神。

也许你现在不能常常听到北京的院子里一个独自吹笛的人吹给他情人听的哀怨而甜美的曲调了。也许你在黄昏的时候……。也许在华北的城镇中不再听到叫卖热气腾腾的食品小贩的叫卖声了。许多中国妇女也不再用自纺布为她的男人做衣服了。

简言之，为了有一种平等的生活，为了有一种谁也不太富，谁也不太穷，谁也不奢侈，谁也不贫困的生活，中国已经失去它的某些色彩，失去一些街头生活，失去一些多样性和失去它的某些手工业。香港街道上的拥挤和令人兴奋的现象是上海所无法相比的。

但是出现了一个新中国，一种新生活。其中一部分是随着1949年革命而出现的。这打下了基础。然后，文化革命以某种方式完成了这个过程。出现了——至少在一定时期内——新的中国男人，新的中国妇女。他们的伙伴情谊和露又集和自我牺牲感是可钦佩的。我钦佩他们，但是我不认为这些是要输出的，我也不认为他们的精神是美国或其他任何地方能够模仿的。它和毛主席诗词一样是独特地中国式的。

我在离开中国以前，和一个地位相当高的中国官员谈到了这个问题。我们谈到了苏联。他象每个中国人一样，对里我对苏俄国的看法感到有趣。我曾经说过，在我看来，俄国已经丧失了革命活力。它被物质享受压倒了。青年人象蝴蝶一样追逐西方的新奇事物——最新的舞蹈，最新的式样。嬉皮士式的服装、嬉皮士式的发型。以及毒品。他们试图模仿西方的文明。很难看到革命还有什么东西遗存下来。苏联的对外政策同沙皇的对外政策几乎没有任何差别。我只能认为，在中国人称苏联的统治者为“新沙皇”的时候，他们接触到了一个非常根本的事实。

但在中国存在某种新东西。有人说，中国的最大变化在于人民的精神方面的变化。对这些人的看法我只能表示同意。这位中国官员笑了。他们只是做了一个开端。中国现在面对的任务是使它的精神力量变为物质力量。这是一项巨大的任务，而中国才开始执行这一任务。中国仍然是很落后的。这个中国官员感到很遗憾，我对旧中国没有了革，因此我不能用我自己尺度加以衡量。我说："我也感到遗憾。虽然如此，我认为这是现代世界的一个奇迹"

他温和地说，也许你说得太过分了一点。

我回答说，不是，我认为我说的话不过分。我认为，把一个人送上月球是一项巨大成就。但是把一个人放在地球上，这是一个更重大的成就。

这位官员笑了。他没有否认我的话。但是他加上了一句告诫的话。他说，如果我们放松努力，我们将会落后。我们必须前进。时间仍然是很紧的。

他转过话题来谈美国。不论你对尼克松的看法如何，他们的看法如何，或是我们的看法如何，他做了一件正确的事情——就是对中国的政策。现在要看中美两国人民的了。要做的事情很多……，中美两国人民——如果他们力量联合起来——将会是不可阻挡的。

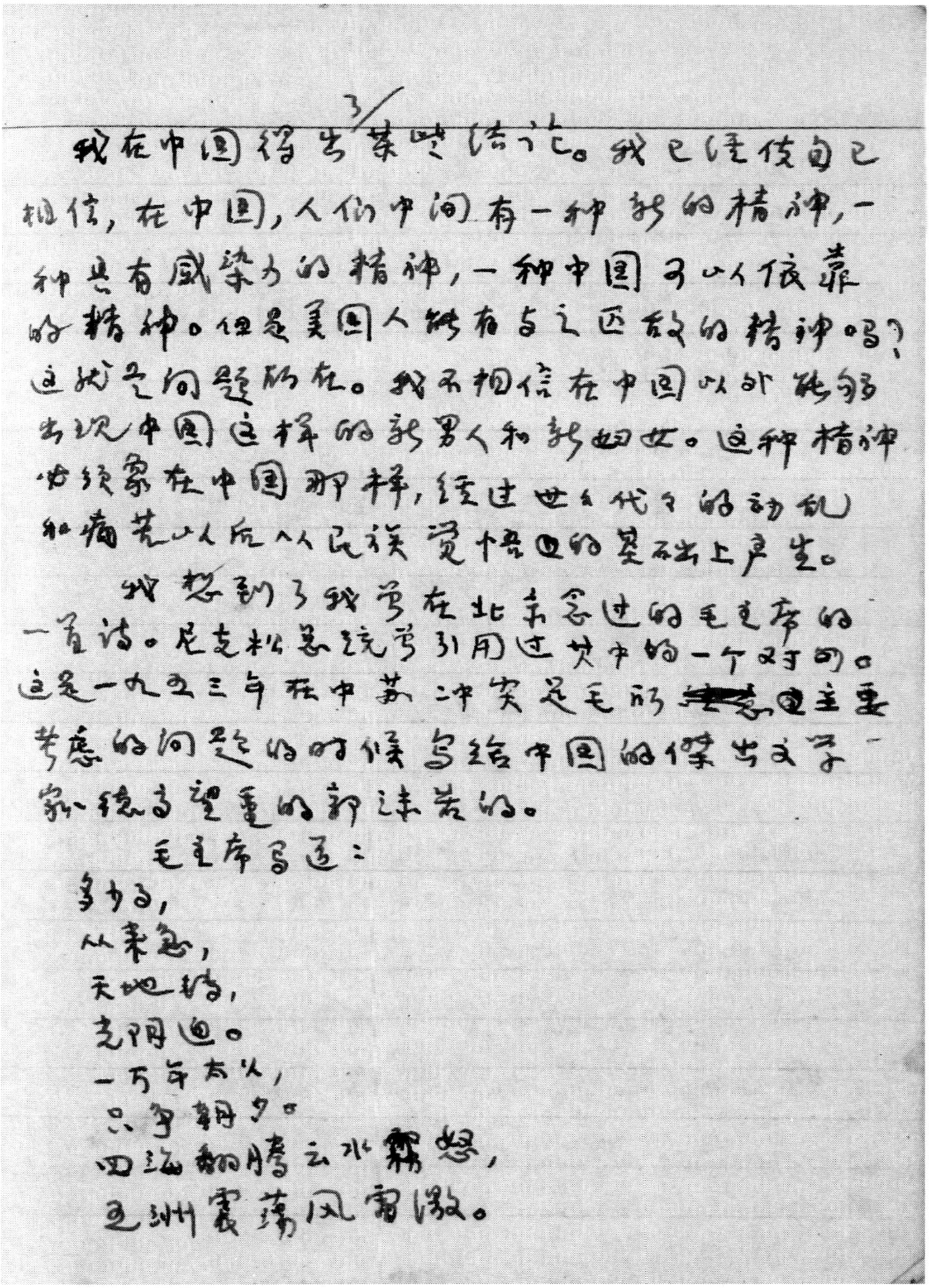
3/

我在中国得出某些结论。我已经使自己相信，在中国，人们中间有一种新的精神，一种具有感染力的精神，一种中国可以依靠的精神。但是美国人能有与之匹敌的精神吗？这就是问题所在。我不相信在中国以外能够出现中国这样的新男人和新妇女。这种精神必须象在中国那样，经过世世代代的动乱和痛苦以后从民族觉悟的基础上产生。

我想到了我曾在北京念过的毛主席的一首诗。尼克松总统曾引用过其中的一个对句。这是一九六三年在中苏冲突是毛所[illegible]主要考虑的问题的时候写给中国的杰出文学家、德高望重的郭沫若的。

毛主席写道：

多少事，
从来急，
天地转，
光阴迫。
一万年太久，
只争朝夕。
四海翻腾云水怒，
五洲震荡风雷激。

要扫除一切害人虫，
全无敌。

我想，这就是今天的中国。这就是它的精神力量。

五月二日

由立兴带呈高老医士一函，仅交药稿。复庆稿函，由立兴带到合肥发。

五月~~四~~日

夏历四月小辛~~巳~~丑朔。

五月四日　晴

三女来“五·一”回家，今午后返校，带去两封信发。(一)复叶圣陶婚姻事，挂号。(二)寄延起。附转苏若给他的信。

五月十一日　晴

复向明信。寄苏若叔行，附复以前函“老人退休[illegible]”为“老人年纪大了”。

五月十二日

三月下旬，先队赴宁，从恩甫处得亡友（中大同班同学）李吉行（和光）七律一首，是未付邮，读之不免感悼，录存之。吉行，安大中文系教授，中大高才生，喜书法能诗。

喜得汝舟消息　李吉行

卅年尘海音书绝，一夕南鸿迅（翔）报。
伤逝每含燕子恋，开缄顿遣破千愁。
小山丛桂迟芳躅，北渚歌声记旧游。
头白花前今健否？殊方何日共淹留？

五月十九日复鼎三信

鼎三弟：

四月十三日信，收到好久了。

来书说你上月到贵阳开会，听王更生说，省委已正式批准贵大、师院七名老教师退休，有我在内。信云："又据闻组织曾一再强调"老教师归队"，也有私人説要請先生返黔。貴州形勢仍未明朗好轉，生活條件困難很大。先生与師母都年高，以静养为宜。必须这边领导有明朗特殊表示，派专人去接，方可返黔。如今居住有困难，是否可移住南京或合肥。"情切谊深，考虑周到，至为感动。但"特殊表示，专人去接"是要的，而不是主要的。主要的是贵州尤其贵大方面形势有相当明朗的好转。否则重蹈上当，吃二遍苦，就不必了。将来住城住乡，在皖在黔，未来了不能说死，看客观形势发展而决定，主观愿望是白费。

（中略）

老弟说，我与師母都年高，以静养为宜，而另有大谬不然者。叶芬是个小组负责人，开会多，开无固定场所，今天在公社，明天在大队，后天又在邻社邻队某小组，远的十多里，最近的三、五里，有时夜22点才到家，家务皆上之老况全包揽，在服侍方面，要多由孙子们负责，而医药、补品、伙食、纸烟……，一切一切，哪一件不要她操心？十多年她一贯负责，得到领导和群众好评，在这种党群鼓励下，任何重担，也说不得。她也年过五十多，我不免心疼，要她每晨吃两个鸡蛋，她和师母一样，舍不得吃，舍不得喝。就这样，村内这房一个侄子，还不断给她刺激，造成叶芦、之楷（校生）与叶芬之间，互不谅解，形成家庭内部矛盾。今年三月才摸清情况，家庭不平静，二老心不安，毛病就出在我这位侄子身上。他比叶芦大一岁，当过多年大队书记，现在还是大队付书记。家庭看看就要两年了，还未平静。责任也不能完全推到我这位侄子身上，叶芦"偏听则暗"，叶芬"憋不住气，好吵"，兄妹互不原谅，影响二老身体心健，他们彼此不考虑这方面。总是出问题，叶芬很难过，金华方面不知道，也不提他们。

我的这位侄子是穷苦孩子出身，文盲，年纪快六十岁，由于学习差，旧社会作风上传，破得不够，又加上不了解全党、全国的政治经济情况，自以为通了，又是党员，要站出来讲“公道”话，结果很不好。这些事虽不是大事，但我们关系不是一般师生关系，承你关心我和师母“以静养为宜”，这点情况，不能不说一点。

此次我从“静养”谈起“动养”，动而心安可以养，静而心不安还不能养。有些人也许说“结果又在搞唯心论了”。不好意思，回敬：先生，我不是搞唯心论，“精神卫生”是古代医学所提倡的（静坐），何况我是老年血压患者，了解医学界对血压患者有四句口诀：睡觉要早，吃饭莫饱，走路莫跑，情绪莫恼。四句中最后一句尤重。我以为实验明。去年九月上、中旬，我到南京、合肥跑跑。在南京住六天，到和县林先生处住两天，到合肥住三天，廿余连途中共半个月。在医院候诊，与老友畅谈，公共汽车，又来站又不在旅舍与医院、学校门口，要走一段路，半月之内不睡午觉，白天、晚上也不能靠椅子靠着，只能坐着。这在我称是"动"了，而血压并没升高。由于老友相逢，陈先生分别了19年，林先生分别了四十年，另第一点，兴致高，真些"情绪不大适"。和师母睡在宇里，还说不"静"吗？反之，我由于心不够安，发点脾气，就出毛病，可是……倒是在。我的工资，昨天汇到。项先生之说，已两个多月了，可能已成过去了。这封信希望要请分析、分析我的看法是否正确，给我帮助："特别来表示，有人来接"是要的而不是主要的。主要是看贵大形势是否有相当明显好转，已如前述。又如"我不要求进级加薪"这是我一贯不追求地位工资的表现。可是我拿一百零八元，赵拿一百八十多。如果贵刊领导不考虑这个问题，别人你也不提这个问题，又从何处看出"形势有较明显的好转"？还不是乌烟瘴气？我和赵较量，我无时不思，但这是一个关键性问题。机警而不鬼祟，警惕而不萎缩，这是多年来在炼丹炉里炼出来的。这要感谢他们帮助。上面已说"炼丹室的炼丹炉"，核有千把乃至几千度高温，我所投入的只是普通的火炉，至多百把度高温，所以收获不大。收获不大，有点收获。过去什么思想、什么模平白了，几次要劝戒我，我不接受，就是我死抱着"不鬼祟"与"不萎缩"，不懂"机警"与"警惕"。但我不悔，……话长，不说了。

五月二十三日　　多云

今晨叶芳带发：

叶芳、枝夏两封挂号信。

敬三、兴智、适起、三封平信。

五月二十八日

前天三妹回来，今天带去三封信，从左门发。

1. 寄韩先师报销药费，挂号。

2. 复孙茗信，附托艾父转赵朴老信。

3. 寄延廷信。

六月二日　多云比前二日凉

复丙五月卅小庚午函

六月六日　晴

先队赴新兴，带发复立仪信附自復嶽三信（节）挂号。复俊庚信。

六月十七日

三妹带发两封挂号信——枝贵与叶茗。

六月二十日

出勤带发二信，(一)叶茗（挂号），(二)徐群。

六月二十八日

先队带发复孙茗信。

七月一日

~~六月三十日~~

夏历六月大己亥朔。　　晚雷雨不大

七月六日　　晴

复韩先师信（挂号）托秦校长要打证明给南京鼓楼医院就诊（眼）。

七月八日

在院子吃晚饭，宽安开始用右手持匙羹吃饭，余大慰。

自三月初半夜，宽安突然右手麻痹，不能持动。本月后开始能持动，过了一些时，还是用左手持匙羹吃饭，但不要人喂了。今日能用右手，可能用手揉搓之效。

七月十六日

叶芳带发叶茗信（挂号）请叶茗章勇正罢，速正篇这句话“今后你将妙妹关系”撕不理骂。

七月十八日

先队弟发自明、荪若、德群信，并汇叶苕30元德群3元。

七月二十三日

今日来许公社小学教师吴期予与开始，叶十芬弟发德之仪信，挂号。农历七月小已丑日。

七月三十一日

八月十七日

吴先哲前日来，今晨返章辉，常发自叶苕信。

八月十九日 秋晴，大热（34度）

张盛裕先生已来一周，上午为余抄批稿《小正校释》，下午读文。今申刻返里（由唐店上车）。

八月二十日

复韩先师、蒋先生信。

近半月余与宽安血压已正常，伸缩压不到150，舒张压不到90，每日只服一粒利血平。可能是用手之效。

停服"增乳"近一月，今日恢复。

兴智明返里，午后来谈一时许。

八月二十六日

出道赴章辉，带发韩老师、蒋先生两封信。

八月二十九日

夏历八月小戊戌朔。

明日家中大兴土工：砌墙打灶，肖弟弟从章辉代买肉送来。下午他回去，带发鼎之信。

九月九日

下午五时之仪、惠迪带小蓉到家，全家（南京部份）泗膳。小蓉十分出色。

九月十七日

昨日三妹又回家，今晨返校，带发叶苔信（挂号）。

九月廿黄日

夏历九月大丁卯朔。

十月十二日　雨

正同赵章光等开会，带发叶茗信。

十月十□日

晨雨。立仪、小蔡返浙，余与小妹送到南京，蓬治回校。当天下午两点到宁，余与小妹住林老处（中央路百子亭22号），他们晚夜11点50分乘车到沪。

十月十六日

上午偕小妹到新街口，余坐马路边，小妹上街买东西，包括买几包点心送人。正午才到南大，洪自明饭端在手里接待。饭后谈气中。当晚洪王同到林家便宴，晚间尽情畅谈，敬之说"今晚是双龙（聋）会"，敬之比我更聋，洪王还不断凭纸条子代传。自明写一纸条"十余年来，无此乐也"。

十月十七日

晨小妹赴林子陵找芮庚（敬之次子）

他已来父处，受人代小妹办一张"转诊单"，外者才能到鼓楼医院看病。

昌年因犯罪被捕，一家情绪不安，下午由若庚找旅馆，找不着，傍晚又回林宅。托若庚到下关汽车站买了19号票。

十月十八日

上午，若庚一早到鼓楼医院挂号。八时后，他陪我到医院。我催他回校（林学院）。我挂眼科又挂内科，小妹挂内科。眼科医生说我白内障还不能开刀，倒毛可以开刀。我只愿动两眼倒毛，手术做了。我脚眼肿，医生要验血，费缴了，化验员说，"明天上午才能回答结果"，我说"明天车票已买"，没让她抽血，所以医生也没发药。小妹不但眼肿，身上面部也肿，医生开化验方，化验小便，正常，也没发药，说"没有关系"。

十月十九日

晨八点四十分，自南京下关上汽车，中午到芜湖，住红星旅馆，下午下小雨，未出旅馆。

十月二十日

晨七点二十上汽车，三妹结婚（今天星期六）一同上车。八点多到章郑，先到吴家（子琳）休息，并进午餐。小妹三妹回家准备接子，下午六时执宾。

十月二十三日

写两封信，一封给惠通之叔及他们转给叶芦，一封给之叔，皆不转。大妹附写两张。

十月二十七日

农历十月大丁酉朔。

~~十月二十七日~~

晚接叶芦给叶芳一封妙信！

十月二十八日　晴

小妹赴桐村，带去毅之信。

上午九时高明夫妇和大女儿来，谈到下午五时，留不住，回家了（大高村）。他对叶芳说，"不是先生回家，我不会回来的。"他对我说，"昨天去看我先生，今天又去看我先生，今后还去看我先生。"5号天收到叶芦"钞"信，成了鲜明对比，使我觉悟，儿女不如学生。招待不草率，谈的也未免少，打好了1号给他们来小聚。

十月三十一日　晴

上午高明夫妇及长女来，设便宴给校本兴隆、世舟陪。银道亦在座。午后五时他们回大高。临别，他说，"要谈的话，三天三夜也谈不完。"

十一月四日　晴（星期四）

上午三妹偕两个女孩子乘汽车来，饭后步行返校，带发俊彦信。

十一月八日　　晴

复叶苕、恩云信，叶苏带大丁托人发。针对叶苕厂内生产松々垮々，针对恩宜（毅）要求调动工作，未准，因而消极怠工，不能不说几句"废话"。

十一月十二日　　晴

前日星期六下午三妹步行回家，而甯今晨由辛辉乘汽车回校，带发韩先明信。内容(一)告慧宁诉服情况，(二)告知高明回里。

十一月十九日　　晴

上午剪发。

十一月二十日

今日甩手从每次甩800到1000，约十六分钟。每日甩一次，打太极拳一次；一天甩两次，是偶然的。

六

十一月二十四日

夏历冬月小，丁卯朔

十一月二十六日

小妹赴章辉开会，带发立仪信，略示叶芦几句。

十二月一日

收到子明11.16信，叶芸11.18夜信。

十二月四日

昨晨恩任来，他参加江苏十一区校文艺比赛，到了扬州，承便请一周假回家，立即来看我。晚间宿立兴处，家中先队宿到大队住宿，不好住。立兴家是亲戚，但不同一点，小妹去找他吃午饭，我又去，同文大嫂说定：

在她家吃早饭，中午由立兴陪，在我家吃午饭。上午阅读，知道这次江苏棋艺比赛很隆重，十一个单位是十个市、地区和一个县，即南京市、无锡市、苏州市、常州市、南通市、镇江地区、南通地区、盐城地区、淮阴地区、扬州地区、常熟县；每单位选两个选手，比赛地点选扬州，扬州地区要求四名选手，一共24名选手，比赛只比一盘决胜负。选手有"出席证"，有内高段有一定棋艺水平，发"参观证"。他是盐城地区选手，我向要看看"出席证"，他就到大姊家孙家湘去取。取来，外甥要他去吃午饭，走了。

○○○这九纸十一纸两封信，主要内容提出"家庭五年经济计划"，更主要的是通过对小代小宋团结帮助，马克思主义研究分析批判。

十二月十二日

复叶芳九纸，谈代俊等，叶芳带大丁发。○○○

小宋

十二月十三日

复叶芳十一张，谈小代小宋事。○○○

（托马，叶芳带去）

复林毅之信，讨论贝所作《个人自序》。

王静家老师带发。

十二月十五日

复吴庆樯信，述个人对"批孔"意见。

十月十八日

读《安徽~~手~~财经学校学报》

第二期 摘要（黄字我加的）

1、毛主席关于批判孔子的部分论述

a、一定的文化是一定社会的政治和经济在观念形态上的反映。

（奴化思想文化）……在中国，又有半封建文化，这是反映半封建政治和半封建经济的东西。凡属主张尊孔读经、提倡旧礼教旧思想，反对新文化新思想的人们，都是这类文化的代表。帝国主义文化和半封建文化是非常亲热的两兄弟，它们结成文化上的反动同盟，反对中国的新文化。这类文化是替帝国主义和封建阶级服务的，是应该被打倒的东西。不把这种东西打倒，什么新文化都是建立不起来的。不破不立，不塞不流，不止不行，它们之间的斗争是生死斗争。（新民主主义论 毛选655页）

b. 那时（指五四运动一役）以共产党的《向导周报》，上海国民党的《民国日报》及各地报纸为阵地，曾经共同宣传了反帝国主义主张，共同反对了尊孔读经的封建教育，共同反对了封建古装的旧文学和文言文，提倡了以反帝反封建为内容的新文学和白话文。

（同上毛选661—662页）

c. 在那时（指五四运动一役）这个运动是生动活泼的，前进的，革命的。那时统治阶级都拿孔夫子的道理教学生，把孔夫子的一套当作宗教教条一样强迫人民信奉，做文章的人都用文言文……

（反对党八股，毛选788页）

d.……在中国则有所谓"天不变，道也不变"（注）的形而上学思想，曾经长期地为腐朽了的封建统治阶级所拥护。

（注）董仲舒语）

e.世上决没有无缘无故的爱，也没有无缘无故的恨。至于所谓"人类之爱"，自从人类分化成为阶级以后，就没有过这种统一的爱。过去的一切统治阶级喜欢提倡这种东西，许多所谓圣人贤人也喜欢提倡这种东西，但是无论谁都没有真正实行过。因为它在阶级社会里是不可能实行的。

（在延安文艺座谈会上的讲话，毛选827页

f.我们对于反动派和反动阶级的反动行为，决不施仁政。

（论人民民主专政，毛选1365页）

8、马克思主义的道理千条万绪，归根结底，就是一句话，"造反有理"。几千年来总是说，压迫有理，剥削有理，造反无理。自从马克思主义出来，就把这个旧案翻过来了。这是一个大功劳。……

这是~~[illegible]~~，毛选
庆祝斯大林六十寿辰的讲话
49.12.21《人民日报》

2、鲁迅对孔孟之道的批判

九、我翻开历史一查，这历史没有年代，歪歪斜斜的每叶上都写着"仁义道德"几个字，我横竖睡不着，仔细看了半夜，才从

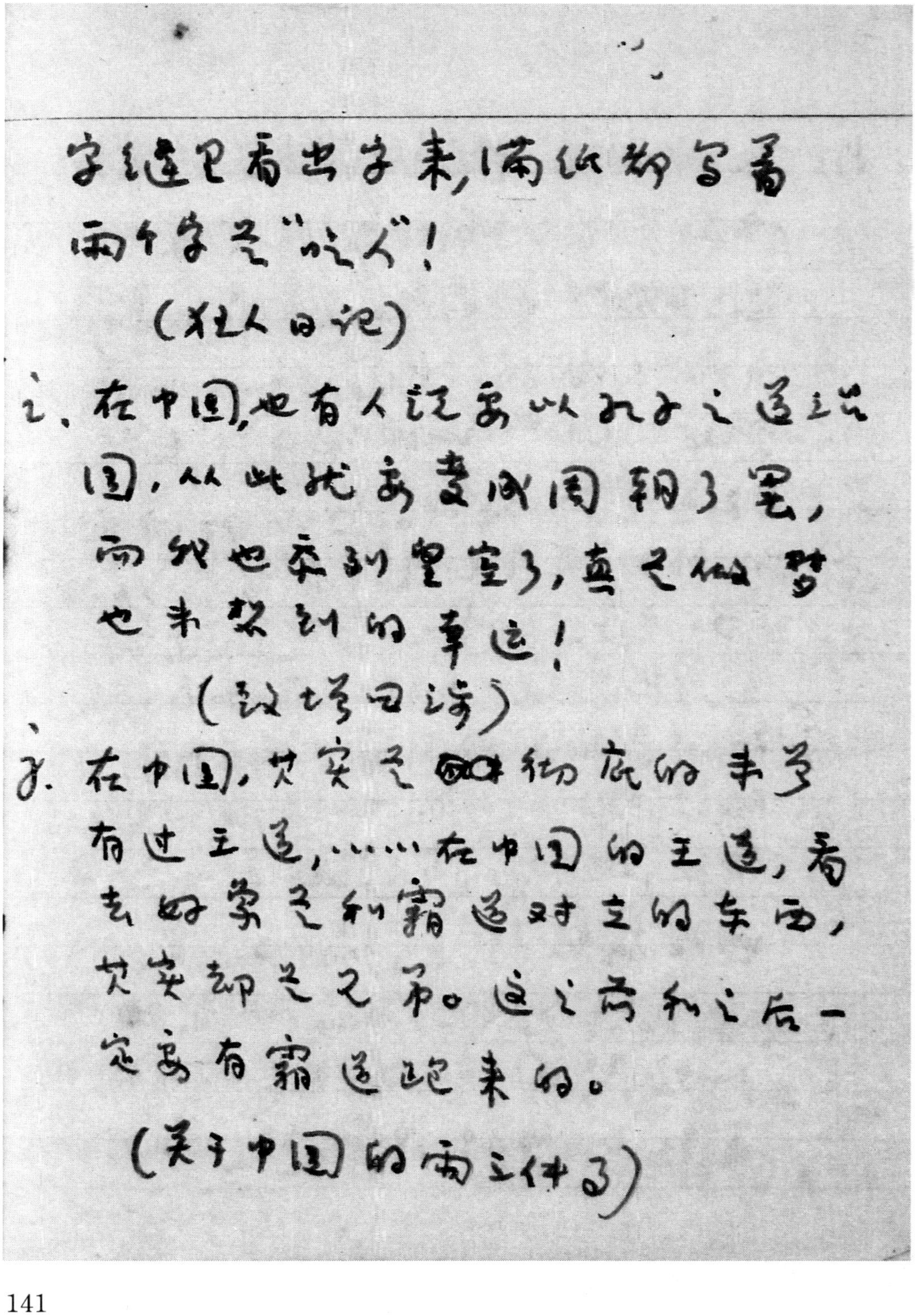

字缝里看出字来，满纸都写着
两个字是"吃人"！
（狂人日记）
2、在中国，也有人说要以孔子之道治
国，从此就要变成周朝了罢，
而我也来到皇室了，真是做梦
也未想到的幸运！
（致增田涉）
3、在中国，其实是彻底的未曾
有过王道，……在中国的王道，看
去好像是和霸道对立的东西，
其实却是兄弟。这之前和之后一
定要有霸道跑来的。
（关于中国的两三件事）

K. 汉的高祖，据历史家说，是龙种，但其实是无赖出身，说是侵略者恐怕有些不对的。至于周的武王，则以征伐之名入中国，加以和殷似乎连民族也不同，用现在话来说，那可是侵略者。然而那时民众的声音，现在已经没有留存了。孔子和孟子确曾大大的宣传过那王道，但先生们不但是周朝的臣民而已，并且周游历（列一读）国，有所活动，所以恐怕是为了想做官也难说。说得好看一点，是因为要"行道"，倘做了官，于行道比较为便当，而要做官，则不如称赞周朝之为便当的。然而，看起别的记载来，却说是那王道的祖师而且专家的周朝，当讨伐之初，也有伯夷和叔齐扣马而谏，非拖开不可；纣的军队也加反抗，非使他们血流到漂杵不可。接着殷民又造了反，虽然特别称之曰"顽民"，从王道天下的人民中除开，但总之，似乎究竟有了一种破绽似的。好个王道，只消一个顽民，便将它弄得毫无根据了。

《关于中国的两三件事》

l. "非礼勿视，……"，静々的苛待别人的"多行不义必自毙"，礼也。

《礼》

m. 孔夫子到死了以后，我以为可以说运气比较好一点。因为他不会噜苏了，种々的权势者便用种々白粉给他来化妆，一直抬到吓人的高度。

……孔夫子之在中国，是权势者们捧起来的，是那些权势者或想做权势者们的圣人，与一般民众并无什么关系。然而对于圣庙，那些权势者也不过一时的热心。因为尊孔的时候已经怀着别样的目的，所以目的一达，这器具就无用，如果不达呢，那可更加无用了。在三四十年前，凡有企图获得权势的人，就是希望做官的人，都是读《四书》和《五经》，做"八股"，别一种人就将这些书籍和文章，统名之为"敲门砖"。这就是说，文官考试一及第，这些东西也就同时被忘却，恰如敲门的时所用的砖头一样，门一开；这砖头也就被抛掉了。孔子这人，其实是自从死了以后，也总是当了当着"敲门砖"的差使的。

一看最近的例子，就更加明白。从二十世纪开始以来，孔夫子的运气是很坏的，但到袁世凯时代，却又被从新记得，不但恢复了祭典，还新做了古怪的祭服，使奉祀的人们穿起来。跟着这事而出现的便是帝制。然而那一道门终于没有敲开，袁氏在门外死掉了。余剩的是北洋军阀，当觉得渐近末路时，也用它来敲过另外的幸福之门。盘踞着江苏和浙江，在路上随便砍杀百姓的孙传芳将军，一面复兴了投壶之礼；钻进山东，连自己也数不清金钱和兵丁和姨太太的数目了的张宗昌将军，则重刻了《十三经》，而且把圣道看作可以由肉体关系来传染的花柳病一样的东西，拿一个孔子后裔的谁来做了自己的女婿。然而幸福之门，却仍然对谁也没有开。

这三个人都把孔子当作砖头用，但是时代不同了，所以都明明白白失败了。岂但自己失败了而已呢，还带累孔子也更加陷入了悲境。他们都是连字也不大认识的人物，然而偏要大谈什么《十三经》之类，所以使人们觉得滑稽；言行也太不一致了，就更加令人讨厌。既已厌恶和尚，恨及袈裟，而孔夫子被利用为或一目的的器具，也从新看得格外清楚起来，于是要打倒他的欲望，也就越加旺盛。……

（在现代中国的孔夫子）

孔、中国一般的民众，尤其是所谓愚民，虽称孔子为圣人，却不觉得他是圣人；对于他，是恭谨的，却不亲密。……不错，孔夫子曾经计划过出色的治国的方法，但那都是为了治民众者，即权势者设想的方法，为民众本身的，却一点也没有。这就是"礼不下庶人"。

（同上）

O. 既尊孔子，又拜活佛者，也就是恰如将他的钱试买各种股票，分存许多银行一样，其实是那一面都不相信的。

（难行和不信）

九二.

四.

五. 孔子岂不是"圣之时者也"么，而况"之徒"呢？现在是主张读经的时候了。武则天做皇帝，谁敢说"男尊女卑"？多数主义虽然现称过激派，如果在列宁治下，则共产之合于葛天氏，一定可以考据出来的。但幸而美国和日本的力量还不弱，所以主张亲俄者，是被卢布换去了良心。

八 稿未采

~~……跳舞的时候的考试，我们不是常常自觉的吗？~~

……古书实在太多，倘不是笨牛，读一点就可以知道，怎样敷衍，偷生，献媚，弄权，自私，然而能够假借大义，窃取美名。再进一步，并可以悟出中国人是健忘的，无论怎样样言行不符，名实不副，前后矛盾，撒谎造谣，蝇营狗苟，都不要紧，经过若干时候，自然被忘得干干净净，只要留下一点卫道模样的文字，将来仍不失为"正人君子"。况且即使将来没有"正人君子"之称，于目下的实利，又何损哉？

《十四年的读经》

补P1.

……欧战时候的参战，我们不是常常自负的么？但可曾用《论语》感化过德国兵，用《易经》咒翻了潜水艇呢？儒者们引为劳绩的，倒是那大抵目不识丁的华工！

所以要中国好，或者倒不如不、

字罢，一说了就有近乎读经的病根了。“瞰亡往拜”“出疆载贽”的最巧妙玩艺儿，经上都有，我读熟过的。只有几个糊涂透顶的笨牛，真会诚心诚意地来主张读经。而且这样的脚色，也不消和他讨论。他们之说什么经，这么古，实在不过是空嚷嚷。……以此说他是诚心诚意主张读经的笨牛，则决无钻营，取巧，献媚的手段可知，一定不会阔气；他的主张自然不会发生什么效力的。

至于现在的以他的主张，引起议论的，则大概的是阔人。阔人决不是笨牛，否则他早已伏处牖下，老死田间了……

我总相信现在的阔人都是聪明人；反过来说，就是倘使老实，决不能阔气也。至于所挂的招牌是佛学，是孔道，那倒没有什么关系。总而言之，是读经已经读过了，很悟到一些玩艺儿……，因"学而优则仕"故也。倘若"学"而不"优"，则以笨牛没世，其读经的主张，也不为世间所知。

（十四年的读经）

七．"犯而不校"是恕道，"以眼还眼，以牙还牙"是直道。中国最多的却是枉道：不打落水狗，反被狗咬了。但实际是老实人自己讨苦吃。

俗语说，"忠厚是无用的别名"，也许太刻薄一点罢，但仔细想来，却也觉得并非唆人作恶之谈，乃是归纳了许多苦楚的经历之后的警句。

（要斗争，不能和稀泥一论）

3. 柳宗元《封建论》

北京大学中文系古典文献专业注释

4、刘少奇、林彪、陈伯达鼓吹孔孟之道的言论（之一）

a. 孔子曰："吾十有五——不踰矩"。这个封建思想家在这里所说的是他自己修养的过程……

（见修养）

b. 你们要安心学习，"两耳不闻窗外事，一心专读圣贤书"——

（刘少奇45.12.14讲话）

c. "孔子的思想在当时是反映了社会前进的倾向和要求，到今天还有其合理的因素"（刘少奇1942年讲话）

a. 孟子上讲，"天时不如地利，地利不如人和"，"人和"就是团结。

（林彪60.2讲话）

到了校来，就是要让~~他~~他们坐下来读书。

（林彪66.9.16讲话）

~~青年人下乡~~知识分子上山下乡，等于变相劳改。

"571工程"纪要，71.3

关于中国旧道德，如"忠孝节义"，"礼义廉耻"，"仁爱和平"……道学先生……，在现在可以用为新的道德。

（陈伯达36.5.10文）

孔子在中国文化发展史上，总有其划时代的功绩。……

（陈伯达《孔子的哲学思想》，39.4.1于《解放》第69期）

4、苏修——尊儒反法资料摘译

一、吹捧儒家

……

二、诋毁法家

……

三、攻击秦始皇"焚书坑儒"

……

秦始皇是一个历史上极端残忍的皇帝。正是在他统治时期……那些仍然保存被公布禁止的书籍的人，有被流放去"改造"和"再教育"的危险……

（苏修《文学报》69年第34期）

法家事实上在帝国儒家中逐渐取得了优势，儒家的人道思想则由于政治权宜的考虑而逐渐被冷遇。

（苏修《历史问题》67年第三期

5. 蒋帮大搞祭孔活动

6. 西贡政权也搞"祭孔"

7. 我们怎样在批林整风中（运动）深入开展对孔子反动思想批判的

（一）……

（二）……

三……

第一，……

第二，正确对待老教师参加批孔运动

对于老教师，特别是发动受孔孟之道影响较深，甚至吹捧过孔孟之道的老教师参加批孔问题。开始少数同志思想上有顾虑，怕将来批后把他们当活靶子。针对这个问题，我们反复宣传批孔的目的和伟大意义，使大家认识到这次批孔不是揪哪几个人，是思想战线上的一场大革命，是意识形态里的阶级斗争，每个同志都应该积极参加。同时我们还反复讲明党的方针政策，贯彻二百方针，严格区分两类不同性质的矛盾，把斗争矛头始终对准林彪和孔老二，对人民内部的一些有代表性的错误观点，也应该批判，但不点人名书名，发动这些同志写文章，鼓励他们积极参加斗争，在改造客观世界的同时改造自己的主观世界，努力提高三个觉悟，增强识别黑纲和学派的能力，和孔孟之道、和旧的传统观念彻底决裂，洗刷唯心精神，适应时代的要求。这样，多数老年教师消除了顾虑，短短几天时间，他们写了二十多篇批孔文章，出了大批判专栏，江默而、李立中、王克生教授也都奋笔急书，投入战斗。

十二月二十四日
夏雨晴日大雨雷电鸣。

十二月二十三日　晴（星期日）
送祖父母坟至对河老山安葬。先父母坟大革命前已迁去，今两代靠近，便于照看。

昨日张铁荣老师来，将《散文写作法选》的自序及余给林老信钞去。并交换了批改意见。

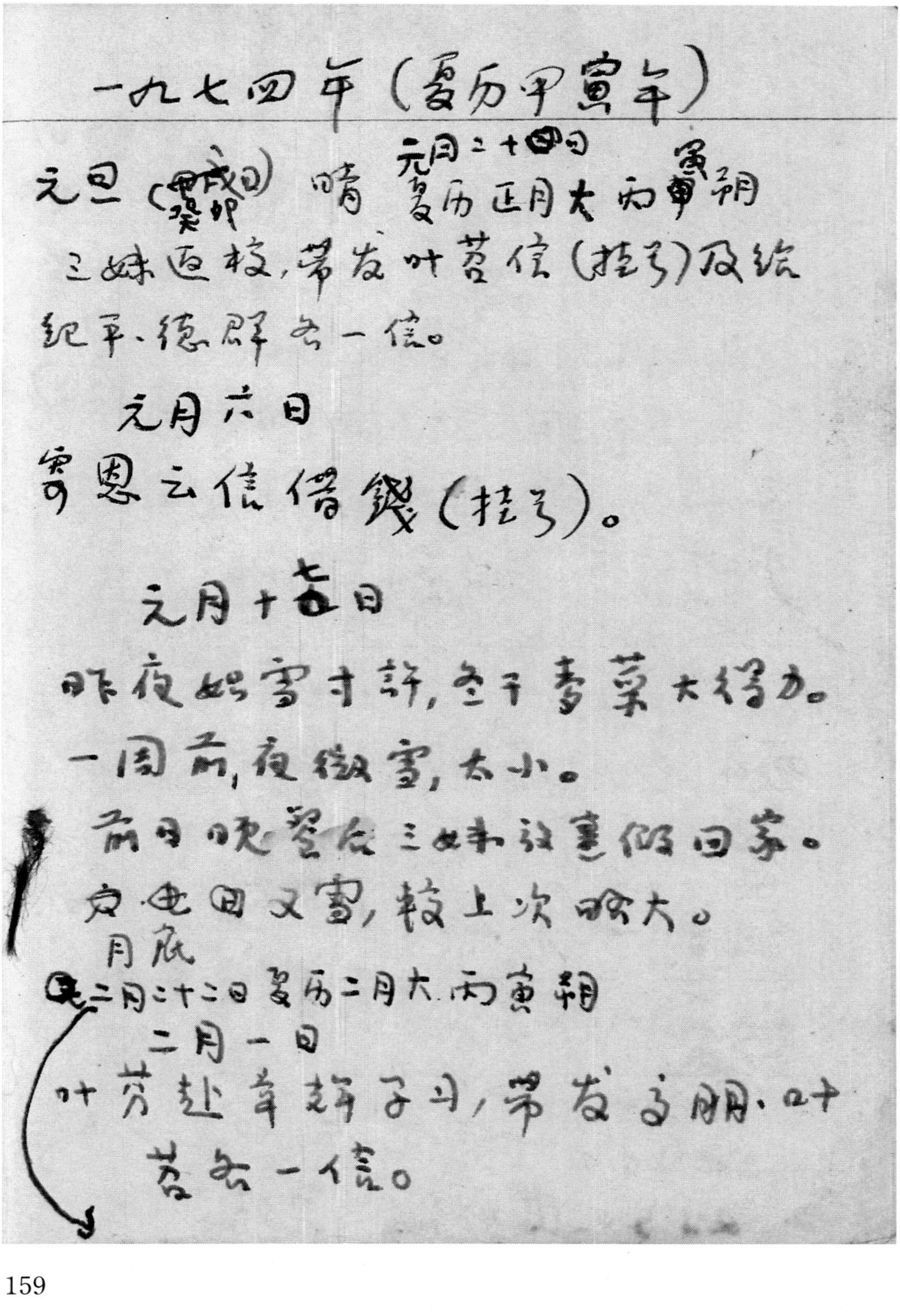
一九七四年（夏历甲寅年）

元旦（癸卯日）晴 元月二十四日夏历正月大丙寅朔

三妹返校，带发叶苕信（挂号）及给纪平、德群各一信。

元月六日

寄恩云信借钱（挂号）。

元月十五日

昨夜始雪寸许，今于麦菜大得力。

一周前，夜微雪，太小。

前日晚饭后三妹放寒假回家。

夜由回又雪，较上次略大。

月底二月二十二日夏历二月大丙寅朔

二月一日

叶苕赴章驿子斗，带发子朋、叶苕各一信。

二月二十三日 夏历二月大丙申朔

二月二十四日 （星期日）

华倉来带发叶芸一信，叶芬附一纸提四个意见关于俊芳事。并云，由他带发四个花生来一个多花椒。

三月三日 晴（星期日）

石溪中学教师金永祥（金春现胞侄）来，带发韩老师、王文中各一信。

三月四日 微晴暖

四时 同志带发蒋荣文信。

三月十九日

上周叶芬带发叶芸信，今日又补一封信叶芬带发，关于俊芳事分析估计，十得七八。二十日接叶芸信，果然启文说对了。随即复叶芸信。

三月二十五日　（星期日）

夏历三月小丙寅朔

三妹返校带发叶芸一信。

四月十四日　（星期日）

叶芳赴辛辉子习，带发叶芸信。

四月二十一日　连日雨，晴（星期日）

邵同子返校（六中）带发聂三表兄1.谈字庭说情话以及二光身体健康有的回答（桂芳）。

四月二十二日　晴

夏历四月大乙未朔。

四月二十九日

前晚接叶芸4.13夜的信，说信芳参加下星期等证明来，他说到

（4.20）

以五一节为期，写不来证明就宣布脱离。我4.12的信（4.14发）4.24至迟4.24可以收到，信中要他宽给她十天半月时间，应不至过于使她为难；来自他方面阻力，也会有的。万一我4.14发的信遗失，明天后的信，五一他收不到。写信也许有万一的不安。今晨叶芬赴大丁代发，今晨又加一纸。

五月一日

祝贺“五一”节集毛主席诗文吟成一绝

双搂欧美一还东，抽剑昆仑三截同。
我向人间见上帝，移山自古有愚公。

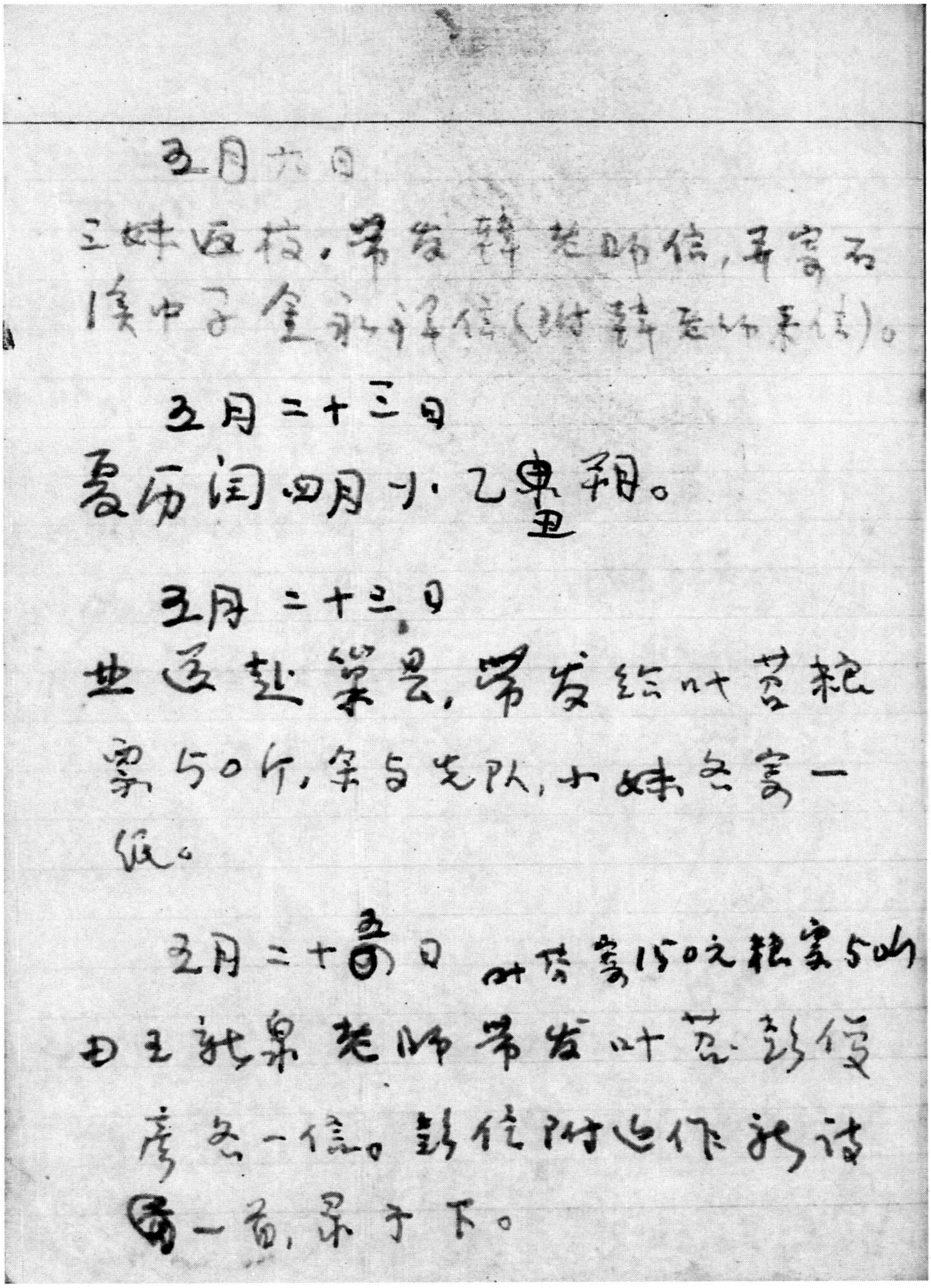
五月六日

三妹返校，带发韩老师信，并寄石溪中子金永祥信（附韩老师来信）。

五月二十三日

夏历闰四月小乙丑朔。

五月二十三日

世返赴巢县，带发给叶芸粮票50斤，余与先队，小妹各寄一纸。

五月二十五日　叶芸寄150元粮票5斤

由王秋泉老师带发叶芸、彭俊彦各一信。彭信附近作新诗一首，录于下。

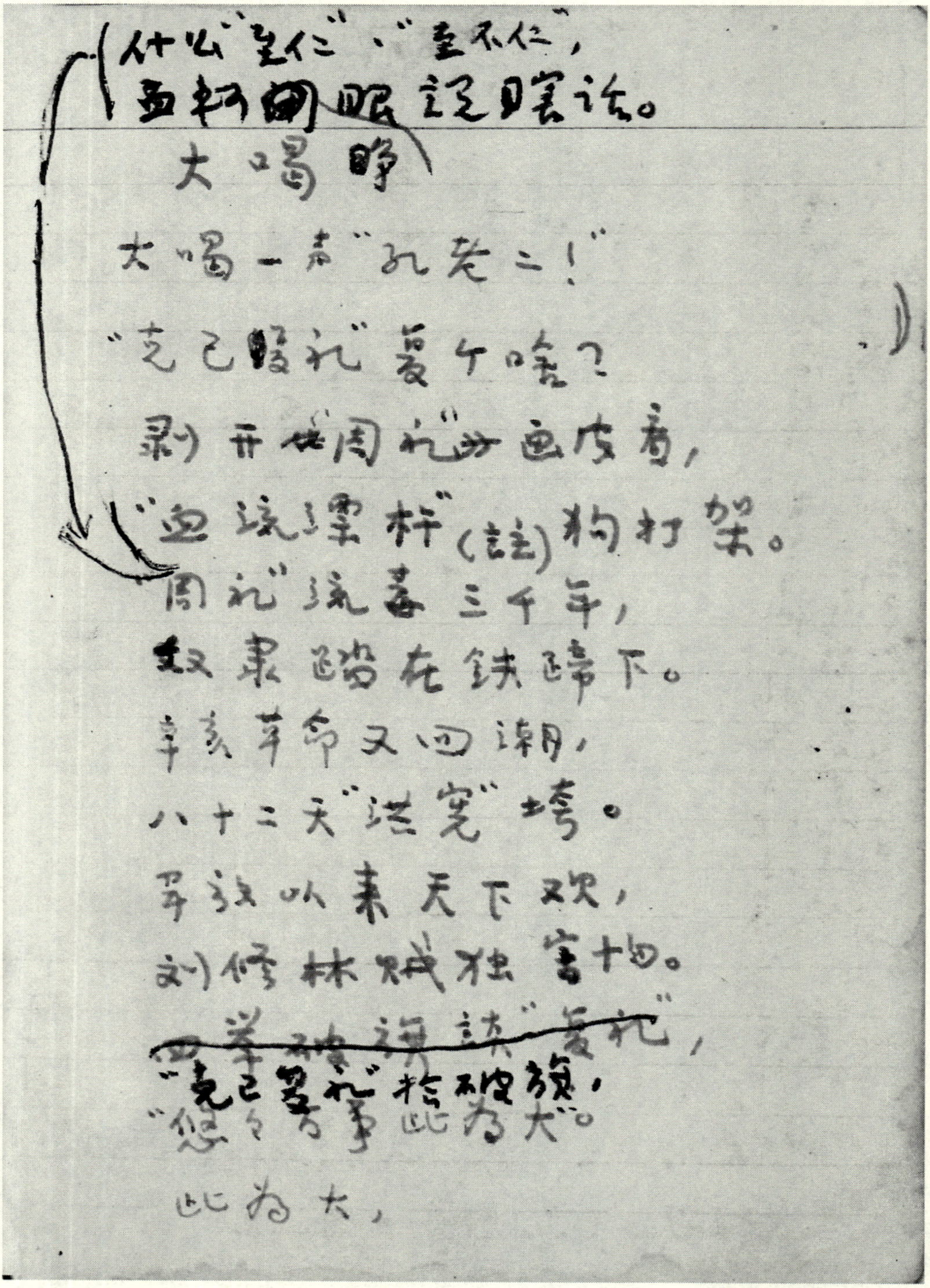

什么"至仁"、"至不仁"，
血统阶级说瞎话。

大喝声

大喝一声"孔老二！"
"克己复礼"要个啥？
剥开"周礼"画皮看，
"血统理论"(注)狗打架。
周礼流毒三千年，
奴隶踏在铁蹄下。
辛亥革命又回潮，
八十二天"洪宪"垮。
解放以来天下欢，
刘修林贼独害怕。
~~四举[illegible]读"复礼"，~~
"克己复礼"捡破旗，
"悠悠万事此为大"。
此为大，

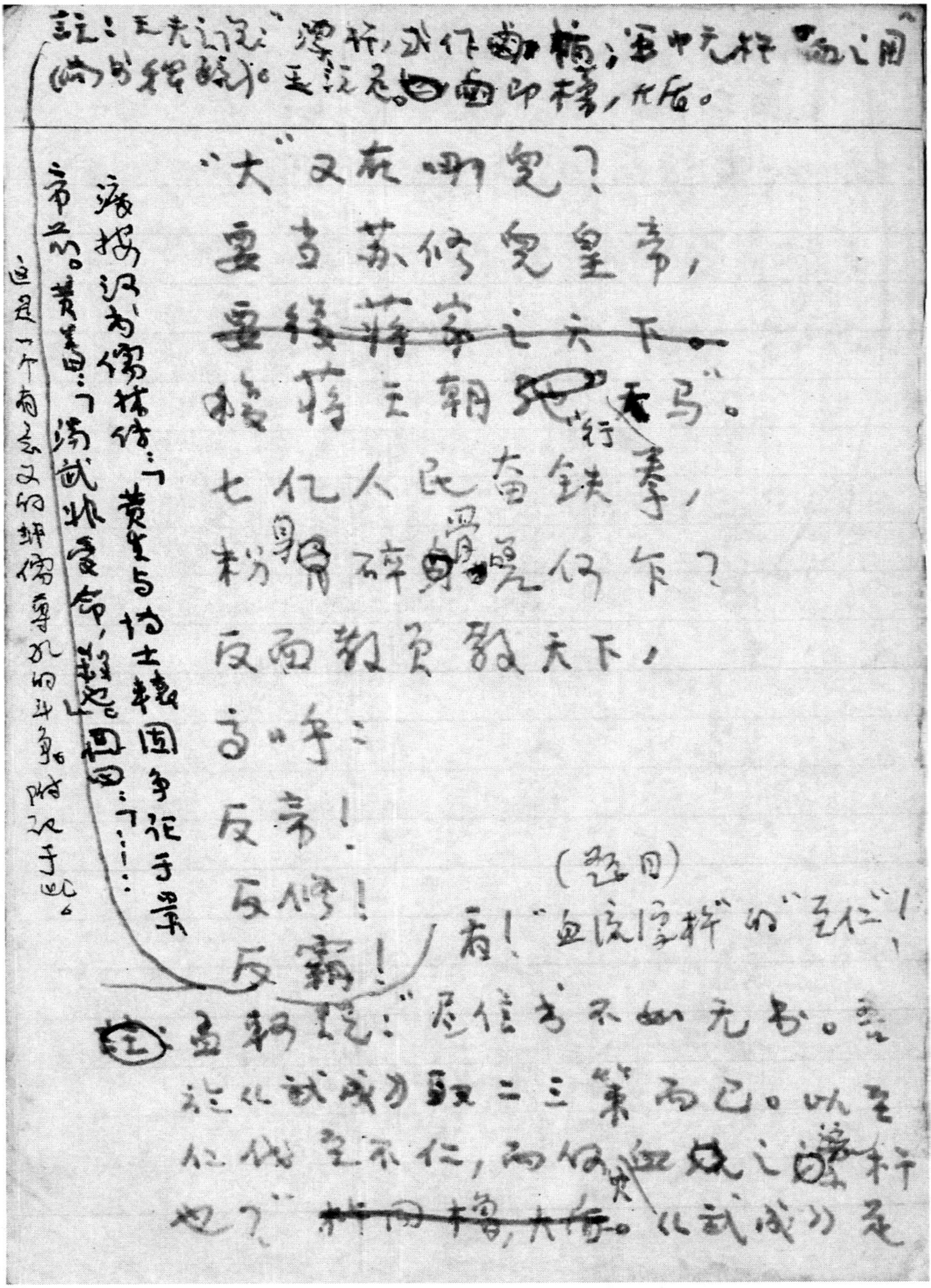
七亿人民奋铁拳，
呜呼：
反帝！
反修！
反霸！
（题目）
看！"血流漂杵"的"至仁"！
孟轲说："尽信书不如无书。
于《武成》取二三策而已。以至
仁伐至不仁，而何其血之流杵
也？"
《武成》是

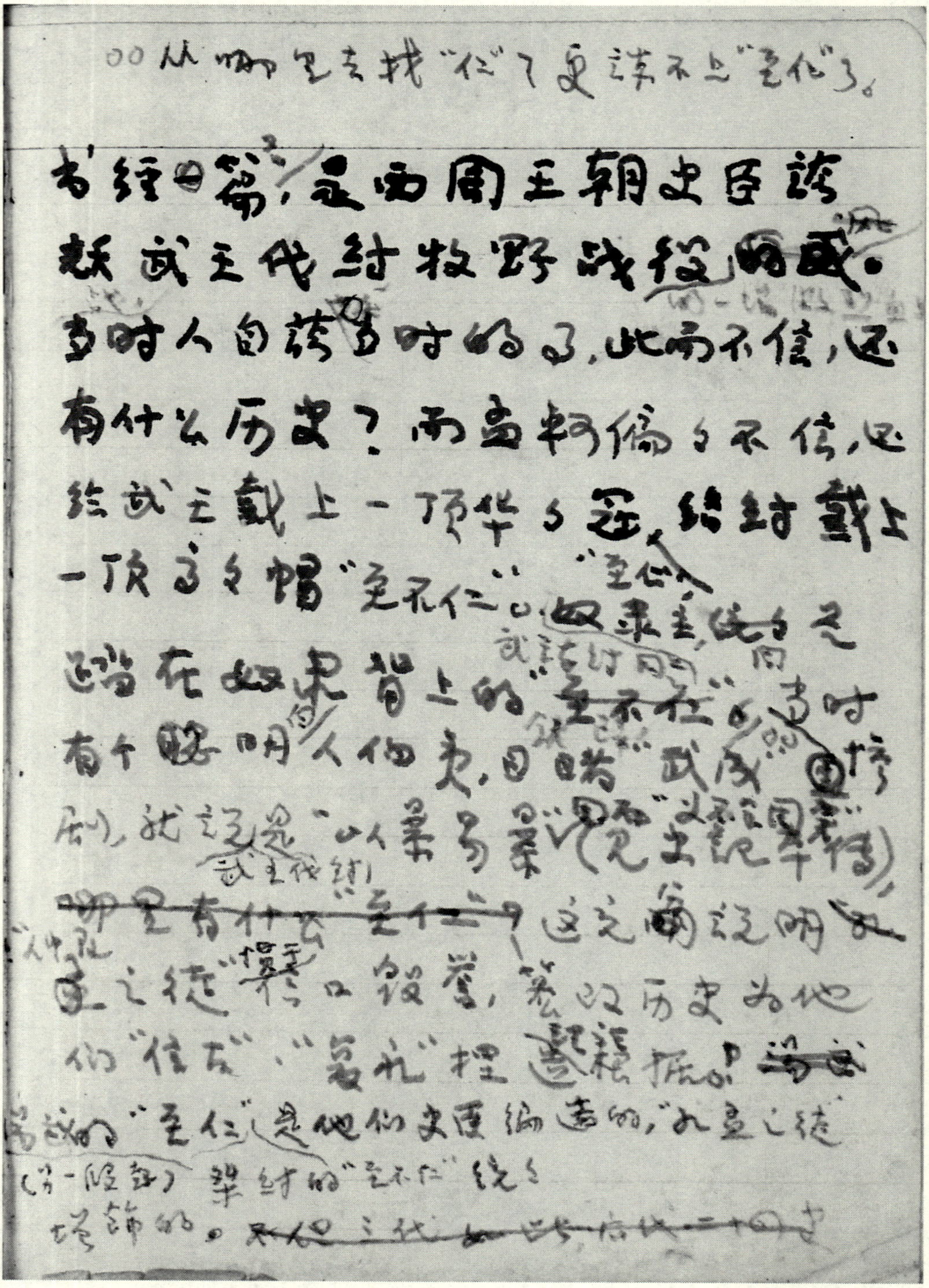

○○从哪里去找"仁"了，更谈不上"至仁"了。

书经一篇，是西周王朝史臣颂扬武王伐纣牧野战役的盛。当时人自颂当时的事，此而不信，还有什么历史？而孟轲偏偏不信，还给武王戴上一顶华华冠，给纣戴上一顶高高帽"至不仁"。"至仁"奴隶主统治者踏在奴隶背上的"至不仁"。当时有个聪明人偶然看见《武成》，……就说是"以人杀为杀"（见尽信书章），哪里有什么"至仁"？这就说明儒家之徒"信口毁誉"，惯以历史为他们"信古"、"复古"理论根据！……的"至仁"是他们史臣编造的，儒家之徒（另一段话）把纣的"至不仁"统统堆饰的。

新朝史家，谨放谀执，势所不免

特别是汉高、唐太宗、宋祖、明祖，以及他们的将相[illegible]

[illegible]，不免过情之誉，过美之谈，不可尽信。

[illegible]孔子学生子贡，就说过一句公道话："桀纣之恶不至是"。

[illegible]桀纣，把[illegible]"至仁"、"至不仁"，为他们"義礼"制定理论根据，[illegible]

开历史学中的理论一直[illegible]真不可解！[illegible]

历代封建统治者的尊崇。受到苏修、刘修、林贼、蒋帮热烈追捧拥护，这难道是偶然的吗？

尽管这一小撮反动"人物"垮的垮，死的死，还有部分在垂死挣扎，但是毒焰妖风，在国内国外，还相当猖獗。我们"批孔"，他们就要"尊孔"。水涨船高，我们越"批孔"，他们就越疯狂地"尊孔"。这就是国内外"要复辟、反复辟"、"革命反革命"各按自己需要而进行的不可避免的阶级斗争。这是你死我活的不可调和的阶级斗争！国外苏修、蒋帮、南越、南朝鲜正在大做文章，大修孔庙，报纸刊物，不少赞述。国内呢，报刊揭出的言行评论，也不少嘛！什

么"外行领导内行，理论上好得很，
实践上不好得很"，什么"教育革命
的经验是白开水一杯，害死人"，什
么"文化大革命是一场误会"，什么
"书香门第辈辈书香，编席的人儿
睡土坑"……等等。文化大革命
伟大成果，昭昭在人耳目，才几天哪，
这么反潮了！这次"批林批孔"运动
都不搞，能允许"和为贵"，而和右友"
吗？办不到！
国内外这一小撮在干什么？不
打自招，他们与孔老二林贼一伙，人不死，心不死，要继续苦鸣。
他们反对"批林批孔"，反对把修正
主义连根挖掉，保住社会主义江山，永
不变色。今天七亿人民站起来了，国内
国外革命形势一片大好。为什么要开
历史倒车"翻案"，不惜甘愿当苏

偏儿皇帝，丧心病狂到何等地步！这不足怪。当年曾说过"共产党之人丧良心"。可见，一切反动派只会纠集一小撮去抢权，不顾国家民族之存亡，不顾绝大多数人民的死活，根本没有良心！只要有良心，就有正义感，爱国心，就能认到真假，明辨是非，不受反动派系的欺骗。久居在台湾蒋帮统治下的老年中年同胞，他们有良心，有正义感，不能不爱国，所以对待这次运动就义正词严写文章《尊孔乎？误国乎？》《孔孟之道在台湾》……。又居台湾省的旅日旅美●青年同胞纷纷组织台湾省代表团，回到祖国参加各项体育活动。放眼看世界，这个搞"尊孔"家伙包括蒋帮在内，讲的什么干的什么，颠倒是非，混淆黑白，说谎造谈，横行霸道，内则压制人民，外则到处欺人（包括自己的盟友），仍是不得人心，我们在党的教育下二十多年，如果对这又一次的文化大革命的伟大政治意义，认识不足，对当前谬论，与国外敌人的呼应，无动于中，不站稳立场，那不但愧对台湾青老、中、青同胞，也愧对自己是一个光荣的中国人了！

这次"批林、批孔"运动开始后，有个别老教师顾虑，相应地提了~~些交代过去，有三个老教师说起来按~~
~~照过去讲批孔的材料~~（又会联系到检讨）。是的，年过五十、六十的老干部，尤其教文史的大、中老教师，谁都不敢说没受到孔孟程朱不同的毒害。具体在我身上，年过七十又五，古书读得多一些，~~读~~到孔孟之道的

书读过，十三经也翻过，而中部分也
教过（诗经、书经），当年"尊孔"、相同
谆言。就有自己能不能在这次运动中
通过学习，进一步明显地分清楚
在自己的对待它们两条道路。"孔老有病
看起来"即是走，这还满意？而接心动呢。
但是当作积极作用的方面占多少。
但是爱好感情不深不厚，仍然是
白过了这一次伟大政治运动。老
是老了，次又像是多病，尤其家我
儿女远在八千里外，未便护送我
回籍治病，又不要老指示孔、拉杨
平，老病何妨了我良心深处常了，懂得
痛批孔老二就是批黄国贼，同时也就
是痛批自己脑子里的所谓"圣经""贤"传"

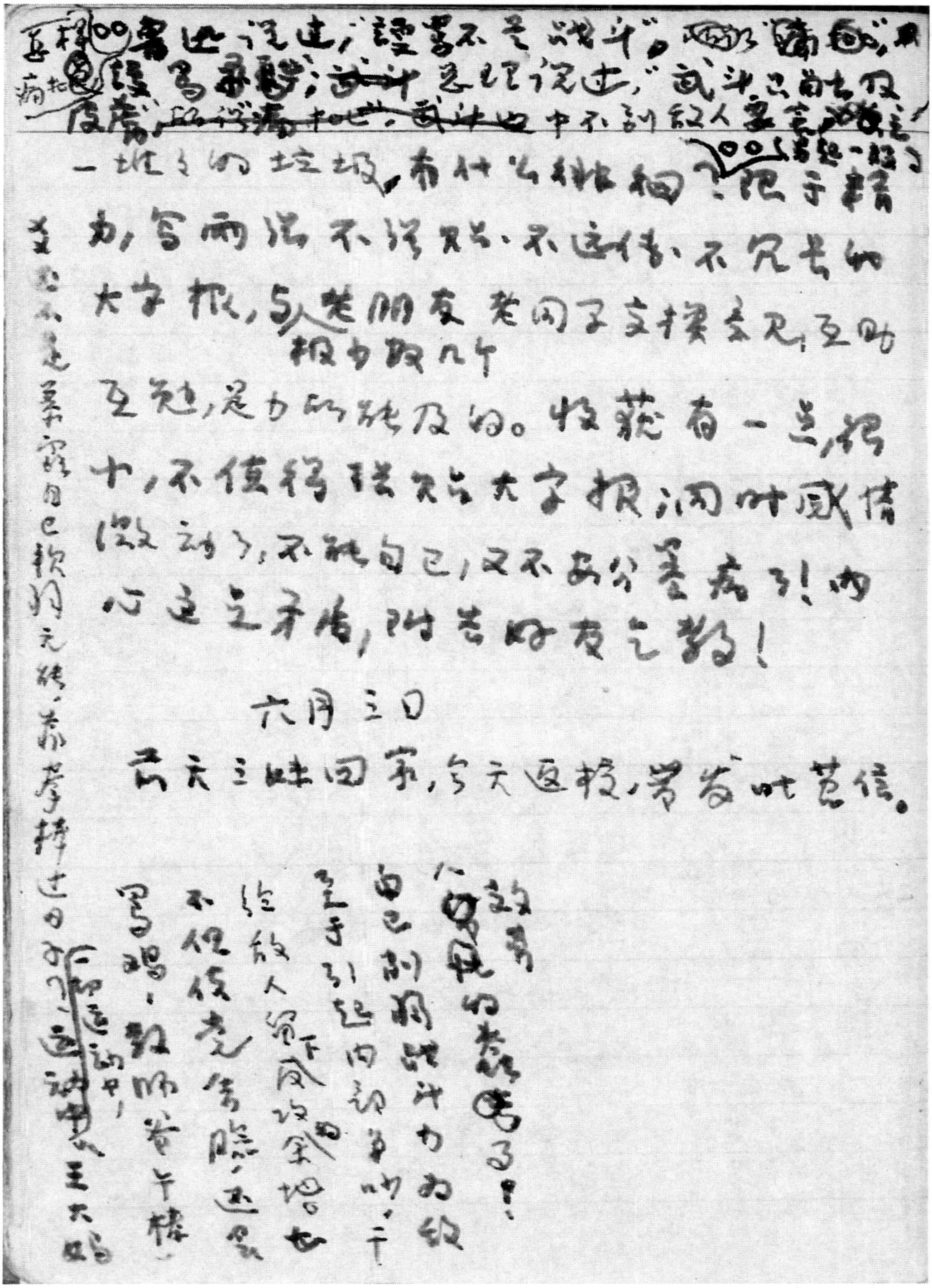
一堆堆的垃圾，有什么价值？把宝贵精力，写两篇不得要领、不通情、不见长的大字报，与老朋友老同学交换意见，互助互勉，是力所能及的。收获有一点，得十，不值得贴大字报。闪时感情激动了，不能自已，又不要公开丢丑了！内心这么矛盾，附告好友之勤！

六月三日

前天三妹回家，今天返校，带去些艺信。

唐叔子说“验德”这个问，[illegible]，又“附因中象一抓就灵”。孔老二的反动思想，“克己复礼”这个问题，“克己复礼为仁”呀，“礼之用和为贵”呀，“己所不欲勿施于人”呀，“仁者爱人”呀，“博学于文约之以礼”呀，“好古敏以求之”呀，“君子食无求饱居无求安”呀，“学而不厌诲人不倦”呀……所有“仁”、“爱人”、“忠恕”、“孝弟”、“信”、“好古”、“博”、“学”、“敏”与“诲”的[illegible]“克己复礼”这个问题上呀，[illegible]的真面目，就是假的。假的就是假的，伪装要剥掉。“吾为东周乎”、“梦见周公”，孔老二[illegible]在这个克己复礼上！[illegible]

“复周公之礼”，即周公制定的奴隶制度，破坏历史倒退，把这种奴隶制度移植到春秋而为“东周”。不用说，是开倒车！

把周公之政而明居

"复周公之礼"，然便周公之徒，要摄政王（掌大权的宰相）了。摄政王还在做梦，就分封门弟子"雍也可使南面"，当子说："仲弓之才，可以继任，当我的册命呢"……颜渊是孔老二最得意的门徒，封的就更大了：颜渊问为邦，孔老二居然数他可袭夏商之王之政，明明是预定他是自己的继承人去摄政王。另有弟子几个子去问"仁"，孔老二这个反动思想"克己复礼"对他就交给颜渊，不是偶然的。又孔老二徒孙说："春秋，天子之事也"，又"素王改制以春秋当新王"这真要继周而当新王。

最近有人指出《春秋》是孔老二变天账，这话正确。摄政王还在做梦，就写这本变天账《春秋》……天子的大梦，……以传账，以代责罚。《春秋》与《571工程纪要》这本变天账，何其相似乃尔！孔老二野心之大，阴谋之多，"国家图治"有多不……而林贼也有过之……，要直接下来了！我们"摆事实讲道理"而痛批之！

这是中国历史上反动思想家的

大成至圣之！

六月十日

开始服硫珠丸

六月十五日

昨存梓赴京华代我买药，带发叶苕信询俊芳有事否。寄延赵信催德群速还本帐。

今日存梓赴京华开会，带发仲墉信索《子报》，寄金中谢寄《子报》附寄自明二纸。

六月十七日

硫珠丸一瓶服完，改服"石斛夜光丸"，晚泻。

得叶苕信，俊芳字定有转寄之信，无便人赴京华，不知何日发出。

二

六月二十日

农历五月小甲午朔。

六月二十二日

今天晚半夜吃丸服完（昨天未泻）今

日开始服"复盆杞菊丸"。

六月二十三日　（星期日）

六月二十四日（端午）

[illegible]来信出，今日十发[illegible]

四队人带来鲜花

七月六日

昨晚德群来，今上午带发叶圣

信，读俊宇写序。去写[illegible]收

到，昨今干颈台送小姚、文大姐、贡大姐。

银道几字看了。

七月十三日　　（星期六）

大富代从梁集发三封信：(一)叶落，(二)蓉金(三)戴某一寿册埠。

七月十四日　　（星期日）

农村中小子放长假。

今日起包手从1000加到12取，完全无进展。

戴某从合肥寄信来翻白芋[illegible]村叫"鸡头"，过去名山莓，小孩挖吃（这不是山莓）有人煮水喝，每日の三次，三天平复血至本月，注射[illegible]。叶芳小妹来热心，我们服[illegible]三天，我每天已服两次，宽安三四次[illegible]。半月来，宽安只服二次，我日服一二次，宽安还得如此，我们比较稳定。想停服一天，宽安低压105，我低压95，而一七大剂的中草药降压之方，但我未停服。煨药麻烦，还服降压灵（宽安）我服胍乙啶。

七月二十日

夏历六月大暑交节。

七月二十一日

共复赵梁集、常发纪平、叶芳二信。

七月二十六日

十妹三妹赴桐梓[illegible]看病。

《参考消息》7.17—18连载香港《七十年代》月刊文章：

《李约瑟博士的敬业精神》

概括文章：李约瑟教授是英国著名的生物化学家，著有非常著名的《胚胎学史》。但李教授精通汉文，对中国古代科学技术用力三十年，1954年他的《中国科学技术史》首卷出版，大家公认是当前国际科学史的权威。以后每一卷出（已有五卷），都得到学术界的重视和称许。他以七十四岁的高龄，精力充沛，预计以十年时间，完成《中国科学技术史》

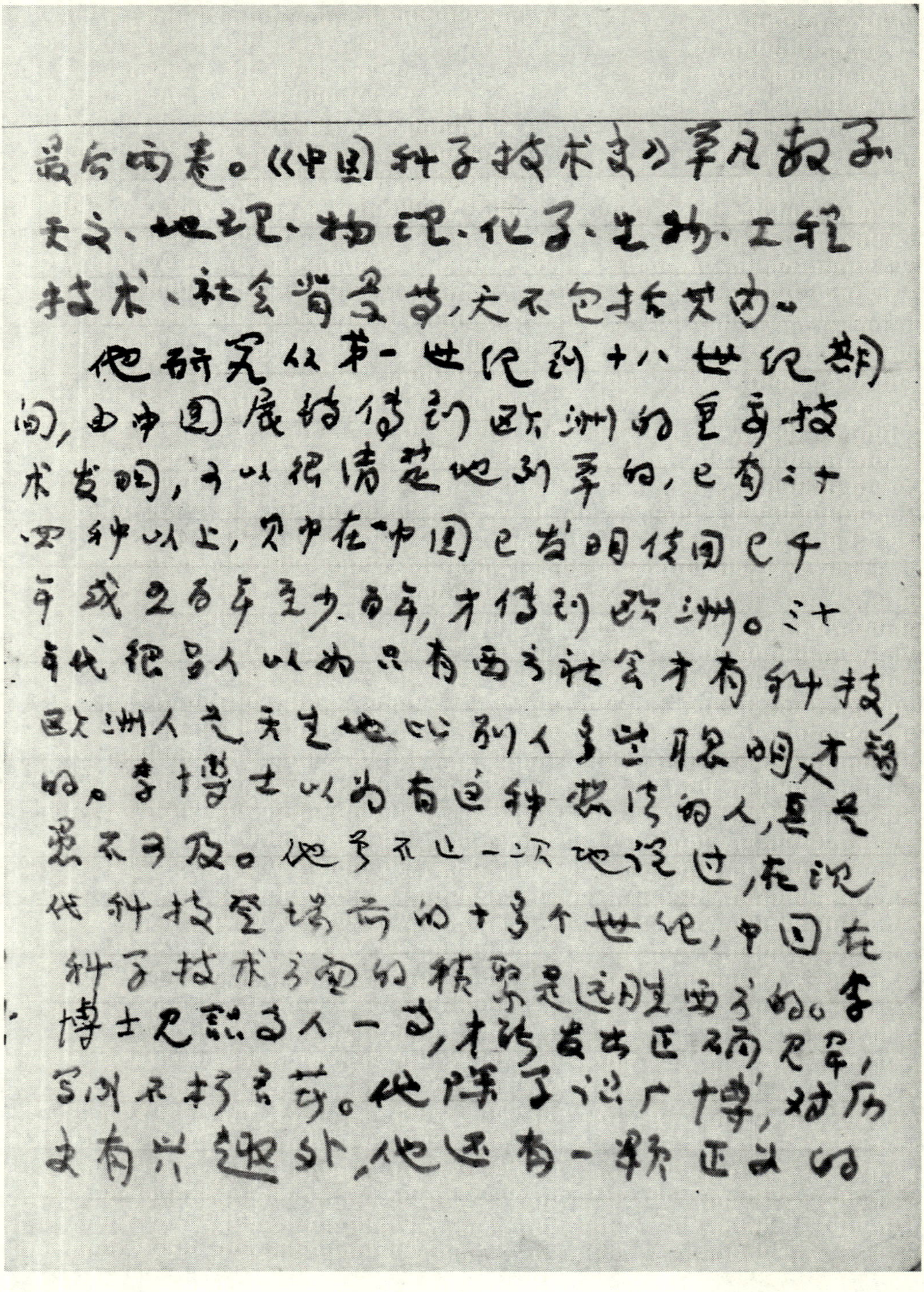
最后两卷。《中国科学技术史》举凡数学、天文、地理、物理、化学、生物、工程技术、社会背景等，无不包括其内。

他研究从第一世纪到十八世纪期间，由中国展转传到欧洲的重要技术发明，可以很清楚地列举的，已有二十四种以上，其中在中国已发明使用已千年或五百年至少百年，才传到欧洲。三十年代很多人以为只有西方社会才有科技，欧洲人是天生地比别人更加聪明才智的。李博士以为有这种想法的人，真是愚不可及。他曾不止一次地说过，在现代科技登场前的十多个世纪，中国在科学技术方面的积累是远胜西方的。李博士见识高人一等，才能发出正确见解，写出不朽名著。他除了识广博，对历史有兴趣外，他还有一颗正义的心。李博士不像其他科学家一样，将自己封闭于实验室里，不问世事。在三十年代期间，他是激进派科学家之一，极注意科学在社会和政治上的影响。一九六八年他在剑桥大学演讲中，公开地承认，假如他较年青，他一定参加在美大使馆外反越战的示威。

正由于李博士有一颗正义的心，所以他能够实事求是，说公道话。不但论述从第一世纪到十八世纪中国科学技术对世界贡献之大，并反对五十年前中国被偏歧了西方，他说，历史证明是荒谬绝伦的。他又估计中国今后科学技术，中国一定不会照搬外国的办法，而是结合自己的一贯的特色，找出一条新路来。她的经验会使全世界受益。前

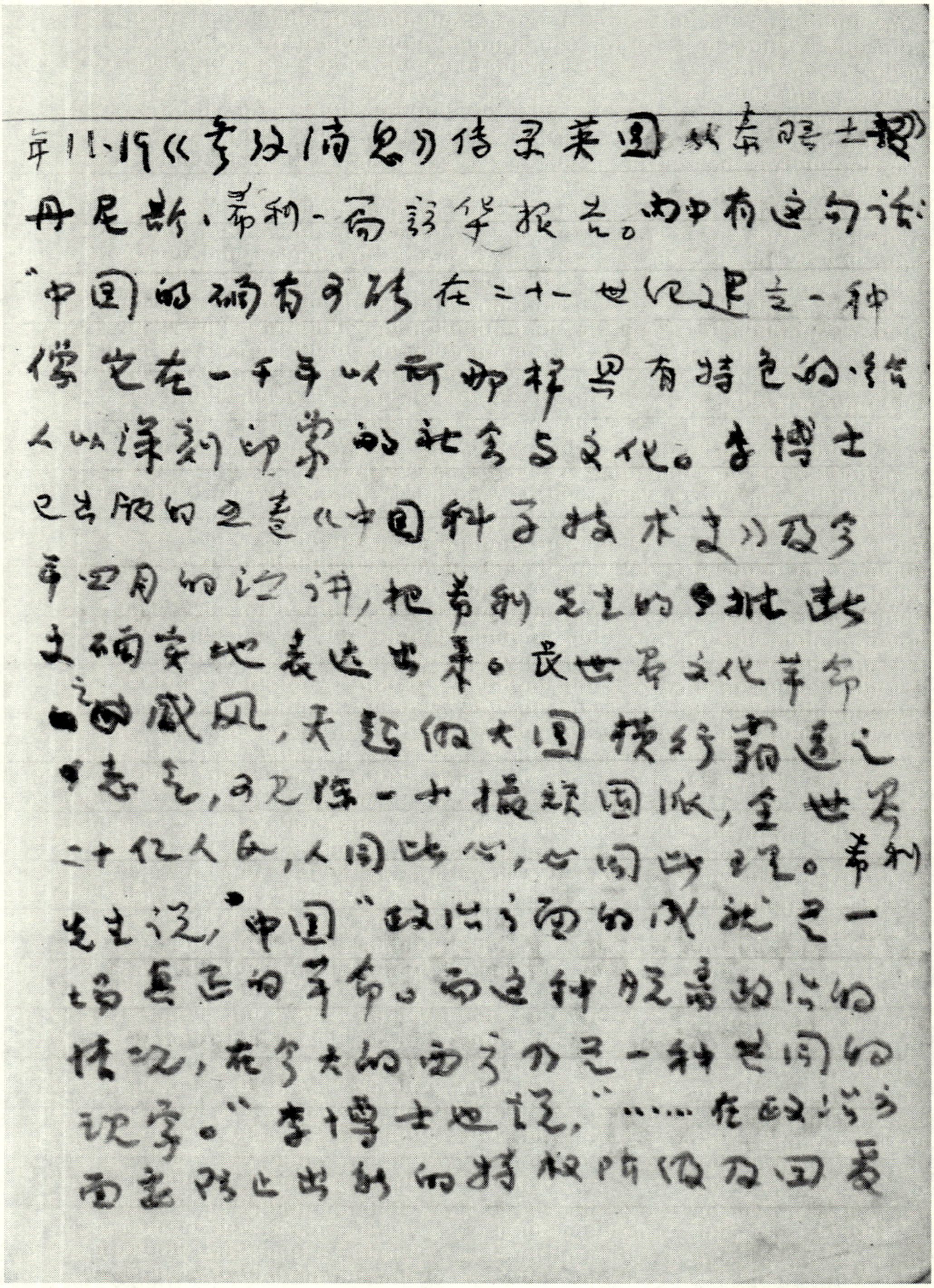
年11.19《参考消息》转录英国《泰晤士报》
丹尼斯·希利一篇访华报告。其中有这句话：
"中国的确有可能在二十一世纪建立一种
像它在一千年以前那样富有特色的、给
人以深刻印象的社会与文化。李博士
已出版的巨著《中国科学技术史》及今
年四月的演讲，把希利先生的判断
更确实地表达出来。长世界文化革命
之威风，灭超级大国横行霸道之
志气，可见除一小撮反动国家，全世界
二十亿人民，人同此心，心同此理。希利
先生说，中国"政治方面的成就是一
场真正的革命。而这种脱离政治的
情况，在很大的西方乃是一种共同的
现象。"李博士也说，"……在政治方
面要防止出新的特权阶级及国最

到官僚统治。他们对于中国党的各次运动各种方针政策，多么详细领会？、他们有一颗正义的心，关心世界，不是封锁在实验室里的书呆子。所以李博士对中国前途，承认有困难，但他非常乐观，从中国以往所面对的困难，有国际国家所压制之下，是一定能解决的。李博士在英国未得博士学位，因为英国的博士不像美国那样滥给。今年四月香港大学邀约李教授来校讲学，又给他一个荣誉博士学位。

八月一日

叶芬赴肥橋查身体，带三妹去看头疼病。李辞元去申，乘货车到大河湾周家。

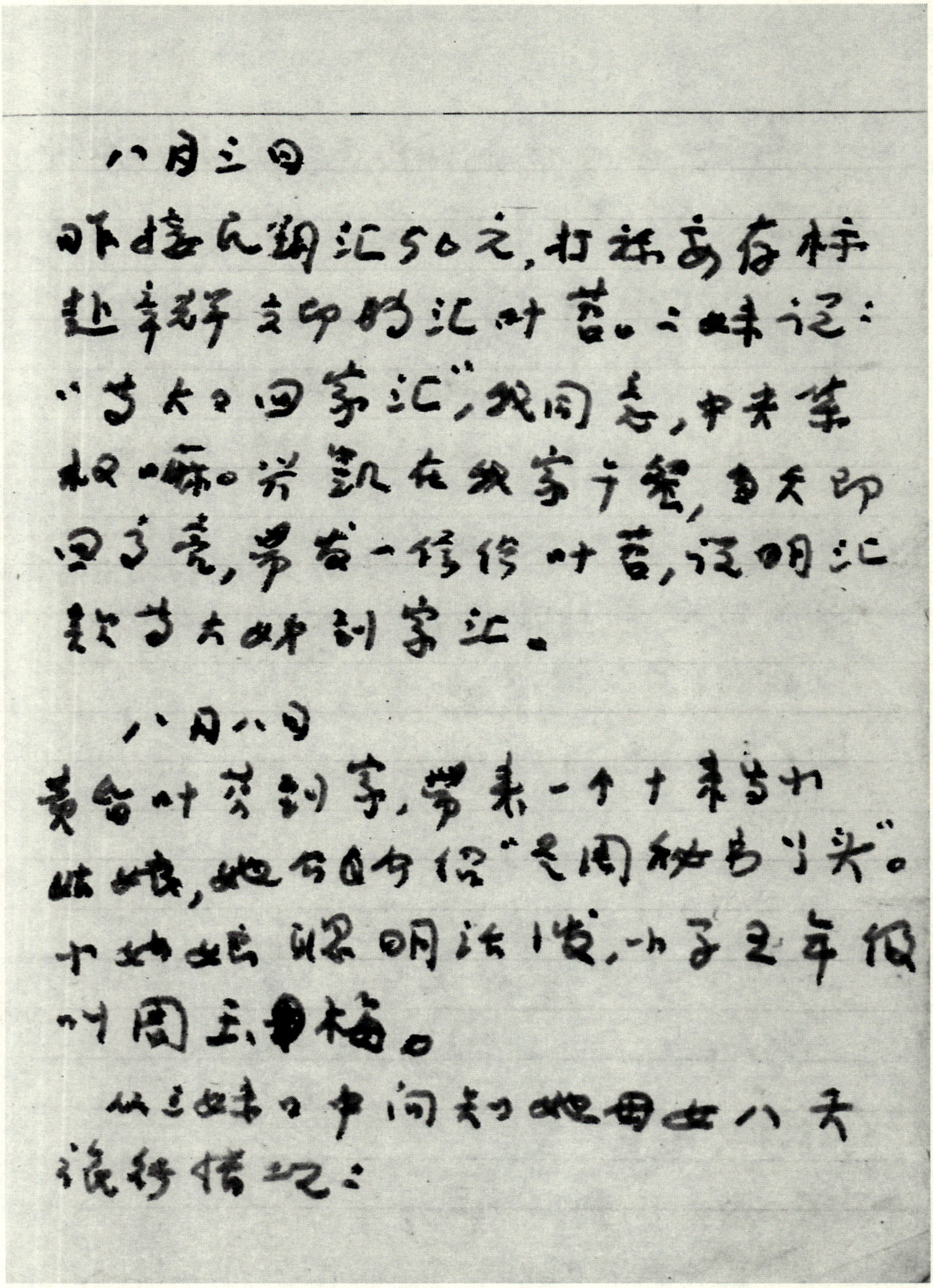

八月三日

昨接民翔汇50元，打张安存条赴章祥文即时汇叶苔。二妹说："苔大回家汇"，我同意，中来第权嘛。兴凯在我家午餐，当天即回了宽，带去一信给叶苔，说明汇款苔大妹到家汇。

八月八日

黄金叶芬到家，带来一个十来岁的姑娘，她自我介绍"是周秘书丫头"。小姑娘聪明活泼，小学三年级，叫周玉梅。

从二妹口中问知她母女八天旅行情况：

8.7乘客车中午到肥，饭店吃了饭后赴省人民医院检查身体及三妹诊病。晚宿店待处。8.8在城内走走，乘下午十五点三十分火车到淮南市，住恩文处。8.9上午王芳陪三妹赴恩宜处，住一晚，晚间看京剧，次日回恩文处。8.7早车到肥，中车到古河们宿同家。次晨乘客车到李郢，天太热（室内37°），黄昏到家。

八月十日

叶芬赴李郢子习，50元汇出，民钢、叶芸两封信也发出。

十一日

昨日公社开会决定考生名单，说：“党员成份未决定，暂作中地主，不行了。”

、先队母子大了，我看参加了参不了参，不是什么大问题，农村有广阔天地，就是最好的大学。大学与社谈话会批评，“家庭出身”也可以说是“成份”，但有区别，说话时要注意，说“先队成份来决定，暂作走地主”，那先队成份就是富地主了！“暂” 暂到何年何月，也不过把这次招生拖过去罢了。但先队家庭出身跟父亲还是跟母亲，已经分离十年不算数，根本也不上线挂钩，何以适合婚姻法、婚姻登记、毛泽东思想都不要，只有孔老二宗法观念，重男轻女，先队是男的，只读血统，不读经济关系跟谁生活，跟谁打阶级烙印。孔老二没想到马大还有这大威力！幸好公社生产搞的好，符合政府"粮食为纲"伟大号召。但大批判也要当头当大事来抓。这是家庭婚姻问题，不是个人问题，而是批林批孔运动在全国展开一年之久，农村[illegible]中十子女生读书还比较少，仅有改进趋势，但多数干部在这方面抓得不紧，也是事实，这个人问题是此中组成部分之一，不是孤立的。聊记数语，算是我又一张不像样的不公开的大字报吧。

八月廿九日晨写 七月十八[illegible]已报

八月二十八日

托洪水发一封信给文峻（挂号）要她带十篇回家，并附给叶芦一纸，也要他回来，"好好休养，[illegible]相互失常"云云。

八月二十日夏历七月小癸巳朔。

八月二十三日

昨夜叶芬从全椒回到家，次晨又赴章辉子习，我在睡中。起床后，听小妹说："全椒县革委会第二把手口头答复，并电话通知公社，哥文宇庭出身改为'职工'。这总算九成落实了，还要催有文字批示才称十分落实。"

八月二十七日

周小妹哲宇一早偕跟吴孔赴章辉，搭乘车回吉阳。吴孔带有叶芬信。

九月十七日 夏历八月壬辰朔

九月十九日

宽安八月初发病，右偏瘫未大发展，九月中旬尚能扶杖出门，本月十六日还自己下床小解，後叶芬反一跤。但是15－19日天水不写，她搞（尿湿）不用工具在床上

九月十六日 夏历八月十五中秋节。

大小便，常迷度，今天小便溺四次，晚间不仅精神失常，乱说一通（例子多）而且昏迷丧失知觉，实在怕人。叶芳章不在家。

九月二十二日

先队"病急乱投医"找柯杆印医士来发药，予之往车站找王医士。发叶芳信。信中有又叙再叙三叙重点谈"机械唯物论之实质，而形而上学之机械唯物论与唯心论混血儿，事实俱在。

九月二十三日

发叶芳再赴京。

上午，宽安对先队说"把后头二弟公叫来，我什么喊，我喊他好久了"。先队告诉我，我叫他问问二弟公住在后房廊里。当我进房，她说"来了"。

哪里，先队问，回答后

九月二十九日　（星期四）

下午三点20分宽安逝世。享年七十有七（虚岁）

家深为悲痛，化悲痛为力量，挽以一联。

贤妻王宽安同志永志

斗霜斗雪传家风；

再接再厉，追步芳踪。

老恩友张汝舟敬写

九月三十日上十点宽安入殓。

十月一日九点，由社队及全村

贫下中农，一致主张开追悼会。

大队成立治丧委员会。余向管区，

老又心烦意乱，叶芳悲痛，全由

治丧委员会办，余只对委员会人讲

"四不收"。一、不收纸，二、不收钱，

三、不收三里人全送的花圈，④不收

村外六个生产队花圈。我只建议

有三个花圈（大队一个，[illegible]一个，南三一个），不铺张。结果，邻村

闻风而至，参与者数百人，花圈十个。

十时许出殡，公社一二把手因公在外，另派领导送殡，全大队领导送殡，生产队长多人，老少党员、贫下中农共120多人。南张小学某中小学老师老师说，"田埠大队初次在农村贯彻毛主席指示，是喜丧白事里的新事物。"实则党员在贵大已受党恩七十年人，大七十字房，上级大报告只广播"今日八点有国长某作报告，革命教职工及革命家属出席。"而革命家属不到十人，宽要只一处已受党的某家，不能多述。

本此"化悲痛为力量"而不负党的恩遇。全家以此相勉。

十月五日

叶芳写《先母七十七年》

十月六日

先队人写《先祖母追悼会纪要》

十月七日

全家（南仔即份）上坟。不烧纸，不设祭品，只放尺长大爆竹一挂。

夏历九月大辛卯朔

十月十五日　　晴

先队赴辛支军，带发黄大信（挂号）
叶芦、叶苕信各一信，报出信。

十月二十日

也卫赴辛支郛，带发叶苕信，一计
不成，再生一计，好使苦彼加
压力，再问乐（写十天信纸，
揣个日记本纸

十月二十一日

[illegible]，带发恩雨信，内
附[illegible]词信嘱看毕付邮。

十一月十七日

屈指宽安已满七矣，今晨试打
太极拳，勉强不稳。近十日凡

手开始，每日一次，每次500，前后增加700。

② 旬日前收到韩老师一信，云"噩耗传来，悲痛万分，张奶奶竟与世长辞了！她一生俭朴勤劳，为人耿直、慈祥。这不幸的消息传给邻居们知道时个个叹息，回忆起张奶奶生前的种种美德……张奶奶死后举行了如此隆重的追悼会，我们得知后感到一点慰藉，她老人家应该好好纪念。

③ 安徽师大学报第三期发表吴幼

源、黄秉泽合写的《试论曹雪芹的尊法反儒思想》中有一段，发人深省，录存之：恩格斯指出：作品的倾向应当从场面和情节中自然而然地流露出来，而不应当特别把它指点出来。《红楼梦》正是这样。曹雪芹要求社会变革的思想倾向，是通过作品的主题和人物自然地表露出来的……

这一段话耐人寻味，才会读《红楼梦》才会读一切优秀古典作品。也才能会写文章会说话。一个人天天要说话，要行动，大大表现自己

接触的

人"场面"和"情节"。

"大中见小，小中见大"，帝修反头子，是

大人物，天天表演丑剧，自以为得计，

大的 从指的

我等小人物，天天也在表演，不能看

见"大中见小"，那自己也会"小中见大"，不知

经验教训 吸取

收场，小人物也会演小丑剧

会不断常

而不自觉而已。好在小人物，危害不大，但

"中国"也十分重视这一段话，不但会读书，会搞

一段

创作，而且会读报纸，把

别人的，"大中见小"，

做成一面镜子，照照自己，加强

阶级 如果能

识力，把爱憎很远之别

人了，与我无干，那可惜了！可爱的

那就太 19点太阳的

八点钟太阳，哪会有我

光荣任务呢？

十一月二十四日

復叶蓉、復芳信，復立仪信（叶芬附一纸），叶芬处亲笔发出

十一月二十五日　　（星期日）

復韩老师信，叶芬附一纸，明天三妹回校，带去河发、

十一月廿[illegible]　夏历十月大辛酉朔

十二月十[illegible]　夏历冬月小辛卯朔

元月十[illegible]　夏历腊月大庚申朔

二月十二日　夏历正月初一庚寅

1 2 3 4 5 6 7 8 9 10 11 12 13

戊己庚辛壬癸甲乙丙丁戊己　庚

~~寅卯辰巳午未申酉戌亥子丑寅~~

申酉戌亥子丑寅卯辰巳午未申

附件、阴阳五行与医学

医和以阴阳——六气说之

疾8

扁鹊论"阳入阴，阴入阳之病态8

P16 周语："先王以土与金木水火杂以成

百物"（史伯语） 8

鲁语"地之五行，所以生殖"

左襄廿七"天生五材，民并用之"注"五材五行也"

左文七"金木水火土谷谓之六府……"

P20

杨雄太玄经，"木藏脾，金藏肝，水

藏肾，火藏肺，土藏心"。

许慎五经异义说"今尚书欧阳说，

肝木，心火，脾土，肺金，肾水。古尚书：

肺火，脾木，肝金，肾水"

P22

郑玄驳五经异义说："月令四时之位与

之~~臟~~藏上下之次，冬位在后而腎在下，
夏位在上而肺在上，春位小前，故祭先脾，
秋位少却，故祭先肝。腎也脾也俱在
膈下，肺也心也肝也，俱在膈上。祭
者必三，故有先後焉。不与五行之氣同也。
今医病之法，以肝为木，心为火，脾为土，
肺为金，腎为水，則有瘳也；反其說，不死
則劇。"

扁鵲考（參）見引鶡冠子世賢篇：

魏文侯問扁鵲曰："子昆弟三人，其孰最
善为医？"扁鵲曰："长兄最良，中兄（同仲一讀）
次之，扁鵲最下。"文侯曰："可得聞乎？"
扁鵲曰："长兄于病視神，未有形而除之，故
名不出于家。中兄治病在毫毛，故名不出于閭。
若扁鵲者，鑱血脈，投毒藥，副肌膚，而
名出于諸侯。"魏文侯曰："善！"使管子行医術，以
扁鵲之道，而桓公幾（豈一讀）能成其霸乎？

正

李忠群　赵延树　张世胜

李老师借：

《乐府诗选》、《中国诗学通论》

《唐代文学史》、《李白与杜甫》

《宋代文学》、《明代文学》

世胜借

高尔基——社会主义文学奠基人

之

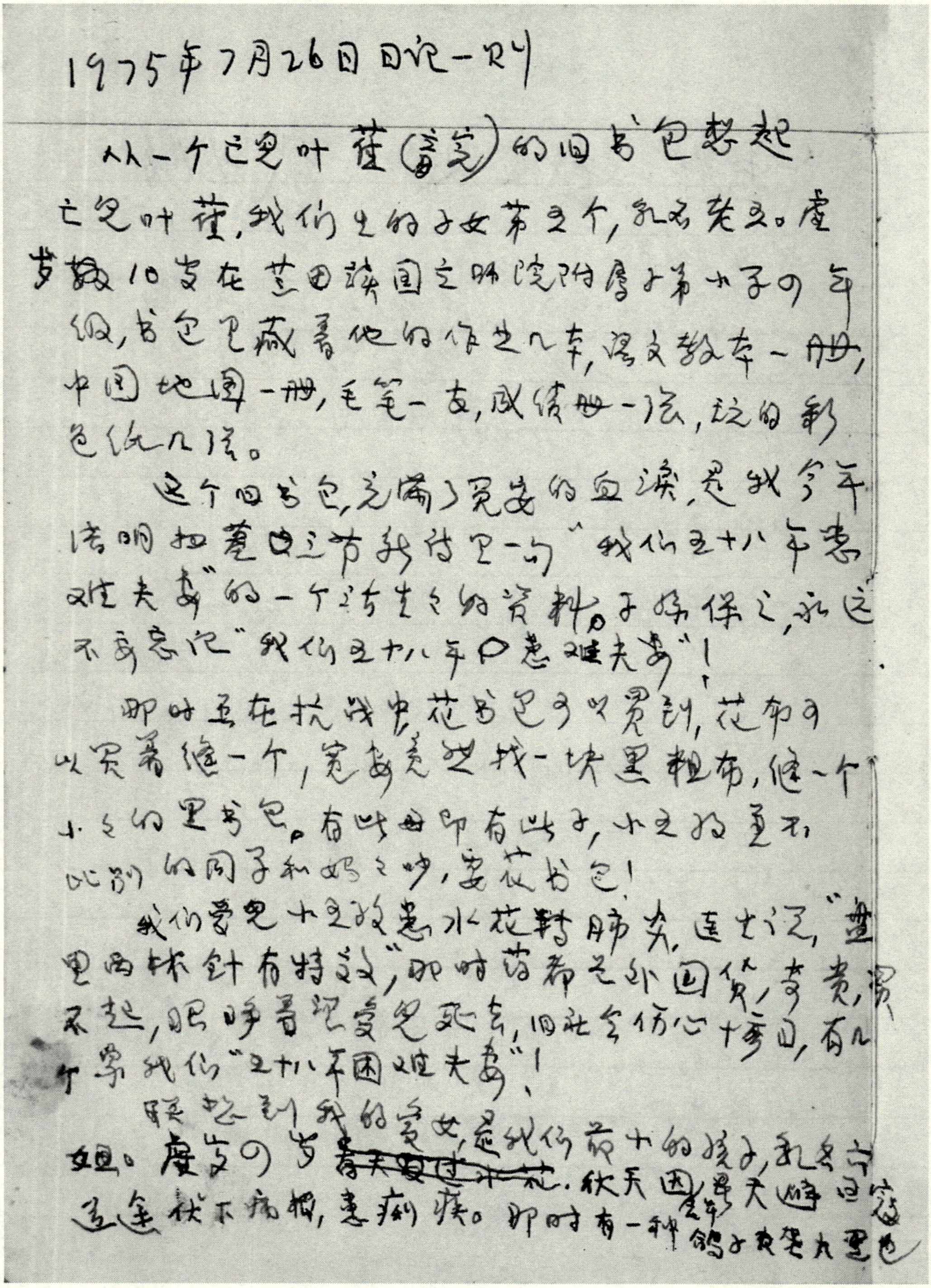

1975年7月26日日记一则

从一个亡儿叶莛（音定）的旧书包想起

亡儿叶莛，我们生的子女第五个，乳名老五。虚岁10岁在兰田读国立师院附属小学第四年级，书包里藏着他的作文几本，语文教本一册，中国地图一册，毛笔一支，成绩册一张，玩的彩色纸几张。

这个旧书包，充满了儿女的血泪，是我今年清明扫墓之节我信里一句"我们五十八年患难夫妻"的一个活生生的资料，好好保之，永远不要忘记"我们五十八年的患难夫妻"！

那时正在抗战中，花书包可以买到，花布可以买着缝一个，宽女老要找一块黑粗布，缝一个小小的黑书包。有些母亲有些子，小小的童子比别的同子和妈妈吵，要花书包！

我们爱儿十五岁患水花转肺炎，医生说，"盘里西林针有特效"，那时药都是外国货，奇贵，买不起，眼睁着心爱儿死去，旧社会伤心十多日，有几个像我们"五十八年困难夫妻"！

联想到我的爱女，是我们前十的孩子，乳名宁姐。虚岁四岁，秋天因暑天游泳日寝，追逐秋千床棚，患痢疾。那时有一种鸽子蛋大黑色丸子，特效，五德回贤，特效。吃两粒，吃不起，眼睁着看我们聪明活泼可爱的六妞死了！我们最可爱的小孩女小筑，已经回到杭州，一年春天发水花转肺炎，叶芦来信说，我只对宽安说："小筑发水花"，不敢提"转肺炎"。旧社会我们的老五死了，新社会我们的小筑活了！新社会，痳疹不是死症，先父与六妞都因痳疹而断送了性命，旧社会给我们夫妻脑子上刻上深深不可疗治的疮伤！今天宽安已举脱快十个月了，抛下了她最关心的老伴！老五未满十周岁，临终抱着宽安颈子说："妈！我对不住你！"而且六妞更小，不满四周岁，那么聪活，宽安说"我六妞真纯，就叫叶纯吧！"我同意，因她们之姊子名都有草头，所以叫"叶莼"。她死了，我们生六个孩子，天先夺给我们一个玩意好去，万分伤心，无能保住爱女的生命！写六首"哭莼女"绝句，第一、第三首是：二四迎将父母欢，粉拘双腮漆髯（音髭），最是天黄催午饭，母言待父笑传阑。又，苦遭苦雨误前儿，返罢诸

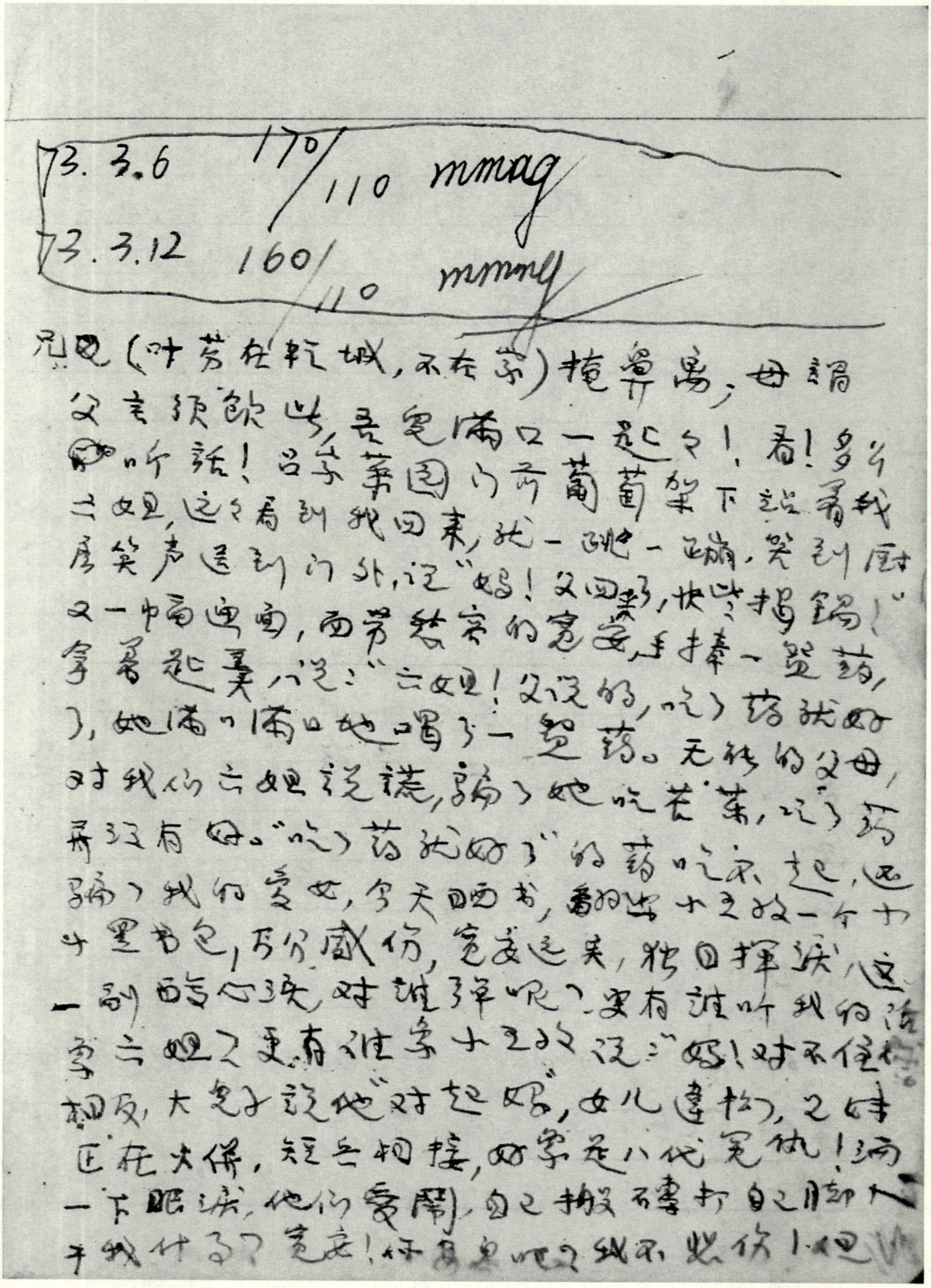
73.3.6 170/110 mmag
73.3.12 160/110 mmng

忌日（叶芳在乾城，不在家）掩鼻哭；母亲
父亲须饮此药，儿满口一起了！看！多么
听话！当年菜园门前葡萄架下站着我
六姐，远远看到我回来，她一跳一蹦，笑到厨
房笑声送到门外，说"妈！父回来了，快些揭锅！"
又一幅画面，西节祭家的灵堂，手捧一盆药，
拿着起来说："六姐！父说的，吃了药就好
了，她满口满口地喝了一盆药。无知的父母，
对我们六姐说谎，骗了她吃苦药，吃了药
并没有好。"吃了药就好了"的药吃不起，还
骗了我的爱女，今天晒书，翻出十五岁一个十
斗黑书包，万分感伤，爱女远矣，独自挥泪，这
一副酸心泪，对谁弹呢？要有谁听我的说
家六姐？更有谁象十五岁说"妈！对不住！"
相反，大儿子说他对起妈，女儿违抗，又好
正在大佬，短兵相接，如家是八代冤仇！滴
一下眼泪，他们爱闹，自己搬砖打自己脚，关
于我什么？宽容！你看见他了，我不也你！但

"太上无情"，我敢谈什么"太上"，实在是无能，是"太下"，又不忘情，不是老傻瓜！"硬头钱"自找麻烦，害了自己，也害了孩子们。这是不能无不了的了，不然也不够格叫"硬头钱"。我这样说，硬头不会服气，等针戳一下就跳，越跳等针越多。总之一毋所出吧？遇到这么一个不识趣、不听话的妹妹，身为高级知识分子，怎把从何写起？这么大劲头，打倒一个小子教师妹妹，岂胜不武！本意是妹妹之、之、记突然、瞭望鸷之宠己之夜，打大人之短，于是形成矛盾，地隔二千里，各逞英雄，本是两个幼稚孩子互投瓦片，不值一笑。可是被别人利用，"山雨欲来风满楼"，吹得小■岷山乱摇，而硬头钱是不是有些觉悟了？自己说："××挑拨我师妹不和"，为什么又吹进"小辫子"给他抓等针戳一下，就大发雷霆，"以后我不理他！"弓了头！缺了大，你不理他，他理

江苏省東台县 曹镦中学

王恩任。刘楚朴

尚志大的男。尚惠二男 小慧三女 小五女

（你的）前天晚上他来了，"山雨欲来风满楼"，"树欲静而风不息"，他的来访"大大不通世故，真是知母莫如女。~~[illegible]~~ 潭滦水里硬头皮吃苦头，了不起！钱塘江上的"尤"派大导师，被人利用，还在二千里外唱得胜歌曲，殊得意之，我吃了可笑！得胜不武！竟要革职了，我却舍不得死，写到这里，硬头皮还给我《参政消息》，我看着有点味道，所以舍不得死。见到黑布十袋包，百岁文集，但是我还要活下去！

盲翁日記

1978. 乙巳

~~农历十一月~~

元旦 ~~十一月~~

农历腊月初九

文楷与丁美音结婚。

元月二十日 晴

接叶芦宁来水果粉二

斤，安排通知叶故乡来

亲友及近邻，村里不远，由我补完。余与世芬、叶俊南议，开个座谈会，他们同意。

元月二十四日 晴

得延超讣告：徐老于去年十二月三十日由大笑归道山，存又失痛，收写一封长信，挂号付野，真是痛悼。去年十二月中旬自合肥北返，回家过太原，约世广赴马厂在山根王与段位老友，作二日三夜之畅谈，不料与校老竟成永诀！更奇怪，他于我返京后，二十二日写一封信给叶芳，因感冒二十八日发出，但距他猝逝世，不到三天，情致亲切，其关心老友，可谓无所不至，伤哉！

二月一日　晴

贵大之月份工资寄到，附言："梓老师母因事赴川，有急事可函杨定国家。"今日挂号寄杨一信（存压积尺万本）。

寄二隋国英信。

七日

大雨雪

农历"元旦"春节开始。

前天生队回家，不赞成开座谈会，建议今天及明天凡来四个字比，明显是关系较好的，"二来内阁和通郎"因而我们这样有理。今明天四生队过足安，桌上陈列多种粮食，招待来宾。信写好，五日由三妹代发。

二月十二日 初晴

今年我度过八十，也就是第八十的初度（余生于光绪二十五年己亥，农历二月初九。今天是我第八十初度第年。成七律一首。

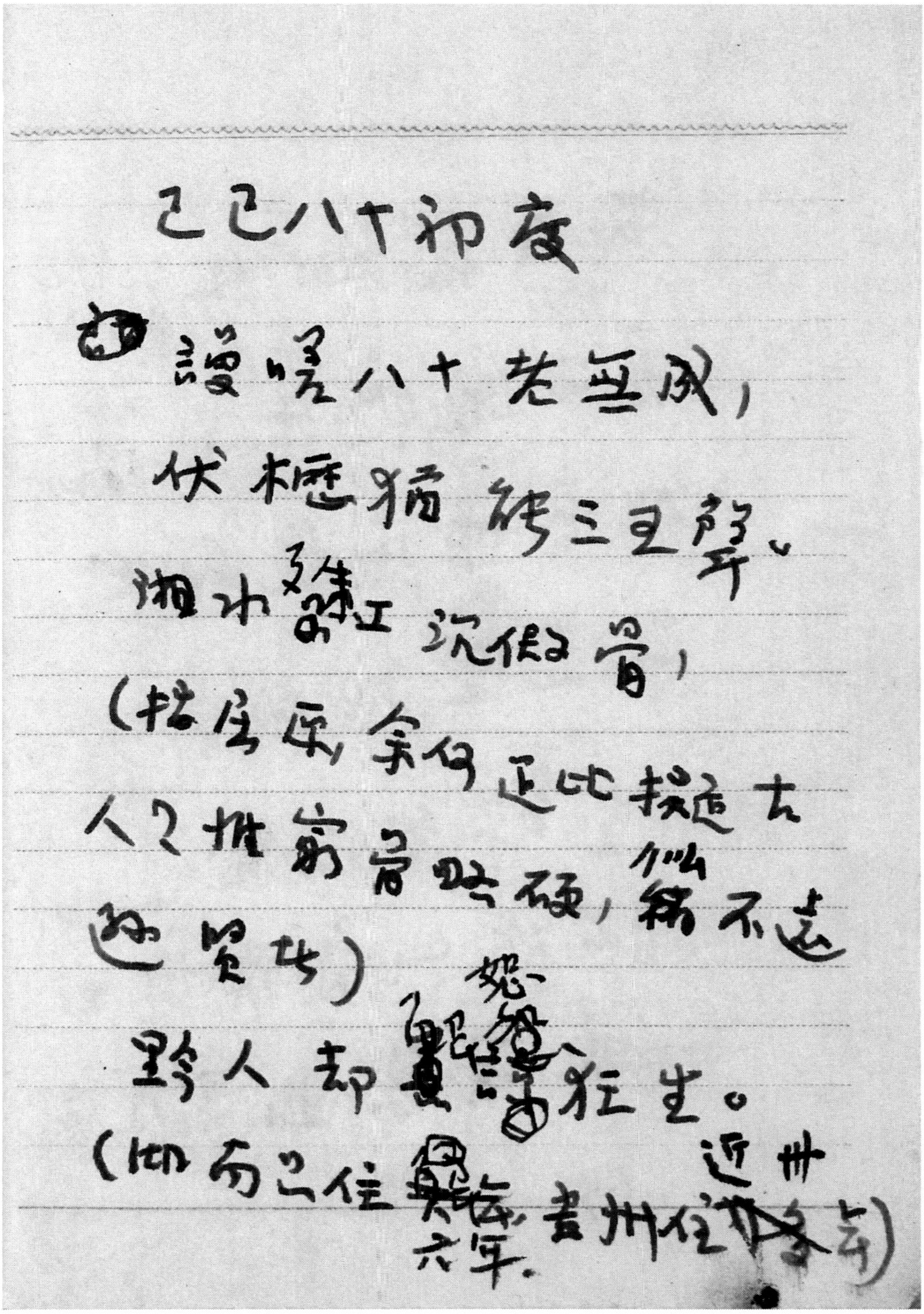

己巳八十初度

谩嗟八十老无成，
伏枥犹能三里声。
湘水沅江沉傲骨，
（指屈原，余何足比拟古人？惟寂寞时之硬，倘不远逊贤哲）
黔人却[illegible]狂生。
（吾已住贵阳近卅六年，贵州住[illegible]年）

花甲覆瓿难千卷，
觅句闭门未半篇。
犹喜卅年逢盛世，
红专照我趋前程。

综老高在七中，括不终己，岂有诗成一样，蒋然出罢及存

功

稼穑之稼已西成，
且用歆猪代哭声。
汉边长眠转一面，
亦将浓谊付多生。
深愿知哲嗣承宗子，
定~~州黄文~~傅高风纳破篇，
上年择贤非适矣，
今天毕竟是初程。

二月十五日 晴（昨夜微雪）

秃筆口占寄草东诸友

反修反霸三鋒在，

秃筆無多亦可詩。

莫謂江南風雅绝，

願聽~~寄~~舊省[illegible][illegible]音啊！

今得叶芃信（德庆書）

二月十八日　晴

上月岳尊老友鈞寄示三十年前

渠與默生及我之酒洲唱答近十章，

因並《岳老筆口占》韵述意

平生局限識難違，

~~三十年前~~

卅載舊文[illegible]足珍。

忽滿懷情益可喜，

聞雞起舞有餘音。

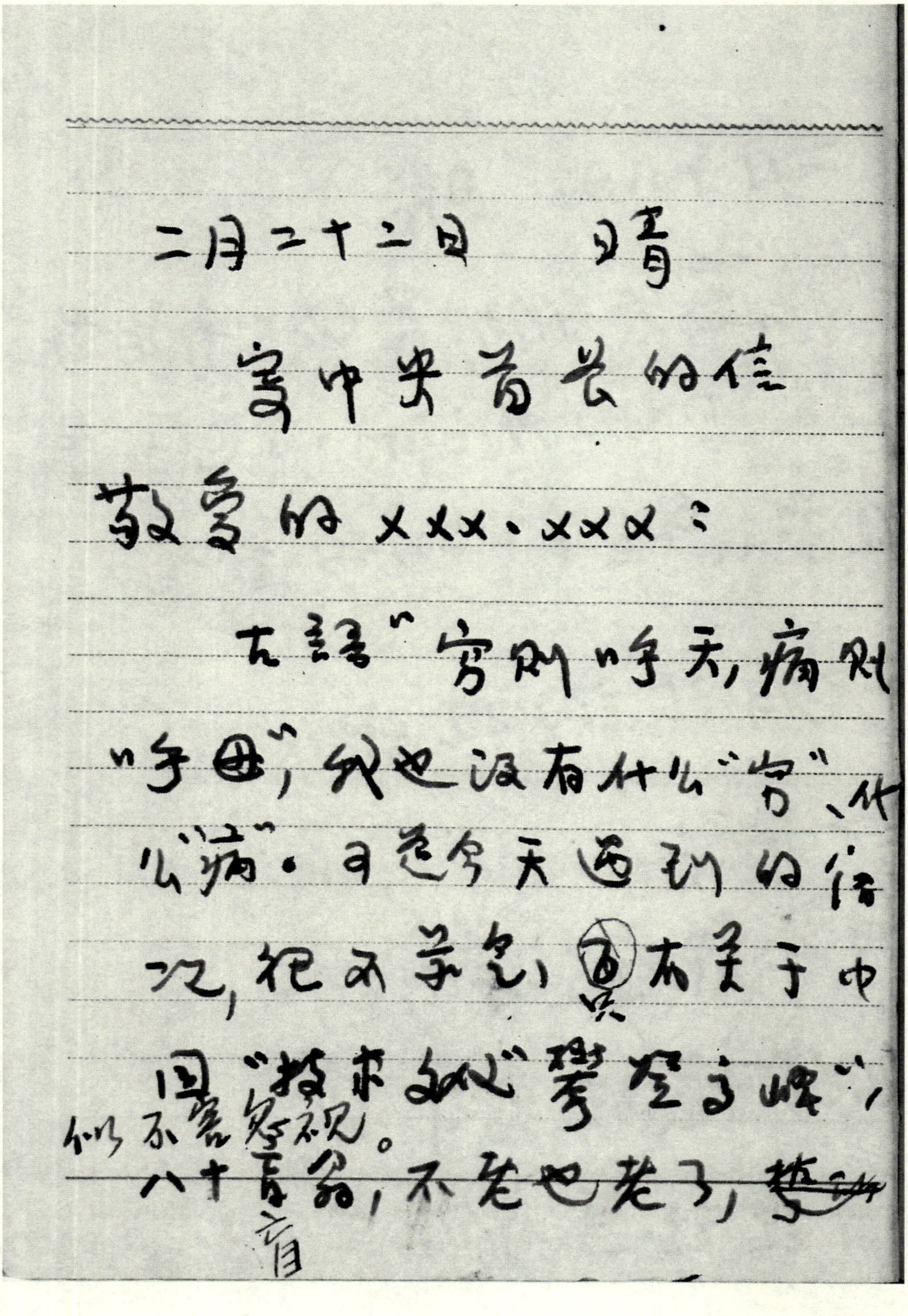

二月二十二日　晴

寄中央首长的信

敬爱的×××、×××：

古语"穷则呼天，痛则呼母"，我也没有什么"穷"、什么"病"。只是今天遇到的情况，把两字包、只有关于中国"技术如此攀登高峰"，似不容忽视。

八十盲翁，不老也老了，~~攀~~

~~五四~~，那时"天"字"母"不见了。

了。经过这样，我得以西

周考年57被禁二十年，其

被禁经过，见以后佳作内

我的自序的开头二句。一直

到77年3月奉科学院々

长办公室（以"郭沫若同

志"名义）批示，将此书

稿寄科学院《考古》及
《历史研究》，要求只打印
三五十份，寄国内若干文史部
门的专家指正，趁我尚
未回国期间，稍以修改。然
拖了一年，将稿退回。
退稿的了，实为平常，但
这样退了？而《历史研究》
编辑部来退，表面上肯定我
花了不少精力，并宣我

以后对該刊支持，可是該刊编辑部借过北京几个专家的口作了这么一句：据说两有这个"不足之处"，就是引用根据不可靠，即如《两周金文辞系》是几十年前著作，有些是前人认为是西周前期的，后人查出是后期的；过去认为是后期的，今天查出是前期。这就说现代铜器不断出

土，希望我写跋。这一指示，

明白告诉了我，不要为该刊

编辑部同志，我见此文几

名专字，对于拓片原本没

有过目。，凭印本作拓片

一个拓本，何以言之？拓

云然引用拓印是八十年

前旧作，而此器铜器的年代

与印拓各不同。各字

断定铜器

器的年代，互有不同，各逞

己见，有的根据铜器的形状

与花纹。这种办法，不够坚

强。中国历代很多古器学信

古。只有根据铭文明载年、月、日

月相的用历法推定，

除某王不行，但这是天上材

料，核合他们的资料多无

法反对。（吴其昌《金文历》全书

我订的，大运动后该杂志停刊，我也买了几本。平谷县刖(?)乡出土铜器的铭文，我也见到几篇，铭文甚短，对断代不能起作用。据"历日"推定年代，是最确切的。这适用于铜器，也适用于石刻一类星(?)相(?)日之变、书经《武成》（古文）与《召诰》小雅"十月之交"：

"朔月辛卯，日有食之……"最(?)

法拉孙是西周幽王六年，这首
诗列在小雅里面，毛传、诗序小
序都~~说~~说是幽王时诗。只郑
玄懂历法，不知自己历法不精
密，硬说~~一连几篇~~都是"十月之交"几篇出于厉王时代年
的诗，这要早去六十年代。郑玄又
因自己不精密的历法，改窜了
经为纪文。伟大领袖毛主席教
诲

1952

○○○我研究天文历法多年，无所用之，大概是1952年科学院《历史研究》发表浦江清先生一篇文章用天文历法

要，科学实事求是，来不得半点虚假（大文不错，未敢对序文）。

~~"是"错在天文上，中国天文~~

~~我认真研究过~~

写成《西周年表》，有关人员没有认真过目，作一个空洞的肯定"颇有研究"（化了不少精力）与空洞的要求~~（对文字加以推敲）~~，

空洞的话对人不能起帮助作用。

~~上文可略证一下，够了。~~

本世纪末只有二十二年了！

"四个现代化"指标该多么大

解释《离骚》确定屈原生年。经过两年国内对浦先生文章只有赞美没有批评，我写一篇《再说屈原的生年》发表出来，明确纠正了浦先生的错误。这是我过去研究的成果，初步使用。这篇文章写入历史研究编辑部中！（见下页）

时间这么短，工作同志该付出多大气力，才能完成这个艰巨任务，值得考虑。《参考消息》前年透露英、美两国专家等人写了一部巨著《世界科技史》，对中国祖先科技成绩予以肯定。在什么"指南针"、"勾股定理"、"圆周律"……之类，中国科学家早有论著，都比西方早几百年。推天文历法，中国没

有诠情的注传，外国人就没
有资料。据若 ·提出一些
诠法似乎可以提出讨论。
《中国科技史》，这二十二年
内，科学院历史研究所似
乎要放弃上。把 据若重来
过回，轻易地抛弃，这种
作法不好。杂志以"历史研
究"为名，置西周後史开端二
千多年的纪年，置之不理，

"研究"就落空了，至少是偏居一隅。

钦中答复："先生对古历法有专长，大作本刊不拟登载，另找其他刊物发表。"一拖两年没有消息，我把稿子要回，发表在《文史哲》66年5月号上。
又日本新城新藏《西周纪年》在中国史学界泛滥10多年，我才开始写《西周考年》

如果《历史研究》编者或北京专家真正对拙著过目了，把我开头"四个论点"——甲否定三统历，乙否定三正论，丙否定月相四分说，丁、确定失闰限失朔限。

~~[illegible]~~）。

如果这四个论点有一两个站不住脚，全部论文就不能成立，不是什么"不足之处"了，这是第一个审查材料的要点。

第二要点把我批驳新残新藏的~~地方~~指出了，王某~~的~~的错误，这也不是什么"不足之处"。第三要点，审查我所立的若干条，如果指出了王某不能成立的，也不是什么"不足之处"。

不但对指挥部目前这种宣传，任何报刊编者都要以此态度审查稿件，才符合大寨"踏踏实实"的精神，树立鼓励读者用大寨精神真干、苦干、巧干。

空洞的肯定和要求，~~不要表~~ ~~任何稿件~~ 不要表任何虚套，~~这是一年~~ 这种作风值得考虑。

（下接前面删掉的"参考消息"……

……一偏废一角"）

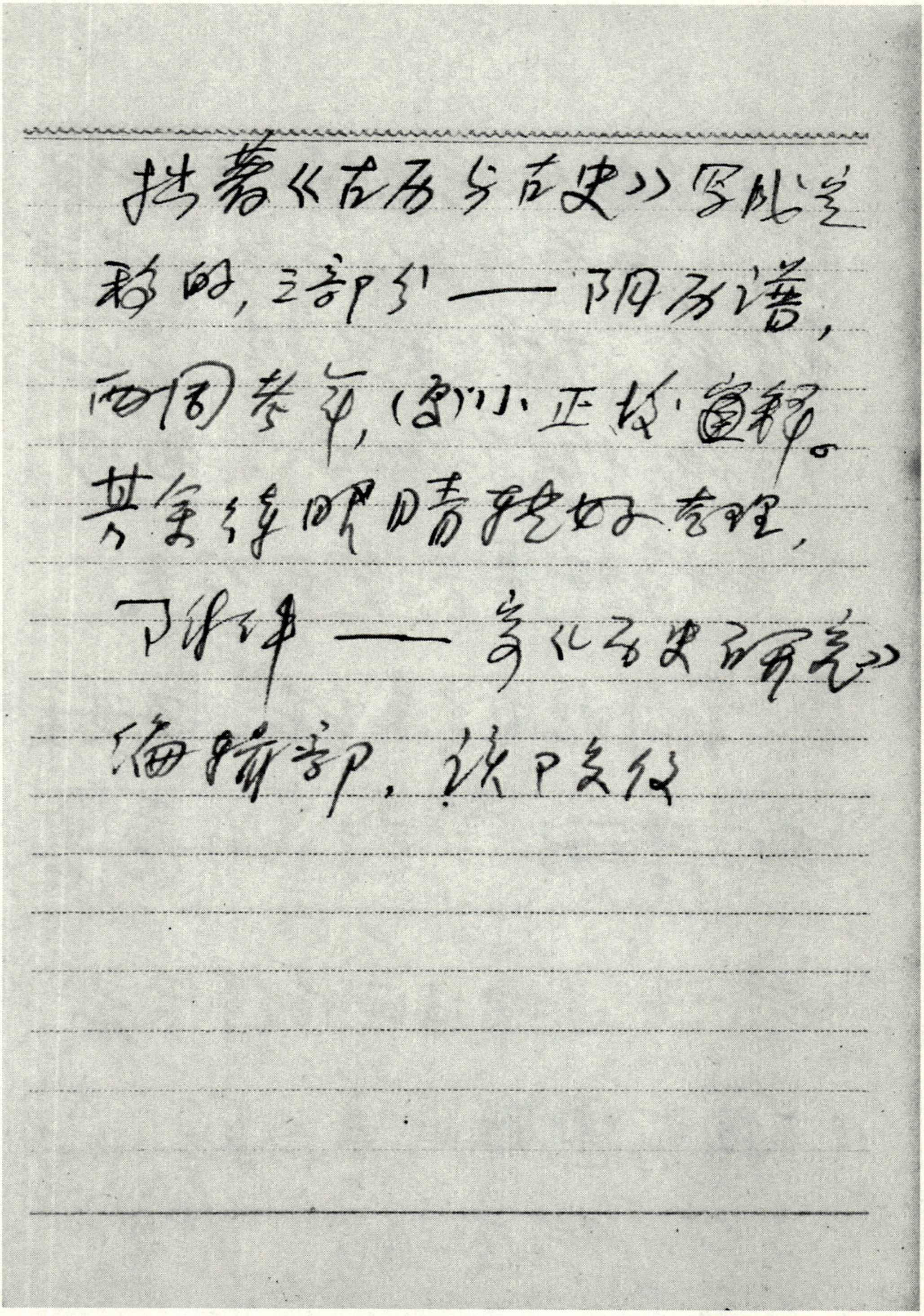
拟著《古历与古史》写成之
稿时，三部分——阴历谱，
西周纪年，（字小、正楷、宜释）。
其余待眼睛转好再理，
下半年——《文化与史研究》
编辑部，谈下交付

二月二十三日　晴

復鼎三信

鼎三弟：

来信收到，惊闻　吴则虞先生去冬逝世，葬八宝山，是弟代吴先生死得其所，兼得其他同志称赞。不知　吴先生家属还有何人，望告。我也不便去信奠吊唁，知道

吴先生身后，是必要的。五三
年春，我返乡路过重庆，那
时吴先生在西南师院任教。
这时西师院长谢立惠，
谢是中大同班同学，又在合
肥六女中同事（我在六女中兼
任两年），他的物理很不
错，又没有留学，不过于老学
长吴有别。那年我到

关访问谢院长

西师，晋谒谢院长，他把我住到他家，我说："不忙，我到吴宓老先生家住。"主要是为了老先生容吴先生接到接待。我说今一会见他校教现代汉语老师，他把国西广陵去定我下子调教现代汉语。吴说："周不暑全。"他婉约西南有言白古代学术及古文有成绩的赖以庄与钟子居二老。钟外出，赖先生来了，纵谈禅学及桐城文，我们会晤很开心，赖先生知道王仰萱，谈得正酣，谢来了。王际经任教，改谈明剧，我是外行，也听得津津有味。吴先生精通道藏，我知道，他毕生对一切认识搭捏乎文学的，我记得今后桐城文吃不开了，也说"终身学习吴先生平生独立之精神。后来吴先生多次遇难，我多半知道，不多谈了。因得益先生中最熟，只有吴宓二十四年前我在西师一个晚会，见老学报先生与同辈吴先生不平凡，谈说学者，没有官气，没有傲慢了。差不多一刻钟的阵容之作，也白色巨书，没有深厚蕴藉的表情，这就不容易。

"风物长宜放眼量"，写四寸字，不行。

来写"纪念楼"的瓷匾额，这是全国普遍现象，都是由人写之后写四寸字抵到毛主席题字[illegible]

的结果。我最近写三首绝句

《青关》：

(一) ~~反修正~~

高考計分凭祖才，

下层丝住后门开。

张妖（铁生）鬼話如神道，

今日红书何自来？

(二) 值量緑何排第一，

质

工农废品何谁收？
[illegible]改代时非久，
在世已经廿二载，
不了天缘志急[illegible]到？

（三）

又右一首

秃笔四[illegible]一纸[illegible] 华東僅存

三、五[illegible]访友

百修百霸三锋在，
秃笔無多似可珍。
莫道江南风雅尽，

吕三 涪翁春莺存诗句，李说常似说禅：“春水船如天上坐，老年花似雾中看。”

讽今尚有黄陵音。

先生今年八十了，也写一首七律。

戊午二月八十初度

谩嗟八十老无成，

伏枥犹怀三五画，

湘水殊工记傲骨，

（指屈原，余何足比拟古人，惟穷骨略硬，似不远远贤者）

黠人却解笑狂生。

（住湖南五七年，贵州却

住二十七年）

著书霞韵难千卷，

觅句闲门未半篇。

稽考卅年逢盛世，

红专四化记前程。

两年前我对什么旧诗

没过足瘾，旧诗多作不如

少写，少写不如不写。四人帮粉碎了，"四体可以写"毛主席批准过。我几首诗转抄换着写。

他们硬说老弟是我第一号大门徒，仲模是第二号，你们似乎默认，我也只好默认了。

前去年冬至写信给王孙侄，

特别是去年秋冬之际，提问
入全场女运动，又叫写
几首诗，来使兰子来提。通
使受阻碍，有的话不出。只
怪先生生了这个病性女儿，我
们人多说几句话，她呢就冒
火，出面阻止。反对我写信，
说要静养。所以有个写信，她
她们却留，坐的宝，烧的烧
宝，这时间过了去到了烧，

就完了。

叶芳服侍，没有话说，就是浪费，千万不许买好茶叶好糕点，做好菜了，向我说"我不当泥菩萨"，说了三年了，无用。

老弟也是好多话，替我出个主意，对付她们。为什么叶芳一人，用"她们"呢？叶芳孩子都听她话，我孤立

叶芬有三个孩子，大的是男，
名先队，大运动开始之年的
初中毕业，学的比较好，因
年过二十五，没有参加今年
高考，但他赤脚医生方面，
成绩是特殊的，全县只有他
一个被提出转为正式医生。
二妹高中毕业已满三年，三
妹学生，团员，但今年高考
落榜，现任南阳初中二

年任英語教師。三妹出身较差，品质好，聪明有才能，在供合作社供销社工作。妹夫~~苍鼓~~她也是高中毕业，因为叶芄鼓励她今年下期参加高考。叶芄三月回转回家住二十天，对叔、姪、侄指导二妹、三妹

叶芄和我有些矛盾：她私，片面偏护父亲身体，上

话了，干脆我与人多谈几句话，
干脆我的通信。但她还
未过来，你这封信，转而
还送“南京—金陵、辛辣公社”
后然收到。这漏网之鱼
吧，还是她们对我网开
一面了吧？苦今后不要来
捣乱。还是信她们，
这封信不捏了。你来

信还如旧。

去年冬中，周本厚，季从江苏来看我，有许多好人的表记，向你详述。来信只字未提。过去一切都过了，

言归正传：

今后你和彬模希望每一季度通一封信，彼此有益。今天是什么时代，你们有力

并为国家做出较多的贡献，以后通信，互相商量，并帮助我怎样“[crossed out]代杨绛移三五房”。暂写到这里。我不太爱写长信，有许多话，还是通过信吧！来信可短，也应该保持十七。如果你摸过此信附寄的几首诗，来一个“境界很高了”，有什么用？

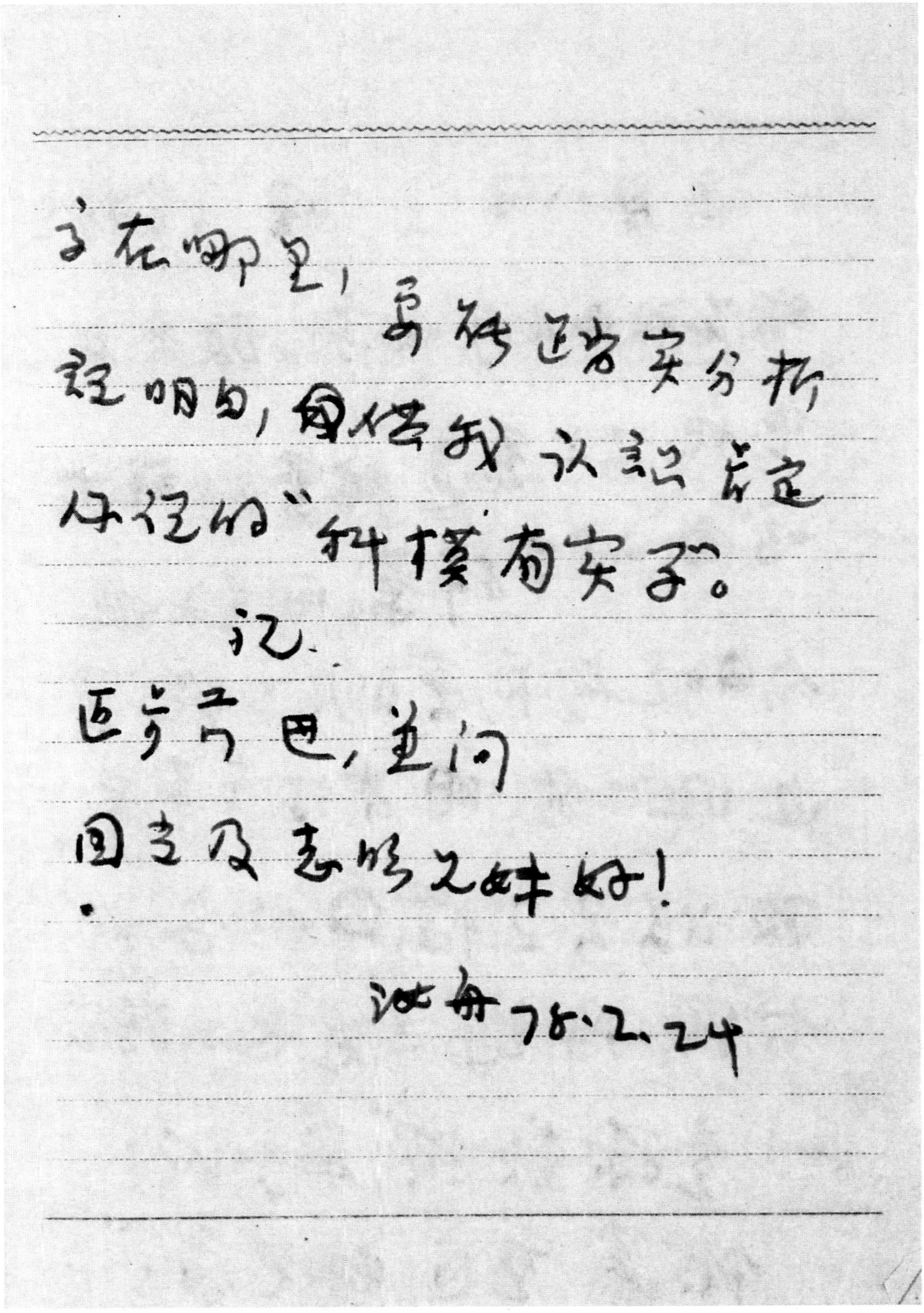

了在哪里，

要能通过实分析

证明出，自信我认识这定

个问题的“科模有实子”。

祝

近步可巴，并问

国立及志明之妹好！

汝舟 78.2.24

三月八日　晴（星期三）

昨在队由大门回家，说是在电视台上重逢林笑笑，评述场面，对其挥柔，同童子侣今回晚灯下，書赋二绝寄边江二老，明本村去年考取汉关卫校，即此季钱今得，拜谒二老也。诗云

（一）童孩欢报"真奇耶！
银幕重逢林笑笑。"

曲士鲰生轻科技，
拉非何术拒长蛇？
(四) 五眼六通难线见，
如今万众是平常。
闭门面壁求亲證，
離世菩提实渺茫。

五月八日　晴

叶茗回厂在家住28（6）天。

五月二十八日（星期日）昨午后下雨半天，今日晴。

华主席颂

（一）毛泽东、华国峰，
人是两个，
而是果实继承射放的
一片东方红。

~~[illegible]~~ 

(二)毛主席、华主席，
虽是两颗，
而是紧密继承的一颗"人
类大救星"。

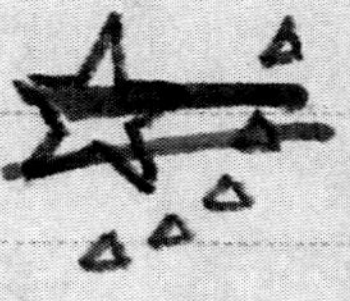

(三)反修与反霸，
片刻不放松，
紧跟华主席，
永唱《东方红》，

六月一日

前夜昨天雨，虽不大，稻田遍，减久旱之甚雨。近数日气温大降，着重棉，日写手书未拔开。

临江仙

昨夜竟然入梦，甚奇，遂挑灯用旧体词纪之。

战鼓咚咚专国会，依旧

吐气扬眉。甫申邪正两
相违。目断阴の害，一醒十恨
空遗悔。五十八年夫妇里，
认识倒是为难。一朝追
究竟答何归。太阳红似火
谁调和了我。
附六三年旧作《花残
春尽》：卅载生涯空自悼，疑年
伏案低眉。乘风破浪书

心違。有心難許國，屋下董生帷。大地春鶯驚曉夢，醒來西日金輝。江南雖好不須歸。花間雙蛱蝶，時向老人飛。

注：開頭一句回憶來桂時事。

叔湘尊兄惠鉴：

违教忽忽十余年，人世似乎又经一次天翻地覆，尊兄与丁李诸公，进一步受到国家信任。全国科学大会上两岁老兄大有其人。本世纪末只有二十二年，诸公为国定留芳，并非幻想。弟偏处乡隅，耳目不灵，未便以琐事干渎。莱芬兄老弟来书，转致诸公雅爱，以为能欣度幸福之晚年。而却出意外，一则旧籍（合肥）新籍（合徽），谬取虚名，问道于盲，应接不暇。其二则世代务农，生平濡染，论人为学，报国之心，不啻"七十而有时也"。谨呈本年在社队与普通中学老师互相研讨之讲稿四份，分寄尊兄与丁、李、郎请教。近一年多新旧体诗词，择录一二，奉教之。若干省内二三高校，早去人光临茅舍，聘作顾问，破译古字，既蒙不弃，只得借舍江淮之上，沿面挂笔，似此残年，值博诸公一笑。

尊兄前此到芜讲学，失之交臂，未能一面，深为怅怅！皖报所载消息，已向皖中学友索取。先 大著《三讲》尚未答复也。荣幸来函示之 您院已新编大学教本《现代汉语》，曾向鲁索阅，烦 惠我一编为祷。

因先生不老，早晚赴省诊治，医者言可复光明，情不自禁，不能待矣。兹笺草呈。草率不敬，特请中学语文老师代抄。诗稿则请青年同学代抄。亲笔请 教尚祈不逆，至之！如蒙 惠赐 大札及您院编著之大学《现代汉语》本能早日收到，使我暑期在社队主持讨论语文教法减少错误。切盼！切盼！

敬颂

著祺！

弟 许德

78.6.16.

六月十六日　晴

昨收到章辞中子刘师
的来信，他们跟中中子谈
又差师讨论讲稿十八
个，同时收到金校是
草书样校为打印的
地方，比较周要，等到校后
转交，要求复加核[illegible]

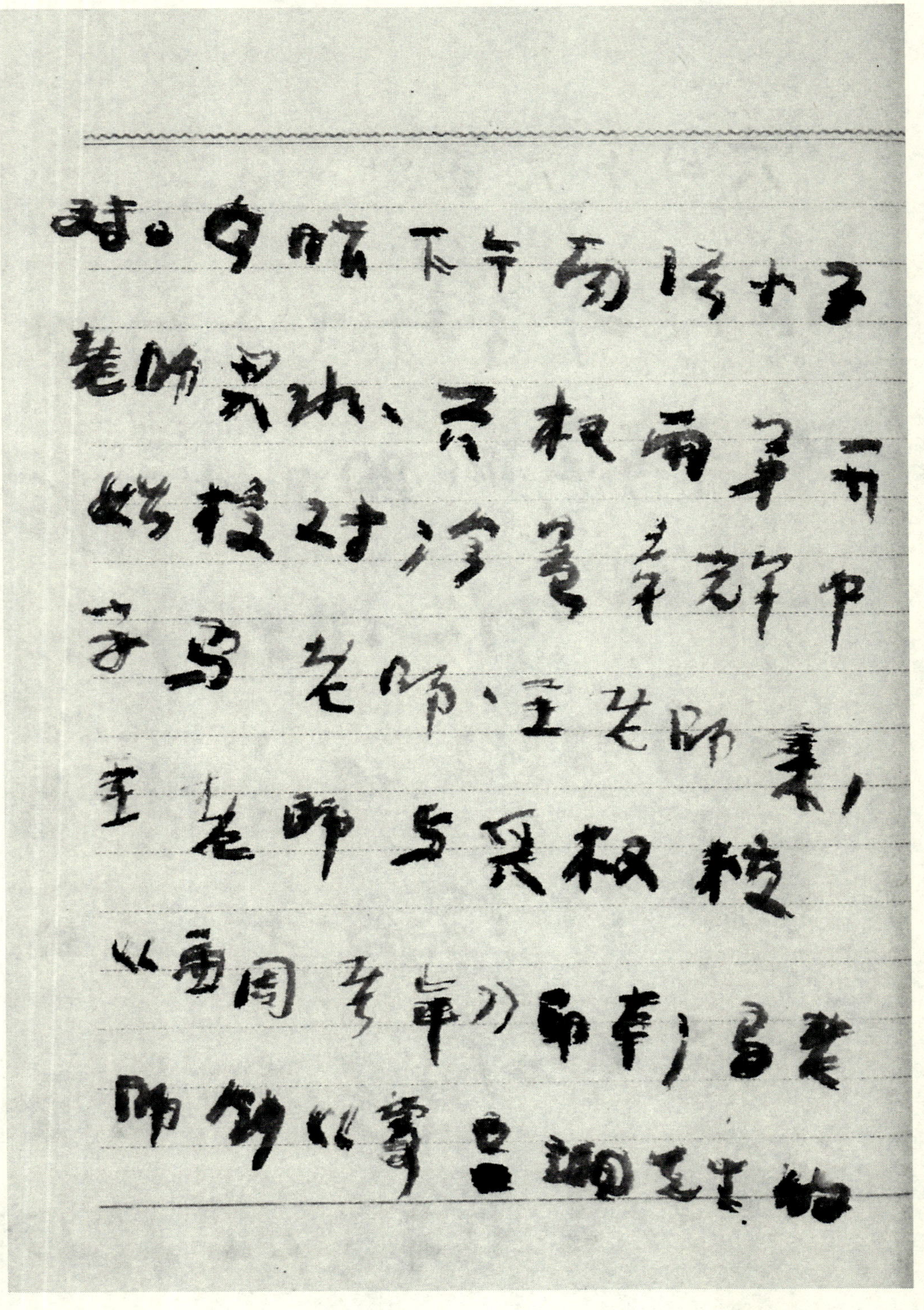
辫。今晚下午南开大学
老师吴琳、吴叔两弟一
妹校对冷笔老元年中
子写老师、王老师来，
王老师与吴叔叔校
《西周年章》即本，昌老
师的《曹云满文集》的

传、争取下午楼学答出

宁章辞公社张书转全校革委会黄主任的信

张书记转

县委黄主任：

昨天接到全校革委会寄件校向宇来打印的《两周学习》全文稿本，要求我细校一番，县见颜向同志认真负责，

主佩！今为领导关係直接一

些，简化一些繁之校对完

毕，~~还是由孩子们~~

这份材料，由

两位领导传递。並附呈鄙见。

（一）已改正的在印本上改正；又

单写一纸说出印本错字的

页数行数，以免遗漏。

（二）~~细缪中有许多表，凡~~

~~是表内有两行以上的一大~~

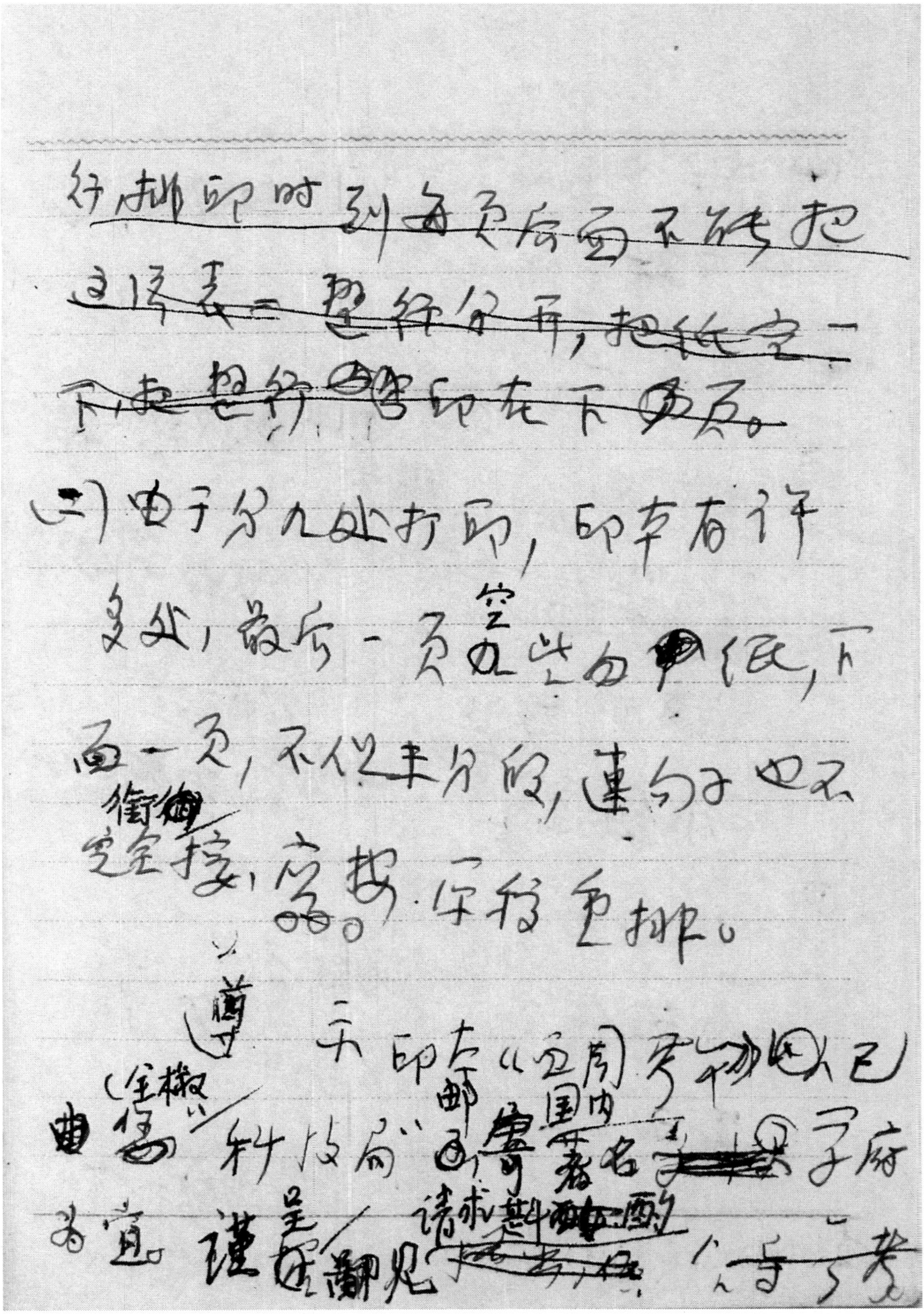
(二)由于分九处打印，印本有许多处，最后一页空出白纸，下面一页，不但未分段，连句子也不衔接，应当按原稿重排。

三、印本《五周年纪念》已由（全椒）曲侨研究所邮寄国内著名大学府备查。谨呈御览，请求斟酌。

（一）北京中国科学院历史研究所、考古研究所各一本。

（二）北京大学历史系、中文系各一本。

（三）中央教育部编写大、中学历史教本小组一本。

北京市教育局编写大中学历史教本的小组一本。

（四）上海市教育局编写大、中学历史教本的单位一本

复旦大学历史系、中文系各一本。

（五）南京市、南京大学历史系、中文系各

一本。

(六) 合肥市 安徽大学 历史系、中文系 各一本。

(七) 芜湖市 安徽师大 历史系、中文系 各一本

淮北市 安徽师大分校 中文系 一本。

(八) 滁县 安徽(省)(广)播师大 教学点 中文系 一本。

(九) 杭州市 杭州大学 历史系、中文系 各一本。

(十) 浙江金华 浙江师院 历史系、中文系 各一本。

(十一) 武汉市 武汉大学 历史系 中文系 各一本

(十二) 青岛市 山东大学 历史系、中文系 各一本

(十三) 西安市 西北大学 历史系、中文系各一套

(十四) 长春市 吉林大学 历史系、中文系各一套

(十五) 沈阳市 辽宁大学 历史系、中文系各一套

(十六) 成都市 四川大学 历史系、中文系各一套

(十六) 昆明市 云南大学 历史系、中文系各一套

(十七) 贵阳市 贵州大学 历史系、中文系各一套

(十八) 贵阳市 贵阳师院 历史系、中文系各一套

以上共寄27本，未包括赠我10本。

就自己仍很便宜阅读，只能也只限于需

师这么多套，实在无法——

两安徽大学和师大以及两个安师大

分校乃至浙江师院联系没有。但

安徽是本省，淮北师院是我母校，[illegible]里

教书二十多年的学生，柴剑虹同志，又是我经常与我谈艺的大学中可称个别的教授，互相知道已是朋友。如果来一个表面承认，也是浮夸，有什么意义？说几句不负责的恭维话，建议用"科技"的名义，在书末《自序》前面，印出《刻印坊[illegible]》句读也进一步，大家进之。

本编从[illegible]"艺坛"《自序》《再序》里看出他的个子治学，要求读者遗憾他书中[illegible]瞻见，得到国内文史专家给予指正，是有价值的。

但我们对于历史书问题的意见,记

几句话:

a、我们希望老中青学者,只有具

考据才能,便能审查这部

册的文本的多少,不懂的多少,如

"天文、历法上的术语,不能

懂,而却去,(最近十多年有些)不去请教师

并不太懂历法、天文也能

审查 对这本小册子提意见。"种子是老年

实在的东西,都不符合是假",只

要有真正考据能力,而实事求是

学习术语的态度，做科学、专科学，不

难明白辨。希望青年学字的幼苗，把

这编小册子从头到尾大体从推

辞演书字会会推算朔后，用

它推理过去，推理未来，如果不能

就这"推理"不精确，全编皆动摇。再

从头与开头那的四个论点——否

定三统历、否定三正论、否定闰

相的分法、确立朔日的限度——

如果有一个论点站不住，也

能指出全编必须改正……

当前鼓励科研，使四个现代化不
致落空是一回事；老、中、青对科
研有成就的或也有兴趣的人，
对别人科研成果，无根据的否定
它，不对；无根据的推重它，更不对。
这就是本局也是眷眷的一点
希望！

全椒县委会科技局

是否可用，词句自可更改，我无
意见，盼复。此致
敬礼！　张汝舟 78.6.17

五、

复赵岳尊老医生的信　　元月廿.

岳尊词兄老友史席：大札又蒙垂写，感愧交集！默生遗诗似乎仅存三首，不能授之棗土。尊作也才气爽爽，兄则六旬而立，才已如此，来书贤以旧作

不足重视。第则以为，
历史局限，当时能独
继毛锥，无学士气，即不易
也。兄今日之《笔墨子》读旧
容易。口语吐出革命意旨，
而其旧的艺术手段，却在其中
已与孙女二妹讲，并作指点
一下。她好艺，也学々写旧诗，
新诗运用革命言语，但必有
旧诗词艺术手段，庶不致口号

口号标语。

边老之诗，工力甚深，其"听广播"绝句结句"抓纲治国政更明"一句，用新词入诗，林散老无此大胆。边老此绝句，用新词正说明"听广播"感奋之故。弟当时尚未听得"十一大"文件勉和四首，未能将"抓纲治国"之标伟政兄有此发挥，遗憾。所以读别人之诗，未了解对方作诗之背景，与同时亦多忽略。读古人诗更不易，即在此。而兄以为何如？

王孙兄不幸逝世，我辈皆甚痛惜。出之兄悼《奔丧》四首，甚真切动人。弟和四首悼辞，二公均散，不知已去

信览悉。词

兩兄有悼诗，望一读之。

将告德群，问吴向林爱参，尚参之报丧否，尚知诗是否能读，兄当知之。敬志得要讯，不致瞒之，可断言也。

去年十一月底，赴省治眼

左眼已开刀，有效。因故未
达医士预期"可以配眼镜
看报。"约两三月后到省再看。
今天能拿笔写此数纸，不负
去冬省医之功矣。更可幸者，十
二月中旬，回家过古河，约女广五
侄到马厂与缘者作三夜之谈。不
料竟成永诀，呜呼哀哉！
来书孙女读，耳不灵，似

乎谈到年龄称呼问题。题

问先何至如此？三十年前大作

诗题，已经是"称默生"、"称设

舟"有些问题。古人不可及，但

事可比。李白比杜甫，孟郊比

韩愈皆长十余岁，是称兄道弟；

南大洪诚教授，小余十一岁，

也是称兄道弟。惜缘老

长我三岁，便兄之，弟我而

伯兄。我会习惯，称呼岂不习惯？如此，是视我如弟，享之也，甚可感。弟在贵阳，近起称"张大伯"弟即举称老真情，改称"张大叔"

先队在德群处听。他念二老悼诗，先队问何为"不度已已"我说：可能出

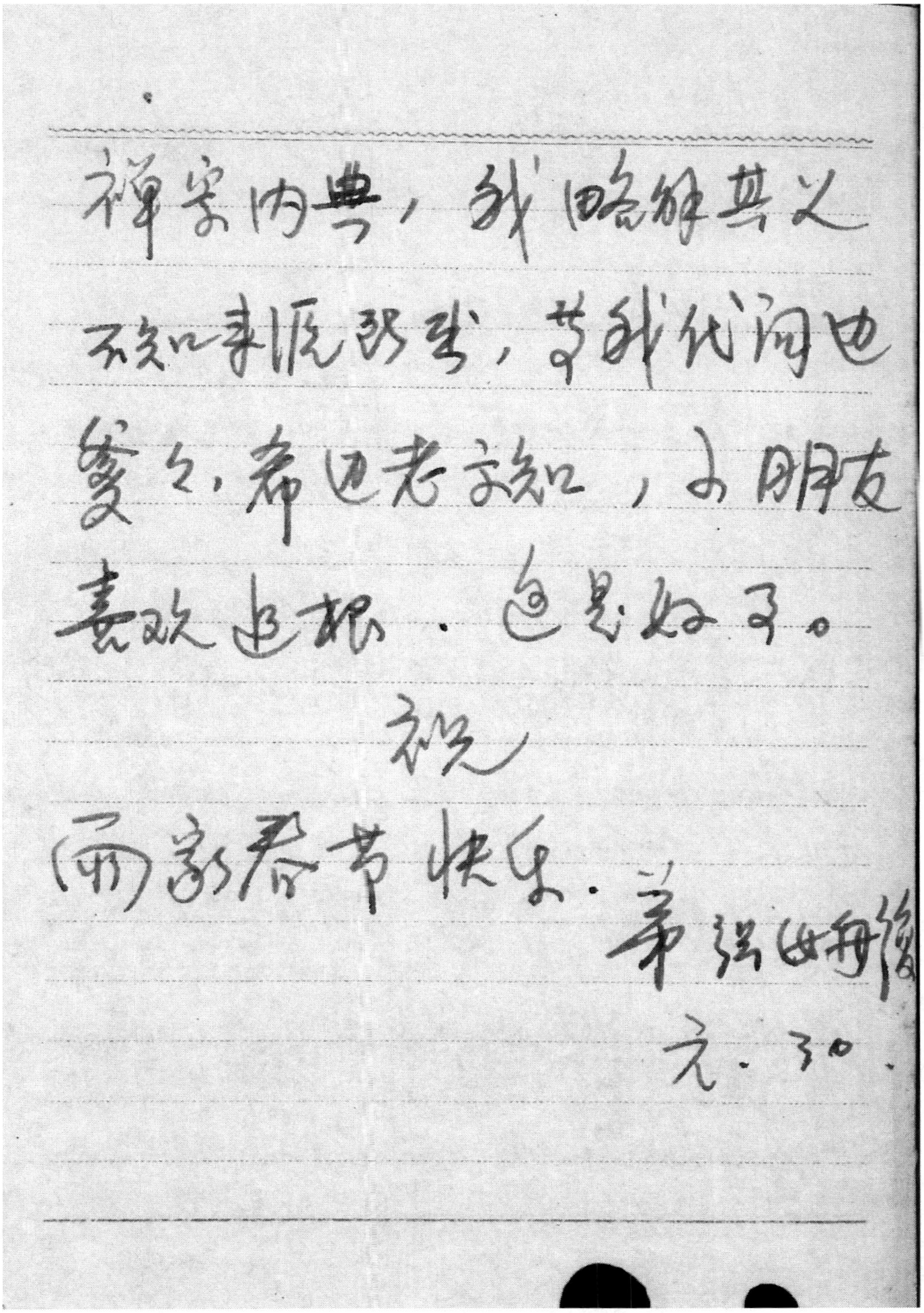
禅宗内典，我略解其义，不知来源那里，要我代问也爱之，希图老兄知，小朋友喜欢追根，这是好事。

祝

两家春节快乐。

弟张舜徽复

元.30.

寅.

寄科学院的信

敬爱的邓付主席、方毅院长：

古语"穷则呼天，痛则呼母"，我没有什么"穷"，也没有什么"痛"。可是今天遇到的情况很不寻常，与中国技术文化攀登高峰有关，不容忽视。八十高翁，不老也老了，非呼天呼母不可了。

事情是这样的：拙稿《西周年代》被压了二十年，其被压经过见《附件》及拙稿自序开头两句。直到77年科学院院长办公室以"郭沫若同志"名义指示，将此稿寄科学院《考古》及《历史研究》，要我打印三五十份送国内著名文史部门及专家指正，趁我尚未瞑目得以修改。拖了一年，将拙稿退回。退稿的事实为平常，何足为异？而《历史研究》编辑部来函，表面上肯定我花了不少精力，希望我对该刊继续支持。可是该刊编辑部却借北京几个专家的口作了这么一些评论：拙稿不足之处是引用根据不可靠，郭老《西周金文考释》是几十年前著作，有的前人认为是西周初期的，后人查出是后期了；过去认为是后期的，今天查出是初期。并说：现在古代铜器不断出土，希望我参考。这一指示明白告诉我，不管是该刊编辑部同志或是北京几名专家，对于拙著根本没有过目。借印象给我扣帽子一个指示，何以言之？拙著并没引用郭老几十年前著作，而断定铜器的年代与郭老的很多不同。各家断定铜器年代也互有不同，各抒己见。有的根据铜器的形状与花纹。这种办法，不够坚强。中国历代很多方向复仿古。只有根据铭文明载年月日月相的用精密历法来推定，除此更不行，这是天材料，提供给我们的资料无法反对。解放后《考古》杂志我订的，文革动后该杂志复刊，我也买了几本。解放前后出土铜器的拓文，我也见到几种，铭文甚短，对拙著不起作用。据"历术"推定年代是最确切的。这适用于铜器，也适用于古书——诗经《十月之交》、书经《武成》、《召诰》、小雅《十月之交》："朔日辛卯，日有食之……"

日

周历法推算是西周幽王六年，这篇诗列在小雅后面，毛传、诗小序都说是幽王时诗。只郑玄怀疑历法，不知自己历法不精密，硬说郐近"十月之交"几篇幽王年代的诗，是厉王年代，改窜《毛诗》经文。伟大领袖毛主席教导我们，科学是实事求是，来不得半点虚伪。我研究天文历法多年，无所用之，大概1952年科学院《历史研究》发表浦江清先生一篇文章用天文历法解释《离骚》确定屈原生年。经过两年国内对浦先生文章只有赞美没有批评。我写一篇《再谈屈原的生年》发表于《光明日报》纠正浦先生的错误，这是我过去研究成果的初步使用。这篇文章寄到《历史研究》编辑部，该部答复："先生对此历有专长，大作本刊不拟登载，另找其他刊物发表。"一拖两年没有消息，我把稿子要回，发表在《文史哲》66年5月号上。又日本新城新藏《西周纪年》在中国史学界泛滥十多年，我才开始写《西周年表》。《历史研究》编辑部没有认真过问，作了空洞的肯定："颇有研究"加一个空洞的要求"继续支持"读该刊。空洞的话对人不能起帮助作用。

如果《历史研究》编者或北京专家真正对拙著过目了，把我开头"四个论点"（甲否定三统历；乙否定三正论；丙否定月相四分法；丁确定失闰限和失朔限》，如果这四个论点有一二个站不住脚，全部论文不能成立，就不是什么"不足之处"了，这是第一要点。第二把我批驳新城新藏的指出三王年错误，这也不仅是"不足之处"了，第三审查我所定的若干年，如果指出三王年不能成立，也不是什么"不足之处"了。不但对拙稿要用这种认真态度，任何期刊编者都要用这种态度审查手稿，才符合大寨踏踏实实的精神，才能鼓励笔者用大寨精神真干苦干。

空洞的肯定和要求，不负责任的搪塞，这种作风值得考虑。

《参考消息》两年前透露英美两国专家合写了一部巨著《世界科技史》对中国祖先科技成就予以肯定。"指南针""勾股定理""圆周律"—

之类，中国科学家早有论著，比西方早几百年。唯天文历法，中国没有澄清的说法，外国人就没有资料，拙著指出一些，澄清作用可以提高认识论。《中国科技史》，在本世纪最后二十年内，科学院《历史研究所》仍要求放弃。把拙著弃来过目，轻易抛弃，这种作法不好。杂志以"历史研究"为名，置西周改史开端二百多年于不顾，"研究"就落空了，至少是偏废一面了。

拙著《古历与古史》写成定稿的有三部了——阴历谱、西周本年、《尚书》上下校释。其余待眼睛好转后整理。

附件及编辑部复收，都寄《历史研究》编辑部。

此致

敬礼！

张汝舟上

附《历史研究》编辑部926.23号来信原文复收。

张政烺同志：您的大作《西周纪年》我们已收到多时，后来我们又请北京常治古史的专家看过，大家的印象是：您在西周历法这方面是颇有研究的，但是不足之处是，把立论依据放在西周诸王断代这方面，因为您所依据主要是郭老的《两周金文辞大系》，这部书是几十年前的作品，特别近二三十年来，铜器不断出土，研究方面也随之有所前进，例如有的过去被认为是共王的，可是实际是西周晚年的，也有过去认为晚期不是，这则可以把年代提前。如果根据不确切的断代来推算西周之年，当然其结论就不可信了。基于这种原因，我们对尊稿不打算采用。当然我们感到

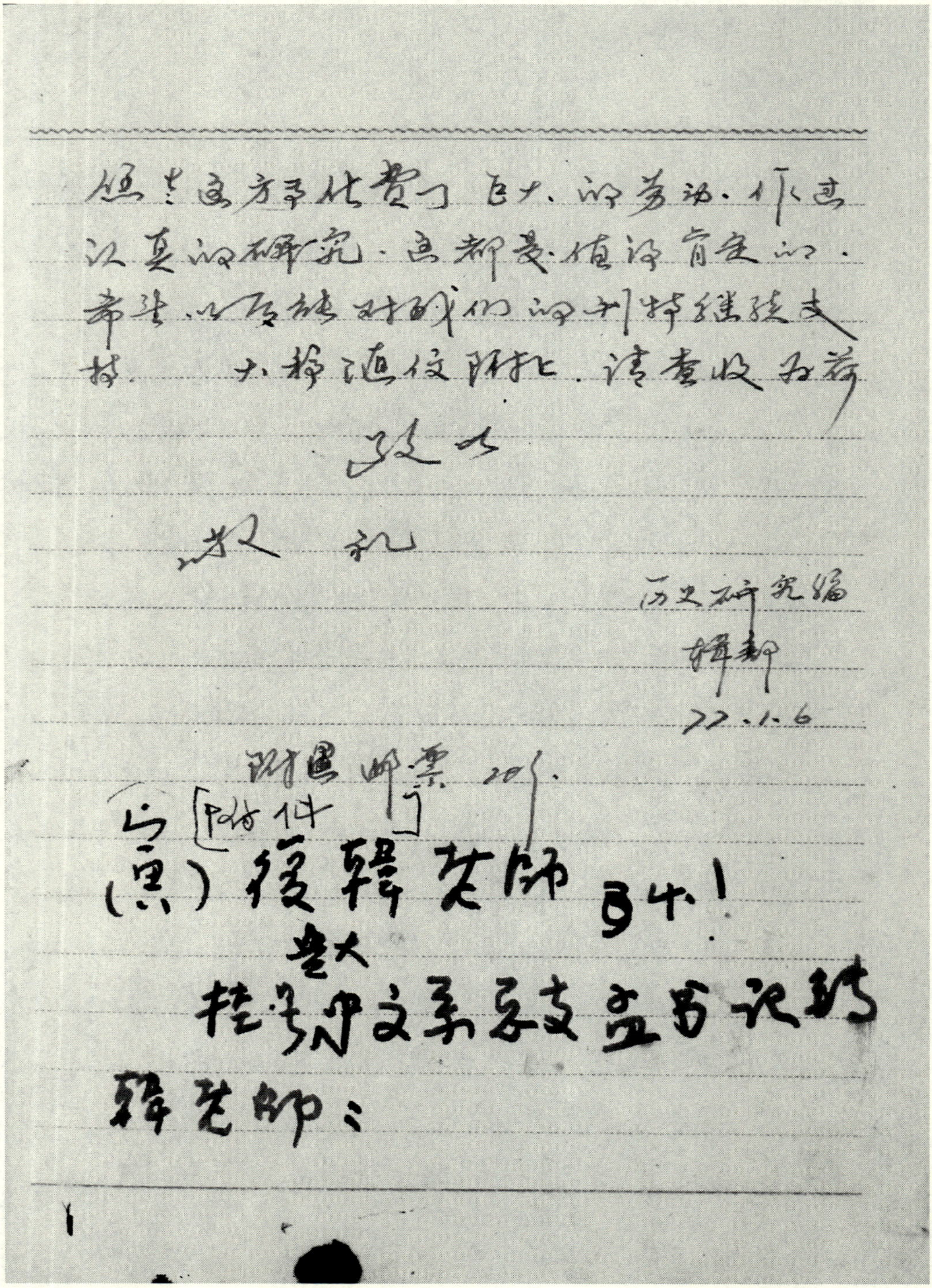

经过这方面付出了巨大的劳动，作过认真的研究，这都是值得肯定的。希望以后能对我们的刊物继续支持。 大稿随信附上，请查收为荷。

致 以

敬 礼

历史研究编辑部
72.1.6

附邮票 20分。

[附件]

（急）復韓老師 同志！

北大
桂林中文系学支孟书记转

韓老師：

~~毛甚菁~~

来信收到。全家（南陵部分）欢庆一一十六岁的文秋女孩考上大学，实可称贺！雨贤伉俪也赴成都参加研究编写教本，为贵大增光，可贺！小妹高中毕业已三年，三好学生、团员，团报告英语系，本届高考录取名额少，全县只取一名，以致落榜。她现在任南陵县中一、二年级英语教师，再接再励，多学点东西，多为人民服务，急什么？希望报考，但也许改考数学或中文。我同学叶贵回家，为小妹三妹指点数学物理，化学也贵也懂。

三月份工资已收到，区落贵也收到，只烦你邮寄一下，若能汇款大为方便。建宁要我向学校政治处入了招待，转转关系，这非好话!!! 我多次提过：最好迟转，越迟越好！过去谈过几次，推迟三、五个月，迟一点更好，现在形势发展快，说不定更迟一点——越推迟越好。为什么？我身体健康，越来越好，家乡大中学师资匮乏，我还想做些事，更可能起一点作用，不久会成为实，

那时家庭经济不会太穷，一辈子不向领导有
所要求，只要经济情况有所好转，2400元债不
难归还，房子再修也能向县区申请修理，
不需要贵大补助，如还2400元债，翻修房子，
到那时，二年後，身体只会加健，精力更会充沛，
把这块烂铁焊起来，不符合中央调动一切可
以调动的方针。我怎么会申请学堂子取的补
助？推迟转移关系，可以手续都好。贵大替我
办了退休，好。毕说过，工资八折能为人民服务，
七折就不能为人民服务吗？我向你吹过多
次风，这说我对贵大领导不征询我意见，替我
办了退休，我只反感。即此一点，我只向大家剖
露，不重视个人利益，这是一点。其次我到家
後，只来向你吹过几次风，我觉得在贵大革
命不分地区，到家後没有放松学习，也、县、区、社
队领导，交给任务，认真完成，我不稿不闹，但
我从来没有提过去"消极"，只要求保持原状，
领八折工资，只希望为国家贡献些滴力量，

不致误个人利益。这是第二点。吹过多少风，无益，退休我更反感，上面说过。我到荣后，大门春联年年换，只有书房春联"古为今用，人与时新"。有些中学老师问"古为今用"怎么办？我指这副对联"人与时新"是办法，社会一日千里，思想跟不上时代，思想掉队，就谈不上"古为今用"。因为"今"是什么？"口头革命家"是骂假革命家的。毛主席教导：党性就是阶级性，实践性。实践是检验真理标准，没有大寨精神"实干、苦干、巧干"精神，当[illegible]嘴巴吃饭，轻则就犯教条主义，欺骗混饭吃；重则把"打着红旗反红旗"当政治骗子。

去年给杨定同志两封信，最后一封未回信，提到我在南川初中上讲台讲两节课，讲鲁迅"[illegible]"。七月廿五日为青年与新中学老师一天讲了六个小时（60分钟）课，上午三时下午三时，是一天工作量之大，从来没有过。次晨量血压178/98舒张压偏高，三天后量150/60正常了。给你的信首次提68.7.9半夜抄去的书中与笔记，没有尤其名人墨迹（八十多一本写的）要我

能还多少，还多少，回校交学不提。我到家后人客多，
问了丈，这这句话都讲了："来我这的和尚不能带锅走，老和尚不能不供斋，我这者一文不花，老和尚说不消"。
这是事实，学校从不提这个问题。好了，最后给你们校杨先生转，安徽省要决定批准五个大寨县——滁县、全椒、庐江、宣城、当涂。最近省里宣布全省三个大寨县——淮北肖县，江淮之间全椒，江南当涂。快马加鞭，几年内全县实现农机械化。一切要跟得上，八十八个至关乡中学校，大寨农学院就是一个。全椒中学是我母校，六十多年历史，辛亥革命后不久创办的。有人传达县教育局说全县中学教师要我去讲课。对中学老师教课也没什么。我不了解情况，去说，我不干。最近有一两个学校来人接洽，去当顾问，我也未肯定答复。只说："报国有心，无力强求，汗无益。"这个趋势已有苗头，"安居农村，似乎不可能。"关系还有几个月，看形势发展
前面说了。一切如何设想：黄大是我第二故乡，还转关系，中文系绝大多数老老师不了解我，我五、七年不会死，能不能有三五年老师要我到学校参观

南大、复旦，过我一遍，使我了解贵大有什么进步，我有什么表现，有益。】一切走着看！

这封报由系张主任书记转你和杨~~老师~~先生吹来的风，我开襟入怀；我向你吹的风，从来没有回响！主任书记~~这接着了，过去办了的，我就了。可~~ 一向一向中文系老师怀某是否有点能力？其次怀某是不是爱说谎？又次中文系建设怀某的是不是爱着？其外怀某教学是不是"懂一点"の而精、敬友式"？"[illegible]潜力"，"调务一切[illegible]调务的多易"~~怀某某~~ [illegible]

~~[illegible]~~

我们[illegible] [illegible]

~~[illegible]~~

~~年间不[illegible]关系，也许[illegible]是也许[illegible]~~

~~我果再进一步解放，[illegible]提了一点~~ 前年写廿首绝句一《棒打の人帮》的尾一首：

二十九年化雨洋，

感君不禁多愚衰，

明知棒小软无力，

有啥理由埋廣钢。

这就是我莫名其妙，不相信别人有权。这一年写了三十多首新体旧体诗，从没有复写过，少数是修饰修饰的，是区分领导以及老小学老师，我也不……回家……，今天多讲几句便你放心……

这封信我刻了由吴大哥领导道书记看过转给你，杨书记是我多年敬（重的）领导，是你说的"杨老同志也了解我"。了解多，也不必说。多年友谊一刀两段，不必。互相鼓励，特别帮助我。今后一年半，拖迟一点更好，烦你每月代领、代汇工资，每半年代报、代领一次——

发出这封信并收，一切等一段时间，形势逼人，我闲不下手，可能是了笑。以后可能没有什么风可吹，也可能是了笑。

文庆使我了笑，因而想到八个小朋友——文、蒋、二蒋、小策、小华、宏……——这学习情况

如何，望告！王先生（素芬）目前在　在

刘一心夫妇近况如何，念！叶芳去春调教

初一语文，班主任！暑假后"小社发"奖状，中

学三好人，叶芳是一个，忙一切要代达向韩伯母

请安。　　祝

令弟健康、快乐、进步！

向

校长领导及同事敬礼！

陈汝舟复

78.3.28.

78年8月21日

复滁县安师大分校陶家康老师

家康同志吾友：

接读手书与大著《语用研究》，今夏

先后淮北市安师大分校中文系主任陈南献之

同志及院校领导校长到我家，略知两校

教师队伍大有可观。而在校中

还不只淮北校吴景霞先生早阅览，

并新阅读散文，皆为佳事之事。读大著，

因近日为意... 记著甚乏，出书子了。而

中文课及老师讲五天待（除每日上下

午各学习三小时，老师们学讲义二小时，

我答题一小时），临时老师们要求倒

《古汉语语法》，只得把编写五天了的计划，加上答疑时间，每教完一天讲《古汉语语法》。无时间去复习，而讲稿修改，几乎等于讲现代已编印好的讲稿。只得边写边备[illegible]，我们这样搞，本不该。每教完一天只讲几种字的《古汉语语法》由老师们在教学实践中去教出来。

大家却把这段期间的安排，只得从[illegible]，觉得太有学术气味，也不善待。而实在讲文也是劳苦活的事，我们这样搞，一倍[illegible]的教之！今史稿[illegible]之事，亦因在教学实践，加之记性差，书陈的功史先生二章二梁，只记得梁玉绳《史记志疑》，梁章钜《诸史拾疑》，似乎《[illegible]史丛话》《楹联丛话》亦其所作。及他表示[illegible]极了。二章则只记得章学诚《文史通义》及他[illegible]和[illegible]材料若干著述，而应将被写《国朝[illegible]》中[illegible]《[illegible]》之

章以 已想不起他名字。"八十以编号"只有之

右悼。读成右三部笔史札记，还几位[illegible]史

钱[illegible]之。今只有[illegible][illegible]以[illegible]

史剳记为好，[illegible]

还不如世子的已有，刘书，为何挑出来写。

其年已记错，钱大昕以十七史商榷，其实满

书的各书名，皆不标记。可笑可叹。幸先我

已由于我通过这三部名著，特地去找出来

出版教室，[illegible][illegible]保存[illegible]。

这些方面，功力差，又未经教学实践，还是

一个老外行。向诸老师特别道歉，不读教

之日多，而校领导过分奖饰，老师们

过分推重，万不敢承认。

来书云：历史学中的"年代学"，我

完全外行。只是"所知道"武王克商之

年，就有十多家。其中有李学勤我[illegible]不

曾过目。自称"外行"的，所写这么
详尽，超过研究多年"武王克商之年"
的我，多么骇人！前文所说向
老同行请教，难道不是现实吗？
董作宾《殷历谱》我翻过，定武王
克商之年为前1111年，则采用唐代
僧一行的《大衍历》，据我已提出
大历法者
纠正，兹不必论。而董氏《四分一
月说辨正》一书即辨正王国维"月
相四分说"。他是怎样"辨正"的，其技
则不便详辨。尊处如有材料，
益我多矣！……致
敬礼　　　张汝舟敬复

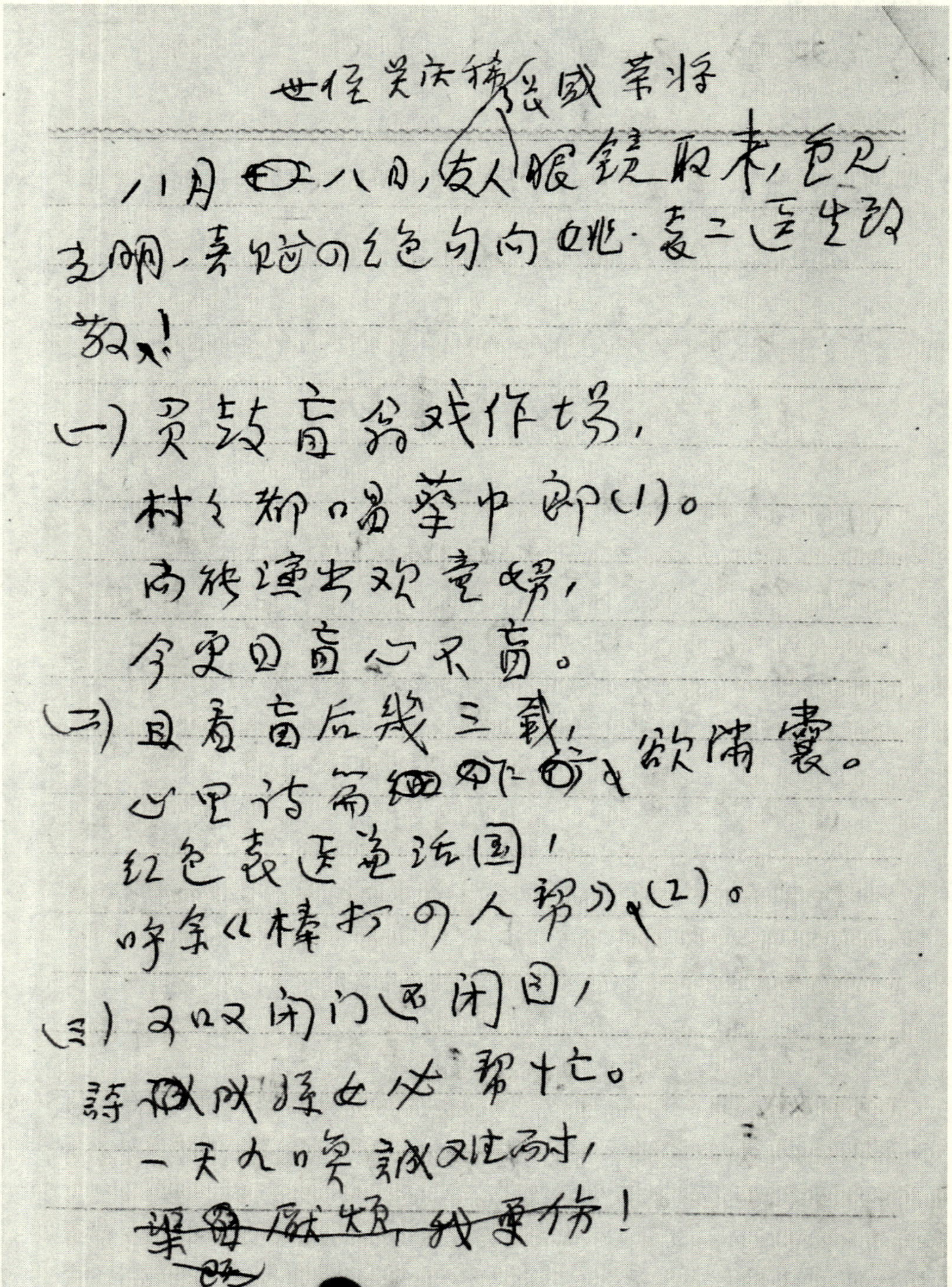

世侄吴庆稀、张威 笑存

八月二十八日，友人眼镜取来，重见光明，喜赋四绝句向姚、袁二医生致敬！

(一) 负鼓盲翁戏作场，
村村都唱蔡中郎(1)。
而今逢出欢童嬲，
今更目盲心不盲。

(二) 且看盲后几三载，
心里诗篇时行欲满囊。
红色袁医施活国！
呼来《棒打的人帮》(2)。

(三) 又叹闭门还闭目，
诗成须女代帮忙。
一天九唤诚难耐，
~~渠母厌烦，我更伤！~~

恼了双鬓剧可伤！（旁改：鬟、我更）

（四）却喜姚远归故乡(3)，
开刀左眼又回光。
若非尚有与周子(4)，
积稿盈箱纳书坑。

(1) 放翁诗句。
(2) 76年冬，袁远生回国，席犹未暖，即得合肥六中寄信与大同学绍数枚，通过省人民医院丁书记，得到袁远生为开右目白内障。右目失明作用之二十年，开刀有效，但尚不能读报。而袁远生陆续写诗寄来四大帮，立作三首，陆续成二十首，助我文思，不可忘。
(3) 姚远生曾于76年夏奉命赴非洲支援第三世界。77年春她回国，两度诊疗，（旁改：袁二、春、非、为余）

77年底在日开刀，神效。

(十)尚老指老友家中医叙东。72年开始，即由他介绍，多次得姚医生诊视。周子指晏绍老弟，见上(乙)。

(补)

八月三日

托另寄出《西周考年》三十多份。以前已寄出十余份，家中存不到十份。

八月十二日

《中日和平条约》在北京签字。双方签字的是中国全权代表外交部长黄华，日本全权代表外相园田直。

八月十三日

为辛集公社初中语文老师进行五三天座谈，上午在南张初中，下午在城宗。今天开始。

九月一日　晴

由兴树带走和诗选交汪孟尊之女，另诗选二分交陈吴安师大教子点。

九月三日　午后雨

盛英老师一早来，今午后雨，甘霖也。雨止，返校。带发二函，一寄卫老（托另）一交庆福。快到白露了，不但一雨不成秋，而雨后仍超过盛暑，天气反常如此！余去71年9月十一日到京，从那天起，没有在院中乘过凉。

十月十三日　　晴

挂号寄卫老信，读理论多。

寄淮北安师大数学系张、孙二老师

华三
贾凯　二位老师：

安师大《现代汉语》讲义，我不知道今天

这门课分三个学期讲，但我觉得前十四章，

提了一些初步意见，供主讲老师参考，分

三年改进，第一年改动十之一二，第二年改动

十之二三，第三年另编一本比较简括而有创性

教程如一本《现代汉语》。把读吕叔湘先

生大作《汉语语法研究》及二十年发表在

《中国语文》第二十五期一篇论文《对"语法

讲话"提些意见》，意思我这次提三年改

进另编一本《现代汉语》不觉畏首畏尾

真老了。对最近《参考消息》透露本世纪末四个现代化提前十年完成。一比怎能越之踏之慢步前进？谨望把你《对"语法讲话"提意见》许多语法问题大胆探索了，一直二十年不解决。吕先生《漫谈语法研究》给了我们方向，加了我们勇气，但也有可商量之处。今天提什么"老大难"？应该解决的问题，二三十年不解决，"老"则有之，我可同势力现成的"权威"、"学阀"，他们力量大。"二百"方针受到阻挠，特别四人帮"臭老九"帽子下，压死了多少实模子。在华主席领导下，小人物意气风发，"老大难"，今天"老"则有之，

"小结"不仅没有，"大结"更没有。我们教学法就有一个二年级学生（课代表）向我提个问题："他在哪里？"是个句子，"介宾词组怎么词组，怎么成为谓语？"我说：你帮助我，谈一个例句，汉语没有介词啊。谁能料到在华主席为首的党中央领导下，不产生几百几千几万个崭新的人才：党的"老中青"三结合"政策，重点在青年，五十左右的同志起桥梁作用，我辈要承认这是废铜烂铁贡献点滴。

现在一下抓《现代汉语》词汇了约可能讲毕了，将来是否加印补充教材，以后讨论。以后要讲修辞了。安师大编的教本我翻了一下，写得不坏，比语法了5

问题不多了，比张瓌一（？）写的《修辞概要》进了一步，所谓修辞格加了一些，前面的"概说"，第一、第二两章比较有用。特别是第二章第三节"造句方面常见的缺点和错误"对同学写作有帮助；语法部分也有些优点。吕先生说："很多语法著作里的例句是平稳有余，生动不足"。安师大这本教材，有不少这种情况，只得以后逐步推敲讨论再改正之。安师大这本教材第一章，第一节"词句的选择"前引王实甫、鲁迅的两个例句。王实甫这一例句也只是"平稳有余，生动不足"，大学生还看不懂了。王实甫还会造病句？我认为换个例句好一些。"我和向求思同志只见过一面。后来他给我来过许多信。可是因为忙，仅回过他一封信，还不知道他收到没有。对于他的死，我是很悲痛的。

毛主席的信件，通讯员同志还会遗失？这种情况毛主席还不明白。只有选用一句"还不知道他收到没有"，才表达出白求恩给毛主席许多信，主席只回一封信的经过；又怕他没收到，一句话顶上去，"对于他的死，我是很悲痛的"，笔力万钧，革命感情何等沉痛。修辞手段之高妙，艺术性之强烈，引这个例句比引手头例句生动得多。教本这一章除毛主席、鲁迅先生两个例句外，举了江青一个例句。同志们不要说白骨精了，孔老夫子，谁编讲义都会删掉，何必提呢？我看提一提有益，提醒我们开始，不开动脑筋，人云亦云胡乱著作，编讲义。"奇文共欣赏"。

例句不但不贴切，不干净，且是病句。这本书本来也是要师大本应有益，该有四五个老匠（将），皆字是不敢说什么话的。是不是。"李玉和救孙儿东躲西藏"，可"敬爱的江青同志"常之为一字一句的推敲，不惜心血，废寝忘食，把原唱词改为"李玉和为革命东奔西忙"。看！原唱词"救孙儿东躲西藏"，孙儿指陈烈士独女儿改姓名李铁梅之为李玉和女儿。在那种白色恐怖下，李玉和冒着生命危险去营救铁梅，势必东躲西藏，是何其悲壮的无产阶级感情？改为"李玉和为革命东奔西忙"，可是"为革命"三字多么空泛，只能说"东奔西走"，可"西忙"还不是生造的病语？正由于没水平不低，才会胡乱引用四百多字一大段长写的"歌词"。这本诗集是74年10月出版的，我现在收到第四年。这四百多字之及其教材，让同学看一下，让他们大吃一惊：四年前学术界竟以那些诗如是之情到今的人都不能理解得了！

十月十八日　晴

读中国诗的前途　手权成瑶台

<一>

旧体诗词和七绝有前途，七律也有前途，但不要间，难学。毛主席七律尽熟读

<二>

旧格律、新词句，有前途，范例印证老《采桑子》及前翁二十首《捧打的人们》，有前途。

（三）

民歌体，七个字、八九个字的也行，押韵，不讲平仄，大有前途。范例是赵朴初《赠小燕》及肖翁《怨仕三八风》。

（四）

自由体，只押韵，句子不拘长短，每首句子也不拘多少，要认识不容易，要求组织密，词句新鲜，有内容，感染力强，大有前途。范例见59年春《民间文学》。诗云：

土高炉工地

女儿三天不在家，

想坏家中老妈妈。

妈妈找到工地上，
满地高炉冒火花。
抓住小伙子问：
"你可认得了露霞？"
小伙子回头笑哈哈：
"妈妈妈妈你来啦！"

十月二十四日

得本淳信及八首五律，诗句有"谪居"、"厄运"、"虎口馀生"诸词，口占一绝见意。

熊熊烈焰老君炉，廿载顽躯坐此中。八十尚存聊自问："金睛火眼有还无？"

十月二十五日

上海《中华文史论丛》编辑部向气中征文稿，气中以拙著《两周考古》荐，今将稿寄气中转。

十月二十七日　小雨天转寒

写叶茗信。

十月二十九日　晴

再写叶茗信。

叶茗：

前天发一封信给你，今天感到话有未尽，另十月二十三日《人民日报》一段话，抄给你看，你可能也看过了。题目是《认真落实政策　充分发挥科技人员作用》摘录如下：

新华社济南二十二日电：为适应社会主义建设事业发展需要，更好地培养和合理使用科技人员，在全国范围内进行的科技人员普审工作，已于最近胜利结束。

……

最近召开的全国科技人员普查工作总结会，……因此必须在深入揭批"四人帮"第三战役中，必须进一步落实党的知识分子政策，进一步调动广大知识分子的社会主义积极性。前一阶段各地结合普查，对林彪、"四人帮"制造的冤案、假案、错案进行了调查处理。但不少地方在普查中发现，有些重大冤案、假案、错案，还没有平反和昭雪，或者平反映不彻底，走了过场。存在这些问题的地方和单位，科技人员在政治上仍然受压抑，革命积极性还没有调动起来，会议希望各地切实地和尽快地把这项工作搞好。

根据普查统计，目前全国还有相当数量的科技人员用非所学，这是一个很大的人才浪费。会议希望各级党委根据具体情况，抓紧做好科技人员的调整归队工作。……根据各地的经验，做好这项工作的关键，在于各级党委的重视和加强领导，组织得有力的工作班子，具体抓好这件事。多数地区和部门要加快地应争取在今年内基本完成这项工作，少数地区和部门要加快速度，争取在明年上半年内完成这项工作。

会议认为……四川、安徽、上海、天津、吉林等省市，在这方面都积累了一些好的经验。四川省由省委组织部、省科委召集全省范围内五百多名用非所学的讲师、助理研究员、工程师、主治医生以上的科技人员和有关单位的负责人到成都开座谈会，进行考核了，根据每个人的实际情况，按专业专长进行了调整分配，使很快地做到了去得其所、发挥专长。做到了调出单位、调入单位和本人"三满意"。四川省委在全省推广了这个"点名通知、集中开会、谈话考核、对口调整"的方法，使大部分用非所学的科技人员，按专业对口调整归队。

……

（原载1978年第一期《人民司法》）

《人民日报》十一月二十一登载一篇报道：
《江华院长在黑龙江、辽宁、安徽三省人民司法工作会议上的讲话摘要（综合）》

要语有：

"你们的斗争取得了很大胜利，相信你们一定会把揭批"四人帮"的斗争进行到底。联系本省、本单位、本部门的实际，揭批林彪、"四人帮"一伙破坏司法工作的反革命罪行，肃清他们的流毒和影响。

（讲话提到：安徽有"土特产"，其他地方也有。不批这个"土特产"你那个条条病也清除不了。联系实际，除了联系林彪、"四人帮"一伙破坏人民司法共同的东西以外，还要联系本地的"土特产"，联系他们推行的那一套东西、在你那个单位的具体表现和所造成的危害。不能空对空，当然也不是追究哪个同志哪个人责任。）

……第二个问题，关于复查冤错案件，落实党的政策的问题。

……但是打倒"四人帮"近两年了，还有一些地区许多冤案还得不到昭雪，错案，得不到纠正

……凡是搞错了，都要纠正。全错全平，部分错部分平，不错不平。错一件平一件，错十件平十件，不能抓辫子，留尾巴，更不能明知错了，还以各种借口，故意反对平反，实际是站在"四人帮"立场上，维护"四人帮"造成的恶果。对这种人要进行批评教育，坚持错误不改的，要严肃处理。有的地方，错案不纠正，冤案不平反，还不许人家上访告状，上告

就加重处分。这是执法犯法，执迷不悟！

十一月七日　晴

代叶芳馥韩老师信

贵大政治处人事科转中文系

韩建芳老师。

韩老师：

你上月底的信，你想又说花溪政治局、卫生局已把我父关系转原转到全椒。我立即打个电报给你：“我立即随父到新工作岗位，不在全椒过户。”贵大退休的老师留住贵大，他们关系转到花溪区政治局、卫生局是可以的。我父已在安徽，关系没有理由转到花溪区；又由花溪已赴短假处，把我父关系将到本人不在的全校，不征询，不调查，一意孤行，不好。

你在大运动中帮助照顾我的父母，隆谊深情，全家志感。前天的我的电报，烦你交花溪邮政局、卫生局看一下，也不是什么开后门嘛，免除他们空麻烦，走弯路嘛。韩老师多次吹风——实际是中文系总支授意——你将送，是钱自还国，哪是吹风？而则说"老夫年过六十，宜登记退休"，我父了解其夫、其师夫、高夫无此办法，拒绝登记。不久后说"老夫已不读此句，孩之也安侍侍寿吧"。不久，又吹来一阵风，一如前仍是钱自还国。说"中文系有七八位某某老师申请退休，……"，我父到司大会见中大同班杨教授，有而相

老友 茂·他

心脏病，血压偏高，不上课，不上班，照发全薪。我父因辞老师所依华东老教师在粉碎四人帮后，思想大解放，退休的提出照领全薪退休，为祖国教育文化贡献力量。中文系中七八位老师退休。

北大　要求保持现状与支持

我"不病不闲"没有理由退休。"北大

在学系中十分

北大领导不调查，不征询，不考查中央调动一切可以调动的积极因素，落实政策

竟来封公函，把我的退休手续办了。我

是一贯服从领导的分配处理，可是多的

这次不从个人打算，是非法的。我只有这些

有些细节，一定要查问清楚会我父宣布的

不妥，所以来书庞大，超过四万多之，向

北大领导申请补助，中文系老师全部

同志们帮助，而批不下来。韩老师来信说，

“他们会拖，我们会催”，我又回信说，

“好了，我为四家出版，借了债了260元，到

目前只还60元，还欠200元。更要是房

子问题，（71年冬）修补花400多元，一般草房，十

年八年要修复修，不了这个负担，我担不

动。一概不理。今年元月杨宏同志来信

说他（[illegible]）回公款了，有什么事了，向他提出。我又

又重申200元欠债与房子不久要修，並提

在学术低的和尚，一文不花，老和尚

需借不起，关係很好，越还越好，又对

公对私都有益。她不久来信要

我（父）向贵大政治处人事科催得关

系，证明杨老师信没有给你们看。

四月间我（父）由于正支盖书记转给她

一封信，一样的话，並提春安路有

革命形势逼人，

两所学校聘我担任顾问，农村是不

住了。而你来信，又提起侯廷要

十二月以把我父亲接到金华，那年我四

月份信上明白提清，要到两所学校服

务，地点不在金华，好象直到这时的

信，你没有看到。韩老师！我父亲本是

一个有良心、有正义感的人物，今天在老大

中又受到些风气，称是风云人物，又

是倒霉的。可是老是关在鼓里，正义感

受到局限，可以谅解了。今年四月间你提对我父亲问题两

所学校聘我当顾问，不久来信

在浙师院（仍在金华）我父亲也在

去。~~现在我与父亲已到浦江，设北面~~

~~[illegible]~~

~~我家，后因天[illegible]特别热，加之[illegible]~~

~~[illegible]到校。[illegible]~~

~~[illegible]到我家，[illegible]~~

~~下接在 a. b. c [illegible]~~

决定关係将到何处。反正无病，今后十病不报用药费；每月还给你代汇工资73元之。到车站，三妹在公社工作，她可代收。韩老师！今后我父到三门学校，由中教授付教授会有的（我太要三付付教授）；即使领全薪105元，一个低级讲师地位，我父到顾问学校怎样处？1963年3月我父摘掉右派帽子，但是到5月份发工资单子上"薪级"一栏，填"11"，我父吃大吃一惊！北师大王教授有但信有關领反对补行不能领手补行，主任"教授治校"。我父在1957年写一篇《三化力量发言》，登在《贵州日报》，提出反对王教授批评

"教授代校"是反对党的铁证。白纸印黑

字，众目皆见。何以是教授而批评错误的

处理为教授只降一级，而批评错误

的人，从四级教授降到11级并且讲帽子当了右派，帽子摘了，直到好多年职薪不动。

63年4月我大哥给我写信，说"校长钱主席

是否也是第三级处分，停职停薪，但帽子摘了不到两个月，就恢复职薪，从三

级教授降为五级教授。何以又帽子摘了三个月就处理职薪问题？"

又回信说"黄大宇已回杭州，只三个人，[illegible]

[illegible]够了，"与他们较量什么？"(?)

本派还有处分，是省公安厅宣布的，

通知书贴在贵阳师院中文系会议室

墙上。此中处分有没有错误，公安部门

今天有责任"普查"。

（下接a张）

a/

现在已

我近随我父已到一个新岗位，今后还有两个子校要去，关系今后转到哪里，我关系还转三两个月，然仔细过之后，为期不久；今后也不致错铸矣。

但我也

冤案、假案、错案，只把经过提一下的。

你……老师是在大运动中，参加工作队公安小组

我最近已写一份报告，父亲罪行去后特别是罪行后，土改中、第一次课改中干些什么，有《土改日记》近十万字，68.7.2抄家抄去未还；土改后农民不断来信，现尚保存两封做纪念。课改，我父任三门课，直至历史系一门课《中国哲学史》。其他先师只教一门课，子当然是有的。

连续主任、××大教授

我父课多，又经子生数年，批我为主编，加两期《贵大中文系刊》，现尚有两份。内中我父稿出的血汗资多，历代可查。但我

我实

祖祖辈辈是贫农，我父亲是党员派教一辈子

穷书，早年在美国努力，课教得多，学生欢迎。

~~是一位有委员老评的，~~——从无一句反动言论。

五七年整风大鸣放中，先讲两次话，后者批

评北师大王教授讲话，已如前述。前者

《三化》开发言，经过删削刊登。大鸣放中，

我只写一张大字报，在《贵州日报》上发表

全(?)日批一平。两次都把被删的文字写出。

师院外语系来要我《三化》稿，我没有

十三名青年教师

给他们。前几天来几位教授问我"为什么

整风？"三化"呢？"我说："是毛主席指示，

这次整风是整"官僚主义"、"宗派主义"和

"唯心主义"嘛。""穷才生化"原一稿子

当贵州第一个党学家

实指杨涛当九洋返回做了一个大企业总

香港大企业干部，

经理，最后当~~CC干将男员甲孩是林~~

贵大英名会

党派的总务处

总务长——是不是奴才？早就在不但原
官不动，还升任付主委（即村校长），权
倾一时，是不是"进步化"了？这段原始
材料，全部删掉。打中了袁大头要害
像宫文义，打得中，得打得准，就是"抱
了一点，又被删掉，恨在心头。"党
团宗派化"，策了实，是指出那些领导
宗派主义，"辩证唯心化"说那些领
导把"辩证法当作他歪曲了实事求
是"。当时策的了实是他任劳任怨工作，
他从"本质"上居然说我别有用心，风头主义，
（实际是根据唯心地歪曲）写中十年，大了二十年，
自我扩张云云。我们为一本书，比较子生
欢迎。党权政权都在你们手里，任务是
你们交下的，工作好一点，何故任意歪曲

d

人要问我"翻案"吗，回答是"不是"，是摆事实讲道理。~~乌烟瘴气的时代因有所冤情；~~
大乱
林彪"四人帮"之流猖狂，

可是"~~目前全国还有相当多~~最近召开的全国科技人员普查工作总结会，……前一阶段，各地结合普查，对林彪、"四人帮"制造的冤案、假案、错案，进行了调查处理。但不少地方在普查中发现有些重大冤案、假案、错案，还没有平反和昭雪，或者平反不彻底走了过场。存在这些问题的地方和单位，科技人员在政治上仍然受抑压，革命积极性还没有调动起来，会议希望各地切实地和尽快地把这项工作搞好。"（《人民日报》十月二十三日）

"张××撤职停薪，每月生活费95元，留院察看……"师院处理我父的"决定"，贴在大教室（一号小礼堂）后面墙上。说是"留院察看"，我父下到系资料室，系指定在那里写讲义之类都是合理安排。《现代汉语》印出了一本，到资料室编写完结束。又命令我父管理线装书，我父整理有序，编写《重要校本书目录》，用唐人小楷笔法写的。后来又改命令要我父管理翻译中国文字语言书，不久又进一步管世界译著文字书，又进一步，管借书还书……我父都能够完成任务。结果得一个"保送贵州政校学习半年"，学习半年后，即从师院调到贵大，教《古汉语》及《汉语发展史》，自编讲义，在王力主编的《汉语史稿》和《汉语发展史》（下）相当多的压缩和纠正，我父编写的《汉语发展史》和两本《古汉诗》，都在；朱教授编写的《汉语词汇发展史》也还在。朱教授诗词还不错，可予他没有基础，不肯教《汉语词汇发展史》，结果便只会去揭发同志找我帮助朱教授。我不但对朱先生口述，而且一字一字把王书错误用笔写下来交给他。今把我的讲义和朱先生这本讲义，与王力先生原著比比看嘛！朱教授和党付主任听我的讲课，一天不缺席，整整一两个年头，主动给了讲台。"留院察看"在师院黄书记还落实一点（实际是省委会特别是统战部部长为人正派）。到党大"留校察看"而有成绩，置之度外，一直到62年国庆前夕，省委会通知要我写材料，摘帽子，校中通过了，不知何故拖到63年3月才实现。我的清楚，他不在。帽子摘了，到目前已

（微照传载 支生情赏）

经十五个年头，还是一个受三级处分的右派，冤不冤？今年夏初，中央十一号文件公布了，贵大些领导同志不一定全象孟子说，算是初上马吧？群众也不提这个问题。全国57年右派受到中央十一号文件恩典，站起来了，走上工作岗位，为祖国革命事业发挥应有的作用。我父一贯六十年教书负责，学校后期组织校十七级了，了实尚在。批判四人邦运动中前后，写了多篇稿子，早已多次向他们吹过风，实物（我父写的稿子）尚在。上面已说，我父在六年反右派中，起了作用不小。我父并不因中央十一号文件的恩典而忘致勤勤。不过贵州特别是贵大领导学习中央十一号文件，竟然忘记了一个人还是摘掉帽子十五

九

年的受三级降级处分的右派！我已写份报告——《申请审查我父亲从学生到教授六十年中干些什么、写些什么，和这块废铜烂铁为祖国贡献些什么》。这份报告是十月三十一日挂号寄到贵州革委会的。我[illegible]，便于在贵阳特别是贵大、师院的中文系。我父在贵大、师院教过两期中学语文教师进修班——好几百学生散在全省每个县、市及自治区。今天这封信我挂号寄到贵大政治处人事科转。他们转不转没有关系，只希望他们到省革委看一下我写的《报告》，认真考虑把我父亲问题解决——教授可能要恢复，级别不计较，如此而已。省、校不能解决，我这份《报告》再有三份付打，随这封信转上级请求

恳切待省校指示。再不看你吹风了

叶致翰孔

张叶芬 上
78.11.15

稼老尚在"七"中，惜不
能已，用画《八十初度》题
藉慰幽冥及存也

稼翁之稿已画成，
且用歇指代哭笑声。
以追表服能一面，
（去年十二月十四日到山根
王快谈三夜，不平月公题）

应将浓谊付多士，

更欣哲嗣传家学，

定传专风纳砚斋。

君之三代均以公字传相嘱，去岳已西已西之）

子苏孙贤非过矣，

如今毕竟是前程。

不祥之物

小山深埋矿藏，
停着人行小路。
矿务侦察队不断经过，
矿藏暗暗自负。
久而久之，
一队一队从不停步。
~~矿~~宝藏挺不住急急喊：
"这里是矿藏宝库！"

侦察队高翘大怒，

停步大骂：

"自吹自擂，

必是不祥之物！"

这是56年写的，写在一本笔记本后面，

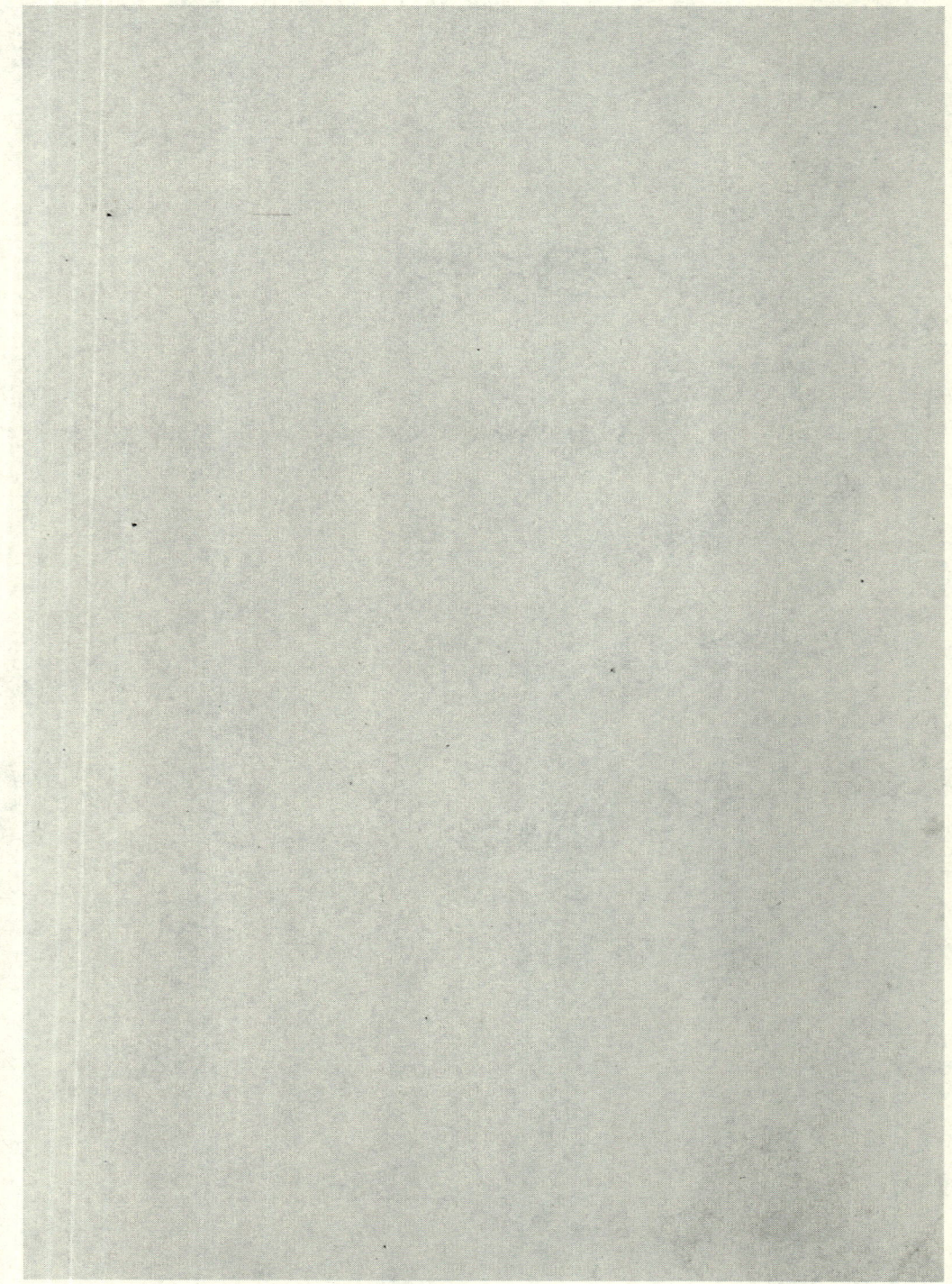

79年6月21日《参考消息》

港报译载

何炳棣文章《中国经济前景展望》

香港《大公报》六月九、十日译载美国芝加哥大学教授何炳棣为日本《读卖新闻》写的一篇文章，题为——

中共欲全力投入四化

——削减钢产量指标的含义

——一九八五年的钢产量指标从年产六千万吨削减为四千五百万吨——

中层官僚是个祸患

从一九六六年起到一九七六年止的十年间，劳动大众之间养成的公共道德的水准下降及纪律松弛的问题，非但切身关系到中国一般人不满情绪的，更针对中国庞大的官僚组织中腐败化的中间官僚阶层（见另页贴后背面）

一般来说，中国的行政机构常常是多层重复，架床叠屋，其中就出现了宗派主义，机能及权限的重叠，加上繁琐的形式主义等毛病。因此，各种各样的政府计划决定之后，到实施阶段常常遇上不必要的拖延阻滞，其中大部分应由中层干部负责。

作为一个历史学家，我要指出，在世界大国中，中国除了近代时期之外，是一个长期而且不断的保有官僚主义的传统的国家，这样的记录，不论是中央或地方，是不是全国都存在的呢？因此，怎样促使行政合理化，是促进四个现代化的必要条件。

展望前景 仍然光明

——中国在公元二000年完成现代化，并没有多大的问题，因为中国有一心要成"新的长征"的中央领导，有决心，有组织，还有着丰富的资源，这些都是事实

汝海己未年日記（第二部）

四月一日　（星期日）　連日雨　今仍小雨

接吴寄蒋云笑、（一）南大子柯、象南大王立中教授的信、記《西泠泉》誕生（长诗）、盲翁近作（二十多首新旧体诗）（二）还寄黄虹《简明语法》附一信一长诗（同（一）），（三）寄信附给崇三，附一信一长诗，同上。

雷电两日来，今上午返里。

接安师大卫仲璠教授的信（附一信一长诗，见上）

仲璠吾兄之：

沪上来书已达，只忙不即復之谅！此间中文系下学期开古汉语，正与淮南之讲的卓老师商量准备编写教材。可是最近教本，茫然无知。您校《古汉语》上册，我已看到，讲通俗，《传言》很不错，是谁主编？

全部内容，与王了一主编的有多大变动，是不是通俗方面，删了"官制"、"天文历法"……若干部分之"文选"似乎不能删掉，可据您校《古汉语上册》《绪言》。

兄弟我一向主讲"古典文学"，听说今年又负责[illegible]导古典文学上古部分研究生，但古汉语讲义亦由主编，虽一向最感困难的尤其今后还要在中央领导下开过若干次《古汉语》教材讨论会，因是要已经讨论出一个新标准了，急切请兄帮忙，对总第一节任重(顾问)，[illegible]一援手吧！寄兄中信及近为的创刊《涵上泉》的这一首长诗(附诗三)，以及[illegible]弟兄力主唱赞叹，还有点行动，复兄中信[illegible]后一句"老友无恙"，所谓"老友"除兄之外，不敢妄攀名流。四十年1条文如△，与兄中间有三同，同乡、同校七十年，因为国家扶植后进，有互相打气，互相交流示之，对国家交下任务，不致交白卷，这是这么之乐，如此而已。《嫂之中信》中，有"古人某甲"与"现在某乙"

之可推知所代的人。古人某甲之所以郑重一时，始作俑者，学师大萧《离骚集释》也引起了我们《离骚》讲义之付印时，并引"卫论者"之说，但极少引现在某乙说；古人某甲说，更不必引，因为某些先生大学讲义，直回忆之说，不管其后，则古人某甲就用过这大学讲义，又是什么见呢？又一笑置之。可也！注释自制序找个注释者自序，半行字，只来易注者序某人注，我看，他种不客气地待查。

敬礼

[redacted]

英段

复琼琼信

二弟弟：

来信收到，你盼爹爹信，我盼爹爹去信，尤其对妈妈的话能听，而且听的决心很大。我高兴得几乎跳起来的！跟你说吧，为什么这么久不给你信，使你失望呢？十周岁年起不来信，不给他摘帽子，大淘气的事很不少，但是爹爹不给他摘。今天把道理讲给你听。爹爹给你信，书面也常谈三三段有三套法宝——①爹爹话有一条"明天"，②不知道哪一年了！③喽啰，忘失了用这三套法宝，一切不听话，就云散烟消了，好厉害！你这次来信，说以后决不用公字信纸、"一定认错呼爸爸"，就这两句，我过于欢喜，表露在面。再仔看大大点点"哎呀！封建思想"，爸爸也在面！我相信有道理。就是这个已来由乱喊，唐敦[redacted]以。从喊"同志"喊爸爸，到"纪律"，三四年从哥哥起，不改；今天你下决心听话了。这不十分道理，"卑（去叶）横走吧（不讲理）

作风，二实改了；"三人帮"动摇了；这封信寄下来，弟弟回来要他看，一直错了不改；"翻鱼关"去年不改，今年不摇，了算了，不接收别人的意见，问题就不少。这个问题，弟弟认为不是道，保林认为不是道，也没有问题——你们不妙！我信写到这里，她看了，说"嘴喳！啊（音超）！"还不是说"是"废话"？弟弟也有几条优点，我还要拿出来："你什么时候知道"吧"有道理，你就有进步了。"人已今失我们用的比这个优点还要多得多。她说我"吧"，我说"你也去说，老师们都不敢到我家来，一来你就讲给人麻烦，又不好意思走，我好几年前没老师来，我一声不响；今天南京中山子孩子出名了，原因就是我们引起他们讨嫌，不敢说"！前天雷电来，我给他写一封信不长，话有多少量。我说："南京中山子孩能[illegible]得出色，我要负一定责任。"各位老师帮助我太多，我和那些老师，可以说，一无所有，没有去看过大家，为什么对不起别人身上推，都不这样，你们是弟弟独女儿了

“不会看信”，我在莫斯科对好几个人都提过多次，十多年了，这意思：“不知道哪一年了！”会看信，就会看书，也就会看人。不容易！不容易之至！要多少懂一点怎样看信，怎样看书，怎样看人，所以读不少书，懂一点，马马虎虎有个路向，还没有跨出的，但还认真提防跨出；最近还对雷电颂”作和权威有出息，不在进不进大学；上能读进比不进好，多学点东西，更为人民服务多一点。不进大学，不管干什么，做得出色一些，作风正派一些，同样地做一个（工作）革命的中华人民共和国人民。进大学成绩一般化，毕业后工作一般化，作风一般化，还是没有出息。思想觉悟低，要去掉思想上的私字根除，抱负，在校学习成绩好，毕业后和人别苗头，也难在工作上有取得出色成绩，相反，还会上坏道，掉进了四人帮里面去的中青年知识分子还少吗？一些人以为自己没有问题，不妙。刘备临终，对阿斗说：“莫以善小而不为，莫以恶小而为之”，只知道不够，重在实践！学学比较会看书，会听话，因而比较会看人，但多多有句老话："知人要明，待人要宽"，在贵州乡下子女也是知道的。今天举个例子，过去也有例子，不算，只举最近，从你对我认真检查。今年二月十三日凤玮姐与哥哥来家，住两夜三天。有天晚上大哥哥在西，周姐姐说："这个人嘴会讲，我讲不过他，语文水平不错，矫辩！"二字，哥哥讲过~~这个~~有艺术天才。你看注意姐姐这句话，要把最后两个字读重重的！你要就这句话，你就有点认得周道生这个人了——你不以为意，感情为主，看出哥哥主要缺点是一不虚心，是强辩，就是"电棒笔"嘛。周姐姐有能力，不顾哥哥特别是大大的独儿子，要讲的话出来，你聪明，不会这样做。一分为二，这样宽容与人和平共处，是优点；软弱，有些懦怯，容易和稀泥过日子，不好。举个例：今年春节后正月初七八吧，大大生杨铭的大气，你对我也冲他说："你有些理，千错万错，总[illegible]家人一三妹，怎么对人家发脾气！"是在[illegible]底说的。杨铭笑一夜没有睡着，~~想你说~~是对在也，我讲的话，"大大是爹爹的独女儿，是三妹的母亲，上人发点脾气，

还要爱……"第二天早上，他起来了，就要取帚
扫地，我说："不要你扫！"他偏不走，我说："去
打大家招呼"他要走了，三孩子已经到家，要和他
一道走，他不同意，走了，走到袁家村当三妹，以后
三妹到仰光告诉，杨全家还很阳的。他夜里
哭一夜没睡，是你告诉我的，第二天早上，弟三
妹才回来嘛。中国一片大好，我家也一片大
好，大家过得都有进步，但我对你说过多次：
"没有大家，就没有你们三姊妹，高信也有人
说"叶芳大姊有本事。"自60年高强饿死
200多人，大高饿死100多人，新华饿死九十人，
大姊乐工资那么少，带三个孩子种萝卜菜充饥，
不让生活饿死，还了帮中。这是一般人讲的。
还有人说："叶芳家住的福建区、队人、队全家当夫人
给你一个小学教师"我说："大家周知她是
她子也，其后是他弟弟嘛"我不贪天之功。我
们家可以大好起来[illegible]家家过太平日子，大家
互相尊敬，互相鼓励，力争上游。最大的
麻烦，就是错了，心服口不服。不管大小，
错就要认。欠钱就要认赔，不认赔还钱

还唱了歌，还能单独唱了“电横楼”、“绣荷包”还

能讲些信话，那真是“丑”字变“五”字念了！今天我

把年算了一下，你与哥哥岁数都不大，大哥岁数也不小。

又是话还要说得多一点。我本对大哥说过

假——这两个星期，有许多题写，有多信要写，

要她写信告诉你，我当半个月，不要记你。这十

来天，忙乱的情况，大大增加。天天催我写信，还有好

多信没有写，大约不重要。今天得了，大大要

我谈谈怎样学习的情况，前后搞一下，并不重要。

搞一下，较后写一下，又轮我行了。你班上二十多人，

多多取前五名，要去后强求取前五名，调到就

学习数学英文。我建议你有文艺天才，大大的话

说定英文容易学，容易教。又是考不到前五名，老实

大大为了调到这里，也不走的了，要是进大学，要考大学

不是优秀的，也考不 在 数学，三五

年等我就不会了，学 讲是古典文学，好调

到中文系教课摸透了好，一定会知道这里

剧刊《西厢记》等等的书看看，只给我十份，只

能寄了一份一份，你和德林取来看看，

四月七日　　晴

光明日报　四月三日

从古天文学研究的新方向

本报记者金涛

……在最近在福建厦门召开的中国天文学史研究成果交流会议上，不少天文学、民族学以及从事其它学科的科研人员，通过多年普查我国浩若烟海的地方志、史书和其他文献(古代)，实地调查我国少数民族的天文历法的第一手资料，结合国际天文学研究的最新动向，对古天文学与近代天文学、古天文学与考古学以及古天文学与民族学的关系，进行了比较深入的探讨，提出了一些富有见解的看法。

……因此考古天文学近年来引起中外国际天文学界的浓厚兴[illegible]，并形成一门热门，涌现出不少饶有兴趣的新发现。

……古代渭河流域的古代帝王陵墓其方向与某些

星座的方向（位），有密切关系。有的外国学者经过研究指出，与这些陵墓的东边相垂直的方向，与古代天狼星升起的方位是一致的，……

……湖北随县出土的绘有二十八宿星图的一只箱盖，就以稍晚的文献物资料，推翻了过去长年积累的关于二十八宿的概念最迟是战国末期才完成的结论，把这一历史上溯到战国初期。

四月十一日　晴

出復边、汪二老及朋子的信，附员敏诗，以博一笑：

顷南大金中教授寄来《钟山诗会》集会中山陵，南邦名宿二十余人，吟诗慰问台湾旧友早日归来。金苏政协付主任陈帆老人主其事，陈老九十余高龄，乃东南大学老教授，刘申[redacted]士之子也。然之，千帆（程）圭璋（唐）金中夫妇皆与会，各有佳什，（程）玩之崇人之。边、汪二老，可以阔步登场；朋子每于列席一旦自 毕竟浮槎在肥东距余村卅里，曾为少帝登临。~~居花~~欧公有文记此山。余居花溪卅年，今秉笔作花溪杂咏十绝句饵诱老友赖少其返皖，~~老友浮槎~~游览来采。今住山中，也无人写

是世余倩遣，昌黎师何"能多作诗人"。又如

活动，当诚下楼，重在"搞"。诗才不肯遣，勉强为之，眼心出丑，"搞"从何来？不有诗要卖此乎？

画楼不行，有书楼，书楼不行，有笔楼，笔楼不行有茅斋楼。不亦愉乎！何必当众出丑，而自令苦为？

清明赖少回乌江扫墓，因以占一绝并招老焕（邵子退之）偕游琅琊。

花溪诗别面浮槎，

何物浮槎云一诗？（注）

~~……乌江一曲……~~

~~老焕……琅琊！~~

四十年前

（注）浮槎~~山~~在余村~~……~~西南廿七里，欧公有《浮槎山记》。~~十余年~~登临，欧公有《浮槎山记》。

北平曾登临

交更老焕~~……~~！

琅琊也有半溪花

绝代东风，~~……~~皆老健当追来！

余……居花溪三十载今秉笔作花溪杂伯十绝句饵诱赖少其返皖，……游山林石溪，今住琅琊……~~绝代……~~，~~第二……~~。

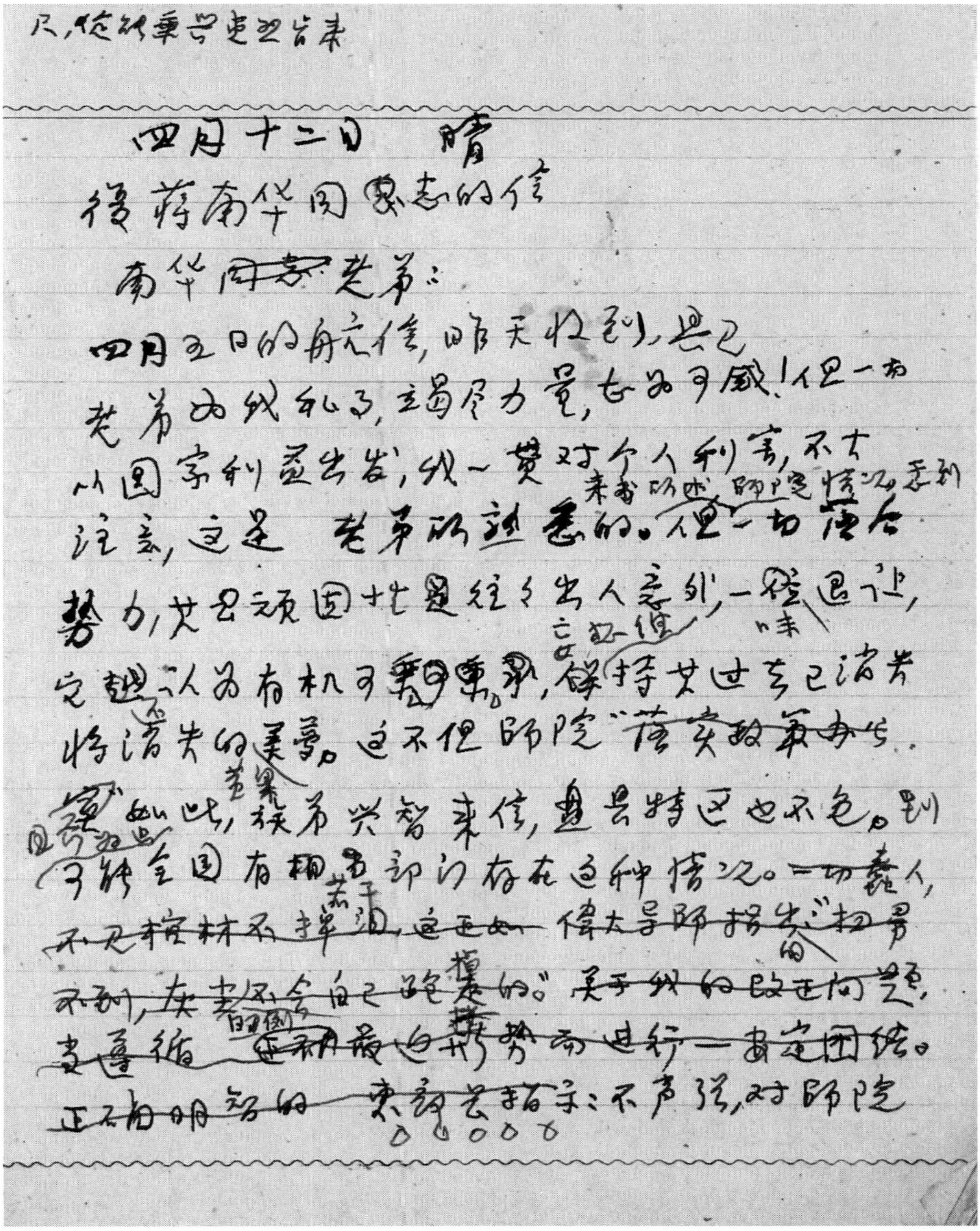

只，使我乘空走出去来

四月十二日　晴

復蒋南华同志的信

南华~~同志~~老弟：

四月五日的航空信，昨天收到，甚已

老弟如我私心，立当尽力量，友谊可感！但一方

从国家利益出发，我一贯对个人利害，不大

注意，这是老弟所熟悉的。但一切落后

势力，其是顽固地还往往出人意外，一经退让，

它越认为有机可乘，保持其过去已消失

将消失的美梦。这不但師院~~落实政策如此~~

如此，据弟兴智来信，专县特区也不免。到

可能全国有相当部门存在这种情况。~~一切人，~~

~~不见棺材不掉泪，这正如伟大导師指出的：扫帚~~

~~不到，灰尘不会自己跑掉的。关于我的政治问题，~~

~~要遵循正确的道路而进行一番安定团结。~~

~~正在明智的~~要看老弟指示：不声张，对師院进行教育，如果师院不通，我们可以给他做工作；如果经过再三工作还不通，我们只好来一个"硬性"的办法了。惠部长这的"硬性"，就是指如师院还不改正，最后我部来改正。"

我得到这颗定心丸，还急什么？——我一点不急，急的是儿女，最近急的是贵安师大的儿子也是终身。去年四月中央6号文件下达，华东不管是未摘帽或已摘帽的右派都可反映，我阻止芬姐不可妄动；去年中秋接到儿子来信，任保老师互相接触，彼此融洽，所以儿子是"顾问"的问题，知道了这里两位右派已摘帽老师从去年开始申诉，一位何老师是从大学下放到安顺某中学，一位郑老师是睦县一中，都是早申诉，早解决，目下已解决三两个月。我没有理由阻止芬姐了，她去年十月底写了代诉托人拿到贵州省委会，都

里边"申请彻底审查我数年从二十一岁中学毕业后六十年
中讲些什么，写些什么，准许我这块废钢烂铁，
能为四个现代化贡献点滴力。贵州省委三个多月，没有
回音，今年二月中旬，我本人写了"申诉"由学校党委

附"三化"座谈纪要
贵州日报所载

一并打印三份，一份寄贵州省委会，两份分别寄师院党
大党委会。学校用党委会公函挂号寄出的。又一个多月
老弟之~~[illegible]~~到师院，见"落实政策办公室负责人赵

某人"三化"说"影响大，但仍可申诉

同志一句话"，还我[illegible]改正。昔到你说，我信我信
说去年10月我们给他女儿写信到贵州某人
省委曾申诉一次，今年二月他本人又申诉一次。这
时写过一位年轻的干部中旬开的，说他本人的申诉我
们收到了。~~这时赵君才有点十笑，只要求你不要~~
~~同我讲他的态度，只说要我不急。你说"八十~~
~~多岁了，还不急"那位年轻的干部~~ 前两天还从人组里
还从人组里来封信，要我问题他的信儿说不急了"你说"八
十多岁的人了，怎能不急"到此地步，知道我信

好信），年轻的那位干部前两天找我老弟（他们
谈会是经过）有信给他们寄来，那位赵组
长又叫你说：中央55号文件"不管本人申
不申诉，都一律要予以复查"，这位赵组长
还在装憨，还说是成天不化，还不说我本人申新
附寄的三化（论），罢得了老弟"争取发言权"
到省图书馆去把这篇《三化（论）》找出来，赵组
长开初则谎言"本人没有申诉"，抵赖不掉，可是
看过《三化（论）》了，这么明显的，正如老弟与我所有
这里领导看法一样一致，是一篇维护党、赤胆忠心的
"苦口之药"。赵组长戴了什么墨镜有色眼镜，看过《三化（论）》了，又看过
曝 57年10月中央文件《关于划分右派分子的标准的通知》，
竟然最后还来一句"他那篇'三化论'影响大。"从头到
尾，这位赵组长一席话，完全是一个受蒙蔽太深的
看问题与众不同，死心塌地，遵循不得 想法又想摘去眼睛上的蒙障（我们不能不把摘去他眼上蒙的那块墨纱！
治病救人的态度，遵循惠部长指示，教育他
们，化阻力为助力。另外
另外失次劳姐写了，想申诉到中央，不能受老弟

我不同意，模仿
~~来信有急迫的了又引起起的。我认为干不得~~，模
仿贵州省委体面~~多分一方面~~，我向你请示干不得。但~~我~~
（师陀）如果经过再三工作
惠部长把他这句话
还不通，那我们只好来一个硬性的办法了……”中
间“再三”二字，改为“一再”。“一”是怎么办，“再”是怎么办，我向
这里党领导~~汇报~~请示，再通过你，请示
惠部长。对师陀做工作他人手只能“一再”。如果“再三”，
就有~~点不教条主义~~（主观）的家长式地过分放任一小批执迷不悟的
干部，影响中央这次“平反昭雪”工作，不能收到
应有的效果，这是一种“影响大”。”他那篇三伙论
影响大”又是一个“影响大”，不但不接收“背景
之教”，反而~~轻描淡写，错划为~~右派，极右派分子而
给他戴上一顶右派极右派分子的帽子，在
贵州“三伙”之风泛滥，“奴才世袭化，人才落后化”为
林彪四人帮开辟土壤，使全省大中教育质量，逐步
落后，全国去年高考，贵州名列第几？这是偶然的
吗？从去年十月底开始申诉到目前半年多了；去年二
月中旬我本人申诉也两个月了。而这位赵组长成见
之深，认识反常，令人不解，也不是偶然的。但我们

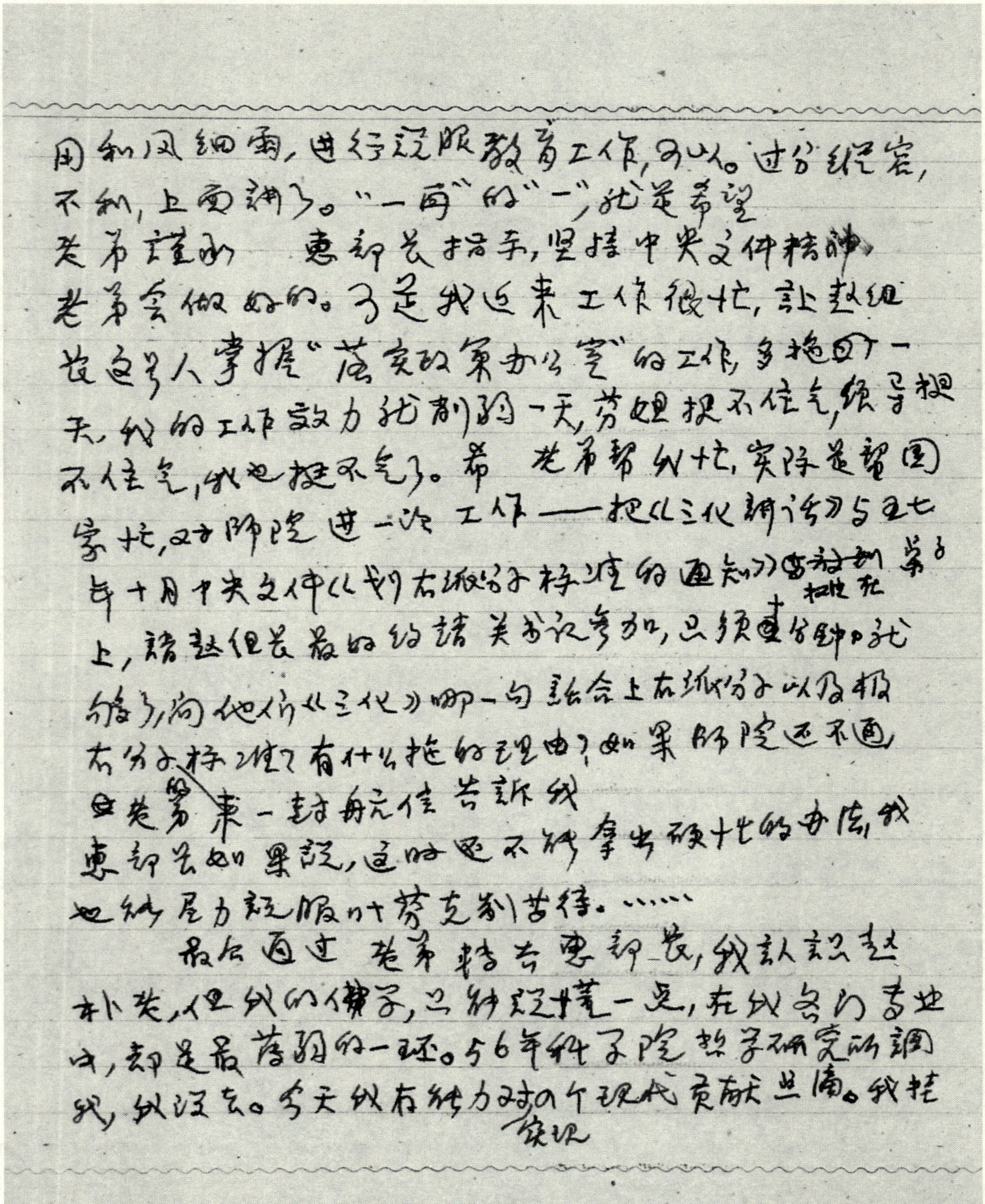
用和风细雨，进行说服教育工作，可以。过分纠宽，
不利，上面讲了。"一两"的"一"，就是希望
光弟注意 惠部长指示，坚持中央文件精神
老弟会做好的。可是我近来工作很忙，让赵组
长这个人掌握"落实政策办公室"的工作，多拖了一
天，我的工作效力就削弱一天，劳姐提不住气，须子提
不住气，我也提不起气了。希 光弟帮我忙，实际是帮国
家忙，对师院进一步工作——把《三化讲话》与五七
年十月中央文件《划右派分子标准的通知》逐条对照
上，请赵组长看的给请关于认真参加，只须十分钟就
够了，问他们《三化》哪一句够得上右派分子以及极
右分子标准？有什么推的理由？如果师院还不通，
由光弟来一封航信告诉我
惠部长如果说，这时也不能拿出硬性的办法，我
也能尽力说服以十劳克刻苦待。……
最后通过 光弟转告惠部长，我认识赵
朴老，但我的佛学，只能说懂一点，在我们当世
时，却是最落弱的一环。56年科学院哲学研究所调
我，我没去。今天我有能力对四个现代贡献出济。我祥
侯现

另寄呈 惠部长，(一)《西周考年》、(二)《祝"领袖"诞生》一首长诗、(三)《复南大王金中教授的信》。(一)这我古生中最有成绩的一环，是老弟追求最久的一门科技。最近《光明日报》四月三日一篇报道《古天文学研究的新动向》，老弟找这篇《报道》看一下，也呈惠部长，可以发现历代开会的许多天，许多研究人员讨论不能实落的问题，在《西周考年》里面找到了答案。(二)可看出我60年与四势力斗争的剪影。其中开头的阎王殿，几乎开除，现在过去老同学因又见了的(老同学)还存在的，就是几如不知道，所以劳姐去年十月向贵州省委申诉，标题是《申请查我从中学读书到今天六十年中，讲些什么、写些什么、干些什么，允许我为实现四个现代化，贡献出一点力，到年若干年了，这个很国家动人的事业等，她没有回音，她不知道嘛。她犯的其外若干条，可以举组(二)诗中的诗句——"斗争六十载，老老忽挡接"也不必到贵大去翻我的档案——我在公安厅交我的材料"军放所阎过五次风险，三次立功我牢狱血泪"，这些用不着查嘛。文化大革命中第二号(第一号是郑庆余，斗死了)斗争的对象，还没查清楚，7年来他们还会来斗我？(三)这封信与老朋友互相策励鼓舞，研究怎样带好研究生，怎样当好顾问，怎样写出一本象样的《诗经新注》，怎样与老伴共同配合三五内能写出几本教本，不比别的几个大专院校竟多少。我的华东、华中、华南若干大专学校有同庚、年少一两岁的老友以及六十多岁老学生，正在担任系主任、带研究生，都热情支持我继续重写现用的教本，我要报告，我们新教材已经着手，只好用这封信当老友面谈，以示吾老不衰，不敢负诸友之惠赐。信里提到我早就亦说过：“国民党中央下的经济大烂摊子，容易收拾，文化大烂摊子，理科也会易收拾，文科者多集骗，它大烂摊子不是三十年、五十年收拾得了的。但今天在华主席领导，充分落实“二百”方针，可能本世纪末，文科大烂摊子收拾得好。读《中天文研究的新动向》，不觉怅然若失！已经着手与郑老师合稿之《中国古天文历法表层》，本年八月底脱稿，定要抄一份寄奉求教正，也我们俩的第二次选接教材加一笑！

4、8《人民日报》报道湖南省委，还有几句话：

在三月二十六日召开的全省干部大会上，省委书记李丰年同志代表省委作报告时，批判了极少数敌视和[illegible]社会主义现代化建设事业的分子的罪恶行径，同时也指出那些不顾大局，提出过高过急要求的人无理取闹的行为。我们决不能因为反对阶级斗争扩大化而忽视阶级斗争的存在。在四个现代化建设中，我们一定要保持清醒的头脑，决不能放松警惕，宽容那些害群之马。

四月七日　晴

再复蒋南华的信

南华弟：

前天寄来郭老《西周考年和〈诗〉"酿泉"诞生》与《复南大王教授的信》同时复信。老弟七日去信，邮局离宿舍七八里，托乡农人村邮，发了，包裹挂号，信没挂号。路远，邮局不挂号偶而失了，不放心。今天挂号航寄简单提几句。这也说明师院拖，劳姐急比我急，孩子学智比劳姐急，老弟比学智急，这是实。这里领导也很急，因为中文系何老师与郑老师早已改正了。不光是这里，南京几乎每星期常有老朋友、老学生来，总是谈谈右学方面摘帽子的右派早已改正了，贵州是什么一回事？合肥市、肥东县的老学生，也经同样来信问。这一个处境压力很大，这就使我不考虑个人得失的我，也安心不下！今天读四月七日《人民日报》一篇报道《许

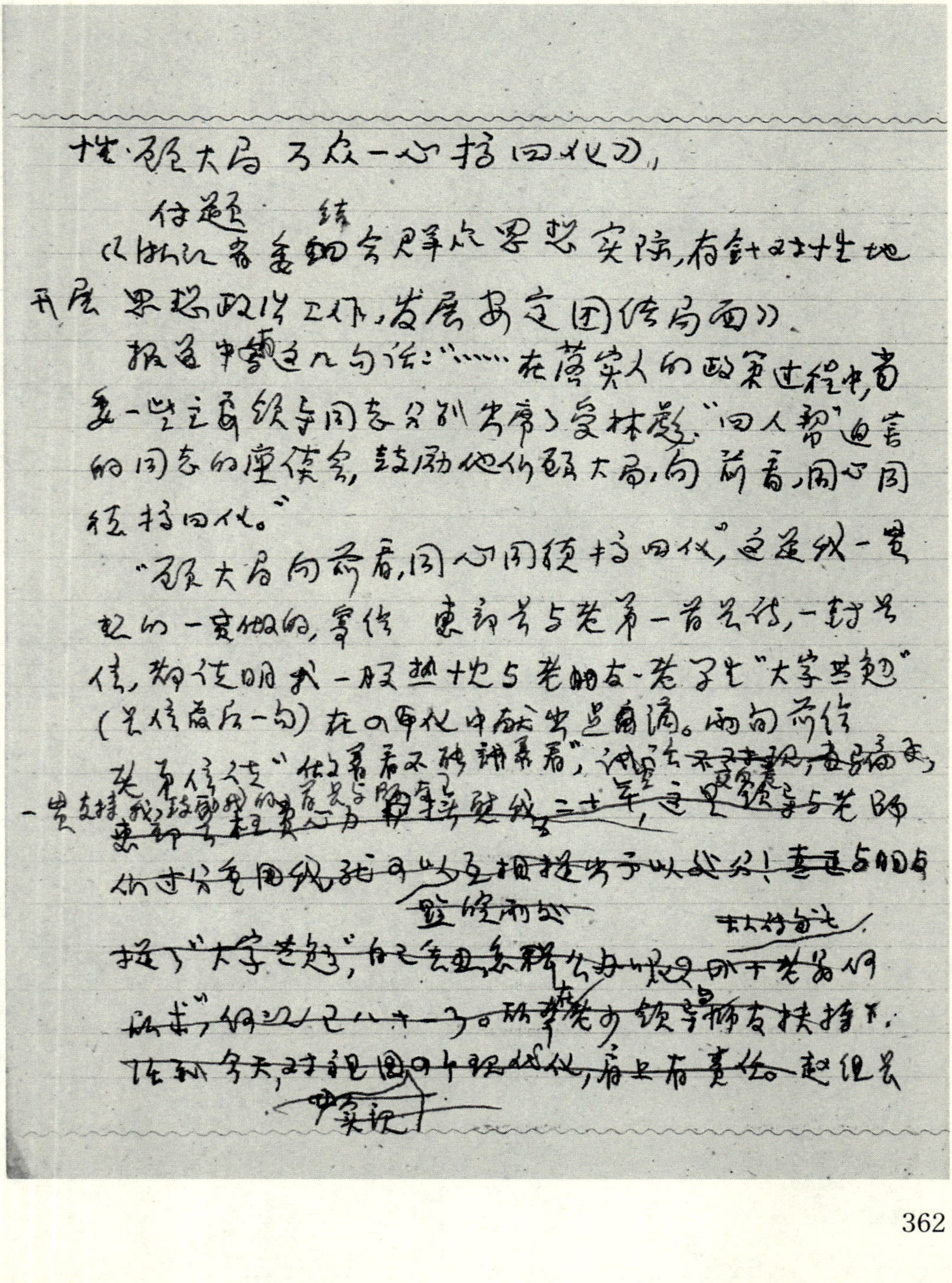

《“顾大局”与众一心搞四化》

付题　　续

《从浙江省委细致分析群众思想实际，有针对性地开展群众政治工作，发展安定团结局面》

报道中有这几句话：“……在落实人的政策过程中，省委一些主要领导同志分别出席了受林彪、“四人帮”迫害的同志的座谈会，鼓励他们顾大局，向前看，同心同德搞四化。”

“顾大局向前看，同心同德搞四化”，这是我一贯赞成的一贯做的，寄信　惠询书与老弟一首并诗，一封书信，都说明我一般热忱与老朋友、老学生“大字共勉”（书信最后一句）在四化中献出点滴。两句前信

[illegible]

~~之后，哪里得来了什么论据？今天已把……~~

~~……关系人对外……~~

~~……~~我就这处境提一下，但一如既

（前天的信所说）往，顾全大局，不损伤国家"安定团结"的政治局面，

通过　秘书长指示，通过　老弟同志，和风细

雨对师院（工作）教育。今天信上说"老弟到师院

以总支干部身份，职权行分内职责进行说服"，但

也不必回避同我们（的）师生关系。（有什么秘密？）一切人有权代替申诉！

大前天信件的那封七页信，这里领导看了，同

意他们不去公安到贵阳，先十天仍到师院工作

一阵，他们还不适，来封航信，之后他们（认为），应该不

秘书长（认为）还不能拿出硬性的办法，我可以　成问题。

如果他们还不适，

向这里领导汇报，暂缓去公安到贵州；也可说服

芳妹（姐）不申诉到中央（除非老弟支持她）。

老弟把《三权（论）》及1957年10月中央《划右派分

子标准的通知》对照出来，查出他们（摆）在《（论）》里

面有哪句话合右派、相右派的标准？十分钟就能解

决，……

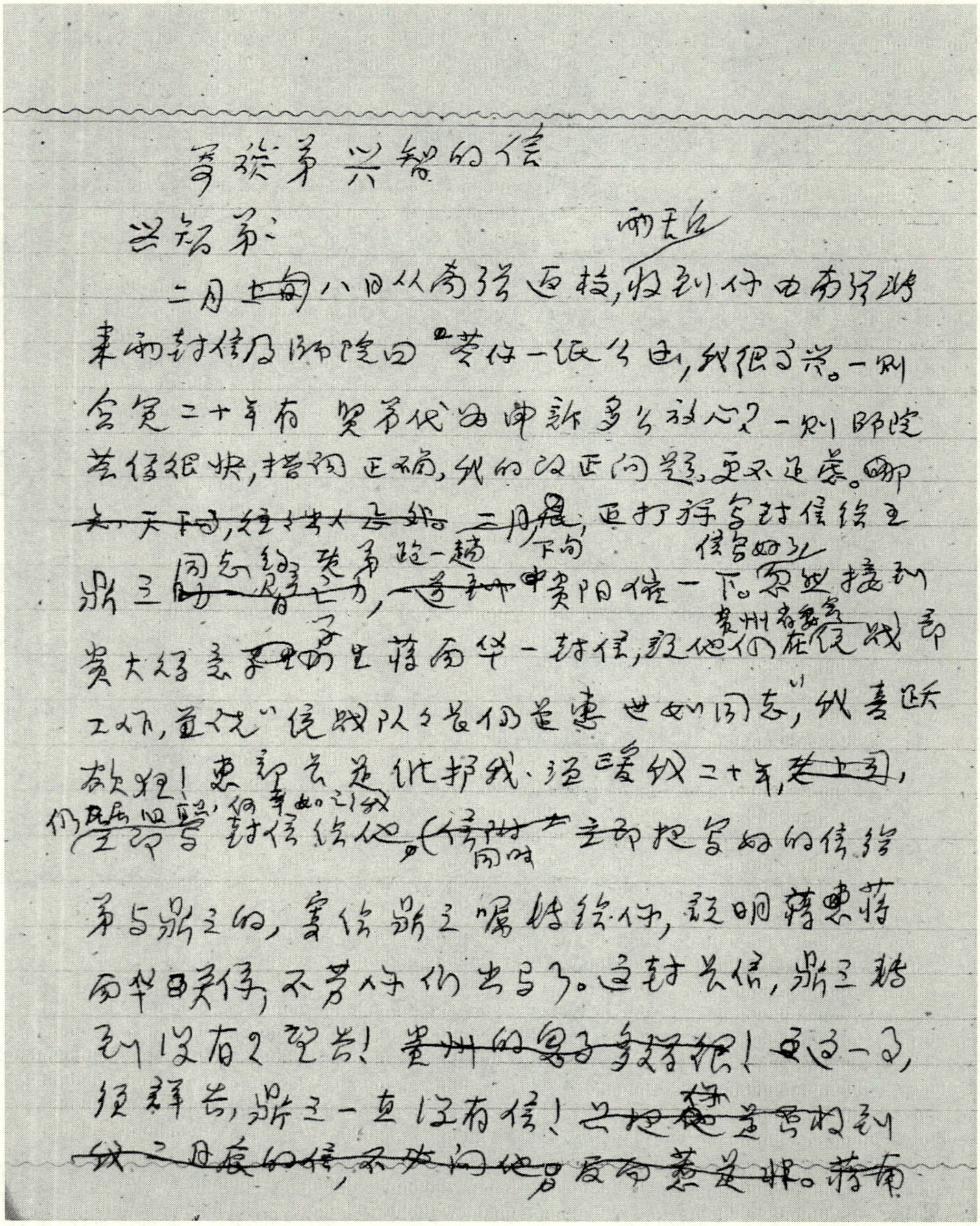

寄族弟兴智的信

兴智弟：

二月八日从南宁返校，收到你由南宁转来两封信及师院回荐你一纸公函，我很高兴。一则分离二十年有贤弟代为申诉多么放心？二则师院荐得很快，措词正确，我的改正问题更不远矣。哪[illegible]二月下旬，正打算写封信给王彬之同志，给贤弟跑一趟贵阳催一下。信写好了，忽然接到贵州省委统战部贵大统战部长蒋南华一封信，说他们在统战部工作，并代"统战队"长何遂世如同志，我喜跃欲狂！惠郎兄是优护我、温暖我二十年，仍在旧职，何年如之！我写封信给他，同时主动把写好的信给弟与彬之的，寄给彬之嘱转给你，说明蒋惠蒋南华的关系，不劳你们出马了。这封长信，彬之转到没有？望告！又过一月，经辞告，彬之一直没有信！[illegible]

天下料不到的事常常有，南

今年二月底隐身份作一个局外人到师院"落实政策办公室"去询问我的要改正问题。一位赵姓同志说："我们不打算改正，他本人也没有申诉。"蒋同志说："他不申诉，政府也要复查嘛。何况他女儿去年十月底挂号信申诉寄贵州省委申诉，今年二月中旬他本人又申诉，由他的工作单位打印三份材料用公函寄到"贵州省委"、"师院、贵大两个校委会"。于是谎言戳穿了，旁边一位年轻的说："他本人申诉我们收到了，他说(?)张先生前两天还来封信催。"这时赵姓同志有点慌，有点急，对南华说："刚才我的话，是我的看法（明明受了上级指示一致的）不要对张××说，就说我们按政策办了。"你们按政策办了？收到张先生代申诉，方面又批了印又说"收到他本人申诉"，谁叫你说谎"他本人没有申诉？"年批了印说信催，太急，蒋说："八十一岁的人拖这么久，还不急？"我们赵姓同志说："是多后又批。"一直到最后，他看到《三化(论)》了，要也看过79年10月中央文件《划右派分子标准的通知》了，谁叫

充分暴露赵组长 影响

你赵组长说"《三亿论》问题大"？这一席话，(的内容)完全暴露

五七年贵州一个搞(的政法)[……]思想与措施，死不认账，

设谋、造谣、耍花招，用掩饰的手段阴谋，暗中抗拒中央

这个伟大英明雷霆运动，为自己黑势力保持已腐烂正

腐烂的阴魂，不是盼望(他说)着揭明文南华回部向(不声张)

惠部长汇报情况，"惠部长说：师院有阻力，我们对他

们(不要进攻，对他们)进行工作，又说：工作，他(还)从不回我们就(只好)用强硬性的办

法了。"(说服办不好)惠部长……硬性的办法，就是师院不改正，

我部改正。我早就注意不能声张，给他(们有所)以捣乱破坏。

所以早给那里信时你，不要插手我的改正问题，就

是有这么奇的经验。如果叫这些一十九人，故子钉全失

牛，天下咀然。所以我大前天给南华同志的信，完

全按惠部长指示办，不声张、和风细雨对师院

进行工作。只对南华提十分钟工作的办法，就是把

我《三亿(论)》放在57年10月中共划右派分子标准的面

前看过，请问赵组长指出《三亿》有哪一句话会上

右派乃至极右派的标准？白纸黑字，不是眼上学的

黑纱太窄，怎会如此设法抵赖？老弟再去一信

(挂号)到师院催一下，助蒋同志一臂之力，迎刃可以

迎刃而解了。万一他们不通，是否当面……

〇〇〇妇女咒骂她们丈夫"你真没脸，不能拯救他"
示威时有嚎啕大哭的

要部长来一个硕士生毕业，或是任叶芬去上班，由子校领导来主持。只须要 老弟主印去封信催一下，有由我校党委通过南华同志来信传述的 老部长的意见，他们值动掉动多人？叶芬给南华的信附来。祝

全家（贵州部分）健康快乐进步

大哥仪舟 79.4.18

一週内（4.4—4.9）国际上的惨剧

综合近十天《参考消息》惊知国际六天之内出两件古今中外从来没有过的惨案：

（一）巴基斯坦前总理布托被绞死

（二）伊朗前首相胡韦达被机枪打死

四月四日凌晨二时，巴基斯坦前总理布托被残暴的军人政府总统齐亚·哈克绞死，享年五十一岁。当天全国人民掀起无比的恐惧，陆续几天在全国大小城市开精告示威大会，男女儿童声势浩大的示威游行，多的一万二千人，少的五千人左右不等。几天各地军队也有不安静的变乱的表示。示威者以空前无比的威势，与警察搏斗，受伤被捕数以百计，光布托故乡信德省就捕了一百五十人。妇女儿童，以碎石砖土块掷击士兵，士兵只好背转身躲避，不忍反击。可见布托遗爱在民，反动士兵也有良心！

不管是朋友还是敌人都认为

布托先生是一位学识渊博、品德高尚的人，在巴执政
二十年深受人民拥戴。特别是71年印巴战争与孟加
拉国独立，在国际上声誉大起，国内威望更高。竟于1977
年7月被军人政变，布托入狱。全世界各国领导人纷纷电文
军政府呼吁"宽恕布托"包括联合国秘书长瓦尔德海姆在内。
齐亚之流，不顾世界舆论，一意孤行，对布托下此
毒手。"多行不义必自毙"，布托遇害后，不但全国巴骚动，
不断举动声势浩大的请愿示威大会，高呼："齐亚是条疯
狗"、"国父布托万岁"、"杀死齐亚·哈克他的子孙"、"报
仇、报仇"……口号声振云霄。瑞典驻巴大使馆竟天下
各国纷纷申明"十分遗憾"
半旗停止工作一天，表示抗议。观察家估计，不久必有
若干布巴友好的友邦，召回大使。《印度快报》说"布托死去
比他活着更大了"。这正说明，蠢人自搬重石砸自打脚
的真理。实际，布托一天不死，他们寝食就得不安稳。
他们认为除掉布托，就可高枕无忧；而结果必然
适得其反。看吧！△△△（最后见上面）进行葬礼时去
布托遇害后，上午十时举葬礼完毕。
的包括两位叔伯在内的家属，而布托伊朗出生伊朗
的妻子"努斯拉特"和女儿"贝娜齐尔"被软禁在拉瓦
他的

△△约有八百人在拉瓦尔品第中心区举行示威……在示威人群中有布托先生的过去执政的人民党的三位高级官员，即前外交部长阿齐兹·艾哈迈德、前财政部长哈菲兹·皮尔扎达和前文教部长蒙播兹·布托。8见后页

乐品第这的监禁所里，不能参加送葬。仅在临终前在那阴冷冷地作了两个小时的最后分别！这样一位忠贞为国、全国拥护的领袖，全世界尊敬的人，竟这么收场，人们是否还有谁信这理？

布托被押赴绞刑，暴徒用绞索反缚布托双手，布托要求松开一下，也被拒绝了，可见凶徒的良心尚未绝灭。追着布托，从狱中犯人一道走，出于示威。而当时所有犯人与布托一道高诵可兰经。最后布托喊出："天哪！救救我吧！因为我是无罪的人！"当参加祈祷的人，听到他们被杀害的领导人这些话时，不由地义愤填膺。四月五日阿拉伯联合酋长国总统办公室发表一项声明"……因他的逝世，使伊斯兰民族失去一位最杰出的领袖，一位伊斯兰世界特别是巴基斯坦世界的最忠实的捍卫者。"总统阿勒纳哈扬今天向布托夫人努斯拉特发出一封唁电，电文"我怀着十分沉痛的心情对于亲爱的布托先生的逝世，向您以及您的全家人表示深切哀悼。愿真主怜悯他，并使他安息，愿您忍痛节哀。我们属于真主。我们都将回到真主那里去。"布托二日在全巴各城市进行祈祷式的游行示威，

◎（接前页上面）他们三人被手铐脚镣戴在背上，人群中的许多妇女立刻哭了起来。布托的巴基斯坦人民党总书记宣布了全体党员从明天（五日—引者）开始，在全国各地举行"悼念仪式"，并宣布四十天的哀悼期。

还被黑罩蒙诵着古兰经，走向绞刑场，一路高声地把人念诵了古兰经，这么一个人民领袖竟然像一个平常犯人死去不到八小时，就草草地埋掉了。仅单孤寡也有他的遗孀在内的家属，念了古兰经送葬。尤其布托最后一句话："天啊！救救我吧！因为我是无罪的人！"，阿拉伯联酋总统的五日给巴托夫人的唁电提到："愿真主怜悯他，并使他安息，愿您忍痛节哀。我们属于真主，我们都将回到真主那里去。"导师马克思说过"宗教是鸦片烟"，司马迁也说过"人穷则呼天"，巴基斯坦出了这么一场惨无人道的悲剧，竟然在念古兰经声中结束，呼天天不应，难怪鸦片烟麻醉百姓也没有那么大。奈何奈何！我想想起，以古兰经与高呼"真主伟大"声融会在一起，与一般祈祷（念诵）的力量，就大有区别了。加之教主穆罕穆德就是一手持剑刀，一手拿古兰经传教的，所以回教有勇敢强悍精神，盛行于亚洲西部。孟子说："天视自我民视，天听自我民听。"想之，就在全部阿拉伯民族的视听之中，国内外一片骚动，该是天道人心合一起来，制止这一场惨无人道的绝伦暴行，直到此世界上永不再出现这种现象。布托遇害不过四天，七日晚上，伊朗前首相胡

ΔΔΔ 齐亚总统就是布托执政时从军级高于齐亚的七个人中提拔为陆军参谋长。任何反动家伙，总是又忧又惧，结果以怨报德，不顾人民意志，不顾世界舆论，也不顾沙特阿拉伯大君主之劝告，一意孤行如此！

拿达被机枪打死；又两天伊朗有空军司令等四人被处决。连同自革命以来被行刑队处死的国王手下的人数已达六十八人。震动了设在伦敦的大赦国际联盟委员会主席打电报给联合国秘书长，要求召开安理会，讨论全世界的政治犯的迫害。伊人手大有光明前景。又巴基斯坦八日召开全国政治会议讨论政局，定期十四日举行。反人民的巴基斯坦全国联盟七日，有三千多名工作人员和一些大学生在拉瓦尔品第游行，谴责布托的巴基斯坦人民党鼓动闹事。大举动用警察镇压各地示威运动及军人暴动。……政府垂死挣扎更疯狂了。四月七日美国华盛顿《邮报》从伊斯兰堡发出消息：布托英勇明智的夫人和二十六岁的英国牛津大学毕业的大女儿，还软禁在一个警察局附近，被禁止参加政治活动，关了法庭，对此将作决定，预料下一步将是对她们提出刑事起诉，甚至判为重叛逆罪案件。布托被处死前叮咛旧部下不要为他造成流血事件，好好团结。布托先生！你怎么料到自己生命不珍惜，一心为国家安全，竟使你的革命的妻女，今天还不知道是否尚在人间！唉！天啊！救救这一家人吧！

五月一日　　晴

前日二妹回家，昨日从国华老师杨德林来，
今天凤瑛、三妹来家。德林母亲也来了，我就喜欢家
里来人多

寄王[illegible]教授信

××兄：

叶老回来，具知食饮如常，甚慰！
惟云头晕，一时不易消除，不知与气管炎有无关系否？气管炎只须保重，不过分从事脑力劳动，可享高年，前书已述。头晕叶老义亲常常发，发时不能起床，一两日即如常。兄已食饮如常，何至不能起床，我与上下大年，皆近三数年了。不解夔安许叶老义亲，何故五十年前一句话，永远响在我耳朵里。一句叶老义亲，还记话说了：难说的为啥说，学的不修，天晓得难以想象。叶老义亲，确实辞去。兄是他的知己，可是，只知其一，不知其二。叶老义亲，不简单，生的子女最好的孤了，数差的之意，天乎天乎！贤伉俪，家庭也好，可是我当他是我的保护神。一句话，文摘：二十年前，子厚之老在时，问候之间，我对茅老之不是之言。他说：我的儿

子说名叶芳，我就写了几遍了。我记得中学时，之常之
从之常练。昨天，她回家，我问三大伯对我这日常
法怎样？她说：“教书，和大哥考得一样。”我说：“大
哥写的给三大伯的。”她说：“不会的。”上次得大孔，
两天之内，要找每三十个人——前两天的双好多
年四十的来了，后两天的之中好多萧疏而瘦长奇
怪。果然看到叶芳等等之的几课，有东西好出一
口。总之了多辩是写叶芳的响，故不我之伯写的
八十一的衰公，伯许还强，真是疯子；故还疯也
疯了到了几年了；三叔何必操心，至之之要，寄母
很好。我知了错，余则存有了些，决不外出。故
以一切不动之以静，犯小计较。~~又去找~~等放之
回去。是为我家的路挂单，访神后即过佛头、
华之游乐。我的西边之到府只挂单，了代答的
诸公到缘柳居小聚，姑之已来，将写“记德新
语”，自写疯子是饿的，又对她说是疯话，我写自
疯子，自写我吃亏，还不是疯。已去娇姐，凡写
有是疯的狗，不是她是花脸。我不曾是穷样子
被设丹五一。

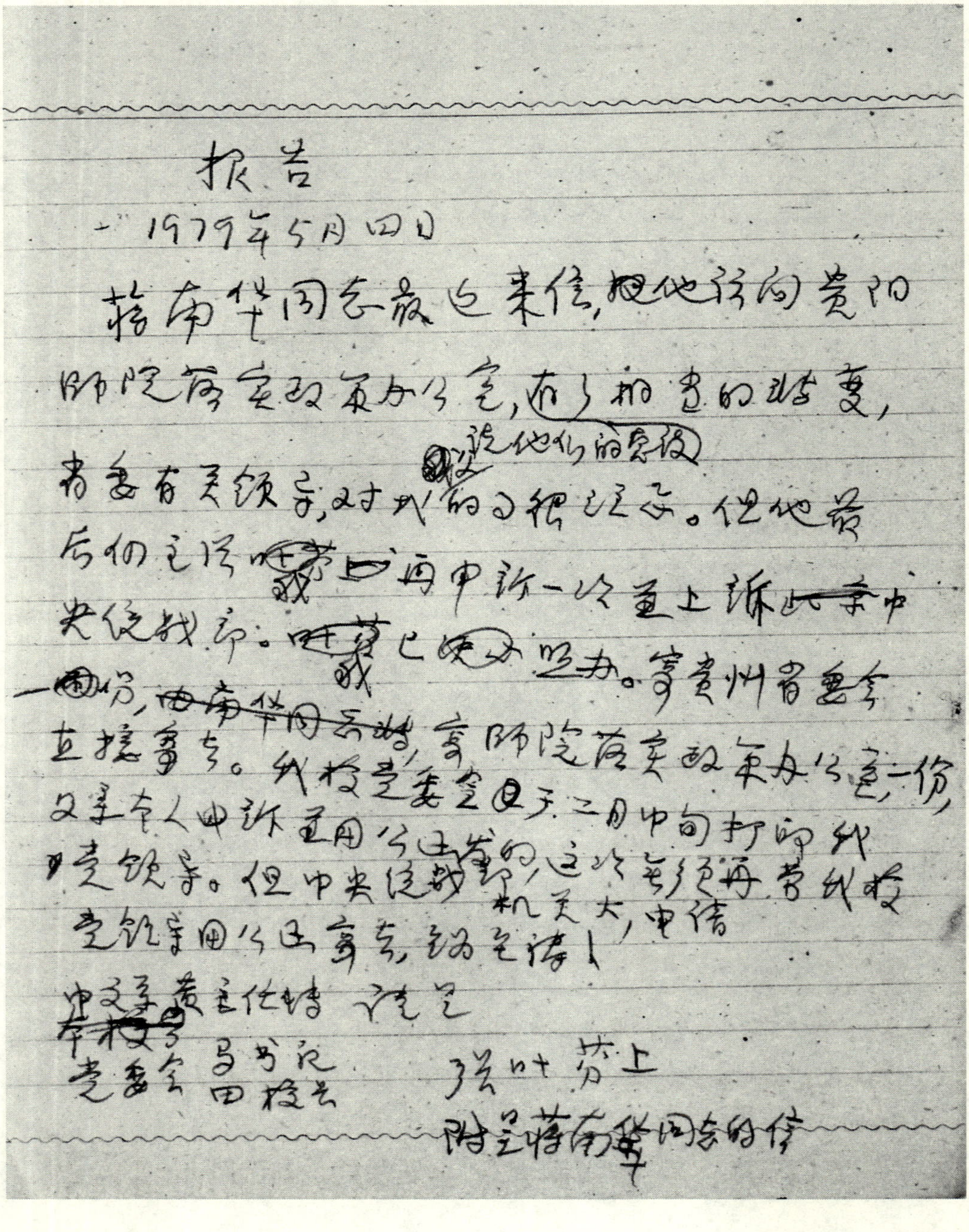

报告

一九七九年五月四日

蒋南华同志最近来信，说他们向贵阳师院落实政策办公室，交了相应的材料，谈他们的意见，市委有关领导，对我们的了解还不足。但他希望我们再申诉一次，直上诉中央纪检部。我已照办。写贵州省委会直接寄去，寄师院落实政策办公室一份，又另专人申诉通用公函发给我党领导。我校党委会已于二月中旬打印。但中央纪检部机关大，申信这次希望再由我校党领导用公函寄去，就为感谢！

中文系黄主任转

校党委会 马书记 田校长

张叶芬上

附呈蒋南华同志的信

五月九日　　　　晴

寄乌江邵子退信

子退词兄惠鉴：

七二年秋在安庆，荠若持一纸，散老近作七律二首，后记"此二首皆可满意，四敌点头"。余惊问"四敌何人"，荠若笑　大笑，且云　大作七绝四首，情好可诵。最后一首结句"不种夭桃与杨柳，门前只种向阳花"，不禁拍案叫绝。即立一纸寄怀，得承赋诗云："荠若将来　大札，不胜雀跃：张先生尚在人间否？"少许胜多许，"张先生尚在人间"七字，无限深情，实过重视。孰料八十衰翁，深受国恩，又作冯妇，又为我庆"尚在人间"，散之诗句"户植犹能挖一径，读书种子赖斯人"。子退处士云，"不作无关世教之文"，又与散老，非其人欤？如不日前有建树，何以对国家，何以对故人？不尽欲言，敬希面罄。

老友

五月十四日　　晴

怀老舍

老舍是奇士，教授非佳人。

老舍与教授，差异细如分。

毛泽东将此，侯宝林子闱。

三贤地位高，何似信陵君？

老舍欣守灶，教授苦应门。

痛哉重别见，世花徒纷纷。

老舍是奇士，教授非佳人。

所以五十载，人留都情亲。

何曾鄙教士，不改职位分。

自古贤不肯出以人来

毛泽东将此，侯宝老子闱。

三贤分在下，何似信陵君。

平原君养士，豪华岂足云？

老舍欣守灶，教授苦应门。

莫要生离别见，世花徒纷纷。

补录前週旧作

口占一绝代简谢笔书寄~~老友林散之~~即

二遥赠卿卿

花溪話別返浮槎，何物浮槎亦一誇？

奇叟老燒身力健，卿卿也有半溪花。

浮槎是在肥东，距吾村廿里，少常登临，欧公有文记之。~~俊辞退~~，居校任卅载，曾作《花溪杂咏》十绝句，录请老友林邵阿筑，不果。今示卿卿，又炒冷饭，倘能惠然肯来乎！

怀乌江邵子退

老农是奇士，教授非佳人，

所以五十载，人远却情亲。

自古哭不肯，骂人可为位分门，

毛薛贵骓者，侯生老子图。

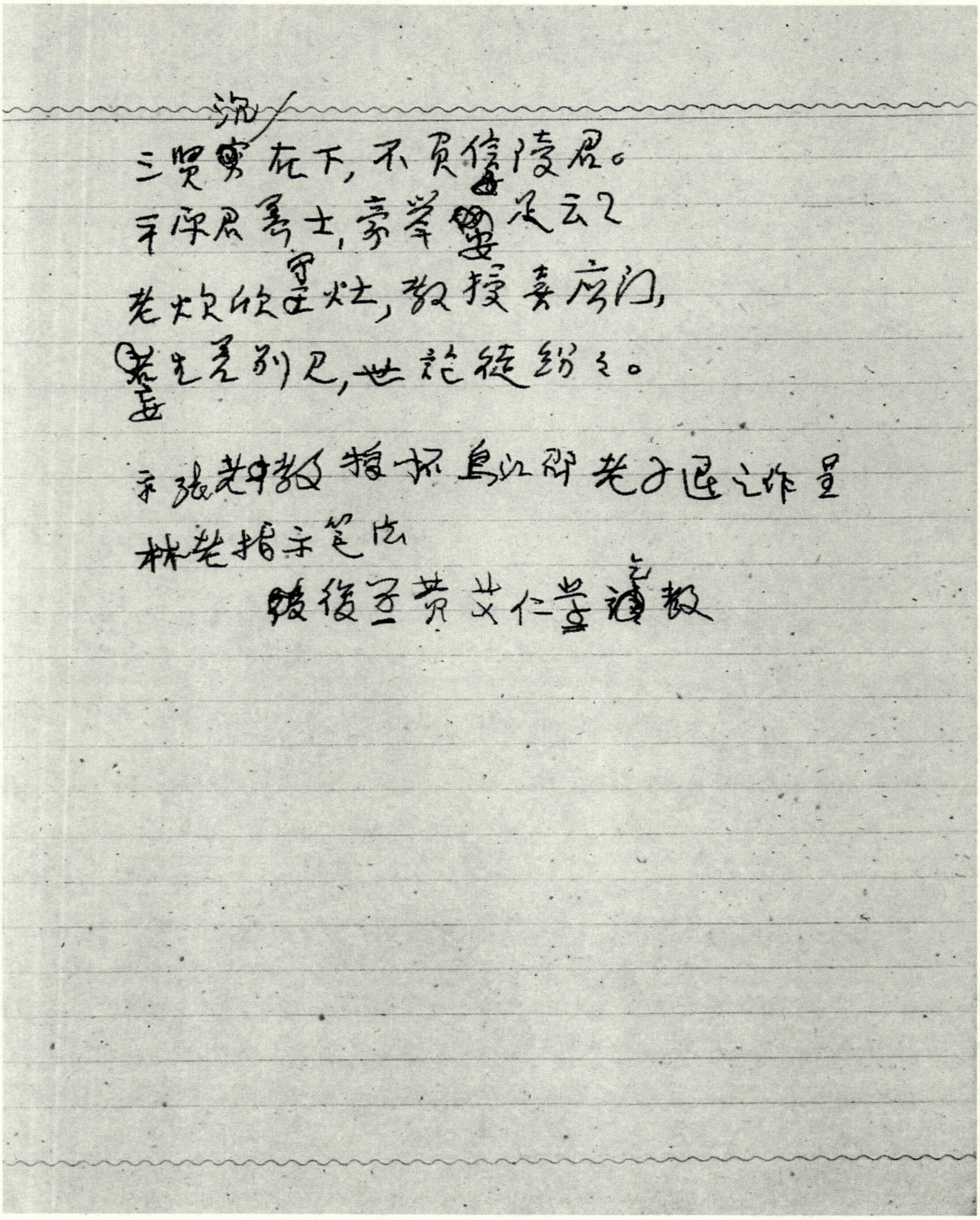

三哭沉泉下，不负信陵君。
平原君养士，豪举安足云？
老炊欣守灶，数接袁府门，
安生差别足，世论徒纷纷。

示张老教授 拜诵乌江印 老子遇之作呈
林老指示笔误
晚後学黄艾仁学生请教

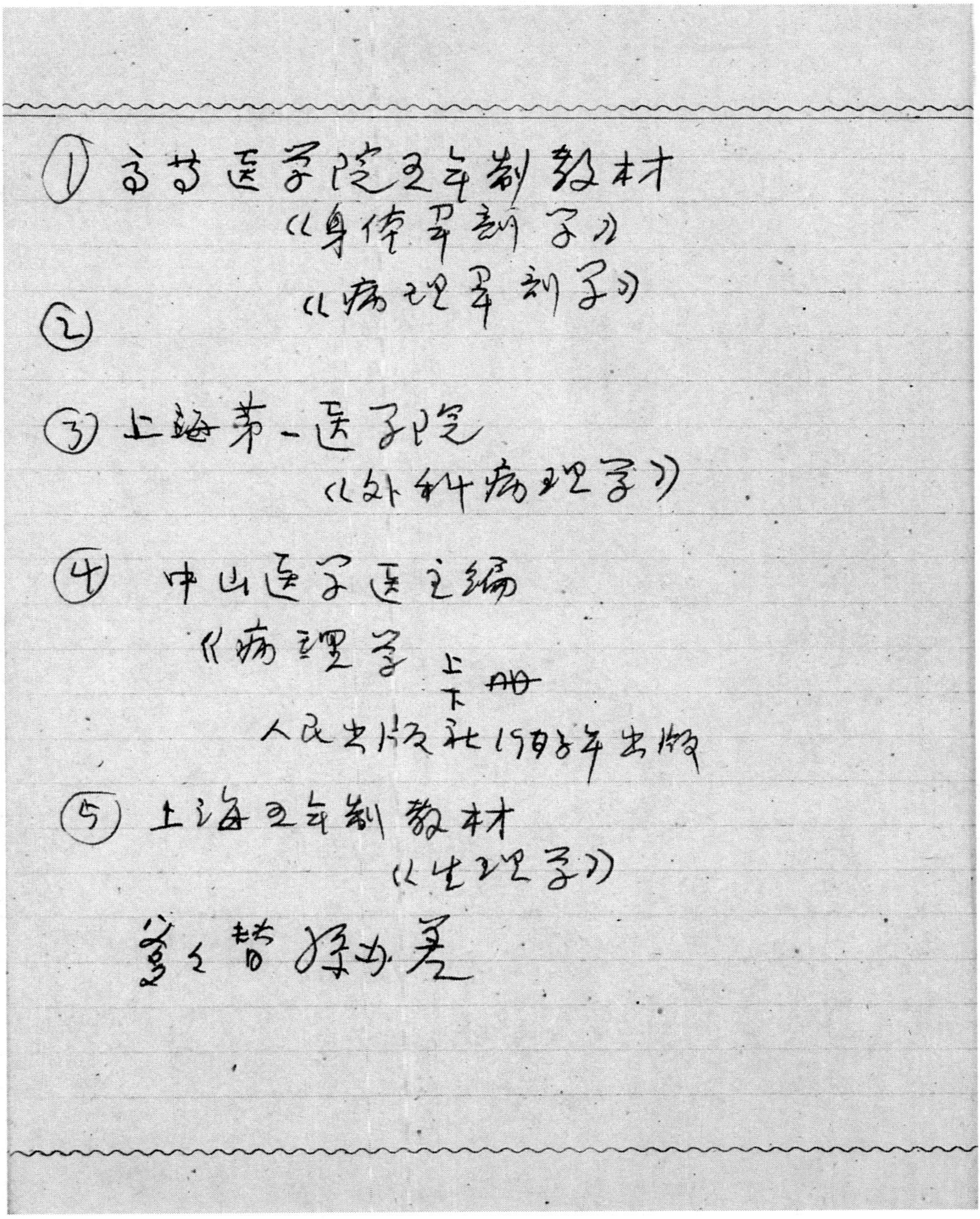
①高等医学院五年制教材
《身体解剖学》
《病理解剖学》
②
③上海第一医学院
《外科病理学》
④中山医学院主编
《病理学》上下册
人民出版社1985年出版
⑤上海五年制教材
《生理学》
[illegible]

五月二十八日　　晴

申訴

即上函再上訴（没有回）

五月二十七日　　晴

上午与文化局范局长及黄艾仁、胡德珍夫妇赴宁，叶芳随侍。车直抵白下路22号，代约林老四、5哥赴绿柳居（荟艺馆）（乞中夫妇宴，徐复教授同李淳弟已在座。下午车开　　　錢鋍老，乞中夫妇及徐老李[illegible]淳在座，此陶祯祺弟亦至。余于当开车返雨花台云。

晚间~~自明至~~宿乞中处，~~自明至，~~[illegible]请祯祺偕范七培之弟至，~~女弟[illegible]游至~~，李淳不能再复至。

五月二十八日　　晴

及之中、天目暨

上午昌年奉父命来约余及之中、天目暨父女午餐。叶芬由学回的（之中女）钱谊拜自明，不遇，同访其八中同学杨　。叶芬一

午间林焕章餐于暨，又呼少子昌庚及刘孙（薛若瑛子）至。双奇对面毛钱传纸，二十时之间，失九次十条"叶芬呢？"余曰"九条"；"必定来，是以有命不敢辞。"之中开会，十一时许来，云"叶芬、学的不在燕大，不知何往；毛之之孩子，天目暨要做饭，不能来。"先是，昌年已雇三轮人力车往南大催叶芬。

晚间自明来，陶、范又至，谓"之老领一群先徐姑去，余惊问，之老笑曰："不认得老人了"，大笑握手；四十六年之老暨往了，何也不回首？

今日上午徐复教授来。另有大徐学之校友（女）亦至。

二月十九日　　　　晴

上午写两封航挂寄南华、兴韶。

自明约叶芳、李淳子吃午餐。

晚间徐老、自明又来欢谈，陶、范两女又至，彭宇瀞又~~章~~偕刘兆琦来，曾一度试演黛玉，其苗条秀丽可知，然比吴越南芸逊一等耳。叶芳也说"彭比刘漂亮"，漂亮不假，但眼睛动眉毛，不及李华沉静，所以宝钗一角，只好让李华而演袭人也。范贝英十分佳好，似美少年，天生宝玉；吴越芸终身与本名不同，被呼林黛玉。47年过宁，俞老告余曰："林黛玉明天请你吃饭"。次日宅中同去，吴已嫁丁先生，在中大教书。席间丁先生亦参加笑谈，"林黛玉、林黛玉"不绝口。俞老不健忘，这一顿午餐，依然在目。丁先生已逝，林黛玉孀身在北京，门子女不少可慰迟暮。贾宝玉闻偕夫在美国。沙鹏飞在合肥教书，李仁在上海，仍任某医院院长，华遂逐精灵耳。次日火车上打个腹稿短句一律，录于下。

己未夏南京逢女弟彭宇瀞、刘兆琦，询知

四十年前子侄信之，喜赋短句一律致意

当年肥水上，绛帐到群芳。
又为富且贵，何如丰蕴不香？
潇湘移北国，云玉西西洋疆。
坚毅何须问，红旗处处扬。

五月三十日　晴

自明夫妇一早来话别。余先与本淳去到下关上火车。八徐教授~~[illegible]~~话别。

六月六日　　　　晴

《人民画报》1978.4

陈和毅撰文　赵明清摄影

《紫金山上》

中国科学院紫金山天文台坐落在南京城东景色秀的的紫金山上。

紫金山天文台，现有科学研究人员一百五十多人，从事着太阳、恒星、射电天文、行星、历书算、授时、古天文以及人造卫星运动方面的研究。

1956年发现的两颗短周期彗星"紫金山一号"和"紫金山二号"以后，近年又发现一些小行星。……近日距离，一般为二点八天文单位（一个天文单位就是从地球到太阳的距离，约为一亿五千万公里）左右。此外他们还发现了"紫金山一号"和"紫金山二号"小行星。……过去不知道天王星有环带，去年三月，紫金山天文台用观测的掩星天象，与北京天文台联合，观测到天王星也有环带，但不象土星环带那样宽阔。

在恒星研究室，我们了解到，这里的科研人员正在脉动变星，早期及星系的理论研究。……

我国的古天文资料相当丰富。紫金山天文台对我国古代天文学也积极进行研究，有些已经取得显著的成果。紫金山天文台张钰哲和从事古天文学研究的张培瑜告诉我们：宋仁宗至和元年（公元一〇五四年），我国史书记载曾爆发一颗超新星。对于史书记载的这颗超新星，国内外天文学界都很重视。紫金山天文台也在研究。张钰哲在古天文学的研究中已经撰写了一篇题为《哈雷彗星的轨道演变和它的历史》的论文。这篇论文中，他们根据计算结果，不仅讨论了哈雷彗星三千年的轨道演变，还就我国史书上关于公元五世纪以前的彗星记载进行了分析，对那些可能是哈雷彗星的历史记载发表了自己的见解。他们根据反复的回溯推算，认为公元前1057年初，哈雷彗星一次回归，其时间、方位与《淮南子兵略训》中"武王伐纣东面而迎岁，至汜而水，至共头而堕。彗星出而授殷人其柄"相吻合。……武王伐纣究竟在哪一年，一直是史学界长期争论的问题。张钰哲等取得的初步结果，对史学界这一争论问题的解决，可能会有帮助。

六月八日　晴

寄肥东教育局马局长信及《酿泉》二本。

寄肥东一中徐凤華老师

寄陶祯祺、范培之信（南京一中）

寄傅裕果信（六安师专）

六月十二日　晴

寄文悦信（金华永胜巷15号）《酿泉》一本

寄单县文山草湖农丝子精章长政　酿泉一本

寄南京师范学院徐复教授《中国古代天文历法表解》（稿）

寄王气中教授附赠彭宗璜、刘兆玲一纸

气中兄：

来书收到。天月瞿气魄之大，大可上与魏、管较量，以篆隶见长。五年后，天月瞿定能一鸣惊人，使右军低首，子昂拜倒裙下，敬之踪迹拖腕，兄与我更何足道？有气魄，自然会用笔，天瞿行草还得敬之评价"出入规矩之中"，怎会不懂笔法？用笔取逆势，不顺笔拖，笔笔中锋。顺笔拖，楷书也不行，铁线是说杨。

昨天你校仓　二老师来我校讲学，今晨见面，皆是校友。二兄为母校争光，为故校增色，兄云南大以老大自居，殊少朝气，恐不然也。

大作《桐城派在中国文学史上的地位和作用》，细细阅读，胜义纷纭。特别指出方姚以复古为革新，这种卓见，有几个人能讲出，有几个人能懂！义法都讲到你处。弟只看一半，下面一定还有妙义。

《桐城派研究论文集》这本书好，弟只翻了几篇，未翻完。有些是真有研究的，

○○○陈石遗（江湖气太重）之讨厌林纾，腐臭冲人。但石遗

个别只是从俗谩骂。不过也是林纾之流不晓事引出来的。骂林纾可也，骂吴汝纶父子别谬。马通伯也不能骂，其强哉元之所得于家学，老有多少不敢说，也不至骂。弟子民初诸老，诗讨厌陈石遗，○○○与散原老人（故老）编二陈；罗南列为晚代八大家之一，大不应该！兄以为何如？林老回宁，请示以此篇，是否"张汝舟狂与狂此也"？老了，火气也退了，狂个什么？

（一年内还不能给林老看。为什么，见面说）

《中国古代天文历法表解》已加写《肆法详》，抄好今明日可付邮，直寄南师。此稿是否能给洪诚看，兄与徐老斟酌……。一切事，不勉强，前日在府提林老三十年前代书一联："品节详明，德性坚定；因山为屋，随遇而安"，那天"随遇而安"四字忘了。这四个字，好象是庄子混世哲学。近年似乎懂了，只要"品节详明，

"德性坚定"则"随遇而安"就不会走入歧途了。一个人为什么在一篇文章发表不发表，一次讲话实现不实现，心中就有些放不下，这种人真是可怜虫！《西周考年》已删减一下，约减了八千字，还有一万三千字。附录(二)可删；附录(一)决不可删，另期印出可以。《谈谈"幽风七月"》一并挂号寄去。兄本此意，写封信去。二稿发表多少，不拘，全退也不见怪。《西周考年》因兄身体不适，可能一周后抄出付邮，兄五天后去一信。

说什么一万字为标准，自有他们制度；删减，只要不太破坏原作，也可以。附录(二)是出于好心，把此段时历》的论帅变作大字这个工具，便于审查核稿。但看不出……

时历》的论帅变作大字这个工具，便于审查核稿。但……对《附录(一)》看不出去掉，多好。"独立性"认为对《十二诸侯年表》之[illegible]，看不出这张表是决了司马迁《十二诸侯年表》之失，列出[illegible]无上，指出[illegible]款新城宰的《鲁世家》[illegible]资料、地下资料、书面资料四十一个历点，即[illegible]传。然而又不[illegible]，[illegible]之[illegible]，反正不会有良好效果。小[illegible]出去好吧，[illegible]知其忘，又但的重帮忙！

七月八日　　昨夜雨晨止

昨看了教育革命公来校座谈。

写蒋南华信

南华老弟：

七月二日航信，前天收到。你主持正义，坚守原则，维护政策的革命立场，决不是出于私交与师生感情。这不是我俩私交，全省私人的同了的，~~不是师院受大家听我课不~~听过我课的，对我受的政治迫害，都感到不平。~~不但青年学生，凡是家属妇女，对我也深表同情。~~只有极少数人睁眼不面向现实，缺乏正义感，迷了心窍，蒙了眼睛。这少数青年受毒害，他不自觉，我却代为不责怪偏要有品德有学问的老师。

反右加线一项

为核心。"三代"一齐戴过的领导帽子，是

某某青年"。张某是所谓

官僚，她们"贼夫人之子"。她们把青年引到十字路口

上去。57年的《三代》上，是刘明华同志，我

"贼夫人之子"，我多次对人说，

她是个好党员，因为她是官僚主义

的作风严重，是何等美好的青春！

在狂风中摇曳，这对青年负责，对

青年负责，何罪之有？今天我

在为人民服务，这一点当国家

不减当年，我有改正问题，从去年十月底

女儿叶芳找我申诉，不仅女儿、朋友

子生（如黄本蔡），乃至一切有正义

感如刘宾雁，李陵，毫不相识

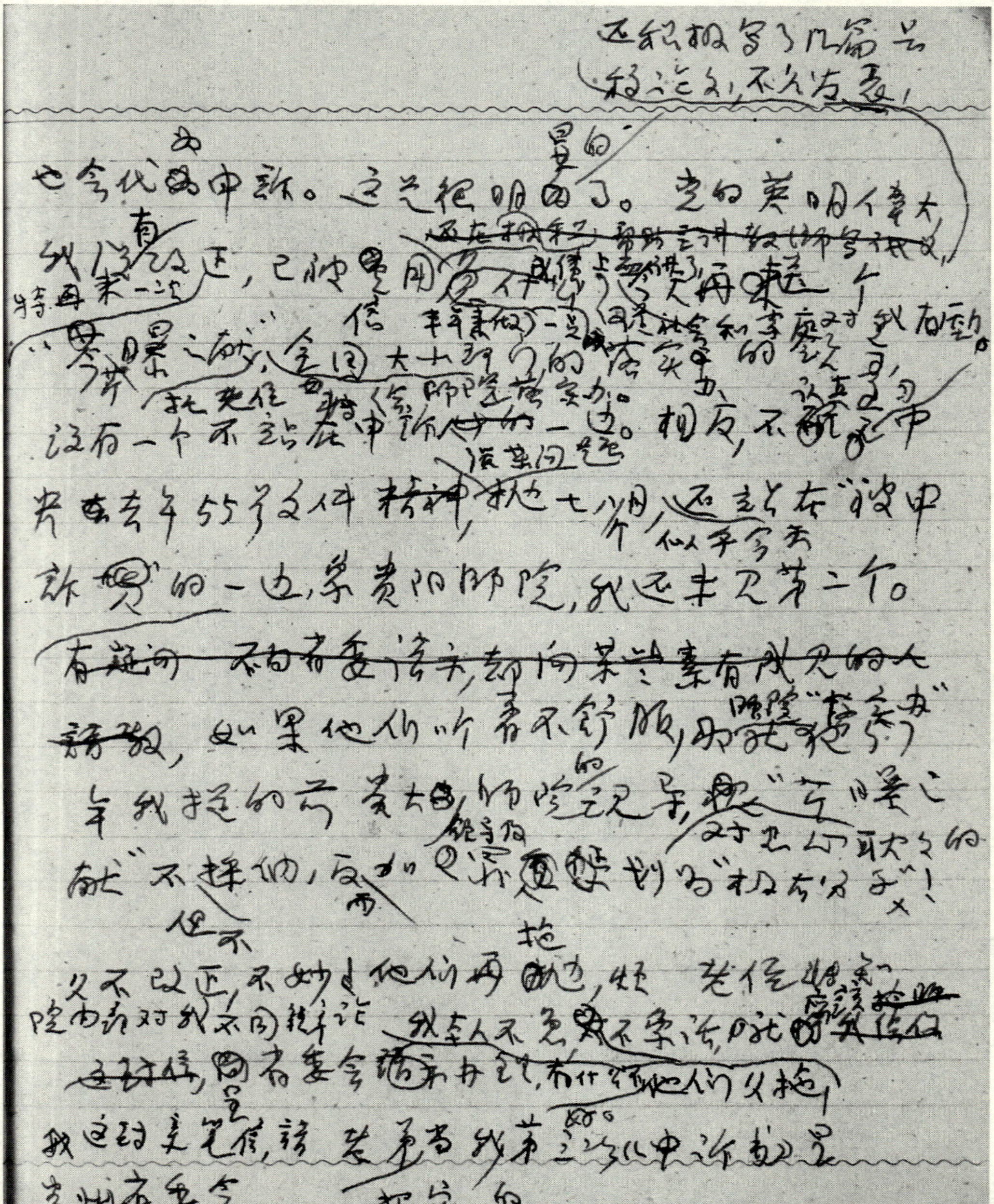
也会代为申诉。这是很明白了。[illegible]

[illegible]

没有一个不站在申诉人的一边。[illegible]

[illegible]

诉人的一边，象贵阳师院，我还未见第二个。

[illegible]

贵州省委会

南华弟弟：

文启看了，只给统战部和教办负责同志及钟天建主任弟弟看过后，转惠部长阅处。另一封信准备代替我第三次申诉书，由弟弟呈，看要否给统战部、文教办。这篇第三次《申诉书》，是要由弟弟面交师院落实办、教办同志的。

惠部长决定，这封信态度端正，但语气还是很严肃的。这好比快一年，落实办不站在申诉人的一边，而站在被申诉人的一边。象贵阳师院，我还没听到第二个。这恰是事实，全国已经改正三四个月，连贵州遵义县特区71个摘帽右派改正70个，仅一个人未改正。马上三个月，而师院还有20多个未改正！这是什么问题？而把我当作先前后"难"的"难"，"这是[illegible]"。我已经提过两次，我的问题最易，十分钟可以解决。把《三代》撇开，仅有57年10月《划右派分子的材料通知》，要他们指出《划权》那一句够划右派，不说"极右分子"了。以下我第五次听到讲传中央的文件，火烧正屁，提笔写了一篇[illegible]派，是她草稿，语气激昂，字也写得不好。你这个乡姐姐不平凡，她受我多次压制。这次她自己修草稿，写给你，我只希望

转省委会，三弟直接师院教理长，他怕了，要挤
劝学理不必去找学，他们很快会讨论的。他们欺
我也欺了，本说第三次申诉直接给贵州省委党
上诉，提诉师院。第一状，并说当二次以申诉
书以都呀教理长，当自家人来一个"许睬之欺"，这
就不要提诉他们了，可是教君的话，也不免错了
脚。我们会很快讨论的。连我们会很快讨论
解决的，都不接受法庭，证明他们也违背常理，
所以第一状代表我第三次申诉书，还要写，以防
万一。叶某造假，三弟有魄力，挺得我软弱。他
要我写改代他说明，放假了，学生各各返校，没了空
信好写改。师院校的调停多，不究既往，眼向前
看。贵大中文系教汉语之师张文玉三弟是钟同
志同班高材。他申请贵大领导同意要求到我们学
校进修，这里领导同意，我答复了他，六月下旬
他来信说：贵大领导同意他，已写公函给安师大
教务处了，我据人问，没有收到贵大公函，我疑又
是事代缓兵之计，使我麻痹。直过前天学校通知
我公函到了，并且同意叫文玉进修，在这里进修两
年。我对叫文玉之来，非常高兴，有机会报答我
第二故乡贵阳培养一个子弟，有学的古汉语教师
很开端，再继续第三四个进修现代汉语和古
典文学之类。三弟了解我特别

患了大一场，改了高《长安夜》、也是过去文教局最近召开的教
育局、文化局、有关教局，宋代"文教办"，党委、贵州有关
教文 教局"落实政策办公室"，商讨文教办，学习如何有教
育厅。今天改为什么？在这个新机关，我映我这些报告
贵州和石季平发表我之附议，以我能多培养几个，
过去不改正，今天还不负主观错误，帮助你文玉问题
得到良好的回答，我只想多。我七月底才离开陈县
文玉来说，她不等开学先到学校与老师们联系，
这种问题已即通知文玉。七月二十五左右到陈，他
可与余老师商谈，凡是资料是古典文学之有价值的，带
一下子带来，文学学、音韵学、训诂学书，我这里有，华
东没有缘分很好。早与文玉韩老师商议，贵阳买到
买火炉及铁管，上车另打货单，由货车直达陈县，其
他衣箱书箱也一并托运，自己只带行衣，坐客车
来。常工打十天有效，过金华浙江师院叶老大
哥处玩两天，看金华风景好，他今年不回家。另外
来时请由韩老师帮忙，以贵大借《新文学大系》交
玉带来，两个月由学校挂号寄还。我现在正写《史
记·历书·历法甲子篇新释》很有用，一方写，一方另到
月底寄给你一些。《西周年历》及《文史哲》据了我
的修改。负责的底稿，《西周年历》还是学习。我《
授时历》《中国古天文学历法·表年》已写好，被南
京师范学院某教授借去给他带的四位研究生学习。

我已经通知他，他本说借去打印学习，我通知打字
室来打印。七月十五号寄回，附一份给你。今后函授教
材，又不是专为你编，谁知是这一门科学以古代天文
历法以今天吃香。你大学毕业也能钻这门科学……
又保证函授解决问题。你喜欢诗，也可以学。你最
近寄来的诗不好，但有思想性，缺乏艺术性。你
寄给我那时照片上那首画世宗了。钟先生有几张什么
我的了，他的旁协助。寄去的学生太多，可笑。陈世宗答
服回前者。我和立函授学院，开门了，也招生了。问他
们，提到了论著20年，贵大师范院，有没有损失。你们西
大学中文系招研究生没有了。李华寄贵州名刊为几
今天还不觉悟，对时弊无害。他的工作积极性
不减二十年前，一本一本论文寄来，不能让他们再
拖了!!! 适当的时候，就把我这些信开寺给他们，
也是治病救人之一边也。就是今天弟弹琴时付多声
时，无益也无聊。师院教组长也把问菜求给的主
子对你说，来见太不聪明！你不必对我提她名字
我也觉出来。这一些人计较她无用，连个长话证
请什么"遗徒修改"？这一些人，一不回头，不学无
术，无知无能、无耻。今天提是第二次，说完了

祝

红专并进！

沈舟复 79.7.8

△△ 相反，《三化》遵照中央整风指示，这次整风，整
（整风）官僚主义、宗派主义、主观主义，针对前贵大现师
院领导这个严重的宗派主义者，"奴才进步化"、"党团宗派化"、"主观
报的错误，×月五日　　　　晴 向千大进

"评唯心化"，并且同时开门整风，满腔热忱同宗派主义的争，所三化的病，帮助党整风。"若噪之献"不论接纳，否遭追害，也不该因此定罪，何人？

复蒋南华同志信

南笙学老弟：

七月廿初函悉。

老弟是权代表我向贵州省委统战部和文教办申诉贵阳师院现在中央政策把我的冤案作种种借口拖延，我希望你向贵州省委反映，我的问题，只要……贵州省统战部座谈会问，将五七年五月二十九日我在省统战部座谈会上的《三化》讲话拆开，一句一句对照《右派分子标准的通知》，是哪一句话，就则会有右派分子标准。

去年十月廿八日……今年二月我本人申诉，……由现工作单位……分别转了写到贵州省委会、贵阳师院及贵州大学去落实办，……把关了弄我的子女……

老弟与谈弟兴致，就这代表我申诉，不如此
劳师动众，一再容忍。无奈这批落后
分子，以为软弱可欺，变本加厉，不断施行诡计，最后来一个
丑表大戏。张某与徐某二人，不予改正。
全家闭门风
我与张某的张某是什么人物，我今天才看出
出户反抗，今天张某的问题，在中国老知识分子中
是客观。我是一个中学毕业，入世六十年，从事教育，
二十年搞行政一些研究学术，三十年搞一些教育
热情教子，不会逢迎，不与人较量地位，有一
定自甘淡泊的素养。和素相交情信的朋友，多
年教我的老师与多年听课的学生，有一段过事
情之谊。那些坏人，对我往日无冤，近日无仇，偏
要利用其势力，横加迫害，備受二十多年的政
治性的双重迫害。谁知道我一贯为人，不
咎既往，眼向前看。今天还是一贯态度，眼向前
看。只要那些有关当局，应该以避免，不能不正

（近年）
祝贵州相当可喜的变化，同时正视（大半）年来
张某体念政府有一再宽容的照顾，仍然本不
能忽视贵阳师院的今天的教研为，走的是什么道
路。张某八十过一的高龄，在华东文教方面，会些
什么人，写些什么文章——并不与世人见面，（最
~~老友写了~~
近日的材料几种，~~相送与一些等样~~，即"读《
中国诗传上几个老大难问题》、《读〈诗经〉》、《读〈国风·七月〉》、
《读〈楚辞〉》、《〈历史甲子篇〉浅释》、《中国古代天文历
法》等，~~写书写在手写以~~
二十年在贵阳两个大学——师院与贵大一般都
二十七年，动过也应该申请
省委领导走群众路线，调查研究。（似个结论。）这些是过去了我
一贯不注意的，今天 省委领导同志仍然本着
实事求是的精神，调查研究，贵州两大学特别是师院今
天的教研为，与以前对比，十分不妙！我一贯眼
向前看，为实事求是至到
贵州使我个人到了离开，张某这块废铜烂铁，

最近信，我再向贵州省委呈献几种。

因应该不应该整垮师院，因为政策问题上级，因为群众，还想因此抄得着前，要作威福，是可忍，孰不可忍！一切由

老弟代向

贵州省委宣传部的文教办陈述，一条线向贵阳师院请他们摆事实讲道理，实事求是。

政策是"把事实搞清楚，[illegible]个人问题"。[illegible]老朽出面[illegible]。我有责任[illegible]

那些人造成的学术界的大乱子，[illegible]。[illegible]贵阳师院二十年的[illegible]，今天还不让八十一岁的老[illegible]

前些不作单位为师大降为分校，与中央教育部合作对教材教学资料研究已有贡献。[illegible]工作和露面[illegible]出头。

天下兴亡，匹夫有责。我有一定学术水平，有四十年大
中学教学经验，我关心对四人帮之流造成的学术
界大饥荒，全国大中学校师资匮乏十分严重这种
情况，不能袖手旁观，来到新的单位，看看已超过
半年。校领导支持，主讲教师来我进修班进步迅速，我
能精诚团结，在教材编写与科研领域和学术露
出新的苗头。为什么贵阳师院领导，对已贵阳
两大学师院与贵大的反对我在革二十多年的侮辱迫
害还不够，还要继续进行压抑，不让一位八
十一岁老翁，为祖国四个现代化贡献之[illegible]心！是何居
心！要不可得，何须一笑。谨郑重声明，我没
有工夫和这些人周旋，一切委托

老革命领袖代表我向 代我再抗议一次

贵州省委统战部与教委也来了[illegible]

这时候要向贵州省委两部 还须一下 借他势力来 不待

去报[illegible]中央政策，对不正确[illegible]，过分[illegible]

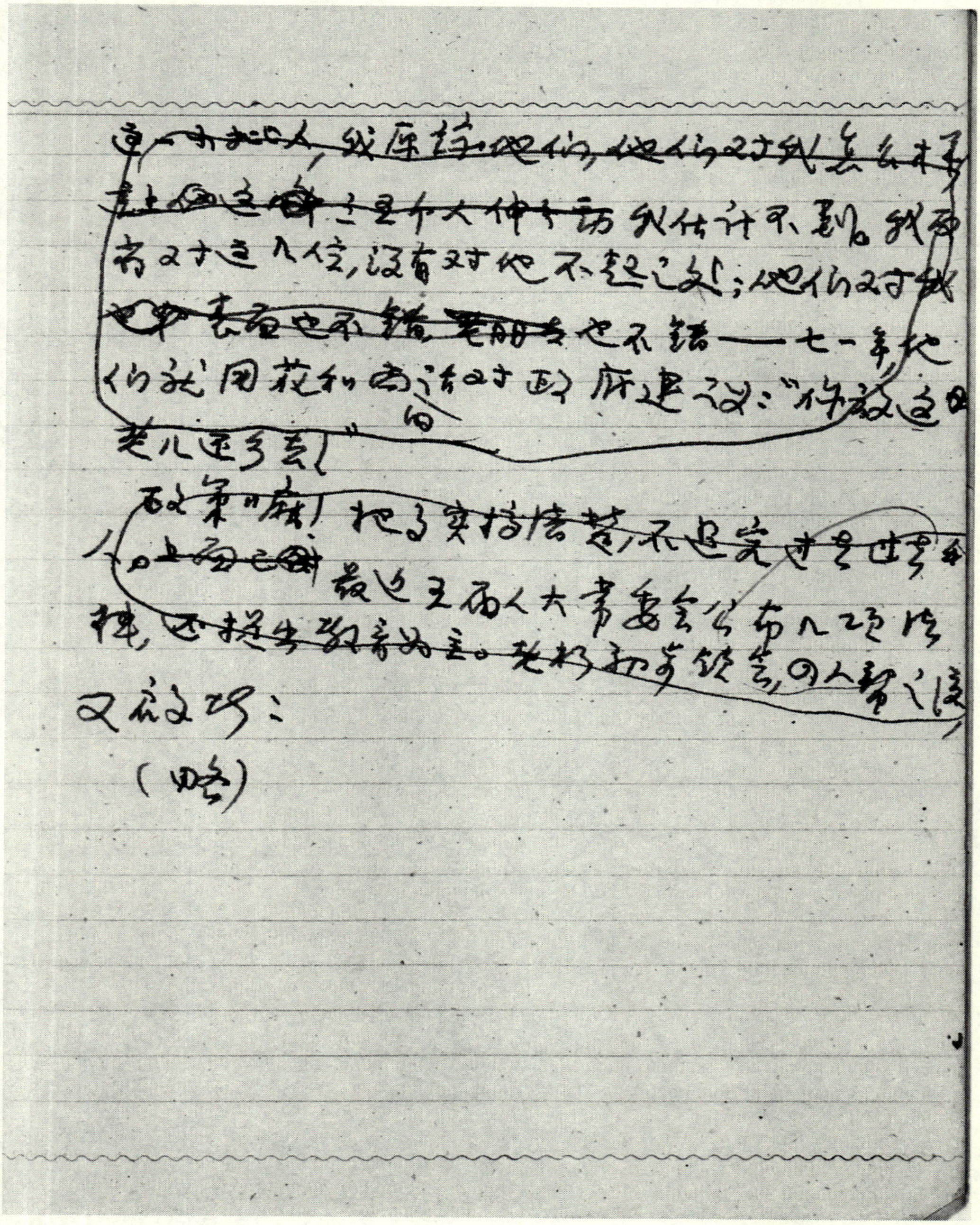

这一小批人，我原谅他们，他们对我怎么样

[illegible]这[illegible]三五个大仲马访 我估计不到。我原

谅对这八位，没有对他不起之处；他们对我

[illegible]表面也不错，老朋友也不错——七十年代

们就同[illegible]和[illegible]谈对[illegible]麻速之役"[illegible]这[illegible]

老八还多[illegible]"

政策嘛！把事实搞清楚，不过完了[illegible]

[illegible]最近五届人大常委会公布八项法

律，还提出[illegible]。老[illegible]

又说：

（略）

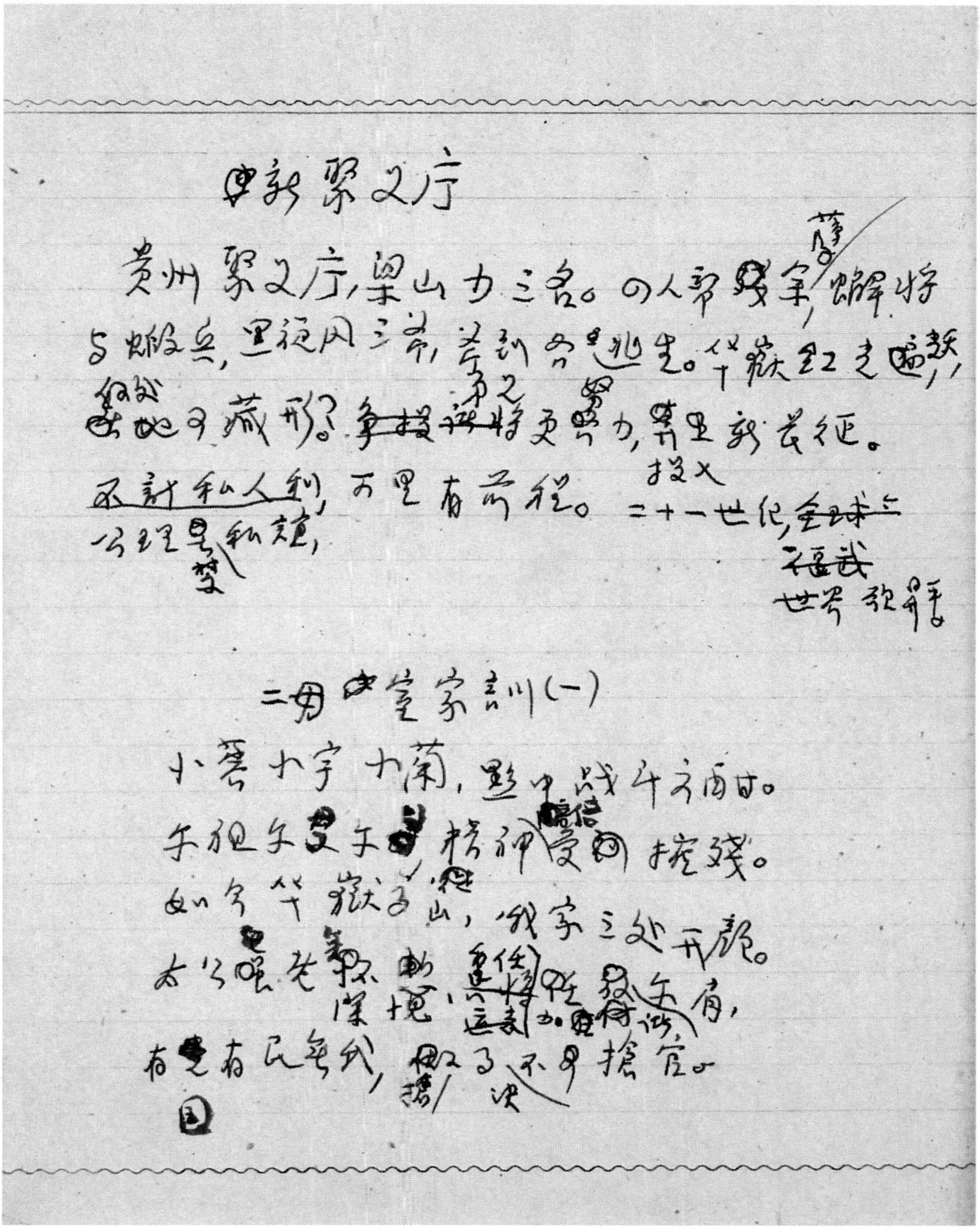

新黎文序

贵州黎文序，梁山为三名。四人郭姓年，蝴蝶将与蝴蝶兵，里通内三弟，养训为逃生。八狱红走过，地下藏形。将更努力，开出新长征。

不计私人利，万里有前程。

公理是私道，

二十一世纪，世界教科书

二舅中堂家训（一）

小吾小字小菊，影中战斗不酒甘。

年祖年史年，精神受摧残。

如今牢狱了山，我字三处开颜。

太公喂老探，深境，运表，不肯，

有意有民无我，不可舍官。

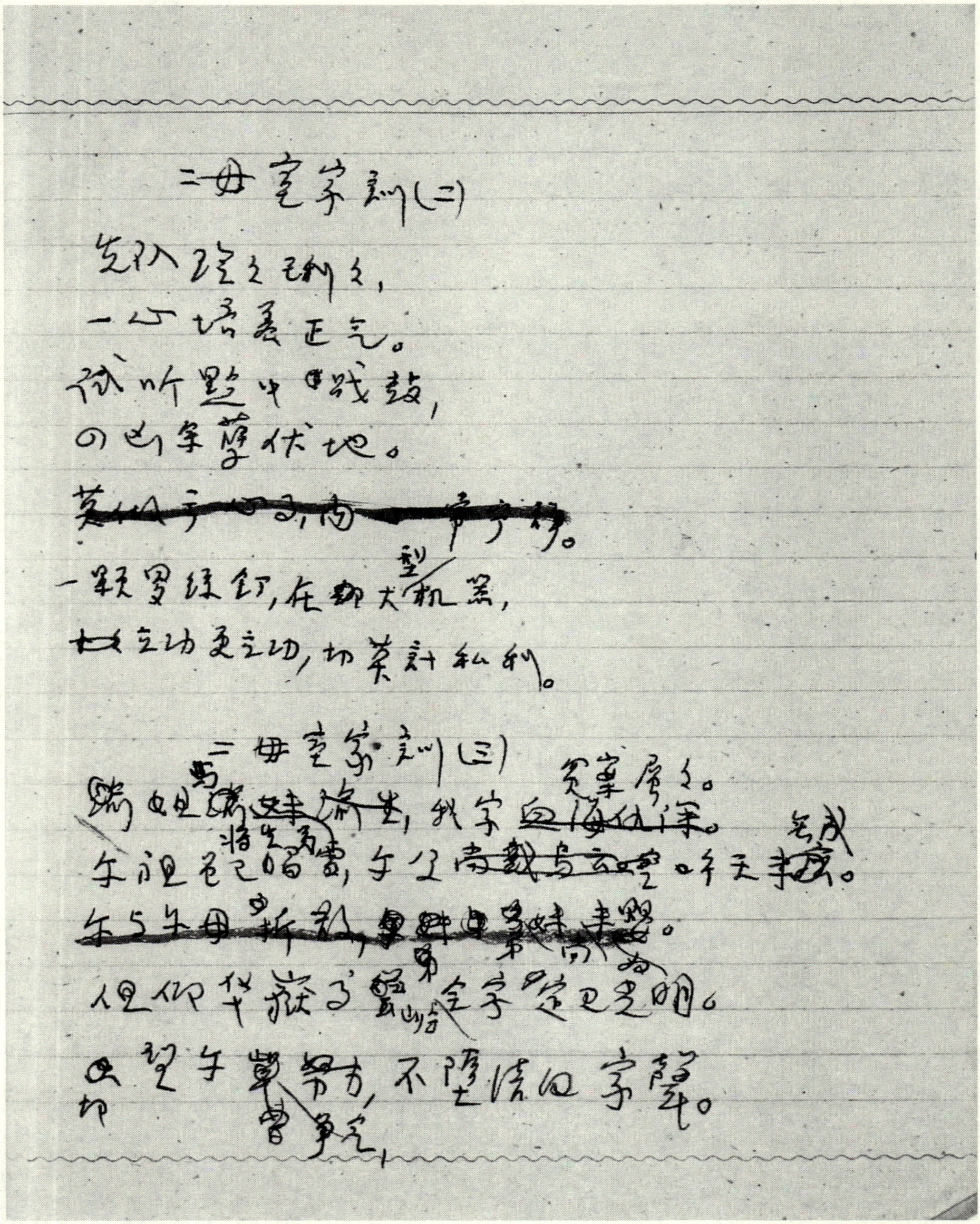

二毋室家训(二)

先父谆谆训训，
一心培养正气。
试听野中战鼓，
四出拿孽伏地。
[redacted]
一颗螺丝钉，在大型机器，
立功更立功，切莫计私利。

二毋室家训(三)

儿女姊妹，我家贫寒度日。
今祖爸已暗害，今父将生勇，今天未成。
但你等获了自由，全家定见光明。
只望今尊劳方，切莫争光，不堕清白家声。

惠部长通信处

贵阳市 贵定路一号

惠部长对我说：对您的问题，他一定尽最大的努力。他说：要尽量挽（拯）救一些高级知识分子。如果师院不通，我们可以给他们做工作，如果经过再三工作还不通，那我们只好来一个"硬性"的办法了。

惠部长说的"硬性"就是指如师院不改正，最后我部来改正。

"三化论"

一九五七年五月二十九日《贵州日报》

中共中央统战部

乌兰夫 刘澜涛 李维汉

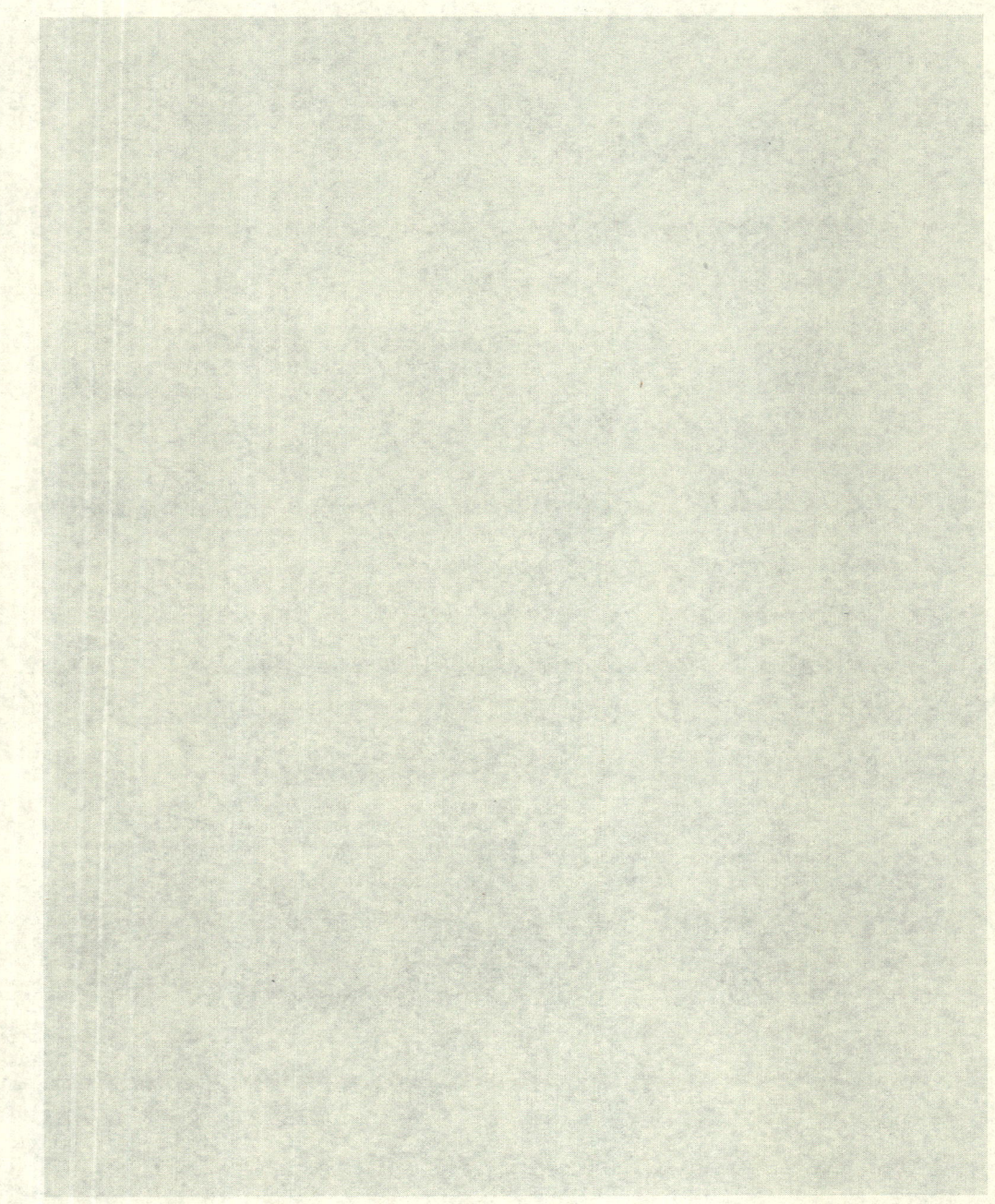

世舟日记续

79年（己未）八月起

八月六日 接蒋南华弟打印分呈贵州省委统战部、文教办各部门的《关于张世舟教授右派问题申诉报告》，叶芬发电报致谢：

蒋南华弟：鸿文声震云霄，家父沉冤大白。不但一家铭谢，顿教全筑澄清。特电铸函。芬姐

致贵州省委统战部惠部长世如

敬爱的惠部长：

收得南华弟函及他执笔的《关于张世舟教授右派问题申诉报告》义正辞严，幸免上渎

青府尊严。好在

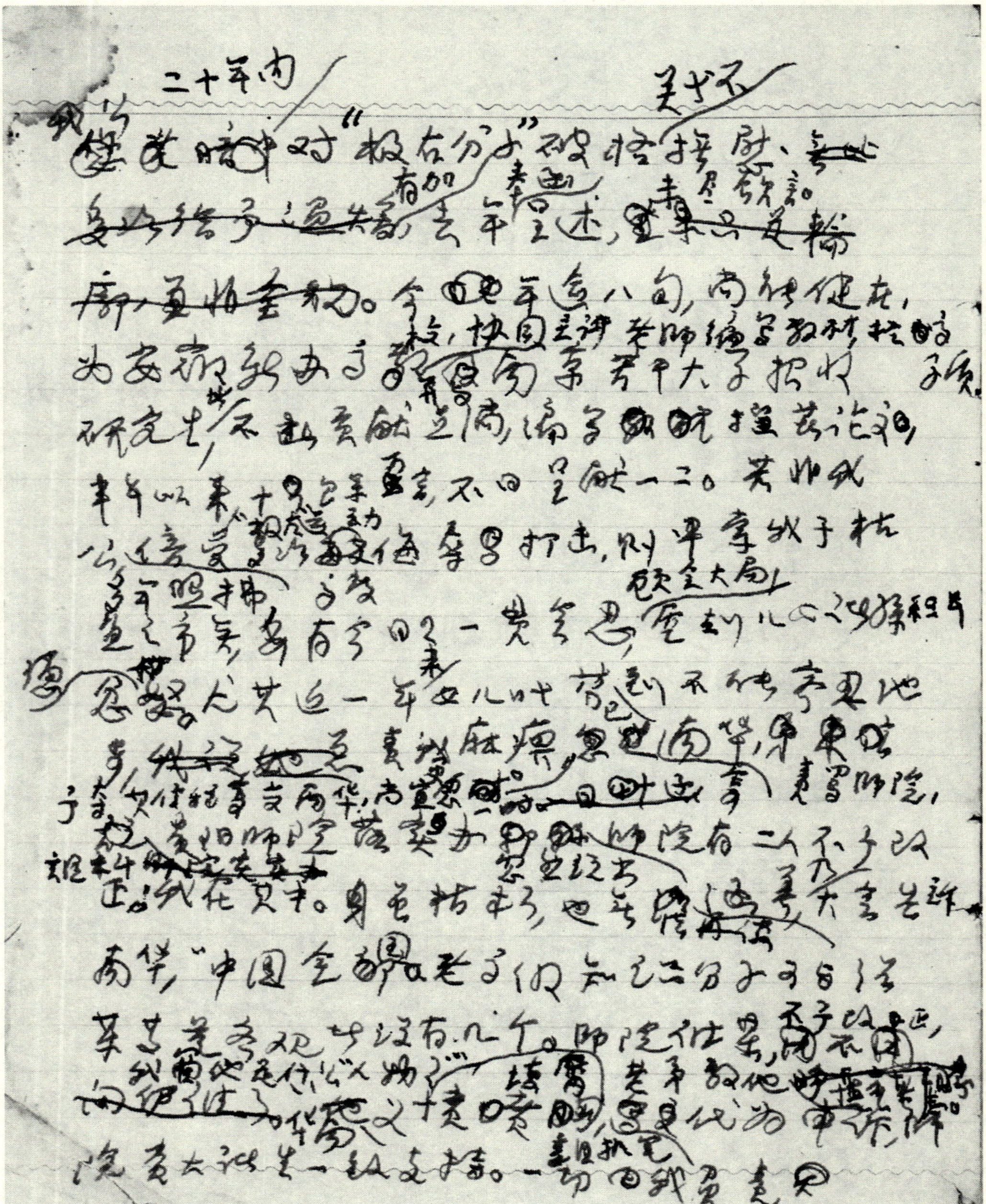

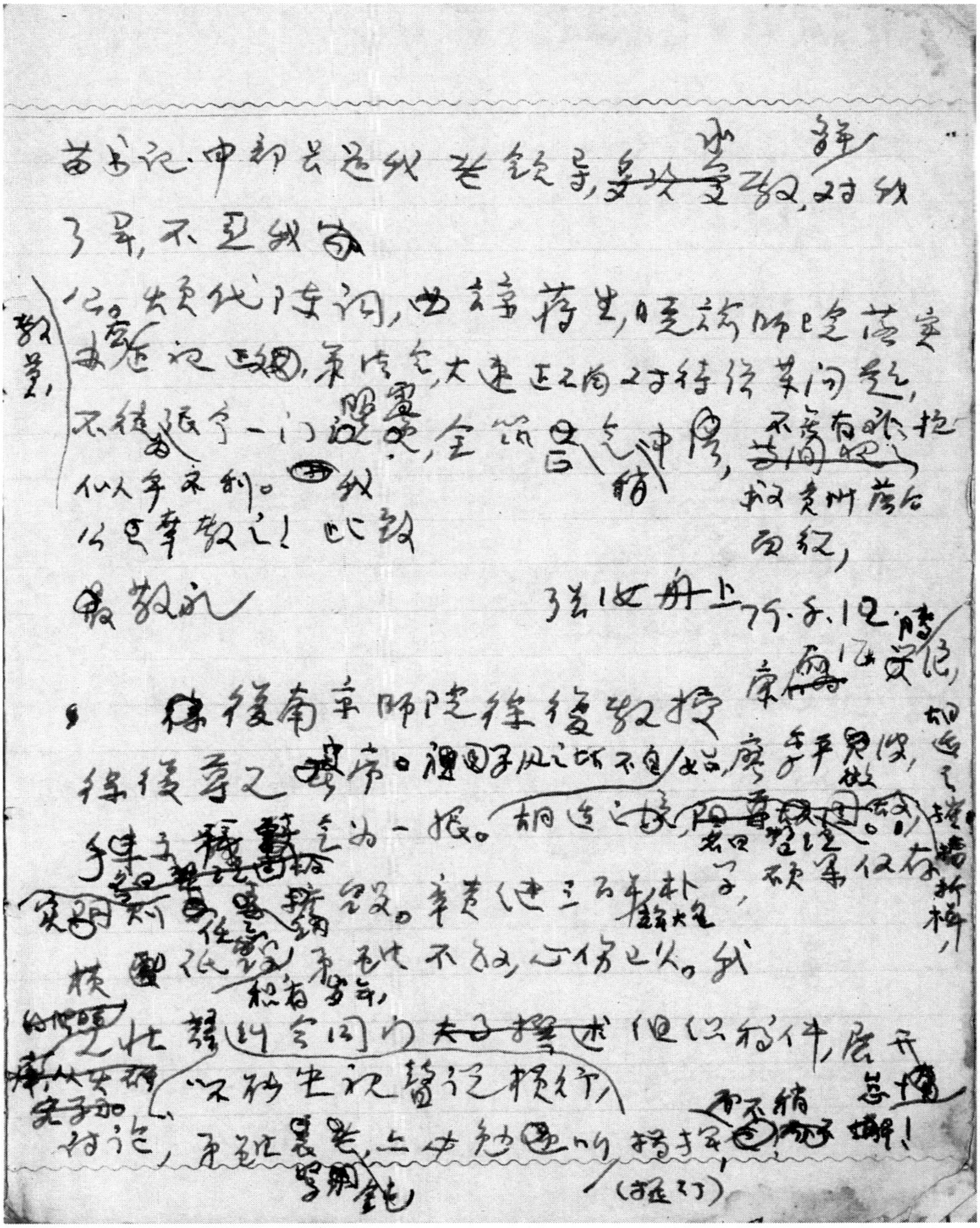
[illegible]
了解，不足我[illegible]
[illegible]
[illegible]
[illegible] 此致
敬礼
[illegible]上 79.5.12 晨
[illegible]
徐復[illegible]
[illegible]
[illegible]

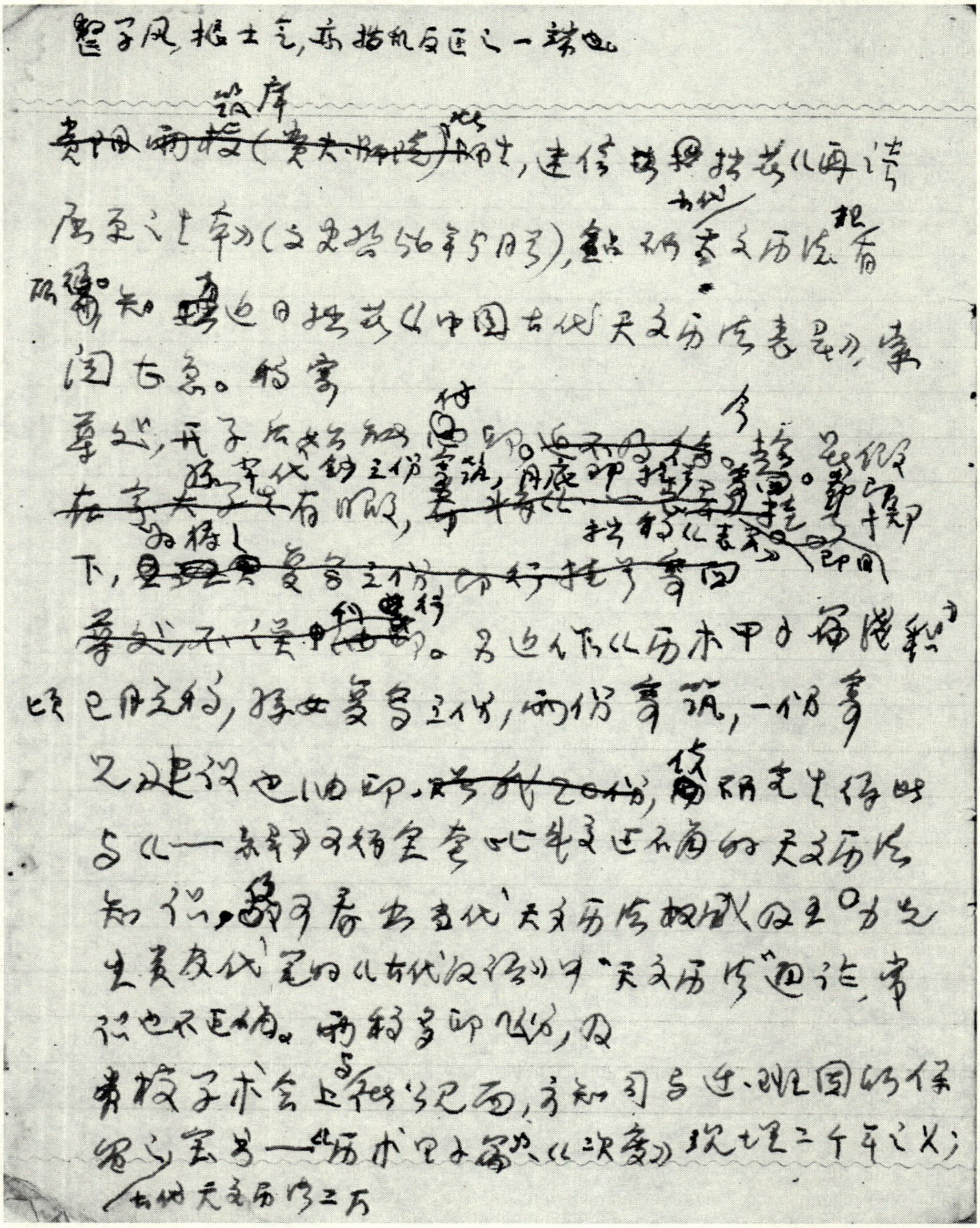

整学风，振士气，亦转机反正之一端也。

[illegible]论序[illegible]先生，连续[illegible]刊载《再谈[illegible]之上帝》(文史哲56年5月号)，[illegible]研究古代天文历法，[illegible]知[illegible]近日刊载《中国古代天文历法表[illegible]》，索阅原稿。[illegible]

尊处[illegible]付印[illegible]今[illegible][illegible]代[illegible]三份[illegible]，[illegible]即[illegible]。[illegible]

下，[illegible]三份[illegible]

[illegible]。另近作《历术甲子篇浅释》已脱稿，[illegible]三份，两份寄[illegible]，一份寄

[illegible]研究先生[illegible]与《一[illegible]》[illegible]天文历法

知识，[illegible]古代天文历法权威[illegible]王[illegible]先生

[illegible]代[illegible]《古代汉语》中"天文历法"通论，[illegible]也不正确。两稿[illegible]印[illegible]，[illegible]

贵校学术会上[illegible]已函，[illegible]知[illegible]同[illegible]保

[illegible]一[illegible]《历术甲子篇》《次度》[illegible]二千年之久；

古代天文历法二万

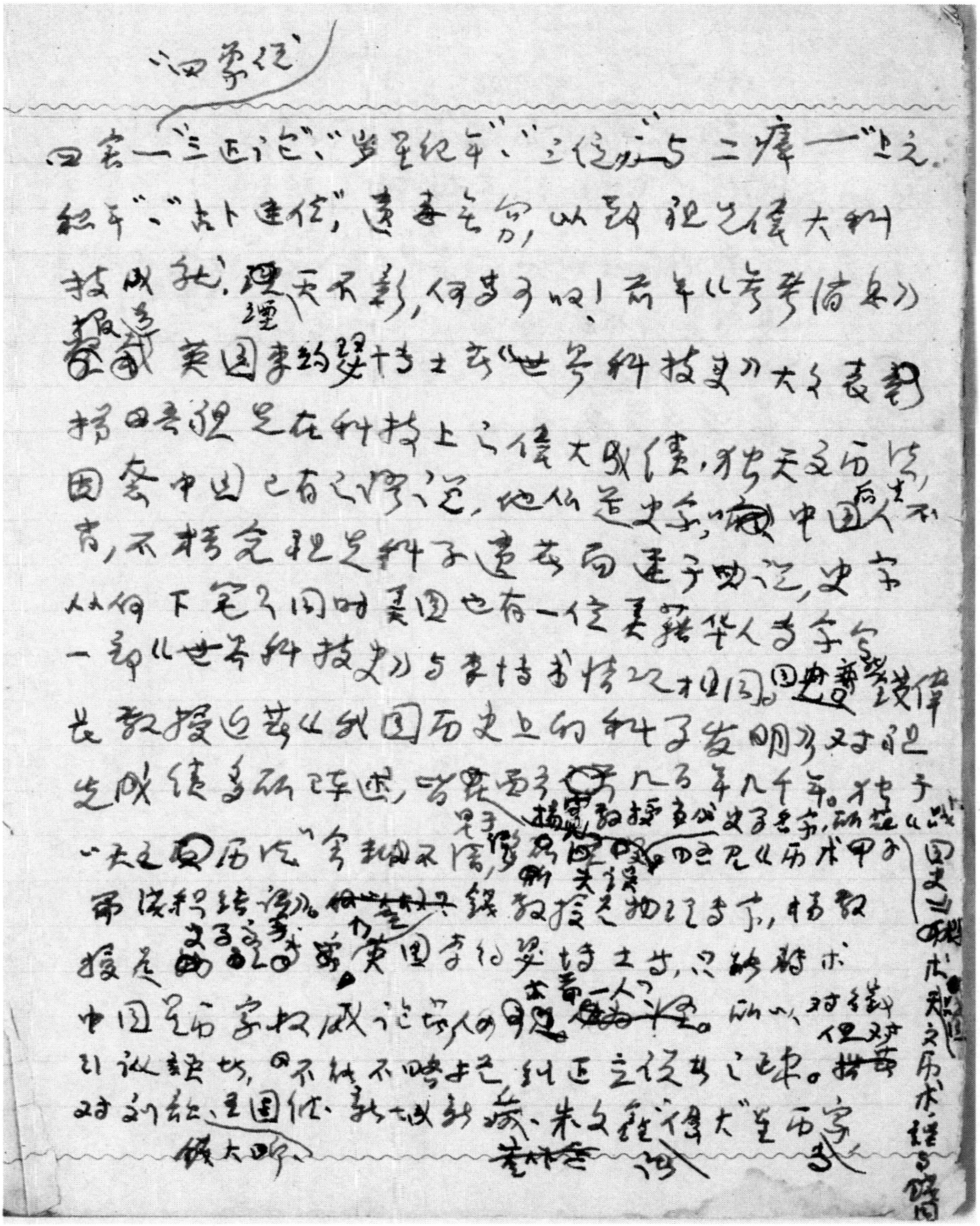

"四季论"

四害——"三正论"、"岁星纪年"、"三统历"与"二十八宿"——之

纪年、"古卜筮论"，遗毒至今，以致祖先伟大科

技成就，埋没不彰，何其可叹！前年《参考消息》

报道，英国李约瑟博士在《世界科技史》大大表彰

我国祖先在科技上之伟大成绩，独天文历法

因袭中国之古之谬说，他们造史实，中国人后生不

肯，不能完把先科学遗产而进于世界，史家

从何下笔？同时美国也有一位美籍华人为之写

一部《世界科技史》与李博士书情况相同。国内史学家钱伟

长教授近著《我国历史上的科学发明》，又对祖

先成绩多所阐述，可是对于[illegible]几千年。独于

"天文历法"[illegible]不[illegible]，[illegible]《历术甲子

篇注释》[illegible]钱教授之[illegible]，杨教

授是[illegible]英国李约瑟博士，只能转述

中国史学家权威论者之[illegible]。所以，对[illegible]

引误解，不能不略为纠正之[illegible]。[illegible]

对刘歆、王国维、郭沫若、朱文鑫诸大史学家

钱大昕　董作宾　[illegible]

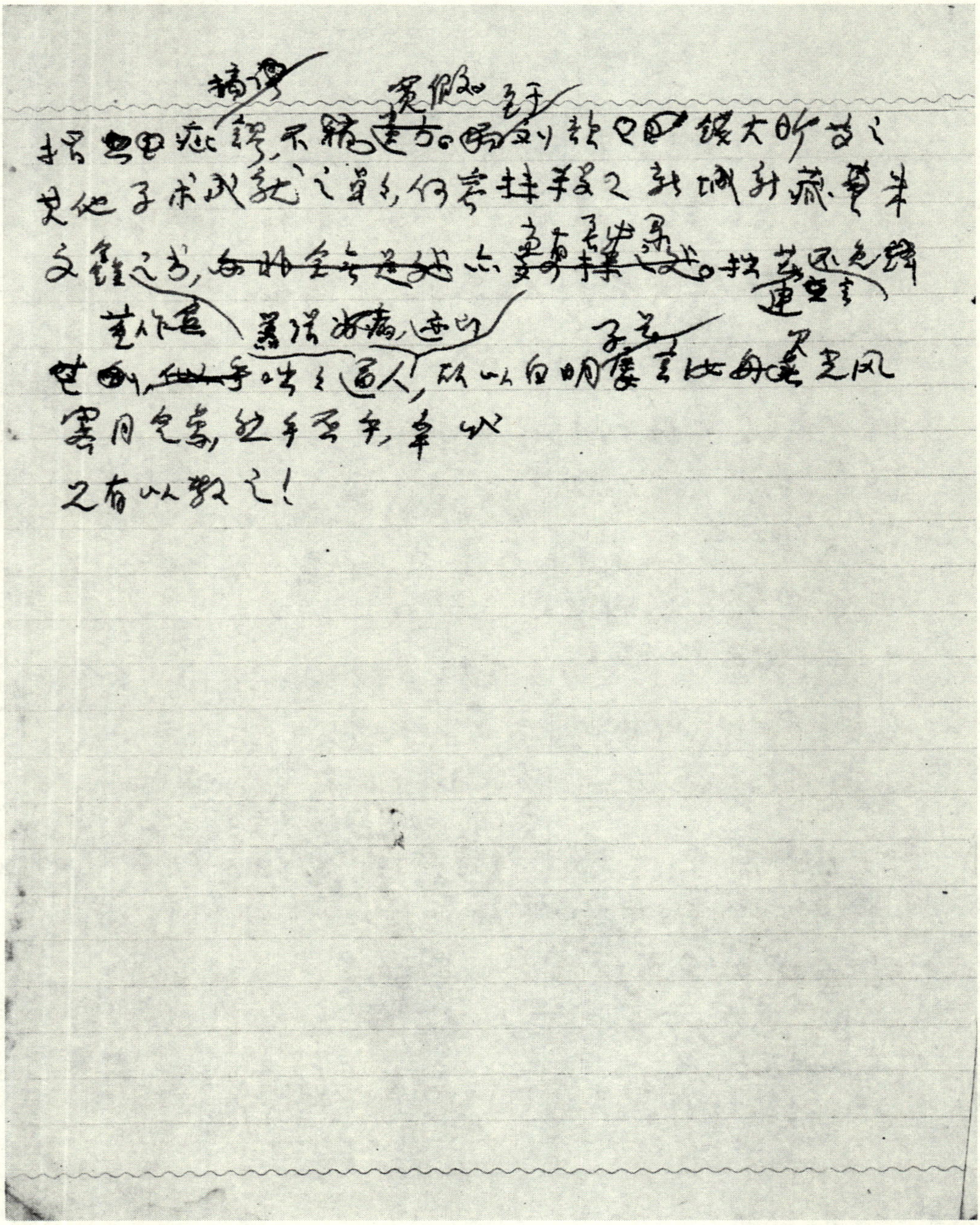

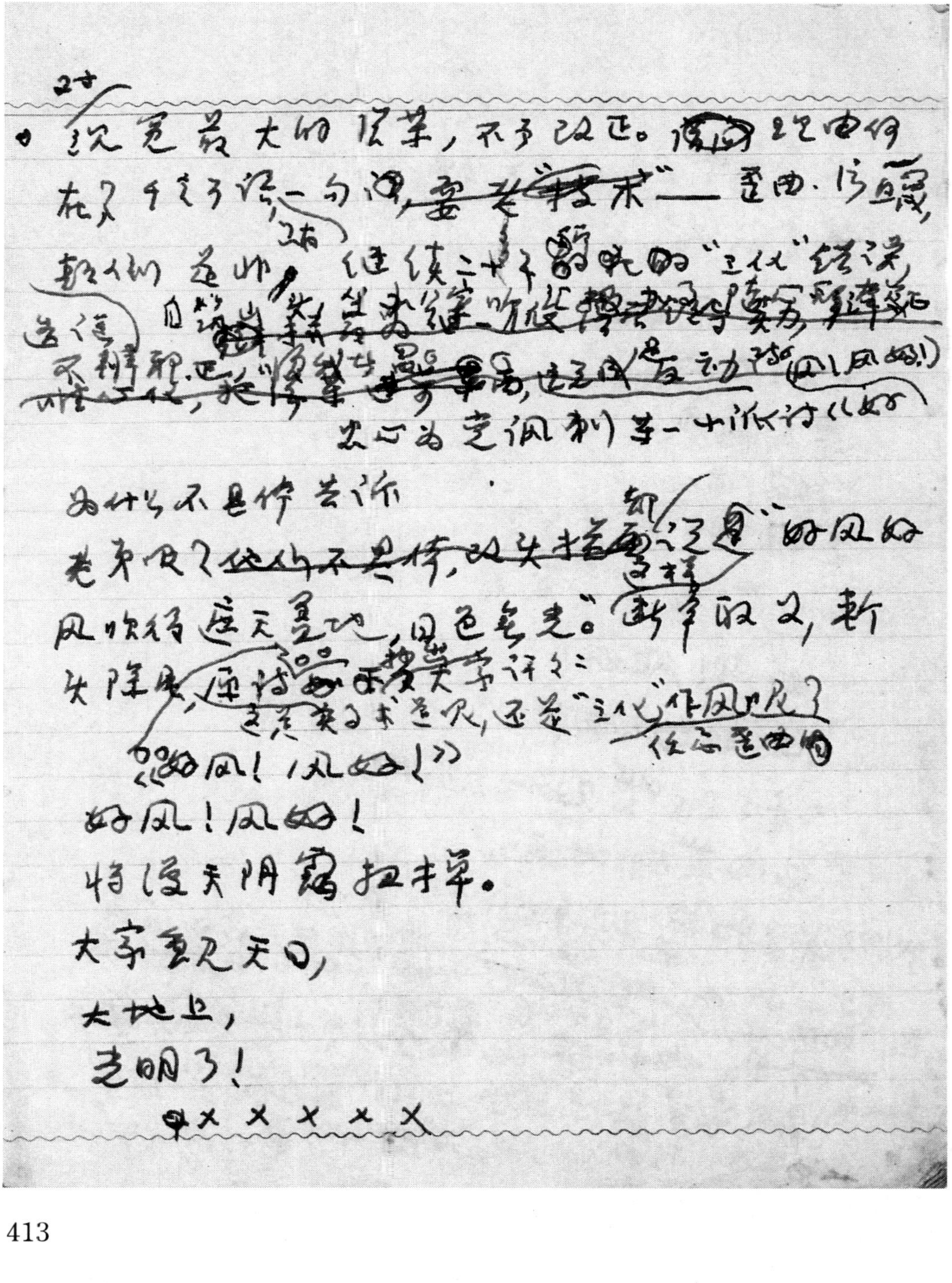
2寸

说是最大的成果，不予改正。[illegible]理由何在？千言万语一句话："技术"——歪曲、污蔑，趁机造谣，继续二十年前的"三代"错误，[illegible]

决心为党纠到第一个派讨《好

为什么不是你去听

老弟兄？[illegible]这是"好风好风吹得遍天是地，日色无光"。断章取义，断头降尾，[illegible]

这是要出这尺，还是"三代"作风？

《好风！风好！》

好风！风好！

将漫天阴霾扫掉。

大家重见天日，

大地上，

光明了！

××××××

地面一些败叶大芒草，
乘着风势，
在空中乱飘。
一样也地
遮天蔽日，
这时，
光明哪里去了？

×××××

好风！风好！
继续地狂扫！
看看那些败叶大芒草，
依旧落到地面，
我又想：没扫除的垃圾那里去了！这时"遮天蔽日"没有 [illegible]
这一个"遮天蔽日"，日色无光 [illegible]
这一个想，是不会算起来上观台向国书说主任是了
[illegible] 飞机的（毛主席语），早就有一个想 [illegible]

“迷信权威”的奴才，只播机倒把”，执迷资本主义路线，
威胁横行霸道，仍不到他们 时不到铭呈
木衔去，本子失一遍，未遭不幸。
执由伸冤了这个指使派系打伤职员张和
波，受了重伤。当人曹兴治向

中印友协许，中科院批评医院医疗事故一年
多。贵大主任委员丁通衔留学生，学地质的，曾在
国内有过多年工作过程，丁通衔主委比较忠厚，不会逢迎，这一十
班两位付主委一位办公室主任，声明辞职，明明逼主任委员下台。我看应该顺眼，
写一张大字报说：

周总

丁主委有些错误，工作太硬，要进行帮助
像清华大学对待主委如何。闻其辞职，逼
国务卿辞职，这是资产阶级政风，不可
为。

弓兰收毋

说是一张大字报，贴在旧北大办公楼前面走廊墙上，只自己签个名，並未拉一个附名。大字报一上墙，呼啦啦拉签名的就八九人。这一下派不去辞职了。

这一下派干的事，一言以蔽之。师院"落实办"还提我这首正义的诗，说成反动诗，我写反对"四人帮"有什么错？他们怎样这一下派来信，师院为他们招魂，来而不往，非礼也。

我在提过，全国各部门"落实办"又以这种站在中伤人一边；站在被中伤一边的，贵阳师院以外，我还没有听到第二个"落实办"。贵阳师院，落什么"实"，站在四人帮方面，把我当作坚持这七一一名只有一人未改正的人。你们一手遮天的时代师院"审案办"

过去了！赵主任，张先生大大小小运动中

我写了这样的话："张华为蒋介石写过一首祝寿诗。"你为什么数次隐瞒不说？"张华党大

反动校长任之恭要张华为蒋介石写祝寿诗，张华代笔，那时蒋介石还是国家之首，张华拒绝得了吗？这事在思改时交代过，肃反时交代过。在国民党统治二十二年中，张华不但不做官，连学校行政一般的教务主任、系主任、图书馆长都坚辞不干。经历了三次风险，三次几乎在牢狱边打转。这在公安厅交代过，当事人还在，现在还有人知道。肃反中被作为肃反对象，坐十个月牢，大不得人心。师院教务长朱厚锟在56年春间，在贵州省人代会上讲话："肃反伤了一些人，寒了一些人心。"57年整风，这句话被指为全国反右第一声。后来变成"伤了什么人，什么人寒心。"朱受

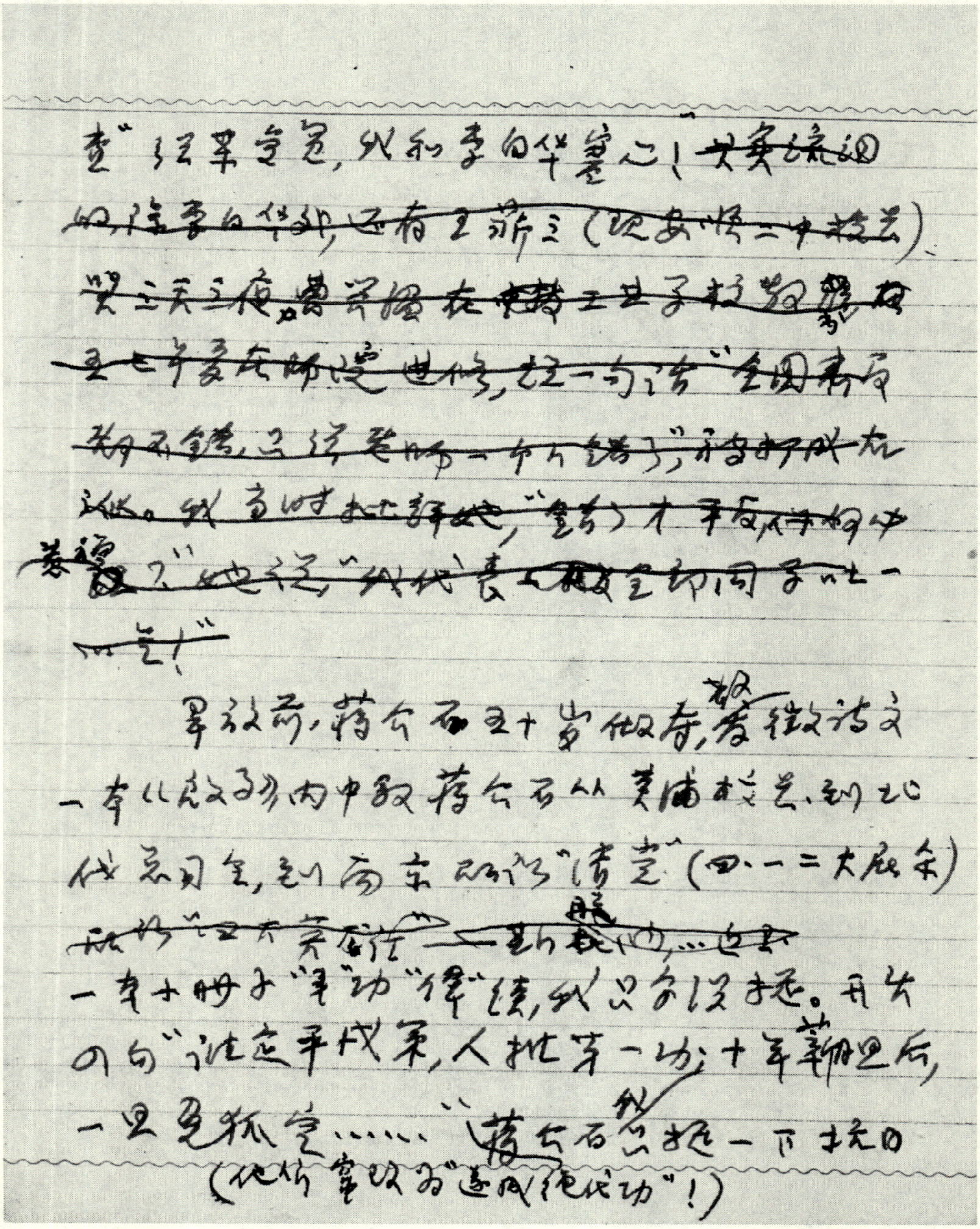

查"这类案字句，我和李白华画之！[illegible]

[illegible]

解放前，蒋公石五十岁做寿，叔搜征诗文一本《寿文录》，内中叙蒋公石从黄埔校长、到北伐总司令，到南京政府"清党"（四一二大屠杀）

[illegible]

一本十册子"丰功"伟绩，我只有读书[illegible]。月份的"谁定乎戊第，人批第一功；十年翻[illegible]，一旦兑抵家……"蒋公石总把一下抗日（他仿佛室设的"通风伟绩功"！）

胜利，"人桃第一功"，这次"会高"，"人"是国

党人，"第一功"还有"第二功"：十年籍合百十老

随用牛乳法洗浮，九二十大旦统十物吉机

这边品咽，什么"十年苏胜的是""第二功，那

三种怎样去，答几是胜利，国民党接收的

功释接案，我认为新的军在苏北作完之后，

不会参观。红军从延安到了西

唱格（要阻面临二十三年是）红军纪律好爱

老百姓事情里面听到老乡广西老家就说

要杨怎样吃饭从中字句听到三句民谣：

生男孩子是老蒋的，

生女孩子是老广的，

打猪包是保安的！

不去了参加之事务。那时我在湖南

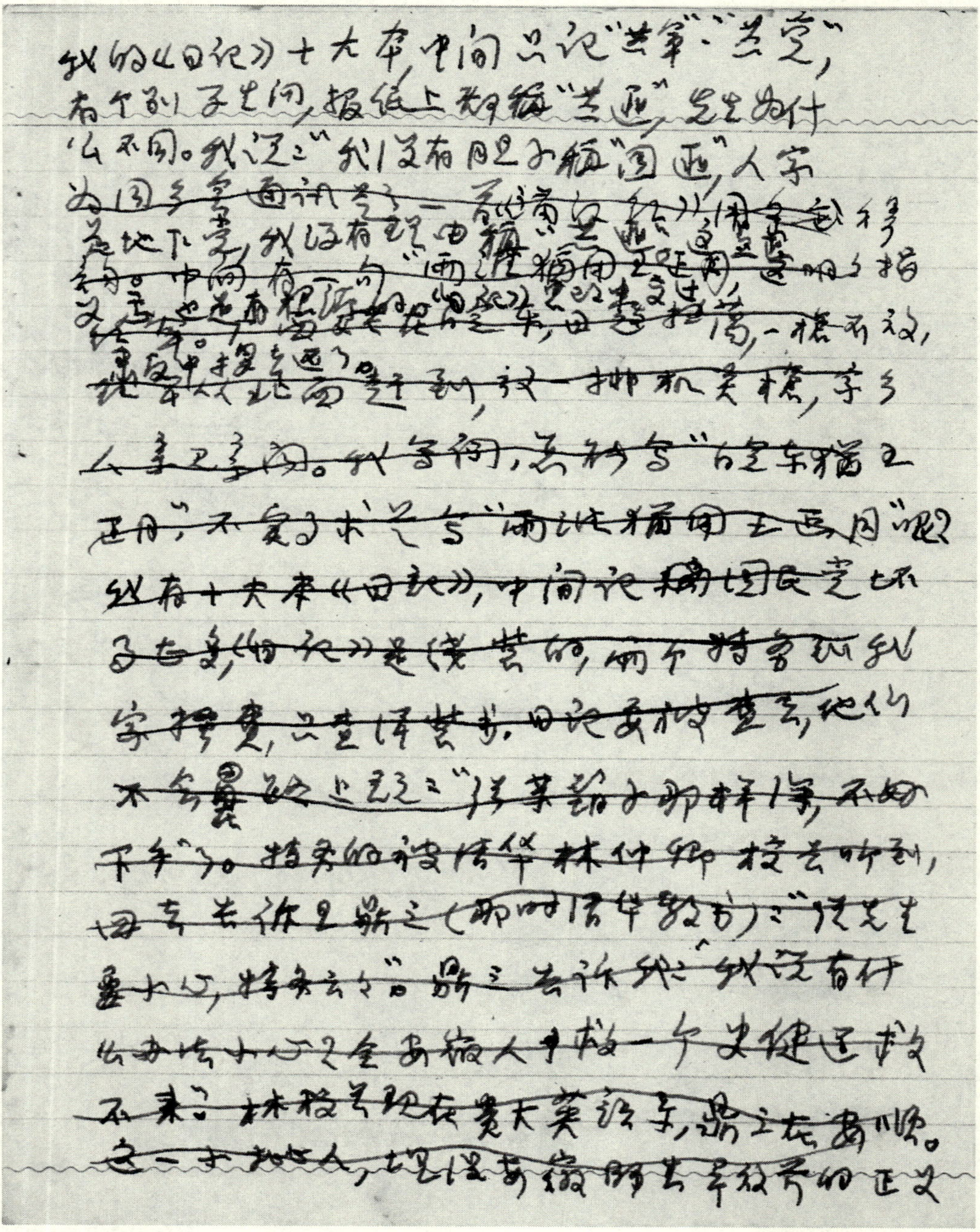

我的《日记》十大本中间只记"黄军"、"黄党"，有个别了先问，报纸上为何称"黄匪"，先生为什么不同。我说："我没有胆子称'国匪'，人家

[illegible]

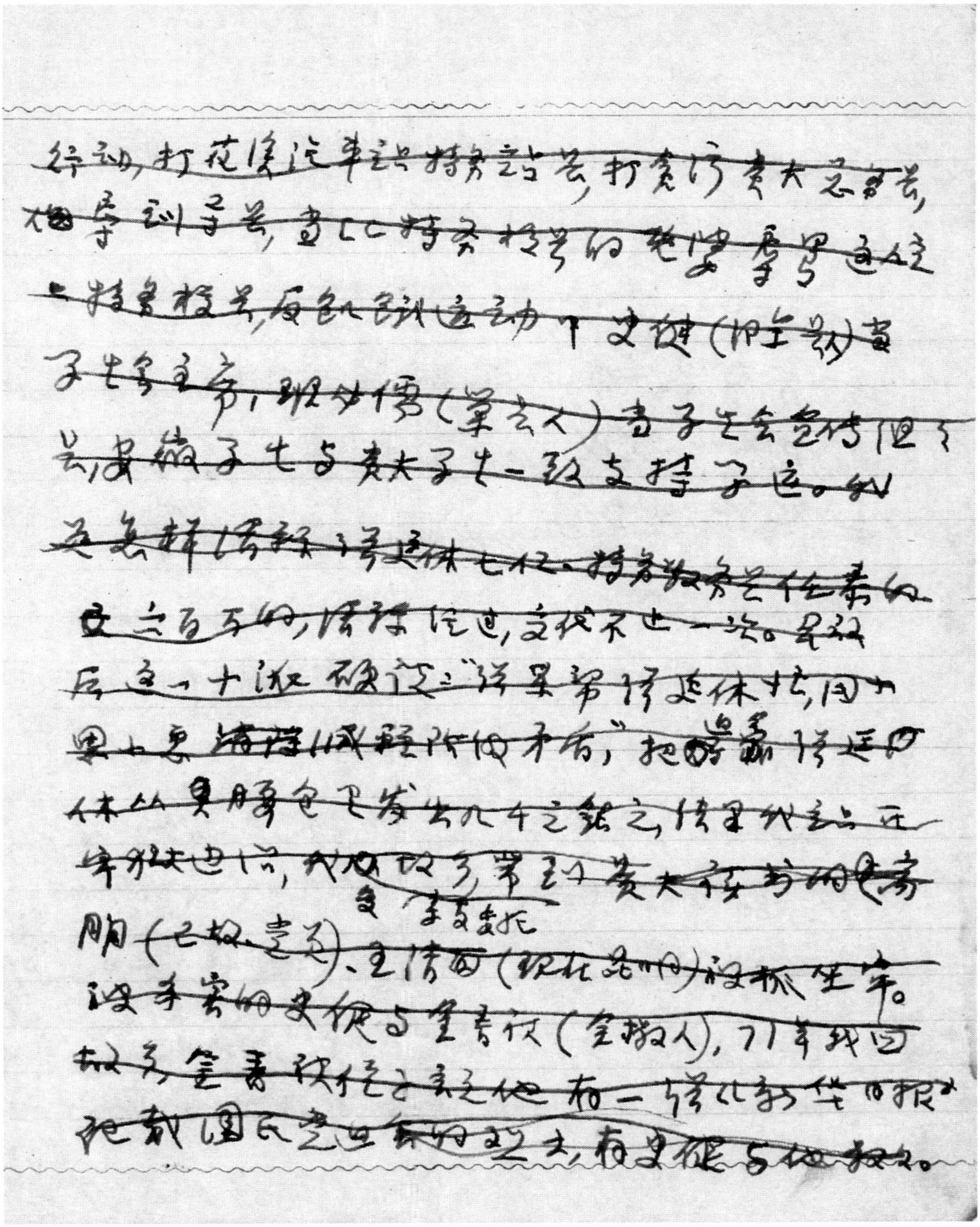

行动，打[illegible]特务之后，打[illegible]大[illegible]，
[illegible]特务[illegible]的[illegible]
[illegible]特务[illegible]，[illegible]运动[illegible]（[illegible]）[illegible]
子[illegible]，[illegible]（[illegible]）[illegible]子[illegible]
[illegible]子[illegible]一致支持了[illegible]。
[illegible]特务[illegible]的
[illegible]，[illegible]，[illegible]不[illegible]一次。[illegible]
[illegible]一十[illegible]，[illegible]
[illegible]，[illegible]
[illegible]九十之[illegible]，[illegible]
[illegible]，[illegible]
朋（[illegible]）、王[illegible]（现在[illegible]）[illegible]。
[illegible]（[illegible]人），77年[illegible]
[illegible]，[illegible]他有一[illegible]
[illegible]国民[illegible]之夫，有[illegible]。

这一大批人，不但埋没我们为革命进行
斗，反而颠倒是非，捏造“[illegible]”“[illegible]”
史使找到家里，第二天[illegible]被捕，史的被捕
与[illegible]有关。”还直指[illegible]不可靠，甚至救
出使的人，说成是陷害史使的人。他们
这一个派，是魔鬼，是[illegible]好人拼命[illegible]，[illegible]
是“奴隶总管”也说[illegible]里也[illegible]的词
社会遗留下来腐朽奴才。”好风！两好！”
这种偏差，这次前日的是这一个派人。这
一个派人早已臭不可闻，[illegible]在他们一
边，把革命[illegible]定的时，说成“反动”的！
[illegible]快三十年了，我们为现代文艺中只有
二十四五年了，史料落在面前过了十年了。黄
阳阴险，毫无良心，[illegible]是非[illegible]，[illegible]

八

~~他们该到哪里去呢~~

平和老不说话，他也不敢自居主人，[illegible]在这一个地球上的“人物”面前，他们[illegible]一句[illegible]话，要他们出去[illegible]

[illegible]

[illegible]他们[illegible]材料[illegible]明辨[illegible]他们不[illegible]

~~[illegible]~~

~~[illegible]~~

~~[illegible]他们[illegible]~~

~~[illegible]~~

~~[illegible]~~

这些[illegible]不是[illegible]报纸上登的材料，不要[illegible]

[illegible]

[illegible]本[illegible]本

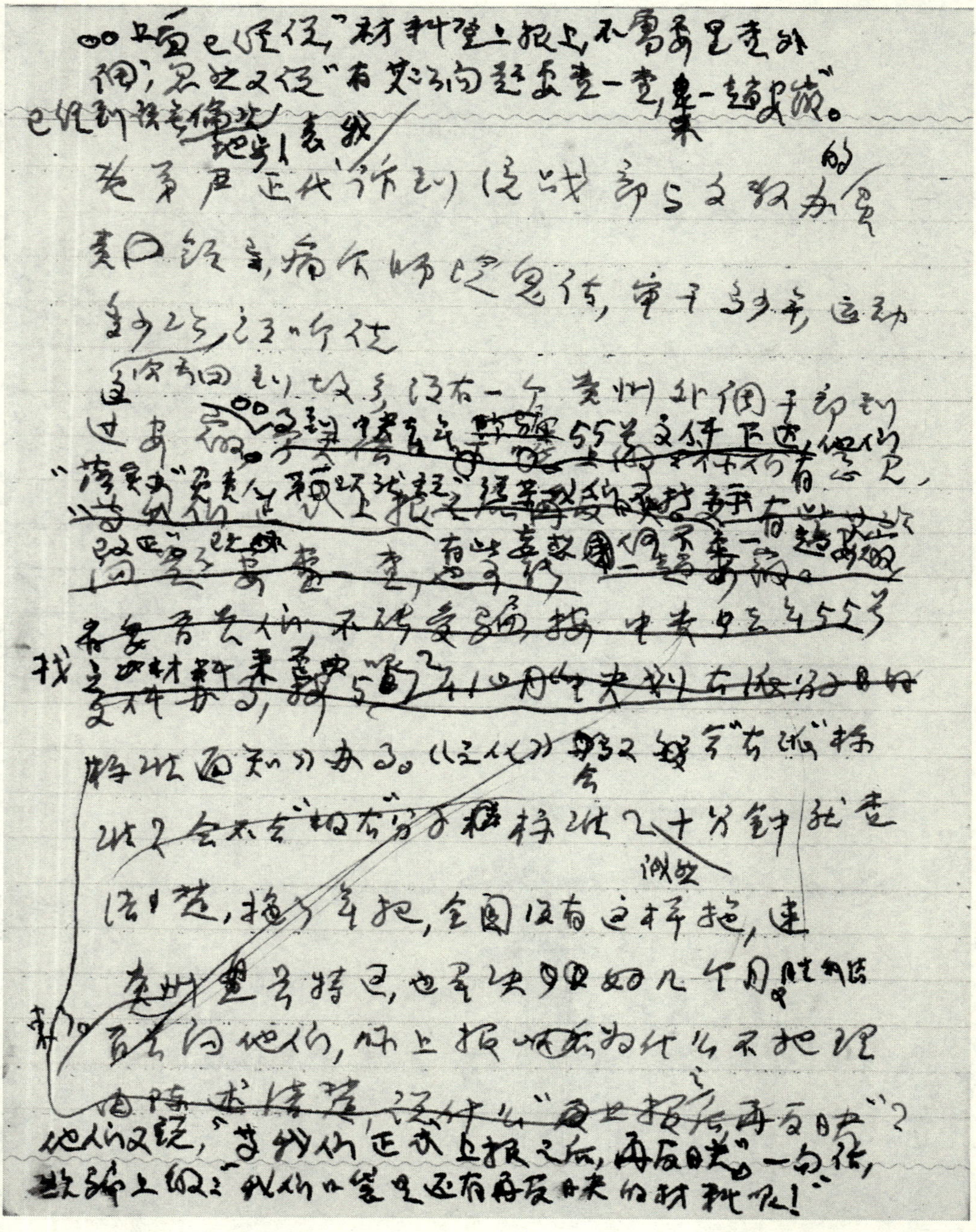
只要已经说"材料望上报上,不要再里查外调",忽然又说"有些问题要查一查,来一道文件"。

……法清楚,搞了五年,全国没有这样拖,连

贵州省委……也是决……如几个月……

他们又说,"等我们正式上报之后,再反映"一句话,欺骗上级说我们以后还有再反映的材料呢!

是你！什么陈歪曲、诽谤、造谣，啥也没有。你们问题什么人清楚，没有我自己清楚。我如果相信你们，我就得去贵阳哪有今天，大肆致……大家说我已经老了到附近洗了……你编说，你用不着按摸。说起是没有问题……

四十年一个男人没有到过安徽，为了汉奸问题，二十来一趟安徽，明明是门门满意计，……六篇每篇都在一万字以上，质量相当不低。本(?)八月中旬寄的……由……查一查这次……起了什么作用？……和华东师范大学……了……，但……四级教授……我到底……中央政策，调动一切积极因素，怎样解决？贵州省委领导……上……师院……加快步伐，……传……中央……工作，顺利完成！……不但……我在湘西八中、蓝田师院……不但我……我，贵大也……我……起来了。（接下页）

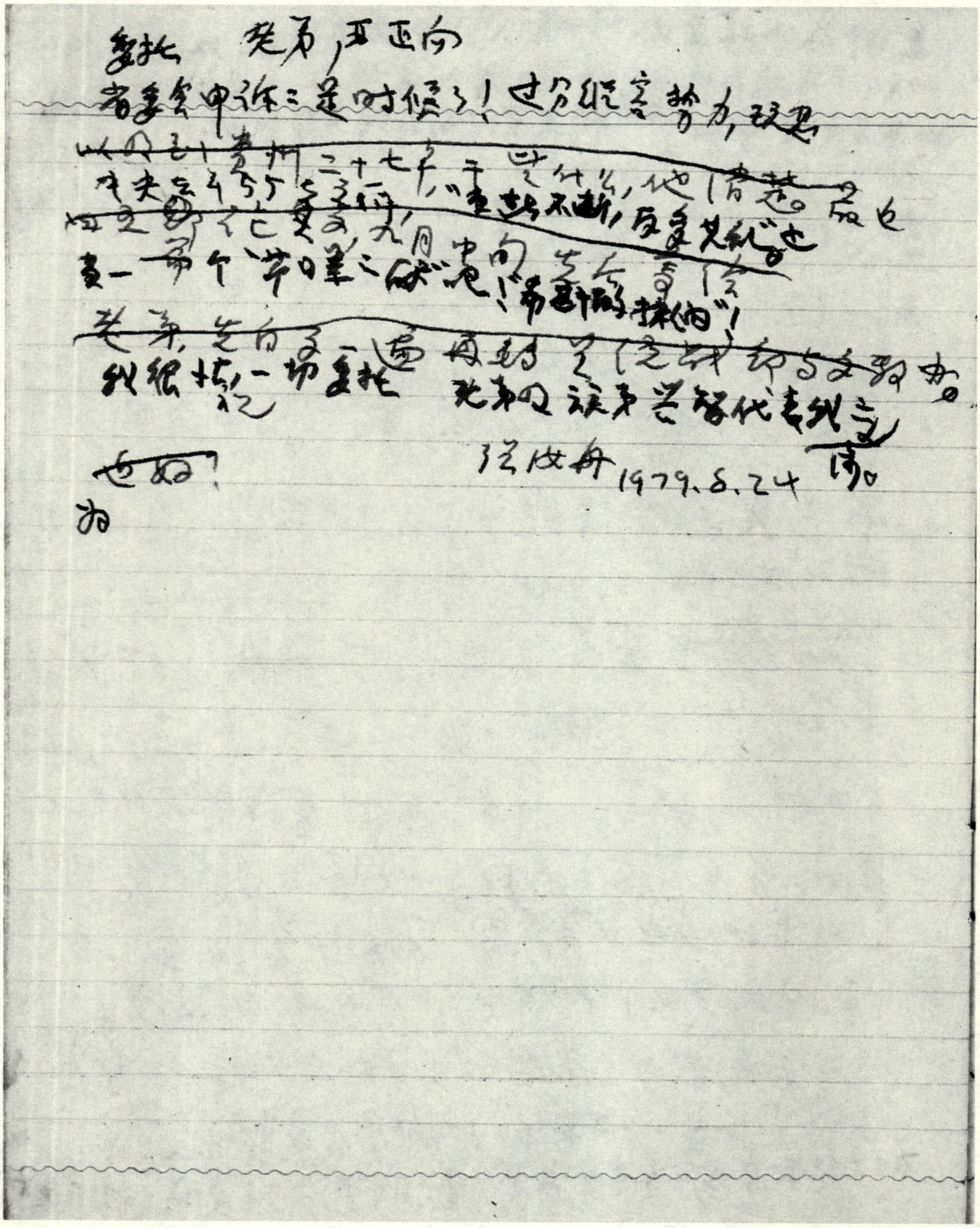
受抚老弟：再致问

省委会中评评是时候了！过分纵容势力，致患

……

责一番个“节骨眼”的“意”！“希望你们接纳”！

我很搞一场受托 老弟可否帮代表我去请。

张汝舟 1979.8.24

九月二十三日　　晴

晨文玉来。我说今天王仝老来。他问："你见得？"我说："昨天胡中友带信给仝老信约：'明天天晴，全者来；下雨，个人来，有急商量。'他问什么急事，我说："第一要决对待洪教授问题；第二件叶芦最近从苏州来封信的内容，叶芦进步了，问题不大。"

说到这里，他走了。令我想到敬之也在我家起间和作闻，说的话哪手有味。他来信说："你说叶芬'庸芬'，我很喜欢小妹，当她也是'庸芬'。'庸德之行，庸言之谨'，'庸'出在你家这么多，又值得多么！"他写信问'小妹在哪里，我喜欢她'，见了叶芬面，又这样问。见叶芬如同己出，第二天去十大娘之语全老太妈作陪，又把少子昌质，外孙xxx喊来，明日送如接待叶芬。我说林老虚伪唱之人也。我说"首好庸子，送了到哪里出发，不应该多所顾虑，不为国家人民贡献力量"；林老之说有理，有是郢书燕说。今天不是孔孟时代，用中庸的“庸”赞揭我的儿孙揭到这代~~[illegible]~~副教授儿子我把“郢书燕说”之作风。半夜前，与老友钱子厚同聊天，聊到张叶芦，略有不满之意，他说：“我的儿子能学叶芦，我就高兴透了。”我说：“庸中矫矫。“庸”这个帽子早给叶芦带上了，~~不大~~我是再淘气，摘掉这个帽子不容易。这是写了，请宽恕此断字勇了。”就于此，让下一代，下一代下一代来评定。

寄赠孟伦教授书

孟伦契之子兰文席：

不通音问，忽忽二十余年，每人常怀念里，要寄我家团结了七一年夏之前突患有偏瘫，由贵州新钢寻~~[illegible]~~发出鲁迅的声音对一个班级人细说：“你被向道老鬼还乡去！”并专伎护送到家，再托运十四箱古书到原舍胞兮到沙金极自己祖宅。今为金极人矣。去

年冬，安徽师大滁州分校八学系主任名，聘之顾问，

只得勉力图之，5个缺点来想是拟

规划，王力先生进大学，[illegible]

三年后写三部教本。王力先生

进大学，皆有密友，即南大有周家祥，南明老周子岩，

北校大有吕老，我的契友，武大有李健章先生。

老子当年 [illegible]。此三校所用之三种

教材，原本宁见之。于中山大学有王季思子岩及

山东大学有 [illegible] 之，[illegible] 肯屡得

包支持，文学几度过宁，即年已八十，为国宣

劳，[illegible] 的 [illegible] 七月中

国文刊宁，和先生教授，一见如故，过到南师院

25 [illegible] 所交文生讲 [illegible] 声韵学，并约国庆节后来校

[illegible]

[illegible]

[illegible] 之末。我注，[illegible]

《中国古代天文历法表》袁君所著已出版的意见……十月

节后将在苏州开中华大辞典编委会议，不知我兄能否

参加此会。十月已决任教于南京，据

云，……主持该校召开的校庆讲学会，邀约弟，

当不久将往南京把晤，称为庆。

弟曾到此，过此……邯郸，……讲二小时话，

……代否？……不敢……以停力为限。……

……

张文玉同志，送“看”之作，……文字之子，刘……

……

已……，此次……

……之不……也。渠问贵大同学张

传国弟之……

门下，是十人中九个……人一个……人，5

之……

归，……。……印……

……

弟张传经启

……此间中文系……

〇〇到十月底我按不住了，曾写信给贵州省委申诉，
并回答以申请 政府从我父亲21岁中学毕业后，做些什
么，干些什么，写些什么，却已成为铁的罪证 错误的政策。

九月二十四日　　附

寄贵阳师院革委会（代叶芬）

报告 一九七九 ~~1979~~ 年九月二十四日

报告

我是您校老师张世明的女儿，自去年党中央十一号文件下达，我就建议申诉：如今天全国右派全都摘了帽子，但以您校摘帽十六年了，仍以还是极右分子，受极右分子处分，降级停薪，月支95元生活费（后几度调整为105元），已七十高龄了，孩子大病，眼向青光。后来听说在贵州当前特区革委会政策落实办公处已摘帽右派改正问题。该特区七十一名已摘帽的右派中，我父亲一个子当，该去办公处到您校，代我父亲申诉，后来又催过几次。我在这时在这前不久，我父亲子女都已下放，打听了我父亲下落，又接十七岁，要向您校申诉，我父亲回工作单位（见后）代替

不说大话，没有回音。今年二月，我父亲亲笔写了《申诉书》附《三代》序行，由我家人去打印五份，抄了寄到贵州省委会及您校-党大校委会。

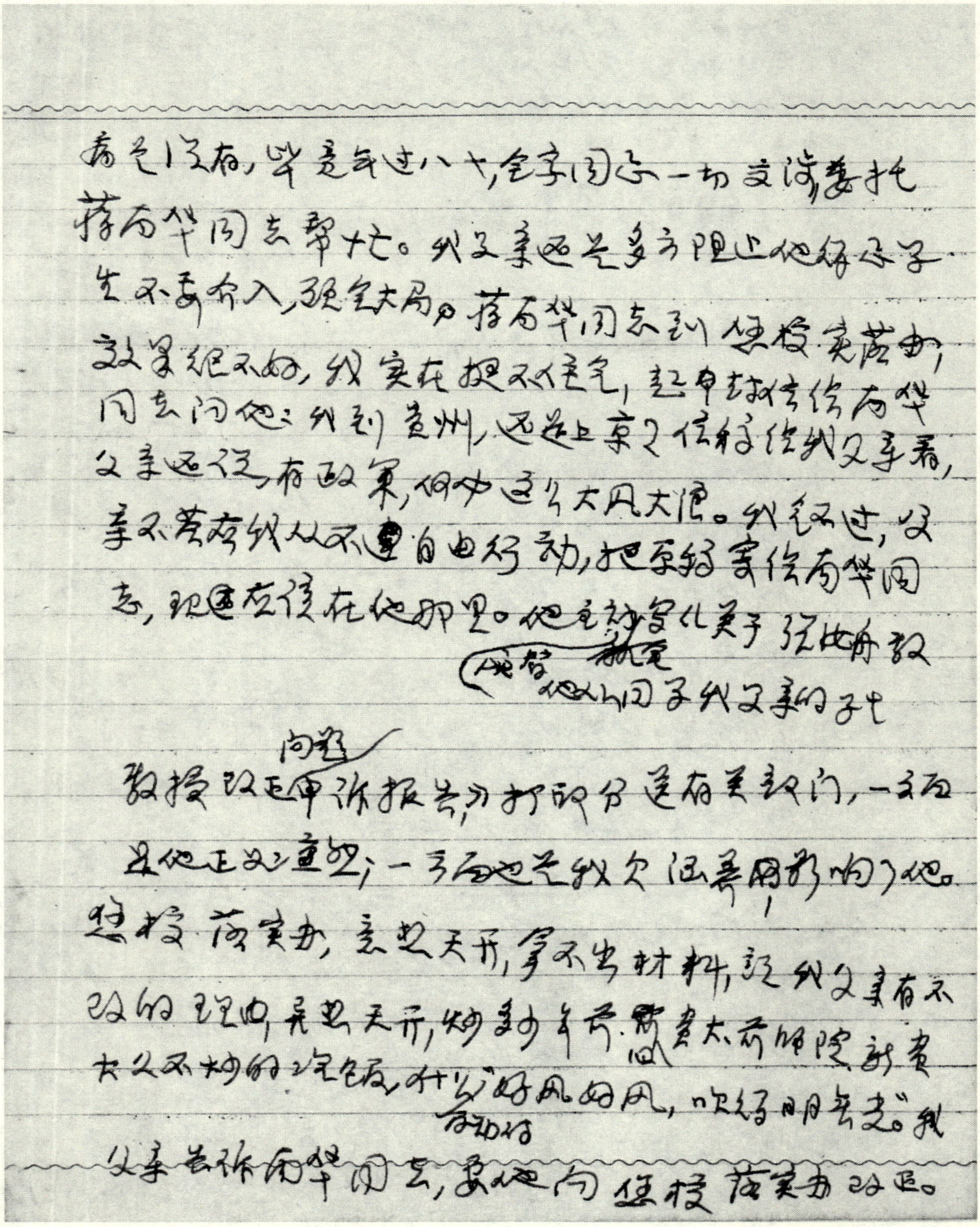

寿也很有限，毕竟年过八十，全靠同志一切支持，要托蒋南翔同志帮忙。我父亲还是多方阻止他的亲子学生不要介入，顾全大局。蒋南翔同志到党校，党校落实办，效果很不好，我实在想不通气，赶单独写信给南翔同志问他：我到贵州，还是上京？信转给我父亲看，父亲还说：有政策，何必这么大风大浪。我认为过，父亲不能替我决定自由行动，把原稿寄给南翔同志，现还在他那里。他交转[illegible]关于张[illegible]教授改正申诉报告，打印分送有关部门，一方面是他正义之举；一方面也是我父亲的影响了他。党校落实办，竟然天开，拿不出材料，说我父亲有不改的理由，竟然天开，[illegible]老太爷的[illegible]，什么好风好风，吹得明窗去。我父亲告诉南翔同志，要他向党校落实办改正。

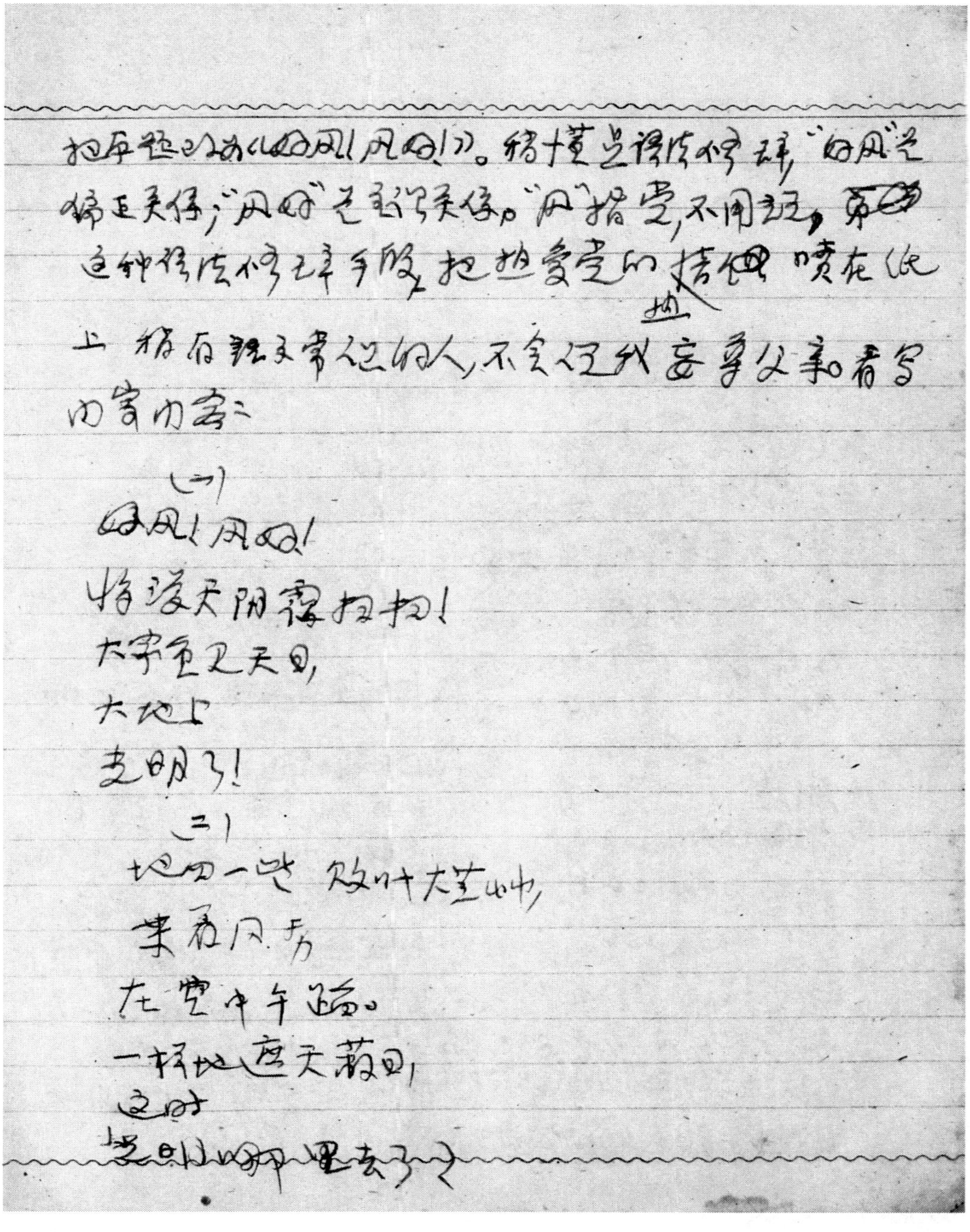

把本题改为《好风！风好！》。稍懂点语法修辞，"好风"是偏正关系；"风好"是主谓关系。"风"指党，不用说，第
这种语法修辞手段，把她爱党的情绪喷在纸上，稍有语文常识的人，不会说我亵渎父亲。看写的实的实

（一）
好风！风好！
将漫天阴霾扫扫！
大家重见天日，
大地上
光明了！

（二）
地面一些败叶大垃圾，
乘着风力
在空中午蹈。
一样地遮天蔽日，
这时
光明跑哪里去了？

（三）

好风！风好！

加倍地狂扫。

看看那些败叶残花，

依旧落到地面，

被扫到垃圾箱里去。

这是个中学生写的，是歌颂文化大革命的。人还纯洁。但校党委负责人不知为什么要把这首诗拿来写了个"评论"，连尾改变"这首诗"的原意，序中造了个罪名"好风好风，依旧明年是败残花"反党了！第一首被编者是极力的，但是第二首讽刺败叶残花，就是说"文化"里的"旧社会遗留下来的垃圾就是奴才"，滥用职权势一股地冲向图书馆主任马子木，指使爪牙重打脱了衣服，逼得无奈，经过他家人向中组部去告状，中组部加以干预，送到医院治疗，住了一年多。这时是明明白白的了。"此还不是了实际值得庇护吗？

有主意，这是如请求老舍大力整风，我文章这是希望，今天总算实现了。但使我落实办炒这错误，不久又会用，请问这首诗违反动诗，为什么人掉脑了？

再谈谈"落实办"端出他们炒的又一盘冷饭。这盘冷饭也是思想中交代的。肃反运动未炒，55年反右斗争未炒，但在66年大运动中，却炒了一次。我写了材料，大意是：

大概47年我今年三十岁，常为大反动校长张送来一本《徽诗文叙录》，张在上面批几个字"请张收每先生代写诗一首"，赵惠民秘书长送给我，我为难，只好收下。后来考虑：张是四面八面细细追求"叙录"，实在年纪到了手，看了子是大只要孩子最会"闹"了，又要信给我，如果拒绝不写，他借口我反对"国学之首"，会招横祸。好吧，用文艺手段来对付。《徽诗文叙录》叙了中的什么？楚辞，大学校长，北四代主刀宫，南京上海

史（指四、一二榜要）的重要历次江西《剿共》，代写
诗只字不提。用空洞铺张文字叙述，毫无实在。又开头的
句，另一点边，但也只含蓄，不是真实。后面的句子
"雄图豪气成军，人推第一功。十年薪胆后，一旦见澄
空。" 国共合作抗战，这是事实。我说"人
推第一功"，就是"人"是国民党人，国民党之第一功，只能
有"第二功"了，不是把共产党之功暗中抹杀了吗？中
国文字"含沙射影"的笔法，国民党人不十分，四人帮也不十分之流。
后二句更空空落落，十年卧薪尝胆说得深，九一"十年"指十
年来飞机避昆明，什么"薪胆"？抗战胜利，国际上
不是蒋的功，国内抗战不力，却对共产党抗日有好感。我写了不少诗文抒怀。
那时广西佬从安徽，在白鹿东
郊一部分五八，杀人放火，逃窜之天天经过白沙
桐梓（南隅之南五华里），红军从鸡鸣驿（白沙在南隅北二十华
里）过我村、桐梓一路把白沙赶出，但广西佬坐享太
平。他们不抗日，干些什么？我们家乡有句民谣，"生男孩子
是老蒋的，生女孩子是老广的，打粮食是保长的。"这时这
些事实，写在家乡里有什么思想？我抗战中去昆明
我又是个穷知识分子，何处生活，在这种背景里，反对思想，以……

同乡会出刊物征文征诗，我写一首词《满江红》用岳武穆韵，有一句“两淮犹用王正月”。那时蒋广〔?〕傀儡已在皖东，老八路也在苏北、皖北。皖北驻到我乡〔?〕双沟小马桥。我不说“皖东犹用王正月”，而说“两淮犹用王正月”。我那首“反动透顶”的诗中，第一句意义是什么？是在人民眼中，思想在我心中流露出这句词。这首词现存在，全部交满院到手边，会少解释地对党的信赖。

总之“落实办”受抄没饭，只好奉陪。我说这本写诗的全部内容与我那时全部思想是一致的。就是一字不提《红诗文选》也“丰功伟绩”。老实告诉您们“落实办”，违背七不说“功在弦上不得不发”，如果我父亲有半点反动，弦上的弓，怎么会控制住对蒋的“丰功伟绩”一字不提？我要老实说您们“落实办”受四人帮影响，不懂文字。我父亲这首代笔诗，不反动更不透顶！去年党中央五号文件，查出特区七十二个摘帽右派只有一个未改正；华东我还没有听到有人不改正，大多数三个月前都要改了。而目前我却不作主，写信催南华同志您见：我到贵州还是到此来，已如前述。今天不要拒绝您见的实践前言，先写这封挂号信，要动您们"落实办"。不能拖了，给您写信。报省委，您们如不上报，省委也不正视这个问题，怎办呢？了结 ~~拍手~~ 拍手！

致

敬礼

张叶芬 75.5.24

十月三日　　晴

昨又至读某老一联，极为言奥，嘱代录于下：

亮节不因时显晦，

高怀岂与世低昂。

陈翰笙，[illegible]年八十二，社会科学院顾问

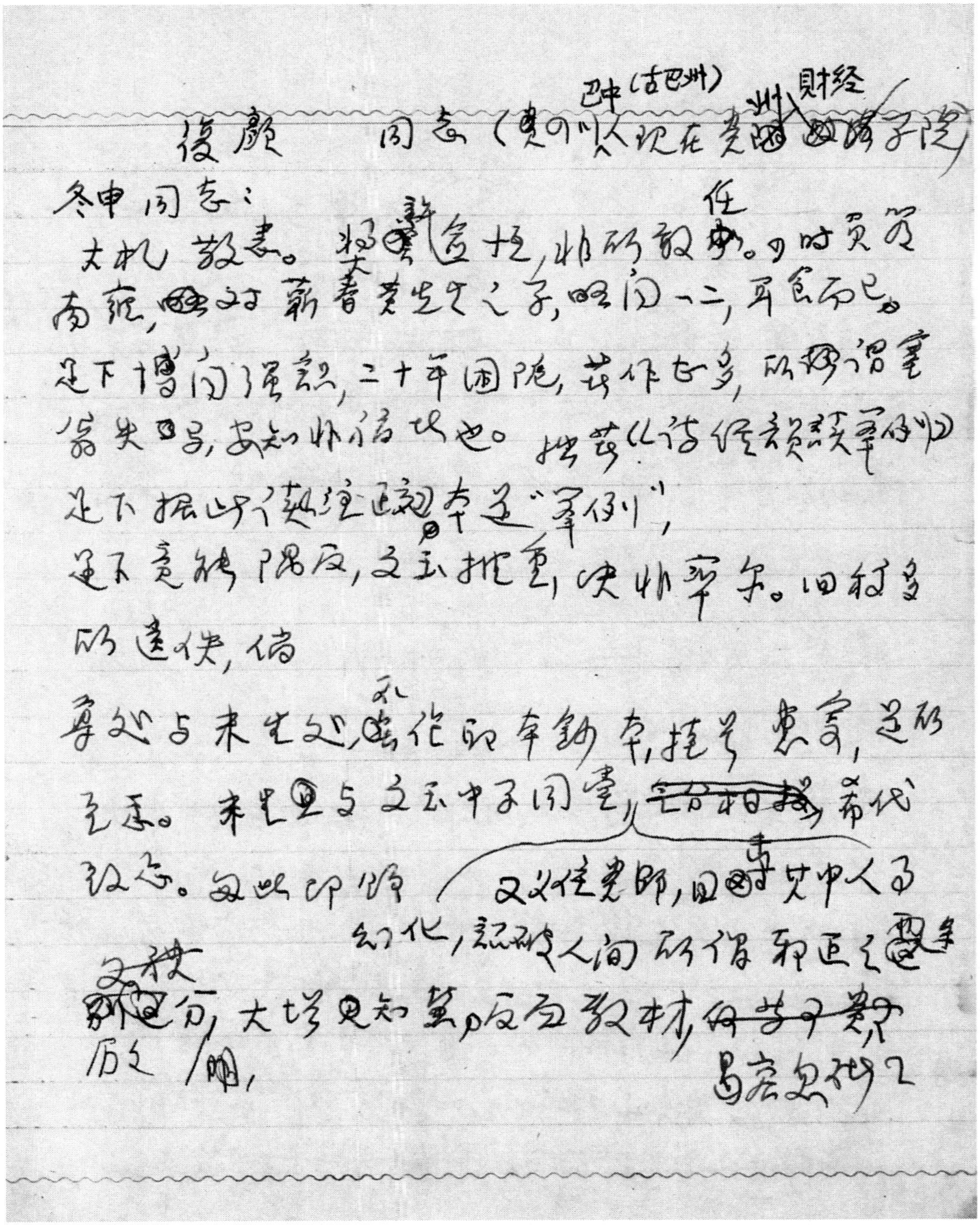

復顏　同志（巴中（古巴州）人　现在贵州财经学院）

冬申同志：

大札敬悉。奖许过甚，非所敢当。尔时负笈

南疆，对蕲春黄先生之学，略闻一二，耳食而已。

足下博闻强识，二十年困踬，著作甚多，所谓塞

翁失马，安知非福也。拙著《诗经韵读集例》

足下据此续注通论本述"集例"，

足下意转阴反，交互推重，决非掌矣。回忆多

所遗佚，信

手处与来生处，不合作所本钞本，挂号寄上，送所

查悉。来生且与文玉中子同堂，常代

致意。如此印行　　文以往老师，因时只中人马

幻化，记彼人间所谓本正之要

文提

别过句，大均只知其，后至教材，

历史／明，　　　　　　马宗霍代之

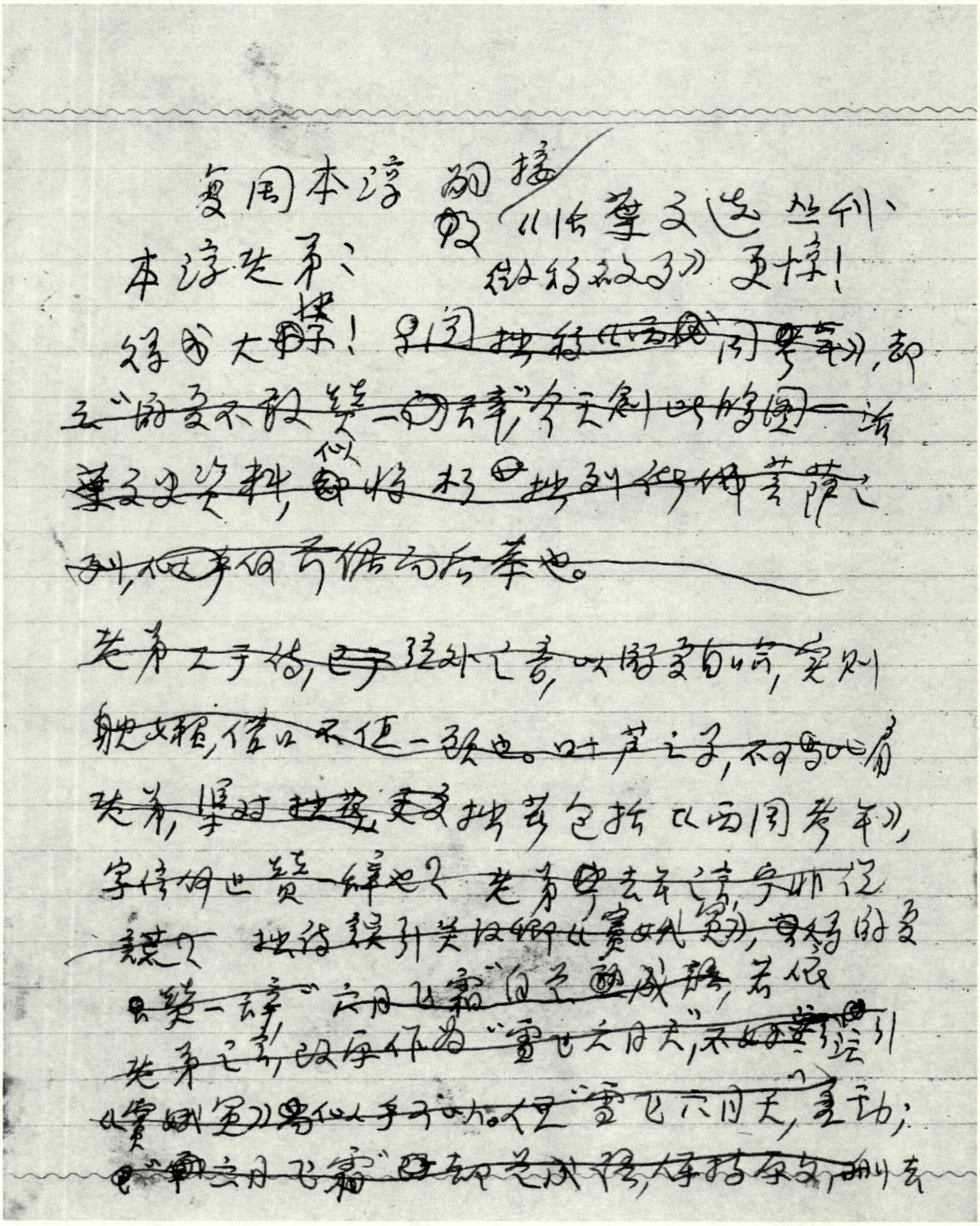

复周本淳函

本淳老弟：

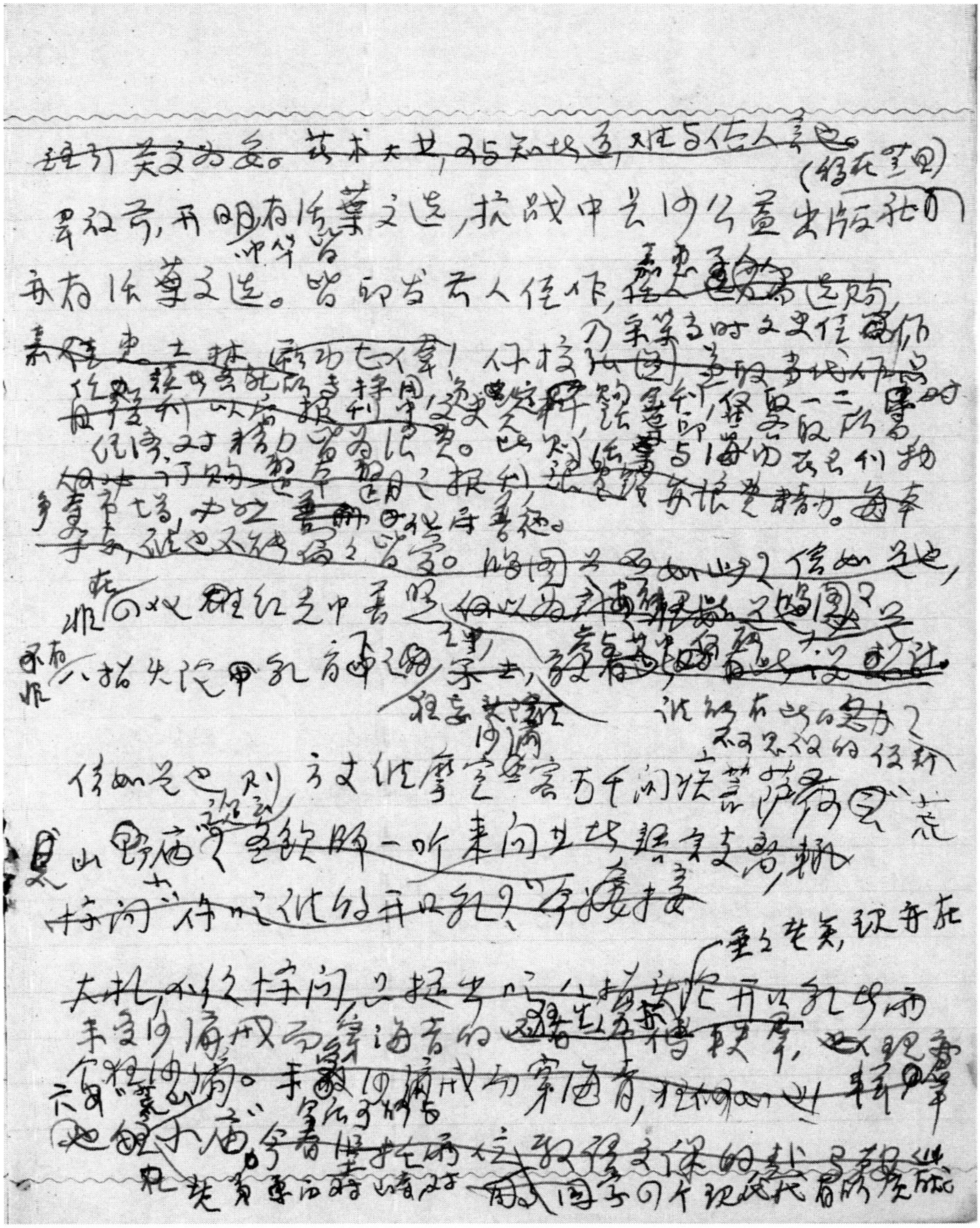

亨如夫[illegible]得学子会君开的学术会议，过际看我。读

此，相赞[illegible]果之子之示，二君一出此大，一出山大，读世

[illegible]以，似人非世俗之人，工手[illegible]墙以自娱也。

二君皆至道之士，[illegible]果为有[illegible]是以[illegible]之处，不[illegible]

不定[illegible]起[illegible]过的开[illegible]。[illegible]

[illegible]开[illegible]。[illegible]果来信，[illegible]之，

以为[illegible]，[illegible]。已的[illegible]把[illegible]，今[illegible]大

[illegible]，未[illegible]道[illegible]居所[illegible]，以[illegible]，[illegible]

[illegible]野庙[illegible]一个[illegible]何[illegible]。[illegible]

[illegible]庙，[illegible]，[illegible]，[illegible]“荒[illegible]山野庙”？

[illegible]庙有二位八指[illegible]，[illegible]起。一个[illegible]，

[illegible]字[illegible]，[illegible]，以[illegible]二[illegible]

[illegible]二[illegible]日[illegible]年[illegible]七十[illegible]，工

[illegible]与[illegible]行[illegible]高僧[illegible]

[illegible]林[illegible]，[illegible]有诗[illegible]。又一[illegible]，

今看[illegible]二[illegible]师[illegible]来[illegible]，二君[illegible]大了，此

有[illegible]位老师

大川太，查出库存晚清手稿的许多文献，来信见询，

相[illegible]释写之文何，大有助于查存原意，与

先师当日[illegible]面谈之大概，李清两人[illegible]安得偏，

至今对此事，宏大而为之引证不知

先校这个道理，[illegible]传[illegible]等[illegible]座

[illegible]之意，[illegible]，文[illegible]对于人们[illegible]

[illegible]

手[illegible]。全校[illegible]这里，《[illegible]》有[illegible]的

[illegible]，《[illegible]》有待[illegible]之，高[illegible]

年校[illegible]时[illegible]时候。后之大学[illegible]字。

[illegible]，有[illegible]，[illegible]师[illegible]一中，[illegible]

[illegible]大[illegible]。[illegible]之大[illegible]

[illegible]，大概的事，有此一段回忆。五七至六年[illegible]

[illegible]，[illegible]，[illegible]

[illegible]，[illegible]。[illegible]，[illegible]：

[illegible]，[illegible]。[illegible]：

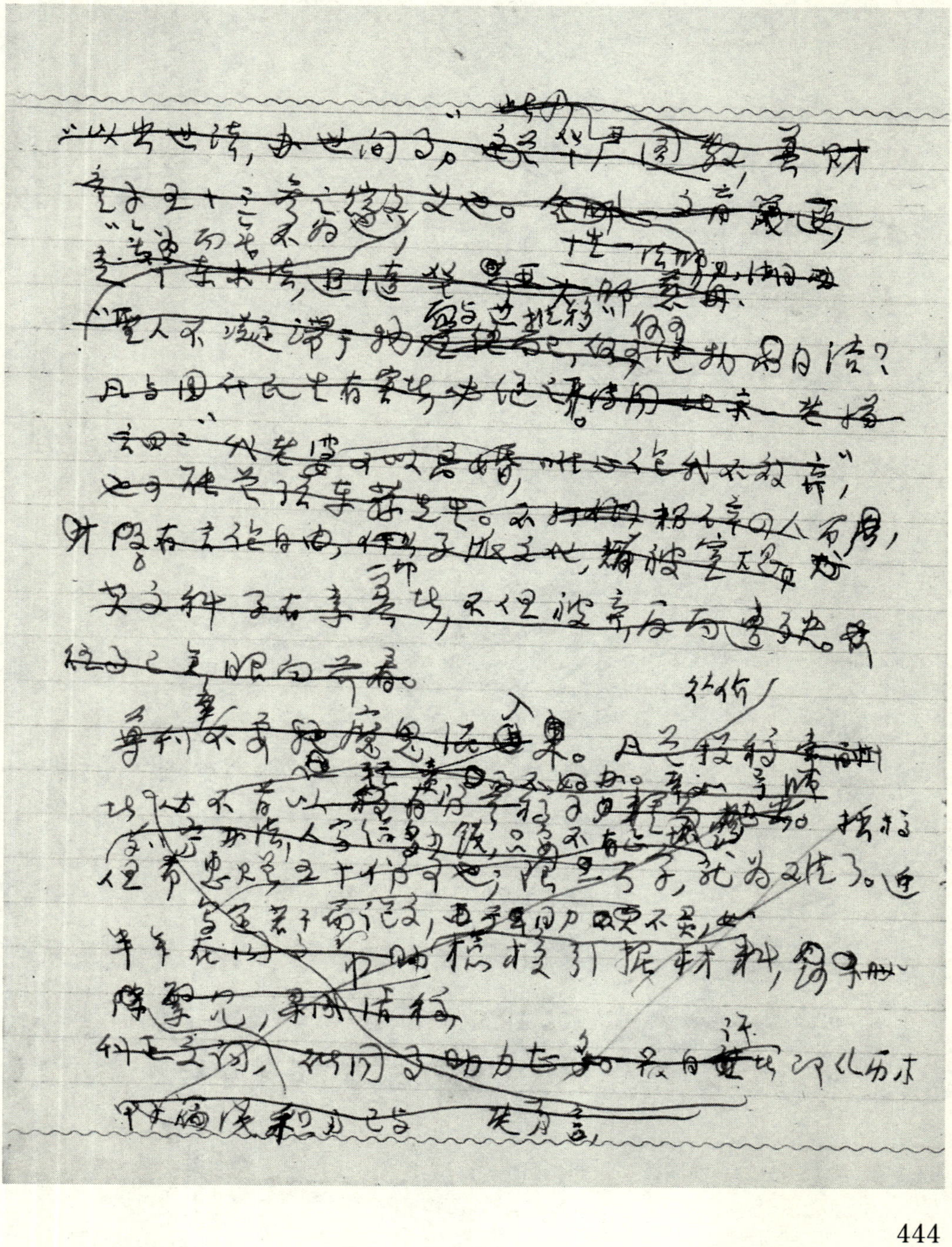

~~立，五格取材，不以私人关系，多取贤能。~~

~~嫏嬛者已遭回人家之阨，兼以已毫无通[illegible]可畏，~~

~~何来大德之刻经[illegible]情之记[illegible]，~~赞了印章

近在《内学新报》，李白然一堂[illegible]发扬之[illegible]

而是由法眼菩萨之监定耳。[illegible]

《禅刊》第二期，亦已有起色。《正觉》二期，也将

与读者见面，这印章以此相观而善之

效。~~此间[illegible]开《正觉》编辑会，据云已将~~

~~《禅刊》二期，~~若问接洽，~~也比当廷之了。~~

~~老弟嘱余师乃当时国内华严大师应慈老应慈~~

~~二老是宝法华寺主师座讲小座。一个近支首段~~

~~道，日是[illegible]法，不可公议，此有两个主~~

~~持惜大德，能不让我之演之华严经中~~

~~[illegible]对第子五十三参，[illegible]外[illegible]不失一字，~~

~~老弟何以得法，[illegible]以[illegible]对，通说华严各[illegible]，~~

~~[illegible]、[illegible]、[illegible]、[illegible]，[illegible]~~

~~(3)然、字(如)剑然~~

~~时至，接号召找英才，~~公~~为文只叶，正何状哉！唐人造笑，是则挥呼，~~
~~只知克己于痛，有此胜会，~~
~~亦不至"搜乙文史稿"。莫辛附言"不足不提"，谨~~
~~想知敢寄自珍之意于时。（老弟尤可子！）~~

《春秋书》之期，存感以争夺地位之剧 周伯藩先生
一绝句（寒话里）……，……
伯藩留念之字序，……（一）……之……之……。……
帅（？）……理……好意，……，不致为
~~《春秋书》编年几近于李一琨将军之批意。~~(二)中
追随总理门下健将（三）易"伯藩"可称与
老哥为"伯仲"，（四）反易"子渊子及年"可称印
"阿子及尼亚"，（五）此外字味很多，有
老弟作于宇诗也随速理。不知所批例
有尽否之幸否！（初稿）"见"李一琨将军大作急于宣
大古提，询知是叙李将军的英雄主义将领之

一、此诗之被批定，自可纪念。二期只用大使(?)之作，也大接。受批定仅次于李将军，而所作大为径庭，实仍批倒。四是可以得取信于人，最后行的字味未全是，小叶里手如关弟，草草我们也取笑于人否？姑妄言之。又专谈之论

"曾来敬佩常回忆"，~~有批评~~与周总理的友谊，感数深，时间长，~~都是出~~七个字写全是情。"无限哀思遣却难"，由上句感数深，时间长，才转入上"无限哀思"。"遣""难"是两个~~动词~~词语，中间用个转折连词"却"，何等老辣？"谨仰高行我为之了"，回应前句"常敬"，补充，好在"学仰高行"的字，根据司马迁《孔子世家赞》"高山仰止，景行行止，虽不能至，然心向往之"。"高行"就是景仰的方面的"景行"，恰结合两句，抽出四个字，首句与近赞词，自以之近，意思好为望之，好在意境，字

思想倾向，有近于早期，不足为奇，如在神韵可取
不可……忘，会为不可言传。收句"解先生文章"
才以此句作结，亦不失为佳构。自此托借葛，如
表现之大忌，亦有此抱负，"空挚"二字，与上句隐伏的
"写出"的呼应。据以见之，未必当也。"将来"
二期，荒芜先生诗二律，一五言，一七言，古可观，似又较
老弟佳作稍胜。旧诗，古体较难，近体五律最
难。唐宋诸家多为短律，律体多，少陵为……写出为好，间似后山
老弟五律得工……到，但与为绝品。
老弟信中"批评"可以有"苛求"，深得胖林老外"。近作
二律，似又不逮荒芜，但亦可取。诗人有作，不可不由
阅历自出身份，但不可过分。今方冲书史诗赋来函
以美而雄武，踔厉风发，浮平子作《三郑赋》，
为之陵则以精纲。读诗"春雪之草"，固使辅弼阅
年忘日，托物寄讽，描写"天人共经"的优美进步之境
意境甚高，身份自在，应各自超越不自觉的
认。荒芜二作，一题"有所见"之中贤之人在明。二
以……，不须客附量某之一丝借

下位 更随国家

~~[illegible]~~明达主义，却云是更好了，为古人说古之作，影射时事而已。~~[illegible]~~命题不苟，

老弟荒墓之作，虽由同情，然常有以猪八戒吃人参果之诮，真可叹之至！我君之犯对人结成（倍）之戒，弟以为更有自骂口之律，可叹之至！~~[illegible]~~此说

449

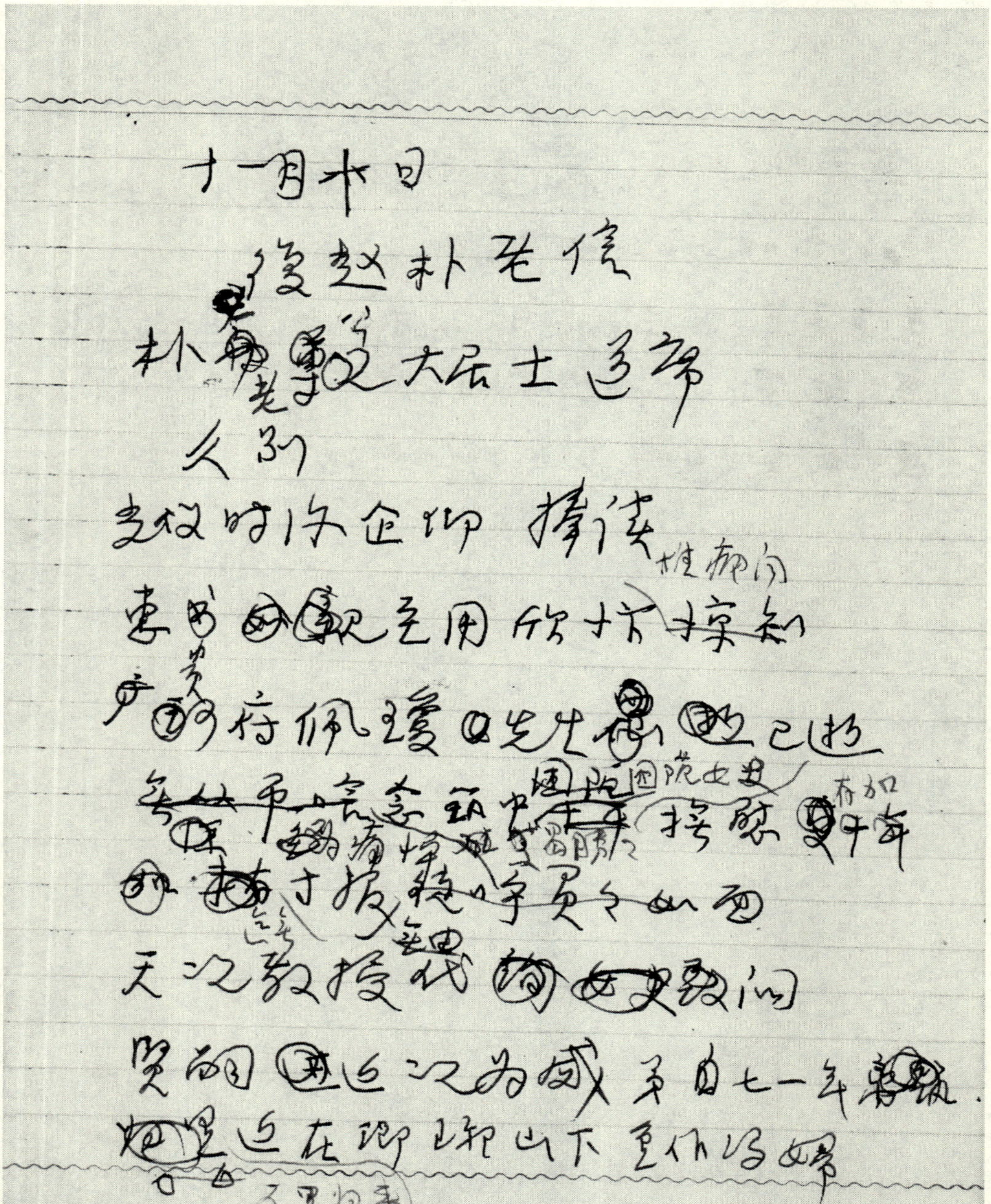
十一月廿日

復赵朴老信

朴老大居士 道席

久别

去夜时修企仰 拜读

来书 [illegible] 至用欣忭 [illegible] 知

[illegible] 佩瓊 先生 [illegible] 已逝

[illegible] 接歐 [illegible] 十年

[illegible] 寸 [illegible] 如 [illegible]

天次教授代 [illegible] 问

[illegible] 近 [illegible] 七一年 [illegible]

[illegible] 在 [illegible] 山下 [illegible]

[illegible] 归来

回山新莹法师讲席座鉴

顷承嘱托友人来信息新写

伸恩国恩罢废，

欣幸奉怀，亿与明旦赞明真二大法师定有以教

我也。近作俚句五章，呈正。

附呈此间刊物《雨花》两期，统祈

赐教为盛。敬礼

道安

弟张世舟和南

十二月二日

复赵朴老大居士净席：

久别

芝仪，时深萦系，捧读

惠书，顿[illegible]如。惟痛门

贵府佩珍先生已逝，道之未及

有片纸致吊，天之苍生[illegible]哀，不知女士

[illegible]是否[illegible]来遭法劫耶。女士

[illegible]之[illegible]何等[illegible]女人有此胜缘。

名门[illegible]

[illegible]法师即[illegible]士[illegible]

[illegible]居士

[illegible]痛居士林

[illegible]佛[illegible]

公与明真法师信述[illegible]此乃关系世界

[illegible]统一战线，革命大业，弘扬佛法

455　巨赞法师，一早年在卸初，提倡东亚各国世界之和平大业。~~其后的大部分精力，……曾任中国佛教协会……中央佛学院，此是巨赞法师在北京寺庙，……进修，或可得……逝世。四[illegible]年在~~

~~巨赞法师的般若学日，为居士所称，西方安藏等[illegible]说，庙内为赵居士[illegible]，今后~~

~~456　巨赞法师在国外交流，建立新佛教，特别是安藏之百九年，研究，法相~~

十一月三十日　晴

《文汇报》二十四日《周末欄》

桂林行

应野平诗画

一江春水开明镜，万叠奇峰拥翠鬟，
若道胸无天下志，老来犹上桂林山。
峰峦起伏青无际，江水迂回碧有鳞，
漫道风光如画好，画师原是画中人。
阳朔烟岚了几重，难忘最是碧莲峰，
江干送别殷勤意，画在春风笑语中。

十二月一日　　晴（星期六）

上午九时出大殿复修。南大王之申、南师大徐复三教授偕安大焉余助教三年之宋季的女士来访，午宴后徐教授为此间研究生作二小时学术报告。晚间至于请话回，子校男女招待生，余皆退。

十二月二日　　晴

子校马书记速地返宣传部张部长、本校张教务长第三把手书记（第二把手田书记（校长）因公赴宁）八点来招待所看来宾，并开两部小汽车，余与三老同车，宋女士与张文玉弟（安大教师在此进修）（在南大参加三个月训诂班学习）与子校领导同车。先游醉翁亭，主持者出迎，打开虽不易看到的室内，尽情看到。再到琅琊寺，子校设宴。马书记居主位，奇怪！把我列在三老之中为宾，不知何意。琅琊胜境，敛然留影。每到一处，必作之为一全体，四老、我与宋女士及文玉。更奇怪的是昨日戊戌年冬，本缘子校领导参加，邀马驯、张教务长及黄艾仁等主任，结果只来张教务长及彭任教务长。临别合照相，为余独照，余与余世文、文生合照。孟伦教授赋诗成一律，次韵答之。拈和首句之"皓月迎人七秩满"之"纪子校设宴琅琊寺中明月观，迎人者，主教授也；是日夏历十月十四，接近满月，酒翁之意不在酒，在乎山水主人之盛意也。孟诗直用"明月"记其处，拙诗双关以真的月呼"七秩满"之尽意之余心热情革命之胜况也。

先景孟教授大人正之

一九七九年十二月四一日偕乞中、士杰、俗麟至安师大滁州分校访世舟，重同醉翁亭及琅琊胜境。分袂白下卅年矣，携手南谯登之菌，同子少年余几辈，当时佳日错过光，多读留座上尚犹在，我咏怀人今未央，又得四翁三百岁（注一）衔杯明月共相将。（注二）

（注一）世舟今年八十有一，乞中七十有八，士杰六十有九，余则七十有二，合计共三百岁，可谓巧矣。

（注二）是日安师大滁州分校领导招饮于琅琊寺中之明月观，

次韵亘倫学长见赠之作

卅载遭逢论短长，浮沉无计问穹苍，可怜过此浦阳塘，晴月迎人耀南光（注一），移筆若非来全面，老残何以报中央，师门道教垂传後（注二），于是保之颂我将（注三）。

（注一）是日夏历十月十四日。

（注二）亘倫士兄正在南大讲的週刊任事，昨今在此亦分别为许生讲此了。

（注三）——因此唱和，拟载《顾民集》之期，不可不注末句，盖借也。
——我将，周颂篇名，中有诗句"于時（是）保之"。

附载巨赞法师最近寄函来一通，中有一首绝句可颂，录存之。

不始不宜情如说，独往独来无所求，收拾乾坤归眼底，一肩担却古今愁。

明老大法師法座：　　寬行　頂禮

法音下逮，喜慰交加。從以[illegible]重任意，不[illegible]自向公[illegible]師求法。妄[illegible]佛先世法寶[illegible]

長[illegible]座傳，不得自[illegible]，內[illegible]

之[illegible]，報國無功，身[illegible]

巨光遠道更為殘缺，同羅法劫也千不良善，不亦

廿年如故，陳勞未任歸善也不一而足。

佛力加被，一息尚存，只得竭力應聘來此為教

育學生為四化精貢獻。而百劫千生之大幸，猶時

夢寐中，思得　懇示並加懺悔。昔在湘潭

欽承南嶽居不同之三昧法師及湘西久依

慈舟、應慈二老之八指頭陀十七法師，皈依[illegible]

法雨。而尤以好友周邦武教授及謀信邦來持

當念佛之主張之同志，向接待來

法音，並同師法相併宏，承蒙悲憫，使我十年後

直造師尊所前之猶在人間。念以一念之

癡，迷離世局之中，悔何可及！　刀年秋

適逢壽[illegible]十[illegible]萬人同猶得，當可有餘閒[illegible]持佛深。

去冬来此，照料时间，不得不被侵夺，奈何自知！

照料中以弥陀观音之佛号为主，辅以心经大悲咒白衣咒及金刚经若干偈语。弥陀经、金刚经已不能背诵。过去常用之课本——上海佛学书局出版一册有弥陀经、金刚经、观音菩萨普门品、普贤行愿品……如既失踪，但心有余悸。此间图书馆不见其人，而不敢打问此事。如若一一院施，定不虚度。赖有林樾之诗偈佛偈，相关重印光弘一二大师，每天爱读八大人觉经、六祖坛经之类，久无钞录更难，前年得之，特转朴老读之。同邦武居士，曾南岳后印到第五屏西南师院任教，五二年过宫流，尽一把好，后脚即踪依据未必健在。公之受付往往主编之门志遂入堂二十余年，如多年任贵州重点中学安顺二中校长，其人甚通儒书而佛子，不知公何以此人已了若指掌。朴老回明天，中央对佛教有所开放，何故……

致巨赞法师信

巨公大法师 道座：

一别二十八年，时在念中。只从报上知我国佛教访问团赴东南亚，朴老为首，公副之。文革后，人已回绝，报上消息亦无，又料不到世外人还逃不了世间人之浩劫。明老朴老来函，益为之恻然。但道体无恙，大慰驰怀。

近又得读过老遗生大札，为之增加胸怀……法音如接一片禅机，纯粮信子，何……只有幽香单地花发，不分世外人间，不计某年某月，

……法，性适所宜，……过老云，公与同门师事太虚大师，……所信破极悟障得真常净境，始所知障得大菩

提也。写了"一肩担起古今愁"，……非要有得"常乐我净"境界，能有这种身世。老友年过八旬，分外情亲，已敦请

公与朴老接待佛教外宾，定可过此名山名刹一睹家风，不胜翘企！

一九七九年汝舟日記

元旦　晴

农历十二月初三日

地区文化局范局长及本校田校长来访。

元月七日　晴

复王气中教授长信，谈《七月》、钟老子、评贺双叶芳七律及贺在茂《读太史公自序》。此老不凡。

元月九日　晴

范局长偕本系主任黄同志（艾仁）来，往访林老。　日赵

复武大中文系主任李健章同志

健章老弟：

去冬得十一月十八日手书及大作二词
与《现代汉语》上册，至感且佩。张先、黄[illegible]
洲老友皆患剧病，来书云："现老年教师
非病即忙"。余已八十有一，较黄、唐二兄略老
长，尚在"不病长忙"之数，藉慰
老弟，且自笑也。因忙之故，以致
老弟与老友王贺昌、顾英杰、王仲瀚诸
教授，得书逾月不暇复，非知契谁能
信之？大作二词，情致缠绵，风格超
然，不知何故某词如猎健在思，
或不以敬言为谬也。全机科技局即持赠
《西园考本》五十份，本具函寄国内知名
大学历史系、中文系之印本少，并此师大与南
开，亦付缺如。各一份，但印时已迟，使国重
点大学文史二系尤其历史系，知新城之说

大有问题，编印许多对祖国传史西周开端，西周十三王，如昭王、共王、懿王、孝王、夷王年纪不考。赵宋以后史家传写摘拟，又不统一，何足征信？今上征天文，中据铜器，下考传史，略究疑误，并有《史记鲁世家》对列，作《西周纪年征》，昭然者摘附录于后。又附印《推算定朔演算举隅》于后，供好学有志年轻来者参考，即可依样学会推算定朔，不但可以检查推算是否正确，而且如有些小技术，也许对祖国《科技史》作出一些贡献。今年《参考消息》先后转载报道英美二大专家合著《世界科学史》，对中国科学之成绩，表扬不遗余力。但所表扬，皆中国科学家早已作定者，如勾股、圆周率之类。只是另一方面，是所必陈述。因中国人对此

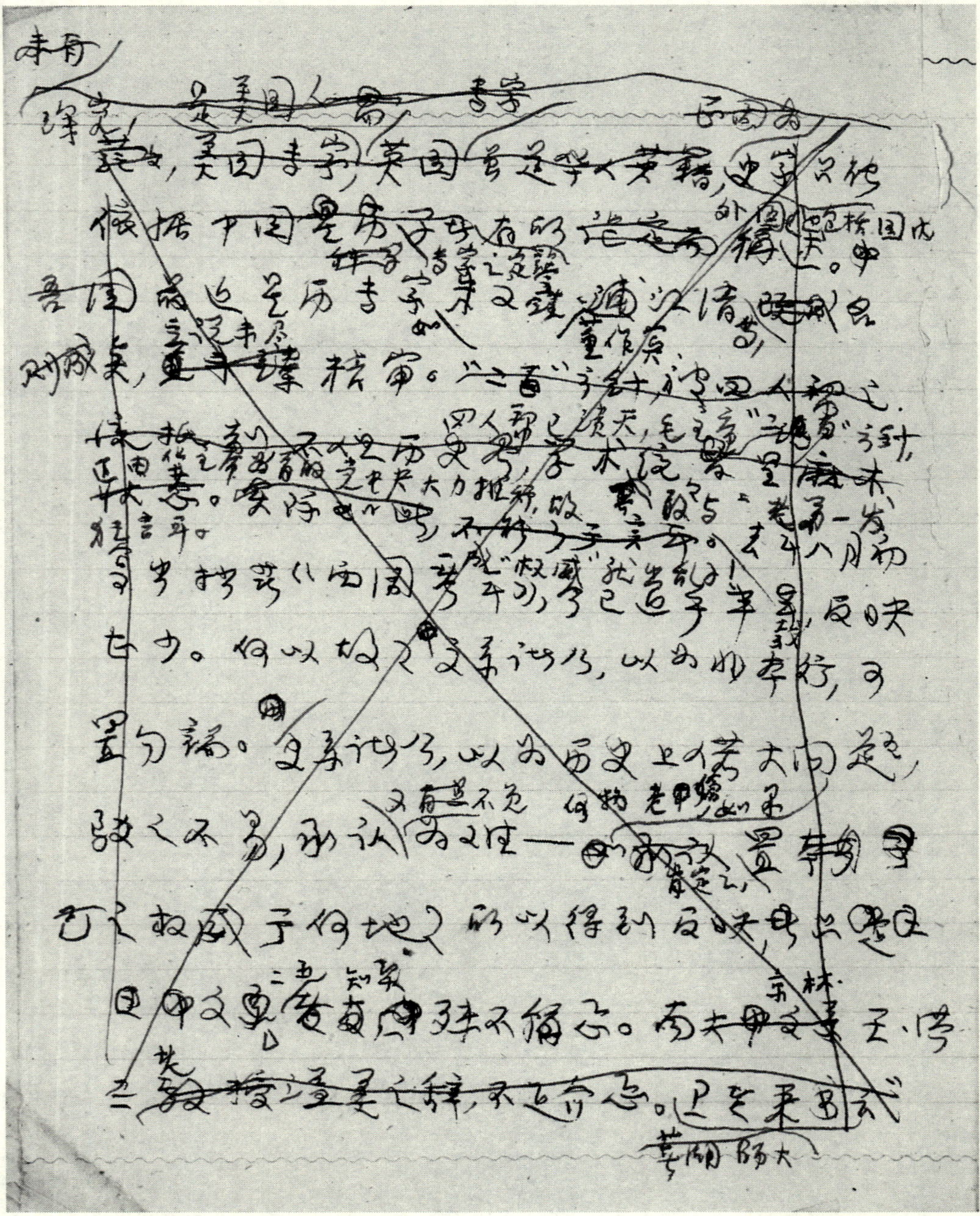

未有深究，外国（包括国内）史家只能依据专家之定论，有所称述。吾国最近星历专家如朱文鑫、董作宾、[illegible]等，各执成见，言论未尽精审。"二百[illegible]"今十年，四人帮已基本肃清，全国学术界不仅是文史，思想大解放，在华主席为首的党中央领导下，各抒己见，向四个现代化而奋斗。余年逾八十有一，情不能禁，敢与　老弟一发狂言耳。

去年八月初寄出拙著《西周考年》，今已近半年载，反映甚少。何以故？文革以前以为历史问题，非己本行，可置勿论。文革以后以为历史上偌大问题，驳之不易，承认又不免为难——何物老傖，肯定之，置己之权威于何地？所以近半年得到反映，只文革三五知契，殊不称意。南京林、王、洪三老，溢美之辞，不足介意。芜湖师大卫老来函云："大著使子骏低头，静安却步"，说明卫老年高多病，仅阅开卷四个论点而发此言耳。

杭大贺老来函云："大著《西周考年》以来究心史学，自谓戴盆何以望天，非敢有铢毫偏援之心也，惟之谅之。"实则贺老亦少余一岁，八十之龄，正任文学主任，老友说几句谦语，非々推表，可以原谅。更有合肥六中与湘西八中诸子信，一则曰"看不懂"，一则曰"深奥不敢赞一辞"。诸君皆主讲上庠，实则"看不懂"、"不敢赞一辞"。推年皆六十岁左右，老学生说谎偷懒，又何足怪？犹

老弟年过六中，又膺家务，亦忙亦病，已阅拙著之《自序》与《再序》竟能摘抄进言云："自序及再序，似可改作，无关著作要旨，均可从略"，至为允论！去秋上海《中华文史论丛》编辑部向南大王气中教授征稿，

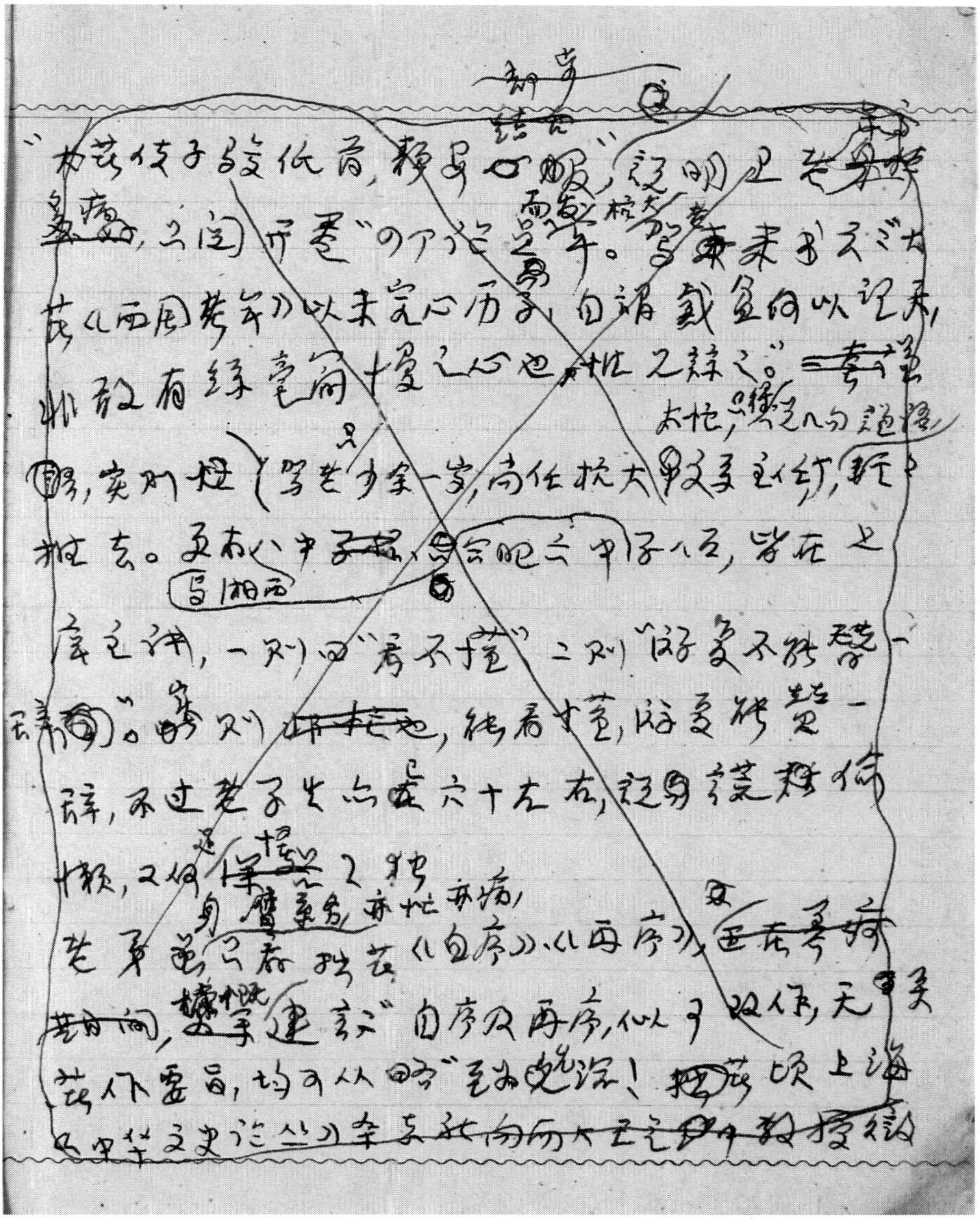

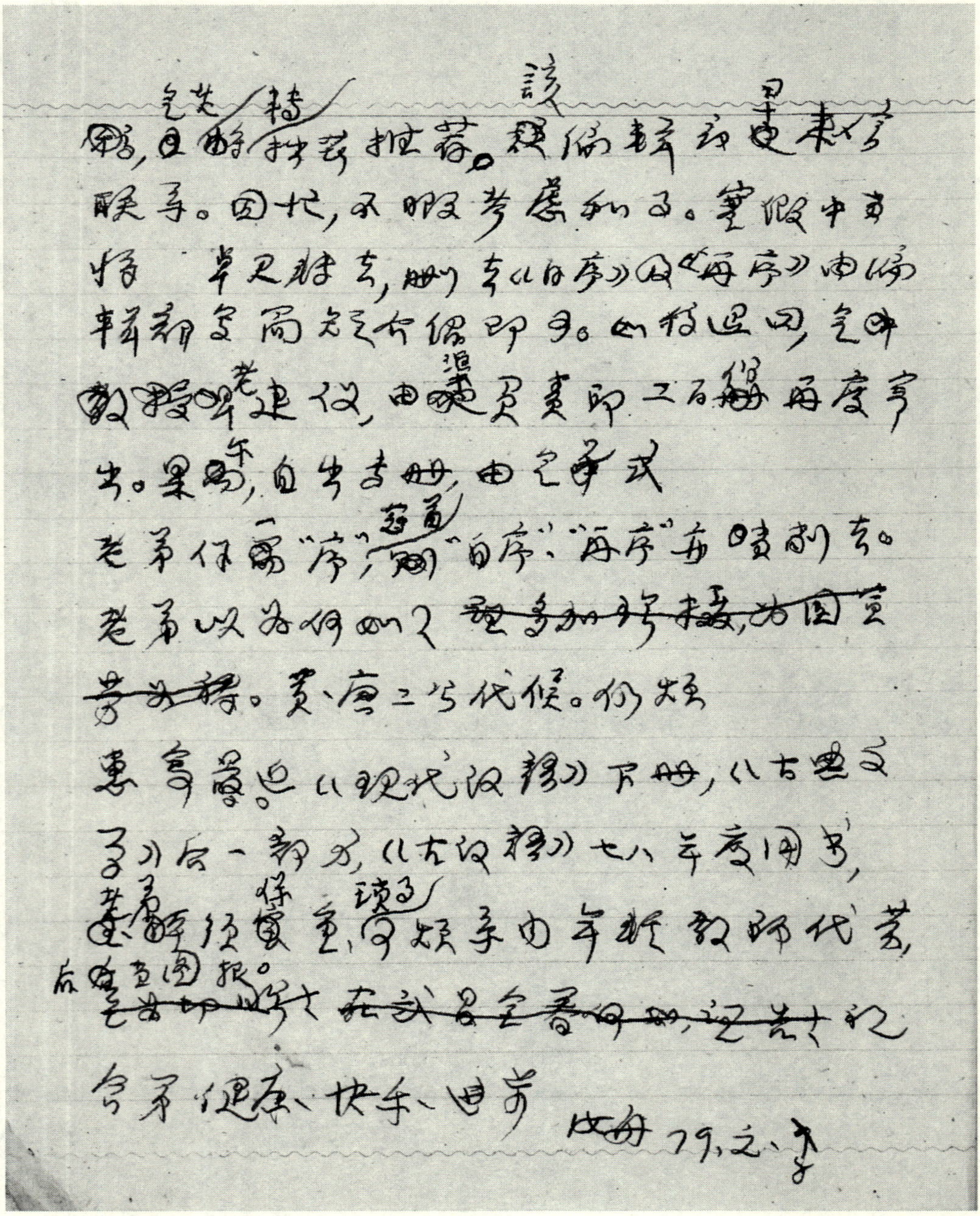

[illegible]，且先生转荐推荐。该编辑部是来信
联系。因忙，不暇考虑和写。寒假中才
将[illegible]草见挂去，删去《自序》及《再序》由编
辑部负责高先生介绍印刷。如将退回，先由
教授老建议，由退还责印二百份再度寄
出。果然，自出去册，由先生[illegible]
老弟作一"序"，另写"自序"、"再序"未读刷去。
老弟以为何如？[illegible]
[illegible]。黄、唐二兄代候。你嫂
患[illegible]《现代汉语》下册，《古典文
学》以后一部分，《古汉语》七八年度用书，
[illegible]须保重，[illegible]由年轻教师代劳，
后由[illegible]图报。[illegible] 祝
合第健康、快乐、进步
[illegible] 79.2.[illegible]

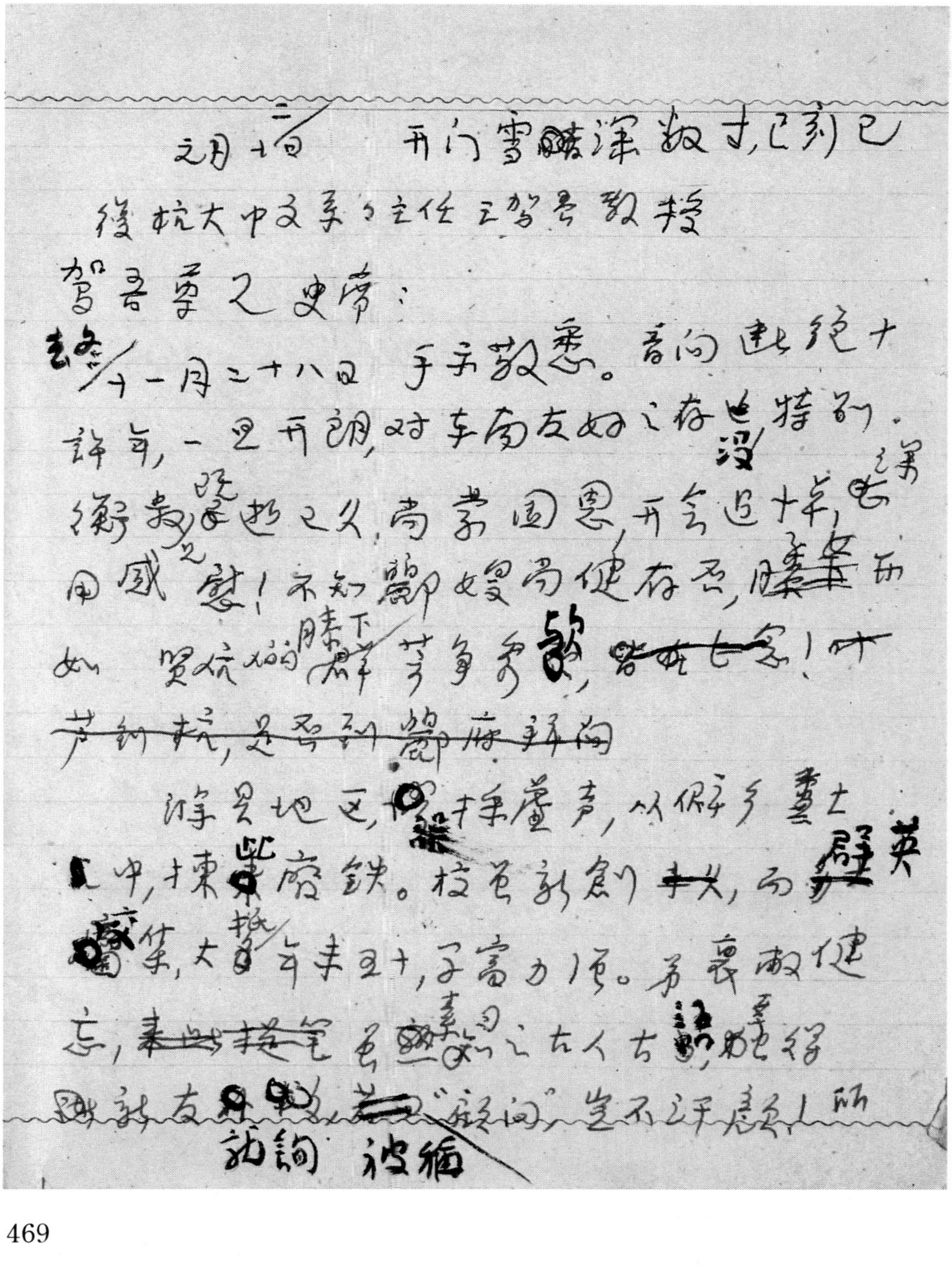

元月十二日　开门雪积深数寸，已到已

复杭大中文系系主任王驾吾教授

驾吾尊兄史席：

去冬十一月二十八日手示敬悉。音问断绝十

许年，一旦开朗，对东南友好之存没特别

衔叔，[illegible]之久，尚蒙回思，开会追悼，

用感敢！不知鄭嫂尚健存否，膝下

如 贤伉俪膝下芳多乎，

芳到杭，是否到鄭府拜訪

浑身地区，捧着声，从俘乡妻士

中，拣些废铁。校舍新创，而英

家笑，大挂年来五十，多富力位。弟衰叔健

忘，来函接笔古人古得

难新友，"顾问"，岂不汗颜人所

訪詢　被編

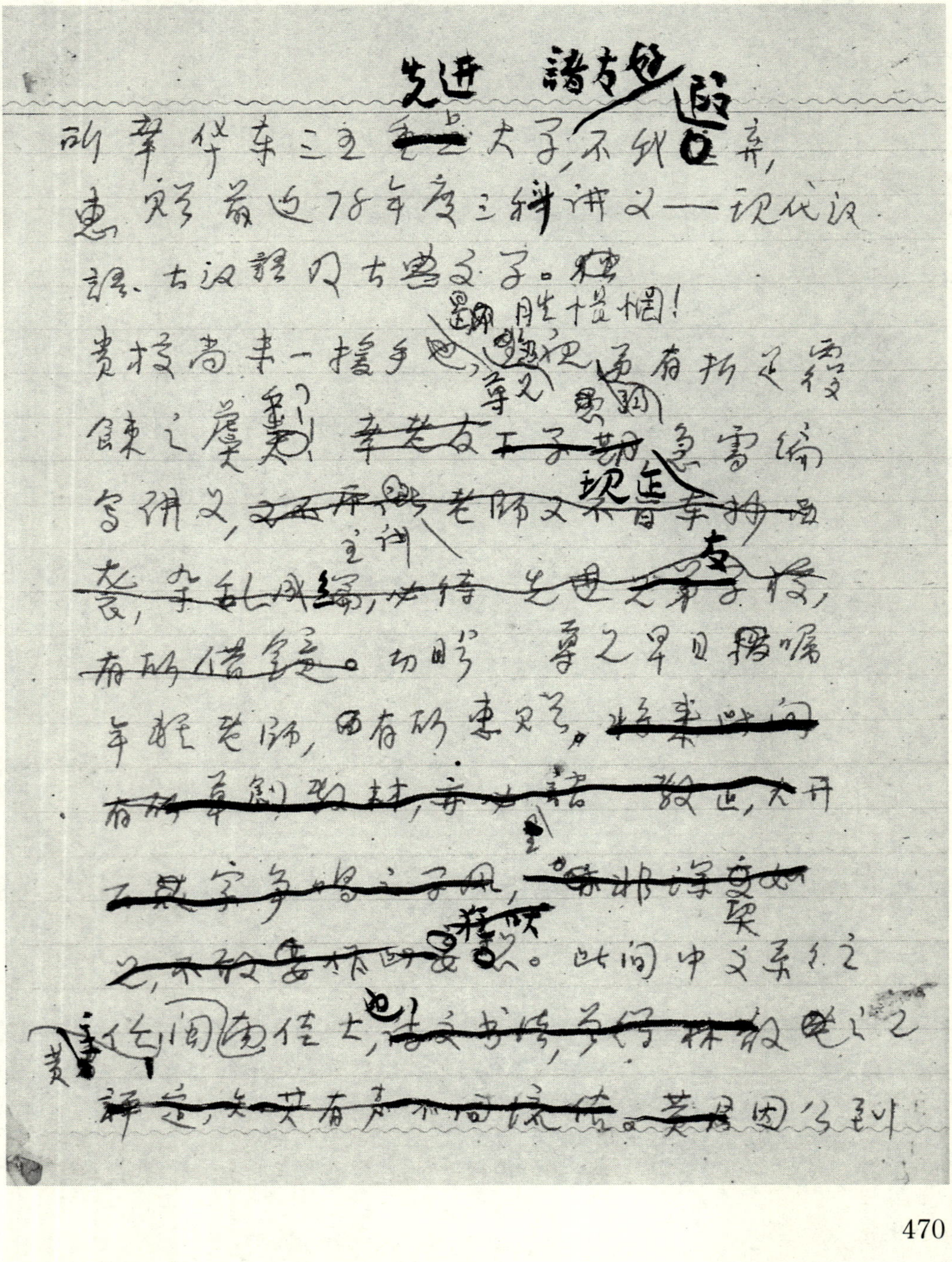

先进 诸君

昨奉华东三主大函，不弃，
惠贶前述78年度三科讲义——现代汉语、古汉语及古典文学。
贵校为来一援手，有拓展教学之处，幸甚！亟需编写讲义，
老师又有暂借，
乱成编，先借 先进 学校，
有所借鉴。
年轻老师，而有所惠贶。
此间中文系诸位
信士，
评定，

字，为~~在文弟子校~~之 贵校同学投《语文战

线》，而适为附寄云从之一纸，托代订

购，年之身膺要务，每苦无暇，故托云从

分劳。~~分劳不~~云从不[illegible]分劳，想每天十忙，

想一纸~~[illegible]~~《语文战线》既编者都订购一年，是否能

~~如[illegible]价目~~

~~印汇上册~~ 乞知刊费寄费几多，定即汇奉。

王老师！敬问

书祺，并问

大嫂安好及

诸位世兄！ 弟 张[illegible] 敬复 79.六.12

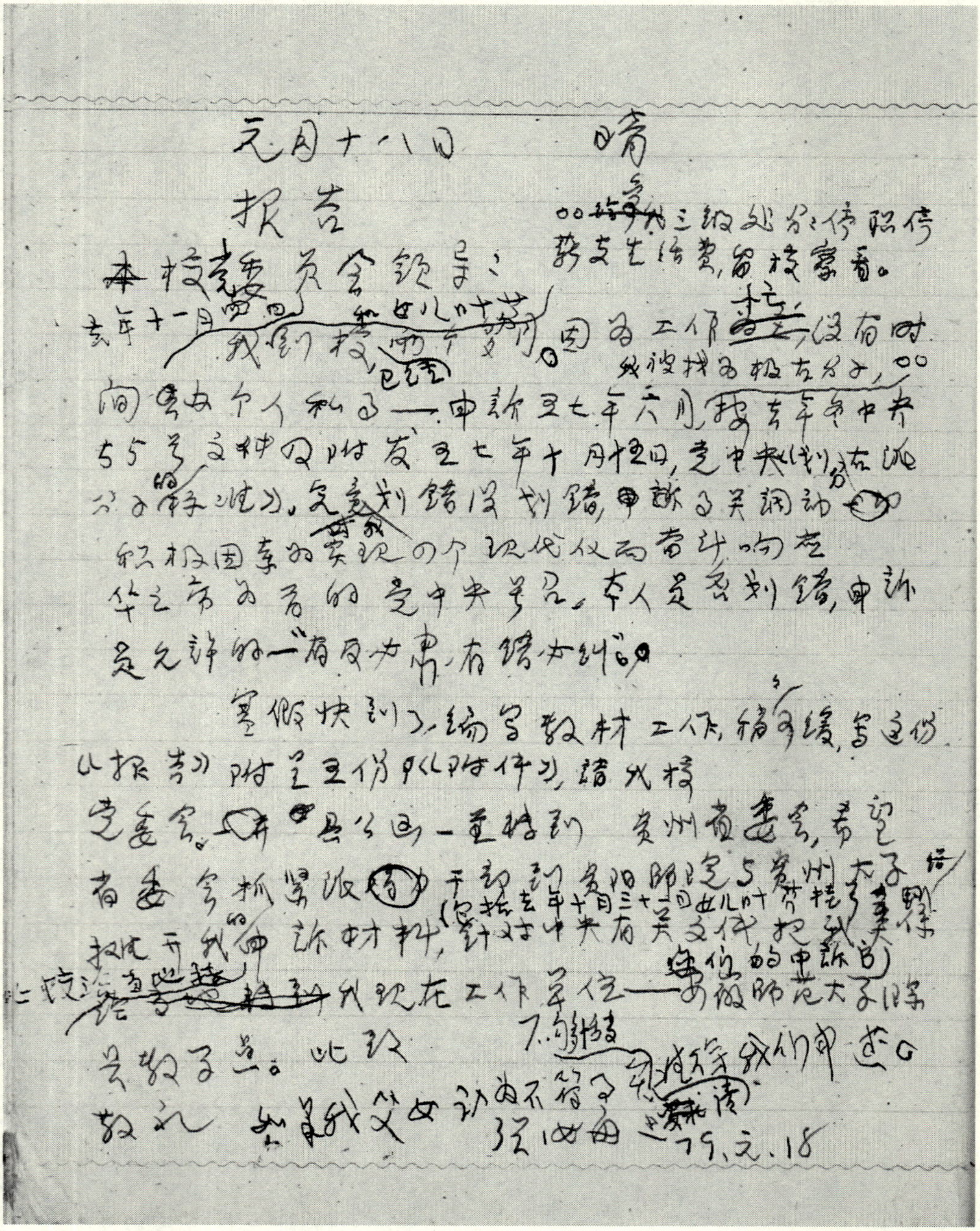

元月十八日　晴

报告

本校党委员会领导：

去年十一月，我和女儿叶芬到校向党委呈交，因为工作忙，没有时间（我被划为极右分子。）

向党委个人私谈——申诉五七年六月，按去年党中央55号文件及附发五七年十月十五日党中央《划右派分子的标准》，完全划错，说划错，申诉了关于调动一切积极因素为实现四个现代化而奋斗，响应华主席为首的党中央号召。本人是否划错，申诉是允许的——有反必肃，有错必纠。

寒假快到了，编写教材工作稍有空，写这份《报告》附呈三份《附件》，请我校党委会一并转到贵州省委，希望省委会抓紧派干部到贵阳师院与贵州大学（包括去年十一月三十一日女儿叶芬转呈的材料），针对中央有关文件，把我本人的申诉材料，我现在工作单位——安徽师范大学转达。此致

敬礼

张世英　79.元.18

《报告》

贵州省委负责同志：

去年十月三十一日，女儿叶芳呈递一份《申诉书》，看看又过三个月了，杳无消息。中央文件对过去"冤案、假案、错案"，要雷厉风行，急如星火。而落后省市的领导以及各部门，必须年内（78年内）至迟明年（79年）上半年把这项工作做好。78年已经过去了，不能再马虎了。据55号中央文件指示，打个《报告》转给本单位党委，把我写给您们这份申诉，转给您们。附呈五份《附件》。（去年十月底女儿叶芳《申诉书》已发去，不再附）

一直寄人到贵阳师院和贵州大学，调查我的问题，[illegible]贵阳师院，划我为"极右分子"，受[illegible]绝食之下。贵阳师院划我为"极右分子"——停职停薪，月支生活费；59年调贵州大学的右派分子，63年三月摘掉右派帽子，但一直不调整我的职薪。我这个四级教授还是十六年摘帽子的右派分子！儿女诉说，对我这个四级右派分子的右派分子[illegible]四级教授，摘帽后不调整职薪，很有意见；

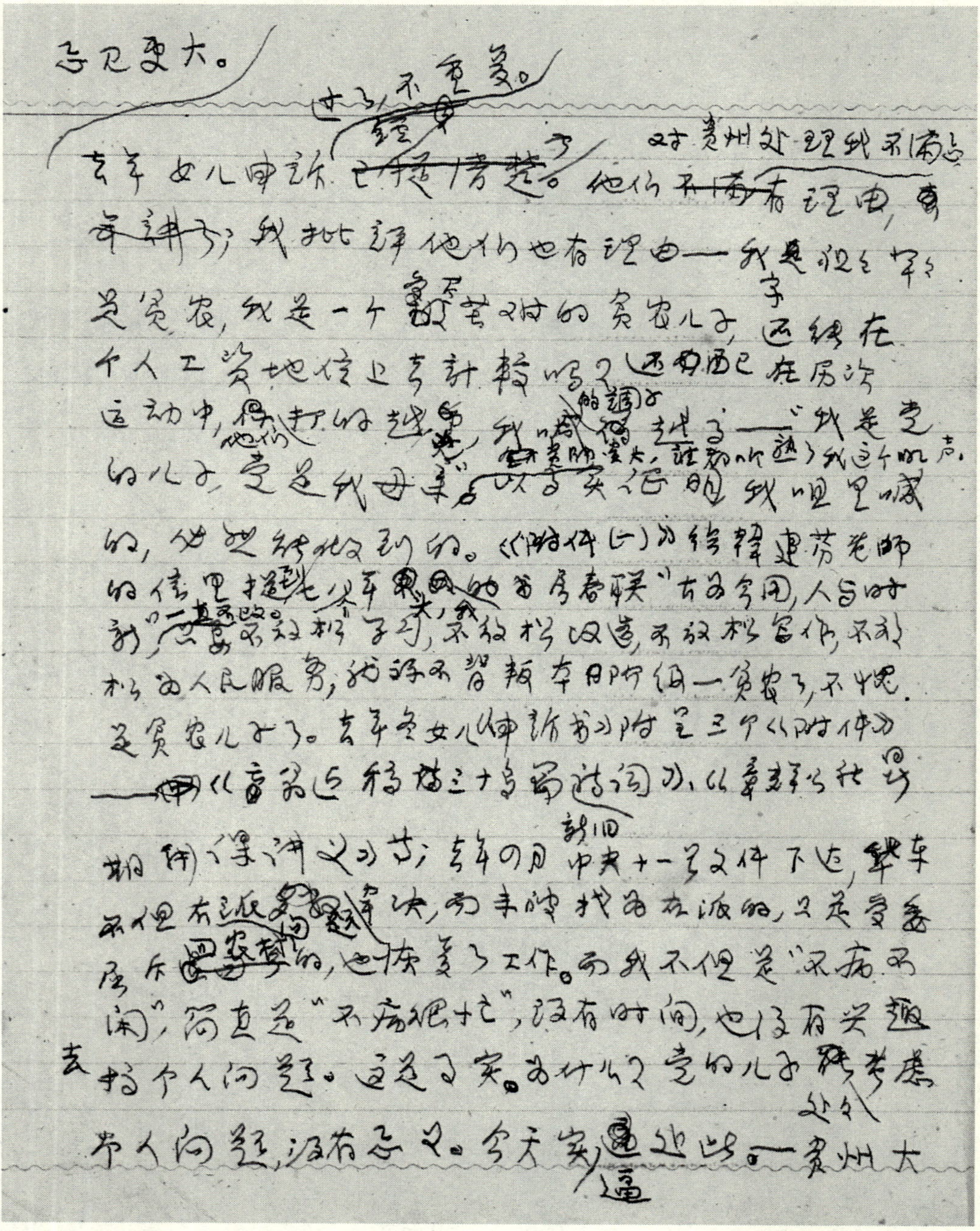
意见更大。

去年女儿申诉过了，不重复。对贵州处理我不满意，他们有理由，我批评他们也有理由——我是想当年是贫农，我是一个受苦受难的贫农儿子，还停在个人工资地位上去计较吗？还要在历次运动中，他们打的越多，我喊的调子越高——"我是党的儿子，党是我母亲"，这是我对党实际[illegible]，我心里喊的，她也能收到的。《附件（一）》给韩建芬老师的信里提到七八年写的一首"春联"：古为今用，人与时新，一直不改，不放松学习，不放松改造，不放松写作，不放松为人民服务；我许不习惯本月阶级——贫农了，不愧是贫农儿子了。去年女儿申诉书附呈三个《附件》——《[illegible]选稿续三十首诗词》、《[illegible]》、[illegible]新旧[illegible]；去年四月中央十一号文件下达，我不但右派[illegible]，而且[illegible]，又是受委屈的，也恢复了工作。而我不但是"不病不闲"，简直是"不病很忙"，没有时间，也没有兴趣去抓个人问题。这是真实的。为什么党的儿子不考虑处个人问题，没有意见。今天实在逼迫此——贵州大

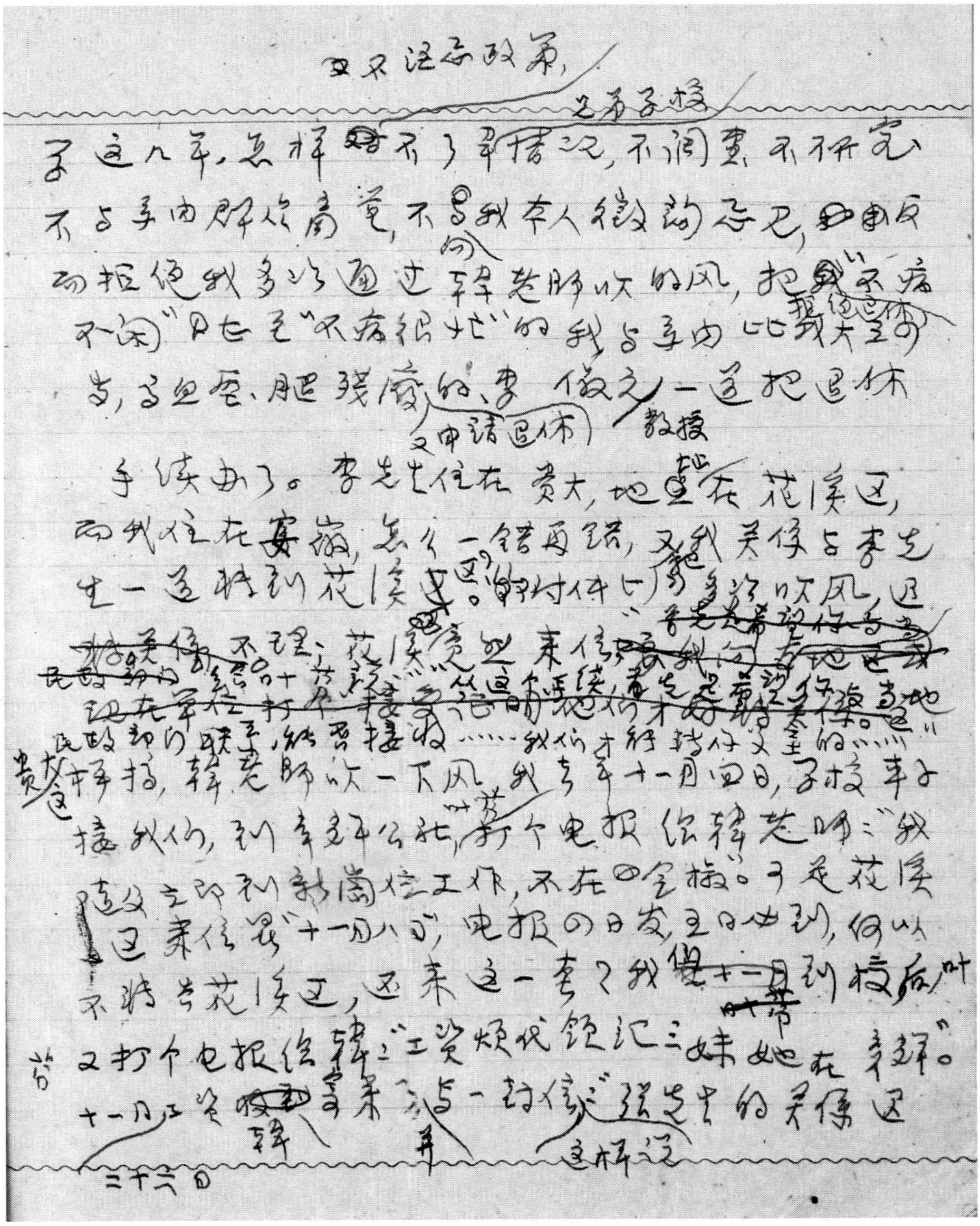
又不遵守政策，
之弟子校
了这八年，怎样不了解情况，不调查，不研究
不与系内群众商量，不与我本人征询意见，而由反
而拒绝我多次通过韩老师吹的风，把我不应
不闲"只已是"不应征状"的我与系内比我大
当，多血压、肥胖残废的李 做文一道把退休
又申请退休 教授
手续办了。李先生住在贵大，地址在花溪区，
而我住在安顺，怎么一错再错，又我关系与李先
生一道转到花溪区。……多次吹风，还
民政部门联系，然后接收……我们才弄转关系的。"
这样搞，韩老师吹一下风，我去年十一月四日，学校车子
接我们，到幸福公社，打个电报给韩老师："我
这边已调到新岗位工作，不在全校。"于是花溪
区来信是十一月八日，电报四日发五日收到，何以
不将去花溪区，还来这一套？我十一月到校后，叶
又打个电报给韩："工资烦代领汇三妹，她在贵阳。"
十一月三日学校韩寄来了与一封信，说李先生的关系还
二十六日

转几个月是可以的，我已向组织上讲了。两年得不到回响，今天才批准"关系迟转几个月"。(《附件(二)》)我又写信，送我校党委会转贵州省委会。《附件(三)》韓老師来的信，只供我校党委会看一下，从这三个《附件(一)、(二)、(三)》看出贵大领导对我一贯错误。但《附件(三)》韓老師的来信不能转去。她还在贵大，公布她的信，影响她在贵大不好处。

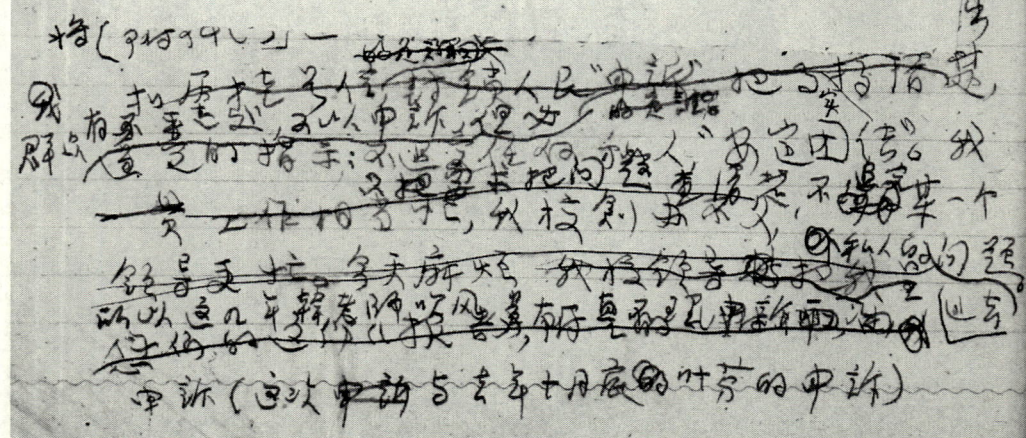

将〔附件(一)〕一 [illegible]

我 [illegible] 我 [illegible] 某一个 [illegible] 私人的问题 [illegible] 也去

申訴（这次申訴与去年十月底叶芳的申訴）

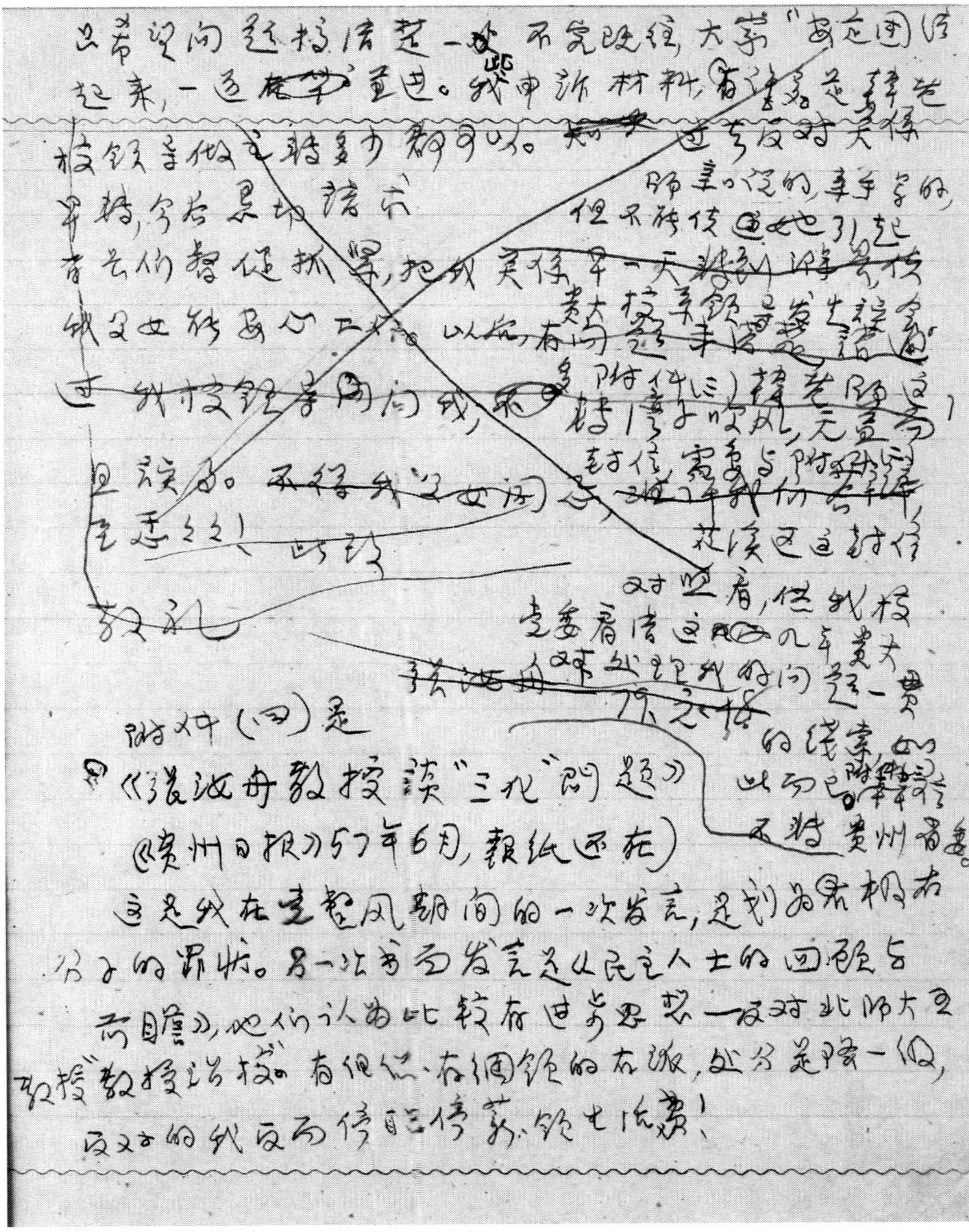
只希望问题搞清楚一些，不究既往，大家"安定团结起来，一道前进。"我申诉材料，有……

……

附件（四）是

《张汝舟教授谈"三化"问题》

（《贵州日报》57年6月，报纸还在）

这是我在整风期间的一次发言，是划为右派分子的罪状。另一次书面发言是《民主人士的回顾与前瞻》，他们认为比较右一些……对北师大"教授治校"。有组织、有纲领的右派，处分是降一级，反对的我反而停职停薪，领生活费！

此外已附……不将贵州省委……

《附件(五)》是

张汝舟发言(三化)

(贵州日报等样册的原稿的,用红笔标出,他们是精心炮制的)

附件(四)附件(五)由我校党委会转呈,是重要的原始材料。查对中央有关文件,落实政策,我從中划为"极右分子"错不错?六三年三月摘掉右派帽子,不得超职薪,又书受三级处分的右派分子宽不宽?我去年三月给韓老师信[附件(一)]早説过,形势逼人,我向已有两所高校聘我書預向,可能我闲不下来。到校两个多月,事实证明,今后还可能有事实证明,不容讓"辩证唯心论"埋起我这块"废铜烂铁",不让我"要趁夕阳赶一程"了。我《三化》讲话开头一首绝句,最后一句"要趁斜阳赶一程",那时我年满六十,是斜阳了,现在我八十一岁了,是暮夕日了。能不能"赶一程"呢,三五年我不会死,

趁"要趁夕阳

可能也许。

三年后

的人打倒了，才能有事实给我们证明，这块"废铜"烂铁能起点作用。今天提出两项请求：

(一)我校，今后补这份申诉，希望得到贵师院、贵州大学研究讨论结合我的结论，把我关系早一天转到我现在工作单位——安顺师大汉语言教研组。有困难，不能作结论，希望贵师院与贵大的结论，由我校党委会代查代询，手续简单，节省人力物力。

(二)几年申请认为不符合事实，准许我们已理出来的，68、7、2抄去的东西，还多少是多少。不全还，或全不还，在专案中失去的号文件是不包括的，收条我们在。抄家的是当时的红卫兵写的收条。

我校党委会转

贵州省委会

此致

敬礼。

张汝舟 77、9、18

二月二十六日　晴

(一)寄王气中教授

(二)復江苏淮阴南京师院分校中文系周本淳教授

本淳老弟：

来书及林老昌午去年佳作，并收到。去冬曾接一二札，并无两信，迟复为歉！

最近曾到宁否，是否再谒钟老。据气老云：钟老大运动初，不肯随声附和，任意歪曲斗争文史馆馆长，拂袖而弃付馆长，退出上海市文史馆，寻归南京祖上之敝庐，一切生活，只靠子女云云。而徐老之高足，钟老之外孙以及钟老子女，都不应默默，可以申诉，但万不可令老人知也！！老弟素有侠骨，并不须本人挺身出头代鸣不平，可与徐老商量，促钟老外孙与全家商量此事。幸留意焉！

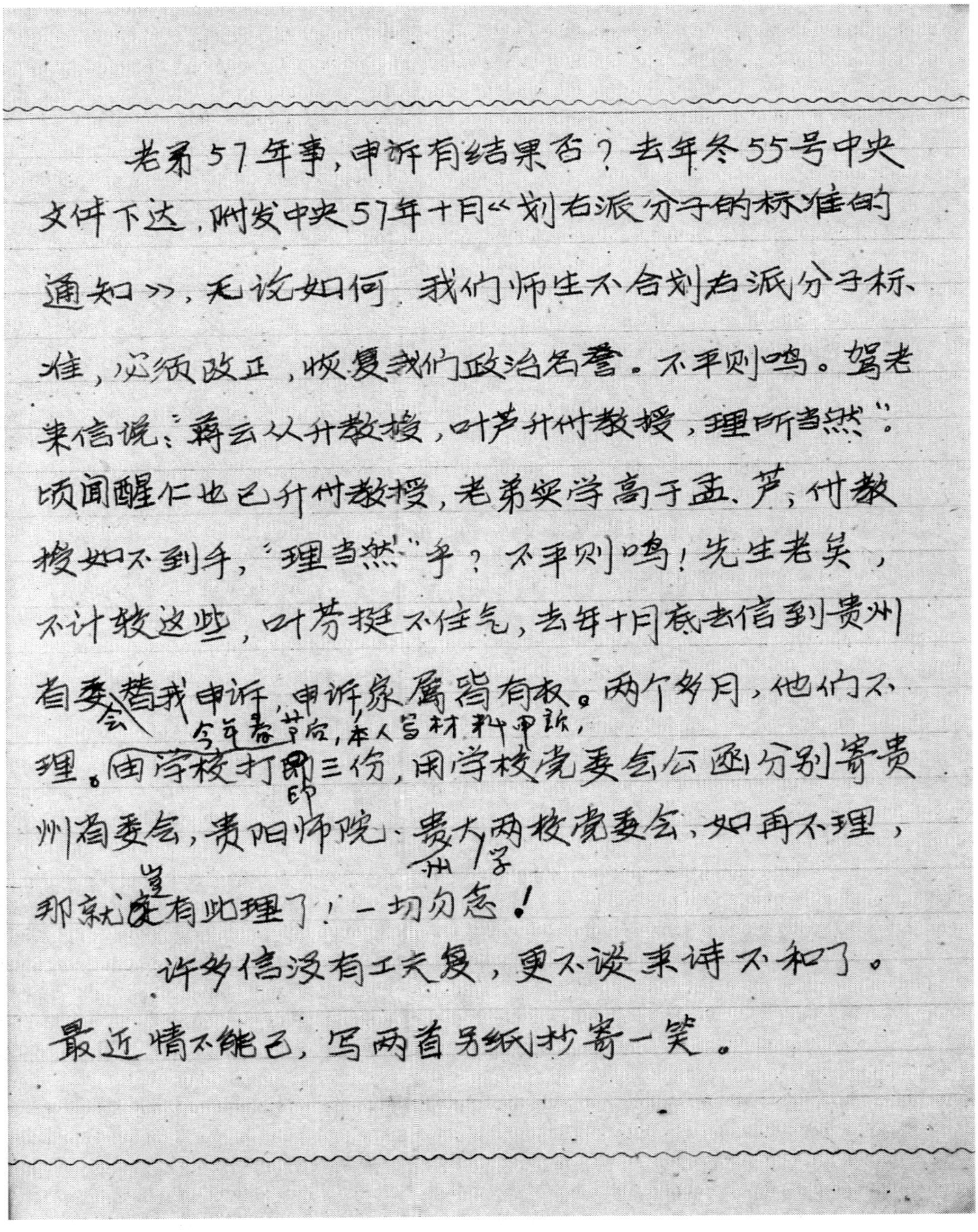
老弟57年事，申诉有结果否？去年冬55号中央文件下达，附发中央57年十月《划右派分子的标准的通知》，无论如何，我们师生不合划右派分子标准，必须改正，恢复我们政治名誉。不平则鸣。驾老来信说："蒋云从升教授，叶芦升付教授，理所当然"。顷闻醒仁也已升付教授，老弟实学高于孟、芦，付教授如不到手，"理当然"乎？不平则鸣！先生老矣，不计较这些，叶芬挺不住气，去年十月底去信到贵州省委会，替我申诉，申诉家属皆有权。两个多月，他们不理。今年春节后，本人写材料申诉，由学校打印三份，由学校党委会公函分别寄贵州省委会，贵阳师院、贵州大学两校党委会，如再不理，那就岂有此理了！一切勿急！

许多信没有工夫复，更不谈来诗不和了。

最近情不能已，写两首另纸抄寄一笑。

次韵敬之老友去年古风一首，并谢惠赠《江上诗存》

八十也过一，

余少林老一岁，今年也八十一。

于国无何益。惠我千首诗，开怀理秃笔。拟进百代英，继此华主席。我辈虽老矣，挖则有潜力。

附原唱：

今年八十一，为学日求益。字字见精神，惯用秃毫笔。横扫四人帮，拥护华主席。虽谓我耳聋，批斗有余力。

又占一绝，给敬之老友留念

此邦林壑足烟霞，当日欧公亦口夸。若个遗踪寻耳健，可能重兴话峥嵘！

录去冬旧作：

敬之老友惠赠《江上诗存》，叠八十初度韵致谢

庾信文章老更成，青灯不住苦吟声。
天安门上英豪也，敛翼山头太瘦生。
国病数年争当出，我提椒笥负空赢。
故人既惠资粮后，定踏长征万里程。

三月三日　晴

寄　上海绍兴路五号

古籍出版社《中华文史论丛》编辑部

拙稿《西周考年》稿费稿字290号

《中华文史论丛》编辑部负责同志：

拙稿《西周考年》（稿字290号）承南

大王玉哲教授推荐，投

您刊研究发表，已得您刊来函，同意研究，

并给我与您刊不断交换意见，是为发展

文化学术之很厚热情！……编写教学，

不多读，还之未与您刊联系，……！由拙著

《西周考年》改写近二十年，不能与读者见面。

去年秋初，全国党委会科技局刻印五十份，嘱分别

寄国内若干大学历史、中文两系各一份，征求

提出意见。本年收到反应，历史系一声不响，中文

不多　几乎

大都是朋友熟人，雅些

文章中得遇其大盛赞，大都是老友或相知之朋友，只是序跋墓文；至非全椒老要会刻印措艺之序言。此不足怪。既是艺名家，实乃古史地方是艺名专家。对我这个由运文

大学教授主治

提出这么大的祖国历史上二千多年不决的问题，认为他这样提法，付之一笑了！又闻知《文史》已

复刊。《文史》与续刊，似乎即南北对峙之两方

（北京、上海）

借给他们的

至今信件

大刊物，名重一时。王元老推荐[illegible]到以为重。
[illegible]部曾来追稿，另见编辑部公之审稿者在研究讨论之重。
更与会[illegible]云：有人说[illegible]
对来稿审稿不[illegible]的态度。

评稿者

与我[illegible]全文多字不会去之。

[illegible]多项重研究一段期间，提出疑义，久不获[illegible]，

[illegible]贯彻党中央二百方针，此乃现代迫切要求

实现四个现代化，应当[illegible]的人都对[illegible]化[illegible]进行

学术

[illegible]这斯而的[illegible]势力，万幸了！[illegible]

专横的

后来时，又读有人注之措[illegible]引用全文年代，与[illegible]

文大师拟定的不会云云。此种建议，大可不理。文字学所拟的金文所属年代，只从铜器花纹及一部份人名而定。根本没有肯定落实的年代。拙著据金文及传史（诗经、书经、逸周书）四十一个历点，肯定某器为某王某年某月某日之器。据用精密的历法（殷时历），就否定了三统历，否定了三正论，否定了月相四分说——古有定说，今乃加以论定。否定三统历，始于宋何承天、梁祖冲之，否定三正论，起于宋人，见困学纪闻翁说。月相四分说就是王国维误信三统历而"悟"出的曲说。因此，这三个"否定"，西周传史之年代，诗经之《十月》，楚辞之《离骚》，就讲不通。不定一个"失闰失朔的限度"，这四十一个历点，就得不到正确利用。正可根据今天比较精密得出的铜器年代，审查过去古文字学所拟定的年代，观其得失。反而据过去古文字学所拟的年代来疑古书的比较正确。"工作未密，全出猜措"这句话，是中国学术史上得出的结论。如一味信古疑古，违反历史发展的错误思想，必须批评。建议您利用对楚辞文献研究付诸主编个回，又有何害？武汉大学中文系系主任李健中同志，~~楚辞专著~~来信说："大著《自序》及《再序》与吴某作本书的两句可以删掉，吾师以为何如？"我同意他的意见，自己自吹自擂，不好，建议如果您要将此书以问世，请删去《自序》及《再序》，加写六句几句《编者按》。

此致

敬礼

三月廿七日　晴

复杭大蒋礼鸿教授信

（杭州学军路杭州大学河东新五幢十号）

云从契兄史席：

接一月二十一日手书及复校所著《说"北"汉语》，谨同函复！曾老来书云："顷自明
云从晋升教授，叶庐晋升副教授，理所当然。
言之在杭之人都称道下，甚才学卓，学术界
不但之与自明，即十见叶庐，
年皆吾侪，确是理所当然。
吾院安师大中文系张涤华八中老同学今晋
教授，安大中文系孟醒仁，曾老学生叶庐
同门（浙大）晋升副教授，当然亦理所当
然。"窃自思推算之四五十年前，钱公
曾老之在南京任助教，二公之文之学，

与吴当时见到们教授、付教授，其间差距，岂
啻九牛毛哉！更以四十年前，之在湖南师任助教，
其之其子祖璋教授、周谷城公又如何？杨树达先生
郭联教授也，又与笔战，胜负又如何？南开迁蜀，
文系主任任公聘之，仍在助教。但任公扬言
于众曰："当用助教钱，为中大聘一教授。"在当
林彪、四人帮之破坏了风影响下，更是非颠倒，
如任公者，从实事分辨是非，能有几人？
海内不多。
云之诽友言何，理所当然，余则以为
又在毕业……主席之理之论则，无以
见天日，下走……已逾七载，自分今生与学术界
了缘不相涉。不料全校（包括……后划归全校）竟
更委系党主任……北京科技大学聘来，支持
学会，取去搜集近二十年之稿《西周考年》，
打印五十份，嘱寄国内著名大学文史二系。去年
八月初分别挂号寄出，反应不多，史系则几乎一声不
响，文系则三五老友……

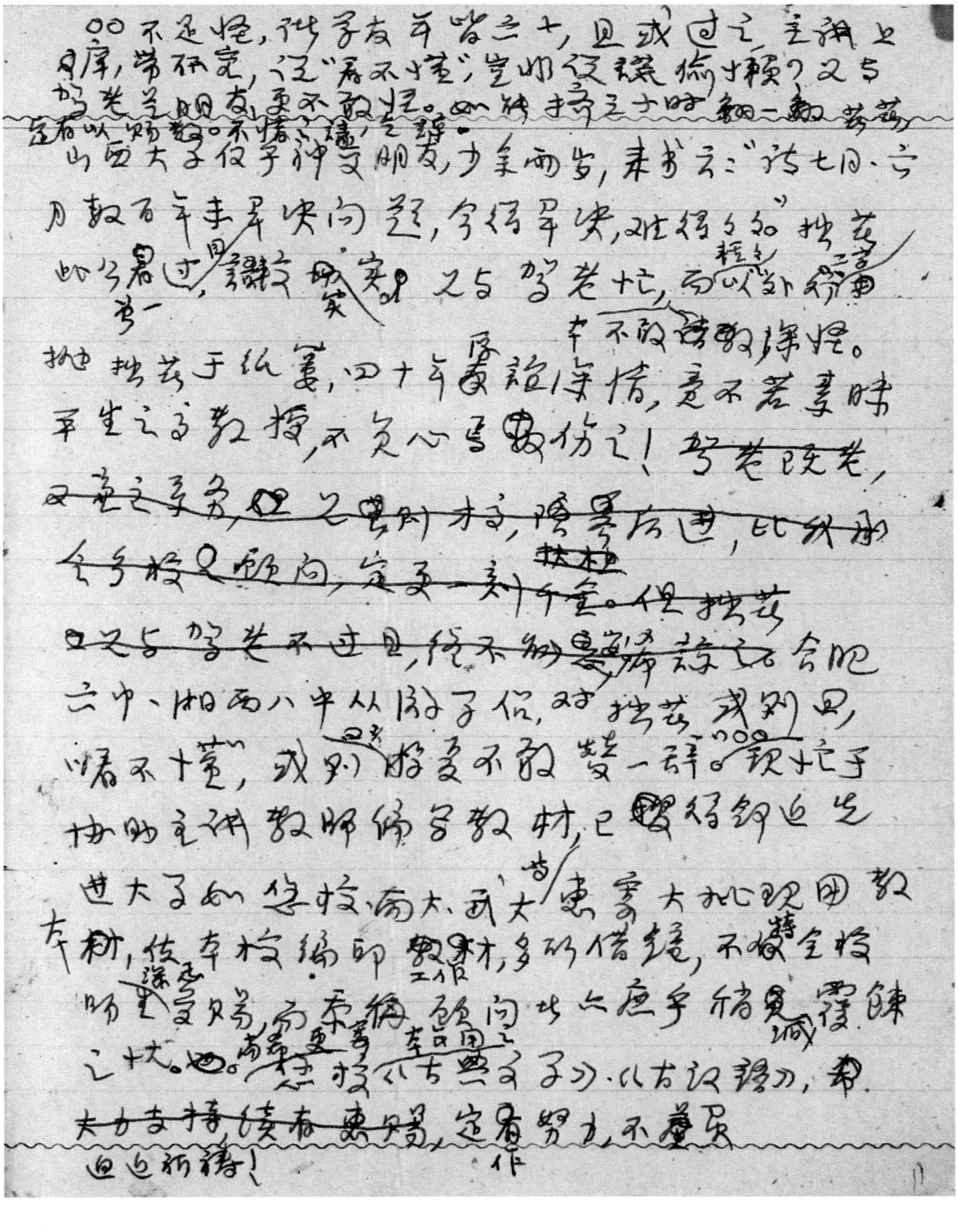
○○不足怪，我等友年皆六十，且或过之，主讲上庠，常研究，说“看不懂”，岂非使读者惭愧？又与学者之朋友，更不敢提。如[illegible]十时[illegible]一[illegible]拙著
定有以[illegible]。不惜之遗，之[illegible]。
山西大学仪子绅之朋友，少余两岁，来书云：“前七月、六月数百年未解决问题，今得解决，难得之知。”拙著此公看过，[illegible]读之[illegible]实，又与学者十[illegible]，而以外行[illegible]
不敢请教深怪。
拙著于纸篓，四十年[illegible]深情，竟不若李时平生之著教授，不负心为伤之！学者陕老，
又无之事务，[illegible]之[illegible]对才子，隆[illegible]后进，比我所全乎校之顾问，实是一字千金。但拙著
又与学者不过且，使不[illegible]合肥六中、湘西八中从游子弟，对拙著或则曰，“看不懂”，或则[illegible]更不敢赞一辞。[illegible]钦佩于协助主讲教师编写教材，已[illegible]得[illegible]这些世大学如总校、南大、武大、吉/东北大现用教本材，依本校编印教材，多所借镜，不特全校师生深受其赐，而[illegible]顾问也亦应乎[illegible]之十丈。[illegible]总校《古典文学》、《古汉语》，幸大力支持，使有惠赐，定有努力，不负[illegible]
[illegible]！

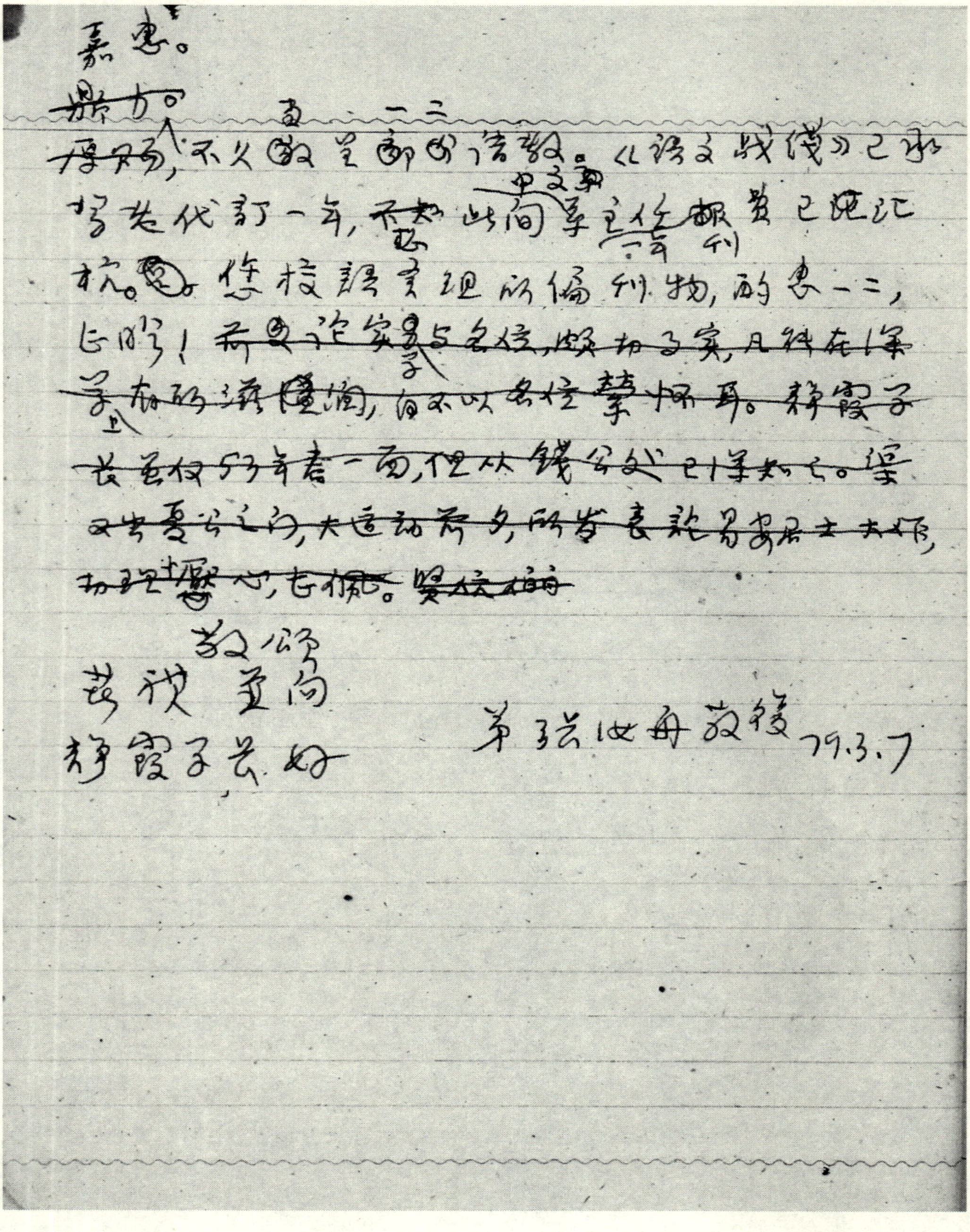

嘉惠。

~~鼎力。~~

~~厚贶~~，不久敬呈部分信数。《语文战线》已承

协先代订一年，此间中文系主任刊费已汇

杭。您校语言组所编刊物，敬惠一二，

至盼！~~[illegible]~~

敬颂

著祺 並问

静霞子兄好

弟张世舟敬复 79.3.7

三月八日　　晴

今日三八节，叶芳上午赴地区妇联开会并开放电影。

劳动节、妇女节是国际的节日，儿童节、青年节则各国并不一致。

复贵大韩建芳信

韩老师：

三月一日的信收到。不胜感慨之至。往复的信，三四年对不上口径，去年冬才弄清楚，是贵大人事处的“贵大工作混乱，今后来信，同一内容，平信一封、挂号一封（挂号信有时也会丢掉）”。我才懂得贵大情况。这次信又不对口径。我写给你的信由手付记档转，复信还不对口径；去年三月又写封信由手写交苏一把手亲转，你回信还不对口径。原来信到贵大，挂号信也三四年来，这一系列控告心思做法为什么？

人 歪。

用心何在。就这样，通过你反映，就对我反对退休，不理，不征求

我意见，把我多次向你反映的我与爱人比我大四五岁又

患高血压，肥胖残废的自由请退休的李俶元教授，把

我退休手续办了。我受对半克扣，从77年5月起

七折工资。一而再，再而三要求关係，退转，越退

越好，对公对私都有利，坚持原来那么不理，一错

再错，又把住在安顺的我与住在花溪的李

教授一并把关係转花溪区民政局。花溪区

竟然写信给叶芳，要她向本地区办公了手续，

……关係转去，

认为这样一推再推，就是贵大本身应负

的责任，就推给区政府了。我曾多次写信给你

们，此间党委会已把我案本人写的

以申诉书附一份，以了解他为教授在省统战

部召开的座谈会，讲"三化"问题（原以贵州日

报还在），打印三份，呈送了一份贵州省委会，一份

加上本校党委会公函

贵阳师院及贵州方面两党委会。并告诉你，以后我
安心工作，个人的事，由贵州方面党员负责人，有什么
事情还不清楚，不能替我作出正确结论，可
用公函通过我校党委就近询问，我答复。~~今后~~
今后希望不要提我的问题，请谅解。
~~用不着~~ 至于对我们还在异乡的二老，帮忙
太多。今后仅希代烦领了之工资，用不着再麻
烦你 ~~直~~ 发 吹这股风，~~要我~~ 空吹风了。而你这次来信，怎么又
催我向花溪民政局替我办转移关系呢？
而你去冬的来信已经说：张先生要求迁转
关系几个月前就以前，我已经同他们说明了。言
犹在耳，不到两个月你来催我向花溪民
政局办办转移关系，~~也~~ 你的记忆就太差了。
~~尊敬的~~ 例 教 这派 ~~佩而主要~~的 陈老师！明大势竟坦白告诉你，我个人的问题，不
是转移关系的问题，而 ~~转的是什么~~ 是什么关系的问
题。来信说：“听说张先生问题由师院负责，

你们可直接写信给"师院党委"。我校公函给
领导贵师院了，因不急我们写信。只等（我们）之去阳师院
子日去年11月17日《人民日报》
标题《全国全部摘掉右派分子帽子》一篇的指示的
副题《凡不应划右派而被划错的应实
事求是地予以改正》。"取我"三化"为划分依
与57年10月党中央文件《划分右派分子标准》不合
划右派分子标准了，违背会议合"把右分子，停职
停薪领生活费"的处理标准通过应由师院研
究。59年春三月摘掉右派帽子，而"停职停薪，
领生活费"丝毫不动。据叶董超说全国无定
有此理。我是61年春从劳动改造子弟学校后从
师院调到贵大的，63年3月在贵大领
导帮我摘帽的，5月发工资，实现在"职薪栏内
填11级"。是从11级7百元的
教授降到11级，是什么呢？是多级的教？位

~~级讲师，从四级降八级，从教授降到……这~~

~~些人不好填"讲师"、"教授"~~而填个"11"。

级讲师，比我学生讲师向且老师比我早当讲师

时~~间~~还少二十年。师范学院党委书记竟说"强摘校

有些分子工资　停职停薪，留校察看。"察看了六年，
怎么解释呢？

（在师院教《现代汉语》7年，编讲义认真教学；做学术报告

到贵大又改教古汉语，又开古典文学教研组，

编讲义，认真教学，多次做学术报告，时至今人民

日，讲义和学术报告的讲稿俱在。这批人不讲

理，既要摘了帽子，可以松松手，对我这个右派分子的
察看了六年　　　　　不摘　　　　　　　　　　　　分

分，不动分毫了　分的问题

吗？我要求学校党委，把我材料交到贵大，贵大就没有责任

师院校委，也寄到贵大校委，两校合商，

解决我的问题，把我更待正确调到我现

在工作岗位——贵州大学教学点。

~~这封信我草草写的，字体潦草，请中文系呈……~~

以下作废

第一份，将你这次来信与我这封复信，交呈我校党委会，正视贵大和我的问题，以后不理他们一切对不符事的公函，只答复他们有什么根据不恢复我的教授？你也从此思想稍安，不要为我操心，通什么气，吹什么风了！使我安心工作，贵大中文系老师，不但你与潘老师、李老师、房老师、顾老师等，而全体老、中、青教师（杨付书记、仲鑫老师、蒋先生），都有正义感，我都怀念！可是（你经的）留那老头指挥棒，太大，跟不上国内形势，有何办法？

上次回信你到杭州开会，过金华，不须我招呼，叶芦、子锦、校友足下杭生（我去年考入浙师院中文系）一定热烈欢迎你和你一道同来。我在浦江，凡是全校、同学、亲友的男老幼男女朋友到浦江来此开会，也过我处，没有什么等候跟别。到贵州七千里，不容易，三两个人要求离开等候，看看朋友，看看贵州什么样子，有什么

三月十日　　　　　　晴

寄武大李健章主任、复贵阳师院黄大荣信

复李主任

健章老弟：

上周收到惠寄《现代汉语》，极为得力。截到现在为止，还是我校与杭大两校定两本现用的《现代汉语》教本，且皆有我校编写内容，是他借镜的。此间刚成立一年，今年暑假后方开《古汉语》，主讲者已决定着手编写讲义，急待两校——武大、杭州大学惠赐贵校现讲的《古汉语》全部讲义！广州中大、青岛山大都有好友，尚未联系。华师大及南大《古汉语》教本，亦有两三四年前用的旧材料，王力主编教授又因……我国还没有怎么好的教本，……几年不要他回答了矣。

此古，

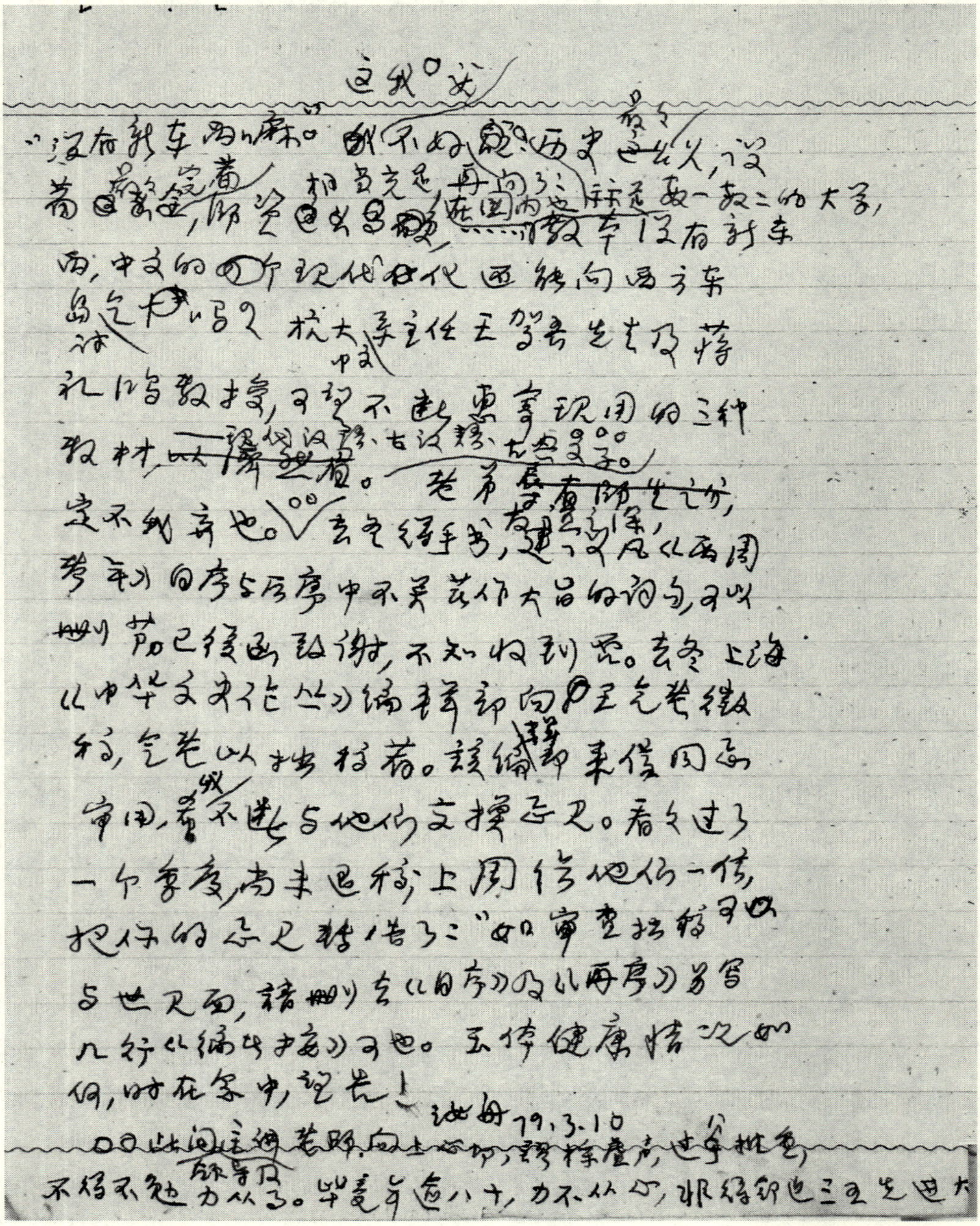
这我说

"没有新东西嘛"。既不如前人，历史上最多之人，没有完备，相当充足，再问了之：在国内这类一教二的大学，教本没有新东西，中文的现代化要转向西方东方之大学讨论吗？杭大中文系主任王驾吾先生及蒋礼鸿教授，可望不断惠寄现用的三种教材：现代汉语、古汉语、古典文学。老弟有师生之分，定不能弃也。去冬往手书，建议凡《两周考年》自序与后序中不要告作大言的词句，可以删节，已复函致谢，不知收到否。去冬上海《中华文史论丛》编辑部向我征稿，允以考据稿。该编辑部来信同意审用，或不迭与他们交换意见。看看过了一个季度，尚未退稿，上周给他们一信，把你的意见转告了："如审查结果可以与世见面，请删去《自序》及《后序》另写几行《编者按》可也。"玉停健康情况如何，时在念中，望告！

继母 79.3.10

此间主编老师向上[illegible]，[illegible]审查，不得不勉力从了。毕竟年逾八十，力不从心，非得[illegible]

复"黄大荣夫妇"之二

大荣、秋园两位极右分子的红五分学生：

"红五分"这个书名，有政治意义。早我初期在师院中文系教《现代汉语》及《语言学概论》，奉行当时教育部指示"提高教学质量，向科学进军"，我在你们班和你们前一班，向同学提过"培养科学幼苗"，并补充说一句："北师大校誉高，设备好，师资充足，学生来源广，水平比我们学校要招的学生要高些。只是同一目的"培养科学幼苗"，北师大十个培植出一两个，我们一百个培植出三五个是做得到的。"那时考查考试用五级制按苏联五分制，师院老师到四分就用红笔记，我决定到得五分才用红笔记，因此"红五分"就成了~~"我家的"红五分"的学生~~我的罪名。同时~~你大家记得，可见现在记得的也少了。陈英杰教授来信，我回信请他问候几个师院老~~"英才教育"又成了我的罪名

~~子子专搞不了，幸而回家之~~

奇怪！党权、政权都在什么人手里，课是什么人教的，
文件教材是什么人负责审定的，提了任意，书教的些

[illegible]

面极，我只知一二。一切部门，不要多书是，要又

了实讲道理，而是《文化》的作风不改，颠倒到是非，
文化篇文里面，今年没有不失败的。

我今年到现在，八十二岁了，干劲越来越大，愈到后
著述（包括整理旧稿）越来越多。贵阳一中"红"文
多数带"红"色尺上了，剩下的有几个能对"四个
现代化"贡献些什么？中学教师和学生不是老落后，今天
入伙也伸手向好的学宠二十八年的"红"人要东西。李
似之教授退休了，老实的还有些东西，在学校可能
不让退休。王子尊老师是我上次托项教授
问候的。仔细来信说他已退休，他和谢国
多年在女中同事，和任何人坚信人们感情很好。
他是通文革中学语文教师，在贵州第一师范期
中学语文教师进修班跟我学过半年，诗情成
绩优异；第二期进修班，请他来当我助教。他
还"甚宠"的成就之一。不知他身体怎样，有没有
受我东山再起之象呢？数十次了，仔细"红王"问了黄
事静霞在何处，情况如何，她和谢国
妹花，行生不高，对吧？老弟教古汉语至今有十
年了。师院还有谁在教古籍？我只问卓雷信

助教，但一位研究所学生，名字我忘了，北平四月，是
不是教古汉语的？燕大教古汉语三人，我忘了，某教
授之故，现只有公一人。至于我编写的讲义，也不外
不但我本人，严密禁锢不让人
发，少数人偷偷抄一点。来往。
又怕学生让他教了，做了学术报告，奇怪！何必什么附"者"，而讲义仍被
吸收好几条。这十年来向教育部汇报，不惜自
"相当"分子，要自己又揭不出人，不惜多"相当"分子的
三个学生，我记不清了，由于他们在运动中表现不
积极，各种程度不同的受株连……这几个人，我只
好认错，害苦了他们。

最后把昨天写给燕大韩建芬
老师信最后几句话，告诉贤侄们：

"韩老师！诚恳对待这二几一个人眼睛
早要擦亮"打"，我心中不解绕了弯[?]，不免这理，往往在
运动中上有"势"的人，陷入泥坑。二十八年来，有
数不清的上当牺牲！勉之！"

贤侄们就想到这一点，对待韩之当权派这号
好人，心中有数，决不当急先锋。这是好的
替他们

如果象来信说的马永康，还有个张耿光，带上了右派帽子，就不好。57年早就好好的说，"我老了，带不起帽子没大关系；你们年轻，受不了。"张耿光说："我们有鸣放自由！"马永康也没有任何鸣放，就是他们逼他要我交代受毒害之，我交待我只替马永康、张耿光二人改过几篇论文。于是马永康也划了九年右派。马永康已得到改正。表侄弟吴智来信，他现在宜兴县特区党委会落实政策办公室工作，主要平反昭雪了。他说宜兴县特区有六个已摘帽的右派，内中有我学生马永康，全部改正，竟判错了。他并说："大学问题，连累不少有用人才，我已会同交通信给贵阳师院早决六个应改正的六个右派分子，也把大哥的为人据我所知，申诉一下。"吴智是武大中文系学生，与我同村，不是亲戚。他是重点大学五年学生，他自己说业务水平不如马永康。今天华主席领导的党中央，光照九州，重见天日。我对瑞文说：你们老年拖板车，不会太久，台湾同胞也在眼前，贵州老是这样行吗？

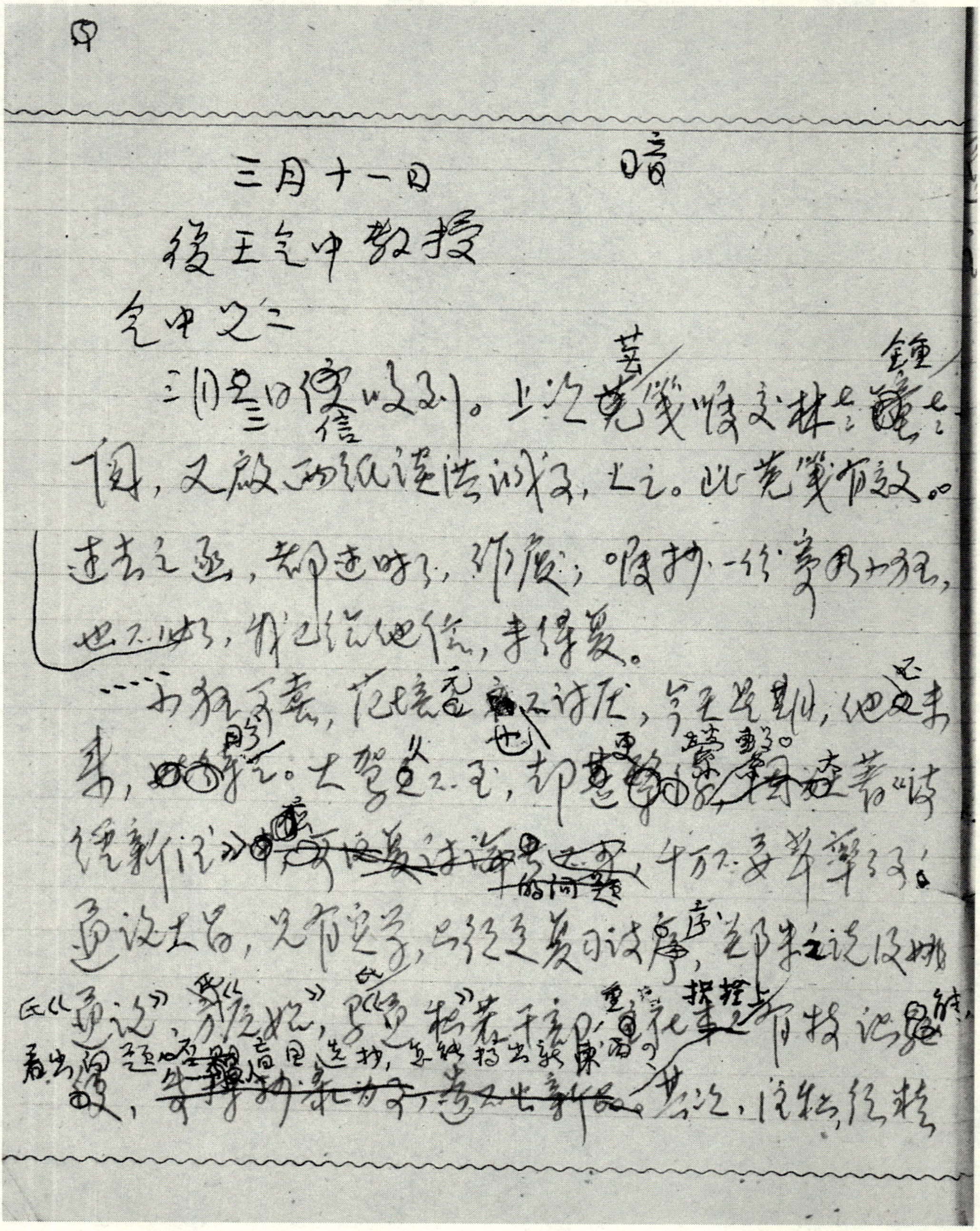
三月十一日　晴

復王了一教授

了一兄：

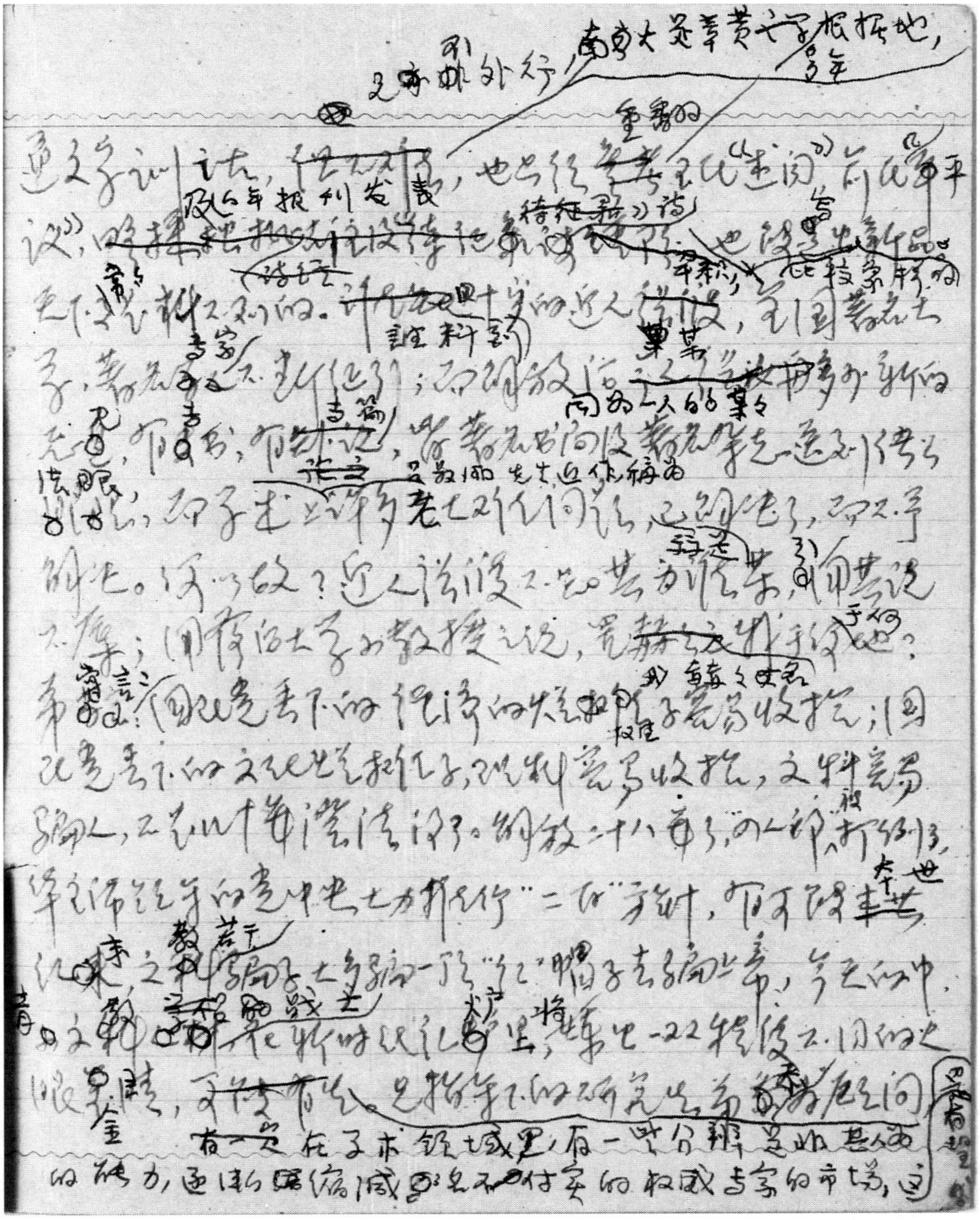

承垂询的老师们：今天这批[illegible]青明友[illegible]在

本世纪[illegible]不同[illegible]比较[illegible]方案。

又去过八十，第一个记[illegible]不会忘记。

主义了也国，这看不到了。但今天我们[illegible]

[illegible]说过："滴水投到大海[illegible]"这话是值得

[illegible]。八十年代[illegible]确有点[illegible]我们的精神[illegible]也可能引[illegible]

指导。[illegible]学习的"[illegible]"[illegible]？可喜也。[illegible]

[illegible]林则徐[illegible]有一个。林[illegible]

[illegible]"[illegible]"，[illegible]，教训了

[illegible]以[illegible]教训了[illegible]东方[illegible]

[illegible]同时[illegible]教训了[illegible]国[illegible]

[illegible]。[illegible]？

[illegible]！一切要[illegible]，每个人要[illegible]

[illegible]。[illegible]；对自己，[illegible]

[illegible]"[illegible]中外[illegible]"[illegible]，[illegible]？[illegible]

就是晚了，茶点又是向这边送，所以要坐在这边，也难也不难

有样子不危险，这是自然的事情，是不大，可以大李原，就常

就不难？可是也不难，

把它当这位多么神气的艺术。[illegible]，脚踏实

地：苦干、苦干、[illegible]干，[illegible]尽心[illegible]。[illegible]，[illegible]

家，[illegible]是不[illegible]的。[illegible]的了问，第二[illegible]。

得了它，但是只一说

[illegible]给林[illegible]与当年[illegible]花间花间集

林[illegible]信

[illegible]，已[illegible]收到，[illegible]了已[illegible]。花间集[illegible]，林[illegible]

回[illegible]扫墓，住一下[illegible]。我[illegible]花间集[illegible]，可[illegible]前的

[illegible]四月一二日，由花间[illegible]开[illegible]汽车到[illegible]

第五[illegible]到[illegible]下车，[illegible]二[illegible]，到[illegible]午，

下午[illegible]拜访[illegible]，也[illegible]回[illegible]。[illegible]

[illegible]校中[illegible]文化，[illegible]林[illegible]认识，[illegible]。

（[illegible]一切[illegible]）[illegible]字。

三月十四日　　晴

~~二月十七日~~我国反击多次向我边界挑衅屡抗议而不已的越南，忍无可忍，于二月十七日反击，攻入越南境内，已经给它以足够的教训，于三月六日，向世界宣布立即撤回全部军队。喜占一绝句：

刀刺越南痛在苏，双雕一箭落平芜。
可怜联合多个国，纽约高楼愧也无？！

题目简化为

我军二月十七日教训越南，至三月五日胜利凯旋，喜而赋一绝

三月十六日　晴

3月10日《参考消息》

《法兰西晚报》3月7日社论《中国的教训》

从今以后，必须认为中国人说话是算数的，是认真的。

北京的新领导邓小平一月份在美国访问时曾说过，作为对入侵亲华的柬埔寨的行动进行报复。他的国家"要惩罚"苏联特殊盟国越南。这种"惩罚"确实在十六天内通过武器而完成了。

几天前，中国曾宣布说，一旦它认为它已经给越南以足够的"教训"，它就结束它的出征。昨天，它宣布说，根据预定的计划，它已开始从越南领土撤回它的军队。

从这场正在结束的战争中，应当看到的更多的无疑是中国的决心和信心。

苏联好象是中国这场军事行动的最大失败者。事实上，怎能设想苏联威望没有受到中国的衝撞而未受到前裁的挑衅之害呢？因为苏联是要成为越南的保护国（？应改为"苏联是要越南成为它的保护国"—译），并冒失地若应要援救河内的。同时也忽略不看到由于苏联的参加作战，它已大大失去了它进行威胁的可能性呢。

而这一点也是中国所寻求的主要目的。中国领导人要向越南人和苏联人表明，在亚洲，如果没有他们，甚至反对他们，则将一事无成。这场冲突的影响远不止在亚洲方面，对中国人来说，这也是向世界，特别是向美国和西欧证明，可以用灵活巧妙使用的政治威胁和军事压力这样的手段来抵制并对抗苏联。

这是值得吸取的一个"教训"。这并不是说，苏联在越南遭到失败之后，今天就成了一个"纸老虎"。

也不应该认为对于一个具关键性的、决定取决于仅仅几个人的精神状态或心理状态的国家来说，苏联干涉的危险绝对不会发生。

而重要的是，面对着一种决心，即苏联的决心，另外一种更大胆和更强大的决心，即中国的决心树立起来了。后者取胜是合乎逻辑的（这在战争和政治斗争中普遍都是如此）。

但这次是开天辟地以来最为罕见的了。不过使人遗憾的是，许多人在同苏联的关系中忘却了这一点。

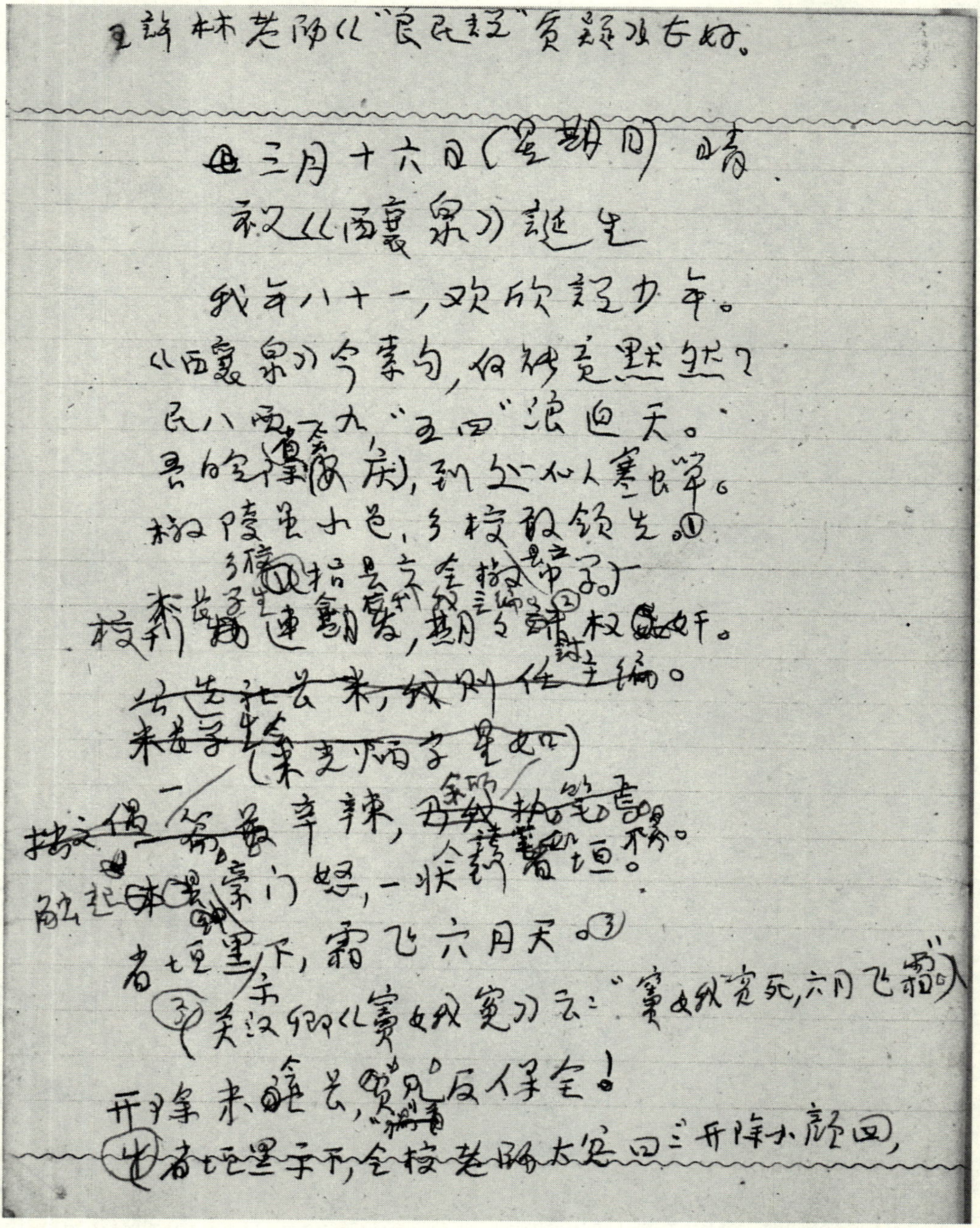
王许林老师《"良民证"》贫题不太好。

三月十六日（星期日）晴

祝《西襄泉》诞生

我年八十一，欢欣识少年。
《西襄泉》今季句，何能竟默然？
民八西七九，"五四"浪迫天。
吾的全像庚，到处仙人寒长竿。
杨陵第小色，乡校我领先。①
①指是文全称中学。
校刊连创办，期期我权编。
~~以先社会来，我则任主编。~~
~~来去学生~~（来支烟字星如）
一笔辛辣，余所执笔者。
敲起豪门怒，一状告省垣。
省垣望下，霜飞六月天。③
③关汉卿《窦娥冤》云："窦娥冤死，六月飞霜。"
开除来信者，竟见反保全！
省垣黑手下，全校老师大令回三开除小顾回，

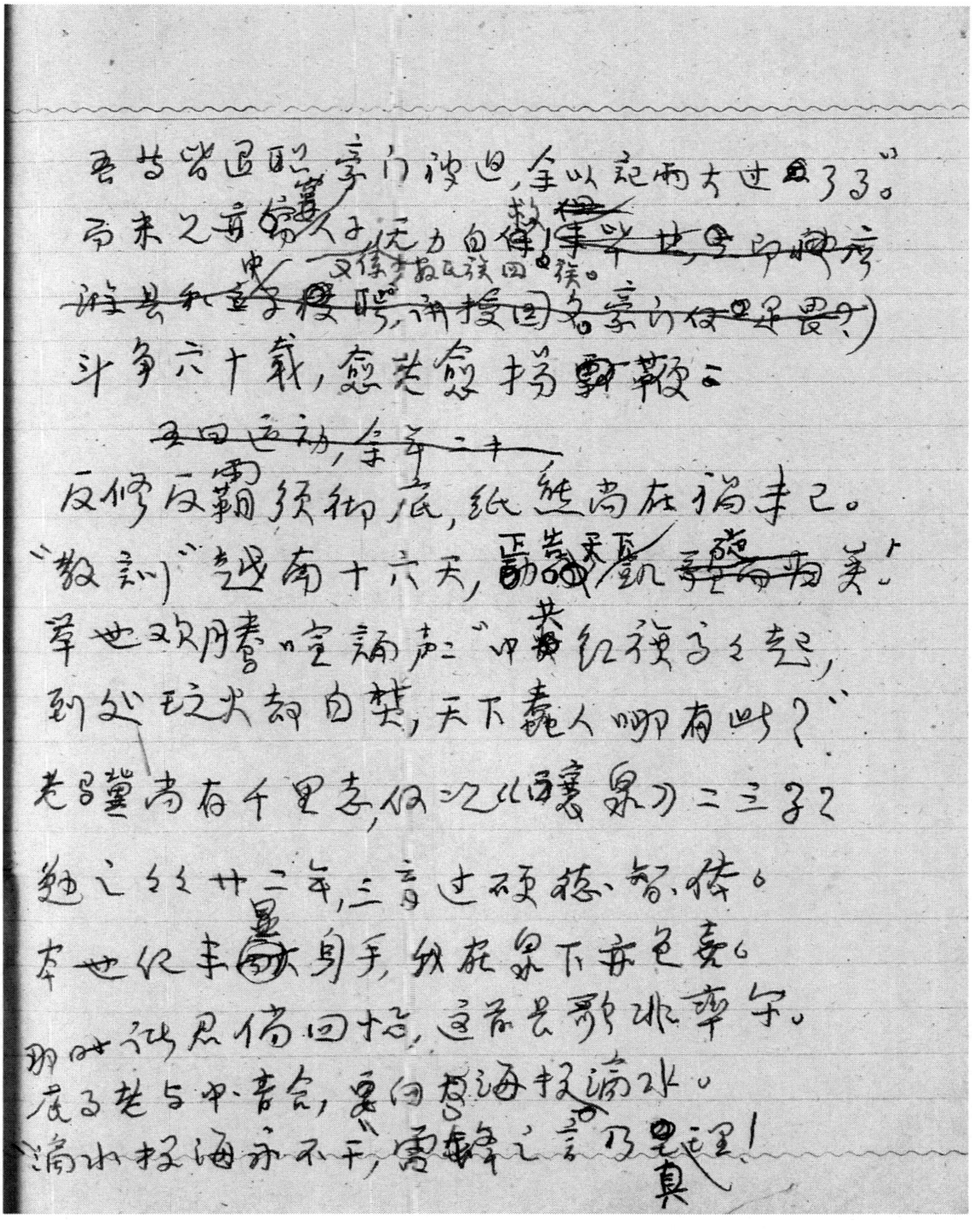

吾昔皆追随，家门被迫，全以施用大过了了。

而来之寄寓人子，凭力自谋！又系少数民族回族。

[illegible]

斗争六十载，愈老愈扬鞭。

~~五四运动，余年二十~~

反修反霸须彻底，纸虎尚在猖未已。

"教训"越南十六天，正告天下凯歌美！

举世欢腾喧闹声："中共红旗飘飘起，

到处玩火却自焚，天下蠢人哪有此？"

老骥尚有千里志，何况《暖泉》二三子？

过了七七廿二年，三者过硬德、智、体。

本世纪末显身手，纵在泉下亦自喜。

那时祝君備回忆，这首长歌非幸守。

底子老与中青合，要问苦海权滴水。

"滴水权海亦不干"，雷锋之言乃是真理！

《参考消息》3月6日

美联社报道中国派遣中学生赴法国留学

[美联社巴黎二月二十日电]法国官员说，一百名中国中学毕业生，根据中法两国的特别安排，将于星期五到达法国。开始他们的大学教育。他们的年龄由十六岁到十九岁不等。由法国外交部说……即将抵达的一百名学生中，没有人能讲法语。在最初六个月，他们每周将用三十个小时来学习法文。其余时间学科学词汇。随后，他们将在波尔多、波城、里尔、勒恩和里昂等大学，开始学习物理和数学。……

（原载香港《大公报》）

三月二十三日　晴（星期五）

《参考消息》3月18日（星期日）

美报专稿《北京的青年犯罪问题可伤脑筋》

美国《纽约时报》三月十一日刊登……一篇稿，题为《——》

三月二十四日　晴

《参考消息》3月21日

香港《七十年代》文章《苦口婆心说于美》

《七十年代》二月号刊登李玉华的一篇文章题为《——》

……在美国生活三十多年的人，带着疑惧来庆贺这样喜事（指中美外交关系正常化——引者），也许并不纯属杞人忧天。

……在两国建交之始，似乎不应该计较宿仇旧恨，免得因小失大……正如邓小平去年在东京所说，不追究既往，一切都要谈香港建设现代化，不是纯粹的功利主义看法，其中包含重大意义。

……美国人害怕他们新的一代会忘记了朝鲜战争时中国人的厉害。

……美国盛传去年十一月间北京西单墙上的大字报曾呼请卡特总统关怀中国人权问题。这位大字报的笔者，要说还说到天安门广场上，打着找个美国黑人去聊聊天，问他黑夜里，他在美国街上走如遇到附近有抢劫、偷盗事件发生，他害怕什么？……全是一视同仁的嫌疑犯。

再说这位大字报的笔者恐怕中国会重演《古拉格群岛》的悲剧。……现居美国的《古拉格群岛》的作者索尔仁尼琴，去年在哈佛大学讲的话……美国（自九年来）人人无饥寒之忧……思想言论自由可以骂总统（动口骂不动手在美国是不犯法的），在这样的人间天堂中……美国法律都控制不了这些道义上的罪行。

……好心的美国朋友也担心中国人传染上了他们社会里的皮肤病，……"

可口可乐是美国文化的标志，……只希望

喝可口可乐时，不要忘了其中有咖啡因，不及一杯清水健康，更不及一杯中国水能保证国家资金不外流。更希望不要将过多的精力去发展电视事业，要多成立图书馆，才能保证中国子孙不会象美国学校中毕业出来的学生，只知道电视，变成写、读皆感困难的新式文盲。

不过这些都是小毛病，正如人人明知烟酒伤人，但是大有吸烟喝酒的人在。真正重要的是，不要中西方时髦文明的毒害，要提防的是特别流行于新闻媒介（报章杂志和电视）里的观念和道德，更不要贪图感观之舒畅快而被好来坞式的美国生活方式所诱惑。在技术上，美国电影是达到登峰造极的

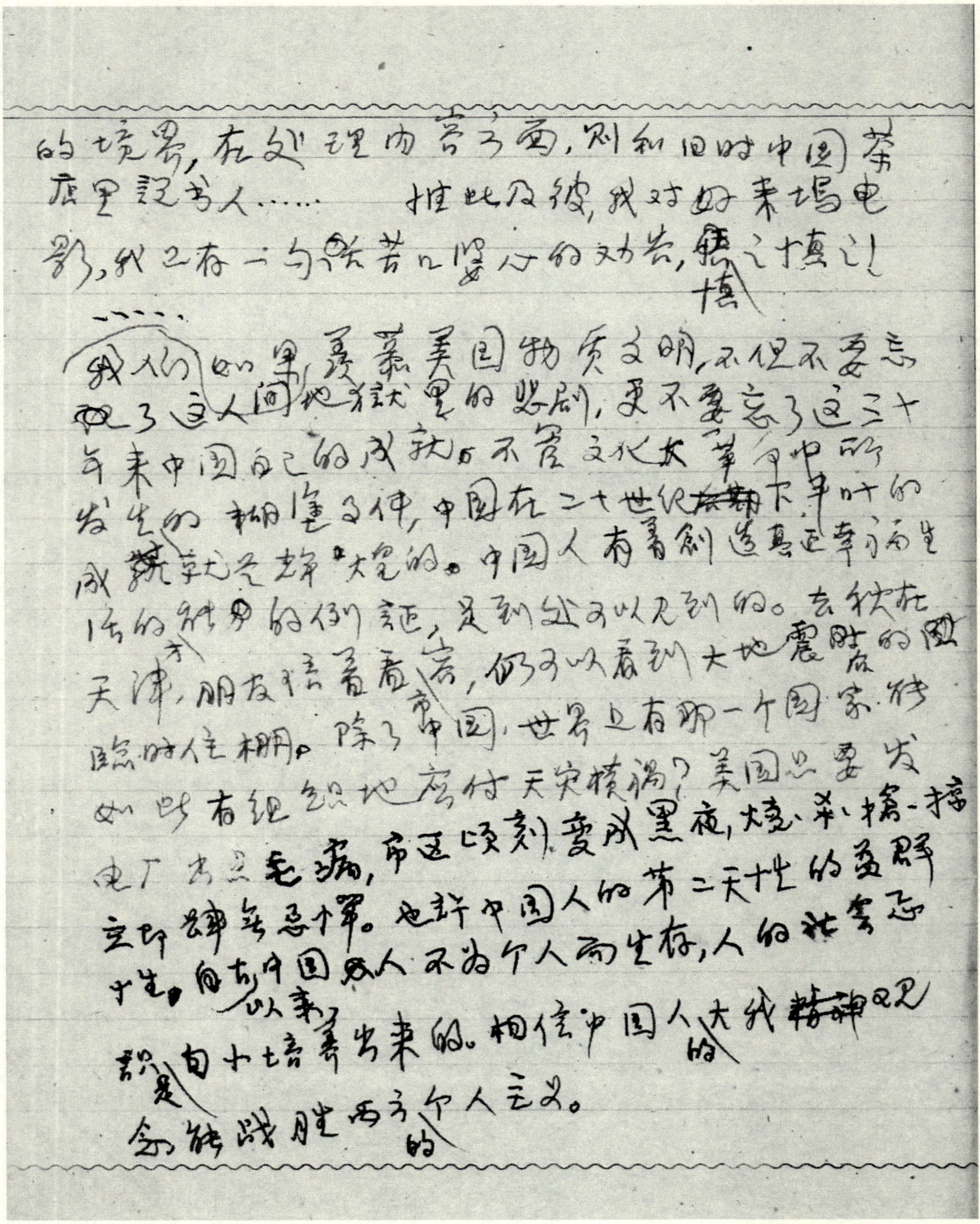

的境界，在处理内容方面，则如旧时中国茶店里说书人…… 推此及彼，我对好莱坞电影，我也有一句苦口婆心的劝告，慎之慎之！

……

我们如果羡慕美国物质文明，不但不要忘记了这人间地狱里的悲剧，更不要忘了这三十年来中国自己的成就。不管文化大革命中所发生的种种事件，中国在二十世纪下半叶的成就是辉煌的。中国人有着创造真正幸福生活的能力的例证，是到处可以见到的。去秋在天津，朋友陪着看市容，仍可以看到大地震时的临时住棚。除了中国，世界上有那一个国家能如此有组织地应付天灾横祸？美国只要发电厂出点毛病，市区顷刻变成黑夜，烧、杀、抢、掠立即肆无忌惮。也许中国人的第二天性的合群性。自古以来中国人不为个人而生存，人的社会意识是由小培养出来的。相信中国人的大我意识是会能战胜西方的个人主义。

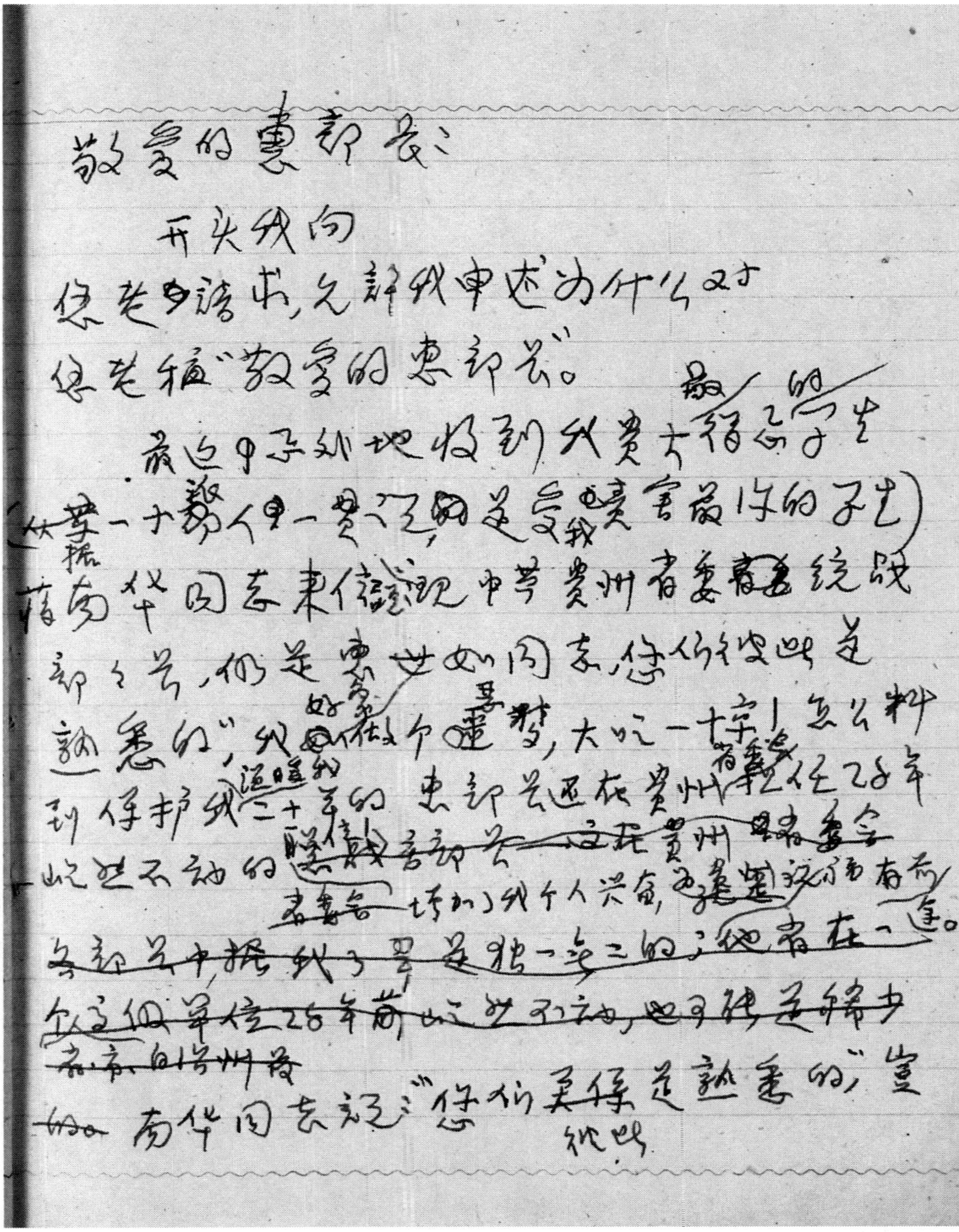

敬爱的惠部长：

开头我向

您先致请求，允许我申述为什么对

您老称"敬爱的惠部长"。

最近使我意外地收到我贵大附中最好的学生

（从第一十几个里一男又是我受害最深的学生）

据蒋南华同志来信说现中共贵州省委统战

部部长，他是惠世如同志，您们彼此是

熟悉的"，我好像做个噩梦，大吃一惊！怎么料

到保护我二十年的惠部长还在贵州省委担任了5年

屹然不动的统战部部长

省委会 增加了我个人兴奋，我想说的有关

南华同志说："您们是熟悉的，彼此

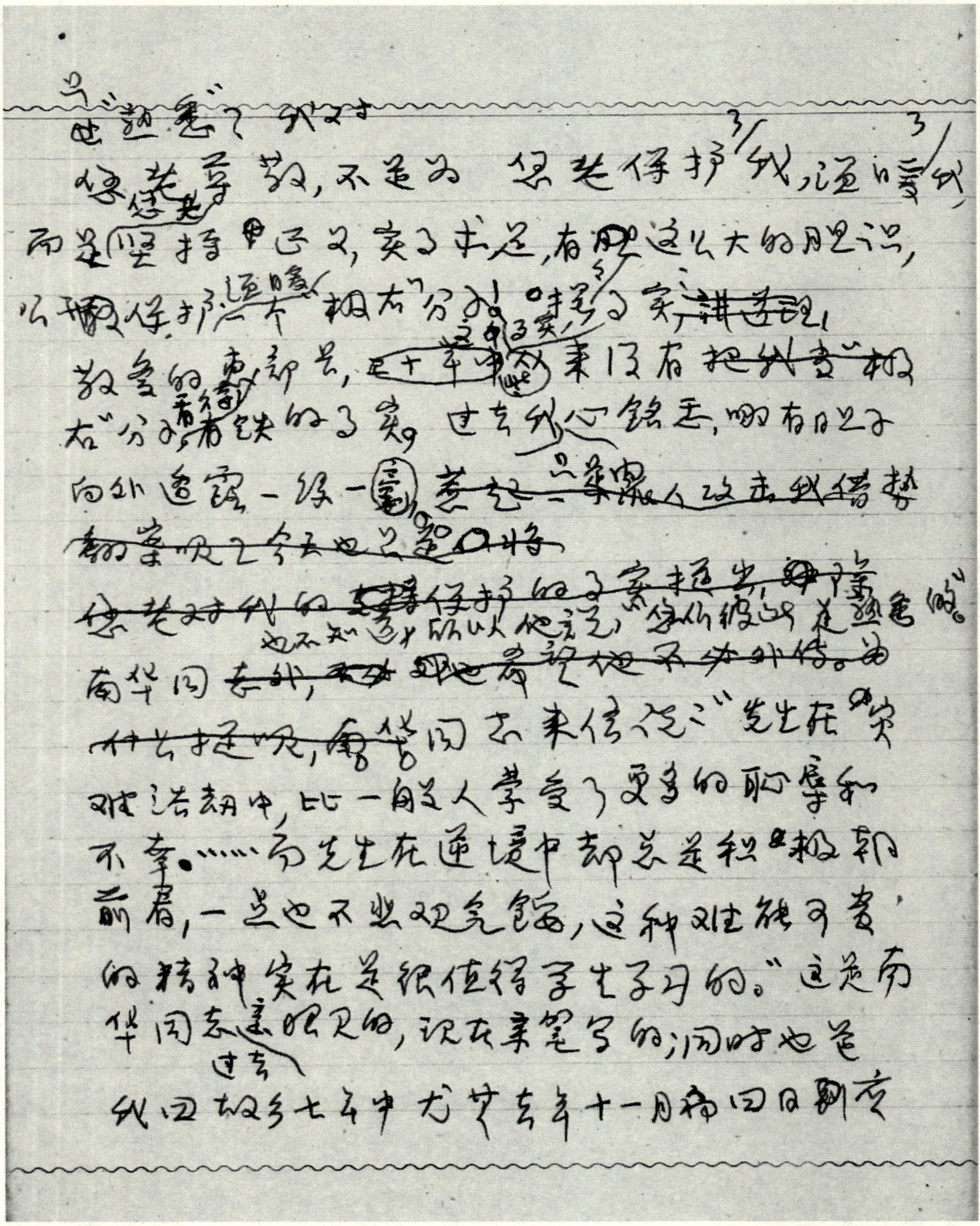

与世长辞了。

您老尊敬，不是为了您老保护了我，通晓了我，

而是坚持真理，实事求是，有这么大的胆识，

公开保护一个通晓相当分子！讲了实话，

教鲁的干部吧，十年中多少来只有把我当右派分子看待，过去我心胸悲痛，哪有自己

向外透露一丝一毫

所以他说，学生们很少是这样的。

南华同志来信说："先生在

难活动中，比一般人学受了更多的耻辱和

不幸……而先生在逆境中却总是积极向

前看，一点也不悲观气馁，这种难能可贵

的精神实在是很值得学生学习的。"这是南

华同志过去说明的，说在来笔写的，同时也是

我回故乡七五中于去年十一月份回国到交

调聘差不多半年了。

皖南大学的大教导是聘任者的问题……[illegible]

又该证明了……朝前看不要回顾，依然不变不减当年（[illegible]

……的精神。这从哪里来的？本人[illegible]

……是文化大革命，

贵州死了不少人，贵大中文系主任不是打成反革命死了

吗？而我不但没有死，反而能活到现在，这与是党的

总路线人保护分不开的。我是从55年四月到省政

治学校任教。……这是

政治学校，是党团员教育的大学，不少干部由培训

……

而我这个"相当"……

……是政校教学骨干……

……

……

……

……在政校学习期间，向校党委汇报，……

……一次，向中文系党支部汇报，得到中文系党支部书记不少鼓励

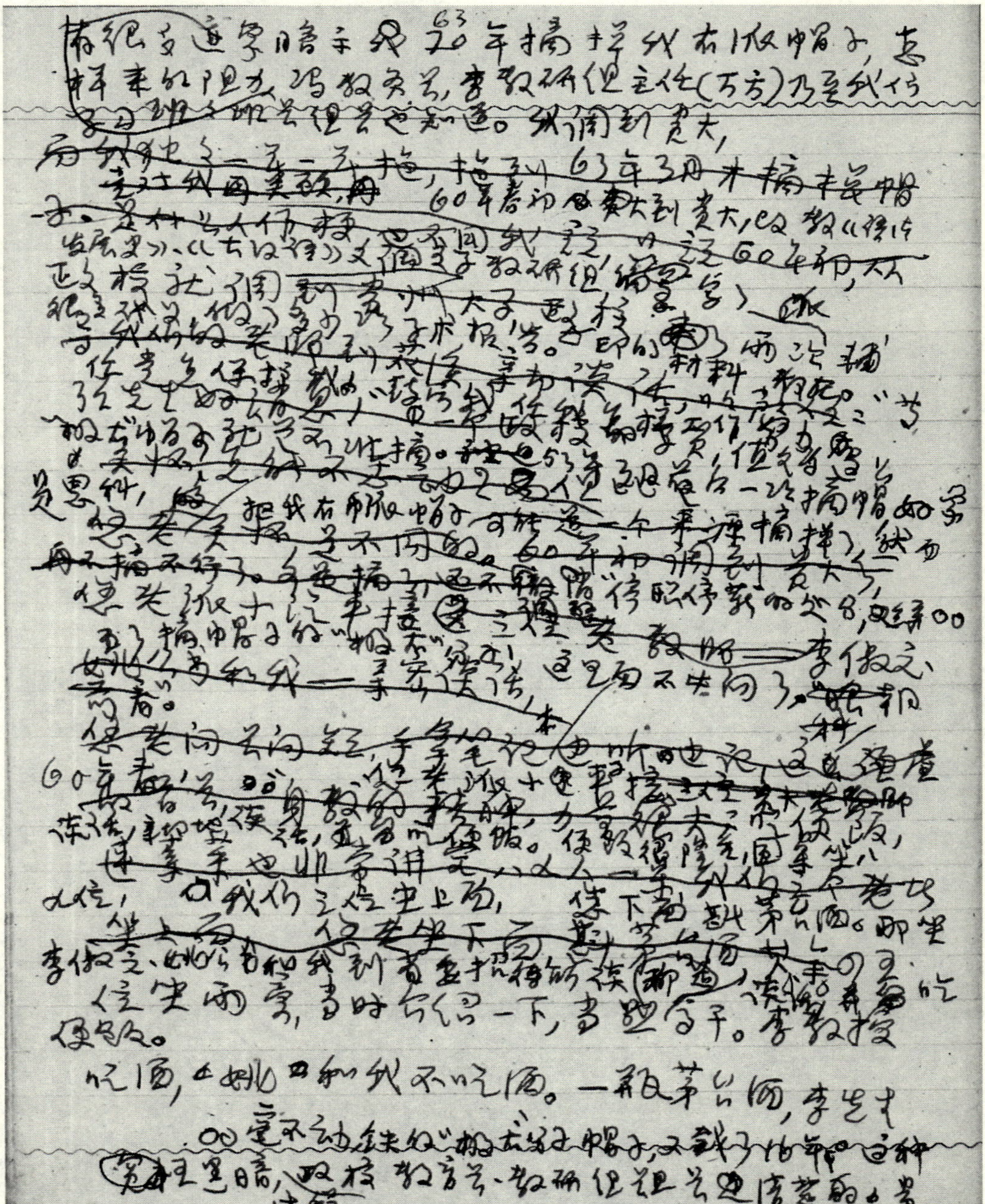
有组织通宵暗示我63年摘掉我右派帽子，怎样来的阻力，冯牧负责，李[illegible]研组主任（万方）乃至我们[illegible]知道。我调到贵大，
[illegible]
吃酒，[illegible]和我不吃酒。一瓶茅台酒，李先生
[illegible]

大世文系党书记及全体师生……清楚的。尤其

您老最清楚。

出嗰の……生记政授，我……弟老师到我家看接……

您老要李教授常回贵阳。李教授比我大三の岁，是贵州省人民大会委员，政协委员，子向在贵州称道手房一指，人也相当正派；她并为史学主任，の级教授。

您老把我与李、姚二老，同时同车同去孔纪，对我这个"相右分子"多么大的安慰、鼓舞！~~我之所以能经受过许多灾难与不幸，活到现在，还有一定劲头，为の人理化化贡献去至！~~

不久，我们在花溪公园散步，我一直向西走，您老从侧面快步走到我面前，随从的有她这几位手，而您老对我亲切握手谈着谈了二十分钟，哪里象对待"相右分子"？再不久又一次，忽然来一位统战部干部姓名是记在小日记本上，~~后来那位~~同志来我问这个干部是~~什么地位~~，自称姓钱，回我本打去去来还。

说，"哎呀！父老嫂！"他到我家，开口就问："张先生最近为与惠新关系又面临了？"我当照实说："又过两次。"但我很同南华同志谈，也相互起到轻易作用。所以他只说"您们离婚"。我的"极右"分子帽子，不是65年了摘了所以平的，是您老早不把我当"极右"分子看待，那"帽子"有什么分量而不放下？今后有些贡献，归功于党，归功于您老，这是有根据的，是有了实的。

今后不更是还要在现在本单位做出成绩，对于第二故乡贵阳，也要尽力帮忙，与他们通力合作在学术上有所贡献。但南华同志说："由于文化大革命"革"掉了，都"革"掉了。先生听了，一定痛心，学生更为此而感到万分难过，也希望现在今后慢慢找回来。我也深信，在先生的指教下，通过努力是一定可以揀回来的，而且还可以有更多的新收获。"今后怎样满他愿，一切在您老指导下做好。

南华来信："亲爱的彭母先生"，而我没有对任何人称"亲爱的××"，今年对您老用这种称呼是有生以来第一次。

您老是我精神生活上的保姆，但贵阳还有旧势力残余，一方面要南华同志不要说我与信信害怕部长，会有害。另一方面，大大减少这些残余旧势力（包括亲近三年的），上半年只有三个月了，逮捕或是揪出71个已摘帽右派，已经70个改正了；我的现工作单位两个已摘帽右派，去年11月就改正了。不管我怎样不悲观、不馁气

中央数年这么……

只有实现贵州大学工作前途！

去年十月三十一日我女儿叫苦据不住了，代我写了封申訴挂号寄到贵州省委会。三个月没有消息。今年二月

中旬，我本人申訴附呈57年5月《贵州日报》以张汝舟教授谈"三化"问题登载的，本来信是交省委会打印用公函寄到三处——贵州省委会、贵阳师院、贵州大学的校委会。看了还是两个月了。

~~贵阳师院是没有理由拖，贵大问题是，~~可是日摘帽子不改变极右分子处分"停职停薪，支生活费，留校察看"，帽子摘了，就是回到人民内部了，还吃了多"停职停薪支生活费的极右分子的处分，也就是说我这个摘帽子的极右分子，又当了16年的极右分子。去年55号中央文件，只提"降职减薪的改正后，过去降职减薪的不补，而没有提"摘帽子的还保留停职停薪支生活费"怎么办。师院处分公布"留校察看"，察看了六年之久，教了《现代汉语》、《古代汉语》。

张汝舟

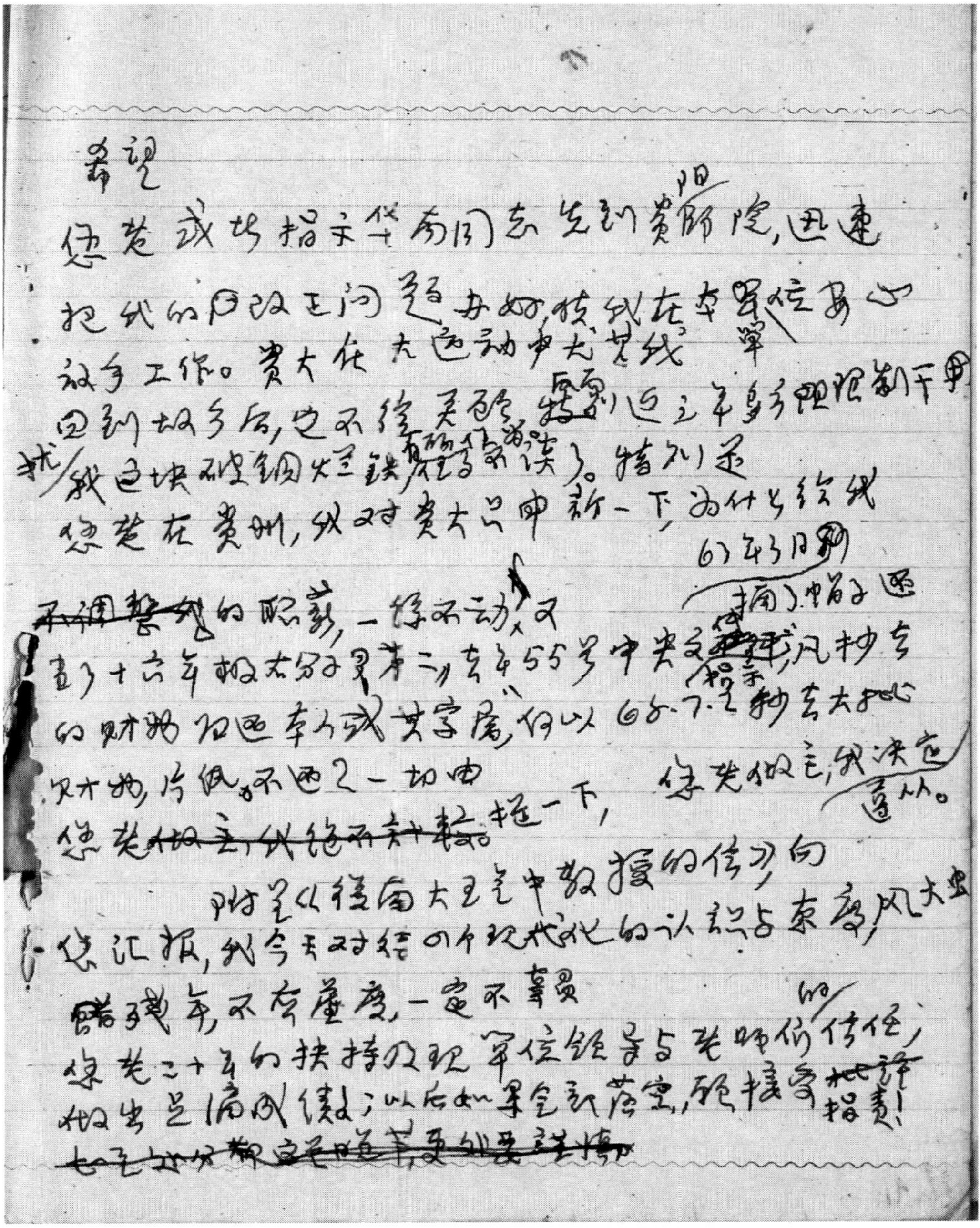
希望

您老戎马指示华南同志先到贵阳，迅速把我的历史问题安排，使我在本单位安心放手工作。贵大在大运动中大搞我，回到故乡后，也不给关照，造成这三年多了埋没到干部，我这块破铜烂铁，有损伤给贵大误了。特别是您老在贵州，我对贵大只申诉一下为什么给我（61年5月）摘了帽子还的职务一条不动，又查了十六年根本没有第二。去年55号中央文件，风抄去的财物归还本人或其家属，但从68.7.2抄去六十多只财物，片纸不还了。一切由您老做主，我决定遵从。提一下，

附呈从请南大王老中教授的信了，向您汇报，我今天对待四个现代化的认识与奔赴风大虫残年，不分昼夜，一定不辜负您老二十年的扶持及现单位领导与老师们的信任，做出点滴成绩了。以后如果全部落实，愿接受批评指责！

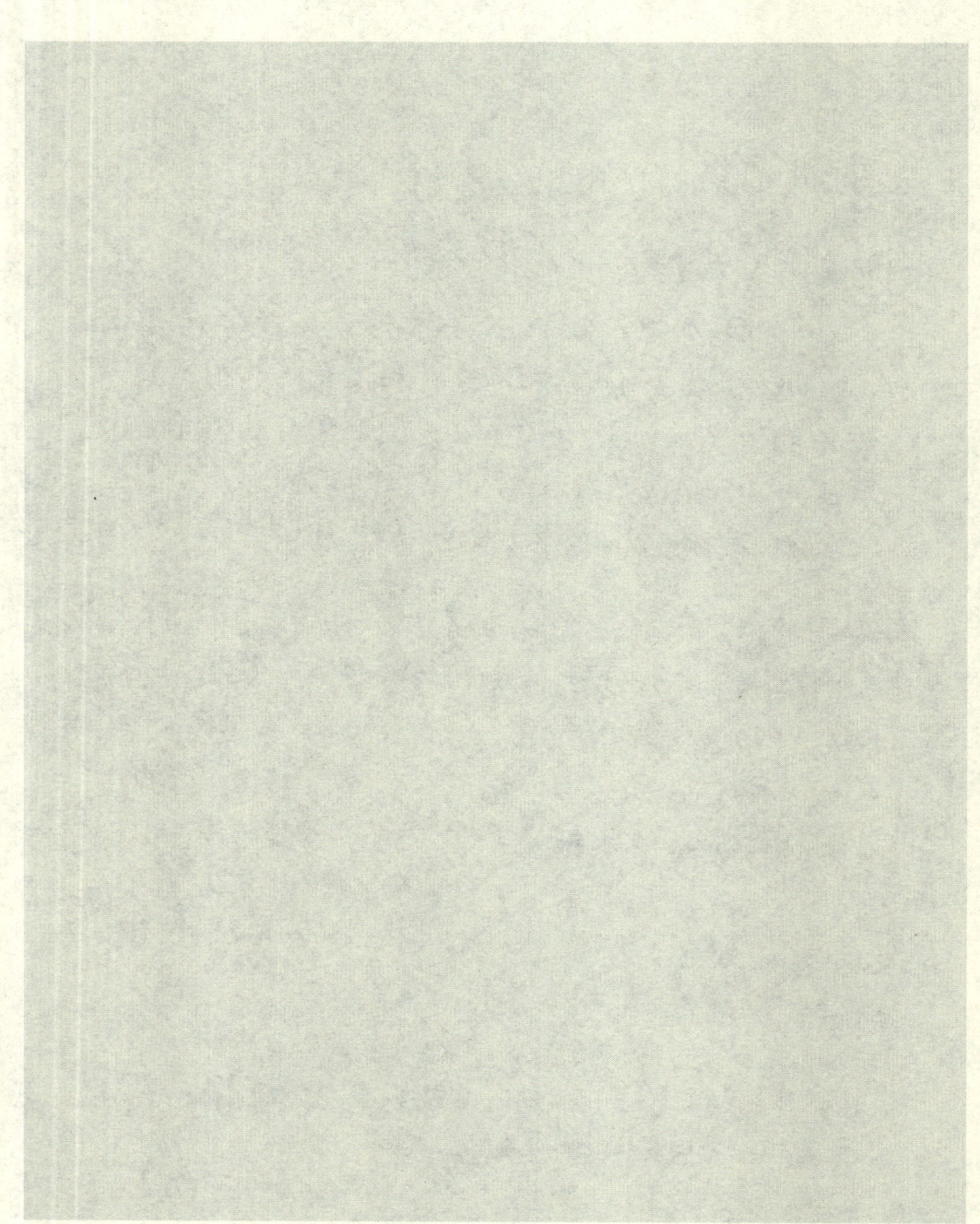

七月二十四日

洪诚　惠札持来，命叶芳赴宁吊唁，托
会中转代表委员会悼词一首，办花圈一具。

悼词曰：

呜呼自明！

四十余年，友谊不同寻常。君主讲女中，余
承之男庠，品订文章。四年之中，每周三篇。商量旧学
抗战期间，我到湖湘，君留
故里，余逐君而西行。君适遵义，我移贵
阳，君常来暇而远扬。文革之後我归回乡，
幾接欢笑，忽忽又君亡。正为数教编写，孟伦
士领校。余以老迈，袖手于路旁。君之劳瘁，
赏余之竞。君之劳瘁，应该我当，乃既往矣，内疚如何
伤！托令十七致此唁词，并寄一瓣之心香。
呜呼自明，尚飨尚飨！

元月二十七日

叶芬返南洋。过武当与之队同车。本拟同返，赴存如及纪芳腊月十二及十六之婚姻喜宴，因天气变得冷，不宜走动。

元旦前夕，接耀南弟年画六幅，报以唐诗选注二册，更赋短句一律用抒积愫

卅载芳踪远，梦魂一线牵。
每怜林黛玉，似遇柳湘莲。
莫怪伸谟薄，难忘举案贤。
轮回如可信，诗画缔前缘。

七月二十八日　阴

江苏师范学院王迈教授、黄志梧老师来访。

复沈阳师专青丝同志

青丝同志之足下：

奉读大札，过［illegible］，又忝［illegible］，［illegible］。

大著皆反复［illegible］，［illegible］知为［illegible］子之士，不能也佩！海乡野樗材，久埋边邑，碌碌无成，忝为师友。

足下［illegible］听海言，［illegible］不敢承。

足下文学之［illegible］，今又为国家建树诗学，［illegible］之［illegible］已卓有，如［illegible］草。［illegible］十倍之佳作，与［illegible］成［illegible］

足下所主持［illegible］［illegible］，［illegible］子广开门路

［illegible］，［illegible］。海庸人也，［illegible］

［illegible］，［illegible］。初闻本校第一沈阳师

专［illegible］之［illegible］，［illegible］以［illegible］，并以［illegible］之。［illegible］

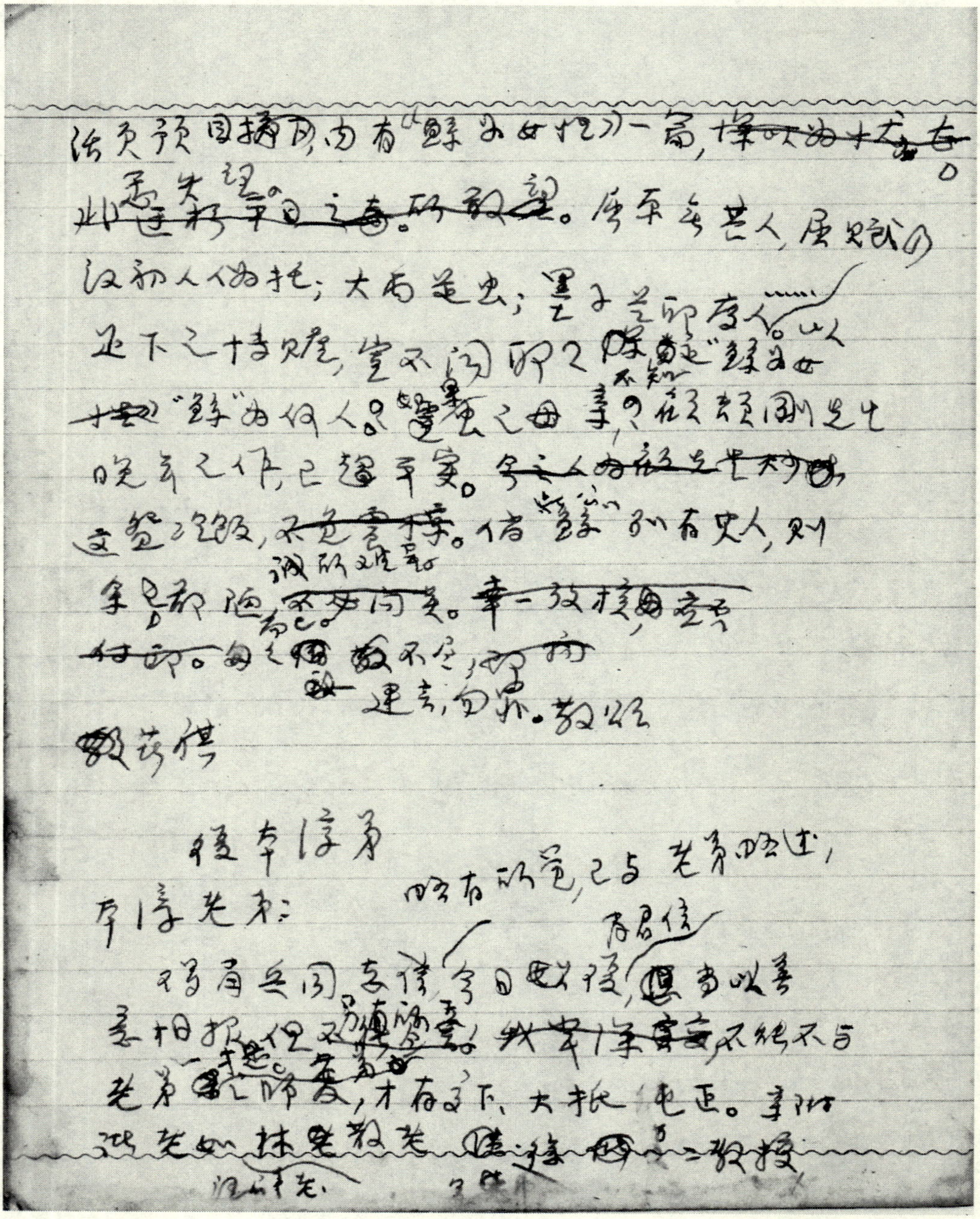

[illegible]顷日摘刊，内有《录鬼簿考》一篇，[illegible]

此[illegible]。原本无甚人，原题《

汉初人伪托》；大雨[illegible]；星子[illegible]人。以

足下之博览，岂不闻耶？又《录鬼簿》

《录》为何人？[illegible]之[illegible]事，不知[illegible]先生

晚年之作，已谬千里。今之人[illegible]

之谬误，[illegible]。信《录》别有史人，则

全书所据，[illegible]所难言矣。[illegible]

[illegible]。[illegible]不尽，[illegible]

速去，[illegible]。敬候

[illegible]

[illegible]

[illegible]老弟：

[illegible]前[illegible]来信，今日[illegible]，[illegible]以善

[illegible]相[illegible]，[illegible]，不能不与

老弟[illegible]，才有[illegible]下，大[illegible]。[illegible]

[illegible]

尤其钦仰　急欲一见，老人又钟老，
　　至性过人，家学渊源。

老非要以钧而亲附之也，自是双眼耳。肯君有
二可疑，特出信　老弟参考。
(一) 其作引徵　十首而不论。肯君读书勤奋，是当肯定。不
之陈[illegible]
[illegible]
[illegible]
[illegible]（二）正因为如是，所以[illegible]名之利物，
[illegible]不如红花者，过旁也有[illegible]。又[illegible]
[illegible]故释不能，不平陈言，是为难。
十四！　先生只提一下，并不存拒之过远。肯君要听听
老弟意识，我即告　老弟意，对待[illegible]老弟言
法时常称，提足中意文，　老弟[illegible]
法灵设曰，《[illegible]十七》外，还有一篇《陶诗新解》，
作者是"徐仁甫先生，舒城人，兰田师院同学。"
如果不错，则所谓"陶诗新解"者十四，先生宣
读[illegible]中偏园[illegible]　老同学之人乎。如果即是此人，
是法更偏其眼光注视，不能仍旧法时就意陈。
如果能够即是我的同学，而我[illegible]中仿之，这样有亏，
眼也要提。
△△ 越当读者，越有资本，十首而不论，论者不[illegible]人，是可假名[illegible]
相资利用，成为假名结。大[illegible]目不[illegible]，[illegible]

△△

罢校而骗了人。林先《八〇人节》之后，真对孩子更[illegible]，骗子吃香，多倒还少吗？林先说：“真读书人天下少”，看了文史哲报刊，方知林先之言不差。肖君过去的走过之路，似乎不妙。

(二) 老宇说，肖君很听老宇[illegible]，宁不敢以老卖老，[illegible]以真意相告，弦外之音，从信中题目《[illegible]》[illegible]起。更从题目还有《陶诗新笺》一篇，不知作者是否舒城人，[illegible]老同[illegible]老同同乡，相过四年，知之不深。[illegible]《陶诗新解》[illegible]故法时代造材[illegible]之不十分，求了也确乎不妙。

能有几人？不少点名，大概还不是无世的。前世[illegible]地，罢校前也。罢校而[illegible]不[illegible]的[illegible]有名气的[illegible]

[illegible]

二月三日　晴

《文汇报》元月三十日一篇文章《又红又专的榜样》附题《再向吕士才同志学习》

文中说：

吕士才同志作为一个党员干部，又有远大的共产主义理想和坚强的无产阶级党性；作为主治军医又是个精通医疗业务的专家。火一般炽热的革命精神，激励着他把全部的生命，全部智慧地献给了祖国和人民；高超的业务技术，则使他能够在炮火纷飞，条件困难的前线，救回了许多战士的生命。他不愧是我们干部队伍中又红又专的代表，是我们学习的好榜样。……

……专并不等于红，但红者先进一定要通过专来体现。不管干的是哪一行，不专不懂，瞎指挥，就使不红。……

……吕士才同志原来只有小学五年级的文化程度，十岁失学，十四岁当学徒。通过自学与上夜校补习，才考取军医大学。……

《讲和教》

这是《文汇报》同一天的一篇文章，很好。提出两种方式——“讲课讲透”与“精讲多练”。

貴州省委統戰部發言稿

张汝舟发言（三组）

我是前贵州大学、贵阳师院被怀疑、被打击一位老教师。两年来我获得党的初步了解了。一年来我的心情非常愉快，我的工作非常积极，我写过一首绝句《途中雨霁》来表达现在的心情：

急雨风回忽放晴　敝泥更觉草鞋轻
行人包裹忙收拾　要趁斜阳赶一程

师院同仁都能谅解我这首绝句是写实。但党委书记召集我们座谈，我不了地根据自己亲历的一些事实，对前贵大现在的师院党领导提点帮助的意见。对团结教育改造

一般高等学校党领导，一般水平是较高的，对党的统一战线方针，明知道党的对知识分子政策，明知道办高等学院要依靠老教师。可是老教师身受的不是

被统一，不是被团结，更不是被依靠，而是被轻视，被怀疑，被打击。为什么某些高等学校党领导明知道党的（统战知识分子）政策而不能执行呢？据我初步分析，主要有以下三种情况。

（一）奴才进步化

解放前大批知识分子都是生活在腐烂的、恐怖的半封建半殖民地的旧社会里面。因此解放后高等学校里就不可能不遗留（下）来或多或少的卑贱无耻的奴才。他们会向党领导拍马吹牛的康佑歌颂，会一跃而为进步分子，甚至入了党。这些虽是个别的部份学校、和个别部份人的情况。这叫做「奴才进步化」。

（二）党、团宗派化

「入主出奴」是中国一句老话。但这体现在今天某些部门党、团上，特别自显著。党、团内和党团外是画出一道鲜明无比的分界线——进步与落后，光荣与耻辱，幸福与苦闷……党团外群众是多数，他们头上戴的是落后帽子，他们被进步分子歧视，他们的心是沉重的、苦闷的……他们头上是压着很沉重的苦闷，他们是不是抬着头们的眼光里的歧视，请问谈什么团结力，试问谈什么统战，党团内一切皆好，党团外一切皆坏。刚出大学门不久的小伙子、小姑娘可以领导教研组，有些呼唤老教师接西读或是一张纸条子，呼之即来，挥之即去。这种严重的宗派主义，不但压坏了老教师，对小伙子、小姑娘，也不免"骄、夫人之气"，这是扶植新生力量吗？这叫做"党、团宗派性"。

（三）辩证唯心论

"辩证看问题"就正是说理论要结合实际，不能死守教条。可是辩证法较晴——现象与本质、形式与内容……到了某些老领导手里就变了。他心上铁一般地烙上你一个「落后」黑标签，你工作确是卖了力，他说是「自我扩张」，你确实是忍辱负重，他说是「别有用心」，「不能从现象看问题」，成了他任意歪曲的法宝。你明明是由于领导[illegible]小组或[illegible]而[illegible]，他会替你想像出一套「落后内容」甚至是「反动」内容。他一经铁下心去烙上你「落后」（因为你你）「反动」的标签，任你如何努力，他都能用「辩证法」否定了你，甚至还会造成你的罪恶。这叫做「辩证唯心论」。

最近半个月以来从报纸上看，可以一般了解[illegible]领导都有以上类似的情况。而我却是从我参加七八年的[illegible]中体验出来的。「奴[illegible]世[illegible]」，我不敢说我也是什么[illegible]样。但我可以自信，决不是奴才。而前者却有[illegible]到[illegible]是你的奴才，[illegible]

史铁亭要认识到，进步化了，我要得不受打击，我还没被小伙子压垮，笔

得还有丝微微的抗拒性的呻吟，安得不是自高自大，脱离群众，

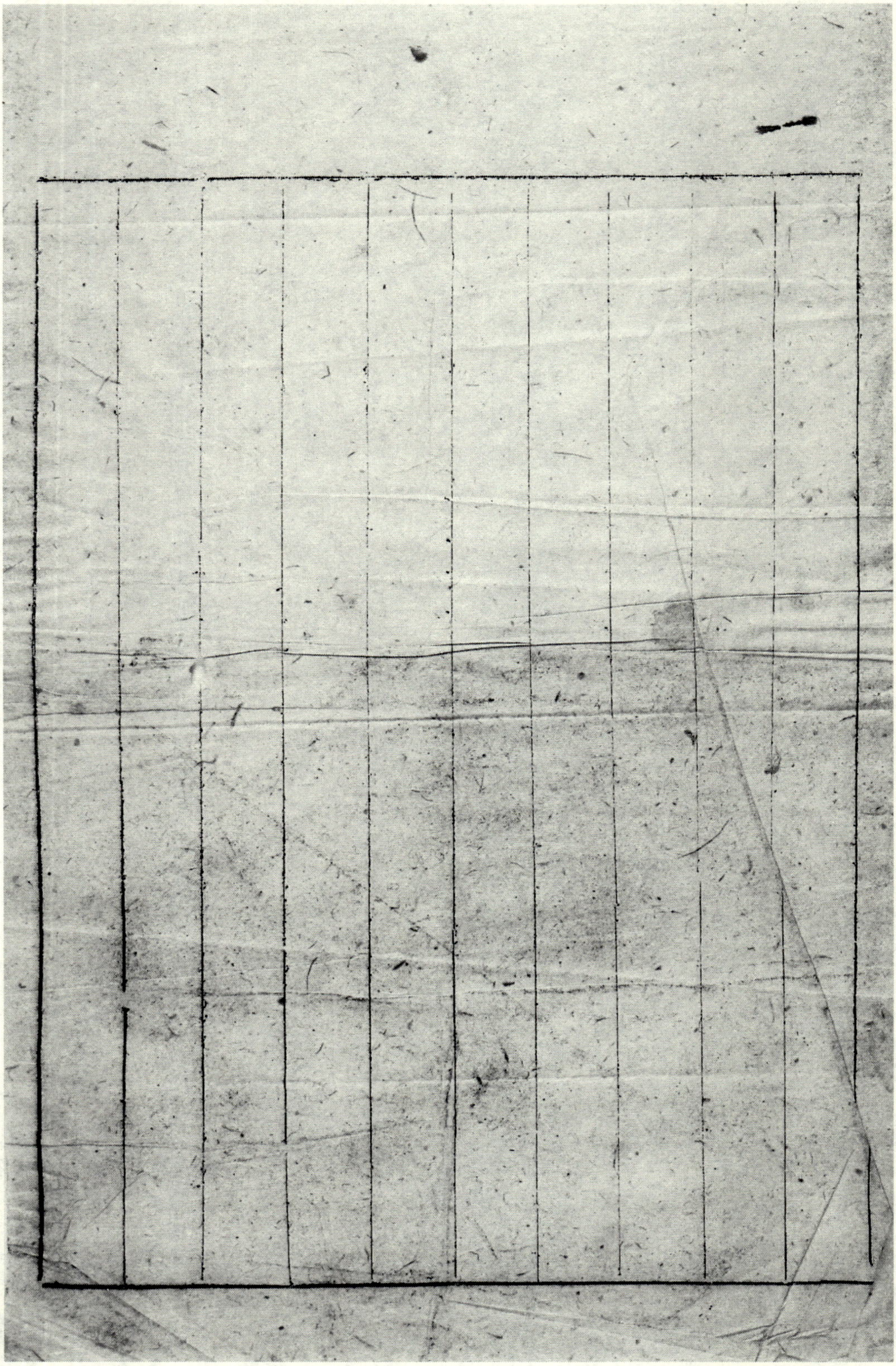

黄季刚先生的三大成就（殘）

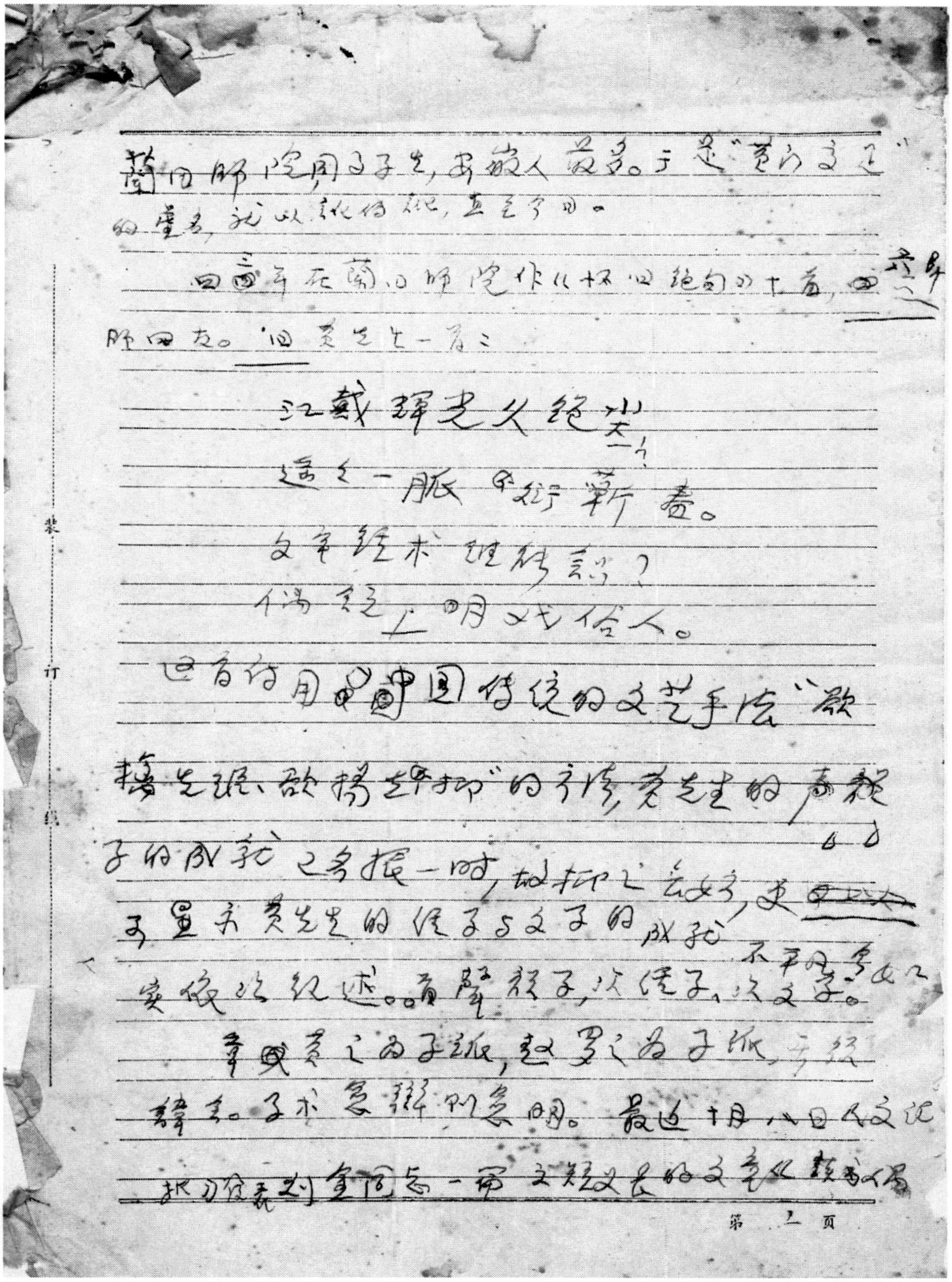

（指公孙龙子和——）

记得有一段："从这篇纪载看，当时两人之间，没有一些剑拔弩张之势。"现在我们学术界、文艺界原则大方向一致的条件下，在坚持四项基本原则下，学术上、艺术上不同的学派和流派，应当更能够实行同志式的平等的讨论，互相问难、[illegible]，心平气和，而不造成[illegible]。我们的学术界、文艺界只有坚持正确的百花齐放、百家争鸣。也只有这样，才会有学术界和文艺界的大团结，从而促成学术和文艺的更大繁荣。

我看，中国当前[illegible]新派（[illegible]）对刘同志这段文章[illegible]的批评都是欢迎接受的。这两派过去也不是[illegible]

发生。旧派中大同学同侪之也投入新派怀抱（团结）。

教学颇得好，新旧合作，成绩已已，何况了天了，更为

依新同学指引前进。

章黄旧派

传，所以学佐："章黄学派，只有'疯子'，还有'文子'，[illegible]黄先生晚年章太炎病[illegible]《殷墟契前》

编》，指其不可信。[illegible] 中大也是

文子学者继承师（章）说，黄先生有权威学派，是可实。

章先生不相信不可用"甲骨文"，先生门下，有不少[illegible]

《[illegible]》等书录入《学说》。抗战中该学者已

叫"文子"不是"疯子"了。

新派旧派，都是辛亥革命后旺盛时候

革命转入文化教育革命。但革命精神，并未减退。

二十一条

袁世凯总统卖国，签字反袁（二十一条卖国条约）

反段（指段祺瑞卖国），五卅爱国运动，

也是北大革命队伍开到了沪，全国响应的。

章先生反袁入狱，了不起。先生文以古奥之[illegible]

三二日。黄先生活学到过，纪念者。南京所[illegible]

一时权者，大都皆是东京战后，[illegible]

之的突击。一概断绝来往。[illegible]一班富[illegible]

4页

装订线

第 5 页

药根实译入毛泽东存稿里。毛主席说："这种一本《三民主义》就把我的藏书，全都烧去了。"这种不留情面的意见，指的《三民主义》跟同盟会是毛主席用样，当时还有什么"三民主义"之解放思想

子表上写毛主席，毛主席有意佐，以及对孙先生的政治与精子不有好感。读完了孙中山的派

在政治思想上也是一致的。

中共史人物，要用唯物史观分析。李先生对中国古考学起过"开荒半窟"，后出转精。

如果一定要给李先生一顶"仿当"帽子，"后出转精"又从哪里回来的？我们认为李先生，不能象刘先生的把考古学从之后的成绩，推向前段一步，不至到了我们李先生宽容史家之文，去说"后出转精"了。李先生这八括党这五年中国古考学的发展的艰苦历程，值得后来读者称。但是很从旧式土壤过一些论著子派大师不乱界力的成绩，如是地降下来，改变为这"后出转精"之功，也要归给"开荒半窟"前有开来之功。否则就会给

十二章古书，以及十七篇，陈氏十七节……以何称来之　6

只说了"考古之功劳"，以及"前者之功劳"

从何而来？广韵以入承阳声，韵以入承阴

声，不无区别，江戴孔"阴阳对转"从何而来？ 孔广森《诗

声类》每类的歌法中也只昔（广韵反切）（妙花）韵的转变多了，

很不一致，孔从广韵反切，定"以果音为正"。这一发明太了：纠正

宋 吴棫《韵补》朱熹诗经叶韵》 自陈第《毛诗

古音考》开来，是江有诰《诗经韵读》，李光地《古

今音表》 刘荧先生作了修正："古今韵十九纽，古

三叔音值》

今韵二十八部，杯回的了，就是古音音值。即音值。黄先生

（季刚）

说："没有陈兰甫，就没有黄季刚，"试读黄先生的十九纽、"二十八部"

就……是"读《论语》"大了翻了《切韵考》就一目了然了。

现在还有学者说："诗经韵读，（陈氏）不是问韵之道，"陆德明（二个字）

说"古人韵宽，不烦改字，"朱熹叶韵就好。"这把以（宋）吴棫（先生）

《韵补》，明陈第，清孔广森、江有诰，及其李、黄二先生等一千年代大师的

《毛诗古音考》 陈氏《韵补》 （姚）

成就一笔抹杀，只可借 智者千虑之一失。试看

朱熹叶音：桃夭：

周南 桃之夭夭，灼灼其华（音花）

之子于归，宜其室家。

第 〇八八七 页 20×15=300

召南·行露：
谁谓雀无角，何以穿我屋？
谁谓女无家（叶音谷），何以速我狱？
谁谓鼠无牙，何以穿我墉？
谁谓女无家（叶各空反）
小雅·我行其野：
我行其野，蔽芾其樗（音樞）
婚姻之故，言就尔居。
尔不我畜，复我邦家（叶古胡反）

诗三百，被之管弦，全是韵文。岂有同一个"家"字，这里如字读，这里又叶古胡反之理？
在这又叶音谷，在这又叶各空反，在

黄先生十九纽，二十八部，"家"正是"古胡反"音姑，此音至今犹存。北方人称"曹大家"，至时音"曹大姑"，近代

以上文说："黄先生十九纽、二十八部之标音，就是古音之值"，如有不错，大家指正。

贰、黄先生的声韵学（即是古音学）

我在兰州师院写的那首怀黄先生七绝，是用传统艺术手法，但说出今天需说之，黄先生是总结三百年古声韵学之硕果，有著议。我再重提季先生八个字"后修而密，后出转精"。这八个字，是一切学科、技术发展的规律。至于论到四个字——"继往开来"或"承先启后"。

在今天我们怀念黄先生，首先问"继什么往"，"开什么来"，"承什么先"，

第　页　　20×15＝300　　8

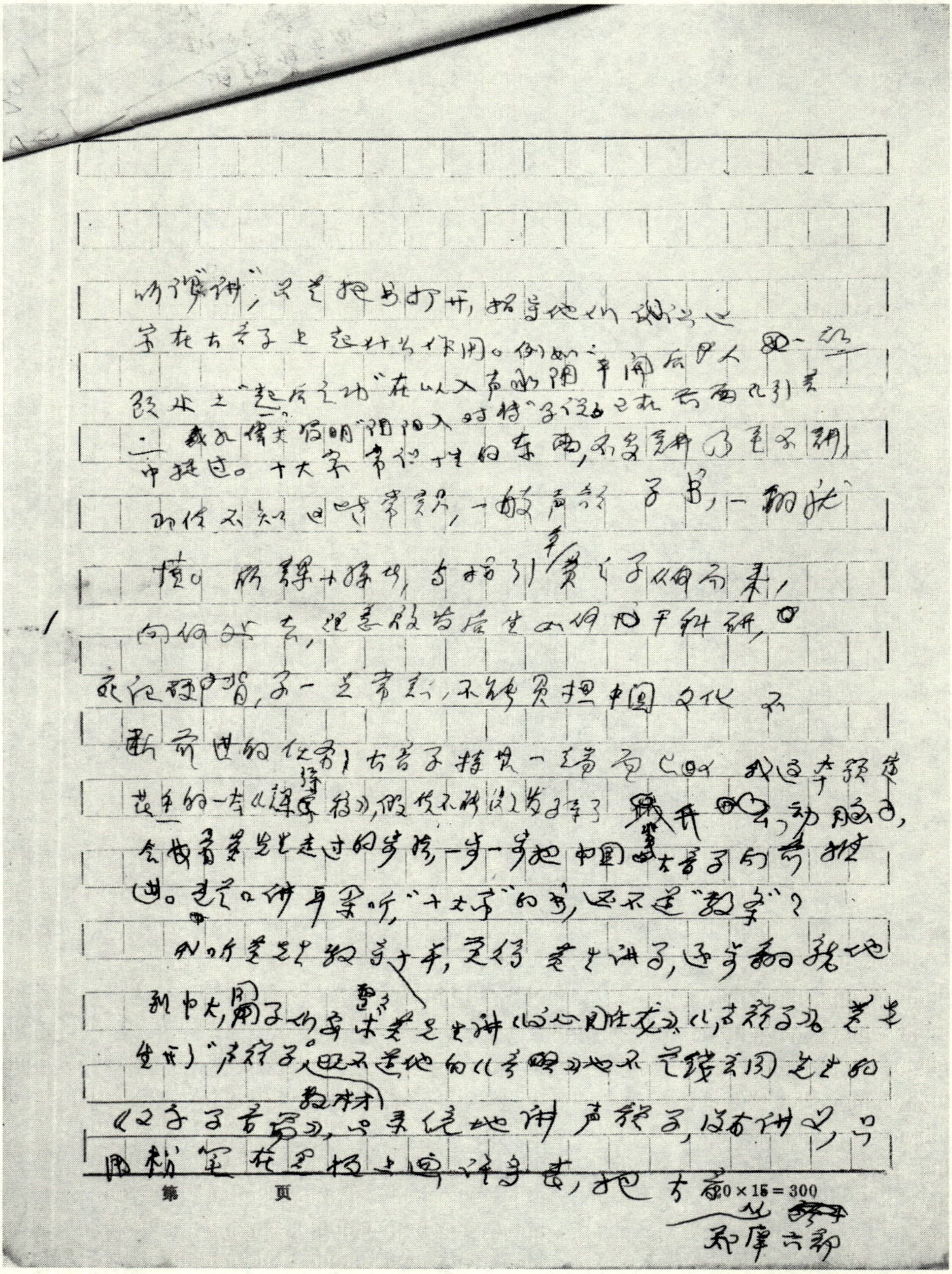

[illegible]讲，只是把书打开，指导他们认识这
字在古音学上起什么作用。例如：[illegible]
[illegible]上"起[illegible]之功"在[illegible]
[illegible]
中提过。十大家[illegible]的东西，[illegible]
[illegible]不知[illegible]，一般[illegible]子书，一翻就
懂。[illegible]，[illegible]
[illegible]
[illegible]，不能负担中国文化不
断前进的任务。古音学[illegible]
[illegible]的一本《[illegible]》，[illegible]
会[illegible]先生走过的步[illegible]一步一步把中国古音学向前推
进。[illegible]"十大家"的书，还不是"教学"？
我听[illegible]先生教了十年，觉得[illegible]先生讲了，还[illegible]地
[illegible]先生讲《[illegible]》，古韵学。[illegible]
[illegible]"声韵学"，既不是他的《音略》也不是钱玄同先生的
《文字学音篇》，只是纯地讲声韵学，[illegible]，只
用粉笔在黑板上写[illegible]，把古[illegible]

第　　頁　　20×15=300

[illegible]

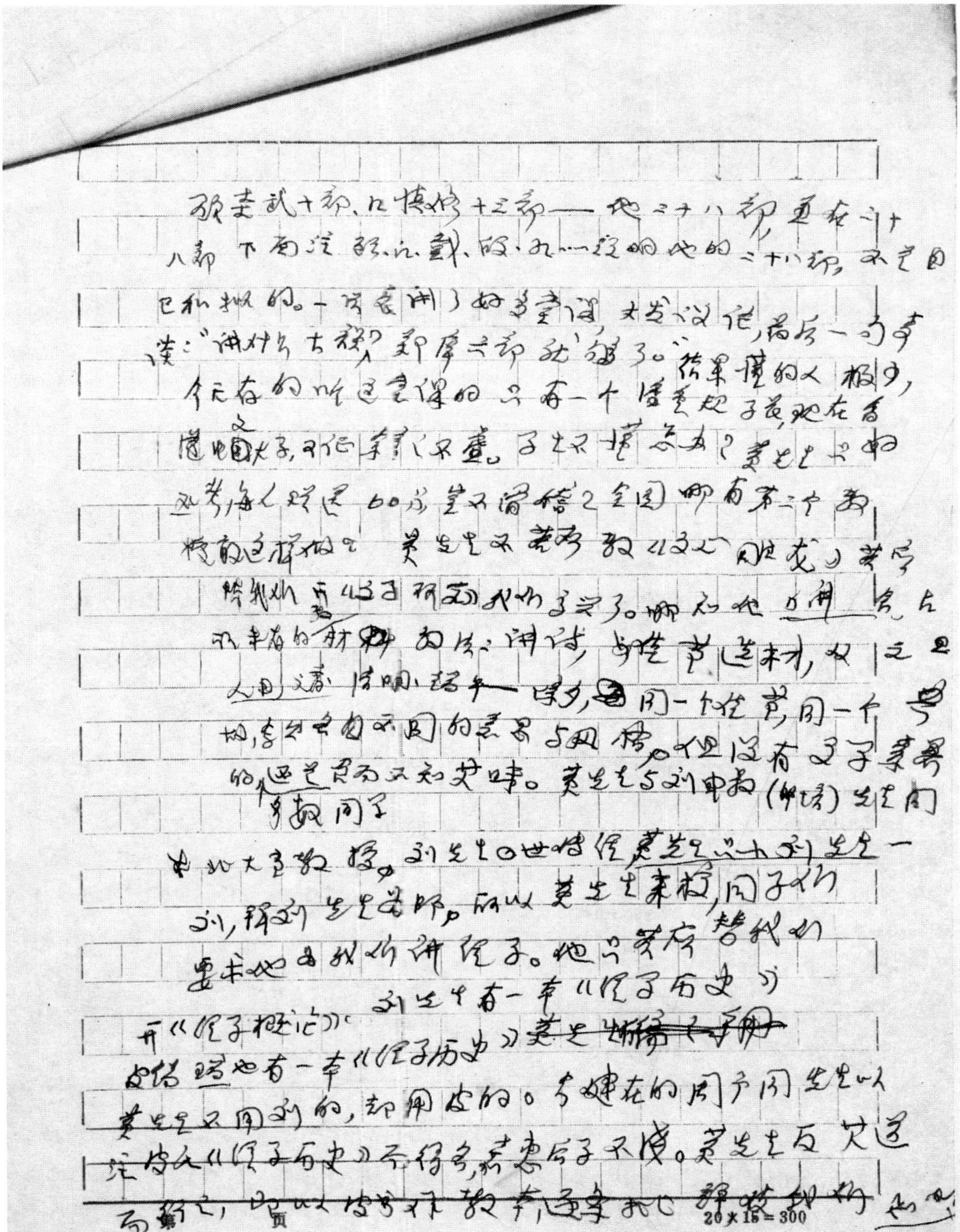
页 20×15=300

这，吴、皖学派古文派与常州今文学派的区别，如不读过十三经注疏，至少是五经正义，最少也读过朱熹的诗集传与四书集注。不然的话，从何体会所谓“清代经学有今古文之分”。我记黄先生批评学生，常常提出最好唱起来，唱着叫曰：“虔翁啥文章真好！”湘南大学有这样教授唱五十一首诗，与晓蕾唱五十四首，黄先生五十一首又同。黄先生说：“有这般的有道理。”这就是黄先生在学术问题上的公正态度。尤其教材教法，不守常规，不主死板一个教学形式，生动活泼，逸趣横生，听者忘倦。但也闲话，信口铺大摊子，三山五岳，使学生抓不住。在我们今天看来的学者，有不同程度的这种毛病，应该纠正。前面提的《纪C报刊上文》先生那种……不但是我们一家的前进方向，而是我们现在前进方向的，有什么“……”，我们前面学习公孙龙子的“体入”……不然古书不能修今时务，成为……的东西，失了古书的精蕴。公孙龙用孔穿之祖父（子）一句话“楚人不同于人”，说明他的“白马非马”，何其高明，使孔穿无话可说？毛主席之用“愚公移山”，“兼爱”……

囊也。不然，率尔之子，难保古奥，不能随时代而推进。当前各地的人都抢救的大中学教师生，已有不少大中学校，恢复过去"古文选读"课，以编古文课。学生在我们看上，有"文选"、"离骚"、"韩非子"（当然仍以《论语》、《孟子》和《史记》为主），诗经、楚辞、杜诗、文心雕龙……大……古文观止……九条千世之的……从泥潭里解放出来。不当"深入浅出"，当也讲不好。所谓"深入浅出"不是是讲古书。讲《……》、《……》、《……》外国……《……》《……》《……》，教也不能"深入"，也教不好。

教了语文的同志几个原则、十个原则，解放前子过，当为主线；后来又被批判。我们当年学语文，过了二十年也不知道"定力性原则"、"实物教材原则"。"不愤不启，不悱不发"，也不是"启发式"，孔子就是"举一隅不以三隅反，则不复也"，孔子循循善诱，"闻斯行诸"，孔子相反作业，也不是"定力性原则"。孔子之："格物致知"、"近水楼台"……"不登高山，不知天之高也；不临深溪，不知地之厚；不闻先王之遗言，不知学问之大"，后人懂"……"、"……"，也不是"实物教材原则"，不懂这些教了语文，教材也是次要的。教材当是文化"之道"，或者是古今，思想跟不上时代，偏用不当，教好是中国的是外国的，也不实用，教材再好，当也教不好。我只有四十年教了经验，是不够的，多以自学，并且在六十左右学了一个语文怎样把……学也……正……

去粗取精，修修三十左右本子，在学术界，

实事求是，终于化顺利出世。好友更该之，文艺界各先生

老朋友、丈夫八十左右老朋友们赞叹之，希望

~~担负~~，他如今是我一生的见证人。~~我之~~

怎样　怎样修改

我修正信，只如今这本书。今年要修改

课程读过之后难古今十大家的。从上文看出怎样

关于叶音读。查如顾氏《诗本音》

《桃夭》——華（古音敷）家古音姑

《行露》——角（古音禄）（一屋）

音禄　屋　家音姑

牙（古音吾）墉（三钟）家（音公）

本此顾炎武曰："一家也，忽而谷，忽而公，歌之者难为音，听之者难为耳矣"，直指朱熹"叶音"之可笑。其后他又不少事的

错误，也指出古音本读。

这里家音姑，是对的。家古音敷，前修未密，古无轻唇音，家所音敷之依钱大昕先生古无轻唇音之说，~~華~~華古音读Hua。广韵入鱼部阳平，段氏以大音类表以入鱼部阳平（江载、孔广森之，发明"阴阳对转"），其功极大，上面讲了。北宋吴才老（棫）的

第　　页　　20×15＝300

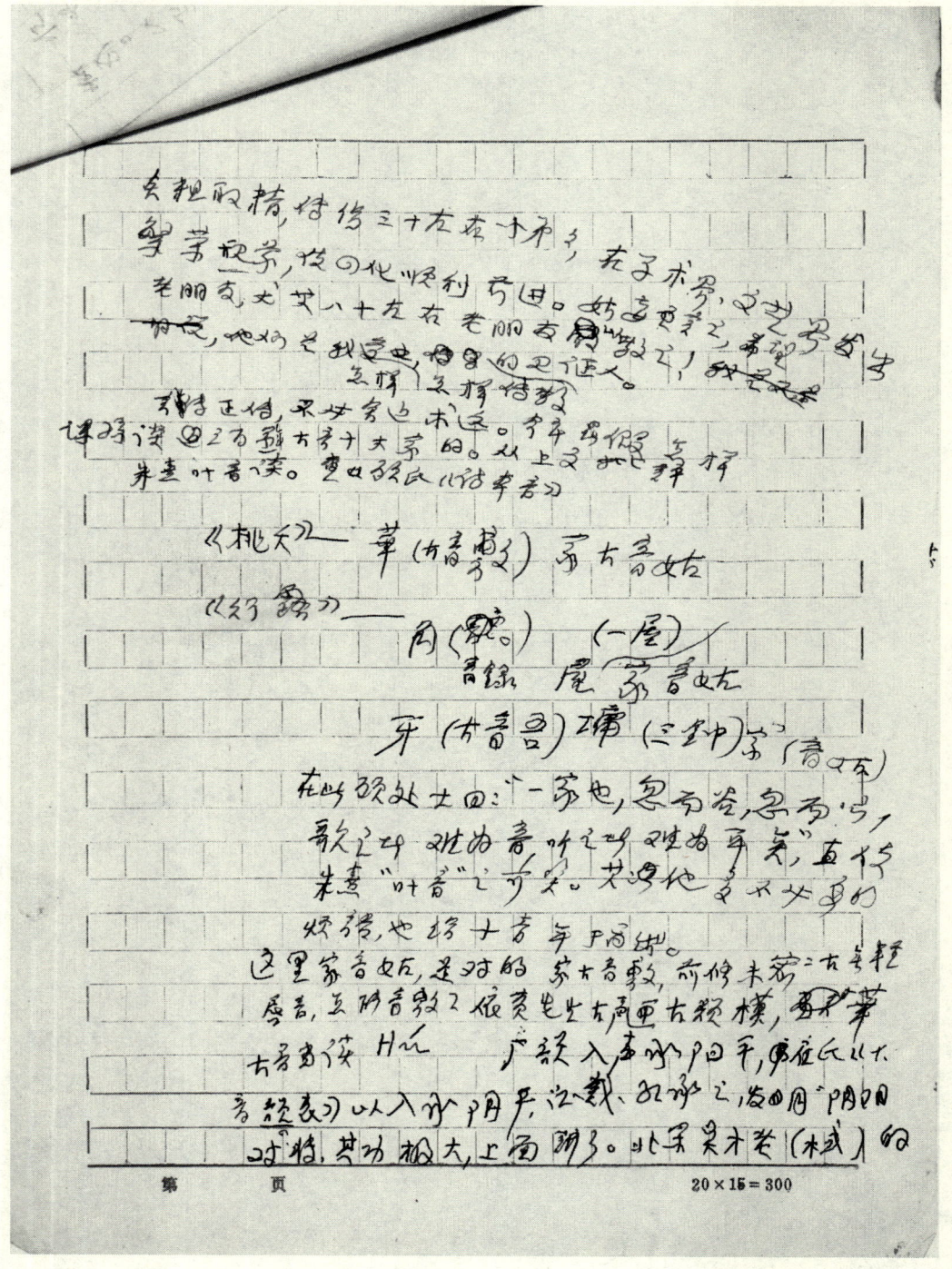

《韵补》，顾作《韵补正》一卷。《韵补》有乡人徐蒇

序，言陈振孙说："朱子注诗，用棫之说"，疑也。《韵补》

提出"古音"为顾氏《唐韵正》开道路，顾又作《韵补正》纠

正吴氏之说，故为有清三百年古音学之先师之开祖，

出朱子未得了解，妄作叶音，顾氏驳之，见上文。但顾氏初

正，历之逐步考订，说"合共几字，不合共几字，疑共几字"。对吴氏有

功，但所说合共几字，例如说"合共几字，不合共几字，

疑共几字"，指导今天古音再加研究，这叫

做做好数字，使下一代踏着前辈脚印进行工作，才能

一步一步踏上，使古音学逐渐向前推进。所以一再补

出，你要填补中国的缺陷，[illegible]人之评耳。举

《韵补》"八蒸四字"：

上平声东韵，

顾正：合共十二字，一合共十二字，江红……邦……

《韵补》："江，[illegible]红切，正是古音"；引

《释名》、《风俗通》、

《音学五书》证明古音之确，以千年前有此音者，有吴棫才指

有陈第，有陈第才能有顾炎武，才能有三百年中国古音学。

又《韵补》"尤韵"顾氏《韵补正》说"合共四十字，家瓜……华……

《韵补》

"家，攻乎切，正是古音"姑"，引诗为证；

"瓜，音孤"，"瓜"、"苽"皆以瓜得声，引证瓜古音"孤"

的有力？陆德明、朱熹之皆不及此！陈氏所以

"不害"，彼只是"古时本音"而非"今世口之不中"，此是

我上文说的"古时本音"里面，包含很多"叙合"之功。

《韵补》与《韵补正》对照一看，都说不少了。陈氏

《诗本音》亦称郑庠六部，《唐韵正》亦称吴棫《韵补》

之"古时本音，合出时指"的实际的说明？若是这样，

"没有陈兰甫就没有黄季刚"，也是了不明，

就没有黄先生，没有顾炎武，就没有章先生

时这不是了不对？

讲顾炎武，当代"汉语的音韵学"

山祖师，也可指示十朋友去做练习，去申请

完《韵补正》所正的字的若干字中还有

哪些还是不合，极少"不字的"有多少是合的。

第　页　20×15＝300

这时学生练习极不好。以后早古音了十大家

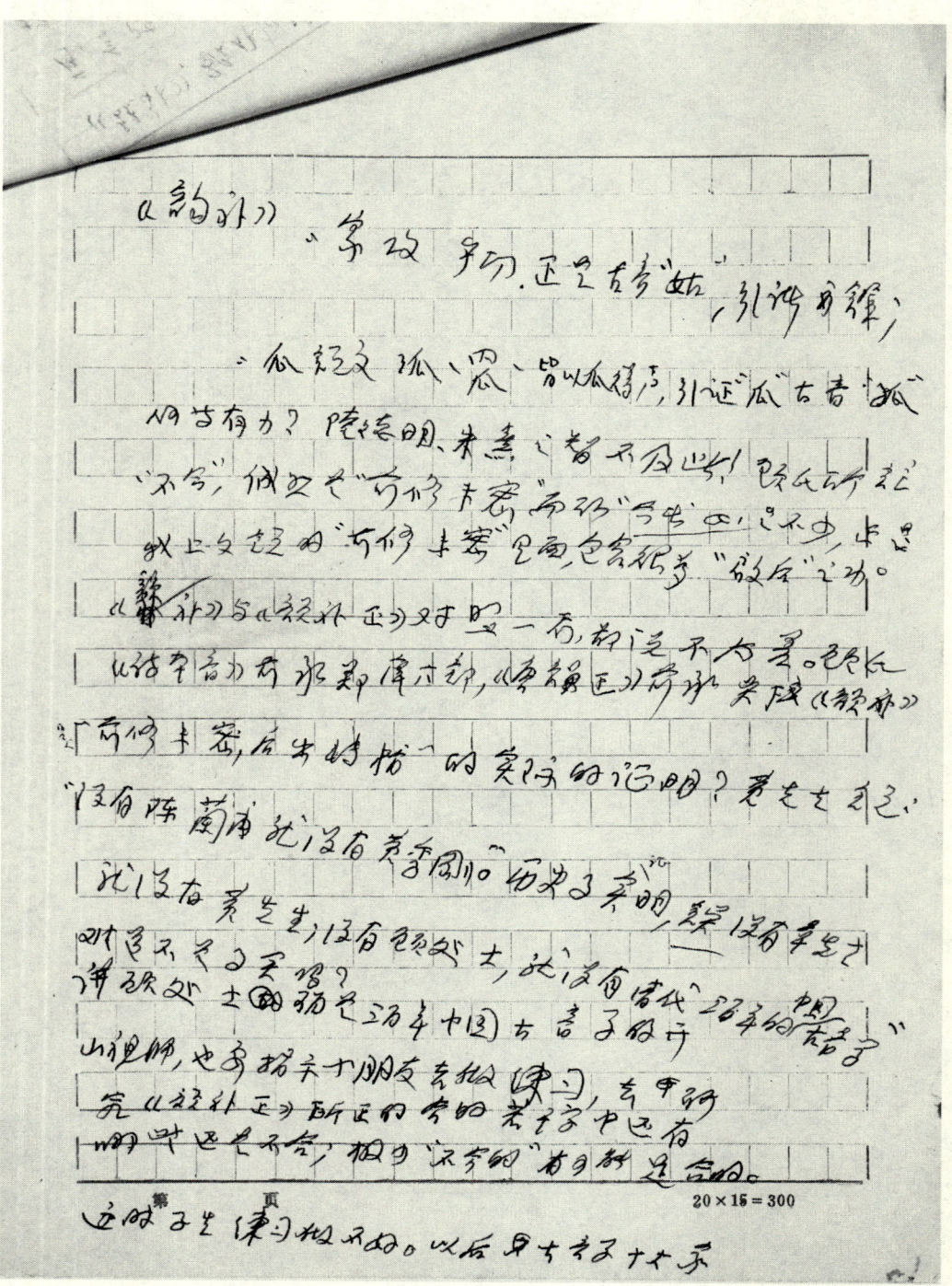

不能够依次讲，第一个大师放在黄，段会讲

他们这方面的"练习"。第一段之，黄先生的自修

讲到这里。下面只提一下陆世仪先生写的~~《黄先生十八种》~~~~总集的~~《黄侃论子集注序》，说黄先生有不依从李先生之处，这是表扬黄先生真正不死守一先生之言。上面讲了，

没有李先生就没有黄先生。师生相得益彰，一代又如一代，是日益发展，终死亡。诸子若肯如何继承

黄先生对于学术不是固执异，不阿私所尊，不死守一先生之言，比师李先生又进步了一步的刘先生。黄先生这种知识分子无私的精神，值得大家学习。

叁、~~黄先生的任务~~例子是之介，而道我们今后应该讲了，而是先生

把基本材料，按字里先之，逐字地练"练习"，才能做到紧跟前辈脚步和一步一步推陈出新地前进。

~~段若膺先生时古自省明"之""支""脂"之前之分，减道自喜。~~

第　页　　20×15=300

我们从事研究的目的只正为了把国风里的这三部团结，过去不分明，用之和研究——～～……标起来，

这就之了，昭然若揭。

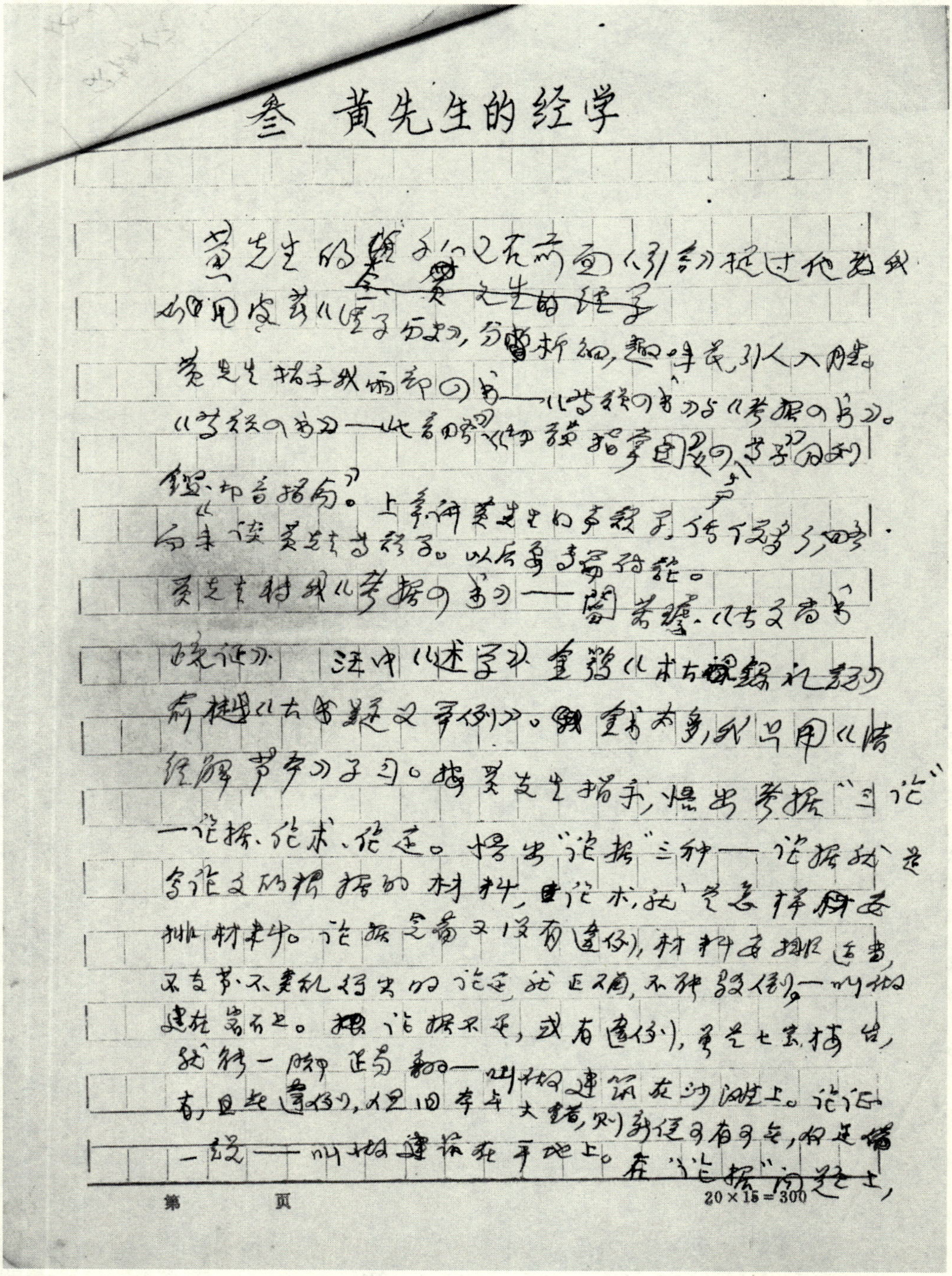

叁 黄先生的经学

~~叁 黄先生的经学~~

黄先生的学子们已在前面《引言》提过，他教我们用皮锡瑞《经学历史》，分析细，趣味最引人入胜。

黄先生指导我们读的书——《读经的书》与《考据的书》。《读经的书》——他首嘱《诗》读，指导我们用《经学通论》、《经典释文》、钱氏《音指南》。上面讲黄先生的方教了，传下读书之方，向来读黄先生书得了。以后多看书有得益。

黄先生指我《考据的书》——阎若璩《古文尚书疏证》、汪中《述学》、俞樾《古书疑义举例》。书太多，我只用《经解节本》学习。据黄先生指示，提出考据"三论"——论据、论术、论建。提出"论据"三种——论据就是写论文所根据的材料，"论术"就是怎样使用这些材料。论据是第一条，没有遗漏，材料要搜罗齐备，不支节不遗漏，得出的论建就正确，不犯错误，——叫做建在岩石上。如论据不足，或有遗漏，虽然七巧拼合，就好像一脚踏空——叫做建筑在沙滩上。论证有且无遗漏，但由于方法大错，则论建可有可无，好比一座——叫做建筑在平地上。在"论据"问题上，

第　　页　　20×15=300

懂之后搜集材料，是做论文首先应有的一道工序。于
是想出古人著作，先有"长编"的办法，如《通鉴长编》也是
先把古代史料一条一件的集起来，然后选择运用，写成
《通鉴》。近世用卡片，就是从《长编》的经验发出来
的。我看二者，各有利病。"卡片"只将一个事写一张，经子呀，
经子呀，史子呀，诗话呀，传呀，别集呀……一份卡片按门
类，以后遇到哪方面问题，在桌上一摆，就可以很顺
利的写著作。这很方便。但整卡片太费人力物力。我在作
我自己要做的论文题目，或者遇到别人论文有了严重
问题，去读或翻书，得到资料，就放在每一个类里，
分类　这个"证据"已达到足够程度
没有整片之后是……的办法，只翻"长编"，比较
经济问题。没有死法，不一定先立类去搜集资料也可以
然后决
将资料归定立类，以后遇到问题集在一起。也可以
当问的部分，读经就在诗经类写上注"诗经(一)
眉
"诗经二"……"哲子一""哲子二"……不必另作"长编"。又如
林史诗经，就在《诗经》上书眉上注，
"王肃主郑用马一""……二"，"王肃主郑用子一""……二"，"王肃
"郑又一""……二"，"六朝经疏文字一""……三"，"王肃　如
这样去读《十三经注疏》"老子""庄子"……　这样就

第　页　20×15=300

马郑之对易经的主张亦不同。马郑据古文费氏经，遂为一家之义，传于后学者孔抵，是其功；但后人已失师说，今古文家法皆失过。到王弼在古文的费氏定本没有了，欧阳、夏侯之学也没有了。他又好改马郑之书，自己求一个玄旨，用成传，功不在马郑下。依从王弼改书的反对者不见了有实。老辈说：没有十三经注疏，就不可能有所新读经解。没刘文淇（刘申叔先生的曾祖父的第一世）的《左传旧疏考正》，第二世《诗·书考正》，第三世《周易注疏·义》（就是易、书、诗、礼记、左传的注疏）大抵是六朝旧疏，不是孔颖达，后世认为是五经正义，都是孔颖达之功，有什么用？一天黄先生对我说：汪荣宝先生（他的师兄之，曾驻日大使）说：日本人问他中国还有人能读十三经注疏的吗？我答不出。黄先生说：你不提伯弢先生（汉章先生本与先生同门，曾同先生求学）？当时学术界皆传言陈先生能背诵《十三经注疏》、《廿四史》与《九通》。他上课堂只带三两支粉笔，讲到哪里，用的什么书，就写在黑板上。陈先生课我听了不少，讲义我都有。讲义上所引用资料没有错误。可见讲义质量不亏，要他先生修改。比起黄先生的《礼记略说》及《讲尚书条例》

第　　页　　20×15=300

相当差很远。陈先生也写"长编"的，但他把资料，撑
要印在脑子里，上课堂用不着一个"长编"，足以惊人
佩服陈先生的记忆渊博，可是说他"十三经注疏、
二十四史都通都背诵"。……千万一段。不
管怎样收集资料，不懂"论述"，也写不出有力的"论述"。

黄先生说真的说了算，陈先生是"学问篓子"的……
……的经学家。我们认为，黄先生虽不明出口，但
日本人……中国人，黄先生却争出陈先生之见
黄先生……
1914年，历史系反对陈先生……的表情
……只当教授，陈先生
辞职。中文系同学无知包括我在内，震于陈先生精通
礼记学，一致去挽留陈先生到我系教《三礼》，推我向黄
先生做书面。我拟写了信给陈先生，去见黄先生。黄先生对
我说：不消说，我们不能去催陈先生了。黄先生从来不
写讲义，三礼课没有学生，没有教材可用，只由自编，黄先
生三个大才转为一两年讲义。《礼记略说》是不记讲义

第　　页　　　　20×15＝300

箱的，在课堂上一段一段发给学生。学生听的不少，缺者也不少

秋。黄先生珍视这本讲义，听过课，不会偿失的。

我亲眼看见黄先生的书房，在床上、桌上，椅背、椅子上 尤其

一本一本书放在上面。

编《书目答问补正》的时候，我了解到先生当时的《书目答问》 [illegible]

[illegible]，又好把材料一本一本放在里面，讲义内容 [illegible] 来示 [illegible]

这一部书的来 把材料 [illegible] 地

[illegible] 讲义，[illegible] 传授，全靠向黄先生学的。[illegible] 黄先生 [illegible] 之之

[illegible] 以为 [illegible]，[illegible] 十 [illegible]，先生 [illegible] 一册了。[illegible]

不足以成多佳话，黄先生对“[illegible]” [illegible] 不 [illegible] 也。

~~[illegible]~~

~~[illegible]~~

[illegible] 黄先生 [illegible] 大使 [illegible] 先生多天 [illegible] 先生多数“之礼”，

并不是 [illegible] 而多 [illegible]，这是 [illegible] 对了 [illegible]，

[illegible] 黄先生的 [illegible]，值得大纪 [illegible] 黄先生 [illegible]

[illegible] 的 [illegible]，[illegible] 的 [illegible]，[illegible]

专席多年了。

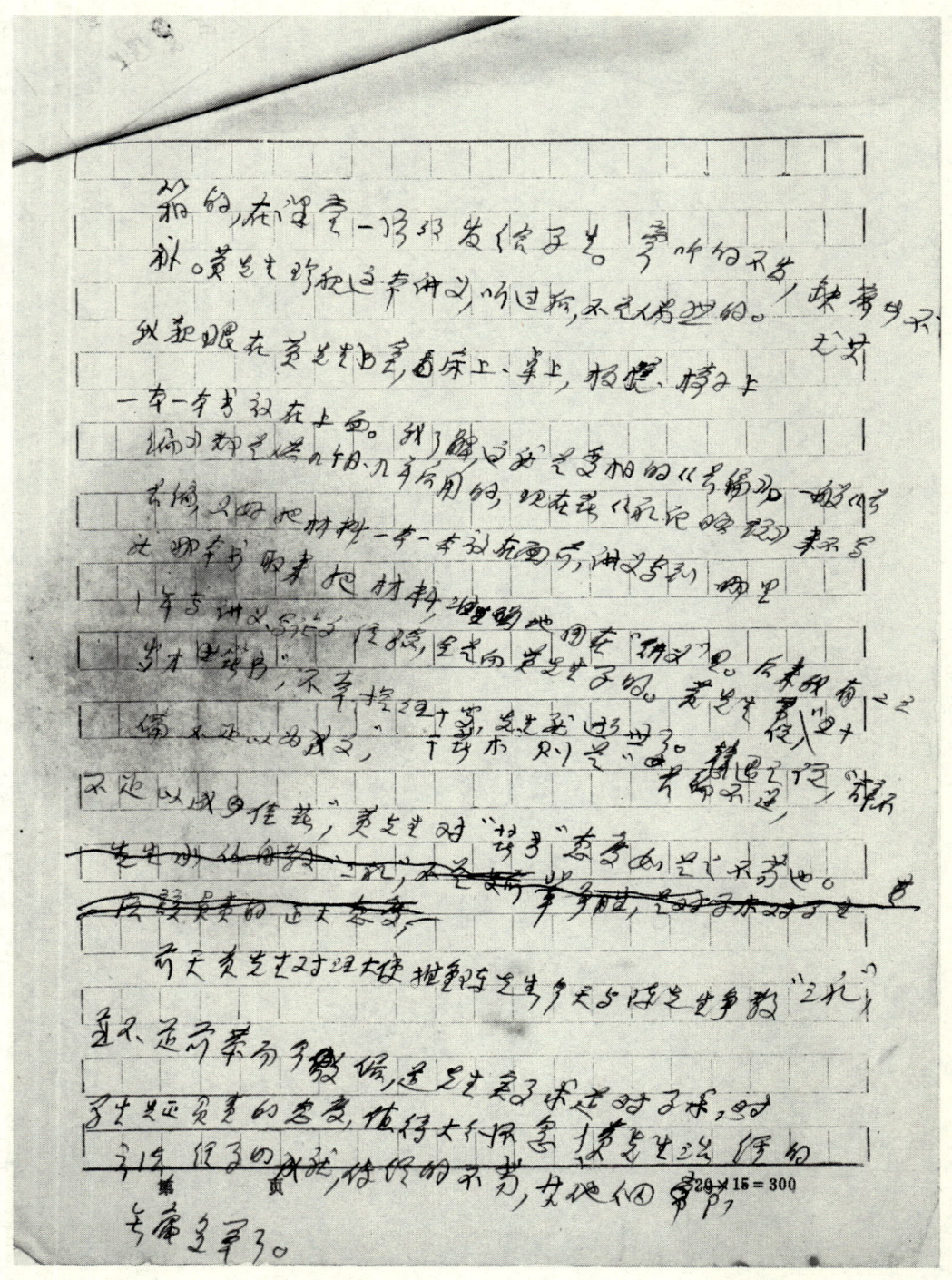

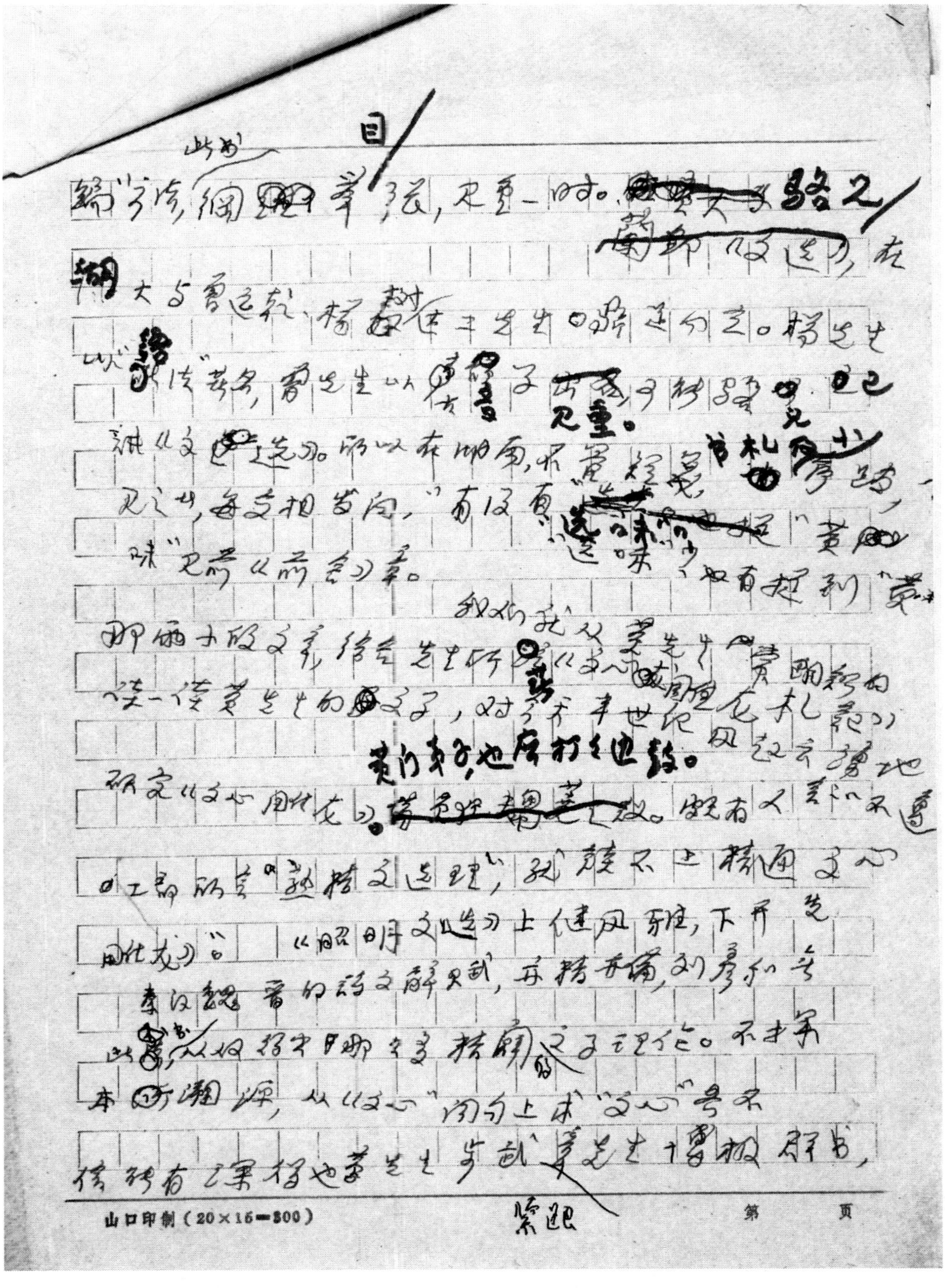
山口印制（20×16=300）
第 页

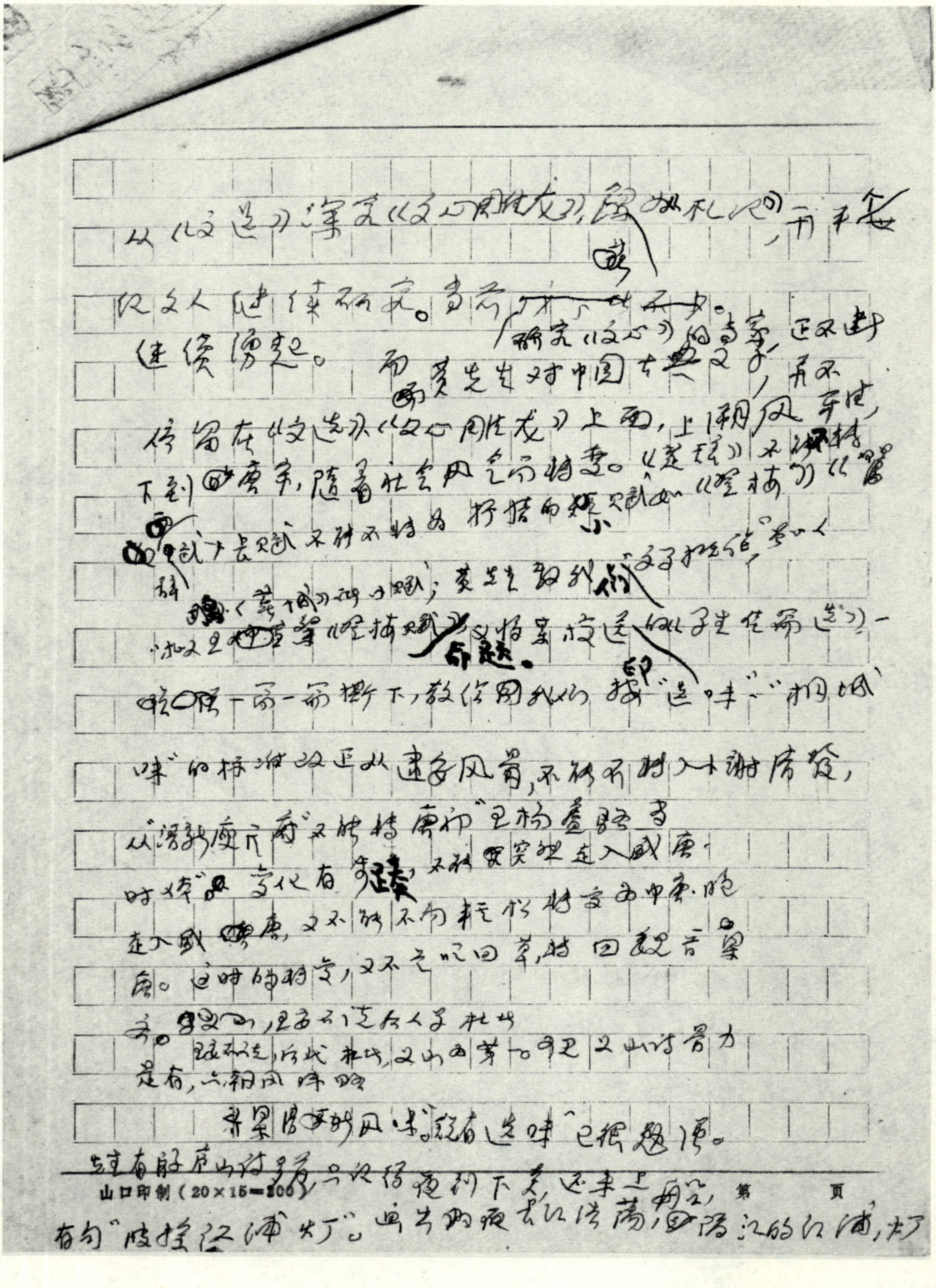
从《文选》学习《文心雕龙》，[illegible]《礼记》，[illegible]
[illegible]研究。[illegible]
[illegible]
《文心雕龙》上面，上[illegible]风[illegible]，
下到[illegible]，随着社会风气[illegible]。《[illegible]》
[illegible]
[illegible]
[illegible]一字一字[illegible]下，[illegible]
[illegible]
[illegible]
[illegible]
[illegible]
[illegible]
[illegible]
[illegible]
山口印制（20×15=300） 第 页
有句"[illegible]"。[illegible]

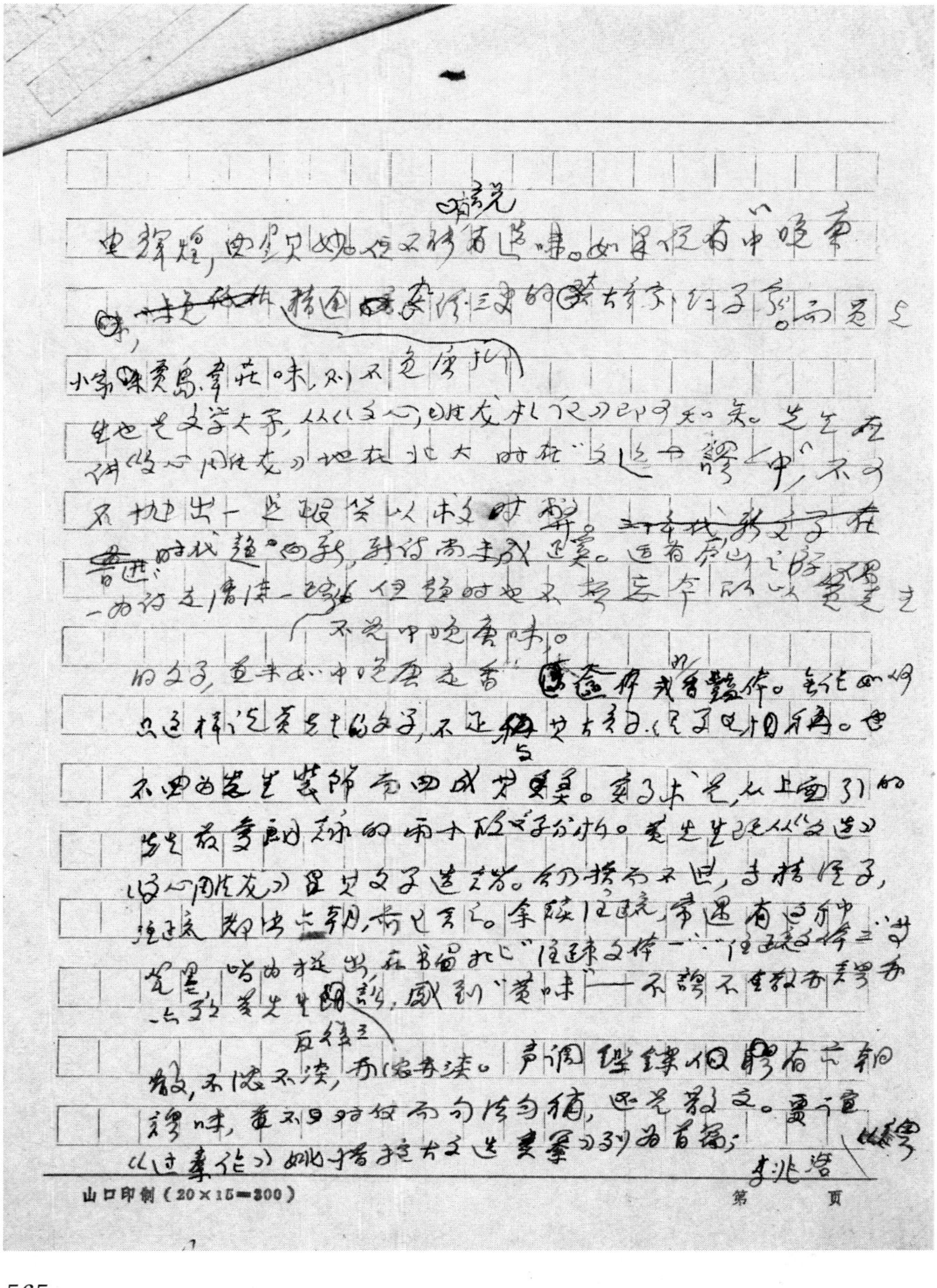
史辉煌，由王只如他在文坛有造诣。如果说有中晚唐
味，[illegible]精通[illegible]三史的[illegible]大家，什子家。而黄之
小品，味贾岛、韦庄味，则不[illegible]
生也是文学大家，从《文心雕龙札记》即可知矣。黄先生在
讲《文心雕龙》地在北大时在"文选"[illegible]中，不可
不提出一些报答以校时解。[illegible]时代趋向的新，新诗尚未成还[illegible]。还有唐山之[illegible]
一为诗是唐传一路，但题时也不[illegible]所以黄之
不觉中晚唐味。
的文字，通来如中晚唐之香[illegible]我看一[illegible]。[illegible]
只这样说黄先生的文字，不[illegible]与[illegible]相称。也
不[illegible]装饰而[illegible]成[illegible]。[illegible]上[illegible]的
[illegible]的两个[illegible]分析。黄先生[illegible]从《文选》
《文心雕龙》里[illegible]文字[illegible]。[illegible]精[illegible]，
[illegible]朝，[illegible]。[illegible]常还有[illegible]
[illegible]出在书[illegible]"[illegible]"[illegible]
[illegible]黄先生[illegible]，感到"黄味"——不[illegible]
[illegible]，不[illegible]不读，亦[illegible]读。声调[illegible]但[illegible]有[illegible]
[illegible]味，[illegible]。[illegible]
《过[illegible]》[illegible]

李兆[illegible]

山口印制（20×15=300） 第 页

体文就可以列为首篇。通读完这篇文章，就可以理解到“美味”的不浓不淡，亦浓亦淡的道理了。最近见有一篇文，指出《后出师表》不是孔明写的，主要是《出师表》雄壮豪素，胜人一筹，《后出师表》显得暗淡，缺少气势，委实乏力。似乎有道理。但我回一想，难道同一个人把这两篇文章，前后读之，前篇有“美味”，后篇有“无味”，则二篇不出一人之手，理由未免太牵强。“美味”就可大升文学的味了。如果像孔子说的“辞达而已矣”，文之精也，“神理气味”，文之精也，“美味”已到“文之精处”，不敢妄加评论。莫先生的文字，我谈到这里。

等挫折，同时不少缺点、失误相出。

实事求是，批判继承，接如大众，不能对

今天学术的四化，起推进作用。

四五年我写了有关旧诗句十首，今录四

首。中有怀周同帅一首：

江藏辩主义绝袁，道尽一派衍刹青。

文章经术谁能识，儒林高明戏古人。

这首诗用传统文体"托物言情"的手法，

赞先生的学经学史满天下，以抒己推

崇他的文字学经学。实事求是，各主节怀表

吴师之（一）学经史（二）经学（三）文学。

目前在文化教育战线上的骨干干部，

第　页

基本上是四十到六十岁的人。解放时，他

们才二十岁左右到三十多岁，基本大多还未进大学。解

放后三十年动乱，文教在理工方面取得了

很大成绩，上星上天多次了，二万多吨巨轮，

一艘一艘飞渡太平洋，顺利前进，四个现

代化是大有望的。文化教育方面相当广泛。大学

多少院校，多种多样的被扣上各种帽子——

一种建筑学呀，白专道路呀，右派分子呀，——有之

种种，起了什么作用。解放后学出的同志主

持文化教育，他们本身也是相当受路线下

的受害者：还教读书，搞科研，去当"臭老九"？

四人帮倒了，政府马上抓了大中小教学改革，大

搞科研，出版了很多刊物，对于有文化

都起很大的作用。过去三十年前的教材不会有多少

又错，教材水平在十年浩劫中，当也不致了，

子女方也不了解了，

　　爱国的人都说了，国内这样的一致，应付新形势，需培养人才。过去用的[illegible]文学的教材，再过二十年，祖国文化水平，也有不可收拾的局面。"文化运动"开头，有个同志说："再过十年，能懂得中国字，就是了不得了"，文革中，斗得惨！现在他当了中[illegible]主任，时代变了！

　　　　　　　　　　　　[illegible]

　　文化教育[illegible]，[illegible]

正[illegible]，[illegible]学校[illegible]有条件开[illegible]选课。[illegible]就是[illegible]，如[illegible]、[illegible]、广[illegible]、[illegible]、[illegible]、[illegible]、[illegible]、史记，也是要有[illegible]的才能开。[illegible]有一定[illegible]学问，有些[illegible]主任上不了台，下不了去，[illegible]，也下不了[illegible]八十左右

第　页

老知识分子，都有这个历史经验。我这个学
生和学徒，已八十三岁了，母校（西大）老学长，也
是八十左右的人。母校开文学系了，旧第
师院在开历史系了，附近师院在进行（要开《楚辞》，
交大和新疆师大已开或将开天文历学，安大
又将开哲学科（包括《儒林外史》《红楼梦》等）
纪念西藏还有一所师专上马开《西游记》。
不朽名著是这伙开头之一。它是革命浪漫
主义典型之名著，能开不能开，现在讲的人。此
外还有唐代文学、翻译学、西域地理，
《西域记》。中国三千年文化史上，待开待创的并非
少和尚未解决的问题，解决它们，大

第　页

了在。本书是讲汉字的；"字的演变"是这

个问题的主要的。读本书者，还可提出

无限的问题，但因不负？假如能在本

书所不足的地方上再进一步，才能使本书为

的作者所加。如有错讹，请通人多加批评！

二、~~争论问题~~的[illegible]　黄先生　摘要

《近三百年古音学十大家剩珠集》引言

第　页

如今问我们黄门弟子“求”什么“学”，“做”“什么”人。我们未死的黄门之徒，不如做个探索者在前者先走，[illegible]

~~如果[illegible]政府纪念“辛亥革命七十年”纪念黄先生一百周年，我们也来参加大的[illegible]~~[illegible]，否则，

不然的话，就不能符合四个现代化的要求。

~~贰、黄先生的古音学~~

李新魁在《黄侃全集》，讲三百年古音学重要资料，[illegible]

黄侃的学术所的笔记，由我整理出一部分，三百年古音学[illegible]的课程

古音学[illegible]讲稿。（实际）听讲的，还有从某地来此的[illegible]

~~原是我黄先生的学生~~

[illegible]，原是我黄先生的学生，[illegible]学生

[illegible]同时当年听了，[illegible]有笔记，正好学[illegible]

~~[illegible]~~[illegible]人们了解，由我整理笔记，最后由我

完成我的助手[illegible]名义讲稿。已[illegible]黄先生的[illegible]音说以

[illegible]问世。黄先生说“没有陈兰甫

的《切韵考》，陈兰甫的《切韵考内篇》。黄先生也没有黄先生。”所以

我们[illegible]没有黄季刚。在我们认为“没有

黄先生从陈、李二大师说起。中国三百年古音学十大师[illegible]

顾亭林（音学五书）、江慎修（古韵标准）[illegible]（[illegible]）、戴东

原（~~古韵谱~~考证）段若膺（六书音均表），孔广森（诗声类）

王念孙（古韵谱）

[illegible]（十驾斋养新录）江有诰（音学十书）章先生（国故论衡、

文始、新方言、小学答问）陈兰甫（切韵考内外篇）黄先生

（音略、音韵略说、声韵通例、广韵声势及对转表）等古音“十大作用”

为大家不读古音学著作不[illegible]，了解古音学起[illegible]

的。李新魁在全集，黄氏古音学[illegible]

二毋室家訓

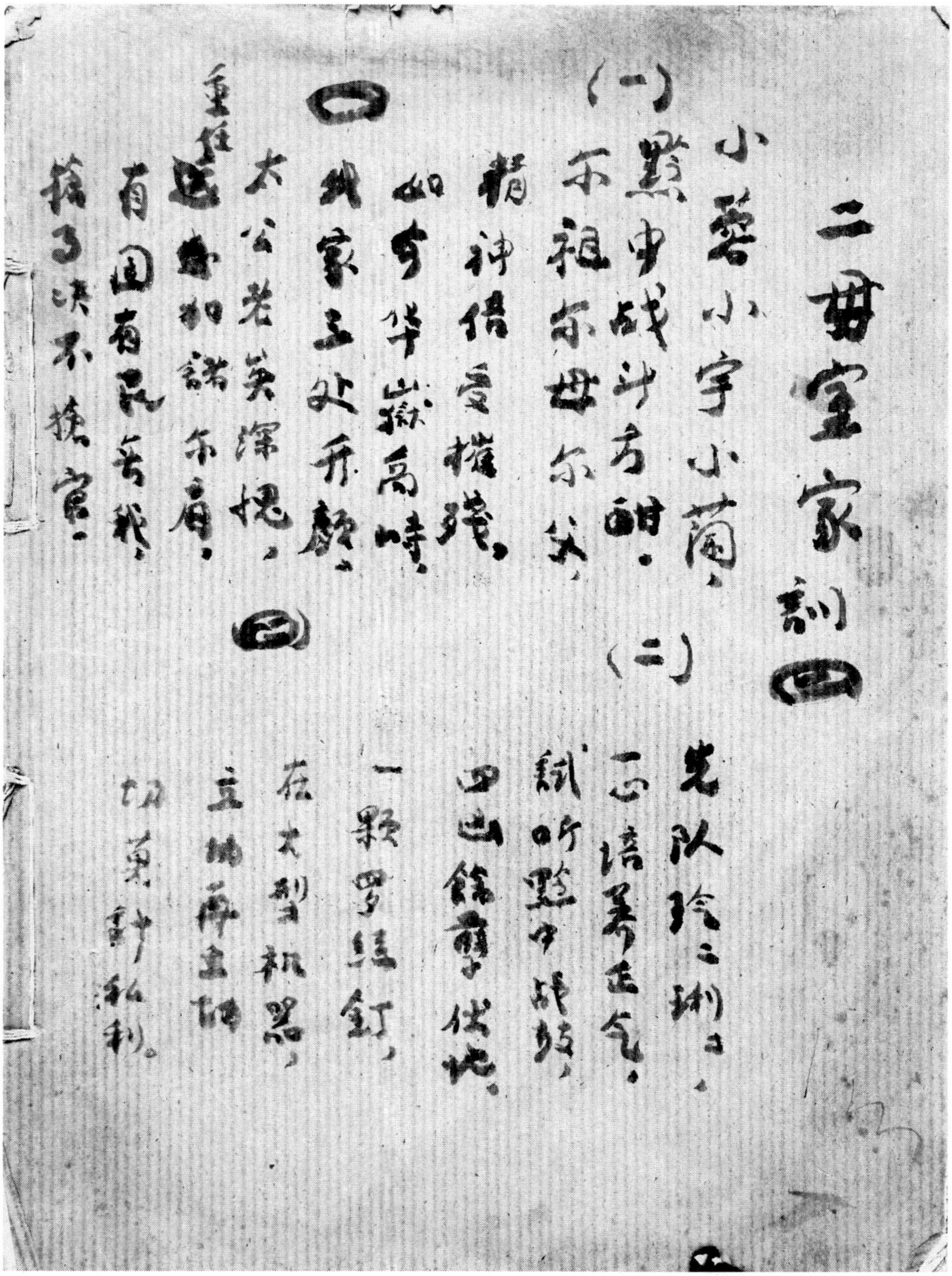

二毋宜家訓（四）

（一）
小磐小宇小蘭，
黔中战斗方酣，
不祖你母尔父，
精神倍受摧殘，
如今华嶽高峙，

（三）
我家立处开颜，
太公老矣深愧，
重任遂移诸尔肩，
有国有民有我，
捨了決不換官。

（二）
先队玲玲琍琍，
正培养正气。
試听黔中战鼓，
四也餘孽伏地，

（四）
一颗罗丝钉，
在大型机器，
立[illegible][illegible][illegible]
切莫計私利。

（三）

姐与将生弟妹，
我家冤案屡屡。
尔祖虽已昭雪，
尔父呼天无成。
但仰华岳高峙，
我家定见光明。
切望尔需争气，
不堕清白家声。

己未中秋汝舟叔草题年八十有一

從本報兩篇報導《文壇新扒》説起

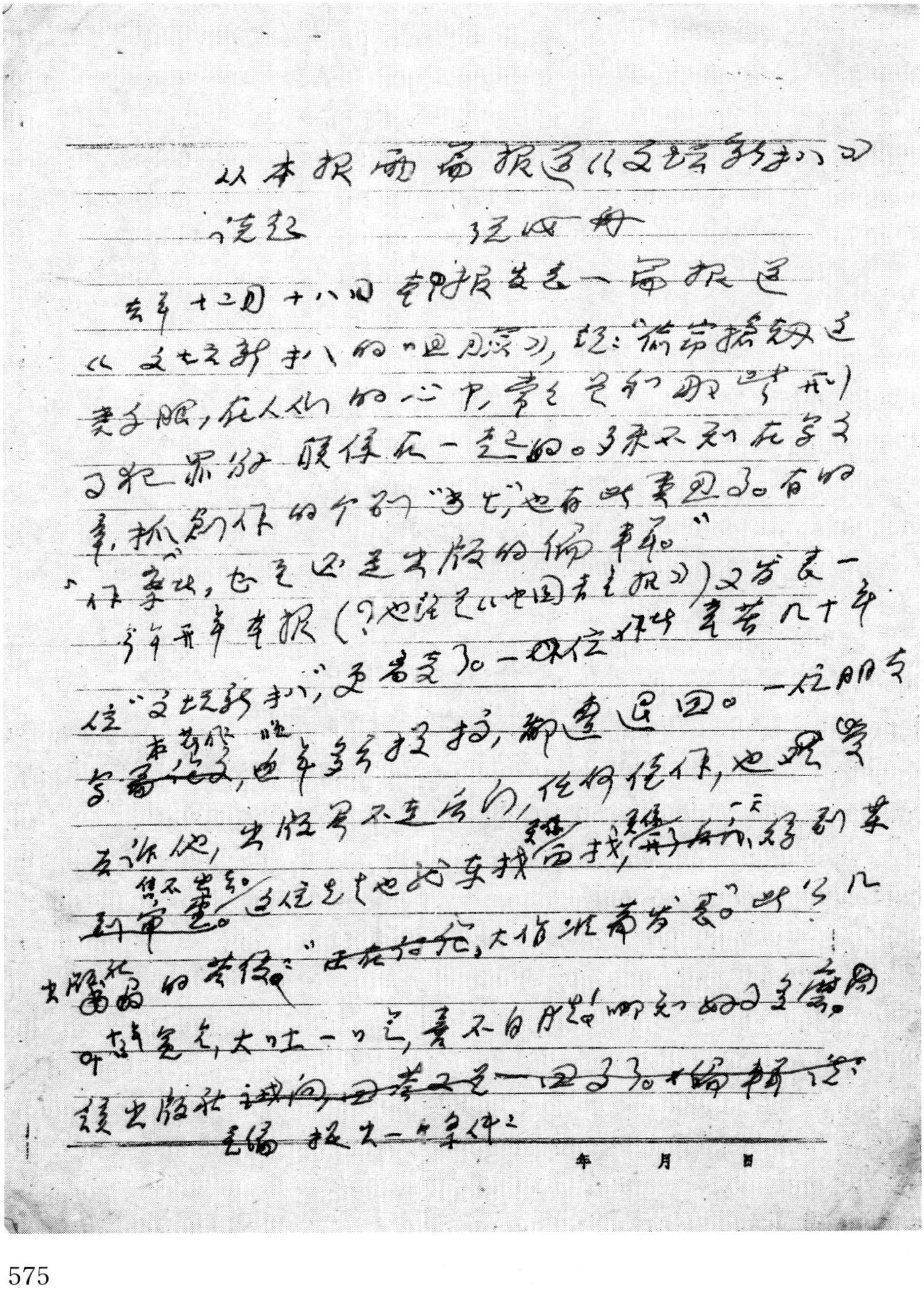

从本报两篇报道《文坛新书》说起

去年十二月十八日本报发表一篇报道

年　月　日

“大作出版，要有案件……向什么案件”之论述

决定用我们二人名字或我的名字写到最前，“年份”

你是大家，按照当前出版的报刊向报刊投诉。但是你报与人民日报、

国内两报一刊，也就有

报刊，若名世界的报刊是这样的喉舌，人民的

喉舌，是了这文章的思想表现。这么多大了，权

被扒手“某些报”只是大贵十足，完全没有思想！就不可

加以如实的报刊精神的“文坛黑手”这样思，

思之如果一“报”了之，似乎来不到“报刊”责任。进一步

把这类报告说清楚，主报上门，第一步要报到对

来的不仅仅审查，如有违纪，要到把了权交人民

组织相当，与把“四化”不分。第二步，支持手、报

告到人民政府要求，与四是在行政部门

人民对物有所过问了。精细财物，个别人按不了才

的，还要批准。滥用出版职权，对有何可

因，因，出版社到滥造作品，那有关责任交的责任，

史破坏国家文化与文艺方面，都不要了。把这一个

人，赶出出版界，报刊应立新情况，认真审查来稿，退回并提出理由，进行思想帮助。今后出版社、编辑部请当地党委以审核作品，[illegible]一个人任意退稿，个人的几点意见[illegible]方针，都成泡影。

顺便提一下这三年来检查的问题。似乎值得一提。粉碎以来，中央提出"四八"二十字党风要提高到一个新的水平。中央不断提出抓"精神文明"，十分及时。但也有些人，对祖国优秀文化，受西风"物质文明"影响，[illegible]也是一样。精神文明，看成[illegible]污泥。

的"精神"精粹的

天一天败坏了，风俗一天一天降低。古代真正爱国之士如岳飞、文天祥、陶渊明的"[illegible]"手迹，[illegible]这些"道德[illegible]"每以七字成诗，[illegible]气，宁死不屈。孙中山先生提倡"精神建设"，也要注意[illegible]。解放以后，工农兵的建设，

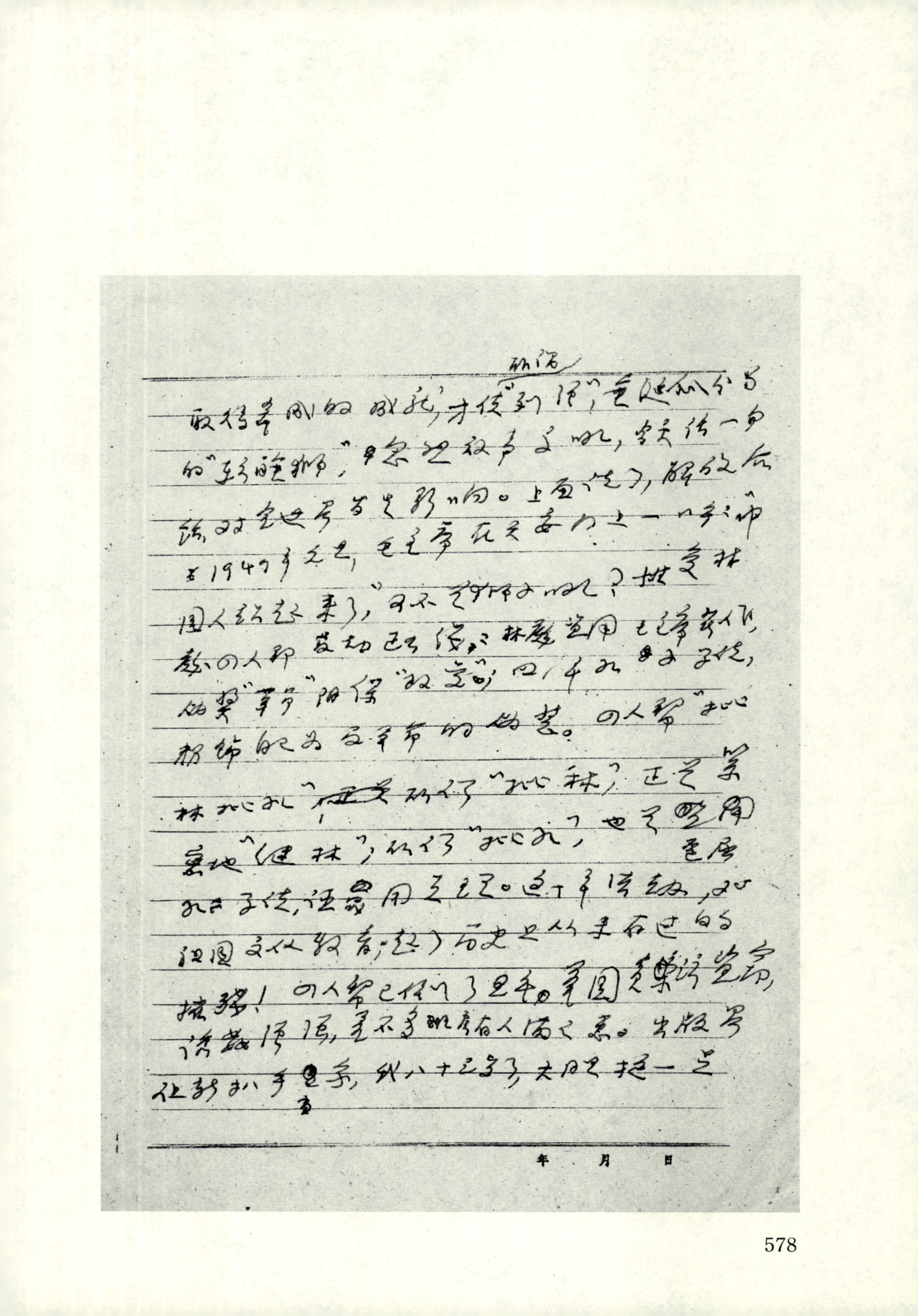

[illegible]

[illegible]

[illegible]

[illegible]1949年[illegible]

[illegible]

[illegible]四人帮[illegible]林彪[illegible]

[illegible]

[illegible]四人帮[illegible]

[illegible]批林[illegible]

[illegible]批孔[illegible]

[illegible]

[illegible]建国[illegible]文化教育[illegible]

[illegible]四人帮[illegible]

[illegible]

[illegible]八十[illegible]

年　月　日

一些看法，大体是如此的专横粗暴，只提一下，

算了。

1978年南大王运熙教授来信说："上海'文

史论丛'向我征稿，因此大著《西周年代》前

交编辑部。"日子隔一年，某一天突然通知："本刊

[illegible]一万字，大概请加删减之"，我删了一千

多字，还有一万二千字。过了若干年，也没有

与王运熙教授提出中断不久，该刊第一

期本刊齐出来了，原来如此，《文学刊》

某

第一篇就是[illegible]的《[illegible]西

周年代》据说：某同志是得了[illegible]史

原稿，不通古史又以不通古文字[illegible]以。

[illegible]最大的"上海文史论丛"把中文有

"名家"不能要拿出来的，但不足道的了。前年

（1980）十月，南大王运熙主编《西北[illegible]》

王运熙教授写信问[illegible]"中国古代文字[illegible]"

年 月 日

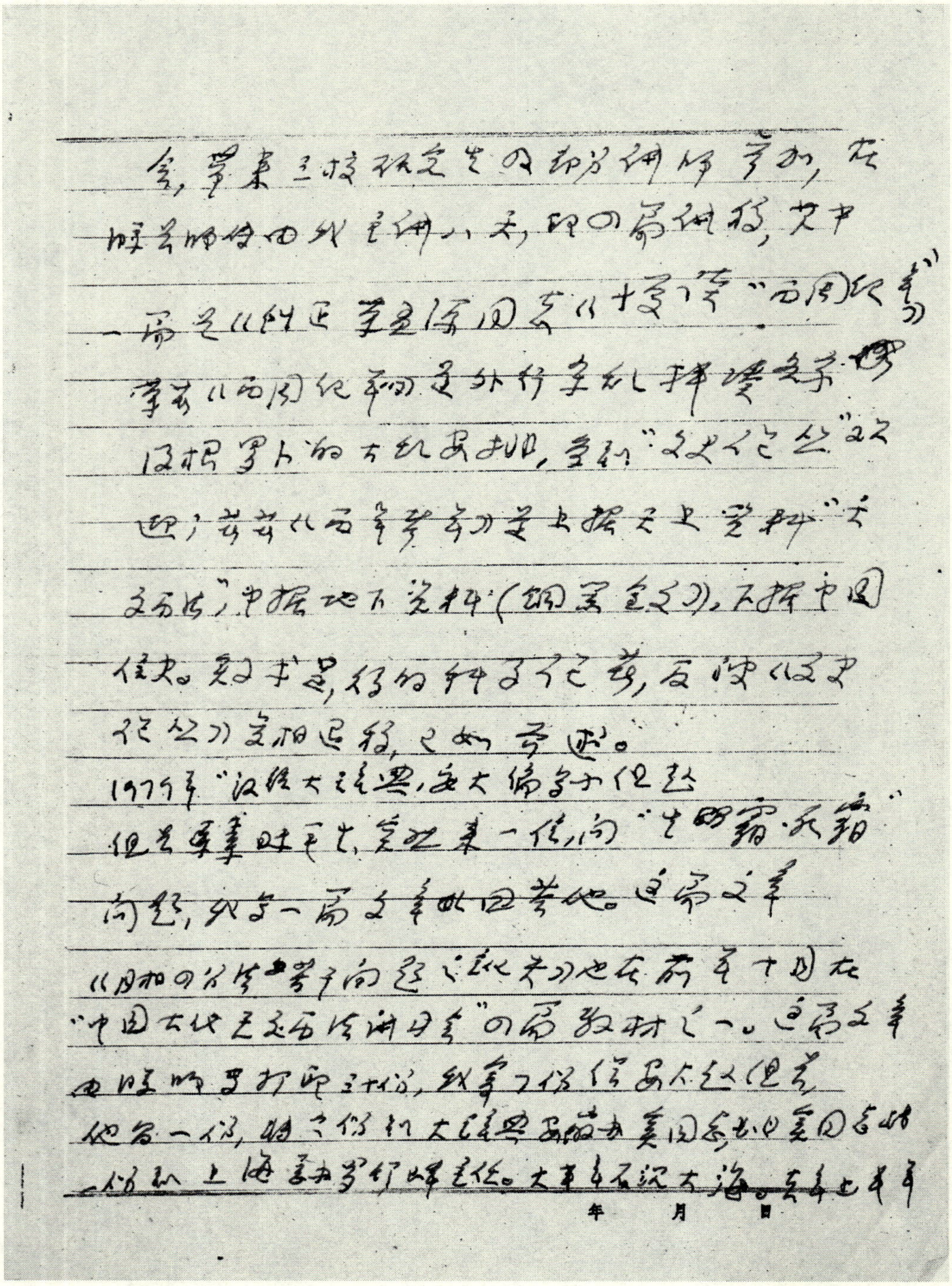

“大辞典出版社”中一信，“大作正符合该院规定，
作出处理，急急快交一本，我只一提，不符合任何
手续。何以故？信记拮据，少不了科学院文学研究所
等。他太好色也，因他先生至至正，还肯作出科学之建设。
学术权威，莫大于西汉刘歆、龙树大师、钱大昕、日本
诸桥大老（辙次），较之铁藏博士四者之。领的
东西，再大力量也保不住不出错误的。当局者迷。
老年在此来见到了郭沫若先生，向他建议：
“大辞典出版之后要付印先生要去刷，而不是
科学院组织研究所的人，搞一年半。八旦年
不能出书，不要靠记中国老人，文学研究、各组们
话、老夫也是，这了使了多么大的青年们
错误，会提出成功的批评。”他说：“八旦年
不出书，还要几年。”这又根据了旧的大辞典，
正加紧集中人力，1963年出版初稿，八旦年到如期出书。
国家人才济济，但因党委打招呼了，但我是上海汉语大
辞典的，在我看来，对于我的日用相四个作之极大功，以何是年退休

年　月　日

这体回答对事件"通用化字"，不要把古字读古音，
不要轻易造字。
第三件

年 月 日

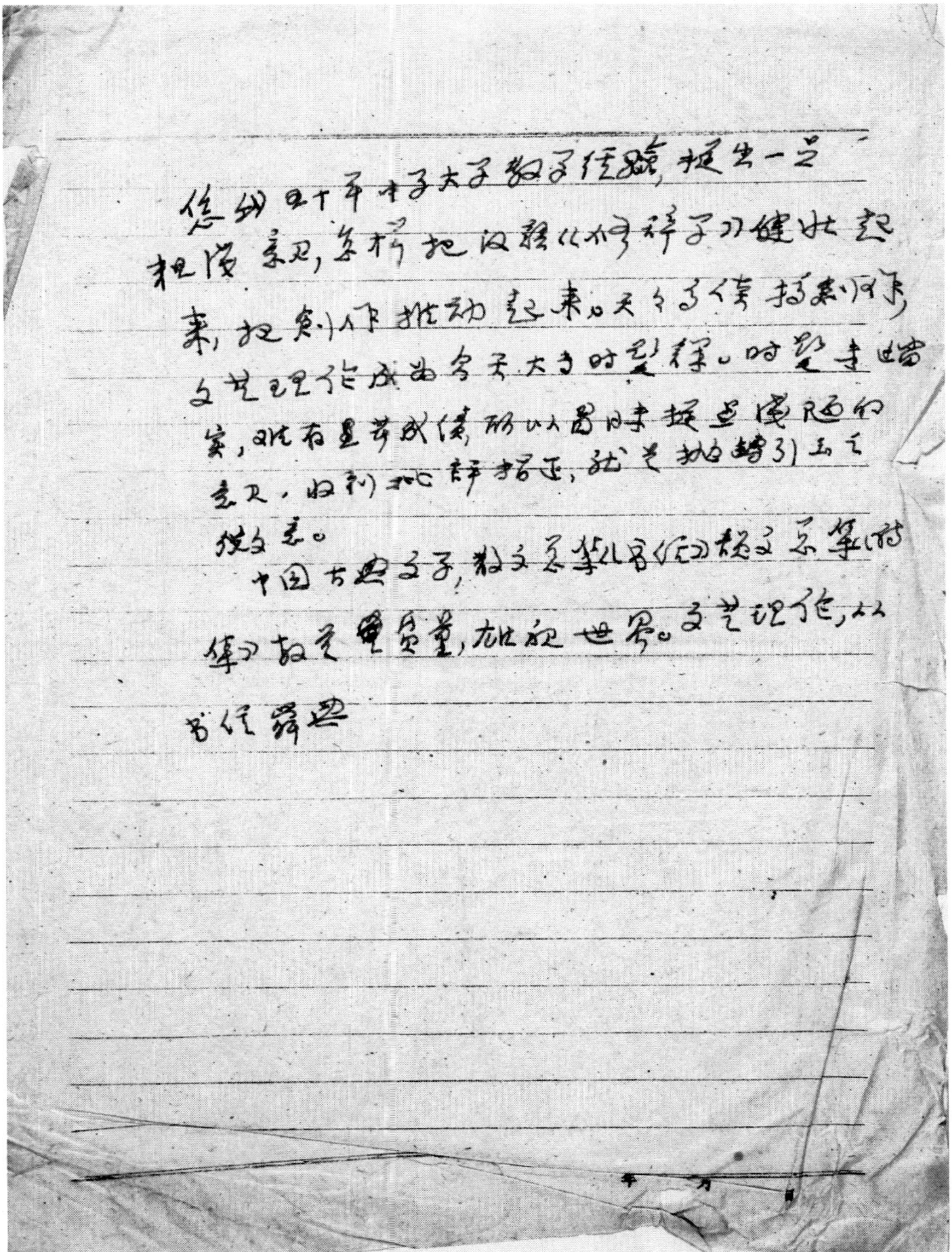

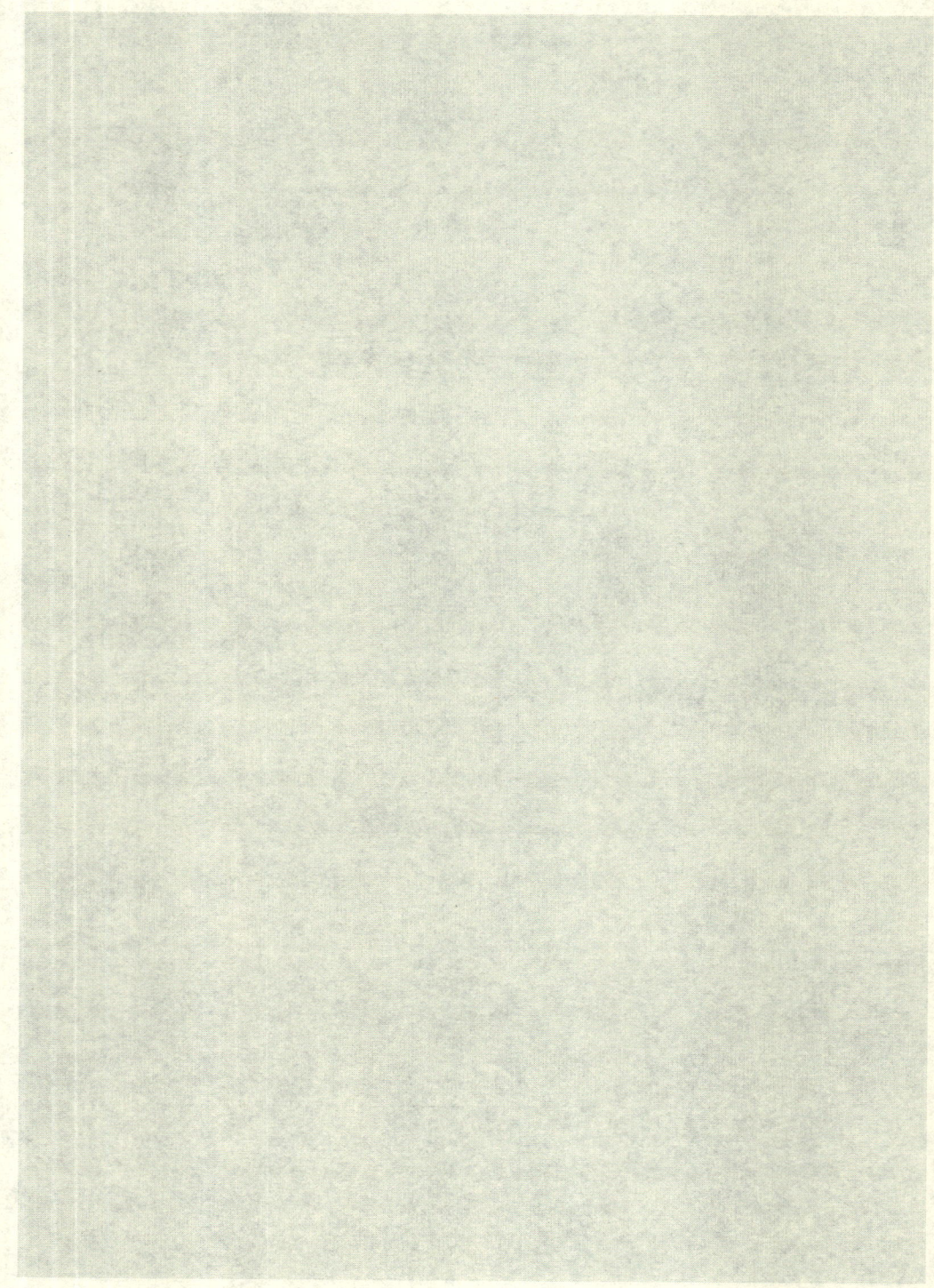

編後記

二〇一五年九月，我整理行囊，度越關山，遠赴西南求學。甫至貴大，便聽聞恩師聞玉先生之令名，從此往來密切，從其受業。正因爲此，開始不斷接觸張汝舟先生的著作。後來方知，汝舟先生與我乃是同鄉，晚年執教滁州師專，聞玉師亦曾親往滁州學習，這真是冥冥之中的緣分啊！二〇一六年下半年，因爲受到汝舟先生、聞玉師兩代學者學術人格的感召，深感整理出版一套《張汝舟文集》不僅至關重要，而且迫在眉睫，於是我開始與商務印書館洽談出版事宜。經過數次北上的努力，終於簽訂了《張汝舟文集》的出版合同，從此特別留心汝舟先生文稿的收集。在聞玉師的幫助下，我先後從程在福老師那裏徵集到了《段氏〈十七部諧聲表〉批注》以及《春秋經朔譜》的手稿。

因爲要編纂整理汝舟先生的遺著，我想到必須先做一部年譜。二〇一七年九月，《張汝舟年譜簡編》完成，雖然粗疏，但對於指導我進一步的整理工作助力頗多。聞玉師將我的成果轉給汝舟先生的嫡孫張立楷老師，請他批評指正。立楷老師又轉給汝舟先生的外孫馬先隊老師，馬老師是時身體不適，在合肥住院已三月有餘。看到我編寫的年譜，激動不已，便通過多年的好友胡中友先生與我聯繫。我纔得知他在全椒的老宅尚有汝舟先生遺墨若干。數月之後，馬老師康復出院，返回家鄉全椒，將保存的墨寶交予我掃描處理。其中包括郭沫若、趙樸初、吕叔湘等文化名流與汝舟先生的通信，可以説非常珍貴。二〇一八年七月初，馬老師又帶我前往金華張立楷老師處找尋汝舟先生遺稿。金華之行收穫頗豐，尋得《心經通解》《西周經朔譜》等手稿，奠定了出版《張汝舟手稿集》的基礎。

同時關注我所作年譜的還有全椒縣政協副主席張華先生。他讀到年譜後即刻與我聯繫，并表達了長期以來對汝舟先生的崇敬之情。張華先生在與我的談話之中偶然得知，我在關注滁州歷史文獻，并且已作成一部《全椒古籍考》，這與全椒政協欲出版《全椒古代典籍叢書》不謀而合，於是之後凡是關於這個項目的會議，張華先生都邀我參加。國家圖書館出版社的殷夢霞總編輯長期關注地方文獻的出版工作，瞭解到全椒在編典籍叢書，於是千里迢迢趕往全椒，碰巧與我有了第一次會面。

殷總編非常樂於提携後進，她得知我在整理《張汝舟文集》，給了我很多寶貴的建議。二〇一八年五月初，殷總編與國家圖書館出版社重大項目編輯室主任張愛芳老師前往貴陽孔學堂參加會議，得知我亦在貴陽，欣然約我見面一敘。在十里河灘風景如畫的步行小道上，殷總編向我提及了出版《張汝舟手稿集》的建議，并且在操作上給予我很多指導，這纔有了後來的金華之行。應當説，如果不是殷總編和張老師的極力促成，就不可能有這部《張汝舟手稿集》的問世。出版過程中，苑天舒老師和馬明芳師姐黽勉求之，終於請得北大樂黛雲先生題辭，爲《手稿集》增色不少。由衷感激欒先生及苑老師賢伉儷！

《張汝舟手稿集》從醞釀到整理的過程一波三折，但是一路上皆有師長相助，纔有了目前的小小成果，在此向他們表示最誠摯的謝意！作爲汝舟先生的再傳弟子，深感學識淺薄却又責任重大。如果《張汝舟手稿集》的出版能够使得汝舟先生的學術成果發揚光大，則是我們莫大的榮幸了！

張道鋒

二〇一八年八月